Pietro Cataldi
Elena Angioloni
Sara Panichi

L'esperienza della letteratura

Karaoke

Viale Tricesimo
Al ballone
5/4/16
20:00

www.palumboeditore.it

Webook

I contenuti digitali dell'opera, incrementabili e aggiornabili, sono disponibili all'indirizzo **www.palumboeditore.it/esperienza** seguendo le procedure indicate

Libro interattivo eBook+

Chi ha acquistato la versione dell'opera con il libro interattivo (eBook+) troverà le istruzioni per scaricarlo nel coupon allegato o sul sito della casa editrice **www.palumboeditore.it**

***Collaborazione scientifica di* Romano Luperini**

Hanno collaborato con gli autori
Lorenzo Giustolisi
Maria Anna Mariani
Graciela Müller Pozzebon

ha collaborato alle Verifiche globali delle competenze di lettura *e alla* Storia della lingua
Paola Fertitta

progettazione e direzione editoriale
Italo Rosato

progetto grafico, coordinamento tecnico, copertina
Federica Giovannini

redazione
Lionella Carpita
Valentina Fedi
Laura Lombardini

impaginazione
Francesca Naldi
Silvia Pacchiarini

cartografia
Federigo Carnevali

realizzazione dei materiali multimediali
Palumbo Multimedia

immagini attive
a cura di Vito Chiaramonte

La regia dei testi teatrali messi in scena e le corrispondenti schede Dal testo alla scena *sono di*
Gianfranco Perriera (Compagnia Teatès)

fotolito e stampa
Tipolitografia Petruzzi s.n.c. - Città di Castello (PG)

Stampato in Italia

ISBN 978-88-6017-250-1

Finito di stampare dalla Tipolitografia Petruzzi s.n.c., Città di Castello (PG) nel mese di giugno 2014
per conto della G. B. Palumbo Editore & C. S.p.A., Palermo

Pietro Cataldi
Elena Angioloni
Sara Panichi

L'esperienza della letteratura

- autori e testi
- culture e arti
- storia della lingua
- linguaggi e temi del presente

2

Dalla Controriforma al Romanticismo

webook
LIM

G. B. PALUMBO EDITORE

Parte prima

L'età della Controriforma: Manierismo e Barocco (1545-1690)

Unità 2 — L'autore e l'opera

Cervantes e il *Don Chisciotte*

Unità 3 — Il genere

Il grande teatro del Seicento

on line — MODULO TEMATICO INTERDISCIPLINARE

La follia

Unità 4 — Il tema

La nuova scienza

Parte seconda

L'Europa della ragione (1690-1815)

Unità 8 — Il genere
La poesia nell'età dell'illuminismo

Unità 9 — Il genere
Il teatro del Settecento

Unità 10 — L'autore
Carlo Goldoni

Unità 11 — L'autore

Ugo Foscolo

Percorsi di approfondimento

Storia della lingua

Arte e letteratura

on line

MODULO TEMATICO INTERDISCIPLINARE

Educazione e utopia

Parte terza

Il Romanticismo (1815-1861)

Unità 12 — Il genere

Il romanzo e la novella nell'Ottocento

Unità 13 — L'autore

Alessandro Manzoni

Unità 14 — Il genere

La poesia nel Romanticismo

Unità 15 — L'autore

Giacomo Leopardi

Parte prima

L'età della Controriforma: Manierismo e Barocco (1545-1690)

Quadro storico-culturale

Epoca di rivoluzioni scientifiche, che spazzano via la convinzione della centralità della Terra nell'universo, il Seicento porta con sé un elemento profondamente attuale: il senso di limitatezza nei confronti dell'immensità in cui viviamo, la realtà diventa così frammentaria e relativa. Ma il Seicento è anche l'epoca del Barocco, corrente artistica e letteraria caratterizzata dall'eccesso e dalla volontà di meravigliare il pubblico con effetti sorprendenti.

Espansioni digitali

- **video**
- **testi e approfondimenti**
- **materiali per il recupero**

videolezione

Il Barocco, una nuova visione del mondo
a cura di Romano Luperini
- Giudizio sul Barocco
- La rivoluzione scientifica del Seicento
- La rivoluzione scientifica nell'età del Barocco e oggi
- Il senso di smarrimento di fronte all'infinito: relativismo e fede religiosa
- Estetica anticlassicistica e poetica della metafora
- Marino
- Attualità del Barocco: il Barocco, il Novecento, il postmodernismo

L'età della Controriforma: Manierismo e Barocco
cronologia comparata

STORIA

1540

1545-1563
concilio di Trento

1555
pace di Augusta

1556-1598
Filippo II re di Spagna

1558-1603
Elisabetta I regina d'Inghilterra

1559
pace di Cateau Cambrésis

1598
editto di Nantes

1600

1618-1648
guerra dei Trent'anni

1620
partenza dei *Pilgrim Fathers* da Plymouth

1624-1642
Richelieu primo ministro di Luigi XIII

1642-1661
Mazarino primo ministro e reggente di Francia per Luigi XIV

1648
pace di Westfalia

1649
decapitazione di Carlo I Stuart e proclamazione della Repubblica

CULTURA E ARTI

1543
Copernico ipotizza il sistema eliocentrico

1550-1555
Michelangelo realizza le *Pietà Bandini* e *Rondanini*

1559
Paolo IV pubblica il primo *Indice dei libri proibiti*

1562
Trafugamento del corpo di san Marco di Tintoretto

1577
apre a Londra il primo teatro pubblico:The Theatre

1583
nasce a Firenze l'accademia della Crusca

1597
con *La favola di Dafne* di Rinuccini nasce il melodramma

1600-1601
Conversione di san Paolo di Caravaggio

1612
Vocabolario degli accademici della Crusca

1632
La lezione di anatomia del dottor Tulp di Rembrandt

1637
al teatro San Cassian di Venezia primo spettacolo a pagamento

1641
Meditazioni metafisiche di Cartesio

1647-1652
Estasi di santa Teresa di Bernini

LETTERATURA

1575
Gerusalemme liberata di Tasso

1580
Saggi di Montaigne

1584
La cena delle Ceneri di Bruno

1600-1601
Amleto di Shakespeare

1605-1615
Don Chisciotte di Cervantes

1610
Fiaba di Polifemo e Galatea di Góngora

1614
La Lira di Marino

1632
Dialogo sopra i due massimi sistemi del mondo di Galilei

1635
La vita è sogno di C. de la Barca

(1545-1690)

1650

1653-1658
Cromwell “Lord protettore d’Inghilterra, Scozia e Irlanda”

1660
restaurazione della monarchia inglese

1661-1715
Luigi XIV prende l’effettivo controllo del Paese e diventa Re Sole

1689
il *Bill of Rights* pone le basi del sistema parlamentare inglese

1656
Las meninas di Velázquez

1656-1667
Bernini progetta piazza San Pietro a Roma

1661
Luigi XIV affida a Louis Le Vau i lavori di ampliamento di Versailles

1664
Il Tartufo di Molière

1667
Paradiso perduto di Milton

1677
Fedra di Racine

Quadro

L'età della Controriforma: Manierismo e Barocco (1545-1690)

L'eta della Controriforma (1545-1690) prende avvio con il concilio di Trento (1545-1563) – che, convocato per riportare l'unità nel mondo cristiano, finisce per radicalizzare lo scisma tra cattolici e protestanti – e vede emergere temi e problematiche ancora attuali. Per esempio, l'inquietudine e lo smarrimento propri dell'uomo moderno si legano anche alle scoperte scientifiche di quegli anni, a partire dalla teoria copernicana che riconobbe il Sole, non più la Terra, come centro dell'universo.

Dal punto di vista storico, l'epoca compresa tra la metà del Cinquecento e la fine del Seicento vede prima l'apice poi la progressiva crisi della potenza spagnola e l'emergere di nuove potenze "atlantiche": Francia, Inghilterra, Olanda. La crisi economica che investe l'Europa nei primi decenni del XVII secolo funge da discrimine e da elemento di selezione: l'area spagnola (e l'Italia, a essa legata) regrediscono; le potenze atlantiche avviano uno sviluppo economico che nei successivi cento anni darà il via alla rivoluzione industriale.

Dal punto di vista culturale, le due grandi correnti artistiche e letterarie sono quelle del Manierismo e del Barocco.

Controriforma

Si intende per "Controriforma" la reazione della Chiesa di Roma – avviata dal concilio di Trento (1545-1563) – all'espansione della Riforma luterana e degli altri movimenti protestanti. La Controriforma unisce censura e repressione anche violenta del libero pensiero, e promozione di una nuova idea della cultura: impegnata e militante. Accanto al desiderio di controllo sociale e al dogmatismo religioso e culturale si colloca perciò lo slancio missionario di evangelizzazione delle campagne e dei Paesi extra-europei raggiunti dai colonizzatori. La Controriforma fuse le aspirazioni a una rigenerazione morale della curia e del clero con un rilancio del potere delle gerarchie cattoliche, così da produrre un effetto duplice e per certi versi contraddittorio: avvicinò la Chiesa ai fedeli, offrendo fra l'altro soccorso ai ceti disagiati, e al tempo stesso impose in modo autoritario un sistema dottrinario e culturale dogmatico.

Due grandi fasi storiche e culturali

L'età della Controriforma può essere distinta in due principali fasi: la prima si apre con il concilio di Trento, e arriva fino al primo decennio del Seicento; la seconda si chiude con gli anni Ottanta del Seicento. La prima è caratterizzata, sul piano storico, da una situazione di stabilità economica e dal dominio spagnolo; la seconda da un periodo di crisi economica e dalla decadenza della Spagna a vantaggio di Inghilterra e Francia. Dal punto di vista culturale, la prima fase coincide con il Manierismo; la seconda con il Barocco.

chiavi di accesso

Conflitti e lotte per la supremazia

La storia di questo periodo è segnata da numerosi conflitti, mossi prevalentemente da ragioni religiose: essi culminano nella guerra dei Trent'anni, che fra il 1618 e il 1648 coinvolge i principali Paesi europei. Nel ripercorrere i fatti storici di questa Parte, abbiamo distinto tre periodi. Il primo va dal concilio di Trento alla fine del XVI secolo ed è caratterizzato dalla supremazia spagnola in Europa, sancita dalla pace di Cateau Cambrésis (1559). Episodio-chiave del secondo periodo (corrispondente alla prima metà del Seicento) è appunto la guerra dei Trent'anni. Nel terzo periodo, la nuova Europa nata dalla pace di Westfalia (1648) registra la decadenza spagnola e l'emergere delle potenze inglese e francese.

Manierismo e crisi del Rinascimento

Il termine "manierismo" deriva da "maniera", parola usata nel Cinquecento da Giorgio Vasari per indicare lo "stile" di un artista. Presto il vocabolo assunse un prevalente significato negativo, a indicare uno stile artificioso e troppo studiato. Di qui la definizione di Manierismo per l'arte europea (poi anche della letteratura) fra gli anni Trenta del Cinquecento e l'inizio del Seicento, periodo in cui si registra uno stato di incertezza che turba e spesso sconvolge l'equilibrio formale del classicismo. Il Manierismo esprime una situazione di cambiamento in cui la sicurezza e l'armonia del Rinascimento maturo non sono più possibili: documenta pertanto la crisi del mondo rinascimentale senza uscirne del tutto e rimanendo interno alla tradizione classicistica di cui altera i tratti fino all'eccesso e alla bizzarria.

Barocco e rivoluzione scientifica

Anche il termine "barocco", di origine incerta, ha avuto per lungo tempo un'accezione negativa, indicando un'arte eccentrica, irregolare, contraria al buon gusto. Il Barocco si diffonde intorno al 1610 e domina il secolo XVII. Come il Manierismo esprime la crisi della civiltà rinascimentale, così il Barocco sancisce il suo definitivo superamento. Scrittori, artisti, filosofi e scienziati condividono in questo periodo una mentalità nuova che li spinge a dubitare della realtà, vista adesso come spettacolo multiforme di apparenze. La rivoluzione scientifica – ricordiamo l'attività di Galileo – porta all'abbandono delle certezze del sapere tradizionale: l'uomo non è più il centro dell'universo, che ora appare infinito e inafferrabile. L'unico modo di dare senso alle cose è tentare collegamenti imprevedibili e bizzarri, forzando grazie all'ingegno i limiti della ragione.

Scrittori e artisti del Manierismo

Nella produzione artistica del tardo Rinascimento sono manieristi i grandi pittori italiani Rosso Fiorentino e Tintoretto, il fiammingo Bruegel, lo spagnolo (di origine cretese) El Greco, mentre in ambito letterario si distinguono il poeta italiano Tasso, il drammaturgo inglese Shakespeare, il narratore spagnolo Cervantes.

Scrittori e artisti del Barocco

Il maggior poeta barocco italiano, di fama europea, è Giambattista Marino; mentre in Spagna dominano Luis de Góngora e Francisco Quevedo. Ma la poetica barocca si esprime soprattutto nel teatro, in cui emergono grandi autori come lo spagnolo Calderón de la Barca e il francese Molière. Il più grande artista barocco è l'architetto e scultore italiano Gian Lorenzo Bernini, che realizza importanti commissioni per la Curia di Roma, interpretando con successo il gusto dell'epoca.

Le nozze tra Luigi XIV (1638-1715) e l'infanta Maria Teresa di Spagna (1638-1683) furono celebrate il 9 giugno 1660 (qui in un arazzo di Charles Le Brun al castello di Versailles).

1 Storia, politica e società nell'età della Controriforma

L'età della Controriforma si aprì con il concilio di Trento e si protrasse per quasi tutto il secolo XVII. Anziché riportare l'unità nel mondo cristiano, il concilio radicalizzò lo scontro fra cattolici e protestanti fino all'episodio più drammatico della guerra dei Trent'anni. Ponendo fine alla guerra, la pace di Westfalia chiuse una stagione della storia europea e fissò le coordinate generali di una fase politica nuova. Siamo di fronte a una situazione profondamente mutata rispetto a un secolo prima: le due grandi potenze di Francia e Inghilterra si sono consolidate, mentre la Spagna è ormai in decadenza.

Tre fasi storiche

1545-1600	1600-1648	1648-1690
supremazia spagnola in Europa	guerra dei Trent'anni	decadenza della Spagna e affermazione di Inghilterra e Francia

Dall'apertura del concilio di Trento alla fine del Cinquecento

Il concilio di Trento

La data-chiave da cui ha inizio quest'epoca è il 1545, anno dell'apertura del concilio di Trento. Lunga fu la battaglia per ottenere un concilio, e forte la resistenza della Curia romana che tentò di evitarne la convocazione, temendo che esso si trasformasse nell'occasione per criticare il pontefice e il potere della Santa Sede. Ma l'imperatore Carlo V ne pretese infine l'avvio, sperando che ciò servisse a trovare un accordo teologico con i protestanti e a sanare le divisioni dell'Impero. Infatti, le lotte fra cattolici e protestanti ne minacciavano seriamente l'unità politica.

I lavori del concilio furono accidentati e discontinui: aperto da papa Paolo III a Trento nel dicembre 1545, fu trasferito a Bologna nel 1547, ma qui si arenò dopo pochi mesi. La seconda fase dei lavori (1552-1553) fu presieduta da papa Giulio III; mentre il suo successore, Paolo IV (1555-1559), non riconvocò il concilio, concentrandosi in una dura repressione contro l'eresia attraverso il rafforzamento del Tribunale dell'Inquisizione. L'Inquisizione romana era stata istituita nel 1542 da Paolo III con l'obiettivo di estirpare i movimenti eretici: essa agì con grande efficacia e capillarità in tutti i diversi Stati italiani. Dopo una terza fase di lavori (1562-1563), il nuovo papa Pio IV approvò e pubblicò le conclusioni: venne ribadito, contro le posizioni di luterani e calvinisti, il ruolo del pontefice, fu confermata l'autorità della Chiesa nell'interpretazione delle Sacre Scritture e fu sancita l'importanza delle opere, e non solo della grazia, ai fini della salvezza dell'anima. Si delineò anche un moderato ma importante

Glossario

Concilio Assemblea dei vescovi, che sotto la guida del pontefice discutono e decidono di questioni importanti di dottrina o di organizzazione ecclesiastica.

Curia romana L'insieme degli uffici della corte pontificia incaricati di trattare gli affari generali della Chiesa.

Eresia Nel cattolicesimo, dottrina che si oppone alla verità affermata dalla Chiesa; in generale, dottrina che devia dalla tradizione di pensiero dominante.

progetto di restaurazione morale della Chiesa cattolica: si impose infatti un più attento vaglio delle vocazioni sacerdotali e delle monacazioni, si ribadì l'obbligo del celibato dei preti e dell'osservanza della clausura e si dedicò maggiore attenzione alla formazione dei parroci con l'istituzione di scuole vescovili, i seminari. Inoltre, vennero riaffermati l'obbligo di residenza dei vescovi nella loro sede e il divieto del cumulo dei benefici ecclesiastici. Nel complesso, il concilio di Trento segnò soprattutto il trionfo di quella parte della Chiesa che mirava a porre un argine all'espansione della Riforma luterana e a combattere inflessibilmente l'eresia: per questo si dice che esso aprì l'epoca della Controriforma. Fra le voci critiche che all'epoca si levarono per segnalare gli aspetti regressivi del concilio, ricordiamo quella del veneziano Paolo Sarpi (1552-1623): nella sua *Istoria del Concilio Tridentino*, lo giudica come un momento negativo di degenerazione e di rovinosa caduta all'interno della storia della cristianità (▶ Documento 1).

La Spagna egemone di Filippo II e l'inizio della crisi

Sul piano politico, nella seconda metà del Cinquecento si registra la massima espansione del dominio spagnolo.

Il conflitto tra Francia e Spagna, che ebbe come teatro soprattutto l'Italia, si concluse nel 1559 con la pace di Cateau-Cambrésis. Essa mise fine a un sessantennio di guerre sanguinose fra i due Paesi, la cui posta in gioco era l'egemonia nel continente. Nessuno dei due contendenti ottenne una vittoria definitiva, ma di fatto uscì rafforzata la Spagna, che guadagnò il controllo di vaste zone italiane (▶ Gli spazi 1). Il dominio spagnolo in Europa rimase sostanzialmente confermato fino alla fine del secolo, benché iniziassero a intravedersi i primi indizi della crisi.

Quando Filippo II (succeduto a Carlo V nel 1556) ottenne nel 1580 anche la corona del Portogallo, l'impero spagnolo giunse al massimo del suo sviluppo. Doveva però guardarsi da due nuovi pericoli: quello turco nel Mediterraneo e quello inglese nell'Atlantico. Nella battaglia di Lepanto (1571), la vittoria della flotta della Lega Santa (a cui avevano aderito la Spagna e i principali Stati italiani) frenò l'espansione turca sul Mediterraneo. Lo scontro con l'Inghilterra – che la Spagna cercò di stroncare nel 1588 – si risolse con la sconfitta del-

▶ Gli spazi 1 L'Europa dopo la pace di Cateau-Cambrésis

Dopo la pace di Cateau-Cambrésis (1559) l'Europa continentale presenta tre grandi realtà politiche: il Regno di Spagna, con significativi possedimenti nella penisola italiana e nei Paesi Bassi; il Regno di Francia; l'Impero ottomano, che si spinge fin quasi alle porte di Vienna. Fra gli Stati minori, può essere ricordata la Repubblica di Venezia, avviata comunque a un inesorabile tramonto. I confini dell'Impero romano germanico hanno invece un significato sempre meno sostanziale, con la Germania frantumata in unità territoriali minori governate da principi aderenti (dopo la pace di Augusta nel 1555) a confessioni religiose diverse.

la "Invincibile armata". Nel frattempo la Spagna dovette anche fronteggiare la rivolta dei Paesi Bassi, dove la maggioranza protestante non sopportava né il dominio religioso dei cattolici spagnoli né la dura politica fiscale dei governatori inviati da Filippo II. Si giunse così alla rottura: nel 1581 nacque la repubblica delle Sette Province Unite (corrispondenti all'attuale Olanda); ma solo nel 1648 la Spagna ne riconoscerà la piena indipendenza.
Tuttavia, al di là di questi scontri, i limiti più gravi della potenza spagnola riguardavano la struttura stessa della sua società, priva di una moderna borghesia intraprendente, e della sua economia, fondata su attività improduttive e su una nobiltà parassitaria.

La Francia dalle guerre di religione alla pace interna

Il protestantesimo aveva cominciato a diffondersi in Francia nella prima metà del Cinquecento. Tale diffusione aveva allarmato fortemente le gerarchie cattoliche, poiché l'elemento religioso andava ad aggiungersi ai motivi di scontro politico-dinastico che opponevano la casa regnante dei Valois a quella dei Guisa. Con l'improvvisa morte di Enrico II, nel 1559, il regno passò nelle mani di sovrani troppo giovani o inetti che non seppero contrastare né il potere nobiliare né la radicalizzazione dello scontro fra il partito cattolico (capeggiato dai Guisa) e il partito protestante (guidato dal principe di Condé e dall'ammiraglio de Coligny). Una prima pacificazione, concessa da Carlo IX, autorizzò il culto calvinista in limitate aree ma fu contestata dalle forze cattoliche. Il massacro di alcuni ugonotti a Vassy (1562) aprì il primo periodo delle guerre tra cattolici e protestanti; esso si chiuse nel 1570 con un trattato che rafforzò le posizioni ugonotte, autorizzate a costituire piazzeforti non controllate dal re. Dopo altri due decenni di aspri conflitti, nel 1589 Enrico di Borbone (ugonotto e marito della sorella del defunto re Enrico III) non fu riconosciuto come erede legittimo dai cattolici e ottenne il trono con la forza delle armi, ma, per riportare la pace nel regno, scelse di convertirsi al cattolicesimo (1594). Perdonato dal papa (1595), poté prendere il nome di Enrico IV e porre fine alla cruenta epoca delle guerre di religione che avevano insanguinato e indebolito la potente Francia: con un editto, promulgato a Nantes nel 1598, riconobbe a tutti i sudditi la libertà di coscienza e di culto e garantì agli ugonotti il mantenimento di alcune piazzeforti militari.

L'Inghilterra di Elisabetta I all'avanguardia nell'economia e nella politica

Anche in Inghilterra durante la seconda metà del Cinquecento si svilupparono forti tensioni religiose, fomentate dal succedersi sul trono di Edoardo VI (1547-1553), che aveva sostenuto il protestantesimo proseguendo la politica del predecessore Enrico VIII, e di Maria I Tudor (1553-1558), che seguì invece una repressiva politica filocattolica. Solo con la successiva sovrana, figlia di Enrico, la scelta protestante fu definitivamente confermata. Sotto il lungo regno di Elisabetta I (1558-1603), l'Inghilterra divenne una potenza coloniale di prima grandezza e avviò un processo di riorganizzazione sociale ed economica interna che avrebbe reso possibile, un secolo e mezzo più tardi, la rivoluzione industriale.
In politica estera, Elisabetta rafforzò la flotta navale e sostenne le iniziative commerciali sui mari, favorendo la creazione di numerose compagnie mercantili. Queste, costituite come private società per azioni, favorirono l'incremento di un ceto di investitori e di uomini d'affari intraprendente e dinamico. Il risultato complessivo della supremazia militare e commerciale sui mari fu la creazione di un vastissimo impero coloniale, formato in parte da territori direttamente soggetti all'Inghilterra (come la Virginia del Nord America) e in parte da basi commerciali capaci di sfruttare non meno efficacemente le ricchezze di vastissimi territori soprattutto nel Mediterraneo orientale, in Africa e in Asia.
Anche nella gestione della politica interna Elisabetta perseguì con ogni mezzo la modernizzazione. In particolare, la regina dette nuovo impulso all'agricoltura grazie a un'importante riforma che sostituiva la tradizionale gestione collettiva dei campi con la loro privatizzazione: le terre, recintate (*enclousures*), vennero affidate alle cure dei singoli per ottenere uno sfruttamento più intensivo e aumentarne la produttività.
È questa una premessa decisiva della successiva rivoluzione industriale.

L'Italia sotto l'egemonia spagnola

Molto diversa da quella delle grandi monarchie europee è la contemporanea situazione in Germania e in Italia. Nel 1555 l'imperatore Carlo V era stato costretto ad accettare, con la pa-

Glossario

Ugonotti Così erano detti i protestanti francesi di tendenza calvinista.
Piazzaforte Città o località fortificata, situata in posizione strategica e usata come base di operazioni militari.

ce di Augusta, la libertà di culto per i principi tedeschi: una profonda ferita al prestigio dell'imperatore e al suo sogno di unità religiosa dell'Impero. Ma il principio *cuius regio, eius religio* ('di colui che governa lo Stato è la religione'; cioè ai principi spetta scegliere la religione praticata nei loro territori) non riuscì a sanare le divisioni religiose, che sfoceranno nella guerra dei Trent'anni (1618-1648).

Per quanto riguarda l'Italia, essa subì, dopo la pace di Cateau-Cambrésis, la dominazione spagnola: direttamente in Sicilia e Sardegna, nel Ducato di Milano e nello Stato dei Presidi sulla costa toscana; indirettamente nel Granducato di Toscana, nel Ducato di Savoia e nella Repubblica di Genova. Solo la Repubblica di Venezia era ancora in grado di sviluppare una politica autonoma; mentre lo Stato della Chiesa aveva bisogno dell'appoggio militare e politico spagnolo nella campagna controriformistica. Fra gli Stati minori, un ruolo importante cominciò ad avere il Ducato di Savoia, che si costituì, secondo il modello francese, come uno Stato relativamente moderno e accentrato.

Documento 1

Paolo Sarpi
Il «proponimento mio»

Le forme
- prosa ordinata e rigorosa

I temi
- giudizio negativo sul concilio di Trento

Il veneziano Paolo Sarpi (1552-1623) *fu un ecclesiastico "controcorrente". Nel 1605 entrò infatti in contrasto con la Chiesa (e fu scomunicato) intervenendo in favore della Repubblica di Venezia in una controversia fra quest'ultima e la Santa Sede per l'amministrazione della giustizia. La sua* Istoria del Concilio Tridentino *(scritta nel 1613-1614, ma pubblicata a Londra nel 1619) venne posta* all'Indice dei libri proibiti. *L'opera rappresenta il risultato più alto nella storiografia del primo Seicento; in otto libri essa racconta gli avvenimenti intercorsi tra il papato di Leone X (1513-1521) e il 1564. Il Proemio si caratterizza per una dichiarazione di scrupolo storiografico e per una presa di posizione preliminare di contenuto politico. Sul piano della correttezza storiografica, l'autore mostra il proprio metodo di lavoro rivolto ad acquisire il maggior numero di testimonianze e di fonti. Sul piano politico, la critica agli esiti del concilio è chiara: esso ha avuto come risultato non l'unità e il rinnovamento della Chiesa, ma la divisione della cristianità e il rafforzamento del centralismo papale.*

Il proponimento mio è di scrivere l'istoria del concilio tridentino, perché, quantonque molti celebri istorici del secol nostro nelli loro scritti n'abbiano toccato qualche particolar successo,[1] e Giovanni Sleidano,[2] diligentissimo autore, abbia con esquisita diligenza narrate le cause antecedenti,[3] nondimeno, poste tutte queste cose insieme, non sarebbono[4] bastanti ad un'intiera narrazione.

Io subito ch'ebbi gusto delle cose umane, fui preso da gran curiosità di saperne l'intiero,[5] e dopo l'aver letto con diligenza quello che trovai scritto e li publici documenti usciti in stampa o divulgati a penna, mi diedi a ricercar nelle reliquie de' scritti[6] de prelati et altri nel concilio intervenuti, le memorie da loro lasciate e li voti o pareri detti in publico, conservati dagli autori proprii[7] o da altri, e le lettere d'avisi[8] da quella città scritte, non tralasciando fatica o diligenza, onde ho

1 n'abbiano... successo: *ne abbiano accennato qualche particolare avvenimento.*
2 Giovanni Sleidano: Johannes Philippi (1506 ca.-1556) detto Sleidano (da Sleiden, sua città natale, vicino Colonia) scrisse un'opera centrale per la storia della Riforma, il *De statu religionis et reipublicae Carolo V Caesare imperatore commentariorum libri XXVI* [Ventisei libri di commentari sulla condizione della religione e dello Stato dedicati all'imperatore Carlo V], riguardante gli anni tra il 1515 e il 1555.
3 le cause antecedenti: cioè tutti gli eventi che avevano portato a indire il concilio.
4 sarebbono: *sarebbero*, nell'antica desinenza del condizionale.
5 Io subito... l'intiero: *io non appena ebbi interesse per gli avvenimenti storici* (**delle cose umane**) *fui preso da un gran desiderio di conoscerne la loro interezza.* Sarpi illustra la necessità di avere tutti i dati per poter parlare correttamente di un argomento storico.
6 nelle reliquie de' scritti: *negli scritti rimasti.* **Reliquie** è dal verbo latino "*relinquere*" = 'lasciare'.
7 proprii: *stessi.*
8 lettere d'avisi: sono i resoconti inviati alle rispettive nazioni e Stati dagli osservatori presenti al concilio.

avuto grazia di vedere sino qualche registro intiero di note e lettere di persone ch'ebbero gran parte in quei maneggi.[9] Avendo adunque tante cose raccolte, che mi possono somministrar assai abondante materia per la narrazione del progresso,[10] vengo in risoluzione di ordinarla.[11]

Racconterò le cause e li maneggi d'una convocazione ecclesiastica, nel corso di 22 anni[12] per diversi fini e con varii mezi da chi procacciata e sollecitata, da chi impedita e differita, e per altri anni 18[13] ora adunata, ora disciolta, sempre celebrata[14] con varii fini, e che ha sortita forma e compimento tutto contrario al dissegno di chi l'ha procurata et al timore di chi con ogni studio l'ha disturbata: chiaro documento di rasignare li pensieri in Dio[15] e non fidarsi della prudenza umana.

Imperoché[16] questo concilio, desiderato e procurato dagli uomini pii per riunire la Chiesa che comminciava a dividersi, ha così stabilito lo schisma et ostinate le parti,[17] che ha fatto le discordie irreconciliabili; e maneggiato[18] da li prencipi per riforma dell'ordine ecclesiastico, ha causato la maggior deformazione che sia mai stata da che vive il nome cristiano, e dalli vescovi sperato[19] per racquistar l'autorità episcopale, passata in gran parte nel solo pontefice romano, l'ha fatta loro perdere tutta intieramente, riducendoli a maggior servitù; nel contrario temuto e sfugito dalla corte di Roma come efficace mezo per moderare l'essorbitante potenza, da piccioli principii pervenuta con varii progressi ad un eccesso illimitato, gliel'ha talmente stabilita e confermata sopra la parte restatagli soggetta, che non fu mai tanta, né così ben radicata.[20]

Non sarà perciò inconveniente[21] chiamarlo la Illiade del secol nostro, nella esplicazione[22] della quale seguirò drittamente la verità, non essendo io posseduto da passione che mi possi far deviare.[23] E chi mi osserverà in alcuni tempi abondare, in altri andar ristretto,[24] si ricordi che non tutti i campi sono di ugual fertilità, né tutti li grani meritano d'esser conservati, e di quelli che il mietitore vorrebbe tenerne conto, qualche spica[25] anco sfugge la presa della mano o il filo della falce, così comportando la condizione d'ogni mietitura, che resti anco parte per rispigolare.[26]

da P. Sarpi, *Istoria del Concilio Tridentino*, a cura di C. Vivanti, Einaudi, Torino 1974.

9 in quei maneggi: fin dall'Introduzione all'*Istoria*, il concilio viene presentato come luogo di intrighi internazionali, ben lontano da ogni preoccupazione di tipo etico e religioso (vedi, più sotto, la definizione dell'argomento: «Racconterò le cause e li maneggi d'una convocazione ecclesiastica»).

10 per... progresso: *per il proseguimento della narrazione.*

11 vengo... ordinarla: *mi accingo a esporla con ordine.* Anche questa affermazione dimostra il grande scrupolo "scientifico" e filologico dell'autore, sempre attento alla completezza espositiva della propria ricostruzione storica.

12 22 anni: dal 1523 al 1545.

13 anni 18: il Concilio si svolse con interruzioni, spostamenti di sede, sospensioni (come precisa anche Sarpi) dal 15 marzo 1545 al 4 dicembre 1563.

14 celebrata: *ricostituita.*

15 e che ha... in Dio: *e che ha condotto a una forma e a un risultato* (**compimento**) *del tutto opposto al proposito di chi l'aveva promosso e al timore di chi con ogni mezzo l'ha ostacolato: testimonianza chiara del dover rimettersi* (**rasignare li pensieri**) *a Dio.* Lo stile rigoroso di Sarpi si appoggia a parallelismi lessicali e sintattici che rafforzano l'ordinato procedere dell'analisi.

16 Imperoché: *poiché.* La proposizione causale è cifra caratteristica della prosa stringente e conseguente di Sarpi.

17 ha così... parti: *ha così radicalizzato lo scisma* [: tra cattolico e protestanti] *e rese ostili le parti.*

18 maneggiato: *strumentalizzato.*

19 sperato: *auspicato.* Si noti la costruzione del periodo su membri contrapposti: da un lato ciò che veniva richiesto (ricomposizione dello scisma, separazione del potere spirituale da quello temporale, equilibrio tra potere dei vescovi e del pontifice), dall'altro gli esiti effettivi delle manovre e degli intrighi.

20 nel contrario... radicata: Sarpi vuol dire che il concilio, temuto da Roma per la sua possibilità di temperare lo strapotere pontificio, in realtà lo ha ulteriormente stabilizzato, soprattutto nelle zone direttamente influenzate dalla religione cattolica.

21 inconveniente: *sconveniente.*

22 esplicazione: *esposizione.*

23 non... deviare: in realtà la suddetta esplicazione sarà "di parte" proprio perché fondata sulla verità, sulla inevitabile parzialità di ogni ricostruzione storiografica che in questo suo deciso orientarsi acquista il valore di documento interpretativo: diviene il punto di partenza di una discussione e di un miglioramento.

24 in alcuni... ristretto: *in alcuni momenti abbondare* [*nell'esposizione*], *in altri essere sintetico.*

25 spica: *spiga.*

26 così... rispigolare: *perché così comporta ogni mietitura,* [*cioè*] *che rimanga anche una parte per spigolare di nuovo* [: per raccogliere le spighe lasciate sul campo]. Questa immagine conclusiva è un invito di Sarpi agli storici perché riprendano i suoi temi e non facciano cadere la motivazione intellettuale sottesa alla loro attività: la ricerca, polemica e spietata, del "vero".

Lavoriamo sul testo

Leggere e capire

Il metodo e il giudizio Ad apertura dell'opera, Sarpi dichiara il suo «proponimento [...] di scrivere l'istoria del concilio tridentino». Nel secondo capoverso l'autore si sofferma su una questione di metodo, sottolineando l'abbondanza e la varietà delle fonti consultate. Grazie a esse, Sarpi potrà illuminare «le cause e li maneggi d'una convocazione ecclesiastica». Nel successivo capoverso (il quarto) emerge con chiarezza il giudizio dell'autore rispetto a «questo concilio», che ha sortito effetti opposti rispetto a quelli previsti: «ha così stabilito lo schisma et ostinate le parti» anziché riunire la cristianità; ha ridotto i vescovi «a maggior schiavitù» anziché riportare un equilibrio fra autorità episcopale e sede pontificia; ha «stabilita e confermata» la potenza della corte di Roma anziché moderarla. Con la metafora finale delle spighe e del mietitore, Sarpi invita gli storici a riprendere e approfondire i temi da lui trattati.

Analizzare

Il rigore dello stile La scrittura di Sarpi non mira, come avviene nel Barocco, a stupire il lettore con arditezze linguistiche e retoriche, ma è volta a costruire un discorso rigoroso e logicamente articolato. Essa resta fedele alla compostezza e alle procedure razionali dell'età umanistico-rinascimentale. Il rapporto tra frase principale e secondaria è sempre molto scandito. Le secondarie sono assai spesso (a partire dal primo periodo, segnato infatti da un «imperocché») di tipo causale, perché intendono sottolineare il rapporto di causa ed effetto: particolare significativo che rivela l'atteggiamento analitico e razionalistico dell'autore.

Interpretare e approfondire

Il carattere saggistico Da un lato Sarpi si rifà a documenti storici e all'analisi delle fonti e dichiara di scrivere senza «passioni» che possano distoglierlo dalla verità oggettiva dei fatti; dall'altro espone apertamente il proprio punto di vista personale, che consiste nel sottolineare l'esito paradossale del concilio di Trento: questo è stato convocato per restaurare l'unità della cristianità e per limitare l'autorità del papa e si è concluso rafforzando lo scisma luterano e il centralismo papale. Nel modo in cui Sarpi sottolinea questi due aspetti contraddittori si può cogliere il carattere ormai saggistico assunto dalla moderna storiografia: per un verso essa diventa più scientifica, ma per un altro appare sempre più consapevole che ogni proposta storiografica contiene anche una interpretazione dei fatti che corrisponde al punto di vista dell'autore. Così Sarpi riprende e continua la tendenza saggistica già presente in Machiavelli e in Guicciardini.

Esercizi

Prima prova A • L'analisi del testo

Comprendere

1 Un proponimento

Il Proemio della *Istoria del Concilio Tridentino* è occupato dal «proponimento» dell'autore: che cosa significa il termine "proponimento"?

Analizzare

2 Il linguaggio metaforico

Nella conclusione Sarpi impiega un'immagine metaforica: indica qual è e spiegane il significato.

Interpretare e approfondire

3 La tesi dell'autore

Già nel Proemio emerge la tesi "politica" dell'autore rispetto al concilio di Trento: riassumila in poche righe facendo opportuni riferimenti al testo.

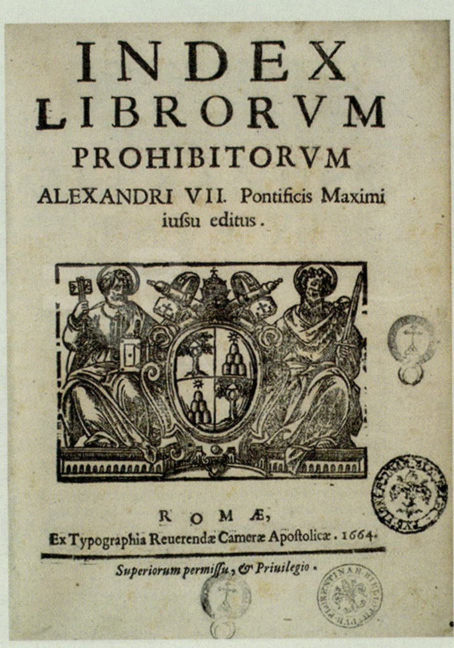

Frontespizio dell'Indice dei libri proibiti nell'edizione del 1664.

L'Europa segnata dalla crisi economica e dalla guerra dei Trent'anni

Epidemie, blocco demografico e crisi economica

Dalla fine del Cinquecento e per tutta la prima metà del Seicento, le carestie e le grandi pestilenze, che erano diminuite intorno al 1540, tornarono a colpire le popolazioni dell'Europa. Una grande epidemia di peste devastò fra il 1596 e il 1603 Spagna, Germania, Francia e Inghilterra. Un'altra lunghissima epidemia accompagnò lo svolgimento della guerra dei Trent'anni (1618-1648), dilagando non solo in Germania, che fu il centro delle azioni belliche, ma anche a Londra e nell'Italia settentrionale. Infine, un'ultima ondata di peste tra il 1647 e il 1668 colpì Amsterdam, Londra, Parigi, Siviglia, Napoli, Roma e Genova. Le conseguenze sulla crescita delle popolazioni europee furono rilevanti, determinando un blocco dello sviluppo demografico. I danni prodotti dalla peste vanno poi sommati a quelli derivati dalle annate di cattivo raccolto o di carestia, che si moltiplicarono a partire dal 1570-1580. Le ripercussioni sul piano economico non si fecero sentire immediatamente perché gli effetti positivi della crescita coloniale e monetaria iniziata attorno al 1480 si prolungarono fino al 1620. La frattura avvenne allora: la crisi economica imperversò in tutta Europa dal 1620 ai primi decenni del Settecento. Essa colpì diversamente i singoli Paesi e finì per rafforzare le differenze esistenti tra un territorio e l'altro. Per esempio, fissò le basi del divario tra le regioni a sviluppo mercantile e capitalistico (Olanda, Inghilterra e in parte Francia) e l'area mediterranea (Italia e penisola Iberica) che da allora si avviò a una prolungata decadenza. In Italia, in particolare, si iniziò a delineare il dislivello economico fra Nord e Sud. Nell'Est dell'Europa, dove i diritti dei signori sui contadini crebbero a dismisura, la servitù della gleba si estese a strati sempre più ampi della popolazione con-

Pieter Bruegel il Vecchio, *Il trionfo della Morte*, 1562. Madrid, Museo del Prado.

tadina. Qui si affermò un processo di «rifeudalizzazione», che in forme evidenti ma più blande si ebbe pure in Italia.

La guerra dei Trent'anni

L'epoca delle guerre di religione non si era affatto conclusa con il finire del secolo, e anzi avrebbe toccato l'apice nel Seicento. Nell'Impero degli Asburgo, separato politicamente ma dinasticamente legato ai regnanti di Spagna, dopo un'epoca di relativa tolleranza, l'elezione al trono di Mattia (1612) comportò il trionfo del partito della Controriforma, che più tardi, nel 1618, determinò l'avvio della guerra dei Trent'anni, il momento più radicale e atroce del conflitto civile fra protestanti e cattolici. Nella guerra si distinguono quattro fasi, definite dal nome degli Stati nei quali si svolsero le ostilità via via più significative e si ebbero gli scontri più decisivi.

- *fase boemo-palatina (1618-1623)*: i boemi si ribellano all'Impero e formano la Lega evangelica. Sono però sconfitti da Spagna e Papato (uniti nella Lega cattolica) nella battaglia della Montagna Bianca (1620);
- *fase danese (1625-1629)*: alcuni Stati riformati (Danimarca, Olanda, Inghilterra) – supportati dalla Francia del cardinale Richelieu che mira a ridimensionare l'egemonia spa-

Glossario

Rifeudalizzazione Termine usato dagli storici per sottolineare un fenomeno che emerge nel corso della crisi economica seicentesca, ovvero la tendenza a trasferire i capitali, che prima maturavano in attività commerciali, nell'acquisto di terre. Si è parlato anche di «ruralizzazione delle classi possidenti».

Gli spazi 2 L'Europa dopo la pace di Westfalia

gnola – scendono in campo contro gli Asburgo, ma senza successo e la Danimarca è invasa (pace di Lubecca, 1629);

- *fase svedese (1629-1635)*: re Gustavo II Adolfo di Svezia si erge a difensore della causa protestante e invade la Germania riportando importanti successi (battaglia di Breitenfeld, 1631) finché la sua morte (battaglia di Lützen, 1632) dà modo agli Asburgo di contrattaccare e di ottenere la sottomissione dei principi tedeschi suoi alleati (pace di Praga, 1635);
- *fase francese (1635-1648)*: il successo imperiale induce la Francia a intervenire direttamente contro Germania e Spagna, trasformando il conflitto in scontro aperto per l'egemonia politica in Europa. La vittoria francese a Rocroi (1643) costringe gli Asburgo d'Austria ad avviare un lungo percorso diplomatico il cui esito è la pace di Westfalia (1648), ovvero un insieme di accordi che sanciscono importanti conquiste per le Province Unite (il riconoscimento dell'indipendenza), per la Francia (nuovi territori a est) e per la Svezia (l'egemonia sul Baltico; ▶ Gli spazi 2).

Dopo la pace di Westfalia

Il valore della pace di Westfalia

La pace di Westfalia chiuse una stagione della storia europea e fissò le coordinate generali di una fase politica nuova, che si protrarrà per vari decenni. Infatti essa:

1. pose fine all'età dei conflitti religiosi, riconoscendo la legittimità delle tre confessioni cristiane più diffuse in Europa occidentale: la cattolica, la luterana e la calvinista;
2. decretò il tramonto delle ambizioni universalistiche dell'Impero, rivendicate a lungo dagli Asburgo d'Austria e di Spagna, sancendo il diritto di tutti gli Stati europei (e soprattutto della Francia) alla propria legittima autonomia;
3. segnò una svolta nelle relazioni internazionali fra gli Stati, sempre più affidate a una moderna politica di scambi diplomatici, così che la negoziazione tese a sostituire l'aggressività;
4. confermò e stabilizzò la frammentazione politica dell'area tedesca, proprio nel momento in cui nel resto d'Europa gli Stati nazionali raggiungevano la massima coesione e solidità.

▼ Jean Nocret, *Luigi XIV e la famiglia reale*, 1670. Castello di Versailles.

Stati assoluti e Stati parlamentari: i casi di Francia e Inghilterra

Il rafforzamento degli Stati nazionali che caratterizza questo periodo può compiersi secondo due modelli diversi. Un primo modello, di cui la Francia rappresenta il prototipo, è lo Stato assoluto; Stati assoluti sono anche Spagna, Austria, Russia, Prussia, Polonia. Un'altra possibilità è la monarchia parlamentare, che si afferma in Inghilterra, dove un complesso processo rivoluzionario pone questo Paese all'avanguardia della trasformazione istituzionale in senso moderno. Regimi non monarchici resistono infine in pochi ma significativi Stati europei, fra i quali spiccano le Province Unite, la Svizzera e la Repubblica di Venezia.
In Francia Luigi XIV, "il Re Sole", succede a Luigi XIII nel 1643, esercitando il potere dapprima sotto la reggenza del cardinale Mazarino (1643-1661) e poi direttamente (1661-1715). Egli accentuò la politica accentratrice già perseguita dal padre e dal cardinale Richelieu: escluse l'aristocrazia terriera dal potere reale, coinvolgendola nel clima frivolo della sfarzosa vita di corte, affidò vari incarichi di governo a funzionari borghesi, censurò qualsiasi voce dissonante, sostenne un'abilissima propaganda centrata sulla figura del sovrano, quasi divinizzata.Una cauta politica economica mercantilista gli permise di finanziare l'aggressiva politica espansionistica.
Diverso il modello statale che si affermò in Inghilterra: qui la decapitazione di Carlo I nel 1649, dopo sette anni di guerra civile sostenuta dalle rivendicazioni del Parlamento nei confronti della Corona, avviò la storia inglese a una fase nuova e originale che anticipava il parlamentarismo caratteristico delle moderne democrazie liberali. Alla breve dittatura di Cromwell (morto nel 1658), che aveva guidato il partito parlamentare, seguì la restaurazione del potere monarchico, costretto tuttavia con Carlo II Stuart, con Giacomo II e infine con Guglielmo III d'Orange a riconoscere i diritti costituzionali e l'autorità del Parlamento (decisiva in tal senso fu la dichiarazione dei diritti, il *Bill of Rights*, del 1689).

La decadenza spagnola

La Spagna, uscita sconfitta dalla guerra dei Trent'anni, è ormai destinata al declino. Ma la decadenza militare e politica spagnola non è che un aspetto di quella economica. L'afflusso dei metalli preziosi provenienti dall'America conobbe una netta flessione già a partire dall'inizio del Seicento, favorendo una serie rovinosa di bancarotte del Paese (nel senso che lo Stato spagnolo era indebitato e senza il massiccio afflusso di ricchezze americane non riusciva a onorare i debiti). Anche il controllo sui commerci e sulla tratta degli schiavi subì una crisi in seguito alla concorrenza olandese e inglese. La politica di lusso, di spreco e di corruzione che distingueva la nobiltà e la mancanza di un ricco e intraprendente ceto borghese nel campo delle manifatture collaborarono al declino. Quando Filippo IV morì nel 1665, la Spagna, pur disponendo ancora di un vasto impero coloniale e controllando ampie zone in Italia e nel resto d'Europa, era un Paese in ginocchio sia economicamente che politicamente.

La situazione italiana

La guerra dei Trent'anni non coinvolse l'Italia. Il nostro Paese nel Seicento fu "in pace" e mantenne la sua unità religiosa. Ma lo storico francese Fernand Braudel parla di una «pacifica prigionia» dalla quale l'Italia ricavò il «dono avvelenato» di un lento declino. Il declino fu innanzitutto economico e sociale. D'altra parte il Mediterraneo aveva perduto gran parte della sua importanza: i grandi commerci attraversavano l'Atlantico e si estendevano all'oceano Indiano, tagliando fuori i porti italiani. Inoltre, nel Mediterraneo stesso penetravano navi olandesi e inglesi, vincendo la concorrenza di quelle veneziane e genovesi. Tuttavia il Seicento non è per l'Italia solo il secolo della crisi: nel medesimo periodo si registra sia un indubbio declino economico, politico e sociale, sia la rivoluzione scientifica di Galileo. Ancora Braudel ricorda che «questa Italia crea il barocco, una nuova forma di gusto e di cultura, una "civiltà" che rivestirà l'intera Europa».

Glossario

Mercantilismo Politica economica che mira al controllo statale dei traffici commerciali, con un incoraggiamento delle esportazioni e una limitazione protezionistica delle importazioni. Lo scopo è l'accumulazione di ricchezza nelle casse dello Stato, misurata soprattutto sul possesso di metalli preziosi. In Francia una politica mercantilista fu seguita fra il 1665 e il 1683 dal ministro delle Finanze Colbert (si parla infatti anche di "colbertismo").

Affresco di Giovan Battista Gaulli, detto il Baciccia, rappresentante il *Trionfo del nome di Gesù* (1676-1679) nella chiesa del Gesù, a Roma.

2 La cultura repressiva della Controriforma

Il concilio di Trento definì rigidamente il confine fra verità ed errore, fra lecito e illecito. Per imporlo, l'autorità religiosa cercò di rafforzare il proprio potere in modo da controllare rigidamente i comportamenti sociali e la stessa cultura attraverso un'organizzazione capillare del consenso. Un ruolo centrale in questo processo ebbe la Compagnia di Gesù, fondata da Ignazio di Loyola nel 1540.

Una strategia di repressione e consenso

A partire dagli anni del concilio di Trento la Chiesa cercò di organizzare capillarmente la società con lo scopo di controllarla ideologicamente e di uniformarla non solo a un insieme di dottrine e di regole, ma a un complessivo modello di vita e di condotta. A tale scopo attuò una strategia che può essere sintetizzata in tre punti.

1. *L'esclusione del diverso* Il diverso non è ammesso: esso viene duramente represso (la persecuzione contro gli ebrei, i processi contro i liberi pensatori). Da questo punto di vista un fenomeno rilevante fu la caccia alle streghe, che riacutizzò i peggiori pregiudizi della cultura cristiana contro le donne, giudicate inferiori e più degli uomini soggette al peccato. Torturate dal Tribunale dell'Inquisizione, le donne finivano per confessare solo per porre fine al tormento fisico e psicologico.
2. *Uniformazione e omologazione della cultura popolare e sua distinzione da quella d'élite* L'azione di rieducazione delle masse da parte della Chiesa procedette sia attraverso l'eliminazione nelle campagne dei residui di riti e costumi pagani, sia attraverso il controllo religioso dei parroci sull'educazione popolare. La religione per il popolo assume l'aspetto del catechismo, che semplifica la dottrina riducendola a pochi concetti elementari espressi in lingua volgare. La liturgia è invece in latino, lingua incomprensibile al popolo, così come la Bibbia, in contrasto con la traduzione tedesca realizzata da Lutero.
3. *Controllo sulla cultura e formazione dei ceti dirigenti* Nel campo educativo, l'azione dell'ordine dei gesuiti (di cui diremo fra poco) assicura negli Stati di religione cattolica la formazione omogenea dei gruppi dirigenti.

La repressione del libero pensiero

Procedimenti repressivi furono la censura sulle pubblicazioni a stampa, l'istituzione dell'*Indice dei libri proibiti* (il primo viene varato da papa Paolo IV nel 1559), le edizioni "purgate" (cioè censurate) dei classici, i processi ai liberi pensatori. Occorreva l'autorizzazione ecclesiastica per qualunque libro venisse stampato negli Stati cattolici. Attraverso l'Indice venivano forniti elenchi di libri da sequestrare e bruciare, tra i quali erano tutti quelli provenienti dal mondo luterano o calvinista o anglicano. Gli intellettuali che si allontanavano dal pensiero ufficiale della Chiesa venivano perseguitati. La ricerca scientifica e filosofica perse così la sua libertà e quindi la sua originalità.

L'ordine dei gesuiti

Anche nel campo dell'educazione la Chiesa riconquista il potere: l'istruzione elementare è affidata a scuole parrocchiali, quella preuniversitaria a istituti ecclesiastici, come i

Glossario

Censura Dal latino *censura*, che in epoca romana indicava 'l'ufficio del censore', cioè del magistrato incaricato di accertare il patrimonio e di valutare la condotta dei cittadini. In epoca controriformista il termine si riferisce invece al controllo sulla stampa, per accertare e valutare eventuali eresie, critiche a ecclesiastici e sovrani, tematiche oscene. Tale controllo avvenne attraverso l'Indice dei libri proibiti: la censura poteva riguardare l'intero libro (che veniva bruciato in pubblici roghi) o solo alcune parti (che venivano tagliate o modificate).

collegi dei gesuiti. Restano formalmente autonome le Università, ma anch'esse sono sempre più sottoposte al controllo ecclesiastico. In particolare, l'ordine dei gesuiti costituì il principale strumento di organizzazione culturale nell'età della Controriforma.
Esso fu fondato nel 1534 da Ignazio di Loyola, ex ufficiale dell'esercito spagnolo, che organizzò i gesuiti come una compagnia di soldati (i "soldati del papa", con voto di obbedienza assoluta al pontefice). Come nel modello militare, la validità dell'azione deve essere confermata dal successo. I gesuiti hanno perciò un fortissimo senso della realtà: non tendono al distacco dal mondo, ma al controllo della società. I collegi gesuiti, aperti anche a studenti esterni, formeranno le classi dirigenti europee per quasi due secoli. Le regole e l'ordine degli studi vennero fissati in modo rigido e definitivo nel 1599 nella *Ratio studiorum*, ovvero 'Ordine degli studi' (▶ Focus).

La strategia di repressione della Chiesa

dall'obiettivo...

controllo della Chiesa sui comportamenti sociali e sulla cultura

... agli strumenti

- "reclusione" e repressione del diverso
- rieducazione della massa popolare
- censura sulle pubblicazioni a stampa
- *Indice dei libri proibiti*
- processi ai liberi pensatori
- collegi gesuiti

Focus Le regole dei gesuiti per l'esame scritto

La *Ratio Studiorum* [Ordine degli studi, 1599] stabiliva le norme per professori e studenti dei collegi gesuiti. Riportiamo qui quelle per l'esame scritto, rimaste invariate fino ai giorni nostri.

1. Tutti gli studenti devono essere consapevoli che se alcuni dovessero mancare il giorno dello scritto, salvo che non siano impediti da gravi motivi, non si potrà tenere nessun conto di loro nell'esame.
2. Devono venire a scuola per tempo per poter scrivere fedelmente il tema della composizione e tutto quanto in quell'occasione il prefetto, direttamente o tramite altri, assegnerà loro. Gli studenti devono terminare tutto prima della fine delle lezioni. Dopo che è stato ordinato il silenzio, nessuno può parlare con gli altri, neppure con lo stesso prefetto o con colui che lo sostituisce.
3. È bene arrivare forniti dei libri necessari e degli altri oggetti necessari al compito, in modo che nessuno debba chiedere qualcosa nel corso dello scritto.
4. Gli studenti devono scrivere in modo adeguato al livello di ciascuna classe, con chiarezza e con le parole e i costrutti prescritti dall'argomento. Le frasi scritte in modo ambiguo saranno considerate nel senso peggiore, le parole omesse o cambiate con leggerezza per evitare una difficoltà saranno considerate sbagliate.
5. Bisogna stare attenti a non comunicare con i compagni di banco: infatti se per caso si trovano due compiti simili o uguali, bisogna sospettare di entrambi, non potendo appurare chi dei due abbia copiato dall'altro.
6. Per evitare gli inganni, se per caso si è costretti a concedere a qualcuno il permesso di uscire dopo l'inizio della prova, costui deve lasciare quanto ha già scritto al prefetto o a colui il quale in quel momento sovrintende alla classe.
7. Finito lo svolgimento, ognuno, standosene al suo posto, deve rivedere attentamente quello che ha scritto, correggerlo e perfezionarlo a piacere. Infatti, dal momento in cui il compito viene consegnato al prefetto, se poi bisogna correggere qualcosa non può più essere restituito.
8. Quando il prefetto lo ordina, gli studenti devono piegare per bene il proprio compito e scrivere sul retro soltanto il nome e cognome, in latino, dell'autore, in modo che, se si vuole, i compiti possano essere messi più facilmente in ordine alfabetico.
9. Quando ciascun studente va dal prefetto per consegnargli il compito deve portare con sé i suoi libri in modo che, consegnatolo, possa uscirsene subito in silenzio dalla scuola. Gli altri, invece, mentre i loro compagni se ne vanno, non devono cambiare posto, ma finire il compito al posto in cui hanno cominciato.
10. Se qualcuno non avrà terminato nel tempo concesso per la prova, dovrà consegnare quanto avrà fatto. Per questo sarà bene che tutti sappiano con esattezza quanto tempo è concesso per scrivere, quanto per copiare e correggere.

da *Ratio Studiorum*, a cura di M. Salomone, Feltrinelli, Milano 1979.

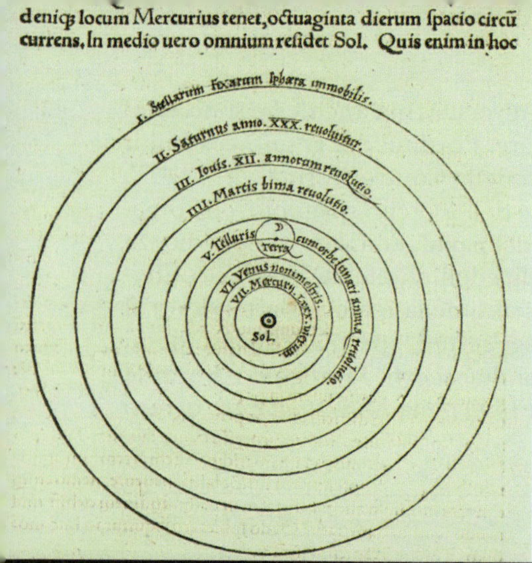

Il modello eliocentrico del sistema solare illustrato da Mikołaj Kopernik, latinizzato in Nicolaus Copernicus (1473-1543), nel *De revolutionibus orbium coelestium.*

3 Il pensiero controcorrente e la rivoluzione scientifica

Nonostante l'azione repressiva controriformistica, il Seicento vede affermarsi una rivoluzione scientifica. Essa ha le sue premesse nell'opera di Copernico, che nel 1543 aveva formulato una visione completamente nuova dell'universo ipotizzando il sistema eliocentrico. La diffusione delle sue tesi produce un senso o di esaltazione per l'infinità dei mondi o di smarrimento, ma soprattutto offre a tre studiosi materiale da sviluppare e sostanziare: il tedesco Keplero, l'italiano Galileo Galilei, l'inglese Isaac Newton. Sono loro i fondatori della scienza moderna.

L'opposizione e le sue conseguenze

La cultura repressiva della Chiesa non riesce a impedire l'emergere di un pensiero controcorrente; non riesce a impedire, soprattutto, l'avviarsi di una rivoluzione scientifica che cambia definitivamente la visione dell'universo. E tuttavia l'opposizione alla cultura dominante viene pagata a caro prezzo dagli intellettuali "dissidenti": Tommaso Campanella (1568-1639) è imprigionato per trent'anni, dal 1599 al 1629; Giordano Bruno (nato nel 1548) muore sul rogo nel 1600; Galileo Galileo (1564-1642) è costretto all' abiura nel 1633.

L'utopia contro la realtà: la *Città del sole* di Campanella

Per contrastare il pensiero dominante della Controriforma in campo politico, il frate ribelle Tommaso Campanella (dopo aver tentato nel 1599 in Calabria una rivolta popolare contro l'oppressione spagnola) si rifugia nell'ambito dell' utopia. La Controriforma rifiuta Machiavelli, che aveva sostenuto l'autonomia dello Stato dalla morale religiosa, e sostiene la conciliazione tra politica e religione. Gli intellettuali si adeguano per lo più a questa posizione. Le poche eccezioni sono tutte nell'ambito della trattatistica utopica: impossibilitati a percorrere la strada del cambiamento pratico, questi intellettuali irregolari immaginano una nuova società ideale. È appunto il caso di Campanella e della sua *Città del sole*, il trattato scritto in carcere nel 1602 ma pubblicato solo nel 1623 a Francoforte. Vi si immagina un dialogo tra un Ospitalario (cioè un cavaliere dell'ordine degli Ospitalieri di san Giovanni a Gerusalemme) e un Genovese, «nochiero» (timoniere) di Cristoforo Colombo. Il Genovese, circumnavigando il globo, ha scoperto la Città del sole nell'isola di Taprobana. Solo in questo luogo immaginario si realizza il progetto politico di Campanella, che prevede l'abolizione della proprietà privata e la possibilità di una vita comunitaria armoniosa, garantita da un potere equo e saggio (▶ Documento 2).

Dall'utopia cinquecentesca all'antiutopia moderna

Copernico e la nuova visione dell'universo

Ma è nel campo dell'astronomia che il pensiero controcorrente desta maggiore "scandalo", pervenendo a scoperte che aprono la via della scienza moderna. La "rivoluzione scientifica" seicentesca ha le sue premesse nell'opera dell'astronomo polacco Niccolò Copernico (1473-1573), che nel suo *De revolutionibus orbium coelestium* [Sulla rivoluzione delle sfere celesti, 1543] formula la teoria eliocentrica, secondo la quale è il Sole e non la Terra al centro del sistema dei pianeti. Viene perciò rovesciata la precedente cosmologia tolemaica e la con-

Glossario

Abiura Ritrattazione solenne di una fede, di una dottrina, di un principio.

Utopia La parola "utopia" deriva dal greco e letteralmente significa 'in nessun luogo'. L'utopia rappresenta una società ideale, immaginata nel futuro o in continenti sconosciuti e ha la funzione di denunciare la realtà presente. La trattatistica utopica è un genere legato al trattato politico che si diffonde soprattutto dal Cinquecento al Settecento, assumendo in particolare due modelli: l'*Utopia* di Tommaso Moro (1516) e la *Repubblica* di Platone, in cui il filosofo antico descriveva il suo Stato perfetto.

cezione geocentrica che era alla base della visione biblico-cristiana dell'universo. Di qui la crescente opposizione della Chiesa alla teoria copernicana; finché il Sant'Uffizio arriverà a processare e a condannare Galilei (nel 1633) per averla diffusa e sostenuta nel suo *Dialogo sopra i due massimi sistemi del mondo* (1632).

La visione copernicana ebbe conseguenze culturali enormi: modificò la percezione dello spazio e promosse la formazione della nuova mentalità scientifica. Con Copernico cambia innanzitutto il modo di concepire l'essere umano all'interno dell'universo. L'immagine secolare di una struttura gerarchica dello spazio che ha il suo centro nella Terra e nell'uomo viene demolita: la Terra assume ora una collocazione marginale nell'immensità di un universo in cui l'uomo ha perso il suo ruolo privilegiato. Inserito in un nuovo sistema aperto, l'individuo non sa più determinare con chiarezza la propria posizione nello spazio. Tutto diventa incerto e preca-

Focus Montaigne e il relativismo moderno

L'intellettuale francese Michel de Montaigne (1533-1592) si inserisce in modo originale nel dibattito provocato in Europa dalla scoperta dell'America e dal conseguente contatto con nuovi popoli. Nei suoi *Saggi* emerge una prospettiva relativistica che invita alla "sospensione del giudizio" e al rispetto del "diverso". È messa in crisi l'ottica cristiana ed eurocentrica con la quale la cultura ufficiale aveva giudicato barbari e inferiori gli indigeni americani. Per Montaigne il concetto di barbaro è relativo perché, come si legge nel brano qui proposto, «ognuno chiama barbarie quello che non è nei suoi usi; sembra infatti che noi non abbiamo altro punto di riferimento per la verità e la ragione che l'esempio e l'idea delle opinioni e degli usi del paese in cui siamo».

▶ Montaigne in un ritratto anonimo del 1590 circa.

Ora mi sembra che in quel popolo non vi sia nulla di barbaro e di selvaggio, a quanto me ne hanno riferito, se non che ognuno chiama barbarie quello che non è nei suoi usi; sembra infatti che noi non abbiamo altro punto di riferimento per la verità e la ragione che l'esempio e l'idea delle opinioni e degli usi del paese in cui siamo. Ivi è sempre la perfetta religione, il perfetto governo, l'uso perfetto e compiuto di ogni cosa. Essi sono selvaggi allo stesso modo che noi chiamiamo selvatici i frutti che la natura ha prodotto da sé nel suo naturale sviluppo: laddove, in verità, sono quelli che col nostro artificio abbiamo alterati e distorti dall'ordine generale[1] che dovremmo piuttosto chiamare selvatici. In quelli sono vive e vigorose le vere e più utili e naturali virtù e proprietà, che invece noi abbiamo imbastardite in questi, soltanto per adattarle al piacere del nostro gusto corrotto. E nondimeno il sapore medesimo e la delicatezza di diversi frutti di quelle regioni, che non sono stati coltivati, sembrano eccellenti al nostro gusto, in confronto ai nostri. Non c'è ragione che l'arte guadagni il punto d'onore sulla nostra grande e potente madre natura. [...]

Quei popoli dunque mi sembrano barbari in quanto sono stati in scarsa misura modellati dallo spirito umano, e sono ancora molto vicini alla loro semplicità originaria. Li governano sempre le leggi naturali, non ancora troppo imbastardite dalle nostre; ma con tale purezza, che talvolta mi dispiace che non se ne sia avuta nozione prima, quando c'erano uomini che avrebbero saputo giudicarne meglio di noi. Mi dispiace che Licurgo e Platone[2] non ne abbiano avuto conoscenza; perché mi sembra che quello che noi vediamo per esperienza in quei popoli oltrepassi non solo tutte le descrizioni con cui la poesia ha abbellito l'età dell'oro, e tutte le sue immagini atte a raffigurare una felice condizione umana, ma anche la concezione e il desiderio medesimo della filosofia. Essi non poterono immaginare una ingenuità tanto pura e semplice quale noi vediamo per esperienza; né poterono credere che la nostra società potesse mantenersi con così pochi artifici e legami umani. È un popolo, direi a Platone, nel quale non esiste nessuna sorta di traffici; nessuna conoscenza delle lettere; nessuna scienza dei numeri; nessun nome di magistrato, né di gerarchia politica; nessuna usanza di servitù, di ricchezza o di povertà; nessun contratto; nessuna successione; nessuna spartizione; nessuna occupazione se non dilettevole; nessun rispetto della parentela oltre a quello ordinario; nessun vestito; nessuna agricoltura; nessun metallo; nessun uso di vino o di grano. Le parole stesse che significano menzogna, tradimento, dissimulazione, avarizia, invidia, diffamazione, perdono, non si sono mai udite.

da M. de Montaigne, *Saggi*, a cura di F. Garavini, Adelphi, Milano 1982.

1 **ordine generale:** l'ordine della natura.
2 **Licurgo e Platone:** Licurgo è il mitico legislatore spartano, che si fa risalire al IX secolo a.C; Platone (427-347 a.C.) è il filosofo ateniese che teorizzò nella *Repubblica* lo Stato ideale.

rio: si apre la strada al relativismo moderno. D'altra parte anche le scoperte geografiche, ponendo in contatto con popoli nuovi, mettono in crisi l'idea dell'unicità e della centralità della civiltà europea nel mondo. L'intellettuale francese Michel de Montaigne (1533-1592) nei suoi Saggi (1580, poi ampliati nel 1588 e nel 1595) condanna l'atteggiamento eurocentrico che ha portato al massacro degli indigeni americani, giudicati barbari e inferiori (▶ Focus, p. 19).

Giordano Bruno: l'infinità dell'universo e dei mondi

Le radicali novità introdotte da Copernico sono interpretate in senso ottimistico da Giordano Bruno, filosofo, scrittore e frate domenicano che guarda con entusiasmo al progresso umano. Convinto della superiorità dei moderni sugli antichi, egli accetta la teoria copernicana e ne trae tutte le conseguenze, sostenendo l'idea dell'infinità dell'universo e dell'infinità dei mondi. Bruno considera infatti «cosa indegna della divina bontà e potenzia che, possendo [: potendo] produr oltra questo mondo un altro ed altri infiniti, produce un mondo finito». Egli diffuse le sue idee fuori dall'Italia, costretto a continue peregrinazioni in Europa per sfuggire alla minaccia di un processo per eresia. Vive prima in Francia, dove compone la commedia *Il candelaio* (1582), poi a Londra. Qui provoca scandalo all'Università di Oxford insegnando le proprie rivoluzionarie teorie cosmologiche, poi esposte nei dialoghi volgari *La cena de le ceneri*, *De la causa, principio et uno* e *De l'infinito, universi e mondi*, tutti scritti nel 1584. Le sue posizioni morali sono espresse in altre tre opere (ancora dialoghi) in volgare scritte fra il 1584 e il 1585: *Spaccio de la bestia trionfante*, *Cabala del cavallo pegaseo* e soprattutto *De gli eroici furori* («l'eroico furore» è lo slancio impetuoso dell'amore che consente all'uomo l'esperienza dell'infinito).

Giordano Bruno • L'universo infinito e senza centro

Tornato in Italia nel 1591, Bruno subì un lungo processo che si concluse con la condanna a morte e con il rogo, sulla piazza romana di Campo dei fiori, il 17 febbraio del 1600.

La rivoluzione scientifica del Seicento

Lo scardinamento delle vecchie certezze ha un effetto liberatorio: nasce la libertà di ricerca su cui si basa la scienza moderna. Il dubbio, il rifiuto di ogni verità precostituita, diventano la premessa di ogni vera conoscenza. L'esperienza è il fondamento di ogni certezza e apre la strada a importanti scoperte. Grazie a queste nuove convinzioni e nonostante l'azione repressiva della Chiesa, si può parlare nel Seicento di una vera e propria rivoluzione scientifica. I suoi principali fautori sono tre studiosi che nel corso del secolo sviluppano e danno sostanza all'ipotesi eliocentrica formulata da Copernico: il tedesco Keplero (1571-1630) studia il movimento dei pianeti intorno al Sole; l'italiano Galileo Galilei (1564-1642) osserva il cielo con il suo cannocchiale e nel *Dialogo sopra i due massimi sistemi* sostiene la correttezza del modello cosmologico copernicano contro quello tolemaico; l'inglese Isaac Newton (1642-1727) descrive la legge di gravitazione universale. Alla fine del secolo la scienza si presenta come disciplina autonoma: attraverso la matematica, che impone di abbondonare l'intuito a favore di ragionamenti esatti e rigorosi, la scienza diventa indipendente sia dalla religione che dalla magia.

Il processo di Galilei
Nel dipinto di Cristiano Banti *Galilei davanti all'Inquisizione* (1857, Collezione privata) il commissario del Sant'Uffizio Vincenzo Maculano comunica allo scienziato i capi d'accusa che porteranno al processo e alla condanna per sospetto di eresia.

Glossario

Relativismo Secondo il relativismo, non esistono verità assolute o universali. La conoscenza è relativa e precaria, nasce da una ricerca umana in continuo divenire e dunque soggetta al cambiamento.

Documento 2

Tommaso Campanella
L'organizzazione sociale della Città del sole

Le forme
- genere della trattatistica utopica

I temi
- utopia politica in contrasto con la realtà

In queste pagine il Genovese descrive l'organizzazione sociale della Città del sole. In essa è bandita la proprietà privata e promossa la comunione dei beni; a ciascuno deve essere dato secondo il suo bisogno e i suoi meriti. Inoltre, l'educazione deve essere uguale per tutti: deve essere impartita a tutti e tutti devono imparare tutti i mestieri, anche manuali, e tutte le scienze. L'autorità suprema di questo Stato deve essere conferita a un «sapiente» (il Sole) che conosce, meglio di ogni altro, soprattutto la metafisica e la religione, ma anche la storia, le scienze e le «arti meccaniche» o manuali. Con questa organizzazione, la Città del sole si contrappone alla realtà presente.

OSPITALARIO Or dimmi degli offizi[1] e dell'educazione e del modo come si vive; si è republica o monarchia o stato di pochi.

GENOVESE Questa è una gente[2] ch'arrivò là dell'Indie,[3] ed erano molti filosofi, che fuggiro la rovina de Mogori[4] e d'altri predoni e tiranni; onde si risolsero di vivere alla filosofica in commune,[5] si ben la communità delle donne non si usa tra le genti della provinzia loro; ma essi l'usano, ed è questo il modo.[6] Tutte cose son communi; ma stan in man di offiziali le dispense,[7] onde non solo il vitto, ma le scienze e onori e spassi son communi, ma in maniera che non si può appropriare cosa alcuna.[8]

Dicono essi che tutta la proprietà nasce da far casa appartata,[9] e figli e moglie propria, onde nasce l'amor proprio;[10] che, per sublimar[11] a ricchezze o a dignità il figlio o lasciarlo erede, ognuno diventa o rapace publico, se non ha timore, sendo potente; o avaro ed insidioso ed ippocrita, si è impotente.[12] Ma quando perdono l'amor proprio, resta il commune solo[13].

OSPITALARIO Dunque nullo vorrà fatigare, mentre aspetta che l'altro fatighi, come Aristotile dice contra Platone.[14]

GENOVESE Io non so disputare, ma ti dico c'hanno tanto amore alla patria loro, che è una cosa stupenda, più che si dice delli Romani, quanto son più spropriati.[15] E credo che li preti e monaci nostri, se non avessero li parenti e li amici,[16] o l'ambizione di crescere più a dignità, seriano più spropriati e santi e caritativi con tutti.[17]

1 **offizi:** *cariche pubbliche, magistrature.*
2 **Questa è una gente:** il riferimento è agli abitanti della Città del sole.
3 **Indie:** si intendeva genericamente l'Oriente asiatico.
4 **rovina de Mogori:** *rovinosa offensiva dei tartari*; detti **Mogori** dall'appellativo di Gran Mogor con cui era chiamato il loro capo.
5 **si risolsero… commune:** *decisero di vivere in comune una vita basata sui principi filosofici.*
6 **si ben… il modo:** *sebbene il godimento comune delle donne non si usi tra i popoli della loro terra* [*d'origine*], *essi lo praticano* (**usano**), *ed è questa la regola.* Tale pratica della comunione delle donne era teorizzata anche nella *Repubblica* di Platone.
7 **ma stan… dispense:** *ma la facoltà di assegnazione dei beni comuni* (**dispense**) *è affidata a funzionari pubblici* (**offiziali**).
8 **appropriare cosa alcuna:** *rendere nulla di propria esclusiva proprietà.*
9 **appartata:** *separata* [*dal resto della comunità*].
10 **amor proprio:** *amore di sé e delle proprie cose.*
11 **sublimar:** *elevare.*
12 **diventa… impotente:** *diventa o persona avida di possesso delle cose pubbliche, se non teme nessuno, essendo uomo potente, o avaro, insidioso e ipocrita, se è debole* [: privo del potere di impossessarsi dei beni comuni].
13 **il commune solo:** *soltanto l'amore per i beni comuni.*
14 **Dunque… Platone:** Aristotele, nella *Politica*, pone la stessa obiezione al disegno di Stato ideale teorizzato da Platone nella *Repubblica*. **Nullo:** nessuno.
15 **c'hanno… spropriati:** *che amano tanto la loro patria, cosa che è sorprendente, più di quanto si dice che l'amassero i Romani,* [*i quali l'amavano tanto*] *quanto più erano disinteressati* [: liberi dal possesso dei beni privati].
16 **li parenti e li amici:** allusione alla pratica del nepotismo, cioè alla tendenza, da parte dei chierici, a favorire le cariche di parenti e amici.
17 **seriano… tutti:** *sarebbero più disinteressati* [*al possesso di beni comuni*] *e onesti e caritatevoli con tutti.*

Ospitalario Dunque là non ci è amicizia, poiché non si fan piacere l'un l'altro.

Genovese Anzi grandissima: perché è bello a vedere, che tra loro non ponno[18] donarsi cosa alcuna, perché tutto hanno del commune; e molto guardano gli offiziali, che nullo abbia più che merita.[19] Però quanto è bisogno[20] tutti l'hanno. E l'amico si conosce tra loro nelle guerre, nell'infirmità, nelle scienze, dove s'aiutano e s'insegnano l'un l'altro. E tutti li gioveni s'appellan frati[21] e quei che son quindici anni più di loro, padri, e quindici meno figli.[22] E poi vi stanno l'offiziali a tutte cose attenti, che nullo possa all'altro far torto nella fratellanza.[23]

Ospitalario E come?

Genovese Di quante virtù noi abbiamo, essi hanno l'offiziale: ci è un che si chiama Liberalità, un Magnanimità, un Castità, un Fortezza, un Giustizia criminale e civile, un Solerzia,[24] un Verità, Beneficenza, Gratitudine, Misericordia, ecc.; e a ciascuno di questi si elegge quello, che da fanciullo nelle scole si conosce inchinato a tal virtù.[25] E però, non sendo tra loro latrocini, né assassinii, né stupri ed incesti, adulteri, delli quali noi ci accusamo,[26] essi si accusano d'ingratitudine, di malignità, quando uno non vuol far piacere onesto,[27] di bugia, che abborriscono[28] più che la peste; e questi rei per pena son privati della mensa commune, o del commerzio[29] delle donne, e d'alcuni onori, finché pare al giudice, per ammendarli.[30]

Ospitalario Or dimmi, come fan gli offiziali?

Genovese Questo non si può dire, se non sai la vita loro. Prima è da sapere che gli uomini e le donne vestono d'un modo atto a guerregiare, benché le donne hanno la sopraveste fin sotto al ginocchio, e l'uomini sopra.

E s'allevan tutti in tutte l'arti. Dopo li tre anni li fanciulli imparano la lingua e l'alfabeto nelle mura, caminando in quattro schiere;[31] e quattro vecchi li guidano ed insegnano, e poi li fan giocare e correre, per rinforzarli, e sempre scalzi e scapigli,[32] fin alli sette anni, e li conducono nell'officine dell'arti, cositori,[33] pittori, orefici, ecc.; e mirano l'inclinazione. Dopo li sette anni vanno alle lezioni delle scienze naturali, tutti; che son quattro lettori della medesima lezione, e in quattro ore tutte quattro squadre si spediscono;[34] perché, mentre gli altri si esercitano il corpo, o fan li publici servizi, gli altri stanno alla lezione. Poi tutti si mettono alle matematiche, medicine ed altre scienze, e ci è continua disputa tra di loro e concorrenza; e quelli poi diventano offiziali di quella scienza, dove miglior profitto fanno, o di quell'arte meccanica, perché ognuna ha il suo capo. Ed in campagna, nei lavori e nella pastura delle bestie pur vanno ad imparare; e quello è tenuto di più gran nobiltà, che più arti impara, e meglio le fa. Onde

18 ponno: *possono.*
19 molto... merita: *controllano bene gli ufficiali, perché a nessuno sia dato più di quanto non gli spetta.*
20 è bisogno: *è necessario.*
21 s'appellan frati: *si chiamano* [*fra di loro*] *fratelli.*
22 e quei... figli: *e quelli che hanno quindici anni più di loro,* [*li chiamano*] *padri, e figli quelli che hanno quindici anni di meno.* Non esistendo rapporti familiari ristretti e privati e praticando la comunione delle donne, la paternità dei bambini nella Città del sole è incerta e comunque non rilevante: i rapporti si definiscono infatti in base all'età di ogni abitante; per cui tutte le persone si considerano tra di loro fratelli (**frati**) o figli o genitori a seconda degli anni di differenza.
23 che nullo... fratellanza: *che nessuno possa tradire l'altro violando il patto di fratellanza.*
24 Solerzia: *Diligenza.*
25 si elegge... virtù: *si sceglie quello che fin da fanciullo nelle scuole si riconosce incline a tale virtù.*
26 delli... accusamo: *dei quali noi ci incolpiamo.*
27 onesto: *sincero.*
28 abborriscono: *rifuggono.*
29 commerzio: *godimento,* in senso erotico.
30 ammendarli: *correggerli,* ma anche punirli, da "ammenda".
31 imparano... schiere: *imparano l'alfabeto e la lingua camminando in quattro schiere dentro le mura* [: che cingono la città, cioè all'interno della città].
32 scapigli: *a capo scoperto.*
33 cositori: *cucitori.*
34 che son... spediscono: *poiché ci sono quattro insegnanti della stessa lezione* [: scienze naturali], *e* [*poiché le lezioni durano quattro ore per ogni squadra*] *dopo quattro ore tutte e quattro le squadre si liberano.*

si ridono di noi che gli artefici appellamo ignobili, e diciamo nobili quelli, che null'arte imparano e stanno oziosi e tengono in ozio e lascivia tanti servitori con roina della republica.[35]

Gli offiziali poi s'eleggono da quelli quattro capi, e dalli mastri di quell'arte, li quali molto bene sanno chi è più atto a quell'arte o virtù, in cui ha da reggere, e si propongono in Consiglio, e ognuno oppone quel che sa di loro.[36] Però non può essere Sole[37] se non quello che sa tutte l'istorie delle genti e riti e sacrifizi e republiche ed inventori di leggi ed arti. Poi bisogna che sappia tutte l'arti meccaniche, perché ogni due giorni se n'impara una, ma l'uso qui le fa saper tutte, e la pittura.[38] E tutte le scienze ha da sapere, matematiche, fisiche, astrologiche. Delle lingue non si cura, perché ha l'interpreti, che son i grammatici loro.

35 Onde… republica: si concentra, in queste parole, il senso della polemica di Campanella nei confronti dell'ozio dei nobili e contro il disprezzo riservato generalmente agli artigiani e ai lavoratori manuali.

36 li quali… loro: *i quali* [: i quattro capi, ossia gli insegnanti] *sanno bene chi è più adatto a quel compito o più dotato di quelle capacità nel campo in cui* [*ognuno di essi*] *deve comandare, e* [*gli ufficiali o funzionari pubblici*] *vengono proposti in un Consiglio, e ognuno informa su ciò che conosce di loro.*

37 Sole: *il capo supremo.*

38 che sappia… pittura: *che conosca tutte le attività manuali, perché* [*anche se è vero che*] *se ne impara una ogni due giorni, la pratica qui le fa conoscere tutte, e* [*fa conoscere anche*] *la pittura.*

▼ Adam Bernaert, *Vanitas*, 1663. Baltimora, The Walters Art Museum.

Ma più di tutti bisogna che sia Metafisico e Teologo, che sappia ben la radice e prova d'ogni arte e scienza,[39] e le similitudini e differenze delle cose, la Necessità, il Fato e l'Armonia del mondo, la Possanza,[40] Sapienza ed Amor divino e d'ogni cosa, e li gradi degli enti[41] e corrispondenze loro con le cose celesti, terrestri e marine; e studia molto bene nei Profeti ed astrologia. Dunque si sa chi ha da esser Sole, e se non passa trentacinque anni, non arriva a tal grado; e questo offizio è perpetuo, mentre non si trova chi sappia più di lui e sia più atto al governo.

OSPITALARIO E chi può saper tanto? Anzi non può saper governare chi attende alle scienze.

GENOVESE Io dissi a loro questo, e mi risposero: «Più certi semo noi, che un tanto letterato sa governare, che voi che sublimate l'ignoranti, pensando che siano atti perché son nati signori, o eletti da fazione potente.[42] Ma il nostro Sole sia pur tristo in governo, non sarà mai crudele, né scelerato, né tiranno un chi tanto sa.[43] Ma sappiate che questo è argomento che può tra voi dove pensate che sia dotto chi sa più grammatica e logica d'Aristotile o di questo o quello autore, al che ci vol sol memoria servile, onde l'uomo si fa inerte, perché non contempla le cose ma li libri, e s'avvilisce l'anima in quelle cose morte;[44] né sa come Dio regga le cose, e gli usi della natura e delle nazioni. Il che non può avvenire al nostro Sole, perché non può arrivare a tante scienze chi non è scaltro d'ingegno ad ogni cosa, onde è sempre attissimo al governo. Noi pur sappiamo che chi sa una scienza sola, non sa quella né l'altre bene; e che colui che è atto ad una sola, studiata in libro, è inerte e grosso.[45] Ma non così avviene alli pronti d'ingegno e facili ad ogni conoscenza, come è bisogno che sia il Sole. E nella città nostra s'imparano le scienze con facilità tale, come vedi, che più in un anno qui si sa, che in diece o quindici tra voi, e mira in questi fanciulli».[46]

Nel che io restai confuso per le ragioni sue e la prova di quelli fanciulli, che intendevano la mia lingua; perché d'ogni lingua sempre han d'esser tre che la sappiano.[47] E tra loro non ci è ozio nullo, se non quello che li fa dotti,[48] ché però vanno in campagna a correre, a tirar dardo, sparar archibugi, seguitar fiere,[49] lavorare, conoscer l'erbe, mo[50] una schiera, mo un'altra di loro.

da T. Campanella, *La città del sole*, Utet, Torino 1941.

39 che sappia... scienza: *che conosca bene l'origine e le argomentazioni delle arti e delle scienze.*
40 Possanza: *Potenza.*
41 enti: 'ente' è termine filosofico che indica 'tutto ciò che è o che ha la possibilità di essere'.
42 Più certi... potente: *abbiamo più ragione noi,* [*pensando*] *che una persona così sapiente sa governare, che voi che portate in alto* (**sublimate**) *gli ignoranti, pensando che siano adatti a governare perché sono nati nobili, o eletti da una potente fazione.*
43 Ma... tanto sa: *ma il nostro Sole, anche se fosse poco abile nel governare, essendo così sapiente, non potrà mai essere crudele, né scellerato, né tiranno.*
44 Ma... morte: *ma sappiate che questo è un ragionamento che vale* [*anche*] *in mezzo a voi, là dove pensate che sia sapiente chi conosce meglio la grammatica e la logica di Aristotele, o di questo o quell'altro autore, per le quali* [*conoscenze*] *ci vuole solo memoria servile, per cui l'uomo diviene passivo, perché non contempla la realtà ma i libri, e l'anima si avvilisce a causa di quelle cose morte.* C'è qui la critica alla cultura libresca, a cui viene contrapposta una conoscenza pratica fondata sul rapporto diretto con le cose e con la realtà.
45 grosso: *grossolano.*
46 mira questi fanciulli: cioè 'per avere conferma di ciò che ti dico, osserva (**mira**) questi fanciulli'.
47 perché... sappiano: *poiché per ogni lingua che si conosca ci devono essere almeno tre* [*fanciulli*] *che la conoscano.*
48 non ci è... dotti: *non c'è ozio se non quello che li rende colti* [: dedicato ai libri].
49 a tirar... fiere: *a scagliare frecce, sparare con i fucili, inseguire gli animali.*
50 mo: *ora.*

Lavoriamo sul testo

Leggere e capire

Un ritratto della Città del sole Il Genovese traccia qui un ritratto complessivo della Città del sole. Il primo fondamentale aspetto è la comunione dei beni, che determina – contrariamente a quanto si aspetterebbe l'Ospitalario – «tanto amore alla patria» e «grandissima» amicizia. Un'altra questione riguarda il ruolo degli «offiziali», ovvero dei funzionari pubblici. Per poterlo chiarire, il Genovese deve prima spiegare com'è organizzata l'educazione nella Città del sole. Anzitutto, «s'allevan tutti in tutte le arti»: i fanciulli sono perciò educati alle scienze, alle lettere, ai mestieri manuali, agli esercizi fisici. Vengono poi eletti «offiziali» coloro che sono riconosciuti più inclini a quella determinata arte o virtù che costituirà il campo nel quale ognuno di essi dovrà comandare. Il capo supremo è invece il Sole, dotato di straordinaria sapienza: conosce infatti la storia, tutte le arti meccaniche e tutte le scienze; «ma più di tutti bisogna che sia Metafisico e Teologo». Tale sapienza assicura un governo equilibrato e giusto. L'efficacia del sistema educativo della Città del sole è evidente guardando l'attivismo dei fanciulli, che non solo si dedicano allo studio sui libri ma «vanno in campagna a correre, a tirar dardo, sparar archibugi, seguitar fiere, lavorare, conoscer l'erbe».

Analizzare

Il ruolo dell'Ospitalario L'Ospitalario non si limita a fare domande, ma assume la "parte del diavolo", cioè avanza dubbi e obiezioni in nome della morale corrente e delle opinioni dominanti. All'inizio è diffidente e non crede agli aspetti positivi della Città del sole illustrati dal Genovese. Campanella fa dell'Ospitalario il portavoce del senso comune, secondo il quale in una organizzazione basata sulla comunione dei beni nessuno lavorerà («nullo vorrà fatigare, mentre aspetta che l'altro fatighi») o farà piaceri e doni al prossimo. Ma a poco a poco anche le resistenze del buon senso cederanno di fronte all'assetto razionale della Città del sole, e lo stesso Ospitalario condividerà l'ammirazione del Genovese per la società da questi descritta.

Interpretare e approfondire

La critica ai comportamenti e ai valori dominanti Vengono rivolti quattro tipi di critica ai valori dominanti. Anzitutto la società occidentale è accusata di eccesso di «amor proprio» e di mancanza di «amor commune»: da qui derivano l'egoismo degli uomini e il nepotismo dei chierici, cioè la tendenza a favorire le cariche di parenti o amici. In secondo luogo si critica il disprezzo per i lavori manuali, che induce molti a vivere senza lavorare. In terzo luogo è messo sotto accusa il sistema del sapere, che in Italia e in Europa privilegia le materie letterarie a scapito delle scienze, dello studio della natura e dell'applicazione pratica. In quarto luogo si ironizza sul modo casuale con cui si va al potere: non viene scelto il migliore né il più sapiente, ma si nasce signori o si è portati al potere da una fazione vincente. L'utopia della Città del sole si propone dunque quale alternativa a una realtà presente della quale si colgono tutte le degenerazioni.

Esercizi

Prima prova A • L'analisi del testo

Comprendere

1 Botta e risposta

Il dialogo vede alternarsi le voci dell'Ospitalario e del Genovese: il primo avanza obiezioni sull'organizzazione della Città del sole; il secondo ne illustra invece gli aspetti positivi. L'Ospitalario esprime in particolare tre dubbi; quali? Che cosa gli risponde il Genovese?

Analizzare

2 Tra aula e officina

Nella Città del sole si dedica particolare cura all'educazione dei giovani. Rileggi le righe 46-58 ed elenca tutte le materie che vengono insegnate agli scolari.

Interpretare e approfondire

3 Per eccesso d'amor proprio

La Città del sole si caratterizza anzitutto come una società basata sulla comunione dei beni. Infatti «l'amor proprio» può essere spesso dannoso: quali conseguenze esso produce?

4 La vera sapienza

Il Genovese si sofferma a descrivere con precisione l'organizzazione dell'educazione nella Città del sole, esaltando la straordinaria sapienza del Sole: quale visione del sapere e della conoscenza emerge? E quale visione è, di contro, messa sotto accusa?

Nato ad Arezzo nel 1511, Vasari è noto per l'attività di storiografo e critico d'arte. Giorgio Vasari, *Perseo che libera Andromaca*, 1570. Firenze, Palazzo Vecchio.

4 Le poetiche: dal Manierismo al Barocco

Nell'età della Controriforma si susseguono due poetiche prevalenti: il Manierismo, che interessa il periodo dagli anni Trenta del Cinquecento all'inizio del Seicento, e il Barocco, che è la tendenza artistica e letteraria prevalente del XVII secolo. Mentre il Manierismo si colloca ancora entro la cultura rinascimentale, il Barocco esprime una visione del mondo del tutto nuova, frutto della rivoluzione scientifica. La nuova visione del mondo si traduce, in campo letterario, in un'estetica anticlassicistica che fa ampio ricorso alla metafora, incaricata di scoprire rapporti nuovi e impensati fra le cose.

Il rapporto fra Manierismo e Barocco

È difficile definire con assoluta certezza i confini che dividono queste due tendenze ma, mentre il Manierismo si colloca ancora entro la cultura rinascimentale, il Barocco esprime una visione del mondo del tutto nuova. Come infatti precisa uno studioso ungherese, Tibor Klaniczay, «non solamente il Manierismo ma anche il Barocco nasce dalla crisi del Rinascimento e quasi simultaneamente a essa. Ma mentre quello rispecchia la crisi stessa, questo è l'espressione dello scioglimento, della crisi superata».

Per quanto riguarda l'area geografica di diffusione, sia il Manierismo che il Barocco sono movimenti di ampiezza europea e riguardano tanto l'arte quanto la letteratura. È però recente l'estensione della nozione di Manierismo anche ai fenomeni letterari. Per quanto riguarda invece i limiti cronologici, essi corrispondono, all'incirca, a quelli del ciclo economico: si può perciò indicare il primo decennio del Seicento come il termine di passaggio dalla prima alla seconda fase della Controriforma e dal Manierismo al Barocco.

Il concetto di Manierismo

Manierismo deriva da "maniera", parola usata nel Cinquecento da Giorgio Vasari (1511-1574), storico dell'arte e artista egli stesso, per indicare semplicemente lo stile di un artista, che assume però nel corso del secolo un significato negativo, indicando uno stile eccessivamente studiato. Solo nel Novecento si ha una rivalutazione del Manierismo: il concetto viene usato in senso neutro dalla critica con riferimento all'arte italiana ed europea fra il terzo decennio del Cinquecento e l'inizio del Seicento. Il Manierismo sarebbe espressione della crisi dell'ottimismo che aveva caratterizzato l'epoca umanistica. Viene meno il rapporto armonico fra uomo e natura e, conseguentemente, l'idea che l'arte debba imitare la natura: di qui il rifiuto dell'equilibrio classico, della proporzione e della prospettiva rinascimentale a vantaggio di una visione soggettiva e deformata dello spazio (▶ Arte e Letteratura). In campo letterario si coglie una nuova tendenza alla sperimentazione. La letteratura manieristica non si limita all'imitazione della tradizione, come avveniva secondo la poetica classicistica: la ripresa di modelli precedenti è all'insegna della combinazione, variazione, amplificazione, deformazione in chiave fortemente espressiva. Di qui una nuova attenzione agli artifici formali, che, già evidente in Tasso, giungerà nel Seicento, attraverso Giambattista Marino, alla nuova stagione della poesia barocca.

L'analisi di Hauser

A illuminare i caratteri propri del Manierismo si soffermò, in particolare, lo storico ungherese Arnold Hauser (1892-1978, la cui opera maggiore è la *Storia sociale dell'arte* del 1964), mostrandone le differenze rispetto sia all'arte rinascimentale sia all'arte barocca.

La prima riguarda la ridefinizione del rapporto fra arte e natura: «per il Rinascimento la natura era l'origine della forma, che l'artista realizzava con un atto di sintesi, raccogliendo e unificando gli elementi di bellezza sparsi nella natura. La forma artistica perciò, sebbene

creazione del soggetto, era pensata come già prefigurata nell'oggetto. Il Manierismo lascia cadere questa teoria riproduttiva, mimetica; secondo la nuova dottrina, l'arte non imita la natura, ma crea come la natura».
Quanto alla differenza fra Manierismo e Barocco, Hauser si concentra sulla questione dell'utilizzazione sociale dell'arte a fini pedagogici e propagandistici: la Chiesa non si affida tanto agli artisti manieristi, troppo individualisti, raffinati e capaci di rivolgersi solo a una stretta cerchia di pubblico, quanto a quelli barocchi, capaci di diffondere fra le masse popolari lo spirito religioso della Controriforma. Scrive a tal proposito lo studioso: «Cronologicamente la Controriforma è più vicina al Manierismo, e nel Manierismo, più che nel sensuale Barocco, si manifesta schietto lo spiritualismo tridentino. Ma quello che è il vero programma artistico della Controriforma, la diffusione cioè del cattolicesimo, per il tramite dell'arte, fra le masse popolari non si attua che nell'arte barocca. I membri del Concilio di Trento evidentemente formulando il loro programma non avevano avuto di mira un'arte come quella manieristica, limitata a un'esigua cerchia di intellettuali, bensì un'arte popolare, quale fu poi il Barocco».

Il concetto di Barocco

Con il termine "barocco" si designa il movimento artistico, letterario e musicale sviluppatosi nel Seicento e caratterizzato dalla tendenza alla grandiosità, al virtuosismo formale, alla produzione di effetti sorprendenti, ma anche da un gusto che per molto tempo è sembrato esuberante, artificioso e goffo. Quest'ultima accezione risente del fatto che anche il termine "barocco", di origini incerte, è stato usato inizialmente in senso negativo, per indicare un'arte disarmonica e contraria al buon gusto. Oggi però esso ha perduto ogni connotazione dispregiativa: definisce in modo neutro un periodo storico e la tendenza artistica che vi ha prevalso.

videolezione Il Barocco, una nuova visione del mondo

Abbiamo detto che il Barocco respinge definitivamente la tradizione classicistica e rinascimentale con cui il Manierismo manifesta ancora un legame, sebbene fondato sulla variazione e alterazione dei modelli. Infatti l'arte barocca si ispira a una visione del mondo e a un modo di percepire le cose del tutto nuovi, prodotti della rivoluzione scientifica e della fine delle vecchie certezze. L'uomo è ormai solo, inquieto, smarrito, in un universo sconfinato, complicato, inafferrabile. Può cercare di collegare le cose soltanto con i sensi e con la ragione, con l'analogia e la metafora o con lo sforzo celebrale. Non c'è più un rapporto spontaneo e necessario fra l'io e il tutto; i nessi fra gli oggetti del mondo sono solo relativi, stabiliti dall'intelligenza del singolo individuo. Balzano in primo piano i particolari della realtà, smembrati, disarticolati e accostati fra loro solo dai sensi e dall'«ingegno» (parola-chiave del Barocco su cui ritorniamo fra poco) dell'artista. La somiglianza inaudita fra cose lontane, la trasformazione di una cosa in un'altra, la rottura dei confini che separavano i diversi comparti dell'universo, l'esibizione, spesso spettacolare, di tali travalicamenti: queste sono alcune caratteristiche dell'arte barocca. Il pubblico è sempre tenuto presente: il lettore e lo spettatore vanno conquistati a ogni costo, suscitandone di continuo la sorpresa e la meraviglia.

video Attualità del Barocco: il Barocco, il Novecento, il postmodernismo

L'"acutezza" e l'"ingegno"

Il teorico più importante del Barocco è lo spagnolo Baltasar Gracián (1601-1658), autore nel 1648 del trattato *Agudeza y arte de ingenio* [Acutezza e arte dell'ingegno]. Già nel titolo ci sono due parole-chiave: l'"acutezza" è il procedimento stilistico che crea rapporti sottili e ambigui fra le cose; l'"ingegno" consiste nell'attività di un'intelligenza pronta, sottile e provocatoria che rende possibile tale procedimento. L'acutezza rivela gli accostamenti e le disarmonie del reale, esprimendoli con paradossi, esagerazioni, enigmi, contraddizioni. Il vero artista sa infatti scoprire i legami misteriosi esistenti fra i fenomeni più diversi, rendendoli per la prima volta "visibili". Ciò spiega il ricorso sistematico alla metafora, che permette appunto di stabilire rapporti nuovi e impensati fra le cose, legittimati con una trovata acuta, o concetto (da cui il termine *concettismo*, ▶ Unità 5), destinata a rivelare l'ingegno dell'autore. Il fine è sorprendere e meravigliare il lettore, che, come abbiamo detto, è tenuto ben presente dallo scrittore barocco.

▶ Micherangelo Merisi da Caravaggio, *I musici*, part., 1595 ca. New York, Metropolitan Museum of Art.

Ritratto di cortigiano, dipinto di scuola francese, 1607. Londra, The Weiss Gallery.

5 L'intellettuale, il pubblico, i generi

Nell'età della Controriforma la figura dell'intellettuale come maestro di civiltà entra in crisi. Ridotto all'interno della corte a "segretario" del signore, egli sarà disposto, pur di assicurarsi la sopravvivenza, anche a rapporti opportunistici con il potere (è il fenomeno del trasformismo intellettuale). Fra i generi letterari, i più dinamici sono il poema eroico, che raggiunge con Tasso i suoi risultati più elevati, e il teatro, che trionfa nel XVII secolo. In Spagna, con il *Don Chisciotte* di Cervantes, nasce all'inizio del Seicento il romanzo moderno.

La crisi dell'intellettuale: da maestro di civiltà a "segretario"

A partire dagli anni del concilio di Trento il ceto intellettuale e la cultura italiani affrontano la crisi più profonda che abbiano mai conosciuto. Decade l'immagine dell'intellettuale come maestro di civiltà. La figura di intellettuale-cortigiano che Castiglione aveva illustrato, capace di trattare alla pari i principi e anzi di guidarli moralmente e culturalmente, non è più possibile. La corte non rappresenta più il mondo della cultura, ma quello della burocrazia. L'intellettuale è perciò ridotto a "segretario", al quale sono richieste mansioni specifiche, di carattere prevalentemente tecnico, che non investono più né la sua funzione civile e ideologica, né la sua capacità letteraria.

Il trasformismo intellettuale

Dato anche il loro grande numero, tuttavia, solo pochi letterati possono trovare un impiego nelle corti o nella curia pontificia, e solo pochissimi possono permettersi di scegliere i propri protettori. Gli altri vivono in ristrettezza, divisi da gelosie e rivalità dovute alla concorrenza reciproca e alle esigenze stesse della sopravvivenza. Questa situazione induce molti di loro all'opportunismo e al servilismo nel confronti del potere. Esauritasi la grande tradizione di orgoglio intellettuale e di ricerca di autonomia (ancora riconoscibile in Sarpi, Campanella, Bruno e Galilei), comincia a svilupparsi invece, soprattutto dagli anni Trenta del Seicento, il trasformismo intellettuale, cioè la tendenza opportunistica a cambiare atteggiamento a seconda della situazione.

Le accademie

L'unico strumento di tutela dell'identità intellettuale fu nel nostro Paese l'istituzione delle accademie. Queste sorgono numerose alla fine del Cinquecento e all'inizio del nuovo secolo, assumendo nomi scherzosi (come Rozzi, Oziosi, Umidi, Gelati). Le accademie sono per lo più chiuse in prospettive locali e al loro interno valgono gerarchie e rituali molto rigidi. Inoltre finiscono spesso per essere controllate dal potere politico.

La più importante accademia di questo periodo è l'accademia della Crusca, sorta a Firenze nel 1583. Il nome allude alla volontà di separare la crusca della lingua dal fior di farina, e cioè, fuor di metafora, di procedere in campo linguistico a una scelta tra il buono e il cattivo. Nasce così nel 1612 il *Vocabolario degli accademici della Crusca*: ispirato al modello linguistico promulgato da Pietro Bembo (1525), che prevedeva il primato del volgare fiorentino, modellato sugli autori del Trecento, esso restò per secoli un importante punto di riferimento per la lingua letteraria.

Glossario

Trasformismo Termine che implica un giudizio negativo, sul piano morale coincide con l'opportunismo. In politica, il "trasformismo" è una 'prassi di governo fondata sulla ricerca di una maggioranza attraverso accordi e concessioni a gruppi politici eterogenei, o a singoli esponenti di partito, allo scopo di impedire la formazione di una vera opposizione'. Per "trasformismo intellettuale" si intende l'opportunistica capacità degli intellettuali di adattare la propria ideologia a quella del ceto dominante; questa tendenza è stata particolarmente viva in Italia presso le corti seicentesche, e ha avuto nel poeta Vincenzo Monti (▶ Unità 8) il suo rappresentante più importante.

I generi letterari: il successo del poema eroico tassesco

La crisi della figura dell'intellettuale è determinata anche dal declino dell'editoria e dal restringimento del numero dei lettori. Sottoposta al rigido controllo della censura, l'editoria italiana si riduce a stampare libri di devozione o libri per una circolazione limitata all'interno delle accademie. E tuttavia c'è un'opera che guadagna un grande successo di pubblico, peraltro contro le intenzioni del suo stesso autore: si tratta della *Gerusalemme liberata* di Tasso, ultimata nel 1575 ma sottoposta poi a un'incessante revisione da parte del poeta, che non ne autorizzò mai la pubblicazione. Essa costituisce un modello per il poema eroico: si allontana dai caratteri del poema cavalleresco di Ariosto attraverso un impianto generale costruito secondo il principio di unità aristotelico, la scelta di un argomento storico e il rispetto del criterio di verosimiglianza, con un ricorso limitato all'elemento fantastico.

Il successo del teatro

Se da una parte il pubblico dei lettori si restringe, dall'altra si allarga quello degli spettatori che assistono alle commedie e alle tragedie. Il teatro comincia a imporsi fra i generi letterari alla fine del Cinquecento, per poi trionfare nel Seicento. D'altra parte si tratta della forma d'arte più adatta a esprimere la nuova cultura barocca, fondata sulla spettacolarità e sul gusto della metamorfosi, del travestimento e della maschera. La fortuna del teatro in questo periodo si lega a grandi nomi: l'inglese William Shakespeare (1564-1616), gli spagnoli Lope de Vega (1562-1635) e Calderón de la Barca (1600-1681), i francesi Molière (1622-1673) e Racine (1639-1699). Diversa è la situazione italiana, dove il successo del teatro è legata alle nuove forme del melodramma e della commedia dell'arte: si tratta di generi teatrali nei quali la centralità dell'elemento musicale (nel primo caso) e dell'improvvisazione degli attori (nel secondo) consentono di evitare almeno in parte il controllo della censura.

L'affermazione del romanzo in Spagna

Il romanzo, invece, si impone tardi in Italia. In Europa la tendenza al romanzo si afferma progressivamente passando dal Cinquecento al Seicento, e vede al primo posto la Spagna. Il *Don Chisciotte* (pubblicato in due tempi, nel 1605 e nel 1615) dello spagnolo Cervantes è il primo grande romanzo moderno.

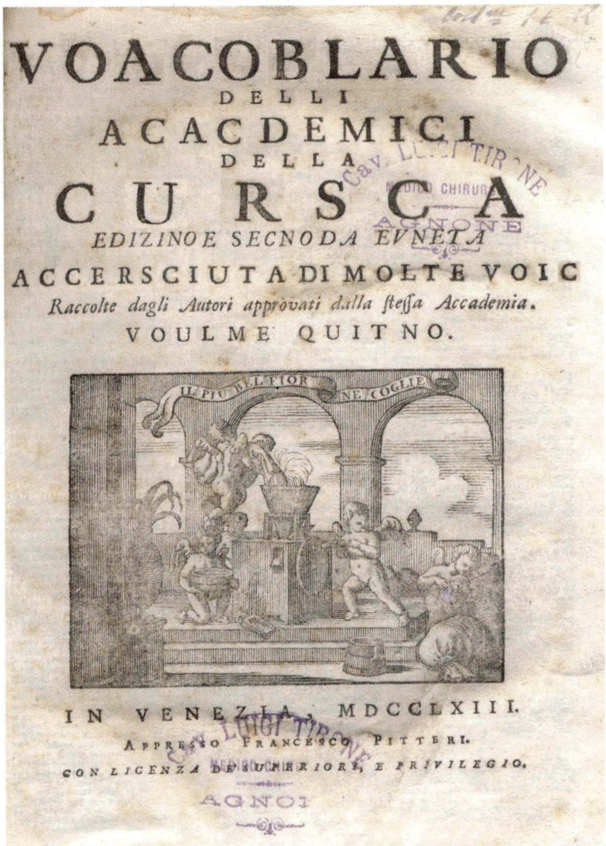

◄ **L'Accademia della Crusca**
Istituita nel 1583 e inaugurata due anni dopo, l'accademia della Crusca scelse solo nel 1590 il proprio simbolo e il proprio motto, rispettivamente il "frullone", strumento che serve a separare il fior di farina dalla crusca, e un verso di Petrarca ("il più bel fior ne coglie"). Oggi è il più importante centro di ricerca scientifica dedicato allo studio e alla promozione della lingua italiana.

Dal ripasso alla verifica

mappa concettuale

materiali per il recupero
L'età della Controriforma e del Manierismo

Storia, politica e società

1545-1600

Spagna
- regno di Filippo II (1556-1598)
- egemonia politico-militare nel Mediterraneo (battaglia di Lepanto, 1571)

Francia
- guerre di religione tra cattolici e ugonotti (1559-1589)
- pacificazione con Enrico IV di Borbone (1589-1610) e l'editto di Nantes (1598)

Inghilterra
- regno di Elisabetta I (1558-1603)
- supremazia sui mari
  - militare (sconfitta della "Invincibile Armata" spagnola, 1588)
  - commerciale (compagnie mercantili)
- riforma dell'agricoltura (*enclosures*)

Impero
- Germania frantumata in piccole unità territoriali (pace di Augusta, 1555)

Italia
- sotto la dominazione spagnola (pace di Cateau-Cambrésis, 1559)

1600-1648

- **epidemie ricorrenti**
- **carestie e cattivi raccolti**

↓

- blocco demografico
- crisi economica

↓

- regioni a sviluppo mercantile e capitalistico (Inghilterra, Olanda e Francia)
- regioni arretrate e con fenomeni di "rifeudalizzazione" (penisola Iberica e Italia)

guerra dei Trent'anni (1618-1648)

- prime tre fasi

ribellione dei principi tedeschi di fede protestante e dei loro alleati contro gli Asburgo di Spagna e d'Austria

↓

vittorie imperiali

↓

intervento diretto della Francia

↓

- fase francese (1635-1648)

da guerra di religione a scontro per l'egemonia politica in Europa

1648-1690

dopo la pace di Westfalia (1648)

- fine dei conflitti religiosi
- fine delle ambizioni universalistiche dell'Impero asburgico
- maggiore ricorso alla diplomazia

↓

- decadenza della Spagna e dei territori a essa legati (come l'Italia)
- rafforzamento degli Stati nazionali

↓

Francia
- assolutismo di Luigi XIV (1643-715), il "Re Sole"

Inghilterra
- Stato parlamentare
  - rivoluzione e instaurazione della repubblica (1649-1658)
  - restaurazione della monarchia (1660)
  - *Bill of Rights* (1689)

La cultura repressiva della Controriforma

- controllo sui comportamenti
- organizzazione del consenso

formazione dei ceti dirigenti

educazione delle masse

- censura
- Indice dei libri proibiti
- Inquisizione

esclusione del dissenso e repressione dei liberi pensatori

crisi dell'intellettuale

- da maestro di civiltà a segretario del principe
- il trasformismo
- la chiusura nelle accademie

Il pensiero controcorrente

e

La rivoluzione scientifica

- Tommaso Campanella (1568-1639)
  La Città del sole (1623)
- Giordano Bruno (1548-1600)
  De l'infinito, universi e mondi (1584)

la teoria eliocentrica di Copernico

- Keplero (1571-1630)
- Galileo Galilei (1564-1642)
  Dialogo sopra i due massimi sistemi del mondo (1624-1630)
- Isaac Newton (1642-1727)

Le poetiche e i generi letterari

Manierismo (1545-1610)

interno alla tradizione classicistica e alla cultura rinascimentale

- rifiuto dell'equilibrio classico
- tendenza alla visione soggettiva e deformata
- attenzione agli artifici formali

Barocco (1610-1690)

del tutto estraneo alla tradizione classicistica e alla cultura rinascimentale

- tendenza anticlassica
- uso della metafora per creare nessi fra cose lontane e difformi e rivelare le disarmonie del reale
- "acutezza" e "ingegno"

- sviluppo del
  - poema eroico: Tasso
  - teatro: Shakespeare in Inghilterra, melodramma in Italia
- nascita del romanzo: Miguel de Cervantes, *Don Chisciotte*

dizionario dei concetti chiave

- **Barocco** termine con cui si definiscono movimenti artistici, letterari e musicali sviluppatisi nel Seicento e caratterizzati dalla tendenza all'eccesso, alla produzione di forme ed effetti sorprendenti. L'origine della parola è incerta: il suo significato, tratto dal campo della storia dell'arte, è stato inizialmente di tipo dispregiativo, a indicare cioè un'opera bizzarra, disarmonica, stravagante, contraria al buon gusto. La letteratura barocca si caratterizza per una tendenza anticlassica che rifiuta i principi rinascimentali di misura, equilibrio e imitazione. Essa fa un uso sovrabbondante della metafora la quale, creando nessi imprevedibili fra cose lontane e difformi, mira a stupire il pubblico secondo i criteri estetici della meraviglia e dell'ingegno. In generale, nell'arte e nella letteratura barocca si manifesta una diffusa tendenza alla rottura e all'innovazione dei generi e delle forme tradizionali.
- **Controriforma** concetto storiografico che si riferisce alla reazione messa in atto dalla Chiesa di Roma nei confronti della Riforma protestante. Si tratta soprattutto di misure repressive: fu riorganizzato il Tribunale dell'Inquisizione, accentrato sotto la direzione della Congregazione del Sant'Uffizio, venne creato l'Indice dei libri proibiti e la censura colpì pesantemente le pubblicazioni a stampa. Per l'organizzazione del consenso e il controllo della cultura un ruolo centrale ebbe il nuovo ordine dei gesuiti: all'interno dei loro collegi, aperti anche a studenti esterni, si formeranno per quasi due secoli le classi dirigenti europee.
- **Manierismo** tendenza artistica e letteraria che comincia a diffondersi in Italia dopo il sacco di Roma (1527) ma che si sviluppa pienamente nella seconda metà del secolo. Il termine nasce inizialmente nell'ambito della critica pittorica e solo in tempi più recenti è stato usato anche in riferimento ad alcuni fenomeni letterari e, in particolare, all'opera di Tasso. Il Manierismo è segnato da un'esasperazione del Classicismo, fino all'eccesso e alla bizzarria. Esso esprime una situazione di sbandamento e di incertezza, in cui l'intellettuale ha perso il ruolo preminente che aveva in passato e tende a chiudersi nella prospettiva ristretta delle accademie. È difficile definire con esattezza i confini che dividono il Manierismo dal Barocco, ma, mentre il primo resta interno alla tradizione classicistica e alla cultura rinascimentale, il secondo è ormai del tutto estraneo ai loro modelli.
- **Sistema copernicano** modello cosmologico definito dall'astronomo polacco Niccolò Copernico nel *De rivolutionibus orbium coelestium* [Sulle rivoluzioni dei mondi celesti, 1543]. L'autore propone una teoria eliocentrica (con il Sole al centro dell'universo), contrapposta a quella geocentrica (con la Terra al centro dell'universo) su cui si basava il sistema tolemaico riconosciuto dalla Chiesa. La visione copernicana ebbe conseguenze culturali enormi: modificò la percezione dello spazio, promosse la formazione della nuova mentalità scientifica e stimolò la nascita del moderno relativismo. Giordano Bruno, condannato al rogo nel 1600, accetta la teoria copernicana e ne trae tutte le conseguenze, sostenendo l'idea dell'infinità dell'universo e dell'infinità dei mondi. Galileo Galilei è costretto alla pubblica abiura nel 1633 dopo la pubblicazione del *Dialogo sopra i due massimi del mondo*, in cui sosteneva la correttezza del modello cosmologico copernicano. L'avversione della Chiesa non impedisce tuttavia l'affermarsi, nel Seicento, di una vera e propria rivoluzione scientifica.
- **Utopia** la parola deriva dal greco e letteralmente significa 'in nessun luogo'. L'utopia rappresenta una società ideale, immaginata nel futuro o in continenti sconosciuti, organizzata secondo modelli razionali e criteri ispirati alle regole della natura. Nell'età repressiva della Controriforma, l'utopia costituisce una possibilità per contrastare il pensiero dominante nel campo della politica ed esprimere, al contempo, una critica della realtà presente: se non è possibile percorrere la strada del cambiamento pratico, almeno si può immaginare una nuova società ideale. Rientra nella trattatistica utopica *La città del sole* di Tommaso Campanella, scritta in carcere nel 1602 ma pubblicata solo nel 1623 a Francoforte. Vi si immagina un dialogo tra un Ospitalario (cioè un cavaliere dell'ordine degli Ospitalieri di san Giovanni a Gerusalemme) e un Genovese, «nochiero» (timoniere) di Cristoforo Colombo. Il Genovese, circumnavigando il globo, ha scoperto la Città del sole nell'isola di Taprobana e ne illustra i vari e straordinari aspetti al suo interlocutore.

esercizi di riepilogo

1 I tempi

Per "Controriforma" si intende la reazione della Chiesa di Roma all'espansione della Riforma protestante. Completa gli spazi inserendo le date:

L'età della Controriforma interessa il periodo ....-......................, e si distingue in due fasi. La prima fase si apre con il concilio di Trento, che si svolge in modo discontinuo dal .... al ....; in campo artistico e letterario si diffonde il Manierismo, che si protrae fino al .... La seconda fase è quella del Barocco è interessa il periodo che va dal .... al ....

2 Il concilio di Trento

L'età della Controriforma si apre con il Concilio di Trento. Segna le risposte giuste:

a. è indetto da papa Paolo III
b. si svolge esclusivamente nella città di Trento
c. riporta la pace tra cattolici e protestanti
d. rilancia le posizioni della Chiesa di Roma

3 I fatti storici

Sul piano storico, nel periodo di riferimento si passa dal dominio della Spagna alla sua decadenza, dalla stabilità economica alla crisi. Di seguito elenchiamo alcuni episodi-chiave: indica quando si verificarono:

regno di Elisabetta I in Inghilterra: ....
pace di Cateau Cambrésis: ....
editto di Nantes: ....
guerra dei Trent'anni: ....
pace di Westfalia: ....
potere effettivo di Luigi XIV in Francia: ....

4 Gli strumenti del consenso

Per garantire il consenso, la Chiesa impiegò vari strumenti. Di seguito sono elencati i principali, ma tra di essi c'è un intruso. Quale?

a. il Tribunale dell'Inquisizione
b. il dialogo con il mondo protestante
c. la censura sui libri
d. i collegi gesuiti

5 La posizione degli intellettuali

A partire dalla seconda metà del Cinquecento cambia il ruolo degli intellettuali. Essi vedono aumentare o ridurre i propri margini di autonomia? Quali sono le strade che si prospettano loro?

6 La cultura della Controriforma

Nell'epoca della Controriforma la Chiesa esercita il suo controllo sull'intera società e sulla cultura. Essa (segna le risposte giuste):

a. incoraggia un atteggiamento relativistico
b. aderisce alla visione copernicana dell'universo
c. esclude il diverso
d. esalta il piacere dei sensi
e. afferma senza discussione i propri principi
f. sostiene la libertà di pensiero

7 La poetica barocca

Il Barocco è la tendenza artistico-letteraria dominante nel Seicento. Tra le parole elencate segna quelle che caratterizzano la poetica barocca:

a. misura
b. ingegno
c. equilibrio
d. classicità
e. acutezza

8 Intellettuali controccorrente

Le vite di Giordano Bruno, Paolo Sarpi, Tommaso Campanella e Galileo Galilei sono accomunate da un elemento: quale?

9 Da Copernico a Galileo

La diffusione del sistema copernicano ebbe rilevanti conseguenze culturali. Completa gli spazi:

Il *De revolutionibus orbium coelestium* di Niccolò Copernico esce nel ....: in questo trattato si afferma la teoria ...., che pone .... al centro del sistema dei pianeti. Viene perciò rovesciata la precedente visione cosmologica sostenuta da .... e fatta propria dalla Chiesa. La correttezza della teoria copernicana è dimostrata da Galilei nel ...., opera per la quale l'autore venne processato nel ....

10 Le parole chiave del capitolo

Elenchiamo di seguito alcune parole chiave che compaiono nel capitolo. Per il ripasso, verifica oralmente se sai indicarne il significato:

Controriforma – Manierismo – Barocco – dogmatismo – Inquisizione – sistema eliocentrico – censura – accademia – relativismo – utopia

esercizi di approfondimento

11 L'*Istoria del Concilio tridentino*

Paolo Sarpi scrive l'*Istoria del Concilio tridentino*: qual è la vicenda editoriale di quest'opera? A partire dal testo antologizzato (▶ Documento 1) chiarisci quale giudizio esprime l'autore a proposito dell'evento che dà avvio all'epoca della Controriforma.

12 Potendo sognare

L'organizzazione della Città del sole potrebbe riassumersi in quattro slogan:

a. comunità dei beni;
b. a tutti secondo il loro bisogno, a nessuno più di quanto merita;
c. educazione per tutti senza discriminare i lavori manuali;
d. potere al Sole.

Ora immagina la tua società ideale e indica attraverso quattro slogan quali dovrebbero essere le sue caratteristiche.

– ....

– ....

– ....

– ....

13 L'Italia barocca secondo Braudel

Guardando all'Italia nel periodo 1550-1650 lo storico francese Fernard Braudel scrive:

> Abbiamo come un secolo particolare, fatto di due metà: 1550-1600 e 1600-1650, che è il grande secolo italiano, se si prende come scala il vigore, quasi fisicamente misurabile, di quell'irradiamento. [...] Chi può negare la potenza, l'originalità di questa Italia nel suo ultimo splendore? La storia tradizionale la presenta come esangue, insignificante, avvilita, intorpidita, e in ogni caso fuori dalle competizioni memorabili, quelle guerriere, beninteso [...]. Tutto questo è vero. Ma questa Italia crea il Barocco, una nuova forma di gusto e di cultura, una "civiltà" che rivestirà l'intera Europa. Certo, gli si rimprovererà di avere forgiato nello stesso tempo un cattolicesimo aggressivo, che è però un'aggressività di reazione a quella della Riforma, un meccanismo di difesa, un controflusso. Che esso sia costato all'Italia il suo primato intellettuale è sostenuto da molti studiosi; tuttavia non mi sento di seguire queste conclusioni a occhi chiusi: una cultura è un insieme, forma un tutto ed è sempre arbitrario staccarne questo o quell'altro elemento. [...]. Insomma, lo si voglia o no, il Barocco, questa moda di lunga durata, è responsabile di una serie di creazioni moderne, che vanno assai oltre le forme religiose o sensibili che ha inventato. Crea il teatro moderno, crea l'opera, si pone sotto il segno della ricerca scientifica sperimentale, crea la scienza fondamentale moderna. È un'età europea.
>
> da F. Braudel, *L'Italia fuori d'Italia*, in *Storia d'Italia*, vol. II tomo 2, Einaudi, Torino 1972.

a. Qual è la tesi sostenuta dall'autore a proposito dell'Italia barocca?
b. A quale diversa interpretazione essa si contrappone?

allenarsi per l'esame di stato

tema di ordine generale

14 Donne maledette?

Con la caccia alle streghe riemerge con forza l'avversione della cultura cristiana verso la donna. Dopo aver letto questo passo, tratto dal *Malleus maleficarum* [Il martello delle streghe, 1486-1487], un trattato usato dagli inquisitori, elabora un tema in cui rifletti se certi pregiudizi nei confronti del genere femminile sono del tutto cancellati oppure in parte resistono ancora.

> Perché nel sesso tanto fragile delle donne, si trova un numero di streghe tanto maggiore che fra gli uomini? [...]. Alcuni Dottori[1] spiegano il fenomeno dicendo che le donne [...] tendono a essere credule, e siccome il diavolo cerca sopra tutto di corrompere la fede, le aggredisce di preferenza. [...]. Il secondo motivo è che le donne per natura a causa della pieghevolezza della loro complessione[2] sono più facilmente impressionabili [...]. Il terzo motivo è che hanno una lingua lubrica[3]; quando sanno qualcosa per le loro male arti è difficile che riescano a nasconderlo alle amiche e, siccome sono deboli, cercano facilmente nelle stregonerie un mezzo per vendicarsi di nascosto. [...]. E si poterebbe aggiungere che, siccome sono volubili, si comportano di conseguenza [...]. Possiamo aggiungere ancora che siccome le donne sono difettose di tutte le forze tanto dell'anima quanto del corpo, non c'è da meravigliarsi se operano molte stregonerie contro gli uomini, che esse vogliono emulare.
>
> da H. Institor (von Krämer), J. Sprenger, *Il martello delle streghe. La sessualità femminile nel transfert degli inquisitori*, Marsilio, Padova 1977.

1 **Dottori:** sott. 'della Chiesa'.
2 **a causa... complessione:** *per il loro carattere arrendevole.*
3 **lubrica:** *indecente.*

Torquato Tasso

Tanti nodi legano Tasso alla modernità: il lettore si riconosce nel mondo inquieto che emerge sia dalla biografia sia dall'opera dell'autore, che vaga senza pace in vari luoghi dell'Italia come «peregrino errante» finché è rinchiuso come pazzo nell'Ospedale di Sant'Anna. La follia di Tasso fu letta dai romantici dell'Ottocento come espressione del genio dell'artista; ma, nell'epoca della Controriforma, egli non era altro che un "diverso" da emarginare. Tutta l'opera di Tasso viene contagiata dalla sua inquietudine. Inquieto è il protagonista del dramma pastorale *Aminta*, che arriva a tentare il suicidio per amore. Inquieti sono soprattutto i paladini della *Gerusalemme liberata*. I crociati si muovono in un mondo misterioso: durante il percorso, essi sono sviati da numerose tentazioni e da voci ora ammalianti ora minacciose. Devono portare a termine una missione militare e religiosa (la conquista del Santo Sepolcro) ma subiscono continuamente il richiamo delle loro passioni e la minaccia di forze oscure. Gli eroi cristiani – Tancredi e Rinaldo anzitutto – rappresentano l'uomo moderno: un uomo diviso, attraversato da sentimenti di segno opposto.

OBIETTIVI

Conoscenze
- I principali avvenimenti della biografia di Torquato Tasso
- Le caratteristiche della produzione poetica tassesca
- Composizione, trama e temi dell'*Aminta*
- Composizione, trama e temi della *Gerusalemme liberata*

Abilità
- Cogliere attraverso i testi delle *Rime* le innovazioni della poesia tassesca rispetto al filone petrarchista
- Cogliere attraverso i testi dell'*Aminta* gli elementi che caratterizzano il dramma pastorale
- Cogliere attraverso i testi della *Gerusalemme liberata* gli elementi che caratterizzano il poema epico cristiano
- Riconoscere nei testi della *Gerusalemme liberata* le tensioni psicologiche e culturali che attraversano l'autore e i suoi personaggi

Espansioni digitali

- video
- testi e approfondimenti
- analisi attive
- materiali per il recupero

videolezione

***La Gerusalemme liberata* di Tasso, un capolavoro in controtempo**
a cura di Pietro Cataldi
- Ci interessa ancora la *Gerusalemme liberata*?
- Tancredi, un eroe in controtempo
- Il combattimento di Tancredi e Clorinda: aggressività ed erotismo
- Centralità e ambivalenza dell'amore nel poema
- L'eros nell'*Aminta* e nella *Gerusalemme liberata*: un tema perturbante
- La soluzione "ortodossa" della *Gerusalemme conquistata* e il "nostro" Tasso

Analisi del testo: *Il duello di Clorinda e Tancredi*
a cura di Pietro Cataldi

1 La vita e la personalità

Un autore inquieto e moderno

Tra obbedienza e ribellione

La figura e l'opera di Tasso costituiscono un insieme di contraddizioni e di misteri. Davanti a Tasso, il lettore moderno riconosce un mondo familiare di ansie e di turbamenti. Con la personalità tassesca la psiche erompe sulla scena con le sue tensioni. Qual è l'origine della profonda inquietudine che porta infine il poeta alla follia? La storia della letteratura italiana aveva già mostrato il **complicarsi del rapporto tra intellettuali e potere**, ma mai prima di Tasso queste difficoltà erano apparse tanto interiorizzate e viscerali. Lo scontro con la realtà esterna entra dentro il soggetto e lo lacera: il potere smette di avere i contorni definiti di una data condizione storica e acquista i tratti di un'autorità – politica, ideologica, letteraria e soprattutto religiosa – profondamente condizionante. Nell'età della Controriforma la Chiesa controlla le coscienze: Tasso aderisce alla **cultura controriformistica**, ma al contempo le si ribella in nome della libertà di pensiero ereditata dalla **cultura rinascimentale**. Vive però la ribellione come una colpa per la quale punirsi. Accade così che il poeta arrivi ad autodenunciarsi davanti al tribunale dell'Inquisizione, e che rimanga deluso una volta assolto.

Una giovinezza turbolenta

L'infanzia "separata"

Torquato Tasso nasce a **Sorrento** l'11 marzo **1544** (l'anno seguente papa Paolo III avrebbe inaugurato il concilio di Trento, aprendo appunto l'età della Controriforma). Il padre **Bernardo** è un letterato di origini bergamasche al servizio del principe di Salerno che, messosi in urto col governatore spagnolo, nel 1552 viene bandito dal Regno di Napoli. Torquato resta con la madre (la nobildonna pistoiese Porzia de' Rossi) e la sorella maggiore Cornelia e con loro si trasferisce prima a Salerno, poi a Napoli, dove frequenta le scuole dei gesuiti. Quando, all'età di dieci anni, può finalmente raggiungere il padre a Roma, deve dolorosamente separarsi dalla madre (che morirà nel 1556).

L'esperienza veneziana

Trasferitosi nel 1559 con il padre a **Venezia**, comincia per Tasso un periodo di continui cambiamenti: di luoghi, di ambienti, di riferimenti affettivi. Si dedica agli **studi** giuridici fra Padova e Bologna; abbandona un poema sulla prima crociata intitolato *Gierusalemme* mentre porta a termine il poema cavalleresco *Rinaldo* (pubblicato nel 1562); vive i suoi **primi amori**, in particolare per Lucrezia Bendidio (1547-1584) per la quale compone alcune liriche.

Alla corte estense

Ma ecco che nel **1565** la sua vita ha una svolta: il poeta entra al servizio del **cardinale Luigi d'Este** e si trasferisce a **Ferrara**, dove trova un ambiente stimolante e inizia la *Gerusalemme liberata*, che lo impegnerà per circa un decennio. È questo un periodo di eccezionale serenità nella vita del poeta, turbato solamente dalla morte del padre nel 1569.

Il tormento della fama

Nel 1572 passa al servizio del **duca Alfonso II**. L'anno dopo compone l'*Aminta*, una «favola boschereccia» in versi. Nel 1575 può leggere al duca, dedicatario dell'opera, e alla sorella di questi, Lucrezia, il poema sulla prima crociata. Nel gennaio 1576 il suo successo raggiunge il culmine con la nomina a **storiografo di corte**.

Il manifestarsi della crisi

Da questo momento, però, l'equilibrio psicologico faticosamente raggiunto comincia a spezzarsi. La prima ragione di crisi riguarda il **poema**. Tasso ne è insoddisfatto: lo sottopone ad alcuni revisori e, addirittura, all'Inquisizione. Ma il tribunale assolve l'opera. Tasso è deluso della sentenza: la sua inquietudine cresce, mentre inizia la turbolenta correzione dell'opera. Una seconda ragione di crisi riguarda i **rapporti con la corte estense**. Alcuni incidenti fanno precipitare la situazione (Tasso scaglia un coltello contro un servitore dal quale

Glossario

Favola boschereccia Azione teatrale ambientata nel mondo dei pastori.

si crede spiato) e il duca ottiene che il poeta si ritiri nel convento di San Francesco; ma Tasso ne evade ben presto. Dopo smaniosi spostamenti, nel febbraio 1579 torna a Ferrara. Il poeta dà di nuovo in escandescenze, offendendo il duca e la corte. Alfonso ne ordina allora la reclusione nell'Ospedale di Sant'Anna, dove Tasso è segregato come pazzo (▶ Un tema per discutere). La prigionia dura circa sette anni (dal 1579 al 1586). Dall'Ospedale Tasso scrive numerose lettere che testimoniano il suo bisogno di contatti con la realtà esterna e la ricerca di appoggi per ottenere la liberazione. Le **lettere** mostrano anche l'alternarsi di momenti di equilibrio e momenti di crisi, con **allucinazioni** e violenti **dolori fisici**. Negli anni di Sant'Anna, la fama legata all'uscita del poema (1581) è causa di tormento per il poeta: egli infatti non ne ha autorizzato la pubblicazione né deciso il titolo *Gerusalemme liberata* (che dopo il provvisorio *Goffredo*, diventa quello definitivo anche se non scelto da Tasso).

La reclusione nell'Ospedale di Sant'Anna

A Scipione Gonzaga da Sant'Anna

Cronologia

STORIA		VITA E OPERE
autorizzazione papale alla fondazione della *Compagnia di Gesù* ◀	1534	
riorganizzazione dell'Inquisizione, riunita sotto il coordinamento di Roma ◀	1542	
	1544	▶ nasce l'11 marzo a Sorrento
	1545-1551	▶ il padre segue in esilio il principe di Sorrento; la madre si trasferisce a Salerno, poi a Napoli, dove Torquato frequenta le scuole dei gesuiti
Concilio di Trento ◀	1545-1563	
	1554	▶ raggiunge il padre a Roma
	1556	▶ muore la madre
primo Indice dei libri proibiti ◀	1559	▶ con il padre si trasferisce a Venezia
	1560-1564	▶ studia alle università di Padova e Bologna e stampa il *Rinaldo* (1562)
	1565	▶ si trasferisce a Ferrara, al servizio del cardinale Luigi d'Este; lavora alla *Gerusalemme liberata*
	1569	▶ muore il padre
battaglia di Lepanto ◀	1571	
	1572	▶ passa al servizio del duca Alfonso II
	1573	▶ compone l'*Aminta*
	1575	▶ legge la *Gerusalemme liberata* al duca e alla sorella Lucrezia
	1576	▶ è nominato storiografo di corte
	1577	▶ sottoposto il poema al tribunale dell'Inquisizione, resta deluso dall'assoluzione; comincia a dare segni di squilibrio e si ritira nel convento di San Francesco, da cui fugge
	1577-1579	▶ peregrina in numerose città finché torna a Ferrara
	1579-1586	▶ su ordine di Alfonso è recluso nell'Ospedale di Sant'Anna
	1581	▶ prima edizione completa (non autorizzata) del poema (con il titolo *Goffredo*) a cui segue una nuova edizione con il titolo, divenuto definitivo ma non voluto dall'autore, *Gerusalemme liberata*
	1586	▶ uscito da Sant'Anna, si reca a Mantova alla corte di Vincenzo Gonzaga
	1587-1592	▶ frequenti spostamenti tra Mantova, Firenze, Napoli e Roma dove papa Clemente VIII lo nomina poeta di corte
	1593	▶ pubblica a Roma la *Gerusalemme conquistata*
	1595	▶ il 25 aprile muore presso il convento di Sant'Onofrio sul Gianicolo
editto di Nantes in Francia ◀	1598	

Dalla liberazione alla morte

Liberato dalla prigionia nel 1586 per intercessione del principe Vincenzo Gonzaga, il poeta lo raggiunge a **Mantova** ma la solita irrequietezza lo spinge presto a nuovi e continui spostamenti, trovando ospitalità nei conventi e nelle case di amici. A **Roma**, può contare sulla potente famiglia **Aldobrandini**: su Ippolito che, salito al soglio pontificio nel 1592 col nome di **Clemente VIII**, lo nomina immediatamente poeta della corte papale, e sui suoi nipoti, i cardinali **Pietro e Cinzio**, entrambi grandi mecenati. Proprio a Cinzio, Tasso dedica il radicale rifacimento del poema, pubblicato nel 1593 con il titolo di *Gerusalemme conquistata*, e lascia in eredità tutti i suoi scritti. Muore il 25 aprile **1595**, presso il convento di Sant'Onofrio sul Gianicolo, alla vigilia dell'incoronazione poetica in Campidoglio voluta dal papa.

La follia di Tasso come elemento di modernità

dalle cause contingenti...	... alle cause profonde
• insoddisfazione per il poema • rapporti difficili con la corte estense	• interiorizzazione del conflitto con il potere • adesione contraddittoria all'ideologia controriformistica

facciamo il punto

- **Come si svolge la vita di Tasso nei primi vent'anni?**
- **Che cosa accade nel 1565?**
- **Quando e per quali motivi il poeta dà i primi segni di squilibrio?**
- **Quanto dura la reclusione nell'Ospedale di Sant'Anna?**
- **Come e dove si conclude la vita del poeta?**

La "cella del Tasso" Edificato nel 1445, l'antico Ospedale di Sant'Anna fu abbattuto negli anni Trenta del Novecento per far posto al Conservatorio ma già nel Settecento della "cella del Tasso" si era persa ogni traccia così che Byron, Shelley, Goethe e Stendhal, venuti a rendere omaggio ai luoghi del poeta, se ne andarono delusi. È allora che il pittore romantico Eugène Delacroix tenta di ricostruirla in due quadri, nel 1824 (a fianco) e nel 1839.

2 L'importanza dell'opera tassiana

Fortuna critica e mitizzazione

L'opera di Tasso ebbe subito grande successo. Era anzi dai tempi di Petrarca che in Italia un letterato non riscuoteva, da vivo, altrettanta ammirazione. E però subito la fortuna critica si intrecciò alla **mitizzazione della vita e della personalità** tassesche. La rapida diffusione europea dell'opera di Tasso fece poi sì che suo il mito viaggiasse fuori d'Italia, e divenisse tutt'uno con i capolavori del poeta.

Il mito della follia generosa e volontaria

La follia dell'autore fu interpretata come atteggiamento volontario, frutto di una **simulazione** per difendersi dalle invidie e dalle meschinità della corte estense. Ma un **reale squilibrio** traspare dalle lettere scritte dall'Ospedale di Sant'Anna ed è d'altra parte confermato da vari testimoni, fra cui il grande saggista francese **Michel de Montaigne** il quale, visitando il poeta nel 1580, ne coglie lo stato di abbrutimento e di ossessione. Tuttavia il mito della follia generosa e volontaria – dettata dallo scontro con il potere e dalle storture della vita sociale – era destinato a durare e a diffondersi, fino a riesplodere fra la fine del Settecento e l'inizio dell'Ottocento, quando esso sarebbe stato condiviso tanto dalla cultura classicistica quanto da quella romantica. **Goethe** dedicò a tale mito la tragedia *Torquato Tasso* (1790); **Leopardi** una delle sue *Operette morali* (*Dialogo di Tasso e del suo genio familiare*, 1824).

La creazione di nuovi modelli

La rottura con il modello petrarchesco

Dal punto di vista critico, già i contemporanei riconobbero le novità della poesia tassesca e la svolta da essa impressa alla tradizione petrarchesca. Tasso compose **testi lirici** nel corso di **tutta la vita**, senza però poter dare al proprio canzoniere una struttura definitiva. Le peculiarità dello stile di Tasso furono comunque studiate e imitate da numerosissimi poeti, in Italia e in Europa. Il secolo che seguì la morte dell'autore si designò quasi per intero dentro i confini della sua esperienza: alla compostezza classica e alla ricerca di equilibrio di Francesco Petrarca e Ludovico Ariosto si sostituirono la **ricerca dell'eccesso e delle tensioni**.

Dall'Aminta al melodramma seicentesco

Anche l'*Aminta* si rivela capace di influenzare la produzione successiva alla morte dell'autore: la «**favola boschereccia**» composta da Tasso nel **1573** costituisce infatti il modello del melodramma seicentesco.

L'*Aminta* è suddivisa in **cinque atti**, secondo le **norme aristoteliche**, ognuno dei quali è concluso da un coro, sul modello della tragedia greca. La storia è estremamente semplice: l'amore travagliato del **pastore Aminta** verso la **ninfa Silvia** che si conclude con un **lieto fine**. Tasso valorizza la dimensione teatrale e drammatica rispetto al puro elemento lirico: sebbene l'azione non si svolga quasi mai davanti agli occhi degli spettatori, affidandosi piuttosto al racconto sulla scena di questo o quello dei protagonisti, è d'altra parte necessario tenere ben presente la fitta trama di relazioni a cui l'intreccio dà vita. È da questo punto di vista che l'*Aminta* rappresenta un importante contributo, propriamente scenico, alla definizione della **teatralità drammatica**, nella quale si riscontra un uguale **sviluppo narrativo per situazioni**, oltre che un'analoga **riscoperta della tragedia greca** classica.

La *Gerusalemme liberata*

Nella letteratura italiana il caso della *Gerusalemme liberata* costituisce probabilmente l'esempio più clamoroso di discordanza fra **volontà dell'autore** e **fortuna dell'opera**.

Il capolavoro, nonostante il giudizio dell'autore

Il poema che ha guadagnato una posizione centrale nel canone e che ancora viene letto e pubblicato non fu mai autorizzato da Tasso, che anzi ne disapprovò il titolo e tentò, fin dagli anni della reclusione a Sant'Anna, di opporsi al suo successo con un'altra opera per la quale utilizzò la stessa trama e gli stessi personaggi (salvo alcune variazioni nei nomi).

L'unico poema sulla crociata da lui riconosciuto è infatti la ***Gerusalemme conquistata***. Tuttavia, più forte è stato il giudizio della comunità dei lettori e solo l'opera giovanile è entrata in profondità nella circolazione delle idee, conquistando un posto nel patrimonio comune della letteratura europea.

L'argomento storico

L'idea di un poema sulla crociata accompagna Tasso dalla giovinezza fino agli ultimi anni di vita: il primo abbozzo dell'opera risale agli anni tra il 1559 e il 1561; l'autore riprese poi in mano il progetto nel 1565 e lo terminò nell'aprile 1575. Argomento del poema è la **prima crociata**. Indetta da papa Urbano II il 27 novembre 1095, essa si svolse sotto la guida di **Goffredo di Buglione** che nel **1099** condusse l'esercito cristiano alla conquista di Gerusalemme. Tasso sceglie dunque un argomento storico, pur intervenendo con l'introduzione di elementi fantastici. D'altra parte, il tema delle crociate era ritornato di **attualità** al tempo di Tasso, quando i **turchi Ottomani** che minacciavano il Mediterraneo furono sconfitti nella battaglia navale di **Lepanto** del **1571**.

Una trama semplice

La trama della *Gerusalemme liberata* è piuttosto semplice, soprattutto se confrontata con quella dell'*Orlando furioso* di Ariosto. Nei **venti canti** in cui è suddiviso il poema, Tasso narra solo la **fase conclusiva della crociata**, dall'arrivo in Palestina alla conquista di Gerusalemme. L'esercito cristiano incontra numerose difficoltà: l'impresa è ostacolata dall'intervento delle forze infernali, oltre che dalla resistenza eroica dei guerrieri pagani. I crociati riescono infine a espugnare le mura di Gerusalemme: una serie di duelli conclusivi decreta la vittoria cristiana e l'entrata nella città santa.

L'interiorità inquieta dei protagonisti

La vicenda mette in luce l'interiorità inquieta dei protagonisti: gli eroi del poema devono fare i conti con un **io diviso**, in cui si scontrano **passioni amorose** e **doveri militari**. Infatti l'amore, motivo conduttore dell'opera, mostra il suo aspetto ambivalente e contraddittorio: se da una parte costituisce un'opportunità d'incontro pacifico tra esseri umani, dall'altra sconvolge l'individuo fuorviandolo dalla missione guerresca e religiosa. Anche l'**elemento magico**, che trova ampio spazio nel poema, è riconducibile alla complessità psicologica dei protagonisti: le presenze che turbano l'interiorità dei paladini si proiettano all'esterno in forma di illusione, maledizione, allucinazione. Si pensi, per esempio, all'incanto della selva di Saron nel canto XIII: entrandovi, i crociati vedono comparire ciò che più desiderano, o che più vorrebbero dimenticare, o che più temono. È nella personalità scissa degli eroi che risiede la modernità della *Liberata*, nonché la preferenza dei lettori rispetto alla *Conquistata*, in cui viene meno ogni tensione psicologica e culturale.

Verso Lepanto
Come ai tempi delle crociate, don Giovanni d'Austria, comandante della flotta della Lega Santa, riceve dai cardinali il vessillo benedetto da papa Pio V (da un affresco nella chiesa della Visitazione a Gerusalemme).

Le opere e gli elementi di novità

Rime →	varietà tematica e apertura linguistica
Aminta →	valorizzazione della dimensione teatrale e drammatica
Gerusalemme liberata →	interiorità scissa dei protagonisti

facciamo il punto

- **Come fu interpretata la follia di Tasso?**
- **Qual è il contributo di Tasso alla lirica e alla drammaturgia seicentesche?**
- **In che cosa risiede la modernità della *Gerusalemme liberata*?**

UN TEMA PER DISCUTERE

Esclusi dalla società dei "sani"

Tasso conobbe direttamente la sofferenza del disagio mentale. Qual è oggi la condizione dei cosiddetti "matti"? Come sono trattati dalla società attuale?

Dalle celle di Sant'Anna ai manicomi

Nel 1570 l'Ospedale di Sant'Anna venne ampliato con un'ala destinata ai malati di mente. È qui che Tasso viene ricoverato dal 1579 al 1586. Come mostra il quadro di Delacroix (▶p. 38), il poeta viveva chiuso in una cella, «in un tugurio infame» come scrive Charles Baudelaire nel sonetto *Sul Tasso in prigione*. Nell'età della Controriforma il "diverso" veniva escluso dalla società dei "normali": gli orfani erano "accolti" negli istituti, gli ammalati nei lazzaretti, i pazzi negli ospedali. In realtà, quel «tugurio» al Sant'Anna non era altro che un'anticipazione dei futuri manicomi.

Essi sorgeranno all'inizio dell'Ottocento proprio per isolare gli individui giudicati pericolosi per la società. Diventa pazzia ogni comportamento che si allontana dalle regole e dai valori dominanti della società del tempo. Il manicomio è un carcere più che un luogo di cura, magari circondato da uno steccato con chiodi volti all'insù (come nel racconto *La corsia n. 6* dello scrittore russo Anton Čechov pubblicato nel 1892). Questi presupposti stanno alla base della legge italiana sui manicomi, approvata da Giolitti nel 1904 e rimasta in vigore fino al 1978. Essa classifica il folle come individuo pericoloso, o che dà scandalo; chiunque può chiederne l'internamento, ma la decisione definitiva spetta all'autorità giudiziaria. Il direttore del manicomio ha pieno potere sanitario, amministrativo, disciplinare; mentre il ricoverato è privato di ogni diritto.

Nel corso della prima metà del Novecento, il manicomio consolida terribili sistemi di repressione e di tortura: l'uso dei farmaci si fa più massiccio; si pratica la lobotomia (l'asportazione di una parte del cervello, che riduce il paziente in uno stato di idiozia); si introduce l'*elettroshock*. Contro questo stato di cose insorge negli Stati Uniti l'antipsichiatria. Nel nostro Paese questa corrente è sostenuta soprattutto da Franco Basaglia (1924-1980), all'epoca direttore dell'Ospedale psichiatrico di Gorizia. Basaglia trasforma il manicomio in una comunità di cura dove il malato torna libero: i cancelli vengono aperti; le camicie di forza sono abolite; il ricoverato può comunicare con i suoi compagni, con gli infermieri e con i medici. Nel pensiero di Basaglia la causa della follia è la società: la malattia mentale nasce dalla violenza e dall'esclusione sociale. Non basta dunque curare il malato; bisogna cambiare la società. Per questo l'attività di Basaglia si concretizza in una legge dello Stato: la "legge Basaglia" del 1978. Essa prevede l'abolizione dei manicomi e restituisce diritti e libertà al malato.

E oggi?

La storia però non finisce qui. Nel seguente articolo, scritto appositamete per questo inserto, Alessandra Gorgeri (1963) – presidente dell'associazione di volontariato *Riabilita*, che si occupa di salute mentale – sottolinea il senso di esclusione ancora oggi subito dai cosiddetti "matti": termine impiegato fra virgolette perché «porta con sé una svalutazione intrinseca». Il quadro normativo che fa da premessa al discorso è solo un aspetto della questione trattata. Infatti, «forse a livello culturale c'è ancora molta strada da fare» per raggiungere una reale integrazione nella società dei soggetti con disturbi mentali.

"Folli" capaci di amare

“ Partiamo anzitutto da un quadro normativo.

La legge 180 del 1978 (legge Basaglia) impose la chiusura dei manicomi e regolamentò il trattamento sanitario obbligatorio istituendo i servizi di igiene mentale pubblici. Nonostante critiche e proposte di revisione, le norme della legge 180/1978 regolano tuttora l'assistenza psichiatrica in Italia.

Attualmente, l'organizzazione dei servizi di salute mentale, in accordo con la normativa vigente, prevede le seguenti tipologie di strutture coordinate all'interno di un modello "dipartimentale" (DSM, Dipartimento di Salute Mentale):

- Centri di Salute Mentale (CSM), per l'esecuzione di interventi sul territorio;
- Servizi Psichiatrici di Diagnosi e Cura (SPDC), per l'assistenza ospedaliera;
- Centri Diurni e *day hospital*, per attività riabilitative in regime semi-residenziale;
- strutture per attività riabilitative in regime residenziale.

Dalla legge Basaglia sono passati trentatré anni. Anni in cui si è cercato di ricucire la grande spaccatura avvenuta nel corso dei secoli tra i cosiddetti normali e i "folli", tra i sani e i malati. Eppure ancora oggi il malato psichiatrico non ha ancora una sua collocazione all'interno della società, ma soprattutto non ha un'identità, se non quella di "matto" che continua a offendere tutti noi esseri umani. Il "matto" nell'immaginario collettivo è colui che è diverso, pericoloso, bizzarro, ma soprattutto, come scrive la poetessa Alda Merini (1931-2009) nella raccolta di poesie *La terra santa* (1979) dedicate alla sua esperienza manicomiale, è colui che non può amare:

E, dopo, quando amavamo,
ci facevano gli elettrochoc
perché, dicevano, un pazzo
non può amare nessuno.

Il termine "matto" o "folle" o "pazzo" porta con sé una svalutazione intrinseca che, oltre a togliere la dignità dell'uomo, arriva a togliere anche la parola: il matto è considerato come colui che non ha niente da dire, che nessuno deve ascoltare, incapace di esprimersi e di provare sentimenti.

Allora c'è da chiedersi se, dopo tutti questi anni, la legge Basaglia sia riuscita oppure no nel suo intento di superare la logica di emarginazione che presiedeva i manicomi. Forse a livello culturale c'è ancora molta strada da fare. Non è stato sufficiente infatti l'aver abbattuto le barriere architettoniche dei manicomi se poi noi per primi abbiamo issato le nostre barriere mentali, ancora più alte e resistenti delle prime. Oggi quando si parla di cura della persona con disagio mentale non si può pensare che essa si esaurisca all'interno dei servizi di salute mentale e nelle strutture intermedie. C'è bisogno di una rete informale di servizi che garantisca una riabilitazione fatta non solo di interventi farmacologici ma anche, e soprattutto, di relazione e di integrazione a livello territoriale. C'è bisogno di un rapporto di comunicazione e collaborazione tra le strutture sanitarie e il terzo settore che, con le associazioni di volontariato e le cooperative di inserimento lavorativo, sia in grado di rispondere ai bisogni di inclusione sociale delle persone con disturbo mentale. Non si può pensare di fare riabilitazione e di curare il disagio mentale senza un progetto di vita vero e proprio, senza la possibilità di integrazione tramite la sfera lavorativa e sociale. Il "malato" deve poter tornare a gestire se stesso e la propria vita, acquistando fiducia nelle proprie potenzialità. Ma occorre soprattutto la promozione di una cultura che sia in grado di accogliere il disturbo mentale come uno dei tanti disagi della nostra società, e non come peste da isolare, e da allontanare.

Sappiamo che il disturbo mentale ha sempre fatto paura, qualcuno dice addirittura quasi come la morte. Ancora sulle orme di Alda Merini che, in *Destinati a morire* (1980), rende omaggio a Quasimodo e scrive:

Io mi sono una donna che dispera
che non ha pace in nessun luogo mai,
che la gente disprezza, che i passanti
guardano con attesa e con furore;
sono un'anima appesa ad una croce
calpestata, derisa sputacchiata:
mi son rimasti solo gli occhi ormai
che io levo nel cielo a Te gridando:
toglimi dal mio grembo ogni sospiro!

Credo allora che sia il momento di rivedere e di ripensare la "follia" in termini diversi, sapendo che dietro a un atteggiamento talvolta bizzarro si nasconde un uomo con la propria sofferenza, con le proprie paure e soprattutto con la propria solitudine.

Lavoro e vivo da più di dieci anni con persone affette da disturbo mentale; condivido con loro momenti di gioia alternati a momenti di dolore, ma soprattutto ho avuto in dono la loro "follia" e il loro amore, dato in modo spontaneo e senza filtri.

RIFLETTERE E ARGOMENTARE

1 Comprendere e riassumere la tesi

Dopo aver sottolineato nel testo i principali passaggi argomentativi, riassumi in un paio di righe la tesi sostenuta dall'autrice dell'articolo.

2 Scrivere un testo argomentativo

Quali riflessioni ti ha stimolato l'articolo? Quale visione hai dei cosiddetti "folli"? Esprimi la tua opinione in un breve scritto.

L'opera

Rime

La composizione e la pubblicazione

La produzione lirica di Tasso è molto vasta, varia e distesa nel tempo. Essa comprende più di duemila testi, scritti dalla giovinezza fino alla morte. Sebbene vi lavorasse affannosamente, Tasso non riuscì del tutto a organizzare un canzoniere unitario. Dopo varie antologie parziali uscite fra il 1567 e il 1582, negli ultimi anni elaborò un progetto complessivo di edizione in quattro grandi parti: nel 1591 uscirono le rime amorose; nel 1593 quelle encomiastiche, scritte per celebrare i suoi protettori; nel 1597, dopo la morte del poeta, quelle religiose; restavano fuori le rime varie e di occasione, ovverosia legate ad avvenimenti e stimoli esterni (nascite, morti, nozze, fatti di cronaca ecc). Nel caso di Tasso la poesia d'occasione nasce soprattutto da incontri ed eventi legati alla vita di corte.

Il rinnovamento del filone petrarchista: i temi

La lirica di Tasso si inserisce nella grande tradizione del *Canzoniere* petrarchesco e del petrarchismo cinquecentesco, ma la rinnova con profonda originalità, arricchendone i futuri sviluppi. Tasso non cerca un motivo unico o dominante, del quale parlare per mezzo di un vocabolario e di uno stile unitari e ristretti, ma tratta numerosi temi e utilizza un lessico e un linguaggio variati. Il tema amoroso, per esempio, è trattato in modo diverso rispetto a Petrarca: sganciato dalla riflessione religiosa, aperto alla celebrazione di figure differenti anziché di una sola donna, esso acquista una caratterizzazione più mondana e sensuale. Al tempo stesso, il poeta rappresenta i vari episodi delle storie d'amore con una nuova vivacità narrativa, fornendo un quadro della vita aristocratica del secondo Cinquecento animata da feste, balli e lusso. La lirica tassesca sviluppa in modi nuovi anche l'attenzione per il paesaggio, che non è più solo funzione di un atteggiamento interiore, come in Petrarca, ma anche oggetto di contemplazione incantata, non privo di sfumature sensuali.

Lo stile

Tasso teorizza uno stile che sappia unire comunicatività ed elegante elaborazione letteraria. Di fatto, egli tende a coltivare registri diversi, dai toni elevati di certe canzoni all'arguzia mondana di vari sonetti, alla musicalità squisita di molti madrigali. Il suo linguaggio risulta perciò molto più aperto di quanto non prevedesse la rigida norma messa a punto da Pietro Bembo.

I generi: l'importanza del madrigale

Oltre alle tradizionali canzoni e sonetti, l'autore compose anche numerosi madrigali (▶ T1 e T2). Per Tasso la musicalità in poesia è fondamentale. Essa è affidata anzitutto alla metrica, che costruisce versi ora cantabili, ora singhiozzanti. Con il madrigale il poeta recupera un rapporto diretto con la musica, contro la tendenza degli ultimi due secoli a separare le parole dalla loro eventuale esecuzione musicale. I madrigali di Tasso vennero musicati da musicisti contemporanei (tra cui Monteverdi) e nei secoli successivi (▶ Letteratura e musica).

▶ Il "Concerto secreto di Margherita Gonzaga" fu un trio di musiciste giunte alla corte di Ferrara nel 1580 al seguito della Gonzaga, da un anno sposa del duca Alfonso e a sua volta raffinata musicista e danzatrice. Lo componevano la violista da gamba Livia d'Arco, la liutista Anna Guarini (figlia del poeta Giovan Battista) e l'arpista Laura Peperara, tutte e tre anche cantanti (Nicolò dell'Abate, *Concerto*, 1550 ca. Bologna, Pinacoteca nazionale).

I temi	Lo stile	I generi e le forme
• apertura tematica • pluralità di figure femminili • vita di corte	• più registri e linguaggi • musicalità	• canzoni, sonetti, madrigali • rapporto con la musica

T1

Le forme
- musicalità del madrigale

I temi
- paesaggio-stato d'animo

«Ecco mormorar l'onde»

Laura Peperara (1563-1600) era figlia dell'istitutore dei principi Gonzaga. Cantante e arpista, giunge alla corte Ferrara nella primavera del 1580: le sue doti musicali sono tali che i più illustri musicisti fanno a gara per comporre testi da farle interpretare. È così che la conosce Tasso, il quale se ne innamora e le dedica una serie di rime, tra cui questo madrigale. Il paesaggio si anima al sorgere del sole: l'aurora irradia una energia positiva, che infine raggiunge anche il cuore umano. La natura rispecchia lo stato d'animo gioioso del poeta.

Ecco mormorar l'onde
e tremolar le fronde
a l'aura mattutina e gli arboscelli,
e sovra i verdi rami i vaghi augelli
cantar soavemente
e rider l'oriente:
ecco già l'alba appare
e si specchia nel mare,
e rasserena il cielo
e le campagne imperla il dolce gelo[1]
e gli alti monti indora.
O bella e vaga Aurora,
l'aura[2] è tua messaggera, e tu de l'aura
ch'ogni arso cor ristaura.

da T. Tasso, *Poesie*, a cura di F. Flora, Ricciardi, Milano-Napoli 1952.

PARAFRASI

1-6 Ecco le onde mormorare e le fronde e gli arboscelli tremolare all'aria (a l'aura) mattutina, e sopra i rami verdi [ecco] i dolci (vaghi) uccelli (augelli) cantare soavemente e [ecco] l'oriente risplendere (rider):
7-11 ecco [che] già l'alba appare e si specchia nel mare, e rasserena il cielo e la rugiada (il dolce gelo) imperla le campagne e tinge d'oro (indora) gli alti monti.
12-14 O bella e amata (vaga) Aurora, l'aria è tua messaggera, e tu [lo sei] dell'aria che ristora (ristaura) ogni cuore riarso.

Metrica madrigale composto da quattro endecasillabi e da dieci settenari, disposti a rima baciata, secondo lo schema aaBBccddeEffGg.

1 dolce gelo: è soggetto contemporaneamente del v. 10 e del v. 11: la rugiada adorna la campagna e riflette sui monti la luce dorata dei primi raggi mattutini.

2 l'aura: attraverso la figura del *senhal* la celebrazione dell'atmosfera mattutina si trasforma in un canto d'amore per Laura Peperara: **l'aura** (▶ anche v. 3) deve intendersi anche come "Laura", la donna amata dal poeta, che al pari dell'aria mattutina è portatrice di vita e di ristoro per il cuore di chi la ama.

Lavoriamo sul testo

Leggere e capire

La celebrazione dell'alba e dell'amata L'alba riporta nel mondo vita, suoni e colori: i vv. 1-11 descrivono il momento dell'aurora, accompagnato da una leggera brezza, dal canto degli uccelli, dal «dolce gelo» che si posa sul paesaggio. Gli ultimi tre versi stabiliscono un paragone fra l'alba e la donna amata, che come l'aria mattutina porta ristoro al cuore di chi ama.

Analizzare

Un linguaggio pittorico e musicale Lo stato d'animo del poeta parla il linguaggio delle sensazioni pittoriche e musicali. Nelle sue poesie Tasso delinea spesso quadri animati dalla vibrazione luminosa dell'alba o della luna. Si pensi, in questo madrigale, all'immagine della luce tremolante del sole che si specchia nel mare («ecco già l'alba appare / e si specchia nel mare»). Alla suggestione della luce si unisce poi quella della musica: qui la musicalità è resa, tra l'altro, dal ricorrere della consonante /r/ e dalla figura del polisindeto («e...e...e...»). La valorizzazione dell'elemento musicale non è casuale: il madrigale è forma metrica musicale per eccellenza.

Interpretare e approfondire

Il risveglio della natura La natura rispecchia i sentimenti del poeta. Lo stato d'animo gioioso per l'arrivo dell'amata è espresso dal dilatarsi della luce dell'alba. Il sole che sorge riporta nella natura la vita: le onde mormorano; le fronde tremolano; l'oriente ride (si noti la scelta di verbi che suggeriscono vitalità). L'avvento dell'aurora annuncia quello di Laura (Laura Peperara, la donna amata dal poeta): anzi, l'aurora si identifica con la stessa Laura, che al pari dell'aria mattutina è portatrice di vita e di ristoro per il cuore. Tale corrispondenza è sottolineata dall'espediente del *senhal* (il nome fittizio della dama che si presta a giochi di parole): dietro «l'aura» dei vv. 3 e 13 si nasconde il nome dell'amata.

Esercizi

Analizzare

1 La natura vibrante

Al sorgere del sole la natura si risveglia e si riempie di vita. Rintraccia nel testo le parole che rendono la vitalità della natura.

2 Il nome della donna

In che modo l'autore gioca con il nome della donna a cui è destinata la poesia? Quale precedente poeta lirico giocava con il *senhal* della donna amata?

Interpretare e approfondire

3 Una poesia d'amore

Quella che abbiamo letto è una poesia d'amore: in che modo il tema amoroso si collega alla celebrazione del paesaggio nel momento dell'alba? Spiega che cosa suggerisce il gioco di rime a eco degli ultimi tre versi *Aurora* : *l'aura* : *ristaura*.

[*Rime*]

T2 «Qual rugiada o qual pianto»

Le forme
- musicalità malinconica

I temi
- umanizzazione della natura

La separazione dalla donna amata provoca una partecipazione della natura al dolore del poeta. La ricerca di musicalità determina qui un effetto di malinconia.

Qual rugiada o qual pianto,
quai lacrime[1] eran quelle
che sparger vidi dal notturno manto
e dal candido volto de le stelle?
e perché seminò la bianca luna
di cristalline stille un puro nembo
a l'erba fresca in grembo?
perché ne l'aria bruna
s'udian, quasi dolendo, intorno intorno
gir l'aure insino al giorno?
fur segni forse de la tua partita,[2]
vita de la mia vita?

da T. Tasso, *Poesie*, cit.

PARAFRASI

1-4 Quale rugiada o quale pianto, o quali lacrime erano quelle che vidi spargere dalla volta del cielo (dal... manto) notturno e dal candido volto delle stelle?
5-10 e perché la luna bianca seminò [: sparse] una pura nube (nembo) di gocce (stille) cristalline in grembo all'erba fresca? perché nell'aria notturna (bruna) si udivano le brezze (aure), simili a lamenti (quasi dolendo), scorrere (gir) tutt'intorno (intorno intorno) fino (insino) al [sorgere del] giorno?
11-12 forse erano (fur = furono) segnali (segni) della tua partenza (partita), o vita della mia vita [: la donna amata]?

Metrica madrigale di endecasillabi e settenari, con rime, secondo lo schema abABCDdcEeFf.

1 Qual rugiada... lacrime: si tratta di rugiada o di lacrime? Il poeta preferisce infine la visione umanizzata della natura, come si evince dalla voce **lacrime**.

2 segni... partita: i dati naturali sono presentati come un riflesso del presentimento del poeta circa la partenza dell'amata.

Lavoriamo sul testo

Leggere e capire

Dalla natura alla donna La poesia è strutturata in modo analogo alla precedente «*Ecco mormorar l'onde*» (▶ T1). La prima parte, più lunga (vv. 1-10), è dedicata alla rappresentazione della natura, stavolta descritta nel momento notturno, che rivela tratti "dolorosi" (le «lacrime» sparse dalla volta del cielo, le gocce cristalline "seminate" sull'erba dalla luna, il suono delle brezze simile a un lamento). Nei due versi conclusivi (vv. 11-12) si stabilisce un collegamento fra il quadro paesaggistico descritto e l'amata: i dati naturali sono interpretati come «segni» della partenza della donna.

Analizzare

Lo stile della malinconia In questo madrigale Tasso impiega numerosi strumenti metrici e retorici per creare una musicalità malinconica (▶ Analisi visuale). Le rime sono disposte ben tre volte in posizione baciata, collegando sempre la coppia endecasillabo-settenario (vv. 6-7, 9-10, 11-12), con effetto patetico. È frequente l'*enjambement* (vv. 2-3, 8-9, 9-10), che determina un rallentamento del ritmo e una spezzatura della frase; effetti accresciuti dall'inciso «quasi dolendo» al centro del v. 9, e dalle inversioni ai vv. 5-7. La musicalità è determinata inoltre dalla frequenza della coppia aggettivo-sostantivo (vv. 3, 4, 5, 6) e sostantivo-aggettivo (vv. 7 e 8), nonché dal ripetersi di alcune voci («qual… qual… quai», vv. 1-2; «perché», vv. 5 e 8; «intorno intorno», v. 9; «vita… vita», v. 12). Anche la ripetizione della frase interrogativa contribuisce a dare al testo un ritmo musicale trasognato, cullante e malinconico.
Il contrasto cromatico Come in «*Ecco mormorar l'onde*», all'effetto della musica si unisce quello dei colori. Tasso rappresenta spesso il paesaggio come un contrasto di luci e ombre (di qui la frequenza dei notturni o dei crepuscoli): si determinano così le opposizioni «notturno manto / candido volto»; «bianca luna / aria bruna». Alle sensazioni della vista si mescolano poi quelle del tatto (la freschezza dell'erba) e dell'orecchio (il lamento delle brezza), dando origine a un procedimento di sinestesia.

Interpretare e approfondire

Il pianto della natura Il dolore del poeta per la separazione dall'amata è tutto riassorbito nella natura. Il personaggio perde rilievo: è la natura che si fa personaggio, che si umanizza. Il lessico e i verbi sottolineano questo processo. Già il primo verso è significativo in tal senso: la natura piange o si tratta solo di rugiada? Il poeta preferisce infine la visione umanizzata del paesaggio e ribadisce l'idea del pianto con la parola «lacrime» (al v. 2). E ancora: le brezze diventano sospiri e lamenti di dolore («quasi dolendo»). Se una natura gioiosa annunciava l'arrivo dell'amata in «*Ecco mormorar l'onde*», qui una natura addolorata ne annuncia la partenza.

Analisi visuale

Il **madrigale** è una forma di poesia per musica, caratterizzata, nel Cinquecento, da una struttura libera di rime e versi, in cui si alternano endecasillabi e settenari.

Il madrigale è composto da una serie di frasi interrogative di lunghezza decrescente (4 vv., 3 vv., 3 vv. e 2 vv.) che dà al testo un ritmo cullante.

Forte allitterazione (▶ anche v. 4 «stelle»), prossima all'anagramma.

L'inciso («**quasi dolendo**») spezza il verbo e traduce formalmente la sofferenza della natura.

analisi attiva «Qual rugiada o qual pianto»

Qual rugiada o qual piANTO, — a
quai lacrime eran qUELLE — b
che sparger vidi dal notturno mANTO — A
e dal candido volto de le stELLE? — B

rime alternate a b (settenari) AB (endecasillabi)

e perché seminò la bianca lUNA — C
di cristalline stille un puro nEMBO — D
a l'erba fresca in grEMBO? — d
perché ne l'aria brUNA — c

rime incrociate al centro la rima baciata D d collega l'endecasillabo e il settenario

s'udian, quasi dolendo*, intorno intORNO — E
gir l'aure insino al giORNO? — e

rime incrociate al centro la rima baciata D d collega l'endecasillabo e il settenario

fur segni forse de la tua partITA, — F
vita della mia vITA? — f

rime incrociate al centro la rima baciata D d collega l'endecasillabo e il settenario

Il frequente ricorrere della consonante liquida l (presente in tutti i versi) crea una musicalità dolce e languida.

La musicalità del madrigale si lega anche all'uso di **ripetizioni**.

L'umanizzazione della natura è resa da termini quali **pianto**, **lacrime**, **volto** ecc.

L'inverzione spezza la sintassi, rendendo i versi più ritmati (cfr. lo scambio tra i sintagmi **1** e **2** ai vv. 5 e7).

La fine di verso separa un nesso sintattico forte (*enjambement*), determinando una sospensione del ritmo (▶ vv. 2-3; 8-9; 9-10).

SEGNI è parola-chiave del madrigale: la natura rispecchia infatti, con i suoi segni, la vicenda amorosa del poeta.

Esercizi

Analizzare

1 I moti della natura

La natura rispecchia il dolore del poeta per la separazione dall'amata: si identifica con il personaggio e si umanizza. Rintraccia nel testo gli elementi lessicali che suggeriscono l'umanizzazione della natura.

2 Note musicali

In questo madrigale Tasso impiega numerosi strumenti metrici e retorici per creare una particolare musicalità. Rintraccia nel testo gli *enjambements*: che tipo di ritmo e di atmosfera contribuiscono a creare? Quale effetto determinano inoltre le frasi interrogative?

Interpretare e approfondire

Terza prova A • La trattazione sintetica

3 Confronto fra testi

In una trattazione sintetica (max 15 righe) metti a confronto questa lirica con «*Ecco mormorar l'onde*» (▶ T1) rivelando analogie e differenze dal punto di vista formale e tematico.

L'opera

Aminta

La composizione

Tasso compose l'*Aminta* in poco tempo nella primavera del 1573, nel periodo più sereno della sua vita. La prima rappresentazione si ebbe durante una festa di corte, allestita sull'isoletta del Belvedere sul Po, nell'estate dello stesso anno.

Il genere

L'*Aminta* è un dramma pastorale, o meglio una «favola boschereccia», cioè un'azione teatrale ambientata nel mondo dei pastori. Il dramma è suddiviso in cinque atti, secondo le norme aristoteliche, preceduti da un prologo. Ogni atto è concluso da un coro, sul modello della tragedia greca.

L'azione

Dopo il Prologo recitato da Amore (▶ T3) inizia l'azione. Essa è estremamente semplice. Il giovane e inesperto pastore Aminta ama Silvia, una dolce e timida ninfa che gli resiste. I maturi Tirsi e Dafne si impegnano ad aiutarlo, il primo dandogli dei consigli, la seconda cercando di convincere Silvia. Proprio Tirsi convince Aminta a raggiungere la ninfa dove è solita fare il bagno e qui la trova prigioniera di un satiro (la animalesca divinità dei boschi metà uomo e metà capro) che sta per violentarla. Il pastore la salva ma lei fugge via senza nemmeno ringraziarlo. La soluzione della vicenda è infine resa possibile da una serie di malintesi sulla morte dei due giovani: dapprima ad Aminta viene riferito che Silvia è stata sbranata da un lupo; a Silvia, che lui si è ucciso per il dolore. Alla notizia la giovane cede all'amore. Il suicidio di Aminta è però fallito: gettandosi da un dirupo, il pastore è stato protetto nella caduta da un cespuglio. Può così aver luogo il lieto fine amoroso.

I temi: l'amore e l'oro

Secondo la lettura tradizionale, l'*Aminta* è un'eccezionale parentesi di serenità nella turbata carriera creativa di Tasso. Questa interpretazione coglie bene alcuni importanti elementi del testo, come la tensione verso il piacere, ma ne trascura altri, tematici e formali. Anzitutto, nell'*Aminta* si manifestano visioni contrapposte dell'amore, tanto che sul lieto fine amoroso pesa l'ombra della morte tentata. L'amore infatti può essere l'amore-passione di Aminta, che mette in crisi l'individuo e lo porta al suicidio, oppure quello saggio e distaccato dei maturi Tirsi e Dafne, che sanno cogliere le gioie del sentimento e si guardano dal potere distruttivo dell'amore estremo. Ma alla base dell'*Aminta* c'è una contrapposizione ancora più forte. Nel Prologo, Amore in persona delinea una società ideale, dove il suo potere annulla le differenze tra gli uomini e li ingentilisce (▶ T3). Questa visione è però smentita nel monologo del Satiro (atto II), che spiega così il suo gesto: Silvia lo respinge perché è povero ed egli, non potendo godere delle gioie dell'amore in virtù delle leggi della raffinatezza che non possiede, non ha altra scelta che ricorrere a quelle della forza. Al centro della denuncia del Satiro sta l'affermazione «e veramente il secol d'oro è questo / poiché sol vince l'oro e regna l'oro»: che equivale a dire che gentilezza e nobiltà, cioè i valori dell'ideologia cortigiana, si basano su interessi economici e ingiustizie di classe.

La critica al mondo cortigiano

Il Satiro rovescia così il tema del coro con cui si era concluso il primo atto quando i pastori avevano esaltato la mitica età dell'oro e presentato l'innocente mondo pastorale come evasione dalle convenzioni cortigiane (▶ T4). L'equazione amore = oro fatta dal Satiro rende impossibile la riconciliazione sociale dentro l'orizzonte mitico del mondo pastorale e attribuisce nuovi significati al rapporto tra questo e il mondo della corte: infatti se il mondo pastorale da un lato si propone come la riconquista di un felice stato di natura, dall'altro si fonda su valori e modelli di rapporti sociali identici a quelli delle corti rinascimentali, di cui è insieme una idealizzazione e una denuncia.

Diverse visioni dell'amore		
	Tirsi e Dafne	sentimento controllato e distaccato
	Aminta	sentimento estremo che mette in crisi l'individuo
	Amore	forza che annulla le differenze sociali
	Satiro	sentimento interessato subordinato all'«oro»

T3

Le forme
- dramma pastorale in versi

I temi
- l'utopia sociale di Amore

Il «miracol» di Amore

Il Prologo della favola è recitato da Amore, che mette gli spettatori al corrente della situazione. Amore è sfuggito alla sorveglianza della madre Venere e si nasconde nei boschi (vv. 1-51.). Qui intende, travestito da pastore, mostrare il proprio potere nei cuori umili; in particolare è sua intenzione far innamorare la ninfa Silvia, invano amata da Aminta (vv. 52-75). Nell'ultima parte del Prologo, qui riportata, Amore sostiene di poter ingentilire i rozzi pastori e di poter annullare le differenze tra gli uomini.

Queste selve oggi ragionar d'Amore
s'udranno in nuova guisa; e ben parrassi
che la mia deità sia qui presente
in se medesma, e non ne' suoi ministri.[1]
Spirerò nobil sensi a' rozzi petti,
raddolcirò de le lor lingue il suono:
perché, ovunque i'mi sia, io sono Amore,
ne' pastori non men che ne gli eroi,
e la disagguaglianza de' soggetti
come a me piace agguaglio; e questa è pure
suprema gloria e gran miracol mio:
render simili a le più dotte cetre
le rustiche sampogne;[2] e se mia madre,
che si sdegna vedermi errar fra' boschi,
ciò non conosce, è cieca ella, e non io,
cui cieco a torto il cieco volgo appella.

da T. Tasso, *Aminta*, ed. critica a cura di B. T. Sozzi, Liviana, Padova 1957.

PARAFRASI

76-79 Oggi si udiranno queste selve ragionare d'amore in modo (guisa) nuovo; e si vedrà (parrassi) bene come la mia deità [: Amore] sia qui presente in se stessa e non rappresentata dai suoi ministri.
80-91 Ispirerò sentimenti nobili ai rozzi petti [dei pastori], renderò più dolce il suono delle loro lingue: perché, dovunque io sia, io sono Amore, nei pastori non meno che negli eroi, e rendo uguale (agguaglio) come a me piace la disuguaglianza di coloro che sono soggetti [a me]; e pure questa è suprema gloria e grande miracolo mio: rendere le rustiche zampogne simili alle cetre più dotte; e se mia madre [: Venere], che si sdegna di vedermi vagare fra i boschi, non capisce (conosce) ciò, è cieca lei e non io, che (cui) il cieco popolo chiama (appella) cieco a torto.

Metrica endecasillabi sciolti.

1 e ben... ministri: Tasso richiama qui implicitamente l'attenzione sulla novità (la **nuova guisa** del v. 77) della propria opera.

2 render simili... sampogne: l'unificazione sociale (vv. 84-85) avviene nel nome dei valori artistici: la poesia pastorale, il cui simbolo è la zampogna, è innalzata al livello della poesia illustre, il cui simbolo è la cetra; entrambe possono cantare temi elevati.

Giovanni Antonio Bazzi detto il Sodoma, *Cupido in un paesaggio*, 1510 ca. San Pietroburgo, Ermitage.

Lavoriamo sul testo

Leggere e capire

Il «miracol» di Amore Il «miracol» di Amore rende le zampogne simili alle cetre: la poesia pastorale, simboleggiata dalle «rustiche sampogne», è innalzata al livello della poesia alta (epica e tragica), simboleggiata dalle «dotte cetre». Amore è dunque fondatore di una società ideale dove vale il principio di uguaglianza tra i generi letterari. E di più: vale il principio di uguaglianza tra gli uomini. Infatti Amore si presenta anzitutto come colui che annulla le differenze sociali («e la disagguaglianza de' soggetti / come a me piace agguaglio»), capace di ispirare sentimenti nobili «ne' pastori non men che ne gli eroi».

Analizzare

Il genere Con il Prologo di Amore inizia l'*Aminta*, dramma pastorale in versi composto da Tasso nel 1573. Si tratta di un genere teatrale nuovo, in voga nell'ambiente ferrarese (un precedente è costituito, nel 1545, dall'*Egle* di Giambattista Giraldi Cinzio), che propone una soluzione mista di «tragicommedia». A tal proposito, risultano significative le parole qui pronunciate da Amore, che valgono come una dichiarazione di poetica: il «miracolo» di Amore, che rende le zampogne simili alle cetre, testimonia la volontà dell'autore di andare oltre le gerarchie di genere, nella convinzione che anche la poesia pastorale possa rappresentare temi elevati.

Interpretare e approfondire

Il tema amoroso Amore si presenta qui come colui che è in grado di annullare «la disagguaglianza de' soggetti». Di fronte al suo potere, infatti, gli uomini divengono tutti uguali, e non valgono le differenze sociali. Ma questa visione positiva (o utopica?) dell'amore non è l'unica presente nel dramma. Si affacciano infatti anche visioni tormentate o disincantate dell'amore: la passione per Sivia causa l'inquietudine del non corrisposto Aminta, che giunge perfino a tentare il suicidio; mentre il Satiro incarna un'idea bestiale e violenta dell'amore, dichiarando per di più che esso sottostà alla legge dell'«oro» e dell'interesse economico.

Esercizi

Prima prova A • L'analisi del testo

Comprendere

1 Il «gran miracol» di Amore

Nel Prologo, Amore si pone un obiettivo: garantire l'uguaglianza tra .... e .... e tra .... e ....

Analizzare

2 La dignità del dramma pastorale

Attraverso le parole di Amore, Tasso rivendica la dignità del genere letterario scelto: sottolinea nel testo i versi in questione e spiegane il significato.

Interpretare e approfondire

3 Il valore dell'amore

Nel Prologo emerge una visione ideale dell'amore, capace di annullare le differenze sociali tra gli uomini. Possiamo oggi credere a una simile visione, oppure dobbiamo cedere al disincanto del Satiro, secondo il quale anche nell'amore intervengono ragioni economiche? Per riflettere sul tema ti proponiamo parti di un pungente articolo di Massimo Gramellini, che commenta su «la Stampa» una ricerca che ha "monetizzato" la felicità, riconoscendo a un buon rapporto di coppia un valore di appena 100.000 euro. Leggi l'articolo e commentalo in classe con i tuoi compagni.

Quando la scienza e i soldi, i due totem della modernità, si occupano l'una degli altri, i risultati possono essere sconvolgenti. [...] Lo studioso [Andrew Oswald] ha monetizzato persino il valore della salute e dell'amore. Star bene è pari a 150.000 euro annui, mentre sul mercato della felicità un buon rapporto di coppia ne vale appena 100.000.
Di questa inchiesta si può solo sperare che gliel'abbiano pagata poco. Banale e grottesca, ma in linea coi tempi: un nonno inglese ha dato un prezzo alla verginità delle sue nipotine, stabilendo dei premi in denaro per quelle di loro che arriveranno illibate al matrimonio.
Purtroppo per gli economisti, e per certi nonni, la vita reale è poi un altro affare, più complesso e misterioso. Proprio mentre a Londra veniva scientificamente decantata la felicità procurata dai bigliettoni, il signor Kitchen – un falegname disoccupato che l'anno scorso aveva vinto un milione di sterline alla lotteria – moriva di depressione annegato nel whisky. Con meno soldi, diranno gli economisti, si sarebbe dovuto accontentare dell'acqua minerale.

da M. Gramellini, *Quanto vale la felicità*, «la Stampa», 10 gennaio 2002

T4

Le forme
- echi letterari e citazioni

I temi
- contrapposizione fra stato di natura/mondo pastorale e civiltà/mondo cortigiano

«O bella età de l'oro»

È questo il coro conclusivo del primo atto. Come nella tragedia greca alla quale Tasso si ispirò, la funzione del coro è commentare l'azione scenica. Qui a parlare sono dei pastori, che esaltano l'amore e la condizione di innocenza originaria dell'uomo, accusando l'Onore di aver inquinato la felicità primitiva. Questa viene identificata con la mitica età dell'oro, descritta secondo la tradizione dei poeti classici. Il coro si conclude con l'invito rivolto all'Onore perché occupi pure le sedi del potere, le corti, ma lasci in pace i pastori, cioè la gente umile.

CORO

O bella età de l'oro,
non già perché di latte
sen' corse il fiume e stillò mele il bosco;
non perché i frutti loro
dier da l'aratro intatte
le terre, e gli angui errar senz'ira o tosco;
non perché nuvol fosco
non spiegò allor suo velo,
ma in primavera eterna,
ch'ora s'accende e verna,
rise di luce e di sereno il cielo;
né portò peregrino
o guerra o merce a gli atri lidi il pino;[1]

ma sol perché quel vano
nome senza soggetto,
quell'idolo d'errori, idol d'inganno,
quel che dal volgo insano
onor poscia fu detto,
che di nostra natura 'l feo tiranno,
non mischiava il suo affanno
fra liete dolcezze
de l'amoroso gregge;
né fu sua dura legge

PARAFRASI

655-668 O bella età dell'oro, [bella] non soltanto (non già) perché scorreva (sen' corse = se ne corse; qui e in seguito i pass. rem. sono resi con l'imperf.) un fiume di latte e il bosco stillava miele (mele); non perché le terre producevano (dier = diedero) i loro frutti senza essere toccate (intatte) dall'aratro [: senza bisogno di lavorarle], e i serpenti (angui) si aggiravano (errar = errarono) senza ferocia (ira) o veleno (tosco = tossico); non perché allora nessuna (non) nuvola fosca distendeva (spiegò) la sua copertura (velo), ma il cielo, che ora si surriscalda (s'accende) e gela (verna), rideva [: brillava] di luce e di sereno in eterna primavera; [e non perché] le navi (il pino; metonimia) straniere (peregrino) non (né) portavano alle coste (lidi) altrui o guerra o merci;

669-681 ma [l'età dell'oro era bella] solo perché quel vuoto (vano) nome senza sostanza, quel valore (idolo) sbagliato (d'errori), [quel] valore ingannevole, quel [valore] che poi (poscia) fu chiamato onore dal folle (insano) popolo, che lo rese ('l feo = lo fece) tiranno del nostro istinto (natura), non mischiava i suoi tormenti con (fra) i felici piaceri della schiera degli innamorati (de l'amoroso gregge); e la sua legge crude-

Metrica canzone di cinque stanze di tredici versi ciascuna (quattro endecasillabi e nove settenari), con rime, secondo lo schema abCabCcdeeDfF, e chiusura XyY.

1 O bella... pino: dal punto di vista sintattico questa prima strofa è strettamente legata alla seconda (l'età dell'oro era bella non perché... [prima strofa] ma solo perché... [seconda strofa]): l'età dell'oro non deve il suo fascino a tutte le ragioni elencate nella prima strofa, ma tuttavia esse ne rappresentano comunque le qualità generali e l'incanto. Questi versi costituiscono infatti una lunga preterizione, figura retorica per la quale fingendo di tacere una cosa la si dice.

testi in scena

on line troverai la trasposizione teatrale di questo brano e una scheda sulla messa in scena

Pietro da Cortona, *L'età dell'oro*, 1641-1646. Firenze, Palazzo Pitti, Sala della Stufa.

nota a quell'alme in libertate avvezze,
ma legge aurea e felice
che natura scolpì: "S'ei piace, ei lice".[2]

Allor tra fiori e linfe
traen dolci carole
gli Amoretti senz'archi e senza faci;[3]
sedean pastori e ninfe
mischiando a le parole
vezzi e sussurri, ed a i sussurri i baci
strettamente tenaci;
la verginella ignude
scopria sue fresche rose,
ch'or tien nel velo ascose,
e le poma del seno acerbe e crude;
e spesso in fonte o in lago
scherzar si vede con l'amata il vago.

Tu prima, Onor, velasti
la fonte de i diletti,
negando l'onde a l'amorosa sete;
tu a' begli occhi insegnasti
di starne in sé ristretti,
e tener lor bellezze altrui secrete;
tu raccogliesti in rete
le chiome a l'aura sparte;
tu i dolci atti lascivi
festi ritrosi e schivi;
a i detti il fren ponesti, a i passi l'arte:
opra è tua sola, o Onore,
che furto sia quel che fu don d'Amore.[4]

E son tuoi fatti egregi
le pene e i pianti nostri.
Ma tu, d'Amore e di Natura donno,
tu domator de' regi,

PARAFRASI

le (dura) non (né) fu nota a quelle anime (alme) abituate alla libertà, ma [fu loro nota] una legge fortunata (aurea = d'oro) e felice che la natura ha scolpito [: stabilito]: "Ciò che piace è lecito (ei = egli, pleon.)".
682-694 Allora [: nell'età dell'oro] gli Amorini senza archi e senza fiaccole (faci) intrecciavano (traen) dolci balli (carole = girotondi) tra i fiori e i ruscelli (linfe); i pastori e le ninfe sedevano mischiando scherzi (vezzi) e sussurri alle parole, e [mischiando] ai sussurri i baci appassionatamente (strettamente) prolungati (tenaci); le giovinette (la verginella; il sing. è metonimia) scoprivano nude le loro (sue) fresche labbra (rose), che ora tengono nascoste nel velo, e [scoprivano] le rotondità (poma = frutti) immature (acerbe; per la giovinezza) e crudeli [: perché seducenti] del seno; e spesso si vedevano scherzare in una fonte o in un lago l'innamorato (il vago) con l'amata.
695-707 Tu, Onore, hai nascosto (velasti) per primo la sorgente dei piaceri (diletti), negando l'acqua (l'onde) [: la soddisfazione, per metafora] alla sete d'amore; tu hai insegnato ai begli occhi di starsene chiusi (ristretti) in sé e [a] tenere le loro bellezze nascoste (secrete) agli altri; tu hai raccolto in una rete i capelli [che prima erano] sparsi (sparte) all'aria; tu hai reso (festi = facesti) restii e schivi i dolci atti sessuali (lascivi); alle parole hai posto il controllo (fren), ai passi [hai posto] la regola (arte): è soltanto opera tua, o Onore, che quello che [prima] era (fu) un dono dell'Amore, [ora] sia un furto.
708-720 E le sofferenze (le pene) e i pianti nostri [: degli uomini] sono tue [: dell'onore] imprese (fatti) meravigliose (egregi) [: è ironico]. Ma tu, [che sei] signore (donno; lat.) dell'Amore e della Natura, tu [che sei] il domatore dei re (regi), che

2 ma sol… lice: l'esaltazione del desiderio e della libertà dell'istinto si affida a una concezione dello stato di natura come purezza e innocenza. A esso si contrappone la legge civile, incarnata al suo livello più alto, e negativo, dalla città e dalla corte e rappresentata dalla parola-simbolo **onore** (cioè 'dignità', 'rispetto delle norme sociali', 'morale').

3 archi... faci: sono le insegne dell'Amore e degli Amorini; nell'età dell'oro essi non erano necessari, forse, perché allora l'amore era istintivo e naturale e non c'era bisogno di provocarlo artificiosamente.

4 Tu prima… d'Amore: le leggi della morale hanno imposto un controllo e una regola a tutti quei gesti naturali che nell'età dell'oro si svolgevano liberamente, e che hanno invece ora perduto la loro primitiva felicità. Quel che era piacere è diventata colpa (**furto**). "Onore" è scritto con l'iniziale maiuscola perché personificato.

La lingua nel tempo: Licere, licenza. *Licere* è verbo difettivo latino, che si usa solo in poche forme: oltre a quella attestata nel testo («lice» al v. 681), si può trovare anche *liceva, licevano, licesse, licessero, lecito.* Il verbo è usato comunque solo nel contesto poetico e letterario, e significa 'essere permesso, concesso o consentito dalla legge, dalla morale, dalle convenienze o dalla situazione'. Più esteso l'uso del sostantivo derivato "licenza" (dal lat. *licens*, part. pr. di *licere*), che indica una concessione fatta o permissione data dal superiore o da chi abbia facoltà di impedire qualcosa; da cui 'libertà di fare' (p. es. la licenza poetica è la libertà che si prende il poeta nei suoi versi contro le regole e l'uso), e, per estensione, 'abuso di libertà, arbitrio, sfrenatezza di costumi'. "Licenza" significa inoltre permesso di assentarsi da un servizio o da un ufficio (p. es. la licenza accordata ai militari). In tempi più recenti il termine ha acquisito un ulteriore significato, indicando il diploma che si ottiene al termine di un corso di studi nelle scuole primarie e secondarie (licenza elementare, liceale; esame di licenza).

che fai tra questi chiostri,
che la grandezza tua capir non ponno?
Vattene, e turba il sonno
a gl'illustri e potenti:
noi qui, negletta e bassa
turba, senza te lassa
viver ne l'uso de l'antiche genti.[5]
Amiam, ché non ha tregua
con gli anni umana vita, e si dilegua.

Amiam, ché 'l sol si muore e poi rinasce:
a noi sua breve luce
s'asconde, e 'l sonno eterna notte adduce.[6]

da T. Tasso, *Aminta*, cit.

PARAFRASI

fai [qui] in questi luoghi appartati (chiostri) che non possono (non ponno) contenere (capir) la tua grandezza? Vattene, e turba il sonno agli [uomini] illustri e ai potenti: lascia noi, gente (turba) trascurata (negletta) e umile (bassa), vivere qui senza di te secondo l'abitudine (ne l'uso) dei popoli antichi [: come nell'età dell'oro]. Amiamo, poiché la vita umana non sta ferma (non ha tregua) con gli anni, e [dunque] fugge via. 721-723 Amiamo, poiché il sole muore (si muore; pseudorifl.) e poi rinasce: a noi si nasconde la sua breve luce, e il sonno [della morte] porta (adduce) una notte eterna.

5 E son... genti: l'invito all'onore perché si accompagni al potere e alla grandezza intellettuale, lasciando in pace lo scenario appartato del mondo pastorale, implica una denuncia della civiltà come condizione infelice e inautentica; denuncia che si applica con forza maggiore alla raffinatezza e alle regole sociali della cultura di corte.

6 Amiam... adduce: il tema malinconico della brevità della vita umana conclude il coro. È un tema frequente nella poesia classica e moderna: questi versi sono infatti quasi una traduzione dal carme 5 di Catullo. La conclusione dolente del coro segnala una consapevolezza della brevità della vita che esclude comunque l'abbandono alla felicità possibile nello stato di natura.

Lavoriamo sul testo

Leggere e capire

L'età dell'oro e l'arrivo di Onore Dalla prima strofa ricaviamo un ritratto del paesaggio idilliaco che caratterizza l'età dell'oro, in cui regnava un'eterna primavera. E tuttavia, come dichiara la seconda strofa, l'età dell'oro non deve il suo valore a questa natura vitale e fruttifera, ma a una ragione più profonda: la presenza di una «legge aurea e felice» («"S'ei piace, ei lice"», v. 681: se una cosa piace, è lecita), contrapposta alla «dura legge» in seguito imposta dall'onore. Le due strofe successive chiariscono questo concetto concentrandosi sul tema amoroso: mentre nell'età dell'oro l'amore era vissuto con spontaneità e senza vergogna (terza strofa), nell'età dominata da «Onore» esso è soggetto a varie forme repressive (quarta strofa). Di qui l'invito rivolto all'onore affinché si accompagni «a gl'illustri e potenti», lasciando in pace lo scenario appartato del mondo pastorale (quinta strofa). L'ultima parte del coro (vv. 719-723) introduce il tema malinconico della brevità della vita: il monito ad amare nasce dalla consapevolezza della fuga del tempo.

Analizzare

Le citazioni Il coro rimpiange un felice stato di natura, ma lo fa in modo tutt'altro che "ingenuo". Il testo infatti si presenta come una fitta rete di citazioni: sotto l'apparente naturalezza si nasconde un alto tasso di letterarietà. Per esempio, hanno origini petrarchesche «le chiome a l'aura sparte» del v. 702 (che richiamano l'inizio di un famoso sonetto del *Canzoniere*: «Erano i capei d'oro a l'aura sparsi»); mentre i tre versi finali «Amiam, ché 'l sol si muore e poi rinasce: / a noi sua breve luce / s'asconde, e 'l sonno eterna notte adduce» riprendono il carme 5 di Catullo (la cui traduzione è: «Il sole può tramontare e risorgere; / noi, quando è tramontata la breve luce della vita, / dobbiamo dormire una sola interminabile notte»).

Interpretare e approfondire

L'esaltazione del piacere Nell'età dell'oro l'unica legge che regolava la vita degli uomini era «S'ei piace, ei lice». Questa esaltazione del piacere raccoglie la visione edonistica e laica che si afferma nel Rinascimento: una visione che considera la ricerca del piacere come un istinto naturale, dunque innocente e senza peccato. Una visione che contrasta però con la nuova cultura controriformista, repressiva e moralista. Solo con rimpianto si può dunque guardare a quei valori rinascimentali: l'abbandono al piacere non è più possibile. Questo pessimismo si acutizza nella conclusione, che ricorda la brevità della vita.

La critica del mondo cortigiano I pastori invitano l'Onore a occuparsi degli «illustri e potenti». Essi sono, in particolare, coloro che abitano le corti: luoghi in cui più che altrove valgono le norme, l'etichetta, la forma. Il mondo pastorale, dove è ancora possibile un felice stato di natura, si contrappone dunque al mondo della corte, infelice e inautentico.

Esercizi

Prima prova A • L'analisi del testo

Comprendere

1 Per orientarsi

Secondo il modello della tragedia greca, Tasso inserisce un coro a conclusione di ciascun atto dell'*Aminta.* Quale funzione ha il coro? Chi è qui a parlare?

2 Riassumendo

Il coro del primo atto è dedicato all'esaltazione della «bella età de l'oro». Completa il breve riassunto inserendo le parole mancanti.

.... era bella perché non inquinata da .... In essa vigeva la legge .... e gli uomini potevano amarsi liberamente. «Onor» invece ha imposto una regola e un controllo a tutti quegli atti che prima erano considerati innocenti e naturali: quello che era .... d'Amore ora è divenuto un furto, una colpa. I pastori invitano così l'onore a occuparsi degli ...., lasciando in pace loro, «negletta e bassa / turba». La brevità della vita invita ad amare finché è possibile.

Analizzare

3 La preterizione

La prima strofa è basata sulla figura retorica della preterizione: in che cosa consiste? Illustrane la presenza all'interno del testo.

4 Le metafore

I pastori non parlano il linguaggio ingenuo che richiederebbe la loro umile origine, ma il linguaggio colto dell'autore. Rintraccia nel testo la presenza di metafore.

Interpretare e approfondire

5 L'onore, ovvero...

Onore è una parola-simbolo del coro. Chiariscine il significato elencando una serie di termini che possono associarsi al concetto di "onore". Per esempio:

onore morale, legge civile, ...

....

6 Contrapposizione natura-civiltà

Questo coro ha grande importanza per l'ideologia dell'opera. Al centro c'è la contrapposizione tra un felice e perduto stato di natura e la civiltà moderna. Completa le coppie di opposti riconducibili a questa contrapposizione:

stato di natura / civiltà

piacere / ....

«negletta e bassa turba» / ....

mondo pastorale / ....

«don d'Amore» / ....

cultura rinascimentale / ....

età dell'oro / ....

«legge aurea e felice» / ....

7 La critica della società moderna

Le parole dei pastori contengono dunque una critica della società moderna. Quali aspetti essa intende colpire?

L'opera

Gerusalemme liberata

videolezione
La *Gerusalemme liberata* di Tasso, un capolavoro in controtempo

Identikit dell'opera

titolo
Gerusalemme liberata (non autorizzato dall'autore)

composizione
1565-1575, ma in seguito Tasso proseguì incessantemente nella correzione fino a elaborare un nuovo poema (la *Gerusalemme conquistata*, 1593)

genere
poema epico cristiano

argomento
la fase conclusiva della prima crociata (1099)

struttura
venti canti in ottave, raggruppabili in cinque parti

personaggi principali
- guerrieri cristiani: comandante Goffredo di Buglione, Tancredi, Rinaldo, Raimondo
- guerrieri pagani: Argante, Solimano
- donne pagane: Armida, Clorinda, Erminia

temi
- la guerra religiosa
- l'amore

stile
elevato ma vario, con tendenza alla forzatura e all'eccesso

La composizione e l'intricata vicenda editoriale

Tasso lavora alla stesura della *Gerusalemme liberata* per quasi tutta la vita. Il primo abbozzo del poema risale agli anni tra il 1559 e il 1561. Il giovanissimo poeta si è però impegnato in un'impresa superiore alle sue forze ed è costretto ad abbandonarla. Riprende in mano il progetto intorno al 1565 e nell'arco di circa un decennio lo porta a termine. Il *Goffredo* (questo con ogni probabilità il titolo assegnatogli dall'autore) risulta infatti ultimato nell'aprile 1575, così che nell'estate il poeta può leggerlo al duca Alfonso II e alla sorella di questi, Lucrezia.
Alfonso, dedicatario del poema, ne desidera la pubblicazione immediata, ma Tasso è insoddisfatto del risultato. Preoccupato soprattutto della riuscita stilistica e della correttezza religiosa e morale dell'opera, la sottopone al giudizio di otto revisori. Nel frattempo egli stesso prosegue gli interventi di correzione. Di qui l'impossibilità di pervenire a una versione definitiva. Al momento della reclusione nell'Ospedale di Sant'Anna, la situazione si complica: fuori dal controllo dell'autore, circolano numerose copie manoscritte, diverse fra loro perché riconducibili a stadi diversi di elaborazione. Tra il 1579 e il 1584 alcuni editori stampano versioni non autorizzate e grandemente scorrette per lacunosità, provvisorietà e arbitri. Di queste, quella realizzata a Ferrara nel 1581 è stata scelta dagli editori moderni come versione di

riferimento nella convinzione che essa, benché non risponda alla volontà ultima dell'autore, documenti in modo attendibile la stesura del poema al 1575, prima che Tasso ne avvii il rifacimento integrale, pubblicato nel 1593 col titolo la *Gerusalemme conquistata* (▶ più avanti).

La struttura e la trama

La *Gerusalemme liberata* è un poema in ottave suddiviso in venti canti, raggruppabili in cinque parti, corrispondenti ai cinque atti della tragedia classica. Il modello classico vale anche per l'impianto generale, costruito secondo il principio di unità aristotelico. La trama risulta perciò piuttosto semplice e compatta, soprattutto se confrontata con quella intricata dell'*Orlando furioso* di Ariosto. Tasso sceglie un argomento storico: narra infatti la fase conclusiva della prima crociata, combattuta nel 1099 sotto la guida di Goffredo di Buglione. Di seguito diamo conto più dettagliatamente del contenuto dei venti canti.

- **canti I-III** – **Gerusalemme** Dopo il proemio e la dedica, la scena si apre sull'accampamento cristiano. Siamo nella primavera del 1099. I crociati hanno già conquistato Nicea, Antiochia e Damasco e ora stanno per raggiungere Gerusalemme. Dio invia l'arcangelo Gabriele affinché al giusto Goffredo di Buglione sia affidato il comando per l'attacco finale alla Città Santa (canto I; ▶ T5). Dopo i preparativi (canto II), iniziano gli scontri alle porte della città: tra i cristiani si distinguono Tancredi e Rinaldo; tra i pagani Clorinda e Argante (canto III).
- **canti IV-VIII** – **Le prime fasi dell'impresa** Un concilio di demoni infernali decide di ostacolare l'esercito cristiano. Si rivela efficace in particolare l'intervento della bellissima maga Armida, nipote del re di Damasco, la quale giunge nel campo crociato spacciandosi per una fanciulla in pericolo e bisognosa d'aiuto e così ottiene l'allontanamento dei guerrieri più valorosi. Tra questi c'è Rinaldo che uccide Gernando principe di Norvegia e per sottrarsi alla giusta punizione abbandona l'esercito (canti IV-V). Intanto Argante e Tancredi si sfidano in duello; al tramonto i due sono costretti a separarsi con l'impegno di riprendere il combattimento dopo sei giorni. Erminia, principessa pagana innamorata di Tancredi, cerca di raggiungerlo per curarne le ferite. A tale scopo, mette in pratica uno stratagemma rischioso: indossa le armi di Clorinda e può così uscire da Gerusalemme. Ma viene avvistata dalle sentinelle del campo cristiano (che la credono Clorinda) ed è costretta alla fuga (canto VI), mettendosi in salvo nella casa di un pastore (▶ T6). Tancredi, che è innamorato di Clorinda, resta a sua volta ingannato dal travestimento e si mette a inseguire la giovane, ma finisce prigioniero del castello di Armida. Manca dunque all'appuntamento con Argante, e al suo posto combatte Raimondo. Dal duello prende il via una furiosa battaglia generale mentre i demoni scatenano una tempesta sul campo cristiano (canto VII), dove vengono portate le armi insanguinate di Rinaldo che viene creduto morto. La furia infernale Aletto incita una rivolta contro Goffredo, accusato di aver fatto uccidere il paladino, ma il comandante riesce a placarla (canto VIII).
- **canti IX-XII** – **I crociati in difficoltà** Nottetempo Aletto, accompagnata da uno stuolo di diavoli, guida il re dei Turchi Solimano ad aggredire il campo cristiano, ma l'attacco viene respinto grazie all'intervento dell'arcangelo Michele e di cinquanta misteriosi cavalieri: i crociati prigionieri di Armida, tra cui Tancredi, che sono stati liberati da Rinaldo (canti IX-X). La notizia che Rinaldo è vivo, per quanto ancora prigioniero della maga, rincuora gli animi dei crociati tanto che Goffredo decide di tentare un assalto alle mura di Gerusalemme. La notte interrompe la battaglia. I cristiani ne approfittano per riparare la torre mobile rimasta bloccata (canto XI). Clorinda e Argante riescono a darle fuoco; ma, mentre Argante fa in tempo a rientrare in città, Clorinda resta chiusa fuori dalle mura. Viene così raggiunta da Tancredi che, non avendola riconosciuta, la affronta e la ferisce a morte. Solo allora l'eroina svela la propria identità: disperato per aver ucciso l'amata, Tancredi può solo accogliere la sua richiesta di essere battezzata (canto XII; ▶ T7).
- **canti XIII-XVII** – **L'inizio della riscossa** Il canto XIII segna il culmine delle difficoltà per i crociati. Provati da una terribile siccità, invano tentano di ricostruire la torre col legname della selva di Saron: il mago Ismeno ha stregato la foresta, popolandola di minacciose visioni che fanno indietreggiare i soldati. Ma ecco che una pioggia provvidenziale segna l'inizio della riscossa. Su ordine di Goffredo, Carlo e Ubaldo partono alla ricerca di Rinaldo (canto XIV) e, dopo un viaggio pieno di insidie (canto XV), lo raggiungono nelle Isole Fortunate dove Armida lo tiene legato a sé da un potente incantesimo erotico. I due paladini riescono tuttavia a richiamarlo ai suoi doveri (▶ T8) e Rinaldo abbandona la maga (canto XVI) che, sinceramente innamorata di lui, si dispera e giura vendetta (canto XVII).
- **canti XVIII-XX** – **Verso la vittoria finale** Rinaldo, tornato al campo cristiano e perdonato da Goffredo, si sottopone a un rito di purificazione sul Monte Oliveto per riacquistare la Grazia di Dio, in virtù della quale riesce a spezzare l'incanto della selva di Saron. I crociati possono approvvigionarsi di legname per costruire le macchine da guerra con cui muovere all'assalto finale (canto XVIII). Lo scontro volge nettamente a vantaggio dei cristiani; le mura sono espugnate e i crociati entrano nella Città Santa. Argante resiste eroicamente, finché cade dopo un aspro duello con Tancredi (▶ T9), che a sua volta ne esce quasi morto; ma Erminia può raggiungerlo e curarne amorevolmente le ferite (canto XIX). La battaglia finale è un enorme massacro. Con essa si chiudono le vicende di molti personaggi. Da parte pagana, Solimano muore ucciso da Rinaldo dopo aver dato le ultime prove del suo valore, mentre Aladino, re di Gerusalemme, cade per mano di Raimondo. Da parte cristiana, Goffredo, entrato da liberatore nel Santo Sepolcro, può sciogliere il voto; Rinaldo, ottenuta la conversione di Armida in nome del reciproco amore, la sposa e dalla loro unione discenderà la stirpe degli Estensi (canto XX).

cinema • Un altro cavaliere della fede: Antonius Block del *Settimo Sigillo*

I personaggi

I personaggi sono divisi in due schieramenti. I cristiani hanno una psicologia complessa e contraddittoria. Sono di continuo minacciati dalle forze infernali che agiscono dall'esterno attraverso aggressioni e inganni; ma anche dall'interno, mettendo in crisi i valori morali e militari della crociata. Nel campo cristiano spiccano tre eroi.

- **Goffredo**: ispirato a una figura realmente esistita, il conte fiammingo Godefroy de Bouillon (1060-1100), Tasso ne fa il cavaliere della fede per eccellenza, il perfetto eroe controriformistico. Estraneo alle tentazioni terrene e passionali che attraggono gli altri eroi cristiani, è il personaggio meno complesso e, per questa ragione, il meno interessante.
- **Rinaldo**: incarna l'intento celebrativo del poema, poiché è l'immaginario fondatore della stirpe estense. È animato da un entusiasmo giovanile e appassionato che lo fa cadere nella trappola di Armida. Eppure riesce a recuperare la propria purezza, vincere l'incanto della selva di Saron e convertire la stessa Armida.
- **Tancredi**: è l'opposto di Rinaldo. Quanto Rinaldo è vitale, tanto Tancredi è malinconico e sfortunato. Non riconosce l'amata Clorinda e la uccide in duello. Partecipa così alle fasi conclusive della guerra segnato dal senso di colpa e dal dolore.

Sul fronte opposto, i guerrieri pagani appaiono come eroi primitivi, orgogliosi e accaniti, tutti protesi a dimostrare il proprio valore in imprese individuali rischiose o addirittura disperate. Non mancano di nobiltà e generosità, che rendono più tragica la loro sconfitta. Tra questi spiccano Argante e Solimano. Accanto a loro, Tasso delinea il carattere di tre personaggi femminili, significativamente legate a eroi cristiani.

- **Armida**: è la maga che, servendosi dell'erotismo, distoglie i crociati dal compimento della loro impresa eroica. Alla fine però l'elemento erotico si sottomette alla morale: Armida si ricongiunge all'amato Rinaldo e si converte al cristianesimo.
- **Clorinda**: è la donna-guerriera. Appare e scompare misteriosamente finché, ferita a morte da Tancredi, abbraccia la religione dell'innamorato uccisore.
- **Erminia**: è la donna innamorata, dominata da una logica disperatamente passionale.

I temi

L'amore L'amore getta un ponte fra personaggi cristiani e personaggi pagani. Esso però si presenta anzitutto come fonte di turbamento, come la forza che distoglie i crociati dalla loro missione guerriera e religiosa, paralizzandone l'azione eroica: quando Tancredi vede sull'altura l'elmo splendente di Clorinda, s'incanta e si dimentica di combattere contro Argante; parimenti Rinaldo, fra le braccia di Armida, scorda la propria identità guerriera.

▼ François Boucher, *Il bagno di Venere*, 1751. Washington Dc, National Gallery of Art.

L'opera *Gerusalemme liberata*

La guerra Nella *Liberata*, il conflitto d'amore complica il conflitto d'armi. La guerra, nel poema, non fa da generico sfondo narrativo, ma rappresenta un motivo centrale che si carica di significati profondi. Per i cristiani l'esito dell'impresa militare dipende dalla volontà divina; mentre i pagani, spinti dal desiderio di gloria, riconoscono nel campo di battaglia il luogo dell'affermazione personale. Da questo punto di vista la guerra dà espressione anche a una lotta fra codici opposti: da una parte i valori religiosi della cultura della Controriforma; dall'altra gli ideali di libertà della cultura rinascimentale. La vittoria finale dei cristiani non ha nulla di trionfalistico e coincide con un bagno di sangue. Tasso mostra il volto tragico della guerra, che nessuna idealizzazione cortese e cavalleresca (come quella presente in Ariosto) può riscattare.

La poetica

La poetica che sta alla base della *Gerusalemme liberata* è chiarita dallo stesso autore attraverso una serie di scritti teorici, dai *Discorsi dell'arte poetica e in particolare sopra il poema eroico* (terminati intorno al 1570) all'*Apologia della Gerusalemme liberata*, diffusa nel 1585, fino ai *Discorsi del poema eroico*, pubblicati nel 1594.

Secondo Tasso, la poesia deve narrare il *verosimile*, cioè fatti che si sarebbero potuti effettivamente verificare e che rappresentino lo spirito degli avvenimenti storici. Ciò porta a scegliere come argomento un evento realmente accaduto, a rispettarne i caratteri essenziali e a limitare il ricorso al meraviglioso, cioè a elementi fantastici e favolosi che comunque possono provenire solo dal sovrannaturale cristiano (*meraviglioso cristiano*). La narrazione deve rispettare, secondo la concezione aristotelica, l'*unità* dell'azione, definendo un chiaro centro spaziale, tematico e temporale. Il racconto prevede tuttavia anche episodi secondari che vengono incontro ai desideri del pubblico suscitandone il *diletto* (cioè l'interesse e il divertimento). In tal modo Tasso congiunge *unità* e *varietà*, riconducendo sempre quest'ultima entro una struttura rigorosamente ordinata e coerente.

Il poema risulta pertanto come un piccolo mondo, vario al proprio interno e tuttavia unico, creato e governato da Dio. La teorizzazione complessiva di Tasso rappresenta la fondazione di un nuovo genere: il *poema epico cristiano*, in cui il modello epico classico è adeguato alla nuova prospettiva cristiana controriformistica e ai moderni gusti del pubblico.

Lo stile

Staccandosi dal modello petrarchesco, basato su un tono alto e uniforme, il poema di Tasso propone una stile vario. In particolare, la compostezza classica si scontra con una tendenza alla forzatura e all'eccesso. La frequenza di certe figure retoriche (simmetrie e antitesi, chiasmi e inversioni, perifrasi e anafore) accresce questa tensione.

Il «parlar disgiunto» teorizzato da Tasso trova nella metrica uno dei suoi strumenti fondamentali. L'*enjambement* separa, con la fine del verso, due parole che costituiscono un'unità di senso, per esempio un attributo dal suo sostantivo. Introduce così una «pausa irrazionale» (Fubini), poiché mentre il senso congiunge, il verso separa. L'*enjambement* ha nella *Liberata* una presenza e un'importanza eccezionali, sottolineando i passi più significativi del poema: l'amore a prima vista di Tancredi per Clorinda («ed ammirò la *bella / sembianza*»); il desiderio di Erminia alla vista di Tancredi («oh *prigioniero / mio* fosse un giorno») ecc.

Dalla *Gerusalemme liberata* alla *Gerusalemme conquistata*

La *Gerusalemme conquistata* – pubblicata nel 1593 e dedicata al cardinale Cinzio Aldobrandini, nipote di papa Clemente VIII – va considerata un nuovo poema, più lungo e con una struttura diversa: 2.739 ottave (contro le 1.927 della *Liberata*) suddivise in ventiquattro libri (anziché in venti canti). Al di là dei tagli (per esempio, l'episodio di Erminia tra i pastori) e dei nuovi nomi ad alcuni protagonisti (Rinaldo si chiama Riccardo; Erminia è ribattezzata Nicea), la *Conquistata* testimonia soprattutto un irrigidimento in direzione cattolico-controriformistica. La caratterizzazione dei due schieramenti diviene netta: il valore e la moralità dei crociati si contrappongono senza più esitazioni alla malvagità dei pagani. La *Liberata* era terreno di tensioni psicologiche e culturali: tra il senso del dovere e le passioni; tra l'obbedienza ai nuovi princìpi della Controriforma e la libertà di pensiero ereditata dal Rinascimento. L'esito della lotta, ancora tormentata nel poema giovanile, si fa definitivo nella *Conquistata*: la spinta rinascimentale si arrende alla rigida cultura della Controriforma; Tasso si dimostra formidabile repressore di se stesso. Anche sul piano espressivo vengono meno le tensioni: la lingua diventa più uniforme e più alta. Le correzioni producono per esempio versi più regolari ma meno efficaci e meno poetici. Nella *Liberata* prima di morire Clorinda dice a Tancredi «Amico, hai vinto: io ti perdon… perdona»; nella *Conquistata* Tasso corregge «Amico, hai vinto; e perdon'io, perdona»: in questo modo è ristabilita la regola grammaticale (il troncamento è ammesso solo davanti a vocale), ma il verso perde poesia e tragicità.

a lezione dal testo

[*Gerusalemme liberata* I, 1-12]

T5

Le forme
- ripresa del modello classico
- stile elevato

I temi
- prospettiva cristiana
- influenza delle passioni umane

L'inizio del poema

La Gerusalemme liberata *si apre, secondo la consueta tradizione epica, con l'annuncio della materia del poema (ottava 1), l'invocazione alla Musa (ottave 2-3) e la dedica al duca Alfonso II d'Este che introduce il motivo encomiastico dell'opera (ottave 4-5). Segue quindi una rassegna dei principi cristiani (ottave 6-10) e la decisione di Dio di intervenire inviando l'arcangelo Gabriele (ottave 11-12).*

1
Canto[1] l'arme pietose e 'l capitano
che 'l gran sepolcro liberò di Cristo.
Molto egli oprò co 'l senno e con la mano,
molto soffrì nel glorioso acquisto;
e in van l'Inferno vi s'oppose, e in vano
s'armò d'Asia e di Libia il popol misto.
Il Ciel gli diè favore, e sotto a i santi[2]
segni ridusse i suoi compagni erranti.

2
O Musa,[3] tu che di caduchi allori
non circondi la fronte in Elicona,[4]
ma su nel cielo infra i beati cori
hai di stelle immortali aurea corona,
tu spira al petto mio celesti ardori,
tu rischiara il mio canto, e tu perdona
s'intesso fregi al ver, s'adorno in parte
d'altri diletti, che de' tuoi, le carte.[5]

3
Sai che là corre il mondo ove più versi
di sue dolcezze il lusinghier Parnaso,[6]
e che 'l vero, condito in molli versi,
i più schivi allettando ha persuaso.
Così a l'egro fanciul porgiamo aspersi
di soavi licor gli orli del vaso:
succhi amari ingannato intanto ei beve,
e da l'inganno suo vita riceve.

4
Tu, magnanimo Alfonso, il qual ritogli
al furor di fortuna e guidi in porto

1 [illegible] (pietose = pie) e [illegible] [dai musulmani] [illegible] Gerusalemme]. Lu[illegible]telligenza (co 'l se[illegible]ffrì) molte cose ne[illegible]nte (in van) l'Infe[illegible]marono le popolaz[illegible] (di Libia). Il cielo [illegible]avori, e [Goffredo] [illegible]si (erranti) sotto le sante insegne [dell'esercito cr[illegible]
2 O Musa, tu che non [ti] circond[illegible]onte di allori [: trionfi] destinati a morire (caduchi) [: che [illegible]n hai una gloria mondana e passeggera] in Elicona, ma hai una corona d'oro (aurea) di stelle immortali su nel cielo fra i cori beati, tu ispira ai miei sentimenti entusiasmi (ardori) religiosi (celesti), tu illumina (rischiara) il mio canto [: la mia poesia], e tu perdona se intreccio (intesso) abbellimenti di fantasia (fregi) alla verità [storica], se adorno in parte le carte di piaceri (diletti) diversi (altri) dai (che de' <i>) tuoi.
3 [Tu, Musa], sai che tutti (il mondo) corrono dove l'attraente (lusinghier) Parnaso [: la poesia] sparga in maggiore quantità (più versi) le (di) sue dolcezze, e [sai] che il vero, [se] arricchito (condito; metaforico) di versi piacevoli (molli), ha persuaso [perfino] i più restii (schivi) allettando[li]. Allo stesso modo (Così) porgiamo al fanciullo malato (egro) gli orli della tazza (del vaso) [in cui è la medicina] spalmati (aspersi) di sostanze (licor) dolci: lui beve intanto succhi [: medicine] amari [essendo] ingannato, e riceve la vita dal suo inganno [: riacquistando la salute].
4 [O] magnanimo Alfonso, che sottrai (ritogli) alla violenza (furor) della sorte (fortuna) e guidi in porto [: al sicuro, pro-

1 Canto: il primo verso ricorda quello dell'*Eneide* di Virgilio: «Canto le armi e l'uomo…».
2 santi: tali sono le insegne cristiane perché vi è rappresentata la croce.
3 Musa: secondo la maggior parte dei commentatori moderni ci si riferisce a Urania, musa classica della poesia epica trasformata nell'ispiratrice della poesia cristiana.
4 Elicona: monte della Beozia, consacrato dal mito alle Muse.
5 tu perdona… carte: Tasso esprime qui la sua idea di poesia: alla base storica della narrazione si intrecceranno numerosi elementi di fantasia, atti ad accrescere l'interesse e la piacevolezza della lettura (▶ ottava seguente).
6 Parnaso: il monte della Focide consacrato secondo il mito ad Apollo e alle arti.

me peregrino errante, e fra gli scogli
e fra l'onde agitato e quasi absorto,
queste mie carte in lieta fronte accogli,
che quasi in voto a te sacrate i' porto.
Forse un dì fia che la presaga penna
osi scriver di te quel ch'or n'accenna.

5
È ben ragion, s'egli averrà ch'in pace
il buon popol di Cristo unqua si veda,
e con navi e cavalli al fero Trace
cerchi ritòr la grande ingiusta preda,
ch'a te lo scettro in terra o, se ti piace,
l'alto imperio de' mari a te conceda.
Emulo di Goffredo, i nostri carmi
intanto ascolta, e t'apparecchia a l'armi.[7]

6
Già 'l sesto anno volgea,[8] ch'in oriente
passò il campo cristiano a l'alta impresa;
e Nicea[9] per assalto, e la potente
Antiochia[10] con arte avea già presa.
L'avea poscia in battaglia incontra gente
di Persia innumerabile difesa,
e Tortosa[11] espugnata; indi a la rea
stagion diè loco, e 'l novo anno attendea.

7
E 'l fine omai di quel piovoso inverno,
che fea l'arme cessar, lunge non era;
quando da l'alto soglio il Padre eterno,
ch'è ne la parte più del ciel sincera,
e quanto è da le stelle al basso inferno,
tanto è più in su de la stellata spera,
gli occhi in giù volse, e in un sol punto e in una
vista mirò ciò ch'in sé il mondo aduna.

8
Mirò tutte le cose, ed in Soria
s'affisò poi ne' principi cristiani;
e con quel guardo suo ch'a dentro spia
nel più secreto lor gli affetti umani,
vide Goffredo che scacciar desia
de la santa città gli empi pagani,
e pien di fé, di zelo, ogni mortale
gloria, imperio, tesor mette in non cale.

PARAFRASI

teggendomi] me [che sono un] esule (peregrino) vagabondo (errante), agitato fra gli scogli e fra le onde e quasi sommerso (absorto), tu accogli benevolmente (in lieta fronte) queste mie carte [: il poema], che offro (porto) dedicate (sacrate = consacrate) a te quasi in voto. Forse un giorno (dì) avverrà (fia = sarà) che la [mia] penna profetica [presaga] si impegni (osi) a scrivere di te quel che ora [: nell'ottava sg.] ne accenna [solamente].

5 Se (egli, pleon.) avverrà che mai (unqua; lat.) si veda in pace il buon popolo cristiano, e [esso] cerchi con navi e cavalli di riprendere (ritòr) ai feroci Turchi (al fero Trace) la grande immeritata (ingiusta) preda [: la Terra Santa], è veramente giusto (È ben ragion) che [il popolo cristiano] conceda a te [: Alfonso] il potere (lo scettro) in terra o, se ti fa piacere, il supremo (l'alto) potere (imperio) sui (de' = dei) mari. [O] imitatore (emulo) di Goffredo [: Alfonso], intanto ascolta i miei (nostri) versi e preparati (t'apparecchia) alla guerra.

6 Già correva (volgea) il sesto anno da quando l'esercito cristiano era passato in Oriente a [affrontare] l'eroica (alta) impresa, e già aveva conquistato Nicea con le armi e la potente Antiochia con l'inganno (con arte). Poi (poscia) l'aveva difesa in battaglia contro innumerevoli soldati persiani, e aveva espugnata Tortosa; quindi all'arrivo dell'inverno (rea stagion) si fermò, attendendo il nuovo anno.

7 E ormai la fine di quel piovoso inverno, che aveva fatto (fea) fermare le armi, non era lontano (lunge) quando Dio, dall'alto del [suo] scranno (soglio) che si trova nella parte più pura (sincera) del cielo, e [che] è tanto al di sopra della sfera delle stelle fisse [: l'ottava] quanto [spazio vi] è dalle stelle al fondo dell'inferno [: al centro della Terra], abbassò gli occhi e in un unico attimo (punto) e con un unico sguardo (vista) vide tutto quello che il mondo in sé raccoglie (aduna).

8 [Dio] guardò tutte le cose, e in Siria (Soria) poi si soffermò a osservare (s'affisò) i principi cristiani; e con quel suo sguardo che riesce a leggere (spia) i sentimenti (affetti) umani più segreti, vide Goffredo che desiderava (desia) cacciare dalla città santa [: Gerusalemme] i pagani infedeli (empi) e colmo di fede (fé) [e] di entusiasmo (zelo), non tiene in alcun conto (mette in non cale) ogni gloria, [ogni] potere, [ogni] ricchezza mortale.

---

7 È ben ragion… a l'armi: Tasso invita Alfonso a guidare una nuova crociata contro gli "infedeli" che occupavano Gerusalemme e le regioni circostanti un tempo appartenute all'Impero romano d'Oriente, la cui capitale Costantinopoli, caduta in mano ai Turchi nel 1453, si trova in Tracia (per cui la denominazione **Trace**).

8 Già… volgea: con questa [...] il vero e proprio racconto, [...] delle imprese che si sono s[...] precedenti. Storicamente, pe[...] za dell'esercito crociato (109[...] Gerusalemme (1099) erano tr[...] sei anni.

9 Nicea: capitale della Bitinia, fu sì messa sot- [...] i di maggio 1097 [...]: trattò invece la [...]ntinopoli. [...]a; era stata presa [...]sertore convertito [...]

11 Tortosa: [...]a siriana di Tartus.

9

Ma vede in Baldovin[12] cupido ingegno,
ch'a l'umane grandezze intento aspira:
vede Tancredi[13] aver la vita a sdegno,
tanto un suo vano amor l'ange e martira:
e fondar Boemondo[14] al novo regno
suo d'Antiochia alti princìpi mira,
e leggi imporre, ed introdur costume
ed arti e culto di verace nume;

10

e cotanto internarsi in tal pensiero,
ch'altra impresa non par che piú rammenti:
scorge in Rinaldo[15] e animo guerriero
e spirti di riposo impazienti;
non cupidigia in lui d'oro o d'impero,
ma d'onor brame immoderate, ardenti:
scorge che da la bocca intento pende
di Guelfo,[16] e i chiari antichi essempi apprende.

11

Ma poi ch'ebbe di questi e d'altri cori
scòrti gl'intimi sensi il Re del mondo,
chiama a sé da gli angelici splendori
Gabriel, che ne' primi era secondo.
È tra Dio questi e l'anime migliori
interprete fedel, nunzio giocondo:
giú i decreti del Ciel porta, ed al Cielo
riporta de'mortali i preghi e 'l zelo.

12

Disse al suo nunzio Dio: – Goffredo trova,
e in mio nome di' lui: perché si cessa?
perché la guerra omai non si rinova
a liberar Gierusalemme oppressa?
Chiami i duci a consiglio, e i tardi mova
a l'alta impresa: ei capitan fia d'essa.
Io qui l'eleggo; e 'l faran gli altri in terra,
già suoi compagni, or suoi ministri in guerra.

da T. Tasso, *Gerusalemme liberata*,
a cura di L. Caretti, Einaudi, Torino 1971.

PARAFRASI

9-10 Di contro (Ma) [Dio] riconosce in Baldovino un ingegno ambizioso (cupido), che aspira alle umane grandezze [a cui è] intento; vede Tancredi disprezzare (aver a sdegno) la [propria] vita tanto lo addolora (ange) e [lo] tormenta (martira) un amore non corrisposto (vano; quello per la saracena Clorinda); e [Dio] vede (mira) Boemondo porre a fondamento del suo nuovo regno di Antiochia nobili princìpi e imporre leggi e introdurre abitudini (costume) e arti e culto del vero Dio (nume); e concentrarsi (internarsi) a tal punto (cotanto) in tal pensiero, da non rammentare più nessuna altra impresa; [e] vede in Rinaldo sia un animo valoroso sia un carattere che non sopporta [impazienti] l'inattività, [mentre] non [vede] in lui avidità d'oro o di potere ma un desiderio [brame] sfrenato, ardente, di [acquistare] onore; vede che pende dalla bocca di Guelfo [d'Este] e [che] da lui apprende gli illustri [chiari] e antichi insegnamenti.
11 Ma dopo che Dio [il Re del mondo] ebbe osservato i sentimenti [sensi] più riposti di questi e di altri cuori, chiama a sé dalle beatitudini angeliche [l'arcangelo] Gabriele, che nei primi [: per valore e precedenza temporale tra le creature] è il secondo [dei sette arcangeli]. È Gabriele [questi] interprete fedele, messaggero [nunzio] gioioso tra Dio e le anime più degne: in terra [giù] comunica gli ordini del cielo e al cielo riferisce le preghiere e la devozione [zelo] degli esseri umani.
12 Disse Dio al suo messaggero: "Trova Goffredo, e da parte mia digli: per quale ragione si desiste [dall'impresa bellica]? perché ancora [omai] non si riprende la guerra per liberare Gerusalemme occupata [dagli infedeli]? Convochi a consiglio i comandanti [duci; lat.] e sproni all'eroica impresa coloro che esitano [i tardi]: egli ne [d'essa] sarà [il] capitano. Io lo scelgo qui [in cielo]: e gli altri faranno altrettanto in terra, finora suoi compagni [d'arme], d'ora in avanti suoi subordinati [ministri] in guerra.

...o. Nel linguag-
...t. *caput*, 'capo')
...mpagnia di fan-
...a o di una batte-
... militare impie-
...andogli una va-
... il responsabile
... anche una gui-
...ti. È stato scelto
da Dio affinché conduca ... fine l'impresa di liberare «'l gran sepolcro di ...o».
Nel mondo medievale e rinasc...mentale, *capitano* è il titolo dato a vari magistrati. Oggi il termine è associato anzitutto all'ambito sportivo: nel calcio e in altri giochi di squadra, il "capitano" è il giocatore responsabile sul campo del comportamento della squadra. Tornando all'ambito letterario e culturale, occorre infine ricordare un altro significato della parola: "capitano" è infatti anche una 'maschera della commedia dell'arte che tratteggiava comicamente la figura del guerriero'.

12 **Baldovin:** Baldovino di Boulogne (1058 ca.-1118), conte di Edessa dal 1098 al 1100, successe al fratello Goffredo nella guida del regno di Gerusalemme.
13 **Tancredi:** Tancredi di Altavilla (1072-1112), di sangue normanno e di nascita italiana, fu uno dei capi della prima crociata, guidando ventimila uomini.
14 **Boemondo:** Boemondo di Altavilla (1058-1111) era zio di Tancredi e principe di Taranto; una volta conquistata Antiochia, cessò dall'alleanza con gli altri principi cristiani, non partecipando alla conquista di Gerusalemme.
15 **Rinaldo:** personaggio d'invenzione, che Tasso finge realmente esistito assegnandogli la fondazione della casa d'Este per onorare il duca Alfonso, al quale è dedicato il poema.
16 **Guelfo:** Guelfo IV, figlio di Alberto Azzo II d'Este e di una nobildonna tedesca della famiglia dei Welfen (guelfi), giunse a Gerusalemme quattro anni dopo la conquista della città; Tasso finge invece che partecipasse allo scontro finale, immaginandolo impegnato nell'educazione del giovane nipote Rinaldo.

a lezione dal testo

Dal testo al genere: il poema epico cristiano

Quali caratteristiche del poema epico classico emergono nel proemio? E quali del poema cristiano?

La *Gerusalemme liberata* fonda un nuovo genere: il poema epico cristiano. Le sue caratteristiche emergono chiaramente nel proemio dell'opera.

Tasso assume come modello la tradizione epica classica, allontanandosi dal modello cavalleresco di Ariosto. Non solo il primo verso della *Liberata* ricalca l'inizio dell'*Eneide* virgiliana (che recita «*Arma virumque cano*», 'Canto le armi e l'eroe'), ma sono anche fedelmente rispettati i tre momenti tradizionali del proemio epico classico: l'esposizione dell'argomento occupa la prima ottava; l'invocazione alla Musa le ottave 2 e 3; la dedica le ottave 4 e 5. Tuttavia il modello classico viene adeguato alla nuova prospettiva cristiana controriformistica. Il tema religioso ha infatti un'assoluta centralità: l'intervento divino determina gli esiti della vicenda, concedendo il «favore» del «Ciel» all'impresa di Goffredo di Buglione. La formazione religiosa (e propriamente controriformistica) dell'autore influisce anche nel rapporto con la tradizione letteraria: se da una parte il modello classico (Virgilio soprattutto) viene largamente ripreso e imitato nella struttura del proemio, d'altra parte i riferimenti mitologici sono trasposti in termini cristiani, così che la Musa classica è trasformata nell'ispiratrice della poesia cristiana e il messaggero divino è l'arcangelo Gabriele, non più Giove o Mercurio.

Dal testo alla poetica: verità storica e invenzione poetica

Una parte del proemio è occupata da una dichiarazione di poetica. Tasso sceglie di affrontare un argomento storico: come viene dichiarato nella prima strofa, egli canta «l'arme pietose e 'l capitano / che 'l gran sepolcro liberò di Cristo». La *Gerusalemme liberata* narra infatti la fase conclusiva della prima crociata, celebrando la vittoria dei cristiani guidati da Goffredo di Buglione. La scelta di rappresentare una vicenda realmente accaduta porta il poeta a interrogarsi su quale rapporto debba intercorrere fra vero e invenzione fantastica nel poema. Su tale questione Tasso si sofferma esplicitamente ai vv. 6-8 della seconda ottava e nella terza ottava. Il mondo fantastico attrae il poeta; e tuttavia egli sente la necessità morale di condannarlo in nome dei valori cristiani del vero e del giusto. Alcuni elementi fantastici sono tuttavia ammessi nella misura in cui servono a interessare il pubblico e ad avvicinarlo agli insegnamenti religiosi. Sempre comunque l'elemento fantastico deve provenire dal sovrannaturale cristiano (il *meraviglioso cristiano*), rappresentato in questo canto dall'intervento divino per mezzo dell'arcangelo Gabriele.

Tasso espone la sua poetica anche in una serie di saggi teorici. Riportiamo di seguito il passaggio di uno scritto giovanile (poi inserito, con alcune varianti, nel terzo libro dei *Discorsi del poema eroico*, pubblicato nel 1594) in cui l'autore sottolinea la differenza fra poesia e storia attribuendo alla prima la possibilità di alterare la verità dei fatti al fine di accrescere il diletto del pubblico. Torna quindi l'idea del poeta come colui che intesse «fregi al ver», così da allettare anche «i più schivi».

Statua equestre di Goffredo di Buglione nella Piazza reale di Bruxelles.

Quale rapporto deve esserci tra poesia e storia?

Quello che principalmente costituisce e determina la natura de la poesia, e la fa da l'istoria differente, è il considerar le cose non come sono state, ma in quella guisa che[1] dovrebbono essere state, avendo riguardo più tosto al verisimile in universale che a la verità de' particulari;[2] prima d'ogn'altra cosa deve il poeta avvertire se ne la materia, ch'egli prende a trattare, v'è avvenimento alcuno, il quale altrimente essendo successo, o più del verisimile, o più del mirabile, o per qual si voglia altra cagione, portasse maggior diletto;[3] e tutti i successi,[4] che sì fatti trovarà,[5] cioè che meglio in un altro modo potessero essere avvenuti, senza rispetto alcuno di vero o di istoria, a sua voglia muti e rimuti, e riduca gli accidenti de le cose a quel modo ch'egli giudica migliore, co'l vero alterato il tutto finto accompagnando.[6]

da T. Tasso, *Prose*, Ricciardi, Milano-Napoli 1959.

1 in quella guisa che: *nel modo in cui.*
2 avendo… particulari: la verosimiglianza non riguarda tanto singole situazioni (**verità de' particulari**), quanto piuttosto la globalità della storia.
3 v'è avvenimento… diletto: *vi sia avvenimento alcuno il quale, essendo accaduto diversamente, risultasse più piacevole* (**portasse maggior diletto**) *del verisimile o del meraviglioso o di qualunque altro motivo.* Compito del poeta è rendersi conto della necessità di trasformare all'occorrenza particolari eventi, rendendoli più sorprendenti oppure più verosimili di quanto non siano stati nella realtà, per accrescere il diletto di chi legge l'opera.
4 successi: *avvenimenti.*
5 trovarà: *troverà.*
6 a sua voglia… accompagnando: *a suo piacimento ordini e riordini, e trasformi gli accidenti delle cose in quel modo ch'egli giudica migliore, mescolando il vero col finto,* ma in modo che il vero sia fondamento della narrazione. **Accidenti:** *eventi accidentali.*

Dal testo alla storia: l'attualità della crociata

Quali fattori esterni e interni alla cristianità spiegano l'attualità delle crociate?

Nonostante sia lontana nel tempo, la materia storica scelta da Tasso rivela una certa attualità. La necessità di una nuova crociata si era affacciata nella cultura occidentale fin dalla conquista turca di Costantinopoli (1453) per poi imporsi con urgenza nel secondo Cinquecento con l'avanzata dei turchi nel Mediterraneo, con le incursioni dei pirati barbareschi che mettevano in pericolo le coste dell'Italia e i commerci e, soprattutto, con la battaglia di Lepanto (1571), in cui le potenze cristiane coalizzate avevano inflitto una sconfitta alla flotta turca. Di qui l'invito rivolto da Tasso ad Alfonso II, nella quinta strofa del proemio, affinché il duca – appellato come «emulo di Goffredo» – si prepari «a l'armi», guidando una nuova crociata contro i turchi, e in generale contro gli "infedeli". D'altra parte, nell'età della Controriforma la cristianità era impegnata anche in una battaglia sul "fronte interno", tesa a reprimere le forze disgreganti emerse con la Riforma protestante. La materia scelta da Tasso, lungi dal presentarsi come mera evasione, punta così a stimolare la coscienza religiosa del pubblico, invitando l'Occidente cristiano a una riscossa (▶ Focus).

Dal testo alla biografia: il «peregrino errante» in cerca di protezione

Nel proemio Tasso si autorappresenta come «peregrino errante» (4, 3), esule vagabondo che, perseguitato dalla sfortuna, cerca un rifugio sicuro presso la corte di Ferrara. Questa immagine mostra i due poli della sua personalità: la tendenza all'irregolarità da un lato e la ricerca di riconoscimento e di protezione dall'altro.

In quali vicende personali si riconosce la figura del «peregrino errante»?

La giovinezza di Tasso è segnata da continui spostamenti: Torquato, che viveva a Napoli con la madre e la sorella, raggiunge il padre – cortigiano e militare – a Roma nel 1554. Vive in diverse città (Urbino, Venezia, Padova, dove compie gli studi universitari), finché si trasferisce a Ferrara. Qui entra al servizio dapprima del cardinale Luigi d'Este (1565) e poi del duca Alfonso II (1572). I rapporti di Tasso con Alfonso furono ottimi fino al 1575: nell'estate di quell'anno il duca ascolta la lettura del poema appena ultimato e a lui dedicato. Il poema persegue infatti anche un fine encomiastico: il poeta intende celebrare i signori di Ferrara attraverso le imprese di Rinaldo, immaginario fondatore della stirpe estense. Ma presto la situazione fra Tasso e Alfonso precipita, tanto che nel 1579 il duca ordina la reclusione del poeta nell'Ospedale di Sant'Anna. Liberato dalla prigionia nel 1586, Tasso continua a essere un «peregrino errante»: segue a Mantova Vincenzo Gonzaga; ma la solita irrequietezza lo spinge a nuovi spostamenti, fino agli ultimi anni vissuti tra Roma e Napoli.

Dal testo ai personaggi: **Goffredo, Tancredi, Rinaldo**

Qual è il tema-chiave dell'intero poema?

Nelle ottave 8-10 si presentano brevemente alcuni soldati cristiani. Possiamo così ricavare un primo ritratto dei protagonisti del poema: Goffredo, perfetto cavaliere della fede eletto da Dio condottiero dell'esercito cristiano; Tancredi, tormentato a causa del «vano amor» per la guerriera saracena Clorinda; Rinaldo, tutto teso alla conquista dell'«onor». A eccezione di Goffredo, gli eroi cristiani rivelano una certa ambivalenza, subendo le tentazioni terrene e passionali. L'interiorità inquieta dei personaggi si rivelerà tema-chiave della *Gerusalemme liberata* nonché principale ostacolo al compimento dell'impresa (si pensi all'amore di Tancredi per Clorinda e a quello di Rinaldo per Armida, che distolgono i crociati dal dovere militare e religioso).

Dal testo allo stile: **il sublime tassiano**

Quali elementi stilistici sottolineano la scelta di uno stile classico e sublime?

Il proemio dà a Tasso l'occasione di mostrare lo stile sublime che vuole mettere a punto nel poema. Abbiamo già rilevato la presenza del modello classico e, in particolare, la citazione virgiliana. Inoltre emergono la nobiltà della sintassi, con numerose anafore e parallelismi (ott. 1, vv. 3-4: «Molto egli oprò… molto soffrì»; ott. 1, v. 5: «e in van… e in vano»; ott. 2, vv. 5-6: «tu spira… tu rischiara… e tu perdona»; ott. 2, v. 7: «s'intessò… s'adornò»); la scelta di un lessico elevato, con una ricca aggettivazione; la presenza di varie similitudini (ott. 3, vv. 5-8, ripresa da Lucrezio) e metafore (ott. 2, v. 7; ott. 3, vv. 1-4; ott. 4, vv. 1-4). Un tratto tipico dello stile di Tasso, che ne accresce la tensione patetica, è poi l'*enjambement* (ott. 1, vv. 5-6, 7-8; ott. 2, vv. 1-2) che, posponendo la negazione «non», crea un capovolgimento di senso e un'enfasi inaspettati.

materiali per il recupero
Il proemio della *Gerusalemme liberata*

Esercizi

Prima prova A • L'analisi del testo

Comprendere

1 L'argomento

Nella prima strofa del proemio il poeta presenta l'argomento dell'opera: qual è?

2 I «decreti del Ciel»

Fin dalle prime ottave della *Liberata* emerge un elemento fondamentale: l'intervento divino negli eventi umani. Quale compito Dio assegna all'arcangelo Gabriele?

Analizzare

3 Il lessico "non comune"

Tasso dichiara che «la poesia deve essere intessuta di parole non comuni, ma peregrine e dall'uso popolar lontane». Rintraccia nel testo gli esempi di lessico elevato.

4 L'identikit dei personaggi

Tasso presenta se stesso ed elogia Alfonso II, dedicatario dell'opera. Poi passa in rassegna i principi cristiani, ed emergono già i primi caratteri dei protagonisti della *Liberata*. Completa una tabella come questa con le espressioni che definiscono i diversi soggetti:

personaggio	caratteristiche
Alfonso II	magnanimo; Emulo di Goffredo
Tasso	....
Goffredo	....
Tancredi	....
Rinaldo	....

Interpretare e approfondire

5 I «soavi licor»

Nella seconda (vv. 6-8) e nella terza strofa Tasso esprime la sua idea di poesia, soffermandosi sul rapporto tra vero e invenzione fantastica. Quale dei due elementi predomina nella visione del poeta? Che cosa rappresentano, fuori di metafora, «i soavi licor»? E qual è la loro finalità?

6 Dal 1099 al 1575

Tasso si rivolge ad Alfonso definendolo «emulo di Goffredo» e invitandolo ad "apparecchiarsi" alle armi. In questi versi si esprime l'attualità del tema della guerra religiosa ai tempi del poeta: da che cosa dipende?

7 Confronto fra testi

Il proemio evidenzia come Tasso assuma, quale modello per l'opera, la tradizione epica classica, allontanandosi dal modello cavalleresco di Ariosto. Confronta i proemi dell'*Orlando furioso* di Ariosto e della *Gerusalemme liberata* completando una tabella come quella riportata in fondo.

1
Le donne, i cavallier, l'arme, gli amori,
le cortesie, l'audaci imprese io canto,
che furo al tempo che passaro i Mori
d'Africa il mare, e in Francia nocquer tanto,
seguendo l'ire e i giovenil furori
d'Agramante lor re, che si diè vanto
di vendicar la morte di Troiano
sopra re Carlo imperator romano.

2
Dirò d'Orlando in un medesmo tratto
cosa non detta in prosa mai, né in rima:
che per amor venne in furore e matto,
d'uom che sì saggio era stimato prima;
se da colei che tal quasi m'ha fatto,
che 'l poco ingegno ad or ad or mi lima,
me ne sarà però tanto concesso,
che mi basti a finir quanto ho promesso.

3
Piacciavi, generosa Erculea prole,
ornamento e splendor del secol nostro,
Ippolito, aggradir questo che vuole
e darvi sol può l'umil servo vostro.
Quel ch'io vi debbo, posso di parole
pagare in parte e d'opera d'inchiostro;
né che poco io vi dia da imputar sono,
che quanto io posso dar, tutto vi dono.

4
Voi sentirete fra i più degni eroi,
che nominar con laude m'apparecchio,
ricordar quel Ruggier, che fu di voi
e de' vostri avi illustri il ceppo vecchio.
L'alto valore e' chiari gesti suoi
vi farò udir, se voi mi date orecchio,
e vostri alti pensieri cedino un poco,
sì che tra lor miei versi abbiano loco.

	Ariosto	Tasso
argomento	Le donne, i cavallier, l'arme, gli amori	l'arme pietose
invocazione	....	....
riferimenti autobiografici	....	....
dedica	....	....

Preparare l'interrogazione

Per essere pronto in vista dell'interrogazione puoi utilizzare questa scaletta, che ti sarà utile nell'esposizione orale. Nella colonna di sinistra sono ricapitolate le caratteristiche del testo che servono a ricostruire un quadro generale della poetica e dell'epoca dell'autore. La colonna di destra è a tua disposizione per annotare eventuali riferimenti puntuali al testo.

I punti della scaletta	Riferimenti al testo
• rispetto del modello classico nella struttura del proemio, che contiene argomento, invocazione alla Musa, dedica • centralità della prospettiva cristiana nel poema • poesia fra rispetto della verità storica e aggiunta di elementi fantastici finalizzati al «diletto» del pubblico • scelta di una materia storica – la crociata – tornata di attualità ai tempi di Tasso • dedica ad Alfonso II, chiamato, in qualità di «emulo di Goffredo», a guidare una nuova crociata contro i turchi • autorappresentezione del poeta come «peregrino errante» in cerca di protezione • rassegna dei principali paladini cristiani, condizionati – tranne Goffredo – dalle passioni umane	....

… rapporto con l'Altro

… testo

…me argomento del … crociata: un argo… in causa il delicato … con l'Altro. La *Gerusalemme liberata* narra la guerra fra l'Io cristiano e l'Altro musulmano, ma allude anche allo scontro fra l'Io cattolico e l'Altro protestante che caratterizza l'età della Controriforma. Dietro gli «empi pagani» (8, 6) si possono perciò riconoscere anche gli "eretici" contro cui lotta l'Inquisizione ai tempi del poeta il quale, pur schierandosi decisamente dalla parte dei cristiani cattolici, risulta segretamente attratto dai valori dei pagani. Egli esprime piena ammirazione per i vinti: Clorinda, Solimano e Argante sono soldati pagani che combattono eroicamente fino alla morte. Di più, Tasso dà voce al nemico, sebbene questi si spinga in affermazioni audaci e pericolose: durante il concilio infernale, Satana pronuncia una dura requisitoria contro l'imperialismo cristiano sostenendo che Dio vuole omologare tutte le genti al suo credo e imporre un'unica religione ai popoli d'Oriente («Deh! non vedete omai com'egli tenti / tutte al suo culto richiamar le genti?»: IV, 12, 7-8).

D'altra parte nel poema si pronunciano anche dure accuse contro gli arabi. Si leggono infatti espressioni come: «Arabi predatori» (V, 92), «Arabi avari, / ladroni di ogni tempo o mercenari» (IX, 6) ecc. Uno studente tunisino, egiziano o siriano può trovare in questi versi stereotipi e pregiudizi di estrema attualità nell'immaginario occidentale; ed essere comprensibilmente infastidito. Tuttavia il profondo rispetto di Tasso verso la dignità dell'Altro si configura come una posizione assai più problematica e aperta di quella espressa ai giorni nostri da persone che ricoprono anche posizioni importanti; e può spingerci a procedere sul terreno del reciproco rispetto fra culture, anziché tornare indietro.

[*Gerusalemme liberata* VII, 1-22]

T6

Le forme
- *enjambements*, ripetizioni, contrapposizioni

I temi
- estraneità alla logica della guerra
- serenità del mondo pastorale
- critica delle corti

Erminia tra i pastori

Erminia indossa le vesti di Clorinda per uscire da Gerusalemme e raggiungere Tancredi, rimasto ferito nel duello con Argante. Ma viene avvistata dalle sentinelle del campo cristiano ed è costretta alla fuga. Il canto VII si apre proprio su questa fuga precipitosa. Dopo aver corso per un giorno e una notte, Erminia giunge infine a un fiume e cade addormentata. Al risveglio, la mattina seguente, si accorge del fascino incantato della natura che la circonda: il bel paesaggio e le parole rasserenanti di un pastore aiuteranno la donna a recuperare un po' di tranquillità, consolandola delle sue infelicità. Il mondo semplice dei pastori viene esaltato in contrasto con «l'inique corti» e con il mondo militare.

1

Intanto Erminia[1] infra l'ombrose piante
d'antica selva dal cavallo è scòrta,[2]
né più governa il fren la man tremante,
e mezza quasi par tra viva e morta.[3]
Per tante strade si raggira e tante
il corridor ch'in sua balia la porta,
ch'al fin da gli occhi altrui pur si dilegua,
ed è soverchio ormai ch'atri la segua.

2

Qual dopo lunga e faticosa caccia
tornansi mesti ed anelanti i cani
che la fèra perduta abbian di traccia,
nascosa in selva da gli aperti piani,
tal pieni d'ira e di vergogna in faccia
riedono stanchi i cavalier cristiani.[4]

PARAFRASI

1 Intanto Erminia è portata (scòrta) dal cavallo fra gli alberi ombrosi d'un antico bosco, né più la [sua] mano tremante è in grado di reggere le briglie (il fren), e sembra a metà tra la vita e la morte. Per tante e tante strade si lancia il cavallo (corridor) che secondo la sua volontà (in sua balìa = in suo potere; lett.) la conduce che alla fine [Erminia] sparisce dalla vista degli inseguitori (da gli occhi altrui) ed è ormai inutile (soverchio = superfluo) che qualcuno (altri) la insegua.

2 Come dopo lunga e faticosa caccia se ne tornano abbattuti e affamati (mesti ed anelanti) i cani che abbiano perduto le tracce di una fiera (fèra) che dalle pianure aperte [dove l'avevano scovata] si è nascosta (nascosa) in una selva, così, pieni d'ira e di vergogna in volto ritornano (riedono) stanchi i ca-

1 Intanto Erminia: il canto si apre con la fuga di Erminia, confrontabile con quella di Angelica nell'*Orlando furioso* di Ariosto, sia pure più per sottolineare le differenze che le analogie.

2 scòrta: *guidata*, da "scorgere" = guidare (lett.).

3 e mezza… e morta: il sogg. è di nuovo Erminia, e non la "mano".

4 cavalier cristiani: sono qui in primo piano gli inseguitori, tra i quali vi è lo stesso Tancredi. A essi è dedicata la similitudine dei vv. 1-6.

Ella pur fugge, e timida e smarrita
non si volge a mirar s'anco è seguita.

3
Fuggì tutta la notte, e tutto il giorno
errò senza consiglio e senza guida,
non udendo o vedendo altro d'intorno,
che le lagrime sue, che le sue strida.[5]
Ma ne l'ora che 'l sol dal carro adorno
scioglie i corsieri e in grembo al mar s'annida,[6]
giunse del bel Giordano[7] a le chiare acque
e scese in riva al fiume, e qui si giacque.

4
Cibo non prende già, ché de' suoi mali
solo si pasce e sol di pianto ha sete;
ma 'l sonno, che de' miseri mortali
è co 'l suo dolce oblio posa e quiete,
sopì co' sensi i suoi dolori, e l'ali
dispiegò sovra lei placide e chete;
né però cessa Amor con varie forme
la sua pace turbar mentre ella dorme.

5
Non si destò fin che garrir gli augelli
non sentì[8] lieti e salutar gli albori,
e mormorar il fiume e gli arboscelli,
e con l'onda scherzar l'aura e co i fiori.
Apre i languidi lumi e guarda quelli
alberghi solitari de' pastori,
e parle voce udir tra l'acqua e i rami
ch'a i sospiri ed al pianto la richiami.

6
Ma son, mentr'ella piange, i suoi lamenti
rotti da un chiaro suon ch'a lei ne viene,
che sembra ed è di pastorali accenti
misto e di boscareccie inculte avene.
Risorge, e là s'indrizza a passi lenti,
e vede un uom canuto a l'ombre amene
tesser fiscelle a la sua greggia a canto
ed ascoltar di tre fanciulli il canto.

7
Vedendo quivi comparir repente
l'insolite arme, sbigottìr costoro;
ma li saluta Erminia e dolcemente
gli affida, e gli occhi scopre e i bei crin d'oro:[9]
– Seguite, – dice – aventurosa gente
al Ciel diletta, il bel vostro lavoro,

PARAFRASI

valieri cristiani. Erminia (Ella) continua a fuggire (pur fugge = continuamente fugge; lett.) e spaventata (timida) e smarrita neppure si volta a vedere se ancora è inseguita.

3 Fuggì tutta la notte, e tutto il giorno [seguente] vagò alla cieca (senza consiglio = senza risoluzioni; lett.) e senza una guida, non udendo o vedendo altro intorno [a sé che non fossero] le sue lacrime e le sue grida. Ma nell'ora in cui il sole scioglie i cavalli (corsieri) dal carro coperto di ornamenti (adorno) e in seno al mare si rifugia, [Erminia] giunse alle acque limpide del Giordano, scese sulla riva del fiume e qui si abbandonò a terra (si giacque) [stremata dalla fatica e dall'angoscia].

4 Cibo non prende affatto (già), perché si nutre (si pasce) soltanto delle sue disgrazie e soltanto di pianto ha sete; ma il sonno, che grazie alla piacevole dimenticanza (oblio) che induce (suo) è per i miseri mortali riposo (posa) e quiete, assopì insieme ai (co'<i>) sensi i suoi dolori, e distese sopra di lei le sue ali [: un velo di protezione e di dimenticanza] calme (placide) e serene (chete); ma non per questo (né però) Amore cessa di turbare con sogni (forme) di varia natura la pace di Erminia (sua) mentre sta dormendo.

5 Non si svegliò finché non sentì gli uccelli cantare (garrir; voce onomatopeica riferita agli uccelli) lieti e le prime luci dell'alba (gli albori) salutare, e il fiume e i cespugli mormorare e l'aria colpire leggermente (scherzar con) l'acqua [del fiume] e i fiori. Apre gli occhi malinconici (i languidi lumi) e guarda le case (alberghi) solitarie dei pastori; e le pare (parle) di udire tra [il suono] dell'acqua e dei rami [smossi dal vento] chi (voce… ch') la richiami ai sospiri e al pianto.

6 Ma i suoi lamenti, mentre lei piange, sono interrotti da un suono limpido (chiaro) che a lei giunge (ne viene) [e] che sembra, e [in effetti] è, composto da canti (accenti) di pastori e [dal suono di] zampogne (avene) rustiche e rozze (inculte). Si alza in piedi e si indirizza a passi lenti in quella direzione (là, cioè verso il luogo da cui proviene il canto) e vede un uomo bianco di capelli (canuto) [intento a] intrecciare ceste di vimini (fiscelle) [seduto] sotto una gradevole frescura (ombre amene) accanto al suo gregge e [intento ad] ascoltare il canto di tre fanciulli.

7 Vedendo apparire all'improvviso (repente) in quel luogo (quivi) delle armi mai viste prima (insolite), costoro [cioè il vecchio e i tre fanciulli] si spaventarono; ma Erminia li (gli) saluta e con dolcezza li rassicura (affida) e scopre gli occhi e i bei capelli biondi: – Proseguite, dice, fortunata (aventurosa) gente gradita al cielo, il vostro lavoro, perché queste armi non

5 Fuggì… strida: rappresentazione concisa e intensa della disperazione di Erminia, interamente chiusa in sé; e rafforzata dal chiasmo al v. 4.

6 ne l'ora… s'annida: al tramonto, in riferimento al mito classico del dio Sole/Apollo che, su un cocchio trainato da cavalli, attraversa di giorno il cielo per poi riposarsi a sera nel mare.

7 Giordano: il fiume scorre a est di Gerusalemme.

8 sentì: vb. principale, regge gli infiniti dei vv. 1-4.

9 dolcemente… d'oro: Erminia rassicura i pastori con le parole ma, soprattutto, mostrandosi di essere una dolce fanciulla.

ché non portano già guerra quest'armi
a l'opre vostre, a i vostri dolci carmi. –

8
Soggiunse poscia: – O padre,[10] or che d'intorno
d'alto incendio di guerra arde il paese,
come qui state in placido soggiorno
senza temer le militari offese? –
– Figlio,[11] – ei rispose – d'ogni oltraggio e scorno
la mia famiglia e la mia greggia illese
sempre qui fur, né strepito di Marte
ancor turbò questa remota parte.

9
O sia grazia del Ciel che l'umiltade
d'innocente pastor salvi e sublime,
o che, sì come il folgore non cade
in basso pian ma su l'eccelse cime,
così il furor di peregrine spade
sol de' gran re l'altere teste opprime,
né gli avidi soldati a preda alletta
la nostra povertà vile e negletta.

10
Altrui vile e negletta, a me sì cara
che non bramo tesor né regal verga,
né cura o voglia ambiziosa o avara
mai nel tranquillo del mio petto alberga.
Spengo la sete mia ne l'acqua chiara,
che non tem'io che di venen s'asperga,[12]
e questa greggia e l'orticel dispensa
cibi non compri a la mia parca mensa.

11
Ché poco è il desiderio, e poco è il nostro
bisogno onde la vita si conservi.
Son figli miei questi ch'addito e mostro,
custodi de la mandra, e non ho servi.
Così me 'n vivo in solitario chiostro,
saltar veggendo i capri snelli e i cervi,
ed i pesci guizzar di questo fiume
e spiegar gli augelletti al ciel le piume.

12
Tempo già fu, quando più l'uom vaneggia
ne l'età prima, ch'ebbi altro desio
e disdegnai di pasturar la greggia;
e fuggii dal paese a me natio,
e vissi in Menfi[13] un tempo, e ne la reggia
fra i ministri del re fui posto anch'io,
e benché fossi guardian de gli orti
vidi e conobbi pur l'inique corti.[14]

parla della corte

PARAFRASI

portano assolutamente (già) guerra alla vostra attività (opre) e ai vostri dolci canti (carmi).

8 Continuò poi: – O padre, ora che il paese brucia a causa di un grande incendio di guerra, come potete stare qui in [questa] serena dimora senza temere le violenze (offese) dei soldati? – Figlio, rispose il vecchio, la mia famiglia e il mio gregge qui non sono mai state colpite (sempre fur illese) da aggressioni (oltraggio) e insulti (scorno); né il rumore della guerra [: essendo Marte divinità classica della guerra] ha ancora turbato questa appartata (remota) regione.

9 Che sia la grazia del cielo che salvi e onori (sublime = innalzi, cioè 'premi e protegga'] l'umiltà dell'innocente pastore; oppure che, così come il fulmine (fòlgore) non cade in pianura ma sulle cime più alte (eccelse), così il furore di soldati stranieri (peregrine spade; pers. per 'gli invasori') minacci (opprime) solamente le teste superbe (altere) dei gran re; e neppure la nostra miseria umile e disprezzata (negletta) seduce a far preda (a preda alletta) i soldati avidi [di bottino].

10 Ad altri umile e disprezzata, a me così cara che non desidero (bramo) la ricchezza (tesor) né lo scettro del re (regal verga) [: il potere]; né nella serenità (nel tranquillo) del mio petto trova posto (alberga) preoccupazione (cura) oppure ambizione o cupidigia. Placo la mia sete nell'acqua limpida, che io non temo che a essa venga mescolato (che… s'asperga) veleno; e questo gregge e il piccolo orto procurano (dispensa: vb. al sing. ma con due sogg.) cibi non acquistati (non compri) [: ma prodotti in proprio] alla mia povera (parca) mensa.

11 Dato che (Ché: da riferirsi all'agg. parca che chiude l'ott. precedente) poco è il desiderio e poco è il nostro bisogno di ciò grazie a cui (onde) la vita si sostiene [: cioè del necessario per vivere]. Questi che [ti] indico (addito) e [ti] presento sono figli miei, custodi del gregge, e non ho servi. Così me ne vivo in un solitario luogo appartato (chiostro) vedendo (veggendo; regge le tre proposizioni infinitive che seguono) saltare i caproni agili (snelli) e i cervi, guizzare i pesci di questo fiume e gli uccellini aprire (spiegar) le ali (le piume, per sineddoche) nel cielo.

12 Vi è stata un'epoca (Tempo già fu), nella giovinezza (ne l'età prima) quando ci si (l'uom; impers.) illude (vaneggia) di più, in cui ebbi un diverso (altro) desiderio e disprezzai (disdegnai) di fare il pastore di pecore (pasturar la greggia), e fuggii dal mio paese natale; e vissi [per un po' di] tempo a Menfi e fui posto anch'io nella reggia tra i servitori (ministri); e benché fossi [solamente] guardiano dei giardini (orti) tuttavia (pur) vidi e conobbi le ingiustizie delle corti (l'inique corti).

10 O padre: l'appellativo rivela il rispetto e il bisogno di protezione di Erminia.
11 Figlio: forse è generico, in risposta a **padre** del v. 1; o forse il vecchio pastore, ingannato dall'armatura indossata da Erminia, non ha capito che è una donna.
12 non tem'io… s'asperga: in riferimento al rischio di tradimento della vita di corte.
13 Menfi: città dell'Egitto.
14 e ne la reggia… corti: Tasso qui critica, come pure nell'*Aminta*, la vita di corte, che lui stesso ha conosciuto e sperimentato.

13
Pur lusingato da speranza ardita
soffrii lunga stagion ciò che più spiace;
ma poi ch'insieme con l'età fiorita
mancò la speme e la baldanza audace,
piansi i riposi di quest'umil vita
e sospirai la mia perduta pace,
e dissi: «O corte, a Dio». Così, a gli amici
boschi tornando, ho tratto i dì felici. –

14
Mentre ei così ragiona, Erminia pende
da la soave bocca intenta e cheta;
e quel saggio parlar, ch'al cor le scende,
de' sensi in parte le procelle acqueta.
Dopo molto pensar, consiglio prende
in quella solitudine secreta
insino a tanto almen farne soggiorno
ch'agevoli fortuna il suo ritorno.

15
Onde al buon vecchio dice: – O fortunato,
ch'un tempo conoscesti il male a prova,
se non t'invidii il Ciel sì dolce stato,
de le miserie mie pietà ti mova;
e me teco raccogli in così grato
albergo ch'abitar teco mi giova.
Forse fia che 'l mio core infra quest'ombre
del suo peso mortal parte disgombre.

16
Ché se di gemme e d'or, che 'l vulgo adora
sì come idoli suoi, tu fossi vago,
potresti ben, tante n'ho meco ancora,
renderne il tuo desio contento e pago. –
Quinci, versando da' begli occhi fora
umor di doglia cristallino e vago,
parte narrò di sue fortune, e intanto
il pietoso pastor pianse al suo pianto.

17
Poi dolce la consola e sì l'accoglie
come tutt'arda di paterno zelo,
e la conduce ov'è l'antica moglie
che di conforme cor gli ha data il Cielo.
La fanciulla regal di rozze spoglie
s'ammanta, e cinge al crin ruvido velo;
ma nel moto de gli occhi e de le membra
non già di boschi abitatrice sembra.

18
Non copre abito vil la nobil luce
e quanto è in lei d'altero e di gentile,
e fuor la maestà regia traluce
per gli atti ancor de l'essercizio umile.

PARAFRASI

13 Tuttavia allettato da temeraria (ardita) speranza [: di successo] sopportai (soffrii) per molto tempo (lunga stagion) ciò che più dispiace [: la servitù]; ma dopo che insieme alla giovinezza (con l'età fiorita) vennero meno (mancò; al sing. con due sogg.) la speranza e l'audace entusiasmo (baldanza), rimpiansi la serenità (i riposi) di questa vita umile [: nei boschi] e desiderai (sospirai) la mia tranquillità (pace) perduta, e dissi «O corte addio». Così, tornando agli amici boschi, ho trascorso i giorni felici.

14 Mentre il vecchio pastore (ei = egli) così ragiona, Erminia concentrata e calma (intenta e cheta) pende dalla sua bocca e quelle sagge parole, che le scendono nel cuore, calmano (acqueta) in parte le tempeste (procelle) delle passioni. Dopo aver molto pensato, decide (consiglio prende) di soggiornare (farne soggiorno) in quella solitudine appartata (secreta) almeno fino a tanto che la sorte (fortuna) agevoli il suo ritorno [: alla vita civile].

15 Ragion per cui dice al buon vecchio: – O fortunato, che un tempo sperimentasti (conoscesti a prova, cioè 'per esperienza diretta') che cosa sia il male, possa il cielo non toglierti (se non t'invidii) il tuo felice stato, abbi compassione delle mie sventure; e accoglimi con te (me teco raccogli) in questa gradevole dimora perché abitare con te mi ristora (mi giova). Forse accadrà (fia = sarà) che tra queste ombre il mio cuore si alleggerisca (disgombre) un poco (parte) del suo affanno (peso) mortale [: che l'infelice passione amorosa divenga più sopportabile].

16 Perché se di pietre preziose (gemme) e di oro, che il popolo (vulgo) venera come propri idoli, tu fossi desideroso (vago), potresti bene, tante ne ho ancora con me, rendere soddisfatto e appagato (contento e pago) il tuo desiderio.– Quindi (Quinci; cioè 'detto questo'), versando fuori (fora) dai begli occhi lacrime (umor) di dolore (doglia) limpide (cristallino) e gentili (vago), prese a narrare parte delle sue vicissitudini (fortune); e intanto [che lei narrava] il pietoso pastore pianse [ascoltando il] suo pianto.

17 Poi dolcemente la consola e la accoglie come ardendo tutto di amore (zelo) paterno; e la accompagna dove si trova la vecchia (antica) moglie, che il cielo gli ha dato di sentimenti uguali ai suoi (di conforme cor). La fanciulla [di origine] regale si ricopre di rozze vesti (spoglie) e lega alle chiome un ruvido velo; ma nel movimento degli occhi e del corpo non sembra affatto (già) un'abitatrice dei boschi.

18 L'abito umile (vil) non basta a nascondere (non copre) la nobile luce e quanto in lei c'è di nobile (altero) e gentile: e la nobiltà (la maestà) regale traspare (traluce) all'esterno (fuor) anche (ancor) attraverso i gesti (per gli atti) dell'umile attività

Guida la greggia a i paschi e la riduce
con la povera verga al chiuso ovile,
e da l'irsute mamme il latte preme
e 'n giro accolto poi lo strige insieme.

19
Sovente, allor che su gli estivi ardori
giacean le pecorelle a l'ombra assise,
ne la scorza de' faggi e de gli allori
segnò l'amato nome in mille guise,
e de' suoi strani ed infelici amori
gli aspri successi in mille piante incise,[15]
e in rileggendo poi le proprie note
rigò di belle lagrime le gote.

20
Indi dicea piangendo: – In voi serbate
questa dolente istoria, amiche piante;
perché se fia ch'a le vostr'ombre grate
giamai soggiorni alcun fedele amante,
senta svegliarsi al cor dolce pietate
de le sventure mie sì varie e tante,
e dica: «Ah troppo ingiusta empia mercede
diè Fortuna ed Amore a sì gran fede!»

21
Forse averrà, se 'l Ciel benigno ascolta
affettuoso alcun prego mortale,
che venga in queste selve anco tal volta
quegli a cui di me forse or nulla cale:
e rivolgendo gli occhi ove sepolta
giacerà questa spoglia inferma e frale,
tardo premio conceda a i miei martìri
di poche lagrimette e di sospiri;

22
onde se in vita il cor misero fue,
sia lo spirito in morte almen felice,
e 'l cener freddo de le fiamme sue
goda quel ch'or godere a me non lice.[16] –
Così ragiona a i sordi tronchi, e due
fonti di pianto da' begli occhi elice.
Tancredi intanto, ove fortuna il tira
lunge da lei, per lei seguir, s'aggira.[17]

da T. Tasso, *Gerusalemme liberata*, cit.

PARAFRASI

(essercizio) [: di pastora]. Guida il gregge ai pascoli (paschi) e la riconduce (riduce) con il misero bastone (verga) al chiuso ovile; e dalle mammelle pelose (irsute) [delle pecore] spreme il latte e dopo averlo fatto cagliare (e... accolto poi) girando (<i> 'n giro) lo comprime (lo stringe insieme) [a costituire le forme di formaggio].
19 Spesso, quando durante la calura (ardori) estiva le pecorelle se ne stavano adagiate (assise) all'ombra, nella corteccia dei faggi e degli allori scrisse [: incidendolo nel legno] in mille forme (guise) l'amato nome [di Tancredi] e dei suoi strani e infelici amori incise sul legno di (in) mille piante gli avvenimenti (successi) dolorosi; e nel rileggere poi quel che aveva scritto (le proprie note) rigò di grosse lacrime le guance.
20 Quindi diceva piangendo: – In voi conservate questa triste storia, amiche piante; perché, se avverrà (se fia) che alle vostre gradevoli ombre sosti una volta (giamai) un innamorato fedele, senta destarsi nel cuore una dolce pietà per le numerose e diverse (varie) sventure; e dica: «Ah la sorte (Fortuna) e l'amore diedero (diè; sing.) una ricompensa (mercede) troppo ingiusta e crudele (empia) a una fedeltà (fede) così grande!».
21-22 Forse avverrà, se il cielo benevolo ascolta le preghiere appassionate (affettuoso prego) dei mortali, che giunga un giorno (tal volta) in questi boschi anche (anco) colui (quegli; Tancredi) al quale di me forse ora nulla importa (cale); e, volgendo lo sguardo dove sepolto giacerà questo [mio] corpo debole e fragile (frale, cioè 'deperibile'), conceda ai miei tormenti (martìri) una tarda ricompensa (premio) di poche lacrimucce e di sospiri cosicché (onde), se in vita il cuore fu infelice (misero), sia lo spirito felice almeno nella morte, e il [mio] cadavere (cener) freddo goda dell'amore (fiamme; metaforico) suo [: di Tancredi] quel che ora a me [: viva] non è concesso (non lice) di godere. – Così parla ai sordi tronchi, e due fonti di lacrime versa (elice; lat.) dai begli occhi. Tancredi intanto vaga senza meta (s'aggira) dove lo trascina (il tira) la sorte, per inseguire Erminia (lei) ma da lei lontano (lunge).

15 ne la scorza... incise: Erminia, infelice e sola, incide nella scorza dei faggi il nome di Tancredi e piange. Un gesto simile si trova nell'*Orlando furioso* di Ariosto: anche Angelica e Medoro incidono i loro nomi sulle cortecce degli alberi; ma il loro amore ha esiti diversi rispetto a quello infelice di Erminia. Il suo amore è 'strano' (v. 5) per molte ragioni: Tancredi era un nemico (aveva tolto il regno al padre di Erminia e l'aveva fatta prigioniera), e d'altra parte l'amore per lui si era sviluppato in forme inconsuete e avventurose.
16 e 'l cener... non lice: cioè di vedersi in qualche modo ricambiato, sia pure per pietà, come dimostrano il pianto e i sospiri sperati di Tancredi.
17 Tancredi... s'aggira: si interrompe qui la parentesi relativa alla fuga di Erminia e si torna, seguendo le vicende di Tancredi, alla narrazione principale.

Lavoriamo sul testo

Leggere e capire

Suddivisione del testo L'episodio può essere diviso in quattro parti. La prima (ottave 1, 2 e vv. 1-4 della 3) descrive la fuga affannosa di Erminia. La seconda parte (ottava 3 vv. 5-8 e ottave 4 e 5) riguarda la sosta di Erminia presso il fiume Giordano, il sonno e il risveglio della fanciulla. La terza parte (ottave 6-16) narra l'incontro con i pastori e il dialogo con «un uom canuto», e comprende l'importante racconto della deludente esperienza cortigiana di quest'ultimo. La quarta parte (ottave 17-22) descrive l'ingresso di Erminia nella comunità dei pastori e la vita della fanciulla in mezzo a loro. Il trapasso avviene in modo sfumato, a differenza di quanto accade nella parti guerresche, più mosse e nette.

Analizzare

Tre figure retoriche decisive A confronto di quella ariostesca, l'ottava di Tasso appare più lavorata e più lenta; tanto portata all'indugio descrittivo, quanto quella di Ariosto è tesa a narrare. Si nota il frequente ricorso a tre figure retoriche: l'*enjambement*, la ripetizione e la contrapposizione. Segnaliamo, per esempio, i seguenti *enjambements*: 5, 5-6; 10, 7-8; 11, 1-2; 13, 7-8; 15, 5-6; 17, 5-6; 22, 5-6. Numerose anche le ripetizioni: «tante...e tante» (1, 5), «fugge... Fuggì» (2, 7 e 3, 1), «tutta...e tutto» (3, 1), «senza...e senza» (3, 2), «che... sue, che... sue» (3, 4), «solo... sol» (4, 2), ecc. E le contrapposizioni: «e mezza quasi par tra viva e morta» (1, 4), «notte... giorno» (3, 1), «placido soggiorno... militari offese» (8, 3-4), «basso pian... eccelse cime» (9, 4), «avidi... povertà» (9, 7-8) ecc. Curatissima è poi la distribuzione degli aggettivi, spesso a coppie (▶ per esempio 2, 1 e 2, 7). Di particolare effetto è la ripresa della coppia aggettivale «vile e negletta» (9, 8 e 10, 1): caso esemplare di ripetizione e rovesciamento insieme.

Un episodio superfluo rispetto alla trama complessiva L'episodio dell'uscita notturna di Erminia per curare Tancredi è funzionale alla narrazione: Tancredi inseguirà Erminia credendola Clorinda, ma resterà prigioniero di Armida, con ripercussioni sulla trama complessiva della *Liberata*. Insomma: l'avventura di Erminia rientra nel principio aristotelico dell'unità di azione. Al contrario, la sosta di Erminia tra i pastori è del tutto ininfluente rispetto alla trama principale, e risponde piuttosto all'esigenza di *varietà*. Non a caso questo episodio verrà quasi eliminato da Tasso nel rifacimento della *Conquistata*.

Interpretare e approfondire

La critica della guerra Se la sosta di Erminia tra i pastori è dunque superflua rispetto alla vicenda generale, è tuttavia essenziale per la definizione del personaggio. Il carattere della principessa rivela diverse sfaccettature: angosciato nella fuga imprevista (ottave 1-3), disperato e affranto di fronte al fallimento dell'impresa (ottave 4-6), infine malinconico e fiducioso nell'incontro con il vecchio pastore (ottave 7 e seguenti). Dentro la varietà emotiva e psicologica del personaggio c'è però un dato costante: la sua incapacità di compiere un'azione eroica. All'interno di un poema cavalleresco, Erminia è veramente un'ospite spaesata. Basti a riprova il confronto con la Angelica dell'*Orlando furioso* di Ariosto, simile in molti particolari (fuga e travestimento pastorale compresi), ma diversissima per l'abilità con cui si muove all'interno del mondo cavalleresco. Erminia può tentare l'impresa eroica, ma è destinata al fallimento: dominata dall'amore, la principessa è del tutto estranea alla logica militare. Di più: Erminia incarna nel poema una critica implicita al mondo militare.

La critica della corte Alla critica della guerra si unisce in questo episodio la critica della società cortigiana, di cui si fa portavoce il vecchio pastore. Egli racconta infatti di aver lavorato presso la «reggia» ma di aver infine preferito la vita umile dei boschi (ottave 12-13). Come nell'*Aminta*, il mondo pastorale rappresenta un'utopia, un'oasi non inquinata dai conflitti della civiltà.

Esercizi

Prima prova A • L'analisi del testo

Comprendere

1 L'azione e il personaggio

L'episodio può essere diviso in quattro sequenze. Nei vari momenti emergono sfaccettature diverse del complesso carattere di Erminia.

a) A lato del testo, riassumi in un paio di righe il contenuto di ciascuna sequenza.
b) Per ogni sequenza scegli un'espressione-chiave che descriva lo stato d'animo di Erminia in quel particolare momento.

Analizzare

2 Il luogo ameno

Dopo la fuga precipitosa, Erminia cade addormentata sulla riva del fiume Giordano. Al risveglio, coglie il bel paesaggio che la circonda. Rintraccia nel testo tutti gli elementi che compongono questo mondo idilliaco. A quale altro mondo esso si contrappone?

e approfondire

va A • La trattazione sintetica

fra personaggi

Erminia di penetrare nell'accampamento cristiano per raggiungere Tancredi è un fallimento e la principessa si rivela incapace di compiere un'azione eroica: in un poema cavalleresco, lei è veramente un'ospite spaesata. Spiegane le ragioni in una trattazione sintetica (max 20 righe), avanzando anche un confronto fra Erminia e Angelica, protagonista femminile dell'*Orlando furioso*.

4 Confronto fra testi

Dall'opera di Tasso emergono ritratti diversi della corte, ora celebrata e ora criticata.

- Com'è rappresentato in questo episodio il mondo pastorale e quello della corte rispetto al coro dell'atto I dell'*Aminta* (▶ T3)? Ci sono analogie o differenze?
- Il pastore confessa di aver conosciuto la realtà delle «inique corti». Nel proemio la corte è definita negli stessi termini (▶ T4)?

[*Gerusalemme liberata* XII, 48-70]

T7

Il duello di Clorinda e Tancredi

Le forme
- centralità dell'episodio rispetto alla vicenda complessiva

I temi
- ambiguità del duello fra Tancredi e Clorinda
- conversione di Clorinda
- dolore di Tancredi

Non contenta del proprio impegno militare nella precedente battaglia, limitato a ferire di arco e frecce, Clorinda pensa, mentre è scesa la notte, di assalire e bruciare la grande torre in legno dei cristiani. A lei si associa Argante. Prima dell'impresa, Arsete (l'uomo che ha allevato Clorinda) per trattenerla le narra della sua origine cristiana, confidandole di aver disubbidito all'ordine di farla battezzare ricevuto dalla madre e poi replicato più volte in sogno da apparizioni inquietanti. Arsete ha fatto, anzi, un sogno particolarmente angoscioso proprio la notte precedente, nel quale veniva annunciata l'imminente morte di Clorinda e la sua inevitabile salvezza cristiana. La donna è turbata dal racconto, tanto più che lei stessa ha fatto un sogno simile; ma rifiuta di rinunciare all'impresa.
Clorinda e Argante portano a termine la missione e, dopo aver fatto strage di nemici, fuggono verso la città. Qui, nella mischia tra i difensori usciti loro incontro e gli inseguitori cristiani, accade che Clorinda sia inavvertitamente chiusa fuori delle mura. Vedendosi perduta, la guerriera si finge un soldato crociato, approfittando della inconsueta armatura nera (la sua solitamente è bianca) indossata per essere meno visibile nell'uscita notturna. Il trucco riuscirebbe se Clorinda non venisse scoperta da Tancredi, il quale però non la riconosce come propria amata. I due si affrontano in un duello lungo ed estenuante, che si presenta ambiguamente come un incontro erotico e di guerra. Infine Tancredi ha la meglio. Clorinda, ferita a morte, chiede all'uccisore di battezzarla. A quel punto Tancredi le scopre il volto e la riconosce. Morta serenamente la donna, anche lui cade a terra svenuto. Lo salverà un gruppo di crociati franchi che passa di lì per caso.

48
Aperta è l'Aurea porta, e quivi tratto
è il re, ch'armato il popol suo circonda,
per raccòrre i guerrier da sì gran fatto,
quando al tornar fortuna abbian seconda.
Saltano i due su 'l limitare, e ratto
diretro ad essi il franco stuol v'inonda,
ma l'urta e scaccia Solimano; e chiusa
è poi la porta, e sol Clorinda esclusa.

videolezione
Analisi del testo: Il duello di Clorinda e Tancredi

PARAFRASI

48 La porta Aurea [di Gerusalemme] è aperta, e lì (quivi) si è recato (tratto è) il re [: Solimano], che fa disporre in circolo (circonda) le sue truppe (armato il popol suo), per accogliere (raccòrre) i guerrieri [: Argante e Clorinda] [reduci] da un'impresa (fatto) così audace (gran), quando [pure questi] abbiano l'occasione favorevole (fortuna seconda) a tornare. I due [: Argante e Clorinda] saltano sulla soglia (su 'l limitare) [della porta], e rapidamente (ratto) i soldati (stuol<o>) franchi vi dilagano (v'inonda; metaforico) dietro a essi, ma Solimano si scontra con essi (l'urta; l' = li) e [li] ricaccia indietro (scaccia); e poi la porta viene (è) chiusa, e solamente Clorinda [resta] all'esterno (esclusa: dalla città).

1 Aperta… esclusa: è un'ottava tutta azione: rapido è il succedersi degli avvenimenti; rapido, il delinearsi della catastrofe. Tutto ha funzionato perfettamente, nel piano degli assediati; ma un particolare minimo, l'ultimo e insignificante di tutta l'impresa, decreta la morte di Clorinda; per una semplice, inavvertita svista la guerriera è chiusa all'esterno delle mura. L'**Aurea porta** è la porta di Gerusalemme che guarda a Oriente. L'esclusione della guerriera dalla città, con il repentino richiudersi della porta in faccia a lei, è una potente raffigurazione del suo destino: quasi un'esclusione dal mondo dei vivi (e dei pagani).

49
Sola esclusa ne fu perché in quell'ora
ch'altri serrò le porte ella si mosse,
e corse ardente e incrudelita fora
a punir Arimon che la percosse.
Punillo; e 'l fero Argante avisto ancora
non s'era ch'ella sì trascorsa fosse,
ché la pugna e la calca e l'aer denso
a i cor togliea la cura, a gli occhi il senso.[2]

50
Ma poi che intepidì[3] la mente irata
nel sangue del nemico e in sé rivenne,
vide chiuse le porte e intorniata
sé da' nemici, e morta allor si tenne.
Pur veggendo ch'alcuno in lei non guata,
nov'arte di salvarsi le sovenne.
Di lor gente s'infinge, e fra gli ignoti
cheta s'avolge; e non è chi la noti.

51
Poi, come lupo tacito s'imbosca
dopo occulto misfatto, e si desvia,
da la confusion, da l'aura fosca
favorita e nascosa, ella se 'n gìa.
Solo Tancredi avien che lei conosca;[4]
egli quivi è sorgiunto alquanto pria;
vi giunse allor ch'essa Arimon uccise:
vide e segnolla, e dietro a lei si mise.

52
Vuol ne l'armi provarla: un uom la stima
degno a cui sua virtù si paragone.
Va girando colei l'alpestre cima
verso altra porta, ove d'entrar dispone.
Segue egli impetuoso, onde assai prima
che giunga, in guisa avien che d'armi suone,
ch'ella si volge e grida: – O tu, che porte,
che corri sì? – Risponde: – E guerra e morte.[5]

53
– Guerra e morte avrai; – disse – io non rifiuto
darlati, se la cerchi –, e ferma attende.
Non vuol Tancredi, che pedon veduto
ha il suo nemico, usar cavallo, e scende.
E impugna l'uno e l'altro il ferro acuto,
ed aguzza l'orgoglio e l'ire accende;
e vansi a ritrovar non altrimenti
che duo tori gelosi e d'ira ardenti.

PARAFRASI

49 [Clorinda fu la] sola esclusa perché, nel momento in cui (in quell'ora) furono serrate le porte, lei si mosse e corse fuori (fora) [: a piedi] rabbiosa e vendicativa (incrudelita) per punire Arimone che l'aveva colpita. Lo punì [cioè si vendicò uccidendolo (▶ 50, 2 e 51, 7)] e il fiero Argante ancora non si era reso conto (avisto) che ella si fosse a tal punto (sì) allontanata dato che la lotta (pugna) e la folla (calca) e l'aria scura (denso) toglievano ai cuori la cura [degli altri] e la percezione (il senso) agli occhi [: la vista].
50 Ma dopo che [Clorinda] placò (intepidì) la mente irata nel sangue del nemico [: ferendo a morte Arimone] e ritornò in sé, vide le porte chiuse e [vide] che era attorniata (intorniata sé) dai nemici, e allora si considerò (si tenne) morta. Tuttavia, vedendo che nessuno guardava (guata) verso di lei, le venne in mente (le sovenne) un mezzo originale (nov'arte) per salvarsi. Si finge dei loro [cioè cristiana] e in silenzio (cheta) si mescola [s'avolge] tra quegli sconosciuti; e non c'è nessuno che la noti.
51 Poi, come un lupo torna nel bosco (s'imbosca) silenziosamente (tacito) dopo una razzia (misfatto) non visto (occulto), e si allontana dalle vie battute (e si desvia), [così] lei [: Clorinda] se ne andava (se 'n gìa) favorita e nascosta dalla confusione e dall'aria nera (fosca). Accade che solo Tancredi la riconosca [come nemica]; egli è lì (quivi) sopraggiunto (sorgiunto) alquanto prima; vi arrivò quand'ella uccideva Arimone: la vide [: uccidere Arimone] e la tenne d'occhio (segnolla), e si mise dietro di (a) lei [: la seguì mentre si allontanava dal gruppo].
52 [Tancredi] vuole metterla alla prova (provarla) nelle armi [: sfidarla a duello]: la ritiene (la stima) un uomo valoroso (degno) con il quale confrontare (a cui... si paragone) il proprio valore. Lei (colei) [: Clorinda] cerca di aggirare la collina montuosa (l'alpestre cima) in direzione di un'altra porta, da cui ha intenzione (dispone) di entrare [: in Gerusalemme]. Tancredi la segue in modo precipitoso per cui molto prima di raggiungerla avviene che (in guisa che) risuoni di armi, così che lei si volta e grida: - Ehi tu che corri così forte, che cosa vuoi? – Risponde [Tancredi]: – E guerra e morte.
53 – Guerra e morte avrai – disse [Clorinda]; io non rifiuto di dartela [: la morte], se la cerchi – e fermatasi lo aspetta. Non intende Tancredi, che ha visto il nemico appiedato (pedon), usare il cavallo, e scende. Entrambi (l'uno e l'altro) impugnano la spada (il ferro) affilata, rintuzzano l'onore guerresco (orgoglio) e scaldono gli animi l'ira e si vanno a scontrare non diversamente da due tori ardenti di rabbia e gelosia.

2 Sola... il senso: l'ottava spiega in che modo e perché Clorinda sia stata inavvertitamente rinchiusa fuori dalle mura; è quindi un ritorno indietro nell'azione. **Arimon** è uno degli inseguitori, il quale doveva aver colpito Clorinda alle spalle, mentre lei si ritirava al di là della porta.

3 intepidì: metaforico, collegato a **ardente** dell'ottava 49, v. 3.

4 Solo... conosca: colpo di scena: Tancredi, proprio il suo innamorato, la vede e tiene d'occhio, e alla fine ne decreterà la morte. Paradossale, rispetto al seguito, risulta il verbo **conosca:** esso indica che Tancredi la 'riconosce come nemica', mentre non la riconosce come Clorinda, sua amata.

5 Vuol... e morte: ottava puntata alternativamente sui due personaggi, due versi ciascuno, a rappresentarne il progressivo avvicinarsi e l'incontro impetuoso.

54
Degne d'un chiaro sol, degne d'un pieno
teatro, opre sarian sì memorande.
Notte, che nel profondo oscuro seno
chiudesti e ne l'oblio fatto sì grande,
piacciati ch'io ne 'l tragga e 'n bel sereno
a le future età lo spieghi e mande.
Viva la fama loro; e tra lor gloria
splenda del fosco tuo l'alta memoria.

55
Non schivar, non parar, non ritirarsi
voglion costor, né qui destrezza ha parte.
Non danno i colpi or finti, or pieni, or scarsi:
toglie l'ombra e 'l furor l'uso de l'arte.
Odi le spade orribilmente urtarsi
a mezzo il ferro, il piè d'orma non parte;
sempre è il piè fermo e la man sempre 'n moto,
né scende taglio in van, né punta a vòto.[6]

56
L'onta irrita lo sdegno a la vendetta,
e la vendetta poi l'onta rinova;
onde sempre al ferir, sempre a la fretta
stimol novo s'aggiunge e cagion nova.[7]
D'or in or più si mesce e più ristretta
si fa la pugna, e spada oprar non giova:
dansi co' pomi, e infelloniti e crudi
cozzan con gli elmi insieme e con gli scudi.[8]

57
Tre volte il cavalier la donna stringe
con le robuste braccia, ed altrettante
da que' nodi tenaci ella si scinge,[9]
nodi di fer nemico e non d'amante.[10]
Tornano al ferro, e l'uno e l'altro il tinge
con molte piaghe; e stanco ed anelante
e questi e quegli al fin pur si ritira,
e dopo lungo faticar respira.[11]

58
L'un l'altro guarda, e del suo corpo essangue
su 'l pomo de la spada appoggia il peso.
Già de l'ultima stella[12] il raggio langue

PARAFRASI

54 Degne di un sole luminoso, degne di un teatro stracolmo, sarebbero (sarian) delle opere da ricordare. Notte, che nell'oscurità (profondo oscuro seno) e nella dimenticanza (oblio) avvolgesti un'impresa (fatto) così grande, accetta (piacciati = ti piaccia; alla "notte") che io lo tragga fuori da lì (ne 'l tragga) [: dall'oscurità e dalla dimenticanza] e lo esponga (spieghi) e tramandi in piena luce ('n bel sereno) alle epoche (età) future. Viva resti la fama dei duellanti (loro) e insieme alla loro gloria risplenda anche la nobile (alta) memoria delle tue tenebre (fosco tuo).
55 Non schivare, non parare, non ritirarsi vogliono i duellanti né in questo scontro (qui) viene impiegata l'accortezza. Non fanno finte, affondi o colpi di assaggio: l'oscurità e il furore escludono (toglie; sing. con due sogg.) l'uso della tecnica (de l'arte). Odi le spade urtarsi terribilmente nel centro della lama; il piede non si stacca (non parte) dalla [propria] orma; il piede si mantiene fermo e la mano si muove in continuazione, né scendono a vuoto inutilmente (in van) il taglio o la punta [della spada].
56 La vergogna (L'onta) [dei colpi ricevuti] eccita (irrita) l'orgoglio (lo sdegno) alla vendetta, e poi la vendetta rinnova [nell'altro] la vergogna [: colpendolo]; per cui (onde) nuovo stimolo e nuova ragione si aggiungono sempre al [la volontà di] ferire, [si aggiungono] sempre alla fretta [di farlo]. D'ora in ora il combattimento (la pugna) più si mescola (si mesce) [: i corpi sono intrecciati] e diviene più serrato (ristretta), ed è inutile (non giova) adoperare la spada: si colpiscono (dansi = si danno [addosso]) con le impugnature [: delle spade] (co' pomi), e inferociti (infelloniti) e crudeli [i due] cozzano insieme con gli elmi e con gli scudi.
57 Per tre volte Tancredi (il cavalier) stringe con le forti braccia Clorinda e altrettante [volte] da quei nodi tenaci ella si si libera (si scinge), nodi di nemico feroce (fer) e non d'amante. Riprendono la spada: e l'uno insanguina (tinge) l'altro con molte ferite (piaghe); e stanco e affannato (anelante) ciascuno alla fine si distacca dall'altro (si ritira), e dopo tanto faticare [finalmente] riprende fiato (respira; cioè recupera le forze).
58 L'uno guarda l'altro e appoggia il peso del proprio corpo dissanguato (essangue) sul pomo della spada. Ormai il raggio di Venere diviene debole (langue) per la luce dell'alba (primo

La lingua nel tempo: Infellonito. L'aggettivo *infellonito* (ottava 56, v. 7) è part. pass. del vb. "infellonire" = 'infuriarsi'. Questo verbo, di uso esclusivamente letterario, è un denominale da "fellone" (= 'traditore, infido' e 'irato, rabbioso, infuriato') che deriva dal lat. medievale *fellonem* = 'perfido' (di probabile origine germanica). *Infellonito* vale dunque 'sconvolto dall'ira, infuriato' ma anche 'diventato più crudele, inferocito'. Mentre l'aggettivo *infellonito* e il verbo "infellonire" si trovano solo in ambito letterario, il sostantivo "fellone" può essere impiegato anche in contesti scherzosi con il significato di 'briccone, birbante'.

6 Non schivar… a vòto: come in altre occasioni, Tasso si mostra qui esperto nella tecnica militare del duello, e insuperabile rappresentatore di scontri guerreschi. Impiega vari termini tecnici: **schivar**, **parar**, **ritirarsi** (tre modi per evitare di essere colpiti: sottrarsi al colpo spostandosi, pararlo con lo scudo, sottrarsi momentaneamente allo scontro indietreggiando); **colpi finti, pieni, scarsi** (cioè 'finte', 'affondi', 'colpi di assaggio'); **taglio**, **punta** (due modi di colpire, con la lama o con la punta della spada).
7 L'onta… nova: l'attenzione è qui sul meccanismo psicologico che crea un circolo vizioso di affronti e vergogne, originati da una medesima concezione cavalleresca dell'onore.
8 D'or in or… gli scudi: il serrarsi del combattimento nel corpo a corpo comporta, anche per lo sfinimento, l'abbandono della dignità cavalleresca: i due si colpiscono in modo irregolare e scomposto.
9 si scinge: il prefisso s- rovescia il senso di "cinge".
10 non d'amante: la negazione allude a un'implicita ambivalenza del combattimento, che è al contempo un incontro erotico e di guerra.
11 Tornano… respira: ripreso lo scontro regolare, alla spada, Tancredi e Clorinda sono presto sfiniti e sanguinanti; così che si ritirano entrambi.
12 ultima stella: cioè Venere (propriamente un pianeta), che si mostra poco prima dell'alba ed è, significativamente, l'astro dell'amore.

al primo albor ch'è in oriente acceso.
Vede Tancredi in maggior copia il sangue
del suo nemico, e sé non tanto offeso.
Ne gode e superbisce. Oh nostra folle
mente ch'ogn'aura di fortuna estolle!

59
Misero, di che godi? oh quanto mesti
fiano i trionfi ed infelice il vanto!
Gli occhi tuoi pagheran (se in vita resti)
di quel sangue ogni stilla un mar di pianto.
Così tacendo e rimirando, questi
sanguinosi guerrier cessaro alquanto.
Ruppe il silenzio al fin Tancredi e disse,
perché il suo nome a lui l'altro scoprisse:

60
– Nostra sventura è ben che qui s'impieghi
tanto valor, dove silenzio il copra.
Ma poi che sorte rea vien che ci neghi
e lode e testimon degno de l'opra,
pregoti (se fra l'arme han loco i preghi)
che 'l tuo nome e 'l tuo stato a me tu scopra,
acciò ch'io sappia, o vinto o vincitore,
chi la mia morte o la vittoria onore. –

61
Risponde la feroce: – Indarno chiedi
quel c'ho per uso di non far palese.
Ma chiunque io mi sia, tu inanzi vedi
un di quei due che la gran torre accese. –
Arse di sdegno a quel parlar Tancredi,
e: – In mal punto il dicesti –; indi riprese
– il tuo dir e 'l tacer di par m'alletta,
barbaro discortese, a la vendetta. –

62
Torna l'ira ne' cori, e li trasporta,
benché debili in guerra. Oh fera pugna,
u' l'arte in bando, u' già la forza è morta,
ove, in vece, d'entrambi il furor pugna!
Oh che sanguigna e spaziosa porta
fa l'una e l'altra spada, ovunque giugna,
ne l'arme e ne le carni! e se la vita
non esce, sdegno tienla al petto unita.

63
Qual l'alto Egeo, perché Aquilone o Noto
cessi, che tutto prima il volse e scosse,
non s'accheta ei però, ma 'l suono e 'l moto
ritien de l'onde anco agitate e grosse,
tal, se ben manca in lor co 'l sangue vòto
quel vigor che le braccia a i colpi mosse,
serbano ancor l'impeto primo, e vanno
da quel sospinti a giunger danno a danno.

PARAFRASI

albor) che a oriente si è accesa. Tancredi vede che il suo nemico [: perde] sangue in maggiore abbondanza (copia) e che lui non è altrettanto ferito (offeso). Ne gioisce e insuperbisce. Oh, nostra folle mente che basta un soffio di fortuna a illudere! (letteralmente 'a innalzare', cioè 'a rendere superba').

59-60 Infelice, di che cosa gioisci? Oh quanto tristi (mesti) saranno i tuoi trionfi e [: quanto] infelice [: sarà] il vanto! I tuoi [: di Tancredi] occhi (se resti in vita) pagheranno un mare di pianto [per] ogni goccia (stilla) di quel sangue. Così rimanendo in silenzio e guardandosi, quei sanguinosi guerrieri si fermarono un poco. Ruppe infine Tancredi il silenzio e disse, affinché l'altro gli rivelasse il proprio nome: – Siamo sfortunati a dar prova di (che s'impieghi) tanto valore in un luogo dove lo [: il valore; il = lo] copre il silenzio [: lontano dalla vista di chiunque]. Ma dal momento (poi) che la [nostra] sorte malvagia (rea) fa in modo di negarci (vien che ci neghi; vien = avviene) sia (e) lodi sia testimonianze degne dell'impresa (opra), ti prego (se nella guerra hanno valore le preghiere) di rivelarmi (che... a me tu scopra) il tuo nome e la tua condizione, in modo che io sappia chi onori la mia morte o la mia vittoria, a seconda che (o) [io sia] sconfitto (vinto) o vincitore.

61 Risponde l'avversaria: – Invano chiedi quel che sono abituata a (ho per uso) non rendere noto. Ma chiunque io sia, tu vedi davanti (inanzi) [a te] uno di quei due che incendiò la gran torre [: quella dei cristiani a uso di assedio]. – A quelle parole Tancredi bruciò di risentimento, e: – In un momento sbagliato [: per te; cioè, cercando la tua rovina] ciò che dici e ciò che non vuoi dire [: cioè tanto il rifiuto di rivelare il nome quanto la dichiarazione dell'impresa compiuta] mi invita (m'alletta), pagano irrispettoso delle leggi della cortesia, alla vendetta.

62 Torna la rabbia nei cuori e li trasporta, per quanto deboli (debili), allo scontro. O combattimento (pugna) feroce, in cui (u' = dove; lat. *ubi*) la tecnica (l'arte) [è] abbandonata (in bando), dove ormai (già) la forza è venuta meno (morta), in cui (ove), al posto (in vece) [di essi], combatte il furore di entrambi [i duellanti]! O che sanguinante e ampio squarcio (porta = apertura cioè 'ferita' o 'rottura'; metaforico] produce l'una e l'altra spada, in qualunque punto del corpo (ovunque) si abbatta, nell'armatura o nella carne! e se la vita non esce, [: è solo perché] la rabbia la tiene (tienla) unita al petto.

63 Come (Qual) il profondo (alto; lat.) [mar] Egeo non si calma (non s'accheta ei; ei = egli, pleon.) per il solo fatto che (perché... però) cessi [il vento] Aquilone [: da Nord] o Noto [: da Sud], che prima lo (il) sconvolse e mosse (scosse) tutto, ma conserva (ritien) il suono e il movimento delle onde ancora agitate e grosse, così (tal) sebbene in loro [: Tancredi e Clorinda] manchi insieme al (co 'l = con il) sangue versato (vòto = vuotato) quel vigore che [fino allora] mosse le braccia a colpire, [tuttavia] conservano ancora lo slancio iniziale (impeto primo) e spinti da esso continuano (vanno) ad aggiungere (a giunger) danno a danno [: a ferire ripetutamente l'avversario già ferito].

64

Ma ecco omai l'ora fatale è giunta
che 'l viver di Clorinda al suo fin deve.[13]
Spinge egli il ferro nel bel sen di punta
che vi s'immerge e 'l sangue avido beve;
e la veste,[14] che d'or vago trapunta
le mammelle stringea tenera e leve,
l'empie d'un caldo fiume. Ella già sente
morirsi, e 'l piè le manca egro e languente.

65

Segue egli la vittoria, e la trafitta
vergine minacciando incalza e preme.
Ella, mentre cadea, la voce afflitta
movendo, disse le parole estreme;
parole ch'a lei novo un spirto ditta,
spirto di fé, di carità, di speme:[15]
virtù ch'or Dio le infonde, e se rubella
in vita fu, la vuole in morte ancella.

▼

Paolo Domenico Finoglio, *Il battesimo di Clorinda*, XVII secolo. Conversano, Pinacoteca di Conversano.

PARAFRASI

64 Ma ecco ormai l'ora fatale è giunta che deve [: restituire] alla morte (al suo fin) la vita di Clorinda. Tancredi spinge di punta nel bel seno la spada che vi si immerge e avidamente fa sgorgare (beve) il sangue; e [il sangue] le riempie di un caldo fiume la veste, che, trapunta di bell'oro (d'or vago), stringeva in modo tenero e lieve le mammelle. Lei ormai si sente morire, e le vacilla (le manca) il piede debole e sfinito (egro e languente; dittologia sinonimica).

65 Lui [: Tancredi] persegue la vittoria, e incalza e sottomette (preme) la vergine [: Clorinda] trafitta, minacciando[la]. Lei, mentre cadeva, con voce afflitta, pronunciò le ultime (estreme) parole; parole che le ispira (ditta = detta) un nuovo spirito, spirito di fede, di carità, di speranza: virtù che adesso Dio le infonde e se in vita [: ella] fu ribelle (rubella), in morte [: Dio] la vuole fedele servitrice (ancella).

13 Ma ecco… deve: è l'ottava del colpo fatale dato da Tancredi a Clorinda, e non può sfuggire la presenza dell'ambivalenza erotica. Al v. 2, può sottintendersi "giungere" e quindi si può leggere: "e 'l viver di Clorinda deve giungere al suo fin", oppure si deve considerare soggetto l'**ora**, debitrice della vita di Clorinda alla morte (**fin**). La seconda interpretazione è certamente più intensa, e forse preferibile.

14 la veste: è sogg. (attraverso il pron. **che**) del periodo che segue, retto dal vb. **stringea**; ed è compl. ogg. di **empie**.

15 spirto di fé… speme: sono elencate le tre Virtù teologali (Fede, Speranza e Carità), alla base della religione cristiana.

66
– Amico, hai vinto: io ti perdon... perdona
tu ancora, al corpo no, che nulla pave,
a l'alma sì; deh! per lei prega, e dona
battesmo a me ch'ogni mia colpa lave. –
In queste voci languide risuona
un non so che di flebile e soave
ch'al cor gli scende ed ogni sdegno ammorza,
e gli occhi a lagrimar gli invoglia e sforza.

67
Poco quindi lontan nel sen del monte
scaturia mormorando un picciol rio.
Egli v'accorse e l'elmo empié nel fonte,
e tornò mesto al grande ufficio e pio.
Tremar sentì la man, mentre la fronte
non conosciuta ancor sciolse e scoprio.
La vide, la conobbe, e restò senza
e voce e moto. Ahi vista! ahi conoscenza!

68
Non morì già, ché sue virtuti accolse
tutte in quel punto e in guardia al cor le mise,
e premendo il suo affanno a dar si volse
vita con l'acqua a chi co 'l ferro uccise.
Mentre egli il suon de' sacri detti sciolse,
colei di gioia trasmutossi, e rise;
e in atto di morir lieto e vivace,[16]
dir parea: «S'apre il cielo; io vado in pace».

69
D'un bel pallore ha il bianco volto asperso,
come a' gigli sarian miste viole,[17]
e gli occhi al cielo affisa, e in lei converso
sembra per la pietate il cielo e 'l sole;
e la man nuda e fredda alzando verso
il cavaliero in vece di parole
gli dà pegno di pace. In questa forma
passa[18] la bella donna, e par che dorma.

70
Come l'alma gentile uscita ei vede,
rallenta quel vigor ch'avea raccolto;
e l'imperio di sé libero cede
al duol già fatto impetuoso e stolto,
ch'al cor si stringe e, chiusa in breve sede
la vita, empie di morte i sensi e 'l volto.
Già simile a l'estinto il vivo langue
al colore, al silenzio, a gli atti, al sangue.

da T. Tasso, *Gerusalemme liberata*, cit.

PARAFRASI

66 – Amico, hai vinto: io ti perdono... perdona anche tu, non al corpo, che nulla teme (pave), ma all'anima sì; deh! Per lei [l'anima] prega e donami il battesimo che mi purifichi (lave = lavi; metaforico) da ogni mio peccato. – In queste deboli parole, risuona qualcosa (un non so che) di delicato (flebile) e dolce (soave) che scende al cuore di Tancredi (gli = a lui) e spegne ogni rancore e [dapprima] lo invoglia e [poi addirittura] lo costringe al pianto.

67 Poco lontano da lì (quindi) nel cuore della montagna scaturiva mormorando un piccolo ruscello (rio). Tancredi vi accorse e l'elmo riempì nella fonte e tornò triste al compito grande e santo (pio) [: cioè al battesimo, come richiesto dalla morente]. Sentì la mano tremare, mentre liberò [: dall'elmo] la fronte ancora sconosciuta e [la] scoprì. La vide, la riconobbe e restò senza voce e senza capacità di muoversi [: cioè 'restò muto e paralizzato']. Ahi vista, ahi conoscenza!

68 [Tancredi] non cedette alla morte (Non morì già), perché concentrò (accolse) in quell'istante (punto) tutte le sue forze (virtuti) e le mise a sostegno (in guardia) del cuore, e reprimendo la sua angoscia (il suo affanno) si rivolse a dare vita [: eterna] con l'acqua [: il battesimo] a chi [: Clorinda] aveva ucciso (uccise) con la spada. Mentre pronunciò (il suon sciolse) la sacra formula [del battesimo], Clorinda (colei) si trasformò assumendo un'espressione felice, e rise; e nell'atteggiamento di una morte lieta e vivificatrice (vivace), sembrava dire: «Si apre il cielo; io muoio in pace».

69 Il volto candido è sparso (asperso) di un bel pallore, come sarebbero [: con lo stesso effetto che farebbero] viole mescolate (miste) ai gigli, e gli occhi fissa (affissa) al cielo e il cielo e il sole sembrano rivolti (converso) su di lei in segno di (per) pietà; e alzando verso il cavaliere la mano nuda [: senza guanto] e fredda, anziché parole gli dà [la mano] come pegno [: testimonianza e annuncio] di pace. In questo atteggiamento [cioè dando la mano a Tancredi] muore (passa) la bella donna e sembra che stia dormendo.

70 Non appena (Come) egli (ei) [: Tancredi] vede uscita [dal corpo] la nobile anima (l'alma gentile) [: Clorinda], lascia andare (rallenta) quelle forze (vigor) che aveva concentrato; e abbandona (cede) il libero [: completo] controllo (imperio) di sé al dolore già divenuto (fatto) violentissimo (impetuoso) e irrazionale (stolto), il quale (ch'<e>) si stringe [intorno] al cuore e, mentre la vita è concentrata (chiusa) in un piccolo spazio (in breve sede), riempie i sensi e il volto di morte. Il vivo [: Tancredi] è abbandonato (langue) ormai come (simile; avv.) il morto [: Clorinda] quanto al colore [: pallido], al silenzio, al comportamento (a gli atti), al sangue [versato].

16 vivace: si intende 'piena di vita', perché piena di vita è quella morte che sfocia nella beatitudine eterna.

17 D'un bel… viole: il pallore avanza su un volto che è già bianco, e tuttavia ancora segnato dal roseo del carnato (le **viole**).

18 passa: *muore.* Il vb. "passare", usato da solo, indica il 'passare da questa vita alla vita eterna', e implica perciò un punto di vista religioso.

Lavoriamo sul testo

Leggere e capire

L'esclusione di Clorinda, il duello, la morte Clorinda e Argante hanno realizzato il loro piano e sono ritornati verso la città; ma a questo punto c'è un colpo di scena: la guerriera resta inavvertitamente chiusa all'esterno delle mura di Gerusalemme (ottave 48-50). Per di più Tancredi l'ha avvistata ed è pronto a sfidarla a duello, non avendo riconosciuto la donna amata (ottave 51-52). Dall'ottava 53 inizia il racconto del duello fra Tancredi e Clorinda: l'autore si impegna a tramandare l'episodio perché anche nelle epoche future si conosca la gloria dei due guerrieri (ottava 54). Nel corso del combattimento, la tecnica cede il posto al furore. In una pausa, Tancredi interroga il suo nemico per conoscerne l'identità, ma non riceve risposta (ottave 60-61); così che il duello riprende, nonostante i contendenti siano ormai senza forze. Giunge il colpo fatale per Clorinda, che cade a terra trafitta (ottave 64-65). In punto di morte, la donna chiede di essere battezzata: Tancredi, scoprendole la fronte, finalmente la riconosce (ottava 67, vv. 7-8). Raccoglie comunque le forze per amministrare il rito battesimale; ma, non appena la donna trapassa, si abbandona al dolore e appare come morto (ottave 68-70).

Analizzare

La centralità dell'episodio Il canto XII mostra bene la tecnica compositiva impiegata da Tasso nel poema: si alternano infatti scenari ed episodi assai diversi tra loro, ma tutti vengono infine ricondotti dentro un disegno narrativo unico (è l'intreccio di *unità* e *varietà*). Gli episodi secondari (il racconto di Arsete sulle origini cristiane di Clorinda, la disperazione di Tancredi dopo aver ucciso l'amata, i propositi di vendetta di Argante, qui non antologizzati) ruotano tutti intorno alla centralità della morte di Clorinda. Il canto XII è infatti il grande canto di Clorinda: è anzitutto la sua vicenda a dare unità alla varia materia del canto. Ma l'episodio di Clorinda, pur in se stesso unitario, resterebbe ingiustificato se non avesse profondi legami anche con l'insieme dell'opera. Intanto, la morte di Clorinda è l'esito conclusivo di una serie di apparizioni della guerriera disseminate soprattutto nei canti I, II, III. Il tema avrà poi una ripresa nel canto XIII, quando il lamento della guerriera pagana impedirà a Tancredi di vincere l'incanto della selva di Saron. Inoltre, il rapporto tra Clorinda e Tancredi costituisce un lato dell'infelice "triangolo" erotico Erminia-Tancredi-Clorinda. E su questa rete di amori non ricambiati e sui relativi travestimenti, scambi, equivoci si costruiscono molte situazioni della *Liberata*. Ma la cosa più importante è che la morte di Clorinda coinvolge molti dei temi portanti del poema e ne annuncia il più profondo significato complessivo. Infatti, proprio il dolore e il senso di colpa per l'atto compiuto determinano la maturazione perfetta del malinconico Tancredi (il personaggio più autobiografico dell'opera). Inoltre, il fatto che Tancredi e Clorinda riescano a congiungersi (attraverso il battesimo di lei) solo nel momento della morte rivela la tragica visione tassesca della vita. Infine, è la conversione di Clorinda ad annunciare la vittoria finale dei cristiani, senza però nascondere il terribile prezzo della conquista.

Interpretare e approfondire

Il duello di amore e di guerra Amore e guerra si presentano nel corso del poema come elementi contrapposti: l'amore è la forza che distoglie i crociati dal loro dovere militare. Durante il duello fra Tancredi e Clorinda i due ambiti però si fondono in un ambiguo incontro erotico e di guerra: «tre volte il cavalier la donna stringe» (57, 1) con «nodi di fer [feroce] nemico, e non d'amante» (57, 4). Chiara è la simbologia sessuale nel colpo mortale: la punta della spada di Tancredi penetra nel «bel sen» di Clorinda e le riempie la veste di un caldo fiume di sangue (64, 3-7). L'esito finale del duello determina la fusione anche tra vita e morte: la vita data dal battesimo e la morte data dalla spada.

La simbologia cristiana dell'episodio L'episodio della morte di Clorinda si carica di una profonda simbologia cristiana. La chiusura della porta rappresenterebbe lo staccarsi di Clorinda dalla comunità degli "infedeli" e il suo solitario dirigersi, fino alla conversione, verso la comunità dei cristiani («verso altra porta, ove d'entrar dispone», 52, 4). E significativamente il cammino di Clorinda si svolge salendo verso «l'alpestre cima» (52, 3). Un altro simbolo decisivo è quello affidato alla contrapposizione notte/alba. Il canto si apre con uno scenario notturno: la notte domina l'impresa di Clorinda e Argante come pure gran parte del duello tra Tancredi e Clorinda. La conclusione del combattimento e l'uccisione della donna coincidono però con lo spegnersi dell'«ultima stella» e con l'annunciarsi del «primo albor ch'è in oriente acceso» (58, 3-4). La morte di Clorinda è dunque rappresentata come un progressivo uscire dalle tenebre per dirigersi verso la nuova alba della conversione e della fede, fino al «sole» nel frattempo sorto che illumina pietosamente il trapasso della donna (69, 3-4), sostituendosi a Venere, il pianeta dell'amore terreno.

dai fatti…	… all'interpretazione
l'esclusione di Clorinda dalla porta	l'esclusione dalla comunità pagana
il dirigersi «verso altra porta»	l'avvicinamento a una nuova comunità (quella cristiana)
il cammino verso «l'alpestre cima»	il cammino verso Dio
il passaggio dalla notte all'alba	il passaggio dalle tenebre del peccato alla luce della fede
lo spegnersi di Venere	l'abbandono della prospettiva dell'amore pagano

Esercizi

Prima prova A • L'analisi del testo

Comprendere

1 Fare ordine

L'episodio qui riportato può essere riassunto per punti. Elenchiamo di seguito le varie sequenze in cui può essere diviso il testo. A parte la prima e l'ultima sequenza, le altre sono in ordine sparso: indica tu l'ordine giusto.

1 Clorinda è esclusa dalla porta di Gerusalemme
… Tancredi riconosce Clorinda
… Dopo il battesimo, Clorinda muore serenamente
… Tancredi e Clorinda si scontrano in un terribile duello
… Clorinda cerca un'altra porta ma è inseguita da Tancredi
… Clorinda chiede di ricevere il battesimo
7 Tancredi resta sulla scena quasi morto

Analizzare

2 Il tempo: dalla notte al giorno

Il passaggio dalla notte al giorno ha un'importanza particolare. Rintraccia nel testo le espressioni riferite al trascorrere del tempo e indica quali azioni si svolgono di notte e quali di giorno.

3 Gli interventi del narratore

In alcuni punti compaiono interventi espliciti del narratore. Rintracciali nel testo e indica la loro funzione: il narratore commenta l'azione? Dà consigli al personaggio? Fa delle anticipazioni?

4 L'*enjambement*

Nella rappresentazione della morte di Clorinda domina la figura dell'*enjambement*. Sottolinea nel testo alcuni esempi e spiega quale particolare effetto produce questa figura retorica.

5 L'ambivalenza del duello

Amore e guerra si presentano sempre contrapposti nel corso del poema. Qui però i due ambiti si fondono, e il duello appare al contempo un incontro erotico e un incontro di guerra. Sottolinea le metafore erotiche che compaiono nelle ottave 57 e 64.

Interpretare e approfondire

6 Identikit dei personaggi

Attraverso questo episodio si chiariscono definitivamente i caratteri dei due personaggi.

- Quale atteggiamento rivela Tancredi nei confronti del nemico durante il duello? Osserva poi il crociato dopo la morte di Clorinda: è vittima o carnefice? Vinto o vincitore?
- Anche Clorinda subisce un profondo mutamento nel corso di questo canto. Confronta le battute pronunciate dall'eroina nelle ottave 53, 61 e 66: quale cambiamento emerge?

Terza prova A • La trattazione sintetica

7 L'interpretazione in chiave cristiana

Tutto l'episodio di Clorinda può essere letto alla luce della simbologia cristiana. In una trattazione sintetica (max 15 righe) ripercorri i fatti narrati interpretandoli secondo questa chiave.

[XVI, 9-10; 17-23, 2; 26-35, 2]

T8

Le forme
- ricercatezza stilistica

I temi
- contrasto fra dovere e piacere

Il giardino di Armida

Nelle Isole Fortunate si trovano il giardino e il palazzo della maga Armida, presso la quale Rinaldo vive avendo dimenticato identità e doveri, ammaliato dai piaceri del luogo e innamorato della maga. I crociati Ubaldo e Carlo giungono in quella dorata prigione con lo scopo di richiamare il paladino ai suoi impegni militari. Essi riescono in effetti a scuoterlo mostrandogli riflesse in uno scudo le sue fattezze effeminate. È questo uno dei luoghi della Liberata *nei quali Tasso indugia nella rappresentazione del paradiso pagano (e diabolico) dei piaceri carnali, mostrando un'attrazione faticosamente contrastata.*

9

Poi che lasciàr gli aviluppati calli,
in lieto aspetto il bel giardin s'aperse:
acque stagnanti, mobili cristalli,
fior vari e varie piante, erbe diverse,
apriche collinette, ombrose valli,
selve e spelonche in una vista offerse;
e quel che 'l bello e 'l caro accresce a l'opre,
l'arte, che tutto fa, nulla si scopre.[1]

10

Stimi (sì misto il culto è co 'l negletto)
sol naturali e gli ornamenti e i siti.
Di natura arte par, che per diletto
l'imitatrice sua scherzando imiti.
L'aura, non ch'altro, è de la maga effetto,
l'aura che rende gli alberi fioriti:
co' fiori eterni eterno il frutto dura,
e mentre spunta l'un, l'altro matura.
[...]

17

Fra melodia sì tenera, fra tante
vaghezze allettatrici e lusinghiere,
va quella coppia, e rigida e costante
se stessa indura a i vezzi del piacere.
Ecco tra fronde e fronde il guardo inante
penetra e vede, o pargli di vedere,
vede pur certo il vago e la diletta,
ch'egli è in grembo a la donna, essa a l'erbetta.

18

Ella dinanzi al petto ha il vel diviso,
e 'l crin sparge incomposto al vento estivo;
langue per vezzo, e 'l suo infiammato viso
fan biancheggiando i bei sudor più vivo:
qual raggio in onda, le scintilla un riso
ne gli umidi occhi tremulo e lascivo.
Sovra lui pende; ed ei nel grembo molle
le posa il capo, e 'l volto al volto attolle,

19

e i famelici sguardi avidamente
in lei pascendo si consuma e strugge.

PARAFRASI

9 Dopo (Poi) che [Carlo e Ubaldo] lasciarono i sentieri (calli) intricati (avviluppati) [: dopo che uscirono dal labirinto], apparve loro (s'aperse) il bel giardino [di Armida] con (in) aspetto ridente (lieto): acque stagnanti, acque correnti (mobili) terse come cristallo [: cioè laghi e ruscelli], fiori e piante di ogni tipo, erbe diverse, collinette assolate (apriche), valli ombrose, boschi e grotte (spelonche) mostrò come visione che si può cogliere in un unico sguardo (il sogg. è il bel giardin del v. 2); e ciò (quel) che accresce bellezza ('l bello) e valore ('l caro) alle opere, [cioè] l'artificio (l'arte) che fa tutto [ciò che si vede], non si percepisce affatto (nulla si scopre).
10 Sia le decorazioni (e gli ornamenti) sia i luoghi (e i siti) ti sembrano (Stimi; impers.) del tutto (sol; avv.) naturali (così [bene] l'artificiale (il culto) è mescolato (misto) al naturale. [Ciò] sembra (par) un artificio della natura, che per divertimento (diletto) imiti scherzando la sua imitatrice [consueta; cioè l'arte]. L'aria, nonché tutto il resto (non ch'altro), è un prodotto (effetto) della maga [Armida], l'aria che rende fioriti gli alberi: con i fiori eterni, eterno dura anche il frutto, e mentre l'uno sboccia, l'altro matura.
17 In mezzo a una così tenera melodia, in mezzo a tante attrattive (vaghezze) allettanti e lusinghiere, procede quella coppia [: di cavalieri; cioè Carlo e Ubaldo); seria e imperturbabile (costante) rende se stessa insensibile (se stessa indura) alle seduzioni (vezzi) del piacere. Ecco lo sguardo [dei due] penetra avanti (inante) tra fronde e fronde e vede, o gli sembra (pargli) di vedere, [e] vede infine (pur) con certezza l'amante (il vago) [: Rinaldo] e l'amata [: Armida], [vede] che lui sta (è) in grembo alla donna, e lei (essa) [in grembo, cioè in mezzo] all'erba.
18-19 Lei [: Armida] ha il velo aperto (diviso) davanti al petto, e sparge i capelli ('l crin) scomposti al vento estivo; fa la leziosa (langue per vezzo), e i bei sudori, biancheggiando, rendono più vivo il suo viso arrossato (infiammato): come (qual) un raggio [brilla] sull'acqua (in onda), negli occhi umidi le brilla (le scintilla) un riso fremente (tremulo) e sensuale. Sta china (pende) sopra di lui [: Rinaldo]; ed egli (ei) le posa la testa nel grembo morbido (molle), e solleva (attolle) il volto verso il (al) volto, e rivolgendo (pascendo) avidamente su di lei i [propri] sguardi di desiderio (famelici), si consuma e logora (strugge) [per amore]. [Armida] si china, e spesso (sovente)

1 e quel che 'l bello... scopre: cioè: tutto ciò che si vede è opera degli incanti della maga Armida, ma tutto appare ugualmente estremamente naturale; anzi, proprio in ciò sta l'incanto.

S'inchina, e i dolci baci ella sovente
liba or da gli occhi e da le labra or sugge,
ed in quel punto ei sospirar si sente
profondo sì che pensi: «Or l'alma fugge
e 'n lei trapassa peregrina». Ascosi
mirano i due guerrier gli atti amorosi.

20

Dal fianco de l'amante (estranio arnese)
un cristallo[2] pendea lucido e netto.
Sorse, e quel fra le mani a lui sospese
a i misteri d'Amor ministro eletto.
Con luci ella ridenti, ei con accese,
mirano in vari oggetti un solo oggetto:
ella del vetro a sé fa specchio, ed egli
gli occhi di lei sereni a sé fa spegli.

21

L'uno di servitù, l'altra d'impero
si gloria, ella in se stessa ed egli in lei.
– Volgi, – dicea – deh volgi – il cavaliero
– a me quegli occhi onde beata bèi,
ché son, se tu no 'l sai, ritratto vero
de le bellezze tue gli incendi miei;
la forma lor, la meraviglia a pieno
più che il cristallo tuo mostra il mio seno.

22

Deh! poi che sdegni me, com'egli è vago
mirar tu almen potessi il proprio volto;
ché il guardo tuo, ch'altrove non è pago,
gioirebbe felice in sé rivolto.
Non può specchio ritrar sì dolce imago,
né in picciol vetro è un paradiso accolto:
specchio t'è degno il cielo, e ne le stelle
puoi riguardar le tue sembianze belle. –

23

Ride Armida a quel dir, ma non che cesse
dal vagheggiarsi e da' suoi bei lavori.
[...]

26

Fine alfin posto al vagheggiar, richiede
a lui commiato, e 'l bacia e si diparte.
Ella per uso il dì n'esce e rivede

PARAFRASI

lei ora assapora (liba) i dolci baci dagli occhi e ora [li] succhia dalle labbra, e in quel momento (punto) si sente sospirare lui così profondamente che viene da pensare (pensi; impers.): «Ora l'anima [di Rinaldo] fugge e trapassa in lei [quale] pellegrina». I due guerrieri [: Carlo e Ubaldo] osservano (mirano) nascosti gli atti amorosi.
20 Dal fianco dell'amante pendeva uno specchio (un cristallo) lucido e terso (netto) (strumento (arnese) inconsueto (estranio) [per un guerriero]). [Armida] si alzò (sorse) e collocò (sospese) tra le mani di lui [: Rinaldo] esso (quel) [: lo specchio], scelto (eletto) [quale] ministro ai riti (misteri) d'amore. Lei con occhi (luci) ridenti, lui con [occhi] infiammati (accese) [di desiderio], contemplano (mirano) un unico oggetto [: Armida] in vari oggetti: lei fa specchio a sé del vetro [: dello specchio], e lui fa specchi a sé degli occhi sereni di lei.
21 Uno [: Rinaldo] [si vanta] della [propria] servitù, l'altra [: Armida] si vanta (si gloria) del [suo] comando (impero), [dunque] lei [si vanta] di (in) se stessa e lui di lei. Il cavaliere diceva: – Gira (Volgi), deh gira a me quegli occhi grazie ai quali (onde), [essendo tu] beata, dài beatitudine (bèi), dato che (ché), se tu non lo sai, la mia passione (gli incendi miei) è l'immagine (ritratto) vera delle tue bellezze; il mio cuore (seno) mostra appieno più dello specchio la loro [: delle bellezze] forma, la meraviglia [che esse provocano].
22 Deh! Dato che (poi che) sdegni me, almeno [tu] potessi mirare [vedendolo riflesso nella mia passione] come è bello (com'egli è vago) il [tuo] proprio volto; perché il tuo sguardo, che non si appaga altrove, rivolto verso di (in) sé gioirebbe felice. Nessuno (Non) specchio può ritrarre un'immagine così dolce, né in un piccolo [pezzo di] vetro può essere (è) concentrato (accolto) il paradiso [della tua bellezza]: [solamente] il cielo è uno specchio degno di te, e [solamente] nelle stelle puoi ammirare (riguardar) le tue belle sembianze. –
23 Armida ride a quelle parole (dir), ma non smette (non che cesse) di ammirarsi e di lavorare a farsi bella (da' suoi bei lavori).
26 Alla fine, smesso di ammirarsi, [Armida] chiede a Tancredi (lui) il permesso di congedarsi (commiato), lo bacia e si allontana. Lei è solita uscirne [: dal giardino] durante il giorno

2 un cristallo: lo specchio è l'oggetto simbolico del perverso legame erotico tra i due: Armida tutta assorta nella contemplazione della propria bellezza, Rinaldo attirato invece dalla donna (della quale è innamorato). È per questo che entrambi ammirano **un solo oggetto** (cioè Armida), benché guardino in due oggetti diversi: Armida nello specchio, Rinaldo negli occhi dell'amata.

▶ Giovanni Domenico Tiepolo, *Ubaldo e Carlo convincono Rinaldo a lasciare il giardino di Armida*, 1770 ca. Venezia, Villa di Zianigo.

gli affari suoi, le sue magiche carte.
Egli riman, ch'a lui non si concede
por orma o trar momento in altra parte,
e tra le fère spazia e tra le piante,
se non quanto è con lei, romito amante.

27
Ma quando l'ombra co i silenzi amici
rappella a i furti lor gli amanti accorti
traggono le notturne ore felici
sotto un tetto medesmo entro a quegli orti.
Ma poi che vòlta a più severi uffici
lasciò Armida il giardino e i suoi diporti,
i duo, che tra i cespugli eran celati,
scoprìrsi a lui pomposamente armati.

28
Qual feroce destrier ch'al faticoso
onor de l'arme vincitor sia tolto,
e lascivo marito in vil riposo
fra gli armenti e ne' paschi erri disciolto,
se 'l desta o suon di tromba o luminoso
acciar, colà tosto annitrendo è vòlto,
già già brama l'arringo e, l'uom su 'l dorso
portando, urtato riurtar nel corso;

29
tal si fece il garzon, quando repente
de l'arme il lampo gli occhi suoi percosse.
Quel sì guerrier, quel sì feroce ardente
suo spirto a quel fulgor tutto si scosse,
benché tra gli agi morbidi languente,
e tra i piaceri ebro e sopito ei fosse.
Intanto Ubaldo oltra ne viene, e 'l terso
adamantino scudo[3] ha in lui converso.

30
Egli al lucido scudo il guardo gira,
onde si specchia in lui qual siasi e quanto
con delicato culto adorno; spira
tutto odori e lascivie il crine e 'l manto,
e 'l ferro, il ferro aver, non ch'altro, mira
dal troppo lusso effeminato a canto:
guernito è sì ch'inutile ornamento
sembra, non militar fero instrumento.

31
Qual uom da cupo e grave sonno oppresso
dopo vaneggiar lungo in sé riviene,
tal ei tornò nel rimirar se stesso,
ma se stesso mirar già non sostiene;
giù cade il guardo, e timido e dimesso,
guardando[4] a terra, la vergogna il tiene.
Si chiuderebbe e sotto il mare e dentro
il foco per celarsi, e giù nel centro.

PARAFRASI

e controllare i suoi affari, le sue magiche carte. Lui [: Rinaldo] rimane, dato che non gli è concesso (non si concede) portare i passi (por orma; por = porre) o trascorrere (trar) [anche un solo] momento in altro luogo (parte), e si aggira (spazia) tra gli animali (le fère) e tra le piante, [quale] amante solitario (romito), tolto il tempo in cui (se non quanto) è con lei [: con Armida].

27 Ma quando l'oscurità (l'ombra) [notturna] richiama (rappella) con i silenzi complici (amici) gli amanti prudenti (accorti) ai loro amori furtivi (a i furti lor), trascorrono felici le ore notturne sotto un medesimo tetto all'interno di quei giardini (orti). Ma dopo che Armida ha lasciato il giardino e i suoi incanti per occuparsi (vòlta) di più severi impegni [: le operazioni magiche], i due [guerrieri cristiani], che si erano nascosti tra i cespugli, si scoprono (scoprìrsi) in modo solenne.

28-29 Come (Qual) un cavallo (destrier) da combattimento (feroce) che sia tolto imbattuto (vincitor) al faticoso onore delle armi, e si aggiri (erri) [quale] stallone (marito) lascivo in vile riposo libero (disciolto) fra le greggi (armenti) e nei pascoli, se lo sveglia (se 'l desta) o suono di tromba o una spada (acciar) brillante, in quella direzione (colà) corre (è vòlto) subito (tosto) nitrendo, immediatamente (già già) desidera la gara (l'arringo) e [desidera] nel torneo (nel corso), [: se] colpito (urtato), colpire a sua volta (riurtar) portando sul dorso l'uomo [: il cavaliere]; così (tal) divenne il giovane (garzon) quando improvvisamente (repente) lo scintillio delle armature colpì il suo sguardo. Quel suo spirito così guerriero, quel [suo spirito] così violentemente (feroce) combattivo di fronte a simile fulgore si riscosse tutto, benché, infiacchito (languente) dalle avvolgenti comodità e inebriato (ebro) dai piaceri, si fosse sopito. Intanto Ubaldo viene avanti, e ha rivolto (converso) verso di lui (in lui) il lucido (terso) scudo di diamante (adamantino).

30 Rinaldo (Egli) al lucido scudo volge lo sguardo, così che in esso [in lui; cioè nello specchio] può vedere riflesso (si specchia) come [: effettivamente egli] sia e come [: sia] ornato con effeminata ricercatezza (delicato culto); i capelli e le vesti emanano (spira: : vb. al sing. ma con due sogg.) odori sensuali (odori e lascivie; endiadi) e guarda (mira) la spada ('l ferro), non altro, la spada che ha (aver) accanto effeminata dal troppo lusso: è adornata (guernito) in modo tale (sì) che sembra un inutile ornamento, non un fiero strumento militare.

31 Come un uomo, oppresso da un sonno pesante (grave) e torbido (cupo), dopo lungo delirare (vaneggiar; o forse 'sognare'), torna in sé ma non sopporta (non sostiene) di guardare oltre (già) se stesso; giù cade lo sguardo e, impaurito (timido) e abbattuto (dimesso), nell'atto di guardare per terra, lo (il, riferito a "sguardo") tiene la vergogna. Si rinchiuderebbe per nascondersi sia sotto che dentro il fuoco, e giù nel centro [della terra, cioè 'sotto terra'].

3 scudo: lo scudo consegnato ai due guerrieri dal mago di Ascalona, in grado di dissolvere ogni incantesimo.
4 guardando: il gerundio vale qui un part. presente.

32
Ubaldo incominciò parlando allora:
– Va l'Asia tutta e va l'Europa in guerra:
chiunque e pregio brama e Cristo adora
travaglia in arme or ne la siria terra.
Te solo, o figlio di Bertoldo,[5] fuora
del mondo, in ozio, un breve angolo serra;
te sol de l'universo il moto nulla
move, egregio campion d'una fanciulla.

33
Qual sonno o qual letargo ha sì sopita
la tua virtute? o qual viltà l'alletta?
Su su; te il campo e te Goffredo invita,
te la fortuna e la vittoria aspetta.
Vieni, o fatal guerriero, e sia fornita
la ben comincia impresa; e l'empia setta,
che già crollasti, a terra estinta cada
sotto l'inevitabile tua spada. –

34
Tacque, e 'l nobil garzon restò per poco
spazio confuso e senza moto e voce.
Ma poi che dié vergogna a sdegno loco,
sdegno guerrier de la ragion feroce,
e ch'al rossor del volto un novo foco
successe, che più avampa e che più coce,
squarciossi i vani fregi e quelle indegne
pompe, di servitù misera insegne;

35
ed affrettò il partire, e de la torta
confusione uscì del labirinto.

da T. Tasso, *Gerusalemme liberata*, cit.

PARAFRASI

32 Ubaldo cominciò allora a parlare: – Tutta l'Asia va in guerra e [ci] va [anche] l'Europa: chiunque aspiri alla gloria (pregio brama) e adori Cristo ora soffre (travaglia) nel combattere (in arme) in Palestina (ne la siria terra). Te solo, o figlio di Bertoldo, un piccolo angolo tiene isolato (serra) fuori del mondo, in ozio; te solo lo sconvolgimento (il moto) generale (de l'universo; con iperbole) non muove affatto (nulla move), [o] egregio eroe (campion) di una fanciulla [: detto con ironia].
33 Che tipo di (Qual) sonnolenza o di letargo ha talmente assopito il tuo valore (virtute)? O quale viltà lo seduce? Su, su: l'esercito e Goffredo chiamano (invita: vb. sing. ma con due soggetti, come più avanti aspetta) te; te aspettano la gloria e la fortuna. Vieni, o guerriero segnato dal fato (fatale; cioè 'benedetto da Dio'), e si compia (sia fornita) la ben cominciata (comincia) impresa [: la conquista di Gerusalemme] e i seguaci della religione pagana (l'empia setta), che già scuotesti (crollasti, cioè 'mettesti in pericolo'), crollino a terra estinti sotto [i colpi] impossibili da evitare [della] tua spada.
34-35 [Ubaldo] tacque, e il nobile giovane restò per un po' confuso, senza essere capace di muoversi (moto) o di proferire parola (voce). Ma dopo che la vergogna lasciò il posto (dié loco) allo sdegno, lo sdegno [che è] feroce difensore (guerrier) della ragione, e che al rossore [di vergogna] del volto seguì (successe) un nuovo fuoco [: il rossore dello sdegno], che avvampa di più e brucia (coce) di più, [Rinaldo] si strappò (squarciossi) gli inutili ornamenti (i vani fregi) e quelle indegne manifestazioni di lusso (pompe), segni di miserabile servitù; e mise fretta alla partenza, e uscì dalla intricata (torta) confusione del labirinto.

5 figlio di Bertoldo: la perifrasi ha la funzione di ricordare a Rinaldo la dignità della propria stirpe, nonché la figura paterna.

Lavoriamo sul testo

Leggere e capire

Suddivisione del testo L'episodio può essere suddiviso in tre sequenze. La prima (ottave 9-17) mostra l'arrivo di Ubaldo e Carlo nel giardino della maga, e comprende la descrizione del seducente luogo in cui «l'arte, che tutto fa, nulla si scopre». Qui, nascosti dietro le fronde, i due crociati spiano Armida e Rinaldo. Nella seconda sequenza (ottave 18-26) è rappresentato l'incontro tra i due amanti, mediato dalla presenza di un «estranio arnese», uno specchio nel quale Armida contempla la propria bellezza. Nella terza (ottave 27-35) Ubaldo e Carlo, avendo visto Armida allontanarsi da Rinaldo, escono dal loro nascondiglio e si rivelano al paladino. Ubaldo riesce con il suo gesto (rivolge verso Rinaldo il suo scudo di diamante, in cui lui possa vedersi riflesso e cogliere «quanto [sia] / con delicato culto adorno») a convincere il paladino a uscire «de la torta / confusione [...] del labirinto».

Analizzare

Lo specchio e il labirinto: i temi e le forme Lo specchio e il labirinto sono gli strumenti malefici che sviano l'eroe dalla propria identità e dall'azione. Il labirinto separa il paradiso della sensualità dal resto del mondo, cioè dalla dimensione dell'impegno. Il labirinto rappresenta perciò lo smarrimento e la vanità. Anche lo specchio è simbolo di vanità. Esso testimonia inoltre l'amore narcisistico di Armida, cioè un amore rivolto verso se stessa e non verso Rinaldo. Ben diverso è l'uso rovesciato che dello specchio fa Ubaldo, mostrando a Rinaldo il suo aspetto effeminato. Anzi: questo specchio ha la funzione di controbilanciare e neutralizzare quello legato all'amore per Armida.

Il linguaggio asseconda i temi: esso è dominato da una caratterizzazione labirintica e dalla specularità. Alla specularità rimandano i numerosi chiasmi (per esempio 9, vv. 3 e 4; 10, vv. 7 e 8 ecc.) e la forte allitterazione, quasi un anagramma, di 23, 1: «RIDe aRmIDa a quel DIR». Uno stile pieno di indugi, di rivolgimenti e di tortuosità ripete l'immagine del labirinto. A esso si oppone la struttura diretta e incalzante delle esortazioni rivolte a Rinaldo da Ubaldo (▶ ottave 32 e 33). Un linguaggio ricercato e raffinato è anche un linguaggio diabolico. Infatti, come c'è una caratterizzazione diabolica della natura, consistente proprio nel trionfo dell'artificio e della raffinatezza (▶ ottava 9, vv. 7-8), così c'è una caratterizzazione diabolica del linguaggio. Tra i due piani esiste una profonda, minacciosa corrispondenza.

Interpretare e approfondire

Piacere contro virtù In questo episodio è affrontato un tema centrale della Gerusalemme liberata: la contrapposizione tra piacere e virtù. Il piacere è lo strumento del quale si serve la tentazione infernale, e si caratterizza soprattutto come smarrimento erotico. Esso fa dimenticare all'uomo i propri doveri e la propria identità: tra le braccia di Armida, Rinaldo non sa più di essere un guerriero, non ricorda neppure di essere Rinaldo. Per farlo tornare in sé sarà necessario che i due crociati gli mostrino la propria immagine riflessa nello scudo e lo chiamino per nome ricordandogli la sua stirpe («o figlio di Bertoldo», 32, 5). Rinaldo può così recuperare una dimensione eroica: l'eroe tassesco è infatti colui che si fa carico della propria identità e prende coscienza delle proprie responsabilità di uomo. Ciò coincide con l'azione e con l'impegno, qui ben rappresentati dagli strumenti militari (si veda l'importanza della spada: ▶ 30, 5-8): non appena tornato in sé, Rinaldo vuole mettersi in cammino.

Esercizi

Prima prova A • L'analisi del testo

Comprendere

1 «Mirano in vari oggetti un solo oggetto»

La strofa 20 descrive l'atteggiamento di Rinaldo e Armida di fronte allo specchio: in quale posizione si trovano e che cosa stanno facendo? Il quadro qui sotto, aiuta a capire meglio il significato dei versi.

▲ Domenichino, *Rinaldo e Armida*, 1620-1621. Paris, Musée du Louvre.

Analizzare

2 Avviluppati versi

Lo stile è ricercato e ricco di figure retoriche: il linguaggio, così come la natura del giardino, è dominato dall'artificio. Rileggi l'ottava 9 e indica le figure retoriche che vi riconosci.

3 Identikit del personaggio

Il personaggio di Rinaldo subisce una trasformazione nel corso dell'episodio. Essa prepara la sua definitiva maturazione, che gli consentirà di vincere l'incanto della selva di Saron e avviarsi alla vittoria. Sottolinea nel testo le espressioni riferite a Rinaldo nei vari momenti del suo "percorso di formazione".

Interpretare e approfondire

4 Due specchi, due significati

Un motivo chiave dell'episodio è quello dello specchio. Com'è definito lo specchio in cui si ammira Armida e che cosa rappresenta? Quale uso invece fa dello specchio Ubaldo?

5 Il labirinto

Il "risveglio" di Rinaldo coincide con l'allontanamento dalla «torta confusion» del «labirinto». Quale mondo rappresenta il labirinto e a quale mondo si contrappone?

Terza prova A • La trattazione sintetica

6 Confronto fra testi

Il "paradiso" di Armida può essere confrontato con quello dell'età dell'oro celebrato nel coro dell'*Aminta* (▶ T4). In una trattazione sintetica (max 20 righe) rileva analogie e differenze fra i due testi analizzando due aspetti in particolare: la descrizione della natura e la visione dell'amore.

7 Confronto fra opere

Anche in questo episodio torna il tema, centrale nella *Liberata*, dell'opposizione amore/guerra: Armida svia Rinaldo dai suoi doveri militari. Esiste nell'*Orlando furioso* un conflitto simile?

8 Confronto fra linguaggi

Numerosi pittori hanno tratto dalla *Gerusalemme liberata* temi per le loro opere. Nel quadro che ti proponiamo, Francesco Hayez (Venezia 1791 – Milano 1882), importante esponente del Romanticismo storico, ritrae Rinaldo e Armida. Scrivi una breve didascalia dell'immagine, provando a mettere in relazione il contenuto dei versi con la rappresentazione pittorica.

▲ Francesco Hayez, *Rinaldo e Armida*, 1814. Venezia, Gallerie dell'Accademia.

[*Gerusalemme liberata* XIX, 8-27, 4]

T9

Le forme
- frequenza della similitudine

I temi
- eroismo tragico di Argante

Il duello di Argante e Tancredi

Il canto diciannovesimo, penultimo del poema, è aperto da uno dei numerosi duelli che occupano la parte conclusiva della Liberata. *Mentre si ostina a difendere le mura di Gerusalemme quasi da solo, Argante è colpito da Tancredi. I due guerrieri si trasferiscono in un luogo isolato per riprendere quel duello già avviato e non portato a termine, prima per il sopraggiungere della notte e poi perché Tancredi, prigioniero di Armida, non si era potuto presentare all'appuntamento.*

8
Escon de la cittade e dan le spalle
a i padiglion de le accampate genti,
e se ne van dove un girevol calle
li porta per secreti avolgimenti;
e ritrovano ombrosa angusta valle
tra più colli giacer, non altrimenti
che se fosse un teatro o fosse ad uso
di battaglie e di caccie intorno chiuso.

9
Qui si fermano entrambi, e pur sospeso
volgeasi Argante a la cittade afflitta.[1]
Vede Tancredi che 'l pagan difeso
non è di scudo, e 'l suo lontano ei gitta.
Poscia lui dice: – Or qual pensier t'ha preso?
pensi ch'è giunta l'ora a te prescritta?
S'antivedendo ciò timido stai,
è 'l tuo timore intempestivo omai.[2]

10
– Penso – risponde – a la città del regno
di Giudea antichissima regina,
che vinta or cade, e indarno esser sostegno

PARAFRASI

8 [Tancredi e Argante] si allontanano dalla città [: Gerusalemme] e voltano le spalle alle tende (padiglioni) degli eserciti accampati; e se ne vanno dove un sentiero tortuoso (girevol calle) li conduce attraverso curve solitarie (avolgimenti secreti; cioè 'fuori mano'); e trovano una valle ombrosa e stretta (angusta) che giace [: ai piedi] di più colline, non diversamente che se fosse un teatro o fosse [: un luogo tutto] chiuso intorno destinato a (di) tornei (battaglie) o cacce.
9 Qui si fermano entrambi: e Argante, completamente (pur) interdetto, si volgeva verso la città martoriata. Tancredi si accorge (vede) che il pagano è privo (difeso non è) di scudo e il suo egli (ei) getta lontano. Dopodi che gli (lui) dice: – Quale pensiero adesso ti ha colto? Pensi che sia giunta l'ora per te stabilita (prescritta) [: per la morte]? Se sei (stai) intimidito avendo presagio di ciò (antivedendo), il tuo timore è ormai tardivo (intempestivo). –
10 [Argante] risponde: – Penso alla città [: Gerusalemme] capitale (regina) antichissima del regno di Giudea, che ora cade vinta, e inutilmente (indarno) io tentai (procurai) di essere so-

1 la cittade afflitta: Gerusalemme che, vinta, riceve le ondate di assalto dei crociati.
2 è 'l tuo timore... omai: Tancredi è cioè intenzionato a combattere ormai in ogni caso.

io procurai de la fatal ruina,
e ch'è poca vendetta al mio disdegno
il capo tuo che 'l Cielo or mi destina.[3] –
Tacque, e incontra si van con gran risguardo,
ché ben conosce l'un l'altro gagliardo.

11
È di corpo Tancredi agile e sciolto,
e di man velocissimo e di piede;
sovrasta a lui con l'alto capo, e molto
di grossezza di membra Argante eccede.
Girar Tancredi inchino in sé raccolto
per aventarsi e sottentrar si vede;
e con la spada sua la spada trova
nemica, e 'n disviarla usa ogni prova.[4]

12
Ma disteso ed eretto il fero Argante
dimostra arte simile, atto diverso.
Quanto egli può, va co 'l gran braccio inante
e cerca il ferro no, ma il corpo averso.[5]
Quel tenta aditi novi in ogni istante,
questi gli ha il ferro al volto ognor converso:
minaccia, e intento a proibirgli stassi
furtive entrate e sùbiti trapassi.

13
Così pugna naval, quando non spira
per lo piano del mare Africo o Noto,
fra due legni ineguali egual si mira,
ch'un d'altezza preval, l'altro di moto:
l'un con volte e rivolte assale e gira
da prora a poppa, e si sta l'altro immoto;
e quando il più leggier se gli avicina,
d'alta parte minaccia alta ruina.[6]

14
Mentre il latin di sottentrar ritenta
sviando il ferro che si vede opporre,
vibra Argante la spada e gli appresenta
la punta a gli occhi; egli al riparo accorre,
ma lei sì presta allor, sì violenta
cala il pagan che 'l difensor precorre
e 'l fère al fianco; e visto il fianco infermo,
grida: – Lo schermitor vinto è di schermo.[7] –

PARAFRASI

stegno [per lei] dalla disfatta (ruina = rovina) destinata (fatal), e [penso] che la tua testa (il capo tuo) [: la possibilità di ucciderti] che il Cielo mi concede (mi destina) sia una vendetta insufficiente (poca) al mio furore (disdegno). – Tacque, e si vanno incontro con grande accortezza (risguardo), poiché ognuno (l'un) sa (conosce) che l'altro è forte (gagliardo).

11 Tancredi è di corporatura agile e scattante (sciolto), e velocissimo di mano e di piede; Argante è più alto di lui di tutta la testa e lo supera parecchio (molto eccede) nella grossezza delle membra. Si vede Tancredi aggirarsi inchinato e raccolto per lanciarsi (per aventarsi) e superare dal basso la guardia (e sottentrar); e con la sua spada cerca (trova) la spada nemica, e usa ogni tecnica (prova) per ('n = in) spostarla (disviarla).

12 Ma il feroce Argante, [stando] disteso ed eretto, dimostra abilità (arte) simile, [ma] tattica (atto) diversa. Per quanto lui può, si sporge (va) avanti con il potente (gran) braccio e cerca non la spada (il ferro) ma il corpo avversario. Quello [: Tancredi] tenta nuove entrate (aditi) in ogni istante, questi [: Argante] gli tiene (ha) la spada sempre (ognor) rivolta (converso) verso il volto: minaccia, e sta (stassi = si sta) attento a impedirgli (proibirgli) entrate impreviste (furtive) e affondi (trapassi) improvvisi (sùbiti).

13 Così si osserva (si mira) un equilibrato (egual) scontro navale, quando [nessun vento] soffia (non spira) sulla superficie (per lo piano) del mare Africo o Noto, fra due navi (legni) ineguali, una delle quali prevale per altezza, l'altra per mobilità (di moto): una [: la più veloce] con manovre e contromanovre (con volte e rivolte) assale e aggira [l'altra] da prora a poppa, e l'altra [: quella più alta] sta immobile; e quando la più veloce (leggier) le si avvicina, minaccia terribile distruzione (alta ruina) dalla sua altezza (d'alta parte).

14 Mentre l'italiano (il latin) [: Tancredi] ritenta di entrare da sotto sviando la spada che si vede contrapporre, Argante fa partire (vibra) la spada e gli mette davanti (gli appresenta) agli occhi la punta; lui [: Tancredi] corre alla parata (al riparo), ma il pagano la (lei) [: la spada] cala allora così rapida (presta), così violenta che anticipa (precorre) il difensore e lo ('l = il) ferisce al fianco; e visto il fianco [del nemico] ferito (infermo), grida: – Lo schermitore è vinto [proprio] nello schermirsi.

3 Penso… destina: le amare parole di Argante gettano una luce di malinconia sul fiero soldato.
4 Girar… prova: sensibilmente più basso e leggero dell'avversario ma anche più agile e veloce, Tancredi tenta di superarne la guardia entrandogli da sotto per colpire al corpo, dopo aver messo fuori combattimento la spada nemica.
5 Ma disteso… averso: Argante tenta di sfruttare la propria maggiore altezza (con relativa lunghezza di braccia) e la propria maggiore forza. Gli aggettivi **disteso ed eretto** si contrappongono a **in sé raccolto** e a **inchino** riferiti a Tancredi nell'ottava precedente.
6 Così pugna… ruina: nella similitudine ben si riconoscono i dati dello scontro tra i due duellanti, corrispondendo a Tancredi la nave più piccola e più mobile e ad Argante quella più imponente.
7 Mentre… schermo: Argante porta a segno un primo colpo ai danni di Tancredi, battendolo proprio nell'agilità di manovra della spada, in cui il rivale sembrava essere avvantaggiato (di qui l'irrisione).

15

Fra lo sdegno Tancredi e la vergogna
si rode, e lascia i soliti riguardi,
e in cotal guisa la vendetta agogna
che sua perdita stima il vincer tardi.
Sol risponde co 'l ferro a la rampogna
e 'l drizza a l'elmo, ove apre il passo a i guardi.
Ribatte Argante il colpo, e risoluto
Tancredi a mezza spada[8] è già venuto.

16

Passa veloce allor co 'l piè sinestro
e con la manca al dritto braccio il prende,
e con la destra intanto il lato destro
di punte mortalissime gli offende.[9]
– Questa[10] – diceva – al vincitor maestro
il vinto schermidor risposta rende. –
Freme il circasso[11] e si contorce e scote,
ma il braccio prigionier ritrar non pote.

17

Alfin lasciò la spada a la catena
pendente, e sotto al buon latin si spinse.[12]
Fe' l'istesso Tancredi, e con gran lena
l'un calcò l'altro e l'un l'altro recinse;[13]
né con più forza da l'adusta arena
sospese Alcide il gran gigante[14] e strinse,
di quella onde facean tenaci nodi
le nerborute braccia in vari modi.

18

Tai fur gli avolgimenti e tai le scosse
ch'ambi in un tempo il suol presser co 'l fianco.
Argante, od arte o sua ventura fosse,
sovra ha il braccio migliore e sotto il manco.
Ma la man ch'è più atta a le percosse
sottogiace impedita al guerrier franco;
ond'ei, che 'l suo svantaggio e 'l rischio vede,
si sviluppa da l'altro e salta in piede.[15]

19

Sorge piú tardi e un gran fendente, in prima
che sorto ei sia, vien sopra al saracino.

PARAFRASI

15 Tancredi si rode fra la rabbia e la vergogna, e trascura le cautele (riguardi) consuete [: cioè le accortezze difensive del duello] e cerca (agogna) la vendetta in modo (guisa) tale che ritiene (stima) [come] una sconfitta per sé (sua perdita) il vincere tardi [: ritardare la vittoria]. [Egli] risponde alle offese (a la rampogna) solamente con la spada e la indirizza verso (a) l'elmo, dove [questo] apre il passaggio alla vista (a i guardi) [: punta la spada in corrispondenza della visiera]. Argante respinge il colpo, e determinato Tancredi è già arrivato a distanza ravvicinata (a mezza spada).

16 [Tancredi] allora entra (Passa) [: a ridosso dell'avversario] con il piede sinistro e con la [mano] sinistra (manca) lo (il) prende al braccio destro (dritto) mentre con la destra gli ferisce (offende) di terribili colpi di punta il fianco destro. – Questa – diceva – risposta rende il vinto schermitore al maestro vincitore. – Si agita il circasso e si contorce e si scuote ma non può (non pote) ritrarre il braccio prigioniero.

17 Alla fine [Argante] lasciò la spada attaccata (pendente) alla catena e si scagliò addosso al valoroso italiano. La stessa cosa fece Tancredi, e con gran forza (lena) l'uno premette (calcò) l'altro e l'uno avvinghiò (ricinse) l'altro; ed Ercole (Alcide = figlio di Alceo) non sollevò (né sospese) dalla sabbia infuocata (da l'adusta arena) il gran gigante [Anteo] e [lo] strinse con più forza di quella con cui (onde) le braccia forzute (nerborute) [di Argante e Tancredi] facevano solide prese (tenaci nodi) in vari modi.

18 Tali furono le contorsioni (gli avolgimenti : delle braccia e delle prese di lotta in generale] e tali le scosse che entrambi contemporaneamente (in un tempo) colpirono il suolo con il lato del corpo (presser co 'l fianco). Argante, fosse stato per sua abilità (arte) o per sua fortuna (ventura), rimane con (ha) sopra il braccio destro (migliore) e sotto il sinistro. Mentre (Ma) al guerriero franco la mano che è più adatta a colpire (a le percosse) [: la destra] è rimasta sotto (sottogiace) impedita; per cui egli, comprendendo (che vede) il proprio rischio e svantaggio, si divincola (si sviluppa) dall'altro e balza in piedi.

19 [Argante] si alza (Sorge) più tardi e prima che egli (ei) si sia alzato [: Tancredi] assesta (vien) addosso (sopra) al saraceno

8 a mezza spada: cioè alla lunghezza di mezza spada, dove diviene impossibile un'amministrazione calcolata e "tecnica" del combattimento.

9 Passa… offende: dopo essersi collocato a distanza ravvicinata, Tancredi porta a fondo l'attacco, entrando a contatto con Argante: si fa sotto avanzando con il piede sinistro e gli afferra con la mano sinistra il braccio destro, così da impedirgli di usare la spada; e intanto lo colpisce ripetutamente con la sua.

10 Questa: da collegare a **risposta** del v. sg. La battuta di Tancredi replica al precedente sarcasmo di Argante (▶ 14, 8).

11 circasso: originario della Circassia, regione storica del Caucaso.

12 Alfin… si spinse: non potendo liberarsi dalla pericolosa stretta, Argante lascia la spada (che resta legata al braccio del combattente da una catena) e affronta l'avversario nella lotta corpo a corpo.

13 l'un calcò… ricinse: i due vengono petto contro petto e si abbracciano a vicenda nella lotta.

14 sospese… gigante: Tasso allude qui al mito secondo cui Ercole fu costretto, per vincere il gigante Anteo, a soffocarlo con la stretta tenendolo sollevato da terra, dato che il gigante, ogni volta che cadeva battuto a terra, da questa (che era sua madre) risorgeva più forte di prima.

15 Tai… piede: dopo aver a lungo lottato in piedi, i due combattenti cadono a terra contemporaneamente; ma il braccio destro di Tancredi rimane sotto il corpo di Argante, che ha invece la mano migliore libera per colpire. E così Tancredi si svincola e salta in piedi.

Ma come a l'Euro la frondosa cima
piega e in un tempo la solleva il pino,
così lui sua virtute alza e sublima
quando ei n'è già per ricader più chino.
Or ricomincian qui colpi a vicenda:
la pugna ha manco d'arte ed è più orrenda.[16]

20
Esce a Tancredi in più d'un loco il sangue,
ma ne versa il pagan quasi torrenti.
Già ne le sceme forze il furor langue,
sì come fiamma in deboli alimenti.
Tancredi che 'l vedea co 'l braccio essangue
girar i colpi ad or ad or più lenti,
dal magnanimo cor deposta l'ira,
placido gli ragiona e 'l piè ritira:

21
– Cedimi, uom forte, o riconoscer voglia
me per tuo vincitore o la fortuna;
né ricerco da te trionfo o spoglia,
né mi riserbo in te ragione alcuna. –
Terribile il pagan più che mai soglia,
tutte le furie sue desta e raguna;
risponde: – Or dunque il meglio aver ti vante
ed osi di viltà tentare Argante?

22
Usa la sorte tua, ché nulla io temo
né lascierò la tua follia impunita. –
Come face rinforza anzi l'estremo
le fiamme, e luminosa esce di vita,
tal riempiendo ei d'ira il sangue scemo
rinvigorì la gagliardia smarrita,
e l'ore de la morte omai vicine
volse illustrar con generoso fine.

23
La man sinistra a la compagna accosta,
e con ambe congiunte il ferro abbassa;
cala un fendente, e benché trovi opposta
la spada ostil, la sforza ed oltre passa,
scende a la spalla, e giù di costa in costa
molte ferite in un sol punto lassa.
Se non teme Tancredi, il petto audace
non fe' natura di timor capace.

24
Quel doppia il colpo orribile, ed al vento
le forze e l'ire inutilmente ha sparte,
perché Tancredi, a la percossa intento,
se ne sottrasse e si lanciò in disparte.
Tu,[17] dal tuo peso tratto, in giù co 'l mento
n'andasti, Argante, e non potesti aitarte:
per te cadesti, aventuroso in tanto
ch'altri[18] non ha di tua caduta il vanto.

PARAFRASI

un potente colpo di taglio (un gran fendente). Ma come il pino piega e subito (in un tempo) solleva la [sua] cima frondosa all'Euro [: il vento di scirocco], così lui quando sta già più chinato per ricadere innalza (alza) e ingrandisce (sublima) il suo valore. A quel punto (Or... qui) ricominciano [a darsi] colpi a vicenda: il duello (la pugna) ha meno tecnica (ha manco d'arte) ed è più terribile (orrenda).

20 Tancredi perde sangue da più di un punto (loco), ma il pagano ne versa quasi dei torrenti. Ormai (Già) nelle [loro] forze diminuite (sceme) il furore si affievolisce, così come [fa la] fiamma con insufficiente (in deboli) alimentazione. Tancredi che lo vedeva con il braccio dissanguato (essangue) far partire (girar = ruotare) colpi di ora in ora sempre più lenti, deposta l'ira dal cuore generoso, in modo pacato (placido) gli parla (gli ragiona) e indietreggia ('l piè ritira).

21 [Tancredi dice:] – Arrenditi a me (Cedimi), [o] uomo forte, sia (o) che tu voglia riconoscere me come (per) tuo vincitore sia [che tu ne assegni invece il merito al]la fortuna; non voglio (né ricerco) da te riconoscimento ufficiale per la vittoria (trionfo) o premi (spoglia), né pretendo per me (mi riserbo) alcun diritto (ragione) [nei tuoi riguardi]. – Il pagano, terribile più di quanto sia mai stato (soglia = sia solito), desta e raduna tutte le sue energia (furie); risponde: – Così (Or) dunque ti vanti di aver la meglio ed osi incitare (tentare) Argante alla viltà?

22 Sfrutta [pure] la tua buona fortuna, poiché io nulla temo né lascerò impunita la tua presunzione (follia; quella di ritenersi vincitore e invitare l'avversario alla resa). – Come una fiaccola (face) rinforza le fiamme prima di spegnersi (anzi l'estremo), ed esce di vita luminosa, così (tal) lui [: Argante] riempiendo d'ira il sangue scarso (scemo) ridette vigore (rinvigorì) all'energia (gagliardia) perduta e volle rendere illustri (volse illustrar) con una fine eroica (generoso) le ore ormai vicine alla morte.

23 Accosta la mano sinistra alla mano destra (a la compagna) e unitele insieme (con ambe congiunte) abbassa la spada: cala un fendente, e sebbene trovi l'opposizione della spada nemica (ostil; cioè la spada di Tancredi che si è levata alla difesa) la costringe a cedere (la sforza) [: sfruttando l'energia impressa dal colpo] e passa oltre, scende fino alla spalla, e giù di costola (costa) in costola innumerevoli ferite lascia (lassa) in un sol momento (punto). Se Tancredi non ha paura (non teme), [vuol dire che] la natura ha fatto quel petto audace incapace di timore [: cioè Tancredi non ha paura di nulla].

24 Argante (Quel) replica (doppia) il terribile colpo, e al vento ha gettato (sparte) invano le forze e i furori, perché Tancredi, attento (intento) al colpo, se ne sottrasse e si lanciò di lato. Tu [: o Argante], tirato dal peso [: del] tuo [: corpo], andasti giù con il mento e non ti fu possibile mantenere l'equilibrio (aitarte = aiutarti): da solo (per te; cioè in seguito al tuo stesso movimento violento di attacco) cadesti, fortunato nella misura in cui (in tanto ch') nessuno (altri non) può vantare [: il merito del]la tua caduta.

16 Sorge... orrenda: Argante, più massiccio e lento di Tancredi, impiega più tempo a rialzarsi, e il rivale ne approfitta per infliggergli un colpo dall'alto; il pagano mostra però tutto il suo carattere, riuscendo a non ricadere a terra e a riprendere ugualmente lo scontro.

17 Tu: l'uso improvviso della 2 pers. sing., cioè il rivolgersi diretto del narratore ad Argante sul punto di morire, concorre alla valorizzazione del personaggio e sottolinea la simpatia di Tasso per i vinti.

18 altri: in particolare Tancredi, al quale va il merito della caduta del rivale solo perché si è sottratto al suo colpo.

25

Il cader dilatò le piaghe aperte,
e ’l sangue espresso dilagando scese.
Punta ei la manca in terra, e si converte
ritto sovra un ginocchio a le difese.
– Renditi – grida, e gli fa nove offerte,
senza noiarlo, il vincitor cortese.
Quegli di furto intanto il ferro caccia[19]
e su ’l tallone il fiede, indi il minaccia.

26

Infuriossi allor Tancredi, e disse:
– Cosí abusi, fellon,[20] la pietà mia? –
Poi la spada gli fisse e gli rifisse
ne la visiera, ove accertò la via.[21]
Moriva Argante, e tal moria qual visse:
minacciava morendo e non languia.
Superbi, formidabili e feroci
gli ultimi moti fur, l’ultime voci.

27

Ripon Tancredi il ferro, e poi devoto
ringrazia Dio del trionfal onore;
ma lasciato di forze ha quasi vòto
la sanguigna vittoria il vincitore.[22]

da T. Tasso, *Gerusalemme liberata*, cit.

PARAFRASI

25 La caduta allargò le ferite aperte, e il sangue spremuto (espresso) si versò in abbondanza (dilagando scese). Argante (Lui) punta la sinistra a terra, e si gira (si converte) [verso Tancredi] dritto sopra un ginocchio per difendersi. Il nobile (cortese) vincitore [: Tancredi] gli grida – Arrenditi – e gli fa nuove offerte, senza attaccarlo (noiarlo). Quegli [: Argante] intanto vibra (caccia) la spada furtivamente e lo ferisce (il fiede) sul tallone, e poi (indi) lo minaccia.

26 Si infuriò allora Tancredi, e disse: – Così approfitti, fellone, della mia pietà?– Poi la spada gli ficcò e gli rificcò nella visiera, nel punto in cui (ove) fu certo di entrare. Moriva Argante, e moriva così come (tal qual) era vissuto: morendo continuava a minacciare, e non si lamentava (non languia). Gli ultimi gesti (moti) e le ultime parole (voci) furono (fur) superbi, spaventosi (formidabili) e feroci.

27 Tancredi rinfodera la spada e devoto ringrazia Dio dell’onore del trionfo (trionfale) ma la sanguinosa vittoria ha lasciato quasi privo (vòto) di ogni forza il vincitore.

19 Quegli… caccia: è vile, certo, il comportamento di Argante, ma ugualmente eroico, nel continuare a combattere pur non potendo più neppure stare in piedi.

20 fellon: *sleale*; ▶ anche La lingua nel tempo p. 74.

21 ove accertò la via: la spiegazione più verosimile (ma non l’unica) è: ‘dove ritenne e fu certo, avendovi preso la mira, che la spada aveva possibilità di entrare’.

22 ma lasciato… il vincitore: infatti Tancredi alla fine sviene. È destino dell’eroe concludere i più importanti duelli perdendo i sensi. Lo stesso gli è infatti avvenuto dopo l’uccisione di Clorinda. Tancredi verrà soccorso e curato dalla innamorata Erminia, nell’ultima sua apparizione tra le pagine del poema.

◀ Guercino, *Erminia ritrova Tancredi ferito*, ante 1652. Collezione privata.

Lavoriamo insieme

Leggere e capire

Prima, durante e dopo il duello Le strofe 8-10 si riferiscono al momento che precede il combattimento: Argante e Tancredi cercano un luogo appartato per lo scontro, lasciandosi alle spalle «la città afflitta». A partire dalla strofa 11 sono descritte le varie fasi del duello, che i due guerrieri affrontano con tattiche diverse sfruttando l'uno (Tancredi) la maggiore agilità e l'altro (Argante) la maggiore forza. Il combattimento inizia regolarmente: Tasso descrive i primi momenti dimostrandosi esperto conoscitore della tecnica schermistica. Presto però il furore prevale sulle regole, e la schermaglia si trasforma in un terribile corpo e corpo: Argante «lasciò la spada a la catena / pendente, e sotto al buon latino [Tancredi] si spinse» (17, 1-2). Venendo meno la tecnica, lo scontro si fa più terribile: «la pugna ha manco [meno] d'arte ed è più orrenda» (19, 8). Anche i colpi a tradimento sembrano ammessi: mentre Tancredi offre la resa al suo nemico, questi ne approfitta per ferirlo sul tallone. Ma è l'ultima azione del pagano: sotto i colpi ripetuti di Tancredi, «moriva Argante, e tal moriva qual visse: / minacciava morendo e non languia» (26, 5-6). Terminato il duello, il vincitore «ringrazia Dio del trionfal onore» (27, 2).

1 **Quale «pensier» turba Argante prima del duello?**

Analizzare

Le similitudini e il carattere di Argante Il testo è dominato dalla figura della similitudine. Essa vale, in particolare, a esprimere la forza irriducibile dell'eroe pagano: Argante è come il pino che colpito dal vento si china ma poi subito si risolleva (▶ 19, 3-6); come la fiamma che rinvigorisce prima di spegnersi definitivamente (▶ 22, 3-6). Nel decisivo duello con Tancredi, si manifesta così il complesso carattere di Argante, orgoglioso e sprezzante, accanito nella zuffa fino all'inutile sacrificio, eroico anche se senza speranza, per nulla al mondo disposto alla resa che sarebbe segno di viltà («osi di viltà tentare Argante?»).

2 **Rintraccia le altre similitudini presenti nel testo.**

Interpretare e approfondire

La simpatia di Tasso per i vinti Una diversa concezione della guerra anima cristiani e pagani: i crociati combattono per compiere la volontà di Dio (Tancredi, infatti, «ringrazia Dio del trionfal onore»); i loro nemici aspirano invece alla gloria personale. Le due concezioni rispecchiano codici di valori contrapposti: da un lato i valori religiosi della cultura controriformistica; dall'altro lo spirito di iniziativa della cultura rinascimentale. La guerra tra cristiani e pagani assume dunque il significato di uno scontro tra codici diversi. Qual è la posizione di Tasso rispetto a questo scontro? Il poeta aderisce ai valori della Controriforma, ma a livello inconscio avverte con forza il fascino dei valori incarnati dai pagani. In questo episodio traspare infatti tutta l'ammirazione di Tasso per il vinto, che combatte coraggiosamente fino alla fine. D'altra parte, l'eroismo del guerriero pagano è attraversato da una segreta malinconia: è la consapevolezza tragica della sconfitta che si abbatte su di lui ma soprattutto sulla patria, «che vinta or cade». Infatti, nulla può l'eroismo umano contro il destino avverso. Il poeta si identifica con i vinti perché portatori della sua stessa concezione tragica della vita.

3 **In che modo Tasso esprime ammirazione e pietà verso il vinto? Chiariscilo con opportuni riferimenti al testo.**

4 **Anche nell'episodio di Armida (▶ T8) Tasso tradiva una segreta attrazione verso il mondo pagano. In una trattazione sintetica (max 15 righe) confronta i due testi da questo punto di vista, rilevando verso quali valori è inconsciamente indirizzato l'interesse del poeta.**

La critica

Gian Mario Anselmi
L'amore nella *Liberata*

Nell'analisi di Gian Mario Anselmi è individuata l'importante responsabilità del tema amoroso nella *Liberata*. Amore è al tempo stesso l'espressione-chiave delle tensioni e dei conflitti costitutivi della condizione umana, e il suggerimento di una utopica ricomposizione e pacificazione.
Il critico collega anche questa complessità ideologica alle strutture narrative del poema, che affidano all'interiorità dei personaggi una responsabilità di primo piano, dissolvendo la tradizione del poema eroico e aprendo al melodramma e alla narrativa moderna.

Sotto il segno della «concordia» e del «conflitto» si vanno articolando le vicende amorose dei principali personaggi della *Liberata*: se per un verso il tema lirico-amoroso è programmaticamente intessuto nel cuore del poema come un altro elemento fondamentale della *variatio* (e subirà perciò nella *Conquistata* i tagli più consistenti)[1] per altro éros è il visibile segno della contraddizione e della conciliazione. Aspetto cardine dell'utopia tassiana, che colloca éros al centro di un discorso altro rispetto al mondo del perenne *confligere*:[2] anche éros, però, nasce e si sviluppa come conflitto, come opposizione, è esso stesso la cartina da tornasole[3] che fa emergere le lacerazioni che dividono, fin nella loro intimità soggettiva, i vari personaggi. Ma éros suggerisce anche le strade della conciliazione, dell'abbandono fiducioso, tutte impervie comunque, tutte lastricate dalla presenza incombente della Morte. [...]

In ogni caso Amore è segno di contraddizione, manifesta al livello più intimo delle coscienze il senso dell'universale *confligere*: Olindo ama non corrisposto Sofronia;[4] Tancredi ama Clorinda inconsapevole mentre Erminia si strugge d'amore per l'eroe cristiano; Armida ama, oltre ogni possibile incantamento, Rinaldo e Rinaldo, di là da ogni magia, è lacerato da un amore irrevocabile per Armida [...]. E su tutto e su tutti (da questa commistione mirabile davvero la *Liberata* "inizia" il melodramma) incombe un tragico destino di Morte, al fuoco della quale, solamente, Amore può esplicare la sua coessenziale radicalità;[5] la sua possibilità estrema del *conciliare*, cuore ultimo appunto dell'utopia tassiana: il gesto magnanimo di dedizione di Olindo sul rogo scioglie il cuore di Sofronia; Tancredi "incontra" finalmente Clorinda nel momento supremo della morte dell'eroina; Rinaldo e Armida [...] si proclamano eterna fedeltà d'amore tra gli opposti campi in guerra, in un desolato paesaggio di sangue e di carneficina. Eroi cristiani ed eroine pagane sono "simili": in uno splendido ulteriore gioco di opposizione e di intrecci Amore mescola tutte le carte, sconvolge il terribile, gelido contrapporsi delle armi, delle civiltà, delle ideologie. Amore è la frontiera del possibile *oltre*: Tancredi e Rinaldo, pur lacerati, amano donne del campo avverso e simmetrico destino incrocia le vite di Erminia, Clorinda, Armida, le pagane. Ma in quella frontiera d'Amore ogni distinzione perde il senso contingente, si spalanca l'abisso delle intermittenze del cuore,[6] si dipana la storia della mutazione profonda delle coscienze. Per la prima volta, superando in ciò lo stesso modello virgiliano, i personaggi di un poema eroico hanno una compiuta vita interiore, si modificano, sono a tutto tondo: anche in questo Tasso, pur nel solco del poema eroico, ne va dissolvendo gli statuti fondanti, aprendo la strada che conduce per un verso al melodramma e per l'altro alla moderna narrativa.

da G.M. Anselmi, *Gerusalemme Liberata*, in *Letteratura italiana*, dir. da A. Asor Rosa, *Le opere. II. Dal Cinquecento al Settecento*, Einaudi, Torino 1993.

1 *variatio*... consistenti: in riferimento alla maggiore unità del rifacimento del poema, rispetto alla varietà (in latino *variatio*) della *Liberata*.
2 *confligere*: *combattere* (latino).
3 la cartina da tornasole: *l'opportunità di verifica*; l'espressione è tratta dal campo della chimica.
4 Olindo... Sofronia: la vicenda di Olindo e Sofronia occupa il secondo canto: il re Aladino minaccia di uccidere tutti i cristiani se non si troverà il colpevole del furto di una sacra immagine della Vergine. Si offre allora come capro espiatorio Sofronia; ma il giovane Olindo, che ne è innamorato, la smentisce e si autoaccusa. Entrambi saranno poi salvati dalla morte sul rogo dal generoso intervento della pagana Clorinda.
5 la sua coessenziale radicalità: il suo significato estremo, essenziale insieme a quello della Morte. Cioè Amore e Morte costituiscono due poli entrambi fondamentali, e solamente davanti alla Morte Amore può esprimere il proprio potenziale riconciliativo, cioè superare la lacerazione e le tensioni dei conflitti.
6 intermittenze del cuore: momenti di particolare intensità, nei quali si svela al soggetto il significato autentico e profondo della propria esistenza; si tratta di un'espressione usata dal grande romanziere francese del Novecento Marcel Proust.

La critica

Lanfranco Caretti

Tasso e la crisi del Rinascimento

Caretti individua nella vicenda umana e artistica di Tasso l'espressione esemplare della grande trasformazione storica che attraversa la società italiana nella seconda metà del Cinquecento. La crisi del Rinascimento, il bisogno profondo di un rinnovamento spirituale, la reazione della Chiesa cattolica, attraverso la Controriforma, alla Riforma protestante, sono tutti elementi che agiscono profondamente sull'evoluzione di Tasso. Il critico individua la parte più viva e intensa dell'opera tassesca nella fase in cui questa esprime la resistenza al violento moto involutivo che caratterizza la cultura italiana in seguito alla reazione controriformistica, e cioè nel periodo dell'*Aminta* e della *Liberata*; mentre gli ultimi due decenni della vita e dell'opera di Tasso mostrerebbero il cedimento al conformismo dilagante.

Una figura così complessa come quella del Tasso, a parte certi eccessi esasperati che richiedono, questi sì, giustificazioni particolari e private, non può essere adeguatamente decifrata con gli strumenti della psicologia autonoma, ma va reinserita nella storia dell'epoca di cui si trovò ad assumere i tratti dominanti, sì che le sue stesse contraddizioni non vengano più attribuite a bizzarrie umorali o a debolezze di carattere, ma siano considerate come il riflesso di una condizione spirituale più vasta e generale, come la testimonianza, sia pure soggettivamente ipersensibilizzata,[1] di quella intensa crisi che si aperse,[2] giusto nel cinquantennio che durò la non lunga vita del Tasso, nelle istituzioni politiche e nella vita intellettuale italiana.

[...] La storia della poesia tassiana rispecchia [...] l'intero arco della crisi e ne riflette tutto il cammino variamente accidentato: dal momento vivo e positivo, che nei suoi aspetti drammatici e intensi era già stato suggestivamente espresso dall'opera di Michelangelo, al momento della chiusura più rigida della restaurazione cattolica. Ciò che conta perciò è tenere d'occhio non l'atto ultimo della resa, quando la voce del Tasso si confonde e veramente si annulla nei colori grigi del tempo, ma il lungo e generoso periodo della resistenza attiva al disgregarsi d'un mondo che era pur sembrato tanto saldo e sicuro di sé. In questo periodo, che giunge almeno sino al compimento della *Liberata*, il Tasso offre l'esempio d'una singolare autonomia intellettuale, di un impegno umano ed artistico commovente, di una ostinazione orgogliosa, di una applicazione intrepida, di una perspicua lucidità critica, di una buona fede schietta e fervida. È il periodo in cui la poesia tassiana riflette il caldo riverbero dell'eredità rinascimentale, ancora operante nelle coscienze dei suoi contemporanei, e viene arditamente innestandovi lo spirito nuovo e inquieto d'una età percossa dall'urto violento della Riforma[3] e intimamente desiderosa d'una sincera *renovatio*[4] morale.

In questo generoso tentativo di conciliazione del classicismo con la moderna ansietà religiosa, il Tasso non muoveva però da una posizione già chiara e sicura, come era accaduto all'Ariosto, ma stava egli stesso nel mezzo della corrente perigliosa e partecipava così, di volta in volta, a tutti gli slanci e alle speranze, ma anche alle incertezze e confusioni sentimentali che caratterizzarono quell'epoca di rottura, di autentico bifrontismo[5] spirituale. E tuttavia nulla lasciò d'intentato prima di cedere alla deriva (non acquietandosi che molto tardi nel puro esercizio formale o nel conformismo religioso) e fece della retorica un'arma della ragione con cui difendersi dall'insidia sempre imminente dell'arbitrarietà degli affetti, sforzandosi nello stesso tempo di approfondire e di chiarire seriamente il significato del vivere, di fronteggiare quel misterioso e conturbante sentimento della precarietà e finitezza umane che ormai correva internamente la mirabile coerenza e perfetta armonia del naturalismo rinascimentale.

da L. Caretti, «Il Tasso e l'epoca sua», in *Ariosto e Tasso*, Einaudi, Torino 1977.

1 **ipersensibilizzata:** *particolarmente sensibile.*
2 **aperse:** *aprì.*
3 **Riforma:** la Riforma protestante.
4 ***renovatio*:** *rinnovamento* (latino).
5 **bifrontismo:** letteralmente significa 'che ha due facce'. Il termine – impiegato più volte da Caretti e dalla critica tassesca – allude qui alla duplicità della ideologia e della posizione culturale di Tasso, quale è stata definita nelle righe precedenti.

mappa concettuale

materiali per il recupero
Tasso e la *Gerusalemme liberata*

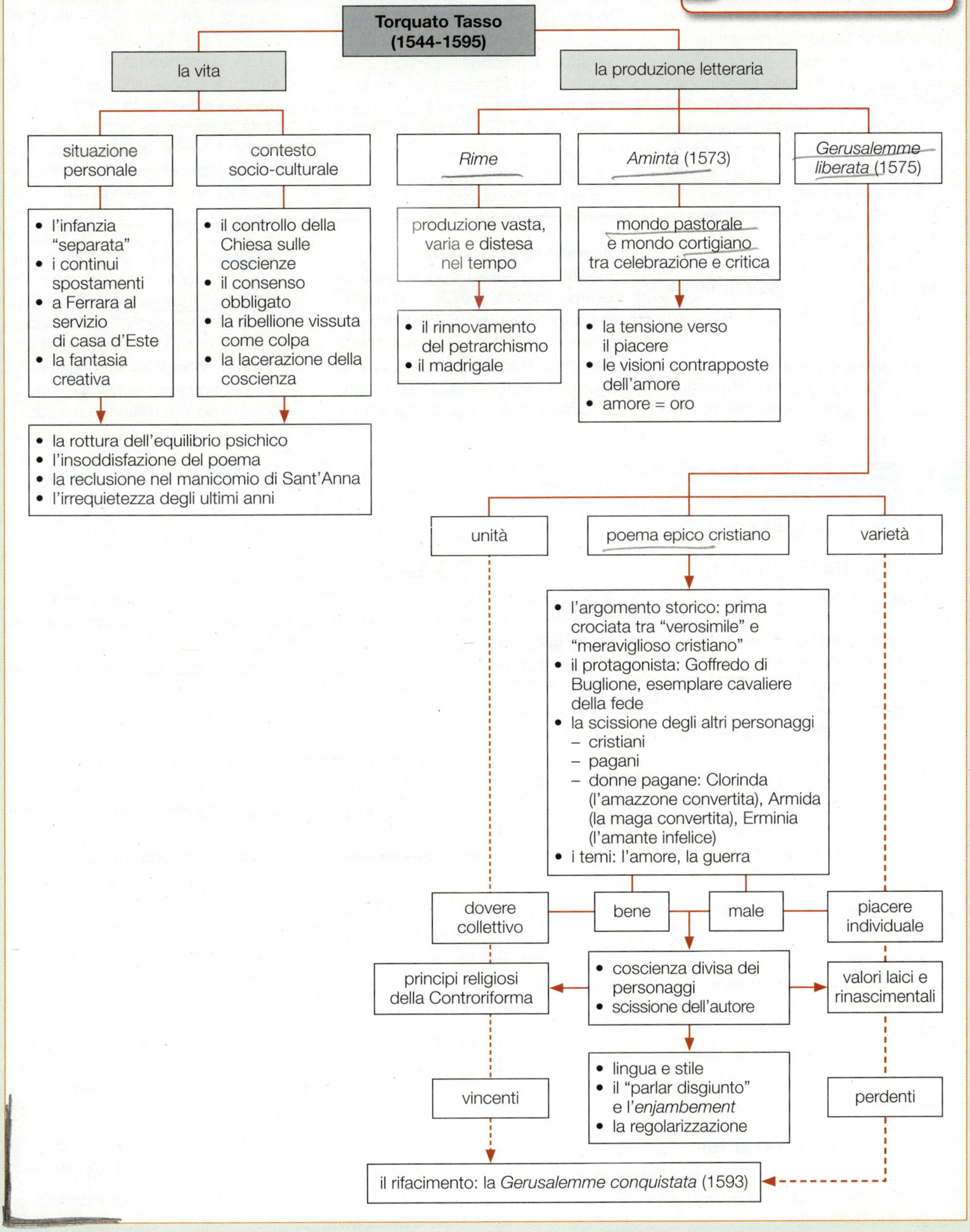

dizionario dei concetti chiave

- **dramma pastorale** forma teatrale che si afferma nel Cinquecento nell'ambito della corte estense di Ferrara. L'*Aminta* di Tasso (1573) costituisce un modello per il nuovo genere. Essa è suddivisa in cinque atti, secondo le norme aristoteliche, preceduti da un prologo. Ogni atto è concluso da un coro, sul modello della tragedia greca. La vicenda è ambientata nel mondo dei pastori (Tasso parla, infatti, di «favola boschereccia») e narra il travagliato amore del pastore Aminta per la ninfa Dafne, che infine cede al sentimento.
- **madrigale** genere poetico-musicale che si afferma nel Trecento. Tasso compose numerosi madrigali, recuperando così quel rapporto diretto con la musica che si era spezzato a partire da Petrarca. La scelta del madrigale come genere poetico da affiancare ai tradizionali canzoni e sonetti testimonia d'altra parte la volontà di Tasso di rinnovare il filone petrarchista. Le *Rime* tassesche rivelano infatti l'apertura a una varietà di temi, di forme e, appunto, di generi.
- **poema epico cristiano** genere fondato da Tasso con la *Gerusalemme liberata* (1575), che riprende il modello epico classico ma adeguandolo alla nuova prospettiva cristiana controriformistica e ai moderni gusti del pubblico. Infatti, la dimensione religiosa ha un'importanza centrale nel poema, che narra la fase conclusiva della prima crociata (1099), guidata da Goffredo di Buglione. Tasso definisce la struttura e costruisce la trama del poema rispettando il principio di *unità* aristotelico, pur prevedendo anche un elemento di *varietà* (di qui gli episodi secondari che arricchiscono la vicenda principale) finalizzato a procurare il diletto del pubblico. D'altra parte, un lineare e rapido raggiungimento dell'obiettivo (la conquista di Gerusalemme) è impedito dall'interferenza continua di forze "diaboliche" che sviano i paladini dalla loro missione: anche l'amore, che lega eroi cristiani e donne pagane, viene a contrapporsi al dovere militare e religioso.

esercizi

esercizi di riepilogo

1 Biografia incompleta

Tasso nasce a Sorrento e muore a Roma. Il soggiorno a Ferrara, presso la corte Estense, è quello più fecondo dal punto di vista della produzione artistica. Completa la breve cronologia che ripercorre le tappe fondamentali della sua vita e della sua opera.

1544	....
....	la svolta: Tasso entra a servizio del cardinale Luigi d'Este a Ferrara
1572	....
1573	....
1575	....
....	reclusione nell'Ospedale di Sant'Anna
1593	....
....	muore

2 Il «peregrino errante»

Nel proemio della *Liberata* Tasso si autorappresenta come «peregrino errante»: perché si definisce così? Spiegalo alla luce dei dati biografici.

3 Le *Rime*

Con le sue *Rime* Tasso dà inizio a una nuova tradizione, quella della moderna lirica italiana. Fa' una crocetta sulle due affermazioni giuste. Nelle *Rime*:

a. si riconosce una struttura unitaria, sul modello del *Canzoniere*
b. Tasso rinnova le forme metriche introducendo numerosi madrigali
c. il modello fedelmente rispettato da Tasso è Petrarca
d. il tema dominante è quello religioso
e. sono frequenti le liriche d'occasione, cioè poesie scritte in lode dell'amata
f. lo stile e i temi sono caratterizzati dalla varietà

4 L'*Aminta*

L'*Aminta* è frutto del periodo di più intensa creatività e di più sereno equilibrio nella vita di Tasso. Fornisci le seguenti informazioni relative all'opera:

anno di composizione: .... struttura: ....
genere: .... vicenda: ....

5 La travagliata composizione della *Gerusalemme liberata*

La *Gerusalemme liberata* ha una complessa vicenda editoriale. Indica se le seguenti affermazioni sono vere oppure false.

V F *Gerusalemme liberata* è titolo non autorizzato dall'autore

V F Tasso compose il poema nell'arco di un decennio, dal 1565 al 1575

V F La *Gerusalemme liberata* fu condannata dal tribunale dell'Inquisizione

V F Alfonso II ostacolò la pubblicazione immediata del poema

V F Tasso sottopose il poema al giudizio di otto revisori

V F La *Gerusalemme liberata* fu pubblicata contro la volontà dell'autore

6 Gerusalemme è *liberata* e *conquistata*

Tasso proseguì nella correzione della *Liberata* fino a realizzare una nuova opera: la *Gerusalemme conquistata*. Indica se le seguenti affermazioni si riferiscono alla *Gerusalemme liberata* (usa la sigla "L") o alla *Conquistata* (sigla "C"):

.... è più lunga e ha una struttura diversa, divisa in 24 libri

.... la lingua è alta e uniforme

.... lo stile è animato da tensioni interne il poeta tradisce una segreta attrazione verso i valori pagani

.... la moralità dei crociati si contrappone nettamente alla malvagità dei pagani

.... mette in scena la lotta tra cultura rinascimentale e cultura controriformistica

.... celebra la vittoria della cultura controriformistica

esercizi di approfondimento

7 Un personaggio della *Liberata*

La caratterizzazione dei personaggi contribuisce a rendere la *Liberata* un capolavoro. Lo sguardo di Tasso va in profondità: insieme al poeta, il lettore cerca di interpretare il comportamento e i pensieri dei protagonisti. Qual è il personaggio che più ti ha colpito? Analizzane i caratteri che emergono nei testi antologizzati e motiva le ragioni della tua preferenza.

8 La contrapposizione di amore e guerra

I temi dell'amore e della guerra sono centrali nella *Liberata* e si presentano contrapposti. Spiega le ragioni di questa contrapposizione e individua i testi e le coppie di personaggi in cui essa si evidenzia.

9 Le due facce di Tasso

C'è un termine impiegato dalla critica (da Caretti per primo) per descrivere la posizione culturale di Tasso: si tratta della parola *bifrontismo*, che significa letteralmente 'che ha due facce'. Nell'opera di Tasso intervengono infatti due spinte contrapposte: da un lato continua ad agire l'eredità rinascimentale; dall'altro si afferma l'esigenza di un profondo rinnovamento morale. La *Liberata* si presenta così come un poema pieno di contraddizioni: le contraddizioni proprie di un'epoca che sta vivendo un tormentato processo di transizione. Verifica sulla base dei testi letti la duplicità culturale di Tasso. Considera in una relazione i seguenti punti:

- la compresenza di valori edonistici (esaltazione del principio di piacere) e di esigenze di riforma morale;
- quali personaggi incarnano queste opposte tendenze;
- quali lacerazioni interiori esse provocano nei cavalieri cristiani.

allenarsi per l'esame di Stato

l'analisi del testo

10 La denuncia del Satiro

Ecco le dure parole pronunciate dal Satiro nella scena prima dell'atto secondo:

Non sono io brutto, no: né tu[1] mi sprezzi
perché sì fatto[2] io sia, ma solamente
perché povero sono. Ahi, che le ville[3]
seguon l'esempio de le gran cittadi!
E veramente il secol d'oro è questo,
poi che sol vince l'oro e regna l'oro.

1 **tu:** rivolto a Silvia.
2 **sì fatto:** cioè brutto.
3 **le ville:** *le campagne*.

Comprendere

a. Prova a fare la parafrasi del testo.

Analizzare

b. Qual è il metro usato in questo passaggio?
c. Qual è la ragione che spinge Silvia a disprezzare il Satiro?
d. Quale rapporto è stabilito tra «ville» e «gran cittadi»?
e. Su quale gioco di parole si regge la conclusione del brano?

Interpretare e approfondire

f. La critica ha raramente messo l'accento sulla vicenda del Satiro, il "cattivo" dell'*Aminta*. Invece le sue parole introducono un'importante chiave di lettura dell'opera, tradizionalmente considerata un'eccezionale parentesi di serenità nella turbata carriera del Tasso. Confronta il contenuto di questo monologo con i testi che hai letto dell'*Aminta* (T3 e T4): in che modo le parole del Satiro rovesciano quelle di Amore e dei pastori?

la lingua nel tempo

Depon Clorinda le sue spoglie inteste
d'argento e l'elmo adorno e l'arme altere,
e senza piuma o fregio altre ne veste
(infausto annunzio!) ruginose e nere,

da T. Tasso, *Gerusalemme liberata*, ed. cit., canto XII, ott. 18, vv. 1-4.

11 Altri significati

«Spoglie» (v. 1) vale qui 'armatura'. La parola "spoglia" viene infatti dal latino *spolia* (pl. di *spolium*) e significa 'ciò che ad altri viene tolto di dosso' e in modo speciale 'gli oggetti tolti in guerra ai nemici'. Conosci un altro significato che può assumere la parola? Quale verbo deriva dal sostantivo "spoglia"?

12 Forme arcaiche

La forma «annunzio» (v. 4) è forma arcaica e letteraria per "annuncio". Ti vengono in mente altre forme simili, in cui possiamo trovare la consonante /z/ invece della /c/?

preparare l'interrogazione

Per essere pronto in vista dell'interrogazione puoi utilizzare questa scaletta, che ti sarà d'aiuto nell'esposizione orale. La colonna di destra è a tua disposizione per segnare date, parole e concetti utili da ricordare.

I punti della scaletta	Date e dati da ricordare
La vita • primi anni di vita lontani dal padre • numerosi spostamenti durante la giovinezza • "approdo" alla corte estense di Ferrara, prima a servizio di Luigi d'Este e poi di Alfonso II • culmine del successo: messa in scena dell'*Aminta*, lettura della *Liberata*, nomina a storiografo di corte • inizio della "crisi": insoddisfazione per il poema e peggioramento dei rapporti con la corte • prigionia nell'Ospedale di Sant'Anna • ritorno in libertà e trasferimento a Mantova presso Vincenzo Gonzaga • nuovi spostamenti, fino agli ultimi anni vissuti tra Napoli e Roma sotto la protezione del papa **Le *Rime*** • rinnovamento del filone petrarchesco: varietà di forme, temi e generi • importanza del madrigale **L'*Aminta*** • esempio di un nuovo genere teatrale: il dramma pastorale • «favola boschereccia» che narra il contrastato amore di Aminta per Dafne • presenza di elementi inquietanti: visioni contrapposte dell'amore; critica del Satiro al dominio dell'«oro» **La *Gerusalemme liberata*** • complicata vicenda editoriale: pubblicazione mai autorizzata dall'autore, che approvò solo la *Gerusalemme conquistata* • struttura improntata al modello classico • argomento storico: narrazione della fase conclusiva della prima crociata • trama compatta, costruita secondo il principio di unità artistotelico • inserimento di episodi secondari per suscitare il diletto del pubblico • fondazione di un nuovo genere: il poema epico cristiano • caratterizzazione dei personaggi: interiorità inquieta dei crociati ed eroismo primitivo dei pagani • temi principali: amore come fonte di turbamento e possibilità di conciliazione fra cristiani e pagani; guerra moderna, tragica e non più idealizzata • tensioni stilistiche e frequenza dell'*enjambement*	....

Unità 2

L'autore e l'opera

Cervantes e il *Don Chisciotte*

Il *Don Chisciotte*, scritto da Cervantes e pubblicato in due parti nel 1605 e nel 1615, è il primo grande romanzo moderno. Il suo protagonista, l'idealista e allampanato «Cavaliere dalla Trista Figura», è entrato a far parte dell'immaginario collettivo e ha ispirato numerosi artisti. Don Chisciotte vuole resuscitare il fantastico mondo della cavalleria: in sella a Ronzinante, parte all'avventura «per accrescere il proprio nome e servire la patria». La celebre lotta contro i mulini a vento è diventata l'emblema della sua follia: una follia a tratti comica e a tratti malinconica. Si riconoscono in lui i sognatori che si ostinano a combattere battaglie perse in partenza, che difendono ideali nobili ma superati o irrealizzabili. Si riconoscono in lui le anime in pena in perenne fuga dalla realtà. Ma i sogni e le illusioni sono destinati a svanire: la visione nitida e concreta del panciuto scudiero Sancio prevale su quella fumosa e allucinata di don Chisciotte, che ha la vista (e il cervello) annebbiata da «nuvole e cateratte». Il cavaliere rinnega infine tutte «le squallide letture dei detestabili libri cavallereschi» che gli avevano offuscato la mente e muore serenamente.

OBIETTIVI

Conoscenze
- I principali avvenimenti della biografia di Miguel de Cervantes Saavedra
- Importanza del *Don Chisciotte*, capostipite del romanzo moderno
- Composizione, trama, temi e stile del *Don Chisciotte*

Abilità
- Rilevare nei testi la centralità e i caratteri del tema della follia
- Riflettere sulla complessità del personaggio di don Chisciotte, figura comica e tragica
- Cogliere attraverso i testi l'evoluzione del personaggio di Sancio all'interno dell'opera

Espansioni digitali

testi e approfondimenti

1 Cervantes e il suo tempo

Protagonista della storia

Miguel de Cervantes Saavedra nasce ad Alcalá de Henares, in Nuova Castiglia, il 9 ottobre 1547. Dopo un periodo di studi umanistici, nel 1569 si sposta in Italia, dove, in qualità di cortigiano, conosce varie città. Nel 1570 si arruola nell'esercito: partecipa alle spedizioni contro l'Impero ottomano, compresa la **battaglia di Lepanto**. Nel 1575, durante il viaggio che doveva riportarlo in Spagna, viene catturato da corsari turchi e resta cinque anni **prigioniero ad Algeri**.

Ai margini della storia

Tornato finalmente in Spagna, Cervantes passa qui **anni difficili**: al posto degli onori e dei riconoscimenti sperati, lo attende un periodo di stenti e di impieghi modesti. È commissario di vettovagliamento per l'Invincibile Armata e poi riscossore di imposte. Viene incarcerato ben tre volte a causa di problemi finanziari connessi al suo lavoro. Proprio nel carcere di Siviglia, dove si trova per la terza volta nel 1602, Cervantes abbozza l'idea del suo romanzo. Il *Don Chisciotte* sarà poi pubblicato nel 1605; la seconda parte uscirà nel 1615, un anno prima della morte dell'autore, avvenuta il 19 aprile 1616. Le esperienze negative che segnano la seconda parte della vita di Cervantes gli consentono di vedere il suo tempo in una luce nuova: meno mitica ed esaltante e, proprio per questo, più acuta e dolorosa.

La Spagna tra grandezza e decadenza

Gli anni che vanno **dal 1598** (morte di Filippo II) **al 1620** segnano un periodo cruciale per la Spagna, in bilico tra grandezza e decadenza. Dopo il 1620 il declino è definitivo e l'impero spagnolo vede ridotto il proprio **peso sulla scena europea**. Sullo sfondo di questa crisi si colloca la lunga elaborazione del *Don Chisciotte*, esattamente nella fase che segna il passaggio tra ascesa e caduta dell'impero, tra Manierismo e Barocco.

Monumento a Cervantes in Plaza de España a Madrid ad opera dello scultore Lorenzo Coullaut Valera (1876–1932).

Due fasi della vita

al centro della storia
- partecipazione alla battaglia di Lepanto
- spedizioni di Navarino, Tunisi, La Goletta

ai margini della storia
- prigionia di Algeri
- difficoltà economiche e problemi giudiziari

facciamo il punto

- **A quale importante battaglia partecipa Cervantes nel 1571?**
- **Il *Don Chisciotte* viene pubblicato in due parti: quando, rispettivamente?**

Cronologia

STORIA		VITA E OPERE
Concilio di Trento ◄	1545-1563	
	1547	► (9 ottobre) nasce ad Alcalá de Henares, vicino a Madrid
Filippo II re di Spagna ◄	1556-1598	
pace di Cateau-Cambrésis ◄	1559	
chiusura del Concilio di Trento ◄	1563	
	1563-1568	► studia prima a Siviglia presso i gesuiti e poi a Madrid sotto la guida dell'umanista Juan López de Hoyos
	1570	► si arruola in un reggimento di fanteria dell'esercito di Marcantonio Colonna, che si raccoglie a Napoli per la guerra contro i Turchi
battaglia di Lepanto ◄	1571	► partecipa alla battaglia di Lepanto
	1572	► combatte a Navarino, Tunisi e La Goletta
	1573-1575	► è a Napoli, dove studia le opere dei poeti e dei trattatisti contemporanei
	1575	► nel viaggio di ritorno in Spagna, la nave su cui è imbarcato viene assalita da corsari turchi
	1575-1580	► è prigioniero ad Algeri
indipendenza dei Paesi Bassi dalla Spagna ◄ (repubblica delle Sette Province Unite)	1579	
	1580	► è riscattato dal frate Juan Gil. Rientra in Spagna ed è prima a Valenza e poi a Madrid
	1580-1587	► compone e fa rappresentare diverse opere teatrali; scrive e completa *La vita ad Algeri* e *L'assedio di Numazia*
	1584	► nasce la figlia Isabel e sposa Catalina de Salzar y Palacios
	1585	► è a Siviglia quale commissario del vettovagliamento per l'Invincibile Armata e viaggia per l'Andalusia come esattore di imposte. Pubblica la prima parte del romanzo pastorale *La Galatea*
	1586-1597	► a causa di problemi economici, svolge varie attività. Subisce accuse e scomuniche. Compone scritti di vario genere, soprattutto novelle
sconfitta dell'Invincibile Armata spagnola ◄ a opera della flotta inglese	1588	
	1602	► è in carcere per presunte irregolarità nella sua attività di riscossore delle imposte; qui probabilmente inizia la stesura del *Chisciotte*
pace di Londra fra Spagna e Inghilterra ◄	1604	
	1605	► prima edizione de *El ingenioso hidalgo don Quijote de la Mancha*
tregua di dodici anni fra Spagna e Paesi Bassi ◄	1609-1621	
editto spagnolo contro i *moriscos* ◄	1609	
	1613	► escono le *Novelle esemplari*
	1614	► esce *Il viaggio nel Parnaso*, la più lunga delle sue composizioni poetiche
	1615	► la *Segunda Parte del ingenioso hidalgo don Quijote de la Mancha*
	1616	► (22 aprile) muore a Madrid
	1617	► esce postumo *I travagli di Persiles e Sigismonda*

2 Il capolavoro: *Don Chisciotte della Mancia*

La composizione

La prima parte del romanzo fu pubblicata nel **1605** a Madrid, in **52 capitoli**, con il titolo *El ingenioso hidalgo don Quijote de la Mancha*, ovvero 'L'ingegnoso *hidalgo* don Chisciotte della Mancia' (ricordiamo che *hidalgo* era il titolo che spettava ai membri della piccola nobiltà in Spagna e Portogallo). La seconda parte, dal titolo *Segunda parte del ingenioso hidalgo don Quijote de la Mancha*, apparve nel **1615** sempre a Madrid, in **74 capitoli**. La spinta a riprendere e completare il romanzo risale probabilmente al 1614, quando uscì a Tarragona un apocrifo, a cura di Alonso Fernández de Avellanda, pseudonimo che non è stato possibile decifrare.

La "fonte" araba

Cervantes finge di trarre la materia narrativa da una *Historia de don Quijote de la Mancha* scritta da un certo **Cide Hamete**, cronista arabo. Questo espediente gli permette di dare scherzosamente la colpa di ciò che è narrato a un miscredente (che per questo non merita nessuna fiducia); così facendo, Cervantes può sdoppiarsi, atteggiandosi ora a narratore irresponsabile, ora a critico che contesta e rivede le affermazioni della fonte.

La struttura e l'intreccio

Nel *Don Chisciotte* la struttura lineare degli avvenimenti viene spesso interrotta da **inserti narrativi** che a volte si innestano sulla trama, a volte restano estranei. Il procedimento dell'intreccio deriva dai modelli dei poemi cavallereschi.

La trama

Il *Don Chisciotte* racconta le vicende di un povero *hidalgo* di provincia appassionato di romanzi cavallereschi che, sull'esempio dei protagonisti delle sue letture, decide di farsi cavaliere errante e partire all'avventura.

Riassumiamo di seguito la trama considerando le tre uscite del cavaliere.

Prima uscita

Parte I, capp. I-VI. In un paese della Mancia vive un povero *hidalgo* di circa cinquant'anni. Egli passa tutto il suo tempo a leggere libri di cavalleria, tanto che alla fine gli si inaridisce il cervello e «perde il giudizio». Completamente immerso nel suo mondo fantastico, decide di farsi cavaliere errante «per accrescere il proprio nome e servire la patria». Don Chisciotte della Mancia (questo è il nome che l'*hidalgo* sceglie di darsi) parte dunque all'avventura con il suo vecchio cavallo ribattezzato Ronzinante, deciso a dedicare le sue imprese all'amata Dulcinea (in realtà la contadina Aldonza Lorenzo; ▶ T1). Nella prima sosta don Chisciotte scambia una locanda per un castello, in cui si fa armare cavaliere dopo una regolare veglia d'armi. Gli inizi dell'avventura sono sfortunati: dopo aver inutilmente fermato un contadino che maltrattava il suo garzone, don Chisciotte viene picchiato da alcuni mercanti che vorrebbe costringere a rendere omaggio a Dulcinea. Stremato e fuori di sé, il cavaliere è raccolto da un contadino del suo paese che lo riporta a casa.

Seconda uscita

Parte I, capp. VII-LII. Appena guarito, don Chisciotte si rimette in azione: sceglie uno scudiero, di nome Sancio Panza, promettendogli ricchi guadagni e la possibilità di diventare governatore di un'isola. Questa seconda uscita è caratterizzata dal susseguirsi di rocambolesche avventure: don Chisciotte combatte contro mulini a vento che crede giganti (▶ T2); scambia pecore e montoni per eserciti nemici; attacca e mette in fuga alcuni preti che trasportano una bara; veglia armato un'intera notte fronteggiando i misteriosi rumori di una fabbrica; conquista l'elmo di Mambrino, che in realtà è la bacinella di un barbiere; libera alcuni galeotti che lo ripagano prendendolo a sassate e derubandolo. Accettando i consigli di Sancio, don Chisciotte decide allora di ritirarsi nella Sierra Morena. A questo punto si interseca e interferisce con l'azione principale una vicenda amorosa che coinvolge quattro personaggi: Cardenio, Lucinda, Fernando e Dorotea. Catturato

Don Chisciotte nella Sierra Morena

Glossario

Apocrifo Si dice "apocrifo" un testo, letterario e non, a torto attribuito a un autore o a un'epoca.

da questa storia e dalla solitudine dei boschi, don Chisciotte decide di "impazzire" alla maniera dei cavalieri erranti (ricordiamo la pazzia di Orlando) e di restare tale fino a quando Sancio non sarà tornato con la risposta a una lettera inviata all'amata Dulcinea. Lo scudiero però incontra alla locanda di Maritones il barbiere e il parroco del suo paese: avvalendosi dell'aiuto della bella Dorotea, i tre inventano un espediente per riportare a casa don Chisciotte. Alla fine il cavaliere, rinchiuso dentro una gabbia, viene ricondotto al paese.

Terza uscita

Parte II, capp. I-LXXIV. Il baccelliere Sansón Carrasco torna da Salamanca pieno di meraviglia per le avventure di don Chisciotte, che erano state da poco stampate e si leggevano ovunque con grande curiosità. Sollecitati da questi discorsi, il cavaliere e il suo scudiero decidono di rimettersi in viaggio. Nel corso di questa terza uscita, don Chisciotte è continuamente vittima delle beffe altrui: Sancio gli fa credere che Dulcinea è stata incantata e si nasconde ora sotto le spoglie di una contadina (▶ T3); il baccelliere gli si presenta per due volte nelle vesti di un cavaliere per sfidarlo a duello e costringerlo a ritornare a casa; una coppia di duchi allestisce a corte uno scenario cavalleresco per le sue avventure. Le finzioni dei duchi ingannano anche Sancio, cui è affidato per burla il governo dell'isola di Barattaria. Don Chisciotte e Sancio ripartono verso Saragozza, ma, in una locanda, apprendono della pubblicazione di una seconda parte delle loro avventure (qui Cervantes si riferisce alla prosecuzione apocrifa). Indignato per gli errori in essa contenuti, il cavaliere decide di cambiare itinerario e, anziché recarsi a Saragozza, dove si sarebbero dovute svolgere secondo il libro le sue false avventure, si dirige a Barcellona. Qui il protagonista si imbatte nel Cavaliere della Bianca Luna, ovvero nel baccelliere Carrasco, che sfida don Chisciotte e, dopo averlo battuto, ottiene che faccia ritorno a casa. Tornato al suo paese, don Chisciotte si ammala e muore serenamente dopo aver rinnegato tutte «le squallide letture dei detestabili libri cavallereschi».

I personaggi

Don Chisciotte e **Sancio** si presentano come **personaggi opposti**: il primo allampanato e idealista; il secondo panciuto e concreto. Don Chisciotte è mosso dal desiderio di emulare le grandi imprese dei cavalieri, mentre Sancio accetta di partecipare alla missione cavalleresca aspettandosi una ricompensa in termini economici. Nel loro diverso comportamento, i due personaggi rivelano una **complementarietà**: Sancio rappresenta un modello materiale e perfino corporale contrapposto alla idealizzazione del suo padrone. Lo scudiero subisce una significativa **evoluzione nel corso del romanzo**. Nella prima parte egli è del tutto subordinato al suo cavaliere: crede o finge di credere al mondo e alle visioni di don Chisciotte, ne assimila il linguaggio, fa suo il codice cavalleresco. Nella seconda parte Sancio si trasforma invece nel principale ingannatore del suo padrone e dà prova di saggezza durante il governo dell'isola di Barattaria. Dunque, se nella prima parte si ha una **«chisciottizzazione» di Sancio**, che aderisce al mondo cavalleresco del suo padrone, nella seconda parte le costruzioni fantastiche del cavaliere pian piano si incrinano e si ha una **«sancizzazione» di don Chisciotte**.

Scambio di ruoli

I temi

La follia

Tema centrale del romanzo è la **follia**: essa colpisce il protagonista, al quale, per aver letto troppi libri di cavalleria, «s'inaridì il cervello in maniera che perdette il giudizio». Cervantes non condanna tanto la passione per quelle storie, quanto la **confusione tra letteratura e vita** che ne deriva: don Chisciotte parla e si muove come gli eroi dei suoi romanzi e cerca di ripeterne le imprese. Nella realtà, all'inizio del Seicento la cavalleria e i suoi ideali sono ormai decaduti. La follia del protagonista e la sue fantasie valgono perciò a contrastare la **degradazione del presente**. Nella seconda parte del romanzo la pazzia dilaga anche tra gli altri personaggi, ma è usata per beffa: Sancio convince il suo padrone che Dulcinea è stata incantata; i duchi imitano il mondo cavalleresco per prendersi gioco del loro

Glossario

Baccelliere Nel Medioevo – e anche oggi in alcuni ordinamenti universitari stranieri – studente che consegue il titolo accademico precedente quello di dottore. In Italia il titolo corrisponde a quello della laurea di primo livello.

ospite. La follia, qui come in *Amleto*, si lega al teatro, all'illusione, all'inganno. E, come nel dramma shakespeariano, emerge una **visione ambigua del reale**, in cui è difficile distinguere il vero dal falso (▶ Unità 3).

L'amore

Un altro tema che emerge nel romanzo è quello dell'**amore**. Quasi tutte le novelle inserite nel racconto sono incentrate su vicende amorose: in esse viene di solito rappresentato un amore reale e passionale, lontano da quello tutto astratto di don Chisciotte per Dulcinea. La **rappresentazione realistica** dell'amore affidata alle novelle serve dunque da controcanto alle **proiezioni fantastiche** del cavaliere.

Lo stile

Registri diversi

Sul piano dello stile si coglie, a partire dalla seconda uscita e dall'ingresso del nuovo personaggio di Sancio, la compresenza di registri diversi. Fin quando don Chisciotte è l'unico protagonista domina infatti il suo **linguaggio altamente letterario**. L'arrivo dello scudiero determina l'introduzione del dialogo, all'interno del quale si confrontano livelli linguistici diversi: la **lingua di Sancio**, con i suoi **proverbi** e le sue **storpiature**, si contrappone alla lingua libresca e raffinata del suo padrone.

Relatività della realtà e del linguaggio

Un elemento, in particolare, colpisce il lettore del *Don Chisciotte*: nel romanzo i nomi variano (il cognome del protagonista è Quijada, Quesada o Quijana?), vengono storpiati, assumono significati diversi nella mente dei diversi personaggi. Per esempio, don Chisciotte chiamerà l'oste *castellano* perché la trattoria gli sembra un castello; ma l'oste penserà di essere stato chiamato *castellano* «perché l'aveva creduto un buon diavolo della Castiglia». Il fatto che le **parole** siano **polivalenti**, che assumano cioè significati diversi per le diverse menti umane, fa emergere il carattere relativo, mutevole e incerto della stessa realtà.

Struttura dell'opera

titolo originale	• *El ingenioso hidalgo don Quijote de la Mancha* • *Segunda parte del ingenioso hidalgo don Quijote de la Mancha*
date di pubblicazione	• 1605 • 1615
autori	• Cervantes (autore reale) • Cide Hamete (autore inventato)
genere	• romanzo
personaggi principali	• don Chisciotte • Sancio Panza
vicenda	• tre uscite di don Chisciotte, che decide di «farsi cavaliere errante, e andarsene per il mondo con le sue armi e cavallo, a cercare avventure»
temi	• follia • amore
stile	compresenza di registri diversi: • alto e letterario per don Chisciotte • basso e concreto per Sancio

facciamo il punto

- **Che cosa spinge Cervantes a completare il romanzo nel 1614?**
- **Come può essere suddivisa la trama del *Don Chisciotte*?**

3 Il capostipite del romanzo moderno

Ad un «desocupado lector»

Il *Don Chisciotte* è il capostipite del romanzo moderno. Nel *Prologo* Cervantes sottolinea che il libro si rivolge a un pubblico nuovo: a un «**desocupado lector**», cioè un lettore non colto, che ha invece a disposizione la qualità fondamentale del lettore moderno, il tempo necessario per la lettura dei romanzi. Cervantes applica al nuovo genere principi e materia dei libri di cavalleria, cercando di tenere insieme la varietà degli episodi e l'unità che esige il romanzo. Allo stesso tempo, però, l'autore attiva un **procedimento parodico**: imita il romanzo cavalleresco, in auge nei secoli precedenti, in forma ironica, evidenziando in realtà la distanza dal modello. Don Chisciotte non è più l'eroe esemplare della tradizione cavalleresca, ma un personaggio segnato dalla **scissione fra ideali e realtà**: egli parte all'avventura volendo emulare le grandi imprese dei cavalieri conosciuti attraverso le sue letture, ma finisce con l'essere coinvolto in una serie di rocambolesche vicende niente affatto eroiche.

Don Chisciotte nell'immaginario collettivo

Questo personaggio è entrato profondamente nell'immaginario collettivo, rivelando aspetti ambivalenti: da un lato ne cogliamo il **lato comico** – quando ingaggia battaglie impossibili come quella contro i mulini a vento –, dall'altro ne percepiamo il **lato malinconico e** perfino **drammatico** – quando si rivela incapace di guardare al mondo per quello che è, rifiutandone gli aspetti frustranti e volgari (▶ Focus, p. 104). La follia di don Chisciotte, che scambia per vere gesta immaginarie, è infatti determinata dalla ferma volontà di credere in un mondo diverso e più nobile di quello reale. E tuttavia la realtà guadagna sempre più spazio nel corso del romanzo, fino a imporsi definitivamente nella conclusione: tornato a casa dopo la sua ultima uscita, don Chisciotte si ammala e, prima di morire, rinnega tutte «le squallide letture dei detestabili libri cavallereschi». Svanita la sua generosa follia, resta solo la meschinità del mondo.

La scoperta della realtà

È dunque la realtà la grande scoperta del *Don Chisciotte*, e per questo l'autore presta **grande attenzione agli aspetti quotidiani**, concreti e materiali dell'esistenza. Il teatro delle avventure dei personaggi non va più cercato in regni favolosi distanti, ma diventa la Spagna contemporanea ben nota ai lettori di Cervantes. Siamo dunque di fronte a una svolta rispetto ai precedenti romanzi cavallereschi.

Modernità dell'opera

- individuazione di un nuovo pubblico più ampio
- manipolazione parodica del romanzo cavalleresco
- scoperta della realtà quale rovescio delle proiezioni fantastiche di don Chisciotte

facciamo il punto

- **In che cosa consistono le principali innovazioni del *Don Chisciotte* rispetto alla tradizione cavalleresca?**
- **Il personaggio di don Chisciotte incarna due aspetti ambivalenti e tra loro contraddittori: quali?**

Focus Don Chisciotte fonte di ispirazione per numerosi pittori

2

Lorenzo Viani, *Don Chisciotte*, 1916-1917. Collezione privata.

Il personaggio di don Chisciotte, idealista, folle, un po' ridicolo e un po' triste, ha attratto la fantasia di molti pittori, tra i quali Goya, Daumier, Fattori, Dorè, Picasso, Viani e Dalì. Ciascuno di essi ha enfatizzato alcuni caratteri del personaggio: Goya (1746-1828) immerge il don Chisciotte in un'atmosfera visionaria; Daumier (1808-1879) lo colloca in un paesaggio irreale e fuori dal tempo; per Fattori (1825-1908) don Chisciotte è semplicemente uno dei tanti uomini a cavallo; Dorè (1832-1883) vede nel «Cavaliere dalla Trista Figura» un paladino romantico; Picasso (1881-1973) enfatizza l'aspetto lungo e allampanato del soggetto; Viani (1882-1936) gli dà una forma quasi lignea; Dalì (1904-1989) lo ritrae in un'atmosfera surreale e rarefatta. Spesso si rinuncia a una rappresentazione realistica del personaggio: e il ritratto si fa caricatura, sogno, visione. Nella visione possono poi prevalere i caratteri fantastici, epici e leggendari, oppure quelli inquieti e perfino tragici del personaggio.

Don Chisciotte è il mitico paladino della giustizia nelle rappresentazioni di Daumier (▶ Fig. 1): in quanto mito, egli travalica il tempo e lo spazio e si afferma come "il cavaliere errante per eccellenza". Non a caso il pittore rinuncia a una raffigurazione naturalistica e particolareggiata del soggetto, il cui viso risulta un ovale vuoto. Daumier restò profondamente affascinato dalla figura del don Chisciotte: all'idealista capace di opporsi alla realtà degradata il pittore dedicò numerosi quadri e litografie, che si prestano a una lettura semplice e immediata.

Secondo un'altra interpretazione, don Chisciotte assume caratteri quasi tragici (▶ Fig. 2): egli è un'anima in pena in perenne fuga dalla realtà. Come tale, rientra nella schiera dei "disperati" di Viani, il pittore interprete per eccellenza dell'emarginazione sociale e della devianza. Il don Chisciotte di Viani avanza sul suo cavallo come un fantasma dallo sguardo allucinato. Le sue forme spigolose si contrappongono a quelle rotondeggianti del panciuto Sancio: il contrasto tra i due sottolinea la distanza che c'è tra normalità e follia.

Honoré Daumier, *Don Chisciotte e la mula morta*, 1867. Parigi, Musée d'Orsay.

1

T1

Le forme
- presenza di due autori

I temi
- critica dei romanzi cavallereschi
- follia come confusione fra letteratura e vita

La follia di un «hidalgo»

È questo il primo capitolo del Don Chisciotte, *nel quale Cervantes presenta il suo eroe, definendone la condizione sociale e le abitudini di vita. Alto, magro, allampanato, don Chisciotte è un* hidalgo *['nobiluomo'] di provincia che vive della rendita di una modesta proprietà e occupa il tempo libero dedicandosi alla caccia e alla lettura dei libri di cavalleria. Delineati rapidamente i caratteri del personaggio, Cervantes ci introduce subito all'interpretazione della sua follia: l'eccesso di letture cavalleresche ha causato confusione tra letteratura e vita. Convinto di poter far rivivere i valori della cavalleria errante, don Chisciotte decide di andare per il mondo in cerca di avventure: ripulisce le armi, prepara il suo ronzino e sceglie una dama a cui dedicare le imprese che dovrà compiere.*

In un paese della Mancia, di cui non voglio fare il nome, viveva or non è molto uno di quei cavalieri che tengono la lancia nella rastrelliera, un vecchio scudo, un ossuto ronzino e il levriero da caccia.[1] Tre quarti della sua rendita se ne andavano in un piatto più di vacca che di castrato, carne fredda per cena quasi ogni sera, uova e prosciutto il sabato, lenticchie il venerdì e qualche piccioncino di rinforzo alla domenica.[2] A quello che restava davano fondo il tabarro di pettinato[3] e i calzoni di velluto per i dì di festa, con soprascarpe dello stesso velluto, mentre negli altri giorni della settimana provvedeva al suo decoro con lana grezza della migliore[4]. Aveva in casa una governante che passava i quarant'anni e una nipote che non arrivava ai venti, più un garzone per lavorare i campi e far la spesa, che gli sellava il ronzino e maneggiava il potatoio.[5] L'età del nostro cavaliere sfiorava i cinquant'anni;[6] era di corporatura vigorosa, secco, col viso asciutto, amante d'alzarsi presto al mattino e appassionato alla caccia. Ritengono che il suo cognome fosse Quijada o Quesada, e in ciò discordano un poco gli autori che trattano questa vicenda; ma per congetture abbastanza verosimili si può supporre che si chiamasse Quijana.[7] Ma questo, poco importa al nostro racconto: l'essenziale è che la sua narrazione non si scosti di un punto dalla verità.[8]

Bisogna dunque sapere che il detto gentiluomo, nei momenti che stava senza far nulla (che erano i più dell'anno), si dedicava a leggere i libri di cavalleria[9] con tanta passione, con tanto gusto, che arrivò quasi a trascurare l'esercizio della caccia, nonché l'amministrazione della sua proprietà, e arrivò a tanto quella sua folle mania che vendette diverse staia[10] di terra da semina per comprare romanzi cavallereschi da leggere, e in tal modo se ne portò in casa quanti più riuscì a procurarsene, e fra tutti, non ce n'erano altri che gli piacessero quanto quelli composti dal famoso Feliciano de Silva,[11] poiché il nitore della sua prosa e quei suoi ingarbugliati ragionamenti gli parevano una delizia, specie quando arrivava a leggere quelle dichiarazioni amorose o quelle lettere di sfida, dove in certi punti trovava scritto: «La ragione dell'irragionevole torto che alla mia ragione vien fatto, mortifica in tal modo la mia ragione, che con ragione mi dolgo della vostra bellezza». O quando leggeva: «...gli alti cieli che nella vostra di-

1 uno di quei... da caccia: lancia, scudo, ronzino erano i segni di un *hidalgo* di campagna.
2 Tre quarti... alla domenica: questo elenco di pasti di ripiego caratterizza la condizione sociale del personaggio. Si tenga conto che la carne di vacca a quel tempo costava meno di quella di montone (**castrato**) e che la precisazione **lenticchie il venerdì** può essere maligna, perché era credenza comune che le lenticchie predisponessero alla pazzia.
3 tabarro di pettinato: mantello di lana, per lo più ampio e pesante.
4 provvedeva... migliore: portava abiti di lana grezza, di minor pregio, ma ugualmente decorosi.
5 potatoio: nome generico di oggetti taglienti usati per potare (roncola, coltello, forbici).
6 L'età... i cinquant'anni: l'età di don Chisciotte coincide con quella dell'autore e contrasta con l'immagine tradizionale del giovane eroe.
7 Ritengono... Quijana: la composizione del nome spagnolo "Quijote", formato da "*quij*" (= mascella) + "*ote*" (suffisso dispregiativo), è probabilmente modellata sul *Lanzarote* («Lancillotto»). Il nome assume pertanto un doppio significato che suona comico.
8 l'essenziale... verità: secondo Aristotele (filosofo greco vissuto nel IV secolo a.C.) l'arte deve sottostare al principio di imitazione del vero.
9 i libri di cavalleria: nella Spagna del Cinquecento i lettori di questo genere di letteratura erano assai numerosi. Il fenomeno di lettori impazziti a causa di tale tipo di letture è testimoniato da fonti che precedono di molti anni il *Don Chisciotte*.
10 staia: misura di superficie agraria relativa a campi coltivati a cereali.
11 Feliciano de Silva: poeta spagnolo che raggiunse grande celebrità con una serie di continuazioni dei testi letterari più in voga, tra le quali spicca l'*Amadís de Grecia* che prosegue l'*Amadís de Gaula* di García Rodríquez de Montalvo (▶ nota 17).

vinità divinamente con le stelle vi fortificano e vi fanno meritare il merito che merita la grandezza vostra».[12]

Con questi ragionamenti il povero cavaliere perdeva il giudizio, e stava sveglio la notte per capirli e cavarne fuori un senso, dove non avrebbe saputo cavarcelo e capirci nulla nemmeno Aristotele in persona, se fosse risuscitato apposta. Non lo persuadevano molto le ferite che Belianigi[13] dava e riceveva, considerando che per quanto lo avessero curato grandi chirurghi, non poteva fare a meno di avere il viso e tutto quanto il corpo intieramente coperto di cicatrici e di ricordi. Ma con tutto ciò, ne lodava l'autore, perché chiudeva il libro promettendo il seguito di quell'interminabile avventura, e molte volte gli venne il desiderio di prendere la penna e scriver lui la fine, prendendo alla lettera l'invito dell'autore;[14] e certamente lo avrebbe fatto, e vi sarebbe riuscito, se altri pensieri più importanti e più assidui non gliel'avessero impedito. Più volte si trovò a discutere con il curato del paese (che era un uomo colto, laureato a Siguenza)[15] su chi era stato il miglior cavaliere: se Palmerino d'Inghilterra o Amadigi di Gaula; ma maestro Nicola, barbiere della medesima località, diceva che non c'era nessuno che arrivasse al Cavaliere di Febo, e che se qualcuno gli si poteva paragonare era Galaor,[16] fratello di Amadigi di Gaula, perché aveva eccellenti virtù in ogni cosa; non era un cavaliere svenevole, né lagrimoso come il fratello, e in quanto a valore non gli restava indietro.

Insomma, tanto s'immerse nelle sue letture, che passava le nottate a leggere da un crepuscolo all'altro, e le giornate dalla prima all'ultima luce; e così, dal poco dormire e il molto leggere gli s'inaridì il cervello in maniera che perdette il giudizio. La fantasia gli si empì di tutto quello che leggeva nei libri, sia d'incantamenti che di contese, battaglie, sfide, ferite, dichiarazioni, amori, tempeste ed altre impossibili assurdità; e gli si ficcò in testa a tal punto che tutta quella macchina d'immaginarie invenzioni che leggeva, fossero verità, che per lui non c'era al mondo altra storia più certa. Egli diceva che, sì, il Cid Ruiz Díaz era stato un ottimo cavaliere, ma non aveva niente a che spartire con il Cavaliere dall'Ardente Spada,[17] che con un solo rovescio aveva spaccato a mezzo due feroci e immani giganti. Aveva più simpatia per Bernardo del Carpio,[18] perché in Roncisvalle aveva ucciso Orlando il fatato, valendosi dell'astuzia di Ercole che strozzò fra le braccia il figlio della Terra, Anteo. Diceva molto bene del gigante Morgante,[19] perché, pur appartenendo a quella genia di giganti, che son tutti scostumati e superbi, lui invece era affabile e educato. Ma fra tutti, prediligeva Rinaldo di Montalbano, specie quando lo vedeva uscire dal suo castello e depredare tutti quelli che incontrava, o quando in terra d'oltremare rubò quell'idolo di Maometto, tutto d'oro massiccio, a quel che dice la sua storia. Per poter dare a quel traditore di Gano di Maganza[20] una bella scarica di calci, avrebbe dato la governante che aveva, e magari per giunta la nipote.

Così, con il cervello ormai frastornato, finì col venirgli la più stravagante idea che abbia avuto mai pazzo al mondo, e cioè che per accrescere il proprio nome, e servire la patria, gli parve conveniente e necessario farsi cavaliere errante, e andarsene per il mondo[21] con le sue armi e cavallo, a cercare avventure e a cimentarsi in tutto ciò

12 «La ragione... grandezza vostra»: Cervantes ironizza sullo stile vuoto e frondoso che andava affermandosi in Spagna.
13 Belianigi: è il rissoso protagonista di un romanzo cavalleresco.
14 l'invito dell'autore: al termine del romanzo l'autore raccomanda che chi trovi l'originale del manoscritto (che lui finge di tradurre) continui la narrazione.
15 laureato a Siguenza: chi si era laureato a Siguenza veniva preso in giro, perché l'università di una così piccola cittadina non godeva di molto credito.
16 Palmerino... Galaor: si tratta di eroi dei romanzi cavallereschi che costituiscono la biblioteca di don Chisciotte.
17 Cid Ruiz... Spada: il primo è un personaggio storico, eroe della *reconquista* spagnola, morto nel 1099, le cui imprese furono celebrate nel poema *Cantar de mio Cid* e nei *romances* che formano il *Romancero del Cid*; il secondo, invece, è Amadigi di Grecia, protagonista del romanzo di Feliciano de Silva. Il paragone si risolve a vantaggio del personaggio interamente fantastico.
18 Bernardo del Carpio: eroe leggendario, nemico di Orlando.
19 Morgante: gigante protagonista dell'omonimo poema di Luigi Pulci.
20 Gano di Maganza: personaggio dell'epica francese che con il suo tradimento causò la morte di Orlando a Roncisvalle.
21 andarsene per il mondo: è il grande tema del viaggio e della ricerca, che dall'*Odissea* arriva fino al romanzo moderno.

che aveva letto che i cavalieri erranti si cimentavano, disfacendo ogni specie di torti e esponendosi a situazioni e pericoli da cui, superatili, potesse acquistare onore e fama eterna. Si vedeva già, il poveretto, incoronato, dal valore del suo braccio, almeno almeno dell'impero di Trebisonda,[22] e così, con queste affascinanti prospettive, spinto dallo strano piacere che vi provava, si affrettò a porre in atto le sue aspirazioni. E la prima cosa che fece fu ripulire certe armi[23] che erano state dei suoi bisavoli, che, prese dalla ruggine e coperte di muffa, stavano da lunghi secoli accantonate e dimenticate in un angolo. Le ripulì e le rassettò come meglio poté, ma s'accorse che avevano un grave inconveniente, e cioè che invece di una celata a incastro, non c'era che un semplice morione;[24] ma vi trovò un rimedio la sua abilità, perché fece una specie di mezza celata di cartone, che incastrata nel morione, dava un aspetto di celata intera. Vero è che per vedere se era forte e se poteva correr l'alea[25] d'un colpo di spada, egli prese la sua e le assestò due fendenti[26], e già col primo e in un solo istante rovinò tutto il lavoro d'una settimana. Naturalmente, la facilità con cui l'aveva fatta a pezzi non mancò di produrgli una cattiva impressione, e per prevenire questo pericolo tornò a rifarla, mettendoci stavolta dei sostegni di ferro dalla parte interna; così rimase soddisfatto della sua resistenza e, senza voler fare altra prova, la giudicò e la ritenne una finissima celata a incastro.

Andò poi a guardare il suo ronzino, e benché avesse più crepature agli zoccoli e più acciacchi del cavallo del Gonnella,[27] che *tantum pellis et ossa fuit*,[28] gli parve che non gli si potesse comparare neanche il Bucefalo di Alessandro o il Babieca del Cid. Passò quattro giorni ad almanaccare[29] che nome dovesse dargli; perché (come egli diceva a se stesso) non era giusto che il cavallo d'un cavaliere così illustre, ed esso stesso così dotato di intrinseco valore, non avesse un nome famoso; perciò, ne cercava uno che lasciasse intendere ciò che era stato prima di appartenere a cavaliere errante, e quello che era adesso; ed era logico, del resto, che mutando di condizione il padrone, mutasse il nome anche lui, e ne acquistasse uno famoso e sonante, più consono al nuovo ordine e al nuovo esercizio che ormai professava; così, dopo infiniti nomi che formò, cancellò e tolse, aggiunse, disfece e tornò a rifare nella sua mente e nella sua immaginazione, finì col chiamarlo *Ronzinante*,[30] nome, a parer suo, alto, sonoro e significativo di ciò che era stato *ante*, quando era ronzino, e quello che era ora, primo ed *innante* a ogni altro ronzino al mondo.

Avendo messo il nome, con tanta soddisfazione, al suo cavallo, volle ora trovarsene uno per sé, e in questo pensiero passò altri otto giorni, finché si risolse a chiamarsi *don*

22 impero di Trebisonda: città sulle coste del Mar Nero il cui nome ricorreva spesso nei libri di cavalleria, in un alone favoloso.
23 certe armi: don Chisciotte decide di andare all'avventura con le armi dei suoi bisnonni (**bisavoli**), della fine del Quattrocento, confermando in tal modo il suo legame con un mondo e dei valori passati.
24 celata… morione: la **celata** serviva a coprire la fronte e gli occhi. Il **morione** era un elmo medievale che non copriva per intero la testa.
25 correr l'alea: *affrontare il rischio.*
26 fendenti: *colpi.*
27 Gonnella: Pietro Gonnella era un famoso buffone della corte di Ferrara, al quale sono dedicate alcune novelle del narratore italiano del XIV secolo Franco Sacchetti.
***28 tantum pellis et ossa fuit*:** *fu solo pelle e ossa* (è un epigramma di Teofilo Folengo).
29 almanaccare: *lambiccarsi il cervello.*
30 Ronzinante: il nome è formato da "*roncín*" (= ronzino) + "*ante*" (suffisso nobile e letterario che ricorreva in nomi epici). Ma, anche qui, l'epicizzazione del nome ha esiti comici, con il nome che diventa parodia delle etimologie medievali: in quanto "*roncín antes*", può significare che fin da prima era un ronzino, oppure che era più ronzino di tutti gli altri ronzini.

La lingua nel tempo: un don Chisciotte donchisciottesco.
Il personaggio di don Chisciotte è entrato nell'immaginario collettivo, tanto da lasciare tracce di sé anche nella nostra lingua. Si designa infatti come un *donchisciotte* 'chi si erge a difensore di ideali nobili ma superati, o comunque privi di contatto con la realtà attuale'. Insomma, se uno dice a un altro "sei proprio un donchisciotte", il destinatario del messaggio capirà che il suo interlocutore lo sta ammonendo: "sei un sognatore, un perdente, un utopista, un pazzo". Dalla voce *donchisciotte* derivano poi l'aggettivo "donchisciottesco" e la parola "donchisciottismo" (che indica 'un atteggiamento donchisciottesco'). Inoltre, la più celebre avventura di don Chisciotte ha dato origine all'espressione "combattere contro i mulini a vento", ovvero 'lottare contro un nemico immaginario, impegnarsi in un'impresa insensata, iniziare una battaglia persa in partenza'.

Chisciotte,[31] dal che, come s'è detto, gli scrittori di questa autentica storia dedussero che doveva certamente chiamarsi Quijada, e non già Quesada, come piacque ad altri sostenere. Ma ricordandosi che il valoroso Amadigi non s'era accontentato di chiamarsi Amadigi e basta, e aveva aggiunto il nome del suo regno e della sua patria, per renderla famosa, così, da buon cavaliere, volle egli aggiungere al suo il nome della sua patria e chiamarsi *don Chisciotte della Mancia*, e così a parer suo egli veniva a dichiarare apertamente il suo lignaggio[32] e la sua patria, e la onorava, assumendone il soprannome.

Ripulite dunque le armi, fatta del morione una celata, battezzato il ronzino e data a se stesso la cresima,[33] si convinse che non gli mancava ormai nient'altro se non cercare una dama di cui innamorarsi: perché un cavaliere errante senza amore è come un albero senza né foglie né frutti o come un corpo senz'anima. Egli diceva fra sé: «Se io, per dannazione dei miei peccati, o per mia buona ventura, andando in giro m'imbatto in qualche gigante, come di solito accade ai cavalieri erranti, e lo atterro al primo incontro, o lo fendo in due, o infine lo vinco e lo costringo ad arrendersi, non sarà bene che abbia a chi ordinargli di presentarsi, e che entri e s'inginocchi dinanzi alla mia dolce signora, e dica con voce umile e sottomessa: – Io sono, signora, il gigante Caraculiambro, signore dell'isola Malindrania,[34] che è stato vinto a singolar tenzone[35] dal non mai abbastanza lodato cavaliere don Chisciotte della Mancia, il quale mi ha ordinato di presentarmi davanti alla grazia vostra, perché la vostra grandezza disponga di me a suo talento –?» Oh, come si rallegrò il nostro buon cavaliere quand'ebbe fatto questo discorso, e più ancora quand'ebbe trovato colei a cui dar nome di sua dama! Ed è che, a quanto si crede, in un paesetto vicino al suo c'era una giovane contadina di aspetto avvenente, di cui un tempo egli era stato innamorato, benché, a quanto è dato di credere, essa non ne seppe mai nulla e non se ne accorse nemmeno. Si chiamava Aldonza Lorenzo: ed è a costei che gli parve bene dare il titolo di signora dei suoi pensieri; e cercandole un nome che non disdicesse molto dal suo, e che s'incamminasse a esser quello di una principessa e gran dama, la chiamò *Dulcinea del Toboso*,[36] perché era nativa del Toboso: nome che gli parve musicale, prezioso e significativo, come tutti gli altri che aveva imposto a se stesso e alle proprie cose.

da *Don Chisciotte della Mancia*, trad. it. di V. Bodini, Einaudi, Torino 1957.

31 ***don Chisciotte*:** il don è titolo cavalleresco, ma in questo caso suona come parodia in quanto il protagonista non lo usa in maniera legittima.
32 **il suo lignaggio:** *la sua stirpe, il suo casato.*
33 **data… cresima:** nel sacramento della cresima talvolta avveniva il cambiamento del nome.
34 **il gigante… Malindrania:** nomi burleschi; il secondo suggerisce l'idea di "malandrino", rendendo anche in questo caso comico l'omaggio del cavaliere alla sua dama.
35 **tenzone:** *battaglia.*
36 **Si chiamava… *del Toboso*:** per i contemporanei di Cervantes il nome **Aldonza** era usato in una connotazione volgare per indicare ragazze disponibili e, come tale, suonava comico. **Dulcinea** è invece nome ispirato dalla poesia bucolica, che allude alla dolcezza dell'amata. Al nome si accompagna l'indicazione del luogo di nascita: il **Toboso** era un piccolo villaggio del centro della Mancia.

Lavoriamo sul testo

Leggere e capire

Il protagonista e la sua «stravagante idea» L'inizio del romanzo è occupato dalla presentazione del protagonista: un nobiluomo di quasi cinquant'anni, che conduce una vita modesta «in un paese della Mancia». Egli ha una grande passione: «leggere i libri di cavalleria», preferendo quelli di Feliciano de Silva con i loro «ingarbugliati ragionamenti». Già a questo punto si affaccia il tema della follia del personaggio, che «con questi ragionamenti [...] perdeva il giudizio»; finché, per le troppe letture, «gli s'inaridì il cervello». La follia si presenta come confusione fra letteratura e vita: secondo il protagonista, «non c'era al mondo altra storia più certa» di quella che si legge negli amati libri di cavalleria. Di qui la «stravagante idea» di «farsi cavaliere errante». Per mettere in atto il suo piano e partire in cerca di avventure, deve munirsi di tutti gli "strumenti" necessari: le armi, il destriero, una dama a cui dedicare le sue imprese. Non basta: il ronzino, la dama ed egli stesso devono essere ribattezzati con nomi consoni alla grandezza dell'impresa. Sceglie perciò i nomi Ronzinante (per il cavallo), don Chisciotte della Mancia (per se stesso) e Dulcinea (per la donna amata, che in realtà corrisponde alla contadina Aldonza Lorenzo).

Analizzare

La struttura narrativa: due autori per una sola opera Il romanzo inizia con una frase ambigua: «In un paese della Mancia, di cui non voglio fare il nome…». Questa ambiguità si fonda sull'esistenza di un primo autore (Cide Hamete) che, nella finzione letteraria, costituisce la fonte di Cervantes. I due autori sono entrambi presenti fin dall'inizio della narrazione («gli autori che trattano questa vicenda», rr. 13-14; «gli scrittori di questa autentica storia», r. 104). L'ambiguità sul paese di origine del protagonista si motiva alla fine del romanzo, quando viene esplicitamente nominato anche l'autore che l'ha generata: «Questa fu la fine che fece il fantastico cavaliere don Chisciotte della Mancia, il cui paese Cide Hamete non volle precisare per far sì che tutti i villaggi e i paesi della Mancia dovessero contendersi il diritto di adottarlo e farlo proprio, così come si contesero Omero le sette città della Grecia».

Il romanzo-saggio: la critica di Cervantes ai libri di cavalleria Nel *Don Chisciotte* Cervantes espone le proprie idee intorno alla letteratura: l'opera si presenta dunque anche come un romanzo-saggio. L'autore esprime qui, seppure indirettamente, un parere negativo sui romanzo cavallereschi, responsabili della pazzia del protagonista. In particolare, Cervantes polemizza contro lo stile vuoto e pomposo di certi autori (capaci di impiegare frasi come: «La ragione dell'irragionevole torto che alla mia ragione vien fatto, mortifica in tal modo la mia ragione, che con ragione mi dolgo della vostra bellezza», rr. 26-28) e contro la moda del tempo di scrivere continuazioni di romanzi (per cui alla fine di un libro si annuncia «il seguito di quell'interminabile avventura», rr. 36-38).

Interpretare e approfondire

Lo schermo della follia contro la degradazione della realtà La presentazione del protagonista è caratterizzata dalla sua appartenenza a una classe sociale, la piccola nobiltà degli *hidalgos*, ormai in declino. La lancia, lo scudo e il ronzino rimandano al glorioso passato: nel presente ci sono, invece, una dieta essenziale e un guardaroba di poco pregio. Solo con lo schermo della follia gli ideali cavallereschi possono ancora sopravvivere in una realtà così degradata. Don Chisciotte diventa così il simbolo della crisi storica della Spagna, che si era riconosciuta durante la sua ascesa negli ideali del Cid, dell'Amadigi di Gaula, nei poemi eroici, e si confronta ora con le visioni idealizzate e deliranti di un povero *hidalgo*, colpevole solo di continuare a credere in quei valori.

Il divorzio tra le parole e le cose Un'importanza particolare in questo brano, come in tutto il romanzo, assumono i nomi. Non si sa se il protagonista si chiami Quijada, Quesada o, appunto, Quijote (Chisciotte); il suo cavallo viene ribattezzato Ronzinante; la sua dama diventa Dulcinea (anziché rimanere Aldonza Lorenzo). Ma dietro ai nomi di ispirazione letteraria si nascondono un *hidalgo* in declino, un miserabile ronzino e una semplice contadina. La follia di don Chisciotte si inserisce nella crisi del legame tra le parole e le cose: le parole non corrispondono più alle cose, non sono più depositarie di verità, ma rappresentano l'aspetto ingannevole della realtà.

Esercizi

Prima prova A • L'analisi del testo

Comprendere

1 I capoversi
All'inizio del romanzo, Cervantes presenta il suo protagonista. Assegna un titoletto a ciascun capoverso in modo da riepilogare con facilità il contenuto del brano.

Analizzare

2 Identikit del personaggio
Don Chisciotte rovescia l'immagine dell'eroe tradizionale. Sottolinea nel testo la descrizione del personaggio e completa una tabella come quella proposta in cui ne ricostruisce l'identikit:

condizione sociale	nobile
età	sfiora i 50 anni
attributi fisici	corporatura vigorosa, secco, col viso asciutto
abitudini di vita	Si alzava presto il mattino ed era appassionato di caccia e gli piaceva leggere

3 Due autori
La costruzione del romanzo si fonda su un intreccio di due autori. Sottolinea le parti del testo in cui emergono riferimeti espeliciti al secondo autore.

Interpretare e approfondire

4 La visione di Cervantes

Alcuni passi del testo sono significativi per illuminare la poetica e la visione del mondo di Cervantes: quale giudizio emerge rispetto alla tradizione cavalleresca? Qual è il punto di vista dello scrittore di fronte agli ideali epici?

Terza prova A • La trattazione sintetica

5 La follia del protagonista

Già in queste prime pagine emerge il tema dominante del romanzo, ovvero la follia del protagonista. In una trattazione sintetica (max 10 righe) analizzane le cause e i modi in cui si manifesta, facendo opportuni riferimento al testo.

Terza prova B • Risposta singola

6 La necessità di "rinominare" il mondo

Prima di partire, il protagonista ribattezza se stesso, il suo ronzino e la sua dama. Perché? A quale logica ubbidiscono i nuovi nomi?

[I, 8]

T2

Le forme
- punto di vista dialogico
- contrapposizione fra linguaggio letterario e linguaggio popolare

I temi
- volontà di credere di don Chisciotte

L'avventura dei mulini a vento

Riportiamo la prima parte del capitolo ottavo, dove viene descritta la famosa lotta di don Chisciotte contro i mulini a vento. Questo episodio è tanto celebre che l'espressione "combattere contro i mulini a vento" è divenuta un modo di dire caratteristico della nostra lingua (▶ *La lingua nel tempo, p. 107**). Don Chisciotte ha convinto un contadino del suo paese, Sancio Panza, a fargli da scudiero. I due personaggi camminano tutta la notte e all'alba scoprono in lontananza dei mulini a vento. Il cavaliere non ha dubbi che si tratti di giganti e si prepara subito ad affrontarli. Anche dopo lo scontro continua a credere alla sua illusione: se ora i giganti appaiono mulini è solo colpa dell'incantesimo di mago Frestone.*

A questo punto scoprirono trenta o quaranta mulini a vento che si trovavano in quella campagna, e non appena don Chisciotte li vide, disse al suo scudiero:

– La fortuna va incamminando le nostre cose assai meglio di quanto potremmo desiderarlo, perché guarda lì, amico Sancio Panza, che ci si mostrano trenta e più smisurati giganti, con i quali ho intenzione di azzuffarmi e di ucciderli tutti, così con le loro spoglie cominceremo a arricchirci, che questa è buona guerra,[1] ed è fare un servizio a Dio togliere questa mala semenza[2] dalla faccia della terra.

– Che giganti? – disse Sancio Panza.

– Quelli che vedi là – rispose il suo padrone – dalle smisurate braccia, e ce n'è alcuni che arrivano ad averle lunghe due leghe.

– Badi la signoria vostra – osservò Sancio – che quelli che si vedono là non son giganti ma mulini a vento, e ciò che in essi paiono le braccia, son le pale che girate dal vento fanno andare la pietra del mulino.

– Si vede bene – disse don Chisciotte – che non te n'intendi d'avventure; quelli sono giganti; e se hai paura, levati di qua, e mettiti a pregare, mentre io entrerò con essi in aspra e disegual tenzone.[3]

E così dicendo, diede di sprone al suo cavallo Ronzinante, senza far caso a ciò che gli gridava Sancio Panza, per avvertirlo che erano certamente mulini a vento, e non giganti, quelli che andava a attaccare. Ma lui era talmente convinto che erano giganti che né sentiva le grida del suo scudiere Sancio, né s'accorgeva, nemmeno ora che era arrivato vicino, di ciò che erano; anzi gridava a gran voce:

– Non scappate, codarde e vili creature, che è un cavaliere solo che vi attacca.

1 è buona guerra: *guerra lecita, giusta*; secondo le consuetudini cavalleresche potevano considerarsi giuste le guerre contro gli infedeli, i mostri, i prepotenti.

2 mala semenza: *semi dannosi*, cioè, fuori di metafora, creature maligne.

3 tenzone: *battaglia*.

A questo punto soffiò un po' di vento e le grandi pale cominciarono a muoversi, e don Chisciotte disse, vedendo ciò:

– Quand'anche muoviate più braccia del gigante Briareo,[4] me la pagherete.

Così dicendo, e raccomandandosi ardentemente alla sua signora Dulcinea per chiederle che lo soccorresse in quel frangente, ben coperto dalla rotella,[5] con la lancia in resta,[6] spinse Ronzinante a gran galoppo e investì il primo mulino che si trovò davanti; e avendo dato un gran colpo di lancia alla pala, il vento la fece ruotare con tal furia che fece in pezzi la lancia, trascinandosi dietro cavallo e cavaliere, che rotolò tramortito per terra. Accorse ad aiutarlo Sancio Panza, con tutta la velocità del suo asino, e quando arrivò lo trovò che non era neanche in grado di muoversi: tale era il colpo che Ronzinante gli aveva dato.

– Per l'amor di Dio! – disse Sancio –. Non gliel'avevo detto io che stesse bene attento a quel che faceva, che quelli erano mulini a vento, e solamente chi ce li avesse avuti in testa poteva non accorgersene?

– Taci, caro Sancio – rispose don Chisciotte –; poiché le cose della guerra sopra tutte le altre son soggette a continua vicenda;[7] tanto più che io credo, ed è e sarà certamente così, che quel mago Frestone che mi ha rubato la stanza e i libri,[8] ha convertito anche questi giganti in mulini, per togliermi la gloria di vincerli: tale è l'inimicizia che mi tiene; ma alla resa dei conti, poco varranno le sue male arti contro la bontà della mia spada.

– Ci pensi il Signore, che tutto può – rispose Sancio Panza.

E lo aiutò ad alzarsi. Così egli risalì su Ronzinante, che s'era mezzo spallato.[9] E discorrendo della passata avventura, continuarono in direzione del Passo Lápice, perché lì don Chisciotte diceva che non potevano mancare molte e diverse avventure, dato che era un posto di molto transito, ma che una sola preoccupazione aveva, ed è che gli era venuta a mancare la lancia; e parlandone col suo scudiero, gli disse:

– Io mi rammento d'aver letto che un cavaliere spagnolo, di nome Diego Pérez de Vargas, essendoglisi spezzata la spada nel corso d'una battaglia, strappò da una quercia un grosso ramo o un tronco, e con esso compì tali

Illustrazione di Mauro Cicarè.

4 del gigante Briareo: secondo la tradizione mitologica, terribile gigante con cento braccia.
5 rotella: piccolo scudo di forma rotonda.
6 in resta: *in posizione di attacco.*
7 a continua vicenda: *a cambiamenti continui.*
8 Frestone... libri: don Chisciotte addebita al mago Frestone la scomparsa dei suoi libri e della sua biblioteca, che erano stati invece bruciati dal curato e dal barbiere, con l'aiuto della governante e della nipote.
9 spallato: *sfiancato, esausto.*

cose in quella giornata, e accoppò[10] tanti Mori, che gli rimase il soprannome di Accoppa,[11] e da allora in poi i suoi discendenti si chiamarono Vargas Accoppa. Ti dico ciò, perché dalla prima quercia o rovere che mi capita intendo anch'io strappare un tronco tale, e così forte, come suppongo dovesse esser quello; e voglio fare con esso tali imprese che dovrai reputarti fortunato di aver meritato di vederle e di esser testimone di cose che difficilmente potranno esser credute.

– Tutto sta nelle mani di Dio – disse Sancio –; io credo a tutto ciò che la signoria vostra dice;[12] ma si raddrizzi un poco, perché sembra che penda tutto d'un lato: dev'essere per il colpo della caduta.

– È così infatti – rispose don Chisciotte –; e se non mi lamento per il dolore è perché non è dato ai cavalieri erranti di lamentarsi per ferita alcuna, quand'anche gli escano fuori le budella.

– Se le cose stanno così, non ho nulla da eccepire[13] – disse Sancio –; Dio solo sa se io non sarei contento che la signoria vostra si lamentasse, se qualcosa le duole. Per conto mio, le assicuro che mi lagnerò al più piccolo dolore che mi capiterà di provare, a meno che codesta proibizione di lamentarsi non si estenda anche agli scudieri dei cavalieri erranti.

Non poté non ridere don Chisciotte per l'ingenuità del suo scudiero; lo rassicurò quindi che poteva benissimo lamentarsi quando e come gli pareva, se ne aveva voglia e anche se non ce l'aveva, perché fino a quel momento non aveva letto nulla in contrario negli ordinamenti cavallereschi.[14] Sancio gli ricordò che era ora di mangiare. Ma il suo padrone gli rispose che mangiasse pure quando gli pareva, che lui per il momento non ne aveva bisogno. Con questo permesso, Sancio si sistemò come meglio poté sul giumento[15] e tirato fuori dalle bisacce[16] quanto vi aveva messo, camminava e mangiava dietro il suo padrone, con molta lentezza, e di tanto in tanto alzava in aria l'otre, con tanto piacere, che l'avrebbe guardato con invidia il più raffinato taverniere di Malaga. E intanto che in tal modo reiterava sorsate,[17] non pensava più a nessuna delle promesse[18] che il padrone gli aveva fatto, e non gli pareva per nulla una fatica, ma un sollievo grandissimo, andare in cerca d'avventure per pericolose che fossero.

Trascorsero la nottata fra gli alberi, da uno dei quali don Chisciotte strappò un ramo secco che poteva far l'uso di lancia, e vi applicò la punta di ferro che tolse a quella che gli si era rotta. Per tutta quella notte don Chisciotte non dormì, pensando alla sua signora Dulcinea, per conformarsi a quanto aveva letto nei suoi libri, dei cavalieri che passavano senza dormire notti e notti in foreste e in deserte località, in compagnia del ricordo della loro dama. Non la passò così Sancio Panza, che avendo la pancia piena, e non proprio d'acqua di cicoria, fece tutto un sonno, e se non l'avesse chiamato il suo padrone, non sarebbero valsi a destarlo i raggi del sole che gli battevano in faccia, né il canto degli uccelli, che in gran numero e allegria salutavano l'entrata del nuovo giorno. Nell'alzarsi, tastò l'otre e lo trovò un po' più floscio della sera avanti; gli si strinse il cuore, perché gli sembrava che l'itinerario che seguivano non era adatto a colmare abbastanza presto quel vuoto. Don Chisciotte non volle mangiar nulla perché, come s'è detto, preferiva nutrirsi di memorie.[19] Si rimisero sulla via di Passo Lápice, e verso le tre del pomeriggio lo avvistarono.

10 accoppò: *ammazzò.*

11 Vergas... Accoppa: episodio di un *romance* che si riferisce all'assedio di Jerez (1250). Questo richiamo conferma il carattere della pazzia di don Chisciotte che, nel suo desiderio di resuscitare la cavalleria errante, dà corpo e sostanza a qualunque situazione alluda a temi o personaggi cavallereschi.

12 io credo... dice: emerge, in questa bonaria accettazione dello scudiero della pazzia del suo padrone, un elemento che diverrà sempre più importante nel corso del romanzo, cioè l'adesione di Sancio al mondo di don Chisciotte («chisciottizzazione» di Sancio).

13 eccepire: *obiettare.*

14 lamentarsi... cavallereschi: per don Chisciotte anche il dolore fisico esiste se è previsto negli statuti della cavalleria e, poiché il non lamentarsi riguarda solo i cavalieri, concede bonariamente a Sancio di farlo a suo piacere.

15 giumento: *asino*; in generale, bestia da soma.

16 bisacce: le tasche della borsa che viene normalmente appesa alla sella ("bisaccia").

17 reiterava sorsate: *tornava a bere mandando giù lunghi sorsi.*

18 delle promesse: tra cui quella di nominarlo governatore di un'isola.

19 nutrirsi di memorie: ironico riferimento alla nottata passata a pensare a Dulcinea, tanto più ironico in quanto questo amore è frutto della sua immaginazione.

– Qui, fratello Sancio Panza – disse don Chisciotte a quella vista –, potremo tuffar le mani fino ai gomiti in ciò che si chiama avventura. Ma bada, che quand'anche tu mi vedessi nei più grandi pericoli del mondo, non devi metter mano alla spada per difendermi, a meno che tu non veda che quelli che mi offendono son canaglia e gente bassa, perché in questo caso puoi portarmi aiuto; ma se si tratta di cavalieri, non ti è lecito né concesso aiutarmi nella maniera più assoluta, finché non sarai armato cavaliere.

– Stia pur certo – rispose Sancio – che in questo sarà molto ben obbedito; tanto più che per conto mio sono pacifico e contrario a mettermi in mezzo a liti e a risse; ma è altrettanto vero che se si tratterà di difendere la mia persona, non farò molto caso di codeste leggi, poiché tanto quelle divine che quelle umane consentono che ciascuno si difenda da chi voglia fargli offesa.

– Non dico di no – disse don Chisciotte –; ma in quanto a prestarmi aiuto contro dei cavalieri, dovrai tenere a freno i tuoi impulsi naturali.

– Le assicuro che lo farò – disse Sancio – e che osserverò questo precetto come il giorno della domenica.

da *Don Chisciotte della Mancia*, cit.

Lavoriamo sul testo

Leggere e capire

Quattro sequenze L'episodio può essere suddiviso in quattro sequenze. La sequenza iniziale (rr. 1-45) è dedicata al racconto dell'assalto ai mulini a vento: ignorando le parole di Sancio, don Chisciotte si scaglia contro quelli che crede essere «trenta e più smisurati giganti», venendo subito atterrato. Lo scudiero va in soccorso del cavaliere, che, restando fedele alla propria illusione, attribuisce ora al mago Frestone la trasformazione dei giganti in mulini. Nella seconda sequenza (rr. 46-81) vengono rappresentati i protagonisti mentre si allontanano dal luogo dell'accaduto, discutendo del comportamento dei cavalieri erranti e della loro capacità di sopportare il dolore. Nella terza sequenza (rr. 82-107) la voce narrante riferisce come i due trascorrono la sera e la notte: l'abbondante cena di Sancio in groppa all'asino, la nuova lancia che don Chisciotte ricava dal ramo di un albero, il sonno (in realtà «per tutta quella notte don Chisciotte non dormì, pensando alla sua signora Dulcinea»), fino all'arrivo del mattino. A quel punto, don Chisciotte e Sancio «si rimisero sulla via di Passo Lápice, e verso le tre del pomeriggio lo avvistarono». Nell'ultima sequenza (rr. 108-122) i due personaggi tornano a dialogare, discutendo di un'altra "legge" della cavalleria: allo scudiero è vietato intervenire per difendere il padrone qualora questi sia impegnato in un duello con altri cavalieri.

Analizzare

Gli "stili" opposti di don Chisciotte e Sancio Con l'introduzione del personaggio di Sancio, il romanzo si apre alla forma del dialogo: le due voci di don Chisciotte e dello scudiero si alternano, provocando a volte degli attriti nel linguaggio, che derivano dal contrasto fra la parola libresca e tutta letteraria del primo e la lingua concreta e popolare del secondo. All'enfasi dei discorsi di don Chisciotte («trenta e più smisurati giganti»; «io entrerò con essi in aspra e disegual tenzone»; «non scappate codarde e vili creature», ecc.) si contrappone il parlato semplice di Sancio («e solamente chi ce li avesse avuti in testa poteva non accorgersene»; «ma si raddrizzi un poco, perché sembra che penda tutto d'un lato»; «Dio solo sa se non sarei contento che la signoria vostra si lamentasse, se qualcosa le duole», ecc.). A questa opposizione linguistica corrisponde un'opposizione dei comportamenti: mentre don Chisciotte digiuna, Sancio mangia e beve con gran gusto, al punto che, dopo aver notevolmente alleggerito l'otre di vino che si era portato dietro, «non pensava più a nessuna delle promesse che il padrone gli aveva fatto, e non gli pareva per nulla una fatica, ma un sollievo grandissimo andare in cerca d'avventure per pericolose che fossero». Inoltre, mentre don Chisciotte passa una notte insonne «pensando alla sua signora Dulcinea, per conformarsi a quanto aveva letto nei suoi libri, dei cavalieri che passavano notti e notti senza dormire [...], in compagnia del ricordo della loro dama», Sancio «avendo la pancia piena, e non proprio d'acqua di cicoria, fece tutto un sonno».

Interpretare e approfondire

La follia come volontà di credere La totale assenza di un rapporto tra l'eroe e l'ambiente determina il fallimento comico di ogni impresa. L'avventura dei mulini a vento è diventata l'emblema della follia del personaggio: don Chisciotte si scaglia contro le loro pale credendole le braccia di un gigante. Il cavaliere vuole credere fino in fondo alla sua illusione («io credo, ed è e sarà certamente così»): neanche dopo lo scontro riconosce la realtà, e si convince che è stato l'invidioso mago Frestone a trasformare i giganti in mulini.

Esercizi

Prima prova A • L'analisi del testo

Comprendere

1 Il fallimento dell'impresa

Don Chisciotte esce sconfitto dallo scontro con i giganti-mulini. Come spiega il fallimento dell'impresa allo scudiero Sancio sopraggiunto a soccorrerlo?

Analizzare

2 Parole e azioni da cavaliere

Il comportamento e il linguaggio di don Chisciotte sono sempre ispirati alla tradizione cavalleresca. Rintraccia nel testo tre battute diverse nelle quali il protagonista fa riferimento ai libri di cavalleria per spiegare il suo o altri stili di comportamento degni di un cavaliere.

Interpretare e approfondire

3 Don Chisciotte e Sancio

Don Chisciotte e Sancio sono molto diversi, a partire dall'aspetto: il primo allampanato; il secondo panciuto. Ma il loro contrasto va oltre, investendo il linguaggio e il comportamento. Insomma, i due rappresentano nell'opera punti di vista opposti.

a. Completa una tabella come quella proposta in cui si evidenzi la contrapposizione fra i due personaggi.

	don Chisciotte	Sancio Panza
come parla?		
cosa fa?		
quale punto di vista rappresenta?		

b. I due personaggi finiscono però per influenzarsi a vicenda, e si ha una «chisciottizzazione» di Sancio e una «sancizzazione» di don Chisciotte. Quale dei due aspetti emerge in questo brano? Motiva la tua risposta con opportuni riferimenti al testo.

4 Ostinazione nella follia

La pazzia di don Chisciotte sta nella volontà di credere. Di fronte alla realtà, egli continua a difendere le sue illusioni: i mulini a vento sarebbero proprio giganti. Come spieghi il suo comportamento?

- vuole sfuggire alla quotidianità
- vuole sentirsi un eroe
- vuole dare un senso alla vita
- vuole vivere l'avventura

Motiva il tuo giudizio.

[II, 10]

T3 Dulcinea incantata

Le forme
- linguaggio basso e popolare delle contadine
- compresenza di immagini nobili e immagini comuni negli interventi di Sancio

I temi
- inversione dei ruoli fra Sancio e don Chisciotte
- sconfitta di don Chisciotte

Don Chisciotte ha inviato Sancio al Toboso per annunciare la sua visita a Dulcinea. Sancio, che in una precedente occasione aveva riferito al padrone di aver incontrato Dulcinea senza in realtà averla mai vista, decide, dopo una breve riflessione, di ingannarlo di nuovo: vede venire tre contadine a dorso di tre asine e annuncia al suo padrone che Dulcinea sta arrivando, accompagnata da due damigelle. L'incontro con le tre contadine è tutt'altro che felice. Esse, sentendosi prese in giro da quei due «signorini», si ribellano. Dopo la fuga precipitosa delle tre "damigelle", a don Chisciotte non resta che lamentarsi del suo disgraziato destino e proseguire il viaggio per Saragozza.

Come Sancio vide le contadine, tornò di buon passo in cerca del suo padrone don Chisciotte e lo trovò che sospirava e diceva mille lamentazioni amorose. Appena don Chisciotte lo vide, gli disse:

– Che c'è, caro Sancio? Dovrò segnare questo giorno con una pietra bianca, o con una pietra nera?

– Sarà meglio – rispose Sancio – che la signoria vostra lo segni in rosso,come sugli albi degli alunni promossi,[1] per risaltare subito alla vista di chi guarda.

– Allora – replicò don Chisciotte –, porti buone nuove.

– Così buone – rispose Sancio – che la signoria vostra non ha da far altro se non spronare Ronzinante e uscire all'aperto a vedere la signora Dulcinea del Toboso che in compagnia di due sue donzelle viene a vedere la signoria vostra.

1 **lo segni… promossi:** a Salamanca i nomi dei neolaureati venivano scritti in rosso sui muri dei collegi universitari.

– Santo Dio! Che dici mai, amico Sancio? – disse don Chisciotte –. Bada di non ingannarmi, e non cercare di rallegrare con false gioie[2] queste mie vere tristezze.

– Che ci guadagnerei a ingannare la signoria vostra – disse Sancio –, soprattutto trovandosi così prossimo a scoprire la verità? Sproni, signore, e venga, e vedrà la Principessa nostra padrona vestita e parata;[3] da quella che è, del resto. Lei e le sue donzelle sono una brace d'oro, tutte spighe di perle, tutte diamanti, rubini, drappi di broccati a tripla altezza; i capelli, sciolti sulle spalle, sono altrettanti raggi del sole che van giocando al vento; e, soprattutto, cavalcano su tre canee a toppe,[4] che son proprio da vedere.

– Vorrai dire *chinee*, Sancio.

– Fra *canee* e *chinee* – rispose Sancio – c'è poca differenza; ma vengano su quel che gli pare, son le più eleganti dame che si possa desiderare, specialmente la principessa Dulcinea nostra signora, che fa rimanere imbambolati.

– Andiamo, caro Sancio – rispose don Chisciotte –; e in compenso di queste insperate quanto buone nuove, ti prometto la migliore spoglia[5] che conquisterò alla prossima avventura che mi capita; e se questo non ti soddisfa, ti prometto la figliata che mi daranno quest'anno le tre mie cavalle, che come sai stanno per partorire sul prato comunale del nostro paese.

– Mi fermo alla figliata – rispose Sancio –; perché non è detto che siano buone le spoglie della prossima avventura.

Ma a questo punto uscirono dalla selva e scoprirono poco distanti le contadine. Don Chisciotte fissò lo sguardo su tutta la strada del Toboso e non vedendo altro che le tre contadine, si turbò tutto e domandò a Sancio se le aveva lasciate fuori della città.

– Come fuori della città? – rispose –. E che ci ha gli occhi dietro la testa, la signoria vostra, che non vede che son quelle lì, che vengono da questa parte, splendenti come un sole a mezzogiorno?

– Io non vedo altro, Sancio – disse don Chisciotte –, se non tre contadine su tre asini.

– Che il signore mi liberi dal demonio! – rispose Sancio –. È possibile mai che tre canee, o come si chiamano loro, bianche come il candore della neve,[6] paiano asini alla signoria vostra? Se fosse vero, quant'è vero Iddio mi strapperei la barba.

– Ebbene io ti assicuro, amico Sancio – disse don Chisciotte –, che quelli son così certamente asini, o asine, come io son don Chisciotte e tu Sancio Panza; o per lo meno, a me sembrano tali.[7]

– Taccia, signore – disse Sancio –, non dica cose simili, ma si stropicci bene gli occhi e venga a fare riverenza alla signora dei suoi pensieri, che è ormai qui presso.

E detto ciò, si avvicinò a ricevere le tre paesane, e smontato dall'asino, prese per la cavezza il ciuco di una delle tre contadine, e piegati in terra tutt'e due i ginocchi, disse:

– Regina e principessa e duchessa della bellezza, la vostra alterezza[8] e grandezza si compiaccia di ricevere nella buona grazia il cavaliere vostro schiavo, che è là mutato in una pietra di marmo, tutto sconvolto, col polso che non gli batte più, poiché si vede dinanzi al vostro magnifico cospetto. Io sono Sancio Panza, suo scudiere, ed egli è il derelitto[9] cavaliere don Chisciotte della Mancia, altrimenti detto il Cavaliere dalla Trista Figura.

A questo punto già don Chisciotte s'era messo in ginocchio accanto a Sancio e guardava con gli occhi di fuori e lo sguardo annebbiato colei che Sancio chiamava regina e signora; e poiché non riusciva a vedere in lei se non una ragazza di paese, e neanche bella di viso, perché era faccitonda[10] e col naso schiacciato, stava sospeso e attonito, senza osare aprir bocca. Le contadine erano sbalordite anch'esse, vedendo quei due uomini così

2 con false gioie: don Chisciotte ha quasi il presentimento dell'inganno di Sancio.
3 parata: *vestita in gran gala.*
4 tre canee a toppe: *tre giumente pezzate.* Sancio confonde **chinea** (cavalcatura adatta ai viaggi e al passeggio) con **canea** (schiamazzo).
5 spoglia: *parte di bottino.*
6 bianche... neve: poco prima le aveva descritte pezzate.
7 a me sembrano tali: l'incredulità di don Chisciotte è tale che arriva a mettere in dubbio ciò che in realtà vede, cioè gli asini.
8 alterezza: ancora una storpiatura per "altezza".
9 derelitto: *malinconico.*
10 era faccitonda: *aveva un gran viso tondo e piatto.*

diversi l'uno dall'altro, che stavano lì in ginocchio e non lasciavano andare avanti la loro compagna; ma rompendo il silenzio, tutta stizzita e sgraziata, colei che trattenevano disse:

– E levatevi di mezzo, accidenti, dalla strada, e fateci passare, che andiamo di fretta.

Al che rispose Sancio Panza:

– O principessa e signora universale del Toboso! Come può il vostro magnanimo cuore non intenerirsi, vedendo in ginocchio davanti alla vostra sublimata[11] presenza la colonna e il pilastro dell'errante cavalleria?

Udendo le quali cose, disse una delle altre due:

– Mo', mo' ti striglio,[12] ciuccia di mio suocero! Guardateli un po', 'sti signorini, come si credono di prendere per il bavero le paesane, come se qui non sapessimo pure noi prendere per minchiona la gente! Se ne vadino per la strada loro, e ci lascino fare la nostra, che è meglio per loro.

– Alzati, Sancio – disse a questo punto don Chisciotte –; poiché già vedo che la Fortuna, non mai sazia del mio male, ha già occupate tutte le strade da cui possa venire un po' di felicità a questa misera anima che ho nel corpo. E tu, vertice d'ogni valore agognabile,[13] limite dell'umana gentilezza, unico rimedio di quest'afflitto cuore che ti adora, poiché il maligno incantatore non mi dà tregua, e ha messo sui miei occhi nuvole e cateratte,[14] e per essi, solamente per essi e non per altri ha mutato e trasformato la tua bellezza senza eguali e il tuo viso in quello d'una povera contadina, se pure non ha scambiato il mio con quello d'un mostro, onde farlo aborrire dagli occhi tuoi,[15] non cessar di guardarmi con dolcezza amorosa, onde poter vedere in questa sottomissione e inginocchiamento che io faccio alla tua contraffatta bellezza, l'umiltà con cui l'anima mia ti adora.

– All'anima di mio nonno! – rispose la paesana –. Sì, che son proprio amica io, di sentire adulataggini![16] Si faccino da parte, e ci lascino andare, che ci fate proprio un gran piacere.

Sancio si fece da parte e la lasciò andare, contentissimo d'essersela cavata bene col suo trucco. Non appena la contadina che aveva fatta la parte di Dulcinea si vide libera, punzecchiando la sua canea con un bastone, che ci aveva, dall'estremità puntuta, si mise a correre, via per il prato. E poiché l'asina sentiva la punta del pungolo farle più male del solito, si mise a dar salti, e rovesciò a terra la signora Dulcinea; veduto ciò, don Chisciotte corse a rialzarla, e Sancio a accomodare e fissare il basto[17] che se n'era venuto giù sulla pancia della puledra. Sistemato il basto, e mentre don Chisciotte voleva alzare in braccio la sua dama incantata sull'asina, la dama, alzatasi da terra, gli risparmiò quella fatica perché, fattasi un po' indietro, prese una rincorsina e poggiate entrambe le mani sulle anche dell'asina, saltò col suo corpo, più leggero d'un pallone, sull'asina e restò a cavalcioni, come un uomo; e allora disse Sancio:

– Evviva!, la nostra signora padrona è più leggera d'un astore[18] e può insegnare a montare alla cavallerizza al più provetto cordovese o messicano. Ha superato d'un salto l'arcione di dietro della sella e senza sproni fa correre la sua chinea come se fosse una zebra. E non le restano indietro le sue donzelle, che corrono tutte come il vento.

Ed era proprio vero, perché non appena Dulcinea si vide a cavallo, si misero tutte, dietro di lei, a pungere le loro cavalcature e si precipitarono a correre, senza voltar la testa indietro per un tratto di oltre mezza lega. Le seguì don Chisciotte con lo sguardo, e quando le vide sparire, rivoltosi a Sancio, gli disse:

– Che ne dici, Sancio, di come ce l'hanno con me gli incantatori?[19]

da *Don Chisciotte della Mancia*, cit.

11 sublimata: *meravigliosa.*
12 Mo', mo' ti striglio: grido con cui la contadina incita l'asino.
13 agognabile: *desiderabile.*
14 ha messo… cateratte: don Chisciotte ha la vista offuscata per colpa dell'incantatore. **Cateratte** è termine medico che indica 'opacità del cristallino dell'occhio che produce cecità completa o parziale'.
15 onde… tuoi: *in modo da farlo disprezzare dai tuoi occhi.*
16 adulataggini: *adulazioni.*
17 basto: sella rozza, usata per cavalcare muli e asini.
18 d'un astore: *d'uno sparviero.*
19 gli incantatori: don Chisciotte spiega l'accaduto ricorrendo al solito espediente degli incantatori.

Lavoriamo insieme

Leggere e capire **La suddivisione del testo** Il testo può essere diviso in due parti. Nella prima parte, Sancio, vedendo sopraggiungere tre contadine, annuncia a don Chisciotte l'arrivo dell'amata «in compagnia di due sue donzelle». La seconda parte rappresenta il burrascoso incontro con le contadine, e termina con il commento finale di don Chisciotte che crede, ancora una volta, di essere vittima degli «incantatori».	**1** **Come reagiscono le contadine alle adulazioni di Sancio?** **2** **Perché don Chisciotte crede che «gli incantatori» "ce l'abbiano con lui"?**
Analizzare **Linguaggi a confronto: don Chisciotte, Sancio e le contadine** Nel brano dominano due differenti registri espressivi: quello tragico di don Chisciotte e quello comico della voce narrante, di Sancio e delle donne. Sancio cerca di imitare il linguaggio letterario del padrone per rendere più efficace l'inganno; ma storpia termini a lui poco noti e mescola maldestramente immagini nobili e immagini comuni. E tuttavia in questo episodio non è tanto il registro di Sancio a fare da controcanto al parlato libresco di don Chisciotte. Il contrasto linguistico raggiunge infatti la massima forza nel dialogo fra il cavaliere e le contadine: in rapida successione, si alternano le battute volgari delle donne – infarcite di espressioni popolane, colorite e rozze –, e le battute di don Chisciotte, articolate in costruzioni ampie e ricche di termini letterari.	**3** **Rintraccia nel testo e trascrivi alcuni esempi di:** – storpiatura linguistica: .... – espressione popolare: .... – espressione volgare: .... – espressione letteraria: ....
Interpretare e approfondire **L'eroe beffato** A partire da questo capitolo ha inizio il malinconico declino dell'eroe, fatto segno delle beffe altrui. Il protagonista, che fino a questo momento ha modificato la realtà attraverso l'immaginazione scambiando una bacinella per un elmo e mulini a vento per giganti, comincia ora a vedere le cose per quello che sono. Ma alla dolorosa presa di coscienza di don Chisciotte fanno sempre più riscontro le macchinazioni degli altri, che lo pongono di fronte a una realtà fittizia, inventata appositamente per lui. Sancio diviene il principale beffatore di don Chisciotte. Si assiste infatti a un ribaltamento dei rapporti tra scudiero e cavaliere: Sancio, che nella prima parte del romanzo vive all'ombra del padrone, ora se ne prende gioco. L'apparizione di Dulcinea è un prodotto della fantasia di Sancio, a cui don Chisciotte inizialmente stenta a credere: «Io non vedo altro, Sancio [...], se non tre contadine su tre asini». Per risolvere la contraddizione tra la realtà così come è e lo scenario dipinto da Sancio, don Chisciotte ricorre allora al solito espediente dell'incantatore, che evidentemente ha stravolto le nobili fattezze di Dulcinea.	**4** **In questo episodio, la figura di don Chisciotte ti appare più comica o malinconica? Motiva la tua risposta.**

mappa concettuale

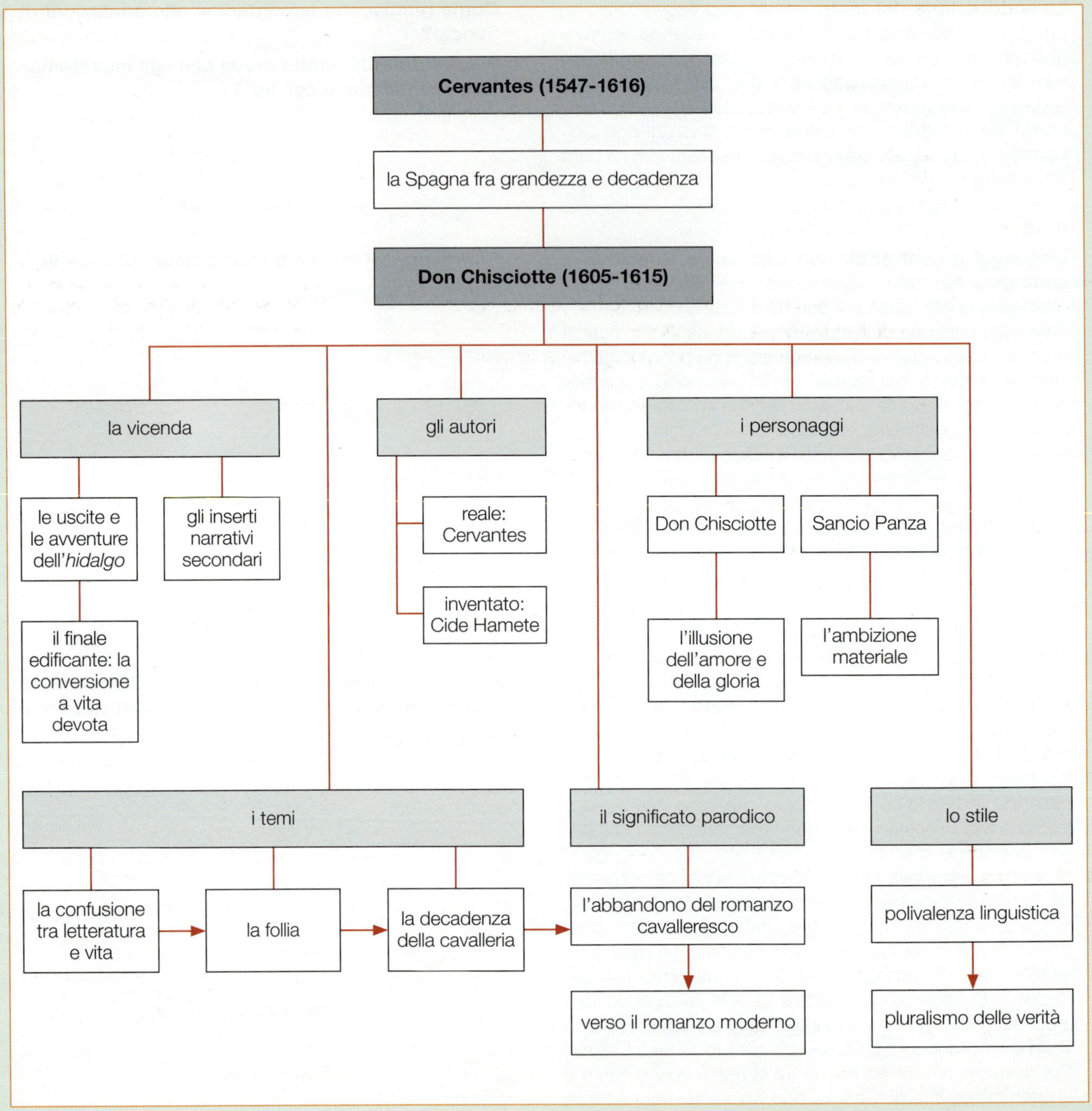

dizionario dei concetti chiave

- **don Chisciotte** personaggio letterario protagonista del romanzo di Cervantes (*El ingenioso hidalgo don Quijote de la Mancha*, 1605; *Segunda Parte del ingenioso hidalgo don Quijote de la Mancha*; 1615). La figura allampanata di don Chisciotte, *hidalgo* che «sfiorava i cinquant'anni», è entrata nell'immaginario collettivo, ispirando numerosi artisti e lasciando tracce anche nella lingua italiana, in cui si designa come "donchisciotte" 'chi si erge a difensore di ideali nobili ma superati, o comunque privi di contatto con la realtà attuale'. Il protagonista del romanzo di Cervantes rifiuta infatti il mondo così com'è, trasfigurandolo attraverso le sue proiezioni fantastiche (in uno dei più celebri episodi del libro, don Chisciotte combatte contro mulini a vento credendoli giganti). Il personaggio rivela sia un lato comico, che emerge nelle sue rocambolesche avventure; sia un lato tragico, che si coglie nella sua lotta vana contro la meschinità del mondo.
- **follia** tema centrale del *Don Chisciotte*: il protagonista impazzisce a causa dell'eccesso di letture cavalleresche, che generano una confusione fra letteratura e vita. La follia di don Chisciotte vale anche a contrastare la degradazione del presente, in cui la cavalleria ha perso il proprio ruolo sociale e l'*hidalgo* è costretto a una vita misera.
- **romanzo moderno** tale è riconosciuto il *Don Chisciotte* di Cervantes, che costituisce, il capostipite del genere. L'originalità della poetica di Cervantes consiste nell'aver applicato al romanzo principi e materia dei libri cavallereschi, cercando una sintesi fra varietà degli episodi e compiutezza unitaria e utilizzando il procedimento parodico per assumere nuovi punti di vista sulla realtà.

esercizi

esercizi di riepilogo

1 Al centro e ai margini della storia

La biografia di Cervantes può essere distinta in due grandi momenti: il primo vede lo scrittore direttamente coinvolto nei principali avvenimenti storici del suo tempo; nel secondo egli è sempre più respinto ai margini della storia ufficiale. Indica quali avvenimenti caratterizzano ciascun momento.

- Nella prima parte della sua vita Cervantes ....

....

- Nella seconda parte della sua vita Cervantes ....

....

2 L'opera e il tempo

L'elaborazione del romanzo si colloca nei primi anni del Seicento, in un periodo cruciale per la Spagna. Quale fase della storia spagnola riflette l'opera?

3 Le tre uscite di don Chisciotte

La trama del *Don Chisciotte* può essere divisa in tre parti, corrispondenti alle tre uscite del protagonista, che si allontana dal paese in cerca di avventure. Collega gli episodi elencati all'uscita a cui si riferiscono.

a. sosta presso la corte dei duchi
b. duello contro il Cavaliere della Bianca Luna
c. veglia d'armi in cui don Chisciotte viene armato cavaliere
d. battaglia contro i mulini a vento
e. sosta nella sierra Morena
f. incontro con Dulcinea incantata
g. conquista dell'elmo di Mambrino

prima uscita

seconda uscita

terza uscita

esercizi di approfondimento

4 Don Chisciotte tra riso e pianto: la relazione

Il personaggio di don Chisciotte è stato interpretato in diversi modi dalla critica: alcuni hanno proposto una lettura in chiave comica, altri in chiave tragica. La follia del protagonista produce avventure rocambolesche, ma è anche spia del rifiuto del mondo così com'è. In una relazione, ricostruisci un identikit del personaggio, individuando nei testi antologizzati i momenti in cui don Chisciotte appare comico e un po' ridicolo, e quelli in cui, invece, prevale il suo aspetto malinconico.

5 L'evoluzione di Sancio

Il personaggio di Sancio subisce un'evoluzione nel corso della storia: chiarisci il diverso comportamento che egli assume nei confronti del padrone nell'episodio dei mulini a vento (▶ T2) e in quello di Dulcinea (▶ T3).

allenarsi per l'esame di Stato

il tema di ordine generale

6 Una battaglia contro i mulini a vento

Dalla più celebre avventura di don Chisciotte deriva l'espressione "combattere contro i mulini a vento", ovvero impegnarsi in un'impresa impossibile, persa in partenza o inutile. Trai spunto dalla tua esperienza personale o da un fatto di attualità per raccontare "una battaglia contro i mulini a vento" in chiave moderna: quali ragioni l'hanno mossa? Quali sono stati gli esiti? È davvero sempre inutile "combattere contro i mulini a vento"?

preparare l'interrogazione

Per essere pronto in vista della verifica puoi utilizzare questa scaletta, che ti sarà utile nell'esposizione orale. Lo spazio nella colonna di destra è a tua disposizione per segnare eventuali date, nomi o concetti utili da ricordare.

I punti della scaletta	Date e dati da ricordare
La vita • nascita ad Alcalá de Henares • soggiorno in Italia • partecipazione a spedizioni contro l'Impero ottomano • catturato dai pirati: prigionia ad Algeri • ritorno in Spagna • incarichi di funzionario pubblico • difficoltà economiche e problemi giudiziari • morte a Madrid ***Don Chisciotte della Mancia*** • periodo di composizione • espediente della "fonte" araba • temi: la follia e l'amore • linguaggio e stile: compresenza di registri diversi e polivalenza semantica • importanza dell'opera nel contesto europeo: primo romanzo moderno • importanza del protagonista nell'immaginario europeo: personaggio scisso fra ideali e realtà • elementi di modernità dell'opera: individuazione di un pubblico ampio, manipolazione parodia del genere cavalleresco, attenzione agli aspetti concreti dell'esistenza	....

Unità 3

Il genere

Il grande teatro del Seicento

«Il mondo intero è un palcoscenico» scrive all'inizio del Seicento l'inglese William Shakespeare. A distanza di pochi decenni, lo spagnolo Calderón de la Barca compone *Il gran teatro del mondo*, dove si dice che la vita è una recita che dura dalla nascita alla morte. Gli uomini, attori inconsapevoli del copione che è stato loro assegnato, indossano una maschera per nascondere le proprie verità o ingannare gli altri. «Peccare in segreto è come non peccare»: con queste parole Tartufo, protagonista dell'omonima commedia del francese Molière, sottolinea una caratteristica tipica di questo periodo, ma di profonda attualità, cioè il conflitto tra l'essere e l'apparire. I personaggi che affollano il teatro barocco sono espressione di un mondo in trasformazione, dove l'uomo si sente smarrito e perde le coordinate per distinguere la verità dalla finzione, la vita dal sogno (e *La vita è sogno* è il titolo significativo di un'altra opera di Calderón de la Barca).
Questa dimensione teatrale dell'epoca barocca torna di paradossale attualità oggi, nell'era della realtà virtuale e delle apparenze che sovrastano la realtà effettiva.

OBIETTIVI

Conoscenze
- Lo sviluppo del teatro nel Barocco
- Le caratteristiche del teatro inglese nell'età elisabettiana e William Shakespeare
- Le caratteristiche del teatro spagnolo: Lope de Vega, Tirso de Molina, Calderón de la Barca
- L'egemonia del teatro francese sotto il regno di Luigi XIV: le tragedie di Corneille e Racine, le commedie di Molière

Abilità
- Cogliere attraverso i testi i caratteri specifici del genere (tragedia o commedia) e della poetica dell'autore
- Rilevare la complessità e la modernità dei protagonisti dei drammi proposti
- Riflettere sull'attualità dei temi del teatro barocco (la vita come sogno o recita, il dominio delle apparenze, lo smarrimento di fronte alla realtà ecc.)

Espansioni digitali
- video
- testi e approfondimenti

1 Il teatro come visione del mondo

Teatralità della vita

Il mondo come palcoscenico

Una delle immagini usate con maggior frequenza dagli scrittori del Barocco per rappresentare il mondo è quella del teatro. «Il mondo intero è un palcoscenico» scrive all'inizio del secolo William **Shakespeare** (▶ § 2) nell'opera *Come vi piace* (1600); mentre un suo celebre personaggio, Macbeth, pronuncia un monologo in cui paragona la vita a un dramma a effetto, pieno di violenza, recitato da attori incapaci e ridicoli («La vita è solo un'ombra che cammina, un povero attore che tutto tronfio si dimena durante la sua ora sulla scena»). A distanza di pochi decenni, il drammaturgo spagnolo Pedro **Calderón de la Barca** (▶ § 4) compone un dramma dal titolo *Il gran teatro del mondo* (1633), nel quale **la vita assume il carattere allegorico di una recita** che si svolge entro i limiti della nascita e della morte.

Un'epoca di crisi

Il teatro fra Manierismo (Shakespeare è infatti ancora riconducibile alla cultura manieristica) e Barocco, è permeato dalla **coscienza della crisi**: di certezze culturali (la rivoluzione scientifica, le tensioni religiose della Controriforma, i problemi posti dalla conquista delle Americhe), ma anche di certezze politiche e civili (il calo demografico, le numerose carestie e pestilenze, la sanguinosa guerra dei Trent'anni, la decadenza del dominio spagnolo e l'affacciarsi di un nuovo assetto europeo). Tutto ciò genera **smarrimento e inquietudine** nell'uomo europeo, che si trova in continua lotta contro i mali che accompagnano l'esistenza, in conflitto con se stesso e in preda alla paura. Amleto, protagonista di una celebre tragedia shakespeariana, incarna perfettamente questa condizione, presentandosi come nuovo eroe moderno. Anche un personaggio di ispirazione classica, come Fedra, che rivive nella tragedia messa in scena nel 1677 dal drammaturgo francese Jean **Racine** (▶ § 5), rivela la sua modernità: essa risiede nell'interiorità tormentata della protagonista, dominata dalla forza invincibile di passioni colpevoli.

Cronologia

STORIA		AUTORI E OPERE
Filippo II re di Spagna ◀	1556-1598	
Elisabetta I regina d'Inghilterra ◀	1558-1603	
pace di Cateau-Cambrésis ◀	1559	
chiusura del Concilio di Trento ◀	1563	
	1594-1595	▶ *Romeo e Giulietta* di William Shakespeare (1564-1616)
editto di Nantes ◀	1598	
	1600-1601	▶ *Amleto* di Shakespeare
regno di Giacomo I in Inghilterra ◀	1603-1625	
	1609	▶ *Arte nuova di fare commedie* di Lope de Vega (1562-1635)
	1611-1612	▶ *La tempesta* di Shakespeare
guerra dei Trent'anni ◀	1618-1648	
Richelieu primo ministro di Luigi XIII ◀	1624-1642	
	1630	▶ *Il beffatore di Siviglia e Convitato di pietra* di Tirso de Molina (1584-1648)
	1635	▶ *La vita è sogno* di Calderón de la Barca (1600-1681)
	1636	▶ *Il Cid* di Pierre Corneille (1606-1684)
pace di Westfalia ◀	1648	
regno di Luigi XIV in Francia ◀	1661-1715	
	1664	▶ *Tartufo* di Molière (1622-1673)
	1677	▶ *Fedra* di Jean Racine (1639-1699)

La cultura barocca del teatro

Il teatro come espressione della cultura barocca

Epoca di crisi, il Seicento è anche (o forse per questa ragione) il secolo del **trionfo del teatro**, che conosce una fioritura senza precedenti, raggiungendo risultati di assoluto rilievo in **Inghilterra**, in **Spagna** e in **Francia**. Il teatro è la forma d'arte più adatta a esprimere la **nuova cultura barocca**, fondata sulla spettacolarità e sul gusto della metamorfosi, del travestimento e della maschera. Già alla fine del Cinquecento il teatro comincia a imporsi fra i generi letterari: è il periodo della produzione giovanile di Shakespeare e, in Spagna, della "riforma" della commedia a opera di Lope de Vega (▶ § 4). La lezione di quest'ultimo è assimilata da Tirso de Molina (▶ § 4) e da Calderón de la Barca, il più grande drammaturgo del *Sigle de oro* [Secolo d'oro]. Ma è il teatro francese quello destinato a esercitare un'egemonia in Europa, grazie soprattutto a due "maestri": Jean Racine nella tragedia e Molière (▶ § 6) nella commedia.

La situazione italiana

Assai diversa è la situazione italiana, dove la **crisi politica ed economica** si aggiunge al **declino culturale** dovuto all'azione repressiva della Controriforma. Il successo degli spettacoli teatrali si lega alle forme della **commedia dell'arte** e del **melodramma**, meno sottoposte al controllo della censura perché fondate su elementi extraletterari, come l'improvvisazione degli attori e la musica.

Il melodramma

Il **melodramma** nasce dal tentativo di alcuni letterati e musicisti fiorentini, la **Camerata de' Bardi**, di resuscitare la tragedia greca, in cui gli attori recitavano cantando e accompagnati dalla musica. Il primo melodramma è ***La favola di Dafne*** (1597), con testo scritto (o libretto) di Ottavio Rinuccini e musiche di Peri e di Corsi. Il testo scritto perderà progressivamente importanza a vantaggio della musica, del canto e della scenografia. Il melodramma sarà destinato a un grande e lungo successo, che si protrarrà fino all'Ottocento e oltre (▶ Musica e letteratura).

La commedia dell'arte

Anche la **commedia dell'arte** ha una lunga vita: dalla metà del Cinquecento (la prima compagnia nasce a Padova nel 1545) alla riforma goldoniana, intorno alla metà del Settecento (▶ Unità 10). Le sue caratteristiche sono:

1) ***Attori professionisti***: i comici dell'arte sono attori di professione, che vivono del loro mestiere (la stessa parola "arte" in "commedia dell'arte" rimanda a "professione": "Arti" sono infatti nel Medioevo le corporazioni professionali);
2) ***Improvvisazione***: la recitazione si basa sul cosiddetto "**canovaccio**" (o "scenario"), che fornisce solo una traccia all'attore, presentando un riassunto della scena e indicando i comportamenti dei personaggi. Le battute e i gesti vengono perciò improvvisati dagli interpreti. L'improvvisazione consente di creare un gran numero di spettacoli in poco tempo, dando così la possibilità di maggiori guadagni. Con le compagnie di professionisti il teatro entra infatti nella logica di mercato. Ne deriva un nuovo **pubblico non selezionato** secondo una logica di classe: chiunque paghi il biglietto può accedere allo spettacolo;
3) ***Il personaggio-tipo e la maschera***: la storia si riduce al contrasto tra tipi diversi: servo-padrone, vecchio-giovane, uomo-donna. Il tipo è reso dal modo di parlare e dalla maschera: gli innamorati parlano italiano e sono senza maschera, mentre le parti comiche esigono il dialetto e la maschera (tra i servi abbiamo le maschere di Arlecchino e Pulcinella; tra i vecchi Pantalone o il Dottore);
4) ***La mascherata del mondo***: la maschera incide così profondamente nel modo di recitazione che nasce un'identificazione fra attore e personaggio: «È arrivato Pantalone», si gridava a Parigi all'arrivo dell'attore che lo rappresentava. D'altra parte nel "gran teatro del mondo" la maschera non è più solo un oggetto materiale per coprire la faccia, ma viene indossata dall'uomo per difendere le proprie verità o per ingannare gli altri. Se il **mondo** diventa un **grande palcoscenico**, gli individui sono tutti attori chiamati alla recita quotidiana (▶ Cinema).

facciamo il punto

- **Per quali ragioni il Seicento è sia un'epoca di crisi, sia un secolo che vede il trionfo del teatro?**
- **Quali sono le caratteristiche della commedia dell'arte?**

Cinema *Eyes wide shut*

La società delle maschere

In una New York di fine Novecento, una tranquilla coppia borghese, William e Alice Hartford (Tom Cruise e Nicole Kidman) vivono una vita apparentemente perfetta: lui medico affermato e lei ex gallerista. Ma qualcosa sembra turbare gli equilibri del matrimonio: Alice ripensa ad un amore del passato, mentre William riesce a infiltrarsi in un festino segreto a sfondo sessuale. Per entrare alla festa serve un costume, perché lì «tutti, uomini e donne, indossano una maschera». Ma, arrivato alla villa dove si svolge il festino, William viene riconosciuto come estraneo e portato davanti a un signore vestito di rosso che gli ordina di togliersi la maschera. La "società delle maschere" lo giudica: l'estraneo che tenta di infiltrarsi in un mondo che non gli appartiene deve essere punito. Ma una donna lo salva e William torna a casa, perdendo la maschera. Il giorno seguente scopre che la donna è morta per overdose; non riuscendo a capire più i confini tra realtà e finzione, il protagonista arriva a casa di un partecipante alla festa:

> – Will, supponiamo che io ti dica che tutto quello che t'è capitato lì, le minacce, gli avvertimenti della ragazza, il suo intervento all'ultimo minuto, che tutto questo è stata una messinscena, che si è trattato di una specie di sciarada, che è stata una finta.
> – Una finta?
> – Sì. Finta.
> – E perché l'avrebbero fatto allora?
> – [...] Per non farti raccontare quello che avevi fatto, quello che avevi visto.

«Nessun sogno è mai soltanto un sogno»

La finzione domina ormai completamente la vita: la "società delle maschere" ha preso il sopravvento sul mondo normale. Tratto dalla novella dell'austriaco Arthur Schnitzler *Doppio sogno* (1926), *Eyes Wide Shut* [Sogno a occhi aperti] – film del 1999 del regista statunitense Stanley Kubrick (1928-1999) – svela il carattere enigmatico della realtà quotidiana: dietro l'apparenza del matrimonio felice, i due protagonisti nascondono tradimenti mentali che poi sentiranno il bisogno di confessarsi reciprocamente. La confusione tra realtà e finzione è totale: il film, infatti, si chiude con William che afferma: «Nessun sogno è mai soltanto sogno».

2 Il teatro in Inghilterra: Marlowe e Shakespeare

L'età elisabettiana

Fioritura artistica e culturale

Sotto il regno di Elisabetta I (1558-1603) l'Inghilterra consolida una forte identità nazionale, avvia un grandioso **progetto di modernizzazione** economica e la vita culturale del Paese acquista un nuovo impulso. La **fioritura artistica e culturale** che caratterizza gli anni del regno di Elisabetta ha spinto a parlare di "età elisabettiana" in riferimento al periodo d'oro della cultura inglese. Un vigoroso sviluppo contraddistingue la produzione teatrale, che meglio di altri generi si lega al processo di formazione dell'identità nazionale: nascono i primi **teatri pubblici** (nel 1576 apre a Londra "The Theatre", poi demolito nel 1598 per farvi sorgere il Globe Theatre, dove lavorerà Shakespeare), in cui vengono rappresentati spettacoli per una platea più ampia e popolare rispetto a quella ristretta della corte. La fortuna del teatro inglese nell'età elisabettiana fu d'altra parte baciata dalla presenza di due autori di straordinario talento: Christopher Marlowe e, soprattutto, William Shakespeare.

Christopher Marlowe

Un figura singolare

Christopher Marlowe (1564-1593), il maggior drammaturgo inglese prima di Shakespeare, è un **singolarissimo personaggio**: libero pensatore, omosessuale, ateo e ammiratore di Machiavelli. Fu implicato nello spionaggio e morì precocemente in una rissa. Nel teatro di Marlowe compaiono **elementi** tipicamente **manieristici**: la tendenza narcisistica, il gusto inquieto dell'eccesso, dell'infinito, dell'irregolare. Le sue opere, scritte negli anni Ottanta e Novanta del Cinquecento, sono per lo più incentrate su **singoli personaggi dalle passioni estreme**, che pronunciano lunghi monologhi (*Tamburlaine the Great* [Tamerlano il grande, 1587], *Tragical History of Doctor Faustus* [Tragica storia del Dottor Faustus, 1588], *The Jew of Malta* [L'ebreo di Malta, 1589], *Edward II* [Edoardo II, 1592]).

William Shakespeare

Un mito intramontabile

William Shakespeare (1564-1616) è uno degli autori più noti della tradizione occidentale: la sua arte, diffusa attraverso il potente mezzo del teatro (e, oggi, anche del cinema), è **patrimonio della cultura** non più solo anglosassone, ma **mondiale**. Nelle sue opere Shakespeare da un lato rappresenta il proprio tempo, dall'altro affronta temi che risulteranno avere un carattere eterno e universale: di qui la capacità dell'autore di parlare anche al pubblico di oggi. Nei personaggi shakespeariani vive qualcosa che va al di là della loro vicenda contingente: Romeo e Giulietta, Amleto, Otello sono diventati dei **miti**; essi rappresentano le figure proverbiali dell'amore, del dubbio, della gelosia.

La vita

William Shakespeare nasce nell'aprile **1564** a Stratford-on-Avon, un borgo a 130 chilometri da Londra. Del primo periodo della sua vita sappiamo poco. Forse intorno al **1585** si trasferisce a **Londra**, lasciando la famiglia (la moglie e tre figli) a Stratford. Qui entra in contatto con gli ambienti teatrali, facendo l'attore. Il suo primo dramma certo è l'*Enrico VI*, scritto intorno al 1590-1592. Grazie all'appoggio del duca di Southampton, diventa proprietario prima del **Globe Theatre**, quindi del Blackfriars. Nel 1593 inizia la composizione dei ***Sonetti*** (pubblicati nel 1609 senza la sua autorizzazione; ▶ Unità 5 § 2). Negli anni seguenti cresce il suo successo: dopo una prima fase in cui sperimenta diversi generi, scrive, tra il 1600 e il 1606, le quattro tragedie che costituiscono i suoi capolavori (*Amleto*, *Otello*, *Macbeth* e *Re Lear*). Dal 1610 si ritira a Stratford, pur continuando a scrivere e a collaborare con le compagnie teatrali di Londra. Muore nell'aprile 1616; viene sepolto nella chiesa di Old Town.

Il giovane Shakespeare
Ritratto di William Shakespeare risalente al 1610. Rimasto per oltre trecento anni nella tenuta della famiglia Cobbe, è stato recentemente messo a disposizione del grande pubblico. Di autore sconosciuto, si tratta dell'unico dipinto che ritrae Shakespeare in giovane età.

facciamo il punto

- **Qual è la politica culturale della regina Elisabetta I in Inghilterra?**
- **Chi sono i due nomi più importanti del teatro inglese?**

3 Le tre fasi della produzione shakespeariana

La fase della sperimentazione

Le opere

La prima fase della produzione di Shakespeare è caratterizzata dalla **sperimentazione di generi diversi**, non solo all'interno del teatro (risalgono infatti a questo periodo anche i 154 *Sonetti*). Sono **drammi storici** quelli che attingono le loro trame dalle vicende inglesi: spiccano *Riccardo III* (1592-1593), *Enrico IV* (1597-1598) ed *Enrico V* (1598-1599). Tra le **commedie** ci sono invece *La bisbetica domata* (1593-1594) e *Molto rumore per nulla* (1598-1599). È un ***romance***, cioè una commedia con elementi fiabeschi e avventurosi, *Sogno di una notte di mezza estate* (1595-1596). È invece una ***dark commedy*** [commedia "nera"] *Il mercante di Venezia* (1596-1597), in cui si riscontrano elementi cupi e drammatici. Sono infine due **tragedie** *Tito Andronico* (1593-1594) e *Romeo e Giulietta* (1594-1595).

Romeo e Giulietta

La storia di *Romeo e Giulietta*, che ha ispirato anche diversi film (▶ Cinema, p. 136), è tratta da una novella dell'italiano **Matteo Bandello** (1485-1561). La vicenda è ambientata a **Verona**, dove infuria la lotta tra due potenti famiglie: i **Montecchi** e i **Capuleti**. L'astio tra le due casate non impedisce però a Romeo, un Montecchi, di innamorarsi di Giulietta, una Capuleti. (▶ T1). **Frate Lorenzo** celebra in segreto le loro nozze, ma in uno scontro Romeo uccide il cugino di Giulietta, Tebaldo, e, bandito da Verona, è costretto a fuggire a Mantova. Intanto Giulietta è promessa sposa al **conte Paride**. Per evitarle le nozze, frate Lorenzo escogita uno stratagemma: Giulietta dovrà bere un potente medicinale che la farà sembrare come morta. Il piano funziona, ma Romeo, ignaro di tutto, prende per vera la notizia; decide dunque di rientrare a Verona per avvelenarsi sulla tomba dell'amata. Al suo risveglio Giulietta scopre il cadavere dello sposo. Sopraffatta dal dolore, si pugnala. Frate Lorenzo rivela a questo punto la verità ai rispettivi parenti che, colpiti dall'immane tragedia, si riappacificano.

▶ La statua di Giulietta a Verona, accanto alla quale gli innamorati di tutto il mondo lasciano scritti i propri pensieri e desideri.

La produzione shakespeariana

fasi	caratteristiche	opera in primo piano
prima fase (1590-1600)	sperimentazione di diversi generi	*Romeo e Giulietta*
seconda fase (1600-1607)	visione pessimistica della vita nelle grandi tragedie	*Amleto*
terza fase (1607-1613)	visione della vita più serena nel *romance*	*La tempesta*

La fase delle grandi tragedie

La seconda fase, che va dal 1600 al 1607, è quella caratterizzata dalla produzione delle grandi tragedie: *Amleto* (160-1601), *Otello* (1604-1605), *Re Lear* (1605-1606) e *Macbeth* (1605-1606), capolavori che hanno segnato la cultura e l'immaginario di tutta la civiltà occidentale moderna.

Amleto

La modernità di Amleto

Soprattutto la figura di Amleto ha attirato l'interesse del pubblico e della critica: personaggio dall'**interiorità scissa**, tormentato dal dubbio e dall'incertezza. Di qui l'aggettivo "amletico", entrato nell'uso comune per indicare un atteggiamento dubbioso e irresoluto. Amleto infatti si dimostra incapace di agire. Il padre morto si presenta davanti a lui come spettro chiedendo vendetta per l'assassinio subito: egli è stato ucciso dal fratello Claudio, cha ha poi sposato la vedova Gertrude ed ereditato il trono di Danimarca. Tale rivelazione getta Amleto in una profonda crisi, tanto che arriva a interrogarsi se sia preferibile «**essere o non essere**», esistere e affermarsi contro il degrado del mondo, oppure rinunciarvi e annientarsi nella morte. La consapevolezza del male del mondo di Amleto è così profonda da risultare paralizzante. Siamo di fronte a un personaggio moderno: problematico, complesso e inquieto, che riuscirà infine a compiere la propria missione solo a costo della morte.

La trama

La trama della tragedia, che comprende **cinque atti** scritti **in versi e in prosa**, può essere divisa in quattro parti

Prima parte (atto primo): lo **Spettro del padre** rivela ad Amleto la sconcertante verità che riguarda il suo assassinio e chiede vendetta. Deciso a obbedire al padre, Amleto si finge pazzo per poter agire senza il sospetto della corte.

Seconda parte (atto secondo e atto terzo scena prima): comprende il celebre monologo di Amleto «Essere o non essere...», dopo il quale il protagonista ripudia l'amata **Ofelia**, figlia del ciambellano **Polonio** (▶ T2). L'arrivo a corte di una compagnia di attori offre ad Amleto l'occasione per verificare il racconto dello Spettro: il principe fa recitare, davanti allo zio, un dramma che ripropone le circostanze del delitto. **Claudio**, in preda all'agitazione, si tradisce, confermando la sua colpa; allo stesso tempo, Amleto ha fatto capire allo zio di essere a conoscenza della verità circa la morte del padre. Da questo momento Amleto e Claudio cercano perciò di eliminarsi a vicenda.

Terza parte (fine atto terzo e atto quarto): l'episodio centrale è l'uccisione di Polonio per mano di Amleto, che scambia il ciambellano nascosto dietro una tenda per Claudio. Il tragico evento provoca la pazzia di Ofelia. Per sbarazzarsi di Amleto, Claudio lo invia in missione in Inghilterra insieme ai due cortigiani **Rosencrantz** e **Guildenstern**, che hanno ricevuto il compito di ucciderlo. Ma il gruppo viene catturato dai pirati: solo Amleto si salva e può rientrare in patria.

Quarta parte (atto quinto): Amleto scopre che Ofelia è morta annegata. Il fratello di lei, Laerte, è arrivato dalla Francia per vendicare la morte del padre. Il re convince i due a misurarsi in una prova d'armi senza spargimento di sangue. In realtà però la spada di **Laerte** ha la punta avvelenata, così come avvelenato è il vino da offrire ad Amleto. L'epilogo è dominato dalla morte: il veleno colpisce, uno dopo l'altro, tutti i personaggi principali: cadono Laerte, Claudio, Gertrude e infine lo stesso Amleto. Il dramma si conclude con l'arrivo di Fortebraccio, principe di Norvegia venuto a reclamare il regno di Danimarca.

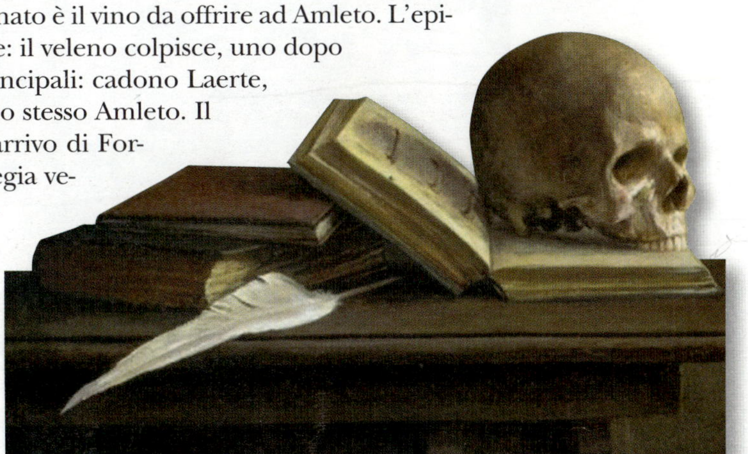

Il tema della vendetta

La vendetta è il tema centrale della tragedia. Shakespeare riprende infatti un genere fortunato dell'età elisabettiana (***the reverenge tragedy***, '**la tragedia della vendetta**'), portato al successo dal commediografo Thomas Kyd (1558-1594) con la sua *Spanish Tragedy* [Tragedia spagnola], alla quale l'*Amleto* si ispira. In questo caso l'iniziativa del protagonista si complica continuamente, arrestandosi di fronte ai turbamenti della coscienza. Di qui l'**inazione di Amleto** e l'assenza nell'opera del continuo spargimento di sangue che invece era previsto dal genere (solo nell'atto quinto si compie il destino di morte). D'altra parte il tema della vendetta non coinvolge solo Amleto: ci sono anche la **vendetta di Laerte** e quella **di Fortebraccio**, che vuol recuperare i territori della Danimarca che erano stati sottratti a suo padre. Nell'ultima scena del dramma, Fortebraccio ritorna trionfante dalla Polonia, giusto in tempo per occupare il trono danese, lasciato vacante dalla morte di Claudio e di Amleto. Amleto riconosce in Fortebraccio un sovrano giusto, e a lui indirizza le sue ultime parole: «Non vivrò tanto da udire le notizie dall'Inghilterra, ma posso profetizzare che sarà eletto Fortebraccio: egli ha il mio voto di moribondo. Informatelo di questo e anche delle circostanze che hanno condotto a tale… il resto è silenzio».

Gli altri capolavori

Otello

La vicenda di *Otello* (1604-1605) è tratta da una novella cinquecentesca dell'italiano **Giambattista Giraldi Cinzio** (1504-1573). Gli avvenimenti principali si svolgono a **Cipro**: qui si trovano **Otello**, generale moro dell'armata veneziana, sua moglie **Desdemona**, il luogotenente **Cassio** e il crudele **Jago**. Con un inganno, Jago convince Otello che Desdemona lo stia tradendo con Cassio. Folle di gelosia, Otello soffoca la moglie; ma quando scopre che Jago ha mentito, si uccide. *Otello* è soprattutto la **tragedia del "male"**, che trova la sua personificazione nel personaggio di Jago. La virtù viene disconosciuta e sopraffatta: Desdemona viene accusata a torto; Otello, subito calunniato per motivi razziali, è travolto dalle trame di Jago. Nulla sembra quello che è: tutto si consuma in un eccesso di passione e nell'inarrestabile processo del meccanismo tragico.

Mosaico in cui è rappresentata una scena dall'*Otello*. Opera di Carl Bocker, realizzata dopo il 1890.

Re Lear

In *Re Lear* (1605-1606) Shakespeare affronta i temi della **virtù disconosciuta** e della **lotta per il potere**. Lear, ormai vecchio, vuole dividere il regno tra le **tre figlie**: Gonerilla, Regana e Cordelia. Mentre le prime due dichiarano per il padre amore assoluto, per pudore non fa così l'ultima, la sola, in realtà, che lo ami davvero. Lear la disereda e bandisce il **conte di Kent**, che la difende, dichiarando sue eredi **Gonerilla** e **Regana**. Cordelia sposa il re di Francia, e lì si trasferisce. Ma le sue sorelle, ottenuto il potere, scacciano il padre, che, assistito dal **buffone** e dal fedele Kent, vaga in preda alla follia in mezzo a una violenta tempesta. Per difendere il vecchio, il **re di Francia** sbarca in Inghilterra con **Cordelia**. Le truppe francesi sono però sconfitte, Cordelia è impiccata e re Lear muore di dolore. Intanto Gonerilla avvelena Regana e, scoperta mentre trama di assassinare il marito, si suicida. *Re Lear* è una delle tragedie più cupe e disperate di Shakespeare: il re non riconosce il bene (Cordelia e Kent) e si lascia raggirare dall'ipocrisia di Gonerilla e Regana. Accanto alla figura del re, assume grande rilievo anche quella del buffone che accompagna re Lear: l'elemento comico da un lato si inserisce nel tragico, arricchendolo; dall'altro ne rivela i meccanismi segreti. Il punto di vista del buffone diventa così il punto di vista della verità.

Macbeth

Macbeth (1605-1606) è in linea di continuità con *Re Lear*, di cui accentua il lato terribile. A Macbeth e Banquo, generali di **re Duncan**, appaiono **tre streghe**: esse rivelano che il primo sarà re, il secondo padre di un re. Quando Duncan giunge al castello di Macbeth, questi, istigato dalla moglie, lo assassina. Divenuto re, **Macbeth** fa uccidere anche **Banquo**, ma il suo spettro gli appare in un banchetto, terrorizzandolo. Macbeth interroga nuovamente le streghe, che gli fanno oscure profezie. **Malcolm**, figlio di Duncan, e un altro nobile, Macduff, attaccano Macbeth, che fa uccidere la moglie e il figlioletto di Macduff; ma ormai è solo e **Lady Machbet**, impazzita, muore. Le profezie si compiono: Macbeth cade in battaglia e Malcolm diventa re. Al centro della tragedia stanno Macbeth e sua moglie, animati da una **cupa ambizione**. Il re non perde la sua grandezza neppure nei delitti più disumani; mentre Lady Machbeth è una figura straordinaria e inquietante di giovane donna mossa da un **amore sanguinario**. Se la morte in battaglia del primo è pur sempre eroica, la fine della seconda, schiacciata dal peso dei proprio crimini, esprime tutto il senso tragico della vita che si è data al male.

William Shakespeare • La vita come incubo: sonnambulismo e morte di lady Macbeth

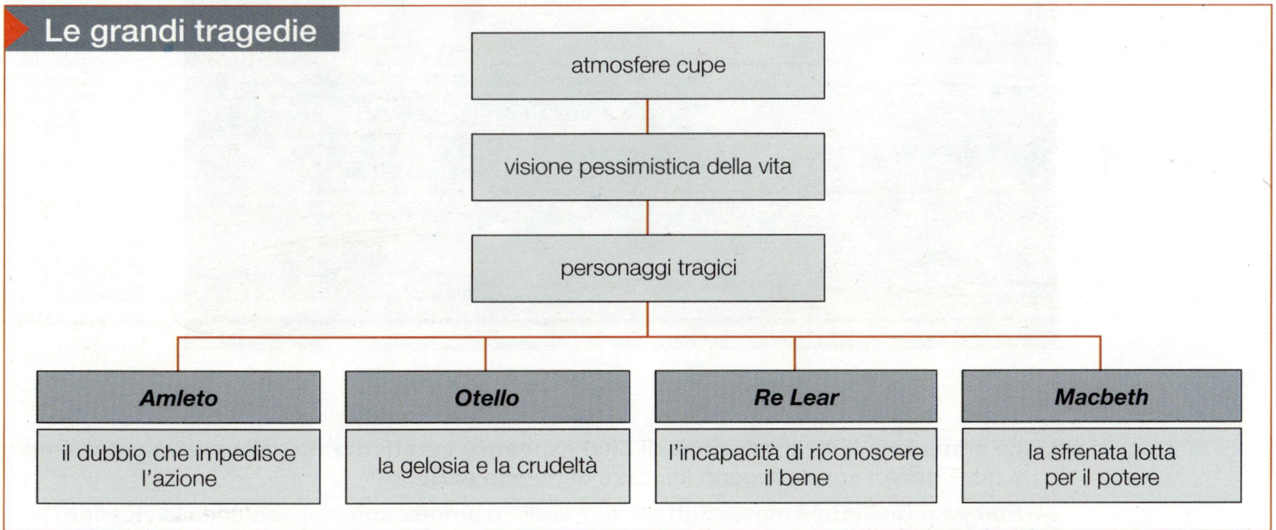

La fase dei *romances*

Una visione più serena della vita

L'ultima fase del teatro shakespeariano va dal 1607 alla morte. Il pessimismo delle grandi tragedie cede il passo a una visione più serena della vita. Il genere prediletto è il *romance*, cioè una **commedia con elementi fiabeschi e avventurosi**. Dopo due tragedie di argomento classico, *Coriolano* (1607-1608) e *Timone di Atene* (1607-1608), che rappresentano un momento di passaggio, Shakespeare scrive quattro *romances*: *Pericle* (1608-1609), *Cimbelino* (1609-1610), il *Racconto d'inverno* (1610-1611) e *La tempesta* (1611-1612).

La tempesta

La trama

Particolare rilievo spetta alla *Tempesta*. Siamo in un'isola. Qui vive il **mago Prospero** – un tempo duca di Milano, ma spodestato dal fratello Antonio – con sua figlia **Miranda** e una piccola corte di spiriti suoi servitori, tra cui il folletto **Ariele** e il selvaggio **Calibano**. In seguito a una tempesta scatenata dagli incantesimi di Prospero, naufragano sull'isola appunto **Antonio**, il re di Napoli **Alonso** e suo figlio Ferdinando. Quest'ultimo si innamora, ricambiato, di Miranda e viene tenuto prigioniero da una magia di Prospero. Antonio e Alonso vengono spaventati dagli spiriti, così da pentirsi delle ingiustizie commesse. Prospero libera **Ferdinando** e gli concede la figlia in sposa; poi perdona il fratello, che gli rende il trono del ducato (▶ T4). Così, rinunciando alla magia, Prospero lascia liberi gli spiriti, dà a Calibano il potere sull'isola e parte con i naufraghi e i nuovi sposi per l'Italia.

Un nuovo approccio al tema del potere

Il **tema del potere**, trattato tragicamente nelle prime due fasi della produzione shakespeariana, assume qui una nuova forma. Sulla violenza (quella di Antonio, ma anche quella di Calibano, che tenta una rivolta) vince infatti la **clemenza** e la superiore **saggezza** di Prospero. Alla fine sia il ducato di Milano, sia l'isola, si presentano come **regni utopici** fondati sulla **giustizia** e sulla **libertà**.

John William Waterhouse, *Miranda-La tempesta*, 1916. Collezione privata.

facciamo il punto

- **La prima fase della produzione di Shakespeare è caratterizzata dalla sperimentazione: a quali generi appartengono le opere di questo periodo?**
- ***Romeo e Giulietta* è innanzitutto la storia di un amore: come si conclude la vicenda?**
- **L'*Amleto* può essere diviso in quattro parti: quali sono i nuclei tematici di ciascuna?**
- **Qual è il personaggio che impersonifica "il male" nell'*Otello*?**
- **Che cosa accomuna le due tragedie *Re Lear* e *Macbeth*?**
- **Nell'ultima fase della produzione si registra un'inversione di tendenza: verso quale direzione?**
- **In che modo cambia l'approccio al tema del potere nel *romance La tempesta* rispetto alle tragedie precedenti?**

T1

Le forme
- linguaggio elaborato, ricco di metafore e similitudini

I temi
- amore contrastato

William Shakespeare
Romeo e Giulietta al balcone

Romeo ha conosciuto Giulietta a un ballo in maschera. Ora è notte e sta sotto al suo balcone («verone»), dopo aver scavalcato il muro di cinta che protegge il giardino di palazzo Capuleti. La vede affacciarsi, poi la sente confessare a voce alta il proprio amore. Allora, interviene. I due giovani amanti si promettono fedeltà e, nonostante l'avversità delle loro famiglie, decidono di sposarsi in segreto. Interrotti dalla balia di Giulietta, alla fine si separano.

GIULIETTA O Romeo, Romeo, perché sei Romeo? Rinnega tuo padre, rifiuta il suo nome, o, se vuoi, legati a me anche solo d'un[1] giuramento, e io non sarò più una Capuleti.

ROMEO Devo ascoltare ancora, o risponderle?[2]

GIULIETTA Solo il tuo nome è mio nemico; ma tu sei tu, non un Montecchi. Che è un Montecchi? Non è né una mano né un piede, né una faccia né un braccio: nessuna parte di un uomo. O sii tu qualche altro nome! E che è un nome? Quella che noi chiamiamo rosa, anche con un altro nome avrebbe il suo soave profumo. Così Romeo, che se non si chiamasse Romeo, conserverebbe un fascino di perfezione, che possiede anche senza quel nome. Romeo, poiché non ti è nulla il tuo nome, buttalo via, e prenditi, in cambio, tutta me stessa.

ROMEO Ti prendo in parola.[3] Chiamami soltanto amore; e così ribattezzato, d'ora innanzi non sarò più Romeo.

GIULIETTA Ma tu chi sei che protetto dalla notte inciampi nel[4] mio segreto pensiero?

ROMEO Non posso dirtelo con un nome: il mio nome, cara santa, mi è odioso perché tuo nemico. Se lo avessi qui, scritto, lo straccerei.

GIULIETTA Il mio orecchio non ha ancora bevuto[5] cento parole di quella voce, che già ne riconosce il suono. Non sei Romeo? Un Montecchi, tu?

ROMEO No, bella bambina, né l'uno né l'altro, se l'uno e l'altro ti è sgradito.

GIULIETTA Come, dimmi, e perché sei entrato qui dentro?[6] Sono erti[7] e aspri da scalare i muri dell'orto: e qui, per te quale sei,[8] se qualcuno di casa mia ti scopre, è luogo di morte.

ROMEO Sulle ali leggere dell'Amore[9] ho scavalcato questi muri. Amore non teme ostacoli di pietra. Amore, quando a una cosa intende,[10] è ardimentoso e pronto. – Perciò non temo i tuoi parenti.

GIULIETTA Ti uccideranno, se ti scoprono qui.

ROMEO Ahimè, c'è nei tuoi occhi più pericolo che in cento loro spade.[11] Se mi guardi tu con dolcezza io sarò a tutta prova[12] contro l'odio dei tuoi.

GIULIETTA Ma io non voglio per nulla al mondo che ti trovino qui.

ROMEO Mi nasconde alla vista il mantello della notte.[13] Se tu mi ami, mi trovino pure qui. – Meglio finir la vita per il loro odio che ritardar la mia morte nel vano[14] desiderio del tuo amore.

GIULIETTA Come sei arrivato fin qui? Chi ti ha guidato?

ROMEO Amor mi ha spinto a cercare, che[15] poi mi prestò il suo consiglio; e io,

1 **d'un:** *con un.*
2 **Devo ascoltare… risponderle:** Romeo pronuncia la battuta dal basso, restando sotto il balcone di Giulietta, fra sé e sé, senza essersi ancora rivelato a lei.
3 **Ti prendo in parola:** Romeo gioca con le ultime parole pronunciate da Giulietta. È il gusto poetico tra Manierismo e Barocco.
4 **inciampi nel:** *sorprendi il.*
5 **bevuto:** *sentito.*
6 **qui dentro:** nel giardino di casa Capuleti.
7 **erti:** *ripidi.*
8 **per te quale sei:** *per te, che sei nemico della mia famiglia.*
9 **Sulle ali… dell'Amore:** *ispirato dal mio amore*, metafora; Amore era tradizionalmente raffigurato come un giovane dio alato.
10 **quando… intende:** *quando si prefigge uno scopo.*
11 **Ahimé… spade:** perché lo sguardo dell'amata ferisce nel cuore.
12 **a tutta prova:** *pronto a superare ogni ostacolo.*
13 **il mantello della notte:** *l'oscurità*, metafora.
14 **vano:** *non corrisposto.*
15 **che:** *il quale* [*Amore*].

a lui, prestai i miei occhi.[16] – Io non sono pilota;[17] ma fossi tu lontana quanto la più deserta spiaggia che bagna l'oceano più remoto, per una merce tanto preziosa, mi ci imbarcherei.[18]

GIULIETTA Sai bene che una maschera di buio mi copre la faccia, altrimenti mi vedresti ora le guance arrossire d'un pudore di vergine per le parole che mi hai sentito dire questa notte.[19] Vorrei tanto salvare le apparenze: – vorrei, vorrei poter rinnegare quanto ho detto; ma, ormai, addio riguardi.[20] Mi ami? So bene che mi risponderai «sì» – e ti credo sulla parola.[21] Ma non giurare: – per non farti spergiuro.[22] Agli spergiuri degli amanti ride – dicono – Giove.[23] O gentile Romeo, se mi ami, dimmelo francamente. Se pensi che troppo presto ho ceduto, aggrotterò le ciglia, sarò spietata e ti dirò di no, perché tu sia costretto a supplicarmi:[24] altrimenti non te lo direi mai, per nulla al mondo. – È vero, bel Montecchi, io sono troppo innamorata di te; e tu potresti per questo considerarmi leggera. Ma tu credimi, signore: – io ti sarò fedele più di tante più esperte di me nell'arte di farsi ritrose.[25] – E più ritrosa avrei potuto mostrarmi anch'io – lo confesso – se tu non avessi sorpreso, prima che io me ne potessi accorgere, la mai ardente confessione d'amore. – E dunque perdona al mio amore e non ritenerlo troppo leggero, per questo mio abbandono che si è rivelato nell'oscurità della notte.

ROMEO Bambina, per quella sacra luna lassù, che veste d'argento[26] le cime degli alberi di questo giardino ti giuro...

GIULIETTA Oh non giurare per la luna incostante che tramuta ogni mese nel suo corso:[27] – non sia mai altrettanto mutevole il tuo amore.

ROMEO Su che cosa devo giurare?

GIULIETTA Non giurare. O, se ti piace, giura sulla tua grazia, su te che sei l'idolo della mia adorazione, e ti crederò.

ROMEO Se il mio amore ardente...

GIULIETTA Non giurare. Sei tutta la mia gioia. Eppure non mi dà gioia questo incontro di stanotte avventato inatteso e subitaneo,[28] troppo simile al lampo, già svanito prima che uno possa dire «lampeggia». Amore, buonanotte; forse questo germoglio d'amore, che matura al fiato dell'estate, sarà tutto aperto al prossimo incontro.[29] Buonanotte!

▼ Ford Madox Brown, *Romeo e Giulietta*, 1870. Washington, Delaware Art Museum.

16 e io... occhi: perché adesso Romeo guarda con gli occhi dell'amore.
17 pilota: *timoniere, navigante.*
18 ma fossi... imbarcherei: iperbole; la **merce tanto preziosa** è una metafora che indica Giulietta.
19 le parole... notte: la dichiarazione di amore che Giulietta ha fatto, senza sapere che Romeo era sotto il balcone ad ascoltarla.
20 riguardi: *rispetto per le convenienze.* Giulietta teme di apparire sfrontata.
21 Mi ami?... parola: Giulietta non attende la riposta di Romeo e, fra timore e speranza, lo anticipa.
22 per non farti spergiuro: *perché* [*un giorno*] *tu non debba rivelarti uno spergiuro* [: venendo meno al giuramento di adesso].
23 Agli spergiuri... Giove: poiché non può prenderli sul serio. È una massima fortunata del poeta latino Ovidio.
24 aggrotterò... supplicarmi: cioè si fingerà un'amante crudele, che, non cedendo, salva la propria reputazione.
25 arte di farsi ritrose: *tattica di farsi desiderare* [: non cedendo subito al corteggiamento].
26 veste d'argento: *illumina con la sua luce argentata.*
27 per la luna... corso: le fasi lunari.
28 subitaneo: *improvviso.*
29 questo germoglio... incontro: *questo amore che sta nascendo, e che cresce con il passare del tempo propizio* (**al fiato dell'estate**), *sarà al suo colmo* (**tutto aperto**) *al* [*nostro*] *prossimo incontro.*

buonanotte! La dolce pace serena che è già scesa in me, scenda anche nel tuo cuore. Buonanotte.

ROMEO Oh, e mi lascerai così scontento?

GIULIETTA Che contentezza potresti avere da me stanotte?

ROMEO Lo scambio dei nostri voti[30] di fedele amore.

GIULIETTA Ti ho dato il mio prima che tu me lo chiedessi, e vorrei che ancora fosse da dare.[31]

ROMEO Te lo vorresti riprendere? Per quale motivo, amore?

GIULIETTA Per dartelo ancora, e a piene mani. Io desidero solo quello che ho: una generosità sconfinata come il mare è la mia; e profondo più del mare è il mio amore. Più do a te, e più ho io, perché sono inesauribili la mia generosità e il mio amore. Sento qualcuno: amore mio dolce, *adieu*.[32]

Voce della balia di dentro: «Giulietta!»

GIULIETTA Eccomi, balia. Dolce Montecchi, restami fedele. (*Sta per andare: si rivolge per un nuovo pensiero*) Aspettami. Un attimo: torno subito. (*Rientra*).

ROMEO O notte santa! Notte santa! Quasi ho paura così, nella notte, non sia tutto un sogno – e solo un sogno – di troppo dolce lusinga per essere sostanziale.[33]

Riappare in alto Giulietta.

GIULIETTA Due parole, Romeo, e poi davvero buonanotte. Se la tua offerta d'amore è onesta, e la tua intenzione è di sposarmi, tu fammi sapere, per uno[34] che ti manderò domani, dove e quando vorrai compiere il rito; io deporrò il mio destino ai tuoi piedi:[35] sarai il mio signore e padrone, e io ti seguirò fino in capo al mondo.

BALIA (*di dentro*) Giulietta!

GIULIETTA Eccomi... eccomi! Ma se le tue intenzioni non fossero oneste, allora ti supplico...

BALIA (c.s.) Giulietta!

GIULIETTA Eccomi, eccomi!...allora ti supplico, di non più corteggiarmi e di lasciarmi al mio dolore. Domani manderò...

ROMEO Sulla salvezza[36] dell'anima mia.

GIULIETTA Mille volte buonanotte! (*Rientra*).

ROMEO Mille volte pessima notte, per me, se mi manca la tua luce. L'amore corre incontro all'amore con gioia, come fuggono dai loro libri gli scolaretti. Ma dall'amore si allontana l'amore con occhi tristi come tornano gli scolaretti a scuola. (*Si avvia lentamente*).

Riappare in alto Giulietta.

GIULIETTA Pss! Romeo! Pss! Oh, avere la voce di un falconiere per richiamare a me quel mio falchetto reale.[37] Roca è la voce della clausura[38] e non può farsi sentire, se no, saprei ben io forzar l'antro dove Eco riposa e far la sua voce aerea più fioca della mia a forza di ripetere il nome del mio Romeo.[39]

30 voti: *promesse.*
31 e vorrei... dare: *per stare ancora con te,* come spiegato sotto.
32 *adieu*: *addio*, nel francese in uso anche in Inghilterra.
33 di troppo... sostanziale: *troppo dolce e lusingatore perché sia vero.*
34 per uno: *tramite un mio servo.*
35 io deporrò... ai tuoi piedi: *consacrerò a te tutta la mia vita.*
36 Sulla salvezza: [*lo giuro*] *per la salvezza.*
37 quel mio falchetto reale: la metafora, che indica Romeo, è scelta perché il **falchetto** torna sempre fedelmente al richiamo del padrone.
38 Roca... clausura: *la voce di chi sta rinchiuso* [: come Giulietta in casa sua] *è rauca.*
39 saprei... Romeo: *sarei capace di squarciare la caverna in cui sta Eco e rendere la sua voce incorporea* (**aerea**) *più debole della mia a forza di ripetere il nome del mio Romeo.* La ninfa **Eco** si consumò d'amore per Narciso, tanto da perdere il corpo e ridursi a una pura voce. Ora, secondo il mito, vive nelle caverne, e di lì ripete le parole che sono dette dagli altri: Giulietta vorrebbe ripetere così forte e così tante volte il nome di Romeo da fiaccare la stessa Eco.

ROMEO L'anima mia[40] è quella che ora invoca il mio nome. Oh come la notte dà un dolce tintinnio d'argento alla voce degli amanti: musica soavissima all'orecchio che, avido, ascolta.

GIULIETTA Romeo!

ROMEO Vita mia!

GIULIETTA A che ora domani posso mandare da te?[41]

ROMEO All'ora nona.[42]

GIULIETTA Senza dubbio. Da ora alle nove ci sono cento anni. Non mi ricordo più perché ti ho richiamato.

ROMEO E io resto qui finché ti sia tornato in mente.

GIULIETTA E allora io di nuovo me lo scorderò, ricordando soltanto come mi è cara la tua compagnia.

ROMEO E io resterò qui apposta per fartelo scordare ancora, dimenticando di avere casa altrove.

GIULIETTA È quasi l'alba: ti vorrei già lontano, però non più lontano dell'uccellino che una bambina capricciosa lascia uscire un attimo dalla gabbia, come un misero prigioniero tenuto alla catena; e poi per il filo di seta se lo riconduce a casa, gelosa come un'amante, di quella breve licenza.[43]

ROMEO Quel prigioniero vorrei essere io.

GIULIETTA E anch'io, amore, vorrei. Ma forse ti soffocherei di carezze. Buonanotte... Buonanotte. Salutarti è così dolce pena che vorrei dirti buonanotte fino a domattina. (*Rientra*).

ROMEO Scenda il sonno sui tuoi occhi e la pace nel tuo cuore. Ah, fossi io il sonno e la pace per un così dolce riposo! Da qui me ne andrò alla cella del mio padre spirituale[44] a domandargli il suo aiuto e a raccontargli il mio felice incontro. (*Esce*).

da W. Shakespeare, *Romeo e Giulietta*, trad. it di C. Vico Ludovici, Einaudi, Torino 1964, con qualche modifica.

40 L'anima mia: Romeo allude a Giulietta, indicata con un comune epiteto amoroso (come, sotto, **vita mia**).
41 mandare da te: *farti venire a chiamare.*
42 All'ora nona: *alle tre di pomeriggio.*
43 però... licenza: la similitudine riprende in tono più grazioso e domestico quella del **falchetto** (▶ nota 37).
44 del mio padre spirituale: si tratta di frate Lorenzo, che nel seguito della tragedia celebrerà le nozze fra Romeo e Giulietta.

Lavoriamo sul testo

Leggere e capire

La suddivisione del testo La scena può essere divisa in tre parti. Nella prima parte Giulietta, affacciata al balcone, confessa a voce alta il suo amore per Romeo non credendo di essere udita dall'amato. La seconda parte comprende il dialogo fra i due personaggi, finché sono interrotti dalla balia. Romeo, che è entrato di nascosto nel giardino di palazzo Capuleti, ha sentito la confessione di Giulietta e vi risponde con altrettante dichiarazioni d'amore. La giovane, che da una parte si rammarica per aver svelato i propri sentimenti, dall'altra ribadisce di essere «troppo innamorata» di Romeo. Prima di separarsi da lei, Romeo chiede di scambiarsi i «voti di fedele amore» (r. 71). A questo punto la balia li interrompe richiamando Giulietta all'interno. Nella terza parte Giulietta riappare al balcone per un ultimo scambio di battute: i due si accordano per sposarsi in segreto. Giulietta invierà l'indomani un servo da Romeo per sapere «dove e quando [...] compiere il rito» (r. 87). Infine, gli innamorati si danno la buonanotte.

Analizzare

I personaggi divisi dallo spazio La scena si basa su una doppia opposizione spaziale: quella tra alto (il balcone di Giulietta) e basso (il giardino in cui è Romeo) e quella tra interno (la casa, da cui proviene la voce della balia) ed esterno (sempre il giardino). Il dialogo acquista rilievo drammatico proprio dal fatto che Romeo e Giulietta sono fisicamente separati e che Giulietta è richiamata all'interno, sottraendosi alla vista dell'amato e degli spettatori. Il balcone è uno spazio limite: appartiene alla casa ma dà sul giardino, mette in contatto con il mondo fuori ma trattiene in alto. Giulietta ricerca la libertà dell'amore in questo stato di «clausura» (è anche per questo che compare la similitudine dell'uccelletto in gabbia). La distanza aumenta il desiderio e, nello stesso tempo, allude a un amore tragico, ostacolato dall'ostilità fra le famiglie dei due giovani.

Stile letterario e convenzioni teatrali La celebrità della scena del balcone è legata, nell'immaginario collettivo, all'efficacia con cui è resa la psicologia dell'innamoramento adolescenziale: la rapidità, l'impeto, la trasgressione delle norme sociali (e, in particolare, della volontà delle famiglie), l'innocenza. In realtà, questi effetti sono raggiunti attraverso una grande ricercatezza letteraria e grazie alle convenzioni teatrali. Il linguaggio dei due innamorati è quello difficile del petrarchismo europeo, ricco di metafore e di similitudini. Quanto all'effetto di rapidità, esso deriva da uno stratagemma teatrale: il fatto che Giulietta parli a voce alta, di notte, e che Romeo, da sotto, la senta. Anche la risolutezza con cui è deciso il matrimonio risponde più alle leggi della rappresentazione scenica (e al suo bisogno che l'azione incalzi senza punti morti) che a quelle della verosimiglianza.

Interpretare e approfondire

Giulietta fra ribellione e conformismo Giulietta da un lato si ribella a una norma sociale (il divieto dei genitori), dall'altro riconosce l'importanza delle leggi morali: di qui la sua preoccupazione di apparire sfrontata e la richiesta di un matrimonio che sancisca l'unione con Romeo nel sacramento impartito da un'istituzione (la Chiesa). Quella di Romeo e Giulietta non è dunque una semplice ribellione: è una ricerca di conciliazione tra l'istinto e la legge, tra i desideri personali e il loro riconoscimento sociale.

Esercizi

Prima prova A • L'analisi del testo

Comprendere

1 Tutto ruota intorno a un nome

Nelle battute iniziali di Giulietta torna più volte la parola «nome». Perché questa parola è al centro del suo discorso? Quale importanza le attribuisce Giulietta?

2 Una confessione "rubata"

Affacciata al balcone, Giulietta confessa apertamente il suo amore perché crede di essere sola. Quale reazione ha quando si accorge di essere stata invece udita da Romeo (r. 14)? Chiede come e' entrato + ha paura che lo trovino.

Analizzare

3 Metafore e similitudini

Il brano si caratterizza per una grande ricercatezza letteraria. Sottolinea nel testo le metafore e le similitudini.

4 La mappa della scena

La scena si basa su una duplice opposizione spaziale: alto/basso e interno/esterno. Disegna una mappa schematica della scena collocandovi i due amanti. Romeo e Giulietta sono distanti: quale messaggio viene affidato da Shakespeare a questa disposizione dei personaggi nello spazio?

Interpretare e approfondire

5 Tra verità ed eccesso

La celebrità della scena del balcone è legata alla verità con cui è resa la psicologia dell'innamoramento adolescenziale. Quali caratteri dell'amore adolescenziale emergono, secondo te, nel brano? Quale elemento risulta invece inverosimile e risponde piuttosto a esigenze teatrali? Cosa c'e' di simile a realtà? Che cosa non potrebbe accadere in realtà?

6 Dal palcoscenico allo schermo

La stesura di *Romeo e Giulietta* è al centro del film *Shakespeare in Love* di John Madden (▶ Cinema p. 136): nella rappresentazione cinematografica, la tragedia è ispirata da una passione amorosa che travolge Will (William Shakespeare) e la sua innamorata, Viola. Puoi guardare il film e scrivere una relazione che analizzi, in particolare, i seguenti punti:

- il rapporto di Shakespeare con il mercato, la corte e il potere;
- l'influenza dell'amore sulla stesura del dramma;
- le opere che spiccano nella produzione teatrale shakespeariana.

Cinema Shakespeare e il cinema

Storie giapponesi per eroi shakespeariani

I drammi shakespeariani hanno stimolato la creatività di molti registi, tra cui il giapponese Akira Kurosawa (1910-1998), che infatti afferma: «leggendo Shakespeare a noi giapponesi sembra di leggere uno scrittore del nostro paese; tra l'Inghilterra del Medioevo e del Rinascimento e il Giappone della stessa epoca ci sono più analogie di quanto si creda, per esempio è esistito anche da noi un generale ambizioso e sanguinario come Macbeth. *Il trono di sangue* e *Ran* sono delle storie giapponesi ispirate a *Macbeth* e a *Re Lear*». Mentre il primo (1957) appartiene alla fase giovanile della carriera di Kurosawa, *Ran* (1985) è un'opera della maturità. Come nei drammi a cui si ispirano, i due film mettono in scena personaggi storici che sono in primo luogo uomini veri, animati da grandi passioni e conflitti, capaci di grande crudeltà e tuttavia reali, non maschere.

Shakespeare in Love: una fedele ricostruzione del teatro elisabettiano

Meno ambiziosa, ma più affascinante sul piano narrativo, la prospettiva adottata da John Madden (1949) nel suo *Shakespeare in Love* (1998).

Nella Londra elisabettiana compagnie e drammaturghi si contendono i favori del pubblico e soprattutto della corte; dal teatro Rose al Curtain è tutto un fiorire di commedie e tragedie, spesso scritte e modificate giorno per giorno da poeti incalzati da necessità economiche e vicissitudini personali, tormentati da impresari a loro volta indebitati fino al collo. Due scrittori in particolare ambiscono al successo: l'ombroso e maturo Cristopher Marlowe e l'inquieto ed esuberante William Shakespeare. Tra loro intercorre un rapporto rispettoso e quasi filiale: William riconosce con una punta d'invidia il genio maestoso di Marlowe, e questi a volte fornisce spunti preziosi per i drammi che William improvvisa. L'attività delle compagnie si dipana con entusiasmo frenetico fra teatri (fedelmente ricostruiti secondo il modello dell'epoca elisabettiana) e taverne (qui troverà la morte, in una rissa, il grande Marlowe), in un misto di spirito dilettantesco, passione per l'arte ed esigenze affaristiche.

Ma c'è un altro aspetto, sebbene stavolta poco fedele alla realtà, che rende il film appassionante: l'incontro tra letteratura e vita. William è a corto di ispirazione e pressato dai debiti e dai committenti; finché non troverà una musa ispiratrice, la sua vena creativa resterà secca. Ecco allora che sul suo cammino incontra, per caso, lady Viola, ricca nobildonna promessa sposa a un insulso lord e animata da una irrefrenabile passione per il teatro, a tal punto da travestirsi da ragazzo per poter recitare proprio in un dramma di Shakespeare (a quell'epoca non esistevano attrici donne, gli uomini interpretavano anche i ruoli femminili). Tra i due scoppia un'ardente passione, che si intreccia con le prove, ma soprattutto con la stesura della commedia a cui William sta lavorando e che, influenzata dalla storia clandestina con Viola, diventa un dramma dai toni patetici e tragici.

Vita e palcoscenico si intrecciano: le scene cruciali di Romeo e Giulietta sono vissute da William e Viola durante i loro incontri segreti, prima che provate in teatro; e, spesso i due amanti si rivolgono battute tratte dal copione. La conclusione? William perde Viola, ma grazie a lei ottiene con *Romeo e Giulietta* grandi riconoscimenti: guadagna il favore della regina Elisabetta e viene incoronato poeta capace di rendere vero l'amore sul palcoscenico.

Ovviamente al regista e allo spettatore non interessa una vera analisi storiografica: perché sottolineare che la tragedia è in realtà tratta da una novella italiana? O perché voler mettere in luce la parodia del petrarchismo largamente presente nel testo? Madden sceglie di riportare a una matrice autobiografica il carattere estremo, esasperato e quindi impossibile del sentimento rappresentato in *Romeo e Giulietta*. Ciò riduce la complessità artistica del capolavoro shakespeariano, e tradisce la verità storica; ma offre al vasto pubblico una vicenda facilmente godibile proprio in forza del suo carattere più prevedibile e stereotipato.

T2

Le forme
- alternanza di dialogo e monologo

I temi
- tragicità della condizione umana
- lotta per il potere
- disgusto di Amleto verso le donne

William Shakespeare
La follia di Amleto

Re Claudio, appoggiato dal vecchio Polonio e con il consenso della regina Gertrude, fa spiare Amleto per comprendere la natura e le origini della sua follia: l'unica preoccupazione dello zio è in realtà preservare il potere. A questo scopo dà l'incarico di studiare il comportamento del principe prima a due suoi vecchi compagni, Rosencrantz e Guildenstern, poi a Ofelia. Polonio e il re si ritirano per spiare quando entra Amleto: nel celebre monologo «Essere o non essere...», egli riflette sul tragico destino umano, sul timore della morte, sulla incapacità personale di passare immediatamente all'azione. Quindi compare Ofelia: il principe la ripudia rivolgendole battute sarcastiche che rivelano tutto il suo disgusto verso le donne e l'amore.

Una stanza della reggia.
Entrano il Re, la Regina, Polonio, Ofelia,
Rosencrantz, Guildenstern, e Signori del seguito

RE E non potreste voi, con qualche mezzo adatto, indurlo a confessare perché mai si conduce in modo tanto dissennato, e così aspramente fa stridere le sue giornate, un tempo tranquille, con questa turbolenta e perniciosa follìa?[1]

ROSENCRANTZ[2] Confessa, bensì,[3] di sentirsi egli medesimo fuori di senno; ma per qual ragione non vuol dirlo assolutamente.

GUILDENSTERN Né lo troviamo in alcun modo disposto a lasciarsi studiare e scandagliare; ed anzi, egli riesce a mantenersi alla larga dai nostri sguardi scrutatori grazie a una sorta d'astuta follìa, tutte le volte che vorremmo persuaderlo a rivelare la vera natura del suo stato.

REGINA Vi ha accolto bene?

ROSENCRANTZ Molto cortesemente.

GUILDENSTERN Ma invero forzando alquanto la sua inclinazione.[4]

ROSENCRANTZ Piuttosto avaro nel far domande, ma generoso nel rispondere.

REGINA Avete cercato di attirarlo a un qualche svago?

ROSENCRANTZ È accaduto, signora, che incontrassimo e sopravanzassimo,[5] per via, alcuni attori, e avendolo noi informato di questa circostanza, subito parve ch'egli fosse invaso da una specie di novella[6] gioia. Essi son qui a corte, ed io credo che abbian già ricevuto l'ordine di recitar stasera per lui.

POLONIO È proprio così. Ed egli m'ha incaricato anche di pregar le vostre maestà, acciocché[7] vengano a sentire e veder lo spettacolo.

RE Con tutto il cuore: e mi fa molto piacere saperlo in questa bella disposizione d'animo. Buoni signori: cercate di stimolarlo sempre più a concedersi piaceri simili.

ROSENCRANTZ Così faremo, signor mio.

[*Escono Rosencrantz e Guildenstern*]

RE Diletta Gertrude, lasciaci soli anche tu; perché, a sua insaputa, abbiam fatto in modo che Amleto se ne venga a questa volta, così che possa, quasi per caso, incontrarsi con Ofelia. Suo padre ed io, legittimi spioni,[8] ci collocheremo in luogo che, non veduti

1 si conduce... follìa: *si comporta in modo tanto insensato, e, con questa turbolenta e dannosa follia, lui inasprisce e agita le sue giornate un tempo tranquille.*
2 Rosencrantz: è, insieme a Guildenstern, un vecchio compagno di Amleto, assoldato dal re Claudio per spiarlo.
3 bensì: *è vero*; intercalare.
4 forzando... inclinazione: cioè comportandosi in modo non del tutto naturale.
5 sopravanzassimo: *superassimo.*
6 novella: *nuova.*
7 acciocché: *affinché.*
8 legittimi spioni: l'ossimoro rivela la duplicità delle intenzioni di Claudio, che, più che accertarsi della salute del nipote, vuole preservare il potere ottenuto con l'uccisione del legittimo re e padre di Amleto.

vedendo, possiam giudicare in modo equanime[9] il tenore e il carattere del loro incontro, ed arguir,[10] dal modo come si comporta, s'egli soffre o meno per una pena d'amore.

REGINA Vi obbedirò. E per parte tua, Ofelia, vorrei proprio che la tua sana bellezza fosse la causa felice delle stravaganze d'Amleto: così com'io spero che vorranno essere le tue virtù a ricondurlo nuovamente sul sentiero che egli era uso percorrere un tempo; con onore d'entrambi.

OFELIA Anch'io desidero, signora, che così avvenga.

[*Esce la Regina*]

POLONIO Ofelia, tu passeggerai qui. Se vostra grazia[11] lo consente, andremo al nostro posto. Tu leggerai in questo libro. La mostra d'un tale esercizio dia parvenza di verità alla tua solitudine.[12] Sovente siamo da biasimare – e ciò è anche troppo provato – perché, col volto della devozione e con atti di pietà, inzuccheriamo il demonio [13] medesimo.

RE Oh, è anche troppo vero! E qual cocente colpo di frusta non infliggono queste parole alla mia coscienza! La gota d'una cortigiana, sotto la crosta del belletto che ad arte la rende avvenente, non è più laida, a paragone di quel che l'aiuta, di quanto non lo siano le mie azioni a paragone delle parole che meglio mi riesce d'affatturare.[14] Ah, il pesante fardello![15]

POLONIO Sento ch'è[16] per giungere; ritiriamoci, signor mio.

[*Escono*]

Entra Amleto

AMLETO Essere o non essere, questo è il problema. È forse più nobile soffrire, nell'intimo del proprio spirito, le pietre e i dardi scagliati dall'oltraggiosa fortuna, o imbracciar l'armi, invece, contro il mare delle afflizioni, e, combattendo contro di esse metter loro una fine?[17] Morire per dormire. Nient'altro. E con quel sonno poter calmare i dolorosi battiti del cuore, e le mille offese naturali di cui è erede la carne![18] Quest'è una conclusione da desiderarsi devotamente.[19] Morire per dormire. Dormire, forse sognare. E proprio qui l'ostacolo; perché in quel sonno di morte, tutti i sogni che possan sopraggiungere quando noi ci saremo liberati dal tumulto, dal viluppo[20] di questa vita mortale, dovranno indurci a riflettere. È proprio questo scrupolo a dare alla sventura una vita così lunga! Perché, chi sarebbe capace di sopportare le frustate e le irrisioni del secolo,[21] i torti dell'oppressore, gli oltraggi dei superbi, le sofferenze dell'amore non corrisposto, gli indugi della legge,[22] l'insolenza dei potenti e lo scherno che il merito paziente riceve dagli indegni, se potesse egli stesso dare a se stesso la propria quietanza[23] con un nudo pugnale?[24] chi s'adatterebbe a portar carichi, a gèmere e sudare sotto il peso d'una vita grama,[25] se non fosse che la paura di qualcosa dopo la morte – quel territorio inesplorato dal cui confine non torna indietro nessun viaggiatore – confonde e rende perplessa la volontà, e ci persuade a sopportare i malanni che già soffriamo

9 equanime: *imparziale.*
10 arguir: *comprendere.*
11 vostra grazia: titolo di omaggio rivolto al re.
12 La mostra… solitudine: *il mostrarti in questa occupazione* [: leggere] *renderà plausibile la tua solitudine.*
13 inzuccheriamo il demonio: *rendiamo piacevole il demonio*, cioè addolciamo gli atti peccaminosi.
14 La gota… affattuare: *la guancia di una sgualdrina, sotto lo strato del trucco che la rende bella artificialmente, non è più ripugnante a confronto di ciò che la aiuta* [: del trucco stesso], *di quanto non siano* [*ripugnanti*] *le mie azioni in confronto alle parole che riesco a mettere insieme così bene.* I trucchi di Claudio sono ripugnanti quanto le arti seduttive di una prostituta: a parole, dichiara preoccupazione per Amleto, ma, in realtà, l'unica sua preoccupazione è preservare il potere.
15 fardello: *peso* [: della colpa].
16 ch'è: *che sta.*
17 le pietre… fine: le due distinte metafore guerresche (quelle della battaglia di terra e di mare) indicano i tormenti esterni e interni della vita.
18 offese… carne: offese che non sono eliminabili perché connaturate alla vita e alla natura umana.
19 devotamente: è detto ironicamente, perché il desiderio di morire è condannato dalla religione.
20 viluppo: *groviglio.*
21 secolo: *mondo, società.*
22 indugi della legge: *lentezze della giustizia.*
23 dare… quietanza: *attestare che la somma dovuta sia stata pagata.*
24 nudo pugnale: la morte appare nelle parole di Amleto come l'unica azione energica e virile.
25 grama: *di stenti.*

piuttosto che accorrere verso altri dei quali ancor non sappiamo nulla. A questo modo, tutti ci rende vili la coscienza, e l'incarnato naturale della risoluzione è reso malsano dalla pallida tinta del pensiero,[26] e imprese di gran momento e conseguenza, deviano per questo scrupolo le loro correnti, e perdono il nome d'azione.[27]

Ma silenzio! la bella Ofelia! Ninfa,[28] ricordati di tutti i miei peccati, nelle tue orazioni.

OFELIA Mio buon signore, com'è stata vostra altezza negli ultimi giorni?

AMLETO Vi ringrazio umilmente. Bene, bene, bene.

OFELIA Mio signore, conservo certi oggetti che m'avete regalati perché mi ricordassi di voi, e che da tempo desideravo restituirvi. Vi prego, ora, di volerli riprendere.

AMLETO Ah, no certo. Io non v'ho dato mai nulla.

OFELIA Mio venerato signore, so benissimo che siete stato voi a darmeli, e insieme ad essi m'avete offerto parole composte d'un alito così dolce da render quegli oggetti anche più preziosi. Una volta perduto il loro profumo, riprendeteli, perché uno spirito nobile, quando il donatore si mostra crudele, sente scadere il valore dei doni.[29] Eccoli, mio signore.

AMLETO Ah, ah! siete onesta?

OFELIA Mio signore!

AMLETO Siete bella?

OFELIA Che vuol dire la signoria vostra?

AMLETO Che se siete onesta e bella, la vostra onestà non dovrebbe ammettere alcuna conversazione[30] con la vostra bellezza.

OFELIA E quale miglior commercio[31] potrebbe aver la bellezza, mio signore, che con l'onestà?

AMLETO Sì, proprio. Ché la potenza della bellezza trasformerà l'onestà in una mezzana[32] prim'ancora che la forza dell'onestà riesca a tradur[33] la bellezza a sua immagine e somiglianza. Un tempo, questo era un paradosso. Ma il secolo ha dimostrato ch'è vero. Vi ho amato, una volta.

OFELIA In verità, signore, me lo avete fatto credere.

AMLETO Non avreste dovuto credermi. Perché la virtù non si può innestare nel vecchio ceppo della nostra natura peccaminosa senza che, dei nostri peccati, ci resti un po' di gusto.[34] Io non vi ho amata.

OFELIA Tanto più, per questo, m'avete ingannata.

AMLETO Vattene in convento.[35] Perché vorresti mettere al mondo dei peccatori? io stesso sono abbastanza onesto, e tuttavia potrei accusarmi di tali cose che sarebbe meglio mia madre non mi avesse mai generato. Sono assai orgoglioso, vendicativo, ambizioso, e con molte più colpe ai miei comandi[36] che pensieri in cui metterle, fantasia per dar lor forma, e tempo per porle in opera. Che cosa dovrebbero fare le persone che, come me, strisciano fra il cielo e la terra? Siamo canaglie matricolate tutti quanti. Non devi credere a nessuno di noi. Vattene per la tua strada in convento.

da W. Shakespeare, *Amleto*, a cura e con trad. it. di G. Baldini, Rizzoli, Milano 1990.

26 l'incarnato naturale... pensiero: *il colore naturale della risolutezza è reso malato dal pallore del pensiero.* Secondo le credenze del tempo un bel colore naturale indicava salute e forza di carattere, il pallore invece era sintomo di malattia e associato all'incertezza e all'indecisione.

27 imprese... d'azione: *imprese di grande importanza deviano per questo scrupolo del pensiero dal corso della loro decisione e non si traducono più in azione.*

28 Ninfa: *bella giovane*; propriamente, creatura mitologica abitatrice dei boschi.

29 quando... doni: Ofelia restituisce i doni ricevuti da Amleto perché così consigliata dal fratello e dal padre che, nell'atto secondo, avverte la figlia di non prendere sul serio l'attenzione del principe. Data la differenza di livello sociale, Amleto certamente non può avere intenzioni serie verso di lei.

30 non dovrebbe... conversazione: *non dovrebbe avere nulla a che fare.* Il senso della battuta è spiegato subito dopo.

31 commercio: *rapporto.*

32 mezzana: *ruffiana*, cioè, propriamente, un'istigatrice alla prostituzione.

33 tradur: *trasformare.* Le donne belle, dice Amleto, sono sempre di facili costumi.

34 senza... gusto: *senza che si dimentichino le nostre inclinazioni peccaminose.*

35 convento: in inglese c'è un doppio senso perché, gergalmente, la parola *nunnery* indica il bordello.

36 con molte... comandi: *con molti più peccati a portata di mano, sempre pronti a obbedire ai miei desideri.*

Lavoriamo sul testo

Leggere e capire

Tre momenti Il primo momento è un dialogo a sei voci: il re, Rosencrantz, Guildenstern, la regina, Polonio e Ofelia si interrogano sul preoccupante comportamento di Amleto, che appare colpito da una «turbolenta e perniciosa follia». Claudio e Polonio escogitano un piano: far incontrare il principe con Ofelia per verificare se il turbamento di Amleto dipende da una pena d'amore. Il re e il ciambellano si nascondono per spiare l'incontro. Entra Amleto. Il secondo momento è occupato dal celebre monologo del protagonista, che pone se stesso di fronte a un'alternativa radicale: «essere o non essere», cioè vivere nelle avversità che accompagnano l'esistenza, o abbandonarsi al nulla. «Morire per dormire» sarebbe «una conclusione da desiderarsi devotamente»; ma la capacità di pensare porta l'uomo a sopportare «le frustate e le irrisioni del secolo» e ad avere paura di quel «territorio inesplorato» che è l'aldilà. La mente trattiene l'individuo, invischia la sua volontà, lo condanna all'inazione. Nel terzo momento ritorna il dialogo: Amleto ripudia Ofelia, invitandola infine a chiudersi in convento (l'originale *nunnery* in gergo assume però anche il significato di 'bordello').

Analizzare

Il ritratto del protagonista Al centro dei tre momenti sta sempre Amleto, sia che agisca direttamente sul palcoscenico, sia che si parli di lui in sua assenza. Il personaggio è sottoposto a continui mutamenti di prospettiva, e cambia sotto i nostri occhi: oggetto di incomprensione e di indagine nel primo momento, eroe malinconico che riflette in termini di altissima poesia nel secondo, pazzo (o presunto tale), sarcastico e brutale nell'ultimo. In tutti e tre i casi, Amleto non si presenta come una figura chiara e ben definita. Al contrario, è un personaggio legato a varie domande: quelle che i personaggi della corte si pongono sul suo conto nel primo momento (è folle? e perché?), quelle che lui stesso avanza nel secondo (essere o non essere?), quelle che insorgono in noi nel terzo (perché tratta così Ofelia, che egli ama e che lo ama?). Si rivela così il carattere complesso e problematico di Amleto: è questo carattere che lo rende un personaggio moderno (▶ Focus, p. 141). In particolare, il monologo del protagonista ha il potere di illuminare una condizione esistenziale che va al di là della vicenda rappresentata: il caso personale di Amleto assume un valore generale; la sua incertezza è in particolare l'incertezza dell'uomo moderno, sospeso fra riflessioni e paure e divenuto spesso incapace di grandi azioni.

Interpretare e approfondire

La violenza del potere e dell'amore La malinconia e l'inquietudine di Amleto si legano a un mondo degradato, dominato dalla corruzione e dalla sete di potere. Persino l'amore è corrotto e non può essere onesto. Nel primo momento emerge con forza la violenza del potere, che stravolge i rapporti naturali e gli affetti: Rosencrantz e Guildenstern, vecchi compagni di Amleto, diventano spie; la regina collabora all'accerchiamento del figlio; perfino l'amata Ofelia si presta a essere uno strumento di indagine. Un'indagine che, in realtà, non viene aperta dal re perché egli sia realmente preoccupato della salute di Amleto, ma solo perché vuole preservare il potere. Come il trucco della prostituta maschera la sua vera natura, così la preoccupazione di Claudio sulla salute del principe nasconde la sua volontà di dominio. Se nel primo momento Amleto è vittima delle trame altrui, nel terzo egli si scaglia con crudeltà contro Ofelia, fino a rivolgerle una battuta volgare (la frase «Vattene in convento» contiene un doppio senso osceno e sta per 'Vai a fare la prostituta'). Certo Amleto deve fingersi pazzo perché non siano scoperti i suoi progetti di vendetta; e quale comportamento è più folle che trattare in modo simile la donna che fino ad allora si è amata? Ma l'accanimento di Amleto non può essere giustificato solo da ragioni "tattiche". Il principe mostra disgusto per l'amore e per le donne in generale: un disgusto che nasce dall'atto immorale della madre, che ha tradito la memoria del padre sposando Claudio. Ofelia dunque non è più solo e semplicemente Ofelia, ma rappresenta quella femminilità colpevole che tormenta Amleto.

Esercizi

Prima prova A • L'analisi del testo

Comprendere

1 «Vattene in convento»

Amleto congeda Ofelia invitandola ad andarsene in convento. Perché la battuta «vattene in convento» risulta offensiva e volgare nei confronti della donna?

Analizzare

2 Identikit del personaggio

Uno solo è il vero protagonista di tutta la scena: Amleto. Anche quando non è presente, gli altri parlano di lui. Ciascuno dei tre momenti rivela diverse facce del personaggio, anche in base al diverso punto di vista.

Quali sono i caratteri di Amleto che emergono nei vari momenti in cui si articola la scena?
- In apertura, re Claudio giudica Amleto…
- Le parole di Amleto nel monologo rivelano…
- Nel dialogo con Ofelia Amleto si dimostra…

Interpretare e approfondire

3 Amleto, Ofelia e le donne

Amleto si rivolge a Ofelia in modo offensivo. Dietro al suo comportamento possono riconoscersi due ragioni: una "tattica", l'altra più profonda. Esplicitale.

Terza prova A • La trattazione sintetica

4 Amleto, eroe moderno

Molti critici hanno affermato che con Amleto muore l'eroe tragico antico e nasce l'eroe tragico moderno. Anche Luigi Pirandello, in un celebre passo del *Fu Mattia Pascal*, sceglie il protagonista del dramma shakespeariano quale rappresentante di un nuovo tipo di personaggio/tipo (▶ Focus). In una trattazione sintetica (max 15 righe) metti in luce gli elementi di modernità di Amleto, facendo riferimento, in particolare, al contenuto del monologo che hai letto in questo brano.

Focus Oreste diventa Amleto

Uno scrittore del Novecento, Luigi Pirandello (1867-1936), riconosce in Amleto il modello esemplare dell'uomo moderno: dubbioso e incapace di agire. In un celebre passo del romanzo *Il fu Mattia Pascal* (1904), Anselmo Paleari – il proprietario della pensione dove si trova il protagonista Mattia Pascal/Adriano Meis – collega a uno strappo nel cielo di carta di un teatrino di marionette la trasformazione di Oreste in Amleto. Oreste (che compare nelle antiche tragedie di Eschilo, Sofocle e Euripide) rappresenta l'eroe tragico per eccellenza, colui che, forte delle proprie certezze, punta dritto allo scopo. Il suo compito è simile a quello di Amleto: vendicare il padre Agamennone uccidendone i due assassini, la madre Clitemnestra e il suo nuovo marito Egisto. A differenza di Amleto, però, Oreste non esita ed è pronto a uccidere. Sono invece proprio l'incertezza e l'indeterminatezza a fare di Amleto l'incarnazione dell'eroe moderno: i vecchi valori sono messi in discussione (è questo il significato metaforico dello strappo nel cielo di carta) e ciò provoca nell'uomo una paralisi dell'azione e un continuo senso di esitazione. Riportiamo di seguito il passo del *Fu Mattia Pascal* in questione.

– […] Ora senta un po' che bizzarria mi viene in mente! Se, nel momento culminante, proprio quando la marionetta che rappresenta Oreste è per vendicare la morte del padre sopra Egisto e la madre, si facesse uno strappo nel cielo di carta del teatrino, che avverrebbe? Dica lei.
– Non saprei, – risposi, stringendomi le spalle.
– Ma è facilissimo, signor Meis! Oreste rimarrebbe sconcertato da quel buco nel cielo.
– E perché?
– Mi lasci dire. Oreste sentirebbe ancora gl'impulsi della vendetta, vorrebbe seguirli con smaniosa passione, ma gli occhi, sul punto, gli andrebbero lì, a quello strappo, donde ora ogni sorta di mali influssi penetrerebbero sulla scena, e si sentirebbe cader le braccia. Oreste, insomma, diventerebbe Amleto. Tutta la differenza, signor Meis, tra la tragedia antica e la moderna consiste in ciò, creda pure: in un buco nel cielo di carta.

da L. Pirandello, *Il fu Mattia Pascal*, a cura di G. Mazzacurati, Einaudi, Torino 1993.

[*Amleto*, atto III, scena II]

T3

Le forme
- "teatro nel teatro"
- linguaggio ironico e sconveniente

I temi
- capacità del teatro di scoprire la verità

William Shakespeare
Il teatro nel teatro: la recita a corte

*A corte si dà uno spettacolo organizzato da Amleto. Il principe scambia alcune amare e pungenti battute con Ofelia; poi gli attori interpretano un mimo e una recita in cui un uomo avvelena il re suo fratello per ottenere il trono e per sposarne la moglie. È una scena di "teatro nel teatro" (**▶ Focus, p. 146**). Quando Claudio coglie l'allusione al crimine che lui stesso ha commesso, si alza sconvolto e fa interrompere lo spettacolo.*

[*Entrano il Re, la Regina, Polonio, Ofelia, Rosencrantz, Guildenstern, ed altri del séguito, Guardie con fanali ecc. Marcia danese. Squillo di trombe*]

[...]

RE Come sta il nostro nipote Amleto?

AMLETO Benissimo, in fede; vivo del cibo del camaleonte,[1] cioè mangio l'aria condita di speranza. Voi non potete alimentar così i capponi.

RE Non ho nulla a che fare con una tal risposta: queste parole non son per me.

AMLETO Né per me. E voi, signore [*a Polonio*], voi dite che recitaste una volta all'università?

POLONIO Sì, principe: e fui stimato un buon attore.

AMLETO E che parte recitaste?

POLONIO Quella di Giulio Cesare; fui ucciso in Campidoglio: fu Bruto che mi ammazzò.

AMLETO Fu un bruto davvero a immolare un così bel manzo![2]... Che siano pronti gli attori?

ROSENCRANTZ Sì, principe; essi aspettano il vostro cenno.

REGINA Vieni qui, mio caro Amleto, siedi vicino a me.

AMLETO No, buona madre, qui vi è calamità più attraente.[3]

POLONIO Oh, oh! udiste ciò?[4] [*al Re*]

AMLETO [*sedendo ai piedi d'Ofelia*] Signora, potrò giacermi in grembo a voi?[5]

OFELIA No, signore.

AMLETO Intendo, adagiare il capo sul vostro grembo?

OFELIA Sì, principe.

AMLETO Pensate ch'io volessi dire cosa villana?

OFELIA Non penso nulla, signore.

AMLETO È un bel pensiero, quello di giacere tra le gambe d'una fanciulla.[6]

OFELIA Cosa mai, signor mio?

AMLETO Nulla.

OFELIA Siete allegro, signore.

AMLETO Chi, io?

OFELIA Sì, principe.

AMLETO Oh Dio, sono il vostro giullare e null'altro. Che cosa di meglio ha da far l'uomo che di essere allegro? Guardate come il contento[7] traspira dagli occhi di mia madre e non son due ore che mio padre è morto.

1 cibo del camaleonte: è impossibile dare una spiegazione precisa delle battute di Amleto quando si finge folle: tuttavia, dietro le frasi sconnesse o sarcastiche, si nascondono importanti verità o attacchi ai nemici, in questo caso al re. L'immagine del camaleonte richiama l'idea dell'uomo pronto a cambiare opinione a seconda delle circostanze. Nel passo successivo Amleto fa riferimento alla credenza secondo la quale il camaleonte si nutriva d'aria.

2 manzo: *vitello.* Nell'antica Roma sugli altari venivano sacrificati degli animali. Amleto fa capire ironicamente che Polonio è un animale.

3 qui... attraente: allude a Ofelia.

4 Oh... ciò: Polonio sottolinea la battuta perché, secondo lui, prova che Amleto è pazzo per amore di Ofelia.

5 Signora... a voi: la battuta ha un doppio senso osceno.

6 è un bel... fanciulla: Amleto ribadisce l'oscenità.

7 il contento: *la contentezza.*

Ofelia No, principe, sono due volte due mesi.

Amleto Tanto tempo? Allora, il diavolo porti il lutto, ch'io indosserò una tunica di tessuto più fino.[8] Oh cielo! Morto son già due mesi e non ancora dimenticato? In tal caso vi è da sperare che la memoria di un grand'uomo possa sopravvivergli almeno un mezzo anno; ma, per la Madonna, converrà perciò che abbia piamente eretto delle chiese, o altrimenti correrò rischio di essere obliato come l'animale, il cui epitaffio è, Lù, lù, il cavallino dimenticato è![9]

[*Squillo di trombe: comincia la pantomima.*[10] *Entrano un Re ed una Regina, che si prodigano mille carezze; ella s'inginocchia e dichiara con effusione il suo amore; ei la rialza e poggia il capo sul di lei seno; poi si assidono entrambi sopra un banco di fiori, dove il Re si addormenta ed è da lei lasciato. Un altro uomo sopraggiunge che toglie al Re la corona, la bacia e, versata una fiala di veleno nell'orecchio del dormiente, se ne va. La Regina ritorna, trova il Re morto e fa atti disperati. L'avvelenatore torna anch'egli con due o tre persone dietro, e sembra partecipare al di lei dolore. Il morto corpo è portato altrove. L'avvelenatore corrompe con doni la Regina; ella pare sdegnata dapprima, poi si arrende al suo amore. Escono*]

Ofelia Che significa ciò, signore?

Amleto Perdinci, un malanno perfetto significa catastrofe.

Ofelia Forse questa pantomima esprime l'argomento del dramma.

Amleto Lo sapremo da costui [*accennando al Prologo*[11] *che entra*]: i commedianti non han nulla di segreto, dicono tutto.

Ofelia Ci dirà egli quale fosse il senso di questa pantomima?

Amleto Sì, e di qualunque altra pantomima che vorrete mostrargli senza averne vergogna, lui non avrà vergogna a dirvi cosa ciò significa.[12]

Ofelia Siete cattivo, siete cattivo; voglio badare al dramma.

Prologo *Per noi e per la nostra tragedia imploriamo umilmente la vostra clemenza e vi supplichiamo di attenzione.*

Amleto È questo un prologo o il motto d'un anello?[13]

Ofelia È breve, signore.

Amleto Come l'amor della donna.

[*Entrano due attori: un* Re *ed una* Regina]. [...] (*Gli attori mettono in scena, dialogando, il dramma preannunciato dalla pantomima*).

Amleto Signora, vi piace questo dramma?

Regina La dama promette troppo, mi sembra.[14]

Amleto Oh! Ma terrà parola, lei.[15]

Re Conoscete l'argomento? Vi è nulla che possa offendere?

Amleto No, no, quelli celiano,[16] è un veleno da burla; non v'è un male alcuno!

Re Come si intitola questo dramma?

Amleto «La trappola del sorcio». Con qual significato? Per metafora. In questo dramma si rappresenta un'uccisione commessa a Vienna; il nome del duca è Gonzago; sua moglie si chiama Batista;[17] vedrete fra poco: è un lavoro ribaldo.[18] Ma, e con

8 **Allora... fino:** se neppure la vedova porta il lutto, non lo porterà nemmeno Amleto: che lo porti il diavolo. È un commento sarcastico.

9 **essere obliato... dimenticato è:** l'**epitaffio** è l'iscrizione funeraria. Qui si allude a un personaggio tipico dei *May Games* (rappresentazioni popolari recitate nel mese di maggio), il quale soleva cavalcare un cavalluccio di legno.

10 **pantomima:** azione teatrale muta.

11 **Prologo:** l'attore che recita il prologo, cioè l'introduzione al dramma.

12 **Sì... significa:** altra allusione oscena (la **pantomima** diventa l'atto sessuale).

13 **il motto d'un anello:** per la sua brevità, come nota sotto Ofelia.

14 **La dama... mi sembra:** la **dama** è l'attrice che impersona la regina e che **promette** di non risposarsi più dopo l'uccisione del marito. Sulla bocca di Gertrude la battuta ha un sapore amaramente ironico: il personaggio rappresenta infatti lei stessa.

15 **lei:** *lei* [: a differenza di te]. Amleto si protegge dietro la sua follia per alludere alla verità senza farsi capire.

16 **quelli celiano:** *loro scherzano* [: mentre tu, Claudio, uccidesti per davvero].

17 **Batista:** nel Rinascimento, in effetti, il nome era usato al femminile.

18 **è un lavoro ribaldo:** *è un'impresa scellerata* [: quella che viene rappresentata].

questo? Vostra Maestà e noi, che abbiamo l'anima netta, siamo a questo indifferenti.[19] La rozza scorticata si accasci, i nostri garretti sono illesi.[20] [*Entra Luciano attore*] Questi è un certo Luciano, nipote del re.[21]

OFELIA Voi siete un buon coro,[22] principe.

AMLETO Potrei farmi interprete fra voi e il vostro amante, se vedessi i movimenti dei due fantoccini.

OFELIA Siete pungente, mio signore, siete pungente.

AMLETO Vi costerebbe un gemito, annusarmi la punta.[23]

OFELIA Sempre meglio, e peggio.

AMLETO E con progressione simile[24] dovete voi pure eleggere i mariti. [*Rivolto all'attore*] Comincia assassino: lascia le tue dannate smorfie, e comincia. Va', il corvo gracchiante stride per la vendetta.[25]

LUCIANO *Tenebrosi pensieri, mani pronte, succhi efficaci, ora propizia, stagione complice, e nessuno per vederlo. Tu negra mistura, spremuta a mezzanotte da erbe selvatiche, tre volte maledette, tre volte infette, tu, magica pozione, somministrata dalla natura, che tanta terribile forza possiedi, spegni immediatamente questa florida vita.* [*Versa il veleno in un orecchio dell'addormentato*].[26]

AMLETO Lo avvelena nel giardino per carpirgli il dominio. Ha nome Gonzago: la storia esiste ancora scritta in buon italiano. Vedrete fra poco come l'uccisore si acquista l'amore della moglie di Gonzago.

OFELIA Il re si alza.

AMLETO Che? Atterrito da un colpo a salve?

REGINA Che avete signore?

POLONIO Sospendete la rappresentazione.

RE Fate lume...[27] andiamo!

TUTTI Lumi! lumi! lumi! [*Tutti escono, fuorché Amleto e Orazio*][28]

AMLETO *Il cervo ferito innalzi i suoi gridi, e il cerbiatto illeso al suo posto saltelli, è forza che alcuni veglino quando altri dormono, e così va il mondo.*[29] Ebbene, amico, se la fortuna mi trattasse alla turca,[30] non basterebbero questi versi, insieme con una foresta di penne, con due rosette alla provinciale nei miei nitidi calzaretti, per darmi dritto ad essere aggregato ad una schiera di commedianti?[31]

adatt. da W. Shakespeare, *Amleto*, trad. it di C. Rusconi, Gulliver, Rimini 1985.

19 Vostra... indifferenti: la battuta è ironica.
20 La rozza... illesi: *un vecchio cavallo malconcio scalci per il dolore, il nostro cavallo è sano.* I **garretti** costituiscono un'articolazione degli arti posteriori dei cavalli.
21 Questi... re: il personaggio che sta per Claudio.
22 Voi... coro: nella tragedia, infatti, il coro ha il compito di commentare l'azione.
23 Vi costerebbe... punta: gioco di parole e nuova allusione oscena.
24 con progressione simile: cioè procedendo **sempre meglio, e peggio** (riprendendo la battuta precedente). L'allusione va alle seconde nozze della regina, migliori delle prime solo ironicamente e in realtà ben peggiori.
25 la vendetta: quella di Amleto su Claudio. Il **corvo** è tradizionalmente un uccello di malaugurio.
26 addormentato: l'attore che fa la parte del padre di Amleto.
27 Fate lume: il re chiede che si faccia luce in sala per interrompere così la recita.
28 Orazio: l'amico fidato a cui Amleto ha chiesto di osservare di nascosto le reazioni del re.
29 Il cervo... mondo: la parte in corsivo è detta da Amleto come continuando la recita. Il **cervo ferito** sembra alludere a Claudio, il **cerbiatto illeso** ad Amleto stesso.
30 se... turca: *se la fortuna mi facesse ricco come un turco.*
31 non basterebbero... commedianti: i cappelli con il pennacchio e le scarpe annodate con eleganti nastri a forma di rosa erano i requisiti essenziali per aver diritto (**dritto**) di entrare a far parte della categoria dei commedianti.

Lavoriamo sul testo

Leggere e capire

Due momenti La scena si divide in due momenti. Il primo è quello dell'attesa della recita, ed è incentrato sul dialogo fra Amleto e Ofelia: il principe rivolge alla giovane battute sprezzanti e dal doppio senso osceno («Signora, potrò giacermi in grembo a voi?», r. 20) che colpiscono anche la madre («Guardate come il contento traspira dagli occhi di mia madre e non son due ore che mio padre è morto», rr. 33-34). Il secondo momento è quello della pantomima e poi della recita dei commedianti: Amleto commenta in modo pungente la rappresentazione; finché Claudio, colta l'allusione alla sua vicenda, fa sospendere lo spettacolo. Come fosse un attore del gruppo dei commedianti, Amleto conclude la recita con una battuta dal significato metaforico: «*Il cervo ferito* [: Claudio] *innalzi i suoi gridi, e il cerbiatto illeso* [: Amleto stesso] *al suo posto saltelli*».

Analizzare

Un linguaggio sarcastico ed enigmatico La struttura della scena si basa su un'opposizione: gli spettatori della recita (cioè Amleto, re Claudio, la regina Gertrude e la corte) e gli attori stessi. Ma in realtà la recita è doppia, e si svolge anche tra gli spettatori: re Claudio nasconde la propria colpevolezza e, soprattutto, Amleto finge di essere pazzo. La finta follia di Amleto trova la sua massima espressione nel linguaggio sarcastico che egli usa contro i suoi "nemici" (re Claudio, la regina Gertrude, Polonio, Ofelia, Guildenstern e Rosencrantz).

Il sarcasmo (la parola deriva dal greco 'lacerare le carni' e indica un'ironia amara e pungente) serve a svelare la vera natura dei personaggi e ci fa intuire il punto di vista di Amleto. Così, nelle battute con Polonio, Amleto fa capire ironicamente che il ciambellano è un animale, uno sciocco intrigante. Nel dialogo con Ofelia, il sarcasmo vale invece a illuminare la degradante visione che Amleto ha delle donne. Il principe rivolge alla giovane battute dal doppio senso osceno, dettate dal disgusto che egli prova nei confronti della figura femminile. Tale disgusto nasce dalla colpa della madre, che si è rapidamente consolata dal lutto del marito sposandone il fratello. Dunque, Ofelia rappresenta e sostituisce la regina: così va interpretata la scelta di Amleto di sedersi ai piedi della giovane anziché di Gertrude, nonostante l'invito della madre. E la battuta sulla brevità dell'«amor della donna» si collega direttamente alle considerazioni sulla brevità del lutto portato da Gertrude. La finta follia di Amleto si esprime anche attraverso battute enigmatiche, cioè oscure e apparentemente insensate («il corvo gracchiante stride per la vendetta»; «*Il cervo ferito innalzi i suoi gridi*...»): eppure, anche in questo caso, rivelatrici di verità profonde. Amleto usa dunque un linguaggio sarcastico ed enigmatico. Lo spettatore può coglierne il senso, mentre gli interlocutori del protagonista (in questo caso, il re, la regina, Polonio e Ofelia) ne sono quasi frastornati.

Interpretare e approfondire

Il teatro rivelatore di verità Il dramma si fonda sul meccanismo dell'inchiesta: i vari personaggi sono alla ricerca di diverse verità. Alla corte ci si interroga sulla follia di Amleto; il principe vuole scoprire come è davvero avvenuta la morte del padre. Lo spettro ha detto la verità? È veramente il fantasma del padre o un'apparizione infernale? Occorre appurarlo. A questo scopo Amleto utilizza uno spettacolo teatrale. La rivelazione della verità, il punto culminante della tragedia, avviene durante la recita che alcuni attori girovaghi fanno alla corte di Danimarca. Essi mettono in scena un dramma in cui un uomo avvelena il re suo fratello per usurparne il trono: davanti alla rappresentazione, Claudio si agita, confermando la propria colpevolezza. Grazie a questa scena di "teatro nel teatro" si scopre dunque la verità. Si esprime qui la concezione shakespeariana dell'evento teatrale: esso ha la funzione di indagare, scoprire e rivelare la verità.

La letteratura e il presente

L'onore della donna vale più di quello dell'uomo Ofelia è una figura assolutamente subordinata all'universo maschile (ad Amleto, al padre e al fratello), e la frase «Non penso nulla, signore» sottolinea questa subordinazione. Nella moderna società occidentale la donna si è in gran parte emancipata da un ruolo subalterno rispetto all'uomo; ma resiste in parte l'idea che certi principi morali, soprattutto in campo sessuale, debbano essere rispettati dalle donne più che dagli uomini. Ciò perché, spiega Umberto Galimberti, l'uomo tende a considerare la donna più come "genere" che come "individuo".

> «Per la mentalità maschile la donna è immersa nel tratto indifferenziato del genere molto più dell'uomo che, rispetto alla donna, si considera più individuato e differenziato. Per effetto di questa presunta maggior differenziazione, l'uomo può dare nella relazione sessuale solo una "parte di sé", mentre la donna, concepita come meno differenziata, non può che dare tutta se stessa. Questo spiega perché a un donna che si è concessa si nega l'"onore", mentre la stessa cosa non vale per l'uomo che ritiene di poter accedere alla relazione sessuale senza dover coinvolgere l'intera sua personalità, ma solo qualche suo intimo e segreto desiderio»
>
> da U. Galimberti, *Le cose dell'amore*, Feltrinelli, Milano 2006.

Esercizi

Prima prova A • L'analisi del testo

Comprendere

1 La pantomima

La seconda parte del brano si apre con la pantomima dei commedianti. Che cosa significa "pantomima"?

a. balletto
b. dialogo drammatico
c. azione teatrale muta
d. scena di "teatro nel teatro"

Analizzare

2 Le parole e il loro significato

La finta follia di Amleto trova espressione in un particolare linguaggio: dietro battute enigmatiche e sarcastiche egli nasconde profonde verità.

a. Sottolinea nel testo le frasi enigmatiche pronunciate dal protagonista e prova a darne una spiegazione. Procedi come se dovessi fare una sorta di traduzione. Per esempio:
   - rr. 85-86 «il corvo gracchiante stride per la vendetta» = Amleto è impaziente di vendicarsi
   - rr. ....
     ....
   - rr. ....
     ....
   - rr. ....
     ....

b. Sottolinea nel testo le battute dal doppio senso osceno che Amleto rivolge a Ofelia. Quale tormento e quale visione della donna stanno dietro questi attacchi?

Interpretare e approfondire

3 L'inchiesta

Abbiamo detto che il dramma si fonda sul meccanismo dell'inchiesta. Al centro sta l'indagine di Amleto: prova a formulare la domanda che egli si pone e indica quale risposta ottiene alla fine della rappresentazione teatrale da lui messa in atto.

Domanda: ....

Risposta: ....

Quale funzione assume il teatro in questa inchiesta?

Terza prova A • La trattazione sintetica

4 Uno specchio e due raggi

Il teatro svela la verità sulla morte del padre di Amleto. Il principe, parlando con i commedianti prima del dramma, si era espresso proprio sul rapporto tra verità e rappresentazione:

> «l'intento dell'arte del palcoscenico [...] fu sempre, ed è tuttavia, quello di riflettere la natura come in uno specchio, di mostrare alla virtù le sue vere sembianze, al vizio la sua immagine, conservando ad ogni secolo, ad ogni tempo la loro forma e la loro impronta».

Cioè: il teatro come specchio dell'uomo e del periodo storico. Puoi estendere la riflessione di Amleto anche al mondo del cinema e, soprattutto, della televisione? Nel caso di questi mezzi, gli studiosi delle comunicazioni di massa hanno spesso rilevato una sorta di "specchio a due raggi", che da una parte riflette la realtà e dall'altra la influenza. Esprimi la tua opinione in proposito in una trattazione sintetica (max 15 righe).

Focus Il "teatro nel teatro"

Si chiama "teatro nel teatro" una particolare tecnica teatrale che si sviluppa nelle età del Manierismo e del Barocco e che consiste nel mettere in scena una rappresentazione teatrale all'interno di un'altra. Gli attori sulla scena si trasformano così essi stessi in spettatori; uno spettacolo ne contiene un secondo; realtà e finzione si alternano e si mescolano, e fare una distinzione tra i due piani diventa difficile. Lo scambio tra realtà e finzione è un tema anche moderno, che dal Manierismo trapassa nel Novecento: Luigi Pirandello, il più grande drammaturgo italiano del XX secolo, ha intitolato una trilogia di opere teatrali proprio "teatro nel teatro". Essa comprende *Sei personaggi in cerca d'autore* (1921), *Ciascuno a suo modo* (1924) e *Questa sera si recita a soggetto* (1930).

▶ Esempio celebre di "teatro nel teatro" è la seconda scena del terzo atto dell'*Amleto* di Shakespeare.

T4

Le forme
- il genere del *romance*

I temi
- carattere effimero della vita

William Shakespeare
La vita come sogno: il monologo di Prospero

Prospero ha promesso in sposa la figlia Miranda a Ferdinando, figlio del re di Napoli Alonso, in modo da realizzare i suoi progetti di riconciliazione. Ai festeggiamenti partecipano per incanto ninfe, spiriti e creature fantastiche. Ora Prospero li fa scomparire: deve scongiurare il tentativo di rivolta contro di lui del selvaggio Calibano. La rivolta verrà domata senza spargimento di sangue e alla fine Calibano otterrà da Prospero il governo. Ma ora Prospero pronuncia un breve monologo in cui riflette sulla vita, paragonata a un sogno che rapidamente svanisce.

Entrano, nel loro costume, alcuni mietitori che, a coppie con le ninfe, cominciano una danza graziosa; verso la fine del ballo, Prospero si alza improvvisamente e parla; subito dopo gli spiriti svaniscono lentamente fra un rumore strano, cupo e confuso.

PROSPERO Più non pensavo alla vile congiura
del bruto Calibano e dei suoi complici
contro la mia vita: ed è quasi l'ora
del loro agguato. – Bene! Andate! Basta![1]

FERDINANDO Strano: vostro padre è scosso da forte
turbamento.

MIRANDA Mai fu preso da l'ira
con più impeto.

PROSPERO Mi pare, figlio mio,
che tu sia agitato come da paura:
non temere. Il nostro gioco è finito.[2]
Gli attori,[3] come dissi, erano spiriti,
e scomparvero nell'aria leggera.
Come l'opera effimera[4] del mio
miraggio,[5] dilegueranno le torri
che salgono su alla nubi, gli splendidi
palazzi, i templi solenni, la terra
immensa e quello che contiene,[6] e come
la labile finzione[7] lentamente
ora svanita, non lasceranno orma.[8]
Noi siamo di natura uguale ai sogni,
la breve vita è nel giro[9] d'un sonno
conchiusa.
Sono turbato, signore:[10] perdono,
sono debole, la mia vecchia mente
vacilla. Non vi agitate per questa
mia sofferenza. Se volete, intanto,
andate nella grotta a riposare;
io farò qualche passo qui d'intorno
per calmare lo spirito sconvolto.
FERDINANDO E MIRANDA Vi auguriamo quiete.

Escono.

da W. Shakespeare, *La tempesta*, trad. it. di S. Quasimodo, Mondatori, Milano 1981 [1956].

testi in scena

on line troverai la trasposizione teatrale di questo brano e una scheda sulla messa in scena

1 Bene… Basta: la battuta è rivolta agli spiriti.
2 Il nostro gioco: la festa in onore di Ferdinando e Miranda.
3 Gli attori: appunto gli spiriti e le ninfe che hanno allietato la festa; ma il termine richiama il motivo del "teatro nel teatro".
4 effimera: *che non dura.*
5 miraggio: lo spettacolo suscitato dall'incantesimo.
6 le torri… contiene: cioè tutte le opere degli uomini, rappresentate dagli edifici più splendidi, e la Terra stessa.
7 la labile finzione: *il fuggevole spettacolo di magia.*
8 orma: *traccia.*
9 giro: *spazio*, *limite*, ma appunto insistendo sull'idea di chiusura.
10 Sono turbato, signore: si rivolge a Ferdinando. Il motivo del turbamento è la rivolta di Calibano, non la consapevolezza del carattere effimero dell'esistenza.

Lavoriamo insieme

Leggere e capire **Tre momenti** Nella scena, dominata dal personaggio di Prospero, si susseguono momenti molto intensi e diversi tra loro: prima è la volta della danza degli spiriti, evocati dalla magia del protagonista; poi del suo improvviso turbamento al ricordo della congiura di Calibano; quindi della riflessione malinconica che paragona lo svanire della magia allo svanire del mondo («Come l'opera effimera del mio / miraggio, dilegueranno le torri...») e la vita a un sogno («Noi siamo di natura uguale ai sogni»).	**1** **Chi sono gli altri due personaggi presenti sulla scena, e qual è la loro storia?**
Analizzare **Il genere del *romance*** Il monologo di Prospero esprime una visione della vita che parte dal pessimismo delle tragedie della seconda fase. Compaiono infatti i temi del teatro («Gli attori, come dissi, erano spiriti»), dello scorrere del tempo («la breve vita è nel giro d'un sonno/conchiusa») e della cancellazione finale (le opere degli uomini e la terra stessa, come il fuggevole spettacolo di magia, «non lasceranno orma»). Ma qui la riflessione è più serena che nelle tragedie. Sono gli stessi elementi del *romance* che lo consentono: i temi del sogno e della magia sono infatti propri di questo genere letterario, e grazie a loro si superano l'angoscia e la sconfitta di Amleto e di Macbeth.	**2** **Prospero non è un personaggio tragico come Amleto e Macbeth, e tuttavia qui appare inquieto: sottolinea nel testo le parti in cui emerge tale inquietudine.**
Interpretare e approfondire **Un nuovo approccio al tema del potere** La scena ha un ruolo molto importante nella struttura della *Tempesta*: l'annunciato matrimonio fra Miranda e Ferdinando prepara la conciliazione fra Prospero e il duca suo fratello, che gli aveva usurpato il trono; la vittoria sulla rivolta di Calibano porterà a instaurare l'ordine sull'isola. Alla fine si afferma dunque un ideale di giustizia. La lotta per il potere non ha più gli esiti drammatici e violenti che aveva nelle tragedie della seconda fase.	**3** **In una trattazione sintetica (max 20 righe) analizza come viene affrontato il tema del potere da Shakespeare mettendo a confronto questo testo con quelli che hai letto dell'*Amleto* (▸ T2 e T3).**

4 Il teatro in Spagna: da Lope de Vega a Calderón de la Barca

Il carattere nazionale e la riforma di Lope de Vega

Il teatro in Spagna è un patrimonio comune a tutti i ceti sociali. Questo suo solido **carattere interclassista e nazionale** gli consente di rappresentare ogni aspetto della società e di contare su un **pubblico** tanto **vasto** quanto **differenziato**. Molti testi vengono infatti prima messi in scena nei teatri aristocratici per poi passare nei *corrales* (i 'cortili' dove vengono organizzati gli spettacoli per il popolo). Proprio dal **teatro dei *corrales*** trae ispirazione Lope de Vega (1562-1635) per la sua decisiva riforma della commedia, teorizzata nel **1609** in ***Arte nuevo de hacer comedias*** [Arte nuova di fare commedie].

I caratteri della riforma

Essa si articola in **quattro punti**:
1) occorre basarsi sull'esperienza della **vita reale** e sulle **esigenze del pubblico** e non su regole astratte;
2) è utile mescolare **stili diversi**, il tragico e il comico;
3) **bando alle** unità aristoteliche di luogo e di tempo;
4) divisione della commedia in **tre atti** anziché in cinque.

I **temi** delle commedie di Lope de Vega sono i più vari: la religione o la mitologia, la storia nazionale recente o passata (in *Peribáñez y el comendador de Ocaña* [Peribáñez e il commenda-

Glossario

Unità aristoteliche Sono definite "unità aristoteliche" le tre regole (unità di luogo, di tempo e di azione) assunte nel Cinquecento come modelli di perfezione delle tragedia classica e derivate da un passo della *Poetica* di Aristotele nel quale il filosofo greco indica come «costanti» della tragedia l'unità d'azione e il risolvimento finale (senza però specificare unità di «luogo» e di «tempo»).

Focus La fortuna di Don Giovanni

Lanciato da Tirso de Molina nella commedia *El burlador de Sevilla y Convidado de piedra*, il personaggio di Don Giovanni avrà lunga fortuna. Molière ne porta nuovamente in scena le vicende nel suo *Dom Juan ou le festin de pierre* [Don Giovanni o il convitato di pietra, 1655; ▶ p. 158]. Il seduttore di Molière è un «tartufo», cioè un ipocrita che nasconde dietro una finta devozione la sfrenata ricerca del piacere sessuale. Come ha scritto il critico letterario Giovanni Macchia, «la falsa devozione serve, addirittura, il libertinaggio». Nel corso del Settecento Don Giovanni trova poi un corrispettivo vivo e vegeto nell'avventuriero Giacomo Casanova (1725-1798): i suoi *Mémoires* [Memorie] diffondono l'immagine di un seduttore spregiudicato che si destreggia fra molteplici imprese amorose. Nel 1787, con il *Don Giovanni* di Mozart, anche la musica sancisce la fortuna del personaggio e la sua definitiva trasformazione in libertino, irrispettoso delle leggi e dedito esclusivamente al piacere (▶ Unità 9).
Ma nel corso del Romanticismo i contorni della figura del seduttore mutano nuovamente e Don Giovanni, con il poema in versi *Don Juan* (1819-1824) del poeta inglese George Byron (1788-1824) diventa un eroe romantico, un seduttore-sedotto che ha perso il carattere cinico del libertino settecentesco. In pieno Ottocento il grande poeta francese Charles Baudelaire (1821-1867) offre nei *Fiori del male* (1857) un singolare ritratto di *Don Giovanni all'inferno* (1857), in cui appare come un personaggio imperturbabile, ripiegato su se stesso a fissare i flutti del fiume infernale. Nel Novecento, infine, è lo scrittore siciliano Vitaliano Brancati (1907-1954) a proporre l'ennesima variazione su quello che ormai è divenuto un mito letterario: il suo romanzo *Don Giovanni in Sicilia* (1941) è un'opera leggera e ironica, che ha ormai eliminato il fondo oscuro del carattere del seduttore.

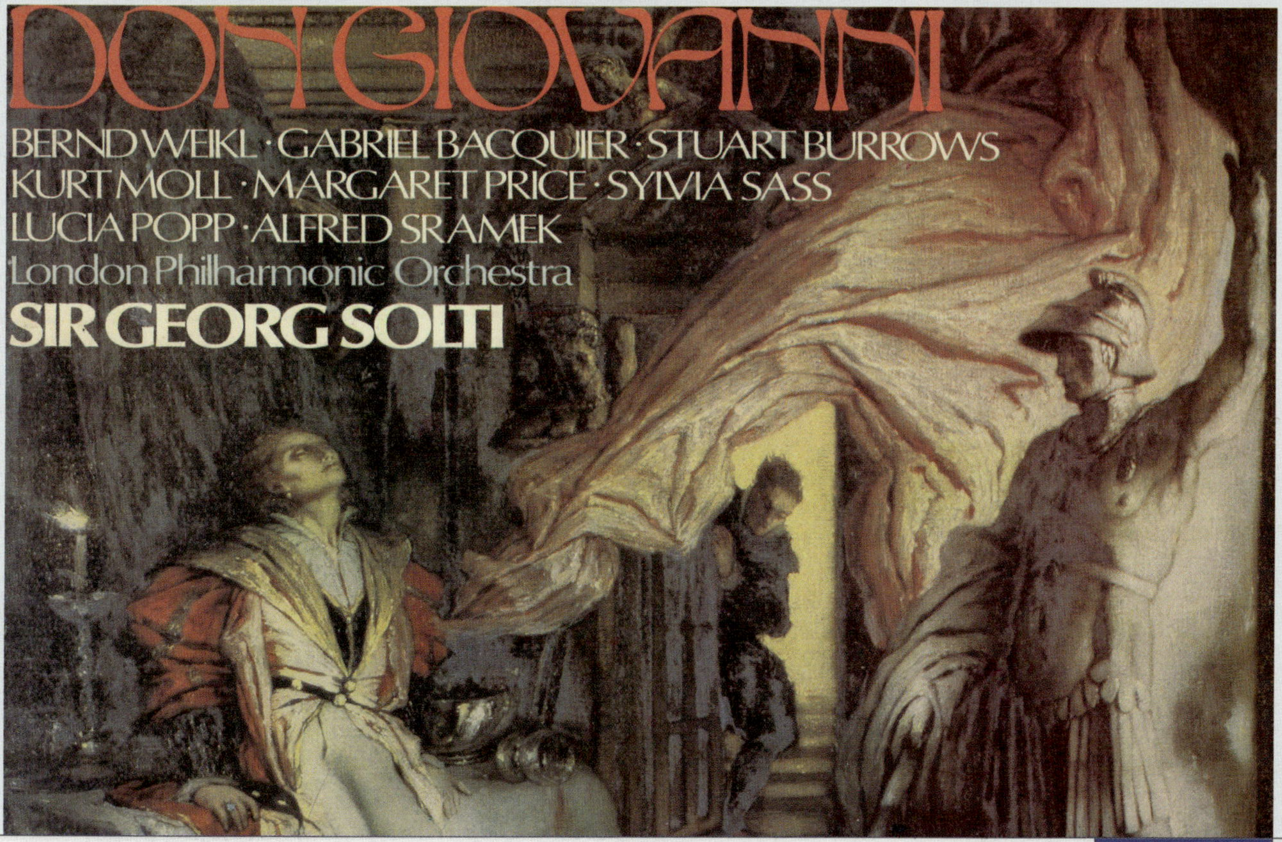

tore di Ocaña, 1613]), l'ambiente borghese o contadino (*El villano en su rincón* [Il villano nel suo cantuccio, 1614-1615]), le avventure amorose e guerresche (*El acero de Madrid* [L'acciaio di Madrid, 1608-1612]). Lope de Vega fu un **autore fecondissimo**, sia in campo lirico, sia soprattutto in quello drammatico: pare abbia scritto oltre 1500 commedie e quasi cinquecento *autos* ('atti unici'). Tuttavia, la sua produzione non si è tramandata intatta, soprattutto perché ne ebbe sempre poca cura, essendo **destinata** prevalentemente **alla rappresentazione**.

Tirso de Molina, tra commedia e dramma religioso

Sulla strada indicata da Lope de Vega si muove Tirso de Molina (1584-1648). La sua **produzione** vastissima (si dice che abbia composto più di trecento commedie, anche se ne sono rimaste meno di cento) appare **bipartita**: da un lato **commedie d'amore e d'avventura**, dall'altro **drammi religiosi**. La commedia più nota di Tirso de Molina unisce entrambi questi temi: si tratta di ***El burlador de Sevilla y Convidado de piedra*** [Il beffatore di Siviglia e Convitato di pietra] del 1630. La commedia è sia una storia d'amore e d'avventure, sia un auto sacramental [atto sacro] con forti elementi morali e religiosi.

Il personaggio di Don Giovanni

Il protagonista è don Juan Tenorio [Don Giovanni], che da questo momento entra a far parte della cultura occidentale come **prototipo dei seduttori** (▶ Focus, p. 149). Egli si destreggia fra una serie di intrighi amorosi, ricorrendo spesso all'inganno e al travestimento per conquistare belle donne. Ma la sua condotta è infine punita: la statua di pietra di Don Gonzalo de Ulloa (padre di Anna, una delle donne da lui sedotte e abbandonate, e che lui stesso ha ucciso perché accorso in aiuto della figlia) lo condurrà all'inferno.

Calderón de la Barca e il carattere illusorio dell'esistenza

Il teatro di Calderón de la Barca

Il più grande drammaturgo del *Sigle de oro* spagnolo è Pedro Calderón de la Barca (1600-1681), che riprende ma anche supera la lezione di Lope de Vega: ne continua gli aspetti fondamentali della **riforma teatrale**, ma si allontana progressivamente dal suo realismo per tendere a **opere astratte e allegoriche**. Negli anni Trenta mette in scena un serie di capolavori, fra i quali *El gran teatro del mundo* [Il gran teatro del mondo, 1633], *La vida es sueño* [La vita è sogno, 1635], *El alcalde de Zalamea* [L'alcalde di Zalamea, 1636]. Nell'ultimo periodo della sua vita Calderón, ordinato sacerdote nel 1651, scrive quasi soltanto *autos sacramentales*. A questi appartiene il capolavoro della maturità *La hija del aire* [La figlia dell'aria], forse del 1653.

La vita come recita: Il gran teatro del mondo

Il carattere illusorio e teatrale dell'esistenza emerge in ***Il gran teatro del mondo*** e *La vita è sogno*. Il primo rappresenta una **sorta di "teatro nel teatro"**: l'autore invita il Mondo a organizzare uno spettacolo, allestendogli un palcoscenico. Sulla scena ci sono **sette personaggi** esemplari (il Ricco, il Re, il Contadino, il Mendicante, la Bellezza, la Discrezione, il Bimbo) che recitano una parte improvvisata. Essi escono dalla **porta della Culla** e, dopo la recita, svaniscono nella **porta della Tomba**: solo la morte libera dall'inganno della vita riconducendo l'uomo al significato vero dell'esistenza (▶ Un tema per discutere).

L'inganno dei sensi: La vita è sogno

La vita è sogno racconta la storia del **principe Sigismondo**, rinchiuso fin da bambino in una torre perché il padre, **re Basilio**, è stato avvertito da un indovino che riceverà una brutta umiliazione proprio da suo figlio. Ma Basilio vuole sapere cosa potrebbe succedere se Sigismondo fosse libero, perciò lo fa narcotizzare e portare a corte. Le cattive profezie si avverano e il figlio si comporta in modo inconsulto e violento, così che il re è costretto a farlo rinchiudere di nuovo. Appena sveglio, Sigismondo non riesce più a capire se ciò che ricorda è sogno o realtà. I sensi ingannano: «Se tutto fu sognato / quel che vidi chiaro e certo / quel che vedo sarà incerto». Quando poi il popolo si ribella a Basilio e nomina Sigismondo nuovo re, questo saprà governare giustamente perché possiede una nuova consapevolezza: la vita è sogno, «un'illusione / solo un'ombra, una finzione» (▶ T5). Il dramma segue il **percorso di formazione** del protagonista, che passa dal caos delle passioni al dominio della ragione: Sigismondo si rivela un sovrano saggio e generoso, capace di rinunciare alla vendetta contro il padre e all'amore (lascia che l'amata Rosaura sposi Astolfo).

Glossario

Auto sacramento Forma particolare di dramma religioso, in un atto unico, sviluppatosi in Spagna nella seconda metà del Cinquecento per illustrare i sacramenti e la validità dei dogmi della Chiesa cattolica

Il teatro in Spagna

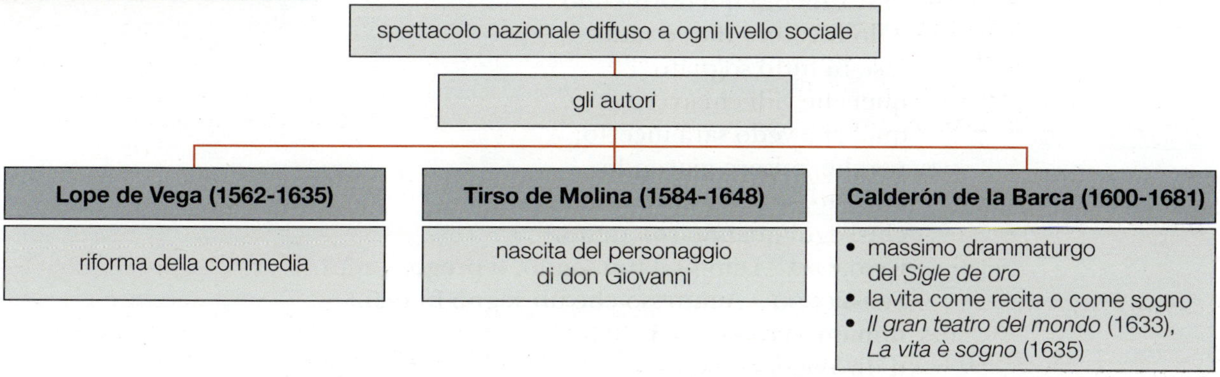

facciamo il punto

- **Quali sono i caratteri fondamentali della riforma di Lope de la Vega?**
- **Don Giovanni incarna il prototipo di quale modello?**
- **Su quali temi si concentrano le due opere più importanti di Calderón de la Barca, *Il gran teatro del mondo* e *La vita è sogno*?**

[*La vita è sogno*, atto II, scena XVIII, vv. 1104-1161, e scena XIX, vv. 1162-1201]

T5

Le forme
- importanza del monologo

I temi
- vita come sogno
- necessità di controllo sulle passioni

Calderón de la Barca
Il risveglio di Sigismondo

Sigismondo, narcotizzato e trasportato nella corte perché viva da principe, ha cercato di uccidere il vecchio Clotaldo, suo maestro. Il tentativo di Basilio di sperimentare come si sarebbe comportato il figlio una volta libero ha dato dunque un risultato fallimentare. Il re si convince sempre di più che i presagi del cielo (che gli avevano annunciato sventure da parte del figlio) siano giusti e che Sigismondo vada tenuto chiuso nella torre. Al momento del risveglio, il principe si trova dunque di nuovo incatenato. Alla fine della scena diciottesima dell'atto secondo, nella conversazione con Clotaldo (a cui assiste, di nascosto, anche Basilio), si convince facilmente di aver vissuto solo in sogno quanto ha fatto sotto l'effetto del narcotico. Nella scena successiva, ormai solo, si persuade che «vivere è sognare» e che solo la morte costituirà il risveglio.

SCENA DICIOTTESIMA

Sigismondo   Già mi debbo ridestare?
Clotaldo   Certo, è l'ora di destarsi.
Tutto il giorno vuoi restare
a dormire? Da quando io
quell'aquila[1] che volò
con lento volo, ho seguito,
sei rimasto qui, hai dormito
senza mai svegliarti?
Sigismondo   No,
né ancora mi son destato,

1 **quell'aquila:** è l'aquila che Clotaldo ha mostrato a Sigismondo dicendogli che, essendo l'uccello più forte, aveva diritto a dominare.

ché, se è giusto quel che intendo,
io sto ancora qui dormendo,
e un inganno non è stato.
E se fu tutto sognato
quel che vidi chiaro e certo,
quel che vedo sarà incerto;
perché, misero giacendo,
è giusto, se vedo dormendo,
che sogni quando son desto.
CLOTALDO Dimmi il tuo sogno, ti prego.
SIGISMONDO Ammesso che un sogno fu mai,
non dirò cosa sognai,
ti dirò quel che vedevo.
Ridestandomi, giacevo
(che lusinga menzognera!)[2]
in un letto che pareva,
per la luce dei colori,
quasi un tappeto di fiori
che intrecciò la primavera.
Mille nobili, riuniti
ai miei piedi, mi chiamavano
principe, e mi portavano
trine, gioielli e vestiti.
Poi, nei miei sensi smarriti,[3]
tu infondesti l'allegria,
dicendo la sorte mia:
perché se ora mi dispero,
principe di Polonia ero.[4]
CLOTALDO Premiavi la mia cortesia.[5]
SIGISMONDO Non proprio; eri un traditore,
e con cuore ardito e forte,
due volte ti davo morte.
CLOTALDO Tu, per me, tanto rigore?
SIGISMONDO Sì, di tutto fui signore,
di tutti mi vendicavo,
solo una donna amavo;
e non fu irrealtà, mi pare,
perché tutto ormai scompare,
solo a lei resto legato. (*Il re se ne va*)
CLOTALDO (*tra sé*) Il re, dopo averlo ascoltato,
si è allontanato commosso...
(*A Sigismondo*) Finito il nostro discorso
sull'aquila, addormentato,
il tuo sogno un regno è stato;[6]
ma anche in sogno conveniva
onorare chi la vita

2 lusinga menzognera: *inganno lusinghiero, piacevole.*
3 smarriti: *confusi.*
4 dicendo... ero: *svelandomi la mia condizione di principe ereditario: perché anche se ora sono ridotto così, ero il principe di Polonia.*
5 Premiavi... cortesia: *mi davi una ricompensa.* Clotaldo finge di ignorare quello che è avvenuto nel giorno della liberazione di Sigismondo.
6 il tuo sogno... stato: *il tuo sogno è stato un sogno di regni, cioè di potere.* L'aquila è simbolo del dominio e dell'impero.

ti guidò con tanto impegno,[7]
Sigismondo, ché anche in sogno,
la virtù non va smarrita. (*Esce*)

SCENA DICIANNOVESIMA

SIGISMONDO È vero, sì, reprimiamo
questa fiera condizione,
quest'ira, questa ambizione,
perché poi, forse, sogniamo;
ed ormai so che esistiamo
in un mondo singolare
dove vivere è sognare,
e l'esperienza mi insegna
che l'uomo che vive sogna
fino a farsi ridestare.
Sopra il re il suo trono, e vive
nell'inganno, comandando,
disponendo e governando,
e l'applauso che riceve
in prestito, al vento scrive,
e in cenere lo converte
la morte – sventura forte!
Chi ancora vorrà regnare,
dovendosi ridestare
nel sogno della morte?
Sogna il ricco la ricchezza,
che continui affanni gli offre;
sogna il povero, che soffre
la miseria e la tristezza;
sogna chi agli agi s'avvezza,
sogna chi nell'ansia attende,
sogna chi ferisce e offende,
e nel mondo, in conclusione,
sogna ognuno la passione
ch'egli vive, e non lo intende.[8]
Io sogno la prigionia
che mi tiene qui legato,
e sognai che un altro stato[9]
mi rendeva l'allegria.
Che è la vita? Frenesia.[10]
Che è la vita? Un'illusione,
solo un'ombra, una finzione,
e il maggior bene, un bisogno
del nulla,[11] la vita è un sogno,
e i sogni sogni sono.

da Calderón de la Barca, *La vita è sogno*,
a cura di L. Orioli, Adelphi, Milano 1993 [1967].

7 chi... impegno: *chi ti ha guidato nella vita con tanto impegno.*
8 sogna... intende: *ciascuno sogna quello che è, e non lo capisce.*
9 stato: *condizione.*
10 Frenesia: *delirio.*
11 e il maggior... nulla: *e il maggior bene è un'inezia, è nulla.*

Lavoriamo sul testo

Leggere e capire

Il dialogo e il monologo La scena diciottesima è un dialogo fra Sigismondo e Clotaldo, ascoltato di nascosto da Basilio. Il maestro fa credere al principe di aver dormito a lungo, in modo che egli interpreti ciò che ha realmente vissuto come un sogno. Sigismondo racconta perciò ciò che ha visto («Ammesso che un sogno fu mai, / non dirò cosa sognai, / ti dirò quel che vedevo»): era principe di Polonia, immerso nell'ambiente lussuoso della corte, desideroso di vendicarsi di chi lo aveva allontanato dal trono e innamorato di una donna («di tutti mi vendicavo / solo una donna amavo»). La scena diciannovesima è occupata dal monologo di Sigismondo, che riflette sul senso della vita: l'esperienza vissuta insegna al protagonista che «vivere è sognare» e che l'unica realtà è quella della morte; perciò sono inutili l'ira e l'ambizione («è vero, sì, reprimiamo / questa fiera condizione, / quest'ira, questa ambizione»; «Chi vorrà ancora regnare / dovendosi ridestare / nel sogno della morte?»). La conclusione del monologo ribadisce questa presa di coscienza: «Che è la vita? Un'illusione, / solo un'ombra, una finzione, [...] la vita è un sogno, / e i sogni sogni sono».

Analizzare

Un punto di svolta Le due scene che abbiamo letto occupano un posto centrale nel dramma, segnando un punto di svolta. Fino a questo momento, Sigismondo è apparso in preda agli istinti. L'esperimento di Basilio ha messo in luce la natura ambiziosa e collerica del figlio, che viene perciò rinchiuso di nuovo nella torre. Ma qualcosa di decisivo è accaduto: Sigismondo comincia a riflettere sul significato della vita, avviando quel percorso di formazione che lo condurrà dal dominio delle passioni al controllo della ragione. Giovane violento e impulsivo, egli si avvia a diventare un eroe positivo e un modello di sovrano equilibrato.

Interpretare e approfondire

La funzione educativa del teatro di Calderón L'inganno, ordito da Clotaldo e dal re ai danni di Sigismondo, assolve infine a una funzione educativa, stimolando nel protagonista una riflessione profonda su se stesso e sul senso dell'esistenza: la vita è sogno, cioè un'illusione destinata a essere cancellata dalla morte. Proprio questa consapevolezza deve indurre al distacco dalle passioni e, in particolare, alla repressione dell'ira e dell'ambizione (vv. 1163-1165). Ma se il sogno è stato per Sigismondo una recita educativa, anche il teatro è una finzione che rivela verità e ammaestra il pubblico. Il dramma di Calderón vuole infatti essere un'allegoria che induce gli uomini a una riflessione religiosa sul significato delle loro esistenze e sul rapporto fra istinti e ragione. Secondo la cultura cattolica e controriformistica a cui attinge Calderón, l'abbandono agli istinti naturali genera violenza e brutalità. Lasciato a se stesso, l'individuo vive nel peccato. Di qui la necessità del potere e dell'autorità: essi correggono l'uomo e lo guidano alla felicità che, da solo, non potrebbe raggiungere.

Esercizi

Prima prova A • L'analisi del testo

Comprendere

1 Sogno o realtà?

Il racconto di Sigismondo nella scena diciottesima allude a un sogno o alla realtà?

Analizzare

2 Il ruolo e le parole di Clotaldo

Accanto a Sigismondo compare il personaggio di Clotaldo: rileggine le battute e spiega qual è il suo ruolo in questo punto cruciale del dramma. In particolare, chiarisci il significato dell'immagine-simbolo dell'aquila a cui egli si riferisce.

Interpretare e approfondire

3 La "formazione" di Sigismondo

Sigismondo nel monologo si abbandona a una profonda riflessione su di sé e sul senso della vita: in che modo acquista coscienza che «vivere è sognare», e quale lezione trae da questa consapevolezza?

Lo spettacolo della realtà: il *reality show*

Nella società contemporanea, l'immagine della vita come recita torna d'attualità con i *reality show*.

La fortuna del *reality show*
L'immagine della vita come recita, al centro del dramma di Calderón de la Barca *Il gran teatro del mondo*, risulta decisamente attuale. Infatti, non solo la società contemporanea mostra il dominio dell'apparenza, ma la fortuna di un genere televisivo come quello del *reality show* si fonda proprio sull'idea che la realtà possa essere spettacolo. Arrivato al successo verso la fine degli anni Novanta del Novecento, il *reality show* è un programma in cui vanno in onda situazioni non previste da un copione, ma che i partecipanti sperimentano esattamente come se fosse la loro vita reale. Il vincitore, decretato dal pubblico, riceve in premio una somma di denaro oppure un contratto di lavoro nel mondo dello spettacolo.

The Truman Show
È un concorrente inconsapevole di un *reality show* Truman Burbank, protagonista del film *The Truman Show*, girato nel 1998 da Peter Weir. La vita di Truman è stata filmata a sua insaputa da telecamere nascoste. Truman è l'unica persona vera (il suo nome significa letteralmente 'vero uomo') in una città artificiale allestita in un immenso set dal regista Christof. Ecco le significative battute che il regista e Truman si scambiano nella conclusione del film, quando il protagonista è in fuga dall'inganno che ha scoperto:

“ – Truman parla! Ti ascolto!
– Chi sei tu?
– Sono il *creatore*... di uno *show* che dà speranza, gioia ed esalta milioni di persone.
– *E io chi sono?*
– Tu sei la *star*.
– Non c'era *niente di vero*.
– Tu eri vero, per questo era così bello guardarti. Ascoltami: là fuori non troverai più verità del mondo che ho creato per te. Le stesse ipocrisie, gli stessi *inganni*. Ma nel mio mondo non hai niente da temere. Io ti conosco meglio di te stesso...
– Ma non ho una telecamera per la testa...
– Tu hai paura, per questo non puoi andar via... Ti capisco. Ho seguito ogni istante della tua vita [...] Come fai ad andartene? Il tuo posto è qui con me. Parlami di qualcosa. Accidenti Truman vuoi parlare? Sei in televisione, sei in *diretta mondiale*!

Quando la vita televisiva prende il posto di quella reale
Se da una parte ci si interroga se i partecipanti dei *reality show* televisivi si comportino davvero in modo spontaneo oppure seguano le direttive del regista, dall'altra parte gli spettatori sono

Lo spettacolo della realtà: il *reality show*

disposti a credere fino in fondo alle immagini trasmesse. Non solo non distinguono più realtà e finzione, ma finiscono per preferire un mondo in cui «non c'è niente di vero». Allo spettatore ingenuo e passivo rivolge un ammonimento Massimo Gramellini nel pungente articolo che proponiamo qui sotto. Il giornalista ritiene infatti che «se la vita televisiva prende il posto di quella reale, la colpa non è della tv ma di chi, quando la spegne, non sa più che fare». Il pezzo risale al 2000, quando Il *Grande Fratello* – un *reality show* di grande successo in cui i partecipanti sono rinchiusi in una casa e continuamente ripresi dalle telecamere – era alla sua prima edizione. Oggi il programma continua ad andare in onda, a conferma della vasta presa sul pubblico intuita da Gramellini già all'esordio.

La vita è altrove

Un conclave di psicologi ha battezzato una nuova patologia "dipendenza dal *Grande Fratello*". Il morbo colpirebbe per il momento persone anziane, manifestandosi con un singolare cambiamento dei ritmi di vita.[1] [...]. Il timore degli studiosi è che nelle prossime settimane il virus possa estendersi ad altre fasce della popolazione. Per intenderci: il fruttivendolo che indicando una cassetta di pere dice "se questa *nomination*[2] non le piace, ne ho un'altra più matura" e la segretaria Rai beccata in uno stanzino di viale Mazzini mentre si sintonizza di nascosto sui reclusi di Canale 5 potrebbero decidere di barricarsi in casa e non uscirne più, se non dopo un adeguato pronunciamento popolare. [...]

Se i ragazzi del GF sostituiscono gli amici veri, se una vecchietta muore in solitudine mentre i vicini di pianerottolo piangono davanti a *Beautifu*[3] (è successo davvero), insomma, se la vita televisiva prende il posto di quella reale, la colpa non è della tv ma di chi, quando la spegne, non sa più che fare. Forse è per questo che non la spegne mai.

- 1 **cambiamento dei ritmi di vita:** i vari momenti della giornata sarebbero ridefiniti sulla base di quelli degli abitanti della casa del *Grande Fratello*: si mangia quando loro mangiano, si va a letto quando loro vanno a letto.
- 2 ***nomination*:** è il meccanismo su cui si basa il *reality show*: i concorrenti in *nomination* sono quelli che rischiano l'eliminazione.
- 3 ***Beautiful*:** una *telenovela* di successo.

RIFLETTERE E ARGOMENTARE

1 Un'inchiesta di classe

Il *reality show*, affermatosi verso la fine degli anni Novanta, continua a essere un genere televisivo di successo. Fai una piccola inchiesta all'interno della tua classe: in quanti guardano questo tipo di programma? Quali sono le ragioni di interesse?

2 Scrivere un articolo

Sei d'accordo con la visione critica di Gramellini? Esprimi la tua opinione in un breve articolo.

5 Il teatro in Francia: le tragedie di Corneille e Racine

Dal ritardo al primato del teatro

La nascita delle prime compagnie teatrali

All'inizio del Seicento il teatro francese è in ritardo rispetto all'Inghilterra e alla Spagna: i pochi teatri presenti sono a pagamento e sono frequentati dalla borghesia e dal popolo, mentre i nobili preferiscono quelli dei collegi gesuiti. Si crea così una **separazione fra teatro popolare e teatro colto** che non esisteva, per esempio, in Spagna. Questo ritardo della situazione francese viene tuttavia colmato a partire dal terzo decennio del secolo. Nel 1629 **Luigi XIII** autorizza i "**Commedianti del re**" a formare una **compagnia stabile**. L'appoggio del re determina lo sviluppo del teatro: nascono altre compagnie stabili, mentre il pubblico si allarga e richiede spettacoli dai temi vari. Durante il regno di **Luigi XIV** (1661-1715), la letteratura francese, attraverso il teatro, comincia a esercitare un primato in Europa che durerà fino all'Ottocento.

Pierre Corneille, ovvero il dramma della volontà

Il Cid, tragedia dell'amore e del dovere

Il fondatore del teatro francese fu Pierre Corneille (1606-1684). Egli scrisse il suo capolavoro nel 1636: la "tragicommedia" (tragedia a lieto fine) *Le Cid* [Il Cid], basata sulle vicende dell'eroe castigliano Rodrigo Díaz, detto "el Cid". Jimena e Don Rodrigo si amano; ma il giovane deve vendicare l'onore dell'anziano padre, schiaffeggiato da quello dell'amata. Pur diviso fra amore e dovere filiale, Rodrigo sfida il padre di Jimena e lo uccide. A questo punto la ragazza vive lo stesso dissidio e si rivolge al re per avere giustizia contro Rodrigo, che pure lei continua ad amare. Re Ferdinando propone una saggia soluzione per risolvere il conflitto: per un anno il giovane dovrà compiere nuove imprese (Don Rodrigo, infatti, ha già sconfitto valorosamente i Mori) e Jimena tenere il lutto per la morte del padre; poi, forse, i due potranno sposarsi. *Il Cid* è un **elogio alla monarchia** e alla capacità del sovrano di amministrare la giustizia, ma, nello stesso tempo, esprime le drammatiche incertezze in cui vivono Jimena e Don Rodrigo, sospesi tra **doveri morali e passione amorosa**.

L'esaltazione del potere politico e della prospettiva cristiana

Le due successive tragedie, *Horace* [Orazio] e *Cinna*, scritte entrambe nel 1640, non concedono più spazio alla scissione interiore, risolvendosi in una piena **esaltazione del dovere patriottico** e del potere politico. È invece una celebrazione dei valori religiosi la tragedia cristiana *Polyeucte martyr* [Poliuto martire, 1642].

Nell'ultima parte della sua vita, la fortuna di Corneille dovette cedere a quella del nuovo astro nascente della tragedia francese, Jean Racine.

Jean Racine e il "teatro della ragione"

Un teatro improntato alle regole classiche

Jean Racine (1639-1699) dà un contributo decisivo alla creazione di un "teatro della ragione", improntato sul modello classico, le cui principali caratteristiche sono:

1) la vicenda dura solo **un giorno**;
2) l'azione è semplice, **senza episodi secondari**;
3) il luogo è unico, **senza cambiamenti di scena**;
4) le passioni dei personaggi sono messe in risalto per arrivare alla **tragica conclusione** finale;
5) i temi sono tratti dal **mondo greco-romano** e i modelli sono gli **autori classici** (Euripide, Seneca e Virgilio).

La Fedra

Nel decennio fra il 1667 e il 1677 Racine scrive i suoi capolavori: *Andromaque* [Andromaca], *Britannicus* [Britannico], *Bérénice* [Berenice], *Bajazet*, *Mithridate* [Mitridate], *Iphigénie* [Ifigenia], *Phèdre* [Fedra, 1677]. Quest'ultima opera, basata sull'omonima **tragedia di Euripide**, è il risultato più alto dell'autore. Fedra, credendo morto il marito Teseo, confessa

Jean Racine
• La confessione di Fedra

al figliastro Ippolito di essersi innamorata di lui e il ragazzo la respinge. Ma Teseo è vivo e fa ritorno in patria. Mossa dalla gelosia dopo aver saputo che Ippolito ama Aricia, Fedra lascia che la nutrice accusi falsamente Ippolito presso Teseo di avere tentato di sedurla. Teseo invoca così l'ira di Nettuno contro il figlio, che muore travolto dai cavalli in fuga per l'arrivo di un mostro marino. Fedra, disperata, si uccide con il veleno davanti a Teseo confessandogli la propria colpa. I personaggi della Fedra combattono inutilmente contro istinti che non riescono a contenere, esprimendo così il **conflitto fra ragione e passione, fra civiltà e natura**, tema centrale in tutta la cultura del Seicento.

facciamo il punto

- **Quali sono le ragioni del "ritardo" in ambito teatrale della Francia rispetto a nazioni come la Spagna e l'Inghilterra?**
- **Quali sono le principali caratteristiche del "teatro della ragione" di Jean Racine?**

6 Molière e la "*comédie française*"

Il fondatore della commedia francese

Jean-Baptiste Poquelin, in arte Molière (1622-1673), è il **fondatore della commedia francese**. Prima di lui al genere alto della tragedia si affiancavano soltanto le forme non letterarie della commedia dell'arte italiana e della farsa popolare francese (non basate sul testo scritto, ma sull'improvvisazione). Nato a Parigi nel **1622** da una famiglia di tappezzieri, Molière abbandona presto gli studi di legge per formare una **compagnia di teatro**. Dopo il fallimento di questa prima iniziativa e la condanna al carcere per debiti, costituisce un nuovo gruppo teatrale nel quale recita canovacci ripresi dai comici italiani, finché rappresenta a Lione la sua prima commedia, *L'étourdi* [Lo stordito], nel **1655**.

Le tre fasi della produzione

L'attività artistica di Molière può essere suddivisa in tre fasi.

1) **La giovinezza e le prime commedie (1655-1659)**: dopo l'opera d'esordio, nel 1659 mette in scena a Parigi la prima commedia di successo, *Les précieuses ridicules* [Le preziose ridicole], che suscita molte polemiche.
2) **Il periodo dei capolavori (1662-1666)**: a Parigi presenta le sue opere più importanti, cioè *L'école des femmes* [La scuola delle mogli, 1662], *Le Tartuffe ou l'imposteur* [Il Tartufo o l'impostore, 1664], *Dom Juan ou le festin de pierre* [Don Giovanni o il convitato di pietra, 1665] e *Le misanthrope* [Il misantropo, 1666].
3) **Le ultime commedie (1667-1673)**: nel 1668, ancora a Parigi, mette in scena due commedie, riprese dallo scrittore latino Plauto (250 ca.-184 a.C.): *Anphitryon* [Anfitrione] e *L'avare* [L'avaro]. Nel 1670 rappresenta *Le bourgeois gentilhomme* [Il borghese gentiluomo]; del 1672 è il capolavoro di questo periodo, *Les femme savantes* [Le donne saccenti]. L'ultima opera prima della morte è *Le malade imaginaire* [Il malato immaginario, 1673].

Tre parole-chiave

Il teatro di Molière presenta tre caratteristiche fondamentali:

1) **azione**: le commedie sono basate sul movimento dei personaggi e sullo scambio veloce di battute. L'azione non è dovuta però a un superficiale gusto dell'intrigo, ma serve a rivelare le trasformazioni degli stati d'animo dei protagonisti, sempre analizzati nella loro psicologia;
2) **realismo**: Molière rappresenta i comportamenti, i costumi, i vizi della società del tempo, accogliendo il principio dell'«osservazione come metodo» (L. Lunari) sul quale si basava anche la nuova scienza;

3) **critica**: attraverso le sue opere, Molière polemizza contro la falsità dei rapporti sociali. Frenato dalle regole imposte dalla società, l'uomo non può manifestare liberamente i propri atteggiamenti naturali. Ogni commedia dà la possibilità di descrivere una diversa maschera: l'ipocrita Tartufo, il solitario Alceste, il seduttore Don Giovanni, il malato immaginario Argante.

Il Tartufo

Il «rumore» suscitato dalla commedia

Scrive Molière nella prefazione al *Tartufo*: «È questa una commedia sulla quale si è fatto molto rumore, che è stata lungamente perseguitata, e a proposito della quale il genere di persone che essa pone in ridicolo ha mostrato chiaramente di essere ben più potente in Francia di tutte le altre persone satireggiate [: prese in giro] finora». Proibita una prima volta nel 1664 e una seconda volta nel 1667, la commedia poté andare in scena, con molte correzioni, solo nel 1669. **Protagonista è un falso devoto**: Tartufo rappresenta la figura, diffusa nelle famiglie nobili dell'epoca, del maestro e del confidente, che spesso dietro una finta religiosità nascondeva puri interessi materiali. Nell'ambiguità di Tartufo si riscontra una caratteristica tipica del Barocco: il **conflitto tra essere e apparire**, tra realtà e menzogna. Al valore dell'onestà, Tartufo sostituisce l'elogio della falsità e della simulazione, convinto che «è il pubblico scandalo che offende la morale, e peccare in segreto è come non peccare».

La vicenda

La vicenda si svolge in **cinque atti** ed è ambientata a **Parigi**, in casa del **ricco borghese Orgone**, che in chiesa ha conosciuto Tartufo ed è rimasto così impressionato dalla fede dimostrata, da averlo nominato direttore sprirituale. Non solo, è così sicuro della buona fede dell'insinuante e bigotto Tartufo, che vuole dargli in sposa la figlia, lo lascia libero di fare la corte alla moglie Elmira (▶ T6) e infine gli dona la casa e i beni di famiglia che spetterebbero al figlio Damide (colpevole, ai suoi occhi, di accusare ingiustamente Tartufo). Solo alla fine Orgone si ricrede (assistendo ai tentativi di seduzione verso Elmira); ma a questo punto Tartufo lo ricatta con dei documenti che gli ha trafugato, e giunge addirittura a denunciarlo per estrometterlo di casa. Proprio quando la vicenda sembra volgere al peggio, arriva la svolta: la polizia arresta Tartufo come noto malfattore e la commedia può sciogliersi felicemente.

▶ Honoré Daumier, *Il malato immaginario*, 1862-1863. Philadelphia, Museum of Art.

Il malato immaginario

«È un gran insolente [: sfacciato] il vostro Molière con le sue commedie; mi pare proprio una bella cosa prendere in giro galantuomini come i medici». Con queste parole, Argante, il protagonista del *Malato immaginario*, condanna ironicamente il suo stesso creatore. Rappresentata nel febbraio 1673, è l'ultima commedia di Molière; sofferente da tempo di tubercolosi, fu colto da malore durante la rappresentazione e morì poco dopo.

Il **motivo polemico** è ancora presente e questa volta colpisce i medici, che «sanno parlare in buon latino, sanno dire il nome greco di tutte le malattie, definirle e classificarle; ma, quanto a guarirle, non sanno proprio un bel niente». Argante crede insistentemente alle «favole della medicina»: è un malato immaginario che si rivela incapace di distinguere chi lo ama da chi si prende gioco di lui. La **malattia** è in fondo **una difesa contro il mondo**, uno strumento per evitare di confrontarsi con gli altri.

La vicenda

In **tre atti**, la commedia ruota attorno al **protagonista Argante**. Egli vuole dare in sposa la figlia Angelica – che ama il giovane Cleante – a un medico incapace e ridicolo: avrà così un dottore in famiglia. La seconda moglie di Argante, **Belina**, in realtà attende la sua morte per avere l'eredità. Gli unici che tentano di far ragionare il protagonista sono la **serva Tonina** e il **fratello Beraldo** (▶ T7): ci riusciranno solo facendogli simulare la morte, così da svelare le avide intenzioni della moglie e il **sincero affetto di Angelica**. La commedia finisce con la promessa delle giuste nozze fra la figlia e **Cleante**, e con una buffa nomina di Argante stesso a medico.

Il teatro in Francia

- Istituzione appoggiata dal re
  - la tragedia
    - **Pierre Corneille (1606-1684)**
      - esaltazione del potere politico e dei valori religiosi
      - contrasto amore-dovere morale nei protagonisti del *Cid* (1636)
    - **Jean Racine (1639-1699)**
      - "teatro della ragione" e svolta classicistica
      - personaggi travolti dalle passioni: la *Fedra* (1677)
  - la commedia
    - **Molière (1622-1673)**
      - «osservazione come metodo»
      - critica contro l'intolleranza e l'ipocrisia: *Il Tartufo* (1664)
      - la malattia come strumento per evitare il confronto con il mondo: *Il malato immaginario* (1673)

facciamo il punto

- **Quante sono le fasi della produzione di Molière?**
- **Contro chi è rivolta la polemica di Molière nelle commedie *Tartufo* e *Il malato immaginario*?**

T6

Le forme
- linguaggio ambiguo di Tartufo

I temi
- critica all'ipocrisia religiosa

testi in scena

on line troverai la trasposizione teatrale di questo brano e una scheda sulla messa in scena

Molière
Tartufo cerca di sedurre Elmira

Ecco due scene dell'atto terzo. Nella prima Tartufo offre alla serva, Dorina, un fazzoletto perché si copra il seno: qui Molière fa un'aspra critica alla falsità di chi si dichiara religioso. Nella seconda Elmira incontra Tartufo per convincerlo a rifiutare la proposta di Orgone, che vorrebbe dargli in sposa la figlia, innamorata di un altro. Tartufo, invece, tenta di sedurre Elmira: alla scena assiste il figlio Damide, nascosto in una credenza.

SCENA SECONDA

Tartufo, Lorenzo, Dorina

TARTUFO (*scorgendo Dorina si mette a parlare ad alta voce al suo servo che è di là*) Lorenzo, riponete il cilicio e la disciplina,[1] e pregate il Cielo che v'illumini. Se viene qualcuno a cercarmi, io vado a visitare i carcerati, a distribuire le elemosine che ho raccolto.

DORINA (*tra sé*) Che affettazione![2] Che furfanteria!

TARTUFO Cosa desiderate?

DORINA Volevo dirvi…

TARTUFO (*tira fuori un fazzoletto*) Oh Dio! vi prego, non parlate ancora, prendete questo fazzoletto.

DORINA Perché?

TARTUFO Copritevi il seno, ch'io non lo veda. Siffatti spettacoli offendono le anime e ispirano cattivi pensieri.

DORINA Allora siete facile alle tentazioni, la carne impressiona troppo i vostri sensi! Davvero non sapevo che vi venissero i calori. Per me, non sono così pronta a certe bramosie, e potrei vedervi nudo da capo a piedi: tutta la vostra pelle non riuscirebbe a tentarmi.

TARTUFO Abbiate un po' di modestia quando parlate, altrimenti non mi resta che lasciarvi ai casi vostri.

DORINA No, no, sarò io a lasciarvi in pace. Ho solo due parole da dirvi. La signora scenderà qui a momenti, e vi chiede la cortesia di un breve colloquio.

TARTUFO Oh, molto volentieri.

DORINA (*tra sé*) Come diventa dolce! Per me l'ho sempre detto e ci credo.[3]

TARTUFO E verrà subito?

DORINA È lei, mi sembra. Sì, proprio lei. Vi lascio soli.

SCENA TERZA

Elmira, Tartufo

TARTUFO Sempre sia lodato il Cielo, per la sua infinita bontà, e possa sempre donarvi la salute dell'anima e del corpo, e coprire di benedizione i vostri giorni, conforme al desiderio del più umile dei cuori ispirati dall'amor divino.

ELMIRA Vi sono obbligatissima per queste sante parole di augurio. Non vogliamo sederci, per stare più comodi?

TARTUFO (*seduto*) Vi siete dunque rimessa?[4]

ELMIRA (*seduta*) Completamente guarita. La febbre ormai è scomparsa.

TARTUFO Le mie modeste preghiere non hanno il merito che occorre per poter dire d'aver ottenuto per voi la grazia celeste. Ma in tutte le mie suppliche c'era un pensiero per la vostra convalescenza.

ELMIRA Troppa pena s'è data per me la vostra devozione.

TARTUFO Mai abbastanza per la salute che più d'ogni altra mi è cara, e a tal segno, che avrei sacrificato volentieri la mia.[5]

1 **il cilicio e la disciplina:** sono strumenti usati per fare penitenza; il **cilicio** è una cintura provvista di punte o, anche, un vestito ruvido e pungente fatto di setole di cavallo o di pelo di capra; la **disciplina** è un mazzo di piccole corde annodate che i religiosi usano per frustarsi.
2 **affettazione:** *finzione, inganno.*
3 **Per me… credo:** Dorina è convinta che Tartufo sia un falso fedele e che, in realtà, faccia la corte alla sua padrona.
4 **Vi siete… rimessa:** *siete guarita dalla malattia.*
5 **Mai… mia:** per una semplice influenza, Tartufo si preoccupa troppo: Elmira capisce che il suo obiettivo è conquistarla e gli risponde con ironia.

ELMIRA Tanta carità cristiana è veramente sublime: vi sono obbligatissima per la vostra bontà.

TARTUFO Faccio poco, molto meno di quanto non meritiate.

ELMIRA Volevo parlarvi in segreto, e sono tranquilla, perché qui nessuno ci ascolta.

TARTUFO Ne sono felice anch'io. È davvero una cosa dolcissima, signora, trovarmi qui da sola a sola, con voi. È un'occasione che ho invocato più volte dal Cielo, e sol ora mi è finalmente concessa.

ELMIRA Io per me non desidero che poche parole, ma sincere, col cuore: non dovete nascondermi nulla.

Damide, senza farsi vedere, schiude lo sportello della credenza in cui s'è nascosto, per ascoltare il colloquio.

TARTUFO Anch'io desidero, grazie a Dio, di rivelarvi tutto il mio cuore. Il chiasso che ho fatto per le visite che qui rendono omaggio alla vostra bellezza,[6] vi giuro che non è stato mica per un risentimento contro di voi. Voglio dire che sono stato preso da un impeto di zelo, un moto sincerissimo…

ELMIRA Appunto, l'avevo capito che era così e credo che se vi date tanta pena è per la mia salvezza.

TARTUFO (*stringe la punta delle dita di Elmira*) Certo, signora, certo, e mi sento così infervorato…

ELMIRA Oh, mi stringete troppo.

TARTUFO Eccesso di zelo, scusatemi, non pensavo minimamente di farvi male. Preferisco piuttosto… (*Le mette la mano sulle ginocchia*)

ELMIRA E questa mano che c'entra?

TARTUFO Palpavo il vestito, signora, che stoffa!

ELMIRA Oh, vi prego lasciate: soffro tanto il solletico. (*Elmira si ritrae con la sedia; Tartufo si fa più avanti*).

TARTUFO (*palpa lo scialle di Elmira*) Oh Dio, che bello questo lavoro, che ricamo! Oggigiorno si è arrivati a dei veri miracoli. Cose mai viste, dico, in tutti i generi.

ELMIRA È vero. Ma torniamo al nostro discorso. Corre voce che mio marito voglia venir meno ai suoi impegni[8] e darvi in isposa la figlia. È proprio vero?

6 il chiasso… bellezza: in quanto direttore della casa, Tartufo aveva impedito le visite degli amici di famiglia.
7 mio marito… impegni: cioè rompere il fidanzamento.

Rappresentazione del *Tartufo* di Molière per la regia di Carlo Cecchi.

TARTUFO Sì, mi ha detto qualcosa, ma, signora, se volete sapere la verità, non è questa la meta della mia beatitudine. Altrove, altrove io vedo l'incanto meraviglioso di quella felicità che desidero e spero.

ELMIRA Certo, voi non amate nessuna cosa di questa terra.

TARTUFO Oh, nel mio petto non c'è un cuore di sasso.

ELMIRA E invece io sono sicura che ogni vostra aspirazione è rivolta al Cielo e non si abbassa a desiderare nulla, quaggiù.

TARTUFO L'amore dell'eterna bellezza non può soffocare in noi gli amori terreni. Ai nostri sensi è così facile subire il fascino delle meravigliose creazioni di Dio. Il raggio divino si riflette negli esseri come voi, ma in voi sola risplende in tutta la sua rara magnificenza. Sul vostro volto ha profuso bellezze che abbagliano la vista, inebriano i cuori, e io non posso guardarvi, o creatura di perfezione, senza riconoscere in voi l'Autore dell'Universo, senza sentire il petto infiammato d'amore di fronte al più bel ritratto che Egli abbia mai dipinto a sua immagine e simiglianza. Dapprima ebbi timore che questo fuoco secreto fosse un astuto inganno del Maligno, e decisi perfino che dovevo fuggire il vostro sguardo. Vedevo in voi l'ostacolo vivente della mia salvazione. Ma poi compresi, finalmente, o adorabile bellezza! Che in questa passione mia non può esserci ombra di colpa, che non c'è contraddizione con la mia purezza, e per questo sento che il mio cuore si può confidare. Sono stato troppo audace, lo ammetto, osando farvi offerta del mio cuore. Ma nelle mie preghiere ho rimesso tutto alla vostra bontà, e non mi aspetto nulla dalle mie povere forze. Siete voi la mia speranza, il mio bene, la mia pace, da voi attendo la dannazione o la beatitudine. Eccomi al vostro giudizio, signora: felice, se volete, o infelice, se a voi così piacerà.[8]

ELMIRA Dichiarazione degna d'un perfetto corteggiatore. Ma a dirvi il vero, mi sorprende alquanto. Mi pare che dovreste armare meglio il vostro petto contro certi pensieri. Rifletteteci un po': un sant'uomo come voi, col nome che vi siete fatto…

TARTUFO Sono un uomo di Chiesa, ma son sempre un uomo. E al cospetto delle vostre celestiali bellezze l'anima è conquistata e non ragiona più. Lo so, un discorso come questo, fatto da me, può sembrarvi strano. Ma, in fin dei conti, signora, io sono un angelo; e se volete condannare la confessione che vi ho fatto, dovreste incolpare un po' anche il fascino della vostra persona. Da quando vidi splendere questa luce più che umana, voi diventaste la regina dell'anima mia. L'ineffabile[9] dolcezza del vostro sguardo divino superò l'ostinata resistenza del cuore. Fu più forte di tutto, preghiere, lacrime, digiuni: tutti i miei desideri si rivolsero a voi. E non ve l'hanno forse già detto mille volte i miei sguardi, i miei sospiri? Ora sono stato più esplicito, e vi ho parlato. Ah, se voi voleste considerare con un po' di benevolenza le tribolazioni del vostro indegno servo, se voi foste così pietosa da consolarmi un poco, se vi degnaste di scendere sino a me che son nulla, oh, in eterno io sentirei per voi, o creatura ineffabile, il culto sconfinato della mia devozione. La vostra virtù, accanto a me, non corre alcun rischio, non ha da temere disavventure da parte mia. Questi damerini di corte di cui s'invaghiscono le femmine agiscono senza discrezione e poi sono vanitosi, parolai, non fanno che menar vanto delle loro conquiste. Ogni minimo favore lo spiattellano a tutti. Non sanno tenere la bocca chiusa, e guai a fidarsi di questa gente che disonora l'altare dell'anima. Le persone come noi no: covano la fiamma in segreto e si può avere fiducia illimitata.[10] L'amore per la nostra reputazione è una garanzia assoluta per la persona amata che solo in noi, se accetta la nostra offerta, può trovare l'amore senza lo scandalo e il piacere senza il timore.

da Molière, *Il Tartufo o l'impostore*, trad. it. di C. Muscetta, Einaudi, Torino 1974.

8 Sul vostro volto… piacerà: con questa dichiarazione, Tartufo esprime al massimo la sua doppiezza: tenta di coprire con un linguaggio religioso la proposta di seduzione.

9 ineffabile: che non si può spiegare precisamente.

10 Le persone… illimitata: le parole di Tartufo sono un elogio della falsità: solo delle «persone come noi», cioè quelle che fingono di essere sincere, ci si può fidare.

Lavoriamo sul testo

Leggere e capire

Il dialogo di Tartufo con la serva e con Elmira La scena seconda è occupata dal breve dialogo fra Tartufo e la serva: il primo rivela la sua ipocrisia nella richiesta alla donna di coprirsi il seno; la seconda ha perfettamente colto la vera natura del suo interlocutore e non esita a provocarlo («Allora siete facile alle tentazioni, la carne impressiona troppo i vostri sensi!»). Nella scena terza il dialogo è fra Tartufo ed Elmira, mentre Damide assiste nascosto in una credenza. Tartufo approfitta di questo incontro per sedurre Elmira: dopo aver cercato un contatto fisico con lei («*stringe la punta delle dita di Elmira*», «*Le mette la mano sulle ginocchia*», «*palpa lo scialle di Elmira*»), pronuncia una «dichiarazione degna di un perfetto corteggiatore», infarcita di riferimenti religiosi (Elmira è il «più bel ritratto che Egli [: Dio] abbia mai dipinto a sua immagine e simiglianza»). Ma la donna è contrariata: «Mi pare che dovreste armare meglio il vostro petto contro certi pensieri». La risposta di Tartufo contiene un elogio della simulazione: l'amore deve rimanere clandestino e non destare scandali («L'amore per la nostra reputazione è una garanzia assoluta per la persona amata che solo in noi, se accetta la nostra offerta, può trovare l'amore senza lo scandalo e il piacere senza il timore»).

Analizzare

Il linguaggio di Tartufo La doppiezza di Tartufo si rivela non solo nei comportamenti (da una parte si scandalizza di fronte al seno di Dorina, dall'altra cerca un contatto fisico con Elmira) ma anche nel linguaggio. La sua dichiarazione d'amore alla moglie dell'amico vorrebbe essere sia una lode del Signore, sia della bellezza femminile. Le sue parole lasciano capire ma non dicono tutto, così da tenere salva la reputazione. L'ambiguità di Tartufo si scioglie però nel discorso finale, dove emerge la vera natura del personaggio. Condannando le persone sincere che «non sanno tenere la bocca chiusa», Tartufo esalta gli ipocriti, capaci di nascondere i propri sentimenti e fingere onestà. «Trovare l'amore senza lo scandalo e il piacere senza il timore»: è questo l'obiettivo del protagonista.

Interpretare e approfondire

La morale antigesuitica Attraverso il personaggio di Tartufo, Molière attacca soprattutto la morale ambivalente di molti cattolici, di cui coglie una discrepanza fra l'essere e l'apparire. Si tratta in definitiva di un costume che aveva larga diffusione nella vita di corte del Seicento e che improntava la civiltà del Barocco: dietro lo sfarzo dei costumi e delle cerimonie più di una volta si nascondeva la miseria materiale e morale. Abbiamo visto come l'intervento conclusivo di Tartufo sia un vero e proprio inno all'ipocrisia: nessuna importanza ha il valore etico del proprio comportamento, ma solo il giudizio degli altri per quello che appare. È sufficiente che l'amore (in realtà Tartufo pensa soprattutto al desiderio erotico), seppure illecito, non produca scandalo.

Esercizi

Prima prova A • L'analisi del testo

Comprendere

1 Il "terzo incomodo"

Nella scena terza è presente un altro personaggio oltre a Tartufo ed Elmira: di chi si tratta? Perché si trova lì?

Analizzare

2 Allusioni erotiche

Durante il colloquio con Elmira, Tartufo usa espressioni e compie gesti che mostrano il suo desiderio erotico. Sottolineali nel testo.

3 Il linguaggio religioso

Il vero obiettivo di Tartufo è nascosto abilmente con il linguaggio. Sottolinea nel testo le espressioni tratte dall'ambito religioso: quale funzione hanno nella "strategia" del protagonista?

Interpretare e approfondire

4 Il realismo

Il teatro di Molière è considerato molto realistico. Spiega in che senso può essere vera questa affermazione basandoti sulla scena che hai letto.

5 Autori a confronto: Guicciardini e Molière

«Io non so a chi dispiaccia più che a me la ambizione, la avarizia e la mollizie [: indifferenza morale] de' preti: sì [: sia] perché ognuno di questi vizi in sé è odioso, sì perché ciascuno e tutti insieme si convengono [: si addicono] poco a chi fa professione di vita dependente da Dio, e ancora perché sono vizi sì contrari [: contraddittori] che non possono stare insieme se non in un subbietto [: individuo] molto strano.»

da F. Guicciardini, *Ricordi*, 1576.

Trovi delle somiglianze tra le parole di Guicciardini sopra citate e la polemica religiosa di Molière? Tartufo potrebbe essere il «subbietto molto strano» di cui parla Guicciardini?

T7

Le forme
- registro comico

I temi
- denuncia contro i presunti miracoli della medicina
- malattia come frutto dell'immaginazione e difesa della responsabilità

Molière
Le minacce del dottor Purgone

Argante sta discutendo con il fratello Beraldo, che lo rimprovera dell'insensatezza delle sue paure e della pretesa di dare in sposa la figlia a Purgone, un giovane mediocre che ha l'unico merito di essere figlio del dottor Diarroicus e nipote del dottor Purgone, suoi medici curanti. Durante il colloquio, Beraldo caccia via un dipendente di Purgone, venuto a fargli un clistere. Allora entra in scena, arrabbiato, lo stesso Purgone che predice ad Argante una morte orribile, proprio per aver rifiutato le sue cure. Argante è terrorizzato, e neanche i tentativi di Beraldo, che critica i presunti "miracoli" della medicina, lo riportano alla ragione.

SCENA QUINTA

Purgone, Argante, Beraldo, Tonina[1]

PURGONE Alla porta mi hanno riferito delle belle novità. Qui si ride delle mie ricette e si rifiutano i rimedi da me prescritti!

ARGANTE Signore, non è…[2]

PURGONE Ecco una inaudita temerità,[3] una strana ribellione d'un malato contro il suo medico.

TONINA È una cosa spaventosa.[4]

PURGONE Un clistere che avevo avuto cura di comporre io stesso.

ARGANTE Non sono io…

PURGONE Inventato e composto con tutte le regole dell'arte.

TONINA Egli[5] ha torto.

PURGONE E che doveva produrre nelle vostre budelle un effetto meraviglioso.

ARGANTE Mio fratello…

PURGONE Respingerlo con disdegno!

ARGANTE (*indicando Beraldo*). È lui…

PURGONE È un'azione abbominevole.

TONINA Questo è vero.

PURGONE Un attentato orribile contro la medicina.

ARGANTE (*c. s.*[6]). Il responsabile è lui…

PURGONE Un crimine di lesa Facoltà[7] che non sarà mai punito abbastanza.

TONINA Avete ragione.

PURGONE Vi dichiaro che rompo ogni rapporto, con voi.

ARGANTE È mio fratello…

PURGONE Non voglio più stringere parentela con voi.[8]

TONINA Farete benissimo.

PURGONE E, per rompere ogni rapporto con voi, ecco cosa faccio della donazione[9] destinata a mio nipote in favore del suo matrimonio. (*Lacera*[10] *la donazione e ne disperde con rabbia i frammenti*).

ARGANTE È mio fratello la causa di tutto questo guaio.

PURGONE Disprezzare il mio clistere!

ARGANTE Fatelo portare, lo prenderò subito.

PURGONE Vi avrebbe rimesso in salute in poco tempo.

TONINA Egli non lo merita.

PURGONE Stavo per ripulire il vostro corpo ed espellerne completamente i cattivi umori.[11]

1 **Tonina:** è la serva di Argante.
2 **non è…:** *non è colpa mia*, perché è stato Beraldo a mandare via l'inviato di Purgone con il suo clistere.
3 **temerità:** *sfacciataggine*.
4 **È una cosa spaventosa:** Tonina prende in giro sia Purgone, al quale dà ragione ironicamente, sia Argante.
5 **Egli:** Argante.
6 **c. s.:** come sopra [: indicando Beraldo]
7 **lesa Facoltà:** espressione ironica che ricorda quella di "lesa maestà": qui mostra l'arroganza di Purgone, che paragona i medici a sovrani.
8 **Non voglio più… voi:** il riferimento è al matrimonio del nipote con la figlia di Argante.
9 **donazione:** *dal dono di nozze*.
10 **Lacera:** *strappa*.
11 **umori:** sono le sostanze liquide che, secondo la medicina antica, regolerebbero il buon funzionamento dell'organismo.

ARGANTE Ah, fratello mio!

PURGONE Non occorreva più di una dozzina di medicine per vuotare il fondo del sacco.[12]

TONINA È indegno delle vostre cure.

PURGONE Ma poiché non avete voluto avere la guarigione dalle mie mani…

ARGANTE Non è colpa mia…

PURGONE Perché vi siete sottratto all'obbedienza che si deve al proprio medico…

TONINA È una cosa che grida vendetta.

PURGONE Poiché vi siete dichiarato ribelle ai rimedi che vi ordinavo…

ARGANTE Ma no! Non è vero.

PURGONE Vi dichiaro che vi abbandono alla vostra cattiva costituzione; al disordine delle vostre viscere, alla corruzione del vostro sangue, all'acredine[13] della vostra bile e alla densità dei vostri umori.

TONINA Fate benissimo!

ARGANTE Mio Dio!

PURGONE E vi auguro che prima di quattro giorni vi riduciate in uno stato incurabile.

ARGANTE Ah! Misericordia!

PURGONE Che precipitiate nella bradipepsia.[14]

ARGANTE Signor Purgone!

PURGONE Dalla bradipepsia nella dispepsia.[15]

ARGANTE Signor Purgone!

PURGONE Dalla dispepsia all'apepsia.[16]

ARGANTE Signor Purgone!

PURGONE Dall'apepsia nella lienteria.[17]

ARGANTE Signor Purgone!

PURGONE Dalla lienteria nella dissenteria.[18]

ARGANTE Signor Purgone!

PURGONE Dalla dissenteria nell'idropisia.[19]

ARGANTE Signor Purgone!

PURGONE E dall'idropisia nella privazione della vita, alla quale vi avrà condotto la vostra follia.[20]

SCENA SESTA

Argante, Beraldo

ARGANTE Ah! Mio Dio! Sono morto! Fratello mio, tu mi hai perduto!

BERALDO Io? Perché?

ARGANTE Non ne posso più. Sento già che la medicina si vendica.[21]

BERALDO In fede mia, fratello, tu sei pazzo, e non vorrei per nessuna cosa al mondo che qualcuno ti vedesse fare quello che fai. Ritorna un poco in te stesso, ti prego, rimettiti e non cedere alla tua immaginazione.

ARGANTE Tu hai sentito, fratello mio, le terribili malattie delle quali mi ha minacciato.

BERALDO Sei proprio un ingenuo!

ARGANTE Dice che tra quattro giorni diventerò incurabile.

BERALDO Che importa che lo dica? Ha forse parlato un oracolo? Sembra, a sentirti, che il signor Purgone tenga in mano il filo della tua vita e che abbia la facoltà suprema di allungarlo o di accorciarlo a suo piacere. Pensa che il principio della tua vita è in te medesimo e che l'ira del signor Purgone ha tanto il potere di farti morire quanto i

12 fondo del sacco: *il basso ventre*; ma, ironicamente, anche i beni di Argante, che spende tanti soldi per le proprie cure.
13 acredine: *acidità*; la **bile** è una secrezione prodotta dal fegato fondamentale per la digestione delle sostanze alimentari.
14 bradipepsia: difficoltà nella digestione. Purgone comincia a elencare malattie con "terribili" nomi greci, tutti legati comicamente dalla rima in *-ia*.
15 dispepsia: ancora una difficoltà nel digerire, ma più grave della precedente.
16 apepsia: interruzione della digestione.
17 lienteria: disturbo intestinale.
18 dissenteria: altro tipo di disturbo intestinale.
19 idropisia: malattia che fa gonfiare gli arti.
20 follia: la parola chiude, con la rima, l'elenco di malanni.
21 si vendica: lasciandomi morire.

suoi rimedi di farti vivere.[22] Ecco una buona occasione, se vuoi, per disfarti dei medici; oppure, se assolutamente non puoi farne a meno, è facile trovarne un altro col quale, fratello mio, tu possa correre qualche rischio di meno.

ARGANTE Ah, fratello mio! Egli conosce perfettamente la mia costituzione e il modo di curarmi.

BERALDO Bisogna riconoscere che sei un uomo pieno di idee fisse, e che vedi le cose con strani occhi.

da Molière, *Il malato immaginario*, con introd. e trad. it. di L. Gigli, Paravia, Torino 1924.

22 **ha tanto il potere… vivere:** cioè nessun potere.

Lavoriamo insieme

Leggere e capire

Il contenuto delle scene La scena quinta è incentrata sulla "vendetta" del medico Purgone, che, offeso perché Argante ha rifiutato il clistere da lui inviato, predice al paziente un aggravarsi dei mali («bradipepsia», «dispepsia», «apepsia», «lienteria», «dissenteria», «idropisia»), fino alla morte. Argante si dispera accusando il fratello del rifiuto delle cure. Nella scena successiva Beraldo prova a far ragionare Argante, spiegandogli che non deve dar credito al malaugurio di Purgone, e consigliandolo di trovarsi un altro medico.

1 Oltre a Purgone e ad Argante, quale personaggio interviene nel dialogo della scena quinta? Quale punto di vista esprime?

Analizzare

La comicità del linguaggio medico Le scene qui riportate mostrano i due elementi del teatro di Molière: quello comico, qui affidato al buffo battibecco tra medico e paziente, e quello della definizione psicologica del personaggio, assegnato alle reazioni di Argante e ai commenti di Beraldo. L'effetto comico della prima scena è dato dal linguaggio dei personaggi. Purgone fa inutile riferimento al lessico specialistico della medicina (per di più l'elenco delle malattie origina una catena di rime in *-ia*), mentre Argante non fa altro che ripetere «Signor Purgone!». Si coglie un buffo contrasto fra la realtà dei fatti e il modo tragico in cui li vive il protagonista.

2 Il linguaggio di Purgone è il linguaggio dell'esagerazione, fondato sull'iperbole: fai alcuni esempi in proposito.

Interpretare e approfondire

Uno studio di psicologia: l'ipocondriaco È Beraldo che dà la vera diagnosi: Argante è un malato immaginario che si è costruito una malattia inesistente per sfuggire alle responsabilità della vita («Pensa che il principio della tua vita è in te medesimo»). La malattia di Argante è indotta dalle sole parole: è bastato il minaccioso elenco di Purgone per ridurlo in fin di vita. Nel suo mondo le parole hanno preso il sopravvento sulle cose, proprio come nella mente dell'ipocondriaco i sintomi immaginari sostituiscono le malattie vere. «Quando la lasciamo fare, la natura si tira fuori da sola pian piano dal disordine in cui è finita. È la nostra inquietudine, è la nostra impazienza che rovina tutto, e gli uomini muoiono tutti quanti per via dei farmaci e non per via delle malattie»: in queste battute Molière si conferma un attento osservatore – e critico – della realtà, denunciando i presunti miracoli della medicina e difendendo la libera espressione dei valori naturali.

3 *Il malato immaginario* è una commedia che offre punti di confronto con il presente. Proponi un'attualizzazione del testo in una trattazione sintetica (max 15 righe), concentrandoti sulla caratterizzazione del protagonista.

Dal ripasso alla verifica

mappa concettuale

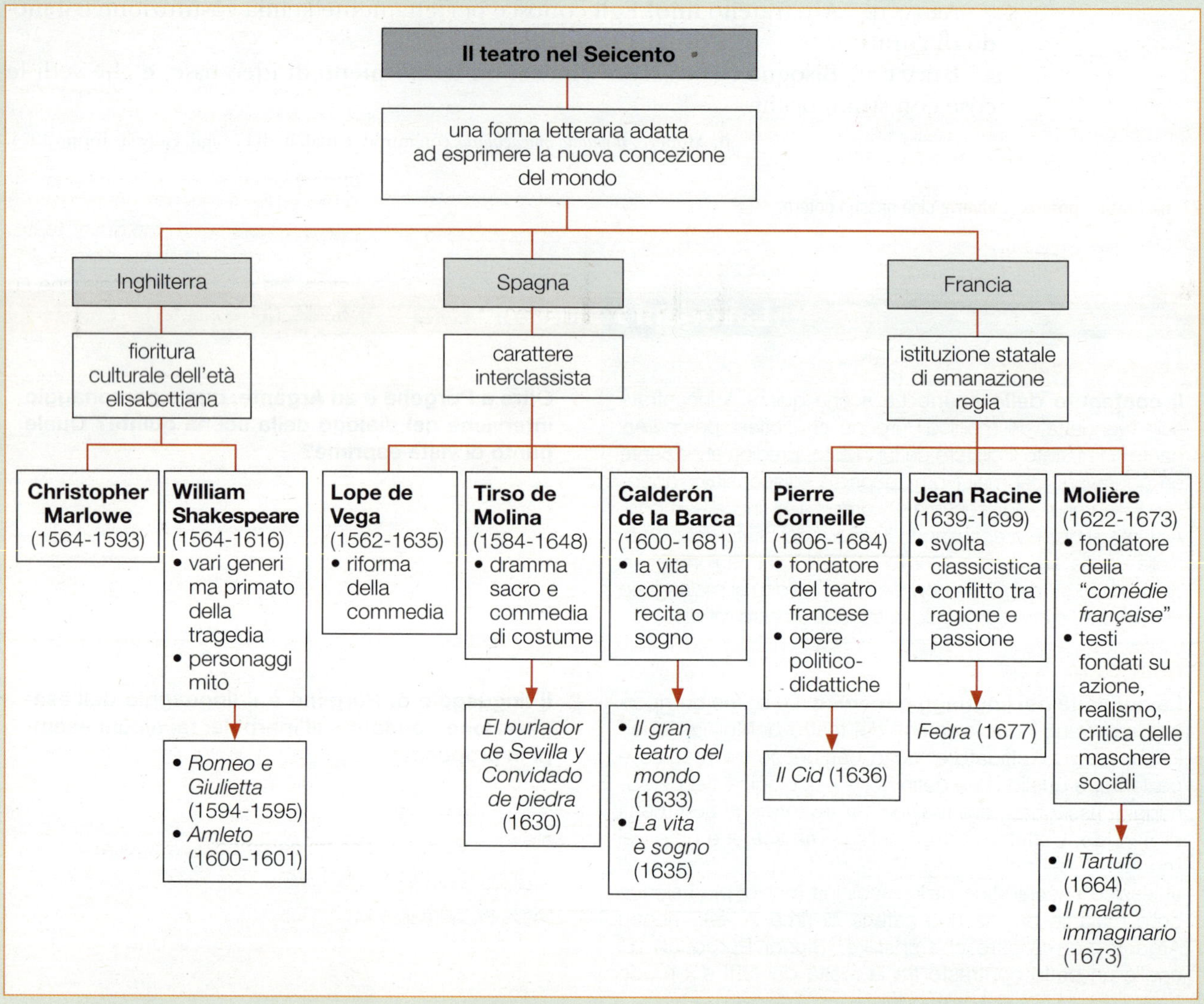

dizionario dei concetti chiave

- ***auto sacramental* [atto sacro]** forma di dramma religioso, in un atto unico, che si sviluppò in Spagna nella seconda metà del XVI secolo. Fu maestro di questo genere Calderón de la Barca (1600-1681): è un "auto" *Il grande teatro del mondo* (1633), in cui l'autore invita il Mondo a organizzare uno spettacolo, allestendogli un palcoscenico in cui reciteranno sette personaggi esemplari. Compare l'idea della vita come recita o sogno, al centro anche del dramma filosofico *La vita è sogno* (1635), considerato il capolavoro dell'autore.

- **commedia** genere teatrale nato in Grecia intorno al VI sec. a.C. Strutturalmente, al contrario della tragedia, è caratterizzato dalla presenza di un inizio triste (o da una situazione incerta per il protagonista) e di un finale lieto. Lo stile adottato è quello comico. Nel Seicento, secolo di grande fioritura del teatro, si ha una nuova definizione sia delle forme della commedia, sia delle forme della tragedia.

- **commedia in Inghilterra** anche il più grande drammaturgo del periodo, William Shakespeare (1564-1616), si misura con il genere della commedia, pur raggiungendo i suoi massimi risultati nel campo della tragedia. Fra le commedie shakespeariane ricordiamo quelle della fase giovanile (1590-1600) – *La bisbetica domata*, *Sogno di una notte di mezza estate*, *Il mercante di Venezia*, *Molto rumore per nulla* – e *La tempesta* (del 1611-1612).

- **commedia in Spagna** in Spagna, sulla strada indicata da Lope de Vega (1562-1635) si muove Tirso de Molina (1584-1648): la sua commedia più nota è *Il beffatore di Sivi-*

glia e Convitato di pietra (1630), con cui nasce la figura di Don Giovanni, destinata a diventare presto un mito.

- **commedia in Francia** fondatore della commedia francese è Molière (1622-1673): osservatore attento dei meccanismi sociali e psicologici, conduce nelle sue commedie una battaglia contro l'intolleranza e l'ipocrisia (pensiamo anzitutto a *Tartufo* e alla polemica contro la falsità religiosa).
- **commedia dell'arte** genere teatrale nato in Italia alla metà del Cinquecento, e vivo fino alla fine del Settecento. Suoi caratteri fondamentali sono: 1) la presenza di compagnie di attori professionisti; 2) la recitazione improvvisata sulla base di un "canovaccio"; 3) la svalutazione dell'intreccio a vantaggio dei contrasti fra tipi opposti.
- **tragedia** genere teatrale nato nella Grecia classica avente per argomento grandi problematiche interiori dell'uomo, espresse con uno stile elevato e ricchezza di *pathos*. Sono *dark tragedies* [tragedie "nere"] i capolavori di Shakespeare, scritti fra il 1600 e il 1606: *Amleto*, *Otello*, *Re Lear*, *Macbeth*. *Amleto* (1600-1601) rappresenta la vicenda di un eroe moderno, tormentato dal dubbio e incapace di agire. Il fondatore del teatro francese, Pierre Corneille (1606-1684) scrive invece il suo capolavoro con *Il Cid* (1636), che non è una vera tragedia ma piuttosto una tragicommedia, dato che vi si intravede una conclusione felice. La tragedia francese tocca i suoi vertici con Jean Racine (1639-1699), che dà un contributo decisivo alla creazione di un "teatro della ragione" e alla svolta classicistica, sia sul piano formale che su quello dei contenuti. I personaggi di Racine sono travolti dalle passioni: pensiamo a Fedra, protagonista dell'omonima tragedia del 1677.

esercizi

esercizi di riepilogo

1 Il trionfo del teatro

Il Seicento è il secolo del teatro. Questo genere trionfa perché (due risposte):

a. ha l'appoggio della Chiesa
b. riflette la visione teatrale della vita nella cultura barocca
c. trae vantaggio dalla crisi degli altri generi letterari
d. ha il sostegno dei sovrani

2 Le fasi della produzione shakespeariana

Nella produzione shakespeariana si possono distinguere tre fasi. Completa una tabella come quella proposta inserendo i generi teatrali caratteristici di ciascuna fase e citando un'opera significativa.

Fasi	Generi	Opere
Prima fase (1590-1600)	....	....
Seconda fase (1600-1607)	....	....
Terza fase (1607-1613)	....	....

3 Amleto

Amleto è probabilmente il personaggio shakespeariano più noto. Si tratta di un eroe:

a. antico
b. moderno

Motiva brevemente la tua scelta.

4 Lope de Vega e la riforma della commedia spagnola

La riforma di Lope de Vega si impone rapidamente nel teatro spagnolo e consiste (due risposte):

a. nel rispetto delle tre unità aristoteliche
b. nella netta distinzione fra commedia e tragedia
c. nell'intreccio fra azioni diverse
d. nella compresenza di temi comici, seri e tragici

5 *Il beffatore di Siviglia e Convitato di pietra*

Tirso de Molina con *Il beffatore di Siviglia e Convitato di pietra* inaugura un personaggio destinato a diventare un mito europeo: quale?

6 Racine, il suo teatro, il suo capolavoro

In Francia, Jean Racine dà un contributo decisivo alla creazione di un "teatro della ragione". Completa il breve testo con le informazioni mancanti:

Jean Racine rispetta le unità .... imprimendo una svolta .... al teatro. La trama vuole mettere in risalto le passioni dei personaggi, come accade in *Fedra*, capolavoro dell'autore composto nel .... basato sull'opera del drammaturgo greco .... Fedra, innamorata del figliastro ...., è tormentata dalle proprie passioni che la inducono infine al suicidio.

7 Molière e la commedia francese

Molière è il fondatore della commedia francese. Il teatro di Molière si basa:

a. sull'invenzione fantastica
b. sull'osservazione della realtà
c. sull'accuratezza della scenografia
d. sul linguaggio elevato

8 *Il Tartufo*

Il Tartufo è fra i capolavori di Molière. La commedia ha come protagonista:

a. un nobile francese
b. un borghese francese
c. un cardinale
d. un gesuita

9 Autori e opere

Collega gli autori alle opere corrispondenti e sottolinea l'unica commedia presente fra i drammi citati.

William Shakespeare	*Ifigenia*
Molière	*Il gran teatro del mondo*
Jean Racine	*Il Cid*
Calderón de la Barca	*Il malato immaginario*
Pierre Corneille	*Otello*

esercizi di approfondimento

10 Il tema del potere nelle opere shakespeariane

La lotta per il potere è al centro dell'*Amleto* e soprattutto del *Macbeth*; torna anche nella *Tempesta*, ma con toni ed esiti diversi. Come cambia l'approccio al tema del potere dalle tragedie al *romance*?

11 Personaggi tormentati

Romeo e Giulietta, Macbeth, lady Macbeth e Amleto sono tutti personaggi tormentati. Diversa però è la natura del loro tormento: spiegane le ragioni.

12 Shakespeare al cinema

Shakespeare ha trovato nel cinema un grande mezzo di diffusione e popolarità. Ti suggeriamo alcune trasposizioni cinematografiche diverse di uno stesso dramma: prova a confrontarle riflettendo sull'interpretazione che ne offrono i registi.

a. *Romeo e Giulietta* di Franco Zeffirelli (1968) e di Baz Luhrmann (1996)
b. *Amleto* di Laurence Olivier (1948) e di Kenneth Branagh (1997)
c. *Otello* di Orson Welles (1952) e di Olivier Parker (1995)

13 La metafora del mondo

La vita come recita e come teatro è un tema diffuso nella cultura barocca: in quali opere di Calderón de la Barca esso risulta centrale? In quali forme si presenta?

14 Il "tartufo" e il "dongiovanni"

La notorietà di certi personaggi teatrali lascia traccia anche nella lingua:

a. se una persona viene definita "tartufo", che cosa si intende?
b. chi è un "dongiovanni"?

allenarsi per l'esame di Stato

la trattazione sintetica

15 Un personaggio in primo piano

Quale dei personaggi teatrali presentati in questa Unità ti ha colpito di più? In una trattazione sintetica (max 20 righe) illustra la sua storia, quindi spiega i motivi della tua scelta.

Unità 4

Il tema

La nuova scienza

Nel corso del Seicento nasce la moderna scienza. Operano astronomi come Keplero, medici e biologi come Harvey, pensatori rivoluzionari come Bacone e Cartesio. Un contributo fondamentale è dato dallo scienziato pisano Galileo Galilei. Sebbene oggi le posizioni di Galileo risultino incontestabili, furono rivoluzionarie per il suo tempo. Furono, anzi, giudicate eretiche nel secolo dell'Inquisizione. La pubblicazione del *Dialogo sopra i due massimi sistemi del mondo* suscitò uno "scandalo", punito con la censura dell'opera e con un processo ecclesiastico contro l'autore. Fortunatamente gli «errori e eresie» galileiane sono state trasmesse al futuro. Con i suoi studi, Galileo lascia infatti un'enorme eredità alla nostra epoca. Oltre a una corretta immagine dell'universo, si devono allo scienziato una serie di importanti invenzioni: il microscopio per compiere osservazioni su elementi non visibili a occhio nudo, il termoscopio per misurare la temperatura dell'aria e, soprattutto, il cannocchiale. Ma la convinzione che la ragione sia «la sola adeguata iscorta a sortir d'oscurità l'uomo, e a quietar la sua mente» è forse il messaggio più attuale che Galileo abbia consegnato alla modernità.

OBIETTIVI

Conoscenze
- I padri fondatori della scienza moderna
- Vita, opere e scoperte scientifiche di Galileo Galilei
- La nuova medicina e l'importanza del lavoro di Harvey
- La riflessione di Bacone e Cartesio sulla questione del metodo

Abilità
- Mettere in evidenza attraverso i testi i caratteri propri della scienza moderna
- Cogliere l'importanza delle scoperte scientifiche seicentesche per la futura evoluzione della ricerca
- Cogliere il carattere rivoluzionario del pensiero galileiano
- Stabilire collegamenti fra i temi proposti e la realtà contemporanea

Espansioni digitali

testi e approfondimenti

videolezione

La rivoluzione problematica di Galileo
a cura di Pietro Cataldi
- Galileo e lo spazio della letteratura
- Il "metodo" scientifico
- La rivoluzione del Sidereus nuncius
- Il Dialogo sopra i due massimi sistemi e il punto di vista dell'autore
- Il principio di autorità e la forza della conoscenza concreta
- Scienza e fede ieri e oggi
- La scienza di fronte al potere

Analisi del testo: Galileo Galilei, *Per il «mondo sensibile», contro il «mondo di carta»*
a cura di Pietro Cataldi

1 La nuova scienza

La scienza moderna

Nel Seicento nasce la scienza moderna. Le novità più radicali interessano il settore della fisica astronomica, ma di lì si propagano anche agli altri campi del sapere, fino a investire lo stesso **problema del metodo**, cioè il criterio che deve essere seguito per raggiungere conoscenze fondate.

L'avvento della nuova scienza è legato principalmente all'opera di tre studiosi, che sviluppano e danno sostanza all'ipotesi eliocentrica (cioè che sia il Sole e non la Terra al centro del sistema) avanzata nel secolo precedente da Copernico (*Sulle rivoluzioni dei mondi celesti*, 1543): il tedesco **Keplero** (1571-1630), l'italiano **Galilei** (1564-1642), l'inglese **Newton** (1642-1727). Nel 1609 esce in latino l'***Astronomia nova seu physica coelestis*** [La nuova astronomia, ossia la fisica celeste] di Keplero, dove si studia il movimento dei pianeti intorno al Sole e si dimostra che la forma delle loro orbite è ellittica anziché circolare. Nel 1610 esce, ancora in latino, il ***Sidereus nuncius*** [Annuncio sulle stelle] di Galileo Galilei, dove si dà notizia dei risultati dell'osservazione con il cannocchiale e si annuncia la scoperta dei satelliti di Giove. Nel 1632 Galilei pubblica, questa volta in volgare, il ***Dialogo sopra i due massimi sistemi del mondo***, nel quale dimostra l'erroneità del modello tolemaico, che poneva la Terra al centro dell'universo, a vantaggio del sistema copernicano, e critica l'atteggiamento degli aristotelici (quindi anche l'insegnamento dei gesuiti e la posizione della Chiesa) perché viziato dall'accettazione passiva del principio di autorità. Nel 1687, infine, Isaac Newton pubblica i ***Philosophiae naturalis principia mathematica*** [I principi matematici della filosofia della natura] nei quali, sulla base dei risultati conseguiti da Keplero e Galilei, formula le leggi della gravitazione universale e conferma il fondamento matematico dei principi della fisica, come è evidente fin dal titolo dell'opera.

L'universo come un "orologio"

Le novità introdotte in campo scientifico mettono in dubbio i tradizionali fondamenti della conoscenza, con ripercussioni anche sull'immaginario collettivo. Il mondo che Dante Alighieri, all'inizio del Trecento, aveva descritto nella *Commedia* appoggiandosi proprio al modello aristotelico-tolemaico risulta adesso inaccettabile. La causa prima del movimento non è più intesa come un'intelligenza angelica o un'anima, ma come una "forza", e la struttura dell'universo viene immaginata piuttosto come una macchina, e perfino come un orologio. Così scrive Keplero: «Il mio scopo è di dichiarare che **la *macchina* dell'universo non è costituita sul modello di un divino animale**, ma sul modello di un *orologio* [...] e in essa tutti i diversi movimenti si debbono a una semplice *forza attrattiva materiale*, allo stesso modo che tutti i movimenti dell'orologio sono dovuti a un semplice pendolo». Simile a un grande meccanismo, anche la natura è governata da **leggi esatte** traducibili in **linguaggio matematico** e chiaramente comprensibili dalla ragione individuale. Ancora: come il meccanico smonta una macchina per comprenderne il funzionamento, lo scienziato può dedicarsi all'analisi di un pezzo alla volta (un determinato fenomeno, un singolo principio) secondo il metodo sperimentale.

Una nuova prospettiva

L'importanza della tecnica

In questo nuovo quadro intellettuale, la tecnica cessa di essere considerata un'arte servile e viene giudicata invece un momento indispensabile dell'indagine scientifica.

Glossario

Sistema copernicano Nel 1543, con la pubblicazione del *De revolutionibus orbium coelestium* [Le rivoluzioni dei corpi celesti], l'astronomo polacco Niccolò Copernico (1473-1543) propone un sistema eliocentrico, che pone al centro dell'universo non la Terra ma il Sole. Anche Galilei e il tedesco Keplero partono dalla concezione eliocentrica per elaborare le loro teorie.

Principio d'autorità Principio per cui una teoria viene accettata solo per il prestigio dell'importanza di chi l'ha sostenuto, quindi senza una verifica concreta.

Cronologia

STORIA		AUTORI E OPERE
riorganizzazione dell'Inquisizione, riunita sotto il coordinamento di Roma ◄	1542	
	1543	► *Sulle rivoluzioni dei mondi celesti* di Niccolò Copernico (1473-1543)
Concilio di Trento ◄	1545-1563	
primo *Indice dei libri proibiti* ◄	1559	
istituzione della Congregazione dell'Indice ◄	1572	
editto di Nantes in Francia ◄	1598	
fondazione dell'Accademia dei Lincei ◄	1603	
	1609	► *La nuova astronomia, ossia la fisica celeste* di Johannes Kepler (Keplero) (1571-1630)
condanna del copernicanesimo da parte del Santo Uffizio ◄	1616	
	1620	► *Il nuovo strumento del sapere* di Francis Bacon (Bacone) (1561-1626)
	1628	► *Sul movimento del cuore* di William Harvey (1578-1657)
	1632	► *Dialogo sopra i due massimi sistemi del mondo* di Galileo Galilei (1564-1642)
processo del Santo Uffizio contro Galileo Galilei ◄	1633	
	1637	► *Discorso sul metodo* di René Descartes (Cartesio) (1596-1650)
	1687	► *I principi matematici della filosofia della natura* di Isaac Newton (1642-1727)

D'altra parte, è la tecnica che costruisce le macchine e gli strumenti attraverso cui condurre la ricerca. Il **telescopio**, il **microscopio**, il **termometro**, il **barometro** diventano mezzi indispensabili, e se da un lato essi sono dei prodotti della ricerca scientifica, dall'altro sono anche produttori di ricerca. Nella sua opera ***Novum organum scientiarum*** [Il nuovo strumento del sapere, 1620], il filosofo inglese Francis Bacon (ovvero **Bacone**, nella forma latinizzata) sostiene che il pensiero scientifico deve assumere le procedure tecniche della "meccanica", così da mirare all'**utilità pratica**.

◄ Ritratto anonimo di Denis Papin (1647-1712), noto per aver inventato il "digestore a vapore", ovvero il precursore del motore a vapore.

facciamo il punto

- **Chi sono i tre studiosi che, nel Seicento, danno fondamento alla teoria eliocentrica di Copernico?**
- **Qual era il modello in vigore fino ad allora?**

2 La nuova astronomia: Galileo Galilei

videolezione
La rivoluzione problematica di Galileo

La vita

Dal consenso culturale...

Nella fondazione della nuova astronomia, un ruolo chiave riveste la figura e l'opera dello scienziato italiano Galileo Galilei. Galileo nasce a **Pisa** nel **1564**. Vive a Firenze tra il 1574 e il 1589, ma ritorna per un periodo nella città natale per studiare medicina. Dopo un primo incarico come insegnante di matematica presso l'Università di Pisa, nel 1592, ottiene la cattedra a **Padova**, città in cui trova un ambiente culturale aperto e vivace. Qui Galileo trascorre quelli che egli stesso definisce «i diciotto anni [1592-1610] migliori della vita». In questo periodo lo scienziato perfeziona l'**invenzione del cannocchiale** (▶ Focus, p. 176), che consente una serie di scoperte rese note attraverso il *Sidereus Nuncius* [Annuncio sulle stelle, 1610]: grazie al cannocchiale, Galileo rileva che la superficie lunare era ricoperta di montuosità e di avvallamenti; inoltre, individua quattro satelliti di Giove, da lui chiamati "astri medicei" in onore del granduca Cosimo II di Toscana, al quale l'opera è dedicata. Ritornato a **Firenze** carico di fama, Galileo inizia una battaglia per il rinnovamento della scienza, sostenendo apertamente il modello copernicano e difendendo l'autonomia della ricerca scientifica rispetto alla religione e alla teologia. Nel 1611 si reca a **Roma**, dove ottiene consensi anche negli ambienti religiosi.

... alla condanna della Chiesa

La pubblicazione delle «**lettere copernicane**», fra il 1613 e il 1615, solleva i primi sospetti della Chiesa. Nel **1616** Galileo riceve perciò l'ingiunzione di non sostenere la teoria copernicana. Nonostante ciò, lo scienziato continua a diffondere il suo pensiero rivoluzionario: nel **1623** pubblica ***Il Saggiatore***, nel quale, muovendo dalla disputa con il gesuita Orazio Grassi circa la natura delle comete, sostiene la piena identità fra linguaggio della natura e linguaggio della matematica. Nel frattempo inizia a lavorare a un'opera che pone a confronto i due principali modelli dell'universo (tolemaico e copernicano). Esce così nel **1632** il ***Dialogo sopra i due massimi sistemi del mondo***. L'opera viene sequestrata poche settimane dopo e l'Inquisizione istituisce un **processo** contro l'autore per non aver rispettato l'ingiunzione del 1616. Il processo si svolge a Roma nel **1633**, e Galileo è condannato alla **pubblica** abiura (▶ Focus, p. 184). Lo scienziato è in seguito costretto a ritirarsi ad **Arcetri**, vicino Firenze, dove muore nel **1642**.

L'abiura di Galileo

Il metodo sperimentale e l'autonomia della scienza

La rivoluzione di Galileo consiste anzitutto in una questione di metodo: con lui nasce il **metodo sperimentale della scienza moderna**. Egli ritiene che l'autorità della Bibbia non può essere addotta per sostenere la verità scientifica, che è anzitutto il risultato di «sensate [: fatte con i sensi] esperienze» e di «necessarie

Glossario

Abiura Dal latino *ab iurare*, 'rinnegare un giuramento', l'abiura è la ritrattazione pubblica di una fede, una teoria o un'ideologia.

le opere	le scoperte e le idee
Sidereus Nuncius (1610)	irregolarità della superficie lunare e individuazione dei quattro satelliti di Giove
«Lettere copernicane» (1613-1615)	correttezza del modello copernicano, autonomia della scienza dalla teologia, metodo sperimentale
Il Saggiatore (1623)	identità fra linguaggio della natura e linguaggio della matematica
Dialogo sopra i due massimi sistemi (1632)	"demolizione" del modello cosmologico aristotelico-tolemaico e critica del principio di autorità

La separazione dei saperi

dimostrazioni». Galileo, che è cattolico, non intende affatto mettere in discussione il contenuto spirituale delle Sacre Scritture, ma invoca una separazione dei saperi rivendicando la **piena autonomia della scienza** rispetto alla teologia. Come osserva ironicamente nella *Lettera a Cristina Lorena*, l'intenzione dello Spirito Santo è «insegnarci come si vadia al cielo, e non come vadia il Cielo» (▶ T1).

Il Dialogo sopra i due massimi sistemi

Sono queste le premesse che stanno alla base del "manifesto copernicano" costituito dal *Dialogo sopra i due massimi sistemi*. Incoraggiato dall'elezione del nuovo papa Urbano VIII, che era stato un suo ammiratore, Galileo inizia la stesura dell'opera nel 1623, terminandola nel 1630. Dopo varie modifiche apportate per evitare la censura della Chiesa, il trattato viene pubblicato nel 1632 con il titolo completo *Dialogo sopra i due massimi sistemi del mondo, tolemaico e copernicano*, ma è subito proibito. L'opera ha la **forma del dialogo**, il genere a cui appartenevano molte trattazioni cinque e seicentesche (come le *Prose della volgar lingua* di Bembo o *Il Cortegiano* del Castiglione).

Struttura e contenuto dell'opera

Il *Dialogo* è ambientato a Venezia nel palazzo di **Sagredo**, uomo colto e curioso che incarna il pubblico non specialistico ma aperto a cui Galilei si rivolge. Gli altri due protagonisti sono il nobile fiorentino **Salviati**, sostenitore delle teorie copernicane e perciò portavoce dello stesso autore, e il personaggio immaginario **Simplicio**, aristotelico. L'opera è suddivisa in quattro "giornate". La **prima giornata** è dedicata all'analisi della fisica aristotelica, che viene sistematicamente demolita da Salviati sulla base delle osservazioni compiute con il cannocchiale; mentre Simplicio oppone una debole resistenza (▶ T2). Nella **seconda giornata** Salviati confuta uno dopo l'altro gli argomenti di Aristotele e di Tolomeo contro il moto di rotazione della Terra intorno al proprio asse, puntualmente riferiti da Simplicio. In apertura della discussione, Sagredo aveva narrato l'aneddoto di un seguace di Aristotele che rifiuta di ammettere l'errore del filosofo greco anche davanti all'evidenza mostratagli da un anatomista (▶ T3). **La terza giornata** è dedicata alla discussione del moto di rivoluzione della Terra intorno al Sole: esso sarebbe provato, secondo Salviati, dal fenomeno delle maree. Di tale fenomeno si discute ampiamente anche nella **quarta giornata**, fino alla fine del dialogo, quando i tre personaggi si salutano e Simplicio ricorda che nessuna "fantasia" di scienziato può sostituirsi all'infinita sapienza di Dio. È questo l'argomento ufficialmente sostenuto dalla Chiesa: ogni proposta è accettabile solo come pura ipotesi.

La scelta del volgare e della forma del dialogo

Il *Dialogo sopra i due massimi sistemi* rinnova la trattatistica scientifica. Anzitutto Galileo sceglie di scrivere l'opera **in volgare**, così da raggiungere un **pubblico più ampio** di lettori, che, non necessariamente esperto di cose scientifiche, sia però in grado di apprezzarne il significato culturale e di coglierne il carattere rivoluzionario. Il linguaggio scientifico fondato da Galileo non è perciò composto da termini presi in prestito dal latino o dal greco, ma da parole della lingua comune che assumono nuovi significati specialistici. Lo **stile** di Galilei, **asciutto**, **razionale** e tutto teso alla dimostrazione delle tesi prefisse, è estraneo al gusto immaginoso del Barocco. I nessi logici sono sempre ben in vista, e hanno una natura causale che sottolinea il **rigore dell'argomentazione**. Galileo struttura il trattato in **forma dialogica**, in modo da rendere l'argomentazione più vivace e problematica. Il **lettore** si sente **partecipe della conversazione**, in cui si confrontano posizioni diverse. Mentre Salviati si dichiara subito copernicano, Sagredo ha ufficialmente il ruolo di arbitro, anche se si scopre ben presto sostenitore delle nuove teorie. Egli si esprime con un linguaggio preciso, concreto e ironico, contrapposto a quello invece astratto, impreciso e pieno di stereotipi di Simplicio. Il dialogo si arricchisce inoltre di **sfumature comiche e satiriche**: il sostenitore delle teorie aristoteliche è attaccato in modo serrato dai due interlocutori e messo in ridicolo per le sue posizioni acritiche.

facciamo il punto

- **Quale teoria si vuole confutare nel *Dialogo sopra i due massimi sistemi*?**
- **In quale lingua è scritto il *Dialogo*? Che cosa mette in luce questa scelta?**

Focus Scoperte e invenzioni di Galileo

L'origine degli orologi a pendolo

Nel 1582, durante una visita al Duomo di Pisa, Galileo vide una lampada che oscillava: questa osservazione servì allo scienziato per formulare la legge dell'isocronismo del pendolo, per cui in più pendoli di uguale lunghezza le piccole oscillazioni hanno la stessa durata, anche se hanno una diversa ampiezza. Pertanto, il periodo (ovvero il tempo) di oscillazione aumenta col crescere della lunghezza, in modo che un pendolo lungo oscilla più lentamente di un pendolo corto. Sarà grazie a questa scoperta che nel 1656 l'astronomo e fisico olandese Christiaan Huygens brevetterà il primo orologio a pendolo.

Strumenti per la misurazione

Galileo inventa alcuni strumenti per compiere importanti misurazioni: nel 1583 costruisce la bilancia idrostatica per stabilire il peso specifico delle sostanze; nel 1592, grazie a vari esperimenti con il piano inclinato, misura l'accelerazione di gravità; nel 1597 realizza il primo termoscopio per rilevare la temperatura e la pressione atmosferica e inventa il "compasso geometrico-militare", uno strumento utile per effettuare calcoli matematici in campo militare e geografico.

Il cannocchiale

La più importante invenzione di Galileo resta quella del cannocchiale. È infatti suo il merito di aver costruito il primo cannocchiale in Italia, sul modello di quello realizzato in Olanda da Hans Lippershey nel 1608. Nell'agosto del 1609, lo scienziato pisano mostrò ad alcuni senatori della Repubblica di Venezia un tubo di legno con due lenti alle estremità, generando il loro stupore quando verificarono che quello strumento consentiva di vedere la basilica di Padova dal campanile di piazza San Marco! Il cannocchiale fu decisivo per le ricerche astronomiche di Galileo sulla Luna e sui satelliti di Giove esposte nel *Sidereus Nuncius*. Il funzionamento di questo dispositivo ottico venne poi teorizzato da Keplero, che lo trasformò in vero e proprio telescopio, più lungo e potente di quello galileiano.

▲ Henry-Julien Detouche, *Galileo mostra il cannocchiale al Doge Leonardo Donato*, Parigi.

T1

Le forme
- forma epistolare
- uso del volgare
- rigore argomentativo

I temi
- autonomia della scienza dalla religione
- nascita del metodo sperimentale

Galileo Galilei
Scienza e religione

In questo brano, ripreso dalla lettera alla granduchessa di Toscana Cristina di Lorena, Galileo afferma che in caso di contraddizione tra scienza e Sacre Scritture, l'errore non sarà nella scienza ma nella pretesa di prendere alla lettera il linguaggio pieno di immagini della Bibbia. Inoltre, lo scienziato osserva che la Bibbia dà poche informazioni sull'universo: se ci affidassimo solo a quelle, non sapremmo nulla sulla natura intorno a noi. Le Sacre Scritture hanno il compito «d'insegnarci come si vadia al cielo, e non come vadia il Cielo». La scienza diventa autonoma dalla religione: sono le «sensate esperienze» (le esperienze fatte attraverso i sensi) che ci permettono di rifiutare un astratto principio di autorità.

Il motivo, dunque, che loro[1] producono[2] per condennar l'opinione della mobilità della Terra e stabilità del Sole, è, che leggendosi nelle Sacre Lettere, in molti luoghi, che il Sole si muove e che la Terra sta ferma, né potendo la Scrittura mai mentire o errare, ne séguita per necessaria conseguenza che erronea e dannanda sia la sentenza di chi volesse asserire, il Sole essere per sé stesso immobile, e mobile la Terra.[3]

Sopra questa ragione parmi primieramente da considerare, essere e santissimamente detto e prudentissimamente stabilito, non poter mai la Sacra Scrittura mentire, tutta volta che si sia penetrato il suo vero sentimento[4] il qual non credo che si possa negare essere molte volte recondito[5] e molto diverso da quello che suona il puro significato delle parole. Dal che ne séguita, che qualunque volta alcuno, nell'esporla, volesse fermarsi sempre nel nudo suono literale, potrebbe, errando esso, far apparir nelle Scritture non solo contradizioni e proposizioni remote dal vero, ma gravi eresie e bestemmie ancora:[6] poi che[7] sarebbe necessario dare a Iddio e piedi e mani e occhi, non meno affetti corporali ed umani, come d'ira, di pentimento, d'odio, ed anco tal volta la dimenticanza delle cose passate e l'ignoranza delle future; le quali proposizioni, sì[8] come, dettante lo Spirito Santo,[9] furono in tal guisa profferite da gli scrittori sacri per accomodarsi alla capacità del vulgo assai rozzo e indisciplinato,[10] così per quelli che meritano d'esser separati dalla plebe[11] è necessario che i saggi espositori ne produchino[12] i veri sensi, e n'additino le ragioni particolari per che e' siano sotto cotali parole profferiti:[13] ed è questa dottrina così trita e specificata appresso[14] tutti i teologi, che superfluo sarebbe il produrne attestazione alcuna.[15] [...]

Stante, dunque, ciò,[16] mi par che nelle dispute di problemi naturali non si dovrebbe cominciare dalle autorità di luoghi delle Scritture, ma dalle sensate esperienze e dalle dimostrazioni necessarie:[17] perché, procedendo di pari dal Verbo divino la Scrit-

1 loro: si riferisce ai commentatori delle Sacre Scritture, chiamate da Galileo **Sacre Lettere**.
2 producono: *portano.*
3 ne séguita... Terra: *ne deriva come necessaria conseguenza che deve essere considerata sbagliata e condannabile* (**dannanda**) *l'opinione di chi volesse sostenere che il Sole sia di per se stesso immobile, e mobile* [*invece*] *la Terra.*
4 Sopra... sentimento: *per questo motivo mi sembra soprattutto da considerare che sia detto con rispetto religioso* (**santissimamente**) *e stabilito con assoluta prudenza che la Sacra Scrittura non può mai mentire, una volta che si sia compreso il suo vero significato* (**sentimento**).
5 recondito: *nascosto.*
6 Da che... e bestemmie ancora: *da questo deriva* (**Da che ne séguita**) *che ogni volta che qualcuno, descrivendola* [: la Bibbia], *volesse riferirsi sempre al significato letterale* (**nudo suono literale**) *potrebbe far sembrare, poiché sta sbagliando* (**errando esso**), *che nelle Sacre Scritture, ci siano non solo contraddizioni e affermazioni lontane* (**remote**) *dalla verità, ma anche eresie e bestemmie gravi.* In questa frase Galileo vuole dimostrare l'errore del commentatore della Bibbia che non riesce a dividere il significato letterale dalla successiva interpretazione.
7 poi che: *poiché.*
8 sì: *così.*
9 dettante... Santo: *sotto la dettatura dello Spirito Santo, quindi ispirate da Dio.*
10 furono... indisciplinato: *furono formulate dagli autori biblici* (**scrittori sacri**) *in questo modo* (**guisa**) *per adeguarsi alle capacità* [*di comprensione*] *del popolo tanto rozzo e non istruito* (**indisciplinato**).
11 per quelli... plebe: cioè gli studiosi e gli uomini di cultura che non si accontentano della "semplicità" della scrittura e richiedono spiegazioni più approfondite.
12 produchino: *facciano vedere.*
13 per che... profferiti: *per le quali essi* (**e'**) [: i veri significati] *sono* [*stati*] *formulati con* (**sotto**) *queste parole.*
14 trita... appresso: *diffusa e chiarita in.*
15 produrne... alcuna: *portarne una qualche prova.*
16 Stante... ciò: *stando, quindi, così le cose.*
17 dalle sensate... necessarie: *dalle esperienze fatte attraverso i sensi e dalle dimostrazioni scientifiche.* Queste dimostrazioni sono dette "necessarie" perché sono basate su prove concrete, continuamente sottoposte a verifica.

tura Sacra e la natura,[18] quella[19] come dettatura dello Spirito Santo, e questa[20] come osservantissima[21] essecutrice de gli ordini di Dio; ed essendo, di più, convenuto nelle Scritture, per accomodarsi all'intendimento dell'universale, dir molte cose diverse, in aspetto e quanto al nudo significato delle parole, dal vero assoluto;[22] ma, all'incontro,[23] essendo la natura inesorabile ed immutabile, e mai non trascendente i termini delle leggi impostegli, come quella che nulla cura che le sue recondite ragioni e modi d'operare sieno o non sieno esposti alla capacità degli uomini;[24] pare che quello degli effetti naturali che o la sensata esperienza ci pone dinanzi a gli occhi o le necessarie dimostrazioni ci concludono, non debba in conto alcuno esser revocato in dubbio, non che condennato, per luoghi della Scrittura che avessero nelle parole diverso sembiante;[25] poi che non ogni detto della Scrittura è legato a obblighi così severi com'ogni effetto di natura, né meno eccelentemente ci si scuopre[26] Iddio negli effetti di natura che ne' sacri detti delle Scritture [...]

Ma non per questo voglio inferire, non doversi[27] aver somma considerazione de i luoghi delle Scritture Sacre; anzi, venuti in certezza di alcune conclusioni naturali, doviamo servircene per mezi accomodatissimi alla vera esposizione di esse Scritture ed all'investigazione di quei sensi che in loro necessariamente si contengono, come verissime e concordi con le verità dimostrate.[28] [...]. Ma che quell'istesso Dio che ci ha dotati di sensi, di discorso e d'intelletto, abbia voluto, posponendo l'uso di questi, darci con altro mezo le notizie che per quelli possiamo conseguire, sì che anco in quelle conclusioni naturali, che o dalle sensate esperienze o dalle necessarie dimostrazioni ci vengono esposte innanzi a gli occhi e all'intelletto, doviamo negare il senso e la ragione, non credo che sia necessario il crederlo,[29] e massime[30] in quelle scienze delle quali una minima particella solamente, ed anco in conclusioni divise,[31] se ne legge nella Scrittura; quale appunto è l'astronomia, di cui ve n'è così piccola parte, che non vi si trovano né pur nominati i pianeti, eccetto il Sole e la Luna, e duna o due volte solamente, Venere, sotto nome di Lucifero. [...]

Dalle quali cose descendendo più al nostro particolare, ne séguita per necessaria conseguenza, che non avendo voluto lo Spirito Santo insegnarci se il cielo si muova o stia fermo, né la sua figura sia in forma di sfera o di disco o distesa in piano, né se la Terra sia contenuta nel centro di esso o da una banda,[32] non avrà manco[33] avuto intenzione di renderci certi di altre conclusioni dell'istesso genere, e collegate in maniera

18 procedendo... natura: *dal momento che le Sacre Scritture e la natura corrispondono al* [*volere della*] (**di pari al**) *Parola di Dio* (**Verbo divino**).
19 quella: la Sacra Scrittura.
20 questa: la natura.
21 osservantissima: *molto rispettosa.*
22 ed essendo... assoluto: *ed essendo inoltre convenuto, per adattarsi alla comprensione del* [*significato*] *universale, di dire nelle Scritture molte cose diverse, per apparenza e rispetto al puro e semplice significato delle parole, dal vero assoluto.*
23 all'incontro: *al contrario.*
24 e mai non... uomini: *e non supera* (**trascendente**) *mai i limiti* (**termini**) *delle leggi che le sono imposte, poiché essa* (**come quella che**) *non si preoccupa per niente* (**nulla cura**) *che le sue ragioni segrete* (**recondite**) *e i* [*suoi*] *modi di agire siano o* [*invece*] *non siano chiari* (**esposti**) *alla capacità* [**di comprendere**] *dagli uomini.*
25 pare che... sembiante: *è evidente che quello che degli effetti naturali ci è messo davanti agli occhi dall'esperienza dei sensi o quello che ci portano a concludere le dimostrazioni scientifiche non può essere in nessun modo messo in dubbio, e neppure condannato, in base a passi della Scrittura che avessero un significato letterale diverso* (**diverso sembiante**). Galileo sposta il principio d'autorità dalla Bibbia alla natura, regolata da leggi fisse che richiedono solo di essere scoperte, lette e descritte per quello che sono. Galileo è convinto che Dio sia presente nelle leggi naturali proprio come nelle Scritture.
26 ci si scuopre: *si scopre.*
27 voglio infierire, non doversi: *voglio ricavare che non si debba.*
28 anzi venute... dimostrate: *anzi, dopo che ci siamo accertati di alcune considerazioni sulla natura, dobbiamo usarle come strumenti adattissimi* (**per mezi accomodatissimi**) *alla vera descrizione delle stesse Scritture* (**di esse Scritture**) *e alla ricerca dei significati che in esse sono obbligatoriamente contenuti, come considerazioni vere e conformi* (**concordi**) *alle verità dimostrate.* Queste parole sono la prova dell'importanza del pensiero di Copernico nelle teorie di Galileo: le Sacre Scritture possono solo confermare le scoperte fatte in campo scientifico, e non il contrario.
29 Ma che... crederlo: *ma non penso sia necessario credere che* (**il crederlo**) *lo stesso Dio che ci ha donato i sensi, il ragionamento* (**discorso**) *e l'intelligenza, ritardandone l'uso* (**posponendo l'uso di questi**, cioè considerando i sensi e l'intelligenza meno importanti di ciò che dice la Bibbia), *abbia voluto darci con un altro strumento quelle notizie che possiamo ottenere* (**conseguire**) *attraverso i sensi* (**per quelli**), *cosicché anche nelle considerazioni sulla natura, che si mostrano davanti ai nostri occhi e alla nostra mente attraverso le esperienze sensoriali e le dimostrazioni scientifiche, non dobbiamo negare* [*l'uso*] *dei sensi e dell'intelligenza.*
30 massime: *soprattutto.*
31 divise: *contraddittorie.*
32 da una banda: *in un lato* [dell'universo].
33 manco: *neppure.*

con le pur ora nominate, che senza la determinazion di esse non se ne può asserire questa o quella parte; quali sono il determinar del moto e della quiete di essa Terra[34] e del Sole. E se l'istesso Spirito Santo a bello studio ha permesso d'insegnarci simili proposizioni, come nulla attenenti alla sua intenzione, ciò è alla nostra salute, come si potrà adesso affermare, che il tener di esse questa parte, e non quella, sia tanto necessario che l'una sia de Fide, e l'altra erronea?[35] Potrà, dunque essere un'opinione eretica, e nulla concernente alla salute[36] dell'anime? o potrà dirsi, aver lo Spirito Santo voluto non insegnarci cosa concernente alla salute? Io qui direi che quello che intesi da persona ecclesiastica costituita in eminentissimo grado,[37] ciò è l'intenzione dello Spirito Santo essere d'insegnarci come si vadia al cielo, e non come vadia il Cielo.[38]

da G. Galilei, *Opere*, a cura di F. Flora, Ricciardi, Milano-Napoli 1953.

34 di essa Terra: *della Terra stessa.*
35 E se… erronea: *e se lo Spirito Santo ha volutamente* (**a bello studio**) *tralasciato di insegnarci simili principi, in quanto in nulla rispondenti alla sua intenzione, cioè alla nostra salvezza* (**salute**), *come si potrà ora affermare che l'attenersi di essi* [*principi*] *a questa parte* [: l'immobilità] *e non a quella* [: il movimento] *sia così necessario poiché l'una è data per fede mentre l'altra è sbalgliata.* Galileo propone, dunque, una separazione dei campi: ciò che interessa alla Scrittura (la salvezza dell'anima) non ha bisogno di appoggiarsi a riflessioni scientifiche. Nella Bibbia i riferimenti naturali ai pianeti, al loro movimento e forma, sono elementi superflui di un discorso religioso.
36 e nulla… salute: *per quanto non riguardi per nulla la salvezza.*
37 costituita… grado: *posta in altissimo grado*; quindi, un uomo di chiesa molto importante.
38 l'intenzione… Cielo: *che l'obiettivo dello Spirito Santo è quello di insegnarci come si vada al cielo, e non come vada il Cielo.* Galileo gioca sul doppio significato del verbo "andare": nel primo caso significa 'salire', nel secondo 'trovarsi, essere'.

Lavoriamo sul testo

Leggere e capire

Il filo del discorso Il discorso di Galileo procede in modo logico e rigoroso. Seguiamo il filo del suo ragionamento:

- le Sacre Scritture non vanno interpretate alla lettera. Il vero significato è «molte volte recondito [: nascosto] e molto diverso da quello che suona il puro significato delle parole». Inoltre, lo Spirito Santo, nell'ispirare il testo biblico, ha tenuto conto delle capacità di comprensione del «vulgo assai rozzo e indisciplinato» (primo e secondo capoverso);
- da questa premessa deriva la tesi principale di Galileo: «Stante dunque ciò, mi par che ne le dispute di problemi naturali non si dovrebbe cominciare della autorità di luoghi delle Scritture, ma dalle sensate esperienze e dalle dimostrazioni necessarie» (terzo capoverso);
- d'altra parte, è Dio stesso che ha dotato l'uomo dei sensi e dell'intelligenza che valgono come strumenti per l'interpretazione della natura e soprattutto delle scienze, come appunto l'astronomia, «delle quali una minima particella solamente, ed anco in conclusioni divise, se ne legge nella Scrittura»;
- nella conclusione Galileo sostiene la separazione dei saperi: lo Spirito Santo, attraverso le Sacre Scritture, non vuole insegnarci teorie scientifiche, ma indicarci la via per la salvezza dell'anima. Perciò, i riferimenti contenuti nella Bibbia a proposito dei pianeti sono elementi superflui di un discorso religioso. Insomma, «l'intenzione dello Spirito Santo essere d'insegnarci come si vadia al cielo, e non come vadia il cielo». Quest'ultimo aspetto (la descrizione del cosmo) è, invece, di competenza della scienza.

Analizzare

Il genere e lo stile Questa lettera, indirizzata a Cristina di Lorena, è l'ultima delle quattro «lettere copernicane» nelle quali Galileo affronta il difficile tema del rapporto fra scienza e Sacre Scritture, tentando una conciliazione fra la teoria copernicana e il contenuto della Bibbia. La forma della lettera, preferita a quella del trattato scientifico, permette allo scienziato di rendere la discussione più esplicita e discorsiva, facilitando la comprensione dei propri ragionamenti da parte di un pubblico più vasto. Dalla volontà di raggiungere un maggior numero di lettori deriva anche la scelta del volgare anziché del latino. Lo stile di Galilei è tutto teso alla dimostrazione delle tesi prefisse, i nessi logici sono sempre ben in vista e hanno una natura causale che sottolinea il rigore dell'argomentazione («ne séguita» [da ciò deriva], rr. 4 e 52; «poi che» [poiché], r. 13; «perché», r. 24; «per questo», r. 38). La formazione umanista dell'autore emerge nella scelta di una sintassi articolata, modellata sul latino, con periodi lunghi in cui la frase principale viene spesso posta alla fine. Più vivace la conclusione, in cui si succedono una serie di domande retoriche e viene introdotta una battuta di spirito («l'intenzione dello Spirito Santo essere d'insegnarci come si vadia al cielo, e non come vadia il Cielo»).

Interpretare e approfondire

L'autonomia della scienza e il metodo scientifico moderno Galilei sostiene la superiorità della scienza per quanto riguarda la conoscenza del mondo naturale, alla quale si perviene anzitutto attraverso «sensate esperienze» e «dimostrazioni necessarie». Con questa tesi, l'autore fonda di fatto il metodo scientifico moderno, che prevede appunto l'unione di due principi complementari: l'osservazione empirica della realtà (le «sensate esperienze») e la formulazione matematica (le «dimostrazioni necessarie»). Galilei non intende affatto negare l'autorità della Bibbia, ma ne circoscrive il ruolo di guida al solo campo spirituale. Egli afferma cioè una separazione dei saperi: se la scienza non invaderà il campo della fede, neppure la religione pretenderà di occuparsi dello studio della natura. La Chiesa mostrerà così come andare in cielo («come si vadia in cielo»), mentre gli scienziati descriveranno com'è, in effetti, il cielo («come vadia il Cielo»), in senso astrofisico. Il fatto che a noi oggi una tale posizione appaia incontestabile è dovuto proprio all'esito favorevole, nel lungo periodo, di questa battaglia condotta da Galilei e rivelatasi fondamentale per la nascita del pensiero moderno.

Esercizi

Prima prova A • L'analisi del testo

Comprendere

1 I destinatari della lettera

Galileo sceglie qui il genere della lettera: chi è il destinatario esplicito? Chi sono gli altri destinatari che Galileo intende raggiungere con le sue parole?

Analizzare

2 Il testo argomentativo

La lettera di Galileo costituisce un testo argomentativo costruito in modo rigoroso. Segnala nel testo la presenza delle seguenti parti:
- premessa;
- tesi;
- argomentazioni;
- conclusione.

Interpretare e approfondire

3 Il metodo scientifico moderno

Galileo enuncia qui il metodo scientifico moderno: quali sono i due principi sui quali si fonda? Essi valgono separatamente, oppure sono complementari?

Terza prova A • La trattazione sintetica

4 Il rapporto fra scienza e religione

Quale rapporto c'è, secondo Galilei, fra scienza e religione? In una trattazione sintetica (max 10 righe) chiarisci la posizione dell'autore, facendo opportuni riferimenti al testo.

Santi di Tito (1536-1603), *Ritratto di Cristina di Lorena*. Siena, Palazzo Pubblico.

T2

Le forme
- linguaggio e concetti della matematica

I temi
- limiti e potenza della ragione umana

Galileo Galilei
Una nuova concezione della conoscenza

Alla fine della prima giornata del Dialogo, *Sagredo e Salviati affrontano il tema della potenza della conoscenza umana. Per Sagredo è presuntuoso considerare l'intelletto umano capace di comprendere il modo generale in cui agisce Dio. Salviati aggiunge che il vero sapiente è colui che sa circoscrivere l'indagine, ben consapevole dei limiti del suo ingegno, sull'esempio del filosofo greco Socrate. Ma se in confronto all'infinita sapienza divina la conoscenza dell'uomo è nulla, rispetto a una singola proposizione o a una sola legge essa coincide con quella di Dio perché può giungere a certezze assolute grazie alla geometria e alla matematica.*

SAGREDO Estrema temerità mi è parsa sempre quella di coloro che voglion far la capacità umana misura di quanto possa e sappia operar la natura;[1] dove che, all'incontro, e' non è effetto alcuno in natura, per minimo che e' sia, all'intera cognizion del quale possano arrivare i più specolativi ingegni.[2] Questa cosí vana prosunzione d'intendere il tutto non può aver principio da altro che dal non avere inteso mai nulla, perché, quando altri avesse esperimentato una volta sola a intender perfettamente una sola cosa ed avesse gustato veramente come è fatto il sapere, conoscerebbe come dell'infinità dell'altre conclusioni niuna ne intende.[3]

SALVIATI Concludentissimo[4] è il vostro discorso; in confermazion del quale abbiamo l'esperienza di quelli che intendono o hanno inteso qualche cosa, i quali quanto più sono sapienti, tanto più conoscono e liberamente confessano di saper poco; ed il sapientissimo della Grecia, e per tale sentenziato da gli oracoli, diceva apertamente conoscer di non saper nulla.[5]

SIMPLICIO Convien dunque dire, o che l'oracolo, o l'istesso Socrate, fusse bugiardo, predicandolo quello per sapientissimo, e dicendo questo di conoscersi ignorantissimo.[6]

SALVIATI Non ne seguita né l'uno né l'altro, essendo che amendue i pronunziati posson esser veri.[7] Giudica l'oracolo sapientissimo Socrate sopra gli altri uomini, la sapienza de i quali è limitata; si conosce Socrate non saper nulla in relazione alla sapienza assoluta, che è infinita; e perché dell'infinito tal parte n'è il molto che 'l poco e che il niente[8] (perché per arrivar, per esempio, al numero infinito tanto è l'accumular migliaia, quanto decine e quanto zeri),[9] però ben conosceva Socrate, la terminata sua sapienza esser nulla all'infinita, che gli mancava.[10] Ma perché pur tra gli uomini si trova qualche sapere, e questo non egualmente compartito a tutti,[11] potette Socrate averne maggior parte de gli altri, e perciò verificarsi il responso dell'oracolo. [...]

SIMPLICIO O io non sono un di quegli uomini che intendano,[12] o 'n questo vostro discorso è una manifesta[13] contradizione. Voi tra i maggiori encomii,[14] anzi pur per il

1 Estrema... la natura: *mi è sempre sembrato un comportamento estremamente sconsiderato* (**Estrema temerità**) *quello di coloro che vogliono misurare le capacità della natura sulla base di quanto l'uomo può operare.*
2 dove che... ingegni: *mentre* (**dove che**) *al contrario non vi è alcun fenomeno naturale, per minimo che esso* (**e'**; corrisponde alla forma impersonale "egli") *sia, alla piena comprensione* (**intera cognizion**) *del quale possano giungere* [*anche*] *i più dotati di capacità di riflessione* (**specolativi**) [*tra gli*] *ingegni* [*umani*].
3 Questa così... ne intende: *questa così tanto inutile presunzione di capire tutto non può non avere inizio se non dal fatto di non avere mai compreso niente, perché, se qualcun altro* (**quando altri**) *avesse tentato* (**esperimentato**) *anche una sola volta di capire perfettamente anche una cosa sola e avesse inteso veramente che cos'è il sapere, saprebbe come dell'infinità delle altre* [*cose*] *non ne conosce nessuna.*
4 Concludentissimo: *Molto convincente.*
5 il sapientissimo... nulla: *il più sapiente di tutta la Grecia, dichiarato* (**sentenziato**) *tale dagli oracoli, diceva apertamente di non sapere nulla.* Il filosofo Socrate (470 ca.-399 a.C.), che l'oracolo di Delfi indicava come il più sapiente degli Ateniesi, diceva che il suo unico sapere era sapere di non sapere.
6 *predicandolo... ignorantissimo*: *considerandolo quello* [: l'oracolo] *sapientissimo, e dichiarando questo* [: Socrate] *di sapersi ignorantissimo.*
7 Non ne... veri: *non ne consegue né l'una né l'altra conclusione, poiché entrambe le affermazioni* (**pronunziati**) *possono essere vere.*
8 perché... niente: *perché partecipano dell'infinito sia il molto, che il poco e il niente.*
9 perché... zeri: *perché in una serie numerica tendente all'infinito è esattamente la stessa cosa* (**tanto è**) *mettere assieme le migliaia di unità, o le decine o gli zeri.*
10 ben conosceva... mancava: *ben conosceva Socrate quanto la sua limitata sapienza fosse nulla* [*rispetto*] *alla sapienza infinita a cui non sarebbe potuto arrivare* (**che gli mancava**).
11 non egualmente... tutti: *non ugualmente suddiviso fra tutti gli uomini.*
12 O io... intendano: *o io sono uno di quegli uomini che non capiscono.*
13 manifesta: *ben visibile.*
14 encomii: *pregi.*

massimo di tutti, attribuite all'uomo, fatto dalla natura, questo dell'intendere; e poco fa dicevi con Socrate che 'l suo intendere non era nulla; adunque bisognerà dire che né anco la natura abbia inteso il modo di fare un intelletto che intenda.[15]

SALVIATI Molto acutamente opponete;[16] e per rispondere all'obbiezione, convien ricorrere a una distinzione filosofica, dicendo che l'intendere si può pigliare in due modi, cioè *intensive*, o *vero extensive*:[17] e che *extensive*, cioè quanto alla moltitudine degli intelligibili,[18] che sono infiniti, l'intender umano è come nullo, quando bene egli intendesse mille proposizioni, perché mille rispetto all'infinità è come un zero; ma pigliando l'intendere *intensive*, in quanto cotal termine importa intensivamente, cioè perfettamente, alcuna proposizione, dico che l'intelletto umano ne intende alcune così perfettamente,[19] e ne ha così assoluta certezza, quanto se n'abbia l'istessa natura; e tali sono le scienze matematiche pure, cioè la geometria e l'aritmetica,[20] delle quali l'intelletto divino ne sa bene infinite proposizioni di più, perché le sa tutte,[21] ma di quelle poche intese dall'intelletto umano credo che la cognizione agguagli la divina[22] nella certezza obiettiva, poiché arriva a comprenderne la necessità,[23] sopra la quale non par che possa esser sicurezza maggiore.

SIMPLICIO Questo mi pare un parlar molto resoluto ed ardito.

SALVIATI Queste son proposizioni comuni e lontane da ogni ombra di temerità o d'ardire e che punto non detraggono di maestà alla divina sapienza, sí come niente diminuisce la Sua onnipotenza il dire che Iddio non può fare che il fatto non sia fatto.[24] Ma dubito, Sig. Simplicio, che voi pigliate ombra per esser state ricevute da voi le mie parole con qualche equivocazione.[25] Però, per meglio dichiararmi,[26] dico che quanto alla verità di che ci danno cognizione le dimostrazioni matematiche, ella è l'istessa che conosce la sapienza divina; ma vi concederò bene che il modo col quale Iddio conosce le infinite proposizioni, delle quali noi conosciamo alcune poche, è sommamente più eccellente del nostro, il quale procede con discorsi e con passaggi di conclusione in conclusione,[27] dove il Suo è di un semplice intuito:[28] e dove noi, per esempio, per guadagnar la scienza d'alcune passioni del cerchio,[29] che ne ha infinite, cominciando da una delle più semplici e quella pigliando per sua definizione, passiamo con discorso ad un'altra, e da questa alla terza, e poi alla quarta, etc., l'intelletto divino con la semplice apprensione della sua essenza comprende, senza temporaneo discorso, tutta la infinità di quelle passioni.[30]

da G. Galilei, *Dialogo sopra i due massimi sistemi del mondo*, a cura di A. Crescini, Studio Tesi, Pordenone 1988.

15 né anco... intenda: *nemmeno la natura ha imparato il modo di creare un intelletto in grado di intendere.*
16 opponete: *controbattete.*
17 l'intendere... extensive: *il procedimento del capire può essere considerato* (**si può pigliare**) *in due modi, cioè "intensamente"* (***intensive***) *oppure "estesamente"* (***extensive***). Si tratta di due avverbi latini: ***intensive*** si riferisce al grado di profondità con cui si può conoscere un singolo oggetto; ***extensive*** riguarda la quantità, il numero di cose che possono essere accolte nella mente.
18 alla moltitudine... intellegibili: *al numero degli argomenti pensabili.*
19 in quanto... perfettamente: *poiché questo termine* [: **intensive**] *comporta* [*la conoscenza del singolo oggetto*] *in profondità, vale a dire in maniera perfetta.*
20 dico... aritmetica: *affermo che l'intelletto umano comprende alcune* [*singole cose*] *così perfettamente, e arriva ad avere su di esse così assoluta certezza, quanta ne possiede la stessa natura, e tali sono le scienze matematiche pure, vale a dire la geometria e l'aritmetica.*
21 delle quali... tutte: *intorno alle quali* [: le scienze matematiche pure] *l'intelletto divino ne sa infinite volte di più, perché le conosce nella loro totalità.*
22 ma di quelle... divina: *ma riguardo a quelle poche comprese dall'intelletto umano credo che la conoscenza umana sia uguale a quella divina.*
23 la necessità: il principio da cui derivano le ragioni dell'esistenza di un fenomeno.
24 e che punto... fatto: *e che non tolgono nulla* (**punto non detraggono di**) *alla grandezza* (**maestà**) *della sapienza divina, così come non diminuisce per niente la Sua onnipotenza affermare che Dio non può fare in modo che quanto è compiuto* (**il fatto**) *non sia compiuto.*
25 Ma dubito... equivocazione: *ho tuttavia il sospetto, Sig. Simplicio, che voi vi arrabbiate* (**pigliate ombra**) *per aver inteso le mie parole con qualche fraintendimento.*
26 Però... dichiararmi: *perciò, per spiegarmi meglio.*
27 procede... in conclusione: *procede attraverso dimostrazioni* (**discorsi**) *e passaggi logici consequenziali.*
28 dove... intuito: *mentre la conoscenza divina è puramente intuitiva.*
29 per guadagnar... del cerchio: *per raggiungere la conoscenza di alcune proprietà* (**passioni**) *del cerchio.*
30 l'intelletto divino... passioni: *l'intelletto divino con l'istantanea conoscenza* (**apprensione**) *delle essenze di tutti i fenomeni, senza dimostrazione graduale* (**temporaneo discorso**), *comprende tutta l'infinità di quelle proprietà* (**passioni**).

Lavoriamo insieme

Comprendere

Il contenuto del dialogo Il dialogo si apre con l'osservazione di Sagredo che sottolinea i limiti della ragione umana, criticando la «vana presunzione» di chi crede di sapere tutto. Salviati conferma tale osservazione: infatti Socrate, decretato dagli oracoli come «il sapientissimo della Grecia», «diceva apertamente conoscer di non saper nulla». Si inserisce a questo punto l'intervento di Simplicio, che, applicando in modo meccanico il principio aristotelico di non contraddizione, giunge alla conclusione «che l'oracolo, o l'istesso Socrate, fusse bugiardo». Ma Salviati chiarisce che in verità non c'è contraddizione: Socrate è «sapientissimo» in relazione alla sapienza degli altri uomini, che è limitata; è «ignorantissimo» in relazione alla sapienza divina, che è illimitata. Il successivo intervento di Salviati rappresenta un vero e proprio elogio della ragione umana, che egli considera della stessa purezza di quella divina, anche se non può averne l'infinita estensione. Non si tratta, come lo accusa Simplicio, di un discorso «ardito»: Salviati ribadisce che «quanto alla verità che ci danno le dimostrazioni matematiche, ella è l'istessa che conosce la sapienza divina», sebbene l'uomo debba procedere attraverso dimostrazioni e passaggi logici consequenziali, mentre la conoscenza divina è puramente intuitiva.

1 **Quale idea ha Sagredo riguardo ai limiti della ragione umana?**

2 **In che cosa consistono le differenze e le analogie fra ragione umana e ragione divina secondo Salviati?**

Analizzare

Il linguaggio e la logica matematica In uno dei passi più celebri del *Saggiatore* (1623), Galilei afferma che la lingua usata da Dio per scrivere il «grandissimo libro» dell'universo è la stessa della matematica: pertanto i suoi caratteri sono numeri e figure geometriche. Il linguaggio e la logica matematica diventano così strumenti privilegiati del discorso galileiano, come appare evidente in questo testo. Per esempio, il secondo intervento di Salvati è costruito intorno al concetto geometrico-matematico di infinito. La consapevolezza del sapiente circa l'esiguità del suo sapere è tradotta in termini aritmetici: «perché per arrivar, per esempio, al numero infinito tanto è l'accumular miglia, quanto decine e quanto zeri».

3 **Rintraccia nel testo altri esempi di linguaggio matematico.**

Interpretare e approfondire

Critica ad Aristotele Attraverso il personaggio di Salviati, Galileo spiega che è importante delimitare il campo d'indagine della ricerca scientifica. Quando lo scienziato parla del modo «*intensive*» si riferisce al metodo sperimentale, l'unico che garantisce una corretta conoscenza della realtà. Galileo si schiera contro i sostenitori di Aristotele, convinti che la scienza debba partire da riflessioni su principi generali e astratti, già descritti nei testi della tradizione. Questi rappresenterebbero una cornice entro la quale si collocano le teorie successive e che, quindi, limita il dibattito scientifico. Al contrario, Galileo sostiene un'idea di conoscenza come sapere progressivo e tendenzialmente senza fine, basato sull'osservazione diretta della realtà. Per bocca di Salviati, l'autore compie un vero e proprio elogio della ragione umana: per quanto l'uomo possa comprendere solo un'infinitesima parte del tutto, la conosce nel suo significato assoluto. Infatti, «quanto alla verità di che ci danno cognizione le dimostrazioni matematiche, ella è l'istessa che conosce la sapienza divina».

4 **Sei d'accordo con la visione di Galileo, che da un lato esalta la ragione umana e dall'altro ne sottolinea i limiti? Ti sembra una prospettiva attuale? Motiva la tua risposta in una trattazione sintetica di max 15 righe.**

Focus Il "caso Galileo" riaperto da Giovanni Paolo II

A distanza di quasi trecentocinquant'anni dal processo che condannò Galileo, la Chiesa è tornata a interrogarsi sull'accaduto. Nel novembre 1979, in occasione delle celebrazioni per il primo centenario della nascita del fisico Albert Einstein, papa Giovanni Paolo II espresse la volontà di approfondire l'esame del "caso Galileo" per far luce su un episodio che «ancora impedisce la fruttuosa concordia tra scienza e fede, tra Chiesa e mondo». Nell'ottobre 1992, una commissione pontificia, dopo aver analizzato gli atti del processo del 1616, riconobbe i «torti» fatti allo scienziato, affermando che «alcuni teologi contemporanei di Galileo non hanno saputo interpretare il significato profondo, non letterale, delle Scritture, quando queste descrivono la struttura fisica dell'universo creato [...]. È in questa congiuntura storico-culturale, ben lontana dal nostro tempo, che i giudici di Galileo credettero che la rivoluzione copernicana potesse far vacillare la tradizione cattolica. Questo errore di giudizio, così chiaro per noi oggi, li condusse ad adottare un provvedimento disciplinare di cui Galileo ebbe molto a soffrire».

Justus Sustermans, *Ritratto di Galileo Galilei*, 1636. Londra, National Maritime Museum.

T3

Le forme
- realismo e comicità

I temi
- critica al principio di autorità
- proposta di una forma di conoscenza fondata sull'esperienza e sulla ragione

Galileo Galilei
Per il «mondo sensibile», contro il «mondo di carta»

Sagredo racconta la storia del «notomista»[: anatomista] che, sezionando un cadavere, mostra a un seguace di Aristotele come, contrariamente a quello che credeva il maestro, il fascio dei nervi parta dal cervello e non dal cuore. La sua risposta è esemplare: non vuol credere a ciò che vede in quanto nel testo di Aristotele è scritto il contrario. L'aneddoto serve da punto di partenza per gli attacchi pungenti e ironici di Salviati e Sagredo contro Simplicio. Quest'ultimo si sente infine smarrito: «Ma quando si lasci Aristotile, chi ne ha da essere guida nella filosofia?». Salviati allora ribadisce l'importanza delle esperienze fatte attraverso i sensi, le uniche che ci permettono di conoscere il «mondo sensibile», e la necessità di rifiutare l'inutile «principio di autorità» che al mondo materiale contrappone «un mondo di carta».

SIMPLICIO Io vi confesso che tutta questa notte sono andato ruminando[1] le cose di ieri, e veramente trovo di molte belle nuove e gagliarde[2] considerazioni; con tutto ciò mi sento stringer assai più dall'autorità di tanti grandi scrittori, ed in particolare...[3] Voi scotete la testa, Sig. Sagredo, e sogghignate, come se io dicessi qualche grande esorbitanza.[4]

SAGREDO Io sogghigno solamente, ma crediatemi ch'io scoppio nel voler far forza di ritener le risa maggiori, perché mi avete fatto sovvenire di un bellissimo caso, al quale io mi trovai presente non sono molti anni, insieme con alcuni altri nobili amici miei, i quali vi potrei ancora nominare.

SALVIATI Sarà ben che voi ce lo raccontiate, acciò forse il signor Simplicio non continuasse di creder d'avervi mosso le risa.[5]

videolezione Analisi del testo: Galileo Galilei • Per il «mondo sensibile», contro il «mondo di carta»

1 **ruminando:** *ripensando.* Il lavoro mentale di Simplicio è descritto con un verbo che si usa per la digestione dei bovini: ha dunque un senso indirettamente comico.
2 **gagliarde:** *forti.*
3 **mi sento... in particolare:** *mi sento molto più legato dall'autorità di tanti grandi, e soprattutto...* Simplicio vorrebbe pronunciare il nome di Aristotele ma viene trattenuto da un sogghigno di Sagredo. Tutta la scena presenta un forte contrasto teatrale: le risate trattenute a stento e lo scuotimento di capo di Sagredo interrompono con gesti concreti il discorso di Simplicio basato sul "principio d'autorità".
4 **esorbitanza:** *bestialità.*
5 **acciò... le risa:** *affinché il signor Simplicio non creda d'essere stato lui ad avervi suscitato le risa.*

SAGREDO Son contento. Mi trovai un giorno in casa un medico[6] molto stimato in Venezia, dove alcuni per loro studio, ed altri per curiosità, convenivano tal volta a veder qualche taglio di notomia per mano di uno veramente non men dotto che diligente e pratico notomista.[7] Ed accadde quel giorno, che si andava ricercando l'origine e nascimento de i nervi,[8] sopra di che è famosa controversia tra i medici Galenisti ed i Peripatetici;[9] e mostrando il notomista come, partendosi dal cervello e passando per la nuca, il grandissimo ceppo de i nervi si andava poi distendendo per la spinale e diramandosi per tutto il corpo,[10] e che solo un filo sottilissimo come il refe arrivava al cuore,[11] voltosi ad un gentil uomo ch'egli conosceva per[12] filosofo peripatetico, e per la presenza del quale egli aveva con estraordinaria diligenza scoperto e mostrato il tutto,[13] gli domandò s'ei restava ben pago[14] e sicuro, l'origine de i nervi venir dal cervello e non dal cuore; al quale il filosofo, doppo essere stato alquanto sopra di sé,[15] rispose: «Voi mi avete fatto veder questa cosa talmente aperta e sensata,[16] che quando il testo d'Aristotile non fusse in contrario, che apertamente dice, i nervi nascer dal cuore, bisognerebbe per forza confessarla per vera».[17]

SIMPLICIO Signori, io voglio che voi sappiate che questa disputa dell'origine de i nervi non è miga così smaltita e decisa come forse alcuno si persuade.[18]

SAGREDO Né sarà mai al sicuro, come si abbiano di simili contradittori:[19] ma questo che voi dite non diminuisce punto la stravaganza[20] della risposta del Peripatetico, il quale contro a così sensata esperienza non produsse altre esperienze o ragioni d'Aristotile, ma la sola autorità ed il puro Ipse dixit.[21]

SIMPLICIO Aristotile non si è acquistata sí grande autorità se non per la forza delle sue dimostrazioni e della profondità de i suoi discorsi: ma bisogna intenderlo, e non solamente intenderlo, ma aver tanta gran pratica ne' suoi libri, che se ne sia formata un'idea perfettissima,[22] in modo che ogni suo detto vi sia sempre innanzi alla mente; perché e' non ha scritto per il volgo,[23] né si è obligato a infilzare i suoi silogismi col metodo triviale ordinato, anzi, servendosi del perturbato, ha messo talvolta la prova di una proposizione fra testi che par che trattino di ogni altra cosa:[24] e però bisogna aver

6 in casa un medico: *in casa di un medico.*
7 convenivano… notomista: *si riunivano talvolta per assistere a qualche autopsia* (**taglio di notomia**) *eseguita da* (**per mano di**) *un professionista di anatomia* (**notomista**) *non meno preparato nella teoria* (**dotto**) *che esperto e pratico.*
8 l'origine… nervi: *il punto da cui hanno origine e si diramano* (**nascimento** = nascita) *i nervi.*
9 sopra di che… Peripatetici: *intorno alla qual cosa vi è un famoso dibattito tra i medici seguaci di Galeno e i medici seguaci di Aristotele* (**Peripatetici**). Claudio Galeno di Pergamo (129-200 d.C. circa) è un famoso medico greco.
10 partendosi… corpo: *originandosi dal cervello e diramandosi per la nuca il grandissimo fascio dei nervi si estendeva per la spina dorsale* (**la spinale**) *e si ramificava per tutto il corpo.*
11 solo… cuore: *solo un nervo sottile come il filo di cotone* (**refe**) *arrivava al cuore.* Ciò contraddice la tesi degli aristotelici, che ritenevano il cuore come luogo d'origine del fascio dei nervi.
12 per: *come.*
13 per la presenza… il tutto: *a causa della presenza del quale* [: il filosofo peripatetico] *egli* [: l'anatomista] *aveva eseguito tutta l'autopsia in modo straordinariamente preciso.*
14 pago: *soddisfatto.*
15 sopra di sé: *pensieroso.*
16 sensata: *che si può capire attraverso i sensi.*
17 che quando… per vera: *che se* (**quando**) *il testo di Aristotele, che dice esplicitamente che i nervi si originano dal cuore, non sostenesse il contrario* (**fusse in contrario**), *bisognerebbe per forza ammettere* [*che ciò che voi avete dimostrato è*] *vero.* Il filosofo aristotelico, ciecamente legato alle teorie del maestro, rifiuta dunque di credere ai propri occhi.
18 non è miga… persuade: *non è mica risolta del tutto come qualcuno vuol credere.* Anche Simplicio dunque, come il filosofo dell'episodio raccontato da Sagredo, nega in nome dei testi aristotelici l'evidenza dell'esperimento sensibile.
19 Né sarà… contradditori: *né sarà mai questione risolta, fino a quando* (**come**) *esistano simili oppositori* (**contradditori**).
20 stravaganza: *assurdità.*
21 Ipse dixit: *l'ha detto lui.* È la frase latina, diventata proverbiale, con cui gli aristotelici si rifacevavno al principio di autorità ("lui" è riferito ad Aristotele) contro l'evidenza delle esperienze.
22 ma aver… perfettissima: *ma avere una confidenza* (**pratica**) *così grande* (**tanta gran**) *con i suoi libri, da essersene fatta* (**che se ne sia formata**) *un'idea davvero perfetta.*
23 per il volgo: *per le persone non istruite.*
24 né si è… altra cosa: [*Aristotele*] *non si è preoccupato* (**obligato**) *di ordinare i propri sillogismi con il metodo e l'ordine banali* (**metodo triviale ordinato**), *viceversa, procedendo in modo non regolare* (**perturbato**), *ha talvolta posto la prova di un'affermazione in testi che sembra trattino di tutt'altro argomento.* Il sillogismo è il ragionamento logico definito, per la prima volta, da Aristotele. Esso è formato da una premessa maggiore (per esempio "Gli uomini sono mortali") e da una minore ("Socrate è un uomo"), dalle quali si arriva per necessità a una conclusione ("Socrate è mortale").

La lingua nel tempo: peripatetico. Il termine *peripatetico* deriva da Peripato (in greco *Perìpatos* da *peripatêin* 'passeggiare'), nome del viale del liceo di Atene dove Aristotele usava tenere le sue lezioni o discutere con i suoi discepoli passeggiando. L'aggettivo significa dunque 'appartenente alla filosofia greca di Aristotele' e "peripatetici" erano chiamati all'epoca di Galilei i seguaci dell'aristotelismo. Più genericamente l'aggettivo indica qualcosa che si fa passeggiando (per esempio: "conversazione peripatetica"); il termine viene usato anche per indicare chi esercita la prostituzione lungo le strade ("peripatetica" è 'colei che passeggia').

tutta quella grande idea, e saper combinar questo passo con quello, accozzar questo testo con un altro remotissimo; ch'e' non è dubbio che chi averà questa pratica, saprà cavar da' suoi libri le dimostrazioni di ogni scibile,[25] perché in essi è ogni cosa.

SAGREDO Ma, Sig. Simplicio mio, come l'esser le cose disseminate in qua e in là non vi dà fastidio, e che voi crediate con l'accozzamento e con la combinazione di varie particelle trarne il sugo, questo che voi e gli altri filosofi bravi farete con i testi d'Aristotile, farò io con i versi di Virgilio o di Ovidio, formandone centoni ed esplicando con quelli tutti gli affari de gli uomini e i segreti della natura.[26] Ma che dico io di Virgilio o di altro poeta? io ho un libretto assai più breve d'Aristotile e d'Ovidio, nel quale si contengono tutte le scienze, e con pochissimo studio altri se ne può formare una perfettissima idea: e questo è l'alfabeto;[27] e non è dubbio che quello che saprà ben accoppiare e ordinare questa e quella vocale con quelle consonanti o con quell'altre, ne caverà le risposte verissime a tutti i dubbi e ne trarrà gli insegnamenti di tutte le scienze e di tutte le arti, in quella maniera appunto che il pittore da i semplici colori diversi, separatamente posti sopra la tavolozza, va, con l'accozzare un poco di questo con un poco di quello e di quell'altro, figurando[28] uomini, piante, fabbriche,[29] uccelli, pesci, ed in somma imitando tutti gli oggetti visibili, senza che su la tavolozza sieno né occhi né penne né squamme né foglie né sassi: anzi pure è necessario che nessuna delle cose da imitarsi, o parte alcuna di quelle, sieno attualmente tra i colori, volendo che con essi si possano rappresentare tutte le cose; ché se vi fussero, v.g., penne, queste non servirebbero per dipignere altro che uccelli o pennacchi.[30]

SALVIATI E'[31] son vivi e sani alcuni gentil uomini che furon presenti quando un dottor leggente in uno Studio famoso,[32] nel sentir circoscrivere il telescopio, da sé non ancor veduto,[33] disse che l'invenzione era presa[34] da Aristotile; e fattosi portare un testo, trovò certo luogo dove si rende la ragione onde avvenga[35] che dal fondo d'un pozzo molto cupo si possano di giorno veder le stelle in cielo; e disse a i circostanti: «Eccovi il pozzo, che denota il cannone; eccovi i vapori grossi, da i quali è tolta l'invenzione de i cristalli; ed eccovi finalmente fortificata la vista nel passare i raggi per il diafano più denso e oscuro».[36] [...]

SIMPLICIO Io credo, e in parte so, che non mancano al mondo de'cervelli molto stravaganti, le vanità de'quali non dovrebbero ridondare in pregiudizio d'Aristotile,[37] del quale mi par che voi parliate talvolta con troppo poco rispetto; e la sola antichità, e 'l gran nome che si è acquistato nelle menti di tanti uomini segnalati, dovrebbe bastar a renderlo riguardevole appresso di tutti i letterati.[38]

25 e però... scibile: *e perciò è necessario conoscere interamente il suo sistema filosofico, e saper collegare questo passo con quello, accostare* (**accozzar**) *fra loro passi lontanissimi; dal momento che* (**ch'è**) *non c'è dubbio che chi avrà questa conoscenza saprà ricavare dai suoi libri le dimostrazioni di ogni cosa conoscibile* (**scibile**).

26 come l'esser... natura: *visto che non vi dà fastidio la distribuzione disordinata degli argomenti e che credete di ricavare il senso* (**sugo**) *dall'accostamento e dalla combinazione di tante parti diverse, la stessa operazione che voi e gli altri esperti filosofi fate sui testi di Aristotele, io la farò coi versi di Virgilio e di Ovidio, facendone dei centoni e pretendendo di spiegare con quelli tutti i segreti della natura.* I **centoni** erano componimenti comuni nel Medioevo costruiti combinando insieme frasi o versi tolti da varie opere di uno stesso autore.

27 e questo è l'alfabeto: la polemica di Sagredo contro l'**accozzare**, cioè contro il metodo di combinare assieme passi tratti da testi di Aristotele per spiegare tutti i fenomeni, passa dall'ironia all'esplicito sarcasmo: combinando insieme le lettere dell'alfabeto certo si può dire ogni cosa a piacere senza bisogno di accostare fra loro passi tratti da testi aristotelici.

28 va... figurando: *rappresenta.*

29 fabbriche: *edifici.*

30 anzi... pennacchi: *anzi è necessario che nessuna delle cose che il pittore vuole imitare siano presenti* (**sieno attualmente**) *tra i suoi colori; perché se ci fossero, ad esempio* (**v.g.** = *verbi gratia*; latino) *penne, queste non servirebbero a dipingere che uccelli o pennacchi.* È inutile perciò servirsi della combinazione dei pezzi degli sterminati volumi del filosofo per descrivere i fenomeni visibili: sarebbero d'ostacolo come le penne, le squame o i sassi usati al posto dei colori per imitare la natura.

31 E': *ei*, cioè egli, ma è soggetto superfluo per la comprensione della frase (basterebbe, infatti, il successivo **alcuni gentil uomini**).

32 dottor leggente... famoso: *un professore che insegnava in una famosa università.*

33 nel sentir... veduto: *sentendo descrivere il telescopio che egli non aveva ancora visto.*

34 presa: *copiata.*

35 si rende... avvenga: *si spiega come accada.*

36 «Eccovi il pozzo... oscuro»: *ecco il pozzo che rappresenta* (**denota**) *il tubo del telescopio* (**cannone**) *ecco gli spessi* (**grossi**) *vapori* [**del pozzo**], *dai quali si è tratta l'invenzione delle lenti* (**cristalli**), *ed ecco infine potenziata* (**fortificata**) *la vista per il fatto che i raggi luminosi passano* (**nel passare i raggi**) *attraverso un mezzo trasparente* (**diafano**) *più denso e scuro.*

37 le vanità... d'Aristotile: *le sciocchezze dei quali non dovrebbero ricadere come pregiudizio su Aristotele.*

38 e 'l gran nome... letterati: *e la larga fama che si è conquistato presso le menti di tanti uomini illustri dovrebbe essere sufficiente a renderlo degno di rispetto presso tutte le persone istruite.*

SALVIATI Il fatto non cammina così, Sig. Simplicio: sono alcuni suoi seguaci troppo pusillanimi, che danno occasione, o, per dir meglio, che darebbero occasione, di stimarlo meno, quando noi volessimo applaudere alle loro legereze.[39] E voi, ditemi in grazia, sete così semplice che non intendiate che quando Aristotile fusse stato presente a sentir il dottor che lo voleva far autor del telescopio, si sarebbe molto più alterato contro di lui che contro quelli che del dottore e delle sue interpretazioni si ridevano?[40] Avete voi forse dubbio che quando Aristotile vedesse le novità scoperte in cielo, e'non fusse per mutar opinione e per emendar[41] i suoi libri e per accostarsi alle più sensate[42] dottrine, discacciando da sé quei così poveretti di cervello che troppo pusillanimamente s'inducono a voler sostenere ogni suo detto,[43] senza intendere che quando Aristotile fusse tale quale essi se lo figurano, sarebbe un cervello indocile, una mente ostinata, un animo pieno di barbarie, un voler tirannico, che, reputando tutti gli altri come pecore stolide, volesse che i suoi decreti fussero anteposti a i sensi, alle esperienze, alla natura istessa?[44] Sono i suoi seguaci che hanno data l'autorità ad Aristotile, e

39 Il fatto... legereze: *le cose non stanno così, Sig. Simplicio: ci sono alcuni suoi seguaci troppo paurosi e falsi che danno, o per meglio dire darebbero, ragione di stimarlo di meno* (**-lo** è riferito a Aristotele), *nel caso volessimo dar credito* (**applaudere**) *alle loro sciocchezze.*
40 sete... si ridevano: *siete talmente ingenuo* (**semplice**) *da non capire che, se Aristotele si fosse trovato presente ad ascoltare il professore che gli voleva attribuire l'invenzione del telescopio, si sarebbe molto di più arrabbiato con lui che con quelli che si prendevano gioco del professore stesso e delle sue interpretazioni.* Abbandonato il tono ironico, inizia la forte accusa di Salviati, che finirà per spaventare e confondere Simplicio.
41 e' non fusse... emendar: *egli* (**e'**) *non sarebbe disposto a cambiare opinione e a correggere* (**emendar**) *i suoi libri.*
42 sensate: *verificate con gli esperimenti.*
43 discacciando da sé... detto: *cacciando lontano da sé quei* [*suoi presunti seguaci*], *dall'intelligenza così povera, che con grande vigliaccheria* (**troppo pusillanimamente**) *si preparano a sostenere ogni sua parola.*
44 senza intendere...istessa: *senza capire che, anche se Aristotele fosse come essi se lo immaginano, risulterebbe un'intelligenza indisciplinata, una mente testarda, un animo pieno di rozzezza, una volontà autoritaria che, considerando gli altri uomini come pecore stupide* (**stolide**), *desiderasse vedere le proprie affermazioni* (**decreti**) *anteposte all'esperienza sensibile, alla stessa natura.*

▼

Joseph-Nicolas Robert-Fleury, *Galileo di fronte al Sant'Uffizio*, 1847. Parigi, Musée du Louvre.

non esso che se la sia usurpata o presa; e perché è più facile il coprirsi sotto lo scudo d'un altro che 'l comparire a faccia aperta, temono né si ardiscono d'allontanarsi un sol passo,[45] e più tosto che mettere qualche alterazione nel cielo di Aristotile, vogliono impertinentemente negar quelle che veggono nel cielo della natura.[46] [...]

SIMPLICIO Ma quando si lasci Aristotile, chi ne ha da essere scorta nella filosofia?[47] nominate voi qualche autore.

SALVIATI Ci è bisogno di scorta ne i paesi incogniti e selvaggi, ma ne i luoghi aperti e piani i ciechi solamente hanno bisogno di guida; e chi è tale, è ben che si resti in casa, ma chi ha gli occhi nella fronte e nella mente, di quelli si ha da servire per iscorta.[48] Né perciò dico io che non si deva ascoltare Aristotile, anzi laudo il vederlo e diligentemente studiarlo, e solo biasimo il darsegli in preda in maniera che alla cieca si sottoscriva a ogni suo detto[49] e, senza cercarne altra ragione, si debba avere per decreto inviolabile; il che è un abuso[50] che si tira dietro un altro disordine estremo, ed è che altri non si applica più a cercar d'intender la forza delle sue dimostrazioni. E qual cosa è più vergognosa che 'l sentir nelle pubbliche dispute, mentre si tratta di conclusioni dimostrabili uscir un di traverso con un testo, e bene spesso scritto in ogni altro proposito, e con esso serrar la bocca all'avversario?[51] Ma quando pure voi vogliate continuare in questo modo di studiare, deponete il nome di filosofi, e chiamatevi o istorici o dottori di memoria;[52] ché non conviene che quelli che non filosofano mai, si usurpino l'onorato titolo di filosofo. Ma è ben ritornare a riva,[53] per non entrare in un pelago infinito,[54] del quale in tutt'oggi non si uscirebbe. Però[55] Sig. Simplicio, venite pure con le ragioni e con le dimostrazioni, vostre o di Aristotile, e non con testi e nude autorità, perché i discorsi nostri hanno a essere intorno al mondo sensibile, e non sopra un mondo di carta.[56]

da G. Galilei, *Dialogo sopra i due massimi sistemi del mondo*, cit.

45 perché... passo: *poiché è più comodo mettersi al riparo di un altro piuttosto che affrontare a faccia aperta la discussione, hanno timore e non osano distaccarsi da lui di un solo passo.* I seguaci di Aristotele sono descritti come incapaci, per vigliaccheria, di correre il rischio della ricerca, della discussione e del dubbio, riparandosi dietro le teorie del loro maestro.

46 più tosto... natura: *piuttosto che ammettere qualche modifica nel cielo aristotelico, preferiscono negare sconsideratamente* (**impertinentemente**) *i cambiamenti che vedono nel cielo della natura.* L'opposizione fra cielo d'Aristotile e cielo della natura è simmetrica a quella successiva fra **mondo di carta** e **mondo sensibile** (▶ nota 56).

47 Ma quando... filosofia: *ma se si deve lasciare Aristotele, chi ci dovrà servire da guida nella filosofia.* Simplicio, spaventato, arriva a concepire la possibilità di lasciare Aristotele solo a patto di avere un altro maestro. Non è capace di abbandonare il "principio d'autorità" e di rivolgersi alla concreta esperienza.

48 i ciechi solamente... iscorta: *solo chi è cieco ha bisogno di una guida, e chi è tale farebbe bene a restare a casa, ma chi ha occhi sia per vedere che per ragionare, solo questa sua facoltà dovrà servirgli come guida* (**iscorta**). Il tono solenne della risposta di Salviati è rafforzato dalla figura degli **occhi nella fronte e nella mente**, che chiarisce il metodo di Galileo: i primi rappresentano la capacità di raccogliere dati con l'esperienza dei sensi, i secondi la possibilità di tradurli con il ragionamento in modelli logico-matematici. Simplicio, bisognoso di una guida, viene invece paragonato a un cieco.

49 Né perciò... detto: *né per questo io dico che non si debba ascoltare Aristotele, anzi approvo* (**laudo**) *che sia studiato con cura, e condanno solo chi si abbandona a lui in modo tale che ciecamente si sottoscriva ogni suo detto.*

50 abuso: *eccesso.*

51 E qual cosa... avversario: *e quale cosa è più vergognosa che vedere nelle pubbliche discussioni, mentre si affrontano argomentazioni dimostrabili con le esperienze, qualcuno prendere la parola a sproposito* (**di traverso**), *con un testo dedicato a un argomento completamente diverso da quello su cui si sta discutendo, e con quello chiudere* (**serrar**) *la bocca all'avversario.*

52 deponete... memoria: *abbandonate il titolo di filosofi e fatevi chiamare storici o dottori di memoria.* La definizione è molto polemica e ironica: **dottori di memoria** si riferisce alla pigra abitudine degli aristotelici a riportare a memoria i brani del maestro.

53 ritornare a riva: ritornare all'argomento proposto per la discussione della seconda giornata: la rotazione della Terra.

54 in un pelago infinito: *in una discussione interminabile.* **Pelago** significa 'mare'.

55 Però: *per questo.*

56 mondo sensibile... mondo di carta: questa contrapposizione, come quella precedente fra **cielo della natura** e **cielo d'Aristotile** (▶ nota 46), chiarisce la contrapposizione fra "i due massimi sistemi del mondo" che dà il titolo al *Dialogo* galileiano: in essi si contrappongono le **ragioni** e le dimostrazioni della nuova scienza sperimentale ai **testi** e alle **nude autorità** dell'ordine cosmologico tradizionale.

Lavoriamo sul testo

Leggere e capire

Il contenuto del testo Il brano si trova all'inizio della seconda giornata. Dopo l'aneddoto del «notomista» (rr. 11-25), che mette comicamente in risalto il limite del principio di autorità («il puro Ipse dixit»), Sagredo e Salviati pronunciano i loro attacchi contro i seguaci di Aristotele. In particolare, Sagredo polemizza contro la tendenza dei filosofi peripatetici ad "accozzare" passi tratti dagli scritti aristotelici per spiegare tutti i fenomeni (rr. 42-59). Salviati accusa i «seguaci troppo pusillamini» di Aristotele, che si figurano il maestro come «un cervello indocile, una mente ostinata, un animo pieno di barbarie, un voler tirannico» non disposto a rivedere le sue posizioni di fronte all'evidenza dell'esperienza sensibile. A Simplicio che, smarrito, chiede allora un'altra «scorta nella filosofia» (r. 91), Salviati risponde con un'esaltazione dell'autonomia della ragione, concludendo il suo intervento con queste parole: «venite pure con le ragioni e con le dimostrazioni, vostre o di Aristotile, e non con testi e nude autorità, perché i discorsi nostri hanno a essere intorno al mondo sensibile, e non sopra un mondo di carta».

Analizzare

La struttura teatrale del testo La scelta del dialogo si combina con la presenza di tratti tipici della rappresentazione teatrale. Infatti i tre interlocutori non sono solo tre voci, ma veri e propri personaggi, decisamente caratterizzati in rapporto al tipo di pensiero che sostengono. Simplicio è un erudito con poche idee, che si limita a credere ciecamente alle teorie aristoteliche. Salviati è un uomo di mente aperta, abituato a utilizzare la ragione e ad assumere la responsabilità delle proprie posizioni. Sagredo rappresenta la persona di buon senso, che misura i principi sulla base dell'esperienza concreta e sa giungere a conclusioni sensate. Inoltre, le parole dei dialoganti svolgono talvolta la funzione di didascalie teatrali, perché descrivono il comportamento scenico dei personaggi. Per esempio, la battuta di Simplicio alle rr. 4-5 indica il gesto di Sagredo che scuote la testa sghignazzando.

Lo stile comico e realistico Il dialogo è dominato dalla comicità, che scaturisce principalmente dagli interventi di Simplicio, rivelatori dell'ottusità del personaggio. Il linguaggio di Simplicio imita il parlare dei dotti, ma tradisce continuamente la sua banalità per la presenza di espressioni comiche (p. es. «ruminando», r. 1; «infilzare i suoi silogismi, r. 36; «accozzar», r. 39). La sua reazione conclusiva («Ma quando si lasci Aristotile, chi ne ha da essere scorta nella filosofia?», r. 92) suscita il sorriso e una punta di compassione per lo smarrimento e l'insicurezza che in essa si manifestano. La comicità è coerente con il tono realistico del dialogo, particolarmente evidente nel racconto dell'aneddoto del «notomista», che include una descrizione concreta, esatta ed efficace dei nervi del cadavere sezionato. Il realismo e la comicità sono strumenti che Galileo usa contro l'astrattezza e la pigrizia intellettuale degli aristotelici.

Interpretare e approfondire

Contro il principio d'autorità Galilei sintetizza efficacemente la portata rivoluzionaria della sua battaglia culturale sottolineando, per bocca di Salviati, l'opposizione fra «mondo sensibile» e «mondo di carta». Dietro il «mondo di carta» sta il principio di autorità su cui si fonda l'intera ideologia della Controriforma. Opporsi all'«Ipse dixit» significa perciò mettere in discussione non solo l'autorità di Aristotele ma quella della Chiesa; combattere non solo un principio scientifico e filosofico, ma la pratica politica degli organi ecclesiastici e statali. Insomma affidarsi ai risultati dell'esperienza sensibile e della ragione, senza seguire ciecamente le teorie espresse dai libri antichi, voleva dire mettere in crisi non solo il sapere tradizionale, ma un intero sistema politico e sociale. Di qui lo "scandalo" del *Dialogo* e la condanna di Galileo.

Esercizi

Prima prova A • L'analisi del testo

Comprendere

1 L'aneddoto del «notomista»

Sagredo racconta l'aneddoto del «notomista»: riassumilo in forma essenziale.

Analizzare

2 Il linguaggio ironico

Sagredo e Salviati si servono dell'arma dell'ironia per attaccare Simplicio. Sottolinea nel testo alcuni esempi.

Interpretare e approfondire

3 Tre voci, tre punti di vista

Nel dialogo si confrontano tre voci e dunque tre punti di vista. Riassumi sinteticamente in una tabella sul quaderno la tesi sostenuta da ciascun personaggio; quale posizione occupa Sagredo nella disputa fra Salviati e Simplicio?

4 Contro il «mondo di carta»

La pubblicazione del *Dialogo* costò a Galileo un processo e una condanna. Quale portata rivoluzionaria ha, nella società della Controriforma, la critica del principio dell'«Ipse dixit»?

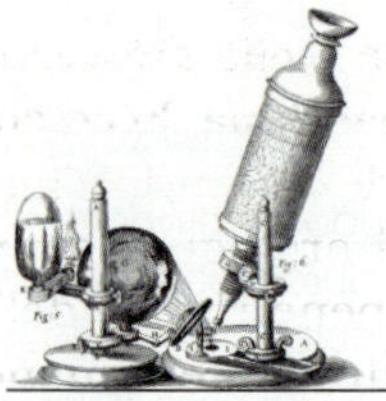

3 La nuova medicina

Grazie al microscopio

La rivoluzione scientifica avviata all'inizio del Seicento riguardò, oltre l'astronomia, anche la medicina e la biologia. Le ricerche in questi campi poterono avvalersi di uno strumento ottico nuovo, capace, come il cannocchiale, di ampliare smisuratamente le facoltà dei sensi umani: il **microscopio**. I primi microscopi furono prodotti negli stessi anni del cannocchiale. Disponevano anch'essi di due o più lenti, ma con un obiettivo dalla distanza focale più corta. L'invenzione viene attribuita a Galileo, anche se, nel Seicento, tale primato fu oggetto di diverse rivendicazioni. Nel *Saggiatore* (1623), lo scienziato pisano accennava a un «telescopio accommodato per vedere gli oggetti vicinissimi». Ma fu lo studioso Giovanni Faber (1574-1629), amico di Galileo, a battezzare nel 1625 lo strumento con il nome di "microscopio". I primi microscopi di tipo galileiano disponevano, come il cannocchiale, di una lente concava e una convessa montate su un tubo rigido.

Scoperte rivoluzionarie

In campo anatomico, la novità più dirompente del Seicento è rappresentata dalla spiegazione della circolazione sanguigna e del funzionamento del cuore da parte del medico inglese **William Harvey** (1578-1657). In seguito l'italiano **Marcello Malpighi** (1628-1694), professore all'Università di Bologna, scoprirà il sistema dei vasi capillari attraverso i quali il sangue passa dalle arterie alle vene. Malpighi effettuò altre osservazioni importanti specialmente sullo sviluppo dell'embrione. Il suo nome è rimasto a designare i corpuscoli della pelle che procurano le sensazioni tattili (corpuscoli di Malpighi). Grande fama nella biologia microscopica acquisì infine l'olandese **Anton van Leeuwenhoek** (1632-1723) al quale si deve un perfezionamento notevole del microscopio. Fornito di questo strumento, egli scoprì gli spermatozoi nel 1679.

Il cuore come una pompa idraulica secondo Harvey

La prima conseguenza di queste scoperte biologiche fu un radicale cambiamento della concezione del corpo: fatto di muscoli, nervi e vasi, esso è concepito come una macchina, costituita di leve e di pompe. Nell'opera conosciuta come ***De motu cordis*** [Sul movimento del cuore, 1628], William Harvey paragona il funzionamento del cuore a quello di una pompa idraulica. Tracciando un **parallelo fra rivoluzione anatomica e rivoluzione scientifica**, egli intende il cuore come il «Sole del microcosmo»: «il cuore può [...] ben essere designato come il principio della vita e il Sole del microcosmo, come analogamente il Sole può ben essere designato il cuore del mondo» (▶ T4). Con la sua scoperta, Harvey demolisce per sempre la nozione di spirito su cui era fondata la medicina tradizionale.

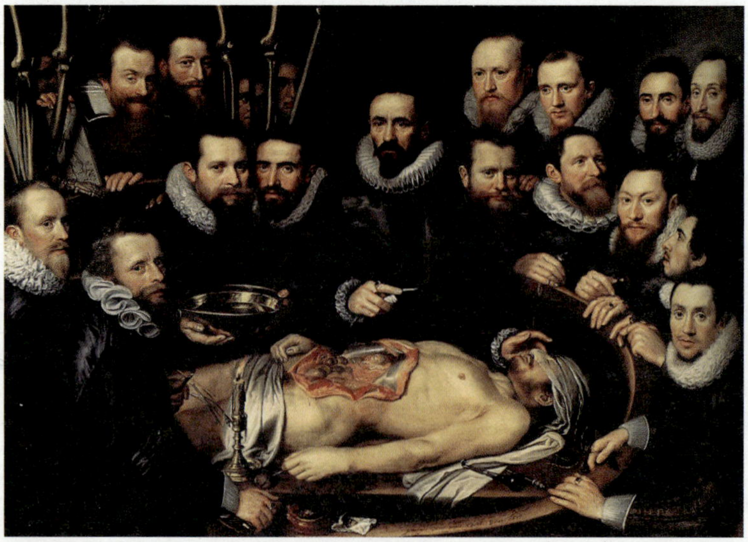

◀ Michiel J. van Mierevelt, *Lezione di anatomia del Dott. Willem van der Meer*, 1617. Delft, Gemeente Musea.

Glossario

Spirito La medicina medievale denominava "spiriti" gli addetti alle funzioni principali dell'organismo. In particolare, individuava tre spiriti: lo spirito naturale con sede nel fegato, quello vitale con sede nel cuore e quello animale, deputato alle attività psichiche, con sede nel cervello.

Il corpo come una macchina secondo Cartesio

In riferimento alle scoperte di Harvey, lo scienziato e filosofo francese **René Descartes** (Cartesio, 1596-1650) enunciò una teoria complessiva del **corpo come macchina**. Ecco che cosa scrive in un passo significativo del suo *Trattato sull'uomo* (1644), descrivendo l'anatomia in riferimento ad altri dispositivi meccanici dell'epoca, come gli orologi o le fantastiche fontane dei giardini barocchi: «Si possono paragonare molto bene i nervi della macchina che vi descrivo [: un corpo umano] ai tubi delle macchine di queste fontane, i muscoli e i tendini agli altri vari congegni e strumenti che servono a muoverle, di cui il cuore è la sorgente e la cavità del cervello sono i serbatoi. Inoltre la respirazione ed altri simili atti [...] sono i movimenti di un mulino, che lo scorrere usuale dell'acqua può rendere continui. [...]. Insomma, quando l'*anima ragionevole* sarà in questa macchina, avrà la sua sede principale nel cervello e sarà come l'idraulico».

i medici	le scoperte
William Harvey (1578-1657)	la circolazione sanguigna e il funzionamento del cuore come una pompa
Marcello Malpighi (1628-1694)	la struttura ad alveoli dei polmoni, le connessioni capillari fra vene e arterie, i recettori sensoriali della lingua e della pelle
Anton van Leeuwenhoek (1632-1723)	i globuli rossi, i protozoi, gli spermatozoi

facciamo il punto

- **Quali cambiamenti apportò l'invenzione del microscopio?**
- **A che cosa paragonano il corpo umano gli scienziati Harvey e Cartesio?**

[*Exercitatio anatomica de motu cordis et sanguinis in animalibus*]

T4

Le forme
- toni polemici e critici

I temi
- negazione degli assunti della medicina tradizionale

William Harvey
La circolazione del sangue: una scoperta rivoluzionaria

*Nell'*Exercitatio anatomica de motu cordis et sanguinis in animalibus *[Esercitazione anatomica sul moto del cuore e del sangue negli animali, 1628], l'inglese William Harvey argomenta che il cuore è un muscolo con funzioni analoghe a una pompa idraulica e che il sangue segue un percorso circolare. Nel brano seguente, tratto da una lettera al figlio, lo scienziato si dimostra consapevole della falsità delle precedenti nozioni anatomiche, e le paragona agli espedienti spettacolari, comuni nel Seicento, con cui, per incantare il pubblico, gli autori di teatro meno dotati si affidavano a espedienti spettacolari.*

Accade di norma che quando sciocchi e ignoranti non sanno come spiegare qualche fatto, allora si appellano subito agli spiriti,[1] cause e artefici di tutto, portati in scena a conclusione di strane storie, come il *Deus ex machina*[2] dei poetastri. È appena il caso di dire che noi non abbiamo *mai* trovato, lungo le indagini anatomiche, nessuna forma di spirito né nelle vene, né nei nervi, né nelle arterie, né in qualsiasi altra parte dell'organismo.

da W. Harvey, in *Opere*, a cura di F. Alessio, Utet, Torino 1963.

1 **spiriti:** l'autore si riferisce qui alla teoria degli spiriti su cui si fondava la medicina tradizionale.

2 ***Deus ex machina*:** l'espressione significa 'dio [che viene] da una macchina' e si riferisce a un espediente che ha origine dal teatro greco, in cui l'attore che interpretava una divinità veniva fatto scendere dall'alto per mezzo di una rudimentale gru di legno.

Lavoriamo sul testo

Leggere e capire

Presa di distanza dal passato Prima di passare a rendere note le sue scoperte, Harvey prende nettamente le distanze dalla medicina tradizionale, e, in particolare, demolisce il concetto di «spirito» impiegato per spiegare il funzionamento dell'organismo. Per sottolineare la falsità delle precedenti nozioni anatomiche, il medico inglese introduce un paragone con il mondo del teatro: il ricorso alla teoria degli spiriti è come l'espediente spettacolare del *deus ex machina*.

Analizzare

La carica polemica Nel brano, seppur breve, si coglie un'evidente carica polemica: Harvey definisce «sciocchi e ignoranti» coloro che, non sapendo «come spiegare qualche fatto, allora si appellano subito agli spiriti». I medici che agiscono in questo modo sono come i «poetastri» che introducono il «*Deus ex machina*»: non sapendo come risolvere una questione, ricorrono alla divinità. Di contro, Harvey afferma di non aver «*mai* trovato, lungo le indagini anatomiche, nessuna forma di spirito».

Interpretare e approfondire

La "rivoluzione" di Harvey Il punto centrale della scoperta di Harvey, sviluppato nella seconda parte del trattato, sta nell'idea che il sangue descriva un circolo chiuso: esso viene mandato dal cuore agli organi, e da questi ritorna al cuore nella sua totalità. L'idea della conservazione del sangue si oppone alla credenza tradizionale del suo consumo: invece di essere usato e consumato dagli organi e tessuti periferici, il sangue ritorna periodicamente e ciclicamente al cuore, ossia circola. Anche per quanto riguarda il funzionamento del cuore, argomento invece della prima parte del libro, la teoria di Harvey segna una svolta decisiva: l'idea di Galeno (medico greco vissuto fra il 130 e 200 ca.) di una "forza" pulsante propria delle pareti delle arterie viene sostituita con la concezione completamente nuova dell'impulso meccanico impresso al sangue dalla contrazione del cuore, che agirebbe come una pompa idraulica. Si afferma così una visione meccanicistica propria della medicina moderna, abbandonando l'idea di "forze" misteriose che aveva ossessionato gli scienziati precedenti e aveva impedito loro ogni spiegazione fondata sull'analisi delle cause.

Esercizi

Prima prova A • L'analisi del testo

Comprendere

1 Gli «sciocchi e ignoranti»

Contro chi è rivolta la critica di Harvey in questo breve testo?

Analizzare

2 La tesi dell'autore

Quale tesi introduce qui l'autore? Rintracciala nel testo.

Interpretare e approfondire

3 Le scoperte di Harvey

A quali risultati perviene l'*Esercitazione anatomica sul moto del cuore e del sangue*? Quali sono cioè le principali scoperte di Harvey?

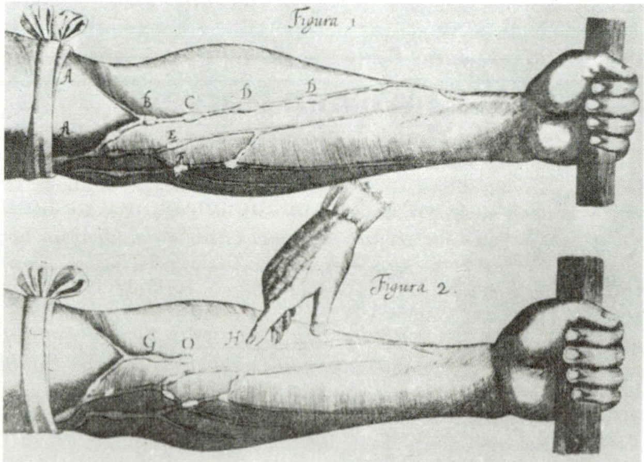

Disegno di William Harvey per lo studio sulle vene e la circolazione del sangue.

4 La questione del metodo

Dalla deduzione all'induzione

La rivoluzione scientifica investe direttamente il problema del metodo, cioè il criterio che deve essere seguito per raggiungere conoscenze fondate. Il metodo della ricerca deve obbedire a un **rigore induttivo** (dal particolare al generale), e **non più deduttivo** (dal generale al particolare); deve seguire procedure rigorosamente "scientifiche" che partano dall'analisi dei fenomeni concreti e non da idee precostituite. Per la definizione del metodo scientifico e per il suo affrancamento dal dogmatismo, furono decisivi i contributi di due filosofi europei: l'inglese **Francis Bacon** (Francesco Bacone, 1561-1616) e il già citato **Cartesio**.

Bacone e il metodo induttivo

Nella sua opera *Novum organum scientiarum* [Il nuovo strumento del sapere, 1620], Bacone sostiene che il pensiero scientifico deve assumere come modello non il vecchio sapere accademico, vuoto e astratto, ma le procedure della "meccanica", utili e concrete. La ricerca scientifica non si basa né soltanto sui sensi né soltanto sull'intelletto, ma presuppone la collaborazione fra questi due elementi. Essa deve procedere come «le api, che ricavano la materia prima dai fiori dei giardini e dei campi, e la trasformano e la digeriscono in virtù di una loro propria capacità». Bacone auspica cioè **«l'unione sempre più stretta e più santa delle due facoltà, quella sperimentale e quella razionale»**. Il procedimento che secondo lui realizza questa esigenza è quello dell'**induzione** (▶ T5), ovvero quel procedimento intellettuale che va da osservazioni particolari a conclusioni di ordine generale.

Il dubbio metodico di Cartesio

Cartesio è considerato il fondatore della filosofia moderna, ma s'interessò anche di fisica, di matematica, di astronomia, di meccanica e – come abbiamo visto – di fisiologia. Egli affrontò la questione del metodo nel *Discorso sul metodo* (1637), opera in cui vengono enunciate **quattro regole** da seguire nell'indagine filosofica e scientifica (▶ T6). Concetto-chiave della riflessione cartesiana è il **dubbio metodico**, attraverso il quale l'autore si propone di approdare a delle conoscenze «indubitabili»: «pensai che dovevo [...] rifiutare come assolutamente falsa qualsiasi opinione su cui potessi nutrire il pur minimo dubbio al fine di stabilire se, fatto ciò, nell'ambito delle mie conoscenze, ne rimanesse qualcuna del tutto indubitabile». È il dubbio metodico – sostiene Cartesio – a guidare la ricerca, che deve obbedire solo alla propria logica interna, libera da qualsiasi pregiudizio e da qualsiasi autorità, affidata soltanto alla ragione e all'osservazione diretta.

▶ John Vanderrbank, *Ritratto di Francis Bacon, visconte d'Albany*, 1731 ca. Londra, National Portrait Gallery.

facciamo il punto

- **Quale modello di ricerca deve assumere la scienza secondo Bacone?**
- **Che cosa si intende per "dubbio metodico"?**

T5

Le forme
- manifesto della rivoluzione scientifica

I temi
- affermazione del metodo induttivo contro la logica aristotelica

Francesco Bacone
Contro le parole, a favore delle cose

Nel Novum organum scientiarum *[Il nuovo strumento del sapere] Bacone voleva convincere il proprio lettore dell'inadeguatezza del sistema artistotelico* (organon, *che in greco vuol dire 'strumento', era infatti la denominazione tradizionale di tutte le opere di logica di Aristotele), offrendo un "nuovo strumento del sapere", vale a dire una logica dell'induzione, adeguata alle esigenze della ricerca scientifica e attenta alle finalità pratiche e operative. Nel testo che segue Bacone distingue nettamente la nuova logica induttiva da quella aristotelica.*

Noi respingiamo la dimostrazione per mezzo del sillogismo[1] perché essa non produce che confusione e fa sì che la natura ci sfugga dalle mani. Quantunque infatti nessuno possa dubitare che due termini che si accordano col medio si accordino anche fra di loro (che è una specie di certezza matematica) tuttavia è qui nascosto un inganno perché il sillogismo consta di proposizioni, le proposizioni di parole e le parole sono segni e simboli di nozioni. [...] Noi facciamo uso dell'induzione[2] per penetrare la natura delle cose. Pensiamo infatti che l'induzione sia quella forma di dimostrazione che difende il senso, stringe da presso[3] la natura ed è vicina alle opere quasi mescolandosi ad esse.

1 **sillogismo:** secondo Aristotele, «un discorso nel quale, poste alcune cose, ne derivano necessariamente altre, per il fatto stesso che quelle sono state poste». Il sillogismo è costituito da tre proposizioni, e cioè da due premesse (una maggiore e una minore), cui segue di necessità una conseguenza. Per esempio: «Socrate è un uomo; gli uomini sono mortali; dunque Socrate è mortale».

2 **l'induzione:** il procedimento conoscitivo che va dal particolare concreto al generale.

3 **stringe da presso:** *penetra, entra in contatto con.*

Lavoriamo sul testo

Leggere e capire

Rifiuto e affermazione La tesi qui sostenuta da Bacone si articola in due parti: il rifiuto del procedimento dimostrativo fondato sul sillogismo e basato sulle mere parole; l'affermazione, di contro, della nuova logica induttiva, basata invece sulla natura delle cose.

Analizzare

Testo-manifesto Il testo è di tipo argomentativo e assume, in particolare, la forma del proclama propagandistico, o del manifesto. È infatti strutturato come una vera e propria dichiarazione d'intenti («Noi respingiamo»; «Noi facciamo uso») tipica di ogni movimento rivoluzionario che, al suo esordio, voglia schematicamente render noto ciò che vuole abbattere e ciò che intende edificare. È possibile dunque affermare che il *Novum organum scientiarum* [Il nuovo strumento del sapere] sia un manifesto della rivoluzione scientifica.

Interpretare e approfondire

Il metodo induttivo La critica baconiana è rivolta contro il procedimento dimostrativo aristotelico, fondato sul sillogismo (da due premesse segue necessariamente una conclusione). Al sillogismo, che «consta di proposizioni» fatte di «parole», Bacone contrappone l'induzione (cioè il procedimento conoscitivo che va dal particolare concreto al generale), che «stringe da presso la natura». L'induzione rappresenterebbe un «nuovo strumento del sapere», capace di rispondere alle esigenze della nuova scienza.

Esercizi

Prima prova A • L'analisi del testo

Comprendere

1 Induzione e deduzione

Qui Bacone afferma di impiegare l'«induzione»: qual è la differenza fra il procedimento dimostrativo induttivo e quello deduttivo?

Analizzare

2 Tesi e argomentazione

Il testo qui proposto è di tipo argomentativo. Distingui nel testo tesi e argomentazione usando colori diversi.

T6

Le forme
- premessa argomentativa ed esposizione schematica delle quattro regole

I temi
- fondazione di un nuovo metodo

René Descartes
Le regole del metodo

Pubblicando nel 1637 il Discorso sul metodo, *Cartesio si inserisce in quel fecondo dibattito filosofico che si sviluppa nel Seicento ed è alle origini della rivoluzione scientifica moderna. Egli condivide tutta l'insoddisfazione di Bacone e di Galilei verso la tradizione scolastica e la vecchia logica di derivazione aristotelica; aspira perciò alla fondazione del «vero Metodo». In questo brano vengono enunciate le quattro regole sulle quali esso dovrebbe basarsi.*

Come uomo che cammina da solo e nelle tenebre, decisi però di procedere così lentamente e di usare in tutti i casi tanta circospezione che, se anche progredivo con estrema lentezza, avrei almeno evitato di cadere. Anzi non volli neppure cominciare a rifiutare completamente nessuna delle opinioni che in altro tempo si erano insinuate tra le mie convinzioni, senza esservi state condotte dalla ragione, prima di aver speso abbastanza tempo per tracciare il progetto dell'opera che stavo per intraprendere e per cercare il vero Metodo per giungere alla conoscenza di tutte le cose di cui il mio ingegno era capace.

Quando ero più giovane avevo un po' studiato, tra le parti della Filosofia, la Logica e, tra le Scienze Matematiche, l'Algebra e l'Analisi dei Geometri:[1] tre arti o scienze che mi pareva dovessero contribuire in qualche modo al mio progetto. Quando però le esaminai mi avvidi che, quanto alla Logica, i suoi sillogismi[2] e la maggior parte dei suoi precetti servono più a spiegare agli altri quanto già si conosce o, addirittura [...], a parlare senza discernimento delle cose che si ignorano anziché insegnarle. [...]. Quanto poi all'Analisi degli antichi e all'Algebra dei moderni, oltre a riferirsi esclusivamente a materie astrattissime e che sembrano inutili, la prima è sempre talmente vincolata alla considerazione delle figure da non poter esercitare l'intelletto senza affaticare molto l'immaginazione, e la seconda è talmente assoggettata a certe regole e a certe cifre da divenire un'arte confusa e oscura, che confonde la mente invece di coltivarla. Per tutto questo stimai necessario cercare qualche altro Metodo che, comprendendo i vantaggi di queste tre scienze, fosse esente dai loro difetti. E poiché il gran numero delle leggi fornisce spesso scuse per i vizi, tanto che uno Stato è assai meglio ordinato quando, avendone solo pochissime, vi vengono strettamente osservate, così, in luogo di quel gran numero di precetti che conta la Logica, pensai che mi sarebbero stati sufficienti questi quattro che sto per enumerare, purché decidessi fermamente di non cessare mai, neppure una sola volta, di osservarli.

Il primo prescriveva di non accettare mai per vera nessuna cosa che non conoscessi con evidenza esser tale: evitare cioè accuratamente la Precipitazione e la Prevenzione[3] e non comprendere nei miei giudizi se non ciò che si fosse presentato alla mia mente con tale chiarezza e distinzione da non aver nessun motivo di metterlo in dubbio.[4]

Il secondo consisteva nel dividere ciascuna difficoltà che stessi esaminando in tante piccole parti quante fosse possibile e necessario per giungere alla miglior soluzione di essa.[5]

Il terzo, nel condurre con ordine i miei pensieri, cominciando dagli oggetti più semplici e più facili da conoscere, per salire a poco a poco, come per gradi, fino alla conoscenza dei più complessi, e supponendo poi un ordine anche tra quelli di cui gli uni non precedono naturalmente gli altri.[6] L'ultimo, infine, era di procedere in ogni caso ad enumerazioni così complete e a rassegne tanto generali da esser certo di non aver omesso assolutamente nulla.[7]

da R. Descartes, *Discorso sul metodo*, in *Opere scientifiche*, vol. I, a cura di E. Lojacono, Utet, Torino 1994.

1 **l'Analisi dei Geometri:** *la geometria.*
2 **sillogismi:** ▶ nota 1, T5.
3 **evitare… Prevenzione:** *evitare in ogni modo di essere precipitosi e prevenuti* ed essere invece liberi da pregiudizi e autorità.
4 **Il primo… dubbio:** è qui enunciata la regola dell'evidenza.
5 **Il secondo… essa:** è la regola dell'analisi.
6 **Il terzo… altri:** è la regola della sintesi. Essa prescrive in sostanza il procedimento opposto a quello precedente, e cioè ricomporre ordinatamente ciò che prima si era scomposto.
7 **L'ultimo… nulla:** è la regola dell'enumerazione e revisione.

Lavoriamo sul testo

Leggere e capire

Il «vero Metodo» Nel primo capoverso, Cartesio annuncia l'ambizioso progetto di «cercare il vero Metodo per giungere alla conoscenza di tutte le cose di cui il *suo* intelletto era capace». La logica, la geometria, la matematica serviranno come base di tale progetto, non prima però di averle depurate di certi difetti specifici (essi sono elencati nel secondo capoverso). Sono infine enunciate le quattro regole del «Metodo».
La prima regola è quella dell'evidenza, per cui bisogna attenersi soltanto a ciò che si presenta «chiaramente» e «distintamente».
La seconda è quella dell'analisi, che prescrive di semplificare ciò che è complesso scomponendolo «in tante piccole parti».
La terza regola è quella della sintesi e riguarda un'operazione opposta a quella precedente, ovvero ricomporre ciò che prima si era scomposto, procedendo «dagli oggetti più semplici e più facili da conoscere [...] fino alla conoscenza dei più complessi».
La quarta è quella dell'enumerazione e revisione, per accertarsi «di non aver omesso assolutamente nulla».

Analizzare

Argomentazione ed esposizione Nell'*incipit* si coglie il ricorso a un linguaggio metaforico e letterario («Come uomo che cammina da solo e nelle tenebre»), ma il seguito del testo è costruito in modo rigoroso e perfino schematico. Dopo aver passato in rassegna i «difetti» della «Logica», dell'«Algebra» e dell'«Analisi dei Geometri [: la geometria]», Cartesio presenta in forma di elenco le quattro regole del metodo individuate («Il primo [precetto] prescriveva di non accettare...»; «Il secondo consisteva nel dividere...»; «Il terzo nel condurre»; «L'ultimo, infine, era...»). Se la prima parte del testo è di tipo argomentativo – in quanto l'autore vi sostiene la necessità di «cercare qualche altro Metodo» che eviti i difetti rilevati nella logica, nella matematica e nella geometria –, la seconda è di tipo espositivo in quanto occupata dall'enunciazione e dalla spiegazione delle quattro regole.

Interpretare e approfondire

Liberi dall'autorità In questo passo appare evidente il differente approccio alla questione del metodo da parte di Bacone e Cartesio: mentre il primo sostiene «l'induzione» come «forma di dimostrazione che difende il senso» (▶ T5), il secondo prevede, nel momento dell'analisi, un procedimento deduttivo, per cui conoscenze più complesse vengono scomposte in conoscenze più semplici. D'altra parte Cartesio, a differenza di Bacone, mantenne una profonda diffidenza nei confronti della "fallace" esperienza. Ma esiste anche un importante punto di contatto fra i due filosofi: entrambi misero in discussione il principio di autorità. Come è stato sottolineato da Karl R. Popper (1902-1994), «la nascita della scienza e della tecnologia moderna fu ispirata da un'epistemologia [: filosofia della scienza] ottimistica, i cui portavoce principali furono Bacone e Descartes. Essi insegnarono che in materia di verità l'uomo non ha affatto bisogno di appellarsi all'autorità, perché ciascun uomo porta le fonti della conoscenza in se stesso».

Esercizi

Prima prova A • L'analisi del testo

Comprendere

1 Il contributo della logica e delle scienze matematiche

Qual è l'apporto che possono dare, secondo Cartesio, la logica e le scienze matematiche nella definizione del metodo?

a. Tutti i loro principi vanno accolti
b. Tutti i loro principi vanno esclusi
c. I loro principi possono essere accolti, dopo avere eliminato certi difetti
d. Sono validi solo i principi della logica e non quelli delle scienze matematiche

Analizzare

2 Testo argomentativo-espositivo

Il brano comprende sia parti argomentative sia parti espositive: distinguile nel testo.

Interpretare e approfondire

3 Analisi e sintesi

La seconda e la terza regola del metodo prevedono operazioni opposte: in che cosa consistono esattamente?

▶ Frans Hals, *Ritratto di René Descartes*, 1649-1700 ca. Parigi, Musée du Louvre.

La scienza: caratteri, rapporti, problemi

All'inizio del Seicento si avviò una vera e propria "rivoluzione scientifica". Come sottolinea Paolo Rossi nel testo che apre questo percorso (▶ TS1), nel XVII secolo «viene proposta una immagine della scienza la quale contiene alcuni elementi che ci consentono di riconoscerla come "nostra"». La figura dello scienziato entra dunque nella carrellata delle diverse tipologie di «uomo barocco» descritte in una raccolta di saggi curata da Rosario Villari (*L'uomo barocco*, 1991). Fra gli altri personaggi presenti nel volume, ce ne sono tre che appartengono all'ambiente cattolico: il predicatore, il missionario e la religiosa. Quale rapporto si profila nel Seicento fra Chiesa e scienza? Un rapporto di conflitto, determinato dalla pretesa dell'autorità ecclesiastica di esercitare un controllo assoluto sulla società e sulla cultura. Il "caso Galilei" è un esempio eclatante di tale atteggiamento. Oggi fortunatamente la situazione è cambiata: «il cristianesimo non presuppone un conflitto inevitabile tra la fede soprannaturale e il progresso scientifico», sottolinea il papa nel discorso tenuto all'Accademia Pontificia delle Scienze in occasione dell'assemblea plenaria del 2006 (▶ TS2). Se da una parte i «nipoti di Galileo» (così Pietro Greco intitola il suo libro uscito nel 2011, in cui racconta sette storie di recenti successi scientifici italiani) possono senz'altro godere di maggiore libertà rispetto al Seicento, dall'altra si trovano ad affrontare nuove difficoltà. Come denuncia il *Manifesto del Gruppo 2003*, il sistema di ricerca italiano mostra numerosi limiti rispetto ad altri Paesi industrializzati e necessita di una «riforma radicale» (▶ TS3).

Questo percorso vuole gettare un ponte fra passato e presente, mettendo in luce la modernità del pensiero galileiano e stimolando una riflessione sulla situazione attuale della ricerca scientifica.

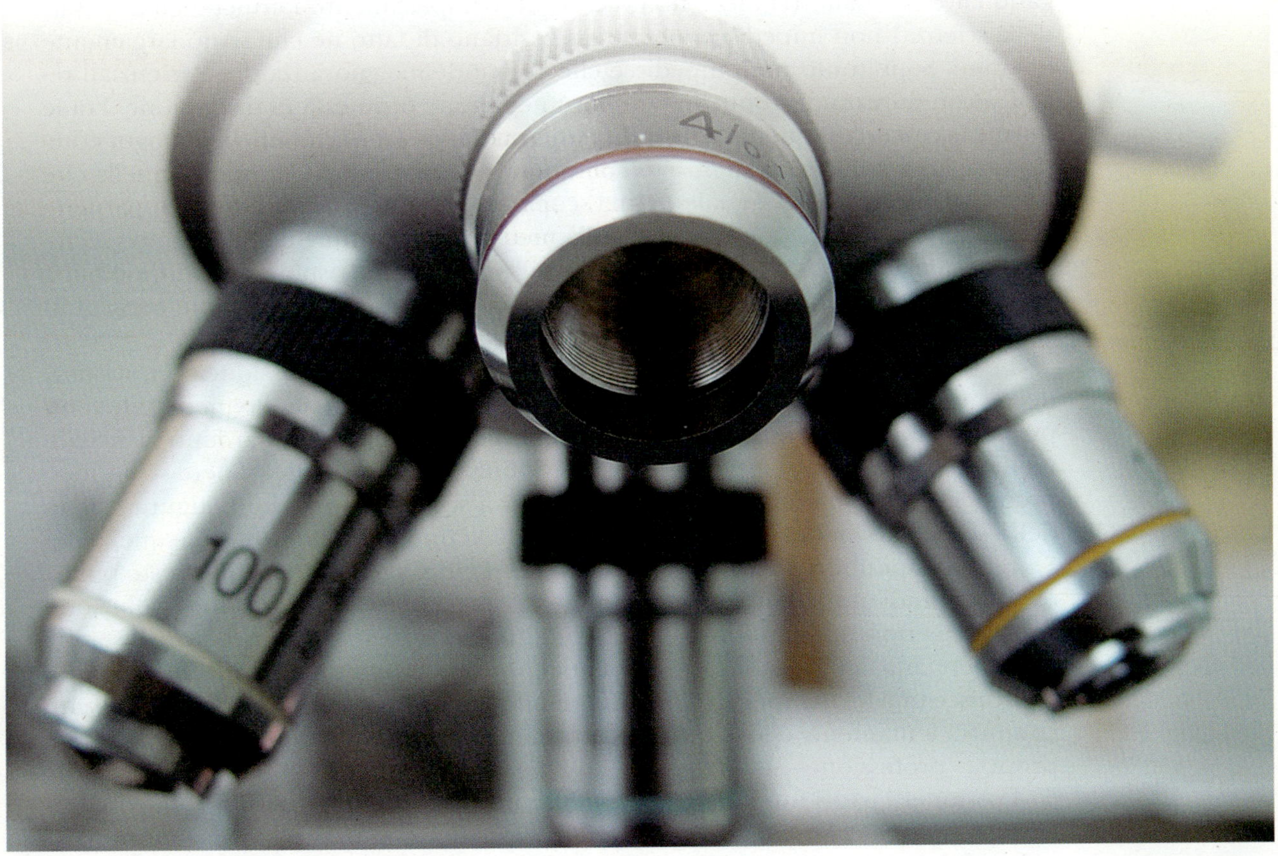

TS1

Paolo Rossi
Scienza e «scienziati»

All'interno del volume L'uomo barocco *(1991, a cura di R. Villari), lo storico della filosofia Paolo Rossi (1923) traccia il ritratto dello scienziato. Nel passo qui proposto, l'autore sottolinea un fatto «stupefacente» che riguarda la scienza: essa si fonda su un tipo di sapere e su una serie di norme sostanzialmente condivisi «in tutte le aree del pianeta». Fra tali norme, occupa il primo posto il principio di autonomia della ricerca scientifica per il quale si era battuto Galileo nel Seicento. D'altra parte, il XVII secolo segna un momento di svolta, sancito da una vera e propria «rivoluzione scientifica». Fra «i cosiddetti padri fondatori della scienza moderna», Rossi cita gli studiosi incontrati in questa Unità: Keplero, Galilei, Bacone, Descartes, Harvey.*

Il tipo di sapere al quale attribuiamo il nome di scienza è nato in Europa e si è diffuso con straordinaria rapidità in tutte le aree del pianeta. Quel tipo di sapere è oggi presente non solo in culture non occidentali di antichissima tradizione (come la Cina, il Giappone, l'India, la Corea), ma anche presso popoli che, non più di un secolo fa, erano considerati «primitivi». O perché troppo abituati a cose straordinarie o perché privi di senso storico, arriviamo a non meravigliarci neppure del fatto (per la verità stupefacente) che quel sapere abbia caratteristiche «trasversali» rispetto alle etnie, alle civiltà, alle nazioni, alle tradizioni religiose e culturali. Milioni di giovani studiano sugli stessi testi. La fisica o la genetica che si studiano in un dipartimento giapponese o australiano sono esattamente le stesse che vengono studiate in Scozia o in Francia o in Italia. Esiste anche un sistema di norme o un ethos[1] scientifico che è condiviso da tutti i membri delle comunità scientifiche e che è (in misura storicamente variabile) indipendente dalle lingue, dai credi politici e religiosi. Il fatto che quelle norme vengano talvolta violate (come sottolineano con compiacimento i critici e gli avversari della scienza) non impedisce né che esse esistano di fatto né che siano largamente operanti. Soprattutto non impedisce che la grande maggioranza degli scienziati reagisca con durezza di fronte ad ogni loro negazione o rimessa in discussione. Fra le norme accettate c'è quella della indipendenza delle verità scientifiche da ogni criterio razziale o politico o religioso o comunque «esterno» alla scienza, c'è quella che limita la proprietà intellettuale di una scoperta (che una volta effettuata appartiene a tutti) al pubblico riconoscimento della medesima, c'è infine quella di uno «scetticismo sistematico», di una volontà di controllo e di una corrispondente disponibilità al controllo che impongono che tutte le ipotesi avanzate e tutti i risultati conseguiti vengano sottoposti ad un continuo e irrispettoso e pubblico esame.

Le università medievali preparavano all'esercizio della professione ecclesiastica, della giurisprudenza, della medicina. Nel mondo antico e in quello medievale sono presenti solide tradizioni, dotate di una forte continuità, che riguardano principalmente la matematica, l'astronomia, la medicina. A proposito del sapere scientifico premoderno si è parlato di «una scienza senza scienziati» perché la figura storica dello scienziato moderno è nata in Europa fra la fine del Cinquecento e quella del Seicento. È indubbio che nel corso del XVII secolo si verificarono, da questo punto di vista, grandi mutamenti e che il termine (ormai entrato nell'uso) di «rivoluzione scientifica» non designa solo l'emergere di novità o di scoperte nei singoli settori del sapere, ma fa riferimento anche a quei profondi mutamenti attraverso i quali si costituisce una forma specifica del sapere (che ha sue proprie caratteristiche) e che condurrà lentamente a identificare l'attività della ricerca scientifica con una vera e propria «professione». [...]

I cosiddetti padri fondatori della scienza moderna (Keplero, Galilei, Bacon, Descartes, Harvey, ecc.) parlano spesso di scienza, ma non usano la parola «scienzia-

1 **ethos:** *comportamento.*

ti» (che è un termine ottocentesco). Parlare dell'immagine o della figura dell'uomo di scienza nell'età barocca equivale a porsi una serie di domande sulle origini dell'immagine moderna della scienza e su alcune sue fondamentali caratteristiche. La condizione dello «scienziato» nell'età di Copernico e di Cardano[2] era ancora quella dell'intellettuale medievale: o uomo di Chiesa, o professore, o medico. Nel corso del Seicento si verificano una serie di modificazioni importanti: nascono le prime istituzioni scientifiche e viene proposta una immagine della scienza la quale contiene alcuni elementi che ci consentono di riconoscerla come «nostra».

da P. Rossi, *Lo scienziato in L'uomo barocco*, Laterza, Bari, 1991.

2 **Cardano:** Girolamo Cardano (1501-1576) fu un importante medico, matematico e filosofo, oggi noto soprattutto per i suoi contributi all'algebra.

Analisi del testo

I concetti e la struttura logica

Il testo può essere diviso in tre parti, coincidenti con i tre capoversi. Nella prima parte, l'autore evidenzia il fatto – per molti scontato ma in realtà «stupefacente» – che il sapere scientifico abbia «caratteristiche "trasversali" rispetto alle etnie, alle civiltà, alle nazioni, alle tradizioni religiose e culturali»; così che i contenuti e le norme della scienza sono condivisi nei diversi Paesi. Fra queste norme ci sono: 1. l'«indipendenza delle verità scientifiche da ogni criterio [...] "esterno" alla scienza»; 2. la limitazione della «proprietà intellettuale di una scoperta (che una volta effettuata appartiene a tutti)»; 3. la necessità di un atteggiamento di «"scetticismo sistematico"», che impone il continuo controllo su «tutte le ipotesi avanzate e tutti i risultati conseguiti». La seconda parte del testo contiene brevi cenni storici sull'evoluzione della scienza e della figura dello scienziato: da questo punto di vista, il Seicento costituisce un momento di svolta, con il verificarsi di una «"rivoluzione scientifica" [che] non designa solo l'emergere di novità o di scoperte nei singoli settori del sapere, ma fa riferimento anche a quei profondi mutamenti attraverso i quali si costituisce una forma specifica del sapere». Infine, la conclusione getta un ponte fra il passato e il presente, rilevando come nel corso del Seicento venga proposta «una immagine della scienza la quale contiene alcuni elementi che ci consentono di riconoscerla come "nostra"».

Il linguaggio e il lessico

Il brano proposto fa parte di un saggio più ampio dedicato da Paolo Rossi alla figura dello scienziato nel Barocco. Nel testo si distinguono alcune parti prevalentemente argomentative, accanto ad altre invece prevalentemente espositive. Se nel primo capoverso l'autore è impegnato soprattutto a dimostrare il carattere trasversale del sapere scientifico, nel secondo introduce alcune considerazioni storiche circa la nascita della figura dello scienziato moderno. Nel complesso il testo appare ben coeso, scorrevole e chiaro. La coesione è tra l'altro assicurata dalla presenza di riprese e ripetizioni («Il tipo di sapere... Quel tipo di sapere»; «non impedisce... Soprattutto non impedisce»; «c'è quella... c'è quella... c'e quella», in quest'ultimo caso si nota anche la presenza del cosiddetto "c'è presentativo" tipico del linguaggio colloquiale). Per quanto riguarda la sintassi, segnaliamo un uso insistito della parentetica, che può contenere un commento dell'autore (una nota polemica traspare nell'affermazione, posta fra parentesi, «come sottolineano con compiacimento i critici e gli avversari della scienza»), oppure, più spesso, una spiegazione o una precisazione. Il lessico non specialistico facilita la comprensione del testo. E tuttavia l'autore presuppone un pubblico che conosca il contesto storico di riferimento: cita infatti, senza chiarirne l'identità, nomi di importanti scienziati e filosofi del Seicento (Keplero, Galilei, Bacon, Descartes, Harvey) e del Cinquecento (Copernico e Cardano).

Esercizi

1 **Il testo risulta coeso e coerente: dividilo in sequenze e assegna un titoletto a ciascuna.**

2 **Il brano comprende parti a carattere prevalentemente argomentativo e parti a carattere prevalentemente espositivo: distinguile nel testo sottolineandole con colori diversi.**

TS2

Benedetto XVI
Discorso all'Accademia Pontificia delle Scienze[1]

Con questo discorso, Benedetto XVI ha aperto l'assemblea plenaria del 2006 dell'Accademia Pontificia delle Scienze sul tema «la prevedibilità della scienza: accuratezza e limiti». Dalle parole del papa emerge con chiarezza l'attuale posizione della Chiesa rispetto al controverso tema del rapporto fra scienza e religione. Siamo lontani dai tempi di Galilei, in cui tale rapporto si configurava in termini di conflitto e di controllo repressivo dell'autorità ecclesiastica sulla ricerca scientifica. La tesi qui espressa dal papa risulta non dissimile da quella sostenuta da Galileo: dopo aver riconosciuto l'importante contributo della scienza alla vita dell'uomo, Benedetto XVI sottolinea una separazione dei saperi, per cui «la scienza non può sostituire la filosofia e la rivelazione rispondendo in mondo esaustivo alle domande più radicali dell'uomo».

L'istituzione del metodo scientifico ha dato alle scienze la capacità di prevedere i fenomeni, di studiarne lo sviluppo e, quindi, di controllare l'ambiente in cui l'uomo vive. La crescente "avanzata" della scienza, e specialmente la sua capacità di controllare la natura attraverso la tecnologia, talvolta è stata collegata a una corrispondente "ritirata" della filosofia, della religione e perfino della fede cristiana. In effetti, alcuni hanno visto nel progresso della scienza e della tecnologia moderna una delle principali cause della secolarizzazione e del materialismo:[2] perché invocare il controllo di Dio su questi fenomeni quando la scienza si è dimostrata capace di fare lo stesso? Certamente la Chiesa riconosce che l'uomo «coll'aiuto della scienza e della tecnica, ha dilatato e continuamente dilata il suo dominio su quasi tutta l'intera la natura» e che pertanto «molti beni, che un tempo l'uomo si aspettava dalle forze superiori, oggi ormai se li procura con la sua iniziativa e con le sue forze» (*Gaudium et spes*,[3] n. 33). Al contempo, il cristianesimo non presuppone un conflitto inevitabile tra la fede soprannaturale e il progresso scientifico. Il punto di partenza stesso della rivelazione biblica è l'affermazione che Dio ha creato gli esseri umani, dotati di ragione, e li ha posti al di sopra di tutte le creature della Terra. In questo modo l'uomo è diventato colui che amministra la creazione e l'"aiutante" di Dio. Se pensiamo, per esempio, a come la scienza moderna, prevedendo i fenomeni naturali, ha contribuito alla protezione dell'ambiente, al progresso dei Paesi in via di sviluppo, alla lotta contro le epidemie e all'aumento della speranza di vita, appare evidente che non vi è conflitto tra la Provvidenza di Dio e l'impresa umana. In effetti, potremmo dire che il lavoro di prevedere, controllare e governare la natura, che la scienza oggi rende più attuabile rispetto al passato, è di per se stesso parte del piano del Creatore.

La scienza, tuttavia, pur donando generosamente, dà solo ciò che deve donare. L'uomo non può riporre nella scienza e nella tecnologia una fiducia talmente radicale e incondizionata da credere che il progresso scientifico e tecnologico possa spiegare qualsiasi cosa e rispondere pienamente a tutti i suoi bisogni esistenziali

1 Accademia Pontificia delle Scienze: accademia pontificia nata con lo scopo di promuovere il progresso della matematica, della fisica e delle scienze naturali. Erede dell'originaria Accademia dei Lincei (1603), l'attuale istituzione è stata rifondata con questo nome nel 1936 da papa Pio XI.

2 secolarizzazione e materialismo: il termine "secolarizzazione", che in origine indicava il passaggio di beni dalla dipendenza della Chiesa a quella del potere civile, oggi è usato come sinonimo di laicizzazione, per sottolineare la perdita del carattere religioso della società. Il termine "materialismo" vi è in qualche modo collegato: designa infatti 'qualsiasi concezione che faccia della materia il fondamento e il principio esplicativo della realtà, rinunciando all'intervento divino'.

3 *Gaudium et spes*: si traduce 'Gioia e speranza' ed è uno dei principali documenti del Concilio Vaticano II (▶ nota 4). Finalità del documento è riallacciare un proficuo confronto fra la Chiesa e la realtà contemporanea, nell'impegno comune di laici e religiosi per la promozione della pace, della giustizia, delle libertà fondamentali e della scienza.

e spirituali. La scienza non può sostituire la filosofia e la rivelazione rispondendo in mondo esaustivo alle domande più radicali dell'uomo: domande sul significato della vita e della morte, sui valori ultimi e sulla stessa natura del progresso. Per questa ragione, il Concilio Vaticano II,[4] dopo aver riconosciuto i benefici ottenuti dai progressi scientifici, ha sottolineato che «il metodo di investigazione [...] viene innalzato a torto a norma suprema di ricerca della verità totale», aggiungendo che «vi è il pericolo che l'uomo, troppo fidandosi delle odierne scoperte, pensi di bastare a se stesso e più non cerchi cose più alte» (*Ibidem*, n. 57).

da Benedetto XVII, *Discorso all'Accademia Pontificia delle Scienze*, in http://www.vatican.va.

4 **Concilio Vaticano II:** ventunesimo e ultimo concilio ecumenico, ovvero una riunione di tutti i vescovi del mondo per discutere di argomenti riguardanti la vita della Chiesa cattolica. Si svolse in nove sessioni e in quattro periodi, dal 1962 al 1965, sotto i pontificati di Giovanni XXIII e Paolo VI.

Analisi del testo

I concetti e la struttura logica

Al centro del discorso di Benedetto XVI sta il tema cruciale del rapporto fra scienza e fede. A tal proposito, la tesi espressa dal papa si articola in due punti: 1. il riconoscimento del contributo dato dalla scienza al mondo, tale che «non vi è conflitto tra la Provvidenza di Dio e l'impresa umana»; 2. la consapevolezza che la scienza opera in campi specifici e «non può sostituire la filosofia e la rivelazione rispondendo in mondo esaustivo alle domande più radicali dell'uomo». I due punti risultano complementari e confermano di fatto la visione espressa da Galileo nel Seicento. Se allora le posizioni dello scienziato pisano apparvero rivoluzionarie e addirittura "scandalose", oggi risultano incontestabili e significativamente confermate dalla maggiore autorità della Chiesa: esiste una separazione dei campi, per cui la scienza ha il compito «di prevedere i fenomeni, di studiarne lo sviluppo e, quindi, di controllare l'ambiente in cui l'uomo vive», mentre la filosofia e la religione rispondono «alle domande più radicali dell'uomo». In particolare, c'è un passaggio del discorso di Benedetto XVI che ricorda alcune affermazioni galileiane: il papa sottolinea che «il punto di partenza stesso della rivelazione biblica è l'affermazione che Dio ha creato gli esseri umani, dotati di ragione, e li ha posti al di sopra di tutte le creature della Terra», eleggendoli a suoi «"aiutanti"»; analogamente, nella *Lettera a Cristina di Lorena*, Galileo evidenzia che Dio stesso «ci ha dotato di sensi, di discorso e di intelletto», perciò non «doviamo negare il senso e la ragione» (▶ T1).

Il linguaggio e il lessico

Il discorso, benché pronunciato oralmente dal papa al cospetto dei membri dell'accademia (come emerge dall'*incipit*, qui non riportato: «Eccellenze, / Distinti Signori e Signore, / Sono lieto di salutare i membri della Pontificia Accademia delle Scienze in occasione di questa Assemblea Plenaria»), si fonda su un testo scritto: esso risulta perciò coeso e coerente, ben costruito dal punto di vista sintattico ed efficace nella comunicazione del messaggio. L'uso della citazione conferisce ulteriore forza alla tesi: rispetto alla questione del rapporto fra scienza e fede, il papa si fa portavoce della posizione ufficiale della Chiesa quale viene espressa in uno dei documenti emanati dal Concilio Vaticano II. Il discorso punta a trasmettere una posizione precisa, evitando ogni ambiguità. La volontà di chiarezza prevale sulla ricerca dell'espressività: le poche parole usate in senso metaforico sono segnalate dalle virgolette («"avanzata" della scienza», «"ritirata" della filosofia», «l'"aiutante" di Dio»). Nel testo compaiono due termini-chiave del linguaggio religioso, che si riferiscono a concetti basilari della teologia cattolica: *rivelazione* e *provvidenza*. La rivelazione è 'il processo comunicativo attraverso cui Dio manifesta la sua volontà agli uomini'. Nel cattolicesimo, Cristo «è insieme il mediatore e la pienezza di tutta intera la rivelazione» (*Costituzione Dogmatica sulla Divina Rivelazione*, emanata dal Concilio Vaticano II). La provvidenza indica 'la sovranità, la sovrintendenza o l'insieme delle azioni attive di Dio in soccorso degli uomini'. Nel *Catechismo della Chiesa Cattolica* la provvidenza è definita come l'insieme delle «disposizioni per mezzo delle quali Dio conduce con sapienza e amore tutte le creature al loro fine ultimo».

Esercizi

1 **In questo discorso, Benedetto XVI chiarisce il punto di vista della Chiesa rispetto al controverso tema del rapporto fra scienza e religione. Riassumi in poche righe la tesi espressa dal papa.**

2 ***Rivelazione e provvidenza* sono concetti centrali della teologia cristiana. Costruisci due frasi in cui essi vengono invece usati con significato non specificamente religioso.**

TS3

Manifesto del Gruppo 2003: per una rinascita della ricerca scientifica in Italia

Il Gruppo 2003, di cui qui proponiamo il Manifesto, *prende il nome dall'anno in cui il gruppo si è formato, su iniziativa di circa trenta scienziati italiani, riconosciuti dall'*Institute for Scientific Information *(ISI) di Philadelphia fra le eccellenze del nostro Paese. Il 10 maggio 2005 il Gruppo 2003 si è costituito in «associazione di promozione sociale e senza fini di lucro». Nel* Manifesto *vengono avanzate sette proposte (indicate attraverso sette parole-chiave) «per una rinascita della ricerca scientifica in Italia». La lettura del testo consente di ricavare un quadro preciso (e un po' desolante) del sistema di ricerca del nostro Paese, così da cogliere il contesto nel quale oggi si trovano a operare «i nipoti di Galilei».*

Proponiamo questi spunti di riflessione in un momento in cui sembra essere maggiore che nel passato l'attenzione per il sistema di ricerca, innovazione e sviluppo, alla cui debolezza strutturale vanno, per buona parte, ascritte le difficoltà in cui versa oggi il nostro Paese. Ci rivolgiamo quindi in particolare ai responsabili del potere politico, presenti e futuri, ritenendo che su questi temi di interesse strategico sia possibile ed auspicabile un accordo al di sopra degli schieramenti politici. [...]. Proponiamo la nostra riflessione sotto forma di parole chiave che dovrebbero costituire i punti di riferimento di una riforma radicale del sistema di ricerca del Paese. [...]

1. Meritocrazia e valutazione

Dovrebbe essere ovvio che la meritocrazia costituisce la base di un sistema di ricerca che sceglie e promuove i capaci e i meritevoli. In Italia così non è, almeno negli organismi pubblici, dove criteri indipendenti dal merito, quali l'anzianità o l'appartenenza a gruppi di potere (accademico, politico, eccetera), hanno costituito e costituiscono elementi importanti del reclutamento e della carriera. [...]. La meritocrazia si basa sulla capacità di valutare i singoli e le istituzioni, pubbliche e private, in assenza di conflitti d'interesse. Vi sono oggi criteri utili in campo scientifico per questo scopo: citazioni, fattore di impatto, brevetti venduti, finanziamenti competitivi da charities[1] di qualità (come AIRC-Associazione Italiana per la Ricerca sul Cancro o Telethon), industria, Commissione Europea, National Institutes of Health,[2] eccetera. [...]

2. Autonomia e responsabilità dei singoli e delle istituzioni

L'autonomia, la competizione e la collaborazione, a livello dei singoli e delle istituzioni, costituiscono i cardini di ogni sistema di ricerca moderno. Oggi è molto difficile per un giovane ricercatore svilupparsi in Italia come scienziato indipendente.

1 **charities:** organizzazioni di volontariato.
2 **National Istitutes of Health:** 'Istituti Nazionali di Sanità': sono un'agenzia del Dipartimento della Salute e dei Servizi Umani degli Stati Uniti, che costituisce uno dei principali finanziatori dei progetti di ricerca americani, ma anche esteri.

La scarsità di fondi, l'incertezza e le caratteristiche dei meccanismi di finanziamento privilegiano, nel migliore dei casi, gli scienziati affermati, responsabili di grandi gruppi. A questa situazione hanno cercato di rimediare alcune charities (AIRC, Telethon) con programmi dedicati alla crescita indipendente dei giovani. L'autonomia costituisce, o dovrebbe costituire, anche il cardine della vita delle università e degli enti di ricerca pubblici. Ma non vi è autonomia senza responsabilità delle proprie scelte. In sintesi, un sistema di ricerca efficiente e competitivo è fondato sulla autonomia e sulla responsabilità. Autonomia delle scelte (di persone e progetti) e responsabilità rispetto alle loro conseguenze. [...]

3. Flessibilità

Il sistema di ricerca in Italia è caratterizzato da estrema rigidità, antitetica ad un sistema efficiente e produttivo. Scarsi sono i livelli di mobilità all'interno delle istituzioni pubbliche o fra istituzioni pubbliche e private e spesso questi rispondono più a criteri di aggiustamento interno che non a politiche di ricerca fatte da istituzioni autonome e responsabili. È fisiologico che in un sistema di ricerca moderno una parte significativa della carriera scientifica sia condotta senza «posto fisso» (tenure)[3]. D'altra parte non si può chiedere a giovani e validi scienziati di essere ancora precari a 35 anni con stipendi di 800 euro al mese, in assenza di un vero mercato intellettuale offerto da industria ed enti accademici. [...]

4. Massa critica

In generale, la ricerca scientifica in aree altamente competitive richiede massa critica. Massa critica significa strutture di grandi dimensioni, condivisione di apparecchiature sofisticate e costose, banche dati e sistemi informativi efficienti, processi moderni, servizi di base, eccetera; significa anche, scendendo a livelli più spiccioli, una caffetteria dove ci si incontri e si discuta al di fuori del laboratorio. La dimensione scientifica e umana di una grande istituzione di ricerca non è sostituibile dalla telematica. Non è più, e in realtà non è mai stato, il tempo per fondare piccoli istituti ubicati «in mezzo al nulla». I pochi istituti privati di ricerca accademica ed industriale dimostrano che questa strada è percorribile e con successo anche nel nostro Paese. È necessario che anche le grandi istituzioni pubbliche si muovano in questa ottica. [...]

5. Il reclutamento dei cervelli: per un sistema aperto

La mobilità costituisce un elemento essenziale della ricerca scientifica. L'attenzione e la sensibilità del mondo politico e mediatico in questo settore si sono focalizzate sul tema del «rientro dei cervelli». Si tratta di una questione seria e importante, ma riteniamo sia fuorviante trasmettere il messaggio che tutte le difficoltà si riducano a questo. Riteniamo che il vero nodo sia quello della costruzione di un sistema aperto, in cui salari, laboratori, accesso ai finanziamenti e possibilità di carriera, siano confrontabili con quelli europei o americani, e consentano, anzi stimolino, la venuta di scienziati dall'estero. [...]. Infine riteniamo che un Paese come il nostro dovrebbe porsi in modo organico l'obiettivo di attrarre cervelli da Paesi, europei e non, meno sviluppati scientificamente. [...]

6. Il finanziamento

Finanziare la ricerca non è un lusso ma una necessità. Solo una classe dirigente miope non si rende conto che la ricerca (insieme all'istruzione) è il pilastro su cui

3 **tenure:** termine inglese che significa 'occupazione'. Qui si riferisce, in particolare, a un 'incarico permanente, a tempo indeterminato'.

si costruisce il futuro e la prosperità di un Paese. [...] Vorremmo richiamare l'attenzione su quattro punti relativi al finanziamento:

a) Non esiste contraddizione o alternativa fra promozione da parte dello Stato della ricerca scientifica, di base e non, e accento sulla ricerca di trasferimento industriale[4] [...].
b) La riformabilità del sistema di ricerca italiano dipende strettamente da un aumento significativo, programmato, non episodico del finanziamento statale, oltre che da un mutamento radicale dei modi e dei meccanismi. [...]
c) Una espansione della spesa, che va riconosciuta come investimento, consente infatti di focalizzare gli interventi su gruppi e aree senza penalizzare le piccole realtà che qui come dappertutto costituiscono lo scheletro su cui si appoggiano i picchi di eccellenza. [...]
d) L'adeguamento dei livelli salariali sia degli scienziati strutturati (tenured)[5] sia di quelli non strutturati (a contratto o in tenure track)[6] è condizione preliminare per l'effettiva realizzazione di un sistema di mobilità e flessibilità. [...]
e) È essenziale, in un contesto di aumento programmato, la costituzione di meccanismi stabili, quali una o più agenzie di ricerca che costituiscano sportelli affidabili. [...]

7. Ricerca accademica e ricerca industriale

La ricerca applicativo-industriale costituisce un elemento portante di un sistema di ricerca moderno ed efficiente. In molti settori è difficile sviluppare ricerca di base competitiva in assenza di collaborazioni con l'industria, e, viceversa, non si fa trasferimento industriale senza un retroterra di solida e sana ricerca di base. Protezione della proprietà intellettuale, imprenditorialità accademica, rapporto tra industria innovativa e accademia sono elementi fondamentali di un sistema di ricerca efficiente. [...]

8. In sintesi: normalità

Se dovessimo riassumere le aspirazioni di chi fa ricerca di buon livello nel nostro Paese ci sembra che queste possano essere racchiuse in una parola chiave: normalità. Normalità, rispetto agli altri Paesi industrializzati, dei meccanismi di reclutamento, di valutazione, di promozione e di finanziamento del sistema di ricerca. [...]

da il *Manifesto del Gruppo 2003: per una rinascita della ricerca scientifica in Italia*, in http://www.gruppo2003.org.

4 Non esiste... industriale: concetto ripreso e sviluppato al punto 7.
5 tenured: ▶ nota 3.
6 tenure track: percorso di accesso alla carriera mutuato dal sistema statunitense, per cui il candidato svolge il proprio lavoro per un certo numero di anni e al termine è sottoposto a una valutazione la quale, se dà esito positivo, determina il passaggio a ruolo, o, altrimenti, la cessazione del contratto.

Analisi del testo

I concetti e la struttura logica

Attraverso una serie di parole-chiave, il *Manifesto del Gruppo 2003* indica le linee fondamentali per «una riforma radicale del sistema di ricerca del Paese». La struttura per punti conferisce chiarezza al testo, selezionando gli ambiti di riflessione giudicati prioritari dai redattori del documento. Ecco, in sintesi, le proposte di cambiamento «per una rinascita della ricerca scientifica in Italia»: 1. la valutazione dei singoli professionisti e delle istituzioni deve fondarsi sul merito e non su ragioni di interesse; 2. il sistema di ricerca deve essere improntato all'«autonomia delle scelte (di persone e progetti)» e alla «responsabilità rispetto alle loro conseguenze»; 3. deve essere flessibile, ma deve anche assicurare a «giovani e validi scienziati» stipendi adeguati; 4. deve potersi avvalere di «strutture di grande dimensioni, condivisione di apparecchiature sofisticate e costose, banche dati e sistemi informativi efficienti, processi moderni, servizi di base, eccetera»; 5. deve essere «aperto», così da stimolare la mobilità degli scienziati e «attrarre cervelli» dall'estero; 6. deve poter contare su un finanziamento statale programmato e non episodico; 7. deve prevedere un proficuo rapporto fra ricerca di base e trasferimento industriale. Il punto 8, posto a conclusione, non introduce nuovi elementi ma sintetizza il messaggio del testo: tutte le «aspirazioni» manifestate possono infatti essere racchiuse nella parola-chiave "normalità"; «normalità, rispetto agli altri Paesi industrializzati, dei meccanismi di reclutamento, di valutazione, di promozione e di finanziamento del sistema di ricerca».

Il linguaggio e il lessico

Le caratteristiche del testo rispetto allo stile e al linguaggio adottati dipendono dal genere cui esso appartiene: si tratta infatti di un manifesto, ovvero 'un documento che rende noti i principi ispiratori e il programma di un movimento politico, artistico, culturale'. In questo caso, i redattori del manifesto sono gli esponenti del «Gruppo 2003 per la Ricerca Scientifica», che si rivolgono «in particolare ai responsabili del potere politico, presenti e futuri». I principi e il programma promosso sono espressi attraverso sette parole-chiave, che coincidono con sette "regole" da rispettare per poter realizzare «una riforma radicale del sistema di ricerca del Paese». Di qui la necessità di uno stile immediato e di un linguaggio che sappia concretamente riferirsi a fatti e problemi. I redattori non si limitano all'enunciazione di principi astratti, ma descrivono il quadro reale del sistema della ricerca in Italia, denunciandone i limiti e proponendo soluzioni possibili. Per quanto riguarda il lessico, notiamo, in particolare, l'uso di termini inglesi quali «charities», «National Istitutes of Health», «tenure», «tenured» e «tenure track» (in questi ultimi tre casi le voci sono poste fra parentesi e sono precedute dal corrispettivo italiano). Inoltre, fra le parole-chiave compare una espressione di comprensione non immediata per il lettore non esperto: il punto 4 introduce il concetto di "massa critica", usato anzitutto in fisica nucleare per indicare una 'quantità minima di materiale fissile in grado di innescare, per una data configurazione del sistema, una reazione nucleare a catena'. Ma in questo caso ci si riferisce, più genericamente, a una quantità minima di mezzi necessaria per innescare un cambiamento, ovvero, nel caso del sistema di ricerca, alla presenza di «strutture di grandi dimensioni, condivisione di apparecchiature sofisticate e costose», ecc.

Esercizi

1 **Il *Manifesto del Gruppo 2003* è presente nel sito ufficiale dell'associazione, con la possibilità di aderirvi inserendo i propri dati. Per il tema trattato e per il linguaggio usato, ti sembra che il testo si rivolga solo a un lettore esperto o possa coinvolgere anche un pubblico più ampio? Motiva la tua risposta.**

2 **C'è, secondo te, un punto più importante di un altro, all'interno del *Manifesto*? Motiva la tua risposta.**

Attività finali

1 Glossario dei termini

Costruisci un piccolo glossario relativo a questo percorso. Raccogli tutte le parole e le espressioni "difficili" incontrate nei testi proposti e, con l'aiuto di un dizionario (in certi casi sarà forse necessaria un'enciclopedia oppure la consultazione di Internet), indicane accanto il significato.

2 La ricerca scientifica

Il *Manifesto del Gruppo 2003* può essere letto anche come una lettera aperta rivolta a chi è più sensibile al tema della ricerca scientifica. Prova dunque a rispondere all'appello dell'associazione, esprimendo la tua opinione a proposito del problema sollevato: eri consapevole della situazione denunciata dagli esponenti del Gruppo 2003? Sei d'accordo con le soluzioni avanzate? Sapresti integrarle con la proposta di un'ulteriore parola-chiave?

mappa concettuale

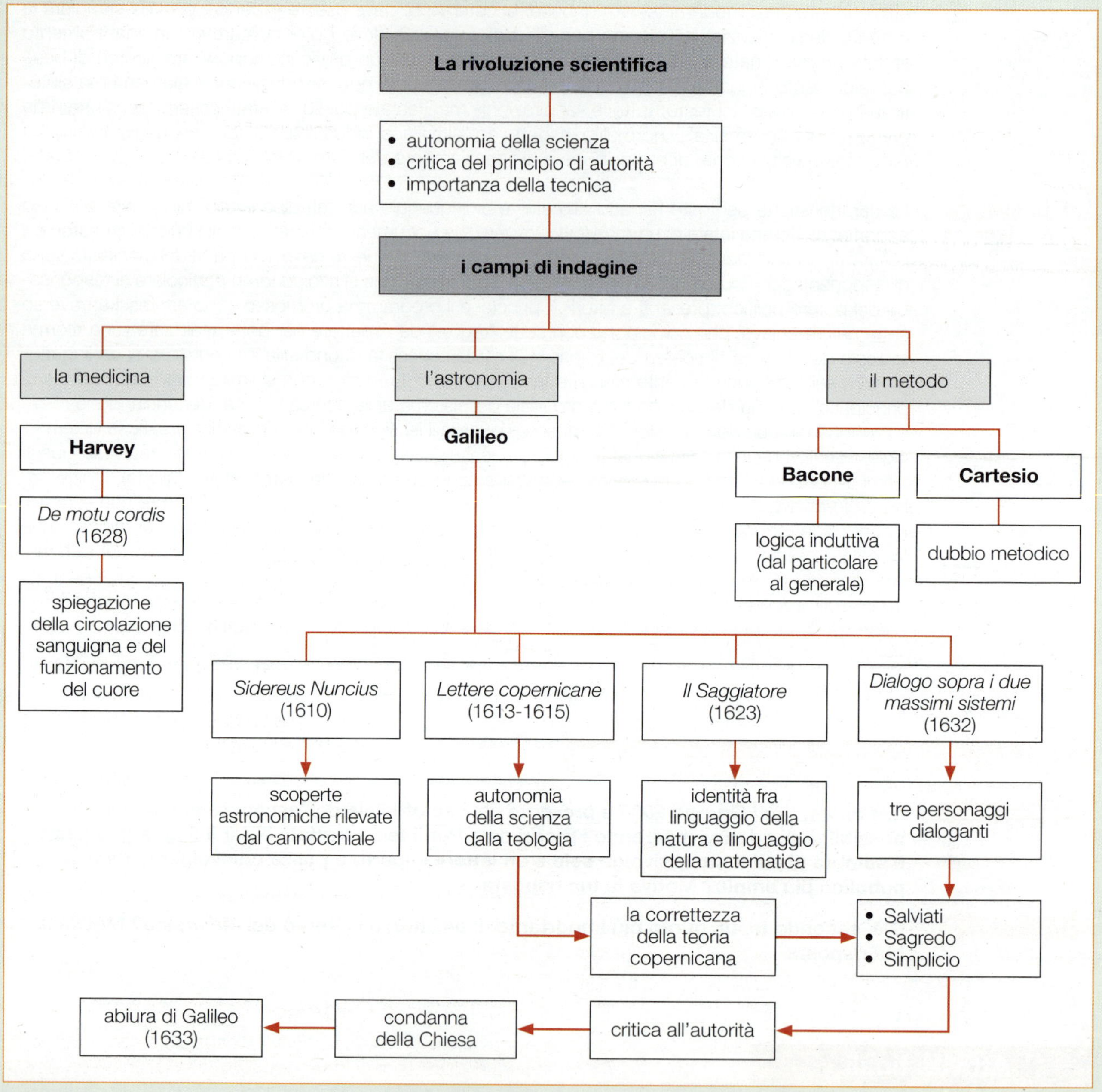

dizionario dei concetti chiave

- **cannocchiale** strumento ottico costruito da Galileo nel 1609, impiegato per le sue ricerche sulla Luna e sui satelliti di Giove rese note nel *Sidereus Nuncius* [Annuncio sulle stelle, 1610].
- **dialogo** genere letterario che apparteneva alla tradizione del pensiero politico e filosofico, ma che Galileo "esporta" anche nell'ambito scientifico. Nel *Dialogo sopra i due massimi sistemi del mondo* (1632) Galileo mette a confronto posizioni diverse, di cui si fanno portavoce i tre personaggi protagonisti: Salviati sostiene le teorie copernicane contro l'aristotelico Simplicio, mentre Sagredo, che ha ufficialmente il ruolo di giudice, sta evidentemente dalla parte della "nuova scienza".
- **metodo** criterio che deve essere seguito per raggiungere conoscenze fondate. Galileo fonda il metodo sperimentale, che si avvale di due principi complementari: l'osserva-

zione empirica della realtà (le «sensate esperienze») e la formulazione matematica (le «dimostrazioni necessarie»). La questione del metodo viene posta al centro anche del dibattito filosofico. In questo ambito, offrono un contributo essenziale Francis Bacon (Bacone, 1561-1626) e René Descartes (Cartesio, 1596-1650), contrastando la vecchia logica aristotelica e sostenendo la necessità di un'indagine filosofica e scientifica più libera e concreta.

- **microscopio** strumento ottico decisivo nel Seicento per una serie di scoperte che rivoluzionano la medicina: tra le novità, un posto di rilievo spetta alla spiegazione della circolazione sanguigna e del funzionamento del cuore come pompa idraulica avanzata dal medico inglese William Harvey nell'opera conosciuta come *De motu cordis* [Sul movimento del cuore, 1628]
- **sistema copernicano** modello cosmologico definito dall'astronomo polacco Niccolò Copernico nel *De rivolutionibus orbium coelestium* [Sulle rivoluzioni dei mondi celesti, 1543]. L'autore propone una teoria eliocentrica (con il Sole al centro dell'universo), contrapposta a quella geocentrica (con la Terra al centro dell'universo) su cui si basava il sistema tolemaico appoggiato dalla Chiesa. Nel *Dialogo sopra i due massimi sistemi del mondo, tolemaico e copernicano*, Galileo di fatto sostiene il sistema copernicano contro gli errori degli aristotelici, conferendo così all'opera una carica rivoluzionaria e suscitando la dura reazione della Chiesa.

esercizi

esercizi di riepilogo

1 La controversia di Galileo con la Chiesa

La vicenda galileiana è segnata da un rapporto controverso con l'istituzione ecclesiastica. Galileo:

a. cercò lo scontro aperto con la Chiesa
b. tentò di arrivare a un compromesso
c. accettò passivamente le posizioni impostegli della Chiesa
d. non si preoccupò di eventuali reazioni da parte del mondo ecclesiastico

2 Un annuncio siderale

Quale scoperte astronomiche rende note il *Sidereus Nuncius*?

3 Il metodo galileiano

Il metodo sperimentale fondato da Galilei si fonda su:

a. la superiorità delle «sensate [: fatte attraverso i sensi] esperienze» sulle «logiche dimostrazioni»
b. la superiorità delle «logiche dimostrazioni» sulle «sensate esperienze»
c. l'unione di «sensate esperienze» e «logiche dimostrazioni»
d. l'appello al principio di autorità aristotelico

4 *Dialogo sopra i due massimi sistemi del mondo*

Il *Dialogo sopra i due massimi sistemi del mondo* è l'opera capitale di Galileo. Indica se le seguenti affermazioni sono vere o false.

Il *Dialogo*:

V F viene pubblicato nel 1623
V F causa la condanna al carcere dell'autore
V F dimostra l'evidenza della teoria eliocentrica
V F è rivolto agli specialisti della comunità scientifica
V F è diviso in quattro "giornate"
V F vi compare il personaggio di Salviati, che sostiene le teorie copernicane
V F vi compare il personaggio di Simplicio, che sostiene il principio di autorità aristotelico
V F vi compare il personaggio di Sagredo, che ha una posizione equidistante

5 Le scoperte di Harvey

Anche la biologia e la medicina si trasformano radicalmente nel Seicento. Quali importanti scoperte rende note William Harvey nel suo *De motu cordis*?

6 Bacone o Cartesio

La rivoluzione scientifica chiamò in causa la stessa questione del metodo, posta in termini nuovi da Bacone e da Cartesio. Indica quali delle seguenti affermazioni è, secondo te, attribuibile a Bacone e quale, invece, a Cartesio:

a. «La ragione mi persuade già che io non debbo meno accuratamente trattenermi da prestar fede alle cose che non sono interamente certe e indubitabili, che a quelle le quali ci appaiono manifestatamene false, il menomo [: minimo] motivo di dubbio che troverò basterà per farmele tutte rifiutare»: ....
b. «La vera filosofia non si deve servire soltanto o principalmente delle forze della mente; la materia prima che essa ricava dalla storia naturale e dagli esperimenti meccanici, non deve esser conservata intatta nella memoria ma trasformata e lavorata dall'intelletto»: ....

esercizi di approfondimento

7 L'abiura

Che cosa significa la parola "abiura"? Qual era l'accusa che veniva mossa a Galilei e per la quale fu costretto ad abiurare davanti alla Congregazione del Sant'Uffizio?

8 Scienza e religione

Nelle «lettere copernicane» Galileo affronta il controverso tema del rapporto fra verità scientifiche e verità di fede. Ti proponiamo un passo tratto dalla *Lettera a Benedetto Castelli*, che puoi mettere a confronto con le analoghe affermazioni rivolte dallo scienziato a Cristina Lorena (▶ T1). Quale relazione prevede Galilei fra scienza e religione?

> Pare che quello degli effetti [: fenomeni] naturali che o la sensata [: sensibile] esperienza ci pone innanzi a gli occhi o le necessarie dimostrazioni ci concludono [: ci provano], non debba in conto alcuno esser revocato [: messo] in dubbio per luoghi [: passi] della Scrittura ch'avesser nelle parole [: presi alla lettera] diverso sembiante [: significato].

da G. Galilei, *Opere*, cit.

9 L'esperienza, «madre di ogni certezza»

Quelle che seguono sono parole di Leonardo da Vinci (1452-1519). La posizione dell'autore umanista è vicina a quella galileiana? Motiva la tua risposta.

> Dicono quella cognizione [: conoscenza] esser meccanica [: puramente tecnica], la quale è partorita dall'esperienza, e quella esser scientifica, che nasce e finisce nella mente [: senza controllo sperimentale]. Ma a me pare che quelle scienze siene vane e piene di errori, le quali non sono nate dall'esperienza, madre di ogni certezza, e che non terminano in nota esperienza.

da L. da Vinci, *Trattato della pittura*, Savelli, Roma 1982.

10 Scienza e tecnica

Sottolineando il legame che nel Seicento si stabilisce fra strumentazione tecnica e sviluppo scientifico, un antropologo e un esperto elettronico inglesi scrivono:

> La vista è il più potente dei sensi umani e, fornendo nuovi strumenti attraverso cui osservare un mondo popolato da minuscole creature fino ad allora invisibili o contemplare stelle molto lontane, invisibili a occhio nudo, il vetro non solo consentì di compiere una lunga serie di scoperte scientifiche, ma rafforzò la fiducia nella possibilità di scoprire un mondo di verità più profonde.

da A. Macfarlane e G. Martin, *Una storia invisibile. Come il vetro ha cambiato il mondo*, Roma-Bari 2003.

a. Quali «nuovi strumenti» consentirono di osservare «minuscole creature» e «contemplare stelle molto lontane»?
b. Quali rivoluzionarie scoperte consentirono tali strumenti?

allenarsi per l'esame di Stato

il saggio breve

11 «Sensate esperienze» e «dimostrazioni certe»: la nascita della scienza moderna

Per allenarti in vista dell'esame di Stato, ti proponiamo di svolgere la traccia per il saggio breve di ambito tecnico-scientifico uscita nella sessione del 2007. Ti forniamo alcuni documenti dai quali far partire la tua riflessione, gli altri sono facilmente reperibili su Internet.

documento 1

«La filosofia è scritta in questo grandissimo libro che continuamente ci sta aperto innanzi a gli occhi (io dico l'universo), ma non si può intendere se prima non s'impara a intender la lingua, e conoscer i caratteri, ne' quali è scritto. Egli è scritto in lingua matematica, e i caratteri son triangoli, cerchi, ed altre figure geometriche, senza i quali mezi è impossibile a intenderne umanamente parola; senza questi è un aggirarsi vanamente per un oscuro labirinto.»

da G. Galilei, *Il Saggiatore*, 1623.

documento 2

«Siamo in uno dei grandi momenti dello spirito umano. Galileo scopre le immense possibilità offerte dalla modellizzazione matematica della realtà fisica, traducendo la sua meraviglia in queste frasi rimaste celebri [quelle riportate nel brano precedente]. Il fatto che la natura si esprima in linguaggio matematico, o, per utilizzare termini meno immaginosi, che concetti matematici collegati tramite equazioni e calcoli possano permettere di riprodurre e di prevedere il comportamento di oggetti fisici nel mondo reale resta ancor oggi, quattro secoli dopo Galileo, una fonte inesauribile di stupore...»

da I. Ekeland, *Il migliore dei mondi possibili. Matematica e destino*, 2001.

documento 3

«I tentativi intesi a decifrare il grande romanzo giallo della natura sono altrettanto antichi quanto il pensiero umano. Tuttavia sono trascorsi appena più di trecento anni dacché gli scienziati cominciarono a comprendere il linguaggio in cui quel romanzo è scritto. Da allora in poi, dall'epoca cioè di Galileo e di Newton, la sua lettura ha proceduto speditamente. Mezzi e metodi d'indagine, volti a scoprire e a seguire nuovi indizi, vennero sempre più accresciuti e perfezionati. Fu così possibile risolvere alcuni degli enigmi della natura; tuttavia in non pochi casi le soluzioni proposte inizialmente sono apparse effimere e superficiali, alla luce di ulteriori indagini.»

A. Einsetein e L. Infeld, *L'evoluzione della fisica*, 1938.

Unità 5

Il genere

La poesia barocca

«La vera regola è saper rompere le regole a tempo e luogo, accomodandosi al costume corrente ed al gusto del secolo». In queste parole di Giambattista Marino si condensano alcuni dei tratti tipici della poesia barocca, che conobbe nel Seicento una fioritura non solo italiana ma europea: innovazione rispetto al passato e adeguamento alle mode e al gusto del pubblico, del quale si doveva suscitare la meraviglia.
"Meraviglia" è infatti parola-chiave della poetica di Marino, che stupisce i suoi lettori con il ricorso a metafore ingegnose e l'apertura a temi tradizionalmente esclusi dal campo della lirica. Cade l'alone ideale che avvolgeva la donna petrarchesca, e la figura femminile assume una concretezza nuova e viene rappresentata mentre cuce, mentre munge, mentre si pettina.
Se lungamente la critica ha ignorato o condannato Marino, a partire dagli anni Settanta del Novecento si assiste a una rivalutazione della sua opera. Infatti, l'uso spregiudicato della letteratura del passato, l'accostamento di mondi lontani tra loro e il gusto per le citazioni avvicinano la poetica mariniana al movimento letterario del Postmoderno, che caratterizza l'ultimo quarto del XX secolo.

OBIETTIVI

Conoscenze
- I caratteri generali della lirica barocca
- La lirica in Inghilterra tra Manierismo e Barocco: Shakespeare e Donne
- La lirica barocca in Spagna: Quevedo e Góngora
- La lirica barocca in Italia: il primato di Marino
- Il poema eroico e la sua trasformazione: *L'Adone* di Marino

Abilità
- Ricavare dai testi le specificità stilistiche e tematiche dell'autore
- Verificare nei testi i caratteri tipici della poetica barocca
- Cogliere l'innovazione della tematica femminile nella poesia mariniana

Espansioni digitali

testi e approfondimenti

1 La lirica barocca

Una lirica nuova

Nei primi trentacinque anni del Seicento si assiste a un **rilancio della poesia lirica**. Contribuisce al successo di questo genere la pubblicazione della raccolta completa di poesie *La lira* di Giambattista Marino, nel 1614. In questo periodo si accentua, e si estremizza, il **gusto per il nuovo** che già era apparso alla fine del Cinquecento con le *Rime* di Tasso (▶ Unità 1). Si verifica, anzi, una vera e propria rottura rispetto al classicismo e al petrarchismo fino ad allora dominanti. La struttura dei nuovi canzonieri rivela una profonda distanza dal modello di Pertarca: i componimenti non ruotano più attorno a una storia d'amore esemplare e unitaria, ma vengono **organizzati in modo tematico** (in sezioni dedicate a poesie d'argomento amoroso o d'argomento religioso). Le innovazioni all'interno delle singole poesie riguardano sia la rappresentazione grafica, sia i temi.

Le novità sul piano grafico

Sul piano grafico si afferma la **poesia figurata**, già in uso nell'antichità classica e nel Medioevo. È una poesia che sottolinea i propri contenuti anche attraverso la disposizione grafica delle parole e la loro evidenziazione cromatica, così da costruire testi da "guardare" oltre che da leggere. Gli artifici maggiormente usati da questa "poesia visiva" sono l'acrostico e il calligramma.

Le novità sul piano tematico

Per quanto riguarda invece i temi, viene dato risalto alla **rappresentazione dei singoli particolari**, spesso slegati tra loro: così molti componimenti vengono dedicati a parti del corpo femminile (orecchie, capelli, seno), ad aspetti dell'abbigliamento, a piccoli gesti della vita di tutti i giorni (pettinarsi, guardarsi allo specchio ecc.). Anche **il brutto** e **l'osceno** (p. es. il ritratto di una donna vecchia o sdentata) possono trovare spazio nella poesia. Ne deriva un drastico ridimensionamento dell'aspetto intimo, esistenziale, psicologico e sentimentale. La nuova poesia rinuncia alla profondità dello scavo interiore. Tuttavia, con

Glossario

Acrostico Componimento poetico nel quale le prime lettere dei versi, lette di seguito e in senso verticale, formano un nome (per esempio quello della persona a cui è dedicato), una parola o una frase di senso compiuto.

Calligramma Poesia realizzata attraverso una studiata disposizione tipografica dei versi, volta a sintetizzare graficamente, cioè attraverso figure, il contenuto del componimento.

▶ Cronologia

STORIA		AUTORI E OPERE
regno di Filippo II in Spagna ◀	1556-1598	
Elisabetta I regina d'Inghilterra ◀	1558-1603	
pace di Cateau Cambrésis ◀	1559	
	1561-1627	▶ Luis de Góngora
chiusura del Concilio di Trento ◀	1563	
	1580-1645	▶ Francisco de Quevedo
regno di Giacomo I in Inghilterra ◀	1603-1625	
	1607-1609	▶ *Sonetti sacri* di John Donne (1572-1631)
	1609	▶ *Sonetti* di William Shakespeare (1564-1616)
Luigi XIII sale al trono di Francia a soli nove anni ◀	1610	
	1614	▶ *La lira* di Giambattista Marino (1569-1625)
guerra dei Trent'anni ◀	1618-1648	
	1622	▶ *La secchia rapita* di Alessandro Tassoni (1565-1635)
	1623	▶ *L'Adone* di Marino
pace di Westfalia ◀	1648	
	1667	▶ prima edizione del *Paradiso perduto* di John Milton (1608-1674)

lo scorrere del tempo, soprattutto dopo gli anni Trenta, iniziano a ricorrere nei componimenti poetici anche inquietanti **temi funebri**: il terrore della morte, la consapevolezza della caducità della vita, il motivo del teschio e dello scheletro.

Strumenti retorici per stupire

La costante ricerca del nuovo porta alla nascita delle mode, che cambiano velocemente nel tentativo di attrarre i lettori. In una lettera del 1624, Marino scrive: «La vera regola è saper rompere le regole a tempo e luogo, accomodandosi [: adattandosi] al costume corrente e al gusto del pubblico». La poetica del Barocco intende infatti andare incontro alle esigenze del pubblico al fine di **suscitare** in esso **stupore e meraviglia**. Per ottenere tali effetti, si serve di strumenti retorici quali le metafore e i concetti.

Le metafore e i concetti

La metafora può essere considerata una **similitudine abbreviata**, perché priva dell'avverbio di paragone "come" (si dice direttamente "capelli d'oro" anziché "capelli biondi come l'oro"). Grazie alla metafora si possono scoprire rapporti nuovi e impensati fra le cose. Analogamente, il concetto (da cui deriva la pratica del concettismo ▶ § 2) è un **collegamento ingegnoso tra immagini** appartenenti a campi diversi o perfino opposti. Attraverso questi espedienti il poeta barocco cerca di produrre nel lettore un piacere intellettuale: vuole stimolare in lui un pensiero nuovo, portarlo a collegamenti inusuali, provocargli un piccolo *shock*, sorprenderlo.

La lirica barocca

temi	il particolare isolato, il brutto e l'osceno
fine	la meraviglia del pubblico
strumenti stilistici	la metafora e il concetto
forme particolari	la poesia figurata

facciamo il punto

- **Quali sono i principali temi della nuova lirica barocca?**
- **Quali artifici retorici vengono spesso usati nella lirica barocca per suscitare stupore nel lettore?**

2 La lirica in Inghilterra e in Spagna

William Shakespeare • Il tempo divoratore

In Inghilterra: fra Manierismo e Barocco

In Inghilterra i maggiori poeti del periodo sono William Shakespeare (▶ Unità 3 § 2 e 3) e John Donne (1572-1631). La loro poesia si colloca però ancora fra Manierismo e Barocco.

I Sonetti di Shakespeare

I 154 *Sonetti* shakesperiani (pubblicati nel 1609 senza l'approvazione dell'autore) ruotano attorno a due personaggi: un ***fair youth*** [bel giovane], del quale vengono esaltate la bellezza e le virtù, e una ***dark lady*** [dama nera], che introduce il tema dell'amore e della sensualità. Il senso di inquietudine, tipico del Manierismo, è presente sia a livello dei temi che delle forme, con un insistenza sul motivo del «tempo divoratore» e il ricorso a uno stile denso e contratto. La centralità della metafora e l'inventività concettosa sono invece tratti che annunciano gli sviluppi del Barocco.

John Donne

John Donne deve la sua fama di poeta alle **poesie d'amore** *Songs and Sonnets* [Canzoni e Sonetti], che risalgono per lo più agli anni 1590-1598, e alle poesie religiose *Holy Sonnets* [Sonetti sacri], scritte tra il 1607 e il 1609 (▶ T1). I suoi versi, talvolta volutamente aspri e antipetrarcheschi, sono densi di riferimenti culturali, letterari e scientifici. Essi congiungono immagine e pensiero, sentimento e ragione. Donne tende a una poesia alta e di pensiero, ma i concetti più astratti sono resi con immagini concrete o addirittura sensuali.

In Spagna: culteranismo e concettismo

Il Paese europeo all'avanguardia nell'affermazione del nuovo gusto barocco è la Spagna. Qui esso si afferma già nel primo Seicento, per opera di **Luis de Góngora** (1561-1627) e di **Francisco Gómez de Quevedo y Villegas** (1580-1645), capiscuola rispettivamente del **culteranismo** e del concettismo. La differenza fra le due scuole consiste principalmente nel fatto che quella di Góngora può essere definita una variante particolare del **concettismo**, perché più colta e più chiusa, caratterizzata dalla ricchezza e dall'ardimento delle figure retoriche, dai riferimenti mitologici, da un linguaggio scelto ed elevato. Nonostante i contrasti che ebbero questi due poeti, e lo spirito decisamente più aristocratico e colto di Góngora, entrambi esprimono nella loro opera uno stesso gusto barocco.

Parole chiave

Concettismo → teoria estetica e pratica artistica del Seicento che ha il suo caposcuola nello spagnolo Quevedo e che privilegia la ricerca del "concetto", cioè del collegamento ingegnoso tra immagini appartenenti a campi semantici distanti tra loro, con effetto di meraviglia

Culteranismo → il termine, usato in origine in senso dispregiativo, indica un'estetica barocca da collocarsi nell'ambito più generale del concettismo, del quale costituisce una variante più colta e più chiusa. Si parla anche di "gongorismo", dal nome del maggior esponente spagnolo di questa scuola, caratterizzata dalla ricca elaborazione retorica (con frequenza di metafore e allegorie difficili, iperbati, perifrasi, riferimenti mitologici e culturali, formule espressive e lessico latineggianti ecc.)

Luis de Góngora

I capolavori di Góngora sono due poemi di argomento mitologico e pastorale scritti fra il 1610 e il 1613, *Fábula de Polifemo y Galatea* [Fiaba (= racconto mitologico) di Polifemo e Galatea] e *Soledades* [Solitudini; di cui restano però solo la *Solitudine prima* e un frammento della *Solitudine seconda*]. Góngora fu autore anche di componimenti poetici minori, fra i quali spiccano gli splendidi sonetti. Con i suoi **versi ardui e concentrati**, egli fa della poesia un severo esercizio stilistico. I temi oscillano fra l'attrazione per la bellezza sensuale e l'ossessione funebre (▶ T2).

Francisco de Quevedo

Nella produzione poetica di Quevedo un punto di svolta è segnato dal biennio 1612-1613: fino a questo momento la sua poesia era stata prevalentemente **satirica e scherzosa**; dopo diviene **meditativa e intensa**. Oggetto della sua satira è anzitutto Góngora, a cui rivolge accuse violente (comprese quelle di essere ebreo e omosessuale). Nelle *Poesie* (divise dai curatori moderni in metafisiche, morali, religiose e amorose) il concettismo raggiunge i suoi maggiori risultati.

facciamo il punto

- **Quali aspetti delle poesie di Shakespeare e Donne sono da ricollegare al Barocco e quali al Manierismo?**
- **In che cosa il culteranesimo si differenzia dal concettismo?**

T1

Le forme
- dominio della metafora

I temi
- unione di esperienza religiosa e amorosa

John Donne
«Sfascia il mio cuore, Dio in tre persone!»

In questo «sonetto sacro», il poeta si rivolge a Dio, perché lo liberi dal demonio e dal peccato e diventi padrone della sua anima. Solo allora egli potrà conoscere la libertà e la purezza.

Sfascia il mio cuore, Dio in tre persone![1] Per ora
tu solo bussi,[2] aliti, risplendi
e tenti di emendare.[3] Ma perché io sorga e regga,
tu rovesciami e piega la tua forza
a spezzarmi, ad esplodermi, bruciarmi e farmi nuovo.
Usurpata città,dovuta ad altri,[4] io mi provo
a farti entrare, ma ahi! senza fortuna.
La ragione, in me tuo viceré,[5]
mi dovrebbe difendere ma è
prigioniera e si mostra molle[6] o infida.
Pure teneramente io t'amo e vorrei essere
riamato. Ma fui promesso al tuo nemico.[7]
Divorziami,[8] scioglimi, spezza il nodo,
rapiscimi, imprigionami: se tu
non m'incateni non sarò mai libero,
casto mai se tu non mi violenti.

da J. Donne, *Poesie amorose. Poesie teologiche*, trad. it. di C. Campo, Einaudi, Torino 1971.

Metrica sonetto elisabettiano, liberamente tradotto.

1 in tre persone: il Padre, il Figlio e lo Spirito Santo, secondo il dogma della Trinità.
2 tu solo bussi: *tu bussi solamente* [: ti limiti a bussare].
3 emendare: *correggere* [: l'anima dai suoi peccati].
4 Usurpata… ad altri: l'uomo è come una **città** (metafora) il cui legittimo sovrano è Dio (**dovuta ad altri**), ma che è stata occupata dal demonio.
5 La ragione… viceré: la ragione persuade infatti l'uomo a credere in Dio e a convertirsi: dunque, come un **viceré** (metafora), ne è la rappresentante.
6 molle: *debole*.
7 promesso al tuo nemico: come si è promessi in matrimonio, contro la propria volontà. In questo caso lo "sposo" è il **nemico**, Satana.
8 Divorziami: cioè sciogli il mio legame con il demonio.

Pieter Paul Rubens, *Giudizio Universale*, 1615-1616. Monaco, Alte Pinakothek.

Lavoriamo sul testo

Leggere e capire

Preghiera a Dio Il sonetto è da leggersi come una preghiera: il poeta, consapevole di vivere nel peccato e di essere tentato dal demonio (così che l'anima è un'«usurpata città» nelle mani del «nemico») si rivolge a Dio affinché lo liberi attraverso un'azione energica e dirompente («tu rovesciami e piega la tua forza / a spezzarmi, ad esplodermi, bruciarmi e farmi nuovo»; «Divorziami, sciooglimi, spezza il nodo, / rapiscimi, imprigionami»).

Analizzare

Il regno della metafora Lo stile di questo sonetto è integralmente metaforico. Le metafore fanno capo a due aree distinte anche se intersecate: una allude al campo della passione amorosa (v. 1; vv. 4-5; vv. 11-16); un'altra all'immagine della città assediata (l'anima come «usurpata città»; la ragione come «viceré»; Satana come «nemico»). Sono invece del tutto assenti le similitudini, che risulterebbero troppo analitiche e frenerebbero il discorso (basti pensare a come suonerebbe diversamente "Come un'usurpata città, dovuta ad altri, io mi provo..."). Il risultato complessivo è di grande intensità espressiva, accentuata sia dalla forza delle singole voci (p. es. «Sfascia» al v. 1), sia dai frequenti elenchi di verbi (vv. 2-5, 13-14), sia dai contrasti paradossali (vv. 15-16).

Interpretare e approfondire

Mistica ed eros La tensione religiosa del sonetto attinge al campo dell'esperienza amorosa. Ma si delinea un amore contrastato: da un lato, la metafora dell'anima «promessa» al «nemico» introduce un elemento di costrizione; dall'altro, l'azione di Dio sull'anima rivela un'inevitabile violenza. I vv. 13-16 sono in tal senso significativi: in un crescendo, la potenza liberatrice di Dio («Divorziami, scioglimi, spezza il nodo») si trasforma in violenza fisica («rapiscimi, imprigionami... m'incateni») e, alla fine, in violenza sessuale («violenti»). Questa arditezza, che accosta al campo del sacro quello profano dell'eros, è appena mitigata dal paradosso secondo cui essere prigionieri di Dio significa essere davvero liberi, ed essere posseduti da Dio raggiungere la vera castità. D'altra parte, la caratterizzazione dell'amore divino come passione sensuale è un elemento tipico del misticismo, che abbatte i limiti del pensiero comune e si pone come alternativa alla visione repressiva della Controriforma.

Esercizi

Analizzare

1 Le metafore

Il sonetto è dominato dalla figura della metafora: rintracciane gli esempi nel testo.

Interpretare e approfondire

Terza prova A • La trattazione sintetica

2 Fede e amore

Quale tipo di legame fra esperienza religiosa ed esperienza amorosa si profila nella poesia? Chiariscilo in una trattazione sintetica (max 10 righe) con opportuni riferimenti al testo.

T2

Le forme
- centralità della similitudine
- lessico scelto e metaforico

I temi
- carattere ingannevole della vita

Luis de Góngora
Brevità ingannevole della vita

Questo sonetto, scritto nel 1623, è una riflessione sulla brevità della vita e sull'ingannevolezza dei beni terreni, che fuggono come una freccia o un carro in gara. Il tempo non risparmia nulla, e certo neppure il poeta. È dunque un pericolo legarsi alle cose mortali, che sono solo illusioni.

Mai bramò tanto veloce saetta
decreto segno che poi morse acuta,
carro in agone per la rena muta
mai coronò con più silenzio meta,
quanto affannosa va, quanto segreta
la nostra età al suo fine.[1] A chi ne dubita,
quasi una fiera che di senno è nuda,
ogni sole che torna è una cometa.
Cartagine[2] l'attesta, e tu l'ignori?
Corri pericolo, Licio,[3] ostinato
a inseguire ombre, ad abbracciare inganni.
Non te risparmieranno certo le ore,
le ore che limando vanno i giorni,
i giorni che rodendo vanno gli anni.

da L. de Góngora, *Sonetti*, scelta e trad. it. di C. Greppi, Mondadori, Milano 1985.

PARAFRASI

1-8 Mai [nessuna] freccia (saetta) si indirizzò (bramò) tanto velocemente al bersaglio stabilito (decreto segno) che poi colpì pungente (morse acuta), [né] mai un carro in gara (in agone) raggiunse vittorioso (coronò) con più silenzio la meta sulla sabbia (rena) silenziosa, quanto piena di affanni e senza che ce ne rendiamo conto (segreta) la nostra vita (età) va alla sua fine [: la morte]. Per chi ne dubita, come se (quasi) [fosse] una bestia che è priva (nuda) di ragione (senno), ogni sole che torna è una stella del malaugurio (cometa) [: ogni giorno che passa è funesto].
9-11 Cartagine lo dimostra, e tu lo ignori? O Licio, corri pericolo a inseguire ostinatamente (ostinato) delle ombre, a [cercare di] afferrare (abbracciare) inganni.
12-14 Certamente le ore non risparmieranno te: le ore che i giorni vanno consumando, i giorni che gli anni vanno corrodendo.

Metrica sonetto; l'originale segue lo schema ABBA ABBA CDE CDE; il traduttore italiano ha rispettato la misura dell'endecasillabo, con un vario gioco di rime e assonanze.

1 Mai bramò… fine: per i suoi affanni, lo scorrere rapido della vita è paragonato al corso di una freccia; mentre il giungere inatteso della morte è accostato alla vittoria inaspettata di un carro.
2 Cartagine: la storia di questa città, fiorente in età antica e ora ridotta a poche macerie, dimostra che tutte le cose umane, anche le più grandi, sono destinate a scomparire.
3 Licio: con questo nome il poeta si rivolge a se stesso.

Lavoriamo sul testo

Leggere e capire

Ammonimento a se stesso La poesia si apre con due immagini: la freccia che con grande velocità raggiunge il bersaglio e il carro in gara che ottiene in silenzio la vittoria. Esse rappresentano il corso "affannoso" della vita, che inaspettatamente giunge «al suo fine». Perciò – il poeta ammonisce se stesso («Corri pericolo, Licio») – è inutile inseguire gli «inganni» del mondo terreno. Il tempo passa inesorabilmente: le ore consumano i giorni, e i giorni consumano gli anni.

Analizzare

La retorica barocca Nella forma compatta del sonetto, Góngora fa mostra di uno stile prezioso e difficile, retoricamente elaborato. Le prime due quartine sono rette da una similitudine doppia: la vita è affannosa quanto una freccia e «segreta» (perché non sappiamo quando avrà fine) quanto un carro in gara. Il significato non è subito evidente, nonostante la chiarezza sintattica e i parallelismi («mai… tanto… mai… con più… quanto… quanto»). Al loro interno, oltretutto, Góngora usa verbi dal significato metaforico («bramò», «morse», «coronò») e un lessico scelto («decreto segno»). Una nuova similitudine è al v. 7; mentre il v. 8 è tutto metaforico («sole» sta per "giorno", «cometa» per "sventura"). Le due terzine hanno uno stile più scandito, severo e piano (si vedano il parallelismo del v. 11 e le implacabili riprese dei vv. 12-14: «…le ore, / le ore… i giorni, / i giorni»). Il richiamo colto a Cartagine contribuisce a dare al testo un tono solenne.

Interpretare e approfondire

Il poeta a Licio: l'inutilità di «abbracciare inganni» La riflessione sulla brevità e sugli inganni della vita è un tema tipico della tradizione lirica, presente già nel poeta latino Orazio e nel *Canzoniere* di Petrarca, e molto diffuso a partire dall'età umanistica. Esso è ben presente nella cultura della Controriforma, che invita al distacco cristiano dalla vita. Tuttavia, in questo sonetto manca ogni esplicito riferimento religioso: il poeta ammonisce se stesso del «pericolo» costituito dall'ostinato inseguimento delle illusioni. È comune che, nel proprio soliloquio interiore, il poeta lirico si rivolga a se stesso con il "tu". Eppure qui il soggetto prende quasi le distanze da sé e costruisce un personaggio separato, con un proprio nome. L'io si divide in due personaggi: uno, Licio, che vive nell'errore e si abbandona agli inganni della vita; e uno, il poeta, che riflette, conosce la verità e la dichiara, rimproverando l'altro. In questo modo, la lirica può affrontare un discorso oggettivo, duro, implacabile.

Esercizi

Analizzare

1 Similitudine e metafore

In questo sonetto è evidente la ricchezza della retorica barocca. Individua nel testo:

a. similitudini ....

b. metafore ....

Interpretare e approfondire

2 «Corri pericolo, Licio»

Al v. 10 troviamo: «Corri pericolo, Licio». Chi è il Licio a cui il poeta si rivolge? Quale significato ha la presenza di questo personaggio in rapporto all'io lirico?

3 Giambattista Marino: la poesia lirica e il poema eroico

La vita

Un'esistenza turbolenta

Giambattista Marino, il poeta barocco più famoso nel nostro Paese e molto noto anche in Europa, nasce a **Napoli** nel **1569**. A causa di litigi con il padre, contrario al suo stile di vita ribelle, Marino trascorre la giovinezza in casa di nobili famiglie. Dopo due condanne per accuse di immoralità, il poeta fugge a **Roma** (1600), dove lavora per il cardinale Aldobrandini, che lo convincerà a seguirlo anche a **Ravenna** nel 1605. Trascorsi tre anni a Ravenna, Marino si trasferisce a **Torino** nel 1608. L'anno seguente riceve da Carlo Emanuele di Savoia la nomina a cavaliere. Ma si scontra con l'ex segretario del duca, il poeta genovese Gaspare Murtola, invidioso del suo successo a corte. I due non solo si scambiano componimenti satirici e polemici (quelli di Marino sono detti "fischiate"), ma Murtola arriva addirittura a sparare al rivale. La vicenda personale di Marino continua a essere turbolenta: il poeta passa diversi mesi in carcere, pare per maldicenza e per aver composto versi offensivi contro il duca.

Il successo

Nel **1614** riunisce in un'**opera unica** tutta la sua poesia lirica: esce così ***La lira***, che lo porta al successo e al riconoscimento anche a livello europeo. Nel 1615 Marino viene chiamato alla **corte di Francia** da Maria de' Medici; nel 1617 arriva al potere Luigi XIII, e il poeta ottiene ben presto le simpatie del nuovo sovrano. Dopo *La galeria* (1619), una raccolta di poesie che illustrano quadri e sculture, e *La sampogna* (1620), componimenti a tema mitologico e pastorale, nel **1623** Marino pubblica ***L'Adone***, un immenso poema mitologico in 40.000 versi, dedicato al re di Francia. Nel 1623 torna a **Napoli** per motivi di salute, e qui muore nel **1625**. Tra il 1627 e il 1629 esce la raccolta delle *Lettere*, ricca di significative indicazioni sulla poetica dell'autore.

Le opere

La poesia lirica: La lira

La lira uscì nel 1614, ma comprende testi scritti a partire dal 1592. Il titolo della raccolta si riferisce all'omonimo **strumento a corde** considerato il **simbolo della poesia**. I componimenti sono raggruppati per generi e per temi. L'attenzione del poeta non è più rivolta alle vicende interiori e sentimentali del soggetto, ma concentrata su **particolari esterni** (i capelli della donna, i suoi occhi, il seno, ecc.) ed episodi quotidiani (la donna che cuce o che si pettina; ▶ T3 e T4). In altri casi l'interesse consiste nello **svolgimento nuovo di motivi poetici tradizionali**, nel loro trattamento paradossale, nella loro combinazione inedita e stupefacente.

La poetica della meraviglia

La letteratura – sia classica sia moderna – diventa un enorme serbatoio a cui è possibile attingere in qualsiasi momento: nella lettera premessa alla *Sampogna*, Marino dichiara di volere «leggere col rampino [con il gancio]», traendo ispirazione da ogni tipo di lettura. La poesia di Marino non prende spunto direttamente dalla natura, ma piuttosto dall'arte, capace, nella prospettiva dell'autore, di **superare la realtà**. Il testo poetico viene valorizzato come prodotto raffinato, frutto dell'**elaborazione intellettuale**. Di qui le immagini inconsuete, gli accostamenti inattesi, le soluzioni ingegnose che mirano a suscitare la meraviglia del lettore. Infatti, scrive Marino nella *Fischiata XXXIII*: «È del poeta il fin la meraviglia / […] / chi non sa far stupir, vada alla striglia [: a strigliare i cavalli come stalliere]».

Il capolavoro: il poema eroico *L'Adone*

La genesi dell'opera

L'opera più ambiziosa di Marino è però *L'Adone*, considerato il capolavoro del Barocco italiano. Pubblicato a Parigi nel 1623, *L'Adone* è – con i suoi **venti canti** e le **5033 ottave** complessive – il poema più lungo della nostra letteratura. L'opera intende inserirsi nella tradizione del poema epico, e anzi si pone volutamente in competizione con la *Gerusalemme liberata* di Tasso. Tuttavia trasgredisce a numerosi presupposti propri del genere (▶ anche § 4). Anzitutto il **tema amoroso** prevale sul tema della guerra, così che l'attenzione è spostata dalla dimensione pubblica a quella privata; inoltre, al posto dell'eroe attivo troviamo un personaggio che si lascia trascinare dagli eventi; infine, l'**ambientazione** non è storica, ma **idilliaca e mitologica**. Le preoccupazioni del verosimile e del meraviglioso cristiano che avevano tanto turbato Tasso non appartengono alla fantasia di Marino, che si limita a qualche concessione esteriore per evitare la censura ecclesiastica: inserisce, per esempio, a giustificazione moralistica del poema, la sentenza per cui «smoderato piacer termina in doglia» (I, 10), cioè l'eccessivo piacere genera infine dolore. Ma ciò non bastò, e infatti *L'Adone* fu posto all'Indice dei libri proibiti nel 1624.

La trama

La narrazione non segue un ordine consequenziale e rigoroso, ma procede per divagazioni ed episodi secondari, dando al poema un carattere vario e multiforme, in linea con il gusto barocco. La trama può comunque essere divisa in quattro parti:

- **canti I-IV**: Cupido, per vendicarsi della madre, Venere, la fa innamorare di un uomo, Adone, appena sbarcato sull'isola di Cipro;
- **canti V-XI**: Adone scopre i piaceri derivanti dai cinque sensi (▶ T5), dall'intelletto, dalle arti e dalla scienza moderna (qui compare anche l'esaltazione del cannocchiale di Galileo). Nel frattempo Mercurio celebra le nozze fra i due amanti;
- **canti XII-XVI**: Adone deve superare una serie di prove. In particolare, l'eroe deve difendersi (servendosi di un anello fatato che gli ha regalato Venere) dagli attacchi del geloso Marte, ed è costretto a fuggire da Cipro;
- **canti XII-XX**: Venere parte da Cipro; Adone muore ucciso da un cinghiale mandatogli contro da Marte; la dea organizza giochi funebri in onore dello sposo defunto.

◀ Tiziano Vecellio, *Addio di Venere ad Adone*, 1553. Madrid, Museo Nacional del Prado.

Il significato allegorico

Il poema è interessante non solo per i singoli brani famosi, ma per il suo disegno complessivo, che scopre un significato allegorico. Il regno di Cipro si presenta come luogo dove trionfano l'amore, il gioco, l'arte e la non-violenza: tutti valori ormai estranei alla società di corte. Per Adone, il sentimento amoroso vale più del potere e della stessa vita. Il percorso di iniziazione del protagonista mette bene in luce gli elementi sui quali si basa il mondo nuovo prospettato dal poema: se da una parte viene decisamente esaltato il **piacere dei sensi**, dall'altra emergono con forza anche le **virtù dell'arte e della scienza**.

Identikit dell'opera

genere	• poema epico, ma con elementi di originalità
temi	• centralità dell'amore rispetto alla guerra
struttura	• venti canti, 5033 ottave • numerose divagazioni e vicende secondarie
messaggio ideologico	• prospettiva di un mondo nuovo fondato sul piacere dei sensi e sulle virtù dell'arte e della scienza

facciamo il punto

- **Che tipo di componimenti raccoglie *La lira*?**
- **Quali sono le caratteristiche che distinguono *L'Adone* dai poemi eroici tradizionali?**

[*La lira*, II, 109]

T3

Le forme
- metafora

I temi
- particolare femminile isolato dal tutto

Giambattista Marino
Rete d'oro in testa alla sua donna

In questa poesia Marino descrive l'immagine dei capelli biondi della donna avvolti da una piccola reticella d'oro. L'anima del poeta viene infine catturata in una doppia rete: la rete concreta che tiene fermi i capelli dell'amata si aggiunge infatti a quella metaforica costituita dalla stessa chioma dorata che cattura il cuore del soggetto.

Porta intorno madonna
lacci[1] a lacci aggiungendo ed oro ad oro,
d'aurea prigion l'aurea sua chioma avvolta.
Alma libera e sciolta
fra quel doppio tesoro
ove n'andrai, che non sii presa alfine,
s'ella ha rete nel crine e rete è il crine?

da G. Marino, *Amori*, a cura di A. Martini, Rizzoli, Milano 1995.

PARAFRASI

1-7 La mia donna (madonna) porta avvolta intorno alla sua bionda (aurea) capigliatura una piccola rete d'oro (aurea prigion) aggiungendo [così] ai lacci e all'oro [dei capelli] i lacci e l'oro [della rete]. Anima (Alma) [mia, che sei] libera e senza legami (sciolta), se lei (ella) ha una rete [d'oro] nei capelli (crine), e anche questi (il crine) [sono] una prigione (rete) [dorata per il tuo cuore], come potrai muoverti (ove n'andrai) fra quel doppio oro (tesoro) senza esserne alla fine catturata (che non sii presa alfine)?

Metrica madrigale, formato da tre settenari e quattro endecasillabi. Schema delle rime: aBCcbDD. Il v. 1 è in assonanza con i vv. 3 e 4.

1 **lacci:** *nodi, legami*; è metafora per "trappole".

Lavoriamo sul testo

Leggere e comprendere

La suddivisione del testo Il testo si divide in due parti. Il v. 4 è isolato al centro del componimento: l'«Alma libera e sciolta» risulta "imprigionata" fra due blocchi di tre versi ciascuno (un settenario e due endecasillabi). La prima terzina introduce l'immagine su cui ruota l'intera poesia: i capelli della donna sono avvolti in una reticella dorata, così che ai «lacci» e all'«oro» dei capelli si aggiungono i «lacci» e l'«oro» della reticella: l'elemento concreto si aggiunge cioè all'elemento metaforico (i capelli sono metaforicamente una rete perché sono capaci di catturare il cuore del poeta). La seconda terzina ribadisce la duplicazione: c'è un «doppio tesoro [: oro]» (v. 5) e una doppia «rete» (v. 7). L'anima del poeta non potrà che esserne catturata.

Analizzare

Tutto ruota intorno alla metafora La poesia è una lunga metafora: i «lacci» della reticella nella capigliatura della donna sono uguali a quelli che imprigionano il cuore del poeta, e il loro colore dorato si sovrappone a quello dei capelli biondi (così si aggiungono «lacci a lacci [….] ed oro ad oro»: v. 2). Il verso conclusivo esplicita l'accostamento fra i due tipi di rete, l'una concreta e l'altra metaforica: se da un lato la donna ha una rete nei capelli, dall'altro gli stessi capelli sono una rete (con duplicazione dei termini «rete» e «crine»).

Interpretare e approfondire

La rappresentazione della donna e dell'amore Il tema dei capelli biondi è molto diffuso nella tradizione lirica dalle origini al petrarchismo. In Petrarca, però, il particolare dei capelli faceva parte di una idealizzazione dell'immagine femminile: esso non era isolato dal resto della figura. Qui invece la donna non si vede: si vedono solo i suoi capelli e la reticella che li ricopre. La figura umana nella sua interezza sparisce: si riduce a una serie di particolari smembrati che non ricompongono un tutto. Si profila un rapporto con la donna ben più distaccato rispetto a quello coinvolgente – e sconvolgente – al centro del *Canzoniere* petrarchesco. Marino non rappresenta i propri turbamenti interiori di fronte all'amore, ma si limita a un gioco intellettuale, stabilendo un ingegnoso collegamento fra i due tipi di rete.

Esercizi

Prima prova A • L'analisi del testo

Comprendere

1 L'«aurea prigion» e il «doppio tesoro»

Concreto e metaforico sono strettamente intrecciati nella poesia:

a. a che cosa si riferisce Marino quando parla di «aurea prigion» (v. 3)?

b. che cosa determina la presenza di un «doppio tesoro» (v. 5)?

Analizzare

2 Il laccio e l'oro

L'immagine del laccio e quella dell'oro hanno entrambe due significati, uno reale e l'altro metaforico: chiariscili.

Interpretare e approfondire

Terza prova A • La trattazione sintetica

3 Il tema sensuale in Petrarca e in Marino

Anche Petrarca aveva celebrato «i capei d'oro» di Laura sparsi al vento. Ma il motivo sensuale non viene affrontato nello stesso modo da Petrarca e da Marino: indica in una trattazione sintetica (max 10 righe) quali sono le principali differenze tra i due autori.

▲ Johannes Veermer, *La signora e la cameriera*, part., 1666-1667. New York, The Frick Collection.

Focus La rosa sorprendente

Quella della rosa è una delle metafore più usate dai poeti dell'età classica, del Rinascimento e del Manierismo per rappresentare la bellezza femminile. Alla fine del Quattrocento, Angelo Poliziano (*I' mi trovai fanciulle un bel mattino*) invita a cogliere la «bella rosa del giardino» – cioè a godere dell'amore – finché essa è giovane e bella, ovvero prima che appassisca. Anche Marino scrive sulla rosa (nel libro III dell'*Adone*) alcune delle sue ottave più celebri. Eccone una.

156
Rosa riso d'amor, del ciel fattura,
rosa del sangue mio fatta vermiglia,
pregio del mondo e fregio di natura,
de la terra e del sol vergine figlia,
d'ogni ninfa e pastor delizia e cura,
onor de l'odorifera famiglia,
tu tien d'ogni beltà le palme prime,
sovra il vulgo de' fior donna sublime.

PARAFRASI

Rosa sorriso dell'amore, opera eccelsa (fattura) del cielo, rosa divenuta rossa (vermiglia) per il (del) mio sangue, decoro (pregio) del mondo e ornamento (fregio) della natura, vergine figlia della terra e del sole, [fonte di] delizia e di preoccupazione (cura) per ogni ninfa e [ogni pastore], vanto (onor) della profumata famiglia [dei fiori], tu sei la prima (tien... le palme prime) in bellezza, signora (donna) eccelsa tra i fiori comuni (vulgo de' fior).

L'ottava presa in esame è esemplare della poetica e dello stile di Marino, e anche quelle che la seguono sono un trionfo di metafore, che si generano le une dalle altre e suscitano la meraviglia del lettore. Tuttavia mentre in altri poeti barocchi la rosa (i fiori e gli aspetti della natura in generale) sono contemplati in quanto destinati a cadere, ricordando che ogni cosa di questo mondo muore, nelle ottave di Marino questo senso di caducità e di malinconia è assente. Egli presenta al lettore, attraverso uno stile raffinato e l'uso di immagini dal forte impatto visivo, un mondo ricco di colori e di sensazioni vitali.

[*La lira*, III]

T4

Le forme
- metafora
- riferimenti mitologici

I temi
- destino del poeta nelle mani della donna

Giambattista Marino
Donna che cuce

In questa poesia la donna cuce, e il suo ago diventa una freccia che ferisce il cuore del poeta. Il filo che lei annoda diventa quello stesso della vita del poeta: l'amata è come una nuova Aracne, abile tessitrice protagonista di un racconto mitico greco, che ha in pugno il destino del soggetto.

È strale, è stral, non ago
quel ch'opra in suo lavoro,
nova Aracne[1] d'amor, colei ch'adoro;
onde, mentre il bel lino orna e trapunge
di mille punte il cor mi passa e punge.
Misero! e quel sì vago
sanguigno fil che tira,
tronca, annoda, assottiglia, attorce e gira
la bella man gradita,
è il fil della mia vita.

da G. Marino, *Opere scelte*, a cura di G. Getto, Utet, Torino 1962.

PARAFRASI

1-10 È freccia (strale), è freccia, non un ago, quella che la donna (colei) che adoro utilizza (opra) nel suo lavoro, nuova Aracne d'amore; per cui (onde), mentre adorna e ricama (orna e trapunge) il bel lino, mi trapassa (passa) e ferisce (punge) il cuore di mille punture (punte). Misero [me]! e quel filo rosso (sanguigno) così bello (vago) che la [sua] bella amata (gradita) mano tira, taglia (tronca), annoda, piega (attorce) e gira è il filo della mia vita.

Metrica madrigale, formato da sei settenari e quattro endecasillabi. Schema delle rime: abBCCadDee.

1 Aracne: protagonista di un racconto della mitologia greca, Aracne era la figlia di un artigiano che tingeva tessuti. Dopo aver sfidato e vinto Atena nell'arte della tessitura, la giovane fu trasformata in ragno dalla dea invidiosa.

Lavoriamo insieme

Leggere e capire

Due parti, due metafore La poesia è divisa in due parti, ciascuna delle quali ruota attorno a una metafora. La prima parte (vv. 1-5) introduce il collegamento fra ago e freccia: l'ago impiegato dalla donna per cucire è una freccia che «passa e punge» il cuore del poeta. Nella seconda parte (vv. 6-10) il filo maneggiato dalla donna corrisponde per il soggetto al filo del destino.

1 **Perché la donna è definita «nova Aracne» (v. 3)? Qual è la storia di questo personaggio mitologico?**

figura mitologica greca che aveva vinto contro Atena in tessiture.

Analizzare

La retorica elaborata Il breve madrigale è fitto di figure retoriche. Anzitutto, come abbiamo visto, la struttura portante è data da una doppia metafora, che unisce ago e freccia d'amore, filo da cucito e «fil de la [...] vita». La metafora iniziale è sottolineata anche dalla ripetizione: «È strale, è stral, non ago» (v. 1). Al v. 4 il rapporto di successione temporale che lega i due predicati è invertito: infatti l'ago prima «trapunge» il lino e poi lo «orna» con il ricamo. Il madrigale ha inoltre una struttura ad anello: il verso finale riprende da quello iniziale la stessa struttura, con il verbo essere al primo posto che introduce la metafora («è strale, è stral»; «è il fil de la mia vita»).

2 **Oltre alle metafore, sono presenti all'interno del componimento anche figure retoriche "di suono": individua le allitterazioni.**

Interpretare e approfondire

Realtà quotidiana e artificio poetico In questa poesia viene rappresentata una scena di vita quotidiana, ripresa realisticamente nei suoi minimi particolari (si veda, al v. 8, la serie di verbi che descrive in modo analitico l'uso dell'ago e del filo). Ma la realtà umile rappresentata è riscattata dai riferimenti al mito classico: quello esplicito alla cucitrice Aracne e quello implicito alla temibile Parca (divinità raffigurate come vecchie tessitrici che stabilivano il destino degli uomini). Inoltre, l'effetto realistico viene contraddetto dalla struttura metaforica del testo. Alla fine, insomma, della realtà domestica non rimane più nulla: resta solo l'artificio poetico.

3 **Definiresti questa poesia una lirica realistica? Motiva la tua risposta.**

no perché fa uso di metafore

Diego Velázquez, *La favola di Aracne*, 1657 ca. Madrid, Museo Nacional del Prado.

T5

Le forme
- linguaggio ricco di figure retoriche
- lessico specifico musicale

I temi
- "artificializzazione" della natura

Giambattista Marino
Il canto dell'usignolo

*I canti VI, VII, VIII dell'*Adone *sono ambientati nel giardino del piacere, dove il protagonista viene a conoscenza dei segreti dei cinque sensi. Nel canto VII siamo nel giardino dell'udito: il dio Mercurio, la guida di Adone e Venere, elogia il canto dell'usignolo e poi racconta la gara fra un «musico», cioè un suonatore, e uno di questi uccellini. Vince la gara il «musico»: l'usignolo finisce per scoppiare per lo sforzo di imitare il suono dell'artista. L'arte supera perciò la natura nel produrre meraviglia.*

32
Ma sovr'ogni augellin vago e gentile
che più spieghi leggiadro il canto e 'l volo
versa il suo spirto tremulo e sottile
la sirena de' boschi,[1] il rossignuolo,
e tempra in guisa il peregrino stile
che par maestro de l'alato stuolo.
In mille fogge il suo cantar distingue
e trasforma una lingua in mille lingue.

33
Udir musico mostro, o meraviglia,
che s'ode sì, ma si discerne apena,
come or tronca la voce, or la ripiglia,
or la ferma, or la torce, or scema, or piena,
or la mormora grave, or l'assottiglia,
or fa di dolci groppi ampia catena,
e sempre, o se la sparge o se l'accoglie,
con egual melodia la lega e scioglie.

34
O che vezzose, o che pietose rime
lascivetto cantor compone e detta.
Pria flebilmente il suo lamento esprime,
poi rompe in un sospir la canzonetta.
In tante mute or languido, or sublime
varia stil, pause affrena e fughe[2] affretta,
ch'imita insieme e 'nsieme in lui s'ammira
cetra flauto liuto organo e lira.

PARAFRASI

32 Ma l'usignolo (il rossignuolo), la sirena dei boschi, diffonde (versa) il suo spirito sussultante (tremulo) e delicato (sottile) più di ogni (sovr'ogni) uccellino (augellin) grazioso (vago) e gentile che [nel modo] più aggraziato (leggiadro) tiri fuori (spieghi) il canto e apra (spieghi) [le ali per] il volo; e forma (tempra) uno stile ricercato (il peregrino) in modo (in guisa) da sembrare (par) maestro della schiera (stuolo) alata. In mille maniere (fogge) differenzia (distingue) il suo cantare e trasforma una lingua in mille lingue [: varia il suo canto in mille modi diversi].

33 Oh [che] meraviglia [è] udire un prodigio (mostro) musicale (musico) che si sente sì ma con fatica (apena) si distingue (si discerne) come ora (or) interrompe (tronca) la voce, ora la riprende (ripiglia), ora la ferma, ora la avvolge (torce), ora è ridotta (scema), ora è spiegata (piena), ora la mormora profondamente (grave), ora la rende sottile, ora produce (fa) una lunga serie (ampia catena) di dolci intrecci (groppi) [di note], e, sia (o) che la [: la voce] distenda, sia che la concentri (l'accoglie), sempre la lega e [la] stacca con una melodia continua (egual).

34 Oh che seducenti (vezzose), o che commoventi (pietose) rime [l'usignolo], sensuale (lascivetto) cantore, compone e recita! Prima (Pria) [egli] esprime il suo lamento debolmente (flebilmente), poi interrompe (rompe) la canzonetta con (in) un sospiro. Con (In) tanti cambiamenti (mute) ora debole, ora sublime varia stile, ritarda (affrena) le pause e affretta le fughe in modo che (ch'= che) [egli] allo stesso tempo (insieme) imita e allo stesso tempo si ammirano in lui cetra, flauto, organo e lira.

Metrica ottave.

1 **la sirena de' boschi:** l'usignolo è paragonato alle sirene perché ha il potere di affascinare l'uomo con il suo canto.

2 **fughe:** la "fuga" è una composizione musicale in cui un tema ritmico-melodico (il "soggetto") è ripreso da più voci in sequenza, così che la prima sembra appunto "fuggire" dalle altre.

La lingua nel tempo: mostro. La parola *mostro* (ottava 33) deriva dal latino *monstrum* 'prodigio, cosa straordinaria, contro natura'. Viene così designato un 'essere vivente o immaginario che presenta deformità fisiche'. In senso figurato, il termine indica una 'persona che possiede in misura eccezionale una qualità positiva o negativa': pensiamo, per esempio, alle due opposte espressioni "mostro di bravura" e "mostro di crudeltà". Dall'interpretazione positiva del termine deriva il modo di dire "mostro sacro", per indicare una 'persona che gode di molto prestigio in un determinato settore' (p. es. "i mostri sacri del cinema italiano"). Secondo un'interpretazione invece negativa, il termine è usato nella cronaca nera in riferimento a una 'persona che si è resa responsabile di atroci crimini, specialmente a sfondo sessuale' (si è parlato p. es. del "mostro di Firenze").

35

Fa dela gola lusinghiera e dolce
talor ben lunga articolata scala.
Quinci quell'armonia che l'aura molce,
ondeggiando per gradi, in alto essala,
e, poich'alquanto si sostiene e folce,
precipitosa a piombo alfin si cala.
Alzando a piena gorga indi lo scoppio,
forma di trilli un contrappunto[3] doppio.

36

Par ch'abbia entro le fauci e in ogni fibra
rapida rota o turbine veloce.
Sembra la lingua, che si volge e vibra,
spada di schermidor destro e feroce.
Se piega e 'ncrespa o se sospende e libra
in riposati numeri la voce,
spirto il dirai del ciel che 'n tanti modi
figurato e trapunto il canto snodi.

37

Chi crederà che forze accoglier possa
animetta sì picciola cotante?
e celar tra le vene e dentro l'ossa
tanta dolcezza un atomo sonante?
O ch'altro sia da liev'aura mossa
una voce pennuta, un suon volante?
e vestito di penne un vivo fiato,
una piuma canora, un canto alato?[4]

da G. Marino, *L'Adone*, a cura di G. Pozzi, Adelphi, Milano 1988.

PARAFRASI

35 Talvolta [l'usignolo] fa con la (dela) gola che è fonte di gioia e dolcezza (lusinghiera e dolce) una scala molto (ben) lunga [e] articolata. Quindi quell'armonia che accarezza (molce) l'aria (l'aura) diffonde (essala) verso l'alto (in alto) ondeggiando per gradi, e dopo che (poich'<e>) si mantiene un po' e si appoggia (folce), infine (alfin) si cala precipitosa a piombo. Quindi alzando a gola spiegata (a piena gorga) lo scoppio, forma una doppia alternanza (contrappunto) di gorgheggi (trilli).

36 Sembra che [egli] abbia dentro la gola (le fauci) e in ogni parte del suo corpo (fibra) una ruota rapida o un vortice veloce. La lingua, che si muove (volge) e vibra, sembra una spada di schermitore abile (destro) e feroce. Se [egli] piega e ondula ('ncrespa = *increspa*), o se sospende ed equilibra (libra) la voce in distesi (riposati) ritmi (numeri), [tu] lo chiamerai (il dirai) spirito del Cielo [: angelo] che in tanti modi sciolga (snodi) il canto figurato e ricamato (trapunto).

37 Chi crederà che una animuccia (animetta) così piccola possa contenere (accoglier) tante (cotante) forze? E [chi crederà] che un atomo canoro (sonante) [possa] nascondere tra le vene e dentro le ossa tanta dolcezza? O [chi crederà] che sia qualcos'altro (ch'altro) che una voce rivestita di penne (pennuta), un suono che vola mosso da un vento (aura) leggero? e [che sia qualcos'altro] che un vivo fiato, una piuma canora, un canto alato rivestito di penne?

3 contrappunto: termine musicale che indica propriamente la relazione fra due linee melodiche (o voci) indipendenti, che si combinano secondo leggi precise.
4 una voce pennuta... un canto alato: è una serie ininterrotta di metonimie. L'adesione all'elemento vitalistico (costituito, in questo caso, dal canto gioioso dell'usignolo) non è mai immediata ma sempre distanziata da una forte esigenza analitica e cerebrale.

Lavoriamo sul testo

Leggere e capire

Presentazione, descrizione, commento Le sei ottave possono essere divise in tre gruppi:
- ottava 32: presenta l'usignolo, lo paragona agli altri uccelli e ne afferma la superiorità nel canto;
- ottave 33-35: descrivono il canto dell'usignolo, capace di fare cose prodigiose (è un «musico mostro»): modula la voce, varia stile di canto, fa con la gola una scala lunga e articolata;
- ottave 36-37: commentano il canto appena descritto, che è simile a quello di un angelo («spirto… del ciel»), talmente dolce e piacevole che è difficile credere che provenga da «una voce pennuta».

Analizzare

L'arte di Marino Il poeta vuole sfidare l'usignolo nel canto: in altre parole, l'arte (in questo caso la poesia) gareggia con la natura provando a eguagliarne – e anzi a superarne – i risultati. Marino, infatti, vuole riprodurre nel suono dei versi la varietà e l'intensità melodica del canto dell'usignolo. Egli si avvale anche del linguaggio specifico della musica (p. es. «fughe», «articolata scala», «contrappunto doppio», nonché l'elenco degli strumenti al v. 8 dell'ott. 34). Come il «musico mostro», il poeta intende procurare la «meraviglia» (parola chiave della poetica mariniana, che compare al v. 1 dell'ott. 33) del pubblico. Per raggiungere tale effetto, uno strumento privilegiato è individuato nella metafora. È una metafora, per esempio, «la sirena de' boschi» (v. 4, ott. 32) che permette di mettere in relazione, attraverso il canto (che accomuna l'usignolo alla sirena), mondi lontani tra loro come quello dei boschi e quello del mare. Un'altra figura retorica significativa è la metonimia, che implica spostamenti logici di quantità, di qualità o del nesso causa-effetto. Troviamo una serie ininterrotta di metonimie ai vv. 6-8 dell'ott. 37: «atomo sonante», «voce pennuta», «suon volante», «piuma canora», «canto alato».

Interpretare e approfondire

La cultura barocca Il testo presenta temi comuni alla cultura del Barocco. In particolare:

- l'interesse per la musica: il Seicento è in Italia, da Frescobaldi a Vivaldi, un secolo di decisiva importanza per la storia della musica. Lo stesso Galileo rivela nel *Saggiatore* una grande attenzione al mondo dei suoni;
- l'unione delle arti: come Marino stabilisce un collegamento fra musica e poesia, così nel Barocco si tendeva a combinare tecniche provenienti da arti diverse;
- l'"artificializzazione" della natura: come osserva Asor Rosa, «Marino dimostra qui di essere sensibile soprattutto al fascino di fenomeni che abbiano un sapore e un andamento d'ordine meccanico. Si ha l'impressione, insomma, che l'usignolo qui descritto non sia uccello di carne e di sangue, ma un giocattolo automatico, privo di vita, ma francamente stupefacente. Notiamo qui, cioè, quel processo d'incipiente "artificializzazione" della natura» che è tipico della sensibilità e della cultura del Barocco. E sta proprio in questo aspetto una delle ragioni fondamentali dell'interesse attuale per l'arte di Marino. Egli coglie il processo di trasformazione della natura a opera dell'uomo, che nel Seicento, attraverso i progressi della scienza e della tecnica, stava appunto alterando il mondo naturale e creando una "seconda natura" artificiale.

Esercizi

Prima prova A • L'analisi del testo

Comprendere

1 Il «musico mostro»

Chi è il «musico mostro» di cui si parla nel testo?

Analizzare

2 La meraviglia della descrizione

Marino descrive il canto dell'usignolo attraverso alcune tecniche, usate per produrre meraviglia nel lettore. Sottolinea nel testo almeno un esempio di:
- ripetizione
- accumulazione

Interpretare e approfondire

3 L'arte e la natura

Il poeta qui rivaleggia con l'usignolo, cioè con la natura. La "gara" dimostra che:

a. l'arte e la natura sono mondi lontani tra loro
b. la natura supera l'arte nel produrre meraviglia
c. l'arte supera la natura nel produrre meraviglia

Motiva la tua risposta.

4 Autori a confronto: il canto dell'usignolo di D'Annunzio

Nel romanzo *L'innocente* (1892) Gabriele D'Annunzio descrive il canto dell'usignolo riprendendo alcune espressioni impiegate da Marino nel passo dell'*Adone* che abbiamo appena letto. Individua tali riprese nel brano qui riportato, tratto dal capitolo IX del romanzo dannunziano.

L'usignolo cantava. Da prima fu come uno scoppio di giubilo melodioso, un getto di trilli facili che caddero nell'aria con un suono di perle rimbalzanti su per i vetri di un'armonica. Successe una pausa. Un gorgheggio si levò, agilissimo, prolungato straordinariamente come per una prova di forza, per un impeto di baldanza, per una sfida a un rivale sconosciuto. Una seconda pausa. Un tema di tre note, con un sentimento interrogativo, passò per una catena di variazioni leggere, ripetendo la piccola domanda cinque o sei volte, modulato come su un tenue flauto di canne, su una fistula[1] pastorale. Una terza pausa. Il canto divenne elegiaco,[2] si svolse in tono minore, si addolcì come un sospiro, si affievolì come un gemito, espresse la tristezza di un amante solitario, un desio accorato, un'attesa vana; gittò un richiamo finale, improvviso, acuto come un grido d'angoscia; si spense. Un'altra pausa, più grave. Si udì allora un accento nuovo, che non pareva escire dalla stessa gola, tanto era umile, timido, flebile, tanto somigliava al pigolio degli uccelli appena nati, al cinguettio d'una passeretta; poi, con una volubilità mirabile, quell'accento ingenuo si mutò in una progressione di note sempre più rapide che brillarono in volate di trilli, vibrarono in gorgheggi nitidi, si piegarono in passaggi arditissimi, sminuirono, crebbero, attinsero le altezze soprane. Il cantore s'inebriava del suo canto. Con pause così brevi che le note quasi non finivano di spegnersi, effondeva la sua ebrietà in una melodia sempre varia, appassionata e dolce, sommessa e squillante, leggera e grave, e interrotta ora da gemiti fiochi, da implorazioni lamentevoli, ora da improvvisi impeti lirici, da invocazioni supreme. Pareva che anche il giardino ascoltasse, che il cielo s'inchinasse su l'albero melancolico dalla cui cima un poeta, invisibile, versava tali flutti di poesia.

da G. D'Annunzio, *Prose di romanzi*, vol. I, a cura di A. Andreoli, Mondadori, Milano 1988.

1 **fistula:** *zampogna.*
2 **elegiaco:** *triste.* L'elegia è un genere poetico classico spesso caratterizzato da un tono malinconico e intimo.

4 Crisi e trasformazione del poema eroico

L'evoluzione del genere epico

Nel Seicento il genere epico entra in crisi. La distanza degli intellettuali dall'impegno politico, la loro marginalizzazione e subordinazione sociale non permettono la partecipazione morale e civile del popolo, presupposto stesso dell'epica. Il poema eroico subisce così un'evoluzione e una trasformazione. Da un lato, con *L'Adone* di Marino, tende a porre in primo piano gli **aspetti privati e amorosi**; dall'altro può assumere l'aspetto del **poema sacro**: Marino stesso ne fornisce un esempio con *La strage degli innocenti* anche se in questo campo il risultato più alto è raggiunto in Inghilterra con ***Paradise lost*** [Paradiso perduto] di **John Milton**, uscito in dieci canti nel 1667 e in dodici nel 1674. Poema epico in versi sciolti (*blank verse*), racconta l'episodio biblico della caduta dell'uomo: la tentazione di Adamo ed Eva a opera di Satana e la loro cacciata dal giardino dell'Eden.

Il poema eroicomico

Alessandro Tassoni • L'inizio della «Secchia rapita»

L'altra evoluzione del poema eroico tradizionale è quella della **parodia** e del **rovesciamento comico**. Nasce così il **poema** eroicomico, che assume lo stesso strumento metrico del poema eroico, l'ottava, e ne riprende i temi, stravolgendoli però in senso ridicolo. Iniziatore del genere fu **Alessandro Tassoni** (1565-1635) con ***La secchia rapita*** (1622), opera in dodici canti pubblicata a Parigi e subito messa all'Indice. Tassoni dichiarò di averla scritta «per burlare i poeti moderni» che continuavano a prendere a modello opere di grandi autori del passato, come l'*Iliade* di Omero e la *Gerusalemme liberata* di Tasso. La scelta di un argomento storico è più apparente che reale: raccontando la guerra fra Modena e Bologna, Tassoni confonde episodi diversi. Inoltre, l'autore fa nascere lo scontro tra le due città da motivi ridicoli (il rapimento di un secchio di legno da parte dei modenesi e non, come nell'*Iliade*, della bellissima Elena). La **mescolanza dei generi** (è lo stesso Tassoni a parlare di «eroicomico») porta a una mescolanza anche **di stili e linguaggi**, che vanno dal basso all'alto, dalla satira alla lirica.

Tre strade per il poema epico

- concentrazione sugli aspetti privati e amorosi: *L'Adone* di Marino
- trasformazione in poema sacro: il *Paradiso perduto* di Milton
- rovesciamento nel poema eroicomico: *La secchia rapita* di Tassoni

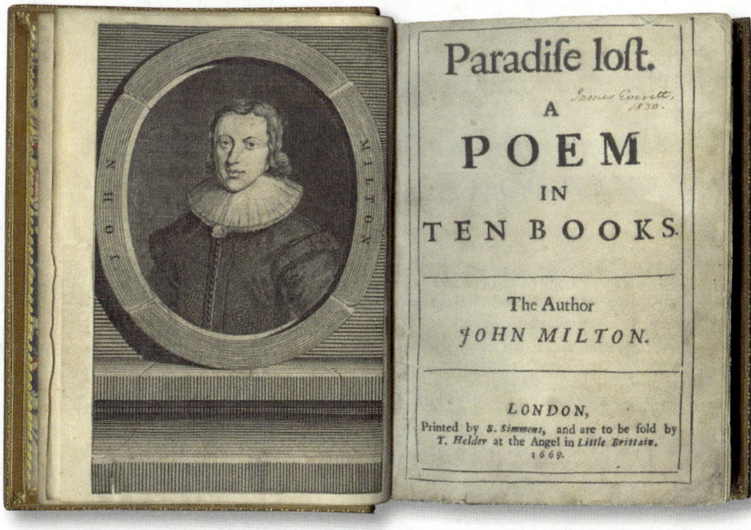

Seconda edizione in lingua originale del *Paradiso perduto* di John Milton.

facciamo il punto

- **Quali trasformazioni subisce il poema eroico?**
- **Chi è l'iniziatore del genere del poema eroicomico?**

Dal ripasso alla verifica

mappa concettuale

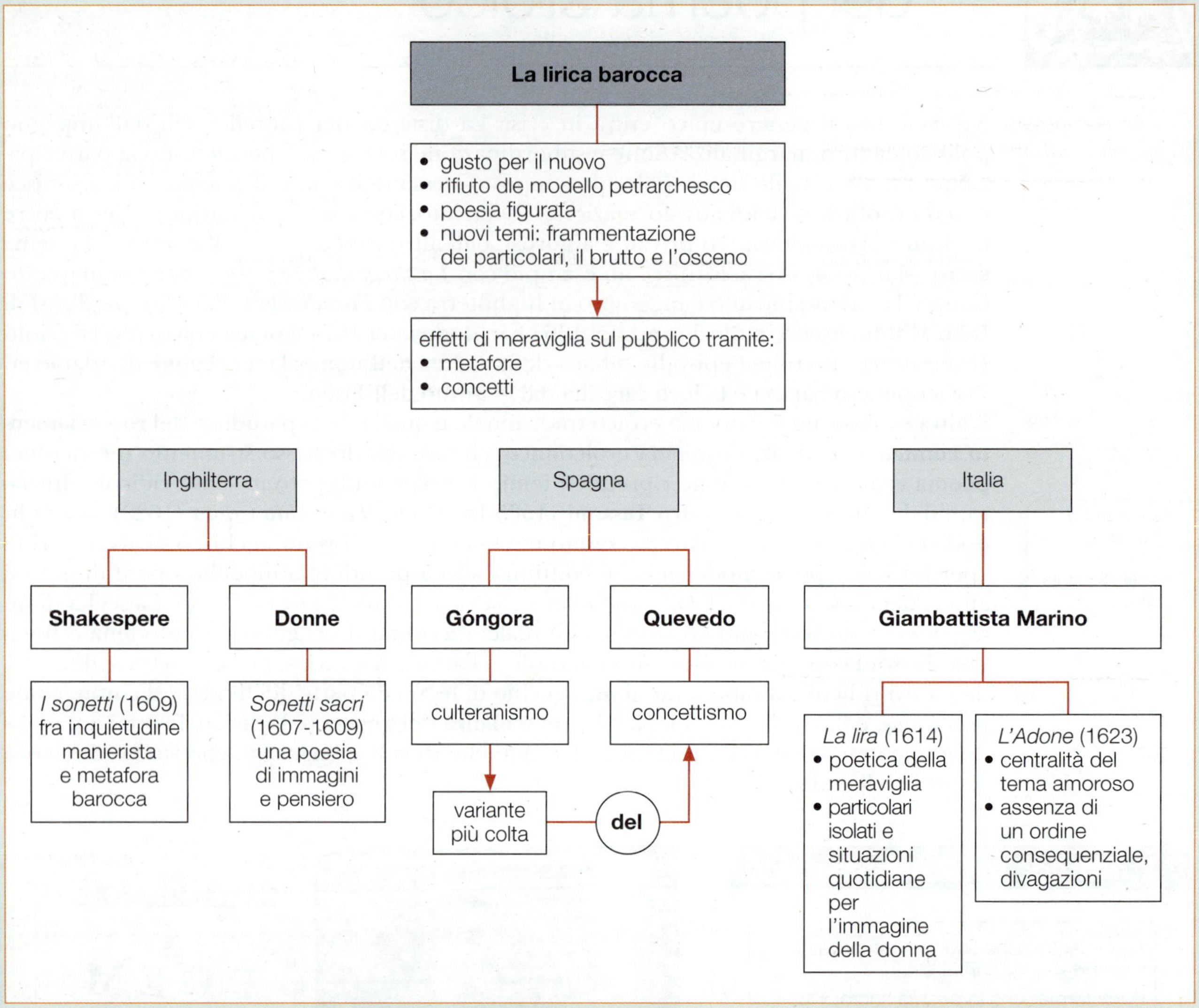

dizionario dei concetti chiave

- **concettismo** teoria estetica e pratica artistica del Seicento che privilegia la ricerca del "concetto", cioè dell'accostamento inedito e stupefacente di realtà lontane. Maestro del concettismo fu il poeta spagnolo Francisco de Quevedo (1580-1645), che fu in aspra polemica con Luis de Góngora (1561-1627), caposcuola invece del culteranismo, variante più colta e chiusa del concettismo. Góngora propone infatti una poesia difficile e preziosa, segnata dalla ricchezza e dall'ardimento delle figure retoriche, dai riferimenti mitologici, da un linguaggio selezionato ed elevato.

- **lirica** genere poetico che nella letteratura italiana ha il suo modello per almeno tre secoli (dal XIV al XVI) nel *Canzoniere* di Petrarca. La lirica barocca si allontana da tale modello, continuando sulla strada dell'ampliamento tematico e linguistico già emerso a fine Cinquecento nel Manierismo. Tutta la realtà può entrare nella poesia, a patto di sottomettersi alle leggi dell'invenzione stilistica. Si coglie perciò una straordinaria ricchezza di temi, cose e linguaggi. Ma questa varietà incrina uno dei presupposti della tradizione lirica petrarchesca: la centralità dell'io, che ordinava la materia proponendo una vicenda unitaria ed esemplare.

- **meraviglia** principio ispiratore della poesia barocca, che intende innanzitutto stimolare il piacere del lettore suscitandone lo stupore. La figura retorica più usata per ottenere tale effetto è la metafora, che stabilisce collegamenti nuovi e inattesi tra immagini appartenenti a campi diversi e di solito separati. "Meraviglia" è parola chiave della poetica di Giambattista Marino (1569-1625), uno dei poeti più celebri del Seicento. La sua principale raccolta, *La lira* (1614), si fonda sulla molteplicità dei temi, sul primato della metafora e delle immagini inconsuete, sui costanti riferimenti alla tradizione letteraria, intesa come un serbatoio a cui attingere liberamente.

- **poema eroico** narrazione in versi, scritta con stile elevato, che ha il fine di celebrare un popolo. Su questo genere letterario si concentra alla fine del Cinquecento la riflessione teorica di Tasso (*Discorsi del poema eroico*, 1594), sottolineando la necessità di rispettare il principio di unità aristotelico e di proporre una vicenda verosimile, limitando il ricorso all'elemento fantastico. Questi criteri risultano d'altra parte rispettati nella *Gerusalemme liberata*. Nel Seicento il poema eroico subisce però una trasformazione e se in certi casi continua a prendere a modello il poema tassesco, più spesso percorre strade alternative: tende a porre in primo piano il momento idilliaco e sensuale (è il caso dell'*Adone* di Marino, uscito a Parigi nel 1623 e posto all'Indice nel 1624), assume l'aspetto del poema sacro (come il *Paradiso perduto* di Milton), oppure imbocca la via della parodia e del comico (nel poema eroicomico *La secchia rapita* di Tassoni).

esercizi

esercizi di riepilogo

1 Lo sviluppo della lirica

Un'opera di Marino contribuisce allo sviluppo della poesia lirica nei primi decenni del Seicento: quale?

a. *L'Adone*
b. *La lira*
c. *La sampogna*
d. *La strage degli innocenti*

2 I nuovi canzonieri

I canzonieri del Seicento si allontanano dal modello petrarchesco. Di seguito sono elencate alcune delle novità presenti, ma c'è un intruso: quale?

a. Divisione in aree tematiche
b. Scelta di argomenti amorosi o religiosi
c. Compattezza della struttura
d. Discontinuità e disorganicità dei testi

3 Per meravigliare il pubblico

La poesia barocca vuole meravigliare il pubblico dei lettori. Uno strumento privilegiato per ottenere tale effetto è:

a. il sillogismo
b. la metafora
c. l'anafora
d. l'ossimoro

4 La biografia di Marino

Il poeta barocco italiano più famoso in Europa è Giambattista Marino. Indica se le seguenti frasi sulla biografia e sull'opera dell'autore sono vere o false.

V F È nato nel 1669
V F A Torino collabora con il poeta Gaspare Murtola
V F *La lira* è la raccolta che ne decreta il successo
V F Trascorre un periodo alla corte del sovrano francese Luigi XIII
V F *La galeria* contiene componimenti a tema mitologico
V F *L'Adone* è dedicato a Maria de' Medici
V F Le *Lettere* contengono indicazioni preziose sulla poetica dell'autore

esercizi di approfondimento

5 Un collegamento fra autori

Il famoso poeta italiano Andrea Zanzotto (1921-2011), intervistato nel 2001, ha rilasciato queste dichiarazioni sul suo rapporto con il paesaggio:

> Mano a mano che si accumula una nostra storia psichica, ci accorgiamo di trovarci perpetuamente nascosti dietro il paesaggio [...] oppure davanti, o immersi in un continuo gioco del suo "trapungere". Un paesaggio ideato come qualcosa che punge e trapunge e di cui noi siamo una specie di spoletta, che si aggira in mezzo, che cuce... oppure qualcosa che taglia. Quindi, mano a mano che si accumula una nostra vita psichica, noi la depositiamo in questo paesaggio, che all'origine aveva una sua autorità e che accoglie, poi, le ferite che noi gli inferiamo.
>
> da *Ritratti. Andrea Zanzotto*, intervista a cura di M. Paolini, Edizioni Biblioteca dell'Immagine, Pordenone 2001.

a. Zanzotto usa termini e immagini che avete riscontrato già in qualche testo all'interno dell'Unità?
b. A quale proposito l'altro poeta aveva utilizzato queste parole?

6 La donna a pezzi

La figura femminile è ancora al centro della lirica barocca ma assume tratti nuovi rispetto alla tradizione petrarchesca. Rintraccia situazioni e particolari su cui si concentra l'attenzione di Marino nella descrizione della donna: quale immagine dell'amata emerge? Come si colloca il soggetto lirico rispetto ad essa?

allenarsi per l'esame di Stato

l'analisi del testo

7 *Bella schiava*

Nera sì, ma se'[1] bella, o di Natura
fra le belle d'Amor leggiadro mostro.[2]
Fosca è l'alba appo te, perde e s'oscura
presso l'ebeno tuo l'avorio e l'ostro.[3]
Or quando, or[4] dove il mondo antico o il nostro
vide sì viva mai, sentì sì pura,
o luce uscir di tenebroso[5] inchiostro,
o di spento carbon nascere arsura?[6]
Servo di chi m'è serva, ecco ch'avolto
porto di bruno laccio il core intorno,
che per candida man non fia[7] mai sciolto.
Là've[8] più ardi, o sol, sol per tuo scorno[9]
un sole è nato, un sol che nel bel volto
porta la notte, ed ha negli occhi il giorno.

da G. Marino, *Amori*, cit.

1 se': *sei.*
2 leggiadro mostro: *magnifico portento.*
3 Fosca è l'alba… e l'ostro: [*perfino*] *l'alba è oscura* (**fosca**) *al tuo confronto* (**appo te**), *l'avorio e la porpora* (**l'ostro**) *perdono* [*brillantezza*] *e si oscurano, avvicinati al nero* (**presso l'ebeno**) *tuo* [: della tua pelle].
4 Or… or: *ma… ma.*
5 di tenebroso: *dal nero.*
6 arsura: *calore.*
7 fia: *sarà.*
8 Là've: *là dove.*
9 per tuo scorno: *per umiliarti.*

Comprendere

a. Fai la parafrasi della poesia.

Analizzare

b. Chi è il «leggiadro mostro» nominato al v. 2?
c. Il gusto barocco per il paradosso si esprime nel ricorso all'ossimoro e all'antitesi: individua gli esempi nel testo.
d. Quali effetti provoca la donna nel soggetto?

Interpretare e approfondire

e. Spiega come la "poetica della meraviglia" si realizza in questa lirica, mostrando, in particolare, quali elementi concorrono a innovare la tematica femminile.

la lingua nel tempo

Inferno amoroso

Donna, siam rei di morte. Errasti, errai:
di perdon non son degni i nostri errori.
Tu, ch'aventasti in me sì fieri ardori;
io, che le fiamme a sì bel sol furai.
Io, ch'una fera rigida adorai;
tu, che fosti sord'aspe a' miei dolori.
Tu ne l'ire ostinata, io ne gli amori.
Tu pur troppo sdegnasti, io troppo amai.

8 Stessi significati, nuove parole

Leggi i versi di questo sonetto di Marino e rispondi alle domande.

a. Quali sinonimi attuali puoi trovare per "rei", "aventasti", "furai"?
b. Chi è e qual è il significato della metafora "fera rigida"?
c. La parola "aspe" indica un animale: quale? Qual è la parola italiana oggi più vicina ad "aspe", usata però solo come termine specialistico della zoologia?

Parte prima

Verifica globale delle competenze di lettura

secondo i modelli INVALSI

Le competenze di lettura sono:
- la competenza testuale T
- la competenza grammaticale G
- la competenza lessicale L

Le domande sono mirate a valutare:
- la comprensione immediata e globale del testo nel suo insieme
- la messa a fuoco delle informazioni più significative
- la relazione tra i segmenti del testo
- il lessico
- la struttura del discorso logico
- morfologia e figure retoriche
- riflessione sul contenuto
- interpretazione

Punteggio
- Risposta errata 0 punti
- Risposta corretta 3 punti

Per ciascuna domanda sono proposte quattro opzioni, di cui solo una assolutamente corretta, salvo diverse indicazioni nel comando dell'esercizio. L'insegnante potrà valutare il punteggio da attribuire a risposte non corrette che si avvicinano maggiormente alla correttezza. In alcuni casi si non si forniscono opzioni, ma la risposta è strettamente collegata a elementi verbali presenti nel testo.

Tipologia di testo

Letterario in versi

Torquato Tasso

***Gerusalemme Liberata* XX, ottave 50-53**

50

Cosí si combatteva, e 'n dubbia lance[1]
co 'l timor le speranze eran sospese.
Pien tutto il campo è di spezzate lance,
di rotti scudi e di troncato arnese,[2]
di spade a i petti, a le squarciate pance
altre confitte, altre per terra stese,
di corpi, altri supini, altri co' volti,
quasi mordendo il suolo, al suol, rivolti.

51

Giace il cavallo al suo signore appresso,
giace il compagno appo il compagno estinto,[3]
giace il nemico appo il nemico, e spesso
su 'l morto il vivo, il vincitor su 'l vinto.
Non v'è silenzio e non v'è grido espresso,[4]
ma odi un non so che roco e indistinto:
fremiti di furor, mormori d'ira,
gemiti di chi langue e di chi spira.

1 **'n dubbia lance:** *bilancia.* Lo scontro cioè era in equilibrio.
2 **troncato arnese:** *armature spaccate.*
3 **appo… estinto:** *accanto al compagno morto.*
4 **espresso:** *ben distinto.*

52
L'arme, che già sí liete in vista foro,[5]
faceano or mostra paventosa e mesta:
perduti ha i lampi il ferro, i raggi l'oro,
nulla vaghezza[6] a i bei color più resta.
Quanto apparia d'adorno e di decoro
ne' cimieri e ne' fregi, or si calpesta;
la polve ingombra ciò ch'al sangue avanza,[7]
tanto i campi mutata avean sembianza.

53
Gli Arabi allora, e gli Etiòpi e i Mori,
che l'estremo tenean del lato manco,
giansi[8] spiegando e distendendo in fòri,
giravan poi de gli inimici al fianco;
ed omai saggittari e frombatori[9]
molestavan da lunge il popol franco,
quando Rinaldo e 'l suo drapel si mosse,
e parve che tremoto e tuono fosse.

5 L'arme… foro: *le armi che prima furono vivaci a vedersi.*
6 nulla vaghezza: *nessuna bellezza.*
7 la polve… avanza: *la polvere occupa lo spazio che non è invaso dal sangue.*
8 giansi: *andavano.*
9 saggittari e frombatori: *arcieri e lanciatori di fionda.*

1 T **A quale tipologia testuale appartiene il brano?**

A Narrativa
B Poema cavalleresco
C Testo lirico
D Romanzo in versi

2 T **Il testo che hai letto descrive:**

A una battaglia sanguinosa nel suo svolgimento
B un campo al termine di una battaglia dopo che si è consumata una strage
C l'inizio di una battaglia
D una pausa nei combattimenti

3 T **Quale tra le seguenti osservazioni ti pare più coerente al testo letto?**

A L'autore esalta compiaciuto lo spettacolo della forza guerriera dei cristiani
B L'autore esalta compiaciuto lo spettacolo della forza guerriera di entrambi gli schieramenti
C L'autore evidenzia lo spettacolo terribile e desolato della guerra
D Nessuna delle precedenti osservazioni

4 L **I termini «timor» e «speranze» sono:**

A in equilibrio
B in antitesi
C fusi insieme
D equivalenti

5 T **Di che cosa è «pien tutto il campo» di battaglia?**

....
....
....

6 L **Individua nell'ottava 50 almeno due campi semantici e indica gli aggettivi che ne fanno parte:**

– campo semantico ....
....
– campo semantico ....
....

7 T **La figura retorica più presente nelle prime due ottave è l'anafora. Individuane alcune indicando anche il numero delle ottave in cui sono presenti.**

....
....
....
....

8 T **Quali sensazioni uditive sono presenti nell'ottava 51?**

A Silenzio
B Grida
C Un rumore roco e indistinto
D Mormorii e gemiti distinti

9 G **Perché dopo l'aggettivo «indistinto» (ottava 51) vi sono i due punti? Qual è il loro valore grammaticale?**

....
....
....

10 G **«L'arme, che già sí liete in vista foro, / faceano or mostra paventosa e mesta»: analizza questi due versi e rispondi alle domande.**

A Qual è il soggetto di entrambi i predicati?

....

B Il cambiamento del tempo verbale viene sottolineato dagli avverbi. Quali?

....

C Quali aggettivi sono in antitesi?

....

11 T **Individua gli *enjambements* presenti nelle ottave 51 e 52.**

....

....

....

12 L **Qual è il significato dell'espressione «da lunge» nell'ottava 53?**

....

....

....

Punteggio rilevato ..../36

Percorsi di approfondimento

Storia della lingua

- Galileo e la lingua della scienza

Arte e letteratura

- Il Manierismo
- Il Barocco

Musica e letteratura

- Il madrigale

Galileo e la lingua della scienza

obiettivi

- Acquisire coscienza della storicità della lingua italiana
- Coglierne l'evoluzione attraverso una prospettiva storica
- Rilevare le peculiarità del lessico, della semantica, della morfologia e della sintassi
- Rilevare la progressiva semplificazione nel tempo delle strutture sintattiche
- Capire la coniazione delle parole (dalle lingue classiche e dall'accoglienza di dialettalismi e forestierismi, cioè di termini dialettali o "importati" da lingue straniere)
- Acquisire competenze impiegabili nella lettura e nella produzione scritta e orale
- Raggiungere una maggiore padronanza della lingua attraverso una maggiore consapevolezza dei meccanismi che ne sono alla base

Scrivere di scienza in volgare

Nel Seicento la lingua scritta normalmente usata negli studi filosofici e scientifici è ancora il latino. Appare pertanto rivoluzionaria la decisione di Galileo Galilei di scrivere le sue opere più importanti – *Il Saggiatore* e *Dialogo sopra i due massimi sistemi del mondo* – in volgare. Questa scelta è legata alla volontà di prendere le distanze dalla lingua usata dalla cerchia degli intellettuali chiusa e arenata sulle teorie tramandatesi nei secoli e considerate verità inconfutabili (come quella aristotelica), perché troppo distante dalla vita reale e inadatta a rivolgersi agli uomini del proprio tempo.
Da scienziato e intellettuale arguto quale è, Galilei considera il mezzo linguistico come uno strumento indispensabile per la sua missione scientifica. Il suo proposito è quello di fornire dei testi accessibili anche ai non specialisti; ecco dunque che la scelta di un linguaggio chiaro – seppur non arido o impersonale – per sviluppare considerazioni e dimostrazioni scientifiche, diventa obbligata. Ciononostante occore ricordare che nel Seicento il latino rimane la lingua europea della cultura e che per questo motivo gli editori e i librai richiedono a Galileo, oltre alla versione in volgare dei suoi scritti, anche la traduzione in latino.
Lo scienziato pisano può, senza dubbio, essere considerato l'iniziatore della prosa scientifica in volgare; è infatti tramite questa scelta linguistica che riesce a coniugare il rigore dimostrativo della scienza alla piacevolezza della letteratura.

Un giudizio novecentesco sulla lingua di Galileo

Lo scrittore Italo Calvino (1923-1985) in *Due interviste su scienza e letteratura* scrive:

> Leopardi nello *Zibaldone* ammira la prosa di Galilei per la precisione e l'eleganza congiunte. E basta vedere la scelta di passi che Leopardi fa nella sua *Crestomazia* della prosa italiana, per comprendere quanto la lingua leopardiana – anche del Leopardi poeta – deve a Galilei. Galileo usa il linguaggio non come uno strumento neutro, ma con una coscienza letteraria, con una continua partecipazione espressiva, immaginativa, addirittura lirica. [...] L'ideale di sguardo sul mondo che guida anche il Galilei scienziato è nutrito di cultura letteraria. Tanto che possiamo segnare una linea Ariosto-Galilei-Leopardi come una delle più importanti linee di forza della nostra letteratura.
>
> da I. Calvino, *Una pietra sopra*, Mondadori, Milano 1980.

La lingua del *Saggiatore*

Presentiamo un celebre passaggio de *Il Saggiatore* – il trattato in cui Galileo polemizza con il gesuita Orazio Grassi (1583-1654) sulla natura delle comete – nel quale lo scienziato pisano sostiene che nel discorso scientifico non serve appoggiarsi all'autorità degli antichi o alla «fantasia» individuale, ma occorre invece saper interpretare il «grandissimo libro» della natura.
Tra parentesi e in neretto abbiamo evidenziato i cambiamenti rispetto all'italiano corrente, lasciando invece invariato tutto il resto.

T1

Galileo Galilei
Un libro scritto il lingua matematica

Parmi (**mi pare**), oltre a ciò, di scorgere nel Sarsi[1] ferma credenza, che nel filosofare sia necessario appoggiarsi all'opinioni di qualche celebre autore, sì che la mente nostra, quando non si maritasse col discorso d'un altro, ne dovesse in tutto rimanere sterile ed infeconda; e forse stima che la filosofia sia un libro e una fantasia d'un uomo, come l'*Iliade* e l'*Orlando furioso*, libri ne' (**nei**) quali la meno importante cosa è che quello che vi è scritto sia vero. Signor Sarsi, la cosa non istà (**sta**) così. La filosofia è scritta in questo grandissimo libro che continuamente ci sta aperto innanzi a gli occhi (io dico l'universo), ma non si può intendere se prima non s'impara a intender la lingua, e conoscer i caratteri, ne' (**nei**) quali è scritto. Egli (**esso**) è scritto in lingua matematica, e i caratteri son triangoli, cerchi, ed altre figure geometriche, senza i quali mezi (**mezzi**) è impossibile a intenderne umanamente parola; senza questi è un aggirarsi vanamente per un oscuro laberinto (**labirinto**). Ma posto pur anco (**anche**), come al Sarsi pare, che l'intelletto nostro debba farsi mancipio (**schiavo**) dell'intelletto d'un altr'uomo (lascio stare ch'egli, facendo così tutti, e se stesso ancora, copiatori, loderà in sé quello che ha biasimato nel Signor Mario[2]), e che nelle contemplazioni de' (**dei**) moti celesti si debba aderire ad alcuno, io non veggo (**vedo**) per qual ragione ei (egli) s'elegga (**preferisca**) Ticone,[3] anteponendolo a Tolomeo e a Nicolò Copernico, de' (**dei**) quali due abbiamo i sistemi del mondo interi e con sommo artificio costrutti (**costruiti**) e condotti al fine; cosa ch'io non veggo (**vedo**) che Ticone abbia fatta, se già al Sarsi non basta l'aver negati gli altri due e promessone un altro, se ben poi non esseguito (**eseguito**).

da G. Galilei, *Il Saggiatore.*

1 **Sarsi:** al trattato di Grassi sull'origine delle comete, Galielo aveva risposto indirettamente con l'intervento di un suo allievo (▶ nota 2); con lo pseudonimo di Lotario Sarsi, Grassi replicò con un secondo trattato a cui Galileo oppose *Il Saggiatore*.
2 **il signor Mario:** Mario Guiducci (1584-1646), discepolo di Galilei.
3 **Ticone:** nome italianizzato di Tycho Brahe (1546-1601) astronomo danese che sosteneva una teoria di compromesso tra quella tolemaica e quella copernicana.

La grafia

Nel consonantismo secentesco non è ancora ben determinato l'uso delle consonanti scempie o doppie, come la *z* in «me**z**i» anziché "mezzi", o come nelle parole con *es-* o *ess-* iniziale (dal latino *ex*) quali «**ess**eguito» anziché "eseguito". Da notare anche la prostesi vocalica (aggiunta di una vocale) davanti a *s* impura come «**i**stare» per "stare".

La morfologia e la sintassi

Preposizioni articolate

Nella composizione delle preposizioni articolate spesso l'apostrofo sostituisce l'articolo dopo la preposizione semplice: «ne'» e «de'» al posto di "nei" e "dei".

Pronome terza persona singolare

Il pronome personale «egli», spesso usato anche nella sua forma sincopata «ei», può riferisi sia alla persona, sia a cose, come nel caso di «Egli è scritto...» (r. 9) in cui «Egli» sta per il "gran libro dell'universo".

Il congiuntivo

L'uso del congiuntivo nelle subordinate è simile a quello contemporaneo.
Ad esempio, nella frase dichiarativa «credenza che nel filosofare *sia* necessario», il congiuntivo *sia* indica che la subordinata esprime un'opinione del Sarsi e non una verità oggettiva.

Costruzione del periodo

La proposizione reggente «Parmi» (**mi pare**) dà avvio a un lungo e complesso periodo che giunge sino al quinto grado di subordinazione. Nonostante la complessità della costruzione sintattica, la lucidità del ragionamento e l'uso di termini del parlato ne facilitano la comprensione, così come la presenza di frasi lapidarie che suggellano il regionamento spezzando il susseguirsi di periodi complessi (ad es. «la cosa non istà così», r. 6).

Il lessico

Riunendo i sostantivi usati nel brano in insiemi o famiglie di parole e mettendo tra parentesi i sotto insiemi, scopriamo come il discorso di Galilei sia molto vicino al linguaggio della matematica, non solo metaforicamente.

credenza – opinioni
autore – libro
mente – fantasia – intelletto
occhi – contemplazioni
discorso – lingua (*matematica*) *– caratteri* (*triangoli, cerchi, figure geometriche*) *– parola*
mancipio – copiatori
universo – laberinto – moti celesti – sistemi del mondo

Le metafore

Il parlar figurato, o parlare per metafore, è una caratteristica della scrittura letteraria, soprattutto nel Seicento, tanto che la stessa prosa scientifica galileiana non ne è immune. Segnaliamo le principali espressioni metaforiche del brano. In questo caso non si tratta però di puro esercizio retorico: la metafora fa parte integrante del ragionamento, così come era stato per Machiavelli.

- «quando non si maritasse col discorso d'un altro, ne dovesse in tutto rimanere sterile ed infeconda»
- «in questo grandissimo libro che continuamente ci sta aperto innanzi a gli occhi (io dico l'universo)»
- «Egli è scritto in lingua matematica, e i caratteri son triangoli, cerchi, ed altre figure geometriche»
- «senza questi è un aggirarsi vanamente per un oscuro laberinto»
- «l'intelletto nostro debba farsi mancipio dell'intelletto d'un altr'uomo»

Laboratorio linguistico

1 Inserisci in ogni insieme evidenziato nella sezione Lessico un altro termine a tua scelta che ne possa far parte e trova per ciascuno un sinonimo adeguato al significato complessivo del brano.

Per aiutarti nell'esercizio ti forniamo il significato dell'unico vocabolo oggi poco usato: «mancipio».
Il termine è di origine latina, deriva dall'unione di *manus* ('mano') e *capere* ('prendere') e, nell'antico diritto romano, esprimeva il diritto di proprietà su uomini e cose. In senso figurato assume il significato di 'persona messa sotto la potestà di qualcuno, ovvero servo o schiavo'.

2 Rintraccia nel testo tutte le forme verbali al congiuntivo, indica di quale tipo di subordinate esse costituiscano il predicato e motivane l'uso.

Il Manierismo

Giuseppe Arcimboldi, *Ritratto di Rodolfo II in veste di Vertumno*, 1590. Stoccolma, Skoklosters Slott.

1 Le caratteristiche generali del Manierismo

Che cosa significa Manierismo Il termine Manierismo deriva da "maniera" (dal francese antico *manière*, che indica il modo con cui una persona si comporta in società: questo significato si trova tuttora in italiano nell'espressione "le buone maniere"). La parola "maniera", usata nel Cinquecento da Vasari per designare semplicemente lo stile di un artista, nel corso del secolo assunse un significato negativo per caratterizzare uno stile eccessivamente studiato. Il Settecento, su questa base, condannò tutta l'arte del secondo Cinquecento, solo nel Novecento si avrà una rivalutazione di questo stile.

Il Manierismo nell'arte La critica indica con il nome di Manierismo lo stile prevalente nell'arte italiana ed europea fra il terzo decennio e la fine del Cinquecento, caratterizzato dal richiamo alla lezione dei grandi maestri (dipingere "alla maniera di" Leonardo, Michelangelo e Raffaello) e dal suo successivo stravolgimento attraverso l'uso di forme sproporzionate e colori accesi. Questa tendenza si collega alla crisi dei primi decenni del secolo: le guerre, le catastrofi economiche, l'instabilità politica e sociale mettono fine all'ottimismo dell'epoca umanistica. Viene meno il rapporto armonico tra uomo e natura e, conseguentemente, l'idea che l'arte debba imitarla: di qui il rifiuto dell'equilibrio delle forme classiche a favore di una visione più soggettiva, rivolta all'affermazione di una spiritualità più inquieta, che deforma le figure, stravolge le proporzioni reali e mette in crisi la prospettiva rinascimentale. L'arte del Manierismo mira alla ricerca del nuovo, anche con esiti bizzarri, e allo sperimentalismo formale, sempre caratterizzato da una forte componente intellettuale, anche quando punta all'effetto drammatico.

2 Le opere d'arte del Manierismo

Tra i più importanti esponenti dell'arte del Manierismo troviamo i pittori toscani Pontormo (1494-1556, ▶ F1) e Rosso Fiorentino (1495-1540, ▶ F2), il veneziano Jacopo Tintoretto (1518-1594, ▶ F3) e il milanese Giuseppe Arcimboldi (1527-1593, ▶ F4). In questo paragrafo presentiamo alcune loro opere utili per capire l'arte del Manierismo.

F1

Pontormo
Deposizione
1526-1528. Firenze, cappella Capponi, chiesa di Santa Felicita.

In questo dipinto di Jacopo Carucci, detto Pontormo, le figure maschili e femminili – entrambe con forme esasperate, allungate e contorte, segno di un'esistenza tormentata – che sorreggono il corpo di Cristo sono disposte seguendo uno schema piramidale, in cui ricorrono linee contorte e avvolgenti che lasciano trasparire una sensazione di instabilità e di forte drammaticità. Inoltre, l'uso di colori chiari e accesi, quasi sfuocati, danno all'intera scena l'aspetto di un'apparizione più che di una concreta realtà.

F2

Rosso Fiorentino
Deposizione
1521. Volterra, Pinacoteca.

Giovan Battista di Jacopo, detto Rosso Fiorentino, rappresenta il tema della deposizione di Cristo dalla croce secondo uno schema che non rispetta i modi della raffigurazione classica. La violenza dei gesti, la forzatura, quasi caricaturale, delle espressioni, le figure eccessivamente allungate e spezzate, il contrasto delle luci e dei colori, tendono a creare un forte effetto drammatico attraverso l'esasperazione delle forme. Il quadro tuttavia comunica un senso di irrealtà: i personaggi sembrano rappresentare una scena teatrale. Lo spazio è ridotto a poche strutture geometriche: le tre scale funzionano quasi da attrezzi ginnici, su cui sono dislocate le varie figure, secondo uno studiatissimo gioco di corrispondenze e di simmetrie.

F3

Tintoretto
Trafugamento del corpo di San Marco
1562. Venezia, Galleria dell'Accademia.

Tra il 1562 e il 1566 Jacopo Robusti, detto Tintoretto, realizza un ciclo di affreschi con le storie e i miracoli di San Marco, santo a cui era dedicata la Scuola Grande a Venezia, confraternita religiosa che gli aveva commissionato il lavoro. Nel *Trafugamento* domina la scena uno spazio vuoto, dilatato all'infinito dall'apertura sul fondo. Le architetture della piazza fungono da spettrali quinte teatrali, mentre sono aboliti i normali rapporti di unità e di equilibrio spaziale, sostituiti da molteplici movimenti divergenti: il moto in profondità e verso l'esterno delle inconsistenti figurine laterali, quello in avanti del gigantesco gruppo principale e, in opposizione a questo, il movimento della figura a sinistra e del lembo che fuoriescono dal quadro. Il senso di inquietudine è accentuato, oltre che dalla luce lampeggiante dei fulmini, dal fatto che il punto di vista prospettico si allontana dal centro, spostando obliquamente l'asse della composizione.

F4

Giuseppe Arcimboldi
Inverno
1563. Vienna, Kunsthistorisches Museum.

Il milanese Giuseppe Arcimboldi porta alle estreme conseguenze il gusto per il fantastico e il bizzarro tipico dell'arte manieristica. Le sue composizioni e i suoi ritratti, in cui i volti sono composti da oggetti, vegetali, frutti, elementi organici e inorganici insieme, sorprendono e divertono gli spettatori. In questo dipinto è rappresentato l'Inverno: il viso è formato da una sorta di corteccia che ricorda la pelle avvizzita dalla quale spunta una rada barba bianca di radici secche. La pittura illusionistica di Arcimboldi, insieme fantastica e minuziosa, ha riscosso particolare fortuna anche nel Novecento, anticipando certi effetti del moderno Surrealismo.

Fissiamo i concetti

1 La parola "manierismo" non ha mai assunto il significato di:
a. maniera
b. stile di un artista
c. stile tradizionale, alla "vecchia maniera"
d. stile eccessivamente studiato

2 L'arte manierista:
a. fa uso di colori accesi
b. mantiene inalterato l'uso della prospettiva rinascimentale
c. si riferisce solo a soggetti sacri
d. si sviluppa solo a Venezia

3 Tra i pittori manieristi non è possibile includere:
a. Tintoretto
b. Arcimboldi
c. Pontormo
d. Leonardo

Arte e letteratura

3 Arte e letteratura nel Manierismo

L'importanza fondamentale della luce

Tasso e Tintoretto Nel Manierismo la rappresentazione artistica dello spazio cambia notevolmente: lontana dall'equilibrio e dalla prospettiva rinascimentale, la dimensione spaziale è adesso priva di un'architettura definita, e l'uso della luce assume un valore fondamentale. Il critico d'arte Giulio Carlo Argan ha individuato un'influenza reciproca fra lo spazio narrativo presente nella *Gerusalemme liberata* di Torquato Tasso – e anche, più in generale, in tutta l'opera di questo autore (▶ T1) – e la rappresentazione pittorica di Tintoretto. Leggiamo le parole del critico a tale proposito.

> È un nuovo modo di composizione, e così ricca di prospettive arrischiate e sfuggenti, di contrasti di luce, ombre e controluci, così sapientemente calcolata pur nel suo impetuoso trascorrere da non potersi accostare che al modo delle composizioni pittoriche del Tintoretto. Come in queste, infatti, lo spazio non ha più una misura [...] ma è contrasto di vicino e di lontano, di eventi che accadono sotto i nostri occhi e di remotissimi sfondi, sicché si è come attratti nella sua dimensione fantastica e, seguendo il flusso irresistibile della vicenda drammatica, quasi condotti a perdersi in quegli sfondi agitati, convulsi. [...] E quella commozione della natura si manifesta, nel poeta come nel pittore, in una violenta alternativa di luci e di ombre: in quello che, comunemente, si chiama il «luminismo».

da AA.VV., *Torquato Tasso*, Marzorati, Milano 1957.

T1

Torquato Tasso
«Ecco mormorar l'onde»

[*Rime*]

Le forme
- musicalità dei versi, linguaggio "pittorico"

I temi
- paesaggio-stato d'animo

Questo madrigale già proposto nell'Unità 1, fa parte delle rime dedicate alla cantante Laura Peperara, artista amata da Tasso. Lo stato d'animo del poeta è espresso attraverso un linguaggio ricco di sensazioni pittoriche e musicali. Il paesaggio si anima al sorgere del sole: l'aurora irradia un'energia positiva, che infine raggiunge anche il cuore umano.

Ecco mormorar l'onde
e tremolar le fronde
a l'aura[1] mattutina e gli arboscelli,
e sovra i verdi rami[2] i vaghi augelli
cantar soavemente
e rider l'oriente:
ecco già l'alba appare
e si specchia nel mare,
e rasserena il cielo
e le campagne imperla il dolce gelo[3]
e gli alti monti indora.
O bella e vaga Aurora,
l'aura è tua messaggera, e tu de l'aura
ch'ogni arso cor ristaura.

da T. Tasso, *Poesie*, a cura di F. Flora, Ricciardi, Milano-Napoli 1952.

PARAFRASI

1-6 Ecco le onde mormorare e le fronde e gli arboscelli tremolare all'aria (a l'aura) mattutina, e sopra i rami verdi [ecco] i dolci (vaghi) uccelli (augelli) cantare soavemente e [ecco] l'oriente risplendere (rider).
7-11 ecco [che] già l'alba appare e si specchia nel mare, e rasserena il cielo e [con] la rugiada (il dolce gelo) imperla le campagne e tinge d'oro (indora) gli alti monti.
12-14 O bella e amata (vaga) Aurora, l'aria è tua messaggera, e tu [lo sei] dell'aria che ristora (ristaura) ogni cuore riarso.

Metrica madrigale composto da quattro endecasillabi e da dieci settenari, disposti a rima baciata, secondo lo schema aaBBbbddeEffGg.

1 l'aura: da intendersi anche come "Laura", la donna amata dal poeta, che al pari dell'aria mattutina è portatrice di vita e di ristoro per il cuore di chi la ama (vv. 13-15).
2 verdi rami: il verde dei rami è segno del loro giovanile vigore.
3 dolce gelo: soggetto contemporaneamente del v. 10 e del v. 11: la rugiada adorna la campagna e sui monti riflette la luce dorata dei primi raggi mattutini.

Leggere e capire

Questo madrigale può essere diviso in tre parti:

- vv. 1- 5: l'alba riporta nel mondo vita, suoni e colori: il verde dei rami rappresenta la vitalità della natura mattutina;
- vv. 6- 11: la luce dell'alba si specchia sul mare, mentre la rugiada decora la campagna; sui monti riflette la luce dorata dei raggi solari;
- vv. 12-14: l'aria mattutina è capace di dare nuova vita al mondo che si sta risvegliando.

Analizzare

Dominano in questo testo le sensazioni di tipo pittorico e quelle musicali. Sono sensazioni pittoriche:

- la luce dell'alba che si rispecchia nel mare (vv. 7-8)
- l'"indorarsi" dei monti (v. 11)

Comunicano sensazioni musicali (rese tramite il ricorrere della consonante /r/) la scelta di verbi come "mormorare", "cantare", "ridere".

Esercizi

1 Contaminazioni artistiche
Lo stato d'animo del poeta parla il linguaggio delle sensazioni pittoriche e musicali. Quali colori e quale melodia caratterizzano la poesia?

Tintoretto e la *Gerusalemme liberata* In Tasso la natura è vibrazione di luci: l'alba e la luna si accendono sui notturni delineando un paesaggio mobile e vivo. La natura inquieta partecipa all'inquietudine degli uomini.
Nella *Gerusalemme liberata* lo specchio del tormento interiore dei personaggi è rappresentato sempre da scenari notturni. Così, nella notte lunare si sfogano le fiamme della passione di Erminia, e il terribile duello tra Clorinda e Tancredi si combatte nel buio illuminato dagli incendi. Di contro, la rinascita cristiana è associata all'alba: la luce del sole nascente inonda il viso pacificato di Clorinda che riceve il battesimo; le prime luci del mattino accompagnano il cammino di purificazione di Rinaldo sul Monte Oliveto. La commozione della natura si manifesta dunque, nel poeta come nel pittore, in una violenta alternanza tra luci e ombre, tecnica questa che prende il nome di «luminismo». Il legame tra i due artisti è confermato da un dato di fatto: il Tintoretto apre la serie dei pittori che traggono dalla *Gerusalemme liberata* temi per le loro opere (▶ T2).

T2

Tintoretto
Tancredi che battezza Clorinda

1587-1589. Chicago, Collezione Logan.

Leggere l'opera

Il dipinto di Tintoretto *Tancredi battezza Clorinda* dimostra una fedele e acuta interpretazione del testo, per il senso drammatico della scena e per la percezione della luce e dello spazio che unisce il pittore a Tasso. Infatti, il chiaroscuro immerge le figure sullo sfondo naturale, mentre la luce si ferma su alcuni particolari solo apparentemente insignificanti. Brillano lo scudo, l'elmo, l'acqua battesimale: tutto ciò che sopravvive alla vita che si spegne.

Dal ripasso alla verifica

esercizi di riepilogo

1 Nuovi obiettivi

L'obiettivo dell'arte manierista è:

a. lo studio realistico della natura
b. la ricerca del nuovo
c. l'imitazione della tradizione
d. il successo di pubblico

2 La *Deposizione*

Nella Deposizione di Rosso Fiorentino:

a. gli spazi sono ridotti a poche figure geometriche
b. la dimensione spaziale rappresentata rispetta la prospettiva
c. la disposizione dei personaggi rispetta il modello classico
d. la scena è fortemente realistica

3 I soggetti di Arcimboldi

Quali soggetti caratterizzano le opere del pittore milanese Giuseppe Arcimboldi?

....

esercizi di approfondimento

4 Il confronto con le immagini

La *Deposizione* di Pontormo (▶ F1) è un dipinto che risale al periodo 1526-1528. Alcuni anni dopo anche il pittore Michelangelo Merisi, detto il Caravaggio (1571-1610) dipinge una *Deposizione* (1602-1604). Confronta le due immagini, soffermandoti sulla disposizione dei personaggi nella scena, sui colori usati e sullo sfondo inserito.

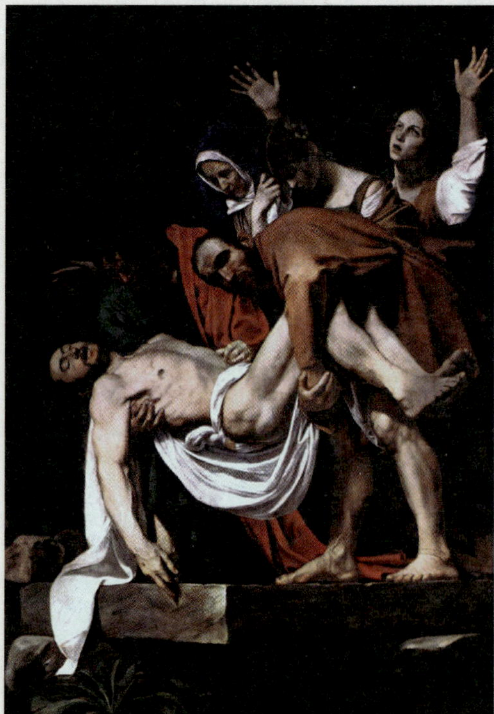

....
....
....
....
....
....
....
....
....

Il Barocco

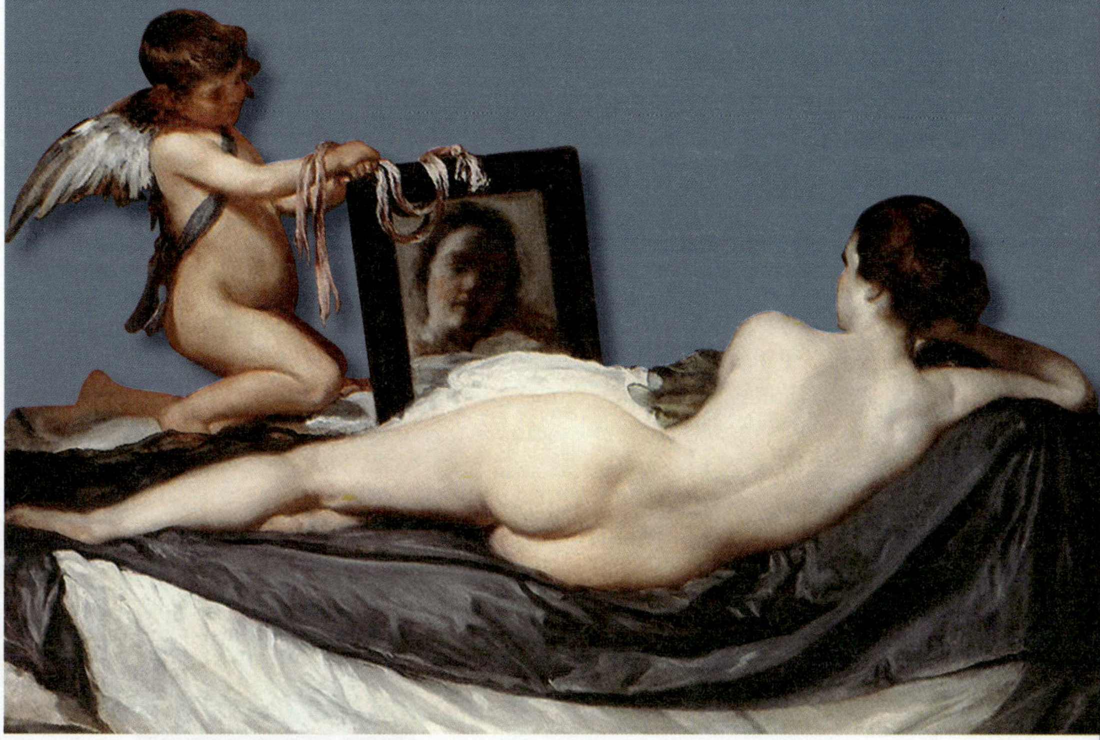

Diego Velázquez, *Venere allo specchio*, 1644-1648. Londra, National Gallery.

1 Le caratteristiche generali del Barocco

Che cosa significa Barocco Il termine "barocco" indica le manifestazioni artistiche, letterarie e musicali del Seicento, caratterizzate dall'eccesso e dalla stravaganza. Per molto tempo questa parola è stata usata in maniera dispregiativa, per indicare un'arte eccentrica, irregolare, contraria al buon gusto. In effetti, anche se l'origine del termine è incerta, "barocco" deriva sia dal portoghese *barroco*, che significa 'perla irregolare e perciò strana', sia dal francese *baroque*, con l'accezione di 'stravagante, bizzarro'; il termine latino *baroco* indica, inoltre, una forma di ragionamento molto complicato.

Il Barocco nell'arte Proseguendo l'allontanamento dalle forme armoniose ed equilibrate del Rinascimento iniziato nel secondo Cinquecento con il Manierismo, l'arte del Barocco si caratterizza per il gusto delle prospettive audaci, dei forti contrasti di luce e di ombra, con esiti che tendono alla teatralità, alla meraviglia e alla finzione. La musica diventa l'arte-guida: tutte le arti, infatti, sembrano tendere alla condizione infinita della musica, al suo carattere aperto e inconcluso. La ricerca artistica barocca – che dà risultati diversi in Italia, in Spagna e in Olanda – presenta alcune caratteristiche comuni all'architettura, alla scultura e alla pittura:

- interartisticità: tendenza alla collaborazione tra architettura, scultura e pittura nella ricerca di effetti spettacolari e scenografici (vi eccelle Bernini, ▶F5);
- forma aperta e inconclusa: irrazionalità della struttura dell'opera, che sembra non terminata e che rinvia a qualcos'altro;
- prospettiva alterata: uso frequente di torsioni, primi piani, contrappunti violenti di ombra e di luce;

- presenza di particolari slegati tra loro: i particolari della realtà, slegati e accostati tra loro, assumono rilievo pur senza un ordinamento gerarchico degli elementi rappresentati;
- "ansia di infinito": tendenza a rimandare "altrove" gli scorci prospettici e gli effetti di luce.

2 Le opere d'arte del Barocco

Tra i più importanti esponenti dell'arte del Barocco troviamo in Italia l'architetto e scultore Gian Lorenzo Bernini (1598-1680, ▶ F1 e F2) e il pittore Pietro da Cortona (1596- 1669, ▶ F3) e nei Paesi Bassi il pittore Rembrandt van Rijn (1606-1669, ▶ F4). In questo paragrafo presentiamo alcune loro opere utili per capire l'arte barocca.

F1

Gian Lorenzo Bernini
Apollo e Dafne
1622-1625. Roma, Galleria Borghese.

Nella scultura barocca domina il gusto del movimento e dell'espressività, al fine di enfatizzare ogni sentimento come se fosse una rappresentazione teatrale. Uno dei massimi scultori del tempo è Gian Lorenzo Bernini, che realizza nella scultura gli stessi scenografici effetti che ottiene nell'architettura.
In *Apollo e Dafne* Bernini rappresenta l'attimo finale dell'inseguimento di cui parla il mito: il dio Apollo ha raggiunto la ninfa Dafne e sta per afferrarla. Ma la ninfa chiede aiuto agli dèi per cancellare la sua bellezza ed evitare di essere posseduta. Subito la sua pelle si ricopre di corteccia e i suoi capelli diventano fronde: fra poco sarà trasformata in alloro. La donna diventa albero sotto gli occhi di Apollo in preda allo stupore.
La scultura mostra i due corpi nello slancio del movimento: la realizzazione della torsione dei protagonisti non induce Bernini a tralasciare la precisione dei particolari, come lo studio dei capelli che diventano germogli e delle mani che si allungano in rami. La rappresentazione di due corpi in movimento e di una forma inconclusa (Dafne metà donna e metà alloro) sottolinea come nella cultura del Barocco la realtà produca meraviglia per la sua instabile serie di apparenze.

F2

Gian Lorenzo Bernini
Colonnato di piazza San Pietro
1657-1665. Roma, Città del Vaticano.

Nell'arte barocca viene instaurato un nuovo rapporto con il pubblico, basato sulla sua partecipazione alla rappresentazione artistica, che deve essere non solo ammirata, ma anche vissuta, proprio come accade in teatro. Un esempio evidente è costituito da piazza San Pietro, opera commissionata da papa Alessandro VI nel 1656 a Gian Lorenzo Bernini, che aveva già lavorato per altre opere papali. Bernini usa la prospettiva non per unificare, ma per moltiplicare i punti di vista sulla basilica, creando nell'animo degli spettatori la sensazione di trovarsi in uno spazio infinito. I due bracci ricurvi dei colonnati sono ellissi, che comunicano il senso di apertura di uno spazio avvolgente e inconcluso. Il movimento, la curva, la molteplicità dei punti di vista esprimono così la tendenza all'infinito che caratterizza la visione del mondo nell'età del Barocco.

F3

Pietro da Cortona
Trionfo della Divina Provvidenza
1633-1639. Roma, Galleria Nazionale di Palazzo Barberini.

La teatralità dello spazio e la tendenza alla spettacolarizzazione della realtà sono elementi presenti anche nelle opere pittoriche di Pietro Berrettini, detto Pietro da Cortona, che realizza importanti affreschi su commissione di Papa Urbano VIII, tra cui la decorazione del salone maggiore di Palazzo Barberini affidatagli nel 1633. L'affresco, concepito come una celebrazione del potere spirituale e temporale del Papato, dilata lo spazio fino a "sfondare" il soffitto, oltre il quale numerose figure volanti si agitano lungo tutta la volta con movimenti agili e morbidi. Nell'opera di Pietro da Cortona i personaggi sono colti nel momento dell'azione e la natura, non più concepita come forma immutabile, si offre in uno spettacolo in continuo divenire, dove realtà e illusione si fondono perfettamente.

F4

Rembrandt van Rijn
La lezione di anatomia del dottor Tulp
1632. L'Aja, Mauritshuis.

Il quadro del pittore olandese Rembrandt van Rijn Nicolaes rappresenta un cadavere tagliato dal bisturi del dottor Tulp (1593-1674), un medico di Amsterdam che in quel periodo aveva compiuto un'autopsia pubblica. Anche i personaggi rappresentati sono reali: sono tutti ritratti di uomini i cui nomi sono leggibili nel foglio che tiene in mano il personaggio più vicino a Tulp. Il dipinto fissa sulla tela l'istante in cui le facce dei presenti guardano curiose il cadavere: è come se la scena venisse fuori dal buio per dare la sensazione di uno spettacolo improvviso. La realtà è rappresentata attraverso i particolari quotidiani, senza più distinzione tra soggetti belli o brutti: anche un cadavere può ispirare l'artista.

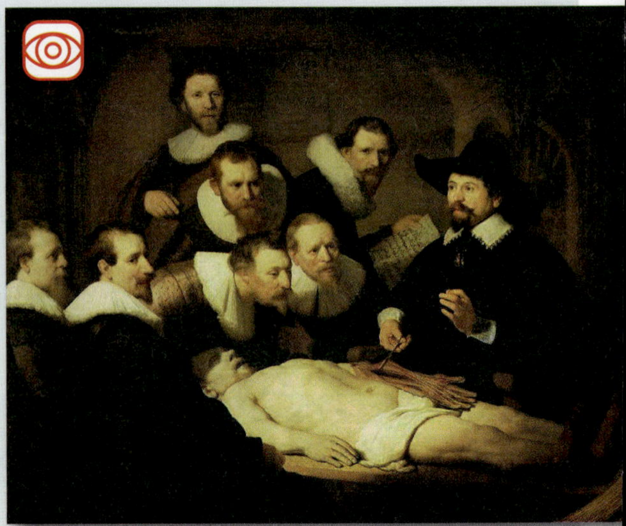

Fissiamo i concetti

1 La parola "barocco" non ha mai assunto il significato di:
a. prosaico
b. perla irregolare
c. stravagante
d. ragionamento complicato

2 L'arte barocca è:
a. inconclusa
b. lineare
c. tradizionale
d. realistica

3 Tra le caratteristiche dell'arte barocca non c'è:
a. l'uso di una prospettiva alterata
b. la presenza di particolari disposti senza un ordine
c. la commistione tra le diverse discipline artistiche
d. la decorazione secondo il "buon gusto"

3 Arte e letteratura nel Barocco

Tra illusione e realtà

La "meraviglia" barocca Il Barocco è il secolo in cui alla forma e all'equilibrio rinascimentali si sostituisce una concezione dello spazio multiprospettica, che tende all'infinito. La realtà diventa un'illusione, creata appositamente per stupire il pubblico. Anche in letteratura si cerca l'artificio, la trovata arguta che permetta di assecondare il gusto dei lettori: il massimo poeta italiano del periodo, il napoletano Giambattista Marino (1569-1625) afferma infatti: «la vera regola [...] è saper rompere le regole a tempo e luogo, accomodandosi al costume corrente ed al gusto del secolo». Nella famosa *Fischiata XXXIII* Marino sostiene che il fine della poesia è la meraviglia: «È del poeta il fin la meraviglia / (parlo de l'eccellente, non del goffo): / chi non sa far stupir, vada alla striglia» [chi non riesce a far stupire il lettore deve cambiare mestiere e diventare uno stalliere, uno che striglia i cavalli].

Lo specchio di Velázquez Nell'epoca barocca ricorre la tendenza al gioco illusionistico, alla commistione tra finzione e realtà, in cui un ruolo spesso importante è svolto da un oggetto ambiguo per eccellenza: lo specchio. Il celebre pittore spagnolo Diego Velázquez ne offre un esempio nel suo dipinto *Las meninas*, dove l'illusione si mescola inestricabilmente con una scena di vita quotidiana, lasciando lo spettatore incerto su quello che vede (▶ T1).

T1

Diego Velázquez
Las meninas
1656. Madrid, Museo Nacional del Prado.

Leggere l'opera

Il dipinto *Las meninas* [Le dame di corte] del pittore spagnolo Diego Velázquez (1599-1660) ritrae un momento della vita reale spagnola: al centro c'è la giovane Margherita – futura regina – circondata dalle damigelle e da due nani. Ma la struttura del quadro si complica osservando le altre figure presenti: il pittore intento a dipingere una tela il cui contenuto è invisibile allo spettatore è lo stesso Velázquez; l'uomo sulla porta è un maresciallo di corte che, prima di abbandonare la scena, si rivolge verso lo spettatore. In mezzo ai due, uno specchio riflette il soggetto del ritratto: i sovrani di Spagna. Infine, sulla sinistra ci sono due servitori che parlano insieme, anche se uno sembra guardare il pubblico. *Las meninas* non è una semplice scena di vita nobiliare: al ritratto si affianca l'autoritratto, nel quadro stesso si scorge una tela che si sta dipingendo, ai personaggi che svolgono la loro vita di corte si aggiungono gli spettatori che sono invitati a farne parte. Il piano della realtà e quello della rappresentazione si confondono: la moltiplicazione dei punti di vista data dallo specchio offre un'immagine labirintica della realtà e produce un senso di smarrimento nello spettatore.

Gli specchi di Marino e di Stigliani Lo specchio è un oggetto che si ritrova spesso anche in componimenti poetici del periodo, testimoniando così il gusto barocco per temi quali la specularità e il raddoppiamento. Come ha notato il critico Giovanni Getto, la visione del mondo del Seicento è ricca «di prospettive artificiali, di immagini la cui realtà sfuma in illusione e la certezza del reale si perde in un gioco di riflessioni sovrapposte», che indicano quel «senso della relatività delle cose, della incertezza con cui ogni verità si manifesta all'uomo» in quest'epoca.
Si prendano come esempio due madrigali che presentano variazioni sul tema dello specchio: il primo è *Specchio dell'amata* (1614, ▶ T2) di Giambattista Marino e il secondo è *Scherzo d'imagini* (1625, ▶ T3) dello scrittore Tommaso Stigliani (1573-1661).

T2

Giambattista Marino
Specchio dell'amata

[*Lira*, IV]

Le forme
- giochi linguistici e concettuali

I temi
- ambiguo funzionamento dello specchio

In questo madrigale lo specchio che la donna usa per riflettere la propria immagine è ora preso dal poeta che vi scorge riflessa la propria. Nasce così il confronto tra il volto dell'amata e il proprio, tra la bellezza dell'uno e la bruttezza dell'altro: da qui il rimprovero del poeta allo specchio, che avrebbe dovuto trattenere per sempre l'immagine della donna. L'insistenza sulle immagini che si alternano sul «chiaro cristallo» rivela il gusto per il gioco concettuale della poesia barocca.

Qualor, chiaro cristallo,
vago pur di mirar quel vivo Sole
che 'n te specchiar si sòle,[1]
in te le luci affiso,
ahi ch'altro non veggi'io che 'l proprio viso!
Specchio fallace, ingrato,
se vagheggiar t'è dato
volto fra gli altri il più ridente e vago,
non dovresti serbar sì trista imago![2]

da G. Marino, *Opere scelte*, a cura di G. Getto, Utet, Torino 1962.

PARAFRASI

1-5 Tutte le volte che (Qualor), o specchio (chiaro cristallo), fisso gli occhi verso di te (in te... affiso), desideroso (vago) di guardare anche io (pur) quel vivo Sole [: il volto dell'amata] che è solito rispecchiarsi su di te, non vedo niente altro che il mio stesso viso!
6-9 Specchio ingannatore (fallace), non riconoscente, se ti è toccato ammirare (vagheggiar) il volto più ridente e spensierato tra tanti altri, non dovresti conservare questa immagine così triste (trista imago).

Metrica madrigale di endecasillabi e settenari secondo lo schema aBbcCddEE.

1 sòle: la rima *Sole : sòle* è una rima equivoca, cioè tra due parole di suono uguale, ma di diverso significato.

2 trista imago: è il volto del poeta.

Leggere e capire

Il madrigale può essere diviso in due parti:
- vv. 1-5: il poeta prende lo specchio che, di solito, usa la donna amata: l'immagine che adesso scorge non è più il bel viso della donna, ma il suo, più brutto;
- vv. 6- 9: al poeta non rimane altro che "rimproverare" lo specchio per non aver conservato l'immagine del bel volto femminile.

Analizzare

Lo specchio in cui la donna è solita (si noti la rima equivoca *Sole : sòle*) vedere riflesso il proprio volto diventa uno strumento con cui il poeta si confronta: alla bellezza del viso dell'amata si sostituisce adesso la bruttezza del suo. L'insistenza delle immagini che si alternano sul «chiaro cristallo» rivela il gusto per l'ambiguità e per il gioco concettuale della poesia barocca.

Esercizi

1 Lo «specchio fallace»
Quale "rimprovero" muove il poeta allo specchio?

2 Dall'immagine al testo
Confronta il dipinto di Velázquez con la poesia di Marino: ti sembra che lo specchio presente nel quadro svolga la stessa funzione narrata nel madrigale?

T3

Tommaso Stigliani

"Scherzo d'imagini": la realtà è "ombra" e gioco di specchi [*Canzoniere*, VI]

Le forme
- rimandi sonori alle parole chiave

I temi
- gioco illusionistico delle immagini riflesse

Nel madrigale di Stigliani è ancora presente uno specchio, ma qui il poeta non guarda la donna intenta a specchiarsi, bensì la superficie dell'acqua che gli rinvia la duplice immagine della donna e di quello che ella vede nello specchio.

Mentre ch'assisa Nice
del mare a la pendice
stava a specchiarsi in un piombato vetro,[1]
io, ch'essendole dietro
affisati i miei sguardi a l'acqua avea,
l'ombra sua vi vedea
con la sinistra man di specchio ingombra:
e ne lo specchio ancor l'ombra de l'ombra.

da AA.VV., *Poeti dell'età barocca*, Garzanti, Milano 1973.

PARAFRASI

1-3 Intanto che Nice seduta (assisa) sulla riva (pendice) del mare stava specchiandosi in uno specchio (piombato vetro),
4-8 io, che standole dietro avevo fissato i miei sguardi all'acqua, vi scorgevo [sulla superficie dell'acqua] la sua immagine (ombra) con la mano sinistra occupata (ingombra) dallo specchio: e [scorgevo nello specchio riflesso sull'acqua], l'immagine dell'immagine.

Metrica madrigale di endecasillabi e settenari, secondo lo schema aa BbCcDD.

1 piombato vetro: la definizione è indice dell'attenzione che l'immaginario barocco rivolge alla tecnica. Lo specchio è dato infatti da una lamina di piombo o di argento che serve a riflettere la luce che attraversa la lastra di vetro.

Leggere e capire

Il madrigale presenta la donna che si specchia in riva al mare, mentre il poeta, che si trova alle sue spalle, guarda il riflesso che si produce nell'acqua. Ciò che vede è l'immagine della donna e di ciò che lei vede attraverso lo specchio, cioè se stessa e il mare sullo sfondo.

Analizzare

Le due parole chiave del testo sono «specchio» e «ombra», che sono sottolineate da una serie di rimandi sonori e di rime: al v. 3 ci sono «SPECCHIarsi» e «piOMBAto», ai vv. 6-7 la rima interna «OMBRA» - «ingOMBRA», e alla fine sono ripetute entrambe. Ciò rivela come la realtà diventi un'immagine inconsistente (un'«ombra»), a causa del molteplice gioco degli specchi. L'inganno dei sensi, prodotto dalle immagini riflesse, è qui un pretesto per creare un artificio illusionistico e intrattenere piacevolmente il lettore.

Esercizi

1 **Riflessi**
Quali immagini il poeta vede riflesse nell'acqua del mare?

2 **Madrigali a confronto**
Confronta questo componimento con quello di Marino: quali funzioni svolgono gli specchi nei due madrigali? A quali temi dell'immaginario barocco possono ricondursi?

Dal ripasso alla verifica

esercizi di riepilogo

1 Nuovi obiettivi

L'obiettivo dell'arte barocca è:

a. l'esaltazione della centralità dell'uomo nell'universo
b. la meraviglia
c. l'aderenza alle regole della tradizione
d. l'esaltazione della centralità di Dio nell'universo

2 La scultura di Bernini

Apollo e Dafne (▶ F1) di Bernini:

a. mostra la staticità del corpo di Apollo
b. non lascia spazio all'aspetto emotivo dell'episodio
c. mostra i due corpi nello slancio del movimento
d. tralascia lo studio dei particolari

3 Rembrandt van Rijn

La lezione di anatomia del dottor Tulp (▶ F4) di Rembrant van Rijn:

a. rappresenta l'attenzione per i particolari della vita quotidiana tipica del Barocco
b. presenta un fatto impensabile per la medicina del tempo
c. rappresenta un sogno fatto dal pittore
d. mostra un soggetto tipico della pittura classica

esercizi di approfondimento

4 Il confronto con le immagini

Il soggetto di Apollo e Dafne, scelto da Bernini per la sua scultura (▶ F1) è caratteristico dell'arte di ogni epoca. Anche il pittore manierista Tintoretto ha dipinto questo tema: il quadro *Apollo e Dafne* risale al periodo compreso tra il 1541 e il 1542. Confronta quest'opera con la scultura di Bernini: quali differenze e quali affinità puoi riscontrare tra le due raffigurazioni?

....
....
....
....
....
....
....

Il madrigale

▸ *Allegoria della musica*, 1649. New York, Metropolitan Museum.

1 Le caratteristiche del genere

L'origine incerta del termine Il madrigale è un breve componimento lirico, destinato a essere musicato, sviluppatosi a partire dal Trecento. Le origini del termine "madrigale" sono incerte, in quanto esso potrebbe derivare: a) da *matricalis*, cioè 'legato alla madre e quindi elementare, primitivo', a significare un'origine popolare del genere; b) da *mandrialis*, cioè 'relativo ai pastori', con riferimento a un contenuto rustico e pastorale; c) da *materialis*, cioè 'che tratta di cose materiali e quotidiane'.

La forma metrica: il madrigale trecentesco Il madrigale trecentesco (inteso come forma metrica, non musicale) è formato da endecasillabi divisi in un numero non fisso di terzine (tra due e cinque) e in uno o due distici (o in un verso isolato) liberamente rimati. È grazie a Petrarca che questo genere assume dignità letteraria: egli inserisce infatti quattro madrigali nel suo *Canzoniere*. Ecco come si presenta la forma metrica in un esempio petrarchesco.

Petrarca, *Canzoniere* 106

Nova angeletta sovra l'ale accorta
scese dal cielo in su la fresca riva,
là 'nd'io passava sol per mio destino.
Poi che senza compagna et senza scorta
mi vide, un laccio che di seta ordiva
tese fra l'erba ond'è verde il camino.
Allor fui preso, et non mi spiacque poi,
sì dolce lume uscia dagli occhi suoi!

Metrica due terzine e distico finale a rima baciata.

PARAFRASI

1-8 Mirabile (Nova) angeletta [: Laura] agile nel volo (sovra l'ale accorta) scese dal cielo sulla fresca riva [del fiume Sorga], là dove (là 'nd' = là onde) io, per mio destino, passavo solo. Poiché mi vide senza [alcuna] compagnia (compagna) e senza [alcuna] guida (scorta), tese un laccio di seta (un… ordiva) fra l'erba della quale era (ond'è) verde il cammino. Allora fui preso [al laccio] [: la bellezza e la virtù di Laura], e poi non mi dispiacque [di essere stato preso], tanto era dolce la luce che emanavano i suoi occhi!

Il madrigale cinquecentesco Nel Cinquecento il madrigale assume una forma ancora più libera, costituendosi in una stanza unica, composta di endecasillabi o settenari, oppure di entrambi i tipi di versi alternati, purché in numero ridotto (in genere, non vengono superati i dodici versi). Torquato Tasso contribuì alla fortuna di questo genere, componendo numerosi madrigali che vennero musicati da musicisti suoi contemporanei (tra cui Claudio Monteverdi: ▶ § 2 e 3) e nei secoli successivi. Il confronto fra la redazione definitiva di «*Ecco mormorar l'onde*» (▶ Unità 1, T1) e una sua versione precedente, consente di verificare come Tasso si accosti con crescente libertà al genere madrigalesco. In particolare, si coglie che, a fronte di uno stesso numero di versi complessivi, l'endecasillabo viene riassorbito nel settenario, che diviene prevalente nella redazione definitiva (dieci settenari e quattro endecasillabi). Il ritmo risulta così più rapido e leggero.

▲
Francesco del Cossa, *Il trionfo di Venere e dei suoi figli*, particolare della fascia superiore del *Mese di aprile*, 1469-1470. Ferrara, Palazzo Schifanoia.

PRIMA REDAZIONE

Ecco sparir le stelle e spirar l'aura,
e tremolar le fronde
de gli arboscelli al mormorio de l'onde
che 'l suo spirto dolcissimo ristaura,
E tra frondosi rami i vaghi augelli
cantar soavemente; e già l'aurora
ne l'orïente rugiadosa appare
e le campagne imperla e i monti indora
e dispiegando al vento i bei capelli
chiaro specchio si fa de l'ampio mare.
O bella aurora, al cui venir più care
sono tutte le cose,
più liete, più ridenti e più gioiose,
l'aura è tua messaggera e tu di Laura.

SECONDA REDAZIONE

Ecco mormorar l'onde
e tremolar le fronde
a l'aura mattutina e gli arboscelli,
e sovra i verdi rami i vaghi augelli
cantar soavemente
e rider l'oriente;
ecco già l'alba appare
e si specchia nel mare,
e rasserena il cielo
e le campagne imperla il dolce gelo,
e gli alti mondi indora.
O bella e vaga Aurora,
l'aura è tua messaggera, e tu de l'aura
ch'ogni arso cor ristaura.

La forma musicale del madrigale Dal punto di vista musicale, il madrigale trecentesco consisteva di due sezioni (una per le strofe e una per il ritornello); prevedeva due o tre parti vocali, di cui la superiore, più ricca melodicamente, predominava sulle altre. Per quanto riguarda invece il madrigale cinquecentesco, si coglie un'evoluzione delle forme, con un passaggio dall'omofonia (una melodia predominante con un accompagnamento subordinato) alla polifonia (due o più parti vocali indipendenti) e al cromatismo (inserimento di note estranee alla tonalità prevalente). Inizialmente a quattro o a tre voci, il madrigale fu, dal 1550 circa, quasi sempre a cinque voci. Il rapporto tra parola e musica diviene sempre più stretto: le parole del testo e le sfumature dei significati vengono "illustrati" dalla musica.

2 Gli autori fra Manierismo e Barocco

Marenzio e Gesualdo Fra gli autori più noti di musiche per madrigale fra Manierismo e Barocco ci sono Luca Marenzio, Carlo Gesualdo e soprattutto Claudio Monteverdi.

Luca Marenzio (1553-1599) fu maestro di cappella presso Luigi d'Este e Sigismondo III, re di Polonia. Eccelse soprattutto nei madrigali a cinque voci, che raccolse in numerosi libri e nei quali si distinse per l'ardita complessità polifonica. Musicò testi poetici di Petrarca (sono noti i madrigali «*Zefiro torna e 'l bel tempo rimena*» e «*Solo et pensoso i più deserti campi*», basati sugli omonimi sonetti del *Canzoniere*), Sannazaro, Tasso e Guarini.

Carlo Gesualdo (1566-1613), principe di Venosa, ebbe una vita travagliata: dopo aver ucciso la moglie e il suo amante, si sposò in seconde nozze con Eleonora d'Este. I suoi madrigali rivelano un'estrema audacia stilistica, per l'uso del cromatismo e della modulazione (passaggio della voce da una tonalità a un'altra), con successioni di accordi talora imprevedibili: elementi, questi, che gli consentono di "illustrare" le componenti sentimentali e drammatiche del testo poetico, e anzi di enfatizzarle in senso quasi espressionistico. Domina il tema amoroso: «egli fu, si direbbe, romanticamente innamorato del complesso cerimoniale del corteggiamento amoroso, delle promesse deluse, delle negazioni provocanti, delle speranze risorgenti» (N. Pirotta).

Monteverdi Claudio Monteverdi (1567-1643), a lungo attivo alla corte di Mantova, fu, dal 1603, maestro di cappella a San Marco a Venezia. Egli concepisce la musica come mezzo straordinario di arricchimento testuale, per cui è portato ad adottare di volta in volta l'organico vocale e strumentale che ritiene più efficace per il risultato espressivo, anche attraverso innovazioni tecniche e stilistiche. La personalità monteverdiana, infatti, opera all'interno di una feconda "contraddizione": se la sua pratica compositiva «per signora pone l'orazione» e, dunque, colloca con energia il testo letterario al centro dell'interesse creativo, egli però rafforza, nello stesso tempo, le modalità tecniche e formali di una musica chiamata a esaltarlo e a evidenziarlo in tutte le sue più recondite sfumature. Monteverdi compose nove libri di madrigali: l'ultimo fu pubblicato dopo la sua morte, nel 1651. I Libri I e II di madrigali a cinque voci (1587 e 1589) sono ancora scritti in regime di polifonia. Il Libro III (1592) rappresenta un primo momento di rottura della compattezza polifonica, mediante il ricorso a passi in stile recitativo, il rilevarsi di una voce preminente e l'annuncio della tonalità moderna. La svolta si conferma e approfondisce nei successivi due libri (del 1604 e del 1605). Novità di grande rilievo, anche per la disposizione delle parti in concorso, conducono dal VI (1614) al VII (1619) e all'VIII libro (*Madrigali guerrieri ed amorosi*, 1638), in cui il linguaggio diventa sempre più moderno e originale. Il madrigale tocca così i più alti vertici estetici della sua storia, ma conclude anche, intorno alla metà del Seicento, l'arco del suo sviluppo. D'altra parte, nello stesso periodo si diffonde un nuovo genere musicale destinato a grande fortuna: il melodramma, a cui lo stesso Monteverdi dette un grande impulso con il suo *Orfeo* (1607) e soprattutto con *L'incoronazione di Poppea* (1643; ▶ Musica e letteratura. Il melodramma).

3 Poesia e musica

Due fonti privilegiate: Petrarca e Tasso Fra i testi più di frequente messi in musica dai madrigalisti del Cinquecento se ne contano in primo luogo molti tratti dal *Canzoniere* petrarchesco. Per esempio, fu musicata più volte una stanza della sestina «*Mia benigna fortuna e 'l viver lieto*», drammatica fin dal suo attacco: «Crudele, acerba, inesorabil Morte». Per i madrigalisti, la sfida era quella di riuscire a rendere attraverso il linguaggio musicale sensazioni analoghe a quelle prodotte dalle liriche con l'uso delle parole e delle figure retoriche.

Anche i componimenti di Tasso furono fra quelli più frequentemente messi in musica nel Cinquecento. Da giovane egli aveva scritto liriche in occasione di vari eventi mondani e molte, di carattere amoroso, ne dedicò a celebri cantatrici della corte estense di Ferrara. Queste furono in seguito preferite dai musicisti (molta fortuna negli anni Settanta incontrò, per esempio, il madrigale *La bella pargoletta*). Ma numerosi madrigali furono tratti anche dalla *Gerusalemme liberata*. Nel 1586, il compositore fiammingo Giaches de Wert (1535-1596) propone in un suo libro di madrigali un'antologia di dodici pezzi su altrettante strofe ricavate dal poema tassesco. Fra gli episodi più amati va innanzitutto segnalato quello degli amori fra Rinaldo e Armida, carico di sottintesi e adatto alle ornamentazioni melodiche (i cosiddetti "melismi") dei cantanti. In particolare, compare nel canto XVI (ottava 43) una similitudine che paragona Armida a un «musico gentil»: come il cantante si prepara all'esecuzione, così la maga predispone le sue arti seduttive per trattenere Rinaldo:

Tasso, *Gerusalemme liberata*, XVI, 43

Qual musico gentil, prima che chiara
altamente la voce al canto snodi,
a l'armonia gli animi altrui prepara
con dolci ricercate in bassi modi,
così costei, che ne la doglia amara
già tutte non oblia l'arti e le frodi,
fa di sospir breve concento in prima
per dispor l'alma in cui le voci imprima.

PARAFRASI

Come un abile cantante, prima di iniziare l'esecuzione vera e propria (prima che... snodi), prepara gli animi del pubblico (altrui) all'[ascolto dell']armonia (a l'armonia) cercando dolcemente l'intonazione a bassa voce [: ricercate è termine tecnico per indicare alcune battute che precedevano l'esecuzione], così Armida (costei), che nella disperazione (ne la doglia amara) non ha [comunque] ancora (già) dimenticato tutte le arti e gli inganni (le frodi), con un breve preludio di sospiri quasi musicalmente modulati (concento) predispone l'anima [: di Rinaldo] per imprimervi le [sue] parole.

Tasso musicato da Monteverdi Anche Claudio Monteverdi trovò in Tasso una fonte privilegiata, a cominciare dal Libro III (1592), dove già comparivano due cicli di tre madrigali su testi della *Liberata*: quelli riguardanti il dolore di Tancredi per aver ucciso Clorinda in duello (XII, 77-79) e quelli ancora relativi ad Armida, e in particolare alla sua disperazione furiosa e vendicativa per l'abbandono di Rinaldo (XVI, 59-60 e 63).
Ma il più celebre adattamento tassiano musicato da Monteverdi è quello del *Combattimento di Tancredi e Clorinda*, incluso nel libro dei *Madrigali guerrieri et amorosi* (1638) e messo in scena per la prima volta durante il carnevale del 1624 a Palazzo Mocenigo a Venezia come «passatempo di veglia» (▶ T1).

▶ Callisto Piazza, *Concerto*, 1528-1530. Philadelphia, Museum of Art.

T1

Claudio Monteverdi
Combattimento di Tancredi e Clorinda

[*Madrigali guerrieri et amorosi*]

L'episodio musicato da Monteverdi è uno dei più celebri della Gerusalemme liberata*: Clorinda e Tancredi si scontrano in un terribile duello, che provoca la morte della guerriera pagana. Scoprendo solamente alla fine del combattimento l'identità del "nemico", il crociato «restò senza parola / e voce e moto»; ma concentrò tutte le sue forze per somministrare il battesimo alla morente. Il madrigale di Monteverdi prevede tre parti vocali: Tancredi (tenore), Clorinda (soprano) e il Testo (tenore) con ruolo di narratore. L'organico strumentale è costituito da quattro viole da braccio (simili a un violino o una viola odierna) e una viola da gamba (simile a un violoncello) con clavicembalo (il precursore del pianoforte). Un'esecuzione musicale del brano è facilmente reperibile in rete. Per la parafrasi del testo* ▶ *Unità 1, T7,* *in cui è antologizzato il brano corrispondente della* Liberata.

Tancredi che Clorinda un uomo stima
vuol ne l'armi provarla al paragone.
Va girando colei l'alpestre cima
ver altra porta, ove d'entrar dispone.
Segue egli impetuoso, onde assai prima
che giunga, in guisa avvien che d'armi suone
ch'ella si volge e grida: – O tu, che porte,
correndo sì? – Rispose: – E guerra e morte.

– Guerra e morte avrai: – disse – io non rifiuto
darlati, se la cerchi –, e ferma attende.
Né vuol Tancredi, ch'ebbe a piè veduto
il suo nemico, usar cavallo, e scende.
E impugna l'uno e l'altro il ferro acuto,
ed aguzza l'orgoglio e l'ire accende;
e vansi incontro a passi tardi e lenti
qual duo tori gelosi e d'ira ardenti.

Notte, che nel profondo oscuro seno
chiudesti e ne l'oblio fatto sì grande,
degne d'un chiaro sol, degne d'un pieno
teatro, opre sarian sì memorande,
piacciati ch'indi il tragga e 'n bel sereno
a le future età lo spieghi e mande.
Viva la fama lor, e tra lor gloria
splenda del fosco tuo l'alta memoria.

Non schivar, non parar, non pur ritrarsi
voglion costor, né qui destrezza ha parte.
Non danno i colpi or finti, or pieni, or scarsi:
toglie l'ombra e 'l furor l'uso de l'arte.
Odi le spade orribilmente urtarsi
a mezzo il ferro; e 'l piè d'orma non parte:
sempre è il piè fermo e la man sempre in moto,
né scende taglio in van, né punta a voto.

L'onta irrita lo sdegno a la vendetta,
e la vendetta poi l'onta rinova:
onde sempre al ferir, sempre a la fretta
stimol novo s'aggiunge e piaga nova.
D'or in or più si mesce e più ristretta
si fa la pugna, e spada oprar non giova:
dansi co' pomi, e infelloniti e crudi
cozzan con gli elmi insieme e con gli scudi.

Tre volte il cavalier la donna stringe
con le robuste braccia, e altrettante
poi da que' nodi tenaci ella si scinge,
nodi di fier nemico e non d'amante.
Tornano al ferro, e l'uno e l'altro il tinge
di molto sangue: e stanco e anelante
e questi e quegli al fin pur si ritira,
e dopo lungo faticar respira.

L'un l'altro guarda, e del suo corpo essangue
su 'l pomo de la spada appoggia il peso.
Già de l'ultima stella il raggio langue
sul primo albor ch'è in oriente acceso.
Vede Tancredi in maggior copia il sangue
del suo nemico, e sé non tanto offeso.
Ne gode e superbisce. Oh nostra folle
mente ch'ogn'aura di fortuna estolle!

Misero, di che godi? Oh quanto mesti
fiano i trionfi ed infelice il vanto!
Gli occhi tuoi pagheran (se in vita resti)
di quel sangue ogni stilla un mar di pianto.
Così tacendo e rimirando, questi
sanguinosi guerrier cessaro alquanto.
Ruppe il silenzio al fin Tancredi e disse,
perchè il suo nome a lui l'altro scoprisse:

– Nostra sventura è ben che qui s'impieghi
tanto valor, dove silenzio il copra.
Ma poi che sorte rea vien che ci neghi
e lode e testimon degni de l'opra,
pregoti (se fra l'armi han loco i preghi)
che 'l tuo nome e 'l tuo stato a me tu scopra,
acciò ch'io sappia, o vinto o vincitore,
chi la mia morte o la vittoria onore. –

Risponde la feroce: – Indarno chiedi
quel c'ho per uso di non far palese.
Ma chiunque io mi sia, tu inanzi vedi
un di quei due che la gran torre accese. –
Arse di sdegno a quel parlar Tancredi,
e: – In mal punto il dicesti –; indi riprese

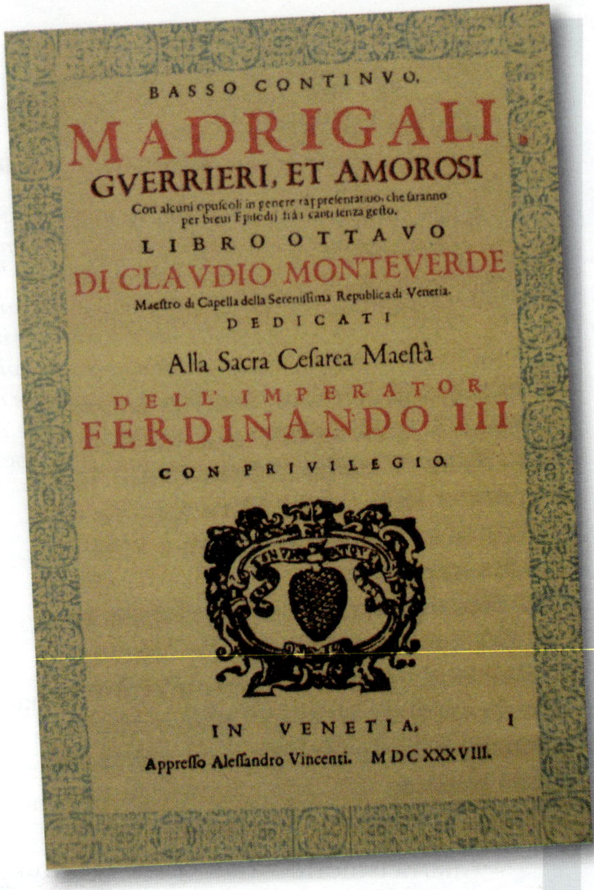
BASSO CONTINVO.
MADRIGALI
GVERRIERI, ET AMOROSI
LIBRO OTTAVO
DI CLAVDIO MONTEVERDE
Maestro di Capella della Serenissima Republica di Venetia.
DEDICATI
Alla Sacra Cesarea Maestà
DELL' IMPERATOR
FERDINANDO III
CON PRIVILEGIO.
IN VENETIA.
Appresso Alessandro Vincenti. MDCXXXVIII.

– e 'l tuo dir e 'l tacer di par m'alletta,
barbaro discortese, a la vendetta. –

Torna l'ira ne' cori, e li trasporta,
benché deboli, in guerra. Oh fiera pugna!
u' l'arte in bando, u' già la forza è morta,
ove, in vece, d'entrambi il furor pugna!
Oh che sanguigna e spaziosa porta
fa l'una e l'altra spada, ovunque giugna
ne l'armi e ne le carni! e se la vita
non esce, sdegno tienla al petto unita.

Ma ecco omai l'ora fatale è giunta
che 'l viver di Clorinda al suo fin deve.
Spinge egli il ferro nel bel sen di punta
che vi s'immerge e 'l sangue avido beve;
e la veste che d'or vago trapunta
le mammelle stringea tenera e leve,
l'empie d'un caldo fiume. Ella già sente
morirsi, e 'l piè le manca egro e languente.

Segue egli la vittoria, e la trafitta
vergine minacciando incalza e preme.
Ella, mentre cadea, la voce afflitta
movendo, disse le parole estreme;
parole ch'a lei novo spirto ditta,
spirto di fé, di carità, di speme:
virtù ch'or Dio le infonde, e se rubella
in vita fu, la vuole in morte ancella.

– Amico, hai vinto: io ti perdon... perdona
tu ancora, al corpo no, che nulla pave,
a l'alma sì: deh! per lei prega, e dona
battesmo a me ch'ogni mia colpa lave. –
In queste voci languide risuona
un non so che di flebile e soave
ch'al cor gli scende ed ogni sdegno ammorza,
e gli occhi a lagrimar invoglia e sforza.

Poco quindi lontan nel sen d'un monte
scaturia mormorando un picciol rio.
Egli v'accorse e l'elmo empié nel fonte,
e tornò mesto al grande ufficio e pio.
Tremar sentì la man, mentre la fronte
non conosciuta ancor sciolse e scoprio.
La vide e la conobbe: e restò senza
e voce e moto. Ahi vista! ahi conoscenza!

Non morì già, ché sue virtuti accolse
tutte in quel punto e in guardia al cor le mise,
e premendo il suo affanno a dar si volse

vita con l'acqua a chi co 'l ferro uccise.
Mentre egli il suon de' sacri detti sciolse,
colei di gioia trasmutossi, e rise:
e in atto di morir lieta e vivace
dir parea: – S'apre il ciel: io vado in pace. –

Guida alla lettura

Nella prefazione al libro dei *Madrigali guerrieri et amorosi* in cui è incluso questo brano, Monteverdi spiega la sua scelta poetica: «diedi di piglio al divin Tasso, come poeta che esprime con ogni proprietà e naturalezza con la sua oratione quelle passioni che tende a voler descrivere, e ritrovai la descrizione che fa del combattimento di Tancredi e Clorinda, per aver io le due passioni contrarie da mettere in canto, guerra cioè, preghiera e morte».

Monteverdi non esita a modificare il testo poetico tassesco, secondo un'abitudine molto frequente tra i musicisti dell'epoca. Diversi appaiono subito i primi due versi della composizione: «Tancredi, che Clorinda un uomo di stima / vuol ne l'armi provarla al paragone» nell'originale risulta come «Vuol ne l'armi provarla: / un uom la stima». Queste prime battute sono cantate dal Testo, parte musicale affidata a un tenore che da osservatore esterno narra la vicenda e serve da collegamento fra i dialoghi diretti dei due protagonisti, Tancredi e Clorinda (tenore e soprano). Successivamente, il musicista accede per il testo sia alla versione della *Liberata* (canto XII) sia a quella della *Conquistata* (libro XV). Il brano si conclude con Clorinda che canta ormai morente: «S'apre il ciel, io vado in pace», un intervento del compositore che forza il significato dei versi di Tasso, dove quelle parole non erano pronunciate direttamente dalla donna ma solo immaginate dal narratore. La musica contribuisce in maniera significativa al racconto sottolineando alcuni elementi descrittivi: il trotto del cavallo, il principio del combattimento e la dura lotta, la voce debole della morente Clorinda. La forte drammaticità del brano è rafforzata anche dalla mimica dei cantanti. In questo senso, pur essendo inserito nella raccolta dei madrigali, il *Combattimento* tende ormai verso il nascente melodramma.

Parte seconda

L'Europa della ragione (1690-1815)

Quadro storico-culturale

La seconda metà del Settecento, l'epoca del trionfo della ragione, è un periodo di profonde trasformazioni, che pongono le basi per la nascita della società moderna: la totale affermazione della borghesia; la nascita del cittadino, figura consapevole dei propri diritti e doveri sociali; la fondazione di un'opinione pubblica. «Abbi il coraggio di servirti della tua propria intelligenza», è questo il motto dell'Illuminismo secondo il filosofo Immanuel Kant.

Espansioni digitali

- **video**
- **materiali per il recupero**

videolezione

I nuovi valori e i nuovi temi dell'Illuminismo
a cura di Romano Luperini
- La svolta della cultura illuminista e la nostra società
- Legami fra pensiero e cambiamenti sociali
- I nuovi valori dell'Illuminismo: tolleranza e libertà di pensiero e di parola
- Nuovi generi letterari: l'enciclopedia, il saggio, il *pamphlet*
- Nuovi temi: la felicità, la giustizia sociale, il senso della storia
- I limiti della ragione

L'Europa della ragione (1690-1815)
cronologia comparata

1680 — 1720

STORIA

1682-1725
Pietro I il Grande zar di Russia

1701-1714
guerra di successione spagnola

1707
nasce il Regno Unito di Gran Bretagna

1716-1718
guerra tra Impero asburgico e Impero ottomano

1740-1748
guerra di successione austriaca

1756-1763
guerra dei Sette anni

CULTURA E ARTI

1687
Principi matematici della filosofia naturale di Newton

1690
nasce l'accademia dell'Arcadia

1711
nasce il quotidiano inglese «The Spectator»

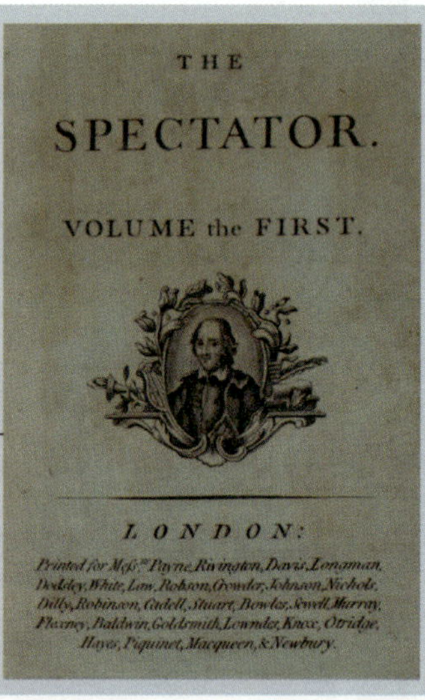

THE

SPECTATOR.

VOLUME the FIRST.

LONDON:

Printed for Mess.rs Payne, Rivington, Davis, Longman, Dodsley, White, Law, Robson, Crowder, Johnson, Nichols, Dilly, Robinson, Cadell, Stuart, Bowles, Sewell, Murray, Flexney, Baldwin, Goldsmith, Lowndes, Knox, Otridge, Hayes, Piguinet, Macqueen, & Newbury.

1721
Lettere persiane di Montesquieu

1725
Scienza nuova di Vico

1748
Lo spirito delle leggi di Montesquieu

Diderot e d'Alembert iniziano a lavorare all'*Enciclopedia*

1754
Discorso sull'ineguaglianza degli uomini di Rousseau

LETTERATURA

1719
Robinson Crusoe di Defoe

1726
I viaggi di Gulliver di Swift

1753
"prima" della *Locandiera* di Goldoni

1756
Candido di Voltaire

1760 — **1800**

1776
Dichiarazione d'indipendenza degli Stati Uniti

1789-1794
Rivoluzione francese

1793
decapitazione di Luigi XVI e inizio del "Terrore"

1794-1799
governo repubblicano affidato al Direttorio

1799
colpo di Stato: Napoleone "primo console"

1804
Napoleone "imperatore dei francesi"

1814-1815
Congresso di Vienna

1815
Napoleone sconfitto a Waterloo

1764
Dei delitti e delle pene di Beccaria

1764-1766
a Milano esce «Il Caffè»

1776
La ricchezza delle nazioni di Smith

1788-1793
Amore e Psiche di Canova

1787
prima rappresentazione del *Don Giovanni* di Mozart

1808
L'incoronazione di Napoleone di David

1760
Sterne inizia a pubblicare *La vita e le opinioni di Tristram Shandy gentiluomo*

1763-1765
Il giorno di Parini

1773
Canti di Ossian di Macpherson

1774
I dolori del giovane Werther di Goethe

1782
Saul di Alfieri

1782-1789
Le confessioni di Rousseau

1807
Dei sepolcri di Foscolo

1808
Faust di Goethe

1817
Le ultime lettere di Jacopo Ortis di Foscolo

Quadro

L'Europa della ragione (1690-1815)

«L'illuminismo è l'uscita dell'uomo dallo stato di minorità. Minorità è l'incapacità di valersi del proprio intelletto senza la guida di un altro». Tale definizione, del filosofo Immanuel Kant, ci parla di un'epoca illuminata da una fiducia smisurata nella ragione umana e densa di trasformazioni: la piena affermazione della borghesia; la comparsa del cittadino consapevole dei propri diritti e doveri; la fondazione di un'opinione pubblica agitata da intellettuali svincolati dal potere politico.
Grazie alle scoperte scientifiche, l'uomo diventa cittadino del mondo e l'Occidente scopre il "diverso", mescolando alla curiosità intellettuale il senso di superiorità sulle culture via via assoggettate dal colonialismo. Le avventure di *Robinson Crusoe* di Defoe e i *Viaggi di Gulliver* di Swift sono lo specchio dell'ascesa politica e sociale della borghesia, la classe che in Inghilterra decreta il successo del romanzo. In Italia il favoloso mondo dei pastori ricreato dall'accademia dell'Arcadia lascia presto il posto a dibattiti più impegnati: le opere di Verri e Beccaria riflettono su questioni giuridiche – la tortura e la pena di morte – tuttora di grande attualità.

La prima parte del Settecento

Il periodo che in Europa va dal 1690 al 1815 può essere distinto in due diverse fasi. La prima va dagli ultimi anni del Seicento fino al 1748, quando la pace di Aquisgrana mette fine alle guerre di successione. Questa prima fase costituisce per la storia e la cultura europee un momento di passaggio: da un lato si indebolisce la supremazia culturale della Chiesa e termina il gusto per le poetiche del Barocco (nel 1690 in Italia viene fondata l'accademia dell'Arcadia); dall'altro, iniziano a svilupparsi aspetti economici e sociali che diventeranno prevalenti nell'età dell'Illuminismo, caratterizzata dalla crescita industriale e dalle riforme politiche. La nuova visione del mondo prodotta dalle scoperte scientifiche del Seicento, prima esclusivo patrimonio di una cerchia ristretta di studiosi, ora diventa generale. L'"*ancien régime*", cioè il vecchio sistema politico di origine feudale, comincia a entrare in crisi.

La seconda parte del Settecento

La seconda parte inizia nel 1748 – quando in Francia comincia il lavoro per l'*Encyclopédie* [Enciclopedia] ed esce il capolavoro di Montesquieu, *L'esprit des lois* [Lo spirito delle leggi]: due opere che segnano la nascita dell'Illuminismo – e termina nel 1815, anno del Congresso di Vienna. Questo periodo è ricco di cambiamenti. In campo economico, in Francia viene definitivamente abolito il sistema feudale, mentre una grandiosa rivoluzione industriale in Inghilterra favorisce il sorgere di un nuovo sistema di tipo capitalistico. In campo politico, in America e in Francia nascono sistemi di tipo liberale e parlamentare, che danno vita a una serie di riforme democratiche. Infine, in campo sociale, attraverso due rivoluzioni, quella americana del 1776 e quella francese del 1789, arriva al potere una nuova classe: la borghesia.

Il "lume" della ragione contro il "buio" dell'ignoranza

Verso la metà del Settecento in Francia si comincia a usare l'espressione *âges des lumières* (età dei lumi) per indicare una nuova età nella quale il "lume" della ragione prevale sul "buio" dell'ignoranza e delle superstizioni. Nasce il movimento culturale più importante della seconda metà del Settecento, l'Illuminismo. Diffusosi presto in tutta Europa, questo movimento sostiene il valore maggiore dell'intelligenza umana e del sapere scientifico rispetto a conoscenze prestabilite e immutabili. L'uomo – scrisse allora uno dei più grandi filosofi della modernità, il tedesco Immanuel Kant (1724-1804) – usciva dall'età minorile, in cui era sottoposto a leggi decise da altri, ed entrava nell'età adulta, quando, in base alla propria ragione, decide da solo.

storico-culturale

chiavi di accesso

Gli intellettuali illuministi e l'*Enciclopedia*

L'età dell'Illuminismo vede l'affermazione dell'intellettuale come agitatore di idee, capace di spaziare in campi diversi, dall'economia al diritto, dalla storia alla filosofia. L'intellettuale illuminista vuole creare, per la prima volta nella storia, un'opinione pubblica, attraverso i propri *pamphlet* e i propri giornali. Gli intellettuali adesso si definiscono *philosophes* e mirano a una conoscenza universale del sapere, che trova la sua espressione più compiuta nell'*Enciclopedia* (1751-1772): diretta da Diderot e d'Alembert, essa costituisce una sintesi del sapere umano, realizzata grazie all'incontro tra arti e scienza.

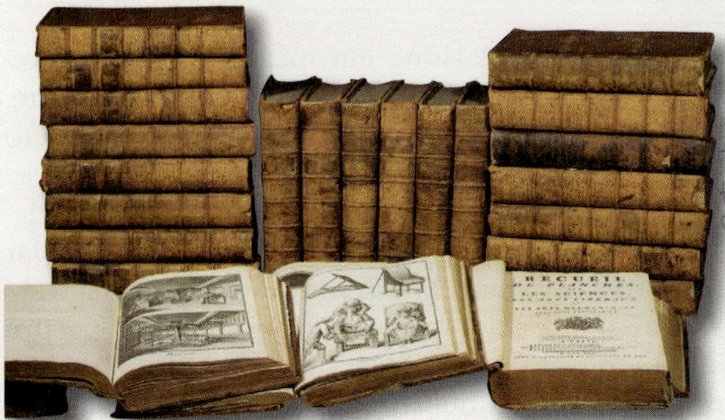

L'accademia dell'Arcadia

In opposizione alla lirica barocca e al maggior poeta del periodo, Giambattista Marino (▶ Unità 5), nasce nel 1690 a Roma l'accademia dell'Arcadia, che propone una riforma della poesia basata sui criteri della semplicità e della chiarezza. Nonostante abbia realizzato un'arte di evasione e di intrattenimento, spesso separata dalle questioni sociali, l'accademia dell'Arcadia ha avuto il merito di favorire l'unificazione dei letterati italiani in nome dei valori nazionali.

I nuovi generi letterari

Il Settecento è il secolo in cui nasce il romanzo moderno. In Inghilterra escono i più importanti romanzi del periodo: *Robinson Crusoe* di Defoe, *I viaggi di Gulliver* di Swift, *La vita e le opinioni di Tristram Shandy gentiluomo* di Sterne. In Francia nasce la moderna autobiografia con *Le confessioni* di Rousseau. In Italia, il romanzo si afferma solo parzialmente (con *Le ultime lettere di Jacopo Ortis* di Foscolo), mentre riveste un ruolo importante la poesia (*Il giorno* di Parini e *Dei sepolcri* di Foscolo) e si rinnovano profondamente il melodramma, grazie a Metastasio, e la commedia, con Goldoni.

Il "buon gusto" del Rococò

In campo artistico si afferma nella prima metà del Settecento un'arte di evasione, ornamentale, che vuole ritornare al "buon gusto", cioè a un'espressione elegante, preziosa e raffinata, riservata all'aristocrazia. È il movimento del Rococò, che nasce in Francia alla fine del Seicento e si sviluppa fino alla metà del XVIII secolo. Presente anche in pittura e in musica, il Rococò è uno stile che si realizza soprattutto nell'architettura degli interni e nelle arti applicate (cioè in mobili, porcellane, arazzi) usando forme curve e sinuose.

Il Neoclassicismo e la nostalgia per il mondo antico

La seconda metà del Settecento vede trionfare il Neoclassicismo, in seguito all'interesse suscitato dagli scavi di Ercolano (1738) e di Pompei (1748) e dagli scritti del tedesco Joachim Winckelmann (1717-1768), considerato l'iniziatore degli studi archeologici moderni. Il Neoclassicismo settecentesco differisce da quello delle epoche passate per i seguenti aspetti: l'imitazione del mondo classico è accompagnata dalla consapevolezza della sua lontananza e quindi da un sentimento di nostalgia e inquietudine; l'ispirazione non proviene da regole ritenute eterne e immutabili, ma dal "gusto" del pubblico e quindi da modelli variabili e relativi; l'identificazione fra valori classici, valori naturali e valori razionali porta gli artisti a condividere la battaglia illuministica per una società più libera. Il Neoclassicismo entra in crisi a partire dal 1810, quando in Francia esce *De l'Allemagne* [La Germania] di Madame de Staël, considerato il manifesto del Romanticismo, che sarà la dominante culturale dei secoli successivi.

Jacques-Louis David, *L'imperatore Napoleone nel suo studio alle Tuileries*, 1812. Washington D.C., The National Gallery of Art.

1 Storia, politica e società nell'Europa del Settecento

Nel Settecento l'Europa vive un grande momento di sviluppo demografico ed economico, favorito dalla rivoluzione agraria e dalla rivoluzione industriale. A livello politico, la rivoluzione americana del 1776 e quella francese del 1789 portano all'affermazione di diritti umani prima impensabili. Successivamente si apre l'età napoleonica a cui segue, dopo la sconfitta di Bonaparte nel 1815, l'età della Restaurazione, promossa dal Congresso di Vienna.

La situazione economica

La rivoluzione agraria

Dopo un secolo di crisi, durante il Settecento la popolazione europea ricomincia a crescere grazie alla diminuzione della mortalità infantile e ai progressi nell'alimentazione. Così nel 1800 essa arriva a contare 180-190 milioni di abitanti, con un incremento, rispetto all'inizio del secolo passato, di circa il 60%.

La maggiore disponibilità di cibo deriva da un incremento della produzione agricola determinato a sua volta dalla cosiddetta "rivoluzione agraria", di cui beneficia in particolar modo l'Inghilterra. Essa consiste nell'introduzione di macchinari innovativi (come la trebbiatrice a cavalli e l'aratro interamente in ferro) e di nuove teorie agronomiche (a partire da un sistema di rotazione delle colture più efficace) e nella diffusione sempre maggiore della conduzione capitalistica delle terre. La proprietà, nei secoli passati parcellizzata fra molti piccoli e piccolissimi proprietari, si concentra nelle mani di pochi e ciò rende possibile la costituzione di aziende agrarie che introducono coltivazioni di tipo intensivo.

In Italia i progressi agricoli sono più evidenti in Lombardia, in Piemonte e, in misura minore, in Toscana. Nel Meridione prevalgono ancora i latifondi, cioè grandi estensioni di terreno in mano a pochi proprietari, con scarsi o nulli investimenti tecnici e una conseguente bassa produttività.

La rivoluzione industriale

La maggiore redditività del settore agricolo produce capitali che possono essere reinvestiti in altri settori produttivi. Tra il 1780 e il 1800 si assiste così in Inghilterra alla cosiddetta "rivoluzione industriale". Essa consiste in una serie di innovazioni tecnologiche che, applicate alla produzione, modificano profondamente l'organizzazione del lavoro. Le nuove macchine si concentrano in stabilimenti (le fabbriche) che impiegano grandi quantità di manodopera salariata (gli operai) in fasi di produzione sempre più specializzate. Si tratta di una novità enorme rispetto al modello artigianale dei secoli precedenti.

Le condizioni che rendono possibile questa grande trasformazione sono: la presenza sul territorio di materie prime (ferro e carbone) per costruire e alimentare i macchinari; la disponibilità di prodotti grezzi a basso costo, come il cotone importato dalle colonie; una manodopera disposta a lavorare per un misero salario, reclutata tra i contadini che hanno perduto la proprietà della terra e tra gli artigiani sconfitti dalla concorrenza della produzione industriale.

Ai fenomeni economici implicati dalla rivoluzione industriale (ampiezza dei mercati, produttività, divisione del lavoro, rapporto fra valore e prezzo delle merci) rivolge la sua attenzione il filosofo ed economista scozzese Adam Smith (1723-1790), che nel 1776 scrive il

trattato *An Inquiry into the Nature and Causes of the Wealth of Nations* [Indagine sulla natura e le cause della ricchezza delle nazioni], diventato un classico dell'economia politica.
Negli altri Paesi europei la rivoluzione industriale arriva in ritardo: in Francia produrrà i suoi effetti circa quarant'anni dopo, mentre in Italia solo alla fine dell'Ottocento.

La situazione politica

Le guerre di successione

La prima metà del Settecento è segnata da tre guerre di successione: la guerra di successione spagnola (1701-1714), la guerra di successione polacca (1733-1735), la guerra di successione austriaca (1740-1748). Si tratta di conflitti suscitati dalle rivalità dinastiche per la successione sui troni di Spagna, Polonia e Austria, il cui esito altera gli equilibri di forza fra le grandi potenze e consolida il primato commerciale britannico sui mari.
Nel 1748 la pace di Aquisgrana mette fine al conflitto austriaco e delinea i nuovi confini europei (▶ Gli spazi 1). Le potenze principali si confermano Inghilterra e Francia: la prima diventa la potenza politica ed economica più importante del secolo; la seconda, sebbene ridimensionata nella sua volontà di espandersi, rimane sempre molto forte. Un ruolo politico di primo piano assumono anche l'Impero asburgico, il Regno di Prussia e la Russia. La Spagna è ormai decaduta anche se, con la dinastia dei Borboni, mantiene l'influenza sull'Italia centro-meridionale. I trattati di pace infatti assegnano a Carlo III di Borbone il Regno di Napoli e Sicilia e all'infante di Spagna, Filippo I di Borbone, il Ducato di Parma, Piacenza e Guastalla, confermando la dipendenza della penisola dalle potenze straniere secondo confini che in larga parte replicano quelli consolidati da due secoli: la Lombardia passa sotto il controllo dell'Impero asburgico; il Granducato di Toscana, estintisi i Medici, viene offerto a Francesco di Lorena e diventa anch'esso un dominio austriaco. Restano autonomi lo Stato della Chiesa, il Regno di Piemonte e Sardegna con i Savoia, le Repubbliche di Venezia e Genova, entrambe in declino, i piccoli ducati di Modena e Lucca.

Glossario

Infante Nelle monarchie spagnola e portoghese, il termine (al femminile "infanta") indica i figli del sovrano regnante a partire dal secondogenito, quindi i figli non direttamente eredi al trono.

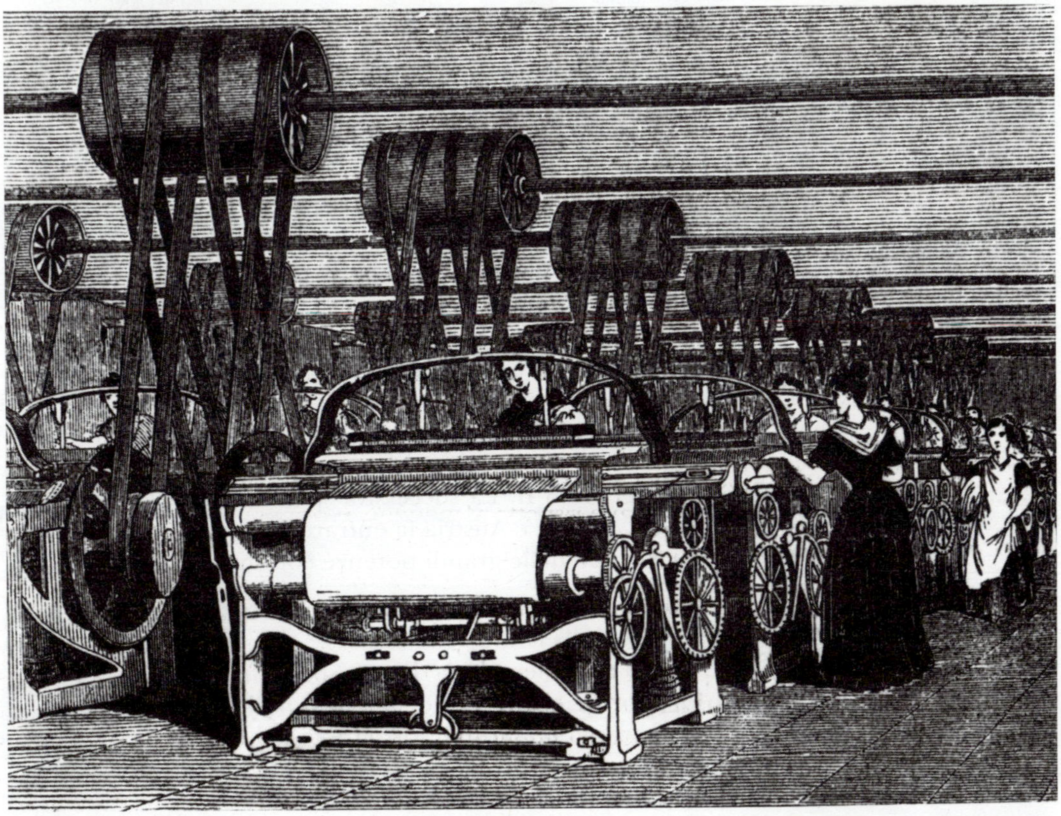

▶ **L'industria tessile** Le prime migliorie interessano i macchinari per la fabbricazione dei tessuti: la meccanizzazione di filatoi e telai permette a una singola operaia di fare da sola e in minor tempo il lavoro di decine di mani. Quando poi, trovato il modo di trasformare il calore in energia motrice, è possibile applicare la macchina a vapore, la produttività dell'industria tessile raggiunge livelli prima impensabili.

Gli spazi 1 L'Europa dopo la pace di Aquisgrana (1748)

Protagoniste delle guerre di successione sono le case regnanti con un rivolgimento di troni che ridisegna l'equlibrio europeo. L'estinzione degli Asburgo di Spagna segna la fortuna dei Borboni, i quali si ritrovano sovrani di Francia, Spagna, Napoli e Parma. Gli Asburgo d'Austria acquisiscono l'Ungheria dall'Impero ottomano, Paesi Bassi e Ducato di Milano dalla Spagna. Gli Hohenzollern ottengono il titolo regale (Regno di Prussia) e la Slesia; ugualmente i duchi di Savoia diventano re del Piemonte e acquistano la Sardegna, che entra definitivamente nell'orbita italiana.

La guerra dei Sette anni

La seconda metà del secolo si apre con la guerra dei Sette anni (1756-1763), che si inserisce nella contesa tra inglesi e francesi per il controllo delle colonie, dall'India ai Caraibi e al NordAmerica. Il conflitto si risolve con il trionfo dell'Inghilterra sulla Francia (gli inglesi ottengono il Canada e la Louisiana) e con la definitiva affermazione sulla scena europea della Prussia di Federico II. La successiva spartizione della Polonia fra Russia, Prussia e Austria fa entrare anche la Russia nel ristretto gruppo delle grandi potenze continentali.

Il periodo delle riforme e il "dispotismo illuminato"

L'arco di tempo che va dalla fine della guerra dei Sette anni (1763) allo scoppio della rivoluzione francese (1789) è quello che dà inizio al fenomeno del "dispotismo illuminato": un periodo di riforme economiche, sociali e politiche che alcuni principi europei cercano di introdurre nei loro Stati con il consiglio degli intellettuali illuministi. Il "dispotismo illuminato" servì soprattutto a rafforzare il potere assoluto

Glossario

Dispotismo illuminato Questo fenomeno viene così definito perché i sovrani governavano in maniera "dispotica" e "assoluta", ovvero esercitando tutti i poteri, senza limitazioni da parte dei parlamenti. Per altro verso, questo dispotismo era "illuminato" in quanto il potere sovrano accoglieva alcune idee dei riformatori illuministi. Per il dispotismo illuminato si usa anche il termine "assolutismo riformatore".

dei sovrani e a ridefinire i rapporti con la Chiesa, troppo svincolata dalle leggi statali. In Italia si attuarono riforme a Milano, in Toscana e a Napoli, mentre le vecchie dinastie, come i Savoia, e le repubbliche di Genova e Venezia rimasero estranee al fenomeno.

La rivoluzione americana e la rivoluzione francese

Le uniche due grandi nazioni che non furono toccate dalle riforme, cioè l'Inghilterra (che nella politica interna si era d'altra parte organizzata quale moderna monarchia parlamentare) e la Francia, subirono due grandi rivoluzioni.
Con la rivoluzione americana (1776-1783) le colonie del Nord America si distaccano dalla madrepatria inglese, sotto una forte influenza delle nuove idee illuministe in campo economico e politico. La *Dichiarazione d'Indipendenza delle colonie americane* (1776) stabilisce l'uguaglianza tra tutti gli uomini e il diritto alla rivolta contro i governi che impediscono la libera ricerca della felicità personale.
I princìpi di uguaglianza, libertà e fratellanza sono alla base anche della rivoluzione francese (1789-1794), che mette fine al potere assoluto dei sovrani e ai privilegi della nobiltà e del clero per rivendicare i diritti politici della borghesia, alla quale si uniscono ben presto i ceti popolari urbani e i contadini, e instaurare la repubblica.

Napoleone Bonaparte: dalla gloria alla disfatta

Dopo alterne vicende, sulla scena politica francese post-rivoluzionaria si afferma un giovane generale corso: Napoleone Bonaparte (1769-1821). A lanciarlo è la campagna d'Italia, del 1796. Incaricato di combattere contro l'Austria e il Regno di Sardegna, membri della coalizione antifrancese, egli pone fine al cinquantennio di pace nella nostra penisola: sconfigge gli austriaci a Milano e, tra il 1797 e il 1799, dà vita alla Repubblica Cisalpina nell'Italia settentrionale, alla Repubblica romana e a quella Napoletana, con Costituzioni modellate su quella francese ma senza nessuna autonomia. Sbarcato nel 1798 in Egitto deciso a colpire l'Inghilterra nei traffici con l'India, nel 1799 torna in Francia acclamato come un salvatore e con un colpo di Stato assume il controllo del Paese in qualità di primo console. Inizia così la sua marcia verso la ricostituzione di una forma di potere monarchico: nel 1802 si proclama console a vita, nel 1804 imperatore dei francesi, nel 1805 crea il Regno d'Italia di cui si fa incoronare sovrano.
Sul piano dell'ordinamento civile, egli porta a definitivo compimento l'eredità della Rivoluzione: con la promulgazione del Codice civile (1804), ribadisce la laicità dello Stato, l'uguaglianza dei cittadini di fronte alla legge e l'abolizione dei privilegi feudali. Dal punto di vista istituzionale, il suo potere assume invece i tratti di un regime dispotico e illiberale, dove i cittadini tornano a essere sudditi e l'unica volontà politica è quella dell'imperatore. Questo accade in Francia e in tutti quei territori che, tra il 1805 e il 1812, cadono sotto il suo dominio diretto o indiretto. Attraverso una serie di guerre suscitate da sempre nuove coalizioni antifrancesi, Napoleone crea infatti l'impero più vasto che l'Europa abbia mai conosciuto dai tempi di Carlo Magno (▶ Gli spazi 2) e dovunque giunga la sua Grande armata viene imposto il Codice civile e vengono diffuse le conquiste della Rivoluzione francese. Ma dopo aver toccato il culmine nel 1812, l'espansione dell'Impero napoleonico viene bloccata dagli inglesi prima a Lipsia (1813) e poi, nel 1815, a Waterloo. Comincia così l'epoca della Restaurazione.

▶ La Grande armata napoleonica nella *Battaglia di Somo-Sierra in Castiglia, il 30 novembre 1808* (Louis-François Lejeune, 1810. Musée national du Château de Versailles).

Glossario

Regno d'Italia Il 17 marzo 1805 la Repubblica Italiana, che tre anni prima aveva sostituito la Repubblica Cisalpina, fu trasformata in una monarchia ereditaria denominata Regno d'Italia. Il trono venne assunto da Napoleone, il quale il 26 maggio ricevette a Milano, dichiarata capitale, la corona ferrea dei re longobardi. Il regno – che comprendeva l'Italia centro-orientale e buona parte di quella settentrionale, fino al Trentino, oltre all'Istria e alla Dalmazia – cessò di esistere nel 1814, con la fine dell'età napoleonica.

Gli spazi 2 L'Impero napoleonico nel 1812

La cartina mostra l'impressionante estensione dell'Impero francese al culmine dei successi di Napoleone, nel 1812. È possibile distinguere fra territori appartenenti direttamente alla Francia, regni napoleonici (cioè governati dall'imperatore o da suoi familiari) e regni "vassalli", di fatto dipendenti. Sono poi segnati i luoghi e l'anno in cui si svolsero le principali battaglie e l'itinerario della sfortunata campagna di Russia.

Adolph Menzel, *Voltaire alla corte di Federico II*, 1850. Berlino, Staatliche Museen.

2 La cultura nel Settecento

La prima metà del secolo è dominata in Italia dall'accademia dell'Arcadia, che critica gli eccessi e la stravaganza della poesia barocca e auspica il ritorno a una poesia semplice, di stampo classicista. Il movimento culturale più importante del Settecento è però l'Illuminismo, che si apre nel 1748, quando inizia il lavoro all'*Enciclopedia*, un'opera che organizza sistematicamente il sapere umano. Gli intellettuali, ormai indipendenti dal potere delle corti e della Chiesa, spaziano in ogni campo del sapere, mirando a coinvolgere il pubblico in temi sociali, giuridici, economici.

La prima metà del Settecento

La "Repubblica delle lettere"

All'inizio del Settecento in Italia si assiste a un nuovo fenomeno: la formazione di una coscienza "di classe" tra i letterati. Torna il mito di una "Repubblica delle lettere" capace di unire gli intellettuali al di là delle differenze individuali. Ludovico Antonio Muratori (1672-1750), nel trattato *I primi disegni della repubblica letteraria d'Italia* (1703), teorizza proprio una forma di organizzazione che impegni gli intellettuali dell'epoca in campo scientifico e filosofico. La produzione di poesie, quindi, non è più solo un momento di evasione, ma conduce all'incontro attivo tra i letterati italiani.

In ambito ecclesiastico nasce la figura dell'*abate*, che prende gli ordini minori ma non svolge compiti religiosi: prima di riconoscersi nella Chiesa, l'abate si riconosce nella funzione intellettuale. Un'altra figura tipica di intellettuale di questo periodo è l'*erudito*, appassionato studioso soprattutto di storia, che spesso diventa direttore di biblioteche. Uno dei più grandi eruditi del periodo è proprio Muratori, il quale mostra un'attenzione specifica al nascente metodo storiografico. Infatti, grazie ai molti viaggi per archivi e biblioteche, Muratori analizza scientificamente fonti e documenti storici per arrivare poi alla loro interpretazione (▶ Documento1).

Le novità di Vico

L'interesse per la storia che caratterizza tutto il Settecento è centrale nella riflessione del filosofo italiano più importante del periodo, il napoletano Giovan Battista Vico (1668-1744), iniziatore di una *scienza nuova*, quella dell'interpretazione della storia. Convincendosi che l'uomo può conoscere solo ciò che ha fatto, cioè gli eventi storici, mentre il resto, ossia il significato complessivo della natura e della vita, sfugge alla mente umana ed è indagato invece dalla fede religiosa, e trasportando il metodo sperimentale «dalle cose naturali alle umane cose civili», Vico fonda l'ermeneutica e lo storicismo e si pone tra i fondatori dell'antropologia (▶ Focus). Nasce in questo periodo l'idea dell'esistenza di una natura umana comune a tutti i popoli: ogni civiltà possiede le proprie abitudini e il proprio sistema di valori, ma esiste comunque un'unica radice alla base del genere umano (▶ Documento 2).

Ermeneutica

Questa parola, derivante dal greco con il significato di 'interpretazione', è collegata al personaggio di Ermes, il dio incaricato di tradurre nel linguaggio degli uomini i comandamenti di Zeus. L'*ermeneutica* ha un obiettivo simile: deve trasferire il significato di un testo (giuridico, religioso, letterario) da uno stato di oscurità a uno di comprensione. È, insomma, l'attività che permette di capire, grazie all'interpretazione, il senso profondo di un testo.

Focus Storicismo e antropologia in Vico

Si chiama *storicismo* quell'atteggiamento di pensiero che considera spiegabile la storia sulla base esclusivamente di categorie tratte dalla storia stessa (non quindi secondo principi esterni alla storia, quali quelli teologici). A partire dall'opera di Giovan Battista Vico, la storia non è più solo ricostruzione di fatti accaduti, ma diventa oggetto di riflessione filosofica. Nella *Scienza nuova* (1725) egli afferma che l'uomo può conoscere solo ciò che fa, quindi la storia. Inoltre, l'idea vichiana della storia come successione di cicli periodici (età degli dèi, età degli eroi, età degli uomini) guidati dalla volontà della Provvidenza è ripresa durante il Romanticismo. In particolare, il filosofo tedesco G. W. F. Hegel (1770-1831) considera ogni momento storico come la manifestazione di un principio universale e assoluto che è all'interno della storia stessa.

Applicando il metodo sperimentale «alle umane cose civili», Vico studia l'uomo attraverso ciò che egli stesso ha creato – la storia – ed estendendo il cammino del singolo al percorso dell'umanità individua delle leggi universali valide per ogni popolo. Anticipa così la moderna *antropologia* (dal greco 'discorso sull'uomo'), ovvero la scienza che studia l'essere umano dal punto di vista sociale, culturale, fisico e psicologico.

L'interesse per i racconti mitici, non più visti come invenzioni superstiziose, ma come una forma primitiva di conoscenza del mondo, avvicina in particolare Vico al campo di studi dell'*antropologia culturale*. Questa disciplina, nata in Europa nel XIX secolo, si occupa delle culture dei vari gruppi umani fino dalle società primitive. Gli studi di antropologia culturale riguardano vari aspetti della vita quotidiana: credenze religiose, giochi, rituali magici, feste tradizionali, proverbi, di popoli diversi e lontani da noi sia nello spazio che nel tempo. Proprio come il moderno antropologo, Vico non considera l'uomo della preistoria un individuo arretrato o barbaro, ma semplicemente un nostro antenato, da cui si sviluppa, nelle leggi generali, una storia comune a tutti i popoli. Ecco la forza innovatrice del pensiero di Vico: sostenendo la natura comune degli uomini, il filosofo napoletano asserisce l'unità del genere umano.

▲ Il filosofo in un ritratto di un'edizione ottocentesca della *Scienza nuova*.

L'empirismo e il deismo di Locke

La cultura europea di inizio Settecento è profondamente influenzata da pensatori inglesi e francesi. È l'inglese John Locke (1632-1704) a gettare le basi di due correnti filosofiche che domineranno il secolo dei lumi: l'*empirismo* e il deismo. Il primo esprime la convinzione che le idee derivano dall'esperienza e che senza le informazioni che percepiscono i sensi la nostra mente è una "tabula rasa" [tavola vuota]. Il *deismo* sostiene che le verità naturali e le verità della ragione coincidono: la volontà di Dio si identifica quindi con le leggi della natura e della ragione.

La nascita del giornalismo moderno

In Inghilterra e, in misura minore, anche in Francia, l'intellettuale diventa il portavoce della borghesia, classe in rapida ascesa politica ed economica. In Europa si diffondono il periodico politico e il periodico di costume: nasce così il giornalismo moderno, grazie al quale gli intellettuali si schierano apertamente sul terreno politico e culturale. Un esempio di giornalismo impegnato politicamente è il quotidiano inglese «The Spectator» [Lo Spettatore], fondato nel 1711, che arriva a vendere nella sola Londra 20.000 copie al giorno. In Italia il giornalismo si limita a pubblicazioni erudite: la passione di molti studiosi porta alla nascita di riviste che si rivolgono a un pubblico ancora ristretto di intellettuali per informarli sugli studi stranieri e locali, su documenti ritrovati, su ricerche in corso ecc. Nonostante ogni città della nostra penisola abbia i suoi "avvisi", o "fogli di notizie", o "gazzette" (così chiamate dalla parola veneziana "gazzetta", che indicava la moneta di scarso valore che serviva per acquistare il giornale), il giornalismo politicamente impegnato presente in Inghilterra non riscuote ancora altrettanto successo.

Le forme di aggregazione degli intellettuali

Gli intellettuali cominciano a riunirsi in diverse forme di aggregazione. In Inghilterra e in Francia acquistano importanza i *salotti* e i *caffè*; in Italia, a partire dal 1730, inizia a diffondersi la massoneria, una società segreta con obiettivi culturali da qualche decennio già presente in altri Paesi europei (▶ Focus); ma la forza organizzativa tipica degli intellettuali continua a essere l'accademia. Questa associazione tende però a trasformarsi da luogo del civile conversare fondato sul libero dialogo e sul disinteressato confronto delle posizioni (come era nella tradizione umanistica) in istituzione civile, strettamente legata alle competenze dei membri e ai bisogni dello Stato. In Francia e in Inghilterra le accademie diventano organi statali e sono spesso a carattere scientifico, ponendo così in primo piano il contenuto specifico delle singole discipline studiate. In Italia invece l'accademia più importante – quella dell'Arcadia – continua a riunire soprattutto letterati.

L'accademia dell'Arcadia: un incantato mondo pastorale

Fondata a Roma nel 1690 da alcuni letterati, tra cui Gian Vincenzo Gravina (1664-1718), l'accademia deve il suo nome a un'antica regione della Grecia ove era ambientata la poesia pastorale, citata anche nel romanzo in versi *Arcadia* (1501) dello scrittore napoletano Iacopo Sannazaro (1455-1530). Ogni socio è tenuto ad assumere un nome e un travestimento della tradizione greca: in questo modo l'incantato mondo pastorale dell'antica Arcadia prende il posto della società reale e contribuisce alla nascita di una classe di intellettuali separata dai problemi politici e sociali.

A questa accademia aderiscono letterati famosi, ma anche semplici amanti della cultura provenienti da tutta Italia: l'Arcadia contribuisce quindi a unificare gli intellettuali italiani e a dare loro la consapevolezza di appartenere a un'unica classe. I membri condividono anche il comune atteggiamento anti-barocco: contro gli eccessi e le stravaganze della poesia barocca, gli arcadi vogliono ritornare a una poesia equilibrata, semplice, di stampo classicista.

◀ **Il salotto di madame Geoffrin**
Tra i più famosi salotti di Parigi, quello di madame Geoffrin (1699-1777) si apriva ogni due settimane offrendo agli ospiti una ineccepibile "comodità di conversazione". In questo quadro del 1812 (Musée national du Château de Malmaison) il pittore Anicet Charles Gabriel Lemonnier vi immagina riuniti tutti i più celebri intellettuali di fine Settecento, intenti a leggere una tragedia di Voltaire il cui busto campeggia al centro della scena (il filosofo all'epoca era in esilio).

Focus La massoneria

La parola massoneria deriva dal francese *maçon* [muratore] e si riferisce alle antiche corporazioni medievali caratterizzate dalla complessità e dalla segretezza dei rituali di iniziazione quando i muratori, oltre alle conoscenze tecniche del mestiere, possedevano anche la cultura filosofica e teologica necessaria per la costruzione e la decorazione di chiese. In seguito la massoneria accolse tra i suoi membri anche intellettuali, liberi pensatori, alchimisti, e amanti delle scienze dell'occulto che la trasformarono in un'associazione culturale e umanitaria, basata su princìpi di tolleranza e fratellanza.

Incontrando l'appoggio di molti sovrani in epoca illuministica, la massoneria nasce ufficialmente a Londra nel 1717, dove però alcuni negano la provenienza dalla corporazione medievale e attribuiscono all'associazione un significato simbolico. Dall'Inghilterra la massoneria si diffuse rapidamente nel resto d'Europa: ovunque lo spirito che anima i "fratelli", cioè i membri delle associazioni dette *logge*, è quello di lottare contro ogni forma di assolutismo per creare una nuova società, tuttavia a seconda dei Paesi si manifestano diverse tendenze, tra cui quella legata alla magia e all'esoterismo.

Del tutto diverse sono, di fatto, le finalità e la organizzazione della massoneria contemporanea, che ha solo labili rapporti con la sua antenata storica.

Documento 1

Ludovico Antonio Muratori
Sul metodo storiografico

Le forme
- stile drammatico

I temi
- metodo storiografico
- responsabilità morale dello storico

*In questo passo (*Riflessioni sopra il buon gusto nelle scienze e nelle arti*, parte seconda, cap. XIII), Muratori elenca due caratteristiche su cui basare il metodo storiografico: partire sempre dalle fonti e dai documenti, reperibili attraverso ricerche negli archivi e nelle biblioteche; fondere lo spirito scientifico, cioè la ricerca della documentazione, con il ragionamento, ossia la scoperta delle cause dei fenomeni.*

Hassi a scrivere un'istoria.[1] Non tocca al nostro cervello il cavarla da' suoi gabinetti.[2] Bisogna solo raccogliere e distendere[3] quello che è stato od è e senza che noi di nostro capriccio vi possiamo aggiugnere azioni e cose nuove o mutar le vecchie, siccome è lecito, anzi lodevole ai poeti, purché dal verisimile non si dipartano e non offendano il vero[4] e certo[5] in quella parte che riguarda il fine e la sostanza delle azioni famose. S'ha dunque da cercare fuori di noi tutta la materia per ordire e tessere questa nobile tela.[6] Nulla in tal caso servirebbe la filosofia,[7] nulla il più vigoroso ingegno, ove mancassero i fonti[8] esterni da trarne le notizie pertinenti all'istoria proposta. Se questi fonti si possono trovare, la filosofia vuol tutti, per quanto è lecito, avergli in sua balìa[9] e attentamente considerarli. Poscia comincia a disaminare,[10] a confrontare i luoghi, i tempi, i passi.[11] Truova diversità e contrarietà[12] negli autori: acutamente s'ingegna di conciliare una tal dissensione.[13] Non si può? Mettesi ad osservare quale degli autori e de' libri meriti maggior fede[14] in quel racconto. Non si fida dei testi e documenti stampati, ricorre ai manuscritti più antichi, più autentici e talora truova un gran soccorso da una sola differente parola.[15] Anzi la grande ansietà di trovar pure[16] il vero qui non si ferma. Pesca eziandio nelle più polverose librerie[17] e ne' più riposti archivi opere non mai pubblicate, antichi diplomi, epistole ed altre memorie sepolte. Gran benefizio in vero ci prestano coloro, i quali non contenti di purgare[18] per quanto si può e concordare[19] con gli originali e coi migliori manuscritti i libri già pubblici,[20] tirano anche dalle tenebre fragmenti, trattati e libri non pria da noi veduti, la conservazione de' quali dinanzi pendeva[21] da un codice solo, ben facile a perire[22] col tempo. Se non primi, secondi padri di tali opere debbono dirsi costoro; e a' nostri giorni

1 Hassi... istoria: [*poniamo che*] *si debba* (**hassi:** da "si ha") *scrivere una storia* (**istoria**, dal latino "historia").
2 cavarla... gabinetti: *tirarla fuori dalle sue stanze più riservate*, secondo il significato con cui il termine "gabinetto", derivato dal francese, fu introdotto in Italia alla fine del Cinquecento.
3 distendere: sulla pagina, e dunque *scrivere*.
4 non offendano il vero: *non arrechino danno alla verità dei fatti*.
5 certo: *senza dubbio*.
6 per ordire... tela: il compito dello storico nell'organizzazione della materia da trattare è paragonato a quello del tessitore che deve disporre i fili in senso longitudinale (**ordire**) sul telaio e poi intrecciarli (**tessere**) con un filo perpendicolare a essi (detto "trama") per formare la stoffa.
7 la filosofia: *la riflessione teorica*.
8 i fonti: *le fonti*.
9 in sua balìa: *sotto il suo controllo*. Nei comuni medievali la "balìa" era un collegio straordinario di magistrati con poteri eccezionali.
10 disaminare: *esaminare*.
11 i passi: *i brani dei singoli testi*.
12 diversità e contrarietà: *affermazioni diverse e contrastanti*.
13 dissensione: *divergenza*.
14 fede: *fiducia*.
15 talora... parola: *talora ricava un grande aiuto* (**soccorso**) [*per la sua ricerca*] *da una sola parola* [*presente nei manoscritti antichi*] *riportata in modo diverso* (**differente**) [*dai testi e documenti stampati*].
16 pure: *solamente*.
17 eziandio... librerie: *anche sulle scaffalature più polverose*, perché meno consultate.
18 purgare: *ripulire*; Muratori si riferisce all'esercizio filologico della "*emendatio*", vale a dire della correzione degli errori riportati dalla tradizione manoscritta di un'opera, che si compie attraverso il confronto ("*collatio*") fra le "varianti" (le diverse versioni) presenti nei "testimoni" (le copie che hanno tramandato il testo originale andato perduto).
19 concordare: *confrontare*.
20 pubblici: *pubblicati*.
21 pendeva: *dipendeva*.
22 perire: *andare perduto*.

ha l'istoria sacra e profana ben profittato di molto, mercé della diligenza usata in questa parte[23] da' vari eruditi, fra i quali massimamente o si sono segnalati, o seguono a distinguersi, i padri d'Achery, Mabillon, Martene, Ruinart, Martianay, Montfaucon ed altri benedettini della Congregazione di S. Mauro in Francia,[24] siccome ancora i padri gesuiti d'Anversa, Bollando, Henschenio, Papebrochio, Janningo, Baerzio[25] ecc. Oltre a ciò si vuol[26] consultare ogni altra memoria antica, che forse avrà che fare coll'argomento, quali sono l'iscrizioni, le medaglie, i cammei,[27] i bassi rilievi ed altre sì fatte antichità.

Non si può negare: il disotterar[28] dei nuovi e più sicuri documenti per formare un'istoria intiera[29] o per trattarne qualche parte e il trovare ne' libri più comuni de' passi non prima avvertiti,[30] che servano di fondamento stabile alla decisione[31] di qualche dubbio istorico e di luce a qualche oscurità, sono frutti dell'industria,[32] non della filosofia degli scrittori. Anche il non filosofo, purché infaticabile e attento, può fare gran provvisione di nuove o non volgari[33] notizie. Ma è da dire ancora[34] che senza la filosofia non varrà[35] la massa delle cose, tuttoché nuove e pellegrine.[36] Ci vuol costei,[37] la quale minutamente le disamini e le pesi tutte,[38] e scelga le buone e sprezzi le cattive. Non tutti gli autori e documenti meritano credenza,[39] e se la meritano altrove, qui non s'ha loro per avventura[40] da dare. Si possono di leggieri[41] prendere degli abbagli, ove non si conosca bene quale autorità s'abbia da antiporre o posporre all'altra. La filosofia, il cui impiego si è[42] d'investigar le cagioni delle cose e i loro effetti e le loro dependenze,[43] qualità e relazioni, cerca di sapere, avanti di credere all'altrui affermazione o negazione, se costui abbia probabilmente in questo o in quel luogo voluto per malizia e parzialità,[44] mentire o ingannare; o s'egli si sia ingannato per passione[45] o per ignoranza. Tien sempre davanti agli occhi l'intenzione e il genio[46] di qualunque autore: secondo questa,[47] non secondo le vane meditazioni altrui, interpreta le loro parole e i passi oscuri o pur li corregge. Appresso ella si guarda dall'appoggiare i suoi giudizi e le sue asserzioni sopra autori supposti,[48] libri apocrifi[49] e documenti battuti alla macchia;[50] e va con riguardo a fidarsi dei traduttori[51] e ricorre sempre alle fonti, per quanto può, e non ai ruscelli. Sa eziandio alle occorrenze,[52] o per via di congetture, o col mezzo de' mss.,[53] correggere e supplire i passi o manchevoli

23 mercé… parte: *grazie alla scrupolosa precisione* (**diligenza**) *esercitata in questa disciplina* (**parte**).
24 d'Achery… Francia: sono i nomi dei benedettini francesi, appartenenti alla Congregazione di san Mauro, che nei primi decenni del Seicento elaborarono e diffusero, con i loro studi di erudizione, le basi della moderna ricerca storico-filologica.
25 Bollando… Baerzio: sono i nomi italianizzati dei gesuiti belgi detti "bollandisti" da Jean Bolland (1596-1665), che si impegnò nella realizzazione della grande opera agiografica *Acta Sanctorum* (Atti dei santi). La più importante acquisizione filologica dei "bollandisti" consiste nell'attenzione alle stratificazioni successive operatesi attorno a uno stesso testo, in relazione alle trasformazioni della coscienza dei copisti nelle successive epoche.
26 si vuol: *è opportuno.*
27 cammei: figure scolpite in bassorilievo sulle pietre preziose.
28 disotterar: *riportare alla luce.*
29 istoria intiera: *lo studio di un'intera epoca storica.*
30 avvertiti: *apprezzati nel loro giusto valore.*
31 decisione: *risoluzione.*
32 industria: *operosità.*
33 provvisione… volgari: *provvista di nuove o non banali.*
34 ancora: *anche.*
35 varrà: *avrà valore.*
36 tuttoché… pellegrine: *per quanto [possano essere] nuove e originali.*
37 costei: la filosofia.
38 le pesi tutte: *valuti il grado di attendibilità di ciascuna.*
39 credenza: *credito.*
40 per avventura: *a caso.*
41 di leggieri: facilmente.
42 si è: *è quello.*
43 dependenze: *implicazioni.*
44 malizia e parzialità: *cattiva fede e spirito di favoreggiamento.*
45 passione: *interesse.*
46 genio: *inclinazione.* Dal latino "*genius*", lo spirito buono o cattivo che assiste gli uomini nella loro vita.
47 questa: cioè l'intenzione dell'autore.
48 autori supposti: *opere di incerta attribuzione.*
49 apocrifi: *non autentici.* Nel suo significato proprio, il termine indica i testi religiosi a cui la Chiesa non riconosce l'ispirazione spirituale e che dunque non sono compresi nel canone delle Sacre Scritture.
50 battuti alla macchia: *di provenienza sconosciuta.* Si tratta dei libri che per sfuggire ai controlli statali erano sprovvisti sul frontespizio dell'indicazione del luogo di stampa.
51 con riguardo… traduttori: *si affida con prudenza alle traduzioni.*
52 alle occorrenze: *al bisogno.*
53 o per via… mss.: *o attraverso conclusioni basate su indizi probabili oppure ricorrendo ai manoscritti.*

o adulterati[54] degli autori. Finalmente sempre sta argomentando[55] e sopra tutto s'industria nelle cose dubbiose e controverse; e da altri princìpi[56] e da notizie disparate e lontane, altre ne cava non men sicure per deduzione,[57] e accozzando insieme ad un tempo[58] le persone, i fatti, i luoghi e i tempi, giunge bene spesso a scorgere il vero d'imprese e cose anche lontanissime. [...]

Oltre all'industria dunque nel trovar nelle cose, o nelle pruove delle cose, molto nuovo,[59] se si può, ed oltre a tutto quello che può fare al proposito[60] dell'istoria che vogliam trattare, egli è necessaria l'acutezza della filosofia per discoprire nell'antichità e nelle favole stesse e ne' dispareri[61] degli scrittori, ciò che è vero. Bisogna nel medesimo tempo saper correggere gli antichi o i loro libri; e per via d'argomentazione, di confronto e d'induzione[62] cavar fuori quella verità, che altri o aveva adulterata, o non avea conosciuta. E notisi bene che l'erudizione non digerita[63] dalla filosofia, altro non può, o non suol essere, che un ammassamento o mescuglio di cose, parte delle quali saran false e parte saranno bensì vere, ma senza sapersene[64] il vero perché; e pure il tutto verrà dallo scrittore come certo e vero consegnato alle carte.[65] Il filosofo ben educato[66] nulla riceve, nulla vende senza il dovuto esame.[67] Le cose da lui trovate solamente verisimili e probabili, non diventano certe e sicure ne' suoi scritti, ma ritengono la sola aria della verisimiglianza.[68] Le cose dubbiose non c'è dubbio che sieno da lui se non come tali proposte, e colla medesima sincerità e franchezza egli dirà: – Questa cosa mi par falsa o favolosa, – con cui egli dice: – Quest'altra io la reputo vera e certa. – Si guarda dal dir delle bugie per inavvertenza;[69] e senza comparazione più[70] si tien lontano dal dirne per malizia.

da L. A. Muratori, *Opere*, a cura di G. Falco e F. Forti, Ricciardi, Milano-Napoli 1964.

◄ **Nato per la storiografia**
Nato a Vignola, vicino Modena, Ludovico Antonio Muratori fu ordinato sacerdote nel 1695; nel 1700 il duca Rinaldo d'Este lo nominò archivista e bibliotecario ducale e da allora la riflessione sulla storia divenne il centro del suo lavoro. Nel *Rerum Italicarum Scriptores* raccolse le fonti della storia medievale italiana dal VI al XVI secolo, da cui poi trasse le *Antiquitates Italicae Medii Aevi*, ma la sua opera storiografica più importante sono gli *Annali d'Italia*, in cui narrò le vicende politiche italiane dall'inizio dell'era volgare fino al 1749.

54 adulterati: *falsati.*
55 Finalmente... argomentando: *infine si basa sempre sull'interpretazione razionale dei dati.*
56 altri princìpi: *fonti diverse.*
57 deduzione: procedimento logico che consiste nel ricavare dalle premesse generali le conseguenze particolari.
58 accozzando... tempo: *collegando contemporaneamente* (**ad un tempo**).
59 molto nuovo: *molti nuovi dati.*
60 fare al proposito: *essere utile.*
61 dispareri: *pareri discordanti.*
62 induzione: è il procedimento logico opposto alla "deduzione" e consiste nel ricavare i principi generali dai casi particolari.
63 digerita: *riassorbita.*
64 senza sapersene: *senza che se ne sappia.*
65 certo ... alle carte: *affidato all'opera scritta come accertato* (**certo**) *e autentico.*
66 ben educato: secondo i rigorosi principi del metodo filologico.
67 nulla... esame: *non accoglie* (**riceve**) [*dagli altri testi*] *né divulga* (**vende**) [*nelle proprie opere*] *nessun dato che non sia stato sottoposto a uno scrupoloso* (**dovuto**) *esame.*
68 ritengono... verisimiglianza: *mantengono soltanto l'aspetto delle verosimiglianza* [: non sono spacciate come informazioni sicure].
69 per inavvertenza: *per distrazione.*
70 senza... più: *senza paragone ancor di più.*

Lavoriamo sul testo

Leggere e capire

Il metodo del perfetto storico Il brano descrive due caratteristiche che il perfetto storico, secondo Muratori, deve possedere: la capacità di ricercare documenti negli archivi e nelle biblioteche e l'uso del ragionamento logico, che spinge a cercare le cause dei fenomeni e i loro rapporti di interdipendenza.

Analizzare

La drammaticità della ricerca storica di Muratori In questo passo Muratori dà alcune indicazioni sul corretto metodo storiografico. La ricerca scientifica delle fonti deve avere come fine la conoscenza senza pregiudizi. Ciò induce lo storico al dubbio, alla verifica incessante dei documenti per paragonarli fra loro e assicurarsi della validità o meno di una notizia o di una informazione. Le varie fasi della ricerca storica – da quella del ritrovamento dei documenti a quella dell'analisi e della verifica – sono descritte con una vivacità che sfiora la drammatizzazione. Particolare forza drammatica si nota nell'uso dei verbi: la storia non può essere «cavata» dai recessi (anzi dai «gabinetti») del cervello, ma va trovata nelle fonti e nei documenti; l'erudito «pesca» le proprie informazioni anche nelle «più polverose biblioteche»; anche «dalle tenebre» «tira» «frammenti, trattati, libri»; «dissotterra» «nuovi e più sicuri documenti».

Interpretare e approfondire

La ricerca storica come questione etica Muratori è convinto che la ricerca può aiutare a scoprire la verità e aiutare l'umanità nel suo percorso civile. Di qui il grande senso di responsabilità dello storico, non solo nel controllare i documenti, ma anche nell'interpretarli. Il ricercatore non dovrà rinunciare al proprio giudizio, ma non dovrà mai neppure nascondere i propri dubbi. Inoltre, Muratori lancia una nota polemica contro i ricercatori troppo frettolosi e superficiali, e dunque non eticamente impegnati sul fronte della verità.

Esercizi

Prima prova A • L'analisi del testo

Comprendere

1 Il fine dello storico

Che cosa deve fare un buono storico?

a. ricostruire gli eventi storici aiutandosi con il ragionamento
b. ricostruire gli eventi storici aiutandosi con la fantasia
c. ricostruire gli eventi storici aiutandosi con la ricerca
d. ricostruire gli eventi storici aiutandosi con il confronto tra diverse fonti

2 I ricercatori da evitare

La nota polemica di Muratori è indirizzata ai ricercatori

a. troppo frettolosi e superficiali
b. troppo pignoli e rigidi
c. che non seguono il suo stesso metodo
d. ispirati al metodo dei gesuiti

Analizzare

3 Le riflessioni sul metodo storiografico

Muratori compie alcune riflessioni tra la vecchia e la nuova storiografia. Inserisci in una tabella come questa le differenze enunciate dall'autore.

vecchio metodo storiografico	nuovo metodo storiografico
....	....
....	....
....	....
....	....
....	....
....	....
....	....

Documento 2

Giovan Battista Vico
Del diluvio universale e de' giganti

Le forme
- uso di immagini concrete

I temi
- recupero delle fonti storiche e delle prove scientifiche
- interesse antropologico

Nel secondo libro della Scienza nuova *(cap. 3 dei* Prolegomeni*) Vico racconta che dopo il diluvio universale tutta l'umanità (a eccezione del popolo ebraico) ritorna a uno stato primitivo e barbarico. Nel brano qui riportato, sono descritti i discendenti di Noè: «la gran selva della terra» è abitata da bestioni dal corpo smisurato, cioè i giganti.*

Gli autori dell'umanità gentilesca[1] dovetter esser uomini delle razze di Cam, che molto prestamente, di Giafet, che alquanto dopo, e finalmente di Sem,[2] ch'altri dopo altri tratto tratto[3] rinnonziarono alla vera religione del loro comun padre Noè, la qual sola nello stato delle famiglie poteva tenergli in umana società con la società de' matrimoni, e quindi di esse famiglie medesime.[4] E perciò dovetter andar a dissolver[5] i matrimoni e disperdere le famiglie coi concubiti incerti;[6] e, con un ferino error[7] divagando per la gran selva[8] della terra – quella di Cam per l'Asia meridionale, per l'Egitto e 'l rimanente dell'Africa; quella di Giafet per l'Asia settentrionale, ch'è la Scizia,[9] e di là per l'Europa; quella di Sem, per tutta l'Asia di mezzo ad esso Oriente, – per campar dalle fiere,[10] delle quali la gran selva ben doveva abbondare, e per inseguire le donne, ch'in tale stato dovevan esser selvagge, ritrose e schive[11], e sì sbandati[12] per truovare pascolo ed acqua, le madri abbandonando[13] i loro figliuoli, questi dovettero tratto tratto crescere senza udir voce umana nonché apprender uman costume, onde andarono[14] in uno stato affatto bestiale e ferino. Nel quale le madri, come bestie, dovettero lattare solamente[15] i bambini e lasciargli nudi rotolar dentro le fecce[16] loro propie, ed appena spoppati[17] abbandonargli per sempre; e questi[18] – dovendosi rotolare dentro le loro fecce, le quali co' sali nitr[19] maravigliosamente ingrassano i campi –; e sforzarsi per penetrare la gran selva, che per lo fresco[20] diluvio doveva esser foltissima, per gli quali sforzi dovevano dilatar[21] altri muscoli per tenderne altri, onde i sali nitri in maggior copia s'insinuavano ne' loro corpi; – e senza alcun timore di dèi, di padri, di maestri, il qual assidera[22] il più rigoglioso dell'età fanciullesca; – dovettero a dismisura ingrandire le carni e le ossa, e crescere vigorosamente robusti, e sì provenire[23] giganti. Ch'è la ferina educazione, ed in grado

1 umanità gentilesca: con il termine "gentile" (dal latino *gens*, 'gente'), i primi cristiani indicarono i pagani nello stesso senso di "appartenente a un altro popolo" con cui gli ebrei indicavano i non ebrei.
2 razze… Sem: nella *Genesi* (il primo libro della Bibbia) si racconta che dai figli di Noè sarebbero discesi tutti i popoli del mondo: Sem infatti è dato come capostipite degli ebrei e di tutti i popoli del Medioriente; Iafet degli ariani (dall'India all'Europa); Cam degli egizi e dei popoli dell'Africa. **Molto prestamente:** *molto presto.*
3 ch'altri… tratto: *gli uni dopo gli altri, volta per volta.*
4 la qual… medesime: Vico sottolinea l'importanza della religione ebraica nella fondazione del matrimonio e della famiglia. L'abbandono di questi valori provoca il ritorno a uno stato barbaro.
5 dissolver: *rompere.*
6 coi concubiti incerti: *con accoppiamenti casuali*, fuori dal matrimonio.
7 ferino error: *vagabondare simile a quello delle belve.*
8 selva: *foresta.*
9 Scizia: zona corrispondente alla Russia meridionale.
10 campar dalle fiere: *scampare agli animali feroci.*
11 ritrose e schive: *riluttanti, restie.*
12 sì sbandati: cioè senza un luogo fisso di riferimento.
13 le madri abbandonando: *poiché le madri abbandonarono.*
14 onde andarono: *per cui precipitarono.*
15 lattare solamente: *limitarsi ad allattare*, per garantire loro la semplice sopravvivenza.
16 fecce: *feci.*
17 spoppati: *svezzati.*
18 e questi: è il soggetto della frase principale, retta dal verbo **dovettero** del r. $$.
19 sali nitri: *salnitri*, nome antico del nitrato di potassio, usato come fertilizzante.
20 lo fresco: *il recente.*
21 dilatar: *allungare, estendere.*
22 il qual assidera: [*timore*] *che frena* (nel senso di "agghiacciare, avvizzire").
23 provenire: *diventare.*

più fiera di quella nella quale, come nelle Degnità[24] si è sopra avvisato, Cesare e Tacito rifondono la cagione della gigantesca statura degli antichi germani, onde fu quella de' goti che dice Procopio[25] e qual oggi è quella de los patacones che si credono presso lo stretto di Magaglianes,[26] d'intorno alla quale han detto inezie i filosofi in fisica,[27] raccolte dal Cassanione che scrisse De gigantibus.[28] De' quali giganti si sono truovate e tuttavia si truovano, per lo più sopra i monti (la qual particolarità molto rileva[29] per le cose ch'appresso se n'hanno a dire), i vasti teschi e le ossa d'una sformata grandezza, la quale poi con le volgari tradizioni[30] si alterò all'eccesso, per ciò che a suo luogo diremo.

da G. B. Vico, *Opere*, a cura di F. Nicolini, Ricciardi, Milano-Napoli 1953.

24 come nelle *Degnità*: le *Degnità* sono 114 massime con le quali, all'inizio dell'opera, Vico descrive i princìpi fondamentali del suo pensiero. Qui Vico allude alla XXVI, che contiene anche il riferimento ai popoli della Patagonia nominati subito dopo (***los patacones***)..
25 Cesare… Tacito… Procopio: Cesare ha scritto il *De bello Gallico*, cioè il resoconto delle guerre galliche; Tacito ha scritto, tra le altre opere, la *Germania*, che illustra usi e costumi delle tirubù germaniche; Procopio è uno storico bizantino vissuto nel VI secolo d. C., autore di un'opera sul popolo dei Goti. **Cagione:** *causa*
26 Magaglianes: *Magellano*, ovvero il navigatore portoghese Ferdinando Magellano (1480-1521) che dette il nome allo stretto che all'estremo sud del continente americano unisce l'oceano Atlantico con l'oceano Pacifico.
27 han detto… fisica: *i filosofi studiosi delle scienze naturali hanno detto sciocchezze* (**inezie**).
28 Cassanione… gigantibus: Jean Chassanion (1531-1598), pastore calvinista di origine francese, autore del *De Gigantibus eorumque Reliquiis* (Basilea, 1580).
29 molto rileva: *ha molta importanza.*
30 con le volgari tradizioni: *nelle descrizioni popolari.*

Lavoriamo sul testo

Leggere e capire

L'umanità dopo il diluvio universale Nel brano Vico descrive che cosa succede dopo il diluvio universale. Nella prima parte del testo (rr. 1-24), l'autore racconta che, mentre il popolo ebraico mantiene il senso religioso della vita, il resto dell'umanità attraversa una fase di decadenza: gli uomini imbarbariti sono trasformati in giganti. Nella seconda parte (rr. 24-33), Vico riporta le fonti storiche (Cesare, Tacito, Procopio) e le prove scientifiche (i ritrovamenti degli scheletri dei giganti, i racconti dei viaggiatori) delle sue affermazioni.

Analizzare

Uno stile di immagini concrete La trasformazione degli uomini in bestioni barbari e primitivi è raccontata da Vico attraverso immagini concrete che rendono l'idea della fase di decadenza dell'umanità dopo il diluvio. Gli uomini vagano per le foreste, inseguono le donne, cercano di scappare dagli animali feroci: l'ambito selvaggio di questo girovagare senza meta è sottilineato dall'uso di alcune espressioni come «ferino error», «gran selva della natura», «bestiale e ferino» ecc.

Interpretare e approfondire

L'enciclopedia antropologica Il critico letterario Andrea Battistini ha definito la *Scienza nuova* una «enciclopedia antropologica», cioè un accumulo di notizie, fornite da documenti spesso molto diversi tra loro, sulla storia dell'umanità. Infatti, questo brano è un esempio della tendenza di Vico a reperire notizie dai campi più diversi: dalla storiografia antica (Cesare, Tacito, Procopio) ai resoconti dei viaggiatori che avevano visitato il paese dei Patagoni sullo stretto di Magellano, fino alle scienze naturali con le informazioni relative alle sostanze fertilizzanti per il terreno.

Il *certo* e il *vero*: un rapporto difficile Vico descrive le fonti storiche e le prove scientifiche di cui dispone: ciò è necessario per fondare la sua attività interpretativa. Infatti in questo testo emerge il rapporto che l'autore stabilisce fra *certo* e *vero*. Il *certo* si ricava dalle scienze umane (storia, diritto, letteratura ecc.) tramite la filologia; il vero è comprensibile attraverso la filosofia, ma è limitato, perché l'uomo può conoscere solo ciò che fa, cioè la storia. Insomma, il filosofo è un interprete che non possiede certezze assolute.

Esercizi

Prima prova A • L'analisi del testo

Comprendere

1 Il ritorno allo stato barbaro

Nel brano appena letto Vico racconta che dopo il diluvio universale l'umanità torna allo stato barbaro. Perché? E chi si salva da questa regressione del genere umano?

Analizzare

2 Una vita primitiva

La vita degli uomini primitiva è descritta da Vico attraverso alcune espressioni che indicano il ritorno a uno stato quasi animale. Sottolineale nel testo.

Interpretare e approfondire

3 La ricerca delle fonti storiche

La citazione delle fonti (Tacito, Procopio ecc.) serve a Vico per fondare storicamente il suo racconto. Perché? Qual è il rapporto tra storia e filosofia?

videolezione
I nuovi valori e i nuovi temi dell'Illuminismo

La seconda metà del Settecento

Il movimento culturale dell'Illuminismo

Con il termine "Illuminismo" si fa riferimento a un movimento culturale, nato in Francia verso la metà del XVIII secolo, che sostiene la libertà di pensiero, la tolleranza, il progresso, mentre rifiuta il fanatismo religioso e la cieca obbedienza a conoscenze precostituite e immodificabili. L'Illuminismo esalta il "lume" della ragione contro il "buio" dell'ignoranza: l'intelligenza umana e il sapere scientifico sono gli strumenti con cui combattere la superstizione, la magia, la religione. Già all'inizio del secolo si era diffusa l'idea della storia umana come progresso, come marcia dalle tenebre del passato verso la luce presente della ragione e della scienza. Si ridefinisce così la funzione dell'intellettuale europeo: il suo compito è lottare per il progresso contro le tenebre della magia e della superstizione, in vista del futuro di felicità a cui l'umanità è destinata.

Il 1748: l'anno di nascita dell'Illuminismo

Il 1748 è l'anno decisivo per l'affermazione dell'Illuminismo. In Francia comincia il lavoro per l'*Encyclopédie* [Enciclopedia], un'opera che è lo strumento di diffusione del nuovo pensiero, basata sulla raccolta di tutto il sapere umano (vedi più avanti). Esce inoltre, anonimo a Ginevra, *L'esprit des lois* [Lo spirito delle leggi], il capolavoro del filosofo Charles-Louis de Montesquieu (1689-1755), il quale vi sostiene che la monarchia assoluta non risponde più al bisogno concreto di libertà dei cittadini europei e teorizza il principio di separazione dei poteri: il sovrano assoluto riunisce in sé il potere legislativo, esecutivo e giudiziario mentre per salvaguardare la libertà individuale i tre tipi di potere vanno distribuiti in maniera distinta ed equilibrata fra istituzioni diverse. È così che Montesquieu elabora i princìpi delle moderne democrazie parlamentari.

L'intellettuale diventa un agitatore di idee

L'età dell'Illuminismo segna la fine dell'intellettuale cortigiano, dipendente dalla nobiltà e al suo servizio. Adesso l'intellettuale si pone come il legislatore della società, pronto a proporre soluzioni diverse e nuove rispetto al passato. Diventa insomma un agitatore di idee, che mira a creare, per la prima volta nella storia, un'opinione pubblica, attraverso i propri *pamphlet* e i propri giornali. La crescita dell'alfabetizzazione, l'ampliarsi del pubblico e lo sviluppo dell'editoria avviati

Glossario

Potere legislativo, esecutivo, giudiziario Il potere legislativo è quello di emanare norme generali; in Italia questa funzione è esercitata, per la maggior parte, dal Parlamento. Si definisce esecutivo (o amministrativo) il potere di assumere provvedimenti concreti per mettere in pratica le norme generali; in Italia viene esercitato soprattutto dal Governo. Il potere giudiziario consiste nel far rispettare l'applicazione delle norme generali e punire gli eventuali trasgressori; in Italia questa funzione compete alla Magistratura.

Pamphlet Nato in Francia nel XVIII secolo e diventato un genere letterario, il *pamphlet* ("libello" in italiano) è un breve saggio in cui l'autore affronta con toni volutamente polemici o satirici un tema di attualità.

a inizio secolo gli consentono di occupare uno spazio nuovo e in parte autonomo dal potere politico ed economico. L'intellettuale deve essere capace di spaziare in campi diversi, dall'economia al diritto, dalla storia alla filosofia, scrivendo con uno stile rapido e brillante, in quanto il suo pubblico si allarga. La figura del "letterato" tradizionale (cioè che si occupa esclusivamente di letteratura) entra in crisi: gli intellettuali adesso si definiscono *philosophes* [filosofi] e mirano a una conoscenza universale del sapere, per il bene della comunità.

L'*Enciclopedia*: una conoscenza universale e specializzata

L'opera nella quale si riversano le energie dei nuovi *philosophes* è l'*Encyclopédie ou Dictionaire raisonné des sciences, des arts e des métiers* [Enciclopedia o Dizionario ragionato delle scienze, delle arti e dei mestieri], diretta da Denis Diderot (1713-1784) in collaborazione con Jean Baptiste Le Rond d'Alembert (1717-1783), che uscì dal 1751 al 1772 con la pubblicazione di 17 volumi più 11 tavole illustrate.

L'*Enciclopedia* – che suscitò molte polemiche e fu messa all'Indice dei libri proibiti da papa Clemente XIII – riassumeva le idee illuministiche per diffonderle rapidamente. Dato che l'obiettivo dell'*Enciclopedia* è la «pubblica utilità» o la «felicità» e «l'interesse generale» degli uomini, ampio spazio vi hanno le competenze tecniche e scientifiche, proponendo così un sapere universale e tuttavia specializzato in diversi settori (▶ Documento 3). All'enciclopedia collaborarono numerosi autori, fra i quali Montesquieu, Voltaire (uno dei maggiori pensatori dell'Illuminismo), d'Holbac e Jean-Jacques Rousseau (▶ Documento 6).

L'Illuminismo in Italia

Molti illuministi francesi, fra i quali Voltaire, collaborarono con i principi assoluti di alcuni Stati europei: Prussia, Svezia, Austria e, in minore misura, Russia. Conoscono riforme ispirate all'Illuminismo anche alcuni Stati italiani: il Regno di Napoli, la Toscana, Parma, la Lombardia asburgica. Gli intellettuali che le promuovono sono però una cerchia ristretta:

◀ **La caricatura**
Lo svizzero Jean Huber (1721-1786) fu amico di Voltaire e lo ritrasse in dipinti e incisioni, per lo più caricaturali, che inviò in omaggio a Caterina di Russia e che perciò si trovano all'Ermitage di San Pietroburgo (come questo *Voltaire doma un cavallo*).

in Italia è ancora molto diffusa la figura del "letterato" accademico e tradizionalista, che non si interessa dell'arretratezza economica e politica del proprio Paese.
A Napoli le idee illuministiche trovano la loro applicazione nell'istituzione, nel 1754, della cattedra universitaria di economia politica (la prima in Europa) grazie all'opera di Antonio Genovesi (1713-1769). Ma la capitale dell'Illuminismo italiano è Milano, nella quale si riuniscono vari intellettuali tra cui Cesare Beccaria (1738-1794), autore del trattato *Dei delitti e delle pene* (1764). Inoltre, le idee degli illuministi milanesi portano alla pubblicazione del primo periodico politico-culturale, «Il Caffè».

L'organizzazione degli intellettuali: le «Società» e i giornali

Gli intellettuali illuministi si organizzano in forme di associazione non istituzionali, come per esempio le "Società" francesi. In Italia una «Società» famosa si riunisce a casa di Pietro e Alessandro Verri e diventa, nel 1761, l'accademia dei Pugni, dalla quale nasce la rivista «Il Caffè» (1764-1766). Favorendo il sorgere di un giornalismo nuovo rispetto a quello che fino a poco tempo prima si occupava solo di teologia, di erudizione e di scienze astratte e quindi era adatto a un pubblico ristretto, «Il Caffè» è un periodico politico-culturale redatto da intellettuali pronti a combattere in nome dei valori universali della ragione e della cultura.

La nuova figura del cittadino e la nascita dell'opinione pubblica

Le trasformazioni politiche, economiche e culturali del Settecento portano alla nascita di una nuova figura sociale: il cittadino. Sostenuto da intellettuali impegnati attivamente nella vita civile, nasce un interesse più generale per le leggi che regolano la vita sociale che porta, nei vari Stati, alla proposta diretta di riforme giuridiche ed economiche (si pensi, in Italia, alle opere *Osservazioni sulla tortura* di Pietro Verri e a *Dei delitti e delle pene* di Cesare Beccaria). L'individuo privato diventa consapevole del proprio posto nella società civile e vuole diventarne parte attiva, affermando i propri diritti e, in particolare, il diritto alla gestione della vita pubblica. Le discussioni intellettuali, economiche e sociali coinvolgono un pubblico molto più ampio che in qualsiasi epoca precedente: l'attività di giornali, riviste e gazzette favorisce la nascita dell'opinione pubblica, che, informata dei fatti, esprime un giudizio e cerca di intervenire. Si afferma in tal modo l'idea del coinvolgimento collettivo nella sorte dello Stato e la responsabilità di ogni cittadino alla sua difesa e al suo sviluppo.

Arcadia e Illuminismo a confronto

	Arcadia	Illuminismo
arco cronologico	1690-1748	1748-1815
intellettuale-tipo	• abate • erudito	filosofo
organizzazione degli intellettuali	• accademie (in Italia, l'Arcadia) • massoneria (in Italia)	«Società»
strumenti di diffusione della cultura	• salotti • caffè • primi quotidiani (in Inghilterra)	• *Enciclopedia* • periodici politico-culturali (es: «Il Caffè»)
generi letterari più usati	poesia	• romanzo • *pamphlet* • saggio • trattato

Documento 3

Jean-Baptiste d'Alembert
L'enciclopedia: una mappa del labirinto

Le forme
- brano programmatico
- immagini metaforiche

I temi
- realizzazione di una sintesi organica del sapere umano
- sapere come incontro tra arte e scienza

*Posto come introduzione all'*Enciclopedia o Dizionario ragionato delle scienze, delle arti e dei mestieri *(1751-1772), questo brano espone i criteri generali su cui si basa l'intera opera. L'obiettivo di d'Alembert è quello di fornire un sapere unitario e sistematico. A tal proposito, egli utilizza le tre immagini del labirinto, dell'albero e del mappamondo.*

L'opera che iniziamo – e che speriamo di portare a termine – ha due scopi: in quanto "enciclopedia", deve esporre, nel modo più esatto possibile, l'ordine e la connessione delle conoscenze umane; in quanto dizionario ragionato delle scienze, arti e mestieri, deve spiegare i principi generali su cui si fonda ogni scienza e arte, liberale o meccanica,[1] e i più notevoli particolari che ne costituiscono il corpo e l'essenza [...]. Il sistema generale delle scienze e delle arti è una specie di labirinto, una strada tortuosa, sulla quale lo spirito si avvia senza ben sapere in qual direzione volgersi. Spinto dai suoi bisogni, soprattutto da quelli del corpo al quale è unito, studia dapprima i primi oggetti che gli si presentano; procede quanto più può nella conoscenza di essi; presto incontra difficoltà che lo fermano, e per la speranza o sfiducia di vincerli, imbocca una nuova via; poi ritorna sui suoi passi; qualche volta supera le prime barriere per imbattersi in altre; e, passando da un oggetto all'altro, su ciascuno di questi oggetti, a intervalli e come in fasi successive, esercita una serie di operazioni la cui discontinuità è un effetto necessario della stessa generazione delle sue idee. Ma questo disordine, per quanto sia filosofico da parte dello spirito, sfigurerebbe o piuttosto distruggerebbe completamente l'albero enciclopedico nel quale lo si volesse raffigurare. [...]

Altra cosa è l'ordine enciclopedico delle nostre conoscenze, che consiste nel raccoglierle entro il minimo spazio possibile e nel collocare il filosofo, per così dire, al di sopra di questo vasto labirinto, in un punto di osservazione assai elevato, donde[2] egli possa abbracciare tutte insieme le principali arti e scienze; osservare con una sola occhiata gli oggetti delle sue meditazioni e le operazioni che su di essi può svolgere; distinguere le branche generali delle conoscenze umane, i punti che le separano o le uniscono, e talvolta perfino intravvedere le vie segrete che le pongono in comunicazione tra loro. È una specie di mappamondo che deve mostrare i principali paesi, la loro posizione e mutua dipendenza, la strada in linea retta che li unisce; strada spesso interrotta da mille ostacoli, i quali all'interno di ciascun paese possono esser conosciuti soltanto dagli abitanti o dai viaggiatori, ma che non si potrebbero porre in evidenza se non su carte particolari di piccola scala. Tali carte particolari saranno i vari articoli dell'Enciclopedia, e l'albero, o sistema figurato sarà il mappamondo.

1 liberale o meccanica: nel Medioevo con l'espressione "Arti liberali" si intendeva l'insieme degli studi che compivano i chierici prima di entrare all'università. Più in generale le arti liberali erano quelle attività dove era necessario un lavoro prettamente intellettuale, mentre le "Arti mecca-

Lavoriamo sul testo

Leggere e capire

Le basi dell'*Enciclopedia* Il testo dichiara le basi su cui si fonda l'intero progetto dell'*Enciclopedia*: l'obiettivo di d'Alembert è quello di fornire una rassegna sistematica del sapere umano, basandosi sull'incontro tra arte e scienza.

Analizzare

Unire la forma del dizionario con quella dell'enciclopedia Il progetto dell'*Enciclopedia*, diretta da Diderot e d'Alembert, rappresenta un'importante svolta politico-culturale: i due intellettuali intendevano infatti ridefinire l'intero sapere umano, ponendo al centro della conoscenza la ricerca scientifica e filosofica, mettendola al posto della religione e della teologia come fonte prima del sapere. L'obiettivo dichiarato in questo brano è unire la forma del dizionario a quella dell'enciclopedia, perché il tipo di sapere che gli enciclopedisti intendevano trasmettere si fondava sull'integrazione fra arti (liberali e meccaniche) e scienze.

Interpretare e approfondire

Le metafore del labirinto, dell'albero, del mappamondo D'Alembert è consapevole della difficoltà di un progetto unitario dei saperi. Per questo allude al «labirinto», la conoscenza intuitiva del singolo ricercatore, che deve essere però organizzata in un «albero», cioè un ordine sistematico, progressivo e genetico in cui si sviluppano le conoscenze. Il «mappamondo», invece, rappresenta la possibilità di orientarsi nel labirinto delle tante discipline con uno «sguardo dall'alto» non approfondito ma complessivo. I diversi saperi specialistici sono raffigurati a loro volta con l'immagine delle conoscenze dettagliate di ciascun paese possedute dagli abitanti ma che non si possono mettere in evidenza in una visione d'insieme.

Esercizi

Prima prova A • L'analisi del testo

Comprendere

1 Il paragone di d'Alembert

A che cosa paragona d'Alembert la conoscenza intuitiva?

a. a un albero
b. a un mappamondo
c. a un labirinto
d. a un dizionario

2 Il significato dell'«albero»

Che cosa rappresenta l'«albero» di cui parla d'Alembert?

a. un albero genealogico
b. la conoscenza dettagliata dei vari saperi settoriali
c. la possibilità di orientarsi tra i vari saperi settoriali
d. l'ordine sistematico in cui si sviluppano le conoscenze

Analizzare

3 Le premesse dell'*Enciclopedia*

Il brano presenta gli obiettivi del progetto culturale che d'Alembert e Diderot avevano intenzione di svolgere. Rintraccia nel testo gli scopi dell'opera dichiarati dall'autore.

Realizzato nel 1810 per celebrare il cinquantenario di regno di Giorgio IIII, questo gioco da tavolo è una sorta di puzzle dove ogni tessera rievoca un avvenimento storico.

3 L'immaginario collettivo

L'uomo settecentesco rivaluta il momento dell'esperienza: si diffonde così uno spirito di inquietudine, di dubbio, di incertezza che porta molti gentiluomini e letterati a viaggiare. Il *Grand tour* [Gran giro] in Europa o nel mondo diventa una tappa indispensabile dell'educazione di ciascun individuo. L'incontro con altre culture determina la scoperta del diverso: per la prima volta nella storia, l'Occidente si misura con il resto del mondo, spesso con un notevole spirito polemico.

Newton: la centralità della fisica e l'idea dell'universo-macchina

Nella prima metà del Settecento si diffondono nuove scoperte nell'ambito della fisica. Grazie alla legge di gravitazione universale scoperta dall'inglese Isaac Newton (1642-1727), l'universo è considerato come una grande macchina in movimento, conoscibile attraverso l'osservazione diretta e l'esperienza concreta. Cambia la visione del mondo da parte degli uomini di media cultura: la magia perde ogni residua importanza, mentre la fisica diventa la disciplina-guida nella conoscenza della realtà (▶ Documento 4).
Questa nuova concezione del mondo si sviluppa grazie alla diffusione delle macchine favorita dalla rivoluzione industriale: si impone così l'idea che l'universo stesso sia costruito come una macchina e che anche il corpo umano debba essere considerato come un organismo meccanico. Fabbricando macchine l'uomo duplica la natura, costruendone una "seconda", del tutto artificiale, ma fatta a immagine della prima. Vivendo sempre più nell'ambiente artificiale della "seconda" natura, l'uomo trasforma la natura "prima" in un mito, considerandola non solo regolatrice dello sviluppo civile, ma anche creatrice dell'istintività e della passionalità umane.

Focus Gli automi

Il Settecento è il secolo in cui si fabbricano automi e androidi. Se il corpo è una macchina, come sosteneva il filosofo Julien Offroy de la Mettrie (1709-1751) nel suo libro *L'uomo macchina*, bruciato per mano del boia nel 1748 in quanto offensivo dei principi morali e religiosi, allora, con il massimo dell'ingegno, dovrà essere possibile riprodurlo e renderlo funzionante. Il francese Jacques de Vaucanson (1709-1782) costruisce per esempio un "suonatore di flauto" capace di produrre note su tre ottave e di simulare anche i movimenti delle labbra e le azioni dei muscoli del petto. Dopo l'androide, Vaucanson costruisce un'anatra meccanica che sguazza in uno stagno, mangia e perfino defeca, per la curiosità dei molti spettatori.

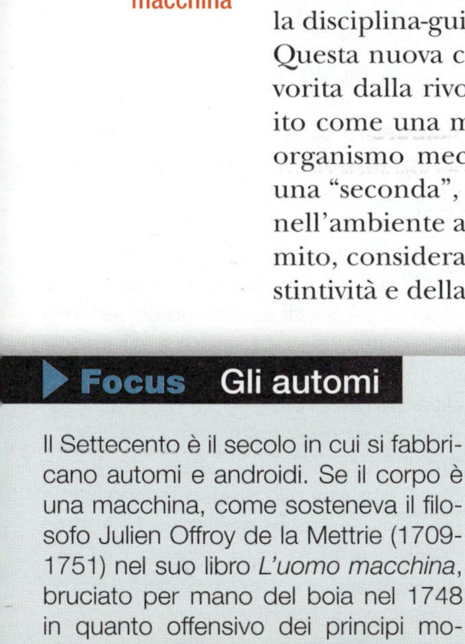

Tra gli automi settecenteschi, il più famoso è però il "Turco giocatore di scacchi", costruito dal barone Wolfgang von Kempelen. L'automa era vestito alla foggia turca; seduto davanti a un tavolo ove era collocata una scacchiera, rispondeva alle mosse dell'avversario umano. E vinceva quasi sempre. Goethe lo vide e ne rimase sbalordito. Il Turco giocò e vinse contro Giuseppe II d'Austria e persino contro Napoleone, che si infuriò e si accanì contro la macchina che aveva osato batterlo. Il Turco continuò le *tourneé* in Europa anche dopo la morte del suo creatore e poi negli Stati Uniti. Proprio in America, per un singolare paradosso, fu un maestro del fantastico e creatore di incubi, Edgar Allan Poe, che ne svelò il mistero, dimostrando che c'era un uomo dissimulato fra i congegni. Per anni, il vero giocatore era stato un polacco che, particolare macabro, aveva perso le gambe in guerra; poi un francese di piccola statura.

L'esperienza e il viaggio

La nuova centralità della fisica conduce l'uomo moderno a rivalutare il momento dell'esperienza: si diffonde uno spirito di inquietudine, di dubbio, di incertezza che porta molti gentiluomini e letterati a viaggiare. Il *Grand tour* [Gran giro] in Europa o nel mondo diventa una tappa indispensabile dell'educazione di ognuno, incoraggiando il cosmopolitismo, che è una delle tendenze dell'epoca (▶ Focus). Da un ideale di vita basato sulla "stabilità" si passa a uno fondato sull'"irrequietezza", che allarga l'esperienza individuale a livello internazionale.

Glossario

Cosmopolitismo Questa parola deriva dal greco e significa "cittadinanza del mondo". Il termine francese *cosmopolite* [cosmopolita] è usato all'inizio, nel Settecento, per indicare chi ha un carattere aperto ai più vari influssi e alla diversità di idee. In seguito un cosmopolita è chi ha per patria il mondo intero e quindi chi ha viaggiato in tanti Paesi, assorbendone abitudini, mentalità e cultura.

Focus Dal *Grand Tour* al turismo di massa

Una moda aristocratica Momento fondamentale nell'educazione dei giovani benestanti europei, il *Grand tour* è un viaggio in più Paesi: Francia, Germania, Austria, Svizzera e Italia. Accompagnati da *tutors* più grandi ed esperti, il *Grand tour* diventa subito una moda aristocratica. E l'Italia è la tappa più importante di questo 'giro': attratti dalle opere d'arte, dal glorioso passato storico e dal clima mediterraneo, i viaggiatori soggiornano nelle città italiane anche per lunghi periodi.

L'occhio attento del viaggiatore L'idea del viaggio come strumento di formazione è favorita dalla diffusione della corrente filosofica dell'*empirismo*. Il *Grand tour* permette l'esperienza diretta che, attraverso il confronto con altre culture, accresce il patrimonio di conoscenze dei giovani aristocratici. Il viaggiatore deve quindi avere un occhio attento per raccogliere il maggior numero di informazioni sui luoghi visitati. Un esempio del forte interesse per le culture locali è il francese Charles-Louis de Montesquieu. Nei suoi *Voyages* [Viaggi] del 1729, egli nota la parsimonia dei fiorentini: «Non c'è una città in cui la gente viva con meno lusso che a Firenze: con una lanterna cieca, per la notte, e un ombrello, per la pioggia, si ha un equipaggio completo»; e fa un ironico confronto tra popoli: «Gl'Inglesi si portano via tutto dall'Italia: quadri, statue, ritratti [...]. Ma gl'Inglesi si portano via raramente roba di valore: gl'Italiani se ne disfano il meno che possono, perché sono degli intenditori che vendono a gente che non lo è. Un Italiano vi venderebbe piuttosto la moglie in originale, che non un originale di Raffaello».

La "corsa a tappe" del turista Già all'inizio dell'Ottocento al viaggiatore si affianca la nuova figura del turista e ne prenderà progressivamente il posto. Con la nascita delle guide tascabili – avvenuta nel 1839 grazie all'editore tedesco Karl Baedeker (1801-1859), il quale inaugurò una fortunata collana ancora oggi in commercio – il viaggio diventa una specie di "corsa a tappe" in cui l'iniziativa personale è ridotta al minimo e lo spostamento del turista è teso a verificare l'esattezza delle informazioni fornite dalla guida.

Il turismo di massa e l'incapacità del confronto La diffusione dei viaggi organizzati – comitive di turisti guidati da *tour operators* che programmano l'itinerario in ogni dettaglio – riduce al minimo il rischio del contrattempo. Il viaggio cessa di essere un'esperienza individuale, in cui i ritardi e gli imprevisti accrescono il valore educativo, e diventa un fenomeno di massa. Il turista consuma senza sosta paesaggi, architettura, storia e natura del luogo che visita, ma allo stesso tempo vuole ritrovare la stessa camera e lo stesso menu che ha a casa propria per non disorientarsi. In questo modo il turismo di massa rischia di impedire il confronto con il "diverso", annullando la componente formativa che il viaggio aveva fin dall'antichità.

◀ **Il ritratto del *grand tourist***
Il soggiorno italiano del *Grand Tour* era l'occasione per fare incetta di reperti e oggetti da collezione, acquistare vedute di paesaggio firmate Canaletto, Piranesi, Zocchi, o farsi ritrarre da Pompeo Batoni, famoso per i suoi sfondi inconfondibilmente romani (*Ritratto di Philip Metcalfe*, 1766-1767 ca. Londra, National Portrait Gallery).

La scoperta del diverso: i *Viaggi di Gulliver* e *Robinson Crusoe*

L'esperienza dei viaggi e del contatto con civiltà lontane da quella europea, il cosmopolitismo, la tolleranza favorita dalla fine delle guerre di religione rappresentano forme di apertura della mentalità. Ancora una volta (dopo la fase della conquista del Nuovo mondo, ai primi del Cinquecento), l'Occidente si apre all'altro e al diverso, e stavolta con uno spirito rinnovato e più disponibile: scopre mondi con una loro storia e con un loro sistema di valori ed è costretto a ridimensionare la centralità della propria cultura. La scoperta del diverso può dare vita a vari approcci.

Per esempio, nel romanzo i *Viaggi di Gulliver* (1726) dell'irlandese Jonathan Swift (1667-1745) si cerca di comprendere questi mondi lontani e di rispettarli nella loro diversità. Il risultato si riversa sul nostro mondo, guardato ora con occhi diversi e critici e le vicende, raccontate dal protagonista ai suoi fantastici interlocutori, servono all'autore per mettere in ridicolo l'intolleranza, la corruzione, l'avidità, l'ipocrita fiducia nella scienza come soluzione di ogni male, tipiche della società inglese del suo tempo. Altrettanto straniante e acuto è lo sguardo rivolto sui costumi occidentali da Montesquieu nel romanzo epistolare *Lettere persiane*, del 1721 (▶ Documento 5).

Ma nel Settecento si impone anche il dominio dell'Occidente su civiltà che, considerate inferiori, vengono sottomesse: è il colonialismo, che tratta le popolazioni sottomesse come "selvaggi". Daniel Defoe (1660-1731) nel suo *Robinson Crusoe* (1719) ribadisce la superiorità della civiltà europea e le ragioni della colonizzazione con la storia di un giovane inglese che, mosso da spirito di avventura, abbandona gli agi borghesi e si imbarca vivendo una serie di peripezie che culminano con lui unico superstite di un naufragio su un'isola deserta presso le foci del fiume Orinoco. Vi rimarrà ventotto lunghi anni, sopravvivendo all'isolamento con il solo aiuto del proprio ingegno e la compagnia del selvaggio "Venerdì" di cui diventa padrone e precettore.

Un approccio estetico: il gusto per l'esotico

La scoperta del diverso può avvenire anche da un punto di vista solo estetico. Il gusto per l'esotico che si sviluppa nel Rococò, testimoniato per esempio dalla moda delle cineserie, sottolinea l'attrazione per una civiltà che affascina proprio perché lontana e bizzarra. Non c'è sforzo reale di comprensione, ma solo la volontà di sfruttare qualcosa di quel mondo assegnandogli il ruolo di una moda circoscritta. Anche l'uso dei prodotti provenienti dal Nuovo Mondo – caffè, tè, cotone – rivela il gusto per l'esotico delle classi aristocratiche del primo Settecento.

La parcellizzazione del tempo

La presenza dell'orologio per segnare le ore di lavoro nelle fabbriche inglesi determina la parcellizzazione del tempo in momenti funzionali all'attività produttiva. Il tempo non dedicato al lavoro viene vissuto non come tempo-di-vita, ma come tempo-di-non-lavoro necessario per riacquistare le energie per l'attività lavorativa: il tempo diventa prezioso come il denaro (l'espressione *time is money* [il tempo è denaro] nasce proprio

> **Glossario**
>
> **Parcellizzazione** "Parcellizzare", da 'parcella', è un termine del linguaggio economico che significa dividere un processo produttivo in singole parti o segmenti (per esempio il gesto dell'operaio che avvita un bullone nella costruzione di una macchina).

La centralità dell'esperienza nel Settecento

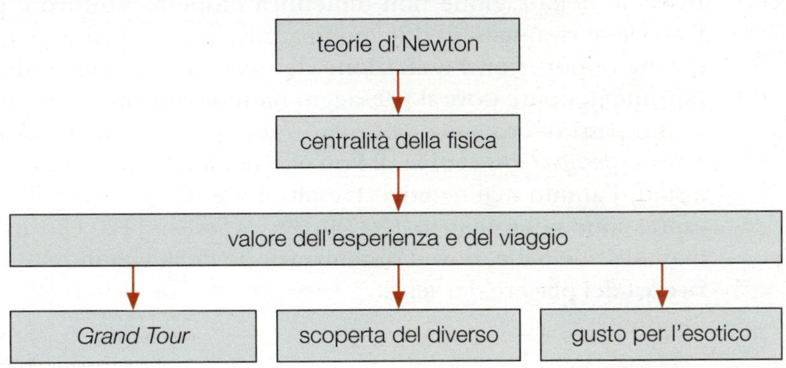

Cinema *Il ragazzo selvaggio*

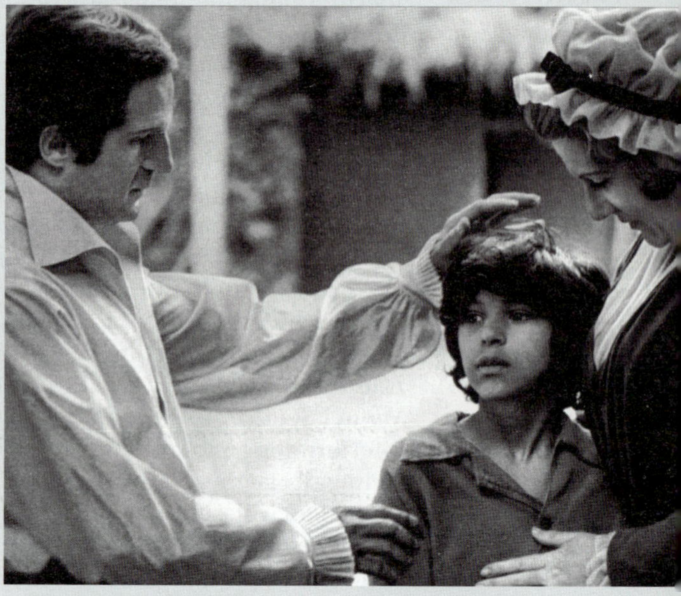

Alla fine del Settecento in Francia venne ritrovato un bambino di circa dieci anni, cresciuto come un selvaggio nei boschi dell'Aveyron. Portato a Parigi, fu affidato nel 1801 alle cure del dottore Jean Itard (1774-1838), che lo seguì per cinque anni riuscendo in parte a reinserirlo socialmente. Assegnato poi a una certa madame Guerin, il ragazzo morirà nel 1828.
Questo il fatto di cronaca a cui nel 1970 si ispirò il francese François Truffaut (1932-1984) per un film-documentario basato su una fedele ricostruzione storica degli appunti del medico, interpretato dallo stesso regista. Oltre a Itard, l'altra figura importante per la rieducazione del bambino è la governante, materna e affettuosa, che sceglierà anche il nome da dargli: Victor. Mentre tutti considerano il ragazzo un ritardato mentale, il dottor Itard si sforza di educarlo sviluppandone le doti intellettuali ma anche il senso morale che caratterizza l'essere umano. Per questo motivo il recupero sembra aver raggiunto il suo risultato più alto quando il bambino si ribellerà per una punizione ingiusta, fuggendo per poi ritornare dal suo educatore.
Il film propone una riflessione sugli ideali pedagogici e umanitari del Settecento con il bianco e il nero delle immagini a segnalare la contrapposizione dei lumi della scienza e della ragione con le tenebre dell'ignoranza e del pregiudizio. Itard – simbolo dello scienziato che ama vivere immerso nel suo studio – in un momento di sconforto si chiede se sia stato giusto togliere il ragazzo dalla foresta nella quale viveva felice per introdurlo nel mondo corrotto della civiltà. Una domanda che restava senza soluzione nel Settecento e che ancora oggi fa riflettere sul difficile equilibrio tra natura e civiltà.

allora in Inghilterra). La quantificazione del tempo riguarda anche lo spazio: la velocità del ritmo della fabbrica si trasferisce all'esigenza di una maggiore velocità negli spostamenti e nel ritmo di vita. Ciò che è rapido viene considerato nuovo, giovane e funzionale; tutto ciò che è lento appare invece vecchio, inutile, superato.

Il mito del "buon selvaggio"

La quantificazione del tempo e dell'esistenza secondo i ritmi della fabbrica e della macchina si scontra con la volontà di vivere secondo le leggi naturali. Lo "stato di natura", esaltato dal filosofo francese Jean-Jacques Rousseau (1712-1778), contribuisce alla nascita del mito del "buon selvaggio", che contrappone la positività morale del "primitivo" alla negatività e alla corruzione della civiltà (▶ Documento 6). Vivere secondo lo "stato di natura" significa eliminare la corruzione che lo sviluppo civile ha prodotto perché si è allontanato dalla natura e dai suoi insegnamenti (▶ Cinema).

La valorizzazione dei sentimenti e quella dei sensi

Il secolo della ragione non dimentica l'aspetto istintivo e passionale dell'essere umano. Esso viene rivalutato in due modi: attraverso la valorizzazione dei sentimenti e della spontaneità oppure con l'esaltazione del piacere dei sensi e dell'erotismo. Il primo modo si esprime in opere dove il paesaggio naturale diventa specchio dell'anima, come accade in alcuni passi dei romanzi epistolari *I dolori del giovane Werther* (1774) di Goethe e *Le ultime lettere di Jacopo Ortis* (1817) di Foscolo, nei quali i paesaggi desertici e solitari sono collegati a stati d'animo malinconici. L'esaltazione dei sensi e dell'erotismo trova la sua massima espressione nel romanzo *120 Journées de Sodome* [120 Giornate di Sodoma, 1784-1789] del marchese de Sade, dove l'organizzazione della vita di un castello è regolata dalla sfrenata ricerca del piacere dei sensi.

Documento 4

Isaac Newton
La ragione sperimentale

Le forme
- scrittura rapida e di facile comprensione

I temi
- metodo induttivo come unico strumento per fare scienza

L'inglese Isaac Newton esercitò un'influenza vastissima non solo sulle scienze ma sull'intera vita culturale del Settecento. Nel trattato Philosophiae Naturalis Principia Mathematica *[*Princìpi matematici della filosofia naturale*, 1687], lo scienziato enunciò la legge di gravitazione, in base alla quale la forza con cui si attraggono due corpi è direttamente proporzionale alla loro massa e inversamente proporzionale al quadrato della loro distanza, e dimostrò come il Sole e i pianeti si muovano secondo tale legge: veniva così unificata l'intera fisica classica. Newton inoltre propose un nuovo concetto di ragione del tutto privo di influenze filosofiche o religiose: in questo passo parla proprio di questo nuovo modo di ragionare.*

Occorre investigare le forze della natura a partire dai fenomeni del moto. [...] Tutto ciò che non si attinge dai fenomeni deve essere chiamato ipotesi; e le ipotesi, sia metafisiche che fisiche, sia di qualità occulte[1] sia meccaniche, non trovano posto nella filosofia sperimentale.[2] In questa filosofia le proposizioni vengono inferite[3] dai fenomeni e rese generali mediante l'induzione.[4] In questo modo si scoprì l'impenetrabilità, la mobilità, l'impeto[5] dei corpi e di conseguenza le leggi del moto e della gravitazione. [...] Nella filosofia sperimentale le proposizioni tratte per induzione dai fenomeni debbono essere assunte come vere o rigorosamente o con il massimo grado di probabilità, quando non ostino[6] ipotesi contrarie e fino a quando non intervengano altri fenomeni, in forza dei quali quelle proposizioni siano rese più esatte o assoggettate[7] ad eccezioni.

1 **occulte:** *nascoste.*
2 **filosofia sperimentale:** con questa espressione Newton indica la scienza, distinta dalla filosofia.
3 **inferite:** *dedotte* (da "inferire", 'trarre una conclusione').
4 **induzione:** procedimento logico che analizza casi particolari per ricavarne leggi universali.
5 **l'impeto:** *la forza.*
6 **ostino:** *siano d'impedimento.*
7 **assoggettate:** *sottomesse.*

Lavoriamo sul testo

Leggere e capire

Che cosa dice il testo Il brano delinea le caratteristiche basilari del metodo scientifico di Newton: le affermazioni della scienza devono basarsi sul ragionamento induttivo, partire cioè dallo studio di casi concreti per arrivare all'enunciazione di leggi generali. In tal modo, il metodo sperimentale riuscì a rendersi autonomo dalla filosofia e a imporsi per la forza dei risultati raggiunti.

Analizzare

La comunicazione scientifica moderna I *Principi* di Newton inaugurano il genere moderno della comunicazione scientifica. A differenza del trattato aristotelico, basato su ragionamenti puramente teorici e sulle citazioni dei testi del passato, la nuova comunicazione scientifica è agile e pragmatica, basata sulla descrizione e dimostrazione di ipotesi verificabili.

Interpretare e approfondire

Esaltazione del ragionamento induttivo Il metodo di Newton è fondato sul procedimento induttivo, sulla formulazione di leggi generali da considerarsi vere o probabili, ma sempre aperte a successive revisioni di fronte ai nuovi fenomeni, e sulla rinuncia alle ipotesi metafisiche o magiche, con totale distacco della scienza dalla teologia e dalla filosofia. L'espressione «filosofia sperimentale» non indica una particolare branca della filosofia tradizionale, ma la nuova scienza.

Esercizi

Prima prova A • L'analisi del testo

Comprendere

1 La «filosofia sperimentale»

Che cosa non trova posto nella «filosofia sperimentale» secondo Newton?

Analizzare

2 Uno stile semplice

La scrittura di Newton è chiara e semplice da capire. Sottolinea nel testo gli esempi che lo scienziato riporta per sostenere le proprie affermazioni.

Interpretare e approfondire

3 Il metodo di Newton

In questo passo Newton delinea le caratteristiche del suo metodo di indagine. Su che cosa è basato?

Documento 5

Charles-Louis de Montesquieu
L'incertezza sui tabù del persiano Usbek

Le forme
▸ uso dell'ironia

I temi
▸ critica alla religione cattolica

Insieme con Lo spirito delle leggi, *il romanzo epistolare intitolato* Lettere persiane *(1721) è uno dei capolavori del filosofo illuminista Montesquieu. L'opera è il carteggio immaginario tra Usbek e Rica, due giovani amici persiani che hanno intrapreso un lungo viaggio fino a Parigi, e i loro corrispondenti rimasti in Oriente. Le lettere sono ricche di impressioni suscitate nei due giovani dalle consuetudini occidentali: qui Usbek chiede a un uomo di fede di chiarirgli i dubbi sul senso di alcune proibizioni della religione musulmana.*

Lettera XVI
Usbek al Mollah Mehemet-Alì[1]

Non posso, divino Mollah, frenare la mia impazienza; non so attendere la tua sublime risposta. Nutro dei dubbi; occorre chiarirli. Avverto che la mia ragione si perde; riportala sulla retta via. Vieni a illuminarmi, sorgente della luce; rischiara con la tua penna divina le perplessità che andrò ora a proporti; fammi sentire pietà di me stesso e fammi arrossire per la questione che sto per sottoporti.

Che senso ha che il nostro legislatore ci vieti la carne di maiale e tutte le carni che egli chiama immonde? Che senso ha che egli ci proibisca di toccare un cadavere, e che, per purificarci l'anima, ci ordini di lavarci incessantemente il corpo? A me sembra che le cose non siano di per se stesse né pure né impure: non so concepire nessuna qualità intrinseca alle cose che possa renderle tali. La melma ci appare sporca solo perché offende[2] la nostra vista o qualche altro dei nostri sensi; ma, di per se medesima, non è diversa dall'oro o dai diamanti. L'idea di sozzura[3] al contatto con un cadavere è sorta in noi solo per via di una certa nostra repulsione naturale. Se, infine, i corpi di coloro i quali non si lavano non offendessero l'odorato o la vista, come si sarebbe potuto immaginare che fossero "impuri"?

1 **Mollah Mehemet-Alì:** il destinatario della lettera. Nei Paesi islamici, il termine **mollah** (o "mullah") indica un teologo, un profondo conoscitore della religione musulmana.

2 **offende:** *causa fastidio.*

3 **sozzura:** *sporcizia.*

I sensi, divino Mollah, devono dunque essere i soli giudici della purezza o dell'impurità delle cose. Tuttavia, poiché gli oggetti non incontrano, in modo uniforme e indifferenziato, il gradimento degli uomini, dato che ciò che infonde una sensazione gradevole a qualcuno, può produrne una disgustosa a qualcun altro, ne consegue che i dati dei sensi non possono servirci da regola, a meno che non si ammetta che ciascuno possa, a seconda della propria fantasia, distinguere le cose pure da quelle che non lo sono.

Ma tutto ciò, sacro Mollah, non finirà per travolgere le distinzioni stabilite dal nostro divino Profeta e i punti fondamentali della Legge che fu scritta dalla mano degli Angeli?

Erzerom,[4] il giorno 20 della luna di Gemmadi,[5] 1711

da Ch. de Montesquieu, *Lettere persiane*, trad. it. G. Alfieri Todaro-Faranda, BUR, Milano 1984.

4 Erzerom: l'attuale città turca di Erzurum, vicino al confine con l'Armenia.
5 il giorno... Gemmadi: le lettere sono datate secondo un calendario lunare, che in realtà è il nostro calendario con i nomi dei mesi sostituiti da nomi musulmani e dove **Gemmadi** (talora distinto in I e II) corrisponde a luglio e agosto.

Lavoriamo sul testo

Leggere e capire

I dubbi sui principi di fede In questa lettera, la sedicesima delle centosessantuno di cui è composto il romanzo, Usbek chiede alcuni chiarimenti su alcuni tabù della fede maomettana. Il giovane mette in dubbio soprattutto le credenze che derivano dall'esperienza sensoriale: l'«impurità» che la religione maomettana attribuisce ad alcune cose (la carne di maiale, i cadaveri) è soggettiva e da ciò «consegue che i dati dei sensi non possono fornirci da regola».

Analizzare

L'ironia che smaschera false verità Il testo della lettera è fondato sull'ironia: si finge che Usbek abbia torto nei suoi dubbi mossi dal ragionamento e che il suo Mollah possa facilmente dimostrare la fondatezza dei tabù. Si finge cioè che la tradizione religiosa possa uscire trionfante mentre in realtà esce sconfitta dalla forza della riflessione critica.

Interpretare e approfondire

La critica alla società occidentale La lettura del testo presuppone uno spostamento dal mondo orientale a quello occidentale, cioè un rinvio dalla religione musulmana a quella cristiana. Questo spostamento è semplice: islam e cristianesimo derivano entrambi dalla religione ebraica; il Corano e la Bibbia hanno in comune molti precetti sacri e molti dogmi. Ma è il cristianesimo il vero bersaglio del testo. Quando Usbek parla dell'arbitrarietà dei tabù religiosi riguardo a ciò che è puro o impuro si fa portavoce della critica rivolta dall'Illuminismo francese ai dogmi cattolici. Sotto la maschera dell'orientale, si intravede dunque la critica dell'intellettuale illuminista alla società occidentale.

Esercizi

Prima prova A • L'analisi del testo

Comprendere

1 I dubbi di Usbek

Su che cosa si mostra dubbioso Usbek?

a. su alcune usanze occidentali
b. sui dogmi della religione cattolica
c. sui dogmi della religione maomettana
d. su alcune usanze orientali

Analizzare

2 La riflessione di Usbek

La lettera presenta una riflessione del protagonista. Individua i passaggi del suo ragionamento.

Interpretare e approfondire

3 Il pensiero dell'intellettuale illuminista

La lettera rivela un bersaglio polemico contro il quale si scaglia Montesquieu. Qual è? A quale concezione della religione si collega la critica dell'autore?

Documento 6

Jean-Jacques Rousseau
Il buon selvaggio e le origini della disuguaglianza

Le forme
- uso dello straniamento

I temi
- critica al progresso e alla nascita della proprietà privata

Il pensiero di Rousseau mette in evidenza le contraddizioni del principio illuministico di uguaglianza naturale. Sia all'interno della società occidentale sia tra l'Europa e le altre culture esistevano infatti evidenti differenze, fra schiavi e padroni, poveri e ricchi, donne e uomini, sottomessi e dominatori. La diversa condizione delle donne, dei poveri, dei selvaggi richiedeva delle giustificazioni teoriche, a partire dai fondamenti stessi della civiltà, cioè dalle sue origini. Rousseau partecipa al dibattito sulla questione con questo Discorso sull'origine della disuguaglianza *nel quale sostiene che il progresso di per sé non rende migliore l'uomo, ma è anzi all'origine della disuguaglianza tra gli individui.*

Il primo che, cintato[1] un terreno, pensò di affermare, *questo è mio*, e trovò persone abbastanza ingenue da credergli fu il vero fondatore della società civile. Quanti delitti, quante guerre, quante uccisioni, quante miserie e quanti orrori avrebbe risparmiato al genere umano colui che strappando i paletti o colmando il fossato, avesse gridato ai suoi simili: "Guardatevi dall'ascoltare questo impostore.[2] Se dimenticate che i frutti sono di tutti e che la terra non è di nessuno, voi siete perduti". [...]

Più ci si riflette più si trova che questa condizione era la meno soggetta a rivoluzioni, la migliore per l'uomo; a fargliela abbandonare può essere stato solo un caso funesto[3] che nell'interesse comune non avrebbe mai dovuto verificarsi. L'esempio dei selvaggi che sono stati trovati quasi sempre a questo stadio sembra confermare che il genere umano era fatto per restarvi definitivamente, che questa è la vera giovinezza del mondo e che tutti gli ulteriori progressi sono stati in apparenza dei passi verso la perfezione dell'individuo, mentre in realtà portavano verso la decrepitezza[4] della specie.

da J. J. Rousseau, *Discorso sull'origine e i fondamenti della disuguaglianza*, in *Scritti politici*, a cura di E. Garin, Laterza, Bari 1971.

1 cintato: *recintato.*
2 impostore: *imbroglione.*
3 funesto: *che porta alla morte.*
4 decrepitezza: *accentuato invecchiamento fisico e mentale.*

◄ **Virginie et le Bon Sauvage**
La decorazione di questo orologio da mensola (Francia, 1795 ca.) è ispirato al romanzo *Paul et Virginie* (1791) di Jacques Henri Bernardin de Sant-Pierre, storia del tragico idillio di due giovani innamorati nell'ambiente esotico e selvaggio dell'isola di Mauritius.

Lavoriamo sul testo

Leggere e capire

Il percorso della civiltà Il comportamento dei selvaggi, secondo Rousseau, può far immaginare quale sia stato il percorso della civiltà: dalla condizione iniziale, in cui si cerca di soddisfare i bisogni essenziali e ogni bene era condiviso tra tutti i membri della comunità, gli uomini sono passati a una condizione in cui il progresso tecnico consente loro di produrre di più di quanto si consumi. Da quel momento in poi ciascuno ha voluto possedere i beni comuni della natura in maniera esclusiva. La proprietà privata, la divisione del lavoro e l'avidità di possesso determinano così l'ingiustizia e la disuguaglianza.

Analizzare

Un saggio argomentativo Si tratta di un moderno saggio argomentativo, che utilizza liberamente la narrazione storiografica, i dati antropologici e sociologici, per sostenere una tesi centrale. In questo brano Rousseau si affida allo straniamento, cioè a una particolare tecnica narrativa che consiste nel far apparire strano agli occhi del pubblico quello che, invece, appare normale agli occhi dei protagonisti. Qui la civiltà europea del Settecento è vista in modo inusuale, attraverso il confronto con le società primitive, prive di diseguaglianze.

Interpretare e approfondire

Contro l'egoismo della civiltà Gli illuministi considerano, in generale, la civiltà come un valore, potenzialmente estendibile a tutto il genere umano. A questo proposito, i filosofi del Settecento impiegano la metafora delle età della vita: le civiltà, come gli individui, conoscono una loro evoluzione (infanzia, gioventù, vecchiaia); fanciulli e selvaggi (entrambi privi di linguaggio e di tecniche) sono dunque accomunati in un progetto educativo. Non è così in Rousseau, che cerca di costruire una "filosofia della storia", ossia una spiegazione dei cambiamenti, mediante il confronto tra disuguaglianza degli uomini civili e uguaglianza dei selvaggi. A suo parere, la civiltà non trae origine dalla ragione naturale ma dall'egoismo e dall'arbitrio. La proprietà diviene l'origine dell'arbitrio contro la semplicità e la comunione dei beni tipici dello stato di natura. La civiltà per Rousseau non si svolge verso l'emancipazione dell'uomo dall'ignoranza e dall'autorità arbitraria, ma comporta la nascita e l'inasprimento delle ingiustizie economiche: occorre dunque limitare gli effetti discriminanti dell'egoismo sociale.

Esercizi

Prima prova A • L'analisi del testo

Comprendere

1 Gli effetti della proprietà privata

Che cosa è nato, secondo Rousseau, con la proprietà privata?

Analizzare

2 La tesi di Rousseau

Il breve brano riportato è un esempio di testo argomentativo. Qual è la tesi enunciata da Rousseau? Quali argomenti porta per sostenerla? Individuali nel testo.

Interpretare e approfondire

3 Un confronto con le società primitive

Che cosa pensa Rousseau delle società primitive? Quale concezione ha del progresso?

Jean-Honoré Fragonard, *Giovane ragazza che legge*, 1776 ca. Washington D.C., National Gallery of Art.

4 Le poetiche e i generi della letteratura

Nella letteratura settecentesca coesistono diverse tendenze artistiche: al predominante Neoclassicismo si affiancano elementi preromantici, antilluministici (con l'Ossianesimo inglese) e anticlassicistici (con lo «*Sturm und Drang*» tedesco). Tra i generi letterari che riscuotono particolare successo c'è il romanzo, che celebra il trionfo dei valori della borghesia emergente; in Italia si registra invece una prevalenza della poesia e del melodramma.

Le poetiche artistiche e letterarie

Le diverse tendenze dell'arte illuministica

Nella seconda metà del Settecento l'arte è dominata, in Francia e in Italia, dalla convergenza di Illuminismo e Neoclassicismo: l'arte deve ispirarsi alla ragione, a modelli classici di regolarità, di semplicità e di armonia (Neoclassicismo), e nello stesso tempo deve essere utile alla società (Illuminismo). In Italia Giuseppe Parini (1729-1799) esprime bene questo indirizzo, che verrà ripreso anche da Ugo Foscolo nei *Sepolcri* (1807). In entrambi, Parini e Foscolo, lo stile classicheggiante si coniuga a un forte impegno civile. Questa tendenza neoclassico-illuminista prevale anche in Francia mentre stenta ad affermarsi in Germania e in Inghilterra, dove si impongono tendenze antilluministiche e anticlassicistiche che saranno alla base del Romanticismo, ovvero il movimento culturale e poetico che dominerà nel successivo secolo XIX.

Il Neoclassicismo

Il teorizzatore del Neoclassicismo fu l'archeologo tedesco Johann Joachim Winckelmann (1717-1768), il quale sostenne che l'arte è attività creativa, non mimetica (cioè imitativa). Il "bello artistico", di cui gli antichi greci sono maestri, non si raggiunge riproducendo il "bello naturale", ma realizzando una sintesi dei singoli aspetti belli presenti in natura. Gli ideali di grazia e di armonia devono realizzare una «nobile semplicità»: di qui una critica alla tendenza artistica precedente, il Rococò, giudicato troppo frivolo e leggero.

Il "preromanticismo"

Il Neoclassicismo non è soltanto razionalità e serenità. La consapevolezza della lontananza del mondo antico dette al Neoclassicismo un senso di inquietudine e di malinconia che lo rese un'arte innovativa e non una semplice imitazione di modelli antichi. Il "bello artistico" può anche essere associato a percezioni del tutto soggettive di sbigottimento, di inadeguatezza, di ansia e di paura. Nacquero così nell'arte dello stesso secolo XVIII elementi che anticipano il Romanticismo: il gusto per immagini notturne, per la poesia sepolcrale, per il paesaggio-stato d'animo, per la descrizione dei sentimenti e dell'interiorità umana. Alcuni autori a cavallo dei secoli XVIII e XIX – per esempio Goethe e lo stesso Foscolo – svilupparono un sentimento inquieto e nostalgico per la classicità, in cui è forte il rimpianto per questo mondo perduto di fronte a una modernità razionale e scientifica che turba.

L'Ossianesimo inglese

In Inghilterra lo scozzese James Macpherson (1736-1796) tradusse i canti epici dei bardi d'Irlanda e di Scozia risalenti al XII-XVI secolo e ne introdusse alcuni frammenti in un poema

Glossario

Bardo Nome che, presso le antiche popolazioni galliche e celtiche, veniva dato ai poeti che celebravano le imprese di uomini illustri.

Gaelico Da nome della popolazione celtica dei Gaeli, uno dei due rami (l'altro è il britannico) della lingua celtica insulare, rappresentato dall'irlandese e dallo scozzese antico.

il cui protagonista è un leggendario cantore gaelico di nome Ossian. *The Poems of Ossian* [I canti di Ossian, 1765] esaltano il mito di una natura umana primitiva e di un Medioevo culla dello spirito popolare delle nazioni: da ciò deriva una concezione della poesia come creazione della fantasia popolare. Nei *Canti di Ossian*, quindi, come sarà per il Romanticismo del secolo successivo, l'epoca a cui ispirarsi non è l'antichità classica, ma quel Medioevo che gli illuministi e i neoclassici giudicavano espressione di oscurità e barbarie.

Lo «*Sturm und Drang*»

Ispirato alle teorie dell'Ossianesimo e contro il classicismo francese è anche il movimento dello «*Sturm und Drang*» [Tempesta e Assalto], che si sviluppò in Germania fra il 1770 e il 1785. Nel principale manifesto del movimento, *Intorno al carattere e all'arte dei Tedeschi* (1773), la "poesia naturale" creata dal popolo viene contrapposta alla poesia classica artistica. Ecco i principali punti della poetica dello «*Sturm und Drang*»:

1. al centro della poesia e del dramma (che è la forma d'arte preferita) c'è il sentimento della natura, vissuta come forza grandiosa e possente;
2. l'arte deve esprimere il carattere della nazione tedesca;
3. l'artista è considerato un "genio creatore" che si afferma grazie al titanismo, un individuo che non rispetta canoni e regole ma obbedisce soltanto alla forza smisurata dei propri sentimenti.

Le poetiche in sintesi

tendenza	caratteristiche
Neoclassicismo	• volontà di raggiungere il "bello artistico" • esaltazione degli ideali di grazia e di armonia • senso di inquietudine e malinconia
Preromanticismo	• gusto per immagini notturne • poesia sepolcrale • paesaggio-stato d'animo • esaltazione dell'interiorità
Ossianesimo	• mito di una natura umana primitiva • concezione del Medioevo come culla dello spirito popolare delle nazioni • poesia come creazione della fantasia popolare
«*Sturm und drang*»	• esaltazione del sentimento della natura, vissuta come forza grandiosa e potente • carattere nazionale e patriottico dell'arte • artista come "genio creatore", che non rispetta canoni e regole, ma obbedisce soltanto alla forza dei sentimenti

Il pubblico e i generi letterari

Il nuovo pubblico borghese e la nascita del romanzo

In Inghilterra il pubblico si amplia notevolmente: la crescente alfabetizzazione e l'ascesa della borghesia in campo politico e sociale favoriscono l'affermazione di un nuovo genere letterario, il romanzo. Grazie alle enormi vendite dei romanzi, in Inghilterra si forma un moderno sistema editoriale che tutela i diritti degli editori e degli autori, organizza la diffusione delle opere e permette agli scrittori, per la prima volta, di vivere del proprio lavoro. Qui Daniel Defoe e Henry Fielding (1707-1754) fondano il romanzo di avventure e di costume, in cui il tema del viaggio si mescola alla celebrazione del pragmastismo borghese.

Il romanzo epistolare e l'autobiografia

L'esigenza di rivolgersi direttamente al lettore trova uno strumento efficace nel romanzo epistolare, come *I dolori del giovane Werther* (1774) di Goethe e *Le ultime lettere di Jacopo Ortis* (1817) di

Glossario

Titanismo La parola "titanismo" deriva dai Titani, mitici giganti che si ribellarono al potere degli dèi dell'Olimpo, e indica un atteggiamento di ribellione eroica contro forze superiori, come il destino, la natura, il potere politico e divino.

Foscolo. Nasce inoltre in questo periodo l'autobiografia moderna: *Le confessioni* (pubblicate postume tra il 1782 e il 1789) del francese Rousseau costituiscono una sorta di coraggiosa e provocatoria indagine introspettiva della personalità dell'autore, lontana dall'autobiografia tradizionale e fondata invece sulla descrizione del proprio percorso intellettuale e della carriera.

Il trattato, il *pamphlet* e la storiografia

Nel Settecento il trattato non è più un'opera retorica e letteraria, ma diventa l'esposizione di un pensiero soggettivo (cioè personale) attraverso l'uso di ragionamenti logici. Le novità introdotte un secolo prima da Galileo Galilei basano l'esposizione dell'argomento su un metodo razionale, che elenca i dati dell'esperienza per dimostrare la veridicità delle tesi sostenute. Uno dei trattati più importanti del periodo è la *Scienza nuova* di Giovan Battista Vico (▶ §2 e più avanti), ma contemporaneamente si diffonde anche il *pamphlet*, un tipo di scritto più breve, vivace e incisivo del trattato tradizionale e rivolto a un pubblico non specialistico. Un capolavoro del genere è *Dei delitti e delle pene* (1764) di Beccaria.

video
Nuovi generi letterari: l'enciclopedia, il saggio, il *pamphlet*

Anche la storiografia, grazie soprattutto all'opera di Muratori (▶ §2), subisce profondi cambiamenti e tende a seguire un modello scientifico, fondato sulla ricerca di documenti negli archivi e sull'aiuto di discipline minori, come la numismatica (lo studio delle monete) e l'epigrafia (l'analisi delle "epigrafi", iscrizioni incise su monumenti, tombe, ecc. per ricordare defunti o fatti importanti).

Il gusto per l'ironia e la parodia

La letteratura illuministica preferisce i procedimenti razionali e quindi tipologie di scrittura ironico-parodica, come nel poemetto satirico in versi *Il giorno* (1763-1765) di Parini, nel romanzo satirico in prosa *La vita e le opinioni di Tristram Shandy, gentiluomo* (1760-1767) di Sterne, e nella novella filosofica pure in prosa *Candido* (1756) di Voltaire.

Le tendenze letterarie in Italia

Il generale ritardo politico e sociale italiano ostacola l'allargamento del pubblico: la mancanza di una borghesia benestante numerosa impedisce la diffusione del romanzo. Inoltre la presenza dell'accademia dell'Arcadia determina ancora la superiorità della poesia epica e lirica; la prosa resiste nel genere dell'autobiografia, di cui si hanno importanti esempi nelle opere dei napoletani Vico e Pietro Giannone (1676-1748).
Il primo nella sua *Autobiografia* (1724-1725) racconta la propria vita come se fosse indirizzata verso un compito superiore: quello di dare gloria all'Italia attraverso un libro, la *Scienza nuova*. Il secondo scrive la *Vita di Pietro Giannone* (1736-1737) e ne fa una testimonianza della sua battaglia culturale affidata al giudizio delle generazioni future. Alla fine del Seicento a Napoli si era infatti diffuso il *giurisdizionalismo*, un movimento formato da notai, avvocati e funzionari di governo che attraverso ricerche storiche e colte sostenevano i diritti dello Stato contro le pretese territoriali della Chiesa. Tra questi, Giannone scrive l'*Istoria civile del Regno di Napoli* (1723) dove, ripercorrendo la formazione delle istituzioni civili napoletane e la storia della Chiesa fin dall'epoca romana, rivendica l'autonomia dello Stato nei confronti della Chiesa e denuncia le ricchezze accumulate dal clero ai danni del popolo.

La centralità del teatro

Il teatro mantiene la centralità che aveva nel Seicento, ma si allarga a un pubblico cittadino e si trasforma in spettacolo a pagamento, cessando di essere un intrattenimento esclusivo della corte. L'ampliamento di pubblico favorisce la diffusione del melodramma, che incrementa i propri aspetti spettacolari con musica e scenografie d'effetto. L'*opera seria*, genere in cui prevale l'elemento eroico, entra presto in crisi, nonostante la riforma di Apostolo Zeno (1688-1750) e Pietro Metastasio (1698-1782) cerchi di darle nuova vita. A prevalere è la componente sentimentale e comica: nel 1733 con *La serva padrona* di Giovan Battista Pergolesi (1710-1736) nasce l'*opera buffa*, che si diffonde subito in tutta Europa.
Nella seconda metà del secolo il genere melodrammatico conosce un'ulteriore riforma grazie al librettista Ranieri de' Calzabigi e al musicista Christoph Willibald Gluck (che si propongono di ricondurre la musica al compito di servire la poesia, senza interrompere l'azione o soffocarla sotto inutili orpelli) e alla successiva affermazione delle opere di Mozart su libretti di Lorenzo Da Ponte. Nascono inoltre il dramma borghese – con *Il figlio naturale* (1757) e *Il padre di famiglia* (1758) di Diderot – e la commedia riformata da Carlo Goldoni, lontana dalle soluzioni della commedia dell'arte.

mappa concettuale

materiali per il recupero
La prima metà del Settecento: l'Arcadia e il Rococò

materiali per il recupero
La seconda metà del Settecento: Illuminismo e Neoclassicimo

Storia, politica e società

- **1690-1748**
  - rivoluzione agraria
    - → crescita demografica
  - guerre di successione ai troni di Spagna, Polonia e Austria
    - → pace di Aquisgrana (1748)
      - nuovi confini e nuovi equilibri tra gli Stati europei
- **1748-1815**
  - rivoluzione industriale inglese
    - → ascesa economica e politica della borghesia
  - guerra dei Sette anni (1756-1763) tra Francia e Inghilterra per il controllo delle colonie
    - dispotismo illuminato
    - Rivoluzione americana (1776-1783)
    - Rivoluzione francese (1789-1799)
    - Età napoleonica (1799-1815)

La cultura

- **1690-1748**
  - **Italia**
    - mito della "Repubblica delle lettere"
      - → la produzione di poesia come occasione di incontro tra letterati
        - → accademia dell'Arcadia (1690); massoneria
      - → intellettuale di ambito ecclesiastico: *abate*; intellettuale bibliotecario e storico: *erudito*
        - → Giovan Battista Vico (1668-1744); Ludovico Antonio Muratori (1672-1750)
  - **Inghilterra e Francia**
    - l'*empirismo* e il deismo di Locke
    - intellettuale portavoce della borghesia; forme di aggregazione: salotti, caffè, accademie scientifiche
      - nascita del giornalismo moderno in Inghilterra
- **1748-1815**
  - **Illuminismo**
    - 1748: *Encyclopédie* e *L'esprit des lois*; scientificità e razionalità della conoscenza
    - intellettuale = filosofo e agitatore di idee; forme di aggregazione: «Società»
      - → a Milano l'accademia dei Pugni dà vita al primo giornale politico-culturale italiano: «Il Caffè» (1764-1766)
    - nuova figura di cittadino; nascita dell'opinione pubblica

Dal ripasso alla verifica

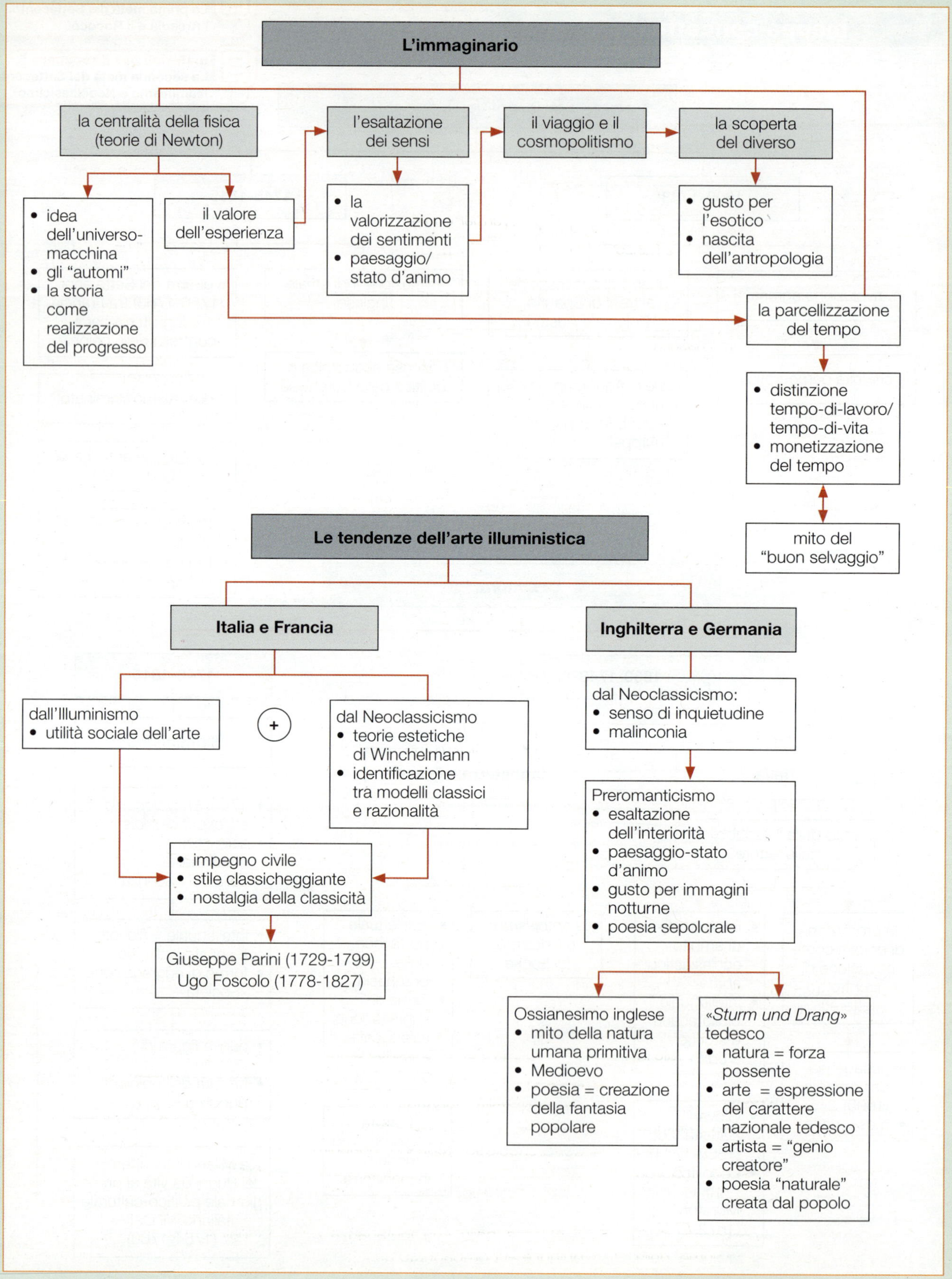

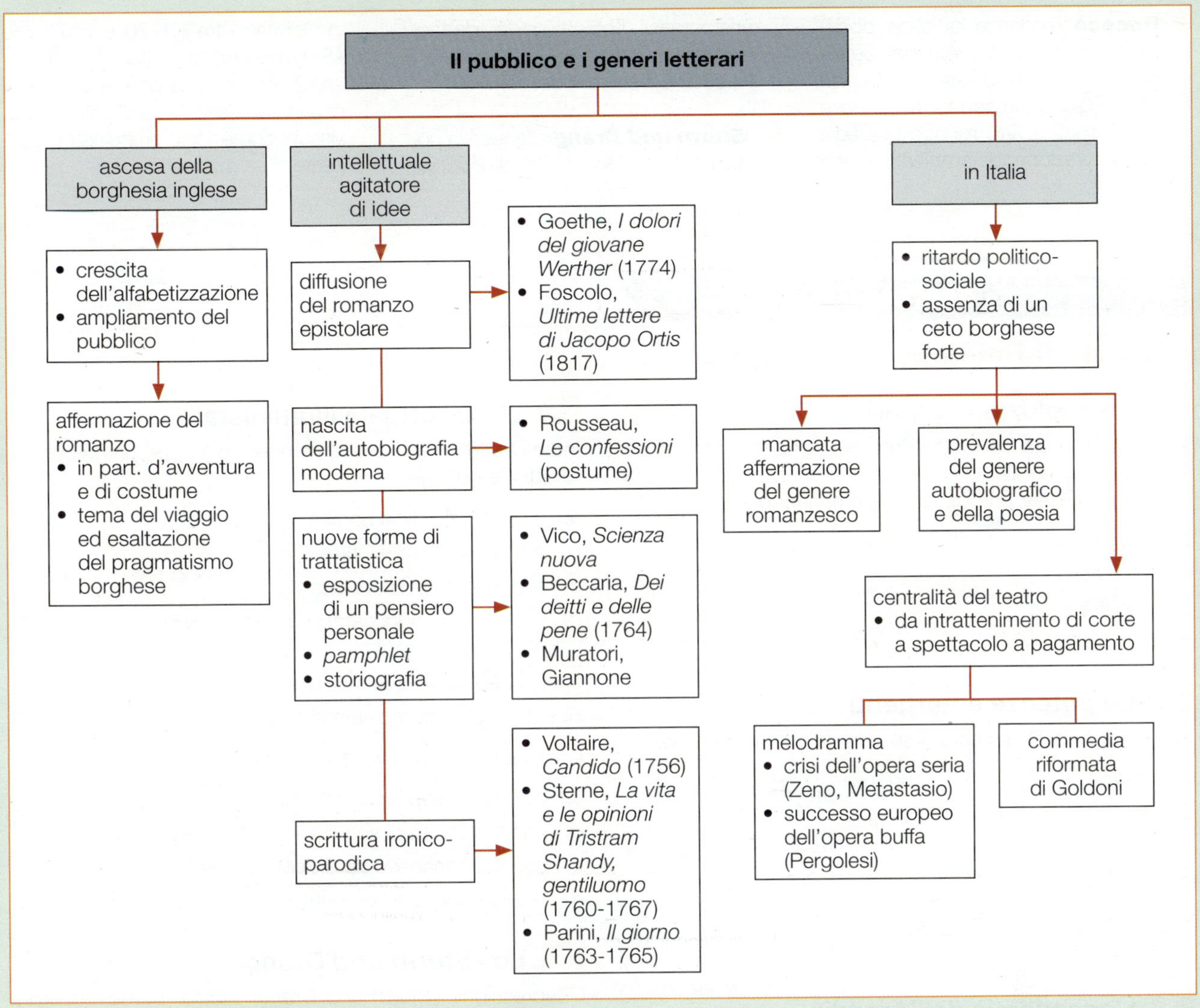

dizionario dei concetti chiave

- **Accademia dell'Arcadia** associazione nata a Roma nel 1690 che, in nome della polemica contro il "cattivo gusto" barocco, favorisce l'unificazione dei letterati italiani e fornisce loro una comune coscienza di ceto, ma il mondo pastorale in cui li proietta tende a separarli dai problemi della vita reale.

- **Illuminismo** movimento culturale nato in Francia verso la metà del Settecento. L'espressione francese *âges des lumières* [età dei lumi] viene usata per indicare una nuova epoca in cui diventa forte la coscienza di vivere in un periodo dove il "lume" della ragione prevale sul "buio" dell'ignoranza e delle superstizioni. L'Illuminismo trova espressione nell'*Enciclopedia* (1751-1772) diretta da Diderot (1713-1784) e d'Alembert (1717-1783) che riserva ampio spazio a conoscenze scientifiche e settoriali, con l'obiettivo della «pubblica utilità».

- **Neoclassicismo** movimento artistico della seconda metà del Settecento promosso dagli scritti dell'archeologo tedesco Joachim Winckelmann (1717-1768). L'interesse del Neoclassicismo per il mondo antico si basa sulla consapevolezza della sua lontananza e quindi è accompagnato da un sentimento di nostalgia e inquietudine.

- **Ossianesimo** tendenza poetica antilluministica nata in Inghilterra e promossa da James Macpherson (1736-1796) nei *Canti di Ossian* (1756), un poema che esalta il mito di una natura umana primitiva e di un Medioevo culla dello spirito popolare delle nazioni.

- ***Philosophes*** definizione usata per gli intellettuali illuministi, i quali non sono più legati alle vicende di corte ma diventano dei "filosofi", degli agitatori di idee capaci di creare un'opinione pubblica. Le principali forme in cui si organizzano gli intellettuali sono le «Società», le accademie e le riviste.

Dal ripasso alla verifica

- **Rococò** tendenza artistica dominante nella prima metà del Settecento. Il suo ideale estetico è la grazia, raggiungibile con forme sinuose ed eleganti. L'arte rococò privilegia la decorazione di ambienti interni aristocratici: l'obiettivo dei dettagli e delle sfumature sui quali insiste il Rococò è il piacere dei sensi.
- **«*Sturm und Drang*»** tendenza poetica anticlassicistica che si sviluppa in Germania tra il 1770 e il 1785, lo «*Sturm und Drang*» [tempesta e assalto] propone una poesia capace di esprimere il sentimento della natura, vissuta come forza grandiosa e possente.

esercizi

esercizi di riepilogo

1 La rivoluzione agraria

Nella prima metà del Settecento la rivoluzione agraria determina un generale miglioramento delle condizioni di vita. Quali sono i Paesi europei che ne rimangono esclusi?

a. Inghilterra
b. Nord Italia
c. Sud Italia
d. Francia

2 Le potenze emergenti

Nell'Europa del Settecento quali sono le potenze emergenti?

a. Francia
b. Prussia
c. Austria
d. Spagna
e. Russia
f. Italia

3 L'accademia dell'Arcadia

Quali sono le principali caratteristiche dell'accademia dell'Arcadia?

4 L'immaginario collettivo

Come cambia l'immaginario collettivo nella prima metà del Settecento? Quali elementi materiali influiscono sul mutamento?

5 L'«età dei lumi»

L'espressione «età dei lumi» indica il periodo in cui... Scegli il completamento corretto:

a. si diffonde l'illuminazione pubblica.
b. l'uomo esce dal «buio» delle caverne per entrare nel «lume» delle case.
c. l'uomo esce dal «buio» dell'ignoranza per entrare nel «lume» della ragione.
d. l'uomo non ha più paura del buio.

6 L'intellettuale illuminista

Indica tra le opzioni proposte quella più appropriata per l'intellettuale illuminista.

a. è al servizio della nobiltà
b. è al servizio della Chiesa
c. è chiuso nelle Università
d. interviene in ogni campo della vita civile

7 Il Neoclassicismo

Scegli il giusto completamento per la frase che segue:

Il Neoclassicismo si basa sull'imitazione del mondo antico...

a. con la consapevolezza della sua lontananza.
b. con la volontà di seguire il "gusto" del pubblico.
c. con la consapevolezza della sua perfezione.
d. con la volontà di riprodurre esattamente i temi e le forme.

8 Lo «*Sturm und Drang*»

L'espressione «*Sturm und Drang*» indica un movimento... Scegli il completamento corretto:

a. antilluminista di area francese.
b. antiromantico di area germanica.
c. antilluminista di area germanica.
d. neoclassico di area germanica.

9 La scelta giusta

Indica se le frasi che seguono sono vere o false.

V	F	«Il Caffè» è la sede di un'accademia milanese
V	F	Gli intellettuali illuministi si definiscono philosophes
V	F	La rivoluzione francese avviene nel 1789
V	F	L'Ossianesimo deriva dai Canti di Ossian di Goethe
V	F	«Sturm und Drang» significa 'Tempesta e Assalto'
V	F	L'Enciclo*pedia* è diretta da Voltaire

10 L'*Enciclopedia*

Che cos'è l'*Enciclopedia*? Spiegalo in un breve testo scritto.

esercizi di approfondimento

11 Il confronto tra i testi

Il capitolo appena presentato propone una serie di documenti: completa una tabella come questa inserendo l'opera da cui sono tratti, il genere al quale appartengono e i temi trattati. Riesci a trovare delle affinità tra i vari testi?

	opera	genere	temi
Ludovico A. Muratori, *Sul metodo storiografico* (T1)	....	....	....
Giovan Battista Vico, *Del diluvio universale e de' giganti* (T2)	....	....	....
Jean-Baptiste d'Alembert, *L'enciclopedia: una mappa del labirinto* (T3)	....	....	....
Isaac Newton, *La ragione sperimentale* (T4)	....	....	....
Charles-Louis de Montesquieu, *L'incertezza sui tabù del persiano Usbek* (T5)	....	....	....
Jean-Jacques Rousseau, *Il buon selvaggio e le origini della disuguaglianza* (T6)	....	....	....

allenarsi per l'esame di stato

la trattazione sintetica

12 La scoperta del diverso

Nella prima metà del Settecento l'Occidente scopre il diverso ed è costretto a riconsiderare la centralità della propria cultura. In una trattazione sintetica (max 35 righe) analizza questo tema alla luce del brano di Montesquieu che hai letto (T5).

preparare l'interrogazione

Per essere pronto in vista della verifica orale puoi utilizzare questa scaletta, che ti sarà d'aiuto nell'esposizione orale. La colonna di destra è a disposizione per segnare date, parole e concetti utili da ricordare.

I punti della scaletta	Date e dati da ricordare
La storia, la politica e la società • lo sviluppo demografico e la rivoluzione agraria • lo sviluppo economico e la rivoluzione industriale • le guerre di successione • la guerra dei Sette anni • la Rivoluzione americana • la Rivoluzione francese • il "dispotismo illuminato" • l'età napoleonica	....

Le idee e la cultura • il mito della "Repubblica delle lettere" • l'accademia dell'Arcadia • il movimento culturale dell'Illuminismo • la nascita di giornali e periodici politico-culturali • la fine dell'intellettuale cortigiano e la nascita dei *philosophes* • la centralità del viaggio e dell'esperienza • la scoperta del diverso • la nascita dello storicismo, dell'ermeneutica, dell'antropologia **La letteratura** • lo sviluppo di poetiche opposte al Neoclassicismo: Preromanticismo, Ossianesimo, «*Sturm und drang*» • la nascita del romanzo moderno in Inghilterra • la nascita dell'autobiografia moderna • lo sviluppo e l'affermazione del melodramma • l'importanza del trattato e del saggio	....

Unità 6

Il tema

La ragione, le leggi e il diritto

«Ero ancora sotto l'influsso della lettura del breve libro *Dei delitti e delle pene* [...]. Mi illudevo che quell'opera avrebbe ammorbidito quanto persiste di barbaro nella giurisprudenza di tante nazioni [...] quando venni a sapere che in una provincia era stata appena impiccata una ragazza di diciotto anni, [...] colpevole di essersi lasciata mettere incinta; lo era ancor di più di avere abbandonato la sua creatura [...]. La vera giustizia consiste nell'impedire i delitti e non nell'infliggere la morte [...]. Assicurate, per quanto lo potrete, una via d'uscita a chiunque sarà tentato di agire male, e avrete meno da punire».

Questa riflessione di Voltaire (1694-1778), mostra la grande novità dell'opera di Cesare Beccaria *Dei delitti e delle pene* (1764), in cui, per la prima volta nella storia, si afferma l'inutilità della pena di morte come strumento di prevenzione dei crimini. Anche l'Illuminismo napoletano contribuisce a rinnovare profondamente il diritto e l'economia dell'epoca: se *La scienza nuova* di Giovan Battista Vico descrive il cammino dell'umanità, *La scienza della legislazione* di Gaetano Filangieri individua nella libertà di stampa un pilastro della moderna democrazia.

OBIETTIVI

Conoscenze
- Caratteristiche del diritto del Settecento
- Principali strumenti letterari degli illuministi (*pamphlet* e saggio)
- Vita e opere di Giovan Battista Vico
- Caratteristiche dell'Illuminismo milanese
- Vita e opere di Pietro Verri e di Cesare Beccaria
- Caratteristiche dell'Illuminismo napoletano e dei suoi principali esponenti

Abilità
- Comprendere e analizzare brani tratti da trattati illuministici di diritto ed economia
- Riconoscere le tecniche narrative, lo stile e i temi propri di ogni autore
- Saper individuare nei trattati le principali novità introdotte dagli illuministi nel diritto

1 Alle origini della riflessione sul diritto

L'impegno degli intellettuali illuministi

Fin dai suoi primi decenni, il Settecento si caratterizza come un secolo nel quale hanno un'importanza fondamentale la riflessione sul presente e la volontà di modificarlo in base a criteri razionali e di progresso. Per questo motivo l'intellettuale illuminista vive in un costante impegno di fronte alle realtà del suo tempo. Si capisce allora perché la trattatistica – il genere letterario più adatto ad assolvere una funzione di riflessione e di argomentazione letteraria, politica, religiosa, ecc. – sia particolarmente ricca.

Il pamphlet e il saggio

Nel suo continuo intervento nella società, l'intellettuale illuminista può assumere una doppia veste: quella di **critico dei pregiudizi** e delle ingiustizie e quella di chi **propone una società più equa e libera**. Sono atteggiamenti sempre compresenti; ma, semplificando, potremmo dire che alla prima tendenza corrisponde il ***pamphlet***, cioè lo scritto polemico; mentre alla seconda il **saggio** vero e proprio, nelle sue varie forme: il discorso, la lettera, il dialogo e il trattato. Entrambi gli strumenti si rivolgono a un pubblico vasto: non più solo ai colti e agli accademici, ma alla nascente opinione pubblica, cioè a ogni cittadino, indipendentemente dalla sua condizione sociale.

La situazione del diritto nel Settecento

Un campo di intervento importante per gli intellettuali illuministi era quello del diritto. Ancora nel Settecento l'**esercizio della giustizia** era affidato a istituzioni in competizione tra loro: il diritto dei **signori**, quello dei **re**, quello del **Tribunale dell'Inquisizione**. Ciascu-

Cronologia

STORIA		AUTORI E OPERE
guerra di successione spagnola ◄	1701-1714	
guerra tra Impero asburgico e Impero ottomano ◄	1716-1718	
	1725	► prima edizione della *Scienza nuova* di Giovan Battista Vico (1668-1744)
guerra di successione austriaca ◄	1740-1748	
	1744	► edizione definitiva della *Scienza nuova* di Vico
pace di Aquisgrana ◄	1748	► *Lo spirito delle leggi* di C.L. di Secondat, barone di Montesquieu (1689-1755)
guerra dei Sette anni ◄	1756-1763	
	1764	► *Dei delitti e delle pene* di Cesare Beccaria (1738-1794)
Dichiarazione d'indipendenza degli Stati Uniti d'America ◄	1776	
	1780-1791	► *La scienza della legislazione* di Gaetano Filangieri (1752-1788)
scoppio della Rivoluzione francese ◄	1789	
decapitazione di Luigi XVI e inizio del "Terrore" in Francia ◄	1793	
colpo di Stato in Francia: Napoleone primo console ◄	1799	
Napoleone imperatore dei francesi ◄	1804	► *Osservazioni sulla tortura* di Pietro Verri (1728-1798)
Congresso di Vienna ◄	1814-1815	

Una giustizia arbitraria

no di essi poteva processare e condannare, anche a morte, con grande libertà: nessuna garanzia poteva essere rivendicata dagli accusati, anche perché chi esercitava la giustizia pretendeva di farlo in nome di un'ispirazione divina. La **tortura** era praticata in modo sistematico; la **pena di morte** era prevista anche per delitti solo sospettati e per individui che non si potevano permettere una difesa legale. La confessione della propria colpa dopo aver ceduto alla **tortura** aveva valore di prova. Le esecuzioni capitali si svolgevano in pubblico e spesso ai giustiziati venivano inflitte sofferenze esemplari, squartandoli o bruciandoli vivi. Si voleva in questo modo distogliere dal crimine i presenti e anticipare la punizione infernale che attendeva il colpevole.
In questo clima, gli intellettuali illuministi affrontano direttamente i grandi temi politici, sociali e giuridici, unendo ricerca storica, impostazione teorica e proposta attiva di nuovi ordinamenti.

Il giusnaturalismo e Montesquieu

Il pensiero illuminista sottrae i valori del diritto alla sfera della religione e mostra il carattere storico e dunque umano dei sistemi di giudizio e delle leggi. Questi sono da intendere, come le forme di governo, quali **accordi o contratti tra gli individui**, e non come dogmi e regole di natura divina. Gli illuministi riprendono la tradizione del **giusnaturalismo**, sviluppato in Inghilterra e in Olanda nel secolo precedente; esso crede nell'esistenza di alcune **norme di diritto derivanti dalla natura** e precedenti ogni convenzione sociale. Decisiva è poi l'opera ***Lo spirito delle leggi*** (1748) del francese barone di **Montesquieu** (1689-1755): in essa l'autore analizza i sistemi legislativi e istituzionali di vari Paesi, dimostrando che la loro diversità si basa sulla varietà di tradizioni locali, di usi e costumi di ogni popolo, di cui la legge deve tener conto. Può così sostenere la necessità di adeguare le leggi ai differenti bisogni delle popolazioni. Montesquieu propone inoltre la **separazione dei tre poteri** – legislativo, esecutivo e giudiziario, che negli Stati assoluti convergevano tutti nella figura del sovrano – come garanzia di giustizia e di libertà, ponendo così uno dei principi del pensiero politico e giudiziario contemporaneo (▶ Quadro storico-culturale, p. 278).

Lo spirito delle leggi

Domenico Muzzi, *Allegoria della Giustizia*, 1790 ca. Parma, affresco sulla volta di una sala di Palazzo Dalla Rosa Prati.

Giovan Battista Vico

Un filosofo influenzato dalla dottrina giusnaturalista è anche il napoletano Giovan Battista Vico (1668-1744). Avviato ben presto agli studi di diritto, Giovan Battista (o Giambattista) Vico scrive la sua prima opera importante nel 1710, il *De antiquissima italorum sapientia* [Sull'antichissima sapienza italica]. L'opera, scritta in latino, è l'esposizione di una ipotetica "filosofia italica" ricavata dai significati originari di alcune parole latine. Tra il 1724-1725 Vico scrive la sua ***Autobiografia***, che uscirà, con numerose aggiunte, nel 1728 su una rivista veneziana. Quest'opera è il racconto in terza persona della sua vicenda intellettuale; Vico narra la propria vita come se fosse indirizzata verso un compito superiore: quello di dare gloria all'Italia attraverso un libro, la ***Scienza nuova***. Ogni dettaglio e ogni esperienza, anche negativa, vengono interpretati in funzione della carriera intellettuale dell'autore.

Il «diritto natural» dell'umanità

Nella *Scienza nuova* – **vasta opera in cinque libri** che impegna Vico per tutta la vita (la prima edizione è del 1725 la terza, postuma, esce nel 1744) – il filosofo napoletano affronta il problema delle **origini della civiltà**, cercando di mostrare come si debba impostare la spiegazione delle origini, dei progressi e della decadenza delle culture umane. L'opera contiene, fra l'altro, la teoria dei **"corsi e ricorsi storici"**, secondo la quale una volta arrivata al suo massimo sviluppo la civiltà si distrugge e ritorna allo stato primitivo. Affermando che «il mondo civile [...] certamente è stato fatto dagli uomini, onde se ne possono [...] ritruovare i principi dentro le modificazioni della nostra medesima mente umana», Vico descrive le fasi della civiltà stabilendo dei parallelismi fra il suo sviluppo e la vita individuale di ciascuno (infanzia, fase adulta ecc.). Il filosofo napoletano spiega come dallo stato barbaro dell'era primitiva nascano le nazioni, come cioè abbia inizio la civiltà secondo elementi «comuni» posseduti dall'intero genere umano. Tra questi elementi comuni all'umanità c'è anche il «diritto natural delle genti» (▶ T1): viene così sancita l'esistenza di un **diritto precedente a ogni società**, ma insito nella natura umana quale essa è in se stessa; viene in questo modo rivendicata l'origine "umana" e non divina di ogni sistema legislativo.

La scienza nuova

date di pubblicazione	• 1725 prima edizione • 1730 seconda edizione • 1744 edizione definitiva
genere	• trattato
tempo di ambientazione	• dalle origini dell'umanità (il diluvio universale) fino al Medioevo
temi	• fasi della civiltà umana rintracciabili in ogni individuo • esistenza di un diritto naturale anteriore alla nascita di ogni società • esaltazione della fantasia • teoria dei "corsi e ricorsi storici", secondo la quale una volta arrivata al suo massimo sviluppo una civiltà si distrugge e ritorna allo stato primitivo

facciamo il punto

- **A chi era affidato l'esercizio della giustizia nel Settecento?**
- **I filosofi illuministi, tra cui Gian Battista Vico, sostenevano l'esistenza di un diritto naturale, precedente a ogni società. A quale dottrina si rifa questa idea?**

T1

Le forme
- ragionamento "matematico"
- linguaggio artificioso

I temi
- fondamento naturale del diritto

Giovan Battista Vico
Il «diritto natural di tutte le genti»

Le degnità *sono 114 massime con le quali, all'inizio dell'opera, Vico descrive i principi fondamentali del suo pensiero. Indicate con numeri romani, costituiscono i punti d'inizio del ragionamento di Vico: qui riportiamo la tredicesima* degnità, *nella quale il filosofo napoletano afferma che l'unicità del genere umano è provata dall'esistenza di elementi comuni in diverse culture, tra cui il «diritto natural».*

XIII. Idee uniformi nate appo[1] intieri popoli tra essoloro[2] non conosciuti debbon avere un motivo comune di vero.

Questa degnità è un gran principio, che stabilisce il senso comune del gener umano esser il criterio insegnato alle nazioni dalla provvedenza divina per diffinire il certo d'intorno al diritto natural delle genti, del quale le nazioni si accertano con intendere l'unità sostanziali di cotal diritto, nelle quali con diverse modificazioni tutte convengono.[3] Ond'esce il dizionario mentale, da dar l'origini a tutte le lingue articolate diverse, col quale sta conceputa la storia ideal eterna che ne dia le storie in tempo di tutte le nazioni; del qual dizionario e della qual istoria si proporranno appresso le degnità loro proprie.[4]

Questa stessa degnità rovescia tutte l'idee che si sono finor avute d'intorno al diritto natural delle genti, il quale si è creduto esser uscito da una prima nazione da cui l'altre l'avessero ricevuto; al qual errore diedero lo scandalo gli egizi e i greci, i quali vanamente vantavano d'aver essi disseminata l'umanità[5] per lo mondo: il qual error certamente dovette far venire[6] la legge delle XII Tavole[7] da' greci a' romani. Ma, in cotal guisa, egli sarebbe un diritto civile comunicato ad altri popoli per umano provvedimento, e non già un diritto con essi costumi umani naturalmente dalla divina provvidenza ordinato in tutte le nazioni.[8] Questo sarà uno de' perpetui lavori che si farà in questi libri: in[9] dimostrare che 'l diritto natural delle genti nacque privatamente appo i popoli senza sapere nulla gli uni degli altri; e che poi, con l'occasioni di guerre, ambasciarie, allianze, commerzi,[10] si riconobbe comune a tutto il gener umano.

da G. B. Vico, *La scienza nuova seconda*, libro I, Laterza, Bari 1942.

1 appo: *presso.*
2 essoloro: *loro.*
3 per diffinire... convengono: *per trarre certezza* (**diffinire il certo**) *a proposito del diritto naturale delle genti che le nazioni accertano scoprendo la sostanziale unità di tale diritto verso il quale tutte convergono, sia pure con notevoli differenze* (**diverse modificazioni**).
4 Ond'esce... proprie: *da qui* [: dalle **diverse modificazioni**] *deriva il dizionario mentale che dà origine all'articolazione dei diversi linguaggi e nel quale viene espressa la storia ideale ed eterna così come è data nella particolare situazione storica di tutte le nazioni; e di quel dizionario e di quella storia si proporranno subito dopo le specifiche dignità.*
5 umanità: *la cultura, la civiltà.*
6 venire: *derivare.*
7 XII Tavole: le tavole di bronzo su cui vennero incise le prime leggi del popolo romano nel 450 a. C.
8 Ma, in cotal guisa... nazioni: *ma, in questo modo* (**guisa**), *esso* [: il diritto] (**egli**) *sarebbe un diritto civile trasmesso* (**comunicato**) *da altri popoli attraverso leggi umane* (**umano provedimento**), e *non un diritto proprio dell'essere umano, voluto* (**ordinato**) *naturalmente dalla divina provvidenza in tutte le nazioni.*
9 in: *il.*
10 ambascerie... commerzi: *ambascerie, alleanze, commerci.*

▶ Francesco Solimena, *Ritratto di Giovan Battista Vico*, XVIII secolo.

Lavoriamo sul testo

Leggere e capire

L'unicità del genere umano Nella «degnità» XIII Vico sostiene che la radice unica del genere umano sia provata dall'esistenza di elementi comuni tra popoli diversi, tra cui il «diritto natural». Il filosofo napoletano afferma infatti che se in popoli diversi il diritto è fondato sugli stessi principi, vuol dire che questi principi sono comuni a tutto il genere umano. Nella parte finale della «degnità» Vico mostra come la storia individuale riveli, nei suoi caratteri comuni, il legame con la Storia collettiva, cioè con una tradizione culturale unitaria.

Analizzare

Uno studio scientifico delle origini umane Vico introduce in campo storico le forme del trattato di geometria e di matematica, facendo precedere alle singole dimostrazioni dei fatti alcuni principi generali o assiomi, da lui chiamati «degnità». La sua scienza è "nuova" perché affronta scientificamente il campo della storia e delle origini dell'uomo. L'opera di Vico è quindi in sintonia con le idee che circolavano nell'Europa del Settecento; al tempo stesso, tuttavia, il suo testo ha ancora tracce delle epoche passate: soprattutto il linguaggio "barocco", in cui le idee si sviluppano per accumulo di particolari, mentre in Francia e in Inghilterra prevale già il modello chiaro ed essenziale della saggistica filosofica.

Interpretare e approfondire

I fondamenti naturali del diritto Il brano di Vico rivela l'importanza del diritto nella ricerca e nella riflessione degli intellettuali illuministi: dopo secoli in cui la giustizia era considerata un'ispirazione divina, il filosofo napoletano afferma l'origine naturale del diritto, comune a tutti gli uomini. In linea con le dottrine giusnaturalistiche, Vico ribadisce l'autonomia della legge da ogni autorità, laica o divina, precostituita.

Esercizi

Prima prova A • L'analisi del testo

Comprendere

1 La XIII «degnità»
Qual è il contenuto della «degnità» appena letta?

Analizzare

2 Il linguaggio di Vico
La scrittura di Vico rappresenta uno stile "barocco": sapresti indicare alcuni elementi sintattici e lessicali che rendono questo testo così complesso?

Interpretare e approfondire

3 Il diritto naturale
Vico delinea qui l'esistenza di un diritto comune a tutta l'umanità, anteriore persino alle grandi civiltà classiche. Come si colloca questa affermazione nel panorama storico-culturale dell'epoca?

2 La giustizia "illuminata"

L'Illuminismo lombardo e la giustizia

«Nessun altro partito resta da prendersi per le società già formate se non quello di portarsi alla perfezione e al massimo incivilimento con ottime leggi, ottimi costumi, e con ogni genere di coltura, addestrando la ragione e l'industria ed affrettando i progressi della verità, fugando le opinioni a lei contrarie e rendendo comune l'uso di essa ai cittadini in quante azioni della vita si può». In questo modo Pietro Verri, nelle *Meditazioni sulla felicità* (1763), collegava il tipico tema illuministico della felicità alla certezza della **funzione pro-**

L'influenza della cultura sulla realtà

gressiva della ragione e della scienza, che dovevano essere perciò molto diffuse. È questo il programma che unisce i massimi rappresentanti dell'Illuminismo lombardo, che agisce attraverso l'**accademia dei Pugni** (così chiamata per la diceria che le discussioni finissero spesso in rissa) e poi attraverso la **rivista «Il Caffè»** (1764-1766). L'impegno degli illuministi lombardi, che volevano dare alla cultura un'utilità pratica per permetterle di incidere concretamente sulla realtà, si rivolge ad aspetti della vita economica e giuridica: le riflessioni di Pietro Verri sull'inutilità della tortura e quelle di Cesare Beccaria sull'innefficacia della pena di morte come strumento di prevenzione dei reati sono diventate celebri e costituiscono dei capisaldi del diritto moderno.

Pietro Verri

La vita e le opere

Verri rappresenta, in Italia, il tentativo di stabilire un rapporto di collaborazione con il potere politico delle monarchie illuminate. Nasce a Milano nel 1728, nel 1761 fonda l'accademia dei Pugni, dalle cui riunioni nasce la rivista «Il Caffè», che esce tra il 1764 e il 1766 ogni dieci giorni. Nello stesso periodo Verri entra a far parte dell'**amministrazione austriaca**: nasce così la collaborazione con la politica riformista di Maria Teresa d'Austria (al potere dal 1767 al 1780), per la quale Verri opera nel campo della programmazione economica. In questi anni scrive anche **opere di carattere filosofico** (*Meditazioni sulla felicità*, 1763) **ed economico** (*Meditazioni sull'economia politica*, 1771). Dopo essere stato sospeso da ogni incarico a causa della svolta autoritaria operata dal nuovo sovrano austriaco Giuseppe II (al potere con la madre dal 1765 e da solo dal 1780 al 1790), l'arrivo delle armate francesi a Milano nel 1796 gli offre di nuovo la possibilità di un coinvolgimento nella vita pubblica. Ma la morte lo sorprende nel 1798.

Le Osservazioni *sulla tortura*

L'importanza di Verri per l'Illuminismo lombardo è dovuta sia alla sua attività di organizzatore, sia alla sua capacità di portare all'attenzione pubblica **questioni giuridiche di grande attualità**. Per esempio, le ***Osservazioni sulla tortura*** (pubblicata postuma nel 1804) è un'opera storico-giuridica fondamentale: attraverso le analisi dei processi contro gli "untori" tenuti per la peste milanese del 1630, l'autore dimostra che la pratica della tortura si fonda su assurdi pregiudizi e che è inutile al fine di scoprire la verità (▶ T2 e Cinema, p. 311). L'autore milanese afferma inoltre che non dovrebbe essere consentito alla giustizia di costringere qualcuno a testimoniare contro se stesso, né infliggere dolori così atroci a chi avrebbe potuto rivelarsi anche innocente.

Cesare Beccaria

La vita

Cesare Beccaria nasce a Milano nel 1738 da una famiglia nobile. Dopo la laurea in Legge a Pavia, entra a far parte dell'accademia dei Pugni e collabora saltuariamente con «Il Caffè». Nel 1762 nasce sua figlia Giulia, futura madre dello scrittore Alessandro Manzoni (▶ Unità 13). L'amicizia con Verri e l'adesione alle idee degli illuministi francesi portano alla realizzazione del suo capolavoro, il *pamphlet* ***Dei delitti e delle pene*** (1764), uscito anonimo per paura di attacchi e ritorsioni. Beccaria muore a Milano nel 1794.

Dei delitti e delle pene, contro la pena di morte

Dei delitti e delle pene è formato da quarantadue brevi capitoli il cui scopo è quello di dimostrare che il sistema giuridico settecentesco è fondato sulla repressione. Invece di garantire il benessere dei cittadini, questo sistema ricorre senza motivo alla violenza e mostra così l'ingiustizia che domina nella so-

Glossario

Untore Individuo sospettato, durante i periodi di pestilenza, di diffondere la malattia cospargendo di una sostanza giallastra i luoghi con cui una persona entrava spesso in contatto (per esempio le maniglie delle porte).

cietà che lo ha creato. Beccaria sostiene la necessità di **distinguere il reato**, che costituisce una violazione delle leggi umane, **dal peccato**, che riguarda solo la sfera religiosa. Inoltre, lo Stato deve considerarsi responsabile di quei delitti che non ha saputo prevenire. Le pene devono quindi costringere il colpevole a risarcire la comunità che ha danneggiato, ma devono anche risarcire il colpevole stesso di ciò che la collettività non ha fatto per allontanarlo dalla colpa. Chi ruba per fame, per esempio, non può essere considerato l'unico colpevole del proprio gesto. In particolare Beccaria indica la **pena di morte** come il vertice di inciviltà gestito dallo Stato: proprio perché non punisce in nome di Dio, lo Stato non può comunque togliere la vita né praticare la tortura, considerata uno strumento inutile e dannoso per la ricerca della verità (▶T3, Cinema p. 311 e TS1 p. 326).

Le opere di Pietro Verri e Cesare Beccaria

autore	opere	temi
Pietro Verri	*Osservazioni sulla tortura*, 1804	• inutilità della tortura perché infligge sofferenze non necessarie • tortura come stumento contro natura perché spinge istintivamente all'ammissione della colpa
Cesare Beccaria	*Dei delitti e delle pene*, 1764	• inutilità della pena di morte come prevenzione dei crimini • critica alla spettacolarizzazione delle pene • carcere a vita come miglior strumento di prevenzione criminale

facciamo il punto

- **Quale convinzione accomuna le teorie degli illuministi lombardi?**
- **Sia Verri sia Beccaria condannano l'uso della tortura: per quale motivo?**

[*Osservazioni sulla tortura*, 11]

T2

Le forme
▶ stile persuasivo

I temi
▶ inutilità e atrocità della tortura

Pietro Verri
È giusta la tortura?

Dopo aver dimostrato l'assurdità del sistema giudiziario che condannò gli "untori" della peste che si diffuse a Milano nel 1630, Verri mostra quanto la tortura sia un metodo inefficace per scoprire la verità.

Mi rimane finalmente[1] da provare che, quand'anche la tortura fosse un mezzo per iscoprire la verità dei delitti, sarebbe un mezzo intrinsecamente ingiusto. Credo assai facile il dimostrarlo.

Comincerò col dire che le parole di sospetti, indizi, semi-prove, semi-plene,[2] quasi-prove, ecc. e simili barbare distinzioni e sottigliezze, non possono giammai mutare la natura delle cose. Possono elleno[3] bensì[4] spargere delle tenebre ed offuscare le menti incaute, ma debbesi sempre ridurre la questione a questo punto: o il delitto è certo, ovvero solamente probabile.

1 **finalmente:** *infine.*
2 **semi-plene:** *prove incomplete* (**plene** = *piene*).
3 **elleno:** *esse.*
4 **bensì:** *certamente*; rafforzativo.

Se è certo il delitto, i tormenti sono inutili e la tortura è superfluamente[5] data, quando anche fosse un mezzo per rintracciare la verità, giacché presso di noi un reo si condanna, benché negativo.[6] La tortura dunque in questo caso sarebbe ingiusta, perché non è giusta cosa il fare un male, un male gravissimo, ad un uomo superfluamente. Se il delitto poi è solamente probabile, qualunque sia il vocabolo col quale i dottori distinguano il grado di probabilità difficile assai a misurarsi, egli è evidente che sarà possibile che il probabilmente reo in fatti[7] sia innocente; allora è somma ingiustizia l'esporre a un sicuro scempio e ad un crudelissimo tormento un uomo, che forse è innocente; e il porre un uomo innocente fra que' strazi e miserie tanto è più ingiusto, quanto che fassi[8] colla forza pubblica istessa confidata[9] ai giudici per difendere l'innocente dagli oltraggi.

La forza di quest'antichissimo ragionamento hanno cercato i partigiani della tortura di eluderla con varie cavillose distinzioni, le quali tutte si riducono ad un sofisma,[10] poiché fra l'essere e il non essere non vi è punto di mezzo, e laddove il delitto cessa di essere certo, ivi precisamente comincia la possibilità dell'innocenza. Adunque l'uso della tortura è intrinsecamente ingiusto e non potrebbe adoprarsi, quando anche fosse egli un mezzo[11] per rinvenire la verità.

Che si è detto mai delle leggi della Inquisizione, le quali permettevano che il padre potesse servire di accusatore contro il figlio, il marito contro la moglie! L'umanità fremeva a tali oggetti;[12] la natura reclamava i suoi sacri diritti; persone tanto vicine per i più augusti vincoli[13] distruggersi vicendevolmente! La legge civile abborrisce siffatti accusatori e li esclude.[14]

Mi sia ora lecito il chiedere, se un uomo sia meno strettamente legato con sé medesimo, di quello che lo è col padre e colla moglie. Se è cosa ingiusta che un fratello accusi criminalmente l'altro;[15] a più forte ragione[16] sarà cosa ingiusta e contraria alla voce della natura che un uomo diventi accusatore di se stesso e le due persone dell'accusatore e dell'accusato si confondano.[17] La natura ha inserito nel cuore di ciascuno la legge primitiva della difesa di sé medesimo: e l'offendere se stesso e l'accusare se stesso criminalmente egli è un eroismo, se è fatto spontaneamente in alcuni casi, ovvero[18] una tirannia ingiustissima, se, per forza di spasimi, si voglia costringervi un uomo.

L'evidenza di queste ragioni anche più si conoscerà riflettendo che iniquissima e obbrobriosissima[19] sarebbe la legge che ordinasse agli avvocati criminali di tradire i loro clienti. Nessun tiranno, che io ne sappia, ne pubblicò mai una simile; una tal legge romperebbe con vera infamia tutti i più sacri vincoli di natura. Ciò posto, chiederemo noi se l'avvocato sia più intimamente unito al cliente di quello che lo è il cliente con sé medesimo? Ora la tortura tende cogli spasimi a ridurre[20] l'uomo a tradirsi, a rinunziare alla difesa propria, ad offendere, a perdere se stesso. Questo solo basta per far sentire, senza altre riflessioni, che la tortura è intrinsecamente un mezzo ingiusto per cercare la verità, e che non sarebbe lecito usarlo quand'anche per lui[21] si trovasse la verità.

da P. Verri, *Osservazioni sulla tortura*, Rizzoli, Milano 1961.

5 superfluamente: *senza una ragione.*
6 un reo… negativo: *si condanna un imputato* (**reo**) *anche se nega* [*di essere colpevole*].
7 in fatti: *in realtà.*
8 quanto che fassi: *in quanto lo si fa.*
9 confidata: *affidata.*
10 sofisma: ragionamento in apparenza logico, ma in realtà falso e contorto (dal movimento filosofico della Sofistica, V-IV secolo a.C.).
11 quando… mezzo: *anche nel caso che fosse uno strumento.*
12 a tali oggetti: *davanti a simili fatti.*
13 per… vincoli: *per i più sacri* (**augusti**) *legami affettivi.*
14 esclude: *emargina.*
15 che… l'altro: *che qualcuno accusi di un crimine* (**criminalmente**) *il proprio fratello.*
16 a più forte ragione: *a maggior ragione.*
17 si confondano: *diventino una persona sola.*
18 ovvero: *oppure.*
19 iniquissima e obbrobriosissima: *molto ingiusta e disonorevole.*
20 ridurre: *costringere.*
21 per lui: *per mezzo di esso.*

Lavoriamo sul testo

Leggere e capire

Che cosa dice il brano Questo testo si basa su due concetti:
1) la tortura è inutile perché se colpisce un colpevole certo, gli infligge sofferenze non necessarie, e se colpisce un colpevole solo probabile, rischia di scatenarsi su un innocente;
2) la tortura è una pratica contro natura perché costringe gli accusati a rinunciare all'istintiva difesa di se stessi, dichiarandosi colpevoli solo per evitare atroci sofferenze.

Analizzare

Il rigore di una procedura scientifica Questo brano è un esempio dello stile efficace e persuasivo di Verri, che costruisce le proprie dimostrazioni con il rigore di una procedura scientifica. Infatti per ogni ipotesi presentata, segue la dimostrazione necessaria. Le dimostrazioni sono svolte attraverso l'analisi delle varie possibilità: «Se è certo il delitto... Se il delitto poi è solamente probabile...». La conclusione è occupata dalla verifica dell'ipotesi enunciata all'inizio: «Adunque l'uso della tortura è intrinsecamente ingiusto...».

Interpretare e approfondire

La civiltà come barbarie Le tesi sostenute dagli illuministi sorprendono per il loro coraggio di contraddire opinioni e pregiudizi difesi dalla tradizione. I fatti sono giudicati in base a un progetto innovativo di civiltà. È perciò possibile che le leggi della società esistente vengano considerate «barbare», cioè incivili, come accade in questo brano per i criteri del sistema giudiziario. La civiltà esistente non è più un modello da rispettare, ma può anzi diventare un'espressione di barbarie.

La letteratura e il presente

Amnesty International: *Stop alla tortura* Le riflessioni di Pietro Verri sull'inutilità della tortura risultano ancora più attuali se confrontate con quelle di Pierre Sané, dal 1992 al 2001 segretario generale di Amnesty International. Quest'associazione – fondata nel 1961 dall'avvocato inglese Peter Benenson e insignita nel 1977 del premio Nobel per la pace – lotta per la difesa dei diritti umani e nel 2000 ha lanciato la compagna mondiale *Stop alla tortura*.

«La tortura è proibita dalle Costituzioni, dai codici penali, dalle convenzioni internazionali, ma è ancora praticata. Anzi, è diffusa. Il fenomeno è presente in quasi la metà degli stati, con l'approvazione tacita o con la tolleranza delle autorità, o quantomeno in assenza di una volontà concreta e di un serio impegno a porvi fine [...]. La tortura può avere lo scopo di ottenere un'informazione o una confessione. Può essere una punizione per qualcosa che la vittima ha fatto o si ritiene abbia fatto. Ma è anche e soprattutto un modo per fare paura a una comunità intera, per impedire [...] la ribellione, l'opposizione o semplicemente la libera espressione. La tortura si propone di distruggere le sue vittime, nel corpo e nella mente, di colpirne l'integrità e la dignità, di privarle di ciò che le rende persone umane. Si abbatte, in primo luogo, su chi la denuncia (gli attivisti per i diritti umani), su chi è vulnerabile (donne e bambini in particolare), su chi è "colpevole" di provenire da un luogo diverso e di avere di conseguenza un diverso aspetto, su chi ha un orientamento sessuale non gradito. Ma può colpire anche chi è estraneo a tutto ciò, chi non "fa politica", chi non appartiene ad alcuna delle categorie "a rischio"».

Esercizi

Prima prova A • L'analisi del testo

Comprendere

1 La posizione di Verri

Secondo Verri la tortura è:

a. utile, se il condannato ha molta paura
b. in parte inutile, se il crimine commesso non è grave
c. molto utile, se il condannato accusa un parente
d. inutile, perché è un atto contro natura

Analizzare

2 Lo schema logico della tortura

Nel brano appena letto, Verri espone le sue ipotesi per dimostrare che la tortura è inutile. Ricostruisci lo schema logico che l'autore usa per verificare la sua tesi.

Delitto
- → certo = tortura inutile, perché ....
- → probabile = ... perché ....

3 I segni dell'inciviltà

In questo brano Verri si chiede come la civiltà possa accettare pratiche barbare come quelle della tortura. Sottolinea nel testo i passaggi in cui l'autore esprime questa perplessità.

Interpretare e approfondire

Terza prova A • La trattazione sintetica

4 Verri e Amnesty International

Nell'attualizzazione proposta sono riportate le parole di un esponente di Amnesty International, un'organizzazione internazionale che lotta per la difesa dei diritti umani. Confronta queste riflessioni con quelle di Verri e illustra in una trattazione sintetica (max 10 righe) quali sono i punti di contatto tra le due teorie, seppur temporalmente molto distanti tra loro.

Cinema *Garage Olimpo*

Un garage covo di violenze

Buenos Aires. Maria (Antonella Costa) è una giovane militante di un'organizzazione clandestina che opera contro la dittatura militare al governo. Un giorno alcuni uomini armati fanno irruzione in casa sua – adibita dalla madre (Dominique Sanda) a piccola pensione – e la portano al garage Olimpo. È questo il nome di uno dei trecento campi di concentramento operanti in quel periodo nella capitale argentina: affidati a gruppi militari con poteri assoluti, situati nella periferia per non far notare il movimento e sotterranei per non lasciar trapelare le urla dei prigionieri sottoposti a ogni genere di violenza. Qui Maria scopre che Felix (Carlos Echevarría), un ospite della pensione della madre, innamorato di lei, è in realtà uno degli aguzzini che infliggono scariche elettriche ai prigionieri per confessioni di presunti crimini politici. Grazie all'aiuto di Felix, Maria riesce a sopravvivere fino a quando l'arrivo di un nuovo comandante del campo sconvolge gli equilibri e la ragazza subisce la sorte dei prigionieri "legalizzati": essere gettati vivi nelle acque del Rio de la Plata, il fiume che attraversa Buenos Aires.

La presunta "normalità"della tortura

Garage Olimpo racconta il triste destino dei *desaparecidos* [scomparsi]: i 30.000 cittadini scomparsi in Argentina tra il 1976 e il 1982, e rimasti vittime di trattamenti disumani da parte dei militari, spesso culminanti nella morte per annegamento. Il regista italo-cileno Marco Bechis (nato nel 1957) – che ha vissuto in quegli anni in Argentina, scampando alla repressione del regime – si concentra sulla sorte dei prigionieri dei centri di detenzione, spesso situati al livello della strada: dalla vita "normale" li divide solo una saracinesca chiusa. Come "normale" è la vita dei torturatori: impiegati statali che timbrano il cartellino, prima di raggiungere il "tavolo" di lavoro, cioè una macabra stanza delle torture. I prigionieri sono bendati – quasi per rappresentare simbolicamente la realtà sotterranea e invisibile del regime – e senza la possibilità di comunicare con l'esterno: la musica della radio, che copre le loro urla di dolore, rende il mondo sordo ai crimini contro l'umanità.

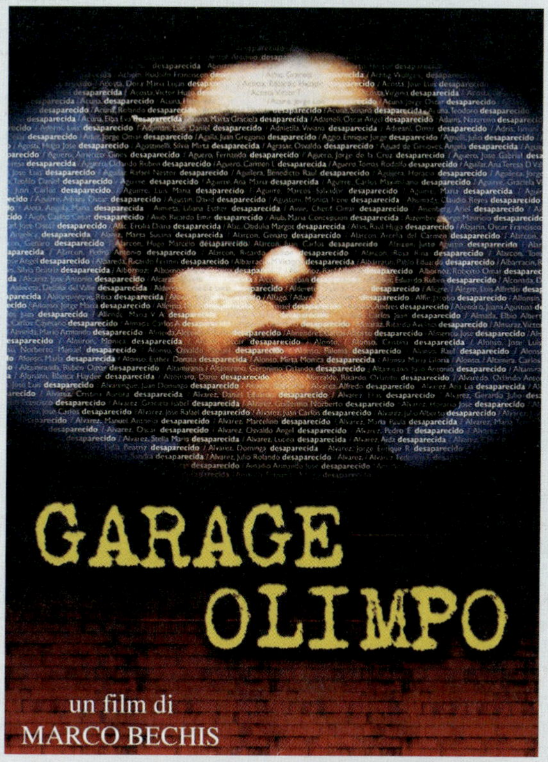

T3

Le forme
- stile logico e razionale

I temi
- inammissibilità etica e giudiziaria della pena di morte
- valutazione del carcere a vita strumento di prevenzione

Cesare Beccaria
Contro la pena di morte

Il brano riportato è tratto dal testo più famoso dell'Illuminismo italiano. In questo capitolo Beccaria attacca la pena di morte come metodo punitivo, perché ritenuta inefficace per la prevenzione dei crimini. Il carcere a vita, sofferenza interminabile che i cittadini hanno sempre davanti ai loro occhi, è invece un adeguato strumento punitivo e preventivo.

La morte di un cittadino non può credersi necessaria, che per due motivi. Il primo, quando anche privo di libertà egli abbia ancora tali relazioni e tal potenza, che interessi la sicurezza della nazione; quando la sua esistenza possa produrre una rivoluzione pericolosa nella forma di governo stabilita. La morte di qualche cittadino divien dunque necessaria quando la nazione ricupera o perde la sua libertà, o nel tempo dell'anarchia, quando i disordini stessi tengon luogo di[1] leggi; ma durante il tranquillo regno delle leggi, in una forma di governo, per la quale i voti della nazione sieno riuniti,[2] ben munita al di fuori e al di dentro dalla forza e dall'opinione,[3] forse più efficace della forza medesima, dove il comando non è che presso il vero sovrano, dove le ricchezze comprano piaceri e non autorità,[4] io non veggo necessità alcuna di distruggere un cittadino, se non quando la di lui morte fosse il vero ed unico freno per distogliere gli altri dal commettere delitti: secondo motivo per cui può credersi giusta e necessaria la pena di morte. […]

Non è l'intensione[5] della pena, che fa il maggior effetto sull'animo umano, ma l'estensione di essa;[6] perché la nostra sensibilità è più facilmente e stabilmente mossa da minime, ma replicate impressioni, che da un forte, ma passeggero movimento. L'impero[7] dell'abitudine è universale sopra ogni essere che sente; e come l'uomo parla e cammina, e procacciasi i suoi bisogni col di lei aiuto, così le idee morali non si stampano nella mente, che per durevoli ed iterate[8] percosse. Non è il terribile ma passeggero spettacolo della morte di uno scellerato, ma il lungo e stentato[9] esempio di un uomo privo di libertà, che, divenuto bestia di servigio,[10] ricompensa colle sue fatiche quella società che ha offesa, che è il freno più forte contro i delitti. Quell'efficace, perché spessissimo ripetuto ritorno sopra di noi medesimi:[11] – Io stesso sarò ridotto a così lunga e misera condizione, se commetterò simili misfatti –, è assai più possente,[12] che non l'idea della morte, che gli uomini veggon sempre in una oscura lontananza.

La pena di morte fa un'impressione, che colla sua forza non supplisce alla pronta dimenticanza,[13] naturale all'uomo anche nelle cose più essenziali, ed accelerata dalle passioni. Regola generale: le passioni violente sorprendono gli uomini, ma non per lungo tempo, e però sono atte a fare quelle rivoluzioni, che di uomini comuni ne fanno o de' Persiani o de' Lacedemoni;[14] ma in un libero e tranquillo governo le impressioni debbono essere più frequenti che forti.

La pena di morte diviene uno spettacolo per la maggior parte, ed un oggetto di compassione mista di sdegno per alcuni; ambidue questi sentimenti occupano più l'a-

1 **tengon luogo di:** *prendono il posto delle.*
2 **per la quale… riuniti:** *per mezzo* (**per**) *della quale i desideri* (**voti**) *dei cittadini siano conciliati* (**riuniti**).
3 **ben munita… dall'opinione:** [*una forma di governo*] *ben difesa negli affari esterni e interni dalla forza pubblica e dall'opinione pubblica.*
4 **dove… autorità:** [*in una nazione*] *in cui il governo è esercitato solamente dal legittimo* (**vero**) *sovrano e in cui il denaro consente* [*ai ricchi*] *di comprarsi gli svaghi ma non il potere* (**autorità**).
5 **l'intensione:** *l'intensità.*
6 **l'estensione di essa:** *il suo prolungamento nel tempo.*
7 **L'impero:** *la forza.*
8 **iterate:** *ripetute.*
9 **stentato:** *pieno di patimenti.*
10 **bestia di servigio:** *animale adatto a trasportare carichi pesanti.*
11 **Quell'efficace… medesimi:** *quel* [*sistema è*] *efficace perché* [*il*] *motto* (**ritorno** = *ritornello*) *ripetuto più volte a noi stessi.*
12 **è assai più possente:** *è molto più potente*; il sogg. è **ritorno**.
13 **non supplisce… dimenticanza:** *non compensa l'attitudine a dimenticare rapidamente.*
14 **e però… Lacedemoni:** *e perciò* (**però**) *sono in grado di compiere quelle trasformazioni radicali che fanno di persone comuni popoli come i Persiani o gli Spartani* (**Lacedemoni**); cioè nazioni forti e valorose ma anche autoritarie, diversamente dal tipo di Stato moderno che Beccaria definisce **libero e tranquillo**.

nimo degli spettatori, che non il salutare[15] terrore che la legge pretende inspirare. Ma nelle pene moderate e continue il sentimento dominante è l'ultimo, perché è il solo. Il limite che fissar dovrebbe il legislatore al rigore delle pene, sembra consistere nel sentimento di compassione, quando comincia a prevalere su di ogni altro nell'animo degli spettatori d'un supplizio, più fatto per essi che per il reo.[16]

Perché una pena sia giusta non deve avere che quei soli gradi d'intensione che bastano a rimuovere gli uomini dai delitti.[17] Ora non vi è alcuno che, riflettendovi, sceglier possa la totale e perpetua perdita della propria libertà, per quanto avvantaggioso[18] possa essere un delitto. Dunque l'intensione della pena di schiavitù perpetua,[19] sostituita alla pena di morte, ha ciò che basta per rimuovere qualunque animo determinato.[20] Aggiungo, che ha di più. Moltissimi riguardano la morte con viso tranquillo e fermo; chi per fanatismo, chi per vanità, che quasi sempre accompagna l'uomo al di là della tomba; chi per un ultimo e disperato tentativo o di non vivere, o di sortir di miseria; ma né il fanatismo, né la vanità stanno fra i ceppi o le catene, sotto il bastone, sotto il giogo, in una gabbia di ferro, ove il disperato non finisce i suoi mali, ma li comincia. L'animo nostro resiste più alla violenza ed agli estremi ma passeggeri dolori, che al tempo ed all'incessante noia; perché egli può, per dir così, condensar tutto se stesso per un momento per respingere i primi, ma la vigorosa di lui elasticità non basta a resistere alla lunga e ripetuta azione dei secondi. Colla pena di morte, ogni esempio che si dà alla nazione, suppone[21] un delitto: nella pena di schiavitù perpetua, un sol delitto dà moltissimi e durevoli esempi:[22] e se egli[23] è importante che gli uomini veggano spesso il poter delle leggi, le pene di morte non debbono essere molto distanti fra di loro: dunque suppongono la frequenza dei delitti; dunque, perché questo supplizio sia utile, bisogna che non faccia sugli uomini tutta l'impressione che far dovrebbe, cioè che sia utile e non utile nel medesimo tempo. Chi dicesse che la schiavitù perpetua è dolorosa quanto la morte, e perciò egualmente crudele, io risponderò, che sommando tutti i momenti infelici della schiavitù, lo sarà forse anche di più: ma questi sono stesi sopra tutta la vita, e quella esercita tutta la sua forza in un momento:[24] ed è questo il vantaggio della pena di schiavitù, che spaventa più chi la vede, che chi la soffre;[25] perché il primo considera tutta la somma dei momenti infelici, ed il secondo è dall'infelicità del momento presente distratto dalla futura. Tutti i

Monumento a Cesare Beccaria a Milano, nella piazza che porta il suo nome.

15 salutare: *benefico.*
16 Il limite… il reo: *il limite che il legislatore* [: soggetto] *dovrebbe fissare alla severità delle pene sembra coincidere con il sentimento della compassione,* [*e più esattamente*] *quando* [*la compassione*] *comincia a prevalere su ogni altro* [*sentimento*] *nell'animo di coloro che assistono a una tortura* [*che è fatta più per loro*] [: perché deve servire a scoraggiarli dal crimine] *che per il colpevole.*
17 quei soli… delitti: *soltanto quel grado di intensità sufficiente a dissuadere* (**rimuovere**) *gli uomini dal compiere delitti.*
18 avvantaggioso: *che porta guadagno.*
19 schiavitù perpetua: *carcere a vita.*
20 determinato: *risoluto* [*a commettere un reato*].
21 suppone: *presuppone.*
22 nella… esempi: a differenza dell'esecuzione capitale, l'ergastolo è a ogni momento, per l'osservatore esterno, un deterrente contro il crimine; ne consegue che nulla meglio della detenzione a vita consente alla legge di manifestare ai cittadini così insistentemente la propria efficacia.
23 egli: soggetto superfluo ai fini della comprensione.
24 ma questi… momento: *ma questi* [: i momenti infelici della prigionia] *sono distribuiti* (**stesi**) *durante tutto l'arco della vita, mentre quella* [: la morte] *esercita tutta la sua forza* [*di suggestione*] *in un solo attimo.*
25 il vantaggio… soffre: l'autore parla ora della prigionia dal punto di vista del detenuto. Proprio in virtù della forza dell'«abitudine», ciò che appare terribile a chi dovrebbe essere dissuaso dal crimine non lo è nella stessa misura per il condannato.

mali s'ingrandiscono nell'immaginazione; e chi soffre trova dei compensi e delle consolazioni non conosciute e non credute dagli spettatori, che sostituiscono la propria sensibilità all'animo incallito[26] dell'infelice.

Ecco, presso a poco, il ragionamento che fa un ladro o un assassino, i quali non hanno altro contrappeso per non violare le leggi, che la forca o la ruota.[27] So che lo sviluppare i sentimenti del proprio animo è un'arte, che s'apprende coll'educazione; ma perché un ladro non saprebbe esprimere bene i suoi principii, non perciò essi agiscon meno. – Quali sono queste leggi ch'io debbo rispettare, che lasciano un così grande intervallo[28] tra me e il ricco? Egli mi nega un soldo che gli cerco, e si scusa col comandarmi un travaglio che non conosce.[29] Chi ha fatte queste leggi? uomini ricchi e potenti, che non si sono mai degnati visitare le squallide capanne del povero, che non hanno mai diviso un ammuffito pane fra le innocenti grida degli affamati figliuoli e le lagrime della moglie. Rompiamo questi legami fatali alla maggior parte, ed utili ad alcuni pochi ed indolenti tiranni; attacchiamo l'ingiustizia nella sua sorgente. Ritornerò nel mio stato d'indipendenza naturale, vivrò libero e felice per qualche tempo co' frutti del mio coraggio e della mia industria: verrà forse il giorno del dolore e del pentimento; ma sarà breve questo tempo, ed avrò un giorno di stento per molti anni di libertà e di piaceri.[30] Re di un picciolo numero,[31] correggerò gli errori della fortuna, e vedrò questi tiranni impallidire e palpitare alla presenza di colui che con un insultante fasto posponevano[32] ai loro cavalli,ai loro cani. – Allora la religione si affaccia alla mente dello scellerato che abusa di tutto, e presentandogli un facile pentimento ed una quasi certezza di eterna felicità, diminuisce di molto l'orrore di quell'ultima tragedia.[33]

Ma colui che si vede avanti agli occhi un gran numero d'anni, o anche tutto il corso della vita, che passerebbe nella schiavitù e nel dolore, in faccia ai suoi concittadini, co' quali vive libero e sociabile,[34] schiavo di quelle leggi dalle quali era protetto, fa un utile paragone di tutto ciò coll'incertezza dell'esito de' suoi delitti, colla brevità del tempo in cui ne goderebbe i frutti. L'esempio continuo di quelli che attualmente vede vittime della propria inavvedutezza,[35] gli fa una impressione assai più forte, che non lo spettacolo di un supplizio che lo indurisce più che non lo corregge.

Non è utile la pena di morte, per l'esempio di atrocità, che dà agli uomini. Se le passioni, o la necessità della guerra hanno insegnato a spargere il sangue umano, le leggi, moderatrici della condotta degli uomini, non dovrebbono aumentare il fiero esempio, tanto più funesto, quanto la morte legale è data con istudio e con formalità.[36] Parmi un assurdo, che le leggi, che sono l'espressione della pubblica volontà, che de-

26 incallito: *incorreggibile*; per il detenuto ("disperato" e "infelice") non può esserci altro che l'umana compassione, non essendo pensabile un suo reinserimento nella società dopo aver scontato la condanna.

27 non hanno… la ruota: *non hanno altro deterrente* (**contrappeso**) *contro l'infrazione delle leggi, se non il patibolo* (**la forca**) *o la* [*tortura della*] *ruota*. La tortura della ruota era praticata ancora nel XVIII secolo e consisteva nel forzare le articolazioni del corpo del torturato tenendolo legato su una grande ruota.

28 intervallo: *disparità*.

29 mi nega… conosce: *rifiuta di darmi un soldo, se glielo chiedo* (**che gli cerco**), *e si mette in pace la coscienza ordinandomi di fare un lavoro pesante* (**travaglio**) *che lui nemmeno conosce*.

30 avrò… piaceri: *avrò un solo giorno di sofferenza* [: quello in cui sarò giustiziato] *in cambio di molti anni di libertà e di felicità*.

31 Re… numero: *capo di una piccola banda*.

32 che… posponevano: *che, con sfarzo offensivo, reputavano inferiore*.

33 la religione… tragedia: il principio cristiano del perdono e la promessa della vita eterna diminuiscono la paura della pena di morte, riducendola a un momento passeggero, niente in confronto all'eternità. Al contrario, la certezza terrena di una vita lunga e faticosa, piena di sofferenza e priva della libertà, scoraggerebbe i cittadini dal commettere crimini.

34 sociabile: *in società*.

35 inavvedutezza: *sconsideratezza*.

36 non… formalità: *non dovrebbero aggiungersi al* [*già*] *crudele* (**fiero**) *esempio* [*della guerra*], *tanto più funesto in quanto la morte legalizzata è data con premeditazione* (**istudio**) *e in forma istituzionalizzata* (**con formalità**).

La lingua nel tempo: travaglio. La parola *travaglio* (dal latino tardo *tripalium*, uno strumento di tortura) viene usata da Beccaria nella sua accezione letteraria, cioè con il significato di 'fatica, lavoro pesante'. Oggi questo termine non riguarda più l'ambito del lavoro, ma è riferito molto spesso all'insieme dei fenomeni, generalmente dolorosi, che accompagnano la nascita del bambino (per esempio "il travaglio del parto"). Per estensione, viene anche usato nelle espressioni colloquiali per indicare una sofferenza profonda ("l'attesa è stata un travaglio continuo").

testano e puniscono l'omicidio, ne commettano uno esse medesime, e per allontanare i cittadini dall'assassinio, ne ordinino un pubblico. [...]

Se mi si opponesse l'esempio di quasi tutti i secoli, e di quasi tutte le nazioni che hanno data pena di morte ad alcuni delitti, io risponderò, che egli si annienta in faccia alla verità, contro della quale non vi ha prescrizione;[37] che la storia degli uomini ci dà l'idea d'un immenso pelago[38] di errori, fra i quali poche e confuse, e a grandi intervalli distanti, verità soprannuotano.[39] Gli umani sacrifizi furon comuni a quasi tutte le nazioni; e chi oserà scusarli? Che alcune poche società, e per poco tempo solamente, si sieno astenute dal dare la morte, ciò mi è piuttosto favorevole che contrario; perché ciò è conforme alla fortuna delle grandi verità, la durata delle quali non è che un lampo, in paragone della lunga e tenebrosa notte che involge gli uomini. Non è ancor giunta l'epoca fortunata, in cui la verità, come finora l'errore, appartenga al più gran numero;[40] e da questa legge universale non ne sono andate esenti finora che le sole verità che la Sapienza infinita ha voluto divider dalle altre col rivelarle.[41]

da C. Beccaria, *Dei delitti e delle pene*, a cura di P. Calamandrei, Le Monnier, Firenze 1945.

37 non vi ha prescrizione: *non cessa di avere valore.* Beccaria vuole dire che di fronte alla verità non contano nulla le consuetudini che hanno dominato nella storia umana.

38 pelago: *mare.*

39 soprannuotano: *si tengono a galla.*

40 al più gran numero: *alla maggior parte [degli uomini].*

41 da questa... rivelarle: *a questa legge universale sono sfuggite fino ad ora solo le verità che la saggezza divina ha voluto separare dalle altre, rivelandole.*

Lavoriamo sul testo

Leggere e capire

Un attacco sistematico contro la pena di morte Il brano è dedicato al tema della pena di morte. Beccaria sostiene l'inutilità dell'esecuzione capitale (salvo alcuni casi ben precisi: quando il colpevole anche in carcere potrebbe ancora nuocere e quando è in pericolo lo Stato) da un punto di vista non solo etico, ma anche pragmatico. Egli mostra che è più efficace una pena durevole che non una pena – fosse anche la morte – che dura un solo istante e che potrebbe addirittura, per la sua ferocia, sollecitare la solidarietà degli spettatori verso il condannato.

La risposta di Beccaria a una possibile obiezione, è tipica della concezione illuminista della storia: infliggere la morte come pena appartiene alle più antiche tradizioni. Egli risponde: «la storia degli uomini ci dà l'idea d'un immenso pelago [mare] di errori (...). Gli umani sacrifizi furon comuni a quasi tutte le nazioni; e chi oserà scusarli? Che alcune poche società, e per poco tempo solamente, si sieno astenute dal dare la morte, ciò mi è piuttosto favorevole che contrario; perché ciò è conforme alla fortuna delle grandi verità, la durata delle quali non è che un lampo, in paragone della lunga e tenebrosa notte che involge gli uomini». Per Beccaria, come per gli altri filosofi illuministi, la ragione operante nel presente è più forte di qualsiasi antica tradizione, metaforicamente rappresentata come una «notte» che avvolge gli uomini.

Analizzare

Uno stile razionale Il brano è un esempio della chiarezza e della linearità della scrittura di Beccaria. Ogni nuovo argomento è introdotto da una serie di ipotesi, che poi sono verificate attraverso considerazioni di rigore scientifico. Per esempio, nel secondo capoverso si trova questa struttura: «dunque... mentre ho dimostrato... se dimostrerò... avrò vinto la causa...». La parte più appassionata e coinvolgente del brano è quella in cui Beccaria introduce il discorso di un ipotetico criminale (rr. 69-85). Così facendo l'autore dimostra inoltre lo stretto legame che c'è tra ingiustizia sociale e infrazione delle leggi. La scrittura di Beccaria possiede sia la spietatezza di un'analisi scientifica, sia un forte coinvolgimento sul piano emotivo.

Interpretare e approfondire

Una nuova concezione del potere La pena di morte – praticata nel Settecento da tutti i sistemi giudiziari – si inseriva in una concezione del potere di tipo medievale: il sovrano riceveva ogni autorità direttamente da Dio, quindi anche il diritto di vita e di morte sui sudditi. Beccaria appoggia la concezione del potere del filosofo francese Jean-Jacques Rousseau (1712-1778), secondo cui la vita sociale è il frutto di un libero contratto stipulato tra gli uomini. Ora, nessuno può aver ceduto ad altri il potere sulla propria vita.

La pena di morte non previene i crimini Nel Settecento la pena capitale era considerata uno strumento utile per scoraggiare i delitti. Infatti le esecuzioni venivano eseguite pubblicamente, con largo richiamo della folla. Beccaria dimostra l'inutilità di questo macabro rituale sottolineando, invece, la maggiore efficacia di pene più umane ma non meno dure, come la condanna a vita ai lavori forzati (▶ Un tema per discutere, p. 317).

Esercizi

Prima prova A • L'analisi del testo

Comprendere

1 Le eccezioni sulla pena di morte

Beccaria ammette il ricorso alla pena di morte solo in due casi eccezionali. Quali sono?

Analizzare

2 Un'alternativa alla pena di morte

Contestando l'uso della pena di morte come mezzo di prevenzione dei delitti, quale alternativa indica Beccaria? Sottolinea nel testo i motivi per cui la pena di morte non servirebbe a scoraggiare il compimento di crimini.

3 Le riflessioni di un ladro

Beccaria inserisce nel testo le riflessioni di un ladro. Quale funzione ha il suo ragionamento? Che cosa serve a dimostrare?

Interpretare e approfondire

4 Un nuovo tipo di società

«Quale può essere il diritto, che si attribuiscono gli uomini, di trucidare i loro simili?». Così Beccaria nega allo Stato il diritto di uccidere. A quale teoria della società si riferisce?

Terza prova B • Risposta singola

6 La concretezza della pena di morte

In questo brano Beccaria accusa la religione di avere una posizione contraddittoria rispetto alla pena di morte. Per quale motivo l'autore pensa che i principi cristiani allontanino dalla mente del criminale la concretezza della pena di morte?

Cinema *Il miglio verde*

Un corridoio verso l'esecuzione capitale

All'età di 108 anni Paul Edgecomb (Tom Hanks), racconta i ricordi della sua gioventù, mentre si trova in una casa di riposo. Guardia carceraria nel braccio della morte di un penitenziario della Louisiana (negli Stati Uniti), Paul conosce John Coffey (Micheal Clarke Duncan), un uomo di colore dalle dimensioni gigantesche, condannato per violenza carnale e omicidio nei confronti di due bambine. L'uomo finirà sulla sedia elettrica, dopo aver percorso il "miglio verde", cioè un corridoio della lunghezza di circa un chilometro rivestito di mattonelle verdi, che separa le celle dalla sala dove avviene l'esecuzione. Quando Paul scopre le doti di guaritore del condannato – capace di eliminargli un'infezione alle vie urinarie – comincia a dubitare anche della sua colpevolezza.

Il documentario di un triste rituale

Tratto dall'omonimo romanzo del 1996 dello scrittore statunitense Stephen King (1947), *Il miglio verde*, film del regista statunitense Frank Darabont (1959) è un utile documentario che illustra il triste rituale che precede ogni esecuzione capitale. Ambientato in un vero penitenziario abbandonato, il film ripropone modelli fedeli di sedie elettriche usate negli anni Trenta del Novecento in molte carceri americane. Ma anche oggi si ricorre alla sedia elettrica per le esecuzioni capitali e il funzionamento è lo stesso visibile nel film: vengono applicati elettrodi di rame inumiditi alla testa e a una gamba, rasate in precedenza; poi potenti scariche elettriche causano la morte del condannato, non sempre istantanea, per arresto cardiaco.

La pena di morte: un'atrocità ancora attuale?

Esiste ancora oggi la pena di morte, e dove? Quali riflessioni essa suscita in campo laico e religioso?

La pena di morte oggi

Le cifre fornite da Amnesty International riguardo alla presenza della pena di morte nei sistemi giudiziari mondiali mostrano che nel 2011 ancora 58 Paesi mantengono in vigore la pena capitale, nonostante il numero di quelli dove le condanne sono effettivamente eseguite sia molto più basso. La maggior parte delle esecuzioni avviene in Cina, in Iran, in Iraq e negli Stati Uniti. Occore ricordare che la condanna a morte provoca anche una tortura psicologica insostenibile: dal momento della sentenza a quello dell'esecuzione, il condannato può vivere per anni nel "braccio della morte"; i tentativi di suicidio per alleviare l'attesa sono dunque moltissimi.

Contro la pena di morte: gli Stati abolizionisti

Secondo gli ultimi dati di Amnesty International, aggiornati al mese di settembre 2011:

- 96 Paesi hanno abolito la pena di morte per ogni reato;
- 9 Paesi l'hanno abolita salvo che per reati eccezionali, quali quelli commessi in tempo di guerra;
- 34 Paesi sono abolizionisti *de facto* poiché non vi si registrano esecuzioni da almeno dieci anni oppure hanno assunto un impegno a livello internazionale a non eseguire condanne a morte.

In totale 139 Paesi hanno abolito la pena di morte nella legge o nella pratica.
Il primo Stato ad abolire la pena di morte, nel 1786, è stato il Granducato di Toscana seguito, nel 1863, dal Venezuela. In Italia, questa pena è stata abolita con l'approvazione della Costituzione nel 1948, tranne che nei casi previsti dalle leggi militari. Nel 1994 è stata infine eliminata anche per i casi contemplati dal codice militare.

◄ «Death to death penalty»: campagna di Amnesty contro la pena di morte.

La pena di morte: un'atrocità ancora attuale?

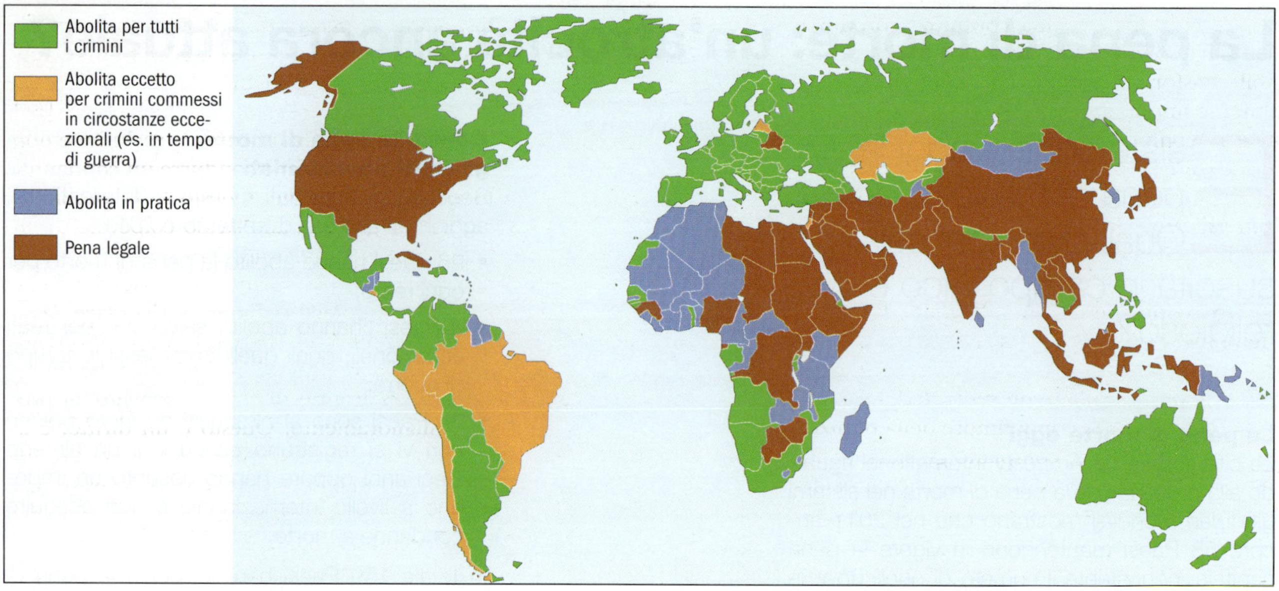

▲ **La pena di morte nel mondo. Cartina aggiornata a luglio 2011.**

Una lotta a livello mondiale

Il primo Congresso mondiale contro la pena di morte si svolse a Strasburgo nel 2001. Lo scopo principale del Congresso fu quello di sottolineare la dimensione internazionale della lotta contro la pena capitale e di convincere le organizzazioni abolizioniste a coordinarsi per lanciare delle iniziative internazionali comuni. Da qui l'istituzione della "Giornata mondiale contro la pena di morte", il 10 ottobre di ogni anno, e la creazione, nel maggio 2002, della "Coalizione mondiale contro la pena di morte".
Dopo il secondo Congresso mondiale, organizzato a Montreal nel 2004, nel febbraio 2007 il Consiglio di sicurezza dell'Onu ha approvato la moratoria (cioè la sospensione) delle esecuzioni capitali. Contemporaneamente il terzo Congresso di Parigi: promuove l'abolizione della pena in Africa del Nord e in Medio Oriente, e lancia un appello alla tregua delle esecuzioni in Cina, in vista dei Giochi Olimpici che si sarebbero svolti a Pechino nel 2008. Il quarto Congresso – svoltosi a Ginevra nel febbraio 2010 – è stata l'occasione di un confronto interreligioso e interconfessionale per fare luce sul ruolo che le religioni possono giocare a sostegno dei processi abolizionisti nei Paesi dove ancora esiste la pena capitale.

La posizione della Chiesa

Il *Nuovo Catechismo Universale* (1992) ammetteva le esecuzioni capitali in casi particolari: «L'insegnamento tradizionale della Chiesa non esclude, supposto il pieno accertamento dell'identità e della responsabilità del colpevole, il ricorso alla pena di morte, quando questa fosse l'unica via praticabile per difendere efficacemente dall'aggressore ingiusto la vita di esseri umani». Giovanni Paolo II (1920-2005) in *Evangelium Vitae* [Il Vangelo della vita, 1995] chiarisce ulteriormente la posizione della Chiesa nei confronti di questo tema.
«È chiaro che, proprio per conseguire tutte queste finalità, *la misura e la qualità della pena* devono essere attentamente valutate e decise, e non devono giungere alla misura estrema della soppressione del reo se non in casi di assoluta necessità, quando cioè la difesa della società non fosse possibile altrimenti. Oggi, però, a seguito dell'organizzazione sempre più adeguata dell'istituzione penale, questi casi sono ormai molto rari, se non addirittura praticamente inesistenti». Lo stato della Città del Vaticano ha eliminato la pena di morte nel 1967.

Una posizione laica sulla pena di morte

Riportiamo una riflessione dello studioso di etica Salvatore Natoli (nato nel 1942), che riprende, nella prima parte, alcuni motivi già affrontati nei brani di Verri e di Beccaria (▶ T2 e T3).

“ La morte di chi ha commesso un delitto non potrà mai risarcire la vittima. Da questo punto di vista è dell'ordine della vendetta e non della giustizia. Bisogna evitare, questo sì, che certe condizioni di violenza restino esplosive, cioè che, per esempio, una persona possa continuare a costituire un pericolo o restare in pericolo. L'internamento, il carcere previsto come elemento concepito per evitare che una persona continui a produrre delitti è teso, quindi, ad attivare quella sua possibile trasformazione esistenziale. Ciò che è realmente importante nel problema della violenza è la comprensione della sua origine. [...] Molte volte la violenza è essa stessa una risposta ad un'altra violenza precedentemente subita. Innanzitutto è doveroso limitare il danno, quindi evitare che l'iniquità possa perpetuarsi. Ma la pena di morte di per sé non è necessaria per questo scopo, perché è sufficiente l'internamento per evitare che un individuo possa ancora danneggiare. Alcuni sostengono che la pena di morte possa svolgere un ruolo di deterrente, e che possa evitare, con il timore della punizione capitale, che altri compiano gli stessi delitti di un certo tipo. [...] Usare la morte come deterrente psicologico comporta un costo troppo alto in termini di vite umane. Il problema consiste nel poter operare affinché gli uomini non siano esposti alla violenza, e al suo fascino. Noi sappiamo bene che molte volte, pur vigendo in uno stato la pena di morte, un atroce delitto viene commesso ugualmente. È evidente che, in quel caso, l'istinto alla violenza continuerà a nascere da altre ragioni come frutto di diverse cause e che probabilmente alla fonte del ricorso alla violenza, anche di quella più cieca, potrà esservi una ingiustizia ancor più originaria rispetto all'atto di violenza stesso.

Le istituzioni [...] dovrebbero permettere una *modificazione* del colpevole e quindi una reale possibilità di reinserimento di quest'ultimo nella società, [...] [perché] tutte le "istituzioni totali", che tendano ad escludere dalla vita reale la partecipazione di questo o quel cittadino, per il fatto stesso che escludano, rischiano di diventare esse stesse patologiche e minate alla loro base. Perché delle istituzioni che non stabiliscono, sotto forma di normative, dei dispositivi di reintegrazione nella società per coloro che hanno violato la legge, fino ad arrivare ad uccidere, rappresentano, in sé stesse, dei puri meccanismi di conservazione di sé stesse e del proprio potere. Molti hanno dibattuto, in questi anni, sulla funzione degli Istituti di Pena, ossia le carceri, giungendo a postulare nel carcere un puro elemento di passaggio, attraverso cui il soggetto che ha sbagliato possa comprendere il proprio errore. La pena, da questo punto di vista, può essere utile, perché la punizione può permettere al colpevole di un reato di sperimentare la gravità del suo errore, ovvero quanto abbia nuociuto con le proprie azioni. La dimensione di impedimento alla propria libertà, può permettere al soggetto di percepire quanto lui stesso abbia usato male quella libertà di cui, pure, disponeva. A partire da questa considerazione abbiamo un tipo di punizione, che non è vendicativa, ma è quell'elemento che permette al soggetto di riflettere su quello che ha fatto. [...]

Già si è fatto notare come la reclusione non sia l'unico mezzo per ricondurre un condannato alla reintegrazione. Questo è un problema che rende giustizia allo stesso colpevole di un reato. Rende giustizia allo stesso colpevole perché, se il colpevole rimane una persona umana, ha diritto a potersi redimere e riscattare. Dico questo perché non esiste solo un diritto degli offesi ad essere protetti, ma esiste anche un diritto che è proprio di chi ha sbagliato, al proprio miglioramento. Questo è un diritto, e la sua adozione alla prassi non può che essere un atto di giustizia. Ecco perché non dovreste mai pensare la giustizia in termini di pura ed esclusiva repressione. Ogni forma di "repressione" dovrebbe essere funzionale alla piena restituzione del soggetto alla vita sociale, [...] ovvero permettere ai detenuti di poter usufruire di maggiori spazi di reinserimento anche al di fuori del carcere stesso. Già all'interno delle carceri, ad esempio, esistono attività alle quali possono partecipare tutti quei detenuti, che intrattengono tra di loro qualsiasi tipo di relazione umana o professionale lecita, iniziative che possono permettere a queste persone di sperimentare diverse e nuove forme di creatività. Molti di questi individui provengono da situazioni di reale disagio. Il carcere può fare due cose per queste persone: o peggiorarne il disagio (e molte volte riesce solo in questo), oppure costituire un valido elemento di liberazione e di fuoriuscita dal loro stesso ambiente di origine, che è quasi sempre un ambiente socialmente patologico.

da S. Natoli, *Il giusto e l'ingiusto*,
in http://www.emsf.rai.it.

RIFLETTERE E ARGOMENTARE

1 Invito alla discussione

Dopo aver letto il brano, confrontalo assieme ai tuoi compagni con le riflessioni di Verri e di Beccaria: quali punti di contatto potete rilevare? Quali sono invece le (eventuali) differenze?

2 Invito al tema

«La vera giustizia consiste nell'impedire i delitti e non nell'infliggere la morte (...). Assicurate, per quanto lo potrete, una via d'uscita a chiunque sarà tentato di agire male, e avrete meno da punire».
Questa citazione è tratta dal commento del filosofo francese Voltaire (1694-1778) a *Dei delitti e delle pene* di Beccaria. Confronta in un tema di ordine generale questo passo con il brano di Beccaria antologizzato e rifletti sulla situazione attuale riguardo all'uso della pena di morte; fornisci poi la tua opinione in proposito.

3 La nuova economia e i diritti fondamentali dell'uomo

Napoli centro di economia e di diritto

L'altro grande centro dell'Illuminismo italiano, insieme a Milano, è Napoli (già vi aveva operato Vico, ▶ §1), capitale nel Settecento di un regno che comprendeva l'intera Italia meridionale. Gli studi che prevalgono in questo periodo sono quelli di **economia**, che subiscono una profonda svolta con **Antonio Genovesi** e **Ferdinando Galiani**; di **diritto**, con **Gaetano Filangieri**; di **storia**, per merito soprattutto di **Vincenzo Cuoco**. La carestia che si abbatté nel 1764, provocando oltre 40.000 vittime per fame e malattia solo nella città partenopea, fu per i contemporanei una drammatica conferma dello stato di arretratezza in cui versava il regno: era necessaria una **riforma economica** capace di scavalcare le due grandi istituzioni del Sud, cioè la Chiesa e il potere feudale. Questa consapevolezza alimentò gli studi economici e sociali, dando loro una materia concreta su cui dibattere.

Grave arretratezza del Regno

Genovesi fonda l'economia politica

Antonio Genovesi (1713-1769) è uno dei maestri dell'Illuminismo napoletano e il **fondatore degli studi di economia politica in Italia**. Dopo il *Discorso sopra il vero fine delle lettere e delle scienze* (1753), in cui sostiene la necessità di usare a fini pratici la ragione, Genovesi elabora le basi di questa nuova scienza e nel **1754** istituisce a Napoli la **prima cattedra di economia** in ambito universitario. Con gli studi che allora erano chiamati di "economia civile", Genovesi vuole dare vita a una scienza che diventi lo strumento per favorire l'aumento della ricchezza materiale e per realizzare la "pubblica felicità", facilitando una riforma delle istituzioni politiche e sociali. Nasce così la moderna economia politica, intese come disciplina che analizza i fenomeni economici dello Stato, aiutando a elaborare interventi mirati in ambito economico da parte delle istituzioni politiche.

La scienza economica a favore dello sviluppo materiale e della "pubblica felicità"

Con gli *Elementi di commercio o sia di economia civile* (1765-1767) Genovesi si batte per spezzare i vincoli e i privilegi feudali diffusi ancora nel Meridione, creando subito una scuola di allievi di alto livello.

Galiani: l'anticipatore delle tesi di Marx

Ferdinando Galiani (1728-1787) è considerato il **fondatore dell'economia monetaria**. Dopo una formazione culturale che gli consente di conoscere i maggiori intellettuali locali, Galiani dimostra la precocità del suo ingegno pubblicando i cinque libri del trattato *Della moneta* (1751), il primo trattato in cui si riconosce la centralità del denaro nella struttura economica delle società moderne. Galiani afferma che il valore della moneta non dipende né dal materiale di cui è composta, né dal suo peso, ma dal suo **potere di acquisto** nei confronti delle merci. Quindi, per conoscere il valore della moneta, è necessario conoscere i principi che regolano il **valore delle merci**. Galiani è il primo a elaborare una "teoria del valore", teoria che avrà un grande successo a livello internazionale, fino a costituire un importante ingrediente di quella elaborata dal tedesco Karl Marx (1818-1883) nella sua celebre opera *Il capitale* (pubblicato a partire dal 1867).

Il denaro e il suo potere di acquisto

▶ Monete estere appartenenti al periodo 1600/1700.

Glossario

Economia politica Nell'ambito delle scienze sociali, è la disciplina che studia il funzionamento dei sistemi economici. Essa si articola in macroeconomia (la descrizione del sistema economico nel suo complesso), microeconomia (lo studio del comportamento in campo economico dei vari soggetti, come, per esempio, i consumatori), economica monetaria, aziendale, dello sviluppo e anche politica economica.

Filangieri: per la libertà di stampa

Strumento che dà voce all'opinione pubblica

Gaetano Filangieri (1752-1788) è **autore dell'opera più organica e sistematica di diritto**: *La scienza della legislazione*, uscita a partire dal 1780, un volume alla volta, fino all'ottavo, pubblicato postumo nel 1791. Nella *Scienza della legislazione* Filangieri presenta fra l'altro una **difesa della libertà di stampa**. Secondo lo scrittore, il buon legislatore deve proteggere questa libertà in quanto strumento che dà voce all'opinione pubblica (▶ T4). È merito di Filangieri aver elaborato il principio presente nell'**articolo 21 della Costituzione italiana**, secondo il quale: «Tutti hanno diritto di manifestare liberamente il proprio pensiero con la parola, lo scritto e ogni altro mezzo di diffusione. La stampa non può essere soggetta ad autorizzazioni o censure».
La portata innovativa del messaggio di Filangieri è ribadita anche da un'altra riflessione: «Se il male che l'uomo può fare colla stampa può esser difficilmente occultato, e facilmente riparato, e quello che può fare colla spada, può esser facilmente occultato, e difficilmente riparato, perché temer più la stampa che la spada, e spiare colui che scrive, e non colui che è armato?».
Attraverso l'analisi dei sistemi legislativi esistenti (in particolare quello del Regno di Napoli), Filangieri propone una **legislazione nuova**. Di ogni legge immaginata, Filangieri descrive inoltre l'effetto sul funzionamento della vita civile.

La storiografia impegnata di Cuoco

Il molisano – quindi alla nascita suddito del Regno di Napoli – Vincenzo Cuoco (1770-1823) è il **fondatore di un modello di storiografia impegnata**, che analizza eventi storici "a caldo". Infatti, nel 1800 Cuoco pubblica il *Saggio storico sulla rivoluzione napoletana del 1799*, nel quale compie una dettagliata ricostruzione, sulla base dell'esperienza personale e su testimonianze dirette, dei moti popolari napoletani che portarono alla tragica fine del breve esperimento di repubblica "giacobina", ispirata cioè ai principi della Rivoluzione francese, a cui lo stesso Cuoco aveva partecipato.

I limiti del progetto rivoluzionario napoletano

Il limite del fallito progetto rivoluzionario, secondo Cuoco, è l'adozione di un modello di società astratto e lontano, come quello uscito dalla Rivoluzione francese, e inadatto a essere applicato nel Sud Italia. Ciò avrebbe causato il rifiuto da parte del «popolo» meridionale che, sentitosi estraneo, avrebbe subito una «**rivoluzione passiva**». La proposta che Cuoco elabora influirà molto sulla politica successiva: una rivoluzione può aver successo solo se il progetto si fonde con i **bisogni della «nazione»**.

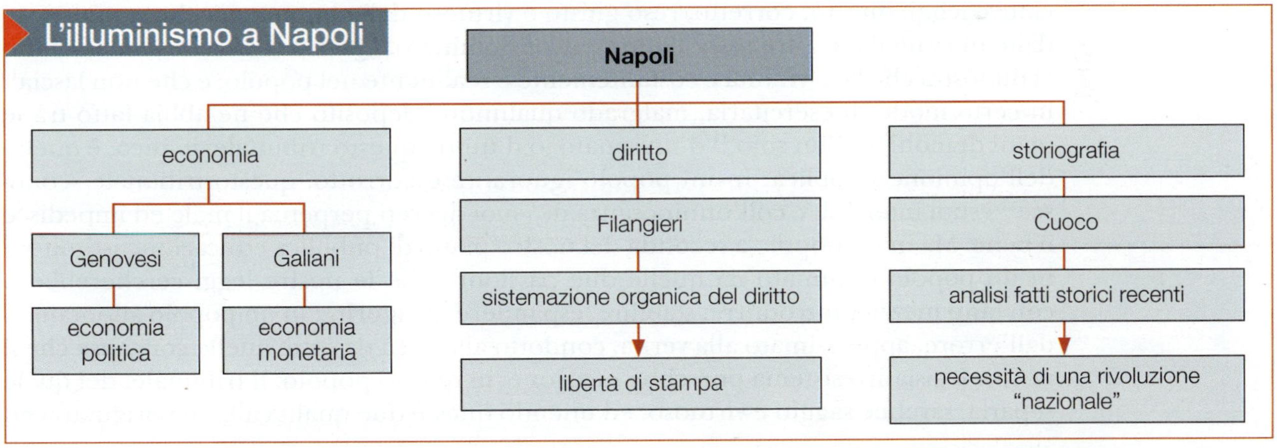

facciamo il punto

- **Qual è lo scopo principale della scienza economica, secondo Genovesi?**
- **Con il trattato *Della moneta* Galiani anticipa una tesi di mercato che rivestirà grandissima importanza in futuro: quale?**
- **Filangieri nella *Scienza della legislazione* presenta, fra l'altro, la difesa di quale diritto?**
- **Quali eventi storici stanno alla base dell'analisi condotta da Cuoco nel saggio che pubblica nel 1800?**

T4

Le forme
- struttura argomentativa

I temi
- valore e funzione della libertà di stampa

Gaetano Filangieri
La libertà di stampa

Nella contestazione di ogni forma di censura, politica o religiosa, gli illuministi pongono il requisito fondamentale del proprio progetto di società. In questo brano, Filangieri presenta appunto una generosa difesa della libertà di stampa. Essa è secondo lo scrittore l'espressione e la garanzia fondamentale del diritto dei popoli, cioè, in sostanza, la base della democrazia.

Se la sapienza delle leggi non consiste soltanto a procurare il bene, ma a perpetuarlo,[1] se la prosperità futura del popolo, non meno della presente, deve richiamar le cure del saggio legislatore; se i confini del tempo debbono essere i soli limiti delle sue vedute, e la perennità della sorte del popolo il solo termine delle sue speranze; se la sua paterna provvidenza non deve soltanto restringersi[2] a distruggere i mali che opprimono il popolo, o ad impedire quelli che gli sovrastano,[3] ma a prevenire anche quelli ch'egli non può prevedere, e che da ignote e straordinarie circostanze potrebbero essere introdotti; se una delle più profonde vedute del legislatore sapiente deve raggirarsi[4] ad ottenere che il *tutto insieme* della legislazione contenga i rimedi atti a riparare alle imperfezioni o a i vizi, che si possono discovrire[5] o introdurre nelle sue parti, ed a contenere, per così dire, in se medesima la sorgente inesauribile de' materiali atti al suo nudrimento, alla sua ristorazione ed alla sua riparazione; se finalmente[6] l'efficacia delle buone leggi suppone la corrispondenza d'una saggia amministrazione,[7] e se questa corrispondenza istessa dell'amministrazione dipende dalla sapienza del legislatore nel somministrarle tutti i soccorsi per conservare ed estendere il bene, e tutti gli ostacoli per favorire o introdurre il male: se non si può, io dico, dubitare dell'evidenza di queste verità, non si potrà neppure dubitare de' vantaggi della libertà della stampa, che così ammirabilmente corrisponde a tutte queste vedute.[8]

Vi è un tribunale, ch'esiste in ciascheduna nazione; ch'è invisibile, perché non ha alcuno de' segni che potrebbero manifestarlo, ma che agisce di continuo, e che è più forte de' magistrati e delle leggi, de' ministri e de' re; che può esser pervertito[9] dalle cattive leggi; diretto, corretto, reso giusto e virtuoso dalle buone; ma che non può né dalle une, né dalle altre esser contrastato e dominato. Questo tribunale, che col fatto ci dimostra che la sovranità è costantemente e realmente nel popolo; e che non lascia[10] in certo modo di esercitarla, malgrado qualunque deposito che ne abbia fatto tra le mani di molti, o d'un solo,[11] d'un senato, o d'un re; questo tribunale, io dico, è quello dell'opinione pubblica. In un popolo ignorante e corrotto, questo tribunale sconosce[12] i suoi interessi, e coll'onnipotenza de' suoi decreti perpetua il male ed impedisce il bene. Ma in un popolo a seconda del nostro piano di pubblica educazione istituito;[13] in un popolo dominato da quelle due passioni[14] che le nostre leggi cercherebbero con tanti mezzi d'introdurre, stabilire, espandere, invigorire; in un popolo allontanato dall'errore, approssimato alla verità, condotto alla virtù da tutte quelle concause che il nostro legislativo sistema porrebbe in azione: in questo popolo, il tribunale, del quale si parla, sarebbe saggio e virtuoso, ed unendo queste due qualità alla sua originaria ed

1 **a perpetuarlo:** *nel mantenerlo.*
2 **restringersi:** *limitarsi.*
3 **gli sovrastano:** *lo* [: il popolo] *minacciano da vicino.*
4 **raggirarsi:** *volgersi.*
5 **discovrire:** *scoprire.*
6 **finalmente:** *infine.*
7 **suppone... amministrazione:** *presuppone la relazione reciproca* (**la corrispondenza**) *con una saggia amministrazione.*
8 **vedute:** *principi.*
9 **pervertito:** *corrotto.*
10 **non lascia:** *non cessa.*
11 **malgrado... solo:** *non importa se esso l'abbia affidata a molti o a uno solo.*
12 **sconosce:** *non conosce appieno.*
13 **a seconda... istituito:** *istruito* (**istituito**) *conformemente al nostro progetto di pubblica istruzione.*
14 **quelle due passioni:** l'amor patrio e l'amore della gloria (parte II, libro IV, cap. 40 «Delle passioni conducenti»).

inseparabile onnipotenza, non avrebbe bisogno d'altro che d'esser avvertito del bene che si potrebbe fare, e del male che si potrebbe evitare per ottener l'uno e impedir l'altro, ed eternare in questo modo la pubblica prosperità, dalla sapienza del legislatore così vigorosamente introdotta e stabilita, ed alla vigilanza d'un tribunale sì potente, e sì interessato a conservarla, saggiamente affidata.

Ma questo tribunale non ha né foro,[15] né tribuna; non vi son comizi, non vi è concione[16] per lui: in qual modo potrà dunque esser istruito[17] dell'inosservanza d'una legge utile; del difetto, o del vizio, che si è scoverto in un'altra; d'un errore, che si è preso o si vuol prendere dall'amministrazione;[18] d'un male, che si è fatto o che si cerca di fare dal governo? [...]

La libertà della stampa è questo mezzo: il legislatore non deve dunque trascurarla; il legislatore deve stabilirla;[19] il legislatore deve proteggerla. L'interesse pubblico lo richiede; la durata della sua legislazione e la perennità della sorte del popolo l'esigono; e quel che è più, la giustizia, questa divinità inflessibile, che dev'esser sempre consigliata, e mai disubbidita dal legislatore,[20] ne vieta manifestamente la privazione. La pruova n'è semplicissima.

Vi è un dritto[21] comune ad ogni individuo di ogni società; vi è un dritto, che non si può né perdere, né rinunciare, né trasferire, perché dipende da un dovere, che obbliga ciascheduno, in ciascheduna società; che esiste, finché questa esiste, e dal quale niuno può esser liberato, senza esser escluso dalla società, o senza che questa venga distrutta: questo dovere è quello di contribuire, per quanto ciascheduno può, al bene della società alla quale appartiene, ed il dritto, che ne dipende, è quello di manifestare alla società istessa le proprie idee, che crede conducenti o a diminuire i suoi mali, o a moltiplicare i suoi beni.

La libertà dunque della stampa è di sua natura fondata sopra un dritto che non si può né perdere, né alienare,[22] finché si appartiene ad una società; ch'è superiore ed anteriore a tutte le leggi, perché dipende da quella che le abbraccia tutte e tutte le precede; che la violenza distrugge, ma che la ragione e la giustizia difendono, e ci dicono d'accordo che la legittima autorità delle leggi non può avere maggiore influenza sull'esercizio di questo dritto di quella che ha sull'esercizio di tutti gli altri, e per conseguenza che la loro sanzione non può cadere che sulla persona di colui che ne ha abusato.[23] Se non vi è dritto del quale il malvagio non possa abusare, e ciò malgrado le leggi ne permettono l'esercizio, e non ne puniscono che l'abuso; per qual ragione l'istessa regola non dovrà aver luogo in favore di quello del quale si parla, l'esercizio del quale, come si è veduto, è molto più prezioso, e per l'uomo e per la società, di quello di molti altri dritti, e l'abuso più difficile e forsi[24] meno pernicioso?[25]

Se il male che l'uomo può fare colla stampa, può esser difficilmente occultato, e facilmente riparato, e quello che può fare colla spada, può esser facilmente occultato, e difficilmente riparato, perché temer più la stampa che la spada, e spiare colui che scrive, e non colui che è armato?

da G. Filangieri, *La scienza della legislazione*, in *Scritti*, a cura di F. Venturi, Ricciardi, Milano-Napoli 1962.

15 foro: la sede dell'autorità giudiziaria.
16 concione: *discorso pubblico.*
17 istruito: *informato.*
18 dall'amministrazione: *da parte dell'amministrazione.*
19 stabilirla: *istituirla.*
20 che... legislatore: *con la quale chi fa le leggi deve sempre consultarsi e a cui non deve mai disubbidire.*
21 un dritto: *un diritto.*
22 alienare: *trasferire ad altri.*
23 la loro... abusato: *l'azione disciplinare* (**sanzione**) *prevista dalle leggi può esercitarsi* (**cadere**) *solo su chi ne* [: del diritto alla libertà d'espressione] *ha abusato.*
24 forsi: *forse.*
25 pernicioso: *dannoso.*

Lavoriamo sul testo

Leggere e capire

Che cosa dice il testo Il brano può essere diviso in tre nuclei concettuali.

- rr. 1-18: il primo capoverso è occupato dalla descrizione di una società strutturata secondo i principi dell'Illuminismo, che agisce cioè per «la prosperità futura del popolo» grazie al sapiente e lungimirante uso delle leggi e a una saggia amministrazione: in questa società non si può certamente dubitare dei vantaggi dati dalla libertà di stampa.
- rr. 19-44: questa parte è occupata dalla descrizione di un «tribunale» che esiste in ogni nazione, cioè l'opinione pubblica: in una società in cui il popolo è educato attraverso il «nostro piano di pubblica educazione», cioè secondo un sistema di educazione pubblica fruibile da tutti i cittadini, è proprio l'opinione pubblica a garantire il rispetto delle leggi, al di là di ogni istituzione politica esistente.
- rr. 45-74: in quest'ultima parte si spiega come la libertà di stampa sia un diritto comune a tutti e al quale non si può rinunciare: è compito del buon legislatore difenderla, affinché si cominci a temere più «la spada» che la libera circolazione delle idee.

Analizzare

La forza dell'argomentazione Il brano di Filangieri possiede una grande forza argomentativa. Il suo ragionamento si muove infatti attraverso due piani: uno è quello che risente della tradizione giusnaturalista (la libertà, inclusa quella di stampa, è un diritto inalienabile e irrinunciabile della persona umana); l'altro è quello che riguarda gli aspetti propriamente politico-istituzionali (la libertà di stampa come garante del rispetto delle leggi e strumento fondamentale per il raggiungimento della "pubblica felicità"). La forza del discorso è sottolineata da frequenti anafore, tra le quali va notata quella di «se» (che ha valore di 'se è vero che') nel primo capoverso.

Intepretare e approfondire

L'importanza della libertà di stampa La tesi sostenuta da Filangieri, cioè la libertà di stampa come strumento di difesa delle leggi e della volontà del popolo, rispecchia la grande azione di rinnovamento condotta dalla cultura illuministica. Il legame tra libertà di stampa e Illuminismo è molto stretto; dopo il Settecento diventa impensabile una democrazia che non rispetti e tuteli questo principio. Se non esiste più una verità assoluta, sia essa politica o religiosa, si tratta di ipotizzare e concordare socialmente la fiducia e il rispetto comune di verità relative. La loro definizione deve però nascere dal dibattito e dal libero confronto di tutti. Perché ciò sia possibile, è decisivo che sia garantita la libertà di stampa, una delle rivendicazioni più importanti dei filosofi illuministi.

Esercizi

Prima prova A • L'analisi del testo

Comprendere

1 Il "tribunale" e la libertà di stampa

a. Che cosa intende Filangieri quando parla di un «tribunale»?

....

b. Su che cosa sarebbe fondata la libertà di stampa?

....

Analizzare

2 L'amministratore della legge

Nel brano si delinea la figura del saggio legislatore: dopo aver sottolineato i passi in cui si chiarisce questa figura, riassumine le caratteristiche.

Interpretare e approfondire

3 Sull'opinione pubblica

Quale ruolo è attribuito all'opinione pubblica all'interno dell'organizzazione di uno Stato?

La pena di morte nei sistemi giudiziari dal Settecento a oggi

La profonda azione di rinnovamento operata dagli intellettuali illuministi trova ampio spazio in campo giuridico: soprattuto l'Illuminismo milanese dà, in questo senso, i maggiori contributi. L'opera di Pietro Verri *Osservazioni sulla tortura* mostra l'inutilità delle torture, molto praticate nel Settecento, come strumento per ottenere la verità. Ma è con il *pamphlet Dei delitti e delle pene* di Cesare Beccaria che si scatena il dibattito sulla pena di morte: l'esecuzione capitale è davvero la risposta alla prevenzione dei crimini? Come illustra il giurista Piero Calamandrei (▶ TS1), Beccaria non è convinto dell'utilità dell'esecuzione capitale come deterrente per i criminali: sfatando la concezione medievale della pena, che infliggeva ai presunti colpevoli torture atroci e la morte, Beccaria afferma, per la prima volta nella storia, la funzione sociale della pena, che deve rieducare e aiutare a reinserire il condannato nella società.

Il dibattito sulla pena di morte è ancora oggi molto vivo: il giurista Antonio Cassese (▶ TS2) mostra le ragioni di chi è favorevole a questa condanna e di chi, invece, lotta per la sua abolizione: lo sviluppo di una «cultura dei diritti umani» agevola la sensibilizzazione dell'opinione pubblica verso la completa eliminazione della pena capitale.

Infine, alcuni esponenti di una delle organizzazioni più attive per l'abolizione della pena di morte nel mondo, cioè Amnesty International, rilevano come questa pena sia al centro dell'attenzione internazionale – nonostante si tratti comunque di una questione di diritto interno degli Stati – anche in ambito europeo, si pensi ad esempio alla risoluzione proposta dall'italiana Adelaide Aglietta (▶ TS3).

TS1

Piero Calamadrei
Il fine sociale della pena: la novità di Beccaria

Il giurista Piero Calamandrei (1889-1956) individua una fondamentale novità nell'opera di Cesare Beccaria: la concezione laica e la socialità della pena. Prendendo le distanze dal sistema giuridico medievale, che prevedeva di punire con il male chi compiva dei delitti, Beccaria afferma la necessità di rendere la pena uno strumento capace di rieducare il condannato. Proprio per questo motivo, la pena di morte è uno strumento senza pubblica utilità.

Prima di lui una tradizione millenaria, alla quale con zelante[1] impegno si ispiravano i giudici nella pratica criminale, aveva posto il fine essenziale della pena nel far soffrire il reo: e aveva portato logicamente a far ritenere che, quanto più dura fosse la sofferenza inflitta, tanto più fosse efficace la pena. A formar questa tradizione, l'idea germanica della vendetta,[2] che vedeva nella pena il meccanico contraccambio del male col male, si era incontrata coll'idea cattolica dell'espiazione,[3] che vedeva nei supplizi inflitti al peccatore il mezzo per purificarlo dal male commesso e per indurlo al pentimento. Tutti gli errori del sistema criminale, che uscito dal Medioevo rimase in vigore fin oltre la Controriforma, furono la conseguenza pratica dell'incontro di queste due idee: dal concepirla pena come una retribuzione[4] del male col male derivava naturalmente la gara dei giudici per uguagliare e possibilmente superare colle sofferenze da infliggere al deliquente quelle da lui inflitte alle sue vittime; ma questo zelo di ferocia era altresì, e forse più, alimentato dall'idea religiosa dell'espiazione, perché, se il supplizio doveva servire a purgare il reo dalle colpe e a redimerlo,[5] pareva che quanto più fosse acuto lo strazio procuratogli, tanto più compiuta e pronta dovesse essere la sua redenzione.

[...]

Di questa spietata concezione medievale della pena il Beccaria si sbarazza con una frase: «... egli è evidente che il fine delle pene non è di tormentare ed affliggere un essere sensibile...» (§ xv). «*È evidente*», e altro non dice: non ragiona su questo punto, non tenta neanche una dimostrazione; la sua dialettica[6] utilitaria, che gli serve quando si tratta di valutare se le pene sono adeguate al fine già fissato, non gli serve più quando si tratta di fissare, prima di tutto, qual è questo fine su cui le pene debbono orientarsi. Ma qui, al posto della ragione utilitaria sottentra l'imperativo[7] della coscienza: «non vi è libertà ogni qual volta le leggi permettono che, in alcuni eventi, l'uomo cessi di esser *persona* e diventi *cosa*...» (§ xxvii). Ecco l'argomento etico, di origine giusnaturalistica,[8] che, [...] impone in ogni caso il rispetto della persona umana nella sua insopprimibile dignità morale; ecco la religione della libertà, che respinge in blocco [...] un sistema criminale che abbandona l'uomo alla forza bruta del carnefice come una cosa senz'anima, come un pezzo di povera carne corruttibile,[9] destinata ad esser macerata ed incenerita. [...]

Dopo aver respinto, nel modo sbrigativo che si è visto, la concezione della pena come retribuzione e come espiazione, il Beccaria afferma che il fine delle pene «non è altro che d'impedire il reo dal far nuovi danni ai suoi cittadini e di rimuovere

1 zelante: *diligente.*
2 l'idea... vendetta: Calamandrei si riferisce qui alle norme delle tribù germaniche che invasero l'Impero romano a partire dal IV secolo d.C. e i cui principi, fondendosi con quelli del diritto romano, costituirono il diritto dell'epoca medievale.
3 espiazione: *riparazione.*
4 retribuzione: *ricompensa.*
5 redimerlo: *riscattarlo.*
6 dialettica: qui vale come 'modo di ragionare'.
7 sottentra l'imperativo: *subentra il comando.*
8 origine giusnaturalistica: si riferisce alle teorie nate in Inghilterra e in Olanda nel Seicento, che credevano nell'esistenza di norme di diritto derivanti dalla natura e precedenti a ogni convenzione sociale ▶ § 1.
9 corruttibile: *che può disgregarsi.*

gli altri dal farne uguali». In queste poche parole è segnata una svolta decisiva del diritto penale: la pena non è più considerata come un mezzo per raddoppiare con altro male il male prodotto dal delitto commesso, ma come un mezzo per evitare che al male irreparabile arrecato dal primo delitto altro si aggiunga per opera dello stesso delinquente o di chi dalla sua impunità[10] potrebbe essere incoraggiato ad imitarlo. Il fine della pena da individuale diventa sociale, da repressivo preventivo [...].

Fissato così, secondo i dettami[11] della sua coscienza morale, il fine delle pene, il Beccaria può agevolmente dare alla sua polemica contro le efferatezze[12] dei supplizi il tono di una fredda valutazione utilitaria dei mezzi meglio idonei al raggiungimento di quel fine; e gli è facile dimostrare che per impedire al reo di commettere altri delitti non c'è bisogno di martoriarlo,[13] e che l'effetto intimidatore della punizione concepita come pubblico esempio non dipende necessariamente dalla sua atrocità. La moderazione (o, com'egli dice, la «dolcezza») è più adatta della crudeltà a conseguire i fini sociali della pena. Ragionamento analogo vale per la pena di morte, della quale, in quel capitolo che è il più celebre dell'opera, egli si industria[14] di dimostrare, più che l'ingiustizia assoluta sotto l'aspetto morale, la inutilità relativa sotto l'aspetto politico. [...] La verità è che il solo calcolo dell'utile sociale non è sufficiente argomento a far scomparire dai codici la pena di morte e la crudeltà delle pene, se in faccia alla ragione di Stato non si ponga, come barriera non valicabile, il rispetto della persona umana, considerata come fine a sé stessa e non come strumento dell'interesse pubblico, persona e non cosa: se di fronte alla esigenza dell'autorità non si afferma la esigenza, altrettanto sacra, della libertà. Tutti gli argomenti utilitari che il Beccaria porta contro la pena di morte non hanno, messi insieme, il peso di un'osservazione che sembra sfuggita alla sua prudenza, e che apre uno spiraglio sul suo pensiero più profondo: «... gli uomini, nel più segreto dei loro animi... hanno sempre creduto *non essere la vita propria in potestà di alcuno*, fuor che della necessità, che col suo scettro di ferro regge l'universo». Questa era, anche, nel sentimento più intimo del Beccaria, la vera ragione per cui la pena di morte non può mai esser giusta, neanche se lo Stato la proclami necessaria per i suoi fini. [...] Il che porta logicamente ad assegnare alla pena, insieme collo scopo di difesa sociale, quello di emenda[15] e di rieducazione individuale, che non può certo raggiungersi colla violenta soppressione del colpevole da rieducare.

Qui sta, a ben guardare, la vera novità del Beccaria: in questa rivendicazione, di fronte agli spietati rigori della giustizia punitiva, della inviolabilità morale dell'uomo, il quale, anche sul patibolo, rimane persona non cosa.

da P. Calamandrei, *Introduzione* a *Dei delitti e delle pene*, Le Monnier, Firenze 1965.

10 impunità: *esenzione dalla pena*, prevista dalla legge o ottenuta di fatto.
11 i dettami: *le regole.*
12 efferatezze: *crudeltà.*
13 martoriarlo: *tormentarlo.*
14 si industria: *si impegna.*
15 emenda: *riparazione.*

Analisi del testo

I concetti e la struttura logica

Il brano di Calamandrei costituisce l'esempio di un testo espositivo, cioè di uno scritto che ha la funzione di trasmettere delle conoscenze attraverso la presentazione e la spiegazione di concetti precisi. In questo caso, il giurista vuole spiegare le importanti novità contenute nell'opera di Beccaria: rifiutando la concezione medievale della pena, che prevedeva di infliggere al colpevole una serie di supplizi per purificarlo del reato commesso, l'intellettuale illuminista intende affermare il valore del reo come «persona» e non come «cosa». La pena di morte, che rappresenta il massimo dei castighi previsti, è inutile ai fini sociali, perché ripaga con la stessa moneta, cioè il male, chi ha commesso un crimine. Per la prima volta nella storia la pena diventa uno strumento per rieducare il criminale e avviare un suo reinserimento nella società.

Il linguaggio e il lessico Accanto a termini del linguaggio comune («purgato», «si sbarazza») il brano mostra prevalentemente un linguaggio elevato (si notino termini come «dialettica», «corruttibile», «efferatezze») e usa parole provenienti da linguaggi settoriali, soprattutto quello giuridico («reo», «impunità», «emenda»). Per il lessico scelto, il brano è indirizzato a un pubblico mediamente colto, che possiede alcune conoscenze sulla storia del diritto («origine giusnaturalistica») utili per comprendere a pieno le novità introdotte da Beccaria nel panorama giudiziario settecentesco.

Esercizi

1. **Il brano di Calamandrei costituisce un esempio di testo espositivo. Individua i nuclei concettuali che l'autore passa in rassegna e scegli per ciascuno un breve titolo.**
2. **Il testo presenta un vocabolario formato da termini ricercati o comunque non comuni. Prova a individuarne altri oltre a quelli citati nell'analisi.**

TS2

Antonio Cassese
Se lo Stato cancella la vita

Il giurista Antonio Cassese (1937-2011) sostiene la tesi secondo cui la diffusione della «cultura dei diritti umani» (cioè le battaglie condotte tanto da singoli quanto da organizzazioni non governative) sia l'elemento decisivo per la lotta contro la pena di morte ancora presente in alcuni Stati del mondo. Cassese analizza le ragioni di chi sostiene la pena capitale, per poi smontarle tramite una serie di confutazioni, tutte argomentazioni utili a dare validità alla sua tesi.

Il dibattito sulla pena di morte è annoso:[1] ne parlava già Platone ne *Le leggi*.[2] Ma ha acquistato ora particolare intensità, per la diffusione della cultura dei diritti umani, che porta sempre più persone a considerare odiosa la soppressione violenta della vita ad opera dello Stato. E perciò ora da più parti si chiede con forza, se non la sua abolizione, almeno una moratoria[3] delle esecuzioni capitali. Come si giustificano i fautori[4] della pena capitale? Accampano tre ragioni. Quella pena soddisfa la domanda di giustizia di chi ha sofferto: coloro cui hanno ucciso un familiare esigono che si tolga la vita a colui che ha tolto la vita. È la legge del taglione, che affonda le sue radici negli albori della nostra "civiltà": occhio per occhio dente per dente. «Se egli ha ucciso, egli deve morire. Non vi è nessun surrogato, nessuna commutazione di pena, che possa soddisfare la giustizia». Sono parole non di un governatore del Texas, ma di Kant.[5] Più di recente Croce, alla Costituente,[6] attaccava Norimberga,[7] notando che, invece di processare i criminali vinti, magari poi assolvendoli, occor-

1 **annoso:** *che dura da molti anni.*
2 **Platone… *leggi*:** Il filosofo greco Platone (427-347 a.C.) nella sua opera intitolata *Le leggi* discute la funzione educativa delle sanzioni penali, che devono non solo reprimere ma anche promuovere la virtù.
3 **moratoria:** *sospensione temporanea.*
4 **fautori:** *sostenitori.*
5 **Kant:** il filosofo illuminista tedesco Immanuel Kant (1724-1804).
6 **Croce, alla Costituzione:** il filosofo Benedetto Croce (1866-1952) fu eletto all'Assemblea Costituente nelle file del Partito liberale.
7 **Norimberga:** alla fine della seconda guerra mondiale, i quattro Paesi vincitori istituirono un tribunale militare internazionale che processò i dirigenti nazisti con l'accusa di crimini contro la pace, contro l'umanità e di guerra. Dodici dei ventiquattro principali imputati furono condannati a morte.

reva seguire l'esempio di Cesare, che, «esercitando vendetta», «fece strozzare nel carcere» lo sconfitto Vercingetorige. Ciò dimostra quanto questa visione sia radicata nella cultura occidentale. Vi è un'altra ragione, di carattere utilitaristico: l'effetto deterrente[8] che avrebbe la pena capitale. Si sostiene che, per paura di finire sul patibolo, molti rei non giungono fino ad uccidere. E dunque quella pena è utile. Inoltre, infliggendo la morte all'autore di reati gravi, si impedisce un'eventuale recidiva,[9] che avverrebbe se, incarcerato, venisse prima o poi liberato e tornasse a commettere crimini. Anche la terza ragione è di carattere utilitaristico, pur se di livello più basso: posto di fronte a persone che si sono macchiate di reati orrendi, lo Stato risparmia se le uccide, invece di tenerle per tutta la vita in carcere, a spese della comunità (l'attesa nel braccio della morte, negli USA, dura in media sei anni, e dunque il risparmio ci sarebbe). Come rispondono gli abolizionisti? Fondamentalmente con due argomenti di carattere etico. Anzitutto, in un moderno Stato democratico la pena non deve essere retributiva (hai ucciso? ti uccido), ma deve sforzarsi di trasformare e migliorare il reo, in modo tale da consentirgli di reinserirsi nella società. [...] Un altro argomento [...] si basa sul comandamento "non uccidere", ed impone che lo Stato non si trasformi in assassino, uccidendo legalmente chi ha ucciso illegalmente. [...]

Poi esiste un importante argomento, sia utilitaristico che etico: l'irreversibilità della pena capitale. L'uso del DNA[10] sta mostrando sempre più frequentemente che in alcuni paesi sono stati giustiziati non pochi innocenti. Gli abolizionisti poi si scagliano contro l'argomento secondo cui la pena capitale avrebbe un effetto dissuasivo. [...] E i criminologi moderni, statistiche alla mano, dimostrano che negli stati degli USA in cui viene utilizzata la sedia elettrica o l'iniezione letale, i reati più gravi non sono diminuiti. [...]

Come si vede, il dibattito sulla pena di morte si fonda sulla contrapposizione di tesi etiche ed utilitaristiche spesso indimostrabili. Ciò non significa che si debba rimanere a guardare, senza prender partito. È decisivo, io credo, il fatto che quella pena costituisca la negazione della cultura moderna dei diritti umani, una cultura che si incentra sul rispetto della vita e della dignità della persona. Che lezione possiamo trarre dalle polemiche su questo tema così drammatico? Anzitutto, l'opposizione alla pena capitale conferma che le battaglie decisive per i diritti umani le fa la società civile, singoli individui ed organizzazioni non governative. Fu Beccaria che, nel 1764, con poche paginette, mise in moto la valanga che portò, prima il Granducato di Toscana nel 1786 e poi tanti altri Stati, a sopprimere quella pena o almeno a privarla della "inutile prodigalità di supplizi" che l'accompagnavano. Sono state negli ultimi anni "Amnesty International", "Nessuno tocchi Caino" [...] a pungolare[11] con tenacia gli Stati, contribuendo alla graduale scomparsa, in tanti paesi, di quella pena. È questa un'ulteriore prova che nelle grandi battaglie per i diritti umani sono gli individui e i gruppi, è la società civile, che trainano, e gli Stati seguono. Come scrisse secoli fa un grande filosofo italiano, i grandi moti umani li fa prima la lingua e poi la spada. [...]. Insomma: l'opposizione alla pena capitale deve essere parte della più generale battaglia per una vita in dignità, contro le guerre assurde e le aggressioni, la miseria, l'arretratezza.

da A. Cassese, *Pena di morte. Se lo Stato cancella una vita*, in "Diario" di «Repubblica», 4 maggio 2007.

8 deterrente: *dissuasivo, frenante.*
9 recidiva: condizione di chi, essendo già stato condannato per un reato, ne commette un altro.
10 L'uso del DNA: allude agli accertamenti medico-legali basati sull'analisi del DNA (acido desossiribonucleico) delle cellule, che permettono, praticamente senza margini di errore, di attribuire a uno specifico individuo i residui organici (sangue, saliva, capelli ecc.) rinvenuti sulla scena del crimine.
11 pungolare: *stimolare.*

Analisi del testo

I concetti e la struttura logica

Cassese fa ricorso a un'argomentazione rigorosamente costruita: la tesi, cioè la «cultura dei diritti umani» come elemento fondante dell'opposizione alla pena di morte, è seguita da un'obiezione, che illustra le ragioni dei «fautori della pena di morte», cui segue la successiva confutazione. Le motivazioni sostenute dagli «abolizionisti» risultano anche tutte valide argomentazioni della tesi proposta dal giurista. Le argomentazioni avanzate da Cassese traggono dunque forza dalle riflessioni precedenti e introducono la conclusione, che riafferma con maggior vigore la tesi iniziale. Nel brano di Cassese i connettivi testuali, cioè gli elementi linguistici che assicurano coesione al testo, hanno la particolare funzione di stabilire una gerarchia nell'ordine delle informazioni date («anzitutto», «poi»). La sintassi è varia: si passa da frasi molto semplici («hai ucciso? ti uccido») a periodi più complessi, in cui sono presenti numerose frasi subordinate. Da rilevare, inoltre, l'uso della proposizione interrogativa per introdurre parti del ragionamento («Come si giustificano i fautori della pena capitale?; «Che lezione possiamo trarre dalle polemiche su questo tema così drammatico?»).

Il linguaggio e il lessico

Il lessico usato da Cassese è vario e composito: sono presenti espressioni più colloquiali («odiosa», «da più parti», «senza prender partito»), un proverbio («occhio per occhio, dente per dente») e una citazione senza la fonte («Come scrisse secoli fa un grande filosofo italiano, i grandi moti umani li fa prima la lingua e poi la spada») che assume le sembianze di un detto popolare. Inoltre, occorre notare alcune scelte terminologiche più ricercate («fautori», «albori», «utilitaristiche», «deterrente», «recidiva», «reo»), alcune delle quali appartengono proprio al linguaggio giuridico («moratoria»). Infine, l'espressione metaforica «braccio della morte» è un esempio di come il linguaggio proposto dai *media* entri spesso nel linguaggio comune.

Esercizi

1 **Il brano costituisce un esempio di testo argomentativo. La tesi, che trovi espressa nella nostra analisi, è sostenuta da alcuni argomenti. Quali?**

2 **Nel brano si fa uso dei connettivi testuali. Oltre a quelli citati nell'analisi, sai trovarne altri?**

TS3 La pena di morte nel diritto dell'Unione Europea

In questo brano, curato da alcuni esponenti della sezione italiana di Amnesty International, si passa in rassegna lo stato della pena di morte nel diritto dell'Unione Europea. Questa pena, infatti, se prima di tutto è un fatto che riguarda il diritto interno, è poi un ambito di dibattito internazionale, oggetto di numerose disposizioni europee.

Che la questione della pena di morte sia in qualche modo rilevante a livello del diritto internazionale e dei rapporti giuridici fra Stati non è scontato. La *pena* di morte è infatti prevista, quando lo è, dal diritto *penale*, che è diritto interno, statale, come diritto interno è la procedura penale, che regola il processo attraverso il quale si giunge alla inflizione[1] di una pena prevista per un reato – pena di morte compresa. Quest'ultima, inoltre, per le sue caratteristiche speciali, è spesso contemplata dalle Costituzioni degli Stati abolizionisti che ne prevedono l'abolizione parziale (conservandola solo per i reati 'eccezionali') o totale. [...]

1 **inflizione:** l'atto di infliggere pene o castighi.

Oggi la pena di morte non è solo una questione circoscritta ai rapporti giuridici internazionali, ma si estende anche, in misura crescente, alle relazioni politiche tra gli Stati. Per gli Stati abolizionisti, l'eliminazione della pena di morte laddove è ancora mantenuta non può non costituire una delle finalità della propria politica dei diritti umani – ovvero di quella parte di politica estera che si propone [...] di ottenere, ovunque, un maggior rispetto dei diritti fondamentali internazionalmente protetti.

Una siffatta[2] politica 'abolizionista' ha assunto negli ultimi anni un notevole rilievo anche nel quadro dell'Unione Europea [...], dove non è rivolta solo verso l'esterno, bensì anche verso l'interno dell'Unione. A partire dal 1992, quando il Parlamento Europeo ha approvato una risoluzione sulla pena di morte presentata dalla parlamentare italiana Adelaide Aglietta[3] – risoluzione in cui si afferma: «la necessità di una relazione sull'argomento scaturisce dalla necessità di promuovere, a livello comunitario, una politica concreta per pervenire all'abolizione della pena di morte» – la questione ha cominciato a far parte integrante della politica dei diritti umani dell'Unione. Riportiamo la parte 'dispositiva' della risoluzione Aglietta.

Risoluzione del Parlamento europeo sulla pena di morte nel mondo (estratti)

Il Parlamento europeo:

1. Ritiene che nessuno Stato, e a maggior ragione nessuno Stato democratico, possa disporre della vita dei propri cittadini, o di altre persone che si trovino sul suo territorio, prevedendo nel proprio ordinamento la pena di morte come conseguenza di reati, anche se gravissimi;
2. Ritiene che l'impegno a operare per l'abolizione della pena di morte ovunque essa sia prevista e praticata possa configurarsi come dovere legittimo;
3. Chiede di conseguenza - in coerenza con il *VI Protocollo aggiuntivo alla Convenzione europea dei diritti dell'uomo* e con il *II Protocollo opzionale al Patto Internazionale sui diritti civili e politici* - a tutti gli Stati Membri di impegnarsi ad abolire la pena di morte dagli ordinamenti giudiziari che ancora la contemplano per i reati ordinari (Grecia e Belgio, anche se questi due Stati non la applicano effettivamente da diverse decine d'anni);
4. Chiede altresì agli Stati membri che ancora la contemplano di abolire la pena di morte;
5. Chiede a tutti gli Stati membri della CE che ancora non l'abbiano fatto di firmare e/o ratificare senza ulteriori rinvii sia il *VI Protocollo aggiuntivo alla Convenzione europea dei diritti dell'uomo* (Belgio, Grecia, Irlanda, Regno Unito) che il *II Protocollo opzionale al Patto internazionale sui diritti civili e politici*;
6. Chiede inoltre a tutti gli Stati membri che si impegnino a non concedere l'estradizione degli imputati passibili di una condanna alla pena capitale nel paese richiedente a meno che quest'ultimo non dia garanzie sufficienti che ciò non avvenga;
7. Auspica[4] che l'impegno ad abolire la pena capitale sia assunto dagli Stati membri del Consiglio d'Europa che ancora non l'abbiano fatto (Cipro, Malta e Svizzera per i reati eccezionali, Turchia e Polonia per i reati ordinari ed eccezionali) e ugualmente dagli Stati membri della CSCE che ancora contemplino la pena di morte nei loro ordinamenti (Bulgaria, Stati Uniti D'America, Comunità degli Stati Indipendenti, Jugoslavia, Lituania, Estonia, Lettonia, Albania);
8. Ciò premesso, chiede alla Commissione, al Consiglio e agli Stati membri di operare con tutti i mezzi politici e diplomatici e in tutte le sedi affinché venga

2 siffatta: *simile.*
3 Adelaide Aglietta: esponente di spicco del Partito radicale e poi dei Verdi, Adelaide Aglietta (1940-2000) fu più volte eletta al Parlamento italiano e a quello europeo.
4 Auspica: *si augura.*

abolita la pena di morte in tutti gli Stati in cui sia ancora contemplata e ciò fino alla sua totale eliminazione;

9. Chiede di conseguenza al Consiglio e alla Commissione e, per quanto di loro competenza, agli Stati membri di:
   a) operare per ottenere in sede ONU una delibera vincolante di moratoria generalizzata sulla pena di morte;
   b) impostare la propria politica estera e in particolare la politica di accordi e cooperazione economica considerando il pieno rispetto dei diritti umani e in particolare l'abolizione della pena di morte come una condizione fondamentale di cui tenere conto, consci che il potere negoziale della CE sarà debole fino a che esisteranno alcuni Stati membri che prevedono la pena di morte nei loro ordinamenti;
   c) promuovere una vasta e capillare campagna d'informazione non solo delle posizioni del Parlamento ma anche delle tesi che si oppongono al mantenimento della pena di morte negli ordinamenti giudiziari di qualsivoglia Stato, al fine di creare un'approfondita conoscenza e sensibilità nell'opinione pubblica dell'inutilità e dell'inaccettabilità della pena capitale; [...]
10. Ritiene che il tema delle "esecuzioni" extragiudiziarie sia ancor più grave di quello analizzato nella presente risoluzione e invita pertanto la propria commissione politica a elaborare una relazione su tale tema.

da A. Marchesi, L. Giovanelli, R. Noury, *Un errore capitale. Il dibattito sulla pena di morte*, Amnesty International-ECP, Firenze 1995.

Analisi del testo

I concetti e la struttura logica

Il brano è un esempio di testo espositivo a carattere normativo. La prima parte è affidata a una ricognizione sulla pena di morte in ambito di diritto interno e internazionale: negli ultimi anni i Paesi dell'Unione Europea che si proclamavano "abolizionisti" si sono attivati per portare questo dibattito anche nel Parlamento europeo. Nella seconda parte del brano vengono riportati i tratti salienti della risoluzione proposta dalla parlamentare italiana Adelaide Aglietta nel 1992.
Se la prima parte del brano mostra una struttura logica piana e razionale, la seconda parte si presenta come un elenco: ogni punto costituisce uno specifico impegno presente nella risoluzione del 1992.

Il linguaggio e il lessico

Il lessico comune si arricchisce di voci letterarie («contemplata» «siffatto») e, soprattutto, di un vocabolario settoriale, adatto a un pubblico specialistico: termini come «risoluzione», «ratificare», «estradizione», «delibera» rivelano la componente giuridica di questo brano, sottolineata anche dal ricorso a sigle particolari (tra cui CSCE – "Commission on Security and Cooperation in Europe" – e ONU). Inoltre, l'uso di elenchi numerati è una caratteristica propria del linguaggio giuridico e legislativo, che serve a isolare i principali concetti contenuti nelle disposizione.

Esercizi

1 **La seconda parte del brano costituisce un esempio di testo normativo. Individua i nuclei tematici isolati nella risoluzione e assegna a ciascuno un breve titolo.**

2 **Il testo contiene alcuni termini propri del linguaggio giuridico. Oltre a quelli citati nell'analisi, sai individuarne altri?**

glossario del lessico del diritto

- **delibera** decisione di un organo collegiale e provvedimento che nasce in seguito alla riunione dell'organo.
- **deterrente** mezzo materiale o psicologico che, incutendo timore, trattiene o dissuade dal compiere una determinata azione, specialmente aggressiva o nociva.
- **diritto penale** complesso delle norme che descrivono i reati e le conseguenze, cioè le pene, che derivano dalla loro commissione.
- **esecuzioni extragiudiziarie** applicazioni della pena di morte al di fuori dell'ambito giudiziario, cioè senza regolare processo.
- **estradizione** consegna, da parte di uno Stato, di una persona condannata in un altro Stato, quando quest'ultimo ne faccia richiesta.
- **imputato** persona nei confronti della quale è esercitata l'azione penale.
- **moratoria** sospensione temporanea.
- **procedura penale** insieme di atti e provvedimenti utili per l'attuazione del codice penale.
- **ratificare** approvare e convalidare una decisione o una legge.
- **recidiva** condizione di chi, essendo già stato condannato per un reato, ne commette un altro.
- **risoluzione** nel diritto internazione indica una decisione non vincolata, cioè valida universalmente.

Attività finali

1 Le scelte lessicali

Il testo normativo (▶ TS3) presenta una serie di termini che appartengono al campo semantico del diritto. Sapresti trovare dei sinonimi da sostituire a questo vocabolario tecnico? Prova a riscrivere la risoluzione usando un linguaggio meno specialistico.

2 Invito alla scrittura: il saggio breve

Sulla base dei documenti proposti, scrivi un saggio breve di ambito socio-economico dal titolo *Condannare con la morte: è ancora giustizia?*. Ti forniamo alcuni documenti da cui prendere spunto per la stesura del saggio.

Documento 1

Ascoltate la voce della giustizia e della ragione; essa grida che mai il giudizio dell'uomo è tanto certo da far sì che la società possa dare la morte a un uomo condannato da altri uomini soggetti a sbagliare. Provate a immaginarvi il più perfetto ordinamento giudiziario; provate a trovare i giudici più onesti e più illuminati, resterà sempre un margine di errore o di prevenzione. Perché togliervi la possibilità di ripararli? Perché condannarvi all'impossibilità di soccorrere l'innocenza oppressa? Che importanza hanno questi rimpianti sterili, questi rimedi illusori che concedete a un'ombra vana, a cenere insensibile: non sono altro che la triste testimonianza della temerarietà incivile delle vostre leggi penali. Togliere all'uomo la possibilità di espiare il suo peccato col pentimento o col compiere azioni virtuose, precludergli senza pietà il ritorno alla virtù, alla stima di se stesso, affrettarsi a farlo, per così dire, scendere nella tomba ancora marchiato del suo crimine, rappresenta ai miei occhi la più orrenda raffinatezza della crudeltà. [...]

Bisogna dunque che la legge rappresenti sempre per i popoli il modello più puro della giustizia e della ragione. Se le leggi, invece di caratterizzarsi per un'efficace, calma, moderata severità, offrono il destro alla collera e alla vendetta, se fanno scorrere sangue che dovrebbero invece risparmiare e che comunque non hanno il diritto di spargere, se offrono allo sguardo del popolo scene crudeli e cadaveri straziati dalle torture, allora esse confondono nella mente dei cittadini il concetto del giusto e dell'ingiusto e fanno nascere in seno alla società feroci pregiudizi che a loro volta ne producono altri. L'uomo non è più per l'uomo una cosa così sacra; si ha un concetto meno alto della dignità umana quando la pubblica autorità si fa gioco della vita.

da M. Robespierre, *Discorso contro la pena di morte*, 30 maggio 1791, in www.emsf.rai.it.

Documento 2

In questo orizzonte [quello della necessità di porre l'aggressore in condizione di non nuocere] si colloca anche il problema della pena di morte, su cui si registra, nella Chiesa come nella società civile, una crescente tendenza che ne chiede un'applicazione assai limitata ed anzi una totale abolizione. Il problema [della pena di morte] va inquadrato nell'ottica di una giustizia penale che sia sempre più conforme alla dignità dell'uomo e pertanto, in ultima analisi, al disegno di Dio sull'uomo e sulla società. In effetti, la pena che la società infligge «ha come primo scopo di riparare al disordine introdotto dalla colpa». La pubblica autorità deve farsi vindice della violazione dei diritti personali e sociali mediante l'imposizione al reo di una adeguata espiazione del crimine, quale condizione per essere riammesso all'esercizio della propria libertà. In tal modo l'autorità ottiene anche lo scopo di difendere l'ordine pubblico e la sicurezza delle persone, non senza offrire allo stesso reo uno stimolo e un aiuto a correggersi e redimersi.

È chiaro che, proprio per conseguire tutte queste finalità, la misura e la qualità della pena devono essere attentamente valutate e decise, e non devono giungere alla misura estrema della soppressione del reo se non in casi di assoluta necessità, quando cioè la difesa della società non fosse possibile altrimenti. Oggi, però, a seguito dell'organizzazione sempre più adeguata dell'istituzione penale, questi casi sono ormai molto rari, se non addirittura praticamente inesistenti. In ogni caso resta valido il principio indicato dal nuovo Catechismo della Chiesa Cattolica, secondo cui "se i mezzi incruenti sono sufficienti per difendere le vite umane dall'aggressore e per proteggere l'ordine pubblico e la sicurezza delle persone, l'autorità si limiterà a questi mezzi, poiché essi sono meglio rispondenti alle condizioni concrete del bene comune e sono più conformi alla dignità della persona umana".

da Giovanni Paolo II, *Evangelium Vitae*, enciclica promulgata il 25 marzo 1995.

Documento 3

[I] difensori della pena di morte negli Stati Uniti stanno ricevendo un inaspettato sostegno da parte di molti economisti. Il premio Nobel Gary Becker, ad esempio, si è detto convinto che il boia abbia un ruolo deterrente e ha confermato il suo appoggio alla pena capitale. E due professori di marketing [...] dell'Università di Pepperdine, Roy Adler e Michael Summers, hanno illustrato sul Wall Street Journal i risultati di una ricerca secondo cui le condanne a morte, in realtà, salverebbero vite umane scoraggiando gli omicidi. «Ogni esecuzione è correlata con settantacinque assassinii in meno nell'anno successivo», sostengono Adler e Summers, ricordando come negli anni Novanta, quando gli Stati Uniti accelerarono le condanne a morte (specie nel Texas dell'allora governatore George W. Bush), il numero di omicidi crollò, mentre il diminuito uso della forca dal 2001 in poi ha fatto lievitare le vittime di omicidi. [...]. Questa nuova teoria revisionista sulla pena di morte è respinta dagli abolizionisti [...]. Non sempre gli assassini agiscono in modo razionale, soppesando i rischi delle loro azioni (anzi, spesso uccidono per non farsi riconoscere), e che in ogni caso il numero delle esecuzioni negli Stati Uniti è relativamente limitato (una ogni 300 omicidi) perché possano avere un vero potere deterrente. Ma al di là di queste obiezioni, il dibattito è ormai aperto, come dimostra la pubblicazione ieri sulla prima pagina del New York Times di un lungo articolo intitolato «La pena di morte può servire a salvare vite umane?». Il quotidiano cita anche altri studi secondo cui ogni esecuzione consente di evitare almeno 3-18 assassinii.

da A. Zampaglione, *Stati Uniti, studio choc: la pena di morte riduce gli omicidi*, «la Repubblica», 19 novembre 2007.

mappa concettuale

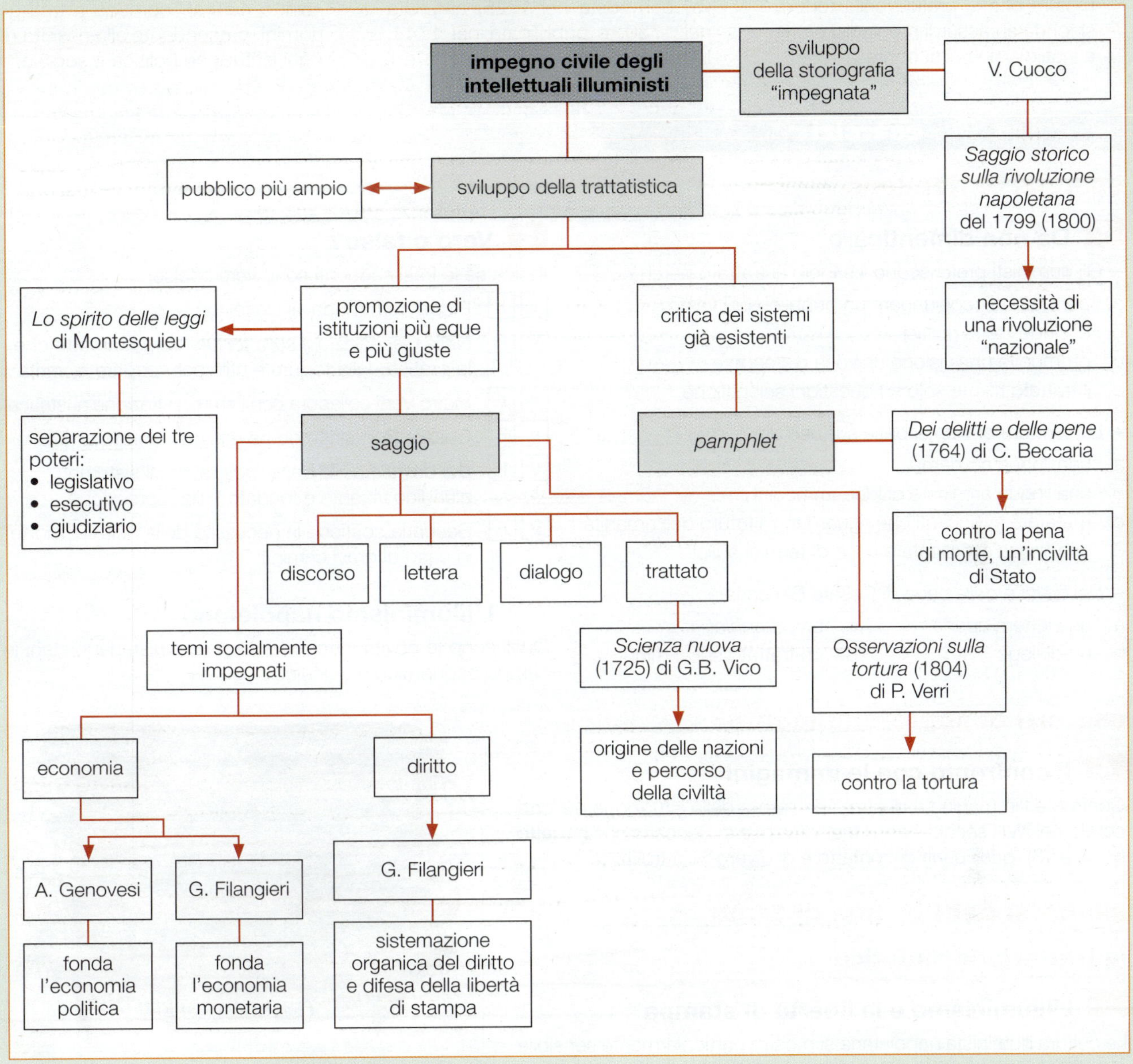

dizionario dei concetti chiave

Il dizionario dei concetti chiave corrisponde a un elenco delle personalità incontrate all'interno del percorso sul diritto e la giustizia nel Settecento tracciato nell'Unità.

- **Beccaria, Cesare** (1738-1794) Autore del *pamphlet Dei delitti e delle pene* (1764). Scopo dell'opera è dimostrare che il sistema giuridico in vigore è fondato sulla repressione. Invece di garantire il benessere dei cittadini, questo sistema ricorre senza motivo alla violenza; la pena di morte, in particolare, è indicata da Beccaria come il vertice di inciviltà gestito dallo Stato.
- **Filangieri, Gaetano** (1752-1788) Autore dell'opera più organica e sistematica di diritto *La scienza della legislazione*, uscita tra il 1780 e il 1791. Filangieri vi difende la libertà di stampa, presentandola come uno strumento che il buon legislatore deve proteggere perché permette di dare voce all'opinione pubblica.
- **Verri, Pietro** (1728-1798) Intellettuale milanese, fondatore della rivista «Il Caffè». Attivo organizzatore della vita culturale lombarda, Verri rappresenta in Italia il tentativo di stabilire un rapporto di collaborazione con il potere politico delle monarchie illuminate. L'opera più importante dal punto di vista sto-

rico-giuridico sono le *Osservazioni sulla tortura* (1804), nelle quali dimostra che la pratica della tortura si fonda su assurdi pregiudizi e che è inutile al fine di scoprire la verità.

- **Vico, Giovan Battista** (1668-1744) Autore della *Scienza nuova*, composta nel 1725, ampliata nel 1730, e pubblicata nel 1744. L'opera, divisa in cinque libri, è il racconto della storia dell'umanità. Vico vi afferma l'esistenza di un «diritto natural» comune a tutti gli uomini, precendente alla nascita di ogni istituzione politica e sociale.

esercizi

esercizi di riepilogo

1 Da non dimenticare

– Gli illuministi preferiscono il saggio al trattato perché:

a. permette di raggiungere un pubblico più vasto
b. esclude i temi politici
c. promuove una visione univoca del sapere
d. il trattato riflette solo su questioni scientifiche

– La scrittura di Vico si basa sull'uso di:

a. una lingua moderna
b. una lingua arcaica e di idee-immagini
c. metafore avvincenti che riguardano il futuro dell'umanità
d. una lingua sofisticata e ricca di termini aulici

– *Dei delitti e delle pene* di Cesare Beccaria è:

a. una lettera aperta
b. un dialogo
c. un *pamphlet*
d. un trattato sul crimine

2 Vero o falso?

Indica se le frasi seguenti sono vere o false.

V F Pietro Verri fonda «Il Caffè»
V F Nelle *Osservazioni sulla tortura* Verri ammette che la pratica della tortura è utile per scoprire la verità
V F Pietro Verri collabora con l'amministrazione austriaca
V F Cesare Beccaria non ha mai collaborato al «Caffè»
V F *Dei delitti e delle pene* mostra che il sistema giuridico vigente è fondato sulla repressione
V F Beccaria sostiene la necessità della pena di morte in caso di gravi crimini

3 L'Illuminismo napoletano

Quali sono le novità introdotte dagli illuministi napoletani in campo economico e giuridico?

esercizi di approfondimento

4 Il confronto con le immagini

Confronta l'immagine a destra – emblema della situazione del carcerato nel XVIII secolo – con i testi di Verri e di Beccaria che hai letto (▶ T2 e T3): quali punti di contatto e di divergenza trovi?

allenarsi per l'esame di Stato

la trattazione sintetica

5 L'Illuminismo e la libertà di stampa

La cultura illuminista napoletana si mostra particolarmente sensibile al problema dei diritti civili, tra cui quello della libertà di stampa. In una trattazione sintetica (max 25 righe) motiva l'interesse di Filangieri per questo diritto, collegandolo al contesto politico e culturale del tempo.

la lingua nel tempo

Se le passioni, o la necessità della guerra hanno insegnato a spargere il sangue umano, le leggi, moderatrici della condotta degli uomini, non dovrebbono aumentare il **fiero** esempio, tanto più **funesto**, quanto la morte legale è data con **istudio** e con formalità. **Parmi** un assurdo, che le leggi, che sono l'espressione della pubblica volontà, che detestano e puniscono l'omicidio, ne commettano uno esse medesime, e per allontanare i cittadini dall'assassinio, ne ordinino un pubblico.

6 Sinonimi

La lingua di Beccaria appare nel complesso assai moderna e vicina a quella attuale. La struttura del periodare, anche se ampia e articolata, è molto chiara. Qualche differenza resta a livello lessicale. In questo estratto (▶ T3) evindenziamo alcuni termini che appaiono desueti e ti invitiamo a indicarne un sinonimo.

Unità 7

Il genere

Il romanzo del Settecento

La letteratura europea del Settecento è segnata dallo sviluppo del romanzo nel Paese che vanta il trionfo della borghesia, l'Inghilterra. Borghese è l'intraprendente mercante, Robinson Crusoe, che rischia la sua fortuna imbarcandosi per la Guinea alla ricerca di schiavi; borghese è Lemuel Gulliver, medico di una nave che visita paesi lontani e lì incontra popolazioni diverse.
Nasce inoltre il genere narrativo dell'autobiografia, in cui il racconto della propria vita approfondisce la dimensione psicologica del protagonista. Gli eventi biografici assumono l'aspetto di confessioni private; proprio *Le confessioni* è il titolo dell'opera di Rousseau che fonda questo genere e che ruota intorno a temi quali l'importanza dell'infanzia e dell'adolescenza nel percorso formativo dell'individuo e il ruolo fondamentale dell'educatore.
Il rovesciamento ironico del romanzo di formazione avviene invece nel *Candido* di Voltaire. Le disavventure di Candido rispecchiano le sciagure naturali e storiche che affliggono l'umanità, ovvero l'ineliminabile male presente nel mondo, nonostante l'ottimismo di chi non vuole rendersene conto.

OBIETTIVI

Conoscenze
- Caratteristiche e temi del romanzo del Settecento
- Maggiori autori e opere della narrativa inglese
- Maggiori autori e opere della narrativa francese
- Maggiori autori e opere della narrativa italiana

Abilità
- Comprendere e analizzare brani tratti da romanzi settecenteschi
- Riconoscere le tecniche narrative, lo stile e i temi propri di ogni autore
- Saper individuare nei romanzi i principali temi della letteratura dell'Illuminismo

Espansioni digitali

testi e approfondimenti

1 Il destino del romanzo in Europa

Il genere perfetto per un pubblico borghese

Nato nel Seicento, quando il **gusto barocco per l'avventura** ne aveva favorito la diffusione italiana ed europea, il romanzo nel Settecento prosegue il suo successo soprattutto in Inghilterra e in Francia, dove assume una varietà di forme che ne riflette la vasta articolazione tematica e la complessa stratificazione di pubblico al quale può rivolgersi. Il romanzo in età moderna, a differenza di generi come la poesia lirica, non si rivolge infatti a un gruppo ristretto di intellettuali, ma a un **pubblico di massa**. Ecco perché il suo successo è particolarmente forte in Inghilterra e in Francia, dove la borghesia si amplia e rafforza il proprio potere.

Sempre nel Settecento, nasce la moderna **autobiografia**, che può assumere, tra l'altro, l'aspetto del **romanzo-confessione** come nel libro che fonda questo nuovo genere: *Le confessioni* di Rousseau (▶ § 4). Infine, accanto al romanzo come genere letterario "alto", si diffonde il **romanzo di consumo** e d'intrattenimento, rivolto al nascente pubblico di massa.

Le principali caratteristiche

Considerato il genere-guida della letteratura occidentale a partire dal Settecento, il genere romanzesco presenta alcune caratteristiche:

- è **antiletterario**, cioè non ha modelli precostituiti ai quali attenersi, a differenza dei generi poetici e di quelli teatrali che si confrontano sempre con archetipi classici o medievali;
- è **sperimentale**, cioè nasce dalla mescolanza degli stili: serio e comico, ironico e tragico sono tutte dimensioni che trovano spazio nei romanzi;
- è fondato sul **patto narrativo**, cioè sull'accordo implicito che c'è tra l'autore – il creatore di una storia inventata, che viene però presentata come vera – e il lettore, che finge che la vicenda narrata sia il racconto di qualcosa accaduto veramente;
- è basato sull'esistenza di un **pubblico vasto di lettori** e di un autore capace di vendere la propria opera e di conquistare il mercato.

La scomparsa del romanzo in Italia e in Spagna

Se il romanzo si sviluppa particolarmente in Inghilterra e in Francia, esso subisce invece un'eclissi in Italia e in Spagna, dove pure era nata l'opera, il *Don Chisciotte*, che era stata in un certo senso il capostipite del genere in età moderna. Le ragioni di questa scomparsa sono di tipo culturale e sociale. In questi Paesi **mancano le basi sociali** per lo sviluppo di un genere che presuppone un pubblico vasto di lettori e una figura d'autore (il romanziere) che possa vivere del proprio lavoro.

In particolare in Italia, l'**opposizione dell'accademia dell'Arcadia** a questo genere letterario è netta: preferendo la lirica e il melodramma, gli arcadi rifiutano il romanzo perché lo considerano espressione di un gusto moderno, troppo "basso" e comico. Nella nostra penisola lo sviluppo del romanzo è dunque ancora limitato: escluse *Le ultime lettere di Jacopo Ortis* (1802) di Ugo Foscolo (▶ Unità 11), in Italia circolano soprattutto traduzioni, spesso imprecise, di romanzi inglesi e francesi.

facciamo il punto

- **A quale fascia di pubblico si rivolge il romanzo del Settecento?**
- **Quali sono le sue principali caratteristiche?**
- **Quali sono le ragioni della scomparsa del romanzo in Italia e in Spagna?**

Cronologia

STORIA		AUTORI E OPERE
guerra di successione spagnola ◀	1701-1714	
guerra tra Impero asburgico e Impero ottomano ◀	1716-1718	
	1719	▶ *Robinson Crusoe* di Daniel Defoe (1660-1713)
	1726	▶ *I viaggi di Gulliver* di Jonathan Swift (1667-1745)
guerra di successione austriaca ◀	1740-1748	
	1756	▶ *Candido o l'ottimismo* di Voltaire (1694-1778)
guerra dei Sette anni ◀	1756-1763	
	1760-1767	▶ *La vita e le opinioni di Tristram Shandy, gentiluomo* di Laurence Sterne (1713-1768)
	1765-1771	▶ *Le confessioni* di Jean-Jacques Rousseau (1712-1778)
Dichiarazione d'indipendenza degli Stati Uniti d'America ◀	1776	
Rivoluzione francese ◀	1789-1799	
colpo di Stato in Francia: Napoleone primo console ◀	1799	
Napoleone imperatore dei francesi ◀	1804	
	1809	▶ *La Vita* di Vittorio Alfieri (1749-1803)
Congresso di Vienna ◀	1814-1815	
sconfitta di Napoleone a Waterloo ◀	1815	

2 L'Inghilterra, patria del romanzo moderno

Il romanzo inglese nel Settecento

Il Paese in cui il romanzo moderno acquista piena maturità è l'Inghilterra di inizio Settecento, nella quale l'**alfabetizzazione** è **in crescita**, anche fra le classi sociali più basse, e la borghesia costituisce un ampio mercato per le opere dei romanzieri. Qui il genere romanzesco raggiunge i suoi risultati più alti con le opere illustrate qui di seguito.

Le opere più significative

- ***The life and strange surprising adventures of Robinson Crusoe*** [La vita e le strane sorprendenti avventure di Robinson Crusoe, 1719] di **Daniel Defoe** (1660-1731) e ***Gulliver's Travels*** [I viaggi di Gulliver, 1726] di **Jonathan Swift** (1667-1745) hanno in comune il **tema del viaggio e dell'esperienza**: in *Robinson Crusoe* il protagonista naufraga su un'isola deserta dove, grazie al suo senso pratico, riesce a trasformare gli ostacoli che incontra in stimoli positivi; nei *Viaggi di Gulliver* il naufragio è sulle coste di paesi favolosi dove il contatto con altre popolazioni fa nascere in Gulliver il disgusto per la civiltà da cui proviene.
- ***Pamela, or Virtue Rewarted*** [Pamela, o la virtù ricompensata, 1740] è il romanzo di maggior successo di **Samuel Richardson** (1689-1761), fondatore, insieme a Defoe, del romanzo inglese. Lo **stile epistolare** delle sue opere narrative (cioè romanzi scritti sotto forma di lettere) permette a Richardson di **indagare la psicologia dei personaggi**, concentrando la sua attenzione sul contrasto tra morale e interessi mondani, tra sentimenti e leggi sociali. Anche in *Pamela* l'autore segue i dubbi e le esitazioni della protagonista, una domestica corteggiata dal suo padrone. Grazie a una buona dose di prudenza e astuzia, la ragazza riesce a farsi sposare mantenendo la castità, diventando così l'esempio di come una brava borghese sappia amministrare la propria virtù.
- ***The History of Tom Jones, a Foundling*** [Storia di Tom Jones, un trovatello, 1749] di **Henry Fielding** (1707-1754) narra le avventure dell'orfano Tom Jones presso la casa di un

ricco gentiluomo, il signor Allworthy. Tom entra subito in contrasto con il nipote Blifil, ipocrita e maligno, con il quale si contende l'amore della giovane Sophia. Dopo mille avventure, Tom scopre di essere l'erede legittimo del signor Allworthy e può sposare così Sophia. Come *Robinson Crusoe*, il romanzo è scritto in terza persona, ma con un elemento nuovo: l'**uso ampio e vivace del dialogo**, che fornisce maggior realismo alle storie raccontate.

- ***Life and Opinions of Tristram Shandy, Gentleman*** [La vita e le opinioni di Tristram Shandy, gentiluomo, 1760-1767] di **Laurence Sterne** (1713-1768) è l'esempio di una **narrazione parodistica** che, pur partendo dalla rappresentazione del quotidiano e dalla psicologia dei protagonisti (quindi dagli elementi del moderno romanzo), si fa gioco dei meccanismi narrativi più comuni: è insomma una specie di **anti-romanzo**.
- ***The Castle of Otranto*** [Il castello di Otranto, 1764] di **Horace Walpole** (1717-1797) sancisce la nascita del **romanzo gotico** o "nero", un genere ricco di **scene notturne** e **paesaggi tempestosi**, in cui personaggi che diventeranno tipici – come la fanciulla indifesa e l'eroe screditato – si muovono in situazioni spesso dominate dal terrore.

Daniel Defoe, celebratore dell'intraprendenza borghese

La vita e le opere

Daniel Defoe • Il naufragio di Robinson

Daniel Defoe nasce a Londra nel 1660 da una famiglia della media borghesia. Fin da giovane cerca di arricchirsi con il commercio, alternando momenti di fortuna a serie difficoltà legali (subisce processi che lo portano anche in prigione). Tra il 1704 e il 1713 Defoe si dedica al giornalismo. Proprio ispirandosi a un fatto di cronaca scrive, nel 1719, il romanzo *Robinson Crusoe*, che ottiene subito un enorme successo. Incoraggiato dal guadagno ottenuto, Defoe compone nuovi romanzi, tra cui l'altro suo capolavoro, ***Moll Flanders*** (1722). Nel 1731 lo scrittore muore in una camera d'albergo a Londra, dove si era rifugiato per motivi sconosciuti. Insieme a quella del **grande romanziere**, Defoe lascia l'immagine di una **vita spericolata**: agente segreto per il governo, grande viaggiatore e frequentatore di ambienti ai margini della legalità.

Le avventure di Robinson Crusoe

Il romanzo ***Robinson Crusoe*** racconta la vita del protagonista, un giovane proveniente da una ricca famiglia di York che, nonostante i tentativi del padre di indirizzarlo agli studi di diritto, manifesta ben presto la **voglia di avventure**. A diciotto anni Robinson lascia la sua casa per diventare un marinaio: dopo un primo naufragio, viene catturato dai pirati, ma riesce a scappare raggiungendo il Brasile. Qui inizia a coltivare la canna da zucchero: la piantagione che amministra lo rende ricco, ma la passione per il viaggio è troppo forte e lo spinge a una nuova spedizione in Guinea. La nave naufraga alla foce dell'Orinoco, il fiume che attraversa il Venezuela: Robinson **è il solo che si salva**, approdando su un'isola deserta. Avendo a disposizione solo gli attrezzi trovati tra i resti della nave, Robinson **costruisce intorno a sé un nuovo mondo**: fabbrica una capanna per abitare, alleva delle capre scoperte nell'isola, semina il grano per fare il pane. Trascorre in completa solitudine venticinque anni, fino al giorno in cui **salva un indigeno** da un gruppo di cannibali sbarcati sulla spiaggia: **lo battezza Venerdì**, dal nome del giorno in cui lo ha incontrato (▶T1). Robinson **ne fa il proprio servitore**, e lo educa alla propria civiltà: è così che Venerdì impara l'inglese, apprende a fare il pane e a usare vela e timone. Finalmente, dopo ventinove anni, Robinson riesce a ritornare a York, dove scopre di essere diventato ricco grazie alla rendita della piantagione brasiliana. Ciononostante, poco dopo il suo ritorno a casa, decide di vendere la piantagione e di **tornare a vivere sull'isola** sulla quale era naufragato, di cui assume il ruolo di governatore.
Dal romanzo di Defoe sono stati tratti diversi film, tra cui un adattamento cinematografico del 2000 il cui protagonista è un moderno Robinson Crusoe (▶Cinema, p. 342).

Robinson, l'eroe borghese che esporta la civiltà

La storia di Robinson, naufragato in un'isola deserta, è il racconto di come un bravo mercante riesca a esportare i propri costumi e le proprie abitudini anche in un paese senza civiltà. La solitudine in cui vive il protagonista non porta a una riflessione critica sul proprio stile di vita, ma alla **ricostruzione della civiltà borghese**, e non solo dal punto di vista materiale. Quando infatti Robinson scopre la presenza di Venerdì, ne fa il suo servitore, stabilendo un rapporto con il "selvaggio" tipico del colonialismo britannico (▶Un tema per discutere, p. 350).

L'importanza dell'affermazione personale

I protagonisti dei romanzi di Defoe hanno una totale e spontanea fiducia in se stessi e nella vita. Le storie raccontate dallo scrittore inglese non indagano tanto il mondo dei sentimenti e delle sensazioni dei personaggi, ma l'esperienza vissuta in quanto tale. Anche **Moll Flanders** – nel cui titolo completo si coglie la trama: "fu per dodici anni prostituta, cinque volte moglie, dodici anni ladra, otto anni deportata in Virginia e infine divenne ricca, visse onesta e morì pentita" – racconta la propria esistenza **senza sfumature sentimentali**: alla donna interessa solo l'affermazione personale unita al calcolo economico. I racconti di Defoe sono condotti con grande realismo, attraverso un linguaggio semplice che privilegia i fatti e le cose.

La prosa satirica di Jonathan Swift

La vita e le opere

Jonathan Swift nasce a Dublino nel 1667 da genitori inglesi. Si trasferisce ancora giovane in Inghilterra, dove diventa segretario di un politico appassionato di letteratura e può così usufruire della sua grande biblioteca. Ordinato sacerdote (1695), Swift vive prevalentemente a Londra divenendo un attivo protagonista della vita religiosa, culturale e politica della capitale. Nel 1704 scrive ***A Tale of a Tub*** [Favola di una botte], che gli impedisce di fare carriera nel mondo ecclesiastico anglicano perché critica la **degenerazione del cristianesimo**. L'abilità polemica di Swift è evidente nel capolavoro *I viaggi di Gulliver* (1726), che ottiene subito un grande successo. Il **carattere ironico** del suo stile appare anche nel *pamphlet* ***A Modest Proposal*** [Una modesta proposta, 1729], in cui suggerisce, con finta serietà, un modo per risolvere il problema delle famiglie povere e dei bambini abbandonati: vendere i figli come carne da macello per i banchetti dei ricchi. Muore a Dublino nel 1745.

I viaggi di Gulliver

L'opera racconta i **quattro viaggi fatti da Lemuel Gulliver**, medico naufrago di una nave mercantile inglese.

- ***Primo viaggio***: nell'isola di Lilliput, abitata da piccole creature alte appena sei pollici. Qui Gulliver assiste alle continue e a volte grottesche preoccupazioni che assillano la vita del regno: la disputa sul punto in cui devono essere rotte le uova (▶ T2), gli scontri tra chi porta i tacchi alti e chi i tacchi bassi, la guerra contro il popolo confinante dei Blefuscu. Proprio in una battaglia contro di loro Gulliver salva il palazzo imperiale di Lilliput da un incendio, orinandovi sopra: viene così accusato di oltraggio alla corona e costretto alla fuga nel regno rivale, dal quale poi ritorna in Inghilterra.
- ***Secondo viaggio***: nel paese di Brobdingnag, popolato da creature enormi alte come campanili. Qui Gulliver, dopo essere stato catturato da un contadino, viene venduto alla regina. A corte conosce il re, con il quale discute di questioni politiche: le istituzioni inglesi appaiono ai saggi giganti assurde e incomprensibili.
- ***Terzo viaggio***: nell'isola volante di Laputa, abitata da scienziati e inventori che hanno sviluppato a tal punto il ragionamento astratto da non essere più capaci di svolgere attività pratiche. Questi studiosi si dedicano a ricerche inutili come, per esempio, estrarre raggi solari dai cetrioli. Poi Gulliver visita l'isola di Glubbdubdrib, popolata da maghi che evocano i fantasmi del passato – qui il protagonista si rende conto di quanto i fatti storici possano essere manipolati per motivi di denaro – e il reame di Luggnag, dove gli abitanti sono immortali e quindi molto infelici.
- ***Quarto viaggio***: in un'isola sconosciuta, abitata dagli

▶ Fotogramma da *I fantastici viaggi di Gulliver*, film di Rob Letterman del 2010 tratto dal romanzo di Swift.

Houyhnhnm, cavalli molto saggi, e dagli Yahoo, creature simili agli uomini ma rozze e violente, che i cavalli hanno sottomesso. Accolto benevolmente dai cavalli, Gulliver racconta i suoi viaggi e descrive la società, la politica e la giustizia inglesi. I ragionamentei dei cavalli lo convincono alla fine che l'umanità non è che una variante evoluta dei violenti Yahoo. Costretto a rientrare in patria, Gulliver incontra molte difficoltà a convivere di nuovo con i suoi simili dopo averne capito la vera natura.

Un attacco contro la società del tempo

Attraverso le vicende di Gulliver, Swift polemizza con la convinzione della civiltà occidentale di essere superiore: «Quando pensavo alla mia famiglia, agli amici, ai compaesani, alla stirpe umana in generale, li consideravo come quelli che erano, vale a dire veri e propri Yahoo sia dal punto di vista fisico, sia da quello morale, un tantino, sì, più civili, e qualificati dal dono dell'eloquio, ma facenti uso della ragione solo per raffinare e moltiplicare quei vizi che i loro confratelli in quel paese avevano avuto in sorte unicamente dalla natura».

I viaggi di Gulliver si presentano sia come una **parodia dei libri di viaggio** (e forse soprattutto di *Robinson Crusoe*) sia come un **racconto fantastico**; l'opera infatti, se privata del finale, assume i contorni di una **favola per bambini**. Proprio per questa loro facilità a essere riadattati, *I viaggi di Gulliver* sono stati creduti per secoli un libro per l'infanzia. In realtà, il capolavoro di Swift nasconde una feroce satira politica.

Glossario

Satira La "satira" nasce nella letteratura latina come composizione poetica che rappresenta le debolezze e i vizi umani in un tono a metà strada tra il comico e il serio. Oggi con "satirico" si intende anche un atteggiamento – e non più solo un prodotto letterario – che vuole mettere in ridicolo ambienti, persone e stili di vita grazie all'uso sia dell'ironia sia di uno spiccato spirito di osservazione.

Cinema *Cast away*

Un Robinson Crusoe alle soglie del 2000

Chuck Noland (Tom Hanks) è un ingegnere della Federal Express, una delle maggiori compagnie di spedizioni al mondo. Incaricato di avviare nuovei filiali (all'inizio del film lo vediamo a Mosca), Chuck conduce una vita frenetica ossessionata dal lavoro, che lo porta a trascurare le relazioni, anche quella con la fidanzata finché, un giorno, l'aereo su cui viaggia è costretto a un atterraggio d'emergenza in mare. Dopo aver raggiunto la spiaggia di un'isola deserta, Chuk scopre di essere l'unico sopravvissuto alla sciagura. Comincia così per lui una nuova vita: con i pochi attrezzi recuperati dai resti dell'aereo, ricostruisce una sua piccola civiltà e la popola con Wilson, un pallone sul quale dipinge una faccia umana. Passano così quattro anni; dopo aver costruito una zattera e attraversato il mare in tempesta, Chuck viene avvistato da una nave che lo porta in salvo. Il ritorno alla quotidianità non è dei più felici: dopo aver scoperto che la fidanzata si è sposata credendolo morto, Chuck si trova davanti a un incrocio (la scena finale del film) indeciso su quale strada debba prendere la sua vita.

Chuck e Robinson: borghesi su un'isola deserta

Cast away del regista americano Robert Zemeckis (nato nel 1952) è ispirato al romanzo di Defoe. Chuck Noland e Robinson Crusoe hanno molti punti in comune: entrambi sono uomini d'affari sempre in viaggio, pronti a correre qualsiasi rischio per l'affermazione personale. Anche in un luogo lontano dal proprio mondo il loro senso pratico e la loro razionale capacità organizzativa trionfano. Le caratteristiche del borghese medio sono quindi quelle che aiutano a sopravvivere in una Natura che, sia nel film sia nel romanzo, non porta a una riflessione sull'esistenza umana, ma solo a una dura lotta contro per la sopravvivenza. Nel film Venerdì, servo di Robinson, è sostituito da Wilson, il pallone con il quale Chuck parla per quattro lunghi anni. Nel film quindi non c'è nessun incontro con le popolazioni indigene e meno civilizzate, come avviene nel romanzo: Wilson diventa uno specchio del protagonista, un oggetto materiale che condivide con Chuck lo stesso desiderio di tornare a casa.

Laurence Sterne precursore dell'antiromanzo

La vita e le opere

Laurence Sterne nasce nel 1713 a Clonmel, nell'Irlanda meridionale. Dopo aver studiato a Cambridge, inizia senza entusiasmo la carriera ecclesiastica. I suoi frequenti soggiorni in Francia e in Italia diventano lo spunto per il romanzo ***A sentimental Journey through France and Italy*** [Un viaggio sentimentale attraverso la Francia e l'Italia, 1768], tradotto in Italia da Ugo Foscolo e pubblicato nel 1813. Il *Viaggio sentimentale* è la storia delle peregrinazioni di Yorick, un viaggiatore che osserva cose e persone, per trarre conclusioni sulla natura umana. Con un linguaggio eterogeneo, ricco di giochi di parole, Sterne riflette su alcuni grandi temi filosofici, come l'**isolamento dell'individuo** e la **difficoltà di comunicare**. Muore nel 1768.

Le novità narrative del Tristram Shandy

L'opera più importante di Sterne è però *La vita e le opinioni di Tristram Shandy, gentiluomo*, che ha influenzato molto gli autori d'avanguardia del Ventesimo secolo grazie agli aspetti innovativi che presenta. In particolare:

- la tecnica della **digressione**, cioè l'interruzione continua dello sviluppo della trama, che impedisce l'identificazione del lettore con i suoi personaggi;
- l'uso della **metanarrazione**, cioè la riflessione sulla scrittura attraverso commenti dell'autore, che mostrano l'opera nel momento della sua creazione;
- l'**appello al lettore** con l'invito dell'autore a chi legge a riempire i vuoti della scrittura e a interpretare una vicenda aperta a letture diverse;
- la nozione di **relatività della scrittura e del linguaggio**, cioè la convinzione che ogni individuo sia chiuso nel proprio «cavallino a dondolo» (le passioni e le fissazioni che condizionano la nostra vita e il nostro modo di pensare) e che sia portato a fraintendere i discorsi degli altri secondo il proprio punto di vista;
- la **bizzarra struttura compositiva**: formata da aneddoti, divagazioni e frammenti, senza un ordine cronologico con una punteggiatura costituita da lineette, il romanzo presenta capitoli lunghi, altri brevi o addirittura formati da una sola frase tanto che l'impaginazione prevede improvvisi spazi bianchi, pagine tutte nere o marmorizzate. Ogni stranezza risponde alla convinzione che ogni persona segua solo un proprio filo associativo, connettendo le idee a seconda delle passioni individuali. In questo modo la scrittura tende a seguire i **percorsi tortuosi dell'immaginazione.**

I personaggi

Il romanzo, diviso in nove volumi, dovrebbe narrare la vita dell'autore: in realtà, rievocando solo la sua infanzia (▶ T3), l'autore ricostruisce il proprio **ambiente familiare**, soffermandosi non sugli eventi, ma sulla **mentalità dei vari personaggi**: il **padre Walter**, lo **zio Tobia**, suo fratello, ex ufficiale, il **parroco Yorick**, sentimentale e burlone, la madre. L'opera, **incompiuta**, si conclude lasciando sospese diverse vicende, tra cui l'amore di Tobia per la vedova Wadman.

▶ Illustrazione di Henry William Bunbury (1750-1811) da un'edizione inglese del 1773 del *Tristram Shandy* di Sterne.

Il romanzo inglese nel Settecento

Opere	Temi
Robinson Crusoe, Defoe 1719	• affermazione dell'eroe borghese • superiorità degli occidentali *vs* inferiorità delle altre culture
I viaggi di Gulliver, Swift 1726	• critica alla società occidentale • satira politica
Pamela, Richardson 1740	• indagine psicologica • contrasto tra sentimenti e leggi sociali
Tom Jones, Fielding 1749	• gusto per l'avventura comica • attenzione al realismo delle situazioni
La vita e le opinioni di Tristram Shandy, gentiluomo, Sterne 1760-1767	• sperimentalismo narrativo • polemica contro le convenzioni sociali
Il castello di Otranto, Walpole 1764	• eroi maledetti e perseguitati • gusto per l'intrigo e il terrore

facciamo il punto

- **Che cosa hanno in comune i romanzi *Le avventure di Robinson Crusoe* e *I viaggi di Gulliver*?**
- **Quali sono gli aspetti innovativi introdotti da Sterne nel genere del romanzo? Quale corrente influenzeranno in futuro?**

[*Le avventure di Robinson Crusoe*]

T1

Le forme
- stile realistico

I temi
- negazione della diversità delle altre culture
- affermazione del colonialimso europeo

Daniel Defoe
Dal sogno alla realtà: l'incontro con Venerdì

In questo brano Robinson racconta un sogno nel quale immagina di liberare un prigioniero dai selvaggi e di farne il suo servo, e quindi il modo in cui il sogno diventa effettivamente realtà. Robinson impone al selvaggio il nome di Venerdì e lo rende suo schiavo.

Sognai di vedere sulla spiaggia, mentre uscivo come al solito dal mio castello al mattino, due canoe e undici selvaggi, che venivano a terra e conducevano con sé un altro selvaggio che intendevano uccidere per mangiarselo; quando improvvisamente il selvaggio che andavano a uccidere fece un salto e si mise a correre per mettersi in salvo; e, come mi parve nel sonno, venne a rifugiarsi di corsa nel folto boschetto davanti alla mia fortificazione per nascondersi; e io, vedendolo solo e non notando che gli altri lo cercassero in quella direzione, mi mostrai a lui e sorridendogli lo incoraggiai; e lui si inginocchiò davanti a me nell'atteggiamento di chi implora aiuto; al che io gli indicai la scala, lo feci salire e lo condussi nella mia grotta, e lui divenne mio servitore; e appena ebbi avuto quest'uomo, dissi tra me: "Ora posso certamente tentare l'avventura della terraferma; perché quest'uomo mi farà da pilota, e mi dirà che cosa fare, dove andare a cercar provviste, e dove non andare per non essere divorato; e in quali posti avventurarsi, e quali evitare". A questo pensiero mi svegliai, e fu tale l'impressione di indicibile gioia che la prospettiva di salvezza avuta in sogno mi aveva lasciato, che la delusione provata nel rientrare in me e trovare che non era altro che un sogno fu altrettanto violenta nell'altro senso, e mi gettò in una grande prostrazione[1] d'animo.

Da ciò, tuttavia, trassi questa conclusione: che il solo modo di tentare la fuga era di procurarmi, se possibile, un selvaggio; e doveva essere, possibilmente, uno dei loro prigionieri, ch'essi avessero condannato al macello e conducessero qui per ucciderlo. Ma tale progetto presentava sempre questa difficoltà, che era impossibile metterlo in atto senza attaccare un'intera banda e ucciderli dal primo all'ultimo; e non soltanto questo era un tentativo molto disperato, che poteva abortire, ma per altro io sentivo grandi scrupoli circa la sua legittimità,[2] e il mio cuore tremava al pensiero di versare tanto sangue, fosse pure per la mia salvezza.

[...]

Quando era circa un anno e mezzo che coltivavo questi progetti, e a furia di pensarci li avevo, per così dire, ridotti in niente mancandomi l'occasione per metterli in atto, una mattina di buon'ora fui sorpreso al vedere non meno di cinque canoe sulla spiaggia dalla mia parte dell'isola, e la gente a cui appartenevano doveva essere tutta sbarcata, perché non se ne vedeva in giro. Il numero delle canoe sovvertì[3] tutti i miei calcoli; perché, allo scorgerne tante, e sapendo che i selvaggi venivano sempre in quattro o sei e qualche volta di più per barca, non sapevo che cosa pensare, e come disporre le cose per attaccarne da solo venti o trenta; così me ne stetti fermo nel mio castello, perplesso e sconfortato. [...]

Mentre li osservavo a questo modo, scorsi col cannocchiale due miseri sventurati che venivano trascinati dalle barche, dove, sembra, erano stati tenuti in serbo, e ora venivano portati avanti per essere macellati. Vidi subito cadere uno dei due, colpito, immagino, con una mazza o spada di legno, perché quella era la loro maniera, e due o tre degli altri si misero immediatamente al lavoro per sventrarlo prima di cucinarlo, mentre l'altra vittima era lasciata incustodita ad aspettare ch'essi fossero pronti per lui. In quello stessissimo momento questo povero infelice, vistosi per un istante libero, ispirandogli la Natura speranza di vita, gli scappò e si mise a fuggire con incredibile rapidità lungo la spiaggia direttamente verso di me, voglio dire verso la parte della costa dove era la mia abitazione.

Fui terribilmente spaventato, devo ammetterlo, quando lo vidi correre nella mia direzione e specialmente quando, come mi parve, lo vidi inseguito da tutta la masnada[4] e ora pensai che stesse per avverarsi quella parte del mio sogno, e che certamente si sarebbe rifugiato nel mio boschetto; ma non potevo affatto fidarmi del sogno quanto al resto, cioè che gli altri selvaggi non lo avrebbero inseguito sin lì e scoperto. Tuttavia, restai al mio posto e cominciai a ritrovare il coraggio quando mi accorsi che non vi erano più di tre uomini a inseguirlo; e fui ancora più incoraggiato quando notai che il fuggitivo li superava di gran lunga nel correre e guadagnava terreno su di loro; cosicché, se avesse solo potuto resistere per una mezz'ora, vidi chiaramente che li avrebbe distanziati tutti nettamente.

[...]

E ora mi si presentò alla mente, urgentissima e davvero irresistibile, l'idea che questo era il momento se volevo procurarmi un servitore e forse un compagno o

▼ Prima di incontrare Venerdì, l'unica compagnia di Robinson è un pappagallo verde a cui ha insegnato a parlare.

1 prostrazione: *disperazione.*
2 legittimità: *legalità.*
3 sovvertì: *sconvolse.*
4 masnada: *schiera.*

aiutante, e che ero palesemente chiamato dalla Provvidenza a salvare la vita di questa povera creatura. Immediatamente ridiscesi le scale con tutta la rapidità possibile, presi i due fucili, perché erano tutt'e due ai piedi delle scale, come ho già detto, e, risalito con la stessa rapidità in cima alla collina, tagliai in direzione del mare e, prendendo una scorciatoia brevissima tutta in discesa, andai a piantarmi tra gli inseguitori e l'inseguito, urlando forte a quello che fuggiva, il quale, voltandosi indietro, fu dapprima forse tanto spaventato al vedermi quanto gli altri; ma io gli feci cenno con la mano di tornare indietro e nel frattempo avanzai lentamente contro i due che seguivano; poi, lanciatomi di scatto contro quello che era più avanti, lo abbattei col calcio del fucile. Non volevo far fuoco perché non volevo che gli altri udissero; sebbene, a quella distanza, non sarebbe stato facile che udissero e, siccome non potevano nemmeno vedere il fumo, non avrebbero facilmente saputo spiegarsi il colpo. Abbattuto il primo, l'altro inseguitore si fermò come se si fosse spaventato, e io avanzai a passo svelto verso di lui; ma, mentre mi avvicinavo, vidi che aveva un arco e una freccia e la stava incoccando per scagliarmela contro. Così mi trovai nella necessità di sparargli per primo, cosa che feci e lo uccisi al primo colpo. Il povero selvaggio fuggiasco, che si era fermato, sebbene vedesse ambedue i suoi nemici sul terreno, e uccisi, come gli parve, pure fu così atterrito dal lampo e dal rumore del mio fucile che restò fermo come pietrificato, e non andava né avanti né indietro, anzi sembrava più disposto a riprendere la fuga che a venire avanti. Io gli lanciai un altro grido, e gli feci ripetuti segni di venire avanti, cosa che lui capì facilmente, e fece alcuni passi, poi si fermò di nuovo, e poi fece un altro po' di cammino e tornò a fermarsi; e allora potei vedere che tremava come se fosse stato preso prigioniero e stesse proprio per essere ucciso come erano stati uccisi i suoi due nemici. Gli feci di nuovo cenno di farsi avanti e lo incoraggiai con tutti quei segni che mi vennero in mente; e lui si avvicinò sempre più, inginocchiandosi ogni dieci o dodici passi in atto di riconoscenza per la vita che gli avevo salvata. Gli sorrisi e presi un aspetto benevolo, e gli feci segno di venire ancora più vicino. Alla fine si avvicinò del tutto, e tornò a inginocchiarsi, baciò in terra e pose il capo sul terreno, e, dopo avermi preso un piede, se lo mise sul capo. Questo atto sembra che valesse come un giuramento che sarebbe stato per sempre mio schiavo. Io lo sollevai, lo rincuorai, e insomma lo incoraggiai per quanto potevo. Ma la faccenda non era ancora conclusa, perché mi accorsi che il selvaggio che avevo colpito col fucile non era morto, ma solo stordito dal colpo, e cominciava a riaversi; così glielo indicai e gli feci capire che non era morto; a questo lui mi disse alcune parole, e, sebbene non riuscissi a capirle, pure mi suonarono gradite all'orecchio, perché era il primo suono di una voce umana che udivo, tranne la mia, dopo più di venticinque anni. Ma in questo momento non c'era tempo per simili riflessioni. Il selvaggio che avevo abbattuto si riprese al punto da mettersi a sedere sul terreno, e m'accorsi che il mio selvaggio cominciava ad aver paura; quando vidi questo, puntai l'altro mio fucile all'uomo con l'intenzione di ucciderlo. A questo il mio selvaggio, come per ora lo chiamo, mi chiese con un gesto di prestargli la spada che mi pendeva nuda dalla cintola lungo il fianco, e io acconsentii. Appena l'ebbe, non fece altro che correre al suo nemico, e con un colpo solo gli staccò la testa con tanta abilità che nessun boia in Germania avrebbe potuto farlo più rapidamente o meglio, cosa che giudicai molto strana per uno che, avevo ragione di credere, non aveva mai prima visto una spada in tutta la sua vita, tranne quelle loro spade di legno. Tuttavia sembra, come appresi dopo, che essi le facciano così taglienti, così pesanti, tanto è duro il loro legno, che tagliano le teste anche con quelle, sì, e le braccia, e anch'esse con un colpo solo. Fatto questo, tornò verso di me ridendo in segno di trionfo, mi riportò la spada e, con un'infinità di gesti che non capii, la posò in terra insieme alla testa del selvaggio che aveva ucciso, proprio davanti a me.

Ma quello che lo meravigliava di più era come io avessi ucciso l'altro indigeno a tanta distanza; così, additandolo, mi chiese a segni di permettergli di andare a vedere; e io gli feci capire come meglio potei di andare.

[...]

Era un bell'uomo, di bell'aspetto e di belle proporzioni, con membra dritte e robuste, non troppo grosso, alto e ben formato e, come potevo calcolare, di circa ventisei anni. Aveva una bella espressione, non un aspetto fiero e torvo,[5] e sembrava che ci fosse un certo che di molto virile nel suo viso; nonostante questo, c'era tutta la dolcezza e la delicatezza di un europeo nei suoi lineamenti, specialmente quando sorrideva. Aveva capelli lunghi e neri, non crespi come lana; la fronte era molto alta e spaziosa, e vi era una gran vivacità e uno scintillio intelligente nei suoi occhi. Il colore della pelle non era proprio nero, ma rosso rame; non però di quel rosso brutto, giallastro, disgustoso, che è dei brasiliani e degli indigeni della Virginia e di altri paesi d'America, ma un oliva bruno lucido, che aveva qualcosa di assai piacevole, sebbene non molto facile a descriversi. La faccia aveva rotonda e paffuta; il naso piccolo, non camuso[6] come quello dei negri, e una bocca molto ben fatta, con labbra sottili e bei denti, ben disposti e bianchi come l'avorio. Dopo che ebbe sonnecchiato, piuttosto che dormito, per circa mezz'ora, si svegliò e, uscito dalla caverna, venne da me, che ero stato a mungere le capre nel recinto lì vicino. Quando mi vide, mi raggiunse di corsa e si prostrò[7] di nuovo a terra con tutti i segni possibili d'un sentimento umile e grato, e facendo molti buffi gesti per dimostrarmelo. Alla fine schiaccia il volto in terra, vicino ai miei piedi, ne afferra uno e se lo mette sulla testa come aveva già fatto una volta, e dopo questo mi esprime con tutti i gesti immaginabili la sua soggezione,[8] servitù e sottomissione, e mi fa capire che sarà mio servitore finché vivrà. Compresi abbastanza bene, e gli feci capire che ero molto contento di lui. Poco dopo cominciai a parlargli, e a insegnargli a parlarmi; e per prima cosa, gli feci capire che il suo nome sarebbe stato Venerdì; che era il giorno in cui gli avevo salvato la vita. Gli detti quel nome a ricordo della data. Ugualmente gli insegnai a dire "Padrone", e poi gli feci sapere che doveva chiamarmi con quel nome. Gli insegnai ugualmente a dire "sì" e "no", e a capirne il significato. Gli

5 fiero e torvo: *crudele e minaccioso.*
6 camuso: *schiacciato.*
7 prostrò: *inginocchiò.*
8 soggezione: *inferiorità.*

Currier & Ives, *Robinson Crusoe e Venerdì*, 1874.

▲ Robinson e Venerdì nella grotta.

detti del latte in un vaso di terra cotta e mi feci vedere a berlo e inzupparvi il pane; e gli detti un pezzo di pane perché facesse lo stesso, e lui ubbidì prontamente e fece segno che lo trovava molto buono.

Restai lì con lui tutta quella notte; ma, appena fu giorno, gli feci cenno di venire con me, e gli spiegai che gli avrei dato dei vestiti; al che si dimostrò molto lieto, perché era completamente nudo. Mentre passavamo vicino al luogo dove aveva seppellito i due uomini, lo indicò con esattezza e mi mostrò i segni che aveva fatto per ritrovarli, facendomi capire a gesti che li avremmo dissotterrati e mangiati. A questo io mi dimostrai molto irritato, espressi il mio aborrimento[9] per ciò, feci delle smorfie come se mi venisse da vomitare solo a pensarci, e gli feci cenno con la mano di venir via, cosa che lui fece immediatamente con grande umiltà.

da D. Defoe, *Le avventure di Robinson Crusoe*, trad. it. di A. Meo e G. Sertoli, Einaudi, Torino 1998

9 aborrimento: *ripugnanza*.

Lavoriamo sul testo

Leggere e capire

Come è diviso il testo Il brano può essere diviso in tre parti:
1) il racconto del sogno: Robinson descrive un sogno che ha fatto: un selvaggio, incontrato mentre tenta di mettersi in salvo da altri selvaggi che lo vogliono uccidere, costituisce la sua salvezza per un eventuale ritorno in patria;
2) le analisi successive al sogno: Robinson riflette e si convince che l'unica via di fuga dall'isola potrà avvenire solo con l'aiuto di un selvaggio, ma è molto scettico riguardo l'attuazione concreta del piano;
3) l'incontro effettivo con i selvaggi e la sottomissione di Venerdì, il prigioniero che cercava di scappare dai propri aguzzini.

Analizzare

Un sogno che diventa realtà La presenza di selvaggi nell'isola accende in Robinson la speranza di una fuga, possibile solo se egli riuscirà a catturarne alcuni per farsi aiutare. Un sogno premonitore anticipa quello che poi realmente succederà: l'incontro con l'indigeno cui Robinson dà il nome di Venerdì e che diventerà il suo fedele servitore. Il racconto del sogno del protagonista non lascia spazio alle emozioni e alle sensazioni: anche la trascrizione di un'attività mentale come il sogno è condotta da Defoe con uno stile realistico.

Un selvaggio con la faccia di un europeo A differenza degli altri cannibali che lo inseguono, Venerdì ha una «bella espressione, non un aspetto fiero e torvo». Nel suo viso «c'era tutta la dolcezza e la delicatezza di un europeo»; il selvaggio ha «il naso piccolo, non camuso come quello dei negri, e una bocca molto ben fatta, con labbra sottili e bei denti». «Non era proprio nero» come gli schiavi africani, ma neanche di quel «rosso brutto, giallastro» tipico degli indios: il color «oliva bruno lucido» rende Venerdì un meticcio, unica varietà "razziale" accettabile da un colonialista inglese come Robinson.

Interpretare e approfondire

La negazione della diversità *Robinson Crusoe* può essere considerato una specie di "manuale del colonizzatore", rappresentato come il modello di una civiltà superiore, quella bianca e inglese, destinata a una missione storica: civilizzare l'altro, l'indigeno, costruendo un'organizzazione sociale e uno stile di vita tipicamente britannici. Venerdì è descritto così con i caratteri di un europeo e ogni sua diversità somatica e caratteriale viene negata per giustificare il tipo di rapporto che Robinson vuole instaurare con lui.

La sottomissione al padrone Più volte viene ripetuto l'atto di «soggezione, servitù e sottomissione» di Venerdì. Robinson comincia a mettere in opera il suo progetto educativo: trasformare il barbaro cannibale in un civile servo (esprimendo subito, per esempio, il suo orrore per le pratiche del cannibalismo). «Padrone» è la prima parola inglese che Venerdì impara e con la quale dovrà chiamare Robinson: la sottomissione del servo al padrone è così definitivamente stabilita.

Esercizi

Prima prova A • L'analisi del testo

Comprendere

1 L'incontro con Venerdì

Per ogni frase, scegli il completamento corretto.

– Per fuggire dall'isola Robinson ritiene necessario un selvaggio per:

a. lasciargli il rifugio che aveva costruito
b. fargli compagnia durante il viaggio
c. portarlo in Inghilterra come prova della sua esperienza
d. fargli da pilota nella navigazione e indirizzarlo verso luoghi sicuri

– Robinson riesce a salvare Venerdì dai cannibali con:

a. le percosse
b. uno scambio di merci
c. un fucile
d. il denaro

– Quando capisce di essere l'unico ancora vivo, Venerdì:

a. scappa nella foresta
b. si inginocchia ai piedi di Robinson
c. ringrazia Robinson con un ballo tribale
d. piange sui corpi dei selvaggi uccisi

Analizzare

2 Un Venerdì "diverso"

Venerdì è descritto sottolineando i tratti che lo distinguono dalla tipologia del nero. Individua nel testo i particolari che lo rendono diverso. Perché l'autore sceglie di sottolineare tale divergenza?

Interpretare e approfondire

3 Una nuova educazione

Robinson non chiede al selvaggio quale sia il suo nome, ma gliene impone lui uno. Poi tenta di educarlo: che cosa insegna a Venerdì?

UN TEMA | PER DISCUTERE

Robinson Crusoe e gli scrittori contemporanei

Il mito dell'uomo che riesce a costruire da solo la propria vita in condizioni avverse non ha cessato di esercitare la sua attrazione anche su alcuni scrittori del Novecento.

▲ La fotografia, scattata nel 2008, ritrae degli *indios isolados*, uno degli ultimi gruppi di popolazioni indigene della foresta amazzonica che non hanno mai avuto contatti con la civiltà moderna.

I Robinson di oggi

Una delle più originali rielaborazioni del mito di Robinson Crusoe è quella composta dallo scrittore francese Michel Tournier (Parigi 1924) nel libro *Vendredi ou les limbes du Pacifique* [Venerdì o il limbo del Pacifico] del 1969. Il vero protagonista della storia è qui Venerdì, che insegna a Robinson un nuovo stile di vita, più consono all'ambiente dell'isola deserta e più rispettoso della natura.

Un'interpretazione più recente ci è offerta invece dal sudafricano Joseph Michael Coetzee (Città del Capo 1940), premio Nobel per la letteratura nel 2003, nel romanzo *Foe, a novel* [Foe, una storia], del 1986. Lo scrittore rielabora i materiali della storia di Defoe, integrandoli con personaggi e situazioni nuove: ambientata nel Settecento, la storia segue le vicende di Susan Barton, che finisce alla deriva su un'isola selvaggia abitata da uno strano tipo di nome Cruso e dal suo servo di colore, che egli chiama Venerdì. Proponiamo qui di seguito due brevi estratti di entrambe le opere.

Un nuovo compagno

“Dio mi ha inviato un compagno; ma per una svolta recondita della sua Santa Volontà, lo ha scelto all'infimo[1] gradino della scala umana. Non solo si tratta di un uomo di colore, ma questo [...] è assai lontano dall'essere un puro sangue e tutto in lui tradisce il meticcio negro! Un incrocio d'indiano e di negro! E fosse almeno di età matura, capace di misurare con calma la propria nullità a confronto della civiltà incarnata da me! Ma – tenuto conto dell'estrema precocità di queste razze inferiori – mi stupirebbe che avesse più di quindici anni e la sua fanciullezza lo spinge a ridere con insolenza dei miei insegnamenti. Inoltre, questo evento inatteso dopo tanti lustri di solitudine ha scosso profondamente il mio fragile equilibrio. [...] Ho sofferto fin troppo per l'assenza d'una compagnia umana invocata vanamente da tutta la mia fatica su questa terra. Ora questa società mi viene concessa nella forma più rudimentale e più primitiva, è innegabile, ma indubbiamente mi sarà tanto più facile piegarla all'ordine da me imposto. È già tracciata la via che devo seguire: incorporare il mio schiavo nel sistema che già da anni vado perfezionando. [...]

Bisognava trovare un nome per il nuovo venuto. Non volevo dargli un nome cristiano prima che avesse meritato tale dignità. Un selvaggio non è interamente un essere umano. Ma non potevo neppure imporgli con decenza un nome di cosa, sebbene forse sarebbe stata questa

• 1 **infimo:** *più basso.*

la soluzione più sensata. Credo di avere risolto il dilemma con sufficiente eleganza dandogli il nome del giorno della settimana in cui l'ho salvato: Venerdì. Non è un nome di persona, né un nome comune, sta a mezza strada tra i due, come un'entità in parte concreta e in parte astratta, fortemente segnata dal suo carattere temporale, fortuito e potrei dire episodico[...] Venerdì ha imparato tanti vocaboli inglesi da riuscire a comprendere gli ordini di Robinson. Sa dissodare la terra, arare, seminare, erpicare, trapiantare, sarchiare, falciare, mietere, battere, macinare, burattare, impastare e cuocere il pane. [...] Venerdì è perfettamente docile. A dire il vero, è morto già da quando la strega puntò verso di lui il suo dito nodoso. Quel che fuggiva era un corpo privo d'anima, un corpo cieco, come quelle anatre che scappano sbattendo le ali dopo che gli hanno tagliata la testa. Ma quel corpo inanimato non è fuggito a caso: è corso a raggiungere la sua anima e la sua anima si trovava tra le mani dell'uomo bianco. Da questo momento, Venerdì appartiene all'uomo bianco, anima e corpo. Tutto ciò che il padrone gli ordina è bene, male tutto ciò che proibisce. È bene lavorare giorno e notte perché funzioni un'organizzazione delicata e priva di senso. Male mangiare più della porzione misurata dal padrone. È bene essere soldato quando il padrone è generale, chierichetto quando prega, muratore quando costruisce, garzone di fattoria quando si occupa delle proprie terre, pastore quando bada agli armenti, battitore quando caccia, rematore quando va in pagaia, facchino quando viaggia, guaritore quando è malato, ed infine agitare per lui il ventaglio e lo scacciamosche.

da M. Tournier, *Venerdì o il limbo del Pacifico*, Einaudi, Torino 1994.

Un'orribile scoperta

"Quante parole d'inglese sa, Venerdì?" domandai.

"Quante gliene servono" rispose Cruso. "Qui non siamo in Inghilterra, e quindi non abbiamo bisogno di tante parole."

"Parlate come se la lingua fosse una delle sciagure dell'esistenza, al pari del denaro o del vaiolo" dissi io. "Ma non avrebbe alleviato la vostra solitudine, se Venerdì fosse stato padrone dell'inglese? Insieme, avreste potuto godere dei piaceri della conversazione, in tutti questi anni; e voi avreste potuto comunicargli alcuni dei benefici della civiltà, rendendolo così migliore. Che beneficio c'è in una vita di silenzio?".

Cruso non rispose, ma si limitò ad accennare a Venerdì di venir più vicino. "Canta, Venerdì," disse "canta per la signora Barton".

Indigeni Kayapo in Brasile.

Al che Venerdì levò la faccia alle stelle, chiuse gli occhi, e, ubbidendo al padrone, cominciò a cantare a bocca chiusa e a voce bassa. Ascoltai, ma non riuscii a distinguere alcuna melodia. Cruso mi batté sul ginocchio. "La voce dell'uomo" disse. Non capivo che cosa intendesse; ma, portandosi un dito alle labbra, mi fece segno di non parlare. E continuammo ad ascoltare, nell'oscurità, quel canto a bocca chiusa.
Finalmente, Venerdì s'interruppe. "È dunque un idiota incapace di parlare?" chiesi. "È questo che intendete dirmi?" (Ché, lo ripeto, Venerdì mi pareva stupido in tutto).
Cruso gli fece segno di accostarsi. "Apri la bocca" gli ordinò, aprendo la propria. Venerdì la aprì. "Guardate" disse Cruso. Guardai, ma, data l'oscurità, vidi solo il bagliore di denti bianchi come avorio. [...]
"Non ha lingua" disse Cruso. E, afferratolo per i capelli, accostò la faccia di Venerdì alla mia. "Vedete?" disse. [...] "Non ha lingua," disse "ecco perché non parla. Gliel'hanno tagliata." Io lo fissai esterrefatta. "E chi è stato?"
"I negrieri".
"Gli avrebbero tagliato la lingua, e l'avrebbero venduto schiavo, i negrieri? I cacciatori di schiavi dell'Africa? Ma doveva essere solo un bambino quando l'hanno catturato: perché tagliare la lingua a un bambino?".
Cruso restituì, fisso, lo sguardo: con un sorriso, direi, sebbene non possa giurarlo. "Forse perché per loro, che sono Mori, la lingua è un bocconcino prelibato" disse. "O magari perché si sono stancati di ascoltare, giorno e notte, i suoi disperati lamenti. Forse hanno voluto impedirgli di raccontare la sua storia: di chi era, di dove stava la sua casa, di quali vicende avevano portato alla sua cattura. Forse, anche, mozzavano la lingua per castigo a tutti i cannibali che catturavano. Come potremo mai sapere la verità?".
"È una storia terribile" dissi io. Seguì un silenzio. Venerdì raccolse i nostri utensili e si ritirò nell'oscurità.
"Dov'è la giustizia, in questo? Prima schiavo e adesso anche naufrago. Derubato dell'infanzia e consegnato a una vita di silenzio. Ma dormiva, la Provvidenza?". [...]
Fin qui, avevo considerato Venerdì una creatura vagamente indistinta, non meritevole di maggior attenzione di quanta non ne avrei prestata a un qualunque schiavo domestico in Brasile. Ora, invece, presi a guardarlo, senza potermene trattenere, con l'orrore che siamo soliti riservare ai mutilati. Né giovava che la mutilazione fosse segreta, chiusa dietro le labbra come altre sono celate dagli abiti, e che egli fosse, esteriormente, un negro come gli altri: ché, anzi, ciò che m'induceva a provar raccapriccio di lui era per l'appunto la segretezza medesima della sua perdita. [...]
Osservandolo senza parere mentre mangiava, ascoltavo con schifo il tossicchiare che faceva di quando in quando per schiarirsi la gola, e vedevo come masticasse con i denti anteriori, alla maniera di un pesce. Quando s'avvicinava, mi sorprendevo a sussultare, o a trattenere il fiato in modo da non doverne sentir l'odore; e nettavo, alle sue spalle, gli utensili toccati dalle sue mani. Questo mio comportamento mi dava vergogna, ma, per un po', non fui padrona dei miei atti. E mi rammaricavo assai che Cruso mi avesse raccontato la vicenda.

da J. M. Coetzee, *Foe*, Rizzoli, Milano 1987.

RIFLETTERE E ARGOMENTARE

1 Spunti per la discussione

I due brani riportati permettono di confrontare due rifacimenti recenti di *Robinson Crusoe*. Discuti con i tuoi compagni sulle differenze e le affinità tra i personaggi dei due brani e l'originale di Defoe.

2 Invito alla trattazione sintetica

«Robinson evoca il prototipo dell'uomo capace di vivere una vita felice e avventurosa nonostante le avversità, Venerdì è divenuto sinonimo di selvaggio civilizzato e la relazione Robinson-Venerdì è associata al rapporto padrone servitore».

da L. Grossi-R. Rossi, *Lo straniero. Letteratura e intercultura*, Cres-Edizioni Lavoro, Roma 1997.

Sei d'accordo con quanto è scritto nella citazione riportata qui sopra? In una trattazione sintetica (max 15 righe) esponi le tue considerazioni in proposito, utilizzando sia esempi tratti dal brano di Defoe sia gli spunti forniti dai due rifacimenti che ti abbiamo presentato.

T2

Le forme
- descrizione particolareggiata di un fatto assurdo

I temi
- contro l'insensatezza della guerra
- critica alla presunta superiorità occidentale

Jonathan Swift
La guerra delle uova tra Lilliput e Blefuscu

Il segretario del re dell'isola di Lilliput racconta a Gulliver la difficile situazione che il suo impero sta attraversando. Il paese di Lilliput, oltre alla contesa interna tra chi porta i tacchi alti e chi invece quelli bassi, è minacciato anche da una guerra con il regno confinante di Blefuscu. In questo brano sono descritte le cause di questa guerra: per bere le uova bisogna romperle dalla punta larga o da quella stretta?

«Ora, proprio in un momento così difficile all'interno, ci minaccia un'invasione da parte dell'isola di Blefuscu, il secondo grande impero dell'universo, vasto e potente quasi quanto il nostro (poiché quanto a quello che voi affermate, esservi al mondo altri regni e paesi abitati da creature umane grandi come voi, i nostri filosofi ne dubitano fortemente, e son piuttosto inclini[1] a supporre che voi siate caduto dalla luna o da un altro pianeta, poiché non v'ha dubbio che un altro centinaio di mortali della vostra mole[2] non tarderebbero a distruggere tutti i prodotti e il bestiame dei domini imperiali; e inoltre, la nostra storia, che risale fino a seimila lune, non fa cenno dell'esistenza di altre contrade, all'infuori dei due grandi imperi di Lilliput e di Blefuscu). Queste due formidabili potenze, come dirò, sono state impegnate per trentasei lune in una guerra feroce, che scoppiò per i seguenti motivi: è universalmente ammesso che il modo naturale di rompere le uova per berle è dalla punta larga, ma l'avo[3] del re attuale, nel rompere un uovo da ragazzo in conformità[4] agli usi antichi, si tagliò un dito, al che l'imperatore suo padre pubblicò un editto, imponendo a tutti i sudditi di rompere le uova dalla punta stretta, con la minaccia di pene severissime. Il popolo si mostrò tanto contrario a questa legge che, come leggiamo nelle nostre storie, scoppiarono ben sei rivoluzioni per questo, durante le quali un imperatore perdette la vita, e un altro la corona. Queste lotte civili venivano sempre fomentate[5] dai monarchi di Blefuscu, e, non appena represse, gli esuli riparavano[6] sempre in quell'impero: si calcola che, durante le varie fasi della lotta, ben undicimila persone hanno incontrato la morte piuttosto che sottomettersi e rompere le uova dalla punta stretta. Centinaia di volumi sono usciti intorno a questa controversia, ma già da molto tempo è soppressa la vendita dei libri dei puntalarghisti, e, per legge, tutti i componenti di detto partito sono stati esclusi dai pubblici uffici. Mentre duravano queste discordie, gli imperatori di Blefuscu, per mezzo dei loro ambasciatori, ci esposero sovente vive rimostranze[7] accusandoci di provocare uno scisma[8] religioso, col discostarci da uno dei dogmi[9] fondamentali del nostro grande profeta Lustrog, cap. 54 del *Blundecral* (che è il loro Corano). Ma si ritiene che questo sia un voler forzare il testo, poiché le parole sono letteralmente le seguenti: che tutti i credenti rompano le loro uova dall'estremità opportuna. E, secondo il mio modesto parere, si dovrebbe lasciare alla coscienza di ciascuno lo stabilire qual è l'estremità opportuna o, almeno, tocca all'autorità suprema del paese di stabilirlo. Ora, gli esuli puntalarghisti esercitano tanta influenza alla corte imperiale di Blefuscu e il loro partito di qui fornisce loro tali aiuti e incoraggiamenti che per trentasei lune s'è combattuta una guerra sanguinosissima tra i due imperi, con varie fortune; noi vi abbiamo perdute quaranta navi da battaglia, e un numero molto maggiore di naviglio leggero, abbiamo avuto trentamila morti, tra l'esercito e la marina, e si calcola che le perdite subite dal nemico sieno[10] ancora più ingenti delle nostre. Però, ora essi hanno allestito una flotta numerosa e si preparano a tentare uno sbarco nel paese; e Sua Maestà Imperiale, che ripone nel vostro valore e nella vostra forza una confidenza illimitata, mi ha ordinato di esporvi la situazione».

da J. Swift, *I viaggi di Gulliver*, trad. it. di L. Storoni Mazzolani, Einaudi, Torino 1989.

1 inclini: *favorevoli, propensi.*
2 mole: *grandezza.*
3 avo: *antenato.*
4 in conformità: *in concordanza.*
5 fomentate: *incitate.*
6 riparavano: *si nascondevano.*
7 rimostranze: *proteste.*
8 scisma: *divisione.*
9 dogmi: *princìpi di fede.*
10 sieno: *siano.*

Lavoriamo sul testo

Leggere e capire

Le cause della guerra Il brano descrive le preoccupazioni del segretario del re dell'isola di Lilliput per l'imminente inizio di una guerra con il confinante paese di Blefuscu: la descrizione particolareggiata delle cause ridicole del conflitto tra questi due regni (da che parte si deve rompere un uovo?) testimonia l'accusa di Swift alla tragica stupidità di tutte le guerre.

Analizzare

La precisione di un racconto incredibile Il brano riportato è un lungo discorso del segretario del re di Lilliput che descrive in modo preciso la difficile situazione che sta vivendo il suo regno. L'accumulo di dettagli diventa lo strumento per rendere comica una situazione incredibile: una guerra sanguinosa; un imperatore morto e un altro senza trono; migliaia di vittime; flotte intere distrutte; centinaia di libri scritti per risolvere la questione; principi religiosi chiamati in causa. Sembrano le caratteristiche di un conflitto che tira in ballo motivi di fondamentale importanza; mentre in realtà la disputa è sul modo di bere un uovo.

Interpretare e approfondire

Una storia lillipuziana Gulliver deve essere «caduto dalla luna o da un altro pianeta» visto che nei libri di storia di Lilliput non si «fa cenno dell'esistenza di altre contrade, all'infuori dei due grandi imperi di Lilliput e Blefuscu». L'ironia di Swift è qui rivolta verso la tendenza degli europei a considerare la propria cultura l'unica possibile. Chi – come Gulliver – dice di venire da un "altrove" non identificabile attraverso le fonti del sapere tradizionale deve essere «caduto dalla luna», semplicemente perché non può esistere un luogo "altro", e meno che mai civile e acculturato. Ma la storia di Lilliput è in realtà la storia inglese ed europea; la nostra storia.

La guerra per un uovo: il grado zero della civiltà Raccontando il futile motivo che spinge due imperi a combattere una guerra sanguinosa e devastante, Swift attacca i "puntalarghisti" e i "puntastrettisti" di tutti i tempi. La soluzione del problema non può essere che quella suggerita dal segretario del re: «si dovrebbe lasciare alla coscienza di ciascuno lo stabilire qual è l'estremità opportuna per rompere un uovo». È assai probabile che attraverso il richiamo alla coscienza Swift alluda ai conflitti religiosi che per secoli hanno tormentato il continente europeo.

Esercizi

Prima prova A • L'analisi del testo

Comprendere

1 Una semplice soluzione

Nel lungo discorso del segretario del re emerge il motivo della guerra contro Blefuscu: la disputa su quale sia il miglior modo per rompere un uovo. Quale soluzione propone il funzionario?

ognuno la rompe come vuole

Analizzare

2 I dettagli terrificanti di una guerra assurda

Nella descrizione della guerra, il segretario non tralascia nessun particolare. Sottolinea nel testo i dettagli che si riferiscono alle conseguenze del conflitto e prova a spiegare il loro effetto sul lettore.

Interpretare e approfondire

3 Una presa di posizione polemica

In questo brano è evidente l'attacco che Swift conduce contro l'insensatezza di ogni guerra. Prova a trovare altri esempi, tratti dalla letteratura, dalla musica o dal cinema, di chi usa l'arma dell'ironia e della satira per schierarsi contro ogni tipo di conflitto.

L'imperatore di Blefuscu intento a contemplare un uovo, in un disegno di Gustaf Tenggren (1896-1970), l'illustratore di origine svedese che per la Disney dette vita ai personaggi di *Biancaneve*, *Bambi*, e *Pinocchio*.

T3

Le forme
- digressioni
- tono colloquiale e umoristico
- accorgimenti tipografici

I temi
- "parodia" del romanzo tradizionale

Laurence Sterne
Come Walter Shandy concepì il figlio

L'inizio del romanzo descrive, fra continue digressioni, il momento del concepimento e poi della nascita di Tristram. Il concepimento stesso sarebbe stato disturbato da una frase inopportuna della madre che, durante il rapporto sessuale, avrebbe chiesto al marito se avesse caricato l'orologio a pendolo, come succedeva sempre all'inizio del mese.

CAPITOLO PRIMO

Avrei desiderato che mio padre o mia madre, o meglio tutti e due, giacché entrambi vi erano egualmente tenuti, avessero badato a quello che facevano, quando mi generarono. Se avessero debitamente considerato tutto quanto dipendeva da ciò che stavano facendo in quel momento: – che non solo stavano per dar la vita ad un essere ragionevole, ma che per avventura la felice costituzione e temperie del suo corpo, forse il suo genio e la forma stessa del suo spirito, e, checché ne sapessero in contrario, fin le fortune di tutta la sua casa avrebbero potuto subir l'influsso degli umori e delle disposizioni prevalenti in quell'istante; – se essi avessero debitamente soppesato e valutato tutto ciò, ed agito in conseguenza, sono fermamente persuaso che io avrei fatto al mondo una ben diversa figura da quella in cui forse apparirò al lettore.

Credetemi, brave gente, non è poi cosa di sì poco conto, come molti di voi potrebbero essere indotti a credere.

Avete tutti, suppongo, sentito parlare degli *spiriti animali*,[1] di come essi siano transfusi di padre in figlio, e chissà quanto altro mai sull'argomento. Ebbene, potete fidarvi di quel che vi dico: nove parti su dieci dell'intelligenza o stupidità d'un uomo, i suoi successi e insuccessi in questo mondo dipendono dai movimenti e dall'energia di codesti spiriti, dai tratti e congiunture in cui li ponete. Perché, una volta messi in moto, per il verso giusto o no – e non è affar da poco – via! essi partono in gran trambusto come pazzi sfrenati. E a furia di battere e ribattere lo stesso cammino, in poco tempo se ne fanno una strada piana e liscia come un viale di giardino, dalla quale, avvezzi che vi siano, nemmeno il diavolo in persona ce la farà più a staccarli.

«Scusa, caro,» disse mia madre sul più bello, «*non hai dimenticato di caricar l'orologio?*»

«Buon Dio!» esclamò mio padre, sbottando, ma sforzandosi nello stesso tempo di moderare il tono della voce: «*Ha mai donna, da Eva in poi, interrotto un uomo con una domanda così sciocca?*»

«Scusate, che cosa stava dicendo vostro padre?»

«Niente.»

CAPITOLO SECONDO

«Allora, se ho ben inteso, non c'era nulla di male nella domanda.»

«Allora, egregio signore, lasciate che vi dica che fu per lo meno una domanda inopportuna; perché sparpagliò e disperse gli spiriti animali ai quali toccava il compito di scortare e, direi, accompagnar l'HOMUNCULUS[2] per mano e condurlo sano e salvo al posto destinato ad accoglierlo.

«L'HOMUNCULUS, caro signore, per quanto vile e ridicolo possa apparire, in questa nostra svagata età, agli occhi della follia e del pregiudizio, agli occhi della ragione, illuminata dalla scienza, si presenta come un essere tutelato dal diritto.»

«I più sottili filosofi, i quali, detto incidentalmente, hanno le menti più aperte (la grandezza delle loro anime è in ragione inversa alla sottigliezza delle loro ricerche) ci dimostrano incontestabilmente che l'HOMUNCULUS è creato dalla stessa mano, genera-

1 spiriti animali: le teorie mediche del tempo affermavano che gli spiriti animali erano direttamente responsabili della trasmissione di padre in figlio dell'anima e della sensibilità.

2 homunculus: indica l'essere umano in forma embrionale.

to secondo le stesse leggi di natura, dotato delle stesse forze motorie e facoltà di noi altri; che come noi è fatto di pelle, capelli, grasso, muscoli, vene, arterie, legamenti, cartilagini, ossa, midollo, cervello, ghiandole, genitali, umori e articolazioni; che è un essere dotato di altrettanta energia e, insomma, tanto è così genuinamente nostro simile quanto il Lord Cancelliere d'Inghilterra. Può essere beneficato, danneggiato; può ottenere riparazione: in una parola, ha tutti i diritti umani, reali e presunti, che, come riconoscono Marco Tullio Cicerone, Pufendorf[3] e i migliori filosofi morali,[4] sorgono da tale stato e condizione.

«Ora, egregio signore, quali le conseguenze se, abbandonato a se stesso, fosse stato colto da qualche disgrazia, durante il viaggio? O se, per il solo terrore di qualche disgrazia, naturalissimo in un viaggiatore così giovane, il mio signorino fosse giunto a destinazione miserevolmente esausto, la sua forza muscolare e virilità ridotte ad un filo, i suoi stessi spiriti animali sconvolti oltre ogni dire? Vi immaginate che cosa sarebbe stato di lui se, in questo triste stato di disordine nervoso, fosse rimasto, per nove lunghissimi mesi di fila, preda di tetri sogni o fantasie? Tremo al pensiero delle mille infermità che avrebbero messo radice nel suo corpo e nel suo spirito, e che nessuna valentia di medico o di filosofo avrebbe mai più saputo completamente guarire.»

CAPITOLO TERZO

Devo la conoscenza del precedente aneddoto a mio zio, il signor Tobia Shandy. Con lui mio padre, il quale era un eccellente filosofo naturale, molto incline ai serrati ragionamenti sulle più piccole cose, si era spesso gravemente lamentato del danno fattomi. Più particolarmente una volta, come ben ricordava lo zio Tobia, il vecchio genitore, osservando una inspiegabile obliquità (la chiamò così) nel mio modo di tirar la trottola e i principî che adducevo per giustificar la mia condotta, scosse la testa e, in tono più di dolore che di rimprovero, disse di aver sempre presentito – e ne aveva conferma da questa e mille altre osservazioni fatte su di me – che io non avrei mai pensato né agito come nessun altro figlio d'uomo.

«*Ma, ahimè!*» continuò, e tornò a scuotere la testa mentre si asciugava una lacrima che gli rigava il viso: «*Le disgrazie del mio Tristram cominciarono nove mesi prima che venisse al mondo.*»

Mia madre, che era seduta lì presso, alzò gli occhi; ma era lontana le mille miglia dall'intendere quel che mio padre volesse dire. Mio zio Tobia, invece, che aveva spesso ricevuto le confidenze di mio padre, lo capì benissimo.

CAPITOLO QUARTO

So che vi sono al mondo lettori, oltre a tant'altra gente che non legge affatto, i quali non sono contenti se non vengono messi a parte di ogni vostro segreto, dal primo all'ultimo, su tutto ciò che vi riguarda.

È per pura condiscendenza verso questo loro umore, e per una mia naturale ritrosia a deludere qualsiasi anima viva, che sono stato così preciso sinora. Siccome prevedo che la mia vita e le mie opinioni faranno molto probabilmente un certo rumore nel mondo e, se le mie congetture sono giuste, conquisteranno uomini di ogni rango, ceto e professione, saranno lette più dello stesso *Viaggio del Pellegrino*,[5] e alla lunga finiranno col diventare proprio quello che Montaigne paventava per i suoi saggi, cioè, un libro da salotto, trovo necessario rivolgermi ora a questo ora a quello dei miei lettori. Chiedo quindi scusa se procedo ancora un po' allo stesso modo.

3 Marco… Pufendorf: Marco Tullio Cicerone (106-43 a.C.) fu uomo politico, scrittore e filosofo romano. Samuel Pufendorf (1632-94), storico e giurista tedesco, fu consigliere di re Federico Guglielmo di Prussia.

4 filosofi morali: Sterne distingueva, secondo l'uso del tempo, la filosofia naturale (quella che per noi oggi è la scienza) dalla filosofia morale.

5 *Viaggio del Pellegrino*: il riferimento è all'opera *The Pilgrim's Progress* di John Bunyan (1628-1688). Sorta di *Divina commedia* in prosa, era all'epoca il libro più venduto in Inghilterra dopo la Bibbia.

Sono proprio soddisfatto di aver incominciato la storia di me stesso al modo che l'ho fatto, e di poterla continuare risalendo per ogni particolare di essa, come dice Orazio, *ab Ovo*.[6]

Orazio, lo so, non raccomanda affatto questo modo di narrare; ma questo signore non tratta che del poema epico o della tragedia, non ricordo quale. Inoltre, se non fosse proprio così, il signor Orazio mi perdoni anche per un'altra ragione: che, nel narrare la storia a cui ho messo mano, non mi atterrò né alle sue regole né a quelle di alcun altro uomo che mai sia vissuto.

Comunque, a coloro i quali non amano riandare tanto indietro in queste cose, non posso dar miglior consiglio che di saltare il resto del capitolo, scritto, lo dichiaro subito, solo per i curiosi e gl'indiscreti.

----------- CHIUDETE LA PORTA -----------

Io fui concepito nella notte tra la prima domenica e il primo lunedì di marzo, nell'anno di nostro Signore mille settecento diciotto. Ne sono matematicamente certo. Ma come sia giunto ad essere così preciso su di un fatto avvenuto prima che io nascessi, dipende da un altro piccolo aneddoto, noto soltanto nella nostra famiglia, ma che io rendo qui di pubblica ragione per chiarire meglio il punto.

Mio padre, dovete sapere, il quale era stato a suo tempo mercante della Compagnia del Levante,[7] ma aveva alcuni anni prima cessato dal commercio per ritirarsi a morire, diceva, sui possedimenti paterni nella Contea di ***, era, credo, l'uomo più metodico che sia mai vissuto. Ecco un piccolo episodio che rivela l'estrema sua metodicità, della quale era divenuto vero e proprio schiavo.

Da molti anni si era fatta una regola di caricare con le sue stesse mani, alla prima domenica di ogni mese, per tutto l'anno, infallibilmente come arrivava la domenica sera, un grosso orologio che tenevamo in cima alla scala di servizio. Ed alla stessa data – al tempo del quale parlo era tra i cinquanta e i sessant'anni – aveva gradualmente portato a coincidere un certo numero di altre faccenduole familiari allo scopo, soleva dire allo zio Tobia, di sbrigarsele tutte in una volta e non esserne più afflitto e aduggiato[8] per il resto del mese.

6 *ab Ovo*: *sin dalle origini*; latino. Quinto **Orazio** Flacco (65-8 a.C.) è stato uno dei massimi poeti romani; molte sue frasi sono diventate modi di dire in uso ancora oggi.

7 Compagnia del Levante: una delle Compagnie attraverso cui gli inglesi controllavano i traffici commerciali con l'Oriente.

8 aduggiato: *importunato*. Alla lettera, 'messo in ombra'.

▶ Fotogramma dal film del 2005 *Tristram Shandy: A Cock and Bull Story*, diretto da Michael Winterbottom e liberamente ispirato al romanzo di Sterne.

Era una mania innocente in fondo; ma fatalità volle che capitasse una disgrazia, la quale cadde in gran parte su di me, e temo di doverne portare le conseguenze fino alla morte. Avvenne che, alla lunga, per un'infelice associazione di idee le più remote l'una dall'altra, mia madre non udiva mai caricare quel benedetto orologio... senza che inevitabilmente le saltasse in mente qualche altra cosa, e viceversa. E certe strane associazioni di idee, il sagace Locke,[9] il quale s'intendeva della natura di queste cose certamente meglio della maggioranza degli uomini, afferma che hanno prodotto più azioni storte di tutte le altre fonti di pregiudizi messe insieme.

Ma questo detto incidentalmente.

Ora da un appunto nel diario di mio padre, che ho qui sulla scrivania, risulta che *nel giorno dell'Annunziata, che era il 25 del mese*[10] *nel quale appunto io pongo la mia genitura,*[11] *mio padre si mise in viaggio per Londra con Bobby, mio fratello maggiore, per metterlo alla scuola di Westminster; e, come informa la stessa fonte, egli non tornò a sua moglie e alla sua famiglia fino alla seconda settimana del maggio successivo.*

La cosa appare quasi certa. Comunque, quel che segue al principio del seguente capitolo la mette al di là di ogni possibilità di dubbio.

«Ma, prego, signore. Che cosa fece vostro padre tutto dicembre, gennaio e febbraio?»

«Oh, signora! Per tutto quel tempo fu afflitto dalla sciatica.»

CAPITOLO QUINTO

Il cinque novembre 1718, che rispetto all'epoca fissata era tanto vicino ai nove mesi di calendario[12] quanto qualsiasi marito in senno si sarebbe potuto aspettare, fui io, Tristram Shandy,[13] Gentiluomo, messo in questo scorbutico e disastroso mondo nostro.

da L. Sterne, *La vita e le opinioni di Tristram Shandy, gentiluomo*, trad. it. di A. Meo, Garzanti, Milano 1987.

9 Locke: John Locke (1632-1704) è un filosofo inglese, tra i maggiori rappresentanti dell'empirismo, la corrente filosofica che considera l'esperienza come fonte di tutte le conoscenze umane.

10 del mese: si tratta del mese di marzo.

11 la mia genitura: *il mio concepimento*.

12 tanto... calendario: la nascita avviene allo scadere degli otto mesi di gravidanza e quindi vicina al termine dei nove mesi.

13 Shandy: nel dialetto della contea di York, dove abitava Sterne, *shandy* significa 'cervello balzano'; molto simile è la parola anglosassone *sceand*, che significa 'buffone'.

Lavoriamo sul testo

Leggere e capire

Un aneddoto sul proprio concepimento Per iniziare la propria biografia, Tristram racconta il suo concepimento, avvenuto i primi giorni del mese di marzo del 1718, quando il padre compiva due operazioni: caricare l'orologio a pendolo e fare l'amore con la moglie. Proprio la domanda della moglie sull'orologio, fatta in un momento così inopportuno, avrebbe causato, secondo Tristram, dei danni irreparabili alla formazione dell'«homunculus», cioè del suo essere in forma embrionale. Questo strano aneddoto – raccontato a Tristram dallo zio Tobia – mette in secondo piano addirittura la sua nascita.

Analizzare

Un romanzo contro le regole L'inizio del romanzo rivela la tendenza di Sterne a concentrarsi su elementi apparentemente secondari. Attraverso continue digressioni, che mescolano riflessioni compiute dal narratore e narrazione di eventi già conclusi, Sterne racconta il concepimento del protagonista, usando anche altri stratagemmi insoliti: interrompe improvvisamente il filo del discorso con un dialogo; lascia spazio ai frequenti interventi del lettore che dialoga con il narratore sulla pagina stessa; adotta strani accorgimenti tipografici («————CHIUDETE LA PORTA————»); mette solo alla fine, in modo inaspettato, la notizia che voleva dare per prima e cioè la propria nascita. Il tono della narrazione è umoristico e colloquiale: Sterne vuole farsi beffa di tutte le convenzioni e di tutte le regole tipiche del romanzo tradizionale.

Interpretare e approfondire

Una «parodia di romanzo» La nascita dell'eroe, smitizzata e ridicolizzata, è segnata da un buffo infortunio che avrebbe distratto il padre nel momento culminante dell'atto sessuale: questo paradossale aneddoto sul concepimento del protagonista viene spiegato solo dopo averne anticipato la conclusione. L'ordine cronologico nel romanzo non è rispettato e spesso Sterne descrive prima gli effetti delle azioni dei personaggi che le loro cause. Inoltre, la presenza di argomenti sessuali e i riferimenti alla sfera della corporalità (per esempio, quelli della malattia del padre, affetto da sciatica) contribuiscono a rendere ironico il tono della narrazione. Per questo il *Tristram Shandy* è stato definito una «parodia di romanzo», perché si fonda sul rovesciamento ironico sia del romanzo di formazione (il sottogenere del romanzo incentrato sulla vicenda biografica del protagonista e sulla sua formazione intellettuale, morale e sentimentale), sia dell'autobiografia.

La letteratura e il presente

L'«effetto Sterne» e Pirandello Il retaggio che la nostra letteratura ha ereditato dallo scrittore inglese ha fatto pensare a un vero e proprio «effetto Sterne». Nel corso del Novecento le opere di questo autore hanno influenzato scrittori sperimentali o d'avanguardia, tra cui il siciliano Luigi Pirandello (1867-1936). Nel saggio *L'umorismo* (1908), Pirandello cita Sterne come maestro della digressione, strumento tipico della narrazione umoristica, che ama l'interruzione e le contraddizioni. Nel romanzo *Uno, nessuno e centomila* (1925) egli scrive, rivolgendosi al lettore: «Ma che colpa abbiamo, io e voi, se le parole, per sé, sono vuote? Vuote, caro mio. E voi le riempite del senso vostro, nel dirmele; e io nell'accoglierle, inevitabilmente, le riempio del senso mio. Abbiamo creduto d'intenderci; non ci siamo intesi affatto». Anche lo scrittore siciliano, come Sterne, sostiene l'impossibilità del linguaggio di comunicare chiaramente e inserisce frequenti appelli al lettore, per dialogare sulla scrittura.

Joshua Reynolds, *Ritratto di Laurence Sterne*, 1760. Londra, National Portrait Gallery.

Esercizi

Prima prova A • L'analisi del testo

Comprendere

1 Di che cosa sono responsabili gli «spiriti animali» di cui parla Tristram?

....

Analizzare

2 Una struttura bizzarra

Una delle novità più importanti del *Tristram Shandy* è la struttura bizzarra, che non rispetta le regole della tradizionale narrazione romanzesca. Sottolinea nel testo le espressioni in cui l'autore:

- si rivolge direttamente al lettore;
- lo fa intervenire nella storia;
- introduce aneddoti e digressioni; compie riflessioni sul modo di scrivere;
- dà indicazioni di lettura.

Interpretare e approfondire

3 Un eroe particolare

Tristram è un protagonista diverso da quelli caratteristici del romanzo settecentesco. Per esempio, quali elementi lo differenziano da Robinson Crusoe?

....

....

3 Il romanzo in area francese

Il racconto filosofico e Voltaire

Il romanzo ha grande successo anche in Francia, dove assume caratteristiche diverse che in Inghilterra. Con l'Illuminismo, infatti, questo genere si carica delle nuove responsabilità che gli intellettuali attribuiscono alla scrittura. Nasce così il ***conte philosophique*** [racconto filosofico], portato al successo soprattutto da François-Marie Arouet, detto Voltaire (1694-1778).

La vita

La sua **educazione spregiudicata** e lo **spirito satirico** che anima le sue opere lo costringono a continue fughe dalla capitale. Nel 1734 pubblica le ***Lettere filosofiche***, che gli procurano un mandato di arresto, perché sono l'**elogio dei principi civili di tolleranza politica e religiosa** della società inglese. Voltaire è indifferente al realismo dei romanzi inglesi: le trame delle sue opere sono intricate e ricche di colpi di scena, presentando spesso situazioni fantastiche e ambientazioni esotiche. La caratteristica principale del racconto filosofico è quella di essere ispirato a una tesi precisa, svolta in tono polemico e ironico.

Il Candido: capolavoro che nasce da una delusione storica

Il suo ingegno brillante lo porta a ottenere, nel 1744, la carica di **storiografo alla corte di Luigi XV** e nel 1749 l'invito a recarsi, come intellettuale che avrebbe dovuto promuovere riforme, alla corte di Federico II di Prussia. Ben presto, però, si rende conto che il suo ruolo a corte è di semplice letterato. Nel 1756 Federico II scatena la guerra dei Sette anni, l'Europa guidata dalla razionalità in cui credevano gli intellettuali illuministi – tra cui Voltaire – non è stata costruita: i principi cosiddetti illuminati continuano a promuovere guerre sanguinose; e intanto un terremoto catastrofico distrugge Lisbona, in Portogallo, provocando una strage immensa. Da questa cocente delusione – sulla storia e sulla natura – nasce il romanzo ***Candide ou l'optimisme*** [Candido o l'ottimismo], pubblicato anonimo nel **1759** e, nonostante il successo di pubblico, **condannato al rogo** dalle autorità di Ginevra, dove nel frattempo si era trasferito Voltaire. Dopo aver soggiornato per un lungo periodo presso la tenuta di Ferney, torna a Parigi nei primi mesi del 1778; vi morirà nel maggio dello stesso anno.

La vicenda del Candido

Formato da trenta brevi capitoli, il racconto inizia nel castello del barone Thunder-ten-trockh, dove vivono felici il giovinetto Candido, la baronessina Cunegonda e Pangloss, insegnante di «metafisico-teologo-cosmoscemologia», convinto che «siccome tutto è creato per un fine, tutto è necessariamente per il migliore dei fini». Cunegonda tenta di sedurre Candido: il barone li scopre e caccia il giovane dal castello. Iniziano così le peregrinazioni del protagonista, accompagnato da Pangloss sfigurato dalla sifilide: dopo l'esperienza delle atrocità della guerra, Candido sperimenta le **catastrofi naturali** (il terremoto di Lisbona) e le **persecuzioni umane** (l'Inquisizione). A Lisbona, Candido incontra Cunegonda, che gli racconta le proprie tristi avventure: stuprata e poi venduta a un banchiere ebreo. Decisi a partire per il Paraguay, i due giovani si separano a Buenos Aires: Candido, guidato dal servo Cacambò, passa indenne attraverso una tribù di cannibali e finalmente arriva nel paese dell'**Eldorado**, il regno della felicità. Ma il giovane non può stare senza Cunegonda e incarica così Cacambò di ritrovarla. Dopo altri viaggi in Francia, in Inghilterra e a Venezia, Candido arriva a Costantino-

poli, dove ritrova Pangloss, messo ai lavori forzati in una nave, e Cunegonda, schiava di un avventuriero. Il protagonista riesce a liberare entrambi e si rifugia in loro compagnia in una piccola fattoria. Qui, grazie alla saggezza di un vecchio contadino, scopre che «l'unico modo di rendere la vita tollerabile» è ragionare poco o niente e «coltivare il proprio giardino» (▶T4).

La presenza del male nel mondo

Il tema centrale del *Candido* è la denuncia della presenza del male nel mondo: le affermazioni di Pangloss, che descrivono il nostro mondo come «il migliore dei mondi possibili», funzionante secondo un'«armonia prestabilita» (definizione ispirata al filosofo tedesco Leibniz), si scontrano con la serie infinita di violenze che i personaggi devono affrontare. Voltaire si scaglia così **contro le forme di fanatismo religioso**, **di intolleranza** e **di oppressione del potere**, le principali cause di molte guerre sanguinose, dello schiavismo, dello sfruttamento coloniale e degli abusi secolari sulle donne.

Contro l'ottimismo filosofico

Il bersaglio della polemica di Voltaire è l'**ottimismo filosofico**, che rischia di legittimare l'irrazionalità e la violenza esistenti nella società. Infatti, alla domanda di Cacambò: «Cos'è l'ottimismo?», Candido risponde «Ahimè! È la mania di sostenere che tutto va bene quando si sta male»: la cecità e la rassegnazione sono quindi i pericoli delle filosofie ottimistiche. Secondo Voltaire, è la **consapevolezza dell'esistenza del male** a creare le premesse per indurre l'uomo a trovare un rimedio, attraverso l'uso della propria ragione.

I romanzi di Jean-Jacques Rousseau e di Denis Diderot

La vita e le opere di Rousseau

Uno dei più grandi romanzieri francesi del periodo è Jean-Jacques Rousseau, nato a Ginevra nel 1712. Grazie al suo spirito intraprendente, avventuroso e imprevedibile è introdotto nel 1749 nei salotti letterari di Parigi, dove conosce Voltaire e Diderot, con i quali collabora all'Enciclopedia. Tra il 1756 e il 1758 scrive il romanzo epistolare ***Giulia o La nuova Eloisa*** (in riferimento al celebre epistolario fra il filosofo Abelardo e la sua allieva e amante Eloisa, del XII secolo), pubblicato nel 1760, in cui è descritta la difficile storia d'amore tra un precettore e una sua allieva, Giulia, che, a causa delle differenze sociali, non può sposarlo. Il romanzo mette a fuoco il **contrasto tra città e campagna**, civiltà e natura, spesso narrato attraverso descrizioni di paesaggi che riflettono lo stato d'animo dei protagonisti. Dopo aver scritto il romanzo *Emilio o Dell'educazione* (1762) – nel quale per la prima volta si pone l'attenzione sulla psicologia del bambino e si rivaluta l'adolescenza come età basilare per l'educazione – Rousseau si dedica alle ***Confessioni***, opera che fonda la moderna **autobiografia** (▶S 4).

Il recupero della lezione inglese di Diderot

A differenza [illegible] si uniscono all'indagine filosofica un recupero della [illegible] o di Denis Diderot (1713-1748), che nel romanzo ***Le*** [illegible] ı, 1821] instaura un dialogo con il protagonista – un [illegible] miscuglio di altezza e di bassezza» –, un parassita dot[illegible] che mette in discussione le facili certezze del narrator[illegible] ***cques le fataliste et son maître*** [Giacomo il fatalista e il [illegible] onti fatti da Giacomo al suo Padrone durante un via[illegible] iografica e riflessioni filosofiche Diderot adotta la stru[illegible] di Sterne.

I romanzi libertini

Nella Francia del Settecento si sviluppa anche il romanzo libertino, di ambientazione aristocratica e incentrato sulle relazioni d'amore, senza escludere gli aspetti legati alla sessualità.

Le opere più significative

Choderlos de Laclos • L'educazione della marchesa di Merteuil [*Le relazioni pericolose*]

I romanzi più importanti di questo genere sono *Les liaisons dangereuses* [Le relazioni pericolose o Le amicizie pericolose, 1782] di Pierre-Ambroise-François Choderlos **de Laclos** (1741-1803) e *120 Journées de Sodome* [120 Giornate di Sodoma, 1784-1789] del marchese Donatien-Alphonse-François **de Sade** (1740-1814).

Le relazioni pericolose è un **romanzo epistolare**, che descrive i costumi della società nobiliare del tempo, meschina e corrotta. I protagonisti sono il cinico visconte di Valmont, che ha deciso di conquistare Madame de Tourvel, donna di grande virtù, e la marchesa di

Merteuil, ex amante di Valmont e, come lui, libertina. Tutto il romanzo ruota attorno alla complicità/rivalità tra il visconte e la marchesa, che porterà il primo a morire per mano del giovane Danceny, fidanzato di una delle conquiste del visconte, e la seconda a ritirarsi in solitudine, isolata dalla società che ormai conosce la sua vera e crudele natura.
Le ***120 Giornate di Sodoma*** è un'**opera "scandalosa"** e provocatoria nella quale Sade propone una filosofia atea e materialistica, tesa al soddisfacimento e alla giustificazione del piacere sensuale a ogni costo. Nonostante il romanzo sia rimasto incompiuto, è ben visibile quella che sarebbe dovuta essere la struttura dell'opera, concepita come enciclopedia di tutte le perversioni: articolata come un testo organico, comprende quattro parti, ognuna delle quali contiene a sua volta 150 racconti, raccordati da una cornice contenente la storia dei personaggi del romanzo.

Il romanzo francese nel Settecento

Opere	Temi
Candido o l'ottimismo, Voltaire 1759	• satira politico-sociale • problema del male nel mondo • critica all'ottimismo filosofico
Giulia o la nuova Eloisa, Rousseau 1760	• contrasto città-campagna • conflitto tra passione e convenzioni sociali
Le relazioni pericolose, Laclos 1782	• riflessione filosofica e sociale • critica alla meschinità della morale comune
120 Giornate di Sodoma, Sade1784-1789	• esaltazione dei piaceri sensuali • materialismo e ateismo
Giacomo il fatalista e il suo padrone, Diderot 1796	• riflessione filosofica sul destino dell'uomo

facciamo il punto

- **Quali sono le caratteristiche principali del racconto filosofico? E quale opera rappresenta il capolavoro del genere?**
- **Diderot e Rousseau fanno parte dei romanzieri di stampo illuminista: che cosa caratterizza questa tendenza?**
- **Il romanzo libertino si distingue perché pone l'attenzione su quali "valori"?**

Glenn Close (marchesa de Merteuil) e John Malcovich (visconte di Valmont) nel film *Le relazioni pericolose* tratto dall'omonimo romanzo di Laclos (1988, regia di Stephen Frears).

T4

Le forme
- caratterizzazione dei personaggi in funzione di una tesi
- uso dell'ironia

I temi
- problema del male nel mondo
- esaltazione del lavoro

Voltaire
«Coltivare il proprio giardino»

Sposata controvoglia Cunegonda, ormai vecchia, brutta e noiosa, Candido si ritira insieme agli altri in una fattoria vicino Costantinopoli, nella quale l'unico a lavorare è Cacambò. Candido, il filosofo Pangloss e il letterato Martin si annoiano a morte; un giorno decidono di consultare un saggio turco per trovare una risposta al problema del male nel mondo e al senso della vita. Delusi dal responso, i tre trovano una soluzione nella saggezza di un vecchio contadino, che spinge Candido e tutta la compagnia a «coltivare il proprio giardino», cioè a occuparsi della attività in cui ognuno si mostra più abile.

Sarebbe affatto naturale immaginare che dopo tante sciagure Candide, sposata la sua bella e vivendo assieme al filosofo Pangloss, al filosofo Martin, al prudente Cacambò e alla vecchia[1], avendo d'altronde portato tanti diamanti dalla patria degli antichi incas, conducesse la più amabile vita del mondo. Ma i giudei lo gabbarono[2] talmente che non gli restò altro che la piccola masseria. Sua moglie, che si faceva ogni giorno più brutta, diventava scorbutica e insopportabile; la vecchia era inferma e d'umore anche più cattivo di Cunégonde. Cacambò lavorava in giardino e andava a Costantinopoli a vender legumi, era sovraccarico di lavoro e malediceva il destino. Pangloss si disperava di non poter brillare in qualche università di Germania. Quanto a Martin, fermamente persuaso che si sta egualmente male per ogni dove, pigliava pazienza.[3] Candide, Martin e Pangloss qualche volta discutevan di metafisica e di morale. Spesso passavano sotto le finestre della masseria barche cariche di effendì,[4] di pascià,[5] di cadì[6] che portavano in esilio a Lemno, a Mitilene,[7] a Erzerum.[8] Si vedevan venire altri cadì, altri pascià, altri effendì che pigliavano il posto degli esiliati e che erano esiliati a loro volta. Si vedevan passare teste accuratamente impagliate[9] da presentare alla Sublime Porta.[10] Tali spettacoli raddoppiavano le dissertazioni; e quando non discutevano la noia era talmente intollerabile che un giorno la vecchia ardì dire:

«Mi piacerebbe sapere cosa è peggio, se esser violentata cento volte dai pirati negri, se avere una chiappa tagliata, se passar per le verghe[11] dei bulgari, se esser fustigato e impiccato in un autodafé,[12] se esser notomizzato,[13] se remare sulle galere, se insomma provar tutte le sciagure attraverso le quali siam passati tutti, oppure star qui a non far nulla».

«È un gran problema» disse Candide.

Quel discorso fece nascere nuove riflessioni, e Martin concluse che l'uomo è fatto per vivere nelle convulsioni dell'inquietudine o nel letargo della noia. Candide non era d'accordo, ma non affermava nulla. Pangloss ammetteva di aver sempre e orrendamente patito; ma siccome una volta aveva sostenuto che tutto andava benissimo, lo sosteneva ancora senza tuttavia crederci.

Una cosa venne a confermare Martin nei suoi abominevoli princìpi, a far dubitare anche più Candide e a mettere Pangloss in imbarazzo. Un giorno videro sbarcare alla fattoria Paquette[14] e fra' Giroflée, ridotti in miseria estrema. Avevan mangiato in fretta

1 alla vecchia: l'anziana donna che a Lisbona gli aveva promesso di ritrovare Cunégonde.
2 gabbarono: *ingannarono.*
3 pigliava pazienza: *si rassegnava.*
4 effendì: significa 'signore' in Turchia.
5 pascià: alto dignitario turco, che presta servizio nell'esercito e nell'amministrazione.
6 cadì: importante magistrato che esercita le funzioni di vescovo, di giudice, di ufficiale e di esattore delle tasse.
7 Lemno… Mitilene: sono isole dell'Egeo davanti la costa dell'Asia Minore.
8 Erzerum: è il capoluogo di una regione della Turchia alle sorgenti dell'Eufrate.
9 impagliate: Voltaire allude a un'usanza reale: quando il sultano faceva tagliare la testa di qualche dignitario, la esponeva davanti alla porta del suo palazzo. La testa veniva svuotata e riempita di paglia se doveva essere trasportata da lontano.
10 Sublime Porta: il Palazzo del sultano; l'espressione in Occidente indicava il governo ottomano.
11 passar per le verghe: *essere frustato, bastonato.* Candido aveva subito quattromila vergate per essersi allontanato dall'accampamento del suo reggimento.
12 autodafé: letteralmente *atto di fede*; indicava la solenne cerimonia pubblica in cui si eseguiva la condanna a morte degli eretici.
13 notomizzato: *sottoposto ad anatomia*; Pangloss, ritenuto morto dopo l'impiccagione a Lisbona, viene venduto a un chirurgo per essere sezionato ma, alla prima incisione di questi, caccia un urlo e si risveglia.
14 Paquette: già cameriera della baronessa nel castello di Thunder-ten-tronckh, sedotta da Pangloss, ch'ella contagia di sifilide (r. 38), è ritrovata da Candido a Venezia a fare la prostituta. In questa occasione Candido aveva regalato duemila piastre a lei e mille al suo amante, fra' Giroflée (rr. 30-31).

e furia le tremila piastre,[15] s'eran lasciati, s'eran riconciliati, s'eran bisticciati, eran stati messi in prigione, eran scappati, e finalmente fra' Giroflée s'era fatto turco. Paquette continuava dappertutto il suo mestiere e non guadagnava più nulla.

«Avevo ben previsto» disse Martin a Candide «che il suo regalo sarebbe stato presto dissipato e non li avrebbe resi più che miserabili. Avete nuotato nei milioni, lei e Cacambò, ma non siete più felici di Paquette e di fra Giroflée».

«Ah, ah!» disse Pangloss a Paquette «il Cielo ti riconduce qui fra noi, cara la mia figliola! Lo sai che mi sei costata la punta del naso, un occhio e un orecchio? Come sei ridotta! Eh! cos'è mai questo mondo!».

Questa nuova avventura li indusse a filosofare più che sempre.

C'era nei dintorni un dervì[16] famosissimo, riputato il miglior filosofo di Turchia; andarono a consultarlo. Pangloss prese la parola e disse:

«Maestro, veniamo a pregarti di dirci perché un animale strano come l'uomo è stato creato».

«Di che ti impicci?» disse il dervì «forse che ti riguarda?».

«Ma, reverendo padre» disse Candide «è orribile il male che c'è al mondo».

«Cos'importa» disse il dervì «che ci sia male o bene? Quando Sua Altezza[17] spedisce un vascello in Egitto, forse che s'inquieta se i topi che son sul vascello stanno bene o male?».[18]

«Cosa bisogna fare, allora?» disse Pangloss.

«Tacere» disse il dervì.

«Speravo» disse Pangloss «di ragionare un poco con te degli effetti e delle cause, del migliore dei mondi possibili, dell'origine del male, della natura dell'anima e dell'armonia prestabilita».

A quelle parole il dervì gli sbatté la porta in faccia.

Durante la conversazione si sparse la notizia che a Costantinopoli avevan strozzato due visir del banco[19] e il muftì,[20] e che avevano impalato[21] vari loro amici. Quella catastrofe fece gran rumore per ogni dove durante qualche ora. Pangloss, Candide e Martin, tornando alla loro piccola masseria, incontrarono un buon vecchio che pigliava il fresco sulla porta di casa, sotto una pergola d'aranci. Pangloss, che non era meno curioso di quanto fosse ragionatore, gli domandò come si chiamava il muftì appena strozzato.

«Non ne so nulla» disse il buon vecchio «non ho mai saputo il nome di nessun muftì né di nessun visir. Ignoro affatto il caso di cui parlate; suppongo che generalmente quelli che si immischiano nelle cose pubbliche a volte periscono miseramente, e che gli sta bene; ma non mi interesso mai di quello che fanno a Costantinopoli; mi contento di mandarci a vendere i frutti del giardino che coltivo».

Detto questo, fece entrare gli stranieri in casa: due delle sue figlie e due figlioli presentaron loro varie qualità di sorbetti preparati in casa, caimac[22] punteggiato di scorze di cedro candito, poi arance, limoni, melàngole,[23] ananassi, pistacchi, e caffè di Moka[24] non mescolato col cattivo caffè di Batavia[25] e delle isole. Dopo di che le due figliole del buon musulmano profumaron le barbe di Candide, di Pangloss e di Martin.

«Dovete possedere» disse Candide al turco «una vasta e magnifica terra».

«Non posseggo che venti jugeri»[26] rispose il turco; «li coltivo coi miei figli; il lavoro ci tien lontani tre grandi mali: la noia, il vizio e la miseria».

15 piastre: nome generico di monete di grosso valore, d'oro o d'argento.
16 dervì: *derviscio*, religioso musulmano; spesso aveva fama di santo e di indovino.
17 Sua Altezza: titolo riservato al gran sultano di Turchia.
18 forse… male: fuor di metafora vuol dire che Dio crea il mondo senza preoccuparsi degli uomini più di quanto si preoccupi degli altri animali.
19 visir del banco: *ministri di corte*.
20 mufti: religioso musulmano incaricato di far rispettare le norme del culto.
21 impalato: l'impalamento era un antico supplizio, diffuso soprattutto fra i turchi, che consisteva nell'infilzare con un palo orizzontalmente il corpo dei condannati a morte.
22 caimac: crema o sorbetto di latte.
23 melàngole: arance di qualità più piccola e amara, utilizzate per canditi e liquori.
24 Moka: città famosa per il suo caffè. Si trova nello Yemen, sulla costa del Mar Rosso.
25 Batavia: l'antico nome di Jakarta, nell'isola di Giava, in Indonesia.
26 venti jugeri: uno iugero equivale a circa duemilacinquecento metri quadrati. La proprietà del vecchio è quindi di circa cinque ettari.

Tornando alla masseria Candide fece grandi riflessioni sul discorso del turco. Disse a Pangloss e a Martin:

«Quel buon vecchio mi pare si sia fatto una vita di gran lunga preferibile a quella dei sei re coi quali ebbimo l'onore di cenare».

«Le grandezze» disse Pangloss «sono assai pericolose, secondo riferiscono tutti i filosofi: perché insomma Eglon, re dei moabiti, fu assassinato ad Aod; Assalone fu appeso per i capelli e trafitto da tre lance; il re Nadab, figlio di Geroboamo, fu ucciso da Baasa; il re Ela, da Zambri; Ocosia da Geo; Atalia da Gioad; i re Gioachino, Ieconia, Sedecia furon schiavi. Sapete come perirono Creso, Dario, Dionigi di Siracusa, Pirro, Perseo, Annibale, Giugurta, Ariovisto, Cesare, Pompeo, Nerone, Ottone, Vitellio, Domiziano, Riccardo II d'Inghilterra, Edoardo II, Enrico VI, Riccardo III, Maria Stuarda, Carlo I, i tre Enrichi di Francia,[27] l'imperatore Enrico IV. Sapete...».

«So anche» disse Candide «che bisogna coltivare il proprio giardino».

«Hai ragione» disse Pangloss; «perché quando l'uomo fu posto nel giardino dell'Eden, ci fu posto *ut operaretur eum*, perché lo coltivasse;[28] il che dimostra che l'uomo non è fatto per il riposo».

«Lavoriamo senza ragionare» disse Martin; «è l'unico modo di render la vita tollerabile».

Tutta la minuscola compagnia condivise quel lodevole disegno; ciascuno si mise a esercitare i propri talenti. La poca terra fruttò molto. Cunégonde in verità era ben brutta, ma divenne un'ottima cuoca; Paquette ricamò; la vecchia badò alla biancheria. Persino fra' Giroflée si rese utile; fu ottimo falegname e divenne addirittura galantuomo; e a volte Pangloss diceva a Candide:

«Tutti gli eventi sono concatenati nel migliore dei mondi possibili; perché insomma, non t'avessero cacciato da un bel castello a pedate nel sedere per amore di madamigella Cunégonde, non fossi caduto nelle mani dell'Inquisizione, non avessi percorso l'America a piedi, non avessi dato un bel colpo di spada al barone,[29] non avessi perduto tutte le pecore del buon paese di Eldorado, non saresti qui a mangiar cedro candito e pistacchi...».

«Ben detto» rispose Candide «ma dobbiamo coltivare il nostro orto».[30]

da Voltaire, *Candido ovvero l'ottimismo*, Rizzoli, Milano 1974.

27 Eglon... Francia: si tratta di esempi derivati dall'Antico Testamento, dalla storia antica e da quella moderna. I *tre Enrichi* di Francia sono Enrico II, III e IV.
28 *ut operaretur...* coltivare: la citazione (nella prima parte della versione latina) è tratta dalla Bibbia (*Genesi* 2, 15); latino.
28 barone: il fratello di Cunégonde.
29 orto: Voltaire soggiornò per un periodo nella tenuta di Ferney, dove zappò l'orto fino oltre i settant'anni: nelle sue lettere parla spesso del piacere che gli procurava questo lavoro.

Voltaire nella sua tenuta di Ferney, in Svizzera, mentre pianta degli alberi, in una caricatura del pittore e amico Jean Huber (1750-1775, San Pietroburgo, Ermitage).

Lavoriamo sul testo

Leggere e capire

Ragione filosofica e ragione pratica Terminate le avventure che lo hanno condotto a girare il mondo, Candido scopre che la bella fanciulla che ha inseguito fin da giovane è ormai diventata una vecchia brutta e insopportabile, ma decide di sposarla lo stesso. La vita nella fattoria è noiosa e rende più acuta in Candido la domanda sul senso della propria esistenza, sullo sfondo di eventi storici (la serie di personaggi politici giustiziati a Costantinopoli) anch'essi senza un significato preciso. La risposta del saggio turco («"Che cosa bisognerebbe fare allora?" disse Pangloss. "Tacere" disse il dervì») rappresenta la ragione filosofica: l'unico rimedio alla presenza del male nel mondo è il silenzio, cioè la rassegnazione. A questa visione si oppone la risposta del vecchio contadino, portatore, di una ragione pratica «il lavoro ci tiene lontani tre grandi mali: la noia, il vizio e la miseria» indicando così nella volontà di agire lo strumento per cominciare a pensare in modo diverso.

Analizzare

Il racconto filosofico e l'ironia Il brano mostra le caratteristiche principali del racconto filosofico. Infatti la trama e i personaggi sono creati in funzione di una tesi: le tante sfortune dei personaggi rappresentano la vita umana, tormentata da molti mali, e le loro convinzioni rimandano a filosofie universali (l'ottimismo di Pangloss, il pessimismo di Martin, lo scetticismo di Candido). Nel testo si coglie inoltre il gusto per l'avventura e l'esotico: i personaggi raggiungono l'Impero ottomano dopo una serie incredibile di vicende e dopo aver girato mezzo mondo. Infine, il racconto è dominato dall'ironia, che si fonda sull'iperbole, cioè sull'esagerazione dei caratteri e delle vicende.

Interpretare e approfondire

Una conclusione problematica L'affermazione «dobbiamo coltivare il nostro orto», con cui si conclude il *Candido*, ha suscitato un dibattito fra gli interpreti. In passato, alcuni studiosi hanno ipotizzato il ritorno, da parte di Voltaire, a una morale privata e individuale, in seguito alle delusioni politiche e al rifugio nella tenuta di Ferney. La critica contemporanea, invece, legge nell'invito al lavoro produttivo della terra l'indicazione di una morale attiva. Riconosciuta la presenza radicata del male nel mondo, non bisogna tuttavia accettare passivamente la situazione, e vivere un'esistenza rassegnata. Anche se le vicende del mondo restano in attesa di senso, l'uomo deve comunque tentare di incidere sulla realtà, deve appunto "coltivare il proprio orto", cioè misurare il bene e il male in relazione a quanto può concretamente fare con il proprio lavoro quotidiano.

Esercizi

Prima prova A • L'analisi del testo

Comprendere

1 Il «gran problema»

Qual è il «gran problema» (r. 21) di Candido?

a. stabilire se sposare Cunegonda
b. decidere se vivere nella fattoria o a Costantinopoli
c. decidere se raccontare le proprie disavventure
d. stabilire se sia meglio vivere nelle sciagure del mondo o nella noia della fattoria

2 Il consiglio del dervì

Che cosa consiglia il dervì a Pangloss?

a. Di andarsene
b. Di tacere
c. Di sperare
d. Di parlare meno

3 La scelta di Candido

Quale consiglio decide di seguire Candido alla fine?

a. quello di coltivare il proprio orto
b. quello di vendere la fattoria
c. quello di intraprendere la conquista di Costantinopoli
d. quello di mettersi in società con il vecchio contadino

Analizzare

4 I tormenti dei personaggi

Ogni personaggio del *Candido* è tormentato da qualche problema o da qualche pena di cui ha sofferto in passato: sottolinea nel testo le espressioni in cui i membri della compagnia si lamentano di qualche torto subito. Puoi trovare delle costanti nel loro atteggiamento?

Interpretare e approfondire

Terza prova A · La trattazione sintetica

5 La morale di Candido

Quale significato puoi attribuire alla battuta finale di Candido? Chiariscilo in una trattazione sintetica (max 8 righe).

4 Il genere autobiografico

La nascita della moderna autobiografia: *Le confessioni* di Rousseau

L'autobiografia moderna nasce con *Le confessioni* di Rousseau, opera in dodici libri scritta tra il 1765 e il 1771 e pubblicata postuma tra il 1782 e il 1789. Il titolo riprende un antico predecessore del genere: l'autobiografia morale e spirituale di **sant'Agostino**.

Da racconto di vita a "confessione"

È proprio a partire da *Le confessioni* che l'autobiografia non racconta più il percorso intellettuale e la carriera di uno scrittore – come accadeva nella prima metà del Settecento con le opere per esempio di Giannone e di Vico –, ma diventa una **coraggiosa e** persino **provocatoria "confessione"** dell'autore. In Rousseau c'è l'esigenza di ricercare i lati nascosti della propria personalità, attraverso la rivelazione di tutti gli aspetti, anche di quelli più trascurabili. Episodi minimi dell'infanzia e dell'adolescenza sono ricordati non perché inseriti in un progetto di formazione intellettuale, ma perché possono servire a rivelare **caratteristiche segrete della propria psicologia** (▶ T5).

▲ Maurice Quentin de La Tour, *Ritratto di Jean Jaques Rousseau*, 1573. Ginevra, Musée d'Art et d'Histoire.

La ricchezza dell'uomo si trova nella sua interiorità

Le confessioni sono un'opera rivoluzionaria: per la prima volta un uomo senza nessun titolo per esporsi agli occhi del pubblico (né nobile, né ecclesiastico), e che non racconta un'avventura romanzesca, narra la ricerca della propria identità. Nelle *Confessioni* il valore dell'uomo si trova nella ricchezza della sua interiorità, cioè nella nobiltà dei sentimenti e delle idee, non nella sua condizione sociale. Inoltre, con quest'opera di Rousseau, il racconto dei fatti privati di una persona realmente esistente è finalmente considerato un argomento interessante e degno di essere al centro di un'opera letteraria.

L'autobiografia in Italia: l'esempio di Vittorio Alfieri

Libri di "memorie"

Giacomo Casanova
• Un'avventura galante in maschera [*Storia della mia vita*]

Come nel romanzo, anche nel campo dell'autobiografia **l'Italia è in ritardo**: la narrazione avviene ancora sotto forma di **"memorie"** volte prevalentemente a ricostruire il percorso della propria esistenza. È il caso, per esempio, dei ***Mémoires*** di Goldoni (▶ Unità 10), nei quali l'autore si pone il problema della definizione della propria identità, attraverso la ricerca del proprio destino individuale. L'autobiografia italiana più vivace è forse in questo periodo ***L'Histoire de ma vie*** [Storia della mia vita, pubblicata solo nel 1960] del veneziano **Giacomo Casanova** (1725-1798). Composta in francese tra il 1791 e il 1798, la *Storia della mia vita* è il racconto delle vicende biografiche dell'avventuriero Casanova, diviso tra salotti mondani, dame di corte, bische clandestine e attività di spionaggio.

La vita e le opere di Alfieri

Autore, oltre che di opere teatrali (▶ Unità 9) e liriche, anche di una particolare autobiografia è Vittorio Alfieri. Nato ad **Asti** nel **1749**, trascorre l'infanzia in casa del patrigno, sottoposto a un'educazione severa. Nel 1758 entra nella **Reale Accademia di Torino** fino al 1766, quando il suo carattere sdegnoso e fiero gli fa abbandonare la carriera militare.

I viaggi

Tra il 1766 e il 1772 compie una serie impressionante di **viaggi** in Italia, ma soprattutto in Europa: alla concezione del viaggio come esperienza formativa dei giovani nobili, Alfieri affianca l'**ansia di cambiare** continuamente luogo, l'insofferenza per le soste prolungate, l'**amore per l'avventura** e il rischio. Proprio questo carattere ribelle lo avvicina alla letteratura: tornato a Torino (1772), fonda con alcuni intellettuali l'**Accademia anticonformista** e scrive in francese un *Esquisse du Jugement universel* [Saggio di giudizio universale, 1773] in cui prende in giro i potenti e gli artisti torinesi.

▲ François-Xavier Fabre, *Ritratto di Vittorio Alfieri*, 1793. Firenze, Galleria degli Uffizi.

La grande produzione letteraria

Nel **1775** si apre il periodo più creativo della produzione dell'autore: fino al 1782 Alfieri compone quattordici delle diciannove tragedie approvate, tra cui il ***Saul***. La **"conversione" letteraria** investe tutta la sua vita e spinge Alfieri a dedicarsi a uno studio rigoroso dell'italiano, arricchito da viaggi in Toscana per conoscere la lingua viva.

A causa dello scandalo per una sua relazione con una donna sposata, Alfieri fugge dall'Italia verso **Parigi**. Nella capitale francese egli compone le ultime tragedie (tra cui *Mirra*); nel **1790** scrive la **prima parte della *Vita***, la propria autobiografia. Allo scoppio della Rivoluzione francese, temendo per la propria sicurezza, scappa in **Inghilterra** e poi a Bruxelles. Dal **1792** vive a **Firenze**, dove compone sei commedie (1800-1802), buona parte delle diciassette ***Satire*** e una parte delle ***Rime***. Muore a Firenze nel **1803**.

La Vita *di Alfieri*

La Vita di Vittorio Alfieri da Asti scritta da esso fu composta sotto l'influenza dei *Mémoires* di Goldoni, pubblicati nel 1787, e de *Le confessioni* di Rousseau. Dopo la prima stesura nel 1790, l'opera subì diverse modifiche, fino alla redazione finale, a cui Alfieri lavorò tra il 1798 e il 1803. *La Vita* uscì postuma nel **1806**.

L'opera – che si apre con un'Introduzione nella quale Alfieri si pone come obiettivo «lo studio dell'uomo» attraverso l'analisi di se stesso – è **divisa in cinque epoche**, corrispondenti ai diversi periodi della vita dell'autore:

1. ***Puerizia*** (1749-1758): racconta una serie di «reminiscenze [ricordi] dell'infanzia» in cui Alfieri scorge i primi segni delle proprie inclinazioni naturali: la malinconia, il carattere passionale, il desiderio di gloria (▶ T6);
2. ***Adolescenza*** (1758-1766): descrive gli anni dell'Accademia militare di Torino: non solo il giovane Alfieri subisce il trauma dell'allontanamento dalla famiglia, ma anche un'educazione «pessima», in un ambiente nel quale maestri e allievi sono ugualmente «asini»;
3. ***Giovinezza*** (1766-1775): passa in rassegna l'avventurosa stagione dei viaggi in Italia e in Europa, soffermandosi su alcuni incontri interessanti, come quello con Pietro Metastasio, poeta alla corte di Vienna;
4. ***Virilità*** (1775-1790): racconta la carriera letteraria e la ferrea disciplina nello studio necessaria per recuperare gli anni perduti: dato che la lingua in cui di solito si esprimeva era il francese, per scrivere le sue opere teatrali, Alfieri deve imparare l'italiano cominciando dalla grammatica;
5. ***Continuazione della quarta epoca*** (1790-1804): riprendendo i temi già affrontati nella *Virilità*, Alfieri continua a parlare della sua «conversione» letteraria.

Il motivo centrale della «conversione»

A differenza di altre autobiografie, il tema principale della *Vita* non è la narrazione delle vicende avventurose e romanzesche di cui l'autore è stato protagonista, ma la **rievocazione**

delle tappe che gli hanno permesso di diventare scrittore. L'esperienza vissuta viene giudicata in rapporto alla scoperta della propria vera identità, che avviene con l'approdo alla letteratura. Questa è la particolarità della *Vita* alfieriana. La **«conversione» alla letteratura** trasforma un giovane aristocratico e ozioso in un poeta capace di uscire dalle convenzioni sociali e di affermare la propria superiorità morale e intellettuale in campo artistico.

L'autobiografia

Francia

Le confessioni di Rousseau, 1782-1789

- ricerca dell'identità profonda
- il valore umano si trova nei sentimenti

nascita dell'autobiografia moderna

Italia

- *Memorie* di Goldoni, 1787
- *Storia della mia vita* di Casanova, 1731-1798
- *Vita* di Alfieri, 1806

- definizione dell'identità attraverso la ricerca del proprio destino individuale
- narrazione sotto forma di memoria

ritardo italiano

facciamo il punto

- ***Le confessioni* di Rousseau è un'opera rivoluzionaria: per quale motivo? Che cosa cambia rispetto al modello di autobiografia del passato?**
- ***Vita* di Alfieri è costruita secondo una schema tradizionale: quale?**
- **Quali tappe segue lo schema narrativo dell'autobiografia alfieriana?**

[*Le confessioni*]

T5

Le forme
- racconto di un ricordo d'infanzia

I temi
- nuova concezione dell'infanzia
- anticipazione di alcuni temi della psicoanalisi

Jean-Jacques Rousseau
Le punizioni della signorina Lambercier

Orfano di madre dalla nascita e col padre lontano dalla Svizzera, all'età di dieci anni Rousseau viene affidato a uno zio che lo manda, insieme con il proprio figlio, a Bossey, in pensione presso il ministro di culto Lambercier per ricevere un'istruzione di base. Durante i due anni successivi, il piccolo Jean-Jacques è affidato all'educazione della figlia del pastore, da cui rimane molto affascinato: anche le punizioni inflitte talvolta dalla ragazza gli provocano piacere, addirittura di natura segretamente sensuale.

Il modo in cui vivevo a Bossey mi conveniva talmente[1] che solo il fatto di non esser durato più a lungo gl'impedì di fissare in maniera perenne il mio carattere. I sentimenti teneri, affettuosi, pacifici ne facevano il fondo. Credo che mai individuo della nostra specie ebbe per natura meno vanità di me. A balzi toccavo i sentimenti sublimi, ma sùbito ripiombavo nel mio torpore. Essere amato da chiunque mi avvicinasse era il mio

1 **mi conveniva talmente:** *si confaceva così a me.*

più vivo desiderio. Ero mite, mio cugino anche, e coloro che mi educavano parimenti. Per due anni interi non fui né testimone né vittima di un eccesso di violenza. Tutto concorreva a nutrire nel mio cuore le disposizioni ricevute dalla natura. Non conoscevo nulla di più gradevole che vedere tutti contenti di me e di tutto. Mi ricorderò sempre che al tempio, nel rispondere al catechismo, nulla mi turbava, se mi capitava di esitare, come il vedere segni di inquietudine e di pena sul viso della signorina Lambercier. Ciò solo bastava ad affliggermi, anche più della vergogna di sbagliare in pubblico, che pur mi accorava[2] all'estremo. E, infatti, poco accessibile alle lodi, lo fui sempre molto alla vergogna; e posso qui dire che il timore dei rimproveri della signorina Lambercier mi angustiava meno del timore di rattristarla.

Ciò nonostante, ella non mancava all'occorrenza di severità, al pari di suo fratello. Ma, poiché questa severità, quasi sempre giusta, non era mai esagerata, me ne affliggevo, ma non mi ribellavo. Mi rincresceva più di scontentare che d'esser punito, e un segno di malcontento era per me una ferita più crudele d'un castigo corporale. È un vero imbarazzo spiegarmi meglio, eppure è necessario. Come si cambierebbe di metodi coi giovani, se si valutassero meglio gli effetti lontani di quello che si impiega senza discernimento[3] e spesso indiscretamente! La grande lezione che si può ricavare da un caso comune quanto funesto mi convince a riferirlo.

La signorina Lambercier, che aveva per noi un affetto di madre, ne aveva anche l'autorità, e questo la induceva a darci qualche volta il castigo che si dà ai bambini, quando l'avevamo meritato. Si limitò lungamente alla minaccia, e questa minaccia di un castigo per me del tutto nuovo mi pareva spaventosa. Ma, dopo averlo subito, lo trovai meno terribile di quanto non temessi, e più strano ancora è che quel castigo mi affezionò anche più a chi me l'aveva inflitto. Ci voleva proprio tutta la verità di questo affetto[4] e tutta la mia mite natura per impedirmi di cercare di attirarmi ancora un tal castigo; perché nel dolore, nella stessa vergogna avevo scoperto un misto di voluttà che mi aveva lasciato più desiderio che timore di provarlo nuovamente per opera della stessa mano. Vero è che, insinuandosi in tutto ciò qualche precoce istinto del sesso, il medesimo castigo non mi sarebbe piaciuto egualmente riceverlo dalla mano del fratello di lei. Ma, dato il suo umore, non c'era da temere una tal sostituzione; e, se mi astenevo dal meritare la correzione, era unicamente per paura di scontentare la signorina Lambercier. Tale, infatti, è in me l'imperio della benevolenza, anche di quella che fanno nascere i sensi, ch'essa dettò sempre loro la legge nel mio cuore.[5]

La recidiva,[6] che allontanavo senza temerla, arrivò senza colpa mia o, meglio, senza mia volontà, e la gustai, posso dire, con la coscienza tranquilla. Ma la seconda fu anche l'ultima, perché la signorina Lambercier, essendosi indubbiamente accorta da qualche indizio che il castigo non otteneva lo scopo, dichiarò di rinunziarvi e che la stancava troppo. Fin lì avevamo dormito nella camera di lei, e qualche volta, d'inverno, persino nel suo letto. Due giorni dopo ci trasferimmo in una stanza a parte; e da quel momento ebbi l'onore, di cui mi sarei privato volentieri, d'essere trattato da lei da ragazzo fatto.

Chi crederebbe che quel castigo da bambino, ricevuto a otto anni da una donna di trenta, abbia deciso dei miei gusti, dei miei desiderî, delle mie passioni, di me, per il resto della mia vita, e precisamente in modo opposto a quello che sarebbe dovuto naturalmente derivarne? Nel momento in cui si accesero i miei sensi, i miei desiderî caddero in tale inganno che, limitati alla sensazione già provata, non s'interessarono

2 mi accorava: *mi addolorava.*
3 discernimento: è la facoltà di distinguere il bene dal male.
4 la verità… affetto: il giovane si accorge che la vera natura (**verità**) del sentimento di simpatia (**affetto**) che avverte nei confronti della signorina Lambercier è legata al precoce istinto del sesso che il castigo ha provocato.
5 Tale… cuore: *tale è il potere* (**l'imperio**) *che la benevolenza* [: il desiderio cioè di essere benvoluto] *ha su di me, che essa impone sempre – anche nel caso che nasca dai sensi – la sua legge.*
6 recidiva: la condizione cioè perché si ripetesse il castigo.

di cercare altra causa.[7] Con un sangue che bruciava di sensualità quasi dalla nascita, mi conservai puro da ogni macchia fino all'età in cui si manifestano[8] i temperamenti più freddi e più tardivi. Lungamente tormentato senza saperne il motivo, divoravo con occhi ardenti le belle donne: la mia immaginazione non si stancava di richiamarmele, ma solamente per farle agire a mia guisa,[9] e trasformarle in altrettante signorine Lambercier.

da J.-J. Rousseau, *Le confessioni*, trad. it. di M. Rago, Einaudi, Torino 1955.

7 Nel momento... causa: *nel momento in cui i miei sensi si svegliarono, i miei desideri caddero in un tale errore che, limitandosi alla sensazione già provata* [: quella del piacere sessuale provocato dal castigo], *non si interessarono di cercare altre cause* [*di piacere*].
8 si manifestano: *scoprono il sesso.*
9 a mia guisa: *a modo mio.*

Lavoriamo sul testo

Leggere e capire

Un ricordo d'infanzia Rousseau ricorda qui il periodo trascorso presso la famiglia del pastore Lambercier. L'immagine del carattere infantile contrassegnata dalla mitezza, dal desiderio d'affetto, dalla bontà convive con la scoperta di un piacere di natura sensuale, in questo caso provocato addirittura dalle punizioni che qualche volta la signorina Lambercier infliggeva al piccolo Rousseau.

Analizzare

Le scoperte rivoluzionarie di Rousseau Nelle *Confessioni*, Rousseau compie alcune scoperte rivoluzionarie. Per la prima volta nella storia la concezione tradizionale dell'infanzia come età dell'innocenza entra in crisi: anche il bambino ha una sua sfera sessuale, profondamente diversa da quella dell'adulto. «Come si cambierebbe di metodi coi giovani, se si valutassero meglio gli effetti lontani di quello che si impiega senza discernimento e spesso indiscretamente!» (rr. 21-22): la rivalutazione dell'infanzia e dell'adolescenza come età di grandi cambiamenti porta a una riflessione sul ruolo dell'educatore, chiamato a modellare i propri interventi sulla base delle inclinazioni naturali degli allievi.

Interpretare e approfondire

Un precursore della psicoanalisi Il ritratto dell'infanzia compiuto da Rousseau precorre i tempi e rimane, per quel periodo, senza successori. Le conseguenze saranno tratte più di un secolo dopo dalla psicoanalisi. Secondo il fondatore di questa nuova scienza, Sigmund Freud (1856-1939), il bambino è un «polimorfo perverso»: cioè possiede, allo stato embrionale, quelle forme di sessualità che, se si fisseranno in età adulta, diventeranno perversioni; ed è «polimorfo» (cioè multiforme) perché in lui convivono aspetti contrastanti e contraddittori. Nell'episodio qui presentato, Rousseau dà prova di questa grande anticipazione: il piacere provato da bambino per una punizione si avvicina a quello che in età adulta potrebbe essere una perversione, cioè il masochismo, ovvero quella forma di sessualità che consiste nella ricerca del piacere attraverso il dolore fisico e l'umiliazione.

Esercizi

Prima prova A • L'analisi del testo

Comprendere

1 Il bambino Rousseau

– Che cos'è la «recidiva» (r. 39) di cui parla il protagonista?

....

– Perché Rousseau confessa di provare «un vero imbarazzo» (rr. 19-20) nel raccontare questo ricordo?

....

Analizzare

2 L'importanza dell'educazione

In diverse parti del testo Rousseau riflette sull'importanza dell'educazione ricevuta nel periodo infantile. Sottolinea nel brano i passaggi più significativi.

Interpretare e approfondire

3 Una nuova visione dell'infanzia

In che modo Rousseau anticipa le scoperte di Freud, padre della psicoanalisi? Quale nuova visione dà dell'infanzia?

T6

Le forme
- importanza delle sensazioni nella formazione del ricordo

I temi
- razionalizzazione del ricordo volontario

Vittorio Alfieri
Le reminiscenze infantili

In questo brano – uno dei più famosi dell'opera – Alfieri descrive una «reminiscenza», cioè un ricordo delle sensazioni infantili. Invece di abbandonarsi alla rievocazione poetica di un futile momento vissuto, l'autore colloca questa esperienza in uno schema orientato verso la maturazione del carattere e il riconoscimento della propria vocazione letteraria.

Ripigliando dunque a parlare della mia primissima età, dico che di quella stupida vegetazione[1] infantile non mi è rimasta altra memoria se non quella d'uno zio paterno, il quale avendo io tre in quattr'anni,[2] mi facea por ritto[3] su un antico cassettone, e quivi molto accarezzandomi mi dava degli ottimi confetti. Io non mi ricordava più quasi punto[4] di lui, né altro me n'era rimasto fuorch'egli portava certi scarponi riquadrati in punta. Molti anni dopo, la prima volta che mi vennero agli occhi certi stivali a tromba,[5] che portano pure la scarpa quadrata a quel modo stesso dello zio morto già da gran tempo, né mai più veduto da me da che io aveva uso di ragione, la subitanea[6] vista di quella forma di scarpe del tutto oramai disusata,[7] mi richiamava ad un tratto tutte quelle sensazioni primitive ch'io avea provate già nel ricevere le carezze e i confetti dello zio, di cui i moti[8] ed i modi, ed il sapore perfino dei confetti mi si riaffacciavano vivissimamente ed in un subito[9] nella fantasia. Mi sono lasciata uscir di penna questa puerilità, come non inutile[10] affatto a chi specula sul meccanismo delle nostre idee, e sull'affinità dei pensieri colle sensazioni.

Nell'età di cinque anni in circa, dal mal de' pondi[11] fui ridotto in fine;[12] e mi pare di aver nella mente tuttavia un certo barlume de' miei patimenti; e che senza aver idea nessuna di quello che fosse la morte, pure la desiderava come fine di dolore;[13] perché quando era morto quel mio fratello minore,[14] avea sentito dire ch'egli era diventato un angioletto.

Per quanti sforzi io abbia fatti spessissimo per raccogliere le idee primitive, o sia le sensazioni ricevute prima de' sei anni, non ho potuto mai raccapezzarne altre che queste due. La mia sorella Giulia, ed io, seguitando il destino della madre, eramo passati dalla casa paterna ad abitare con lei nella casa del patrigno,[15] il quale pure ci fu più che padre per quel tempo che ci stemmo. La figlia ed il figlio del primo letto rimasti,[16] furono successivamente inviati a Torino, l'uno nel Collegio de' Gesuiti, l'altra nel monastero; e poco dopo fu anche messa in monastero, ma in Asti stessa, la mia sorella Giulia, essendo io vicino ai sett'anni. E di quest'avvenimento domestico mi ricordo benissimo, come del primo punto in cui le facoltà mie sensitive[17] diedero cenno di sé. Mi sono presentissimi i dolori e le lagrime ch'io versai in quella separazione di tetto solamente, che pure a principio non impediva ch'io la visitassi ogni giorno. E speculando poi dopo su quegli effetti e sintomi del cuore provati allora, trovo essere stati per l'appunto quegli stessi che poi in appresso[18] provai quando nel bollore[19] degli anni

1 vegetazione: *vita* [*puramente*] *vegetativa*; contrapposta, in modo implicito, alla vita cosciente.
2 tre in quattr'anni: *dai tre ai quattro anni.*
3 por ritto: *mettere in piedi.*
4 punto: *per niente.*
5 a tromba: *a forma di tromba.*
6 subitanea: *improvvisa.*
7 disusata: *fuori dall'uso comune.*
8 i moti: *i gesti.*
9 in un subito: *immediatamente.*
10 questa... inutile: *questo evento che risale all'età puerile* [: infantile], *in quanto non inutile.* **Puerilità** ha anche il significato di 'evento poco importante'.
11 mal de' pondi: *dissenteria.*
12 in fine: *in fin di vita.*
13 e che senza... dolore: *e* [*mi pare*] *che, senza avere alcuna idea di quello che fosse la morte, pure la desiderassi in quanto fine del dolore.*
14 quando era morto... minore: un fratello minore di Alfieri era morto da bambino.
15 La mia sorella... patrigno: il padre di Alfieri, Antonio, era morto prima che Vittorio compisse il primo anno di età. La madre, che già una volta era rimasta vedova, si risposò in terze nozze e andò a vivere con il nuovo marito. **Eramo**: *eravamo.*
16 La figlia... rimasti: i figli che la madre di Alfieri aveva avuto dal primo matrimonio e che, insieme a Vittorio e Giulia, nati dal secondo, erano stati accolti nella casa del nuovo patrigno.
17 le facoltà mie sensitive: «facoltà sensitive» è un termine tecnico della scienza dell'epoca per indicare i sentimenti.
18 in appresso: *successivamente.*
19 nel bollore: *nelle accese passioni.*

giovenili mi trovai costretto a dividermi da una qualche amata mia donna; ed anche nel separarmi da un qualche vero amico, che tre o quattro successivamente ne ho pure avuti finora; fortuna che non sarà toccata a tanti altri, che gli avranno forse meritati più di me. Dalla reminiscenza di quel mio primo dolore del cuore, ne ho poi dedotta la prova che tutti gli amori dell'uomo, ancorché diversi, hanno lo stesso motore.[20]

Rimasto dunque io solo di tutti i figli nella casa materna, fui dato in custodia ad un buon prete, chiamato don Ivaldi, il quale m'insegnò cominciando dal compitare[21] e scrivere, fino alla classe quarta, in cui io spiegava non male, per quanto diceva il maestro, alcune vite di Cornelio Nipote,[22] e le solite favole di Fedro.[23] Ma il buon prete era egli stesso ignorantuccio, a quel ch'io combinai poi dopo;[24] e se dopo i nov'anni mi avessero lasciato alle sue mani, verisimilmente non avrei imparato più nulla. I parenti erano anch'essi ignorantissimi; e spesso udiva loro ripetere quella usuale massima dei nostri nobili di allora; che ad un signore non era necessario di diventar un dottore. Io nondimeno aveva per natura una certa inclinazione allo studio; e specialmente dopo che uscì di casa la sorella, quel ritrovarmi in solitudine col maestro mi dava ad un tempo malinconia e raccoglimento.

da V. Alfieri, *Vita, Rime e Satire*, a cura di G. Ferrero e M. Rettori, intr. di G. Fassò, Utet, Torino 1978.

20 motore: *origine.*
21 compitare: *sillabare.*
22 Cornelio Nipote: allude alle *Vite degli uomini illustri* di Cornelio Nepote, storico latino del I secolo a.C.
23 Fedro: poeta latino del I secolo d.C.
24 a quel... dopo: *secondo quello che riuscii a capire in seguito.*

Lavoriamo insieme

Leggere e capire

Pochi ricordi infantili I ricordi della propria infanzia che l'autore possiede sono davvero pochi: quelli legati alle scarpe di uno zio paterno e quelli connessi alla partenza per il monastero della sorella Giulia.

1 Come definisce Alfieri il suo ricordo?

....

2 Quale fatto fa ricordare ad Alfieri le scarpe dello zio?

....

Analizzare

Le sensazioni dell'infanzia In questo brano Alfieri ammette di avere difficoltà a ricordare esperienze fatte nella «primissima età», cioè nell'infanzia. Alfieri ricorda soprattutto le sensazioni associate a quelle esperienze, più che le esperienze stesse.

3 Sottolinea nel testo le sensazioni associate alle esperienze dell'infanzia.

Interpretare e approfondire

La razionalizzazione del ricordo involontario L'immagine delle scarpe dello zio è definita da Alfieri come un evento dell'infanzia ritenuto poco importante. Ma questo ricordo involontario – nato cioè da una sensazione presente che, per caso, ne richiama una simile provata in passato – non è del tutto inutile.

4 Quale atteggiamento mostra Alfieri nei confronti dei ricordi d'infanzia? A che cosa possono servire?

....

mappa concettuale

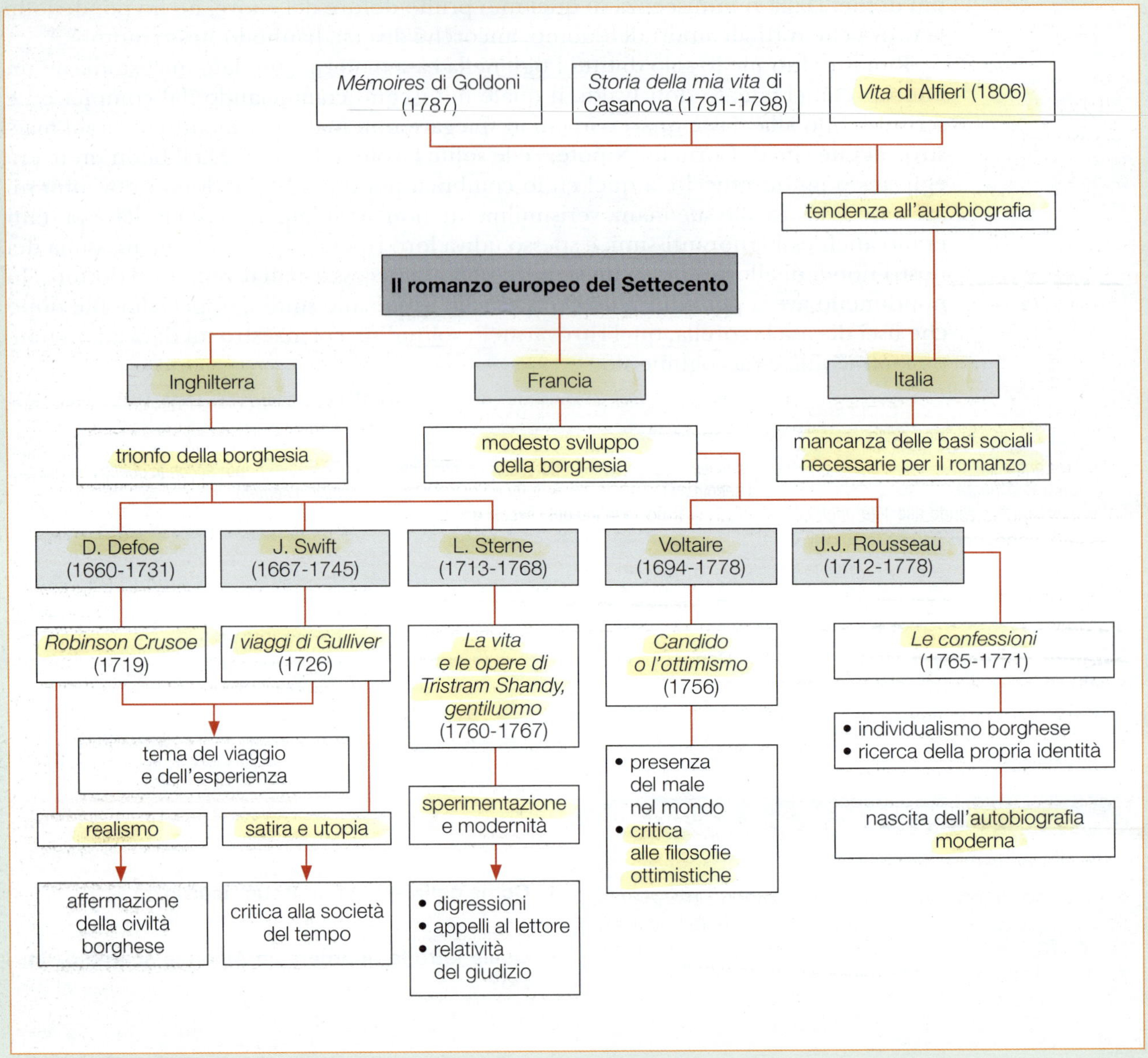

dizionario dei concetti chiave

- **autobiografia** l'autobiografia moderna nasce con *Le confessioni* di Rousseau mostrando per la prima volta gli eventi che occorrono a persone "normali", non necessariamente nobili o avventurieri, e scava nell'interiorità. Una particolare autobiografia, incentrata sullo sviluppo di una vocazione letteraria è la *Vita* di Vittorio Alfieri.

- ***Candido o l'ottimismo*** titolo del romanzo più importante del francese Voltaire (1694-1778) Pubblicato nel 1756, è un romanzo di formazione che narra le avventure del giovane Candido. Dopo una serie di peregrinazioni tra l'Europa e l'America, Candido arriva alla saggezza del lavoro produttivo, avviando una fattoria nei pressi di Costantinopoli. La critica di Voltaire alle filosofie ottimistiche è netta: l'unico rimedio alla presenza inestinguibile del male nel mondo è riconoscerne l'esistenza e agire per migliorare la situazione presente.

- ***I viaggi di Gulliver*** titolo del romanzo più importante dell'inglese Jonathan Swift (1667-1745). Pubblicato nel 1726, è la storia di un medico di bordo inglese e delle sue disavventure in mare. Nei quattro naufragi in cui è coinvolto, Gulliver visita ogni volta popoli dalle caratteristiche fisiche diverse dalle sue, ma spesso con gli stessi, insensati atteggiamenti degli umani. La satira di Swift contro il modello occidentale è sancita dal finale del romanzo, quando Gulliver, tornato in Inghilterra, prova un terribile disgusto a vivere tra i suoi simili.

- ***La Vita di Vittorio Alfieri da Asti scritta da esso*** titolo dell'autobiografia di Alfieri (1749-1803), iniziata nel 1790, ma pubblicata solo nel 1806. Divisa in cinque «epoche» (*Puerizia*, *Adolescenza*, *Giovinezza*, *Virilità*, *Continuazione della quarta epoca*), la *Vita* ruota tutto attorno al motivo centrale della scoperta della vocazione letteraria. I ricordi del passato sono narrati in vista della ricostruzione delle tappe che hanno portato al destino di scrittore.
- ***La vita e le opinioni di Tristram Shandy, gentiluomo*** titolo del romanzo più importante dell'inglese Laurence Sterne (1713-1768). Pubblicato tra il 1760 e il 1767, dovrebbe essere un'autobiografia, ma si ferma in realtà all'infanzia del protagonista. L'opera presenta una struttura bizzarra: gli aneddoti, le digressioni, i continui appelli al lettore danno vita a una scrittura che segue i percorsi della mente e dell'immaginazione. Per questo si pone come esempio di "antiromanzo".
- ***Le confessioni*** titolo dell'opera del francese Jean-Jacques Rousseau (1712-1778), che fonda il genere della moderna autobiografia, in dodici libri scritta tra il 1765 e il 1771 e pubblicata postuma tra il 1782 e il 1789. *Le confessioni* rendono l'autobiografia una coraggiosa indagine del mondo interiore e della psicologia del protagonista. Il titolo riprende un antico predecessore del genere: l'autobiografia morale e spirituale di sant'Agostino.
- ***Robinson Crusoe*** titolo del romanzo più importante dell'inglese Daniel Defoe (1660-1713). Pubblicato nel 1719, è la storia di un mercante inglese che naufraga su un'isola deserta, rimanendovi per ben ventinove anni. Robinson riesce a sopravvivere grazie alla razionale capacità organizzativa del borghese: la civiltà che ricostruisce assomiglia a quella occidentale. Anche il suo rapporto con l'indigeno Venerdì ricalca quello del colonizzatore britannico: negata ogni diversità culturale, Venerdì non può che diventare uno schiavo dell'uomo bianco.
- **romanzo** nato nel Seicento, il genere narrativo in prosa del romanzo prosegue nel Settecento il suo successo soprattutto in Inghilterra e in Francia, dove assume una varietà di forme che ne riflette la vasta articolazione tematica e la complessa stratificazione di pubblico al quale può rivolgersi. Il romanzo in età moderna, a differenza di generi come la poesia lirica, non si rivolge infatti a un gruppo ristretto di intellettuali, ma si propone a un pubblico di massa. Il suo successo è quindi particolarmente forte in Inghilterra e in Francia, dove la borghesia si amplia e rafforza il proprio potere.

esercizi

esercizi di riepilogo

1 L'affermazione del romanzo

a. Perché nell'epoca dell'Illuminismo il romanzo si afferma a livello europeo?

....

b. In quali Paesi si assiste in particolar modo allo sviluppo di questo genere letterario?

....

2 Il romanzo inglese

Per ogni frase, indica il completamento corretto.

– *Robinson Crusoe* è la storia di:

a. un naufrago che vive su un'isola deserta
b. un mercante che si arricchisce con il commercio degli schiavi
c. un indigeno che viene civilizzato da un mercante francese
d. uno scrittore che viaggia attraverso i mari

– Nei *Viaggi di Gulliver*, Swift:

a. fa il resoconto di un suo viaggio su una nave mercantile
b. compie una critica delle civiltà non occidentali
c. compie una critica della società occidentale
d. descrive solo una storia fantastica

– Tra gli aspetti innovativi del *Tristram Shandy* di Sterne non rientra:

a. la tecnica della "digressione"
b. l'applicazione del metodo scientifico alla vita quotidiana
c. l'appello al lettore
d. l'uso della "metanarrazione"

3 Il romanzo francese

a. Quale motivo spinge Voltaire a scrivere *Candido o l'ottimismo*?

....

b. Quale genere fondano *Le Confessioni* di Rousseau?

....

esercizi di approfondimento

4 Il confronto con le immagini: la sottomissione di Venerdì

In T1 Robinson racconta l'incontro con un selvaggio, che poi chiamerà Venerdì. Confronta la descrizione dell'indigeno e l'atto della sua sottomissione con questa illustrazione di Newell Convers Wyeth tratta da un'edizione di *Robinson Crusoe* del 1920.
Per aiutarti nel confronto, rispondi a queste domande.

- Quali atteggiamenti contraddistinguono Robinson nell'illustrazione? E nel testo antologizzato?
- Quali caratteristiche ha Venerdì nell'illustrazione? E nel brano di Defoe?
- Quale concezione dell'"altro" emerge nella figura? Coincide con quella presente nella pagine del *Robinson Crusoe* di Defoe?

5 Ricordi a confronto

I brani presentanti di Rousseau (▶ T6) e di Sterne (▶ T4) presentano entrambi un ricordo d'infanzia. Confronta i due testi rispondendo a queste domande.

- L'episodio raccontato da Rousseau è vissuto in prima persona dal narratore? E quello descritto da Sterne?
- Quali conclusioni deduce Rousseau da quel ricordo d'infanzia? Sterne arriva a elaborare un insegnamento da ciò che racconta?
- Ti sembra che *Le Confessioni* di Rousseau e il *Tristram Shandy* di Sterne appartengano allo stesso genere? Motiva la tua risposta.

allenarsi per l'esame di Stato

la trattazione sintetica

6 La fortuna del viaggio nella letteratura del Settecento

Il tema del viaggio è comune a molta letteratura del Settecento. Per esempio, sia *Robinson Crusoe* sia *I viaggi di Gulliver* hanno al centro questo tema. Chiarisci, in una trattazione sintetica (max 20 righe) gli scopi e gli esiti dei due viaggi.

il tema di ordine generale

7 La legittimazione della violenza

Il bersaglio della polemica di Voltaire è l'ottimismo filosofico, che rischia di legittimare l'irrazionalità e la violenza esistenti nella società. Infatti, alla domanda di Cacambò «Cos'è l'ottimismo?», Candido risponde «Ahimè! È la mania di sostenere che tutto va bene quando si sta male»: la rassegnazione è uno dei pericoli nei quali rischia di cadere l'uomo. Rifletti in un tema di ordine generale sulla legittimazione dell'irrazionalità, dell'illegalità e della violenza nella società contemporanea.

Unità 8

Il genere

La poesia nell'età dell'Illuminismo

L'«età dei lumi» lascia poco spazio alla poesia: l'esperienza poetica del Settecento si rivolge a quei temi sociali e civili che già il saggio aveva portato all'attenzione del grande pubblico. C'è quindi posto per una satira della classe aristocratica e dell'ozio politico a lei proprio: nel *Giorno* Giuseppe Parini, esponente dell'Illuminismo lombardo, descrive l'esistenza poco edificante di un giovane nobile che si risveglia la mattina seguito nelle sue inutili occupazioni da una schiera di servi pronti ad assecondare ogni suo capriccio.
Il Settecento è anche l'età dell'ultimo dei grandi classici, Johann Wolfgang Goethe. È con il *Faust* – l'opera di tutta una vita – che questo poeta ci consegna l'eredità più preziosa. Rinnovando un tema presente fin dal Cinquecento nella cultura tedesca, Goethe riflette su una questione fondamentale della modernità; il patto con il diavolo che *Faust* stipula è il simbolo della sfida che l'uomo lancia ogni giorno a se stesso: superarsi continuamente, voler raggiungere mete dichiarate come impossibili, piegare la natura al proprio volere.

OBIETTIVI

Conoscenze
- L'evoluzione della poesia europea nel Settecento
- Le caratteristiche delle principali correnti poetiche: Neoclassicismo, Preromanticismo
- Vita e opere di Giuseppe Parini; struttura e temi del *Giorno*
- Vita e opere di Vincenzo Monti
- La nascita della poesia sepolcrale inglese ed europea
- Vita e opere di Johann Wolfgang Goethe; struttura e temi del *Faust*

Abilità
- Comprendere e analizzare componimenti poetici del periodo
- Collocare gli autori e le opere nel contesto storico pertinente
- Riconoscere in un testo poetico le principali caratteristiche del genere di appartenenza

Espansioni digitali

testi e approfondimenti

1 L'esperienza poetica in Italia

Tra Illuminismo e classicismo

L'epoca dell'Illuminismo non fu caratterizzata da un'unica poetica dominante. Gli intellettuali infatti erano considerati **più "filosofi"**, il cui scopo è la ricerca del vero, **che "letterati"** impegnati nella creazione della bellezza artistica. Può quindi accadere che il classicismo prevalente nella poesia italiana dopo la metà del Settecento si fondi su una concezione illuministica, dando vita così a un **Neoclassicismo illuministico** (è il caso, per esempio, di Parini): oppure che gli **illuministi del «Caffè»** respingano il classicismo perché segno di arretratezza culturale e propongano modelli più moderni di scrittura. D'altra parte gli autori più importanti del periodo – Parini, Alfieri, Foscolo, Monti – sono influenzati sia da caratteri neoclassici sia da caratteri preromantici.

Gli aspetti illuministi

In particolare, l'influenza dell'Illuminismo sulla poesia si caratterizza per questi due aspetti:

1. la **perdita del primato della poesia** nel sistema dei generi letterari, per cui essa viene sostituita dal saggio e – a livello europeo – dal romanzo;
2. la **scelta di temi sociali e civili**; in questo modo la lirica, cioè la poesia che esprime uno stato d'animo soggettivo, assume un ruolo marginale mentre vengono rilanciate forme poetiche – come l'ode, il carme, il poemetto, il poema – più utilizzabili con temi impegnati.

Gli aspetti neoclassici e quelli preromantici

Le due tendenze del periodo, il Neoclassicismo e il Preromanticismo (▶ Quadro storico-culturale) hanno aspetti in parte contrapposti e, in parte, anche comuni.

La poetica neoclassica propugna una **reazione agli artifici del Barocco** in nome dei valori di equilibrio del classicismo antico, ed è pervasa da una forte **vena civile** ispirata ai valori – per esempio la libertà e il repubblicanesimo – dell'antichità classica. Per contro, il Preromanticismo – di cui sono estremamente rilevanti le esperienze europee (▶ §4) – manifesta una **visione tragica della natura**, un senso di turbamento che coinvolge l'io, le cui espressioni sentimentali diventano centrali nelle opere preromantiche.

Allo stesso tempo entrambe le poetiche perseguono il **rifiuto della tradizione dell'accademia dell'Arcadia** e non manca, nello stesso Neoclassicismo, una componente di inquietudine e di turbamento: il passato dell'arte classica è visto con nostalgia, come un momento ormai irrecuperabile. È la stessa rivoluzione operata dalla cultura illuministica, la sua fede nella ragione e nella civiltà, a provocare **sfiducia nei valori tradizionali** e a far nascere nuove esigenze. Il Neoclassicismo ha insomma una visione tragica e inquieta della società e della natura, una visione segnata da caratteristiche preromantiche.

La poesia nel Settecento

aspetti neoclassici	aspetti preromantici
• rifiuto dell'Arcadia • reazione agli artifici e all'eccesso del Barocco • esaltazione dei valori civili e morali dell'età classica • nostalgia del classicismo antico	• rifiuto dell'Arcadia • senso di inquietudine e turbamento • visione tragica della natura • centralità del soggetto lirico

facciamo il punto

- **Da che cosa si riconosce l'influenza dell'Illuminismo sulla poesia del XVIII secolo?**
- **Quali sono gli aspetti neoclassici e preromantici riconoscibili nella poesia illuminista?**

Cronologia

STORIA		AUTORI E OPERE
guerra di successione spagnola ◄	1701-1714	
guerra tra Impero asburgico e Impero ottomano ◄	1716-1718	
guerra di successione austriaca ◄	1740-1748	
	1750	► *Elegia scritta in un cimitero di campagna* di Thomas Gray (1716-1771)
guerra dei Sette anni ◄	1756-1763	
	1760	► *Canti di Ossian* di James Macpherson (1736-1796)
	1763	► *Il Mattino* di Giuseppe Parini (1729-1799)
	1765	► *Il Mezzogiorno* di Parini
	1774	► *I dolori del giovane Werther* di Goethe
Dichiarazione d'indipendenza degli Stati Uniti d'America ◄	1776	
	1782	► *Pensieri d'amore* di Vincenzo Monti (1774-1828)
scoppio della Rivoluzione francese ◄	1789	
	1789-1794	► *Canti dell'innocenza* e *Canti dell'esperienza* di William Blake (1757-1827)
	1791	► prima edizione delle *Odi* di Parini
proclamazione della Prima repubblica francese ◄	1792	
decapitazione di Luigi XVI; inizio del "Terrore" ◄	1793	
colpo di Stato in Francia: Napoleone primo console ◄	1799	
Napoleone imperatore dei francesi ◄	1804	
	1805	► *La maestà di Napoleone* di Monti
	1808	► prima parte del *Faust* di Goethe
Congresso di Vienna ◄	1814-1815	
Napoleone sconfitto a Waterloo ◄	1815	
	1819	► pubblicate postume le *Opere* di André Chenier (1762-1794)
	1832	► seconda parte del *Faust* di Goethe

2 Giuseppe Parini

La vita

I primi anni

Giuseppe Parini nasce nel **1729** a Bosisio in Brianza, in provincia di Como, da una famiglia di origini modeste. Per garantirsi un'istruzione adeguata, il giovane si trasferisce da una vecchia prozia a Milano; quando la donna muore, lascia al nipote una piccola rendita, a patto però che prenda gli **ordini religiosi**. Nel 1753 Parini entra nell'accademia dei Trasformati, dove partecipa attivamente alle dispute dei più importanti illuministi lombardi, promuovendo una concezione impegnata della letteratura. Nel 1754, conclusi gli studi e diventato sacerdote, viene assunto come **precettore** prima presso il duca Serbelloni, fino al 1762, poi in casa del conte Imbonati (1763-1768).

Glossario

Accademia dei Trasformati Fondata nel Cinquecento, era stata rilanciata nel 1743 dal conte Giuseppe Maria Imbonati; ne facevano parte i più importanti illuministi lombardi, tra cui i fratelli Verri e Cesare Beccaria. Lentamente l'accademia esaurì il suo prestigio, fino alla definitiva chiusura nel 1768, alla morte dell'Imbonati.

La collaborazione con gli austriaci

Nel **1763** Parini pubblica *Il Mattino*, seguito nel **1765** da *Il Mezzogiorno*: due poemetti che descrivono i vizi della nobiltà parassita e corrotta. Grazie al suo atteggiamento moderato, dal **1768** ottiene alcuni incarichi pubblici: direttore della «Gazzetta di Milano» e poeta ufficiale del Teatro Regio, lo scrittore partecipa attivamente al programma di riforme attuato dall'amministrazione austriaca e scrive molti testi occasionali.

Speranze e timori per l'arrivo dei francesi

Quando scoppia la **Rivoluzione** francese (1789) Parini ha una reazione contraddittoria: da un parte spera nella piena realizzazione dei principi illuministici, dall'altra teme gli eccessi della rivoluzione. Nonostante prevalga questo secondo atteggiamento, il poeta accetta gli incarichi che i francesi gli affidano quando nel **1796** occupano Milano. In questo periodo l'attività creatrice del poeta (che ha appena dato alle stampe la seconda edizione delle *Odi*) si interrompe e lascia incompiuti *Il Vespro* e *La Notte*, che avrebbero dovuto concludere il progetto del *Giorno*. Parini muore a Milano tre anni più tardi, nel **1799**.

Le opere

Le tre fasi delle Odi

La composizione delle *Odi* si stende lungo tutto il periodo dell'attività poetica di Parini. La prima edizione, di ventidue testi, esce nel **1791**; la seconda, di venticinque poesie, viene pubblicata nel **1795**. La composizione delle *Odi* si può dividere in tre fasi:

- **prima fase** (1757-1770): è caratterizzata da temi sociali e civili di particolare importanza, in cui il poeta è schierato in una dimensione pubblica. Un esempio è *La salubrità dell'aria* (1759) nella quale viene esaltata la vita agreste (▶ T1);
- **seconda fase** (1777-1785): all'interesse per i temi civili si affianca quello sulla funzione sociale della cultura e dell'educazione. Un esempio è *L'educazione*, scritta in precedenza (1764), ma nella quale è tracciato un modello educativo fondato sul valore delle doti individuali guidate dalla ragione;
- **terza fase** (1787-1795): è caratterizzata dal ripiegamento malinconico e nostalgico su temi interiori e soggettivi. Un esempio è *Il dono* (1790), nella quale il poeta riflette sul piacere provocato dalla lettura delle tragedie di Alfieri.

Il capolavoro

Il capolavoro di Parini è ***Il Giorno***, un poema incompiuto scritto in endecasillabi sciolti (cioè non legati in rima), all'incrocio tra il **genere didascalico** e quello **satirico**. L'opera è il racconto dettagliato della giornata di un nobile incapace e nullafacente, il «Giovin Signore», compiuto dall'Autore che, presentatosi come «Precettor d'amabil rito», cioè come l'insegnante incaricato di istruirlo nelle sue futili occupazioni, gli offre per ogni occasione della giornata i consigli necessari per far sempre onore al proprio rango.

La struttura e la trama

Il Giorno è un'opera che il poeta ha modificato nel corso del tempo: delle **quattro parti** in cui il poema è articolato sono state pubblicate soltanto *Il Mattino* (1763) e *Il Mezzogiorno* (1765). *Il Vespro* e *La Notte* – ma inizialmente Parini aveva progettato una sola parte conclusiva, *La Sera* – sono rimaste incompiute.

- ***Il Mattino*** È l'alba: mentre gli uomini comuni si svegliano per andare a lavorare, il Signore va a dormire, stanco di una notte trascorsa fra teatri e giochi. Al risveglio (▶ T2) viene vestito dai servi e pensa alla sua Dama, una donna della quale non è il marito ma il cicisbeo, cioè l'amante ufficiale. Dopo essere stato pettinato da un isterico parrucchiere, esce per andare dall'amata.
- ***Il Mezzogiorno*** (nella redazione finale dell'opera, *Il Meriggio*) Il Signore resta a pranzo dalla Dama. Tra gli invitati, c'è anche un vegetariano: la condanna che questi fa delle crudeltà compiute sugli animali è l'occasione per far rievocare alla padrona di casa l'episodio in cui licenziò un servo che aveva dato un calcio a una sua cagnetta (▶ T3 e Un tema per discutere). Intanto, il Giovin Signore fa sfoggio di cultu-

◀ Gaetano Matteo Monti, *Monumento a Giuseppe Parini*, 1838. Milano, Pinacoteca di Brera.

ra: anche gli illuministi, come Rousseau e Voltaire, vengono citati pur di fare bella figura. Finito il pranzo, i nobili si spostano in un'altra sala per gustare il caffè, mentre davanti al palazzo si radunano alcuni poveri, attratti dall'odore del cibo.

• ***Il Vespro*** (incompiuto) Nel pomeriggio per il Giovin Signore e la Dama è tempo di andare in giro in carrozza a far visita agli amici, tra cui una nobile che ha appena avuto un figlio: è l'occasione per il Precettore-narratore per prendere in giro i vari poeti dilettanti che hanno celebrato l'evento.

Giuseppe Parini
• La rassegna degli imbecilli [*La Notte*]

• ***La Notte*** (incompiuta) Dopo aver invocato la Notte, il narratore incontra di nuovo il Signore e la Dama che, annoiati, stanno andando a una festa. Fra divertimento e amara ironia per vite sprecate in occupazioni inutili, vengono descritti i vari personaggi e la disposizione dei posti ai tavoli da gioco.

Conoscere *Il Giorno*

Genere e struttura	poema didascalico-satirico in quattro parti
Data di pubblicazione	• 1763 *Il Mattino* • 1765 *Il Mezzogiorno* • *Il Vespro* e *La Notte* incompiuti
Tempo e luogo di ambientazione	nei diversi momenti di un giorno qualsiasi della seconda metà del Settecento tra palazzi nobiliari e feste da ballo
Personaggi principali	• Giovin Signore, p[illegible]tagonista • Dama, amante d[illegible]protagonista • Precettore, inseg[illegible]te del protagonista
Temi	critica all'inadeguatezza dell'aristocrazia settecentesca

I personaggi

Il Giovin Signore – ma anche la Dama, che è il suo corrispettivo femminile – esprime la **vuotezza della nobiltà**: non pronunciando nessuna battuta, è un personaggio senza personalità, interessato solo all'esteriorità dei suoi comportamenti mondani. Il Precettore si mostra invece come il celebratore del mondo del Giovin Signore: questo atteggiamento lo porta sia alla complicità con quanto racconta, sia allo **smascheramento dell'insensatezza del mondo rappresentato**. Grazie all'uso dell'ironia, il Precettore riesce così a criticare la povertà di valori della classe nobiliare.

Una satira della vita nobiliare e l'ideologia di Parini

La vita del Giovin Signore e della nobiltà che lo circonda si svolge nell'ozio e nella preoccupazione per cose irrilevanti. Questa materia è però descritta con uno **stile alto e sublime**: lo stesso contrasto che ciò determina fa del *Giorno* una **satira della vita nobiliare**. Il mondo in cui vive il protagonista è un universo chiuso, dominato dalla ripetitività e dall'insensatezza. La storia non entra nell'esperienza del Giovin Signore, che conosce solo la **moda**. La moda degrada la realtà storica a una serie di **riti estetici** destinati a essere sostituiti con la stessa facilità con la quale vengono accolti. D'altra parte Parini non intende contestare la nobiltà in se stessa, ma solo criticare la sua **inadeguatezza storica di fronte alle responsabilità sociali** che le competerebbero: più che una trasformazione delle gerarchie sociali, Parini vorrebbe favorire con il *Giorno* una responsabilizzazione della parti migliori della nobiltà che critica.

facciamo il punto

- **Quali furono i principali eventi della vita di Parini?**
- **In quante fasi viene divisa la composizione delle *Odi* e come si caratterizzano?**
- **Il capolavoro di Parini è il poema *Il Giorno*: a quale genere appartiene, come è strutturato, di che cosa parla e quale ideologia sottende?**

T1

Le forme
- stile complesso e raffinato

I temi
- salubrità della campagna *vs* corruzione della città

Giuseppe Parini
La salubrità dell'aria

Quest'ode fu letta da Parini nell'accademia dei Trasformati nel 1759, durante una seduta di lettura pubblica che aveva come tema l'«aria». Al clima malsano e alle terribili condizioni igieniche di Milano, Parini contrappone la sanità (o «salubrità») del clima delle sue terre natali, sui colli di Brianza. Il poeta indica nella ricerca del guadagno personale la causa della degenerazione milanese, contrapponendole una vita produttiva ispirata al bene pubblico.

Oh beato terreno
Del vago Eupili[1] mio,
Ecco al fin nel tuo seno
M'accogli; e del natìo
Aere mi circondi;
E il petto avido inondi.

Già nel polmon capace
Urta sé stesso e scende
Quest'etere vivace,
Che gli egri spirti accende,
E le forze rintegra,
E l'animo rallegra.

Però ch'austro scortese
Quì suoi vapor non mena:
E guarda il bel paese
Alta di monti schiena,
Cui sormontar non vale
Borea con rigid'ale.[2]

Né quì giaccion paludi,
Che dall'impuro letto
Mandino a i capi ignudi
Nuvol di morbi infetto:
E il meriggio a' bei colli
Asciuga i dorsi molli.

Pera colui che primo
A le triste ozïose
Acque e al fetido limo
La mia cittade espose;
E per lucro ebbe a vile
La salute civile.[3]

PARAFRASI

1-6 Oh felice terreno del mio bel (vago) Pusiano (Eupili), ecco finalmente che mi accogli nella tua insenatura (seno). E riempi (inondi) il [mio] petto desideroso (avido) [di aria pura].
7-12 Finalmente (Già) quest'aria (etere) vivificante (vivace) che ravviva (accende) gli spiriti [vitali] malati (egri), e rinnova (rintègra) le forze e rallegra l'animo si precipita (urta sé stesso) e scende nei [miei] polmoni ampi (capace).
13-18 Infatti (Però ch'<e>) lo scirocco (austro) fastidioso non porta qui la sua umidità (vapor): e un'alta catena (schiena) di monti che (cui) la fredda (con rigid'ale) tramontana (borea) non può (non vale) superare protegge (guarda) la bella regione (paese) [: la Brianza].
19-24 E qui [: in Brianza] non (Né quì) si stendono (giaccion) paludi che dal fondo (letto) malsano (impuro) mandino alle persone indifese (a i capi ignudi) un'aria (nuvol) infetta di malattia [: la malaria]: e [qui] il meriggio asciuga i dorsi umidi (molli) ai bei colli [: che infatti guardano verso Sud].
25-30 Muoia (Pèra; da "perire") colui che per primo espose la mia [: per residenza] città [: Milano] alle nocive (triste) acque stagnanti (ozïose) e al fango (limo) maleodorante (fetido); e trascurò (ebbe a vile) per il guadagno (per lucro) la salute pubblica (civile).

1 Eupili: è il nome latino del lago di Pusiano, presso il quale sorge Bosisio, il paese natale del poeta.
2 Borea con rigid'ale: la personificazione della tramontana, incapace di volare al di là delle Alpi, che proteggono dai venti del Nord, sposta sulle "ali" la qualificazione di "rigido" (cioè 'freddo').
3 Pera… civile: si passa di colpo al ben diverso clima del Milanese, con l'allusione alle risaie e alle "marcite" (▶ nota 6) che assediavano la città.

Certo colui del fiume
Di Stige ora s'impaccia
Tra l'orribil bitume,
Onde alzando la faccia
Bestemmia il fango e l'acque,
Che radunar gli piacque.[4]

Mira dipinti in viso
Di mortali pallori
Entro al mal nato riso
I languenti cultori;
E trema o cittadino,
Che a te il soffri vicino.[5]

Io de' miei colli ameni
Nel bel clima innocente
Passerò i dì sereni
Tra la beata gente,
Che di fatiche onusta
È vegeta e robusta.

Quì con la mente sgombra,
Di pure linfe asterso,
Sotto ad una fresc'ombra
Celebrerò col verso
I villan vispi e sciolti
Sparsi per li ricolti;

E i membri non mai stanchi
Dietro al crescente pane;
E i baldanzosi fianchi
De le ardite villane;
E il bel volto giocondo
Fra il bruno e il rubicondo,

Dicendo: Oh fortunate
Genti, che in dolci tempre
Quest'aura respirate
Rotta e purgata sempre
Da venti fuggitivi
E da limpidi rivi.

Ben larga ancor natura
Fu a la città superba
Di cielo e d'aria pura:
Ma chi i bei doni or serba
Fra il lusso e l'avarizia
E la stolta pigrizia?

PARAFRASI

31-36 Certamente colui ora è affondato (s'impaccia) tra l'orribile fango (bitume) del fiume Stige, dal quale (onde) alzando la faccia maledice (bestemmia) il fango e le acque che decise (gli piacque) di concentrare (radunar) [attorno a Milano].
37-42 Guarda (Mira) i contadini (cultori) malati (languenti) segnati (dipinti) in viso di un mortale pallore in mezzo (entro) al riso nato per fare danno (mal nato); e trema, o cittadino, che tolleri (soffri) vicino a te questa coltivazione (il = *lo*; riferito a «riso»).
43-48 Io passerò i giorni serenamente nel bel clima innocuo (innocente) dei miei bei (ameni) colli tra la gente beata che, carica (onusta) di fatiche, è sana (vegeta) e robusta.
49-54 [Stando] qui con la mente libera (sgombra), lavato (asterso) di pure acque (linfe), sotto una fresca ombra loderò (celebrerò) con i versi i contadini (i villan) vitali (vispi) e agili (sciolti) sparsi per i campi (li ricolti).
55-66 E [onorerò con le mie poesie] le membra [dei contadini] non mai stanche nel lavoro per il (dietro al) grano (pane) che cresce; e i fianchi vitali (baldanzosi) delle contadine franche (ardite); e i bei volti allegri (giocondo) fra il bruno [dei capelli] e il rosso (rubicondo) [della carnagione], dicendo: «Oh! genti fortunate che respirate in un clima mite (in dolci tempre) quest'aria mossa (rotta) e purificata sempre da venti veloci (fuggitivi) e da ruscelli (rivi) limpidi.
67-72 La natura fu assai generosa (ben larga) di cielo e di aria puri anche (ancor) con (a) la città superba [: Milano]: ma chi conserva ora i bei doni fra il lusso e l'avidità (avarizia) e la stupida inettitudine (stolta pigrizia)?

4 Certo… piacque: è una specie di contrappasso dantesco immaginato dal poeta per il simbolico iniziatore di coltivazioni dannose per la salute pubblica, rappresentato nella infernale fanghiglia del fiume Stige.
5 E trema… vicino: quanti abitano in città dovrebbero preoccuparsi delle epidemie di malaria che colpiscono i lavoranti delle risaie, se non altro perché la sorte di questi ultimi potrebbe abbattersi anche su di loro.

Ahi non bastò che intorno
Putridi stagni avesse;
Anzi a turbarne il giorno
Sotto a le mura stesse
Trasse gli scelerati
Rivi a marcir[6] su i prati

E la comun salute
Sagrificossi al pasto
D'ambizïose mute,
Che poi con crudo fasto
Calchin per l'ampie strade
Il popolo che cade.[7]

A voi il timo e il croco
E la menta selvaggia
L'aere per ogni loco
De' varj atomi irraggia,
Che con soavi e cari
Sensi pungon le nari.

Ma al piè de' gran palagi
Là il fimo alto fermenta;
E di sali malvagi
Ammorba l'aria lenta,
Che a stagnar si rimase
Tra le sublimi case.

Quivi i lari[8] plebei
Da le spregiate crete
D'umor fracidi e rei
~~box lingua nel tempo~~
Versan fonti indiscrete;
Onde il vapor s'aggira;
E col fiato s'inspira.

Spenti animai, ridotti
Per le frequenti vie,
De gli aliti corrotti
Empion l'estivo die:
Spettacolo deforme
Del cittadin su l'orme!

PARAFRASI

73-78 Ahi! non bastò che [Milano] avesse intorno stagni putridi [: le risaie]; e in aggiunta (anzi) a corromperci (a turbarne) l'aria (il giorno) furono portati (trasse; soggetto è «la città»; cioè 'i cittadini') sotto alle stesse mura i nocivi (gli scelerati) canali (rivi) a inondare i prati imputridendoli (a marcir su i prati).

79-84 E la salute pubblica (comun) fu sacrificata al foraggio (pasto) di ambiziose pariglie (mute) [di cavalli] che poi con lusso (fasto) crudele calpestino (calchin) lungo le ampie strade il popolo che cade [sotto le ruote delle carrozze].

85-90 A voi [contadini di Brianza] il timo e lo zafferano (croco) e la menta selvaggia irraggiano da ogni parte (per ogni loco) l'aria delle [loro] varie particelle (atomi), le quali (che) stimolano (pungon) le narici con sensazioni dolci e piacevoli (soavi e cari).

91-96 E invece (Ma) là alla base (al piè) dei grandi palazzi fermenta il letame (fimo) alto [: ammucchiato]; e ammorba di cattive (malvagi) esalazioni (sali) l'aria immobile (lenta) che rimase a stagnare tra le alte (sublimi) case.

97-102 Qui [: a Milano] le case popolari (i lari plebei) rovesciano (versan) [in strada] dai vasi da notte (da le spregiate crete = *dai disprezzati vasi di creta*) getti (fonti) irrispettosi (indiscrete) di liquidi (d'umor) fermentanti (fracidi = *fradici*) e malsani (rei) dai quali (onde) emana (s'aggira) il puzzo (vapor) e viene respirato con l'aria (col fiato).

103-108 Animali morti (spenti), abbandonati (ridotti) per le vie frequentate, riempiono i giorni (die) estivi delle esalazioni (de gli aliti) di putrefazione (corrotti): spettacolo ripugnante (deforme) sui percorsi (su l'orme) dei cittadini!

▲
Paesaggio con figure, dipinto a olio di scuola veneta della fine del XVIII secolo. Collezione privata.

6 marcir: si allude alle "marcite", coltivazioni ottenute con l'allagamento dei prati, che divenivano assai più produttivi ma anche origine di malsanità.
7 E la comun… cade: la responsabilità delle scelte folli compiute nella coltivazione è attribuita al lusso dei ricchi, indicato attraverso il possesso di carrozze e di cavalli (nutriti proprio con quei foraggi per produrre i quali si è rovinata la salute pubblica).
8 lari: le divinità protettrici della casa presso gli antichi Romani.

La lingua nel tempo: umore. Il termine *umore* (v. 99) viene usato da Parini nel suo significato principale, cioè quello di 'liquidi che scorrono'. Nel Medioevo con la "teoria degli umori" si definivano caratteri e disposizioni psicologiche che si credeva derivassero dalla circolazione dei liquidi nell'organismo. Oggi la parola *umore* è usata nel suo significato di 'liquido' solo nel linguaggio medico (per esempio, "umore acqueo" per indicare il liquido incolore che riempie le camere dell'occhio), mentre si usa molto più spesso l'espressione "essere di buono o cattivo umore", per indicare il proprio stato d'animo.

Né a pena cadde il sole
Che vaganti latrine
Con spalancate gole
Lustran ogni confine
De la città, che desta
Beve l'aura molesta.[9]

Gridan le leggi è vero;
E Temi[10] bieco guata:
Ma sol di sè pensiero
Ha l'inerzia privata.
Stolto![11] E mirar non vuoi
Ne' comun danni i tuoi?

Ma dove ahi corro e vago[12]
Lontano da le belle
Colline e dal bel lago
E dalle villanelle,
A cui sì vivo e schietto
Aere ondeggiar fa il petto?

Va per negletta via
Ognor l'util cercando
La calda fantasìa,
Che sol felice è quando
L'utile unir può al vanto
Di lusinghevol canto.[13]

da G. Parini, *Le odi*, ed. critica a cura di D. Isella, Ricciardi, Milano-Napoli 1975.

PARAFRASI

109-114 E non appena il sole tramonta (cadde) cessi ambulanti (vaganti latrine) [: i carri stercorari] con i coperchi aperti (spalancate gole) percorrono (lustran) ogni lato della città che [ancora] sveglia (desta) respira (beve) l'aria fastidiosa (molesta).
115-120 Le leggi minacciano (Gridan), è vero; e la giustizia (Temi) guarda minacciosamente (bieco): ma l'indifferenza (inerzia) dei privati si preoccupa (pensiero ha) solo di sé. Stolto! e non vuoi vedere (mirar) nei mali collettivi (comun) i tuoi [stessi mali]?».
121-126 Ahi, ma dove corro divagando (corro e vago), lontano dalle belle colline e dal bel lago [Pusiano] e dalle contadinelle alle quali un'aria così viva e pura (schietto) fa ondeggiare il petto?
127-132 La [mia] appassionata (calda) fantasia [poetica] va lungo strade (per… via) trascurate (negletta) [dagli altri poeti] sempre (ognor) in cerca dell'utile [sociale], la quale (che) [fantasia] è felice solamente quando può unire l'utilità al merito (vanto) di una poesia piacevole (lusinghevol canto).

9 Né a pena… molesta: le leggi prescrivevano ai carri addetti a raccogliere i rifiuti organici dalle abitazioni di svolgere le proprie mansioni di notte e con i coperchi ben serrati. Ma nessuna delle due norme veniva rispettata così che dai carri, vaganti per la città, emanava un fetore ben percepibile dai cittadini svegli.
10 Temi: dea della Giustizia; qui personifica l'apparato giudiziario.
11 Stolto: concentra sul singolo, per un effetto di maggiore efficacia polemica e persuasiva, l'attenzione rivolta nei versi precedenti a tutti i responsabili della degradazione cittadina.
12 corro e vago: il poeta finge di rendersi improvvisamente conto di essersi allontanato, nel suo ipotetico discorso, dalla annunciata celebrazione dei propri colli, passando a raffigurare la ben diversa situazione cittadina.
13 lusinghevol canto: è il modello, oraziano e illuministico, di poesia abbracciato da Parini: forma raffinata e splendida al servizio di temi di utilità sociale, colpevolmente trascurati di solito dai poeti.

Lavoriamo sul testo

Leggere e capire

I motivi sociali dell'ode Il componimento è ispirato alla malsanità dell'aria di Milano, dovuta a precise scelte produttive compiute nelle terre circostanti: essendo calato il prezzo dei cereali tradizionali come il grano, erano stati incrementati la coltivazione del riso e l'allevamento del bestiame. Tanto la produzione di riso quanto quella di foraggio richiedevano l'allagamento dei terreni con le acque scendenti dalle Prealpi; e gli acquitrini erano fonte di malaria e di umidità. Inutilmente le normativa (come ricorda Parini al v. 115) aveva più volte stabilito che nessuna di queste coltivazioni venisse realizzata nel raggio di quattro miglia dalla città: proprio la ripetizione di "proclami" testimonia il mancato rispetto delle leggi igieniche (tra cui quella di chiudere le cisterne che raccoglievano i liquami dei pozzi neri, totalmente ignorata).
L'opposizione campagna-città L'ode è basata sull'opposizione campagna-città. La campagna, nella quale il poeta immagina di ritornare, è il luogo dove si può beneficiare degli effetti positivi dell'aria salubre e di un ambiente privo di dannosi acquitrini. La città, invece, è il posto dove l'uomo subisce gli influssi nocivi sia delle acque stagnanti, sia delle cattive condizioni igieniche delle strade. Parini indica anche i responsabili della degenerazione milanese: gli speculatori i quali, mossi dalla possibilità di un guadagno maggiore, estendono la coltivazione del riso fino alle porte cittadine, senza preoccuparsi della salute degli abitanti.

Analizzare

Uno stile elaborato e raffinato Il componimento è il frutto di una elaborazione formale ricercata, nella quale prevale l'elemento letterario. Il lessico è sempre raffinato e aulico, con ricorso frequente a termini classici («Eupili» v. 2; «Stige» v. 32; «lari» v. 97; «Temi» v. 116) e termini rari per indicare gli oggetti più comuni: l''aria' è «aere» o «etere» (v. 9), il 'fango' è «limo» (v. 27) o «bitume» (v. 33), il 'vento' è «austro» (v. 13) o «borea» (v. 18). Lo stile esclude i periodi semplici e diretti, mentre privilegia le costruzioni ricche di anticipazioni e lontane dall'uso parlato.

Interpretare e approfondire

Fra Arcadia e Illuminismo La rappresentazione della campagna rientra nella tradizionale immagine arcadica della natura: la campagna è definita secondo una stilizzazione letteraria che la considera come luogo di pace e di ristoro per i sensi. Accanto agli elementi arcadici, convivono particolari innovativi nei quali si nota l'attenzione per gli aspetti "tecnici" tipica di molti illuministi lombardi: la rappresentazione concreta e realistica della campagna brianzola è definita nella sanità del suo clima, prodotto di precise condizioni atmosferiche, nella composizione fisica del terreno e nell'assenza di paludi. Inoltre, nelle ultime due strofe Parini fornisce una dichiarazione di poetica in linea con l'ideologia illuministica: la poesia ha il compito di perseguire l'«utile», combattendo le ingiustizie della società contemporanea per migliorare la vita degli uomini.

Esercizi

Prima prova A • L'analisi del testo

Comprendere

1 La nostalgia

Perché il poeta rimpiange i colli di Brianza?

2 Alla ricerca delle cause

Quali sono le cause della degenerazione milanese?

Analizzare

3 L'opposizione campagna-città

L'ode è ricca di riferimenti al benefico ambiente campagnolo dei colli di Brianza e alla decadenza in cui versano le strade e i quartieri di Milano. Completa una tabella come questa indicando quali caratteristiche fanno della Brianza una terra salutare e che cosa fa invece di Milano una città malsana.

colli di Brianza	Milano
«l'«etere vivace» v. 9»	il «fango» v. 35
....	....

Interpretare e approfondire

4 La rappresentazione dell'ambiente

La salubrità dell'aria è un'ode di argomento ecologico, in cui Parini sottolinea le cattive condizioni dell'ambiente cittadino opposte a quelle salutari della campagna. Come vengono rappresentati i due ambienti? Quali riflessioni sulla poetica dell'autore rivela simile rappresentazione?

[*Il Mattino*, vv. 1-64 e 101-157]

T2

Le forme
- stile elevato
- uso dell'ironia

I temi
- critica alla decadenza della nobiltà
- rivalutazione del popolo

Giuseppe Parini
Il risveglio del Giovin Signore

Dopo la presentazione del protagonista – il «Giovin Signore» – e del narratore – il «Precettor d'amabil rito» – viene spiegata la materia dell'opera: la descrizione della vita di un giovane nobile al quale il precettore intende consigliare i modi migliori per sfruttare la propria condizione sociale privilegiata. Il risveglio del Giovin Signore avviene in tarda mattinata ed è accompagnato da molti rituali di poca importanza, come la scelta tra cioccolata e caffè.

Giovin Signore, o a te scenda per lungo
Di magnanimi lombi ordine il sangue
Purissimo celeste, o in te del sangue
Emendino il difetto i compri onori
E le adunate in terra o in mar ricchezze
Dal genitor frugale in pochi lustri,
Me Precettor d'amabil Rito ascolta.

PARAFRASI

1-7 [O] Giovane Signore, sia che (o) a te il sangue purissimo [: nobile] [e] divino (celeste) arrivi (scenda) attraverso (per) lunga serie di reni (lombi) magnanimi, sia che gli onori acquistati (compri) e le ricchezze adunate in terra e in mare dall'avaro (frugale) padre (genitor) in pochi quinquenni (lustri) correggano (emendino) in te il difetto [: l'impurità] del sangue, ascolta me, maestro (Precettor) di amabile stile di vita (rito).

Come ingannar questi nojosi e lenti
Giorni di vita, cui sì lungo tedio
E fastidio insoffribile accompagna
Or io t'insegnerò. Quali al Mattino,
Quai dopo il Mezzodì, quali la Sera
Esser debban tue cure apprenderai,
Se in mezzo agli ozj tuoi ozio ti resta
Pur di tender gli orecchi a' versi miei.
Già l'are a Vener sacre e al giocatore
Mercurio ne le Gallie e in Albione
Devotamente hai visitate, e porti
Pur anco i segni del tuo zelo impressi:[1]
Ora è tempo di posa. In vano Marte
A sé t'invita; che ben folle è quegli
Che a rischio de la vita onor si merca,
E tu naturalmente il sangue aborri.
Né i mesti de la Dea Pallade studj
Ti son meno odiosi: avverso ad essi
Ti feron troppo i queruli ricinti
Ove l'arti migliori, e le scienze
Cangiate in mostri, e in vane orride larve,
Fan le capaci volte echeggiar sempre
Di giovanili strida. Or primamente
Odi quali il Mattino a te soavi
Cure debba guidar con facil mano.
Sorge il Mattino in compagnìa dell'Alba
Innanzi al Sol che di poi grande appare
Su l'estremo orizzonte a render lieti
Gli animali e le piante e i campi e l'onde.
Allora il buon villan sorge dal caro
Letto cui la fedel sposa, e i minori
Suoi figlioletti intepidìr la notte;
Poi sul collo recando i sacri arnesi
Che prima ritrovàr Cerere, e Pale,
Va col bue lento innanzi al campo, e scuote
Lungo il picciol sentier da' curvi rami
Il rugiadoso umor che, quasi gemma,
I nascenti del Sol raggi rifrange.
Allora sorge il Fabbro, e la sonante
Officina riapre, e all'opre torna
L'altro dì non perfette, o se di chiave
Ardua e ferrati ingegni all'inquieto
Ricco l'arche assecura, o se d'argento
E d'oro incider vuol giojelli e vasi
Per ornamento a nuove spose o a mense.

PARAFRASI

8-15 Ora io t'insegnerò come ingannare questi giorni [tuoi] di vita noiosi e lenti, che (cui) una così lunga noia (tedio) e insopportabile irrequietezza (fastidio) accompagnano. Apprenderai [da me] quali debbano essere le tue occupazioni (cure) al mattino, quali dopo il mezzogiorno, quali la sera, se pure in mezzo ai tuoi ozi ti resta l'ozio [necessario] per (di) tendere gli orecchi ai miei versi.
16-32 In passato (Già) hai visitato devotamente in Francia (le Gallie) e in Inghilterra (Albione) i templi (l'are = *gli altari*) consacrati a Venere [: al sesso, essendo Venere la dea dell'amore; cioè le case di appuntamento] e al giocatore Mercurio [: dio del gioco (e dei bari); cioè le bische], e porti ancora (pur anco) impressi i segni del tuo impegno (zelo): ora è tempo di riposo (di posa). Invano la vita militare (Marte; dio della guerra) ti invita a sé; perché è veramente (ben) folle quegli che si guadagna (si merca) onore a rischio della vita, e naturalmente tu detesti il sangue. Né ti sono meno odiosi i tristi (mesti) studi della dea Minerva (Pallade) [: dea della sapienza]: ti resero (ti feron = *ti fecero*) troppo avverso ad essi le prigioni (i recinti) piene di pianto (queruli) [: le aule scolastiche] dove le arti e le scienze migliori, trasformate (cangiate) in mostri e in assurdi (vane) [e] orridi fantasmi (larve), fanno sempre echeggiare gli ampi soffitti (volte) di lamenti (strida) di giovani. Ora per prima cosa ascolta quali piacevoli occupazioni (soavi cure) il Mattino debba guidare a te con tocco gradevole (con facil mano).
33-52 Il mattino sorge in compagnia dell'alba prima del (innanzi al) sole che poi appare grande sul più lontano (estremo) orizzonte a rendere lieti gli animali e le piante e i campi e le acque (l'onde). Allora il laborioso (buon) contadino (villan) si alza (sorge) dal caro letto che (cui) la moglie fedele e i suoi figlioletti più piccoli (minori) intiepidirono [durante] la notte; poi, portando sul collo i sacri attrezzi (arnesi) [: quelli agricoli] che Cerere [: dea dell'agricoltura] e Pale [: dea della pastorizia] inventarono (ritrovàr) per prime (prima), va al campo con il bue [che gli cammina] lentamente davanti (lento innanzi), e lungo il piccolo sentiero scuote dai rami curvi le gocce di rugiada (il rugiadoso umor) che, come (quasi) gemme, riflettono (rifrange) i nascenti raggi del sole. Allora [: all'alba] si alza il fabbro, e riapre la rumorosa (sonante) officina, e ritorna alle opere non terminate (non perfette) il giorno precedente (l'altro dì), sia se lavora a rendere sicuri (o se… assecura) i forzieri (l'arche) all'inquieto ricco [fornendoli] di una chiave complicata (ardua) e di meccanismi (ingegni) di ferro, sia se vuole incidere gioielli e vasi d'argento e d'oro per ornamento di spose novelle o di mense.

Metrica endecasillabi sciolti.

1 i segni… impressi: Parini si riferisce ai postumi lasciati dalla sifilide, un'infezione batterica che si trasmette per via sessuale.

Ma che? tu inorridisci, e mostri in capo,
Qual istrice pungente, irti i capegli
Al suon di mie parole? Ah non è questo,
Signore, il tuo mattin. Tu col cadente
Sol non sedesti a parca mensa, e al lume
Dell'incerto crepuscolo non gisti
Jeri a corcarti in male agiate piume,
Come dannato è a far l'umile vulgo.
A voi celeste prole, a voi concilio
Di Semidei terreni altro concesse
Giove benigno: e con altr'arti e leggi
Per novo calle a me convien guidarvi.

Dopo feste, spettacoli a teatro e gioco d'azzardo, il Giovin Signore è tornato a casa, accolto da un ricco banchetto; infine, esausto, si è addormentato. È giusto quindi che il suo risveglio avvenga in tarda mattinata, quando inizia anche il compito del Precettore, cioè guidare il giovane nella realizzazione di "eroiche" imprese.

Già i valetti gentili udìr lo squillo
Del vicino metal cui da lontano
Scosse tua man col propagato moto;
E accorser pronti a spalancar gli opposti
Schermi a la luce, e rigidi osservàro,
Che con tua pena non osasse Febo
Entrar diretto a saettarti i lumi.
Ergiti or tu alcun poco, e sì ti appoggia
Alli origlieri i quai lenti gradando
All'omero ti fan molle sostegno.
Poi coll'indice destro, lieve lieve
Sopra gli occhi scorrendo, indi dilegua
Quel che riman de la Cimmeria nebbia;[2]
E de' labbri formando un picciol arco,
Dolce a vedersi, tacito sbadiglia.
O, se te in sì gentile atto mirasse
Il duro Capitan qualor tra l'armi,
Sgangherando le labbra, innalza un grido
Lacerator di ben costrutti orecchi,
Onde a le squadre varj moti impone;
Se te mirasse allor, certo vergogna
Avria di sé più che Minerva il giorno
Che, di flauto sonando, al fonte scorse
Il turpe aspetto de le guance enfiate.[3]
Ma già il ben pettinato entrar di novo
Tuo damigello i' veggo; egli a te chiede

PARAFRASI

53-60 Ma che? tu inorridisci, e mostri i capelli dritti (**irti**) in testa (**in capo**), come (**qual**) un istrice pungente, al suono delle mie parole? Ah [Giovin] Signore, non è questo il tuo mattino. Tu non ti sei seduto a una povera (**parca**) mensa mentre il sole tramontava (**col cadente sol**), e ieri non sei andato (**non gisti** = *non andasti*) a coricarti in un letto disagiato (**in male agiate piume**) alla luce incerta del crepuscolo, come è condannato (**dannato**) a fare l'umile popolo (**vulgo**).
61-64 Giove [con voi] benevolo concesse altro [destino] a voi [nobili], figli di dèi (**celeste prole**), a voi, adunata (**concilio**) di semidei terreni: e a me spetta (**convien**) guidarvi lungo una strada diversa (**per novo calle**) con accorgimenti (**arti**) e leggi diverse (**altr'**<e>).
101-107 Già i nobili (**gentili**) [: in quanto al servizio di un tal signore] servitori (**valetti**) hanno udito (**udìr** = *udirono*) lo squillo del campanello (**metal**) [a loro] vicino, che (**cui**) la tua mano scosse da lontano con un movimento (**col moto**) trasmesso (**propagato**) [: da un cordone]; e sono accorsi, pronti, a spalancare i ripari (**gli schermi**) contrapposti alla luce [: le imposte], e hanno fatto attenzione (**osservàro** = *osservarono*), scrupolosi (**rigidi**), che il sole (**Febo**) non osasse entrare a colpirti (**saettarti**) direttamente gli occhi (**i lumi**) con tuo fastidio (**pena**).
108-124 Ora tu sollèvati (**ergiti**) un pochino (**alcun poco**), e appòggiati dunque (**sì** = *così*) ai cuscini (**alli origlieri**), i quali ti porgono (**ti fan**) alle spalle (**all'omero**) un morbido (**molle**) sostegno digradando lentamente. Poi con l'indice destro, passando (**scorrendo**) leggero leggero sopra gli occhi, cancella (**dilegua**) da lì (**indi**) [: dagli occhi] quanto (**quel che**) [vi] rimane della nebbia del sonno (**de la cimmeria nebbia**) [: le ultime tracce del sonno]; e formando [per mezzo] dei labbri un piccolo arco, gradevole (**dolce**) a vedersi, sbadiglia silenziosamente (**tacito**). O se ti (**te**) vedesse (**mirasse**) in un atteggiamento così raffinato (**gentile**) il duro capitano quando (**qualor**), in situazione militare (**tra l'armi**), spalancando (**sgangherando**) le labbra, lancia (**innalza**) un grido che lacera (**lacerator**) orecchi solidi (**ben costrutti**), per mezzo del quale (**onde**) ordina (**impone**) alle squadre [dei soldati] varî movimenti (**moti**); se allora [il capitano] ti vedesse, avrebbe (**avrìa**) certamente vergogna di sé più che [non ne ebbe] Minerva il giorno che, suonando il flauto, vide (**scorse**) [riflesso] nella fonte l'aspetto orribile (**turpe**) delle [sue] guance gonfie (**enfiate**).
125-143 Ma io vedo (**i' veggo**) già entrare di nuovo il tuo servitore (**damigello**) ben pettinato; egli chiede a te quale delle

2 cimmeria nebbia: la favolosa popolazione dei Cimmeri era collocata dai poeti antichi (a partire da Omero) in un paese sempre nebbioso, presso il quale Ovidio pone la dimora del sonno. La nebbia è dunque qui lo stato di leggera confusione che segue il risveglio.
3 Minerva... enfiate: con riferimento al racconto fatto dai vari poeti classici, tra cui Ovidio in *Fasti* VI, 697-702. La dea Minerva, derisa da altre divinità mentre suonava il flauto e specchiatasi in uno stagno per verificare il proprio aspetto, gettò via lo strumento scoprendosi deturpata dalle guance rigonfie per lo sforzo di soffiare.

Quale oggi più de le bevande usate
Sorbir ti piaccia in preziosa tazza:
Indiche merci son tazze e bevande;
Scegli qual più desii. S'oggi ti giova
Porger dolci allo stomaco fomenti,
Sì che con legge il natural calore
V'arda temprato, e al digerir ti vaglia,
Scegli 'l brun cioccolatte, onde tributo
Ti dà il Guatimalese e il Caribbèo
C'ha di barbare penne avvolto il crine:
Ma se nojosa ipocondrìa[4] t'opprime,
O troppo intorno a le vezzose membra
Adipe cresce, de' tuoi labbri onora
La nettarea bevanda ove abbronzato
Fuma, ed arde il legume a te d'Aleppo
Giunto, e da Moca che di mille navi
Popolata mai sempre insuperbisce.
Certo fu d'uopo, che dal prisco seggio
Uscisse un Regno, e con ardite vele
Fra straniere procelle e novi mostri
E teme e rischi ed inumane fami
Superasse i confin, per lunga etade
Inviolati ancora: e ben fu dritto
Se Cortes, e Pizzarro umano sangue
Non istimàr quel ch'oltre l'Oceàno
Scorrea le umane membra, onde tonando
E fulminando, alfin spietatamente
Balzaron giù da' loro aviti troni
Re Messicani e generosi Incassi,[5]
Poiché nuove così venner delizie,
O gemma degli eroi, al tuo palato.

da G. Parini, *Il Giorno*, ed. critica a cura di D. Isella, voll. I e II, Ricciardi, Milano-Napoli 1969.

PARAFRASI

consuete (usate) bevande tu preferisca oggi sorbire nella tazza preziosa: tazze e bevande sono [entrambe] prodotti (merci) orientali (indiche = *indiane*); scegli quello che (qual) desideri di più. Se oggi ti è gradito (ti giova) offrire (porger) allo stomaco dolci bevande riscaldanti (fomenti), così che il calore naturale vi arda regolato (temprato) con misura (legge), e ti aiuti (ti vaglia) a digerire, scegli la scura ('l brun) cioccolata, della quale (onde) ti fanno offerta (tributo ti dà) gli abitanti del Guatemala e dei Caraibi (il Guatimalese e il Caribbèo) che hanno i capelli (il crine) circondati (avvolto) di penne secondo l'uso barbarico (barbare): ma se ti appesantisce (t'opprime) la fastidiosa (nojosa) cattiva digestione (ipocondrìa), o cresce troppo grasso (adipe) intorno alle [tue] graziose (vezzose) membra, onora della tua bocca (de' tuoi labbri) [: bevi] la bevanda simile al nettare (nettarea) [divino] nella quale (ove), tostato (abbronzato), fuma e brucia il seme (il legume) [: il caffè] giunto a te da Aleppo [: in Siria] e da Moka [: in Arabia, oggi Yemen], che è orgogliosa (insuperbisce), [essendo] sempre (mai sempre) affollata (popolata) di numerosissime (mille) navi.
144-157 Certamente fu necessario (d'uopo) che uno Stato (un Regno) [: la Spagna] uscisse dai territori (dal seggio) antichi (prisco), e con navi (con vele) coraggiose (ardite) fra tempeste (procelle) in zone sconosciute (straniere) e [fra] eventi straordinari (mostri) mai visti (novi) e timori (teme) e rischi e privazioni (fami) disumane superasse i confini [del mondo conosciuto; cioè le Colonne d'Ercole], ancora inviolati durante tanto tempo (per lunga etade): e fu veramente (ben) giusto (dritto) il fatto che (se) Cortés e Pizzarro non stimarono sangue umano quello che percorreva (scorrea) le membra umane al di là (oltre) dell'Oceano [Atlantico], così che (onde) con gli scoppi e i lampi (tonando e fulminando) [delle armi da fuoco], infine gettarono (balzaron) spietatamente giù dai loro troni ereditari (aviti) i re messicani e i generosi Incas, [tutto questo fu necessario e giusto] poiché così giunsero (venner) nuove prelibatezze (delizie) al tuo palato, o gemma [: fior fiore] degli eroi.

4 ipocondrìa: malattia di gran moda all'epoca, legata a disturbi digestivi (del fegato in particolare) con conseguenze sull'umore, incline alla malinconia e alla depressione.
5 Cortes… Incassi: Ferdinando Cortés (1485-1547), conquistatore del Messico, e Francesco Pizzarro (1475-1541), conquistatore del Perù, furono tra i più noti e spietati capi militari delle spedizioni spagnole in America. Aiutati dalla superiorità nella tecnica militare e dall'uso di armi da fuoco ignote alle popolazioni amerinde, gli Spagnoli sterminarono civiltà antichissime, spodestando dal trono, fra gli altri, i re messicani Guatimozino e Montezuma.

Lavoriamo sul testo

Leggere e capire

Com'è diviso il testo Il brano presentato si trova all'inizio del poemetto e può essere diviso in cinque parti:
1. i vv. 1-15 spiegano che il poema è dedicato all'istruzione di un «Giovin Signore» da parte di un «Precettor d'amabil rito», che suggerisce al nobile un adeguato stile di vita;
2. i vv. 16-32 forniscono notizie sull'educazione del Giovin Signore: dopo i viaggi in Europa – che lo hanno iniziato al gioco d'azzardo e alla frequentazione di prostitute – il nobile si è rifiutato di intraprendere la carriera militare (troppo rischiosa) e di compiere studi superiori (troppo noiosi);
3. i vv. 33-65 descrivono come l'alba coincida, per i contadini e gli artigiani, con la ripresa delle faticose e rumorose attività lavorative;
4. i vv 101-124 raccontano come il Giovin Signore si risveglia: mobilitata una schiera di servi al suo comando, il giovane sbadiglia in modo inutilmente raffinato;
5. i vv. 125-157 descrivono la difficile scelta che si trova davanti il protagonista: assaggiare la cioccolata o il caffè? Per entrambe le bevande – provenienti da regioni esotiche, quali il Medio Oriente e l'America centrale – sono stati versati fiumi di sangue: ma ogni azione sembra lecita per soddisfare i bisogni del Giovin Signore.

Analizzare

Lo stile: l'innalzamento Nel *Giorno* è presente la tendenza all'innalzamento stilistico. Non solo il lessico raffinato, ricco di termini rari e di latinismi, dà ai versi un tono solenne, ma anche la costruzione del periodo, in cui sono presenti molte inversioni sintattiche. Già i primi sette versi evidenziano la scelta di usare proposizioni lunghe e complesse, in cui alla frase principale («[Giovin Signore,] me precettore d'amabil Rito ascolta») si associano due frasi secondarie («o a te... o in te...»). Questo innalzamento, destinato generalmente a dare prestigio alla materia trattata, è però qui al servizio di un racconto di scarsa rilevanza narrativa: vengono cioè descritte con grande raffinatezza letteraria le azioni inutili e insignificanti del Giovin Signore.

L'ironia: l'arma per ridicolizzare il Giovin Signore L'ironia è quindi l'arma che il narratore possiede per compiere elogi sproporzionati del protagonista senza pericolo di essere preso sul serio, e anzi con effetto comico. Per esempio, l'espressione «magnanimi lombi» (v. 2) accosta un termine ricercato a uno quasi animalesco, per introdurre il sospetto, dichiarato nei versi successivi, che la nobiltà del Giovin Signore sia stata acquistata recentemente, solo grazie ad antenati avidi (vv. 5-6). L'ironia si diffonde in ogni particolare del racconto e diventa perfino feroce e amara riferendosi allo sterminio delle popolazioni americane, necessario per consentire al Giovin Signore i suoi inutili lussi. Un personaggio incapace, ma che merita il trattamento di un eroe: neanche Febo (cioè Apollo, il dio del Sole) può permettersi di svegliarlo in anticipo (v. 106 sg.).

Interpretare e approfondire

Contro la decadenza della nobiltà: il popolo sano La rappresentazione del mondo nobiliare – al quale il narratore/Precettore mostra di aderire, ma in realtà solo per smascherarne la vuotezza e l'insignificanza – esprime la condanna di Parini. La critica del poeta non è solo distruttiva, ma mira anche a proporre un'alternativa: alla decadenza della nobiltà Parini contrappone la laboriosità del mondo popolare. La vita del popolo è caratterizzata positivamente, grazie a una serie di aggettivi («buon villan» v. 37; «caro / letto» v. 37 sg.; «fedel sposa» v. 38; «sacri arnesi» v. 40). Il contadino in particolare è il portatore di un insieme di valori condiviso anche dal poeta perché in armonia con la natura e le sue leggi. Da questo punto di vista si nota la formazione illuministica di Parini, e la sua ideologia sensibile ai valori del lavoro agricolo.

Esercizi

Prima prova A • L'analisi del testo

Comprendere

1 Il compito del Precettore

Quale compito si propone il precettore all'inizio del brano?
a. criticare la vita del Giovin Signore
b. ingannare la fiducia del Giovin Signore
c. mostrare il miglior modo di vivere al Giovin Signore
d. insegnare le buone maniere al Giovin Signore

2 Una vita diversa

Chi vive una giornata completamente opposta rispetto a quella del Giovin Signore?
a. i militari
b. gli animali

c. il precettore
d. il contadino

3 Una difficile impresa
Quale difficile scelta deve compiere il Giovin Signore appena sveglio?
a. se bere cioccolata o caffè
b. se tagliarsi i capelli
c. se dormire ancora un po'
d. se accettare l'invito per un ricevimento

Analizzare

4 L'educazione del Giovin Signore
Dopo aver presentato la materia del poema, il precettore descrive l'educazione del Giovin Signore. Sottolinea nel testo i versi in cui si spiega la formazione del nobile e prova a spiegarne il significato.

5 L'arma segreta del poeta
L'episodio è segnato dall'uso di uno strumento che consente al poeta di criticare la nobiltà in modo indiretto. Quale? Sottolinea nel testo le espressioni che motivano la tua risposta.

Interpretare e approfondire

6 Una notte movimentata
Il risveglio del Giovin Signore avviene in tarda mattinata perché il nobile ha vissuto una notte movimentata. Quali sono state le tappe della sua serata? Quale rapporto ha il Giovin Signore con il giorno e la notte?

7 Il punto di vista dell'autore
Il brano rivela il punto di vista di Parini sulla situazione della nobiltà del suo tempo. Quale immagine emerge? Quali alternative sociali Parini prospetta all'aristocrazia?

CICISBEO → termine onomatopeico che si riferisce al parlare

[*Il Mezzogiorno*, vv. 517-556]

T3

Le forme
- stile elevato
- uso dell'ironia

I temi
- inutilità delle preoccupazioni nobiliari
- "divinizzazione" della cagnetta

Giuseppe Parini
La vergine cuccia

Alla presenza di un invitato vegetariano sensibile al dolore degli animali ma del tutto indifferente alle sofferenze umane, la Dama racconta di quando la sua cagnetta morse la caviglia di un servitore ed egli reagì colpendola con un calcio e per questa ragione fu licenziato e gettato in miseria con tutta la famiglia.

figure mitologiche

[...] Or le sovviene il giorno,
Ahi fero giorno! allor che la sua bella
Vergine cuccia de le Grazie alunna,[1]
Giovenilmente vezzeggiando, il piede
Villan del servo con l'eburneo dente
Segnò di lieve nota: ed egli audace
Con sacrilego piè lanciolla: e quella
Tre volte rotolò; tre volte scosse
Gli scompigliati peli, e da le molli
Nari soffiò la polvere rodente.
Indi i gemiti alzando: aita aita[2]
Parea dicesse; e da le aurate volte
A lei l'impietosita Eco[3] rispose:
E dagl'infimi chiostri i mesti servi
Asceser tutti; e da le somme stanze

PARAFRASI

517-526 Ora le [: alla Dama] torna alle memoria (sovviene) il giorno, ahi giorno terribile (fero)! in cui (allor che) la sua bella cagnetta (cuccia) giovane (vergine) allevata (alunna) dalle Grazie, giocando (vezzeggiando) in modo giovanile [: da cucciola], segnò di una leggera (lieve) traccia (nota) [: una ferita] con i denti d'avorio (eburneo) il piede villano del servo: ed egli, audace, la buttò via (lanciolla) con il piede sacrilego: e quella [: la cagnetta] rotolò tre volte; agitò (scosse) tre volte i peli scompigliati, e dalle delicate (molli) narici soffiò la polvere irritante (rodente).
527-541 Quindi emettendo (alzando) i gemiti [la cagnetta] pareva che dicesse 'aiuto, aiuto'; e dai soffitti (da le volte) dorati (aurate) le rispose Eco impietosita: e tutti i servi accorsero preoccupati (mesti) dai locali in basso (dagl'infimi chiostri);

Metrica endecasillabi sciolti.

1 de le Grazie alunna: cioè così bella e nobile da sembrare educata dalle Grazie in persona.

2 aita aita: l'espressione imita i lamenti del cane, ma il vocabolo "aita" vale anche 'aiuto'.

3 Eco: la ninfa innamorata di Narciso, trasformata in sasso e costretta a ripetere le parole altrui; cioè 'l'eco'. Il riferimento mitologico (implicato dalla maiuscola e dalla personificazione: ▶ «impietosita») innalza il tono del racconto.

Le damigelle pallide tremanti
Precipitàro. Accorse ognuno; il volto
Fu spruzzato d'essenze a la tua Dama;
Ella rinvenne alfin: l'ira, il dolore
L'agitavano ancor; fulminei sguardi
Gettò sul servo, e con languida voce
Chiamò tre volte la sua cuccia: e questa
Al sen le corse; in suo tenor vendetta
Chieder sembrolle: e tu vendetta avesti
Vergine cuccia de le Grazie alunna.
L'empio servo tremò; con gli occhi al suolo
Udì la sua condanna. A lui non valse
Merito quadrilustre; a lui non valse
Zelo d'arcani uficj:[4] in van per lui
Fu pregato e promesso; ei nudo andonne
Dell'assisa spogliato ond'era un giorno
Venerabile al vulgo. In van novello
Signor sperò; chè le pietose dame
Inorridìro, e del misfatto atroce
Odiàr l'autore. Il misero si giacque
Con la squallida prole, e con la nuda
Consorte a lato su la via spargendo
Al passeggiere inutile lamento:
E tu vergine cuccia, idol placato
Da le vittime umane, isti superba.

da G. Parini, *Il Giorno*, op. cit., vol. I.

PARAFRASI

e le damigelle pallide [e] tremanti si precipitarono dalle stanze superiori (somme). Tutti accorsero (Accorse ognuno); alla tua [: del Giovin Signore] Dama fu spruzzato il volto di essenze; ella infine rinvenne: l'ira, il dolore la conturbavano (l'agitavano) ancora; gettò sul servo sguardi rapidissimi (fulminei), e con voce debole (languida) chiamò tre volte la sua cagnetta: e questa le corse in braccio (al sen); a modo suo (in suo tenor) sembrò chiederle (chieder sembrolle) vendetta: e tu avesti vendetta, giovane cagnetta allevata dalle Grazie.
542-556 Il servo empio tremò; udì la sua condanna con gli occhi a terra. A lui non fu d'aiuto (non valse [a salvarlo]) il merito di vent'anni (quadrilustre) [di servizio]; a lui non fu d'aiuto l'affidabilità (zelo) in incarichi (uficj) segreti (arcani): inutilmente da parte sua (per lui) fu pregato e promesso [: pregò e promise]; egli (ei) se ne andò (andonne) nudo [: senza ricevere un soldo] e privato (spogliato) della divisa (assisa) grazie alla quale (ond'<e>) in passato (un giorno) era rispettabile (venerabile) tra la gente (al vulgo). Inutilmente sperò [di trovare] un nuovo padrone (novello signor); perché le dame pietose inorridirono [per il suo gesto], e odiarono l'autore dell'atroce misfatto. L'infelice (Il misero) restò (si giacque) sulla strada (via) insieme ai figli denutriti (squallida) e con la moglie (consorte) [semi]nuda accanto (a lato), diffondendo (spargendo) inutili lamenti tra i passanti (al passeggiere) [: chiedendo invano l'elemosina]: e tu, giovane cagnetta, dea (idol) compensata (placato) dalle vittime umane, andasti (isti) superbamente [per aver ottenuto vendetta].

4 Zelo d'arcani uficj: con allusione a incarichi delicati, di particolare fiducia (per esempio relativi alle relazioni amorose dei padroni).

Giambattista Tiepolo, part. dal *Banchetto di Antonio e Cleopatra*, 1746-1747. Venezia, Palazzo Labia.

Lavoriamo sul testo

Leggere e capire

Il "triste" ricordo della Dama Nel *Mezzogiorno*, durante il pranzo, un invitato vegetariano pronuncia un'aspra condanna contro gli uomini che macellano agnelli e buoi per mangiarne la carne. Le sue parole fanno ritornare in mente alla Dama un "triste" ricordo: lo strazio patito dalla sua «vergine cuccia», cioè dalla sua giovane cagnolina, per un calcio datole da un servo. Nell'episodio della «vergine cuccia», uno dei più noti del *Giorno*, si compie un paradossale e crudele stravolgimento: la cagnetta vale più di un uomo e della sua ventennale fedeltà alla famiglia presso cui è impiegato.

Analizzare

Uno stile elevato Lo stile è ancora una volta solenne: molti i richiami a personaggi del mito, come le Grazie (vv. 519 e 541) e la ninfa Eco (v. 529). Il tono elevato e la scelta di termini rari e di latinismi («fero», «eburneo», «sacrilego», «aurate» ecc.) sottolineano l'ironia con cui il narratore svolge il racconto.

Interpretare e approfondire

Un punto di vista straniato L'episodio è descritto attraverso gli occhi della Dama: questa soluzione provoca un effetto straniante perché la realtà filtrata dallo sguardo della donna appare frivola e disumana, lontana dal pensiero dell'autore. Il punto di vista della Dama è straniato perché presenta come normali atteggiamenti del tutto assurdi, come l'umanizzazione della cagnetta (▶ «alunna» v. 519; «parea dicesse» v. 528) e persino la sua divinizzazione (▶ «idol» v. 555). Ma progressivamente emerge anche un altro punto di vista: dal v. 542 si svela l'ottica del poeta, che rivela la propria indignazione per la punizione subita dal servo. E nei versi finali c'è la condanna totale di Parini: il poeta definisce la cagnetta un idolo inquietante, per la quale non si esita a sacrificare la vita di un uomo e della sua famiglia. L'inutile commedia della vita aristocratica ha causato una profonda ferita nella laboriosità delle classi inferiori.

Esercizi

Prima prova A • L'analisi del testo

Comprendere

1 Il «fero giorno»

Qual è il «fero giorno» che ricorda la Dama?

a. quando la sua cagnetta venne morsa da un serpente
b. quando il suo servo si licenziò
c. quando la sua cagnetta ricevette un calcio da un servo
d. quando la sua cagnetta morse un servo

2 Scoprire il significato

A che cosa si riferisce l'espressione «zelo d'arcani uficj» al v. 545?

a. alla fedeltà della cagnetta
b. al tentativo del servo di evitare il licenziamento
c. al disprezzo che nasce nel cuore della Dama
d. ai delicati incarichi svolti in maniera corretta dal servo

Analizzare

3 Una cagnetta... divina

La descrizione della cagnetta è ricca di riferimenti mitologici. Sottolinea nel testo le espressioni che si riferiscono al mito e spiega quale funzione hanno.

Interpretare e approfondire

4 Un nuovo punto di vista

Il racconto è condotto attraverso gli occhi della Dama ma, a un certo punto, subentra un altro punto di vista. Di chi è? Quale ideologia sostiene?

I diritti degli animali

La satira che Parini propone nell'episodio della «vergine cuccia» allude a un problema che sarà posto all'ordine del giorno soltanto nel Novecento: i diritti degli animali.

Uno dei primi filosofi a sostenere la causa animale fu l'inglese Jeremy Bentham (1748-1832), che nel 1789 scriveva: «verrà il giorno in cui gli animali del creato acquisiranno quei diritti che non avrebbero potuto essere loro sottratti se non dalla mano della tirannia». Ma è solo nel Novecento che si costituiscono i primi movimenti in difesa dei diritti animali. Il più importante è il WWF (acronimo di *World Wildlife Fund For Nature*, cioè 'fondo mondiale per la natura'), fondato nel 1961 in Svizzera da un gruppo che comprendeva i principi Bernardo d'Olanda e Filippo d'Edimburgo e il naturalista e pittore inglese Peter Scott, il quale disegnò il logo originale, con il panda gigante bianco e nero su sfondo bianco.
Riportiamo di seguito il testo del primo manifesto del WWF: redatto l'11 settembre 1961 e noto come "manifesto di Morges" – dal nome del villaggio svizzero, nel cantone di Vaud, dove la nuova associazione aveva stabilito la sua prima sede – fu sottoscritto da sedici fra i più noti naturalisti dell'epoca.

L'autostima dell'umanità dipende dalla salvaguardia della natura

“In tutto il mondo un numero impressionante di splendidi e inoffensivi animali sta scomparendo o perdendo il suo habitat a seguito dell'insensata distruttività umana. In nome del progresso gli animali selvatici vengono uccisi o portati all'estinzione, scacciati come sono dalle loro terre destinate a essere sfruttate o allagate da nuove dighe; vengono avvelenati dai prodotti chimici, abbattuti dai bracconieri, uccisi nel corso di guerriglie. Gli anni Sessanta sembrano destinati a battere ogni record in quanto a eliminazione sistematica della fauna dal nostro pianeta. Un senso di vergogna si farà forse strada in futuro nell'animo degli uomini; ma intanto i nostri figli saranno stati privati del multiforme patrimonio naturale dall'ignoranza, dall'avidità, dalla follia dell'uomo. Ci resta poco tempo, ma si può ancora invertire la rotta. Naturalisti e persone appassionate, e organizzazioni di tutto rispetto, stanno facendo di tutto per salvare la natura. Hanno la preparazione per farlo e la volontà di riuscirci: ma purtroppo non hanno ne mezzi né il sostegno necessari. Devono combattere ogni giorno su fronti diversi e contro minacce sempre nuove. Hanno bisogno soprattutto di denaro per allestire operazioni di soccorso faunistico, per acquistare aree naturalistiche minacciate, e per molte altre iniziative. Servono fondi, per esempio, per pagare i guardaparco; fondi per educare alla conservazione quanti ignorano tutto al proposito; fondi per la formazione ambientale di operatori, in Africa come altrove; fondi, infine, per inviare degli esperti dove la natura è in grave pericolo. L'attuale situazione di emergenza va affrontata su ampia scala e con decisione. La vittoria dipenderà non solo dagli sforzi appassionati degli amanti della natura, ma anche dall'essere riusciti a conquistare il sostegno e il rispetto di molti, i cui interessi non vanno ignorati. La stima che l'umanità avrà di se stessa e la sua eredità sulla terra dipenderanno dalla saggezza e dalla lungimiranza di quanto farà a favore della natura.

RIFLETTERE E ARGOMENTARE

1 Spunti per la discussione
Il brano permette di individuare i principi che sono alla base del WWF. Conosci altre associazioni che lottano per i diritti degli animali? Discuti con i tuoi compagni sui loro obiettivi e sulle loro finalità: in che cosa differiscono da quelli del WWF?

3 Vincenzo Monti

La vita e le opere

Il poeta cortigiano

Vincenzo Monti nasce nel **1754** da una famiglia di proprietari terrieri tra Fusignano e Alfonsine, in provincia di Ravenna. Dopo essere stato accolto nell'**accademia dell'Arcadia** (1775), nel 1778 si trasferisce a **Roma**, dove rimarrà fino al 1797. Qui si cala con successo nei panni del poeta-cortigiano, ottenendo il favore di protettori illustri. Nel periodo romano scrive diverse opere: i *Pensieri d'amore* (1782; ▶ T4), ispirati alla lettura dei *Dolori del giovane Werther* dello scrittore tedesco Johann Wolfgang Goethe (▶ §5), e i primi quattro canti della *Bassvilliana* (o *In morte di Ugo di Bassville*, un francese ucciso dai controrivoluzionari), per condannare la ferocia della rivoluzione francese (1793).

Il poeta rivoluzionario

Nel 1797 Monti si trasferisce a **Milano**. Qui abbandona le posizioni controrivoluzionarie espresse nella *Bassvillania* e si propone quale poeta ufficiale della rivoluzionaria **Repubblica Cisalpina**, fondata nello stesso anno da Napoleone Bonaparte, al quale dedica diverse opere: il poemetto *La Musogonia* (1797), *Alla maestà di Napoleone* (1805) e il *Bardo della Selva Nera* (1806). Durante questo periodo, Monti raggiunge il culmine del successo: gli è affidata una **cattedra a Pavia** (1802), è nominato **poeta ufficiale del governo** (1804) e **storiografo del Regno d'Italia** (1806). In questi anni il poeta sviluppa l'interesse per le traduzioni dei classici, soprattutto dell'*Iliade* (1810).

Il poeta della Restaurazione

Dopo la caduta di Napoleone (1815), Monti celebra il nuovo corso degli eventi: diventa così il poeta della Restaurazione, cioè del **ritorno degli austriaci** a Milano e in Italia. In

Focus Intellettuali e potere

Continuando una tendenza nata nel Seicento, Monti rappresenta l'intellettuale "trasformista", capace di cambiare velocemente atteggiamento per assecondare gli interessi dei vari governi al potere. È per questo motivo che nella sua produzione artistica ci sono sia opere che attaccano la ferocia dei rivoluzionari francesi, sia scritti che esaltano Napoleone. Alla sconfitta dell'imperatore francese (1815), Monti celebra inoltre il ritorno degli austriaci in Italia.
La capacità montiana di sostenere «l'opinione pubblica dominante» rispecchia un'inclinazione diffusa tra molti intellettuali contemporanei. L'intellettuale è spesso diventato un funzionario al servizio degli apparati produttivi, sia pubblici sia privati, che mette a disposizione il proprio sapere in cambio di uno stipendio. Inseriti all'interno di organizzazioni produttive, gli intellettuali sono ridotti a semplici "lavoratori della conoscenza", costretti a scendere a patti con le logiche del mondo del lavoro e, di conseguenza, a sviluppare una capacità di conversione alle ideologie dominanti. Come ha notato il critico palestinese Edward W. Said (1935-2003) nel saggio *Dire la verità. Gli intellettuali e il potere* (1995), il rischio corso oggi dagli uomini di cultura è quello di scomparire in un'infinità di mansioni particolari e di diventare solo un ingranaggio degli apparati produttivi. Se invece l'intellettuale assume un ruolo marginale ed esterno alle istituzioni, allora può ancora sollevare questioni provocatorie, cercando la polemica e non il compromesso con le organizzazioni nelle quali è inserito. La speranza espressa da Said è che l'intellettuale contemporaneo possa «trovare la propria ragione d'essere nel fatto di rappresentare tutte le persone e le istanze che solitamente sono dimenticate o censurate».

▼ Georg Melchior Kraus, *Johann Wolfgang von Goethe che guarda una silhouette*, 1777. Collezione privata.

questo periodo compone *Il mistico omaggio* (1815) e *Il ritorno di Astrea* (1816). Muore a Milano nel **1828**.

Una poesia al servizio del presente

La poesia di Monti – che raggiunge i risultati migliori nelle traduzioni e nei testi brevi, ispirati a fatti storici o a esperienze personali – costituisce una **costante celebrazione del presente**. Vissuto in un periodo storico di profondi e ripetuti capovolgimenti politici, Monti cambia continuamente posizione, assecondando il **punto di vista dei vincitori** e mettendo così in discussione la propria credibilità. Ma anche nelle composizioni civili le circostanze politiche particolari restano un riferimento superficiale, solo un'occasione buona per fare poesia. In questi casi Monti diventa, come ha scritto il critico Francesco De Sanctis (1817-1883), «il segretario dell'opinione pubblica dominante» (▶ Focus).

facciamo il punto

- **Quali sono i principali eventi della vita di Vincenzo Monti?**
- **Perché della sua poesia si dice che è al servizio del presente e dei vincitori?**

[*Pensieri d'amore*, VIII]

T4

Le forme
- stile piano e disteso

I temi
- malinconia della notte
- passione amorosa
- potenza della natura

Vincenzo Monti
«Alta è la notte»

La poesia – contenuta nei Pensieri d'amore *(1782) – è ispirata a un episodio del romanzo* I dolori del giovane Werther *(1774) dello scrittore tedesco Johann Wolfgang Goethe (1749-1832). Il frammento si riferisce all'ultima lettera scritta da Werther all'amata Lotte e descrive la malinconia della notte, che induce il protagonista a riflettere sulla passione amorosa che lo anima.*

Alta è la notte, ed in profonda calma
dorme il mondo sepolto, e in un con esso
par la procella del mio cor sopita.
Io balzo fuori delle piume, e guardo;
e traverso alle nubi, che del vento
squarcia e sospinge l'iracondo soffio,
veggo del ciel per gl'interrotti campi
qua e là deserte scintillar le stelle.
Oh vaghe[1] stelle! e voi cadrete adunque,
e verrà tempo che da voi l'Eterno
ritiri il guardo, e tanti Soli estingua?
E tu pur anche coll'infranto carro
rovesciato cadrai, tardo Boote,[2]
tu degli artici lumi il più gentile?

PARAFRASI

1-8 È notte alta, e il mondo dorme sommerso (sepolto) in una profonda calma, e insieme a (in un con) esso [: al mondo] mostra di essersi calmata (sopita) anche la tempesta (procella [: affanno]) del mio cuore. Io balzo fuori dal letto (delle piume), e guardo [fuori]; e attraverso le nuvole che il tempestoso soffiare (l'iracondo soffio) del vento squarcia e sospinge, vedo (veggo) le stelle scintillare solitarie (deserte) in qua e là per le alterne distese (per gl'interrotti campi) del cielo.
9-11 Oh stelle vaganti (vaghe)! anche (e) voi dunque cadrete e verrà il tempo in cui Dio (l'Eterno) ritirerà il suo sguardo (guardo) da voi e spegnerà (estingua) così tanti soli?
12-14 E anche (pur) tu, lenta Orsa Maggiore (tardo Boote), tu, la più bella (gentile) delle costellazioni del Polo Nord (degli artici lumi) cadrai con il carro fatto a pezzi (infranto) e rovesciato?

Metrica endecasillabi sciolti.

1 vaghe: 'che vagano' secondo il significato latino originario, ma anche 'care, amate', secondo i toni sentimentali più marcati della poesia preromantica.

2 tardo Boote: nella mitologia greca **Boote** è il nome del guardiano dei sette buoi del carro dell'Orsa Maggiore. Viene definito **tardo** perché è più lento nelle sue evoluzioni, in quanto più vicino al Polo: è un'espressione coniata da Ovidio nelle *Metamorfosi*.

Deh, perché mai la fronte or mi discopri,
e la beata notte mi rimembri,
che al casto fianco dell'amica assiso[3]
a' suoi begli occhi t'insegnai col dito!
Al chiaror di tue rote ella ridenti
volgea le luci; ed io per gioia intanto
a' suoi ginocchi mi tenea prostrato
più vago oggetto a contemplar rivolto,
che d'un tenero cor meglio i sospiri,
meglio i trasporti meritar sapea.
Oh rimembranze! oh dolci istanti! io dunque,
dunque io per sempre v'ho perduti, e vivo?
e questa è calma di pensier? son questi
gli addormentati affetti? Ahi, mi deluse
della notte il silenzio, e della muta
mesta Natura il tenebroso aspetto!
Già di nuovo a suonar l'aura comincia
de' miei sospiri, ed in più larga vena[4]
già mi ritorna su le ciglia il pianto.

da V. Monti, *Opere*, a cura di M. Valgimigli e C. Muscetta, Ricciardi, Milano-Napoli 1953.

PARAFRASI

15-18 Orsù (Deh), perché mai ora mi sgombri (discopri) la mente (fronte) [dagli altri pensieri], e mi fai ricordare (mi rimembri) la beata notte in cui seduto (che assiso) al virtuoso (casto) fianco della mia donna (amica) ti indicai ai suoi begli occhi!
19-24 Ella volgeva gli occhi (le luci) ridenti al chiarore delle tue stelle (di tue rote); e io intanto rimanevo (mi tenea) inginocchiato davanti a lei (a' suoi ginocchi prostrato) per la gioia, rivolto a contemplare un oggetto più bello (vago) [delle stelle] che riusciva a conquistare (meritar sapea) con maggiore intensità (meglio) i sospiri e gli slanci (trasporti) di un cuore sensibile (tenero).
25-30 Oh ricordi (rimembranze)! oh dolci istanti! dunque io vi ho perduto per sempre, e [nondimeno] vivo [ancora]? E questa sarebbe (è) tranquillità (calma di pensier)? queste sarebbero (son) le passioni (affetti) placate? Ahi, il silenzio della notte e l'aspetto tenebroso della natura silenziosa (muta) e malinconica (mesta) mi hanno deluso!
31-33 Già l'aria (l'aura) comincia di nuovo a risuonare dei miei sospiri, e il pianto mi ritorna già con più abbondanza (in più vena) sugli occhi (su le ciglia).

3 assiso: participio passato di "assidere", cioè 'sedere'
4 vena: è da intendersi nel significato latino di 'flusso d'acqua'.

Lavoriamo insieme

Leggere e capire **La struttura della poesia** La poesia può essere suddivisa in quattro gruppi di versi: • vv. 1-11: è notte alta e il poeta ammira il cielo notturno e pensa che anche le stelle, simbolo dell'eternità, un giorno si spegneranno; • vv. 12-24: il poeta riconosce la costellazione dell'Orsa Maggiore e ripensa alla notte in cui la osservava, insieme all'amata, riflettendo sulla maggiore bellezza della donna rispetto alle meraviglie della natura; • vv. 25-30: il ricordo è interrotto dal presente, dominato dalla notte silenziosa e dalla tranquillità della natura; • vv. 31-33: il poeta ritorna alla situazione iniziale.	**1 Assegna a ciascun gruppo di versi lo stato d'animo che il poeta prova in quel momento.**
Analizzare **Lo stile** La poesia presenta un ritmo ampio e disteso, dovuto anche alla presenza di numerosi *enjambements*. Anche la sintassi è costruita in maniera tale da produrre un rallentamento del ritmo, attraverso l'uso del polisindeto (ripetizione frequente della congiunzione *e*) e dell'iperbato (variazione del normale ordine sintattico).	**2 Individua nel testo gli *enjambements*.** **3 Sottolinea nel testo l'uso del polisindeto e dell'iperbato.**
Interpretare e approfondire **Il nuovo gusto preromantico** I *Pensieri d'amore* – nati dalla lettura dei *Dolori del giovane Werther* (1774) di Goethe – sottolineano la diffusione del gusto preromantico nella nostra letteratura. I motivi elaborati da Goethe, come il contatto con la natura, sono ampliati e trasformati da Monti in questi versi, che saranno il modello di poeti più giovani (e più grandi), come Foscolo e Leopardi.	**4 La poesia presenta elementi tematici lontani dal gusto neoclassico: quali?**

4 L'esperienza poetica in Europa

Nella seconda metà del Settecento anche le altre grandi letterature europee sono attraversate da esperienze artistiche divise tra una **dominante tendenza neoclassica** e manifestazioni di una nuova **inquietudine**, genericamente definita **preromantica**. Mentre il Neoclassicismo prevale nelle arti figurative, in letteratura è presto superato dagli elementi preromantici, da cui si sviluppano nuove e importanti esperienze poetiche.

La Francia della Rivoluzione

In Francia il poeta più importante del periodo è **André Chénier** (1762-1794) il quale, dopo aver accolto con entusiasmo la Rivoluzione, si oppose poi agli eccessi del Terrore e per questo fu condannato a morte. La sua opera poetica – pubblicata **postuma nel 1819** – è composta dalle raccolte *Elégies* [Elegie] e *Bucoliques* [Bucoliche], in cui l'autore unisce la nostalgia della purezza degli antichi a toni introspettivi e malinconici. Negli *Iambes* [Giambi], scritti in prigione mentre aspettava l'esecuzione capitale, prevale un atteggiamento polemico e di condanna verso i propri persecutori.

L'Inghilterra tra atmosfere sepolcrali e visioni notturne

La nascita della poesia sepolcrale

Nasce in Inghilterra il nuovo gusto notturno, che dà il via alla poesia preromantica. Un anticipatore di questa tendenza è **Edward Young** (1683-1765) con *The Complaint, or Night Thoughts* [Il compianto, ovvero pensieri notturni] scritto tra il 1742 e il 1745. Ma è il londinese **Thomas Gray** (1716-1771) a fondare la poesia sepolcrale, cioè una poesia in cui hanno un ruolo essenziale le meditazioni ispirate dalle sepolture, dalla notte e dalle rovine (▶ anche Focus). In *Elegy Written in a Country Churchyard* [Elegia scritta in un cimitero di campagna] del 1750, Gray unì la formazione classica alla conoscenza delle letterature celtiche e germaniche e alla passione per il Medioevo.

Focus Una poesia sepolcrale moderna: l'*Antologia di Spoon River*

La poesia notturna e sepolcrale nata a metà del Settecento in Inghilterra trovò un illustre continuatore nello statunitense Edgar Lee Masters (1868-1950) il quale nel 1915 pubblicò a puntate, su un quotidiano di St. Louis, il «Reedy's Mirror», la *Spoon River Anthology* [Antologia di Spoon River]. Nell'edizione definitiva (1916) la raccolta è composta da 244 poesie che, in forma di epitaffio, raccontano la vita di vari personaggi – tra cui il farmacista, il giudice, l'ottico, il violinista – sepolti nel cimitero della piccola cittadina immaginaria di Spoon River, negli Stati Uniti. La traduzione italiana dell'*Antologia* si deve alla scrittrice Fernanda Pivano (1917-2009), la quale lesse le poesie di Edgar Lee Masters da adolescente e ne rimase colpita. Ma erano gli anni della dittatura fascista: la letteratura americana era censurata perché piena di idee contrarie alla politica del regime. Così la prima edizione italiana uscì solo nel 1943, presso l'editore Einaudi, grazie a un abile stratagemma: modificare il titolo in *Antologia di S. River*, spacciandola come una raccolta di pensieri di un improbabile "San River". Il fascino delle poesie di Edgar Lee Masters – che nella loro semplicità costituiscono un microcosmo dei vizi e delle virtù umani – spinse nel 1971 il cantante genovese Fabrizio De André (1940-1999) a pubblicare nell'album *Non al denaro non all'amore né al cielo* la rielaborazione di nove testi dell'*Antologia* e, più recentemente, il fotografo statunitense William Willinghton (nato nel 1978) a realizzare un *reportage* fotografico nei luoghi che ispirarono Lee Masters. È nato così *Spoon River, ciao* (2006) un libro «da leggere e guardare da soli, in silenzio», come sostiene Willinghton, che per le sue immagini si è avvalso del commento della Pivano.

▲ Il cimitero sulla collina di Spoon River, in una foto di William Willinghton.

I Canti di Ossian

Lo scozzese **James Macpherson** (1736-1796) riscoprì e riutilizzò liberamente i frammenti poetici del «**Ciclo di Ossian**», antichi testi in gaelico attribuiti a un guerriero leggendario dell'antica Scozia, un nobile "**bardo**", cioè poeta, vissuto nel III secolo d.C. Nelle storie raccontate dominano sia le virtù cavalleresche sia un sentimento intenso della natura. Infatti gli amori infelici del protagonista sono inseriti su sfondi inquietanti, come tempeste, boschi misteriosi e desolati in cui i rari segni dell'uomo – città in rovina e tombe di sconosciuti – trasmettono il senso della precarietà di tutte le cose. Macpherson pubblicò una prima edizione anonima dei *Canti di Ossian* nel **1760** e, in seguito al successo europeo, preparò altre edizioni, rielaborando più volte i frammenti poetici originali.

Le visioni di un rivoluzionario

Il maggiore poeta inglese del periodo fu **William Blake** (1757-1827). Grazie alle sue diverse doti artistiche – era anche un **pittore** e un incisore e illustrò molte delle poesie che scriveva – esaltò la **capacità creativa** dell'essere umano: incline ad assumere tendenze visionarie, espresse con la sua attività un istinto rivoluzionario e l'insofferenza alle regole e alle istituzioni del suo tempo. Le opere letterarie più importanti sono i *Songs of Innocence* [Canti dell'innocenza] (1789) e i *Songs of Experience* [Canti dell'esperienza] (1794): sotto forma di ballate, i primi parlano dell'infanzia simbolo di felicità e libertà; i secondi del male come conseguenza delle leggi volute dagli uomini. Innocenza ed esperienza rappresentano le due **opposte tendenze dell'animo umano**, entrambe necessarie e complementari alla pienezza della vita.

▲ L'esigenza di unità espressiva indusse Blake a sperimentare un sistema di stampa a colori nel quale prima incideva testo e illustrazioni e poi li colorava a mano come pagine di un libro miniato (qui un esempio tratto dai *Songs of Innocence*).

William Blake
• La tigre
[Canti dell'esperienza]

La Germania tra classicismo e anticlassicismo

Nella seconda metà del Settecento in Germania risulta prevalente la tradizione classicistica, dove a opera di **Winckelmann** si sviluppa la teorizzazione del Neoclassicismo; eppure proprio in Germania si assiste alla reazione anticlassicistica più energica: decisivo sul piano letterario e poetico è il movimento dello «***Sturm und Drang***» [tempesta e assalto], sviluppatosi tra il 1770 e il 1785 (▶ Quadro storico-culturale).
Nella rottura che questo movimento rappresenta è coinvolto anche il maggiore scrittore tedesco, Goethe, la cui importanza è tale che in Germania si parla di un'"**età di Goethe**" (▶ §5)

Glossario

Gaelico Dal nome della popolazione celtica dei Gaeli, uno dei due rami (l'altro è il britannico) della lingua celtica insulare, rappresentato dall'irlandese e dallo scozzese antico.

facciamo il punto

- **Chi è il principale poeta francese del periodo?**
- **Che cosa si intende con l'espressione "poesia sepolcrale"?**
- **Chi scrisse i *Canti di Ossian* e a che cosa si ispirò?**
- **Qual è l'opera più importante di William Blake?**

5 Johann Wolfgang Goethe

La vita e le opere

La formazione

Johann Wolfgang Goethe nasce a Francoforte sul Meno nel **1749** da una ricca famiglia borghese. Compie i primi studi a Lipsia e Strasburgo, laureandosi in Legge. Dal 1771 si apre la fase in cui Goethe è influenzato dalla corrente dello «***Sturm und Drang***» (▶ Quadro storico-culturale): nasce così il romanzo epistolare *I dolori del giovane Werther* (▶ p. 501). Tra il 1772 e il 1774 compone la prima stesura del poema drammatico *Faust*, il cosiddetto *Urfaust*.

L'incarico a Weimar e il viaggio in Italia

Nel **1775** Goethe si stabilisce a Weimar con la funzione di **precettore del duca** Karl August di Sassonia-Weimar-Eisenach. In questo periodo prosegue il *Faust* e inizia il *Wilhelm Meister*, un romanzo di formazione; inoltre stringe una relazione amorosa con Charlotte von Stein. Nel **1786** lascia la cittadina tedesca per intraprendere un **viaggio in Italia** che dura quasi due anni e da cui trae argomento per le *Elegie romane* (pubblicate nel 1789).

Dopo il **ritorno a Weimar** nel **1788**, Goethe supera le tendenze preromantiche del periodo giovanile e raggiunge la maturità poetica; negli ultimi anni si ripiega malinconicamente sul passato. L'opera più importante di questo periodo sono il romanzo *Le affinità elettive* (1809), nel quale l'autore compie una riflessione sull'inadeguatezza della civiltà e della cultura.

Gli ultimi anni

L'ultima produzione di Goethe rappresenta il tentativo di trovare in altre culture una nuova spinta per la sua incessante voglia di sperimentazione artistica. Infatti, oltre a completare la seconda parte del *Wilhelm Meister* (1796) e a terminare il *Faust* (1808) scrive il *Divano occidentale-orientale* (1814), sotto gli influssi della poesia persiana e orientale. Muore a Weimar nel **1832**.

Il *Faust*

Una storia di lunga tradizione

Basata su un personaggio realmente esistito – il mago tedesco **Georg Faust** vissuto nel primo Cinquecento – la storia di Faust ha attratto grandi scrittori prima di Goethe, come il drammaturgo inglese Christopher Marlowe (▶ Unità 3 § 2) e quello tedesco Gotthold Ephraim Lessing (▶ Unità 9 § 5). D'altronde la vicenda del protagonista, che stipula un "**patto con il diavolo**" in virtù del quale gli cede l'anima per garantirsi una giovinezza duratura e piaceri illimitati, è molto stimolante. Inoltre, Faust è un **alchimista** che indaga i segreti della chimica e la diffusione della cultura umanistica aveva spinto molti studiosi, tra cui lo stesso Goethe, ad appassionarsi allo studio della natura per scoprirne le leggi.

La novità di Goethe

La novità introdotta da Goethe è che Faust diventa l'**eroe della modernità**, mosso da un instancabile desiderio di ricerca, di continuo superamento delle mete conquistate, che non gli permette mai di essere pienamente soddisfatto. Faust rappresenta lo **spirito borghese**, animato dalla tensione verso il nuovo e dalla volontà di manipolare le forze della natura: tutte caratteristiche che nell'Ottocento coincidevano con l'idea stessa di modernità. La parola usata da Goethe per esprimere questa nuova condizione è il verbo *Streben*, che in tedesco significa 'cercare, aspirare a qualcosa'. Faust è quindi un **eroe dello *Streben***.

La complessa elaborazione del poema

La composizione del *Faust* impegnò Goethe per circa sessant'anni. L'opera segue varie fasi. Nel **1775** Goethe legge a una ristretta cerchia di amici l'*Urfaust* [Il primo Faust], che è solo un abbozzo dell'opera, ma che già possiede i temi dello «*Sturm und Drang*». Nel **1790** viene pubblicato il *Faust. Ein Fragment* [Faust. Un frammento], una versione ampliata dell'*Urfaust*. La prima parte dell'opera esce nel **1808** con il titolo *Faust, der Tragödie erster Teil* [Faust, prima parte della tragedia]. Dopo alcune interruzioni, Goethe riprende il lavoro **tra il 1825 e il 1832**, quando appare, postuma, la seconda parte dell'opera, *Faust, der Tragödie zweiter Teil* [Faust, seconda parte della tragedia].

La vicenda

L'opera può essere divisa in due parti. La **prima parte** è formata da una **serie di quadri**, non sempre collegati fra loro. Si apre con un «**Prologo in teatro**», dove il Direttore, il Po-

Focus Faust nella fantasia visionaria di Delacroix

Tra il 1826 e il 1828 il pittore francese Eugène Delacroix (1798-1863), dopo aver visto a Londra alcuni adattamenti delle opere di Goethe, realizza una serie di diciassette litografie ispirate al *Faust*. Delacroix sceglie gli episodi più importanti dell'opera, popolando i suoi quadri di strane figure dai corpi allungati, vestiti in stile settecentesco con costumi che sembrano prendere vita.
A proposito di queste creazioni Goethe disse: «Delacroix è un grande ingegno che ha trovato in Faust la sua vera materia». Il pittore aveva così sorpassato la stessa fantasia visionaria dello scrittore, e dava inizio alla lunga serie di rappresentazioni pittoriche ispirate al *Faust*.

Eugène Delacroix, *Mefistofele appare a Faust*, particolare, disegno a penna e inchiostro bruno.

eta teatrale e il Comico rivelano che la storia successiva è una rappresentazione teatrale, e un «**Prologo in cielo**», in cui il diavolo Mefistofele ottiene da Dio il consenso per tentare Faust. Poi la scena si sposta nello studio di Faust, un mago deluso dalla scienza e dalla magia medievali che è sul punto di suicidarsi, ma viene trattenuto dal suono delle campane di Pasqua. Uscito per strada, l'uomo incontra un **cane nero** che, trasformatosi in **Mefistofele**, gli propone di stipulare un patto: se il diavolo riuscirà a fargli vivere una vita tale da non desiderare niente di più, avrà in cambio la sua anima (▸T5). Trasformato da un filtro magico in un giovane cavaliere, Faust riesce a ottenere l'amore della bella **Margherita** ma il rapporto, ottenuto grazie agli intrighi di Mefistotele, produce solo male: Faust uccide il fratello della ragazza e provoca la morte della madre. Margherita ha poi un bambino ma, in preda alla disperazione e ai rimorsi, lo uccide e viene condannata a morte. Alla fine una voce dal cielo annuncia la salvezza della ragazza che, prima dell'esecuzione, si è affidata al giudizio di Dio.
La **seconda parte** è formata da cinque atti il cui valore allegorico ne rende impegnativa la comprensione. Nel **primo atto** Faust fa esperienza della vita mondana alla corte dell'Imperatore, nel **secondo** partecipa alla notte di Valpurga, cioè a un Sabba di streghe che evoca il mondo medievale. Nel **terzo** atto incontra Elena di Troia e si unisce con lei a simboleggiare la fusione tra spirito germanico e spirito classico. Nel **quarto**, ormai invecchiato, ottiene dall'Imperatore i diritti su un territorio paludoso che decide di bonificare, dando vita così a un'impresa gigantesca: oltre a ridurre in schiavitù una moltitudine di lavoratori, provoca la morte di due anziani abitanti del territorio, Filemone e Bauci (▸T6). Nel **quinto** e ultimo atto, un Faust cieco e vecchissimo muore desiderando nuove conquiste e per questo la sua anima sfugge dalle mani di Mefistofele per raggiungere il cielo, dove l'attende Margherita. La tragedia si conclude infatti con la **salvezza dell'anima di Faust**: i peccati sono compensati dai meriti e, soprattutto, dalla continua voglia di conoscere e di mettersi alla prova. Mefistofele ha perso la sfida lanciata al Signore fin dal «Prologo in cielo»: Faust, in effetti, non ha mai ceduto al semplice piacere dei sensi.

I temi del Faust

Il Faust presenta alcuni temi interessanti.

- ***Il patto-scommessa con il diavolo*** Faust, insoddisfatto della scienza perché incapace di cogliere l'essenza della Natura creatrice, stipula un patto con Mefistofele. In realtà l'accordo è una scommessa: Mefistofele propone l'immediatezza dei piaceri, Faust sostiene invece la sua **sete di conoscenza**, per la quale il «povero diavolo» è inadatto (▶ T5). Il vecchio tema del patto con il diavolo viene rinnovato: il rapporto Faust-Mefistofele è all'origine di una visione positiva della scienza e della trasformazione continua del mondo che caratterizzano l'età industriale. Perciò la conoscenza è strettamente connessa al potere; il **sapere è potere**, e permette all'uomo di superare i propri limiti.

- ***L'amore per Margherita: distruggere ciò che si ama*** Margherita è una ragazza del popolo: è naturale, semplice, spontanea, ma anche pronta a sacrificarsi all'amore. Nel rapporto con lei, Faust, che esprime la sua superiorità intellettuale, non cerca solo l'appagamento dei sensi, né un rapporto "sentimentale"; cerca di possederla come un **bene materiale**. Finisce così per distruggere il mondo della natura e dei sentimenti rappresentato dalla giovane. Faust è il simbolo dello spirito dell'**economia capitalista**, che per "valorizzare" deve possedere, a costo di distruggerla, qualsiasi cosa abbia davanti. Il rapporto con Margherita diventa un **abuso del più forte** sul più debole, con una brutale violazione dei sentimenti della ragazza.
- ***Lo spirito capitalistico*** Nella prima parte dell'opera Faust appare un "**distruttore**" **di mondi**: la sua incessante ricerca, la forza che nasce dallo *Streben* lo porta a manipolare la natura e a sacrificare la sfera affettiva. Nella seconda parte della tragedia, al carattere distruttivo se ne affianca un altro: Faust crea nuovi mondi, diventa un "**colonizzatore**". È questo spirito che anima la moderna economia: la **volontà di possedere le cose** – già espressa nella storia con Margherita – è un elemento fondante dello spirito del capitalismo. Nell'episodio di Filemone e Bauci (▶ T6) la costruzione del nuovo mondo, che Faust realizza tramite il dominio sulle forze della natura – fa bonificare a un esercito di schiavi una terra paludosa –, non è completa senza la distruzione della capanna dei due vecchi abitanti. L'azione di Faust, e quindi del capitalismo, segna la fine del mondo patriarcale, della solidarietà e dell'amicizia che Filemone e Bauci rappresentano.

Conoscere il *Faust*

Genere	Tragedia
Data di pubblicazione	• 1808 *Faust, prima parte della tragedia* • 1832 *Faust, seconda parte della tragedia*
Personaggi principali	• Faust, protagonista • Mefistofele • Margherita, donna amata da Faust • Filemone e Bauci, due coniugi cacciati dalle loro terre
Temi	• patto con il diavolo • amore come "appropriazione" dell'altro • spirito capitalistico *vs* mondo patriarcale • incessante ricerca da parte dell'uomo

Una tragedia particolare

Il *Faust* viene definito una «tragedia» anche dallo stesso Goethe e infatti è un'**opera in versi**, composta da scene e parti e **destinata alla rappresentazione** teatrale, proprio come una tragedia tradizionale. D'altro canto simile definizione indica anche il **destino del personaggio** e la profondità dei temi trattati. In realtà il *Faust* è un tragedia particolare, al confine di **più generi letterari**: presenta elementi dell'epica ma anche del romanzo, e possiede caratteristiche proprie della sacra rappresentazione medievale ma anche del melodramma.

facciamo il punto

- **Qual è l'opera principale di Goethe?**
- **Quale novità presenta rispetto alla tradizione?**
- **Come è strutturata l'opera e di che cosa parla?**
- **Quali sono i temi principali?**

[*Faust*, I, vv. 1583-1711]

T5

Le forme
- alternanza di metri e ritmi

I temi
- patto-scommessa con il diavolo

Johann Wolfgang Goethe
Il patto con Mefistofele

Spinto al suicidio per le delusioni causate dal sapere scientifico, Faust viene fermato dal suono delle campane e, soprattutto, dall'apparizione di Mefistofele. Nella scena che segue il diavolo gli propone un patto: metterà a sua disposizione poteri straordinari, in cambio della sua anima. Faust, interessato solo alla vita in questo mondo e quindi incurante dell'aldilà, accetta.

FAUST Se mi strappò a quel groviglio orrendo
allora un suono dolce e familiare,[1]
e illuse con l'eco di giorni felici
un resto di infantili sentimenti,
io maledico ogni allettamento,
ogni miraggio che avviluppa l'anima
e con forze che accecano e lusingano
la esilia in questa valle di tristezza!
Maledetto sia l'alto intendimento
con cui lo spirito s'intrappola da sé!
Maledetto l'abbaglio dei fenomeni
che si rovescia contro i nostri sensi!
Maledetta l'ipocrisia dei sogni,
l'inganno della gloria e di un nome che duri!
Maledetto il possesso che ci adula
come donna o figlio, come servo o aratro!
Maledetto Mammone,[2] sia quando ci sprona
con i tesori a osare imprese audaci,
sia quando ci accomoda i cuscini
per invitarci a godimenti oziosi!
Maledetto sia il succo balsamico dell'uva!
Maledetta la grazia suprema dell'amore!
Maledetta speranza! Maledetta la fede!
E maledetta soprattutto la pazienza![3]

CORO DI SPIRITI[4] (*invisibili*) Guai! Guai!
Tu l'hai distrutto
il mondo bello
con pugno[5] poderoso;
precipita, si sfalda!
Un semidio l'ha frantumato!
Noi portiamo
le sue macerie al Nulla,[6]

PARAFRASI

1583-1590 FAUST Se allora [: nel momento in cui stavo per bere il veleno] un suono dolce e familiare [: quello delle campane e dei cori della Pasqua] mi strappò a quell'orrendo stato di confusione (groviglio; che avrebbe portato alla morte) e illuse ciò che rimaneva di sentimenti ingenui (infantili) con il ricordo (l'eco) di giorni felici [: quelli dell'infanzia], io maledico [ora] ogni piacevole richiamo (allettamento), ogni inganno (miraggio) che soffoca (avviluppa) l'anima [con le sue illusioni] e la allontana (esilia) da questa valle di tristezza [: la realtà della vita] con forze che accecano e promettono vanamente (lusingano).
1591-1606 Sia maledetto l'elevato (alto) intelletto (intendimento) col quale lo spirito s'intrappola da sé! Maledetto l'inganno (abbaglio) [provocato] dai (dei) fenomeni, che si volge (rovescia) contro i nostri sensi [: rendendo così la conoscenza erronea e illusoria]! Maledetta la finzione (ipocrisia) dei sogni, l'inganno della gloria e di una fama (un nome) che duri! Maledetto il possesso che [ci] compiace (adula), come [quello di] donna o figlio, come [quello di] servo o aratro [: di beni materiali]. Maledetto Mammone, sia quando ci sollecita (sprona) con i tesori [che bramiamo] a osare imprese audaci, sia quando ci accomoda i cuscini per invitarci a godimenti oziosi! Sia maledetto il succo dolce (balsamico) dell'uva [: il vino]! Maledetta la grazia altissima (suprema) dell'amore! Maledetta [sia la] speranza! Maledetta [sia la] fede! E maledetta soprattutto la pazienza!
1607-1626 CORO DI SPIRITI Guai! Guai! Tu l'hai distrutto, il mondo bello, con [il] tuo pugno potente (poderoso); [esso] precipita, va in pezzi (si sfalda)! Un semidio [: Faust] l'ha frantumato. Noi [: gli spiriti del Coro] portiamo i suoi resti (macerie) al Nulla, e piangiamo la bellezza

1 un suono... campane: il suono delle campane – da cui Faust è sottratto al suicidio e che accende le lusinghe ingannevoli della vita che qui egli maledice – era in realtà detestato da Goethe.
2 Mammone: il denaro, le ricchezze. Mammone è una divinità babilonese, più volte richiamata nella Bibbia, e in particolare da Cristo nei Vangeli. Ma qui esso incarna i due volti complementari dell'atteggiamento borghese verso la ricchezza: il rischio che si corre per crearsela, o, all'opposto, il suo ozioso godimento.
3 Maledetta... la pazienza: assieme alle virtù teologali (**amore** inteso come spirito di carità, **speranza** e **fede**), la pazienza viene considerata una tipica virtù cristiana, da ripudiare più di ogni altra cosa perché è la radice dell'atteggiamento che impedisce lo *Streben*, cioè la ricerca e la tensione verso la conoscenza.
4 Coro di spiriti: variamente interpretato, questo coro è la risposta alla maledizione di Faust. Questi è esortato a ricostruire dentro di sé un nuovo mondo di valori, dopo aver maledetto e distrutto, come un semidio, quello precedente.
5 pugno: in tedesco il sostantivo suona precisamente "Faust"; il gioco di parole non è certo, ma possibile.
6 le sue macerie al Nulla: Goethe propone questo concetto, non nuovo, per il mondo moderno; il Nulla è frutto della distruzione, non un principio filosofico opposto al Tutto e alla pienezza.

e piangiamo
la bellezza perduta.
Poderoso
tra i figli della terra,
più splendido
ricostruiscilo,
rialzalo dentro il tuo petto!
Il corso di una vita nuova
comincia
con animo sereno,
e nuovi canti
risuoneranno!

MEFISTOFELE Sono i più piccoli
del mio corteggio.
Ascolta: come vecchi saggi
consigliano il piacere dell'agire!
Nel vasto mondo,
via dalla solitudine
dove ristagnano sensi ed umori,[7]
ti vogliono attirare.
Smettila di giocare col tuo cruccio,
che come un avvoltoio[8] ti divora la vita;
persino la peggiore compagnia
ti fa sentire uomo fra gli uomini.
E questo non vuol dire
spingerti tra la feccia.[9]
Non sono uno dei grandi;
tuttavia, se vuoi unirti a me
per muovere i tuoi passi nella vita,
di buon grado acconsento
a essere tuo, qui sui due piedi.
Sarò il tuo compagno
e, se ti vado a genio,
sarò il tuo servo, il tuo schiavo!
FAUST E cosa dovrò fare per te in cambio?
MEFISTOFELE Per questo hai davanti un lungo termine.
FAUST No, no, il diavolo è un egoista,
è raro che si renda utile agli altri
per amore di Dio.
La tua condizione dilla chiara;
un servo simile è un rischio per la casa.
MEFISTOFELE Io m'impegno a servirti quaggiù,
pronto al tuo cenno, senza soste e indugi;
di là poi, quando ci ritroveremo,
dovrai fare per me la stessa cosa.
FAUST Dell'al di là poco mi può importare;
manda prima in frantumi questo mondo,
e poi che l'altro mondo venga pure.

PARAFRASI

[del mondo] perduta. [Tu, il più] potente (poderoso) tra i figli della terra [: Faust], ricostruiscilo, più splendido, rialzalo dentro il tuo spirito (petto)! Comincia con animo sereno il cammino (corso) di una nuova vita, e nuovi canti [: di letizia] risuoneranno!

1627-1648 MEFISTOFELE Sono i più piccoli [spiriti] del mio seguito (corteggio). Ascolta: [essi] ti consigliano il piacere dell'agire, come vecchi saggi. Ti vogliono attirare nel vasto mondo, lontano (via) dalla solitudine dove si fermano (ristagnano) sensi e energie vitali (umori). Smettila di giocare con la tua pena (cruccio) che ti divora la vita come [farebbe] un avvoltoio; persino la peggiore compagnia ti fa sentire uomo fra gli uomini. E questo non vuol dire spingerti fra i peggiori (la feccia). Non sono uno dei [diavoli] potenti (grandi); tuttavia, se vuoi unirti a me per muovere i tuoi passi nella vita, acconsento volentieri (di buon grado) a essere tuo, qui sui due piedi. Sarò il tuo compagno, e, se lo gradisci (ti vado a genio), sarò il tuo servo, il tuo schiavo!

1649-1659 FAUST E che cosa dovrò fare per te in cambio? MEFISTOFELE Per questo hai davanti [a te] un lungo periodo (termine). FAUST No, no, il diavolo è un egoista, è raro che si renda utile agli altri per amore di Dio. Dì chiara la tua condizione [: quella annunciata da Mefistofele sopra]; un servo simile è un rischio per la casa. MEFISTOFELE Io m'impegno a servirti quaggiù [: sulla terra], pronto al tuo cenno, senza soste e ritardi (indugi); di là [: nell'altra vita] poi, quando ci ritroveremo, dovrai fare la stessa cosa per me.

1660-1674 FAUST Dell'aldilà mi può importare poco; manda prima in frantumi questo mondo, e poi che venga pure l'altro mondo. Le mie gioie

7 umori: ▶ La lingua nel tempo, p. 384.
8 avvoltoio: l'accenno è al mito di Prometeo, uno dei Titani che, ribellatisi a Giove, vennero da quest'ultimo sconfitti e puniti. Prometeo fu legato a una rupe, e un avvoltoio gli rodeva continuamente le viscere.
9 feccia: indica la parte del vino che ristagna, con i residui, nella botte.

Da questa terra sgorgano le mie gioie,
questo sole rischiara le mie pene;
che io me ne separi prima, e poi
avvenga quel che vuole e quel che può.
Non voglio più sentirne parola né sapere
se nel mondo a venire si odia e si ama ancora,
né se anche in quelle sfere
ci saranno un alto e un basso.
Mefistofele Se la pensi così puoi arrischiarti.
Impegnati, e nei giorni del presente
assisterai con gioia alle mie arti;
quel che io ti darò nessuno l'ha mai visto.
Faust E che vuoi dare tu, povero diavolo?[10]
Lo spirito dell'uomo nel suo tendere all'alto
i pari tuoi lo hanno mai compreso?
Possiedi forse un cibo che non sazi,
un oro fulvo che non stia mai fermo,
ma come argento vivo[11] ti scorra via di mano,
un gioco al quale non si vinca mai,
una ragazza che stretta al mio petto
con gli occhi già si vincoli ad un altro,
e il bel trastullo degli dèi, l'onore,
che si dilegua come una meteora?
Mostrami il frutto sfatto prima di essere colto,
e alberi che ogni giorno rinverdiscano!
Mefistofele È un compito che non mi fa paura;
posso servirteli tesori come questi.
Ma poi, mio buon amico, arriva anche il momento
di assaporare in pace dei buoni bocconcini.
Faust Se mai mi adagerò su un pigro letto in pace,
venga immediatamente la mia ora!
Se con lusinghe potrai tanto ingannarmi
che io mi compiaccia di me stesso,
se con il godimento ti riuscirà d'illudermi,
quello sia per me l'ultimo giorno!
Questa scommessa t'offro!
Mefistofele Accetto!
Faust Qua la mano!
Se dirò all'attimo:
Sei così bello! fermati![12]
allora tu potrai mettermi in ceppi,
allora sarò contento di morire!
Allora suoni la campana a morto,

PARAFRASI

provengono (sgorgano) da questa terra, questo sole illumina (rischiara) le mie pene; [basta] che io me ne separi prima, e poi avvenga [pure] quel che vuole e quel che può [accadere]. Non voglio più sentirne parola, né sapere se nel mondo che verrà (a venire) si odia e si ama ancora, né se anche in quelle sfere [: e sfere celesti, l'aldilà] ci saranno un alto e un basso [: una gerarchia di valori]. Mefistofele Se la pensi così puoi arrischiarti [: a sottoscrivere il patto]. Impegnati [con me], e nei giorni della [tua vita] presente assisterai con gioia alle mie arti; quel che io ti darò non l'ha mai visto nessuno.

1675-1691 Faust E che vuoi dare tu [a me], povero diavolo? I pari tuoi hanno mai compreso lo spirito dell'uomo nell'[atto del] suo tendere all'alto? Possiedi forse un cibo che non sazi, un oro rosso (fulvo) che non stia mai fermo, ma ti scorra via di mano come argento vivo, un gioco al quale non si vinca mai, una ragazza che [mentre è] stretta al mio petto, si leghi (vincoli) già ad un altro con lo sguardo (gli occhi), e l'onore, il bel passatempo (trastullo) degli dèi, che si perde (dilegua) come una meteora? Mostrami [se ce l'hai] il frutto [che risulti] marcio (sfatto) prima di esser colto, e alberi che mettano foglie (rinverdiscano) ogni giorno! Mefistofele È un compito che non mi fa paura; tesori come questi [che tu hai elencato] posso servirteli. Ma poi, mio buon amico, arriva anche il momento di assaporare in pace dei buoni bocconcini [: di godere beni comuni].

1692-1711 Faust Se mai mi adagerò in pace per pigrizia su un letto, venga immediatamente la mia ora [: della morte e della sconfitta]! Se con promesse (lusinghe) potrai ingannarmi tanto che io sia soddisfatto (mi compiaccia) di me stesso, se con il godimento [che mi procurerai] ti riuscirà d'illudermi, quello sia per me l'ultimo giorno! Ti offro questa scommessa! Mefistofele: Accetto. Faust Qua la mano. Se dirò all'attimo: sei così bello! Fermati! allora tu potrai mettermi in catene (ceppi), allora sarò contento di morire! Allora suoni [per me] la campana a morto,

10 povero diavolo: Faust trasforma qui, con questo appellativo, i poteri di Mefistofele in impotenza; il diavolo non possiede infatti il tendere all'alto ("*Streben*"), la tensione inesauribile verso nuovi obiettivi, che è invece propria dell'uomo. Faust fa seguire a queste parole una serie di esempi impossibili, sui quali, tuttavia, si esercita lo spirito di ricerca dell'uomo. Mefistofele, rispondendo, interpreta male la questione posta da Faust, facendo riferimento ai suoi poteri diabolici, non allo spirito di ricerca degli esseri umani.

11 argento vivo: è il mercurio, un metallo al quale gli alchimisti dedicavano una particolare attenzione.

12 Se dirò… fermati: Faust chiarisce fino in fondo il carattere della sua scommessa: mai adagiarsi nella pigrizia e nel godimento; non chiedere mai all'**attimo** che porta piacere di fermarsi; non ritenersi mai appagato.

allora non dovrai servire più;
l'orologio si fermi, la lancetta cada,
e sia passato il tempo che mi è dato!
MEFISTOFELE Pensaci bene, non lo scorderemo.
FAUST È tuo pieno diritto.
Non presumo di me con arroganza.
Non appena mi fermo sono schiavo,
tuo o di altri che m'importa.

da J.W. Goethe, *Faust, Urfaust*, a cura di I. A. Chiusano, trad. it. di A. Casalegno, Garzanti, Milano 1994.

PARAFRASI

allora non dovrai più servire; si fermi l'orologio [: il tempo dato alla mia vita], cada la lancetta, e sia [considerato] passato il tempo che mi è concesso (dato)! MEFISTOFELE Pensaci bene, non lo scorderemo. FAUST È tuo diritto pieno. Non stimo (presumo di) me [stesso] con superbia (arroganza). Non appena mi fermassi (fermo) sarei (sono) schiavo, che m'importa se sono [schiavo] tuo o di altri.

Lavoriamo sul testo

Leggere e capire

Com'è diviso il testo Il brano appena letto, che si svolge nello studio di Faust, può essere diviso in cinque parti.
vv. 1583-1606: Faust rinuncia a suicidarsi perché distolto dal suono delle campane, e poi pronuncia una violenta maledizione contro tutti i valori sociali e spirituali che guidano la vita umana sulla Terra;
vv. 1607-1626: un coro di spiriti risponde al lamento di Faust, incoraggiandolo a creare dentro di sé un nuovo mondo di valori dopo aver maledetto e distrutto il precedente;
vv. 1627-1659: appare Mefistofele che, dopo aver consigliato a Faust di agire invece di piangersi addosso, gli propone un patto: esaudirà ogni suo desiderio durante la vita terrena in cambio dell'anima per l'eternità;
vv. 1660-1691: Faust ribadisce che l'aldilà non gli interessa e accusa Mefistofele di non poter capire la ricerca inesauribile di nuovi obiettivi, tipica dell'uomo;
vv. 1692–1711: Faust fa diventare il patto una vera e propria scommessa: se si sentirà finalmente appagato, la sua anima apparterrà a Mefistofele per l'eternità.

Analizzare

Una metrica varia Il brano è un esempio della maniera di scrivere di Goethe: si succedono, secondo i personaggi e le situazioni, metri e ritmi diversi, che la traduzione rispetta per quanto è possibile. Si possono così individuare diversi momenti: alla violenta maledizione di Faust – che rifiuta i valori su cui si poggia la consapevolezza dell'individuo – risponde, con un altro metro, un coro di spiriti, caratterizzato da una certa ambiguità che non permette di stabilire se gli spiriti prendano in giro oppure consiglino Faust. Solo a questo punto Mefistofele spiega i termini di un patto, con cui Faust potrebbe misurare la sua pena: nei versi che seguono, il patto diventa una sfida, una scommessa sempre più alta.

Interpretare e approfondire

L'inesauribile ricerca dell'uomo Faust e Mefistofele si confrontano: quest'ultimo è freddo, calcolatore e vive nella dimensione dell'eternità, mentre Faust pronuncia un discorso pieno di vitalità, di tensione continua verso ciò che non conosce, e vive intrappolato nella prigione del tempo che scorre. Faust è l'eroe dello *Streben*, cioè del desiderio di superare ogni limite e dell'appagamento che non può mai arrivare; dall'alto di questa consapevolezza il protagonista muta il patto in una scommessa: «Se dirò all'attimo: / Sei così bello! fermati! / allora tu potrai mettermi in ceppi [: in catene]» (vv. 1699–1701). Faust sa che l'"attimo" può fermare lo *Streben*, ma non per gli uomini che tendono verso l'alto, cioè per chi ricerca inesauribilmente: solo la morte interrompe lo *Streben*.

Esercizi

Prima prova A • L'analisi del testo

Comprendere

1 Il disinteresse di Faust

Perché Faust non si preoccupa dell'aldilà?

a. perché vuole diventare ricco durante la vita terrena
b. perché solo da questa Terra provengono le sue gioie e le sue pene
c. perché non crede in Dio
d. perché non sa che il diavolo è un egoista

2 Il suicidio mancato

Che cosa impedisce a Faust di suicidarsi?

a. il ricordo di giorni felici
b. le forze del male che lo hanno accecato
c. il suono delle campane
d. Mefistofele

Analizzare

3 Le maledizioni di Faust

Dopo essere stato interrotto nei suoi propositi di suicidio, Faust pronuncia una lunga maledizione. Completa una tabella come questa qui accanto, indicando i valori della vita individuale e sociale ai quali Faust si riferisce.

«l'alto intendimento»	l'intelligenza
«l'abbaglio dei fenomeni»	....
....	....
....	l'accumulo di beni materiali
....	il denaro
«il succo balsamico dell'uva»	....
....	....
....	....
....	....
....	....

Interpretare e approfondire

4 Il patto diventa una scommessa

Mefistofele propone il tradizionale patto con il diavolo; Faust gli contrappone invece una scommessa: quale?

5 Faust eroe dello *Streben*

Faust accetta il patto con Mefistofele perché non si cura dell'aldilà. La sua vita infatti è dominata dallo *Streben*, la parola tedesca che Goethe usa per definire l'infinita voglia di ricerca che caratterizza Faust. Chiarisci come emerge lo *Streben* di Faust nel brano appena letto.

[*Faust*, II, atto V, vv. 11233-11373]

T6

Le forme
- alternanza di punti di vista

I temi
- distruzione del mondo patriarcale

Johann Wolfgang Goethe
Filemone e Bauci

L'episodio di Filemone e Bauci si svolge in due scene. Nella prima, intitolata «Palazzo», Faust incarica Mefistofele di trasferire i due vecchi lontano dal loro podere, per impossessarsi del boschetto di tigli che circonda la capanna dei coniugi. La seconda scena, «Notte profonda», viene narrata dal guardiano della torre, Linceo: gli sgherri di Mefistofele uccidono Filemone, Bauci e il Viandante loro ospite per portare a termine l'incarico; nell'incendio che segue, la capanna e i tigli desiderati da Faust vengono distrutti per sempre.

FAUST Quel maledetto qui![1] Proprio quello che mi opprime in modo odioso. A te, il molto esperto, lo devo dire: mi dà continue fitte e mi è impossibile sopportarlo! E nel dirlo, mi vergogno. Quei vecchi là devono andarsene, desidero, per mia sede, i tigli.

1 Quel maledetto qui: Faust riprende le ultime parole rivolte a lui da Mefistofele, che ne aveva appena lodato l'abilità nel trasformare la spiaggia in una pianura fertile. Il **maledetto qui** è il riferimento all'"attimo" di appagamento che Faust ha deciso di non desiderare per non perdere la scommessa con Mefistofele.

Quei pochi alberi non miei, mi guastano il dominio del mondo. Voglio costruire là, di ramo in ramo, impalcature per guardare tutto all'intorno, per aprire, allo sguardo, ampio orizzonte, per vedere tutto quello che ho fatto, per abbracciare, con un solo colpo d'occhio, questo capolavoro dello spirito umano che, operando con abile ingegno, ha creato, per i popoli, un'ampia regione abitabile.

In tal maniera siamo tormentati nel modo più duro: sentire, pur nella ricchezza, quanto ci manca! Il suono delle campane, il profumo dei tigli mi fasciano come in un'atmosfera di chiuso e di tenebra. Il mio potente arbitrio si spezza in questa sabbia.[2] Come libero da ciò il mio animo? La campana squilla ed io infurio.

MEFISTOFELE È naturale che una così grande seccatura ti debba avvelenare la vita! Chi lo nega? Quello scampanio è irritante per ogni nobile orecchio. E quel maledetto din, don, dan che turba il cielo sereno della sera e si mescola ad ogni avvenimento, dal primo bagno sino al funerale, come se la vita, fra quel din, don, dan, altro non fosse che un sogno svanito.

FAUST Quell'opposizione e quella ostinazione sciupano la più bella delle conquiste così che ci si deve stancare di essere giusti,[3] e ciò con un tormento amaro e profondo.

MEFISTOFELE Di che cosa ti devi prendere, qui, soggezione? Non dovevi, già da tempo, colonizzare?[4]

FAUST Bene, andate e portateli altrove! Tu conosci il bel poderetto che ho destinato a quei vecchi.

MEFISTOFELE Si portano via e si collocano là. Prima che abbiano tempo di accorgersene, sono di nuovo a posto. Dopo che si saranno rimessi dalla violenza sofferta, il bel soggiorno li riconcilierà con la nuova situazione. (*Fischia in modo acuto. Entrano i Tre Bravacci*)

MEFISTOFELE Venite come il padrone comanda. Domani, festa per la flotta.

I TRE Il padrone ci ha ricevuti male! ci è dovuta una bella festa.

MEFISTOFELE (*agli spettatori*) Quello che sta avvenendo qui è già accaduto. Poiché ci fu già un tempo la vigna di Naboth! (*Regum*, I, 21)[5]

Notte profonda

LINCEO[6] (*guardiano della torre, cantando, sulla vedetta del castello*) Nato per vedere, collocato quassù a guardare, legato alla torre da giuramento, il mondo mi piace. Spingo lo sguardo lontano, vedo le cose vicine, la luna e le stelle, il bosco ed il capriolo. Ed, in tutti, contemplo l'eterna bellezza del mondo e come essa mi piace, così io sono contento di me stesso. Voi, o occhi felici, quello che avete veduto, comunque esso fosse, era pur bello! (*Pausa*)

Non sono stato collocato qui così in alto solamente per goderne. Quale terribile spavento mi minaccia dal buio mondo! Attraverso l'ombra dei tigli, dove la notte è più fonda, vedo sprizzare faville, le braci ardenti infuriano sempre più fortemente,

2 Il suono... sabbia: Faust (come Goethe) non tollera il suono delle campane, che pure lo hanno, una volta, salvato dal suicidio; qui, inoltre, il suono (che proviene da una vecchia chiesetta posta accanto alla capanna di Filemone e Bauci, così come il profumo proviene dai tigli che la circondano) gli ricorda da una parte il mondo patriarcale che egli sta distruggendo, dall'altra la limitazione posta alla sua volontà smisurata (**potente arbitrio**) dall'esistenza di uno spazio non suo (**questa sabbia**).

3 Quell'opposizione... giusti: *quell'opposizione e quella ostinazione* [: a rimanere sul loro possedimento da parte dei due vecchi] *sciupano* [anche] *la più bella delle conquiste, così che ci si deve stancare di essere giusti.* Faust fa ovviamente riferimento, dal suo punto di vista, alla propria opera di colonizzatore; il riferimento all'essere giusti, poi, vuol giustificare l'ordine che seguirà subito dopo.

4 Non dovevi... colonizzare: la frase di Mefistofele è un invito a "introdurre coloni", ossia a trasportare i due vecchi da un sito a un altro; le successive battute daranno esito a tale invito, ma i Tre Bravacci che entrano in scena subito dopo, creature di Mefistofele, lo realizzeranno violentemente.

5 Quello che... 21: sapendo in quale modo i Tre Bravacci agiranno, Mefistofele cita un episodio dell'Antico Testamento, narrato al capitolo 21 del primo Libro dei Re. Il re Achab vuole ottenere la vigna del suo vicino Naboth, il quale non la vuole cedere perché l'ha ricevuta in eredità dagli antenati. La moglie di Achab riesce allora a far accusare, e lapidare, Naboth; Achab può impadronirsi della vigna, ma sarà costretto dal profeta Elia a pentirsi. La frase è rivolta **agli spettatori**: in questo modo Goethe rimanda all'aspetto teatrale dell'opera.

6 Linceo: è il guardiano della torre che sta di vedetta ai possedimenti di Faust. Usando una caratteristica della tragedia classica, Goethe fa raccontare gli eventi a un personaggio esterno all'azione.

attizzate dal soffiare del vento.[7] Ah! l'interno della capanna, già umida e ricoperta di muschio, arde! Sarebbe necessario rapido soccorso e non si vede salvezza alcuna. Ah! quei bravi vecchi, con tanta cura intenti al loro fuoco, son preda del fumo! Quale tremenda avventura! Fiamme ardono; la nera costruzione, ricoperta di muschio, sta, rossa, nell'incendio. Si salvino almeno i buoni vecchi da quell'inferno selvaggiamente scatenato! Fra le foglie, fra i rami si levano chiare lingue di fuoco. Rami secchi che ardono a gran fiamma, avvampano rapidi e precipitano al suolo. Dovevate, o occhi, vedere tale cosa! Dovevo io aver la capacità di veder così lontano! La cappelletta crolla sotto il cadere ed il peso di rami. Anche le cime dei tigli sono avvolte già da aguzze fiamme serpeggianti. Ed i vuoti tronchi ardono sino alle radici, rosso-porpora nella loro brace. (*Lunga pausa. Canto*) Quanto già rallegrò lo sguardo, è, coi suoi secoli, sparito.[8]

FAUST (*sul balcone, verso le dune*). Quale lamentoso canto[9] giù dall'alto? Troppo tarda la parola e troppo tardo il canto. Il mio torriere si duole. L'azione frettolosa m'irrita l'animo. Tuttavia se anche il taglieto è ridotto a dei tronchi a metà carbonizzati, si eleverà, in poco tempo, un belvedere per spingere lo sguardo nell'infinito. E là vedrò anche la nuova abitazione[10] che accoglierà quella vecchia coppia, la quale, nella convinzione di essere stata generosamente risparmiata, godrà, lieta, gli ultimi giorni della vita.

MEFISTOFELE ed i TRE (*dal basso*). Stiamo arrivando[11] di gran trotto. Scusaci, con le buone maniere non è proprio andata! Bussammo all'uscio, picchiammo e non ci si apriva mai. Demmo scossoni e continuammo a bussare e l'uscio di legno putrido[12] cadde a terra. Gridammo forte e minacciammo assai, ma non ci si diede ascolto, e, come accade in tali casi, non sentirono o non vollero sentire! Ma noi non abbiamo indugiato e li abbiamo tolti di mezzo in breve tempo. La coppia non ha sofferto molto, cadde morta per paura. Uno straniero che si era nascosto là e voleva far resistenza, venne liquidato. Nel breve tempo della pugna selvaggia, la paglia s'incendiò a cagione dei carboni sparsi tutto intorno. Ora l'incendio divampa senza freno, un rogo per quei tre.[13]

FAUST Foste sordi alle mie parole? Volevo un cambio e non una rapina.[14] Maledico il vostro colpo di mano inconsulto e selvaggio. Dividete fra di voi la mia maledizione.

da J.W. Goethe, *Faust e Urfaust*, trad. it. di G. Amoretti, Feltrinelli, Milano 1965.

7 Attraverso... vento: *attraverso l'ombra dei tigli, dove la notte è più fonda* [: perché l'oscurità è accresciuta dall'ombra degli alberi], *vedo venir fuori* (**sprizzare**) *faville, le braci ardenti si scatenano* (**infuriano**) *sempre più fortemente, alimentate* (**attizzate**) [dal soffiare del vento].

8 Quanto già... sparito: questa conclusione di Linceo, abbastanza esplicita, riassume e rende chiaramente il senso dell'episodio: il vecchio mondo dei valori, che ha segnato i secoli trascorsi, viene bruciato sull'altare di un progresso forse orrido, ma inevitabile.

9 Quale lamentoso canto: quello di Linceo. In tedesco i versi pronunciati dal guardiano sono brevi e diversi da quelli normalmente usati da Faust e da Mefistofele.

10 E là... abitazione: Faust s'illude, o vuole illudersi, che l'incendio della capanna abbia risparmiato i due vecchi, e conferisce a se stesso un'indole generosa.

11 Stiamo arrivando: il resoconto di questi personaggi a Faust, pronunciato in ben altro linguaggio, rivela la verità e disillude il protagonista.

12 putrido: *fradicio.*

13 Nel breve tempo... per quei tre: *nel breve tempo della lotta* (**pugna**) *selvaggia, la paglia s'incendiò a causa* (**cagione**) *dei carboni sparsi tutt'intorno. Ora l'incendio si espande* (**divampa**) *senza freno, un rogo per quei tre.*

14 Volevo... rapina: queste parole di Faust sono rivelatrici: tutta la colonizzazione europea si è nei secoli giustificata dietro l'ideologia dello scambio, quando in realtà era una rapina. Ciò vale naturalmente sia per i rapporti sociali, sia per i rapporti fra Paesi colonizzatori e Paesi colonizzati.

▼
Adam Elsheimer, *Zeus e Mercurio nella casa di Filemone e Bauci*, 1606 ca. Dresda, collezione privata.

Lavoriamo sul testo

Leggere e capire

La tragica fine di Filemone e Bauci Faust, ormai vecchio, ha quasi realizzato il suo progetto di bonifica delle terre paludose: manca solo il possesso della capanna di Filemone e Bauci. Già presenti nelle *Metamorfosi* (VIII, 618-724) del poeta latino Ovidio (43 a.C.-17 d.C), Filemone e Bauci sono il simbolo dell'ospitalità: accogliendo in casa loro Zeus ed Ermes (in viaggio sulla Terra sotto spoglie umane) ottengono dagli dèi di poter morire insieme, trasformati in quercia e in tiglio.

Analizzare

Due punti di vista sullo stesso episodio La distruzione della capanna di Filemone e Bauci è raccontata due volte, attraverso due punti di vista diversi. Il primo è quello del guardiano Linceo che, dopo aver decantato la bellezza del mondo, osserva la distruzione della capanna e l'uccisione dei coniugi e del Viandante che ospitavano. Il secondo punto di vista è quello di Mefistofele: alle resistenze dei due coniugi, il diavolo e i Tre bravacci li tolgono di «mezzo in breve tempo» e anche il Viandante viene velocemente «liquidato». Il punto di vista di Mefistofele è quello del colonizzatore che non bada a nulla pur di raggiungere i propri obiettivi.

Interpretare e approfondire

La distruzione del mondo patriarcale Faust ama, anche se a modo suo, Margherita, eppure la porta alla rovina: amore e appropriazione sono una cosa sola. Lo stesso avviene per Filemone e Bauci, simboli del vecchio mondo dei valori, scomparso a causa dell'azione violenta del colonizzatore, che sfrutta gli altri uomini e forza la stessa Natura. Il colonizzatore, spinto dal desiderio di ottenere più potere e più denaro, riesce a sentirsi soddisfatto solo appropriandosi del mondo patriarcale, che le stesse forze produttive capitalistiche portano alla distruzione. Filemone e Bauci muoiono, e anche i tigli tanto ambiti da Faust bruciano: il vecchio ordine si sgretola e porta via con sé quei valori di cui il nuovo mondo vuole impadronirsi.

Esercizi

Prima prova A • L'analisi del testo

Comprendere

1 Ancora sul suono delle campane

Come già in T5, il suono delle campane colpisce Faust. In questo episodio le campane lo fanno infuriare. Perché? Che cosa rappresentano?

2 Le giustificazioni di Faust

Faust vuole impadronirsi del podere di Filemone e Bauci. Quali giustificazioni riporta per autorizzarsi a cacciare i due coniugi dalla loro proprietà?

Analizzare

3 Gli sguardi di Linceo e di Mefistofele

La distruzione della capanna è raccontata due volte: prima attraverso gli occhi di Linceo, guardiano delle terre di Faust, e poi da Mefistofele. Sottolinea nel testo i passaggi più importanti delle due descrizioni: quali sono le differenze nei due racconti?

Interpretare e approfondire

4 Il colonizzatore

L'episodio mostra la distruzione della capanna di Filemone e Bauci da parte del colonizzatore Faust. Che cosa rappresentano i due coniugi? A quali elementi ideologici è collegata la loro fine?

mappa concettuale

La poesia nell'età dell'Illuminismo

aspetti illuministi
- perdita del primato = preferenza a saggio e romanzo
- scelta di temi sociali e civili = ritorno di forme poetiche come ode, poemetto, carme, poema

aspetti neoclassici
- reazione agli artifici del Barocco

aspetti preromantici
- rifiuto della tradizione dell'accademia dell'Arcadia
- visione tragica e inquieta della società e della natura

→ mancanza di una poetica dominante

Italia

Giuseppe Parini (1729-1799)
- frequentazioni illuministe (accademia dei Trasformati)
- tematiche sociali e civili
- satira del mondo nobiliare
- stile sublime e ironia

- *Le Odi*, 1791 e 1795
- *Il Giorno*
- *Il Mattino*, 1763
- *Il Mezzogiorno*, 1765
- *Il Vespro* e *La Notte*, incompiuti

Vincenzo Monti (1754-1828)
- il Neoclassicismo come celebrazione del presente
- da sostenitore della Rivoluzione francese a poeta della Restaurazione
- versatilità e facilità della scrittura

Pensieri d'amore, 1782

Francia

André Chénier *Les Bucoliques* (1819 postumo)

Inghilterra

poesia sepolcrale
- Thomas Gray, *Elegia scritta in un cimitero di campagna* (1750)
- James Macpherson, *Canti di Ossian* (1760)
- William Blake, *Songs of Innocence and Experience* (1789 e 1794)

Germania

«*Sturm und Drang*» (1770-1785)

Johann-Wolfgang Goethe (1749-1832)

Faust (1808 e 1832)
- poema drammatico
- temi: patto con il diavolo, amore come forza distruttiva, spirito capitalistico
- Faust = "eroe dello *Streben*"

dizionario dei concetti chiave

- **Giuseppe Parini** poeta italiano (1729-1799) autore del *Giorno*, un poema incompiuto diviso in quattro parti: *Il Mattino* (1763) e *Il Mezzogiorno* (1765), entrambi pubblicati, e le incompiute *Il Vespro* e *La Notte*. L'opera è un incrocio tra il genere satirico e quello didascalico, perché è il racconto della giornata di un «Giovin Signore», cioè di un nobile incapace e nullafacente, compiuto da un «Precettor d'amabil rito», cioè da un insegnante che istruirà il giovane nelle sue futili occupazioni.
- **Johann Wolfgang Goethe** poeta tedesco (1749-1832) autore del romanzo epistolare *I dolori del giovane Werther* (1774) e del *Faust* (prima parte: 1808; seconda parte: 1832). La storia di Faust è avvincente e si basa su un personaggio realmente esistito, il mago tedesco Georg Faust vissuto nel primo Cinquecento. Il protagonista stipula un "patto con il diavolo" cedendogli

l'anima in cambio di una giovinezza e di piaceri duraturi. Faust è l'eroe dello *Streben*, che in tedesco significa 'cercare, aspirare a qualcosa': mosso da un grande desiderio di ricerca, che lo lascia costantemente insoddisfatto, rappresenta lo spirito borghese. Proprio per l'inesauribile voglia di conoscere e di mettersi alla prova, la sua anima verrà alla fine salvata, nonostante l'abbia venduta al diavolo.

- **Vincenzo Monti** poeta italiano (1754-1828) autore di diverse opere tese a celebrare i vari governi al potere. Nella sua produzione troviamo infatti scritti contro la ferocia dei rivoluzionari francesi (la *Bassvilliana*), opere che celebrano Napoleone (*Alla maestà di Napoleone*), e anche composizioni che esaltano il ritorno degli austriaci in Italia (*Il ritorno di Astrea*). Lontani dalla poesia su temi civili e fatti storici sono i *Pensieri d'amore* (1782), ispirati alla lettura dei *Dolori del giovane Werther* di Goethe.

esercizi

esercizi di riepilogo

1 La perdita del primato
Nell'epoca dell'Illuminismo la lirica perde il suo primato. Perché?

a. per il nuovo interesse verso temi sociali e civili
b. per la mancanza di una poetica dominante
c. per la mancanza di un pubblico borghese di lettori
d. per l'assenza di grandi poeti capaci di destare l'interesse del pubblico

2 Il genere del poema
Il Giorno è un poema:

a. didascalico–satirico
b. eroico
c. cavalleresco
d. allegorico

3 Parini e l'accademia
Quale ruolo ebbe l'accademia dei Trasformati nella poetica di Parini?

4 La parte solo ipotizzata
Quali tra queste parti del *Giorno* non venne mai realizzata?

a. *La Sera*
b. *Il Meriggio*
c. *Il Mattino*
d. *Il Vespro*

5 L'arma dell'ironia
Nel *Giorno* di Parini l'ironia cn cui parla il Precettore serve per

a. rendere il poema divertente
b. allietare la giornata del Giovin Signore
c. smascherare l'inutilità della nobiltà dell'epoca
d. ottenere la protezione del Giovin Signore

6 Il linguaggio pariniano
Il linguaggio usato nel *Giorno* di Parini è ricco di:

a. latinismi e immagini del mito
b. termini letterari e riferimenti a fatti storici
c. termini colloquiali e immagini della quotidianità
d. termini dialettali e riferimenti alla realtà milanese

7 Il fine della poesia
La poesia di Vincenzo Monti:

a. è una celebrazione della civiltà dei classici
b. è una celebrazione del presente
c. non si schiera mai a favore del potere politico
d. celebra valori morali eterni e immutabili

8 Alle origini del *Faust*
L'*Urfaust* è:

a. la prima opera importante di Goethe
b. il primo abbozzo del Faust
c. il primo capitolo del Faust
d. la prima edizione completa del *Faust*

9 Un personaggio interessante
Il Faust storico era un mago tedesco del Cinquecento: perché questo personaggio attrae l'interesse di Goethe?

a. perché Faust era tedesco come lui
b. perché Goethe si interessava alla magia
c. perché Goethe era uno studioso della natura
d. perché Goethe era uno studioso delle scienze occulte

10 La parola-chiave
Perché *Streben* è una parola chiave del *Faust*? Che cosa significa?

esercizi di approfondimento

11 Delacroix e Goethe a confronto

Il dipinto ottocentesco di Delacroix ritrae il primo incontro di Faust con Mefistofele in sembianze umane.

Eugène Delacroix, *Mefistofele appare a Faust*, 1826-1827. Londra, Collezione Fallace.

Descrivi il dipinto: in quale ambiente è inserita la scena, come sono rappresentati i personaggi? Confronta il quadro con la descrizione che Goethe fa dello stesso episodio (▶ T5).

12 Gli atteggiamenti di Faust

Gli episodi riportati in T5 e T6 delineano le caratteristiche del personaggio principale dell'opera, Faust. Confronta gli atteggiamenti del protagonista completando una tabella come quella proposta sotto.

Faust nella scena del patto (T5)	Faust nella scena di Filemone e Bauci (T6)
maledice il suono delle campane perché	.... perché ....
maledice i valori sociali e individuali perché	maledice .... perché ....
stringe un patto con .... perché	ordina a Mefistofele di cacciare via Filemone e Bauci perché ....

allenarsi per l'esame di Stato

l'analisi del testo

13 *Il Bisogno* di Parini

O ministri di Temi,[1]
le spade sospendete:
da i pulpiti supremi[2]
qua l'orecchio volgete.
Chi è che pietà niega
al Bisogno che prega?
Perdon, dic'ei, perdono
a i miseri cruciati.[3]
Io son l'autore io sono
de' lor primi peccati.
Sia contro a me diretta
la pubblica vendetta.[4]
Ma quale a tai parole
giudice si commove?
Qual dell'umana prole
a pietade si move?
Tu, Wirtz,[5] uom saggio e giusto
ne dai l'esempio augusto:
tu cui[6] sì spesso vinse
dolor degl'infelici,
che il bisogno sospinse
a por le rapitrici
mani nell'altrui parte[7]
o per forza o per arte:[8]
e il carcere temuto
lor lieto spalancasti:[9]
e dando oro ed aiuto,
generoso insegnasti
come senza le pene[10]
il fallo[11] si previene.

da G. Parini, *Le odi*, ed. critica a cura di D. Isella, cit.

1 **ministri di Temi:** *giudici.*
2 **da i pulpiti supremi:** *dagli alti seggi dei tribunali.*
3 **cruciati:** *tormentati.*
4 **la pubblica vendetta:** *la punizione stabilita dalle leggi.*
5 **Wirtz:** l'ode è dedicata a Pier Antonio Wirtz, pretore della Repubblica elvetica in procinto di lasciare l'incarico.
6 **cui:** *che.*
7 **altrui parte:** *proprietà altrui.*
8 **per arte:** *con l'inganno.*
9 **e il carcere... spalancasti:** *e li lasciasti uscire dal carcere, che fa paura.*
10 **senza le pene:** *anche senza punire.*
11 **il fallo:** *la colpa, l'errore.* Sopprimendo il bisogno che si trova all'origine di molti delitti, si può prevenire la colpa.

Dal ripasso alla verifica

Scritta nel 1765, l'ode è dedicata a Pier Antonio Wirtz de Rudenz commissario reggente del contado di Locarno che stava per lasciare l'incarico.
Nella prima parte dell'ode, qui non antologizzata, Parini si rivolge al Bisogno e denuncia le azioni a cui esso costringe poveri e bisognosi spingendoli a compiere reati puniti con «atroci pene».

Comprendere

a. Sintetizza il contenuto del brano in massimo dieci righe.

Analizzare

b. Chi sono i «miseri cruciati» del v. 61?

c. Come reagiscono di solito i giudici di fronte a coloro che sono bisognosi?

d. Come si presenta l'atteggiamento di Wirtz? Quale stratagemma ha adottato per prevenire «il fallo» (v. 84) dei bisognosi?

e. Analizza i versi proposti dal punto di vista lessicale: sottolinea, con colori diversi, i termini aulici e quelli comuni.

Interpretare e approfondire

f. *Il Bisogno* appartiene al gruppo delle odi pariniane composte tra il 1755 e il 1770 e caratterizzate da temi sociali e civili di particolare importanza, in cui il poeta è schierato in una dimensione pubblica. Conosci un'altra ode pariniana che tratti argomenti di interesse pubblico? Presenta dei tratti comuni con il brano appena letto?

la lingua nel tempo

L'empio servo tremò; con gli occhi al suolo
Udì la sua condanna. A lui non valse
Merito quadrilustre; a lui non valse
Zelo d'arcani uficj: in van per lui
Fu pregato e promesso; ei nudo andonne
Dell'assisa spogliato ond'era un giorno
Venerabile al vulgo.

da G. Parini, *Il Giorno*, ed. critica a cura di D. Isella, cit.

14 Dall'accezione letteraria alla corrente

Abbiamo già visto il mutamento del significato di "umore" (▶ T1) dall'epoca di Parini alla nostra. In questi versi, anche "uficj" (v. 545) è usato in un'accezione letteraria: quale? Che cosa significa invece comunemente in italiano?

15 Dalla grafia antica alla moderna

Alcuni termini sono scritti secondo una grafia antica. Dopo averli evidenziati, trascrivili secondo la grafia moderna.

Unità 9

Il genere

Il teatro del Settecento

«L'omaggio dell'incolta America è ben degno del grande Metastasio. Questo nome è ascoltato con ammirazione attraverso le praterie e le foreste. I sospiri di Alceste e di Cleonice sono familiari a un popolo che non sa che ci sia Vienna nel mondo», scriveva Basilio de Gama (1740-1795), letterato brasiliano che a Metastasio aveva dedicato un poema. Poeta imperiale alla corte viennese, Metastasio riesce a dare nuova vita al melodramma: i suoi versi verranno utilizzati da molti grandi musicisti successivi, favorendo così il successo internazionale dell'opera italiana.
Non solo scrittore e librettista, ma anche appassionato e tenace animatore culturale, Lorenzo Da Ponte è una figura fondamentale per la promozione dell'immagine italiana all'estero. La sua collaborazione con Mozart, conduce alla stesura dei testi dei tre capolavori più rappresentati del maestro austriaco: *Le nozze di Figaro* (1786), *Don Giovanni* (1787) e *Così fan tutte* (1790).
La grande affermazione del melodramma e della commedia di Goldoni riservano il genere tragico a un pubblico di *élite*, in specie le tragedie di Vittorio Alfieri, nonostante costituiscano un vertice del teatro drammatico dell'epoca.

OBIETTIVI

Conoscenze
- L'evoluzione dei diversi generi teatrali nel Settecento
- Vita e opere di Pietro Metastasio
- Le principali caratteristiche della riforma del melodramma operata da Metastasio
- Vita e opere di Lorenzo Da Ponte
- Le principali caratteristiche dei libretti di Da Ponte
- Il teatro tragico di Alfieri
- Il teatro in Europa

Abilità
- Collocare ogni opera teatrale nel contesto storico adatto
- Analizzare dal punto di vista formale e tematico brani di opere teatrali
- Riconoscere le scelte stilistiche, tematiche e di poetica di ciascun autore

Espansioni digitali

video

1 I generi e le idee

L'influenza del classicismo

Nel Settecento il teatro è influenzato, come tutti gli altri generi letterari, dal classicismo. L'impostazione classicista del teatro settecentesco rifiuta la spettacolarità e la complessità tipiche del teatro barocco e ripropone modelli antichi, per la tragedia, e aderenza al reale, per la commedia. In particolare, nella **tragedia** sono rispettate le **tre** unità aristoteliche di luogo, tempo e azione come garanzie di coerenza, rigore e dignità formale; la **commedia**, anziché creare intrecci avventurosi, si propone di **imitare la "natura"** e attenersi alla realtà, organizzandola sulla scena sulla scorta dei modelli letterari.

Il dibattito illuminista

In tutte le maggiori città europee sono ormai diffusi i teatri a pagamento, aperti non solo al **pubblico aristrocratico**, ma anche a quello **borghese**: gli intellettuali si rendono così conto che il teatro è una forma d'arte che può veicolare i propri contenuti a un pubblico molto vasto. In epoca illuminista si diffonde perciò un ampio dibattito intorno all'**utilità del teatro**, secondo l'orientamento pragmatico tipico di quella corrente culturale che si pone il problema dell'utilità sociale delle arti, del pensiero e delle istituzioni. Se alcuni pensatori, come Rousseau, continuano a rifiutare il teatro per la sua moralità ingannatrice, la maggior parte degli illuministi riconosce in esso un potente **strumento educativo e di analisi sociale**.

Il declino della tragedia e la fortuna del melodramma

La restaurazione della tragedia – promossa da uno dei maggiori esponenti illuministi, Voltaire – non ha successo: considerata un genere letterario troppo difficile, essa viene ben presto accantonata in favore della commedia. In Italia, tutti i maggiori letterati attivi nel secolo XVIII e al principio del successivo (Alfieri, Foscolo, Monti, Pindemonte) affrontano la tragedia. I risultati sono spesso insoddisfacenti: la **tragedia classicista** è un genere **destinato alla lettura** più che alla rappresentazione, e inoltre privo in Italia di un pubblico reale. Sono invece la **commedia** e il **melodramma** a riscuotere **successo**: quest'ultimo è ben rappresentato dall'opera di Metastasio (▶ §2) che, con le sue vicende sentimentali, la sua leggerezza, la sua musicalità, conquista i teatri di tutta Europa.

Glossario

Unità aristoteliche Sono definite "unità aristoteliche" le tre regole (unità di luogo, di tempo e di azione) assunte nel Cinquecento come modelli di perfezione della tragedia classica e derivate da un passo della *Poetica* di Aristotele nel quale il filosofo greco indica come «costanti» della tragedia l'unità d'azione e il risolvimento finale (senza però specificare unità di «luogo» e di «tempo»).

Il teatro del Settecento

genere	tragedia	commedia	melodramma
caratteristica	rispetto delle tre unità aristoteliche	aderenza alla realtà	nuova importanza del libretto
autore di riferimento	Vittorio Alfieri	Carlo Goldoni	Pietro Metastasio
riscontro di pubblico	limitato e di *élite*	grande successo italiano	successo internazionale

facciamo il punto

- **In che cosa si manifesta l'influenza del classicismo nel teatro settecentesco?**
- **Su quale aspetto del teatro verte il dibattito illuminista?**
- **Perché la tragedia riscuote meno successo della commedia e del melodramma?**

Cronologia

STORIA		AUTORI E OPERE
guerra tra Impero asburgico e Impero ottomano ◀	1716-1718	
	1731	▶ *Demetrio* di Pietro Metastasio (1698-1782)
	1733	▶ *Olimpiade* di Metastasio
guerra di successione austriaca ◀	1740-1748	
guerra dei Sette anni ◀	1756-1763	
	1757	▶ *Il figlio naturale* di Denis Diderot (1713-1784)
	1775	▶ *Il barbiere di Siviglia* di Pierre Augustin de Beaumarchais (1732-1799)
Dichiarazione d'indipendenza degli Stati Uniti d'America ◀	1776	
	1782	▶ *Saul* di Vittorio Alfieri (1749-1803) ▶ *I masnadieri* di Friedrich Schiller (1759-1805)
	1786	▶ *Le nozze di Figaro* di Lorenzo Da Ponte (1749-1838) e Wolfgang Amadeus Mozart (1756-1791) ▶ *Mirra* di Alfieri
	1787	▶ *Don Giovanni* di Da Ponte-Mozart ▶ *Don Carlos* di Schiller
	1789	▶ *Torquato Tasso* di Johann Wolfgang Goethe (1749-1832)
Rivoluzione francese ◀	1789-1799	
	1790	▶ *Così fan tutte* di Da Ponte-Mozart
colpo di Stato in Francia: Napoleone primo console ◀	1799	
istituita la Repubblica d'Italia con Napoleone presidente ◀	1801	
Napoleone imperatore dei francesi ◀	1804	
la Repubblica d'Italia trasformata in Regno d'Italia ◀	1805	
Congresso di Vienna ◀	1814-1815	
definitiva sconfitta di Napoleone a Waterloo ◀	1815	

2 Metastasio e la riforma del melodramma

Il melodramma dal Seicento a Zeno

Un genere spettacolare amato da tutti

Il melodramma, nome che spesso coincide con quello di ***opera seria***, è formato dall'**incontro di diverse arti**: recitazione, canto, musica strumentale, scenografia e anche danza e poesia. Nel Seicento la nascita dei teatri a pagamento fa del melodramma un genere per tutti: non più solo occasione di divertimento per i nobili delle corti, ma anche per la borghesia. Il nuovo pubblico è attratto dai grandi **effetti scenografici**: personaggi volanti (su congegni meccanici), cantanti dalle abilità vocali strepitose e con costumi lussuosi sono gli ingredienti fondamentali del melodramma di inizio Settecento.

Zeno e la dignità del testo

L'attenzione per il **libretto**, cioè per il testo che accompagna la musica, passa in secondo piano: il melodramma è per lo più una successione di *arie* dove trionfa la bravura vocale degli interpreti e pertanto il ruolo del poeta all'interno della compagnia teatrale è del tutto marginale. Contro questa tendenza il veneziano **Apostolo Zeno** (1688-1750) cerca di ridare importanza al *recitativo* e di eliminare gli aspetti più spettacolari: la sua "riforma", la prima tesa a restituire dignità al testo letterario, sarà completata da Pietro Metastasio che ribadisce l'autonomia del libretto rispetto alla musica (▶ Musica e letteratura).

Vita e opere di Pietro Metastasio

L'infanzia romana e i primi studi

Metastasio, nome d'arte di Pietro Trapassi, nasce a **Roma** nel **1698**. Adottato all'età di dieci anni da Giovanni Vincenzo **Gravina** (il fondatore dell'accademia dell'Arcadia ▶ Quadro storico-culturale) che ne intuisce l'abilità poetica, il giovane riceve un'**educazione classicistica**, tanto che il maestro lo convince a grecizzare il cognome da Trapassi in Metastasio. Alla morte di Gravina, nel 1719, il giovane, che intanto ha preso gli ordini religiosi diventando abate e ha pubblicato già alcune poesie e una tragedia, si trasferisce a **Napoli**.

Il successo napoletano

Qui tenta la carriera di avvocato ma soprattutto inizia a comporre versi per il dramma musicale finché nell'ambiente teatrale napoletano arriva il successo: nel 1724 va in scena la ***Didone abbandonata***, scritta per una cantante a cui il poeta è sentimentalmente legato e musicata da Domenico Sarro. È in questo periodo che Metastasio comincia a rielaborare le novità introdotte da Zeno e a formulare una concezione del melodramma che lo farà arrivare ai vertici del successo internazionale (▶ Musica e letteratura); inoltre a Napoli, città capitale di uno Stato passato nel 1714 (e rimastovi fino al 1738) sotto il dominio degli Asburgo d'Austria, prende i primi contatti con la nobiltà viennese.

L'esperienza viennese

Tornato a Roma nel 1727, vi rimane per tre anni finché nel 1730 accetta l'incarico di "poeta cesareo" presso la **corte di Vienna** dove sostituisce Apostolo Zeno: manterrà questa carica per ben 52 anni. Risalgono a questo periodo i capolavori *Demetrio* (1731), l'*Olimpiade* (1733), *Demofoonte* (1733) e il fortunatissimo *La clemenza di Tito* (1734). I temi di questi melodrammi sono patetici e sentimentali e ruotano intorno a situazioni drammatiche e conflittuali (▶ T1). L'*Attilio Regolo* (1740) è l'ultima grande opera di Metastasio. Il poeta trascorre comunque la vecchiaia a Vienna, rimanendo fedele agli Asburgo, e qui muore nel 1782.

Le altre opere

Oltre alla produzione per il teatro, molti sono i **componimenti poetici** scritti per occasioni mondane e di corte. Tra questa produzione lirica rientrano anche le ***arie*** (oltre 1.200) composte per melodrammi e diventate famose indipendentemente dall'opera di appartenenza (▶ T2). Le riflessioni di tutta una vita si trovano invece nell'***Epistolario***, una raccolta di 2.654 lettere piene di nostalgia per l'Italia e di amarezza per gli inganni della vita.

Glossario

Poeta cesareo L'aggettivo "cesareo" proviene dal latino *Caesar*, il soprannome degli imperatori romani. Il "poeta cesareo" è quindi il poeta imperiale, al servizio cioè dell'imperatore. La carica richiede che l'artista fornisca un certo numero di opere (poesie, poemi, libretti d'opera ecc.) per occasioni legate alla vita di corte, come feste e compleanni.

▶ **La Romanina**
Tra le più acclamate cantanti del suo tempo, il soprano Marianna Bulgarelli Benti (1684-1734), detta "La Romanina", conobbe Metastasio nel 1721 quando ne interpreta la cantata *Gli orti esperidi*, musicata da Nicola Porpora. Divenuta la sua amante, lo aiutò nel lavoro di librettista fino a ispirargli nel 1724 la *Didone abbandonata* (gruppo di musicisti, porcellana di Meissen, XVIII secolo).

La riforma Calzabigi-Gluck

La ricerca di nuovi equilibri

La riforma di Metastasio aveva dato tanta importanza al libretto da trascurare la traduzione musicale. La necessità di nuovi equilibri tra testo e musica porta così a un'altra riforma, nata dalla collaborazione tra il librettista italiano **Ranieri de' Calzabigi** (1714-1795) e il musicista tedesco **Christoph Willibald von Gluck** (1714-1787).

I punti forti della riforma

Questa si basa sui seguenti punti:

- **continuità dell'azione**: scompare la distinzione tra *recitativo* e *aria* così che l'azione non venga mai interrotta;
- **niente virtuosismi**: i cantanti non possono abbellire secondo il loro gusto personale la parte che recitano;
- **realismo della storia**: la storia raccontata non deve essere esagerata o troppo complicata, ma verosimile;
- **scene fisse**: i cambiamenti di scena devono essere ridotti al minimo indispensabile.

Questa riforma però contrasta con la moda teatrale del tempo, che preferiva melodrammi spettacolari, e si risolve così in un parziale insuccesso.

▲ Martin van Meytens (1695-1770), *Ritratto di Pietro Metastasio*. Vienna, Palazzo di Schönbrunn.

Le fasi della riforma

autori	principali novità
Apostolo Zeno (1688-1750)	• eliminazione degli aspetti spettacolari dell'opera • maggiore importanza al *recitativo*
Pietro Metastasio (1698-1782)	• l'azione si svolge nei *recitativi* • la riflessione si svolge nelle *arie* • autonomia del libretto rispetto alla musica
Ranieri de' Calzabigi (1714-1795) e Christoph Willibald von Gluck (1714-1787)	• scomparsa della distinzione tra *recitativo* e *aria* • realismo della vicenda narrata • scene prevalentemente fisse

facciamo il punto

- **Quali cambiamenti introduce la riforma di Apostolo Zeno?**
- **Quale opera decreta il successo di Metastasio come librettista?**
- **Quali sono i più famosi melodrammi composti da Metastasio come "poeta cesareo"? E su quali temi ruotano?**
- **Su quali punti si fonda la riforma di Calzabigi-Gluck?**

[*Olimpiade*, atto II, scene IX e X, vv. 244-354]

T1

Le forme
- linguaggio semplice per uno stile "medio"

I temi
- eroe diviso tra coraggio e abbandono ai sentimenti

Pietro Metastasio
L'addio di Mégacle ad Aristea

Mégacle, famoso atleta di Atene, e Lìcida sono cari amici. Mégacle ama riamato Aristea, figlia di Clistene re di Sicione, alla cui mano aspira anche Lìcida, ignaro dei sentimenti dei due giovani. Quando Lìcida gli chiede di partecipare alla gare olimpiche a nome suo, Mégacle accetta, pur sapendo che il vincitore avrà in premio la principessa. Il brano inizia dopo che Mégacle ha vinto i giochi olimpici: Lìcida gli ha appena chiesto di rivelare ad Aristea di aver combattuto per lui. Mégacle racconta tutto alla giovane e la invita anche a sposare l'amico. Poi parte, dopo un ultimo colloquio con Lìcida.

SCENA NONA
Mégacle, Aristea

MÉGACLE (Oh ricordi crudeli!)[1]
ARISTEA Al fin siam soli:
potrò senza ritegni
il mio contento esagerar; chiamarti
mia speme, mio diletto,
luce degli occhi miei...
MÉGACLE No, principessa,
questi soavi nomi
non son per me. Serbali pure ad altro
più fortunato amante.
ARISTEA E il tempo è questo
di parlarmi così? Giunto è quel giorno...
Ma semplice ch'io son: tu scherzi, o caro,
ed io stolta m'affanno.
MÉGACLE Ah! non t'affanni
senza ragion.
ARISTEA Spiegati dunque.
MÉGACLE Ascolta:
ma coraggio, Aristea. L'alma prepara
a dar di tua virtù la prova estrema.
ARISTEA Parla. Aimè! che vuoi dirmi? Il cor mi trema.
MÉGACLE Odi. In me non dicesti
mille volte d'amar, più che 'l sembiante,

PARAFRASI

244-254 MÉGACLE (Oh ricordi crudeli!).
ARISTEA Finalmente (Al fin) siamo soli. Potrò senza riguardo (ritegni) sfogare appieno (esagerar) la mia contentezza (contento); [potrò] chiamarti mia speranza (speme), mia gioia, luce dei miei occhi...
MÉGACLE No, principessa, questi dolci (soavi) nomignoli (nomi) non sono per me. Riservali (Serbali) pure a un altro innamorato più fortunato [di me].
ARISTEA Ed è questo il momento (tempo) di parlarmi così? È arrivato (Giunto) quel giorno... Ma che ingenua (semplice) che sono: tu scherzi, o caro, e io sciocca (stolta) mi angoscio.
MÉGACLE Ah! non ti angosci senza motivo (ragion).
ARISTEA. Spiegati allora.
255-271 MÉGACLE Ascolta: ma [fatti] coraggio, Aristea. Prepara il cuore (alma) a dare la prova più alta (estrema) della tua virtù.
ARISTEA Parla. Aimè! che vuoi dirmi? Il mio cuore è in ansia.
MÉGACLE Senti (Odi). Non dicesti tante (mille) volte di amare

Metrica Nel recitativo (vv.244-342) si alternano endecasillabi e settenari; l'arietta (vv.342-354) è formata da tre strofette di senari: l'ultimo di ogni strofetta è sempre tronco (accento conclusivo sull'ultima sillaba della parola) e rima con i versi finali delle altre strofette, secondo lo schema abac, dbdc, ffec.

1 ricordi crudeli: sono le promesse fatte da Mégacle a Lìcida in nome della gratitudine per avergli salvato la vita (▶ nota 2) Per mantenere la parola data, ora Mégacle deve sacrificare il suo amore per Aristea.

il grato cor, l'alma sincera, e quella,
che m'ardea nel pensier, fiamma d'onore?

ARISTEA Lo dissi, è ver. Tal mi sembrasti, e tale
ti conosco, t'adoro.

MÉGACLE E se diverso
fosse Mégacle un dì da quel che dici;
se infedele agli amici,
se spergiuro agli dei, se, fatto ingrato
al suo benefattor, morte rendesse
per la vita che n'ebbe; avresti ancora
amor per lui? Lo soffriresti amante?
L'accetteresti sposo?

ARISTEA E come vuoi
ch'io figurar mi possa
Mégacle mio sì scellerato?

MÉGACLE Or sappi
che per legge fatale,
se tuo sposo divien, Mégacle è tale.

ARISTEA Come!

MÉGACLE Tutto l'arcano
ecco ti svelo. Il principe di Creta
langue per te d'amor. Pietà mi chiede,
e la vita mi diede. Ah principessa,
se negarla poss'io, dillo tu stessa.

ARISTEA E pugnasti…

MÉGACLE Per lui.

ARISTEA Perder mi vuoi…

MÉGACLE Sì, per serbarmi sempre
degno di te.

ARISTEA Dunque io dovrò…

MÉGACL Tu dèi
coronar l'opra mia. Sì, generosa,
adorata Aristea, seconda i moti
d'un grato cor. Sia, qual io fui fin ora,
Lìcida in avvenire. Amalo. È degno
di sì gran sorte il caro amico. Anch'io

PARAFRASI

in me il cuore riconoscente (grato), l'anima (alma) sincera, e quella voglia (fiamma) di onore che ardeva nei miei pensieri, più che l'aspetto esteriore (sembiante)?
ARISTEA Lo dissi, è vero. Così (Tal) mi sembrasti, e così ti conosco e ti adoro.
MÉGACLE E se un giorno (dì) Mégacle fosse diverso da quello che [tu] dici; se [fosse] infedele agli amici, sleale verso gli [agli] dèi, divenuto (fatto) ingrato [nei confronti] del (al) suo benefattore [: Lìcida], rendesse morte in cambio della vita che ebbe da lui; avresti ancora amore per lui? Lo sopporteresti (soffriresti) [come] amante? Lo accetteresti [come] sposo?
272-282 ARISTEA E come vuoi che io mi possa immaginare (figurar) il mio Mégacle [divenuto] così sciagurato?
MÉGACLE Devi sapere (Or sappi) che per volere (legge) del destino (fatale) Mégacle è [un] tale [sciagurato] se diviene tuo sposo.
ARISTEA Come!
MÉGACLE Ora (ecco) ti svelo tutto il mio mistero (arcano). Il principe di Creta [: Lìcida] muore (langue) di amore per te. Mi chiede pietà, e mi diede la vita. Ah principessa, dillo tu stessa se io posso negar[glie]la.
ARISTEA E combattesti…
MÉGACLE Per lui.
ARISTEA Mi vuoi lasciare…
MÉGACLE Sì, per conservarmi (serbarmi) sempre degno di te.
283-297 ARISTEA Allora io dovrò…
MÉGACLE Tu devi (dèi) portare a compimento (coronar) la mia opera (opra). Sì, generosa, adorata Aristea, asseconda (seconda) i sentimenti (moti) di un cuore riconoscente (grato) [verso i suoi benefattori]. Lìcida sia [per te] da ora in poi (in avvenire) quello che (qual) finora sono stato (fui) io. Amalo. Il caro amico è degno di una sorte così grande. Anch'io vivo

vivo di lui nel seno;
e s'ei t'acquista, io non ti perdo appieno.
ARISTEA Ah qual passaggio è questo! Io dalle stelle
precipito agli abissi. Eh no: si cerchi
miglior compenso. Ah senza te la vita
per me vita non è.
MÉGACLE Bella Aristea,
non congiurar tu ancora
contro la mia virtù. Mi costa assai
il prepararmi a sì gran passo. Un solo
di quei teneri sensi
quant'opera distrugge!
ARISTEA E di lasciarmi…
MÉGACLE Ho risoluto.
ARISTEA Hai risoluto? E quando?
MÉGACLE Questo (morir mi sento)
questo è l'ultimo addio.
ARISTEA L'ultimo! Ingrato…[2]
Soccorretemi, o numi! Il piè vacilla:
freddo sudor mi bagna il volto; e parmi
ch'una gelida man m'opprima il core! [*s'appoggia ad un tronco*]
MÉGACLE Sento che il mio valore
mancando va. Più che a partir dimoro,
meno ne son capace.
Ardir. Vado, Aristea: rimanti in pace.
ARISTEA Come! Già m'abbandoni?
MÉGACLE È forza, o cara,
separarsi una volta.
ARISTEA E parti…
MÉGACLE E parto
per non tornar più mai. [*in atto di partire*]
ARISTEA Senti. Ah no… Dove vai?
MÉGACLE A spirar, mio tesoro,
lungi dagli occhi tuoi. [*Mégacle parte risoluto, poi si ferma*]

PARAFRASI

nel di lui [: suo] cuore (seno); e se egli (ei)ti ha (acquista), [è come se] io non ti perdessi del tutto (appieno).
ARISTEA Ah che (qual) sbalzo (passaggio) è questo! Io precipito dalle stelle agli abissi. Eh, no: si cerchi un premio (compenso) migliore. Ah, senza te la vita per me non è vita [degna di essere vissuta].
MÉGACLE Bella Aristea, non attentare anche (ancora) tu alla (contro la) mia onestà. Mi costa molto (assai) predispormi a un passo così grave (gran). Uno solo di quei teneri sentimenti (sensi) [che ci uniscono] basta a rendere vani (distrugge) sforzi tanto grandi (quant' opera)!
298-315 ARISTEA E di lasciarmi...
MÉGACLE Ho deciso.
ARISTEA Hai deciso? E quando [avverrà]?
MÉGACLE Questo ([al solo dirlo] mi sento morire) questo è l'ultimo addio.
ARISTEA L'ultimo? Ingrato… Soccorretemi, dèi celesti (numi)! I miei passi (piè = piede) vacillano: un freddo sudore mi bagna il volto; e mi sembra (parmi) che una mano gelida mi schiacci il cuore!
MÉGACLE Sento che la mia sicurezza (valore) sta venendo meno. Più indugio (dimoro) a partire, meno ne sono capace. [Su,] coraggio (Ardir). Vado, Aristea. Rimani tranquilla (in pace).
ARISTEA Come! Già mi abbandoni?
MÉGACLE È necessario (forza), o cara, che una volta ci separiamo.
ARISTEA E parti…
MÉGACLE E parto per non tornare mai più.
ARISTEA Senti. Ah no… Dove vai?
MÉGACLE A morire (spirar), tesoro mio, lontano dai tuoi occhi.

2 Ingrato… n'ebbe: disperato perché il re Clistene non avrebbe mai dato in sposa sua figlia a un ateniese, per quanto nobile, Megacle era fuggito a Creta; qui era stato assalito dai briganti e salvato da Lìcida, figlio del re dell'isola. È questo il debito di gratitudine che Mégacle ha con lui.

ARISTEA Soccorso… Io… moro. [*sviene sopra un sasso*]
MÉGACLE Misero me, che veggo![3] [*rivolgendosi indietro*]
Ah l'oppresse il dolor! [*tornando*] Cara mia speme,
bella Aristea, non avvilirti; ascolta:
Mégacle è qui. Non partirò. Sarai…
Che parlo? Ella non m'ode. Avete, o stelle,
più sventure per me? No, questa sola
mi restava a provar. Chi mi consiglia?
Che risolvo? Che fo? Partir? Sarebbe
crudeltà, tirannia. Restar? che giova?
forse ad esserle sposo? E 'l re ingannato,
e l'amico tradito, e la mia fede,
e l'onor mio lo soffrirebbe? Almeno
partiam più tardi. Ah che sarem di nuovo
a quest'orrido passo! Ora è pietade
l'esser crudele. Addio, mia vita: addio, [*le prende la mano e la bacia*]
mia perduta speranza. Il Ciel ti renda
più felice di me. Deh, conservate
questa bell'opra vostra, eterni dei;
e i dì, ch'io perderò, donate a lei.
Lìcida… Dov'è mai? Lìcida. [*verso la scena*]

SCENA DECIMA
Lìcida e detti

LÌCIDA Intese tutto[4] Aristea?
MÉGACLE Tutto. T'affretta, o prence;
soccorri la tua sposa. [*in atto di partire*]
LÌCIDA Aimè, che miro!
Che fu? [*a Mégacle*]
MÉGACLE Doglia improvvisa
le oppresse i sensi. [*partendo, come sopra*]
LÌCIDA E tu mi lasci?
MÉGACLE Io vado… [*tornando indietro*]
Deh pensa ad Aristea. [*partendo*] (Che dirà mai

PARAFRASI

ARISTEA Aiuto (Soccorso)… Io… muoio.
316-334 MÉGACLE Misero me, che vedo (veggo)! Il dolore l'ha vinta (l'oppresse)! Mia cara speranza, bella Aristea, non scoraggiarti (avvilirti); ascolta: Mégacle è qui. Non partirò. Sarai… Che cosa dico (parlo)? Lei non mi sente (ode). O stelle, avete ancora (più) sciagure per me? No, questa sola mi restava da (a) provare. Chi mi consiglia [su che cosa debba fare ora]? Che [cosa] decido (risolvo)? Che [cosa] faccio? Partire? Sarebbe crudeltà, prepotenza (tirannia). Restare? A cosa è utile? Forse a diventare suo (esserle) sposo? E la mia fedeltà (fede) e il mio onore sopporterebbero (soffrirebbe) di avere ingannato il re e tradito l'amico? Almeno potrei partire (partiam) più tardi. Ah così (che) mi troverò (sarem) di nuovo a [affrontare] questo passo tremendo (orrido)! In questo momento (Ora) essere crudele è [la vera] pietà. Addio [Aristea], mia vita: addio, mia perduta speranza. Il Cielo ti renda più felice di quanto non lo sia io (di me). Vi prego (Deh), dèi eterni, proteggete (conservate) questa vostra bella creatura (opra) [: Aristea]; e donate a lei i giorni (dì) che io perderò. Lìcida… Dov'è? Lìcida.
335-354 Lìcida Ha capito tutto Aristea?
MÉGACLE Tutto. Affrettati (T'affretta), o principe (prence); soccorri la tua sposa.
LÌCIDA Povero me (Aimè), che vedo! Che cosa è successo?
MÉGACLE Un dolore (Doglia) improvviso le ha fatto perdere (oppresse) i sensi.
LÌCIDA E tu mi lasci?
MÉGACLE Io vado… Ti prego (Deh) pensa ad Aristea. (Che co-

3 Misero… veggo: questa è la prima delle ariette intonate da ognuno dei personaggi principali.
4 tutto: Lìcida aveva chiesto a Mégacle di rivelare ad Aristea di aver combattuto al suo posto. La musicalità malinconica tipicamente metastasiana dell'arietta finale, sottolineata dall'uso ripetuto della parola "lasciare", rende patetico l'annuncio di morte di Mégacle, già anticipato in conclusione dell'arietta precedente (**i dì, ch'io perderò**, v. 333).

quando in sé tornerà? [*si ferma*] Tutte ho presenti
tutte le smanie sue). Lìcida, ah senti.
Se cerca, se dice:
«L'amico dov'è?».
«L'amico infelice»,
rispondi, «morì».
Ah no! sì gran duolo
non darle per me:
rispondi ma solo:
«Piangendo partì».
Che abisso di pene
lasciare il suo bene,
lasciarlo per sempre,
lasciarlo così! [*parte*]

da P. Metastasio, *Olimpiade*, in *Opere*, a cura di M. Fubini, Ricciardi, Milano-Napoli 1968.

PARAFRASI

sa mai dirà quando tornerà in sé? Conosco (ho presenti) tutte le sue angosce (smanie). Lìcida, ah senti. Se cerca, se dice: «Dov'è l'amico?». Rispondi «L'amico infelice morì». Ah no! Non darle per causa mia (per me) un dolore (duolo) così grande; rispondi, ma soltanto (solo): «[Egli] partì piangendo». Che pena enorme (abisso di pene) lasciare il proprio (suo) bene, lasciarlo per sempre, lasciarlo in questo modo (così)!

Lavoriamo sul testo

Leggere e capire

Una drammatica confessione Le scene riprodotte in questo brano presentano la drammatica confessione di Mégacle, che paga il prezzo della propria fedeltà all'amicizia, alla quale è deciso a sacrificare anche la felicità amorosa. Nel recitativo (vv. 244-342) Mégacle spiega alla donna che ha partecipato all'olimpiade fingendo di essere l'amico: per mantenere fede alla promessa fatta (e anche per ricompensare Lìcida, che gli aveva già salvato la vita) Mégacle decide di partire, per lasciare che i due giovani si sposino. Nell'arietta (vv. 343-354) Mégacle dice a Lìcida che, se Aristea lo cercherà, dovrà mentirle sul suo vero proposito, quello di uccidersi.

Analizzare

Un linguaggio semplice per uno stile "medio" Il linguaggio delle due scene è molto semplice: le frasi sono brevi, composte da parole di uso quotidiano, con qualche raro termine ricercato (al v. 282 compare «pugnasti», cioè 'combattesti', che deriva dal latino). L'arietta che conclude la decima scena ne innalza il tono, ma è un innalzamento "medio", alla portata di tutti gli spettatori e quindi capace di innescare il processo di identificazione nei personaggi e nelle situazioni presentate.

Interpretare e approfondire

L'"addio naturale" di Mégacle La sapiente alternanza tra recitativo e aria, caratteristica della poetica di Metastasio, raggiunge qui uno dei suoi massimi livelli. La scena nona si conclude con un lungo discorso in cui Mégacle esprime i propri dubbi e l'angoscia che lo tormenta, risolvendo infine la tensione con l'annuncio del suicidio; la decima è chiusa da un'arietta affidata sempre a Mégacle. Proprio i versi finali, che rappresentano un momento fondamentale della storia, coincidono con un passaggio di scena, così da sembrare un "addio naturale" del personaggio in uscita. Il momento dell'azione (cioè il recitativo) si integra perfettamente con il momento sentimentale (l'arietta) che ne costituisce la logica conseguenza.
L'abbandono sentimentale dell'eroe In Mégacle l'elemento eroico e quello sentimentale convivono. Infatti l'atleta si sacrifica apertamente per l'amico ma, quando Aristea sviene, comincia a lamentarsi. Mégacle non si abbandona quindi solo ad Aristea, ma anche alla propria componente sentimentale: può infatti smettere ben presto di sfoggiare le proprie doti morali per cominciare a mostrarsi incerto e a compiangersi.

Esercizi

Prima prova A • L'analisi del testo

Comprendere

1 Il contrasto di Mégacle

La scena nona rappresenta il dramma di Mégacle, costretto a confessare la verità all'amata Aristea. Di quale verità si tratta?

Analizzare

2 Un destino annunciato

Alla fine della scena nona Mégacle annuncia i suoi propositi: fuggirà lontano da Aristea per uccidersi. Sottolinea nel testo i versi che anticipano l'annuncio di morte di Mégacle.

Interpretare e approfondire

3 Un eroe... a metà

Nell'arietta finale Mégacle mostra di essere un eroe dubbioso. Quale contrasto – tipico delle opere di Metastasio – vive questo personaggio?

[*Demetrio*, atto II, scena III, vv. 107-114]

T2

Le forme
- musicalità del linguaggio

I temi
- l'infedeltà degli innamorati

Pietro Metastasio
«È la fede degli amanti»

Questi versi sono tratti dal melodramma Demetrio *che, rappresentato a Vienna nel 1731, costituisce la prima opera di Metastasio come poeta di corte. Il dramma, musicato fra gli altri anche da Gluck (1742), e ripreso variamente fino agli anni Trenta dell'Ottocento, è costruito sul contrasto fra amore e dovere, e anche questa aria riflette sul rapporto lealtà-infedeltà.*

È la fede degli amanti
come l'araba fenice:[1]
che vi sia, ciascun lo dice;
dove sia, nessun lo sa.

Se tu sai dov'ha ricetto,
dove muore e torna in vita,
l'addìta, e ti prometto
di serbar la fedeltà. (*parte*)

da P. Metastasio, *op. cit.*

PARAFRASI

107-110 La fedeltà (fede) degli innamorati è come l'araba fenice: tutti (ciascun) dicono che esiste ma nessuno sa dov'è.
111-114 Se tu sai dove [l'araba fenice] trova rifugio (ha ricetto), dove muore e [dove] torna in vita, allora mostramelo (me l'addìta), e ti prometto che io rimarrò fedele (di serbar la fedeltà) [alla donna che mi ama].

Metrica Due quartine di ottonari con schema di rime abbc, dedc.

1 araba fenice: favoloso uccello che risorge dalle proprie ceneri.

Coppia di innamorati in abiti settecenteschi, porcellana di Capodimonte, XX secolo.

La lingua nel tempo: Me l'addìta. Come si può osservare leggendo attentamente la parafrasi, la forma *me l'addìta* per *additamelo* è una forma di imperativo in cui la particella pronominale *me*, che nell'italiano attuale è enclitica, cioè atona e unita alla fine della forma verbale, è invece staccata e precede il verbo, quindi proclitica. Forme di questo tipo – rare nella prosa – sono rimaste a lungo in uso nella lingua della poesia, del teatro in versi e del melodramma. Per esempio, più avanti in questa Unità, nel passo tratto dal *Saul* di Alfieri (▶T4) al v. 122 troviamo «m'inghiotti» [= *inghiottimi*], ma pensiamo anche al celebre verso del *Va pensiero* nel *Nabucco* di Giuseppe Verdi: «Va, ti posa [= *pòsati*] sui clivi e sui colli».

Lavoriamo sul testo

Leggere e capire

Sulla fedeltà L'arietta appartiene al *Demetrio*, uno dei capolavori del periodo che Metastasio trascorse a Vienna, e riflette sul tema della fedeltà tra gli innamorati.

Analizzare

La musicalità dei versi metastasiani «Musico quanto basta ad essere poeta»: la definizione che Metastasio dà di se stesso si adatta perfettamente ai versi che compongono quest'arietta. Come ha notato il critico Paolo Mauri, in un articolo pubblicato su «la Repubblica» nell'agosto 1982: «i suoi lavori teatrali restano di fatto dei veri e propri libretti, le parole nascono per essere accompagnate dalla musica e sono già di per sé musicali, sicché leggendole vien voglia di cantarle, seguendo la ragione del ritmo più che quella del contenuto [...]».

Interpretare e approfondire

La fortuna dell'araba fenice Già nota al popolo degli Egizi, la fenice (alla quale è stato assegnato l'aggettivo "araba" per indicare il presunto luogo di nascita) è un uccello fantastico, simile a un'aquila, dalle piume rosse e dorate che muore ogni cinquecento anni e ritorna in vita dalle proprie ceneri. Perciò l'animale diventa presto il simbolo della rinascita sia materiale che spirituale, qualcosa quindi di eccezionale. Metastasio lo nomina per indicare un valore difficile da incontrare: la fedeltà in amore.

***Così fan tutte*: la ripresa di Lorenzo Da Ponte** L'arietta di Metastasio diventa subito famosa: nel 1790 il musicista austriaco Wolfgang Amadeus Mozart compone il dramma giocoso in due atti *Così fan tutte, ossia la scuola delle amanti* su libretto dell'italiano Lorenzo Da Ponte (▶ § 3 e Focus p. 496). In una bottega di caffè di Napoli due ufficiali, Guglielmo e Ferrando, si lasciano convincere da Don Alfonso a fare una scommessa: conquistare la donna dell'amico. Dietro falsa identità Guglielmo cerca di far innamorare l'amante di Ferrando, Dorabella, mentre Ferrando corteggia Fiordiligi, donna di Guglielmo. Nella prima scena dell'atto I, Don Alfonso dice ai due ufficiali: «È la fede delle femmine / come l'araba fenice: / che vi sia, ciascun lo dice; / dove sia nessun lo sa //». Da Ponte riprende l'arietta di Metastasio con una significativa variante: sono ora «le femmine» e non gli «amanti» a essere chiamate in causa.

Esercizi

Prima prova A • L'analisi del testo

Comprendere

1 I dubbi del poeta

Quali dubbi esprime il poeta nella prima quartina?

Analizzare

2 Un testo... da cantare

Come è stato notato dal critico Paolo Mauri (▶ l'analisi del testo) i versi di Metastasio sono dotati di una grande musicalità, assicurata per esempio dalla ripetizione di alcuni suoni. Sottolinea nel testo gli elementi che suggeriscono una esecuzione musicale. Cerca poi (anche su Internet) un'esecuzione della ripresa mozartiana di *Così fan tutte*.

Interpretare e approfondire

3 Sulle ali dell'araba fenice

Metastasio usa l'animale fantastico dell'araba fenice per parlare della fedeltà degli innamorati. Che cosa rappresenta questo uccello favoloso?

▲ L'araba fenice in un'illustrazione di un'enciclopedia per bambini pubblicata dall'editore tedesco Friedrich Justin Bertuch tra il 1790 e il 1830.

3 Il primato italiano

Il teatro non musicale

La riforma di Goldoni e il teatro di Alfieri

Nella seconda metà del Settecento, tra gli scrittori di teatro più importanti a livello europeo si collocano gli italiani Carlo Goldoni (▶Unità 10) e Vittorio Alfieri (▶§ 4). Mentre le **tragedie di Alfieri** sono scritte per un pubblico con una cultura più elevata – il teatro alfieriano è quindi d'*élite*, cioè per una cerchia ristretta di spettatori –, la riforma che **Goldoni** compie della **commedia** amplia la possibilità di fruizione da parte del pubblico, dal momento che "abbassa i toni" rendendola più popolare.

Contro la riforma di Goldoni: il teatro fiabesco di Gozzi

Contro la riforma operata da Goldoni si schiera il veneziano Carlo Gozzi (1720-1806). Lontano dal realismo delle commedie goldoniane, Gozzi promuove una **concezione aristocratica dell'arte**: il suo teatro non vuole incidere sulla società, ma solo allietare il pubblico con temi fantastici e fiabeschi, ricorrendo anche alle tradizionali maschere della commedia dell'arte.

Lo sviluppo settecentesco del melodramma

Le ragioni della supremazia italiana

Nella seconda metà del Settecento il melodramma continua a occupare una posizione di primo piano tra i generi teatrali, e questo grazie a due fattori complementari:

- l'appartenenza alla **tradizione italiana** delle tipologie melodrammatiche più fortunate, come l'opera buffa;
- l'**origine italiana dei compositori e dei librettisti** più apprezzati e famosi, così che sono in italiano anche opere di musicisti non italiani (come quelle di Mozart su testi di Da Ponte ▶più avanti).

L'italiano, lingua del melodramma e della musica

Tutto ciò favorisce l'affermazione dell'italiano come **lingua internazionale** del melodramma e **della musica** in generale: nella nostra lingua sono scritte ancora oggi in tutto il mondo le indicazioni tecniche sugli spartiti musicali (piano, adagio, crescendo, pizzicato ecc.).

L'opera buffa e Gioacchino Rossini

La riforma goldoniana della commedia (▶Unità 10) conferisce dignità al **genere comico** del melodramma, l'opera buffa, che nella seconda metà del secolo continua il suo sviluppo con compositori come Piccinni, Cimarosa, Paisiello e autori come lo stesso Goldoni e Metastasio. Ma è con **Gioacchino Rossini** (1792-1868) che raggiunge i suoi massimi risultati. Tra i capolavori del genere – composti tutti in età giovanile – ci sono *L'italiana in Algeri* (1813), *Il barbiere di Siviglia* (1816) e la *Cenerentola* (1817).

Lorenzo Da Ponte, librettista di Mozart

Da Venezia a Vienna

Lorenzo Da Ponte nasce a Ceneda (oggi **Vittorio Veneto**) nel **1749**. Ordinato sacerdote nel 1773, si trasferisce a **Venezia**, da dove viene allontanato per la vita dissoluta. Il carattere irrequieto e la forte attrazione per le donne suscitano molti scandali, costringendolo a spostarsi spesso. Nel 1780 si trasferisce a **Dresda**, in Germania; nel **1781** raggiunge **Vienna**. Qui diventa **poeta dei teatri imperiali** di Giuseppe II, con l'incarico di scrivere libretti per opere buffe.

I libretti per Mozart

A Vienna opera il maggior musicista dell'epoca, l'austriaco Wolfgang Amadeus Mozart (1756-1791). Mozart aveva scritto melodrammi sin dalla gioventù, ricorrendo a soggetti storico-mitologici, pastorali o comico-favolosi; insieme raggiungono l'**affermazione a livello europeo**. A partire dal 1786, vengono rappresentate ***Le nozze di Figaro***, ***Don Giovanni*** (1787) e *Così fan tutte* (1790). In tutte e tre Da Ponte abbandona gli scenari mitologici e convenzionali dell'opera tradizionale, rende l'azione più lineare e attribuisce ai personaggi e alle loro relazioni uno spessore psicologico mai avuto prima: né opere buffe né opere tragiche, i tre capolavori per Mozart sono **opere malinconiche e inquietanti**, in cui il lieto fine non smorza il turbamento che le caratterizza (▶Focus p. 496).

Il trasferimento negli Stati Uniti

Dopo la morte di Giuseppe II (1790), Da Ponte lascia Vienna prima per Trieste, poi per **Londra** (1792), dove assume incarichi per il teatro regio e si dedica all'attività editoriale. La passione di **diffondere la letteratura e la cultura italiana** lo spinge però a imbarcarsi per gli Stati Uniti (1805) dove resta fino alla morte, avvenuta a **New York** nel 1838.
La sua lunga vita, piena di scandali e di avventure, è raccontata nell'autobiografia *Memorie di Lorenzo Da Ponte da Ceneda scritte da esso* (1823-1827).

facciamo il punto

- **Quali sono gli autori più rappresentativi del teatro non musicale italiano della seconda metà del Settecento?**
- **Che cosa comportò per la nostra lingua l'affermazione a livello europeo del melodramma italiano?**
- **Che cos'è l'opera buffa e chi ne fu il suo principale autore?**
- **Qual è il ruolo di Da Ponte nella produzione di Mozart?**

Focus Le trame dei libretti per Mozart

Le nozze di Figaro ossia La folle giornata

Ispirato all'omonimo lavoro del francese de Beaumarchais (▶ § 5), è la storia di un abile e vitale barbiere di Siviglia, Figaro, che sta per sposarsi con Susanna, cameriera della Contessa di Almaviva, La ragazza è però insidiata dal Conte, assiduo corteggiatore di donne, perso nelle sue smanie amorose e incurante della malinconia della Contessa, privata delle attenzioni del marito. Ad aiutare i personaggi nelle loro imprese c'è Cherubino, l'inquietante paggio del Conte, nel quale l'adolescenza coincide con una crisi d'identità attraversata da pulsioni sessuali indefinite. Dopo varie avventure, Figaro e Susanna riescono a sposarsi.

Don Giovanni ossia Il dissoluto punito

Personaggio di seduttore e libertino che Da Ponte riprende da una significativa tradizione letteraria, Don Giovanni vive un'avventura amorosa dietro l'altra, potendo sempre contare sulla complicità del fedele servo Leporello. In questa continua sfida alle istituzioni e alle convinzioni, accetta persino l'invito a cena rivoltogli dalla statua del Commendatore, da lui ucciso nel tentativo di violentarne la figlia: la cena si rivela un incontro con la morte e con la dannazione eterna, ma Don Giovanni preferisce sprofondare sotto terra, inghiottito dall'inferno, piuttosto che riconoscere i peccati commessi e pentirsi dei danni provocati.

Così fan tutte ossia La scuola degli amanti

Sostenendo che l'infedeltà fa parte della natura delle donne, don Alfonso scommette con due giovani ufficiali, Guglielmo e Ferrando, che le loro fidanzate, le sorelle Fiordiligi e Dorabella, li tradiranno appena se ne presenti l'occasione. I due amici fingono di dover partire per il fronte e si presentano dalle ragazze travestiti da militari albanesi spacciandosi per loro spasimanti. Le due donne cedono presto alla loro corte, cadendo, per di più, l'una fra le braccia dell'amante dell'altra. Perduta la scommessa, Guglielmo e Ferrando le sposano ugualmente, accettando però la triste consapevolezza che l'amore è un sentimento sfuggente e misterioso.

◀ Alexandre-Évariste Fragonard, *Don Giovanni e la statua del Commendatore*, 1830-1835. Strasburgo, Musée des Beaux-Arts.

T3

Le forme
- musicalità del linguaggio

I temi
- scoperta delle pulsioni sessuali adolescenziali

Lorenzo Da Ponte
«Non so più cosa son, cosa faccio»

In quest'aria il giovane paggio Cherubino rappresenta la propria nuova condizione adolescenziale: le donne lo attraggono in modo nuovo e misterioso e lo smodato bisogno di amare domina il suo rapporto con il mondo.

Non so più cosa son, cosa faccio...
Or di fuoco, ora sono di ghiaccio...
Ogni donna cangiar[1] di colore,
Ogni donna mi fa palpitar.

Solo ai nomi d'amor, di diletto[2]
Mi si turba, mi s'altera il petto,
E a parlare mi sforza d'amore
Un desio[3] ch'io non posso spiegar!

Parlo d'amor vegliando,
Parlo d'amor sognando:
All'acque, all'ombre, ai monti,
Ai fiori, all'erbe, ai fonti,
All'eco, all'aria, ai venti
Che il suon de' vani[4] accenti
Portano via con sé...
E, se non ho chi m'oda,
Parlo d'amor con me.[5]

da L. Da Ponte, *Memorie. Libretti mozartiani*, Garzanti, Milano 1976.

Metrica Due quartine di endecasillabi con rime AABC, DDBC, seguite da nove settenari con rima: aa, bb, cc, yxy.

1 **cangiar:** *cambiar*, è verbo che dipende dal successivo **mi fa**.
2 **Solo... diletto:** *al solo sentir nominare le parole 'amore' e 'diletto'*.
3 **desio:** *desiderio*.
4 **vani:** *inutili*, in quanto sfuggenti e volubili, che non riescono a fissarsi su un oggetto determinato.
5 **E, se... con me:** non trovando a chi destinare il suo "amore", Cherubino finisce per rivolgerlo verso se stesso.

Lavoriamo insieme

Leggere e capire

Di che cosa parla il testo Il brano è una sorta di autoritratto del paggio Cherubino, in preda a una vera a propria crisi adolescenziale.

1 Quali dubbi tormentano Cherubino?

Analizzare

Una scrittura al servizio della musica Quest'aria è un esempio dell'efficacia rappresentativa della scrittura di Da Ponte, creata in funzione della musica. Cherubino è un personaggio vitale, palpitante e inquieto; la musica di Mozart è segnata da un'incostanza ritmica, nella quale si alternano toni entusiastici e malinconici. L'uso di termini opposti («fuoco» / «ghiaccio»), di sinonimi («amor» / «diletto» / «desio»), di elenchi («all'acque, all'ombre, ai fonti» ecc.) si fonde alla costruzione della melodia musicale, tesa a celebrare l'incertezza dello stato d'animo in cui si trova Cherubino.

2 Ascolta (anche trovandola *online*) un'esecuzione dell'aria mozartiana, e verifica il modo in cui sono realizzati musicalmente i tratti caratteristici di questo assolo. Quindi sottolinea nel testo gli elementi che imprimono velocità e quelli che fanno registrare un rallentamento al ritmo del brano.

Interpretare e approfondire

Una sessualità dai contorni incerti Cherubino rappresenta la vitalità e l'esuberanza dell'adolescenza, età in cui si manifesta una pulsione sessuale nuova e intensa. Una pulsione tanto forte, quanto incerta e sfumata: la sessualità di Cherubino oscilla tra poli opposti. Non per nulla la parte di Cherubino è affidata a un mezzo-soprano, cioè a una cantante di sesso femminile, secondo una tradizione molto diffusa nel Settecento per le parti maschili (soprattutto di giovani) ma anche per esprimere meglio la condizione ancora incerta della sessualità del personaggio.

3 Perché la sessualità di Cherubino oscilla tra poli opposti? Motiva la tua risposta con esempi tratti dal testo.

4 Il teatro di Vittorio Alfieri

La scelta del genere tragico

Le ragioni della scelta

Nella produzione di Vittorio Alfieri (per la vita e le opere ▶ Unità 2, §3) le **diciannove tragedie** hanno un'importanza centrale. Alfieri preferisce il genere tragico per varie ragioni:

- *caratteriali*: la sua indole incline alla **teatralizzazione dei conflitti** trova facile espressione nei personaggi tragici, che diventano proiezioni dell'autore stesso;
- *letterarie*: la mancanza di un modello per il teatro tragico lo spinge a riprendere i grandi scrittori del passato per **rifondare il genere**;
- *ideologiche*: la tragedia – indirizzata a una cerchia ristretta di pubblico – permette di esprimere meglio le **dinamiche personali e sociali** basate su contrapposizioni elementari (bene/male, coraggio/viltà, libertà/tirannide).

Il metodo di composizione

Il processo creativo di Alfieri si articola in tre momenti distinti: *ideare, stendere, verseggiare*. La fase dell'***ideazione*** consiste nella scelta del soggetto, nello sviluppo della trama, nella divisione delle vicende in atti e in scene, nella organizzazione del sistema dei personaggi. La ***stesura*** consiste nello svolgimento in prosa dell'azione teatrale. La ***versificazione*** è la conversione della materia in endecasillabi sciolti.

La concentrazione drammatica delle tragedie

Le tragedie alfieriane – ispirate al modello classico di Aristotele – sono divise in **cinque atti** e presentano **pochi personaggi** (in genere da quattro a sei), senza figure secondarie, e sono **prive di colpi di scena**. L'obiettivo dell'autore è la concentrazione drammatica ed espressiva, favorita da **frequenti monologhi** che valorizzano l'interiorità dei personaggi. Il **lessico** è **solenne ed elevato**; l'uso abbondante di inversioni e di *enjambements* volutamente rende la **sintassi disarmonica** e innaturale.

Il *Saul* e la *Mirra*

La tragedia preferita

Tra le tragedie preferite dall'autore c'è il ***Saul***, uno dei capolavori del teatro alfieriano. Composta in soli quattro mesi nel **1782**, il *Saul* è ispirato a un episodio del ***Libro dei Re*** della Bibbia. È la vigilia della battaglia decisiva tra **Ebrei e Filistei** (gli antichi abitanti della Palestina, spesso in conflitto con gli Ebrei). Il re del popolo ebraico, Saul, è in preda a un'angoscia simile alla follia: ha esiliato **David**, il giovane sposo della figlia il cui aiuto nei combattimenti sarebbe stato decisivo, perché è invidioso della sua fama. Né il generale Abner, né la figlia Micol, né il figlio Gionata riescono a calmarlo. Ma David arriva al campo di battaglia: Saul dapprima si affida a lui con affetto, poi torna a sospettarlo traditore. I sacerdoti rivelano che Dio ha indicato David come futuro re d'Israele: Saul li fa uccidere, minaccia di morte David, costretto così alla fuga, e affida il comando ad Abner. Alla fine, la disfatta è vicina e Saul si prepara a morire con inutile eroismo (▶ T4).

I personaggi del Saul

Se David, Micol, Gionata e Abner sono personaggi con una psicologia ben definita, Saul è un **eroe problematico**. Da una parte, nonostante la vecchiaia, Saul vuole ribadire la sua grandezza e imporre a tutti la propria forza di re. Dall'altra, Saul è un **eroe incerto**, bisognoso di essere rassicurato e preda facile dei rimorsi. Questa ambivalenza si esprime nei rapporti con David, ora amato, ora odiato: il giovane è, con il suo coraggio e la sua fierezza, una proiezione di Saul stesso e, contemporaneamente, colui che offusca la sua fama.

La tragedia dell'interiorità

Messa in versi solo nel **1786** dopo due anni di lavoro, la ***Mirra*** è una tragedia tratta dalle ***Metamorfosi***, un poema del poeta latino **Ovidio** (43 a. C.-18 d. C). La protagonista è la figlia di Ciniro, re di Cipro, e di Cecri. Orgogliosa di avere un marito e una figlia splendidi, la regina tempo addietro si era vantata che la bellezza di Mirra avrebbe attirato sull'isola più devoti che il culto della dea Venere, la quale si vendica dell'offesa instillando nella giovane un'insana passione per il padre. Ogni giorno che passa Mirra si mostra più turbata e cupa, quando invece dovrebbe essere felice delle imminenti nozze con il valoroso principe di Epiro, Perèo. Circondata dall'affetto dei genitori e della nutrice Euriclea, il giorno dello sposalizio Mirra rifiuta lo sposo, che si uccide; poi, in uno stato di delirio, rivolge alla madre parole cariche di odio e quindi confessa di essere innamorata del padre. Dopo la tragica ammissione, la principessa si uccide gettandosi sulla spada di Ciniro. Nessuno dei due genitori ha il coraggio di avvicinarsi al suo corpo (▶ T5).

A differenza dell'episodio narrato da Ovidio, Alfieri accentua nella sua tragedia il **tema dell'incesto** (▶ Cinema p. 498). L'autore concentra infatti l'attenzione sui conflitti interiori della protagonista, chiusa nella più totale solitudine. Manca così l'aspetto 'politico': cancellato ogni contrasto fra individui opposti, la tragedia è tutta nella dimensione psicologica di Mirra.

◀ David suona l'arpa al cospetto del re Saul, da una Bibbia illustrata inglese della metà del XVIII secolo.

facciamo il punto

- **Per quali ragioni Alfieri predilige la tragedia agli altri generi teatrali?**
- **Quali sono le principali caratteristiche compositive e stilistiche delle tragedie alfieriane?**
- **Qual è la trama del *Saul*?**
- **Perché la *Mirra* è considerata la tragedia dell'interiorità?**

T4

Le forme
- proiezione all'esterno di angosce interiori

I temi
- il delirio
- il senso di colpa

Vittorio Alfieri
Il delirio di Saul

Re Saul è in preda a un angoscioso delirio: i fantasmi dei sacerdoti che ha fatto uccidere gli rinfacciano le sue colpe, annunciandogli la vicina disfatta. Lo richiama alla realtà il rumore dei combattimenti: l'esercito ebreo è stato sconfitto e il figlio Gionata è morto valorosamente. Saul riacquista la lucidità: comanda ad Abner di portare in salvo presso David la figlia Micol, e si uccide con la spada, in un gesto estremo di eroismo.

SCENA TERZA
Saul, Micol

SAUL
Ombra[1] adirata, e tremenda, deh! cessa:
lasciami, deh!... Vedi: a' tuoi piè mi prostro...[2]
Ahi! dove fuggo?... – ove mi ascondo? O fera[3]
ombra terribil, placati... Ma è sorda
ai miei preghi; e m'incalza?... Apriti, o terra,
vivo m'inghiotti... Ah! pur che il truce sguardo
non mi saetti[4] della orribil ombra...[5]

MICOL
Da chi fuggir? niun ti persegue.[6] O padre,
me tu non vedi? me più non conosci?

SAUL
O sommo, o santo sacerdote, or vuoi
ch'io qui mi arresti o Samuèl, già vero
padre mio, tu l'imponi? ecco, mi atterro[7]
al tuo sovran comando. A questo capo[8]
già di tua man tu la corona hai cinta;
tu il fregiasti;[9] ogni fregio or tu gli spoglia;[10]
calcalo or tu.[11] Ma,...[12] la infuocata spada
d'Iddio tremenda, che già già mi veggo
pender sul ciglio,...[13] o tu che il puoi, la svolgi[14]
non da me, no, ma da' miei figli. I figli,
del mio fallir[15] sono innocenti...

MICOL
Oh stato,
cui non fu il pari mai! – Dal ver disgiunto,[16]
padre, è il tuo sguardo: a me ti volgi...

SAUL
Oh gioia!...
Pace hai sul volto? O fero veglio,[17] alquanto
miei preghi accetti? io da' tuoi piè non sorgo,[18]
se tu i miei figli alla crudel vendetta
pria non togli. – Che parli?... Oh voce! «T'era
David pur figlio; e il perseguisti, e morto

Metrica Endecasillabi sciolti.

1 Ombra: lo spirito di Samuele; nella Bibbia è indicato come il profeta che unge Saul re d'Israele e poi, quando questi smette di obbedire alla volontà di Dio, consacra in segreto David come suo successore (▶ vv. 129-132 e note).
2 mi prostro: *m'inchino.*
3 fera: *feroce.*
4 non mi saetti: *non mi colpisca.*
5 Ah!... ombra: preferisce cioè essere inghiottito dalla terra (▶ la frase precedente) piuttosto che essere raggiunto dallo sguardo tagliente del fantasma di Samuele.
6 ti persegue: *ti insegue.*
7 mi atterro: *mi inchino a terra.*
8 A questo capo: la sua propria testa, che era stata incoronata da Samuele.
9 il fregiasti: *lo adornasti* [*della corona*].
10 gli spoglia: *togligli* [: al capo].
11 càlcalo or tu: *ora tu calpestalo* [: sempre il capo, cioè la testa].
12 Ma: *e però* [*almeno*].
13 pender sul ciglio: *incombere sugli occhi* [: sulla testa].
14 la svolgi: *distòglila.*
15 del mio fallir: *dei miei errori.*
16 Dal ver disgiunto: *separato dalla realtà*, cioè 'folle'.
17 fero veglio: *vecchio feroce*; riferito al sacerdote Samuele.
18 non sorgo: *non mi alzo.*

pur lo volevi». Oh! che mi apponi?...[19] Arresta.[20]
Sospendi or, deh!... [21] Davidde ov'è? si cerchi:
ei rieda;[22] a posta sua[23] mi uccida, e regni:
sol che a' miei figli usi pietade, ei regni...[24] –
Ma, inesorabil stai? Di sangue hai l'occhio;[25]
foco il brando e la man; dalle ampie nari
torbida fiamma spiri, e in me l'avventi...
Già tocco m'ha; già m'arde: ahi! dove fuggo?...
per questa parte io scamperò.[26]

MICOL
Né fia,
ch'io rattener ti possa, né ritrarti
al vero?[27] Ah! m'odi: or sei...

SAUL
Ma no; che il passo
di là mi serra[28] un gran fiume di sangue.
Oh vista atroce! sovra ambe le rive,
di recenti cadaveri gran fasci
ammonticati[29] stanno: ah! tutto è morte
colà: qui dunque io fuggirò... Che veggo?
Chi sete or voi?[30]– «D'Achimelèch siam figli.
Achimelèch son io. Muori, Saulle,
muori». – Quai grida? Ah! lo ravviso: ei gronda
di fresco sangue, e il mio sangue ei si beve.
Ma chi da tergo,[31] oh! chi pel crin[32] mi afferra?
Tu, Samuèl? – Che disse? che in brev'ora
seco tutti saremo?[33] Io solo, io solo
teco sarò; ma i figli... – Ove son io?[34] –
Tutte spariro [35]ad un istante l'ombre.
Che dissi? Ove son io? Che fo? Chi sei?
Qual fragor odo? ah! di battaglia parmi:

▼
Aert de Gelder, *Achimelec dona a David la spada di Golia*, 1680 ca. Los Angeles, J. Paul Getty Museum.

19 che mi apponi: *di che cosa mi accusi.*
20 Arresta: *férmati.*
21 Sospendi or, deh: *smetti ora* [*di accusarmi*], *ti prego* (**deh**).
22 ei rieda: *egli* [: David] *ritorni.*
23 a posta sua: *a suo piacere.*
24 sol che... ei regni: *purché abbia pietà per i miei figli, egli regni* [*pure*].
25 Di sangue hai l'occhio: *hai gli occhi* [*pieni*] *di sangue.*
26 foco... io scamperò: *la spada e la mano* [*hai*] *di fuoco; emani* (**spiri**) *una terribile fiamma dalle larghe narici, e la rivolgi* (**l'avventi**) *contro di me... Mi ha già toccato; già mi brucia: ahi! dove fuggo?... Io mi salverò* (*scamperò*) *in questa direzione.*
27 Né fia... al vero: *e non sarà* [*dato*] *che io ti possa trattenere, né riportarti alla realtà.*
28 mi serra: *mi sbarra.*
29 ammonticati: *ammucchiati.*
30 Chi sete or voi... son io: il senso di colpa per la recente uccisione di Achimelèch e degli altri sacerdoti materializza le loro figure vendicative davanti agli occhi di Saul.
31 da tergo: *da dietro.*
32 pel crin: *per i capelli.*
33 seco tutti saremo: *saremo tutti con lui* [: morti].
34 Ove son io?: con questa domanda si interrompe l'allucinazione di Saul.
35 spariro: *sparirono.*

pur non aggiorna ancor:[36] sì, di battaglia
fragore egli è. L'elmo, lo scudo, l'asta,
tosto or via, mi si rechi: or tosto l'arme,
l'arme del re. Morir vogl'io, ma in campo.[37]
Micol Padre, che fai? Ti acqueta... Alla tua figlia...
Saul L'armi vogl'io; che figlia? Or, mi obbedisci.
L'asta, l'elmo, lo scudo; ecco i miei figli.
Micol Io non ti lascio, ah! no...
Saul Squillan più forte
le trombe? Ivi[38] si vada: a me il mio brando[39]
basta solo. – Tu, scostati, mi lascia;[40]
obbedisci. Là corro: ivi si alberga[41]
morte, ch'io cerco.

SCENA QUARTA

Saul, Micol, Abner, con pochi soldati fuggitivi

Abner Oh re infelice!... Or dove,
deh! dove corri? Orribil notte è questa.
Saul Ma, perché la battaglia?...
Abner Di repente,[42]
il nemico ci assale: appien sconfitti
siam noi...
Saul Sconfitti? E tu fellon,[43] tu vivi?
Abner Io? per salvarti vivo. Or or qui forse
Filiste inonda: il fero impeto primo
forza è schivare: aggiornerà frattanto.
Te più all'erta quassù, fra i pochi miei,
trarrò...[44]
Saul Ch'io viva, ove[45] il mio popol cade?
Micol Deh! vieni... Oimè! cresce il fragor: s'inoltra...[46]
Saul Gionata,... e i figli miei,... fuggono anch'essi?
mi abbandonano?...
Abner Oh cielo!... I figli tuoi,...
no, non fuggiro... Ahi miseri!...
Saul T'intendo:
morti or cadono tutti...
Micol Oimè!... I fratelli?...
Abner Ah! più figli non hai.
Saul – Ch'altro mi avanza? [47]...
Tu sola omai, ma non a me,[48] rimani. –
Io da gran tempo in cor già tutto ho fermo:[49]
e giunta è l'ora. – Abner, l'estremo[50] è questo

36 pur...ancor: infatti l'ordine dato da Saul era di attaccare all'alba; così che egli si meraviglia di sentire rumore d'armi. Il punto è che ad attaccare di sorpresa sono stati i nemici, di notte.
37 Morir... in campo: si annuncia il tema della morte eroica, nella quale Saul intende riscattare, con un'estrema scommessa, la propria identità.
38 ivi: *là* [:verso la battaglia].
39 brando: *spada.*
40 mi lascia: *lasciami.*
41 ivi si alberga: *là abita* [: c'è].
42 Di repente: *di sorpresa.*
43 fellon: *traditore*; ma anche 'vile'.
44 Or or... trarrò: *proprio ora forse qui dilaga l'esercito dei Filistei: è necessario* (**forza**) *schivare il feroce assalto* (**impeto**) *iniziale* (**primo**): *nel frattempo farà giorno. Ti condurrò* (**Te... trarrò**) *quassù più in alto* (**più all'erta**), *fra i miei pochi* [*guerrieri rimasti*].
45 ove: *mentre.*
46 s'inoltra: *avanza.*
47 mi avanza: *mi resta.*
48 Tu sola... a me: Micol è l'unica figlia sopravvissuta ma non dovrà restare insieme col padre (**non a me** = *non per me*). Infatti Saul ha dentro di sé stabilito che la figlia si ricongiunga a David.
49 ho fermo: *ho deciso.*
50 l'estremo: *l'ultimo.*

de' miei comandi. Or la mia figlia scorgi
in securtà.[51]

MICOL — No, padre; a te dintorno
mi avvinghierò: contro a donzella il ferro[52]
non vibrerà il nemico.

SAUL — Oh figlia!... Or, taci:
non far, ch'io pianga. Vinto re non piange.
Abner, salvala, va': ma, se pur mai
ella cadesse infra nemiche mani,
deh! non dir, no, che di Saulle è figlia;
tosto di' loro, ch'ella è di David sposa;
rispetteranla.[53] Va'; vola...

ABNER — S'io nulla
valgo,[54] fia salva, il giuro; ma ad un tempo
te pur...[55]

MICOL — Deh!... padre... Io non ti vo', non voglio
lasciarti...

SAUL — Io voglio: e ancora il re son io.
Ma già si appressan l'armi: Abner, deh! vola:
teco, anco a forza, s'è mestier, la traggi.[56]

MICOL — Padre!... e per sempre?...[57]

SCENA QUINTA

Saul

Oh, figli miei!... – Fui padre. –
Eccoti solo, o re; non un[58] ti resta
dei tanti amici, o servi tuoi. – Sei paga,
d'inesorabil Dio terribil ira? –
Ma, tu mi resti, o brando: all'ultim'uopo,
fido ministro, or vieni.[59] – Ecco già gli urli
dell'insolente vincitor: sul ciglio
già lor fiaccole ardenti balenarmi
veggo, e le spade a mille... – Empia Filiste,
me troverai, ma almen da re, qui... morto. –

da AA. VV., *Il teatro italiano*. V. Alfieri, *Tragedie*, a cura di L. Toschi, Einaudi, Torino 1993.

51 scorgi in securtà: *conduci in luogo sicuro.*
52 il ferro: *la spada* (comp. oggetto).
53 rispetterànla: *la rispetteranno.* Infatti quanto Saul era odiato dai nemici, tanto David era onorato e rispettato.
54 S'io nulla valgo: *se io valgo qualcosa.*
55 ma… te pur: Abner vorrebbe mettere in salvo anche Saul.
56 teco… la traggi: *pòrtala* (**la traggi**) *con te anche con la forza, se è necessario.*
57 e per sempre?: la resistenza che Micol oppone all'espressione libera delle proprie riflessioni lascia interrotta la frase, che si sarebbe dovuta probabilmente concludere con un 'devo lasciarti'.
58 non un: *neppure uno solo.*
59 all'ultim'uopo… or vieni: *all'ultima necessità* (**uopo**) [: dare la morte a Saul], *o fedele strumento* (**ministro**), *ora ti appresti.*

La lingua nel tempo: Mestiere. L'espressione usata da Alfieri «è mestiere» è ricorrente nell'italiano antico e letterario e ha il significato di 'è necessario'. Oggi questa accezione non si usa più, mentre il solo sostantivo "mestiere" indica la professione in cui qualcuno è impegnato (es.: "il mestiere di muratore").

Lavoriamo sul testo

Leggere e capire

Dal delirio alla morte: il tormentato percorso di Saul Queste scene – che costituiscono la conclusione della tragedia – chiariscono l'alternanza degli stati d'animo di Saul. In particolare:

- *scena terza*: in preda alle allucinazioni, Saul chiede pietà ai fantasmi dei sacerdoti che ha fatto uccidere. La sua preghiera si rivolge soprattutto al futuro dei figli: su di loro non dovranno cadere le colpe del padre. Micol, assistendo alla scena, si allontana; Saul, scosso dal suono delle trombe, fugge verso il campo dove infuria la battaglia;
- *scena quarta*: dopo aver appreso la sconfitta del suo esercito, Saul onora la morte valorosa di Gionata in battaglia e dispone la salvezza di Micol. Affidando la figlia a David, prima accusato e mandato in esilio, Saul riconosce adesso l'innocenza e la generosità del genero;
- *scena quinta*: riacquistata la lucidità e la dignità regale, Saul può comportarsi come un re, trovando in una morte eroica l'espiazione delle proprie colpe.

Analizzare

Delirio e senso di colpa Nelle ultime scene della tragedia si acuisce l'atteggiamento delirante di Saul: attraverso la visione di cose che non esistono – le allucinazioni – Saul proietta nella dimensione reale i contenuti del proprio mondo interiore. La materia proveniente dall'interiorità del protagonista ha una carica di angoscia insopportabile, che ha bisogno di sfogarsi all'esterno. Saul si sente perseguitato, ma in realtà ciò che lo ossessiona è il duplice senso di colpa: sia verso i sacerdoti assassinati, sia verso i figli, che pagheranno senza colpa le sue responsabilità.

Interpretare e approfondire

La personalità contraddittoria di Saul La personalità di Saul è divisa da una profonda contraddizione: il protagonista non riesce a essere contemporaneamente padre e re. Le decisioni che dovrebbe prendere un buon re si rivelano dannose per il bene dei figli: costringe Micol a stare lontana dal suo sposo; causa la morte di Gionata in battaglia, privandolo dell'aiuto di David; perseguita David – che ha tutti i requisiti simbolici di un figlio – prima proteggendolo, poi minacciandolo. Questo atteggiamento blocca la capacità di intervento di Saul e lo getta in balia dell'angoscia e dell'insicurezza. Solo quando la sconfitta è inevitabile, la scissione interna si ricompone: Saul può ora agire per il bene dei figli e disporsi a morire da re («Fui padre. – / Eccoti solo, o re», vv. 216-217).

Esercizi

Prima prova A • L'analisi del testo

Comprendere

1 L'«ombra adirata»

Di chi è l'«ombra adirata» (v. 117) dalla quale fugge Saul?

a. del guerriero David
b. del generale Abner
c. del figlio Gionata
d. del sacerdote Samuele

2 Il «fero veglio»

Quale preghiera Saul rivolge al «fero veglio»?

a. di perdonarlo
b. di evitare la morte dei propri figli
c. di evitare che le sue colpe ricadano sui propri figli
d. di lasciare che David lo uccida

3 La decisione di Saul

Che cosa fa Saul quando capisce che la battaglia è persa?

a. si uccide
b. chiede perdono a David
c. ordina a Micol di fuggire
d. fugge con Abner

Analizzare

4 Il delirio di Saul

L'atteggiamento delirante di Saul aumenta nelle ultime scene. Sottolinea nel testo le espressioni che rivelano questa condizione.

Interpretare e approfondire

5 La contraddizione di Saul

Saul è consapevole che l'origine del suo dramma è dentro il suo stesso animo: tra quali passioni è diviso?

T5

Le forme
- linguaggio che rappresenta uno strazio sempre più opprimente

I temi
- l'incesto
- il conflitto tra ragione e istinto

testi in scena

on line troverai la trasposizione teatrale di questo brano e una scheda sulla messa in scena

Vittorio Alfieri
Una confessione terribile

Dopo ripetute richieste di un colloquio con la figlia, re Ciniro riesce finalmente a parlare con Mirra: con una durezza che non gli appartiene, vuole farle confessare le cause di un comportamento incomprensibile. Grazie all'insistenza del padre e soprattutto alla paura di perdere il suo affetto, Mirra confessa implicitamente di essere innamorata di lui; ma subito pentita, si getta sulla spada di lui per uccidersi.

SCENA SECONDA

Ciniro, Mirra

CINIRO
Mirra, che nulla tu il mio onor curassi,
creduto io mai, no, non l'avrei; convinto
me n'hai (pur troppo!) in questo dì fatale[1]
a tutti noi: ma, che ai comandi espressi,
e replicati del tuo padre, or tarda[2]
all'obbedir tu sii, più nuovo ancora
questo a me giunge.

MIRRA
...Del mio viver sei
signor, tu solo... Io de' miei gravi,... e tanti
falli[3] ...la pena... a te chiedeva, ... io stessa,...
or dianzi, ... qui... – Presente era la madre;...
deh! perché allor... non mi uccidevi? [4]...

CINIRO
È tempo
tempo ormai, sì, di cangiar modi,[5] o Mirra.
Disperate parole indarno muovi;[6]
e disperati, e in un[7] tremanti, sguardi
al suolo affissi indarno. Assai ben chiara
in mezzo al dolor tuo traluce l'onta;[8]
rea[9] ti senti tu stessa. Il tuo più grave
fallo, è il tacer col padre tuo: lo sdegno
quindi appien tu ne[10] merti; e che[11] in me cessi
l'immenso amor, che all'unica mia figlia
io già[12] portai. – Ma che? tu piangi? e tremi?
e inorridisci?... e taci? – A te fia dunque
l'ira del padre insopportabil pena?[13]

MIRRA
Ah!... peggior... d'ogni morte...

CINIRO
Odimi. – Al mondo
favola hai fatto i genitori tuoi,
quanto te stessa, [14] coll'infausto fine
che alle da te volute nozze hai posto.[15]

Metrica Endecasillabi sciolti.

1 questo dì fatale: il giorno delle nozze, funestato invece dal rifiuto di Mirra di sposare Perèo.
2 tarda: *lenta.* Mirra ha aspettato di essere invitata ben tre volte dal padre prima di obbedirgli e di recarsi da lui.
3 falli: *colpe.*
4 la pena... uccidevi: in un precedente colloquio (**or dianzi** = *poco fa*) Mirra aveva chiesto al padre di punirla (**pena** = *punizione*) delle sue colpe e di ucciderla.
5 di cangiar modi: *di cambiare atteggiamento.*
6 indarno muovi: *pronunci invano.*
7 e in un: *e al tempo stesso.*
8 traluce l'onta: *si vede l'oltraggio* [*che mi rechi*].
9 rea: *colpevole.*
10 ne: del padre.
11 e che: sottinteso "meriti".
12 già: *prima.*
13 A te... pena: *per te dunque l'ira del padre sarebbe* (**fia**) *una sofferenza insopportabile.*
14 Al mondo... te stessa: Ciniro rimprovera la figlia di avere messo in ridicolo se stessa e i genitori (**favola** = *frottola, bugia*).
15 coll'infausto... posto: *a causa della conclusione* (**fine**) *infelice che hai dato* (**posto**) *alle nozze da te volute.* Ciniro allude alla crisi di angoscia che ha spinto Mirra, durante la celebrazione delle nozze con Perèo, a pronunciare terribili parole di disperazione, tali da costringere a interrompere il rito. Ciniro sottolinea anche come la scelta dello sposo fosse stata compiuta da Mirra medesima, senza alcuna imposizione.

Già l'oltraggio tuo crudo i giorni ha tronchi[16]
del misero Perèo...

MIRRA Che ascolto? Oh cielo!

CINIRO Perèo, sì, muore; e tu lo uccidi. Uscito
del nostro aspetto[17] appena, alle sue stanze
solo, e sepolto in un muto dolore,
ei si ritrae: null'uomo osa seguirlo.
Io, (lasso me!)[18] tardo pur troppo io giungo...
Dal proprio acciaro[19] trafitto, ei giacea
entro un mare di sangue: a me gli sguardi
pregni di pianto e di morte inalzava;...
e, fra i singulti estremi,[20] dal suo labro
usciva ancor di Mirra il nome. – Ingrata...

MIRRA Deh! più non dirmi... Io sola, io degna sono,
di morte... E ancor respiro?...

CINIRO Il duolo[21] orrendo
dell'infelice padre di Perèo,
io che son padre ed infelice, io solo
sentir lo posso: io 'l so, quanto esser debba[22]
lo sdegno in lui, l'odio, il desio[23] di farne
aspra[24] su noi giusta vendetta. – Io quindi,
non dal terror dell'armi sue, ma mosso
dalla pietà del giovinetto estinto,
voglio, qual de'[25] padre ingannato e offeso,
da te sapere (e ad ogni costo io 'l voglio)
la cagion vera di sì orribil danno.[26] –
Mirra, invan me l'ascondi:[27] ah! ti tradisce
ogni tuo menom'atto.[28] – Il parlar rotto;[29]
lo impallidire, e l'arrossire; il muto
sospirar grave;[30] il consumarsi a lento
fuoco il tuo corpo; e il sogguardar[31] tremante;
e il confonderti incerta; e il vergognarti,
che mai da te non si scompagna:[32]... ah! tutto,
sì tutto in te mel[33] dice, e invan tu il[34] nieghi;...
son figlie in te le furie tue... d'amore.[35]

MIRRA Io?... d'amor?... Deh! nol credere... T'inganni.

CINIRO Più il nieghi tu, più ne son io convinto.
E certo in un son io (pur troppo!) omai,
ch'esser non puote altro che oscura fiamma,
quella cui tanto ascondi.[36]

MIRRA Oimè!... che pensi?...

16 l'oltraggio... tronchi: *la tua crudele offesa ha troncato la vita* [: ha ucciso]; Ciniro allude al suicidio di Perèo in seguito alla infelice conclusione della cerimonia nuziale.
17 del nostro aspetto: *dalla nostra vista.*
18 lasso me: *me infelice.*
19 acciaro: *acciaio*, cioè 'spada'.
20 fra i singulti estremi: *tra gli ultimi spasmi*; nell'agonia.
21 Il duolo: *il dolore.*
22 quanto esser debba: *quanto grande è logico che sia.*
23 il desio: *il desiderio.*
24 aspra: *dura.*
25 qual de' padre: *come deve* (**de'** per *dee*) [*fare un*] *padre.*
26 la cagion... danno: *la vera causa di una sciagura così orribile.*
27 invan me l'ascondi: *inutilmente me la nascondi* [: la causa].
28 ogni tuo menom'atto: *ogni tua minima azione.*
29 rotto: *smozzicato.*
30 grave: *serio.*
31 il sogguardar: *il guardare di sfuggita*.
32 non si scompagna: *non si separa.*
33 mel: *me lo.*
34 il: *lo.*
35 son figlie... d'amore: *i tuoi tormenti* (**furie**) *nascono* (**son figlie**) *in te dall'amore.*
36 E certo... ascondi: *e ormai* (*purtroppo*) *son* [*giunto*] *a un'unica certa conclusione* [*e cioè*] *che non può esser altro che una passione ignobile* (**oscura fiamma**), *quella che* (**cui**) *a tal punto nascondi.* Benché Ciniro indovini, non è in grado lui stesso di immaginare in che senso la passione della figlia sia "ignobile".

Non vuoi col brando uccidermi;... e coi detti...
mi uccidi intanto...[37]

CINIRO
E dirmi pur non l'osi,
che amor non senti? E dirmelo, e giurarlo
anco ardiresti, io ti terria spergiura.[38] –
Ma, chi mai degno è del tuo cor, se averlo
non potea pur l'incomparabil, vero,
caldo amator,[39] Perèo? – Ma, il turbamento
cotanto è in te;... tale il tremor; sì fera[40]
la vergogna; e in terribile vicenda,
ti si scolpiscon sì forte sul volto;
che indarno il labro negheria...[41]

MIRRA
Vuoi dunque...
farmi... al tuo aspetto[42]... morir... di vergogna?...
E tu sei padre?

CINIRO
E avvelenar tu i giorni,
troncarli vuoi, di un genitor che t'ama
più che se stesso, con l'inutil, crudo,[43]
ostinato silenzio? – Ancor son padre:
scaccia il timor; qual ch'ella sia tua fiamma,[44]
(pur ch'io potessi vederti felice!)
capace io son d'ogni inaudito sforzo
per te, se la mi[45] sveli. Ho visto, e veggo
tuttor, (misera figlia!) il generoso
contrasto[46] orribil, che ti strazia il core
infra l'amore, e il dover tuo. Già troppo
festi, immolando[47] al tuo dover te stessa:
ma, più di te possente, Amor nol volle.[48]
La passïon puossi escusare;[49] ha forza
più assai di noi; ma il non svelarla al padre,
che tel comanda, e ten scongiura, [50] indegna[51]
d'ogni scusa ti rende.

MIRRA
– O Morte, Morte,
cui[52] tanto invoco, al mio dolor tu sorda
sempre sarai?...

CINIRO
Deh! figlia, acqueta[53] alquanto,
l'animo acqueta: se non vuoi sdegnato
contra te più vedermi, io già nol sono
più quasi omai; purché tu a me favelli.[54]
Parlami deh! come a fratello. Anch'io

37 Non vuoi... intanto: *ti rifiuti di uccidermi con la spada* (**brando**) *e nel frattempo mi uccidi a parole* (**detti**).
38 E dirmi...spergiura: *e non osi neppure* (**pur non**) *dirmi che non provi amore? E se anche tu avessi il coraggio* (**ardiresti**) *di dirmelo e di giurarlo, io ti considererei* (**ti terria**) *spergiura.*
39 se averlo... amator: *se non ha potuto averlo neppure quell'impareggiabile, sincero, appassionato* (**caldo**) *amante.*
40 sì fera: *così feroce.*
41 in terribile... negheria: *in una terribile alternanza* [*turbamento, tremito e vergogna*] *ti si imprimono con tale forza sul volto che invano le labbra potrebbero negare* (**negheria**) [: che tu sei innamorata, e di un amore ignobile].
42 al tuo aspetto: *davanti a te.*
43 crudo: *crudele.*
44 qual ch'ella... fiamma: *qualunque sia l'oggetto del tuo amore*; cioè 'anche se ami un uomo non degno di te'.
45 la mi: *me la.*
46 contrasto: da collegarsi al verso seguente: 'contrasto', cioè 'scontro interiore, tra l'amore e il dovere'.
47 festi immolando: *hai fatto* [: hai tentato di resistere] *sacrificando.*
48 nol volle: *non lo ha voluto* [: che Mirra sacrificasse i propri sentimenti al senso del dovere].
49 puossi escusare: *può essere scusata.*
50 tel... scongiura: *te lo ordina* [: di svelargli l'oggetto della passione] *e te ne scongiura.*
51 indegna: *immeritevole.*
52 cui: *che.*
53 acqueta: *calma, placa.*
54 se non vuoi... favelli: *se non vuoi più vedermi arrabbiato nei tuoi confronti, io già ormai quasi non lo sono più, purché tu mi parli.*

conobbi amor per prova:[55] il nome…[56]

MIRRA — Oh cielo!…
Amo, sì; poiché a dirtelo mi sforzi;[57]
io disperatamente amo, ed indarno.[58]
Ma, qual ne sia l'oggetto, né tu mai,
né persona[59] il saprà: lo ignora ei stesso…
ed a me quasi io 'l niego.[60]

CINIRO — Ed io saperlo
e deggio,[61] e voglio. Né a te stessa cruda
esser tu puoi, che a un tempo assai nol sii
più ai genitori che ti adoran sola.[62]
Deh! parla; deh! – Già, di crucciato padre,
vedi ch'io torno e supplice e piangente:[63]
morir non puoi, senza pur trarci[64] in tomba. –
Qual ch'ei sia colui ch'ami, io 'l vo' far tuo.[65]
Stolto orgoglio di re strappar non puote
il vero amor di padre dal mio petto.[66]

55 per prova: *per esperienza diretta.*
56 il nome: sottinteso 'dimmi [il nome] di colui che ami'.
57 mi sforzi: *mi costringi.*
58 indarno: *invano*; cioè 'senza speranza'.
59 né persona: *né altri.*
60 ed a me… niego: *e quasi lo nascondo* (**'l niego** = *lo nego*) [*perfino*] *a me stessa.*
61 deggio: *devo.*
62 Né a te stessa… sola: *né tu puoi essere crudele nei tuoi stessi confronti, senza esserlo* (**che… nol sii**) *contemporaneamente* (**a un tempo**) *in misura maggiore* (**più**) *nei confronti dei* [*tuoi*] *genitori, che adorano solo te.*
63 Già… piangente: *vedi che ormai* (**Già**) *da che ero un padre irato* (**crucciato**) *divento* (**torno**) *sia* (**e**) *supplichevole sia piangente* [: prendo a supplicarti piangendo].
64 senza pur trarci: *senza trascinare anche noi* [: i genitori].
65 Qual… far tuo: *chiunque sia colui che ami, io voglio farlo tuo sposo.*
66 Stolto orgoglio… mio petto: la pretesa propria di un re di dare alla figlia un marito degno della sua condizione non può annullare l'affetto paterno, che desidera vederla felice.

Cinema *La bestia nel cuore*

Un trauma rimosso

Il tema dell'incesto, o meglio, di una sua variante violenta, quella degli abusi degli uomini della famiglia su una bambina, ispira il fim *La bestia nel cuore*. Sabina (Giovanna Mezzogiorno) è un'attrice di doppiaggio che si divide tra il lavoro, l'amicizia con una vecchia compagna di giochi cieca (Angela Finocchiaro) e il matrimonio con l'attore di teatro Franco (Alessio Boni). Tormentata da incubi su un'infanzia che non ricorda più e che viene riportata alla memoria dalla morte a breve distanza prima della madre e poi del padre, Sabina scopre di essere incinta: invece di dirlo al marito parte per gli Stati Uniti, per fare visita al fratello Daniele (Luigi Lo Cascio). Durante la permanenza in casa del fratello, Sabina riesce a ricordare la sua infanzia, sulla quale pesa un terribile trauma ormai rimosso: gli abusi sessuali compiuti dal padre sia sul fratello che su di lei.

Il dibattito: proibire un film dal tema "proibito"?

In concorso alla Biennale cinematografica di Venezia nel 2005, *La bestia nel cuore* della regista Cristina Comencini (nata nel 1956), è un film che ha suscitato molto interesse, anche grazie al dibattito innescato dalla "Commissione di revisione cinematografica", più nota come "Commissione censura". Questo gruppo – istituito dal Ministero dei Beni culturali – è formato da esperti nell'educazione e da rappresentanti di associazioni dei genitori con il compito di decidere quali film debbano essere vietati ai minori di 14 o di 18 anni. Nel 2005 la Commissione considerò il film pericoloso per i minori di 14 anni, perché attaccava l'immagine della famiglia come pilastro della società italiana. Indignata la regista: «Volevo raccontare cosa accade nel tempo ai bambini che subiscono una violenza, che tipo di adulti diventano, come crescono». La censura – poi respinta – avrebbe maggiormente oscurato un tema "proibito", del quale sembra ancora difficile parlare.

▼ Giovanna Mezzogiorno (Sabina) e Luigi Lo Cascio (Daniele) in un fotogramma del film.

Il tuo amor, la tua destra,[67] il regno mio,
cangiar ben ponno ogni persona umìle
in alta e grande[68]: e, ancor che umìl, son certo,
che indegno al tutto[69] esser non può l'uom ch'ami.
Te ne scongiuro, parla: io ti vo' salva,
ad ogni costo mio.

MIRRA Salva?... Che pensi?...
Questo stesso tuo dir mia morte affretta...[70]
Lascia, deh! lascia, per pietà, ch'io tosto[71]
da te... per sempre... il piè... ritragga...

CINIRO O figlia
unica amata;[72] oh! che di' tu?[73] Deh! vieni
fra la paterne braccia. – Oh cielo! in atto
di forsennata[74] or mi respingi? Il padre
dunque abborrisci?[75] e di sì vile fiamma
ardi, che temi...[76]

MIRRA Ah! non è vile;... è iniqua[77]
la mia fiamma; né mai...[78]

CINIRO Che parli? iniqua,
ove primiero il genitor tuo stesso
non la condanna, ella non fia: la svela.[79]

MIRRA Raccapricciar d'orror vedresti il padre,
se la sapesse... Ciniro...

CINIRO Che ascolto!

MIRRA Che dico?... ahi lassa! [80]... non so quel ch'io dica...
Non provo amor... Non creder, no... Deh! lascia,
te ne scongiuro per l'ultima volta,
lasciami il piè ritrarre.

CINIRO Ingrata: omai
col disperarmi co' tuoi modi,[81] e farti
del mio dolore gioco, omai per sempre
perduto hai tu l'amor del padre.

MIRRA Oh dura,
fera orribil minaccia!... Or, nel mio estremo
sospir, che già si appressa,... alle tante altre
furie mie l'odio crudo aggiungerassi[82]
del genitor?... Da te morire io lungi?...[83]
Oh madre mia felice!... almen concesso
a lei sarà... di morire... al tuo fianco...[84]

67 la tua destra: la 'mano destra' data in segno di unione; quindi l'espressione è da intendersi come 'il congiungimento con te'.
68 cangiar... grande: *possono certamente trasformare qualsiasi persona di umile condizione in [persona] nobile* (**alta**) *ed eminente.*
69 e, ancor che... al tutto: e, *benché di umile condizione, sono certo che del tutto* (**al tutto**) indegno.
70 Questo... affretta: infatti le parole ignare di Ciniro fanno balenare davanti agli occhi di Mirra l'impossibile miraggio dell'incesto, costringendola a guardare dentro il "sacrilegio" del tabù, dal quale ella si era in ogni modo sforzata di tenersi al riparo.
71 tosto: *subito.*
72 O figlia unica amata: nella prospettiva incestuosa di Mirra, le parole di Ciniro acquistano un sinistro doppio senso: l'aggettivo **unica** sembra legarsi (a causa dell'*enjambement*) ad **amata** invece che a **figlia** (come invece è giusto).
73 che di' tu: *che cosa dici.*
74 in atto di forsennata: *con fare da folle.*
75 abborrisci: *odi.*
76 e di sì vile... temi: *e bruci di un amore così ignobile* (**vile**), *che temi* [:di provocare il mio rifiuto e il mio orrore].
77 iniqua: *colpevole.*
78 né mai: sottinteso 'la rivelerò a nessuno', oppure 'potrebbe avere realizzazione'.
79 Che parli... svela: *che cosa dici?* [*la passione*] *non può essere* (**non fia** = *non sarebbe*) *colpevole quando* (**ove**) *prima il tuo stesso padre non l'ha condannata: svélamela.*
80 ahi lassa: *ah* [*me*] *infelice.*
81 col disperarmi... modi: *facendomi disperare con i tuoi atteggiamenti.*
82 aggiungerassi: *si andrà ad aggiungere.*
83 Da te... lungi: [*dovrò*] *io morire lontana da te.*
84 Oh madre... tuo fianco: è la rivelazione, sia pure implicita, dell'amore di Mirra per il padre; tutta compressa nell'esclamazione **Oh madre mia felice!**, che ha valore in se stessa e assume sinistri doppi sensi per l'aggiunta finale di **al tuo fianco**.

Ciniro Che vuoi tu dirmi?... Oh! qual terribil lampo,
da questi accenti!...[85] Empia[86], tu forse?...

Mirra Oh cielo!
che dissi io mai?...Me misera!... Ove sono?
Ove mi ascondo?... Ove morir? – Ma il brando
tuo mi varrà[87]...

Ciniro Figlia... Oh! che festi?[88] il ferro...

Mirra Ecco, ... or...tel rendo...[89] Almen la destra io ratta
ebbi al par che la lingua.[90]

Ciniro ...Io... di spavento,...
e d'orror pieno, e d'ira,... e di pietade...
immobil resto.

Mirra Oh Ciniro!... Mi vedi...
presso al morire... Io vendicarti... seppi,...
e punir me... Tu stesso, a viva forza,
l'orrido arcano[91]... dal cor... mi strappasti...
ma, poiché sol colla mia vita... egli esce...
dal labro mio,... men rea... mi moro[92]...

Ciniro Oh giorno!
Oh delitto!... Oh dolore!... – A chi il mio pianto?...[93]

Mirra Deh! più non pianger;... ch'io nol merto...[94] Ah! sfuggi
mia vista infame;... [95] e a Cecri... ognor... nascondi...[96]

Ciniro Padre infelice!... E ad ingoiarmi il suolo
non si spalanca?... Alla morente iniqua
donna[97] appressarmi io non ardisco; ... eppure,
abbandonar la svenata mia figlia
non posso...

SCENA TERZA

Cecri, Euriclea, Ciniro, Mirra

Cecri Al suon d'un mortal pianto...[98]

Ciniro Oh cielo!
non t'inoltrar[99]...

Cecri Presso alla figlia...[100]

Mirra Oh voce!

Euriclea Ahi vista! nel suo sangue a terra giace
Mirra?...

Cecri La figlia?...

Ciniro Arretrati...

Cecri Svenata!

85 qual terribil... accenti: *quale terribile rivelazione* [*mi si mostra*] *da queste parole.* Il **lampo** è quello della verità, accecante appunto come una folgore.
86 Empia: *colpevole contro natura.*
87 Ma il brando... varrà: *ma mi darà aiuto la tua spada.*
88 festi: *facesti.*
89 Ecco... tel rendo: Mirra restituisce subito al padre la spada (**il ferro**) che gli ha sottratto per uccidersi.
90 Almen... la lingua: *almeno ho avuto la* [*mano*] *destra veloce* (**ratta**) *al pari della lingua.*
91 l'orrido arcano: *l'orribile mistero.*
92 ma, poiché... mi moro: *ma, poiché egli* [: il segreto] *esce dalla mia bocca* (**labro**) *solamente insieme alla vita* [: poiché l'ho rivelato solo in punto di morte], *muoio meno colpevole* (**men rea**).
93 A chi il mio pianto: Ciniro non sa neppure se possa rivolgere alla figlia morente il proprio dolore, che gli appare contaminato dalla rivelazione appena ricevuta. Per questa ragione fuggirà dalla vista di lei.
94 nol merto: *non lo merito.*
95 infame: *ignobile.*
96 e a Cecri... nascondi: sottinteso 'le reali ragioni del mio malessere e della mia morte'. Il desiderio di conservare almeno agli occhi della madre la propria innocenza verrà violato dal padre, che rifiuta anche questa minima complicità con la figlia.
97 donna: con questo termine, mai usato precedentemente per Mirra, Ciniro mostra di rendersi conto della inquietante proposta implicita nella femminilità della figlia.
98 Al suon... pianto: sottinteso 'accorro'.
99 non t'inoltrar: *non avvicinarti.*
100 Presso alla figlia: sottinteso 'voglio andare'.

Come? da chi?... Vederla vo'...[101]

CINIRO Ti arretra...
Inorridisci... Vieni... Ella... trafitta,
di propria man, s'è col mio brando...

CECRI E lasci
così tua figlia?... Ah! la vogli'io...[102]

CINIRO Più figlia
non c'è costei. D'infame orrendo amore
ardeva ella per... Ciniro...[103]

CECRI Che ascolto? –
Oh delitto!...

CINIRO Deh! vieni: andiam, ten priego,
a morir d'onta[104] e di dolore altrove.

CECRI Empia... – Oh mia figlia!... [105]

CINIRO Ah! vieni...

CECRI Ahi sventurata!...
né più abbracciarla io mai?... [106]

SCENA QUARTA

Mirra, Euriclèa

MIRRA Quand'io... tel... chiesi,...
darmi... allora,... Euriclèa, dovevi il ferro...
io moriva... innocente;... empia... ora... muoio...[107]

da V. Alfieri, *Tragedie*, op. cit.

101 vo': *voglio.*
102 la vogli'io: sottinteso 'soccorrere'.
103 per... Ciniro: il padre si riferisce a se stesso ricorrendo al nome proprio, quasi per distinguere meglio l'oggetto dell'amore incestuoso della figlia da sé e dal proprio ruolo paterno.
104 d'onta: *di vergogna.*
105 Empia... figlia: le due battute ben sintetizzano l'ambivalenza materna dinanzi alla morte di Mirra e alla contemporanea rivelazione del suo amore per il padre.
106 né più... io mai: sottinteso 'potrò'.
107 Quand'io... muoio: le battute finali sono rivolte irra alla fida nutrice Euriclèa, una seconda madre, l'unica a restarle accanto nel momento della morte. Le parole di Mirra alludono al fatto che Euriclèa aveva rifiutato di procurarle una spada con cui uccidersi.

Lavoriamo sul testo

Leggere e capire

I tentativi di un padre inconsapevole Le scene conclusive della tragedia presentano un disperato dialogo tra padre e figlia: Ciniro vuole far confessare a Mirra il motivo del suo comportamento – che ha spinto al suicidio il promesso sposo Perèo –, mentre la giovane non vuole rivelare la passione che la tormenta.

Analizzare

Una rivelazione terribile Nonostante lo abbia disonorato in pubblico, Ciniro afferma che l'errore della figlia è di non aprirsi con lui («il tuo più grave / fallo, è il tacer col padre tuo», vv. 54-55), poi però insinua che Mirra sia scossa da tormenti d'amore («son figlie in te le furie tue... d'amore», v. 96). Le parole del re si fanno sempre più strazianti: «(pur ch'io potessi vederti felice!) / capace io son d'ogni inaudito sforzo» (vv. 119-120), consapevole che «La passïon [...] ha forza più assai di noi» (vv. 127-128). Alla fine Mirra confessa: il suo tormento deriva da un amore non corrisposto («io, disperatamente amo, ed indarno», v. 139), ma l'oggetto del desiderio non verrà mai svelato, perché la giovane lo nega anche a se stessa. La sua passione non è «vile», ma «iniqua» (v. 166), perché va contro le leggi della natura e degli uomini: ciò provoca la perplessità di Ciniro, che però poi non ha più dubbi quando Mirra si lascia sfuggire parole d'invidia per la madre («Oh madre mia felice!... almen concesso / a lei sarà... di morire... al tuo fianco...», vv. 182-183). Alla terribile rivelazione segue il suicidio della giovane: né la madre né il padre riusciranno ad avvicinarsi al suo corpo e Mirra spirerà tra le braccia della fidata nutrice Euriclèa.

Interpretare e approfondire

«Un orrendo… e innocente amore»: il tema dell'incesto Il tema centrale della *Mirra* è l'incesto, come scrisse Alfieri stesso: «un orrendo… e innocente amore» di una figlia per il padre. In realtà l'attenzione non è concentrata sull'orrore di questo sentimento, ma sulla paura da parte di Mirra di dichiararsi e di essere condannata. La tragedia si consuma all'interno della protagonista: il conflitto tra razionalità e pulsioni istintive, con il prevalere di quest'ultime, causa nella giovane un lacerante senso di colpa. Proprio per questa componente proibita – l'amore verso il padre è un sentimento che la figlia vuole nascondere anche a se stessa – la *Mirra* è una tragedia costruita sul "non-detto": i doppi sensi, i silenzi, i gesti sottintesi alle parole, le sfumature implicite sono ciò che consente di far capire un amore così «iniquo» da non poter neanche essere confessato apertamente. La via d'uscita a questa situazione sembra essere il suicidio: in realtà, uccidendosi, Mirra sancisce la sua totale colpevolezza.

Esercizi

Prima prova A • L'analisi del testo

Comprendere

1 Il rimprovero di Ciniro

Nella scena seconda, quale rimprovero muove Ciniro a Mirra?

2 La reazione di Ciniro e Cecri

Quale reazione hanno i genitori di Mirra di fronte al corpo senza vita della figlia?

Analizzare

3 Le terribili parole di Mirra

Il dialogo con il padre mette in difficoltà Mirra, divisa tra il rispetto di figlia e la passione di innamorata. Sottolinea nel testo le parole e i gesti che rivelano questa ambiguità fino alla terribile confessione finale.

Interpretare

4 Un tema "tabù"

Mirra è un personaggio travagliato da un opprimente conflitto interiore: l'amore incestuoso che nutre nei confronti del padre. Ancora oggi l'incesto è un tema "tabù", cioè un argomento del quale è difficile parlare. Sai fare altri esempi di tematiche "tabù" nella nostra società? Per quali motivi credi che lo siano?

5 Affetti a confronto

Nell'atto conclusivo della tragedia si chiariscono i rapporti tra Mirra e gli altri personaggi: completa una tabella come questa relativa ai diversi sentimenti che prova la protagonista.

	Perèo	Cecri	Ciniro	Euriclea
Mirra	....	....	affetto incestuoso	....

5 Il teatro borghese

Il teatro in Francia

L'inventore del dramma borghese

Denis Diderot (1713-1784) – versatile scrittore illuminista, attivo nella realizzazione dell'*Enciclopedia* e autore di opere narrative quali *La religieuse* [La monaca] e *Les bijoux indiscrets* [I gioelli indiscreti] – è il creatore di un nuovo genere teatrale, a metà strada tra la commedia e la tragedia: il **dramma borghese**. Tra le opere più importanti ci sono *Le fils naturel* [Il figlio naturale, 1757], *Le père de famille* [Il padre di famiglia, 1758] e *Est-il bon? Est-il méchant?* [È buono? È cattivo?, 1777], dove prevalgono temi quotidiani.

Tra festosità scenica e rivendicazioni sociali

L'autore più importante del teatro francese del Settecento è però **Pierre Augustin de Beaumarchais** (1732-1799). I suoi capolavori sono le due commedie *Le barbier de Séville* [Il barbiere di Siviglia, 1775] e il già ricordato, a proposito di Da Ponte, *Le mariage de Figaro* [Il matrimonio di Figaro, 1784]. Grazie alla sua **vena comica** e al suo linguaggio spregiudicato e moderno, Beaumarchais rappresenta l'**ascesa della nuova classe borghese** che, con la sua intraprendenza, sta spodestando la vecchia aristocrazia.

Il teatro in Germania

Il realismo teatrale di Lessing

Il tedesco **Gotthold Ephrain Lessing** (1729-1781) dà vita a un teatro moderno e borghese, ispirato alla rappresentazione della **realtà storica e sociale**. Le opere più importanti sono la commedia *Minna von Bernhelm* (1763) e il dramma *Nathan del Weise* [Nathan il saggio, 1779], che esalta la tolleranza religiosa.

Le tragedie di Schilller

L'autore più importante del teatro tedesco del Settecento è però **Friedrich Schiller** (1759-1805). L'esordio avviene con la tragedia ***I masnadieri*** [Die Räuber, 1782], storia di un figlio diseredato al quale la cattiveria del fratello impedisce il riscatto. Il capolavoro di Schiller è il dramma ***Don Carlos*** (1787), storia della contesa tra il re di Spagna Filippo II e il figlio Carlo per l'amore della principessa di Francia Elisabetta di Valois, coetanea e promessa sposa di Carlo ma, per ragioni di opportunità politica, impalmata dal sovrano spagnolo.

I drammi di Goethe

Amico di Schiller che conosce a Weimar, anche **Goethe** (per la vita e le altre opere ▶ Unità 8) si dedica al teatro. Alla fase giovanile, densa di temi preromantici, appartiene il dramma *Götz von Berlichingen mit der eisernen Hand* [Götz von Berlichingen dalla mano di ferro,1771], dedicato a un cavaliere ribelle. Dopo il primo soggiorno a Weimar, Goethe compone la tragedia ***Ifigenia in Tauride*** [Iphigenie auf Tauris, 1787]: ispirato al mito classico della figlia di Agamennone sacrificata dai Greci alle ragioni della guerra troiana e salvata dalla dea Artemide, il personaggio creato da Goethe rappresenta un ideale di pace che riesce a ricomporre ogni dissidio, ogni contrasto dell'animo umano. Alla seconda fase di Weimar si lega il dramma psicologico ***Torquato Tasso*** (1789), nel quale l'inquietudine del protagonista si misura con la lucida freddezza del segretario di corte Antonio Montecatino, geloso delle attenzioni che i duchi di Ferrara riservano al poeta.

▶ Ernst Friedrich August Rietschel, *Monumento a Goethe e Schiller*, 1857. Weimar, piazza del Teatro.

facciamo il punto

- **Chi sono i principali drammaturghi francesi del Settecento?**
- **Come si intitolano le opere più famose di Schiller?**
- **Come può essere riassunta l'esperienza teatrale di Goethe?**

Dal ripasso alla verifica

mappa concettuale

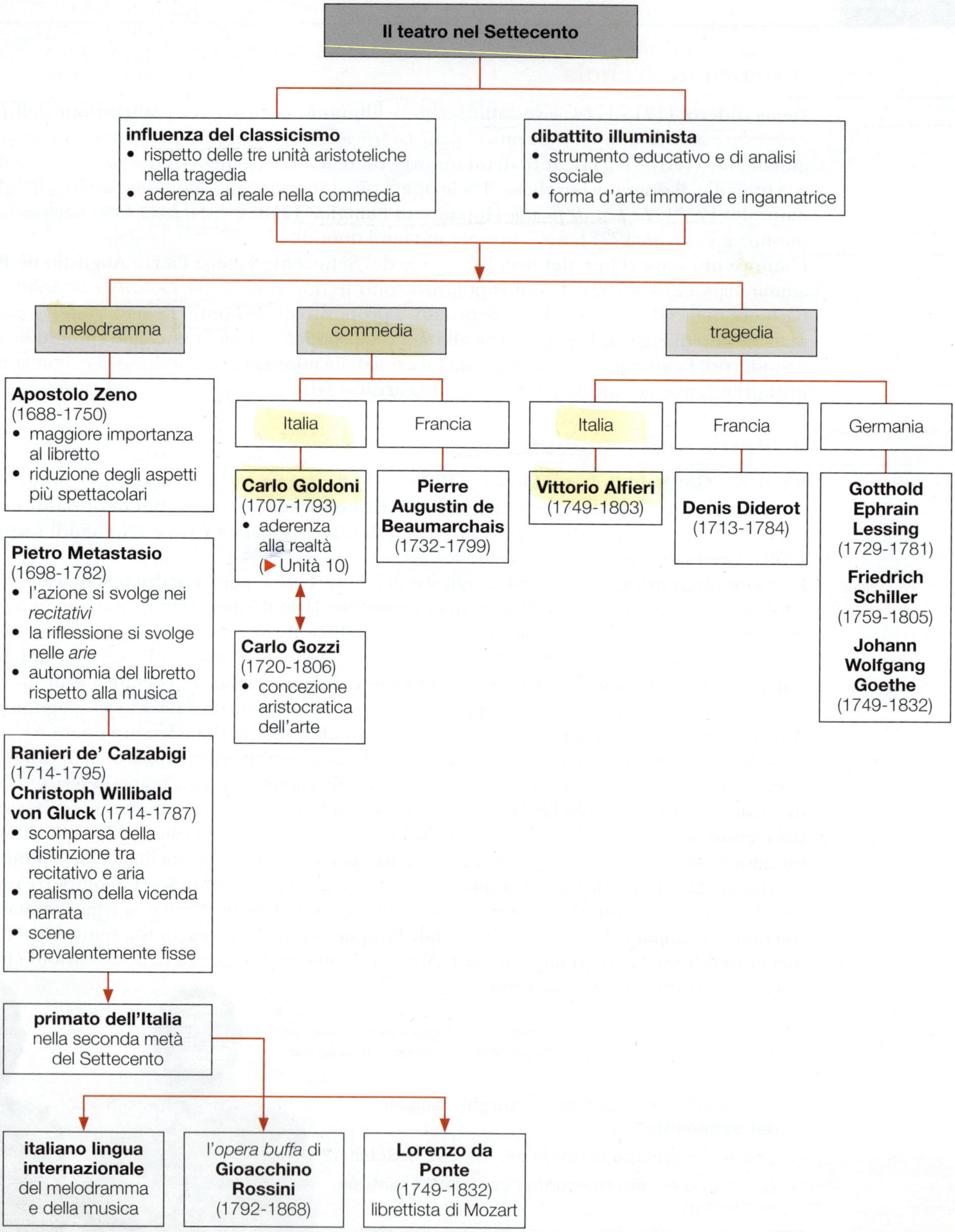

dizionario dei concetti chiave

- **Da Ponte, Lorenzo** Lorenzo Da Ponte (1749-1783) è l'autore di tre libretti di opere musicali di Mozart: *Le nozze di Figaro* (1786), *Don Giovanni* (1787) e *Così fan tutte* (1790). Da Ponte vive una vita libera e spregiudicata e negli ultimi anni si trasferisce a New York, dove svolge un'intensa attività di promozione della cultura e della letteratura italiane.

- **melodramma** genere teatrale nato dall'unione tra testo letterario e musica. Il melodramma tradizionale dà maggiore spazio alle parti musicali e spettacolari (le *arie*) a scapito delle parti poetiche (i *recitativi*). Apostolo Zeno (1688-1750) dà inizio alla riforma di questo genere teatrale, tentando di ridare importanza ai *recitativi*. Successivamente la riforma è ripresa da Metastasio, le cui opere ottengono un grande successo, favorito dal linguaggio semplice, dalle vicende raccontate – dove prevalgono i buoni sentimenti – e dal lieto fine. Nella seconda metà del Settecento il melodramma continua ad avere una posizione di primo piano tra i generi teatrali. Ciò favorisce l'affermazione dell'italiano come lingua internazionale della musica.

- **Metastasio, Pietro** Pietro Trapassi, in arte Metastasio (1698-1782), esordisce con la *Didone abbandonata* (1724). In seguito diventa "poeta cesareo" alla corte di Vienna. È qui che compone i suoi capolavori: *Demetrio* (1731), *Olimpiade* (1733), *La clemenza di Tito* (1734). La partecipazione emotiva del pubblico ai suoi melodrammi rende Metastasio il primo artista di una letteratura internazionale di massa.

- **tragedia** genere teatrale in declino nel Settecento perché difficile e adatto solo a un pubblico ristretto. I capolavori tragici del periodo in Italia sono scritti da Vittorio Alfieri (1749-1803), che sceglie il genere tragico per tre ragioni: perché i personaggi della tragedia gli permettono di esprimere meglio le contraddizioni del suo carattere; perché vuole fondare un nuovo modello tragico, assente nella letteratura italiana; perché vuole rivolgersi a un pubblico aristocratico, lontano da quello del melodramma. Il suo metodo compositivo si basa su tre momenti: *ideare* (cioè scegliere il soggetto), *stendere* (cioè scrivere il testo in prosa), *verseggiare* (cioè trasformare il dramma in endecasillabi sciolti). Le due tragedie più importanti di Alfieri sono il *Saul* (1782) e la *Mirra* (1786).

esercizi

esercizi di riepilogo

1 Il melodramma

Scegli l'opzione corretta tra quelle proposte.

– La riforma del melodramma ha inizio con:
  a. Gioacchino Rossini
  b. Apostolo Zeno
  c. Giovan Battista Pergolesi
  d. Ranieri de' Calzabigi

– A che cosa conduce l'importanza del melodramma nel Settecento?
  a. all'adozione dell'italiano come lingua internazionale della musica
  b. all'apertura di nuovi teatri
  c. alla formazione di nuove compagnie teatrali
  d. alla diffusione di una cultura musicale tra le classi sociali più povere

– L'*opera buffa* raggiunge i suoi risultati più alti con:
  a. Giuseppe Verdi
  b. Carlo Goldoni
  c. Gioacchino Rossini
  d. Vittorio Alfieri

2 Il metodo compositivo di Alfieri

Quali sono i tre momenti del metodo compositivo alfieriano? Prova a descriverli.

3 Le tragedie di Alfieri

Scegli l'opzione corretta tra quelle proposte.

– La *Mirra* è:
  a. una commedia
  b. una satira
  c. un sonetto
  d. una tragedia

– Il protagonista del *Saul* è un re:
  a. e invidioso dei guerrieri più giovani
  b. che non vuole dare in sposa la figlia
  c. che non riesce a uscire da un blocco psichico
  d. che non sa accettare le sconfitte

Dal ripasso alla verifica

esercizi di approfondimento

4 Personaggi a confronto

Saul e Mirra sono due eroi lacerati da opprimenti conflitti interiori che esternano attraverso la difficoltà dei rapporti con gli altri. Completa una tabella come questa relativa agli attori del conflitto, ai motivi, e alle diverse soluzioni finali scelte dai due protagonisti.

	attori del conflitto	motivi del conflitto	soluzione del conflitto
Saul	• David • sacerdoti • se stesso		
Mirra	• madre • padre • se stessa		

5 Riflessioni sulla fedeltà

Nell'*Olimpiade* (▶ T1) uno dei protagonisti, Mégacle, paga il prezzo della propria fedeltà all'amicizia, alla quale è deciso a sacrificare anche la felicità amorosa. Anche nell'aria «È la fede negli amanti», tratta dal melodramma *Demetrio* (▶ T2), Metastasio affida al personaggio una riflessione sulla fedeltà. Dopo aver rintracciato il passo dell'*Olimpiade* nel quale si parla di questo tema, confronta i due testi, sottolineandone analogie e differenze.

allenarsi all'esame di Stato

la trattazione sintetica

6 I «suicidi alfieriani»

Per la morte dei protagonisti delle tragedie di Alfieri alcuni critici hanno coniato il termine di «suicidio alfieriano» per definire un tipo di morte eroica, cha nasce dall'impossibilità di sanare un contrasto interiore tra desideri intimi e doveri sociali. Confrontando le morti di Saul e Mirra, prova a evidenziare in una trattazione sintetica (max 20 righe) analogie e differenze tra i due suicidi.

la lingua nel tempo

Oh, figli miei!… – Fui padre. –
Eccoti solo, o re; non un ti resta
dei tanti amici, o servi tuoi. – Sei paga,
d'inesorabil Dio terribil ira? –
Ma, tu mi resti, o brando: all'ultim'uopo,
fido ministro, or vieni. – Ecco già gli urli
dell'insolente vincitor: sul ciglio
già lor fiaccole ardenti balenarmi
veggo, e le spade a mille… – Empia Filiste,
me troverai, ma almen da re, qui… morto. –

da V. Alfieri, *Tragedie*, cit.

7 Lo stile di Alfieri

Il testo di Alfieri presenta un andamento sintattico non regolare: in quali punti non viene rispettato l'ordine normale dell'italiano (soggetto, verbo, complemento oggetto)?

8 Parole di oggi

Il termine «ministro» viene usato da Alfieri con il significato di "strumento": che cosa significa per noi oggi? Fai alcuni esempi di frasi in cui compare questo sostantivo.

Unità 10

L'autore

Carlo Goldoni

«Non seppe, o non volle, separare le verità, che si devono, da quelle che non si devono porre in vista sopra un teatro; ma si è regolato con quel solo principio, che la verità piace sempre»: ecco come il drammaturgo Carlo Gozzi (1720-1806) critica il teatro del contemporaneo Carlo Goldoni, "colpevole", agli occhi del collega, di aver promosso una riforma della commedia dai contenuti troppo rivoluzionari. Negli anni in cui le stereotipate maschere dell'arte portavano in scena situazioni comiche ripetitive e spesso banali, Goldoni fonda le proprie opere su due realtà, che egli chiama, per metafora,"libri", il Mondo e il Teatro. Abile osservatore del mondo che lo circonda e acuto conoscitore della natura umana, Goldoni vuole allestire uno spettacolo che rispecchi la concretezza del reale, per ottenere un nuovo, ampio consenso da parte di un pubblico ormai stanco della commedia tradizionale.

Aver creato personaggi ricchi di sfumature psicologiche complesse come quello di Mirandolina, la locandiera, intraprendente donna del popolo, è il motivo della grande fortuna del teatro goldoniano a livello internazionale e attraverso i secoli. E la battaglia di Mirandolina condotta in nome del genere femminile contro il predominio maschile rivela ancora oggi il messaggio innovativo dell'opera di Goldoni.

OBIETTIVI

Conoscenze

- La vita e le opere di Goldoni
- Le principali novità della sua riforma del teatro
- Le principali commedie delle sua produzione
- Struttura, trama, temi della *Locandiera*

Abilità

- Individuare gli elementi innovativi del teatro di Goldoni
- Collocare le opere nel contesto storico adatto
- Analizzare dal punto di vista formale e tematico alcune scene teatrali

Espansioni digitali

- video
- testi e approfondimenti

1 La vita e le opere

Dagli esordi al successo

Gli studi e i frequenti trasferimenti

Carlo Goldoni nasce a **Venezia** nel **1707**. Tra il 1719 e il 1720 frequenta il Collegio dei Gesuiti a **Perugia** – città dove il padre esercita la professione di medico – per proseguire poi gli studi a **Rimini**. Dopo aver seguito il padre a **Milano**, nel 1723 è ammesso nel prestigioso Collegio Ghislieri di **Pavia** per continuare gli studi di diritto, ma ne viene espulso due anni dopo per aver scritto una satira contro le donne della città. Colpito da una crisi depressiva che lo spinge quasi a ritirarsi in convento, Goldoni si trasferisce nel 1729 a **Feltre**; qui prende a occuparsi di teatro e nel 1730 esordisce scrivendo e recitando due intermezzi per il Carnevale. Nel 1731 muore il padre: la famiglia rientra a Venezia e Carlo può laurearsi in legge a **Padova** nello stesso anno. Avviatosi quindi alla professione di avvocato, ottiene mediocri risultati che lo costringono presto a contrarre forti debiti.

La direzione del San Giovanni Crisostomo

È così che, per sfuggire ai creditori, nel 1733 Goldoni ripara prima a Milano poi a Verona dove, nel 1734, inizia a collaborare con **Giuseppe Imer**, capocomico del teatro veneziano San Samuele, e ne segue la compagnia in varie città italiane finché nel **1737** torna a Venezia dove gli viene affidata la direzione del teatro **San Giovanni Crisostomo**, che mantiene fino al **1741**. In questi anni Goldoni rappresenta varie opere proprie con le quali inizia una graduale riforma del teatro comico: dal *Momolo cortesan* (1738), dove solo la parte del protagonista non è affidata a battute improvvisate – secondo la consuetudine dell'epoca – ma è scritta, a *La donna di garbo* (1743), dove l'improvvisazione dei comici viene esclusa da tutte le battute di dialogo.

L'incontro con Gerolamo Medebach

Coinvolto in una truffa, nel 1743 Goldoni lascia Venezia con la moglie Nicoletta Connio (sposata a Genova nel 1736) e, dopo varie peregrinazioni, dal **1745** al 1748 si ferma a **Pisa**, dove riprende la professione di avvocato senza abbandonare del tutto il lavoro per il teatro. Nel **1747** incontra il capocomico **Gerolamo Medebach**, che segue a **Mantova** e per il quale scrive *L'uomo prudente* e *La vedova scaltra* (1748). Rientrato a **Venezia**, dove la compagnia di Medebach si esibisce al **teatro Sant'Angelo**, gli viene offerto un contratto lungo (quattro anni) e ben pagato a patto che fornisca otto commedie nuove l'anno. Inizia così un **periodo di intensa produzione**, nel quale Goldoni riesce a onorare il contratto senza mai perdere in qualità. Anzi, risalgono a questo periodo capolavori come *La putta onorata* (1749), *La famiglia dell'antiquario, Il teatro comico, La bottega del caffè, I pettegolezzi delle donne* (tutti del 1750) e *La locandiera* (1752).

Il teatro San Luca e l'addio a Venezia

Scaduto nel 1752 il contratto con Medebach, Goldoni ne stipula uno nuovo con il **teatro San Luca**: alcuni insuccessi sono compensati da commedie di alto livello, come *Gli innamo-*

▼ Ponte San Tomà a Venezia, con in primo piano la casa di Goldoni.

rati (1759) e, in dialetto, *Il campiello* (1756) e *I rusteghi* (1760). Invitato a dirigere la famosa **«Comédie italienne» a Parigi**, Goldoni accetta anche perché stanco delle polemiche scatenate contro di lui da Carlo Gozzi e da altri tradizionalisti (▶Unità 9 §3). Tra il 1761 e il 1762, dà così l'addio a Venezia con alcuni grandi capolavori: la trilogia della villeggiatura (*Le smanie per la villeggiatura, Le avventure della villeggiatura, Il ritorno dalla villeggiatura*), *Sior Tòdero brontolon, Le baruffe chiozzotte* (nel dialetto di Chioggia), *Una delle ultime sere di carnevale.*

Gli anni parigini

La delusione di Parigi

Giunto a Parigi nel **1762** con la moglie e il nipote Antonio, Goldoni rimane deluso dall'accoglienza del prestigioso «Théâtre italien»: gli viene chiesto di collaborare a **commedie dell'arte tradizionali** (cioè fondate su personaggi fissi e affidate all'improvvisazione degli attori) e di rinnovare situazioni già collaudate. Ciò nonostante, accanto a testi secondari,

Cronologia

STORIA		VITA E OPERE
guerra di successione spagnola ◀	1701-1714	
	1707	▶ nasce a Venezia il 25 febbraio da famiglia borghese
guerra tra Impero asburgico e Impero ottomano ◀	1716-1718	
	1731	▶ si laurea in legge a Padova
	1734-1737	▶ collabora con Giuseppe Imer, capocomico del teatro veneziano San Samuele
	1737-1741	▶ dirige il teatro San Giovanni Crisostomo di Venezia
	1738	▶ mette in scena il *Momolo cortesan*, la prima commedia in cui la parte del protagonista non è affidata all'improvvisazione dell'interprete
guerra di successione austriaca ◀	1740-1748	
	1743	▶ mette in scena *La donna di garbo*, la prima commedia interamente scritta; fugge da Venezia
	1745-1748	▶ a Pisa riprende la professione di avvocato pur continuando a scrivere per il teatro
	1747	▶ incontra Gerolamo Medebach, capocomico del teatro Sant'Angelo di Venezia
	1748-1752	▶ per la compagnia di Medebach compone molte opere, tra cui i capolavori *La putta onorata, La famiglia dell'antiquario, La locandiera, La bottega del caffè*
	1753	▶ passa al teatro San Luca, per il quale scrive *Il campiello* (1756) e *Gl'innamorati* (1759)
guerra dei Sette anni ◀	1756-1763	
	1761-1762	▶ scrive la trilogia della villeggiatura, *Le baruffe chiozzotte, Una delle ultime sere di carnevale*
	1762	▶ si trasferisce a Parigi e lavora presso il «Théâtre italien» secondo i moduli della commedia dell'arte tradizionale
	1765-1770	▶ a Versailles insegna italiano alle figlie di Luigi XV
	1770-1775	▶ vive a Parigi, dove ottiene successo con una commedia in francese, *Le bourru bienfaisant* [Il burbero di buon cuore, 1771]
	1775-1780	▶ di nuovo a Versailles, insegna italiano alle sorelle del re
Dichiarazione d'indipendenza degli Stati Uniti d'America ◀	1776	
	1787	▶ a Parigi, pubblica i *Mémoires* [Memorie], iniziati nel 1783
Rivoluzione francese ◀	1789-1799	
proclamazione della Prima repubblica francese ◀	1792	
decapitazione di Luigi XVI e inizio del "Terrore" ◀	1793	▶ muore il 6 febbraio in condizioni di semipovertà

riesce a comporre opere di valore, come *Il ventaglio* (1765). Tra il **1765** e il 1770 abbandona la vita teatrale e si reca a **Versailles**, alla corte di Luigi XV, come **insegnante d'italiano** delle figlie del re.

Tra l'insegnamento e i Mémoires

Nel **1770** torna a **Parigi**, con una pensione dignitosa ma anche stanco e malato (ha perduto la vista da un occhio). Nel 1771 ottiene ancora un successo con una commedia scritta in francese, *Le bourru bienfaisant*, rifatta anche in italiano con il titolo *Il burbero di buon cuore*. Tra il **1775** e il 1780 torna a **Versailles**, ancora come insegnante d'italiano, ma stavolta per le sorelle di Luigi XV. Nel **1783**, di nuovo a **Parigi**, Goldoni inizia i *Mémoires* [Memorie], pubblicati nella capitale francese nel 1787. Dopo aver assistito alla pubblicazione integrale di tutte le sue opere teatrali (1788), Goldoni vede togliersi dalla Rivoluzione il vitalizio regio. Morirà in condizioni di semipovertà il 6 febbraio **1793**.

facciamo il punto

- **Nella produzione di Goldoni perché è importante l'esperienza al San Giovanni Crisostomo?**
- **Che cosa comporta l'incontro con Gerolamo Medebach e la collaborazione con la sua compagnia?**
- **Quali sono le ultime opere scritte da Goldoni a Venezia?**
- **Quali sono i principali avvenimenti del periodo parigino?**

2 La riforma della commedia

La tradizione teatrale veneziana

La nascita delle "imprese teatrali"

Venezia, la città nella quale Goldoni nacque e visse gran parte delle proprie esperienze di teatro, aveva una fiorente tradizione teatrale. Nel secolo che precede l'esordio goldoniano questa tradizione si era andata rafforzando: la **crisi del commercio** che aveva colpito Venezia nel Seicento aveva favorito la **riconversione** di molte imprese, desiderose di investire in nuove attività. Attorno al teatro si era così sviluppato un vero e proprio mercato e nel Settecento erano nate le prime "**imprese teatrali**", cioè delle attività commerciali che organizzano **spettacoli a pagamento**.

L'allargamento del pubblico

L'obiettivo è ottenere il consenso di un **pubblico sempre più vasto**: il teatro non è più riservato all'aristocrazia, ma si allarga alle **classi popolari**, che preferiscono generi più semplici come la commedia e il melodramma, a scapito della tragedia.

Il trionfo della commedia dell'arte

Nella **commedia dell'arte** tanto in voga nella prima metà del secolo XVIII, gli attori interpretano **personaggi fissi** – come Arlecchino, Brighella, Pantalone ecc. – e recitano senza un copione scritto, affidandosi solo a canovacci che riportano lo sviluppo generale delle azioni. Il dialogo è abbandonato all'**improvvisazione**. Il rischio di questa pratica è che le compagnie si affidino a situazioni e battute ripetitive, banalizzando i vari motivi comici solo per strappare al pubblico un facile consenso.

I cardini della riforma

L'importanza del testo scritto

Negli anni in cui Goldoni si avvicina al teatro comico, la commedia dell'arte è in crisi. Con la sua riforma – attuata sia nelle opere sia in interventi teorici, come la *Prefazione* alla prima edi-

Glossario

Canovaccio Abbozzo schematico che riporta le azioni da eseguire sulla scena da parte degli attori della commedia dell'arte.

zione completa delle commedie (1750) – Goldoni rifiuta la libertà con cui gli attori dialogavano in scena e determina la **priorità del testo scritto**, seguendo il desiderio di ordine e di semplicità tipico della cultura illuministica.

I "libri" del Mondo e del Teatro

Nella *Prefazione*, Goldoni afferma di misurare la sua proposta su due "libri": il Mondo e il Teatro. Il riferimento al **Teatro** è realistico perché l'autore si ispira non al modello degli scrittori classici e moderni, ma alla **pratica concreta dei teatri**; e il **Mondo** è quello della **vita reale**. Opponendosi alle rappresentazioni fisse e stereotipate della commedia dell'arte, l'autore vuole coinvolgere tutta la realtà a lui contemporanea. Il teatro, da semplice luogo di evasione fantastica, diventa momento di **riflessione su questioni reali**, nel quale è possibile l'osservazione diretta e spregiudicata della società circostante.

Da mashere a personaggi realistici

Nella commedia dell'arte i personaggi erano ridotti a tipologie fisse: Goldoni rifiuta questo processo di banalizzazione e persegue anche da questo punto di vista un obiettivo di **realismo**, sul piano tanto **psicologico** quanto **sociale**. Per esempio, non ci saranno più il servo e il padrone in generale, ma un servitore e un padrone inseriti in un preciso contesto storico, nel quale cioè siano riconoscibili, da parte del pubblico, i connotati della realtà presente. I personaggi di Goldoni si realizzano pienamente nei dialoghi, esprimendo attraverso le parole le proprie idee e le proprie intenzioni.

Una lingua concreta

Se il teatro rispecchia la molteplicità delle situazioni della vita quotidiana, il linguaggio deve essere conseguente. La lingua delle commedie goldoniane non è creata per la finzione teatrale – quindi esclude termini letterari lontani dal parlato – ma ripropone l'**italiano dialettizzato della borghesia settentrionale** (soprattutto veneta e lombarda), cioè un dialetto vero di un ceto sociale realmente esistente.

Il "realismo dialettale"

È nel dialetto che l'arte goldoniana esprime meglio la sua **ricchezza espressiva**, perché permette di rappresentare con efficacia sia i ceti nobiliari sia i ceti più umili (come avviene, per esempio, nelle *Baruffe chiozzotte*, dove il dialetto usato non è quello dell'aristocrazia veneziana, ma quello dei popolani di Chioggia). Il "realismo dialettale" delle commedie di Goldoni permette di cancellare la tradizionale rappresentazione parodica del mondo popolare e dare finalmente **voce alle classi inferiori**, non più osservandole dall'esterno, ma calandosi all'interno della loro realtà.

Commedia dell'arte e commedia di Goldoni a confronto

dalla commedia dell'arte...	... alla commedia di Goldoni
caratteri fissi (maschere)	personaggi realistici
improvvisazione su un canovaccio	testo scritto
scarso realismo	situazioni reali e temi sociali
battute banali e ripetitive	realismo dialettale

facciamo il punto

- **Quali sono le caratteristiche della commedia a Venezia prima di Goldoni?**
- **Rispetto alla commedia dell'arte quali cambiamenti introduce Goldoni e da che cosa sono ispirati?**

3 Le quattro fasi della produzione goldoniana

La produzione teatrale di Goldoni è sterminata: ben oltre duecento opere che toccano i vari generi, tra i quali prevale quello della commedia. Rispetto a quest'ultimo, è utile dividere la lunga carriera artistica dell'autore in quattro periodi: 1) prima della riforma; 2) la riforma; 3) oltre la riforma; 4) gli ultimi anni in Francia.

Prima della riforma (1730-1748)

Dall'apprendistato a La donna di garbo

Il periodo prima della riforma è occupato dagli anni dell'apprendistato (l'esordio avviene con **due intermezzi per il Carnevale** del 1730), nei quali l'opera più importante è il ***Momolo cortesan*** (1738), commedia che ha la parte del protagonista scritta per intero, e che lascia al canovaccio le parti secondarie. La prima commedia interamente scritta è ***La donna di garbo*** (1743) ma, a causa della fuga dell'autore da Venezia, deve aspettare tre anni prima di essere rappresentata.

La riforma (1748-1753)

La collaborazione con il teatro Sant'Angelo

La collaborazione con gli attori della compagnia Medebach favorisce l'**attuazione dei principi della riforma.** Dopo la prima commedia di carattere, *La vedova scaltra* (1748), Goldoni produce infatti molte nuove opere, tra cui:

- *La famiglia dell'antiquario* (1750): la storia di un onesto antiquario – impegnato a tenere unita la famiglia, mascherando inganni e rivalità interne – sancisce la nascita di un personaggio tipico delle commedie goldoniane, il **borghese laborioso**;
- *Il teatro comico* (1750): il racconto della prova di una commedia serve a Goldoni per realizzare un **compromesso tra la tradizione** della commedia dell'arte – della quale qui utilizza le maschere – **e i principi innovativi** della sua ricerca;
- *La bottega del caffè* (1750): in una caffetteria un **nobile maldicente** si diverte a seminare discordia tra gli avventori ma il gestore, grazie alla sua moderazione tipica del **borghese volenteroso**, riesce a far riappacificare tutti i personaggi (▶ T1);
- *I pettegolezzi delle donne* (1750): la **descrizione del mondo popolare** è affidata al confronto tra i diversi personaggi attraverso battute spiritose e pungenti;
- *La locandiera* (1752): la vicenda di Mirandolina – una locandiera che sa tenere a bada i suoi nobili corteggiatori, sposando alla fine il cameriere – è il **capolavoro assoluto** di Goldoni (▶ T2-T5).

Oltre la riforma (1753-1762)

La crisi dei valori borghesi e l'adesione al mondo popolare

Deluso da alcuni **insuccessi** del periodo precedente (e quindi venuto meno il processo di identificazione tra il pubblico borghese e il ceto borghese rappresentato nelle sue commedie), Goldoni tenta di superare i risultati della riforma attraverso la **critica della borghesia mercantile** e la **valorizzazione del popolo** e della sua lingua. Tra le commedie più importanti di questo periodo ricordiamo:

- *Il campiello* [La piazzetta, 1756]: alcune donne, riunitesi in una piazzetta durante un giorno di Carnevale, combinano nozze e si procurano sistemazioni onorevoli, in uno scambio vivace di battute e azioni. Al tramonto tutto è sistemato, con la complicità di un cavaliere forestiero, il cui **distacco** dagli obiettivi dei popolani ritrae forse quello stesso **dell'autore**;
- *Gl'innamorati* (1759): due giovani si amano, ma sono tormentati dalla gelosia, che li spinge a reciproche accuse verbali e

Glossario

Commedia di carattere Quando nella commedia prevale l'attenzione a un singolo personaggio; diversamente, quando il testo insiste sulla ricostruzione di un determinato contesto, si parla di "commedia d'ambiente".

ad azioni che mettono in pericolo la stabilità del loro rapporto (▶ T6). La mancanza di equilibrio e di giudizio dei due innamorati sottolinea la **crisi del ceto borghese**, a cui i giovani appartengono;

- *I rusteghi* [Gli scontrosi, 1760]: quattro vecchi mercanti, promotori di una **visione del mondo tradizionalista**, si oppongono alla vitalità dei giovani e delle donne di casa;

Le smanie per la villeggiatura

- *Le smanie per la villeggiatura* (1761): la prima commedia della cosiddetta «**trilogia della villeggiatura**» (di cui fanno parte anche *Le avventure della villeggiatura* e *Il ritorno dalla villeggiatura*) è la storia di alcuni borghesi dominati dal frivolo bisogno di compiere il rito mondano della villeggiatura, simbolo di benessere economico, ma anche espressione di una **vita priva di responsabilità sociali** troppo serie;
- *Sior Tòdero brotolon* (1762): un vecchio mercante avaro e autoritario viene sconfitto dalla vitalità della nuora;

Il litigio fra i pescatori

- *Le baruffe chiozzotte* [Le liti di Chioggia, 1762]: una comunità di pescatori è turbata da alcuni malintesi e da gelosie amorose, arrivando persino al giudizio di un tribunale per risolvere la questione. Il mondo popolare è rappresentato in modo affettuoso e positivo, anche grazie ai ricordi personali dell'autore (che a Chioggia aveva passato la giovinezza);
- *Una delle ultime sere di carnevale* (1762): ultima commedia rappresentata in Italia prima della partenza per Parigi, è la storia di un disegnatore di ricami costretto a emigrare in Russia. L'**addio del protagonista all'amata Venezia** – «Confesso, e zuro [giuro] su l'onor mio, che parto col cuor strazzà [straziato]» – è il saluto di Goldoni al pubblico della sua città.

Gli ultimi anni in Francia

Due sole commedie di successo

Gli ultimi trent'anni della vita di Goldoni sono occupati dalle esperienze parigine, che lo allontanano dalla vita teatrale. Due commedie meritano di essere ricordate: *Il ventaglio* (1765) – che rielabora in italiano la francese *L'eventail* – e *Le bourru bienfaisant* (1771), tradotta e pubblicata in italiano come *Il burbero di buon cuore* (1789).

Il grande arco dell'auditorium dell'Hanna Theatre a Cleveland (Ohio).

La vita di un uomo di teatro

Piuttosto il periodo parigino è importante per l'**autobiografia** che Goldoni scrive in francese a partire dal 1783 e che stampa nel 1787, quando ha ottant'anni. Intitolata ***Mémoires*** [Memorie] l'opera è divisa in **tre parti**: la prima copre il periodo dell'infanzia e dell'apprendistato teatrale, fino al ritorno a Venezia con Gerolamo Medebach (1748); la seconda descrive gli anni dei capolavori (1748-1762); la terza racconta il soggiorno in Francia e le delusioni del «Théâtre italien» e della vita di corte. Con ironia e distacco, Goldoni ci lascia il ritratto di un'**esistenza ricca di avventure**, specie nel periodo giovanile (la fuga in barca da Chioggia con una compagnia di comici dell'arte, le molte storie d'amore, la discussione della laurea) ma soprattutto proiettata interamente sul teatro (dalle letture dei classici greci compiute da piccolo alla fatica fatta per imporre le nuove idee) così da poter affermare che «la mia vita medesima è una commedia».

La laurea

Le fasi della produzione di Goldoni

fasi	opere
Prima della riforma (1730-1743)	*Momolo cortesan* *La donna di garbo*
La riforma (1748-1753)	*Prefazione* alla prima raccolta delle commedie *La famiglia dell'antiquario* *Il teatro comico* *La bottega del caffè* *I pettegolezzi delle donne* *La locandiera*
Oltre la riforma (1753-1762)	*Il campiello* *Gl'innamorati* *I rusteghi* *Le smanie per la villeggiatura* *Le baruffe chiozzotte* *Una delle ultime sere di carnevale*
Gli ultimi anni (dal 1762)	*Il ventaglio* *Il burbero di buon cuore* *Mémoires*

facciamo il punto

- **In quante fasi può essere divisa la produzione di Goldoni?**
- **Oltre ai testi per il teatro, quali importanti opere in prosa scrisse Goldoni?**

4 Ambienti e personaggi delle commedie goldoniane

Gli ambienti

La città

Se in alcune commedie prevale l'attenzione a un personaggio (sono le cosiddette "commedie di carattere"), in altre, cioè nelle "commedie d'ambiente", Goldoni insiste sulla ricostruzione complessiva di un determinato ambiente: in lavori minori adotta scenari esotici, ma in genere sceglie soprattutto **città familiari al pubblico** (spessissimo Venezia e i suoi

I luoghi "sociali"

dintorni), o comunque famose (per esempio Firenze nella *Locandiera* e Milano negli *Innamorati*). In particolare, Goldoni vuole ricostruire i **rapporti** che si svolgono nei luoghi **della vita sociale** settecentesca: la casa, la piazza, la locanda, il campiello, la bottega del caffè. In questo modo, risulta spesso **poco definita** la **distinzione tra commedie "di carattere" e commedie "di ambiente"**: per esempio, *La locandiera* è una commedia "di carattere" perché costruita intorno alla figura di Mirandolina, ma anche "d'ambiente" per la situazione della locanda gestita dalla donna. Allo stesso modo, *La bottega del caffè* è una commedia d'ambiente nella quale emergono due personaggi fortemente caratterizzati come Don Marzio, nobile decaduto che fa della maldicenza la sua attività preferita, e Ridolfo, il borghese saggio ed equilibrato.

I personaggi

Pregi e difetti delle classi sociali dominanti

Ispirandosi al «libro del Mondo», cioè alla complessità della **società veneziana** e dei **caratteri delle persone**, Goldoni diventa un acuto osservatore dei rapporti tra classi sociali. All'**aristocrazia** egli rimprovera la difesa di antichi privilegi, l'assenza di spirito produttivo e l'incapacità di adeguarsi a un mondo che cambia, ma riconosce, quando c'è, nobiltà d'animo e valore individuale. Della **borghesia** apprezza il senso dell'economia e della famiglia e la volontà di agire per il bene proprio e della collettività, mentre rifiuta la falsità, il cinismo, il tentativo di inseguire l'aristocrazia nell'amore per il lusso (come nelle *Smanie per la villeggiatura*).

La classe idealizzata: il popolo

Oggetto di un'idealizzazione crescente è il **popolo**, che diventa il depositario di valori semplici e sinceri, certo attraversato da conflitti, ma anche ispirato al buon senso e capace di autoregolarsi per una vita di comunità giusta e felice. Goldoni scopre così nelle classi popolari il vero **fondamento di una società operosa e serena**.

Michele Giovanni Marieschi (1710-1743) e Giovanni Antonio Guardi (1699-1760), *Santa Maria della Salute*. Collezione privata.

facciamo il punto

- **Perché in Goldoni è difficile distinguere tra commedia "di carattere" e "d'ambiente"?**
- **Quali virtù Goldoni riconosce al mondo aristocratico e borghese della sua Venezia? E quali limiti?**
- **Che cosa rappresenta per lui il popolo?**

L'opera

La bottega del caffè

Identikit dell'opera

data di composizione

1750

genere

commedia in tre atti

luogo di ambientazione

una piccola piazza di Venezia

personaggi principali

- Ridolfo, padrone della bottega del caffè
- Don Marzio, nobile decaduto
- Eugenio, giovane mercante
- Vittoria, moglie di Eugenio
- Flaminio, truffatore che si spaccia per il conte Leandro
- Lisaura, ballerina corteggiata da Flaminio
- Placida, moglie di Flaminio

temi

- critica della nobiltà
- elogio della moderazione e del pragmatismo borghese
- importanza delle istituzioni sociali

La composizione e la rappresentazione

Commedia in tre atti composta da Goldoni nel 1750, *La bottega del caffè* viene rappresentata per la prima volta a Mantova il 2 maggio 1750, ottenendo subito un grande successo.

La vicenda

La commedia è ambientata a Venezia e costituisce una rappresentazione della vivace vita cittadina, proprio come si svolge nei locali aperti su una piccola piazza (il tipico "campiello"). Qui agisce in un intrico di vicende la maldicenza di Don Marzio, un nobile decaduto che spia la vita degli altri e diffonde cattiverie sul loro conto, compromettendo la reputazione e la pace altrui. Ne nascono equivoci, gelosie, discussioni, in un frenetico movimento da una parte all'altra della scena, dominata al centro dalla bottega del caffè di Ridolfo, personaggio che invece vuole riappacificare i contrasti e riportare l'armonia tra gli avventori del locale. Alla fine Don Marzio, colpevole di aver sparso calunnie su tutti, viene smascherato ed è così costretto a lasciare la città (▶ T1).

▲ Francesco Guardi (1712-1793), *Piazza San Marco verso San Geminiano.* Collezione privata.

T1

Le forme
- sistema dei personaggi basato su coppie

I temi
- trionfo delle istituzioni sociali
- necessità di un'evoluzione morale dei personaggi

Il maldicente punito

In una piazzetta di Venezia Ridolfo, titolare di una bottega di caffè, ha fatto riappacificare Eugenio, che prima sperperava soldi nel gioco, con la moglie Vittoria. Intanto il giovane torinese Flaminio, che si spacciava per il conte Leandro e aveva abbandonato la moglie Placida, è stato riconosciuto dalla donna e ha dovuto lasciare la ballerina Lisaura, con la quale aveva allacciato una relazione. Il gentiluomo napoletano Don Marzio, che ha sparso calunnie su tutti, commenta acidamente ii fatti.

La scena stabile[1] *rappresenta una piazzetta in Venezia, ovvero una strada alquanto spaziosa con tre botteghe: quella di mezzo ad uso di caffè,*[2] *quella alla diritta,*[3] *di parrucchiere e barbiere; quella alla sinistra ad uso di giuoco, o sia biscazza;*[4] *e sopra le tre botteghe suddette si vedono alcuni stanzini praticabili*[5] *appartenenti alla bisca, colle finestre in veduta della strada medesima. Dalla parte del barbiere (con una strada in mezzo) evvi*[6] *la casa della ballerina, e dalla parte della bisca vedesi la locanda, con porte e finestre praticabili.*

SCENA SEDICESIMA

Don Marzio, poi Ridolfo.

DON MARZIO Si lamentano della mia lingua, e a me pare di parlare bene. È vero che qualche volta dico[7] di questo e di quello; ma, credendo dire la verità, non me ne astengo. Dico facilmente quello che so; ma lo faccio, perché son di buon cuore.

RIDOLFO (*dalla bottega del barbiere*) Anche questa è accomodata. Se dice davvero, è pentito; se finge, sarà peggio per lui.[8]

DON MARZIO Gran Ridolfo! Voi siete quello che unisce i matrimonj.[9]

RIDOLFO E ella è quello che cerca di disunirli.

DON MARZIO Io ho fatto per far bene.

RIDOLFO Chi pensa male non può mai sperar di far bene. Non s'ha mai da lusingarsi,[10] che da una cosa cattiva ne possa derivare una buona. Separare il marito dalla moglie, è un'opera contro tutte le leggi, e non si possono sperare che disordini e pregiudizi.[11]

DON MARZIO (*con disprezzo*) Sei un gran dottore.

RIDOLFO Ella intende più di me; ma mi perdoni, la mia lingua si regola meglio della sua.[12]

DON MARZIO Tu parli da temerario.

RIDOLFO Mi compatisca, se vuole; e se non vuole, mi levi la sua protezione.

DON MARZIO Te la leverò, te la leverò. Non ci verrò più a questa tua bottega.

RIDOLFO (*da sé*) (Oh il ciel lo volesse!)

SCENA DICIASSETTESIMA

Un garzone della bottega del caffè e detti.

GARZONE Signor padrone, il signor Eugenio vi chiama. (*si ritira*)

RIDOLFO Vengo subito; (*a Don Marzio*) con sua licenza.[13]

1 **stabile:** *fissa*, che rimane immutata per tutti e tre gli atti della commedia.
2 **di caffè:** *di caffetteria.*
3 **alla diritta:** *a destra.*
4 **biscazza:** *bisca, casa da gioco.*
5 **praticabili:** *abitabili* [: nei quali si può passare].
6 **evvi:** *c'è.*
7 **dico:** *parlo* [*male*]. Il pubblico non può credere a questa autodifesa, perché ha già visto all'opera nei precedenti due atti la maldicenza e la cattiveria di Don Marzio: il suo «buon cuore» è del tutto inverosimile.
8 **Se dice… per lui:** allude a Flaminio, da poco riappacificatosi con la moglie Placida (rr. 62-63).
9 **Gran Ridolfo… matrimonj:** la frase è sarcastica.
10 **Non s'ha… lusingarsi:** *non c'è mai da illudersi.*
11 **pregiudizi:** *danni.*
12 **la mia lingua… sua:** perché Ridolfo non è certo un maldicente.
13 **con sua licenza:** *con il suo permesso.*

Don Marzio Riverisco il signor politico.[14] Che cosa guadagnate in questi vostri maneggi?

Ridolfo Guadagno il merito di far del bene; guadagno l'amicizia delle persone; guadagno qualche marca[15] d'onore, che stimo sopra tutte le cose del mondo. (*entra in bottega*)

Don Marzio Che pazzo! Che idee da ministro, da uomo di conto! Un caffettiere fa l'uomo di maneggio! E quanto s'affatica! E quanto tempo vi mette![16] Tutte cose che io le avrei accomodate in un quarto d'ora.

SCENA DICIOTTESIMA

Ridolfo, Eugenio, Vittoria dal caffè e Don Marzio.

Don Marzio (*da sé*) (Ecco i tre pazzi. Il pazzo discolo, la pazza gelosa, e il pazzo glorioso).[17]

Ridolfo (*a Vittoria*) In verità provo una consolazione infinita.

Vittoria Caro Ridolfo, riconosco da voi[18] la pace, la quiete, e posso dire la vita.

Eugenio Credete, amico, ch'io era stufo di far questa vita,[19] ma non sapeva[20] come fare a distaccarmi dai vizi. Voi siate benedetto, m'avete aperto gli occhi, e un poco coi vostri consigli, un poco coi vostri rimproveri, un poco colle buone grazie,[21] e un poco coi benefizi mi avete illuminato, mi avete fatto arrossire: son un altro uomo, e spero che sia durabile[22] il mio cambiamento, a nostra consolazione, a gloria vostra, e ad esempio degli uomini savi, onorati e dabbene, come voi siete.

Ridolfo Dice troppo, signore: io non merito tanto.

[...]

SCENA DICIANNOVESIMA

Don Marzio, poi Leandro e Placida.

Don Marzio Io so perché Eugenio è tornato in pace con sua moglie. Egli è fallito,[23] e non ha più da vivere. La moglie è giovine, e bella... Non l'ha pensata male, e Ridolfo gli farà il mezzano.[24]

Leandro (*uscendo dal barbiere*) Andiamo dunque alla locanda a prendere il vostro piccolo bagaglio.

Placida Caro marito, avete avuto tanto cuore di abbandonarmi?

Leandro Via non ne parliamo più. Vi prometto di cambiar vita.

Don Marzio (*a Leandro burlandolo*) Servo di vosustrissima,[25] signor Conte.

Leandro Riverisco il signor protettore, il signor buona lingua.[26]

Don Marzio (*a Placida deridendola*) M'inchino alla signora contessa.[27]

Placida Serva, signor cavaliere delle castagne secche.[28] (*entra in locanda con Leandro*)

Don Marzio Andranno tutti e due in pellegrinaggio a battere la birba.[29] Tutta la loro entrata[30] consiste in un mazzo di carte.[31]

14 politico: *intrigante.* Per Don Marzio, i tentativi di Ridolfo di mettere pace fra i suoi amici sono solo **maneggi**, cioè *intrighi, macchinazioni.*
15 marca: *segno, riconoscimento pubblico.*
16 vi mette: *ci perde.*
17 il pazzo... glorioso: rispettivamente Eugenio, che sino a quel momento per il gioco ha trascurato la moglie e gli affari; Vittoria sua moglie, che lo ha cercato affannosamente e ha creduto, per le maldicenze di Don Marzio, che la tradisse con Lisaura e Placida (rr. 114-115); Ridolfo, **glorioso**, cioè *superbo*, della propria opera di pacificatore.
18 riconosco da voi: *debbo a voi* [*e ve ne sono grata*].
19 questa vita: quella dedita al vizio del gioco.
20 sapeva: *sapevo.*
21 grazie: *maniere.*
22 durabile: *durevole.*
23 Egli è fallito: *è sul lastrico.*
24 mezzano: *ruffiano*, cioè chi fa da intermediario negli amori altrui (e, anche, fra una prostituta e un suo cliente).
25 vosustrissima: *vostra signoria illustrissima.* Leandro, che in realtà si chiama Flaminio ed è un piccolo borghese, si era finto conte.
26 Riverisco... lingua: ironico.
27 signora contessa: in quanto moglie di un sedicente conte.
28 castagne secche: Don Marzio ne aveva offerte quattro a Placida, insultandola con la miseria del dono e rivelandosi un avaro.
29 in pellegrinaggio... la birba: *travestiti da pellegrini a organizzare truffe.* Placida, per ritrovare il marito senza esserne riconosciuta, si era travestita appunto da pellegrina.
30 la loro entrata: *le loro entrate, i loro proventi.*
31 un mazzo di carte: perché Leandro è un abile giocatore di carte.

SCENA VENTESIMA

Lisaura alla finestra e Don Marzio.

LISAURA La pellegrina è tornata alla locanda con quel disgraziato di Leandro.[32] S'ella ci sta troppo, me ne vado assolutamente[33] di questa casa. Non posso tollerare la vista, né di lui, né di lei.

DON MARZIO (*coll'occhialetto*) Schiavo,[34] signora ballerina.

LISAURA (*bruscamente*) La riverisco.

DON MARZIO Che cosa avete? Mi parete alterata.

LISAURA Mi maraviglio del locandiere, che tenga nella sua locanda simil sorta di gente.

DON MARZIO Di chi intende parlare?

LISAURA Parlo di quella pellegrina, la quale è donna di mal affare, e in questi contorni[35] non ci sono mai state di queste porcherie.

SCENA VENTUNESIMA

Placida dalla finestra della locanda e detti.

PLACIDA Eh, signorina, come parlate dei fatti miei? Io sono una donna onorata, non so se così si possa dir di voi.

LISAURA Se foste una donna onorata, non andreste pel mondo birboneggiando.[36]

DON MARZIO (*ascolta, e osserva di qua e di là coll'occhialetto, e ride*)

PLACIDA Son venuta in traccia[37] di mio marito.

LISAURA Sì, e l'anno passato in traccia di chi eravate?[38]

PLACIDA Io a Venezia non ci sono più[39] stata.

LISAURA Siete una bugiarda. L'anno passato avete fatta una trista[40] figura in questa città. (*Don Marzio osserva, e ride come sopra*)

PLACIDA Chi vi ha detto questo?

LISAURA Eccolo lì; il signor Don Marzio me l'ha detto.

DON MARZIO Io non ho detto nulla.[41]

PLACIDA Egli non può aver detto una tal bugia; ma di voi sì mi ha narrato la vita e i bei costumi. Mi ha egli informato dell'esser vostro,[42] e che ricevete le genti di nascosto per la porta di dietro.

DON MARZIO Io non l'ho detto (*sempre coll'occhialetto di qua, e di là*)

PLACIDA Sì che l'avete detto.

LISAURA È possibile che il signor Don Marzio abbia detto di me una simile iniquità?[43]

DON MARZIO Vi dico, non l'ho detto.

▼ Michele Giovanni Marieschi, *Canal Grande a San Geremia*, part., 1740 ca. Collezione privata.

32 La pellegrina… Leandro: la ballerina Lisaura è stata ingannata da Leandro che, oltre a spacciarsi per nobile, non le ha detto di essere sposato.
33 assolutamente: *immediatamente.*
34 Schiavo: *servo vostro* (▶ La lingua nel tempo di T4)
35 in questi contorni: *da queste parti.* La cattiva fama della pellegrina (cioè di Placida) viene proprio da Don Marzio, ma ingiustamente.
36 birboneggiando: *a compiere azioni disoneste.*
37 in traccia: *alla ricerca.*
38 Sì… eravate: Don Marzio ha sparso la voce che Placida fosse solita fingersi una pellegrina per carpire le attenzioni degli uomini.
39 più: *mai.*
40 trista: *vergognosa.*
41 Io… nulla: ovviamente Don Marzio sta mentendo, come più avanti alle rr. 99 e 102.
42 dell'esser vostro: *di chi voi siate* [*veramente*] [: una prostituta].
43 iniquità: *cosa ingiusta, calunnia.*

SCENA VENTIDUESIMA

Eugenio alla finestra de' camerini, poi Ridolfo da altra simile, poi Vittoria dall'altra, aprendole di mano in mano, e detti a' loro luoghi.[44]

EUGENIO Sì, che l'ha detto, e l'ha detto anche a me, e dell'una, e dell'altra. Della pellegrina, che è stata l'anno passato a Venezia a birboneggiare; e della signora ballerina, che riceve le visite per la porta di dietro.

DON MARZIO Io l'ho sentito dir da Ridolfo.

RIDOLFO Io non son capace di far queste cose. Abbiamo anzi altercato[45] per questo. Io sosteneva l'onore della signora Lisaura, e V. S. voleva che fosse una donna cattiva.[46]

LISAURA Oh disgraziato!

DON MARZIO Sei un bugiardo.

VITTORIA A me ancora[47] ha detto che mio marito teneva pratica[48] colla ballerina, e colla pellegrina; e me le ha dipinte per due scelleratissime femmine.

PLACIDA Ah scellerato!

LISAURA Ah maledetto!

SCENA VENTITREESIMA

Leandro sulla porta della locanda e detti.

LEANDRO Signor sì, signor sì, V. S. ha fatto nascere mille disordini! ha levata la riputazione[49] colla sua lingua a due donne onorate.

DON MARZIO Anche la ballerina onorata?

LISAURA Tale mi vanto di essere. L'amicizia col signor Leandro non era che diretta a sposarlo, non sapendo che egli avesse altra moglie.

PLACIDA La moglie l'ha; e son io quella.

LEANDRO E se avessi abbadato al signor Don Marzio, l'avrei nuovamente sfuggita.[50]

PLACIDA Indegno!

LISAURA Impostore!

VITTORIA Maldicente!

EUGENIO Ciarlone!

DON MARZIO A me questo? A me, che sono l'uomo il più onorato del mondo?

RIDOLFO Per essere onorato non basta non rubare, ma bisogna anche trattar bene.

DON MARZIO Io non ho mai commesso una mala azione.

SCENA VENTIQUATTRESIMA

Trappola[51] *e detti*

TRAPPOLA Il signor Marzio l'ha fatta bella.

RIDOLFO Che ha fatto?

TRAPPOLA Ha fatto la spia a messer Pandolfo;[52] l'hanno legato, e si dice che domani lo frusteranno.[53]

RIDOLFO È uno spione! via dalla mia bottega. (*parte dalla finestra*)

SCENA VENTICINQUESIMA

Il garzone del barbiere e detti.

GARZONE Signore spione, non venga più a farsi far la barba nella nostra bottega. (*entra nella sua bottega*)

44 e detti… luoghi: *e [gli altri personaggi già] nominati al loro posto.*
45 altercato: *litigato.*
46 e V. S.… cattiva: *e Vostra Signoria affermava che fosse una donna disonesta.*
47 A me ancora: *anche a me.*
48 teneva pratica: *aveva una relazione.*
49 ha levata la riputazione: *ha offeso la rispettabilità.*
50 E se avessi… sfuggita: *e se avessi dato retta a Don Marzio l'avrei persa un'altra volta.*
51 Trappola: il garzone di Ridolfo.
52 ha fatto… Pandolfo: senza immaginare che il suo interlocutore era un poliziotto, solo per il gusto della maldicenza, Don Marzio ha rivelato che Pandolfo, padrone della casa da gioco, è un truffatore.
53 lo frusteranno: era la pena per i bari.

SCENA ULTIMA

Il cameriere della locanda e detti.

CAMERIERE Signora spia, non venga più a far desinari[54] alla nostra locanda. (*entra nella locanda*)

LEANDRO Signor protettore, tra voi e me in confidenza, far la spia è azion da briccone. (*entra nella locanda*)

PLACIDA Altro che castagne secche! Signor soffione.[55] (*parte dalla finestra*)

LISAURA Alla berlina, alla berlina![56] (*parte dalla finestra*)

VITTORIA O che caro signor Don Marzio! Quei dieci zecchini che ha prestati a mio marito, saranno stati una paga di esploratore.[57] (*parte dalla finestra*)

EUGENIO Riverisco il signor confidente.[58] (*parte dalla finestra*)

TRAPPOLA Io fo la riverenza al signor referendario[59](*entra in bottega*)

DON MARZIO Sono stordito, sono avvilito, non so in qual mondo mi sia.[60] Spione a me? A me spione? Per avere svelato accidentalmente il reo costume[61] di Pandolfo, sarò imputato di spione? Io non conoscea il birro,[62] non prevedeva l'inganno, non sono reo di quest'infame delitto. Eppur tutti m'insultano, tutti mi vilipendono,[63] niuno[64] mi vuole, ognuno mi scaccia. Ah sì, hanno ragione, la mia lingua, o presto o tardi, mi doveva condurre a qualche gran precipizio. Ella mi ha acquistato[65] l'infamia, che è il peggiore de' mali. Qui non serve il giustificarmi. Ho perduto il credito e non lo riacquisto mai più. Anderò via di questa città; partirò a mio dispetto; e per causa della mia trista lingua mi priverò d'un paese, in cui tutti vivono bene, tutti godono la libertà, la pace, il divertimento, quando sanno essere prudenti, cauti ed onorati.

da C. Goldoni, *La bottega del caffè*, in *Commedie*, a cura di G. Davico Bonino, Garzanti, Milano 1992.

54 a far desinari: *a mangiare.*
55 soffione: *spione.* Per le **castagne secche**, ▶ nota 28.
56 berlina: *gogna*, cioè lo strumento a cui i malfattori erano incatenati per essere esposti alla pubblica infamia. Qui è detto metaforicamente.
57 esploratore: *spia.* I **dieci zecchini** erano stati prestati a Eugenio in cambio degli orecchini della moglie, dati come pegno.
58 confidente: chi fa delle rivelazioni segrete alla polizia.
59 referendario: *spia*; letteralmente: chi riferisce informazioni riservate.
60 in qual mondo mi sia: *in che mondo sono* [: che cosa mi è successo].
61 il reo costume: *l'abitudine colpevole* [: le truffe]. Pandolfo era realmente un baro.
62 il birro: *il poliziotto.*
63 mi vilipendono: *mi insultano.*
64 niuno: *nessuno.*
65 Ella mi ha acquistato: *essa* [: la mia lingua, cioè la mia maldicenza] *mi ha procurato.*

Lavoriamo sul testo

Leggere e capire

Il finale della commedia Il brano riporta le scene finali della *Bottega del caffè*: Don Marzio, colpevole di aver detto cattiverie e falsità su tutti, viene smascherato e accusato delle sue malefatte. La commedia quindi si conclude con Don Marzio costretto a lasciare Venezia.

Analizzare

Personaggi a coppie Il finale della commedia propone in scena tutti i personaggi, a cui Goldoni dà ordine disponendoli a coppie: le due coppie di sposi (Eugenio e Vittoria; Leandro e Placida), i due garzoni (alle dipendenze rispettivamente del caffettiere e del barbiere); Don Marzio e Ridolfo che rappresentano una coppia opposta poiché la maldicenza e la cattiveria dell'uno sono il contrario della generosità e della bontà dell'altro. L'unico personaggio che appare isolato, la ballerina Lisaura, è implicato anch'esso nel gioco delle coppie: prima in una relazione con Leandro, ora in discussione con Placida, la moglie legittima.

Una punizione esemplare per un maldicente di «buon cuore» Fino al monologo finale, Don Marzio è un personaggio totalmente negativo: non solo mente agli altri per puro gusto di maldicenza, ma ha anche una falsa coscienza di sé tanto da affermare di agire per «buon cuore». Don Marzio è però un soggetto ambiguo: se da un lato sparge calunnie gratuite accusando di disonestà la ballerina Lisaura e la pellegrina Placida solo per assecondare il senso comune, dall'altro rivela verità su personaggi effettivamente poco onesti come Pandolfo, il tenutario della bisca da gioco. Più che una spia Don Marzio è un chiacchierone malevolo e incontrollato, da cui l'intera comunità deve difendersi. Per questa ragione nel finale non troviamo una considerazione giusta e disinteressata dei meriti e delle colpe di Pandolfo: egli resta un membro della comunità, anche se realmente colpevole; Don Marzio diventa l'estraneo, l'intruso, il capro espiatorio sul quale, sia pur non senza ragione, cade la responsabilità di ogni male sociale.

Interpretare e approfondire

Il valore educativo dell'opera Il finale della commedia mostra l'intento educativo tipico delle opere goldoniane. Il personaggio che incarna i valori morali e che riporta l'ordine è Ridolfo, un commerciante onesto (a differenza di Pandolfo) che fa il bene in modo disinteressato (in opposizione al maldicente Don Marzio). Tutti i personaggi devono tornare al loro ruolo: i mariti devono fare i mariti; le posizioni sociali riacquistano valore (Leandro non si fingerà più conte e Lisaura tornerà a fare la ballerina); i furfanti sono puniti. Proprio per questa volontà educativa, tutti devono mostrare un'evoluzione morale: Eugenio è guarito dal vizio del gioco, Leandro non tradirà più la moglie, Don Marzio riconosce alla fine che gli altri «hanno ragione» ad accusarlo. Ma per lui non c'è possibilità di reintegrazione nella comunità: la giustizia si esercita come una violenza su chi offende il senso di identità della comunità, dalla quale il "colpevole" rimane inevitabilmente escluso.

Esercizi

Prima prova A • L'analisi del testo

Comprendere

1 L'accusato

Di che cosa è accusato Don Marzio?

a. di essere troppo buono
b. di essere un chiacchierone
c. di essere uno speculatore senza scrupoli
d. di essere un traditore

2 La conclusione

Come si conclude la commedia?

Analizzare

3 I ruoli al posto giusto

Riordina, attribuendo correttamente a ogni personaggio il suo ruolo.

1. Don Marzio	a. caffettiere
2. Eugenio	b. gentiluomo napoletano
3. Ridolfo	c. mercante veneziano
4. Vittoria	d. moglie di Eugenio
5. Leandro	e. moglie di Leandro
6. Placida	f. giovane che si spaccia per conte
7. Lisaura	g. garzone di bottega
8. Pandolfo	h. padrone della bisca
9. Trappola	i. ballerina

4 Le coppie di personaggi

Nel finale della commedia appaiono tutti i personaggi, che Goldoni disponi a coppie. Trascrivili qui sotto.

....
....
....

Interpretare e approfondire

5 Personaggi a confronto

Nelle scene presentate è evidente il conflitto fra Don Marzio e Ridolfo. Completa una tabella come questa indicando ciò che distingue i caratteri e la funzione dei due personaggi.

personaggi	carattere	funzione
Don Marzio	....	....
Ridolfo	....	....

Terza prova A • La trattazione sintetica

6 Le maldicenze di Don Marzio

Le chiacchiere di Don Marzio sono sempre e solo bugie? Ci sono casi in cui egli dice la verità? Motiva la tua risposta in un breve testo di 10 righe.

L'opera

La locandiera

Identikit dell'opera

data di composizione

1752

genere

commedia in tre atti

luogo di ambientazione

una locanda di Firenze

personaggi principali

- Mirandolina, locandiera protagonista
- Marchese di Forlipopoli, nobile decaduto
- Conte d'Albafiorita, borghese arricchito che ha acquistato un titolo nobiliare
- Cavaliere di Ripafratta, aristocratico burbero e scontroso con le donne
- Fabrizio, cameriere della locanda
- Ortensia e Dejanira, due attrici di passaggio dalla locanda

temi

- critica della nobiltà
- elogio delle doti borghesi
- autonomia e indipendenza della donna
- separazione dei ceti sociali

Un esordio segnato dall'insuccesso

La locandiera è considerato oggi il capolavoro del teatro di Goldoni. Composta nel 1752, quando venne rappresentata per la prima volta durante il Carnevale del 1753 al teatro Sant'Angelo di Venezia, il pubblico non le riservò una calorosa accoglienza, perché troppo lontana dalle tradizionali opere della commedia dell'arte a cui era abituato.

La vicenda

La commedia è divisa in tre atti.

- *Primo atto*: nella sala di una locanda fiorentina, due ospiti conversano animatamente: sono il Marchese di Forlipopoli e il Conte d'Albafiorita che discutono su chi di loro sia socialmente più importante per ottenere i favori della locandiera Mirandolina, della quale sono entrambi innamorati (▶ T2). Alla discussione si uniscono Fabrizio, il cameriere della locanda, e un altro ospite, il Cavaliere di Ripafratta, il quale si dichiara immune al fascino femminile (▶ T3). Infine entra in scena Mirandolina, che, ferita nell'orgoglio dai modi del Cavaliere, decide di vendicarsi facendolo innamorare (▶ T4). Le scene successive si svolgono nella camera del Cavaliere – che, dopo aver ceduto alle richieste di denaro del Marchese, subisce il corteggiamento di Mirandolina – e in un'altra camera della locanda, dove due attrici squattrinate cercano di spillare soldi al Conte.
- *Secondo atto*: il Cavaliere di Ripafratta degusta un pranzo preparatogli da Mirandolina, che anche così continua a stuzzicarne gli appetiti sessuali. Turbato dalle attenzioni della locandiera, il Cavaliere si reca nella stanza del Conte: qui smaschera il tentativo d'inganno delle attrici e decide di lasciare la locanda. Ma Mirandolina, con un finto svenimento, fa crollare le ultime difese del Cavaliere, il quale si scopre perdutamente innamorato della donna.
- *Terzo atto*: Mirandolina sta lavorando nella stireria quando sopraggiunge il servitore del Cavaliere, che le porta in regalo una boccetta d'oro contenente un'essenza per prevenire gli svenimenti. È il segno della vittoria totale sul Cavaliere, che infatti le confessa il suo amore e si mostra follemente geloso delle attenzioni che la donna riserva al cameriere. Il finale si svolge in una «camera con tre por-

te»: Mirandolina decide di sposarsi con Fabrizio – come voleva il padre scomparso – per tutelare gli affari della locanda, e il Cavaliere ribadisce le proprie opinioni sulle donne. L'ordine della quotidianità è stato sul punto di venire infranto, ma l'avventura della locandiera è finita senza veri sconvolgimenti (▶ T5)

La critica alla nobiltà

Il primo atto si apre con la discussione tra il Marchese di Forlipopoli, nobile decaduto che vanta una superiorità di sangue pur non avendo soldi, e il Conte d'Albafiorita, nobile di recente acquisizione che si compiace di sottolineare quanto può spendere in regali per Mirandolina. Il primo offre protezione alle iniziative della donna, il secondo le mette a disposizione i suoi soldi, conquistandone in apparenza il favore. Scorbutico e misogino, il Cavaliere di Ripafratta manifesta la propria superiorità sociale con atteggiamenti dispotici verso il suo servitore e verso la stessa protagonista. Attraverso la descrizione di questi personaggi – favorita dall'ambientazione fiorentina che mette al riparo l'autore da eventuali reazioni dei suoi concittàdini – Goldoni critica la superbia e la meschinità della nobiltà veneziana.

La complessità di Mirandolina

La protagonista della vicenda è Mirandolina, la quale possiede le caratteristiche tipiche sia del mercante borghese (buon senso, astuzia e intraprendenza), sia di una bella donna (civetteria femminile, abilità nella seduzione). Mirandolina è un personaggio complesso, in cui convivono due opposte tentazioni: il richiamo del piacere e dell'avventura erotica e il dovere del ritorno all'ordine infranto e al lavoro. Per ristabilire la situazione iniziale e tutelare gli interessi della locanda, Mirandolina, come desiderava il padre, sposa il cameriere Fabrizio, il quale conquista così una promozione sociale. Per entrambi il piacere non può scontrarsi con l'utile, e l'amore deve conciliarsi con la convenienza.

La lingua delle «persone che parlano» realmente

«Essendo la Commedia una imitazione delle persone che parlano, più di quelle che scrivono, mi sono servito del linguaggio più comune, rispetto all'universale italiano»: ecco la spiegazione che Goldoni dà del rifiuto della «gentilissima lingua toscana». La lingua della *Locandiera*, più che al fiorentino parlato, è ispirata pertanto all'uso delle persone colte delle regioni settentrionali. Lo stile invece rispetta nelle linee essenziali la letteratura tradizionale dell'epoca. L'ideale di aderenza stilistica alla realtà corrisponde a una riduzione delle figure retoriche classiche, come la metafora, e a un maggior uso dell'antitesi, dell'iperbole e dell'allusione. Inoltre, la sintassi è sempre breve e rapida, proprio per ricreare meglio l'immediatezza del parlato.

◀ Pehr Hilleström (1733-1816), *Cameriera che versa la zuppa*. Stoccolma, Nationalmuseum.

T2

Le forme
- personaggi contrapposti

I temi
- decadenza della nobiltà
- autodeterminazione

Il Marchese e il Conte

Nella sala comune di una locanda fiorentina due nobili ospiti, lo spiantato Marchese di Forlipopoli e il neoblasonato Conte d'Albafiorita, hanno una discussione a proposito di Mirandolina, la padrona. Chi è più degno di ricevere il suo amore: il Marchese che può offrirle protezione o il Conte che può ricoprirla di regali e denaro?

SCENA PRIMA

Sala di locanda.

Il Marchese di Forlipopoli ed il Conte d'Albafiorita.

MARCHESE DI FORLIPOPOLI Fra voi, e me vi è qualche differenza.

CONTE D'ALBAFIORITA Sulla locanda[1] tanto vale il vostro denaro, quanto vale il mio.

MARCHESE DI FORLIPOPOLI Ma se la locandiera usa a me delle distinzioni, mi si convengono più che a voi.[2]

CONTE D'ALBAFIORITA Per qual ragione?

MARCHESE DI FORLIPOPOLI Io sono il Marchese di Forlipopoli.

CONTE D'ALBAFIORITA Ed io sono il Conte d'Albafiorita.

MARCHESE DI FORLIPOPOLI Sì, conte! Contea comprata.

CONTE D'ALBAFIORITA Io ho comprata la contea, quando voi avete venduto il marchesato.

MARCHESE DI FORLIPOPOLI Oh, basta: son chi sono,[3] e mi si deve portar rispetto.

CONTE D'ALBAFIORITA Chi ve lo perde il rispetto?[4] Voi siete quello, che con troppa libertà parlando…

MARCHESE DI FORLIPOPOLI Io sono in questa locanda, perché amo la locandiera. Tutti lo sanno, e tutti devono rispettare una giovane, che piace a me.[5]

CONTE D'ALBAFIORITA Oh, questa è bella! Voi mi vorreste impedire che io non amassi Mirandolina? Perché credete ch'io sia in Firenze? Perché credete ch'io sia in questa locanda?

MARCHESE DI FORLIPOPOLI Oh bene. Voi non farete niente.

CONTE D'ALBAFIORITA Io no, e voi sì?

MARCHESE DI FORLIPOPOLI Io sì, e voi no. Io son chi sono. Mirandolina ha bisogno della mia protezione.

CONTE D'ALBAFIORITA Mirandolina ha bisogno di denari, e non di protezione.[6]

MARCHESE DI FORLIPOPOLI Denari?… non ne mancano.

CONTE D'ALBAFIORITA Io spendo uno zecchino[7] il giorno, signor Marchese, e la regalo continuamente.[8]

MARCHESE DI FORLIPOPOLI Ed io quel che fo non lo dico.

CONTE D'ALBAFIORITA Voi non lo dite, ma già si sa.

MARCHESE DI FORLIPOPOLI Non si sa tutto.

CONTE D'ALBAFIORITA Sì, caro signor Marchese, si sa. I camerieri lo dicono. Tre paoletti[9] il giorno.

1 Sulla locanda: *nella locanda.*
2 Ma se…a voi: *ma se la padrona della locanda ha nei miei confronti delle attenzioni particolari* (**distinzioni**) [*è perché*] *queste si addicono a me più che a voi.*
3 son chi sono: è la battuta tipica del nobile spiantato.
4 Chi ve lo perde il rispetto: [*e*] *chi vi manca di rispetto.*
5 Voi siete… a me: il Conte sta per rinfacciare al Marchese la sua "vergogna" sociale, ma lui lo previene dichiarando apertamente il proprio amore per Mirandolina.
6 denari… protezione: motivi ricorrenti nella commedia. Alla ridicola e inconsistente **protezione** del Marchese, il Conte contrappone le più concrete ragioni dei denari.
7 zecchino: moneta d'oro veneziana equivalente al fiorino fiorentino (▶ anche nota 9).
8 la regalo continuamente: *le faccio doni ogni giorno.* Il verbo 'regalare' è costruito transitivamente, secondo l'uso veneziano attestato anche nelle commedie in dialetto di Goldoni.
9 Tre paoletti: uno zecchino da solo valeva venti paoli, quindi la cifra spesa dal Marchese è un'inezia rispetto a quella esibita dal Conte.

Marchese di Forlipopoli A proposito di camerieri; vi è quel cameriere che ha nome Fabrizio, mi piace poco. Parmi[10] che la locandiera lo guardi assai di buon occhio.

Conte d'Albafiorita Può essere, che lo voglia sposare. Non sarebbe cosa mal fatta. Sono sei mesi, che è morto il di lei padre. Sola una giovane alla testa di una locanda si troverà imbrogliata.[11] Per me, se si marita, le ho promesso trecento scudi.[12]

Marchese di Forlipopoli Se si mariterà, io sono il suo protettore, e farò io... E so io quello, che farò.

Conte d'Albafiorita Venite qui: facciamola da buoni amici. Diamole trecento scudi per uno.

Marchese di Forlipopoli Quel ch'io faccio, lo faccio segretamente, e non me ne vanto. Son chi sono. Chi è là? (*chiama*)

Conte d'Albafiorita (Spiantato! povero e superbo!). (*da sé*)

da C. Goldoni, *Teatro*, a cura di M. Pieri, Einaudi, Torino 1991.

◄ Anton von Maron, *Ritratto di due gentiluomini davanti all'Arco di Costantino a Roma*, 1767. Collezione privata.

10 Parmi: *mi pare.*
11 si troverà imbrogliata: *potrebbe ritrovarsi nei guai.*
12 Per me... scudi: il comportamento del Conte suona ambiguo: invaghito di Mirandolina, guarda con favore al matrimonio di lei al punto da prometterle in dono una cifra notevole (lo scudo nel Settecento era una moneta grossa d'argento, emessa dalla zecche di Venezia, Firenze e di molte altre città italiane). In realtà egli non mira a sposarla (perderebbe il diritto a trasmettere il titolo nobiliare ai discendenti) ma è convinto che anche da sposata la locandiera si mostrerà disponibile alle attenzioni di un nobile facoltoso.

Lavoriamo sul testo

Leggere e capire

Dove si trova il testo Nella prima scena della commedia vengono presentati due importanti personaggi: il Marchese di Forlipopoli e il Conte d'Albafiorita, da qualche mese alloggiati in una locanda di Firenze perché invaghiti di Mirandolina, la proprietaria. Goldoni colloca la vicenda nella città toscana solo per suggerire l'idea di uno spazio, culturale e geografico, altro da quello veneziano. Inoltre, l'ambientazione fiorentina permette a Goldoni di mettersi al riparo da eventuali critiche suscitate dai diversi spunti satirici sulla società veneziana presenti nell'opera, come quello sui barnaboti (▶ più avanti).

Analizzare

Una discussione sulle differenze sociali La commedia si apre con una discussione fra i due personaggi. Il Marchese, nobile decaduto e spiantato, insiste sulla «differenza» di rango e sulla presunta superiorità del proprio titolo: più volte ripete la frase «Son chi sono», che allude a un primato di sangue. Il Conte, arricchito e da poco diventato nobile, sostiene le ragioni concrete dell'utile e del denaro: il motto che lo rappresenta è «Mirandolina ha bisogno di denari, e non di protezione», che riduce tutto alla dimensione economica.

Interpretare e approfondire

Contro la decadenza della nobiltà veneziana I modi del Marchese, vuoti ed eccessivi, ricordano le sbruffonate della maschera del Capitano (che nella commedia dell'arte non ha mai un ruolo principale, ma ha una funzione di "disturbo" rispetto ai protagonisti). Con lo scalcinato Marchese – pronto a rinfacciare al Conte il recente acquisto del titolo nobiliare – Goldoni critica i patrizi decaduti, quelli che per vivere dovevano lavorare e che per lo più avevano casa nella contrada di San Barnaba e perciò erano noti come "barnaboti". Mirandolina, se fosse costretta a scegliere, preferirebbe la generosità ostentata del Conte alla ridicola «protezione» del Marchese. In questo modo, Goldoni riserva un giudizio abbastanza positivo alla figura del Conte, borghese arricchito che con le sue capacità imprenditoriali riesce a ottenere prestigio e ricchezze.

Esercizi

Prima prova A • L'analisi del testo

Comprendere

1 Il valore dei personaggi

Per ogni personaggio, scegli l'opzione corretta tra quelle proposte.

– Il Marchese è orgoglioso:
a. delle proprie ricchezze
b. della propria bellezza
c. delle proprie origini
d. della propria generosità

– Il Conte si vanta:
a. del proprio fascino
b. delle proprie ricchezze
c. delle proprie terre
d. delle proprie origini

Analizzare

2 Nobili a confronto

Nonostante appartengano entrambi all'aristocrazia, il Marchese e il Conte discutono su chi sia "più nobile". Sottolinea nel testo le espressioni usate dai due personaggi per marcare le differenze tra loro.

Interpretare e approfondire

3 La critica di Goldoni

Attraverso le battute del Marchese e del Conte, Goldoni critica la nobiltà del suo tempo. Quali aspetti sono condannati in assoluto e quali, invece, ottengono un giudizio meno negativo?

[*La locandiera*, atto I, scena IV]

T3

Le forme
- presentazione di un personaggio che incarna i valori dell'alta aristocrazia

I temi
- la misoginia

Il nemico delle donne

La scena presenta il terzo ospite della locanda, il Cavaliere di Ripafratta, nobile scontroso e diretto, che vuole sbrigare i propri affari senza pensare alle donne, verso le quali mostra un profondo disprezzo.

SCENA QUARTA

Il Cavaliere di Ripafratta[1] *dalla sua camera, e detti.*

CAVALIERE DI RIPAFRATTA Amici, che cos'è questo romore? Vi è qualche dissensione[2] fra di voi altri?

CONTE D'ALBAFIORITA Si disputava sopra un bellissimo punto.[3]

MARCHESE DI FORLIPOPOLI Il Conte disputa meco sul merito[4] della Nobiltà. (*ironico*)

CONTE D'ALBAFIORITA Io non levo il merito alla Nobiltà; ma sostengo, che per cavarsi dei capricci, vogliono esser denari.[5]

CAVALIERE DI RIPAFRATTA Veramente, Marchese mio...[6]

MARCHESE DI FORLIPOPOLI Orsù, parliamo d'altro.[7]

CAVALIERE DI RIPAFRATTA Perché siete venuti a simil contesa?

CONTE D'ALBAFIORITA Per un motivo il più ridicolo della terra.

MARCHESE DI FORLIPOPOLI Sì, bravo! Il Conte mette tutto in ridicolo.

CONTE D'ALBAFIORITA Il signor Marchese ama la nostra locandiera. Io l'amo ancor più di lui. Egli pretende corrispondenza, come un tributo alla sua nobiltà. Io la spero come una ricompensa alle mie attenzioni.[8] Pare a voi, che la questione non sia ridicola?

MARCHESE DI FORLIPOPOLI Bisogna sapere con quanto impegno io la proteggo.

1 **Ripafratta:** dal nome di un borgo fortificato del Pisano.
2 **dissensione:** *divergenza.*
3 **Si disputava... punto:** *si discuteva su un argomento molto interessante* (**bellissimo**).
4 **disputa... merito:** *sta discutendo con me a proposito del valore.*
5 **per cavarsi... denari:** *per togliersi* (**cavarsi**) *certi sfizi ci vogliono i soldi.*
6 **Veramente... mio:** su questo punto il Cavaliere è d'accordo con il Conte. Del resto anche lui è nobile ma non disdegna gli affari.
7 **parliamo d'altro:** il Marchese, in difficoltà, cerca di cambiare argomento.
8 **Egli pretende... attenzioni:** *egli pretende che Mirandolina lo contraccambi* (**pretende corrispondenza**) *come omaggio* (**tributo**) *alla sua nobiltà. Io lo spero, come segno di riconoscenza per i miei favori* (**attenzioni**). L'atteggiamento del Conte è molto pragmatico: egli non pretende che Mirandolina ceda al suo corteggiamento, né che si innamori di lui, ma ipotizza ragionevolmente che la donna non rimanga insensibile alle sue attenzioni. Ridicolo e inconsistente è invece l'argomento del Marchese, che *pretende* i favori di Mirandolina per il solo fatto di essere nobile.

CONTE D'ALBAFIORITA Egli la protegge, ed io spendo. (*al Cavaliere*)

CAVALIERE DI RIPAFRATTA In verità non si può contendere per ragione alcuna, che lo meriti meno. Una donna vi altera? Vi scompone?[9] Una donna? che cosa mai mi convien[10] sentire! Una donna? Io certamente non vi è pericolo, che per le donne abbia che dir con nessuno.[11] Non le ho mai amate, non le ho mai stimate, e ho sempre creduto, che sia la donna per l'uomo una infermità[12] insopportabile.

MARCHESE DI FORLIPOPOLI In quanto a questo poi, Mirandolina ha un merito estraordinario.

CONTE D'ALBAFIORITA Sin qua il signor Marchese ha ragione. La nostra padroncina della locanda è veramente amabile.

MARCHESE DI FORLIPOPOLI Quando[13] l'amo io, potete credere, che in lei vi sia qualche cosa di grande.

CONTE D'ALBAFIORITA Non averei speso più di mille scudi in pochi mesi, se non conoscessi, che sono bene impiegati.

CAVALIERE DI RIPAFRATTA In verità mi fate ridere. Che mai può avere di stravagante[14] costei, che non sia comune all'altre donne?

MARCHESE DI FORLIPOPOLI Ha un tratto nobile, che incatena.[15]

CONTE D'ALBAFIORITA È bella, parla bene, veste con pulizia,[16] è di un ottimo gusto.

CAVALIERE DI RIPAFRATTA Tutte cose, che non vagliono un fico. Sono tre giorni ch'io sono in questa locanda, e non mi ha fatto specie veruna.[17]

CONTE D'ALBAFIORITA Guardatela, e forse ci troverete del buono.

CAVALIERE DI RIPAFRATTA Eh, pazzia! L'ho veduta benissimo. È una donna come l'altre.

MARCHESE DI FORLIPOPOLI Non è come l'altre, ha qualche cosa di più. Io che ho praticate le prime dame,[18] non ho trovato una donna che sappia unire come questa, la gentilezza, e il decoro.

CONTE D'ALBAFIORITA Cospetto di bacco![19] Io ero avvezzo con pochi paoli, a battere a tante porte.[20] Ho speso tanto con costei, e non ho potuto toccarle un dito.

CAVALIERE DI RIPAFRATTA Arte, arte sopraffina. Poveri gonzi![21] Le credete, eh? A me non la farebbe. Donne? Alla larga tutte quante elle sono.

CONTE D'ALBAFIORITA Non siete mai stato innamorato?

CAVALIERE DI RIPAFRATTA Mai, né mai lo sarò. Hanno fatto il diavolo[22] per darmi moglie, né mai l'ho voluta.

MARCHESE DI FORLIPOPOLI Ma siete unico della vostra casa; non volete pensare alla successione?[23]

CAVALIERE DI RIPAFRATTA Ci ho pensato più volte, ma quando considero, che per aver figliuoli mi converrebbe soffrire una donna, mi passa subito la volontà.[24]

CONTE D'ALBAFIORITA Che volete voi fare delle vostre ricchezze?

CAVALIERE DI RIPAFRATTA Godermi quel poco che ho con i miei amici.

MARCHESE DI FORLIPOPOLI Bravo, cavaliere, bravo; ci goderemo.[25]

▼ Giacomo Ceruti detto il Pitocchetto, *Ritratto equestre di Giulio Gregorio Orsini*, 1755. Milano, Collezione Koelliker.

9 vi altera? Vi scompone: *vi rende litigiosi? Vi turba.*
10 mi convien: *mi tocca.*
11 Io certamente… nessuno: *io di certo non c'è rischio che debba discutere* (**abbia che dir**) *con qualcuno a causa di una donna.*
12 infermità: *disgrazia.*
13 Quando: *se*; con valore ipotetico.
14 stravagante: *straordinario.*
15 Ha un tratto… incatena: *ha un portamento* (**tratto**) *nobile, che avvince.*
16 con pulizia: *con decoro.*
17 specie veruna: *alcuna impressione.*
18 Io… dame: *io che ho frequentate* (**praticate**) *le nobildonne più altolocate.*
19 Cospetto di bacco: *perdinci.*
20 avvezzo… porte: *abituato a bussare a tante porte* [: a frequentare le case di molte donne] *spendendo pochi soldi.*
21 gonzi: *sciocchi.*
22 Hanno fatto il diavolo: *hanno fatto di tutto.* Le espressioni popolaresche del Cavaliere rendono in modo colorito la sua misoginia.
23 Ma… successione: *ma siete il solo* (**unico**) [*membro*] *della vostra famiglia* (**casa**)*: non pensate alla discendenza.*
24 mi converrebbe… volontà: *sarei costretto a sopportare* (**soffrire**) *una donna, mi passa subito la voglia.*
25 ci goderemo: *ne godremo insieme.*

26 **A me… sicuramente:** [*i miei soldi*] *non li sperperano* (**non ne mangiano**) *di certo.*
27 **se:** *anche se*; con valore concessivo.

CONTE D'ALBAFIORITA E alle donne non volete dar nulla?

CAVALIERE DI RIPAFRATTA Niente affatto. A me non ne mangiano sicuramente.[26]

CONTE D'ALBAFIORITA Ecco la nostra padrona. Guardatela, se non è adorabile.

CAVALIERE DI RIPAFRATTA Oh la bella cosa! Per me stimo più di lei quattro volte un bravo cane da caccia.

MARCHESE DI FORLIPOPOLI Se non la stimate voi, la stimo io.

CAVALIERE DI RIPAFRATTA Ve la lascio, se[27] fosse più bella di Venere.

da C. Goldoni, *Teatro*, op. cit.

Lavoriamo sul testo

Leggere e capire

L'entrata in scena di un nuovo personaggio Dopo l'annuncio di Fabrizio dell'imminente venuta di Mirandolina (scena seconda) e la ripresa del battibecco tra il Marchese e il Conte (scena terza), compare il terzo ospite della locanda, il Cavaliere di Ripafratta. A differenza degli altri due, il Cavaliere si trova a Firenze solo per sbrigare i propri affari e non ha tempo da perdere dietro alle donne, dalle quali si allontana con forte disprezzo.

Analizzare

Il disprezzo autoritario del Cavaliere Dopo aver presentato la nobiltà decaduta (il Marchese) e la nobiltà di recente acquisizione (il Conte), Goldoni completa lo spaccato dell'aristocrazia veneziana del tempo con un ultimo tassello: il Cavaliere di Ripafratta. Uomo burbero e scontroso, non solo nutre un odio innato contro il genere femminile (giudicato «una infermità insopportabile») ma nelle scene successive esprimerà un disprezzo altrettanto autoritario verso chi appartiene a classi sociali inferiori: farà infatti notare con modi bruschi a Mirandolina che la biancheria non è di suo gradimento, mostrando così ai due nobili innamorati come si deve comportare un vero aristocratico nei confronti di una donna del popolo.

Interpretare e approfondire

La misoginia del Cavaliere Ostentando l'appartenenza a una classe sociale superiore, il Cavaliere di Ripafratta si presenta come il "nemico delle donne". Il genere femminile lo infastidisce; ogni tentativo di fargli prendere moglie è stato inutile: il Cavaliere è un personaggio "misogino", cioè che odia le donne. La sua misoginia deriva da una causa "sociale": negando alla donna capacità razionale e coerenza, il Cavaliere ne sancisce l'inferiorità, la confina a ruoli marginali e la esclude dalla gestione del potere. «Per me stimo più di lei quattro volte un bravo cane da caccia»: il pregiudizio anti-femminile presente nella società dell'*ancien régime* raggiunge qui uno dei suoi vertici. La misoginia del Cavaliere sarà presto punita: egli finirà per innamorarsi di Mirandolina ma la donna gli preferirà Fabrizio, un semplice cameriere. Con questo finale, Goldoni critica apertamente tale atteggiamento e afferma i valori di emancipazione e di eguaglianza promossi dalla cultura illuministica.

Esercizi

Prima prova A • L'analisi del testo

Comprendere

1 La ragione di «simil contesa»

Qual è l'argomento sul quale il Conte e il Marchese discutono?

2 Le ragioni del Cavaliere

Perché il Cavaliere di Ripafratta diffida delle donne?

Analizzare

3 Riflessioni su Mirandolina

I tre avventori della locanda dialogano fra loro: l'oggetto della discussione è Mirandolina. Completa uno schema come questo, relativo alle espressioni usate via via dai tre personaggi per descrivere la locandiera.

Marchese di Forlipopoli	«Mirandolina ha un merito estraordinario» ....
Conte d'Albafiorita	«La nostra padroncina della locanda è veramente amabile» ....
Cavaliere di Ripafratta	«Che mai può avere di stravagante costei, che non sia comune all'altre donne?» ....

Interpretare e approfondire

4 L'opinione di Goldoni

In questa scena Goldoni introduce il personaggio del Cavaliere di Ripafratta: quale atteggiamento mostra di avere verso il Cavaliere? Che cosa pensa della classe sociale a cui questo personaggio appartiene?

[*La locandiera*, atto I, scene V, VI e IX]

T4

Le forme
- personaggi-individuo
- prevalenza di paratassi
- lessico comune

I temi
- emancipazione femminile

Mirandolina

Dopo aver fatto tanto aspettare gli avventori, Mirandolina entra finalmente in scena: prima rifiuta con garbo la proposta equivoca del Marchese, poi accetta un paio di orecchini offerti dal Conte, infine subisce il rimprovero del Cavaliere, scontento della biancheria. Nel monologo finale, Mirandolina si propone di conquistare il cuore del Cavaliere, l'unico nella locanda che si dichiari insensibile al suo fascino.

testi in scena

on line troverai la trasposizione teatrale di questo brano e una scheda sulla messa in scena

SCENA QUINTA

Mirandolina e detti.

MIRANDOLINA M'inchino a questi cavalieri. Chi mi domanda[1] di lor signori?

MARCHESE DI FORLIPOPOLI Io vi domando, ma non qui.

MIRANDOLINA Dove mi vuole, Eccellenza?

MARCHESE DI FORLIPOPOLI Nella mia camera.

MIRANDOLINA Nella sua camera? Se ha bisogno di qualche cosa, verrà il cameriere a servirla.[2]

MARCHESE DI FORLIPOPOLI (Che dite di quel contegno?) (*al Cavaliere*)

CAVALIERE DI RIPAFRATTA (Quello, che voi chiamate contegno, io lo chiamarei temerità,[3] impertinenza). (*al Marchese*)

CONTE D'ALBAFIORITA Cara Mirandolina, io vi parlerò in pubblico, non vi darò l'incomodo[4] di venire nella mia camera. Osservate questi orecchini. Vi piacciono?

MIRANDOLINA Belli.

CONTE D'ALBAFIORITA Sono diamanti, sapete?

MIRANDOLINA Oh, gli conosco.[5] Me ne intendo anch'io dei diamanti.

CONTE D'ALBAFIORITA E sono al vostro comando.[6]

CAVALIERE DI RIPAFRATTA (Caro amico, voi li buttate via). (*piano al Conte*)

MIRANDOLINA Perché mi vuol ella donare quegli orecchini?

MARCHESE DI FORLIPOPOLI Veramente sarebbe un gran regalo! Ella ne ha de' più belli al doppio.[7]

CONTE D'ALBAFIORITA Questi son legati[8] alla moda. Vi prego riceverli[9] per amor mio.

CAVALIERE DI RIPAFRATTA (Oh che pazzo!) (*da sé*)

MIRANDOLINA No, davvero, signore...

CONTE D'ALBAFIORITA Se non gli prendete, mi disgustate.[10]

MIRANDOLINA Non so che dire...mi preme tenermi amici gli avventori della mia locanda. Per non disgustare il signor Conte, gli prenderò.

CAVALIERE DI RIPAFRATTA (Oh che forca!)[11] (*da sé*)

CONTE D'ALBAFIORITA (Che dite di quella prontezza di spirito?) (*al Cavaliere*)

CAVALIERE DI RIPAFRATTA (Bella prontezza! Ve gli mangia,[12] e non vi ringrazia nemmeno). (*al Conte*)

MARCHESE DI FORLIPOPOLI Veramente, signor Conte, vi siete acquistato un gran merito. Regalare[13] una donna in pubblico, per vanità! Mirandolina, vi ho a parlare a quattr'occhi, fra voi e me; son cavaliere.

1 **mi domanda:** *mi desidera.*
2 **Nella sua... servirla:** alla proposta equivoca del Marchese segue la reazione decisa ma garbata di Mirandolina.
3 **temerità:** *impudenza.*
4 **l'incomodo:** *il disturbo.*
5 **gli conosco:** *li riconosco.*
6 **al vostro comando:** *a vostra disposizione.*
7 **ne ha... al doppio:** *ne ha di due volte più belli.*
8 **legati:** *incastonati.*
9 **riceverli:** [di] *accettarli.*
10 **mi disgustate:** *mi offendete.*
11 **che forca:** *che impertinente.*
12 **Ve li mangia:** *ve li scrocca.*
13 **Regalare:** *fare regali a.*

MIRANDOLINA (Che arsura! Non gliene cascano)[14]. (*Da sé.*) Se altro non mi comandano, io me n'anderò.

CAVALIERE DI RIPAFRATTA Ehi! padrona. La biancheria che mi avete dato, non mi gusta.[15] Se non avete di meglio mi provvederò.[16] (*con disprezzo*)

MIRANDOLINA Signore, ve ne sarà di meglio.[17] Sarà servita, ma mi pare che la potrebbe chiedere[18] con un poco di gentilezza.

CAVALIERE DI RIPAFRATTA Dove spendo il mio denaro, non ho bisogno di far complimenti.

CONTE D'ALBAFIORITA Compatitelo.[19] Egli è nemico capitale[20] delle donne. (*a Mirandolina*)

CAVALIERE DI RIPAFRATTA Eh, che non ho bisogno di essere da lei compatito.

MIRANDOLINA Povere donne! che cosa le hanno fatto? Perché così crudele con noi, signor Cavaliere?

CAVALIERE DI RIPAFRATTA Basta così. Con me non vi prendete maggior confidenza. Cambiatemi la biancheria. La manderò a prender pel[21] servitore. Amici vi sono schiavo. (*parte*)

SCENA SESTA

Il Marchese, il Conte, e Mirandolina.

MIRANDOLINA Che uomo salvatico! Non ho veduto il compagno.[22]

CONTE D'ALBAFIORITA Cara Mirandolina, tutti non conoscono il vostro merito.[23]

MIRANDOLINA In verità, son così stomacata del suo mal procedere, che or ora lo licenzio a dirittura.[24]

MARCHESE DI FORLIPOPOLI Sì; e se non vuol andarsene, ditelo a me, che lo farò partire immediatamente. Fate pure uso della mia protezione.[25]

CONTE D'ALBAFIORITA E per il denaro, che aveste a perdere, io supplirò, e pagherò tutto. (Sentite, mandate via anche il Marchese, che pagherò io). (*piano a Mirandolina*)

MIRANDOLINA Grazie, signori miei, grazie. Ho tanto spirito,[26] che basta, per dire ad un forestiere, ch'io non lo voglio, e circa all'utile,[27] la mia locanda non ha mai camere in ozio.

[...]

SCENA NONA

Mirandolina sola.

Uh, che mai ha detto! L'eccellentissimo signor marchese Arsura mi sposerebbe? E pure se mi volesse sposare, vi sarebbe una piccola difficoltà. Io non lo vorrei.

14 Che arsura... cascano: *che spilorcio, non gliene cadono* [: di soldi dalle tasche]; **arsura:** 'spiantato e avaro', in veneziano.
15 non mi gusta: *non è di mio gusto.*
16 mi provvederò: *me la procurerò per conto mio*; oppure: *provvederò a cercare un'altra sistemazione.*
17 ve ne sarà di meglio: *ve ne sarà* [*portata*] *di migliore.*
18 la potrebbe chiedere: forma popolare toscana con **la** in funzione di soggetto.
19 Compatitelo: *abbiatene pietà, perdonatelo.*
20 capitale: *spietato.*
21 pel: *dal.*
22 Che uomo... compagno: *che essere selvatico. Non ho* [*mai*] *visto nessuno come lui.*
23 merito: *valore.*
24 son così... dirittura: *sono così disgustata* (**stomacata**) *dalla sua villania* (**mal procedere**) *che quasi quasi lo invito addirittura ad andarsene* [*dalla locanda*].
25 Fate... protezione: la spacconata del Marchese è accompagnata dalla riproposizione del motivo della **protezione**, cui segue per contrasto, nella successiva battuta del Conte, quello del **denaro**.
26 tanto spirito: *abbastanza coraggio.*
27 all'utile: *al profitto.*

La lingua nel tempo: Schiavo/ciao. La formula di saluto usata da Goldoni "vi sono schiavo" è ricalcata sul dialetto veneziano "s-ciao" = '[sono il vostro] schiavo', a sua volta dal latino medievale *slavus* = '[prigioniero] slavo'. Da questa formula deriva il moderno "ciao", mentre il termine "schiavo" è ormai usato solo per indicare chi è sottomesso alla volontà e al comando degli altri.

Mi piace l'arrosto, e del fumo non so che farne.[28] Se avessi sposati tutti quelli, che hanno detto volermi, oh, averei pure[29] tanti mariti! Quanti arrivano a questa locanda, tutti di me s'innamorano, tutti mi fanno i cascamorti; e tanti, e tanti mi esibiscono[30] di sposarmi a dirittura. E questo signor Cavaliere, rustico[31] come un orso, mi tratta sì bruscamente? Questi è il primo forestiere capitato alla mia locanda, il quale non abbia avuto piacere di trattare[32] con me. Non dico, che tutti in un salto[33] s'abbiano a innamorare; ma disprezzarmi così? è una cosa, che mi muove la bile[34] terribilmente. È nemico delle donne? Non le può vedere? Povero pazzo! Non averà ancora trovato quella, che sappia fare. Ma la troverà. La troverà. E chi sa, che non l'abbia trovata? Con questi per l'appunto mi ci metto di picca.[35] Quei, che mi corrono dietro, presto presto mi annoiano. La nobiltà non fa per me. La ricchezza la stimo, e non la stimo. Tutto il mio piacere consiste in vedermi servita, vagheggiata,[36] adorata. Questa è la mia debolezza, e questa è la debolezza di quasi tutte le donne. A maritarmi non ci penso nemmeno; non ho bisogno di nessuno; vivo onestamente, e godo la mia libertà. Tratto con tutti, ma non m'innamoro mai di nessuno. Voglio burlarmi di tante caricature di amanti spasimanti;[37] e voglio usar tutta l'arte per vincere, abbattere e conquassare quei cuori barbari,[38] e duri, che son nemici di noi, che siamo la miglior cosa che abbia prodotto al mondo la bella madre natura.

da C. Goldoni, *Teatro*, op. cit.

28 Mi piace… farne: Mirandolina adotta ora un linguaggio diretto, con espressioni fantasiose o proverbiali sempre particolarmente efficaci.
29 averei pure: *avrei di certo.*
30 mi esibiscono: *mi offrono.*
31 rustico: *scontroso*
32 trattare: *avere a che fare.*
33 in un salto: *da un momento all'altro.*
34 mi muove la bile: *mi fa andare in collera.*
35 di picca: *con puntiglio.*
36 servita, vagheggiata: *corteggiata, desiderata.*
37 spasimanti: *innamorati alla follia.*
38 conquassare… barbari: *devastare quei cuori crudeli.*

a lezione dal testo

Dal testo all'opera: arriva Mirandolina: il "concertato" dei personaggi

Come si muovono i personaggi sulla scena?

Dopo aver fatto tanto parlare di sé, arriva sulla scena Mirandolina. Inizia così un veloce scambio di battute tra i quattro personaggi: lo svolgimento dei loro dialoghi ricorda il "concertato" dell'opera buffa, cioè il momento in cui i vari cantanti sovrappongono le battute. Il Marchese e il Conte si contendono le attenzioni della locandiera: il primo le fa la proposta equivoca di volerle parlare in camera sua, mentre il secondo le regala degli orecchini. Ai corteggiamenti dei due nobili si contrappone il controcanto ironico del Cavaliere: con commenti sarcastici e irritati risponde sottovoce alle debolezze dei due pretendenti e, sul finire della scena, si rivolge alla locandiera in tono sprezzante. Mirandolina riesce a tenere tutti a distanza senza mai superare i confini della cortesia. Al Marchese, la donna risponde con un garbato rifiuto; al Conte, esprime gratitudine per il regalo.

Jean-Baptiste-Siméon Chardin, *La maestrina*, 1740. Londra, National Gallery.

Dal testo al genere: dalla maschera al personaggio-individuo

Nei personaggi quali tratti sono riconducibili alla tradizione e quali alla riforma di Goldoni?

Nonostante nella *Locandiera* siano già consolidati i cambiamenti introdotti dalla riforma di Goldoni, restano tracce della commedia dell'arte soprattutto nella caratterizzazione dei personaggi, che si ispirano ancora alle maschere più diffuse. Il personaggio di Mirandolina deriva dalla Servetta, un'astuta contadina che trattava i propri padroni con atteggiamenti disinvolti, riuscendo a risolvere situazioni complicate senza rinunciare alla propria libertà. Fabrizio richiama la figura del servo astuto, in particolare la maschera di Brighella. Il Marchese di Forlipopoli deriva dalla figura del Capitano, usata tradizionalmente con funzione di disturbo rispetto all'azione dei protagonisti.
Queste coincidenze sono più formali che di sostanza: i personaggi della *Locandiera* non sono maschere fisse, cioè non si identificano in un solo carattere (astuzia, malizia, stoltezza ecc.) né svolgono una sola funzione. Essi sono individui unici e complessi, con cambiamenti nel comportamento e sviluppi della personalità che li rendono simili a persone reali. A partire da Mirandolina, una figura ricca di sfumature che gioca con i suoi corteggiatori: anche se le piace essere «servita, vagheggiata, adorata», non cede alle loro lusinghe, sfrutta la loro infatuazione per il buon andamento della propria attività, tanto da affermare con orgoglio che «circa all'utile, la mia locanda non ha mai camere in ozio [non affittate]». Mirandolina è quindi imprenditrice della locanda di se stessa e l'incontro con il «nemico delle donne» è l'occasione perfetta per mettersi alla prova (rr. 85-88).

Dal testo alle forme: l'italiano semplificato di Goldoni

Come si spiegano le scelte stilistico-lessicali di Goldoni?

Il brano riproduce realisticamente un linguaggio colloquiale, fatto di interventi brevi e brevissimi che si succedono rapidamente, in una serie di domande, di esclamazioni, con un andamento paratattico, un lessico molto semplice e qualche influsso dialettale. L'unica parte di una certa lunghezza è il monologo di Mirandolina della scena nona, che però è sempre costituito da frasi brevi, con prevalenza della paratassi e ricorso a formule proverbiali. L'obiettivo di Goldoni è infatti la comunicazione con un pubblico formato da persone comuni, non colte. Per questo, oltre al dialetto – si notino nella scena quinta, per esempio, espressioni come «mi disgustate», che deriva dal veneziano «desgustar», oppure «che forca», di uso popolare toscano – egli ricorre a una lingua parlata nei salotti fra persone provenienti da regioni diverse: una specie di italiano semplificato, con elementi regionali, in particolar modo veneti.

Dal testo al tema: una conquista che vale l'indipendenza

Perché Mirandolina è ancora oggi un personaggio di successo?

Il piacere della conquista, accresciuto dalla difficoltà dell'impresa, è unito in Mirandolina alla ricerca di una giustificazione ideologica del proprio comportamento: la punizione del misogino, poiché sarà compiuta in nome del sesso femminile, acquisterà un significato ancora più importante perché costituirà un modello di emancipazione per le altre donne. Con il suo atteggiamento malizioso e brillante, Mirandolina trionfa in un ambiente ostile, quello della società aristocratica veneziana del Settecento di cui la sua locanda è un fedele spaccato: attraverso lo strumento dell'ironia, l'autore indica nel comportamento del Conte, del Marchese e del Cavaliere un campionario di vizi ai quali si oppone Mirandolina, portatrice dei valori borghesi. Proprio qui sta il segreto del grande successo che ancora oggi riscuote il suo personaggio: il piacere di vedere la parte più debole – la donna in situazioni a dominanza maschile – che resiste alla più forte e la sovrasta con l'intelligenza.

Esercizi

Prima prova A • L'analisi del testo

Comprendere

1 Mirandolina e gli «amanti spasimanti»

Scegli per ogni frase il completamento corretto fra le opzioni proposte.

– Mirandolina accetta gli orecchini donatile dal Conte perché:
  a. le piacciono i diamanti.
  b. è innamorata del Conte.
  c. è lusingata dalla sua generosità.
  d. vuole tenersi amici i clienti della locanda.

– Il Cavaliere di Ripafratta rimprovera Mirandolina:
  a. di non avergli servito un buon pranzo.
  b. di avergli preparato della biancheria non all'altezza del suo rango.
  c. di avergli dato della biancheria sporca.
  d. di non aver dato la biancheria al suo servitore.

– Quando dice «Mi piace l'arrosto, e del fumo non so che farne», Mirandolina si riferisce a:
  a. il Cavaliere di Ripafratta.
  b. il Conte di Albafiorita.
  c. il Marchese di Forlipopoli.
  d. Fabrizio.

– Nel monologo finale Mirandolina decide:
  a. di non sposarsi mai.
  b. di cacciare dalla locanda il Cavaliere.
  c. di far innamorare di sé il Cavaliere.
  d. di prendere in giro tutti i suoi corteggiatori.

Analizzare

2 Mirandolina e gli avventori della locanda

Mirandolina è corteggiata dal Marchese e dal Conte, mentre il Cavaliere le parla con tono sprezzante e in maniera scortese. Sottolinea nel testo le espressioni con le quali la locandiera:

a. riesce a districarsi fra le offerte dei due spasimanti;
b. risponde alle provocazioni del Cavaliere.

3 La locandiera "perfetta"

Mirandolina gestisce la locanda secondo alcuni parametri che giudica fondamentali per il buon andamento degli affari. Sottolinea nel testo i requisiti più importanti che a suo avviso deve possedere una perfetta locandiera.

4 I commenti del Cavaliere

Nella scena quinta, il Cavaliere interviene nella conversazione con battute che si riferiscono alla contesa riguardante Mirandolina da parte dei due nobili. Quali sono questi commenti? Quale funzione hanno?

Interpretare e approfondire

5 Goldoni e i personaggi

Quale atteggiamento rivela Goldoni verso il Marchese, il Conte e il Cavaliere? Motiva la tua risposta con esempi tratti dal testo.

Terza prova A • Il tema d'attualità

6 Mirandolina e l'emancipazione femminile

La sfida che Mirandolina lancia nel monologo finale è condotta in nome di tutte le donne: il piacere della conquista si trasforma così in lotta per l'emancipazione femminile. Prendendo spunto dal testo, svolgi un tema dal seguente titolo: "Nella società di oggi ci sono esempi di donne che agiscono per ottenere la pari opportunità tra i sessi. Illustrali e svolgi le tue considerazioni in merito".

Preparare l'interrogazione

Per essere pronto in vista della verifica puoi utilizzare questa scaletta, che ti sarà utile nell'esposizione orale. Nella colonna di sinistra sono ricapitolate le caratteristiche del testo che servono a ricostruire un quadro generale della poetica e dell'epoca dell'autore; la colonna di destra è a tua disposizione per annotare eventuali riferimenti puntuali al testo.

I punti della scaletta	Riferimenti al testo
• la collocazione del brano all'interno della commedia • le riprese e le novità introdotte dall'autore nel genere della commedia • la scelta della lingua	....

T5

Le forme
- massima tensione della vicenda e successivo scioglimento

I temi
- l'inevitabile separazione dei ceti sociali

L'epilogo

Il Conte d'Albafiorita, offeso dal comportamento del Cavaliere, lo sfida a duello: la tragedia è scongiurata dall'arrivo di Mirandolina e Fabrizio, che interrompono la contesa. Il Conte vuole costringere il Cavaliere a confessare il suo amore per la donna, ma la locandiera annuncia che sposerà Fabrizio, e invita i suoi corteggiatori a cercarsi un'altra sistemazione.

SCENA DICIOTTESIMA

Mirandolina, Fabrizio e detti.[1]

FABRIZIO Alto, alto,[2] padroni.

MIRANDOLINA Alto, signori miei, alto.

CAVALIERE DI RIPAFRATTA (Ah maledetta!). (*vedendo Mirandolina*)

MIRANDOLINA Povera me! Colle spade?

MARCHESE DI FORLIPOPOLI Vedete? Per causa vostra.

MIRANDOLINA Come per causa mia?

CONTE D'ALBAFIORITA Eccolo lì il signor Cavaliere. È innamorato di voi.

CAVALIERE DI RIPAFRATTA Io innamorato? Non è vero; mentite.[3]

MIRANDOLINA Il signor Cavaliere innamorato di me? Oh no, signor Conte, ella s'inganna. Posso assicurarla, che certamente s'inganna.

CONTE D'ALBAFIORITA Eh, che siete voi pur[4] d'accordo…

MARCHESE DI FORLIPOPOLI Si sa; si vede…

CAVALIERE DI RIPAFRATTA Che si sa? che si vede? (*alterato verso il Marchese*)

MARCHESE DI FORLIPOPOLI Dico che quando è, si sa… Quando non è, non si vede.[5]

MIRANDOLINA Il signor Cavalier innamorato di me? Egli lo nega, e negandolo in presenza mia, mi mortifica, mi avvilisce, e mi fa conoscere la sua costanza,[6] e la mia debolezza. Confesso il vero, che se riuscito mi fosse d'innamorarlo, avrei creduto di fare la maggior prodezza del mondo. Un uomo che non può vedere le donne, che le disprezza, che le ha in mal concetto,[7] non si può sperare d'innamorarlo. Signori miei, io sono una donna schietta, e sincera: quando devo dir, dico, e non posso celare la verità. Ho tentato d'innamorare il signor Cavaliere, ma non ho fatto niente. È vero, signore? Ho fatto, ho fatto, e non ho fatto niente. (*al Cavaliere*)

CAVALIERE DI RIPAFRATTA (Ah! Non posso parlare). (*da sé*)

CONTE D'ALBAFIORITA Lo vedete? Si confonde. (*a Mirandolina*)

MARCHESE DI FORLIPOPOLI Non ha il coraggio di dir di no. (*a Mirandolina*)

CAVALIERE DI RIPAFRATTA Voi non sapete quel che vi dite. (*al Marchese, irato*)

MARCHESE DI FORLIPOPOLI E sempre l'avete con me.[8] (*al Cavaliere, dolcemente*)

MIRANDOLINA Oh, il signor Cavaliere non s'innamora. Conosce l'arte. Sa la furberia delle donne: alle parole non crede; delle lagrime non si fida. Degli svenimenti poi se ne ride.

CAVALIERE DI RIPAFRATTA Sono dunque finte le lagrime delle donne, sono mendaci gli svenimenti?

MIRANDOLINA Come! Non lo sa, o finge di non saperlo?

1 detti: il Marchese e il Conte.
2 Alto, alto: *alt, basta, fermatevi.*
3 Io innamorato… mentite: il Cavaliere non vuole confessare il suo amore di fronte al Conte e al Marchese per mantenere la propria dignità.
4 voi pur: *anche voi.*
5 Dico che… non si vede: *dico che quando è [amore], lo si capisce* (**si sa**). *Quando non lo è, invece, non lo si riconosce.*
6 la sua costanza: nel dichiararsi «nemico delle donne».
7 che le ha in mal concetto: *che ha di loro una pessima opinione.*
8 E sempre… con me: *e ve la prendete sempre con me.* Il Marchese si riferisce all'episodio rappresentato nella scena precedente quando il Cavaliere, per affrontare il Conte, prima lo ha maltrattato poi si è impossessato con la forza della sua spada e gliel'ha rotta (▶ r. 47).

CAVALIERE DI RIPAFRATTA Giuro al Cielo! Una tal finzione meriterebbe uno stile[9] nel cuore.

MIRANDOLINA Signor Cavaliere, non si riscaldi, perché questi signori diranno ch'è innamorato davvero.[10]

CONTE D'ALBAFIORITA Sì, lo è, non lo può nascondere.

MARCHESE DI FORLIPOPOLI Si vede negli occhi.

CAVALIERE DI RIPAFRATTA No, non lo sono. (*irato al Marchese*)

MARCHESE DI FORLIPOPOLI E sempre con me.

MIRANDOLINA No signore, non è innamorato. Lo dico, lo sostengo, e son pronta a provarlo.

CAVALIERE DI RIPAFRATTA (Non posso più). Conte, ad altro tempo[11] mi troverete provveduto di spada. (*getta via la mezza spada del Marchese*)

MARCHESE DI FORLIPOPOLI Ehi! La guardia[12] costa denari. (*la prende di terra*)

MIRANDOLINA Si fermi, signor Cavaliere, qui ci va della sua riputazione. Questi signori credono ch'ella sia innamorato; bisogna disingannarli.

CAVALIERE DI RIPAFRATTA Non vi è questo bisogno.

MIRANDOLINA Oh sì, signore; vi è. Si trattenga un momento.

CAVALIERE DI RIPAFRATTA (Che far intende costei?) (*da sé*)

MIRANDOLINA Signori, il più certo segno d'amore è quello della gelosia, e chi non sente la gelosia, certamente non ama. Se il signor Cavaliere mi amasse, non potrebbe soffrire,[13] ch'io fossi d'un altro, ma egli lo soffrirà, e vedranno...

CAVALIERE DI RIPAFRATTA Di chi volete voi essere?

MIRANDOLINA Di quello a cui mi ha destinato mio padre.

FABRIZIO Parlate forse di me? (*a Mirandolina*)

MIRANDOLINA Sì, caro Fabrizio, a voi in presenza di questi cavalieri vo'[14] dar la mano di sposa.

CAVALIERE DI RIPAFRATTA (Oimè! Con colui? non ho cuor[15] di soffrirlo) (*da sé smaniando*)[16]

CONTE D'ALBAFIORITA (Se sposa Fabrizio, non ama il Cavaliere). Sì, sposatevi, e vi prometto trecento scudi.

MARCHESE DI FORLIPOPOLI Mirandolina, è meglio un ovo oggi, che una gallina domani. Sposatevi ora, e vi do subito dodici zecchini.[17]

MIRANDOLINA Grazie, signori, non ho bisogno di dote. Sono una povera donna senza grazia, senza brio, incapace di innamorar persone di merito.[18] Ma Fabrizio mi vuol bene, ed io in questo punto alla presenza loro lo sposo...

CAVALIERE DI RIPAFRATTA Sì, maledetta, sposati a chi tu vuoi. So, che tu m'ingannasti, so che trionfi dentro di te medesima d'avermi avvilito,[19] e vedo sin dove vuoi cimentare la mia tolleranza.[20] Meriteresti, che io pagassi gl'inganni tuoi con un pugnale nel seno; meriteresti, ch'io ti strappassi il cuore, e lo recassi in mostra alle femmine lusinghiere,[21] alle femmine ingannatrici. Ma ciò sarebbe un doppiamente avvilirmi. Fuggo dagli occhi tuoi; maladico le tue lusinghe, le tue lagrime, le tue finzioni; tu mi hai fatto conoscere qual infausto potere abbia sopra di noi il tuo sesso, e mi hai fatto a costo mio imparare, che per vincerlo non basta, no, disprezzarlo, ma ci conviene fuggirlo. (*parte*)

9 uno stile: *un pugnale.*
10 diranno... davvero: cioè proprio quello che vuole Mirandolina: che il Cavaliere ammetta di essere innamorato di lei. Anche questa volta la donna lascia che sia il Cavaliere a tradirsi.
11 ad altro tempo: *in un'altra occasione.*
12 La guardia: *l'elsa* [*della spada*].
13 soffrire: *tollerare.*
14 vo': *voglio.*
15 cuor: *coraggio.*
16 smaniando: *agitandosi.* Il Cavaliere è ferito, oltre che sul piano sentimentale, anche su quello sociale: Mirandolina preferisce al suo amore quello di un semplice cameriere.
17 dodici zecchini: cioè il costo della boccetta d'oro destinata a Mirandolina che il Marchese, credendola di nessun valore, aveva regalato a una delle attrici ospiti della locanda.
18 merito: *valore.*
19 avvilito: *umiliato.*
20 cimentare... tolleranza: *mettere alla prova la mia capacità di sopportazione.*
21 femmine lusinghiere: *donne adulatrici.*

SCENA DICIANNOVESIMA

Mirandolina, il Conte, il Marchese e Fabrizio

CONTE D'ALBAFIORITA Dica ora di non essere innamorato.

MARCHESE DI FORLIPOPOLI Se mi dà un'altra mentita, da cavaliere lo sfido.

MIRANDOLINA Zitto, signori, zitto. È andato via, e se non torna, e se la cosa mi passa così,[22] posso dire di essere fortunata. Pur troppo, poverino, mi è riuscito d'innamorarlo, e mi son messa ad un brutto rischio. Non ne vo' saper altro. Fabrizio, vien qui, caro, dammi la mano.

FABRIZIO La mano? Piano un poco, signora. Vi dilettate di innamorar la gente in questa maniera, e credete ch'io vi voglia sposare?

MIRANDOLINA Eh via pazzo! È stato uno scherzo, una bizzarria, un puntiglio.[23] Ero fanciulla, [24] non avevo nessuno, che mi comandasse. Quando sarò maritata, so io quel che farò.

FABRIZIO Che cosa farete?

SCENA ULTIMA

Il Servitore del Cavaliere, e detti

SERVITORE Signora padrona, prima di partire son venuto a riverirvi.

MIRANDOLINA Andate via?

SERVITORE Sì. Il padrone va alla posta. Fa attaccare:[25] mi aspetta colla roba, e ce ne andiamo a Livorno.

MIRANDOLINA Compatite, se non vi ho fatto…

SERVITORE Non ho tempo da trattenermi. Vi ringrazio, e vi riverisco. (*parte*)

MIRANDOLINA Grazie al Cielo, è partito. Mi resta qualche rimorso; certamente è partito con poco gusto.[26] Di questi spassi non me ne cavo mai più.[27]

CONTE D'ALBAFIORITA Mirandolina, fanciulla, o maritata che siate, sarò lo stesso per voi.

MARCHESE DI FORLIPOPOLI Fate pur capitale della[28] mia protezione.

MIRANDOLINA Signori miei, ora che mi marito, non voglio protettori, non voglio spasimanti, non voglio regali. Sin ora mi sono divertita, e ho fatto male, e mi sono arrischiata troppo, e non lo voglio fare mai più. Questi è mio marito…

FABRIZIO Ma piano, signora…

MIRANDOLINA Che piano? Che cosa c'è? Che difficoltà ci sono? Andiamo. Datemi quella mano.

FABRIZIO Vorrei che facessimo prima i nostri patti.

MIRANDOLINA Che patti? Il patto è questo; o dammi la mano, o vattene al tuo paese.

FABRIZIO Vi darò la mano… ma poi…

MIRANDOLINA Ma poi, sì caro, sarò tutta tua; non dubitare di me, ti amerò sempre, sarai l'anima mia.

FABRIZIO Tenete, cara, non posso più. (*le dà la mano*)

MIRANDOLINA (Anche questa è fatta). (*da sé*)

CONTE D'ALBAFIORITA Mirandolina, voi siete una gran donna, voi avete l'abilità di condur gli uomini dove volete.

MARCHESE DI FORLIPOPOLI Certamente la vostra maniera obbliga infinitamente.[29]

22 se la cosa… così: *se la situazione si risolve in questo modo.*
23 un puntiglio: *una questione di principio.*
24 fanciulla: *nubile.* Mirandolina parla come se fosse già sposata perché secondo il codice di comportamento vigente una promessa reciproca scambiata in pubblico poteva essere considerata quasi sullo stesso piano del matrimonio vero e proprio.
25 va… attaccare: *sta andando alla stazione delle carrozze. Fa legare* [*i cavalli*].
26 gusto: *piacere.* Mirandolina si dichiara pentita, ma in realtà non è cambiata, e anche se prova rimorso verso il Cavaliere, ritiene più preziosa la propria libertà.
27 Di questi… mai più: *di questi svaghi non me ne prenderò* (**non me ne cavo**) *mai più.*
28 Fate… della: *contate pure sulla.*
29 la vostra… infinitamente: *il vostro modo di fare merita di essere ricambiato.*

Mirandolina Se è vero ch'io possa sperar grazie[30] da lor signori, una ne chiedo loro per ultimo.

Conte d'Albafiorita Dite pure.

Marchese di Forlipopoli Parlate.

Fabrizio (Che cosa mai adesso domanderà?)

Mirandolina Li supplico per atto di grazia, a provvedersi d'un'altra locanda.

Fabrizio (Brava; ora vedo, che la mi vuol bene).

Conte d'Albafiorita Sì, vi capisco, e vi lodo. Me n'anderò, ma dovunque io sia, assicuratevi della mia stima.[31]

Marchese di Forlipopoli Ditemi; avete voi perduta una boccettina d'oro?

Mirandolina Sì signore.

Marchese di Forlipopoli Eccola qui. L'ho io ritrovata, e ve la rendo. Partirò per compiacervi, ma in ogni loco fate pur capitale della mia protezione.

Mirandolina Queste espressioni mi saran care, nei limiti della convenienza e dell'onestà. Cambiando stato, voglio cambiar costume;[32] e lor signori ancora profittino di quanto hanno veduto, in vantaggio, e sicurezza del loro cuore;[33] e quando mai si trovassero in occasioni di dubitare, di dover cedere, di dover cadere, pensino alle malizie imparate, e si ricordino della Locandiera.

da C. Goldoni, *Teatro*, op. cit.

30 grazie: *favori.*
31 assicuratevi… stima: *fate affidamento sulla stima che ho per voi.*
32 Cambiando… costume: *sposandomi* (**cambiando stato**), *voglio cambiar abitudini.*
33 e lor signori… cuore: *e voi* [: rivolta al pubblico], *traete profitto da ciò che avete visto, a favore* (**in vantaggio**) *e a protezione* (**sicurezza**) *della vostra vita sentimentale.*

Lavoriamo sul testo

Leggere e capire

La struttura della conclusione Il finale della commedia è articolato in due momenti: la scena diciottesima segna la massima tensione, con tutti i personaggi principali in scena, l'annunciato duello fra il Cavaliere e il Conte, l'ammissione e la fuga del primo; la scena ventesima segna invece lo scioglimento della vicenda, con l'annuncio delle nozze e la partenza del Conte e del Marchese dalla locanda. Si ristabilisce così l'ordine, e anche Mirandolina, sino a ora donna libera, si sposerà.

Analizzare

Un campionario di difetti Le scene finali presentano i momenti di massima tensione della commedia: il duello tra il Conte e il Cavaliere e l'animata discussione tra i personaggi, adesso tutti in scena. Il "concertato" (▶ T4) raggiunge qui il suo apice, attenuandosi gradualmente nella conclusione vera e propria, in cui emergono gli insegnamenti morali che Goldoni affida alla sua opera. I personaggi esibiscono un campionario di difetti capace di mettere in luce l'ipocrisia che domina le loro relazioni: il finto odio del Cavaliere per le donne; il finto amore del Marchese e del Conte per la locandiera; la finzione, consapevole e dichiarata, di ogni atteggiamento di Mirandolina, che riscatta così la fragilità della propria condizione di popolana e di donna.

Interpretare e approfondire

L'incolmabile distanza tra classi sociali Il finale della commedia è riservato al giudizio dell'autore: la distanza che separa le classi è incolmabile e non è possibile neanche un loro incontro sotto il comune denominatore del legame amoroso. Mirandolina deve rinunciare all'amore e alla passione rappresentate, anche se in forma eccessiva, dal Cavaliere e non può far altro che tornare alla routine quotidiana e aderire alla vita coniugale. Ogni personaggio accetta come inevitabile la separazione fra i due mondi: il Cavaliere ribadisce i pregiudizi misogini dell'inizio e anche Mirandolina, nonostante dichiari di voler «cambiar costume», acuisce il lato più cinico e calcolatore del suo carattere. La locandiera sposa Fabrizio, come voleva il padre, ma anche perché conviene più ai suoi interessi (▶ Cinema): la proposta di matrimonio che fa al cameriere è sbrigativa («Il patto è questo: o dammi la mano, o vattene al tuo paese») e pure la sottomissione dello sposo deve essere compiuta in fretta («Anche questa è fatta»).

Esercizi

Prima prova A • L'analisi del testo

Comprendere

1 L'accusa del Marchese

Qual è l'accusa che il Marchese fa al Cavaliere?

2 La reazione del Cavaliere

Come reagisce il Cavaliere alla notizia che Mirandolina sposerà Fabrizio?

3 I propositi di Mirandolina

Che cosa si propone Mirandolina nelle battute finali?

Analizzare

4 Il linguaggio della finzione

Nell'epilogo della vicenda la finzione nella quale agiscono i personaggi è più evidente: ognuno "recita" una parte per mostrarsi diverso da quello che è in realtà. Prova a catalogare per ogni personaggio almeno una battuta che esprima questa tendenza.

Interpretare e approfondire

5 La morale della storia

La commedia si conclude con la partenza di tutti i personaggi, eccetto Mirandolina e Fabrizio. Dietro questa decisione c'è un insegnamento morale dell'autore? Quali convinzioni sulla società Goldoni esprime attraverso questo finale?

Cinema *Green card – Matrimonio di convenienza*

Diretto dal regista australiano Peter Weir (nato nel 1944), *Green card – Matrimonio di convenienza* (1990) è una divertente commedia ambientata nella New York della fine degli anni Ottanta del Novecento. Due sconosciuti, l'americana Brontë Parrish (Andie MacDowell), orticoltrice, e il cameriere francese Georges Faure (Gérard Depardieu) si sposano: lui per ottenere la *green card* (il permesso di residenza permanente negli USA) indispensabile per accettare il lavoro che gli è stato offerto, lei per prendere in affitto un appartamento con serra interna, disponibile solo per coppie sposate. Ma devono superare l'interrogatorio degli ispettori del Servizio Immigrazione, incaricati di verificare la legittimità della loro unione, dimostrando di conoscersi a fondo: George non supera il colloquio e viene rispedito in Francia, ma Brontë, ormai innamorata, promette di raggiungerlo presto.

Il film offre spunti di riflessione tuttora attuali. Con l'aumento dell'immigrazione, i matrimoni tra persone di nazionalità diverse sono diventati ormai una consuetudine, spesso frenata dalle pressanti richieste burocratiche. In una società dominata dalle convenzioni sociali che incatenano la spontanea espressione della vita, anche la burocrazia rischia di interferire sui rapporti interpersonali.

L'opera

Gl'innamorati

Identikit dell'opera

data di composizione

1759

genere

commedia in tre atti

luogo di ambientazione

Milano

personaggi principali

- Fabrizio, padrone di casa
- Eugenia, nipote di Fabrizio innamorata di Fulgenzio
- Fulgenzio, giovane innamorato di Eugenia
- Clorinda, cognata di Fulgenzio
- Roberto, nobile gentiluomo
- Flaminia, sorella di Eugenia

temi

- gelosia come elemento che sfugge alla razionalità
- incapacità femminile di gestire gli impulsi irrazionali

La composizione e la rappresentazione

Gl'innamorati è una commedia in tre atti composta da Goldoni nel 1759 e rappresentata nel dicembre delle stesso anno presso il teatro San Luca a Venezia.

La vicenda

La commedia è ambientata a Milano, nella casa di Fabrizio, un vecchio borghese sciocco e preoccupato delle apparenze. Sua nipote Eugenia frequenta il giovane e ricco Fulgenzio. I due ragazzi sono molto innamorati, ma la loro relazione è tormentata dall'orgoglio del giovane e soprattutto della gelosia della ragazza. Per esempio non sopporta che Fulgenzio, durante l'assenza del fratello, debba vigilare sulla cognata Clorinda, di cui teme possa invaghirsi (▶ T6). Quando in città arriva Roberto, un gentiluomo al quale Fabrizio vorrebbe dare in sposa la nipote, Eugenia per dispetto si fidanza con lui per poi pentirsene immediatamente al ritorno del marito di Clorinda, che libera Fulgenzio da ogni impegno. Sarà la sorella di Eugenia, Flaminia, a restituire la serenità ai due innamorati, raccontando a Roberto che l'amore di lei è solo una vendetta per un temuto tradimento e convincendolo a rinunciare alle nozze.

▶ Michel Garnier, *La rosa mal difesa*, 1789. Minneapolis, Minneapolis Institute of Arts.

T6

Il circolo vizioso della gelosia

Le forme
- prevalenza del dialogo

I temi
- gelosia
- incapacità delle donne a dominarsi

Fulgenzio è andato a casa di Eugenia per scusarsi dell'ennesimo litigio. Chiamata dalla cameriera mentre sta facendo gli onori di casa a Roberto, Eugenia corre da Fulgenzio, comportandosi però come se dovesse nascondere qualcosa.

SCENA UNDICESIMA
Fulgenzio, poi Eugenia.

FULGENZIO Dice bene l'amico,[1] dice benissimo. Dalle donne qualche cosa convien soffrire;[2] quando si sa specialmente che una donna vuol bene, non serve il sofisticare,[3] non conviene pesar le parole colla bilancia dell'oro,[4] e guardare i moscherini col microscopio per ingrandirli. Son troppo caldo,[5] lo conosco da me; ma in avvenire voglio assolutamente correggermi, vo'[6] moderarmi. Già so che mi vuol bene. Se vuol dire, lasciarla dire. Eccola. Voglia il cielo ch'ella sia di buon umore. Mi pare ilare in volto. Ma qualche volta sa fingere. Non vorrei che dissimulasse. Orsù, non principiamo a sofisticare.

EUGENIA Serva umilissima, signor Fulgenzio (*affettando allegria*).

FULGENZIO Quest'umilissima si poteva lasciar nella penna.[7]

EUGENIA Mi scappò, non volendo. La riverisco. Che fa? Sta bene?

FULGENZIO Eh! sto bene io. Ed ella come sta? (*intorbidandosi un poco*).

EUGENIA Benissimo. Ottimamente.

FULGENZIO Me ne consolo. È molto allegra questa mattina.

EUGENIA Quando sono in grazia sua, sono sempre allegrissima.

FULGENZIO (C'è del torbido: non mi vorrei inquietare, ma ho paura non potermi tenere)[8] (*da sé*).

EUGENIA Che dice ella di queste belle giornate?

FULGENZIO Con questo *ella*, con questo *ella* mi ha un pochino sturbato,[9] signora mia.

EUGENIA Questa mattina sono stata in complimenti,[10] e mi è restato il *lei* fra le labbra.

FULGENZIO In complimenti con chi?

EUGENIA Con certe amiche[11] che sono venute a favorirmi. Anzi mi hanno detto, che vogliono venir questa sera, per condurmi a spasso con loro.

FULGENZIO E che cosa avete risposto?

EUGENIA Che ci anderò volentieri.

FULGENZIO Senza di me?

EUGENIA Sicuro.

FULGENZIO Mi piace. S'accomodi.

EUGENIA Oh bella! mi avete mai condotta voi una sera a spasso?

FULGENZIO Non vi ho condotta, perché non mi avete comandato di farlo.

EUGENIA Eh, dite perché avete degli altri impegni.[12]

FULGENZIO Io? che impegni?

EUGENIA Eh via, che serve? Se avete in casa qualche mazzo di carte che vi avanzi, favorite portarmelo, che mi divertirò un poco dopo cena a giocare una partita con mia sorella.

1 **l'amico:** si tratta di Ridolfo, che nella scena precedente ha consigliato a Fulgenzio di sopportare i comportamenti della donna, se veramente la ama.
2 **soffrire:** sopportare.
3 **il sofisticare:** *il fare ragionamenti troppo complicati.*
4 **colla bilancia dell'oro:** la bilancia usata dagli orafi è particolarmente sensibile e precisa perché deve misurare quantità piccolissime di materiale.
5 **caldo:** *impulsivo.*
6 **vo':** *voglio.*
7 **lasciar nella penna:** *evitare.*
8 **tenere:** *trattenere.*
9 **sturbato:** *irritato.*
10 **sono stata in complimenti:** *ho intrattenuto ospiti.*
11 **certe amiche:** naturalmente è una menzogna. In realtà ha intrattenuto Roberto.
12 **altri impegni:** allude al fatto che la sera deve pensare a sua cognata.

Fulgenzio Che novità è questa? che discorso è questo? cosa c'è sotto a questo vostro ragionamento?

Eugenia Niente, signore. Faccio per non andare a letto sì presto. Voi avete fretta di partire la sera, e vi compatisco, perché avete i vostri interessi, avete degli affari importanti, ed io starò a divertirmi con mia sorella, o anderò a spasso colle mie amiche.

Fulgenzio Eh signora Eugenia, ci conosciamo.

Eugenia Prenderete anche ciò in mala parte?[13]

Fulgenzio Ci conosciamo, vi dico, ci conosciamo.

Eugenia Sì, ci conosciamo, e ci conosciamo.

Fulgenzio Ma il mio servitore in casa vostra non ci verrà più.[14]

Eugenia Che importa a me, che ci venga né il servitor, né il padrone?

Fulgenzio Eh già; queste sono le solite sue buone grazie.

Eugenia Ha tabacco?[15]

Fulgenzio Se sono andato a far quattro passi con mia cognata...

Eugenia Che cosa c'entra vostra cognata? che importa a me di vostra cognata?

Fulgenzio So quel che dico; e non avrete più il divertimento di tirar giù[16] quel balordo del mio servitore.

Eugenia Mi maraviglio di voi, che parliate così. Vi torno a dire, non m'importa né di lui, né di voi.

Fulgenzio Né di me? non v'importa di me? né di lui, né di me? non ve n'importa? (*passeggiando in giro con isdegno*).

Eugenia Fermatevi, che mi fate girar il capo.

Fulgenzio Né di lui, né di me? (*si dà un pugno nella testa*).

Eugenia Facciamo scene?

Fulgenzio Né di lui, né di me? (*si batte il capo a due mani*).

Eugenia Animo; finiamo queste sguaiaterie[17] (*fra lo sdegno e l'amore*).

Fulgenzio Non posso più (*si abbandona sopra una sedia*).

Eugenia Avvertite che siete pazzo davvero.

Fulgenzio Son pazzo, son pazzo? (*seguita a battersi*).

Eugenia Non la volete finire? (*con un poco di tenerezza*).

Fulgenzio Cagna! crudele!

Eugenia Bell'amore! a ogni menoma[18] cosa subito si sdegna, va in bestia, non può soffrir niente il signor delicato. Finalmente chi vuol bene ha da compatire;[19] e ad una donna le si deve donar qualche cosa. Bella maniera da farsi amare!

Fulgenzio Sì, avete ragione (*placato*).

Eugenia Ogni giorno siamo alle medesime.

Fulgenzio Compatitemi, non farò più.

Eugenia Non mi fate di queste ragazzate, che non ne voglio.

Fulgenzio Andrete a spasso questa sera? (*ridente amoroso*).

William Hogarth, *David Garrick e sua moglie*, 1757. Collezione privata.

13 in mala parte: *per il verso sbagliato.*
14 Ma il mio servitore... più: perché Fulgenzio ha capito che è stato il servo a dirle che una sera ha portato sua cognata a fare due passi.
15 Ha tabacco: espressione popolare veneziana per "le dà fastidio".
16 tirar giù: *far parlare.*
17 sguaiaterie: *gesti grossolani.*
18 menoma: *minima.*
19 ha da compatire: *deve sapere sopportare.*

EUGENIA Se mi parerà[20] (*scherzando con amore*).

FULGENZIO Con chi anderete?

EUGENIA Eh! (*come sopra*).

FULGENZIO Con me anderete.

EUGENIA Sicuro! (*ironica*).

FULGENZIO Non volete venir con me? (*un poco sdegnato*).

EUGENIA Se ci veniste volentieri.

FULGENZIO Ma cara Eugenia, possibile che ancora non siate certa dell'amor mio? In un anno in circa che ho la consolazione della vostra cara amicizia, vi ho dato scarse prove d'amore? Ancora mi volete fare il torto di dubitarne? So che vi sta sul core quella povera mia cognata. Ma sapete il debito[21] che mi corre. Mio fratello, che l'ama teneramente, me l'ha con calore raccomandata. Sono un galantuomo, sono un uomo d'onore. Non posso abbandonarla, non posso trattarla con inciviltà; se siete una donna ragionevole, appagatevi dell'onesto, compatite le mie circostanze, e per l'amor del cielo, Eugenia mia, non mi tormentate.

EUGENIA Via, avete ragione. Non vi tormenterò più. Compatitemi; conosco che ho fatto male...

FULGENZIO Basta così, che mi spezza il core per la tenerezza.

EUGENIA Mi vorrete sempre bene?

FULGENZIO Credetemi, che domandandomi questa cosa, voi mi offendete.

EUGENIA Ve la domando, perché vorrei sentirmelo replicare ogn'ora, ogni momento.

FULGENZIO Sì, cara, ve ne vorrò in eterno; e se il cielo vuole, non passerà gran tempo che sarete mia.

EUGENIA E che cosa aspettate?

FULGENZIO Il ritorno di mio fratello.

EUGENIA Non potete maritarvi senza di lui?

FULGENZIO La convenienza vuol ch'io l'aspetti.

EUGENIA Io lo so, perché differite.

FULGENZIO E perché?

EUGENIA Perché avete paura di disgustare[22] vostra cognata.

FULGENZIO Maladetta sia mia cognata; maladetto sia quando parlo.

EUGENIA Eccolo qui, non si può parlare.

FULGENZIO Ma se sempre mi provocate.

EUGENIA Mi voglio mettere a non dir più una parola.

FULGENZIO Non potete parlare senza dire delle sciocchezze?

EUGENIA Le sciocchezze le dite voi, signor insolente.

FULGENZIO Or ora vi faccio vedere un qualche spettacolo.

EUGENIA Ehi, chi è di là?

FULGENZIO Non chiamate (*arrabbiato*).

EUGENIA Pazzo.

FULGENZIO Anderò via.

EUGENIA Andate.

FULGENZIO Non ci tornerò più.

EUGENIA Non m'importa.

FULGENZIO Diavolo, portami. Portami, diavolo (*parte correndo*).

EUGENIA Che vita è questa? Che amor maladetto! non posso resistere, non posso più (parte).

da C. Goldoni, *Gl'innamorati*, in *Commedie*, a cura di K. Ringger, Einaudi, Torino 1972.

20 se mi parerà: *se mi sembrerà opportuno.* **21 il debito:** *il dovere.* **22 disgustare:** *offendere.*

Lavoriamo insieme

Leggere e capire	
Una struttura che rispecchia gli stati d'animo *Gl'innamorati* è una commedia dove trionfa il dialogo: si ha così l'impressione di una perfetta aderenza alla spontaneità della vita. Questa scena, che segue l'ondeggiamento degli stati d'animo dei protagonisti, può essere suddivisa in cinque parti: 1. rr. 1-7: Fulgenzio si esibisce in un monologo dove si mostra preda del rimorso e carico di aspettative; 2. rr. 8-27: Eugenia finge e Fulgenzio si accorge che c'è qualcosa che la donna tenta di nascondergli; 3. rr. 28-35: la tensione cresce fino a quando Fulgenzio sbotta di rabbia; 4. rr. 36-94: Eugenia prova tenerezza per il suo compagno e lo calma; 5. rr. 95-117: una battuta di Fulgenzio innesca ancora la gelosia di Eugenia.	**1** **Perché nella terza parte della scena la tensione cresce? Che cosa accade?** **2** **Quale battuta di Fulgenzio fa scattare ancora la gelosia di Eugenia?** **3** **Come si conclude la scena?**
Analizzare	
L'italiano di Goldoni La lingua usata da Goldoni è il risultato del tentativo di avvicinarsi a forme del parlato comprensibili al pubblico non solo di Venezia, ma anche del resto d'Italia. Invece della lingua letteraria egli usa l'italiano dialettizzato della borghesia settentrionale, soprattutto veneta e lombarda. La lingua delle sue commedie è quindi povera di figure retoriche classiche, come la metafora, e accoglie invece figure retoriche più comuni nel parlato, come l'antifrasi (che consiste nel dire qualcosa intendendo l'esatto contrario di quello che si dice) e l'allusione (che consiste nel riferirsi alla cosa che si vuole dire attraverso una sua caratteristica distintiva).	**4** **Sottolinea nel testo le antifrasi e le allusioni.**
Interpretare e approfondire	
Eugenia e Mirandolina Eugenia è un personaggio che, per certi aspetti, può essere paragonata a Mirandolina della *Locandiera*. Infatti Eugenia mostra il bisogno di affermare la propria dignità di persona e il diritto di compiere scelte autonome nella vita sentimentale, proprio come Mirandolina. Al contrario di Mirandolina però, Eugenia non riesce a dominare le spinte istintive che la possiedono, finendo con l'aggredire gli altri senza una strategia, mentre Mirandolina si serve del suo fascino per avere il controllo degli uomini della locanda.	**5** **Quali sono le pulsioni che Eugenia non riesce a dominare?** **6** **Quali sono le differenze tra i caratteri di Eugenia e di Mirandolina? Incidono sulla conclusione delle loro vicende?**

mappa concettuale

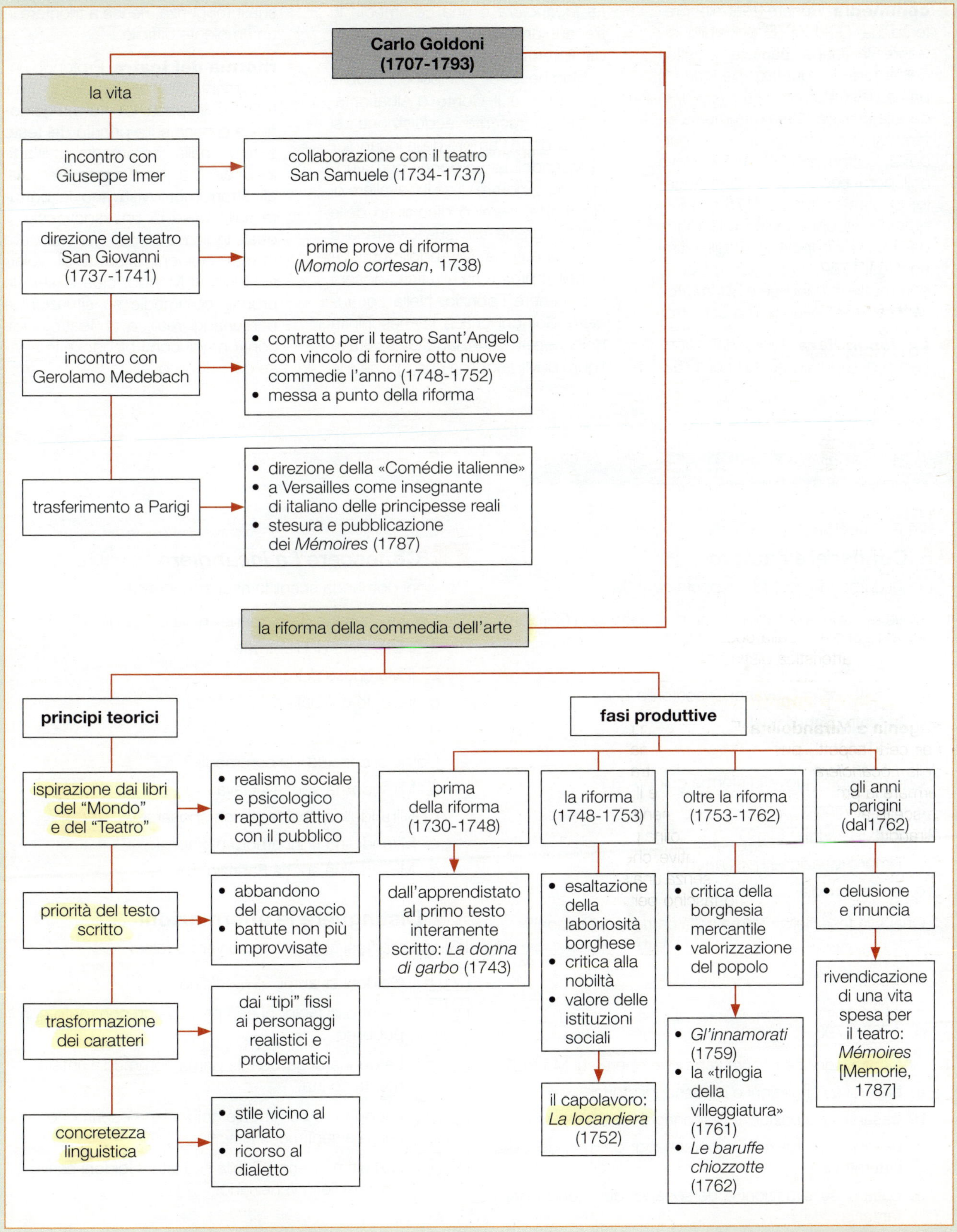

Dal ripasso alla verifica

dizionario dei concetti chiave

- **commedia** Genere teatrale preferito da Goldoni. È possibile dividere la lunga carriera artistica dell'autore in quattro periodi: 1) prima della riforma (1730-1738), in cui si arriva alla prima commedia interamente scritta, *La donna di garbo*; 2) la riforma (1748-1753), dove collabora con il teatro San'Angelo; 3) oltre la riforma (1753-1762), quando riscopre i valori e la lingua del mondo popolare; 4) gli ultimi anni (dal 1762), in cui scrive alcune commedie in francese e i *Mémoires* (le "memorie" di un uomo di teatro)
- ***La locandiera*** Titolo del capolavoro di Goldoni, scritto nel 1752. *La locandiera* è una commedia in tre atti ambientata in una locanda fiorentina dove due avventori, il Marchese di Forlipopoli, nobile spiantato, e il Conte d'Albafiorita, nobile di recente acquisizione, si contendono l'amore della locandiera Mirandolina. La donna però vuole far innamorare di sé il Cavaliere di Ripafratta, nemico dichiarato delle donne: grazie alla sua civetteria e alla sua astuzia, Mirandolina riuscirà nell'impresa ma alla fine sposerà il cameriere Fabrizio. Nella *Locandiera* Goldoni critica la meschinità della nobiltà veneziana ed esalta la figura di Mirandolina che, grazie alla sua intelligenza, riesce a trionfare in un ambiente difficile.
- **riforma del teatro** Profondo rinnovamento operato da Goldoni nel teatro dell'epoca. La riforma goldoniana si basa sulla priorità del testo scritto: nella commedia dell'arte (che ancora trionfava a Venezia) gli attori improvvisavano le battute sulla base di un canovaccio, il quale indicava le linee generali della trama. Goldoni afferma di volersi riferire al Mondo, cioè basare le proprie commedie su situazioni e personaggi reali, e al Teatro, cioè confrontarsi con i bisogni e le attese del pubblico.

esercizi

esercizi di riepilogo

1 Conoscere l'autore

Per ogni domanda scegli la risposta corretta.

1. Dove avviene la collaborazione di Goldoni con Gerolamo Medebach?
   a. al teatro San Luca
   b. al teatro San Giovanni Crisostomo
   c. al teatro Sant'Angelo
   d. al «Théâtre italien»
2. Che cosa promuove la riforma goldoniana?
   a. il canovaccio
   b il testo scritto
   c. l'improvvisazione degli attori
   d. la Commedia dell'Arte
3. Qual è la fase della riforma nella carriera di Goldoni?
   a. 1730-1738
   b. 1748-1753
   c. 1753-1762
   d. 1763-1793
4. Che cosa significa basare le proprie opere sul Mondo?
   a. basarsi su situazioni e personaggi storici
   b. basarsi su situazioni e personaggi reali
   c. basarsi su situazioni e personaggi del mondo della letteratura
   d. basarsi su situazioni e personaggi del mondo della fantasia

2 Conoscere *La locandiera*

Per ogni domanda scegli la risposta corretta.

1. Chi è il «nemico delle donne» nella *Locandiera*?
   a. il Cavaliere di Ripafratta
   b. il Marchese di Forlipopoli
   c. il Conte d'Albafiorita
   d. Fabrizio
2. Come si conclude la commedia?
   a. Mirandolina sposa il Cavaliere
   b. Mirandolina decide di non sposarsi
   c. Mirandolina si innamora di Fabrizio
   d. Mirandolina sposa Fabrizio

3 Distinguere le affermazioni

Indica se le frasi seguenti sono vere o false:

V F Goldoni si laureò in medicina.

V F Il teatro di Goldoni non prevede un confronto con il pubblico.

V F La donna di garbo è la prima commedia interamente scritta.

V F I nobili nelle commedie goldoniane esprimono sempre sentimenti elevati.

V F Nell'ultimo periodo della sua vita, Goldoni scrive commedie in veneziano.

esercizi di approfondimento

4 L'incoerenza del «nemico delle donne»

Il Cavaliere di Ripafratta si presenta subito come il «nemico delle donne» ma, durante lo svolgimento della commedia, si dimostra incoerente: l'odio per il genere femminile si trasforma in infatuazione per Mirandolina. Prepara una tabella in cui, per ogni testo antologizzato T3, T4 e T5, riporti le battute che caratterizzano l'evoluzione del suo atteggiamento.

5 Goldoni "al lavoro"

Il dipinto del pittore Enrico Gamba (1831-1883) propone un'immagine di Goldoni "al lavoro". Osserva l'ambientazione in cui si svolge la scena e i personaggi che popolano il quadro: corrispondono a quelli presenti nelle opere goldoniane? Perché?

Enrico Gamba, *Goldoni, studiando dal vero*, 1850 ca. Torino, Galleria d'Arte Moderna.

allenarsi all'esame di Stato

l'analisi del testo

6 In barca verso Chioggia

Svolgi l'analisi del testo aiutandoti con la scaletta delle domande.

Io avevo proprio bisogno, per alleviare la noia che mi opprimeva, di procurarmi qualche piacevole distrazione. Mi si presentò l'occasione, ne approfittai. E nessuno forse si dorrà di passare con me dall'ambito della filosofia[1] a quello di una compagnia di commedianti. Ce n'era una a Rimini che mi parve deliziosa. [...]
I primi giorni andavo alla commedia molto modestamente, in platea, e vedevo dei giovani della mia età tra le quinte. Tentai allora di giungere fin là, e non vi trovai difficoltà alcuna. Di lì guardavo con la coda dell'occhio quelle giovani attrici, ed esse mi guardavano arditamente in faccia. A poco a poco presi con loro dimestichezza; di discorso in discorso, di domanda in domanda, vennero a sapere che ero veneziano. Il direttore stesso mi colmò di cortesie: mi invitò a pranzo a casa sua e io vi andai. [...]
Ma già i comici stavano per terminare il loro impegno, e dovevano partire. La loro partenza mi dava veramente dispiacere. [...] Vi era tutta la compagnia, e il direttore annunciò che la partenza sarebbe avvenuta di lì a otto giorni; aveva già fissata la barca che doveva condurli a Chiozza...[2] «A Chiozza!» esclamo con un grido di sorpresa. [...] «Dio mio! mia madre è a Chiozza, e io la vedrei così volentieri». «Venite con noi». «Sì sì, – gridarono tutti, uno dopo l'altro, – con noi, con noi, nella nostra barca; vi starete bene e non vi costerà nulla. Si gioca, si ride, si canta, ci si diverte». - Come resistere a tante attrattive? perché perdere sì bella occasione? [...] Si fa vela. Rimini, addio! [...] Il vento non era favorevole. Restammo tre giorni sul mare . Sempre gli stessi passatempi, gli stessi piaceri, lo stesso appetito. Il quarto giorno arrivammo a Chiozza.
Non avevo l'indirizzo di mia madre, ma non dovetti cercare a lungo. La signora Goldoni e sua sorella portavano la cuffia:[3] appartenevano al ceto dei ricchi e tutti le conoscevano.
Pregai il direttore d'accompagnarmi; egli accondiscese volentieri. Appena giunto, si fece annunciare; e io rimasi in anticamera. «Signora, – diss'egli a mia madre, – vengo da Rimini, e ho da darvi notizie di vostro figlio». «Come sta?». «Benissimo, signora». «È contento del suo stato?» «Non troppo, signora: soffre molto». «Di che?». «D'esser lontano dalla sua tenera mamma». «Povero figliolo! sarei ben lieta d'averlo con me». (Io sentivo tutto, e il cuore mi batteva) «Signora, – continuò il commediante, – io gli avevo offerto di condurlo meco». «E perché, signore, non l'avete portato?». «Lo avreste approvato?». «Senza dubbio». «E i suoi studi?». «I suoi studi! Non poteva ritornarci? D'altronde vi sono professori dappertutto» «Lo vedreste dunque con piacere?». «Con la più gran gioia». «Eccolo, signora!». e apre la porta. Io entro, mi getto alle ginocchia; ella mi abbraccia, le lacrime c'impediscono di parlare. Il commediante, avvezzo a scene del genere, ci disse delle cose piacevoli; poi prese congedo da mia madre e s'allontanò. Io resto con lei, confesso sinceramente il mio trascorso.[4] Ella mi rimprovera e mi abbraccia. Eccoci contenti l'uno dell'altra.

da C. Goldoni, *Memorie*, a cura di E. Levi, Einaudi, Torino 1967.

1 **dall'ambito della filosofia:** Goldoni era a Rimini per studiare filosofia presso i domenicani.
2 **Chiozza:** *Chioggia.*
3 **la cuffia:** un copricapo di stoffa, legato da due lacci sotto il mento, indice di una condizione agiata.
4 **il mio trascorso:** *la mia colpa.*

Comprendere

a. Dopo una prima lettura riassumi brevemente il contenuto informativo del brano in esame.

Analizzare

b. Come è organizzato il racconto dei *Mémoires*? Ha una struttura "teatrale"? Dividi il testo in sequenze temporali.

c. Nel giovane Goldoni, il teatro esercita un certo tipo di fascino? A quali decisioni dà luogo?

d. Quali elementi tipici dell'azione teatrale puoi rintracciare nella parte finale del brano dei Mémoires?

Interpretare e approfondire

e. Il racconto della fuga verso Chioggia fa parte dei *Mémoires*, l'autobiografia che Goldoni scrive in francese dal 1783 e che verrà poi pubblicata nel 1787 a Parigi. Sulla base delle tue conoscenze sulla riforma del teatro operata da Goldoni, quali caratteristiche dei libri del «Mondo» e del «Teatro» si possono rilevare nel ricordo di questo episodio giovanile? Motiva brevemente la tua risposta.

la lingua nel tempo

MIRANDOLINA Che uomo salvatico! Non ho veduto il compagno.

CONTE D'ALBAFIORITA Cara Mirandolina, tutti non conoscono il vostro merito.

MIRANDOLINA In verità, son così stomacata del suo mal procedere, che or ora lo licenzio a dirittura.

MARCHESE DI FORLIPOPOLI Sì; e se non vuol andarsene, ditelo a me, che lo farò partire immediatamente. Fate pure uso della mia protezione.

da C. Goldoni, *La locandiera*, cit.

7 Dall'italiano di Goldoni al nostro

a. Abbiamo già visto il mutamento del significato dell'espressione "sono vostro schiavo" (▶ T4) dall'epoca di Goldoni alla nostra. In questo brano, anche "licenziare" (r. 6) è usato in un'accezione letteraria: quale? Che cosa significa invece comunemente in italiano?

b. Al r. 2 è presente la parola «compagno»: con quale significato la usa Goldoni? Quali sono i significati che diamo a questa parola nell'italiano di oggi?

preparare l'interrogazione

Per essere pronto in vista della verifica puoi utilizzare questa scaletta, che ti sarà utile nell'esposizione orale. Lo spazio nella colonna di destra è a tua disposizione per segnare eventuali date, nomi o concetti utili da ricordare.

I punti della scaletta	Date e dati da ricordare
La vita	
• nascita a Venezia	....
• fuga e ritorno con direzione del teatro veneziano San Giovanni Crisostomo	....
• di nuovo fuga da Venezia e incontro con Gerolamo Medebach	....
• rientro a Venezia e collaborazione con il teatro veneziano Sant'Angelo	....
• collaborazione con il teatro veneziano San Luca	....
• trasferimento a Parigi	....
• insegnamento dell'italiano a Versailles	....
• morte a Parigi	....
Le opere	
• periodo prima della riforma: dall'apprendistato a *La donna di garbo*	....
• la riforma: la collaborazione con il teatro Sant'Angelo (▶ T1)	....
• il capolavoro: *La locandiera* (▶ T2, T3, T4, T5)	....
• oltre la riforma: la critica alla borghesia (▶ T6)	....
• gli ultimi anni: le commedie francesi e i *Mémoires*	....

Unità 11

L'autore

Ugo Foscolo

«Poi vennero i tempi dell'assoluta tirannide di Bonaparte, e fui esiliato in Toscana. Molti allora dicevano, che s'io mi fossi accomodato a quel Governo, avrei guadagnato emolumenti [: vantaggi economici]: può darsi che avessero ragione; ma vi sono certe anime le quali si possono rompere, ma non piegare». L'anima di Ugo Foscolo è stata attraversata da sentimenti contraddittori, ora esaltati e appassionati, ora malinconici e passivi fino all'idea del suicidio. Le vicende personali – l'impegno politico e la delusione storica, gli amori intensi ma effimeri, l'esilio – confluiscono interamente in una produzione poetica tesa alla perfezione e, per questo, ristretta e mai conclusa. Solo il suo capolavoro, *Dei sepolcri* (1807), non è stato ritoccato dall'autore dopo la prima stampa. L'opera tenta di rispondere alla sconcertante domanda sul senso della morte ma, soprattutto, sul rapporto che deve instaurarsi tra gli scomparsi e i superstiti. I quesiti sollevati nei *Sepolcri* tornano prepotentemente alla ribalta nella nostra società, in cui la morte è ormai un tabù, e dove il valore della storia è messo continuamente in discussione.

OBIETTIVI

Conoscenze
- La vita e le opere di Ugo Foscolo e il contesto storico della sua scrittura
- I principali elementi di poetica
- Struttura, trama, personaggi, temi delle *Ultime lettere di Jacopo Ortis*
- Composizione, struttura, stile delle odi e dei sonetti
- Composizione, struttura, stile del carme *Dei sepolcri*
- Composizione, struttura, stile del poema *Le Grazie*

Competenze
- Inserire le opere nel contesto storico
- Analizzare le opere dal punto di vista strutturale, tematico e stilistico
- Riconoscere nei testi i principali elementi della poetica foscoliana

Espansioni digitali

"Il viandante solitario"

- testi e approfondimenti
- analisi attive
- materiali per il recupero

videolezione

Foscolo e il significato della civiltà
a cura di Pietro Cataldi
- Foscolo e il significato della civiltà
- La morte, un tema centrale in Foscolo
- La civiltà moderna di fronte alla morte
- Esperienza del lutto e fine dell'esperienza metafisica
- La morte e il significato per i moderni
- All'origine del carme *Dei sepolcri*
- Una poesia a difesa del passato e della memoria
- Gli adolescenti di fronte al lutto
- Noi, eredi di Ettore

Analisi del testo: *Alla sera*
a cura di Pietro Cataldi

1 La vita

L'infanzia e gli anni veneziani

I primi anni

Ugo Foscolo nasce nel **1778** a Zante (o Zacinto), un'isola del mar Ionio allora appartenente alla Repubblica Veneta, oggi alla Grecia. In realtà il suo nome di battesimo è **Nicolò**, ma dal 1797 il giovane sceglie di usare il nome di Ugo. Il padre è un medico veneziano, la madre è greca: tanto la nascita in un'isola greca quanto la nazionalità della madre avranno un certo rilievo nell'amore del poeta per il mondo classico.

Nel 1788, in seguito alla morte del padre, viene affidato a una zia e solo nel **1793** può ricongiungersi alla madre e ai fratelli che si sono trasferiti a **Venezia**: qui nasce l'amore per la letteratura, favorito anche dalla frequentazione dei salotti nobiliari. Grazie al suo carattere passionale e seducente entra nel prestigioso ambiente della contessa **Isabella Teotochi** Albrizzi, della quale diventa l'amante (1794).

La delusione per il trattato di Campoformio

Con la prima discesa di Napoleone in Italia (1796) Foscolo sostiene la causa della Francia rivoluzionaria e, quando nel 1797 i francesi raggiungono Venezia, si arruola con il grado di tenente nella neonata **Repubblica Cispadana**. Ma il 17 ottobre dello stesso anno Napoleone firma il trattato di Campoformio con cui cede Venezia all'Austria. È la grande **delusione politica** della vita di Foscolo e uno dei motivi ispiratori delle *Ultime lettere di Jacopo Ortis*, che il poeta inizia a dare alle stampe nel 1798 a Bologna.

L'impegno patriottico

L'attività militare e l'impegno creativo

Trasferitosi a **Milano**, dove conosce Parini e Monti, Foscolo si arruola **volontario nella Guardia Nazionale** per partecipare alla difesa della Repubblica Cisalpina (1799) e in particolare di Genova assediata dagli austro-russi (1800). È qui che compone l'ode *A Luigia Pallavicini caduta da cavallo.*

Dopo la vittoria francese a Marengo (giugno 1800) è inviato ripetutamente in missione in Toscana, dove conosce **Isabella Roncioni** e se ne innamora, anche se intanto a Milano ha una intensa relazione con **Antonietta Fagnani**, moglie del conte Arese, per la quale scrive l'ode *All'amica risanata.* Alla fine del 1801 a Venezia muore suicida il fratello Gian Dionisio (Giovanni); nello stesso periodo esce a Milano il primo volume delle *Ultime lettere di Jacopo Ortis,* la cui edizione integrale viene pubblicata l'anno seguente. Tra il 1802 e il 1803, Foscolo dà alle stampe varie edizioni delle poesie: l'ultima e definitiva comprende dodici sonetti e le due odi.

La figlia segreta
Quando nel 1822 Mary incontra il padre a Londra, è una bruna diciassettenne dall'aspetto poco britannico. Il poeta, che pure guadagna bene come conferenziere, scrittore e traduttore, dilapida presto l'eredità lasciatale dalla nonna e i due per sfuggire ai creditori devono vivere in incognito nei quartieri più poveri della città. Floriana lo segue, lo accudisce con dedizione ma deperisce a sua volta, tanto da sopravvivergli pochi anni (Franz Xaver Winterhalter, *Ritratto di giovane*, 1850-1860. Londra, National Gallery).

Glossario

Trattato di Campoformio Firmato da Napoleone, in qualità di generale del corpo d'armata francese, e dal conte Louis de Cobentzel in rappresentanza degli Aburgo d'Austria, il trattato assegnò agli austriaci i territori della Repubblica di Venezia, dell'Istria e della Dalmazia in cambio del riconoscimento della Repubblica Cisalpina e della cessione alla Repubblica francese di tutte le isole dello Ionio appartenute ai veneziani (Cefalonia, Corfù, Zante ecc.).

Gli anni in Francia

Nel **1804** parte per la Francia, al seguito del contingente italiano che dovrebbe partecipare alla spedizione di Bonaparte in Inghilterra. Raggiunta la costa della Manica, allaccia una relazione con una giovane profuga inglese, la diciannovenne **Sophia Hamilton**, dalla quale ha una figlia, Mary (dal poeta chiamata **Floriana**), che conoscerà molto tempo dopo e che lo assisterà negli ultimi anni di vita. In Francia inizia anche la traduzione del romanzo *Sentimental Journey through France and Italy* [Viaggio sentimentale attraverso la Francia e l'Italia] dello scrittore irlandese Laurence Sterne (▶ Unità 8 § 2), e la stesura della *Notizia intorno a Didimo Chierico*. Intanto Napoleone sospende l'impresa contro la Gran Bretagna per prepararsi alla campagna contro l'Austria (1805) e Foscolo lascia la vita militare per rientrare in Italia.

▲ **La «donna gentile»**
Anche dopo la partenza del poeta da Firenze, Quirina Mocenni Magiotti (1781-1847) gli rimase vicina: lo aiutò economicamente durante l'esilio e si fece custode della sua fama e della sua memoria coltivando l'amicizia di Mazzini e Pellico e impedendo che andassero dispersi gli scritti lasciati in Italia (Firenze, Museo del Risorgimento).

Il ritorno a Venezia

Nella primavera del **1806** raggiunge **Venezia**. Qui ritrova la madre e la sorella, ristabilisce il legame con Isabella Teotochi e incontra il poeta Ippolito **Pindemonte** (1753-1828), al quale dedica il poemetto *Dei sepolcri* (1807). Nel **1808** ottiene la cattedra di eloquenza all'Università di Pavia, ma la cattedra viene soppressa e Foscolo perde l'incarico dopo solo un anno. L'atteggiamento sincero e determinato, spesso anche litigioso, verso i francesi e gli altri letterati gli procura un numero sempre maggiore di nemici, fino alla **censura** della sua *Ajace*, la tragedia rappresentata nel 1811 alla Scala di Milano, della quale il governo francese sospende le repliche per presunti riferimenti polemici a Napoleone. La **rottura con il potere francese** è adesso definitiva.

Il periodo fiorentino

Dopo vari spostamenti tra Venezia e Milano, nel **1812** prende dimora a Firenze. Vi rimane un anno, trascorrendo un periodo sereno, allietato dal nuovo amore con **Quirina Mocenni**, la «donna gentile» che gli resterà legata per tutta la vita. In una villa sui colli fiorentini lavora al poema *Le Grazie*, che non finirà, mentre porta a compimento e pubblica il *Viaggio sentimentale* di Sterne con in appendice la *Notizia intorno a Didimo Chierico*.

Il ritorno degli austriaci e l'esilio

La difesa del Regno d'Italia

Nel novembre **1813**, dopo la sconfitta di Napoleone a Lipsia, Foscolo torna a **Milano** dove riprende il ruolo nell'esercito impegnandosi a salvare l'indipendenza del Regno d'Italia. Gli austriaci però prevalgono e, a causa del suo atteggiamento antifrancese degli ultimi anni, gli offrono di collaborare. Questo vorrebbe dire giurare fedeltà come ufficiale al nuovo potere. Dopo qualche esitazione, nel **marzo 1815** il poeta fugge in **esilio**, prima in Svizzera, poi in Germania e, infine, in Inghilterra.

Gli ultimi anni

Dal **1816** abita stabilmente a **Londra**: in pesanti difficoltà economiche, è costretto a vivere per alcuni periodi sotto falso nome e a scontare tre settimane di carcere per debiti (1824). Lo assistono la figlia Floriana, che dal 1821 si trasferisce a vivere con lui, e il soccorso dei pochi amici rimasti. Nonostante le difficoltà, gli ultimi anni si caratterizzano per una grande alacrità: Foscolo dà **lezioni private**, collabora a riviste con **saggi** sui classici della letteratura italiana (in particolare Dante e Boccaccio), lavora all'**edizione definitiva dell'*Ortis*** (1817), porta avanti *Le Grazie* e, tra il 1825 e il 1826, completa la *Lettera apologetica* (un'ap-

Cronologia

STORIA		VITA E OPERE
Dichiarazione d'indipendenza degli Stati Uniti d'America ◄	1776	
	1778	► il 6 febbraio nasce nell'isola di Zante
Rivoluzione francese ◄	1789-1799	
proclamazione della Prima repubblica francese ◄	1792	
decapitazione di Luigi XVI e inizio del "Terrore" ◄	1793	► raggiunge la madre a Venezia
prima campagna d'Italia di Napoleone: istituite le repubbliche Cisalpina e Cispadana ◄	1796-1797	
trattato di Campoformio: il Veneto ceduto all'Austria ◄	1797	► dopo il trattato di Campoformio, si trasferisce a Milano
	1798	► scrive i primi sonetti e la prima parte delle *Ultime lettere di Jacopo Ortis*
colpo di Stato in Francia: Napoleone primo console ◄	1799	► è volontario nella Guardia Nazionale; compone l'ode *A Luigia Pallavicini caduta da cavallo*
istituita la Repubblica d'Italia con Napoleone presidente ◄	1801	► a Firenze ha una relazione con Isabella Roncioni; l'8 dicembre il fratello Gian Dionisio (Giovanni) si uccide
	1802	► ha una relazione con Antonietta Fagnani Arese; compone gli ultimi sonetti e l'ode *All'amica risanata*; esce la prima stampa integrale dell'*Ortis*
	1803	► esce l'edizione definitiva delle *Poesie*
Napoleone imperatore dei francesi ◄	1804	
	1804-1806	► segue l'esercito napoleonico in Francia; conosce l'inglese Fanny Hamilton, dalla quale ha una figlia; inizia la traduzione del *Viaggio sentimentale* di Sterne
la Repubblica d'Italia trasformata in Regno d'Italia ◄	1805	
	1807	► tornato in Italia, compone e pubblica *Dei Sepolcri*
	1808	► è nominato professore di eloquenza all'Università di Pavia, ma la cattedra viene soppressa
	1811	► la tragedia *Ajace* è proibita dalla censura perché antinapoleonica
	1812-1813	► vive a Firenze, dove lavora alle *Grazie* e pubblica la traduzione del *Viaggio sentimentale* di Sterne con la *Notizia intorno a Didimo Chierico*
Napoleone sconfitto a Lipsia ◄	1813	► torna a Milano, adesso in mano agli austriaci
abdicazione di Napoleone ed esilio all'Elba ◄	1814	
Congresso di Vienna ◄	1814-1815	
definitiva sconfitta di Napoleone a Waterloo ◄	1815	► rifiuta le offerte austriache di collaborazione e fugge in Svizzera
	1816	► a Zurigo pubblica un'edizione ampliata dell'*Ortis*; parte per Londra
	1817	► redazione definitiva dell'*Ortis*
	1821	► lo raggiunge la figlia Floriana
	1827	► muore a Londra il 10 settembre (nel 1871 i resti saranno trasportati in Santa Croce a Firenze)

passionata difesa della propria coerenza politica che uscirà postuma nel 1844). Muore il 10 settembre **1827**, a quarantonove anni: dal cimitero londinese di Chiswick, dove all'inizio furono tumulati, i suoi resti saranno trasferiti nel 1871 nella chiesa di Santa Croce a Firenze, accanto a quelli di altri grandi italiani.

facciamo il punto

- **Quali sono le città "importanti" nella vita di Foscolo? A quali eventi sono collegate?**
- **Quale evento storico rappresenta la delusione politica di Foscolo?**
- **Dove si svolge l'ultima fase della vita del poeta? Quali elementi la caratterizzano?**

2 La poetica

videolezione Foscolo e il significato della civiltà

Il rapporto con l'Illuminismo

La diversa concezione dell'intellettuale

Dall'Illuminismo Foscolo riprende la **visione laica della storia** e della società e il **materialismo**, ma rifiuta la concezione dell'intellettuale e del sapere. Gli illuministi, infatti, avevano rinnegato l'immagine tradizionale dell'intellettuale come letterato, facendone uno "scienziato" al servizio della società; Foscolo, al contrario, afferma la minore importanza del pensiero scientifico rispetto alla poesia e all'arte e vede nell'intellettuale il portatore della coscienza collettiva.

La sfiducia nel progresso e il pessimismo sociale

Nel rifiuto dei miti illuministici del progresso e della scienza e nel primato assegnato alla forma artistica, Foscolo può essere considerato l'erede di **Parini**; l'erede di **Alfieri** nella rappresentazione tragica dei conflitti sociali; l'erede di **Vico** nel riconoscimento di una funzione storica e sociale alla poesia. D'altra parte è presente nella sua poetica anche l'influsso della riflessione politica di **Machiavelli**, considerata quale denuncia della natura selvaggia dei rapporti sociali e del carattere oppressivo del potere.

«O Italiani, io vi esorto alle storie»

La valorizzazione della poesia si inserisce all'interno di una **concezione pessimistica della storia** e della società. Foscolo attribuisce alla poesia la gestione eroica dei grandi valori della civiltà: superando la distinzione tra padroni e servi, che esiste in tutte le civiltà storiche ed è incancellabile, la poesia può conferire durata e universalità ai valori nobili espressi dalla classe dominante e renderli validi anche per le classi a essa soggette.

Il rapporto con Neoclassicismo e preromanticismo

L'incontro di aspetti neoclassici e preromantici

I **temi** dei sonetti foscoliani sono soprattutto **autobiografici**: gli amori, la riflessione esistenziale (*Alla sera*), l'esilio (*A Zacinto*), i lutti familiari (*In morte del fratello Giovanni*) rappresentano la tendenza del poeta all'autoritratto, alla descrizione di sé come individuo che soffre e lotta per opporsi al «reo tempo» – come viene detto in *Alla sera* –, causato dalla delusione storica. La componente preromantica di Foscolo è costituita dall'**inquietudine** con la quale il soggetto si rapporta con la realtà, scontrandosi con un presente che inevitabilmente non soddisfa le proprie aspettative di grandezza. Ciò che ripaga Foscolo di questa sofferenza è la **perfezione formale della poesia**, che oppone al mondo brutale della storia un universo di armonia, equilibrio e bellezza coincidente con quello rappresentato dall'arte del Neoclassicismo.

facciamo il punto

- **Che cosa riprende Foscolo dall'Illuminismo e che cosa rifiuta?**
- **Di chi può dirsi erede e in quali termini?**
- **Quali sono gli elementi neoclassici e preromantici più evidenti nella produzione foscoliana?**

3 Le opere

L'epistolario

La rappresentazione dell'io

L'epistolario di Foscolo è uno dei più ricchi della letteratura italiana. Benché molte siano andate smarrite, sono tante e tali da consentire di seguire da vicino lo svolgimento delle vicende biografiche, psicologiche e culturali del poeta. Ciò non significa che attraverso di esse sia dato di entrare in modo diretto con la dimensione umana di Foscolo, il quale non smette mai l'**abito del letterato**: lontano da una rappresentazione reale dei propri sentimenti e del proprio carattere, Foscolo infatti parla di sé attraverso vari personaggi successivi, come se avesse bisogno di un *alter ego* per raccontarsi.

La fusione tra arte e vita

Nell'epistolario, prevalgono le lettere d'amore, ma ve ne sono molte rivolte a familiari e amici, a editori o quelle ispirate da circostanze pubbliche e politiche. In tutte, Foscolo sperimenta il **rapporto artificiale tra vita e scrittura** e perciò falso e vero risultano sempre indissolubili. In particolare le **lettere d'amore** dedicate alle varie amanti (le più numerose sono quelle indirizzate ad Antonietta Fagnani Arese) presentano evidenti elementi di artificiosità: le dichiarazioni d'amore eterno replicate nnumerevoli volte finiscono per risultare perfino esibizionistiche. Invece le lettere incentrate sulla sua **figura pubblica**, quando il poeta deve difendersi da maldicenze o umiliarsi a chiedere un prestito, insistono nel rivendicare dignità e decoro; particolarmente interessanti appaiono le lettere dall'esilio inglese, in cui il tono è quello di una confessione, di una richiesta d'aiuto ai pochi amici rimasti e alla sorella Rubina.

Le *Ultime lettere di Jacopo Ortis*

La struttura del romanzo

Uscite per la prima volta nel 1798, ma in edizione definitiva solo nel 1817, le *Ultime lettere di Jacopo Ortis* sono un **romanzo epistolare**, cioè scritto sotto forma di raccolta ordinata delle lettere indirizzate dal protagonista Jacopo all'amico Lorenzo Alderani fra l'11 ottobre 1797 e il 25 marzo 1799. Nell'opera ci sono anche lettere destinate all'amata Teresa e ad altri corrispondenti. Lorenzo presenta gli scritti con brevi interventi, diventando fra l'altro anche il narratore di ciò che Jacopo non avrebbe potuto raccontare: il suicidio.

I modelli e l'originalità dell'Ortis

La struttura e molti temi del romanzo sono tratti dai grandi romanzi epistolari europei, e soprattutto dai *Dolori del giovane Werther* (1774) dello scrittore tedesco Johann Wolfgang Goethe (▶ Unità 8 e Focus, p. 501). Il punto di vista di Jacopo – incapace di compromessi e mediazioni e sostenitore di valori assoluti destinati a uscire sconfitti nel confronto con la realtà quotidiana – ricorda invece gli eroi delle tragedie di Vittorio Alfieri (▶ Unità 9 § 4). Nonostante questi modelli, l'originalità dell'*Ortis* deriva dalla presenza di **elementi autobiografici**: nel romanzo, Foscolo proiettò il proprio carattere passionale e le proprie esperienze politiche e sentimentali.

La crisi della cultura illuministica

Nell'*Ortis* la cultura illuministica di Foscolo entra in crisi e, insieme, i valori di quella cultura incarnati dalla Rivoluzione francese. Viene meno ogni fiducia positiva nei valori civili e nella **storia**, vissuta adesso come il **trionfo del caso e dell'irrazionalità**, così che i valori che il protagonista stesso insegue risultano vani e privi di significato: ciò provoca la nascita di una **forza irrazionale** che si manifesta nei sentimenti eccessivi di Jacopo e che trasforma la sua fedeltà a quei valori in rovina e **autodistruzione**.

La caduta delle illusioni giovanili

Il suicidio mostra la vanità delle illusioni giovanili di Foscolo: l'amore e la poesia. All'**amore** corrisponde il personaggio di Teresa, portatrice di una bellezza angelica, ma sfuggente (▶ T1). La promessa di una vita felice da passare insieme è impossibile perché il destino borghese della donna è già segnato. Anche la gioia del bacio all'amata è destinata a

Glossario

Alter ego Espressione latina che significa "un altro me stesso", cioè un sostituto, una persona che fa le veci di un'altra.

svanire: Teresa sarà la sposa di un mediocre proprietario terriero, causando l'infelicità del protagonista. Alla **poesia** spetterebbe il compito di superare i contrasti interiori e di far ritrovare una dimensione di equilibrio e armonia; ma questo tentativo è per Jacopo, scrittore fallito, un tentativo mancato: neanche nell'arte il protagonista riesce a trovare una consolazione.

La *Notizia intorno a Didimo Chierico*

Un eccentrico autoritratto

Nel 1813 Foscolo pubblica la traduzione del *Sentimental Journey through France and Italy* del romanziere inglese Laurence Sterne (che nella versione foscoliana è *Viaggio sentimentale di Yorick lungo la Francia e l'Italia*) e **in appendice** al romanzo fa stampare una *Notizia intorno a Didimo Chierico* (indicato come il responsabile della traduzione) attraverso la quale dà al lettore un eccentrico autoritratto che sostituisce o integra quello affidato all'*Ortis*.

Il disincanto dell'intellettuale

Il carattere di Didimo Chierico

Didimo (dal greco *dydymos*, 'doppio, gemello') è l'*alter ego* di Foscolo: è un intellettuale – come dichiara il nome "Chierico" – ma rifiuta le mode a cui hanno ceduto gli altri intellettuali; il suo passato è ricco di impegno e passione, ma adesso ha imparato a proprie spese a tener «chiuse le sue passioni» e ciò che ne traspare sembra «calore di fiamma lontana». La rinuncia di Didimo è generata dalla **sfiducia nella realizzabilità dei valori** in cui credeva: tutto resta confinato nel regno della probabilità e nulla è ormai certo.

Le *Poesie*

La composizione

Gli scritti poetici approvati da Foscolo – composti tra i venti e i venticinque anni – sono due odi e dodici sonetti. Pubblicata già a partire dal 1798, l'edizione definitiva delle *Poesie* esce solo nel 1803.

Le due odi

Le odi corrispondono a fasi diverse dell'esperienza poetica foscoliana. ***A Luigia Pallavicini caduta da cavallo*** (1799) – racconto della caduta da cavallo di un'amica, incidente che le sfregiò il viso – rispecchia il gusto del Settecento arcadico, trasfigurando la destinataria in un ideale di pura bellezza. ***All'amica risanata*** (1802)– dedicata ad Antonietta Fagnani Arese, amante del poeta e spesso malata – rivela l'esistenza di una realtà, fatta degli abiti e delle azioni dell'amata, mediata dall'intervento del poeta. Infatti alla bellezza della donna corrisponde la bellezza della poesia, che ne diventa specchio consapevole (▶ T3).

I dodici sonetti

I sonetti sono tra i testi più riusciti di Foscolo, grazie alla loro brevità che facilita il massimo di concentrazione espressiva. Gli **otto sonetti più antichi** presentano temi amorosi, ma anche politico-culturali. In queste prime prove è già evidente il meccanismo della psicologia foscoliana: l'io del poeta è in guerra contro il mondo, e se il mondo gli resiste dichiara guerra a se stesso, si tormenta, si compiange. I **quattro sonetti ultimi** sono l'esito maggiore della produzione in questo campo. *Alla sera* (▶ T4) accosta i due motivi profondi della personalità foscoliana: l'aspirazione all'equilibrio e il tempestoso spirito guerriero che si placa solo con la sera, immagine di morte. *A Zacinto* (▶ T5) unisce elementi biografici (l'esilio, la sventura) a motivi mitici, ricordando il fascino della propria isola natale e paragonando il proprio destino a quello di Ulisse. *Alla Musa* riflette su co-

▶ François-Xavier Fabre, *Ritratto di Ugo Foscolo*, 1812. Firenze, Biblioteca Nazionale.

me le difficoltà della vita personale e della storia italiana abbiano allontanato le prospettive di bellezza annunciate dalla poesia. *In morte del fratello Giovanni* (▶ T6) – ancora una volta fondato sul tema dell'esilio e della tomba – stabilisce tra il poeta e il fratello defunto un legame fondato sulla sventura e sulla necessità di trovare conforto nella tomba.

Dei sepolcri

L'occasione della poesia

Nel 1806 fu annunciata l'estensione all'Italia dell'**editto di Saint Cloud** (1804), che imponeva la sepoltura in cimiteri pubblici fuori dalle mura cittadine e regolamentava le iscrizioni sulle tombe. Uniformando le iscrizioni funerarie e relegando i cimiteri a zone periferiche, la legislazione napoleonica portava alle estreme conseguenze la nuova rappresentazione della morte nell'immaginario illuministico: un semplice momento pratico di salute pubblica, che riguardava l'individuo e non la collettività. Nell'estate di quello stesso

Focus Foscolo e il «divin scultore»

Le Grazie e la ricerca dell'armonia Nel proemio al primo inno, Foscolo dedica *Le Grazie* allo scultore italiano più famoso del Neoclassicismo, Antonio Canova (1757-1822), il «divin scultore» come lo chiama il poeta, impegnato nello stesso periodo nella realizzazione di un gruppo marmoreo dedicato alle dee della bellezza: simbolo di armonia, equilibrio e misura, immagine di un antico ideale di perfezione che l'arte può far rivivere nel presente, le Grazie affascinano entrambi gli artisti, convinti che l'arte possa riprodurre l'armonia segreta dell'universo (▶ fig. 1).

Il sonno pacificatore della morte Un altro tema comune a Foscolo e Canova è quello della morte concepita, secondo la sensibilità classica, come occasione per meditare sull'immortalità. Nel monumento funerario a Vittorio Alfieri Canova celebra le virtù eroiche del poeta (▶ fig. 2); in quello di Maria Cristina d'Austria esalta gli affetti privati e intimi della regina (▶ fig. 3): purtuttavia da entrambi lo scultore allontana ogni forma di terrore o di macabra drammaticità e rappresenta la morte come un sonno pacificatore che placa gli affanni e i dolori dell'esistenza.

1

2

3

1 Nelle *Tre Grazie* Canova si rifà all'arte classica e sceglie il nudo che, privo di drappeggi, favorisce la semplicità delle forme. Le fanciulle sono unite in un abbraccio che dona al gruppo un movimento dolcemente circolare, sottolineato dallo sguardo reciproco, assorto nella contemplazione della propria bellezza (1813-1816. San Pietroburgo, Ermitage).

2 *Monumento funerario a Vittorio Alfieri*, 1806-1810. Firenze, chiesa di Santa Croce.

3 *Monumento funerario di Maria Cristina d'Austria*, 1798-1805. Vienna, chiesa degli Agostiniani.

anno Foscolo, appena tornato dalla Francia, partecipa a una discussione con l'amico poeta Ippolito **Pindemonte** sul problema delle sepolture. Da questa discussione nasce l'idea del carme (▶ T7). Composto in breve tempo e pubblicato nell'aprile del 1807, il carme, diversamente dalle altre opere, non fu più modificato dopo la prima edizione.

Il modello di Parini e Alfieri

Il carme è formato da **295 endecasillabi sciolti**, sul modello del *Giorno* di Parini e delle tragedie di Alfieri. Da questi due poeti sono ripresi anche i temi civili dei *Sepolcri*, ben presenti nel taglio apparentemente d'occasione del testo.

La tomba come simbolo di civiltà

Nei *Sepolcri* la tomba diventa il luogo simbolico di tutta la storia della civiltà umana: è stata proprio la nascita dei riti funebri nell'antichità a far uscire l'umanità dallo stato primitivo e a dare inizio alle prime forme di società. È la tomba che permette agli uomini di preservare qualcosa dalla morte: il **ricordo delle gesta degli antichi eroi**, che funge da modello per le generazioni future. Il significato della vita e il suo valore si trovano proprio nella memoria che la civiltà è in grado di conservare a dispetto della distruzione del tempo.

Il valore morale della morte

I *Sepolcri* terminano con l'immagine di Ettore, sfortunato eroe troiano, che verrà ricordato «ove sia santo e lacrimato il sangue / per la patria versato», cioè fino a quando esisterà una civiltà che riesca a condividere gli stessi valori del mondo antico, e «finché il sole / risplenderà sulle sciagure umane», cioè fino a quando ci saranno la vita e la specie umana. La conclusione foscoliana dà alla morte un valore morale, perché compensa le ingiustizie della vita, riconoscendo i meriti dei migliori e garantendo loro la gloria meritata. Affinché questo avvenga, è necessario tutelare e **onorare la memoria dei grandi**: oltre alla tomba, ciò che permette di celebrarne le virtù e di conservarne il ricordo nelle generazioni successive è la poesia.

La funzione della poesia

La poesia è quindi **portatrice dei valori** sui quali si fonda la civiltà umana, oltre che la **forma privilegiata della loro sopravvivenza** nel tempo. A Foscolo spetta appunto di risvegliare nell'Italia imbarbarita e frammentata il gusto delle **antiche virtù civili**, delle quali i grandi personaggi sepolti nella basilica di Santa Croce a Firenze rappresentano il massimo esempio.

Le Grazie

La lunga elaborazione di un poema inconcluso

Foscolo lavorò alle *Grazie* soprattutto tra il 1812 e il 1813, durante il soggiorno a Firenze, con l'obiettivo prima di comporre un lungo inno e poi di dividere il testo in tre inni distinti ma collegati, dedicati ad alcune **sculture di Antonio Canova** (▶ Focus, p. 498). Il ritorno a Milano alla fine del 1813, gli eventi legati alle vicende politiche della città e infine l'esilio in Svizzera e in Inghilterra interruppero il raccoglimento del periodo fiorentino, così che il lavoro rimase incompiuto.

La crisi della bellezza e della poesia

L'episodio del «**velo delle Grazie**» (▶ T8) afferma il valore insostituibile della poesia e della bellezza, che, soprattutto nell'epoca presente, sono in profonda crisi. Nel mondo moderno, a differenza dell'antica Grecia o dell'Italia rinascimentale, la bellezza e la poesia hanno una funzione marginale nella società. Dietro la celebrazione della bellezza c'è il **rimpianto** foscoliano **per la perdita del prestigio sociale dei poeti**. La bellezza delle *Grazie*, dotta e letteraria, è ormai estranea alle caratteristiche dell'arte moderna.

Glossario

Carme Derivata dal latino *carmen*, che significa 'verso, canto, poesia', la parola in origine qualificava una forma poetica solenne e rituale versi (in versi si esprimevano, per esempio, gli oracoli e gli indovini) mentre poi è stata adottata per indicare generi diversi, sacri e profani.

facciamo il punto

- **Che cosa sperimenta Foscolo nel'epistolario?**
- **Quali tra le sue opere possono dirsi "autobiografiche"?**
- **Quanti sonetti scrisse Foscolo e come si è solito dividerli?**
- **Quale concezione della morte è presente nei *Sepolcri*?**
- **A chi è dedicato il carme *Le Grazie*?**

L'opera

Ultime lettere di Jacopo Ortis

Contro Napoleone

Identikit dell'opera

genere
romanzo epistolare

data di pubblicazione
1798 prima edizione, 1817 edizione definitiva

tempo e luogo di ambientazione
- tra l'11 ottobre 1797 e il 24 marzo 1799
- tra Venezia, i Colli Euganei (vicino Padova), Bologna, Firenze, Milano, Ventimiglia, Rimini

personaggi principali
- Jacopo Ortis, protagonista
- Lorenzo Alderani, amico e principale destinatario delle lettere
- Teresa, donna amata da Jacopo e destinataria di alcune lettere
- Odoardo, promesso sposo di Teresa
- Giuseppe Parini, poeta

temi
- amore come passione sacra e morbosa
- caduta delle illusioni giovanili, cioè l'amore e la poesia
- suicidio come atto eroico

stile
lirico e soggettivo

Una lunga vicenda editoriale

La versione più antica dell'*Ortis* esce a Bologna nel 1798; dopo varie ristampe non autorizzate e completate dall'editore, tra il 1801 e il 1802 Foscolo prepara due edizioni rifatte e accresciute. La versione del 1802, dopo alcuni ritocchi stilistici e con l'inserimento di nuovi testi, esce a Zurigo nel 1816 e, in veste definitiva, a Londra nel 1817.

La vicenda

Prima parte: dopo il trattato di Campoformio (▶p. 492), il giovane Jacopo Ortis, animato da spirito patriottico e deluso da Napoleone, si ritira in un podere sui Colli Euganei. Qui si innamora di Teresa ed è corrisposto (▶T1). Il padre della ragazza vuole però darla in moglie al ricco e mediocre Odoardo per risollevare le difficili condizioni economiche della famiglia; e Teresa è decisa a obbedire.

Seconda parte: Jacopo parte allora per un viaggio attraverso l'Italia. A Milano incontra il vecchio Parini, a Ventimiglia, medita pessimisticamente sulla storia e sulla società umane (▶T2). Tornato sui Colli Euganei, dopo aver saputo che Teresa si è sposata la incontra per l'ultima volta, strappandole un bacio; quindi si pugnala al cuore.

I temi

Indicato fin dalla prima lettera, il tema politico percorre l'intero romanzo. Di fronte a Napoleone che, postosi come liberatore, non esita a infrangere ogni ideale per curare i soli interessi della Francia, l'unica possibilità sarebbe la concordia dei patrioti italiani, i quali dovrebbero mostrarsi uniti nella comune lotta contro gli oppressori: poiché questo, vista la situazione politica e sociale della penisola, è impossibile e poiché però è anche inaccettabile sopportare l'infamia del dominio straniero, l'unica alternativa è la morte.

L'altro tema dominante è l'amore, una forza positiva da cui scaturiscono la bellezza e l'arte, una potenza rasserenatrice che placa negli esseri umani ogni dolore. Ma l'amore per Teresa non può essere coronato: come quella politica, anche la vita privata di Jacopo è senza via d'uscita. La morte diventa allora l'unico possibile gesto di protesta.

Uno stile lirico e soggettivo

Scrivendo l'*Ortis*, Foscolo non disponeva di una tradizione narrativa come modello, a eccezione del contemporaneo romanzo di Goethe *I dolori del giovane Werther* (▶Focus): non meraviglia dunque che si sia ispirato a modelli lirici piuttosto che romanzeschi. Infatti nell'*Ortis* manca il senso dell'azione e dell'intreccio, presente nei romanzi inglesi di Settecento e Ottocento: l'interiorità di Jacopo è l'unico elemento forte della rappresentazione. Il romanzo procede per frammenti e per quadri staccati, proprio come nella lirica, e la narrazione in prima persona rende spesso l'appassionato raccontarsi di Jacopo quasi forzato e artificiale. La sintassi è percorsa dalle emozioni del narratore ed è quindi ricca di continue esclamazioni, interrogazioni e incisi.

Focus *I dolori del giovane Werther* e le *Ultime lettere di Jacopo Ortis*: un confronto

La vicenda del *Werther* *I dolori del giovane Werther* (1774) è un romanzo epistolare, scritto cioè sotto forma di lettere inviate dal protagonista all'amico Wilhelm e relative a vicende accadute tra il 1771 e il 1772. L'opera si compone di due libri.
Nel primo, il giovane Werther, di buona cultura e di famiglia alto-borghese, si rifugia in campagna, portando con sé solo i libri dell'amato Omero. Qui conosce Charlotte (chiamata col diminutivo Lotte) e se ne innamora senza però confessarle il proprio sentimento perché viene a sapere che è promessa ad Albert. Quando il fidanzato ritorna, i ragazzi diventano amici ma le due personalità – geniale e ribelle quella di Werther, calma e riflessiva quella di Albert – entrano presto in conflitto e tra i due scoppia una lite a proposito di come intendere il suicidio. Alla fine, per dimenticare Lotte, Werther si decide a tornare in città, e iniziare la carriera diplomatica al servizio di un ambasciatore.
Il secondo libro si apre con Werther annoiato dalla vita borghese: non ammesso a un ricevimento, abbandona l'incarico e torna in campagna. Qui tutto è cambiato: la stessa natura, che prima appariva favorevole, ora rivela tutta la sua forza distruttrice. Intanto Lotte e Albert si sono sposati e il giovane sposo ha ucciso per gelosia un rivale. Werther, che alle letture di Omero preferisce adesso il più tenebroso Ossian, si identifica in lui. Una sera Lotte, che si è accorta di amarlo, lo abbraccia, ma poi gli suggerisce di allontanarsi. Dopo aver chiesto con una scusa le pistole di Albert – che Lotte stessa consegna al servo – Werther si uccide sparandosi alla testa. La parte finale della storia è raccontata dall'editore che pubblica le lettere del giovane.

Un successo europeo L'opera fu subito un successo; il suo autore, che si muoveva nell'ambito del movimento dello «*Sturm und Drang*», fu riconosciuto come un maestro; il "wertherismo" divenne una moda fra i giovani, e ci furono perfino casi di suicidio suggeriti dalla vicenda del romanzo. Il fenomeno del wertherismo portò i lettori a concentrarsi sull'infelice storia d'amore, tema che sarà ripreso nel Romanticismo. Ma il romanzo non racconta solo una triste storia sentimentale. Infatti Werther può essere visto sia come il responsabile della violazione dei valori semplici e puri su cui si incentra il primo libro, sia come il ribelle contro il conformismo borghese descritto nel secondo.

Il *Werther* e l'*Ortis*: i punti in comune Conosciuto in tutta Europa, il *Werther* ispirò a Ugo Foscolo il personaggio di Jacopo Ortis. Questi i punti in comune tra i due romanzi:
- la forma epistolare;
- il tema dell'amore impossibile;
- lo schema dei personaggi: i protagonisti, Werther e Jacopo, leggono Omero e Ossian e contrappongono alle convenzioni borghesi la forza del sentimento; le donne amate, Charlotte e Teresa, sono ragazze oneste e fedeli che sposano i giovani a cui sono state promesse, ma poi si accorgono di essere innamorate degli altri due; Albert e Odoardo sono borghesi dotati di buon senso, ma incapaci di capire lo spirito appassionato e anticonformista che anima i protagonisti.

Werther e Albert: genio e banalità a confronto Riportiamo un breve passo del *Werther* utile per capire le affinità e le differenze con il romanzo di Foscolo. Il brano proposto è una conversazione tra Werther e Albert. I due amici-rivali si scontrano su due questioni: le definizioni di follia e di ragionevolezza e il modo di considerare il suicidio. Le loro riflessioni sono opposte: Werther afferma che spesso le persone geniali sembrano pazze, Albert replica che l'uomo in preda alle passioni perde ogni capacità razionale; Albert condanna il suicidio, mentre Werther lo considera la manifestazione spontanea di un carattere incapace di sopportare dolore. Nell'accesa discussione emergono le diverse personalità dei due giovani. Albert rappresenta il buon senso e la misura tipici del borghese: è scrupoloso, ma parla «per insipidi luoghi comuni», mostrando così la sua banalità intellettuale e sentimentale insieme. Werther propone una teoria del "genio" che è già romantica: «Più di una volta mi sono ubriacato, le mie passioni non sono mai state lontano dalla follia, e non me ne rincresce; ho imparato per mia esperienza a intendere che tutti gli uomini straordinari che han fatto cose grandi e quasi incredibili, son sempre stati reputati ubriachi e pazzi». Tra i due non c'è possibilità di contatto: «Ci separammo senza esserci capiti. Com'è difficile capirsi in questo mondo».

Nicolas Lancret, *Colazione prima della caccia*, 1740 ca. San Francisco, Fine Arts Museum.

Certamente Alberto è il migliore degli uomini sotto il cielo.
Ieri ho avuto un incontro assai singolare. Lo andai a salutare, siccome mi pungeva la brama[1] di andarmene a cavallo sui monti (da dove ti scrivo), e camminando su e giù per la stanza mi vennero sotto gli occhi le sue pistole.
– Prestamele per il mio viaggio, – gli dissi.
– Pigliale pure, – rispose, – se ti senti di pigliarti anche il fastidio di caricarle; io le tengo qui così, pro forma...[2]
Ne staccai una, e lui soggiunse: – Una volta, – disse, – trascorsi tre mesi in campagna da un amico; avevo un paio di terzarole,[3] scariche, e dormivo sonni tranquilli. Un pomeriggio piovoso, ero sfaccendato, chissà come mi salta in testa l'idea che potrebbero assalirci e le pistole potrebbero tornarci utili e potrebbero... sai com'è. Le diedi al servo da pulire e caricare; e quello si mette a scherzare con le serve, per spaventarle, e Dio sa come il colpo parte: c'era ancora dentro la bacchetta,[4] che va a fracassare il pollice della destra d'una serva. Oltre gli strilli, mi toccò pagare il chirurgo: da allora tengo sempre le armi scariche. Caro mio, a che giova la prudenza? Non si riesce mai a vedere tutto il pericolo. Cioè...
Tu sai che voglio molto bene ad Alberto, ma non ai suoi cioè; non è forse risaputo che ogni principio ammette eccezioni?
Ma lui è così scrupoloso che, se gli sembra di aver detto qualcosa di azzardato o generico o vero solo per metà, non la smette più di definire e correggere e togliere e aggiungere, finché la cosa detta è bell'e annientata. Questa volta si sprofondò nelle chiose[5] al testo; finì che non gli diedi più retta, mi smarrii in fantasticherie e con un moto improvviso appoggiai la bocca della pistola sulla fronte, sopra l'occhio destro.
– Oibò! – esclamò Alberto strappandomi la pistola, – cosa ti salta?
– Ma non è carica, – dissi.
– Carica o no, non son cose da fare, – replicò. – Non riesco a capire come un uomo possa esser pazzo al punto di ammazzarsi; mi rivolto al solo pensarci.
– O uomini, – esclamai, – si discorre d'una cosa e subito sentenziate: "È da pazzi, è da savi, è bene, è male!". Ma cosa significa? Avete prima esplorato i segreti moventi di un'azione? Siete capaci di descrivere esattamente le cause per cui la tal cosa è avvenuta, doveva avvenire? Se foste capaci di farlo, non sareste così sbrigativi nei vostri giudizi.
– Ammetterai, – disse Alberto, – che certe azioni restano riprovevoli, qualunque ne sia il motivo.
Alzai le spalle e consentii.
– Tuttavia, mio caro, – proseguii, – anche qui ci sono eccezioni. È vero che il furto è un vizio; ma l'uomo che ruba per salvare sé e i suoi da un'imminente morte di fame merita pietà o castigo? Chi scaglierà la prima pietra contro il marito che nella sua giusta ira uccide la moglie infedele e l'indegno seduttore? o contro la ragazza che in un'ora di ebbrezza soccombe alle irresistibili gioie dell'amore? Persino le nostre leggi, pur fredde e pedantesche,[6] si commuovono e sospendono la punizione.
– È tutt'un'altra questione, – replicò Alberto; – un uomo travolto dalla passione perde ogni facoltà raziocinativa, è da considerare come ubriaco, come pazzo.
– O gente ragionevole! – esclamai ridendo. – Passioni! Ebbrezza! Follia! Eccovi lì impassibili, distanti, o uomini costumati! Voi riprovate l'ubriaco, condannate l'insensato, tirate di lungo come il sacerdote, e come il fariseo[7] ringraziate Dio perché non vi ha fatto simili a costoro. Più d'una volta mi sono ubriacato, le mie passioni non sono mai state lontane dalla follia, e non me ne rincresce; ho imparato per mia esperienza a intendere che tutti gli uomini straordinari che han fatto cose grandi e quasi incredibili, son sempre stati reputati ubriachi e pazzi. E anche nella vita quotidiana è cosa intollerabile sentir gridare da tutti davanti a un'azione libera, elevata, inaspettata: "Quell'uomo è ubriaco, è pazzo!". Vergognatevi, o uomini sobri! Vergognatevi, o sapienti!
– Ecco ancora i tuoi paradossi, – disse Alberto; – tu esageri ogni cosa e hai certamente torto paragonando con le magnanime[8] azioni il suicidio di cui stiamo discutendo; mentre lo si deve considerare non altro che una debolezza. Perché è senza dubbio più facile morire che sopportare fermamente una vita tormentosa.
Stavo per troncare la discussione; non c'è niente che mi esasperi più che vedere uno combattermi con insipidi luoghi comuni, mentre io parlo mettendoci l'anima tutta. Ma mi contenni, siccome avevo sentito spesso quel ragionamento e spesso me n'ero indignato; gli risposi con una certa vivacità.
– La chiami debolezza? Ti prego, non lasciarti ingannare dalle apparenze. Un popolo che geme sotto l'intollerabile giogo[9] d'un tiranno, lo chiamerai debole se finalmente esplode e spezza le sue catene? Un uomo che nel terrore di veder la propria casa in preda alle fiamme sente le sue forze moltiplicarsi e agevolmente porta pesi che a mente calma potrebbe appena smuovere; uno che nel furore dell'offesa aggredisce sei nemici e li sopraffà: li vogliamo dire deboli? Ma, caro mio, se lo sforzo è forza, perché l'eccesso dello sforzo dovrebbe essere il suo contrario?
Alberto mi guardò e disse: – Non avertela a male, ma i paragoni che adduci[10] non fanno al caso.
– Può darsi, – dissi; – spesso m'è stato osservato che il mio modo di ragionare sfiora il delirio. Ma vediamo un po' se ci possiamo altrimenti raffigurare lo stato d'animo d'uno che si decide a buttare il carico, generalmente gradito, dell'esistenza. Abbiamo il diritto di

1 la brama: *il desiderio.*
2 pro forma: espressione latina che vuol dire 'per pura formalità'.
3 terzarole: la "terzarola" era un'arma da fuoco a canna molto corta.
4 bacchetta: quella che serviva per pulire e caricare le pistole.
5 chiose: *note, commenti*; metaforico.
6 pedantesche: *puntigliose.*
7 fariseo: nei Vangeli, colui che rispetta i precetti della religione ignorandone lo spirito profondo.
8 magnanime: *grandi.*
9 giogo: *dominio.*
10 adduci: *citi, riporti.*

parlare d'un sentimento solo in quanto lo possiamo condividere. La natura umana, – proseguii, – ha i suoi limiti; può tollerare gioia dolore e affanno fino a un certo grado, passato il quale soccombe. Qui si tratta di sapere non già se uno è debole o forte, sibbene[11] se è capace di sopportare il peso del suo dolore, non importa se morale o fisico; e trovo che è altrettanto strano dire che uno è codardo perché si toglie la vita, quanto dirlo di uno che soccombe a una febbre maligna.

– Paradosso, paradosso! – esclamò Alberto.

– Non quanto pensi, – replicai. – Ammetterai che chiamiamo malattia mortale quella che attacca la natura in modo tale che le sue energie sono in parte distrutte, in parte messe fuori uso: così che la natura non è più capace di rialzarsi, né con una felice reazione di ristabilire l'usato[12] corso della vita. Orbene, amico, applichiamo questo allo spirito. Considera l'uomo nella sua limitatezza, e vedi come le impressioni agiscono su di lui, le idee gli si radicano dentro, e come una crescente passione lo priva di ogni forza ragionativa e infine lo travolge. Invano l'uomo savio[13] e calmo capirà la condizione dell'infelice, invano gli farà dei ragionamenti. Proprio come il sano che al capezzale del malato non gli può trasfondere[14] nemmeno una stilla delle sue forze.

Alberto trovò generico il ragionamento.

Gli ricordai una ragazza che recentemente fu trovata annegata, e gliene ripetei la storia.

– Era una mansueta[15] giovane cresciuta nella limitata cerchia delle faccende domestiche, del lavoro esattamente distribuito lungo la settimana; nessuna idea di svago se non la domenica passeggiare con le compagne nei dintorni della città, acconciata con semplici ornamenti messi insieme a poco a poco; o magari ballare nelle feste solenni; e del resto chiacchierare per ore e ore, appassionatamente, con una vicina a proposito d'una lite, d'una maldicenza... Ma ecco che la sua ardente natura prova segrete brame che le lusinghe degli uomini vengono a rafforzare; le gioie usate le si fanno più e più[16] insipide, finché si imbatte in un uomo verso il quale un ignoto sentimento la porta irresistibilmente, sul quale concentra tutte le sue speranze; dimentica il mondo intero, non ode, non vede, non sente che lui, unico bene, non brama che lui, unico bene. Non corrotta dalle vuote smancerie d'un'incostante vanità, il suo desiderio la porta diritta allo scopo, vuol diventare sua, legarsi stabilmente a lui per trovare quella felicità alla quale aspira, per godere in un punto tutte le gioie verso le quali sospira. Ripetute promesse suggellano[17] la certezza delle sue speranze, audaci carezze accendono vieppiù[17] le sue brame, le invadono l'anima; ondeggia in una nebulosa coscienza, in un presentimento di tutte le gioie, è estremamente tesa, finalmente stende le braccia per stringere tutto quanto ha desiderato... e il suo amante l'abbandona. Impietrita, insensata, è sospesa su un abisso, tutto è tenebra intorno a lei, nessun avvenire, nessun conforto, nessuna speranza! perché colui nel quale unicamente viveva l'ha abbandonata. Non vede il vasto mondo che le si spiega davanti, non i tanti che potrebbero colmare quella perdita, si sente sola, abbandonata da tutti... e cieca, incalzata dall'orrenda angoscia del suo cuore, s'inabissa per soffocare le sue pene nell'abbraccio della morte... Vedi, Alberto, questa è la storia di molti uomini! e dimmi un poco, non è forse questo il caso della malattia? La natura non trova una via d'uscita dal labirinto delle forze confuse e contraddittorie, e l'uomo è costretto a morire. Guai a colui che può assistere a tanto e dire: "Che pazza! Avesse aspettato, avesse dato tempo al tempo, la disperazione si sarebbe placata, avrebbe trovato egualmente chi la consolasse...". È esattamente come dire: "Che matto, muore di febbre! Avesse pazientato fino a che le sue forze fossero tornate, i suoi umori risanati, il tumulto del sangue placato: tutto si sarebbe messo a posto, oggi ancora sarebbe in vita!".

Alberto, che non trovava abbastanza evidente il paragone, mi fece qualche obbiezione, fra l'altro osservò che io avevo parlato d'una ingenua fanciulla; che lui non poteva capire come si potesse giustificare un uomo intelligente, non così limitato di mente, capace di una vasta visione delle cose...

– Amico mio, – esclamai, – l'uomo è uomo, e quel po' di senno che può avere non vale che poco o nulla quando la passione infuria e uno si trova spinto agli estremi limiti dell'umanità! Tanto più... Ma ne parleremo un'altra volta, – dissi, e presi il cappello.

Avevo il cuore gonfio...

Ci separammo senza esserci capiti.

Come è difficile capirsi, in questo mondo.

da J. W. Goethe, *I dolori del giovane Werther*, trad. it. di P. Bianconi, Rizzoli, Milano 1952.

11 sibbene: *ma.*
12 l'usato: *il consueto.*
13 savio: *saggio.*
14 trasfondere: *trasmettere.*
15 mansueta: *calma.*
16 più e più: *sempre più.*
17 suggellano: *confermano.*
18 vieppiù: *sempre di più.*

Dal *Werther* all'*Ortis*: Albert e Odoardo L'Odoardo di Foscolo è per molti aspetti simile all'Albert di Goethe. Ecco come il protagonista foscoliano descrive il suo rivale in una lettera del primo novembre 1797.

Del resto, Odoardo sa di musica; gioca bene a scacchi, mangia, legge, dorme, passeggia, e tutto con l'oriuolo[1] alla mano; e non parla con enfasi se non per magnificare tuttavia la sua ricca e scelta biblioteca. Ma quand'egli mi va ripetendo con quella sua voce cattedratica, ricca e scelta, io sto lì lì per dargli una solenne mentita.[2]

1 oriuolo: *orologio.*
2 mentita: *smentita.*

Anche Ortis, come Werther, non riesce a scendere a compromessi con la fredda pazienza calcolatrice di chi ha sempre «l'oriuolo alla mano». Entrambi i protagonisti non riescono cioè ad accettare il modo di vivere misurato e pacato della borghesia.

T1

Le forme
- stile "lirico" della prosa

I temi
- carattere sacro e morboso della passione amorosa

L'amore per Teresa

Ecco uno dei numerosi brani del romanzo nei quali Jacopo parla dell'amore per Teresa. In questa lettera descrive il sonno della donna, raccontato con un misto di sacralità e morbosità.

12 maggio 1798.

Non ho osato no, non ho osato. – Io poteva abbracciarla e stringerla qui, a questo cuore. L'ho veduta addormentata: il sonno le tenea chiusi que' grandi occhi neri; ma le rose del suo sembiante[1] si spargeano allora più vive che mai su le sue guance rugiadose. Giacea il suo bel corpo abbandonato sopra un sofà. Un braccio le sosteneva la testa e l'altro pendea mollemente.[2] Io la ho più volte veduta a passeggiare e a danzare; mi sono sentito sin dentro l'anima e la sua arpa e la sua voce, e la ho adorata pien di spavento come se l'avessi veduta discendere dal paradiso – ma così bella come oggi, io non l'ho veduta mai, mai. Le sue vesti mi lasciavano trasparire i contorni di quelle angeliche forme; e l'anima mia le contemplava e – che posso più dirti? tutto il furore e l'estasi dell'amore mi aveano infiammato e rapito fuori di me. Io toccava come un divoto[3] e le sue vesti e le sue chiome odorose e il mazzetto di mammole ch'essa aveva in mezzo al suo seno – sì sì, sotto questa mano divenuta sacra ho sentito palpitare il suo cuore. Io respirava gli aneliti[4] della sua bocca socchiusa – io stava per succhiare tutta la voluttà di quelle labbra celesti – un suo bacio! e avrei benedette le lagrime che da tanto tempo bevo per lei – ma allora allora io l'ho sentita sospirare fra il sonno: mi sono arretrato, respinto quasi da una mano divina. T'ho insegnato io forse ad amare, ed a piangere? e cerchi tu un breve momento di sonno perché ti ho turbato le tue notti innocenti e tranquille? a questo pensiero me le sono prostrato davanti[5] immobile immobile rattenendo il sospiro: – e sono fuggito per non ridestarla alla vita angosciosa in cui geme. Non si querela,[6] e questo mi strazia ancor più: ma quel suo viso sempre più mesto, e quel guardarmi con pietà, e tremare sempre al nome di Odoardo, e sospirare sua madre – ah! il cielo non ce l'avrebbe conceduta se non dovesse anch'essa partecipare del sentimento del dolore.[7] Eterno Iddio! esisti tu per noi mortali? o sei tu padre

1 sembiante: *volto*, con termine poetico-letterario.
2 Giacea… mollemente: tutta la descrizione di Teresa è condotta quasi in riferimento a un'opera d'arte: si pensi alle sculture di Canova.
3 divoto: *devoto.*
4 gli aneliti: *i sospiri.*
5 me le… davanti: *mi sono inginocchiato davanti a lei.*
6 Non si querela: *non si lamenta.*
7 ah! il cielo… dolore: Jacopo vuol dire che l'amore di Teresa è stato concesso dal cielo soltanto per aumentare il dolore di entrambi.

Jacques-Louis David, *Ritratto di Madame Récamier*, 1800. Parigi, Musée du Louvre.

snaturato verso le tue creature? So che quando hai mandato su la terra la Virtù, tua figliuola primogenita, le hai dato per guida la Sventura. Ma perché poi lasciasti la giovinezza e la beltà così deboli da non poter sostenere le discipline di sì austera istitutrice?[8] In tutte le mie afflizioni ho alzato le braccia sino a te, ma non ho osato né mormorare né piangere: ahi adesso! E perché farmi conoscere la felicità s'io doveva bramarla[9] sì fieramente, e perderne la speranza per sempre? – per sempre! No, Teresa è mia, tutta; tu me l'hai assegnata perché mi creasti un cuore capace di amarla immensamente, eternamente.

da U. Foscolo, *Ultime lettere di Jacopo Ortis*, in *Opere*, a cura di F. Gavazzeni, *Prose e saggi*, Einaudi-Gallimard, Torino 1995.

8 Ma perché… istitutrice: l'amore di Jacopo, nutrito di gioventù e di bellezza, acquista una forza spregiudicata che supera le convenzioni sociali e le barriere imposte dalla famiglia.

9 bramarla: *desiderarla.*

Lavoriamo sul testo

Leggere e capire

Dove si trova il testo La lettera, datata 12 maggio 1798, è incorniciata tra una duplice delusione, politica ed esistenziale. La lettera precedente (8 maggio) si conclude con un'amara constatazione sulla situazione politica italiana: «Intanto? crescono ogni giorno i martiri perseguitati dal nuovo usurpatore della mia patria [:Napoleone]». Quella successiva (13 maggio) termina con una riflessione sull'inevitabile destino di morte: «Da qualunque parte io corressi anelando alla felicità, dopo un aspro viaggio pieno di errori e di tormenti, mi vedeva spalancata la sepoltura dove io m'andava a perdere con tutti i mali e tutti i beni di questa inutile vita».

Analizzare

La natura lirica della lettera Rispecchiando una tendenza generale dell'*Ortis*, il brano mostra una forte componente lirica: l'episodio è raccontato attraverso l'emotività del narratore, mentre non ci sono riferimenti oggettivi all'azione, che si riduce a un semplice spunto (la contemplazione dell'amata che dorme) proprio come nella poesia lirica.

Interpretare e approfondire

Una passione sacra e morbosa La passione di Jacopo presenta una composizione sacra e morbosa insieme, che rivela la doppia natura del romanzo. L'elemento sacro è testimoniato dalla descrizione di Teresa: le forme del suo corpo sono «angeliche» e le labbra sono «celesti». Avendole toccato i capelli e il seno, Jacopo specifica: «come un divoto»; la sua mano, che ha sentito il battito del cuore della donna, è «divenuta sacra». Sul punto di baciarla, Jacopo si sente «respinto quasi da una mano divina». E la confessione si conclude con una preghiera: solo Dio potrebbe unire Jacopo a Teresa, per far perdere all'amore ogni connotazione colpevole e farlo diventare espressione della stessa divinità. Ma nella lettera sono presenti anche tratti di forte sensualità: i vestiti di Teresa sono aderenti al suo corpo, così da lasciarne «trasparire» le «forme». Jacopo accarezza i capelli e il seno di Teresa e si avvicina alla sua bocca «per succhiare tutta la voluttà».

Esercizi

Prima prova A • L'analisi del testo

Comprendere

1 L'apparizione improvvisa della bellezza

Nella lettera Jacopo contempla Teresa mentre è addormentata. Perché il protagonista afferma «così bella come oggi, io non l'ho veduta mai, mai»?

2 Un bacio mancato

Durante la contemplazione della ragazza addormentata, Jacopo prova il forte desiderio di darle un bacio, ma si trattiene. Perché?

Analizzare

3 La doppia faccia della passione

Nella descrizione che Jacopo compie del corpo addormentato di Teresa sono presenti elementi che rimandano sia alla sacralità sia alla fisicità dell'amore. Sottolinea nel testo le espressioni che rivelano la doppia faccia, sacra e morbosa, della passione del protagonista.

Interpretare e approfondire

4 I rimproveri di Jacopo

L'ultima parte della lettera è occupata dal lamento di Jacopo nei confronti della divinità. Quali sono le accuse che il protagonista muove nei confronti dell'«Eterno Iddio»?

[*Ultime lettere di Jacopo Ortis*, lettera del 19 e 20 febbraio 1799]

T2

La lettera da Ventimiglia

Le forme
- linguaggio ricercato e letterario

I temi
- caducità della vita
- vanità della storia

Per sfuggire alla delusione politica e ai tormenti d'amore, Jacopo tenta di trovare rifugio all'estero. Arrivato a Ventimiglia, al confine con la Francia, il protagonista riflette sulla tragica condizione umana e sulla vanità della storia, che gli appare senza senso. Poi, pensando a se stesso e al suo sconforto, decide di rimanere in Italia, meditando sul proprio destino di morte.

Alfine eccomi in pace! – Che pace? stanchezza, sopore di sepoltura.[1] Ho vagato per queste montagne. Non v'è albero, non tugurio,[2] non erba. Tutto è bronchi;[3] aspri e lividi macigni; e qua e là molte croci che segnano il sito[4] de' viandanti assassinati.

Là giù è il Roja,[5] un torrente che quando si disfanno i ghiacci precipita dalle viscere delle alpi, e per gran tratto ha spaccato in due queste immense montagne. V'è un ponte presso alla marina che ricongiunge il sentiero. Mi sono fermato su quel ponte, e ho spinto gli occhi sin dove può giungere la vista; e percorrendo due argini di altissime rupi e di burroni cavernosi, appena si vedono imposte su le cervici dell'alpi altre alpi di neve[6] che s'immergono nel cielo e tutto biancheggia e si confonde – da quelle spalancate alpi scende e passeggia ondeggiando la tramontana e per quelle fauci invade il mediterraneo. La natura siede qui solitaria e minacciosa, e caccia da questo suo regno tutti i viventi.

I tuoi confini, o Italia, son questi! ma sono tutto dì sormontati d'ogni parte dalla pertinace avarizia[7] delle nazioni. Ove sono dunque i tuoi figli? Nulla ti manca se non la forza della concordia. Allora io spenderei gloriosamente la mia vita infelice per te: ma che può fare il solo mio braccio e la nuda mia voce? – Ov'è l'antico terrore della tua gloria? Miseri! noi andiamo ogni dì memorando la libertà e la gloria degli avi le quali quanto più splendono tanto più scoprono la nostra abbietta[8] schiavitù. Mentre invochiamo quelle ombre magnanime, i nostri nemici calpestano i loro sepolcri.[9] E verrà forse giorno che noi perdendo e le sostanze, e l'intelletto, e la voce sarem fatti simili agli schiavi domestici degli antichi, o trafficati[10] come i miseri Negri, e vedremo i nostri padroni schiudere le tombe e disseppellire, e disperdere al vento le ceneri di que' Grandi per annientarne le ignude memorie; poiché oggi i nostri fasti[11] ci sono cagione di superbia, ma non eccitamento dall'antico letargo.

Così grido quand'io mi sento insuperbire nel petto il nome Italiano, e rivolgendomi intorno io cerco né trovo più la mia patria. Ma poi dico: Pare che gli uomini sieno fabbri[12] delle proprie sciagure; ma le sciagure derivano dall'ordine universale, e il genere umano serve orgogliosamente e ciecamente a' destini. Noi argomentiamo

1 sopore di sepoltura: *rilassatezza simile alla morte.*
2 tugurio: *tana.*
3 bronchi: *cespugli di spini.*
4 sito: *luogo.*
5 Roja: è il fiume che dal Colle di Tenda si getta nel mar Ligure attraversando Ventimiglia.
6 appena... neve: *si intravedono appena, collocate dietro i valichi delle Alpi, altre Alpi innevate.* La "cervice" è propriamente la parte inferiore del collo, ma in effetti la descrizione della natura è tutta condotta sulla personificazione e animazione dei dati (vedi **fauci**: *gole*).
7 pertinace avarizia: *ostinata avidità.*
8 abbietta: *vergognosa.*
9 i loro sepolcri: Jacopo allude ai sepolcri dei **Grandi** (r. 22) sepolti in Santa Croce, a Firenze: Galilei, Michelangelo, Machiavelli, Alfieri.
10 trafficati: *resi oggetti di scambio.*
11 i nostri fasti: *il nostro glorioso passato.* Nell'antica Roma i *Fasti* erano i giorni in cui era possibile esercitare la vita politica, civile ed economica (in contrapposizione ai *Nefasti*).
12 fabbri: *artefici.*

La lingua nel tempo: Sito. Nell'italiano letterario, il termine *sito* può essere sinonimo dei participi passati "posto" o "collocato" (per esempio: "l'albero sito in quel giardino"), oppure può semplicemente indicare – quale sostantivo – un luogo considerato soprattutto per l'importanza della sua posizione (es: "sito archeologico"). Oggi il termine *sito* è usato nella forma di participio passato solo nel linguaggio burocratico e formale (es.: "l'immobile sito in via del Corso"), mentre un uso più comune è quello collegato ai nuovi "luoghi" di Internet (es.: "il sito delle Pubblica Istruzione").

su gli eventi di pochi secoli: che sono eglino[13] nell'immenso spazio del tempo? Pari alle stagioni della nostra vita mortale, pajono talvolta gravi di straordinarie vicende, le quali pur sono comuni e necessarj effetti del tutto. L'universo si controbilancia.[14] Le nazioni si divorano perché una non potrebbe sussistere senza i cadaveri dell'altra. Io guardando da queste alpi l'Italia piango e fremo, e invoco contro gl'invasori vendetta; ma la mia voce si perde tra il fremito ancora vivo di tanti popoli trapassati, quando i Romani rapivano il mondo, cercavano oltre a' mari e a' deserti nuovi imperi da devastare, manomettevano gl'Iddii de' vinti, incatenavano principi e popoli liberissimi, finché non trovando più dove insanguinare i lor ferri, li ritorceano contro le proprie viscere. Così gli Israeliti trucidavano i pacifici abitatori di Canaan,[15] e i Babilonesi poi strascinarono nella schiavitù i sacerdoti, le madri, e i figliuoli del popolo di Giuda. Così Alessandro rovesciò l'impero di Babilonia, e dopo avere arsa passando tutta la terra, si corrucciava[16] che non vi fosse un altro universo. Così gli Spartani tre volte smantellarono Messene e tre volte cacciarono dalla Grecia i Messeni[17] che pur Greci erano e della stessa religione e nipoti de' medesimi antenati. Così sbranavansi gli antichi Italiani finché furono ingojati dalla fortuna di Roma. Ma in pochissimi secoli la regina del mondo divenne preda de' Cesari, de' Neroni, de' Costantini, de' Vandali, e de' Papi. Oh quanto fumo di umani roghi ingombrò il cielo della America, oh quanto sangue d'innumerabili popoli che né timore né invidia recavano agli Europei, fu dall'oceano portato a contaminare d'infamia le nostre spiagge! ma quel sangue sarà un dì vendicato e si rovescierà su i figli degli Europei! Tutte le nazioni hanno le loro età. Oggi sono tiranne per maturare la propria schiavitù di domani: e quei che pagavano dianzi vilmente il tributo, lo imporranno un giorno col ferro e col fuoco. La terra è una foresta di belve.[18] La fame, i diluvj, e la peste sono ne' provedimenti della natura come la sterilità di un campo che prepara l'abbondanza per l'anno vegnente: e chi sa? fors'anche le sciagure di questo globo apparecchiano[19] la prosperità di un altro.

13 eglino: *essi.*
14 L'universo si controbilancia: Jacopo riflette sulla grandezza di Roma e vede che essa è derivata dalla rovina di altre civiltà; nello stesso modo anche l'Italia sta pagando con il proprio sacrificio il trionfo delle dominazioni straniere.
15 Canaan: è il territorio coincidente con la Palestina e la Fenicia.
16 si corrucciava: *si dispiaceva.*
17 Messeni: contro i Messeni, popolazione stanziata nel Peloponneso sud-occidentale, gli Spartani condussero, tra l'VIII e il V secolo a.C., tre spietate guerre imperialistiche. In seguito a queste guerre i Messeni furono ridotti in schiavitù o esiliati.
18 La terra... belve: Foscolo fa proprio il principio filosofico di Hobbes, che vede la condizione naturale umana come rapporto di conflitti quasi bestiali («*Homo homini lupus*» = L'uomo è un lupo per gli altri uomini), mitigato dal diritto sociale.
19 apparecchiano: *preparano.*

▼ Caspar David Friedrich, *Mattino sul Riesengebirge*, 1810-1811. Berlino, Nationalgalerie.

Frattanto noi chiamiamo pomposamente virtù tutte quelle azioni che giovano alla sicurezza di chi comanda, e alla paura di chi serve.[20] I governi impongono giustizia; ma potrebbero eglino imporla se per regnare non l'avessero prima violata? Chi ha derubato per ambizione le intere province, manda solennemente alle forche chi per fame invola[21] del pane. Onde[22] quando la forza ha rotti tutti gli altrui diritti, per serbarli poscia[23] a sé stessa inganna i mortali con le apparenze del giusto fin che un'altra forza non la distrugga. Eccoti il mondo, e gli uomini. Sorgono frattanto d'ora in ora alcuni più arditi mortali; prima derisi come frenetici, e sovente come malfattori decapitati: che se poi vengono patrocinati[24] dalla fortuna ch'essi credon lor propria, ma che in somma non è che il moto prepotente delle cose, allora sono obbediti e temuti, e dopo morte deificati. Questa è la razza degli eroi, de' capi-sette, e de' fondatori delle nazioni i quali dal loro orgoglio e dalla stupidità de' volghi[25] si stimano saliti tant'alto per proprio valore; e sono cieche ruote dell'oriuolo.[26] Quando una rivoluzione del globo è matura, necessariamente vi sono gli uomini che la incominciano, e che fanno de' loro teschj sgabello al trono di chi la compie. E perché l'umana schiatta[27] non trova né felicità né giustizia sopra la terra, crea gli Dei protettori della debolezza e cerca premj futuri del pianto presente. Ma gli Dei si vestirono in tutti i secoli delle armi de' conquistatori; e opprimono le genti con le passioni, i furori, e le astuzie di chi vuole regnare.[28]

Lorenzo, sai tu dove vive ancora la vera virtù? in noi pochi deboli o sventurati; in noi che dopo avere sperimentati tutti gli errori, e sentiti tutti i guai della vita, sappiamo compiangerli e soccorrerli. Tu, o compassione, sei la sola virtù! tutte le altre sono virtù usuraje.[29]

Ma mentre io guardo dall'alto le follie e le fatali sciagure della umanità, non mi sento forse tutte le passioni, e la debolezza ed il pianto, soli elementi dell'uomo? Non sospiro ogni dì la mia patria? Non dico a me lagrimando: Tu hai una madre e un amico – tu ami – te aspetta una turba[30] di miseri, dove fuggi? anche nelle terre straniere ti perseguiranno la perfidia degli uomini e i dolori e la morte: qui cadrai forse, e niuno[31] avrà compassione di te; e tu senti pure nel tuo misero petto il piacere di essere compianto. Abbandonato da tutti, non chiedi tu ajuto dal cielo? non t'ascolta; eppure nelle tue afflizioni il tuo cuore torna involontario a lui: ti prostra, ma all'are domestiche.

O Natura! hai tu forse bisogno di noi sciagurati, e ci consideri come i vermi e gl'insetti che vediamo brulicare e moltiplicarsi senza sapere a che[32] vivano? Ma se tu ci hai dotati del funesto istinto della vita sì che il mortale non cada sotto la soma[33] delle sue infermità ed ubbidisca irrepugnabilmente[34] a tutte le tue leggi, perché poi darci questo dono ancor più funesto della ragione? Noi tocchiamo con mano tutte le nostre calamità ignorando sempre il modo di ristorarle.

Perché dunque io fuggo? e in quali lontane contrade io vado a perdermi? dove mai troverò gli uomini diversi dagli uomini? O non presento io forse i disastri, le infermità, e la indigenza che fuori della mia patria mi aspettano? – Ah no! Io tornerò a voi, o sacre terre, che prime udiste i miei vagiti, dove tante volte ho riposato queste mie membra affaticate, dove ho trovato nella oscurità e nella pace i miei pochi diletti, dove nel dolore ho confidato i miei pianti. Poiché tutto è vestito di tristezza per me, se null'altro

20 Frattanto... serve: Jacopo è consapevole del fatto che la legge è il diritto del più forte, affermatosi distruggendo il precedente stato giuridico.
21 invola: *ruba*.
22 Onde: *dalla qual cosa*.
23 poscia: *dopo*.
24 patrocinati: *difesi*.
25 volghi: *popoli*.
26 cieche ruote dell'oriuolo: *ciechi ingranaggi dell'orologio*, cioè funzioni strumentali di un altro potere.
27 schiatta: *stirpe*.
28 Ma gli Dei... regnare: Foscolo respinge i valori religiosi di ogni tempo in quanto inevitabilmente connessi con il potere politico dominante.
29 usuraje: cioè che chiedono comunque qualcosa in cambio.
30 turba: *moltitudine*.
31 niuno: *nessuno*.
32 a che: *per quale scopo*.
33 la soma: *il peso*.
34 irrepugnabilmente: *senza opporsi*.

posso ancora sperare che il sonno eterno della morte – voi sole, o mie selve, udirete il mio ultimo lamento, e voi sole coprirete con le vostre ombre pacifiche il mio freddo cadavere. Mi piangeranno quegli infelici che sono compagni delle mie disgrazie; e se le passioni vivono dopo il sepolcro, il mio spirito doloroso sarà confortato da' sospiri di quella celeste fanciulla ch'io credeva nata per me, ma che gl'interessi degli uomini e il mio destino feroce mi hanno strappata dal petto.[35]

da U. Foscolo, *Opere*, cit.

35 Poiché tutto… petto: in questo, come in molti altri passi del romanzo, è anticipato il tema dei *Sepolcri*: l'unico valore che rimane all'uomo è il conforto dopo la morte, la forza del ricordo.

Lavoriamo sul testo

Leggere e capire

Com'è diviso il testo Il brano può essere diviso in quattro parti:

1. rr 1-12: descrivono la natura selvaggia della zona di Ventimiglia: un paesaggio montuoso pieno di ghiacciai e burroni;
2. rr. 13-24: riflettono sulla situazione politica dell'Italia, una nazione che non ha più il prestigio conquistato nell'epoca romana, ma che ormai è invasa dai popoli stranieri;
3. rr. 25-77: esprimono le amare considerazioni di Jacopo sulla vita umana: l'universo è regolato da un ciclo di nascita e morte, per cui la storia appare come una lotta senza senso che produce solo sofferenze inutili. Approfittando della stoltezza dei popoli, i re e i comandanti si servono della religione per sottomettere le masse;
4. rr. 78-104: analizzano il destino di Jacopo, che comprende l'inutilità della sua fuga in un mondo in cui non esiste un luogo libero dal dolore («mai troverò gli uomini diversi dagli uomini», rr. 93-94) e decide di tornare a morire in patria (▶ Un tema per discutere). L'ultimo pensiero è per Teresa, sentita ormai come un'illusione perduta «che gl'interessi degli uomini e il mio destino feroce mi hanno strappata dal petto» (rr. 103-104).

Analizzare

Lo stile artificioso e letterario Come tutto il romanzo, anche questo brano riflette il linguaggio artificioso della narrazione. Abbondano, infatti, aggettivi che esasperano i toni: le montagne sono «immense» (r. 5), le rupi «altissime» e i burroni «cavernosi» (r. 8), il tempo è «immenso» (r. 29), i popoli «innumerabili» (r. 47). Inoltre, la solennità del discorso è data anche dalla scelta di immagini letterarie. L'espansione dell'Impero romano è volontà di «insanguinare i lor ferri» (r. 37); le stragi in America finiscono per «contaminare d'infamia le nostre spiagge» (r. 48): ogni elemento della realtà è filtrato da Jacopo attraverso la memoria letteraria.

Interpretare e approfondire

Il paesaggio riflette lo stato d'animo Il paesaggio – tragico e grandioso, spaventoso e affascinante – riflette la condizione interiore del protagonista. Il suo animo sconvolto annuncia l'avvicinarsi della tragedia e la natura porta gli stessi segni di morte che Jacopo ha dentro di sé («molte le croci che segnano il sito de' viandanti assassinati», r. 3) e rivela i tratti di una simile devastazione (il Roja «ha spaccato in due queste immense montagne» r. 5). Alla fine la natura è personificata e si mostra «solitaria e minacciosa», scacciando così ogni forma di vita dal luogo dove si manifesta.

Il pessimismo: la vanità della storia e l'incombere della morte *La Lettera da Ventimiglia* è uno dei maggiori esempi del pessimismo di Foscolo, per il quale la natura è regolata da un ciclo di trasformazioni in cui ogni processo è solo uno stato transitorio prima della morte. Anche la storia appare senza senso: una lotta cieca per il potere, nella quale i vincitori di oggi saranno gli sconfitti di domani. «Tutte le nazioni hanno le loro età. Oggi sono tiranne, per maturare la propria schiavitù di domani… La terra è una foresta di belve» (rr. 49-52). Non c'è motivo per tanta crudeltà, se non quello di un equilibrio universale dominato dall'unica sicurezza esistente: la morte. E Jacopo, nelle riflessioni da Ventimiglia, se ne rende tragicamente conto, meditando il ritorno in patria per compiere l'unico destino possibile: il suicidio.

Esercizi

Prima prova A • L'analisi del testo

Comprendere

1 La descrizione della natura

Perché la descrizione iniziale della natura conduce Jacopo a pensare all'avidità degli uomini?

a. perché si sta allontanando da Teresa
b. perché gli permette di guardare dall'alto le sciagure che si abbattono sugli uomini
c. perché è stanco di viaggiare senza meta
d. perché il confine d'Italia, nonostante si presenti inaccessibile, è continuamente oltrepassato da altri popoli a causa della loro sete di conquista

2 La colpa dei governanti

Che cosa rimprovera Jacopo ai governi che si sono succeduti nelle diverse epoche storiche?

a. di aver violato la giustizia per ottenere il potere
b. di aver calpestato i diritti dei popoli
c. di aver eletto capi indegni e incapaci di comandare
d. di aver causato troppo guerre inutili

3 Gli uomini e la Natura

Quale similitudine usa Jacopo per descrivere gli uomini di fronte alla Natura?

a. gli uomini sono come servi fedeli
b. gli uomini sono come vermi e insetti
c. gli uomini sono come dei pazzi isterici
d. gli uomini sono come dei capi autoritari

4 La decisione finale

Alla fine della lettera Jacopo decide di... Scegli il completamento corretto:

a. tornare sui colli Euganei
b. fuggire in Francia
c. fermarsi ancora ad ammirare il paesaggio
d. scrivere un'altra lettera all'amico Lorenzo

Analizzare

5 Uno sguardo alla storia

Jacopo riflette sulla grandezza di Roma e ripercorre le fasi della storia delle antiche civiltà. Completa una tabella come questa, indicando per ogni popolo o personaggio storico suggerito l'episodio narrato da Foscolo.

popolo/personaggio storico	episodio
Romani	rapinarono il mondo, sottomettendo popoli liberi
Israeliti	...
...	trascinarono in schiavitù i Giudei
Alessandro	...
...	...
le antiche popolazioni d'Italia	...
Roma	...
le popolazioni dell'America	...

Interpretare e approfondire

6 Sulla morte e la sepoltura

Nella parte conclusiva della lettera Jacopo si rende conto dell'inutilità della sua fuga perché niente riuscirà a fargli evitare l'unica soluzione possibile, cioè il suicidio. Anche nel resto del brano sono presenti numerosi richiami a due temi fondamentali in Foscolo: la morte e la sepoltura. Quale concezione ne emerge?

Sull'orgoglio di essere italiani

Il patriottismo per una patria che non c'era ancora fu uno dei motivi ispiratori di Foscolo. Nel nuovo millennio, che ne è dell'orgoglio di essere cittadini della nostra nazione?

1861 > 2011 > >
150° anniversario Unità d'Italia

Il logo ufficiale del centocinquantesimo anniversario dell'Unità nazionale.

Travolto da una cocente delusione politica – l'Italia diventata preda di ingordi sovrani stranieri che calpestano il prestigio della storia romana – Jacopo Ortis si dichiara orgoglioso di essere italiano: «così grido quand'io mi sento insuperbire nel petto il nome Italiano». Nel nuovo millennio, esiste ancora l'orgoglio di essere cittadini di una nazione, la nostra, che nel 2011 ha celebrato il centocinquantesimo anniversario della sua unificazione politica? Nel febbraio 2008 sul «Venerdì», settimanale di cultura del quotidiano «la Repubblica», è uscito uno speciale intitolato *L'inquieta identità dei figli di Manzoni*, a cura di Paola Zanuttini. Ne riportiamo un breve estratto, nel quale la giornalista fa un'intervista anche al linguista Raffaele Simone.

Che cosa ci rende orgogliosi di essere italiani?

“ La nostra sarà anche una repubblica fondata sul lavoro, ma a tenerla insieme, o appiccicata, ci pensa la gomma americana, visto che siamo tra i più accaniti consumatori al mondo di chewing gum. Se questo è un sintomo, siamo sull'orlo di una crisi di nervi. L'Italia, che a Torino, da marzo, si prepara a celebrare con tre anni di anticipo il centocinquantennale dell'Unità (1861), deve proprio masticare amaro: da un sondaggio realizzato dalla Swg[1] per il *Venerdì*, risulta che solo il 52 per cento dei suoi cittadini considera l'unità un bene irrinunciabile. E a nord la percentuale scende al 45, per non dire che oltre un quarto dei settentrionali la considera una realtà storica modificabile. Ma a parlare di patria, elemento che perturba per definizione, le cose si complicano: inattesi, 76 intervistati su cento la considerano un valore attuale in cui identificarsi. Quale patria? Tante piccole patrie, visto che la percentuale dei devoti alla causa varia sensibilmente dal Nord (66) al Centro (75) al Sud (82). [...]

Raffaele Simone, direttore del Dipartimento di Linguistica a Roma Tre, è uno dei più influenti [linguisti] in Europa. [Gli domandiamo:] «A tenerci insieme, oltre al chewing gum, c'è la Nazionale di calcio. Per 40 intervistati su cento è l'entità che più ci fa sentire italiani. Seguono pizza (35%), Ferrari (15%), spaghetti (10%). Ma cosa cementa davvero l'identità di un popolo?».

«Preferirei poter dichiarare che il nostro orgoglio nazionale sono i master universitari o l'intelligenza. Mi accontento di dire che mi fa sentire abbastanza italiano la meravigliosa varietà della nostra cucina. Ma poi tutta questa varietà non aiuta a unire. La Nazionale in effetti è il nostro principale movente. Non a caso negli ultimi vent'anni i politici [...] si sono buttati sullo sport. Per tenere insieme un popolo ci vuole quello che, nel *Discorso sopra lo stato presente dei costumi degl'italiani*, Leopardi, lamentandone già allora la mancanza, definiva la *società stretta*: un'associazione basata sul reciproco riconoscimento e sulla convinzione che il bene dell'altro, quindi comune, giovi anche a me».

adatt. da P. Zanattini, *L'inquieta identità dei figli di Manzoni*, «il Venerdì di Repubblica», 29 febbraio 2008.

• 1 **Swg:** azienda italiana specializzata in ricerche sociali e di mercato.

RIFLETTERE E ARGOMENTARE

1 Spunti per la discussione
«Così grido quand'io mi sento insuperbire nel petto il nome Italiano, e rivolgendomi intorno io cerco né trovo più la mia patria». Dietro alle parole di Jacopo c'è l'indignazione di Foscolo contro l'indifferenza dei contemporanei alle vicende politiche del tempo. Confronta, insieme con i tuoi compagni, l'atteggiamento del poeta con i risultati del sondaggio presentato nell'attualizzazione: ti sembra che l'orgoglio di appartenere alla nostra nazione si basi sulle stesse fondamenta storiche e intellettuali proposte da Foscolo?

L'opera

Poesie

Identikit dell'opera

edizioni e struttura

1802 prima edizione: otto sonetti + l'ode *A Luigia Pallavicini caduta da cavallo*
1803 edizione definitiva: dodici sonetti + due odi: *A Luigia Pallavicini caduta da cavallo* e *All'amica risanata*

temi

Odi
- bellezza femminile come valore eterno e immodificabile
- poesia strumento celebrativo del valore eterno della bellezza

I quattro sonetti ultimi

Alla sera
- sera come momento che porta tranquillità nell'animo umano
- morte elemento che placa le angosce della vita

A Zacinto
- esilio
- mondo classico come esempio di armonia
- poesia strumento per rendere eterni i valori dell'uomo

Alla Musa
- poesia strumento celebrativo della bellezza
- turbolenze storiche e personali

In morte del fratello Giovanni
- morte dei cari
- importanza del sepolcro
- esilio e nostalgia della patria

Una produzione lirica ridotta

La produzione poetica di Foscolo è piuttosto ridotta. Nella raccolta pubblicata a Pisa nel 1802, intitolata *Poesie*, egli inserisce otto sonetti e l'ode *A Luigia Pallavicini caduta da cavallo*, ma esclude tutti gli altri testi giovanili. Nel 1803 esce a Milano un'edizione ampliata, che poi sarebbe stata quella definitiva, con quattro nuovi sonetti e l'ode *All'amica risanata*.

Le due odi

Le odi foscoliane sono un esempio del Neoclassicismo settecentesco e si ispirano all'opera di Parini. Prendendo spunto da due donne realmente conosciute dal poeta – rispettivamente la genovese Luigia Pallavicini e la milanese Antonietta Fagnani Arese – entrambi i componimenti cantano il mito della bellezza, valore eterno e immodificabile, incarnato nella fragilità femminile: per questa ragione le protagoniste sono colte nel momento in cui la realtà, segnata dai contrattempi e dal caso, minaccia di diminuirne lo splendore. L'inciviltà che domina il mondo può manifestarsi nella furia di un cavallo, come nei versi dedicati alla Pallavicini, oppure attraverso i sintomi di una lunga malattia, come accade nell'*Amica risanata* (▶ T3).

I sonetti: gli otto antichi e i quattro ultimi

I primi otto sonetti sono fortemente influenzati dalla lirica di Alfieri, di cui riproducono l'atteggiamento risentito e l'eroico senso della morte. Gli ultimi quattro, che costituiscono l'esito maggiore della produzione poetica foscoliana, trovano invece un perfetto equilibrio grazie a un linguaggio ispirato al senso della misura tipico dei modelli classici. Eccone una breve sintesi.

- *Alla sera* (▶ T4) rielabora il tema tradizionale della sera che porta pace nell'animo, associandolo ai motivi della morte e della vanità di tutte le cose, tra cui anche gli affanni dell'animo umano e la lotta per gli ideali.
- *A Zacinto* (▶ T5) rievoca il mondo classico, esempio di armonia e perfezione, per scacciare i turbamenti dovuti alla situazione presente ed esalta la poesia come strumento per celebrare e rendere eterni i più alti valori ideali.
- *Alla Musa* trasforma il tema dell'arte e dell'ispirazione poetica in un intenso dato esistenziale: il poeta qui si rammarica che le difficoltà biografiche e storiche abbiano allontanato la bellezza annunciata dalla poesia.
- *In morte del fratello Giovanni* (▶ T6) presenta una sintesi dei maggiori temi foscoliani (la patria, l'esilio, la tomba come centro degli affetti familiari) rivolti alla morte del fratello Giovanni, suicidatosi nel 1801.

T3

Le forme
- lessico ricercato
- stile elevato

I temi
- potere consolatorio della bellezza

All'amica risanata

Composta fra la primavera del 1802 e quella del 1803, l'ode è dedicata all'amante del poeta, la contessa Antonietta Fagnani Arese (1778-1847). La donna era stata a lungo malata durante l'inverno precedente; e il componimento celebra, come dice il titolo, l'avvenuta guarigione («risanata» significa 'guarita'; mentre in «amica» è presente il senso latino di 'amante').

Qual dagli antri marini[1]
L'astro più caro a Venere
Co' rugiadosi crini[2]
Fra le fuggenti tenebre
Appare, e il suo vïaggio
Orna col lume dell'eterno raggio,

Sorgon così tue dive
Membra dall'egro talamo,
E in te beltà rivive,
L'aurea beltate ond'ebbero
Ristoro unico a' mali
Le nate a vaneggiar menti mortali.[3]

Fiorir sul caro viso
Veggo la rosa, tornano
I grandi occhi al sorriso
Insidïando; e vegliano
Per te in novelli pianti
Trepide madri, e sospettose amanti.

Le Ore[4] che dianzi meste
Ministre eran de' farmachi,
Oggi l'indica veste,
E i monili cui gemmano
Effigïati Dei
Inclito studio di scalpelli achei,

E i candidi coturni[5]
E gli amuleti recano
Onde a' cori notturni
Te, Dea, mirando obbliano
I garzoni le danze,
Te principio d'affanni e di speranze.

O quando l'arpa adorni
E co' novelli numeri

PARAFRASI

1-12 Come (Qual) dalle caverne (antri) marine appare fra le tenebre che fuggono [dinanzi a lui] l'astro più caro a Venere [: il pianeta Venere] con i (co'<i>) capelli (crini) pieni di rugiada (rugiadosi), e abbellisce (orna) il proprio (suo) viaggio con la luce del sole (dell'eterno raggio), così si risollevano (sorgon) le tue membra divine (dive) dal letto (talamo) di malattia (egro = *malato*), e in te rivive la bellezza, la dorata (aurea) bellezza dalla quale (ond'<e>) le menti degli uomini (mortali) nate per inutili passioni (a vaneggiar = *a delirare*) ebbero l'unica consolazione (ristoro) ai [loro] mali.
13-18 Vedo (veggo) rinascere (fiorir) sul [tuo] caro viso il colorito roseo (la rosa), e i [tuoi] grandi occhi tornano a sorridere seducendo (insidïando = *tendendo insidie*); e per causa tua (per te) madri preoccupate (trepide) e amanti gelose (sospettose) vegliano [: restano sveglie e controllano] con (in) nuovi (novelli) pianti [: timori e sofferenze].
19-30 Le Ore che poco fa (dianzi) erano tristi (meste) distributrici (ministre) dei farmaci, oggi [ti] portano (recano) il vestito di seta (indica = *dell'India*) e i gioielli che (cui) adornano (gemmano) figure di Dei (effigïati Dei) [: soggetto] lavoro (studio) meraviglioso (inclito) di artigiani (scalpelli) greci (achei) e le bianche calzature (coturni) e gli [altri] abbellimenti (amuleti) per cui (onde) ai balli (a' cori) notturni i giovani (garzoni) dimenticano (obbliano) le danze ammirando te, [o] Dea, te [che sei] causa (principio) di sofferenze e di speranze.
31-42 [I giovani ti ammirano] sia (O) quando abbellisci (adorni) l'arpa [: la onori suonandola] tanto (e) con i ritmi (numeri) originali (novelli) quanto con i dolci (molli) contorni delle

Metrica ode di sedici strofe di sei versi ciascuna (cinque settenari e un endecasillabo), con rime secondo lo schema abacdD. Il secondo e il quarto verso della strofa, liberi dalla rima, sono entrambi sdruccioli.

1 Qual dagli antri...: la vasta similitudine iniziale, che si stende su due intere strofe, innalza la figura della destinataria alla sfera del mito classico, presentando subito il tema centrale dell'ode: il potere consolatore della bellezza.

2 Co' rugiadosi crini: duplice riferimento: alla dea **Venere**, nata dalle acque; al pianeta Venere, che si immagina sorgere, con i suoi raggi (indicati per metafora dai **crini**), sul mare.

3 Le nate... mortali: è il tratto pessimistico di fondo dell'ideologia foscoliana, scarsamente fiduciosa nel destino dell'uomo.

4 Ore: la maiuscola indica la personificazione, in perfetto stile neoclassico.

5 coturni: è propriamente l'alto calzare usato nel teatro classico dagli attori tragici.

E co' molli contorni
Delle forme che facile
Bisso seconda, e intanto
Fra il basso sospirar vola il tuo canto

Più periglioso; o quando
Balli disegni, e l'agile
Corpo all'aure fidando
Ignoti vezzi sfuggono
Dai manti, e dal negletto
Velo scomposto sul sommosso petto.

All'agitarti, lente
Cascan le trecce, nitide
Per ambrosia[6] recente,
Mal fide all'aureo pettine
E alla rosea ghirlanda
Che or con l'alma salute april ti manda.

Così[7] ancelle d'Amore
A te d'intorno volano
Invidïate l'Ore,
Meste le Grazie[8] mirino
Chi la beltà fugace
Ti membra, e il giorno dell'eterna pace.

Mortale guidatrice[9]
D'oceanine vergini[10]
La Parrasia pendice
Tenea la casta Artemide
E fea terror di cervi
Lungi fischiar d'arco cidonio[11] i nervi.

Lei predicò la fama[12]
Olimpia prole; pavido
Diva il mondo la chiama,
E le sacrò l'Elisio[13]
Soglio, ed il certo telo,
E i monti, e il carro della luna in cielo.

PARAFRASI

[tue] forme, che cedevole (facile) bisso [: una stoffa pregiata] modella (seconda), e intanto il tuo canto vola più pericoloso [: perché conquista i cuori] tra il sospirare sommesso (basso) [degli ascoltatori ammirati]; [e ti ammirano] sia quando tracci (disegni; verbo) balli, e affidando l'agile corpo all'aria sfuggono bellezze (vezzi) nascoste (ignoti = *sconosciuti*) dalle vesti (dai manti) e dal dimenticato (negletto) velo scomposto sul petto agitato (sommosso).

43-48 Ai tuoi movimenti (All'agitarti) [: nel ballo], cascano lentamente le trecce, brillanti (nitide) per l'unguento (ambrosia) [messo su di essi] recentemente, non sostenute (mal fide = *affidate in modo insicuro*) dal pettine d'oro e dalla corona (ghirlanda) di rose che ora la primavera (april) ti regala (ti manda) insieme alla salute vivificante (alma).

49-54 Così volano intorno a te, invidiate [dalle altre donne], le Ore, ancelle dell'amore, [e] le Grazie maledicano (meste… mirino = *guardino in modo funebre*) chi ti ricorda (ti membra) la bellezza fugace e il giorno della pace eterna [: la morte].

55-60 La casta Artemide abitava (tenea) le pendici del [monte] Parrasio [ed era] una [donna] mortale che guidava le vergini [: ninfe] oceanine e faceva (fea) sibilare (fischiar) in lontananza (lungi) le corde (i nervi) dell'arco cidonio, terrore dei cervi.

61-66 La fama la (lei; cioè Artemide) proclamò (predicò) figlia dell'Olimpo (olimpia) [: cioè dea, figlia di Giove e Latona]; il mondo, timoroso (pavido), la chiama Dea (Diva), e le consacrò il trono dell'Eliso (l'Elisio soglio), e la freccia (telo) infallibile (certo), e i monti e in cielo la luna (il carro della luna).

▶ François Boucher, *Toilette di Venere*, 1751. New York, Metropolitan Museum of Art.

6 ambrosia: è propriamente la bevanda profumata degli dèi classici, che conservava loro l'immortalità. La metafora si collega dunque a un tema centrale dell'ode: la facoltà di eternare la bellezza attraverso la poesia.
7 Così: nei modi descritti ai vv. 19-48.
8 Grazie: secondo il mito classico, sono le tre ancelle di Venere.
9 Mortale guidatrice: prende il via una serie di esempi atti a dimostrare il potere della poesia di rendere divina ed eterna la bellezza di donne famose. Il primo esempio riguarda Artemide, dea greca della morte (e regina dei Campi Elisi), nonché della caccia e dei boschi, raffigurata anche nella Luna come sorella del Sole/Apollo; la quale era inizialmente una comune mortale, abilissima nella caccia.
10 oceanine vergini: si tratta di sessanta ninfe assegnate da Zeus ad Artemide per accompagnarla nella caccia, così come narra il poeta greco Callimaco.
11 cidonio: cioè 'costruito a Cidone', città rinomata per l'industria degli archi.
12 la fama: la fama, che ha divinizzato Artemide, si è servita soprattutto degli strumenti dei poeti. Per le qualità divine di Artemide in terra, nell'oltretomba e in cielo ▶ nota 9.
13 Elisio: dei Campi Elisi, il paradiso del mito classico.

Are così a Bellona,[14]
Un tempo invitta amazzone,
Die' il vocale Elicona;
Ella il cimiero e l'egida
Or contro l'Anglia[15] avara
E le cavalle ed il furor prepara.

E quella[16] a cui di sacro
Mirto te veggo cingere
Devota il simolacro,
Che presiede marmoreo
Agli arcani tuoi lari[17]
Ove a me sol sacerdotessa appari

Regina fu, Citera
E Cipro ove perpetua
Odora primavera
Regnò beata, e l'isole
Che col selvoso dorso
Rompono agli euri[18] e al grande Ionio il corso.

Ebbi in quel mar la culla,[19]
Ivi erra ignudo spirito
Di Faon la fanciulla,[20]
E se il notturno zeffiro[21]
Blando sui flutti spira
Suonano i liti un lamentar di lira:[22]

Ond'io, pien del nativo
Aer sacro, su l'Itala
Grave cetra[23] derivo[24]
Per te le corde eolie,[25]
E avrai divina i voti
Fra gl'inni miei delle insubri[26] nepoti.

da U. Foscolo, *Opere*, a cura di F. Gavazzeni, *Poesie e tragedie*, Einaudi-Gallimard, Torino 1994.

PARAFRASI

67-72 Allo stesso modo (così) la poesia (il vocale Elicona = *il [monte] Elicona risonante dei canti poetici*) attribuì (die' = *diede*) altari (are) a Bellona, [che] un tempo [era una] guerriera (amazzone) invincibile; ella prepara ora l'elmo (cimiero) e lo scudo (egida) [: le armi] e le cavalle e il furore contro l'avida (avara) Inghilterra (Anglia).
73-84 E quella [dea; cioè Venere] a cui ti vedo (te veggo) incoronare (cingere) devotamente di sacro mirto la statua di marmo (marmoreo) che è presente (presiede) nelle tue stanze intime (agli arcani tuoi lari), dove soltanto a me ti mostri (appari) [quale] sacerdotessa, [quella Venere] fu regina, regnò beata su Citera e Cipro dove profuma (odora) una eterna primavera, e sulle isole che con i monti (dorso = *schiena*) boscosi (selvoso) interrompono il passaggio (il corso) ai venti (agli euri) e al grande [Mar] Ionio.
85-96 Nacqui (Ebbi... la culla) in quel mare [: lo Ionio], lì (ivi) si aggira (erra) [come] spirito senza corpo (ignudo) la fanciulla [amante] di Faone [: Saffo], e se di notte il vento (zeffiro) soffia (spira) dolcemente sul mare (sui flutti) le rive (i liti) fanno risuonare (suonano) una lira lamentosa (un lamentar di lira): per cui io (ond'io), pieno della sacra atmosfera (aer = *aria*) nativa, trasporto (derivo) per te le corde eolie [: l'ispirazione della poesia greca] sulla impegnata (grave) cetra [: poesia] italiana, e [tu], circondata dal canto delle mie poesie (fra gl'inni miei), avrai quale dea (divina) gli onori (i voti) delle discendenti (nepoti) lombarde (insubri).

14 Bellona: un altro esempio di divinizzazione legato alla volontà degli uomini di eternare virtù eccelse, e reso possibile dalla poesia: la guerriera Bellona (un'antica divinità italica, sorella di Marte e dea della guerra).
15 contro l'Anglia: in riferimento alla crisi dei rapporti tra Francia e Inghilterra, che sfocerà (maggio 1803) nella rottura della Pace di Amiens.
16 E quella: terzo, decisivo esempio di donna divinizzata, avente a oggetto la stessa Venere, nel nome della quale si è aperta l'ode e già paragonata all'amata nelle due strofe iniziali. Dea dell'amore e della bellezza, Venere abitò secondo il mito Citera e Cipro, regnandovi; qui Foscolo ne allarga il regno a includervi anche le altre isole ioniche, così da consentire il riferimento conclusivo alla propria origine in quel territorio fortunato. Il collegamento tra Venere e la destinataria è qui sottolineato anche dalla rappresentazione che mostra la Fagnani Arese intenta a onorare con il mirto, la pianta sacra alla dea, una statua di Venere posta nelle sue stanze. Qui la donna è **sacerdotessa** di Venere in quanto si dedica ai piaceri dell'amore, mostrandosi in tale attività solamente al poeta, cioè dandosi solo a lui.
17 lari: propriamente sono divinità protettrici dei Romani (ma di origine etrusca); dato che venivano venerati all'interno delle case, essi indicano l'interno domestico.
18 euri: l'Euro è propriamente il vento di sud-est, o Scirocco, secondo il nome classico; qui vale, in genere, 'venti'.
19 Ebbi... culla: si ricordi che Foscolo nacque nell'isola di Zante.
20 Di Faon la fanciulla: la grande poetessa greca Saffo, vissuta intorno al 600 a.C., secondo una leggenda si sarebbe uccisa per amore del giovane Faone gettandosi da una rupe sul mare.
21 zeffiro: è voce classica che indica il vento occidentale, leggero e per lo più primaverile.
22 lira: è propriamente uno strumento a corde pizzicate, diffuso nell'antica Grecia; indica poi per estensione la poesia (detta appunto "lirica") in quanto accompagnata in Grecia dal suono di tale strumento.
23 Grave cetra: strumento simile alla lira. Qui è detta **grave** (cioè 'seria, impegnata') a indicare l'impegno e l'elevatezza dei testi lavorati da Foscolo.
24 derivo: indica in senso stretto la trasposizione delle corde dalla lira eolica di Saffo alla cetra italiana usata dal poeta; e indica la volontà classicistica del poeta.
25 eolie: cioè 'della Eòlide', la zona dell'Asia Minore abitata dai greci Èoli; in dialetto eolico scrissero i grandi lirici Saffo e Alceo.
26 insubri: cioè 'della Insùbria', nome antico e letterario della Lombardia.

Lavoriamo sul testo

Leggere e capire

Una struttura rigorosa L'ode presenta una struttura formale rigorosa. Il testo si divide in due parti di lunghezza uguale (48 versi ciascuna): la prima destinata a rappresentare la guarigione della donna e il suo ritorno in società; la seconda tesa a celebrare l'aspetto più argomentativo, con esempi di divinità femminili note per la loro bellezza. Il v. 52 costituisce il punto di svolta di tutta l'ode: circondata dalla bellezza, la donna non deve ricordare che questa passa e la vita finisce. Il rigore della struttura è testimoniata anche dalla corrispondenza tra l'apertura e la chiusura dell'ode: all'inizio, la donna amata si alza dal letto come Venere dal mare; alla fine, l'amata sarà deificata grazie al poeta formatosi nel regno anticamente governato da Venere.

Analizzare

La raffinata elaborazione formale L'ode è un esempio della straordinaria raffinatezza formale della poesia foscoliana. È sempre scartata la soluzione più diretta o più ovvia, a vantaggio della più letteraria. Il lessico dimostra le scelte più nobili proprio sui tratti più quotidiani e comuni, per esempio sui vari elementi del vestiario della destinataria: «indica veste» v. 21, per "vestito di seta"; «monili» v. 22, per "gioielli"; «candidi coturni» v. 25, per "scarpe bianche"; «manti» v. 41, per "stoffe". Lo stile è innalzato dalla ricerca di una sintassi elaborata. Le immagini nobilitano la materia rappresentata, a partire dall'ampia similitudine iniziale: la donna che si alza dal letto, guarita; che si prepara minuziosamente per recarsi al ballo; che suona l'arpa e canta; che danza; che onora la statua di Venere di una corona di mirto.

Interpretare e approfondire

La funzione eternatrice della poesia L'ode non è semplicemente un componimento legato a un evento particolare (la guarigione dell'amata): è anche l'occasione per celebrare il potere consolatorio della bellezza, capace di dare senso alla vita. Poco importa che si tratti di un significato per lo più illusorio e fugace; alla poesia spetta anzi il compito di dargli solidità e durata. La bellezza della donna amata e la raffinatezza del linguaggio poetico finiscono quindi per fondersi nella funzione di consolare gli uomini e di soddisfare il bisogno di significato.

Esercizi

Prima prova A • L'analisi del testo

Comprendere

1 L'*incipit*

Con quale similitudine si apre l'ode?

2 La bellezza

Secondo Foscolo, che cos'è la bellezza?

Analizzare

3 La svolta argomentativa dell'ode

Il v. 52 segna una profonda cesura nell'ode e impone una svolta argomentativa: perché? Da quali elementi in realtà è preparato e preannunciato il mutamento?

4 Esempi di donne bellissime

La seconda parte dell'ode contiene alcuni riferimenti a divinità femminili del passato: sottolineali nel testo. Quale funzione hanno?

Interpretare e approfondire

5 L'immagine della bellezza

Confronta la descrizione della bellezza della Fagnani Arese con quella di Teresa nell'*Ortis* (▶ T1): hanno elementi comuni? Quali immagini di donne emergono dai diversi testi presi in considerazione?

T4

Le forme
- equilibrio formale

I temi
- la morte
- il materialismo

Alla sera

Stampata come apertura degli undici sonetti pubblicati nell'aprile 1803, questa poe[…] la sera, immagine della morte, che riesce a placare le tempeste interiori del poeta. La bellezza poetica, cioè la stesura del sonetto stesso, è l'altro elemento che dona pace, permettendo a Foscolo di distanziarsi dal triste presente storico.

videolezione
Analisi del testo: ***Alla sera***

Forse perché della fatal quïete
Tu sei l'immago a me sì cara vieni
O Sera! E quando ti corteggian liete
Le nubi estive e i zeffiri sereni,

E quando dal nevoso aere inquïete
Tenebre e lunghe all'universo meni
Sempre scendi invocata, e le secrete
Vie del mio cor soavemente tieni.[1]

Vagar mi fai co' miei pensier su l'orme
Che vanno al nulla eterno; e intanto fugge
Questo reo tempo, e van con lui le torme

Delle cure onde meco egli si strugge;
E mentre io guardo la tua pace, dorme
Quello spirto guerrier ch'entro mi rugge.

da U. Foscolo, *Opere*, cit.

PARAFRASI

1-8 Forse perché tu, o Sera, sei l'immagine [: assomigli] della quiete fatale [: della morte] arrivi (vieni) così cara a me! Sia (E) quando [: in primavera] le nuvole estive e i venticelli (zeffiri) del tempo sereno (sereni) ti accompagnano (ti corteggian) lietamente, sia quando [: in inverno] porti (meni) sul mondo (all'universo) tenebre agitate (inquïete) e lunghe dal cielo (dal… aere) nevoso, sempre [: in entrambi i casi] scendi [da me] invocata, e occupi (tieni) dolcemente (soavemente) le vie nascoste (secrete) del mio animo.

9-14 Mi fai vagare con i miei pensieri [: spingi i miei pensieri a vagare] nella direzione (su l'orme = *sulle tracce*) che va [fino] al nulla eterno [: alla morte]; e intanto questo tempo malvagio (reo) passa (fugge), e con lui passano (van<no> [via]) le numerose ansie (le torme delle cure) nelle quali (onde) esso (egli) si distrugge insieme a me (meco = *con me*); e mentre io guardo la tua pace, quello spirito guerriero [: irruento] che mi freme (rugge = *ruggisce*) dentro dorme [: si placa].

Metrica sonetto con rime secondo lo schema ABAB, ABAB; CDC, DCD.

1 tieni: può valere 'occupi' oppure 'percorri'; ma anche 'possiedi' (cioè 'ti impadronisci di me').

La lingua nel tempo: Cura. Nell'italiano letterario il termine *cura* significa 'preoccupazione', 'ansia', 'angoscia'. Nell'italiano comune indica invece un atteggiamento premuroso verso qualcuno ("prendersi cura dei figli") o l'assistenza terapeutica che un medico fornisce al paziente ("essere in cura da uno specialista") o, semplicemente, la terapia da seguire ("una cura di antibiotici").

a lezione dal testo

Dal testo alla vita dell'autore: il prodotto di una crisi esistenziale

In che rapporto sta la composizione del sonetto con la vita del poeta?

Il sonetto, pubblicato nell'aprile 1803, è stato composto probabilmente nei sei mesi precedenti, perché non compare nell'edizione del 1802. Sono mesi per Foscolo fitti di impegni militari uniti a varie delusioni amorose, da cui deriva una profonda crisi esistenziale. Queste esperienze, unite alla suggestione di alcuni passi tradotti del *De rerum natura* [La natura delle cose] del poeta latino Lucrezio (I secolo a.C.), permettono di comprendere meglio il significato del testo, incentrato sul contrasto tra la ricerca della pace e la tempesta nella vita dell'autore.

Dal testo all'opera: una poesia di apertura

A quale raccolta appartiene?

Il sonetto apre la seconda edizione delle Poesie di Foscolo, pubblicata nel 1803, ed è compreso nel gruppo dei quattro sonetti ultimi, considerati tra i risultati più alti della produzione lirica foscoliana. Il tema centrale – la morte – lo rende paragonabile all'ultimo dei sonetti aggiunti da Foscolo alla sua raccolta, cioè *In morte del fratello Giovanni* (▶ T6), nel quale il poeta considera la morte come «quiete» contrapposta alla «tempesta» della vita.

Dal testo alle forme: la struttura

Analisi attiva
Alla sera

Da che cosa dipende l'equilibrio della struttura?

Il sonetto presenta una struttura equilibrata: le quartine hanno un andamento disteso, prodotto dalla calma esclamazione iniziale e dal parallelismo tra il v. 3 e il v. 5 («E quando... E quando...»); le terzine hanno un tono più incalzante, affidato alla ricorrenza dei verbi di movimento («vagar», «vanno», «fugge», «van», «si strugge»). L'equilibrio è dato anche dal diverso uso dell'*enjambement*: nelle quartine essi riguardano il nesso aggettivo/sostantivo (vv. 3-4, 5-6, 7-8), sfumando il valore dell'aggettivo; nelle terzine interessano il nesso verbo/complemento (vv. 10-11, 13-14), rendendo più drammatico il discorso e accentuandone i contrasti.

Dal testo alla poetica dell'autore: la riflessione sulla morte: il materialismo di Foscolo

Che cosa rappresenta la morte per Foscolo?

L'immagine della sera conduce il poeta a una riflessione sulla morte lontana da ogni sentimento religioso. È definita infatti «fatal quiete», cioè 'pace definitiva, voluta dal destino', in cui è annullato ogni riferimento religioso. L'espressione «nulla eterno» rimanda all'idea materialistica della morte come semplice cessazione della vita.

Il «nulla eterno» non è solo una metafora della morte, ma rimanda anche a ciò che verrà dopo. Suggestionato dalla lettura del poeta latino Lucrezio che, nel *De rerum natura*, invitava gli uomini a non preoccuparsi della morte per il timore dell'eventuale condanna a pene dolorose, in quanto essa consiste solo nella disgregazione del corpo e dell'anima, Foscolo concepisce il «nulla eterno» come cessazione degli affanni. È contrapposto infatti all'impetuoso movimento della vita, espresso dalle parole «fugge» (v. 10), «reo tempo» e «torme» (v. 11), «cure» e «si strugge» (v. 12). La morte è quindi un'estinzione irreparabile della vita: in questo modo Foscolo nega ogni prospettiva di un aldilà durevole o eterno. È invece il sentimento della precarietà di ogni esperienza, anche quella della vita stessa, a trionfare sulle ideologie religiose.

Esercizi

Comprendere

Prima prova A • L'analisi del testo

1 La sera e il poeta

Perché la sera è cara al poeta? Scegli la risposta corretta.

a. Perché è l'immagine della donna amata
b. Perché è l'immagine della morte
c. Perché è l'immagine del riposo
d. Perché è l'immagine della tranquillità

2 L'effetto della sera

Che cosa produce l'avvicinarsi della sera nel poeta?

a. una nuova polemica contro il «reo tempo»
b. una nuova percezione del «reo tempo»
c. il calmarsi dello «spirto guerrier»
d. il rinnovarsi dello «spirto guerrier»

Analizzare

3 Gli *enjambements*

Individua gli *enjambements* della poesia. Es
anche a sottolineare significati importanti? Quali?

Interpretare e approfondire

4 La riflessione sul «nulla eterno»

Un'espressione chiave del sonetto è «nulla eterno» (v. 10). A che cosa si riferisce? È possibile ricondurre il «nulla eterno» a una dimensione religiosa dell'esistenza? Spiega i motivi della tua risposta.

5 La morte come destino inevitabile

Confronta il sonetto appena letto con *La lettera da Ventimiglia* tratta dall'*Ortis* (▶ T2). Il destino dei due protagonisti sembra inevitabilmente segnato: entrambi cercano di trovare pace e rifugio nella morte. Rifletti in un breve commento sulle analogie e sulle differenze fra i due testi proposti.

Preparare l'interrogazione

Per essere pronto in vista dell'interrogazione puoi utilizzare questa scaletta, che ti sarà utile nell'esposizione orale. Nella colonna di sinistra sono ricapitolate le caratteristiche del testo che servono a ricostruire un quadro generale della poetica e dell'epoca dell'autore. La colonna di destra è a tua disposizione per annotare eventuali riferimenti puntuali al testo.

I punti della scaletta	Riferimenti al testo
• componente biografica della poesia • collocazione della poesia all'interno della raccolta • presenza dei temi principali dell'opera dell'autore	....

materiali per il recupero
Alla sera

T5

Le forme
- ampia e prolungata struttura sintattica

I temi
- l'esilio
- la nostalgia della terra natale

A Zacinto

Ricordando il luogo in cui è nato, Foscolo affronta qui il tema dell'esilio: diversamente da Ulisse, che fece infine ritorno nella sua Itaca, il poeta è destinato a morire in terra straniera, e quindi alla sua isola natale può rivolgere soltanto la propria poesia.

Né più mai toccherò le sacre[1] sponde
Ove il mio corpo fanciulletto giacque,
Zacinto mia, che te specchi nell'onde
Del greco mar da cui vergine nacque

Venere, e fea quelle isole feconde[2]
Col suo primo sorriso, onde non tacque[3]
Le tue limpide nubi e le tue fronde
L'inclito verso di colui che l'acque

Cantò fatali, ed il diverso esiglio
Per cui bello di fama e di sventura[4]
Baciò[5] la sua petrosa Itaca Ulisse.

Tu non altro che il canto avrai del figlio,
O materna mia terra; a noi prescrisse
Il fato illacrimata sepoltura.

da U. Foscolo, *Opere*, cit.

PARAFRASI

1-11 Non (Né) toccherò mai più le [tue] rive (sponde) sacre dove si adagiò (giacque) il mio corpo di bambino (fanciulletto), o mia Zacinto, che ti specchi nelle onde del mare greco da cui nacque la vergine Venere, e [ella] rese (fea = *fece*) feconde quelle isole con il suo primo sorriso, così che (onde) descrisse (non tacque) le tue limpide nuvole e i tuoi alberi (le tue fronde) [: complemento oggetto] il verso [: la poesia; soggetto] illustre (inclito) di colui [: Omero] che cantò le navigazioni (l'acque) [di Ulisse] volute dal fato (fatali) e il vario (diverso) esilio per cui [infine] Ulisse [reso] bello dalla fama e dalla sventura, baciò la sua Itaca petrosa.
12-14 O mia terra materna [: Zacinto], tu non avrai altro che la poesia (il canto) del figlio [tuo]; a me (a noi) il fato impose (prescrisse) una sepoltura senza lacrime (illacrimata) [: lontana dalla patria e dalle persone care].

Il cenotafio del poeta
Il cenotafio è un monumento funebre che ricorda qualcuno sepolto altrove. Sull'isola di Zante, nella via dove un tempo sorgeva la casa dove visse la famiglia Foscolo, ne è stato eretto uno in memoria del poeta, sormontato dalla statua di un angelo piangente.

Metrica sonetto con rime secondo lo schema ABAB, ABAB; CDE, CED.

1 sacre: è aggettivo tipicamente foscoliano, volto a enfatizzare il tema della patria lontana quale cosa santa, nonché a valorizzare il mito che si ricollega alla sua origine greca.
2 feconde: cioè 'fertili di vita', anche in senso culturale.
3 non tacque: in effetti si trovano in Omero vari riferimenti a Zacinto.
4 bello… sventura: la **sventura** delle interminabili, dolorose peregrinazioni, in quanto virilmente sopportata, sarebbe la causa della più intensa bellezza, cioè del fascino, di Ulisse; mentre la **fama** deve probabilmente riferirsi proprio all'onore del racconto omerico.
5 baciò: indica la felicità per il sospirato ritorno in patria.

Lavoriamo sul testo

Leggere e capire

La composizione Composto tra l'ottobre 1802 e l'aprile 1803 – in un periodo der menti, nel quale la nostalgia dell'isola natale è più viva – il sonetto si basa sul confror individuali e vicende mitiche. Foscolo esalta la sua terra natale, l'isola di Zante nel m sformandola nel simbolo universale della patria e della bellezza. Al luogo di nascita collega il mito di Venere, gli elogi della poesia di Omero e il tema dell'esilio, posto al centro del componimento, richiamato dal paragone con Ulisse.

Analizzare

Le due parti del sonetto Il testo presenta molte riprese e contrapposizioni tra i due periodi che lo compongono, uno di undici e l'altro di tre versi. Per esempio, entrambi iniziano con una negazione («Né più mai…» e «Tu non altro…»). Inoltre l'ultimo verso spiega il primo: il poeta non toccherà più le sponde di Zacinto perché verrà sepolto in terra straniera. Poi, al ricordo iniziale dell'infanzia («fanciulletto», v. 2) si oppone il presagio finale della morte («sepoltura», v. 14), in qualche modo già annunciato nel «giacque» di v. 2. A questo sistema si affianca anche la ripresa/contrapposizione tra il poeta e Ulisse.

Interpretare e approfondire

Ulisse, Omero e la nostalgia della terra natale La storia del poeta ricalca quella di Ulisse per la nascita in un'isola greca («Zacinto mia», v. 3; «la sua […] Itaca», v. 11), per l'esilio (v. 9) e per essere colpiti dal fato («fatali», v. 9; «il fato», v. 14). Ma mentre Ulisse è potuto infine tornare nella sua isola, al poeta il ritorno in patria è negato. C'è la possibilità però di stabilire anche un parallelismo con il grande poeta classico, Omero: anche Foscolo dovrà limitarsi a "cantare" la sua terra (la ripresa «cantò»/«canto» al v. 9). Perseguitato dal fato come Ulisse, Foscolo rappresenta se stesso come nuovo possibile Omero della modernità, unendo la propria origine nelle «sacre» terre greche con l'infelice destino di esule. Il triste destino di morire in terra straniera senza aver rivisto l'isola natale si accompagna a un profondo sentimento di nostalgia, che pervade tutto il sonetto.

Esercizi

Prima prova A • L'analisi del testo

Comprendere

1 I personaggi del sonetto

Quali sono i tre personaggi, oltre al poeta, dei quali si parla nel sonetto?

a. Ulisse, Itaca, Venere
b. Ulisse, il figlio, Itaca
c. Ulisse, Venere, Foscolo
d. Ulisse, Venere, Omero

2 L'«inclito verso»

A chi appartiene «l'inclito verso»?

a. a Foscolo
b. a Omero
c. a Venere
d. a Ulisse

Analizzare

3 Il mito di Ulisse

Nella prima terzina il poeta si paragona a Ulisse. Sottolinea nel testo le espressioni che descrivono le analogie e le differenze tra il destino del poeta e quello dell'eroe greco. La loro sorte è la stessa fino alla fine?

Interpretare e approfondire

4 Le «sacre sponde» si allontanano per sempre

Già all'inizio della poesia Foscolo è consapevole del proprio destino, che gli impedirà di tornare in patria. Perché le terre di Zacinto sono definite «sacre sponde»?

5 Poeti a confronto

Nella seconda quartina il poeta si paragona a Omero. Per quale motivo? Quale funzione della poesia emerge da questo sonetto?

T6

Le forme
- linguaggio elevato e comunicazione emotiva

I temi
- l'esilio
- la morte

In morte del fratello Giovanni

Il sonetto – scritto dopo l'8 dicembre 1801, data della morte del fratello Gian Dionisio, detto Giovanni, suicida forse per debiti di gioco – presenta i temi dell'esilio, già trattato nella poesia dedicata a Zacinto, e della morte intesa come «quiete» contrapposta alla «tempesta» della vita, presente anche nel sonetto Alla sera.

Un dì, s'io non andrò sempre fuggendo
Di gente in gente, me vedrai seduto
Su la tua pietra, o fratel mio, gemendo
Il fior de' tuoi gentili anni caduto.

La Madre or sol suo dì tardo traendo
Parla di me col tuo cenere muto,
Ma io deluse a voi le palme tendo[1]
E sol da lunge[2] i miei tetti saluto.

Sento gli avversi numi, e le secrete
Cure che al viver tuo furon tempesta,
E prego anch'io nel tuo porto quïete.

Questo di tanta speme oggi mi resta!
Straniere genti, almen le ossa rendete
Allora al petto della madre mesta.[3]

da U. Foscolo, *Opere*, cit.

PARAFRASI

1-4 O fratello mio, un giorno (dì), se io non andrò sempre fuggendo [: quale esule] di gente in gente [: di paese in paese], mi (me; complemento oggetto) vedrai seduto sulla tua tomba (pietra), piangendo (gemendo) la tua giovinezza (il fior de' tuoi gentili anni) stroncata (caduto) [: piangendo la tua morte].
5-8 Ora soltanto la [nostra] madre, trascinando (traendo) la sua tarda età (dì = *giorno*), parla di me con i tuoi resti (col tuo cenere) muti, ma io tendo inutilmente (deluse) verso di (a) voi le braccia (palme) e saluto la mia casa (i miei tetti) soltanto da lontano (da lunge).
9-11 Sento [anch'io] i destini (numi) avversi, e le angosce (cure) nascoste (secrete) che diedero (furon) tormento (tempesta) alla tua vita, e anch'io desidero (prego) [di raggiungere] la quiete nel tuo porto [: la morte].
12-14 Oggi di tante speranze (speme) mi resta [soltanto] questo [: la speranza di morire]! [O] popolazioni (genti) straniere, almeno restituite (rendete) allora [: dopo che sarò morto] le [mie] ossa al petto della madre addolorata (mesta).

Metrica sonetto con rime che seguono lo schema ABAB, ABAB; CDC, DCD; B e C sono consonanti.

1 le palme tendo: come per abbracciare i suoi cari, o almeno per rivolgersi a loro in atto di affetto e di desolata implorazione.
2 da lunge: cioè dall'esilio.
3 Questo… madre mesta: la possibilità di riunire il nucleo familiare è rinviata, tragicamente, a dopo la morte; e l'unica speranza che resta al poeta è quella di essere seppellito accanto al fratello, e di essere egualmente pianto dalla madre.

Lavoriamo sul testo

Leggere e capire

La struttura: una circolarità che si risolve nel finale Unica aggiunta all'ultima edizione delle *Poesie* del 1803, questo sonetto presenta, nelle prime tre strofe, una struttura circolare e chiusa, come mostra lo schema qui sotto:
a) l'esilio (vv. 1-2);
b) la tomba del fratello (vv. 3-4);
b) la madre che parla con la tomba del fratello (vv. 5-6);
a) l'esilio (vv. 7-10).
L'esilio, quindi, nega al poeta il ricongiungimento con la propria famiglia: l'unica alternativa possibile sembra la morte («e prego anch'io nel tuo porto quïete», v. 11), come in *Alla sera*. Ma è l'ultima terzina a risolvere questa circolarità: la morte è la soluzione, ma non costituisce più un annullamento totale, un «nulla eterno». Grazie alla tomba, che permette di mantenerne il ricordo tra i vivi, il poeta riesce a ottenere un "ritorno" impossibile nella realtà: quello alla terra materna e all'affetto della madre.

Analizzare

Lo stile: tra classicismo e preromanticismo Il lessico usato da Foscolo è di stamp Sono frequenti i latinismi: «cenere» (al maschile), «lunge», «numi», «secrete/cure», «tan costruzione della frase «suo dì tardo traendo»; e si veda anche la metafora, già frequ latini, del «fior» degli anni. Nonostante questo elemento di decoro, Foscolo cerca una c emotiva, che lasci spazio alle passioni e all'interiorità: lo dimostrano l'esclamazione del tazione dei vv. 13-14. Siamo così all'incrocio fra classicismo e preromanticismo.

Interpretare e approfondire

Tra imitazione letteraria e realtà autobiografica Il sonetto parte da un'esperienza privata, cioè il suicidio del fratello di Foscolo; allo stesso tempo è costruito seguendo un modello letterario, il carme CI del poeta latino Catullo (84-54 a.C.): «Dopo aver viaggiato fra molte genti e su molti mari, / giungo, o fratello, con queste tristi offerte funebri, / per darti il dono estremo dovuto alla morte / e parlare inutilmente alle tue ceneri mute». È solo attraverso il confronto con la tradizione letteraria che un evento personale può diventare interessante per la collettività.

La proiezione di sé La triste storia di Giovanni è un termine di paragone con la vita del poeta, travagliata dagli stessi «avversi numi» e «secrete cure» che hanno portato il fratello al suicidio. Giovanni diventa così una proiezione di Ugo, e la sua morte è il segno del destino tragico di Ugo stesso. Non a caso la madre ha una funzione di mediazione: piangendo il figlio morto, gli parla di quello sopravvissuto, quasi identificandoli.

Esercizi

Comprendere

Prima prova A • L'analisi del testo

1 «E prego anch'io nel tuo porto quïete»

Che cosa significa il verso 11? Scegli la risposta corretta tra quelle proposte.

a. il poeta spera di arrivare presto al porto di Zacinto
b. il poeta desidera che arrivi presto la madre al porto
c. il poeta desidera che arrivi presto suo fratello
d. il poeta desidera che arrivi presto la morte

2 La speranza rimasta

Che cosa resta al poeta di «tanta speme»? La speranza di…

a. vivere
b. riabbracciare la madre
c. tornare in patria
d. essere sepolto accanto al fratello

3 Gli interlocutori del poeta

Nella prima quartina e nella prima terzina del sonetto il poeta si rivolge direttamente al fratello scomparso. Chi sono gli interlocutori del poeta nella seconda quartina e nella seconda terzina?

Analizzare

4 L'esilio, gli affetti, la tomba

Nel sonetto sono presenti alcuni temi importanti per tutta la produzione foscoliana: l'esilio, gli affetti, la tomba. Completa una tabella come questa riportando i versi in cui il poeta li tratta.

Esilio	Affetti	Tomba
vv. 1-2: «fuggendo / di gente in gente»	v. 3: «fratel» …	v. 3: «pietra» …

Interpretare e approfondire

5 La funzione della «Madre»

Un ruolo importante è rivestito dalla madre. Quale funzione specifica ha nella seconda quartina? E nell'ultima strofa?

6 Riflessioni sulla patria

Anche nel sonetto *A Zacinto* (▶ T5) Foscolo tratta il tema della patria: metti a confronto i due componimenti, illustrando analogie e differenze da questo punto di vista.

L'opera

Dei sepolcri

Identikit dell'opera

genere

carme

data di pubblicazione

1807

temi

Prima parte (vv. 1-90)
- sepolcro come strumento per mantenere un contatto con i defunti
- critica dell'editto di Saint Cloud

Seconda parte (vv. 91- 150)
- sepolcro come simbolo di civiltà
- descrizione dei vari usi funebri: esaltazione del modello classico e critica di quello cattolico

Terza parte (vv. 151-212)
- sepolcro come luogo che ispira le nobili azioni
- celebrazione del valore civile ed educativo delle tombe dei grandi personaggi sepolti in Santa Croce e dei Greci caduti nella battaglia di Maratona

Quarta parte (vv. 213-295)
- valore morale della morte che ricompensa delle ingiustizie della vita
- sepolcro come luogo che ispira la poesia
- funzione eternatrice della poesia che rende immortali le gesta degli eroi

stile

elevato, capace di conferire compattezza agli argomenti affrontati

La struttura

Il carme, pubblicato nel 1807, è formato da 295 endecasillabi sciolti ed è diviso in quattro parti.

• *Prima parte* (vv. 1-90): affronta il tema dell'utilità delle tombe e dei riti dedicati ai morti: anche se non ridanno la vita ai defunti, i sepolcri permettono ai superstiti di mantenere un contatto con chi non c'è più attraverso la memoria (▶ Un tema per discutere). Ma la nuova legge – che rende tutte uguali le iscrizioni tombali – cancella la possibilità di riconoscere i meriti degli uomini migliori e di favorirne così il ricordo tra i vivi. Ed è una vergogna che un esempio di virtù come il poeta Giuseppe Parini (▶ Unità 8 § 2) non abbia avuto una degna sepoltura: ora le sue ossa sono in una fossa comune, accanto forse ai resti di un malfattore.

• *Seconda parte* (vv. 91-150): presenta una descrizione dei vari usi e delle varie concezioni, che si sono susseguiti, rispetto alla morte, nel corso della civiltà umana. Criticando il modello cattolico medievale, in cui la morte comunica terrore ai superstiti, Foscolo approva invece quello delle civiltà classiche, dove il legame tra vivi e morti è garantito dal modo intimo di colloquiare con gli estinti. Se in Inghilterra – con i suoi cimiteri-giardini, luoghi sereni di riflessione sulla morte – si prosegue il modello classico, in Italia, dove è scomparsa ogni virtù, i ricchi vivono nell'ozio, già sepolti nelle loro lussuose case.

- *Terza parte* (vv. 151-212): tratta il rapporto tra il significato privato e quello pubblico della morte. Le tombe dei grandi uomini invitano a proseguirne l'opera. Ne è prova il caso della chiesa di Santa Croce a Firenze, dove sono sepolti alcuni grandi del passato (da Machiavelli, a Michelangelo, a Galilei): visitando un luogo così importante per l'identità nazionale, il poeta sentì il peso morale e civile di quell'esempio. Dalle tombe di Santa Croce, cioè dalla memoria del passato, dovrà ripartire il riscatto italiano: infatti Alfieri, esempio di grandezza recente accanto a Parini, visitava spesso la chiesa, aspettando la rinascita del valore nazionale. Anche nella battaglia greca di Maratona, molti uomini hanno accettato di morire per difendere la propria patria: ciò è servito come modello da seguire per i loro successori.
- *Quarta parte* (vv. 231-295): riflette sul valore morale della morte, che compensa le ingiustizie della vita, riconoscendo i meriti dei migliori e garantendo loro la gloria meritata. La morte quindi ha una funzione positiva anche nel mondo terreno ma, affinché tale funzione si manifesti, è necessario che qualcuno si dedichi a tutelare e a onorare la memoria dei grandi. Oltre alla tomba, ciò che permette di celebrarne le virtù e di conservarne il ricordo nelle generazioni successive è la poesia. Un esempio sono le vicende di Troia, sconfitta dai Greci, ma diventata eterna nel ricordo grazie alla poesia di Omero. Questo poeta, anche se greco, ha fatto di Ettore, sfortunato eroe troiano, un modello di lealtà e di virtù. Gli uomini continueranno a piangere su questo ideale di grandezza finché esisterà la civiltà.

Uno stile elevato che dà compattezza al carme

Dei sepolcri è un'opera dalla difficile classificazione: definita «carme» nella prima edizione, soprattutto per dare solennità al componimento, nelle lettere foscoliane è chiamata «epistola» per la presenza di un destinatario, cioè Ippolito Pindemonte. I numerosi temi filosofici trattati dal testo, infine, possono far considerare i *Sepolcri* anche un poemetto filosofico. In ogni caso, lo stile dell'opera è sempre denso ed elevato, capace di conferire unità e compattezza tra i diversi argomenti esposti. Il lessico usato è ricercato e ricco di raffinate metafore tratte dalle immagini della classicità.

▼ Caspar David Friedrich, *Tombe di antichi eroi*, 1812. Amburgo, Kunsthalle.

T7

Dei sepolcri

Le forme
- stile oratorio
- poesia-pensiero

I temi
- culto del sepolcro come luogo di memoria
- funzione eternatrice della poesia

Il carme – composto nel 1806 dopo l'entrata in vigore dell'editto di Saint Cloud, che regolamentava le sepolture – esprime la convinzione che l'uomo sopravvive dopo la morte grazie al ricordo dei suoi cari. La continuità tra il mondo dei vivi e quello dei defunti è assicurata dalla tomba, che permette di fissare nella memoria le azioni degli uomini valorosi, affinché fungano da modello per il riscatto delle generazioni successive.

Deorum - Manium
Iura - Sancta - Sunto. [1]

A Ippolito Pindemonte

All'ombra de' cipressi e dentro l'urne
Confortate di pianto è forse il sonno
Della morte men duro? Ove più il Sole
Per me alla terra non fecondi questa
Bella d'erbe famiglia e d'animali,
E quando vaghe di lusinghe innanzi
A me non danzeran l'ore future,
Né da te, dolce amico, udrò più il verso
E la mesta armonia che lo governa,
Né più nel cor mi parlerà lo spirto
Delle vergini Muse e dell'amore,
Unico spirto a mia vita raminga,
Qual fia ristoro a' dì perduti un sasso
Che distingua le mie dalle infinite
Ossa che in terra e in mar semina morte?
Vero è ben, Pindemonte! Anche la Speme,
Ultima Dea, fugge i sepolcri;[2] e involve
Tutte cose l'obblio nella sua notte;
E una forza operosa le affatica
Di moto in moto; e l'uomo e le sue tombe
E l'estreme sembianze e le reliquie
Della terra e del ciel traveste il tempo.
Ma perché pria del tempo a sé il mortale
Invidierà l'illusïon che spento
Pur lo sofferma al limitar di Dite?[3]

PARAFRASI

Deorum... Sunto: i diritti degli dèi Mani saranno sacri.
1-15 Il sonno [eterno] della morte è forse meno doloroso (duro) all'ombra dei cipressi e dentro le tombe (l'urne) [: nei camposanti] consolate (confortate) dal pianto [dei vivi]? Quando (ove = *dove*) il sole non fecondi più sulla (alla) terra ai miei occhi (per me) questa bella popolazione (famiglia) di piante (d'erbe) e di animali, e quando davanti (innanzi) a me non danzeranno [: non si mostreranno] le ore future, attraenti (vaghe) di belle promesse (lusinghe), né udrò più [recitare] da te, dolce amico [: Pindemonte], i [tuoi] versi e l'armonia malinconica (mesta) che li ispira (governa), né più mi parlerà nel cuore l'interesse (lo spirto) della poesia (delle vergini Muse) e dell'amore, unico interesse nella (a) mia vita randagia (raminga) [: cioè quando sarò morto], quale consolazione (ristoro) sarà (fia) per i (a' = *ai*) giorni (dì) perduti [: per la vita finita] un sasso [: la lapide sepolcrale] che distingua le mie [ossa] dalle infinite ossa che la morte sparge (semina) in terra e in mare?
16-22 È proprio (ben) vero, [o] Pindemonte! Anche la speranza (Speme), ultima dea, fugge le tombe (sepolcri); e la dimenticanza (obblio) circonda (involve) tutte le cose nella sua tenebra (notte); e una forza attiva (operosa) le trasforma incessantemente (le affatica) di movimento (moto); e il tempo tramuta (traveste) sia (e) l'uomo sia le sue tombe sia le ultime tracce (l'estreme sembianze) sia ciò che è stato risparmiato (le reliquie) [provvisoriamente] dalla terra e dal cielo. .
23-25 Ma perché l'uomo (il mortale) dovrebbe negare (invidierà) prima del tempo a sé l'illusione che [una volta] morto (spento) lo trattiene (lo sofferma) [: gli fa credere di fermarsi] ancora (pur) sulle soglie (al limitar) dell'oltretomba (di Dite)?

Metrica endecasillabi sciolti.

1 *Deorum... Sunto*: gli dèi Mani erano le anime dei defunti. È una citazione da una legge latina.

2 la Speme... i sepolcri: forse è un riferimento a un proverbio latino che recitava: «La Speranza è l'**ultima dea**».

3 Dite: la divinità che governa l'oltretomba classico.

vv. 1-15 Le due domande con le quali si apre il carme dicono in sostanza la stessa cosa: la sepoltura, con i suoi riti e i suoi onori, serve forse a ripagare la perdita causata negli uomini dalla morte? La risposta alle domande è negativa: gli innumerevoli beni della vita (vv. 3-12) non possono consolare gli uomini di fronte alla morte (rappresentata dal **sasso** al v. 13).
vv. 16-22 La natura è rappresentata quale continuo trasformarsi materiale di tutte le cose, così che l'uomo non può garantire nessuna durata nel tempo né a se stesso né alla propria memoria o a ciò – come le lapidi sepolcrali – che dovrebbe proteggerla.
vv. 23-40 Anche se la vita dopo la morte non esiste e i riti funebri non hanno significato, perché l'uomo deve negarsi i benefici di simili illusioni? Perché rifiutare gli onori

Non vive ei forse anche sotterra, quando
Gli sarà muta l'armonia del giorno,
Se può destarla con soavi cure
Nella mente de' suoi? Celeste è questa
Corrispondenza d'amorosi sensi,
Celeste dote è negli umani; e spesso
Per lei si vive con l'amico estinto
E l'estinto con noi, se pia la terra
Che lo raccolse infante e lo nutriva,
Nel suo grembo materno ultimo asilo
Porgendo, sacre le reliquie renda
Dall'insultar de' nembi e dal profano
Piede del vulgo, e serbi un sasso il nome,
E di fiori odorata arbore amica
Le ceneri di molli ombre consoli.
Sol chi non lascia eredità d'affetti
Poca gioja ha dell'urna; e se pur mira[4]
Dopo l'esequie, errar vede il suo spirto
Fra 'l compianto de' templi Acherontei,[5]
O ricovrarsi sotto le grandi ale
Del perdono d'Iddio:[6] ma la sua polve
Lascia alle ortiche di deserta gleba
Ove né donna innamorata preghi,
Né passeggier solingo oda il sospiro
Che dal tumulo a noi manda Natura.
Pur nuova legge impone oggi i sepolcri
Fuor de' guardi pietosi, e il nome a' morti
Contende. E senza tomba[7] giace il tuo
Sacerdote, o Talia,[8] che a te cantando
Nel suo povero tetto[9] educò un lauro[10]
Con lungo amore, e t'appendea corone;[11]
E tu gli ornavi del tuo riso i canti
Che il lombardo pungean Sardanapalo[12]
Cui solo è dolce il muggito de' buoi
Che dagli antri abdüani e dal Ticino
Lo fan d'ozi bëato e di vivande.[13]

PARAFRASI

26-40 Egli (ei) [: l'uomo, da morto] non vive forse anche sotto terra, quando [pure] sarà [divenuta] per lui (gli) impercettibile (muta) l'attrattiva (armonia) della vita (del giorno = *della luce diurna*), se può risvegliarla (destarla) [: l'«armonia del giorno», cioè la vita perduta] nella mente dei suoi [cari] con nobili preoccupazioni (soavi cure)? Questa corrispondenza di sentimenti (sensi) amorosi è divina (celeste), è una dote divina negli uomini; e grazie a essa (per lei) spesso si vive [: ci si illude di vivere] con l'amico morto (estinto) e il morto [vive] con noi, se la sacra (pia; anche 'pietosa') terra che lo ha accolto neonato (infante) e lo ha nutrito (lo nutriva), offrendo[gli] (porgendo) l'ultimo albergo (asilo) nel suo grembo materno, renda intoccabili (sacre) i [suoi] resti (reliquie) dalle offese degli agenti atmosferici (dall'insultar de' nembi) e dal piede profanatore degli uomini (del vulgo = *del popolo*), e un sasso [: la pietra sepolcrale] conservi (serbi) il nome, e un albero (àrbore) amico profumato (odorata) di fiori consoli le ceneri [del defunto] con le [sue] ombre gradevoli (molli).
41-50 Solamente chi non lascia eredità di affetti [: chi muore senza legami affettivi] ha poca gioia dalla tomba; e se solo (pur) guarda (mira) [: immagina] oltre (dopo) la [propria] sepoltura, vede la propria (suo) anima (spirto) vagabondare (errar) in mezzo al dolore (fra 'l compianto) dei luoghi (templi) infernali (Acherontei = *dell'Acheronte*), o rifugiarsi (ricovrarsi) sotto le grandi ali del perdono di Dio: ma lascia i suoi resti (polve = *polvere*, cioè 'ceneri') alle ortiche di una terra (gleba) deserta dove non (né) prega [nessuna] donna innamorata, né [alcun] passante solitario (solingo) ode il sospiro che la Natura manda a noi dalla tomba (dal tumulo).
51-61 Tuttavia (pur) una nuova legge [: l'editto di Saint Cloud] oggi impone [che] le tombe [siano] fuori dagli sguardi pietosi [: fuori dei centri abitati], e nega (contende) la fama (il nome) ai morti. E giace senza tomba il tuo sacerdote [: il poeta Parini], o Talia, che poetando (cantando) per (a) te coltivò (educò) con lungo amore un lauro nella sua povera casa (tetto), e ti consacrò (t'appendea) molte opere (corone); e tu abbellivi (ornavi) del tuo riso [: della tua armonia] le sue (gli) poesie che criticavano (pungean) i viziosi aristocratici (Sardanapàlo) lombardi, ai quali (cui) procura piacere (è dolce) solo il muggito dei buoi che dalle stalle (dagli antri) dell'Adda (abdüani) e dal Ticino lo rendono (fan) beato di ozi e di vivande.

4 se pur mira...: l'immaginazione di un'esistenza dopo la morte.
5 compianto... Acherontei: riferimento all'inferno, attraverso il rimando al fiume infernale Acheronte e la citazione dantesca.
6 O ricovrarsi... d'Iddio: è la possibilità della salvezza, concessa dalla misericordia divina e non dai meriti individuali.
7 senza tomba: morto nel 1799, Parini era stato effettivamente sepolto poveramente, e già dopo pochi anni la sua tomba non era localizzabile.
8 Talia: è propriamente la Musa classica della poesia satirica, alla quale Parini si era consacrato con *Il Giorno*, la sua opera maggiore (ricordata nei versi seguenti).
9 povero tetto: l'umile origine di Parini diviene qui segno di integrità morale.
10 un lauro: simbolo della poesia. «Educò un lauro» vale dunque 'compose molti testi poetici'.
11 t'appendea corone: propriamente 'offriva [alla Musa] corone [di lauro]'.
12 il lombardo... Sardanapàlo: cioè il «giovin signore» satireggiato nel *Giorno* pariniano. **Sardanapàlo** fu un re assiro esempio di lusso e di vizio.
13 Cui solo... vivande: ai **canti** della poesia pariniana si contrappone il **muggito** dei bovini, l'unico suono gradito al ricco nullafacente, dedito a godersi le sue ricchezze e incapace di apprezzare le bellezze poetiche. L'Adda e il Ticino segnano i confini della Lombardia.

della sepoltura, che possono legare il defunto all'affetto dei cari? L'illusione rappresentata dalla tomba porta con sé il prolungarsi di un contatto tra chi è morto e chi gli sopravvive; e in ciò consiste un aspetto divino dell'essere umano, una sua specifica nobiltà. Infatti in questo modo egli si oppone ai limiti materiali della sua condizione e della natura.

vv. 41-50 Chi muore senza eredi di sentimenti può solo temere l'inferno oppure sperare la salvezza, in ogni caso sulla Terra abbandona i propri resti al deserto ma ciò significa che non ha nulla che possa davvero consolarlo della morte.

vv. 51-61 La **nuova legge** è l'editto di Saint Cloud, da Napoleone esteso nel 1806 alle province italiane, che vietava la sepoltura nei centri abitati e regolamentava le iscrizioni funerarie, rendendole tutte uguali; poteva quindi accadere che un poeta della grandezza di Parini fosse sepolto in modo anonimo.

O bella Musa, ove sei tu? Non sento
Spirar l'ambrosia, indizio del tuo Nume,[14]
Fra queste piante[15] ov'io siedo e sospiro
Il mio tetto materno.[16] E tu venivi
E sorridevi a lui sotto quel tiglio
Ch'or con dimesse frondi va fremendo
Perché non copre, o Dea, l'urna del vecchio
Cui già di calma era cortese e d'ombre.
Forse tu fra plebei tumuli guardi
Vagolando, ove dorma il sacro capo
Del tuo Parini? A lui non ombre pose
Tra le sue mura la città, lasciva
D'evirati cantori allettatrice,
Non pietra, non parola; e forse l'ossa
Col mozzo capo gl'insanguina il ladro
Che lasciò sul patibolo i delitti.
Senti raspar fra le macerie e i bronchi
La derelitta cagna ramingando
Su le fosse e famelica ululando;
E uscir del teschio, ove fuggìa la Luna,
L'upupa, e svolazzar su per le croci
Sparse per la funerea campagna,
E l'immonda accusar col luttüoso
Singulto i rai di che son pie le stelle
Alle oblïate sepolture. Indarno
Sul tuo poeta, o Dea, preghi rugiade
Dalla squallida notte. Ahi! sugli estinti
Non sorge fiore ove non sia d'umane
Lodi onorato e d'amoroso pianto.
Dal dì che nozze e tribunali ed are
Dier alle umane belve esser pietose
Di sé stesse e d'altrui,[17] toglieano i vivi
All'etere maligno ed alle fere
I miserandi avanzi che Natura
Con veci eterne a sensi altri destina.

PARAFRASI

62-69 Dove sei tu, o bella Musa? Fra queste piante dove io siedo e ricordo con desiderio (sospiro) la mia casa (il mio tetto) materna non sento profumare (spirar) l'ambrosia, indizio della tua divinità (Nume). Eppure (E) tu venivi e sorridevi a lui [: Parini] sotto quel tiglio che ora con fronde impoverite (dimesse) va fremendo, o Dea [: la Musa], perché non copre la tomba (l'urna) del vecchio [Parini] al quale (cui) in passato (già) era generosa (cortese) di pace (calma) e di ombra.

70-77 Forse tu [: Musa] cerchi (guardi) vagando (vagolando) fra le tombe (tumuli) umili (plebei = *popolari*) dove dorma [: dove sia sepolta] la sacra testa del tuo Parini? La città [: Milano], immorale (lasciva) appassionata (allettatrice; cioè 'che adesca e ricerca') di cantanti castrati (evirati), non pose in suo onore (a lui) alberi (ombre; metonimia) tra le sue mura, né (non) lapidi (pietra), né iscrizioni (parola); e forse il ladro che scontò (lasciò) sul patibolo i delitti gli insanguina le ossa con la testa mozzata.

78-90 [Tu, Musa], senti raspare fra le macerie [: i tumuli mortuari] e gli sterpi (i bronchi) la cagna randagia (derelitta) che va errando (ramingando) sulle fosse e ululando famelica; e [senti; cioè 'vedi'] l'upupa uscire dal teschio, dove fuggiva la [luce della] luna, e [la vedi] svolazzare intorno alle (su per le) croci sparse per il camposanto (per la funerea campagna), e [senti] l'uccello immondo (l'immonda) [: l'upupa] rimproverare (accusar) con il [suo] verso (singulto) funebre (luttüoso) i raggi (rai) dei quali (di che) le stelle si mostrano (son) pietose (pie) verso le (alle) sepolture dimenticate (oblïate). O Dea, preghi inutilmente (indarno) [che] sul tuo poeta [: Parini] [cadano] rugiade dalla notte tetra (squallida). Ahi! Sui morti (estinti) non sorge [nessun] fiore, quando (ove) non sia onorato da lodi umane e da pianto affettuoso (amoroso).

91-96 Dal giorno (dì) che nozze e tribunali [: giustizia] e altari (are) [: religione] spinsero (dier = *diedero*) le belve umane [: gli uomini primitivi] a essere pietose verso (di) se stesse e verso gli altri, i viventi sottraevano (toglieano) all'aria malvagia (all'etere maligno) e alle fiere i miseri resti (avanzi) [: i corpi dei morti] che la natura destina ad altre forme (sensi) con incessanti trasformazioni (con veci eterne).

14 l'ambrosia… Nume: secondo una tradizione classica, la presenza dell'**ambrosia** (▶ nota 66) era segnalata dal suo profumo.
15 queste piante: «il boschetto de' tigli nel sobborgo orientale di Milano» (nota di Foscolo).

16 Il mio tetto materno: cioè la patria lontana e in particolare la pace rappresentata dalla figura materna, sempre centrale nell'opera foscoliana (▶ anche T6) e spesso collegata all'idea della morte e della pace eterna.

17 pietose… altrui: nella pietà verso i morti, cioè verso gli altri, l'uomo acquista la consapevolezza di appartenere a una civiltà, e di non vivere più in uno stadio ferino (**umane belve**).

vv. 62- 69 Non essendovi segno che indichi il luogo della sepoltura di Parini, diviene impossibile avvertire la presenza della poesia, cioè la sua suggestione; mentre essa era ben percepibile quando il poeta era vivo. La degna sepoltura del grande poeta avrebbe dovuto collocarsi sotto il tiglio alla cui ombra egli era solito riposarsi e meditare.

vv. 70-77 Feroce critica della cultura milanese, che osannava la moda dei cantanti castrati, attraendoli con compensi e onori smodati, e ignorava un poeta come Parini, non assumendosi neppure dopo la morte il dovere di ricordarne e onorarne la figura. È dunque possibile che, sepolto anonimamente, il corpo di Parini sia confuso con quello di un assassino.

vv. 78-96 Un'affamata cagna randagia e un malaugurante uccello notturno funestano e violano la pace dei camposanti, compromettendo la serenità di Parini. Solo la cura degli uomini può dare un senso alla morte attraverso i riti funebri. La difesa dei cadaveri dagli agenti atmosferici e dalle belve feroci fonda il culto dei morti, uno degli istituti fondamentali della civiltà umana.

Testimonianza a' fasti eran le tombe,
Ed are a' figli; e uscian quindi i responsi
De' domestici Lari,[18] e fu temuto
Su la polve degli avi il giuramento:[19]
Religïon che con diversi riti
Le virtù patrie e la pietà congiunta
Tradussero per lungo ordine d'anni.
Non sempre i sassi sepolcrali a' templi
Fean pavimento; né agl'incensi avvolto
De' cadaveri il lezzo i supplicanti
Contaminò; né le città fur meste
D'effigïati scheletri: le madri
Balzan ne' sonni esterrefatte, e tendono
Nude le braccia su l'amato capo
Del lor caro lattante onde nol desti
Il gemer lungo di persona morta
Chiedente la venal prece agli eredi
Dal santuario. Ma cipressi e cedri
Di puri effluvj i zefiri[20] impregnando
Perenne verde protendean su l'urne
Per memoria perenne, e prezïosi
Vasi accoglìean le lagrime votive.[21]
Rapìan gli amici una favilla al Sole
A illuminar la sotterranea notte
Perché gli occhi dell'uom cercan morendo
Il Sole; e tutti l'ultimo sospiro
Mandano i petti alla fuggente luce.

PARAFRASI

97-103 Le tombe erano testimonianza delle glorie (a' fasti) [familiari], e altari (are) per i (a' = *ai*) figli [: i discendenti]; e da esse (quindi = *di qui*) uscivano i responsi dei Lari domestici, e il giuramento [fatto] sulle tombe (su la polve = *sulla polvere*, cioè 'sui resti') degli avi fu considerato sacro (fu temuto): [e questa fu una] religione che [: complemento oggetto] le virtù civili (patrie) e il rispetto dei congiunti (la pietà congiunta) tramandarono (tradussero) con riti diversi per lungo susseguirsi (ordine) di anni.
104-114 Non sempre le lapidi (sassi) sepolcrali fecero (fean) [da] pavimento alle chiese (a' templi); né [sempre] il puzzo (il lezzo) dei cadaveri mescolato (avvolto) agli incensi contaminò i devoti (supplicanti); né le città furono [sempre] rattristate (meste) da scheletri disegnati (effigïati): le madri scattano (balzan) nel sonno terrorizzate (esterrefatte), e tendono le nude braccia sulla testa amata del loro caro lattante così che (onde) non lo svegli (nol desti) il gemere prolungato (lungo) di una persona morta che chiede agli eredi le preghiere a pagamento (la venal prece) [effettuate] dalla chiesa (dal santuario).
114-118 Ma [anticamente] cipressi e cedri, riempiendo (impregnando) l'aria (i zefiri) di puri profumi (effluvj), stendevano (protendean) sulle tombe il verde perenne [delle loro fronde] per eterna (perenne) memoria, e vasi preziosi raccoglievano le lagrime offerte in voto (votive).
119-123 Gli amici [del defunto] rapivano una scintilla (favilla) al sole [: accendevano una lampada] per illuminare la notte sotterranea, perché gli occhi dell'uomo morendo cercano il sole; e tutti i petti [dei moribondi] rivolgono (mandano) l'ultimo sospiro alla luce fuggente.

▼ Antonio Berti, *Tomba di Foscolo*, 1939. Firenze, basilica di Santa Croce.

18 Lari: le divinità romane protettrici della casa.
19 fu temuto... giuramento: ▶ la citazione che si trova all'inizio del carme e la nota relativa.
20 zefiri: sono propriamente i venti primaverili.
21 vasi... votive: in realtà vasi contenenti unguenti ma, sulla base di una tradizione precedente, Foscolo li crede destinati a raccogliere le lacrime versate per il morto.

vv. 97-114 Foscolo precisa lo spunto dei versi precedenti ripercorrendo sinteticamente, qui e in seguito, la storia umana. La rappresentazione del culto dei morti in epoca medievale è negativa: cadaveri in chiesa, scheletri raffigurati ovunque, terrore superstizioso per la pretesa dei defunti di ricevere messe di suffragio, le quali, secondo una credenza comune, dovevano servire ad accorciare il loro tempo di espiazione dei peccati.
vv. 114-129 Al culto terrificante del Medioevo e della Controriforma si contrappone quello semplice e spontaneo della cultura classica idealizzata. Il ricorso alle lampade votive è collegato al rimpianto dei moribondi per la luce della vita che si va spegnendo.

Le fontane versando acque lustrali
Amaranti[22] educavano e vïole
Su la funebre zolla; e chi sedea
A libar latte[23] e a raccontar sue pene
Ai cari estinti, una fragranza[24] intorno
Sentìa qual d'aura de' beati Elisi.[25]
Pietosa insania che fa cari gli orti
De' suburbani avelli alle britanne
Vergini dove le conduce amore
Della perduta madre, ove clementi
Pregaro i Genj[26] del ritorno al prode
Che tronca fe' la trïonfata nave
Del maggior pino, e si scavò la bara.
Ma ove dorme il furor d'inclite geste
E sien ministri al vivere civile
L'opulenza e il tremore, inutil pompa
E inaugurate immagini dell'Orco[27]
Sorgon cippi e marmorei monumenti.
Già il dotto e il ricco ed il patrizio vulgo,
Decoro e mente al bello Italo regno,
Nelle adulate reggie ha sepoltura
Già vivo, e i stemmi unica laude. A noi
Morte apparecchi riposato albergo
Ove una volta la fortuna cessi
Dalle vendette, e l'amistà raccolga
Non di tesori eredità, ma caldi
Sensi e di liberal carme l'esempio.
A egregie cose il forte animo accendono
L'urne de' forti, o Pindemonte; e bella
E santa fanno al peregrin la terra
Che le ricetta. Io quando il monumento[28]

PARAFRASI

124-129 Versando acque purificatrici (lustrali), le fontane nutrivano (educavano) amaranti e viole sul tumulo (su la... zolla) mortuario (funebre); e chi sedeva [sulle tombe] a versare (libar) latte e a raccontare le sue pene ai cari estinti sentiva intorno un profumo (una fragranza) come (qual) dell'aria dei beati Elisi.
130-136 [Questa è] un'illusione (insania) benefica (pïetosa) che rende (fa) cari alle giovani (vergini) inglesi (britanne) i giardini (gli orti) dei cimiteri (de'... avelli) attorno alle città (suburbani), dove le conduce l'amore della madre perduta [: morta], dove pregarono i Geni di concedere il ritorno ([di essere] clementi del ritorno) al valoroso (prode) [: l'ammiraglio Nelson] che troncò (tronca fe' = *fece troncata*) dell'albero maestro (del maggior pino) la nave conquistata (trïonfata), e [con quello] si scavò la bara.
137-141 Ma dove [invece] l'eroismo (furor) di gesta nobili (inclite) è spento (dorme) e la ricchezza (opulenza) e la viltà (tremore) siano guide (ministre) alla vita civile, cippi e monumenti di marmo sorgono [quali] inutile ostentazione (pompa) e [quali] macabre (inaugurate) immagini dell'oltretomba (dell'Orco).
142-150 Il popolo (vulgo) intellettuale (dotto) e quello (il) ricco e quello nobile, adornamento (decoro) e guida (mente) per il (al) bel regno italico, ha già la sua tomba (sepoltura) da vivo nelle regge oggetto di adulazione (adulate), e [come] unica lode [ha] gli stemmi [nobiliari]. La morte prepari (apparecchi) [invece] a me (a noi) un ricovero (albergo) sereno (riposato) quando (ove) un giorno (una volta) la sorte (fortuna) cessi di perseguitarmi (dalle vendette), e gli amici (amistà = *amicizia*) raccolgano non eredità di tesori, ma sentimenti (sensi) appassionati (caldi) e l'esempio di una poesia (carme) libera (liberal< e>).
151-154 Le tombe (l'urne) dei grandi (de' forti) stimolano (accendono) a nobili (egregie) imprese (cose) gli animi grandi (il forte animo), o Pindemonte; e rendono (fanno) al [giudizio del] forestiero (peregrin) bella e santa la terra che le contiene (le ricetta).

22 amaranti: pianta dalle piccole foglie rosse, simbolo d'immortalità (il nome deriva dal greco e significa 'che non appassisce').
23 libar latte: versandolo sulla terra in onore del morto.
24 una fragranza: legata agli unguenti dei quali si cospargevano i cadaveri, e ovviamente contrapposta al **lezzo** del v. 106.
25 Elisi: il paradiso pagano.
26 Genj: divinità protettrici.
27 Orco: l'aldilà pagano, designato attraverso uno dei nomi del dio mitico degli Inferi, Plutone.
28 il monumento: è la chiesa di Santa Croce in Firenze, dove sono sepolti alcuni dei maggiori italiani.

vv. 130-136 Avvicinarsi ai morti attraverso il loro culto è un'illusione, la stessa su cui si fonda la civiltà degli inglesi che hanno costruito cimiteri simili a giardini dove è possibile passeggiare. Da qui Foscolo trae spunto per rievocare l'ammiraglio Nelson, morto eroicamente nella battaglia di Trafalgar contro la flotta franco-spagnola (1805). Ai vv. 135-136 il poeta si riferisce a una diffusa leggenda, secondo la quale Nelson avrebbe costruito la propria bara con l'albero maestro di un vascello conquistato durante la battaglia.

vv. 137-141 Di nuovo, una contrapposizione. Come i cimiteri ispirano virtù dove l'eroismo sia praticato e onorato (per esempio nell'Inghilterra di Nelson), così i segni che ricordano la morte servono solamente a manifestare sfarzo e a provocare repulsione là dove (come nell'Italia contemporanea al poeta) l'eroismo e la virtù siano tramontati e dominino la ricchezza dei potenti e la viltà degli oppressi.

vv. 142-150 L'accusa ai gruppi dirigenti italiani diventa esplicita: gli intellettuali, i ricchi mercanti e i nobili sono sepolti già da vivi nell'ipocrisia che regna nelle sedi del potere. A questa situazione si contrappone il poeta, che spera di lasciare alla propria ristretta cerchia di amici un'eredità sentimentale e artistica.

vv. 151-167 È qui enunciato, per essere poi svolto nell'esempio autobiografico che segue, uno dei temi centrali del carme: dalle tombe dei grandi uomini emana un invito a imitarli che altri grandi possono raccogliere, anche venendo da lontano. Si passa qui dalla regola generale (vv. 151-154) a una testimonianza autobiografica con funzione di esempio e di prova.

Vidi ove posa il corpo di quel grande[29]
Che temprando lo scettro a' regnatori
Gli allòr ne sfronda, ed alle genti svela
Di che lagrime grondi e di che sangue;
E l'arca di colui che nuovo Olimpo[30]
Alzò in Roma a' Celesti; e di chi vide
Sotto l'etereo padiglion rotarsi
Più mondi, e il Sole irradïarli immoto,
Onde all'Anglo che tanta ala vi stese
Sgombrò primo le vie del firmamento:[31]
Te beata, gridai, per le felici
Aure pregne di vita, e pe' lavacri
Che da' suoi gioghi a te versa Apennino!
Lieta dall'äer tuo veste la Luna
Di luce limpidissima i tuoi colli
Per vendemmia festanti, e le convalli
Popolate di case e d'oliveti
Mille di fiori al ciel mandano incensi:
E tu prima, Firenze, udivi il carme[32]
Che allegrò l'ira[33] al Ghibellin [34]fuggiasco,
E tu i cari parenti e l'idïoma[35]
Desti a quel dolce di Calliope[36] labbro
Che Amor in Grecia nudo e nudo in Roma
D'un velo candidissimo adornando,
Rendea nel grembo a Venere Celeste:[37]
Ma più beata[38] ché in un tempio accolte
Serbi l'Itale glorie, uniche forse
Da che le mal vietate Alpi e l'alterna
Onnipotenza delle umane sorti
Armi e sostanze t'invadeano[39] ed are
E patria e, tranne la memoria, tutto.

PARAFRASI

154-167 Io quando vidi il monumento [: la chiesa di Santa Croce a Firenze] dove riposa il corpo di quel grande [: Machiavelli] che, temprando lo scettro ai potenti (a' regnatori) [: fingendo di insegnare loro le tecniche del potere], ne sfronda gli allori [: la gloria], e svela alle genti di quali (che) lagrime e di quale sangue [: di quanto dolore] grondi [il potere]; e la tomba (l'arca) di colui [: Michelangelo] che in Roma innalzò (alzò) agli dèi (a' Celesti) [: a Dio] un nuovo Olimpo [: un monumento eccezionale, la cupola di San Pietro]; e [la tomba] di colui che (di chi) [: Galileo] vide ruotare vari pianeti (più mondi) sotto la volta celeste (l'etereo padiglion), e il sole irraggiarli (irradïarli) [stando] immobile (immoto), così che (onde) aprì (sgombrò) per primo le vie del firmamento all'inglese [: Newton] che [poi] vi avanzò profondamente (tanta ala vi stese = *vi volò assai*); gridai "beata te" [: Firenze], per l'aria (aure) felice [e] piena (pregne) di vita e per le acque (i lavacri) [: fiumi e ruscelli] che l'Appennino fa scorrere (versa) verso di te (a te) dalle sue montagne (gioghi)!
168-172 La luna, lieta della tua aria, ricopre (veste) di luce limpidissima i tuoi [: di Firenze] colli, festanti per la vendemmia; e le valli circostanti (le convalli), popolate [: piene] di case e di oliveti, mandano verso il (al) cielo mille [: numerosissimi] profumi (incensi) di fiori.
173-185 Tu [: Firenze], inoltre (E), hai udito (udivi) per prima il poema (carme) [: la «Commedia»] che rallegrò [: consolò e rese quasi gioiosa] l'ira al ghibellino esule (fuggiasco) [: Dante], e tu hai dato (desti) i cari genitori e la lingua (l'idïoma) a quella dolce voce (labbro; metonimia) di Calliope [: a Petrarca], che adornando di un velo candidissimo [: di purezza] l'amore, [il quale era] nudo in Grecia e [era] nudo in Roma, [lo] restituì (rendea) in braccio (nel grembo) a Venere celeste [: lo spiritualizzò]; ma [sei] più beata [ancora, tu] che raccolte (accolte) in un'unica chiesa (in un tempio) [: S. Croce] conservi (serbi) le glorie italiane, forse le uniche [rimaste] da quando (da che) le Alpi indifese (mal vietate) [: la cattiva difesa delle Alpi] e la onnipotenza delle alterne sorti umane ti hanno sottratto (t'invadeano) le armi e le ricchezze (sostanze) e patrimoni religiosi (are) e tutto [il resto], tranne la memoria [: della passata grandezza].

29 quel grande... sangue: l'interpretazione del *Principe* di Machiavelli come opera rivolta ai popoli per smascherare l'orrore del potere tirannico risale al Cinquecento ma fu diffusa nel secondo Settecento soprattutto da Rousseau, che la rappresentò quale opera repubblicana.
30 nuovo Olimpo: una nuova sede adatta alle divinità, come nella mitologia classica lo era il monte greco Olimpo.
31 Sotto l'etereo... firmamento: con riferimento alla teorizzazione del sistema eliocentrico (cioè con il Sole al centro, circondato dalle orbite dei vari pianeti) compiuta da Galileo Galilei sulla base di osservazioni con il cannocchiale e successivamente confermata dalle ricerche dell'inglese Isaac Newton (1642-1727).
32 E tu prima... carme: secondo un'antica tradizione, risalente a Boccaccio, Dante avrebbe scritto i canti iniziali della *Commedia* prima di essere esiliato, e dunque a Firenze essi avrebbero risuonato per la prima volta; ma non vi è conferma di simile ipotesi, che appare anzi improbabile.
33 allegrò l'ira: sia perché Dante, componendo il poema, si poteva vendicare dei propri nemici, assicurando loro infamia eterna; sia perché si compiaceva di collaborare alla necessaria opera di riforma morale e civile.
34 Ghibellin: in quanto sostenitore dei diritti politici dell'Impero; ma in realtà Dante era di famiglia guelfa.
35 i cari parenti e l'idïoma: Petrarca nacque ad Arezzo da famiglia fiorentina in esilio e nelle opere in volgare adoperò appunto una lingua di base fiorentina.
36 Calliope: è propriamente la musa della poesia epica, e qui rappresenta la poesia in generale, che parlò direttamente, e con grande dolcezza (cioè armonia), attraverso i testi petrarcheschi.
37 Amor… Celeste: in sostanza, Petrarca avrebbe purificato e spiritualizzato le tematiche erotiche, che invece venivano affrontate in modo più sensuale nell'arte classica. **Venere Celeste** rappresentava l'aspetto spirituale dell'amore (di cui Venere è la dea della mitologia), così come Venere Pandemia ne rappresentava l'aspetto sensuale.
38 Ma più beata: riprende il «te beata» del v. 165, riferito a Firenze.
39 t'invadeano: la seconda persona singolare si riferisce, dal punto di vista grammaticale, a Firenze; ma riguarda, a senso, l'Italia nella sua interezza (della quale Firenze è d'altra parte simbolo).

▶ questo brano dell'*Ortis*: «Dianzi io adorava le sepolture del Galileo, del Machiavelli, e di Michelangelo; contemplandole io tremava preso da un sacro brivido».

vv. 168-188 L'Italia ha perso tutto a causa delle invasioni straniere, ma le resta la ricchezza delle sue memorie gloriose, delle quali sono testimonianza le tombe dei grandi uomini. Ed ecco ancora riconfermata, alla luce del giudizio storico, l'importanza dei sepolcri. Se del grande passato l'Italia conserva solamente la memoria, e se tale memoria è conservata in forma

Che ove speme di gloria agli animosi
Intelletti rifulga ed all'Italia,
Quindi trarrem gli auspicj.[40] E a questi marmi
Venne spesso Vittorio ad ispirarsi.
Irato a' patrii Numi, errava muto
Ove Arno è più deserto, i campi e il cielo
Desïoso[41] mirando; e poi che nullo
Vivente aspetto gli molcea la cura,
Qui posava l'austero; e avea sul volto
Il pallor della morte e la speranza.
Con questi grandi abita[42] eterno: e l'ossa
Fremono amor di patria. Ah sì! da quella
Religïosa pace un Nume parla:
E nutrìa contro a' Persi in Maratona
Ove Atene sacrò tombe a' suoi prodi,[43]
La virtù greca e l'ira. Il navigante
Che veleggiò quel mar sotto l'Eubea,[44]
Vedea per l'ampia oscurità scintille
Balenar d'elmi e di cozzanti brandi,
Fumar le pire igneo vapor, corrusche
D'armi ferree vedea larve guerriere
Cercar la pugna; e all'orror de' notturni
Silenzi si spandea lungo ne' campi
Di falangi un tumulto e un suon di tube
E un incalzar di cavalli accorrenti
Scalpitanti su gli elmi a' moribondi,
E pianto,[45] ed inni,[46] e delle Parche il canto.[47]
Felice te che il regno ampio de' venti,
Ippolito, a' tuoi verdi anni correvi![48]
E se il piloto ti drizzò l'antenna[49]
Oltre l'isole Egèe, d'antichi fatti
Certo udisti suonar dell'Ellesponto[50]
I liti, e la marea mugghiar portando
Alle prode Retèe l'armi d'Achille

PARAFRASI

186-188 E perciò (che = *cosicché*), qualora (ove = *dove*) torni a brillare (rifulga) speranza (speme) di gloria agli ingegni (intelletti) coraggiosi (animosi) e all'Italia, da qui (quindi) [: da S. Croce] prenderemo ispirazione (trarrem gli auspicj).

188-195 E spesso Vittorio [Alfieri] venne a ispirarsi presso (a) questi marmi [: le tombe di S. Croce]. Irato con il destino (a'<i> Numi = *con gli dèi*) della patria, vagava (errava) silenzioso (muto) dove [il Lung']Arno è più deserto, osservando (mirando) desideroso i campi e il cielo; e poiché nessun (nullo) aspetto vivente gli addolciva l'ansia (gli molcea la cura), [egli], severo (austero), si fermava (posava) qui [: in S. Croce]; e sul volto aveva il pallore della morte e la speranza.

196-201 [Alfieri] abita [: è sepolto] in eterno con questi [altri] grandi [: in S. Croce]: e le ossa emanano (fremono) amore di patria. Ah sì! un dio (un Nume) parla di quella pace sacra (religïosa): e [quel dio] ispirò (nutrìa = *nutriva*) il valore (la virtù) e l'ira dei Greci contro i (a' = *ai*) Persiani in Maratona, dove Atene consacrò le tombe ai suoi prodi [soldati].

201-212 Il navigatore che navigò a vela (veleggiò) quel mare [: l'Egeo] sotto l'[isola] Eubea, vedeva nella vastità buia (per l'ampia oscurità) balenare scintille di elmi e di spade (brandi) che si scontrano (cozzanti), [vedeva] le pire [per bruciare i cadaveri] fumare vapore di fuoco (igneo), [vedeva] fantasmi (larve) di guerrieri lampeggianti (corrusche) di armi di ferro cercare lo scontro (la pugna); e nell'orrore dei silenzi notturni si spargeva (si spandea) nei campi un lungo frastuono (tumulto) di eserciti (falangi) e un suono di trombe (tube) e un [rumore prodotto dall']incalzare di cavalli che corrono (accorrenti) scalpitando sugli elmi dei (a') moribondi, e pianto, ed inni, e il canto delle Parche.

213-225 [O] Ippolito [Pindemonte], felice te, che ai tuoi verdi anni [: nella tua giovinezza] percorrevi (correvi) l'ampio regno dei venti [: il mare; cioè 'navigavi']! E se il pilota rivolse (drizzò) la tua (ti) rotta (antenna) oltre le isole Egèe, certo udisti le coste (i liti) dell'Ellesponto [ri]suonare di antichi fatti, e [udisti] la corrente (la marea) rimbombare (mugghiar) portando le armi di Achille alle coste (prode) del Capo Reteo

40 gli auspicj: erano propriamente i riti propiziatori sacri ai Romani.
41 desïoso: desideroso di trovarvi tracce di un possibile riscatto, o almeno conforto alla propria angoscia.
42 abita: Alfieri fu sepolto in Santa Croce, in un monumento funebre opera di Canova.
43 Ove Atene… prodi: il riferimento all'onorata sepoltura dei caduti serve a chiudere il circolo dell'argomentazione: la virtù consente sepolture gloriose, le quali sono segno di valore e dalle quali si origina nuova virtù.
44 Eubea: l'isola greca da cui la flotta persiana si mosse per raggiungere la costa dell'Attica e attraccare presso la baia di Maratona.
45 pianto: dei feriti.
46 inni: di guerra.
47 delle Parche il canto: le **Parche** sono le tre dee della mitologia che controllano il destino degli uomini; il loro **canto** accompagnava le nascite e le morti.
48 Felice te… correvi: in effetti, Pindemonte aveva navigato in giovinezza lungo le coste del Mediterraneo.
49 l'antenna: l'asta che sorregge la vela; vale dunque 'vela' e perciò 'nave'.
50 Ellesponto: lo stretto dei Dardanelli, che divide l'Europa dall'Asia mettendo in comunicazione il mar Egeo con il mar di Marmara; nei suoi pressi sorgeva Troia (al cui assedio parteciparono, secondo il racconto di Omero, gli eroi greci ricordati nei versi seguenti).

emblematica nella chiesa di Santa Croce, è logico che da lì traggano ispirazione la rinascita e il riscatto futuri.

vv. 188-195 La necessità di ispirarsi al glorioso passato e alle personalità che lo hanno reso tale, affermata nei versi precedenti, spetta evidentemente ai poeti. Infatti Alfieri rappresenta una specie di *alter ego* di Foscolo, anche perché vicino a lui per carattere e per condizioni storiche circostanti. Per questo egli è l'unico dei grandi a essere nominato esplicitamente.

vv. 196-212 Al cospetto delle tombe dei grandi si avverte come la voce di un dio, che nella battaglia di Maratona (490 a. C.) ispirò l'eroica vittoria dei Greci, meno numerosi, contro i Persiani e potrebbe presto ispirare il riscatto italiano. Chi sia passato di notte nella zona di mare antistante la piana di Maratona ha avuto modo di vedere ancora i segni della battaglia, la quale secondo una leggenda si ripeterebbe ogni notte.

vv. 213-225 Ancora un modo per valorizzare la funzione delle tombe: rendere giustizia dopo la morte agli uomini valorosi che non abbiano avuto in vita riconoscimenti. L'esempio riportato riguarda un episodio di origine omerica: morto il grande Achille, i maggiori eroi greci

Sovra l'ossa d'Ajace: a' generosi
Giusta di glorie dispensiera è morte;
Né senno astuto né favor di regi
All'Itaco[51] le spoglie ardue[52] serbava,
Ché alla poppa raminga le ritolse
L'onda incitata dagl'inferni[53] Dei.
E me che i tempi ed il desio d'onore
Fan per diversa gente ir fuggitivo,
Me ad evocar[54] gli eroi chiamin le Muse[55]
Del mortale pensiero animatrici.
Siedon[56] custodi de' sepolcri, e quando
Il tempo con sue fredde ale[57] vi spazza
Fin le rovine, le Pimplèe[58] fan lieti
Di lor canto i deserti, e l'armonia[59]
Vince di mille secoli il silenzio.
Ed oggi nella Tròade[60] inseminata
Eterno splende a' peregrini un loco[61]
Eterno per la Ninfa[62] a cui fu sposo
Giove, ed a Giove die' Dàrdano figlio
Onde fur Troja e Assàraco e i cinquanta
Talami[63] e il regno della Giulia gente.[64]
Però che quando Elettra udì la Parca
Che lei dalle vitali aure del giorno
Chiamava a' cori dell'Eliso,[65] a Giove
Mandò il voto supremo: E se, diceva,
A te fur care le mie chiome e il viso
E le dolci vigilie, e non mi assente
Premio miglior la volontà de' fati,

PARAFRASI

(Retèe) sopra le ossa di Aiace: la morte è giusta dispensatrice (dispensiera) di gloria verso i valorosi (a' generosi); né l'astuta intelligenza (senno) né il favore dei re (di regi) conservavano (serbava) a Ulisse (all'Itaco) le difficili (ardue) spoglie [: le armi di Achille], poiché (ché) l'onda incitata dagli dèi dell'oltretomba (inferni = *infernali*) le ritolse alla nave (alla poppa) errabonda (raminga) [di Ulisse].
226-229 E le Muse, animatrici del pensiero umano, chiamino me ad evocare gli eroi [greci], me che i tempi [malvagi] e il desiderio (desio) di onore fanno andare (ir) esule (fuggitivo) fra (per) popolazioni (gente) diverse.
230-234 Le Muse (le Pimplèe) siedono [quali] custodi dei sepolcri, e quando il tempo con le sue fredde ali vi distrugge (vi spazza) perfino (fin) le rovine, [esse] allietano (fan lieti) i deserti con il (di) loro canto, e l'armonia [del loro canto] supera (vince) il silenzio di mille secoli.
235-240 E oggi nella Troade desertica (inseminata) splende eternamente (eterno) [davanti] ai viaggiatori (peregrini) un luogo eterno per la ninfa [: Elettra] di (a) cui Giove fu sposo e [che] diede (die') a Giove il figlio Dàrdano, da cui (onde) derivarono (fur = *furono*) Troia e Assàraco e i cinquanta figli sposati (talami = *letti nuziali*) [di Priamo] e il regno della popolazione (gente) discendente da Iulo (Giulia) [: i Romani].
241-249 Infatti (però che, da *però* = *perciò*) quando Elettra udì la parca [Atropo] che la (lei) chiamava dalle vitali brezze (aure) della luce (del giorno) [: dalla vita] [per andare] alle danze (a' cori) dell'Eliso [: nell'oltretomba], rivolse (mandò) a Giove l'ultima preghiera (il voto supremo): E se – diceva – a te furono cari i miei capelli (le mie chiome) e il [mio] viso e le dolci veglie (vigilie) [d'amore], e la volontà del destino (de' fati) non mi concede (assente) premio migliore [della mor-

51 Itaco: Ulisse, originario dell'isola di Itaca.
52 ardue: in quanto difficili da meritare e difficili da ottenere.
53 inferni: degli Inferi, l'oltretomba pagano.
54 evocar: come si fa con i morti (al richiamo dei quali ben si addice il verbo "evocare"), in coerenza con lo spirito del carme: il poeta è colui che funge da mediatore tra il passato dei morti e il presente dei vivi, cioè colui che dà voce alle tombe.
55 le Muse: secondo il mito, le divinità preposte alle arti, esaltate in quanto figlie della Memoria.
56 Siedon: vale 'hanno sede', ma anche 'stanno sedute'.
57 fredde ale: tradizionale è l'immagine delle ali del tempo, a cui l'aggettivo **fredde** conferisce una qualificazione cadaverica.
58 Pimplèe: abitatrici del monte Pimpla, con la fonte omonima.
59 l'armonia: è quella del **canto**, e cioè, anche, della parola poetica; e si contrappone a **silenzio**.
60 Tròade: la regione dell'Asia Minore con la città di Troia.
61 un loco eterno: in una nota al testo, lo stesso Foscolo precisa che la tomba sarebbe stata da poco ritrovata.
62 la Ninfa: Elettra, figlia di Atlante, che ebbe da Giove, suo amante, il figlio Dàrdano (v. 238), da cui derivò la discendenza troiana (v. 239) e, quindi, secondo la leggenda, Roma (v. 240). Foscolo distingue le due discendenze derivate da Dàrdano: quella del pronipote **Assàraco**, di cui fanno parte Anchise con il figlio Enea e il nipote Ascanio (▶ nota 64); e quella del fratello di Assàraco, Ilo (nominato al v. 255, ma introdotto implicitamente al v. 239), a cui appartengono Priamo e i suoi figli (tra questi, Ettore v. 292, e Cassandra v. 258 e sgg.).
63 i cinquanta talami: allude ai cinquanta figli maschi di Priamo, che convivevano nel palazzo paterno insieme alle mogli (di qui il riferimento ai 'letti nuziali').
64 Giulia gente: sono i discendenti (**gente**) di Ascanio (Iulo per i Latini) che, come racconta Virgilio nell'Eneide, con il padre Enea fuggì da Troia e trovò riparo in Italia; ma è anche la famiglia (*gens* in latino) Iulia a cui apparteneva Giulio Cesare e che affermava di discendere direttamente dall'eroe troiano.
65 udì la Parca... dell'Eliso: cioè quando Elettra sentì di essere giunta al momento della morte. Delle tre Parche preposte secondo il mito a tessere il filo della vita, qui si fa riferimento a Atropo, che ha appunto il compito di tagliare il filo della vita al momento stabilito dal fato. L'**Eliso** è il luogo dove, secondo la mitologia classica, si raccolgono le anime dei giusti dopo la morte.

si misero a competere per averne le armi prestigiose. Ulisse riuscì con l'inganno a ottenerle e per questo Aiace Telamonio si uccise. Ma il mare le sottrasse alla nave che riportava Ulisse a Itaca, per depositarle sulla tomba di Aiace.
vv. 226-229 Il poeta si mette in primo piano assegnandosi il ruolo di rievocare le imprese eroiche del passato. La rappresentazione di sé punta qui, come in altri casi, sul destino avverso (i **tempi** sfavorevoli) e sul desiderio di gloria; e quindi sulla condizione di esule.
vv. 230-240 Questo è forse il centro ideologico e sentimentale del carme. La forza della poesia restituisce al passato la sua voce, superando secoli di silenzio, cioè di morte, e andando al di là della distruzione compiuta dal tempo. Secondo il procedimento tipico del carme, Foscolo fornisce un esempio storico della tesi enunciata ai versi precedenti: spetta ai poeti rendere eterne e richiamare in vita le grandi imprese del passato, anche dopo che le tombe nelle quali sono sepolti coloro che le hanno compiute sono state rese irriconoscibili dal tempo. L'esempio non potrebbe essere più elevato, riguardando la storia di Troia e la sua prosecuzione nelle vicende di Roma.
vv. 241-262 Il luogo della sepoltura di Elettra diviene il centro unificatore di una intensa trafila storica, che ha il suo avvio prestigioso nella vicenda di Troia. Ai vv. 239-240 si è visto che tale

La morta amica almen guarda dal cielo
Onde d'Elettra tua resti la fama.
Così orando moriva. E ne gemea
L'Olimpio; e l'immortal capo accennando
Piovea dai crini ambrosia[66] su la Ninfa
E fe' sacro quel corpo e la sua tomba.
Ivi posò Erittonio, e dorme il giusto
Cenere d'Ilo; ivi l'Iliache donne
Sciogliean le chiome, indarno ahi! deprecando
Da' lor mariti l'imminente fato;
Ivi[67] Cassandra,[68] allor che il Nume in petto
Le fea parlar di Troja il dì mortale,
Venne; e all'ombre cantò carme amoroso,
E guidava i nepoti, e l'amoroso
Apprendeva lamento a' govinetti.
E dicea sospirando: Oh se[69] mai d'Argo,[70]
Ove al Tidide e di Laèrte al figlio[71]
Pascerete i cavalli, a voi permetta
Ritorno il cielo, invan la patria vostra
Cercherete! Le mura opra di Febo[72]
Sotto le lor reliquie fumeranno.[73]
Ma i Penati di Troja avranno stanza
In queste tombe; ché de' Numi è dono
Servar nelle miserie altero nome.

PARAFRASI

te], almeno proteggi (guarda) dal cielo l'amante (la… amica) morta [: la sua tomba], così che (onde) resti memoria (la fama) della tua Elettra.
250-253 Così pregando (orando), Elettra moriva. E Giove (l'Olimpio) piangeva (gemea) di ciò (ne); e la testa (capo) immortale [di Giove] chinandosi (accennando) spandeva (piovea) dai capelli (dai crini) ambrosia sulla ninfa, e fece (fe') sacri quel corpo e la sua tomba.
254-262 Qui (Ivi) [: sulla tomba di Elettra] si riposò (posò) Erittonio, e riposano (dorme) i resti del giusto Ilo (il giusto cenere d'Ilo); qui le donne troiane (Iliache) scioglievano i capelli inutilmente (indarno) – ahi[!] – pregando di allontanare (deprecando) l'imminente destino (fato) [: la morte] dai loro mariti; qui venne Cassandra, quando (allor che) il dio (il Nume) [: Apollo] [entratole] in petto le faceva (le fea) predire (parlar; transitivo) il giorno (il dì) mortale [: della disfatta e della rovina]; e cantò una profezia (carme; latino) appassionata (amoroso) ai morti (all'ombre), e [vi] guidava i nipoti, e insegnava (apprendeva) ai giovanetti il lamento amoroso.
263-271 E [Cassandra] diceva sospirando [ai nipoti]: O se mai il cielo [: gli dèi] permetta a voi di ritornare (ritorno) da Argo [: dalla Grecia], dove pascerete i cavalli [: sarete schiavi] per Diomede (al Tidìde = *al figlio di Tidèo*) e per il figlio di Laerte [: Ulisse], invano cercherete la vostra patria! Le mura, opera di Apollo (Febo), fumeranno sotto le loro macerie (reliquie = *resti*). Ma i Penati di Troia avranno dimora (stanza) in queste tombe; perché è un dono degli dèi conservare (servar) un nome [: fama] elevato (altero) [anche] nelle miserie.

66 ambrosia: è il cibo degli dèi che vale a rendere immortali il corpo e la sepoltura di Elettra, a renderne cioè incorruttibile la fama.
67 Ivi… ivi… ivi…: la triplice ripetizione sottolinea la centralità del sepolcro di Elettra e degli altri grandi di Troia, in coerenza con l'assunto del carme foscoliano.
68 Cassandra: figura centrale di questa parte conclusiva dei *Sepolcri*. Secondo il mito, Cassandra fu amata da Apollo, che le diede il dono della profezia ma che, per vendicarsi di non essere ricambiato, la condannò anche a non essere mai creduta.
69 Oh se…: è invocazione agli ascoltatori ed è sospiro di dolore (**Oh**); è ipotesi ed è, per quel che riguarda la possibilità del ritorno, augurio (**se**).
70 Argo: città greca, identificata come luogo emblematico della nazione (e "argivi" sono spesso chiamati gli antichi Greci in generale ▶ v. 290).
71 Tidide… figlio: Diomede e Ulisse (associati anche da Dante in *Inf.* XXVI) concepirono il celebre inganno del cavallo e furono perciò decisivi per il conseguimento della vittoria e per la caduta di Troia; vengono dunque ricordati come esempi di condottieri greci, ma anche come cause della sconfitta troiana.
72 le mura… Febo: secondo una leggenda, le mura di Troia erano state innalzate con l'aiuto divino di Apollo.
73 fumeranno: per l'incendio appiccato dai Greci invasori.

storia si prolunga poi nell'epopea di Roma, nel rispetto della promessa di Giove e del destino, che ne consegue, di fama immortale per Elettra. Qui vengono colmati alcuni dei vuoti di genealogia rimasti nei richiami precedenti alla storia troiana: **Erittonio** è il figlio di Dàrdano, capostipite dei Troiani (▶ v. 238); **Ilo**, figlio di Troo e nipote di Erittonio, è il nonno di Priamo (▶ vv. 239-240); **Cassandra** è la più bella delle figlie di Priamo; i **nepoti** sono i figli dei fratelli di Cassandra, cioè i figli dei cinquanta figli maschi di Priamo (▶ ancora vv. 239-240). Per mezzo di questa ricostruzione "per campioni", Foscolo allude in qualche modo alla complessità della storia umana nel suo insieme, quale essa si snoda attraverso le varie generazioni. Da questo punto di vista, il sepolcro di Elettra, divenendo il santuario dei grandi morti nazionali, stabilisce un parallelismo con Santa Croce a Firenze (▶ vv. 154-196); mentre il gesto di preghiera e di scongiuro delle donne sulle tombe degli avi richiama quello delle «britanne vergini» per Nelson (▶ vv. 130-136).
vv. 263-271 Le parole di Cassandra chiudono il carme, stendendosi dal v. 263 alla fine: dapprima (vv. 263-271) rivolte ai nipoti, poi (vv. 272-291) agli alberi protettivi delle memorie patrie, infine (vv. 293-295) a Ettore, l'eroe-simbolo della parte sconfitta e della durata della memoria storica assicurata dai poeti. Qui Cassandra predice ai giovani nipoti il loro destino di schiavi presso le case dei condottieri greci vincitori; e annuncia la distruzione di Troia, che essi perciò non potranno più ritrovare, anche qualora facciano ritorno sui luoghi dove essa sorgeva. Vi troverebbero però comunque i **Penati**, le divinità patrie, cioè la possibilità di proseguire in altri luoghi e tempi la tradizione della città (con allusione a Enea, in fuga dalla città in fiamme verso il destino di Roma).

E voi palme e cipressi[74] che le nuore
Piantan di Priamo, e crescerete ahi presto
Di vedovili lagrime innaffiati,
Proteggete i miei padri: e chi la scure
Asterrà pio dalle devote frondi
Men si dorrà di consanguinei lutti
E santamente toccherà l'altare.[75]
Proteggete i miei padri. Un dì vedrete
Mendico un cieco[76] errar sotto le vostre
Antichissime ombre,[77] e brancolando
Penetrar negli avelli, e abbracciar l'urne,
E interrogarle. Gemeranno gli antri
Secreti,[78] e tutta narrerà la tomba
Ilio raso due volte e due risorto
Splendidamente su le mute vie[79]
Per far più bello l'ultimo trofeo
Ai fatati Pelidi.[80] Il sacro vate,
Placando quelle afflitte alme col canto,
I Prenci Argivi eternerà per quante
Abbraccia terre il gran padre Oceàno.[81]
E tu onore di pianti, Ettore,[82] avrai
Ove fia santo e lagrimato il sangue
Per la patria versato, e finché il Sole
Risplenderà su le sciagure umane.

da U. Foscolo, *Opere*, cit.

PARAFRASI

272-278 E voi, palme e cipressi che le nuore di Priamo piantano, e [che] crescerete presto – ahi [!] – innaffiati di lacrime vedovili, proteggete i miei avi (padri): e chi, pietoso (pio), asterrà la scure dalle fronde sante (devote) si addolorerà (dorrà) meno di lutti di parenti (consanguinei) e toccherà santamente [: essendo puro] l'altare.
279-291 Un giorno (dì) vedrete un cieco mendicante [: Omero] aggirarsi (errar<e>) sotto le vostre [: degli alberi] ombre antichissime, e penetrare nei loculi (avelli) a tentoni (brancolando), e abbracciare le urne [cinerarie], e interrogarle. Le cavità (antri) nascoste (secreti) [: le tombe] gemeranno, e tutte le tombe (tutta...nla tomba) narreranno [di] Troia (Ilio), distrutta (raso) due volte e due [volte] risorta splendidamente sulle vie silenziose (mute) per rendere (far) più bella [: più gloriosa] la vittoria finale (l'ultimo trofeo) ai figli di Peleo (Pelidi) [: Achille e Pirro; cioè i Greci] mandati dal fato (fatati). Il sacro poeta (vate) [: Omero], consolando (placando) con la poesia (col canto) quelle anime (alme) afflitte, eternerà i prìncipi (prenci) greci (Argivi = *di Argo*) per tutte (quante) le terre che il gran padre oceano circonda (abbraccia).
292-295 E anche (E) tu, Ettore, avrai l'onore del pianto [: di essere pianto] ovunque (ove) sarà (fia) [considerato] santo e degno di lagrime (lagrimato) il sangue versato per la patria [: dovunque vi sarà civiltà], e finché il sole risplenderà sulle sciagure umane [: finché durerà l'uomo].

74 palme e cipressi: alberi simbolo dell'onore e della morte; piantati in onore degli antenati troiani nei pressi delle loro tombe dalle mogli dei cinquanta figli di Priamo (**le nuore**), e destinati a essere innaffiati dal pianto delle donne, rese presto vedove dai Greci.
75 e chi la scure... l'altare: è un'implicita profezia di sventura (e quasi una maledizione) che Cassandra rivolge contro i Greci non rispettosi delle memorie più sacre degli sconfitti e privi di pietà per i vinti. **Pio** vale 'pietoso' (verso le reliquie dei vinti e verso i vinti stessi) e vale 'devoto, rispettoso degli dèi'.
76 mendico un cieco: è tradizionale la rappresentazione di Omero quale mendicante e cieco.
77 le vostre antichissime ombre: le ombre gettate a terra dagli alberi (**palme** e **cipressi**) piantati dalle nuore di Priamo alcuni secoli prima (▶ v. 272 e sgg.), e perciò **antichissime** (con conseguente attribuzione di valore).
78 gli antri secreti: le cavità a forma di piccole stanze, ove sono conservate le **urne** con i resti dei principi troiani.
79 raso...mute vie: secondo la tradizione classica accolta da Foscolo, due volte Troia sarebbe stata rasa al suolo e sempre ricostruita con crescente splendore, ogni volta ripartendo dallo squallido deserto della distruzione (**le mute vie**); in realtà le vicende della città furono assai più complesse, e più numerose le sue distruzioni e ricostruzioni.
80 Pelidi: propriamente si tratta di Achille – figlio di Peleo – e di suo figlio Pirro, tra i principali artefici della disfatta troiana; ma si allude in genere ai Greci.
81 il gran padre Oceàno: secondo Omero l'oceano era un immenso fiume che circondava e racchiudeva tutte le terre emerse.
82 Ettore: è il grande eroe di Troia, rappresentato nell'*Iliade* omerica come generoso e appassionato; in esso ben poteva Foscolo riconoscere il proprio infelice destino di esule.

vv. 279-291 Concludendo la sua profezia, e dopo aver previsto la imminente distruzione di Troia, Cassandra annuncia il futuro compito assunto da Omero: richiamare in vita le vicende della guerra troiana e di dare loro durata attraverso la grandezza della propria poesia. L'episodio costituisce un esempio grandioso della funzione spettante alla poesia e alla civiltà: dare voce e garantire nel tempo quei valori che si materializzano nelle tombe. I poeti sono dunque gli alleati e i propagatori delle voci dei sepolcri. Peraltro Omero è qui rappresentato in un atteggiamento che richiama significativamente quello di Foscolo quale si è visto ai vv. 226-229: evocare i grandi del passato, facendoli oggetto della propria poesia. È anche da notare che Omero onorerà la superiore funzione di giustizia spettante alla poesia dando gloria immortale tanto ai prìncipi greci vittoriosi quanto ai troiani eroicamente sconfitti; e perciò potrà consolare questi ultimi (v. 289) pur eternando nel mondo i loro nemici vincitori (v. 290 e sg.).
vv. 292-295 La conclusione del carme, in tono sublime e malinconico, è per l'eroe sconfitto, il troiano Ettore, e non per i vittoriosi di Grecia; così che la funzione riparatrice della poesia può meglio essere messa in evidenza. La poesia partecipa degli eventi storici e di essi si nutre; ma al tempo stesso compie giustizia delle inesorabili malvagità e perdite che la storia comporta.

Lavoriamo sul testo

Leggere e capire

La divisione in quattro parti I 295 endecasillabi che compongono i *Sepolcri* possono essere divisi in quattro parti.

- *vv. 1-90*: il sepolcro è il simbolo del legame con gli affetti: il poeta dimostra che le tombe, anche se non riportano in vita i morti, hanno lo scopo di mantenere il contatto con i vivi. Inoltre condanna l'editto di Saint Cloud che vuole rendere tutte uguali le lapidi, perché appiattisce le differenze tra uomini valorosi e uomini colpevoli;
- *vv. 91-150*: il sepolcro è il simbolo della civiltà: il poeta descrive vari rituali legati alla sepoltura. Il modello da imitare – seguito nel mondo contemporaneo dagli inglesi – è quello del mondo classico, in cui prevalgono rappresentazioni serene della morte;
- *vv. 151-212*: il sepolcro è ciò che ispira le nobili azioni: il poeta celebra i grandi uomini sepolti nella chiesa di Santa Croce a Firenze e ricorda i valorosi greci caduti nella battaglia di Maratona per difendere la loro patria. Le loro gesta, ricordate attraverso le tombe, saranno un modello di virtù per le generazioni successive;
- *vv. 213-295*: il sepolcro è ciò che ispira la poesia: la visione delle tombe di uomini illustri e il ricordo delle loro azioni suscita una poesia che tramanda nel tempo la memoria degli eroi sepolti. Mentre le tombe sono destinate alla rovina, la poesia è eterna e può celebrare per sempre le gesta degli uomini valorosi.

Analizzare

Uno stile oratorio I *Sepolcri* sono un esempio di poesia civile, non solo perché affrontano argomenti di carattere morale, politico e sociale, ma anche perché tendono allo stile dell'oratoria, cioè del discorso pubblico che deve convincere i cittadini: in questo caso la poesia deve richiamarli ai valori sui quali si fonda la civiltà. La sintassi è ampia e i versi sono legati tra loro da numerosi *enjambements*; inoltre la frequenza delle domande retoriche e dei nessi argomentativi che legano tra loro le proposizioni («Vero è ben...», v. 16; «Ma...», vv. 23, 114, 137; «Pur...», v. 51 ecc.) conferma la volontà di catturare l'attenzione del pubblico, tipica dello stile dell'oratoria.

Interpretare e approfondire

I sepolcri, un tema strategico Il tema dei sepolcri – già diffuso nella poesia cimiteriale del Settecento (▶ Unità 8 § 4) – diventa in Foscolo strategico perché riesce a raccogliere i principali interessi della sua poetica. In particolare:

- *il materialismo*: negando ogni valore religioso alla tomba, Foscolo propone una nuova forma di sacralità, una specie di «religiosità laica». La «forza operosa» (v. 19) che comanda tutte le cose esistenti e perfino la vita – e quindi anche la morte – dell'uomo è la forza inarrestabile della materia;
- *la civiltà e la funzione della poesia*: dichiarando il culto dei morti un segno di civiltà, Foscolo sottolinea che sono proprio i valori che la civiltà fonda a rendere "immortale" l'uomo. Lontano dal giudizio di qualsiasi divinità, il poeta afferma che sono i superstiti a premiare, con il loro ricordo, gli estinti. È la poesia che permette di dare un senso alle vicende terrene e di favorire la memoria dei grandi uomini nelle generazioni successive;
- *la patria e il riscatto futuro*: affermando che la durata e i valori della civiltà si fondano sulla memoria e quindi sono affidati ai sepolcri, il poeta basa il riscatto dell'Italia sulla storia della grandezza nazionale. La memoria delle azioni virtuose dei nostri illustri antenati deve servire da incoraggiamento alle generazioni presenti, per risollevare la decadenza in cui si trova il Paese;
- *il destino e la funzione del poeta*: riflettendo sul proprio destino, Foscolo si attribuisce una funzione storica e politica fondamentale: ripercorrere le orme di Omero (cioè della cultura classica) e attualizzarne gli insegnamenti, sfruttando la funzione civilizzatrice della poesia. Il poeta deve insomma dare voce ai sepolcri, facendoli uscire dal silenzio al quale sono costretti dalla decadenza storica presente, soprattutto italiana.

Esercizi

Prima prova A • L'analisi del testo

Comprendere

1 La domanda di apertura

Che cosa si chiede il poeta all'inizio del carme?

a. se la morte sia meno dolorosa grazie alla sepoltura
b. se la speranza, ultima dea, fugga i sepolcri
c. se sentirà mai più il canto dell'amico Pindemonte
d. se il tempo avvolgerà tutto con l'oblio della sua notte

2 La «corrispondenza d'amorosi sensi»

L'espressione «corrispondenza d'amorosi sensi» al v. 30 significa che… Scegli il completamento esatto.

a. la tomba permette di prolungare il contatto tra i vivi e i defunti
b. l'amore corrisposto non sopravvive anche alla morte
c. la tomba permette una sepoltura religiosa
d. la tomba permette di alleviare il dolore per la morte di una persona cara

3 Il «sacerdote» che «senza tomba giace»

A chi corrisponde la definizione dei vv. 53-54?

a. Omero
b. Pindemonte
c. Parini
d. Alfieri

4 Lo smascheratore

Chi è il personaggio che «temprando lo scettro a' regnatori» (v. 156) smaschera l'orrore del potere dei tiranni?

a. Alfieri
b. Machiavelli
c. Omero
d. Pindemonte

5 «Un dì vedrete / Mendico un cieco…»

A chi si riferiscono i versi «Un dì vedrete / Mendico un cieco errar sotto le vostre / Antichissime ombre» (vv. 279-281)?

a. Omero
b. Priamo
c. Ettore
d. Laerte

Analizzare

6 Riti sepolcrali a confronto

Nei vv. 104-141 Foscolo descrive quattro diversi riti sepolcrali del passato e del presente: alcuni hanno caratteristiche negative, altri positive. Completa una tabella come questa inserendo per ogni tipologia di rito le relative caratteristiche.

	negativo	caratteristiche	positivo	caratteristiche
passato	Medioevo	....	Età classica	....
presente	Regno d'Italia	....	Inghilterra secolo XVIII	....

7 L'esempio dei personaggi illustri

Nella terza parte del carme (vv. 151-212) il poeta afferma che l'esempio dell'«urne de' forti», cioè le tombe dei grandi personaggi del passato, spinge a nobili imprese. Completa una tabella come questa relativa ai personaggi citati – sepolti a Firenze nella chiesa di Santa Croce – e alle imprese che hanno compiuto.

Personaggio	Impresa compiuta
Machiavelli	…
Michelangelo	Ha edificato in … un nuovo monumento a Dio, cioè la …
Galileo	Ha elaborato la teorie eliocentrica, cioè con il sole al centro dell'universo
Dante	Ha scritto la … Divina commedia
…	Ha reso spirituale …, che nella poesia classica veniva affrontato in modo più sensuale.
Alfieri	Ha espresso per primo la convinzione dell'importanza dell'esempio dei … per compiere nuove nobili imprese.

8 Alla ricerca della cultura classica

L'intero carme è ricco di riferimenti al mito e alla cultura classica, ma questi si intensificano nella quarta parte del componimento. Sottolinea ai vv. 213-295 le espressioni che si rifanno alla classicità.

Interpretare e approfondire

9 La battaglia di Maratona

L'elenco di personaggi che hanno compiuto nobili imprese termina con la descrizione della battaglia di Maratona (vv. 197-212). Perché Foscolo inserisce qui questo episodio? Quale funzione assume, in questo caso, il sepolcro?

Terza prova A • La trattazione sintetica

10 La funzione della poesia

In un testo di max 10 righe spiega la funzione attribuita da Foscolo alla poesia e al poeta. Motiva la tua risposta con esempi tratti dal testo.

11) Qual è la funzione della poesia?

Le stranezze della sepoltura contemporanea

Nel mondo contemporaneo anche i costumi funerari cambiano velocemente. Non senza stranezze.

▲ In Giappone si usa ricordare anche i bambini non nati, con piccole statue votive su cui le madri depongono un berretto di maglia e una girandola.

Sono lontani i tempi dell'editto di Saint Cloud, che regolamentava le iscrizioni sulle tombe. I costumi funerari cambiano velocemente e seguono le esigenze del "mercato". Non bastano più lapidi commemorative o ghirlande di fiori per commemorare i defunti. Come racconta «Oltre», periodico d'informazione dell'imprenditoria funeraria e cimiteriale, citando un articolo apparso in un inserto domenicale del «Sole 24 ore», è ora che tutti riposino insieme nella "grande Piramide" e si realizzi una " democrazia funeraria". E siccome siamo in piena epoca dello sviluppo informatico e di Internet, non può neppure mancare il "cimitero digitale".

I faraoni del nuovo millennio

" Un interessante articolo dell'inserto domenicale de «Il Sole 24 ore» del 4 novembre scorso [2007] descrive i cambiamenti dei costumi funerari in atto in Germania. C'è chi offre inumazioni nelle foreste (www.friendw.de), chi si rivolge al mercato omosessuale commercializzando casse da morto colorate, chi propone di spargere le ceneri in cielo utilizzando un volo *low-cost* in mongolfiera o mettendo l'urna cineraria su un razzo da far esplodere a trecento metri da terra. Tutto ciò sembra confermare l'idea del sociologo francese [Michel] Maffesoli per il quale funerali e rituali funerari sono ormai oggetto di un "bricolage" basato sulla libertà di proporre soluzioni per tutti i gusti.
La proposta più interessante di cui si riferisce nell'articolo, alludendo ad una forma di "democrazia funeraria", è quella del "Club amici della grande Piramide". L'idea è questa: il più imponente monumento funebre della storia sono le Piramidi egizie; ogni piramide è la tomba di un faraone; perché non democratizzare le piramidi rendendole accessibili a tutti? Realizzare una piramide in cui tutti "siamo faraoni" è possibile ed è semplice, secondo gli ideatori. Basterà far mettere le proprie ceneri, invece che in un'urna, in un blocco di cemento di cm 90x60x60, colorarlo o illustrarlo a piacere e assemblarlo insieme ad altri simili fino a costruire una piramide variopinta che in venti o trenta anni raggiunga una altezza di 150 metri, con 5 milioni di blocchi, o di 600 metri se le urne saranno di più. Si costruirebbe così il monumento funerario più imponente della storia umana, superando al contempo l'individualismo della sepoltura che, anche nella tomba, allude alle diversità sociali, alle separazioni e ai contrasti tra gli uomini: verrebbe così edificato un monumento che potrebbe diventare un potente simbolo di pace dato che, almeno da morti, tutti riposerebbero insieme al di là delle differenze di età, di genere, di ceto, di razza, di religione.
È già stato indetto un concorso per il progetto della grande piramide (con tanto di giuria formata da fior di architetti) e le uniche obiezioni sono rappresentate dall'ingombro che una tale piramide rappresenterebbe in qualunque territorio urbano [...]. Non vi sembra somigliare alla tendenza abitativa dei vivi oggi dominante, una concentrazione in enormi aree urbane o in enormi edifici sviluppati in altezza? Sarebbe un memoriale molto più funzionale di tanti altri, un grattacielo dei morti invece che dei vivi. Ma non risolverebbe affatto, anzi forse aggraverebbe, il problema di tutti i memoriali collettivi: la "serialità" che annulla le differenze tra un morto e l'altro (milioni di blocchi di cemento in cosa differiscono da milioni di croci?). Si dirà che ogni blocco potrebbe essere personalizzato, ma non accade

così per ogni tomba e non può accadere così per ogni urna funeraria in qualunque posto la si depositi accanto ad altre urne?

da F. Campione, *Siamo faraoni*, «Oltre» n. 12, dicembre 2007.

Il cimitero on line

NEW YORK - Internet ha cambiato quasi tutti gli aspetti della nostra vita. Ora arriva a influenzare anche il momento del trapasso, il culto e la conservazione della memoria dei defunti. Culto e memoria per i quali una società americana ha appena creato siti destinati a funzionare come «cimiteri digitali» nel quali si potrà pregare, onorare la memoria dei propri cari, accendere candele virtuali, ricostruire i passaggi salienti delle loro vite utilizzando gli strumenti della multimedialità. La società in questione è una delle tante [...] che animano Silicon Valley, ma la sua particolarità è evidente fin dal nome: I-Postmortem Limited. Nome non proprio beneaugurante per una società destinata a occuparsi di una materia spinosa, ma il fondatore, Jacques Mechelany, che pochi giorni fa ha inaugurato due nuovi siti, I-Memorial e I-Tomb, è convinto di aver individuato un filone commerciale nuovo, basato su una tecnologia di conservazione della memoria che verrà utilizzata da milioni di persone. [...] Un cimitero virtuale, «online», che, «offre una soluzione innovativa per onorare la memoria dei nostri cari, eliminando ogni vincolo» in un'era in cui, coi cimiteri fisici che hanno sempre meno spazio e sono più difficili da raggiungere, a volte è complicato pregare per i defunti sul luogo di sepoltura. E poi, aggiunge, le tombe vanno scomparendo perché già tre americani su dieci scelgono la cremazione. I siti sono due – tutti e due a pagamento, senza alcun introito pubblicitario – perché la società ha scelto di separare la conservazione della memoria dal vero e proprio culto dei defunti. Quest'ultimo è affidato a I-Tomb, una sorta di lapide virtuale davanti alla quale, come nei veri cimiteri, i cari potranno accendere un lumino o depositare dei fiori. Sempre digitali, ovviamente. E lasceranno invocazioni, preghiere, i loro ricordi, corredati di foto, filmati, brani musicali. Questo è il vero e proprio cimitero digitale, la cui creazione prelude, probabilmente, al progressivo abbandono dell'abitudine di andare a pregare in quello fisico. L'altra novità è quella di I-Memorial che riprende tendenze ed esigenze già in atto nella società Usa e alle quali la tecnologia digitale offre nuove soluzioni. Molti americani sono pragmatici quando trattano della fine della loro vita terrena. Cominciano a pensare a funerali e sepoltura in anticipo, lasciano indicazioni dettagliate delle loro volontà, a volte preparano messaggi d'addio. L'idea di Mechelany è stata quella di creare un sito protetto al quale chiunque può iscriversi versando 120 dollari l'anno e che verrà aperto al pubblico o a un numero selezionato di persone care dopo la sua scomparsa. Un sito [...] nel quale la persona che vuole parlare ai posteri potrà dividere con precisione le disposizioni di breve periodo (ad esempio la volontà di avere, o meno, un funerale religioso) dalle volontà testamentarie o di altra natura. Potrà, inoltre, archiviare in una cassetta di sicurezza digitale tutte le sue «password» e i dati medici utili in caso di malattie ereditarie, indicando le persone abilitate ad ottenerli. [...] La «rivoluzione» della quale parla Mechelany è quella della costruzione della memoria. Creare un proprio profilo multimediale da lasciare ai posteri è un po' come realizzare una versione funeraria delle pagine di Facebook. Ma è certamente vero che un simile strumento consentirà a figli e nipoti di conoscere storie remote di genitori, nonni e bisnonni, oggi affidate a scatole di vecchie foto ingiallite e alla memoria ferrea di qualche anziano che racconta la sua storia in riunioni familiari che stanno diventando sempre più rare.

da M. Gaggi, *Il cimitero digitale, 120 dollari per prenotarsi*, «Corriere della Sera», 17 settembre 2011.

▼ Il catalogo online di un'impresa di pompe funebri inglese specializzata in bare "personalizzate".

RIFLETTERE E ARGOMENTARE

1 Spunti per la discussione

Il carme di Foscolo propone varie interpretazioni del sepolcro: simbolo del legame affettuoso fra vivi e morti, simbolo di civiltà, simbolo di ciò che ispira azioni nobili, simbolo di ciò che ispira la poesia. Alla luce dei due articoli presentati, discuti con i tuoi compagni sulla concezione della sepoltura (e delle tombe) nella società contemporanea.

L'opera

Le Grazie

Identikit dell'opera

data di pubblicazione

Incompiuto (periodo di composizione: 1812-1813)

ambientazione

Primo inno: isole del mare Egeo
Secondo inno: villa di Bellosguardo, presso Firenze
Terzo inno: isola di Atlantide, rifugio ideale della poesia

temi

Primo inno (dedicato a Venere, dea della bellezza)
- nascita della civiltà nella Grecia classica

Secondo inno (dedicato a Vesta, dea della sapienza)
- l'importanza dell'Italia nel Rinascimento: l'equilibrio e l'armonia di quel periodo sono valori perduti da recuperare

Terzo inno (dedicato a Pallade, dea dell'intelligenza)
- la perdita nella realtà presente dei valori rappresentati dalle Grazie

La struttura e i contenuti

Il poema è diviso in tre inni.

- *Primo inno* Dedicato a *Venere*, celebra l'apparizione nel mare greco della dea della bellezza e delle sue tre compagne, le Grazie. L'apparizione allontana gli uomini dallo stato di primitiva bestialità e li introduce alla civiltà, intesa come coscienza e culto del bello. L'inno dunque rappresenta la nascita della civiltà nella Grecia classica, da cui poi si diffuse nel resto del mondo.
- *Secondo inno* Dedicato a *Vesta*, dea della sapienza, presenta il passaggio delle Grazie dalla Grecia all'Italia, in un luogo simbolo del Rinascimento italiano, la Firenze della villa di Bellosguardo. Di fronte a tre donne, il poeta celebra un rito in onore delle Grazie: la bellezza è una forza che unisce la realtà, poiché resta tale anche se si manifesta in forme diverse. Il secondo inno rappresenta dunque il contributo italiano alla civiltà del Rinascimento: l'equilibrio e l'armonia di quel periodo sono indicati come valori perduti da imitare.
- *Terzo inno* Dedicato a *Pallade*, dea dell'intelligenza, e più degli altri rimasto allo stato di abbozzo, l'ultimo inno affronta la perdita nel presente dei valori rappresentati dalle Grazie. Descrive infatti la loro fuga nella mitica isola di Atlantide, in seguito all'imbarbarimento dell'umanità. In un mondo in preda all'orrore e al degrado è Pallade (o Minerva) a chiedere alle Grazie di tornare tra gli uomini, per quanto coperte da un velo (▶ T8) che le nasconda agli occhi indegni.

Il massimo esempio di Neoclassicismo

Insieme alle due odi, *Le Grazie* costituiscono il massimo esempio del Neoclassicismo foscoliano. Qui la poesia raggiunge i vertici più alti grazie alla perfezione dei versi, alla finezza e all'eleganza delle immagini tratte dal mito, alla contemplazione della bellezza. Il componimento è caratterizzato da una musicalità avvolgente, favorita dall'uso dell'endecasillabo sciolto, cioè senza rima, che crea effetti di rallentamento e di sospensione nel ritmo generale.

▲ Noël-Nicolas Coypel, *Nascita di Venere*, 1732. San Pietroburgo, Ermitage.

T8

Le forme
- classicismo

I temi
- velo simbolo di armonia e protezione dagli istinti ferini
- mito della bellezza

Il velo delle Grazie

Dalla favolosa isola di Atlantide – rifugio dall'imbarbarimento del mondo – la dea Pallade invia le Grazie sulla Terra, ma provvede a coprirle di un velo che le protegga dalle aggressioni degli esseri umani. Il velo è tessuto dalle Muse e viene abbellito dai ricami realizzati dalla dea dei campi Flora. I ricami rappresentano i valori proposti dalle Grazie e che dovrebbero costituire il fondamento della civiltà: l'amore, la compassione, l'affetto per i figli, la fiducia tra gli uomini.

Mesci, odorosa Dea, rosee le fila;
e nel mezzo del velo ardita balli,
canti fra 'l coro delle sue speranze
Giovinezza: percote a spessi tocchi
antico un plettro[1] il Tempo; e la danzante
discende un clivo onde nessun risale.
Le Grazie a' piedi suoi destano fiori,
a fiorir sue ghirlande: e quando il biondo
crin t'abbandoni e perderai 'l tuo nome,
vivran que' fiori, o Giovinezza, e intorno
l'urna funerea spireranno odore.
Or mesci, amabil Dea, nivee le fila;
e ad un lato del velo Espero[2] sorga
dal lavor di tue dita; escono errando
fra l'ombre e i raggi fuor d'un mirteo bosco
due tortorelle mormorando ai baci;
mirale occulto un rosignuol, e ascolta
silenzïoso, e poi canta imenei:
fuggono quelle vereconde al bosco.
Mesci, madre dei fior, lauri alle fila;
e sul contrario lato[3] erri co' specchi
dell'alba il sogno; e mandi alle pupille
sopite del guerrier miseri i volti
della madre e del padre allor che all'are
recan lagrime e voti; e quei si desta,
e i prigionieri suoi guarda e sospira.

PARAFRASI

144-154 [O] dea profumata (odorosa) [: Flora], mescola (Mesci) fili [color] rosa; e [disponili in modo che] nel mezzo del velo la Giovinezza balli con entusiasmo (ardita) e canti in mezzo al coro delle sue speranze: il Tempo colpisce (perçote) con (a) tocchi frequenti (spessi) un'antica lira (plettro); e la danzatrice discende un clivo dal quale (onde) nessuno risale [: può risalire]. Le Grazie producono (destano = *svegliano*) fiori ai suoi piedi, per ornare (a fiorir) le sue ghirlande: e quando, o Giovinezza, la bionda capigliatura (crin) ti avrà abbandonato e perderai il tuo nome [: morirai in quanto giovinezza], quei fiori vivranno [ancora], ed emaneranno (spireranno) odore intorno alla [tua] tomba (urna) funebre.
155-162 [O] dea amabile [: Flora], ora mescola i fili bianchi (nivee); e dal lavoro delle tue dita a un lato del velo sorga Venere (Espero); escono fuori da un bosco di mirti (mirteo) vagando (errando) fra le ombre e i raggi [della luna] due tortorelle che tubano (mormorando) baciandosi (ai baci); un usignolo le guarda (mirale = *le mira*) di nascosto (occulto), e ascolta in silenzio, e poi canta imenei [: canti nuziali]: quelle [due] pudiche (vereconde) fuggono nel bosco.
163-169 [O] madre dei fiori, mescola allori ai fili [: scegli fili verdi come l'alloro]; e sul lato opposto (contrario) si aggiri (erri) con gli (co'<i>) specchi il sogno dell'alba; e mandi [: mostri] agli occhi (alle pupille) del guerriero addormentato (sopite; riferito a «pupille») i volti addolorati (miseri) della madre e del padre mentre (allor che) recano agli altari (are) lacrime e voti [: pregano piangendo per la sua incolumità e il suo ritorno]; e quegli (quei) [: il guerriero] si sveglia, e guarda i suoi prigionieri e sospira.

Metrica Endecasillabi sciolti.

vv. 144-154 La scena ricamata al centro del velo simboleggia il tema del trascorrere del tempo, che l'arte contrasta con le sue creazioni: resisteranno solo i fiori (ovvero la bellezza) che le Grazie (cioè l'arte) generano attorno alla Giovinezza.

vv. 155-162 L'usignolo, che di nascosto osserva una casta scena d'amore coniugale, rappresenta la funzione del poeta che con il proprio canto accompagna la vita degli uomini.

vv. 162-169 I sogni fatti all'alba sono considerati veritieri. Quello del guerriero addormentato rispecchia l'afflizione dei genitori che lo aspettano; perciò egli si identifica nella sorte dei prigionieri, invano attesi dalle famiglie, e prova pietà per quei vinti.

1 plettro: propriamente è una piccola lamina con la quale si fanno suonare le corde della lira (o di una chitarra); qui indica la lira stessa.
2 Espero… imenei: Espero, o Vespero, è la stella più brillante della sera; in realtà è il nome con cui già gli antichi Greci indicavano il pianeta Venere quando dopo il tramonto diventa visibile a occidente (al mattino presto è visibile a est e prende il nome di Lucifero). Al sorgere di Espero, era costume accompagnare le spose alla casa dello sposo, da qui il riferimento al mirto, pianta sacra a Venere (v. 158), e ai canti nuziali (v. 161).
3 sul contrario lato: come vogliono la logica e l'ordinata disposizione delle quattro scene sul velo, opposto al lato dove stanno raffigurati i due amanti che non devono essere turbati dalla scena guerriera.

Mesci, o Flora gentile! oro alle fila;
e il destro lembo istorïato esulti
d'un festante convito: il Genio[4] in volta
prime coroni agli esuli le tazze.[5]
Or libera è la gioia, ilare il biasmo,
e candida è la lode. A parte siede
bello il silenzio arguto in viso e accenna
che non fuggano i motti oltre le soglie.
Mesci cerulee, Dea, mesci le fila;
e pinta il lembo estremo abbia una donna
che con l'ombre i silenzi unica veglia;
nutre una lampa su la culla, e teme
non i vagiti del suo primo infante
sien presagi di morte; e in quell'errore
non manda a tutto il cielo altro che pianti.
Beata! ancor non sa come agli infanti
provido è il sonno eterno, e que' vagiti
presagi son di dolorosa vita.
Come d'Erato[6] al canto ebbe perfetti
Flora i trapunti, ghirlandò l'Aurora[7]
gli aerei fluttuanti orli del velo
d'ignote rose a noi; sol la fragranza,
se vicino è un Iddio, scende alla terra.
E fra l'altre immortali ultima venne
rugiadosa la bionda Ebe,[8] costretti
in mille nodi fra le perle i crini,
silenzïosa, e l'anfora converse:
e dell'altre la vaga opra fatale
rorò d'ambrosia; e fu quel velo eterno.

da U. Foscolo, *Opere*, cit.

PARAFRASI

170-177 O nobile (**gentile**) Flora mescola oro ai fili [: usa fili color oro]; e il lembo destro [del velo] rappresenti l'esultanza (**istorïato esulti**) di un banchetto (**convito**) festante: il Genio aggirandosi (**in volta**) incoroni [di fiori] per prime le tazze degli ospiti (**agli esuli**). Ora la gioia è libera, il rimprovero (**biasmo**) [è] sorridente, e la lode è spontanea (**candida**). Appartato siede, leale (**bello**), il silenzio con espressione complice (**arguto in viso**) e invita (**accenna**) a non riferire (**che non fuggano**) le parole [lì pronunciate] oltre le soglie [della sala].
178-187 [O] dea, mescola, mescola fili azzurri (**cerulee**); e il lembo sinistro (**estremo**) [del velo] abbia raffigurata (**pinta**) una donna che veglia da sola (**unica**) nel buio (**con l'ombre**) e nel silenzio [della notte]; alimenta (**nutre**) una lampada sulla culla, e teme che (**teme non**; costrutto latineggiante) i vagiti del suo primo neonato (**infante**) siano annunci di morte; e in tale inganno (**in quell'errore**) non manda altro che pianti a tutte le divinità (**a tutto il cielo**) [: non fa che pregare piangendo]. Fortunata (**Beata**)! ancora non sa che (**come**) per i neonati la morte è provvidenziale (**provido**), e [che] quei vagiti sono annunci della dolorosa vita.
188-198 Non appena (**Come**) Flora ebbe terminati (**perfetti**) i ricami (**trapunti**) al canto di Erato, l'Aurora ornò (**ghirlandò**) gli orli del velo leggeri (**aerei**) [e] oscillanti (**fluttuanti**) di rose ignote a noi [uomini]; solo il profumo (**fragranza**) scende [a volte] sulla terra, se un dio si avvicina (**vicino è**). E per ultima tra le altre dee (**immortali**) venne la bionda, umida (**rugiadosa**) [e] silenziosa Ebe, con i capelli raccolti (**costretti**) in numerosi (**mille**; indeterminato) avvolgimenti (**nodi**) fra le perle e versò (**converse**) l'anfora: e la bella (**vaga**) opera [: il velo] sacra (**fatale**) delle altre [dee] innaffiò (**rorò** = *irrorò*) di ambrosia; e quel velo divenne (**fu**) eterno [: incorruttibile].

4 il Genio: era, secondo i Romani, lo spirito protettore di singoli individui o gruppi ristretti; qui è il Genio della festa.
5 coroni... le tazze: secondo l'abitudine classica di ornare i boccali con fiori.
6 Erato: la Musa del canto corale e della poesia amorosa.
7 Aurora: la divinità romana che personificava il sorgere del Sole.
8 Ebe: la dea greca della giovinezza, preposta a servire agli dèi l'ambrosia che li rende immortali.

vv. 170-177 Il banchetto che occupa il terzo lato del velo è concepito secondo i canoni classici della discrezione (vv. 176-177), dell'ospitalità (v. 173), dell'onesto e sereno scambio civile (vv. 174-175).
vv. 178-187 Una giovane madre inesperta si dispera per il pianto del suo primogenito: ignora che la morte sarebbe una fortuna per il bimbo e che il pianto prelude piuttosto ai dolori che agli esseri umani riserva la vita.
vv. 188-198 Quando Flora termina la decorazione del velo, la Musa cessa il suo canto mentre altre divinità intervengono a perfezionare il lavoro: Aurora adorna gli orli con rose sconosciute agli uomini, Ebe lo rende incorruttibile bagnandolo d'ambrosia.

▶ Jean-Jacques Pradier, *Le tre Grazie*, 1825-1831. Parigi Musée du Louvre.

Lavoriamo insieme

Leggere e capire	
La struttura Il frammento – noto come «il velo delle Grazie» – può essere diviso in sei parti: • i vv. 144-154 descrivono la scena che deve occupare il centro del velo; • i vv. 155-162 presentano la prima delle quattro scene da ricamare ai lati del velo; • i vv. 163-169 raccontano la scena raffigurata sul lato opposto alla precedente; • i vv. 170-177 descrivono la scena ricamata sul terzo lato del velo (a destra della scena centrale); • i vv. 178-187 presentano la scena ricamata sul quarto e ultimo lato del velo; • nei vv. 188-198, altre divinità finiscono il ricamo di Flora.	**1 Descrivi le scene ricamate sul velo.** – Quella al centro, rappresenta… – La prima delle scene ricamate sui lati raffigura… – Sul lato opposto alla scena precedente, Flora ricama… – Il terzo lato del velo rappresenta… – La quarta e ultima delle scene esterne è…
Analizzare	
Il classicismo Il testo offre un chiaro esempio del classicismo foscoliano. La realtà è trasfigurata in immagini di grande leggerezza sia per mezzo di un linguaggio che privilegia termini poetici e latinismi (per esempio, «mesci», «clivo», «crin»), sia per l'uso di molti *enjambements*, disposti sapientemente per rallentare il ritmo del compinimento.	**2 Sottolinea nel testo altri esempi di linguaggio poetico e di latinismi.** **3 Individua gli *enjambements*.**
Interpretare e approfondire	
Il velo delle Grazie: l'ideale dell'armonia Raffigurando le virtù e i sentimenti più sacri e preziosi della vita umana, il velo – per usare parole di Foscolo – deve difendere le Grazie «dal fuoco delle passioni divoratrici», deve cioè rappresentare l'armonia. Questo ideale si manifesta anche nel superiore equilibrio che sa temperare l'eccessiva gioia e l'eccessivo dolore. Perciò le scene ricamate rappresentano questo alternarsi di gioia e dolore: a zone occupate da temi lieti succedono parti dominate da temi cupi e dolorosi.	**4 Quali valori esprimono le scene del velo?** **5 Quali sono i temi lieti presenti nel ricamo? E i temi cupi?**

La critica

Antonino Pagliaro
L’originalità del tema sepolcrale in Foscolo

Il critico Antonino Pagliaro (1898-1973) sostiene la tesi secondo cui lo schema dei *Sepolcri* testimonia l’importanza che la tomba ha nell’immaginario antropologico: aspirazione alla sopravvivenza individuale di fronte al proprio annullamento, conservazione della memoria collettiva ed espressione di attaccamento alla propria patria.

È da osservare che lo schema del carme si attiene con assoluto rigore al tema della tomba e della sua rivendicazione come valore umano, nei confronti delle leggi napoleoniche che lo misconoscevano.[1] La tomba viene assunta per quello che è nel costume, una realtà, che ha un suo rilievo di ordine affettivo, sociale e storico, nella vita di tutte le comunità civili: il suo posto è all’ombre dei cipressi; è adorna di fiori ed è confortata dalle visite e dal pianto dei vivi. Questa realtà, sul piano della verità assoluta, che coincide nel pensiero di Foscolo con la verità della natura-materia,[2] quale ci appare dall’osservazione e dalla indagine, non ha valore, perché non può dare stabilità e durata al caduco[3] (la speranza cristiana nella risurrezione non soccorre), ed essa stessa, come ogni altra cosa, è travolta dal moto incessante e irresistibile che spezza e confonde perennemente le forme di tutto ciò che esiste. Il vero assoluto è per Foscolo la natura, più propriamente, questa forza cosmica che trascina l’universo in un incessante divenire, in cui le forme della materia appaiono come realtà transeunti[4] e caduche. Sullo sfondo di questa negazione, che è un vero e proprio presupposto, per quanto generico, di credo filosofico, la tomba si pone come cosa assai importante nei confronti dell’uomo e del suo destino. Infatti, il valore che ognuno vi annette è in ragione del desiderio, presente in lui come in tutti, di ritardare il proprio perdersi, come consistenza di persona, nella notte dell’oblio. Tale sentimento di ciascuno si integra nella prerogativa pure generale, ma propria ed esclusiva dell’uomo, di potersi intrattenere sul piano della memoria anche con chi non appartiene più alla realtà fisica ed esiste solo come immagine riflessa nella coscienza di chi lo ha conosciuto vivente. Questa facoltà è celeste, quasi soprannaturale, perché consente di stabilire un campo di rapporti, al di sopra della legge della materia ed eludendo il suo rigore: la tomba è la condizione, l’istituto per dire così, di un tale corrispondere. Il concretarsi all’esterno, in istituto, di questa facoltà dell’uomo, va di pari passo con il suo togliersi dallo stato ferino[5] e l’affermarsi di quelle forme civili del vivere, che impongono affetti, fuori e oltre le forme concrete dell’esistere materiale.

da A. Pagliaro, *Nuovi Saggi di critica semantica*, D’Anna, Firenze-Messina 1963.

1 **misconoscevano:** *non riconoscevano.*
2 **verità… natura-materia:** la verità, nella concezione laica e materialistica di Foscolo, coincide con le leggi di natura di costante trasformazione e distruzione della materia, a cui l’uomo non può sfuggire.
3 **caduco:** *destinato a finire.*
4 **transeunti:** *passeggere, transitorie.*
5 **ferino:** *bestiale.*

Giulio Ferroni
I *Sepolcri*, un capolavoro lontano

Lo storico della letteratura Giulio Ferroni (1944) giudica il capolavoro di Foscolo, nella sua aristocratica celebrazione di valori sublimi, ormai lontano dall’interesse e dalla sensibilità moderni.

È una grande poesia che in alcuni momenti rischia di apparire troppo «voluta»: nei suoi momenti più affermativi, nella sua esaltazione dei valori sublimi, essa rischia spesso di trasformarsi in una mera[1] celebrazione; ma la salva il fatto che i valori da essa magnificati provengono da una voce solitaria, che non si appoggia a nessuna istituzione. Tra Ottocento e Novecento, dei *Sepolcri* si faranno purtroppo insopportabili usi retorici e nazionalistici, appesantiti da una deprimente costrizione[2] scolastica. E, dopo quasi due secoli, il carme sembra ormai lontano da noi, irrimediabilmente invecchiato: il capolavoro più «compiuto» e definitivo del Foscolo è anche quello che oggi meno attrae, che sembra irrecuperabile alla sensibilità contemporanea.

da G. Ferroni, *Storia della letteratura italiana, vol. III Dall’Ottocento al Novecento*, Einaudi, Torino 1991.

1 **mera:** *pura.*
2 **costrizione:** *forzatura.*

mappa concettuale

materiali per il recupero
Foscolo e *Dei sepolcri*

Ugo Foscolo (1778-1827)

la vita

- origini greche → amore per la classicità
- soggiorni a Venezia, Milano e Firenze →
  - frequentazione dei salotti
  - amicizia con Parini, Monti, Pindemonte
  - relazioni amorose
- impegno patriottico →
  - sostegno alle repubbliche istituite da Napoleone in Italia
  - delusione per il trattato di Campoformio
  - difesa del Regno d'Italia
  - esilio
- esilio a Londra → anni della miseria e delle amarezze

la produzione letteraria

Ultime lettere di Jacopo Ortis (1746-1817)
- romanzo epistolare e autobiografico
- • delusione amorosa • delusione politica • suicidio
- → • vanità delle illusioni giovanili • crisi dei valori dell'Illuminismo

Poesie (1803)
- 2 odi e 12 sonetti
- • temi amorosi, politici e culturali • temi biografici e personali
- → • gusto arcadico • aspirazione all'equilibrio formale ed emotivo

Notizia intorno a Didimo Chierico (1804-1806)
- in appendice alla traduzione del *Viaggio sentimentale* di Sterne
- autoritratto a compendio di quello dell'*Ortis*
- → • sfiducia nella realizzabilità dei valori in cui crede • disincanto dell'intellettuale

Dei sepolcri (1807)
- carme argomentativo e filosofico (in occasione dell'editto di Saint Cloud)
- • sepolcro = memoria storica • celebrazione del sepolcro = funzione della poesia • motivo patriottico e motivo autobiografico
- → • religiosità laica • funzione salvifica della poesia • esemplarità della vita di Foscolo

Le Grazie (1812-1813)
- poema incompiuto
- • fuga delle Grazie • trionfo della barbarie • marginalità della bellezza e della poesia
- → • rimpianto per la perdita del prestigio sociale dei poeti

Dal ripasso alla verifica

dizionario dei concetti chiave

- ***Dei sepolcri*** titolo dell'opera più famosa di Foscolo, pubblicata nel 1807 e ispirata all'editto di Saint Cloud, emanato per regolamentare la sepoltura. I *Sepolcri* sono un carme costituito da 295 endecasillabi sciolti, divisibili in quattro parti: la Prima (vv. 1-90) affronta il tema dell'utilità della tomba e dei riti funebri; la Seconda (vv. 91-150) descrive le varie concezioni della morte e i vari riti di sepoltura che si sono susseguiti nella storia; la Terza (vv. 151-212) riflette sulla capacità delle tombe di grandi personaggi del passato di stimolare i contemporanei a imitarli; la Quarta (vv. 213-295) celebra la funzione eternatrice della poesia, che riesce a conservare nel tempo il ricordo di gesta eroiche.
- ***Le Grazie*** titolo del poema scritto da Foscolo tra il 1812 e il 1813 e rimasto incompiuto. L'opera è divisa in tre inni distinti ma collegati: il primo, dedicato a Venere, descrive l'apparizione della dea e delle Grazie, sue compagne; il secondo, dedicato a Vesta, racconta il passaggio delle Grazie dalla Grecia all'Italia; il terzo, dedicato a Pallade, rappresenta la fuga delle Grazie e il trionfo della barbarie.
- ***Poesie*** titolo della raccolta, la cui edizione definitiva è del 1803, composta da dodici sonetti e due odi (*A Luigia Pallavicini caduta da cavallo* e *All'amica risanata*). Nei quattro sonetti ultimi (*Alla sera*, *A Zacinto*, *Alla Musa*, *In morte del fratello Giovanni*) Foscolo tratta i temi cari alla sua poetica: l'esilio, la sventura, la morte.
- ***Ultime lettere di Jacopo Ortis*** titolo del romanzo epistolare di Foscolo, la cui edizione definitiva è del 1817. L'opera racconta le tristi vicende di Jacopo Ortis: stretto tra delusione politica per un'Italia invasa da dominatori stranieri e delusione amorosa per l'impossibilità di essere riamato da Teresa, il giovane decide di suicidarsi.

esercizi

esercizi di riepilogo

1 Una delusione storica

Perché Foscolo rimane deluso dal trattato di Campoformio?

2 L'esilio

Dove termina l'esilio di Foscolo?

a. a Londra
b. a Zante
c. a Zurigo
d. a Firenze

3 Conoscere le opere

Scegli l'opzione corretta tra quelle proposte.

– Le *Ultime lettere di Jacopo Ortis* sono un romanzo:

a. storico
b. epistolare
c. di formazione
d. d'amore

– La composizione dei *Sepolcri* fu ispirata:

a. dal suicidio del fratello
b. dalla notizia della morte della madre
c. da un decreto napoleonico
d. dal rimpianto di Firenze

– Il terzo inno delle *Grazie* è dedicato a:

a. Vesta
b. Venere
c. Omero
d. Pallade

4 L'ordine di composizione

Metti in ordine cronologico le seguenti opere, specificando anche gli anni di pubblicazione.

... *Le Grazie* (........)
... *Ultime lettere di Jacopo Ortis* (........)
... *Dei sepolcri* (........)
... *Poesie* (........)

5 Il metro e i temi dei Sepolcri

In quale metro sono scritti i *Sepolcri*? Quali sono i temi affrontati in ciascuna delle quattro parti in cui il carme è diviso?

esercizi di approfondimento

6 L'esilio nella poetica foscoliana

L'esilio è profondamente radicato nell'immaginario foscoliano: legato alle vicende personali del poeta, questo tema è presente anche in varie opere. Questa tabella ti aiuterà a ricostruire la riflessione sull'esilio in alcuni dei testi che hai letto.

Vicende personali	L'esilio è l'abbandono di .... e la fuga da .... e da ....
La lettera da Ventimiglia	L'esilio come ....
A Zacinto	L'esilio come sventura che impedisce .... e accomuna il suo destino a quello di ....
...	L'esilio conduce all'esclusione dalla famiglia e ....

7 Ulisse a confronto

Nel sonetto *A Zacinto* Ulisse viene definito «bello di fama e di sventura», mentre nei *Sepolcri* Foscolo ne dà una descrizione diversa. Dopo aver rintracciato nel carme il riferimento all'eroe greco, prova a spiegare analogie e differenze delle due rappresentazioni di Ulisse.

8 Le diverse concezioni della poesia

È evidente l'importante funzione che Foscolo attribuisce alla poesia. Individua i testi in cui la poesia ha:

- una funzione eternatrice: rende eterni i valori sui quali si basa la civiltà;
- una funzione rasserenatrice: placa i tormenti dell'animo umano;
- una funzione civilizzatrice: induce gli uomini a coltivare gli ideali più nobili.

allenarsi per l'esame di Stato

l'analisi del testo

9 Alla Musa

Svolgi l'analisi del testo di questo sonetto aiutandoti con la scaletta delle domande.

Pur tu copia[1] versavi alma[2] di canto
su le mie labbra un tempo, aonia Diva,[3]
quando de' miei fiorenti anni fuggiva
la stagion prima, e dietro erale intanto

questa, che meco per la via del pianto
scende di Lete[4] ver[5] la muta riva:
non udito or t'invoco; ohimè! soltanto
una favilla del tuo spirto è viva.

E tu fuggisti in compagnia dell'ore,
o Dea! tu pur mi lasci alle pensose
membranze, e del futuro al timor cieco.

Però mi accorgo, e mel ridice Amore,
che mal pônno[6] sfogar rade, operose
rime il dolor che deve albergar meco.[7]

da U. Foscolo, *Alla Musa*, in *Opere*, cit.

1 copia: *abbondanza.*
2 alma: *feconda.*
3 aonia Diva: la dea (**Diva**) è detta così dai monti Aonii, in Beozia, una regione della Grecia.
4 Lete: il fiume infernale che dà l'oblio della vita.
5. ver: *verso.*
6 pônno: *riescono.*
7 meco: *con me.*

Comprendere

a. Dopo una prima lettura riassumi brevemente il contenuto informativo della lirica in esame.

Analizzare

b. L'inizio del sonetto contrappone l'età presenta delle vita del poeta a quella passata: da quali immagini sono rispettivamente caratterizzate?

c. Nella poesia ricorre il verbo 'fuggire': «fuggiva» al v. 3 e «fuggisti» al v. 9. Quale immagine del tempo ne risulta? Quali legami ha con la poetica foscoliana?

d. I vv. 4 e 5 («intanto // questo») sono legati da un forte *enjambement*: quale funzione espressiva assume? Sono presenti altri *enjambements* particolarmente significativi?

e. Come descrive il poeta le proprie rime attuali rispetto a quelle passate? Quale evento ha fatto cambiare la capacità creativa del poeta?

f. L'ultima terzina del sonetto ha un ritmo più spezzato rispetto al resto del componimento. Quali elementi fonici permettono di rilevare questo cambiamento di ritmo?

g. Quale consapevolezza acquista alla fine il poeta?

Interpretare e approfondire

h. *Alla Musa* fa parte dei quattro sonetti ultimi presenti nella raccolta *Poesie* uscita nel 1803. Insieme con *Alla sera*, *A Zacinto* e *In morte del fratello Giovanni*, costituisce l'esito maggiore della produzione lirica foscoliana. Sviluppa con osservazioni personali un commento sulle affinità tematiche che ricorrono in questi testi.

la lingua nel tempo

Un dì, s'io non andrò sempre fuggendo
Di gente in gente, me vedrai seduto
Su la tua pietra, o fratel mio, gemendo
Il fior de' tuoi gentili anni caduto.

La Madre or sol suo dì tardo traendo
Parla di me col tuo cenere muto,
Ma io deluse a voi le palme tendo
E sol da lunge i miei tetti saluto.

da U. Foscolo, *In morte del fratello Giovanni*, in *Opere*, cit.

10 Verso l'italiano di oggi

1. Qual è l'equivalente nell'italiano attuale dei vocaboli «dì» e «lunge»?
2. Che cosa si intende oggi con la parola «pietra»?
3. Il testo di Foscolo presenta un andamento sintattico non regolare: in quali punti non viene rispettato l'ordine normale dell'italiano moderno (soggetto, verbo, complemento oggetto)?

preparare l'interrogazione

Per essere pronto in vista della verifica puoi utilizzare questa scaletta, che ti guiderà nell'esposizione orale. Lo spazio nella colonna di destra è a tua disposizione per segnare eventuali date, nomi o concetti utili da ricordare.

I punti della scaletta	Date e dati da ricordare
La vita	
• nascita a Zante, isola nel mar Ionio	....
• trasferimento a Venezia	....
• trasferimento a Milano	....
• morte del fratello Giovanni	....
• arruolamento nell'esercito napoleonico	....
• nomina a professore di eloquenza a Pavia	....
• trasferimento a Firenze	....
• fuga in Svizzera	....
• trasferimento a Londra	....
• morte a Londra	....
Le opere	
• *Ultime lettere di Jacopo Ortis*, romanzo epistolare (▶ T1, T2)	....
• *All'amica risanata*, una delle due odi (▶ T3)	....
• I quattro sonetti ultimi come espressione più alta della produzione lirica (▶ T4, T5, T6)	....
• *Dei sepolcri*, il capolavoro (▶ T7)	....
• *Le Grazie*, poema incompiuto (▶ T8)	....

Parte seconda

Verifica globale delle competenze di lettura

secondo i modelli INVALSI

Le competenze di lettura sono:
- la competenza testuale T
- la competenza grammaticale G
- la competenza lessicale L

Le domande sono mirate a valutare:
- la comprensione immediata e globale del testo nel suo insieme
- la messa a fuoco delle informazioni più significative
- la relazione tra i segmenti del testo
- il lessico
- la struttura del discorso logico
- morfologia e figure retoriche
- riflessione sul contenuto
- interpretazione

Punteggio
- Risposta errata 0 punti
- Risposta corretta 3 punti

Per ciascuna domanda sono proposte quattro opzioni, di cui solo una assolutamente corretta, salvo diverse indicazioni nel comando dell'esercizio.

L'insegnante potrà valutare il punteggio da attribuire a risposte non corrette che si avvicinano maggiormente alla correttezza. In alcuni casi non si forniscono opzioni, ma la risposta è strettamente collegata a elementi verbali presenti nel testo.

Tipologia di testo
Letterario in prosa

Ugo Foscolo
Le ultime lettere di Jacopo Ortis

I tuoi confini, o Italia, son questi! ma sono tutto dì sormontati d'ogni parte dalla pertinace avarizia delle nazioni.[1] Ove sono dunque i tuoi figli? Nulla ti manca se non la forza della concordia. Allora io spenderei gloriosamente la mia vita infelice per te: ma che può fare il solo mio braccio e la nuda mia voce? – Ov'è l'antico terrore della tua gloria? Miseri! noi andiamo ogni dì memorando la libertà e la gloria degli avi, le quali quanto più splendono tanto più scoprono la nostra abbietta schiavitù. Mentre invochiamo quelle ombre magnanime, i nostri nemici calpestano i loro sepolcri. E verrà forse giorno che noi perdendo e le sostanze, e l'intelletto, e la voce, sarem fatti simili agli schiavi domestici degli antichi, o trafficati come i miseri Negri, e vedremo i nostri padroni schiudere le tombe e disseppellire, e disperdere al vento le ceneri di que' Grandi per annientarne le ignude memorie: poiché oggi i nostri fasti ci sono cagione di superbia, ma non eccitamento dell'antico letargo.

Così grido quand'io mi sento insuperbire nel petto il nome Italiano, e rivolgendomi intorno io cerco, né trovo più la mia patria. Ma poi dico: Pare che gli uomini sieno fabbri[2] delle proprie sciagure; ma le sciagure derivano dall'ordine universale, e il genere umano serve orgogliosamente e ciecamente a' destini. Noi argomentiamo su gli eventi di pochi secoli: che sono eglino nell'immenso spazio del tempo? Pari alle stagioni della nostra vita normale, pajono talvolta gravi di straordinarie vicende, le quali pur sono comuni e necessarj effetti del tutto. L'universo si controbilancia. Le nazioni si divorano

1 **pertinace avarizia delle nazioni:** Foscolo allude all'ostinato (**pertinace**) egoismo degli stranieri che negavano all'Italia l'indipendenza.

2 **sieno fabbri:** *siano artefici*, ossia responsabili.

perché una non potrebbe sussistere senza i cadaveri dell'altra. Io guardando da queste Alpi l'Italia piango e fremo, e invoco contro agl'invasori vendetta; ma la mia voce si perde tra il fremito ancora vivo di tanti popoli trapassati, quando i Romani rapivano il mondo, cercavano oltre a' mari e a' deserti nuovi imperi da devastare, manomettevano gl'Iddii de' vinti, incatenevano principi e popoli liberissimi, finché non trovando più dove insanguinare i lor ferri, li ritorceano contro le proprie viscere.[3]

[...] Così sbranavansi gli antichi Italiani finché furono ingojati dalla fortuna di Roma. Ma in pochissimi secoli la regina del mondo divenne preda de' Cesari, de' Neroni, de' Costantini, de' Vandali, e de' Papi. Oh quanto fumo di umani roghi ingombrò il Cielo della America, oh quanto sangue d'innumerabili popoli che né timore né invidia recavano agli Europei, fu dall'Oceano portato a contaminare d'infamia le nostre spiagge! ma quel sangue sarà un dì vendicato e si rovescerà su i figli degli Europei! Tutte le nazioni hanno le loro età. Oggi sono tiranne per maturare la propria schiavitù di domani: e quei che pagavano dianzi vilmente il tributo, lo imporranno un giorno col ferro e col fuoco. La terra è una foresta di belve. La fame, i diluvj, e la peste sono ne' provvedimenti della natura come la sterilità di un campo che prepara l'abbondanza per l'anno vegnente: e chi sa? fors'anche le sciagure di questo globo apparecchiano la prosperità di un altro.

Frattanto noi chiamiamo pomposamente virtù tutte quelle azioni che giovano alla sicurezza di chi comanda e alla paura di chi serve. I governi impongono giustizia: ma potrebbero eglino imporla se per regnare non l'avessero prima violata? Chi ha derubato per ambizione le intere province, manda solennemente alle forche chi per fame invola del pane. Onde quando la forza ha rotti tutti gli altrui diritti, per serbarli poscia a se stessa inganna i mortali con le apparenze del giusto, finché un'altra forza non la distrugga. Eccoti il mondo, e gli uomini.

da U. Foscolo, *Ultime lettere di Jacopo Ortis*, in *Opere*, a cura di F. Gavazzeni, Einaudi-Gallimard, Torino 1995.

3 **le proprie viscere:** allude alle guerre civili che insanguinarono Roma alla fine del periodo repubblicano.

1 T **A quale tipologia testuale appartiene il brano?**

- A Si tratta di una pagina autobiografica
- B Si tratta di un romanzo
- C Si tratta di una lettera
- D Si tratta di un saggio storico-politico

2 T **«Miseri! noi andiamo ogni dì memorando la libertà e la gloria degli avi, le quali quanto più splendono tanto più scoprono la nostra abbietta schiavitù» (rr. 5-6). A chi si riferisce il "noi"?**

....

....

3 T **La frase riportata nella domanda precedente è costruita su un'antitesi: quale?**

....

....

4 L **Quale sinonimo adeguato al contesto sceglieresti tra i seguenti in sostituzione di "Miseri"?**

A Poveri

B Infelici

C Miserabili

D Meschini

5 T **Che cosa intende Foscolo quando parla di «gloria degli avi»? A quale (o quali) periodo storico si riferisce?**

....

....

....

6 L **Trova dei sinonimi per le seguenti espressioni:**

A «ombre magnanime»

....

....

B «i nostri fasti»

....

....

C «eccitamento dall'antico letargo»

....

....

7 T **La frase «non trovando più dove insanguinare i lor ferri, li ritorceano contro le proprie viscere» (rr. 24-25) contiene una figura retorica. Quale?**

A Iperbole

B Sineddoche

C Anafora

D Metafora

8 T **«Oh quanto fumo di umani roghi ingombrò il Cielo della America, oh quanto sangue d'innumerabili popoli che né timore né invidia recavano agli Europei, fu dall'Oceano portato a contaminare d'infamia le nostre spiagge! ma quel sangue sarà un dì vendicato e si rovescerà su i figli degli Europei!» (rr. 28-31): a quali eventi storici si riferisce Foscolo?**

....

....

....

9 T **«La terra è una foresta di belve»: questa frase contiene una figura retorica, quale?**

A Metafora

B Anafora

C Metonimia

D Antitesi

10 T

Indica quale delle frasi seguenti ha, in un certo senso, lo stesso significato di: «I governi impongono giustizia: ma potrebbero eglino imporla se per regnare non l'avessero prima violata?».

A «Chi ha derubato per ambizione le intere province, manda solennemente alle forche chi per fame invola del pane»

B «Onde quando la forza ha rotti tutti gli altrui diritti, per serbarli poscia a se stessa inganna i mortali con le apparenze del giusto, finché un'altra forza non la distrugga»

C « L'universo si controbilancia. Le nazioni si divorano perché una non potrebbe sussistere senza i cadaveri dell'altra»

D «Oggi sono tiranne per maturare la propria schiavitù di domani»

11 G

Il periodo «la mia voce si perde tra il fremito ancora vivo di tanti popoli trapassati, quando i Romani rapivano il mondo, cercavano oltre a' mari e a' deserti nuovi imperi da devastare, manomettevano gl'Iddii de' vinti, incatenevano principi e popoli liberissimi, finché non trovando più dove insanguinare i lor ferri, li ritorceano contro le proprie viscere» contiene:

A sei subordinate

B otto subordinate

C quattro subordinate

D dieci subordinate

12 G

Il periodo «I governi impongono giustizia: ma potrebbero eglino imporla se per regnare non l'avessero prima violata?» contiene:

A un periodo ipotetico e una interrogativa retorica

B un periodo ipotetico e una oggettiva

C una interrogativa retorica e una incidentale

D nessuna delle precedenti opzioni

Punteggio rilevato ..../36

Percorsi di approfondimento

Storia della lingua

▶ L'italiano lingua europea

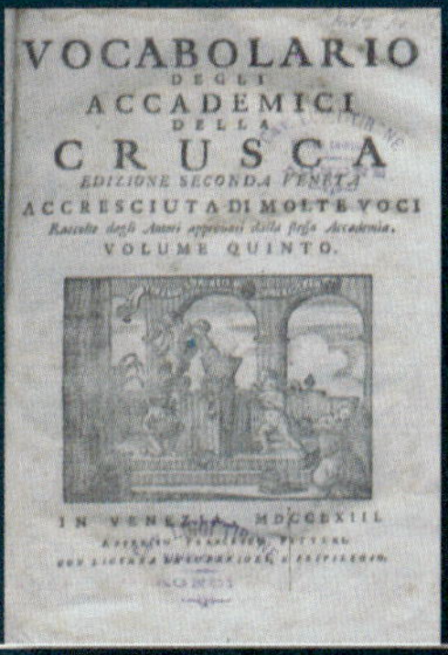
VOCABOLARIO
DEGLI
ACCADEMICI
DELLA
CRUSCA
EDIZIONE SECONDA VENETA
ACCRESCIUTA DI MOLTE VOCI
Raccolte dagli Autori approvati dalla stessa Accademia.
VOLUME QUINTO.
IN VENEZIA, MDCCXLII

Arte e letteratura

▶ Il Rococò e il Neoclassicismo

L'italiano lingua europea

obiettivi

- Acquisire coscienza della storicità della lingua italiana
- Coglierne l'evoluzione attraverso una prospettiva storica
- Rilevare le peculiarità del lessico, della semantica, della morfologia e della sintassi
- Rilevare la progressiva semplificazione nel tempo delle strutture sintattiche
- Capire la coniazione delle parole (dalle lingue classiche e dall'accoglienza di dialettalismi e forestierismi, cioè di termini dialettali o "importati" da lingue straniere)
- Acquisire competenze impiegabili nella lettura e nella produzione scritta e orale
- Raggiungere una maggiore padronanza della lingua attraverso una maggiore consapevolezza dei meccanismi che ne sono alla base

Un secolo di innovazione

Per la storia della nostra lingua, il Settecento è senz'altro uno dei secoli più movimentati e innovativi. L'italiano scritto fa registrare una rapida modernizzazione. La controprova empirica può essere fatta senza sforzo da qualsiasi lettore, compresi gli studenti: leggere e comprendere un testo letterario o saggistico della fine del Seicento è ancora compito arduo; leggere e comprendere un testo della fine del Settecento (sia esso la commedia goldoniana, oppure un articolo di critica, o un breve saggio militante di stampo illuminista) si dimostra relativamente semplice. Possiamo dire che la rottura con il passato matura a partire dalla metà del Settecento.
La lingua scritta italiana (non tutta, ma una parte importante di essa) si stacca dai vecchi, anche se venerabili, autori toscani del Trecento, ovvero soprattutto Petrarca e Boccaccio, che grazie a Pietro Bembo e al Dizionario della Crusca erano stati proposti come modelli assoluti di "buona lingua". Le nuove condizioni sociali, la borghesia in ascesa, il moltiplicarsi dei centri di cultura, il diffondersi di un pubblico di lettori che non sono più letterati di professione (ma professionisti, tecnici, economisti, politici, scienziati, giornalisti) spinge verso una lingua più agile, più capace di esprimere i nuovi concetti: con nuovi vocaboli e soprattutto con una struttura del periodo più veloce e più chiara.

L'influenza francese

Come spesso accade nella storia – non solo letteraria – del nostro Paese, la spinta all'innovazione non è tanto interna e autonoma, quanto importata dall'estero. E nel Settecento il Paese straniero capace di offrire quanto occorreva era la Francia. Non solo perché nella prima metà del Settecento la Francia si è fatta potenza politica egemone in Europa (e in Italia la sua influenza cresce dopo la pace di Aquisgrana del 1748), ma anche perché la sua corte regale prima, i suoi scrittori e *philosophes* poi (gli intellettuali dell'Enciclopedia, gli illuministi) appaiono quanto di più civile e progredito vi sia nel continente.

L'egemonia linguistica

L'egemonia politica e il prestigio culturale della Francia si riflettono sulla sua lingua. Nel 1783 l'Accademia di Berlino aveva indetto un concorso chiedendo ai partecipanti di rispondere alle domande «Che cosa ha reso universale la lingua francese? Perché essa merita questa prerogativa?». È illuminante la risposta data dal francese (ma che vantava origini genovesi) Antoine Rivarol (1753-1801), brillante intellettuale e curatore di un mai concluso *Nuovo dizionario della lingua francese*. Rivarol rispondeva: la *clarté*, la 'chiarezza'. E aggiungeva che nessun'altra lingua come il francese era "lingua umana" in quanto permetteva la conversazione e la comunicazione dei pensieri. Posizione già espressa da altri studiosi francesi della grammatica e filosofi, ma che all'epoca appariva evidentemente condivisa. Nel Settecento europeo, il francese era il "nuovo latino": la lingua che tutte le persone di cultura dovevano padroneggiare e usare nei loro scambi. E di fatto era la lingua parlata nelle corti europee, da Torino a Berlino, da Vienna a Pietroburgo.

Vocaboli e forme del Settecento

Gli storici della lingua italiana (Migliorini, Schiaffini, Folena) registrano forti influenze del francese – e in misura minore dell'inglese – sull'italiano del Settecento. Non tanto sulla lingua della poesia e del teatro solenne (il piemontese Alfieri "traduceva" con fatica le sue tragedie dal francese all'italiano), quanto sulla prosa giornalistica e saggistica, quantomeno su quella più vicina alle nuove idee. Ecco alcuni esempi di forme e vocaboli per noi oggi "normali":

- i *suffissi* in **-ista**, **-ismo**, **-istico** (in parole come ottim**ismo**, de**ista**, progett**ista**, encicloped**ista**, dispot**ismo**, pur**ismo**, bigott**ismo** ecc.)
- i *suffissi* **-izzare -izzazione** (in parole come inden**nizzare**, inocula**zione** ecc.)
- molte locuzioni: colpo d'occhio, messa a fuoco, mano d'opera, punto di vista, correre il pericolo, mettere al tappeto, al polo opposto ecc.
- molti *termini settoriali* politici, economici, tecnici: opinione pubblica, corpo politico, cittadino, patriota, criminalità, vignetta, interesse [finanziario], importazione, speculazione, relazione, incaricato d'affari, pubblicità, dicastero ecc.

Gli illuministi milanesi contro la Crusca

A questa "invasione" francese molti letterati tradizionalisti reagirono in malo modo. Tra loro c'era l'accademia fiorentina della Crusca, con il suo monumentale Vocabolario (1612, 1623, 1691 e 1729-38; una successiva edizione si iniziò a pubblicare nel 1863, e si interruppe nel 1923 alla lettera "O"). Con tipica ironia settecentesca, gli illuministi milanesi raccolti attorno al «Caffè» pubblicarono nel 1764 un atto di "Rinunzia avanti notaio al Vocabolario della Crusca" steso da Alessandro Verri, fratello di Pietro.

Cum sit[1] che gli autori del Caffè siano estremamente portati a preferire le idee alle parole, ed essendo inimicissimi di ogni laccio ingiusto che imporre si voglia all'onesta libertà de' loro pensieri, e della ragion loro, perciò sono venuti in parere di fare nelle forme solenne rinunzia alla pretesa purezza della toscana favella, e ciò per le seguenti ragioni:

1. Perché se Petrarca, se Dante, se Boccaccio, se Casa,[2] e gli altri testi di lingua hanno avuta la facoltà d'inventar parole nuove e buone così pretendiamo che tale libertà convenga ancora[3] a noi [...]

2. Perché, sino a che non sarà dimostrato, che una lingua sia giunta all'ultima sua perfezione, ella è una ingiusta schiavitù il pretendere che non s'osi arricchirla, e migliorarla.

3. Perché nessuna legge ci obbliga a venerare gli oracoli della Crusca [...]

4. Perché se italianizzando le parole francesi, tedesche, inglesi, turche, greche, arabe, schiavone [slave], noi potremo rendere meglio le nostre idee, non ci asterremo di farlo per timore o del Casa [...] o di tant'altri [...]

7. Protestiamo che useremo ne' fogli nostri di quella lingua che s'intende dagli uomini colti di Reggio Calabria sino alle Alpi.

da «Il Caffè», a cura di S.Romagnoli, Milano, Feltrinelli, 1960.

1 ***Cum sit***: formula giuridica in latino, *essendo che*.

2 **Casa:** Giovanni Della Casa (1503-1553), celebre poeta e letterato.

3 **convenga ancora:** *sia permessa anche*.

Laboratorio linguistico

1 Cerca su un buon vocabolario i seguenti termini e locuzioni e indica l'epoca alla quale risalgono:

a. automatico
b. enciclopedico
c. marciapiede
d. chincaglieria
e. club
f. irritabilità
g. parco
h. intrapresa
i. ingaggio
l. rapporto
m. saggio (= tipo di testo)

Arte e letteratura

Il Rococò e il Neoclassicismo

Jacques-Louis David, *La morte di Marat*, 1793. Bruxelles, Musees Royaux des Beaux-Arts.

1 Le caratteristiche generali dell'arte del Rococò

La definizione di Rococò La prima metà del Settecento vede l'affermazione del movimento artistico del Rococò: questa parola deriva dal francese "rocaille", che indica una 'piccola decorazione in roccia', fatta anche di conchiglie e sassi. Il termine si diffuse dopo il 1730 e sostituì quello di "style nouveau" [nuovo stile] con cui era chiamato il movimento artistico nato alla fine del Seicento. Alla fine del Settecento "rocaille" venne sostituito con "Rococò", che assunse subito un significato negativo. Oggi con "Rococò" si intendono sia la tendenza artistica della prima metà del Settecento, sia l'ambiente aristocratico del periodo, immerso in stanze sovraccariche di soprammobili molto decorati.

Le due fasi del Rococò La diffusione del Rococò avviene in due diverse fasi. Nella prima fase (1690-1715) il Rococò assume le forme di un'arte esclusivamente aristocratica: scomparsa la tendenza barocca al monumentale e al solenne, si sottolinea il dettaglio, la sfumatura, la decorazione leggera e talvolta frivola di ambienti intimi, di interni privati. Nella seconda fase (1715-1750) queste tendenze si diffondono nell'alta borghesia: l'arte si adatta alla casa borghese, in cui, al posto della statua, tipica del palazzo nobiliare, compare il soprammobile. La diffusione di oggetti d'arredamento prodotti in maniera artistica risponde all'esigenza di personalizzare lo spazio ed esprime la nuova volontà di privilegiare l'interno piuttosto che l'esterno, l'uso individuale e privato dell'arte invece che la sua spettacolarità sociale.

L'ideale della *grazia* L'ideale artistico del Rococò è la *grazia*, che si realizza attraverso linee sinuose, colori vivaci, decorazioni raffinate. L'architettura abbandona la monumentalità del Barocco, semplifica le strutture ma arricchisce le decorazioni di elementi preziosi e nobili. Stucchi in oro e argento, ghirlande floreali, putti o piccoli angeli danzanti in pose maliziose e ammiccanti animano volte e pareti, rallegrando anche le stanze più sobrie.

Un'arte per il piacere dei sensi Il Rococò vede il trionfo di un'arte leggera, tutta giocata sul piacere dei sensi. Il paesaggio grandioso ed eroico lascia il posto al quadretto pastorale; all'interesse per le rappresentazioni sacre e storiche subentra il gusto per le scene galanti, di cui è maestro il francese Antoine Watteau (1684-1721). In Italia spicca invece la figura di Giambattista Tiepolo (1690-1770), famoso per i ritratti – altro genere che si diffonde negli ambienti borghesi –, mentre Giovanni Antonio Canal detto il Canaletto (1697-1768) arriva al successo per le sue minuziose vedute.

2 Le opere d'arte del Rococò

Tra i più importanti esponenti del Rococò troviamo il fiammingo François de Cuvilliés (1695-1768, ▶ F1), il francese Antoine Watteau (▶ F2) e gli italiani Giambattista Tiepolo (▶ F3) e Giovanni Antonio Canal detto il Canaletto (▶ F4). In questo paragrafo presentiamo alcune loro opere utili per capire l'arte Rococò.

F1

François de Cuvilliés
***Amalienburg* nel parco del castello di Nymphenburg: sala degli specchi**
1734-1739. Monaco.

L'architettura del Rococò si concentra sulla creazione di atmosfere private e intime; di qui la moda delle piccole costruzioni, delle palazzine per la caccia, per il tè, disseminate nei parchi dei castelli. Un esempio è l'Amalienburg, nel parco di Nymphenburg a Monaco: nella sala degli specchi gli stucchi in oro e argento, le ghirlande floreali e i piccoli angeli in pose ammiccanti sottolineano l'esuberanza della decorazione tipica del Rococò. È infatti in questo periodo che nasce il gusto per il soprammobile – in particolar modo le cineserie, cioè oggetti di porcellana decorati con scene orientali – e l'esigenza di privilegiare gli interni privati rispetto agli ambienti esterni.

F2

Antoine Watteau
I pastori
1717. Charlottenburg.

Un'arte ispirata al piacere dei sensi determina anche il cambiamento dei temi in pittura: le scene storiche e mitologiche del Barocco lasciano il posto al mondo dei pastori, in cui la natura fa da sfondo a incontri amorosi. Maestro nella rappresentazione di scene galanti è il francese Antoine Watteau: in *I pastori* Watteau inserisce eleganti figurine che vanno a confondersi sullo sfondo di un ampio paesaggio campestre. Le situazioni amorose sono collocate nella natura, intesa come luogo di piacere e di bellezza, finalmente accessibile all'uomo contemporaneo.

F3

Giambattista Tiepolo
Angelica e Medoro nella capanna dei pastori
1747. Vicenza, affreschi della Villa Valmarana.

Giambattista Tiepolo diventa famoso come raffinato decoratore di palazzi reali: i suoi affreschi a Würzburg (Germania) per la villa del principe vescovo sono una delle testimonianze più ricche e scenografiche della pittura rococò. A Vicenza Tiepolo affresca le stanze di Villa Valmorana: qui dipinge scene dell'*Orlando furioso* di Ariosto, della *Gerusalemme liberata* di Tasso e dell'*Eneide* di Virgilio. L'inesauribile repertorio storico-mitologico di queste opere è trattato da Tiepolo insistendo sul lato sentimentale delle vicende, in linea con il gusto del tempo per le scene galanti. In *Angelica e Medoro nella capanna dei pastori* l'armonia tra personaggi e natura è suggerita dall'intensa luminosità e dall'accordo tra i colori dell'azzurro, del bianco e del rosa degli abiti e dello sfondo. Angelica è vestita come una nobile veneziana, mentre un robusto pastore e sua moglie stanno alle spalle, trasferendo la scena letteraria in una rustica quotidianità.

F4

Giovanni Antonio Canal detto il Canaletto
Piazza San Marco verso la Basilica
1735-1740. Roma, Galleria Nazionale di Palazzo Corsini.

Altro artista di fama europea è Giovanni Antonio Canal detto il Canaletto. Maestro della veduta, genere che si afferma nel Settecento, Canaletto rappresenta in questo dipinto uno scorcio prospettico di piazza San Marco a Venezia con precisione topografica, esaltandola con una luce ferma e limpida, che ritaglia oggetti e figure in strutture geometriche rigorose.

Fissiamo i concetti

1 Quale accezione non è mai appartenuta alla parola "Rococò"?
a. Piccola decorazione in roccia
b. Cineseria

2 Quali sono le caratteristiche principali del Rococò?

....

3 Quale tra questi artisti non fu un esponente dell'arte Rococò?
a. Canaletto
b. Tintoretto
c. Tiepolo
d. Watteau

3 Arte e letteratura nel Rococò

La donna con cagnolino: la malizia dell'arte galante

Le variazioni su un tema tradizionale Il tema della donna con cagnolino ha una lunga tradizione in pittura e di solito vuole alludere alla fedeltà femminile. Nel Settecento questo motivo subisce una variazione in linea con il gusto Rococò caricandosi di sensualità e di una certa malizia erotica. Ne è un esempio l'opera di uno dei più importanti pittori del Rococò francese, Jean-Honoré Fragonard (1732-1806), con il quadro *La Gimblette* (Ragazza che gioca con il cane) (▶ T1).

T1

Jean-Honoré Fragonard
La Gimblette (Ragazza che gioca con il cane)
1768-1770 ca. Monaco, Alte Pinakothek.

Leggere l'opera

In questa pittura Fragonard punta molto sulla sensualità, uno dei temi cari al Rococò. Il dipinto è infatti occupato da una donna poco vestita che gioca sul letto con un cane. L'intimità dell'immagine – una ragazza ritratta nel proprio letto – lascia spazio alla carica erotica del dipinto: la luce, che illumina il corpo della giovane sottolineando le gambe nude e il cagnolino, concentra l'attenzione sui particolari fisici piuttosto che sul drappeggio alle spalle del letto.

La poesia di Zappi tra sogno e realtà La prima generazione dei poeti arcadi propone una poesia di evasione, che realizza l'incontro tra fantasia e ragione, fra immaginazione e realtà, rappresentando tuttavia una società reale, anche se dai tratti stilizzati e idealizzati. Uno dei maggiori rappresentati di questa prima stagione dell'Arcadia è l'emiliano Giambattista Felice Zappi (1667-1726), che descrive nelle sue poesie ambienti pastorali in cui si muovono, con estrema grazia, nobildonne bellissime ed eleganti. Un esempio di questa produzione può essere costituito dal sonetto «Sognai sul far dell'alba, e mi parea» (▶ T2), nel quale Zappi riprende il tema pittorico della donnna con il cagnolino.

T2

Giambattista Felice Zappi
«Sognai su far dell'alba, e mi parea»

Le forme
- linguaggio semplice e piano

I temi
- mondo pastorale
- donna con cagnolino

Il poeta sogna di essere un cagnolino che accorre al richiamo della donna amata (la quale assume il nome di Clori, molto diffuso in ambito arcadico), le salta in grembo e viene baciato dalla giovane. Nel momento in cui le loro labbra si incontrano, il poeta si risveglia.

Sognai sul far dell'alba, e mi parea
ch'io ero trasformato in cagnoletto.
Sognai ch'al collo un vago laccio avea,
e una striscia di neve in mezzo al petto.

Era in un praticello, ove sedea
Clori,[1] di Ninfe in un bel coro eletto:
io d'ella, ella di me prendea diletto:
dicea: – Corri, Lesbino[2] – e io correa.

Seguia: – Dove lasciasti, ove sen gìo,[3]
Tirsi[4] mio, Tirsi tuo, che fa, che fai? –
Io già latrando, e volea dir: – Son io.–

M'accolse in grembo, in due piedi m'alzai,
inchinò il suo bel labbro al labbro mio:
quando volea baciarmi, io mi svegliai.

da AA. VV., *Lirici del Settecento*, a cura di M. Fubini e B. Maier, Ricciardi, Milano-Napoli 1959.

PARAFRASI

1-4 Al sorgere (sul far) dell'alba io sognai, e mi pareva (pare<v>a) che io ero trasformato in cagnolino (cagnoletto). [Io] sognai che avevo al collo un grazioso guinzaglio (un vago laccio) e una striscia bianca (di neve) in mezzo al petto.
5-8 [Io] ero (Era) in un praticello, dove (ove) Clori sedeva in una bella [e] distinta schiera (in un bel coro eletto) di Ninfe: io da lei, lei da me traeva (prende<v>a) piacere (diletto); [Clori] diceva: – Lesbino, corri – ed io correvo.
9-11 [Clori] continuava (segui<v>a): – Dove lasciasti, dove se ne (sen) andò (gìo) Tirsi mio, Tirsi tuo? Che fa, che fai? – Io andai (già) abbaiando (latrando) e volevo dire: – Son io.
11-13 M'accolse in grembo, io m'alzai sui (in) due piedi, piegò (inchinò) le sue belle labbra verso (al) le mie labbra: quando voleva baciarmi, io mi svegliai.

1 **Clori:** è il nome pastorale della donna amata dal poeta.
2 **Lesbino:** è il nome del cagnolino.
3 **gìo:** passato remoto di "gire", cioè 'andare'.
4 **Tirsi:** Tirsi Leucasio era il nome assunto da Zappi nell'accademia dell'Arcadia.

Leggere e capire

Il racconto di un sogno Il sonetto descrive un sogno fatto dal poeta: trasformatosi in cagnolino, il poeta incontra la donna amata, Clori, che lo invita a giocare con lei e lo accoglie nel suo grembo. Nel momento del bacio, però, il poeta si risveglia.

Analizzare

Un linguaggio piano e sobrio Il componimento rivela subito la sua ambientazione pastorale (il prato, la scelta dei nomi, Tirsi e Clori, di tradizione bucolica) e mostra un liguaggio semplice e disteso, privo di elementi retorici della tradizione. La poesia arcadica richiama così un ideale di poesia lineare e sobria, lontana dagli eccessi barocchi.

Interpretare e approfondire

Il tema e il giudizio critico di Baretti La scelta del tema – il poeta che si comporta come un cagnolino nei confronti dell'amata, cioè si rivela disposto ad assecondare ogni sua volontà – suscitò numerose critiche da parte di altri letterati dell'epoca. Tra questi, Giuseppe Baretti nel 1764 commentò così questo sonetto: «il mio lezioso, il mio galante, il mio inzuccheratissimo Zappi [...] il poeta favorito di tutte le nobili damigelle che si fanno spose [...]. Oh cari que' suoi smascolinati [non virili, effeminati] sonettini, pargoletti piccinini, mollemente femminili, tutti pieni d'amorini [: personificazione mitologica del dio Amore, raffigurato nella poesia e nell'arte con aspetto di fanciullo, per lo più nudo e alato]».

Esercizi

1 **Le figure retoriche**
Il sonetto mostra un linguaggio semplice e piano, nel quale ci sono solo due figure retoriche: una metafora e un iperbato. Rintracciale nel testo.

2 **Il tema**
Zappi colloca la scena in un ambiente pastorale. Perché? Questa scelta ti sembra collegata ad altri motivi della cultura poetica del tempo?

....

4 Le caratteristiche generali dell'arte del Neoclassicismo

Il gusto per le rovine e i monumenti antichi Nella seconda metà del Settecento l'arte è dominata, in Francia e in Italia, dalla convergenza di Illuminismo e Neoclassicismo: l'arte deve ispirarsi alla ragione, a modelli classici di regolarità, di semplicità e di armonia, e nello stesso tempo deve essere utile alla società.
Nel campo della pittura, della scultura e dell'architettura hanno una grande influenza gli scavi di Pompei del 1748, le teorie di Winckelmann sull'arte antica e le incisioni del veneto Giambattista Piranesi (1720-1778), che diffusero il gusto per le rovine e per i monumenti antichi. A partire dal 1780 la rottura con la frivolezza e l'artificiosità del Rococò è ormai totale e l'arte diventa più sobria ed energica. Il pittore che meglio rappresenta questa nuova fase, detta del Neoclassicismo, è il francese Jacques-Louis David (1748-1825).

I nuovi appassionati d'arte: i borghesi Soprattutto in Inghilterra, ma poi anche in Germania e in Francia, si assiste, verso la fine del Settecento, alla nascita di una nuova committenza d'arte, quella borghese, più varia, mobile e dipendente dalle mode, rispetto a quella aristocratica. Da ciò, derivano profonde trasformazioni in tutti i campi artistici, specialmente in quello musicale.

La musica: da Mozart a Beethoven Fino al Settecento la nobiltà aveva fatto della musica soprattutto uno spettacolo di corte, legato a circostanze precise (feste, nozze, ricevimenti); nell'ultimo ventennio del secolo si diffonde il concerto pubblico in sale a pagamento, dove il nuovo pubblico borghese ascolta una musica che non ha più lo scopo di celebrare un avvenimento, ma di esprimere un sentimento. Il compositore che meglio interpreta l'esigenza di razionalità e di equilibrio dell'epoca illuministica è l'austriaco Wolfgang Amadeus Mozart (1756-1791), mentre il tedesco Ludwig van Beethoven (1770-1827) esprime già tendenze romantiche, ricche di motivi impetuosi e ribelli.

5 Le opere d'arte del Neoclassicismo

L'esponente più importante dell'arte neoclassica è sicuramente Jacques-Louis David. In questo paragrafo presentiamo alcune sue opere utili per capire l'arte della seconda metà del Settecento (▶ F5, F6, F7).

F5

Jacques-Louis David
Giuramento degli Orazi
1784-1785. Parigi, Musée du Louvre.

David compie durante la sua vita diversi viaggi a Roma, capitale del nuovo gusto artistico, e proprio a Roma dipinge, tra il 1784 e il 1785, il manifesto del Neoclassicismo, il *Giuramento degli Orazi*. La scena rappresenta il gesto con il quale i tre fratelli giurano al padre di difendere Roma dagli attacchi dei Curiazi, appartenenti a una popolazione italica che viveva ad Albalonga. La fermezza del gesto è espressa attraverso una linea che unisce le loro braccia; dall'altra parte un gruppo di donne abbandonate nella disperazione sottolinea il sacrificio eroico dei giovani. La composizione è quindi bilanciata da una solida simmetria che esprime l'esigenza di rigore, semplicità e armonia tipici del Neoclassicismo.

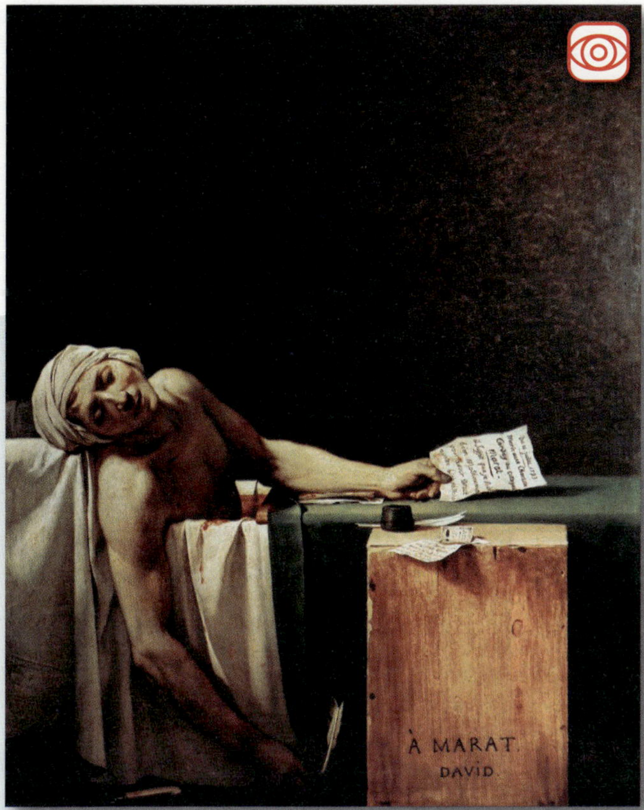

F6

Jacques-Louis David
La morte di Marat
1793. Bruxelles, Musees Royaux des BeauxArts.

La tendenza dell'arte neoclassica a esaltare la politica dominante del tempo trova in David la massima espressione: dopo aver partecipato attivamente alla Rivoluzione francese, questo pittore celebra la causa rivoluzionaria con *La morte di Marat*. Un fatto di attualità – l'uccisione di uno dei maggiori esponenti della rivoluzione da parte di una fanatica sostenitrice della monarchia – è tracciato con intenso rigore ed estrema chiarezza compositiva, in modo da trasformare l'orrore dell'omicidio in sublime rappresentazione artistica.

F7

Jacques-Louis David
Napoleone che valica il San Bernardo
1800. Maimaison, Musée National du Château.

Imprigionato durante il periodo di ritorno all'ordine postrivoluzionario, David viene liberato e rimane affascinato dalla figura di Napoleone, nel quale vede il continuatore degli ideali rivoluzionari; diventa così il pittore di corte. *Napoleone che valica il San Bernardo* è la rappresentazione della grandiosità della figura napoleonica: l'imperatore che cavalca impetuoso sullo sfondo di una natura impervia inciderà profondamente sui ritratti romantici di grandi personaggi storici.

Fissiamo i concetti

1 Quali tra queste caratteristiche fanno parte dell'arte neoclassica (due risposte)?

a. Ammirazione per il passato
b. Tendenza alla frivolezza e all'eccesso
c. Tendenza all'eleganza e alla sobrietà
d. Gusto per soprammobili e suppellettili

2 Quali correnti di pensiero concorrono a formare l'arte della fine del Settecento?

....

3 Quale artista rappresenta il clima storico della seconda metà del Settecento? Perché?

....

....

6 Arte e letteratura nell'età del Neoclassicismo

L'ideale di bellezza secondo Winckelmann: la statua di Apollo

Il bello artistico secondo Winckelmann I principi del Neoclassicismo trovano fondamento negli scritti dell'archeologo tedesco Johann Joachim Winckelmann (1717-1768). Secondo questo studioso il bello artistico non si raggiunge riproducendo il bello naturale, ma realizzando un'unione superiore dei singoli aspetti belli presenti in natura. Winckelmann elegge come modello di bellezza artistica la statua di Apollo del Belvedere, una copia romana di una statua greca, che egli credette autentica. Nel breve passo qui proposto (▶ T3), l'archeologo individua in quest'opera d'arte (▶ T4) «il più alto ideale artistico».

T3

Johann Joachim Winckelmann
La statua di Apollo

[*Storia dell'arte nell'antichità*]

Le forme
- testo argomentativo

I temi
- arte come sintesi delle singole manifestazioni del bello in natura

Pubbblicato a Dresda nel 1763, la Storia dell'arte dell'antichità *è considerato il capolavoro di Winckelmann, il testo che ha segnato la nascita di una nuova disciplina: la storia dell'arte, appunto. Ne riportiamo una pagina famosa in cui Winckelmann, descrivendo l'Apollo di Belvedere (statua greca del IV sec. a. C., ora al Museo Vaticano a Roma nella sua riproduzione romana), illustra il proprio ideale di bellezza.*

La statua di Apollo rappresenta il più alto ideale artistico fra tutte le opere dell'antichità sfuggite alla distruzione. L'artista ha creato questa opera assolutamente secondo l'ideale, servendosi della materia solo per quel tanto che gli era necessario a realizzare e rendere visibile il suo proposito.[1] Questa statua di Apollo supera tutte le altre immagini del dio di tanto, di quanto l'Apollo di Omero[2] si eleva al di sopra di quello descrittoci dai poeti venuti dopo di lui. Il suo corpo si eleva al di sopra di quello umano e la sua posa rivela la grandezza che lo pervade. Una primavera perenne, come nel beato Elisio,[3] riveste di amabile giovinezza la sua matura affascinante virilità e aleggia con grazia delicata sulla superba struttura delle sue membra. Penetra con il tuo spirito nel regno delle bellezze incorporee e cerca di farti creatore di una natura celeste, perché il tuo spirito possa inebriarsi di bellezze superiori alla natura umana: là, o lettore nulla vi è che sia mortale o schiavo dei bisogni umani. Non una vena, non un nervo, eccitano ed agitano questo corpo, ma uno spirito celestiale che vi si riversa come un fiume tranquillo quasi ricolma tutta la superficie di questa figura. Egli ha inseguito Pitone[4] contro il quale per primo ha teso l'arco ed ora con il suo passo potente l'ha raggiunto ed ucciso. Dall'alto del suo spirito soddisfatto il suo sguardo va al di là e al di sopra della sua vittoria, verso l'infinito: disprezzo v'è sulle sue labbra e l'ira che egli trattiene tende le sue narici e sale fino alla fronte altera. Ma qui, la pace vi aleggia beata e quieta non ne viene turbata e il suo sguardo è colmo di dolcezza, come tra le Muse[5] che si protendono per avvolgerlo nel loro abbraccio. In tutte le altre immagini del padre degli dèi[6] che ci rimangono e che l'arte onora, egli non si accosta a quella grandezza con la quale si svelò alla mente del divino poeta[7] e che riappare qui nel volto del figlio,[8] mentre i singoli attributi di bellezza degli altri dèi si fondono qui in armonia come in Pandora.[9]

da J. J. Winckelmann, *Storia dell'arte nell'antichità*, Boringhieri, Torino 1961.

1 L'artista... proposito: cioè l'artista ha rappresentato nella statua il bello ideale servendosi della materia solo per rendere visibile tale bellezza. Secondo Winckelmann l'arte non deve imitare la natura, ma operare una sintesi superiore delle singole manifestazioni di bellezza presenti nella realtà.

2 Apollo di Omero: si riferisce alla rappresentazione dell'ira di Apollo nel primo canto dell'*Iliade*.

3 Elisio: sono i campi elisi, la zona dell'aldilà pagano dove starebbero i beati.

4 Pitone: il gigantesco drago-serpente che infestava la regione greca della Focide e che il dio Apollo uccise.

5 Muse: Apollo, come dio della poesia, è spesso circondato dalle Muse.

6 padre degli dèi: *Giove.*

7 divino poeta: *Omero.*

8 figlio: *Apollo.*

9 Pandora: secondo la mitologia fu creata dagli dèi adorna di tutte le qualità (il termine deriva dal greco e significa 'la ricca di doni') e inviata sulla Terra per punire gli uomini, a cui Prometeo aveva regalato il fuoco. Pandora, infatti, non riuscì a vincere la propria curiosità e aprì il vaso che le aveva donato Giove ordinandole di tenerlo sempre chiuso: da esso uscirono tutti i mali, che si sparsero per il mondo.

Leggere e capire

L'ideale neoclassico della bellezza Il brano illustra alcune caratteristiche della concezione neoclassica della bellezza teorizzata da Winckelmann:

- la statua è una manifestazione concreta del "bello ideale", cioè della bellezza assoluta;
- l'arte non deve imitare la natura, ma operare una sintesi superiore delle singole manifestazioni di bellezza presenti nella realtà;
- la bellezza antica, che unisce la grazia alla nobiltà e alla grandezza, può rappresentare l'intensità delle passioni.

Analizzare

Un esempio di testo argomentativo Il brano di Winckelmann è un esempio di testo argomentativo. La tesi che lo storico intende sostenere è esposta all'inizio del brano: «la statua di Apollo rappresenta il più alto ideale artistico fra tutte le opere dell'antichità sfuggite alla distruzione». Le argomentazioni con le quali Winckelmann vuole verificare questa affermazione sono contenute nella descrizione della statua, insuperabile esempio di bellezza artistica.

Interpretare e approfondire

La nostalgia dell'antico La descrizione della statua rivela l'atteggiamento nostalgico nei confronti del mondo antico. Percepito come paradiso perduto nel quale trovare conforto e rifugiarsi, il passato diventa la culla dei grandi valori, primo fra tutti quello della bellezza, cui l'uomo moderno deve ispirarsi. La bellezza antica unisce la grazia alla nobiltà e alla grandezza, rappresenta l'intensità dei sentimenti (Apollo è ancora arrabbiato contro il nemico appena ucciso), ma alla luce di una quiete superiore, «un fiume tranquillo ricolma tutta la superficie della statua».

Esercizi

1 Le argomentazioni della tesi
Il brano di Winckelmann può essere un esempio di brano argomentativo. Quali sono gli argomenti che riporta per sostenere la sua tesi? Sottolineali nel testo.

2 L'ideale neoclassico della bellezza
La statua dell'Apollo del Belvedere costituisce l'esempio dell'«ideale artistico» della classicità. Quali sono le caratteristiche che, secondo Winckelmann, rendono l'opera un capolavoro della bellezza?

T4

L'Apollo del Belvedere

IV secolo a. C. ca. Roma, Musei Vaticani (copia romana).

Leggere l'opera

Questa statua, resa famosa da Winckelmann, è conosciuta come l'Apollo del Belvedere dal nome della villa dove papa Giulio II, nel Cinquecento, aveva creato un museo all'aperto. È una copia romana dei tempi di Adriano (II secolo d.C.) di un originale greco in bronzo andato perduto, probabilmente risalente al IV secolo a. C.
La statua di marmo bianco rappresenta il dio greco Apollo che ha appena ucciso Pitone, un terribile serpente che infestava una regione della Grecia. La muscolatura, ancora tesa, lascia intendere lo sforzo seguito alla battaglia contro l'animale, mentre i capelli ricci ricadono sul collo e sono accolti elegantemente sul capo, cinto da una fascia ornamentale, simbolo di una divinità o del privilegio regale. Il dio è interamente nudo, a eccezione del mantello appoggiato sulla spalla destra, che si rovescia sul braccio sinistro e su parte della schiena.

Foscolo, Canova e il tema del bacio

Il bacio dell'*Ortis* Nel campo della scultura, uno dei più grandi artisti del periodo è l'italiano Antonio Canova (1757-1822), la cui esperienza artistica si incontra con quella delle *Grazie*, il poema di Foscolo dedicato proprio al «divino scultore» neoclassico (▶ Unità 11). Canova e Foscolo, infatti, sostengono un'arte raffinata e aristocratica, che attribuisce al culto della bellezza un valore assoluto.

I punti di contatto tra i due artisti sono diversi. Il tema del bacio, che costituisce un tema ricorrente in letteratura, viene proposto da Foscolo, nelle *Ultime lettere di Jacopo Ortis* (la cui prima edizione esce nel 1798), come momento di assoluta estasi del protagonista, che fissa nella sua mente il ricordo del giorno in cui ha baciato la sua amata (▶ T5).

T5

Ugo Foscolo
Il bacio e le illusioni

[*Ultime lettere di Jacopo Ortis*, lettera del 14 maggio 1798]

Le forme
- paesaggio-stato d'animo

I temi
- bacio
- vanità delle illusioni giovanili

Durante una passeggiata Jacopo confida a Teresa il proprio amore e i due si baciano. La donna si ritira subito, dichiarando impossibile quell'amore. Riflettendo sulle sensazioni che gli ha lasciato quel momento, il protagonista esalta la grandezza delle illusioni giovanili.

E saliva su per la collina ed io la seguitava.[1] Le mie potenze[2] erano tutte di Teresa; ma la tempesta che le aveva agitate era alquanto sedata. – Tutto è amore, diss'io; l'universo non è che amore! e chi lo ha mai più sentito, chi più del Petrarca lo ha fatto dolcissimamente sentire? Que' pochi genj che si sono inalzati sopra tanti altri mortali mi spaventano di meraviglia; ma il Petrarca mi riempie di fiducia religiosa e d'amore; e mentre il mio intelletto gli sacrifica come a nume,[3] il mio cuore lo invoca padre e amico consolatore. Teresa sospirò insieme e sorrise.

La salita l'aveva stancata: riposiamo, diss'ella: l'erba era umida, ed io le additai un gelso poco lontano. Il più bel gelso che mai. È alto, solitario, frondoso: fra' suoi rami v'ha un nido di cardellini. – Ah vorrei poter innalzare sotto l'ombre di quel gelso un altare! – La ragazzina[4] intanto ci aveva lasciati, saltando su e giù, cogliendo fioretti e gettandoli dietro le lucciole che veniano aleggiando: Teresa sedea sotto il gelso ed io seduto vicino a lei con la testa appoggiata al tronco le recitava le odi di Saffo;[5] sorgeva la luna – oh! –

Perché mentre scrivo il mio cuore batte sì forte? beata sera!

14 maggio, ore 11.

Sì, Lorenzo! – dianzi io meditai di tacertelo – or odilo, la mia bocca è tuttavia rugiadosa[6] – d'un suo bacio – e le mie guance sono state innondate dalle lagrime di Teresa. Mi ama – lasciami, Lorenzo, lasciami in tutta l'estasi di questo giorno di paradiso. O quante volte ho ripigliato[7] la penna, e non ho potuto continuare: mi

1 **seguitava:** *seguivo.*
2 **potenze:** *energie.*
3 **come a nume:** *come a una divinità.*
4 **La ragazzina:** è la sorella di Teresa, Isabellina.
5 **Saffo:** celebre poetessa greca (VII-VI secolo a.C.) dell'isola di Lesbo. L'amore è spesso al centro delle sue composizioni (come nel caso di Petrarca, citato sopra) e per amore la leggenda vuole che si sia suicidata, gettandosi da una rupe.
6 **rugiadosa:** *umida come di rugiada.*
7 **ho ripigliato:** *ho ripreso* [*in mano*].

sento un po' calmato e torno a scriverti. – Teresa giacea sotto il gelso – ma e che posso dirti che non sia tutto racchiuso in queste parole: *Vi amo?* A queste parole tutto ciò ch'io vedeva mi sembrava un riso dell'universo: io mirava con occhi di riconoscenza il cielo e mi parea ch'egli si spalancasse per accoglierci: deh! a che[8] non venne la morte? e l'ho invocata. Sì; ho baciato Teresa; i fiori e le piante esalavano in quel momento un odore soave; le aure erano tutte armonia; i rivi risuo[na]vano da lontano; e tutte le cose s'abbellivano allo splendore della luna che era tutta piena della luce infinita della divinità. Gli elementi e gli esseri esultavano nella gioja di due cuori ebbri di amore. – Ho baciata e ribaciata quella mano – e Teresa mi abbracciava tutta tremante, e trasfondea[9] i suoi sospiri nella mia bocca; e il suo cuore palpitava su questo petto: mirandomi co' suoi grandi occhi languenti, mi baciava, e le sue labbra umide, socchiuse mormoravano su le mie – ahi! che ad un tratto mi si è staccata dal seno quasi atterrita: chiamò sua sorella e s'alzò correndole incontro. Io me le sono prostrato,[10] e tendeva le braccia come per afferrar le sue vesti – ma non ho ardito di rattenerla, né richiamarla. La sua virtù – e non tanto la sua virtù, quanto la sua passione, mi sgomentava: sentiva e sento il rimorso di averla io primo eccitata nel suo cuore innocente. Ed è rimorso – rimorso di tradimento! Ahi mio cuore codardo! – Me le sono accostato[11] tremando. – Non posso essere vostra mai! – e pronunciò queste parole dal cuore profondo e con una occhiata con cui parea rimproverarsi e compiangermi. Accompagnandola lungo la via, non mi guardò più; né io avea più coraggio di dirle parola. Giunta alla ferriata[12] del giardino mi prese di mano la Isabellina e lasciandomi: Addio, diss'ella, e rivolgendosi dopo pochi passi – addio.

Io rimasi estatico:[13] avrei baciate l'orme dei suoi piedi: pendeva un suo braccio, e i suoi capelli rilucenti al raggio della luna svolazzavano mollemente: ma poi, appena appena il lungo viale e la fosca ombra degli alberi mi concedevano di travedere[14] le ondeggianti sue vesti che da lontano ancor biancheggiavano; e poiché l'ebbi perduta, tendeva l'orecchio sperando di udir la sua voce – E partendo, mi volsi con le braccia aperte, quasi per consolarmi, all'astro di Venere; era anch'esso sparito.[15]

8 a che: *perché*. La morte, secondo Jacopo, avrebbe consacrato per sempre quell'attimo d'amore.
9 trasfondea: *riversava*.
10 Io me le sono prostrato: *io mi sono inginocchiato ai suoi piedi*.
11 Me le sono accostato: *mi sono avvicinato a lei*.
12 alla ferriata: *all'inferriata* [: al cancello].
13 estatico: *rapito in estasi*.
14 travedere: *intravedere*, cioè osservare attraverso le chiome degli alberi.
15 mi volsi… sparito: la notte che si avvicina e la stella di Venere che scompare rappresentano per Jacopo il crollo di ogni illusione amorosa.

Leggere e capire

Che cosa dice il testo In una delle numerose lettere indirizzate all'amico Lorenzo Alderani, Jacopo Ortis racconta il momento del bacio all'amata Teresa: la felicità per questo momento è talmente grande che il giovane protagonista si definisce «estatico», cioè rapito dell'estasi.

Analizzare

La realtà filtrata attraverso la letteratura In una natura che rispecchia lo stato d'animo del protagonista, stordito dalla felicità, l'episodio del bacio con l'amata è raccontato da Jacopo attraverso suggestioni letterarie. Per esempio il giovane cita la poesia di Petrarca, mentre passeggia con Teresa, e recita alla ragazza versi della poetessa greca Saffo (VII-VI sec. a. C.). La narrazione si trasforma in esperienza lirica: ogni momento della realtà concreta è descritto tramite una sensazione o un'emozione. Anche il linguaggio usato è influenzato profondamente da questa strategia narrativa: Jacopo alterna espressioni comuni, quasi banali («ho ripigliato la penna», «Vi amo?») a termini eleganti e ricercati («un riso dell'universo», «con gli occhi di riconoscenza»)

Interpretare e approfondire

La forza positiva dell'amore: la vanità delle illusioni Il bacio con Teresa fornisce a Jacopo una rinnovata vitalità: travolto dall'«estasi di questo giorno di paradiso» il protagonista vive un momento di intensa felicità. Ma le illusioni giovanili – in questa lettera l'amore per Teresa ma anche, nel romanzo, la fede politica e la poesia – sono destinate presto a svanire. Lo scontro di queste passioni con la realtà è devastante: dopo il bacio la donna fugge via, dicendo addio a Jacopo; il protagonista si volta e vede che la stella di Venere è tramontata, segnando metaforicamente la scomparsa di ogni illusione amorosa.

Esercizi

1 **Lo stato d'animo e la visione della natura**
La lettera è ricca di riferimenti alla natura: sottolinea nel testo le espressioni che si riferiscono agli elementi naturali e spiega quali rispecchiano lo stato d'animo di Jacopo e quali sono invece realistici.

2 **Una felicità effimera**
La felicità di Jacopo è destinata ben presto a svanire. Che cosa rappresenta il bacio dato a Teresa? Che cosa preannuncia, nel finale della lettera, l'infelicità della loro storia d'amore?

T6

Antonio Canova
Amore e Psiche che si abbracciano

1787-1793. Parigi, Musée du Louvre.

Leggere l'opera

Il bacio è un soggetto che inizia la sua fortuna in campo artistico alla fine del Settecento. Uno dei primi esempi è Amore e Psiche che si abbracciano (1787-1793) di Antonio Canova. Il gruppo marmoreo rappresenta il dio Amore che tenta di rianimare Psiche svenuta per aver aperto un vaso proveniente dall'Ade, contro gli ordini di Venere. L'armonia dei gesti rappresentati – Psiche che solleva le braccia per ricevere il bacio e Amore che le sorregge la testa – mostra l'importanza di questo momento: il bacio di Amore può ridare la vita.

Dal ripasso alla verifica

esercizi di riepilogo

1 Il Rococò

Di che tipo di arte si parla, quando ci si riferisce all'arte Rococò?

a. Grandiosa   b. Sobria   c. Decorativa   d. Aggraziata

2 Innovazioni del Rococò

Quali sono le principali novità dell'arte Rococò?

....

3 Il principio di imitazione

Il Neoclassicismo si basa sull'imitazione del mondo antico:

a. con la consapevolezza della sua lontananza
b. con la volontà di seguire il "gusto" del pubblico
c. con la consapevolezza della sua perfezione
d. con la volontà di riprodurne esattamente i temi e le forme

4 La teoria

Il teorizzatore del Neoclassicismo è:

a. Canova
b. Mozart
c. David
d. Winckelmann

5 Jacques-Louis David

Quali sono i principali soggetti ritratti dal pittore francese David?

....

esercizi di approfondimento

6 Napoleone a confronto

La figura e le gesta di Napoleone Bonaparte costituiscono un interessante spunto per i pittori dell'epoca. Abbiamo già visto il ritratto a opera di David di questo famoso personaggio (▶ F7): confrontalo con il quasi contemporaneo *Ritratto di Napoleone primo console* (1802) eseguito dal pittore francese Antoine-Jean Gros (1771-1835). Scrivi una didascalia per questa opera, cercando di evidenziare le affinità e le differenze tra i dipinti dei due artisti.

....
....
....
....

▶ Antoine-Jean Gros, *Ritratto di Napoleone primo console*, 1802. Parigi, Musée Marmottan.

Parte terza

Il Romanticismo (1815-1861)

Quadro storico-culturale

Nell'età del Romanticismo si assiste a una serie di importanti cambiamenti: culturali, sociali e politici, in gran parte legati all'ondata rivoluzionaria che attraversa tutta l'Europa. La nuova sensibilità artistica che si sviluppa valorizza sentimenti, passioni, elementi irrazionali, genialità. Le chiavi di interpretazione elaborate durante il Romanticismo non smetteranno mai di influenzare scrittori, pittori e pensatori: il nostro modo di intendere l'arte e la sensibilità ne è ancora profondamente impregnato.

Espansioni digitali

- **video**
- **materiali per il recupero**

videolezione

Il Romanticismo: soggettivismo e contrasto fra io e mondo
a cura di Romano Luperini

- Che cos'è il Romanticismo
- La visione romantica del mondo
- Romanticismo nordico e Romanticismo italiano
- I generi dominanti: il trionfo del romanzo e l'affermazione della lirica
- Il Romanticismo ieri e oggi

Percorsi di approfondimento

Storia della lingua
- La lingua di Manzoni, dal *Fermo e Lucia* ai *Promessi sposi*

Arte e letteratura
- Il Romanticismo

Musica e letteratura
- Il melodramma

Il Romanticismo (1815-1861)
cronologia comparata

1815 — 1830

STORIA

1814-1815
Congresso di Vienna

1820-1821
moti liberali e carbonari

1830
rivoluzione di luglio in Francia; insurrezioni in Polonia e Belgio

1831
moti insurrezionali nel Ducato di Modena e nello Stato pontificio

Mazzini fonda la Giovine Italia

1833-1844
moti mazziniani in Italia

CULTURA E ARTI

1816
Madame de Staël pubblica *Sulla maniera e la utilità delle traduzioni*

1818-1819
a Milano esce il periodico «Il Conciliatore»

1821-1832
a Firenze esce la rivista «L'Antologia» diretta da Pietro Vieusseux

1839
a Milano Carlo Cattaneo fonda il mensile «Il Politecnico»

LETTERATURA

1819
Ivanhoe di Scott

1827
prima edizione dei *Promessi sposi* di Manzoni

prima edizione delle *Operette morali* di Leopardi

1830
Il rosso e il nero di Stendhal

1831
I canti di Leopardi

1833
Eugénie Grandet di Balzac

1838
Oliver Twist di Dickens

1840
edizione definitiva dei *Promessi sposi* di Manzoni

1845

1848
moti rivoluzionari europei
in Italia: Prima guerra d'indipendenza e concessione dello Statuto albertino

1849
Vittorio Emanuele II a capo del Regno di Sardegna

1859
Seconda guerra d'indipendenza italiana

1860
spedizione dei Mille

1861
proclamazione del Regno d'Italia

1848
Manifesto del Partito comunista di Marx ed Engels

1858
Nievo termina
Le confessioni di un italiano

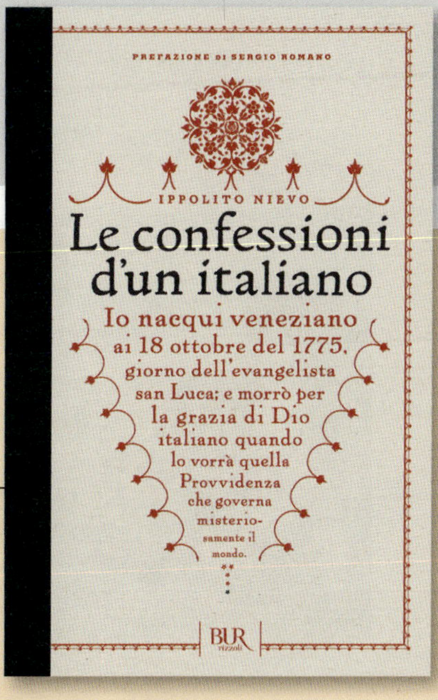

Quadro

Il Romanticismo (1815-1861)

La cultura romantica si intreccia con l'Europa della Restaurazione (1815-1830) e dei moti liberali e democratici (1820-1821, 1830-1831) che annunciano la storica ascesa della borghesia seguita alle rivoluzioni del 1848-1849. Nella prima metà dell'Ottocento, il mondo politico, sociale, culturale e produttivo conosce in pochi anni una quantità di cambiamenti prima inimmaginabili.

La cultura romantica è legata e al tempo stesso cerca di rispondere a questi sconvolgimenti. La sua risposta è contraddittoria: rivoluzionaria e reazionaria insieme, borghese e anti-borghese, di militanza civile e di isolamento esistenziale. E tuttavia, pochi periodi sono altrettanto ricchi di capolavori della pittura, della musica e della letteratura; pochi conoscono la varietà di temi e forme a seconda delle personalità e delle nazioni coinvolte.

Ascesa della borghesia e nuovi conflitti di classe

L'obiettivo del Congresso di Vienna (1814-1815) è restaurare la situazione politica precedente la Rivoluzione francese e l'età napoleonica così da ristabilire il potere dei sovrani assoluti. Russia, Austria, Prussia, e poi anche Francia si uniscono nella Santa Alleanza e sanciscono un patto antirivoluzionario volto a mantenere l'ordine in Europa. A questa situazione di immobilità si oppone una realtà sociale e politica in fermento. Lo sviluppo della borghesia e le aspirazioni alla libertà e all'indipendenza nazionale dei popoli sottoposti al dominio straniero segnano profondamente il periodo. Le lotte toccano il culmine nel biennio 1848-1849, quando la borghesia europea conduce la sua ultima battaglia contro l'assolutismo. Si annuncia però una nuova grande contraddizione: dopo il 1848 perde rilievo il conflitto fra borghesia e nobiltà ma diventa acuto il contrasto socio-economico fra capitalisti e proletariato e, sul piano politico, fra borghesia e movimento dei lavoratori.

Unificazione nazionale e indipendenza

Nella prima metà dell'Ottocento, importanti Paesi aspirano all'unificazione nazionale e la conseguono o superando antiche frammentazioni di origine medievale (Germania) o acquisendo, assieme all'unità, anche l'indipendenza dalle potenze straniere (Italia). La Germania ottiene l'unità nazionale nel 1861; nello stesso 1861 l'Italia si proclama regno e dieci anni dopo completa il suo "Risorgimento" con l'annessione della sua capitale, Roma. Sono questi gli anni di compimento, anche parziale, delle rivoluzioni borghesi: solo con l'Unità può dirsi chiuso l'intreccio fra Risorgimento politico e Romanticismo culturale.

Macchine a vapore, ferrovie e città

La diffusione delle macchine a vapore nel trasporto ferroviario e marittimo rivoluziona il modo di vivere, di concepire il tempo e lo spazio: i tempi di percorso si abbreviano, le merci circolano attraverso l'Europa, si costruiscono ovunque vie ferrate, ponti, gallerie, stazioni. Il treno è uno dei miti di questo mondo.
Anche la città cambia volto. Nelle grandi aree urbane si concentrano lavoratori, poveri, vagabondi che vivono in condizioni disastrose: sono loro i soggetti dei grandi romanzi di Balzac e Dickens e delle indagini sociologiche di Engels.

storico-culturale

chiavi di accesso

La borghesia e il proletariato

Dall'inizio dell'Ottocento si comincia a parlare di classi sociali, la cui appartenenza non è determinata per via ereditaria ma si definisce in rapporto al ruolo occupato all'interno del processo produttivo. La classe emergente è la borghesia, composta da industriali, ma anche da proprietari terrieri e da professionisti che abitano in città. Essa si batte per ottenere la massima libertà imprenditoriale e per fare della proprietà la base dell'ordine sociale. In un primo tempo si scontra con i vecchi ceti aristocratici, che mantengono una serie di privilegi sociali e vivono di rendita; poi, negli anni Quaranta, comincia a profilarsi un altro nemico, il proletariato, con le sue organizzazioni sindacali e politiche.

Il Romanticismo

Il termine viene utilizzato dalla fine del Settecento per indicare il nuovo movimento culturale e artistico che stava nascendo in Germania e che si sarebbe poi diffuso in tutta Europa. Tale movimento prende avvio come reazione alla Rivoluzione francese e per questo si presenta con una forte identità antilluminista e anticlassicista. Dal punto di vista religioso propone contro il deismo e l'ateismo, tipici dell'Illuminismo, il ritorno al cristianesimo; dal punto di vista politico respinge il cosmopolitismo per esaltare i valori nazionali e la storia dei popoli; dal punto di vista artistico contrappone all'equilibrio del Neoclassicismo una sensibilità fondata sul sentimento, sulla passione, sugli aspetti irrazionali e sul mito della "genialità" dell'artista.

I generi romantici: il romanzo e la lirica

Il romanzo e la lirica sono i due generi principali del periodo, in Europa come in Italia, perché permettono di esprimere le due esigenze del nuovo immaginario romantico: quella storico-realistica e quella esistenziale-filosofica. Alla prima esigenza rispondono il romanzo storico e quello sociale: la fortuna del genere romanzesco è supportata anche dall'ascesa della borghesia, che costituisce un ampio pubblico a cui rivolgersi. In Italia è Alessandro Manzoni, con *I promessi sposi*, a proporre il primo grande romanzo storico. Giacomo Leopardi, il più importante poeta italiano dell'età romantica, punta sul tema dell'angoscia e dell'infinito, sulle ragioni eterne del dolore umano, ma respinge le posizioni romantiche in nome di un atteggiamento illuministico e classicistico.

La questione della lingua

Realizzata l'unità politica, l'Italia deve realizzare anche quella linguistica. Il vecchio problema di una lingua comune da adottare nel parlato e nella letteratura torna prepotentemente alla ribalta. Uscirà vittoriosa la posizione degli intellettuali dell'«Antologia» e di Manzoni: fare del toscano di allora, parlato dalla borghesia colta fiorentina, la base della lingua di conversazione e letteraria.

Il primato della musica

Nel periodo romantico la musica è espressione diretta del sentimento: più che sulla compostezza dell'equilibrio classico, essa punta sulla immediatezza emotiva. Il maggior compositore italiano dell'età romantica è Giuseppe Verdi (1813-1 autore di melodrammi concepiti per il grande pubblico, a cui si rivolge con un intento civile e patriottico.La pittura romantica si oppone alla razionalità, alla chiarezza e all'equilibrio del Neoclassicismo, rivalutando l'irrazionalità, i sentimenti, l'energia, il dinamismo, la tensione verso l'assoluto e il mistero.

Antonio Muzzi, *Allegoria dell'Italia unita*, 1888. Bologna, Pinacoteca Nazionale.

1 Storia, politica e società nell'Europa del Romanticismo

Nella prima metà dell'Ottocento l'Europa vive una crescita demografica ed economica favorita dalla diffusione della rivoluzione industriale e dallo sviluppo dei mezzi di comunicazione. L'età della Restaurazione, che inizia con il Congresso di Vienna (1815) e va in crisi con la rivoluzione di luglio in Francia (1830), è seguita da una serie di moti rivoluzionari che culminano nel biennio 1848-1849. Per l'Italia è l'inizio di un lungo processo di lotte per l'indipendenza dagli stranieri che nel 1861 porta all'unità.

La situazione economica e sociale

Lo sviluppo disuguale dei Paesi europei

La rivoluzione industriale, che si era affermata in Inghilterra già intorno al 1780, non si diffonde contemporaneamente nei diversi Paesi europei: in Belgio – in questo simile all'Inghilterra – può dirsi avviata già alla fine del Settecento, in Svizzera nei primi due decenni dell'Ottocento, in Francia negli anni Trenta, in Germania negli anni Cinquanta, più tardi e in misura assai modesta in Spagna e in Russia.
In Italia, che resta fino alla fine dell'Ottocento un Paese essenzialmente agricolo, i rapporti capitalistici di produzione prevalgono nettamente solo nelle coltivazioni della valle padana; in Toscana e nelle altre zone del centro dura il sistema della mezzadria che non porta a grandi miglioramenti, mentre nel Sud esistono ancora sistemi di conduzione agricola quasi feudali.

La produzione agricola

I miglioramenti nel lavoro della terra, l'impiego delle macchine, l'introduzione di nuove colture come la patata e il grano saraceno, i buoni raccolti determinano, fra il 1800 e il 1850, una crescita di produzione in Inghilterra, Francia e Germania di circa il 50% rispetto al cinquantennio precedente.

Lo sviluppo demografico

La popolazione europea passa, nella prima metà del secolo, da 153 a 216 milioni di abitanti. Le città che superano i 100.000 abitanti salgono da 22 a 47. Dieci tra queste si trovano in Italia: le più popolose sono, nell'ordine, Napoli, Milano, Palermo, Roma, Torino. Nell'Europa dell'Ottocento le grandi città (Londra e Parigi sopra tutte) diventano centri propulsori non solo della produzione e dei traffici, ma pure dei modi di vita, dei costumi e delle mode, anche culturali.

Le macchine a vapore e le ferrovie

Sullo sviluppo delle città influisce anche la concentrazione delle attività manifatturiere e la costruzione della ferrovia, che favorisce le comunicazioni. La diffusione delle macchine a vapore nelle ferrovie e nel trasporto marittimo cambia profondamente il modo di vivere: gli spostamenti sono più brevi e la circolazione delle merci attraverso l'Europa è agevolata e velocizzata.

La difficile situazione sociale

Nelle grandi aree urbane industrializzate si concentrano lavoratori, poveri, vagabondi che vivono in condizioni spesso disastrose. Essi sono i soggetti dei grandi romanzi di Balzac e Dickens e delle indagini sociologiche di Engels. Le tradizionali misure di assistenza ai poveri si rivelano inadeguate: i quartieri operai diventano dei veri e propri ghetti di miseria, di sporcizia, di alta mortalità. In questa situazione, aggravata da ritmi di lavoro disumani, dalla disciplina quasi militare della vita di fabbrica, dalle crisi ricorrenti di disoccupazione, scoppiano violente lotte sociali. Esse assumono a volte la forma del sabotaggio delle macchine (luddismo), accusate dagli operai di eliminare posti di lavoro e di peggiorare le loro condizioni di vita.

Una società di classe

La struttura stessa della società si modifica profondamente: abbandonata la vecchia distinzione propria del Medioevo e dell'*ancien régime* in ordini chiusi, ai quali si appartiene per via ereditaria, viene introdotta quella per classe sociale, nella quale l'appartenenza è data dalla posizione occupata nel processo di produzione.

La classe che caratterizza questo periodo è l'alta borghesia. Formata dagli imprenditori industriali, dai proprietari terrieri e dai professionisti delle città, essa contesta il potere assoluto della monarchia e i privilegi ereditari di cui ancora godono i nobili. Il suo obiettivo è ottenere alcune libertà fondamentali (di stampa, di opinione, di associazione ecc.) e soprattutto la massima libertà nei commerci per fare della proprietà la base dell'ordine sociale. Per questo motivo si oppone prima alla vecchia aristocrazia, poi, a partire dagli anni Quaranta dell'Ottocento, dovrà scontrarsi con le classi sociali inferiori e in particolare il proletariato (▶Focus).

La situazione politica

La situazione in Italia

Il Congresso di Vienna rappresenta il tentativo di riportare l'Europa, i suoi regimi e i suoi confini, agli anni precedenti lo scoppio della Rivoluzione francese e le conquiste napoleoniche (con alcune eccezioni: in Italia, per esempio, la Repubblica di Venezia abolita da Napoleone non rinasce e i suoi territori vengono annessi al Lombardo-Veneto, sottoposto all'Austria). I vecchi regimi reazionari, una volta ripristinati, aboliscono il Codice napoleonico e allontanano dal potere il ceto politico borghese che si era imposto nel quindicennio precedente.

Glossario

Luddismo Il termine deriva dal nome di un operaio inglese, Ned Ludd, che per primo avrebbe dato inizio alla protesta contro le macchine distruggendo dei telai meccanici.

Focus Classe, borghesia, proletariato

Marx e il concetto moderno di "classe"

Il termine "classe" deriva dal latino *classis*, che dal significato iniziale di 'leva, reclutamento' passa a indicare 'ogni gruppo di cittadini sottoposto alla leva militare e diviso in base al censo'. L'accezione moderna di classe come 'gruppo sociale' entra in uso tra gli economisti del XVIII secolo finché nell'Ottocento, per opera delle riflessioni di Karl Marx (1818-1883), tale accezione acquista anche un significato economico-politico.

Per "classe" Marx intende infatti un insieme di individui appartenenti alla stessa condizione sociale ed economica (per esempio classe operaia, classe borghese, classe imprenditoriale ecc.): ogni insieme ha interessi comuni da salvaguardare e si oppone agli altri nei processi produttivi e, di conseguenza, nella società. Nella lotta fra le classi – per quanto diverse nelle varie epoche: padroni e schiavi nel mondo antico; feudalità e borghesia nell'*ancien régime* ecc. – Marx identifica una costante dello sviluppo storico. Da questo punto di vista, la principale lotta di classe nell'epoca della società borghese è costituita dallo scontro tra lavoratori proletari e capitalisti, cioè tra forza-lavoro e detentori dei mezzi di produzione. Marx teorizza che lo scontro di classe si sarebbe concluso con la vittoria del proletariato sulla borghesia, l'abolizione della proprietà privata dei mezzi di produzione e, di conseguenza, la costituzione di una forma di società più ricca e progredita, senza lo sfruttamento economico dei lavoratori.

L'evoluzione della borghesia

Il termine borghesia è un calco dal francese *bourgeoisie*, derivato a sua volta dal latino medievale *burgensis* – da *burgus* = 'borgo' – che indicava 'colui che abita all'interno delle mura del borgo, distinguendosi da contadini e nobili'. Nata infatti già alla fine del Medioevo con l'affermazione dei Comuni, la borghesia comprende imprenditori, professionisti, commercianti, impiegati, artigiani e piccoli proprietari che si collocano tra l'aristocrazia e il popolo. È questa la classe sociale che a partire dalle rivoluzioni francese e americana assume un ruolo politico-culturale determinante divenendo depositaria dell'ordine sociale: portatrice di valori di serietà e solidità economico-sociale e morale, la borghesia difende infatti i privilegi acquisiti, attestandosi su posizioni in contrasto prima con l'aristocrazia e poi con il proletariato.

Il salario come unico bene

In epoca romana, l'aggettivo e il sostantivo latino *proletarius* ('proletario') – derivati da *proles* = 'figlio' – avevano rispettivamente il significato di 'volgare, plebeo' e di 'cittadino dell'ultima classe sociale, privo di diritti politici e possessore dei figli come unico bene'. In epoca moderna, e in particolare nel pensiero marxista, il termine "proletario" passa a indicare il lavoratore dipendente che ha come reddito solo il proprio salario. L'insieme di questi lavoratori compone la classe sociale del "proletariato".

Particolarmente repressiva è la politica di Vittorio Emanuele I nel Regno di Sardegna, dell'Austria nel Lombardo-Veneto e del cardinale Rivarola nello Stato Pontificio. Più moderati si rivelano i governi di Ferdinando I di Borbone nel Regno delle Due Sicilie e di Ferdinando III nel Granducato di Toscana.

La situazione in Europa

La Polonia viene nuovamente divisa tra Austria, Prussia e Russia; la Germania è trasformata in una confederazione di 39 Stati fra i quali i più importanti sono l'Austria e la Prussia; la Francia viene ricondotta ai confini del 1792 e sottoposta a Luigi XVIII, erede del ghigliottinato Luigi XVI (▶ Gli spazi 1)

La repressione di etnie e nazionalità, l'arresto delle esigenze liberali e democratiche provocano, come reazione, l'attività cospirativa di gruppi di borghesi e di intellettuali, per lo più organizzati nella massoneria e nella carboneria e appoggiati, talora, da settori dell'esercito. Tra il 1820 e il 1848 scoppiano così una serie di rivolte (i cosiddetti "moti") che si propongono di ripristinare le costituzioni liberali nei Paesi a monarchia assoluta e di ottenere l'indipendenza o l'unità nazionale in quelli sottoposti al dominio straniero.

Glossario

Carboneria Associazione segreta nata nelle Alpi francesi agli inizi dell'Ottocento contro Napoleone, sviluppatasi poi tra l'esercito napoleonico e diffusasi in Spagna e soprattutto in Italia, dove partecipò attivamente ai falliti moti del 1820-1821. A causa dell'estrema segretezza a cui erano costretti gli affiliati, non riuscì a coinvolgere le masse popolari.

▶ Gli spazi 1 L'Europa della Restaurazione

L'Europa ridisegnata dal Congresso di Vienna presenta sostanziali modifiche territoriali rispetto a quella delle campagne napoleoniche (▶ p. 268). In particolare la Francia viene riportata ai confini del 1792; il mosaico degli staterelli tedeschi (ben 360) viene unificato nella Confederazione germanica presieduta dall'imperatore d'Austria; la Russia ingloba la Finlandia e parte della Polonia.

I moti carbonari del 1820-1821

Nel gennaio 1820 le rivolte colpiscono la Spagna dove il re è costretto a ripristinare la Costituzione del 1812. Poco dopo tentativi rivoluzionari si manifestano nel Regno delle Due Sicilie e a Milano, e nel marzo 1821 nel Regno di Sardegna. Nonostante le diversità fra i vari episodi, ovunque risultano centrali la richiesta di costituzioni che garantiscano i diritti dei cittadini, e in particolare la libertà di pensiero, di stampa e di associazione, e l'ottenimento del voto per eleggere rappresentanti con potere legislativo.

A Napoli e a Palermo gli insorti riescono a ottenere da Ferdinando I una Costituzione sul modello di quella spagnola. A Milano, dove la carboneria si prefigge l'indipendenza del Nord Italia dagli austriaci, sono arrestati i carbonari Silvio Pellico e Pietro Maroncelli. In Piemonte l'ammutinamento di alcuni reparti dell'esercito convince prima il re Vittorio Emanuele I a lasciare il trono in favore del fratello Carlo Felice (in quel momento lontano da Torino), poi il nipote Carlo Alberto, in qualità di reggente, a promettere una Costituzione e a muovere guerra contro gli austriaci in Lombardia. Ma con il ritorno del legittimo re e il venir meno della reggenza, Carlo Alberto non può mantenere la promessa e la sconfitta degli insorti risulta completa: il Nord Italia resta saldamente in mano agli austriaci e anche nel Regno delle Due Sicilie la Costituzione viene ritirata.

Intanto, preoccupate dell'evolversi della situazione spagnola, dove il re era stato imprigionato, le potenze della Santa Alleanza deliberano un intervento militare: nel 1823 un contingente francese penetra in Spagna e, grazie all'aiuto della popolazione, sconfigge il governo liberale e libera il re.

I moti del 1830-1831

Influenzate dai fatti di Grecia (dove nel 1830 la guerra decennale contro l'Impero ottomano si conclude con il riconoscimento dell'indipendenza) le rivolte si rivelano di nuovo poco efficaci in Italia mentre producono altrove diversi mutamenti.

In Francia la rivoluzione di luglio provoca una sostituzione dinastica: Carlo X, ultimo della dinastia dei Borboni, abbandona Parigi e sul trono sale Luigi Filippo d'Orléans, sostenuto

▶ **Le mie prigioni**
Fra i libri di memorie più popolari dell'epoca, *Le mie prigioni* di Silvio Pellico ripercorrono la detenzione nella fortezza dello Spielberg dove l'autore fu condotto insieme a un altro patriota carbonaro, Pietro Maroncelli (nella foto, la loro cella).

dai monarchici liberali. La Francia orleanista è una monarchia costituzionale, nella quale il potere del sovrano non è più assoluto.
In Belgio, che il Congresso di Vienna aveva voluto unire all'Olanda in un unico Stato retto da un sovrano olandese, i moti dell'agosto 1830 portano all'indipendenza e all'insediamento di una monarchia costituzionale.
Nella vicenda belga era stato fondamentale il sostegno della Francia di Luigi Filippo. Perciò – confidando in un identico aiuto – subito dopo insorgono anche la Polonia, il Ducato di Modena e i territori romagnoli dello Stato Pontificio. Ma ai francesi non conviene scendere in campo contro altri membri della Santa Alleanza e lasciano libere Russia e Austria di sopprimere i rivoltosi.

Dai moti liberali alle rivoluzioni del 1848

I moti carbonari del decennio 1820-1831 sono anche detti moti liberali. A guidarli sono infatti alto-borghesi e aristocratici illuminati che non intendono abbattere la monarchia, piuttosto vogliono limitarne il potere attraverso un sistema costituzionale che consenta anche a loro di partecipare alle decisioni politiche. A questo liberalismo monarchico si affianca un liberalismo democratico che si afferma nella media-bassa borghesia e nei ranghi inferiori dell'esercito e che mira all'istituzione di governi repubblicani e all'estensione del suffragio (cioè del diritto di voto) a tutte le classi sociali. I moti del 1848-1849 possono perciò contare su un maggiore coinvolgimento delle masse e si rivelano molto più diffusi e significativi dei precedenti anche perché avanzano istanze economiche e sociali, oltre che politiche e nazionalistiche. A parte la Russia (ancora legata a modelli feudali) e l'Inghilterra (dove le libertà democratiche sono garantite dal 1689) non c'è Paese europeo che non ne resti coinvolto. Ecco perché si parla di una vera e propria rivoluzione europea.

Il '48 in Europa

A Parigi entra in vigore una Costituzione repubblicana basata sul suffragio universale. La borghesia però, spaventata dalla componente popolare e operaia intervenuta in massa sulla scena politica, non esita a soffocare nel sangue le rivolte e a eleggere come presidente Luigi Bonaparte, nipote di Napoleone I, che nel 1852 mette fine alla Seconda Repubblica e assume il titolo di imperatore con il nome di Napoleone III.
Se in Francia viene proclamata la repubblica (seppure per pochi anni), falliscono tutte le insurrezioni scoppiate nell'Impero asburgico: i rivoltosi di Vienna, Praga, Varsavia, Budapest mancano infatti di unità di intenti e, soprattutto, di coordinamento. Neppure riescono i tentativi di realizzare l'unità della Germania, con gli insorti divisi tra chi vuole escludere l'Austria e chi intende inglobarla.

Il '48 in Italia e la Prima guerra di indipendenza

Negli anni fra il 1815 e il 1848, l'aspirazione di molti italiani moderati alla creazione di uno Stato indipendente si era affidata all'ipotesi detta "neoguelfa", interpretata da intellettuali cattolici come Cesare Balbo (1789-1853) e Vincenzo Gioberti (1801-1852). Per costoro i diversi Stati italiani avrebbero dovuto promuovere caute riforme politiche e federarsi sotto la guida del pontefice. Eletto nel 1846, papa Pio IX (1792-1878) diventa così, fino alle insurrezioni del 1848-1849, la guida ideale dello schieramento liberale cattolico e moderato. Sul versante politico opposto, le agitazioni e i tentativi insurrezionali erano stati ampiamente egemonizzati dai seguaci di Giuseppe Mazzini (1805-1872), fautore di uno Stato unitario e repubblicano.
Nel 1848 i moti di piazza scoppiati al grido di "viva Pio IX" portano alla concessione di nuove costituzioni prima nel Regno delle Due Sicilie (gennaio), poi nel Granducato di Toscana (febbraio), nel Regno di Sardegna (il 4 marzo con lo Statuto albertino) e nello Stato della Chiesa, mentre Venezia e Milano insorgono contro i dominatori austriaci. Carlo Alberto (che dal 1831 è re di Sardegna) approfitta dell'occasione per espandersi ai danni dell'Austria ma il suo esercito è battuto definitivamente a Novara il 23 marzo 1849. I democratici mazziniani promuovono allora rivoluzioni repubblicane a Firenze, Venezia e Roma, ma tutte hanno vita breve: la Repubblica toscana e quella di Venezia vengono represse dagli austriaci, la Repubblica romana (guidata dallo stesso Mazzini) cade per mano francese.
Alla fine del biennio rivoluzionario, un solo Stato italiano conserva un regime costituzionale: il Regno di Sardegna dove il nuovo re Vittorio Emanuele II (1849-1861) conferma lo Statuto concesso dal padre. Il Piemonte si affianca così all'Inghilterra nel ristretto novero delle monarchie costituzionali europee.

Il ruolo di Cavour e l'opzione moderata

Dopo le insurrezioni del 1848, e le conseguenti repressioni, l'ipotesi neoguelfa tramonta ma anche i mazziniani sono da considerarsi fuori gioco. Nel decennio successivo al 1849 la direzione del movimento per l'indipendenza passa nelle mani dei liberali moderati e soprattutto di Camillo Benso, conte di Cavour, dal 1852 primo ministro del Regno di Sardegna. Grazie a una intelligente strategia politica, Cavour riesce a creare le condizioni per una soluzione internazionale della questione italiana, prima partecipando alla guerra di Crimea (1853-1856) poi siglando con la Francia di Napoleone III un accordo che la vincola a intervenire a fianco del Piemonte nel caso sia attaccato dall'Austria.

La Seconda guerra d'indipendenza e i plebisciti

Combattuta con l'appoggio francese, la Seconda guerra di indipendenza (aprile-luglio 1859) assicura al Piemonte la Lombardia e dà il via a insurrezioni nel Centro Italia e in molti territori dello Stato della Chiesa. Nel Granducato di Toscana e nei ducati di Modena e Parma-Piacenza si insediano governi provvisori che tra l'agosto 1859 e il marzo 1860 guidano i plebisciti che sanciscono l'annessione al Regno sabaudo. Subito dopo, la spedizione dei Mille (maggio-ottobre), guidata da Giuseppe Garibaldi (1807-1882) con la benevolenza inglese e con il tacito assenso di Cavour, conquista il Regno delle Due Sicilie e si ricongiunge a Teano (in Campania) con l'esercito piemontese che ha appena sconfitto le truppe pontificie: tra l'ottobre e il novembre 1860 altri plebisciti ratificano l'annessione di Marche, Umbria e di tutto il Mezzogiorno (▶ Gli spazi 2).

Glossario

Guerra di Crimea Conflitto che vide l'Impero ottomano, sostenuto da Francia, Inghilterra e Regno di Sardegna, contendere alla Russia il controllo della penisola Balcanica e del Mediterraneo orientale.

Plebiscito Dal latino *scitum plebis*, 'responso della plebe', il plebiscito è storicamente l'istituto con cui i governi chiedono al popolo la ratifica di decisioni prese dall'alto.

▶ **L'incontro di Teano**
L'incontro tra Vittorio Emanuele e Garibaldi a Teano il 26 ottobre 1860 (affresco di Pietro Aldi, 1887. Siena, Palazzo Pubblico) sancisce il passaggio di ogni iniziativa unitaria ai Savoia.

Gli spazi 2 L'Italia dalla Restaurazione all'unità nazionale

Come si vede dalla prima carta, l'Italia esce dal Congresso di Vienna in larga misura sottoposta al dominio austriaco. Fa parte dell'Impero asburgico il Regno lombardo-veneto, mentre ducati e granducati del Centro-Nord, così come il Regno borbonico del Sud, sono retti da dinastie imparentate con la casa d'Austria. Nella seconda carta è possibile cogliere il radicale cambiamento della situazione fra il 1859 e il 1870: nel giro di una dozzina di anni l'intera penisola viene unificata dai Savoia.

Il Regno d'Italia e il Risorgimento

La proclamazione del Regno d'Italia avviene il 17 marzo 1861 quando una legge conferisce a Vittorio Emanuele II il titolo di primo "re d'Italia". Mancano ancora il Veneto, sempre in mano austriaca, e il Lazio, saldamente in mano al papa: il primo sarà annesso nel 1866 con la Terza guerra di indipendenza, Roma sarà presa nel 1870 e dal 1871 sarà la nuova capitale. L'unificazione dell'Italia completa un lungo processo – il "Risorgimento" – avviato nel 1815. Il Risorgimento è stato presentato dalla storiografia a esso contemporanea come un'epoca di risveglio culturale e politico che avrebbe coinvolto l'intero popolo senza distinzione di classi sociali. In realtà, nel complesso, il processo unitario fu guidato da una minoranza della popolazione: dai moderati e soprattutto dalla borghesia intellettuale, commerciale e imprenditoriale, e da importanti settori dell'aristocrazia fondiaria settentrionale. Le masse popolari cittadine vi intervennero solo in modo saltuario; quelle contadine, soprattutto al Sud, ne rimasero escluse e, dopo l'entusiasmo iniziale, basato sulla speranza di un miglioramento delle loro condizioni sociali, guardarono al moto risorgimentale con ostilità.

Joseph Mallord William Turner, *Il ponte del Diavolo sul passo San Gottardo*, 1803-1804. Zurigo, Kunsthaus Zürich.

2 La cultura e gli intellettuali

Il movimento culturale più importante della prima metà dell'Ottocento è il Romanticismo, nato in Germania alla fine del Settecento. Gli intellettuali, ormai indipendenti dal potere delle corti e della Chiesa, riescono a vivere del proprio lavoro; in Italia, dove il Romanticismo assume caratteristiche particolari, spesso lo scrittore appartiene ancora alla vecchia aristocrazia o deve affiancare all'attività intellettuale una mansione pratica. Si diffondono nuove correnti filosofiche: l'idealismo di Hegel e il materialismo di Marx ed Engels, che compie una lucida analisi della struttura dell'economia capitalista.

Il Romanticismo in Europa

La parola "romanticismo"

videolezione Il Romanticismo: soggettivismo e contrasto fra io e mondo

Il movimento culturale più importante della prima metà del secolo XIX è il Romanticismo. Questo termine era già stato usato dal filosofo francese Rousseau in modo non più negativo – come avveniva in precedenza per indicare il mondo falso e artificiale dei romanzi cavallereschi medievali – ma positivo, per designare il rapporto tra paesaggio e stati d'animo malinconici. Il termine viene riproposto alla fine del Settecento per indicare il nuovo movimento culturale che stava nascendo in Germania. La parola viene usata con questo significato da Friedrich Schlegel nel 1798 e poi fatta propria dal "gruppo di Jena", che si raccoglie intorno alla rivista «Athenäum», in cui era attivo anche l'altro fratello Schlegel, August Wilhelm (▶ Focus p. 584).

Le caratteristiche del movimento

Il movimento romantico, così come si viene elaborando presso il gruppo degli intellettuali di Jena, si basa sul rifiuto dei princìpi generali dell'Illuminismo, fondati sulla ragione, sulla scienza e sul cosmopolitismo.

Madame de Staël
Formatasi sui principi di Rousseau e Montesquieu, Anne-Louise-Germaine Necker baronessa de Staël (1766-1817) si oppose al regime napoleonico e perciò fu esiliata. Viaggiò in Germania e in Italia, mentre nella sua residenza svizzera aprì un salotto frequentato da intellettuali e politici. Autrice di due romanzi autobiografici e di alcuni saggi critici, è ricordata per il trattato *Della Germania*, manifesto del Romanticismo (qui in un ritratto del 1810 di François Pascal Simon Gérard).

Focus Romanticismo: storia di una parola

Il termine è documentato per la prima volta in inglese: è l'aggettivo *romantic* usato già nel Seicento per indicare in senso spregiativo la materia avventurosa e amorosa degli antichi *romances*, ossia i romanzi cavallereschi. Nel Settecento l'aggettivo perde tale accezione negativa e designa il gusto per l'evasione fantastica dal reale, per il "lontano", per la natura selvaggia, per il fantastico, per il soprannaturale, per il mistero. Il termine inglese è poi tradotto in Francia con *pittoresque* (pittoresco) e *romanesque* (romanzesco) e in seguito con *romantique*, per sottolineare soprattutto il rapporto sentimentale con la natura e il paesaggio; in quest'ultimo senso esso risulta già impiegato da Rousseau. In Italia l'aggettivo 'romantico' – dal francese *romantique* – entra in uso solo a partire dal 1814.

Il sostantivo italiano 'Romanticismo', impiegato per designare il movimento letterario, deriva invece dal tedesco. Infatti in Germania Friedrich Schlegel, già nel 1798, fissa l'uso del termine *Romantik* per distinguere la poesia inquieta, drammatica, propria dei moderni, da quella armoniosa e composta, propria degli antichi. La parola tedesca verrà tradotta poi, per esprimere la nuova sensibilità romantica, con il termine *Romanticism* in Inghilterra, con *Romantisme* in Francia, con Romanticismo in Italia.

La cultura romantica sarebbe infatti caratterizzata:
- dall'esaltazione delle identità nazionali rispetto al cosmopolitismo del periodo illuminista;
- dalla rivalutazione della religione cristiana e delle tradizioni, contro l'ateismo, il deismo e l'esaltazione della scienza tipici del Settecento;
- dal primato dell'intuizione e della passione – cioè degli aspetti irrazionali dell'attività umana – sulla ragione illuminista.

Per gli intellettuali di «Athenäum», la poesia dei moderni, appunto "romantica", si oppone a quella degli antichi – composta e armoniosa – per il suo carattere passionale e drammatico.

Date e geografia del Romanticismo

Volendo fissare una data per la nascita del Romanticismo, un anno chiave è il 1798. In Germania inizia infatti le pubblicazioni la rivista «Athenäum», mentre in Inghilterra vengono pubblicate le *Lyrical Ballads* [Ballate liriche] di William Wordsworth e Samuel Taylor Coleridge, a cui due anni dopo Wordsworth avrebbe aggiunto una premessa teorica in cui si sostiene che la poesia sarebbe in grado di rivelare la verità attraverso la forza delle emozioni. Dalla Germania e dall'Inghilterra il movimento si diffonde poi negli altri Paesi europei per esaurirsi alla metà del secolo XIX. In Francia e in Italia il dibattito sulle nuove tendenze romantiche comincia con la pubblicazione del trattato *De l'Allemagne* [La Germania, 1810] di Madame de Staël, in cui si esalta la cultura tedesca e se ne espongono le teorie romantiche.

L'arte romantica

Nel periodo romantico la musica è la forma artistica privilegiata perché permette di penetrare nell'essenza segreta del mondo. Il maggior compositore italiano dell'età romantica, Giuseppe Verdi (1813-1901), compone musica per il teatro, cioè per il grande pubblico, a cui si rivolge con un intento civile e patriottico.

Romanticismo e Illuminismo a confronto

	Romanticismo	Illuminismo
arco cronologico	1798- anni Cinquanta dell'Ottocento	1748-1815
intellettuale-tipo	borghese	filosofo
strumenti di diffusione della cultura	riviste («Il Conciliatore», «L'Antologia», «Il Politecnico»)	*Enciclopedia* periodici politico-culturali (es: «Il Caffè»)
generi letterari più usati	romanzo lirica	romanzo *pamphlet*, saggio, trattato

La pittura romantica mantiene la tendenza al sublime e al pittoresco già emersa nella seconda metà del Settecento. L'artista romantico elabora una concezione dell'arte come spontaneità e libertà creativa: rifiuta perciò, come accade anche in letteratura, ogni regola e convenzione che possa limitare la manifestazione della propria soggettività. Si privilegiano le situazioni più naturali e spontanee, l'esotismo, le rovine, l'irregolare, l'enorme, il fantastico e il gotico (▶ Arte e letteratura). Tra i nomi più importanti ci sono quelli dell'inglese Joseph Mallor William Turner (1775-1851); del tedesco Caspar David Friedrich (1774-1840) e dei francesi Théodore Géricault (1791-1824) ed Eugène Delacroix (1798-1863).

Il Romanticismo in Italia

Le peculiarità del Romanticismo italiano

Nel nostro Paese, Romanticismo e Risorgimento sono inseparabili: questo intreccio dà alla nostra letteratura una prospettiva civile, costruttiva, patriottica, che recupera molti aspetti della tradizione politica illuministica. La letteratura diventa il mezzo principale per la formazione e la diffusione di simboli e sentimenti patriottici. Resta marginale invece la dimensione irrazionale che caratterizza le produzioni tedesche e inglesi. Ciò non significa, come pure molti hanno sostenuto, che il Romanticismo italiano non sia esistito, ma più semplicemente che è esistito conoscendo queste particolari caratteristiche.

La città-guida della cultura romantica italiana è Milano, che era stata anche la patria dell'Illuminismo di Parini e della rivista «Il Caffè». E infatti Parini e Foscolo, Pietro Verri e Beccaria continuano a essere considerati maestri, senza evidenti rotture. I nuovi temi che i giovani romantici propongono – il gusto per il Medioevo, il ritorno alla religione cristiana, la polemica anticlassicistica, l'interesse per il popolo e per la storia – fanno parte del clima romantico europeo e sono molto lontani dalla cultura illuministica. I romantici milanesi riprendono però alcuni aspetti dell'Illuminismo, e soprattutto il carattere razionalistico, pragmatico e moralistico, che li induce a respingere l'irrazionalismo e il misticismo che si erano affermati in Germania.

Negli anni Cinquanta dell'Ottocento, Il movimento romantico mostra anche nel nostro Paese segni di esaurimento e può dirsi concluso al momento dell'Unità d'Italia. Esso si è infatti ridotto, con la poesia di Prati e di Aleardi, al gusto del patetico e del lacrimoso: è questo il cosiddetto "secondo Romanticismo".

Un bacio patriottico

Ritrattista ufficiale delle grandi famiglie milanesi, amico di Verdi e Manzoni, Francesco Hayez (1791-1882) mascherò nelle tele a carattere storico temi e istanze risorgimentali per evitare la censura austriaca. Dipinto nel 1859, *Il bacio* (Milano, Pinacoteca di Brera) presenta due innamorati in un'ambientazione medievale che fanno pensare a Romeo e Giulietta. Invece quell'abbraccio è il saluto del patriota all'amata e anche la celebrazione degli accordi di Plombières siglati poco prima tra Cavour e la Francia di Napoleone III (a cui rimandano l'azzurro e il bianco della veste e il rosso della calzamaglia).

Leopardi e il Romanticismo Il più importante poeta italiano dell'età romantica, Giacomo Leopardi (1798-1837), ha un particolare rapporto con la cultura dell'epoca. La sua produzione può sembrare "arretrata" perché si ispira al classicismo e al materialismo illuminista e rifiuta le posizioni dei romantici lombardi e il ritorno alla religione cristiana, eppure egli interpreta fondamentali aspetti della cultura romantica, come i temi dell'angoscia e dell'infinito o le ragioni eterne del dolore umano. Tuttavia egli respinge, in nome di un atteggiamento illuministico e classicistico, tanto l'irrazionalismo e la fuga dalla realtà sociale caratteristici del Romanticismo tedesco, quanto la fiducia nel progresso che caratterizza quello italiano.

Gli intellettuali e l'organizzazione della cultura

Il letterato borghese Dopo la Rivoluzione francese si diffonde in Europa la figura dell'intellettuale borghese (già comparsa nella seconda metà del Settecento) che intende vivere della professione delle lettere. In passato il letterato dipendeva dall'aristocrazia e dalla Chiesa: era un cortigiano o un ecclesiastico. All'inizio dell'Ottocento, invece, il letterato proviene dalla borghesia e comincia a percepire il proprio lavoro all'interno del processo produttivo: egli produce opere d'ingegno che si rivolgono a una vasta opinione pubblica. Nel nostro Paese, visto il limitato sviluppo dell'industria culturale, ciò avviene in maniera più lenta: l'intellettuale è costretto a svolgere una doppia professione, che accompagna quella puramente compositiva. Sul piano ideologico, l'intellettuale svolge comunque una funzione di grande importanza: soprattutto in Francia e in Italia, conserva e amplia quel ruolo sociale di protagonista che aveva già in età illuministica.

L'opinione pubblica: la nascita del "terzo Stato" In età romantica, anche in Italia si identifica chiaramente un "terzo Stato", diverso sia dalla plebe analfabeta sia dai letterati tradizionali. Questo nucleo sociale coincide di fatto con la borghesia ed è chiamato da Giovanni Berchet "popolo" (▶ Documento 1). L'attenzione degli intellettuali si rivolge ormai a questo nuovo destinatario, che costituisce un pubblico da conquistare se si vuole contribuire al processo risorgimentale.

Il mercato editoriale Il principale canale attraverso cui si cerca di raggiungere questo nuovo pubblico è la stampa, anche se la situazione in Italia è ancora arretrata. Nei Paesi più avanzati, e soprattutto in Inghilterra, l'editoria era da tempo diventata un'industria capitalistica: già nel Settecento lo sviluppo del mercato librario e della letteratura erano tali che un romanziere di successo poteva vivere del proprio lavoro.

In Italia l'editoria è ancora allo stato embrionale: solo i libri scritti su commissione degli editori potevano sicuramente circolare; negli altri casi, gli autori dovevano pagare le spese di stampa o trovare un numero di lettori che si impegnassero a comprare il libro appena uscito. Il diritto di proprietà letteraria, sancito dal Codice napoleonico esteso anche all'Italia, vigeva solo entro i confini dei singoli Stati. Così, per esempio, un libro stampato per la prima volta nel Regno lombardo-veneto poteva essere ristampato senza l'autorizzazione dell'autore nel Regno di Sardegna o in Toscana. La maggior parte delle edizioni dei *Promessi sposi* del 1827 furono proprio "edizioni pirata".

Le ragioni dell'egemonia dei moderati L'egemonia dei moderati sul processo risorgimentale è dovuta anche alla loro capacità di affrontare, sul piano teorico e pratico, le questioni relative alla condizione sociale degli intellettuali – dal problema del diritto d'autore alla concezione del libro come merce – e soprattutto di sviluppare, attraverso le riviste, una politica culturale capace di affrontare i problemi dello sviluppo complessivo della società. In Italia la città in cui nascono le maggiori riviste è Milano, seguita da Firenze. Ciò è possibile grazie alla presenza di una censura meno rigida e di una società civile più ricca e matura. La diffusione non supera mai qualche centinaio di copie, sufficienti tuttavia per condizionare l'opinione pubblica nazionale.

Le riviste milanesi Nel 1816 comincia a uscire la «Biblioteca Italiana» ma è un'iniziativa promossa e finanziata dal governo asburgico che si propone così di delimitare il dibattito politico e controllare gli intellettuali incoraggiando l'erudizione e distogliendo da impegni patriottici e civili indipendentisti. Quando questo progetto si mostra con chiarezza, gli intellettuali liberali se ne distaccano e la rivista si identifica con l'appoggio all'Austria e con l'antipatriottismo. «Il Conciliatore» viene fondato nel 1818 proprio dai fuoriusciti della «Biblioteca Italiana». Foglio scientifico-letterario diretto da Silvio Pellico, Ludovico Di Breme, Pietro Borsieri, Giovanni Berchet ed Ermes Visconti, si propone di conciliare (e da qui deriva il nome) ricerca tecnico-scientifica e letteratura, cattolicesimo e pensiero laico, illuministi e romantici, Lombardia ed Europa. Ben presto emerge l'intento patriottico e liberale della rivista e le autorità austriache ne impongono la chiusura alla fine del 1819.

«Il Politecnico» appartiene a un periodo successivo: rivista di orientamento radicale incline al razionalismo illuministico, viene fondata e diretta dall'intellettuale democratico Carlo Cattaneo (1801-1869) fra il 1839 e il 1844. In essa si uniscono organicamente, in una prospettiva militante e democratica, cultura scientifica e cultura letteraria. Tuttavia l'iniziativa democratica, per quanto condotta con grande intelligenza e passione, non riesce a svilupparsi a livello nazionale.

Le riviste fiorentine

La linea dettata dalla rivista fiorentina «L'Antologia» risulta essere prevalente. Il progetto liberale del periodico fondato da Giovan Pietro Vieusseux, un intellettuale di origine ginevrina profondamente legato alla cultura toscana, si impone fra il 1821 e il 1833. Nata per offrire traduzioni di articoli apparsi nelle principali riviste europee, «L'Antologia» pubblica anche articoli originali non solo di letteratura, ma soprattutto di statistica, di economia e di storia: ha così un ruolo fondamentale nel formare una classe dirigente moderata, cattolica e liberale

La "battaglia" fra classici e romantici

In Italia il primo Ottocento è caratterizzato da un'accesa discussione fra classici e romantici. L'occasione viene dall'articolo di Madame de Staël intitolato *Sulla materia e sull'utilità delle traduzioni* (1816), in cui attacca l'amore per la mitologia del mondo classicista italiano, la scarsa conoscenza degli autori stranieri (e di Shakespeare in particolare) nel nostro Paese, l'estraneità della nostra letteratura al dibattito letterario europeo; e si augura un rinnovamento culturale da compiersi anche con la traduzione delle opere moderne di autori inglesi e tedeschi (▶ Documento 2). Gli intellettuali classicisti – da Pietro Giordani al giovane Leopardi – rispondono polemicamente alla Staël, mentre quelli romantici – da Ludovico Di Breme a Pietro Borsieri, da Giovanni Berchet a Ermes Visconti – appoggiano le riflessioni della scrittrice francese. Ecco, in breve, i temi del confronto.

I "classici" sostengono l'eternità del bello, i romantici il suo carattere storico; i primi propongono l'imitazione degli autori dell'antichità, i secondi l'originalità, secondo l'esempio degli autori moderni. Inoltre il pubblico dei classici è ristretto a un'*élite* di studiosi e di uomini colti; il pubblico romantico è quello che Berchet chiama il "popolo", ovvero la borghesia. Gli uni propongono una lingua aulica basata sulla tradizione del passato, gli altri pensano di fondarla sull'uso comune. Lo schema in basso riepiloga, in reciproca opposizione, le parole d'ordine dei "classici" e quelle dei romantici.

I termini della polemica

classici	romantici
• bello eterno • imitazione • rispetto delle regole e delle unità aristoteliche nel dramma • autori latini e greci • temi mitologici • pubblico di studiosi • lingua aulica e dotta • no al dialetto	• bello storico • originalità • rifiuto delle regole e delle unità aristoteliche nel dramma • autori moderni stranieri • temi cristiani e attuali • pubblico borghese • lingua comune e "popolare" • sì al dialetto

La filosofia romantica

L'idealismo tedesco

La riflessione filosofica viene elaborando un pensiero opposto alle visioni del mondo di tipo illuministico che avevano caratterizzato il secolo precedente. In questo processo la Germania si impone come nazione-guida. Sono tedeschi i maggiori filosofi dell'età romantica, quelli che meglio ne esprimono la nuova sensibilità. L'opposizione alla filosofia illuminista è promossa da una nuova corrente di pensiero nota come "idealismo tedesco", i cui principali teorici sono Fichte, Schelling e soprattutto Hegel L'idealismo pone l'accento sul potere creativo dell'uomo, verso la natura e verso la storia: il mondo esterno all'uomo non è più (come nell'Illuminismo) un dato indipendente dal soggetto, ma una creazione o un riflesso dell'Io, cioè dell'individuo, o dello "spirito" umano.

Schelling e il primato dell'arte

Friedrich Schelling (1775-1854) è il filosofo che meglio esprime le posizioni del Romanticismo tedesco. Egli parte dal presupposto che natura e coscienza – che lui chiama rispettivamente Non-io e Io – non possono essere nettamente distinte (come aveva insegnato Cartesio) e che deve esistere un principio unitario che le spiega entrambe. Schelling individua questo principio nell'arte. Nel *Sistema dell'idealismo trascendentale* (1800) sostiene infatti che solo nell'arte, particolare e universale, finito e infinito, conscio e inconscio si uniscono. L'arte è la forma superiore di conoscenza, l'unica capace di rivelare l'ordine assoluto che preesiste all'uomo e l'intuizione è il modo per comprendere in ogni particolare della realtà il «mondo ideale» della bellezza.

Hegel e il primato della ragione

L'identità fra uomo e mondo è spiegata in modo molto diverso da Georg Wilhelm Friedrich Hegel (1770-1831), autore della *Fenomenologia dello spirito* (1807) e maggior filosofo dell'età romantica. Con la sua concezione dell'arte, Schelling aveva messo in crisi il primato della ragione che Hegel intende ristabilire: la ragione, e quindi la filosofia, e non l'arte, deve poter comprendere la realtà. Ma per fare ciò, l'idealista Hegel concepisce una realtà del mondo e una ragione che non siano realmente distinte. Mentre per Kant la ragione è uno strumento della mente umana che serve a comprendere una realtà esterna, per Hegel tutta la realtà (la storia, le realizzazioni economiche, le istituzioni giuridiche, l'arte, la religione ecc.) è costituita dallo sviluppo dello spirito umano, che coincide con la ragione stessa: «ciò che è reale è razionale e ciò che è razionale è reale». L'unità fra realtà e ragione si realizza nella dialettica la quale procede in una sequenza composta di tre momenti (tesi, antitesi e sintesi)

Glossario

Idealismo Nel linguaggio filosofico, il termine indica quei sistemi che affermano l'identità tra pensiero e reale oppure quelle visioni del mondo, come il platonismo, che privilegiano la dimensione ideale e spirituale su quella materiale e concreta. Nel linguaggio comune, idealista è chi si comporta sulla base dei valori in cui crede o anche chi tende a giudicare la realtà non per quello che effettivamente è ma per l'idea che se ne è fatto (e allora è sinonimo di 'sognatore').

Focus La dialettica hegeliana e lo Storicismo

La voce 'dialettica' deriva dal latino *dialectica* (*ars*) [arte dialettica], coniato sul greco *dialektiké* (*téchne*). Genericamente essa definisce la capacità di argomentare in modo logico e persuasivo la propria opinione.
Nella filosofia antica, e segnatamente socratica (V-IV secolo a.C.), la dialettica era un processo conoscitivo caratterizzato dal dialogo, cioè dalla contrapposizione di argomenti opposti volta alla ricerca razionale del vero. Identificatasi a lungo con la logica, o arte del ragionare, la dialettica diventa con il filosofo tedesco Hegel anche un modo di essere della realtà, la realizzazione dell'idea attraverso il superamento di tensioni opposte. Tre sono i momenti che definiscono la dialettica hegeliana: la tesi (o affermazione), l'antitesi (o negazione) e la sintesi (o unità e convalida di tesi e antitesi).
In questa concezione, anche ciò che nella storia è negativo (il male storico) ha una sua razionalità («tutto ciò che è reale è razionale») e contribuisce al progresso storico: è una antitesi da superare per arrivare a un momento superiore di sintesi. Ma se la storia è un processo razionale che si sviluppa dialetticamente, diventa impossibile giudicare il passato di un popolo in un dato periodo della sua evoluzione: un popolo produce infatti la sua storia per quello che esso è in quel momento e quella storia non può essere confrontata né con il passato (di cui costituisce un superamento) né con il futuro (di cui è una premessa). Sono questi gli elementi su cui si fonderà, a partire dalla metà dell'Ottocento, il movimento filosofico dello Storicismo, per cui ogni evento è storicamente condizionato, dipendente cioè e spiegabile solo in relazione alla situazione storica che lo ha prodotto.

Focus Alienazione

Il termine "alienazione" deriva dal latino *alienare*, che significa 'allontanare, rendere estraneo' (da *alienus*, 'che appartiene ad altri'); esso indica propriamente un trasferimento di proprietà (per esempio: 'l'alienazione di beni dello Stato a privati').

In ambito filosofico-economico, soprattutto dopo Marx, l'alienazione è il progressivo allontanamento dell'individuo dai prodotti della sua attività e dall'attività stessa (si parla così di 'lavoro alienato'). Questo processo crea una sorta di scissione della personalità per cui ciò che è proprio dell'uomo, in quanto oggetto del suo lavoro, gli diventa estraneo e l'uomo stesso tende a sentirsi estraniato da se stesso, come un oggetto tra altri oggetti.

sia nella ragione umana, sia nello sviluppo del reale e quindi della storia. Anche la storia, infatti, per Hegel, procede secondo un processo razionale dialettico di tesi, antitesi e sintesi. Nel processo storico l'umanità è destinata a trovare il suo progresso e la sua realizzazione: la storia si presenta come l'adempimento di un percorso che va dalla schiavitù alla libertà, e la filosofia come il significato profondo di questo cammino. Il processo per cui la ragione e la storia dell'umanità vengono a coincidere si chiama "storicismo" (▶ Focus p. 588 e Documento 3).

Le critiche a Hegel

La posizione di Hegel venne presto attaccata da due punti di vista opposti: da una posizione più estremisticamente romantica e soggettivistica e da una posizione che si autodefinì "materialistica". La prima è rappresentata da Schopenhauer e Kierkegaard, la seconda da Engels e Marx.

Le filosofie irrazionaliste: Schopenhauer e Kierkegaard

Arthur Schopenhauer (1788-1860), nella sua opera *Il mondo come volontà e rappresentazione* (1819), vede alla base della realtà una oscura, irrazionale e universale volontà di vivere. Il compito del saggio è quello di raggiungere la *noluntas* (uno stato di assenza di volontà) attraverso l'allontanamento dalla società.

Il danese Sören Kierkegaard (1813-1855) pone al centro della vita l'angoscia esistenziale: l'uomo è abbandonato a ciò che è transitorio, al caso, al gioco delle probabilità e l'unica consolazione possibile è la fede religiosa.

Il materialismo di Marx ed Engels

A un superamento "materialistico" di Hegel puntano Karl Marx (1818-1883) e Friedrich Engels (1820-1895). Essi ripensano la dialettica hegeliana su basi che chiamano materialiste. Per Marx ed Engels esiste nella storia una dialettica che non è quella dello "spirito", ma la lotta fra classi sociali che si oppongono all'interno dei rapporti di produzione. Come la storia medievale e moderna è contrassegnata dal conflitto fra nobiltà feudale e nascente borghesia – che si risolve con la vittoria rivoluzionaria della seconda e con la scomparsa della prima –, l'età contemporanea appare loro segnata dalla contraddizione fra borghesia e proletariato (tesi e antitesi), che dovrà risolversi anche in questo caso con una rivoluzione (sintesi). Questa toglierà i mezzi di produzione ai capitalisti per porli nelle mani della collettività, realizzando una società di cittadini liberi e uguali, cioè la società comunista. Da queste convinzioni proviene l'attivo intervento di Marx ed Engels nella rivoluzione del 1848, in occasione della quale scrivono il *Manifesto del Partito comunista* (▶ Documento 4). Inoltre Marx conduce, nella sua opera più importante, *Il capitale* (1867-1895), un'analisi dei meccanismi del sistema capitalistico e dell'alienazione (▶ Focus) dei rapporti umani che deriva da una società dove dominano le spietate regole del mercato.

Documento 1

[*Lettera semiseria di Grisostomo al suo figliolo*]

Giovanni Berchet
Il «popolo» e la poesia

Le forme
- forma epistolare
- uso dell'ironia

I temi
- poesia come disposizione naturale
- borghesia pubblico ideale

Giovanni Berchet è autore del più famoso manifesto del Romanticismo italiano, Sul "Cacciatore feroce" e sulla "Eleonora" di G. A. Bürger. Lettera semiseria di Grisostomo al suo figliolo *(1816). L'autore si nasconde dietro lo pseudonimo di Grisostomo e finge di dare, per lettera, una serie di consigli letterari al proprio figlio in collegio. Ne derivano alcune fondamentali indicazioni della poetica romantica nella letteratura del nostro Paese.*

Il poeta, dunque, sbalza fuori dalle mani della natura in ogni tempo, in ogni luogo. Ma per quanto esimio[1] egli sia,non arriverà mai a scuotere fortemente l'animo de' lettori suoi, né mai potrà ritrarne alto e sentito applauso, se questi non sono ricchi anch'essi della tendenza poetica passiva. Ora siffatta disposizione degli animali umani, quantunque universale, non è in tutti gli uomini egualmente squisita.

Lo stupito Ottentoto,[2] sdraiato sulla soglia della sua capanna, guarda i campi di sabbia che la circondano, e s'addormenta. Esce de' suoi sonni, guarda in alto, vede un cielo uniforme stenderseli sopra del capo, e s'addormenta. Avvolto perpetuamente tra il fumo del suo tugurio e il fetore delle sue capre, egli non ha altri oggetti, dei quali domandare alla propria memoria l'immagine, pe' quali il cuore gli batta di desiderio. Però alla inerzia della fantasia e del cuore in lui tiene dietro di necessità quella della tendenza poetica.

Per lo contrario un Parigino agiato ed ingentilito da tutto il lusso di quella gran capitale, onde[3] pervenire a tanta civilizzazione, è passato attraverso una folta immensa di oggetti, attraverso mille e mille combinazioni di accidenti. Quindi la fantasia di lui è stracca, il cuore allentato per troppo esercizio.[4] Le apparenze esterne delle cose non lo lusingano (per così dire); gli effetti di esse non lo commuovono più, perché ripetuti le tante volte. E per togliersi di dosso la noia, bisogna a lui investigare le cagioni, giovandosi della mente.[5] Questa sua mente inquisitiva cresce di necessità in vigoria, da che l'anima a pro di lei[6] spende anche gran parte di quelle forze che in altri destina alla fantasia ed al cuore, cresce in arguzie per gli sforzi frequenti a' quali la meditazione la costringe. E il Parigino di cui io parlo, anche senza avvedersene, viene assuefacendosi a perpetui raziocini, o per dirla a modo del Vico, diventa filosofo.[7]

Se la stupidità dell'Ottentoto è nemica alla poesia, non è certo favorevole molto a lei la somma[8] civilizzazione del Parigino. Nel primo la tendenza poetica è sopita; nel secondo è sciupata in gran parte. I canti del poeta non penetrano nell'anima del primo, perché non trovano la via d'entrarvi. Nell'anima del secondo appena appena discendono accompagnati da paragoni e da raziocini: la

1 esimio: *eccellente.*
2 stupito Ottentoto: *istupidito Ottentoto.* Da una parola olandese che significa "balbuziente", il termine ottentotto indicava all'epoca i khoikhoi, una popolazione sudafricana che appariva ai colonizzatori europei particolarmente rozza e primitiva.
3 onde: *per.*
4 il cuore... esercizio: come le corde di uno strumento musicale troppo usato. il cuore del Parigino non è più capace di vibrare.
5 bisogna... mente: *ha bisogno di indagare le ragioni usando l'intelletto.* Lo sviluppo delle facoltà della ragione sottrae energie alla fantasia e al cuore, indebolisce la sensibilità emozionale e quindi l'attitudine alla poesia.
6 da che... lei: *perciò l'anima a causa sua.*
7 per dirla... filosofo: il Parigino, a forza di ragionare, diventa filosofo. Il richiamo a Vico (per cui l'eccesso della ragione dell'uomo civilizzato inaridisce il sentimento e la fantasia poetica) è strumentale e non corrisponde alla profondità dei concetti di questo autore.
8 somma: *grande, immensa.*

fantasia ed il cuore non rispondono loro[9] che come a reminiscenze lontane. E siffatti canti, che sono l'espressione arditissima di tutto ciò che v'ha di più fervido nell'umano pensiero, potranno essi trovar fortuna fra tanto gelo? E che meraviglia se presso del Parigino ingentilito quel poeta sarà più bene accolto che più penderà all'epigrammatico?[10]

Ma la stupidità dell'Ottentoto è separata dalla leziosaggine del Parigino fin ora descritto per mezzo di gradi moltissimi di civilizzazione che più o meno dispongono l'uomo alla poesia. E s'io dovessi indicare uomini che più si trovino oggidì in questa disposizione poetica, parmi che andrei a cercarli in una parte della Germania. [...]

Basti a te per ora il sapere che tutte le presenti nazioni d'Europa (l'italiana anch'essa, né più né meno) sono formate da tre classi d'individui: l'una di Ottentoti; l'una di Parigini; e l'una, per ultimo, che comprende tutti gli altri individui leggenti ed ascoltanti, non eccettuati quelli che, avendo anche studiato ed esperimentato quant'altri, pur tuttavia ritengono[11] attitudine alle emozioni. A questi tutti io do nome di popolo.

Della prima classe, che è quella dei balordi calzati e scalzi,[12] non occorre far parole. La seconda, che racchiude in sé quei pochi, i quali escono della comune[13] in modo da perdere ogni impronta nazionale, vuole bensì essere rispettata dal poeta, ma non idolatrata, ma non temuta. Il giudizio che i membri di questa classe fanno delle moderne opere poetiche, non suole derivare dal suffragio immediato delle sensazioni, ma da' confronti. Negli anni del fervore eglino[14] hanno trovato il bello presso tale e tal altro poeta; e ciò che non somiglia al bello sentito un tempo, pare loro di doverlo ora ricusare.[15] [...]

La lode che al poeta viene da questa minima parte della sua nazione non può davvero farlo andare superbo; quindi anche il biasimo ch'ella sentenzia, non ha a mettergli grande spavento. La gente ch'egli cerca, i suoi veri lettori stanno a milioni nella terza classe. E questa, cred'io, deve il poeta moderno aver di mira, da questa deve farsi intendere, a questa deve studiar di piacere, s'egli bada al proprio interesse ed all'interesse vero dell'arte. Ed ecco come la sola vera poesia sia la popolare: salve le eccezioni sempre, come ho già detto; e salva sempre la discrezione ragionevole con cui questa regola vuole essere interpretata.

Se i poeti moderni d'una parte della Germania menano tanto romore[16] di sé in casa loro, e in tutte le contrade d'Europa, ciò è da ascriversi alla popolarità della poesia loro. E questa salutare direzione ch'eglino diedero all'arte fu suggerita loro dagli studi profondi fatti sul cuore umano, sullo scopo dell'arte, sulla storia di lei e sulle opere ch'ella in ogni secolo produsse: fu suggerita loro dalla divisione in classica e romantica ch'eglino immaginarono nella poesia.

da G. Berchet, *Sul "Cacciatore feroce" e sulla "Eleonora" di G. A. Bürger. Lettera semiseria di Grisostomo al suo figliolo*, in AA.VV., *Manifesti romantici e altri scritti della polemica classico-romantica*, a cura di C. Calcaterra, nuova ed. ampliata a cura di M. Scotti, Utet, Torino 1979.

9 loro: ai canti del poeta.
10 E che meraviglia... epigrammatico: *e non c'è da meravigliarsi se il Parigino raffinato apprezzerà di più quel poeta che tende all'epigrammatico,* cioè a componimenti brevi e arguti, che sono più frutto di ingegno che di genio.
11 ritengono: *conservano.*
12 calzati e scalzi: c'è un gioco di parole: **calzati** vale *matricolati*, nonostante l'apparenza; **scalzi** allude alla miseria reale.
13 della comune: *dal comune, dalla normalità.*
14 eglino: *essi.*
15 ricusare: *rifiutare.*
16 menano tanto romore: *fanno tanto parlare.*

Lavoriamo sul testo

Leggere e capire

La poesia, creazione umana In questo testo Berchet afferma che la poesia, una disposizione naturale dell'animo umano, non trova ascolto né tra la plebe misera e ignorante, né tra i nobili aristocratici, ma solo nel «popolo», cioè la borghesia. La poesia, che nasce dalla «fantasia» e dal «cuore», si configura come una disposizione naturale dell'uomo e non come semplice imitazione dei classici, come sostenevano le teorie neoclassiche. Inoltre la ragione, se eccessivamente esercitata, è nemica della poesia tanto quanto l'ignoranza: per questo Berchet tira in ballo le figure dell'«Ottentoto», un indigeno sudafricano rozzo e incivile, e del «Parigino», troppo sofisticato e aristocratico.

Analizzare

Una lettera ironica Il manifesto di Berchet si presenta come una finzione epistolare "semiseria", cioè giocata sul registro dell'ironia. Lo stile è infatti discorsivo e colloquiale. Ciò permette all'autore di assumere come vere e proprie metafore sociologiche le figure dell'«Ottentoto» e del «Parigino».

Interpretare e approfondire

Il «popolo» di Berchet e l'ideologia eurocentrica Il nuovo pubblico della poesia viene indicato da Berchet come il «popolo», termine con il quale egli non intende le plebi misere e ignoranti – paragonate agli ottentotti africani – né la ristretta cerchia degli intellettuali collegata storicamente all'aristocrazia, ma le classi medie, la borghesia. Il paragone tra le plebi europee e gli indigeni africani, inoltre, denota l'ideologia eurocentrica dell'autore: questi gruppi umani subalterni e marginali (che sono però la maggioranza del genere umano) sarebbero incapaci di cogliere il messaggio poetico e quindi rimarrebbero estranei alla storia e alla cultura.

Esercizi

Prima prova A • L'analisi del testo

Comprendere

1 Da che cosa nasce la poesia

Quali sono, secondo Berchet, gli elementi da cui nasce la poesia?

Analizzare

2 Gli «Ottentoti» e i «Parigini»

Berchet compie una distinzione sociale e culturale tra indigeni africani e cittadini di Parigi. Sottolinea nel testo le caratteristiche di entrambi.

3 Una lettera "semiseria"

Già il titolo del manifesto, *Lettera semiseria di Grisostomo al suo figliolo*, anticipa lo stile con cui è condotta la narrazione. Sottolinea nel brano gli elementi che contribuiscono a dare un effetto ironico al testo.

Interpretare e approfondire

4 Il nuovo destinatario della poesia

Berchet delinea qui il nuovo pubblico della poesia romantica: qual è? Per quale motivo l'autore sceglie questo nuovo destinatario?

Le forme
▸ uso di immagini

I temi
▸ critica alla chiusura della cultura italiana

Madame de Staël
Un invito al rinnovamento della cultura italiana

L'articolo di M.me de Staël De l'esprit des traductions, *tradotto da Pietro Giordani, apparve con il titolo* Sulla maniera e la utilità delle traduzioni *sulla «Biblioteca Italiana» nel gennaio 1816. A questo articolo rispose lo stesso Giordani con un articolo anonimo, a cui sul numero di giugno la Staël replicò con una* Lettera ai compilatori della Biblioteca Italiana. *Riportiamo qui alcuni passi del primo articolo della Staël.*

Dovrebbero a mio avviso gl'Italiani tradurre diligentemente assai delle recenti poesie inglesi e tedesche; onde mostrare qualche novità a' loro cittadini, i quali per lo più stanno contenti all'antica mitologia: né pensano che quelle favole sono da un pezzo anticate,[1] anzi il resto d'Europa le ha già abbandonate e dimentiche. Perciò gl'intelletti della bella Italia, se amano di non giacere oziosi, rivolgano spesso l'attenzione di là dall'Alpi, non dico per vestire le fogge straniere, ma per conoscerle; non per diventare imitatori, ma per uscire di quelle usanze viete,[2] le quali durano nella letteratura come nelle compagnie i complimenti, a pregiudizio della naturale schiettezza.[3] Che se le lettere si arricchiscono colle traduzioni de' poemi; traducendo i drammi si conseguirebbe una molto maggiore utilità; poiché il teatro è come il magistrato della letteratura. Shakspear tradotto con vivissima rassomiglianza dallo Schlegel,[4] fu rappresentato ne' teatri di Germania, come se Shakspear e Schiller fossero divenuti concittadini. E facilmente in Italia si avrebbe un eguale effetto; poiché i drammatici francesi tanto si accostano all'italiano quanto Shakspear al tedesco: né parmi a dubitare che sul bel teatro milanese non fosse gradita l'*Atalìa*,[5] se i cori fossero accompagnati dalla stupenda musica italiana. [...]

Havvi[6] oggidì nella Letteratura italiana una classe di eruditi che vanno continuamente razzolando le antiche ceneri,[7] per trovarvi forse qualche granello d'oro: ed un'altra di scrittori senz'altro capitale[8] che molta fiducia nella lor lingua armoniosa, donde raccozzano suoni vôti d'ogni pensiero,[9] esclamazioni, declamazioni, invocazioni, che stordiscono gli orecchi, e trovan sordi i cuori altrui, perché non esalarono[10] dal cuore dello scrittore. Non sarà egli dunque possibile che una emulazione[11] operosa, un vivo desiderio d'esser applaudito ne' teatri, conduca gl'ingegni italiani a quella meditazione che fa essere inventori, e a quella verità di concetti e di frasi nello stile, senza cui non ci è buona letteratura, e neppure alcuno elemento di essa?

da M.me de Staël, *Sulla maniera e la utilità delle traduzioni*, in AA.VV., *Manifesti romantici e altri scritti della polemica classico-romantica*, a cura di C. Calcaterra, cit.

1 **anticate:** *divenute antiquate.*
2 **viete:** *inattuali.*
3 **nelle compagnie... schiettezza:** nella vita sociale la formalità limita la spontaneità e la sincerità.
4 **Schlegel:** si tratta di Wilhelm August Schlegel, autore delle *Lezioni sull'arte e sulla letteratura drammatica* (1808).
5 **l'*Atalia*:** titolo di una tragedia del 1691 del francese Racine (▶ Unità 3).
6 **Havvi:** *c'è.*
7 **razzolando... ceneri:** *smuovendo i resti della poesia classica* (come fanno le galline che 'razzolano', cioè raspano il terreno).
8 **senz'altro capitale:** *senza altri mezzi.*
9 **donde... pensiero:** *dalla quale tirano fuori alla rinfusa* (**raccozzano**) *parole vuote di ogni pensiero* [: prive di significato].
10 **esalarono:** *nacquero.*
11 **emulazione:** tentativo di imitare o superare qualcuno in qualche azione.

Lavoriamo sul testo

Leggere e capire

Un invito al rinnovamento Il brano di Madame de Staël, che rappresenta un invito al rinnovamento della cultura italiana, può essere diviso in due parti. Nella prima (rr. 1-17) l'autrice afferma che gli intellettuali italiani dovrebbero lasciar perdere la mitologia e dedicarsi invece alla traduzione delle opere di poeti tedeschi e inglesi, tra cui Shakespeare. Nella seconda parte (rr. 18-27) si delinea un quadro negativo della cultura italiana, intenta a cercare altri spunti nella ormai antica poesia classica, quando invece gli intellettuali dovrebbero cercare di sviluppare maggiormente la loro capacità creativa originale.

Analizzare

Un'immagine emblematica Nel suo articolo Madame de Staël utilizza un'immagine emblematica: è quella dei letterati italiani che «razzolano», come delle galline, nelle «ceneri» della cultura classica, per trovarvi ancora qualche «granello d'oro» da inserire nelle proprie poesie. Questa rappresentazione dei poeti e degli scrittori italiani mostra in modo inequivocabile l'impressione di logorìo e di impoverimento che la nostra cultura dava di sé al di fuori dei confini nazionali.

Interpretare e approfondire

La critica alla chiusura della cultura italiana Madame de Staël critica aspramente la condizione di chiusura della cultura italiana ottocentesca: nonostante abbia un glorioso passato letterario, la cultura italiana si è chiusa in se stessa e nelle ripetitive immagini dell'ormai obsoleta mitologia. È necessaria, quindi, per la Staël, l'apertura alla nuova cultura europea, non per trovare degli artisti da imitare (anche se viene ripetutamente fatto il nome di Shakespeare), ma per cercare nuovi stimoli che possano riaccendere l'ispirazione.

Esercizi

Prima prova A • L'analisi del testo

Comprendere

1 L'invito di Madame

Qual è l'invito che Madame de Staël fa ai letterati italiani?

a. lasciar perdere la mitologia e imitare Shakespeare
b. accogliere la mitologia tedesca e inglese
c. rifiutare la mitologia e basarsi sulla poesia classica
d. lasciar perdere la mitologia e compiere traduzioni di opere tedesche e inglesi

Analizzare

2 Le critiche alla cultura italiana

L'autrice rivolge alcune critiche alla cultura del nostro Paese. Rintracciale nel testo.

Interpretare e approfondire

3 L'esigenza di rinnovamento

Quale concezione della letteratura emerge dalle parole di Madame de Staël? Perché non corrisponde alla situazione della letteratura italiana?

Documento 3

[*Lezioni sulla filosofia della storia*]

Le forme
- uso di immagini per chiarire concetti astratti

I temi
- lo spirito come motore del processo storico

Georg Wilhelm Friedrich Hegel
Lo spirito dà senso alla storia

Il filosofo più importante del Romanticismo, il tedesco Georg Wilhelm Friedrich Hegel (1770-1831), è autore di diversi testi che hanno fondato la filosofia moderna tra cui La fenomenologia dello spirito *(1807), l'opera alla base di tutto il suo pensiero. Per Hegel la realtà coincide con lo sviluppo dello spirito che è manifestazione della ragione umana, intesa come «operare di tutti e di ciascuno». Ne consegue che anche la storia è la progressiva realizzazione dello spirito, che conduce all'adempimento di un percorso dalla schiavitù alla libertà dell'uomo, come spiega il filosofo nelle* Lezioni sulla filosofia della storia *da cui è tratto il breve brano che segue.*

Dobbiamo anzitutto tener conto che il nostro oggetto, la storia del mondo, procede sul piano spirituale. Il mondo comprende in sé la natura fisica e la psichica. La natura fisica interviene anch'essa nella storia del mondo, e sin dal principio richiameremo l'attenzione su questi rapporti fondamentali della funzione della natura. Ma ciò ch'è sostanziale è lo spirito e il corso della sua evoluzione. [...] Il piano dello spirito è quello che comprende tutto: racchiude in sé tutto ciò che ha sempre interessato e tuttora interessa l'uomo. È in esso che l'uomo svolge la sua attività: qualunque cosa egli faccia, esso è alcunché[1] in cui si manifesta l'attività dello spirito. [...] Quando parliamo di un popolo, dobbiamo mettere in luce le forze, in cui si particolarizza il suo spirito. Queste forze particolari sono la religione, la costituzione, il sistema giuridico compreso il diritto civile, l'industria, i mestieri, le arti, la scienza, e infine l'elemento militare, l'elemento del valore, quello per cui un popolo si distingue da un altro. Alla nostra considerazione universale interessa principalmente il nesso[2] di questi momenti distinti. Tutti gli aspetti che si manifestano nella storia di un popolo sono reciprocamente connessi dal più stretto legame. La storia di un popolo si risolve nel fatto che esso imprime il concetto, che lo spirito ha di sé, nelle diverse opere in cui quest'ultimo in generale si fa innanzi.[3] Ciò è a dire il suo stato, la sua religione, la sua arte, il suo diritto, il suo rapporto con altre nazioni: tutti questi sono gli aspetti nei quali si traduce in realtà il concetto che lo spirito ha di sé, nei quali lo spirito giunge a vedersi, a conoscersi come mondo esistente, ad aversi innanzi a sé medesimo, così come l'artista ha l'impulso di avere il suo essere innanzi a sé e di godere sé stesso nella sua opera. Ai prodotti dello spirito del popolo appartiene, come si è detto, anche la religione: vi appartengono inoltre i suoi destini e le sue opere, che sono null'altro che l'espressione di questo suo concetto. La religione di un popolo, le sue leggi, la sua moralità, lo stato delle scienze, delle arti, dei rapporti giuridici, l'abilità e industriosità da esso altrimenti messa in atto per soddisfare i propri bisogni fisici, tutti i suoi eventi e i suoi rapporti coi popoli vicini in pace e in guerra, tutto ciò sta nel più intimo nesso reciproco.

da G. W. F. Hegel, *Lezioni sulla filosofia della storia*, trad. it. di G. Calogero e C. Fatta, La Nuova Italia, Firenze1975.

▼ Jakob Schlesinger, *Ritratto di Georg Wilhelm Friedrich Hegel*, 1831. Berlino, Alte Nationalgalerie.

1 **alcunché:** *qualche cosa.*
2 **nesso:** *legame.*
3 **La storia... innanzi:** *la storia di un popolo è la manifestazione e la realizzazione in determinati eventi dello spirito del popolo stesso.*

Lavoriamo sul testo

Leggere e capire

Com'è diviso il testo Il brano può essere diviso in due parti:

- rr. 1-5: la storia del mondo, materia d'indagine filosofica, procede sul piano dello spirito: occorre quindi indagare il corso dell'evoluzione dello spirito nella storia;
- rr. 6-32: lo spirito comprende ogni aspetto dell'uomo ed è necessario evidenziare le diverse manifestazioni dello spirito (arte, religione, diritto, scienza) e le connessioni interne tra questi diversi elementi.

Analizzare

Le immagini di Hegel Nonostante sia un testo teorico, ricco di nozioni spesso astratte e di difficile comprensione, il brano mostra la propensione dell'autore a usare immagini che chiariscano meglio i concetti eleborati. È il caso qui dell'immagine dell'artista che, contemplando la sua opera d'arte, ha dinanzi a sé il suo essere interno. Allo stesso modo agisce lo spirito: come l'arte, la religione, la scienza e il diritto sono forze in cui esso si manifesta, così questi diversi settori della vita umana permettono allo spirito di autoidentificarsi, di riconoscersi come caratteristica fondamentale di un certo popolo.

Interpretare e approfondire

Il senso della storia Affermando che il processo storico è governato dallo spirito, che coincide con la ragione, Hegel mostra come sia possibile indagare la storia attraverso la filosofia: da questi presupposti nascono le *Lezioni sulla filosofia della storia*, raccolte dai suoi studenti e pubblicate postume nel 1837. Nella storia i popoli sono come le specie naturali che, evolvendo, mostrano che la natura è governata dalla ragione, cioè dallo spirito. Ogni popolo incarna pertanto una tappa di quel processo di cui solo alla fine si capirà il senso ultimo. Così i popoli si affermano e poi scompaiono nell'arco della storia del mondo, dando l'impressione di un processo irrazionale e senza scopo. In realtà, attraverso la storia e le sue catastrofi l'uomo acquista la consapevolezza della ragione, cioè dello spirito, che governa tutto. Questo spirito si trova e si manifesta nell'arte, nella religione e infine, in modo più compiuto, nella filosofia.

Esercizi

Prima prova A • L'analisi del testo

Comprendere

1 il processo storico

Su quale piano, secondo Hegel, procede la storia del mondo?

Analizzare

2 Le manifestazioni dello spirito

In quali modi si manifesta lo spirito di un popolo? Individua nel testo la parte dove Hegel ne parla.

Interpretare e approfondire

3 La storia di Hegel

Quale concezione della storia emerge dal brano appena letto?

Documento 4

Le forme
- varietà di figure retoriche

I temi
- espansione del mercato capitalistico

Karl Marx
Le conquiste planetarie del capitalismo

Il tedesco Karl Marx, insieme a Friedrich Engels, pubblica a Londra Il manifesto del Partito comunista *(1848), nel quale critica aspramente la borghesia dell'Ottocento e analizza le principali strutture della nuova economia capitalista. Da quest'opera è tratto il primo dei brani proposti; l'altro appartiene a una raccolta di scritti in cui il filosofo, annotando commenti e riflessioni su fatti, opere e autori, finì con lo stilare alcune considerazioni generali sull'arte.*

Con il rapido miglioramento di tutti gli strumenti della produzione, con le comunicazioni infinitamente agevolate, la *borghesia* trascina nella civiltà tutte le nazioni, anche le più barbare. I bassi prezzi delle sue merci sono l'artiglieria pesante con la quale essa spiana tutte le muraglie cinesi, con la quale costringe alla capitolazione[1] la più tenace xenofobia[2] dei barbari. Costringe tutte le nazioni ad adottare il sistema di produzione della *borghesia*, se non vogliono andare in rovina, le costringe ad introdurre in casa loro la cosiddetta civiltà, cioè a diventare *borghesi*. In una parola: essa si crea un mondo a propria immagine e somiglianza. [...] Durante il suo dominio di classe appena secolare la *borghesia* ha creato forze produttive in massa molto maggiore e più colossali che non avessero mai fatto insieme le altre generazioni del passato. Il soggiogamento[3] delle forze naturali, le macchine, l'applicazione della chimica all'industria e all'agricoltura, la navigazione a vapore, le ferrovie, i telegrafi elettrici, il dissodamento[4] d'interi continenti, la navigabilità dei fiumi, popolazioni intere sorte quasi per incanto dal suolo – quale dei secoli antecedenti immaginava che nel grembo del lavoro sociale stessero sopite[5] tali forze produttive? [...] Essa per prima ha dimostrato che cosa l'attività degli uomini può portare ad effetto. Ha compiuto ben altre meraviglie che piramidi egiziane, acquedotti romani e cattedrali gotiche, eseguito ben altre spedizioni che migrazioni dei popoli e crociate.

da K. Marx, F. Engels, *Il manifesto del Partito comunista*, Einaudi, Torino 2005.

1 **alla capitolazione:** *ad arrendersi.*
2 **xenofobia:** atteggiamento di ostilità e di timore verso chi è straniero e verso tutto quello che proviene da Paesi stranieri.
3 **soggiogamento:** *sottomissione.*
4 **dissodamento:** lavorazione di un terreno incolto per renderlo adatto all'agricoltura.
5 **sopite:** *addormentate.*

È possibile la concezione della natura e dei rapporti sociali che sta alla base della fantasia greca, e perciò dell'arte greca, con le filatrici automatiche, le ferrovie, le locomotive e il telegrafo? Che ne è di Vulcano a petto di[1] *Roberts e Co.*,[2] di Giove di fronte al parafulmine, di Ermete di fronte al *Crédit mobilier*?[3] Ogni mitologia vince, domina e plasma le forze della natura nell'immaginazione e mediante l'immaginazione: essa svanisce quindi quando si giunge al dominio effettivo su quelle forze [...]. D'altro lato è possibile Achille con la polvere da sparo e il piombo?

da *Introduzione alla critica dell'economia politica*, in K. Marx, *Il condizionamento storico dell'arte*, in *Scritti sull'arte*, a cura di C. Salinari, Laterza, Bari 1967.

1 **a petto di:** rispetto a.
2 **Roberts e Co.:** il laboratorio farmaceutico fondato nel 1843 da Henry Roberts, specializzato nella produzione e vendita di medicinali, cosmetici, liquori di marca e alimentari esteri pregiati, poi confluito nel 1921 nella società italo-britannica Manetti & Roberts.
3 ***Crédit mobilier*:** istituto di credito francese nato nel 1852, durante l'impero di Napoleone III.

Lavoriamo sul testo

Leggere e capire

Che cosa dice il testo I due brani presentati possono essere così riassunti. Il primo esprime ammirazione per le nuove conquiste planetarie della moderna economia capitalista, che sta creando «un mondo a propria immagine e somiglianza». Nel secondo ci si chiede che cosa resti della mitologia greca – e quindi del mondo artistico antico – di fronte alla nuova "mitologia" della modernità capitalista.

Analizzare

L'attenzione alla forma della scrittura di Marx Nonostante appartengano a opere di argomento politico e saggistico, i due brani rivelano una grande cura dell'aspetto formale. Sono infatti presenti, distribuite nel testo, diverse figure retoriche: la metafora (i prezzi rappresentati come «artiglieria pesante»), l'iperbole («Ha compiuto ben altre meraviglie che piramidi egiziane…»), e l'accumulazione («il soggiogamento delle forze naturali, le macchine, l'applicazione delle chimica all'industria, […] la navigabilità dei fiumi, popolazioni intere sorte quasi per incanto dal suolo»).

Interpretare e approfondire

Alle origini della globalizzazione I due testi hanno come tema centrale il confronto tra il nuovo e il già noto: il primo, tra le innovazioni introdotte dalla borghesia e i maggiori monumenti e popoli del passato; il secondo, con una serie di domande retoriche, tra le novità borghesi (le industrie, le ferrovie, le banche, le armi) e la mitologia greca (Giove, Ermete, Vulcano). Inoltre vi è anticipato («In una parola: essa si crea un mondo a propria immagine e somiglianza», rr. 8-9) un fenomeno che ai giorni nostri ha assunto proporzioni enormi: l'espansione planetaria del mercato capitalistico, cioè la globalizzazione.

Esercizi

Prima prova A • L'analisi del testo

Comprendere

1 L'effetto traino

Chi «trascina nella civiltà tutte le nazioni»?

a. la Cina
b. le popolazioni barbare
c. la borghesia
d. il proletariato

Analizzare

2 Le figure retoriche

Oltre a quella citata nell'analisi, i brani presentano anche un'altra metafora: quale?

3 Le domande di Marx

Il secondo brano presenta alcune domande retoriche. Sottolineale nel testo.

Interpretare e approfondire

4 La società borghese

Quale concezione emerge della società borghese dell'Ottocento? Quali sono le basi su cui poggia l'economia borghese?

Il patto del Grütli (1779-1780) di Heinrich Füssli rievoca l'alleanza tra i tre cantoni di Uri, Schwyz e Unterwalden che segna la nascita della Confederazione elvetica.

3 L'immaginario romantico

L'uomo romantico è al centro di una scissione: da un lato l'anima, dall'altro il mercato; da una parte l'eroe, con i suoi sogni di gloria e i suoi ideali, dall'altra il mondo borghese, con i suoi interessi spiccioli e mediocri; da un lato la natura e la poesia, dall'altro la società e il mondo. Nel Romanticismo si risveglia l'interesse per la storia, in particolare quella del Medioevo, considerato la culla delle diverse nazioni e il periodo in cui si sviluppano leggende e tradizioni popolari.

L'io, il mondo e la natura

Nuovi modi di vivere e di percepire il mondo

La nuova organizzazione sociale e le nuove forme della produzione modificano radicalmente la vita delle popolazioni europee. Filosofi, letterati e artisti cercano di adeguare i loro modelli di rappresentazione e comprensione al mondo capitalistico borghese che si trovano davanti. Le reazioni sono di vario tipo: tra le più comuni c'è quella di chi ricerca l'infinito e l'assoluto, oppure propone una rivalutazione dell'irrazionale, del mondo della natura, del senso del mistero, delle pulsioni, dei sentimenti e della fede religiosa.

La natura e l'anticapitalismo romantico

In epoca romantica la natura assume nuovi aspetti. Dal punto di vista filosofico, come abbiamo visto nel tedesco Schelling, la natura è lo "spirito" e l'"Assoluto". Dal punto di vista dell'immaginario diffuso, essa assume aspetti umani e, contemporaneamente, l'uomo viene esaltato nei suoi aspetti "naturali" di spontaneità e di creatività. La "borghesizzazione" del mondo viene percepita dagli artisti nella forma di un conflitto: la profondità dell'anima viene contrapposta alla realtà sociale e materiale. Lo stesso capitalismo viene combattuto in nome della natura e dei sentimenti: si sviluppa in Inghilterra l'"anticapitalismo romantico", che influenza anche il maggior romanziere inglese del periodo, Charles Dickens.

Il contrasto io-mondo

L'immaginario romantico nasce da una scissione: da un lato l'anima, dall'altro il mercato; da una parte l'eroe, con i suoi sogni di gloria e i suoi ideali, dall'altra la realtà borghese, con i suoi interessi spiccioli e mediocri; da un lato la natura e la poesia, dall'altro la società e il mondo. L'artista avverte intorno a sé un senso di vuoto: a volte cerca conforto nel paesaggio, vissuto come un doppio dell'anima (è il "paesaggio-stato d'animo"); a volte sente l'estraneità e l'ostilità della natura stessa, vivendo in modo ancora più amaro il proprio isolamento.

Individualismo e realismo

L'individualismo, il titanismo e la fine dell'incanto poetico

La scissione tra uomo e mondo porta a un forte individualismo. In campo artistico l'individualismo si esprime in modi molto diversi, che vanno dall'atteggiamento di ribellione eroica del poeta inglese Byron, al titanismo (▶ Focus p. 600) di alcuni preromantici (si ricordi lo «*Sturm und Drang*» di epoca illuminista) e romantici tedeschi, fino all'esaltazione del genio artistico, delle capacità profetiche del poeta che, esprimendo la voce dell'assoluto naturale e religioso, rivela la verità agli uomini.

Inoltre si diffonde il sentimento di una caduta, di vivere in un mondo squallido in cui si è perso l'incanto della poesia e dove dominano la tecnica e l'utile e non sono più possibili gesti gloriosi e altruisti: questo sentimento unisce autori fra loro molto diversi, come il romanziere francese Stendhal, il poeta tedesco Hölderlin e gli italiani Leopardi e Manzoni.

La scissione io-mondo come contrasto storico o esistenziale

La scissione io-mondo può essere vissuta in due modi: come contrasto storico tra valori personali e società, oppure come contrasto esistenziale dipendente dalla condizione stessa degli uomini. Il primo modo produce un atteggiamento realistico: lo scrittore cerca di inserire l'"ideale" nel "reale" o studia la ragioni sociali del proprio malessere. Il secondo modo produce un atteggiamento lirico-esistenziale, che porta lo scrittore a indagare la propria psicologia o a riflettere sulle cause eterne del dolore umano. L'atteggiamento realistico viene espresso da scrittori come Manzoni, Balzac, Hugo e Dickens; l'atteggiamento lirico-esistenziale da poeti come Leopardi, Novalis, Coleridge e Wordsworth.

L'interesse per il primitivo

La contrapposizione natura-società, con il conseguente gusto per il primitivo, può portare a comportamenti molto diversi. Il primitivo può essere identificato con il popolo e con le origini delle diverse nazionalità: ne deriva un atteggiamento di ricerca storica che privilegia soprattutto il Medioevo, l'epoca in cui hanno inizio le storie dei vari popoli europei. È questo il caso del romanziere inglese Walter Scott e dei romantici italiani, come Giuseppe Berchet e il Manzoni della tragedia *Adelchi*. Il primitivo può anche portare alla rappresentazione di un Medioevo fantastico, fatto di leggende e di miti popolari.

La scissione io-mondo nell'età romantica

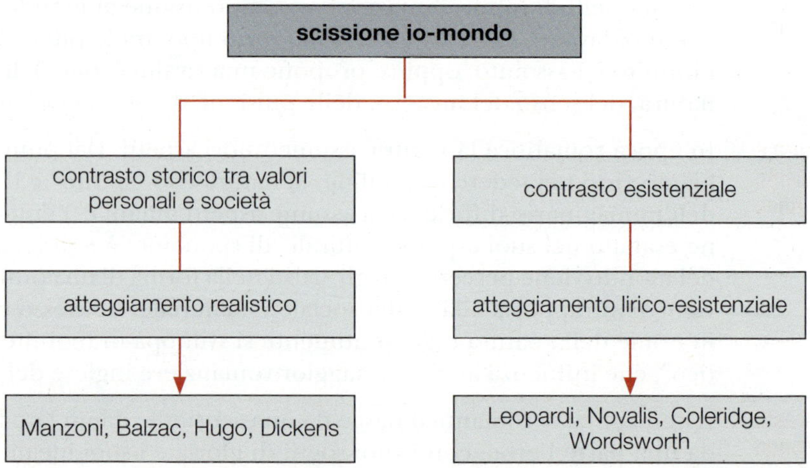

Focus Titanismo

Nella mitologia greca, la parola Titani indica i sei figli maschi di Urano (il Cielo) e Gea (la Terra) – Oceano, Iperione, Giapeto, Crono, Crio e Ceo – e più in generale anche le sei figlie femmine (le Titanidi). Il più giovane di loro, Crono, detronizzò il padre e dette origine alla stirpe degli dèi olimpici. A sua volta fu cacciato dall'ultimo e più potente dei suoi figli, Zeus, che dovette però vedersela con gli altri Titani. La guerra tra gli dèi dell'Olimpo e i figli maschi di Urano è detta Titanomachia: durò dieci anni e si concluse con la sconfitta di ques'ultimi. Dotati di grande forza e di molto coraggio, sono diventati il simbolo di personaggi eccezionali, desiderosi di affermare la propria grandezza e la propria individualità.
La parola "titanismo" deriva appunto da "Titano" e si afferma in ambito romantico per indicare l'atteggiamento di ribellione eroica tipico di molti artisti che non possono accettare le restrizioni che le condizioni naturali, sociali e storiche impongono ai loro ideali.

Thomas Rowlandson, *Signora che legge*, 1810 ca. San Francisco, Fine Arts Museums

4 I generi letterari, il pubblico, la lingua

La letteratura romantica è formata dalla coesistenza di due poetiche: una poetica simbolista, che sottolinea il privilegio della poesia di cogliere, per via intuitiva e magica, l'universale naturale e religioso, e una poetica storico-realistica, attraverso la quale la letteratura si confronta con i grandi eventi storici, sociali, economici. Tra i generi letterari che riscuotono particolare successo ci sono il romanzo, che celebra il trionfo dei valori della borghesia ormai affermata, e la lirica, che permette di esprimere l'interiorità dell'animo umano.

Le poetiche del Romanticismo

Il senso della scissione

Alla base delle poetiche romantiche c'è, come abbiamo visto nel paragrafo precedente, una percezione comune: l'impossibilità di stabilire una pienezza di significato per l'esistenza, una scissione fra reale e ideale, un contrasto fra Io e mondo. Rispetto alle poetiche classiche, ritenute esempio di armonia, prevale ora un senso di scissione e di perdita.

La superiorità della poesia romantica

È vero che l'arte classica degli antichi esprimeva in modo naturale, ingenuo, immediato la natura, mentre la poesia romantica, che nasce dalla civiltà e dalla cultura, deve cercare la natura fuori di sé, nel campo delle idee; ma è proprio questa tensione verso l'infinito a determinare la sua superiorità. Affidandosi al genio, alla spinta soggettiva che va contro ogni regola, alla libertà della creazione, il poeta romantico può esprimere idealmente il mondo della natura come gli si presenta attraverso il rimpianto e la forza dei sentimenti. Nel saggio *Sulla poesia ingenua e sentimentale* (1796), Friedrich Schiller elabora così la distinzione fra la poesia "ingenua", che nasce dall'intesa con la natura e sarebbe perciò tipica della poesia classica, e poesia "sentimentale", che nasce invece dal distacco dalla natura ed è propria dei moderni, costretti al "sentimento" del rimpianto.

Le poetiche simboliste

La cultura romantica sottolinea il privilegio della poesia di cogliere, per via intuitiva e magica, l'universale naturale e religioso: ciò porta all'affermazione di poetiche di tipo irrazionalistico e simbolico, come accade nei poeti tedeschi e inglesi, che in una immagine particolare (il "simbolo") colgono per via irrazionale e intuitiva un significato universale. Questa intuizione non è basata su un procedimento logico, ma è espressione della loro soggettività.
Tutta la ricerca del tedesco Novalis mira a individuare il legame tra natura e interiorità del poeta: l'uomo è inserito all'interno di un sistema organico composto da forze magiche e spirituali, e la poesia è lo strumento che permette di rivelare questa unità originaria. Anche l'inglese William Wordsworth afferma che la poesia rivela la verità in assoluto: non si tratta di una verità dimostrabile razionalmente, ma di un sentimento che può essere comunicato solo con la forza delle emozioni. L'altro grande poeta romantico del periodo, Samuel Th. Coleridge, canta l'essenza misteriosa della vita, con grande uso di simboli magici che lo avvicinano all'opera di Novalis.

Le poetiche storico-realistiche

In Italia e in Francia il periodo romantico è caratterizzato invece dalla prevalenza di poetiche storico-realistiche. In questo caso la letteratura assume caratteri realistici, di vita quotidiana, che, per la prima volta, diventa materia romanzesca. Inoltre, nel romanzo realista il progetto di vita dei protagonisti, con i loro ideali morali e religiosi, si confronta sempre con i grandi condizionamenti storici, sociali, economici. L'ideale, insomma, si trova sempre immerso nel reale. Le poetiche storico-realistiche promuovono un nuovo tipo di personaggio, l'eroe problematico che, con i suoi valori autentici e genuini, introduce in un mondo falso e diviso da movimenti contraddittori una volontà di rinnovamento. Sono eroi problematici i protagonisti dei romanzi di Stendhal, di Balzac, di Manzoni: le loro azioni risultano incomprensibili se non sono messe in relazione con il mondo in cui essi agiscono.

I generi letterari e il pubblico

Una nuova concezione del genere letterario e un nuovo canone poetico

Uno dei tratti caratteristici della cultura romantica riguarda la nuova concezione del genere letterario, che passa da entità rigidamente regolata a qualcosa di relativo, studiato adesso nel suo sviluppo storico, dunque nel suo graduale modificarsi con l'evoluzione della civiltà umana. Il genere viene concepito dunque come forma sperimentale, da inventare ogni volta. Nel nuovo canone poetico, promosso già negli scritti di Madame de Staël, si valorizzano autori come Dante e Shakespeare, le cui opere non obbediscono a regole preesistenti. Il ridimensionamento dell'importanza del genere è dovuto anche all'affermazione di una forma letteraria relativamente recente e sperimentale, il romanzo, che mescola tra loro stili diversi e si sottrae a qualsiasi modello precostituito.

I generi dominanti: la lirica e il romanzo

Il predominio di romanzo e lirica non è casuale. Questi generi esprimono le modalità letterarie dell'immaginario romantico: quella storico-realistica e quella esistenziale. La prima si realizza soprattutto nel romanzo storico e nel romanzo sociale, la seconda soprattutto nella poesia lirica. Il trionfo del romanzo è il grande fenomeno nuovo del secolo. C'è uno stretto legame fra trionfo della borghesia e trionfo del romanzo. Il romanzo presuppone infatti la società di massa, un pubblico ampio di lettori ai quali rivolgersi con un linguaggio medio e che possano identificarsi emotivamente nella vicenda narrata. La diffusione del romanzo contribuisce a indebolire gli altri generi, facendone addirittura sparire alcuni, oppure a "romanzizzarli", introducendo cioè in essi temi e soluzioni stilistiche e linguistiche tipiche del romanzo. Il trionfo del romanzo presuppone un nuovo rapporto con i lettori e un ampliamento del pubblico. Si crea per la prima volta anche in Italia un pubblico di massa: le quasi 60.000 copie vendute dei *Promessi sposi* fra il 1827 e il 1840 rivelano l'esistenza di un destinatario ampio e articolato come mai era stato presente nel nostro Paese.

video
I generi dominanti: il trionfo del romanzo e l'affermazione della lirica

La questione della lingua

La lingua spirito dei popoli

Nella concezione romantica lo sviluppo civile dei diversi popoli trova nelle origini e nell'evoluzione storica del linguaggio una questione di primaria importanza. La lingua viene ora vista come espressione dello spirito di un popolo.

L'importanza dell'unità linguistica nell'Italia risorgimentale

Per questioni storiche ma anche pratico-politiche, si poneva l'esigenza di creare una lingua letteraria e una lingua di uso comune che fossero nazionali. Fino a Manzoni le uniche alternative all'uso dei dialetti erano rappresentate dalla lingua letteraria, astratta e convenzionale e lontanissima dal parlato, oppure da una lingua straniera, il francese, frequentemente impiegato nei salotti letterari. Due dunque i problemi da risolvere: quello di creare, a livello nazionale, una lingua di conversazione e di uso comune, e quello di una lingua letteraria meno lontana dall'uso. Si tratta di questioni di politica culturale strettamente collegate al processo risorgimentale: fare l'Unità d'Italia significava anche realizzare l'unità linguistica. Gli intellettuali romantici erano però divisi. Gli intellettuali dell'«Antologia», Manzoni dopo il 1827 e il governo unitario optarono per il toscanismo, cioè scelsero di fare del toscano di allora, parlato dalla borghesia colta fiorentina, la base sia della lingua di conversazione sia della lingua letteraria scritta. Per una maggiore apertura e per l'accettazione di tutti i vocaboli che rispondessero alle esigenze sociali e all'uso in atto fra le persone colte di ogni regione si schierarono gli scrittori del «Conciliatore», Berchet, Di Breme e, dopo l'Unità, il grande linguista Graziadio Isaia Ascoli. Quest'ultimo si batté perché all'unità linguistica si arrivasse spontaneamente per evoluzione civile di un popolo e non per imposizione dall'alto di un unico modello.

mappa concettuale

Storia, politica e società

- ascesa economica della borghesia
  - sviluppo industriale ineguale
  - diffusione delle macchine
  - ingigantimento delle città
- Restaurazione (1815-1830)
  - Congresso di Vienna
  - riportare l'Europa a prima della Rivoluzione francese

liberalismo monarchico
- moti carbonari 1820-1821
- moti liberali 1830-1831

liberalismo democratico
- moti rivoluzionari 1848

in Europa
- affermazione sociale e politica della borghesia

in Italia
- avvio del Risorgimento, il processo unitario che nel 1861 porta alla proclamazione del Regno d'Italia

Il Romanticismo

in Europa
- nasce in Germania nel 1798; si diffonde in Europa per poi esaurirsi a metà XIX sec.
- contro i capisaldi dell'Illuminismo (cosmopolitismo, ateismo, primato della ragione):
  - esalta le identità nazionali
  - rivaluta religione e tradizioni
  - privilegia intuizione e passione

filosofia

idealismo tedesco
- la realtà è una creazione dell'Io

Shelling
- primato dell'arte

Hegel
- primato della ragione

- filosofie irrazionaliste di Schopenhauer e Kierkegaard
- materialismo storico di Marx ed Engels

immaginario

anticapitalismo romantico
- rifiuto della modernità
- adesione alla natura e ai sentimenti
- contrasto io-mondo
- esaltazione del "genio" individuale

atteggiamento lirico-esistenziale

poesia lirica

ruolo dell'intellettuale
- letterato borghese
- "terzo Stato"
- sviluppo del mercato librario

in Italia
- tensione patriottica e civile
- "conciliazione" con Illuminismo e tradizione: poetica del "vero"
- "battaglia" fra classici e romantici
- questione della lingua

- confronto ideale/reale (aspirazioni dei singoli e dei popoli *vs* condizionamenti storici, sociali, economici)
- poetiche storico-realistiche

- romanzo storico e sociale
- riviste politico-culturali
  - Milano: «Il Conciliatore» (1818-1819), «Il Politecnico» (1839-1844)
  - Firenze: «L'Antologia» (1821-1833)

materiali per il recupero
La Restaurazione e le rivoluzioni. La cultura romantica

dizionario dei concetti chiave

- **"Battaglia" tra classici e romantici** discussione tra gli intellettuali della borghesia italiana, nata dalla lettura dell'articolo di Madame de Staël *Sulla materia e sull'utilità della traduzioni* (1816), in cui l'autrice francese propone uno svecchiamento della cultura italiana attraverso la traduzione di poeti tedeschi e inglesi. I classici sostengono l'eternità del bello, i romantici il suo carattere storico; i primi propongono l'imitazione degli autori dell'antichità, i secondi l'originalità, secondo l'esempio degli autori moderni. Inoltre il pubblico dei classici è ristretto a un'*élite* di studiosi e di uomini colti; il pubblico romantico è la borghesia.
- **poesia "ingenua" e "sentimentale"** distinzione operata dal poeta tedesco Friedrich Schiller nel saggio *Sulla poesia ingenua e sentimentale* (1796). La poesia "ingenua" nasce dall'intesa con la natura ed è tipica della cultura classica; la poesia "sentimentale" nasce invece dal distacco dalla natura ed è propria dei moderni, costretti al "sentimento" del rimpianto.
- **Restaurazione** periodo della storia europea che va dal Congresso di Vienna (1815) alla rivoluzione di luglio in Francia (1830), caratterizzato dal ritorno all'assetto territoriale e politico precedente al periodo napoleonico.
- **riviste** strumento di diffusione della cultura romantica molto usato in Italia. A Milano nascono diverse riviste: nel 1816 comincia a uscire la «Biblioteca Italiana»; nel 1818 viene fondato «Il Conciliatore», un giornale scientifico-letterario che si propone di conciliare (e da qui deriva il nome) ricerca tecnico-scientifica e letteratura, cattolicesimo e pensiero laico, illuministi e romantici, Lombardia ed Europa; tra il 1839 e il 1844 esce invece «Il Politecnico». A Firenze la rivista più importante è «L'Antologia» (1821-1833).
- **Romanticismo** movimento culturale nato in Germania alla fine del Settecento. Il dibattito sulla cultura romantica approda in Italia nel 1816, grazie a Madame de Staël, e provoca la formazione di due fronti: quello dei "classici" e quello dei romantici. Il movimento romantico si presenta con una forte identità antilluministica e anticlassica. L'immaginario romantico nasce da una scissione: da una parte l'eroe, dall'altra il mondo borghese; da una parte la natura e la poesia, dall'altra la società e la dimensione prosaica del mondo.

esercizi

esercizi di riepilogo

1 La società

Completa il testo scegliendo l'opzione corretta tra le due proposte.

La borghesia, che emerge come nuova classe con la *Rivoluzione francese / rivoluzione industriale* si batte in difesa della *giustizia sociale / libertà economica e politica*. In una prima fase si scontra con i ceti *operai / dell'antica nobiltà*; a metà dell'Ottocento il nemico principale diventa il proletariato, costituito da *lavoratori salariati / contadini*. I mutamenti di classe intervenuti rispetto alla società dell'antico regime si spiegano con lo sviluppo di una nuova economia centrata sul *sistema di fabbrica / sfruttamento coloniale* che accumula ricchezza grazie a *investimenti di capitale nell'industria / drastici risparmi* e al *commercio internazionale / sfruttamento del lavoro operaio*.

2 Il termine "romantico"

In ambito storico-letterario questo termine indica:

a. l'elemento fantasioso e inverosimile presente nei poemi cavallereschi e nei romanzi medievali
b. un sinonimo di pittoresco
c. la sensazione di malinconia che il paesaggio suscita nell'osservatore
d. l'irrequieta sensibilità dei poeti moderni, che contrapponevano la forza dei sentimenti alle astrazioni dell'intelletto

3 Contro la cultura illuministica

Riconosci nell'elenco i due aspetti del Romanticismo che si oppongono alla cultura illuministica.

a. il liberalismo
b. la rivalutazione dello spirito religioso e cristiano
c. la mitizzazione della natura
d. la ricerca di valori nazionali
e. l'aspirazione a una letteratura moderna in funzione educativa

4 Parole d'ordine

Tra le espressioni elencate distingui le parole d'ordine dei classicisti e quelle dei romantici.

	classicisti	romantici
a. imitazione	☐	☐
b. autori moderni e stranieri	☐	☐
c. originalità	☐	☐
d. autori antichi	☐	☐
e. temi cristiani e attuali	☐	☐
f. pubblico di eruditi	☐	☐
g. lingua comune	☐	☐
h. temi mitologici	☐	☐
i. pubblico borghese	☐	☐
l. lingua dotta	☐	☐

5 I caratteri del Romanticismo

Riconosci, tra i caratteri in elenco, quelli comuni al Romanticismo italiano ed europeo e quelli che invece lo differenziano e riporta sotto le lettere corrispondenti.

a. gusto per il Medioevo
b. rifiuto dell'irrazionalismo
c. ritorno alla religione cristiana
d. anticlassicismo
e. impegno civile e politico
f. interesse per la storia

caratteri in comune: ....

caratteri specifici: ....

6 La storia nella filosofia romantica

Hegel e Marx rappresentano due modi diversi di concepire la storia. Attribuisci correttamente le affermazioni seguenti.

a. ....: la storia coincide con lo sviluppo della ragione e dello spirito umano
b. ....: la storia è mossa dai bisogni materiali e dai rapporti di produzione

esercizi di approfondimento

7 Il confronto tra autori

La *Lettera semiseria* di Berchet (▶ Documento 1) e *Sulla maniera e la utilità delle traduzioni* di Madame de Staël (▶ Documento 4) sono due testi importanti per capire le nuove poetiche romantiche: confrontali individuando i tratti simili e le diversità.

8 Il confronto con le immagini

Ti proponiamo due opere di altrettanti artisti del periodo romantico. Il primo dipinto è del pittore di origine tedesca, ma vissuto poi in Inghilterra, Philip James de Loutherbourg (1740-1812). Il secondo è del pittore tedesco Caspar David Friedrich (1774-1840). Prova a scrivere due brevi didascalie, evidenziando per ciascuna opera quali aspetti e temi del Romanticismo contiene.

▲ Philip James de Loutherbourg, *Coalbrookdale di notte*, 1801. Londra, Science Museum.

▲ Caspar David Friedrich, *Abbazia nel querceto*, 1809-1810. Berlino, Schloß Charlottenburg.

allenarsi per l'esame di stato

il tema

9 Gli intellettuali italiani

Rifletti in un tema sulla situazione degli intellettuali italiani nel Romanticismo, soffermandoti sulla loro funzione nella società, sui mezzi di diffusione della cultura che avevano a disposizione e sulle principali tematiche affrontate.

preparare l'interrogazione

Per essere pronto in vista della verifica orale puoi utilizzare questa scaletta, che ti sarà d'aiuto nell'esposizione orale. La colonna di destra è a disposizione per segnare date, parole e concetti utili da ricordare.

I punti della scaletta	Date e dati da ricordare
La storia, la politica e la società • lo sviluppo demografico, la rivoluzione industriale, lo sviluppo delle ferrovie • il Congresso di Vienna • i moti carbonari del 1820-1821 • i moti liberali del 1830-1831 • i moti rivoluzionari del 1848-1849 • il Risorgimento italiano • l'Unità d'Italia	
Le idee e la cultura • il movimento culturale del Romanticismo • la nascita di riviste • la fine dell'intellettuale cortigiano e la nascita dell'intellettuale borghese • le nuove filosofie: idealismo e materialismo • la scissione io-mondo • l'interesse per la storia	
La letteratura • lo sviluppo di poetiche simboliste e storico-realistiche • il trionfo del romanzo come genere borghese • lo sviluppo della lirica • la questione della lingua	

Unità 12

Il genere

Il romanzo e la novella nell'Ottocento

Il romanzo dell'Ottocento riesce a racchiudere in sé l'universo borghese e le sue contraddizioni: accoglie, con le opere di Jane Austen e Emily Brontë, la scrittura femminile; dà voce, con il romanzo sociale di Dickens, alla difficile situazione degli operai nella nascente economia capitalistica; critica aspramente, nella *Commedia umana* di Balzac, il trionfo del denaro e del profitto come valore assoluto cui dedicare la propria esistenza.
Ma nell'«epopea borghese» c'è spazio anche per l'affermazione del genere fantastico: prima con il tedesco Hoffmann, poi con lo statunitense Poe, il romanzo e la novella si animano di creature magiche, di individui nati dalla fantasia popolare, di situazioni ricche di *suspense*, nelle quali i protagonisti sprofondano nelle loro paure primordiali. Nasce in questo periodo il romanzo storico: *Ivanhoe*, dell'inglese Walter Scott, esalta il Medioevo come culla del sentimento nazionale. Questa varietà impressionante di situazioni e di personaggi affascinanti costituisce ancora oggi un terreno fertile dal quale attingere soggetti cinematografici e letterari di sicuro successo e al quale rivolgersi per letture importanti e piacevoli.

OBIETTIVI

Conoscenze
- Caratteristiche, temi e sottogeneri del romanzo dell'Ottocento
- Maggiori autori e opere della narrativa inglese
- Maggiori autori e opere della narrativa francese
- Maggiori autori e opere della narrativa tedesca
- Maggiori autori e opere della narrativa russa
- Maggiori autori e opere della narrativa italiana

Abilità
- Comprendere e analizzare brani tratti da romanzi ottocenteschi
- Riconoscere le tecniche narrative, lo stile e i temi propri di ogni autore
- Saper individuare nei romanzi i principali temi della letteratura del Romanticismo

Espansioni digitali

testi e approfondimenti

1 Il romanzo in Europa

L'Ottocento, il secolo del romanzo

Nato nel Seicento, il romanzo si afferma il secolo successivo in Inghilterra e in Francia, ma raggiunge il massimo splendore a livello internazionale nell'Ottocento, quando il genere si diffonde anche in Russia (che diventa una nazione di primo piano non solo in campo politico, ma anche in quello letterario) e negli Stati Uniti, la cui letteratura nascente si impone subito a livello europeo.

Il filosofo tedesco Friedrich Hegel (1770-1831) ha definito il romanzo "la moderna epopea [: epica] borghese" e in effetti **questo genere letterario caratterizza sia il secolo**, l'Ottocento, **sia la classe sociale in ascesa**, la borghesia. Con il suo carattere sperimentale e innovativo, il romanzo riesce infatti a racchiudere in sé l'universo borghese e le sue contraddizioni.

Generi particolari

Abbiamo già osservato nell'Unità 7, a proposito del romanzo settecentesco, alcune caratteristiche del genere: l'assenza di modelli, la sperimentalità, il "patto narrativo", il tipo

▶ Cronologia

STORIA		AUTORI E OPERE
Congresso di Vienna ◄	1814-1815	
	1816	► *Emma* di Jane Austen (1775-1817)
	1817	► *Notturni* di Ernst Theodor Amadeus Hoffmann (1776-1822)
	1819	► *Ivanhoe* di Walter Scott (1771-1832)
moti liberali e carbonari ◄	1820-1821	
	1827	► Prima edizione dei *Promessi sposi* di Alessandro Manzoni (1785- 1873)
rivoluzione di luglio in Francia ◄	1830	► *Il Rosso e il Nero* di Stendhal (1783-1842)
	1833	► *Eugénie Grandet* di Honoré de Balzac (1799-1850)
moti insurrezionali guidati da Giuseppe Mazzini ◄	1833-1844	
	1840	► Edizione definitiva dei *Promessi sposi* di Manzoni
	1842	► *Le anime morte* di Nicolàj Vasìl'evi Gogol' (1809-1852)
	1843	► *Il pozzo e il pendolo* di Edgar Allan Poe (1809-1849)
	1847	► *Cime tempestose* di Emily Brontë (1818-1848)
moti rivoluzionari europei ◄ prima guerra d'indipendenza italiana ◄ concessione dello Statuto Albertino ◄	1848	
Vittorio Emanuele II a capo del Regno ◄ di Sardegna	1849	
	1850	► *La lettera scarlatta* di Nathaniel Hawthorne (1804-1864)
	1851	► *Moby Dick* di Herman Melville (1819-1891)
	1854	► *Tempi difficili* di Charles Dickens (1812-1870)
seconda guerra d'indipendenza italiana ◄	1858	
spedizione dei Mille ◄	1860	
proclamazione del Regno d'Italia ◄	1861	
terza guerra d'indipendenza italiana ◄	1866	
	1867	► *Le confessioni di un italiano* di Ippolito Nievo (1831-1861)
guerra franco-prussiana ◄ Roma capitale d'Italia ◄	1870	

e l'ampiezza del pubblico. Nella prima metà dell'Ottocento si sviluppano e precisano le caratteristiche di alcuni generi (o sotto-generi) particolari di romanzo:
- **romanzo storico:** è una narrazione in cui, sullo sfondo di avvenimenti storici realmente accaduti, si inserisce la vicenda immaginaria creata dall'autore. Importanti scrittori di romanzi storici sono l'inglese Scott, il francese Hugo e l'italiano Manzoni;
- **romanzo sociale e realistico:** è un racconto, ambientato in luoghi e tempi vicini all'autore, che descrive le contraddizioni della società, i cambiamenti di mentalità in rapporto ai grandi eventi politici ed economici. Tra i più importanti scrittori di romanzi realistici ci sono l'inglese Dickens e i francesi Stendhal e Balzac;
- **romanzo fantastico:** è un narrazione in cui si intrecciano personaggi e situazioni irreali e magiche ad ambienti quotidiani e persone reali. Importanti autori di romanzi e racconti fantastici sono lo statunitense Poe e il tedesco Hoffmann;
- **romanzo di formazione:** è un racconto incentrato sulla vicenda biografica ed esistenziale del protagonista, sulla sua formazione intellettuale, morale e sentimentale nelle varie fasi della vita. Tra i più importanti autori di romanzi di formazione ci sono il tedesco Goethe, l'inglese Dickens e il francese Stendhal.

Il ritardo del romanzo in Italia

Il romanzo è un genere moderno e borghese, che appartiene a una letteratura non più destinata a un pubblico ristretto, ma a un'ampia fascia di lettori. Proprio per queste sue caratteristiche, il romanzo ha minore diffusione in Italia: lo **scarso sviluppo dell'alfabetizzazione** e la **poca importanza della borghesia** all'interno delle classi sociali impediscono il successo di questo genere. Ulteriore causa di ritardo è l'assenza, in Italia, di una lingua unitaria parlata e capita in tutte le regioni e il bisogno di adeguare la lingua aulica della tradizione letteraria alle necessità comunicative del romanzo. **Dei vari generi di romanzo** che fioriscono in Europa, nella prima metà del secolo **è presente in Italia solo quello storico**, con *I promessi sposi* di Manzoni; bisognerà attendere gli anni Cinquanta e Sessanta dell'Ottocento per avere esempi di romanzi sociali e fantastici. Quanto al romanzo di formazione, esiste nell'intera storia del romanzo italiano un solo esempio: *Le confessioni di un italiano* di Ippolito Nievo.

Il romanzo e i romanzieri della prima metà dell'Ottocento

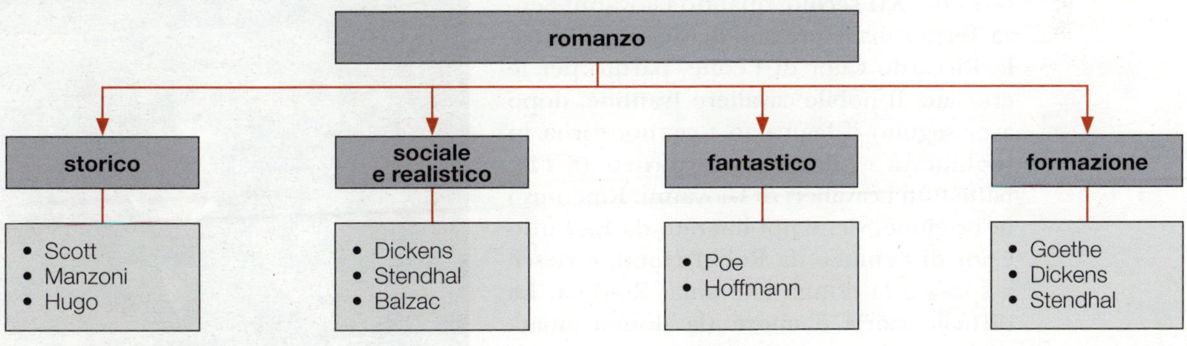

facciamo il punto

- **Quali sono i principali sottogeneri del romanzo dell'800?**
- **Quali furono i motivi del ritardo dell'affermazione del romanzo in Italia?**

2 Il romanzo e la novella in Inghilterra e negli Stati Uniti

Walter Scott, il fondatore del romanzo storico

L'"antenato" del romanzo storico

Il romanzo storico si afferma in età romantica perché in questo periodo **cresce l'interesse per la storia** e, in particolare, **per i momenti** che i romantici consideravano **cruciali per la nascita dello spirito nazionale dei popoli**, per esempio il Medioevo. Anche in passato la storia aveva fatto da sfondo a delle vicende romanzesche. Per esempio, nel romanzo gotico inglese del Settecento si trattano vicende dell'età medievale puntando l'attenzione sugli aspetti curiosi ed eccentrici del periodo, senza badare a una riproduzione storica troppo fedele. In questo genere manca però ancora la caratteristica principale del romanzo storico: far derivare il particolare modo di agire degli uomini dalle caratteristiche dell'epoca. In ***Ivanhoe*** (1819), l'opera principale del fondatore del romanzo storico, l'inglese Walter Scott (1771-1832), **la storia è** per la prima volta **la vera protagonista** e determina il comportamento dei personaggi.

Il rapporto tra realtà e finzione

Scott ricostruisce il passato della propria terra natale, la Scozia, attraverso la documentazione di fonti antiche ma, allo stesso tempo, mostra un **gusto per il pittoresco e l'avventuroso**. Nella stesura di un romanzo storico il problema principale è infatti il rapporto fra storia e invenzione. Per esempio, i personaggi possono essere tutti storicamente reali ma, nella rappresentazione della vicenda, l'autore deve ricorrere all'immaginazione e all'invenzione; viceversa, i personaggi possono essere creati dalla fantasia dell'autore e collocati però in vicende storiche realmente accadute. In genere i protagonisti, talvolta storicamente documentati e appartenenti alle classi sociali più elevate, sono personaggi realmente esistiti, mentre quelli popolari sono personaggi inventati.

Glossario

Romanzo gotico Genere narrativo sviluppatosi in Inghilterra nella seconda metà del Settecento, caratterizzato da elementi fantastici e *horror*. Capostipite del genere è *Il castello di Otranto* di H. Walpole. Il genere prosegue nel corso dell'800 con il celebre *Dracula* (1897) di Bram Stoker.

La vicenda di Ivanhoe

Il romanzo *Ivanhoe* è **ambientato nell'Inghilterra del XII secolo**, quando Giovanni Senza Terra ruba il governo del regno al fratello Riccardo Cuor di Leone, partito per le crociate. Il nobile cavaliere Ivanhoe, dopo aver seguito il legittimo sovrano, torna in Inghilterra e, durante un torneo (▶ T1), batte tutti i cavalieri di Giovanni. Rinchiuso in prigione, viene poi liberato da Riccardo Cuor di Leone e da Robin Hood, e riesce a sposare la donna che ama, Rowena. **La difficile storia d'amore** (la donna amata da Ivanhoe era infatti già promessa a un altro uomo) **si innesta su uno sfondo storico reale**, che **accoglie però anche personaggi leggendari** come Robin Hood, l'eroe popolare che ruba ai ricchi per donare ai poveri, mescolando così storia e invenzione.

▶ Thomas Lawrence, *Sir Walter Scott*, 1827. The Royal Collection.

Jane Austen

La vita e le opere

Jane Austen nasce nel 1775 a Steventon, nell'Inghilterra meridionale, penultima di otto figli. Al padre, pastore anglicano, deve gran parte della sua formazione culturale. (▶ Cinema, p. 615). Il suo primo romanzo è ***Northanger Abbey*** [L'abbazia di Northanger, 1798-1798], uno scritto ironico sui danni della letterarietà e del Romanticismo. Incentrato su un tema simile è anche ***Sense and sensibility*** [Ragione e sentimento, 1811], e il più famoso ***Pride and prejudice*** [Orgoglio e pregiudizio, 1813], la storia delle sorelle Bennet, dell'invidia suscitata dall'attenzione che il ricco Charles Bingley ha per una di loro, Jane, ma soprattutto la storia d'amore tra lo scorbutico Mr. Darcy ed Elizabeth Bennet. Le ultime opere della Austen sono ***Mansfield Park*** (1814), ***Emma*** (1816) e ***Persuasion*** (1818). Ammalatasi di tubercolosi, Jane Austen muore nel 1817.

▲ *Essere amante del ballo era appena a un passo dall'innamorarsi, illustrazione e citazione dal romanzo di Jane Austen Orgoglio e pregiudizio.*

La vicenda di Emma

Emma è diviso in tre parti:

- ***Prima parte*** (capp. 1-18): Emma, la giovane figlia del benestante signor Woodhouse, comincia a vivere la sua vita di adulta dopo il matrimonio della sua governante, Miss Taylor, con il vedovo Weston, dedicandosi all'educazione di Harriet, figlia di ignoti. Le sconsiglia di sposare Martin, uomo ricco ma socialmente inadeguato, e la spinge invece verso un "gentiluomo", il reverendo Elton. Ma quest'ultimo si dichiara invece a Emma, perché benestante. Solo George Knightley, il cognato di Emma (▶ T2), considera nociva l'amicizia che la parente ha stretto con Harriet;
- ***Seconda parte*** (capp. 19-36): il figlio di Weston, Frank Churcill, sembra molto attratto da Emma; Mr. Elton presenta la nuova moglie, una giovane borghese arricchita; Knightley si invaghisce di una coetanea di Emma, Jane Fairfax;
- ***Terza parte*** (capp. 37-55): è svelato il fidanzamento segreto di Jane Fairfax e Frank Churcill: questa rivelazione porta alla luce anche l'amore di Harriet per Knightley. In un susseguirsi di chiarimenti, che sono in realtà delle "riletture" delle situazioni precedenti, Emma si scopre gelosa di Knightley, che la ama a sua volta, mentre alla fine Harriet sposa Martin.

Emma: un'eroina che «non piacerà a nessuno»

Il romanzo si apre con la presentazione di Emma: un'eroina che, secondo le parole dell'autrice, «non piacerà a nessuno tranne che a me». La protagonista, centro della narrazione, si caratterizza per la sua presunzione, ripetutamente umiliata nel corso dell'opera. Le vicende presentate sono sempre legate alla parola (una conversazione, la lettura di una lettera, il racconto di un episodio) e quindi soggette a interpretazioni diverse; assumono significato differente per i personaggi, come per il lettore, via via che si procede. *Emma* è un romanzo basato sul movimento frenetico della psiche della protagonista, occupata a costruire ipotesi di decifrazione della realtà, tra dubbi e scelte di comodo.

Emily Brontë

La vita e le opere

Emily Brontë nasce nel 1818 nello Yorkshire, in Inghilterra settentrionale. Figlia di un curato e orfana di madre, la giovane Emily vive con le due sorelle Anne e Charlotte (che diventeranno anch'esse scrittrici) e un fratello, Patrick, in un ambiente molto ristretto, dal quale esce solo per andare in chiesa. **Scrive molte poesie**, pubblicate nel 1846 con il titolo di ***Poems*** [Poesie] e **firmate**

Glossario

Brontë L'origine di questo cognome si rifa alla storia dell'ammiraglio Horace Nelson, che fu insignito del titolo di duca di Bronte (la località siciliana) dal re Ferdinando IV. Il padre delle sorelle Brontë, il curato Prunty, modificò il suo cognome per ammirazione del celebre ammiraglio. La dieresi sull'ultima vocale impedisce agli inglesi di pronunciare i la -e finale.

con lo pseudonimo di Ellis Bell; del 1847 è invece l'unico romanzo scritto dalla Brontë, ***Wuthering Heights*** [Cime tempestose]. Dopo aver assistito alla morte dell'amato fratello, la Brontë non accetta più le cure mediche per la tisi che l'aveva colpita, si spegne nel 1848 a soli trent'anni.

La vicenda di *Cime tempestose*

In *Cime tempestose*, la famiglia Earnshaw vive in un paesaggio di alture battute dalle tempeste: qui il signor Earnshaw accoglie il trovatello Heathcliff, dal carattere violento e selvaggio, che si innamora della figlia del suo benefattore, Catherine. Alla morte del padre la ragazza rifiuta di sposare Heathcliff per la sua inferiorità sociale e per l'antipatia che l'innamorato suscita nel fratello Hindley, nonostate sia innamorata di lui. Catherine si fidanza con Edgar, figlio dei Linton, una famiglia che vive in una pianura dal clima mite in una proprietà di nome Thrushcross Grange, pur confessando a Nelly (la governante) che ama disperatamente Heathcliff (▶T3). Egli sente solo una parte della confessione di Catherine, nella quale ella pare disprezzarlo e, furibondo, decide di partire per cercare fortuna e abbandonare la casa sulle "cime tempestose". Durante la sua assenza, Catherine sposa Edgar. Dopo tre anni Heathcliff fa ritorno a Wuthering Heights, arricchito e deciso a riconquistare Catherine. Sposa senza amarla Isabella Linton, sorella di Edgar, dalla quale avrà un figlio di nome Linton; paga i debiti di gioco di Hindley e rileva la proprietà degli Earnshaw; costringe Hindley e suo figlio Hareton a condurre una vita da selvaggi; Catherine muore mentre dà alla luce la figlia Cathy. Heathcliff fa di tutto per favorire l'unione tra Linton e Cathy poiché grazie a questa unione, alla morte di Edgar Linton Trushcross Grange passerebbe a suo figlio. Poco dopo il matrimonio tra i due giovani, muore dapprima Edgar Linton, poi Linton, il figlio di Heathcliff, che pare non provare alcun dolore per questa perdita. Heathcliff diventa così il padrone assoluto non solo di Wuthering Heights ma anche di Thrushcross Grange. Alla fine Cathy – rimasta vedova – sposa il cugino Hareton. Heathcliff è ormai stanco e sull'orlo della pazzia: crede di vedere il fantasma di Catherine e spera in una riconciliazione spirituale fra loro. Trovato morto nel suo letto, verrà sepolto insieme alla sua amata Catherine.

La narrazione è condotta in parte da Nelly Dean, la governante di Catherine e in parte da Mr. Lookwode, un gentiluomo di città, da poco trasferitosi come inquilino a Thrushcross Grange.

La forza delle passioni

Il romanzo di Emily Brontë **riprende alcuni temi del romanzo gotico** – la presenza di un eroe dalle caratteristiche sataniche e l'azione di un elemento sovrannaturale e misterioso – svolgendoli però in modo nuovo. L'opera è **fondata sulla contrapposizione fra la casa sulle cime tempestose**, dimora della famiglia Earnshaw, **e la calma casa della valle**, dove abitano i Linton. Il trovatello Heathcliff è l'eroe satanico animato da una forza distruttiva che sembra provenire dalle viscere stesse della natura; l'intensità delle passioni che animano gli abitanti di *Cime tempestose* conduce a un conflitto tra le due famiglie, che riescono a salvarsi dall'annientamento reciproco solo grazie ai loro discendenti.

Charles Dickens

La vita e le opere

Nato nel 1812 a Portsmouth, cittadina dell'Inghilterra meridionale, da una famiglia piccolo-borghese, Charles Dickens conosce fin dall'infanzia la miseria e il lavoro operaio. La sua prima opera è ***The Posthumous Papers of the Pickwick Club*** [Il circolo Pickwick, 1836], romanzo che vendette subito quarantamila copie. Il tema dell'infanzia sofferente e delle ingiustizie sociali è affrontato in ***Oliver Twist*** (1837-1838), mentre il suo opposto, il mito dell'infanzia felice, in ***David Copperfield*** (1849-1850). Con Dickens **nasce il "romanzo sociale"**, in cui si rappresentano la realtà industriale e il rapporto operaio-padrone.

Fra le opere di questo tipo il capolavoro è sicuramente ***Hard Times*** [Tempi difficili, 1854], al quale seguono ***Little Dorrit*** [La piccola Dorrit, 1857-1858], ***Great Expectations*** [Grandi speranze, 1860-1861] e ***Our Mutual Friend*** [Il nostro comune amico, 1864-1865]. Dopo un viaggio in America per leggere alcuni suoi romanzi, Dickens muore nel 1870.

La vicenda di Tempi difficili

Tempi difficili è **ambientato a Coketown**, una triste città sede di miniere di carbone nel nord dell'Inghilterra. L'industriale Thomas Gradgrind, fondatore del sistema scolastico cittadino, ha cinque figli, tra cui Louisa e Tom. La ragazza viene costretta dal padre a sposare il vecchio e avaro fabbricante Bounderby (▶ T4), presso il quale è impiegato il fratello Tom. Vittima di un matrimonio infelice, Louisa è sedotta da un giovane politico senza scrupoli: delusa dall'atteggiamento dell'amante, la ragazza fugge dal padre per trovare protezione. Tom ruba una forte somma di denaro dalla banca di Bounderby, accusando poi un operaio innocente, Stephen Blackpool. Scoperto il vero colpevole del reato, Tom verrà mandato all'estero per evitare uno scandalo pubblico.

La nascita dell'"anticapitalismo romantico"

Tempi difficili è il romanzo in cui si manifesta l'**insofferenza di Dickens nei confronti della crescente industrializzazione inglese** in atto già dal Settecento. Con questo autore inizia l'**"anticapitalismo romantico"**: il capitalismo viene criticato da un punto di vista patetico e umanitaristico, non da un punto di vista politico ed economico. La soluzione delle contraddizioni è affidata non alla politica, ma ai buoni sentimenti della borghesia. Tuttavia la sua denuncia è severa e coraggiosa.

Edgar Allan Poe

La vita e le opere

Negli Stati Uniti **nasce il racconto fantastico** con l'opera di Edgar Allan Poe. Nato nel 1809 a Boston da una famiglia di girovaghi, il giovane Edgar Poe rimane presto orfano e viene allevato da un ricco mercante, del quale assumerà il cognome Allan. Gli scontri con il patrigno lo inducono a condurre una **vita dissoluta**: sospeso dall'università della Virginia per alcolismo e debiti di gioco, Poe riesce a vivere dedicandosi al giornalismo. La sua fama è legata ai racconti usciti nel 1840, ***Tales of the Grotesque and the Arabesque*** [Racconti del grottesco e dell'arabesco], cui seguono, nel 1843, ***The Gold Bug*** [Lo scarabeo d'oro] e ***The Pit and the Pendulum*** [Il pozzo e il pendolo]. Nel 1846 raccoglie le sue poesie in ***The Raven and Other Poems*** [Il corvo e altre poesie], mentre è del 1838 il suo unico romanzo, ***The Narrative of Arthur Gordon Pym*** [Le avventure di Gordon Pym]. Muore nel 1848 a causa dei danni provocati dall'alcolismo.

Incubo e allucinazione protagonisti

I racconti di Poe possono essere di tre tipi:
- **del terrore**, come *The Fall of the House of Husher* [Il crollo della casa Husher], *The Black Cat* [Il gatto nero] e *The Pit and the Pendulum* [Il pozzo e il pendolo] (▶ T5);
- **metafisici**, come *The Discent into the Maelström* [Una discesa nel Maelström];
- **polizieschi**, come *Murders on the Rue Morgue* [Gli omicidi della Rue Morgue], considerato uno dei capostipiti della *detective story*, e *The Purloined Letter* [La lettera rubata]. In molte storie domina **il tema dell'incubo**, **della vertigine**, fino alla comparsa di **stati allucinatori**: i protagonisti si trovano in condizioni-limite, costretti a confrontarsi con le angosce e le ossessioni dell'inconscio, che spingono la narrazione al massimo della *suspense*.

Nathaniel Hawthorne e Herman Melville

La lettera scarlatta di Hawthorne

Oltre che in Poe, il **mondo dell'ignoto**, del mistero e della colpa emerge in primo piano anche nell'opera di altri scrittori statunitensi. Il capolavoro di **Nathaniel Hawthorne** (1804-1864) è il romanzo ***The Scarlet Letter*** [La lettera scarlatta, 1850], incentrato sul contrasto tra bene e male, con i **motivi** connessi **della colpa e dell'espiazione**. La vicenda si svolge nelle colonie inglesi del Nuovo mondo nel Seicento: Hester Prynne, che ha preceduto nel Massachusetts il marito, ha una pericolosa relazione dalla quale nasce una figlia illegittima. Condannata alla pubblica vergogna e a portare cucita sulle vesti la lettera A ("adultera"), ritagliata su un panno scarlatto, la donna è costretta a tacere quando, al suo arrivo, il marito vuole scoprire chi sia stato il suo amante. Alla fine l'uomo arriva comunque alla verità: l'insospettabile reverendo del paese si è macchiato di questa colpa e, dopo averla ammessa pubblicamente, muore tormentato dai rimorsi.

Moby Dick, *il capolavoro di Melville*

L'altro importante romanziere americano è **Herman Melville** (1819-1891). Dopo aver scritto romanzi e racconti di avventure che riportano le sue esperienze personali di mozzo in una nave baleniera, si avvicina al genere fantastico-allegorico grazie all'incontro con Hawthorne. Scrive così il suo capolavoro, ***Moby Dick*** (1851), che narra le avventure di una nave baleniera all'inseguimento di una terribile balena bianca. L'animale, inseguito per i mari del mondo, diventa una **figura allegorica**, **emblema del male e dell'assurdità della vita**.

Il romanzo inglese e statunitense nella prima metà dell'Ottocento

Opere	Temi
Orgoglio e pregiudizio, Austen 1813	• ambiente domestico • repressione sociale
Ivanhoe, Scott 1819	• esaltazione dei costumi e dei riti del Medievo feudale
Il pozzo e il pendolo, Poe 1843	• atmosfera misteriosa e inquietante
Cime tempestose, Brontë 1847	• passione amorosa devastante e inesorabile
La lettera scarlatta, Hawthorne 1850	• contrasto tra colpa ed espiazione
Moby Dick, Melville 1851	• riflessione sul male e sull'assurdità della vita
Tempi difficili, Dickens 1854	• critica al capitalismo dell'epoca

facciamo il punto

- **Quali sono le caratteristiche che distinguono il romanzo storico dai romanzi ambientati nel passato?**
- **Quali sono le caratteristiche di Emma, personaggio principale dell'omonimo romanzo della Austen?**
- **Qual è l'atteggiamento di Dickens nei confronti della realtà industriale dell'epoca?**
- **Su quali temi si concentrano i racconti di Poe?**

Cinema *Becoming Jane* – Il ritratto di una donna contro

Una giovane vittima del "decoro" borghese

Jane Austen [Anne Hathaway] è una giovane donna in età da marito che vive nell'Hampshire del 1795, nell'Inghilterra meridionale. Educata dal padre alla letteratura e alla musica, sogna un matrimonio per amore. La madre invece è ansiosa di affidarla alle cure dell'impacciato nipote dell'aristocratica Lady Gresham [Maggie Smith], nonostante Jane non lo ami. L'arrivo in campagna di Tom Lefroy [James McAvoy], sfacciato irlandese avviato dallo zio alla carriera giuridica, sconvolge la tranquilla vita di Jane: dopo aver tentato un matrimonio impossibile con Lefroy, Jane sceglie di comportarsi secondo il "decoro" sociale della borghesia di primo Ottocento, e ritorna a vivere tra le mura casalinghe, rinunciando così all'amore.

Come "diventare" una scrittrice

Ispirato molto liberamente alla vicenda biografica della Austen, *Becoming Jane* [Diventare Jane], racconta le difficoltà che una ragazza come la Austen poteva incontrare in una società oppressa dalla morale borghese, che costringeva figlie e mogli in una condizione di immaturità psicologica e culturale. Il sottotitolo italiano *Il ritratto di una donna contro* sottolinea quanto Jane – convinta di rendersi indipendente socialmente ed economicamente con l'attività di scrittrice – potesse apparire un modello di donna emancipata. Ecco un dialogo tra Jane e Tom che rivela quanto la donna pretendesse dalla sua condizione:

Jane: – I romanzi! Quelle opere insipide e mediocri preferite dalle donne o, Dio ce ne scampi, scritti dalle donne?
Tom: – Eh sì! State parlando della vostra lettura.
Jane: – Che c'è? La scrittura delle donne non può esprimere le alte potenzialità della mente, la conoscenza della natura umana, i più vividi slanci dell'arguzia e la scelta di un linguaggio appropriato?
Tom: – Avrei dovuto entusiasmarmi?
Jane: – Non chiedevo tanto.
Tom: – Avete uno stile… come dire, un po' compìto.
Jane: – Era solo ironico.

La storia dell'amore impossibile della Austen per Lefroy diventa un pretesto per analizzare il tessuto sociale dell'epoca, ricco di pregiudizi. Il regista, Julian Jarrold, delinea un quadro della società in cui la Austen è riuscita a diventare una grande scrittrice. Il film, infatti, indaga le dinamiche di gruppo e le regole che lo governano: il rito del cibo, con la disposizione degli invitati intorno alla tavola; il rito della danza con il ballo della stagione invernale, che permette di evadere dalle soffocanti costrizioni imposte dall'educazione borghese. Le vicende della protagonista si ispirano, oltre che alla vita della scrittrice, anche alle trame di alcuni tra i suoi più famosi romanzi.

[*Ivanhoe*, XII]

T1

Le forme
- costruzione della *suspense*

I temi
- universo popolato da eroi eccezionali

Walter Scott
La premiazione del torneo

Al castello di Ashby si è appena concluso un torneo, al quale hanno assistito il principe Giovanni, fratello di Riccardo Cuor di Leone, e Lady Rowena, innamorata di Ivanhoe, ma ostacolata da Cedric, il padre del protagonista. Il principe vorrebbe premiare un cavaliere dall'identità misteriosa, che si fa chiamare il Nero Fannullone, ma che è scomparso. Viene così incoronato il Cavaliere Diseredato, ma quando i servi gli tolgono l'elmo, lo stupore è grande: è Ivanhoe, che, ferito, cade svenuto a terra.

Era ora compito del principe Giovanni[1] nominare il miglior cavaliere della giornata, ed egli decise che l'onore toccava al cavaliere che la voce popolare aveva soprannominato *Le Noir Fainéant*.[2] Fu fatto notare al principe, criticando la sua decisione, che la vittoria era stata conseguita in realtà dal cavaliere Diseredato che nel corso della giornata aveva abbattuto da solo sei campioni e che aveva poi disarcionato[3] e fatto cadere

1 principe Giovanni: Giovanni Senza Terra, che ha usurpato il trono del fratello Riccardo Cuor di Leone, partito per le crociate.
2 *Le Noir Fainéant*: *Il Fannullone Nero*, francese. Il cavaliere, dall'identità sconosciuta, è stato in disparte per gran parte del torneo. Si tratta, in realtà, di re Riccardo.
3 disarcionato: *fatto cadere da cavallo*. Ci si regge in sella appunto grazie all'arcione, che ne è una parte ricurva.

a terra il capo della fazione avversaria. Ma il principe Giovanni rimase del suo parere, sostenendo che il cavaliere Diseredato e il suo gruppo avrebbero perso il torneo se non fosse stato per il potente aiuto del cavaliere dalla nera armatura, al quale perciò insisté di aggiudicare il premio.

Tuttavia, con sorpresa di tutti i presenti, non si riuscì a trovare il cavaliere prescelto da nessuna parte. Aveva lasciato il campo immediatamente dopo la fine del torneo ed era stato visto da alcuni spettatori scendere lungo una radura della foresta con lo stesso passo lento e gli stessi modi svogliati e indifferenti che gli avevano procurato l'epiteto[4] di Fannullone Nero. Dopo che l'ebbero chiamato due volte con squilli di tromba e proclami degli araldi, fu necessario nominare un altro per ricevere gli onori che a lui erano stati destinati. Il principe Giovanni non aveva ormai altri pretesti per opporsi alla nomina di cavaliere Diseredato che fu quindi eletto campione della giornata.

Attraverso il campo reso scivoloso dal sangue e ingombro di armature rotte e dei corpi di cavalli uccisi o feriti, i marescialli condussero di nuovo il vincitore ai piedi del trono del principe Giovanni.

«Cavaliere Diseredato», disse questi, «poiché solo con questo nome volete essere conosciuto, vi conferiamo per la seconda volta gli onori di questo torneo e vi annunciamo il diritto di richiedere e di ricevere dalle mani della regina dell'amore e della bellezza[5] la corona che il vostro valore vi ha giustamente meritato». Il cavaliere si inchinò profondamente e con eleganza, ma non rispose nulla.

Mentre le trombe squillavano, mentre gli araldi si sfiatavano a tributare onore ai valorosi e gloria al vincitore, mentre le dame agitavano i fazzoletti di seta e i veli ricamati, e mentre tutti i presenti si univano in rumorose grida di esultanza, i marescialli condussero il cavaliere Diseredato attraverso il campo fino ai piedi del trono d'onore occupato da Lady Rowena. Il campione fu fatto inginocchiare sul gradino più basso. In effetti, dalla fine del combattimento il suo comportamento sembrava determinato più dall'intervento di coloro che gli erano intorno che dalla sua volontà, e fu visto barcollare mentre per la seconda volta veniva condotto attraverso la lizza.[6] Rowena, scendendo dal trono con passo aggraziato e fiero, stava per mettere la corona che aveva in mano sull'elmo del campione quando i marescialli esclamarono: «Così non va… dev'essere a capo scoperto». Il cavaliere mormorò debolmente qualche parola

4 epiteto: figura retorica che consiste nell'accostamento, generalmente al nome, di un elemento che caratterizza un personaggio.

5 regina… bellezza: la dama eletta simbolicamente come regina del torneo: è Lady Rowena.

6 la lizza: lo spazio recintato sul quale si svolgevano tornei, giostre e altri giochi cavallereschi.

◀ Frank William Warwick Topham, *La regina del torneo.* Collezione privata.

che andò perduta nella cavità dell'elmo, ma che sembrava esprimere il desiderio che non gli fosse tolto.

I marescialli, non si sa se per amore del cerimoniale o per curiosità, non fecero caso alla sua riluttanza e gli tolsero l'elmo tagliando i lacci del casco e aprendo le fibbie della gorgiera.[7] Quando l'elmo fu tolto, si videro i bei lineamenti, abbronzati dal sole, di un giovane uomo di circa venticinque anni in mezzo a una profusione di corti capelli biondi. Il volto era pallido come quello di un morto e segnato da una o due macchie di sangue.

Rowena, non appena lo vide, gettò un debole grido, ma immediatamente, facendo appello alla sua forza di carattere e imponendosi di continuare mentre tremava tutta per la violenza dell'improvvisa emozione, pose sulla testa china del vincitore la splendida corona premio della giornata, e con voce chiara e distinta pronunciò queste parole: «Io vi conferisco questa corona, signor cavaliere, come ricompensa al valore destinata al vincitore della giornata». A questo punto si fermò e poi con tono fermo aggiunse: «E mai corona cavalleresca potrebbe essere messa su fronte più degna!». Il cavaliere abbassò il capo e baciò la mano della bella sovrana[8] che aveva premiato il suo valore e poi, piegandosi ancora più avanti, crollò ai suoi piedi.

La costernazione fu generale. Cedric, ammutolito dall'improvvisa apparizione del figlio che aveva bandito, si lanciò verso di lui come se volesse separarlo da Rowena.[9] Ma ciò era già stato fatto dai marescialli di campo, i quali, intuendo la causa dello svenimento, si erano affrettati a togliergli l'armatura e avevano scoperto che la punta di una lancia era penetrata nel pettorale della corazza e aveva ferito a un fianco Ivanhoe.

da W. Scott, *Ivanhoe*, intr. it. di F. Groppali, trad. it di L. Ferruta, Garzanti, Milano 1989.

7 gorgiera: la parte dell'armatura che protegge la gola.

8 sovrana: Rowena, in quanto regina del torneo.

9 Cedric… Rowena: Cedric ha bandito il figlio Ivanhoe proprio per non dargli in sposa Rowena, destinata ad altre nozze per motivi politici.

Lavoriamo sul testo

Leggere e capire

La premiazione del torneo Il brano racconta la premiazione del torneo tenutosi al castello di Ashby: il «principe Giovanni» intende nominare come vincitore il cavaliere soprannominato «Fannullone Nero». Vista la sua assenza, viene proclamato vincitore il Cavaliere Diseredato: dietro la sua maschera si nasconde Ivanhoe, che cade a terra ferito.

Analizzare

Il romanzo storico di Scott Il brano rivela alcuni aspetti caratteristici del romanzo storico:
- l'ambientazione medievale: l'epoca scelta permette di mescolare personaggi reali (il principe Giovanni e, sotto le vesti del «Fannullone Nero», anche re Riccardo) con personaggi immaginari (Lady Rowena, Ivanhoe, Cedric);
- l'episodio del torneo: le gare tra cavalieri sono un elemento ricorrente del romanzo cavalleresco medievale. In un certo senso, Scott non imita solo un'epoca passata, ma anche una letteratura passata;
- la costruzione della *suspense*: l'identità del cavaliere detto «Fannullone Nero» rimane sconosciuta ed egli scompare misteriosamente; mentre l'identità di Ivanhoe viene rivelata un po' alla volta, prima dalla sorpresa di Rowena, poi da quella di Cedric, finché, solo alla fine del capitolo, compare il suo nome.

Interpretare e approfondire

Un universo di grandi eroi Il mondo di *Ivanhoe* è popolato da eroi eccezionali: solo dal punto di vista sociale, siamo di fronte a principi, nobili, cavalieri. Ivanhoe è una riedizione dell'eroe cavalleresco medievale: questa figura sociale, tramontata nell'Inghilterra del XIX secolo, da un lato può risvegliare i sogni dell'aristocrazia locale, dall'altro, soprattutto, consente al lettore borghese di proiettarsi in un mondo ideale. Tuttavia, il mondo antico va aggiornato in base alla sensibilità contemporanea: così, in questo passo riconosciamo in Lady Rowena un'eroina romantica, bella e dolente, mossa da un amore grande e contrastato.

Esercizi

Prima prova A • L'analisi del testo

Comprendere

1 La collocazione dell'episodio

In quale epoca storica si svolge il torneo?

....

Analizzare

2 La *suspense*

Il brano è giocato sull'attesa e sulla costruzione della *suspense*. Sottolinea nel testo gli elementi che contribuiscono a creare quest'effetto.

Interpretare e approfondire

3 I personaggi

Scott propone al lettore personaggi storici reali e immaginari. Quali caratteristiche possiedono?

[*Emma*]

T2

Le forme
- dibattito tra personaggi

I temi
- matrimonio come strumento di cambiamento e di definizione sociale

Jane Austen
L'arte di «combinare matrimoni»

Il brano riporta la discussione tra Emma e Knightley: il dibattito si basa sul matrimonio tra Miss Taylor, la governante di Emma, e il vedovo Mr. Weston, che Emma si vanta di avere combinato.

«Ah, povera Miss Taylor! È una gran tristezza».[1]

«Poveri Mister e Miss Woodhouse, se volete, ma francamente non posso dire "povera Miss Taylor". Ho una gran considerazione per voi e per Emma, ma quando si viene al punto della dipendenza o dell'indipendenza!… In ogni modo dev'essere meglio avere una sola persona da contentare che due».

«Specialmente quando una di queste due è un essere così capriccioso e seccante!» disse Emma scherzando. «Questo è il vostro pensiero, lo so… ed è quel che direste certamente se mio padre non fosse qui».

«Credo che sia proprio vero, mia cara», disse con un sospiro Mr. Woodhouse. «Ho paura d'essere qualche volta assai capriccioso e seccante».

«Babbo caro! non pensi mica che io volessi dire di te, e non supponi che Mr. Knightley alludesse a te! Che idea orribile! Oh, no! Voglio dir solo di me stessa. Mr. Knightley prova gusto a criticarmi, sai – per scherzo – non è che uno scherzo. Ci diciam sempre tra di noi quel che ci pare».

Mr. Knightley, invero, era una delle poche persone che avessero da far critiche a Emma Woodhouse, e la sola persona che ne parlasse a lei: e sebbene ciò riuscisse tutt'altro che gradito a Emma, ella sapeva che lo sarebbe stato tanto meno a suo padre, sicché non avrebbe voluto lasciargli neppur sospettare che qualcuno potesse non considerarla perfetta.

1 **«Ah… tristezza»:** il padre di Emma vive con ansia e insoddisfazione ogni tipo di cambiamento, e pensa che gli altri facciano altrettanto. Compatisce Miss Taylor, perché sposandosi ha cambiato luogo e abitudini di vita, provocando sofferenza a se stessa – così almeno egli crede – oltre che a lui e a Emma.

«Emma sa che io non ho l'abitudine di adularla», disse Mr. Knightley, «ma non volevo censurare nessuno. Miss Taylor soleva aver due persone da contentare; ora non ne avrà che una. È probabile che sia tanto di guadagnato per lei».

«Ebbene,» disse Emma, desiderosa di passar sopra alla faccenda, «voi volete particolari dello sposalizio, e io sarò lieta di darveli, ché abbiam tutti tenuto un contegno incantevole. Ognuno è stato puntuale, ognuno faceva la miglior figura. Neanche una lacrima si vedeva, neanche un muso lungo. Oh, no, tutti sentivamo che non si sarebbe stati lontani che mezzo miglio, ed eravamo sicuri che ci saremmo incontrati ogni giorno».

«La cara Emma sopporta ogni cosa così bene!» disse il padre. «Ma, Mr. Knightley, le dispiace proprio parecchio di perdere la povera Miss Taylor, e io son certo che ne sentirà la mancanza più di quanto non pensi».

Emma torse il volto, combattuta tra le lacrime e i sorrisi.

«È impossibile che Emma non senta la mancanza di una tal compagna», disse Mr. Knightley. «Non ci riuscirebbe tanto simpatica, se potessimo supporlo. Ma lei sa che vantaggi il matrimonio rechi a Miss Taylor; sa quanto debba riuscir gradito all'età di Miss Taylor sistemarsi con una casa propria, e quanto sia importante per lei aver la certezza d'un avvenire agiato, e perciò non può permettersi di sentire tanta pena quanto piacere. Ogni amico di Miss Taylor dev'esser lieto di vederla sposata così felicemente».

«E avete dimenticato una ragione di letizia per me», disse Emma, «una ragione tutt'altro che trascurabile: che ho combinato il matrimonio io stessa. Ho combinato il matrimonio, sapete, quattro anni or sono; e vedere che aveva luogo, e che io avevo visto giusto, quando tanti dicevano che Mr. Weston non si sarebbe mai risposato, può consolarmi d'ogni cosa».

Mr. Knightley la guardò e scosse la testa. Il padre rispose affettuosamente: «Ah, mia cara, vorrei che tu non combinassi matrimoni o facessi predizioni, poiché tutto quel che dici finisce sempre per succedere. Ti prego di non combinar più matrimoni».

«Ti prometto di non combinarne nessuno per me, babbo; ma quanto agli altri non posso farne a meno. È il più gran passatempo che io conosca! E dopo il successo che sai!… Ognuno diceva che Mr. Weston non si sarebbe mai risposato. Macché! Mr. Weston che era stato vedovo per tanto tempo, e che sembrava trovarsi così bene senza moglie, sempre impegnato coi suoi affari in città o tra i suoi amici qui, sempre ben accolto dovunque si recasse, sempre allegro. Mr. Weston non aveva bisogno di passare a tu per tu con se stesso una sola sera dell'anno, se non gli fosse piaciuto. Oh, no, di sicuro Mr. Weston non si sarebbe risposato! C'era persino chi parlava d'una promessa fatta a sua moglie sul letto di morte, e chi diceva che il figlio e lo zio non glielo permettevano. Si dissero sul tema le più solenni sciocchezze, ma io non prestai fede ad alcuna. Fin dal giorno (or son circa quattro anni) che Miss Taylor ed io l'incontrammo in Broadway Lane, quando, siccome principiò a piovigginare, lui con tanta galanteria corse a prendere in prestito per noi due ombrelli da padron Mitchell, io feci quel proponimento. Fin da allora progettai il matrimonio; e dal momento che tale successo mi ha arriso[2] in questa occasione, caro babbo, non puoi davvero immaginare che io smetterò di combinar matrimoni».

2 arriso: *sorriso.*

«Non capisco che cosa vogliate dire con "successo"», disse Mr. Knightley. «Il successo suppone uno sforzo. Davvero che avete speso il tempo convenientemente e squisitamente, se per gli ultimi quattro anni vi siete sforzata di concludere questo matrimonio. Degno impiego per la mente d'una giovinetta! Ma se, ed è quanto immagino piuttosto, quel che voi chiamate "combinare il matrimonio" non vuol dir altro se non che l'avete progettato, che un giorno che non avevate altro da fare vi siete detta: "Credo che sarebbe un'ottima cosa per Miss Taylor se Mr. Weston la sposasse", e che ve lo siete ripetuto in seguito di quando in quando, se è così perché parlate di successo? Dov'è il vostro merito? Di che andate orgogliosa? Avete azzeccato giusto: è tutto quanto può dirsi».

«E non avete mai conosciuto il piacere e il trionfo d'averci azzeccato giusto? Mi fate compassione... Vi credevo più sottile... poiché, credetemi, una congettura fortunata non è mai soltanto effetto della fortuna. Ci ha sempre parte l'intelligenza. E quanto alla mia povera parola "successo" su cui trovate da ridire, non so se proprio non ci ho nessun diritto. Voi avete delineato due bei ritratti, ma io penso che ce ne possa essere un terzo, qualcosa tra chi non fa nulla e chi fa tutto. Se io non avessi stimolato le visite di Mr. Weston qui, e non avessi dato molti piccoli incoraggiamenti, e appianato molte piccole difficoltà, dopo tutto la cosa avrebbe potuto finire in niente. Penso che conosciate Hartfield[3] abbastanza per comprendere questo».

«Un uomo franco ed aperto come Weston, e una donna posata e senza affettazioni come Miss Taylor, si può senza timore lasciarli condurre le proprie faccende. Coll'intromettervi c'è caso che voi abbiate fatto più male a voi che bene a loro».

«Emma non pensa mai a se stessa, se può far del bene agli altri», replicò Mr. Woodhouse, che non aveva capito che a mezzo. «Ma, mia cara, ti prego di non combinare più matrimoni; sono sciocchezze, e causano penose rotture nel cerchio d'una famiglia».

da J. Austen, *Emma*, trad. it. M. Praz, Garzanti, Milano 1965.

3 Hartfield: è il nome della tenuta dei Woodhouse.

Lavoriamo sul testo

Leggere e capire

Dove si trova il testo Collocata dopo la presentazione di Emma, questa scena costituisce la prima discussione tra Emma e Knightley sui temi del matrimonio, del dovere, della maturità e del senso di realtà. Lo scontro tra i due si concentra sul matrimonio tra Miss Taylor e il vedovo Mr. Weston: un evento del quale Emma si attribuisce presuntuosamente il merito.

Analizzare

Lo scontro tra i personaggi Considerato il vero e proprio avvio del romanzo, questa scena presenta due personaggi a confronto: Emma e Knightley. L'oggetto della discussione è il matrimonio della governante di Emma, Miss Taylor: la giovane nasconde la propria delusione e l'amarezza per l'allontanamento della donna con «una ragione di letizia». Emma si vanta di aver ottenuto un «successo», cioè di aver «combinato il matrimonio quattro anni or sono»; Knightley le ricorda che «il successo suppone uno sforzo», accusandola infine che «coll'intromettervi c'è caso che voi abbiate fatto più male a voi che bene a loro». Ad aprire e chiudere la scena, le parole del padre di Emma sottolineano come il matrimonio di Miss Taylor abbia causato un notevole cambiamento nella quotidianità della famiglia Woodhouse: i matrimoni – afferma l'uomo – «sono sciocchezze, e causano penose rotture nel cerchio d'una famiglia».

Interpretare e approfondire

Il matrimonio come definitivo cambiamento Le battute paradossali di Mr. Woodhouse, che aprono e concludono il brano, testimoniano quale cambiamento il matrimonio riesca a produrre nella società. Il matrimonio è considerato, specialmente per la donna, un mezzo di collocazione nel mondo che comporta il definitivo "destino" sociale a cui si apparterrà: quello del marito. Il mutamento di ruolo è percepito in maniera così profonda da causare una ridefinizione del nome: abbandonando Miss Taylor, che appare solo in queste prime pagine, ci si riferirà alla governante come Mrs. Weston. Nonostante li dividano interpretazioni diverse della realtà e dei fatti circostanti, Emma e Knightley sono d'accordo su una cosa: il matrimonio di Miss Taylor è «il punto della dipendenza o dell'indipendenza!», l'unico mezzo per ottenere vantaggi sociali e finanziari.

Esercizi

Prima prova A • L'analisi del testo

Comprendere

1 Il matrimonio della governante è per Emma motivo di gioia perché:

a. lo sposo di Miss Taylor è un bell'uomo
b. è lei stessa ad averlo combinato
c. Miss Taylor desiderava sposarsi
d. Miss Taylor ha sposato l'uomo che ama

2 Il padre di Emma le chiede di:

a. non sposarsi mai
b. trovare una sposa adatta per lui
c. non combinare più matrimoni
d. consolare Miss Taylor

Analizzare

3 Il tema del matrimonio

Il matrimonio della governante di casa Woodhouse solleva un dibattito sul tema del matrimonio. Completa una tabella come quella proposta relativa all'opinione che esprimono i tre personaggi presenti nel brano.

	concezione del matrimonio	motivazioni
padre di Emma	una sciocchezza	causa rotture nell'ambiente familiare
Knightley	....	....
Emma	progettarli è il suo passatempo	....

Interpretare e approfondire

4 L'arte di «combinare matrimoni»

Emma dichiara che «combinare matrimoni» è il suo «più grande passatempo». Quale approccio alla vita mostra di avere, con tale affermazione?

[*Cime tempestose*]

T3

Le forme
- alternanza di punti di vista

I temi
- amore come unione che si realizza solo con la morte

Emily Brontë
Il «segreto» di Catherine

Catherine, figlia del signor Earnshaw, racconta alla governante Nelly Dean il suo "segreto": la diversità dei sentimenti che nutre nei confronti di Heathcliff, il trovatello che suo padre ha accolto come un figlio nella casa a Wuthering Heights, e Edgar, figlio della famiglia Linton, che vive a Thrushcross Grange, una tranquilla e mite vallata.

«Se fossi in paradiso, Nelly, soffrirei molto».

«Perché non siete degna» risposi «di andare in paradiso. Tutti i peccatori soffrirebbero in paradiso».

«No, non è questo. Una volta ho sognato di esserci».

«Vi ho detto che non intendo ascoltare i vostri sogni, signorina Catherine! Me ne andrò a letto» la interruppi di nuovo. Lei rise e mi costrinse a rimanere seduta, poiché avevo fatto gesto di alzarmi.

«Non è nulla» esclamò. «Stavo soltanto per dirti che in paradiso non mi sentivo a casa mia; e mi si spezzava il cuore a forza di piangere per il desiderio di tornare sulla terra. E gli angeli erano così in collera che mi scagliarono giù, in mezzo alla brughiera, proprio in cima a Wuthering Heights, dove mi svegliai singhiozzando di gioia. Questo sogno servirà a spiegare il mio segreto quanto l'altro.[1] Non fa per me sposare Edgar Linton come non faceva per me stare in paradiso; e se quell'uomo crudele[2] là dentro non avesse a tal punto avvilito Heathcliff non avrei mai pensato a farlo. Mi degraderebbe sposare Heathcliff[3] ora: così lui non saprà mai quanto lo amo; e non perché sia

1 Questo sogno… altro: in precedenza Catherine ha parlato di un sogno ma Nelly Dean non ha voluto ascoltarne il racconto.
2 quell'uomo crudele: si riferisce al fratello, Hindley Earnshaw.
3 Mi degraderebbe… Heathcliff: negli anni dell'adolescenza Heathcliff è vissuto come un selvaggio, privo di civiltà e di educazione. Catherine ha per questo deciso di sposare Edgar Linton.

bello, Nelly, ma perché è me stesso più di quanto io lo sia. Non so di che cosa siano fatte le nostre anime, ma la mia e la sua sono identiche; e quella di Linton è diversa dalla mia come un raggio di luna da un lampo o il gelo dal fuoco». [...]

«Non so esprimermi; ma senza dubbio tu come tutti gli altri senti che c'è, o dovrebbe esserci, per te una esistenza che va oltre te stessa. Quale scopo avrebbe la mia creazione se io mi esaurissi completamente qui? Le mie grandi sofferenze in questo mondo sono state le sofferenze di Heathcliff, e io le ho osservate e patite tutte sin dall'inizio; il mio pensiero principale nella vita è lui. Se tutto il resto perisse e lui restasse, io continuerei a essere; e, se tutto il resto persistesse e lui venisse annientato, l'universo mi diverrebbe estraneo; non mi sembrerebbe di esserne parte. Il mio amore per Linton è come il fogliame dei boschi; il tempo lo muterà, lo so bene, come l'inverno muta gli alberi. Il mio amore per Heathcliff è simile alle rocce eterne ai piedi degli alberi; fonti di poca gioia visibile, ma necessarie. Nelly, io sono Heathcliff – lui è sempre, sempre nella mia mente, non come un piacere, così come io non sono sempre un piacere per me, ma come il mio stesso essere; dunque, non parlare ancora di una nostra separazione: è impossibile; e...».

Tacque e mi nascose il volto nelle pieghe della gonna, ma io mi ritrassi di scatto. Non intendevo tollerare quella sua follia.

«Se riesco a capire qualcosa di tutte le sciocchezze che avete detto, signorina» dissi «quel che capisco serve soltanto a convincermi che ignorate interamente i doveri che vi assumete sposandovi, oppure che siete una ragazza malvagia e senza principi. Ma non caricatemi di altri vostri segreti; non prometterei più di custodirli».[4]

da E. Brontë, *Cime tempestose*, trad. it. di A. L. Zazo, Mondadori, Milano 1993.

4 non prometterei... custodirli: cioè di non rivelarli ad altri.

Telemaco Signorini, *Non potendo aspettare*, 1867.
Collezione privata.

Lavoriamo sul testo

Leggere e capire

Un «segreto» da confessare Catherine, figlia del signor Earnshaw, racconta alla governante Nelly Dean il suo «segreto»: la difficile scelta tra due sentimenti diversi, l'amore per Edgar e quello per Heathcliff. Catherine ha deciso di sposare Edgar, consapevole però che il suo amore per il figlio dei Linton «è come il fogliame dei boschi; il tempo lo muterà [...] come l'inverno muta gli alberi». D'altra parte, la ragazza afferma che sarebbe «degradante» sposare Heathcliff, per il suo spirito selvaggio e la sua mancanza di educazione, anche se la forza dell'affetto che nutre per lui è «simile alle rocce eterne ai piedi degli alberi», ed è capace di portare all'identificazione totale con l'oggetto d'amore («Nelly, io *sono* Heathcliff»).

Analizzare

I narratori della storia In questa scena il narratore è la governante Nelly Dean, che si dimostra sconcertata di fronte alla superficialità con la quale Catherine sceglie di sposare Edgar. Nel racconto della storia delle due famiglie il punto di vista di Nelly si alterna con quello dell'affittuario Lockwood, vicino di casa degli Earnshaw: entrambi i narratori sono in continuo movimento tra i due poli della narrazione, Wuthering Heights e Thrushcross Grange, che delimitano uno spazio chiuso e limitato. Inoltre, proprio perché estranei alle due famiglie, permettono di descrivere meglio l'incredibile storia che li contraddistingue.

Interpretare e approfondire

Le simmetrie "sconvolte" del romanzo Il romanzo è formato da una serie di simmetrie: esistono due case (Wuthering Heights e Thrushcross Grange) e due famiglie, gli Earnshaw e i Linton. Tutti i personaggi, esclusi i narratori, appartengono all'una o all'altra, e si distinguono fisicamente tra bruni e biondi, e caratterialmente tra violenti e miti. Le due famiglie entrano in relazione con il matrimonio: l'ordine naturale che porterebbe all'unione dei diversi (Catherine Earnshaw ed Edgar Linton) è sconvolto dal trovatello Heathcliff che provoca, in quanto portatore di un ordine divino-demoniaco, un innaturale desiderio di amore tra fratellastri (Catherine e Heathcliff).

L'unione possibile solo con la morte Le metafore che Catherine usa per descrivere i suoi sentimenti testimoniano la diversità dei due ordini di appartenenza: l'affetto che la lega a Edgar appartiene alla dimensione naturale, caratterizzata dal logorio del tempo, mentre quello che la unisce a Heathcliff è eterno, immutabile, quasi ossessivo. Rinnegare le leggi della realtà e desiderare un'unione possibile solo al di fuori dello spazio e del tempo, come quella tra Catherine e Heathcliff, sono desideri realizzabili solo attraverso la morte, l'unico destino nel quale entrambi troveranno pace.

Esercizi

Prima prova A • L'analisi del testo

Comprendere

1 Qual è il «segreto» di Catherine?

....

....

2 Che cosa Nelly considera una «follia»?

....

....

Analizzare

3 La forza dell'amore

Nel dialogo con Nelly, Catherine analizza la diversità degli affetti che nutre per Edgar e per Heathcliff. Sottolinea nel testo le espressioni con le quali Catherine esprime la forza del suo amore per Heathcliff.

Interpretare e approfondire

4 Le simmetrie del romanzo

Cime tempestose è un romanzo in cui esistono una serie di simmetrie. Quali sono? Rimangono inalterate fino alla conclusione della vicenda?

T4

Le forme
- tono umile e pacato

I temi
- critica al capitalismo
- rassegnazione come soluzione alle precarie condizioni degli operai

Charles Dickens
Contro le ingiustizie del capitalismo

L'operaio Stephen Blackpool denuncia al padrone della fabbrica le ingiustizie del sistema capitalistico e della logica dello sfruttamento, ma rifiuta di aderire alla lotta sindacale perché vorrebbe che la soluzione venisse dalla pietà e dal buon senso di chi governa. Bounderby, che rappresenta l'ottica arrogante dell'imprenditore, risponde che le lamentele della classe operaia devono essere affrontate con la forza.

– Ora, di che cosa vi lamentate? – chiese il signor Bounderby.

– Non sono venuto qui per lamentarmi, signore – gli ricordò Stephen. – Sono venuto perché mi avete mandato a chiamare.

– Di che cosa, – ripeté il signor Bounderby, incrociando le braccia – di che cosa vi lamentate voialtri, in generale?

Stephen lo guardò per un attimo con aria un po' incerta, poi sembrò che si decidesse.

– Signore, non sono mai stato molto bravo ad esprimermi, benché abbia anch'io i miei sentimenti in proposito. Veramente, siamo in un imbroglio, signore. Guardatevi intorno, guardate la città – ricca com'è – e vedrete quanta gente è nata qui, per tessere, per cardare e per guadagnarsi da vivere, sempre allo stesso modo e nella stessa maniera, dalla culla alla tomba. Guardate come viviamo e dove abitiamo, quanti siamo, e com'è sempre uguale la nostra vita; guardate come le macchine vanno sempre avanti e non ci conducono verso nessun'altra meta che non sia, sempre, la morte. Pensate a come ci considerate, a quello che scrivete di noi, a quello che dite di noi, quando andate a parlare di noi in deputazione[1] ai ministri, pensate al fatto che voi avete sempre ragione e noi sempre torto, e non abbiamo mai avuto ragione da quando siamo nati. Guardate come tutto questo è andato sempre aumentando, signore, crescendo di anno in anno, di generazione in generazione. Chi può guardare tutto questo, signore, e non riconoscere onestamente che è un imbroglio?

– Naturalmente – disse il signor Bounderby. – Ora forse voi vorrete far sapere a questo gentiluomo[2] come sistemereste voi questo imbroglio (come vi piace tanto chiamarlo).

– Non posso, signore. Non ci si può aspettare questo da me. Non ci si può rivolgere a me per questo. Tocca a quelli che stanno al di sopra di me, al si sopra di tutti noi. A chi dovrebbe toccare, se non a loro?

– Vi dirò qualcosa su questo, in ogni modo –, ribatté il signor Bounderby. – Noi vi daremo un bell'esempio con una mezza dozzina di Slackbridge.[3] Processeremo quei mascalzoni per alto tradimento, e li faremo deportare nelle colonie penali.

Stephen scosse gravemente il capo.

– Non ditemi che non lo faremo, signor mio, – dichiarò il signor Bounderby, dando ormai il via alla tempesta; – perché lo faremo, ve lo dico io!

– Signore, – ribatté Stephen con la tranquilla fiducia della certezza assoluta, – anche se voi prendeste un centinaio di Slackbridge – ce ne sono, e ce n'è un numero anche dieci volte maggiore – e li chiudeste in tanti sacchi separati e li gettaste nel più profondo oceano esistente prima ancora che ci fosse una qualsiasi terraferma, lascereste quest'imbroglio esattamente com'è. Estranei malvagi! – esclamò Stephen, con un sorriso inquieto; – quanto abbiamo sentito parlare, da quando possiamo ricordarcene, di questi estranei malvagi! Non sono *loro* che fanno i guai, signore. I guai non cominciano per causa *loro*. Io non sono favorevole a queste persone – non ho nessuna ragione per favorirli – ma è inutile e insperabile sognare di toglierli dal loro lavoro e dal loro scopo, invece di toglier loro il lavoro e lo scopo! È proprio come il fatto che tutto ciò che

1 in deputazione: *in rappresentanza.*
2 questo gentiluomo: si tratta di Harthouse, importante gentiluomo londinese.
3 Noi… Slackbridge: si annunciano cioè punizioni esemplari nei confronti di alcuni agitatori sindacali del tipo di Slackbridge, dalle cui imprese Stephen Blackpool si è dissociato.

è intorno a me in questa stanza era qui prima che io venissi e resterà qui quando me ne sarò andato. Mettete quell'orologio su una nave e speditelo all'isola di Norfolk, e il tempo continuerà a passare lo stesso. Così è con Slackbridge, in tutto e per tutto. [...]

– Signore, io non posso, con la mia poca istruzione e la mia rozzezza, dire a quel gentiluomo quali sono i mezzi per migliorare tutto ciò – sebbene vi siano alcuni operai che potrebbero farlo – ma posso dirgli quali sono le cose che non serviranno mai. Il pugno di ferro non andrà mai bene. La vittoria e il trionfo non andranno bene. Mettersi d'accordo perché una parte sia sempre e innaturalmente nel giusto e l'altra parte sia sempre e innaturalmente in torto non servirà, non servirà mai a niente. Neanche lasciar correre servirà a qualche cosa. Lasciate sole e abbandonate migliaia e migliaia di persone, che fanno sempre la stessa vita, tutte negli stessi guai, ed esse saranno come un sol uomo, e voi sarete come un altro, con un abisso cupo e insormontabile tra voi, per tutto il tempo, lungo o breve, che durerà una miseria simile. Trattarli con distacco, senza quella gentilezza e quella serenità che avvicinano le persone l'una all'altra nei loro guai e le sollevano dalle loro sofferenze dando loro quello di cui più hanno bisogno – come nessun'altra gente che il signore qui può avere visto nei suoi viaggi – non servirà a niente fino a che il sole non diventerà di ghiaccio. Soprattutto, considerarli come pura energia, regolarli come cifre in una somma o come macchine, senza sentimenti, senza ricordi e inclinazioni, senza anime che soffrono o sperano – e quando tutto va bene, tirare avanti come se essi fossero privi di tutto ciò, e quando le cose vanno male, rimproverarli della loro mancanza di sentimenti umani verso di voi – tutto questo non andrà mai bene, signore, finché non sarà distrutta l'opera di Dio.[4]

Stephen rimase lì con la maniglia della porta in mano, aspettando per sapere se si attendeva altro da lui.

– Fermatevi ancora un istante –, disse il signor Bounderby, estremamente rosso in viso. – Vi dissi, l'ultima volta che veniste qui con una protesta, che avreste fatto meglio a fare una giravolta e ad uscirne del tutto. E vi dissi anche, se ricordate, che sapevo che aspiravate ad un cucchiaio d'oro.

– Non lo pensavo davvero, signore, ve lo assicuro.

– Ora, è chiaro per me –, disse il signor Bounderby, – voi siete uno di quegli individui che hanno sempre qualcosa di cui lamentarsi. E che andate invece seminando lamentele e mietendone il raccolto. Questa è la vostra occupazione, amico mio.

Stephen scosse il capo, protestando silenziosamente che aveva ben altre occupazioni per vivere.

– Voi siete un individuo talmente fastidioso, talmente irritante e male intenzionato, vedete, – disse il signor Bounderby, – che persino il vostro sindacato, gli uomini che conoscete meglio, non vogliono avere niente a che fare con voi. Non avevo mai pensato che quegli individui potessero aver ragione in qualche cosa, ma vi dico io, che per una volta sono d'accordo con loro, e che neanche *io* voglio avere più niente a che fare con voi.

Stephen gli alzò immediatamente gli occhi in viso.

– Potete finire il lavoro che state facendo, – dichiarò il signor Bounderby con un cenno significativo, – e poi andarvene da qualche parte.

– Signore, voi sapete benissimo, – disse Stephen con forza, – che se non posso avere lavoro da voi, non potrò averlo da nessun'altra parte.

La risposta fu: – Quello che so io, lo so io; e quello che sapete voi, lo sapete voi. Non ho altro da dire in proposito.

Stephen gettò di nuovo un'occhiata a Luisa;[5] ma gli occhi di lei non erano più levati verso i suoi; sicché, con un sospiro, e dicendo, quasi senza fiato: – Che il Cielo ci aiuti tutti in questo mondo! – egli se ne andò.

da Ch. Dickens, *Tempi difficili*, trad. di A. Valori Piperno, Garzanti, Milano 1977.

4 finché… l'opera di Dio: *finché non sarà distrutto il mondo.*
5 Luisa: è la signora Bounderby, presente al dialogo, il cui sguardo Stephen ha più volte cercato come rifugio e conforto.

Lavoriamo sul testo

Leggere e capire

Com'è diviso il testo Il brano può essere diviso in quattro parti:
1) rr. 1-22: descrivono l' «imbroglio» che accomuna tanti operai come Stephen, destinati a condurre una vita sempre uguale «dalla culla alla tomba», costretti dalla loro stessa condizione sociale ad avere «sempre torto»;
2) rr. 23-40: chiariscono come il proprietario Bounderby intenda affrontare le agitazioni sindacali, dalle quali Stephen si dissocia: punire esemplarmente i capi delle manifestazioni, anche se ciò non servirà a risolvere la situazione generale;
3) rr. 41-79: esprimono il punto di vista di Stephen sulla condizione operaia: non occorre reprimere con la forza le agitazioni, né considerare i lavoratori «come pura energia, [...] come cifre in una somma o macchine»; l' «imbroglio» può essere risolto attraverso «quella gentilezza e quella serenità che avvicinano le persone l'una all'altra»;
4) rr. 80-82: sottolineano come l'unica risposta possibile degli operai alla prepotenza padronale sia la rassegnazione.

Analizzare

Un dialogo umile e dimesso Il brano rappresenta un dialogo tra l'operaio Stephen e il padrone della fabbrica Bounderby: con il suo tono umile e rispettoso, Stephen cerca di far capire al padrone che le agitazione operaie potrebbero essere calmate con il rispetto e la gentilezza verso gli altri. Il tono dell'operaio è quindi pacato e vicino alla rassegnazione, come testimonia anche la sua ultima battuta: «Che il Cielo ci aiuti tutti in questo mondo!»

Intepretare e approfondire

L'ideologia dell'anticapitalismo romantico Il discorso dell'operaio esprime gli aspetti fondamentali dell'ideologia dell'anticapitalismo romantico, sostenuta fortemente da Dickens:
- la fiducia nella classe dominante, a cui tocca risolvere il problema sociale;
- la disapprovazione dei metodi di lotta delle organizzazioni sindacali;
- la condanna dei metodi violenti di repressione attuati dai padroni;
- il diritto dell'operaio a essere considerato un essere umano, con i suoi sentimenti e le sue sofferenze, e dunque la richiesta di un atteggiamento più umano nei confronti del lavoratore;
- la rassegnazione cristiana da parte degli operai in caso di prepotenze da parte del padrone.

Esercizi

Prima prova A • L'analisi del testo

Comprendere

1 Di quale «imbroglio» parla Stephen?

a. Della vita monotona della fabbrica
b. Della vita monotona degli operai
c. Della condizione disagiata nella quale vivono gli operai
d. Della condizione disagiata nella quale vive la sua famiglia

2 Come pensa di risolvere la situazione il signor Bounderby?

a. Attraverso il dialogo con i sindacati
b. Con la forza
c. Aumentando i salari
d. Con un atteggiamento di compassione verso gli operai

3 Come si conclude il dialogo tra Stephen e il signor Bounderby?

a. Con un accordo soddisfacente per entrambi
b. Con l'intervento della moglie del signor Bounderby
c. Con la rassegnazione di Stephen
d. Con il riconoscimento dei meriti di Stephen come operaio

Analizzare

4 L'ideologia anticapitalistica

La descrizione della vita operaia condotta da Stephen rivela la sua critica al capitalismo industriale. Sottolinea nel testo le espressioni di dissenso sia nei confronti dei padroni, sia nei confronti del sindacato. Quale soluzione propone Stephen alla difficile questione sociale?

Interpretare e approfondire

5 Sulla condizione operaia contemporanea

Dickens descrive la difficile situazione degli operai nella nascente economia capitalista. Conosci altre opere (libri, film) in cui si parli della condizione operaia nella società contemporanea?

T5

Le forme
- stile tra allucinazione e precisione realistica

I temi
- tema della tortura e della prigione
- pozzo come simbolo della voragine dell'inconscio

Edgar Allan Poe
Il pozzo e il pendolo

Dopo essere stato condannato a morte dal tribunale spagnolo dell'Inquisizione, il protagonista di questo racconto, pubblicato nel 1843, è a Toledo, chiuso nel buio di una segreta. Per caso scopre che si trova sull'orlo di un pozzo, nel quale sarà costretto a cadere: per fuggire dalla morte destinatagli, si addossa alla parete opposta, finché non si addormenta. Il brano riportato inizia a questo punto: al risveglio – dopo essere stato narcotizzato – l'uomo si accorge di essere legato, mentre un raggio di luce gli fa scorgere la sua prossima tortura, una lama che scende su di lui muovendosi come un pendolo. Sfuggito anche a questa terribile morte, il protagonista dovrà affrontare il progressivo restringimento delle pareti infuocate della prigione.

Durante il sonno avevo completamente mutato posizione; adesso giacevo sul dorso, lungo disteso su una specie di telaio di legno poco elevato; ad esso ero assicurato mediante una lunga cinghia, simile a un cingolo,[1] che girava parecchie volte intorno agli arti e al corpo non lasciandomi liberi che la testa e il braccio sinistro, in modo che solo con un grande sforzo potevo fornirmi del cibo da un piatto di terra che mi giaceva accanto, sul pavimento. Vidi con orrore che la brocca era scomparsa; dico con orrore, perché m'ardeva una sete intollerabile, che, a quanto pareva, rientrava nei disegni dei miei persecutori stimolare, poiché il cibo del piatto era costituito da carne acremente speziata.[2]

Alzai gli occhi a esaminare il soffitto della prigione; era alto trenta o quaranta piedi, ed era costruito in modo assai simile a quello delle pareti laterali. In uno dei suoi pannelli, una figura singolare assorbì tutta la mia attenzione; era l'immagine dipinta del Tempo, quale è usualmente rappresentato, salvo che, in luogo della falce, teneva ciò che, a un'occhiata casuale, mi parve un grosso pendolo, come se ne vedono negli orologi antichi. V'era, però, qualche cosa, nell'aspetto di quel congegno, che mi costrinse a osservarlo con maggiore attenzione. Mente lo esaminavo direttamente di sotto in su, (poiché esso si trovava immediatamente sopra il mio corpo), ebbi l'impressione di vederlo muovere; un istante dopo l'impressione era confermata; l'oscillazione era breve e naturalmente, lenta; lo fissai per alcuni minuti, con una certa paura, ma, ancor più, con sorpresa. Stanco, al fine di seguirne il moto uniforme, volsi lo sguardo ad altri oggetti della cella.

Un lieve rumore attrasse la mia attenzione, e, guardando il pavimento, vidi parecchi topi enormi che lo attraversavano. Erano usciti dal pozzo che s'apriva sotto il mio sguardo, a destra; mentre li stavo guardando, salirono a frotte,[3] velocisissimi, con gli occhi voraci, attratti dall'odore della carne, dalla quale, soltanto con uno sforzo enorme e con molta attenzione, riuscii ad allontanarli.

Poteva esser trascorsa mezz'ora, o fors'anche un'ora, (poiché non potevo serbare[4] che una nozione molto imperfetta del tempo), prima che alzassi di nuovo gli occhi al soffitto. Ciò che vidi allora mi confuse e mi sbigottì. L'oscillazione del pendolo era aumentata di circa una jarda,[5] e, come conseguenza naturale, anche la sua velocità era ora molto maggiore. Ma ciò che più mi turbò fu l'idea che il pendolo era sensibilmente *disceso.* Osservai in quel momento, non occorre dire con quale orrore, che la sua estremità inferiore era costituita da una mezzaluna d'acciaio lucente, lunga, da un corno all'altro, circa un piede[6] i corni rivolti in sù e il margine inferiore erano manifestamente affilati come un rasoio; e, pure, come un rasoio, essa appariva massiccia e affilata, dilatandosi dal filo al dorso in alto, in una forma solida e larga. Era attaccata a una pesante asta d'ottone, e il tutto, fendendo l'aria *sibilava.*

Non potevo aver più dubbi intorno alla sorte che mi era stata preparata dalla raffi-

1 cingolo: *cintura, cinghia.*
2 acremente speziata: piccante.
3 a frotte: *a gruppi.*
4 serbare: *conservare.*
5 jarda: misura lineare inglese corrispondente a 0,91 metri.
6 piede: unità di lunghezza pari, in Inghilterra, a 30,48 centimetri.

nata crudeltà dei monaci; gli agenti dell'Inquisizione avevano saputo la mia scoperta del pozzo – il *pozzo*, i cui orrori erano destinati a un reprobo temerario[7] qual ero io, il *pozzo*, prototipo dell'inferno, e riguardato dalla voce pubblica quale Ultima Tule[8] di tutti i loro castighi. Avevo evitato il tuffo mortale per il più fortuito dei casi, e sapevo che la sorpresa e il tranello che precipita la vittima fra i tormenti costituivano un ramo importante della scienza grottesca delle loro tenebrose esecuzioni. Poich'ero sfuggito alla caduta, non rientrava più nei loro diabolici disegni farmi sprofondar nell'abisso; perciò, non essendovi altra alternativa, una fine diversa e più mite m'attendeva. Più mite! Sorrisi, quasi, nella mia agonia, al pensiero di simile applicazione d'un simile termine!

A che serve riferire le lunghe, lunghe ore di terrore più che mortale durante le quali contai le incalzanti oscillazioni dell'acciaio? A pollice a pollice, a linea a linea,[9] con un progresso apprezzabile solo a intervalli che sembravano secoli – scendeva, scendeva sempre. Passarono giorni – può darsi che ne passassero molti – prima che giungesse a oscillare così vicino, da farmi sentire il suo sibilo acre: l'odore dell'acciaio affilato mi penetrava le narici. Pregai – stancai il cielo con le mie preghiere, perché ne affrettasse la discesa. Divenni pazzo frenetico, e mi sforzai di sollevarmi contro la spaventosa scimitarra[10] oscillante. E poi d'un tratto sprofondai nella calma e stetti là, sorridendo a quella morte scintillante, come un fanciullo dinanzi a un raro balocco.[11]

Seguì un altro intervallo d'insensibilità assoluta; dovette esser breve, poiché, ritornando alla vita, non riscontrai che il pendolo fosse disceso in modo apprezzabile; ma poteva trattarsi anche d'un intervallo alquanto lungo – poiché sapevo che v'eran demonî che potevano aver notato il mio svenimento e che potevano aver fermato le oscillazioni a loro piacere. Riavendomi, inoltre, mi sentii molto, – oh, indicibilmente! – infermo e affranto come da una lunga inanizione.[12] Ma, anche fra tali angosce, la natura umana reclamava il cibo; con uno sforzo penoso, allungai il braccio sinistro quanto permettevano i legami, e presi possesso dei pochi resti che i topi m'avevan lasciato. Mentre ne introducevo un boccone fra le labbra, mi balenò alla mente un pensiero, appena abbozzato, di gioia, di speranza. Eppure, che avevo a vedere, *io*, con la speranza? Era, come dico, un pensiero abbozzato solo a metà – l'uomo ne ha spesso, di codesti pensieri, che non giungon mai a esser completi. Sentivo ch'era un pensiero di gioia, di speranza, ma sentivo anche che s'era già dissolto, mentre si formava; invano tentai di completarlo – di trattenerlo: la lunga sofferenza aveva quasi annientato i normali poteri della mia mente. Ero un imbecille, un idiota.

La vibrazione del pendolo formava un angolo retto con la lunghezza del mio corpo, in modo che la mezzaluna, secondo il loro disegno, avrebbe attraversato la regione del cuore; avrebbe intaccato la rascia[13] della mia veste, sarebbe tornata, e avrebbe ripetuto la sua operazione – ancora – e ancora. Nonostante la terribile ampiezza della sua curva, (circa trenta piedi o anche più), e la forza sibilante della sua discesa, sufficiente a fendere quelle stesse pareti di ferro, tuttavia, per alcuni minuti, non avrebbe potuto far altro che tagliar la mia veste; a tale pensiero, la mia mente sostò: oltre questa riflessione non osavo procedere. Indugiai su di essa con una pertinacia d'attenzione[14] – come se, con tale indugio potessi arrestare *lì*, la discesa dell'acciaio. Costrinsi me stesso a meditare sul suono che avrebbe prodotto la mezzaluna, passando attraverso la mia veste, sulla sensazione peculiarmente penetrante che lo sfregamento della stoffa produce sui nervi. Meditai su tutte queste frivolezze, finché n'ebbi i denti allegati.[15]

7 reprobo temerario: *colpevole ardito.*
8 Ultima Tule: i greci e i latini indicavano con il termine di *Thule* le terre dell'estremo nord della Britannia (Norvegia, isole Shetland, Islanda) dove si credeva che i tre elementi terrestri (terra, acqua e aria) giungessero a confondersi gli uni con gli altri e che quindi, in quella zona, non esistesse più la terra; in seguito il termine è servito ad indicare i limiti estremi del mondo. Nel brano si definisce il pozzo «Ultima Tule» dell'Inquisizione, ossia ultimo e più tremendo castigo.
9 pollice… linea: nel sistema di misurazione inglese il "pollice" equivale a 2,50 centimetri e la "linea" corrisponde alla dodicesima parte di un pollice, ossia a circa 2 millimetri.
10 scimitarra: corta sciabola a lama curva usata dai popoli orientali e specialmente dai Turchi.
11 balocco: *giocattolo.*
12 inanizione: esaurimento dell'organismo per mancanza di alimentazione.
13 rascia: tessuto di lana grossolana, spigato.
14 pertinacia d'attenzione: *attenzione ostinata.*
15 i denti allegati: la bocca impastata, cioè una sensazione fisica di fastidio.

Giù – sempre più giù discendeva. Con un piacere frenetico paragonai la sua velocità verso il basso con la velocità laterale. A destra – a sinistra – lontano e ampio, con l'urlo d'uno spirito dannato! verso il mio cuore, col passo furtivo della tigre! ridevo e urlavo alternamente, secondo che l'uno o l'altro pensiero mi dominava.

Giù – sicuramente, inesorabilmente più giù! Vibrava a tre pollici dal mio petto! mi dibattei violentemente – furiosamente – per liberar del tutto il braccio sinistro; non era libero che dal gomito alla mano; potevo stender quest'ultima, con grande sforzo, dal piatto di legno che m'era accanto, fino alla bocca, ma non di più. Se avessi potuto spezzare i legami sopra il gomito, avrei afferrato il pendolo, tentando di arrestarlo; ma avrei potuto altrettanto tentar d'arrestare una valanga!

Sempre più giù – incessantemente – inevitabilmente più giù! – Boccheggiavo[16] e mi agitavo a ogni oscillazione. Mi rattrappivo convulsamente, a ogni passaggio della lama. I miei occhi ne seguivano il volo che s'allontanava e saliva, con l'ansia della disperazione più insensata; si chiudevano, poi, spasmodicamente, alla sua discesa – quantunque la morte sarebbe stata un sollievo, quale sollievo indicibile! E tuttavia rabbrividivo in ogni nervo, pensando qual leggera discesa ulteriore sarebbe bastata, perché la macchina piantasse sul mio petto il taglio lucente dell'aguzza mannaia. La speranza, la speranza faceva tremare i miei nervi – raggricciare[17] tutto il mio corpo; la speranza, che trionfa sulla ruota del martirio – la speranza che bisbiglia all'orecchio del condannato a morte, nelle segrete stesse dell'Inquisizione.

Vidi che dieci o dodici vibrazioni avrebbero posto l'acciaio a contatto diretto col mio vestito, e a tale osservazione subentrò improvvisamente nel mio spirito tutta la calma, acuta e raccolta, della disperazione. Per la prima volta, in tante ore, o, forse, in tanti giorni, *pensai*; mi venne in mente, in quel punto, che il legaccio, o cingolo che m'avviluppava era unico; non ero legato da corde diverse. Il primo colpo di quel rasoio a mezzaluna, in un qualsiasi del legame, l'avrebbe reciso in modo da consentirmi di svolgermelo di dosso, con la sola mano sinistra. Ma, in tal caso, quant'era pericolosa la prossimità dell'acciaio! Ma era, poi, verosimile che gli aiutanti del carnefice non avessero previsto e impedito una simile possibilità? Che probabilità v'era che la legatura m'attraversasse il petto proprio in direzione del pendolo? Col terrore di veder la mia debole e, a quanto appariva, ultima speranza frustrata, sollevai la testa quanto bastava, per veder distintamente il mio petto. Il cingolo m'avvolgeva gli arti e il corpo in ogni direzione, *tranne sul passaggio della mezzaluna omicida.*

Avevo appena lasciato ricader la testa nella posizione primitiva,[18] quando mi balenò alla mente ciò che non posso descriver meglio che come la metà non formata di quell'idea di liberazione, alla quale ho alluso poco fa, e della quale una metà soltanto m'aveva attraversato confusamente il cervello, quando avevo portato il cibo alle mie labbra ardenti. Il pensiero completo, adesso, mi si presentava di nuovo – debole, malvivo ancora, appena appena definito ma pur sempre completo. E subito, con l'energia nervosa della disperazione, mi diedi tutto al tentativo di tradurlo in atto.

16 Boccheggiavo: *Respiravo con affanno.*
17 raggricciare: *rabbrividire.*
18 primitiva: *originaria.*

Da molte ore, le immediate vicinanze del telaio su cui giacevo brulicavan letteralmente di topi; erano tumultuosi, temerari,[19] voraci; i loro occhi rossi eran puntati su me, come se non attendessero che la mia immobilità, per farmi loro preda. «A che cibo», mi chiedevo, «si saranno avvezzati[20] in quel pozzo?».

A dispetto di tutti i miei sforzi per allontanarli, avevan divorato, tranne pochi resti, l'intero contenuto del piatto. La mia mano aveva contratto l'abitudine d'un movimento d'altalena o d'ondulazione verso di esso; ma, a lungo andare, la meccanica uniformità del movimento l'aveva privato d'ogni efficacia: nella loro voracità, le bestie schifose mi configgevano spesso i loro aguzzi denti nelle dita. Coi resti dell'olio e delle vivande speziate che rimanevano, strofinai tutto il legame fin dove potevo arrivare, poi sollevai la mano dal pavimento, e giacqui immobile, trattenendo il respiro.

A tutta prima,[21] i voraci animali furono colpiti e atterriti dalla novità – della cessazione del movimento, e si ritirarono allarmati: molti, anzi, fuggirono verso il pozzo. Ma fu solo un istante. Non invano avevo contato sulla loro voracità; notando che restavo immobile, uno o due, più coraggiosi, balzarono sul telaio e annusarono il legame. Questo fu come il segnale d'un'irruzione generale; fuori dal pozzo si precipitarono truppe fresche; si aggrappavano al legno, lo scalavano e balzavano sul mio corpo a centinaia. Il movimento misurato del pendolo non li disturbava affatto. Evitandone il taglio, si affaccendavano attorno al cingolo unto. Si affollavano, brulicavano sul mio corpo su cui si gettavano a ondate sempre crescenti. Si contorcevano intorno alla mia gola; le loro labbra fredde cercavan le mie; ero quasi soffocato dall'oppressione molteplice; un ribrezzo, senza nome al mondo, mi gonfiava il petto, mi gelava il cuore, come un flutto vischioso e opprimente. Tuttavia, un minuto ancora, e sentii che la lotta orribile avrebbe avuto fine. Sentivo chiaramente il legame allentarsi, sapevo che in più d'un punto doveva esser già rotto; con una determinazione più che umana, rimasi *immobile*.

Non avevo sbagliato i miei calcoli, né avevo resistito invano. Alla fine sentii ch'ero *libero*; la cinghia pendeva dal mio corpo a brandelli; ma il movimento del pendolo premeva già sul mio petto; aveva aperto la rascia del saio, aveva già tagliato la biancheria sottostante. Oscillò ancora due volte, e un senso acuto di dolore percorse tutti i miei nervi. Ma il momento della salvezza era giunto. A un gesto della mia mano, i liberatori fuggirono a precipizio; con una mossa risoluta, calma, obliqua, contraendomi e schiacciandomi tutto, scivolai fuor della stretta dei legami, fuori dal campo della scimitarra. Per il momento, almeno, *ero libero*.

Libero! – e fra gli artigli dell'Inquisizione! Ero appena sceso dal mio ligneo letto d'orrori, sul pavimento di pietra, quando il moto della macchina infernale cessò, e vidi che il pendolo veniva ritirato, attraverso il soffitto, da una forza invisibile. Fu una lezione che mi gettò nel cuore la disperazione: ogni mio movimento era indubbiamente spiato. Libero! – non avevo evitato la morte sotto la forma di un'agonia, che per esser condannato a qualche cosa di peggio della morte, sotto forma d'un'agonia diversa. A tale pensiero, volsi convulsamente gli occhi alle barriere d'acciaio che mi circondavano. Qualche cosa d'insolito – qualche cambiamento che dapprima non riuscii a valutare distintamente, era manifestamente[22] avvenuto nella stanza; per parecchi minuti d'astrazione, popolata di sogni e di brividi, mi smarrii in vane, confuse congetture;[23] e allora divenni cosciente, la prima volta, dell'origine della luce sulfurea[24] che illuminava la cella: penetrava da una fessura larga circa mezzo pollice, che si stendeva tutt'intorno alla prigione, alla base delle pareti, le quali, così, apparivano, ed erano veramente, del tutto staccate dal pavimento. Mi sforzai, naturalmente invano, di guardare attraverso l'apertura.

Nel rialzarmi dopo tale inutile tentativo, il mistero del mutamento avvenuto nella stanza mi si svelò d'un tratto. Ho già detto che, quantunque i contorni delle figure sul-

19 temerari: *arditi, senza paura.*
20 avvezzati: *abituati.*
21 A tutta prima: *In un primo momento.*
22 manifestamente: *chiaramente.*
23 congetture: *ipotesi.*
24 sulfurea: giallastra. Propriamente, "sulfureo" significa 'relativo allo zolfo', elemento associato al diavolo.

le pareti fossero abbastanza distinti, i colori sembravano offuscati e indefiniti. Questi stessi colori avevano assunto, ora, e andavano assumendo, di momento in momento, una sorprendente e intensissima luminosità, che conferiva alle spettrali e diaboliche figure un aspetto di far fremere nervi ben più solidi dei miei. Occhi demoniaci, d'una vivacità selvaggia e spiritata, mi fissavano da mille direzioni, là dove prima non si vedeva nulla, e brillavano del lugubre splendore d'un fuoco che non riuscivo a costringer la mia immaginazione a considerare come irreale.

Irreale! – solo a respirare, le mie narici assorbivano un vapore di ferro arroventato! Un odore soffocante invadeva la prigione! Un fulgore, a ogni istante più intenso, emanava da quegli occhi che assaporavano la mia agonia! Un rossore sempre più acceso si diffondeva sui cruenti[25] orrori di quelle pitture. Anelavo![26] boccheggiavo senza respiro! Non v'era alcun dubbio, sui propositi dei miei aguzzini – i più implacabili! i più demoniaci degli uomini! mi ritrassi dal metallo incandescente, verso il centro della cella. Al pensiero della morte per mezzo del fuoco che m'incombeva, l'idea del pozzo fresco mi scese nell'animo come un balsamo.[27] Balzai verso l'orlo mortale di esso, e aguzzai lo sguardo verso il fondo; il riflesso del soffitto infiammato ne illuminava i più profondi recessi; ma, durante un attimo di smarrimento, il mio spirito si rifiutò di comprendere il significato di ciò che vedevo. Alla fine, la realtà violò la mia anima, v'irruppe trionfante – s'impresse ardente sulla mia ragione, che ne vacillò. Oh! una voce per parlare! – oh, orrore! – oh, qualsiasi orrore, fuorché quello! Con un urlo mi ritrassi dal margine del pozzo, e affondando la faccia tra le mani, piansi amaramente.

Il calore aumentava rapidamente, e, ancora una volta, guardai in su, tremando come in un accesso di febbre. V'era stato un secondo mutamento, nella cella, e, questa volta, manifestamente, nella *forma*. Come la prima volta, invano, dapprima, mi sforzai di valutare o comprendere ciò che accadeva. Ma non fui lasciato a lungo nel dubbio; la vendetta dell'Inquisizione era stata sollecitata dalla mia duplice elusione, e ormai non v'era più da scherzare col Re dei Terrori. La stanza era stata quadrata; ma adesso vidi che due degli angoli d'acciaio erano acuti, e due – di conseguenza – ottusi. La spaventosa differenza aumentava rapidamente con un rimbombo sordo, con un suono lamentoso. In un istante, la prigione aveva mutato la sua forma in quella d'una losanga.[28] Ma l'alterazione non finiva qui – non desideravo, né speravo che finisse qui. Avrei voluto stringer le pareti rosse contro il mio petto, come una veste di pace eterna.[29] «La morte», dicevo, «qualunque morte, ma non quella del pozzo!» Forsennato! come potevo non aver capito che appunto in fondo al pozzo, aveva lo scopo di precipitarmi il ferro arroventato? Potevo forse resistere al suo ardore? E anche se ciò fosse stato, avrei resistito alla sua pressione? E ora la losanga s'appiattiva, s'appiattiva sempre più, con una rapidità che non mi lasciava il tempo di riflettere. Il suo centro, e, naturalmente, la sua maggiore larghezza, coincideva esattamente col baratro spalancato. Balzai indietro – ma il serrarsi delle pareti mi respingeva irresistibilmente. Alla fine, il mio corpo bruciacchiato e convulso non ebbe più un pollice di spazio, su cui posare sul pavimento. Non lottai più, ma l'angoscia della mia anima s'esalò in un alto, lungo grido supremo di disperazione. Sentii che vacillavo sull'orlo – distolsi gli occhi...

Ma ora s'udiva un suono discordante di voci umane! uno squillo clamoroso di molte trombe! fragore possente come di mille tuoni! Le pareti infocate arretrarono precipitosamente! Un braccio disteso afferrò il mio, mentre cadevo svenuto nell'abisso; era quello del generale Lasalle,[30] l'esercito francese era entrato a Toledo. L'Inquisizione era nelle mani dei suoi nemici.

da E. A. Poe, *Racconti straordinari*, trad. it. di F. Pivano, A. C. Rossi, A. Traverso, V. Vaquer, Sansoni, Firenze 1965.

25 cruenti: *sanguinosi.*
26 Anelavo: *Respiravo con affanno.*
27 un balsamo: *un sollievo.*
28 losanga: *rombo.*
29 come... eterna: una copertura che avrebbe dato la morte e la pace.
30 Lasalle: Antoine-Charles-Louis conte di Lasalle (1775-1809), generale francese che guidò la campagna napoleonica in Austria. Al comando dell'esercito francese in Spagna riportò una serie di vittorie, fra cui quella di Toledo, affermando così il dominio francese contro i ribelli spagnoli. Dopo questi eventi Napoleone abolì l'Inquisizione in Spagna.

Lavoriamo sul testo

Leggere e capire

Il racconto di un'esperienza da incubo Il brano è il racconto realistico di un'esperienza da incubo, dove ogni pericolo di morte che il protagonista riesce a scampare è presto sostituito da minacce via via più terribili. Il percorso compiuto dal prigioniero può essere ricostruito così:

- rr. 1-45: esaurito l'effetto della droga disciolta nell'acqua, l'uomo si sveglia e si accorge di essere legato; poco dopo scorge un'affilata lama di acciaio che oscilla su di lui come un pendolo;
- rr. 46-100: dopo essere caduto in uno stato di incoscienza, il condannato è scosso da un fremito di speranza: far tagliare le corde che lo imprigionano dalla lama del pendolo; ma si accorge poco dopo che i suoi aguzzini lo hanno legato in modo da evitare che questo accada;
- rr. 101-127: l'uomo allora si cosparge di resti di cibo per invitare i topi, provenienti dal fondo del pozzo, a rosicchiare le corde: così avviene, e per un breve momento il protagonista si sente «libero»;
- rr. 128-175: visto il prigioniero liberarsi, gli aguzzini azionano un altro terribile congegno: le pareti infuocate della segreta si restringono progressivamente; l'uomo attende tremante la sua morte, e si ritrova senza sensi sull'orlo del pozzo;
- rr. 176-179: il suono improvviso di voci umane risveglia l'uomo dallo stato di incoscienza: il protagonista viene liberato dall'esercito francese entrato a Toledo.

Analizzare

Uno stile tra incubo e precisione realistica Il racconto sembra il resoconto di un incubo, di cui presenta tutti gli ingredienti: la vittima distesa immobile e impotente, la morte che scende lentamente, i topi, la prigione che si restringe, il baratro che si apre. Nello stesso tempo, però, è tutto narrato con precisione realistica: il prigioniero calcola con esattezza la dimensione dell'oscillazione del pendolo e la lunghezza della falce. Inoltre, il narratore è attento nel delimitare il confine tra incoscienza e coscienza e attribuire alla seconda le sensazioni più terribili. Tra i pensieri del protagonista e la realtà che lo circonda non c'è contraddizione: l'incubo che sta vivendo è ancora più minaccioso perché ha l'aspetto esatto e regolare della realtà.

Intepretare e approfondire

Il pozzo e la paura di morire Il tema della tortura e della prigione, della vittima e dell'aguzzino, era già presente nel romanzo gotico. Poe inserisce nel racconto una nuova dimensione: quella dell'inconscio. Il pozzo non è solo «il simbolo dell'inferno», per cui essere condannati al pozzo dal tribunale religioso dell'Inquisizione significa anticipare le pene dell'inferno, l'abisso del pozzo rappresenta anche la voragine dell'inconscio, la sede delle paure primordiali, prima fra tutte quella della morte. Il protagonista è chiamato più volte a superare questa paura, che ogni volta si manifesta in torture diverse. Solo passando indenni attraverso il baratro dell'inferno si accede alla vita: in questo senso il pozzo diventa una specie di prova di iniziazione, superando la quale si accede alla maturità e alla vita adulta.

Esercizi

Prima prova A • L'analisi del testo

Comprendere

1 Che cosa tiene in mano l'immagine del Tempo dipinta sul soffitto della prigione?

a. Una falce
b. Una brocca d'acqua
c. Un pendolo
d. Un teschio

2 Qual è la «speranza» che esprime a un certo punto il protagonista (r. 104)?

a. Essere salvato dalla pietà degli aguzzini
b. Riuscire a scappare
c. Bere acqua fresca
d. Far tagliare le corde dalle lame del pendolo

Analizzare

3 Una tortura che colpisce i sensi

La terribile tortura che vive il protagonista è raccontata insistendo sui sensi (vista, udito olfatto). Completa una tabella come quella proposta relativa al rapporto che esiste tra manifestazioni sensoriali e reazioni psichiche e fisiche.

	oggetto	reazione
vista	brocca d'acqua scomparsa il pendolo si abbassa	orrore
udito	suono di trombe	
olfatto	odore soffocante di ferro rovente	

4 Il tempo e lo spazio del racconto

Il protagonista ha una particolare rappresentazione dello spazio e del tempo. Sottolinea nel testo le espressioni che si riferiscono a queste due categorie: sono considerazioni oggettive e immutabili oppure riflettono l'instabilità nella quale si trova il condannato?

Interpretare e approfondire

Terza prova B • Risposta singola

5 Il pozzo

Quale significato ha il simbolo del pozzo?

3 Il romanzo in Francia

La situazione francese

Con qualche ritardo rispetto all'esperienza inglese, in Francia **il genere del romanzo si afferma intorno al 1830**. Qui operano i due maggiori romanzieri realisti della prima metà del secolo: **Stendhal** e **Balzac**. Entrambi rappresentano la Francia loro contemporanea: Stendhal compie un vero e proprio affresco della società francese della Restaurazione (1815-1848), mentre Balzac conduce una lucida analisi sociale dell'epoca di Luigi Filippo (1830-1848).

Sempre intorno agli anni Trenta dell'Ottocento vengono pubblicati anche i romanzi degli altri scrittori francesi del periodo: **Alfred de Musset**, **Victor Hugo**, **George Sand**.

La vita e le opere di Stendhal

Tra Francia e Italia

Henry Beyle (Stendhal è uno pseudonimo) nasce a Grenoble nel 1783. Dopo aver seguito Napoleone nella varie campagne europee, fino alla disfatta in Russia, nel 1814 si stabilisce a Milano, dove conosce Porta, Manzoni, Pellico. Sospettato di essere affiliato alla carboneria milanese, nel 1821 è rispedito a Parigi, dove scrive articoli d'arte e di musica. Nel 1829 compone il suo primo romanzo, ***Armance***; dopo l'avvento di Luigi Filippo, è nominato console a Civitavecchia (1830), dove nasce uno dei suoi capolavori, ***Le Rouge et le Noir*** [Il rosso e il nero]. Nel 1839 scrive uno dei romanzi più importanti del secolo, ***La chartreuse de Parma*** [La certosa di Parma]. Tornato a Parigi per motivi di salute, vi muore nel 1842.

Johan Olaf Sodermark, *Ritratto di Stendhal*, 1840. Reggia di Versailles.

Il Rosso e il Nero: la composizione, la struttura, il titolo

Il primo dei due capolavori di Stendhal è *Il Rosso e il Nero* (1830). Stendhal si ispira a un **evento di cronaca realmente accaduto** nel 1827, il "caso Berthet", storia di un giovane precettore che, a seguito di intrighi amorosi, cerca di uccidere la propria ex amante e finisce condannato a morte. La vicenda del protagonista del libro, Julien Sorel, segue fedelmente le tappe della sfortunata vita di Berthet. Il romanzo è **diviso in due libri**, rispettivamente di 30 e 45 capitoli: il primo racconta il soggiorno del protagonista Julien Sorel nella cittadina di provincia di Verrières, in casa de Rênal; il secondo narra del trasferimento e della permanenza di Julien a Parigi presso la famiglia de La Mole.

Riguardo al titolo sono state date diverse interpretazioni. La più verosimile vede nel *Rosso e il Nero* la **contrapposizione**, centrale nel romanzo, **tra l'ambito militare e quello ecclesiastico**: il rosso è il colore che Napoleone esibiva nelle uniformi da parata, il nero è il colore dell'abito del seminarista e del prete («il colore del mio secolo», dice Julien). Il sottotitolo, *Cronaca del 1830*, si riferisce all'intento realistico e di descrizione della società contemporanea (▶ Focus, p. 641).

La vicenda del Rosso e il Nero

Julien è il figlio di un carpentiere, assunto come precettore per le sue rare doti e qualità presso il sindaco della piccola cittadina di Verrières, il signor de Rênal. Presto diviene l'amante della signora de Rênal e, scoperto e allontanato dalla casa, viene trasferito in un seminario. Intelligente e ambizioso, certo del proprio valore, Julien si mette in mostra, e viene assunto come segretario presso il marchese de La Mole, a Parigi, grazie all'interessamento dell'abate Pirard, direttore del seminario. L'ambiente ecclesiastico è centrale nella rappresentazione: è l'unico ambito all'interno del quale è ancora possibile, per un giovane di umili origini, fare carriera e conquistare una posizione.

A Parigi Julien ottiene importanti incarichi e un titolo nobiliare, derivatogli dalla necessità di sposare Mathilde, la figlia del marchese, che si è innamorata di lui (▶ T6) e da cui aspetta un figlio. Al culmine della carriera, Julien viene ostacolato da una lettera spedita al marchese de La Mole dalla signora de Rênal (scritta per volere del confessore della donna) in cui egli viene accusato di ricorrere alla seduzione per raggiungere i propri obiettivi sociali. Julien reagisce violentemente all'attacco della signora de Rênal e, raggiuntala nella chiesa della sua città, cerca di ucciderla durante la messa. Arrestato e processato, Julien viene condannato alla ghigliottina. Negli ultimi giorni prima dell'esecuzione sia Mathilde, sia madame de Rênal, lo visitano in carcere, dove egli riflette con lucida calma sulla vanità dell'ambizione e sulla profondità del sentimento d'amore per la sua prima amante, che morirà tre giorni dopo la sua decapitazione.

Un affresco della Francia di Carlo X

Il Rosso e il Nero è uno straordinario affresco della Francia di Carlo X, che, salito al trono nel 1824, restaurò l'assolutismo prima di essere nuovamente sconfitto dalla rivoluzione del luglio 1830. **Stendhal**, che combatté nelle file napoleoniche e che fu di idee repubblicane e liberali, **analizza con spregiudicatezza sia la vita meschina di provincia, sia quella degradata e asfittica della capitale**, accomunate dal culto del denaro e del potere.

Lo stile: un'asciuttezza da "codice civile"

Stendhal indica come suo ideale di stile quello del **codice civile**. Si riferisce al **Codice Napoleonico**, il primo grande codice moderno, famoso per la chiarezza e la semplicità delle norme. In effetti, la chiarezza logica del periodare è uno dei tratti che caratterizzano lo stile di questo autore e che lo distinguono dai romanzieri suoi contemporanei. **La parola segue la rapidità dell'azione**, e la narrazione è spesso fulminea. Il ritmo è impetuoso, rapido, come se si scrivesse di getto. L'aggettivazione si riduce, e a tratti scompare, a vantaggio dei verbi e dei sostantivi e l'azione prevale sulla descrizione.

La certosa di Parma e la scrittura semplice

Influenzato sia dalla cultura illuminista, sia da quella romantica – dalla quale riprende la propensione al sogno, all'amore della gloria, alle grandi gesta e all'analisi interiore – Stendhal anima i suoi romanzi del **contrasto tra la volontà di agire e l'inerzia**, tra gli alti ideali e l'opportunismo. Ciò si verifica anche nella *Certosa di Parma*, dove il giovane Fabrizio Del Dongo, dopo aver assistito alla caduta dell'impero napoleonico, si rifugia a Parma. Qui gli intrighi di corte – segno della meschinità dei tempi – lo costringono alla fuga e, dopo aver assaporato la felicità grazie al matrimonio e alla nascita di un figlio, alla morte della famiglia si ritira, sconfitto dalle avversità della vita, nella Certosa di Parma. L'**osservazione diretta e spregiudicata della realtà**, espressa attraverso una scrittura semplice e chiara, rende i romanzi di Stendhal resoconti dettagliati della grigia società francese uscita dal Congresso di Vienna.

La vita e le opere di Honoré de Balzac

Una produzione letteraria sconfinata

Honoré de Balzac (1799-1850) nasce a Tours da una famiglia della media borghesia. Dopo aver compiuto gli studi giuridici, si concentra sulla sua vocazione letteraria, arrivando al successo nel 1829 con il romanzo storico ***Les Chuans*** [Gli Sciuani]. Nel 1842 **decide di riunire in modo organico le opere** sino allora scritte in un progetto di rappresentazione dettagliata dell'intera società: è la ***Comédie humaine*** [Commedia umana], divisa nei gruppi di opere *Etudes de moeurs* [Studi di costume], *Etudes philosopiques* [Studi filosofici], *Etudes analytiques* [Studi analitici]. Gli *Studi di costume* si dividono a loro volta in: *Scene della vita privata*, alle quali appartiene *Le père Goriot* [Papà Goriot, 1834]; *Scene di vita di provincia*, che comprende romanzi come ***Eugénie Grandet*** (1833) e *Les illusions perdues* [Le illusioni perdute, 1837-1843]; *Scene della vita parigina*; *Scene della vita politica*; *Scene della vita militare*; *Scene della vita di campagna*. Balzac muore a Parigi nel 1850 per una peritonite degenerata in cancrena. La sua orazione funebre fu tenuta dal collega scrittore Victor Hugo nel cimitero di Père Lachais.

Eugénie Grandet

In *Eugénie Grandet*, il signor Grandet, ricco proprietario terriero, costringe a vivere in ristrettezze economiche la moglie e la figlia, Eugénie. Quando il nipote di Grandet, Charles, si trasferisce a casa sua, a causa di un fallimento economico, Eugénie si innamora del giovane e gli offre tutti i suoi risparmi, mentre il padre mira solo a risolvere a proprio vantaggio anche questa situazione (▶ T7). Charles parte per l'India e promette ad Eugénie di sposarla al suo ritorno, in realtà si sposerà con una nobildonna. Delusa dal giovane, Eugénie si marita con un anziano a patto che il matrimonio non venga consumato e, rimasta vedova, si dedica a opere di beneficenza.

Il trionfo della borghesia e del denaro

Ispirato da letture filosofiche, Balzac si propone di studiare il **condizionamento che l'ambiente esercita sull'uomo**: nei suoi romanzi, lo scrittore descrive la Francia di Luigi Filippo, caratterizzata dal trionfo della borghesia e dall'affermazione del denaro come valore esclusivo. **Tutto è trasformato in merce**, in qualcosa di scambiabile per ottenere un guadagno: nelle *Illusioni perdute* Balzac analizza la trasformazione dell'arte in merce, in *Papà Goriot* e in *Eugénie Grandet* l'alienazione dei rapporti familiari fra padri e figlie. Soprattutto in *Eugénie Grandet* è evidente la contrapposizione fra il mondo economicamente interessato del padre e quello dei sentimenti sinceri della figlia.

I generi del romanzo francese

Il romanzo-confessione

Il romanzo-confessione – genere incentrato sulla descrizione dei moti interiori del protagonista e sulle sue riflessioni morali, tali da far pensare a una sorta di "confessione" intima – si sviluppa grazie alle opere di Constant e di de Musset. **Benjamin Constant** (1767-1830) scrive ***Adolphe*** [Adolfo, 1816], un diario che racconta le disavventure amorose del protagonista, lacerato dai sensi di colpa per aver abbandonato Elléonore. Il romanzo, privo di toni patetici e sentimentali, è una spietata e lucida analisi delle dinamiche che agiscono in una coppia in crisi. **Alfred de Musset** (1810-1857) è autore di ***Le confession d'un enfant du siècle*** [Le confessioni di un figlio del secolo, 1836], la storia dell'amore tra il protagonista e George Sande, una donna scrittrice.

Il romanzo storico

Il romanzo storico ha in **Victor Hugo** (1802–1885) il principale rappresentante francese. In ***Notre-Dame de Paris*** (1831), ambientato nelle zone intorno alla cattedrale di Parigi nel 1482, **si descrivono le vicende di diverse classi sociali**: dalla plebe di straccioni che vive nei sotterranei della capitale al mondo sfarzoso dei borghesi e dei potenti. È un romanzo sto-

rico solo per le descrizioni degli ambienti e dei costumi sociali, i protagonisti infatti sono tutti personaggi inventati. Un **romanzo storico che descrive i fatti della contemporaneità** è invece ***Les misérables*** [I miserabili], ambientato nell'età della Restaurazione (1815-1848), dove un condannato ai lavori forzati, Jean Valjan, riesce a riscattarsi. Il romanzo è costruito secondo schemi semplificati (da un lato i dominatori egoisti, dall'altro i poveri generosi e sinceri) che gli assicurarono subito un grande successo.

Il romanzo d'avventura

Le opere di Hugo pongono le premesse per la nascita del romanzo d'avventura destinato al *feuilleton*, che avverrà con **Alexandre Dumas** padre (1802-1870). Il suo romanzo più famoso è ***Les trois mousquetaires*** [I tre moschettieri, 1844], ambientato nella Francia del Seicento, che descrive le avventure di D'Artagnan, un personaggio spavaldo e sincero, chiamato a combattere contro le ingiustizie del cardinale Richelieu, insieme con i tre moschettieri del re: Porthos, Athos e Aramis. La ripetizione delle imprese con i vari seguiti dell'opera appassionano il grande pubblico al romanzo d'avventura: nasce così la narrativa di consumo francese.

Il romanzo "passionale" e "campestre"

George Sand (pseudonimo maschile della scrittrice Amandine-Lucie-Aurore Dupin, 1804-1876) inizia la sua attività con il romanzo "passionale" nel quale, sotto l'influsso di Rousseau, si esalta la positività della natura: un esempio di questo genere è ***Indiana*** (1832). Successivamente, la Sand dà inizio al romanzo "campestre" con ***La Mare au diable*** [Lo stagno del diavolo, 1846] e ***La petite Fadette*** [La piccola Fadette, 1849], dove prevalgono temi naturali e ambientazioni rurali.

Glossario

Feuilleton Nato in Francia negli anni Trenta dell'Ottocento, il *feuilleton* era un romanzo a puntate pubblicato nella parte bassa di un giornale. Vi dominavano l'intrigo, i colpi di scena, le situazioni spettacolari, il linguaggio semplice e immediato. In Italia il *feuilleton* era chiamato "appendice" e proponeva opere a puntate: i cosiddetti "romanzi d'appendice".

Il romanzo francese nella prima metà dell'Ottocento

Opere	Temi
Il Rosso e il Nero, Stendhal 1830	• descrizione della Francia di Carlo X • figura dell'arrampicatore sociale
Indiana, Sand 1832	• esaltazione della positività della natura
Eugénie Grandet, Balzac 1833	• ossessione per il denaro • mondo della logica borghese *vs* mondo dei sentimenti
I tre moschettieri, Dumas padre 1844	• avventure di D'Artagnan
I miserabili, Hugo 1862	• egoismo dei dominatori *vs* sincerità dei poveri

facciamo il punto

- **Qual è la contrapposizione che anima il romanzo *Il Rosso e il Nero* di Stendhal?**
- **Che cosa vuole rappresentare la *Commedia umana* di Balzac?**
- **Chi sono i rappresentati dei vari generi di romanzo (storico, d'avventura, ecc.) in Francia?**

T6

Le forme
- scena di svolta nel romanzo

I temi
- ambizione *vs* vocazione eroico-sentimentale

Stendhal
L'incontro notturno tra Julien e Matilde

Invitato esplicitamente da una lettera di Mathilde, Julien raggiunge di notte l'amata nella sua stanza da letto, entrandovi dalla finestra. Il timore che si tratti di una beffa ordita contro di lui, unito a quello di essere scoperto, rende Julien imbarazzato e nervoso; né lo aiuta l'atteggiamento freddo e razionale di Mathilde, che sembra solo preoccupata di come far sparire la scala usata per raggiungere la finestra senza lasciare segni. Dopo aver cercato, non senza fatica, argomenti di conversazione, mentre Julien continua a sospettare di essere spiato, i due trovano infine la forza per «assolvere il dovere» cui la situazione stessa li chiama.

Il tempo era di una serenità esasperante.[1] Verso le undici sorse la luna, e a mezzanotte e mezzo illuminava in pieno la facciata del palazzo, che dava sul giardino.

"Mathilde è pazza" diceva Julien tra sé. Quando l'una suonò, alle finestre del conte Norbert[2] c'era ancora luce. Mai in vita sua Julien aveva avuto tanta paura. Non vedeva che i pericoli dell'impresa, e non provava alcun entusiasmo.

Andò a prendere l'enorme scala, aspettò cinque minuti nel caso di un contrordine, e all'una e cinque appoggiò la scala contro la finestra di Mathilde.[3] Salì cauto, con la pistola impugnata, meravigliato di non vedersi assalito. Mentre s'avvicinava alla finestra, questa si aprì senza un rumore.

«Eccovi qui, signore» gli disse Mathilde assai commossa «da un'ora seguo i vostri movimenti».

Julien era molto imbarazzato: non sapeva come contenersi; non provava alcun sentimento d'amore.[4] Nel suo impaccio pensò che bisognava osare; tentò di abbracciare Mathilde.

«Oh, no!» gli disse, respingendolo.

Molto contento d'essere respinto, si affrettò a gettare una occhiata attorno a sé;[5] la luna era così splendente che le ombre da essa proiettate nella camera di Mathilde erano nere. "Può darsi benissimo che alcuni uomini vi siano nascosti, senza che io li veda" pensò.

«Che cosa avete nella tasca laterale del vestito?» gli disse Mathilde, felice di trovare un motivo di conversazione. Ella soffriva stranamente; tutti i sentimenti di ritegno e di timidezza, naturalissimi in una ragazza bennata, avevano ripreso il dominio di lei e la mettevano alla tortura.

«Ho ogni specie di armi e di pistole» rispose Julien, non meno contento di avere qualcosa da rispondere.

«Bisogna ritirare la scala» disse Mathilde.

«È enorme: può fracassare i vetri della sala di sotto o del mezzanino».[6]

«Non bisogna rompere i vetri» riprese Mathilde, cercando invano di assumere il tono della conversazione consueta; «potreste, mi pare, appoggiare a terra la scala con una fune, che si potrebbe legare al primo piolo. Ho sempre una riserva di funi con me».

"E questa è una donna innamorata!"[7] pensò Julien. "E osa dire che mi ama! Tanto sangue freddo, tanta oculatezza nelle sue precauzioni mi dimostrano abbastanza bene

1 Il tempo… esasperante: la notte era serena e la luna avrebbe perciò reso più visibile Julien, acuendone l'ansia.
2 conte Norbert: il fratello di Mathilde.
3 aspettò cinque minuti… Mathilde: nella lettera, Mathilde aveva specificato a Julien di entrare in camera sua all'una di notte.
4 non provava… d'amore: Julien è troppo preso dalla situazione di pericolo e dal recitare la propria parte per provare sentimenti d'amore. Del resto anche la conquista di Mathilde, come quella di Madame de Rênal, è un dovere da compiere davanti a se stesso.
5 Molto contento… a sé: Julien sente ancora su di sé la minaccia del complotto e vuole rassicurarsi controllando la stanza; ma essere respinto lo aiuta anche a prendere tempo rispetto al dovere da compiere.
6 mezzanino: piano di servizio, dislocato tra il pian terreno e il primo piano.
7 E questa… innamorata!: Julien è stupito e contrariato dalla lucidità di Mathilde e la interpreta come una mancanza d'amore; del resto, come ammetterà poco più avanti, lui stesso non prova affetto per lei.

che io non trionfo su Croisenois, come scioccamente credevo; ma che, più semplicemente, gli succedo. In fin dei conti che me ne importa? Forse le voglio bene? Da questo punto di vista, la vinco sul marchese: poiché egli sarà assai irritato di avere un successore, e ancora più irritato che il successore sia io. Con che superbia mi guardava ieri al caffè Tortoni, ostentando di non riconoscermi! Con che aria cattiva poi mi salutò, quando non poté più farne a meno!"

Julien aveva legato la fune all'ultimo piolo della scala e la calò lentamente, sporgendosi molto per fare in modo che non toccasse i vetri. "Bel momento per ammazzarmi, se qualcuno è nascosto in camera di Mathilde!" pensò. Ma un silenzio profondo continuava a regnare dovunque.

La scala toccò terra; Julien riuscì a coricarla nell'aiuola di fiori esotici lungo il muro.

«Che dirà mia madre, quando vedrà le sue belle piante tutte calpestate?... Bisogna buttar via la fune» disse ella con gran sangue freddo. «Se la scorgessero attaccata alla finestra sarebbe un fatto difficile da spiegare».

«E come farò ad andarmene?»[8] disse Julien con tono scherzoso, imitando apposta il modo di parlare creolo.[9] (Una delle cameriere di casa era nata a San Domingo). «Potreste andarvene dalla porta» disse Mathilde, entusiasta di quell'uscita.

E pensò: "Come quest'uomo è degno di tutto il mio amore".

Julien aveva lasciato cadere la fune nel giardino; Mathilde gli strinse il braccio. Credette di essere stato afferrato da un nemico, e si volse vivamente, traendo un pugnale.[10] A Mathilde era parso di udire aprirsi una finestra. Rimasero immobili, senza respiro. La luna li illuminava in pieno. Poiché il rumore non si ripeté, non ebbero più timori.

Allora ricominciò l'imbarazzo, che fu grande per tutti e due. Julien si assicurò che la porta fosse chiusa con tutti i chiavistelli; pensò anche di guardare sotto il letto, ma non osò; potevano esservi nascosti due o tre domestici. Alla fine temette di doversi poi rimproverare una mancanza di prudenza e guardò.

Mathilde era caduta in tutte le angosce della più grande timidezza: aveva orrore della propria situazione.

«Che avete fatto delle mie lettere?» disse finalmente.

"Che bell'occasione per sconcertare quei signori che stanno in ascolto ed evitare la battaglia!" pensò Julien.

«La prima lettera è nascosta in una grossa Bibbia protestante, che la diligenza ieri sera ha portato lontano da qui».

Parlava assai distintamente di questi particolari, e in modo da essere udito dalle persone eventualmente nascoste nei due grandi armadi di mogano che non aveva osato ispezionare.

«Le altre due sono alla posta, e seguiranno la stessa via della prima».

«Eh, mio Dio! Perché tutte queste precauzioni?» disse Mathilde stupita.

"Perché mentire?" pensò Julien, e confessò tutti i suoi sospetti.[11]

▼ Gérard Philipe e Antonella Lualdi nei ruoli di Julien e Mathilde nel film *Le rouge et le noir* del 1954.

8 E come... andarmene?: se la fune fosse rimasta legata al piolo, Julien – al momento di andar via – avrebbe potuto issare nuovamente la scala alla finestra.

9 creolo: lingua usata dagli indigeni provenienti dai paesi colonizzati (Africa, Asia ecc.) per comunicare con gli europei, costituita da un lessico minimo e da una grammatica estremamente semplificata, basati sulle lingue europee dei colonizzatori.

10 Credette... pugnale: Julien, ancora terrorizzato, esclude che il primo contatto fisico possa provenire da Mathilde.

11 i suoi sospetti: che l'invito di Mathilde fosse solo un tranello.

«Ecco spiegata la freddezza delle tue lettere!» esclamò Mathilde, con accento più di pazzia che di tenerezza.

Julien non badò a questa sfumatura. Quel sentirsi dare del tu gli fece smarrire la testa[12] o, almeno, i suoi sospetti dileguarono. Osò stringere fra le braccia quella giovane bellissima che gli ispirava un grande rispetto. Fu respinto soltanto a metà.

Ricorse alla memoria, e come un tempo aveva fatto a Besançon con Amanda Binet, recitò molte delle più belle frasi della *Nuova Eloisa*.[13]

«Tu hai un cuore d'uomo» gli fu risposto senza dare troppo peso alle sue frasi; «ho voluto mettere a prova il tuo coraggio, lo confesso. I tuoi sospetti iniziali e la tua decisione dimostrano che sei ancora più intrepido di quanto credessi».

Mathilde faceva sforzi per dargli del tu; evidentemente era più attenta a questo strano modo di parlare che alla sostanza di quel che diceva.[14] Quel "tu", spoglio d'ogni tenerezza, non dava alcun piacere a Julien che si stupiva di non essere felice. Alla fine, per essere felice, ricorse alla ragione. Si vedeva stimato da quella fanciulla orgogliosissima, che non concedeva mai lodi senza riserve. Con questo ragionamento provò la felicità dell'amor proprio soddisfatto.[15]

Non era, è vero, quella voluttà dell'anima che aveva provato certe volte vicino alla signora de Rênal. Nei sentimenti di quel primo momento non c'era nulla di tenero. Era la più viva felicità derivata dall'ambizione, e Julien era soprattutto ambizioso. Parlò di nuovo delle persone di cui aveva sospettato e delle misure ideate. Parlando, pensava al modo di approfittare della propria vittoria.

Mathilde, ancora assai impacciata e spaurita dal passo fatto, parve felice di trovare un argomento di conversazione. Parlarono del modo di vedersi. Julien godé deliziosamente dello spirito e del coraggio di cui dette nuova prova durante quest'ultima fase del colloquio. [...]

Dopo lunghe perplessità, che a un osservatore superficiale sarebbero potute apparire come un effetto dell'odio più manifesto (tanto i sentimenti che una donna non deve mai abbandonare stentavano a cedere anche a una volontà così ferma), Mathilde finì per essere con lui un'amante affettuosa.

Per essere sinceri, quell'entusiasmo era un po' voluto. L'amore appassionato era più un modello da imitare che una realtà.[16]

La signorina de La Mole credeva di assolvere un dovere verso se stessa e verso il suo amante. "Questo povero ragazzo" pensava "è stato di un coraggio perfetto; dev'essere reso felice, altrimenti sono io che manco di carattere". Ma avrebbe voluto riscattare a ogni costo la crudele necessità in cui si trovava.[17]

Nonostante la terribile violenza che faceva su se stessa, fu padrona delle proprie parole.

Nessun rimpianto, nessun rimprovero vennero a turbare quella notte che a Julien parve più strana che felice. Dio! che differenza con la sua ultima visita di ventiquattr'o-

12 Quel sentirsi... la testa: il sentirsi dare del tu da Mathilde, che gli aveva dato del lei fino al momento in cui non aveva intuito che la sua freddezza era legata solo ai sospetti, mette Julien in uno stato di euforia: non solo per l'intimità che questo dato introduce, ma anche per l'implicito innalzamento del proprio livello sociale.

13 come un tempo... *Nuova Eloisa*: al suo arrivo a Besançon, e prima di raggiungere il seminario, Julien si era fermato in un caffè. Qui aveva conosciuto Amanda Binet, la cassiera, che si era mostrata molto disponibile nei suoi confronti; colpito da tante attenzioni e dalla bellezza di lei, Julien aveva dichiarato sfrontatamente di amarla e le aveva recitato a memoria alcune frasi della *Nuova Eloisa*, un romanzo epistolare di J.-J. Rousseau in cui si narra la difficile storia d'amore tra la nobile Julie d'Etanges e il suo modesto precettore Saint-Preux.

14 Mathilde faceva... diceva: anche Mathilde, come Julien, è più intenta a recitare una parte che pronta ad abbandonarsi ai propri sentimenti; anche lei, cioè, segue un comportamento che sarà poi la prima a biasimare.

15 Con questo ragionamento... soddisfatto: se pure Julien non ottiene per ora l'amore di Mathilde, almeno ne ha piegato l'orgoglio: quanto basta a gratificare l'amor proprio, se non le aspettative sentimentali.

16 Dopo lunghe perplessità... realtà: solo a un osservatore superficiale, fa notare Stendhal, le manifestazioni di freddezza e imbarazzo di Mathilde potrebbero sembrare segnali d'odio piuttosto che d'amore; in realtà il sentimento di Mathilde, come quello di Julien, è assai complesso: e non può esprimersi che attraverso la mediazione di una concezione eroica in cui la passione è vissuta come un «modello da imitare» più che come una «realtà».

17 Ma avrebbe... trovava: Mathilde, cedendo a Julien, vuole ricompensarne l'audacia per non mancare di carattere; ma avrebbe preferito l'infelicità eterna piuttosto che trovarsi in un frangente così terribile.

re a Verrières![18] "Queste perfette maniere parigine hanno trovato il modo di sciupare ogni cosa, perfino l'amore" si diceva nella sua grande ingiustizia.

A simili riflessioni si era abbandonato in uno dei grandi armadi di mogano, dove stava in piedi, e nel quale era stato fatto entrare ai primi rumori uditi nell'appartamento vicino, che era quello della marchesa de La Mole. Mathilde accompagnò alla messa sua madre; le cameriere se ne andarono per tempo dall'appartamento e Julien sgusciò via facilmente, prima che tornassero a ultimare le loro faccende.

da Stendhal, *Il Rosso e il Nero*, trad. it. di A. Fabietti, Mondadori, Milano 1990.

18 ultima visita… Verrières!: prima di recarsi al seminario di Besançon, Julien era tornato a far visita di notte a Madame de Rênal e si era trattenuto con lei – nascosto nella sua stanza – per un giorno intero. Madame de Rênal, che si era mostrata inizialmente fredda con Julien pur di non riaprire una ferita che la faceva soffrire, gli aveva infine ceduto abbandonandosi alla più autentica passione.

Lavoriamo sul testo

Leggere e capire

Dove si trova il testo Siamo nel Secondo Libro. Julien è a Parigi, segretario del marchese de La Mole. È un momento di svolta nel rapporto fra i due giovani e nell'intera vicenda: nell'incontro tra Julien e Mathilde vengono gettate le basi per la momentanea ascesa sociale del protagonista. Il brano, inoltre, mostra il carattere di Mathilde e le somiglianze che esso ha con quello di Julien.

Analizzare

Julien e Mathilde: la difficile arte della seduzione Julien si lancia nell'avventura in nome dell'ambizione, pensando all'amor proprio; Mathilde lo fa in nome di una vocazione eroico-sentimentale, che si esalta davanti alla fierezza e al coraggio di Julien, ormai perduti dalla sua classe sociale. Essi mantengono per tutta la durata dell'incontro una reciproca rigidità di comportamenti: l'uno, preoccupato di essere caduto in un tranello, non perde mai il controllo di sé; l'altra, attentissima nella realizzazione del suo piano, decide di concedersi per essere all'altezza del carattere mostrato da Julien.

Intepretare e approfondire

«Julien era soprattutto ambizioso» Le sensazioni di Julien non hanno nulla a che vedere con quelle provate ai tempi della relazione con Madame de Rênal, né per voluttà né per tenerezza. Tuttavia egli è felice, di una felicità derivata dall'ambizione. Ha superato una prova, vinto la paura di un tranello, imposto a se stesso un contegno. È stato, nei modi concessi dal suo tempo e dalla sua condizione, un Napoleone.

Esercizi

Prima prova A • L'analisi del testo

Comprendere

1 Una rigida passione

Julien e Mathilde, dal primo momento in cui si trovano soli l'uno di fronte all'altra, dimostrano entrambi remore a lasciarsi andare alla passione amorosa; al contrario regna tra i due un profondo senso di imbarazzo. Qual è la vera ragione di questo atteggiamento?

....

Analizzare

2 Due caratteri complessi

Il brano contribuisce a definire i caratteri di Julien e Mathilde. Sottolinea nel testo le parti da cui meglio si comprende lo sdoppiamento fra razionalità ed emotività.

Interpretare e approfondire

3 L'imbarazzo di Julien

Quale funzione ha l'idea fissa del complotto che assilla in continuazione Julien?

Focus Un ritratto di Julien Sorel: le pagine di Giuseppe Tomasi di Lampedusa

Lo scrittore siciliano Giuseppe Tomasi di Lampedusa (1896-1957), autore del *Gattopardo* (1958), è stato un raffinato conoscitore delle letterature europee e un acuto critico di Stendhal. Ecco un passo tratto dalle sue lezioni di *Letteratura francese* (composte per un pubblico ristrettissimo di allievi e pubblicate postume) su Julien, spietato calcolatore: «Molti continuarono ad essere scandalizzati dall'apologia dell'arrivismo senza scrupoli e dalla mancanza di "cuore" che volevano scorgere in quel "mostro" di Julien Sorel. Poco tempo fa ho sentito dire che in *Rouge et Noir* si scorge la coda del diavolo. Sarà forse perché io sono assuefatto alla vista di questa riprovevole coda, che vedo guizzare sorniona in ogni angolo del mio campo visivo, ma il fatto è che non mi sono mai scandalizzato oltremodo leggendo *Rouge et Noir*. Julien Sorel mi è sempre apparso come un giovanotto troppo ambizioso, è vero, troppo privo di scrupoli, troppo incline a farsi avanti al riparo delle sottane delle sue amanti, ma, dopo tutto, niente di peggio di ciò che possiamo trovare in innumerevoli nostre conoscenze. [...] Egli è un tipo comune, la sola cosa inconsueta in lui essendo quella di rappresentare l'esemplare energico di una generazione bruciata. [...] Di farabuttelli come Julien ve ne sono migliaia nella vita e diecine nell'arte. Però egli è uno dei pochissimi che sia stato descritto con una tecnica tale da rendere solare al lettore tutta la sua (del resto banale) malvagità. [...] Non si tratta di un mostro ma di un personaggio mostruosamente vivo, ben più vivo di quelli in carne ed ossa che incontriamo ogni giorno e la cui mano stringiamo, senza simpatia ma anche senza orrore. La tecnica di Stendhal è riuscita a denudare Julien per il lettore [...]. E tutte le nudità che non siano quelle di Prassitele [scultore greco del IV sec. a.C.] sono ributtanti. Ma senza di esse non s'impara l'anatomia».

▲ L'attore Kim Rossi Stuart nei panni di Julien Sorel.

[*Eugénie Grandet*]

T7

Le forme
- contrapposizione tra mondo dei sentimenti e mondo del denaro

I temi
- critica alla logica economica borghese che domina i rapporti umani

Honoré de Balzac
Eugénie comincia a giudicare il padre

In seguito al fallimento economico del padre, Charles, nipote del signor Felix Grandet, si trasferisce in casa di questi. Qui è accolto dalla cugina Eugénie, che, violando le leggi del risparmio imposte dal padre, tenta di preparargli una colazione più ricca. Quando Charles viene informato del suicidio del padre, si rifugia sconvolto in camera; il signor Grandet, insensibile al dolore del giovane, rimprovera Eugénie del presunto sperpero di soldi, innescando così nella ragazza una riflessione sull'atteggiamento paterno.

Charles senza dar più retta allo zio, corse attraverso il cortile fino alla scala, salì alla sua camera e si gettò sul letto nascondendo la faccia nelle lenzuola per piangere liberamente, lungi[1] dai suoi parenti.

«Bisogna che gli passi la prima impressione», disse Grandet rientrando in sala, dove Eugénie e sua madre avevano subito ripresi i loro posti e lavoravano con mano tremante dopo essersi asciugati gli occhi. «Però... questo giovanotto non è buono a nulla... S'occupa più dei morti che del danaro».

La fanciulla ebbe un brivido nell'udire suo padre parlare così del più santo fra i dolori, e da quel punto essa cominciò a giudicarlo. Benché affievoliti per la distanza, i singhiozzi di Charles si ripercuotevano in quel fabbricato sonoro, e il suo pianto disperato, che pareva uscire di sotterra, si fece meno violento solo verso il tardi e cessò quasi a sera.

1 lungi: *lontano.*

«Povero giovane!», sospirò la signora Grandet.

Fatale esclamazione! Papà Grandet guardò sua moglie, Eugénie e la zuccheriera, si ricordò della insolita colazione apparecchiata per l'infelice suo parente e si piantò in mezzo alla sala.

«A proposito», disse con la calma abituale, «spero che non vorrete ripetere le vostre prodigalità, signora... Non vi do il mio danaro per trattare a zuccherini quello scioccherello».

«La mamma non ci ha colpa affatto. Sono stata io che...».

«Forse perché sei maggiore di età», rispose Grandet interrompendo la figlia, «ti permetti di contrariarmi? Pensa, Eugénie...».

«Babbo, il figlio di vostro fratello non doveva mancare in casa vostra...»

«Ta, ta, ta, ta», gridò il bottaio su quattro toni cromatici;[2] «il figlio di mio fratello di qua, mio nipote di là... Charles non ci è nulla. Non ha un quattrino, e suo padre è fallito... Quando quel ganimede[3] avrà pianto l'anima sua, sloggerà di qui, perché non voglio che mi metta sossopra la casa».

[...]

Il pranzo trascorse in un silenzio strano.

«Mio buon amico», disse la signora Grandet quando la tavola fu apparecchiata, «bisognerà prendere il lutto».

«A dir vero, signora, mi sembra che non abbiate altro da inventare per buttar via del denaro... Il lutto s'ha nel cuore e non negli abiti».

«Ma il lutto d'un fratello, è indispensabile, e la Chiesa ci ordina di...».

«Compratevi gli abiti da lutto con i vostri sei luigi... in quanto a me, basterà un po' di crespo».[4]

Eugénie levò gli occhi in alto senza parlare, poiché per la prima volta in vita sua sentiva ferire ad ogni momento i propositi generosi in lei assopiti e ridestatisi d'un tratto. Quella sera parve somigliasse alle altre, tristi e monotone, ma fu certo la più orribile. La fanciulla lavorò a testa china, e non si servì dell'astuccio che Charles aveva disprezzato il giorno prima: la madre continuò la sua maglia e il vecchio s'immerse per quattr'ore nei calcoli che avrebbero meravigliato certo tutta Saumur[5] l'indomani. Non vi fu alcuna visita. La città intanto parlava del nuovo affare di Grandet, del fallimento di suo fratello e dell'arrivo del nipote, mentre, in omaggio al bisogno di ciarlare[6] su gl'interessi comuni, i proprietari di vigne erano convenuti in casa de Grassins a fulminare di imprecazioni terribili l'ex-sindaco.

Nanon[7] in un angolo filava, e il rumore delle sue ciabatte si sentiva di quando in quando sul pavimento grigiastro della sala.

«Sembra che noi non usiamo più le nostre lingue», disse mostrando i suoi denti bianchi e grossi come mandorle sbucciate.

«Non occorre usar nulla», rispose Grandet, scuotendosi dalla meditazione durante la quale gli sorrideva la prospettiva di otto milioni in tre anni e si vedeva già assiso[8] su un monte d'oro. «Andiamo

◄ Alida Valli e Gualtiero Tumiati sono Eugenia e Felix nel film *Eugenia Grandet* (1946) diretto da Mario Soldati.

2 su quattro toni cromatici: cioè canterellando su una melodia appena accennata.
3 ganimede: *damerino*, dal nome del bellissimo pastore della mitologia greca.
4 crespo: tessuto increspato usato per ornare le vesti in caso di lutto.
5 Saumur: la cittadina francese nella quale si svolgono le vicende del romanzo.
6 ciarlare: *chiacchierare*.
7 Nanon: la serva di casa Grandet.
8 assiso: *seduto*.

a letto. Vado sopra a dar la buona sera a mio nipote anche per provare di fargli mangiar qualche cosa».

La signora Grandet si fermò sul pianerottolo, per udire la conversazione che avrebbe avuto luogo tra Charles e il vecchio, mentre Eugénie, più ardita della madre, salì due gradini.

«Ebbene, nipote mio, siete addolorato, piangete, ed è naturale, perché un padre è sempre un padre; ma bisogna anche sopportare con pazienza le disgrazie... Mentre vi struggete in lacrime, io mi occupo delle cose vostre... Sono un buon parente, io!... Suvvia, un po' di coraggio! Bevereste un bicchier di vino?... A Saumur non costa nulla il vino, e lo si offre come nelle Indie una tazza di tè. Ma... siete all'oscuro... Male! male... bisogna veder chiaro in ciò che si fa». E mosse difilato verso il caminetto. «Ecco», gridò, «ecco delle candele. Dove diavolo son andati a pescare delle candele di cera? Guasterebbero persino il pavimento della mia casa per cuocere delle uova a quel giovanotto».

Nell'udir queste parole, madre e figlia scapparono in camera e si misero a letto in un attimo, come topi spaventati che rientrano nei loro buchi.

«Sicché avete un tesoro, voi, signora?...», chiese il bottaio entrando nella camera di sua moglie.

«Amico mio, sto recitando le orazioni, abbiate pazienza», rispose la povera donna con voce alterata.

«Al diavolo il tuo buon Dio!», borbottò Grandet.

Gli avari non credono nella vita futura, poiché per essi il presente è tutto, e questo stesso concetto diffonde una luce orribile sul mondo odierno, ove più che mai il denaro domina leggi, politica e costumi. Istituzioni, libri, uomini e dottrina cospirano insieme a scuotere la fede in una altra vita, fede su cui da diciotto secoli si basa l'edifizio sociale. Tuttavia ci troviamo quasi al medesimo punto, poiché l'avvenire che ci attendeva al di là del *requiem*[9] fu trasportato nel presente. Giungere *per fas et nefas*[10] al paradiso terrestre del lusso e delle gioie vanitose, pietrificare il cuore e macerarsi il corpo nell'ansia di beni passeggeri, come un tempo si soffriva il martirio per acquistare i beni eterni, ecco l'idea di tutti, l'idea stabilita e concreta in ogni luogo, persino nelle leggi, le quali domandano all'uomo: «Cosa paghi?» invece di dirgli: «Cosa pensi?»... Se una dottrina simile si diffonderà dalla borghesia al popolo, che ne sarà del mondo?

«Signora Grandet, hai finito?», domandò di nuovo il bottaio.

«Amico mio, sto pregando per te».

«Benissimo, buona sera; parleremo domattina».

La poveretta prese sonno come lo scolaro che non sa la lezione e prevede allo svegliarsi il viso irritato del maestro; ma, mentr'ella s'avvolgeva paurosa nelle lenzuola, ecco Eugénie avvicinarsi in camicia, a piedi nudi, per darle un bacio in fronte.

«Oh, mamma buona, domani gli dirò che sono stata io».

«No, ti manderebbe a Noyers[11]... Lasciami fare; non mi mangerà, alla fine!».

«Lo senti, mamma?».

«Cosa?».

«Non senti?... egli piange sempre».

«Torna a letto, figliuola!... Ti si geleranno i piedi. È tanto umido il pavimento!».

da H. Balzac, *Eugénie Grandet*, trad. it. di G. Deledda, Newton Compton, Roma 1994.

9 *requiem*: preghiera con la quale si augura pace ai morti.

10 *per fas et nefas*: *attraverso il lecito e l'illecito.*

11 Noyers: cittadina dove il signor Grandet possiede altre proprietà terriere.

Lavoriamo sul testo

Leggere e capire

Che cosa dice il brano L'episodio riportato descrive gli eventi successivi al suicidio del padre di Charles, nipote del signor Grandet. Il ragazzo, sconvolto dalla notizia, corre in camera piangendo: il signor Grandet comincia a lamentarsi del fatto che il nipote si occupi «più dei morti che del danaro»: questa affermazione suscita lo sdegno della figlia di Grandet, Eugénie, che fino ad allora aveva nutrito una grande ammirazione nei confronti del padre.

Analizzare

Personaggi a confronto La contrapposizione che anima tutto il romanzo emerge anche in questo brano: le tre donne da un lato (la moglie, Eugénie, la serva Nanon) e il signor Grandet dall'altro. Le prime vivono nel mondo dei sentimenti, nel quale è possibile provare compassione per la sorte toccata a Charles, nella sfera privata dove esiste la complicità tra madre e figlia, nata dal terrore nei confronti delle reazioni del capofamiglia. Il signor Grandet vive invece nel mondo dell'interesse economico, dominato dalla logica del denaro e dalla volontà sfrenata di accumulare le ricchezze necessarie per trionfare nella sfera pubblica. Il contrasto si rivela anche a Eugénie che, di fronte all'avarizia e all'insensibilità del padre, per la prima volta comincia a giudicarlo: «La fanciulla ebbe un brivido nell'udire suo padre parlare così del più santo fra i dolori [: la perdita di un genitore], e da quel punto essa cominciò a giudicarlo».

Intepretare e approfondire

La logica economica della borghesia Balzac condanna il predominio del denaro e della sua logica nei rapporti umani («Gli avari non credono nella vita futura, perché per essi il presente è tutto, e questo stesso concetto diffonde una luce orribile sul mondo odierno, ove più che mai il denaro domina leggi, politica e costumi»). Mentre in passato l'uomo si tormentava per raggiungere «i beni eterni», oggi è vittima dell'ansia per «i beni passeggeri». La logica economica e pubblica si sostituisce a quella dei sentimenti e dell'interiorità: la domanda «Cosa pensi?» è stata sostituita da «Cosa paghi?». In questo modo, Balzac compie una feroce critica dell'unica classe che, a suo parere, rappresenta questa logica, cioè la borghesia: «Se una dottrina simile [quella che teorizza il dominio dell'aspetto economico] si diffonderà dalla borghesia al popolo, che ne sarà del mondo?».

Esercizi

Prima prova A • L'analisi del testo

Comprendere

1 Perché il signor Grandet afferma che Charles «non è buono a nulla»?

....

2 Perché Eugénie trasgredisce agli ordini paterni?

....

Analizzare

3 La febbre del denaro

Il signor Grandet è ossessionato dal denaro e dall'accumulo di ricchezze. Rintraccia nel testo le espressioni in cui emerge il punto di vista dell'autore: quale giudizio dà Balzac della febbre del denaro?

Interpretare e approfondire

Terza prova A • La trattazione sintetica

4 Romanzi a confronto

Dickens (▶ T4) e Balzac scrivono entrambi romanzi che riflettono su importanti temi sociali dell'Ottocento. In una trattazione sintetica (max 20 righe), analizza le differenze e le analogie fra i due testi che hai letto, in particolare trattando questi punti:

– ambiente
– rapporto individuo/società
– giudizio del narratore.

4 Il romanzo e la novella in Germania

Il romanzo dopo Goethe

In Germania, così come in tutti i paesi di lingua tedesca, **i romanzi scritti dopo i capolavori di Goethe** (▶ Unità 8) **sono di minor interesse**. Prima del 1820 opera però un autore importante, Hoffmann, che influenzò lo scrittore americano Poe e fu anche un grande musicista.

Ernst Theodor Amedeus Hoffmann

Ernst Theodor Amadeus Hoffmann (1776-1822) nasce nella Prussia Orientale. Dopo aver intrapreso la carriera di magistrato, conduce una vita irregolare, dividendosi tra i suoi due pricipali interessi, la musica e la letteratura. Nella sua prima raccolta di novelle, *Phantasiestücke in Callots Manier* [Pezzi fantastici alla maniera di Callot, 1814-1815], grande successo ebbe ***Der goldene Topf*** [La pentola d'oro], le avventure di uno studente che, **tra visioni e sogni**, va a vivere nel paese di Atlantide, immagine del regno della poesia e della fantasia. Il romanzo *Die Elixiere des Teufel* [Gli elisir del diavolo, 1815] è dedicato al tema dello sdoppiamento della personalità. La seconda raccolta di novelle è *Nachstücke* [Notturni, 1817], fra le quali la famosa ***Der Sandmann*** [L'uomo della sabbia]. L'ultima opera è una sorta di autobiografia romanzata, *Lebens-Ansichten de Katers Murr* [Punti di vista e considerazioni del gatto Murr, 1820-1822].

*La vicenda dell'*Uomo della sabbia

La novella *L'uomo della sabbia* **inizia in forma epistolare**, cioè con alcune lettere che il protagonista Nathaniel scrive all'amico Lotario (ma che erroneamente indirizza alla fidanzata Clara). Qui racconta un terribile ricordo dell'infanzia: «l'uomo della sabbia», che strappa gli occhi ai bambini, evocato dalle mamme per spaventare i figli che non vogliono addormentarsi (▶ T8). Per Nathaniel questa figura coincide con quella di un amico del padre, Coppelius. Morto il padre e contemporaneamente scomparso Coppelius, Nathaniel crede di riconoscere quest'ultimo in un italiano, Coppola, che vende lenti ottiche. Intanto si innamora di Olimpia – una ragazza dallo sguardo fisso e dai gesti meccanici, preferendola a Clara, donna posata e razionale –, figlia del professore di scienze Spalanzani. Una volta scoperto che Olimpia è un automa meccanico a cui Coppola aveva posto occhi artificiali, diventa pazzo; quando si riprende vorrebbe sposare Clara. Salito su una torre, Nathaniel, di nuovo folle, cerca di far cadere nel vuoto Clara, che si salva per miracolo. Tra le persone ai piedi della torre, Nathaniel scorge Coppelius-Coppola: in preda alla disperazione, si getta di sotto gridando «Begli occhi! Begli occhi!».

Hoffmann anticipatre di temi novecenteschi

Nelle opere di Hoffmann **la realtà quotidiana si popola di elementi fantastici, magici, visionari**: per questo i romantici europei videro in lui il rappresentante del vero spirito romantico tedesco. La scelta di alcuni motivi, come lo sdoppiamento della personalità e la follia, rendono Hoffmann il precursore di temi novecenteschi che saranno trattati da vari scrittori tra cui, ad esempio, Luigi Pirandello (1867-1936).

facciamo il punto

- **Quali sono i principali temi delle narrazioni di Hoffmann?**
- **Perché possono considerarsi precursori di tematiche novecentesche?**

T8

Le forme
- atmosfera da incubo

I temi
- angoscia
- sprofondamento nell'inconscio umano

Ernst Theodor Amadeus Hoffmann
L'uomo della sabbia

Le pagine iniziali della novella, qui riportate, descrivono un terribile ricordo infantile del protagonista, Nathaniel. Impaurito dall'evocazione dell'«uomo della sabbia», un individuo cattivo che, nelle fiabe popolari, strappa gli occhi dei bambini che non si addormentano, Nathaniel decide di incontrarlo, infiltrandosi nella stanza del padre, luogo dove il bambino crede si fermi questo terribile personaggio. In realtà, i passi che sente sono dell'avvocato Coppelius, con il quale il padre compie strani esperimenti: in preda al terrore, Nathaniel si lascia scappare un grido e, scoperto, cade in uno stato d'incoscienza.

Durante tutta la giornata, all'infuori del pranzo, io e mia sorella vedevamo molto di rado nostro padre. Doveva essere molto occupato nel suo lavoro. Dopo cena, che, secondo una vecchia abitudine si consumava già alle sette, noi tutti con la mamma andavamo nel suo studio e ci sedevamo attorno a un tavolo rotondo. Il babbo fumava e beveva un grosso bicchiere di birra. Spesso ci raccontava storie meravigliose e vi si entusiasmava talmente da lasciar spegnere la pipa e io dovevo riaccendergliela con un pezzo di carta a cui avevo dato fuoco: il che era per me un vero divertimento. Spesso invece ci metteva dinanzi dei libri illustrati, sedeva muto e pensieroso nella sua poltrona e si soffiava attorno a sé vere nuvole di fumo, tanto che ci sembrava di nuotare nella nebbia. In quelle sere la mamma era molto triste e appena battevano le nove ci diceva: «Su, ragazzi, a letto, a letto! Viene l'uomo della sabbia, mi par già di vederlo!». E io ogni volta sentivo veramente un passo lento e pesante che saliva su per le scale: doveva essere l'uomo della sabbia! Una volta quel camminare cupo e rintronante mi fece venire i brividi e alla mamma che ci conduceva via chiesi: «Mamma, chi è mai quel cattivo uomo della sabbia che ci allontana sempre dal babbo? che tipo è?».

«Non esiste nessun uomo della sabbia, figliolo mio» rispose la mamma, «quando io vi dico che viene l'uomo della sabbia, voglio solo dire che voi siete assonnati e che non potete più tenere aperti gli occhi, come se vi avessero gettato della sabbia».

La risposta della mamma non mi accontentò; anzi, nella mia mente infantile sempre più chiaro si fece il pensiero che la mamma volesse negare l'esistenza dell'uomo della sabbia solo perché noi non dovessimo averne paura, tanto è vero che lo sentivo sempre salire le scale. Desideroso di voler vedere più da vicino questo uomo della sabbia e di sapere quali erano i suoi rapporti con i bambini, chiesi infine alla vecchia cui era affidata la mia sorellina minore chi fosse mai esso.

«Oh, Niele» rispose costei «non lo sai ancora? Costui è un cattivo uomo, che viene dai bambini che non vogliono andare a letto e butta loro negli occhi manciate di sabbia fino a farglieli schizzare fuori sanguinanti dal capo; poi li prende, li mette in un sacco e li porta nella luna in pasto ai suoi figlioletti; questi stanno lassù in un nido e hanno il becco ricurvo come le civette e con questo beccano gli occhi dei bambini cattivi».

L'orribile immagine di quell'uomo crudele si impresse così nella mia mente e quando alla sera io lo sentivo salire le scale, tremavo dall'angoscia e dal terrore. Mia madre riusciva solo a cavarmi dalla bocca questo grido balbettato tra le lacrime: «L'uomo della sabbia! L'uomo della sabbia!». Correvo quindi nella camera da letto e tutta la notte ero torturato dalla paurosa visione dell'uomo della sabbia.

Quando fui abbastanza grande per comprendere che tutto ciò che mi era stato raccontato dalla governante dell'uomo della sabbia e della sua nidiata di figlioli nella luna non aveva nessun fondamento, l'uomo della sabbia per me continuava ad essere un fantasma pauroso ed ero sempre preso da vero terrore, non solo quando lo sentivo salire le scale ma sentendolo aprire anche la porta dello studio di mio padre ed entrarvi. Qualche volta non si faceva vivo per molto tempo, ma poi veniva più volte di seguito. La cosa durò parecchi anni e io non riuscivo ad abituarmi all'idea di quel fantasma la cui immagine odiosa non riuscì ad impallidire nella mia mente. I suoi rapporti con mio padre finirono coll'ossessionare la mia fantasia. Avrei voluto interrogare mio padre, ma un terrore invincibile me lo impediva. Io stesso, io solo, dovevo indagare nel mistero, dovevo vedere il favoloso uomo della sabbia: questo fu il mio più vivo desiderio che col passar degli anni sempre più si radicò in me. L'uomo della sabbia mi aveva messo sulla strada dell'avventura, del meraviglioso, che così facilmente si annida nell'animo dei fanciulli. Per me nulla di più bello che ascoltare o leggere le paurose storie di folletti, di streghe, di pigmei,[1] ecc. ecc., ma in cima a ogni mio desiderio stava sempre l'uomo della sabbia, che io andavo ovunque, col gesso o col carbone, disegnando nei più strani e orribili atteggiamenti sugli armadi, sulle pareti, su tutte le tavole.

Quando ebbi dieci anni, mia madre mi fece passare dalla camera dei fanciulli in una piccola stanza che si apriva sul corridoio vicino a quella di mio padre. Come sempre, quando battevano le nove e lo sconosciuto lo si sentiva già in casa nostra, noi dovevamo in tutta fretta allontanarci. Dalla mia cameretta lo sentivo entrare dal babbo e subito dopo mi sembrava che per la casa si diffondesse un vapore dall'odore strano. Con la curiosità, sempre più cresceva in me il coraggio di fare in qualche modo la conoscenza dell'uomo della sabbia. Spesso, appena la mamma era già passata oltre, dalla mia cameretta sgusciavo nel corridoio, ma non riuscivo a vedere nulla perché l'uomo della sabbia, quando io raggiungevo il punto dove avrei potuto vedere, era già entrato nella camera del babbo. Alla fine, spinto da un impulso irresistibile, decisi di nascondermi nella camera stessa per aspettarvi l'uomo della sabbia.

Una sera, dal silenzio del babbo e dalla tristezza della mamma, compresi che l'uomo della sabbia sarebbe venuto. Con la scusa che ero molto stanco, lasciai prima delle nove la stanza e mi nascosi vicino alla porta in un nascondiglio.

Il portone di casa cigolò: dal vestibolo, su, verso la scala, rintronarono i passi lenti e pesanti. La mamma mi passò dinanzi con la sorellina. Piano piano aprii la porta della stanza del babbo. Egli, come al solito se ne stava seduto, muto e rigido, volgendo le spalle alla porta e non si accorse di me. Fui subito dentro, mi cacciai dietro la tendina, che era tesa su di un armadio aperto, vicino alla porta, dove il babbo teneva i suoi abiti. Sempre più vicino… sempre più vicino, risuonavano i passi… ecco… di fuori un tossire, uno scalpicciare, un borbottio strano. Nell'attesa angosciosa il cuore mi tremava. Ecco, proprio vicino alla porta un passo serrato… un colpo violento sulla maniglia… la porta si spalanca con rumore! Facendomi animo, con cautela sporgo la testa. L'uomo della sabbia sta nel mezzo della stanza, davanti a mio padre: la luce chiara delle candele gli illumina il viso. L'uomo della sabbia, il tanto temuto uomo della

1 pigmei: indigeni dell'Africa equatoriale, di bassissima statura.

sabbia, è il vecchio avvocato Coppelius, che qualche volta a mezzogiorno viene a mangiare da noi.

Ma nessuna figura più mostruosa avrebbe potuto atterrirmi come quella di Coppelius. Immaginati un uomo alto, dalle spalle larghe, con una grossa testa informe, il viso terreo, le sopracciglia grigie e cespugliose, sotto le quali lampeggiano due occhi da gatto verdastri e pungenti e un naso grande e grosso cadente sopra il labbro superiore. La sua bocca si torce spesso in un sorriso malvagio; si vedono allora sulle guance due macchie scarlatte e uno strano sibilio gli passa attraverso i denti stretti. Coppelius compariva sempre con una giacca color cenere di taglio antico, il panciotto e i calzoni dello stesso colore, ma portava calze nere e le scarpe con piccole fibbie ornate di pietre. La piccola parrucca gli copriva a stento il cocuzzolo, i cernecchi[2] gli stavano appiccicati sopra le grandi orecchie rosse e una larga reticella per i capelli saltava fuori dalla nuca, lasciando vedere il fermaglio d'argento che teneva fissata la cravatta pieghettata. Tutto il suo aspetto era stomachevole e odioso; ma soprattutto a noi bambini facevano senso le sue mani pelose e nodose tanto che rifiutavamo tutto ciò che toccava. Egli se ne era accorto e si divertiva a toccare con un pretesto qualsiasi ora un pezzo di torta, ora un frutto dolce che la nostra buona mamma ci aveva messo sul piatto, cosicché, piangendo per lo schifo e per il ribrezzo, noi rinunciavamo a quelle ghiottonerie che dovevano darci gioia. La stessa cosa faceva nei giorni di festa, quando il babbo ci mesceva un bicchierino di buon vino: allora egli subito vi posava la mano oppure si portava addirittura il bicchiere alle labbra e rideva diabolicamente quando noi non riuscivamo a manifestare la nostra rabbia se non attraverso sommessi singhiozzi. Era abituato a chiamarci le bestiole. Lui presente, non dovevamo dire neppure una parola e non potevamo fare altro che maledire quel cattivo, odioso uomo che ci rovinava apposta anche il piacere più innocente. Anche la mamma sembrava che odiasse quel ripugnante Coppelius; appena infatti egli appariva, tutta la sua serenità, la sua natura gaia e semplice si mutava in una cupa tristezza. Mio padre invece di fronte a lui si comportava come davanti a un essere superiore di cui si devono sopportare le scortesie e cercare di tenere alto ad ogni costo il buon umore. Bastava che quello vi accennasse perché subito si preparassero cibi prelibati e si mescessero vini scelti.

Quando dunque io vidi Coppelius, provai orrore e raccapriccio, perché solo lui poteva essere l'uomo della sabbia, ma l'uomo della sabbia per me non era certo lo spauracchio delle fole[3] della governante, quello che veniva a prendersi in pasto gli occhi dei bambini per le civette nella luna, no, certo; ma era un mostro orribile che, dove arrivava, portava con sé dolori e miserie, momentanee o perpetue.

Ero come affascinato. Col pericolo di essere scoperto e quindi severamente punito, rimasi dove ero, e origliavo sporgendo la testa dalla tendina. Mio padre accolse Coppelius con molto rispetto. «Su, al lavoro» fece costui, con voce stridula, deponendo la giubba.[4] Il babbo anche lui si tolse la veste da notte, cupo e silenzioso e ambedue si misero lunghe tuniche nere. Dove le avessero prese non riuscii a vedere. Mio padre aprì i battenti di un armadio a muro; ma vidi che quello che per tanto tempo avevo creduto un armadio era una caverna nera in cui stava un piccolo focolare. Coppelius si avvicinò e vi accese una fiamma azzurra e scoppiettante. Attorno vi stavano vari e strani oggetti. Dio mio! come era mutato mio padre mentre si chinava sul fuoco! Si sarebbe detto che un dolore tremendo e lancinante avesse trasfigurato i suoi lineamenti dolci e nobili in un demonio brutto e ributtante. Assomigliava a Coppelius che con tenaglie arroventate toglieva dal denso fumo dei materiali sfavillanti che poi con grande energia martellava. Mi sembrava di vedere tutto attorno visi umani, ma senza occhi e,

2 cernecchi: ciocche di capelli arruffate.
3 fole: *fiabe.*
4 giubba: *giacca.*

al posto di questi, impressionanti cavità nere. «Qua gli occhi, qua gli occhi» gridava Coppelius con voce cupa e tonante.

Preso da una paura selvaggia, mandai un grido e saltai fuori dal mio nascondiglio. Coppelius mi afferrò: «Bestiola, bestiola!» belò digrignando i denti... mi sollevò, mi buttò nel fuoco e la fiamma cominciò a bruciarmi i capelli. «Ora abbiamo gli occhi, gli occhi... un bel paio di occhi di fanciullo». Così sussurrava Coppelius e con le mani prese dalla fiamma alcuni granelli incandescenti che voleva buttarmi negli occhi. Mio padre implorando alzò le mani e gridò: «Maestro, maestro, lascia gli occhi al mio piccolo Nataniele, lasciaglieli».

Coppelius rise in modo stridulo e disse: «li tenga pure gli occhi il ragazzo per frignare nel mondo; ma ora osserviamo un po' il meccanismo delle mani e dei piedi». E mi afferrò con violenza, le giunture scricchiolarono, mi svitò mani e piedi che andava poi rimettendo a posto: «Non tutti vanno bene! era meglio prima! Il vecchio aveva capito bene!» così sibilava e bisbigliava Coppelius, ma intorno a me vi erano le tenebre: una specie di convulso mi attraversò i nervi e le ossa e non sentii più nulla.

Un dolce alito caldo mi accarezzò il viso. Mi ripresi come da un sonno mortale, la mamma stava china su di me. «È ancora qui l'uomo della sabbia?» balbettai.

«No, figliolo caro: oramai se ne è andato, non può più farti del male» così diceva la mamma accarezzando e baciando il suo caro figliuolo ritrovato.

Ma perché annoiarti oltre, mio carissimo Lotario? Perché raccontarti così distesamente ogni particolare, quando mi rimane ancora tanto da dire? Basta. Io fui scoperto ad origliare e maltrattato da Coppelius. La paura e l'angoscia mi fecero venire un febbrone per cui me ne stetti a letto qualche settimana. «L'uomo della sabbia è qui ancora?». Queste furono le prime parole sensate, e furono il segno della mia guarigione, della mia salvezza.

da E. Th. Hoffmann, *Racconti*, trad. it. di G. Fraccari, Mondadori, Milano 1951

Lavoriamo sul testo

Leggere e capire

Com'è diviso il testo Il brano – che costituisce la parte iniziale della novella – può essere diviso in cinque parti:

1) il ricordo d'infanzia (rr. 1-37): Nathaniel descrive il momento nel quale, da bambino, la mamma e la balia gli raccontano dell'«uomo della sabbia», un uomo cattivo che strappa gli occhi ai bambini che non si addormentano;

2) Coppelius e i bambini (rr. 38-80): Nathaniel descrive i terrificanti tratti fisici dell'avvocato Coppelius e la sua propensione a intimorire i bambini;

3) l'uomo della sabbia è Coppelius (rr. 81-108): il protagonista decide di incontrare l'uomo della sabbia e si infiltra nella stanza del padre, dove scopre che i passi sentiti per le scale ogni sera sono quelli dell'avvocato Coppelius;

4) l'incubo (rr. 109-145): il protagonista, in una scena che rimane sospesa tra la realtà e l'allucinazione, assiste a un esperimento scientifico compiuto dal padre insieme con Coppelius: dopo aver urlato di paura, il bambino viene maltrattato dal terribile avvocato;

5) il ritorno al presente (rr. 146-151): dopo la rievocazione di questo ricordo dell'infanzia, Nathaniel si rivolge a Lotario, l'amico cui è indirizzata la lettera che sta scrivendo, promettendogli di terminare presto la sua lunga storia.

Analizzare

Un'atmosfera da incubo La parte iniziale di questa lunga novella è un esempio dello stile di Hoffmann: i fatti narrati rimangono sospesi in una zona tra realtà e incubo. Infatti, è plausibile il sospetto che la scena dell'esperimento scientifico sia frutto dell'immaginazione di Nathaniel e, allo stesso modo, il ricordo di Coppelius nel protagonista adulto potrebbe far pensare a una componente folle della sua personalità, ma resta comunque il dubbio che l'incubo coincida proprio con la realtà.

Interpretare e approfondire

Freud e *L'uomo della sabbia* L'atmosfera da incubo e la dimensione del terrore in cui vive il protagonista del racconto rappresentano lo sprofondamento nella psiche umana, in quelle zone dell'inconscio che più tardi esplorerà lo psichiatra austriaco Sigmund Freud (1856-1939). In un saggio del 1919, *Il perturbante*, Freud analizza la novella di Hoffmann e vi individua alcuni temi cari alla disciplina che lui fonda, la psicoanalisi. Il senso di angoscia che domina tutto il racconto è legato, secondo Freud, al «mago» Coppelius e alla paura di vedersi strappati gli occhi che terrorizza Nathaniel. «Lo studio dei sogni, delle fantasie e dei miti ci ha inoltre insegnato che la paura per gli occhi, l'angoscia di perdere la vista, è abbastanza spesso un sostituto della paura dell'evirazione». Coppelius fa paura perché è un sostituto simbolico della figura paterna, della quale il protagonista, inconsciamente, teme la punizione.

Esercizi

Prima prova A • L'analisi del testo

Comprendere

1 Spinto dalla curiosità per i racconti sull'«uomo della sabbia», Nathaniel:

a. vuole incontrarlo
b. chiede spiegazioni alla sorella
c. chiede spiegazioni al padre
d. chiede spiegazioni a Coppelius

2 Durante l'esperimento nel laboratorio segreto, il padre:

a. segue le istruzioni dettategli da Coppelius
b. assume i lineamenti di Coppelius
c. assomiglia a un demonio
d. manipola dei materiali sfavillanti

3 Come si conclude il brano?

a. Con il congedo di Nathaniel a Lotario, destinatario della lettera che Nathaniel sta scrivendo
b. Con la dichiarazione dei maltrattamenti subiti dal padre
c. Con il ritorno alla realtà presente
d. Con un altro ricordo d'infanzia

Analizzare

4 Le diverse facce dell'uomo della sabbia

Nella novella si alternano varie immagini dell'uomo della sabbia, descritte attraverso il punto di vista della balia, della madre e della fantasia di Nathaniel. Completa una tabella come quella proposta relativa alle diverse caratterizzazioni di questo personaggio.

madre	balia	Nathaniel
....	è cattivo perché	ha il passo lento e pesante
....	....	....
....	....	....
....	....	....

Interpretare e appofondire

Terza prova B • Risposta singola

5 L'importanza della vista

La storia raccontata da Nathaniel insiste sull'importanza del "vedere": quale spiegazione attribuirà Freud alla paura di perdere gli occhi?

5 Il romanzo in Russia

La nascita di una grande letteratura

Nel periodo romantico nasce la grande letteratura russa. La Russia, poi, entra a far parte del gruppo delle potenze europee con Pietro il Grande e con Caterina II.

Aleksander Puškin

Aleksander Sergeevič Puškin (1799-1837) è il **fondatore della moderna letteratura russa**. Grande poeta e drammaturgo – la sua tragedia più importante è *Boris Godunov* (1813) –, Puškin scrive in versi anche il romanzo *Eugenij Onegin* (1831), poema in otto canti con protagonista il giovane irresponsabile Onegin, amato dalla virtuosa Tania, infelice per l'amore non corrisposto. Come narratore in prosa, Puškin **scrisse molte novelle, ma il suo capolavoro è *La figlia del capitano*** (1836) – romanzo ispirato al modello storico di Scott –, ambientato all'epoca di Caterina II, che racconta l'intreccio delle vicende dell'alfiere Grinëv, innamorato di Maša, la figlia del capitano dell'esercito, con quelle di Pugačëv, capo dei ribelli.

Aleksander Sergeevič Puškin
• Grazie a Pugačëv, Grinjov si ricongiunge con la figlia del capitano

Vasily Tropinin. *Portrait of Alexander Pushkin.* 1827

Michail Lermontov

Michail Jurevič Lermontov (1814-1841) è considerato il **maestro del Romanticismo russo**, soprattutto per l'anticonformismo e il gusto della ribellione nelle vicende personali, che influenzarono profondamente il suo unico romanzo, ***Un eroe del nostro tempo*** (1841). Attraverso cinque racconti uniti dallo stesso protagonista – che rendono l'opera una sorta di romanzo-confessione dai tratti apertamente autobiografici –, il romanzo presenta le avventure di Pečorin, un «eroe del nostro tempo» che manifesta disprezzo per la massa, vivendo così isolato nel suo orgoglio. La figura del protagonista diventa una specie di modello esistenziale sia per i giovani del tempo, sia per gli scrittori successivi come Dostoevskij.

Nicolàj Gogol'

Nicolàj Vasìl'evič Gogol' (1809-1852) **si ispira alla realtà quotidiana della vita moderna e cittadina** per i cosiddetti ***Racconti di Pietroburgo***, usciti alcuni in *Arabeschi* nel 1835 (*Il ritratto*, *La prospettiva Nevskij*, *Diario di un pazzo*), altri separatamente (*Il naso* e *Il calesse* nel 1836, mentre *Il cappotto* nel 1842). In questi racconti la vita cittadina e, soprattutto, la burocrazia sono indicate come le cause dell'infelicità umana: *Il naso* descrive la vicenda di un tale che crede di aver perso il naso per le vie di Pietroburgo, per poi ritrovarlo al proprio posto; *Il cappotto* racconta la triste storia di un impiegato costretto a fare terribili economie per comprarsi un cappotto, che poi gli verrà rubato, portandolo così alla morte per congelamento. A Roma, Gogol' scrive il romanzo ***Le anime morte*** (1842), di cui resta solo la prima delle tre parti programmate, che avrebbero dovuto corrispondere alle tre cantiche della *Commedia* di Dante. Il protagonista Čičikov vuole comprare le "anime morte", cioè i corpi dei servi della gleba defunti per tentare di acquistare le loro terre, in una serie di trattative economiche in cui entra in contatto con personaggi spregevoli, dediti solo al denaro.

Nicolàj Vasì'evič Gogol'
• Un naso in libera uscita

Ivan Turgenev

Ivan Sergevič Turgenev (1818-1883) **fonda il romanzo campestre russo**. Nelle *Memorie di un cacciatore* (1852), Turgenev descrive con semplice ma efficace realismo la vita dolorosa del contadino russo, contribuendo all'emancipazione dei servi della gleba russa, avvenuta poco dopo grazie allo zar Alessandro II.

facciamo il punto

- **Quali sono i principali narratori russi del secolo XIX?**
- **Chi sono *Le anime morte* del romanzo di Gogol'?**

6 Il romanzo in Italia

Storia e sentimento della nazione

Come si è già detto, lo sviluppo del romanzo storico in Italia avverrà solo a partire dal Romanticismo, periodo in cui si diffondono l'interesse per la storia e le vicende legate alla nascita dello spirito nazionale. Il primo momento storico ad essere rivalutato in quanto manifestazione dell'identità nazionale è il Medioevo.

L'evoluzione del romanzo storico

La fortuna del romanzo storico nel nostro paese comincia nel **1827**, anno della **prima edizione dei *Promessi sposi* di Manzoni** (▶ Unità 13). È in quest'opera che la storia fa, per la prima volta, da protagonista nella vicenda narrata, anche se l'ambientazione non è medievale, ma secentesca. A partire dagli anni Quaranta dell'Ottocento comincia il declino del romanzo storico in Italia. Si affermano così altri generi: il romanzo campagnolo o rusticale, il romanzo storico della contemporaneità e il romanzo-confessione.

Il romanzo campagnolo

Il romanzo sociale assume in Italia l'aspetto del romanzo campagnolo o rusticale, che **descrive le condizioni di vita nelle campagne**. Il modello europeo è quello dei romanzi campestri della scrittrice francese George Sand (▶ § 3). Nei romanzi campagnoli prevalgono il **sentimento religioso**, che induce alla pietà e alla rassegnazione, e **la volontà di commuovere il lettore borghese** di fronte allo spettacolo delle miserie e dei valori dei popolani. Uno scrittore di romanzi campagnoli del periodo è **Giulio Carcano** (1821-1884), autore di *Angiola Maria* (1839), storia di una ragazza di campagna rimasta orfana che si innamora di un giovane inglese e muore di stenti.

Il romanzo storico della contemporaneità: Ippolito Nievo

Ippolito Nievo nasce a Padova nel 1831 e trascorre l'infanzia e la prima giovinezza fra il Friuli, il Veneto e la Lombardia. Nel 1849 si reca in Toscana, dove entra in contatto con le correnti democratiche. Fra il 1852 e il 1855 (quando si laurea in Legge a Padova) collabora con articoli e con i suoi primi racconti a giornali veneti e lombardi; inoltre, inizia la sua raccolta di *Versi* di ispirazione satirica. Nel 1856 termina un ciclo di novelle di ambientazione campagnola: è il *Novelliere campagnolo.* Nel 1859 si arruola nel corpo garibaldino dei Cacciatori delle Alpi, partecipando alla guerra di indipendenza nazionale. L'anno successivo segue Garibaldi nella spedizione dei Mille – scrivendo anche un *Diario della spedizione dal 5 al 28 maggio* – e partecipa ai principali scontri militari, conquistando il grado di maggiore; in seguito Garibaldi gli affida il compito di vice intendente generale della spedizione. Muore nel 1861, a soli trent'anni, a bordo di un piroscafo che affonda nei mari tra Palermo e Napoli. Il capolavoro di Nievo è il **romanzo storico della contemporaneità *Le confessioni di un italiano***, scritto tra il 1857 e il 1858, ma pubblicato solo nel 1867, e incentrato su

▼ Giovanni Fattori, *Campagna romana*, 1875-1880. Livorno, Museo Civico.

avvenimenti che si spingono fino all'epoca contemporanea all'autore (gli anni Cinquanta dell'Ottocento).
Un altro autore di romanzi storici della contemporaneità è Giuseppe Rovani (1818-1874) con *Cento anni* (1857-1858); sia Nievo, sia Rovani utilizzano la trovata di porre a fondamento del racconto i ricordi di un vecchio, in modo da unire interesse per il passato e cronaca del presente.

Le confessioni di un italiano: *struttura e vicenda*

Le confessioni di un italiano è un'opera divisa in ventitrè capitoli che seguono la cronologia degli ottantatrè anni di vita del protagonista Carlo Altoviti. La trama delle vicende è articolata in tre nuclei narrativi, corrispondenti alle principali fasi della vita di Carlo:
1) **capp. I-VII nascita e infanzia** (nascita: 18 ottobre 1775-1792): il proemio dell'opera spiega la «morale» del protagonista che, nato «veneziano», morirà «italiano» (▶ T9). Segue poi il racconto dell'infanzia di Carlo presso il castello di Fratta, dove egli vive con la zia e le due cugine, cioè l'irruenta Pisana e la dolce e mite Clara. Dopo l'assedio subito dal castello a opera di soldati di una fortezza vicina, Carlo parte per Padova a studiare giurisprudenza;
2) **capp. VIII-XVII giovinezza** (1793-1800): scoppiano le prime rivolte locali, ispirate dalla rivoluzione francese. Il giovane Carlo si avvicina agli ideali di libertà e di ugaglianza sociale ma, deluso dall'immobilità politica padovana, torna al castello di Fratta come cancelliere. Qui, esasperato dai continui rifiuti della Pisana, che egli ama, decide di rinunciare alla donna, che infatti sposerà un altro. Nel 1796 scoppia una rivolta a Portogruaro: i rivoltosi invocano l'aiuto di Napoleone, ma quando Carlo lo conoscerà proverà una cocente delusione. Nel 1798 entra nella Legione della Repubblica Cisalpina – dove incontra pure Foscolo – e salva anche la Pisana, incontrata per caso durante una sommossa.
3) **capp. XVIII-XXIII maturità e vecchiaia** (inizi Ottocento-1855): tornato a Venezia, Carlo si ammala gravemente, ma poi si riprende. Dopo il matrimonio con un'amica della Pisana, si arruola nell'esercito dei moti del 1821 nell'Italia meridionale: condannato a morte, riesce a sfuggire alla pena capitale grazie alla Pisana. Dopo l'esilio a Londra, dove la Pisana muore di stenti, Carlo torna a Venezia, per assistere alla morte di un figlio e di molti amici a causa di un'epidemia. Dopo il fallimento dei moti del 1848, ai quali partecipa un altro suo figlio, Carlo fugge in America e vi muore nel 1855.

Il romanzo confessione

Il superamento del romanzo storico in direzione del romanzo-confessione, che pone al centro della narrazione la soggettività dei personaggi, è visibile in ***Fede e bellezza*** (1840-1852) di **Niccolò Tommaseo** (1802-1874), in cui i due protagonisti, Maria e Giovanni, riflettono sul loro destino di amanti attraverso l'introspezione.

Niccolò Tommaseo • Maria dà inizio alla propria confessione

Il romanzo italiano nella prima metà dell'Ottocento

Opere	Temi
I promessi sposi, Manzoni 1827	• ▶ Unità 13
Le confessioni di un italiano, Nievo 1867	• acquisizione della consapevolezza nazionale
Fede e bellezza, Tommaseo 1840-1852	• introspezione psicologica

facciamo il punto

- **Qual è la genesi del romanzo storico in Italia?**
- **In che epoca è ambientato il romanzo di Ippolito Nievo *Le confessioni di un italiano*? Come è strutturato?**

T9

Le forme
- genere misto tra romanzo storico della contemporaneità e romanzo di formazione

I temi
- acquisizione della consapevolezza nazionale

Ippolito Nievo
«Ecco la morale della mia vita»

Nel brano seguente, tratto dalle prime pagine del romanzo, il protagonista, Carlo Altoviti, si presenta ai lettori spiegando le ragioni della sua decisione di scrivere le Confessioni. *Le memorie di Carlo hanno un'importanza sociale perché la sua vita ha un valore emblematico, in quanto è stata vissuta nel periodo più significativo della storia nazionale, quello che precede l'Unità d'Italia.*

Io nacqui Veneziano[1] ai[2] 18 ottobre[3] del 1775, giorno dell'evangelista san Luca; e morrò per la grazia di Dio Italiano[4] quando lo vorrà quella Provvidenza che governa misteriosamente il mondo.

Ecco la morale[5] della mia vita. E siccome questa morale non fui io ma i tempi che l'hanno fatta, così mi venne in mente che descrivere ingenuamente quest'azione dei tempi sopra la vita d'un uomo potesse recare qualche utilità a coloro, che da altri tempi son destinati a sentire le conseguenze meno imperfette di quei primi influssi attuati.[6]

Sono vecchio oramai più che ottuagenario[7] nell'anno che corre dell'era cristiana 1858;[8] e pur giovine di cuore forse meglio che nol fossi mai nella combattuta giovinezza, e nella stanchissima virilità.[9] Molto vissi e soffersi.[...] Ma in tutto ciò nulla sarebbe di strano o degno da essere narrato,[10] se la mia vita non correva a cavalcione[11] di questi due secoli che resteranno un tempo assai memorabile massime[12] nella storia italiana. Infatti fu in questo mezzo che diedero primo frutto di fecondità reale quelle speculazioni politiche che dal milletrecento al millesettecento traspirarono dalle opere di Dante, di Macchiavello, di Filicaia, di Vico e di tanti altri che non soccorrono ora alla mia mediocre coltura e quasi ignoranza letteraria.[13] La circostanza, altri direbbe[14] la sventura, di aver vissuto in questi anni mi ha dunque indotto nel divisamento[15] di scrivere quanto ho veduto sentito fatto e provato dalla prima infanzia al cominciare della vecchiaia, quando gli acciacchi dell'età, la condiscendenza ai più giovani, la temperanza[16] delle opinioni senili e, diciamolo anche, l'esperienza di molte e molte disgrazie in questi ultimi anni mi ridussero a quella dimora campestre dove aveva assistito all'ultimo e ridicolo atto del gran dramma feudale.[17] Né il mio semplice racconto rispetto alla storia ha diversa importanza di quella che avrebbe una nota apposta da ignota mano contemporanea alle rivelazioni d'un antichissimo codice.[18] L'attività privata[19] d'un uomo che non fu né tanto avara da trincierarsi[20] in se stessa contro le miserie comuni, né tanto stoica[21] da opporsi

1 Veneziano: Carlo era nato nella Repubblica Serenissima di Venezia.
2 ai: *al* = *il*.
3 18 ottobre: è ancora oggi il giorno dedicato a san Luca evangelista.
4 Italiano: Carlo prefigura la costituzione dell'Italia unita. Si noti l'incisività del primo periodo del romanzo, in cui sono fissati i due estremi cronologici del quadro storico narrato e al tempo stesso è resa manifesta l'ideologia politica dello scrittore.
5 la morale: *l'insegnamento*. Il riferimento è a un concetto che è solo implicito nel periodo precedente. La morale equivale alla comprensione del valore politico e culturale dell'identità nazionale.
6 E siccome… attuati: *E dal momento* (**siccome**) *che non fui io* [*a farla*] *ma* [*sono*] *i tempi che l'hanno fatta, allora* (**così**) *mi venne in mente che descrivere semplicemente* (**ingenuamente**) *quest'azione dei tempi sulla* (**sopra**) *vita di un uomo potesse recare qualche utilità a coloro che in* (**da**) *altri tempi sono destinati a sentire le conseguenze meno incomplete* (**imperfette**) *di quelle prime influenze in atto* (**quei primi influssi attuati**).
7 ottuagenario: *ottantenne*.
8 nell'anno… 1858: le vicende del romanzo arrivano in realtà fino al 1855. Sono gli anni in cui Nievo scrisse il romanzo, che nelle sue ultime pagine diventa quindi romanzo contemporaneo.
9 e pur… virilità: *e pure giovane di cuore forse più* (**meglio**) *che non* (**nol**) *fossi mai* [*stato*] *nella agitata* (**combattuta**) *giovinezza e nella stanchissima virilità*. La virilità è in questo caso la maturità.
10 Ma… narrato: *Ma in tutto ciò non ci sarebbe nulla* (**nulla sarebbe**) *di strano o di degno di* (**da**) *essere narrato*.
11 a cavalcione: *a cavallo*.
12 massime: *soprattutto*.
13 Infatti… letteraria: *Infatti fu in questo arco di tempo* (**in questo mezzo**) *che diedero* [*il*] *primo frutto quelle riflessioni* (**speculazioni**) *politiche che dal milletrecento al millesettecento presero respiro* (**traspirarono**) *dalle opere di Dante* [*Alighieri*], *di* [*Niccolò*] *Machiavelli* (**Macchiavello**), *di* [*Vincenzo*] *Filicaia, di* [*Giovan Battista*] *Vico e di tanti altri che non occorrono* (**soccorrono**) *ora alla mia mediocre cultura* (**coltura**) *e quasi ignoranza letteraria*. Le opere degli autori citati sono considerate importanti per lo sviluppo della coscienza nazionale italiana. Vincenzo Filicaia (1642-1707) era un autore di sonetti politici.
14 altri direbbe: *altri direbbero*.
15 divisamento: *proposito*; termine colto.
16 la temperanza: *la saggezza*.
17 gran dramma feudale: *la grande commedia feudale*. Il termine «dramma» è qui volutamente ambiguo. Da un lato si riferisce al mondo feudale, visto come un teatro a causa dei suoi apparati fatiscenti, dall'altro alla fine drammatica di questo mondo.
18 Né… codice: il racconto di Carlo è come la chiosa di uno studioso su un testo antico. Esso ha cioè una funzione di commento alla storia.
19 L'attività privata: *la vita privata*.
20 trincierarsi: *chiudersi in atteggiamento autodifensivo*.

deliberatamente ad esse, né tanto sapiente o superba da trascurarle disprezzandole, mi pare debba in alcun modo[22] riflettere l'attività comune e nazionale che la assorbe;[23] come il cader d'una goccia rappresenta la direzione della pioggia. Così l'esposizione de' casi miei sarà quasi un esemplare[24] di quelle innumerevoli sorti individuali che dallo sfasciarsi dei vecchi ordinamenti politici al raffazzonarsi[25] dei presenti composero la gran sorte nazionale italiana. Mi sbaglierò forse, ma meditando dietro essi potranno alcuni giovani sbaldanzirsi dalle pericolose lusinghe,[26] e taluni anche infervorarsi nell'opera lentamente ma durevolmente avviata, e molti poi fermare in non mutabili[27] credenze quelle vaghe aspirazioni che fanno loro tentar cento vie prima di trovare quell'una che li conduca nella vera pratica del ministero civile.[28]

da I. Nievo, *Le confessioni d'un italiano*, a cura di M. Gorra, Mondadori, Milano 1993.

21 stoica: *impassibile.* Lo stoicismo era la dottrina della scuola filosofica ateniese fondata da Zenone nel III secolo a. C. I suoi ideali etici erano la liberazione dalle passioni e il conseguimento della fermezza dell'animo.
22 in alcun modo: *in qualche modo.*
23 riflettere… assorbe: l'invenzione di un personaggio che racconta un'esperienza vissuta può, secondo Nievo, «riflettere» i processi della storia collettiva.
24 un esemplare: *un esempio.*
25 raffazzonarsi: *accomodarsi.* Il verbo ha qui significato positivo.
26 alcuni giovani… lusinghe: *alcuni giovani potranno perdere entusiasmo* (**sbaldanzirsi**: il contrario di imbaldanzirsi, poco usato) [*nei confronti delle*] (**dalle**) *pericolose speranze illusorie* (**lusinghe**).
27 non mutabili: *immutabili.*
28 ministero civile: *attività sociale.*

Lavoriamo sul testo

Leggere e capire

L'inizio delle *Confessioni* Il brano costituisce l'inizio del romanzo, nel quale si presenta il protagonista delle vicende narrate, Carlo Altoviti, nato nella Repubblica di Venezia nel 1775, che, oltre ottantenne, decide di raccontare la propria vita. Il protagonista esprime la soddisfazione di «morire italiano», cioè di vedere finalmente compiuta l'unificazione nazionale.

Analizzare

Il valore pedagogico dell'esperienza vissuta Nelle *Confessioni di un Italiano* Nievo introduce alcuni elementi innovativi rispetto ai romanzi storici precedenti. Il protagonista, Carlo Altoviti, è anche il narratore della vicenda. Questa è una novità che rende più complessa la sua funzione anche sotto il profilo pedagogico. L'opera di Nievo è infatti un romanzo di formazione in cui la figura dell'educatore morale coincide con l'io che scrive. Ciò significa che l'insegnamento di Carlo Altoviti deriva dall'esperienza vissuta, dalla vita stessa del protagonista e non da astratti valori culturali. Per questa ragione Carlo sottolinea con insistenza di essere un illetterato, rifiutando di porsi come maestro intellettuale: quello che sa e può insegnare l'ha imparato dalla vita, cioè dall'esperienza diretta.

Intepretare e approfondire

L'acquisizione della consapevolezza nazionale La narrazione è concentrata, fin dalle prime battute, sui valori politici. L'autopresentazione di Carlo racchiude un messaggio, già anticipato nel titolo e nel primo periodo del romanzo («Io nacqui Veneziano […] e morrò per la grazia di Dio Italiano»): l'avvenuta acquisizione di una consapevolezza nazionale. La vita di Carlo assume un valore esemplare perché vissuta nel periodo dell'unificazione nazionale. In tal modo emerge la componente romantica dell'ideologia politica di Nievo, che vede la storia individuale come specchio della storia generale, in sintonia con quanto sostenevano i teorici del romanzo storico, compreso Manzoni.

Esercizi

Prima prova A • L'analisi del testo

Comprendere

1 Il protagonista sostiene che:

a. morirà sempre veneziano
c. morirà in una patria divisa
c. morirà italiano
b. è nato italiano

Analizzare

2 L'utilità delle *Confessioni*

Il narratore sottolinea più volte l'utilità del proprio racconto autobiografico: perché? A chi intende rivolgersi? Rintraccia nel testo gli argomenti con i quali Carlo giustifica la propria opera.

Interpretare e approfondire

3 La storia collettiva e quella individuale

Quale rapporto emerge, in queste pagine, fra storia collettiva e storia individuale?

Dal ripasso alla verifica

mappa concettuale

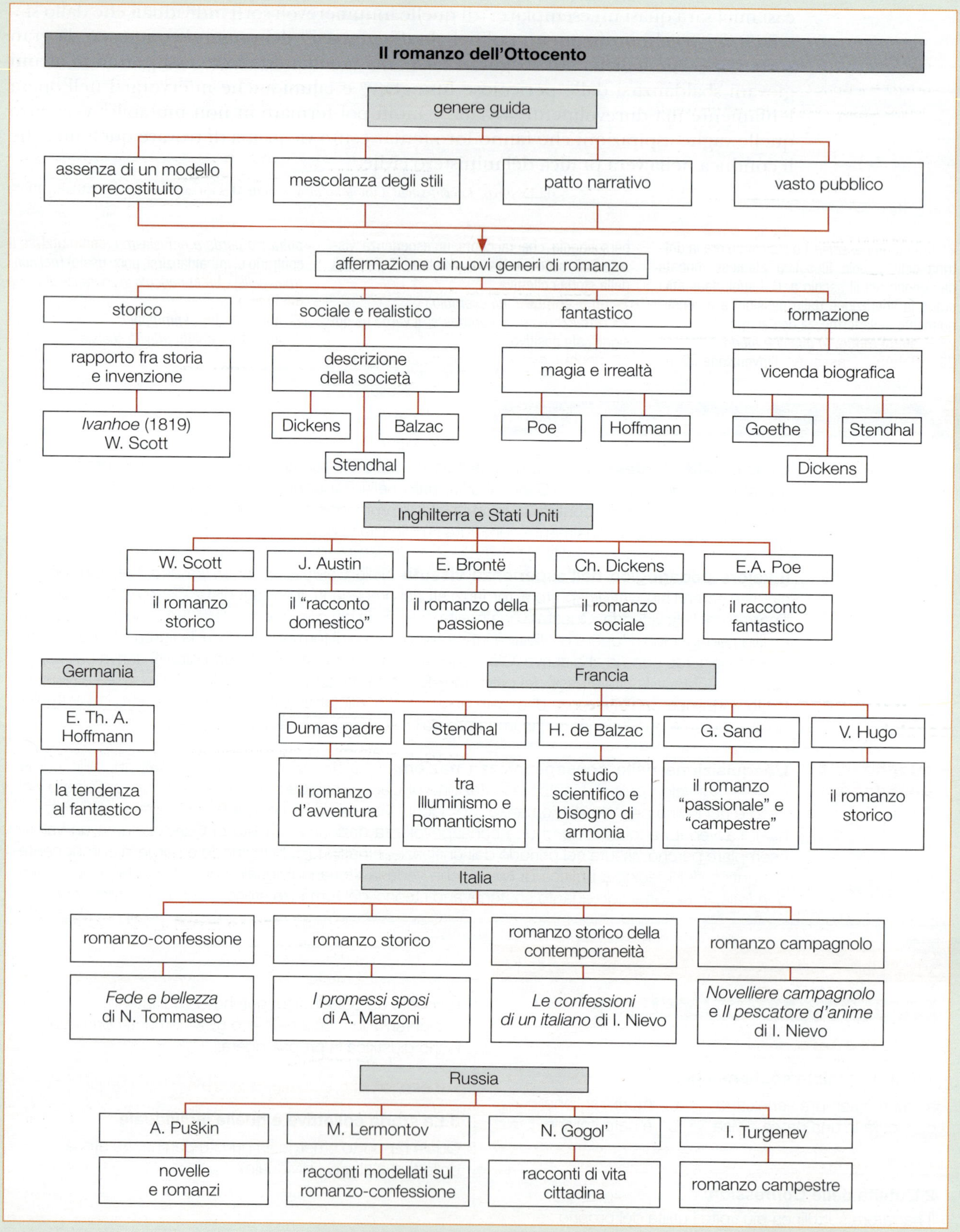

dizionario dei concetti chiave

- **racconto fantastico** genere letterario – nato con i *Racconti del grottesco e dell'arabesco* (1840) e *Il pozzo e il pendolo* (1843) dell'americano Edgar Allan Poe (1809-1849) – in cui si intrecciano personaggi e situazioni irreali e magiche ad ambienti quotidiani e persone reali. Altro autore di romanzi e racconti fantastici è il tedesco Ernst Theodor Amadeus Hoffmann (1776-1822), la cui raccolta più importante è *Notturni* (1817), che contiene anche *L'uomo della sabbia*.
- **romanzo sociale o realista** genere letterario – nato con con *Tempi difficili* (1854) dell'inglese Charles Dickens (1812-1870) – in cui la vicenda è ambientata in luoghi e tempi vicini all'autore, che descrive le contraddizioni della società, i cambiamenti di mentalità in rapporto ai grandi eventi politici ed economici. Tra i più importanti scrittori di romanzi realistici ci sono anche i francesi Stendhal e Balzac.
- **romanzo storico** genere letterario – nato con *Ivanhoe* (1819) dell'inglese Walter Scott (1771-1832) – in cui la storia diventa la protagonista dell'opera, determinando il comportamento dei personaggi. Il romanzo storico pone il problema del rapporto fra storia e invenzione e della prevalenza del primo aspetto sul secondo. La fortuna del romanzo storico in Italia comincia nel 1827, anno della prima edizione dei *Promessi sposi* di Manzoni.
- **romanzo storico della contemporaneità** evoluzione del romanzo storico italiano, sviluppatasi a partire dagli anni Quaranta dell'Ottocento, incentrato su avvenimenti che si spingono fino all'epoca dell'autore. L'opera che rappresenta meglio questo genere è *Le confessioni di un italiano*, scritto tra il 1857 e il 1858 da Ippolito Nievo (1831-1861).

esercizi

esercizi di riepilogo

1 Il romanzo è un genere borghese perché:

a. si rivolge a un pubblico colto
b. ricorre alla lingua parlata
c. presuppone l'esistenza di un vasto pubblico di lettori
d. si ispira solo a fatti storici realmente accaduti

2 Quale non è una caratteristica del romanzo ottocentesco?

a. Ha modelli letterari cui ispirarsi
b. Ha uno stile multiforme e vario
c. È fondato sul patto narrativo
d. È basato sull'esistenza di un autore capace di conquistare il mercato

3 Vero o falso?

Il romanzo storico:

V F fa derivare il comportamento dei personaggi dalle caratteristiche dell'epoca in cui vivono
V F il Rinascimento è valutato come momento in cui nasce l'identità nazionale
V F ha come tema principale il rapporto tra storia e invenzione
V F si afferma in età romantica grazie all'interesse per la storia in questo periodo
V F è sempre composto da personaggi fantastici collocati in contesti storici
V F ha le stesse caratteristiche del romanzo gotico inglese

4 La protagonista di *Emma* di Jane Austen si caratterizza:

a. per la sua presunzione
b. per la sua nobiltà d'animo
c. per la sua capacità di arricchirsi
d. per la sua sincerità

5 *Cime tempestose* è stato scritto da:

a. Charles Dickens
b. Anne Brontë
c. Charlotte Brontë
d. Emily Brontë

6 **L'opera di Stendhal racconta la società francese:**

a. dopo la guerra dei Sette anni
b. dopo il Congresso di Vienna
c. dopo la rivoluzione del 1789
d. del Medioevo

7 **Nei suoi romanzi Balzac vuole indagare:**

a. il condizionamento che l'ambiente esercita sull'uomo
b. l'ipocrisia della nobiltà francese
c. la società mercantile del periodo napoleonico
d. le motivazioni psicologiche che spingono ad agire i personaggi

esercizi di approfondimento

8 **Dickens e lo storico Carlyle**

Il brano estratto da *Tempi difficili* di Charles Dickens (▶ T4) mostra l'ideologia anticapitalistica dello scrittore inglese. Confronta il discorso dell'operaio Stephen con il saggio *Segni dei tempi* dello storico Thomas Carlyle, pubblicato nel 1829:

> Se ci chiedessero di caratterizzare con una sola parola questa età che è la nostra, noi saremmo tentati di definirla non: l'età eroica, o religiosa, o filosofica, o morale, ma soprattutto: l'età meccanica. La nostra età è quella della macchina, in tutta la compiutezza del termine... Nulla si fa, direttamente o alla mano; tutto si fa regolarmente e secondo un piano prefisso [...]. Di ogni parte si è cacciato via il vivente artigiano per far posto ad un operaio senz'anima ma più veloce. La spoletta fugge alla dita del tessitore e cade tra dita d'acciaio che la fanno girare più rapidamente [...].
>
> Non soltanto l'esterno e il fisico è adesso guidato dalla macchina, ma anche l'interno e lo spirituale... La stessa pratica regola non soltanto i nostri modi di agire, ma anche i nostri modi di pensare e sentire. Gli uomini sono diventati dei meccanismi nella testa e nel cuore, così come nelle mani. Hanno perso la fede negli sforzi individuali e nelle forze naturali di qualsiasi genere. Non per la perfezione interiore, ma per combinazioni e ordinamenti esteriori, per istituzioni, costituzioni – per meccanismo, di un genere o di un altro – essi sperano e lottano. Tutti i loro sforzi, affetti, opinioni, si accentrano sul meccanismo e sono di carattere meccanico.
>
> da T. Carlyle, *Segni dei tempi*, 1829.

allenarsi per l'esame di Stato

tema di ordine generale

9 **Una riflessione sul fantastico**

«Il fantastico è l'esitazione provata da un essere il quale conosce soltanto le leggi naturali, di fronte a un avvenimento apparentemente soprannaturale».

Commenta questa affermazione dello studioso russo Todorov in un tema di ordine generale, facendo riferimento anche ai testi antologizzati in questo capitolo.

Unità 13

L'autore

Alessandro Manzoni

«Una immensa moltitudine d'uomini, una serie di generazioni, che passa su la terra, inosservata, senza lasciarvi un vestigio [: un'impronta], è un tristo ma portentoso fenomeno». Così scriveva Manzoni nel 1822, nel *Discorso sopra alcuni punti della storia longobardica in Italia*; ma è un pensiero che racchiude le sue grandi questioni, di scrittore e di storico. Gli uomini e la storia, le tracce delle esistenze passate e il tentativo di raccontarle e di dar loro un senso. Un percorso lungo e tormentato, il suo: dalle prime prove poetiche giovanili agli *Inni sacri*, dalle tragedie storiche ai *Promessi sposi*, fino al rifiuto del romanzo stesso.
L'opera di Manzoni riflette sulle grandi tematiche della vita: il potere, la sopraffazione, la violenza fisica e morale, la fede religiosa, l'inevitabilità del Male nella storia dell'uomo. Le vicende dei suoi personaggi sono spesso raccontare con spietata ironia, ma senza mai traslasciare quell'esigenza di realismo e di verità che è alla base della sua poetica.

OBIETTIVI

Conoscenze
- La vita e le opere di Alessandro Manzoni
- Il contesto storico in cui vive l'autore
- Gli elementi della cultura e della poetica dell'autore
- Struttura, temi, stile degli *Inni sacri*
- Struttura, temi, stile delle *Odi*
- Struttura, trama, personaggi, temi delle tragedie
- Struttura, temi, personaggi, trama dei *Promessi sposi*

Competenze
- Inserire le opere nel contesto storico adeguato
- Analizzare le opere dal punto di vista strutturale, tematico e stilistico
- Riconoscere nei testi le strategie narrative attuate da Manzoni

Espansioni digitali

- **video**
- **testi e approfondimenti**
- **analisi attive**
- **materiali per il recupero**

videolezione

Modernità di Manzoni
a cura di Romano Luperini
- L'importanza storica dei *Promessi sposi*
- La cultura di Manzoni
- *I promessi sposi* come romanzo dei rapporti di forza
- È autoritario il narratore onnisciente?
- I destinatari del romanzo e il suo doppio messaggio
- La storia, gli "umili" e l'impegno politico nei *Promessi sposi*
- La modernità dei *Promessi sposi*
- Liberare Manzoni dal "manzonismo"

1 La vita

Da Milano a Parigi

Una famiglia importante

La famiglia di Alessandro Manzoni vanta personaggi illustri. Da parte di madre, egli era nipote di **Cesare Beccaria**, l'autore di *Dei delitti e delle pene* (▶ Unità 6). Con buona probabilità Alessandro era figlio naturale di **Giulia Beccaria** e di **Giovanni Verri**, fratello del più celebre Pietro. La donna aveva sposato il conte Pietro Manzoni e aveva dato alla luce Alessandro a **Milano**, il 7 marzo **1785**. Il matrimonio durò poco e dopo la separazione legale la donna nel 1792 andò a vivere a Parigi con Carlo Imbonati, di nobile e ricca famiglia lombarda. Il conte riconobbe comunque il figlio e ne mantenne l'affidamento. Dopo un'infanzia trascorsa tra i collegi religiosi e la casa paterna, con forti influenze neoclassiche e un contatto con le idee giacobine, poi rinnegate, il ventenne Manzoni nel **1805** raggiunge la madre a Parigi.

Nella capitale del mondo

All'inizio dell'Ottocento, gli anni dell'apogeo napoleonico, Parigi è la vera capitale del mondo. Manzoni frequenta qui gli ultimi illuministi e in particolare stringe rapporti con **Claude Fauriel** (1772-1844), liberale antinapoleonico, aperto alle nuove idee romantiche che giungevano dalla Germania. Il giovane Alessandro scrive un importante componimento in endecasillabi sciolti, *In morte di Carlo Imbonati* (1805), in cui l'**ispirazione civile pariniana** si unisce a una prima elaborazione di princìpi di poetica e di vita morale: «**il santo Vero / mai non tradir**: né proferir mai verbo, / che plauda al vizio, o la virtù derida» [non tradire mai la sacra verità: e non dire mai nessuna parola che lodi il vizio o derida la virtù]. Il giovane Manzoni sostiene quindi che alla verità si deve la fedeltà più rigorosa. È un principio che lo accompagnerà nei decenni successivi.

Il matrimonio e la svolta religiosa

Durante gli anni parigini muore il padre legittimo (1807), che gli lascia in eredità un ricco patrimonio; si manifestano i primi disturbi psicologici, fra cui l'agorafobia; nel 1808 Alessandro sposa a Milano la figlia di un industriale svizzero, la calvinista **Enrichetta Blondel** (1791-1833). Nella capitale francese i due coniugi entrano in contatto con alcuni esponenti del giansenismo: l'anno che segna la svolta è il 1810, con la **conversione al cattolicesimo** di Enrichetta e poi di Alessandro, e **il ritorno a Milano**.

Gli anni dei capolavori

Poesie, tragedie e riflessioni

Tra il 1812 e il 1815 Manzoni scrive gli *Inni sacri*, e da questo momento ha inizio un'**intensa attività letteraria** che dura un decennio. In quegli anni Milano è la città dei primi manifesti romantici e della rivista «Il Conciliatore». In questo clima nascono: due tragedie (*Il conte di Carmagnola*, terminata nel 1820, e *Adelchi*, pubblicata nel 1822); due odi, entrambe del 1821 (*Marzo 1821* e *Il cinque maggio*); il *Di-*

◀ Andrea Appiani, *Ritratto di Giulia Beccaria con il figlio Alessandro*, 1790. Brusuglio, Villa Manzoni.

Glossario

Agorafobia Dal greco *agorá* = 'piazza' e *phobos* = 'paura', il termine indica la paura ossessiva degli spazi aperti.

Giansenismo Da Giansenio (1585-1638), teologo olandese secondo il quale l'uomo è portato al male: può salvarlo solo la Grazia, concessa a pochi eletti per misterioso disegno divino. Il giansenismo fu un movimento politico e religioso in aperto scontro con i gesuiti e con la Chiesa di Roma. La roccaforte dei giansenisti, Port-Royal, fu distrutta nel 1709 per ordine di Luigi XIV. La cultura francese ed europea ne saranno segnate ancora a lungo.

scorso sopra alcuni punti della storia longobardica in Italia (1822); gli scritti di poetica *Lettre à Monsieur Chauvet* [Lettera al Signor Chauvet, 1820] e la lettera a Cesare D'Azeglio *Sul Romanticismo* (1823); le *Osservazioni sulla morale cattolica* (1819); un nuovo "inno sacro", *la Pentecoste* (1822).

Cronologia

STORIA		VITA E OPERE
	1785	► il 7 marzo nasce a Milano dal conte Pietro Manzoni e da Giulia Beccaria
	1796-1798	► studia presso collegi religiosi
	1805	► raggiunge la madre a Parigi
	1806-1810	► diventa amico di Fauriel
	1807	► muore il padre che gli lascia in eredità tutto il suo ricco patrimonio
	1808	► si sposa a Milano con Enrichetta Blondel, con rito calvinista; poi i due coniugi tornano a Parigi
	1810	► conversione al cattolicesimo di Enrichetta e poi di Alessandro, e loro ritorno a Milano
	1812-1815	► scrive quattro *Inni sacri: La Risurrezione, Il nome di Maria, Il Natale, La Passione*
Congresso di Vienna ◄	1814-1815	
moti liberali e carbonari ◄	1820-1821	► scrive le tragedie *Il conte di Carmagnola* e *Adelchi*, e le odi *Marzo 1821* e *Il cinque maggio*; nell'aprile 1821 comincia a scrivere *Fermo e Lucia*
	1822	► pubblica l'*Adelchi* e scrive una nuova redazione, definitiva, della *Pentecoste*
	1823	► completa il *Fermo e Lucia* e l'*Appendice storica su la colonna infame*
	1825-1827	► pubblica la rielaborazione di *Fermo e Lucia*, con il titolo *I promessi sposi*: è l'edizione "ventisettana" del romanzo
	1827	► va a Firenze, per «risciacquare i panni in Arno»
Rivoluzione di luglio in Francia ◄	1830	
	1833	► muore la moglie
moti insurrezionali guidati da Giuseppe Mazzini ◄	1833-1844	
	1837	► sposa Teresa Borri vedova Stampa
	1840	► comincia a uscire a dispense l'edizione definitiva dei *Promessi sposi* (1840-1842), illustrata da Gonin: è l'edizione "quarantana"
moti rivoluzionari europei ◄ Prima guerra d'indipendenza italiana e concessione ◄ dello Statuto Albertino	1848	
Vittorio Emanuele II re di Sardegna ◄	1849	
	1850	► pubblica due scritti di poetica: *Del romanzo storico* e *Dell'invenzione*
Seconda guerra d'indipendenza italiana ◄	1859	
spedizione dei Mille ◄	1860	► è nominato senatore
proclamazione del Regno d'Italia ◄	1861	► muore la seconda moglie
	1864	► vota per Firenze capitale e per la liberazione di Roma
	1868	► come presidente della Commissione parlamentare sull'unità linguistica, pubblica *Dell'unità della lingua e dei mezzi di diffonderla*
	1873	► muore a Milano il 22 maggio

I promessi sposi: la lunga storia di un romanzo di successo

Tra il 1821 e il 1823 Manzoni lavora alla prima redazione di un romanzo, intitolato ***Fermo e Lucia***, e all'*Appendice storica sulla colonna infame.* Dall'inizio del 1824 al 1827 lavora alla seconda redazione, che esce nel 1827 con il titolo definitivo *I promessi sposi*. È la cosiddetta "**ventisettana**". Da questo momento la sua attenzione per i problemi letterari diminuisce e diventa centrale il problema della lingua (▶ Storia della lingua). Per tre anni lavora soprattutto alla **revisione linguistica** del romanzo, recandosi a **Firenze** per «risciacquare i panni in Arno», cioè per appropriarsi del **toscano vivo**, unica lingua d'uso, secondo Manzoni, comprensibile in tutta Italia e possibile base per una **nuova lingua letteraria**. Finalmente nel 1840 esce l'edizione definitiva del romanzo (la "**quarantana**"). Della "ventisettana" erano uscite cinquanta ristampe (quasi 60.000 copie, cifra inaudita per l'Italia di allora), della "quarantana" fra il 1840 e 1900 vi furono circa duecento ristampe (pari a 200.000 copie).

Le ultime opere e l'incarico di senatore

Negli anni successivi Manzoni pubblica le *Opere varie* (1844-1845) e due scritti di poetica, *Del romanzo storico* e *Dell'invenzione* (entrambi nel 1850). Nel **1860** è nominato senatore del neonato Regno d'Italia e nel **1864**, pur essendo cattolico, vota a favore del trasferimento della capitale da Torino a Firenze in attesa dell'annessione di Roma. L'entusiasmo dello scrittore per il **processo di unità nazionale**, osteggiato dalla Chiesa che con esso perdeva il potere temporale, solleva le proteste dei cattolici reazionari. Nel **1868** scrive una relazione, come presidente della Commissione parlamentare sulla lingua, intitolata *Dell'unità della lingua e dei mezzi di diffonderla.* Muore a Milano il 22 maggio **1873**, all'età di ottantotto anni.

◀ **La seconda moglie**
Sposata a 19 anni col conte Stefano Decio Stampa, Teresa rimase vedova due anni dopo, con un figlio piccolissimo, Stefano. È lui che nel 1847 incarica Francesco Hayez di realizzare questo ritratto: sofferente di continui malesseri, la donna posò a casa tenendo nella mano sinistra un "flacon d'odeur" in vetro (Brescia, Pinacoteca Tosio Martinengo).

facciamo il punto

- **Perché si può dire che Manzoni nasce in un famiglia "importante"?**
- **Quali sono le principali esperienze degli anni parigini?**
- **In quale periodo della sua vita si concentra l'attività artistica di Manzoni?**
- **Quale posizione assume l'autore rispetto alla causa risorgimentale?**

2 La cultura

videolezione
Modernità di Manzoni

Tra Illuminismo e Romanticismo

Il fondamentale ruolo rivestito da Manzoni nella letteratura italiana non è frutto del caso. La cultura di questo scrittore è formata dall'unione di diversi filoni: l'eredità civile dell'**Illuminismo lombardo** di Parini e soprattutto di Cesare Beccaria e di Pietro Verri, che con «Il Caffè» e la loro opera saggistica avevano già proposto un intellettuale capace di agire nella società; poi l'**influenza del Romanticismo** con la sua attenzione per la storia nazionale, il sentimento popolare e gli ideali religiosi cristiani; infine il contatto con la **cultura francese**, molto legata alla società civile e al dibattito delle idee.

Le basi del pensiero manzoniano

La **dimensione europea** della cultura di Manzoni agisce attraverso due punti di vista diversi: da una parte gli **"ideologi" francesi** all'inizio dell'Ottocento, eredi dell'Illuminismo ed esponenti del pensiero liberale; dall'altra parte lo **spirito religioso** promosso dai giansenisti e dai pascaliani (dal nome del filosofo francese Blaise Pascal), che esaltava il contrasto fra bene e male ed era perciò contrario alle semplificazioni spesso proposte dai cattolici italiani.

La cultura di Manzoni

formazione illuminista — adesione al Romanticismo — cattolicesimo rigoroso

↓

scelta di una letteratura popolare e comprensibile da un pubblico ampio

La novità storica del romanzo

L'importanza di Manzoni nella letteratura italiana è fondamentale: a questo scrittore si deve infatti la **nascita del romanzo italiano**. Partendo da una formazione illuministica, Manzoni aderisce al Romanticismo per proporre un radicale rinnovamento nella cultura letteraria del nostro Paese, che gli appariva legata ancora a generi tradizionali (l'epica, la lirica, il trattato e la novella) e lontana dalle maggiori esperienze europee. Per questo egli si dedica con impegno al romanzo, che appariva ai classicisti un genere riservato alle classi sociali più basse e che intimoriva per la sua tendenza al realismo: la rappresentazione concreta e a volte cruda della realtà che proponeva il romanzo moderno non lasciava più spazio alle immagini idealizzate del mondo che abbondavano invece nei generi amati dai classicisti.

Manzoni crea da zero una tradizione letteraria e una lingua: se si esclude il precedente delle *Ultime lettere di Jacopo Ortis* di Foscolo – un romanzo non confrontabile con quello di Manzoni, sia per la struttura epistolare, sia per lo stile, che si avvicina molto alla soggettività della poesia – la letteratura italiana non ha significativi romanzi anteriori ai *Promessi sposi* cui Manzoni potesse ispirarsi. Nel romanzo di Manzoni si ha inoltre la convergenza della lingua letteraria con una lingua parlata (il fiorentino contemporaneo), che riduce così una distinzione che da tempo rendeva elitaria la letteratura italiana.

Glossario

Ideologi Esponenti di una corrente filosofica operante in Francia a cavallo dei secoli XVIII e XIX e fondata sul sensismo di matrice illuminista. Fu Napoleone a usare il termine *idéologue* in senso dispregiativo, per indicare l'intellettuale dottrinario, astratto, privo di senso della realtà.

facciamo il punto

- **La formazione culturale di Manzoni si compone di più filoni: quali?**
- **Perché l'autore riveste un'importanza fondamentale nella storia della letteratura italiana?**

3 Le opere

La produzione giovanile

In morte di Carlo Imbonati

In morte di Carlo Imbonati [vv. 203-220]

Nella produzione poetica giovanile di Manzoni, che va dal 1801 al 1810, spicca il componimento in endecasillabi sciolti dedicato a Carlo Imbonati e scritto subito dopo la sua morte (**1805**). Visto che Imbonati viveva con la madre, il componimento è anche una sorta di consolazione rivolta alla donna. *In morte di Carlo Imbonati* è un dialogo con lo scomparso, che aveva avuto come precettore Parini e sperava di continuarne l'impegno morale. Imbonati diventa così, per il giovane Manzoni, un **modello di vita e di letteratura** non molto diverso da Parini stesso. La spinta alla scrittura nasce da un intento morale di polemica contro il «secol sozzo» e quindi da un'aspra critica alla corruzione diffusa.

Gli *Inni sacri* e *La Pentecoste*

Una faticosa elaborazione

Manzoni inizia nel **1812** la scrittura degli *Inni sacri*. Ne progetta dodici, corrispondenti alle principali **festività cattoliche** dell'anno liturgico. Già nel 1815 il piano risulta ridimensionato. Ne pubblica solo quattro: *La Risurrezione*, *Il Natale*, *Il nome di Maria*, *La Passione*. Tra il 1815 e il 1822 ne porterà a termine un quinto, *La Pentecoste*, mentre negli anni successivi comporrà i frammenti di un sesto, *L'Ognissanti*, e di un testo che si collega agli *Inni*, *Il Natale del 1833* (giorno della morte della prima moglie, Enrichetta Blondel).

Un nuovo destinatario

Manzoni rifiuta la poesia rivolta a pochi, e tenta di elaborare una materia che interessi un numero più ampio di lettori, dunque più popolare. Adottando il punto di vista della comunità dei fedeli, Manzoni abbandona la poesia che si riferisce solo all'io lirico e che

La casa di Manzoni
Nella foto, piazza Belgioioso a Milano con in fondo la casa dove Alessandro Manzoni visse dal 1814 fino alla morte. Nell'edificio, hanno oggi sede il Centro di Studi Manzoniani, il Museo Manzoniano e la biblioteca della Società Storica Lombarda.

si rivolge esclusivamente agli intellettuali capaci di intendere i preziosi riferimenti al mito classico per creare una sorta di **epica collettiva**, formata con i miti della fede cattolica. Negli *Inni sacri* Manzoni esprime la necessità di dare voce a esigenze collettive, insieme alla manifestazione del proprio entusiasmo religioso (si ricordi infatti che sua la conversione era avvenuta nel 1810).

Il cristianesimo di Manzoni

La religiosità di Manzoni conserva tratti illuministici: il cristianesimo è considerato fondatore di **valori di eguaglianza** e fratellanza universale, e legittima la condanna morale degli oppressori. La **divinità** è presentata sia come rifugio e consolazione, sia come **misteriosa ragione di vita** e di morte. Il Dio di Manzoni presenta infatti sempre una forte dimensione contraddittoria, non esclusa quella inquietante e minacciosa.

Gli scritti critici e di poetica

Un importante saggista

Il periodo di maggiore produzione letteraria di Manzoni, cioè il decennio compreso tra il 1815 e il 1825, coincide con una costante riflessione su problemi morali, storici e letterari. L'attività critica di questo scrittore riprende forme e caratteri tipici della tradizione illuministica: l'esposizione è insieme razionale e ironica, volta a un compito persuasivo. I temi affrontati nei saggi riguardano **questioni morali**, **teologiche e storiografiche**; **aspetti di poetica** riguardanti le opere letterarie del periodo, cioè il romanzo, le tragedie, le odi; **riflessioni sul problema della lingua** del neonato Regno d'Italia.

La trattatistica morale e teologica

Le ***Osservazioni sulla morale cattolica*** (1819) costituiscono una risposta alle tesi dello svizzero Jean-Charles de Sismondi, collaboratore del «Conciliatore», che individuavano nell'opera della Chiesa cattolica a partire dall'età della Controriforma la causa della decadenza politica e morale degli italiani. Nelle *Osservazioni* Manzoni afferma che la Chiesa non ha origini umane ma divine: la morale cattolica, l'unica vera e universale, non può risentire quindi del mutamento storico o della varietà dei costumi.

La trattatistica storica

Nel ***Discorso sopra alcuni punti della storia longobardica in Italia*** (1822) Manzoni polemizza con la vecchia storiografia, che si è interessata solo dei potenti e ha ignorato le masse popolari. Se invece consideriamo la storia dal punto di vista del popolo, è possibile rivalutare l'azione del Papato e della Chiesa: durante l'occupazione longobarda dell'Italia, così dura con le popolazioni di origine romana, queste due istituzioni si sono mostrate molto più vicine alle esigenze delle masse, e, nel nome della religione, hanno favorito l'integrazione fra dominatori longobardi e dominati italiani. Mettendo questo trattato in appendice alla tragedia *Adelchi*, Manzoni contrappone un'arte fondata sul "misto di storia e d'invenzione" alla "verità" semplice della storia.

Il primo scritto di poetica: compiti e limiti della letteratura

Il primo importante scritto di poetica è la **prefazione al *Conte di Carmagnola*** (1820). Nella prima parte Manzoni critica l'idea dell'arte come valore assoluto: altre attività, come quelle pratiche, possono giovare maggiormente alla felicità degli uomini. Inoltre l'autore rifiuta anche la teoria romantica dell'autonomia dell'arte, perché la **poesia** è **inseparabile dall'utilità morale e pratica**. Nella seconda parte egli riflette specificamente sulla tragedia, arrivando a tre conclusioni principali:

1. la **critica dell'applicazione dell'unità di tempo e di luogo** (la vicenda non dovrebbe durare più di ventiquattro ore e dovrebbe svolgersi sempre nello stesso posto), che non sarebbe né una regola dettata esplicitamente da Aristotele, né un presupposto necessario per rendere verosimile la rappresentazione scenica (▶ Focus);
2. la critica delle tesi sostenute da alcuni filosofi religiosi e intellettuali illuministi, secondo cui un dramma potrebbe essere artisticamente riuscito e interessante e quindi moralmente dannoso, oppure noioso e artisticamente non riuscito e quindi moralmente utile. Secondo Manzoni è invece possibile mettere in scena un **dramma** insieme **ben fatto e utile** a scopi morali;
3. l'**importanza del coro** come «cantuccio» riservato all'esposizione delle idee dell'autore.

I rapporti tra storia e invenzione poetica

Nel 1820 lo scrittore francese Victor Chauvet (1788-1842) recensisce *Il conte di Carmagnola*, criticando il mancato rispetto dell'unità di tempo e di luogo. Manzoni scrive immediatamente una risposta, in francese, ma la pubblica solo nel 1823: è la ***Lettre à M.C.*** sur l'unité de temps et de lieu dans la tragédie*** [Lettera al Signor C.*** sull'unità di tempo e di luogo

Focus Le unità aristoteliche

Il filosofo Aristotele (384-322 a.C.), nella sua opera *Dell'arte poetica*, dedica uno spazio importante alla tragedia greca ma solo una delle tre unità – di tempo, luogo e azione – che le poetiche classiciste imponevano per la scrittura di tragedie si trova effettivamente nel suo testo: l'unità d'azione. Secondo Aristotele bisogna rappresentare un'azione unitaria; chi legge e chi ascolta deve essere in grado di riconoscerne la misura, di abbracciarla con facilità nel suo insieme con la mente, «bisogna che anche il racconto, poiché è mimesi [: imitazione] di un'azione, lo sia d'un'unica azione e completa». Per quanto riguarda le altre due unità, Aristotele – limitandosi a osservarle nelle tragedie a lui contemporanee – non le indica come leggi assolute: l'unità di tempo, le canoniche ventiquattro ore, è espressa come «conveniente limite» in relazione al fatto che la rappresentazione durava in genere dalla mattina fino al tramonto; l'unità di luogo si legava al fatto che tutto doveva svolgersi entro i limiti della scena, e non che tutto dovesse necessariamente avvenire nel medesimo luogo. È in ambito moderno che queste unità vengono intese in maniera rigida, ed è anche per questo che Manzoni le mette in discussione.

nella tragedia; M.C. sta per Monsieur Chauvet]: se l'azione rappresentata, scrive Manzoni, richiede tempi e ambientazioni diversi da quelli prescritti, il poeta tragico dovrà attenersi a ciò che gli impone la materia. Manzoni passa poi a considerare i rapporti fra storia e invenzione. Lo scrittore non deve inventare, ma **attenersi ai fatti**. Qual è allora il senso del lavoro di composizione letteraria e in che cosa si distingue da quello dello storico? La storia ci dice «ciò che gli uomini hanno compiuto», la poesia ci dice «quello che hanno pensato, i **sentimenti** che hanno accompagnato le loro deliberazioni e i loro progetti, i loro successi e i loro infortuni, i **discorsi** con cui hanno fatto o tentato di far prevalere le loro passioni e la loro volontà su altre passioni e altre volontà». La poesia, dunque, non contraddice ma integra e completa la storia.

«L'utile per iscopo, il vero per soggetto e l'interessante per mezzo»

Nel settembre 1823 Manzoni scrive una lettera al marchese Cesare D'Azeglio ***Sul Romanticismo***. Nello scritto si prendono le distanze sia dalle forme irrazionali di Romanticismo diffuse in Germania e in Inghilterra, sia dal Neoclassicismo, di cui Manzoni rifiuta l'uso della mitologia, falsa e contraria alla fede religiosa, il principio di imitazione e di rispetto delle regole classiche, l'ideale di bellezza assoluta che esisterebbe al di là della storia. Nella lettera si afferma che **l'arte deve essere utile agli uomini moralmente e praticamente**, deve fondarsi sul vero storico e sulla realtà, deve servirsi di una materia e di argomenti che interessino il maggior numero possibile di persone. In una formula: «L'utile per iscopo, il vero per soggetto e l'interessante per mezzo».

Gli scritti teorici

riflessione morale e teologica	*Osservazioni sulla morale cattolica*, 1819
riflessione sulla storia	*Discorso sopra alcuni punti della storia longobardica in Italia*, 1822
riflessione sulla letteratura e sul teatro	prefazione al *Conte di Carmagnola*, 1820 *Lettera al Signor C.*** sull'unità di tempo e di luogo nella tragedia*, 1823 Lettera a Cesare D'Azeglio, *Sul Romanticismo*, 1823
riflessione sulla lingua	*Sentir messa*, 1835-1836 *Sulla lingua italiana*, 1847 *Saggio sul vocabolario italiano secondo l'uso di Firenze*, 1856 *Dell'unità della lingua e dei mezzi per diffonderla*, 1868

Gli scritti linguistici

Le opere più importanti di Manzoni che contengono riflessioni linguistiche sono il piccolo trattato ***Sentir messa*** (1835-1836) dove il titolo prende spunto dalla differenza tra «udir messa», espressione preferita dai classicisti, contro la più comune «sentir messa»; la lettera ***Sulla lingua italiana*** (1847); il ***Saggio sul vocabolario italiano secondo l'uso di Firenze*** (1856); la relazione ***Dell'unità della lingua e dei mezzi per diffonderla***, presentata al ministro dell'istruzione nel 1868.

In tutte queste opere Manzoni sostiene il **primato della lingua parlata** su quella scritta: in particolare il toscano parlato dalle persone colte, sul quale fonderà anche l'edizione definitiva dei *Promessi sposi*. Divenuto senatore con la carica di presidente della Commissione parlamentare per l'unificazione linguistica, le sue idee divennero la base dell'insegnamento scolastico dell'italiano. All'imposizione di una lingua dall'alto si oppose il linguista **Graziadio Isaia Ascoli** (1829-1907), che riteneva necessario alimentare una seria vita culturale in tutti i grandi centri della penisola così da far nascere una lingua che sarebbe stata all'altezza del bisogno, non unicamente fiorentina ma italiana.

Le odi civili

L'influenza della storia

La poesia civile manzoniana nasce in stretto contatto con particolari momenti storici e politici. Basta vedere alcuni titoli: ***Aprile 1814***, scritto in seguito alla caduta di Napoleone e alla cacciata dei francesi dall'Italia; ***Il proclama di Rimini***, che esalta un proclama di Murat in cui si incitavano gli italiani a lottare per l'indipendenza nazionale.

Le odi più famose

Composta alla notizia dei moti carbonari di quel mese, ***Marzo 1821*** esprime l'entusiasmo per la possibile apertura di un processo di indipendenza nazionale. Scritta nel luglio 1821 alla notizia della morte di Napoleone, ***Il cinque maggio*** rappresenta l'unione di caratteri epici (particolarmente nella rievocazione dei momenti culminanti della vita dell'imperatore) e lirico-religiosi, con evidenti influenze degli *Inni sacri*. Non bisogna dimenticare che la stesura precede di poco quella della *Pentecoste*: in entrambi i componimenti il disegno religioso che ordina la storia trova un equilibrio con il momento storico-terreno.

La produzione poetica

opere

- *In morte di Carlo Imbonati*, 1805
- *Inni sacri*, 1812-1822
  - *La Pentecoste*
- *Odi*, 1814-1821
  - *Marzo 1821*
  - *Il cinque maggio*

Le tragedie

La scelta del genere tragico

Manzoni si dedica al genere della tragedia dal 1816, quando inizia a lavorare al ***Conte di Carmagnola***, ispirata al personaggio realmente esistito di un capitano di ventura vissuto nel Quattrocento. L'opera viene finita solo nel 1819; poi Manzoni si dedica a un'altra tragedia, ***Adelchi***, pubblicata nel 1822. Sono gli anni, in tutta l'Europa della Restaurazione, dei moti liberali e del loro fallimento, a cui lo scrittore assiste con grande interesse. Nasce così in Manzoni il bisogno di una forma letteraria in grado di rappresentare lo **scontro fra soggetti portatori**, nella storia, **di istanze morali diverse**.

I modelli di riferimento

Tra la fine del Settecento e l'inizio dell'Ottocento in Europa esistono due grandi modelli tragici: la **tragedia classica francese** (quella di Racine e Corneille), rigorosa nel rispetto delle regole e rigida nello sviluppo, e la **tragedia di Shakespeare**, ricca di situazioni, storie e personaggi che arricchiscono l'intreccio centrale e diventano anch'essi necessari all'azione (▶ Unità 3). Manzoni sceglie Shakespeare, rinunciando al rispetto delle unità aristoteliche e seguendo le indicazioni contenute nel *Corso di letteratura drammatica* (1809-1811) del tedesco **Wilhelm Schlegel** (▶Quadro storico-culturale). Il genere della tragedia gli consente di affrontare il problema della storia e del suo rapporto con la volontà individuale: per questo motivo le sue opere sono accompagnate da **appendici storiche** che testimoniano l'interesse manzoniano per la ricostruzione dell'epoca in cui l'azione viene ambientata.

Il coro

Un'altra novità delle tragedie di Manzoni è l'inserimento del coro, elemento già presente nella tragedia greca come voce collettiva che accompagnava i sentimenti e la riflessione del pubblico. Con Manzoni il coro diventa il «**cantuccio» riservato all'autore**, dove egli può esprimere le proprie idee senza entrare nella vicenda e nella psicologia dei personaggi.

Il conte di Carmagnola: *un insanabile contrasto*

Coro della battaglia di Maclodio

Iniziata nel 1816, terminata nel 1819 e pubblicata nel 1820, la tragedia è preceduta, oltre che dalla prefazione, da alcune *Notizie storiche scritte dall'autore.* La durata delle vicende narrate copre sei anni della vita del protagonista, il capitano di ventura **Francesco di Bartolomeo Bussone** detto il Carmagnola (1385-1432). Il tempo è quello delle lotte fra il Ducato di Milano e la Repubblica di Venezia, nei primi decenni del Quattrocento. Carmagnola, dopo aver militato sotto il duca di Milano, Filippo Maria Visconti, passa dalla parte dei veneziani. A capo del loro esercito sconfigge i milanesi nella **battaglia di Maclodio** (1427), presso Brescia, ma decide di lasciare liberi i prigionieri e di non inseguire l'esercito nemico in ritirata. Questa scelta gli costa cara: accusato di tradimento dai veneziani, viene condannato a morte. Al centro del *Conte di Carmagnola* Manzoni pone quindi il contrasto insanabile fra la **correttezza politica e morale del protagonista** e il suo rispetto per il codice militare da un lato, e il **mondo falso e ipocrita del potere** e della ragion di Stato dall'altro. L'opposizione fra il giusto e la società ingiusta condanna il primo al ruolo di vittima, anche se questo modello risulta un po' schematico e rende l'opera faticosa e irrisolta.

*L'ambientazione storica dell'*Adelchi

Manzoni inizia a scrivere l'*Adelchi* nel 1820, lo finisce nel 1821, lo pubblica nel 1822. La tragedia è ambientata fra il 772 e il 774 d.C., in pieno Medioevo. L'interesse per questo periodo deriva all'autore dall'influenza di uno storico francese conosciuto a Parigi, **Augustin Thierry** (1795-1856), studioso dei rapporti tra popoli germanici invasori e popoli latini sottomessi. Anche in questo caso, Manzoni fa precedere l'opera da un quadro storico. Sono gli anni della **guerra fra Longobardi e Franchi per il dominio dell'Italia**. Manzoni rifiuta l'idea che il popolo longobardo e quello latino, dopo due secoli di convivenza, si siano fusi dando vita a un primo nucleo nazionale; d'altra parte le richieste di intervento dei Franchi, avanzate dalla Chiesa, non sono per Manzoni la causa di questa mancata unità.

Un personaggio moderno

In questo contesto storico si inserisce la vicenda del protagonista, il principe Adelchi, figlio del re longobardo Desiderio. Manzoni lo concepisce come un personaggio moderno, ricco di contraddizioni: il suo desiderio di gloria e di magnanimità si scontra con le possibilità reali della situazione nella quale si trova ad agire; il suo sogno di giustizia e di fratellanza è frustrato dalla sua condizione di oppressore di un altro popolo, quello latino.

Il tema della «provida sventura»

La storia umana è teatro di battaglie sanguinose, in cui trionfano l'odio, l'egoismo e la malvagità, piuttosto che la giustizia e la fratellanza. Gli ideali morali sono destinati alla sconfitta, insieme con i personaggi che se ne fanno portatori, come Adelchi ed Ermengarda. La morte di Ermengarda e di Adelchi assume il senso cristiano di un'**espiazione delle colpe** del loro popolo e apre la prospettiva di una **dimensione ultraterrena**. Si tratta della «provida sventura», una purificazione attraverso il dolore oltre la quale si intravede la luce della Provvidenza divina. I due personaggi sono anche accomunati dalla malinconia e dall'impossibilità di conciliare dovere e sentimento, aspirazioni e realtà: per questo sono **personaggi tipicamente romantici**.

facciamo il punto

- **Quali sono le principali opere poetiche di Manzoni?**
- **Quale rapporto deve esserci tra invenzione poetica e storia?**
- **Qual è la posizione di Manzoni sulla questione della lingua in Italia?**
- **Perché nel biennio 1820-1821 Manzoni si mette a scrivere tragedie?**

4 Il capolavoro: *I promessi sposi*

La composizione

La genesi dell'opera

La scrittura dei *Promessi sposi* impegna Manzoni per più di vent'anni. Inni, odi e tragedie storiche non bastavano più: era necessaria una forma capace di cogliere e rappresentare porzioni di realtà sempre più vaste, di raccontare la storia anche di quelli che non hanno storia; e insieme una forma in grado di raggiungere un pubblico vasto di lettori. In Manzoni si fa strada la scelta del **romanzo storico**, l'unico genere adeguato a queste esigenze, già da tempo diffuso in Europa, ma ancora inutilizzato in Italia. Egli è consapevole dell'assoluta novità della scelta del genere, che lui stesso definisce «proscritto» [: vietato].

Spunti e fonti del romanzo

Manzoni legge i romanzi di **Walter Scott** in traduzione francese (▶ Unità 12). A seguito della lettura di *Ivanhoe*, nel gennaio 1821, e nel pieno di una riflessione che trova riscontro anche nell'epistolario, Manzoni inizia la stesura del romanzo il 24 aprile di quell'anno: nella sua villa di Brusuglio porta con sé due testi di documentazione storica, *Historia patria* del milanese **Giuseppe Ripamonti** (1577-1643) ed *Economia e statistica* di **Melchiorre Gioia** (1767-1829), economista influenzato dalle idee liberiste di Adam Smith (▶ Focus): dell'opera del primo si serve come fonte storica, di quella del secondo riprende le critiche alla gestione della carestia del 1628 di cui si parla nei capitoli XXVIII-XXXII del romanzo.

Focus Manzoni e l'economia politica

Manzoni è uno dei più assidui lettori di economisti del primo Ottocento italiano. In una lettera a Fauriel scrive: «pensi di che sarebbe più impacciato il mondo, del trovarsi senza banchieri o senza poeti, quale di queste due professioni serva di più, non dico al comodo, ma alla coltura dell'umanità». Non per nulla le idee di politica economica che egli apertamente professa nel romanzo sono quelle di tipo liberista che si erano affermate in Inghilterra con la rivoluzione industriale e che si erano diffuse in Europa con la cultura dell'Illuminismo. L'influenza delle idee di tipo liberista è provata da due elementi:

1. la polemica contro le autorità governative, responsabili nella Milano del 1628 di avere introdotto un calmière (l'imposizione per legge di un tetto massimo per i generi di prima necessità) sul prezzo del pane, da cui discenderebbero secondo Manzoni l'accaparramento e la successiva inevitabile carestia (▶ T12);
2. l'esplicita presa di posizione contro la mancanza di libertà dei commerci, intralciati da leggi doganali assurde.

Manzoni concorda con l'economista scozzese Adam Smith (1723-1790) sulla libertà dei prezzi e dei commerci. Rispetto all'economista, però, Manzoni ha meno fiducia nell'egoismo individuale alla ricerca del profitto come strada per il benessere sociale: egli individua pertanto nella Chiesa e nell'attività caritatevole dei buoni cristiani una necessaria conciliazione tra politica, economia e religione.

▼ Adam Smith, *La ricchezza delle nazioni*. Frontespizio in lingua originale.

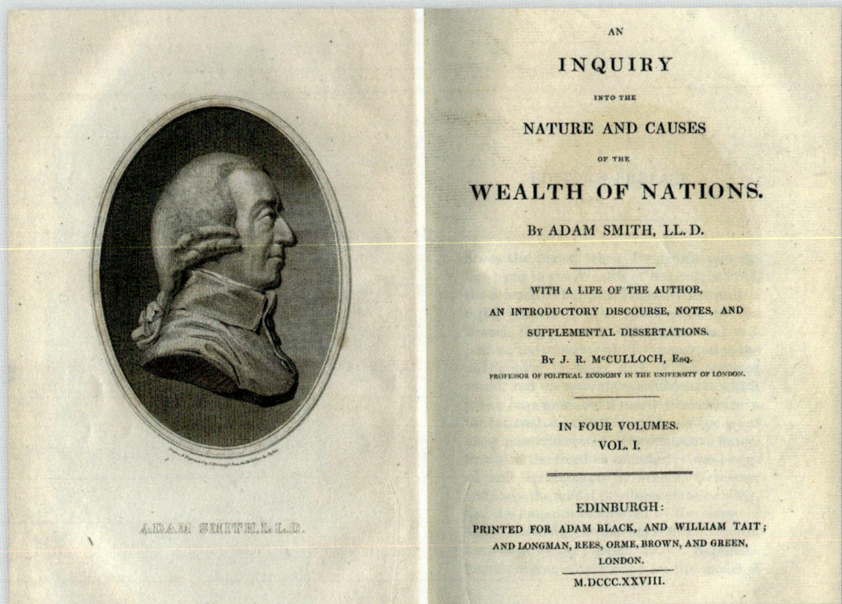

Le diverse edizioni

La prima redazione

Il 17 settembre **1823** Manzoni termina la prima redazione del romanzo. Il titolo provvisorio è ***Fermo e Lucia***, e indica i nomi dei due protagonisti. La materia narrativa è suddivisa in **quattro tomi**: nel primo don Rodrigo impedisce ai due fidanzati, Fermo e Lucia, di sposarsi; nel secondo tomo protagonista è Lucia, ma con lunghe digressioni sulla monaca di Monza e il conte del Sagrato (che nei *Promessi sposi* sarà l'Innominato); nel terzo, dopo la liberazione di Lucia, protagonista diviene Fermo, impegnato nella rivolta di Milano e poi fuggiasco a Bergamo; nel quarto, dedicato alla guerra e all'epidemia di peste del 1630, i due fidanzati si ricongiungono.

Principali caratteristiche del Fermo e Lucia

Rispetto ai *Promessi sposi* questa prima redazione presenta **aspetti più accattivanti**: un maggiore sperimentalismo linguistico, la propensione a descrivere la psicologia dei personaggi in termini di inquietudini profonde, il gusto per situazioni crudeli e da romanzo nero. Parimenti si caratterizza per una rigidità e una schematicità che verranno superate solo col lavoro di revisione e di riscrittura degli anni successivi.

Anche per queste ragioni il *Fermo e Lucia* va considerato come un **romanzo in buona parte autonomo**. Basta vedere come certi episodi importanti siano molto più lunghi: la crudele storia di Gertrude è ancora più ricca di particolari macabri e da "cronaca nera", e la figura del conte del Sagrato esprime ancor di più la sua carica di violenza e di sopruso. Nei *Promessi sposi*, invece, molte cose sono lasciate intendere in modo solo allusivo e le storie di questi personaggi conservano qualcosa di indefinito e di non detto.

Il lavoro di un perfezionista

Nel **marzo 1824** Manzoni inizia una **profonda revisione** del romanzo. Che cosa cambia, oltre all'evidente sostituzione del nome del protagonista, da Fermo a Renzo?

1. Vengono abolite le lunghe digressioni, eliminati gli episodi con elementi più romantici o più legati al gusto del romanzo nero; si aggiungono parti storiche e documentarie;
2. si organizza diversamente la struttura del racconto: le vicende appaiono più legate fra loro e non semplicemente giustapposte, si passa da quattro a tre tomi;
3. si modificano lo stile e la lingua, cercando di uniformarli al toscano vivo.

Glossario

Tomo Ciascuna delle parti in cui è divisa un'opera, dal greco *tómos* = 'sezione'.

Il processo di composizione dei *Promessi sposi*

1821-1823 — *Fermo e Lucia* — contiene *Appendice storica su la Colonna infame*

- divisione della materia in quattro tomi
- sperimentalismo linguistico
- gusto per situazioni crudeli e da romanzo nero
- rigidità e schematicità dell'opera

1824-1827 — *I promessi sposi* — ed. "ventisettana" non contiene *Appendice storica su la Colonna infame*

- abolizione delle digressioni
- eliminazione degli episodi con elementi più romantici o più legati al gusto del romanzo nero
- aggiunta di parti storiche e documentarie
- divisione della materia in tre tomi
- modifica dello stile e della lingua, cercando di uniformarli al toscano vivo

1827-1840 — *I promessi sposi* — ed. "quarantana" contiene *Storia della colonna infame*

profonda revisione linguistica basata sul toscano vivo, cioè la parlata dei fiorentini colti

Nasce la cosiddetta **edizione "ventisettana"**, dall'anno in cui si completa la stampa dell'opera, cioè il 1827. Il titolo è ora quello celebre e definitivo: *I promessi sposi*.

Dalla "ventisettana" alla "quarantana"

La celebre espressione manzoniana «risciacquare i panni in Arno» racchiude il senso del lavoro di riscrittura che Manzoni pazientemente svolge dal 1827 al 1840: lavorare sulla lingua, insistere nel **processo di appropriazione del toscano vivo**, della parlata dei fiorentini colti. La "quarantana" è la seconda edizione, definitiva, dei *Promessi sposi*. Il progetto di un romanzo realistico, nazionale e popolare si realizza al termine di questa lunga e studiata operazione.

La versione definitiva: la struttura

I promessi sposi. Storia milanese del secolo XVII scoperta e rifatta da Alessandro Manzoni: questo il titolo completo del romanzo. L'opera comprende una *Introduzione*, in cui compaiono la trascrizione interrotta di un presunto manoscritto del Seicento, che conterrebbe il resoconto della storia di Renzo e Lucia, e le successive riflessioni dell'autore su di esso; poi trentotto capitoli di narrazione; infine, un'appendice storica dal titolo *Storia della colonna infame*.

L'artificio del manoscritto ritrovato e i due livelli di narrazione

Manzoni utilizza un artificio narrativo non nuovo e tuttavia efficace: finge di avere trovato un anonimo manoscritto del XVII secolo e di trascriverlo in una lingua moderna. Si stabiliscono così due livelli di narrazione: uno appartiene all'**Anonimo autore del manoscritto secentesco** che racconta la storia di Renzo e Lucia, l'altro al narratore che ne trascrive in italiano moderno la storia. Il **narratore "moderno"** sa molte più cose di quello secentesco: non solo può controllarne la veridicità basandosi anche su altre fonti, ma mostra conoscenze linguistiche e culturali molto superiori. Inoltre, il narratore "moderno" aggiunge alla rappresentazione dei fatti continui giudizi di tipo morale, politico e religioso che influenzano il lettore, indicandogli subito dove sta il male e dove sta il bene. Il narratore "moderno" è quindi un narratore onnisciente, che sa molto più dei suoi personaggi: ne conosce passato, presente e futuro; sa quello che pensano e ciò che desiderano; li inserisce in uno spazio geografico che egli conosce più ampiamente ed esattamente di loro. L'inizio del romanzo (▶ T7), in cui il narratore mette di fronte agli occhi del lettore un preciso territorio, come osservandolo dall'alto, rivela proprio l'ottica assunta dal narratore rispetto alle vicende descritte.

L'ambientazione storica e geografica

L'argomento del romanzo trae spunto da vicende storiche svoltesi **fra il 1628 e il 1630** a Milano e nei suoi dintorni: la carestia, i tumulti di San Martino del novembre 1628, la discesa dei lanzichenecchi, la peste. L'**ambientazione lombarda** non è dovuta solo a ragioni personali (Manzoni poteva rappresentare luoghi che conosceva direttamente e vicende su cui riusciva a reperire ampia documentazione): la Lombardia di inizio Seicento, sotto il **dominio spagnolo**, presentava aspetti di somiglianza con quella di inizio Ottocento, sotto il **dominio austriaco**. Inoltre la polemica manzoniana contro il mondo della storia e contro l'irrazionalità umana poteva più facilmente svilupparsi nei confronti di un secolo, il **Seicento**, che la cultura illuministica aveva messo sotto accusa proprio come esempio del **trionfo dell'irrazionale**, del sopruso nobiliare e del pieno dispiegamento della religiosità controriformista.

Tra storia e antistoria

La dimensione storica del romanzo ha un suo aspetto negativo. Per tutto il corso dell'opera agisce una negazione della storia che fa sentire vani gli sforzi umani, degli "umili" come dei potenti, e l'intero senso dell'esistenza. Che cosa c'è al di là della storia, quali forze agiscono, quale posto ha la casualità (o la misteriosa Provvidenza), quali fini gli uomini possono pensare di perseguire, come devono agire? Il romanzo vive anche di questa contraddizione: la **ragione storica** si accompagna al **senso tragico della vicenda umana**.

Il ruolo dello spazio

Dal punto di vista dei **luoghi aperti** dominano due spazi fondamentali, il paese e la città, e un altro spazio di grande importanza simbolica, la strada.

Il paese e la città sono in opposizione tra loro: la fuga dalla campagna che si compie con l'«addio ai monti» segna una cesura fondamentale nel corso del romanzo. Il mondo patriarcale e contadino del paese non potrà più tornare: sconvolto dalla guerra, dalla carestia e dalla peste non potrà più essere la patria dei due giovani promessi sposi.

Lasciato lo spazio del villaggio, privo di guide, Renzo si addentra in una Milano sconvolta, in preda alle rivolte. Il disorientamento

Addio, monti

La peste nei *Promessi sposi*

Glossario

Narratore onnisciente È la figura interna al testo che dà voce al racconto. È onnisciente perché conosce interamente la storia passata, presente e futura dei personaggi, i loro moventi e impulsi, e come andrà a finire la vicenda.

spaziale e morale che vi prova nasce dall'artificialità della realtà cittadina, dalla sua dismisura. Nella città domina il movimento; ci sono grandi masse di uomini in azione urlanti e in battaglia, prima nei tumulti per il pane, poi alla caccia agli untori. La città è il luogo della violenza non solo del potere (che vi fa costruire le sue forche e i suoi strumenti di tortura), ma anche del popolo, che assale i forni (▶ T12) o dà la caccia ai presunti untori. Renzo, portatore di un sapere contadino e montanaro, ne rimane inghiottito: solo quando arriverà alle sponde del fiume Adda si sentirà di nuovo padrone di se stesso.

La **strada**, in cui Renzo si trova molto spesso, è il luogo del pubblico, degli incontri, delle esperienze: nella strada Renzo incontra anche alcuni personaggi che contribuiscono a formarlo e a dargli maggiore consapevolezza della sua identità.

Tra gli **spazi chiusi**, come il convento e l'osteria, ha una grande importanza il castello.

Il sistema dei personaggi

L'inizio è noto: due giovani vogliono sposarsi. Un oppressore, don Rodrigo, lo impedisce, prima da solo e poi con l'aiuto di un altro oppressore, l'innominato. Essi si servono di due strumenti: don Abbondio e Gertrude. Ad aiutare le due giovani vittime troviamo invece due personaggi simmetrici rispetto agli oppressori: padre Cristoforo e il cardinale Borromeo. Questi sono i personaggi principali dell'opera.

Italo Calvino ha definito questo «**il romanzo dei rapporti di forza**». Ciò significa che i rapporti tra i personaggi sono esprimibili secondo delle **coppie oppositive**. Vediamone alcune:

- *Renzo – don Rodrigo*: rivalità per Lucia;
- *Renzo – don Abbondio*: scontro sulla celebrazione del matrimonio;
- *Lucia – innominato*: rapita-rapitore;
- *padre Cristoforo – don Rodrigo*: difensore degli oppressi contro oppressore;
- *cardinale Borromeo – don Abbondio*: Chiesa potente buona – Chiesa popolare cattiva.

Altre coppie potrebbero facilmente indicarsi: *Cristoforo* rappresenta la Chiesa popolare buona e militante, *Gertrude* è la Chiesa potente che si fa strumento di oppressione. Volendo poi raggruppare i personaggi fra di loro, noteremmo che **quattro** provengono **dal mondo popolare** e borghese (Renzo, Lucia, don Abbondio, padre Cristoforo) e **quattro dal mondo nobiliare** (don Rodrigo, l'innominato, Gertrude, il cardinale Borromeo).

Identikit dei personaggi

Ecco una breve presentazione dei personaggi.

- **Renzo Tramaglino**: è l'erede del romanzo picaresco; la sua esperienza si compie per le strade e nei luoghi pubblici: attraverso le avventure, che giungono sino alla calata negli inferi del lazzaretto, compie un processo di iniziazione, al termine del quale sono possibili il matrimonio e il successo economico. Alla fine del romanzo avrà compiuto il passaggio da operaio a imprenditore e avrà maturato una sua personale concezione del mondo che, nella rappresentazione di Manzoni, appare non priva di limiti morali e intellettuali.
- **Lucia Mondella**: è un personaggio domestico. Il suo spazio è la casa (quella materna, quella del sarto, quella di donna Prassede) o comunque un interno (il convento o il castello dell'innominato). È delicata e forte allo stesso tempo: incerta quando appare all'esterno, sa moderare i propositi di vendetta del promesso sposo Renzo, sa intuire il dramma dell'innominato e sa spingerlo verso una svolta morale, è costante nei sentimenti, nei desideri e nella paziente accettazione dei problemi che la colpiscono.
- **Padre Cristoforo**: dal punto di vista della narrazione è il personaggio principale, la guida morale, il motore delle azioni e delle scelte dei suoi fedeli, colui che li guida dall'alto di un'esperienza e di una cultura superiore; e pure i suoi tentativi di soluzione (con don Rodrigo, per esempio) non vanno mai a buon fine: vince la sua morale, non la sua azione. Sconta i limiti e le difficoltà di chi si scontra con la realtà; tuttavia in questo scontrarsi c'è tutta la sua sostanza di combattente, di 'portatore di Cristo', come rivela il suo nome.
- **Don Abbondio**: è una delle creazioni poetiche più riuscite di Manzoni, al tempo stesso oppresso e oppressore, figura terribilmente realistica e attuale di chi per debolezza, calcolo o vantaggio personale sta dalla parte del più forte. La sua presenza all'inizio e alla fine del romanzo è significativa: con la sua politica misera e meschina riesce ad arrivare al termine della storia.

Glossario

Romanzo picaresco Genere letterario nato nella Spagna del XVI secolo, caratterizzato dal racconto delle avventure dei 'picari', popolani furbi, imbroglioni e senza scrupoli.

Focus La *Storia della colonna infame*

La vicenda
Alla fine del cap. XXXII dei *Promessi sposi*, Manzoni fa riferimento alle vicende delle "unzioni" a Milano e ai processi contro i presunti untori. Ma, dice, «non è cosa da uscirne con poche parole; e non è qui il luogo di trattarla con l'estensione che merita». E per sottolineare l'importanza che attribuisce a quelle vicende, aggiunge: «E oltre di ciò, dopo essersi fermato su que' casi, il lettore non si curerebbe più certamente di conoscere ciò che rimane del nostro racconto». Rimanda dunque, per saperne di più, alla *Storia della colonna infame*. L'appendice ricostruisce, attraverso fonti storiche e giudiziarie, la vicenda del processo che tra il giugno e l'agosto 1630 mandò a morte cinque innocenti (mentre altri furono assolti solo perché di classe sociale più elevata). Gli imputati principali erano il Commissario di sanità Guglielmo Piazza – accusato da una certa Caterina Rosa di aver spalmato sui muri delle case un'unzione mortifera con cui diffondere il contagio – e il barbiere Giangiacomo Mora, che Piazza, nella speranza dell'impunità o soltanto per sottrarsi momentaneamente ai tormenti della tortura, chiamò in causa come fabbricante dell'unguento.
L'opera si compone di un'*Introduzione* e di sette capitoli. Nell'*Introduzione* Manzoni elenca le fonti e sottolinea la differente prospettiva rispetto alla ricostruzione fatta da Pietro Verri nelle *Osservazioni sulla tortura* (▶ più avanti). Nel cap. I fa una ricostruzione cronologica della vicenda; nel cap. II riflette sulle modalità di svolgimento dei processi nel Seicento; nel cap. III torna a descrivere i modi usati dai giudici per estorcere la confessione al Piazza, e la confessione stessa; nel cap. IV descrive la tortura su Mora e la perquisizione della sua bottega; nel cap. V mette a confronto le contraddittorie confessioni dei due imputati, mostrando come invece i giudici le ritengano entrambe vere e combinino una ricostruzione plausibile; nel cap. VI mostra la disparità di trattamento tra i due condannati e un certo Padilla, assolto in quanto nobile, e, nella parte finale, parla della colonna eretta per ricordare la vicenda; nel cap. VII prende in esame altri autori che hanno affrontato le vicende dei processi agli untori.

I temi della *Storia*
L'opera può essere letta attraverso diversi filoni tematici: è la storia di un'ingiustizia che si maschera dietro l'apparato istituzionale della giustizia; è il resoconto di una superstizione e di una falsa credenza; è la messa sotto accusa delle colpe individuali e delle responsabilità morali dei giudici; ed è anche una storia di aguzzini e di vittime, di interrogatori crudeli e di torture imposte a innocenti costretti ad accusare altri innocenti; è la denuncia di un meccanismo perverso di persecuzioni, di supplizi, di esecuzioni capitali, di distruzioni di intere famiglie, che diventa una spirale micidiale che coinvolge un'intera società.

Manzoni e Verri
La tesi di fondo della *Storia della colonna infame* nasce in opposizione a quella sostenuta da Pietro Verri in *Osservazioni sulla tortura* (scritto nel 1777 ma pubblicato solo nel 1804). L'intellettuale illuminista aveva individuato nel sistema della tortura la responsabilità della condanna degli innocenti. Manzoni pensa, al contrario, che anche all'interno del sistema legale allora esistente sarebbe stato possibile per i giudici emettere un giudizio di assoluzione: doppiamente colpevoli, dunque, perché avevano commesso scorrettezze procedurali e insieme perché avevano ceduto ai pregiudizi, trovando un capro espiatorio su cui scaricare le angosce di una popolazione distrutta dalla peste. Strumenti dunque del potere che, minacciato dalla crisi sociale, ricorre a un nemico fittizio per celare le proprie responsabilità.

L'Introduzione alla *Storia della colonna infame*

◀ **I capi d'accusa**
Ora conservata nella corte del Castello sforzesco, questa lapide sorgeva ai piedi della colonna che nell'agosto 1630 fu eretta sulle macerie della casa di Giangiacomo Mora e che fu abbattuta nel 1778. Scritta in latino, la lapide riporta i capi d'accusa contro Mora e Piazza e i supplizi a cui furono sottoposti.

- **L'innominato**: è un grande uomo alle prese con le questioni più alte sul senso della vita umana. Come il Napoleone del *Cinque maggio*, anche questo personaggio induce Manzoni a un confronto con il potere e l'autorità divini. La conversione lo porta a un diverso impegno nella società.
- **Gertrude** (la **monaca di Monza**): è una figura descritta con magistrale senso psicologico e acume storico. La sua storia è il racconto dei diversi gradi di violenza psicologica e verbale esercitati da una famiglia della nobiltà milanese, e in particolare dal principe padre, per farle imboccare la strada della monacazione. Il processo di colpevolizzazione della ragazza è un esempio di gestione del senso di colpa da parte del potere, in questo caso quello ecclesiastico-gesuitico.
- **Cardinale Federigo Borromeo**: nella rappresentazione manzoniana questo personaggio è simile ai santi o ai beati di tanta agiografia cattolica. È tuttavia un personaggio vivo, esponente di un cristianesimo illuminato che si oppone al suo secolo, «quell'età sudicia e sfarzosa» come la definisce l'autore stesso. È al suo interevento che si deve lo scioglimento positivo della vicenda.
- **Personaggi secondari**: appartengono a diverse categorie sociali. Si va dalla superbia e dal cinismo della nobiltà oziosa di *Egidio* e del *conte Attilio* alla bestialità del *Griso* e degli altri bravi, braccio armato del potere dei signorotti; dalla straordinaria rappresentazione del linguaggio del potere nel dialogo fra il *conte zio* e il *padre provinciale* alla realistica pittura di figure popolari come *Agnese*, la madre di Lucia, o *Perpetua*, la domestica di don Abbondio. Nell'ironica creazione di tipologie umane, Manzoni riesce poi a darci due piccoli capolavori: si tratta dei coniugi *don Ferrante* e *donna Prassede*, in cui si incarnano due visioni distorte della scienza e della carità.

La vera fine del romanzo

La versione definitiva dei *Promessi sposi* comprende un'**appendice storica** sulla dolorosa vicenda dei **processi agli untori**, come venivano chiamate le persone accusate di diffondere il morbo "ungendo" di una sostanza velenosa muri, porte e quant'altro viene facilmente alle mani (▶Focus). Secondo il progetto originario, il materiale doveva confluire all'interno del romanzo. Una prima elaborazione, risalente agli anni 1821-1823, è oggi leggibile nell'*Appendice storica sulla colonna infame* che segue l'edizione moderna del *Fermo e Lucia*. Nell'edizione del 1827 l'appendice manca, ma rielaborata, più approfondita e ampia, riappare alla fine dell'edizione del 1840 con il titolo ***Storia della colonna infame***: erroneamente, gran parte delle edizioni dei *Promessi sposi* oggi in commercio, comprese quelle scolastiche, non contengono la *Storia*, nonostante Manzoni abbia scritto la parola fine solo al termine di quest'ultima.
Volendo stabilire una differenza fondamentale tra le due redazioni dell'opera sul processo agli untori, potremmo dire che mentre nella prima prevale un tono narrativo (si racconta cioè una storia), nella seconda è l'aspetto saggistico a prendere il sopravvento: una grande **riflessione morale**, sostenuta da stringenti **prove storiografiche**, che mette in dubbio il senso stesso del romanzo. Manzoni giunge a un punto di crisi: può il romanzo, e più in generale un'opera di invenzione, dire la verità? O solo la storia, il vero, può rispondere ai requisiti morali e scientifici di chi indaga la realtà presente e passata?

facciamo il punto

- **Perché Manzoni decide di scrivere un romanzo storico?**
- **Quali sono le sue fonti di ispirazione?**
- **Il lungo processo di composizione del romanzo vede più stesure, diverse per organizzazione della storia e scelte linguistiche: sintetizza i passaggi principali.**
- **Com'è strutturata la versione definitiva del romanzo?**
- **In che cosa consiste l'artificio del manoscritto ritrovato e che cosa comporta nella narrazione?**
- **Perché Manzoni sceglie di ambientare la storia nella Lombardia del Seicento?**
- **Quanti e quali sono i personaggi principali e come sono organizzati?**
- **Di che cosa parla e com'è strutturata l'appendice storica con cui si conclude il romanzo?**

L'opera

Inni sacri

Identikit dell'opera

data di composizione

1812-1815: *La Risurrezione*, *Il Natale*, *Il nome di Maria*, *La Passione*
1815-1822: *La Pentecoste*

genere

inno

temi

- celebrazione delle principali feste liturgiche
- momento della fede come esperienza condivisa dalla comunità cristiana
- cristianesimo come sede di valori di eguaglianza e fratellanza universale
- presenza di Dio come entità consolatoria ma anche minacciosa

Il progetto iniziale

Nelle intenzioni iniziali di Manzoni, gli *Inni sacri* dovevano essere dodici, corrispondenti alle principali festività liturgiche cristiane. Tra il 1812 e il 1815 ne portò a termine solo quattro: *La Risurrezione*, *Il Natale*, *Il nome di Maria*, *La Passione*. Tra il 1815 e il 1822 ne realizzò un quinto, *La Pentecoste* (▶ T1), mentre negli anni successivi comporrà alcuni frammenti di un sesto inno, *L'Ognissanti*.

La struttura e lo stile

Gli *Inni* si collocano fra la rievocazione di una vicenda ispirata alla storia di Cristo e la sua esaltazione gloriosa. Dal punto di vista strutturale, essi sono formati da tre momenti: la dichiarazione del tema, la narrazione dell'episodio sacro, l'esposizione delle sue conseguenze attuali.
Lo stile degli *Inni* sacri manzoniani è teso a unire sublime e popolare, tensione espressiva e rigore argomentativo.

▶ Andrea Appiani, *Natività*, 1782. Arona, Collegiata della natività di Maria Vergine.

T1

Le forme
- stile da tradizione liturgica
- lessico "militare"

I temi
- universalità del messaggio cristiano
- uguaglianza degli uomini

La Pentecoste

L'ultima redazione di questo inno sacro è del 1822. Esso celebra la Pentecoste, il cinquantesimo giorno successivo alla Pasqua (la resurrezione di Cristo), quando lo Spirito Santo scese sugli apostoli riuniti con Maria.

Madre de' Santi;[1] immagine
della città superna;
del Sangue incorruttibile[2]
conservatrice eterna;
tu che da tanti secoli,
soffri, combatti e preghi;[3]
che le tue tende[4] spieghi
dall'uno all'altro mar;
    campo di quei che sperano;
Chiesa del Dio vivente;
dov'eri mai? qual angolo[5]
ti raccoglieа nascente,
quando il tuo Re, dai perfidi
tratto a morir sul colle,
imporporò le zolle[6]
del suo sublime altar?[7]
    E allor che dalle tenebre
la diva spoglia uscita,
mise il potente anelito
della seconda[8] vita;
e quando, in man recandosi
il prezzo del perdono,[9]
da questa polve al trono
del Genitor salì;
    compagna[10] del suo gemito,
conscia de' suoi misteri,[11]

PARAFRASI

1-16 [O Chiesa] madre dei Santi; figura (immagine) [terrena] della città di Dio (superna) [: il paradiso]; conservatrice in eterno del Sangue immortale (incorruttibile) [di Cristo]; tu che da tanti secoli soffri, combatti e preghi; che estendi (spieghi) il tuo operato (le tue tende) da un oceano all'altro [: per tutta la terra]; campo [di battaglia] di quelli (quei) che sperano [nella salvezza eterna]; Chiesa del Dio vivente; dov'eri mai? quale luogo riparato (angolo) ti racchiudeva (raccogliea) nascente quando il tuo Signore (Re) [: Cristo] condotto (tratto) da [uomini] malvagi (perfidi) a morire sul colle [del Golgota], arrossò (imporporò) [di sangue] la terra (zolle) [dove sorgeva] il suo sovrumano (sublime) altare [: la croce]?
17-40 E nel momento in cui (allor) il corpo (spoglia) di Cristo (diva = divina) uscito dalle tenebre [della morte: risorto] emise (mise) il possente (potente) respiro (anelito) della vita eterna (seconda); e quando, offrendo se stesso (in man recandosi) quale prezzo per il perdono [degli uomini], salì da questa terra (polve = polvere) al regno del Padre (Genitor) [: il paradiso]; [o] compagna del suo dolore (gemito), consapevole (conscia) dei suoi misteri, tu, frutto (figlia) eterno (immortal)

Metrica strofe di otto settenari: il primo, il terzo e il quinto sono sdruccioli; il secondo, il quarto, il sesto e il settimo piani; l'ottavo tronco. Schema delle rime: abcbdeef, ghihlmmf.

1 Madre de' Santi: la Chiesa genera con il battesimo i figli di Dio e li educa alla santità.
2 incorruttibile: *eternamente viva* (▶ il **Dio vivente** del v. 10): così la teologia cattolica definisce il sangue di Cristo perché continuamente consacrato nel rito dell'Eucaristia che la Chiesa celebra perpetuamente nei secoli. Dal punto di vista teologico, ogni volta che il rito si celebra, pane e vino si trasformano veramente in corpo e sangue di Cristo.
3 soffri… preghi: sono le funzioni della Chiesa militante: «un *patire* che non è *rinunzia*, ma *lotta*; una lotta che non è solo lotta di forze visibili ma *preghiera*» (Russo).
4 tende: per definire una Chiesa attiva, Manzoni ricorre a una terminologia tipicamente militare (nello stesso senso si legga il **campo** del v. 9).
5 angolo: gli apostoli, i primi membri della Chiesa nascente, rimasero nascosti fino al giorno di Pentecoste nella casa in cui avevano condiviso l'ultima cena con Gesù, per timore delle persecuzioni contro i seguaci di Cristo.
6 zolle: è sinonimo di 'terra fertile', in questo caso resa tale dal sangue vitale di Cristo: con la morte e la resurrezione egli ha riportato alla terra vita e speranza di salvezza.
7 sublime altar: l'altare è propriamente il luogo dove si immolano le vittime sacrificali. Cristo è la vittima del sacrificio che ristabilisce l'alleanza tra uomo e Dio infranta con il peccato originale; l'aggettivo **sublime** definisce la natura morale del sacrificio, non l'altezza fisica del Golgota.
8 seconda: la prima vita è quella mortale a cui tutti gli uomini sono chiamati; la seconda vita che riprende dopo la morte è riservata ai giusti.
9 il prezzo del perdono: l'uomo superbo, oltrepassando il limite impostogli da Dio, ha reso necessario il sacrificio di un altro uomo (Cristo, di natura umana e divina insieme) per placare il Dio offeso e guadagnare il perdono a tutto il genere umano.
10 compagna: gli apostoli erano insieme a Gesù nei momenti importanti della sua passione (**gemito**), nel Getsemani e sul Calvario.

tu, della sua vittoria
figlia immortal, dov'eri?
In tuo terror[12] sol vigile,
sol nell'obblio secura,
stavi in riposte mura,
fino a quel sacro dì,[13]
quando su te lo Spirito
rinnovator discese,
e l'inconsunta[14] fiaccola
nella tua destra accese;
quando, segnal[15] de' popoli,
ti collocò sul monte,
e ne' tuoi labbri il fonte
della parola aprì.[16]
Come la luce rapida
piove di cosa in cosa,
e i color vari suscita
dovunque si riposa;[17]
tal risonò moltiplice
la voce dello Spiro:
l'Arabo, il Parto, il Siro
in suo sermon l'udì.
Adorator degl'idoli
sparso per ogni lido,
volgi lo sguardo a Solima,
odi quel santo grido:
stanca del vile[18] ossequio,
la terra a Lui ritorni:
e voi che aprite i giorni
di più felice[19] età,
spose cui[20] desta il subito
balzar del pondo ascoso;
voi già vicine a sciogliere
il grembo doloroso;
alla bugiarda pronuba[21]
non sollevate il canto:
cresce serbato al Santo
quel che nel sen vi sta.
Perché, baciando i pargoli,
la schiava ancor sospira?

PARAFRASI

della sua vittoria [sul peccato], dov'eri? Solamente (sol) attenta (vigile) [a proteggerti], nelle tue paure (in tuo terror), sicura (secura) solo se dimenticata (sol nell'obblio), stavi [rinchiusa] nel cenacolo (in riposte mura) fino a quel giorno (dì) sacro [: la Pentecoste], [giorno] in cui (quando) su te discese lo Spirito rigeneratore (rinnovator) e riaccese (accese) nella tua [mano] destra la fiamma (fiaccola) mai consumata (inconsunta) [della fede]; [lo Spirito Santo] ti collocò [in alto come] su un monte [quale] guida (segnal) dei popoli e fece scaturire (aprì) nelle tue labbra (labbri) la sorgente (il fonte) della parola [di Dio].

41-48 Come la luce colpisce (piove) veloce (rapida) tutte le cose (di cosa in cosa), e dovunque si posi (riposa) rende vivi (suscita) i vari colori; così (tal) la parola (voce) dello Spirito Santo (Spiro) [che parlava tramite gli apostoli] risuonò nelle lingue più diverse (moltiplice): Arabi, Parti, Siriani la udirono [ciascuno come pronunciata] nella propria lingua (in suo sermon).

49-64 [O] adoratore degli idoli, sparso per tutta la terra (ogni lido), volgi lo sguardo a Gerusalemme (Solima), ascolta quella santa esortazione (grido) [dello Spirito Santo]: il mondo (terra), stanco del culto pagano (vile ossequio), ritorni a [adorare] Dio (Lui); e voi [madri], che date la vita (aprite i giorni) a (di) una generazione (età) più felice, spose, che (cui) l'improvviso (sùbito) movimento (balzar) del peso (pondo) [: il figlio] nascosto (ascoso) [nel vostro grembo] sveglia (desta); voi [che siete] ormai (già) prossime (vicine) a schiudere il [vostro grembo] nel dolore (doloroso) [del parto]; non rivolgete (sollevate) le vostre preghiere (canto) alla falsa (bugiarda) protettrice delle nozze (pronuba) [: Giunone]: [perché] il figlio (quel) che è nel vostro grembo (sen) cresce consacrato (serbato) a Dio (Santo).

65-72 Perché la schiava, baciando i [suoi] bambini (pargoli), continua a sospirare (ancor sospira)? e guarda (mira) con in-

11 conscia de' suoi misteri: i seguaci di Cristo erano a conoscenza della duplice natura, umana e divina, di Cristo.
12 terror: gli apostoli se ne stavano rinchiusi nel cenacolo per paura delle persecuzioni di Romani e Giudei.
13 sacro dì: è la Pentecoste, giorno in cui, secondo la tradizione liturgica, la discesa dello Spirito Santo realizza la promessa di Cristo di mandare sulla terra chi consolasse gli uomini per la sua partenza.
14 inconsunta: la fede degli apostoli, offuscata ma non consumata dal timore, fu rafforzata e resa inestinguibile dalla discesa dello Spirito.
15 segnal: come un faro che guida nella notte, così la Chiesa illumina il cammino degli uomini con la luce della fede.
16 ne' tuoi… aprì: la discesa dello Spirito rende gli apostoli impavidi predicatori del messaggio cristiano.
17 Come… riposa: luminosa similitudine di ispirazione dantesca. Per la seconda parte della similitudine (**tal risonò… udì**) ▶ nella Bibbia, Atti degli Apostoli 2, 3-4: «Apparvero loro lingue come di fuoco che si dividevano e si posarono su ciascuno di loro, ed essi furono tutti pieni di Spirito Santo e cominciarono a parlare in altre lingue come lo spirito dava loro il potere di esprimersi».
18 vile: *basso, di poco conto*, perché rivolto a realtà terrene.
19 più felice: perché nasce nell'era cristiana.
20 cui: complemento oggetto di desta.
21 bugiarda pronuba: Giunone Lucina, dea protettrice delle nozze e delle partorienti; è detta "falsa" in quanto, secondo l'ottica cristiana, essa è una fantasia degli uomini, al pari di tutti gli dèi pagani.

e il sen che nutre i liberi
invidïando mira?
Non sa che al regno i miseri[22]
seco il Signor solleva?
che a tutti i figli d'Eva
nel suo dolor pensò?

Nova franchigia annunziano
i cieli, e genti nove;
nove conquiste, e gloria
vinta in più belle prove;[23]
nova, ai terrori immobile
e alle lusinghe infide,
pace, che il mondo irride,
ma che rapir non può.

Oh Spirto! supplichevoli
a' tuoi solenni altari;
soli per selve inospite;
vaghi in deserti mari;
dall'Ande algenti al Libano,
d'Erina all'irta Haiti,[24]
sparsi per tutti i liti,
uni per Te di cor,

noi T'imploriam! Placabile
Spirto discendi ancora[25]
a' tuoi cultor propizio,
propizio a chi T'ignora;
scendi e ricrea; rianima
i cor nel dubbio estinti;[26]
e sia divina ai vinti
mercede il vincitor.[27]

Discendi Amor;[28] negli animi
l'ire superbe attuta;
dona i pensier che il memore
ultimo dì non muta:
i doni[29] tuoi benefica
nutra la tua virtude;
siccome il sol, che schiude
dal pigro germe il fior;

che lento poi sull'umili
erbe morrà non colto,
né sorgerà coi fulgidi
color del lembo sciolto,

PARAFRASI

vidia le madri (il sen; sineddoche) che allattano (nutre) [figli] liberi? Non sa che il signore porta con sé (seco) i poveri (miseri) nel (al) regno [dei cieli]? [e] che con il sacrificio della croce (nel suo dolor) ha provveduto (pensò) a tutti gli uomini (figli d'Eva)?

73-80 Dio (i cieli) proclama (annunziano) [oggi] una nuova libertà (franchigia) e un'umanità (genti) rinnovata (nove); nuove conquiste [: quelle spirituali] e [una nuova idea di] gloria, conquistata (vinta) in prove più valorose (belle); una nuova pace [: quella interiore della coscienza], insensibile (immobile) alle minacce (terrori) e alle false (infide) promesse), che il mondo può deridere (irride), ma che non può portar via (rapir).

81-89 Oh Spirito [Santo]! noi ti imploriamo inginocchiati (supplichevoli) ai tuoi maestosi (solenni) altari; soli per boschi (selve) inospitali (inospite); vagando (vaghi) in mari deserti; dalle Ande ghiacciate (algenti) al Libano, dall'Irlanda (d'Erina) alla montuosa (irta) Haiti, dispersi per tutta la terra (tutti i liti) ma [resi] uno (uni) nei sentimenti (di cor) per opera tua (per te)!

89-96 Spirito disposto al perdono (Placabile), discendi ancora, benevolo (propizio) verso i (a' = ai) tuoi fedeli (cultor), [ma] benevolo [anche] verso chi ti ignora; scendi per rigenerare (e ricrea) [le anime]; dà nuova vita ai cuori uccisi (estinti) dal dubbio; e per chi si è lasciato vincere (ai vinti) [dalla fede], [lo Spirito] vincitore si conceda (sia) [come] divina ricompensa (mercede).

97-112 Discendi [sugli uomini], Spirito di amore (Amor); smorza (attuta) nei [loro] animi le ire generate dalla superbia (superbe); dona [loro] pensieri [santi] che il giorno della morte (ultimo dì) non rinneghi (muta) ma ricordi (memore): la tua forza (virtude) benefica alimenti (nutra) i doni che ha elargito (tuoi); così come (siccome) [fa] il sole, che fa germogliare (schiude) il fiore dal seme (germe) inerte (pigro); [fiore] che piegatosi (lento) sulle erbe basse (umili) morirà senza essere stato colto (non colto), né si innalzerà con i brillanti (fulgidi) colori della sua corolla (lembo) aperta (sciolto), se

22 i miseri: *i diseredati*; il messaggio cristiano è rivolto soprattutto a loro.
23 più belle prove: sono le battaglie spirituali rispetto a quelle militari.
24 dall'Ande… Haiti: luoghi solitari e ostili che indicano la vastità della Terra, ma anche luoghi di insurrezioni popolari violente negli anni di composizione dell'inno.
25 discendi ancora: invocazione affinché lo Spirito, già disceso sulla Terra il giorno di Pentecoste, torni nuovamente per rinnovare i suoi doni.
26 i cor… estinti: dubitare significa non credere e, di conseguenza, morire alla vita dello spirito: occorre dunque invocare una nuova vita per l'anima dubbiosa.
27 e sia… vincitor: lo Spirito conquista i cuori e, pur vincitore, si concede in premio ai vinti donando loro la fede; si tratta di un paradosso, forma tipica del linguaggio mistico cristiano.
28 Amor: è uno degli attributi della Trinità rivolto specificamente allo Spirito (Sapienza è il Figlio, Virtù il Padre): lo Spirito Santo è l'Amore che lega il Padre e il Figlio.
29 i doni tuoi: i doni dello Spirito Santo sono sette: sapienza, fortezza, consiglio, intelletto, scienza, pietà, timore di Dio. Anche questa seconda similitudine ha per oggetto la luce generatrice di vitalità (▶ i vv. 41-44): se lo Spirito non torna a visitare continuamente gli uomini e ad alimentarne la fede, questa si dissecca come un fiore senza sole.

se fuso a lui nell'etere
non tornerà quel mite
lume, dator di vite,
e infaticato altor.

Noi T'imploriam! Ne' languidi
pensier dell'infelice
scendi piacevol alito,
aura consolatrice:
scendi bufera[30] ai tumidi
pensier del violento:
vi[31] spira uno sgomento
che insegni la pietà.[32]

Per Te sollevi il povero
al ciel, ch'è suo,[33] le ciglia,
volga i lamenti in giubilo,
pensando a Cui somiglia:[34]
cui fu donato in copia,
doni con volto amico,[35]
con quel tacer pudico,
che accetto[36] il don ti fa.

Spira de' nostri bamboli
nell'ineffabil riso;
spargi la casta porpora
alle donzelle in viso;
manda alle ascose vergini
le pure gioie ascose,[37]
consacra delle spose
il verecondo amor.

Tempra de' baldi giovani
il confidente ingegno;
reggi il viril proposito
ad infallibil segno;
adorna la canizie
di liete voglie sante;
brilla nel guardo errante
di chi sperando muor.

da A. Manzoni, *Opere*, a cura di L. Caretti, Mursia, Milano 1985 [1974].

PARAFRASI

quel dolce (mite) raggio solare (lume), che dà la vita (dator di vite) e che infaticabilmente la alimenta (infaticato altor), non sarà ritornato [più volte] su di lui (a lui), diffondendosi (fuso) nell'aria (etere).

113-120 Noi ti imploriamo! Scendi [come] soffio (alito) dolce (piacevol), brezza (aura) consolatrice sopra i (ne' = nei) languenti (languidi) pensieri di [chi è] infelice: scendi [invece violento come una] bufera sopra i (ai) pensieri gonfi (tumidi) [d'ira e di superbia] del violento: ispira su questi (vi) un turbamento (sgomento) che insegni [loro] la pietà. .

121-128 Grazie a te il povero sollevi lo sguardo (le ciglia) al cielo, che è suo, trasformi (volga) i [suoi] lamenti in gioia (giubilo) pensando a [Colui a] cui somiglia: [a] chi (cui) [invece] fu donata [ricchezza] in abbondanza (copia), [ne] doni con atteggiamento (volto) amichevole, con discrezione (tacer) riservata (pudico) che rende gradito (ti fa accetto) il dono

129-136 Rivelati (Spira) [o Spirito] nel riso dei nostri bambini (bamboli) [che è] indicibile (ineffabil) [per la sua purezza]; diffondi (spargi) il rossore (porpora), segno di castità, sul (in) viso delle ragazze (donzelle); dona (manda) alle vergini segregate (ascose) [dal mondo: le suore] le pure gioie interiori (ascose), consacra il casto (verecondo) amore delle spose.

137-144 Modera (Tempra) l'indole (ingegno) troppo sicura di sé (confidente) dei giovani baldanzosi; mantieni (reggi) [ogni] proposito degli uomini adulti (viril) [rivolto] verso (ad) una meta (segno) che non si allontana dalla retta via (infallibil); abbellisci (adorna) la vecchiaia (canizie) di desideri puri (sante) e sereni (liete); risplendi (brilla) nello sguardo vago (errante) di chi muore sperando [nella salvezza eterna].

30 bufera: sempre in questi termini Manzoni descrive l'inquietudine provocata dalla presenza dello Spirito nell'animo di due grandi: l'innominato (nella notte della conversione ▶ T13) e Napoleone (durante l'esilio a Sant'Elena ▶ i vv. 61-72 del *Cinque maggio*).

31 vi: avverbio di luogo.

32 pietà: è la *pietas* latina, cioè il rispetto degli dèi e della giustizia

33 al ciel, ch'è suo: ▶ Luca, 6, 20: «Beati voi poveri, perché vostro è il regno di Dio».

34 a Cui somiglia: a Dio, dato che l'uomo fu creato a sua immagine e somiglianza; e inoltre, in particolare, a Cristo, che è stato povero come loro.

35 cui fu… amico: è il concetto di carità cristiana.

36 accetto: perché non umilia chi lo riceve.

37 gioie ascose: sono le gioie spirituali della vita contemplativa.

▶ El Greco, *Pentecoste*, 1597-1600. Madrid, El Prado.

Lavoriamo sul testo

Leggere e capire

La struttura Il componimento si divide in tre parti:
1. i vv. 1-48 descrivono la discesa dello Spirito Santo e il miracolo che permette agli apostoli di predicare il messaggio di Cristo in tutte le lingue;
2. i vv. 49-80 narrano le conseguenze della discesa dello Spirito Santo e le prospettive di rinnovamento dell'umanità che essa ha aperto;
3. i vv. 81-144 contengono la preghiera allo Spirito Santo perché discenda di nuovo sugli uomini.

Analizzare

Un Dio fuori dal tempo e una Chiesa storica Nella *Pentecoste* il linguaggio della tradizione liturgica cristiana si fonde a quello concreto dell'azione militare. Sono caratteristici della liturgia cristiana il tono di invocazione («Madre de' Santi», «Chiesa del Dio vivente») e l'uso di certi aggettivi per descrivere una condizione immutabile e fuori dal tempo («superna», «incorruttibile», «eterna»). L'aspetto concreto, energico, quasi militaresco è invece espresso da alcuni verbi («soffri, combatti e preghi») e immagini («le tue tende spieghi»). La duplicità del linguaggio allude inoltre alla diversità temporale che esiste fra la dimensione senza tempo di Dio e la dimensione storica della Chiesa, sottolineata dai frequenti avverbi di tempo («quando» ai vv. 13, 21, 33, 37 e «allor che» al v. 17) e dall'uso di un tempo storico come il passato remoto.

Parallelismi e similitudini Nell'inno si finge che a parlare sia una comunità di fedeli, che con esortazioni e appelli si rivolge allo Spirito Santo e ai non credenti. Il carattere liturgico è confermato dall'uso delle tecniche della ripetizione e del parallelismo, dal ritmo compatto e martellante dato dal verso settenario. La compattezza è però movimentata da antitesi e da domande retoriche, che all'interno di una straordinaria unità stilistica potenziano il valore comunicativo, didattico e ideologico del testo. L'inno presenta anche le due straordinarie similitudini dei vv. 41-48 e 103-112, che traducono i concetti teologici in immagini e situazioni concrete (la diffusione della luce e il suo scomporsi in colori, il rapporto tra la fioritura di un fiore e il calore del sole), mostrando un collegamento fra verità eterna e storia degli umili.

Interpretare e approfondire

L'ideologia: il messaggio religioso Nella *Pentecoste* si rivelano due aspetti dell'ideologia religiosa di Manzoni:
1. la Chiesa militante, che obbedisce a un Dio che è «aura» dolce e «consolatrice» (v. 116) e allo stesso tempo bufera che incute timore nei violenti, fonde l'immagine del cattolicesimo tradizionale del Dio mite e pacificatore e quella tragica, giansenista, del Dio giustiziere e del mondo drammaticamente diviso tra bene e male;
2. il cristianesimo "illuminista", che considera tutti gli uomini figli di Dio e per questo uguali, in quanto fratelli in Cristo. Il rinnovamento e la liberazione segnati dalla discesa dello Spirito Santo riguardano però soprattutto il lato spirituale e morale della vita degli "umili" e dei "poveri".

La difficile integrazione fra cielo e terra Come lo Spirito Santo e la Provvidenza divina agiscano nella storia degli uomini è un problema centrale in Manzoni. La storia umana ha un senso, eppure è drammaticamente attraversata da sofferenze e da ingiustizie. L'invito incalzante rivolto allo Spirito Santo perché si manifesti in tutte le forme della vita umana, che caratterizza la seconda parte dell'inno (vv. 81-144), riguarda dunque questo desiderio di Manzoni di vedere efficacemente agire Dio nella storia, cioè di fare di ogni essere umano una testimonianza di salvezza e di riscatto.

Esercizi

Prima prova A • L'analisi del testo

Comprendere

1 Il senso della festività

Che cosa ricorda la festività della Pentecoste?
a. la resurrezione di Cristo
b. i quaranta giorni trascorsi da Cristo nel deserto
c. la discesa dello Spirito Santo sugli Apostoli
d. la discesa dello Spirito Santo su Maria

Analizzare

2 Il lessico

Perché Manzoni utilizza un lessico "militare"? Sottolinea nel testo i termini che fanno riferimento all'ambito militaresco.

3 Il tono dell'inno

Il modo vocativo del testo segue il modello della tradizione innografica e liturgica: prende avvio dall'invocazione iniziale alla Chiesa, per continuare con altre invocazioni. Sottolineale tutte indicando a quali soggetti si rivolgono.

4 Le similitudini

Individua nel testo le due similitudini che hanno per oggetto la luce come generatrice di vitalità. Trascrivi poi in uno schema come questo i soggetti che vengono messi a confronto e sintetizza, nell'ultima colonna, il significato di ciascun paragone.

	primo termine di paragone	secondo termine	significato del confronto
prima similitudine (vv. ....)	....	....	....
seconda similitudine (vv. ....)	....	....	....

Terza prova A • La trattazione sintetica

Interpretare e approfondire

5 La religione di Manzoni

La *Pentecoste* rivela due aspetti dell'ideologia religiosa di Manzoni. Quali sono? Prova a spiegarli in una trattazione sintetica (max 15 righe).

Jean Restout, *Pentecoste*, 1732. Parigi, Musée du Louvre.

L'opera

Lettera al Signor Chauvet sull'unità di tempo e di luogo nella tragedia

Identikit dell'opera

data di composizione
1823

genere
lettera

temi
- la poesia deve basarsi su fatti reali
- compito del poeta è ricercare le cause che la storia ha determinato nei sentimenti e nelle azioni umane

Importanti princìpi di poetica

Gli scritti teorici del decennio 1815-1825 sono importanti per ricavare i princìpi di poetica di Manzoni. Tra questi, la *Lettera al Signor C.*** sull'unità di tempo e di luogo nella tragedia* costituisce un'opera fondamentale. Nel 1820 lo scrittore francese Victor Chauvet pubblica una recensione sul *Conte di Carmagnola* criticando il mancato rispetto, nella tragedia, dell'unità di tempo e di luogo. Manzoni scrive immediatamente una lettera di risposta, in francese, ma la pubblica solo nel 1823.

Il compito del poeta

Alle critiche di Chauvet, Manzoni replica che il compito dello scrittore «non consiste nell'inventare fatti», ma nel rispettare gli avvenimenti della storia (▶ T2). E all'obiezione che non resterebbe niente al poeta dopo aver tolto «ciò che lo distingue dallo storico, cioè il diritto di inventare fatti», Manzoni si oppone proponendo una nuova idea della poesia. Il compito della storia è quello di raccontare le azioni che gli uomini hanno compiuto, mentre quello della poesia comprende «ciò che hanno pensato, i sentimenti che hanno accompagnato [...] i loro successi e insuccessi». Il poeta integra quindi il lavoro dello storico, nel rispetto dei fatti realmente accaduti, ma alla scoperta del mondo interiore (sentimenti, passioni, illusioni ecc.) che hanno causato le vicende storiche.

▶ Poeta e drammaturgo, Victor Chauvet (1788-1834) debuttò con un poema intitolato *Sapho*, ma il successo arrivò con *Arthur di Bretagna*, tragedia in versi andata in scena all'Odeon di Parigi (nella foto) il 16 agosto 1824.

T2

Le forme
- testo argomentativo

I temi
- poesia come racconto di fatti realmente accaduti
- rifiuto del «romanzesco»

Il rapporto tra poesia e storia

Nella Lettera al Signor Chauvet sull'unità di tempo e di luogo nella tragedia, *Manzoni indica quale sia lo spazio autonomo della poesia rispetto alla storia (ricostruire i sentimenti e le passioni ignorati dagli storici di professione), ma nello stesso tempo mette in guardia contro il rischio dell'invenzione e del romanzesco.*

Non so se sto per dire qualcosa di contrario alle idee comunemente accettate; ma credo di enunciare una verità semplicissima, affermando che l'essenza della poesia non consiste nell'inventare fatti: questa invenzione è quanto di più facile e di più volgare vi sia nel lavoro del pensiero, quanto[1] esiga la minor riflessione e perfino la minore immaginazione. Infatti non c'è nulla di più comune delle creazioni di questo genere;[2] invece tutti i grandi monumenti della poesia hanno per base avvenimenti dati dalla storia o, che è lo stesso a questo riguardo, che sono stati un tempo considerati storia.

Quanto agli scrittori drammatici in particolare, i più grandi di ogni nazione hanno evitato, con tanto più cura quanto più genio ebbero, di inserire nell'azione drammatica fatti di loro creazione; e ogni qual volta si è presentata l'occasione di far loro osservare che essi avevano sostituito, in punti essenziali, l'invenzione alla storia, anziché accettare questo giudizio come un elogio, lo hanno respinto come una censura. Se non sapessi quanto vi è di temerario nelle asserzioni storiche troppo generalizzate, oserei affermare che non c'è, in tutto quanto ci resta del teatro tragico dei Greci, e neppure in tutta la loro poesia, un solo esempio di un tal genere di creazione, che consiste nel sostituire alle principali cause riconosciute di un grande evento, cause inventate a piacimento. I poeti greci attingevano i soggetti, insieme a tutte le circostanze importanti, alle tradizioni nazionali. Non inventavano i fatti; li accoglievano nella forma tramandata dai contemporanei: accettavano, rispettavano la storia come gli individui, i popoli, i tempi l'avevano fatta.[...]

Ma, obietterà qualcuno, se si toglie al poeta ciò che lo distingue dallo storico, cioè il diritto di inventare fatti, cosa gli resta? Cosa gli resta? la poesia; sì, la poesia.[3] Perché, in sostanza, cosa ci dà la storia? avvenimenti noti, per così dire, solo esteriormente; ciò che gli uomini hanno fatto; ma ciò che hanno pensato, i sentimenti che hanno accompagnato le loro deliberazioni e i loro progetti, i loro successi e insuccessi, i discorsi con i quali hanno fatto e cercato di far prevalere le loro passioni e le loro volontà su altre passioni e altre volontà, con i quali hanno espresso la loro collera, effuso la loro tristezza, con i quali, in una parola, hanno manifestato la loro individualità, tutto ciò, tranne pochissimo, è passato sotto silenzio dalla storia, e tutto ciò forma il dominio della poesia. Eh! sarebbe ingenuo temere che manchi ad essa l'occasione di creare, nel senso più serio, forse il solo serio, di questa parola! Ogni segreto dell'anima umana si svela, tutto ciò che genera i grandi avvenimenti, tutto ciò che caratterizza i grandi destini, si rivela alle immaginazioni dotate d'una sufficiente forza di simpatia. Tutto ciò che la volontà umana ha di forte o di misterioso, e la sventura di religioso e di profondo, il poeta può indovinarlo; o, per meglio dire, scorgerlo, afferrarlo e esprimerlo.[...] Manifestare ciò che gli uomini hanno sentito, voluto e sofferto, mediante ciò che hanno fatto, in questo consiste la poesia

1 **quanto:** con ellissi del verbo "è" (il soggetto sottinteso è **questa invenzione**).
2 **Infatti... genere:** la poesia che si fonda sulla pura immaginazione e sul sentimento, senza impegnarsi nella rappresentazione del vero, è la più **facile**, la più **comune**, perché non richiede alcuno sforzo intellettuale.
3 **Ma... poesia:** alla ricostruzione dei fatti fornita dalla storia la poesia aggiunge il recupero di quegli aspetti ignorati dalle indagini storiografiche ma indispensabili alla comprensione della verità morale.

drammatica; creare fatti per adattarvi dei sentimenti, è il grande compito dei romanzi, dalla Signora di Scudéry ai nostri giorni.[4]

Non pretendo con ciò che questo genere di composizioni sia sostanzialmente falso; ci sono certamente romanzi che meritano di essere considerati come modelli di verità poetica; sono quelli i cui autori, dopo aver concepito in modo preciso e sicuro certi caratteri e certi costumi, hanno inventato azioni e situazioni conformi a quelle che hanno luogo nella vita reale, per estrinsecare le conseguenze di quei caratteri e di quei costumi: dico soltanto che, come ogni genere ha il suo rischio particolare, il rischio del genere romanzesco è il falso. Il pensiero degli uomini si manifesta più o meno chiaramente attraverso le loro azioni e i loro discorsi; ma anche procedendo da questa larga e solida base, è ben raro attingere la verità nell'espressione dei sentimenti umani. A fianco di un'idea chiara, semplice e vera se ne presentano cento oscure, forzate o false; ed è la difficoltà di liberare nettamente la prima di esse che rende tanto piccolo il numero dei buoni scrittori. Ciononostante anche i mediocri sono spesso sulla via della verità; ne hanno sempre qualche indizio più o meno vago; solo che questi indizi sono difficili da seguire: ma cosa accadrà se li si trascura o li si disprezza? Questo è l'errore che hanno commesso la maggior parte dei romanzieri inventando i fatti; ne è conseguito necessariamente che la verità è loro sfuggita più spesso che a coloro che si sono tenuti vicino alla realtà; si sono poco preoccupati della verisimiglianza, tanto nei fatti che hanno immaginato quanto nei caratteri dai quali hanno fatto derivare questi fatti; e a forza d'inventare storie, situazioni nuove, pericoli inaspettatati, contrasti singolari di passioni e di interessi, hanno finito con il creare una natura umana che non assomiglia in niente a quella che avevano sotto gli occhi, o, per meglio dire, a quella che non hanno saputo vedere. E ciò si è verificato così chiaramente che l'epiteto di romanzesco è stato consacrato per designare generalmente, a proposito di sentimenti e costumi, questo genere particolare di falsità, questo tono fittizio, questi tratti convenzionali che distinguono i personaggi da romanzo.

da A. Manzoni, *Lettere sui Promessi Sposi*, a cura di G. Amoretti, Garzanti, Milano 1985.

4 Manifestare... giorni: dopo aver considerato la distinzione tra storia e invenzione, Manzoni prende in esame il rapporto intercorrente tra il genere drammatico e quello narrativo. Il primo intende recuperare il significato morale (**ciò che gli uomini hanno sentito, voluto e sofferto**) della storia (**mediante ciò che hanno fatto**), secondo una prospettiva critica che appartiene al **dominio della poesia**. Il genere romanzesco invece si limita per lo più a inventare i fatti, con un sostanziale effetto di falsità. Madeleine **de Scudéry** (1607-1701) fu autrice di numerosi romanzi storico-eroico-erotici di grande successo.

Lavoriamo sul testo

Leggere e capire

Com'è diviso il testo La lettera può essere divisa in quattro nuclei tematici:

1. rr. 1-6: Manzoni afferma che la vera poesia è quella che si basa su fatti storici realmente avvenuti;
2. rr. 7-17: la letteratura greca, sia il teatro sia la poesia, si basa su eventi storici tramandati alla collettività;
3. rr. 18-33: il compito dello storico è ricostruire la realtà, mentre quello del poeta è di capire i sentimenti e le emozioni che gli eventi della storia hanno causato negli uomini;
4. rr. 34-54: Manzoni afferma che il rischio dei romanzieri è il «falso», cioè la creazione di situazioni, personaggi, caratteri e ambienti artificiali e innaturali, lontani dalla realtà storica che essi intendevano rappresentare. Manzoni manifesta qui un nuovo interesse per l'unico genere narrativo che possa esprimere un «modello di verità poetica»: il romanzo storico.

Analizzare

Un testo argomentativo Il brano proposto è, almeno nella sua prima parte, un esempio di testo argomentativo. All'inizio infatti Manzoni enuncia la sua tesi: la vera poesia non consiste nell'invenzione dei fatti, ma nell'adesione a fatti realmente accaduti. Poi lo scrittore riporta alcuni esempi per sostenerla: la grande poesia greca si basava su fatti storici nazionali. Segue la confutazione della tesi: l'«obiezione» di cui parla Manzoni, cioè quella secondo la quale il lavoro dei poeti finirebbe con il coincidere con quello dello storico, è dimostrata come falsa: ai poeti rimane «la poesia», cioè l'universo di passioni e di sentimenti che sta dietro alle vicende storiche. Infine, la conclusione, che consiste nel ribadire la propria tesi: «manifestare ciò che gli uomini hanno sentito, voluto e sofferto, mediante ciò che hanno fatto, in questo consiste la poesia drammatica».

Interpretare e approfondire

Il «vero» e il «romanzesco» In questa lettera Manzoni rifiuta una concezione della poesia come semplice «invenzione dei fatti»: la creazione poetica deve invece basarsi su fatti storici realmente accaduti. La letteratura in generale deve ispirarsi, secondo Manzoni, al «vero». Il compito del poeta è quello di esplorare il mondo delle passioni e dei sentimenti che sta dietro agli eventi storici.
Un altro principio di poetica presente in questa lettera è quello del «romanzesco». Secondo Manzoni, il rischio in cui può incorrere un romanziere è «il falso»: inventando fatti, personaggi e situazioni, il romanziere finisce con il creare personaggi che hanno caratteri artificiosi e fittizi, lontani dalla spontaneità che offre invece la rappresentazione precisa della realtà storica. Proprio per questo tipo di situazioni e di personaggi è stato creato l'aggettivo «romanzesco». L'unico «modello di verità poetica» rimane per Manzoni il romanzo storico.

Esercizi

Prima prova A • L'analisi del testo

Comprendere

1 L'«essenza della poesia»

a. In che cosa consiste l'«essenza della poesia» secondo Manzoni?

....

b. Quali creazioni poetiche, secondo Manzoni, sono le più comuni?

....

Analizzare

2 Un esempio di testo argomentativo

La prima parte del brano (rr. 1-33) è un esempio di testo argomentativo. Usando colori diversi, sottolinea nel testo la tesi, gli esempi portati a favore della tesi, le possibili obiezioni e le relative risposte, la conclusione.

Terza prova A • Risposta singola

Interpretare e approfondire

3 Il poeta e lo storico

Quali elementi, secondo Manzoni, distinguono il poeta dallo storico?

4 Una nuova concezione di letteratura

Nella *Lettera al Signor Chauvet* Manzoni riflette sui compiti e sui limiti della letteratura. Quale concezione ne emerge?

L'opera

Odi

Identikit dell'opera

data di composizione

Marzo 1821
- 1848

Il cinque maggio
- 1821

genere

odi

tempo e luogo di ambientazione

Marzo 1821
- Lombardia, 1821

Il cinque maggio
- luoghi delle imprese napoleoniche, 5 maggio 1821

personaggi principali

Marzo 1821
- dedica a Teodoro Koerner, morto in battaglia combattendo contro Napoleone
- patrioti lombardi

Il cinque maggio:
- Napoleone Bonaparte

temi

Marzo 1821
- celebrazione degli ideali patriottici e lotta per l'unità d'Italia
- libertà come diritto di tutti i popoli

Il cinque maggio
- vanità della gloria terrena
- conforto della fede in Dio

Marzo 1821

Marzo 1821 si ispira ai moti carbonari di Torino e alla speranza che il principe Carlo Alberto, in quel periodo reggente del Regno di Sardegna, dopo aver concesso la Costituzione (14 marzo 1821), riuscisse a entrare in Lombardia e dichiarare così guerra agli austriaci. Queste aspettative, di cui Manzoni si rende sostenitore nell'ode, furono deluse dagli avvenimenti storici, perché il successore legittimo di Vittorio Emanuele I, cioè Carlo Felice, annullò tutti i provvedimenti presi da Carlo Alberto. Anche per questa ragione il componimento fu pubblicato solo nel 1848, dopo le Cinque giornate di Milano, a cura del Governo provvisorio milanese. Il componimento presenta un forte entusiasmo patriottico, accompagnato da immagini bibliche, nelle quali un Dio minaccioso è pronto ad aiutare gli oppressi contro i loro carnefici (come nel caso del popolo di Israele contro il faraone egiziano ▶ T3).

Il cinque maggio

L'ode fu scritta da Manzoni tra il 17 e il 19 luglio del 1821, quando apparve sulla «Gazzetta di Milano» la notizia che Napoleone Bonaparte era morto cristianamente il 5 maggio dello stesso anno sull'isola di Sant'Elena, dove era in esilio. Diffusa subito in tutta Europa, tradotta in tedesco da Goethe, l'ode fonde i temi civili, legati alla valutazione del ruolo storico di Napoleone e al racconto delle sue imprese, con la prospettiva religiosa degli *Inni sacri*. Il poeta inserisce la vicenda di Napoleone, che ha influito molto sul corso della storia, nel quadro del disegno della Provvidenza divina, immaginando la conclusione della sua esistenza nell'esilio e in un avvicinamento alla fede. L'ode diventa così un inno alle conquiste della fede, piuttosto che alle gesta storiche di Napoleone (▶ T4).

T3

Le forme
- tono esortativo

I temi
- libertà come diritto di tutti i popoli
- indipendenza nazionale come realizzazione della volontà divina

Marzo 1821

L'ode fu composta in seguito ai moti piemontesi del 1821, quando sembrava che il reggente Carlo Alberto stesse per varcare il Ticino (il fiume che anche oggi fa da confine fra Piemonte e Lombardia) e liberare le città lombarde dal dominio austriaco. Ma le cose non andarono così: l'erede al trono designato, Carlo Felice, con l'aiuto della polizia austriaca represse i moti rivoluzionari. Manzoni precorre gli eventi e immagina che gli insorti abbiano già passato il Ticino, uniti nella lotta per l'indipendenza nazionale.

ALLA ILLUSTRE MEMORIA
DI
TEODORO KOERNER
POETA[1] E SOLDATO
DELLA INDIPENDENZA GERMANICA
MORTO SUL CAMPO DI LIPSIA
IL GIORNO XVIII D'OTTOBRE MDCCCXIII
NOME CARO A TUTTI I POPOLI
CHE COMBATTONO PER DIFENDERE
O PER RICONQUISTARE
UNA PATRIA*

Soffermati sull'arida sponda,
volti i guardi al varcato Ticino,
tutti assorti nel novo destino,[2]
certi in cor dell'antica virtù,
han giurato: non fia che quest'onda
scorra più tra due rive straniere:[3]
non fia loco ove sorgan barriere
tra l'Italia e l'Italia, mai più!

L'han giurato: altri forti a quel giuro
rispondean da fraterne contrade,
affilando nell'ombra le spade[4]
che or levate scintillano al sol.
Già le destre hanno strette le destre;
già le sacre parole son porte:
o compagni sul letto di morte,
o fratelli su libero suol.

PARAFRASI

* Alla illustre memoria di Teodoro Koerner poeta e soldato della indipendenza germanica morto sul campo di Lipsia il giorno 18 (XVIII) ottobre 1813 (MDCCCXIII), nome caro a tutti i popoli che combattono per difendere o per riconquistare la patria.

1-8 [I piemontesi] fermi (Soffermati) sulla sponda asciutta (arida), [con] gli sguardi (guardi) rivolti al Ticino [appena] attraversato (varcato), tutti concentrati (assorti) sul (nel) destino nuovo [che si schiude per loro], intimamente (in cor) sicuri (certi) di [saper rinnovare] l'antico valore (virtù) [dei padri], hanno giurato [questo]: non accadrà (fia = *sarà*) [mai] più che queste acque (quest'onda) scorrano in mezzo a due terre (rive) straniere: non ci sarà mai più luogo (loco) [alcuno in tutta l'Italia] dove sorgano confini (barriere) a dividerla al suo interno (tra l'Italia e l'Italia).

9-16 L'hanno giurato: a quel giuramento (giuro) altri eroi (forti) facevano eco (rispondean) da terre (contrade) ugualmente abitate da italiani (fraterne), mentre preparavano (affilando) in segreto le armi (spade) [per la sommossa], [armi] che ora scintillano sguainate (levate) al sole. Le [mani] destre [dei lombardi e dei piemontesi] si sono già strette [per ratificare il giuramento]; le sacre parole [del giuramento] sono già state pronunciate (porte): o [ci troveremo] tutti insieme (compagni) sul letto di morte [: affronteremo insieme la morte], o [saremo] fratelli sulla [nostra] terra (suol) libera-

Metrica strofe di otto decasillabi (in rima i due tronchi ai vv. 4 e 8, e i piani ai vv. 2 e 3, e ai vv. 6 e 7), secondo lo schema abbc, deec. Un'eccezione è costituita dalla prima strofa in cui i vv. 1 e 5 sono in rima tra loro, mentre in tutte le altre strofe non sono rimati.

1 poeta: poeta e drammaturgo, il tedesco Theodor Franz Körner (1791-1813) è autore, tra l'altro, di una raccolta di poesie di argomento militare pubblicata postuma col titolo *Lira e Spada*.

2 novo destino: è il futuro di libertà che sembrava ormai certo all'inizio dei primi moti risorgimentali.

3 rive straniere: il Ticino segnava il confine tra Piemonte e Lombardia, l'uno appartenente al Regno di Sardegna, sotto la giurisdizione Savoia, l'altra al Lombardo-Veneto, sotto il dominio austriaco.

4 affilando… spade: la rivolta risorgimentale è preparata e preceduta da una intensa attività cospirativa svolta dalle società segrete (soprattutto dalla Carboneria).

La lingua nel tempo: Contrada. Il termine (v. 10) viene usato da Manzoni nel suo significato letterale di 'territorio, regione'. Oggi questa parola è usata nel dialetto toscano per indicare una traversa di una via cittadina. In particolare, nella città di Siena, si indica con "contrada" ogni rione cittadino che partecipa al Palio.

Chi potrà della gemina Dora,
della Bormida al Tanaro sposa,
del Ticino e dell'Orba selvosa
scerner l'onde confuse nel Po;
chi stornargli del rapido Mella
e dell'Oglio le miste correnti,
chi ritogliergli i mille torrenti
che la foce dell'Adda versò,

quello ancora una gente risorta
potrà scindere in volghi spregiati,
e a ritroso degli anni e dei fati,
risospingerla ai prischi dolor:
una gente che libera tutta,
o fia serva tra l'Alpe ed il mare;
una d'arme, di lingua, d'altare,
di memorie, di sangue e di cor.

Con quel volto sfidato e dimesso,
con quel guardo atterrato ed incerto,
con che stassi un mendico sofferto
per mercede nel suolo stranier,
star doveva in sua terra il Lombardo;
l'altrui voglia era legge per lui;
il suo fato, un segreto d'altrui;
la sua parte, servire e tacer.

O stranieri, nel proprio retaggio
torna Italia, e il suo suolo riprende;
o stranieri, strappate le tende
da una terra che madre non v'è.
Non vedete che tutta si scote,
dal Cenisio[5] alla balza di Scilla?
non sentite che infida vacilla
sotto il peso de' barbari piè?

O stranieri! sui vostri stendardi
sta l'obbrobrio d'un giuro tradito;[6]
un giudizio da voi proferito
v'accompagna all'iniqua tenzon;
voi che a stormo gridaste in quei giorni:
Dio rigetta la forza straniera;
ogni gente sia libera, e pera
della spada l'iniqua ragion.

Se la terra ove oppressi gemeste
preme i corpi de' vostri oppressori,
se la faccia d'estranei signori
tanto amara vi parve in quei dì;
chi v'ha detto che sterile, eterno

PARAFRASI

ta (libero).

17-32 [Soltanto] chi sarà in grado di (potrà) separare (scerner) le acque confluite (confuse) nel Po delle due Dore (gemina Dora) [: la Baltea e la Riparia], della Bormida unitasi (sposa) al Tanaro, del Ticino e dell'Orba dalle rive boscose (selvosa); chi [sarà in grado di] far tornare indietro (stornargli) [da quelle del Po] le acque (correnti) [ormai] mescolate (miste) del Mella [che scorre] rapido e dell'Oglio, chi [potrà] separare da quelle (ritogliergli) i numerosissimi (mille) torrenti che la foce dell'Adda [vi] fece affluire (versò), [soltanto] costui (quello) potrà suddividere (scindere) anche (ancora) un popolo (gente) riunito (risorta) in masse (volghi) discordi e disprezzate (spregiati), e farlo tornare (risospingerla) alle antiche (prischi) sofferenze (dolor) [dell'oppressione straniera] andando contro il corso (a ritroso) del tempo (anni) e del destino (fati): un popolo che o sarà (fia) completamente (tutta) libero o [completamente] schiavo (serva) [dello straniero] dalle) Alpi al mare [: per tutta l'estensione dell'Italia]; unito dalle [comuni] tradizioni militari (una d'arme), dalla lingua, dalla religione (altare), dalla storia (memorie), dalle radici etniche (sangue), dagli ideali (cor).

33-40 [Per volontà degli oppressori] il lombardo doveva stare nella (in) sua terra con quell'atteggiamento (volto) sfiduciato (sfidato) e umiliato, con quello sguardo basso (atterrato) e insicuro con cui (che) sta (stassi) in terra (nel suolo) straniera un mendicante tollerato (sofferto) per pietà (mercede); il capriccio (voglia) di altri (altrui) [: dei suoi oppressori] era legge per lui; il suo destino (fato) [era] un segreto di altri [: dipendeva da decisioni a lui sconosciute]; il suo compito (parte) [era quello di] obbedire (servire) e tacere [: senza protestare].

41-48 O stranieri, l'Italia riprende (torna nel) l'eredità dei suoi avi (retaggio) e rivendica i diritti sul proprio territorio; o stranieri, levate (strappate) le tende da una terra che non vi è madre [: non vi ha generato]. Non vi accorgete che si sta risvegliando (si scote) tutta, dalle Alpi (Cenisio) alla punta della Calabria (alla balza di Scilla)? Non sentite che [il terreno italico] sta tremando (vacilla) non più [per voi] sicuro (infida) sotto il peso dei [vostri] piedi stranieri (barbari)?

49-56 O stranieri! Sulle vostre insegne (stendardi) c'è (sta) la macchia vergognosa (l'obbrobrio) di un giuramento tradito; un'affermazione (giudizio) da voi proclamata (proferito) vi accompagna in questa (alla) guerra (tenzon) ingiusta (iniqua); voi che in quei giorni [dello scontro con Napoleone] proclamaste insistentemente (a stormo): Dio rinnega (rigetta) la dominazione (forza) straniera; ogni popolo (gente) deve essere (sia) libero e muoia (pera = *perisca*) l'ingiusta legge (ragion) della forza.

57-64 Se la terra su cui (ove) soffriste (gemeste) oppressi [dai francesi] schiaccia con il suo peso (preme) [oggi] i corpi dei vostri oppressori [: fa loro da tomba], se il volto (faccia) di dominatori stranieri (estranei) vi sembrò tanto amaro in quei giorni [: i giorni delle sconfitte]; chi vi ha detto che la sofferenza per la mancanza di libertà (lutto) del popolo italiano

5 Cenisio: il riferimento al passo del Moncenisio, nelle Alpi Cozie, allude ai moti liberali piemontesi del 1821, preceduti (1820) dalle rivoluzioni nell'Italia meridionale a cui ci si riferisce con il successivo **Scilla** (scoglio calabrese proteso sullo stretto di Messina).

6 giuro tradito: le potenze europee della Sesta Coalizione (1813-1814), unitesi contro Napoleone dopo la disastrosa campagna di Russia, avevano incitato alla ribellione tutti i popoli soggetti al dominio francese promettendo loro ordinamenti costituzionali. Il congresso di Vienna invece, convocato da Metternich in qualità di primo ministro dell'imperatore d'Austria, pose alla base delle proprie deliberazioni il principio di legittimità e decretò che i territori tornassero ai prìncipi che vi avevano regnato prima del 1789: l'Austria pertanto rientrò in possesso di tutti gli antichi domini nella penisola (Lombardia, Trentino, Tirolo ecc.), non mantenendo quindi la promessa di libertà fatta al popolo italiano.

saria il lutto dell'itale genti?
chi v'ha detto che ai nostri lamenti
saria sordo quel Dio che v'udì?

Sì, quel Dio che nell'onda vermiglia
chiuse il rio che inseguiva Israele,[7]
quel che in pugno alla maschia Giaele[8]
pose il maglio, ed il colpo guidò;
quel che è Padre di tutte le genti,
che non disse al Germano giammai:
va, raccogli ove arato non hai;
spiega l'ugne; l'Italia ti do.

Cara Italia! dovunque il dolente
grido uscì del tuo lungo servaggio;
dove ancor dell'umano lignaggio,
ogni speme deserta non è;
dove già libertade è fiorita,
dove ancor nel segreto matura,
dove ha lacrime un'alta sventura
non c'è cor che non batta per te.

Quante volte sull'Alpe spiasti
l'apparir d'un amico stendardo![9]
Quante volte intendesti lo sguardo
ne' deserti del duplice mar!
Ecco alfin dal tuo seno sboccati,
stretti intorno a' tuoi santi colori,[10]
forti, armati de' propri dolori,
i tuoi figli son sorti a pugnar.

Oggi, o forti, sui volti baleni
il furor delle menti segrete:
per l'Italia si pugna, vincete!
Il suo fato sui brandi vi sta.
O risorta per voi la vedremo
al convito de' popoli assisa,
o più serva, più vil, più derisa,
sotto l'orrida verga starà.

Oh giornate del nostro riscatto!
Oh dolente per sempre colui
che da lunge, dal labbro d'altrui,
come un uomo straniero, le udrà!
Che a' suoi figli narrandole un giorno
dovrà dir sospirando: io non c'era;
che la santa vittrice bandiera
salutata quel dì[11] non avrà.

da A. Manzoni, *Opere*, cit.

PARAFRASI

(itale genti) sarebbe stata (saria) eterna e senza frutto (sterile) [: senza portare prima o poi alla libertà]? chi vi ha detto che quel Dio che ascoltò voi (v'udì) sarebbe stato [poi] sordo ai nostri lamenti?

65-72 Sì, quel Dio che sommerse (chiuse) nelle acque del mar Rosso (nell'onda vermiglia) il malvagio (rio) [: il faraone egizio con il suo esercito] che inseguiva [il popolo di] Israele, quel [Dio] che mise (pose) in pugno alla virile (maschia) Giaele il martello (maglio) e [ne] guidò il colpo [che uccise l'oppressore Sisara]; quel [Dio] che è Padre di tutte le genti, [quel Dio] che non disse mai (giammai) all'Austriaco (Germano): va', raccogli dove non hai mai arato [: impadronisciti di ciò che non ti spetta]; prepara (spiega) le unghie (ugne); l'Italia ti dono.

73-80 Cara Italia! Dovunque si levò (uscì) il grido di dolore (dolente) per la (del) tua lunga sottomissione (servaggio) [allo straniero]; dove non è ancora stata abbandonata (deserta) ogni speranza (speme) nel genere (lignaggio) umano; dove la libertà si è già affermata (fiorita), dove ancora viene preparata (matura) in segrete cospirazioni (nel segreto), dove si piange (ha lacrime) per una grave (alta) sventura, non c'è cuore che non frema per la tua sorte (per te).

81-88 Quante volte sperasti di vedere (spiasti) affacciarsi (l'apparir) dalle Alpi una bandiera [di un popolo] amico! Quante volte fissasti (intendesti) lo sguardo sulle acque deserte (ne' deserti) dei mari Adriatico e Tirreno (duplice mar)! Ecco finalmente (alfin) nati (sboccati) dal tuo suolo (seno), stretti intorno ai sacri (santi) colori tuoi [: della tua bandiera], vigorosi (forti), resi forti (armati) dai dolori sopportati, i tuoi figli sono pronti a combattere (pugnar).

89-96 Oggi, o patrioti (forti), risplenda (baleni) sui [vostri] volti la passione (furor) dei propositi (menti) concepiti in segreto (segrete): si combatte per l'Italia, vincete! Il suo destino è affidato alle vostre spade (brandi). O la vedremo rinata (risorta) per opera vostra (per voi) seduta (assisa) nel congresso (convito) delle nazioni, oppure (o) sarà [ancora] più sottomessa (serva), umiliata (vil) e derisa sotto l'atroce (orrida) dominazione (verga) [straniera].

97-104 [Questi sono] i giorni della nostra liberazione (riscatto)! [Sarà] per sempre infelice colui che, come un uomo straniero, le sentirà (udrà) [raccontate] da lontano (lunge), dalla bocca (labbro) di altri! [Colui] che, raccontandole (narrandole) un giorno ai suoi figli, dovrà dire con rammarico (sospirando): io non c'ero [: tra coloro che combattevano]; [colui] che non avrà salutato quel giorno (dì) la sacra vittoriosa (vittrice) bandiera [italiana].

7 nell'onda... Israele: ▶ *Esodo*, 14, 21-30: Dio aiuta il popolo di Israele, in fuga dalla schiavitù egizia, aprendo per il suo passaggio le acque del mar Rosso e richiudendole poi sulle teste degli inseguitori.

8 Giaele: l'episodio di cui è protagonista la coraggiosa ebrea è narrato nella Bibbia (*Giudici*, 4, 17-21): Sisara, giovane generale del re di Cazor che opprimeva il popolo d'Israele, dopo una sconfitta si rifugiò presso Giaele, credendo che la famiglia di lei fosse fedele al suo sovrano; invece la donna aspettò che dormisse per piantargli un picchetto della tenda nella tempia aiutandosi con un martello per farlo penetrare fino in terra.

9 amico stendardo: gli italiani hanno lungamente atteso l'aiuto di uno straniero che venisse a liberarli.

10 santi colori: il tricolore era già la bandiera della Repubblica Cispadana costituitasi a Reggio Emilia nel 1796 con l'aiuto di Napoleone: fu sventolato dai rivoluzionari nel 1821 e adottato definitivamente da Carlo Alberto nel 1848 come simbolo della nazione italiana.

11 quel dì: il giorno dell'indipendenza.

Lavoriamo sul testo

Leggere e capire

La pubblicazione e la dedica L'ode fu pubblicata solo dopo il 1848 e anzi, per prudenza, Manzoni ne aveva distrutto il testo. Circolò tuttavia manoscritta e divenne un modello di poesia risorgimentale. Il componimento è dedicato a un patriota e letterato tedesco, Theodor Körner (1791-1813), che morì combattendo contro Napoleone per l'indipendenza del proprio popolo. Con questa dedica Manzoni rifiuta simbolicamente ogni atteggiamento di chiuso nazionalismo: tutti i popoli che lottano per l'indipendenza nazionale sono egualmente dalla parte della ragione e dunque devono essere solidali fra loro.

Com'è diviso il testo L'ode può essere divisa in tre parti:
1. nei vv. 1-40 il poeta spiega le cause che hanno spinto i piemontesi a oltrepassare il Ticino: il giuramento che hanno stretto con i lombardi è quello di liberare l'Italia dalla dominazione straniera. Per sottolineare l'importanza dell'evento, il poeta ricorre a un'ipotesi assurda: come è impossibile distinguere nel Po le acque dei fiumi affluenti, così è impossibile separare in «volghi spregiati» il popolo italiano;
2. nei vv. 41-72 Manzoni si rivolge agli oppressori, accusandoli di aver tradito i principi di libertà che proclamavano, e ricordando loro che la giustizia divina farà presto il suo corso; citando esempi tratti dalla Bibbia, afferma che l'intervento di Dio è a favore dei giusti, di chi rifiuta di combattere guerre ingiuste;
3. nei vv. 73-104 l'autore si rivolge all'Italia e descrive i tentativi di aiuto che le sue popolazioni hanno sempre cercato all'esterno; la conclusione è riservata a un elogio dei valorosi che combatteranno la battaglia, e al dispiacere di quanti non parteciperanno a questo momento storico fondamentale.

Analizzare

Una lunga esortazione L'ode si apre con l'immagine dei piemontesi che hanno già oltrepassato il Ticino: l'unione con i lombardi può dare inizio all'indipendenza nazionale. Il componimento è infatti una lunga esortazione: prima agli invasori (vv. 41, 43, 49) – rinfacciando loro il «giuro tradito» cioè la promessa non mantenuta di liberare le nazioni dai popoli stranieri, e l'«iniqua tenzon» cioè la guerra ingiusta con la quale gli austriaci volevano continuare a opprimere i piemontesi –, poi agli italiani (vv. 73, 89) affinché lottino per la libertà per ottenere l'indipendenza dell'Italia.

Interpretare e approfondire

L'indipendenza nazionale e la giustizia divina Il tema patriottico dell'ode si accosta in Manzoni all'elemento religioso: la lotta per l'indipendenza italiana e per la liberazione dall'oppressione degli austriaci è inserita in una prospettiva generale di giustizia divina. Combattere per l'unità d'Italia significa impegnarsi per l'attuazione di un provvidenziale disegno divino, realizzando nella realtà storica la volontà di Dio, che «è Padre di tutte le genti» e che non può permettere a un popolo violento e oppressore di usurpare i diritti di altri esseri umani.

Esercizi

Prima prova A • L'analisi del testo

Comprendere

1 Il motivo ispiratore

L'ode è stata ispirata da:
a. l'avvenuta liberazione nazionale
b. l'entusiasmo per i moti piemontesi del 1821
c. la dominazione austriaca
d. la figura di un patriota austriaco

2 Il garante dell'indipendenza

L'indipendenza nazionale è garantita da:
a. la giustizia divina
b. l'organizzazione dei rivoluzionari
c. l'incapacità degli austriaci
d. un regime democratico

Analizzare

3 Un'ipotesi assurda

Nell'ode è presente un'ipotesi assurda, espressa con una similitudine. Dove si trova? Che cosa significa?

Interpretare e approfondire

4 La dedica

Qual è il significato della dedica a Theodor Körner?

5 L'unità nazionale

Quale concetto di nazione emerge ai vv. 31-32? Prova a spiegarlo.

T4

Le forme
- andamento ritmico
- linguaggio simile a un inno sacro
- tono esortativo finale

I temi
- vanità della gloria terrena
- celebrazione della divina Provvidenza

Il cinque maggio

L'ode, composta nel luglio del 1821 dopo la morte di Napoleone, si divide in tre parti:
- *nei vv. 1-24 l'autore descrive l'emozione sua e di tutta l'Europa alla notizia della scomparsa, ricordando il personale atteggiamento di riserbo tenuto fino a quel momento;*
- *i vv. 24-85 disegnano la parabola della vita di Bonaparte, dalle vittorie all'esilio, fino alla pace cristiana degli ultimi momenti;*
- *nei vv. 85-108 si sottolinea l'esemplare significato morale e religioso della sua morte cristiana.*

Ei fu.[1] Siccome immobile,
dato il mortal sospiro,
stette la spoglia immemore
orba di tanto spiro,
così percossa, attonita
la terra al nunzio sta,

muta pensando all'ultima
ora dell'uom fatale;[2]
né sa quando una simile
orma di piè mortale
la sua cruenta polvere[3]
a calpestar verrà.

Lui folgorante in solio
vide il mio genio e tacque;
quando con vece assidua,
cadde, risorse e giacque,[4]
di mille voci al sonito
mista la sua non ha:

vergin di servo encomio
e di codardo oltraggio,[5]
sorge commosso al subito
sparir di tanto raggio;[6]
e scioglie all'urna un cantico
che forse non morrà[7].

PARAFRASI

1-12 Egli (Ei) [: Napoleone] è morto (fu). Allo stesso modo in cui (Siccome), [dopo aver] esalato (dato) l'ultimo respiro, il [suo] corpo senza vita (spoglia) rimase immobile (stette) privo di coscienza di sé (immemore), abbandonato (orba) da uno spirito (spiro = *respiro*) così grande (tanto), ugualmente (così) [oggi] il mondo (terra) rimane immobile (sta), colpito (percossa), stordito (attonita) all'annunzio [della morte di Napoleone], ammutolito (muta) pensando al momento della morte (ultima ora) dell'uomo del destino (fatale); né sa [immaginare] quando il passo (orma) di un uomo (piè mortale) altrettanto grande (simile; riferito a orma) tornerà a calpestare la sua terra (polvere) sporca di sangue (cruenta).
13-24 Il mio ingegno poetico (genio) lo (Lui [: Napoleone]) vide trionfante (folgorante) sul trono imperiale (in solio), e non ne parlò (tacque); quando, con continui cambiamenti (con vece assidua), cadde, si risollevò (risorse) e fu definitivamente sconfitto (giacque), [il mio ingegno] non unì (mista non ha) la sua [voce] al frastuono (sonito) di tantissime (mille) [altre] voci; [la voce della mia poesia] si innalza (sorge) ora commossa, non contaminata (vergin) [dalla vergogna] di elogi (encomio) servili (servo) e di vili (codardo) insulti (oltraggio), [di fronte] all'improvvisa (subito) morte (sparir) di una figura (raggio) simile (tanto); e dedica (scioglie) alla tomba (urna) un canto che forse resterà eterno (non morrà).

Metrica diciotto strofe di sei settenari. Il primo, il terzo e il quinto settenario sono sdruccioli e non rimati; il secondo e il quarto piani e in rima alternata; il sesto è tronco e rima con l'ultimo verso della strofa successiva. Schema: abcbde, fghgie.

1 fu: il passato remoto allontana nel tempo la vicenda di Napoleone, definendola come evento umano ormai inesorabilmente concluso, segno della natura effimera della gloria terrena.
2 uom fatale: uomo che ha il potere di decidere i destini del mondo.
3 cruenta polvere: la terra è dolorosamente bagnata dal sangue di infinite battaglie, molte delle quali provocate dallo stesso Napoleone.
4 cadde… giacque: riferimenti rapidi e concisi alle vicende militari che misero fine all'era napoleonica: la sconfitta di Lipsia del 1813, la ripresa dei Cento Giorni (marzo-giugno 1815) e la disfatta di Waterloo, il 18 giugno 1815.
5 vergin… oltraggio: la celebrazione dei trionfi imperiali finché perdura la gloria di Napoleone sembra a Manzoni gretto utilitarismo, così come ugualmente esecrabile gli pare dispensare insulti all'imperatore sconfitto che, persa ogni autorità, non ha potere di difendersene.
6 raggio: termine evidentemente encomiastico: Manzoni tende ad ammirare chi si innalza dal buio della mediocrità, tanto nel bene quanto nel male.
7 che… morrà: il concetto della poesia che si eleva sull'**urna** del forte a eternarne la memoria è di derivazione foscoliana.

Dall'Alpi alle Piramidi,
dal Manzanarre al Reno,
di quel securo il fulmine
tenea dietro al baleno;
scoppiò da Scilla al Tanai,
dall'uno all'altro mar.[8]

Fu vera gloria?[9] Ai posteri
l'ardua sentenza: nui[10]
chiniam la fronte[11] al Massimo
Fattor, che volle in lui
del creator suo spirito
più vasta orma stampar.

La procellosa[12] e trepida
gioia di un gran disegno,
l'ansia di un cor che indocile
serve, pensando al regno;
e il giunge, e tiene un premio
ch'era follia sperar;[13]

tutto ei provò: la gloria
maggior dopo il periglio,
la fuga e la vittoria,
la reggia e il tristo esiglio:
due volte nella polvere,
due volte sull'altar.[14]

Ei si nomò[15] due secoli,[16]
l'un contro l'altro armato,
sommessi a lui si volsero,
come aspettando il fato;
ei fe' silenzio,[17] ed arbitro
s'assise in mezzo a lor.

E[18] sparve, e i dì nell'ozio
chiuse in sì breve sponda,[19]
segno di immensa invidia[20]

PARAFRASI

25-30 Dall'Italia (Alpi) all'Egitto (Piramidi), dalla Spagna (Manzanarre) alla Germania (Reno) le azioni fulminee (fulmine) di quell'uomo senza esitazioni (di quel securo) seguivano immediatamente (tenea dietro) il suo improvviso apparire (al baleno);[il suo fulmine] scoppiò dall'estrema punta dell'Italia (Scilla) fino al Don (Tanai), dal Mediterraneo all'Atlantico (dall'uno all'altro mar).
31-36 [Quella di Napoleone] fu vera gloria? [Lascio] a chi viene dopo (ai posteri) la difficile (ardua) valutazione: noi (nui) ci inchiniamo umilmente al Sommo (Massimo) Creatore (Fattor) [: Dio] che volle imprimere (stampar) su di (in) lui una forte (vasta) impronta (orma) del suo spirito creatore.
37-48 Egli sperimentò (provò) tutto: la gioia ansiosa (procellosa) e trepidante di un grandioso progetto (disegno), l'insofferenza (ansia) di un animo (cor) ribelle (indocile) che deve obbedire (serve), ma che pensa (pensando) al potere [che spera di ottenere]; e lo [il] raggiunge [: il potere], e ottiene (tiene) un premio che era cosa folle (follia) sperare; la gloria [della vittoria che è] tanto più grande (maggior) dopo il pericolo (periglio), la fuga e la vittoria, il potere (reggia) e l'esilio umiliante (tristo): due volte sconfitto (nella polvere), due volte glorioso (sull'altar).
49-54 Egli si diede il nome (si nomò): due secoli tra loro opposti guardarono (si volsero) a lui rispettosi (sommessi) come aspettando [da lui decisioni riguardo] il [proprio] destino (fato); egli fece (fe') silenzio e si sedette (s'assise) in mezzo a loro [come giudice delle loro questioni].
55-60 E scomparve (sparve), e finì (chiuse) i [suoi] giorni (dì) nell'inattività (ozio) di un'isola (sponda) così piccola (sì breve), [fatto] bersaglio [segno] di immensa invidia e di

8 Dall'Alpi… altro mar: la sintetica esposizione della carriera militare di Napoleone ne ricalca il rapido svolgersi. Prima le campagne più famose: le due d'Italia (1796 e 1800), la campagna egiziana (1798-1799), quella di Spagna (1806: il **Manzanarre** è un piccolo fiume che scorre presso Madrid); le varie campagne in Germania. Quindi ai vv. 29-30 la sottomissione dell'Italia meridionale (la punta di **Scilla** è lo stretto di Messina) e la campagna di Russia (**Tanai** è l'antico nome del fiume Don): tutte imprese che richiedono di percorrere il mondo da un mare all'altro.
9 Fu vera gloria?: la domanda è retorica: l'unica vera ed eterna gloria che il Manzoni cattolico è disposto a riconoscere è quella che si conquista con le vittorie spirituali.
10 nui: arcaico per 'noi' è il popolo dei credenti.
11 chiniam la fronte: Manzoni interpreta la vicenda napoleonica in chiave religiosa come una prova grande della gloria di Dio, l'unica gloria a cui ci si deve inchinare umilmente.
12 procellosa: *tempestosa*.
13 e tiene… sperar: il giovane ufficiale borghese delle armate repubblicane aspira a un potere che, a partire da quelle condizioni, sarebbe sembrato irraggiungibile a chiunque altro.
14 tutto ei… altar: prosegue l'elencazione delle imprese napoleoniche, resa con la stessa tecnica dei vv. 25-30: le numerose vittorie conseguite dopo pericoli scampati (per esempio, Marengo nel 1800), la fuga dopo la sconfitta (quella a seguito della campagna in Russia del 1812, o quelle dopo le ultime due gravi disfatte: Lipsia, nel 1813, e Waterloo, nel 1815).
15 Ei si nomò: esistono due interpretazioni diverse in merito a questa espressione. Secondo alcuni ci si riferisce all'autoproclamazione imperiale: Napoleone, dopo aver invitato a Parigi il papa Pio VII per farsi incoronare nella chiesa di Nôtre-Dame, prese la corona dalle mani del pontefice per porsela da solo sulla testa; l'anno dopo, nel Duomo di Milano, fece lo stesso con la corona ferrea dei re d'Italia. Secondo altri ci si riferisce al fatto che Napoleone fu artefice del proprio destino. In ogni caso, Napoleone è per sua volontà fulcro di **due secoli:** questa autodesignazione è segno di superbia.
16 due secoli: il Settecento e l'Ottocento, vale a dire la Rivoluzione e la Restaurazione, la modernità e la conservazione.
17 ei fe' silenzio: Nigro parafrasa *egli impose il silenzio*, ulteriore peccato di superbia.
18 E: la congiunzione sottolinea il fatto che tutti gli atti napoleonici, per quanto diversi, si susseguono velocemente in una sorta di contemporaneità turbinosa: da soldato semplice a imperatore a esule.
19 breve sponda: Sant'Elena, piccola e sperduta isola nell'oceano Atlantico.
20 invidia: *avversione*, latinismo, come il successivo **pietà**.

e di pietà profonda,
d'inestinguibil odio
e d'indomato amor.
Come sul capo al naufrago
l'onda s'avvolve e pesa,
l'onda su cui del misero,
alta pur dianzi e tesa,
scorrea la vista a scernere
prode remote invan; [21]
tal su quell'alma[22] il cumulo
delle memorie scese!
Oh quante volte ai posteri
narrar sé stesso[23] imprese,
e sull'eterne[24] pagine
cadde la stanca man![25]

Oh quante volte, al tacito[26]
morir d'un giorno inerte,
chinati i rai fulminei,[27]
le braccia al sen conserte,
stette, e dei dì che furono
l'assalse il sovvenir!

E ripensò le mobili
tende, e i percossi valli,
e il lampo de' manipoli,
e l'onda dei cavalli,
e il concitato imperio
e[28] il celere ubbidir.

Ahi! forse a tanto strazio
cadde lo spirto anelo,
e disperò; ma valida
venne una man dal cielo[29]
e in più spirabil aere
pietosa il trasportò;

PARAFRASI

rispetto (pietà) profondo, di odio inestinguibile e di amore invincibile (indomato).
61-68 Come sulla testa del (al) naufrago incombe (s'avvolve) e grava (pesa) l'onda [marina] su cui poco prima (pur dianzi) lo sguardo (vista) del misero scorreva alto e proteso (tesa), invano ad avvistare (scernere) lontani (remote) approdi (prode): così (tal) il cumulo dei ricordi si abbatté (scese) su quell'anima (alma)!
69-72 Oh quante volte incominciò (imprese) a narrare ai posteri le proprie memorie (sé stesso), e sulle pagine [divenute] eterne cadde la [sua] mano stanca.
73-78 Oh quante volte [di fronte] al silenzioso (tacito) tramontare (morir) di una giornata oziosa (inerte), abbassati (chinati) gli occhi (rai = *raggi*) [ancora] vividi (fulminei), rimase immobile (stette) con le braccia incrociate (conserte) al seno e l'assalì (assalse) il ricordo (sovvenir) dei giorni passati!
79-84 E ripensò agli accampamenti militari (tende) continuamente spostati (mobili), e alle trincee (valli) battute (percossi) [dal fuoco dell'artiglieria], e il muoversi fulmineo (lampo) dei plotoni (manipoli), l'incalzare (onda) della cavalleria, gli ordini (imperio) concitati e la [loro] rapida esecuzione (celere ubbidir).
85-96 Ahi! Forse [di fronte] allo strazio [dei ricordi] il [suo] spirito affranto (anelo) si smarrì (cadde) e perse ogni speranza (disperò); ma dal cielo scese un aiuto (una man) e lo (il) risollevò (trasportò) pietoso in un'atmosfera più serena (più

◀ Statua equestre di Napoleone Bonaparte a Laffrey, villaggio francese sulla *route Napoleone*, come si chiama la strada che l'imperatore, fuggito dall'isola d'Elba e sbarcato a Golfe Juan in Costa Azzurra, percorse per raggiungere Parigi e dare inizio ai Cento giorni.

21 Come… invan: la similitudine allude al naufragio definitivo delle ambizioni napoleoniche.
22 quell'alma: spogliato dagli appellativi imperiali, gloria effimera, Napoleone è solo un uomo dotato di anima e coscienza.
23 narrar sé stesso: come aveva in più occasioni promesso, Napoleone intraprese la narrazione delle proprie memorie senza però portarle mai a termine.
24 eterne: *mai finite, interminabili.* Altri interpretano: *destinate ad eternare la sua fama, a restare eterne.*
25 cadde… man: ▶ le **stanche ceneri** del v. 103: la stanchezza è tratto distintivo della raffigurazione dell'ultimo Napoleone, stanchezza che è anche delusione per il poco che resta di una vita freneticamente costruita sulla conquista di glorie terrene.
26 tacito: in contrapposizione con il frastuono delle battaglie.
27 inerte… fulminei: la forte antitesi rende perfettamente il contrasto fra l'indole di un uomo ancora energico e vitale (**indocile**, come detto al v. 39) e la vita inoperosa a cui è condannato in una sorta di contrappasso dantesco.
28 E… e: il polisindeto replicato cinque volte rende perfettamente l'affanno del succedersi dei ricordi.
29 una man dal cielo: è la mano di Dio.

e l'avviò, pei floridi
sentier della speranza,
ai campi eterni, al premio
che i desidéri avanza,
dov'è silenzio e tenebre
la gloria che passò.
Bella Immortal! Benefica
fede ai trionfi avvezza!
Scrivi ancor questo, allegrati;
ché più superba altezza
al disonor del Golgota[30]
giammai non si chinò.[31]
Tu dalle stanche ceneri
sperdi ogni ria parola:
il Dio che atterra e suscita,
che affanna e che consola
sulla deserta[32] coltrice
accanto a lui posò.

da A. Manzoni, *Opere*, cit.

PARAFRASI

spirabil aere); e lo guidò (avviò) attraverso le (pei) vitali (floridi) vie (sentier) della speranza verso il Cielo (ai campi eterni), verso il (al) premio che supera (avanza) ogni desiderio [umano], dove la passeggera (che passò) gloria [terrena] non è niente (silenzio e tenebra).
97-102 [O] fede caritatevole (benefica), bella e immortale, abituata (avvezza) alle vittorie (trionfi)! [Tra i tuoi trionfi] annovera (Scrivi) anche (ancor) questo [: la conversione di Napoleone], rallegrati [del tuo operato]; perché mai (giammai) potenza (altezza) più superba [di Napoleone] si è inchinata [di fronte] alla croce di Cristo (disonor del Golgota).
103-108 Tu [o fede] allontana (sperdi) dagli stanchi resti mortali (ceneri) [di Napoleone] ogni parola malevola (ria): il Dio che ha il potere di abbattere (atterra) [gli uomini] e di farli rialzare (suscita), che mette alla prova (affanna) e che consola si sedette (posò) accanto a Napoleone (a lui) sul solitario (deserta) letto di morte (coltrice).

30 disonor del Golgota: perifrasi tratta dalla tradizione religiosa; il supplizio della croce era infatti la pena più infamante.
31 si chinò: la gloria terrena, effimera, cede di fronte alla gloria eterna di Dio.
32 deserta: la morte raggiunge Napoleone nell'estrema solitudine dell'esilio.

analisi attiva
Il cinque maggio

a lezione dal testo

Dal testo alla biografia: un'ode censurata

Da quale evento storico nasce *Il cinque maggio*?

Come le altri odi civili, anche *Il cinque maggio* nasce da un evento storico, in questo caso la morte di Napoleone. Manzoni legge la notizia sulla «Gazzetta di Milano» del 17 luglio 1821. Nel giro di tre o quattro giorni, profondamente turbato dalla notizia, compone l'ode. Nonostante il divieto di pubblicazione imposto dalla censura austriaca, il componimento comincia a circolare senza l'autorizzazione dell'autore, divenendo immediatamente popolarissimo. Viene conosciuto anche all'estero, soprattutto grazie alla prestigiosa traduzione in tedesco fatta da Goethe già nel 1822. Fino a quel momento Manzoni non aveva mai scritto nulla su Napoleone: la morte avvenuta il 5 maggio 1821 nell'isola di Sant'Elena (dove il condottiero era relegato da sei anni) e le notizie giornalistiche che parlavano della sua conversione cristiana indussero Manzoni a rivedere la vicenda napoleonica da una nuova prospettiva e a tentarne un bilancio conclusivo da un punto di vista più religioso che politico.

Dal testo all'epoca: una figura leggendaria

Quali furono gli avvenimenti principali nella vita di Napoleone?

L'ode è incentrata sulla figura di Napoleone Bonaparte. Nato ad Ajaccio, in Corsica, il 15 agosto 1769, fu prima ufficiale d'artiglieria, poi generale durante la Rivoluzione francese; a partire dal colpo di Stato del 18 brumaio (9 novembre 1799) divenne primo console e nel 1804 si fece proclamare imperatore dei francesi con il nome di Napoleone I. Sostenitore di una riorganizzazione dello Stato fondata su un forte potere esecutivo e sull'accentramento amministrativo, sottopose l'intero territorio francese al controllo di un governo centrale. In ambito giuridico realizzò un'imponente opera di omogeneiz-

zazione degli ordinamenti legislativi (Codice Napoleonico, 1804). La politica estera gli consentì, con la forza delle armi, di riorganizzare temporaneamente l'Europa centro-occidentale in modo conforme agli interessi francesi, introducendo tuttavia profonde riforme negli assetti istituzionali e sociali dei Paesi assoggettati. Grazie a una serie di strategiche campagne militari e alleanze, conquistò e governò larga parte dell'Europa continentale, esportando gli ideali rivoluzionari di rinnovamento sociale e arrivando a controllare numerosi regni europei tramite i membri della sua famiglia (Spagna, Napoli, Westfalia e Olanda). La disastrosa campagna di Russia (1812-1813) segnò la fine del suo dominio sull'Europa. Sconfitto a Lipsia dagli alleati europei nell'ottobre del 1813, Napoleone abdicò il 12 aprile 1814 e venne esiliato a Portoferraio, sull'isola d'Elba.
Il 20 marzo 1815, dopo essere fuggito dall'isola e rientrato a Parigi, riconquistò il potere per il periodo detto dei Cento giorni, finché non venne definitivamente sconfitto a Waterloo il successivo 18 giugno. Il 7 agosto, accompagnato da pochi fedelissimi, si imbarcò per Sant'Elena, sperduta isola dell'oceano Atlantico, a più di mille miglia dalla costa africana, sotto il controllo degli inglesi. Qui, nella residenza di Longwood House, trascorse in esilio gli ultimi anni di vita, dal 10 dicembre 1815 al 5 maggio 1821. La sua figura ha ispirato artisti, letterati, musicisti, politici e storici, dall'Ottocento sino ai giorni nostri.

Dal testo alle forme: una poesia fortemente ritmata

L'architettura dell'ode è sapientemente calcolata ed equilibrata: le prime quattro strofe (vv. 1-24) pongono il tema; la parte centrale (vv. 25-84) racconta i momenti salienti della vita di Napoleone (metà dei versi sono dedicati al condottiero e all'imperatore, l'altra metà all'esule relegato a Sant'Elena); la parte finale, ancora di quattro strofe (vv. 85-108), inquadra la vicenda da un punto di vista religioso.

Qual è la funzione degli accenti?

La distribuzione degli accenti ha un'importanza fondamentale nel testo. L'immagine iniziale di immobilità fisica (v. 1 «Ei fu») ritorna nell'ultima parola del componimento («posò» al v. 108): in entrambi i casi a essere accentata è la seconda sillaba. Questo accento forte, quasi sempre collegato alla sillaba tronca del verbo al passato remoto, ritorna più volte all'inizio di strofa: «tutto ei provò» (v. 43), «Ei si nomò» (v. 49), «E sparve» (v. 55), «E ripensò» (v. 79). Il soggetto sottinteso è sempre lo stesso, Napoleone; egli è il protagonista assoluto del tempo storico. Nel corso dell'ode le sue gesta sono rievocate tre volte, con un alternarsi continuo di punti di vista: la prima (vv. 13-16), in modo sintetico, dalla prospettiva del soggetto lirico (l'"io" del poeta); la seconda, in modo narrativo e analitico, da quella di un narratore epico oggettivo, con un riferimento alla serie delle battaglie e ai continui capovolgimenti della sorte (vv. 25-30 e 37-48); la terza dall'ottica malinconica del protagonista stesso, esule a Sant'Elena (vv. 79-84). Tuttavia è un altro accento forte («e l'avviò») al v. 91 a segnare la svolta decisiva. Il soggetto non è più Napoleone, ma l'unica entità più potente di lui, la mano di Dio, l'eterno, di fronte al quale la gloria umana è «silenzio e tenebre».

Quale tema vuole sottolineare Manzoni?

A Manzoni non preme sottolineare la prodigiosa vicenda storica di Napoleone, quanto piuttosto mostrare come questa debba piegarsi all'istanza superiore della pietà e della Grazia divina. La «superba altezza» raggiunta dall'imperatore, per quanto straordinaria, è umiliata nella prospettiva religiosa che riconosce un solo creatore di storia, ovvero Dio. Di qui il tono e il linguaggio da inno sacro, e il carattere di esplicita esortazione che hanno le quattro strofe finali.

Dal testo al pensiero dell'autore: la Provvidenza e il fascino dell'eroe

La celebrazione della grandezza storica di Napoleone si trasforma in una celebrazione della Provvidenza divina. Questo passaggio diventa chiaro ai vv. 87-88 («ma valida / venna una man dal cielo») e raggiunge il massimo nella penultima strofa, interamente

Quale rapporto si instaura tra Provvidenza divina e vicenda storica?

dedicata a celebrare i trionfi celesti. L'esaltazione della Provvidenza non annulla completamente il senso della vicenda terrena di Napoleone. Anzi, già dal v. 36 si dice che Dio volle imprimere in lui «più vasta orma» del suo spirito creatore. Dunque, la grandezza di Napoleone ha qualcosa della grandezza divina. Tutta la parte epica del componimento – con l'evocazione di una figura gigantesca e con il dinamismo dei passati remoti – testimonia il fascino che hanno, sulla fantasia dell'autore, le grandi personalità e il potere da loro emanato. Napoleone fu oggetto, al suo tempo e nei decenni successivi, di un vero e proprio culto. In virtù del suo talento personale era diventato grande, ottenendo «un premio / ch'era follia sperar» (vv. 41-42). Era l'uomo della Rivoluzione, e nello stesso tempo aveva portato l'ordine. Ora bisognava confrontare la sua vicenda con la "vera" storia, cioè con il senso ultimo della storia, con la dimensione provvidenziale ed eterna.

Esercizi

Prima prova A • L'analisi del testo

Comprendere

1 Le parole di Manzoni

Per ogni frase, scegli il completamento corretto.

– Quando Napoleone è un imperatore trionfante (vv. 13-14), Manzoni:
  a. non parla di lui, mentre tutti lo fanno
  b. disapprova le sue ambizioni
  c. lo esalta
  d. lo critica per invidia

– Che cosa indica Manzoni con l'espressione «breve sponda» (v. 56)?
  a. la battaglia di Waterloo
  b. l'incoronazione a Parigi
  c. la campagna in Russia
  d. l'isola di Sant'Elena

– Nella penultima strofa Manzoni rivolge le parole «Bella immortal! Benefica»
  a. alla gloria di Napoleone
  b. alla poesia
  c. alla vittoria
  d. alla fede

Analizzare

2 Le figure retoriche

Leggi i versi riportati di seguito e scegli la figura retorica corrispondente.

– v. 103: stanche ceneri
  a. metonimia
  b. ipallage
  c. metafora
  d. similitudine

– vv. 61- 68: Come sul capo… tal… scese
  a. metafora
  b. perifrasi
  c. similitudine
  d. antitesi

– vv. 33- 34: Massimo Fattor
  a. iperbole
  b. perifrasi
  c. personificazione
  d. metafora

3 Identikit del personaggio

Rintraccia nel testo tutte le espressioni usate da Manzoni per descrivere Napoleone dal punto di vista fisico e da quello psicologico. Quale ritratto del personaggio emerge?

Interpretare e approfondire

4 La gloria terrena

Quale significato dà Manzoni alla gloria terrena? È del tutto inutile? Motiva la tua risposta.

5 Confronto tra testi

Anche nella conversione di Napoleone si può vedere la mano dello Spirito; rileggi con attenzione *La Pentecoste* (▶ T1) e sottolinea analogie e differenze fra i due testi.

Preparare l'interrogazione

Per essere pronto in vista della verifica puoi utilizzare questa scaletta, che ti sarà utile nell'esposizione orale. Nella colonna di sinistra sono ricapitolate le caratteristiche del testo che servono a ricostruire un quadro generale della poetica e dell'epoca dell'autore; la colonna di destra è a tua disposizione per annotare eventuali riferimenti puntuali al testo.

I punti della scaletta	Riferimenti al testo
• lo spunto storico dell'ode • la struttura e l'andamento ritmico tipico di un inno sacro • l'esaltazione della Provvidenza divina • il rapporto tra la gloria umana e la volontà divina	....

L'opera

Adelchi

Identikit dell'opera

data di pubblicazione
1822

genere
tragedia

tempo e luogo di ambientazione
772 e il 774 d.C. nella terra dei Longobardi

personaggi principali
- Desiderio, re dei Longobardi
- Carlo Magno, re dei Franchi
- Ermengarda, figlia di Desiderio e sposa ripudiata di Carlo Magno
- Adelchi, figlio di Desiderio e valoroso guerriero
- Ildegarde, seconda moglie di Carlo Magno

temi
- giustizia e fratellanza contro gli oppressori stranieri
- la «provida sventura», ovvero la purificazione attraverso il dolore, che verrà risarcito dalla Provvidenza divina

L'interesse per il Medioevo

Il Medioevo era il periodo storico preferito dagli autori romantici perché rappresentava un modello alternativo alla civiltà classica: in quest'epoca si affermavano le energie naturali e le passioni umane, in contrapposizione al freddo razionalismo giuridico dell'Impero romano. Nel Medioevo si trovavano secondo i romantici le origini delle identità nazionali, a lungo offuscate dal dominio di Roma.

L'interpretazione storica della tragedia

Composta fra il 1820 e il 1822, l'*Adelchi* – come il *Conte di Carmagnola* – doveva rappresentare una riflessione sulle radici storiche delle sventure dell'Italia: con il crollo della dinastia longobarda era infatti venuta meno la possibilità di creare nella penisola uno Stato indipendente e unitario. Ma gli studi compiuti da Manzoni e confluiti nel *Discorso sopra alcuni punti della storia longobardica in Italia* (1822) convinsero lo scrittore che Latini e Longobardi non si erano mai fusi e il papa, chiamando i Franchi perché difendessero i possedimenti della Chiesa dalle mire di Desiderio, aveva salvato il popolo passandolo a un dominatore meno oppressivo e barbaro del precedente.

La vicenda dell'*Adelchi*

Manzoni distribuisce l'azione nei canonici cinque atti della tragedia. Nell'atto primo giunge alla corte longobarda di Pavia la notizia che Ermengarda, figlia di Desiderio e sorella di Adelchi, è stata ripudiata dal marito Carlo Magno. Desiderio vuole vendicarsi e dichiara guerra ai Franchi, nonostante il parere contrario del figlio.
Nell'atto secondo la guerra è iniziata, ma l'esercito di Carlo Magno è bloccato alle Chiuse della Val di Susa, una strettoia difesa dalle truppe di Adelchi. L'arrivo del diacono Martino, inviato dal vescovo di Ravenna, suggerisce ai Franchi un passaggio alternativo che permette loro di eludere il blocco.
Nell'atto terzo Adelchi confessa all'amico Anfrido la propria insoddisfazione e amarezza: «Il mio cor m'ange, Anfrido: ei mi comanda / alte e nobili cose; e la fortuna / mi condanna a inique; e strascinato / vo per la via ch'io non mi scelsi, oscura, /senza scopo» [Il mio cuore è angosciato, Anfrido: esso mi comanda grandi e nobili cose; e la sorte mi condanna a cose malvagie; stanco, vado per la via che io non mi scelsi, anonima, senza scopo]. Intanto i Franchi sconfiggono i Longobardi. Alla fine dell'atto compare il primo coro della tragedia, «Dagli atrii muscosi, dai Fori cadenti» (▶ T5).

L'opera *Adelchi*

Il delirio di Ermengarda

video
Il delirio di Ermengarda
(G. Pianigiani)

L'atto quarto è dedicato a Ermengarda, rifugiatasi in un convento. Qui le giunge la notizia che Carlo Magno ha sposato Ildegarde. La donna, ancora innamorata, cade in delirio e muore (▶ testo online). Segue a questo punto il secondo coro, dedicato a Ermengarda: «Sparsa le trecce morbide» (▶ T6).

testi in scena

on line troverai la trasposizione teatrale di *Adelchi*, atto IV, sc. I, vv. 95-210 e una scheda sulla messa in scena

L'atto quinto si svolge a Verona, dopo la caduta di Pavia e la resa di Desiderio, caduto prigioniero dei Franchi. Adelchi tenta un'estrema difesa ma è ferito mortalmente. Nella scena finale compaiono Carlo, Desiderio e Adelchi morente. Questi esorta il padre a non dolersi della propria sorte: ritirandosi dalla vita pubblica, potrà evitare di incorrere negli errori di chi opera in una realtà storica in cui non resta «che far torto, o patirlo [subirlo]».

[*Adelchi*, coro dell'atto III]

T5

Le forme
- ritmo incalzante

I temi
- invito all'indipendenza
- esaltazione di sentimenti patriottici

L'appello al popolo latino

*I cori dell'*Adelchi *sono due. Questo si trova alla fine dell'atto terzo e accompagna le scene della disfatta dei Longobardi, che fuggono inseguiti dalle truppe franche. Il popolo dei Latini (gli italiani del Medioevo), costretto a lavorare in una condizione vicina alla servitù, segue in silenzio il tragico passaggio di potere, sperando di ottenere la liberazione dai nuovi padroni. L'autore si rivolge loro per esortarli a non farsi illusioni e a prendere in mano il proprio destino senza contare sull'aiuto straniero.*

CORO

Dagli atrii muscosi, dai Fori cadenti,
dai boschi, dall'arse fucine stridenti,
dai solchi bagnati di servo sudor,
un volgo disperso repente si desta;
intende l'orecchio, solleva la testa
percosso da novo crescente romor.

Dai guardi dubbiosi, dai pavidi volti,
qual raggio di sole da nuvoli folti,
traluce de' padri la fiera virtù:
ne' guardi, ne' volti confuso ed incerto
si mesce e discorda lo spregio sofferto
col misero orgoglio d'un tempo che fu.

S'aduna voglioso, si sperde tremante,
per torti sentieri, con passo vagante,
fra tema e desire s'avanza e ristà;
e adocchia e rimira scorata e confusa
de' crudi signori la turba diffusa,
che fugge dai brandi, che sosta non ha.

Ansanti li vede, quai trepide fere,
irsuti per tema le fulve criniere,

PARAFRASI

1-6 Dagli atrii [: degli antichi palazzi romani] ricoperti di muschio (muscosi), dalle piazze (Fori) in rovina, dai boschi, dalle fucine arroventate e stridenti [: è il crepitìo del ferro rovente messo a raffreddare nell'acqua], dai campi (solchi) bagnati dal sudore [di un popolo] schiavo (servo) si desta bruscamente (repente) una massa (volgo); tende l'orecchio, alza la testa colpito (percosso) da un rumore [: quello della battaglia che si svolge in lontananza tra Franchi e Longobardi] inaspettato (novo) e crescente.

7-12 Dagli sguardi perplessi (dubbiosi) e dai volti impauriti (pavidi) traspare (traluce), come (qual) il raggio di sole dalle nubi fitte, il fiero valore degli antenati (de' padri) [: gli antichi Romani]: negli sguardi e nei volti l'umiliazione (lo spregio) [: quella della schiavitù] sopportata (sofferto) sino a ora si confonde (si mesce) e contrasta (discorda) con l'orgoglio impotente (misero) di un tempo passato (che fu).

13-18 [La massa anonima] si raduna, avida [di notizie] e [poi] si disperde impaurita (tremante): avanza lungo sentieri tortuosi (torti) con passo incerto (vagante) e quindi si arresta (ristà) [sospesa] tra timore e desiderio; e guarda (adocchia) e osserva (rimira) la folla sparsa (la turba diffusa) dei crudeli (crudi) dominatori [: i Longobardi] che fugge, scoraggiata e confusa, dalle spade (brandi) [dei Franchi e] che non si ferma mai.

19-24 Li vede affannati (Ansanti) come belve (fere) impaurite, con i rossi capelli (le fulve criniere) irti per la paura (per

le note latebre del covo cercar;
e quivi, deposta l'usata minaccia,
le donne superbe, con pallida faccia,
i figli pensosi pensose guatar.

E sopra i fuggenti, con avido brando,
quai cani disciolti, correndo, frugando,
da ritta, da manca, guerrieri venir:
li vede, e rapito d'ignoto contento,
con l'agile speme precorre l'evento,
e sogna la fine del duro servir.

Udite! Quei forti che tengono il campo,
che ai vostri tiranni precludon lo scampo,
son giunti da lunge, per aspri sentier:
sospeser le gioie dei prandi festosi,
assursero in fretta dai blandi riposi,
chiamati repente da squillo guerrier.

Lasciar nelle sale del tetto natio
le donne accorate, tornanti all'addio,
a preghi e consigli che il pianto troncò:
han carca la fronte de' pesti cimieri,
han poste le selle sui bruni corsieri,
volaron sul ponte che cupo sonò.

A torme, di terra passarono in terra,
cantando giulive canzoni di guerra,
ma i dolci castelli pensando nel cor:
per valli petrose, per balzi dirotti,
vegliaron nell'arme le gelide notti,
membrando i fidati colloqui d'amor.

Gli oscuri perigli di stanze incresciose,
per greppi senz'orma le corse affannose,
il rigido impero, le fami durar;
si vider le lance calate sui petti,
a canto agli scudi, rasente agli elmetti,
udiron le frecce fischiando volar.

E il premio sperato, promesso a quei forti,
sarebbe, o delusi, rivolger le sorti,
d'un volgo straniero por fine al dolor?
Tornate alle vostre superbe ruine,
all'opere imbelli dell'arse officine,
ai solchi bagnati di servo sudor.

Il forte si mesce col vinto nemico,
col novo signore rimane l'antico;
l'un popolo e l'altro sul collo vi sta.
Dividono i servi, dividon gli armenti;
si posano insieme sui campi cruenti
d'un volgo disperso che nome non ha.

da A. Manzoni, *Opere*, cit.

PARAFRASI

tema), cercare i noti nascondigli (latèbre) della tana (covo); e qui [vede] le donne superbe, abbandonato (deposta) il consueto atteggiamento minaccioso (l'usata minaccia), fissare (guatar), pensose, i figli pensosi.

25-30 E [vede] sopraggiungere (venir) i guerrieri [franchi] da destra e da sinistra (da ritta, da manca), con le spade assetate di sangue (con avido brando), sopra i fuggitivi, correndo e frugando come cani sguinzagliati (disciolti): li vede e, travolta (rapito) [: la massa] da una gioia finora mai provata (d'ignoto contento), anticipa (precorre), con la speranza (speme) facile a entusiasmarsi (agile), gli eventi [futuri] e sogna la fine della dura schiavitù (servir).

31-36 Udite! Quei valorosi (forti), che sono ora padroni (tengono) del campo [di battaglia] e che impediscono la fuga (precludon lo scampo) ai vostri dominatori (tiranni), sono giunti da lontano (da lunge), per sentieri impervi (aspri); interruppero (sospeser) l'allegria (le gioie) dei banchetti (prandi = *pranzi*) e delle feste, si alzarono (assursero) in fretta dai piacevoli (blandi) riposi, chiamati all'improvviso (repente) dagli squilli di tromba annuncianti la guerra (da squillo guerrier).

37-42 Lasciarono nelle sale della [loro] casa (tetto) natìa le donne addolorate (accorate) che ripetevano il [loro] addio (tornanti all'addio) e preghiere e consigli interrotti dal pianto (che il pianto troncò): [i Franchi] hanno cinto (han carca = *hanno caricata*) la fronte con gli elmi (cimieri) ammaccati (pesti) [: per le passate battaglie]; hanno posto le selle sui cavalli (corsieri) bruni e sono corsi (volaron) sul ponte [levatoio] che risuonò gravemente (cupo).

43-48 In grandi schiere (A torme) passarono di terra in terra, cantando gioiose (giulive) canzoni di guerra ma pensando nel loro cuore ai cari (dolci) castelli: attraverso valli pietrose, attraverso dirupi scoscesi (balzi dirotti) vegliarono in armi [durante] le gelide notti, ripensando (membrando) ai fiduciosi (fidati) incontri (colloqui) d'amore.

49-54 Sopportarono (durar) i pericoli nascosti (oscuri) di soste (stanze) sgradite, le corse affannose lungo pendii scoscesi (per greppi) e senza tracce [umane] [: impraticabili], la rigida disciplina militare (il rigido impero), i digiuni (le fami); videro le lance [nemiche] scender (calate) sui petti, sentirono le frecce sibilanti (fischianti) volare accanto agli scudi e vicinissime (rasente) agli elmi.

55-60 E la ricompensa (il premio) sperata, promessa a quei valorosi – oh illusi (delusi)! [: si rivolge ai popoli italici] – consisterebbe (sarebbe) nel rovesciare (rivolger) le sorti e mettere (por) fine ai dolori di una massa anonima e straniera? Tornate alle superbe rovine, alle occupazioni inoffensive (imbelli) delle fucine arroventate, ai campi bagnati dal vostro sudore di schiavi!

61-66 I forti [: i Franchi] si mescolano (si mesce) con il nemico sconfitto (vinto) [: i Longobardi]; i vecchi padroni rimangono insieme ai nuovi; l'uno e l'altro popolo vi pesano sul capo (sul collo). Si dividono i servi e si dividono gli animali (armenti); si riposano insieme sui campi [di battaglia] cosparsi del sangue (cruenti) di una massa divisa che non ha nome [: che non è degna di essere considerata una nazione].

Metrica strofe di sei dodecasillabi, il terzo e il sesto tronchi. Schema delle rime: AABCCB.

Lavoriamo insieme

Leggere e capire

La struttura Il coro si divide in due parti: la prima riporta la descrizione del conflitto fra Franchi e Longobardi e del comportamento imbelle di una popolazione, quella latina, che non è un popolo ma un «volgo disperso»; la seconda presenta l'esortazione ai Latini a non aspettarsi la liberazione dai Franchi (e implicitamente agli italiani ad affidarsi alle proprie forze per realizzare l'unità nazionale).

1 Quali versi riguardano la prima parte del coro?

....

2 Quali versi riguardano la seconda parte?

....

Analizzare

Il metro e lo stile Il doppio senario dà al componimento un ritmo serrato, incalzante, fortemente scandito e comunicativo. Ogni strofa è divisa in due segmenti di tre versi ciascuno, ognuno dei quali si conclude con il verso tronco. Gli accenti forti che si ripetono in sedi fisse e il ricorso frequente alla rima baciata rendono quasi cantabile e facilmente memorizzabile il componimento. L'effetto ritmico e la tecnica della ripetizione asintetica spesso rafforzata dal parallelismo danno al componimento un tono di epica popolare.

3 Sottolinea nel testo i parallelismi.

Interpretare e approfondire

I temi del coro Il coro presenta tre motivi principali. All'inizio abbiamo l'«epopea dolorosa della guerra» (Russo): anche gli oppressori longobardi sono visti nel momento della preoccupazione e della paura (le madri guardano pensose i figli).
Nella parte centrale si tratta il tema della barbarie dei popoli primitivi.
Il componimento finisce in tono minore, per meglio evidenziare la tristezza opaca e rassegnata della condizione dei Latini (e degli italiani) rispetto al ritmo di vita libero e guerriero dei loro oppressori. La ripetizione di «volgo disperso» (v. 4 e v. 66) evoca, di nuovo per opposizione, la forza e la compattezza del popolo franco, indicando implicitamente agli italiani la via dell'unità nazionale che in Francia, già all'epoca di Carlo Magno, era in corso di edificazione e che in Italia, invece, all'inizio dell'Ottocento non era stata ancora realizzata.

4 Quale giudizio dà Manzoni dei popoli primitivi?

5 Qual è il tema della parte finale del coro? Come viene sviluppato?

....

....

....

....

T6

Le forme
- frequenza di *enjambements* e similitudini

I temi
- morte cristiana come soluzione del contrasto tra eros e religione

La morte di Ermengarda

Il coro compiange la sorte terrena di Ermengarda, divisa fra l'abbandono religioso alla pace cristiana e l'«empia» forza risorgente dell'amore e dei ricordi terreni. Ma ne annuncia anche la salvezza eterna: il suo sacrificio, che la fa morire vinta e oppressa, è anche un mezzo attraverso il quale la «provida sventura» la riscatta dal destino che spetta al popolo di oppressori a cui ella appartiene.

CORO

Sparsa le trecce morbide[1]
sull'affannoso petto,
lenta le palme, e rorida
di morte il bianco aspetto,
giace la pia, col tremolo
sguardo cercando il ciel.

Cessa il compianto: unanime
s'innalza una preghiera:
calata in su la gelida
fronte, una man leggiera
sulla pupilla cerula
stende l'estremo vel.

Sgombra, o gentil, dall'ansia
mente i terrestri ardori;
leva all'Eterno un candido
pensier d'offerta, e muori:
fuor della vita è il termine
del lungo tuo martir.

Tal della mesta, immobile
era quaggiuso il fato:
sempre un obblio di chiedere
che le saria negato;
e al Dio de' santi ascendere,
santa del suo patir.

Ahi! nelle insonni tenebre,
pei claustri solitari,
tra il canto delle vergini,
ai supplicati altari,
sempre al pensier tornavano
gl'irrevocati[2] dì;

quando ancor cara, improvida
d'un avvenir mal fido,
ebbra spirò le vivide
aure del Franco lido,

PARAFRASI

1-6 Con le trecce morbide sparse sul petto ansante, con le mani (palme) abbandonate (lenta) e con il volto pallido imperlato del sudore della (rorida di) morte, giace la pia [: Ermengarda] cercando il cielo con lo sguardo tremante (tremulo).
7-12 Cessa il pianto [delle suore]: si innalza una preghiera collettiva (unanime): una mano leggera [: quella di una delle suore], scesa (calata) sulla fronte gelida, stende l'ultimo (estremo) velo sugli occhi azzurri (sulla pupilla cerula).
13-18 O nobile (gentil) [Ermengarda], libera il (Sgombra dal) [tuo] animo tormentato (ansia mente) dalle passioni terrene! Innalza a Dio un puro pensiero di dedizione (d'offerta) [: offrigli tutta te stessa] e muori: la meta (il termine) del tuo lungo martirio è fuori della vita!
19-24 Questo (Tal) era il destino immodificabile (immobile) dell'infelice (mesta) [Ermengarda], quaggiù [sulla terra]: di chiedere sempre [di dimenticare] (un obblio) [: l'amore per Carlo], cosa che le sarebbe stata (saria) negata; e salire (ascendere) al Dio dei santi, fatta santa anch'essa dal suo stesso soffrire.
25-30 Ah, i giorni [felici] che ella s'impediva di rievocare (gl'irrevocati dì) nelle notti (tenebre) insonni o tra i chiostri (claustri) solitari o tra i canti delle suore o dinanzi agli altari a cui rivolgeva le sue preghiere (ai supplicati altari) tornavano sempre alla memoria (pensier);
31-36 [i giorni] in cui (quando) [ella], ancora amata (cara) [: da Carlo] e ignara (improvida) di un futuro infelice (mal fido = *infido*) respirò inebriata (ebbra) [di gioia] l'aria piena di vitalità (le vivide aure) della terra (lido) di Francia e apparve

Metrica strofe di sei settenari, sdruccioli il primo, il terzo e il quinto; piani il secondo e il quarto; tronco l'ultimo. Schema delle rime: abcbde, fghgie.

1 Sparsa… morbide: primo di tre accusativi alla greca (o di relazione) che rendono il disfacimento fisico di Ermengarda.
2 irrevocati: l'aggettivo, riferito ai giorni lieti trascorsi con Carlo, indica la volontà di Ermengarda di reprimere le pulsioni inconsce, i **terrestri ardori** del v. 14.

e tra le nuore Saliche
invidiata uscì:

quando da un poggio aereo,
il biondo crin gemmata,[3]
vedea nel pian discorrere
la caccia affaccendata,
e sulle sciolte redini
chino il chiomato sir;

e dietro a lui la furia
de' corridor fumanti;
e lo sbandarsi, e il rapido
redir dei veltri ansanti;
e dai tentati triboli
l'irto cinghiale uscir;

e la battuta polvere
rigar di sangue, colto
dal regio stral: la tenera
alle donzelle il volto
volgea repente, pallida
d'amabile terror.

Oh Mosa[4] errante! oh tepidi
lavacri d'Aquisgrano!
Ove, deposta l'orrida
maglia, il guerrier sovrano
scendea del campo a tergere
il nobile sudor!

Come rugiada al cespite
dell'erba inaridita,
fresca negli arsi calami
fa rifluir la vita,
che verdi ancor risorgono
nel temperato albor;[5]

tale al pensier, cui l'empia
virtù d'amor fatica,
discende il refrigerio
d'una parola amica,
e il cor diverte ai placidi
gaudii d'un altro amor.

Ma come il sol che reduce
l'erta infocata ascende,
e con la vampa assidua
l'immobil aura incende,
risorti appena i gracili
steli riarde al suol;

PARAFRASI

(uscì), invidiata [: perché moglie dell'imperatore], tra le spose (nuore: le spose dei figli) dei Franchi (Saliche = *appartenenti alla tribù franca dei Salii*):

37-54 [i giorni] in cui da un poggio elevato (aereo), con i biondi capelli (crin) adorni di gioielli, vedeva cani e cacciatori (la caccia; astratto per il concreto) correre (discorrere) affaccendati e il sovrano dai lunghi capelli (il chiomato sir) [: Carlo Magno] chinato sulle redini sciolte [: del cavallo spinto al galoppo]; e dietro di lui [vedeva] la veemenza (furia) dei cavalli (corridor) fumanti [: di sudore]; e i cani da caccia (veltri) ansimanti cambiare direzione (sbandar) e poi rapidamente ritornare sui loro passi (il rapido redir); e il cinghiale irsuto (irto) uscire dai cespugli di spine (triboli) frugati (tentati) [dai cani]; e [vedeva il cinghiale] rigare di sangue la polvere battuta, colpito (colto) dalla freccia (stral) del re: la tenera [: Ermengarda], pallida per la paura che la rendeva ancor più bella (d'amabile terror), rivolgeva (volgea) rapidamente (repente) il volto verso le dame di corte (donzelle).

55-60 Oh Mosa dal corso tortuoso (errante)! Oh tiepidi bagni [: acque termali] di Aquisgrana! Dove il re guerriero, tolta la spaventosa (orrida) armatura (maglia), si immergeva (scendea) per lavare (tergere) il nobile sudore del campo [di battaglia].

61-72 Come la fresca rugiada [posatasi] su un cespuglio (cespite) di erba inaridita fa affluire nuovamente la vita negli steli rinsecchiti (arsi calami), che rinascono di nuovo (ancora) verdi nell'alba temperata [: prima della calura del giorno]; così (tale) il fresco conforto (refrigerio) delle parole amiche [delle suore] scende sul pensiero che (cui; oggetto di empia virtù) la spietata forza dell'amore affatica (fatica) e rivolge (diverte) il cuore verso la gioia rasserenatrice (i placidi gaudii) di un altro amore [: quello per Dio].

73-84 Ma, come il sole che al suo ritorno (reduce) [: terminata la notte] risale la volta celeste (l'erta) infuocata e incendia l'aria senza vento (immobile) con la sua vampa insistente (assidua) e brucia (riarde) i gracili steli appena rinati [che si pie-

3 il biondo… gemmata: ancora un accusativo alla greca.
4 Mosa: fiume presso Aquisgrana (l'attuale città tedesca di Aachen) dove Carlo Magno aveva stabilito la propria reggia.
5 Come rugiada… albor: è questa la prima parte di un'ampia similitudine che occupa quattro strofe e si stende fino alle ultime due (▶ nota 7).

ratto così dal tenue
obblio[6] torna immortale
l'amor sopito, e l'anima
impaurita assale,
e le sviate immagini
richiama al noto duol.

Sgombra, o gentil, dall'ansia
mente i terrestri ardori;
leva all'Eterno un candido
pensier d'offerta, e muori:
nel suol che dee la tenera
tua spoglia ricoprir,

altre infelici dormono,
che il duol consunse; orbate
spose dal brando, e vergini
indarno fidanzate;
madri che i nati videro
trafitti impallidir.

Te dalla rea progenie
degli oppressor discesa,
cui fu prodezza il numero,
cui fu ragion l'offesa,
e dritto il sangue, e gloria
il non aver pietà,

te collocò la provida
sventura in fra gli oppressi:
muori compianta e placida;
scendi a dormir con essi:
alle incolpate ceneri
nessuno insulterà.

Muori; e la faccia esanime
si ricomponga in pace;
com'era allor che improvida
d'un avvenir fallace,
lievi pensier virginei
solo pingea. Così

dalle squarciate nuvole
si svolge il sol cadente,
e, dietro il monte, imporpora
il trepido occidente:
al pio colono augurio
di più sereno dì.[7]

da A. Manzoni, *Opere*, cit.

PARAFRASI

gano] al suolo, così, con la stessa rapidità (ratto), l'amore acquietato (sopito) ritorna, invincibile (immortale), dopo il breve periodo in cui era stato dimenticato (dal tenue obblio), e assale l'animo impaurito e richiama le immagini che erano state allontanate (sviate) al dolore [ben] noto.
85-88 ▶vv. 13-16.
89-96 altre infelici [: le donne latine], che il dolore ha consumato (consunse), sono sepolte (dormono) nella terra che deve (dee) ricoprire la tua tenera spoglia; spose rese vedove (orbate = *private*) dalla guerra (brando = *spada*) e fanciulle (vergini) inutilmente (indarno) fidanzate; madri che videro i loro figli (nati) trafitti sbiancare [nel pallore della morte].
97-108 La provvidenziale (provida) sventura ti ha collocato tra gli oppressi, tu che sei discesa dalla stirpe (progenie) colpevole (rea) degli oppressori [: i Longobardi], la cui [unica] prodezza fu l'essere numerosi (il numero), la cui [unica] legittimazione (ragion) fu la violenza (l'offesa), [la cui unica] forma di diritto (dritto) [fu lo spargimento di] sangue, e la cui [sola] gloria [fu] il non avere pietà: muori compianta [dalle monache] e serena (placida); scendi a riposare con essi [: con gli oppressi]: nessuno oserà insultare le [tue] ceneri incolpevoli (incolpate).
109-120 Muori, e la [tua] faccia senza vita (esanime) si ricomponga in pace; com'era quando esprimeva (pingea = *dipingeva*) soltanto puri (lievi) pensieri di vergine, ignara (improvida ▶v. 31) del [suo] destino ingannevole (fallace). Allo stesso modo (Così) il sole che tramonta si libera (si svolge) dalle nuvole squarciandole e, da dietro la montagna, tinge di rosso (imporpora) l'occidente che vibra (trepido) [di luce]: augurio per il contadino (colono) fiducioso (pio; ma s'intenda anche in senso religioso) di un giorno più sereno.

◀ Agostino Cornacchini, *Statua equestre di Carlo Magno*. Basilica di San Pietro, città del Vaticano.

6 dal tenue obblio: qui l'aggettivo **tenue** esprime anche la debolezza della volontà di reprimere la passione.
7 Così… dì: è la seconda parte della similitudine. L'immagine del tramonto allude a un ciclo di morte e resurrezione.

Lavoriamo sul testo

Leggere e capire

La collocazione del testo Il coro, il secondo dell'intera opera, è collocato dopo il quarto atto, occupato dalla vicenda di Ermengarda, la quale, ripudiata dal marito Carlo Magno, si è rifugiata a Brescia nel convento di San Salvatore presso la sorella Ansberga. Dopo che quest'ultima le ha rivelato che Carlo Magno si è sposato con Ildegarda, Ermengarda è caduta in un delirio che la conduce alla morte.

La struttura Dopo le due strofe iniziali che rappresentano appunto la morte della principessa longobarda attraverso una voce narrante oggettiva, a parlare è un soggetto indeterminato (forse le suore, forse l'io lirico dell'autore) che si rivolge alla donna invitandola a sgombrare la mente dai «terrestri ardori» dell'amore e ad abbandonarsi a Dio. Nella prima parte del coro (vv. 1-60) predomina il tema dei ricordi (Ermengarda evoca i giorni felici dell'amore); nella seconda (vv. 61-120) prevale il motivo religioso della «provida sventura».

Analizzare

Gli *enjambements* L'intero testo è ricco di *enjambements*, che sottolineano una sfasatura fra livello ritmico e livello sintattico. La maggior parte di essi interviene a distanziare un aggettivo dal sostantivo a cui si riferisce (o viceversa) e serve per mettere in rilievo uno dei due elementi, solitamente quello del primo verso coinvolto. Per esempio, ai vv. 67-68 («l'empia / virtù d'amor») viene potenziata la caratterizzazione negativa dell'aggettivo «empia», così come ai vv. 103-104 («provida / sventura») viene valorizzata la positività di «provida». Nella parte finale gli *enjambements* si trovano anche al confine fra una strofa e l'altra (si noti quello tra le ultime due strofe: «Così // dalle squarciate nuvole»): la loro presenza smentisce l'autonomia di ciascuna strofa e accelera il ritmo verso l'immagine finale, che rappresenta sia la cessazione delle sofferenze terrene di Ermengarda, sia l'espiazione delle colpe di un intero popolo (e la sua redenzione) da parte dell'innocente donna.

Le similitudini Tra le figure retoriche presenti nel testo sono importanti le similitudini, perché consentono di indicare il contrasto tra la forza dell'eros e quella della sublimazione religiosa. Una prima similitudine, divisa in due momenti, occupa i versi 61-66 e 73-78: da un lato, la rugiada che ristora l'erba inaridita come la «parola amica» della fede ristora Ermengarda; dall'altro, il sole che torna ad ardere gli steli appena risorti come fa la forza «immortale» dell'eros con l'anima della donna. L'aggettivo «immortale» sembra sottolineare un'energia più forte della vita stessa di Ermengarda, che è invece "mortale", e rinviare all'eternità degli istinti e della natura: di qui il carattere tutto fisico e naturale delle immagini. Il sole sembra prevalere sulla rugiada. Ma l'immagine del sole torna una seconda volta nella similitudine finale (vv. 114-120), quasi a voler cacciare o esorcizzare la precedente e la preoccupazione che questa suscita: il sole che tramonta evoca il tramonto della vita e l'attesa di un diverso futuro ultraterreno, diventando così «al pio colono augurio / di più sereno dì». Più forte della natura è la Provvidenza divina, che quella natura e quegli istinti ha voluto.

Interpretare e approfondire

La morte cristiana come risoluzione del contrasto fra eros e religione Il coro è incentrato sul contrasto fra l'«empia / virtù d'amor» (vv. 67-68) e i «placidi / gaudii d'un altro amor» (vv. 71-72). Il primo elemento, che rinvia ai «terrestri ardori» (v. 14) della passione ed evoca i ricordi, s'impone con la forza della natura e delle pulsioni inconsce, tanto è vero che Manzoni usa, per definirlo, l'aggettivo «immortale» (v. 80). Questo aspetto inconscio e incontrollabile, che si afferma con la violenza oscura delle pulsioni naturali, affascina l'autore: per questo egli deve reprimerlo nel personaggio e far trionfare i l'aspetto ideologico-religioso. L'essere umano ha in sé una componente irrazionale che per Manzoni è pericolosa, dal punto di vista sia sociale sia morale e religioso. Il fascino che questo elemento esercita sull'autore è però indiscutibile: la sottolineatura costante, attraverso l'aggettivazione, della tenerezza e della fragilità di Ermengarda, l'insistenza sulle scene del passato (l'ingresso come sposa del re nel palazzo reale, la caccia al cinghiale osservata dall'alto, i tiepidi bagni di Aquisgrana) dimostrano la forza che il tema dell'eros ha nella fantasia e nella psicologia di Manzoni. Ermengarda vive la contraddizione in modo talmente drammatico che solo la morte e l'abbandono a Dio possono risolverla. Significativamente, è proprio la morte a far ritornare Ermengarda pura e bambina: il suo volto esanime esprime la stessa pace che aveva quando, «improvida / d'un avvenir fallace, / lievi pensier virginei / solo pingea» (vv. 111-114). È nel destino di sofferenza che il male può essere riscattato: il male storico, di cui Ermengarda è compartecipe in quanto discendente da un popolo di oppressori, è il male naturale degli istinti. Ermengarda, morendo da vinta, giacerà nella stessa terra dove riposano «altre infelici» e in tal modo riscatterà il proprio destino equiparandosi a tutti gli altri oppressi amati da Dio.

Esercizi

Prima prova A • L'analisi del testo

Comprendere

1 L'amore di Ermengarda

Per ogni domanda, indica la risposta esatta.

– Di che cosa deve liberarsi Ermengarda in punto di morte?
  a. di «un candido pensier»
  b. di una «man leggiera»
  c. del «tremolo sguardo»
  d. dei «terrestri ardori»

– Che cosa tormentava le notti di Ermengarda?
  a. il ricordo degli «irrevocati dì»
  b. la «provida sventura»
  c. il «canto delle vergini»
  d. un «avvenir mal fido»

– Come è definita la forza d'amore da Manzoni?
  a. «provida»
  b. «empia»
  c. «amica»
  d. «infocata»

Analizzare

2 Il tempo dell'azione

Il coro si articola su tre piani temporali distinti: il presente (Ermengarda che muore), il passato recente (Ermengarda in convento), il passato lontano (la vita accanto a Carlo Magno). Inserisci in una tabella come questa gli avvenimenti successi nei diversi piani temporali.

presente	passato recente	passato lontano
....	....	....
....	....	....
....	....	....

Interpretare e approfondire

3 La soluzione al dolore

Quale soluzione esistenziale offre Manzoni al dolore e al delirio di Ermengarda?

▲
Pietro da Cortona, *Il trionfo della Divina Provvidenza*, 1633-1639. Roma, Palazzo Barberini.

L'opera

I promessi sposi

Identikit dell'opera

data di pubblicazione

1823 *Fermo e Lucia*
1827 *I promessi sposi*, edizione "ventisettana"
1840 *I promessi sposi*, edizione "quarantana"

genere

romanzo

luogo e tempo di ambientazione

Lombardia (Lecco, Milano, Bergamo), tra il 1628 e il 1630

personaggi principali

- Renzo Tramaglino e Lucia Mondella, giovani in attesa delle nozze
- Agnese, madre di Lucia
- don Abbondio, curato di un paesino vicino Lecco
- don Rodrigo, signorotto del paese
- innominato, potente signore lombardo
- padre Cristoforo
- cardinale Borromeo
- Gertrude, la monaca di Monza

temi

- cristianesimo religione degli oppressi
- esaltazione della vita degli «umili»
- riflessione sulla storia umana e sul ruolo della Provvidenza divina
- inevitabilità del male nell'esistenza umana

Le redazioni del romanzo

La prima redazione del romanzo, intitolata *Fermo e Lucia*, fu scritta tra il 1821 e il 1823; la revisione e la ristrutturazione complessiva avvennero tra il 1824 e il 1827, quando il romanzo fu pubblicato con il titolo *I promessi sposi*. Nel 1840 uscì un seconda edizione, definitiva, rivista sul piano linguistico: essa infatti è ispirata al toscano parlato dalla borghesia colta fiorentina. Il titolo definitivo dell'opera è *I promessi sposi. Storia milanese del secolo XVII scoperta e rifatta da Alessandro Manzoni*. Il romanzo contiene in appendice la *Storia della colonna infame*.

I nuclei narrativi

Il romanzo è diviso in sei nuclei narrativi principali, in cui i protagonisti sono Renzo e Lucia, o insieme o separatamente. All'interno di questi sei nuclei narrativi ci sono poi tre digressioni: la storia di Gertrude, quella sull'innominato e quella sulla carestia, la guerra e la peste. Ecco in sintesi i principali avvenimenti.

▶ Primo nucleo narrativo: i due protagonisti insieme nel paese, capitoli I-VIII

Sulle sponde del lago di Como, presso Lecco, due bravi, al servizio di don Rodrigo, intimano a don Abbondio di non celebrare il matrimonio fra Renzo Tramaglino e Lucia Mondella (▶ T7). Il curato torna a casa affranto e racconta tutto a Perpetua, la serva. Quando Renzo va a trovarlo per gli ultimi preparativi nuziali, con varie scuse rifiuta di celebrare il matrimonio (▶ T8). Agnese, madre di Lucia, consiglia di chiedere soccorso a un avvocato, Azzecca-garbugli, mentre la figlia manda fra Galdino a chiamare in aiuto padre Cristoforo. Renzo viene malamente cacciato da Azzecca-garbugli, amico di don Rodrigo (▶T9). Accorre invece padre Cristoforo di cui il narratore racconta che si chiamava Lodovico e che aveva ucciso un suo aggressore prima di farsi frate (cap. IV). Padre Cristoforo si reca al castello di don Rodrigo per farlo ravvedere, e lo trova a mensa con il podestà, con il cugino Attilio e con Azzecca-garbugli; ma il successivo colloquio resta senza risultati (▶T10). A questo punto Agnese consiglia a Renzo e Lucia di organizzare un matrimonio clandestino. Lucia vi si persuade a stento. I due testimoni saranno Gervasio e Tonio. Contemporaneamente don Rodrigo organizza il rapimento di Lucia. Ma, quando i bravi arrivano di notte alla casa di Agnese e Lucia, la trovano vuota perché le due donne in quello stesso momento sono a casa di don Abbondio per tentare il matrimonio di sorpresa. Fallita anche questa iniziativa, i due fidanzati e Agnese cercano rifugio al convento di padre Cristoforo, che li fa fuggire. Con l'«addio ai monti» da parte di Lucia si chiude il cap. VIII.

▶ **Secondo nucleo narrativo: la vicenda di Lucia a Monza, capitoli IX e X**
Renzo e Lucia si separano. La ragazza va a Monza con la madre, nel convento di Gertrude.

▶ **Prima digressione: parte finale del cap. IX e buona parte del cap. X**
Storia di Gertrude e della sua monacazione forzata (▶T11).

▶ **Terzo nucleo narrativo: la vicenda di Renzo nei tumulti di Milano e fuga nel Bergamasco, capitoli XI-XVII**
Renzo giunge a Milano con una lettera per padre Bonaventura, ma non la consegna perché è attratto dai tumulti per il pane. Dopo il saccheggio ai forni (▶T12), viene assalita la casa del vicario di provvisione. Renzo aiuta i sostenitori di Antonio Ferrer, che aveva fissato un basso prezzo del pane e si atteggia a protettore della folla. Stanco, si reca all'osteria della Luna Piena accompagnato da una spia della polizia, e si rifiuta di dare il proprio nome all'oste, ma lo dice invece, senza volerlo, al suo accompagnatore. L'oste va a denunciarlo al Palazzo di Giustizia. Alla mattina Renzo viene arrestato ma riesce a fuggire con l'aiuto della folla. Giunto a Gorgonzola, in un'altra osteria, ascolta da un mercante la storia dei tumulti e la notorietà che egli stesso ha acquistato in città. Fugge di nuovo per tutta la notte, attraverso campi e boschi, finché raggiunge l'Adda, il fiume che fa da confine tra il Ducato di Milano e la Repubblica di Venezia. Dorme in una capanna e all'alba passa il fiume per recarsi nel territorio di Bergamo dal cugino Bortolo.

▶ **Seconda digressione: l'incontro del conte zio con il padre provinciale e la storia dell'innominato, capitoli XVIII e XIX**
Attilio si rivolge al conte zio per averne l'aiuto contro padre Cristoforo, colpevole di proteggere un ribaldo, Renzo, il cui mandato di cattura è arrivato sino al paese. Il conte zio convince il padre provinciale dei cappuccini a trasferirlo, e così padre Cristoforo è mandato a Rimini. Allora don Rodrigo, nel frattempo informato che Lucia è nel convento di Gertrude a Monza, si rivolge all'innominato per averne l'aiuto. Storia dell'innominato (cap. XIX).

▶ **Quarto nucleo narrativo: la vicenda di Lucia nel castello dell'innominato e presso donna Prassede, capitoli XX-XXVII**
Don Rodrigo ottiene l'aiuto dell'innominato. Attraverso Egidio, Gertrude viene convinta a far uscire Lucia dal convento. Così la ragazza è rapita dal Nibbio, luogotenente dell'innominato. Quest'ultimo però è già pieno di turbamenti e di rimorsi. La ragazza, portata al castello, è affidata a una vecchia serva. Durante la notte, l'innominato, che non riesce a dormire, si reca a trovarla ed esce sconvolto dall'incontro (cap. XXI ▶T13). Lucia, rimasta sola, fa voto di castità se riuscirà a salvarsi. L'innominato passa la notte insonne. Al mattino vede un'aria di festa. Tutti stanno andando incontro al cardinale Federigo Borromeo in visita pastorale in un paese vicino. Anche l'innominato si reca da lui, ormai convertito. I due decidono il modo migliore di salvare Lucia. Don Abbondio viene mandato al castello insieme a una brava donna. Lucia è liberata e portata dapprima a casa del sarto, poi al paese natio. Il cardinale va in visita pastorale al paese di Lucia e rimprovera don Abbondio per non aver celebrato il matrimonio (capitoli XXV-XXVI). Poi Lucia va a Milano presso donna Prassede e don Ferrante. Fra Agnese e Renzo, che nel frattempo ha cambiato nome per sfuggire alle ricerche della polizia (è diventato Antonio Rivolta), si svolge una faticosa corrispondenza.

▶ **Terza digressione: la carestia, la guerra e la peste; in azione don Abbondio, Perpetua, Agnese e l'innominato, capitoli XXVIII-XXXII**
Storia della carestia dell'inverno 1628-1629. Vicende della guerra e discesa dei lanzichenecchi nell'autunno 1629. Don Abbondio, Agnese e Perpetua fuggono nel castello dell'innominato, che ha organizzato la difesa. Dopo ventitré-ventiquattro giorni i tre tornano alle loro case, che trovano saccheggiate. Intanto comincia a diffondersi la peste, portata dalle truppe tedesche. Le autorità milanesi si dimostrano inette a fronteggiarla. L'11 giugno 1630 si tiene una processione che accelera la diffusione del contagio. Comincia la caccia agli untori.

▶ **Quinto nucleo narrativo: il viaggio di Renzo dal Bergamasco al paese e dal paese a Milano colpita dalla peste, capitoli XXXIII-XXXV**
Mentre don Rodrigo a Milano è colpito dalla peste e, tradito dal suo luogotenente, il Griso, viene portato al lazzeretto, Renzo nel Bergamasco si ammala pure lui ma guarisce e decide di andare in cerca di Lucia. Torna dunque al paese e trova la sua casa semidistrutta e la vigna inselvatichita. Va da un amico che lo ospita. Poi parte per Milano, a cercare la casa di donna Prassede. Arriva nella città sconvolta dalla peste, assiste a episodi di pietà ▶

L'opera *I promessi sposi*

(▶ T14) e di orrore. Giunto a casa di don Ferrante e di donna Prassede, insiste per avere informazioni di Lucia anche dopo che gli è stato detto che ella è stata portata al lazzeretto. Viene perciò scambiato per un untore, e si salva saltando su un carro dei monatti. Si reca al lazzeretto dove incontra padre Cristoforo, che, per quanto colpito dalla peste, continua a curare gli ammalati. Assiste con lui all'agonia di don Rodrigo e lo perdona.

▶ **Sesto nucleo narrativo: i due protagonisti insieme, dapprima nel paese, poi nel Bergamasco, capitoli XXXVI-XXXVIII**

Finalmente Renzo ritrova Lucia, che ha avuto la peste ma è in via di guarigione. Ella tuttavia vuole rimanere fedele al voto di castità. Renzo ricorre allora a padre Cristoforo, che scioglie il voto. Poi il giovane lascia il lazzeretto e sotto una pioggia purificatrice torna al paese. La peste finisce. Al paese nel frattempo ritorna Agnese. Insieme, la donna e Renzo aspettano Lucia che, uscita dal lazzeretto con una buona vedova che la protegge, rientra finalmente, dopo la quarantena, al borgo natio. Don Abbondio, anche lui guarito della peste (che invece ha ucciso Perpetua), fa resistenze al matrimonio finché non gli giunge la notizia della morte di don Rodrigo. L'erede di costui, un marchese che ha preso possesso del «palazzotto», agevola le nozze, che infine vengono celebrate. Dopo il matrimonio, Renzo, Lucia e Agnese si trasferiscono nel Bergamasco, dove il giovane diviene un imprenditore nel campo della seta (▶ T15). Alla prima figlia viene dato il nome di Maria.

Lo stile e la "rivoluzione linguistica" manzoniana

Il progetto di un romanzo nazionale, destinato a un vasto pubblico borghese, implica scelte linguistiche coerenti, che eliminano le punte più "alte" e poetiche del linguaggio. Manzoni tende infatti alla razionalità del ragionamento e alla scelta di un contesto concreto e quotidiano, che evita ogni tipo di linguaggio simbolico e preferisce vocaboli che derivano dal toscano parlato più che dalla tradizione letteraria. La rivoluzione linguistica di Manzoni non è cercata nel campo del lessico – infatti impiega un numero ristretto di vocaboli, spesso di uso molto comune – ma piuttosto nella grande agilità della sintassi, che va dal periodo elaborato e complesso fino all'imitazione della parlata popolare, immediata e spontanea.

La tendenza alla polifonia (ovvero la tendenza del romanzo a sovrapporre voci di personaggi diversi, e cioè diversi punti di vista, diverse culture e modi di pensare) la vivacità sintattica, il ricorso frequente all'ironia e al sarcasmo movimentano lo stile e producono un'immediatezza del tutto nuova nella letteratura italiana. Non c'è italiano moderno senza *Promessi sposi*.

[*I promessi sposi*, cap. I]

T7

Le forme
- realismo descrittivo
- precisione topografica dei luoghi
- stile ipotattico

I temi
- corruzione morale
- società dominata dalla violenza e dalla paura

Don Abbondio e i bravi

Siamo nei pressi di Lecco, sulle sponde del lago di Como. La sera del 7 novembre 1628 don Abbondio, curato di un paesino della zona, sta compiendo la sua passeggiata abituale. Inaspettatamente, incontra due bravi, cioè due malviventi alle dipendenze di don Rodrigo, il signorotto del luogo. I bravi gli ordinano di non celebrare le nozze, previste per il giorno seguente, fra due suoi parrocchiani: Renzo Tramaglino e Lucia Mondella. Don Abbondio, che non è certo un coraggioso e si è fatto prete alla ricerca di una vita agiata e tranquilla, cede alla minaccia e se ne torna a casa in preda all'agitazione. Lì troverà, nella parte finale del capitolo qui non antologizzata, la sua fedele serva, Perpetua, alla quale racconterà l'accaduto raccomandandole, inutilmente, il massimo silenzio.

Quel ramo del lago di Como, che volge a mezzogiorno, tra due catene non interrotte di monti, tutto a seni e a golfi, a seconda dello sporgere e del rientrare di quelli, vien, quasi a un tratto, a ristringersi, e a prender corso e figura di fiume, tra un promontorio a destra, e un'ampia costiera dall'altra parte; e il ponte, che ivi congiunge le due rive, par che renda ancor più sensibile all'occhio questa trasformazione, e segni il punto in cui il lago cessa, e l'Adda ricomincia, per ripigliar poi nome di lago dove le rive, allontanandosi di nuovo, lascian l'acqua distendersi e rallentarsi in nuovi golfi e in nuovi seni.[1] La costiera, formata dal deposito[2] di tre grossi torrenti, scende appoggiata a due monti contigui,[3] l'uno detto di san Martino, l'altro, con voce lombarda, il *Resegone*,[4] dai molti suoi cocuzzoli in fila, che in vero lo fanno somigliare a una sega: talché non è chi, al primo vederlo, purché sia di fronte, come per esempio di su le mura di Milano che guardano a settentrione, non lo discerna tosto, a un tal contrassegno, in quella lunga e vasta giogaia, dagli altri monti di nome più oscuro e di forma più comune.[5] Per un buon pezzo, la costa sale con un pendìo lento e continuo;[6] poi si rompe in poggi e in valloncelli, in erte e in ispianate, secondo l'ossatura de' due monti, e il lavoro dell'acque.[7] Il lembo estremo, tagliato dalle foci de' torrenti, è quasi tutto ghiaia e ciottoloni; il resto, campi e vigne, sparse di terre, di ville, di casali,[8] in qualche parte boschi, che si prolungano su per la montagna. Lecco, la principale di quelle terre,[9] e che dà nome al territorio, giace poco discosto[10] dal ponte, alla[11] riva del lago, anzi viene in parte a trovarsi nel lago stesso, quando questo ingrossa;[12] un gran borgo al giorno d'oggi, e che s'incammina[13] a diventar città. Ai tempi[14] in cui accaddero i fatti che prendiamo a raccontare, quel borgo, già considerabile,[15] era anche un castello,[16] e aveva perciò l'onore d'alloggiare un comandante, e il vantaggio di possedere una stabile guarnigione di soldati spagnoli, che insegnavan la modestia alle fanciulle e alle donne del paese, accarezzavan di tempo in tempo le spalle a qualche marito, a qualche padre; e, sul finir dell'estate, non mancavan mai di spandersi nelle vigne per diradar l'uve, e alleggerire a' contadini le fatiche della vendemmia.[17] Dall'una all'altra di quelle terre dall'alture alla riva, da un poggio[18] all'altro, correvano, e corrono tuttavia,[19] strade e stradette, più o men ripide, o piane; ogni tanto affondate, sepolte tra due muri, donde,[20] alzando lo sguardo, non iscoprite che[21] un pezzo di cielo e qualche vetta di monte; ogni tanto elevate su terrapieni aperti: e da qui la vista spazia per prospetti[22] più o meno estesi, ma ricchi sempre e sempre qualcosa nuovi;[23] secondo che i diversi punti piglian più o meno della vasta scena circostante, e secondo che questa o quella parte campeggia o si scorcia, spunta o sparisce a vicenda.[24] Dove un pezzo, dove un altro, dove una lunga

1 Quel ramo... nuovi seni: *quel braccio del lago di Como che va verso sud* (**volge a mezzogiorno**) *fra due catene ininterrotte di monti, tutto* [*frastagliato*] *di insenature* (**seni**) *e di* [*piccoli*] *golfi, a seconda dello sporgere e del rientrare di quegli* [*stessi monti*], *quasi improvvisamente arriva a restringersi e a prendere il corso e l'aspetto* (**figura**) *di un fiume,* [*posto*] *fra un promontorio a destra e un'ampia costiera dall'altra parte* [: a sinistra]; *e il ponte che unisce là* (**ivi**) *le due rive sembra rendere ancora più evidente alla vista* (**sensibile all'occhio**) *questa trasformazione* [: da lago a fiume] *e segnare il punto in cui finisce il lago e ricomincia* [*il fiume*] *Adda, per poi riprendere nome di lago là dove le rive, aumentando di nuovo la loro distanza, lasciano che l'acqua si espanda e dilaghi* (**distendersi e rallentarsi**) *fra nuove insenature e nuovi* [*piccoli*] *golfi.* Siamo nei pressi di Lecco. Il periodo unisce un massimo di precisione descrittiva a un massimo di elaborazione sintattica (in una struttura ciclica, giacché i **seni** e i **golfi** dell'inizio ricompaiono alla fine, nel chiasmo **in nuovi golfi e in nuovi seni**).

2 deposito: sono i detriti trasportati dall'erosione delle acque.

3 contigui: *vicini.*

4 con voce... Resegone: *con parola lombarda il Resegone.* In quel dialetto (come spiegato subito dopo), *resegon* significa 'grossa sega'; e il monte, con le sue vette frequenti e appuntite (**cocuzzoli**), ricorda appunto una sega.

5 talché... comune: *di modo che non c'è nessuno che* (**non è chi**), *appena lo vede, non lo individui subito* (**discerna tosto**) *fra gli altri monti di nome meno noto* (**più oscuro**) *e di forma più comune in quella lunga e vasta catena* (**giogaia**) *grazie a questo segno caratteristico* (**a tal contrassegno**) [: dalla sequela di cocuzzoli] – *a patto però di stargli di fronte, come per esempio* [*accade a chi sta*] *sulle mura di Milano che danno* (**guardano**) *a nord.* Data la sua forma, il Resegone è immediatamente riconoscibile, purché lo si guardi da una posizione adatta, come quella indicata da Manzoni.

6 lento e continuo: *poco ripido e graduale.*

7 si rompe... acque: *poi si frastaglia in alture* (**poggi**) *e vallette* (**valloncelli**), *in ripide salite* (**erte**) *e in spiazzi pianeggianti* (**ispianate**), *a seconda della struttura* (**ossatura**) *di quei monti e del lavoro* [*di erosione compiuto*] *dalle acque* [*delle piogge e dei torrenti*].

8 Il lembo... casali: *l'angolo estremo* [*di quel territorio*], *segnato* (**tagliato**) *dalle foci dei torrenti, è quasi tutto* [*coperto da*] *ghiaia e pietre* (**ciottoloni**); *il resto* [*è occupato da*] *campi e vigne, cosparse di* [: fra cui sorgono] *paesi* (**terre**), *villaggi* (**ville**), *casolari* (**casali**).

9 terre: *paesi.*

10 discosto: *lontano.*

11 alla: *sulla.*

12 ingrossa: *è in piena.* Lecco era infatti periodicamente allagata.

13 s'incammina: *si avvia.*

14 Ai tempi: nel 1628, come verrà precisato oltre.

15 considerabile: *considerevole, di una certa importanza.*

16 un castello: una postazione militare, con una **guarnigione** (cioè un corpo di truppa a guardia di una fortezza o di una città). Dal 1534, infatti, il Ducato di Milano era sottoposto agli spagnoli.

17 e aveva... vendemmia: ironicamente, Manzoni allude ai soprusi degli occupanti spagnoli: molestie alle donne, violenze contro gli uomini, furti e rapine nei campi.

18 poggio: *collinetta.*

19 correvano... tuttavia: *andavano, e vanno ancora oggi.*

20 donde: *da dove.*

21 non iscoprite che: *si scopre solo.*

22 prospetti: *panorami.*

23 qualcosa nuovi: *nuovi in qualcosa* [: capaci di riservare una qualche sorpresa].

24 secondo che... a vicenda: *a seconda che i diversi punti* [*di osservazione*] *prendano* (**piglian**) [*una visuale*] *più o meno* [*grande*] *della vasta scena circostante, e a seconda che questa o quella parte* [*del paesaggio circostante*] *si estenda di fronte* (**campeggia**) *o appaia di lato* (**si scorcia**), *sia visibile* (**spunta**) *o sia coperta* (**sparisce**) *da un'altra* (**a vicenda**).

distesa di quel vasto e variato specchio dell'acqua; di qua lago, chiuso all'estremità o piuttosto smarrito in un gruppo, in un andirivieni di montagne, e di mano in mano più allargato tra altri monti che si spiegano, a uno a uno, allo sguardo, e che l'acqua riflette capovolti, co' paesetti posti sulle rive; di là braccio di fiume, poi lago, poi fiume ancora, che va a perdersi in lucido serpeggiamento pur tra' monti che l'accompagnano, degradando via via, e perdendosi quasi anch'essi nell'orizzonte.[25] Il luogo stesso da dove contemplare que' vari spettacoli, vi fa spettacolo da ogni parte,[26] il monte di cui passeggiate le falde, vi svolge, al di sopra, d'intorno, le sue cime e le balze, distinte, rilevate, mutabili quasi a ogni passo, aprendosi e contornandosi in gioghi ciò che v'era sembrato prima un sol giogo, e comparendo in vetta ciò che poco innanzi vi si rappresenta sulla costa: e l'ameno, il domestico di quelle falde tempera gradevolmente il selvaggio, e orna vie più il magnifico dell'altre vedute.[27]

Per una di queste stradicciole, tornava bel bello[28] dalla passeggiata verso casa, sulla sera del giorno 7 novembre dell'anno 1628, don Abbondio, curato[29] d'una delle terre accennate di sopra: il nome di questa,[30] né il casato[31] del personaggio, non si trovan nel manoscritto,[32] né a questo luogo[33] né altrove. Diceva tranquillamente il suo ufizio,[34] e talvolta, tra un salmo e l'altro, chiudeva il breviario,[35] tenendovi dentro, per segno, l'indice della mano destra, e, messa poi questa nell'altra dietro la schiena, proseguiva il suo cammino, guardando a terra, e buttando con un piede verso il muro i ciottoli che facevano inciampo nel sentiero: poi alzava il viso, e, girati oziosamente gli occhi all'intorno, li fissava alla parte d'un monte, dove la luce del sole già scomparso, scappando per i fessi del monte opposto, si dipingeva qua e là sui massi sporgenti, come a larghe e inuguali pezze di porpora.[36] Aperto poi di nuovo il breviario, e recitato un altro squarcio,[37] giunse a una voltata[38] della stradetta, dov'era solito d'alzar sempre gli

25 Dove... nell'orizzonte: la frase è priva del verbo reggente e **Dove... dove** equivale a *da una parte* [*si può vedere*]... *da un'altra* [*si può vedere*]). L'elenco rende la varietà dei paesaggi osservabili. **Lucido serpeggiamento:** il percorso sinuoso delle acque, in cui si riflette il sole; **pur:** *sempre*.

26 vi fa... parte: *è* [*esso stesso*], *da ogni parte, uno spettacolo*.

27 il monte... vedute: *il monte, sulle cui pendici* (**falde**) *passeggiate, rivela sopra e intorno a voi le sue cime e i suoi strapiombi* (**balze**), *distinguibili* [*gli uni dagli altri*] (**distinti**), *rilevati, che sembrano cambiare* (**mutabili**) *a ogni passo, mentre quella che prima vi era sembrata un'unica catena* (**un sol giogo**) *si apre e si contorna di* [*più*] *catene e mentre quello che poco prima* (**innanzi**) *vi appariva sul fianco* [*di un monte*] (**costa**) *vi appare* [*ora*] *su una vetta: e* [*l'aspetto*] *piacevole* (**ameno**) *e familiare* (**domestico**) *di quelle pendici addolcisce* (**tempera**) *gradevolmente* [*l'aspetto*] *selvaggio, e abbellisce* (**orna**) *ancora di più* (**vie più**) *la magnificenza delle altre vedute*.

28 bel bello: *tranquillo e sereno*; espressione colloquiale.

29 curato: sacerdote con una propria chiesa, dentro i limiti di una parrocchia più grande. .

30 di questa: sott. 'terra', cioè 'paese'.

31 il casato: *la famiglia*.

32 nel manoscritto: il testo dell'Anonimo, che Manzoni finge di riscrivere.

33 a questo luogo: *in questo punto*.

34 ufizio: le preghiere stabilite per quel momento della giornata.

35 breviario: è il libro di preghiere.

36 alla parte... porpora: *dalla parte di un monte, dove la luce del sole già tramontato, trapelando* (**scappando**) *attraverso le fenditure* (**i fessi**) *del monte* [*che gli stava*] *di fronte* (**opposto**), *si rifletteva qua e là sui massi sporgenti, quasi facendo* (**come a**) *ampie e diseguali macchie* (**pezze**) *rossastre* (**di porpora**).

37 squarcio: *brano*.

38 voltata: *curva*.

▼ Il monte Resegone, con la sua caratteristica cima dentellata.

occhi dal libro, e di guardarsi dinanzi: e così fece anche quel giorno. Dopo la voltata, la strada correva diritta, forse un sessanta passi, e poi si divideva in due viottole, a foggia d'un ipsilon:[39] quella a destra saliva verso il monte, e menava alla cura:[40] l'altra scendeva nella valle fino a un torrente; e da questa parte il muro non arrivava che all'anche del passeggiero.[41] I muri interni delle due viottole, in vece di riunirsi ad angolo, terminavano in un tabernacolo,[42] sul quale eran dipinte certe figure lunghe, serpeggianti, che finivano in punta,[43] e che, nell'intenzion dell'artista,[44] e agli occhi degli abitanti del vicinato, volevan dir[45] fiamme; e, alternate con le fiamme, cert'altre figure da non potersi descrivere,[46] che volevan dire anime del purgatorio: anime e fiamme a color di mattone, sur un fondo bigiognolo,[47] con qualche scalcinatura[48] qua e là. Il curato, voltata la stradetta, e dirizzando,[49] com'era solito, lo sguardo al tabernacolo, vide una cosa che non s'aspettava, e che non avrebbe voluto vedere. Due uomini stavano, l'uno dirimpetto all'altro, al confluente,[50] per dir così, delle due viottole: un di costoro, a cavalcioni sul muricciolo basso, con una gamba spenzolata[51] al di fuori, e l'altro piede posato sul terreno della strada; il compagno, in piedi, appoggiato al muro, con le braccia incrociate sul petto. L'abito, il portamento,[52] e quello che, dal luogo ov'era giunto il curato, si poteva distinguer dell'aspetto, non lasciavan dubbio intorno alla lor condizione. Avevano entrambi intorno al capo una reticella[53] verde, che cadeva sull'omero[54] sinistro, terminata in una gran nappa,[55] e dalla quale usciva sulla fronte un enorme ciuffo: due lunghi mustacchi[56] arricciati in punta: una cintura lucida di cuoio, e a quella attaccate due pistole: un piccol corno ripieno di polvere,[57] cascante sul petto, come una collana: un manico di coltellaccio che spuntava fuori d'un taschino degli ampi e gonfi calzoni: uno spadone, con una gran guardia[58] traforа a lamine d'ottone, congegnate come in cifra, forbite e lucenti:[59] a prima vista si davano a conoscere per individui della specie de' *bravi*.[60]

[…][61]

Che i due descritti di sopra stessero ivi[62] ad aspettar qualcheduno, era cosa troppo evidente; ma quel che più dispiacque a don Abbondio fu il dover accorgersi, per certi atti,[63] che l'aspettato era lui. Perché, al suo apparire, coloro s'eran guardati in viso, alzando la testa, con un movimento dal quale si scorgeva che tutt'e due a un tratto avevan detto: è lui; quello che stava a cavalcioni s'era alzato, tirando la sua gamba

39 a foggia d'un ipsilon: *a forma di ipsilon*; la strada, cioè, si biforca.
40 menava alla cura: *portava alla parrocchia*.
41 all'anche del passeggiero: *ai fianchi del viandante*; si tratta quindi di un muricciolo basso.
42 tabernacolo: *edicola*, nicchia con un'immagine sacra, come se ne trovano in campagna.
43 in punta: *con una punta*.
44 nell'intenzion dell'artista: Manzoni ironizza sulla scarsa maestria del pittore di provincia, come anche sulle scarse pretese dei paesani.
45 volevan dir: *stavano a rappresentare*.
46 da non potersi descrivere: *che sarebbe difficile descrivere* perché sono le anime sofferenti e spaventose del purgatorio, ma soprattutto perché dipinte in modo bizzarro e maldestro.
47 a color... bigiognolo: *color mattone, su un fondo grigiastro*.
48 scalcinatura: sono i punti in cui sono cadute la calce e la pittura dal muro.
49 dirizzando: *alzando*.
50 al confluente: *alla confluenza*, cioè al bivio.
51 spenzolata: *che spenzolava*.
52 il portamento: *l'atteggiamento*.
53 una reticella: i capelli avvolti in una rete e il **ciuffo** erano tratti distintivi dei **bravi**.
54 omero: *spalla*.
55 terminata... nappa: *terminando in un grosso fiocco*.
56 mustacchi: *baffoni*.
57 un piccol corno... polvere: nel Seicento le armi da fuoco si caricavano con la **polvere** da sparo, tenuta in un **corno** d'animale cavo all'interno.
58 guardia: è la parte dell'impugnatura che protegge la mano.
59 congegnate... lucenti: [*lamine*] *disposte come per* [*formare delle*] *iniziali, pulite e lucide*. La **cifra** è quella che identifica nome e cognome del proprietario della spada.
60 *bravi*: fuorilegge che si ponevano al servizio dei signorotti del luogo.
61 […]: Nel passo qui non riportato, Manzoni cita ed esamina le *gride* (cioè i bandi affissi e proclamati in pubblico) contro i bravi.
62 ivi: *là*.
63 per certi atti: *da certi* [*loro*] *gesti*.

La lingua nel tempo: Bravo. Il termine viene usato da Manzoni per indicare i criminali che si ponevano al servizio dei signorotti del luogo. In italiano antico, *bravo* significava anche 'coraggioso, ardito', talvolta con la sfumatura negativa di 'spavaldo'. Oggi il termine è usato per indicare chi è stato abile nell'eseguire i propri compiti (per esempio, "un bravo medico"); oppure è legato a espressioni come "trascorrere una notte brava", con le quali si indica il divertimento sfrenato.

sulla strada; l'altro s'era staccato dal muro; e tutt'e due gli s'avviavano incontro. Egli, tenendosi sempre il breviario aperto dinanzi, come se leggesse, spingeva lo sguardo in su, per ispiar le mosse di coloro;[64] e, vedendoseli venir proprio incontro, fu assalito a un tratto da mille pensieri. Domandò subito in fretta a sé stesso, se, tra i bravi e lui, ci fosse qualche uscita di strada, a destra o a sinistra; e gli sovvenne[65] subito di no. Fece un rapido esame, se avesse peccato[66] contro qualche potente, contro qualche vendicativo; ma, anche in quel turbamento, il testimonio consolante della coscienza lo rassicurava alquanto:[67] i bravi però s'avvicinavano, guardandolo fisso. Mise l'indice e il medio della mano sinistra nel collare,[68] come per raccomodarlo;[69] e, girando le due dita intorno al collo, volgeva intanto la faccia all'indietro, torcendo[70] insieme la bocca, e guardando con la coda dell'occhio, fin dove poteva, se qualcheduno arrivasse; ma non vide nessuno. Diede un'occhiata, al di sopra del muricciolo, ne' campi: nessuno; un'altra più modesta[71] sulla strada dinanzi; nessuno, fuorché i bravi. Che fare? tornare indietro, non era a tempo:[72] darla a gambe,[73] era lo stesso che dire, inseguitemi, o peggio. Non potendo schivare[74] il pericolo, vi corse incontro, perché i momenti di quell'incertezza erano allora così penosi per lui, che non desiderava altro che d'abbreviarli.[75] Affrettò il passo, recitò un versetto[76] a voce più altra, compose[77] la faccia a tutta quella quiete e ilarità[78] che poté, fece ogni sforzo per preparare un sorriso; quando si trovò a fronte dei due galantuomini,[79] disse mentalmente: ci siamo; e si fermò su due piedi. «Signor curato», disse un di que' due, piantandogli[80] gli occhi in faccia.

«Cosa comanda?»[81] rispose subito don Abbondio, alzando i suoi dal libro, che gli restò spalancato nelle mani, come sur un leggìo.

«Lei ha intenzione», proseguì l'altro, con l'atto minaccioso e iracondo di chi coglie un suo inferiore sull'intraprendere una ribalderia,[82] «lei ha intenzione di maritar domani Renzo Tramaglino e Lucia Mondella!».[83]

«Cioè...»[84] rispose, con voce tremolante, don Abbondio: «cioè. Lor signori sono uomini di mondo, e sanno benissimo come vanno queste faccende. Il povero curato non c'entra: fanno i loro pasticci tra loro,[85] e poi... e poi, vengon da noi, come s'andrebbe a un banco a riscotere;[86] e noi... noi siamo i servitori del comune».[87]

«Or bene», gli disse il bravo, all'orecchio, ma in tono solenne di comando, «questo matrimonio non s'ha da[88] fare, né domani, né mai».

«Ma, signori miei», replicò don Abbondio, con la voce mansueta e gentile di chi vuol persuadere un impaziente, «ma, signori miei, si degnino[89] di mettersi ne' miei panni. Se la cosa dipendesse da me, ... vedon bene che a me non me ne vien nulla in tasca...».[90]

64 di coloro: *di quelli.*
65 sovvenne: *venne in mente.*
66 se avesse peccato: in bocca a un curato, il verbo è ironico.
67 il testimonio... alquanto: *la testimonianza consolante della* [*sua buona*] *coscienza lo rassicurava un po'.*
68 nel collare: *nel colletto*; è un gesto che indica paura e impaccio.
69 raccomodarlo: *metterlo a posto.*
70 torcendo: *storcendo.*
71 un'altra più modesta: [*diede*] *un'altra* [*occhiata*] *più timorosa.*
72 non era a tempo: *non era il caso.*
73 darla a gambe: *darsela a gambe, scappare difilato.*
74 schivare: *evitare.*
75 perché... d'abbreviarli: don Abbondio è così spaventato, che, pur di mettere fine allo stato di angosciosa incertezza in cui si trova, va direttamente incontro ai bravi.
76 un versetto: dei salmi che sta leggendo nel breviario; è quasi un atto scaramantico.
77 compose: *atteggiò*, ma con l'idea di assumere un'espressione composta dopo aver mostrato di essere turbato.
78 ilarità: *allegrezza.*
79 galantuomini: ironico.
80 piantandogli: *fissandogli* [*con sfacciataggine*].
81 «Cosa comanda?»: è la formula di rito per personaggi illustri, che qui, evidentemente eccessiva, esprime la soggezione di don Abbondio.
82 sull'intraprendere una ribalderia: *nel momento in cui sta per compiere una mascalzonata.*
83 Renzo... Mondella: compaiono così i nomi dei promessi sposi. **Tramaglino** deriva da "tramaglio", un tipo di rete usato dai pescatori (quindi indicherebbe le origini umili del personaggio); **Mondella** da "mondo", cioè 'pulito, puro' (con significato allegorico sottolineato dal nome **Lucia**, collegato a "luce").
84 «Cioè...»: don Abbondio inizia a rettificare, dimostrandosi disposto a scendere a patti.
85 fanno... tra loro: don Abbondio parla genericamente dei suoi fedeli, come di povera gente che non sa quel che fa e che invischia nei suoi **pasticci** il curato.
86 come... riscotere: *con la stessa facilità con cui* (**come**) *si andrebbe a riscuotere* [*dei soldi*] *in un banco* [*di pegni e prestiti*].
87 del comune: *della comunità, di tutti*; e quindi obbligati a cedere.
88 non s'ha da: *non si deve.*
89 si degnino: *siano così gentili da.*
90 nulla in tasca: *nessun vantaggio.*

«Orsù», interruppe il bravo, «se la cosa avesse a decidersi a ciarle, lei ci metterebbe in sacco.[91] Noi non ne sappiamo, né vogliam saperne di più. Uomo avvertito...[92] lei c'intende».

«Ma lor signori son troppo giusti, troppo ragionevoli...».

«Ma», interruppe questa volta l'altro compagnone, che non aveva parlato fin allora, «ma il matrimonio non si farà, o...» e qui una buona bestemmia, «o chi lo farà non se ne pentirà, perché non ne avrà tempo e...» un'altra bestemmia.

«Zitto, zitto», riprese il primo oratore:[93] «il signor curato è un uomo che sa il viver del mondo;[94] e noi siam galantuomini, che non vogliam fargli del male,[95] purché abbia giudizio.[96] Signor curato, l'illustrissimo signor don Rodrigo nostro padrone la riverisce caramente».[97]

Questo nome fu, nella mente di don Abbondio, come, nel forte[98] d'un temporale notturno, un lampo che illumina momentaneamente e in confuso gli oggetti, e accresce il terrore. Fece, come per istinto, un grand'inchino, e disse: «se mi sapessero suggerire...».

«Oh! suggerire a lei che sa di latino!»[99] interruppe ancora il bravo, con un riso tra lo sguaiato e il feroce. «A lei tocca. E sopra tutto, non si lasci uscir parola su questo avviso[100] che le abbiam dato per suo bene; altrimenti... ehm... sarebbe lo stesso che fare quel tal matrimonio.[101] Via,[102] che vuol che si dica in suo nome all'illustrissimo signor don Rodrigo?».

«Il mio rispetto...».

«Si spieghi meglio!».

«...Disposto... disposto sempre all'ubbidienza». E, proferendo[103] queste parole non sapeva nemmen lui se faceva una promessa, o un complimento.[104] I bravi le presero, o mostraron di prenderle nel significato più serio.

«Benissimo, e buona notte, messere»,[105] disse l'un d'essi, in atto di partir[106] col compagno. Don Abbondio, che, pochi momenti prima, avrebbe dato un occhio per iscansarli,[107] allora avrebbe voluto prolungar la conversazione e le trattative. «Signori...» cominciò, chiudendo il libro con le due mani; ma quelli, senza più dagli udienza,[108] presero la strada dond'era lui venuto,[109] e s'allontanarono, cantando una canzonaccia che non voglio trascrivere. Il povero don Abbondio rimase un momento a bocca aperta, come incantato; poi prese quella delle due stradette che conduceva a casa sua, mettendo innanzi a stento una gamba dopo l'altra, che parevano aggranchiate.[110] Come stesse di dentro,[111] s'intenderà meglio, quando avrem detto qualche cosa del suo naturale,[112] e de' tempi in cui gli era toccato di vivere.

Don Abbondio (il lettore se n'è gia avveduto)[113] non era nato con un cuor di leone. Ma, fin da' primi suoi anni, aveva dovuto comprendere che la peggior condizione, a que' tempi, era quella d'un animale senza artigli e senza zanne,[114] e che pure[115] non

91 se la cosa... in sacco: *se la cosa dovesse essere decisa con le chiacchiere, lei ci metterebbe nel sacco* [: riuscirebbe ad averla vinta, ingannandoci].
92 Uomo avvertito: allusione al proverbio "uomo avvisato, mezzo salvato": quindi, un'implicita e oscura minaccia di un pericolo da cui salvarsi.
93 il primo oratore: *quello che aveva parlato per primo*; ma la qualifica è ironica.
94 sa il viver del mondo: *sa come vanno le cose.*
95 che non vogliam... male: sintassi del parlato.
96 giudizio: *intelligenza.*
97 l'illustrissimo... caramente: la formula pomposa nasconde ben altro che dei cari saluti.
98 nel forte: *nel culmine.*
99 sa di latino: *conosce il latino*; in generale, 'è una persona istruita'; in particolare, 'conosce il diritto canonico', cioè le vie per non celebrare il matrimonio.
100 avviso: *avvertimento.*
101 quel tal matrimonio: *quel matrimonio di cui abbiamo parlato.*
102 Via: *e allora, insomma.*
103 proferendo: *pronunciando.*
104 un complimento: una frase di generica cortesia, che non lo impegnava realmente.
105 messere: *signore*; è nell'uso del tempo, quindi non ha nessuna sfumatura ironica.
106 in atto di partir: *accingendosi ad andarsene.*
107 iscansarli: *evitarli.*
108 udienza: *ascolto.*
109 dond'era lui venuto: *da dove era venuto lui* [: don Abbondio].
110 aggranchiate: *irrigidite.*
111 di dentro: *dentro di sé.*
112 naturale: *carattere.*
113 avveduto: *accorto.*
114 senza artigli... zanne: privo quindi di strumenti di offesa; metafora che continua quella, usuale, del **cuor di leone**.
115 pure: *tuttavia.*

si sentisse inclinazione[116] d'esser divorato. La forza legale[117] non proteggeva in alcun conto[118] l'uomo tranquillo, inoffensivo, e che non avesse altri mezzi di far paura altrui.[119] Non già che mancassero leggi e pene contro le violenze private. Le leggi anzi diluviavano; i delitti erano enumerati, e particolareggiati, con minuta prolissità,[120] le pene, pazzamente esorbitanti[121] e, se non basta, aumentabili, quasi per ogni caso, ad arbitrio[122] del legislatore stesso e di cento esecutori; le procedure,[123] studiate soltanto a[124] liberare il giudice da ogni cosa che potesse essergli d'impedimento a proferire[125] una condanna: gli squarci che abbiam riportati delle gride contro i bravi,[126] ne sono un piccolo, ma fedel saggio.[127] Con tutto ciò, anzi in gran parte a cagion di ciò,[128] quelle gride, ripubblicate e rinforzate di governo in governo, non servivano ad altro che ad attestare ampollosamente[129] l'impotenza de' loro autori; o, se producevan qualche effetto immediato, era principalmente d'aggiunger molte vessazioni[130] a quelle che i pacifici e i deboli già soffrivano da' perturbatori,[131] e d'accrescer le violenze e l'astuzia di questi.[132] L'impunità era organizzata, e aveva radici che le gride non toccavano, o non potevano smuovere. [...]

L'uomo che vuole offendere, o che teme, ogni momento, d'essere offeso, cerca naturalmente alleati e compagni. Quindi era, in que' tempi, portata al massimo punto la tendenza degl'individui a tenersi collegati in classi, a formarne delle nuove, e a procurare ognuno la maggior potenza di quella a cui apparteneva. Il clero vegliava a sostenere e ad estendere le sue immunità,[133] la nobiltà i suoi privilegi, il militare le sue esenzioni. I mercanti, gli artigiani erano arrolati in maestranze[134] e in confraternite,[135] i giurisperiti formavano una lega,[136] i medici stessi[137] una corporazione. Ognuna di queste piccole oligarchie[138] aveva una sua forza speciale e propria; in ognuna l'individuo trovava il vantaggio d'impiegar per sé, a proporzione della sua autorità e della sua destrezza,[139] le forze riunite di molti. I più onesti si valevan di questo vantaggio a difesa soltanto; gli astuti e i facinorosi[140] ne approfittavano, per condurre a termine ribalderie,[141] alle quali i loro mezzi personali non sarebber bastati, e per assicurarsene l'impunità. Le forze però di queste varie leghe eran molto disuguali; e, nelle campagne principalmente, il nobile dovizioso[142] e violento, con intorno uno stuolo di bravi, e una popolazione di contadini avvezzi,[143] per tradizione famigliare, e interessati o forzati a riguardarsi[144] quasi come sudditi e soldati del padrone, esercitava un potere, a cui difficilmente nessun'altra frazione di lega avrebbe ivi potuto resistere.

Il nostro Abbondio, non nobile, non ricco, coraggioso ancor meno, s'era dunque accorto, prima quasi di toccar gli anni della discrezione,[145] d'essere, in quella società, come un vaso di terra cotta, costretto a viaggiare in compagnia di molti vasi di ferro.[146] Aveva quindi, assai di buon grado,[147] ubbidito ai parenti,[148] che lo vollero prete. Per dir

116 inclinazione: *disposizione naturale, desiderio*. La frase è ironica.
117 legale: *della legge*.
118 in alcun conto: *in modo reale*.
119 altrui: *agli altri*.
120 particolareggiati... prolissità: *distinti con minuziosa lungaggine*.
121 pazzamente esorbitanti: [*erano*] *follemente eccessive*.
122 ad arbitrio: *secondo il giudizio soggettivo*; il che basta ad annullare il principio della certezza e dell'oggettività del diritto.
123 procedure: le norme che un magistrato deve seguire in un processo.
124 a: *per*.
125 proferire: *pronunciare, emanare*.
126 gli squarci... bravi: in un passo qui non riportato (▶ nota 61).
127 saggio: *esempio*.
128 Con tutto ciò... ciò: *nonostante questo, anzi proprio a causa* (**cagion**) *di questo*.
129 ampollosamente: perché erano scritte nello stile solenne e arzigogolato tipico dell'età barocca; qui in contrasto con l'**impotenza** e l'inefficacia delle grida stesse.
130 vessazioni: *tormenti*.
131 da' perturbatori: *da coloro che turbavano* [l'ordine pubblico].
132 di questi: *dei perturbatori*.
133 vegliava... immunità: *faceva in modo di mantenere e ampliare le proprie immunità*, cioè le dispense da obblighi fiscali e civili.
134 arrolati in maestranze: *riuniti in corporazioni*.
135 confraternite: associazioni di laici ispirate a principi religiosi.
136 lega: *associazione*.
137 i medici stessi: *persino i medici*, noti al tempo per non andare d'accordo fra di loro.
138 oligarchie: *gruppi di potere*.
139 a proporzione... destrezza: *a seconda della sua autorità e della sua abilità*.
140 facinorosi: *inclini alla violenza*.
141 ribalderie: *crimini*.
142 dovizioso: *ricco*.
143 avvezzi: *abituati*.
144 riguardarsi: *comportarsi*.
145 gli anni della discrezione: *gli anni della ragione* [: l'età adulta].
146 come un vaso... ferro: la similitudine esprime sia la posizione sociale di don Abbondio, sia il suo carattere individuale.
147 assai di buon grado: *molto volentieri*.
148 ai parenti: *ai genitori*.

la verità non aveva gran fatto[149] pensato agli obblighi e ai nobili fini del ministero[150] al quale si dedicava: procacciarsi di che vivere con qualche agio,[151] e mettersi in una classe riverita e forte, gli eran sembrate due ragioni più che sufficienti per una tale scelta. Ma una classe qualunque non protegge un individuo, non lo assicura, che fino a un certo segno:[152] nessuna lo dispensa dal farsi un suo sistema[153] particolare. Don Abbondio, assorbito continuamente ne' pensieri della propria quiete, non si curava di que' vantaggi, per ottenere i quali facesse bisogno d'adoperarsi[154] molto, o d'arrischiarsi un poco. Il suo sistema consisteva principalmente nello scansar[155] tutti i contrasti, e nel cedere, in quelli che non poteva scansare. Neutralità disarmata in tutte le guerre che scoppiavano intorno a lui, dalle contese, allora frequentissime, tra il clero e le podestà laiche,[156] tra il militare e il civile,[157] tra nobili e nobili, fino alle questioni tra due contadini, nate da una parola, e decise[158] coi pugni, o con le coltellate. Se si trovava assolutamente costretto a prender parte tra due contendenti, stava col più forte, sempre però alla retroguardia,[159] e procurando[160] di far vedere all'altro ch'egli non gli era volontariamente nemico: pareva che gli dicesse: ma perché non avete saputo esser voi il più forte? ch'io mi sarei messo dalla vosta parte. Stando alla larga da' prepotenti, dissimulando le loro soverchierie[161] passeggiere e capricciose, corrispondendo con sommissioni[162] a quelle[163] che venissero da un'intenzione più seria e più meditata, costringendo, a forza d'inchini e di rispetto gioviale,[164] anche i più burberi e sdegnosi, a fargli un sorriso, quando gl'incontrava[165] per la strada, il pover'uomo era riuscito a passare i sessant'anni, senza gran burrasche.

Non è però che non avesse anche lui il suo po' di fiele[166] in corpo; e quel continuo esercitar la pazienza, quel dar così spesso ragione agli altri, que' tanti bocconi amari inghiottiti in silenzio, glielo avevano esacerbato a segno[167] che, se non avesse, di tanto in tanto, potuto dargli un po' di sfogo, la sua salute n'avrebbe certamente sofferto. Ma siccome v'eran poi finalmente[168] al mondo, e vicino a lui, persone ch'egli conosceva ben bene per incapaci di far male, così poteva con quelle sfogare qualche volta il mal umore lungamente represso, e cavarsi[169] anche lui la voglia d'essere un po' fantastico,[170] e di gridare a torto. Era poi un rigido censore[171] degli uomini che non si regolavan come lui, quando però la censura potesse esercitarsi senza alcuno, anche lontano, pericolo. Il battuto[172] era almeno almeno un imprudente; l'ammazzato era sempre stato un uomo torbido.[173] A chi, messosi a sostener le sue ragioni contro un potente, rimaneva col capo rotto, don Abbondio sapeva trovar sempre qualche torto; cosa non difficile, perché la ragione e il torto non si dividon mai con un taglio così netto, che ogni parte abbia soltanto dell'una o dell'altro.[174] Sopra tutto poi, declamava[175] contro que' suoi confratelli che, a loro rischio, prendevan le parti d'un debole oppresso, contro un soverchiatore[176] potente. Questo chiamava un comprarsi gl'impicci a contanti, un voler raddrizzar le gambe ai cani;[177] diceva anche severamente, ch'era un mischiarsi nelle cose profane, a danno della dignità del sacro ministero.[178] E contro questi[179] pre-

149 gran fatto: *granché, molto.*
150 ministero: il ruolo di sacerdote.
151 procacciarsi... agio: *procurarsi i mezzi per vivere con una certa comodità.*
152 segno: *punto.*
153 sistema: *sistema di vita.*
154 adoperarsi: *darsi da fare.*
155 scansar: *evitare.*
156 podestà laiche: *autorità civili.*
157 tra il militare e il civile: *tra il* [*potere*] *militare e il* [*potere*] *civile.*
158 decise: *risolte.*
159 alla retroguardia: *in una posizione non esposta.*
160 procurando: *facendo in modo.*
161 dissimulando le loro soverchierie: *fingendo di non vedere le loro prepotenze.*
162 corrispondendo con sommissioni: *rispondendo con atteggiamento umile.*
163 quelle: *quelle* [*prepotenze*].
164 gioviale: *lieto, cordiale.*
165 gl'incontrava: *li incontrava.*
166 fiele: *amarezza, risentimento.*
167 glielo avevano... a segno: *glielo* [: il fiele] *avevano inasprito a* [*tal*] *punto.*
168 finalmente: *alla fin fine.*
169 cavarsi: *togliersi.*
170 fantastico: *capriccioso, bizzoso.*
171 rigido censore: *critico severo.*
172 battuto: chi se le prendeva.
173 torbido: *disonesto* (è la stessa metafora con cui noi diciamo che una persona "non è pulita").
174 soltanto... dell'altro: cioè interamente torto o interamente ragione.
175 declamava: *faceva gran discorsi.*
176 soverchiatore: *prepotente.*
177 comprarsi... cani: cioè 'ficcarsi nei guai con le proprie mani' e 'aggiustare cose impossibili da aggiustare: i due modi di dire rendono il linguaggio (oltre che la mentalità) di don Abbondio.
178 sacro ministero: *doveri di sacerdote.*
179 questi: *questi* [*confratelli*].

dicava, sempre però a quattr'occhi, o in un piccolissimo crocchio,[180] con tanto più di veemenza, quanto più essi eran conosciuti per alieni dal risentirsi, in cosa che li toccasse personalmente.[181] Aveva poi una sua sentenza prediletta, con la quale sigillava[182] sempre i discorsi su queste materie: che a un galantuomo il qual badi a sé, e stia ne' suoi panni,[183] non accadon mai brutti incontri.

Pensino ora i miei venticinque lettori[184] che impressione dovesse fare sull'animo del poveretto, quello che s'è raccontato. Lo spavento di que' visacci e di quelle parolacce, la minaccia d'un signore[185] noto per non minacciare invano, un sistema di quieto vivere, ch'era costato tant'anni di studio e di pazienza, sconcertato in un punto,[186] e un passo[187] dal quale non si poteva veder come uscirne: tutti questi pensieri ronzavano tumultuariamente nel capo basso di don Abbondio.

da A. Manzoni, *I promessi sposi*, in *Opere di Alessandro Manzoni*, a cura di L. Caretti, Mursia, Milano 1973.

180 crocchio: *gruppo di persone.*
181 con tanto… personalmente: *con tanto maggiore foga quanto più essi erano conosciuti come* (**per**) [*persone*] *lontane* (**alieni**) *dall'offendersi per qualcosa che li riguardasse in prima persona.*
182 sigillava: *concludeva.*
183 stia ne' suoi panni: *si faccia i fatti propri.*
184 venticinque lettori: è la formula ironica con cui Manzoni si rivolge al proprio pubblico, rappresentato per modestia come esiguo.
185 un signore: don Rodrigo.
186 sconcertato in un punto: *sconvolto in un momento.*
187 passo: *situazione.*

Lavoriamo sul testo

Leggere e capire

La struttura Possiamo dividere il brano in quattro parti ben distinte.
La prima (rr. 1-46) costituisce il celebre *incipit* del romanzo, in cui precisione descrittiva ed elaborazione sintattica vanno di pari passo. Occorre avere presente la forma a Y rovesciata del lago e immaginare il ramo destro che a un certo punto si restringe per poi riaprirsi con nuove insenature: siamo nei pressi di Lecco, in luoghi che Manzoni conosce molto bene (rr. 1-21). Si inserisce a questo punto il riferimento al tempo in cui è ambientato il racconto e alla dominazione spagnola sulla Lombardia (rr. 21-27). Ricomincia quindi la descrizione, da un punto a mezza altezza dei monti circostanti, che vede da un lato l'ampio estendersi del lago, dall'altro le curve e le insenature del fiume Adda (rr. 27-46).
Nella seconda parte (rr. 47-109) incontriamo don Abbondio che passeggia verso casa e man mano si accorge dei due bravi fermi vicino al tabernacolo. Nel romanzo compare a questo punto una parte che esamina le gride (cioè i bandi affissi e proclamati in pubblico) contro queste figure di malviventi. Segue la consapevolezza, da parte di don Abbondio che i due bravi attendono proprio lui.
La terza parte (rr. 110-159) riporta il dialogo tra i bravi e don Abbondio, l'invito a non celebrare il matrimonio e le deboli resistenze del curato, che presto cedono il posto all'accettazione dell'ordine: «… Disposto… sempre disposto all'ubbedienza».
La quarta parte (rr. 160-248) è un ritratto di don Abbondio: come in tutti i ritratti, storia individuale e contesto storico si integrano. Attraverso lo studio «del suo naturale [carattere] e de' tempi in cui gli era toccato vivere» non potranno esserci dubbi sullo sconvolgimento che l'incontro con i bravi avrà prodotto nel suo animo.

Analizzare

La costruzione della scena Manzoni cerca il massimo di precisione e di realismo. Il racconto ha una sua geografia rigorosa che non lascia spazio ad ambientazioni favolose o a particolari inverosimili. Tutto prepara l'entrata in scena dei personaggi, primo dei quali don Abbondio.
I luoghi descritti hanno una storia: ai tempi della vicenda di Renzo e Lucia sono dominati dagli spagnoli. Il breve riferimento a essi è costruito magistralmente sulle figure dell'ironia e dell'antifrasi; si dice cioè il contrario di ciò che si vuole dire, utilizzando il linguaggio ipocrita degli oppressori. In poche e ironiche battute, Manzoni inserisce gli elementi fondamentali dell'occupazione militare di un territorio: molestare e violentare le donne, bastonare gli abitanti del luogo, rubare e saccheggiare beni e coltivazioni. Una volta descritto il contesto geografico e storico dentro cui si svolgono le vicende del romanzo, Manzoni può andare alla vicenda particolare: «Per una di queste stradicciole [la geografia], tornava bel bello dalla passeggiata verso casa, sulla sera del giorno 7 novembre 1628 [la storia], don Abbondio, curato d'una delle terre accennate di sopra [il personaggio nel contesto]».

Interpretare e approfondire

La forza della paura La passeggiata di don Abbondio fornisce alcuni elementi del carattere del personaggio: questi prega, tenendo il capo basso e ripetendo i gesti di un'abitudine ormai consolidata. È proprio la forza della consuetudine, delle azioni che si ripetono nel ritmo monotono delle giornate, a rendere così sconvolgente la vista dei due bravi che lo attendono vicino al tabernacolo. Il progressivo accorgersi dei movimenti dei due che lo vedono arrivare; i mille pensieri che scorrono nella mente di don Abbondio, che ormai non può più deviare il cammino; il tentativo di ricordare possibili torti commessi nei confronti di qualche potente, tutto concorre a creare una tensione che in parte si scioglie quando il curato, apostrofato dai bravi, esordisce con un «Cosa comanda?». La disposizione d'animo è già chiara; di fronte all'intimazione di non celebrare il matrimonio non potrà che pronunciare la sua assoluta obbedienza ai voleri del più forte: il nome di don Rodrigo sarà per lui – secondo la similitudine manzoniana – «come, nel forte d'un temporale notturno, un lampo che illumina momentaneamente e in confuso gli oggetti, e accresce il terrore» (rr. 136-138).

Una società bestiale Lo spirito dei tempi si manifesta sia in don Abbondio sia nei bravi, proprio perché personaggi di questo genere sono possibili in certi tipi di società: le metafore zoomorfe (l'animale senza artigli che rischia di essere divorato), la forza e la violenza private come elementi incontrollabili, tutto concorre a rappresentare una società bestiale, basata sulla paura (▶ Un tema per discutere), dove un pavido come don Abbondio può trovare una sola strada per non essere annientato. È ancora una similitudine a rendere quest'idea: «s'era dunque accorto [...] d'essere, in quella società, come un vaso di terra cotta, costretto a viaggiare in compagnia di molti vasi di ferro» (rr. 195-197). Divenuto curato, la scelta della neutralità nelle contese era divenuta per lui abituale, salvo i casi in cui si trovava costretto a prendere posizione, ovviamente per il più forte. Manzoni descrive il personaggio con un atteggiamento che mescola all'evidente ironia una serietà che difficilmente prima sarebbe stata dedicata a una figura di questo genere. Don Abbondio è quindi in questo senso un personaggio profondamente moderno.

Esercizi

Prima prova A • L'analisi del testo

Comprendere

1 L'ambientazione e il paesaggio

Indica quali di queste affermazioni riferite all'ambientazione e al paesaggio sono vere e quali false.

- V F Il borgo più importante della zona è Resegone
- V F Il lago di Como è molto distante da Lecco
- V F Nel paesaggio prevalgono le montagne
- V F I dati paesaggistici permettono una ricostruzione realistica e storicamente attendibile
- V F Manzoni crea un'atmosfera idilliaca, adatta a rappresentare una storia d'amore

2 Don Abbondio

Che cosa fa don Abbondio mentre torna a casa per la strada di campagna?

....

Che cosa è, per don Abbondio, come «un lampo che illumina momentaneamente e in confuso gli oggetti, e accresce il terrore»?

....

Analizzare

3 I bravi

Tra i primi personaggi che incontriamo nel romanzo ci sono due bravi. Ricerca nel testo le espressioni con cui l'autore ne descrive le caratteristiche esteriori e psicologiche, quindi riportale in una tabella come questa.

	caratteristiche fisiche	caratteristiche psicologiche
primo bravo	....	....
secondo bravo	....	....

4 L'ironia

L'ironia è una figura retorica spesso usata in questo romanzo. Essa contribuisce a creare effetti allusivi molto efficaci. Potresti sottolineare nel brano i punti dove essa è presente?

Interpretare e approfondire

5 Don Abbondio e il potere

Quale rapporto ha don Abbondio con il potere? Motiva la tua risposta con riferimenti puntuali al brano appena letto.

UN TEMA PER DISCUTERE

La paura nella società contemporanea

Don Abbondio è prigioniero della paura in un'epoca dominata dalla violenza e dal sopruso sui deboli. Ma quali sono le paure che dominano invece nella società contemporanea?

▼
Una delle paure più diffuse è senz'altro quella della fine del mondo, legata a catastrofi ambientali quali terremoti, allagamenti, ecc.

Paura liquida di Bauman: un inventario delle paure moderne

Nel celebre inizio dei *Promessi sposi*, il personaggio di don Abbondio appare già condizionato da un elemento che lo accompagnerà per tutto il resto dell'opera: la paura. Don Abbondio ha continuamente paura di una vendetta dei potenti, di qualcuno che possa provocargli del male. Quali sono le paure che dominano invece nella società contemporanea?

Il sociologo polacco Zygmunt Bauman (nato nel 1925) analizza questo aspetto in *Paura liquida* (2006). Proseguendo nell'analisi della società contemporanea iniziata già in *Modernità liquida* (2000) – l'affermazione del modello capitalista per il sociologo avrebbe portato al progressivo scioglimento, alla "liquefazione" non solo delle vecchie istituzioni sociali, ma anche dei com-

portamenti e delle relazioni umane – Bauman compie un inventario delle paure che popolano la società moderna, dove: «la paura più temibile è la paura diffusa, sparsa, indistinta, libera, disancorata, fluttuante, priva di un indirizzo o di una causa chiari; la paura che ci perseguita senza una ragione, la minaccia che dovremmo temere e che si intravede ovunque, ma non si mostra mai chiaramente. 'Paura' è il nome che diamo alla nostra incertezza, alla nostra ignoranza della minaccia, o di ciò che c'è da fare». Riportiamo una breve intervista del sociologo sul concetto di paura nella società di oggi.

▲ Secondo Bauman, di fronte alla paura anche l'identità umana si "frammenta".

Un mondo dominato dalla paura

"Reali o immaginarie, genuine o fittizie – le paure sono tante. L'aspetto più spaventoso delle nostre paure è che noi non sappiamo per certo, né lo potremo mai sapere, quali sono genuine e quali inventate: non sappiamo cos'è realmente spaventoso e cosa è stato inventato per tentarci o costringerci a spendere più soldi in cose di cui non abbiamo veramente bisogno, o per dare il nostro sostegno a politici che non hanno necessariamente a cuore i nostri interessi. Le paure provengono virtualmente da qualsiasi luogo: lavori instabili, competenze inaffidabili, le poste nel gioco della vita che cambiano costantemente, fragilità delle relazioni. Tutte queste paure si alimentano l'un l'altra e si rinforzano, combinandosi in uno stato mentale e di sensibilità che possiamo descrivere solo come "insicurezza ambientale". Ci sentiamo insicuri, vagamente minacciati, senza conoscere l'origine delle nostre ansie, insicuri su cosa fare... Le paure sono, per così dire, "fluttuanti", "dis-ancorate". Non dobbiamo meravigliaci se in tali condizioni siamo, per così dire, "psicologicamente pronti" al disastro, ci aspettiamo che il mondo sia un contenitore pieno di pericoli. Continue notizie di nuovi oltraggi forniscono enormi carichi di ansia inespressa che aspetta solo un punto di sfogo». [...]

I pensatori della rivoluzione moderna avevano due ossessioni schiaccianti: riorganizzare la società secondo i principi della ragione e sottomettere la natura al controllo umano. Speravano che realizzando quelle ambizioni la vita umana avrebbe smesso di essere "cattiva, brutale e breve". Gli umani sarebbero finalmente stati liberati dai rischi della contingenza e protetti contro i colpi del fato e delle catastrofi – sia che queste fossero causate dall'uomo, che dalle forze della natura, notoriamente cieche e imprevedibili. Il "progetto dell'Illuminismo" rimane incompiuto [...], ma oggi abbiamo altri buoni motivi per credere che potrebbe essere non-realizzabile. La Natura non è stata domata, sottomessa alla volontà umana e indotta a servire gli interessi umani; se le azioni umane sono servite a qualcosa, è a rendere la natura ancora più minacciosa e meno prevedibile. Ancora peggio: i tremendi pericoli che minacciano il futuro dell'umanità oggi non sono che i risultati accidentali e inattesi della lotta dell'uomo per il controllo sul fato. L'Illuminismo si aspettava di rendere la natura così ordinata, gestibile, docile e obbediente alla volontà e alla ragione umane così come sperava potessero diventare le azioni umane; definendo le aspettative e annientando le speranze, gli effetti sulle attività umane sono diventati tanto grandiosi e indomabili, ma anche tanto capricciosi e sinistri, quanto il temuto e odiato comportamento delle "forze cieche della natura".

da A. Gilardini, *Bauman, i mille volti della paura "liquida"*, «il Giornale», 25 febbraio 2008.

RIFLETTERE E ARGOMENTARE

1 Invito alla discussione
Bauman compie una lucida analisi della paura. Discuti con i tuoi compagni sulla presenza o meno di paure «fluttuanti» nella società contemporanea.

[*I promessi sposi*, cap. II-III]

T8

Le forme
- ritratti dei protagonisti

I temi
- impotenza degli "umili"
- consolazione della fede in Dio

Il matrimonio impedito

Renzo, dopo aver scoperto che don Rodrigo vuol impedire il suo matrimonio, torna a casa, meditando una vendetta sanguinosa. Il solo pensiero di Lucia, e della sua naturale mitezza, lo allontanano però dal proposito. Giunto dalla promessa sposa, che si sta preparando per le nozze, le comunica la notizia. Alla presenza di lui e della madre Agnese, la ragazza racconta allora l'antefatto: un giorno, mentre usciva dalla filanda, don Rodrigo l'aveva importunata, scommettendo di riuscire a vincere le sue resistenze. Confessatasi con padre Cristoforo, Lucia aveva chiesto di affrettare le nozze. Ma a nulla è valso, e ai tre personaggi non resta che meditare angosciosamente sul da farsi.

Renzo intanto[1] camminava a passi infuriati verso casa, senza aver determinato quel che dovesse fare, ma con una smania addosso di far qualcosa di strano e di terribile. I provocatori, i soverchiatori,[2] tutti coloro che, in qualunque modo, fanno torto altrui,[3] sono rei,[4] non solo del male che commettono, ma del pervertimento ancora[5] a cui portano gli animi degli offesi. Renzo era un giovine pacifico e alieno dal sangue,[6] un giovine schietto[7] e nemico d'ogni insidia;[8] ma, in que' momenti, il suo cuore non batteva che per l'omicidio, la sua mente non era occupata che a fantasticare un tradimento.[9] Avrebbe voluto correre alla casa di don Rodrigo, afferrarlo per il collo, e… ma gli veniva in mente ch'era come una fortezza, guarnita di[10] bravi al di dentro, e guardata[11] al di fuori; che i soli amici e servitori ben conosciuti v'entravan liberamente senza essere squadrati da capo a piedi; che un artigianello sconosciuto[12] non vi potrebb'entrare senza un esame, e ch'egli sopra tutto… egli vi sarebbe forse troppo conosciuto. Si figurava[13] allora di prendere il suo schioppo,[14] d'appiattarsi[15] dietro una siepe aspettando se mai, se mai colui venisse a passar solo; e, internandosi,[16] con feroce compiacenza,[17] in quell'immaginazione, si figurava di sentire una pedata,[18] quella pedata, d'alzar chetamente[19] la testa; riconosceva lo scellerato, spianava[20] lo schioppo, prendeva la mira, sparava, lo vedeva cadere e dare i tratti,[21] gli lanciava una maledizione, e correva sulla strada del confine a mettersi in salvo. – E Lucia? – Appena questa parola si fu gettata a traverso di quelle bieche fantasie,[22] i migliori pensieri a cui era avvezza[23] la mente di Renzo, v'entrarono in folla. Si rammentò degli ultimi ricordi de' suoi parenti,[24] si rammentò di Dio, della Madonna e de' santi, pensò alla consolazione che aveva tante volte provata di trovarsi senza delitti, all'orrore che aveva tante volte provato al racconto d'un omicidio; e si risvegliò da quel sogno di sangue, con ispavento, con rimorso, e insieme con una specie di gioia di non aver fatto altro che immaginare. Ma il pensiero di Lucia, quanti pensieri tirava seco![25] Tante speranze, tante promesse, un avvenire così vagheggiato,[26] e così tenuto sicuro, e quel giorno[27] così sospirato! E come, con che parole annunziarle una tal nuova?[28] E poi, che partito[29] prendere? Come farla

1 intanto: mentre don Abbondio si rinchiude in casa.
2 soverchiatori: *coloro che commettono una prepotenza.*
3 altrui: *a qualcun altro.*
4 rei: *colpevoli.*
5 del pervertimento ancora: *anche della degenerazione.*
6 alieno dal sangue: *estraneo alla violenza.*
7 schietto: *sincero.*
8 insidia: *inganno.*
9 tradimento: *agguato.*
10 guarnita di: *protetta da.*
11 guardata: *sorvegliata.*
12 un artigianello sconosciuto: come appunto Renzo.
13 figurava: *immaginava.*
14 schioppo: fucile.
15 appiattarsi: *nascondersi.*
16 internandosi: *procedendo.*
17 compiacenza: *compiacimento.*
18 pedata: *rumore di passi.*
19 chetamente: *tranquillamente.*
20 spianava: *puntava.*
21 dare i tratti: *sussultare prima di morire.* I **tratti** sono le convulsioni del moribondo.
22 a traverso… fantasie: *in mezzo a quelle sanguinose fantasie.*
23 avvezza: *abituata.*
24 parenti: *genitori.* Renzo era rimasto orfano nell'adolescenza.
25 tirava seco: *portava con sé.*
26 vagheggiato: *sognato, desiderato.*
27 quel giorno: quello delle nozze.
28 una tal nuova: *una notizia del genere* [: quella che non si può celebrare il matrimonio].
29 partito: *decisione.*

sua,[30] a dispetto della forza di quell'iniquo[31] potente? E insieme a tutto questo, non un sospetto formato,[32] ma un'ombra tormentosa gli passava per la mente. Quella soverchieria[33] di don Rodrigo non poteva esser mossa che da una brutale passione per Lucia. E Lucia? Che avesse data a colui[34] la più piccola occasione, la più leggiera lusinga, non era un pensiero che potesse fermarsi un momento nella testa di Renzo. Ma n'era informata? Poteva colui aver concepita quell'infame passione, senza che lei se n'avvedesse?[35] Avrebbe spinte le cose tanto in là, prima d'averla tentata[36] in qualche modo? E Lucia non ne aveva mai detta una parola a lui! al suo promesso![37]

Dominato da questi pensieri, passò davanti a casa sua, ch'era nel mezzo del villaggio, e, attraversatolo, s'avviò a quella di Lucia, ch'era in fondo, anzi un po' fuori. Aveva quella casetta un piccolo cortile dinanzi, che la separava dalla strada, ed era cinto da un murettino. Renzo entrò nel cortile, e sentì un misto e continuo ronzio[38] che veniva da una stanza di sopra. S'immaginò che sarebbero[39] amiche e comari, venute a far corteggio[40] a Lucia; e non si volle mostrare a quel mercato,[41] con quella nuova[42] in corpo e sul volto. Una fanciulletta che si trovava nel cortile, gli corse incontro gridando: «lo sposo! lo sposo!».

«Zitta, Bettina, zitta!» disse Renzo. «Vien qua; va su da Lucia, tirala in disparte, e dille all'orecchio... ma che nessun senta, né sospetti di nulla, ve'[43]... dille che ho da parlarle, che l'aspetto nella stanza terrena,[44] e che venga subito». La fanciulletta salì in fretta le scale, lieta e superba d'avere una commission segreta da eseguire.

Lucia usciva in quel momento tutta attillata[45] dalle mani della madre. Le amiche si rubavano[46] la sposa, e le facevan forza perché si lasciasse vedere; e lei s'andava schermendo,[47] con quella modestia un po' guerriera[48] delle contadine, facendosi scudo alla faccia col gomito, chinandola sul busto, e aggrottando i lunghi e neri sopraccigli, mentre però la bocca s'apriva al sorriso. I neri e giovanili capelli, spartiti[49] sopra la fronte, con una bianca e sottile dirizzatura,[50] si ravvolgevan, dietro il capo, in cerchi moltiplici di trecce, trapassate[51] da lunghi spilli d'argento, che si dividevano all'intorno, quasi a guisa de'[52] raggi d'un'aureola, come ancora usano le contadine nel Milanese. Intorno al collo aveva un vezzo di granati[53] alternati con bottoni d'oro a filigrana:[54] portava un bel busto di broccato[55] a fiori, con le maniche separate e allacciate da bei nastri: una corta gonnella di filaticcio di seta,[56] a pieghe fitte e minute, due calze vermiglie, due pianelle,[57] di seta anch'esse, a ricami. Oltre a questo, ch'era l'ornamento particolare del giorno delle nozze, Lucia aveva quello quotidiano d'una modesta bellezza, rilevata[58] allora e accresciuta dalle varie affezioni[59] che le si dipingevan sul viso: una gioia temperata[60] da un turbamento leggiero, quel placido accoramento[61] che si mostra di quand'in quando sul volto delle spose, e, senza scompor la bellezza, le dà un carattere particolare. La piccola Bettina si cacciò nel crocchio,[62] s'accostò a Lucia, le fece intendere accortamente[63] che aveva qualcosa da comunicarle, e le disse la sua parolina all'orecchio.

30 farla sua: *sposarla.*
31 iniquo: *ingiusto, malvagio.*
32 formato: *preciso.*
33 soverchieria: *prepotenza, violenza.*
34 colui: *a lui* [: don Rodrigo].
35 avvedesse: *accorgesse.*
36 tentata: *messa alla prova.*
37 promesso: *promesso sposo.*
38 ronzio: *brusio.*
39 sarebbero: *dovevano essere.*
40 corteggio: *festosa compagnia.*
41 a quel mercato: *in quella animazione.*
42 nuova: *notizia.*
43 ve': *eh, mi raccomando*; interiezione del parlato.
44 terrena: *al piano terra.*
45 tutta attillata: *vestita di tutto punto.*
46 si rubavano: *si contendevano la compagnia di.*
47 schermendo: *riparando, nascondendo.*
48 guerriera: *scontrosa.*
49 spartiti: *divisi.*
50 dirizzatura: *scriminatura.*
51 trapassate: *attraversate.*
52 a guisa de': *al modo dei, come i.*
53 vezzo di granati: *collana di pietre rosse.*
54 a filigrana: *traforati.*
55 broccato: tessuto operato.
56 filaticcio di seta: un tipo di seta non pregiata.
57 pianelle: *scarpe basse.*
58 rilevata: *sottolineata.*
59 affezioni: *sentimenti.*
60 temperata: *moderata.*
61 accoramento: *emozione.*
62 crocchio: *gruppo* [: di comari intorno a Lucia].
63 accortamente: *con cautela.*

«Vo[64] un momento, e torno», disse Lucia alle donne; e scese in fretta. Al veder la faccia mutata, e il portamento[65] inquieto di Renzo, «cosa c'è?» disse, non senza un presentimento di terrore.

«Lucia!» rispose Renzo, «per oggi, tutto è a monte,[66] e Dio sa quando potremo esser marito e moglie».

«Che?» disse Lucia tutta smarrita. Renzo le raccontò brevemente la storia di quella mattina: ella ascoltava con angoscia: e quando udì il nome di don Rodrigo, «ah!» esclamò, arrossendo e tremando, «fino a questo segno!».[67]

«Dunque voi sapevate...?» disse Renzo.

«Pur troppo!» rispose Lucia; «ma a questo segno!».

«Che cosa sapevate?».

«Non mi fate ora parlare, non mi fate piangere.[68] Corro a chiamar mia madre, e a licenziar[69] le donne: bisogna che siam soli».

Mentre ella partiva Renzo sussurrò: «non m'avete mai detto niente».

«Ah, Renzo!» rispose Lucia, rivolgendosi un momento, senza fermarsi. Renzo intese benissimo che il suo nome pronunziato in quel momento, con quel tono, da Lucia, voleva dire: potete voi dubitare ch'io abbia taciuto se non per motivi giusti e puri?

Intanto la buona Agnese (così si chiamava la madre di Lucia), messa in sospetto e in curiosità dalla parolina all'orecchio, e dallo sparir della figlia, era discesa a veder cosa c'era di nuovo. La figlia la lasciò con Renzo, tornò alle donne radunate, e, accomodando l'aspetto e la voce, come poté meglio, disse: «il signor curato è ammalato; e oggi non si fa nulla». Ciò detto, le salutò tutte in fretta, e scese di nuovo.

Le donne sfilarono,[70] e si sparsero a raccontar l'accaduto. Due o tre andaron fin all'uscio del curato, per verificar se era ammalato davvero.

«Un febbrone», rispose Perpetua dalla finestra; e la trista[71] parola riportata all'altre, troncò le congetture[72] che già cominciavano a brulicar[73] ne' loro cervelli, e ad annunziarsi tronche[74] e misteriose ne' loro discorsi.

64 **Vo:** *vado*, toscano.
65 **portamento:** *aspetto.*
66 **a monte:** [*andato*] *a monte.*
67 **segno:** *punto.*
68 **non mi fate piangere:** per il ricordo del fatto.
69 **licenziar:** *congedare.*
70 **sfilarono:** *se ne andarono una dopo l'altra.*
71 **trista:** *triste.*
72 **troncò le congetture:** *pose fine alle ipotesi.*
73 **brulicar:** *agitarsi.*
74 **tronche:** *sospese, incerte.*

Lucia in una cartolina del 1898. Como, Collezione Schiantarelli.

Lucia entrò nella stanza terrena, mentre Renzo stava angosciosamente informando Agnese, la quale angosciosamente lo ascoltava. Tutt'e due si volsero a chi[75] ne sapeva più di loro, e da cui aspettavano uno schiarimento, il quale non poteva essere che doloroso: tutt'e due, lasciando travedere,[76] in mezzo al dolore, e con l'amore diverso[77] che ognun d'essi portava a Lucia, un cruccio pur diverso[78] perché avesse taciuto loro qualche cosa, e una tal cosa. Agnese benché ansiosa di sentir parlare la figlia, non poté tenersi di non farle[79] un rimprovero. «A tua madre non dir niente d'una cosa simile!».

«Ora vi dirò tutto», rispose Lucia, asciugandosi gli occhi col grembiule.

«Parla, parla! – Parlate, parlate!» gridarono a un tratto la madre e lo sposo.

«Santissima Vergine!» esclamò Lucia: «chi avrebbe creduto che le cose potessero arrivare a questo segno!». E, con voce rotta dal pianto, raccontò come, pochi giorni prima, mentre tornava dalla filanda,[80] ed era rimasta indietro dalle sue compagne, le era passato innanzi don Rodrigo, in compagnia d'un altro signore;[81] che il primo aveva cercato di trattenerla con chiacchiere, com'ella diceva, non punto[82] belle; ma essa, senza dargli retta, aveva affrettato il passo, e raggiunte le compagne; e intanto aveva sentito quell'altro signore rider forte, e don Rodrigo dire: scommettiamo. Il giorno dopo, coloro[83] s'eran trovati ancora sulla strada; ma Lucia era nel mezzo delle compagne, con gli occhi bassi; e l'altro signore sghignazzava, e don Rodrigo diceva: vedremo, vedremo. «Per grazia del cielo», continuò Lucia, «quel giorno era l'ultimo della filanda.[84] Io raccontai subito...».

«A chi hai raccontato?» domandò Agnese, andando incontro, non senza un po' di sdegno, al nome del confidente preferito.[85]

«Al padre Cristoforo, in confessione, mamma», rispose Lucia, con un accento soave di scusa. «Gli raccontai tutto, l'ultima volta che siamo andate insieme alla chiesa del convento: e, se vi ricordate, quella mattina, io andava[86] mettendo mano ora a una cosa, ora a un'altra, per indugiare, tanto che passasse altra gente del paese avviata a quella volta, e far la strada in compagnia con loro; perché, dopo quell'incontro, le strade mi facevan tanta paura...».

Al nome riverito del padre Cristoforo, lo sdegno d'Agnese si raddolcì. «Hai fatto bene», disse, «ma perché non raccontar tutto anche a tua madre?».

Lucia aveva avute due buone ragioni: l'una, di non contristare[87] né spaventare la buona donna, per cosa alla quale essa non avrebbe potuto trovar rimedio; l'altra, di non metter a rischio di viaggiar per molte bocche[88] una storia che voleva essere gelosamente sepolta: tanto più che Lucia sperava che le sue nozze avrebber troncata sul principiare, quell'abbominata persecuzione.[89] Di queste due ragioni, però, non allegò[90] che la prima.

«E a voi», disse poi, rivolgendosi a Renzo, con quella voce che vuol far riconoscere a un amico che ha avuto torto: «e a voi doveva[91] io parlar di questo? Pur troppo lo sapete ora!».

«E che t'ha detto il padre?»[92] domandò Agnese.

«M'ha detto che cercassi d'affrettar le nozze il più che potessi e intanto stessi

75 si volsero a chi: *si voltarono verso chi* [: Lucia].
76 travedere: *intravedere.*
77 l'amore diverso: quello del fidanzato e quello materno.
78 un cruccio pur diverso: *un dispiacere anche* (**pur**) [*esso*] *diverso* [: rispettivamente, in Renzo e in Agnese].
79 tenersi di non farle: *trattenersi dal farle.*
80 filanda: la manifattura della seta in cui Lucia lavorava stagionalmente.
81 signore: il conte Attilio, cugino di don Rodrigo.
82 non punto: *per nulla*, toscano.
83 coloro: *quei due.*
84 della filanda: *del lavoro nella filanda.*
85 del confidente preferito: *di colui che le era stato preferito come confidente.*
86 andava: *andavo.*
87 contristare: *addolorare.*
88 viaggiar per molte bocche: *far viaggiare per molte bocche* [: diventare oggetto di pettegolezzi]. La discrezione di Agnese non è infatti molta, mentre padre Cristoforo, per di più vincolato al segreto della confessione, è del tutto affidabile.
89 troncata... persecuzione: *messo fine dall'inizio a quell'odiosa persecuzione.*
90 allegò: *citò.*
91 doveva: *dovevo.*
92 il padre: padre Cristoforo.

rinchiusa;[93] che pregassi bene[94] il Signore; e che sperava che colui,[95] non vedendomi, non si curerebbe più[96] di me. E fu allora che mi sforzai», proseguì rivolgendosi di nuovo a Renzo, senza alzargli però gli occhi in viso, e arrossendo tutta, «fu allora che feci la sfacciata, e che vi pregai io che procuraste[97] di far presto, e di concludere prima del tempo che s'era stabilito. Chi sa cosa avrete pensato di me! Ma io facevo per bene,[98] ed ero stata consigliata, e tenevo per certo…[99] e questa mattina, ero tanto lontana da pensare…». Qui le parole furon troncate[100] da un violento scoppio di pianto.

«Ah birbone! ah dannato! ah assassino!» gridava Renzo, correndo innanzi e indietro per la stanza, e stringendo di tanto in tanto il manico del suo coltello.

«Oh che imbroglio, per amor di Dio!» esclamava Agnese. Il giovine si fermò d'improvviso davanti a Lucia che piangeva; la guardò con un atto di tenerezza mesta e rabbiosa,[101] e disse: «questa è l'ultima che fa quell'assassino».

«Ah! no, Renzo, per amor del cielo!» gridò Lucia. «No, no, per amor del cielo! Il Signore c'è anche per i poveri; e come volete che ci aiuti, se facciam del male?».

«No, no, per amor del cielo!» ripeteva Agnese.

«Renzo», disse Lucia, con un'aria di speranza e di risoluzione[102] più tranquilla: «voi avete un mestiere, e io so lavorare: andiamo tanto lontano, che colui[103] non senta più parlare di noi».

«Ah Lucia! e poi? Non siamo ancora marito e moglie! Il curato vorrà farci la fede di stato libero?[104] Un uomo come quello? Se fossimo maritati, oh allora…!».

Lucia si rimise a piangere: tutt'e tre rimasero in silenzio, e in un abbattimento che faceva un tristo contrapposto alla pompa[105] festiva de' loro abiti.

da A. Manzoni, *I promessi sposi*, cit.

93 rinchiusa: in casa.
94 bene: *molto.*
95 colui: don Rodrigo.
96 non si curerebbe più: *non si sarebbe più preoccupato.*
97 procuraste: *faceste in modo.*
98 per bene: *a fin di bene.*
99 tenevo per certo: *consideravo una cosa sicura.*
100 troncate: *interrotte.*
101 mesta e rabbiosa: *triste* [per l'impossibilità di celebrare il matrimonio] e adirata [per l'ingiustizia di don Rodrigo].
102 risoluzione: *decisione.*
103 colui: don Rodrigo.
104 la fede di stato libero: il certificato con cui il parroco dichiara che non ci sono impedimenti a che due suoi parrocchiani si sposino.
105 pompa: *sfarzo*, anche se paesano.

a lezione dal testo

Dal testo all'opera: la struttura dei *Promessi sposi*

Qual è la posizione di questo brano nell'opera?

Il brano, che si trova tra il II e il III capitolo, fa parte del primo dei sei nuclei narrativi nei quali è diviso il romanzo (▶ Scheda opera), quello che comprende i primi otto capitoli e vede i due protagonisti insieme nel paese.

Dal testo all'opera: i personaggi in azione: Renzo, Lucia e Agnese

Il brano consente di vedere in azione innanzitutto i due protagonisti del romanzo. Di Renzo abbiamo avuto notizie all'inizio del cap. II: orfano dei genitori, filatore di seta, proprietario di un piccolo podere. Di fronte al sopruso immagina una reazione che non appartiene al suo universo morale: rispondere al male con il male ha a che fare con lo spirito dei tempi e con l'irruenza giovanile. Su questo la riflessione di Manzoni assume toni da sentenza: «I provocatori, i soverchiatori, tutti coloro che, in qualunque modo, fanno torto altrui, sono rei, non solo del male che commettono, ma del pervertimento ancora a cui portano gli animi degli offesi» (rr. 3-5).

Quali informazioni sui personaggi si possono evincere da questo brano?

Lucia è più equilibrata e più univoca: di questo personaggio, Manzoni sottolinea la soavità, la ritrosia, la modestia e insieme la fermezza, la determinazione, il deciso richiamo ai doveri cristiani («Il Signore c'è anche per i poveri», r. 152). È una figura in parte idealizzata da Manzoni, contrassegnata da compiutezza e dalla capacità di rimanere uguale a se stessa nonostante ciò che le succede.
Appare anche il personaggio di Agnese: la sua sapienza è legata all'esperienza della vita, alla consapevolezza della sua appartenenza sociale. È un personaggio popolare di cui Manzoni mette in luce limiti culturali ed errate valutazioni: l'esito fallimentare del colloquio con Azzecca-garbugli, da lei tanto consigliato, ne sarà un esempio.

Dal testo alla poetica: «genti meccaniche e di piccol affare»

Di quale classe sociale fanno parte i protagonisti della storia?

Tra le scelte che Manzoni rivendica nell'*Introduzione* come più innovative nel suo romanzo c'è quella di eleggere come protagonisti non personaggi famosi, ma «genti meccaniche, e di piccol affare», cioè di modesta condizione sociale. Se don Abbondio, il primo personaggio che appare nel romanzo, è un semplice prete di campagna, Renzo è un ventenne filatore di seta, padrone di un piccolo podere, e Lucia un'operaia di filanda. Come dice Lucia stessa, sono dei «poveri», che non significa dei mendicanti o dei servi, ma dei contadini-artigiani, che propogono un modello di vita umile, ma operosa e attiva, tanto che alla fine miglioreranno la propria condizione sociale ed economica. La definizione di «poveri» è semmai relativa all'impotenza di fronte ai soprusi di una società basata sulla violenza e con caratteristiche ancora feudali rappresentata da don Rodrigo, un signorotto che vive di rendita e che ostacola in ogni modo l'esistenza semplice e decorosa dei due protagonisti.

Dal testo all'ideologia dell'autore: il messaggio al popolo: sopportare le ingiustizie e rifiutare la rivoluzione sociale

Qual è l'ideale sociale di Manzoni?

Quale messaggio si vuole rivolgere al popolo?

La violenza che don Rodrigo infligge ai due promessi sposi mostra un conflitto sociale fra «iniquo potente» e «poveri». Questo conflitto per Manzoni non è un contrasto universale: è piuttosto basato sulla cattiveria individuale di don Rodrigo. L'ideale sociale di Manzoni, intellettuale cattolico e liberale, è fondato sulla conciliazione, guidata dalle classi alte; e non certo sull'idea di un riscatto sociale "rivoluzionario" delle classi basse. L'invito di Lucia a ricordare che «il Signore c'è anche per i poveri» esprime appunto simile ideale. Di fronte all'ingiustizia di un potere che pensa solo a se stesso – uno dei temi centrali dei *Promessi sposi* – i poveri non devono cercare lo scontro, ma sopportare i soprusi sperando in Dio; anzi, se risponderanno con la violenza, non avranno più la protezione divina. Nei *Promessi sposi*, un romanzo che nelle intenzioni dell'autore doveva essere rivolto al più ampio pubblico possibile, il messaggio rivolto al popolo ha un chiaro valore politico: rifiutare le rivoluzioni sociali e appoggiare, invece, una "rivoluzione nazionale" che porti all'indipendenza e all'unificazione dell'Italia nella concordia civile e sotto la guida dell'aristocrazia e della borghesia.

Esercizi

Prima prova A • L'analisi del testo

Comprendere

1 Renzo

Da dove sta tornando Renzo all'inzio del brano?

....

Che cosa medita di fare Renzo per vendicarsi di don Rodrigo?

....

2 Agnese

Che cosa suggerisce di fare Agnese per risolvere la situazione con don Rodrigo?

....

Analizzare

3 I tre personaggi

Entrano qui in scena tre dei principali personaggi del romanzo: Renzo, Lucia e la madre Agnese. Nel brano proposto li vediamo mentre si muovono, riflettono e parlano.

a. Prova a completare una tabella come questa, seguendo l'esempio.

	luogo di azione	azioni	pensieri	parole
Renzo	• strada che porta a casa di Lucia • casa di Lucia ...	• cammina «a passi infuriati» ...	• di vendetta nei confronti di don Rodrigo ...	• «per oggi, tutto è a monte» ...
Lucia	....	....	....	....
Agnese	....	....	....	....

b. Dall'atteggiamento di Lucia vestita a nozze e dal suo racconto dell'incontro con don Rodrigo puoi intuire qual è il carattere della fanciulla? Sottolinea nel testo gli aggettivi riferiti a esso.

c. Che cosa fa cambiare i propositi di vendetta di Renzo contro don Rodrigo?

Interpretare e approfondire

4 Manzoni e il popolo

Il brano rivela alcuni importanti aspetti della concezione manzoniana del popolo. Come vengono visti dall'autore gli "umili"? Che cosa devono fare di fronte alle ingiustizie?

Preparare l'interrogazione

Per essere pronto in vista della verifica puoi utilizzare questa scaletta, che ti sarà utile nell'esposizione orale. Nella colonna di sinistra sono ricapitolate le caratteristiche del testo che servono a ricostruire un quadro generale della poetica e dell'epoca dell'autore; la colonna di destra è a tua disposizione per annotare eventuali riferimenti puntuali al testo.

I punti della scaletta	Riferimenti al testo
• presentazione dei personaggi principali • dichiarazione di poetica: volontà di raccontare le vicende degli «umili» • invito alla sopportazione delle ingiustizie grazie all'aiuto della fede in Dio • inutilità della rivoluzione sociale	....

T9

Le forme
- plurilinguismo
- mescolanza di stili

I temi
- cultura come dominio
- uso distorto della giustizia

Renzo e Azzecca-garbugli

Su consiglio di Agnese, Renzo parte alla volta di Lecco per consultare un avvocato, il dottor Azzecca-garbugli. Si presenta così nello studio, portando in omaggio i quattro capponi destinati inizialmente al pranzo di nozze. Tutto il dialogo è improntato al fraintendimento e al rovesciamento dei dati reali: Renzo viene scambiato per un bravo e trasformato da vittima in oppressore; l'avvocato, da parte sua, si rende disponibile, dietro compenso, a imbrogliare le carte e ad agire illegalmente per difenderlo. Quando Renzo, accortosi del malinteso, tenta di spiegare la verità e pronuncia il nome di don Rodrigo, viene cacciato bruscamente.

«Sentite, figliuoli; date retta a me», disse, dopo qualche momento, Agnese. «Io son venuta al mondo prima di voi;[1] e il mondo lo conosco un poco. Non bisogna poi spaventarsi tanto: il diavolo non è brutto quanto si dipinge. A noi poverelli le matasse paion più imbrogliate, perché non sappiam trovarne il bandolo; ma alle volte un parere, una parolina d'un uomo che abbia studiato... so ben io quel che voglio dire. Fate a mio modo, Renzo; andate a Lecco; cercate del dottor Azzecca-garbugli,[2] raccontategli... Ma non lo chiamate così, per amor del cielo: è un soprannome. Bisogna dire il signor dottor... Come si chiama, ora? Oh to'! non lo so il nome vero: lo chiaman tutti a quel modo. Basta, cercate di quel dottor alto, asciutto, pelato, col naso rosso, e una voglia di lampone sulla guancia».

«Lo conosco di vista», disse Renzo.

«Bene», continuò Agnese: «quello è una cima d'uomo![3] Ho visto io più d'uno ch'era più impicciato[4] che un pulcin nella stoppa,[5] e non sapeva dove batter la testa, e, dopo essere stato un'ora a quattr'occhi col dottor Azzecca-garbugli (badate bene di non chiamarlo così), l'ho visto, dico, ridersene. Pigliate quei quattro capponi,[6] poveretti! a cui dovevo tirare il collo, per il banchetto di domenica,[7] e portateglieli; perché non bisogna mai andar con le mani vote da que' signori. Raccontategli tutto l'accaduto; e vedrete che vi dirà, su due piedi, di quelle cose che a noi non verrebbero in testa, a pensarci un anno».

Renzo abbracciò molto volentieri questo parere; Lucia l'approvò; e Agnese, superba d'averlo dato, levò, a una a una, le povere bestie dalla stia,[8] riunì le loro otto gambe, come se facesse un mazzetto di fiori, le avvolse e le strinse con uno spago, e le consegnò in mano a Renzo; il quale, date e ricevute parole di speranza, uscì dalla parte dell'orto, per non esser veduto da' ragazzi, che gli correbber dietro, gridando: lo sposo! lo sposo! Così, attraversando i campi o, come dicon colà, i luoghi,[9] se n'andò per viottole,[10] fremendo, ripensando alla sua disgrazia, e ruminando[11] il discorso da fare al dottor Azzecca-garbugli. Lascio poi pensare al lettore, come dovessero stare in viaggio quelle povere bestie, così legate e tenute per le zampe, a capo all'in giù, nella mano d'un uomo il quale, agitato da tante passioni, accompagnava col gesto i pensieri che gli passavan a tumulto per la mente. Ora stendeva il braccio per collera, ora l'alzava per disperazione, ora lo dibatteva in aria, come per minaccia, e, in tutti i modi, dava

1 Io son... di voi: la saggezza di Agnese è quella formata nelle esperienze della vita; questa saggezza popolare si esprime attraverso proverbi (▶ rr. 3-4), metafore e similitudini che riconducono all'ambito della quotidianità (▶ rr. 3-4 e 11-12).
2 Azzecca-garbugli: 'azzeccare' significa 'indovinare', 'garbugli' sta per 'imbrogli'. Il soprannome è eloquente: si tratta di un avvocato che imbroglia le carte, che organizza truffe a vantaggio dei clienti.
3 cima d'uomo: *uomo di grande capacità e intelligenza*; nel caso specifico, poi, questo significa saper fare un uso cinico e spregiudicato della cultura.
4 impicciato: *impacciato, che non sa come comportarsi.*
5 stoppa: propriamente indica il sottoprodotto della tessitura della canapa e del lino. In questo caso è usato per alludere al nido, in cui stanno i pulcini ancora incapaci di volare e impacciati nei movimenti.
6 capponi: galletti castrati.
7 il banchetto di domenica: la domenica successiva al giorno delle nozze si sarebbe tenuto il pranzo di festeggiamento vero e proprio.
8 stia: gabbia in cui sono rinchiusi i polli.
9 luoghi: il termine dialettale *loeugh* indica zone di campagna dove si lavora senza l'aiuto di animali.
10 se n'andò per viottole: nel corso del romanzo, Renzo viene presentato spesso in cammino, per la strada, che è il luogo di Renzo "eroe cercatore", così come gli interni sono i luoghi di Lucia.
11 ruminando: *rimuginando.*

loro di fiere scosse,[12] faceva balzare quelle quattro teste spenzolate; le quali intanto s'ingegnavano a beccarsi l'una con l'altra, come accade troppo sovente tra compagni di sventura.[13]

Giunto al borgo,[14] domandò dell'abitazione del dottore; gli fu indicata, e v'andò. All'entrare, si sentì preso da quella suggezione che i poverelli illetterati provano in vicinanza d'un signore e d'un dotto, e dimenticò tutti i discorsi che aveva preparati; ma diede un'occhiata ai capponi, e si rincorò.[15] Entrato in cucina, domandò alla serva, se si poteva parlare al signor dottore. Adocchiò essa le bestie, e, come avvezza a somiglianti doni, mise loro le mani addosso, quantunque[16] Renzo andasse tirando indietro, perché voleva che il dottore vedesse e sapesse ch'egli portava qualche cosa. Capitò appunto mentre la donna diceva: «date qui, e andate innanzi». Renzo fece un grande inchino: il dottore l'accolse umanamente,[17] con un «venite, figliuolo», e lo fece entrar con sé nello studio. Era questo uno stanzone, su tre pareti del quale eran distribuiti i ritratti de' dodici Cesari,[18] la quarta, coperta da un grande scaffale di libri vecchi e polverosi: nel mezzo, una tavola gremita d'allegazioni, di suppliche, di libelli, di gride,[19] con tre o quattro seggiole all'intorno, e da una parte un seggiolone a braccioli, con una spalliera alta e quadrata, terminata agli angoli da due ornamenti di legno, che s'alzavano a foggia di corna, coperta di vacchetta,[20] con grosse borchie, alcune delle quali, cadute da gran tempo, lasciavano in libertà gli angoli della copertura, che s'accartocciava qua e là. Il dottore era in veste da camera, cioè coperto d'una toga ormai consunta, che gli aveva servito, molt'anni addietro, per perorare,[21] ne' giorni d'apparato,[22] quando andava a Milano, per qualche causa d'importanza. Chiuse l'uscio, e fece animo al giovine, con queste parole: «figliolo, ditemi il vostro caso».

«Vorrei dirle una parola in confidenza».

«Son qui», rispose il dottore: «parlate». E s'accomodò sul seggiolone. Renzo, ritto davanti alla tavola, con una mano nel cocuzzolo del cappello, che faceva girar con l'altra, ricominciò: «vorrei sapere da lei che ha studiato...».

«Ditemi il fatto come sta», interruppe il dottore.

«Lei m'ha da scusare: noi altri poveri non sappiamo parlar bene. Vorrei dunque sapere...».

«Benedetta gente! siete tutti così: in vece di raccontar il fatto, volete interrogare, perché avete già i vostri disegni in testa».

«Mi scusi, signor dottore. Vorrei sapere se, a minacciare un curato, perché non faccia un matrimonio, c'è penale».[23]

«Ho capito», disse tra sé il dottore, che in verità non aveva capito. «Ho capito». E subito si fece serio, ma d'una serietà mista di compassione e di premura; strinse fortemente le labbra, facendone uscire un suono inarticolato che accennava un sentimen-

12 Lascio poi... scosse: in questa scena il carattere impulsivo e combattivo di Renzo è messo in ridicolo.
13 quattro teste... di sventura: la similitudine esprime il pessimismo dell'autore sulla natura umana: anche quando ci sarebbe più bisogno di solidarietà, e cioè nella sventura, gli uomini – come i capponi di Renzo – trovano il modo di **beccarsi** a vicenda.
14 al borgo: a Lecco.
15 si rincorò: il senso di inadeguatezza davanti a un uomo di un ceto sociale superiore è attutito in Renzo dalla sicurezza di potergli offrire un bene materiale.
16 quantunque: *sebbene*.
17 umanamente: *cordialmente*.
18 dodici Cesari: i primi dodici imperatori di Roma, da Giulio Cesare a Domiziano.
19 d'allegazioni... gride: le **allegazioni** sono i documenti da allegare a un'indagine giudiziaria; le **suppliche** sono le richieste di grazia; i **libelli** sono gli atti contenenti le tesi, adeguatamente motivate, delle parti in causa; le **gride** contengono le leggi stabilite dalle autorità.
20 vacchetta: pelle conciata di vacca.
21 perorare: pronunciare arringhe in favore di una parte.
22 ne' giorni d'apparato: nei giorni in cui era richiesto di indossare la toga, cioè nei giorni delle udienze.
23 penale: sanzione prevista dalla legge per punire chi commette un reato.

Ritratto di Azzecca-garbugli in una bozza di Francesco Gonin per l'edizione del 1840. Milano, Biblioteca Braidense.

to, espresso poi più chiaramente nelle sue prime parole. «Caso serio, figliuolo; caso contemplato.[24] Avete fatto bene a venir da me. È un caso chiaro, contemplato in cento gride, e… appunto, in una dell'anno scorso, dell'attuale signor governatore.[25] Ora vi fo vedere, e toccar con mano».

Così dicendo, s'alzò dal suo seggiolone, e cacciò le mani in quel caos di carte, rimescolandole dal sotto in su, come se mettesse grano in uno staio.[26]

«Dov'è ora? Vien fuori, vien fuori. Bisogna aver tante cose alle mani! Ma la dev'esser qui sicuro, perché è una grida d'importanza. Ah! ecco, ecco». La prese, la spiegò, guardò alla data, e, fatto un viso ancor più serio, esclamò: «il 15 d'ottobre 1627! Sicuro; è dell'anno passato: grida fresca; son quelle che fanno più paura.[27] Sapete leggere, figliolo?».

«Un pochino, signor dottore».

«Bene, venitemi dietro con l'occhio, e vedrete».

E, tenendo la grida sciorinata[28] in aria, cominciò a leggere, borbottando a precipizio in alcuni passi, e fermandosi distintamente, con grand'espressione, sopra alcuni altri, secondo il bisogno:

«Se bene, per la grida pubblicata d'ordine del signor Duca di Feria ai 14 di dicembre 1620, et confirmata dall'Illustriss. et Eccellentiss. Signore il Signor Gonzalo Fernandez de Cordova, eccetera, fu con rimedii straordinarii e rigorosi provvisto alle oppressioni, concussioni[29] *et atti tirannici che alcuni ardiscono di commettere contro questi Vassalli*[30] *tanto divoti di S. M., ad ogni modo la frequenza degli eccessi, e la malitia,*[31] *eccetera, è cresciuta a segno, che ha posto in necessità l'Eccell. Sua, eccetera. Onde, col parere del Senato et di una Giunta, eccetera, ha risoluto che si pubblichi la presente.*

«E cominciando dagli atti tirannici, mostrando l'esperienza che molti, così nelle Città, come nelle Ville…[32] *sentite? di questo Stato, con tirannide esercitano concussioni et opprimono i più deboli in varii modi, come in operare*[33] *che si facciano contratti violenti*[34] *di compre, d'affitti…* eccetera: dove sei? ah! ecco; sentite: *che seguano o non seguano matrimonii.* Eh?».

«È il mio caso», disse Renzo.

«Sentite, sentite, c'è ben altro; e poi vedremo la pena. *Si testifichi,*[35] *o non si testifichi, che uno si parta dal luogo dove abita, eccetera; che quello paghi un debito; quell'altro non lo molesti, quello vada al suo molino*: tutto questo non ha che far con noi. Ah ci siamo: *quel prete non faccia quello che è obbligato per l'uficio suo,*[36] *o faccia cose che non gli toccano.* Eh»?

«Pare che abbian fatta la grida apposta per me».[37]

«Eh? non è vero? sentite, sentite: *et altre simili violenze, quali seguono da feudatarii, nobili, mediocri,*[38] *vili, e plebei.* Non se ne scappa: ci son tutti: è come la valle di Giosafat.[39] Sentite ora la pena. *Tutte queste et altre simili male attioni*[40] *benché siano proibite, nondimeno, convenendo metter mano a maggior rigore,*[41] *S. E., per la presente, non derogando,*[42] *eccetera, ordina e comanda che contra li contravventori in qualsivoglia dei suddetti capi,*[43] *o altro simile, si proceda da tutti li giudici ordinarii di questo Stato a pena pecuniaria*[44] *e corporale, ancora di relegatione*[45] *o di galera, e fino alla morte…* una piccola bagattella! *all'arbitrio dell'Eccellenza Sua,*

24 contemplato: *previsto [dalla legge]*.
25 attuale signor governatore: Gonzalo Fernández de Córdoba (1585-1635).
26 staio: recipiente usato per misurare il grano o altri cereali.
27 son quelle che fanno più paura: Azzeccagarbugli enfatizza la pericolosità della situazione per rendere insostituibile, agli occhi di Renzo, il proprio patrocinio. Ma sulla pericolosità delle gride, e dunque sulla loro efficacia repressiva, Azzecca-garbugli non poteva non avere qualche dubbio.
28 sciorinata: *aperta*.
29 *concussioni*: *estorsioni*.
30 *Vassalli*: *sudditi*.
31 *malitia*: *malvagità*.
32 *Ville*: *villaggi*.
33 *operare*: *far sì che*.
34 *violenti*: *imposti con la forza*.
35 *Si testifichi*: *si testimoni*.
36 *uficio suo*: *la sua funzione, il suo compito*.
37 apposta per me: *a mia difesa*. Queste parole di Renzo vengono recepite a rovescio da Azzecca-garbugli, che, immaginando di avere di fronte un bravo **matricolato** (▶ nota 49), intende 'a mio danno'.
38 *mediocri*: *uomini del ceto medio*.
39 la valle di Giosafat: la valle che Gesù attraversò mentre saliva al Calvario; in essa si raduneranno tutti i vivi e i morti nel giorno del Giudizio universale.
40 *male attioni*: *cattive azioni*.
41 *metter mano a maggior rigore*: *stabilire regole più severe*.
42 *non derogando*: *non modificando [ciò che era stato stabilito dalle gride precedenti]*.
43 *capi*: *capi d'accusa*.
44 *pena pecuniaria*: in denaro.
45 *relegatione*: *allontanamento forzato*.

o del Senato, secondo la qualità dei casi, persone e circostanze. E questo ir-re-mis-si-bil-mente e con ogni rigore, eccetera. Ce n'è della roba, eh? E vedete qui le sottoscrizioni: *Gonzalo Fernandez de Cordova*; e più in giù: *Platonus*; e qui ancora: *Vidit Ferrer*.[46] non ci manca niente».

Mentre il dottore leggeva, Renzo gli andava dietro lentamente con l'occhio, cercando di cavar il costrutto[47] chiaro, e di mirar[48] proprio quelle sacrosante parole, che gli parevano dover essere il suo aiuto. Il dottore, vedendo il nuovo cliente più attento che atterrito, si maravigliava. Che sia matricolato[49] costui, pensava tra sé. «Ah! ah!» gli disse poi: «vi siete però fatto tagliare il ciuffo.[50] Avete avuto prudenza: però, volendo mettervi nelle mie mani, non faceva bisogno. Il caso è serio; ma voi non sapete quel che mi basti l'animo di fare, in un'occasione».

Per intender quest'uscita del dottore, bisogna sapere, o rammentarsi che, a quel tempo, i bravi di mestiere, e i facinorosi[51] d'ogni genere, usavan portare un lungo ciuffo, che si tiravan poi sul volto, come una visiera, all'atto d'affrontar qualcheduno, ne' casi in cui stimasser necessario di travisarsi,[52] e l'impresa fosse di quelle, che richiedevano nello stesso tempo forza e prudenza. Le gride non erano state in silenzio su questa moda. *Comanda Sua Eccellenza* (il marchese de la Hynojosa)[53] *che chi porterà i capelli di tal lunghezza che coprano il fronte fino alli cigli esclusivamente,*[54] *ovvero porterà la trezza,*[55] *o avanti o dopo le orecchie, incorra la pena di trecento scudi; et in caso d'inhabilità,*[56] *di tre anni di galera, per la prima volta, e per la seconda, oltre la suddetta, maggiore ancora, pecuniaria et corporale, all'arbitrio di Sua Eccellenza.*

Permette però che, per occasione di trovarsi alcuno calvo, o per altra ragionevole causa di segnale o ferita, possano quelli tali, per maggior decoro e sanità loro, portare i capelli tanto lunghi, quanto sia bisogno per coprire simili mancamenti[57] *e niente di più; avvertendo bene a non eccedere il dovere e pura necessità, per (non) incorrere nella pena agli altri contraffacienti*[58] *imposta.*

E parimenti comanda a' barbieri, sotto pena di cento scudi o di tre tratti di corda[59] *da esser dati loro in pubblico, et maggiore anco corporale,*[60] *all'arbitrio come sopra, che non lascino a quelli che toseranno, sorte alcuna di dette trezze, zuffi, rizzi,*[61] *né capelli più lunghi dell'ordinario, così nella fronte come dalle bande,*[62] *e dopo le orecchie, ma che siano tutti uguali, come sopra, salvo nel caso dei calvi, o altri difettosi, come si è detto.* Il ciuffo era dunque quasi una parte dell'armatura, e un distintivo de' bravacci e degli scapestrati; i quali poi da ciò vennero comunemente chiamati ciuffi. Questo termine è rimasto e vive tuttavia, con significazione più mitigata, nel dialetto: e non ci sarà forse nessuno de' nostri lettori milanesi, che non si rammenti d'aver sentito, nella sua fanciullezza, o i parenti, o il maestro, o qualche amico di casa, o qualche altra persona di servizio, dir di lui: è un ciuffo, è un ciuffetto.

«In verità, da povero figliuolo», ripose Renzo, «io non ho mai portato ciuffo in vita mia».

«Non facciam niente», rispose il dottore, scotendo il capo, con un sorriso, tra malizioso e impaziente. «Se non avete fede in me, non facciam niente. Chi dice le bugie al dottore, vedete figliuolo, è uno sciocco che dirà la verità al giudice. All'avvocato bisogna raccontar le cose chiare: a noi tocca poi a imbrogliarle.[63] Se volete ch'io v'aiuti, bisogna dirmi tutto, dall'a fino alla zeta, col cuore in mano, come al confessore.

46 *Platonus... Ferrer*: *Platonus* sta per Marco Antonio Platone, compilatore della grida; ***Vidit Ferrer*** è il visto di Antonio Ferrer, gran cancelliere spagnolo dello Stato di Milano dal 1619 al 1634.
47 costrutto: *significato.*
48 mirar: *osservare, guardare con attenzione.*
49 matricolato: indica chi è iscritto nel registro della polizia e dunque è recidivo. È l'impassibilità di Renzo di fronte al crescendo di pene (**fino alla morte**) previste dalle grida ad autorizzare per Azzecca- garbugli l'ipotesi di avere davanti un bravo **matricolato**.
50 ciuffo: i bravi si distinguevano perché portavano un ciuffo di capelli più lunghi sulla fronte.
51 facinorosi: *violenti.*
52 travisarsi: *camuffarsi.*
53 il marchese de la Hynojosa: un precedente governatore di Milano, già nominato nel primo capitolo.
54 *coprano... esclusivamente*: *che coprano la fronte solo fino alle sopracciglia.*
55 *trezza*: *treccia.*
56 *inhabilità*: *mancato pagamento.*
57 *mancamenti*: *difetti.*
58 *contraffacienti*: *contravventori.*
59 *tre tratti di corda*: una pena corporale.
60 *maggiore anco corporale*: [*pena*] *corporale ancora più grave.*
61 *che non lascino... rizzi*: *che non lascino, a coloro che raseranno, alcuna traccia delle suddette trecce, ciuffi, ricci.*
62 *dalle bande*: *ai lati.*
63 Chi dice le bugie... imbrogliarle: nelle parole di Azzecca-garbugli si riflette un totale rovesciamento dei dati reali, dettato dalla logica dei rapporti di forza: chi dice **la verità al giudice** è uno **sciocco** e il compito dell'avvocato è quello di "imbrogliare" **le cose chiare**.

Dovete nominarmi la persona da cui avete avuto il mandato: sarà naturalmente persona di riguardo; e, in questo caso, io anderò da lui, a fare un atto di dovere. Non gli dirò, vedete, ch'io sappia da voi, che v'ha mandato lui: fidatevi. Gli dirò che vengo ad implorar la sua protezione, per un povero giovine calunniato. E con lui prenderò i concerti[64] opportuni, per finir l'affare lodevolmente. Capite bene che, salvando sé, salverà anche voi. Se poi la scappata[65] fosse tutta vostra, via, non mi ritiro: ho cavato altri da peggio imbrogli… Purché non abbiate offeso persona di riguardo,[66] intendiamoci, m'impegno a toglierví d'impiccio: con un po' di spesa, intendiamoci. Dovete dirmi chi sia l'offeso, come si dice: e, secondo la condizione, la qualità e l'umore dell'amico, si vedrà se convenga più di tenerlo a segno[67] con le protezioni, o trovar qualche modo d'attaccarlo noi in criminale,[68] e mettergli una pulce nell'orecchio; perché vedete, a saper ben maneggiare le gride, nessuno è reo, e nessuno è innocente.[69] In quanto al curato, se è persona di giudizio, se ne starà zitto; se fosse una testolina,[70] c'è rimedio anche per quelle. D'ogni intrigo si può uscire; ma ci vuole un uomo: e il vostro caso è serio; serio, vi dico, serio: la grida canta chiaro; e se la cosa si deve decider tra la giustizia e voi, così a quattr'occhi, state fresco. Io vi parlo da amico: le scappate bisogna pagarle: se volete passarvela liscia, danari e sincerità, fidarvi di chi vi vuol bene, ubbidire, far tutto quello che vi sarà suggerito».

Mentre il dottore mandava fuori tutte quelle parole, Renzo lo stava guardando con un'attenzione estatica,[71] come un materialone[72] sta sulla piazza guardando al giocator di bussolotti,[73] che, dopo essersi cacciata in bocca stoppa e stoppa e stoppa, ne cava nastro e nastro e nastro, che non finisce mai. Quand'ebbe però capito bene cosa il dottore volesse dire, e quale equivoco avesse preso, gli troncò il nastro in bocca,[74] dicendo: «oh, signor dottore, come l'ha intesa? l'è proprio tutta al rovescio.[75] Io non ho minacciato nessuno; io non fo di queste cose, io: e domandi pure a tutto il mio comune,[76] che sentirà che non ho mai avuto che fare con la giustizia. La bricconeria l'hanno fatta a me; e vengo da lei per sapere come ho da fare per ottener giustizia; e son ben contento d'aver visto quella grida».

«Diavolo!» esclamò il dottore, spalancando gli occhi. «Che pasticci mi fate? Tant'è; siete tutti così: possibile che non sappiate dirle chiare le cose?».

«Ma mi scusi; lei non m'ha dato tempo: ora le racconterò la cosa, com'è. Sappia dunque ch'io dovevo sposare oggi», e qui la voce di Renzo si commosse, «dovevo sposare oggi una giovine, alla quale discorrevo,[77] fin da quest'estate; e oggi, come le dico, era il giorno stabilito col signor curato, e s'era disposto ogni cosa. Ecco che il signor curato comincia a cavar fuori certe scuse… basta, per non tediarla, io l'ho fatto parlar chiaro, com'era giusto; e lui m'ha confessato che gli era stato proibito, pena la vita, di far questo matrimonio. Quel prepotente di don Rodrigo…».

«Eh via!» interruppe subito il dottore, aggrottando le ciglia, aggrinzando il naso rosso, e storcendo la bocca, «eh via! Che mi venite a rompere il capo con queste fandonie? Fate di questi discorsi tra voi altri, che non sapete misurar le parole; e non venite

64 concerti: *accordi.*
65 scappata: *imprudenza.*
66 persona di riguardo: *un potente.*
67 tenerlo a segno: *tenerlo a bada.*
68 attaccarlo noi in criminale: *accusarlo di qualche crimine*; un altro esempio della logica stravolta, e cinica, di Azzecca-garbugli: qui si tratta di trasformare un offeso in offensore.
69 nessuno… innocente: l'innocenza e la colpevolezza dipendono cioè dalla lettura che viene data, secondo la convenienza, di una medesima legge, dall'abilità tecnica nel **maneggiare le gride** a scapito dell'accertamento, e del rispetto, della verità.
70 testolina: *persona testarda.*
71 estatica: *incantata.*
72 come un materialone: *come un semplicione ignorante e credulo.*
73 giocator di bussolotti: un gioco di prestigio. Azzecca-garbugli è implicitamente paragonato a un giocoliere; gli strumenti di cui si serve per il suo gioco di prestigio sono le parole. Quello del divorzio tra parole e cose, e del conseguente rischio di contraffazione della verità, è un problema drammaticamente sentito da Manzoni.
74 gli troncò il nastro in bocca: *interruppe il gioco di prestigio.* Renzo interrompe l'imbroglio di parole di Azzecca-garbugli.
75 l'è proprio tutta al rovescio: in effetti la verità di Renzo è stata completamente stravolta dalla prospettiva di un personaggio come Azzecca-garbugli, abituato a difendere i disonesti.
76 il mio comune: *i membri della comunità a cui appartengo.*
77 alla quale discorrevo: *con cui ero fidanzato.*

a farli con un galantuomo[78] che sa quanto valgono. Andate, andate; non sapete quel che vi dite: io non m'impiccio con ragazzi; non voglio sentir discorsi di questa sorte, discorsi in aria».

«Le giuro...».

«Andate, vi dico: che volete ch'io faccia de' vostri giuramenti? Io non c'entro: me ne lavo le mani». E se le andava stropicciando, come se le lavasse davvero. «Imparate a parlare: non si viene a sorprender così un galantuomo».

«Ma senta, ma senta», ripeteva indarno[79] Renzo: il dottore, sempre gridando, lo spingeva con le mani verso l'uscio; e, quando ve l'ebbe cacciato, aprì, chiamò la serva, e le disse: «restituite subito a quest'uomo quello che ha portato: io non voglio niente, non voglio niente».[80]

Quella donna non aveva mai, in tutto il tempo ch'era stata in quella casa, eseguito un ordine simile: ma era stato proferito[81] con una tale risoluzione, che non esitò a ubbidire. Prese le quattro povere bestie, e le diede a Renzo, con un'occhiata di compassione sprezzante, che pareva volesse dire: bisogna che tu l'abbia fatta bella. Renzo voleva far cerimonie;[82] ma il dottore fu inespugnabile; e il giovine, più attonito e più stizzito che mai, dovette riprendersi le vittime rifiutate, e tornar al paese, a raccontar alle donne il bel costrutto[83] della sua spedizione.

da A. Manzoni, *I promessi sposi*, cit.

78 Che mi venite... galantuomo: è il culmine del rovesciamento del significato delle parole: la verità è definita **fandonie** (*finzioni*) mentre Azzecca-garbugli, tessitore di imbrogli al servizio dei potenti, si dice un **galantuomo**.

79 indarno: *invano*.

80 restituite... niente: Azzecca-garbugli è talmente terrorizzato all'idea di procurare qualche fastidio a don Rodrigo che rinuncia anche ai capponi.

81 proferito: *pronunciato*.

82 far cerimonie: *fare i complimenti*, cioè schermirsi, non accettare la riconsegna dei capponi che sanciva il fallimento della spedizione a Lecco.

83 costrutto: *risultato*.

Lavoriamo sul testo

Leggere e capire

Collocazione del testo Il brano corrisponde alla seconda parte del capitolo III. Nelle pagine precedenti Lucia ha rivelato alla madre e a Renzo di essere stata fermata per strada da don Rodrigo (► T8). Le pagine successive sono occupate da avvenimenti contemporanei al viaggio di Renzo a Lecco: mentre questo si allontana dalla casa delle due donne, esse ricevono la visita di fra Galdino, un frate cercatore, che racconta la storia del miracolo delle noci avvenuto nelle vicinanze di un convento. Il brano si colloca, dunque, fra un momento chiarificatore – nel quale l'ingiustizia è ricondotta a una spiegazione – e un racconto edificante, espressione di una saggezza popolare e di una fede non problematica. L'episodio di Azzecca-garbugli, in cui Renzo sperimenta la fine della trasparenza fra parole e cose, spicca perché collocato fra due momenti in cui, invece, si manifesta una fiducia nella possibilità di attribuire un significato chiaro e una spiegazione sicura ai fatti, sia che questi riguardino la giustizia terrena sia che rimandino a un piano soprannaturale.

Suddivisione del testo Il brano si articola in cinque sequenze narrative.

La prima (rr. 1-19) si svolge nella casa di Lucia e Agnese ed è occupata, in gran parte, dalle parole di Agnese.

La seconda (rr. 20-34) racconta il viaggio di Renzo verso Lecco con i quattro capponi.

Nella terza (rr. 35-54) la scena si sposta nella città e comprende l'ingresso di Renzo nello studio di Azzecca-garbugli.

La quarta parte (rr. 55-166), che è la più lunga, contiene il colloquio di Renzo con Azzecca-garbugli e la nascita dell'equivoco per cui Renzo è scambiato per un bravo.

Infine, la quinta scena (rr. 167-206) è quella della soluzione finale: lo scioglimento dell'equivoco e la cacciata di Renzo. Per la maggior parte la narrazione procede nella forma della mimesi: queste pagine sono, infatti, ricche di parti dialogate e di discorsi diretti dei personaggi.

Analizzare

Il sistema dei personaggi Nel personaggio di Agnese il realismo di Manzoni trova una felice riuscita: nelle sue parole si riflette la saggezza popolare, sia sul piano dei contenuti, sia su quello delle espressioni. Dopo la breve apparizione di Agnese, dominano la scena Renzo e Azzecca-garbugli. Lo studio di Azzecca-garbugli, un misto di sfarzo e incuria, ben rispecchia le caratteristiche del personaggio. Il gusto del potere e la prospettiva del guadagno lo inducono ad assumere toni ed espressioni tali da accentuare la propria importanza, la propria capacità e il proprio coraggio; dopodiché, al nome di don Rodrigo, la paura lo induce a rinunciare anche ai capponi offerti da Renzo. Il colloquio con Renzo procede interamente sotto il dominio del fraintendimento; lo scioglimento dell'equivoco ne provocherà l'interruzione. La comunicazione si dà solo in una forma rovesciata, dato che ciascuno dei due interlocutori ha un'idea sbagliata dell'altro: Renzo crede l'avvocato un difensore degli innocenti, mentre Azzecca-garbugli pensa che il giovane sia un bravo. Agli occhi di Renzo, che non capisce, Azzecca-garbugli imbroglia tutte le carte, volgendo la «stoppa» in «nastro» e confondendo il rapporto tra i nomi e i significati. Mentre dal punto di vista dell'avvocato è Renzo che fa i «discorsi in aria» e racconta «fandonie».

I diversi luoghi e i cambiamenti di Renzo L'episodio accade nel pomeriggio del giorno 8 novembre 1628. Nella parte che abbiamo riportato lo scenario muta due volte: dallo spazio della casa di Lucia nel paese a quello esterno della strada per Lecco, fino a quello di un altro interno, lo studio di Azzecca-garbugli. È interessante seguire i cambiamenti del personaggio di Renzo nel passaggio dall'uno all'altro. Mentre lo troviamo al massimo della sicurezza e della combattività in presenza del luogo della strada («se n'andò per viottole, fremendo, ripensando alla sua disgrazia, e ruminando il discorso da fare al dottor Azzecca-garbugli», rr. 25-27), negli interni mostra più facilmente delle debolezze. Inoltre, se nell'ambiente del paese Renzo è a proprio agio e presenta spirito di iniziativa («Renzo abbracciò molto volentieri questo parere; [...] date e ricevute parole di speranza, uscì dalla parte dell'orto, per non essere veduto da' ragazzi», rr. 20-24), in città, in un luogo sconosciuto, si mostra impacciato e inadeguato («All'entrare, si sentì preso da quella suggezione che i poverelli illetterati provano in vicinanza d'un signore e d'un dotto, e dimenticò tutti i discorsi che aveva preparati; [...] ritto davanti alla tavola, con una mano nel cocuzzolo del cappello, che faceva girar con l'altra», rr. 36-37 e 56-58). Questo dato sarà, del resto, confermato nei due viaggi di Renzo a Milano, nella circostanza dei tumulti e durante la peste. La rappresentazione della gestualità e della mimica di Renzo durante il viaggio, che ha dei tratti di esagerazione comica, vuole esprimere la precarietà di questo coraggio, che infatti dopo poco viene meno. L'ironia del narratore mette in luce tutta l'ingenuità del personaggio.

Il punto di vista narrativo Allo sguardo dall'alto del narratore onnisciente – che riferisce lo stato d'animo di Renzo, descrive lo studio di Azzecca-garbugli e spiega il contenuto delle gride – si alterna l'ottica straniata di Renzo, che paragona le mani di Azzecca-garbugli nel caos delle sue carte a quelle di chi mette «grano in uno staio» e i suoi discorsi ai giochi di prestigio di un «giocator di bussolotti, che, dopo essersi cacciata in bocca stoppa e stoppa e stoppa, ne cava nastro e nastro e nastro». Il punto di vista di Renzo, che non capisce, accentua l'impressione di un mondo capovolto, in cui i rapporti morali e il senso della giustizia sono stravolti.

Le scelte stilistiche Per quanto riguarda lo stile, abbiamo in queste pagine un esempio di plurilinguismo e di pluristilismo: vi trovano spazio il linguaggio tecnico-giuridico (nelle parole di Azzecca-garbugli), quello secentesco delle gride, il linguaggio popolare (nelle similitudini di Renzo e nel discorso di Agnese), il gergo dei prepotenti (nelle parole di Azzecca-garbugli).

Interpretare e approfondire

Il mondo alla rovescia Il caos dello studio di Azzecca-garbugli non deve ingannare. Non è la rappresentazione di un mondo senza alcun ordine: l'ordine c'è, ed è quello di un mondo alla rovescia. Renzo ne esce sconfitto perché non ha gli strumenti per capirlo; e non ha gli strumenti per capirlo perché è un "poverello". La logica di questo mondo è semplice: la legge tutela i più forti, garantisce chi commette dei soprusi, chi ha i mezzi per corrompere, chi ha la protezione dei potenti.

Tutta la scena è costruita su un equivoco. Azzecca-garbugli crede che Renzo sia un "bravo", e Renzo non è in grado, fin quasi alla fine, di raccontare la sua storia. Si confrontano due usi impropri della parola. Il linguaggio di Azzecca-garbugli mostra un uso della parola che corrompe, sfarzoso ma segno di degrado morale; il linguaggio di Renzo, invece, è un esempio dell'uso di parole inadeguate, quasi mute. Renzo lo dice, all'inizio del colloquio: «Lei m'ha da scusare: noi altri poveri non sappiamo parlar bene». (r. 55) In questa giustificazione c'è già tutta la subalternità di Renzo, l'incapacità di avere un proprio discorso, l'esclusione dalla cultura dominante.

Azzecca-garbugli e l'uso distorto della cultura Il personaggio di Azzecca-garbugli serve a Manzoni per rappresentare l'uso distorto della giustizia e delle cultura: l'avvocato mostra infatti di essere in possesso sì di una certa cultura, ma che, a un'analisi più approfondita, si rivela piena di inutili citazioni, di una retorica vuota e adatta solo a celebrare se stesso e le sue presunte conoscenze in ambito giuridico. Inoltre, una volta sentito il nome di don Rodrigo, Azzecca-garbugli si tira subito indietro: intimorito da una possibile vendetta del signorotto, rifiuta addirittura i capponi che Renzo gli aveva portato come ricompensa. Renzo, che chiede giustizia, è cacciato dallo studio di un avvocato che difende i colpevoli e impiega la propria cultura giuridica a questo scopo («a saper ben maneggiare le gride, nessuno è reo, e nessuno è innocente», rr. 159-160).

Esercizi

Prima prova A • L'analisi del testo

Comprendere

1 Nello studio dell'avvocato

– Che cosa porta Renzo all'avvocato come ricompensa della sua consulenza?

....

– Che cosa pensa Azzecca-garbugli appena vede Renzo?

....

– Come si conclude la scena?

....

Analizzare

2 Azzecca-garbugli e il suo studio

La presentazione dell'avvocato Azzecca-garbugli passa attraverso la descrizione dell'ambiente in cui egli vive: i particolari e gli aggettivi rivelano l'evidente squallore dello studio e del suo proprietario. Rileggi la sequenza relativa alla descrizione e riporta in una tabella come questa gli aggettivi che si riferiscono all'ambiente e quelli che si riferiscono alla sua persona.

aggettivi riferiti allo studio	aggettivi riferiti ad Azzecca-garbugli
....	....
....	....

3 Lo stile

Nel brano proposto i personaggi usano stili e registri linguistici diversi a seconda delle loro caratteristiche psicologiche e soprattutto culturali. Unisci con una freccia l'espressione riportata come esempio al relativo stile di appartenenza e al personaggio che la pronuncia.

1. «Ho visto io più d'uno ch'era più impicciato che un pulcin nella stoppa»
2. «quello è una cima d'uomo»
3. «Avete fatto bene a venir da me. È un caso chiaro, contemplato in cento gride»
4. «Ecco che il signor curato comincia a cavar fuori certe scuse...»
5. «figliolo, ditemi il vostro caso»

a. Agnese
b. Renzo
c. Azzecca- garbugli

A. modi di dire
B. popolare
C. aulico
D. dialettale
E. formale
F. tecnico

4 Le scene comiche

Nel brano prevale il tono comico legato al personaggio dell'avvocato. Individua e sottolinea almeno tre delle espressioni o situazioni in cui ciò è più evidente.

Interpretare e approfondire

5 La cultura di Azzecca-garbugli

Che tipo di cultura ha l'avvocato Azzecca-garbugli? Quale uso ne fa?

T10

Le forme
- linguaggio biblico opposto al linguaggio cavalleresco

I temi
- arroganza e sopraffazione dei potenti

La «predizione» di padre Cristoforo

Padre Cristoforo, dopo aver assistito alle oziose discussioni che si tengono nel palazzotto di don Rodrigo, è finalmente ammesso a parlare con lui. Di fronte alla sua superbia e alla sua insolenza, il frate si sforza di mantenere un contegno umile e dimesso: chiede solo che Lucia non venga turbata. Ma don Rodrigo propone sfacciatamente che la giovane sia messa sotto la sua protezione. Allora padre Cristoforo non trattiene più lo sdegno e, dopo aver maledetto don Rodrigo, gli profetizza che la collera di Dio si abbatterà su di lui.

Don Rodrigo intanto dava dell'occhiate al solo che stava zitto; e lo vedeva sempre lì fermo, senza dar segno d'impazienza né di fretta, senza far atto che tendesse a ricordare che stava aspettando;[1] ma in aria[2] di non voler andarsene, prima d'essere stato ascoltato. L'avrebbe mandato a spasso volentieri, e fatto di meno di quel colloquio; ma congedare un cappuccino, senza avergli dato udienza, non era secondo le regole della sua politica.[3] Poiché la seccatura non si poteva scansare,[4] si risolvette d'affrontarla[5] subito, e di liberarsene; s'alzò da tavola, e seco tutta la rubiconda brigata,[6] senza interrompere il chiasso. Chiesta poi licenza[7] agli ospiti, s'avvicinò, in atto contegnoso,[8] al frate, che s'era subito alzato con gli altri; gli disse: «eccomi a' suoi comandi»; e lo condusse in un'altra sala.

«In che posso ubbidirla?»[9] disse don Rodrigo, piantandosi in piedi nel mezzo della sala. Il suono delle parole era tale; ma il modo con cui eran proferite,[10] voleva dir chiaramente: bada a chi sei davanti, pesa le parole,[11] e sbrigati.

Per dar coraggio al nostro fra Cristoforo, non c'era mezzo più sicuro e più spedito, che prenderlo con maniera arrogante.[12]

Egli che stava sospeso,[13] cercando le parole, e facendo scorrere tra le dita le ave marie della corona[14] che teneva a cintola,[15] come se in qualcheduna di quelle sperasse di trovare il suo esordio,[16] a quel fare[17] di don Rodrigo, si sentì subito venir sulle labbra più parole del bisogno.[18] Ma pensando quanto importasse di non guastare i fatti suoi o, ciò ch'era assai più, i fatti altrui,[19] corresse e temperò[20] le frasi che gli si eran presentate alla mente, e disse, con guardinga[21] umiltà: «vengo a proporle un atto di giustizia, a pregarla d'una carità. Cert'uomini di mal affare hanno messo innanzi[22] il nome di vossignoria illustrissima, per far paura a un povero curato, e impedirgli di compiere il suo dovere, e per soverchiare[23] due innocenti. Lei può, con una parola, confonder[24] coloro, restituire al diritto la sua forza, e sollevar[25] quelli a cui è fatta una così crudel violenza. Lo può; e potendolo... la coscienza, l'onore...».

1 Don Rodrigo... aspettando: padre Cristoforo (il **solo che stava zitto**) è stato ricevuto in sala da pranzo e attende di parlare con il padrone di casa. **Atto:** *gesto.*
2 in aria: *con l'aria, con l'atteggiamento.*
3 politica: *modo di comportarsi.*
4 scansare: *evitare.*
5 si risolvette d'affrontarla: *si decise ad affrontarla.*
6 e seco... brigata: *e con lui* [*si alzò*] *tutta l'allegra compagnia.* **Rubiconda** (*rossa*) è detto in senso ironico e allude agli effetti del vino sui convitati.
7 licenza: *permesso.* Gli ospiti sono il conte Attilio (cugino di don Rodrigo) e altri notabili del luogo impegnati a discutere della guerra in corso per la successione del ducato di Mantova e di futili questioni d'onore.
8 in atto contegnoso: *con atteggiamento serioso.*
9 ubbidirla: *servirla*; è una formula di cortesia, ben lontana dalla realtà delle cose.
10 proferite: *pronunciate.*
11 pesa le parole: *attento a come parli.*
12 Per dar... arrogante: perché, per il suo carattere fiero, padre Cristoforo non teme i superbi e i violenti, ma, al contrario, di fronte a essi trova nuova forza. **Spedito:** *rapido*; **prenderlo:** *trattarlo.*
13 sospeso: *esitante.*
14 le ave marie della corona: [*i grani*] *della corona* [*del rosario corrispondenti all'*] *Ave Maria.* I grani della corona del rosario indicano ciascuno una preghiera: quelli per l'*Ave Maria* sono cinque decine, precedute ciascuna da grani più grossi per il *Padre nostro*, il *Gloria al Padre* e uno dei misteri della fede.
15 a cintola: *alla cintura*, secondo l'abito dei cappuccini.
16 il suo esordio: *il punto da cui iniziare* [*a parlare*].
17 fare: *comportamento.*
18 del bisogno: *del necessario.*
19 non guastare... altrui: *non rovinare i propri interessi o, cosa che contava* (**era**) *molto* [*di*] *più, gli interessi di altri* [: di Renzo e Lucia]. Cristianamente, padre Cristoforo tiene più al prossimo che a se stesso.
20 temperò: *moderò.*
21 guardinga: *cauta.*
22 messo innanzi: *fatto.*
23 soverchiare: *compiere un sopruso contro.*
24 confonder: *intimorire.*
25 sollevar: *risollevare.*

«Lei mi parlerà della mia coscienza, quando verrò a confessarmi da lei. In quanto al mio onore, ha da[26] sapere che il custode ne son io, e io solo; e che chiunque ardisce entrare a parte con me di questa cura, lo riguardo come il temerario che l'offende».[27]

Fra Cristoforo, avvertito da queste parole che quel signore cercava di tirare al peggio le sue, per volgere il discorso in contesa, e non dargli luogo di venire alle strette,[28] s'impegnò tanto più alla sofferenza;[29] risolvette di mandar giù qualunque cosa piacesse all'altro di dire, e rispose subito, con un tono sommesso: «se ho detto cosa che le dispiaccia, è stato certamente contro la mia intenzione. Mi corregga pure, mi riprenda, se non so parlare come si conviene; ma si degni[30] ascoltarmi. Per amor del cielo, per quel Dio, al cui cospetto dobbiam tutti comparire...» e, così dicendo, aveva preso tra le dita, e metteva davanti agli occhi del suo accigliato ascoltatore il teschietto di legno attaccato alla sua corona,[31] «non s'ostini a negare una giustizia[32] così facile, e così dovuta a de' poverelli. Pensi che Dio ha sempre gli occhi sopra di loro, e che le loro grida, i loro gemiti sono ascoltati lassù. L'innocenza è potente al suo...».[33]

«Eh, padre!» interruppe bruscamente don Rodrigo: «il rispetto ch'io porto al suo abito[34] è grande: ma se qualche cosa potesse farmelo dimenticare, sarebbe il vederlo indosso a uno che ardisse di venire a farmi la spia in casa».

Questa parola fece venir le fiamme sul viso[35] del frate: il quale però, col sembiante di chi inghiottisce[36] una medicina molto amara, riprese: «lei non crede che un tal titolo mi si convenga.[37] Lei sente in cuor suo, che il passo ch'io fo[38] ora qui, non è né vile né spregevole. M'ascolti, signor don Rodrigo; e voglia il cielo che non venga un giorno in cui si penta di non avermi ascoltato. Non voglia metter la sua gloria...[39] qual gloria, signor don Rodrigo! qual gloria dinanzi agli uomini! E dinanzi a Dio! Lei può molto quaggiù; ma...».

«Sa lei», disse don Rodrigo, interrompendolo, con istizza, ma non senza qualche raccapriccio,[40] «sa lei che, quando mi viene lo schiribizzo[41] di sentire una predica, so benissimo andare in chiesa, come

▼ Don Rodrigo dà udienza a padre Cristoforo in un disegno di Giorgio Scarpati, 1972. Collezione privata.

26 ha da: *deve.*
27 e che chiunque... offende: *e che considero* (**riguardo come**) *uno sfrontato* (**temerario**) *che lo* [: il mio onore] *offende chiunque abbia il coraggio* (**ardisce**) *di partecipare con me* [: intromettersi] *in* (**di**) *questa occupazione* (**cura**). Don Rodrigo usa il linguaggio formale e ampolloso del codice dell'onore seicentesco.
28 tirare... strette: *interpretare nel modo peggiore le sue* [*parole*], *per trasformare il discorso in una lite* (**contesa**) *e non dargli occasione* (**luogo**) *di arrivare al sodo.*
29 sofferenza: *sopportazione.*
30 si degni: *abbia la gentilezza di.*
31 il teschietto... corona: quello che ricorda ai francescani la vanità delle cose terrene.
32 una giustizia: *un atto di giustizia.*
33 al suo...: sott. 'cospetto'.
34 al suo abito: *al suo ordine.*
35 fece... viso: *fece arrossire violentemente.*
36 col sembiante... inghiottisce: *con l'aspetto di uno che inghiotte.*
37 che un tal... convenga: *che un tale epiteto* [: quello di spia] *mi si addica.*
38 il passo ch'io fo: *il gesto che io compio* (**fo** = *faccio*, toscano).
39 Non... gloria: *non metta il suo potere* [*in un'azione così indegna*].
40 raccapriccio: *spavento.*
41 schiribizzo: *strana voglia, capriccio.*

fanno gli altri? Ma in casa mia! Oh!» e continuò, con un sorriso forzato di scherno:[42] «lei mi tratta da più di quel che sono.[43] Il predicatore in casa! Non l'hanno i principi».

«E quel Dio che chiede conto ai principi della parola che fa loro sentire,[44] nelle loro regge; quel Dio le usa ora un tratto[45] di misericordia, mandando un suo ministro,[46] indegno e miserabile, ma[47] un suo ministro, a pregar per una innocente...».

«In somma, padre», disse don Rodrigo, facendo atto di andarsene, «io non so quel che lei voglia dire: non capisco altro se non che ci dev'essere qualche fanciulla che le preme molto.[48] Vada a far le sue confidenze a chi le piace; e non si prenda la libertà d'infastidir più a lungo un gentiluomo».

Al muoversi di don Rodrigo, il nostro frate gli s'era messo davanti, ma con gran rispetto; e, alzate le mani, come per supplicare e per trattenerlo ad un punto,[49] rispose ancora: «la[50] mi preme, è vero, ma non più di lei;[51] son due anime che, l'una e l'altra, mi premon più del mio sangue. Don Rodrigo! io non posso far altro per lei, che pregar Dio; ma lo farò ben di cuore. Non mi dica di no: non voglia tener nell'angoscia e nel terrore una povera innocente. Una parola di lei può far tutto».

«Ebbene», disse don Rodrigo, «giacché lei crede ch'io possa far molto per questa persona; giacché questa persona le sta tanto a cuore...».

«Ebbene?», riprese ansiosamente il padre Cristoforo, al quale l'atto e il contegno[52] di don Rodrigo non permettevano d'abbandonarsi alla speranza che parevano annunziare quelle parole.

«Ebbene, la consigli di venire a mettersi sotto la mia protezione. Non le mancherà più nulla, e nessuno ardirà d'inquietarla, o ch'io non son cavaliere».[53]

A siffatta[54] proposta, l'indegnazione del frate, rattenuta[55] a stento fin allora, traboccò. Tutti que' bei proponimenti di prudenza e di pazienza andarono in fumo: l'uomo vecchio si trovò d'accordo col nuovo,[56] e, in que' casi, fra Cristoforo valeva veramente per due. «La vostra protezione!» esclamò, dando indietro due passi, postandosi[57] fieramente sul piede destro, mettendo la destra[58] sull'anca, alzando la sinistra con l'indice teso verso don Rodrigo, e piantandogli in faccia due occhi infiammati: «la vostra protezione! È meglio che abbiate parlato così, che abbiate fatta a me una tale proposta. Avete colmata la misura;[59] e non vi temo più».

«Come parli, frate?...».[60]

«Parlo come si parla a chi è abbandonato da Dio, e non può più far paura.[61] La vostra protezione! Sapevo bene che quella innocente è sotto la protezione di Dio; ma voi, voi me lo fate sentire ora, con tanta certezza, che non ho più bisogno di riguardi a parlarvene. Lucia, dico: vedete come io pronunzio questo nome con la fronte alta, e con gli occhi immobili».

«Come! in questa casa...».[62]

«Ho compassione di questa casa: la maledizione le sta sopra sospesa. State a vedere che la giustizia di Dio avrà riguardo a quattro pietre, e suggezione di quattro sgherri.[63]

42 di scherno: *insultante.*
43 da più... sono: *per uno di condizione superiore alla mia.*
44 della parola... sentire: *dell'insegnamento che fa sentire loro* [*tramite i suoi predicatori*].
45 le usa ora un tratto: *compie ora verso di lei un gesto.*
46 un suo ministro: *un suo servitore.*
47 ma: *ma* [*pur sempre*].
48 qualche fanciulla... molto: è una bassa insinuazione.
49 ad un punto: *al tempo stesso.*
50 la: *ella*, soggetto pleonastico; toscano.
51 ma non più di lei: poiché il vero cristiano si preoccupa anche dell'anima di che pecca.
52 l'atto e il contegno: *il gesto e l'atteggiamento.*
53 o ch'io... cavaliere: don Rodrigo giura sul suo onore di nobile.
54 siffatta: *del genere.*
55 rattenuta: *trattenuta.*
56 l'uomo vecchio... nuovo: il vecchio Lodovico, con il suo carattere impetuoso, si unisce al padre Cristoforo attuale.
57 dando... postandosi: *facendo due passi indietro, fermandosi.*
58 la destra: *la mano destra.*
59 colmata la misura: *oltrepassato il limite.*
60 «Come parli, frate?»: il passaggio dal lei al tu segna la svolta nel tono del discorso (mentre padre Cristoforo è passato dal lei al voi, che esprime sempre rispetto, ma con più distacco).
61 Parlo... paura: perché, appunto, non gode della protezione di Dio, ma è stato abbandonato a se stesso.
62 «Come... casa»: perché padre Cristoforo ha il coraggio di inchiodare don Rodrigo alle sue precise responsabilità, per di più nominando una contadina di fronte a un aristocratico.
63 suggezione... sgherri: *timore di quattro* [: pochi] *bravi*; detto con disprezzo.

Voi avete creduto che Dio abbia fatta una creatura a sua immagine, per darvi il piacere di tormentarla! Voi avete creduto che Dio non saprebbe[64] difenderla! Voi avete disprezzato il suo avviso![65] Vi siete giudicato.[66] Il cuore di Faraone era indurito[67] quanto il vostro; e Dio ha saputo spezzarlo. Lucia è sicura da voi: ve lo dico io povero frate; e in quanto a voi, sentite bene quel ch'io vi prometto.[68] Verrà un giorno...».

Don Rodrigo era fin allora rimasto tra la rabbia e la maraviglia, attonito, non trovando parole; ma, quando sentì intonare una predizione,[69] s'aggiunse alla rabbia un lontano e misterioso spavento.

Afferrò rapidamente per aria quella mano minacciosa, e, alzando la voce, per troncar quella dell'infausto profeta,[70] gridò: «escimi di tra' piedi, villano temerario, poltrone incappucciato».[71]

Queste parole così chiare acquietarono in un momento il padre Cristoforo. All'idea di strapazzo e di villania era, nella sua mente, così bene, e da tanto tempo, associata l'idea di sofferenza e di silenzio, che, a quel complimento,[72] gli cadde ogni spirito[73] d'ira e d'entusiasmo, e non gli restò altra risoluzione[74] che quella d'udir tranquillamente ciò che a don Rodrigo piacesse d'aggiungere. Onde,[75] ritirata placitamente la mano dagli artigli del gentiluomo, abbassò il capo, e rimase immobile, come, al cader del vento, nel forte della burrasca,[76] un albero agitato ricompone naturalmente i suoi rami, e riceve la grandine come il ciel la manda.

«Villano rincivilito!» proseguì don Rodrigo: «tu tratti da par tuo.[77] Ma ringrazia il saio che ti copre codeste spalle di mascalzone, e ti salva dalle carezze[78] che si fanno a' tuoi pari, per insegnar loro a parlare. Esci con le tue gambe, per questa volta; e la vedremo».

Così dicendo, additò, con impero[79] sprezzante, un uscio in faccia a quello per cui erano entrati; il padre Cristoforo chinò il capo, e se n'andò, lasciando don Rodrigo a misurare, a passi infuriati, il campo di battaglia.

da A. Manzoni, *I promessi sposi*, cit.

64 saprebbe: *avrebbe saputo.*
65 avviso: *volontà*; oppure *avvertimento* (quello che viene per bocca di padre Cristoforo).
66 Vi siete giudicato: *vi siete condannato* [*con le vostre mani*].
67 Il cuore... indurito: il faraone dell'Egitto fu punito da Dio per la sua durezza contro il popolo d'Israele, che teneva in schiavitù (lo racconta il libro dell'Esodo nella Bibbia, che in questa frase è citato direttamente).
68 prometto: *predìco.*
69 predizione: *profezia.*
70 per troncar... profeta: *per interrompere quella* [: la voce] *del profeta di sventure* (**infausto**).
71 escimi... incappucciato: *fuori dai* (**tra'** = *tra i*) *piedi, sfrontato d'un plebeo* (*villano*), *cafone col cappuccio*; ma **incappucciato** allude irrispettosamente all'abito dei cappuccini.
72 a quel complimento: antifrasi.
73 spirito: *sentimento.*
74 risoluzione: *scelta.*
75 Onde: *e perciò.*
76 come... burrasca: *come quando si attenua il vento, nel culmine del temporale*; similitudine.
77 Villano... par tuo: *plebeo travestito da persona civile! tu ti comporti da persona della tua condizione* [: riveli di essere un villano].
78 carezze: *bastonate*, ironico.
79 impero: [*gesto di*] *comando.*

Lavoriamo insieme

Leggere e capire

Com'è diviso il testo Il brano può essere diviso in tre parti:

1. don Rodrigo è a tavola; tra gli altri commensali c'è anche padre Cristoforo, che sta aspettando di parlare con lui;
2. i due si riuniscono in un'altra sala, dove padre Cristoforo chiede a don Rodrigo di fare «un atto di giustizia», ma don Rodrigo risponde con una «proposta»;
3. dopo la proposta di don Rodrigo, l'ira di padre Cristoforo esplode: ne nasce un'accesa discussione, che termina con l'uscita di padre Cristoforo dalla stanza.

1 **Qual è l'«atto di giustizia» che padre Cristoforo chiede a don Rodrigo?**

permettere il matrimonio

2 **Quale «proposta» avanza don Rodrigo al frate?**

mettersi sotto la sua protezione

3 **Individua nel testo almeno un esempio del linguaggio vuoto e sfarzoso di don Rodrigo.**

Analizzare

Due linguaggi a confronto: la profezia e l'"onore" cavalleresco I due personaggi usano linguaggi differenti: il linguaggio dell'oratoria sacra e della profezia di padre Cristoforo si scontra con il linguaggio dell'onore cavalleresco, con i suoi giri di parole e il suo inutile sfarzo.

La profezia di padre Cristoforo Il discorso di padre Cristoforo è intessuto di citazioni bibliche e culmina con l'oscura «predizione». Lo stile è sostenuto e vibrante, ma tende alla semplicità. In particolare nella predizione le frasi sono brevi e la figura retorica dominante è quella più elementare: l'anafora.

«Come parli, frate?» Il linguaggio dell'onore cavalleresco non tarda a rivelarsi linguaggio dell'arroganza e della sopraffazione (di qui gli aperti insulti: rr. 104-105 e 114-117). Lo stile di don Rodrigo oscilla fra complicati giri di parole e scomposti scatti d'ira. Il vero punto di svolta della discussione è però prima: di fronte alla reazione violenta di padre Cristoforo alla proposta di protezione per Lucia, conclusa con le sdegnate parole «Avete colmata la misura; e non vi temo più», don Rodrigo si toglie la maschera. Il passaggio dal voi al tu è emblematico anche da questo punto di vista.

4 **Individua nel testo le citazioni bibliche.**

5 **Sottolinea l'oscura «predizione» di padre Cristoforo.**

6 **Individua le anafore presenti nella predizione.**

7 **In quale punto del testo don Rodrigo comincia a dare del tu a padre Cristoforo? Quale significato assume questo cambiamento?**

Interpretare e approfondire

Caratteri a confronto Il passo presentato si basa sulla contrapposizione frontale fra padre Cristoforo, che personifica i valori positivi, e don Rodrigo, uomo potente e ingiusto.

Padre Cristoforo non è un santo perfetto, ma un uomo combattuto fra sentimenti e istinti contrastanti. L'«umiltà», cioè la virtù cristiana, è per lui una conquista che si attua quotidianamente. La compresenza di «uomo vecchio» e uomo «nuovo» esprime appunto questa complessità.

Don Rodrigo è un personaggio privo di grandezza: la sua sicurezza viene intaccata dalle parole di padre Cristoforo, ed egli mostra una mediocrità che è la misura reale della sua umanità.

8 **Quale visione emerge del clero e dell'aristocrazia del tempo?**

arrogante + non cristiano

T11

Le forme
- linguaggio del non detto

I temi
- autorità paterna
- critica all'educazione gesuitica
- corruzione del clero
- seduzione peccaminosa
- complicità criminale

La storia di Gertrude

La storia di Gertrude, contenuta nella prima digressione del romanzo, ha una funzione fondamentale nei Promessi sposi*, di cui svolge in chiave tragica alcuni grandi temi.*
Figlia di un potente signore che vuole lasciare tutto il patrimonio familiare al primogenito, Gertrude è destinata fin dalla nascita al convento. Trascorre l'infanzia in un monastero, ma sogna invece una vita in società. Dopo essere stata costretta a fare richiesta ufficiale per diventare monaca, Gertrude scrive una lettera al padre per comunicargli i suoi veri propositi. Nell'indifferenze generale alle sue volontà, trascorre nel palazzo di famiglia il mese che deve passare prima di essere esaminata. Allontanata da tutti, trattata con freddezza pesino dalla servitù, alla fine cede e, istruita dal principe padre, è ricondotta al monastero. Il mese di lontananza è trascorso, ed ora deve chiedere di essere ammessa come novizia. Si inserisce a questo punto il primo dei brani qui presentati: di fronte alla folla di curiosi e di monache, stordita, oppressa, la giovane incontra lo sguardo minaccioso del padre, e rivolge la domanda alla badessa. Viene così accolta con solenne festosità, mentre la madre superiora ricorda al principe che chi costringe i figli alla monacazione è passibile di scomunica: ma lo fa con mille cautele e per pura formalità.
Il secondo brano compie invece un salto temporale: già monaca, ma troppo giovane per essere nominata badessa, Gertrude gode di privilegi e riguardi. Un giorno dal cortile del convento vede un giovane «scellerato di professione», Egidio, che abita lì di fronte. Questi la saluta ed ella risponde alle sue attenzioni. I due intrecceranno una relazione, tenuta segreta finché una conversa, maltrattata da Gertrude in uno dei suoi scatti d'umore, non minaccia di rivelare quel che sa. La conversa scompare misteriosamente (in realtà, viene assassinata da Egidio); ma il pensiero di lei continua a tormentare Gertrude.

Senza aspettar risposta, il principe si mosse.[1] Gertrude, la principessa e il principino lo seguirono; scesero tutti le scale, e montarono in carozza. Gl'impicci e le noie del mondo,[2] e la vita beata del chiostro, principalmente[3] per le giovani di sangue nobilissimo, furono il tema della conversazione, durante il tragitto. Sul finir della strada, il principe rinnovò l'istruzioni alla figlia, e le ripeté più volte la formola della risposta.[4] All'entrare in Monza, Gertrude si sentì stringere il cuore; ma la sua attenzione fu attirata per un istante da non so quali signori che, fatta fermar la carrozza, recitarono non so qual complimento. Ripreso il cammino, s'andò quasi di passo[5] al monastero, tra gli sguardi de' curiosi, che accorrevano da tutte le parti sulla strada. Al fermarsi della carrozza, davanti a quelle mura, davanti a quella porta, il cuore si strinse ancor più a Gertrude. Si smontò[6] tra due ale di popolo, che i servitori facevano stare indietro. Tutti quegli occhi addosso alla poveretta l'obbligavano a studiar continuamente il suo contegno:[7] ma più di tutti quelli insieme, la tenevano in suggezione i due[8] del padre, a' quali essa, quantunque ne avesse così gran paura, non poteva lasciar[9] di rivolgere i suoi, ogni momento. E quegli occhi governavano[10] le sue mosse e il suo volto, come per mezzo di redini invisibili. Attraversato il primo cortile, s'entrò in un altro, e lì si vide la porta del chiostro interno, spalancata e tutta occupata da monache. Nella prima fila, la badessa circondata da anziane; dietro altre monache alla rinfusa, alcune in punta di piedi; in ultimo le converse[11] ritte sopra panchetti. Si vedevan pure qua e là luccicare a mezz'aria alcuni occhietti, spuntar qualche visino tra le tonache: eran le più destre,[12] e le più

1 Senza… si mosse: il principe ha tenuto un breve discorso a Gertrude, esortandola a comportarsi con naturalezza di fronte alla badessa, per non smentire la sua nobiltà e per non dare l'impressione di essere stata **imboccata**.
2 le noie del mondo: *i fastidi della vita in società.*
3 principalmente: *soprattutto.*
4 il principe… risposta: il padre riprende il discorso già fatto alla figlia, spiegandole ancora una volta come comportarsi di fronte alla badessa.
5 di passo: [*con un'andatura*] *a passo d'uomo.*
6 smontò: *scese.*
7 studiar… contegno: *a far continuamente attenzione al proprio modo di comportarsi.*
8 i due: *i due* [*occhi*].
9 lasciar: *evitare.*
10 governavano: *guidavano.*
11 le converse: le laiche che provvedono ai lavori manuali del convento. Pur vestendo l'abito religioso, non hanno preso i voti.
12 destre: *abili.*

coraggiose tra l'educande,[13] che, ficcandosi e penetrando tra monaca e monaca, eran riuscite a farsi un po' di pertugio,[14] per vedere anch'esse qualche cosa. Da quella calca[15] uscivano acclamazioni; si vedevan molte braccia dimenarsi, in segno d'accoglienza e di gioia. Giunsero alla porta; Gertrude si trovò a viso a viso con la madre badessa. Dopo i primi complimenti, questa, con una maniera tra il giulivo[16] e il solenne, le domandò cosa desiderasse in quel luogo, dove non c'era chi le potesse negar nulla.

«Son qui...», cominciò Gertrude; ma, al punto di proferir[17] le parole che dovevano decider quasi irrevocabilmente[18] del suo destino, esitò un momento, e rimase con gli occhi fissi sulla folla che le stava davanti. Vide, in quel momento, una di quelle sue note compagne, che la guardava con un'aria di compassione e di malizia insieme, e pareva che dicesse: ah! la c'è cascata[19] la brava. Quella vista, risvegliando più vivi nell'animo suo tutti gli antichi sentimenti, le restituì anche un po' di quel poco antico coraggio: e già stava cercando una risposta qualunque, diversa da quella che le era stata dettata,[20] quando, alzato lo sguardo alla faccia del padre, quasi per esperimentar[21] le sue forze, scorse su quella un'inquietudine così cupa, un'impazienza così minaccevole,[22] che, risoluta[23] per paura, con la stessa prontezza che[24] avrebbe preso la fuga dinanzi un oggetto terribile, proseguì: «son qui a[25] chiedere d'esser ammessa a vestir l'abito religioso, in questo monastero, dove sono stata allevata così amorevolmente». La badessa rispose subito, che le dispiaceva molto, in una tale occasione, che le regole non le permettessero di dare immediatamente una risposta, la quale doveva venire dai voti comuni delle suore, e alla quale doveva precedere la licenza[26] de' superori. Che[27] però Gertrude, conoscendo i sentimenti che s'avevan per lei in quel luogo, poteva preveder con certezza qual sarebbe questa risposta; e che intanto nessuna regola proibiva alla badessa e alle suore di manifestare la consolazione[28] che sentivano di quella richiesta. S'alzò allora un frastono confuso di congratulazioni e d'acclamazioni. Vennero subito gran guantiere[29] colme di dolci, che furon presentati, prima alla sposina,[30] e dopo ai parenti. Mentre alcune monache facevano a rubarsela,[31] e altre complimentavan la madre,[32] altre il principino, la badessa fece pregare il principe che volesse venire alla grata del parlatorio, dove l'attendeva.[33] Era accompagnata da due anziane; e quando lo vide comparire, «signor principe», disse: «per ubbidire alle regole... per adempire una formalità indispensabile, sebbene in questo caso... pure devo dirle... che, ogni volta che una figlia chiede d'essere ammessa a vestir l'abito, ... la superiora, quale io sono indegnamente, ... è obbligata d'avvertire i genitori... che se, per caso... forzassero la volontà della figlia, incorrerebbero nella scomunica. Mi scuserà...».

«Benissimo, benissimo, reverenda madre. Lodo la sua esattezza: è troppo giusto... Ma lei non può dubitare...».

«Oh! pensi, signor principe, ... ho parlato per obbligo preciso, ... del resto...».

«Certo, certo, madre badessa».

Barattate,[34] queste poche parole, i due interlocutori s'inchinarono[35] vicendevolmente, e si separarono, come se a tutt'e due pesasse di rimaner lì testa testa;[36] e anda-

13 educande: giovani educate in convento.
14 pertugio: *spazio*; propriamente, 'fessura, spiraglio'.
15 calca: *folla*.
16 giulivo: *lieto*.
17 al punto di proferir: *al momento di pronunciare*.
18 quasi irrevocabilmente: ci vorranno infatti altre formalità, e in particolare l'esame da parte di un padre vicario.
19 la c'è cascata: *c'è cascata*; **la** è un soggetto superfluo, tipico della parlata toscana.
20 dettata: *imposta* [: dal padre].
21 esperimentar: *mettere alla prova*.
22 minaccevole: *minacciosa*.
23 risoluta: *decisa*.
24 che: *con cui*.
25 a: *per*.
26 la licenza: *il permesso*. Prima il clero doveva esprimere parere favorevole, e poi le monache dovevano mettere ai voti l'ammissione in convento.
27 Che: [*rispose*] *che*.
28 consolazione: *gioia*.
29 guantiere: *vassoi*.
30 sposina: così veniva definita chi stava per prendere i voti (giacché le suore sono "spose di Cristo"); Manzoni stesso, altrove, nota il senso amaramente ironico che la parola aveva alle orecchie di Gertrude.
31 facevano a rubarsela: *facevano a gara ad attirarsela*.
32 complimentavan la madre: *facevano i loro complimenti alla madre*.
33 alla grata... attendeva: il **parlatorio** è la sala del convento in cui le monache possono incontrare gli estranei, comunicando attraverso un'inferriata.
34 Barattate: *scambiate*, ma con una sfumatura peggiorativa.
35 s'inchinarono: *si fecero un inchino*.
36 testa testa: *uno di fronte all'altro*.

rono a riunirsi ciascuno alla sua compagnia, l'uno fuori, l'altra dentro la soglia claustrale.[37] Dato luogo a un po' d'altre ciarle,[38] «oh via», disse il principe: «Gertrude potrà presto godersi a suo bell'agio[39] la compagnia di queste madri. Per ora le abbiamo incomodate[40] abbastanza». Così detto, fece un inchino; la famiglia si mosse con lui; si rinnovarono i complimenti, e si partì.

[...]

Tra l'altre distinzioni[41] e privilegi che le erano stati concessi, per compensarla di non poter esser badessa,[42] c'era anche quello di stare in un quartiere[43] a parte. Quel lato del monastero era contiguo a una casa abitata da un giovine, scellerato di professione,[44] uno de' tanti, che, in que' tempi, e co' loro sgherri,[45] e con l'alleanze d'altri scellerati, potevano, fino a un certo segno, ridersi[46] della forza pubblica e delle leggi. Il nostro manoscritto lo nomina Egidio, senza parlar del casato.[47] Costui, da una sua finestrina che dominava[48] un cortiletto di quel quartiere, avendo veduta Gertrude qualche volta passare o girandolar[49] lì, per ozio, allettato anzi che[50] atterrito dai pericoli e dall'empietà dell'impresa, un giorno osò rivolgerle il discorso. La sventurata rispose.

In que' primi momenti, provò una contentezza, non schietta al certo,[51] ma viva. Nel vòto uggioso[52] dell'animo suo s'era venuta a infondere un'occupazione forte, continua e, direi quasi, una vita potente; ma quella contentezza era simile alla bevanda ristorativa[53] che la crudeltà ingegnosa degli antichi mesceva[54] al condannato, per dargli forza a sostenere i tormenti. Si videro, nello stesso tempo, di gran novità[55] in tutta la sua condotta: divenne, tutt'a un tratto, più regolare, più tranquilla, smesse[56] gli scherni e il brontolio, si mostrò anzi carezzevole e manierosa,[57] dimodoché le suore si rallegravano a vicenda del cambiamento felice; lontane com'erano dall'immaginare il vero motivo, e dal comprendere che quella nuova virtù non era altro che ipocrisia aggiunta all'antiche magagne.[58] Quell'apparenza però, quella, per dir così, imbiancatura esteriore,[59] non durò gran tempo, almeno con quella continuità e uguaglianza: ben presto tornarono in campo i soliti dispetti e i soliti capricci, tornarono a farsi sentire l'imprecazioni e gli scherni contro la prigione claustrale, e talvolta espressi in un linguaggio insolito in quel luogo, e anche in quella bocca.[60] Però, ad ognuna di queste scappate[61] veniva dietro un pentimento, una gran cura di farle dimenticare, a forza di moine[62] e buone parole. Le suore sopportavano alla meglio tutti questi alt'e bassi, e gli attribuivano all'indole bisbetica e leggiera[63] della signora.

Per qualche tempo, non parve che nessuna pensasse più in là;[64] ma un giorno che la signora, venuta a parole con una conversa per non so che pettegolezzo, si lasciò andare a maltrattarla fuor di modo,[65] e non la finiva più, la conversa, dopo aver sofferto,[66] ed essersi morse le labbra un pezzo, scappatale finalmente la pazienza, buttò là una parola, che lei sapeva qualche cosa, e che, a tempo e luogo, avrebbe parlato. Da quel

37 la soglia claustrale: quella che separava la zona del convento destinata alla clausura da quella aperta al pubblico.
38 Dato… ciarle: *dato spazio a un altro po' di chiacchiere.*
39 a suo bell'agio: *con suo comodo.*
40 incomodate: *disturbate.*
41 distinzioni: *segni d'onore.*
42 di non poter... badessa: per ricoprire quella carica occorreva infatti aver compiuto quarant'anni.
43 quartiere: *appartamento.*
44 scellerato di professione: *fuorilegge abituale.*
45 e co' loro sgherri: *e grazie ai fuorilegge al loro soldo.*
46 fino a… ridersi: *fino a buon punto, farsi gioco.*
47 Il nostro manoscritto… casato: il manoscritto dell'Anonimo riporta il nome del giovane ma non dice nulla della sua famiglia.
48 dominava: *stava sopra.*
49 girandolar: *gironzolare.*
50 anzi che: *invece di* [*essere*].
51 non schietta al certo: *certo non pura,* in quanto offuscata dalla consapevolezza della colpa.
52 Nel vòto uggioso: *nel vuoto della noia.*
53 ristorativa: *ristoratrice.*
54 mesceva: *somministrava.*
55 di gran novità: *delle grandi novità.*
56 smesse: *lasciò perdere.*
57 manierosa: *di buone maniere.*
58 all'antiche magagne: *agli antichi difetti.*
59 imbiancatura esteriore: l'**imbiancatura** è una mano di vernice bianca. Qui Manzoni allude all'espressione evangelica (Matteo 23, 27) che paragona gli ipocriti a «sepolcri imbiancati: essi all'esterno sono belli a vedersi, ma dentro sono pieni di ossa di morti e di ogni putridume».
60 in un linguaggio... bocca: cioè che, per la sua libertà, non si addiceva né a un monastero, né a una nobile.
61 scappate: *scatti di umore.*
62 moine: *sdolcinature.*
63 leggiera: *incostante.*
64 non parve...in là: *sembrò che nessuna* [*monaca*] *pensasse che ci fosse dell'altro.*
65 fuor di modo: *in modo eccessivo.*
66 sofferto: *sopportato.*

momento in poi, la signora non ebbe più pace. Non passò però molto tempo, che la conversa fu aspettata in vano, una mattina, a' suoi ufizi consueti:[67] si va[68] a veder nella sua cella, e non si trova: è chiamata ad alta voce; non risponde: cerca di qua, cerca di là, gira e rigira, dalla cima al fondo; non c'è in nessun luogo. E chi sa quali congetture[69] si sarebber fatte, se, appunto nel cercare, non si fosse scoperto una buca nel muro dell'orto; la qual cosa fece pensare a tutte, che fosse sfrattata[70] di là. Si fecero gran ricerche in Monza e ne' contorni, e principalmente a Meda,[71] di dov'era quella conversa; si scrisse in varie parti: non se n'ebbe mai la più piccola notizia. Forse se ne sarebbe potuto saper di più, se, in vece di cercar lontano, si fosse scavato vicino.[72] Dopo molte maraviglie,[73] perché nessuno l'avrebbe creduta capace di ciò, e dopo molti discorsi, si concluse che doveva essere andata lontano, lontano. E perché scappò detto a una suora: «s'è rifugiata in Olanda[74] di sicuro», si disse subito, e si ritenne per un pezzo, nel monastero e fuori, che si fosse rifugiata in Olanda. Non pare però che la signora fosse di questo parere. Non già che mostrasse di non credere, o combattesse l'opinion comune, con sue ragioni particolari: se ne aveva, certo, ragioni non furono mai così ben dissimulate; né c'era cosa da cui s'astenesse più volentieri che da rimestar[75] quella storia, cosa di cui si curasse meno che di toccare il fondo di quel mistero. Ma quanto meno ne parlava, tanto più ci pensava. Quante volte al giorno l'immagine di quella donna veniva a cacciarsi d'improvviso nella sua mente, e si piantava lì, e non voleva moversi! Quante volte avrebbe desiderato di vedersela dinanzi viva e reale, piuttosto che averla sempre fissa nel pensiero, piuttosto che dover trovarsi, giorno e notte, in compagnia di quella forma vana,[76] terribile, impassibile! Quante volte avrebbe voluto sentir davvero la voce di colei, qualunque cosa avesse potuto minacciare, piuttosto che aver sempre nell'intimo dell'orecchio mentale il sussurro fantastico[77] di quella stessa voce, e sentirne parole ripetute con una pertinacia,[78] con un'insistenza infaticabile, che nessuna persona vivente non ebbe mai!

da A. Manzoni, *I promessi sposi*, cit.

▼ La monaca di Monza in un disegno di Giorgio Scarpati, 1972. Collezione privata.

67 a' suoi ufizi consueti: *per i suoi compiti abituali.*
68 si va: il cambiamento dal passato remoto al presente segna la maggiore drammaticità del racconto.
69 congetture: *ipotesi.*
70 sfrattata: *fuggita.*
71 ne' contorni... Meda: *nei dintorni, e soprattutto a Meda*, un paese vicino a Monza.
72 forse... vicino: la conversa, infatti, era stata assassinata e sepolta da Egidio poco lontano.
73 maraviglie: *manifestazioni di stupore.*
74 in Olanda: in quanto Paese protestante, l'Olanda dava spesso asilo a chi fosse in contrasto con la Chiesa cattolica.
75 da rimestar: *dal rivangare, dal ritornare su.*
76 forma vana: *fantasma.*
77 nell'intimo... fantastico: *nell'intimo del suo udito immaginario il sussurro [che era] frutto della sua fantasia.*
78 pertinacia: *ostinazione.*

Lavoriamo sul testo

Leggere e capire

Che cosa dice il testo I due passi antologizzati possono essere così riassunti.

- *Primo brano*: il percorso verso il convento di Gertrude è riempito dalle raccomandazioni del principe alla figlia. Gertrude è attesa e infatti al suo arrivo al convento trova, oltre al popolo incuriosito, la badessa, le monache e le converse che si preparano ad accoglierla. La mobilitazione è generale, la scena è pubblica, teatrale. Gertrude pronuncia, dopo qualche esitazione, le parole di rito. Chiede di essere ammessa a vestire l'abito religioso. La badessa, come da cerimoniale, dice che la risposta non può essere data subito ma lascia intendere che non ci saranno difficoltà in proposito, tanto che seguono immediatamente i festeggiamenti. La procedura prevede che la superiora rivolga al genitore una domanda sulla sincerità della vocazione e che si accerti che non vi siano state forzature. Il principe la rassicura in tal senso e la famiglia lascia il convento.
- *Secondo brano*: l'appartamento di Gertrude si trova su un lato del monastero accanto alla casa di un giovane fuorilegge, Egidio. Il giovane la importuna e Gertrude risponde alle sue attenzioni. Inizia così una relazione fra i due che cambia la condotta e l'umore di Gertrude: i primi tempi in senso positivo, poi con il ritorno dei vecchi dispetti e capricci nei confronti delle compagne, sulle quali esercita il suo potere bizzoso reso possibile dalla sua origine familiare. A seguito di un pesante rimprovero da parte di Gertrude, una giovane conversa – una donna laica che vive in convento sbrigando vari lavori – minaccia di rivelare il terribile segreto. Dopo un po' di tempo la giovane scompare dal convento, e molti ne ipotizzano la fuga. In realtà è stata uccisa da Egidio. Il pensiero della giovane assassinata continua a tormentare Gertrude.

Analizzare

Gertrude, vittima e carnefice Gertrude è un personaggio rinchiuso nella propria interiorità e spaventato dal mondo esterno che sviluppa una serie di fantasticherie sulla vita fuori dal convento, ma deve anche ritornare, con grandissima fatica, al suo stato reale. Non c'è quindi solo la persecuzione vera del padre, della badessa, di certe sue compagne, ma anche una persecuzione che la ragazza costruisce intorno a sé, senza trovare una via d'uscita. Il suo personaggio, come è evidente nei brani appena letti, è dominato dall'incapacità di confessare i propri stati d'animo e i propri desideri.
Inizialmente, Gertrude è una vittima: costretta a vivere l'adolescenza in convento, è poi condotta alla monacazione forzata. In seguito, diventa una carnefice, fino all'omicidio della conversa. Gertrude è una degli «offesi» portati al «pervertimento», di cui parla Manzoni nel capitolo II (▶ T8): la giovane assume i comportamenti e i valori dei suoi persecutori, cioè l'orgoglio nobiliare, la vanità e l'indifferenza verso i sentimenti e i bisogni degli altri che caratterizzavano il padre.

Interpretare e approfondire

Gli occhi del padre e le redini invisibili Nel primo brano Manzoni rappresenta il rapporto tra il principe padre e Gertrude come rapporto tra carnefice e vittima. L'autore sa bene che le forme della costrizione sono varie, e che la violenza si esercita in diversi modi. Qui sono gli occhi del padre a guidare gesti e parole della figlia: «quegli occhi governavano le sue mosse e il suo volto, come per mezzo di redini invisibili». Questa a sua volta, man mano che si avvicina l'arrivo al convento, sente sempre più stringersi il cuore; poco prima di pronunciare le parole che tutti si aspettano da lei ha un momento di esitazione, sembra riprendere coraggio. Ma è ancora lo sguardo del padre, inquieto, cupo e impaziente, con il quale il suo si incrocia, a farla rientrare dai suoi propositi di emancipazione.
La religione corrotta Il primo brano rivela anche una dura critica all'educazione gesuitica: nel breve colloquio tra la badessa e il principe padre emerge la sopraffazione a cui può arrivare un'istituzione educativa. La badessa chiede al genitore se vi siano state forzature nella monacazione della figlia, scusandosi alla fine del dubbio appena accennato; il principe loda addirittura lo scrupolo della superiora, ma subito ne sminuisce l'entità. Ma è soprattutto il tono delle poche parole «barattate», come le definisce spregiativamente Manzoni, a costituire un importante segnale: le frasi mai completate, i puntini di sospensione, il linguaggio del non detto concorrono a esercitare una grave violenza sul destino della giovane Gertrude.
«La sventurata rispose» Con l'episodio dell'assassinio della conversa (secondo brano), si rivela la tragicità della condizione di Gertrude: l'omicidio sembra paradossalmente un atto al quale la donna è trascinata per inerzia, dettato più dall'incapacità di fermarsi di fronte al male che da una volontà chiara e precisa. Gertrude ha scelto Egidio e appare ammaliata da questa figura: la sua è una responsabilità gravissima, l'incapacità di dire di no. Il rimorso per la terribile azione di cui si è fatta complice si agita nella sua mente con le fattezze della suora uccisa. Dal momento in cui Gertrude si rifiuta di aderire alle virtù cristiane, il suo comportamento ricade sotto il segno della colpa. La famosa frase «La sventurata rispose» esprime la complessità dell'atteggiamento di Manzoni nei suoi confronti. Gertrude non è più la «poverina»: su di lei pesa un destino tragico, cioè luttuoso e immutabile. Colpita dalla sventura, Gertrude diventa operatrice di sventure. Il fatto che risponda a Egidio sottolinea la sua decisione di peccare.

Esercizi

Prima prova A • L'analisi del testo

Comprendere

1 La sventurata

a. Arrivata a pronunciare la sua richiesta di monacazione, Gertrude è esitante e sembra ripensarci. Che cosa la convince a proseguire la richiesta?

lo sguardo del padre

b. Quale rischio corre il padre di Gertrude in caso di monacazione forzata?

la scomunica

c. A chi risponde la «sventurata»? Quali sono le conseguenze terribili di ciò?

al padre, di essere rispettata dalle altre monache

Analizzare

2 Le azioni di Gertrude

Ormai giunta alle porte del convento, Gertrude si sofferma su ogni particolare che le crea nell'animo un senso di chiusura e di claustrofobia. Riporta in una tabella come questa le azioni di Gertrude e del padre dall'arrivo a Monza all'incontro con la badessa, e i commenti del narratore.

azioni di Gertrude	azioni del principe padre	commenti del narratore
esita	minaccia con sguardo	

3 Il linguaggio del non detto

Il colloquio tra il padre di Gertrude e la badessa è un esempio di linguaggio del non detto. Quali strumenti stilistici e linguistici contribuiscono a dare quest'effetto?

i tre puntini di sospensione,

Interpretare e approfondire

Terza prova A • La trattazione sintetica

4 Il giudizio del narratore

Sappiamo che nel romanzo il narratore interviene più volte con i suoi giudizi, anche se in maniera non sempre diretta. Si prenda in considerazione la famosa frase «La sventurata rispose»: ti sembra che nell'aggettivo usato sia presente un giudizio sul personaggio? Come mai, secondo te, non viene definita più una «poverina»? Motiva la tua risposta in una trattazione sintetica (max 20 righe) con esempi tratti dai brani appena letti.

[*I promessi sposi*, cap XII]

T12

Le forme
- metafore e similitudini "naturali" e animalesche
- racconto in presa diretta

I temi
- irrazionalità della folla
- invito a sopportare le avversità grazie alla fede

L'assalto al forno delle grucce

Sin dalla sera del 10 novembre 1628 la gente si raduna nelle vie e nelle piazze di Milano manifestando il proprio malcontento per la carestia e il rincaro del prezzo del pane. Il mattino dopo (cioè il giorno di san Martino), la folla inferocita aggredisce i garzoni dei fornai, poi assale uno dei forni più importanti della città, quello delle grucce. Neppure il capitano di giustizia riesce a frenare il tumulto, così che la folla saccheggia e devasta il forno. Renzo, attirato dalla confusione, osserva incredulo l'assurda situazione: non è certo distruggendo i forni e gli altri strumenti della panificazione che si può mettere fine alla carestia.

La sera avanti questo giorno[1] in cui Renzo arrivò in Milano, le strade e le piazze brulicavano d'uomini, che trasportati da una rabbia comune, predominati[2] da un pensiero comune, conoscenti o estranei, si riunivano in crocchi,[3] senza essersi dati l'intesa, quasi senza avvedersene, come gocciole sparse sullo stesso pendìo.[4] Ogni discorso accresceva la persuasione e la passione degli uditori, come di colui che l'aveva proferito.[5] Tra tanti appassionati, c'eran pure alcuni più di sangue freddo, i quali stavano osservando con molto piacere, che l'acqua s'andava intorbidando;[6] e s'ingegnavano d'intorbidarla

1 **La sera… giorno:** la vigilia del giorno di san Martino, cioè la sera del 10 novembre 1628.
2 **predominati:** *sopraffatti.*
3 **crocchi:** *piccoli gruppi.*
4 **senza essersi… pendìo:** *senza essersi messi d'accordo* [*prima*], *quasi senza accorgersene* (**avvedersene**), *come piccole gocce sparse sulla stessa superficie in pendenza.* La similitudine indica il confluire nello stesso punto delle gocce pur sparse.
5 **Ogni discorso… proferito:** i discorsi servono a convincere non solo gli uditori, ma anche chi li pronuncia.
6 **che l'acqua… intorbidando:** *in che modo la situazione andasse peggiorando*; la metafora riprende la similitudine precedente delle **gocciole**.

di più, con que' ragionamenti, e con quelle storie che i furbi sanno comporre,[7] e che gli animi alterati[8] sanno credere; e si proponevano di non lasciarla posare,[9] quell'acqua, senza farci un po' di pesca.[10] Migliaia d'uomini andarono a letto col sentimento indeterminato che qualche cosa bisognava fare, che qualche cosa si farebbe.[11] Avanti[12] giorno, le strade eran di nuovo sparse di crocchi: fanciulli, donne, uomini, vecchi, operai, poveri, si radunavano a sorte:[13] qui era un bisbiglio confuso di molte voci; là uno predicava, e gli altri applaudivano; questo faceva al più vicino la stessa domanda ch'era allora stata fatta a lui; quest'altro ripeteva l'esclamazione che s'era sentita risonare agli orecchi; per tutto[14] lamenti, minacce, maraviglie;[15] un piccol numero di vocaboli era il materiale di tanti discorsi.[16]

Non mancava altro che un'occasione, una spinta, un avviamento[17] qualunque, per ridurre le parole a fatti;[18] e non tardò molto. Uscivano, sul far del giorno, dalle botteghe de' fornai i garzoni che, con una gerla[19] carica di pane, andavano a portarne alle solite case. Il primo comparire[20] d'uno di que' malcapitati ragazzi dov'era un crocchio di gente, fu come il cadere d'un salterello acceso in una polveriera.[21] «Ecco se c'è il pane!» gridarono cento voci insieme: «Sì, per i tiranni, che notano[22] nell'abbondanza, e voglion far morir noi di fame», dice uno; s'accosta al ragazzetto, avventa[23] la mano all'orlo della gerla, dà una stratta,[24] e dice: «lascia vedere». Il ragazzetto diventa rosso, pallido, trema, vorrebbe dire: lasciatemi andare; ma la parola gli muore in bocca; allenta[25] le braccia, e cerca di liberarle in fretta dalle cigne.[26] «Giù quella gerla», si grida intanto. Molte mani l'afferrano a un tempo:[27] è in terra; si butta per aria il canovaccio che la copre: una tiepida fragranza[28] si diffonde all'intorno. «Siam cristiani anche noi: dobbiamo mangiar pane anche noi», dice il primo; prende un pan[29] tondo, l'alza, facendolo vedere alla folla, l'addenta: mani alla gerla, pani per aria; in men che non si dice, fu sparecchiato.[30] Coloro a cui non era toccato nulla, irritati alla vista del guadagno altrui, e animati[31] dalla facilità dell'impresa, si mossero a branchi,[32] in cerca d'altre gerle: quante incontrate, tante svaligiate.[33] E non c'era neppur bisogno di dar l'assalto ai portatori: quelli che, per loro disgrazia, si trovavano in giro, vista la mala parata,[34] posavano volontariamente il carico, e via a gambe.[35] Con tutto ciò, coloro che rimanevano a denti secchi,[36] erano senza paragonare i più,[37] anche i conquistatori non eran soddisfatti di prede così piccole, e, mescolati poi con gli uni e con gli altri, c'eran coloro che avevan fatto disegno sopra un disordine più co' fiocchi.[38] «Al forno! al forno!» si grida.

Nella strada chiamata la Corsia de' Servi,[39] c'era, e c'è tuttavia[40] un forno, che conserva lo stesso nome; nome che in toscano viene a dire[41] il forno delle grucce,[42] e in milanese è composto di parole così eteroclite, così bisbetiche, così salvatiche,[43] che l'al-

7 comporre: *inventare.*
8 alterati: *agitati.*
9 posare: *ridiventare tranquilla e limpida.*
10 farci un po' di pesca: *trarne qualche vantaggio.* È la metafora comune del "pescare nel torbido".
11 si farebbe: *si sarebbe fatto.*
12 Avanti: *prima di.*
13 a sorte: *a caso.*
14 per tutto: *dappertutto.*
15 maraviglie: *stupore.*
16 un piccol numero... discorsi: cioè si facevano tanti discorsi ripetendo più o meno sempre le stesse idee.
17 avviamento: *avvio.*
18 per ridurre... a fatti: *per trasformare le parole in fatti.*
19 gerla: tipo di cesta che si porta sulle spalle.
20 Il primo comparire: *la prima apparizione.*
21 il cadere... polveriera: l'effetto è quello di un petardo (**salterello**) caduto acceso in un deposito di
22 i tiranni, che notano: i *signori, che nuotano.*
23 avventa: *scaglia.*
24 dà una stratta: *dà uno strattone, tira.*
25 allenta: *lascia andare.*
26 cigne: *cinghie* [: quelle che assicurano la gerla alle spalle].
27 a un tempo: *nello stesso momento.*
28 tepida fragranza: quella del pane appena sfornato.
29 un pan: *una forma di pane.*
30 fu sparecchiato: *fu vuotata.*
31 animati: *incoraggiati.*
32 a branchi: *in gruppi,* ma con una connotazione animalesca.
33 quante... svaligiate: *e tutte quelle in cui s'imbatterono furono vuotate.*
34 la mala parata: *la brutta situazione.*
35 e via a gambe: *e se la davano a gambe levate.*
36 a denti secchi: *a bocca asciutta.*
37 erano... i più: *erano in assoluto la maggior parte.*
38 fatto disegno... fiocchi: *progettato disordini più violenti.*
39 la Corsia de' Servi: è l'attuale corso Vittorio Emanuele.
40 tuttavia: *ancora oggi.*
41 viene a dire: *significa.*
42 grucce: aste di legno per reggere qualcosa.
43 così eteroclite... salvatiche: *così irregolari, così bizzarre, così dure.*

fabeto della lingua non ha i segni per indicarne il suono.[44] A quella parte s'avventò[45] la gente. Quelli della bottega[46] stavano interrogando il garzone tornato scarico, il quale, tutto sbigottito e abbaruffato,[47] riferiva balbettando la sua trista avventura; quando si sente un calpestìo e un urlìo[48] insieme; cresce e s'avvicina; compariscono i forieri della masnada.[49]

Serra, serra;[50] presto, presto: uno corre a chiedere aiuto al capitano di giustizia;[51] gli altri chiudono in fretta la bottega, e appuntellano i battenti.[52] La gente comincia a affollarsi di fuori, e a gridare: «pane! pane! aprite! aprite!».

Pochi momenti dopo, arriva il capitano di giustizia, con una scorta d'alabardieri.[53] «Largo, largo, figliuoli: a casa, a casa; fate luogo al[54] capitano di giustizia», grida lui e gli alabardieri. La gente, che non era ancor troppo fitta, fa un po' di luogo; dimodoché quelli poterono arrivare, e postarsi,[55] insieme, se non in ordine, davanti alla porta della bottega.

«Ma figliuoli», predicava di lì il capitano, «che fate qui? A casa, a casa. Dov'è il timor di Dio? Che dirà il re nostro signore? Non vogliam farvi male; ma andate a casa. Da bravi! Che diamine volete far qui, così ammontati?[56] Niente di bene, né per l'anima, né per il corpo. A casa, a casa».

Ma quelli che vedevan la faccia del dicitore,[57] e sentivan le sue parole, quand'anche avessero voluto ubbidire, dite un poco in che maniera avrebber potuto, spinti com'erano, e incalzati da quelli di dietro, spinti anch'essi da altri, come flutti da flutti,[58] via via fino all'estremità della folla, che andava sempre crescendo. Al capitano, cominciava a mancargli il respiro. «Fateli dare addietro ch'io possa riprender fiato», diceva agli alabardieri: «ma non fate male a nessuno. Vediamo d'entrare in bottega: picchiate;[59] fateli stare indietro».

«Indietro! indietro!» gridano gli alabardieri, buttandosi tutti insieme addosso ai primi, e respingendoli con l'aste dell'alabarde. Quelli[60] urlano, si tirano indietro, come possono; danno con le schiene ne' petti, co' gomiti nelle pance, co' calcagni sulle punte de' piedi a quelli che son dietro a loro: si fa un pigìo,[61] una calca, che quelli che si trovavano in mezzo, avrebbero pagato qualcosa a essere altrove. Intanto un po' di vòto[62] s'è fatto davanti alla porta: il capitano picchia, ripicchia, urla che gli aprano: quelli di dentro vedono dalle finestre, scendon di corsa, aprono; il capitano entra, chiama gli alabardieri, che si ficcan dentro anch'essi l'un dopo l'altro, gli ultimi rattenendo[63] la folla con l'alabarde. Quando sono entrati tutti, si mette tanto di catenaccio, si riappuntella;[64] il capitano sale di corsa, e s'affaccia a una finestra. Uh, che formicolaio![65]

«Figliuoli», grida: molti si voltano in su; «figliuoli, andate a casa. Perdono generale a chi torna subito a casa».

«Pane! pane! aprite! aprite!» eran le parole più distinte nell'urlìo orrendo, che la folla mandava in risposta.

44 che l'alfabeto... suono: in effetti, come avverte Manzoni stesso in nota, in milanese quel forno si chiamava «*el prestin di scansc*».
45 A quella parte s'avventò: *da quella parte si precipitò.*
46 bottega: il forno.
47 sbigottito e abbaruffato: *impaurito e sconvolto.*
48 calpestìo... urlìo: il suffisso in *-io*, molto amato da Manzoni, rende l'idea di un'azione confusa e continuata.
49 compariscono... masnada: [*e alla fine*] *appaiono i primi della banda.* 'Foriero' è persona o cosa che precede e annuncia.
50 Serra, serra: *chiudi, chiudi*; è la fretta dei padroni del forno.
51 capitano di giustizia: l'analogo del capo della polizia.
52 appuntellano i battenti: *puntellano le porte.*
53 alabardieri: soldati armati di alabarda, aste con in cima una picca e un'ascia.
54 fate luogo al: *fate spazio al, lasciate passare il.*
55 postarsi: *appostarsi, schierarsi.*
56 ammontati: *ammucchiati.*
57 del dicitore: *dell'oratore* [: del capitano, che stava parlando].
58 come flutti da flutti: *come onde* [*spinte in avanti*] *da* [*altre*] *onde*; similitudine.
59 picchiate: *bussate* [: alla porta del forno].
60 Quelli: i primi della folla.
61 pigio: *pigiarsi, schiacciarsi.*
62 vòto: *vuoto, spazio.*
63 rattenendo: *trattenendo.*
64 si riappuntella: *si puntella di nuovo* [*la porta*]; ▶ nota 52.
65 Uh, che formicolaio!: l'espressione del parlato rende lo stupore del capitano all'affacciarsi sulla via e al vedere tutto quella folla brulicante come un formicaio.

«Giudizio, figliuoli! badate bene! siete ancora a tempo. Via, andate, tornate a casa. Pane, ne avrete; ma non è questa la maniera. Eh!... eh! che fate laggiù! Eh! a quella porta![66] Oibò oibò! Vedo, vedo: giudizio; badate bene! è un delitto grosso. Or ora vengo io. Eh! eh! smettete con que' ferri; giù quelle mani. Vergogna! Voi altri milanesi, che, per la bontà, siete nominati[67] in tutto il mondo! Sentite, sentite: siete sempre stati buoni fi... Ah canaglia!».

Questa rapida mutazione di stile fu cagionata[68] da una pietra che, uscita dalle mani d'uno di que' buoni figliuoli,[69] venne a batter nella fronte del capitano, sulla protuberanza sinistra della profondità metafisica.[70] «Canaglia! canaglia!» continuava a gridare, chiudendo presto presto la finestra, e ritirandosi. Ma quantunque avesse gridato quanto n'aveva in canna,[71] le sue parole, buone e cattive, s'eran tutte dileguate e disfatte[72] a mezz'aria, nella tempesta delle grida che venivan di giù. Quello poi che diceva di vedere,[73] era un gran lavorare di pietre, di ferri[74] (i primi che coloro avevano potuto procacciarsi per la strada), che si faceva alla porta, per sfondarla, e alle finestre, per svellere[75] l'inferriate: e già l'opera era molto avanzata.

Intanto, padroni e garzoni della bottega, ch'erano alle finestre de' piani di sopra, con una munizione[76] di pietre (avranno probabilmente disselciato[77] un cortile), urlavano e facevan versacci a quelli di giù, perché smettessero; facevan vedere le pietre, accennavano[78] di volerle buttare. Visto ch'era tempo perso, cominciarono a buttarle davvero. Neppur una ne cadeva in fallo;[79] giacché la calca era tale, che un granello di miglio, come si suol dire, non sarebbe andato in terra.[80]

«Ah birboni! ah furfantoni! È questo il pane, che date alla povera gente? Ah! Ahimè! Ohi! Ora, ora!» s'urlava di giù. Più d'uno fu conciato male; due ragazzi vi rimasero morti. Il furore accrebbe le forze della moltitudine: la porta fu sfondata, l'inferriate, svelte;[81] e il torrente penetrò per tutti i varchi.[82] Quelli di dentro, vedendo la mala parata, scapparono in soffitta: il capitano, gli alabardieri, e alcuni della casa stettero lì rannicchiati ne' cantucci;[83] altri, uscendo per gli abbaini,[84] andavano su pe' tetti, come i gatti.

La vista della preda fece dimenticare ai vincitori i disegni[85] di vendette sanguinose. Si slanciano ai cassoni; il pane è messo a ruba. Qualcheduno in vece corre al banco, butta giù la serratura, agguanta le ciotole,[86] piglia a manate, intasca, ed esce carico di quattrini, per tornar poi a rubar pane, se ne rimarrà. La folla si sparge ne' magazzini. Metton mano ai sacchi, li strascicano,[87] li rovesciano: chi se ne caccia uno tra le gambe, gli scioglie la bocca,[88] e, per ridurlo a un carico da potersi portare, butta via una parte della farina:[89] chi, gridando: «aspetta, aspetta», si china a parare[90] il grembiule, un fazzoletto, il cappello, per ricever quella grazia di Dio; uno corre a una madia,[91] e prende un pezzo di pasta, che s'allunga, e gli scappa da ogni parte; un altro, che ha conquistato un burattello,[92] lo porta per aria: chi va, chi viene: uomini, donne, fanciulli, spinte,

66 che fate... porta: la folla sta tentando di sfondare la porta. Qui il racconto passa dal narratore alle dirette e concitate impressioni del capitano, che osserva la scena dall'alto.
67 nominati: *famosi.*
68 cagionata: *causata.*
69 uscita... buoni figliuoli: il narratore riprende e integra le parole interrotte del capitano, dandogli però un senso apertamente ironico.
70 sulla protuberanza... metafisica: Manzoni ironizza sulla frenologia, cioè sulla scienza – o pseudoscienza – che studiava le conformazioni del cranio per collegarle alle facoltà psichiche. Secondo essa, la sede dello spirito metafisico (quello che indaga i principi filosofici più ardui) era posta sulla bozza frontale sinistra. **Protuberanza:** *sporgenza.*
71 quantunque... in canna: *sebbene avesse gridato* [*con tutto*] *quanto* [*il fiato*] *aveva in gola* (**canna**).
72 dileguate e disfatte: *dissolte e perdute.*
73 Quello che... vedere: ▶ rr. 82-87.
74 di pietre, di ferri: *con pietre e* [*strumenti di*] *ferro.*
75 svellere: *strappare via.*
76 munizione: *carica.*
77 disselciato: *disfatto la pavimentazione.*
78 accennavano: *facevano il gesto.*
79 in fallo: *a vuoto.*
80 un granello... in terra: è un modo di dire, come avverte Manzoni stesso; i grani di miglio sono in effetti molto piccoli.
81 svelte: *divelte, strappate.*
82 il torrente... varchi: *la fiumana* [*di gente*] *penetrò* [*nel forno*] *da tutti i passaggi* (**varchi**). La metafora riprende la similitudine dei **flutti** (▶ nota 58).
83 ne' cantucci: *negli angoli.* La scena contrasta comicamente con l'atteggiamento tenuto prima dal capitano.
84 abbaini: sono le finestre aperte nel tetto.
85 i disegni: *i progetti.*
86 le ciotole: quelle in cui si tenevano le monete.
87 strascicano: *trascinano.*
88 gli scioglie la bocca: *gli apre l'imboccatura.*
89 per ridurlo...farina: cioè lo alleggerisce.
90 a parare: *a protendere.*
91 madia: mobile su cui si lavorava il pane e nel quale si conservava l'impasto.
92 burattello: sacchetto di stoffa lungo e stretto per separare la farina dalla crusca.

rispinte, urli, e un bianco polverìo che per tutto si posa, per tutto si solleva, e tutto vela e annebbia. Di fuori, una calca composta di due processioni opposte, che si rompono e s'intralciano a vicenda, di chi esce con la preda, e di chi vuol entrare a farne.

Mentre quel forno veniva così messo sottosopra, nessun altro della città era quieto e senza pericolo. Ma a nessuno la gente accorse in numero tale da potere intraprender tutto;[93] in alcuni, i padroni avevan raccolto degli ausiliari,[94] e stavan sulle difese; altrove, trovandosi in pochi, venivano in certo modo a patti: distribuivan pane a quelli che s'eran cominciati a affollare davanti alle botteghe, con questo che[95] se n'andassero. E quelli se n'andavano, non tanto perché fossero soddisfatti, quanto perché gli alabardieri e la sbirraglia,[96] stando alla larga da quel tremendo forno delle grucce, si facevan però vedere altrove, in forza bastante a tenere in rispetto i tristi[97] che non fossero una folla. Così il trambusto[98] andava sempre crescendo a quel primo disgraziato forno; perché tutti coloro che gli pizzicavan le mani[99] di far qualche bell'impresa, correvan là, dove gli amici erano i più forti, e l'impunità sicura.

A questo punto eran le cose, quando Renzo, avendo ormai sgranocchiato il suo pane, veniva avanti per il borgo di porta orientale,[100] e s'avviava, senza saperlo, proprio al luogo centrale del tumulto. Andava ora lesto,[101] ora ritardato dalla folla; e andando, guardava e stava in orecchi,[102] per ricavar da quel ronzio confuso di discorsi qualche notizia più positiva[103] dello stato delle cose. Ed ecco a un di presso[104] le parole che gli riuscì di rilevare[105] in tutta la strada che fece.

«Ora è scoperta», gridava uno, «l'impostura[106] infame di que' birboni, che dicevano che non c'era né pane, né farina, né grano. Ora si vede la cosa chiara e lampante;[107] e non ce la potranno più dare ad intendere.[108] Viva l'abbondanza!».

«Vi dico io che tutto questo non serve a nulla», diceva un altro: «è un buco nell'acqua; anzi sarà peggio, se non si fa una buona giustizia. Il pane verrà a buon mercato, ma ci metteranno il veleno, per far morir la povera gente, come mosche. Già lo dicono che siam troppi; l'hanno detto nella giunta;[109] e lo so di certo, per averlo sentito dir io, con quest'orecchi, da una mia comare, che è amica d'un parente d'uno sguattero d'uno di que' signori».[110]

Parole da non ripetersi diceva, con la schiuma alla bocca,[111] un altro, che teneva con una mano un cencio di fazzoletto[112] su' capelli arruffati e insanguinanti. E qualche vicino, come per consolarlo, gli faceva eco.

«Largo, largo, signori, in cortesia,[113] lascin passare un povero padre di famiglia, che porta da mangiare a cinque figliuoli». Così diceva uno che veniva barcollando sotto un gran sacco di farina; e ognuno s'ingegnava di ritirarsi, per fargli largo.

«Io?» diceva un altro, quasi sottovoce, a un suo compagno: «io me la batto. Son uomo di mondo,[114] e so come vanno queste cose. Questi merlotti[115] che fanno ora tanto fracasso, domani o doman l'altro, se ne staranno in casa, tutti pieni di paura. Ho già visto certi visi, certi galantuomini che giran, facendo l'indiano,[116] e notano chi c'è e chi non c'è: quando poi tutto è finito, si raccolgono i conti,[117] e a chi tocca, tocca».

93 da potere… tutto: *da poter fare tutto quello che avrebbe voluto.*
94 ausiliari: *aiutanti.*
95 con questo che: *a patto che.*
96 sbirraglia: *polizia*, dispregiativo.
97 a tenere… tristi: *a tenere a bada i malintenzionati.*
98 trambusto: *confusione.*
99 coloro che…mani: *quelli a cui veniva il desiderio*; la sintassi e l'espressione sono del parlato.
100 quando Renzo… orientale: Renzo, entrato a Milano appunto dalla **porta orientale**, aveva trovato in terra un pane: lo aveva preso, ripromettendosi di pagarlo al legittimo proprietario quando lo avesse incontrato. **Borgo:** corrispondente all'attuale corso di Porta Venezia.
101 lesto: *rapido.*
102 in orecchi: *in ascolto.*
103 positiva: *chiara.*
104 a un di presso: *all'incirca.*
105 rilevare: *cogliere, comprendere.*
106 l'impostura: *la menzogna.*
107 lampante: *evidente.*
108 dare ad intendere: *dare a bere.*
109 giunta: la commissione incaricata di stabilire il prezzo del pane.
110 io… signori: la sequela, iniziata con l'attestazione di conoscenza diretta, finisce comicamente.
111 con la schiuma alla bocca: per la rabbia.
112 un cencio di fazzoletto: *un fazzoletto stracciato.*
113 in cortesia: *per favore.*
114 io… mondo: *io me ne scappo. Sono uno che sa come vanno le cose.*
115 merlotti: piccoli merli, sciocchi.
116 facendo l'indiano: *facendo finta di niente.*
117 si raccolgono i conti: cioè arriva il momento della resa dei conti.

«Quello che protegge i fornai», gridava una voce sonora, che attirò l'attenzione di Renzo, «è il vicario di provvisione».[118]

«Son tutti birboni», diceva un vicino.

«Sì; ma il capo è lui», replicava il primo.

Il vicario di provvisione, eletto ogn'anno dal governatore[119] tra sei nobili proposti dal Consiglio de' decurioni,[120] era il presidente di questo, e del tribunale di provvisione;[121] il quale, composto di dodici, anche questi nobili, aveva, con altre attribuzioni, quella principalmente dell'annona.[122] Chi occupava un tal posto doveva necessariamente, in tempi di fame e d'ignoranza, esser detto l'autore[123] de' mali: meno che[124] non avesse fatto ciò che fece Ferrer;[125] cosa che non era nelle sue facoltà, se anche fosse stata nelle sue idee.[126]

«Scellerati!» esclamava un altro: «si può far di peggio? sono arrivati a dire che il gran cancelliere è un vecchio rimbambito, per levargli il credito, e comandar loro soli.[127] Bisognerebbe fare una gran stia,[128] e metterli dentro, a viver di vecce e di loglio,[129] come volevano trattar noi».

«Pane eh?» diceva uno che cercava d'andar in fretta: «sassate di libbra:[130] pietre di questa fatta,[131] che venivan giù come la grandine. E che schiacciata di costole! Non vedo l'ora d'essere a casa mia».

Tra questi discorsi, dai quali non saprei dire se fosse più informato o sbalordito, e tra gli urtoni, arrivò Renzo finalmente davanti a quel forno. La gente era già molto diradata, dimodoché poté contemplare il brutto e recente soqquadro.[132] Le mura scalcinate e ammaccate da sassi, da mattoni, le finestre sghangherate, diroccata la porta.

– Questa poi non è una bella cosa –, disse Renzo tra sé: – se concian così tutti i forni, dove voglion fare il pane? Ne' pozzi? –.[133]

Ogni tanto, usciva dalla bottega qualcheduno che portava un pezzo di cassone,[134] o di madia, o di frullone,[135] la stanga d'una gramola,[136] una panca, una paniera,[137] un libro di conti, qualche cosa in somma di quel povero forno; e gridando: «largo, largo», passava tra la gente. Tutti questi s'incamminavano dalla stessa parte, e a un luogo convenuto, si vedeva.[138] – Cos'è quest'altra storia? – pensò di nuovo Renzo; e andò dietro a uno che, fatto un fascio d'asse[139] spezzate e di schegge, se lo mise in ispalla, avviandosi, come gli altri, per la strada che costeggia il fianco settentrionale del duomo,[140] e ha preso nome dagli scalini che c'erano, e da poco in qua[141] non ci son più. La voglia d'osservar gli avvenimenti non poté fare che il montanaro,[142] quando gli si scoprì davanti la gran mole,[143] non si soffermasse a guardare in su, con la bocca aperta. Studiò[144] poi il passo, per raggiunger colui che aveva preso come per guida; voltò il canto,[145] diede

118 il vicario di provvisione: funzionario preposto all'approvvigionamento dei beni alimentari.
119 il governatore: il rappresentante del governo spagnolo.
120 Consiglio de' decurioni: era un organo con funzioni amministrative, composto da sessanta membri in carica a vita.
121 tribunale di provvisione: l'organo che si occupava appunto dell'approvvigionamento dei beni alimentari.
122 con le altre... annona: *fra gli altri compiti* [*aveva*] *soprattutto* (**principalmente**) *quella dell'approvvigionamento dei viveri* (**annona**).
123 detto l'autore: *considerato il colpevole.*
124 meno che: *a meno che.*
125 Ferrer: il gran cancelliere spagnolo di Milano dal 1619 al 1634, negli anni della nostra vicenda faceva le veci del governatore, lontano per la guerra. È uno dei maggiori responsabili, secondo Manzoni, del malgoverno della città.
126 nelle sue facoltà... idee: *nelle sue possibilità, anche se fosse stata nelle sue idee* [: cioè non avrebbe potuto farlo, neppure se gli fosse venuto in mente].
127 per levargli... soli: *per togliergli credibilità e comandare solo loro.* Chi siano questi **loro** non è chiaro, nel confuso discorso del popolano: forse tutti fuorché Ferrer.
128 stia: *gabbia per i polli.*
129 vecce... loglio: piante leguminose e graminacee usate come mangime per i polli.
130 di libbra: *pesanti una libbra*; la **libbra** equivale a poco più di tre etti.
131 di questa fatta: *di questo tipo.*
132 soqquadro: *devastazione.*
133 Questa... Ne' pozzi: il giudizio di Renzo verrà commentato dal narratore stesso poco oltre.
134 cassone: grossa cassa in cui si conservava la farina.
135 frullone: arnese di legno usato con il burattello (▶ nota 92) per separare la farina dalla crusca.
136 stanga d'una gramola: la **gramola** era una piccola madia (▶ nota 91) in cui, con una **stanga** o pala, si rassodava la farina impastata.
137 paniera: cesta bassa di vimini.
138 e a un luogo... vedeva: *e, sembrava, verso un luogo stabilito* (**convenuto**).
139 d'asse: *di assi.*
140 la strada... duomo: quella che oggi dà sui portici della Galleria e che tuttora si chiama via della Scala.
141 da poco in qua: *da poco tempo*, cioè dal 1821.
142 il montanaro: Renzo, che vede una città per la prima volta.
143 la gran mole: l'edificio aumentale del duomo.
144 Studiò: *affrettò.*
145 il canto: *l'angolo.*

un'occhiata anche alla facciata del duomo, rustica allora in gran parte e ben lontana dal compimento;[146] e sempre dietro a colui, che andava verso il mezzo[147] della piazza. La gente era più fitta quanto più s'andava avanti, ma al portatore gli si faceva largo: egli fendeva l'onda del popolo,[148] e Renzo, standogli sempre attaccato, arrivò con lui al centro della folla. Lì c'era uno spazio vòto,[149] e in mezzo, un mucchio di brace, reliquie degli attrezzi detti di sopra.[150] All'intorno era un batter di mani e di piedi, un frastono di mille grida di trionfo e d'imprecazione.

L'uomo del fascio[151] lo buttò su quel mucchio; un altro, con un mozzicone di pala mezzo abbruciacchiato, sbracia[152] il fuoco: il fumo cresce e s'addensa; la fiamma si ridesta,[153] con essa le grida sorgon più forti. «Viva l'abbondanza! Moiano[154] gli affamatori! Moia la carestia! Crepi la Provvisione! Crepi la giunta! Viva il pane!».

Veramente, la distruzion de' frulloni e delle madie, la devastazion de' forni, e lo scompiglio de' fornai, non sono i mezzi più spicci[155] per far vivere il pane;[156] ma questa è una di quelle sottigliezze metafisiche, che una moltitudine non ci arriva.[157] Però, senza essere un gran metafisico, un uomo ci arriva talvolta alla prima, finch'è nuovo nella questione;[158] e solo a forza di parlarne, e di sentirne parlare, diventerà inabile anche a intenderle.[159] A Renzo in fatti quel pensiero gli era venuto da principio, e gli tornava, come abbiam visto, ogni momento. Lo tenne per altro in sé; perché, di tanti visi, non ce n'era uno che sembrasse dire: fratello, se fallo, correggimi, che l'avrò caro.[160]

da A. Manzoni, *I promessi sposi*, cit.

146 rustica... compimento: la facciata fu infatti terminata nel 1813, per volere di Napoleone. **Rustica:** rozza.
147 il mezzo: il *centro*.
148 fendeva... popolo: *apriva la massa di gente* [: si faceva largo passando in mezzo alla folla].
149 vòto: *vuoto*.
150 un mucchio… di sopra: un mucchio di cenere è quanto resta delle cose elencate prima, cioè cassoni, madie, frulloni ecc.
151 del fascio: *che portava con sé il fascio di assi*.
152 sbracia: *attizza*.
153 si ridesta: *si ravviva*.
154 Moiano: *muoiano* nel senso di 'abbasso'. Così subito dopo **Moia**.
155 spicci: *sbrigativi*.
156 far vivere il pane: riprende ironicamente il grido «Viva il pane!».
157 ma questa... non ci arriva: la sintassi è quella del parlato; la metafisica è citata in quanto parte più ardua della filosofia.
158 alla prima... questione: *subito*, *finché è estraneo alla questione* [: cioè non ha pregiudizi e non si fa prendere dalla confusione generale].
159 inabile anche a intenderle: *incapace anche di capirle*.
160 fratello... caro: *amico, se sbaglio correggimi, perché mi farai cosa gradita*.

▶ L'assalto al forno delle grucce, illustrazione di Francesco Gonin per l'edizione dei *Promessi sposi* del 1840.

Lavoriamo insieme

Leggere e capire

Com'è diviso il testo Il brano può essere diviso in quattro parti.

- *La preparazione del tumulto* (rr. 1-17): la folla è composta di individui diversi per condizione, età, attitudine; ma tutti accomunati, secondo la rappresentazione che ne viene fatta, dalla stessa irragionevolezza, dalla povertà dei numerosi e ripetitivi discorsi. La notte non muta l'attesa: l'ansia di migliaia di uomini scesi in strada e presi dal vago sentimento della necessità di fare qualcosa attende solo un'occasione.
- *L'occasione* (rr. 18-40) Inizia il tumulto. Nell'aumento della concitazione si decide di andare a cercare il pane alla fonte: «"Al forno! al forno!", si grida».
- *L'assalto al forno delle grucce* (rr. 41-133) L'atmosfera si riscalda rapidamente e la folla assalta il forno delle grucce. Appena giunti, il capitano di giustizia e gli alabardieri si pongono davanti al forno, ma premuti dalla calca sono costretti a entrarvi. Il furore della moltitudine cresce; buttata giù la porta, la folla penetra nel forno.
- *Renzo giunge sul luogo del tumulto* (rr. 134-213) Renzo avanza tra la folla tra le frasi di anonimi personaggi: c'è chi pensa che da quel momento ci sarà l'abbondanza, chi teme castighi, chi preannuncia la repressione. Si inizia a diffondere l'idea di assaltare la casa del vicario di provvisione, il funzionario del governo preposto all'approvvigionamento dei beni alimentari. Intanto dal forno delle grucce vengono tirati fuori non solo i sacchi di farina e le ceste di pane, ma anche gli strumenti per prepararlo.

1. **Qual è l'argomento dei discorsi della folla?**
2. **Quale evento scatena il tumulto?**
3. **Che cosa fanno il capitano di giustizia e gli alabardieri quando il forno è invaso dalla folla?**
4. **Che cosa pensa Renzo di fronte alla folla che porta via gli strumenti per la preparazione del pane?**

Analizzare

Metafore e similitudini Il lento radunarsi della folla e l'esplodere della sua furia distruttiva è descritto da Manzoni con una serie di similitudini e di metafore che hanno a che fare con l'acqua. La folla è come una forza della natura, priva di coscienza e di ragione.

Un racconto in presa diretta Dal punto di vista stilistico, Manzoni costruisce un racconto in presa diretta, determinato dall'uso del discorso diretto e conseguentemente di un linguaggio popolare, e soprattutto dal passaggio al tempo presente. La concitazione, lo stato di tensione e di confusione sono sottolineati dal frequentissimo uso delle replicazioni.

5. **Individua nel testo le metafore e le similitudini basate sull'acqua.**
6. **Individua nel testo i punti in cui Manzoni passa dal passato remoto al presente.**
7. **Sottolinea nel testo i raddoppiamenti.**

Interpretare e approfondire

La folla e il tumulto La rappresentazione della folla nel tumulto esprime la condanna e lo spavento di Manzoni di fronte all'irrazionalità e alla bestialità. Le similitudini e le metafore che si riferiscono a fenomeni naturali per lo più devastanti danno appunto l'immagine di una forza distruttiva abbandonata a se stessa, quindi neppure umana.

La superiore coscienza del narratore si oppone al tumulto violento e caotico. La scelta manzoniana è infatti di indicare in Renzo una sorta di modello, in quanto individuo che non si fa travolgere, pur venendo da una classe sociale simile a quella dei manifestanti. In questo modo Manzoni oppone un popolo "cattivo", rivoltoso, sanguinario, incapace di comprendere la storia, a un popolo "buono", dotato di buon senso.

8. **Il giudizio di Renzo e quello di Manzoni sul tumulto concordano? Quale valore politico ha il «buon senso» di Renzo?**

La sì, concordano, valore politico del liberale e riformista (sì aiutare popolo ma con riforme)

T13

Le forme
- parallelismo tra personaggi

I temi
- fede
- conversione

La notte di Lucia e dell'innominato

Lucia, che dopo il rapimento è stata condotta al castello dell'innominato e ha incontrato il signore di quel luogo, è affidata alle cure di una vecchia indurita. Cala la notte: la giovane alterna il sonno alla veglia, fra terrori e pensieri angosciosi. Raggomitolata in un angolo di una stanza, trova la forza di pregare la Madonna: le promette in voto di rinunciare, se si salverà, al matrimonio. Trova così pace e si addormenta. Intanto, l'innominato è tormentato dall'inquietudine. La vista dell'innocenza e dello spavento di Lucia, che gli ha richiamato il pensiero di Dio, lo induce a un bilancio della propria vita. Il disgusto dei crimini commessi gli fa meditare il suicidio. Ma è ancora il pensiero di Lucia e delle sue parole («Dio perdona tante cose, per un'opera di misericordia») a dargli un sollievo. Ormai è l'alba: suonano le campane e dalla finestra si vede la gente in processione che va lietamente verso il paese. Come si scoprirà nel seguito, sono le accoglienze al cardinale Federigo Borromeo in visita pastorale: con lui l'innominato avrà il dialogo decisivo in cui suggellerà la propria conversione.

Lucia stava immobile in quel cantuccio, tutta in un gomitolo,[1] con le ginocchia alzate, con le mani appoggiate sulle ginocchia, e col viso nascosto nelle mani. Non era il suo né sonno né veglia, ma una rapida successione, una torbida vicenda[2] di pensieri, d'immaginazioni, di spaventi. Ora, più presente a sé stessa, e rammentandosi più distintamente gli orrori veduti e sofferti in quella giornata,[3] s'applicava[4] dolorosamente alle circostanze dell'oscura e formidabile[5] realtà in cui si trovava avviluppata;[6] ora la mente, trasportata in una regione ancor più oscura, si dibatteva[7] contro i fantasmi nati dall'incertezza e dal terrore. Stette un pezzo in quest'angoscia; alfine, più che mai stanca e abbattuta, stese le membra intormentite,[8] si sdraiò, o cadde sdraiata, e rimase alquanto in uno stato più somigliante a un sonno vero. Ma tutt'a un tratto si risentì,[9] come a una chiamata interna,[10] e provò il bisogno di risentirsi interamente, di riaver tutto il suo pensiero, di conoscere dove fosse, come, perché. Tese l'orecchio a un suono: era il russare lento, arrantolato[11] della vecchia;[12] spalancò gli occhi, e vide un chiarore fioco[13] apparire e sparire a vicenda:[14] era il lucignolo della lucerna,[15] che, vicino a spegnersi, scoccava[16] una luce tremola, e subito la ritirava, per dir così, indietro, come è il venire e l'andare dell'onda sulla riva: e quella luce, fuggendo dagli oggetti, prima che prendessero da essa rilievo e colore distinto, non rappresentava allo sguardo che una successione di guazzabugli.[17] Ma ben presto le recenti impressioni, ricomparendo nella mente, l'aiutarono a distinguere ciò che appariva confuso al senso.[18] L'infelice risvegliata riconobbe la sua prigione: tutte le memorie[19] dell'orribil giornata trascorsa, tutti i terrori dell'avvenire, l'assalirono in una volta: quella nuova quiete stessa dopo tante agitazioni, quella specie di riposo, quell'abbandono in cui era lasciata, le facevano un nuovo spavento: e fu vinta da un tale affanno,[20] che desiderò di morire. Ma in quel momento, si rammentò che poteva almen pregare, e insieme con quel pensiero, le spuntò in cuore come un'improvvisa speranza. Prese di nuovo la sua corona, e ricominciò a dire il rosario; e, di mano in mano che la preghiera usciva dal suo labbro tremante, il cuore sentiva crescere una fiducia indeterminata. Tutt'a un tratto, le passò per la mente un altro pensiero; che la sua orazione[21] sarebbe stata più accetta e più

1 in quel… gomitolo: *in quell'angolo, tutta raggomitolata* [*su se stessa*]. Lucia sta in terra, dopo aver rifiutato l'invito della vecchia che la sorveglia a mettersi nel letto.
2 torbida vicenda: *confuso e oscuro alternarsi.*
3 gli orrori… giornata: quando era stata rapita e condotta a forza al castello dell'innominato.
4 s'applicava: *si concentrava.*
5 formidabile: *spaventosa.*
6 avviluppata: *intrappolata.*
7 si dibatteva: *lottava.*
8 intormentite: *intorpidite.*
9 si risentì: *tornò in sé.*
10 interna: *interiore.*
11 arrantolato: *rantolante.*
12 vecchia: quella che la sorveglia.
13 un chiarore fioco: *una debole luce.*
14 a vicenda: *alternatamente.*
15 lucignolo della lucerna: *lo stoppino della lampada.*
16 scoccava: *mandava.*
17 guazzabugli: *immagini confuse.*
18 al senso: *ai sensi* [: alla vista].
19 memorie: *ricordi.*
20 affanno: *angoscia.*
21 orazione: *preghiera.*

certamente esaudita, quando, nella sua desolazione, facesse anche qualche offerta. Si ricordò di quello che aveva di più caro, o che di più caro aveva avuto;[22] giacché, in quel momento, l'animo suo non poteva sentire altra affezione[23] che di spavento, né concepire altro desiderio che della liberazione; se ne ricordò, e risolvette[24] subito di farne un sacrifizio. S'alzò, e si mise in ginocchio, e tenendo giunte al petto le mani, dalle quali pendeva la corona, alzò il viso e le pupille al cielo, e disse: «o Vergine santissima! Voi, a cui mi sono raccomandata tante volte, e che tante volte m'avete consolata! Voi che avete patito tanti dolori, e siete ora tanto gloriosa, e avete fatti tanti miracoli per i poveri tribolati;[25] aiutatemi! fatemi uscire da questo pericolo, fatemi tornar salva con mia madre, Madre del Signore; e fo voto[26] a voi di rimaner vergine; rinunzio per sempre a quel mio poveretto,[27] per non esser mai d'altri che vostra».[28]

Proferite[29] queste parole, abbassò la testa, e si mise la corona intorno al collo, quasi come un segno di consacrazione, e una salvaguardia a un tempo, come un'armatura della nuova milizia a cui s'era ascritta.[30] Rimessasi a sedere in terra, sentì entrar nell'animo una certa tranquillità, una più larga fiducia. Le venne in mente quel domattina ripetuto dallo sconosciuto potente,[31] e le parve di sentire in quella parola una promessa di salvazione.[32] I sensi affaticati da tanta guerra s'assopirono a poco a poco in quell'acquietamento di pensieri: e finalmente, già vicino a giorno, col nome della sua protettrice tronco[33] tra le labbra, Lucia s'addormentò d'un sonno perfetto e continuo.

Ma c'era qualchedun altro in quello stesso castello, che avrebbe voluto fare altrettanto, e non poté mai. Partito, o quasi scappato da Lucia, dato l'ordine per la cena di lei, fatta una consueta visita a certi posti del castello, sempre con quell'immagine viva nella mente, e con quelle parole risonanti all'orecchio,[34] il signore s'era andato a cacciare in camera, s'era chiuso dentro in fretta e in furia, come se avesse avuto a[35] trincerarsi contro una squadra di nemici; e spogliatosi, pure in furia, era andato a letto. Ma quell'immagine, più che mai presente, parve che in quel momento gli dicesse: tu non dormirai. – Che sciocca

▼ Il ratto di Lucia, in un disegno di Giorgio Scarpati (1972).

22 quello che aveva... aveva avuto: Renzo; il senso dell'**aveva avuto** è chiarito subito dopo.
23 affezione: *sentimento.*
24 risolvette: *decise.*
25 tribolati: *sventurati, in angoscia.*
26 fo voto: *faccio voto.* Il **voto** è una promessa al cielo, con la quale si offre qualcosa in sacrificio.
...**tto:** Renzo; il possessivo e il diminuti-
... di Lucia.
...**vostra:** *per essere per sempre solo* ... voi, o Madonna].
...*ciate.*
...**scritta:** *del nuovo esercito in cui era* ...ora, Lucia sente di aver contratto un ...e questo impegno le dà degli obblighi
...**. potente:** l'innominato le aveva in- ...giorno dopo avrebbe deciso della sua
...*zza.*
...*to*: Lucia si addormenta mormorando ...Maria.
...**. all'orecchio:** l'**immagine** e le **pa-**
...*avesse dovuto.*

curiosità da donnicciola, – pensava, – m'è venuta di vederla? Ha ragione quel bestione del Nibbio;[36] uno non è più uomo; è vero, non è più uomo!... Io? ... io non son più uomo, io? Cos'è stato? che diavolo m'è venuto addosso? che c'è di nuovo? Non lo sapevo io prima d'ora, che le donne strillano? Strillano anche gli uomini alle volte, quando non si possono rivoltare.[37] Che diavolo! non ho mai sentito belar[38] donne? –

E qui, senza che s'affaticasse molto a rintracciare nella memoria, la memoria da sé gli rappresentò più d'un caso in cui né preghi né lamenti non l'avevano punto smosso dal compire le sue risoluzioni.[39] Ma la rimembranza di tali imprese, non che gli ridonasse la fermezza, che già gli mancava, di compir questa; non che spegnesse nell'animo quella molesta pietà; vi destava in vece una specie di terrore, una non so qual rabbia di pentimento.[40] Di maniera che gli parve un sollievo il tornare a quella prima immagine di Lucia, contro la quale aveva cercato di rinfrancare il suo coraggio.[41] – È viva costei, – pensava, – è qui; sono a tempo;[42] le posso dire: andate, rallegratevi; posso veder quel viso cambiarsi,[43] le posso anche dire: perdonatemi... Perdonatemi? io domandar perdono? a una donna? io...! Ah, eppure! se una parola, una parola tale mi potesse far bene, levarmi d'addosso un po' di questa diavoleria,[44] la direi; eh! sento che la direi. A che cosa sono ridotto! Non son più uomo, non son più uomo!... Via! – disse poi, rivoltandosi arrabbiosamente nel letto divenuto duro duro, sotto le coperte divenute pesanti pesanti: – via! sono sciocchezze che mi son passate per la testa altre volte. Passerà anche questa. –

E per farla passare, andò cercando col pensiero qualche cosa importante, qualcheduna di quelle che solevano occuparlo fortemente, onde applicarvelo tutto;[45] ma non ne trovò nessuna. Tutto gli appariva cambiato: ciò che altre volte stimolava più fortemente i suoi desideri, ora non aveva più nulla di desiderabile: la passione, come un cavallo divenuto tutt'a un tratto restìo per un'ombra,[46] non voleva più andare avanti. Pensando all'imprese avviate e non finite, in vece d'animarsi al compimento,[47] in vece d'irritarsi degli ostacoli[48] (ché l'ira in quel momento gli sarebbe parsa soave),[49] sentiva una tristezza, quasi uno spavento de' passi già fatti. Il tempo gli s'affacciò davanti vòto d'ogni intento,[50] d'ogni occupazione, d'ogni volere, pieno soltanto di memorie[51] intollerabili; tutte l'ore somiglianti a quella che gli passava così lenta, così pesante sul capo. Si schierava[52] nella fantasia tutti i suoi malandrini, e non trovava da comandare a nessuno di loro una cosa che gl'importasse; anzi l'idea di rivederli, di trovarsi tra loro, era un nuovo peso, un'idea di schifo e d'impiccio.[53] E se volle trovare un'occupazione per l'indomani, un'opera fattibile, dovette pensar che all'indomani poteva lasciare in libertà quella poverina.

– La libererò, sì; appena spunta il giorno, correrò da lei, e le dirò: andate, andate, La farò accompagnare... E la promessa? e l'impegno?[54] e don Rodrigo?... Chi è don Rodrigo? –

36 Nibbio: il capo dei bravi dell'innominato, che ha guidato il rapimento di Lucia. Portandola al suo signore, ha spiegato di averne avuto compassione, aggiungendo: «è una storia la compassione un poco come la paura: se uno la lascia prender possesso, non è più uomo».
37 rivoltare: *ribellare*.
38 belar: *lamentarsi*, detto con disprezzo.
39 gli rappresentò... risoluzioni: *gli presentò davanti più di un caso in cui sia le preghiere* (**preghi**) *sia i lamenti non l'avevano affatto* (**punto**) *distolto* (**smosso**) *dal portare a compimento le sue decisioni* (**risoluzioni**). L'innominato ricorda i crimini compiuti in passato.
40 Ma la rimembranza... pentimento: *ma il ricordo di quelle imprese, non solo non gli ridava* (**non che gli ridonasse**) *la fermezza di compiere questa* [*impresa*] [: il rapimento di Lucia, da consegnare poi a don Rodrigo], [*fermezza*] *che già veniva meno; non solo non metteva a tacere nel suo animo quella fastidiosa* (**molesta**) *pietà* [: per Lucia]; *al contrario* (**in vece**), *vi* [: nell'animo] *faceva nascere* (**destava** = sveglia-va) *una specie di spavento, un indefinibile pentimento misto a rabbia.* L'espressione **rabbia di pentimento** rende sinteticamente la complessità dello stato d'animo del personaggio.
41 contro la quale... coraggio: prima, infatti, l'innominato aveva cercato di darsi forza **contro** Lucia, tentando di ridurla mentalmente a una qualunque donnetta in lacrime.
42 sono a tempo: *sono* [*ancora*] *in tempo.*
43 cambiarsi: *cambiare espressione.*
44 diavoleria: *stregoneria* [: l'inquietudine che prova].
45 onde... tutto: *in modo da concentrarvelo* [: il pensiero a quel qualcosa d'importante] tutto.
46 restìo per un'ombra: *esitante a causa di un'ombra.*
47 d'animarsi al compimento: *di incoraggiarsi per portarle a termine.*
48 irritarsi degli ostacoli: *sentirsi spronato dagli ostacoli.*
49 soave: *dolce* [: al paragone di quello che provava in quel momento].
50 vòto d'ogni intento: *privo* (**vòto** = vuoto) *di qualunque progetto.*
51 memorie: *ricordi.*
52 Si schierava: *faceva schierare.*
53 di schifo e d'impiccio: *di disgusto e di fastidio.*
54 E la promessa? e l'impegno: l'innominato si era impegnato con don Rodrigo a consegnargli Lucia dopo averla rapita.

A guisa di chi è colto da una interrogazione[55] inaspettata e imbarazzante d'un superiore, l'innominato pensò subito a rispondere a questa che s'era fatta lui stesso, o piuttosto quel nuovo lui, che cresciuto terribilmente a un tratto, sorgeva come a giudicare l'antico.[56] Andava dunque cercando le ragioni per cui, prima quasi d'esser pregato, s'era potuto risolvere[57] a prender l'impegno di far tanto patire, senz'odio, senza timore,[58] un'infelice sconosciuta, per servire colui;[59] ma, non che riuscisse a trovar ragioni che in quel momento gli paressero buone a scusare il fatto, non sapeva quasi spiegare a sé stesso come ci fosse indotto.[60] Quel volere, piuttosto che una deliberazione,[61] era stato un movimento istantaneo dell'animo ubbidiente[62] a sentimenti antichi, abituali, una conseguenza di mille fatti antecedenti; e il tormentato esaminator di sé stesso, per rendersi ragione d'un sol fatto, si trovò ingolfato[63] nell'esame di tutta la sua vita. Indietro, indietro, d'anno in anno, d'impegno in impegno, di sangue in sangue,[64] di scelleratezza in scelleratezza: ognuna ricompariva all'animo consapevole e nuovo, separata da' sentimenti che l'avevan fatta volere e commettere; ricompariva con una mostruosità che que' sentimenti non avevano allora lasciato scorgere in essa.[65] Eran tutte sue, eran lui:[66] l'orrore di questo pensiero, rinascente[67] a ognuna di quell'immagini, attaccato a tutte, crebbe fino alla disperazione. S'alzò in furia a sedere, gettò in furia le mani alla parete accanto al letto, afferrò una pistola, la staccò, e... al momento di finire una vita divenuta insopportabile, il suo pensiero sorpreso da un terrore, da un'inquietudine, per dir così, superstite,[68] si slanciò nel tempo che pure continuerebbe[69] a scorrer dopo la sua fine. S'immaginava con raccapriccio[70] il suo cadavere sformato, immobile, in balìa del più vile sopravvissuto; la sorpresa, la confusione nel castello, il giorno dopo: ogni cosa sottosopra; lui, senza forza, senza voce, buttato chi sa dove. Immaginava i discorsi che se ne sarebber fatti lì, d'intorno, lontano; la gioia de' suoi nemici. Anche le tenebre, anche il silenzio, gli facevan veder nella morte qualcosa di più tristo, di spaventevole; gli pareva che non avrebbe esitato, se fosse stato di giorno, all'aperto, in faccia alla gente: buttarsi in un fiume e sparire. E assorto in queste contemplazioni[71] tormentose, andava alzando e riabbassando, con una forza convulsiva[72] del pollice, il cane[73] della pistola; quando gli balenò in mente un altro pensiero. – Se quell'altra vita di cui m'hanno parlato quand'ero ragazzo, di cui parlano sempre, come se fosse cosa sicura; se quella vita non c'è, se è un'invenzione de' preti; che fo[74] io? perché morire? cos'importa quello che ho fatto? cos'importa? è una pazzia la mia... E se c'è quest'altra vita...! –

A un tal dubbio, a un tal rischio, gli venne addosso una disperazione più nera, più grave, dalla quale non si poteva fuggire, neppur con la morte. Lasciò cader l'arme,[75] e stava con le mani ne' capelli, battendo i denti, tremando. Tutt'a un tratto, gli tornarono in mente parole che aveva sentite e risentite, poche ore prima: – Dio perdona tante cose, per un'opera di misericordia![76] – E non gli tornavan già con quell'accento d'umile preghiera, con cui erano state proferite; ma con un suono pieno d'autorità, e che insieme induceva una lontana speranza. Fu quello un momento di sollievo: levò le mani dalle tempie, e, in un'attitudine più composta, fissò gli occhi della mente[77] in colei da cui aveva sentite quelle parole; e la vedeva, non come la sua prigioniera, non

55 A guisa... interrogazione: *come chi è sorpreso da una domanda.*
56 l'antico: *il vecchio* [*se stesso*].
57 risolvere: *decidere.*
58 senz'odio, senza timore: l'innominato non ha infatti motivi né d'**odio** né di **timore** contro Lucia (cosa che, invece, era accaduta con i suoi passati nemici).
59 per servire colui: *per rendere un servigio a don Rodrigo.*
60 ma, non che riuscisse... indotto: *ma non solo non riusciva a trovare ragioni che in quel momento gli sembrassero buone per giustificare* (**scusare**) *quello che aveva fatto,* [*bensì*] *quasi neppure sapeva spiegare a se stesso come ci fosse costretto* (**indotto**).
61 deliberazione: *decisione* [*consapevole*].
62 ubbidiente: *che obbediva.*
63 ingolfato: *invischiato.*
64 di sangue in sangue: *di delitto in delitto.*
65 separata... in essa: i delitti compiuti si impongono alla mente dell'innominato nella loro **mostruosità**, senza più i **sentimenti** di odio e di violenza che ne avevano reso possibile l'ideazione e l'attuazione.
66 Eran tutte... lui: [*quelle scelleratezze*] *erano tutte sue, erano la sua vita* (**lui**).
67 rinascente: *che rinasceva.*
68 superstite: *che* [*ancora*] *sopravviveva.*
69 che pure continuerebbe: *che comunque avrebbe continuato.*
70 raccapriccio: *orrore.*
71 contemplazioni: *fantasie.*
72 convulsiva: *nervosa.*
73 cane: è il martelletto della pistola che percuote la cartuccia.
74 fo: *faccio*; toscano.
75 l'arme: *l'arma* [: la pistola].
76 parole... misericordia: con queste parole Lucia aveva scongiurato l'innominato di lasciarla libera.
77 gli occhi della mente: *il pensiero.*

come una supplichevole, ma in atto[78] di chi dispensa grazie e consolazioni. Aspettava ansiosamente il giorno, per correre a liberarla, a sentire dalla bocca di lei altre parole di refrigerio[79] e di vita; s'immaginava di condurla lui stesso alla madre. – E poi? che farò domani, il resto della giornata? che farò doman l'altro? che farò dopo doman l'altro? E la notte? la notte, che tornerà tra dodici ore! Oh la notte! no, no, la notte! – E ricaduto nel vòto[80] penoso dell'avvenire, cercava indarno[81] un impiego del tempo, una maniera di passare i giorni, le notti. Ora si proponeva d'abbandonare il castello, e d'andarsene in paesi lontani, dove nessun lo conoscesse, neppur di nome; ma sentiva che lui, lui[82] sarebbe sempre con sé: ora gli rinasceva una fosca speranza di ripigliar l'animo antico, le antiche voglie;[83] e che quello fosse come un delirio passeggiero; ora temeva il giorno, che doveva farlo vedere a' suoi[84] così miserabilmente[85] mutato; ora lo sospirava,[86] come se dovesse portar la luce anche ne' suoi pensieri. Ed ecco, appunto sull'albeggiare,[87] pochi momenti dopo che Lucia s'era addormentata, ecco che, stando così immoto[88] a sedere, sentì arrivarsi all'orecchio come un'onda di suono non bene espresso,[89] ma che pure aveva non so che d'allegro. Stette attento, e riconobbe uno scampanare a festa lontano; e dopo qualche momento, sentì anche l'eco del monte, che ogni tanto ripeteva languidamente il concento,[90] e si confondeva con esso. Di lì a poco, sente un altro scampanìo più vicino, anche quello a festa; poi un altro. – Che allegria c'è? cos'hanno di bello tutti costoro? – Saltò fuori da quel covile di pruni[91] e vestitosi a mezzo,[92] corse a aprire una finestra, e guardò. Le montagne eran mezze velate di nebbia; il cielo, piuttosto che nuvoloso, era tutto una nuvola cenerognola;[93] ma, al chiarore che pure andava a poco a poco crescendo, si distingueva, nella strada in fondo alla valle, gente che passava, altra che usciva dalle case, e s'avviava, tutti dalla stessa parte, verso lo sbocco, a destra del castello, tutti col vestito delle feste, e con un'alacrità[94] straordinaria.

– Che diavolo hanno costoro? che c'è d'allegro in questo maledetto paese? dove va tutta quella canaglia?[95] – E data una voce[96] a un bravo fidato che dormiva in una stanza accanto, gli domandò qual fosse la cagione[97] di quel movimento. Quello, che ne sapeva quanto lui, rispose che anderebbe[98] subito a informarsene. Il signore rimase appoggiato alla finestra, tutto intento al mobile[99] spettacolo. Erano uomini, donne, fanciulli, a brigate,[100] a coppie, soli; uno, raggiungendo chi gli era avanti, s'accompagnava con lui;[101] un altro, uscendo di casa, s'univa col primo che rintoppasse;[102] e andavano insieme, come amici a un viaggio convenuto.[103] Gli atti indicavano manifestamente[104] una fretta e una gioia comune; e quel rimbombo non accordato ma consentaneo[105] delle varie campane, quali più, quali meno vicine, pareva, per dir così, la voce di que' gesti, e il supplimento[106] delle parole che non potevano arrivar lassù. Guardava, guardava; e gli cresceva in cuore una più che curiosità[107] di saper cosa mai potesse comunicare un trasporto[108] uguale a tanta gente diversa.

da A. Manzoni, *I promessi sposi*, cit.

78 in atto: *nell'atteggiamento.* Lucia diviene una figura simile a quella della Madonna, che, appunto, **dispensa** (cioè *distribuisce*) **grazie e consolazioni**.
79 refrigerio: *sollievo.*
80 vòto: *vuoto.*
81 indarno: *inutilmente.*
82 lui, lui: la sua stessa persona, con il peso del passato.
83 una fosca... voglie: *una cupa speranza di riprendere la* [*sua*] *vecchia personalità, le* [*sue*] *vecchie intenzioni.*
84 a' suoi: *ai suoi* [*uomini*].
85 miserabilmente: *in modo da suscitare pena* (ed è certo un pensiero che l'innominato non può tollerare).
86 lo sospirava: *lo desiderava.*
87 sull'albeggiare: *verso l'alba.*
88 immoto: *immobile.*
89 un'onda... espresso: *un'eco di suoni non ben distinti* [: confusi].
90 languidamente il concento: *debolmente quei suoni.*
91 da quel covile di pruni: *dal* [*suo letto, che era come un*] *giaciglio di rovi.*
92 a mezzo: *a metà* [: solo in parte].
93 cenerognola: *grigiastra.*
94 alacrità: *lena, sveltezza.* La gente si sta recando ad accogliere il cardinale Federigo Borromeo in visita pastorale.
95 canaglia: *gentaglia.*
96 data una voce: *chiamato.*
97 cagione: *causa.*
98 anderebbe: *sarebbe andato.*
99 mobile: *animato.*
100 a brigate: *in gruppi.*
101 s'accompagnava con lui: *si univa a quello.*
102 che rintoppasse: *che incontrava.*
103 convenuto: *stabilito* [*di comune accordo*].
104 Gli atti...manifestamente: *I gesti rivelavano apertamente.*
105 consentaneo: *concorde.*
106 il supplimento: *il sostituto.*
107 una più che curiosità: *qualcosa di più che una* [*semplice*] *curiosità.*
108 trasporto: *fervore.*

Lavoriamo sul testo

Leggere e capire

Come è diviso il testo Il brano è diviso in due parti: nella prima (rr. 1-47) è descritta la notte insonne di Lucia; nella seconda (rr. 48-171) quella dell'innominato. Manzoni segna chiaramente l'articolazione del brano in due parti, sottolineandola con una frase di passaggio: «Ma c'era qualchedun altro in quello stesso castello, che avrebbe voluto fare altrettanto, e non poté mai». Il collegamento fra i risultati delle due vicende è sottolineato ai rr. 147-148: «Ed ecco, appunto sull'albeggiare, pochi momenti dopo che Lucia s'era addormentata...».

Analizzare

Due percorsi paralleli e contrapposti Il rapporto fra le due parti è di contrapposizione e di analogia al tempo stesso. All'inquietudine del giusto (Lucia), che trova una consolazione nella fede e che testimonia apertamente di essa («Dio perdona tante cose, per un'opera di misericordia»), risponde l'inquietudine del peccatore, per il quale il passato è colpa e al quale il pensiero stesso di Dio dà, insieme a una «lontana speranza», sgomento. Al sonno di Lucia si contrappone così l'insonnia dell'innominato. Eppure, non mancano i punti di contatto. All'ansia di Lucia corrisponde l'angoscia dell'innominato, ed entrambi sono visitati dal pensiero di Dio: direttamente Lucia, che prega la Madonna, indirettamente l'innominato, che è spinto a riflettere sull'«altra vita» proprio dalle parole e dalla presenza della giovane rapita. Per entrambi, dunque, la salvezza è nella fede.

Interpretare e approfondire

La fede e i suoi modelli di vita: Lucia e l'innominato La fede di Lucia e quella a cui approderà l'innominato non portano allo stesso modello di vita. La differenza sta innanzitutto nel sesso dei due personaggi: Lucia è il modello della femminilità cristiana, pronta al sacrificio e al ritiro; l'innominato è invece l'uomo che, dopo il tormento interiore, riassume con nuova consapevolezza il suo ruolo nel mondo. Per Lucia la fede è la consolazione nelle avversità: implica infatti una rinuncia, quella al matrimonio (cioè a creare, con la famiglia, la prima cellula sociale) e porta al sonno (che protegge dalle angosce della realtà presente). L'innominato, al contrario, continua a vegliare (cioè a essere immerso nella realtà) e sente le campane che lo richiamano a quel che sta accadendo fuori del castello. Egli va, insomma, verso il mondo: anzi, il pentimento e la «lontana speranza» (di Dio) lo sottraggono alla solitudine in cui si era chiuso fino ad allora, facendogli scoprire la socialità, rappresentata dalla folla festosa e spontaneamente concorde. Il disprezzo con cui designa quest'ultima («che c'è d'allegro in questo maledetto paese? dove va tutta quella canaglia?») è uno degli ultimi segni del vecchio innominato. Quello nuovo, al contrario, avrà una parte attiva nella vita comune degli uomini e diventerà come un santo, ma uno di quei santi, nota Manzoni, che si rappresentano armati e con la spada in mano.

La morte, il corpo, l'identità Uno dei punti decisivi nella riflessione dell'innominato è rappresentato dal pensiero della morte. Questo riporta innanzitutto all'immagine violenta del «cadavere sformato, immobile, in balìa del più vile sopravvissuto»: privo di vita, il corpo è abbandonato a sé e diventa una cosa estranea. Il pensiero di essere ancora «lui», ma un «lui, senza forza, senza voce, buttato chi sa dove», dà all'innominato una specie di vertigine: egli non si riconosce in quel corpo, che pure sa di essere, perché quel corpo non ha più la forza e la voce imperiosa in cui egli si identifica. La «gioia de' suoi nemici» lo trattiene in un istinto di difesa e di autoaffermazione. Egli è insomma diviso tra il senso della propria identità, rappresentato dal corpo, e la mutazione che la sua identità sta subendo. La salvezza dell'innominato sta nel riconoscere che egli rimarrà se stesso anche convertendosi: che cioè rimarrà, con una parola che si ripete più volte, un «uomo». La conversione è dunque un'esperienza esistenziale profonda, quella in cui l'uomo medita sulla propria morte, ne vince il timore e, riscoprendo la propria identità, sceglie una vita che lo rinnovi.

L'incontro dell'innominato con il cardinale Borromeo, in una illustrazione di Francesco Gonin (1840).

Esercizi

Prima prova A • L'analisi del testo

Comprendere

1 Il risveglio

Per ogni frase, scegli il completamento corretto.

- Quando Lucia si risveglia dal suo sonno inquieto, è colpita soprattutto
  a. dal ricordo di Renzo
  b. dal ricordo del suo carceriere che la terrorizza
  c. dal pensiero della Vergine
  d. dal russare della vecchia e dalla luce fioca del lume
- Dopo aver ripensato alle parole di Lucia, l'innominato cerca coraggio nel ricordo dei crimini iniziati e non finiti, ma
  a. è in preda all'ansia per terminare il suo lavoro
  b. prevale la paura per i crimini già compiuti
  c. l'immagine della Madonna offusca il ricordo dei crimini commessi
  d. lo distoglie dal suo dolore il suono delle campane

Analizzare

2 I due drammi notturni

Nel brano proposto il narratore presenta la notte di Lucia, da una parte, e quella dell'innominato, dall'altra. Fra le due parti esistono punti di contatto, di contrapposizione e di analogia al tempo stesso. Ricostruisci le fasi parallele degli stati d'animo dei due personaggi all'interno di una tabella come questa rispondendo alla scaletta di domande.

	notte di Lucia	notte dell'innominato
in quale luogo passano la notte i due personaggi?	camera in castello	camera in castello
qual è lo stato d'animo dei due personaggi?	paura	angoscia, disperazione
quali pensieri angosciano i due personaggi?	non sa dove; perché cosa succederà	cosa c'è dopo morte?
perché entrambi pensano alla morte?	ha paura	perché ha già 60 anni
in che cosa trovano consolazione?	preghiera	parole di Lucia

3 Lucia e le sue caratteristiche

Lucia appare come un personaggio fortemente provato da questa dolorosa esperienza, impaurita e indifesa, ma sempre pronta a trovare una speranza e una forza che la sorregge anche nei momenti più difficili. Trova e sottolinea con colori diversi nel testo tutti gli aggettivi che definiscono Lucia rispettivamente "eroina cristiana", "vittima" e "salvatrice".

Interpretare e approfondire

4 Atti di fede

La fede di Lucia e quella dell'innominato portano a due diversi modelli di vita. Quali?

fede religiosa

in continuo verso fede è come conquista

L'innominato, in una illustrazione di Francesco Gonin (1840).

T14

Le forme
- immagini infernali

I temi
- rovesciamento dei costumi
- critica ai processi contro gli untori
- esaltazione del controllo razionale e del sentimento religioso

La madre di Cecilia

Renzo è riuscito a entrare a Milano. Camminando per le strade della città colpita dalla peste, assiste a scene di crudeltà e di orrore, accompagnate dalle grida dei monatti, che guidano carri colmi di cadaveri. In una strada del centro, l'attenzione di Renzo è catturata da alcuni carri sui quali i monatti stanno caricando i corpi nudi dei morti. Dalla porta di una delle case di fronte vede uscire una donna con una bambina morta in braccio. La bimba, Cecilia, è vestita e pettinata con grande cura e la madre la porta in braccio con un contegno che incute soggezione persino ai monatti. Dandole l'ultimo saluto, la donna affida loro la figlia, pregandoli di ripassare più tardi per prendere anche lei e il resto della famiglia.

Renzo s'abbatteva[1] appunto a passare per una delle parti più squallide e più desolate: quella crociata di strade che si chiamava il carrobio di porta Nuova.[2] (C'era allora una croce nel mezzo, e, dirimpetto ad essa, accanto a dove ora è san Francesco di Paola,[3] una vecchia chiesa col titolo di[4] sant'Anastasia). Tanta era stata in quel vicinato la furia del contagio, e il fetor de' cadaveri lasciati lì, che i pochi rimasti vivi erano stati costretti a sgomberare: sicché, alla mestizia che dava al passeggiero quell'aspetto di solitudine e d'abbandono, s'aggiungeva l'orrore e lo schifo delle tracce e degli avanzi della recente abitazione. Renzo affrettò il passo, facendosi coraggio col pensare che la meta[5] non doveva essere così vicina, e sperando che, prima d'arrivarci, troverebbe mutata, almeno in parte, la scena; e infatti, di lì a non molto, riuscì[6] in un luogo che poteva pur dirsi città di viventi,[7] ma quale città ancora, e quali viventi! Serrati, per sospetto e per terrore, tutti gli usci di strada, salvo quelli che fossero spalancati per esser le case disabitate, o invase; altri inchiodati e sigillati, per esser nelle case morta o ammalata gente di peste; altri segnati d'una croce fatta col carbone, per indizio[8] ai monatti, che c'eran de' morti da portar via: il tutto più alla ventura che altro,[9] secondo che si fosse trovato piuttosto qua che là un qualche commissario della Sanità o altro impiegato, che avesse voluto eseguir gli ordini, o fare un'angheria. Per tutto cenci e, più ributtanti de' cenci, fasce marciose, strame ammorbato,[10] o lenzoli buttati dalle finestre; talvolta corpi, o di persone morte all'improvviso, nella strada, e lasciati lì fin che passasse un carro da portarli via, o cascati da' carri medesimi, o buttati anch'essi dalle finestre: tanto l'insistere e l'imperversar del disastro aveva insalvatichiti gli animi, e fatto dimenticare ogni cura di pietà, ogni riguardo sociale! Cessato per tutto ogni rumor di botteghe, ogni strepito di carrozze, ogni grido di venditori, ogni chiacchierìo di passeggieri, era ben raro che quel silenzio di morte fosse rotto da altro che da rumor di carri funebri, da lamenti di poveri, da rammarichìo[11] d'infermi, da urli di frenetici, da grida di monatti. All'alba, a mezzogiorno, a sera, una campana del duomo dava il segno di recitar certe preci[12] assegnate all'arcivescovo: a quel tocco rispondevan le campane dell'altre chiese; e allora avreste veduto persone affacciarsi alle finestre, a pregare in comune; avreste sentito un bisbiglio di voci e di gemiti, che spirava una tristezza mista pure di qualche conforto.[13]

1 **s'abbatteva:** *si trovava.*
2 **crociata... Nuova:** si tratta dell'incrocio (**crociata**) dell'attuale via Manzoni con le vie Croce Rossa e Montenapoleone.
3 **dove ora... Paola:** nell'attuale via Manzoni.
4 **col titolo di:** *intitolata a.*
5 **la meta:** la casa di don Ferrante, dove Renzo crede di trovare Lucia la quale, invece, è stata condotta al lazzaretto.
6 **riuscì:** *sbucò.*
7 **città di viventi:** non uomini, ma **viventi:** infatti, nella Milano sconvolta dalla peste, l'umanità si manifesta solo nella forma primitiva e animalesca della sopravvivenza.
8 **per indizio:** *come segnale.*
9 **il tutto... altro:** *tutto* [*accade*] *più per caso che per altro.* Si noti la posizione fortemente critica del narratore nei confronti delle autorità, del tutto incapaci di far fronte in modo efficace e razionale alle necessità dei cittadini colpiti dalla peste.
10 **fasce... ammorbato:** *fasce intrise di sostanze marce* (perché sono state usate per medicare i bubboni); lo **strame** è la paglia su cui i malati si sono coricati e che hanno infettato (**ammorbato**).
11 **rammarichìo:** *lamentarsi continuo.*
12 **preci:** *preghiere.*
13 **All'alba... conforto:** l'unica traccia rimasta di umanità e di civiltà si realizza nel momento della preghiera comune. Secondo Manzoni, all'esplosione di irrazionalità e al trionfo del caos può erigere un argine solo la Chiesa.

Morti a quell'ora forse i due terzi de' cittadini, andati via o ammalati una buona parte del resto, ridotto quasi a nulla il concorso[14] della gente di fuori, de' pochi che andavan per le strade, non se ne sarebbe per avventura,[15] in un lungo giro, incontrato uno solo in cui non si vedesse qualcosa di strano, e che dava indizio d'una funesta mutazione di cose.[16] Si vedevano gli uomini più qualificati,[17] senza cappa né mantello, parte allora essenzialissima del vestiario civile; senza sottana i preti, e anche de' religiosi in farsetto,[18] dismessa in somma ogni sorte di vestito che potesse con gli svolazzi toccar qualche cosa, o dare (ciò che si temeva più di tutto il resto) agio agli untori.[19] E fuor di questa cura[20] d'andar succinti e ristretti[21] il più che fosse possibile, negletta[22] e trasandata ogni persona; lunghe le barbe di quelli che usavan portarle, cresciute a quelli che prima costumavan di raderle; lunghe pure e arruffate le capigliature, non solo per quella trascuranza che nasce da un invecchiato[23] abbattimento, ma per esser divenuti sospetti i barbieri, da che era stato preso e condannato, come untor famoso, uno di loro, Giangiacomo Mora:[24] nome che, per un pezzo, conservò una celebrità municipale d'infamia, e ne meriterebbe una ben più diffusa e perenne di pietà. I più tenevano da una mano un bastone, alcuni anche una pistola, per avvertimento minaccioso a chi avesse voluto avvicinarsi troppo; dall'altra pasticche odorose, e palle di metallo o di legno traforate, con dentro spugne inzuppate d'aceti medicati; e se le andavano ogni tanto mettendo al naso, o ce le tenevano di continuo.[25] Portavano alcuni attaccata al collo una boccetta con dentro un po' d'argento vivo,[26] persuasi che avesse la virtù d'assorbire e di ritenere ogni esalazione pestilenziale; e avevan poi cura di rinnovarlo ogni tanti giorni. I gentiluomini, non solo uscivano senza il solito seguito, ma si vedevano, con una sporta in braccio, andare a comprar le cose necessarie al vitto. Gli amici, quando pur due s'incontrassero per la strada, si salutavan da lontano, con cenni taciti e frettolosi. Ognuno, camminando, aveva molto da fare, per iscansare gli schifosi e mortiferi inciampi di cui il terreno era sparso e, in qualche luogo, anche affatto ingombro:[27] ognuno cercava di stare in mezzo alla strada, per timore d'altro sudiciume, o d'altro più funesto peso[28] che potesse venir giù dalle finestre; per timore delle polveri venefiche che si diceva esser spesso buttate da quelle su' passeggieri; per timore delle muraglie, che potevan esser unte.[29] Così l'ignoranza, coraggiosa e guardinga alla rovescia, aggiungeva ora angustie all'angustie, e dava falsi terrori, in compenso de' ragionevoli e salutari che aveva levati da principio.[30]

Tal era ciò che di meno deforme e di men compassionevole si faceva vedere intorno, i sani, gli agiati: ché, dopo tante immagini di miseria, e pensando a quella ancor

14 concorso: *afflusso.*
15 per avventura: *per caso.*
16 funesta mutazione di cose: viene qui rappresentato il rovesciamento dei costumi che riguarda il modo di vestire, di camminare, di comportarsi, i rapporti sociali e affettivi, il modo di parlare e di salutarsi.
17 qualificati: *altolocati.*
18 farsetto: corpetto imbottito che si indossava sopra la camicia. Vederlo indosso ai religiosi è fuori dalla norma.
19 con gli svolazzi... untori: *con i lembi toccare qualcosa* [*di contagioso*], *oppure* (*cosa temuta più di tutte le altre*) *permettere agli untori* [*di trasmettere il contagio*].
20 cura: *preoccupazione.*
21 d'andar... ristretti: *di indossare abiti corti e stretti.*
22 negletta: *trascurata.*
23 invecchiato: *prolungato.*
24 Giangiacomo Mora: il barbiere Giangiacomo Mora, che preparava unguenti contro il contagio, fu vittima della caccia agli untori che si scatenò a un certo punto nella Milano colpita dalla peste. I suoi unguenti, infatti, furono creduti mezzi di trasmissione della malattia. Vittima della credulità popolare e della colpevole insipienza dei giudici, Mora fu processato, torturato e ucciso; la sua casa fu abbattuta e al suo posto fu eretta una "colonna infame". Proprio a questa vicenda Manzoni dedicò la *Storia della colonna infame*.
25 pasticche odorose... di continuo: sono rimedi dettati dalla superstizione e dall'ignoranza. Di qui l'ironia del narratore.
26 argento vivo: *mercurio.*
27 per iscansare... ingombro: *per evitare* [*di urtare contro*] *gli ostacoli schifosi e carichi di morte* [: le fasce, i lenzuoli e gli stessi cadaveri buttati per la strada] *di cui il terreno era cosparso e in qualche luogo ricoperto.*
28 d'altro... peso: *di un peso più terribile* [: quello dei cadaveri].
29 per timore delle polveri... unte: *per paura delle polveri velenose che, secondo le dicerie, venivano spesso gettate da quelle* [*finestre*] *sui passanti; per paura dei muri, che potevano essere stati unti* [*con sostanze contagiose*]. Queste ipotesi di spiegazione del contagio della malattia sono dettate dall'ignoranza e dall'esigenza di identificare un capro espiatorio e punire un colpevole, vero o presunto.
30 Così l'ignoranza... principio: *così l'ignoranza, coraggiosa e prudente a rovescio, aggiungeva ora altri tormenti ai tormenti, e produceva terrori infondati, a compensazione di quelli fondati e opportuni che aveva ignorato all'inizio* [*del contagio*]. Qui si allude al fatto che la cittadinanza milanese, per ignoranza, era stata coraggiosa quando avrebbe dovuto essere prudente, cioè all'epoca delle prime manifestazioni della peste, quando sarebbe stato opportuno evitare i contatti per contenere il contagio, di cui però allora nessuno voleva ammettere l'esistenza.

più grave,[31] per mezzo alla quale dovrem condurre il lettore, non ci fermeremo ora a dir qual fosse lo spettacolo degli appestati che si strascicavano o giacevano per le strade, de' poveri, de' fanciulli, delle donne. Era tale, che il riguardante[32] poteva trovar quasi un disperato conforto in ciò che ai lontani e ai posteri fa la più forte e dolorosa impressione; nel pensare, dico, nel vedere quanto que' viventi fossero ridotti a pochi.

In mezzo a questa desolazione aveva Renzo fatto già una buona parte del suo cammino, quando, distante ancor molti passi da una strada in cui doveva voltare, sentì venir da quella un vario frastono, nel quale si faceva distinguere quel solito orribile tintinnìo.[33]

Arrivato alla cantonata[34] della strada, ch'era una delle più larghe, vide quattro carri fermi nel mezzo; e come, in un mercato di granaglie, si vede un andare e venire di gente, un caricare e un rovesciar di sacchi, tale era il movimento in quel luogo: monatti ch'entravan nelle case, monatti che n'uscivan con un peso su le spalle, e lo mettevano su l'uno o l'altro carro: alcuni con la divisa rossa, altri senza quel distintivo, molti con uno ancor più odioso, pennacchi e fiocchi di vari colori, che quegli sciagurati portavan come per segno d'allegria, in tanto pubblico lutto. Ora da una, ora da un'altra finestra, veniva una voce lugubre: «qua, monatti!». E con suono ancor più sinistro, da quel tristo brulichìo usciva qualche vociaccia che rispondeva: «ora, ora». Ovvero eran pigionali[35] che brontolavano, e dicevano di far presto: ai quali i monatti rispondevano con bestemmie.[36]

Entrato nella strada, Renzo allungò il passo, cercando di non guardar quegl'ingombri, se non quanto era necessario per iscansarli; quando il suo sguardo s'incontrò in un oggetto singolare di pietà, d'una pietà che invogliava l'animo a contemplarlo; di maniera che si fermò, quasi senza volerlo.

Scendeva dalla soglia d'uno di quegli usci, e veniva verso il convoglio,[37] una donna, il cui aspetto annunziava una giovinezza avanzata ma non trascorsa; e vi traspariva una bellezza velata e offuscata, ma non guasta,[38] da una gran passione,[39] e da un languor mortale:[40] quella bellezza molle[41] a un tempo e maestosa, che brilla nel sangue lombardo. La sua andatura era affaticata, ma non cascante; gli occhi non davan lacrime, ma portavan segno d'averne sparse tante; c'era in quel dolore un non so che di pacato e di profondo, che attestava un'anima tutta consapevole e presente a sentirlo.[42] Ma non era il solo suo aspetto che, tra tante miserie, la indicasse così particolarmente alla pietà, e ravvivasse per lei quel sentimento ormai stracco e ammortito ne' cuori.[43] Portava essa in collo una bambina di forse nov'anni, morta; ma tutta ben accomodata, co' capelli divisi sulla fronte, con un vestito bianchissimo, come se quelle mani l'avessero adornata per una festa promessa da tanto tempo, e data per premio. Né la teneva a giacere, ma sorretta, a sedere sur un braccio, col petto appoggiato al petto, come se fosse stata viva; se non che una manina bianca a guisa di cera[44] spenzolava da una parte, con una certa inanimata gravezza,[45] e il capo posava sull'omero della madre, con un abbandono più forte del sonno: della madre, ché, se anche la somiglianza de' volti non n'avesse fatto fede, l'avrebbe detto chiaramente quello de' due[46] ch'esprimeva ancora un sentimento.

31 quella ancor più grave: è l'immagine ancor più tragica dei malati nel lazzeretto.
32 il riguardante: *chi si fermasse a guardare, un osservatore.*
33 tintinnìo: i monatti portavano una campanella alla caviglia che serviva ad annunciare la loro presenza.
34 cantonata: *angolo.*
35 pigionali: inquilini.
36 e come,… bestemmie: l'atmosfera di sacralità che generalmente accompagna la morte è qui capovolta e sostituita dalla grettezza e dalla volgarità dello scaricamento di merci. La similitudine con il mercato non è scelta a caso: infatti la morte è diventata, in questo contesto degradato, occasione di guadagno per i monatti, che caricano e scaricano i morti come sacchi di mercanzia.
37 convoglio: il gruppo dei carri dei monatti.
38 guasta: *deturpata, sciupata.*
39 da una gran passione: *da una profonda sofferenza.*
40 languor mortale: *debolezza mortale.* La donna è infatti malata anch'essa di peste.
41 molle: *delicata.*
42 presente a sentirlo: *capace di sostenerlo* [: il dolore].
43 quel sentimento…cuori: *quel sentimento* [*della pietà*] *ormai* [: dopo tanti orrori] *indebolito e quasi morto* (**stracco e ammortito**) *nei cuori.*
44 a guisa di cera: *come se fosse di cera.*
45 inanimata gravezza: *pesantezza di un corpo senza vita.*
46 quello de' due: il volto della madre.

Un turpe monatto[47] andò per levarle la bambina dalle braccia, con una specie però d'insolito rispetto, con un'esitazione involontaria. Ma quella, tirandosi indietro, senza però mostrare sdegno né disprezzo, «no!» disse: «non me la toccate per ora; devo metterla io su quel carro: prendete». Così dicendo, aprì una mano, fece vedere una borsa, e la lasciò cadere in quella che il monatto le tese. Poi continuò: «promettetemi di non levarle un filo d'intorno,[48] né di lasciar che altri ardisca di farlo, e di metterla sotto terra così».

Il monatto si mise una mano al petto; e poi, tutto premuroso, e quasi ossequioso, più per il nuovo sentimento da cui era come soggiogato, che per l'inaspettata ricompensa, s'affaccendò a far un po' di posto sul carro per la morticina. La madre, dato a questa un bacio in fronte, la mise lì come sur un letto, ce l'accomodò, le stese sopra un panno bianco, e disse l'ultime parole: «addio, Cecilia! riposa in pace! Stasera verremo anche noi, per restar sempre insieme. Prega intanto per noi; ch'io pregherò per te e per gli altri». Poi voltatasi di nuovo al monatto, «voi», disse, «passando di qui verso sera, salirete a prendere anche me, e non me sola».[49]

Così detto, rientrò in casa, e, un momento dopo, s'affacciò alla finestra, tenendo in collo un'altra bambina più piccola, viva, ma coi segni della morte in volto. Stette a contemplare quelle così indegne esequie della prima,[50] finché il carro non si mosse, finché lo poté vedere; poi disparve. E che altro poté fare, se non posar sul letto l'unica che le rimaneva, e mettersele accanto per morire insieme? come il fiore già rigoglioso sullo stelo cade insieme col fiorellino ancora in boccia, al passar della falce che pareggia tutte l'erbe del prato.[51] «O Signore!» esclamò Renzo: «esauditela! tiratela a voi, lei e la sua creaturina: hanno patito abbastanza! hanno patito abbastanza!».

da A. Manzoni, *I promessi sposi*, cit.

▼ La piccola Cecilia in braccio alla madre in un disegno di Giorgio Scarpati.

47 Un turpe monatto: questa *ripugnante* immagine di immoralità contrasta con la resistenza di forme di civiltà e decoro rappresentata dalla figura femminile. In particolare l'aggettivo **turpe** serve proprio a sottolineare, per contrasto, l'estraneità della madre di Cecilia rispetto alla barbarie e al disordine sociale e morale del mondo sconvolto dalla peste e dominato dai monatti.

48 d'intorno: *di dosso.*

49 Il monatto… e non me sola: la presenza di una figura come quella della madre di Cecilia rappresenta l'esistenza di forme di civiltà, di umanità e di sentimento religioso anche in un mondo capovolto. Infatti, il comportamento della donna ha un effetto straniante: induce soggezione nel monatto, trasforma il carro in un letto, stende un panno bianco sul corpo della figlia, infine predispone anche il proprio funerale e quello degli altri familiari.

Lavoriamo sul testo

Leggere e capire

Collocazione del testo Il brano è tratto dal capitolo XXXIV, che si apre con l'ingresso di Renzo a Milano e si chiude con il suo arrivo al lazzaretto. La parte iniziale del capitolo presenta elementi che anticipano lo scenario infernale di queste pagine: l'equivoco per cui Renzo è scambiato per un monatto, le macchine di tortura nelle strade, le persone rinchiuse in casa, le grida e i colpi di frusta dei monatti. L'episodio della madre di Cecilia si trova proprio nel momento in cui Renzo è nel cuore di questo inferno, il centro della città della peste, e rappresenta la possibilità di contrastare la barbarie con il controllo razionale e il sentimento religioso.

Com'è diviso il testo Nel brano si distinguono chiaramente tre sequenze: l'entrata di Renzo nel centro di Milano, con un quadro della città appestata (rr. 1-72); l'immagine, che Renzo vede dall'angolo di una strada, dei monatti che fanno mercato dei cadaveri (rr. 73-87); l'episodio della madre di Cecilia, che attira l'attenzione di Renzo e lo induce a fermarsi (rr. 88-135).

Analizzare

I monatti, personaggi infernali Mentre Renzo attraversa il paesaggio infernale della città sconvolta dalla peste, il narratore lo accompagna dall'alto e descrive le situazioni in cui egli si imbatte. In queste pagine, il punto di vista narrativo è principalmente quello del narratore onnisciente.

Le figure che dominano in questo ambiente sono quelle dei monatti, le cui caratteristiche infernali li avvicinano a immagini demoniache. Il loro comportamento rappresenta il rovesciamento della civiltà in barbarie, l'azzeramento di tutti i valori e soprattutto della fine di ogni sacralità. La sciagura della peste diventa, da un lato, un momento di festa (è evidente nell'abbigliamento dei monatti: «divisa rossa» e «pennacchi e fiocchi di vari colori») e, dall'altro, un'occasione di guadagno (si noti la similitudine che accosta la loro attività alla situazione di «un mercato di granaglie»). La morte è privata di ogni elemento di ritualità sacrale e i corpi senza vita sono trattati come se fossero delle merci.

La madre di Cecilia In questo universo infernale appare improvvisamente un personaggio estraneo, la madre di Cecilia. La sua prima apparizione introduce una nota di nobiltà, sottolineata stilisticamente dall'innalzamento del tono, dalla posizione del verbo che precede il soggetto, dalla presenza di un verso settenario («Scendeva dalla soglia»). La bellezza della donna non è solo un fatto di natura, ma è legata anche alla civiltà, alla tradizione del «sangue lombardo». Il suo comportamento è composto, e dettato dalla ragione e dalla consapevolezza: nella cura per la bambina si esprime lo sforzo di restituire alla morte la dimensione del rito civile e religioso. La scelta di un vestito «bianchissimo» indica un'esigenza di purezza, una volontà di contrastare l'osceno commercio dei monatti. Tutto, in questo episodio, è insomma all'insegna della contrapposizione: quello fra il monatto e la madre di Cecilia è un incontro fra il "basso" e l'"alto", fra il disordine e il controllo razionale, fra la spietata logica economica e il rispetto di valori civili e religiosi. La nobiltà della madre di Cecilia è tale da soggiogare il «turpe monatto» e da trasformare il suo carro in un «letto» su cui stendere il corpo della bambina per darle l'estremo saluto. Il monatto, compiendo il gesto di portare la mano al petto, compie un atto rituale. Viene così restaurata la forma, una forma inscindibile dalla sostanza dei valori religiosi e civili, in un mondo abbandonato alla degradazione animalesca.

Interpretare e approfondire

L'ideologia di Manzoni Il brano appena letto rivela tre elementi fondamentali dell'ideologia manzoniana.

1. La polemica contro i processi agli untori: nella prima parte del brano, viene menzionato Giangiacomo Mora, barbiere condannato come untore in un processo preso in esame da Manzoni nella *Storia della colonna infame*. La componente illuministica della formazione di Manzoni lo induce alla critica di ogni credenza superstiziosa e alla convinzione di dover contribuire, come intellettuale, a liberare l'umanità dai pregiudizi. Come cristiano, Manzoni è anche interessato a mettere in luce le responsabilità individuali sia delle autorità cittadine, incapaci di mantenere in modo lucido e razionale il controllo della situazione, sia dei giudici, condizionati nel loro operato dai pregiudizi e dal bisogno di individuare un capro espiatorio.
2. La critica al rovesciamento dei costumi e alla liberazione degli istinti: la città sconvolta dalla peste rappresenta un mondo alla rovescia, in cui sono saltate tutte le regole sociali e dominano invece l'ignoranza, il disordine e gli impulsi più elementari.
3. Il controllo razionale e il sentimento religioso come strumenti per combattere il male: Manzoni lascia intendere più volte nel romanzo l'idea che sia possibile contrastare il male solo in presenza dell'unione tra sentimento religioso e coscienza razionale. Questa proposta emerge con forza proprio dall'episodio della madre di Cecilia, che rappresenta, infatti, la resistenza di valori religiosi e civili in un contesto degradato. Illuminismo e cattolicesimo si integrano nel sistema di pensiero di Manzoni: la forte esigenza di dominare gli istinti e di riportarli a un ordine razionale e morale nasce, d'altra parte, anche da ragioni legate all'inconscio dell'autore, terrorizzato dalla prospettiva di una caduta della censura morale.

Esercizi

Prima prova A • L'analisi del testo

Comprendere

1 Cecilia

Come è vestita Cecilia?

....

Analizzare

2 I suoni della peste

Renzo, dirigendosi verso la casa di don Ferrante alla ricerca della sua amata Lucia, attraversa una città prostrata dalla peste, i cui unici segnali di vita sono alcuni suoni e rumori. Di quali suoni si tratta? Quale effetto producono nel lettore?

3 Un mondo alla rovescia

Nel brano proposto, Manzoni accosta scene dal significato opposto. Tutta la scena della madre di Cecilia sottolinea, per contrasto, l'estraneità di questa donna rispetto alla barbarie del mondo sconvolto e capovolto dalla peste e dominato dai monatti. Riporta in una tabella come questa elementi, frasi o situazioni che rimandino rispettivamente ai due campi semantici della barbarie e della civiltà.

barbarie	civiltà
....	....
....	....

4 Le similitudini

Nella descrizione degli effetti della peste, Manzoni ricorre frequentemente a similitudini. Individuale nel brano.

Interpretare e approfondire

5 Manzoni e la moltitudine

Il brano mostra la concezione manzoniana della folla: come appare agli occhi dell'autore? Da quali sentimenti sembra guidata?

[*I promessi sposi*, cap. XXXVIII]

T15

Le forme
- abbassamento di tono
- uso dell'ironia

I temi
- invito ad accettare i mali della vita grazie alla fede in Dio

Il sugo di tutta la storia

Renzo e Lucia, ormai sposati, rallegrati dalla compagnia di Agnese e dei loro figli, ed economicamente prosperi, ricordano talvolta le passate avventure. Renzo ha imparato a non mettersi nei guai, che lui stesso in passato ha cercato; ma Lucia, che invece si è sempre tenuta lontana dal commettere cattive azioni, cosa ha imparato? Continuando a riflettere, i due giungono alla conclusione che non sempre è possibile tenersi lontani dal male; sempre, però, lo si può sopportare, rafforzati dalla speranza e dalla fede in Dio, così da renderlo utile per una vita migliore. Questa conclusione, così semplice ed efficace, è proposta dallo stesso narratore come «il sugo di tutta la storia».

Gli affari andavan d'incanto:[1] sul principio ci fu un po' d'incaglio[2] per la scarsezza de' lavoranti e per lo sviamento e le pretensioni[3] de' pochi ch'eran rimasti. Furon pubblicati editti che limitavano le paghe degli operai; malgrado quest'aiuto,[4] le cose si rincamminarono, perché alla fine bisogna che si rincamminino. Arrivò da Venezia[5] un altro editto, un po' più ragionevole: esenzione, per dieci anni, da ogni carico reale e personale[6] ai forestieri che venissero a abitare in quello stato. Per i nostri fu una nuova cuccagna.[7]

Prima che finisse l'anno del matrimonio, venne alla luce una bella creatura; e, come se fosse fatto apposta per dar subito opportunità a Renzo d'adempire quella sua magnanima promessa,[8] fu una bambina; e potete credere che le fu messo nome Maria. Ne vennero poi col tempo non so quant'altri; dell'uno e dell'altro sesso: e Agnese af-

1 **d'incanto:** *magnificamente.*
2 **incaglio:** *difficoltà.*
3 **per lo sviamento e le pretensioni:** *per la scelta di altri lavori e per le pretese.* Dopo la peste, parte dei sopravvissuti aveva cambiato mestiere.
4 **aiuto:** è ironico. Abbassare i salari non attira certo i lavoratori, né fa riprendere i consumi: in questo modo, secondo le teorie liberiste, si ostacola la ripresa economica.
5 **da Venezia:** siamo infatti nella Repubblica veneta.
6 **esenzione... personale:** sono facilitazioni fiscali. Il **carico reale** è il patrimonio immobile, quello **personale** il reddito da attività.
7 **cuccagna:** *pacchia, situazione felice.*
8 **adempire... promessa:** per indurre Lucia a sciogliere il voto alla Madonna pronunciato nel castello dell'innominato, Renzo le aveva promesso che, se avessero avuto una figlia, l'avrebbero chiamata Maria. **Adempire:** *tener fede a*; **magnanima:** *generosa*, detto in senso ironico, poiché a Renzo non costa nulla tener fede alla parola data.

faccendata a portarli in qua e in là, l'uno dopo l'altro, chiamandoli cattivacci, e stampando loro in viso de' bacioni, che ci lasciavano il bianco per qualche tempo. E furon tutti ben inclinati;[9] e Renzo volle che imparassero tutti a leggere e scrivere, dicendo che, giacché la c'era questa birberia,[10] dovevano almeno profittarne anche loro.

Il bello era a sentirlo raccontare le sue avventure; e finiva sempre col dire le gran cose che ci aveva imparate, per governarsi[11] meglio in avvenire. «Ho imparato», diceva, «a non mettermi ne' tumulti: ho imparato a non predicare in piazza: ho imparato a guardare con chi parlo: ho imparato a non alzar troppo il gomito: ho imparato a non tenere in mano il martello delle porte, quando c'è lì d'intorno gente che ha la testa calda: ho imparato a non attaccarmi un campanello al piede, prima d'aver pensato quel che possa nascere».[12] E cent'altre cose.

Lucia, però, non che trovasse la dottrina[13] falsa in sé, ma non n'era soddisfatta; le pareva, così in confuso, che ci mancasse qualcosa. A forza di sentir ripetere la stessa canzone, e di pensarci sopra ogni volta, «e io», disse un giorno al suo moralista;[14] «cosa volete che abbia imparato? Io non sono andata a cercare i guai: son loro che sono venuti a cercar me. Quando non voleste dire», aggiunse, soavemente sorridendo, «che il mio sproposito sia stato quello di volervi bene, e di promettermi[15] a voi».

Renzo, alla prima, rimase impicciato.[16] Dopo un lungo dibattere[17] e cercare insieme, conclusero che i guai vengono bensì[18] spesso, perché ci si è dato cagione;[19] ma che la condotta più cauta e più innocente non basta a tenerli lontani; e che quando vengono, o per colpa o senza colpa, la fiducia in Dio li raddolcisce, e li rende utili per una vita migliore. Questa conclusione, benché trovata da povera gente, c'è parsa così giusta, che abbiam pensato di metterla qui, come il sugo[20] di tutta la storia.

La quale, se non v'è dispiaciuta affatto,[21] vogliatene bene[22] a chi l'ha scritta,[23] e anche un pochino a chi l'ha raccomodata.[24] Ma se in vece fossimo riusciti ad annoiarvi, credete che non s'è fatto apposta.

da A. Manzoni, *I promessi sposi*, cit.

9 ben inclinati: *di buon carattere.*
10 la c'era... birberia: *esisteva questo imbroglio*; **la** è un soggetto superfluo tipico del parlato toscano.
11 governarsi: *regolarsi.*
12 «Ho imparato... nascere»: sono allusioni a vari episodi delle avventure di Renzo a Milano: i **tumulti** con l'assalto ai forni e alla casa del vicario di provvisione; i discorsi sulla giustizia tenuti pubblicamente; la fiducia accordata alla spia nell'osteria milanese della Luna Piena, quando era ubriaco; la ricerca di Lucia quando, bussando alla porta di un palazzo, era stato accusato di essere un untore; lo spacciarsi per monatto, attaccandosi il loro **campanello al piede**, per sfuggire alla folla, e capitare su un carro che trasportava cadaveri.
13 dottrina: *teoria*; ironico.
14 al suo moralista: altra designazione ironica: Renzo trae infatti la morale dalle sue esperienze, accompagnandola con osservazioni generali sulla vita.
15 promettermi: in sposa.
16 alla prima... impicciato: *in un primo momento, rimase confuso.*
17 dibattere: *discutere.*
18 bensì: *certo.*
19 cagione: *motivo.*
20 sugo: *succo.*
21 affatto: *del tutto.*
22 vogliatene bene: *vogliate bene, per causa di essa.*
23 chi l'ha scritta: l'Anonimo.
24 chi l'ha raccomodata: *chi l'ha riaggiustata*, cioè Manzoni stesso.

Contatto a pubblico borghese

Renzo diventa piccolo imprenditore, borghese

Lo valori: - famiglia
- istruzione

Lavoriamo sul testo

Leggere e capire

Il finale del romanzo Il brano costituisce il finale dei *Promessi sposi*: dopo mille avversità, Renzo e Lucia si sono sposati e riescono a condurre una vita serena anche dal punto di vista economico. Ripensando alle sventure passate, i due coniugi sono concordi nell'affermare che occorra accettare di buon grado i mali che la vita riserva, con l'aiuto della fede in Dio.

Analizzare

Una conclusione in tono minore L'ultimo capitolo dei *Promessi sposi* è caratterizzato da un abbassamento di tono, anche se la scelta di concludere il romanzo in tono minore non implica affatto che le questioni affrontate siano minori. Domina infatti la colloquialità, intesa non solo come stile semplice, vicino al parlato, ma come volontà di dialogo diretto con il lettore. Deriva di qui l'invito finale e la scelta di fondare la morale della storia sui discorsi degli stessi personaggi (ma, come ci viene ricordato esplicitamente, con un duplice filtro scritto: quello dell'Anonimo, che fa da testimone di autenticità, e quello di Manzoni stesso). Lo stile romanzesco si conferma qui nella sua capacità di parlare, nella lingua di tutti e nella consapevolezza di essere comunque rappresentazione letteraria, della vita di tutti e delle questioni più alte dell'esistenza.

La parabola sociale di Renzo: da contadino a piccolo imprenditore I primi due capoversi su Renzo e Lucia dopo il matrimonio non hanno solo la funzione narrativa di segnare il felice esito finale della vicenda. Facendo di Renzo un piccolo imprenditore di origine contadina, Manzoni in realtà identifica una classe sociale che, ai suoi stessi tempi, doveva avere una funzione decisiva: quella borghesia che avrebbe fatto l'indipendenza e l'unità d'Italia. La «povera gente» del romanzo non è dunque poi così povera. Persino l'ignoranza verrà sanata, almeno dall'istruzione dei figli. Il messaggio morale si lega così a una precisa prospettiva ideologica e politica.

Interpretare

La morale di Renzo e quella di Lucia La prima morale trovata da Renzo è una morale negativa («Ho imparato a non...») e stretta a un'esperienza particolare e individuale. Manzoni prende quasi in giro a Renzo, mettendogli in bocca una filastrocca (o «canzone») un po' ripetitiva, scandita da tutti quegli «Ho imparato a non...». Ma questa morale non convince Lucia, che gli propone un allargamento di prospettiva e si assume così, nel momento cruciale della conclusione, un ruolo di grande impegno. Certo, Renzo è stato attivo (o, tradotto nel linguaggio semplice della coppia, "si è cercato i guai"), mentre Lucia è stata piuttosto passiva (sono stati i guai a cercare lei). La sua virtù è stata la fedeltà ai valori ed è lei, adesso, a trarre le conclusioni della storia, ma sempre da una posizione riparata e schiva. Il ruolo di Lucia è quello di illuminare di senso la vita, come già era accaduto con l'innominato, invitato a ricordare che «Dio perdona tante cose, per un'opera di misericordia». Le spetta così l'attributo della saggezza, o dell'invito all'elaborazione della saggezza.

«benché trovata da povera gente» La morale proposta da Renzo e Lucia risponde, in termini semplici e "abbassati", ai problemi più alti affrontati dal romanzo e, in particolare, dalla superiore coscienza del narratore. Essa esprime anzitutto un desiderio di popolarità, nel duplice senso di immediatezza comunicativa che raggiunga il pubblico più vasto possibile e di elaborazione di vita che proviene dal "popolo" (nel senso ottocentesco di borghesia). Ma, al tempo stesso, esprime una strategia ironica tipicamente signorile: presuppone infatti una serenità e un distacco dalle circostanze materiali della vita che solo i signori si possono permettere. Riguarda cioè il rapporto fra il narratore e i suoi personaggi, fra l'aristocratico, liberale e moderato Manzoni e gli "umili". Manzoni pone infatti anche qui una distanza fra sé e il mondo della vicenda: egli condivide la morale di Renzo e Lucia, tanto da proporla come «sugo di tutta la storia»; eppure, la condivide «benché trovata da povera gente». Quel «benché» ha un significato anzitutto ironico: la «povera gente» sa trovare conclusioni efficaci e giuste ben più di intellettuali presuntuosi (la polemica contro l'inadeguatezza – innanzitutto morale – della cultura è frequente nei *Promessi sposi*). In altre parole, questa conclusione riceve tanta attenzione non «benché» «trovata da povera gente», ma "perché" «trovata da povera gente». Eppure quel «benché» ha anche un valore letterale: esso segna la distanza tra il mondo limitato dei personaggi, e il mondo superiore del narratore onnisciente. L'elaborazione del senso ultimo e totalizzante non può che spettare, in realtà, al narratore, che è il solo ad avere un controllo complessivo della vicenda.

Esercizi

Prima prova A • L'analisi del testo

Comprendere

1 L'epilogo

Per ogni frase, scegli il completamento corretto.

- Una volta trasferitosi a Bergamo, Renzo racconta le sue avventure:
  a. concludendo che tutto è bene quel che finisce bene
  b. elencando le cose che aveva imparato a non fare
  c. ringraziando chi l'ha aiutato
  d. affermando che l'importante è saper leggere e scrivere
- Il «sugo di tutta la storia» è che:
  a. la povera gente deve rassegnarsi alle cattiverie dei potenti
  b. è possibile evitare sempre il male nella vita
  c. la povera gente deve accettare i mali della vita senza perdere la fiducia in Dio
  d. la povera gente dovrebbe diventare intraprendente come i potenti

Analizzare

2 Il punto di vista di Lucia

Lucia dissente, anche se sommessamente, sul punto di vista di Renzo; in che senso?

3 Il punto di vista del narratore

Quale spazio ritaglia per sé il narratore nella pagina finale? Quali, fra le conclusioni tratte dai suoi personaggi, condivide?

Interpretare e approfondire

4 Il ruolo di Lucia

Lucia è una donna alla quale è affidato un importante compito: quale? È in linea con la concezione ottocentesca della donna?

▲ Renzo e Lucia in due illustrazioni tratte dall'edizione dei *Promessi sposi* del 1840 ad opera di Francesco Gonin.

La critica

Guido Baldi

Punto di vista narrativo e atteggiamento autoritario in Manzoni

Il critico Guido Baldi sostiene che i *Promessi sposi* non siano un romanzo «problematico». L'assenza di problematicità del romanzo dipende dall'adozione, da parte dell'autore, di un punto di vista narrativo sostanzialmente autoritario.

I *Promessi sposi* anche come libro cattolico, oltre che come «progetto di società», non sono un libro problematico, un romanzo di idee, che dia spazio ad una sofferta ricerca dialettica, in un aperto dialogo con le ragioni avversarie, ma un libro sostanzialmente «a una dimensione». [...]

Questo difetto di problematicità [...] si riflette anche nella tecnica narrativa e nello stile: il lettore non è lasciato libero di orientarsi di fronte alla materia, ma subisce una forma di autoritarismo da parte del narratore onnisciente eterodiegetico,[1] che è sempre presente nel narrato a commentare, a giudicare azioni, pensieri, sentimenti, imponendo il suo giudizio in un'unica direzione, senza alternative. [...] Nei *Promessi sposi* il narratore esercita un'azione autoritaria decisamente particolare, e subordina alla sua visione e al suo giudizio la materia narrata nella sua totalità, senza concederle alcun margine di autonomia. Il fenomeno si può rilevare, in misura più o meno evidente, lungo tutto l'arco della narrazione: ma l'esempio più significativo, per il suo carattere estremistico, è dato dalla rappresentazione della folla sediziosa durante i tumulti di Milano. [...] L'intervento del narratore non interrompe vistosamente la narrazione, ma fa corpo con il suo stesso fluire, in modo che la sua qualità di giudizio può passare pressoché inavvertita. Questa tecnica si fonda soprattutto sull'impiego di metafore, similitudini, paragoni, introdotti nel modo apparentemente più naturale e innocente, ma che in realtà non sono mai stati neutri, meramente descrittivi, bensì veicolano in modo dissimulato il giudizio del narratore e mirano a condizionare la reazione del lettore, orientandola in una determinata direzione. Nei confronti della folla vengono usate di preferenza immagini di fenomeni naturali, la tempesta, l'acqua, il fuoco. [...] Tutte queste immagini, come è evidente, valgono a insinuare sotterraneamente l'idea dell'irrazionalità della folla, che si presenta come una forza della natura abbandonata a se stessa, e non appare in grado di elevarsi ad alcuna forma di coscienza, di porre un freno razionale al suo impeto selvaggio. E ovviamente non è la stessa cosa che l'idea sia affidata a metafore e similitudini, anziché essere espressa attraverso un discorso esplicito: il giudizio sull'irrazionalità irredimibile[2] della massa tumultuante mira a convincere non attraverso l'argomentazione razionale, che può sollecitare il contraddittorio, ma attraverso la suggestione inconsapevole, e esclude la perplessità, la discussione, la correzione, il rifiuto. [...] L'atteggiamento autoritario del narratore dei *Promessi sposi*, che non lascia il lettore libero di fronte alla materia narrata, non lo induce a riflettere criticamente, a cogliere la problematicità, le facce molteplici e contraddittore del reale, ma gli impone a priori, perentoriamente, un'unica, inappellabile interpretazione: l'oggetto gli viene sistematicamente offerto già giudicato, senza incrinature di dubbio o alternative possibili, di modo che le sue reazioni emotive e il suo giudizio vengono rigidamente predeterminati in una sola direzione. E per di più il condizionamento si realizza attraverso forme abilmente dissimulate di suggestione, senza che il narratore abbia bisogno di intervenire sempre, in prima persona, ad argomentare il suo giudizio: essendo affidato di preferenza ad un aggettivo, ad un sostantivo, ad un verbo, ad un'immagine, il giudizio si mimetizza nel fluire stesso della narrazione, sfuggendo alla percezione immediata del lettore; non solo, ma in tal modo dà anche l'impressione di scaturire dalle cose stesse, e perciò, apparendo come imposto dalla realtà oggettiva, esclude ogni margine di dubbio, di contraddizione, di critica. Qui si tratta d'un caso limite, come s'è detto: però le linee di tendenza individuate si manifestano, in forma più o meno sensibile, in tutta l'area del romanzo. Anche la tecnica narrativa e lo stile rivelano dunque la volontà, propria dell'autore dei *Promessi sposi*, di chiudere tutta la realtà rappresentata nel romanzo entro le maglie di un sistema ideologico totalizzante, che lo scrittore sente (o si impone di sentire) come verità assoluta, definitiva, indiscutibile.

da G. Baldi, *«I promessi sposi»: progetto di società e mito*, Mursia, Milano 1985.

1 **eterodiegetico:** si chiama così il narratore assente, come personaggio, dalla storia raccontata e quindi esterno, onnisciente.

2 **irredimibile:** che non si può modificare o eliminare.

La critica

Italo Calvino
Il sistema di forze del romanzo

Secondo Italo Calvino, *I promessi sposi* è il romanzo dei rapporti di forza. Le similarità e le opposizioni fra i vari personaggi rimandano a similarità e a opposizioni che investono sia il potere sociale (rappresentato da don Rodrigo e dall'innominato), sia la Chiesa, divisa fra potere spirituale buono (padre Cristoforo, il cardinale) e potere spirituale cattivo (don Abbondio, Gertrude). A loro volta, poi, don Rodrigo e l'innominato rappresentano il mondo della storia umana; don Abbondio e la monaca di Monza la natura umana abbandonata da Dio; padre Cristoforo e il cardinale la giustizia di Dio. La figura di un triangolo può ben illustrare questa complessiva visione del mondo.

Attorno a Renzo e Lucia e al loro contrastato matrimonio le forze in gioco si dispongono in una figura triangolare, che ha per vertici tre autorità: il potere sociale, il falso potere spirituale e il potere spirituale vero. Due di queste forze sono avverse e una propizia: il potere sociale è sempre avverso, la Chiesa si divide in buona e cattiva Chiesa, e l'una s'adopera a sventare gli ostacoli frapposti dall'altra. Questa figura triangolare si presenta due volte sostanzialmente identica: nella prima parte del romanzo con don Rodrigo, don Abbondio e fra Cristoforo, nella seconda con l'Innominato, la Monaca di Monza e il cardinal Federigo.
Estrarre uno schema geometrico da un libro tanto modulato e complesso non è una forzatura: mai romanzo fu calcolato con tanta esattezza come i *Promessi sposi*; ogni effetto poetico e ideologico è regolato da un'orologeria predeterminata ma essenziale, da diagrammi di forze ben equilibrati. [...]
Se vogliamo riprendere le nostre figure triangolari – potenti corruttori, Chiesa cattiva, Chiesa buona – possiamo sovrapporre ad esse un nuovo triangolo che abbia per vertici la storia umana (malgoverno, guerra, sommosse), la natura abbandonata da Dio (carestia) e la giustizia divina, terribile e imperscrutabile (la peste).
Tradotto in diagramma il disegno strutturale potrebbe visualizzarsi così:

da I. Calvino, *«I promessi sposi»: il romanzo dei rapporti di forza*, in *Una pietra sopra*, Einaudi, Torino 1980.

materiali per il recupero
Alessandro Manzoni e *I promessi sposi*

mappa concettuale

Alessandro Manzoni (1785-1873)

- la vita
  - la nascita (1785-1805) → l'Illuminismo lombardo
  - il soggiorno a Parigi (1805-1810) → gli ideologi francesi
  - la conversione del 1810 → il giansenismo e il cattolicesimo
  - attenzione per la storia nazionale e il sentimento del popolo → il Romanticismo
- le opere
  - ***Inni sacri*** **(1812-1822)**
    - i miti cattolici come epica collettiva
      - abbandono della soggettività lirica
    - cristianesimo inteso come
      - fondatore dei valori di uguaglianza e fratellanza
      - minacciosa presenza di Dio
    - → *La Pentecoste*, 1815-1822
  - ***Odi*** **(1821)**
    - la passione per le vicende politiche
    - →
      - *Marzo 1821*
      - *Cinque maggio*
  - **le tragedie (1816-1822)**
    - forme
      - adesione al modello shakespeariano
      - rifiuto delle unità aristoteliche
      - coro = "cantuccio" dell'autore
    - → *temi*
      - scontro fra soggetti portatori di istanze morali diverse
  - **gli scritti teorici (1815-1825)**
    - questioni morali, teologiche e storiografiche
    - aspetti di poetica dei *Promessi sposi*, delle odi e delle tragedie
    - questione della lingua
    - → *Lettera al Signor C.*** sull'unità di tempo e di luogo nella tragedia*, 1823
  - ***I promessi sposi*** **(1823-1840)**
    - esigenza di raccontare la storia degli "umili" e di raggiungere un pubblico più vasto
      - fasi →
        - 1823: Fermo e Lucia
          - romanzo autonomo caratterizzato da sperimentalismo linguistico e gusto per le situazioni romanzesche
        - 1824-1827: prima edizione
          - nuova struttura della materia
        - 1827-1840: edizione definitiva
          - "risciacquatura linguistica in Arno"
      - struttura →
        - sei nuclei narrativi
        - tre digressioni
        - un'appendice storica: *Storia della colonna infame*
      - sistema dei personaggi →
        - schema binario
          - coppie similari e oppositive: nobili/borghesi, laici/ecclesiastici, oppressori/oppressi
      - temi →
        - la critica al potere
        - l'applicazione ipocrita della giustizia
        - la cultura come strumento di dominio
        - la corruzione del clero
        - il carattere enigmatico della Provvidenza
        - l'inspiegabilità del male
      - lingua →
        - appropriazione del parlato fiorentino
        - polifonia espressiva
        - ironia e sarcasmo

dizionario dei concetti chiave

- ***Adelchi*** titolo della tragedia pubblicata nel 1822. L'opera narra le vicende di Adelchi, figlio dell'ultimo re dei Longobardi, Desiderio, ed è ambientata tra il 772 e il 774, anno della caduta del regno longobardo per opera dei Franchi di Carlo Magno (anch'egli tra i protagonisti). Tutta la tragedia contiene molte più o meno velate allusioni all'occupazione austriaca. I temi fondamentali dell'opera riguardano il destino del popolo italiano, sottomesso e dominato, e l'atteggiamento dei nuovi dominatori; il rapporto tra oppressi e oppressori; l'irraggiungibilità della felicità e della serenità terrena per personaggi come Ermengarda e Adelchi, destinati alla sconfitta e al fallimento nella loro azione storica.

- ***Fermo e Lucia*** titolo del romanzo, terminato nel 1823, che costituisce la prima redazione dei *Promessi sposi*. La materia narrativa è suddivisa in quattro tomi: nel primo don Rodrigo impedisce ai due fidanzati, Fermo e Lucia, di sposarsi; nel secondo protagonista è Lucia, ma con lunghe digressioni sulla monaca di Monza e il conte del Sagrato (il futuro innominato); nel terzo, dopo la liberazione di Lucia, protagonista diviene Fermo, impegnato nella rivolta di Milano e poi fuggiasco a Bergamo; nel quarto, dedicato alla guerra e alla peste, i due fidanzati si ricongiungono. Il *Fermo e Lucia* è un romanzo che può considerarsi in parte autonomo dai *Promessi sposi*: mostra un certo sperimentalismo linguistico, la propensione a descrivere la psicologia dei personaggi in termini di inquietudini profonde, il gusto per situazioni crudeli e da romanzo nero.

- ***Il conte di Carmagnola*** titolo della tragedia pubblicata da Manzoni nel 1820. L'opera, costituita da cinque atti scritti in endecasillabi sciolti, mette in scena la vicenda del condottiero quattrocentesco Francesco di Bussone, conte di Carmagnola, dapprima al servizio del duca di Milano, in seguito passato al servizio dei veneziani. La tematica della tragedia si incentra sul conflitto tra l'uomo generoso e la ragion di Stato che, tramite intrighi e sotterfugi, riesce a trionfare.

- ***Inni sacri*** titolo generale delle poesie scritte sulle principali festività liturgiche. Nel 1815 Manzoni pubblica i primi quattro (dei dodici che aveva in progetto): *La Risurrezione*, *Il Nome di Maria*, *Il Natale*, *La Passione*. L'ultimo, *La Pentecoste*, è del 1822. In questa poesia religiosa Manzoni esprime il bisogno di aderire a valori collettivi e rituali, cercando di trovare una dimensione corale e universale.

- ***I promessi sposi*** titolo del capolavoro di Manzoni, che realizza la volontà dell'autore di scrivere un romanzo nazionale, popolare, realistico. Manzoni si documenta approfonditamente sulla società e l'economia del Seicento lombardo e individua negli anni a cavallo tra 1628 e 1630 quelli in cui ambientare l'opera. La vicenda dei due promessi sposi si inserisce in un quadro storico di grandi sconvolgimenti: la carestia, la guerra, la peste. In questo mondo i protagonisti si formano e riescono a migliorare la loro condizione sociale. I personaggi appartengono a diverse classi sociali: a ciò corrisponde una varietà di stili, in una prospettiva in cui il narratore continua ad avere un controllo completo della materia narrata. Il "romanzo per tutti" è un progetto di educazione nazionale e borghese guidato dall'alto. Tra i temi più importanti del romanzo ci sono quelli del potere, alla giustizia, alla cultura e al linguaggio come strumento di dominio, la critica alle istituzioni ecclesiastiche corrotte, della violenza materiale, psicologica e verbale, della presenza inspiegabile della Provvidenza divina nella vita dell'uomo.

- **edizione "ventisettana"** prima edizione dei *Promessi sposi* pubblicata nel 1827. Rispetto al romanzo *Fermo e Lucia* vengono abolite le lunghe digressioni, eliminati gli episodi con elementi più romantici o più legati al gusto del romanzo nero e aggiunte parti storiche e documentarie. Inoltre, Manzoni organizza diversamente la struttura del racconto: le vicende appaiono più legate fra loro e non semplicemente giustapposte e si passa da quattro a tre tomi.

- **edizione "quarantana"** edizione definitiva dei *Promessi sposi* pubblicata nel 1840, dopo il viaggio di Manzoni a Firenze. Questa edizione vede una profonda revisione linguistica fondata sul toscano parlato dalla classi colte: è la cosiddetta "risciacquatura dei panni in Arno".

- ***Odi civili*** titolo generale delle poesie manzoniane che si confrontano con le grandi questioni storiche. *Marzo 1821* nasce nel clima di speranze suscitate in quel periodo dalla politica piemontese e dall'ipotesi che si potesse muovere guerra contro gli austriaci. *Il cinque maggio* viene scritta dopo aver appreso dalla «Gazzetta di Milano» del 17 luglio 1821 della morte di Napoleone.

- ***Storia della colonna infame*** titolo dell'appendice storica presente alla fine dell'edizione definitiva dei *Promessi sposi*, la cosiddetta "quarantana". L'opera, che racconta le vicende dei processi del 1630 ai presunti untori, è stata elaborata in una prima versione tra il 1821 e il 1823 e messa in coda al *Fermo e Lucia* con il titolo *Appendice storica sulla colonna infame*. Nell'edizione "ventisettana" l'appendice manca.

esercizi

esercizi di riepilogo

1 Il genere delle opere

A fianco di ogni opera specifica il genere cui appartiene:

a. *Il cinque maggio* ....
b. *Il conte di Carmagnola* ....
c. *Adelchi* ....
d. *Marzo 1821* ....
e. *Fermo e Lucia* ....
f. *Storia della colonna infame* ....
g. *I promessi sposi* ....

2 L'arte secondo Manzoni

Completa la frase.

Secondo Manzoni l'arte ha per scopo ...., per soggetto ...., per mezzo ....

3 Napoleone

Nel *Cinque maggio* Manzoni, riferendosi a Napoleone:

a. lo esalta
b. sospende il giudizio sul suo operato
c. lo denigra
d. vi vede un segno della grandezza divina

4 Il ruolo del coro

In una tragedia il coro è una presenza importante perché:

a. serve a movimentare l'azione
b. può contenere il commento dell'autore sulla vicenda narrata
c. può contenere riflessioni filosofiche
d. può parlare dei grandi eroi della storia

5 Il rapporto tra storia e invenzione

Come risolve Manzoni il problema di qusto rapporto?

a. lo scrittore deve attenersi ai fatti accaduti
b. lo scrittore deve inventarsi solo ciò che non emerge dai documenti
c. le azioni, ma non i personaggi, devono essere verosimili
d. la letteratura deve integrare e abbellire la storia

6 Manzoni e il Regno d'Italia

Il governo dell'Italia unita offrì a Manzoni l'incarico di:

a. ministro della Pubblica istruzione
b. deputato
c. senatore
d. sindaco di Milano

7 *I promessi sposi*

Scegli per ogni frase il completamento corretto.

– Il romanzo manzoniano fu pubblicato la prima volta con il titolo *I promessi sposi* nel:
  a. 1821
  b. 1823
  c. 1827
  d. 1840
– Le digressioni contenute nei *Promessi sposi* non riguardano:
  a. la storia di Gertrude
  b. la storia dell'innominato
  c. la peste
  d. la morte di don Rodrigo
– La *Storia della colonna infame* è:
  a. un'appendice storica ai *Promessi sposi*
  b. un altro romanzo
  c. una digressione del romanzo
  d. una poesia sulla peste

8 L'ambientezione storica

In quali anni è ambientato *i promessi sposi*? Perché Manzoni sceglie proprio quel periodo?

esercizi di approfondimento

9 La biografia di Manzoni

Nell'esistenza di Manzoni alcuni eventi incidono profondamente sulla sua attività di scrittore. Completa la breve cronologia che ripercorre le tappe fondamentali della sua vita.

1785	....
....	si reca a Parigi dalla madre
....	conversione al cattolicesimo
....	pubblica l'*Adelchi*
1827	....
....	edizione definitiva dei *Promessi sposi*
1860	....
....	muore a Milano

10 I personaggi dei *Promessi sposi*

Inserisci i nomi dei personaggi principali nella tabella, secondo la funzione che svolgono nel romanzo.

oppressi	oppressori	mediatori degli oppressi	mediatori degli oppressori
....	....	....	....
....	....	....	....
....	....	....	....
....	....	....	....
....	....	....	....

11 Il confronto con le immagini

Riportiamo un dipinto del pittore Matteo Meneghini (1840-1925) relativo a un episodio dei *Promessi sposi*. Dopo aver riconosciuto l'episodio in questione, scrivi una breve didascalia dell'opera, mettendo in luce le eventuali affinità e differenze con il romanzo di Manzoni.

....
....
....
....
....
....
....
....
....
....

allenarsi per l'esame di Stato

la trattazione sintetica

12 Le diverse edizioni dei *Promessi sposi*

Quali sono le differenze principali fra il *Fermo e Lucia* e l'edizione "ventisettana" dei *Promessi sposi*? Quali sono invece le differenze tra quest'ultima e la "quarantana"? Spiegalo in una trattazione sintetica (max 20 righe).

l'analisi del testo

13 La vigna di Renzo

Svolgi l'analisi del testo aiutandoti con la scaletta delle domande.

E andando, passò davanti alla sua vigna; e già dal di fuori poté subito argomentare[1] in che stato la fosse. Una vetticiola,[2] una fronda d'albero di quelli che ci aveva lasciati, non si vedeva passare il muro; se qualcosa si vedeva, era tutta roba venuta in sua assenza. S'affacciò all'apertura (del cancello non c'eran più neppure i gangheri[3]); diede un'occhiata in giro:povera vigna! Per due inverni di seguito, la gente del paese era andata a far legna – nel luogo di quel poverino –, come dicevano. Viti, gelsi; frutti d'ogni sorte, tutto era stato strappato alla peggio, o tagliato al piede.[4] Si vedevano però ancora i vestigi dell'antica coltura: giovani tralci, in righe spezzate, ma che pure segnavano la traccia de'filari desolati; qua e là, rimessiticci[5] o getti di gelsi, di fichi, di peschi, di ciliegi, di susini; ma anche questo si vedeva sparso, soffogato, in mezzo a una nuova, varia e fitta generazione,nata e cresciuta senza l'aiuto della man dell'uomo. Era una marmaglia[6] d'ortiche, di felci, di logli,[7] di gramigne, di farinelli,[8] d'avene selvatiche, d'amaranti verdi, di radicchielle; d'acetoselle,[9] di panicastrelle[10] e d'altrettali piante; di quelle, voglio dire, di cui il contadino d'ogni paese ha fatto una gran classe[11] a modo suo, denominandole erbacce, o qualcosa di simile. Era un guazzabuglio[12] di steli, che facevano a soverchiarsi l'uno con l'altro nell'aria, o a passarsi avanti, strisciando sul terreno, a rubarsi in somma il posto per ogni verso; una confusione di foglie, di fiori, di frutti, di cento colori, di cento forme, di cento grandezze: spighette, pannocchiette, ciocche, mazzetti, capolini bianchi, rossi, gialli, azzurri. Tra questa marmaglia di piante ce n'era alcune di più rilevate e vistose, non però migliori, almeno la più parte: l'uva turca,[13] più alta di tutte, co'suoi rami allargati, rosseggianti, co'suoi pomposi foglioni verdecupi, alcuni già orlati di porpora, co'suoi grappoli ripiegati, guarniti di bacche paonazze al basso, più su di porporine, poi di verdi, e in cima di fiorellini biancastri; il tasso barbasso,[14] con le sue gran foglie lanose a terra, e lo stelo diritto all'aria, e le lunghe spighe sparse e come stellate di vivi fiori gialli: cardi, ispidi ne'rami, nelle foglie, ne'calici, donde uscivano ciuffetti di fiori bianchi o porporini, ovvero si staccavano, portati via dal vento, pennacchioli[15] argentei e leggieri. Qui una quantità di vilucchioni[16] arrampicati e avvoltati a'nuovi rampolli[17] d'un gelso, gli avevan tutti ricoperti delle lor foglie ciondoloni, e spenzolavano dalla cima di quelli le loro campanelle candide e molli: là una zucca selvatica, co'suoi chicchi vermigli, s'era avviticchiata ai nuovi tralci d'una vite; la quale, cercato invano un più saldo sostegno, aveva attaccati a vicenda i suoi viticci a quella; e, mescolando i loro deboli steli e le loro foglie poco diverse, si tiravan giù, pure a vicenda, come accade spesso ai deboli che si prendon l'uno con l'altro per appoggio. Il rovo era per tutto: andava da una pianta all'altra, saliva, scendeva, ripiegava i rami o gli stendeva, secondo gli riuscisse; e, attraversato[18] davanti al limitare stesso, pareva che fosse lì per contrastare il passo, anche al padrone.

da A. Manzoni, *Opere*, cit.

1 **argomentare:** *dedurre.*
2 **vetticiola:** piccola vetta di un albero.
3 **gangheri:** uncini di metallo che sostengono e fanno girare le imposte del cancello.
4 **al piede:** *alla radice.*
5 **rimessiticci:** germogli spuntati alla base delle piante tagliate.
6 **marmaglia:** *insieme disordinato.*
7 **logli:** piante erbacee, appartenenti alla famiglia delle graminacee, che diffondono semi velenosi.
8 **farinelli:** piante a forma di piede d'oca.
9 **acetoselle:** piante erbacee simili al trifoglio.
10 **panicastrelle:** piante con foglie rigide e pannocchie di fiori bianchi.
11 **classe:** *classificazione.*
12 **guazzabuglio:** *intreccio confuso.*
13 **l'uva turca:** l'uva selvatica.
14 **tasso barbasso:** pianta con fiori, generalmente gialli, disposti a grappolo.
15 **pennacchioli:** ciuffi di piume.
16 **vilucchioni:** piante erbacee rampicanti con fiori bianchi a forma di campana.
17 **rampolli:** *germogli.*
18 **attraversato:** *allungato di traverso.*

Comprendere

a. Dopo una prima lettura riassumi brevemente il contenuto del brano in non più di dieci righe.

Analizzare

b. L'inciso «nel luogo di quel poverino» da chi viene pronunciato? Che cosa rappresenta?

c. Rintraccia le espressioni che suggeriscono un rapporto tra l'abbandono e il disordine della natura e il caos della società.

d. Come appare la natura selvatica agli occhi di Renzo? È una rappresentazione univoca o ambigua? Motiva la tua risposta con esempi tratti dal brano letto.

e. Analizza la sintassi e il lessico del brano: la precisione scientifica e l'ordine del discorso in quale relazione si pongono con l'irrazionalità prorompente della natura?

Interpretare e approfondire

f. Il brano, che descrive una natura che si accresce selvaggiamente, senza la cura dell'uomo, è un'allegoria. Che cosa rappresenta? Esponi le tue considerazioni in un commento personale di sufficiente ampiezza.

la lingua nel tempo

Lui folgorante in solio
vide il mio genio e tacque;
quando con vece assidua,
cadde, risorse e giacque,
di mille voci al sonito
mista la sua non ha:
vergin di servo encomio
e di codardo oltraggio,
sorge commosso al subito
sparir di tanto raggio;
e scioglie all'urna un cantico
che forse non morrà.

da A. Manzoni, *Il cinque maggio*.

14 Dall'italiano di Manzoni al nostro

a. Il testo di Manzoni presenta un andamento sintattico non regolare: in quali punti non viene rispettato l'ordine normale dell'italiano (soggetto, verbo, complemento oggetto)?

b. Il testo mostra come alcuni significati delle parole siano cambiati dall'epoca di Manzoni alla nostra. Per esempio, termini come «vece» e «urna» sono usati nel loro significato letterario rispettivamente di 'cambiamento' e di 'tomba'. Quali significai hanno queste due parole oggi?

preparare l'interrogazione

Per essere pronto in vista della verifica puoi utilizzare questa scaletta, che ti sarà utile nell'esposizione orale. Lo spazio nella colonna di destra è a tua disposizione per segnare eventuali date, nomi o concetti utili da ricordare.

I punti della scaletta	Date e dati da ricordare
La vita	
• nascita a Milano	....
• trasferimento a Parigi	....
• conversione al cattolicesimo	....
• ritorno a Milano	....
• viaggio a Firenze	....
• nominato senatore	....
• morte a Milano	....
Le opere	....
• *La pentecoste*, ultimo degli Inni sacri (▶ T1)	....
• *Lettera al Signor C.****, scritto teorico (▶ T2)	
• *Marzo 1821* e *Il cinque maggio*, odi civili (▶ T3, T4)	
• *Adelchi*, tragedia (▶ T5, T6)	
• *I promessi sposi*, romanzo (▶ T7-T15)	

La poesia nel Romanticismo

Dal rifiuto del primato attribuito dal pensiero illuminista alla ragione nasce la poesia del Romanticismo, che rivaluta invece la dimensione irrazionale dell'individuo. Lo spirito romantico esalta il magico e il soprannaturale: il poeta inglese Samuel T. Coleridge trasporta il lettore in un viaggio ai confini della Terra, dove le avventure di un vecchio marinaio si intrecciano ad apparizioni di uccelli divini, in un'opera dal significato allusivo e sfuggente. La poesia del Romanticismo esalta i sentimenti e le passioni, soprattutto l'amore e la morte. In Germania, Novalis costruisce gli *Inni alla notte* sull'opposizione buio/luce: solo la notte offre la vera conoscenza perché pone l'io del poeta in contatto con un mondo arcano, misterioso, attraverso il quale è possibile ricongiungersi con l'amata scomparsa.
Tipica del Romanticismo è, però, anche l'idea della popolarità della poesia. Negli anni in cui Leopardi e Manzoni scrivono i loro capolavori, due grandi autori lirici scrivono nel dialetto delle loro città: in milanese Carlo Porta, in romanesco Giuseppe Gioachino Belli. È così che essi danno voce – ed è una grande novità nella poesia italiana – a figure poste sull'ultimo gradino della scala sociale. La loro lingua, il dialetto, assume lo stesso prestigio di un idioma nazionale; le loro storie, tragiche, ma senza toni patetici, diventano scorci di vita autentica.

OBIETTIVI

Conoscenze
- Caratteristiche, temi e forme della poesia europea e italiana dell'Ottocento
- Maggiori poeti romantici inglesi
- Maggiori poeti romantici tedeschi
- Maggiori poeti romantici italiani

Abilità
- Comprendere e analizzare le poesie del periodo romantico
- Riconoscere le scelte stilistiche e tematiche proprie di ogni autore
- Saper individuare nei componimenti poetici i principali temi della cultura del Romanticismo

Espansioni digitali

testi e approfondimenti

1 La poesia romantica

L'importanza della lirica nel Romanticismo

Il genere della poesia lirica assume in epoca romantica un'importanza cruciale. Grazie alla nuova **centralità che assume l'io**, la lirica viene considerata come la forma poetica che permette sia **l'espressione immediata dei sentimenti** e dei desideri dell'individuo, sia la **rappresentazione di esperienze e di valori universali**, che possono essere condivisi da tutti. È inoltre funzionale all'"universalità" della poesia romantica la scelta di un linguaggio che rompe con la tradizione classica, quindi più moderno e più comprensibile da tutti.

Il rapporto io/natura

L'io del poeta acquista dunque una rinnovata importanza: mostra la forza delle proprie passioni perché solo attraverso di esse può scoprire il senso delle cose. **Il poeta romantico entra in contatto con la natura** attraverso due strade: **con l'appropriazione dello spazio naturale**, che porta l'io a interiorizzare il paesaggio che lo circonda – è il caso del "paesaggio-stato d'animo", che in questo periodo assume una grande importanza –, oppure **attraverso il conflitto con l'ambiente circostante e il ripiegamento su se stesso**.
Anche la tensione civile o patriottica che anima molti poeti romantici europei dipende dal rapporto tra io e mondo esterno: comunicando con il suo popolo, il poeta lirico diventa portavoce di un'intera nazione. Nasce così il mito del poeta-vate che esprime i drammi storici di tutto il popolo.

Il Romanticismo come fenomeno internazionale

Il Romanticismo è stato un fenomeno internazionale, non solo europeo. La lezione dei poeti inglesi ha influito, per esempio, sull'opera del russo Aleksandr Sergeevič Puškin (1799-1837). Negli Stati Uniti, l'esperienza di Edgar Allan Poe (▶ Unità 12) – autore di versi, oltre che di celebri racconti fantastici e dell'orrore – sarà proseguita nella seconda metà del secolo da Walt Withman (1819-1892) ed Emily Dickinson (1830-1886).
In Europa il Romanticismo assunse **forme diverse nei vari paesi**: Germania e Inghilterra furono le nazioni-guida. In Francia e in Italia si diffusero forme specifiche sensibili più ai

▶ Cronologia

STORIA		AUTORI E OPERE
	1797-1799	▶ *Diotima* di Friedrich Hölderlin (1770-1843)
	1798	▶ *Ballate liriche* di William Wordsworth (1770-1850) ▶ *Ballata del vecchio marinaio* di Samuel Taylor Coleridge (1772-1845)
	1800	▶ *Inni alla notte* di Novalis (1772-1801)
congresso di Vienna ◀	1814-1815	
	1816	▶ *La Ninetta del Verzee* di Carlo Porta (1775-1821)
	1819	▶ *La bella dama senza pietà* di John Keats (1795-1821) ▶ *Don Juan* di George Byron (1788-1824)
moti liberali e carbonari ◀	1820-1821	▶ *Ode al vento occidentale* di Percy Bysshe Shelley (1792-1822)
	1829-1837	▶ *Sonetti romani* di Giuseppe Gioachino Belli (1791-1863)
rivoluzione di luglio in Francia ◀	1830	
moti insurrezionali guidati da Giuseppe Mazzini ◀	1833-1844	
moti rivoluzionari europei ◀ prima guerra d'indipendenza italiana ◀ concessione dello Statuto Albertino ◀	1848	
Vittorio Emanuele II a capo del Regno di Sardegna ◀	1849	
seconda guerra d'indipendenza italiana ◀	1858	
spedizione dei Mille ◀	1860	
nascita del Regno d'Italia ◀	1861	

temi sociali e patriottici che non a quelli esistenziali e religiosi che si affermavano fra i tedeschi e gli inglesi. Inoltre, dal punto di vista storico-culturale, la Francia rappresentò per l'Italia un'importante mediazione con gli altri paesi europei, sia per l'opera attiva di alcuni scrittori (tra cui per esempio, Madame de Staël, ma anche Manzoni, che soggiornò a lungo a Parigi), sia per motivi linguistici e culturali.

La poesia romantica in Italia

In Italia la lirica della prima metà dell'800 dà i suoi risultati più alti con Leopardi (▶ Unità 15), prossimo ad alcuni dei grandi temi romantici, ma estraneo a molte delle soluzioni artistiche del Romanticismo. Per il resto, nella poesia italiana manca la centralità lirica dell'io che caratterizza la produzione inglese e tedesca. **Per i poeti italiani**, molto impegnati nel clima del Risorgimento, **è la dimensione collettiva a prevalere su quella individuale** (▶ § 4). L'obiettivo principale è quello di creare una poesia nazionale che esprima in particolare l'identità di una nazione che si sta formando. Accanto a temi storici e patriottici si affermano anche temi popolari: un altro modo per esprimere i valori collettivi di una comunità.

Elementi della poesia romantica

- **Importanza della lirica** → centralità dell'io del poeta
  - → rapporto con la natura
  - → rapporto con il popolo

facciamo il punto

- **Perché nella poesia romantica la lirica assume un'importanza fondamentale?**
- **Qual era l'obiettivo principale dei poeti romantici italiani?**

2 La poesia romantica in Inghilterra

La prima e la seconda generazione romantica inglese

La lirica romantica in Inghilterra vede l'**avvicendarsi di due generazioni di poeti**: la prima generazione, rappresentata da William Wordsworth e Samuel Coleridge, rinnova la sensibilità poetica e il linguaggio; la seconda generazione, in cui figurano Percy Shelley, George Byron e John Keats, influisce anche sul costume e sul modo stesso di concepire la figura del poeta.

William Wordsworth

La vita e le opere

William Wordsworth (1770-1850) è una **figura fondamentale** per l'affermazione della nuova tendenza romantica in Inghilterra. Nel 1800 Wordsworth scrive la Prefazione alla seconda edizione delle ***Lyrical Ballads*** [Ballate liriche] – l'opera composta insieme con l'amico Samuel Coleridge, conosciuto nel 1795 –, considerata il **manifesto inglese della nuova poetica**.

Le Lyrical Ballads

I punti principali delle *Lyrical Ballads* sono:

- la scelta di **avvenimenti e situazioni della vita comune**;
- l'uso di un **linguaggio quotidiano**;
- la **trasfigurazione fantastica di elementi di tutti i giorni**, oppure l'**abbassamento realistico del sublime e del fantastico**;
- la **possibilità esclusiva del poeta di sentire**, più degli altri uomini, **la presenza delle cose assenti e lontane**, e di evocare le passioni.

La svolta conservatrice

Nel 1805 Wordsworth si allontana da Coleridge e comincia ad assumere posizioni conservatrici dal punto di vista etico e religioso: il risultato di questo nuovo atteggiamento si trova sia nel poema autobiografico ***The Prelude*** [Il preludio, iniziato nel 1805], dedicato alla propria evoluzione spirituale, sia negli *Ecclesiastical sonnets* [Sonetti ecclesiastici, 1822], ricchi di temi religiosi e morali.

▲ William Boxall, *Ritratto di William Wordsworth*. Londra, National Portrait Gallery.

▲ Pieter van Dyke, *Ritratto di Samuel Taylor Coleridge*, 1795. Londra, National Portrait Gallery.

Samuel T. Coleridge

La vita e le opere

Samuel Taylor Coleridge (1772-1845) inizia gli studi a Cambridge, ma li interrompe presto per dedicarsi alla fondazione di una società ideale in America. Fallito questo tentativo, nel 1795 conosce Wordsworth e nel 1798 pubblica con lui la prima edizione delle *Lyrical Ballads*, che contengono anche la ***Ballad of the ancient mariner*** [Ballata del vecchio marinaio]. Sotto l'effetto dell'oppio, Colerdige compone un'altra opera importante, ***Kubla Khan*** (1802), una specie di **visione onirica di un magico palazzo orientale**. Questo testo di Coleridge dà il via, presso i poeti romantici successivi, all'interesse per l'Oriente misterioso.

La Ballata del vecchio marinaio

La *Ballata* – che inaugurava la raccolta delle *Lyrical Ballads* del 1798 – si apre con una festa di nozze, interrotta dall'arrivo di un vecchio marinaio che costringe uno degli invitati ad ascoltare la sua storia: un lungo viaggio per nave, sino a una tempesta che trascina l'imbarcazione al Polo Sud. Solo **l'arrivo di un albatros** che accompagna la nave attraverso i ghiacci aiuta i marinai; il vecchio, senza una ragione, lo uccide con una freccia. **Il gesto provoca una serie di sciagure per la ciurma**: arrivati all'equatore, i marinai soffrono la sete e maledicono il vecchio colpevole del loro destino (▶ T1). Dopo la comparsa di una nave-fantasma – dove uno spettro e la Morte si giocano a dadi l'equipaggio – muoiono tutti, eccetto il vecchio marinaio. Al termine di un viaggio apocalittico – durante il quale il vecchio riesce a pregare e a farsi condurre dagli spiriti dell'equipaggio verso casa –, **il marinaio**, per espiare la sua colpa, **è costretto a ripetere la sua storia a tutti quelli che incontra**.

Percy B. Shelley

Il poeta romantico per eccellenza

Percy Bysshe Shelley (1792-1822) rappresenta il **prototipo del poeta romantico**: ribelle e individualista. Insofferente a ogni tipo di autorità, anche quella paterna, nel 1818 Shelley fugge in Italia dove, dopo alcuni soggiorni a Roma, Firenze, Venezia e Napoli, si stabilisce a Lerici, nel golfo di La Spezia. Nell'opera di Shelley il desiderio dell'unione tra io e mondo tipico del Romanticismo diventa sforzo consapevole di identificare total-

Glossario

Ballata Detta anche "canzone da ballo", la "ballata" è una forma poetica nata nel Duecento, originariamente con accompagnamento musicale e destinata alla danza. È formata da diverse strofe, dette "stanze", alternate da una "ripresa" o "ritornello".

mente lo spirito umano con quello della natura. È questo il tema del componimento più importante di Shelley, ***Ode to the West Wind*** [Ode al vento occidentale, 1820], dove il vento occidentale è il simbolo della forza naturale capace di agire anche all'interno del poeta, considerato come un profeta in grado di rivelare all'umanità il senso nascosto della vita.

Percy B. Shelley • Ode al vento occidentale

▲ Richard Westall, *Ritratto di George Gordon Byron*. Londra, National Portrait Gallery.

George G. Byron

Un poeta avventuriero

Come Shelley, anche George Gordon Byron (1788-1824) **ha una vita avventurosa**: viaggia in Albania, in Italia, e in Grecia partecipa anche alle lotte per l'indipendenza nazionale. La sua personalità contraddittoria si esprime attraverso opere di vario genere: nella produzione di Byron sono presenti sia **novelle di ambientazione esotica** con protagonisti aggressivi e malinconici – ***The corsair*** [Il corsaro] e ***Parisina***, scritte tra 1813 e il 1816 –, **sia componimenti comico-satirici**. In questi ultimi Byron raggiunge i suoi risultati più alti: nel poema ***Don Juan*** (1819), dove il mito di Don Giovanni è rovesciato comicamente, e nel componimento satirico ***The Vision of Judgement*** [La visione del giudizio, 1822], dove Byron prende in giro un poeta inglese autore di un'opera in cui si elogia re Giorgio III.

John Keats

L'amore per la classicità

Le vicende biografiche di John Keats (1795-1821) sono profondamente diverse da quelle avventurose di Shelley e di Byron: dopo una laurea in medicina, Keats è costretto ad assistere il fratello affetto da tubercolosi, per poi ammalarsi lui stesso di tisi. Le opere di Keats riflettono il suo culto **per la classicità greca e** soprattutto **per il Medioevo**. In ***The Eve of St. Agnes*** [La vigilia di sant'Agnese, 1818] riprende il tema medievale della passione che sfida ogni pericolo; nella ballata ***La belle dame sans merci*** [La bella dama senza pietà, 1819] la donna che seduce un cavaliere errante rappresenta la Morte, che attrae con la forza stessa dell'Amore (▶ T2).

La poesia romantica inglese

	poeti principali	opere
prima generazione	William Wordsworth (1770-1850)	*Ballate liriche* (1798)
	Samuel T. Coleridge (1772-1845)	*Ballata del vecchio marinaio* (1798)
seconda generazione	Percy B. Shelley (1792-1822)	*Ode al vento occidentale* (1820)
	George G. Byron (1788-1824)	*Don Juan* (1819)
	John Keats (1795-1821)	*La bella dama senza pietà* (1819)

facciamo il punto

- **Quale testo viene considerato il manifesto della poesia romantica inglese?**
- **Shelley e Byron rappresentano il prototipo del poeta romantico: quali sono le sue caratteristiche?**

T1

Le forme
- atmosfera da incubo

I temi
- albatro simbolo della forza positiva della natura

Samuel T. Coleridge
L'uccisione dell'Albatro dopo la tempesta

Una terribile tempesta spinge la nave tra i ghiacci del Polo Sud. In uno spettrale paesaggio di morte compare un albatro, che riesce a salvare l'equipaggio, ma viene ucciso dal vecchio marinaio. La natura allora si vendica e conduce la nave alla bonaccia dell'equatore, dove i marinai attendono la morte e maledicono l'assassino dell'uccello appendendogli al collo, al posto della croce, l'albatro stesso.

Una tempesta sbatte la nave verso il Polo Antartico.

«Ci piombò addosso la Tempesta, ed era
Forte e tiranna:
C'investì con le sue ali rapinose,[1]
E giù giù ci cacciava verso sud.

Cogli alberi storti e con la prua ficcante,[2]
Come chi inseguito con urlio e stridore
Marcia pur sempre nell'ombra del nemico,
Con la testa in avanti protesa,
Così la nave filava, nel rombo della tempesta,
E a sud, a sud volavamo.

E poi ci venne nebbia e neve insieme,
Faceva freddo straordinariamente:
E montagne di ghiaccio, quanto gli alberi alte,
Ci flottavano[3] accanto, verdi smeraldo.

La terra del ghiaccio e degli spaventevoli fragori, sulla quale non si scorgeva cosa vivente.

Tra il turbinare le rocce innevate
Facevano un lugubrissimo vedere:
Non avvistavi forma d'uomo o bestia –
Il ghiaccio era dovunque.

Ghiaccio qui, ghiaccio là,
Era dovunque, il ghiaccio:
e crosciava, ringhiava, ruggiva ed ululava,
I rumori che intendi da svenuto!

Finché un grande uccello marino, un *Albatro*,[4] apparì di tra la bruma[5] nevosa e venne accolto con gioia ed ospitalità grandi.

Alla fine incrociammo un Albatro,
Sbucò di tra la bruma;
Lo salutammo in nome del Signore,
Quasi che fosse un'anima cristiana.

Mangiò del cibo che mai aveva assaggiato,
E ci volava intorno di continuo.

Metrica quartine di versi liberi alternate a piccoli brani in prosa che spiegano o introducono gli avvenimenti.

1 rapinose: *vorticose, tempestose.*
2 ficcante: *che solca profondamente le acque.*
3 ci flottavano: *ci galleggiavano.*
4 Albatro: uccello marino che appare misteriosamente e assume un significato simbolico (la divinità, il sovrannaturale, la forza salvifica della natura).
5 bruma: *nebbia.*

Il ghiaccio si fendé[6] scoppiando in tuono:
Il timoniere ci passò nel bel mezzo!

Ed ecco che l'Albatro si rivela uccello di buon augurio e segue la nave nel suo ritorno a nord, tra foschia e banchi di ghiaccio galleggianti.

Ci nacque a poppa un vento benigno;[7]
L'Albatro ci teneva compagnia,
Ed ogni giorno, per cibo o per gioco,
Compariva al richiamo di noi.

Facesse nebbia o nuvolo, sull'albero o su sartia,[8]
Si stette appollaiato nove sere;
Mentre di notte la bruma bianca
Baluginava[9] la luce della luna».

Il vecchio Marinaio slealmente uccide il pio uccello di buon augurio.

«Dio ti scampi, mio vecchio Marinaio,
Dai diavoli che ti torturano così!
Perché fai quella faccia?»[10] Con la balestra
Io abbattei quell'Albatro.

PARTE SECONDA

[...]

La nave entra subitamente in bonaccia.

Cadde la brezza, caddero le vele:
Più triste di così era impossibile;
Noi si parlava solamente per rompere
Il silenzio del mare!

In un cielo
rovente, di rame,

6 fendè: *divise.*
7 benigno: *favorevole.*
8 sartia: parte dell'alberatura della nave.
9 Baluginava: *Rifletteva.*
10 «Dio ti scampi... quella faccia?»: è l'intervento di chi ascolta il racconto del marinaio. Il turbamento del marinaio preannuncia la gravità della colpa commessa uccidendo l'albatro e le sue terribili conseguenze.

▶ Gustave Courbet, *Il mare in burrasca*, 1870. Winterthur, Museum Oskar Reinhart am Stadtgarten.

Il sanguigno Sole, a mezzodì,
Stava a piombo sul maestro,[11]
Non più grosso della Luna.

Un giorno e un altro, un giorno dopo l'altro,
Stemmo, senza un alito, una scossa;
Fermi come una nave dipinta
Sopra un oceano dipinto.

E si inizia la vendicazione dell'Albatro.

Acqua, acqua in ogni dove,
Ed il fasciame s'imbarcava[12] tutto;
Acqua, e soltanto acqua,
E neanche una goccia da bere.

Marciava perfin l'abisso. O Cristo!
Che dovesse succederci questa!
Cose vischiose strisciavano,
Con mille piedi, sul vischioso mare.

Intorno a noi, a sciami vorticanti,
Fuochi di morte[13] ballavano a notte;
E l'acqua, come gli olî delle streghe,
Ardeva verde, azzurra e bianca.

Uno Spirito li aveva seguiti: uno degli invisibili abitatori di questo pianeta, non anime dipartite né angeli; riguardo ai quali si può consultare il dotto ebreo Giuseppe e Michele Psello,[14] Platonico Costantinopolitano. Sono numerosissimi e non v'è clima od elemento che non ne conti uno o più.

Certuni in sogno presero coscienza
Dello Spirito che così ci tribolava;[15]
Ci aveva seguiti, nove braccia sotto,
Dalla terra della bruma e della neve.

Ed ogni lingua, per la sete estrema,
S'era seccata alla radice;
Non cacciavamo fuori la parola,
Peggio che fossimo ingozzati di fuliggine.

I compagni, nella loro ambascia, non esitano a gettar l'intera colpa sul vecchio Marinaio; in segno di che, gli appendono al collo l'uccello morto.

Povero me! Che truci[16] sguardate[17]
Mi toccarono da giovani e vecchi!
Al collo, al posto della croce,
Mi venne appeso l'Albatro.

da S. T. Coleridge, *La ballata del vecchio marinaio*, trad. it. di B. Fenoglio, Einaudi, Torino 1964.

11 maestro: *l'albero maestro.*
12 il fasciame s'imbarcava: *il rivestimento in legno della nave si deformava.*
13 Fuochi di morte: sono i fuochi fatui che, nella tradizione popolare, incarnavano le anime dei defunti.
14 il dotto ebreo Giuseppe e Michele Psello: il primo è Giuseppe Flavio, dotto ebreo vissuto nel I-II secolo, il secondo è un erudito bizantino (XI secolo), autore di un'opera *Sull'attività dei demoni.*
15 tribolava: *tormentava.*
16 truci: *feroci.*
17 sguardate: *occhiate.*

Lavoriamo sul testo

Leggere e capire

Un racconto allucinato Attraverso la descrizione della terribile tempesta che spinge la nave tra i ghiacciai del Polo Sud, Coleridge immerge il lettore in un'atmosfera da incubo. Nella prima parte (vv. 41-84) un paesaggio spettrale – dominato da una Natura che rimbomba di «spaventevoli fragori» – fa temere il precipitare della situazione, ma, all'improvviso, l'apparizione dell'albatro mette in salvo l'equipaggio. L'uccello marino è salutato «quasi che fosse un'anima cristiana», cioè un uomo venuto ad aiutare la ciurma. Senza una ragione, il volatile viene però ucciso dal vecchio marinaio. Nella seconda parte (vv. 107-142) «inizia la vendicazione dell'Albatro»: la nave è spinta all'equatore e, in una bonaccia.

Analizzare

La "sospensione dell'incredulità" Interrompere le proprie facoltà critiche e ignorare la logica razionale per usufruire di un'opera di fantasia: è questo lo speciale compromesso che si instaura tra il lettore e l'autore di storie a contenuto fantastico. Il primo a teorizzarne l'esistenza è stato Coleridge: nella sua *Biographia literaria* [Biografia letteraria, 1817], il poeta racconta che i suoi componimenti «dovevano indirizzarsi a persone e personaggi supernaturali, o almeno romantici, ed anche trasferire dalla nostra intima natura un interesse umano e una parvenza di verità sufficiente a procurare, per queste ombre dell'immaginazione, quella volontaria sospensione dell'incredulità momentanea che costituisce la fede poetica». Anche in questo componimento si realizza la "sospensione dell'incredulità" e il lettore viene così coivolto in un'atmosfera magica.

Interpretare e approfondire

Il rapporto con il sovrannaturale *La ballata del vecchio marinaio* è un'opera dal significato sfuggente: ciò è dovuto alla ricchezza simbolica presente in questo brano. Coleridge – convinto del fatto che solo il poeta può alludere magicamente alla verità delle cose – usa il simbolo per evocare una realtà profonda, ma in modo ambiguo e incerto. Qui l'albatro è il simbolo della divinità, del sovrannaturale, della forza salvifica della natura. Allo stesso modo, la sua uccisione rappresenta l'oltraggio all'autorità naturale, che si vendica facendo morire lentamente l'equipaggio della nave. Il colpevole dell'assassinio, il vecchio marinaio, non è condannato alla morte, ma a una lunga agonia. La condizione del vecchio è stata definita di «Vita in Morte»: uno stato di sospensione tra il mondo umano e reale e l'universo sovrannaturale e divino, con il quale il marinaio è continuamente costretto a rapportarsi attraverso il racconto eterno della sua terribile storia.

Esercizi

Prima prova A • L'analisi del testo

Comprendere

1 L'uccisione dell'albatro costituisce una grave colpa perché l'uccello:

a. ha aiutato i marinai
b. rappresenta la forza benefica della natura
c. è un simbolo di morte
d. rappresenta una forza demoniaca

2 Per punire il vecchio marinaio dell'uccisione dell'albatro l'equipaggio:

a. lo uccide
b. lo appende per il collo all'albero maestro della nave
c. gli appende al collo il cadavere dell'uccello
d. lo denuncia al capitano della nave

Analizzare

3 Una figura inquietante

Nonostante non sia descritta fisicamente, la figura del vecchio marinaio risulta inquietante. Quali aspetti contribuiscono a comunicare questa sensazione al lettore?

Interpretare e approfondire

4 Il rapporto con il soprannaturale

Nella *Ballata* il rapporto dell'uomo con la natura diventa anche il rapporto con il soprannaturale. Quali sono gli elementi che rivelano questa duplicità?

T2

Le forme
- struttura semplice ma ad elevato contenuto simbolico

I temi
- amore come forza che strega l'uomo
- potere seduttivo della morte
- privilegio e condanna della poesia

John Keats
La belle dame sans merci

Una voce del popolo, o quella del poeta, interroga un cavaliere armato, solitario e pallido: che cosa lo tormenta? Il prode guerriero si è innamorato di «una bella dama senza pietà» (da cui il titolo della ballata), che gli ha dichiarato amore e lo ha condotto in una grotta, dove piange disperata e lo culla fino a farlo addormentare. È a questo punto che il cavaliere si rende conto di essere vittima di un incantesimo: gli appaiono in sogno gli altri re e guerrieri vittime come lui della bella dama incantatrice.

I

Che mai ti cruccia, o cavaliere armato,
solo e pallido errante?
Giace prostato il giunco in riva al lago,
né uccello canta.

II

Che mai ti cruccia, o cavaliere armato,
così smunto e abbattuto?
Lo scoiattolo ha colmo il suo granaio,
e fu colto ogni frutto.[1]

III

Un giglio hai sulla fronte
rugiadosa di febbre e di tormento,
e sulla guancia una rosa appassita
rapidamente muore.[2]

IV

Una dama incontrai
bella nei prati, figlia delle fate;[3]
lunghi i capelli e il passo suo leggero,
e gli occhi folli.[4]

V

Composi una ghirlanda pel suo capo,
e braccialetti e un cinto
fragrante,[5] mi guardava innamorata,
con un dolce lamento.

VI

Sul mio corsiero[6] al passo la posai,
né altro vidi quel giorno,
ché reclina[7] da un lato ella cantava
canzoni d'incantesimo.

1 fu… frutto: il paesaggio autunnale, spoglio di frutti e silenzioso, rispecchia la malinconia e il pallore del cavaliere.
2 Un giglio… muore: *la fronte bagnata dal sudore della febbre e del tormento è candida come un giglio, sulla guancia smuore il colorito roseo come una rosa appassita.*
3 figlia delle fate: dal racconto del cavaliere emerge che la donna incontrata ha una magica bellezza.
4 occhi folli: questo particolare della ragazza contrasta in modo inquietante con la leggiadria della sua figura.
5 fragrante: *odoroso, profumato.*
6 corsiero: *cavallo.*
7 reclina: [*con il capo*] *chinato.*

VII

Cercò per me dolci radici e miele
e rugiada di manna;[8]
nel suo ignoto linguaggio ella mi disse:
«Amo te solo».

VIII

Nella magica grotta mi condusse,
là pianse disperata e sospirò
là io le chiusi i folli folli occhi
con quattro baci.

IX

Mi cullò fino al sonno,[9]
là misero sognai l'ultimo sogno
da me sognato mai lungo il pendio
della fredda collina.

X

Vidi pallidi re, guerrieri e principi
dal mortale pallore che gridavano:
«La belle Dame sans merci
ti ha preso nella rete».[10]

XI

Nel crepuscolo vidi le arse labbra
in orrida minaccia spalancate,
e quivi mi svegliai lungo il pendio
della fredda collina.

XII

Per questo io qui soggiorno
solo e pallido errante,
benché il giunco è prostrato in riva al lago,
né uccello canta.

da J. Keats, *Poesie*, trad. it. di M. Roffi,
Einaudi, Torino 1983.

8 rugiada di manna: si tratta di cibi speciali, che hanno anch'essi un sapore magico.
9 Mi cullò… sonno: l'incantesimo culmina nel sogno in cui si rivela al cavaliere il maleficio che lo ha colpito.
10 «La belle Dame… rete»: appaiono in sogno al cavaliere gli altri re, principi e guerrieri che come lui sono caduti nell'incantesimo.

▶ Frank Dicksee, *La belle dame sans merci*, 1902. Bristol, City of Bristol Museum and Art Gallery.

Lavoriamo sul testo

Leggere e capire

Che cosa dice il testo La ballata, composta nel 1819, rappresenta il dialogo tra una voce del popolo, probabilmente il poeta, e un immaginario cavaliere, vittima del fascino di una donna misteriosa, che lo ha condotto in una grotta, cullandolo fino a farlo addormentare. La Bella Dama si rivela alla fine una maga incantatrice.

Analizzare

Una semplicità apparente La ballata ha una struttura semplice. Il tema della prima strofa è ripreso nell'ultima, in modo da dare al componimento un ritmo cantabile. Tuttavia la semplicità dell'espressione e del ritmo non deve ingannare: il paesaggio autunnale suggerisce al lettore un'atmosfera di malinconia che lo introduce in una dimensione incantata e sottilmente inquietante. Inoltre, la risposta del cavaliere alla domanda che la voce gli rivolge è ambigua e complessa: perché egli è consunto da un incantesimo che lo angoscia e lo sfibra? Perché sembra incatenato a un destino di lenta agonia e di morte? Chi è, insomma, «la Bella Dama senza pietà»?

Interpretare e approfondire

Il potere della morte e la "condanna" della poesia La Bella Dama sembra simboleggiare la Morte, che si serve dell'Amore per soggiogare l'uomo. Il cavaliere non è stregato solo dalla bellezza della donna, ma anche dal suo potere malefico: sembra attratto, insomma, dalla Morte. Accanto al risvolto autobiografico (l'attesa della morte da parte del poeta, che arriverà neppure due anni dopo la stesura di questo componimento) va colto qui un motivo che avrà molto successo nella letteratura successiva: quello del privilegio e insieme della condanna della poesia. Il poeta sconta con la morte la forza passionale che lo spinge verso la poesia. Scrivere significa sconfiggere la morte attraverso l'arte: il privilegio ottenuto con la poesia, cioè l'immortalità, è pagato tuttavia a caro prezzo, quello di una morte precoce. Ecco spiegato il duplice atteggiamento nei confronti della morte: c'è attrazione, perché senza la spinta generata dalla potenza della morte il poeta non scriverebbe le sue liriche più belle; c'è repulsione, perché il poeta è consapevole che il prezzo da pagare per l'immortalità, raggiunta tramite la bellezza delle sue opere, è la morte precoce.

Esercizi

Prima prova A • L'analisi del testo

Comprendere

1 Le voci parlanti

Chi sono le due voci del testo?

Analizzare

2 La «Bella Dama senza pietà»

La dama ha tratti ambigui e contrastanti: sai rintracciarli nel testo?

Interpretare e approfondire

3 I temi dell'immaginario romantico

In questa poesia sono condensati alcuni importanti temi dell'immaginario romantico che avranno fortuna anche nella letteratura successiva. Quali sono?

3 La poesia romantica in Germania

La prima e la seconda generazione di romantici tedeschi

La poesia romantica in Germania, come quella in Inghilterra, è caratterizzata da **due generazioni di poeti**: la prima generazione, rappresentata da Novalis e Friedrich Hölderlin, nasce dal "gruppo di Jena", attivo tra il 1798 e il 1805, che segna l'inizio del Romanticismo tedesco; la seconda generazione, che comprende poeti come Clemens Brentano e Heinrich Heine, è meno unita da un programma teorico e più libera nell'ispirazione.

Novalis

La vita e le opere

Friedrich Leopold von Hardenberg, noto con lo pseudonimo di Novalis (1772-1801), studia a Jena e ha come maestri il filosofo Johann Gottlieb Fichte e il poeta Johann Christoph Friedrich von Schiller. **L'evento centrale della sua vita è rappresentato dall'amore per una giovane, Sophie von Kühn**, morta quindicenne nel 1797. L'idealizzazione di Sophie sta al centro dell'opera più importante di Novalis, gli *Inni alla notte*, scritti tra il 1797 e il 1799, ma pubblicati solo nel 1800 sulla rivista «Athenäum». L'altra sua importante composizione è il romanzo incompiuto *Heinrich von Ofterdingen*. Muore di tisi a soli ventinove anni.

▲ Franz Gareis, *Ritratto di Novalis*, 1799 ca. Collezione privata.

Gli Inni alla notte: la tensione verso la morte liberatrice

Componimenti scritti in prosa e in versi, i sei *Inni alla notte* rappresentano l'identificazione tra l'esperienza della notte e quella della morte: il poeta sente il giorno come regno della vita ma anche del finito, a cui contrappone **la notte, regno dell'infinito cui si ha accesso tramite la morte** (▶ T3). La fusione tra finito e infinito può essere raggiunta solo attraverso un viaggio mistico sotto la guida della fanciulla morta, Sophie: **la tensione verso la morte** liberatrice è **dunque anche tensione d'amore** volta al ricongiungimento con la ragazza.

Friedrich Hölderlin

La vita e le opere

Friedrich Hölderlin (1770-1843) inizia a lavorare nel 1796 come precettore nella casa di un banchiere, dove **si innamora della moglie del padrone**, Susette, **che canterà con il nome di Diotima** (▶ T4). **La sua produzione poetica**, racchiusa nel periodo 1796-1805, **si ispira alla poesia classica e alla mitologia greca**, la cui concezione della natura gli appare capace di liberare l'uomo dall'oppressione del presente. Oltre alle poesie, Hölderlin è autore di una tragedia, ***La morte di Empedocle*** (1797-1799) e di un romanzo epistolare, ***Iperione o l'eremita in Grecia*** (1973 e 1797-1799) dedicato alle vicende di un giovane greco, che ama una donna di nome Diotima, lotta per l'indipendenza del proprio popolo e alla fine si trova a vivere in una Germania dove trionfano gli interessi economici.

Costretto dal padrone a fuggire in Svizzera e in Francia, al suo ritorno in Germania Hölderlin scopre che la donna amata è morta e cade in preda alla schizofrenia.

Glossario

Gruppo di Jena Gruppo di poeti e intellettuali tedeschi che costituì il primo gruppo romantico, attivo appunto nella città di Jena fra gli ultimi anni del Settecento e l'inizio dell'Ottocento. Vi appartenevano, oltre ai poeti Novalis e Friedrich Hölderlin, il poeta Tieck, i letterati Friedrich e August Wilhelm von Schlegel, sua moglie Caroline Michaelis e il filosofo Schelling.

La poesia annuncio del ritorno degli dèi

Al di là dei riferimenti alla civiltà classica e alla mitologia greca, **la poetica di Hölderlin è profondamente romantica**: la poesia è la voce stessa dell'essere, dell'assoluto, dell'unità originaria dell'uomo con il tutto e la natura. La modernità ha distrutto tale armonia: gli dèi, che nella civiltà greca antica rappresentavano la presenza del divino nel mondo naturale, sono fuggiti; **la terra vive** perciò nella **desolazione e nella povertà, ma la poesia annuncia** il loro ritorno e **il sopraggiungere di una nuova età** in cui l'uomo tornerà ad essere in simbiosi con la natura.

I poeti della seconda generazione

Clemens Brentano

I poeti romantici tedeschi della seconda generazione hanno come capofila **Clemens Maria Brentano** (1778-1842). Trasferitosi ancora giovane nella cittadina di Heidelberg, altro centro di irradiazione della nuova poesia, Brentano partecipa attivamente al movimento antinapoleonico e alla vita politica del tempo. Le sue poesie uniscono il massimo **rigore della forma** a una spiccata **musicalità e creatività nelle espressioni**.

Heinrich Heine

A chiudere il periodo del Romanticismo poetico in Germania è Heinrich Heine (1797-1856). Dopo aver concluso gli studi universitari, sentendosi estraneo alle vicende politiche tedesche, nel 1831 Heine si trasferisce a Parigi, dove vive in esilio fino alla morte. Nel 1827 aveva pubblicato il suo capolavoro giovanile, il ***Buch der Lieder*** [Il libro dei canti], in cui è già in atto la dissoluzione delle forme poetiche romantiche. **Le opere successive** *Neue Gedichte* [Nuove poesie, 1841] e *Romanzero* (1851) – un romanzo di ambientazione esotica, ricco di riferimenti alla scoperta di Colombo e alla conquista spagnola – **segnano definitivamente l'abbandono delle tendenze romantiche** e l'accoglienza di temi più ironici e realistici.

La poesia romantica tedesca

	poeti principali	opere
prima generazione	Novalis (1772-1801)	*Inni alla notte* (1800)
	Friedrich Hölderlin (1770-1843)	*Poesie*
seconda generazione	Clemens Maria Brentano (1778-1842)	*Poesie*
	Heinrich Heine (1797-1856)	*Il libro dei canti* (1827)

facciamo il punto

- **Quali artisti fanno parte del "gruppo di Jena"?**
- **In che modo Hölderlin concepisce il rapporto tra uomo e natura?**

T3

Le forme
- uso frequente della metafora

I temi
- contrasto tra luce e oscurità
- notte come simbolo di una conoscenza arcana e divina

Novalis
Gli «Inni alla notte»

Dopo aver esaltato il giorno, nel Primo Inno *il poeta fa l'esperienza della notte, causata dal dolore per la morte della persona amata. La notte gli appare come «la regina del mondo» inviata dall'amata: la morte è una forma di vita nella quale l'unione con la donna può essere ancora eterna. Nel Secondo Inno il poeta, alla ricerca della notte anche nel giorno, riesce a trovare sollievo solo nel vino, nell'acqua di mandorle e nell'oppio. Ma è soprattutto nella fede e nell'amore che è possibile individuare nel giorno la notte e nel finito l'infinito.*

I

Quale vivente, dotato di senso, fra tutte le magiche parvenze dello spazio che si dilata intorno a lui, non ama la più gioiosa, la luce[1] – con i suoi colori, i suoi raggi e onde; la sua mite onnipresenza di giorno che risveglia. Come l'anima più intima della vita la respira il mondo immane delle costellazioni senza quiete, e nuota danzando nel suo flutto azzurro – la respira la pietra scintillante, in eterno riposo, la pianta sensitiva che sugge, e il multiforme animale istintivo[2] – ma sopra tutti lo splendido intruso con gli occhi colmi di sensi, il passo leggero, le labbra dolcemente socchiuse, ricche di suoni.[3] Come un sovrano della natura terrena, essa[4] chiama ogni forza a metamorfosi innumeri,[5] annoda e scioglie alleanze infinite, avvolge la sua immagine celeste intorno a ogni creatura terrestre. La sua sola presenza rivela l'incanto dei reami del mondo.

In plaghe remote mi volgo alla sacra, ineffabile, arcana notte.[6] Lontano giace il mondo – sepolto nel baratro di una tomba – squallida e solitaria la sua dimora. Nelle corde del petto spira profonda malinconia. In gocce di rugiada voglio inabissarmi e mescolarmi alla cenere.[7] Lontananze della memoria, desideri della giovinezza, sogni dell'infanzia, brevi gioie e vane speranze dell'intera e lunga esistenza vengono in grige vesti, come nebbie vespertine dopo il tramonto del sole.[8] In altri spazi[9] la luce ha piantato le sue tende gioiose. Non tornerà mai dai suoi figli, che l'attendono in ansia con la fede degli innocenti?

Che cosa d'improvviso sgorga così carico di presagi sotto il cuore, e inghiotte l'aura tenue della malinconia?[10] Anche tu trovi piacere in noi, oscura notte? Che cosa tieni sotto il tuo manto, che con forza invisibile mi tocca l'anima? Delizioso balsamo stilla dalla tua mano, dal fascio di papaveri. Le ali grevi dell'animo tu innalzi. Ci sentiamo pervasi da una forza oscura, ineffabile – un volto severo vedo con lieto spavento, che si piega su di me; devoto e soave, e sotto i riccioli che senza fine s'intrecciano, mostra la cara giovinezza della madre.[11] Come misera e puerile mi sembra ora la luce – come grato e benedetto il commiato del giorno – Solo per questo quindi, perché la notte discosta da te i fedeli, tu seminasti per l'immensità dello spazio le sfere splendenti per annunciare la tua onnipotenza – il tuo ritorno – nei tempi della tua assenza.[12] Più ce-

1 **luce:** l'inno inizia con l'esaltazione della luce, prima identificata con il giorno, opposto alla notte, poi con l'anima stessa della vita.
2 **istintivo:** dotato di istinto.
3 **Come… suoni:** la luce diventa qui il respiro cosmico della natura, che anima cielo e mare, le pietre, le piante, gli animali e l'uomo, **splendido intruso**, perché straniero su questa terra.
4 **essa:** la luce.
5 **Come… innumeri:** la natura è concepita organicamente come continua metamorfosi di forme; la luce rappresenta il legame tra mondo celeste e creature terrene.
6 **In plaghe remote… notte:** in zone lontane dalla luce il poeta si volge verso la notte: essa è misteriosa, sacra, ha qualcosa di divino che non si può esprimere.
7 **Lontano… cenere:** il poeta, tramite la morte della donna amata, la giovanissima Sophie, fa esperienza della notte. Il mondo gli appare allora squallido, senza luce, anch'esso assimilabile al baratro della tomba. Egli, oppresso da una profonda malinconia, sente il desiderio di "inabissarsi", di morire.
8 **Lontananze… sole:** tutto il passato, memorie, speranze, sogni gli appaiono **in grige vesti**, perdono senso e attrattiva, sembrano svanire nella nebbia malinconica della notte. La luce e la vita sono scomparse.
9 **In altri spazi:** nell'emisfero ora illuminato.
10 **Che cosa… malinconia:** ecco che il poeta improvvisamente scopre la vera essenza della notte, la vita segreta e profonda che pervade il suo animo e lo libera dalla tristezza.
11 **Ci sentiamo… madre:** la notte è una forza misteriosa che assume l'aspetto severo di una giovane madre, dal volto incorniciato di riccioli. Questo volto femminile è forse quello della donna amata o della madre stessa.
12 **Solo… assenza:** poiché la notte allontana dalla luce i suoi seguaci, questa ha seminato le stelle nel cielo notturno per testimoniare la sua potenza e il ritorno del giorno

lesti di quelle stelle scintillanti ci sembrano gli occhi infiniti che la notte dischiude in noi.[13] Così lontano non vedono le più pallide di quelle schiere innumerevoli – senza bisogno di luce penetrano con lo sguardo gli abissi di un'anima amante – il che colma uno spazio più alto di voluttà indicibile. Premio della regina del mondo, della eccelsa annunciatrice di mondi sacri, custode di amore beato – a me lei ti manda – amata soave – caro sole della notte, – ora veglio – perché sono Tuo e Mio – tu mi hai rivelato che la notte è vita – mi hai fatto uomo – consuma con ardore spettrale il mio corpo, così che io mi congiunga etereo più intimamente con te e la notte nuziale duri in eterno.[14]

II

Deve sempre ritornare il mattino? Mai non finirà la violenza di ciò che è terrestre? un nefasto affaccendarsi divora il volo celeste della notte.[15] Non brucerà mai in eterno il segreto olocausto dell'amore? Misurato fu alla luce il suo tempo; ma senza tempo e senza spazio è il dominio della notte. – Eterna è la durata del sonno. Sacro sonno[16] – non donare troppo di rado la gioia agli iniziati della notte in questa terrestre diurna fatica. Solo i folli ti disconoscono e ignorano un sonno diverso dall'ombra che tu getti, per pietà, su di noi, in quel crepuscolo della notte vera.[17] Non ti sentono nell'aureo flotto del grappolo, nell'olio prodigioso del mandorlo e nel bruno succo del papavero. Non sanno che aleggi intorno al seno tenero della ragazza e fai un cielo di questo grembo – non presagiscono che tu provieni da antiche leggende schiudendo il cielo e porti la chiave per le dimore dei beati, tacito nunzio di misteri infiniti.[18]

da Novalis, *Inni alla notte. Canti spirituali*, a cura di V. Cisoffi, trad. it. di R. Fertonani, Mondadori, Milano 1982.

13 Più celesti... noi: gli occhi della notte sono più penetranti della luce delle stelle, perché permettono all'uomo una conoscenza più profonda di quella razionale e lo mettono in contatto con l'infinito.
14 Premio... eterno: la notte è ora **la regina del mondo, eccelsa annunciatrice di mondi sacri**; come premio invia al poeta l'amata, che gli rivela che la notte è vita e che può rendere eterna la loro unione. Grazie all'unione tra la notte e la donna amata il poeta ritrova se stesso (**sono Tuo e Mio**).
15 Deve... notte: il poeta contrappone il giorno, la vita terrena con il suo vano affaccendarsi, la sua finitezza, all'eternità della notte.
16 Sacro sonno: il poeta cerca anche nel regno della luce la notte, come simbolo di vita, e la trova nel **sacro sonno** e in tutto ciò che dà l'ebrezza: il vino, l'acqua di mandorle, l'oppio.
17 Solo... vera: solo gli stupidi ignorano un sonno diverso da quello comune.
18 Non sanno... infiniti: il sacro sonno vive soprattutto nell'amore e nella fede, e perciò gli uomini anche nel regno della luce e del mondo terreno possono entrare in contatto con la notte, cioè con l'infinito.

Lavoriamo insieme

Leggere e capire

La luce e la notte Il *Primo inno* può essere diviso in tre parti:
1) rr. 1-11: presentano l'esaltazione della luce come l'elemento che anima ogni cosa presente in natura, che rappresenta il legame tra il mondo celeste e le creature terrene;
2) rr. 12-19: raccontano l'esperienza della notte, simbolo di morte, che rende tutto il passato del poeta privo di attrattiva;
3) rr. 20-49: descrivono la visione della notte nelle sembianze di una giovane madre che può ricongiungere il poeta con l'amata scomparsa, in un'unione per l'eternità.

Nel *Secondo Inno* il poeta contrappone le attività frenetiche del giorno, della vita quotidiana, alla notte e a tutto ciò che dà ebbrezza: il vino, l'acqua di mandorle, l'oppio.

1 Di che cosa è simbolo la luce nel *Primo inno*?

....

....

2 Come è definita la notte nel *Secondo inno*?

....

....

Analizzare

Il genere Gli *Inni alla notte*, sei in totale, formano un poemetto composto da prosa ritmica e versi liberi. Dal punto di vista dei generi letterari, il poemetto in prosa, anche in assenza delle scansioni del verso, conserva le caratteristiche formali della poesia. Sono infatti frequenti nel testo numerose figure retoriche, tra cui la metafora.

3 Individua le metafore presenti nel testo.

Interpretare e approfondire

La conoscenza eterna e infinita della notte Gli *Inni alla notte* si basano sull'opposizione tra luce e oscurità: la luce è il simbolo della quotidianità del mondo reale, dove è possibile una conoscenza razionale ma incerta, perché basata su «metamorfosi innumeri», cioè su elementi in continua evoluzione. La notte è associata solo inizialmente a un'immagine di morte, poi si afferma che in realtà è capace di mettere l'uomo in contatto con un mondo arcano, sacro e invisibile. Simbolo della Madre che ricongiunge con le fonti della vita, la notte è lo strumento per innalzare l'uomo a una conoscenza eterna e infinita.

4 Nel *Secondo inno*, Novalis definisce la vita alla luce del giorno una «diurna fatica». Perché sostiene che solo la notte è la «vera vita»?

[*Poesie*]

T4

Le forme
- invocazione alla donna amata

I temi
- donna amata come simbolo dell'armonia unificatrice della poesia classica

Friedrich Hölderlin
Diotima

La poesia, risalente al 1797-1799, è dedicata a Diotima, la donna amata dal poeta. Il suo arrivo è invocato affinché porti armonia in un mondo sconvolto dalla confusione e dal disordine. Diotima, infatti, rappresenta la poesia capace di riconciliare, come nell'epoca classica, gli elementi del mondo in lotta tra loro.

Vieni e placami questo Caos del tempo,[1] come una volta,
Delizia della celeste musa, gli elementi hai conciliato![2]
Ordina la convulsa lotta coi tranquilli accordi del cielo,
Finché nel petto mortale ciò ch'è diviso si unisca,
Finché l'antica natura dell'uomo, la placida, grande,
Fuor dal fermento del tempo, possente e serena si levi.[3]
Torna nei miseri cuori del popolo, bellezza vivente,
Torna all'ospite mensa, nei templi ritorna![4]
Ché Diotima vive come i teneri bocci d'inverno,
Ricca del proprio spirito, pure ella cerca il sole.[5]
Ma il sole dello spirito, il mondo felice è perito
E in glaciale notte s'azzuffano gli uragani.[6]

da F. Hölderlin, *Poesie*, a cura e con trad. it. di G. Vigolo, Mondadori, Milano 1971.

1 **Caos del tempo:** il tempo presente della storia è sentito come caos, disordine, sconvolgimento.
2 **come una volta... conciliato:** Diotima, la donna amata, è simbolo dell'armonia e della poesia (**celeste musa**) e il poeta la invoca a riconciliare, come nel passato, gli elementi del mondo in lotta tra loro.
3 **Ordina... si levi:** *Con la musica divina riporta ordine e quiete nelle lotte convulse [della storia], finché rinasca l'unità entro gli uomini divisi in se stessi e dalla natura e finché la grande e serena natura dell'uomo antico possa risorgere placida e possente, al di là delle turbolenze della storia* (**fuor del fermento del tempo**).
4 **Torna... ritorna:** la bellezza deve tornare alla mensa ospitale degli uomini, nei templi che ha abbandonato.
5 **Ché... sole:** il poeta esprime la speranza nel futuro poiché, come i bocci che sopravvivono all'inverno, così vive nella natura Diotima, che, pervasa da una propria linfa vitale, ricca di un proprio spirito, cerca perennemente il sole, la vita.
6 **il mondo... uragani:** ma il mondo felice, quello antico, è morto e il presente è una **glaciale notte** sconvolta dalle tempeste.

Lavoriamo sul testo

Leggere e capire

Un ritorno della quiete tra gli uomini La poesia può essere divisa in tre parti:
1) vv. 1-8: contengono l'appello del poeta a Diotima perché torni a riportare la quiete e l'unità tra gli uomini, che nel mondo presente sono divisi nel proprio animo e separati dalla natura;
2) vv. 9-10: esprimono la speranza che, nel futuro, Diotima viva nella natura stessa, come i bocci dei fiori che resistono al freddo invernale e si schiudono in primavera, tendendosi verso il sole;
3) vv. 11-12: rappresentano la desolazione del presente, dal quale gli dèi sono fuggiti, lasciando il mondo in balìa delle proprie tempeste.

Analizzare

Un'invocazione all'amata La poesia presenta una dolorosa invocazione del poeta all'amata, affinché ella ritorni per riportare la quiete tra gli uomini. Tra gli elementi retorici vanno sottolineati il ricorso frequente all'anafora («Finché… finché» vv. 4-5; «Torna… torna» vv. 7-8; «spirito… spirito» vv. 10-11) e l'uso dell'imperativo («Vieni», «ordina», «torna»), che mostra il carattere esortativo del componimento.

Intepretare e approfondire

La perdita della bellezza del mondo classico Descrivendo la fuga degli dèi dalla confusione del mondo, l'opera di Hölderlin tocca motivi simili a quelli delle *Grazie* di Foscolo (▶ Unità 11): in entrambe le composizioni, infatti, il poeta rimpiange la perdita della bellezza e della verità del mondo classico. Ma la Diotima di Hölderlin ha un valore simbolico ancora maggiore: la donna rappresenta l'armonia originaria ma anche l'energia vitale della natura, l'unità del mondo classico del passato ma anche quella di un possibile futuro. L'elevata densità simbolica delle sue opere rende il poeta tedesco capace di accostare riflessioni filosofiche a immagini molto espressive.

Esercizi

Prima prova A • L'analisi del testo

Comprendere

1 Il poeta desidera il ritorno di Diotima perché:
a. la vuole sposare
b. calmi il suo animo
c. calmi l'animo di tutti gli uomini e riporti pace nelle lotte della storia
d. salvi il mondo da un uragano

2 Qual è «il mondo felice» a cui si fa menzione al verso 11?

3 La «glaciale notte» (v. 12) è:
a. il clima rigido delle notti invernali
b. la notte della morte di Diotima
c. la situazione storica priva del conforto degli dèi
d. la situazione storica priva dell'armonia del mondo antico

Analizzare

4 Tempo presente e mondo antico

Il componimento è attraversato dalla contrapposizione tra il tempo presente e il mondo antico. Completa una tabella come quella proposta, relativa alle espressioni che indicano questo contrasto.

tempo presente	mondo antico
caos	riconciliazione degli elementi
convulsa lotta	....
....	placida natura umana
....	miseri cuori del popolo
....	....

Interpretare e approfondire

5 Il valore simbolico di Diotima

Diotima non è solo la donna amata dal poeta, ha anche un valore simbolico. Che cosa rappresenta?

4 La poesia romantica in Italia

Il panorama poetico italiano

Il problema del linguaggio poetico

La poesia italiana che pure viene definta “romantica” **rifiuta molte tendenze accolte in Europa**: sostanzialmente **estranea alle rappresentazioni di aspetti interiori** della vita individuale e alla centralità dell’io, come in Germania e in Inghilterra, la poesia nel nostro Paese **insiste su situazioni collettive**, che riescano a coinvolgere un pubblico più numeroso. La volontà di ampliare la cerchia dei lettori si scontra però con il **problema irrisolto del linguaggio poetico**, tradizionalmente aulico ed elitario e, quindi, lontano dall’esigenza di realismo che caratterizza il Romanticismo italiano.

Questa situazione aiuta a capire perché il maggiore poeta lirico del periodo, Giacomo Leopardi, si senta estraneo alle tendenze contemporanee e legato piuttosto alla classicità. E spiega anche perché gli altri due autori importanti dell’età romantica, **Carlo Porta** e **Gioachino Belli, adottino il dialetto per soddisfare le richieste di realismo** e di ambientazioni popolari.

L’influenza del melodramma

La volontà di coinvolgere il pubblico e di rappresentare situazioni collettive si esprime, oltre che con l’uso del dialetto, con la **tendenza alla teatralizzazione**, in cui forte è l’influenza del melodramma. Tra i generi più usati in questo periodo c’è l’inno, che si presta particolarmente al messaggio politico-patriottico (quello di Mameli sarà scelto come inno nazionale ▶ Focus, p. 798), la novella in versi e la ballata, nella quale sono presenti temi sentimentali e patetici, diffusi nel Romanticismo.

Tre generazioni romantiche

Nel periodo romantico-risorgimentale si succedono **tre generazioni di poeti**: la prima, nata negli anni Ottanta e Novanta del Settecento, è quella del primo Romanticismo lombardo e appare molto influenzata dall’esempio dialettale di Carlo Porta; la seconda – nata nei primi vent’anni dell’Ottocento – è contraddistinta dall’uso di temi politici e impegnati; la terza è quella di Prati e di Aleardi e apre la stagione del cosiddetto “secondo Romanticismo”.

Carlo Porta

La vita e le opere

Carlo Porta nasce a Milano nel 1775. Dopo essere stato indirizzato dal padre alla carriera di contabile, dal 1804 entra a far parte, con responsabilità sempre più elevate, della burocrazia statale napoleonica. Negli stessi anni comincia a tradurre l’*Inferno* di Dante in dialetto milanese; nel 1810 scrive la sua prima composizione poetica importante, il ***Brindes de Meneghin all’ostaria*** [Brindisi di Meneghino all’osteria]. Il successo arriva però solo nel 1812 con le prime ***Desgrazzi de Giovannin Bongee*** [Disgrazie di Giovannin Bongiere]. Fra il 1813 e il 1816 escono le opere più mature di Porta, come ***La Ninetta del Verzee*** [La Ninetta del Verziere] e il ***Lament del Marchionn di gamb avert*** [Lamento di Marchionn dalle gambe aperte, lo sciancato]. **Dopo il Congresso di Vienna** (1815) e la mancata realizzazione delle riforme promesse da parte degli austriaci, Porta **si avvicina agli ambienti romantici e liberali**. La sua adesione al Romanticismo avviene nel 1817, quando si proclama attento alla dimensione realistica e ai rapporti sociali, rimanendo estraneo al sentimentalismo allora di moda. Muore nel 1821.

Le tre fasi della produzione

L’opera poetica di Porta può essere divisa in **tre fasi**:

1) **la formazione** (fino al 1812): è caratterizzata prevalentemente da **sonetti che esprimono aspetti tipici della cultura illuministica**, come la critica delle istituzioni politiche e religiose del tempo;
2) **la maturità** (1812-1817): è contrassegnata dall’**adesione al Romanticismo** (1816-1817) e dal conseguente interesse per temi popolari che danno luogo a componimenti più lunghi, come i capolavori *Desgrazzi de Giovannin Bongee*, *La Ninetta del Verzee*, il *Lament del Marchionn di gamb avert*;

Glossario

Inno Genere poetico originariamente destinato al canto per celebrare Dio e i santi, nel Settecento l’inno presenta anche temi politici, sociali e patriottici.

Novella in versi Componimento narrativo scritto in versi con tono realistico, ma che spesso tratta storie fantastiche e avventurose, la novella in versi ha un intento morale e didascalico.

3) **gli ultimi anni** (1817-1821): sono contraddistinti da opere in cui è forte la **polemica antinobiliare e anticlericale**, come nell'ultimo componimento poetico *Offerta a Dio (La preghiera)* (1820), dove l'ipocrisia religiosa di preti e frati appare il miglior sostegno dell'arroganza nobiliare.

La Ninetta del Verzee

Il componimento *La Ninetta del Verzee*, scritto in ottave, è la storia di Ninetta, una povera ragazza ridotta in miseria dall'uomo che ama, Peppo il parrucchiere, e costretta a fare la prostituta. Al cliente che è venuto a trovarla racconta la propria infanzia di orfana affidata a una zia, dell'innamoramento per il parrucchiere Peppo, e, infine, del suo lavoro di pescivendola al mercato del Verziere (▶T5). Per soddisfare i capricci di Peppo, che le sottrae ogni guadagno, Ninetta è costretta a fare la prostituta. La mancata soddisfazione di un desiderio sessuale induce Peppo a far comporre una poesia in dialetto contro Ninetta: nel componimento, infatti, si racconta che la donna è «impestata», cioè ha la sifilide, in modo da toglierle i clienti.

Il popolo milanese come protagonista

I capolavori di Porta sono quelli in cui i protagonisti narrano la loro storia. **Il personaggio principale della sua opera è quindi il popolo milanese**: la vita dei caseggiati e dei sobborghi, la miseria, i soprusi dei potenti e le sopraffazioni reciproche fra gli stessi «poveretti» sono posti in primo piano con un realismo che non ha precedenti nella storia della letteratura italiana. **Gli umili portano sulla scena l'intensità dei loro sentimenti**, mostrando che anche la loro "lingua", il dialetto milanese, ha la stessa dignità di un idioma nazionale.

Giuseppe Gioachino Belli

La vita e le opere

Giuseppe Gioachino Belli nasce a Roma nel 1791, figlio di un impiegato. Estraneo al dibattito culturale nazionale, **nel 1813 fonda l'Accademia Tiberina** per promuovere gli studi storici su Roma. Nel 1827 compie un viaggio a Milano, dove conosce la produzione di Porta, che lo incoraggia all'uso del dialetto in poesia. Abbandonata l'Accademia, **tra il 1829 e il 1837** Belli **scrive molti sonetti in romanesco** che non vengono pubblicati, ma letti a un pubblico di amici e intellettuali. Morta la moglie nel 1837, Belli si trova in difficoltà economiche, che tenta di arginare cercando nuovi lavori presso la curia papale e il mondo nobiliare. In questi anni pubblica due raccolte di *Versi* in lingua; **gli ultimi sonetti in dialetto sono composti tra il 1843 e il 1849**. Muore nel 1863, dopo alcuni anni trascorsi come censore teatrale per la "moralità pubblica".

I Sonetti: una produzione sterminata dal titolo incerto

Belli scrisse **2.279 sonetti** in dialetto romanesco, soprattutto nel periodo 1829-1837, ma anche tra il 1843 e il 1847. **Queste composizioni** – denominate genericamente *Sonetti* – **non hanno un titolo definitivo** approvato dall'autore, che rimase sempre indeciso tra *Poesie romanesche* e *Il 996* (in riferimento alle iniziali del proprio nome e cognome: *ggb*). Nelle poesie si alternano **tre strutture diverse**:

1) **personaggio-coro**: una figura di testimone o di storico riporta i discorsi degli altri, presentandoli con un "dice";
2) **teatrale**: vari personaggi dialogano tra loro proprio come in una scena recitata;
3) **monologo**: un solo interprete ha la parola, a volte riportando il punto di vista dell'autore.

I temi

I temi più ricorrenti nei componimenti di Belli **sono due**:

1) **i ritratti di diversi tipi popolari** (▶T6), dei mestieri, dei giochi, delle credenze e delle superstizioni della plebe;
2) **le riflessioni critiche** generalmente espresse attraverso la satira di un tipo sociale o politico (▶T7 e T8).

Il punto di vista di ogni sonetto è comunque "dal basso": anche le classi più alte, come i nobili e i grandi uomini di Chiesa (tra cui il papa) sono descritte secondo l'ottica del popolo. Ciò trasforma i componimenti in **attacchi grotteschi e dissacranti agli**

▶ Statua di Giuseppe Gioachino Belli situata nella piazza a lui dedicata nel quartiere di Trastevere a Roma, ad opera dello scultore Michele Tripisciano (1860-1913).

abitanti di Roma, una città grande e stracciona, dove il sublime e il comico, lo splendore e la volgarità si mescolano continuamente.

Un «monumento» al popolo romano

Nell'*Introduzione* ai *Sonetti*, scritta nel 1831, Belli afferma che **il suo obiettivo è quello di lasciare un «monumento» alla plebe romana** e al suo linguaggio, nonostante la lingua del popolo di Roma gli sembri corrotta, frutto di ignoranza e superstizione (infatti la poesia in romanesco non conta precedenti illustri come quella milanese). **Nel popolo non c'è alcuna capacità poetica**: la possibilità di fare poesia spetta solo all'autore, consapevole però di essere senza pubblico e senza tradizione.

La seconda generazione

Impegno politico e tema eroico

Vincenzo Padula
• Il telaio

I poeti che fanno parte della seconda generazione romantica – nata nei primi vent'anni dell'Ottocento – sono **accomunati dall'uso di temi politici e impegnati**. In questo periodo si affermano generi come l'**inno** e il **canto**, di cui sono esempi ***La spigolatrice di Sapri*** di **Luigi Mercantini** (1821-1872) e ***Fratelli d'Italia*** di **Goffredo Mameli** (1827-1849), poi diventato inno nazionale italiano (▶ Focus, p. seg.). Il tema eroico è presente anche nelle novelle e nelle liriche realistiche d'ispirazione popolare del poeta più interessante del periodo, il calabrese **Vincenzo Padula** (1819-1893), che accoglie anche spunti erotici nella ballata ***Il telaio***. Esponente della poesia satirica toscana è invece **Giuseppe Giusti** (1809-1850), autore del ***Brindisi di Girella*** (1835-1840), in cui assume il punto di vista reazionario per criticarlo dall'interno.

La terza generazione

Unione di sentimentalismo e fantasia

La terza generazione romantica, che pubblica le sue opere tra gli anni Quaranta e gli anni Settanta dell'Ottocento, **sfrutta i temi sentimentali del primo Romanticismo, forzandoli però in direzione fantastica e irrazionale**. Il pubblico – soprattutto borghesi affermati che cercano evasione nella letteratura – è attratto da opere in cui trionfano **temi lacrimevoli** e **situazioni di difficoltà** che sfociano spesso nel vittimismo. I poeti più importanti di questa generazione sono **Giovanni Prati** (1814-1884) e **Aleardo Aleardi** (1812-1878). Prati si afferma con la novella in versi ***Ermenegarda*** (1841); Aleardi raccoglie le sue poesie nei ***Canti*** del 1864, dove è evidente l'influsso della tradizione italiana, da Foscolo a Leopardi.

La poesia romantica italiana

	poeti principali	opere
prima generazione	Carlo Porta (1775-1821)	*La Ninetta del Verzee* (1816)
	Giuseppe Gioachino Belli (1791-1863)	*Sonetti*
seconda generazione	Vincenzo Padula (1819-1893)	*Il telaio*
	Giuseppe Giusti (1809-1850)	*Brindisi di Girella* (1835-1840)
terza generazione	Giovanni Prati (1814-1884)	*Ermenegarda* (1841)
	Aleardo Aleardi (1812-1878)	*Canti* (1864)

facciamo il punto

- **In che cosa la poesia romantica italiana si differenzia da quella europea?**
- **Quali sono i maggiori esponenti della poesia romantica italiana?**

Focus Il tormentato successo di *Fratelli d'Italia*

La storia di dell'inno d'Italia
Nel 1847 il ventenne Goffredo Mameli, in occasione di un'insurrezione a Genova, compone il *Canto degli Italiani*, noto in seguito come *Fratelli d'Italia*, dal suo primo verso. Musicata dal musicista genovese Michele Novaro (1818-1885), la versione iniziale non soddisfa il patriota Giuseppe Mazzini (1805-1872), che, nel 1848, chiede a Mameli di scrivere un altro inno, con musica di Giuseppe Verdi (1813-1901). Ma neanche questo nuovo inno, intitolato *Grido di guerra*, lo convincerà.
Nel 1946, dopo la riconquista della libertà seguita alla fine del fascismo e della guerra mondiale, *Fratelli d'Italia* viene approvato come inno nazionale "provvisorio". Tra le ragioni della scelta ha indubbiamente un certo peso il riferimento al riscatto dell'Italia da ottenersi combattendo contro una potenza straniera: esso poteva essere infatti applicato anche alla recente guerra di liberazione partigiana sostenuta in particolare contro l'esercito tedesco.
Nel 2006 è stato discusso al Senato un disegno di legge che prevede l'adozione di un regolamento circa il testo, la musica e le modalità di esecuzione di *Fratelli d'Italia*. Ancora nel 2006, è stato presentato al Senato un disegno di legge costituzionale che prevede la modifica dell'art.12 della Costituzione italiana con l'aggiunta del comma «L'inno della Repubblica è *Fratelli d'Italia*».
Lo scarso favore che l'inno composto da Mameli (e per il quale sono state suggerite più o meno verosimili alternative) ha sempre incontrato è dovuto soprattutto alla difficoltà di memorizzazione del suo testo – che proponiamo in versione integrale – scritto in italiano ottocentesco e ricco di termini ricercati. Nella consueta prassi esecutiva ci si limita all'esecuzione della prima strofa, seguita dal ritornello.

Goffredo Mameli
Fratelli d'Italia

Fratelli d'Italia
l'Italia s'è desta;[1]
dell'elmo di Scipio[2]
s'è cinta la testa.
Dov'è la Vittoria?[3]
Le porga la chioma;
ché schiava di Roma[4]
Iddio la creò.

Stringiamci a coorte![5]
Siam pronti alla morte;
Italia chiamò.

Noi siamo da secoli
calpesti, derisi,
perché non siam popolo,
perché siam divisi.
Raccolgaci un'unica
bandiera, una speme;
di fonderci insieme
già l'ora suonò.

PARAFRASI

1-8 [O] fratelli d'Italia [: O Italiani], l'Italia si è svegliata (desta); ha messo in testa (s'è cinta la testa) l'elmo [che era] di Scipione. Dov'è la Vittoria? Offra (porga) la testa (la chioma) a lei (le) [: all'Italia]; dato che (ché) Dio l'ha destinata a essere al servizio (schiava... la creò) di Roma [: ha destinato Roma a vincere sempre].
9-11 Stringiamoci in drappello (a coorte)! Siamo pronti alla morte; l'Italia [ci] ha chiamato [a combattere e morire].
12-19 Noi [Italiani] siamo da secoli sopraffatti (calpesti = calpestati), presi in giro (derisi), perché non siamo un [vero] popolo, perché siamo divisi. Deve rac-

Metrica cinque strofe di otto senari con rime secondo lo schema ABCBDEEF (A e C sono per lo più sdruccioli) seguite da un ritornello di tre versi (due settenari a rima baciata e un senario tronco rimante con l'ultimo verso della strofa, secondo lo scema XXF).

1 s'è desta: si è svegliata dal suo torpore storico, recuperando l'antico eroismo e mirando a riconquistare l'unità politica.
2 Scipio: il generale romano Publio Cornelio Scipione (236-183 a.C.), detto l'Africano, decisiva guida militare in un momento di gravissime difficoltà per Roma, famoso per il suo eroismo e la sua capacità in battaglia; rappresenta qui un riferimento alla tradizione romana e al suo valore. Il fatto che l'Italia, cioè gli italiani, mettano in testa l'elmo di Scipione vuol dunque significare che si ricollegano all'antica tradizione dei Romani, che imponevano il loro potere sui popoli vicini anziché subirne, come accadeva all'Italia contemporanea, l'occupazione politico-militare.
3 Vittoria: è una personificazione di origine classica (la Nike, secondo i Greci), raffigurata quale donna alata: il fatto che la Vittoria (divenuta una sorta di ancella al servizio di Roma) debba porgere la testa (**chioma** è una sineddoche) inchinandosi all'Italia in segno di subordinazione significa che il nostro paese è destinato comunque a vincere.
4 Roma: a indicare l'obiettivo politico di riunificare l'Italia moderna includendovi Roma quale capitale; il nome della città congiunge una parola d'ordine attuale al richiamo dell'esempio dei Romani antichi implicito nel riferimento a Scipione (e in quello successivo alla «coorte »).
5 coorte: è termine militare legato all'esercito romano antico, e si lega dunque al riferimento precedente a Scipione.
6 Dall'Alpe: sono rievocati in questa strofa alcuni episodi della storia italiana ritenuti esem-

Stringiamci a coorte!
Siam pronti alla morte;
Italia chiamò.

Uniamoci, amiamoci;
l'unione e l'amore
rivelano ai popoli
le vie del Signore.
Giuriamo far libero
il suolo natio:
uniti, per Dio,
chi vincer ci può?

Stringiamci a coorte!
Siam pronti alla morte;
Italia chiamò.

Dall'Alpe[6] a Sicilia
ovunque è Legnano;[7]
ogn'uom di Ferruccio[8]
ha il core e la mano;
i bimbi d'Italia
si chiaman Balilla;[9]
il suon d'ogni squilla
i Vespri[10] suonò.

Stringiamci a coorte!
Siam pronti alla morte;
Italia chiamò.

Son giunchi che piegano
le spade vendute;
già l'Aquila[11] d'Austria
le penne ha perdute.
Il sangue d'Italia
e il sangue polacco
bevé col cosacco,[12]
ma il cor le bruciò.

Stringiamci a coorte!
Siam pronti alla morte;
Italia chiamò.

da *Antologia della poesia italiana*, dir. da C. Segre e C. Ossola, III, *Ottocento-Novecento*, Einaudi, Torino 1999.

PARAFRASI

coglierci (raccòlgaci) un'unica bandiera, una [unica] speranza (speme); è arrivata (suonò) ormai (già) l'ora di unirci (di fonderci insieme).

20-22 Stringiamoci in drappello (a coorte)! Siamo pronti alla morte; l'Italia [ci] ha chiamato [a combattere e morire].

23-30 Uniamoci, amiamoci; l'unione e l'amore indicano (rivelano) ai popoli le vie volute da Dio (le vie del Signore). Giuriamo di liberare (far libero) [dagli stranieri invasori] la terra dove siamo nati (il suolo natio) [: l'Italia]: in nome di Dio (per Dio), chi può vincerci [se siamo] uniti?

31-33 Stringiamoci in drappello (a coorte)! Siamo pronti alla morte; l'Italia [ci] ha chiamato [a combattere e morire].

34-41 Dalle Alpi alla Sicilia dovunque è [come se fosse] Legnano; ogni uomo [italiano] ha il coraggio (il core = il cuore) e la prontezza d'azione (la mano) di Ferruccio; [tutti] i bambini d'Italia si chiamano Balilla; il suono di ogni campana (squilla) [italiana] ha suonato i Vespri.

42-44 Stringiamoci in drappello (a coorte)! Siamo pronti alla morte; l'Italia [ci] ha chiamato [a combattere e morire].

45-52 [Le armi italiane] sono giunchi che piegano le spade mercenarie (vendute); ormai (già) l'Aquila dell'Austria ha perduto le penne [: la potenza austriaca è in declino]. [L'Austria] ha bevuto (bevè) insieme ai russi (col cosacco) il sangue d'Italia e il sangue polacco, ma le bruciò il cuore.

plari del vasto moto di resistenza e opposizione allo straniero, quasi anticipazioni del successivo Risorgimento; tutti gli episodi sono considerati come azione dell'Italia intera, a indicare che tutto il paese sta ora, con il Risorgimento, assumendo gli atteggiamenti che nei secoli passati restavano invece isolati ed eccezionali.

7 Legnano: dove si svolse la battaglia (29 maggio 1176) con la quale i Comuni italiani sconfissero l'imperatore tedesco Federico Barbarossa.

8 Ferruccio: Francesco Ferrucci, difensore della Repubblica fiorentina, ucciso dal generale mercenario Maramaldo nel 1530 durante l'assedio di Firenze da parte delle truppe imperiali.

9 Balilla: Giovanni Battista Perasso, detto Balilla, il ragazzo genovese che il 5 dicembre 1746 diede il via alla rivolta antiaustriaca scagliando una pietra contro un ufficiale arrogante.

10 Vespri: la guerra del Vespro, cioè la rivolta contro gli Angioini scoppiata a Palermo nel 1282. Il vespro è propriamente l'ora del tramonto e la parte della liturgia cattolica che si recita a quell'ora, per chiamare alla quale le campane suonano in modo particolare.

11 Aquila: è l'animale simbolo dell'Austria (dallo stemma degli Asburgo); il poeta vi costruisce gran parte di quest'ultima strofa.

12 sangue… cosacco: si allude qui alle varie occupazioni militari dell'Austria, sia in Italia che in Polonia. Quest'ultima era stata smembrata tra l'Austria, la Prussia e la Russia. Le rivolte in corso in Polonia e in Italia sarebbero l'espressione del declino della potenza austriaca e il segno del suo errore politico.

T5

Le forme
- linguaggio popolare basso

I temi
- amore come piacere fisico
- scoperta adolescenziale del sesso

Carlo Porta
Innamoramento e rovina di Ninetta

Ninetta, costretta a prostituirsi, racconta la propria storia a un cliente. Pescivendola con un banco al mercato milanese del Verzee (cioè del verziere, dell'ortolano), Ninetta cade in una serie di disgrazie. Giovane e bella, avrebbe potuto sposare dei giovani onesti e benestanti, ma si innamora invece del parrucchiere Peppo. Questi diventa il suo amante, ma ben presto si rivela interessato solo ai suoi soldi, che userà soprattutto per conquistare altre donne.

S'ha mò de dà l'inconter che costuu[1]
el gh'ha giusta d'avegh anch lu on bagaj,
che l'è nient alter che quell porch fottuu
che m'è costaa in sti dì tanto travaj.[2]
Inscì, cont el stà insemma tutt e duu,
col giugà insemma e fà quij cattanaj
che fan tucc i fioeu, semm rivaa a quell
de trovass cott tutt duu senza savell.

Si dà ora il caso che costui ha per combinazione anch'egli un figliolo, che non è altri che quel porco fottuto che m'è costato in questi giorni tanto travaglio. Così, stando insieme tutte e due, giocando insieme e facendo quelle cosucce che fanno tutti i ragazzi, siamo arrivati al punto di trovarci cotti tutti e due senza saperlo.

Intrattanta, per via della via[3]
dell'intrigh inscì faa della medina,
ne faven dormì nun bardassaria
foeura di pee de lor in la cusina;
là ne saraven sù all'ave maria
de sira fina a quella de mattina,
e là nun de per nun tutta la nocc
sevem patron de fà onia sort de locc.

Frattanto, per via dell'intrigo della zia, combinato in quel modo, noi ragazzaglia ci facevano dormire fuori dai piedi da loro, in cucina; là ci rinchiudevano dall'ave maria della sera fino a quella della mattina, e là noi tutti soli tutta la notte eravamo padroni di fare ogni sorta di scherzi.

Fin però che semm staa duu cisquittitt,[4]
ciovè a dì de des, vundes, dodes agn,
se semm faa quaj carezz e quaj basitt,
e poeù voltavem là come lasagn;
ma quand emm comenzaa a sentì i gallitt
vers la parte che comenzen i cavagn,[5]
se semm accort d'avegh di olter besogn
on poo pussee gajard de quij del sogn.

Fin però che siamo stati due bambinetti, cioè, diciamo, di dieci, dodici anni, ci siamo fatti qualche carezza e qualche bacetto, e poi ci giravamo là addormentati cotti come lasagne; ma quando abbiamo incominciato a sentire i solletichini in basso, verso la parte dove incominciano le ceste, ci siamo accorti di avere altri bisogni un po' più gagliardi di quelli del sonno.

Ma sì! per dilla giusta, in quant a mì,
sto besogn savarev minga spiegall...
soo che sentiva el sangu come a buì,
che gh'aveva ona voeuja de tentall
e in l'istess temp vergogna a comparì.
Soo anch che andava in broeuda in del basall,
e soo che quand el me toccava i tett
trepillava del gust come on gallett.

Ma sì! per dirla giusta, quanto a me, questo bisogno non saprei spiegarlo... so che sentivo come ribollirmi il sangue, che avevo una gran voglia di tentarlo e nello stesso tempo vergogna a mostrarmi desiderosa. So anche che andavo in broda nel baciarlo, e so che, quando mi toccava le tette, guizzavo dal piacere come un galletto.

Metrica ottave.

1 costuu (*costui*): l'amante della zia che ha allevato Ninetta.
2 quell porch... travaj (*quel porco... travaglio*): dopo aver sottratto alla donna tutti i suoi denari fino a spingerla alla prostituzione, Peppo, al quale Ninetta ha negato di soddisfare un capriccio sessuale, si vendica diffondendo una «bosinada » (= poesia satirica in dialetto milanese) in cui si dichiara che Ninetta ha la sifilide.
3 per via della via (*per via*): è un'espressione involuta che riproduce la vivacità della lingua parlata.
4 duu cisquittitt (*due bambinetti*): letteralmente: 'due ragazzini cinguettanti come passeri'.
5 la parte... i cavagn (*la parte... le ceste*): in basso.

Soo de giunta che, quand alla mattina
me toccava de andà a tend in Verzee
alla banca del pess della medina,
ogni bott che passass on perruchee
o quajghedun con bianca la marsina,[6]
me sentiva a rugà fina in di pee:
me andava insemma i onz della stadera[7]
e el coeur l'andava a vella e el coo a stondera.

So inoltre che, quando al mattino mi toccava andare in Verziere ad accudire al banco del pesce della zia, ogniqualvolta passasse un parrucchiere o qualcuno con la marsina bianca, mi sentivo frugare fino ai piedi: mi si confondevano le once della stadera, e il cuore andava a vela, e il capo a zonzo.

Mì el mè Pepp el vedeva de per tutt,
e semper ghe l'aveva de denanz:
mì el vedeva in dì tèmol,[8] *in di trutt,*
in di micch, in la suppa, in di pittanz,
no gh'eva giovenott, nè bell nè brutt,
che se podess ris'cià de famm di avanz:
respondeva pesciad, desgarb e slepp,
e tutt sti coss in grazia del mè Pepp.
[…]

Io il mio Peppo lo vedevo dappertutto, e sempre l'avevo dinanzi: io lo vedevo nei tèmoli, nelle trote, nei panini, nella zuppa, nelle pietanze; non c'era giovanotto, né bello né brutto, che potesse arrischiarsi di farmi delle «avances»: rispondevo pedate, sgarbi e sberle; e tutto ciò in grazia del mio Peppo.
[…]

Con cà pientada, e con quij pocch danee,
fresca, giovena e grassa come sera,
gh'aveva semper gent innanz indree
alla mia banca[9] *mej che nè a ona fera;*
de coeugh poeù gh'en vegneva di vivee,[10]
e a quist basta domà che ghe fass ciera,
se gh'avess anch venduu merda per pess
sti facc de porca even content l'istess.[11]

Con la casa allestita, e con quei pochi quattrini, fresca, giovane e grassa com'ero, avevo un continuo andirivieni di gente al mio banco in Verziere più che a una fiera; i cuochi poi venivano in folla, e a costoro bastava soltanto che facessi bella cera, e se anche avessi loro venduto merda per pesce, queste facce di porca erano contenti ugualmente.

E che fior de partii ch'hoo possuu fà!
(Inscì magara avess vorsuu dattamm)
fioretton de marcant, de famm marcià
inguala di primm sciori, di primm damm;
e se fuss stada tosa de trattà[12]
soo che on fraa Geromin l'ha vorsuu damm
del pelter assossenn, famm desmett banca,
mandamm in fiacca,[13] *e lu comparì nanca.*

E che fior di partiti avrei potuto trovare! (Così magari avessi voluto adattarmi): fior fiore di mercanti, tali da farmi marciare alla pari delle prime signore, delle prime dame; e se fossi stata ragazza ragionevole, so che un frate dell'ordine di S. Gerolamo avrebbe voluto darmi danaro a sufficienza, farmi smettere di tenere il banco del pesce, mandarmi in fiacre, e lui non comparire nemmeno.

6 marsina: la veste bianca indossata dai parrucchieri.
7 i onz... stadera (*le once... stadera*)**:** i pesi (**onz:** unità di misura corrispondente a circa 30 grammi) della merce sulla bilancia (**stadera**).
8 tèmol (*tèmoli*)**:** pesci d'acqua dolce dalle carni pregiate.
9 Con cà pientada… banca (*Con la casa allestita… banco*)**:** alla morte della zia, Ninetta, dopo essere vissuta per qualche tempo in casa di un prete, per amore di Peppo impiega i soldi dell'eredità per mettere su una casa (**con cà pientada**) e mantenere il banco di pescivendola al mercato (il **Verzee**).
10 di vivee (*in folla*)**:** una parte della critica spiega l'espressione così: «quantità di cose così fitte che non lascino spazio fra l'una e l'altra di loro».
11 se gh'avess… l'istess (*se avessi… ugualmente*)**:** si noti la rigorosa coerenza formale tra il linguaggio di Ninetta, così espressivo e materialistico (**merda per pess… sti facc de porca** [*merda per pesce…queste facce di porca*]), e il vitalismo, quasi animale, del suo carattere, che le consente di smascherare comicamente l'ipocrisia degli altri (**even content l'istess** [*erano contenti ugualmente*]).
12 tosa de trattà (*ragazza ragionevole*)**:** letteralmente significa 'ragazza da trattare' e dunque: 'con cui mettersi d'accordo'.
13 in fiacca (*in fiacre*)**:** *in vettura.* Il termine, dialettizzato in **fiacca**, deriva da Saint Fiacre, nome di un eremita la cui immagine era posta come insegna sul deposito delle vetture che conducevano al santuario a lui dedicato.

▲ Migliara Giovanni, *Veduta di piazza del Duomo in Milano*, 1819. Milano, Gallerie d'Italia – Piazza Scala.

Ma mì ciocca, imbriaga, incarognada
de sto razza de can d'on tajapioeucc,[14]
tant e quant ghe n'è staa che m'han cercada
olter tant n'hoo casciaa foeura di oeucc;
e sì che giamò on pezz m'en seva dada
ch'el me fava scusà de stoppaboeucc,[15]
ma già nun vacch de donn semm tucc inscì,
se al mond gh'è on crist[16] *el vemm proppi a sciarnì!*

Ma io ebbra, ubriaca, incarognita di questa razza di cane d'un tagliapidocchi, tanti e quanti ce ne sono stati che mi hanno cercata, altrettanti ne ho cacciati fuori dagli occhi; e sì che già da tempo mi ero accorta che mi faceva servire da tappabuchi: ma – si sa – noi donne vacche siamo tutte così fatte, se al mondo c'è un cristo, andiamo proprio a sceglierlo.

E dininguarda a nun poeù a fass toeù via,
en fan toninna,[17] *en fan de sott e doss.*
Pur tropp l'è inscì: mì ch'hoo provaa la mia,
soo cossa gh'è de noeuv con sti balloss.
Pur tropp sont dada denter in la stria,[18]
e el cogitor[19] *l'ha induvinaa tutt coss.*
Ah roffianon d'on Pepp!... Varda el mè nan[20]
se gh'è on cristo compagn in tutt Milan!

E dio ci guardi poi dal farci accalappiare: fanno di noi polpette, ce ne fanno di tutti i colori. Purtroppo, è così: io che ho provato la mia parte, so che cosa c'è di nuovo con questi briganti. Purtroppo, mi sono imbattuta nella strega, e il coadiutore ha indovinato tutto. Ah, ruffianone d'un Peppo!... Guarda, caro il mio nanuccio, se c'è un cristo uguale a lui in tutta Milano!

Minga content sto faccia de figon
de vess staa lu el strozzaa che el me l'ha rotta,
d'avemm traa i mej partii tucc a monton,
d'avemm drovada pesc d'ona pirotta,
d'avemm semper goduu i pù bon boccon
che gh'aveva alla banca, e per nagotta,
sagg de mì, del mè ton, della mia inguilla
l'ha comenzaa a miramm anca alla pilla.

Non contento questo faccia di fica di esser stato lui lo strozzato che me l'ha rotta, di avermi mandato a monte tutti i migliori partiti, di avermi adoperata peggio di un mortaio, di essersi goduto i migliori bocconi di pesce che avevo al banco, e per nulla, sazio di me, del mio tonno, della mia anguilla, ha incominciato a mirare anche al mio gruzzolo.

In prenzipi col sloffi de dovè
comprà ona cossa o l'oltra a ona quaj posta[21]
el me cercava in prester per piasè;
ma in seguent poeù, quand el m'ha vist desposta
a lassagh god in pas el fatto mè,
l'andava al cantarà lu de soa posta,
e lì, servo umelissem sur baslott,[22]
ogni freguj,[23] *allon,*[24] *giò on scopellott.*[25]

In principio, col pretesto di dover comprare una cosa o l'altra per qualche suo cliente, mi chiedeva soldi in prestito per piacere; ma in seguito poi, quando mi ha vista disposta a lasciargli godere in pace le mie cose, andava lui di sua iniziativa al canterano, e lì, servo umilissimo signor piattello, un poco per volta, allons, giù una scòpola al gruzzolo.

Ma sè impiastraa de vizzi come l'era,
lalella! gh'en voreva olter che inscì:
l'avarav traa in setton[26] *la cà Mellera,*
l'Archint, el Greppi, el Melz,[27] *staghela lì.*
Dì cojon! Lu ostarij, trissett, primera,
lu scènn, lu palch, lu donn de mantegnì;
e mì ciollatononna de massee
compramm i corna con i mee danee!

Ma sì! impiastrato di vizi com'era, trallallèra! ce ne voleva altro che così: avrebbe messo a terra la casa Mellera, l'Archinto, il Greppi, il Melzi, a dire poco. Dìllo coglione! Lui osterie, trassette, primiera, lui cene, lui palchi, lui donne da mantenere; e io, minchiona da massaro, comperarmi le corna con i miei soldi!

da C. Porta, *Poesie*, a cura di G. Barbarisi e G. Bèzzola, Garzanti, Milano 1980.

14 de sto... tajapioeucc (*di questa... tagliapidocchi*): il parrucchiere Peppo.
15 ch'el me... stoppaboeucc (*che lui mi... tappabuchi*): la metafora significa che Peppo aveva anche altre donne.
16 on crist (*un cristo*): 'uno sciagurato'.
17 toninna (*polpette*): letteralmente 'a pezzetti come il tonno'.
18 sont dada denter in la stria (*sono imbattuta nella strega*): è come dire 'finire nella tana del lupo'.
19 cogitor (*coadiutore*): *collaboratore* (in senso ironico).
20 el mè nan (*caro il mio nanuccio*): il vezzeggiativo è riferito a Baldissar, il cliente del bordello a cui Ninetta sta raccontando la propria storia.
21 quaj posta (*per cliente*): una parte della critica spiega: «Avventore che non paga di subito ma fa accender [*far aprire un conto a suo carico*]».
22 servo... baslott (*servo...piattello*): il piatto (**baslott**) con cui Peppo, in senso ironico, raccoglieva i soldi.
23 ogni freguj (*un poco per volta*): letteralmente: 'ogni briciola'.
24 allon (*allons*): 'avanti'.
25 scopellott (*scòpola*): 'un colpo'.
26 traa in setton (*messo a terra*): letteralmente 'tratto a sedere';
27 la cà Mellera... Melz (*la casa Mellera... i Melzi*): i nomi citati appartengono a ricche e nobili famiglie milanesi.

Lavoriamo sul testo

Leggere e capire

La struttura del testo Il brano può essere diviso in due parti: nella prima parte (vv. 49-96) la ragazza ricorda il proprio amore giovanile per Peppo e la scoperta del sesso da parte dei due adolescenti. Nella seconda parte (vv. 193-248) Ninetta descrive la sua vita dopo la morte della zia: trascorso poco tempo a casa di un prete, la ragazza si accorge di non poter stare senza Peppo e va ad abitare da sola, lavorando come pescivendola al mercato. Ma Peppo comincia a sfruttarla e a chiederle soldi per fare la bella vita.

Analizzare

Il linguaggio: la comicità che nasconde il dramma Ninetta racconta la sua storia con il dialetto milanese più plebeo, cioè quello delle prostitute e dei bordelli: la scelta di inserire espressioni scurrili garantisce una ricca dose di realismo e dà maggiore coerenza al personaggio di Ninetta. Il linguaggio, insomma, oltre che realistico è comico-farsesco. Infatti, l'aspetto drammatico della vicenda viene compresso e nascosto, e in primo piano viene posto invece quello comico. Ma questo linguaggio basso e comico, crudo e disincantato, fa risaltare, per contrasto, l'autenticità delle passioni e dei sentimenti. Anche di fronte alla constatazione del bilancio fallimentare della propria esistenza, Ninetta non si compiange mai, né si lamenta, mantenendo invece una fierezza dispettosa ed energica, espressa attraverso la comicità del suo linguaggio.

Interpretare e approfondire

La scoperta del sesso Il tema romantico dell'amore-passione è qui privato della sua componente idealistica: l'amore è soprattutto piacere fisico. Anche la scoperta del sesso da parte dei due adolescenti è raccontata insistendo sulla fisicità delle reazioni: «i gallitt / vers la part che comenzen i cavagn [i solletichini dove incominciano le parti basse]» testimoniano il nascente desiderio sessuale di Ninetta che si sente ribollire il sangue nelle vene, ma allo stesso tempo si mostra vergognosa di questo sentimento. Le prime esperienze sottolineano il carattere quasi animalesco dell'istinto sessuale: gli approcci con Peppo provocano un piacere tale nella ragazza da farla guizzare come «on gallett [un galletto]».

La forza ingenua della natura La dignità del personaggio di Ninetta sta nella fisicità del suo linguaggio, nella sua energia vitale mitigata dall'amarezza per la sua condizione: tutto questo la rende estranea al ruolo romantico della vittima. La protagonista ha una forza ingenua che sembra quella della natura, differenziandosi così dalle altre eroine romantiche, che tendono all'idealizzazione e al patetico. Il linguaggio scurrile ma profondamente incisivo anticipa le opere dell'ultima fase poetica di Porta, dove il dialetto plebeo diventa un'arma di polemica sociale e politica.

Esercizi

Prima prova A • L'analisi del testo

Comprendere

1 Che funzione ha l'uso del dialetto?

a. Esprime il carattere di Ninetta
b. Definisce la condizione sociale di Ninetta
c. Imita l'immediatezza della parlata popolare
d. È una semplice scelta dell'autore

Analizzare

2 Il linguaggio di Ninetta

Nel racconto della sua storia al cliente che è venuto a trovarla, Ninetta usa un linguaggio basso e scurrile. Sottolinea nel testo alcuni esempi.

Interpretare e approfondire

3 La passione per Peppo

Ninetta rinuncia a ogni pretendente perché sconvolta dalla passione amorosa per Peppo. Quale idea dell'amore emerge dalle espressioni con le quali la protagonista descrive il suo sentimento nei confronti dell'uomo?

T6

Le forme
- linguaggio del popolo

I temi
- denuncia delle drammatiche condizioni di vita dei poveri
- gerarchie sociali che sopravvivono anche di fronte alla morte

Giuseppe Gioachino Belli
Li morti de Roma

Composto nel gennaio 1833, il sonetto è rivolto a una donna del popolo di nome Clementina. Gli abitanti di Roma sono suddivisi in tre categorie: quella intermedia, che va a farsi seppellire di pomeriggio; quella alta, composta dai signori e dai figli di prostitute che si sono arricchiti in vita, che si fa seppellire di notte; quella bassa, cioè la plebe, che viene buttata nella fossa comune di mattina.

Cuelli morti che ssò dde mezza tacca
Fra ttanta ggente che sse va a ffà fotte,
Vanno de ggiorno,[1] cantano a la stracca,
Verzo la bbùscia che sse l'ha daa iggnotte

Cuell'antri, in cammio, c'hanno la patacca
De siggnori e dee fijji de miggnotte,[2]
Sò ppiù cciovili, e ttiengheno la cacca
De fuggì er zole, e dde viaggià dde notte.

Cc'è ppoi 'na terza sorte de figura,
N'antra spesce de morti, che ccammina
Senza moccoli e ccassa in zepportura.

Cuesti semo noantri, Crementina,
Che ccottivati a ppessce de frittura,
Sce bbutteno e la mucchia de matina.[3]

da G. G. Belli, *Sonetti*, a cura di P. Gibellini, commento di G. Vigolo, Mondadori, Milano 1984.

PARAFRASI

1-4 Quei morti che sono di media condizione sociale (dde mezza tacca), fra tanta gente che crepa (che sse va a ffà fotte), se ne vanno di pomeriggio (de ggiorno), cantando di malavoglia (a la stracca), verso la buca (la bbùscia) che se li inghiottirà.
5-8 Quegli altri, in cambio, che hanno il titolo (la patacca; ironico) di signori e di figli di prostitute, sono più civili (cciovili) e hanno il vezzo (e ttiengheno la cacca) di fuggire il sole, viaggiando la sera tardi.
9-11 C'è poi una terza categoria di persone ('na terza sorte de figura), un'altra specie di morti, che cammina senza ceri (moccoli) e che viene sepolta senza cassa.
12-14 Questi siamo noialtri (noantri), Clementina, che, quotati alla stessa stregua di pesci da friggere (ccottivati a ppessce de frittura) [: cioè considerati merce di nessun valore], ci buttano nella fossa comune (e la mucchia) di mattina (de matina).

Metrica sonetto con schema ABAB ABAB CDC DCD.

1 de ggiorno: «Il così detto "giorno" è lo spazio della giornata che corre dal mezzodì al tramontar del sole» (Nota dell'Autore).
2 fijji de miggnotte: «Credesi che i bastardi abbiano in vita buona fortuna» (N. d. A.). A differenza dei morti **dde mezza tacca**, i signori e i bastardi possono reputarsi fortunati perché vengono trasportati al cimitero nella tarda serata («dall'avemaria alle due di notte» [N. d. A.]), quando nessuno li vede.
3 la mucchia de matina: quasi come se si avesse fretta di sbarazzarsi dei cadaveri dei poveri, senza attendere il giorno né, tantomeno, la sera, come si fa con i ricchi.

Carl Bloch, *Osteria romana*, 1866. Copenaghen, Statens Museum for Kunst.

Lavoriamo sul testo

Leggere e capire

Com'è diviso il testo Il sonetto può essere diviso in due parti:

1) parte descrittiva (vv. 1-11): dedicata alla distinzione dei morti di Roma in tre categorie: quelli «di mezza tacca», che vanno cantando stancamente verso la buca che deve inghiottirli (vv. 3-4); i signori, che viaggiano di notte per non essere visti (v. 8); la plebe, che cammina senza moccoli e senza cassa (v. 11);
2) parte riflessiva (vv. 12-14): affidata all'amaro commento del narratore-personaggio sulla sorte dei più poveri, buttati confusamente nella «mucchia» [la fossa comune], come «ppessce de frittura», cioè merce senza nessun valore.

Analizzare

Il punto di vista degli umili Il sonetto esprime un'ottica dal basso: il punto di vista del componimento è quello degli umili, dei poveri che devono essere sepolti senza i giusti onori funebri. L'adozione di questa prospettiva rivela così il pessimismo di Belli, che denota una visione della vita senza speranza.

Interpretare e approfondire

Una cupa riflessione sul destino dei poveri Il paragone che chiude il sonetto – i popolani avranno la stessa sorte del pesce da frittura, cioè finiranno ammucchiati nelle fosse comuni – rivela il pessimismo di Belli: la morte, che dovrebbe eguagliare gli uomini, continua invece a dividerli a seconda delle categorie sociali. La polemica contro la società romana si unisce a una riflessione esistenziale sul tema della morte che tutto inghiotte. Nel 1965 il critico Carlo Muscetta commenta così questo sonetto, nel saggio intitolato *La «commedia romana» di Belli*: «In questo mondo che offre di certo due sole cose, "la morte e le gabelle [le tasse]" (1818), si è disuguali perfino di fronte alla morte [...]. Mai prima del Belli era stata rappresentata nel suo squallore la miseria di questi morti che non hanno per sé nemmeno la fossa individuale che se l'inghiottirà, e che son quotati al prezzo più vile, come i pesci minuti di frittura che si vendono al mattino, e vanno confusi nel mucchio [...]». Nei sonetti di Belli solo i poveri possono conoscere la tragicità della vita, in tante storie quotidiane per le quali non è previsto un lieto fine.

Esercizi

Prima prova A • L'analisi del testo

Comprendere

1 Chi viene seppellito a tarda sera?

a. La classe intermedia
b. I nobili
c. I popolani
d. Gli orfani

2 A quale categoria appartiene il narratore?

a. Ai morti seppelliti di sera
b. Ai morti seppelliti di pomeriggio
c. Ai morti senza sepoltura
d. Ai morti seppelliti di mattina

Analizzare

3 Come si distinguono le categorie sociali

Il sonetto è basato sulla distinzione delle tre categorie sociali. Ognuna si distingue dalla altre sulla base di alcuni elementi. Completa una tabella come quella proposta relativa a ciò che diversifica le tre classi sociali.

classe intermedia	classe alta	classe bassa
canta...	fugge...	cammina...

Interpretare e approfondire

Terza prova B • Risposta singola

4 I temi del sonetto

Qual è il tema principale del sonetto?

T7

Le forme
- stile semplice

I temi
- tragicità del destino umano

Giuseppe Gioachino Belli
Er caffettiere filosofo

Composto nel gennaio del 1833, il sonetto esprime il pensiero di un caffettiere, definito «filosofo» in senso popolaresco. Gli uomini sembrano chicchi di caffè nel macinino: girano in tondo, si sopraffanno a vicenda, ma vanno tutti a finire in polvere nella gola del macinino, simbolo della morte.

L'ommini de sto monno sò ll'istesso
Che vvaghi de caffè nner mascinino:
C'uno prima, uno doppo, e un antro appresso,
Tutti cuanti però vvanno a un distino.

Spesso muteno sito, e ccaccia spesso
Er vago grosso er vago piccinino,
E ss'incarzeno tutti in zu l'ingresso
Der ferro che li sfraggne in porverino.

E ll'ommini accusì vviveno ar monno
Misticati pe mmano de la sorte
Che sse li ggira tutti in tonno in tonno;

E mmovennose oggnuno, o ppiano, o fforte,
Senza capillo mai caleno a ffonno
Pe ccascà nne la gola de la morte.

da G. G. Belli, *Sonetti*, cit.

PARAFRASI

1-4 Gli uomini di questo mondo sono come i chicchi (vvaghi) di caffè nel macinino: che uno prima, uno dopo e un altro dietro (un antro appresso), tutti quanti, però, vanno verso un unico destino.
5-8 Spesso cambiano di posto (muteno sito), e spesso il chicco grosso scaccia il chicco piccolo, e si incalzano l'un l'altro verso la bocca del ferro che li frantuma in polvere (li sfraggne in porverino).
9-11 E così vivono gli uomini nel mondo: mescolati (misticati) per mano della sorte, che se li rigira tutti in tondo in tondo.
12-14 E muovendosi ognuno piano o forte, senza mai capirlo vanno a fondo (caleno a ffonno), per cascare nella gola della morte.

Metrica sonetto con schema ABAB ABAB CDC DCD.

Lavoriamo sul testo

Leggere e capire

Che cosa dice il testo Il sonetto espone la "filosofia" di un caffettiere: gli uomini, come chicchi di caffè nel macinino, girano e si scontrano, ma alla fine cadono tutti macinati in un fondo buio, cioè la morte.

Analizzare

Lo stile della semplicità Nonostante si tratti di un componimento a tema "filosofico" – il destino umano è paragonato dal caffettiere a quello dei chicchi di caffè, vorticosamente intenti a rincorrersi per poi finire nella «gola de la morte» – lo stile della scrittura si mantiene semplice. Nel sonetto mancano le inversioni sintattiche: quasi sempre il soggetto precede il verbo che regge (a eccezione dei vv. 5-6, che però non rendono difficile la comprensione del testo). La semplicità dello stile riflette quella del contenuto: la vita è elementare, proprio come la "filosofia" popolaresca sostenuta dal caffettiere.

Interpretare e approfondire

L'amaro destino degli uomini Secondo il punto di vista del caffettiere, la vita si riduce a uno sperpero materiale di atti vani e ripetuti: l'immagine ricorrente è quella della ripetizione circolare (v. 11), dove ogni movimento è vissuto con incoscienza fino alla fine («senza capillo mai caleno a ffonno»). La "filosofia" del caffettiere riflette la visione amara e semplificata di Belli: l'esistenza umana è dominata da un alone di insensatezza che esclude qualsiasi speranza di miglioramenti sociali. La semplice metafora del macinino diventa l'immagine del destino degli uomini, nel quale non è prevista neanche una salvezza di tipo religioso.

Esercizi

Prima prova A • L'analisi del testo

Comprendere

1 Qual è il «distino» che spetta all'uomo?

a. Essere travolto dal ritmo frenetico della vita
b. Lottare gli uni contro gli altri
c. Finire nella gola della morte
d. Bruciare all'inferno

2 Gli uomini sono paragonati a:

a. macinini da caffè
b. polvere di caffè
c. chicchi di caffè
d. venditori di caffè

Analizzare

3 La costruzione del sonetto

Il sonetto è costruito tutto su una similitudine. Quale?

Interpretare e approfondire

4 Sul destino umano

Il sonetto appartiene alle composizioni di carattere "filosofico", cioè riflessioni sui grandi temi esistenziali. Qui, in particolare, si parla del destino umano. Quale idea ne emerge?

[*Sonetti*]

T8

Le forme
- ottica popolare per un argomento sacro

I temi
- vanità della vita umana

Giuseppe Gioachino Belli
Er giorno der giudizzio

Composto nel novembre del 1831, questo sonetto descrive il giudizio universale attraverso gli occhi di un popolano. Privo di ogni sacralità biblica, il giorno del giudizio è rappresentato dal punto di vista della cultura popolare, ricca di immagini del mondo contadino e della realtà quotidiana.

Cuattro angioloni co le tromme in bocca
Se metteranno uno pe ccantone[1]
A ssonà: poi co ttanto de voscione
Cominceranno a ddì: «Ffora a cchi ttocca».

Allora vierà ssù una filastrocca
De schertri da la terra a ppecorone,
Pe rripijjà ffigura de perzone,
Come purcini attorno de la bbiocca.[2]

E sta bbiocca sarà Ddio bbenedetto,
Che ne farà du' parte, bbianca, e nnera:
Una pe annà in cantina, una sur tetto.

All'urtimo usscirà 'na sonajjera
D'angioli, e, ccome si ss'annassi a lletto,
Smorzeranno li lumi, e bbona sera.

da G. G. Belli, *Sonetti*, cit.

PARAFRASI

1-4 Quattro angioloni con le trombe (tromme) in bocca si metteranno a suonare uno per ogni angolo [della Terra] (uno pe ccantone): poi, con tanto di vocione, cominceranno a dire: «Sotto a chi tocca». («Ffora a cchi ttocca»).
5-8 Allora salirà dalla terra un corteo senza fine (una filastrocca) di scheletri (schertri) [camminando carponi] come tante pecore, per riprendere l'aspetto (pe rripijjà ffigura) di persone [viventi], [mansueti] come pulcini intorno alla chioccia (bbiocca).
9-11 E questa chioccia sarà Dio benedetto, che ne [: della processione di scheletri] farà due gruppi: uno bianco e uno nero; uno che andrà (pe annà) in cantina [: all'inferno]; l'altro sul tetto [: in paradiso].
12-14 Per ultimo uscirà una moltitudine di angeli schiamazzanti ('na sonajjera d'angioli) e, come se si andasse a letto, smorzeranno le luci, e buona notte.

Metrica sonetto con schema ABBA ABBA CDC DCD.

1 uno pe ccantone: come gli Angeli dell'*Apocalisse* di Giovanni: «Vidi quattro Angeli che stavano sui quattro angoli della terra» (VII, i).
2 come purcini... bbiocca: un'altra immagine dalle Scritture abbassata dal linguaggio popolaresco: «Come la gallina che raccoglie i suoi pulcini sotto le ali» (*Matteo* XXIII, 37).

Lavoriamo sul testo

Leggere e capire

Che cosa dice il testo Il sonetto costituisce la descrizione del giudizio universale da parte di un uomo del popolo: le immagini usate appartegono infatti al mondo contadino e popolare.

Analizzare

Il giudizio universale dal punto di vista di un plebeo Riprendendo i protagonisti della tradizione biblica – gli angeli, Dio giudicante, i morti che recuperano la loro figura umana –, il giudizio universale è raccontato attraverso gli occhi di un plebeo, che riconduce tutto a una dimensione quotidiana e a una mentalità cinica e spicciativa. Le immagini sacre si mescolano con le rappresentazioni popolaresche: gli angeli con il loro vocione intimeranno "fuori a chi tocca", gli scheletri cammineranno «a ppecorone», le anime salvate andranno «sur tetto» [in paradiso] e quelle condannate «in cantina» [all'inferno]. Il momento di massimo scontro tra Sacre Scritture e immaginario plebeo si ha nel verso finale, quando la conclusione del giudizio universale è paragonata alla scena quotidiana di andare a letto, la sera.

Interpretare e approfondire

La vanità della vita umana Le immagini popolaresche usate nella descrizione del giudizio universale dovrebbero rendere la scena rappresentata più familiare, smorzandone la drammaticità. In realtà, la fusione del sacro e del profano esalta, in chiave grottesca, il senso della vanità della vita umana. Inoltre, nel verso finale, che rivela l'amaro punto di vista dell'autore, si coglie la sensazione di vuoto di fronte al carattere enigmatico di un universo regolato da leggi sconosciute.

Esercizi

Prima prova A • L'analisi del testo

Comprendere

1 Come si muovono le anime risorte dei defunti?

a. Come galline
b. Come pulcini
c. Come pecore
d. Come scheletri

2 Come si concluderà il giudizio universale?

a. Gli angeli saluteranno dicendo: "Buonasera"
b. Gli angeli spegneranno tutte le luci
c. gli angeli andranno a dormire
d. gli angeli scuoteranno dei sonagli

Analizzare

3 La fusione tra sacro e profano

Nel sonetto si assiste all'abbassamento popolare del sacro. Completa una tabella come quella proposta relativa ai simboli sacri e alle descrizioni che ne fa il narratore.

Dio	Angeli	Inferno	Paradiso	Fine del mondo
....	....	cantina	tetto	....

Interpretare e approfondire

Terza prova A • La trattazione sintetica

4 L'immagine della morte

I tre sonetti di Belli riportati (▶ T6, T7, T8) riflettono tutti sullo stesso tema: la morte. Analizza in una trattazione sintetica (max 10 righe) le differenze e i punti di contatto tra le immagini della morte proposte. Quale effetto vogliono sortire sul lettore?

mappa concettuale

La poesia romantica in Europa

- **Inghilterra**
  - prima generazione
    - **W. Wordsworth**, **S. T. Coleridge**
      - *Lyrical Ballads* (1798)
        - manifesto della poesia romantica
        - *La ballata del vecchio marinaio*: poesia come espiazione della colpa
  - seconda generazione
    - **P. B. Shelley**
      - *Ode to the West Wind* (1820)
        - il poeta è un profeta in grado di rivelare verità nascoste
    - **G. G. Byron**
      - *Don Juan* (1819)
        - rovesciamento comico del mito di Don Giovanni
    - **J. Keats**
      - *La belle dame sans merci* (1819)
        - attrazione e repulsione per la morte
        - poesia come condanna: morte precoce in cambio dell'immortalità artistica
- **Germania**
  - prima generazione
    - gruppo di Jena (1798-1805)
      - **Novalis**
        - *Inni alla notte* (1797-1799)
          - identificazione notte/morte
          - morte liberatrice
      - **F. Hölderin**
        - tra culto della civiltà classica e concezione romantica della poesia
        - poesia annunciatrice di un ritorno dell'armonia tra uomo e natura
  - seconda generazione
    - **C. H. Brentano**
      - rigore della forma
      - musicalità e creatività delle espressioni
    - **H. Heine**
      - verso la dissoluzione delle forme romantiche

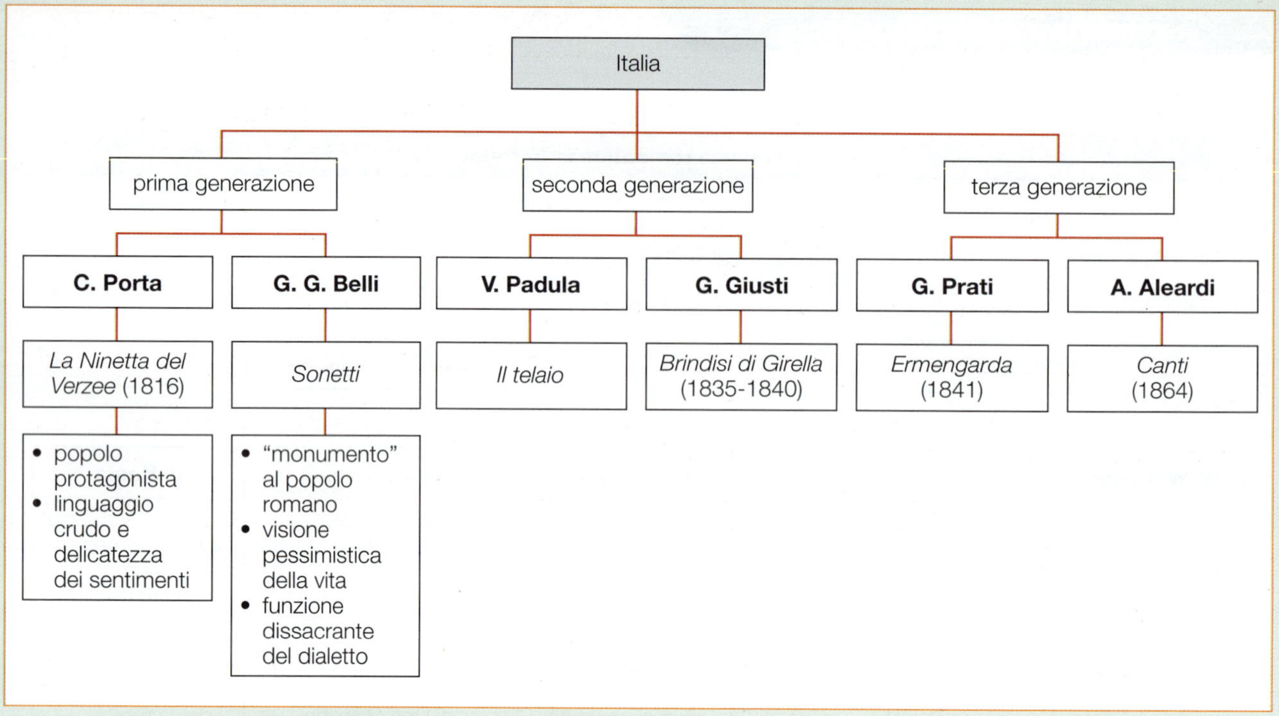

dizionario dei concetti chiave

- ***Ballata del vecchio marinaio*** titolo del capolavoro dell'inglese Samuel Taylor Coleridge (1772-1845), incluso nelle *Lyrical Ballads* di Wordsworth. Nella *Ballata del vecchio marinaio* il linguaggio realistico viene impiegato per trattare temi magici e soprannaturali.
- ***Inni alla notte*** titolo del capolavoro del poeta tedesco Novalis (1772-1801), uscito nel 1800. Gli *Inni alla notte*, sei componimenti scritti in versi e in prosia, rappresentano l'identificazione tra l'esperienza delle tenebre e quella della morte.
- ***La Ninetta del Verzee*** titolo dell'opera più famosa del milanese Carlo Porta (1775-1821), pubblicata nel 1816. *La Ninetta del Verzee* è un poema scritto in ottave, in cui la prostituta Ninetta racconta le tragedie della sua vita. L'opera è caratterizzata dalla narrazione affidata direttamente ai protagonisti popolari, espressa attraverso il dialetto milanese.
- ***Lyrical Ballads*** titolo dell'opera più importante dell'inglese William Wordsworth (1770-1850). Le *Lyrical Ballads*, pubblicate per la prima volta nel 1798, costituiscono il manifesto del Romanticismo inglese, proponendo la trasfigurazione fantastica di elementi quotidiani e l'esaltazione del poeta come individuo che riesce a evocare forti passioni.
- ***Sonetti*** titolo provvisorio del capolavoro del romano Giuseppe Gioachino Belli (1791-1863). Scritti in dialetto romanesco, prevalentemente tra il 1831 e il 1837, costituiscono sia ritratti di personaggi popolari, mestieri, giochi, credenze e superstizioni della plebe, sia riflessioni critiche generalmente espresse attraverso la satira di un tipo sociale o politico.

esercizi

esercizi di riepilogo

1 Il manifesto del Romanticismo inglese

Quale opera è considerata il manifesto del Romanticismo inglese?

a. La *Ballata del vecchio marinaio* di Coleridge
b. *Kubla Khan* di Coleridge
c. Le *Lyrical Ballads* di Wordsworth e Coleridge
d. I *Sonetti ecclesiastici* di Wordsworth

2 La poesia di Novalis

Negli *Inni alla notte* di Novalis:

a. avviene l'identificazione di notte e giorno
b. avviene l'identificazione tra uomo e natura
c. avviene l'identificazione tra Dio e natura
d. avviene l'identificazione tra notte e morte

3 Oltre Novalis

Oltre a Novalis, chi è l'altro grande poeta del Romanticismo tedesco?

a. Friedrich Hölderlin
b. Samuel Coleridge
c. William Wordsworth
d. John Keats

4 La poesia romantica italiana

Quali caratteristiche ha la poesia romantica italiana?

....

5 I generi della poesia romantica italiana

Tra i generi più usati nella poesia romantica italiana non c'è:

a. la canzone
b. l'inno
c. la ballata
d. la novella in versi

6 Le opere di Carlo Porta

I protagonisti delle opere di Carlo Porta sono:

a. i popolani romani
b. gli aristocratici milanesi
c. i popolani milanesi
d. i sacerdoti romani

7 Le opere di Giuseppe Gioachino Belli

La produzione poetica di Giuseppe Gioachino Belli:

a. è costituita da sonetti
b. si concentra in un *Canzoniere*
c. si alterna tra sonetti, canzoni e ballate
d. è composta soprattutto da novelle in versi

esercizi di approfondimento

8 Il messaggio di Belli: la relazione

«Io qui ritraggo le idee di una plebe ignorante», scrive Giuseppe Gioachino Belli nell'*Introduzione* ai *Sonetti*. Partendo da questa affermazione e dai testi che hai letto in questa Unità (▶ T6, T7, T8), stendi una breve relazione sui risultati ottenuti da Belli sul piano letterario e ideologico.

9 Il confronto con le immagini

Il giudizio universale è uno dei soggetti caratteristici più sfruttati di tutte le epoche. Soprattutto nella arti visive, l'immagine del momento in cui Dio giudica le anime dei defunti è molto diffusa in diversi luoghi sacri. Ti proponiamo due dipinti: il primo è il *Giudizio universale* (1536-1541) di Michelangelo Buonarroti; il secondo è *La resurrezione della carne* (1499-1502) di Luca Signorelli. Scrivi una breve didascalia per i due dipinti, soffermandoti sulle affinità e sulle differenze con il sonetto di Belli intitolato *Er giorno der giudizzio* (T8).

◀ Michelangelo Buonarroti, *Giudizio universale*, 1536-1541, Cappella Sistina, Musei Vaticani.

▲ Luca Signorelli, *La resurrezione della carne*, 1499-1502, Cappella di San Brizio, Orvieto.

allenarsi per l'esame di stato

l'analisi del testo

10 Un sonetto di Belli

La vita dell'uomo

Nove mesi a la puzza:[1] poi in fasciola[2]
Tra sbasciucchi, lattime[3] e llagrimoni:
Poi p'er laccio,[4] in ner crino,[5] e in vesticciola,
Cor torcolo[6] e l'imbraghe pe ccarzoni.[7]

Poi comincia er tormento de la scola,
L'abbeccè, le frustate, li ggeloni,
La rosalìa, la cacca a la ssediola,[8]
E un po'de scarlattina e vvormijjoni.[9]

Poi viè ll'arte,[10] er diggiuno, la fatica,
La piggione,[11] le carcere, er governo,
Lo spedale, lì debbiti, la fica.[12]

Er zol[13] d'istate, la neve d'inverno...
E pper urtimo, Iddio sce bbenedica,
Viè la morte, e ffinissce co l'inferno.

da G. G. Belli, *Sonetti*, cit.

1 Nove mesi a la puzza: il periodo della gestazione nel ventre materno.
2 in fassciola: *avvolti nelle fascie*, come si usava fare con i neonati un tempo.
3 lattime: *crosta lattea*, cioè l'eczema che si forma sulla testa e sul viso del lattante.
4 laccio: «cinghia attaccata dietro le spalle de' bambini per sorreggerli ne' loro primi mesi di cammino. Può presso a poco paragonarsi al tormento della corda» (N. d. A.).
5 crino: «canestro in forma di campana, aperto in alto e nella base, entro cui si pongono i bambini, che lo spingono col petto e tengonsi ritti in esso nel camminare» (N. d. A.).
6 torcolo: un involto di panni messo intorno al capo per proteggere il bambino dalle cadute.
7 l'imbraghe pe ccarzoni: *brache* [: mutande] *per calzoni.*
8 la cacca a la ssediola: *la cacca fatta nel seggiolone.*
9 vvormijjoni: *vaiolo.*
10 arte: *mestiere.*
11 la piggione: *l'affitto da pagare.*
12 la fica: *le donne.*
13 zol: *sole.*

Comprensione del testo

a. Dopo una prima lettura riassumi brevemente il contenuto del sonetto in non più di cinque righe.

Analisi del testo

b. La poesia assume la forma del monologo di un personaggio del popolo. Individua i termini popolari che ricorrono nel sonetto.
c. Quali differenze ci sono tra l'infanzia, la giovinezza e la maturità? E tra il mondo dei vivi e l'aldilà?
d. Molti mali si accaniscono contro l'uomo: quali provengono dalla società? Quali dalla natura?
e. Quale effetto espressivo ha la tecnica dell'accumulo qui presente?
f. Quale visione della vita emerge da questo sonetto?

Interpretazione complessiva e approfondimenti

g. In questo sonetto è presente il motivo della morte, come in *Li morti de Roma* (▶ T6) e in *Er giorno der giudizzio* (▶ T8). Come viene concepita la morte in questi componimenti? Quali differenze o analogie puoi riscontrare? Esponi le tue osservazioni in un breve commento personale.

Unità 15

L'autore

Giacomo Leopardi

Silvia, il pastore errante dell'Asia, la luna, il passero solitario, il fiore della ginestra sono alcuni dei protagonisti dei *Canti* di Leopardi. Leggendo questo libro si scoprono molti altri personaggi, come una «donzelletta che vien dalla campagna», una «vecchierella» che tesse la lana e ricorda la sua giovinezza, un artigiano che canta al ritorno della «quiete dopo la tempesta». Nell'appello al «garzoncello scherzoso» presente nel *Sabato del villaggio* il giovane lettore potrà ritrovare se stesso, e forse sarà colto dalla malinconia di fronte alle parole del poeta, che allude alla delusione che giungerà nella vita adulta.
La vita ha un gusto amaro. La natura è matrigna e abbatte catastrofi sugli esseri umani. Tuttavia, non bisogna rassegnarsi al dolore e all'infelicità. Bisogna tentare un dialogo impossibile con la Natura, come fa l'Islandese in una delle *Operette morali*, o fare come il pastore errante, che senza posa rivolge alla luna domande sul senso della vita. Le domande restano aperte; ma dobbiamo continuare a farle. Forse la risposta arriverà non dalla natura ma dagli altri uomini: questo il messaggio dell'ultimo Leopardi, affidato alla *Ginestra*.

OBIETTIVI

Conoscenze
- Gli avvenimenti della biografia di Leopardi
- I fondamenti del suo pensiero e della sua poetica
- L'itinerario creativo: temi e forme delle *Operette morali* e dei *Canti*

Competenze
- Riconoscere gli elementi di modernità presenti nei *Canti*
- Individuare nei testi le peculiarità tematiche e formali delle varie fasi della produzione leopardiana
- Cogliere gli elementi di modernità presenti nei *Canti*
- Stabilire collegamenti fra i motivi leopardiani e l'immaginario contemporaneo

Espansioni digitali

- **video**
- **testi e approfondimenti**
- **materiali per il recupero**

videolezione

Leopardi primo dei moderni: come dare senso alla vita
a cura di Pietro Cataldi
- Leopardi primo dei moderni
- Il silenzio della luna
- Fare domande a chi non può rispondere: il *Canto notturno* e *A Silvia*
- Leopardi primo dei moderni. Il caso di Montale
- Come dare senso alla vita?
- Il relativismo dei moderni e la «social catena»
- Leopardi e la scuola. La sfida democratica del sapere sostituisce il privilegio dei dotti
- Leopardi e i giovani: la grande esperienza

Analisi del testo: *Canto notturno d'un pastore errante dell'Asia*
a cura di Pietro Cataldi

1 La vita e le opere

La nascita a Recanati e gli studi

Giacomo Leopardi nasce a **Recanati** il **29 giugno 1798**. È il primo figlio del conte Monaldo e della marchesa Adelaide Antici. Gli seguiranno i fratelli Carlo, Paolina e infine, più tardi, Pierfrancesco (altri fratelli, nati nel frattempo, moriranno precocemente). Giacomo trascorre gran parte della propria infanzia nella biblioteca del padre, dove può avere accesso a un gran numero di **testi classici** e di aggiornati **saggi filosofici**. Inizia così, davvero precocemente, la sua passione per la cultura: già a dieci anni Giacomo è in grado di scrivere composizioni in latino e piccoli trattati di filosofia. La sua formazione culturale si consolida enormemente tra il **1809** e il **1816**: si tratta di «**sette anni di studio matto e disperatissimo**» (sono parole di Leopardi). Questo studio così intenso, che non si interrompe neppure di notte, sarà però la causa di irreparabili danni alla struttura fisica del ragazzo. Nascono le prime prove poetiche, due tragedie e altri testi creativi, nonché numerose esercitazioni nel campo dell'erudizione, della filosofia, della morale, della logica. Inoltre, Leopardi si dedica alla traduzione dei classici greci e latini. L'impegno più continuo è dedicato alla filologia, per la quale egli si mostra assai dotato.

video **La fisicità di Giacomo Leopardi**

La «conversione letteraria», il primo amore e un fedele amico

Intorno al 1816 si colloca quella che lo stesso Leopardi definisce «conversione letteraria»: all'amore per lo studio erudito si sostituisce un più acceso **desiderio creativo**, e nascono le prime poesie di rilievo. L'anno successivo, il **1817**, è ancora più decisivo: Giacomo **si innamora per la prima volta** e comincia a fissare i propri pensieri su un quaderno, costituendo il primo nucleo dello ***Zibaldone***, il diario delle sue riflessioni intime e intellettuali. Entra poi in contatto epistolare con **Pietro Giordani**, un importante letterato che, oltre a incoraggiarlo e consigliarlo, diventa un suo sincero amico (▶ Focus, p. 817).

Il tentativo di fuga da Recanati

La nascita di questa amicizia è un evento importante nella vita di Giacomo. Grazie a Giordani, infatti, Leopardi diventa sempre più consapevole della ristrettezza culturale di Recanati e del soffocante ambiente familiare. La formazione illuministica e classicistica di Leopardi inizia a organizzarsi in un sistema teorico originale e coerente. Ne nascono, nel **1818**, il *Discorso di un italiano intorno alla poesia romantica* e le prime due canzoni civili (*All'Italia* e *Sopra il monumento di Dante*). Proprio una visita di Giordani incoraggia la **fuga** di Leopardi **dalla "prigionia" famigliare** (luglio 1819). Ma la fuga fallisce: scoperto dal padre alla vigilia della partenza, rinuncia, cadendo in un abbattimento profondo. Anche le sue condizioni fisiche non sono buone: una malattia agli occhi gli rende a lungo impossibile ogni attività.

La «conversione filosofica», gli idilli e le canzoni civili

Tra il **1819** e il **1822** Leopardi vive dunque a Recanati in tensione continua con la famiglia, che vorrebbe avviarlo alla carriera ecclesiastica. Al suo diario, lo *Zibaldone*, affida un gran numero di riflessioni che segnano la sua «conversione filosofica», e cioè l'adesione a una concezione materialistica e atea. La ricerca poetica si svolge lungo due filoni principali: la **poesia sentimentale degli idilli** (compone fra l'atro *L'infinito, La sera del dì di festa* e *Alla luna*) e la **poesia impegnata delle grandi canzoni civili** (fra le quali *Ad Angelo Mai, Bruto minore* e *Ultimo canto di Saffo*).

I continui spostamenti

Finalmente, nel novembre del **1822**, Giacomo **può lasciare Recanati**. È diretto a Roma, ospite degli zii. Ma la grande città è una delusione, e dopo soli sei mesi lo scrittore ritorna a casa, dove si dedica all'elaborazione filosofica (scrive le *Operette morali*), **dicendo provvisoriamente addio alla poesia**. Nel 1825 Leopardi lascia nuovamente Recanati, stavolta per trasferirsi a Milano. Qui entra in collaborazione con l'editore Stella, che gli affida alcuni progetti editoriali e gli pubblica nel **1827** le ***Operette morali*** (è lo stesso anno in cui esce la prima edizione dei *Promessi sposi* di Manzoni). Dopo aver

Glossario

Filologia Disciplina che si occupa dei documenti linguistico-letterari delle varie epoche, cercando di ricondurli alla loro forma originale.
Materialismo Il termine "materialismo" compare nel XVII secolo per indicare le filosofie che negano l'esistenza di sostanze spirituali (come l'anima) e quindi riconoscono solo l'esistenza di sostanze corporee. In genere, il materialismo si accompagna all'ateismo, ovvero alla negazione dell'esistenza di Dio.

Cronologia

STORIA		VITA E OPERE
Rivoluzione francese	1789	
	1798	il 29 giugno nasce a Recanati
colpo di stato: Napoleone al potere assoluto	1799	
	1809-1816	«sette anni di studio matto e disperatissimo»
sconfitta di Napoleone	1814	
congresso di Vienna	1814-1815	
	1816	«conversione letteraria»
	1817	nel febbraio inizia la corrispondenza con Pietro Giordani; nell'estate prende il via lo *Zibaldone*; a dicembre s'innamora per la prima volta
	1818	compone le due canzoni civili *All'Italia* e *Sopra il monumento di Dante* e scrive il *Discorso di un italiano intorno alla poesia romantica*
	1819	«conversione filosofica». Malattia agli occhi. Tentativo di fuga da Recanati. Compone i primi idilli (*L'infinito* e *Alla luna*)
moti insurrezionali nel regno delle Due Sicilie, a Milano e in Piemonte	1820-1821	compone altre canzoni civili (fra cui *Ad Angelo Mai* e *Bruto minore*) e altri idilli (fra cui *La sera del dì di festa*)
	1822	nel novembre parte per Roma, dove resta sei mesi
	1823	nell'aprile torna a Recanati e si congeda provvisoriamente dalla poesia
	1824	stende le prime venti *Operette morali*
	1824-1827	vive soprattutto a Milano, dove collabora con l'editore Stella, che gli pubblica le *Operette morali*
	1828-1830	dopo un breve soggiorno a Pisa (ove scrive *Il risorgimento* e *A Silvia*), è per l'ultima volta a Recanati, dove compone *Le ricordanze*, *La quiete dopo la tempesta*, *Il sabato del villaggio* e *Canto notturno di un pastore errante dell'Asia*
seconda ondata insurrezionale nel Nord Italia	1830-1831	
	1831	esce a Firenze la prima edizione dei *Canti*
	1832-1833	l'amore per Fanny Targioni Tozzetti ispira il "ciclo di Aspasia". Nell'ottobre 1833 si trasferisce con l'amico Antonio Ranieri a Napoli
	1834-1835	gravemente malato, compone alcune opere satiriche
	1836	compone *La ginestra*
	1837	muore a Napoli il 14 giugno
moti rivoluzionari europei	1848	

vissuto per due anni fra Milano e Bologna, nel 1827 si sposta a Firenze, dove entra in rapporto con Pietro Vieusseux e con il gruppo di intellettuali che ruotano attorno alla rivista «**Nuova Antologia**». Sul finire dello stesso anno, cercando un luogo più mite, Leopardi decide di trasferirsi a Pisa, città che lo incanta per il clima, per l'aspetto ridente, per l'accoglienza generosa. Questo momento sereno favorisce il ritorno alla scrittura poetica: nell'aprile del 1828 Leopardi compone così *Il risorgimento* e *A Silvia*, aprendo la stagione del **ciclo dei canti detti pisano-recanatesi**. Costretto da ragioni economiche a tornare a Recanati, qui compone altri quattro grandi canti (*Le ricordanze*, *La quiete dopo la tempesta*, *Il sabato del villaggio* e *Il canto notturno di un pastore errante*

La casa di Giacomo Leopardi a Recanati.

dell'Asia). Nel maggio **1830 lascia definitivamente la città natale** per trasferirsi a Firenze, dove vive in compagnia dell'amico **Antonio Ranieri**, scrittore napoletano. Intanto, si è innamorato dell'affascinante **Fanny Targioni Tozzetti**, per la quale scrive alcune canzoni poi riunite nel **"ciclo di Aspasia"**, dal soprannome assegnato alla nobildonna fiorentina. Nel 1831 esce a Firenze la prima edizione dei *Canti* (che raccolgono quasi tutte le sue poesie).

Gli ultimi anni a Napoli e la morte

Nell'ottobre 1833 Leopardi e Ranieri si trasferiscono infine a Napoli. Qui il poeta, gravemente malato, scrive le sue opere più ironiche, scagliate contro il mito del progresso e la fiducia nella scienza e nella tecnica (*Paralipomeni della Batracomiomachia*, *Palinodia al marchese Gino Capponi*, *I nuovi credenti*). Tra il 1836 e il 1837 Leopardi e Ranieri vivono fra Torre del Greco e Torre Annunziata, ai piedi del Vesuvio. Qui il poeta scrive la sua ultima opera, *La ginestra*. Tornato poi a Napoli nel febbraio del 1837, si aggrava ancora e infine muore, il 14 giugno dello stesso anno.

Glossario

Paralipomeni della Batracomiomachia Il termine "paralipomeni" significa, in greco, 'cose tralasciate' e indica propriamente il titolo di due libri dell'Antico Testamento, noti come *Cronache*, considerati come integrativi a fatti e vicende non contenute nel *Libro dei Re*. Per estensione, il termine indica 'un'opera o un testo che si propone come completamento di una o più opere precedenti'. "Batracomiomachia" è voce dotta dal greco che significa 'guerra delle rane e dei topi' e indica, quindi, per estensione, una contesa futile e ridicola. Il termine deriva dal titolo di un poemetto attribuito a Omero che rappresenta, appunto, la battaglia delle rane e dei topi. I *Paralipomeni della Batracomiomachia* di Leopardi si presentano come una ripresa di questo poemetto, e raccontano lo scontro fra i topi di Topaia e i granchi invasori.

Palinodia Termine letterario che indica un componimento di varia intonazione ed estensione nel quale il poeta ritratta fatti o sentimenti precedentemente espressi. Il genere, diffuso anticamente presso i greci e i latini, fu ripreso dai moderni, a partire dal Rinascimento. Per estensione, "palinodia" significa 'ritrattazione, correzione, rettifica' di quanto precedentemente affermato o sostenuto.

Fasi e nuclei dell'opera leopardiana

Canzoni civili	1818-1822 (*All'Italia, Ad Angelo Mai, Bruto minore* ecc.)
Idilli	1819-1821 (tra cui: *L'infinito* e *La sera del dì di festa*)
Prime *Operette morali*	1824 (venti operette, tra cui il *Dialogo della Natura e di un Islandese* e il *Dialogo di Cristoforo Colombo e di Pietro Gutierrez*)
Seconde *Operette morali*	1827 (due operette, tra cui il *Dialogo di Plotino e di Porfirio*) e 1832 (due operette: il *Dialogo di un venditore di almanacchi e di un passeggere* e il *Dialogo di Tristano e di un amico*)
Canti pisano-recanatesi ("grandi idilli")	1828-1830 (*Il risorgimento, A Silvia, Canto notturno di un pastore errante dell'Asia, La quiete dopo la tempesta, Il sabato del villaggio, Le ricordanze, Il passero solitario*)
"Ciclo di Aspasia"	1832-1834 (tra cui *A se stesso*)
Canzoni sepolcrali	1834-1835
Testi di satira filosofico-politica	1831-1835 (tra cui *Paralipomeni della Batracomiomachia*)
La ginestra	1836

facciamo il punto

- **A quali anni risalgono la "conversione letteraria" e quella "filosofica"?**
- **In che anno vengono pubblicate per la prima volta le *Operette morali*?**
- **In quale città Leopardi compone *La ginestra*?**

Focus Le lettere

Di Leopardi ci restano 931 lettere, scritte fra il 1810 e il maggio 1837, tutte di ambito strettamente personale. Leopardi è infatti il primo scrittore italiano che rinuncia del tutto a fare del proprio epistolario un momento di autorappresentazione pubblica. Da questo punto di vista è evidente la differenza rispetto a Manzoni, che volentieri affida alle lettere l'esposizione di nuclei importanti del suo pensiero (▶ Unità 13). Numerosi sono i destinatari cui Leopardi si rivolge. Molte delle lettere più significative sono indirizzate ai familiari, soprattutto al padre, al fratello Carlo e alla sorella Paolina, che è la confidente più complice e affidabile. Spiccano poi i lunghi messaggi rivolti a Pietro Giordani, l'illustre letterato piacentino che fornisce al poeta numerosi consigli e calorosi incoraggiamenti. Le attenzioni sincere dell'illustre corrispondente e la sua pronta comprensione del valore del giovane amico costituiscono per Giacomo, oltre che una consolazione, un'opportunità umana e culturale. A Giordani egli apre il cuore e confida la propria tristezza, come è possibile cogliere nel seguente brano, estratto dalla terza lettera indirizzata all'amico piacentino.

A Pietro Giordani. L'amicizia e la nera malinconia

[...] Iddio ha fatto tanto bello questo nostro mondo, tante cose belle ci hanno fatto gli uomini, tanti uomini ci sono che chi non è insensato arde di vedere e di conoscere, la terra è piena di meraviglie, ed io di diciott'anni potrò dire, in questa caverna[1] vivrò e morrò dove sono nato? Le pare che questi desideri si possano frenare? che siano ingiusti soverchi[2] sterminati? che sia pazzia il non contentarsi di non veder nulla, il non contentarsi di Recanati? L'aria di questa città l'è stato mal detto che sia salubre. È mutabilissima, umida, salmastra, crudele ai nervi e per la sua sottigliezza niente buona a certe complessioni.[3] A tutto questo aggiunga l'ostinata nera orrenda barbara malinconia che mi lima[4] e mi divora, e collo studio s'alimenta e senza studio s'accresce. So ben io qual è, e l'ho provata, ma ora non la provo più, quella dolce malinconia che partorisce le belle cose, più dolce dell'allegria, la quale, se m'è permesso di dir così, è come il crepuscolo, dove questa[5] è notte fittissima e orribile, è veleno, come Ella dice, che distrugge le forze del corpo e dello spirito. Ora come andarne[6] libero non facendo altro che pensare e vivendo di pensieri senza una distrazione al mondo? e come far che cessi l'effetto se dura la causa?[7] Che parla Ella di divertimenti? Unico divertimento in Recanati è lo studio: unico divertimento è quello che mi ammazza: tutto il resto è noia. So che la noia può farmi manco male[8] che la fatica, e però[9] spesso mi piglio[10] la noia, ma questa mi cresce,[11] com'è naturale, la malinconia, e quando io ho avuto la disgrazia di conversare con questa gente, che succede di raro, torno pieno di tristissimi pensieri agli studi miei, o mi vo covando[12] in mente e ruminando quella nerissima materia. Non m'è possibile rimediare a questo né fare che la mia salute debolissima non si rovini, senza uscire di[13] un luogo che ha dato origine al mal e lo fomenta[14] e l'accresce ogni dì più,[15] e a chi pensa non concede nessun ricreamento.[16] Veggo ben io che per poter continuare gli studi bisogna interromperli tratto tratto[17] e darsi un poco a quelle cose che chiamano mondane, ma per far questo io voglio un mondo che mi alletti e mi sorrida, un mondo che splenda (sia pure di luce falsa)[18] ed abbia tanta forza da farmi dimenticare per qualche momento quello che soprattutto mi sta a cuore, non un mondo che mi faccia dare indietro[19] a prima giunta, e mi sconvolga lo stomaco e mi muova la rabbia e m'attristi e mi forzi di[20] ricorrere per consolarmi a quello da cui volea fuggire.[21]

da G. Leopardi, *Tutte le opere*, a cura di W. Binni, vol. I, Sansoni, Firenze 1969.

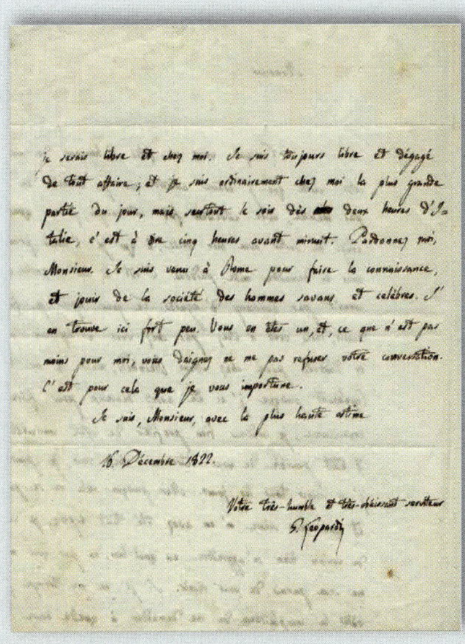
je serais libre et chez moi. Je suis toujours libre et dégagé de toute affaire, et je suis ordinairement chez moi la plus grande partie du jour, mais surtout le soir dès deux heures d'Italie, c'est à dire cinq heures avant minuit. Pardonnez moi, Monsieur. Je suis venu à Rome pour faire la connaissance, et jouir de la société des hommes savans et célèbres. J'en trouve ici fort peu. Vous en êtes un, et, ce que n'est pas moins pour moi, vous daignez ne me pas refuser votre conversation. C'est pour cela que je vous importune.

Je suis, Monsieur, avec la plus haute estime

16. Décembre 1822.

Votre très-humble et très-obéissant serviteur
G. Leopardi

▲ Lettera indirizzata da Leopardi a F. Guglielmo Thiersch (1822).

1 in questa caverna: è, con doppia metafora, sia Recanati rispetto alle altre città italiane, sia la casa e la biblioteca nei confronti del mondo esterno.
2 soverchi: *eccessivi.*
3 complessioni: *caratteri*, con riferimento soprattutto al fisico.
4 mi lima: *mi corrode.*
5 dove questa: *mentre questa* [*nera malinconia*].
6 andarne: *uscirne.*
7 e come... causa: Leopardi si chiede come eliminare questa cupa malinconia («l'effetto») se permane il motivo che la provoca (la permanenza a Recanati).
8 manco male: *del male in misura minore.*
9 però: *perciò.*
10 mi piglio: *preferisco.*
11 cresce: *fa aumentare.*
12 vo covando: *vado rimuginando.*
13 di: *da.*
14 fomenta: *alimenta.*
15 ogni dì più: *ogni giorno di più.*
16 nessun ricreamento: *nessuno svago.*
17 tratto tratto: *di tanto in tanto.*
18 sia... falsa: è un'affermazione che si collega alla poetica delle illusioni: il falso splendore del mondo potrebbe aiutarlo a evadere — anche per poco — dall'oscurità della propria disperazione.
19 dare indietro: *indietreggiare* [*per il disgusto*].
20 mi forzi di: *mi costringa a.*
21 a quello... fuggire: cioè lo studio «matto e disperatissimo», che contraddistingue i suoi anni giovanili.

2 Il pensiero filosofico

videolezione
Leopardi primo dei moderni: come dare senso alla vita

Il problema dell'infelicità indagato nello Zibaldone

Un problema ossessiona Leopardi per tutta la vita: **l'infelicità dell'uomo**. La grande domanda che il poeta si pone è infatti: qual è la causa dell'infelicità umana? **Le risposte** fornite sono diverse: **si modificano nel tempo** e procedono di pari passo con le varie fasi creative. Una fonte privilegiata per cogliere l'evoluzione del pensiero leopardiano è costituita dallo ***Zibaldone di pensieri***, in cui l'autore inizia a depositare le proprie riflessioni a partire **dal 1817**, accumulando un vasto materiale (il libro arriverà a contare ben 4526 pagine!) **fino al 1832** (l'ultimo appunto ha data 4 dicembre 1832).

Il "pessimismo storico"

In un primo momento Leopardi identifica **la causa dell'infelicità umana nella civiltà**. Essa è **contrapposta alla natura**, considerata invece un'entità positiva e benefica; non tanto perché la natura assegni all'uomo una condizione realmente felice, ma perché produce solide e generose illusioni, che rendono l'individuo capace di virtù e grandezza. La civiltà ha distrutto le illusioni che rendevano la vita sopportabile, mostrando all'uomo tutta la tristezza dell'esistenza. L'infelicità umana non è dunque un dato costitutivo, ma storico: gli antichi erano ancora capaci di grandi illusioni; mentre i moderni le hanno perdute quasi completamente. Si parla perciò, per questa prima fase del pensiero leopardiano, di **"pessimismo storico"**: l'infelicità è ritenuta il frutto di un processo storico, di un progressivo peggioramento della condizione dell'uomo, che diviene sempre più disincantato e dolorosamente consapevole.

La «teoria del piacere» e il "pessimismo cosmico"

Tra il 1819 e il 1823 il «sistema della natura e delle illusioni» elaborato da Leopardi entra progressivamente in crisi. In questi anni costellati di disinganni (sul piano storico si ha il fallimento dei moti carbonari del 1821; sul piano personale Leopardi vive la deludente esperienza romana) **il pessimismo del poeta si acuisce**. Egli si distacca dal cristianesimo e consolida un punto di vista rigorosamente materialistico, che esclude ogni ipotesi sull'esistenza di elementi spirituali (a partire dall'anima umana). Il problema dell'infelicità si pone in termini più drammatici e inevitabili. La nuova causa è indicata nel rapporto tra il bisogno dell'individuo di essere felice e l'impossibilità di soddisfare questo bisogno. Il desiderio infatti funziona secondo un beffardo meccanismo, che Leopardi definisce «**teoria del piacere**»: l'uomo aspira naturalmente al piacere; ma il piacere desiderato è sempre superiore al piacere effettivamente raggiunto o raggiungibile. Il desiderio è anzi in se stesso illimitato, e perciò destinato comunque a non essere soddisfatto. Queste riflessioni comportano un nuovo giudizio sulla natura. Leopardi **non pensa più che la natura sia una forza positiva** e benefica, una produttrice di illusioni che proteggono l'uomo dalla consapevolezza dell'infelicità. Ora, al contrario, **la natura è considerata come colpevole e malvagia**, perché provoca nell'individuo il bisogno del piacere senza poter poi in nessun modo soddisfarlo; e anzi fa della vita umana un insieme di delusioni, di sofferenze e di noia. L'uomo è allora sempre e "costituzionalmente" infelice: lo è nell'epoca moderna come lo era in quella passata. Si avvia perciò una seconda fase del pessimismo leopardiano: il **"pessimismo cosmico"**.

◀ Piazza G. Leopardi, Recanati. Fotografia di G. Consolani.

Il giudizio ambivalente sulla civiltà

Alla risoluta condanna della civiltà espressa nella fase del "pessimismo storico" si sostituisce ora una **considerazione complessa e ambivalente** di essa, **positiva e negativa** al tempo stesso. Da una parte la civiltà è l'arma attraverso la quale l'uomo ha smascherato la verità della propria condizione, recuperando così, se non la possibilità di essere felice, almeno la dignità della coscienza. D'altra parte però la civiltà, sottraendo l'uomo al dominio delle forze naturali e delle illusioni, lo ha reso più egoista e più fragile, determinando quella lotta di tutti contro tutti che caratterizza le società moderne.

Le Operette morali

Tra il 1823 e il 1827 la riflessione leopardiana trova un approdo provvisorio in una specie di **saggezza distaccata e scettica**. Leopardi rinuncia alla scrittura poetica, perché di fronte all'impoeticità del mondo sente inaridita la vena creativa. Si dedica alla prosa delle *Operette morali* (in gran parte nate nel 1824), in cui raccoglie i risultati pessimistici della propria filosofia, **colpendo attraverso il sarcasmo le illusioni** dei suoi contemporanei e denunciando la totale indifferenza della natura verso le sue creature. Le prime operette segnano l'ingresso in una fase di **disimpegno civile**, cui ben si addice il registro corrosivo dell'ironia che caratterizza il libro. Ma si prepara uno sviluppo ulteriore del pensiero leopardiano e, in particolare, del giudizio sulla civiltà. A partire dal 1827, per la precisione dall'operetta intitolata ***Dialogo di Plotino e di Porfirio***, il "pessimismo cosmico" si intreccia con il **motivo della solidarietà umana**. Essendo l'infelicità dell'uomo un male costitutivo, non un problema individuale o storico, le risposte al bisogno di significati appaiono adesso da ricercare nella dimensione collettiva. Lo sforzo degli esseri umani deve essere rivolto a **soccorrersi scambievolmente**, nella direzione di una nuova morale fondata sul sentimento della fraternità sociale.

Il "pessimismo combattivo"

Il definitivo addio a Recanati (1829) coincide con l'ultima fase del pessimismo leopardiano, contraddistinto da un atteggiamento lucido e battagliero nei confronti del male. L'esito più alto di questo **"pessimismo combattivo"**, come lo chiama il critico **Sebastiano Timpanaro**, è rappresentato dalla ***Ginestra*** (del 1836), nella quale il poeta immagina l'umanità unita e in armi contro il nemico collettivo, cioè la natura. L'idea della solidarietà umana si traduce qui nell'invito a resistere contro l'inevitabile miseria della condizione biologica e a costituire quella «**social catena**» che è alla base di un nuovo progetto di civiltà.

Le fasi del pessimismo leopardiano e la visione della natura

Il "pessimismo storico"	la natura come madre benigna creatrice di illusioni da cui la civiltà ci ha allontanati
Il "pessimismo cosmico"	la natura matrigna creatrice di un bisogno di piacere inappagabile e indifferente alle vicende umane
Il "pessimismo combattivo"	la natura come nemico comune contro il quale gli uomini sono chiamati a combattere

facciamo il punto

- **Che cosa si intende con "pessimismo storico"? E che cosa con "pessimismo cosmico"?**
- **Qual è, nel Leopardi maturo, il giudizio sulla natura?**
- **Quale soluzione propone Leopardi nella *Ginestra* contro la condizione di infelicità in cui grava l'uomo a causa della natura?**

3 La poetica

Il compito della poesia e l'imitazione degli antichi

Nel *Discorso di un italiano intorno alla poesia romantica* del 1818 Leopardi, mentre prende posizione nel **dibattito fra classicisti e romantici** a favore dei primi, esprime anche la sua concezione circa il carattere e il ruolo della poesia. Egli è convinto che la poesia nasca dal **contatto con la natura**, nel senso che essa muove dai dati sensibili e li trasforma attraverso l'immaginazione. Il Romanticismo invece avrebbe, secondo Leopardi, reciso il legame fra poesia e sensi, e fra poesia e natura. Esso è recuperabile solo attraverso l'**imitazione degli antichi**, ancora capaci di un rapporto fantastico e immaginativo con il paesaggio.

Il valore civile e il valore conoscitivo della poesia

Un simile atteggiamento si muove verso due esiti principali. Il primo consiste nella **ripresa degli ideali civili** che furono propri degli eroi classici per riproporli nella società presente, afflitta da una profonda decadenza morale. Il secondo, invece, si fonda sulla **capacità conoscitiva che la poesia trae dal rapporto con la natura** e dall'**uso dell'immaginazione**. La poesia rimane l'ultimo strumento per recuperare le illusioni che i moderni hanno distrutto, nel tentativo di ricreare quel rapporto semplice e ingenuo con le cose che era proprio degli antichi. Per questo Leopardi elabora una poetica del vago e dell'indeterminato, che sia capace, cioè, di trasformare la parola in una finestra aperta verso territori tanto più vasti quanto meno sono precisi i confini. Se la filosofia e la ragione richiedono l'esattezza, la poesia può trasformare l'immaginazione in uno strumento potente di scoperta grazie alla capacità del linguaggio di suscitare immagini e sensazioni nella mente del lettore.

La lingua poetica

Alla poetica del vago e dell'indeterminato si lega la riflessione leopardiana sulla lingua poetica. La predilezione per **voci che esprimono vaghezza**, **distanza**, **indefinitezza** si fonda in particolare sulla distinzione tra **"termini"** e **"parole"**. I termini si riferiscono con esattezza e precisione all'oggetto che designano, e risultano quindi particolarmente adatti all'uso tecnico-scientifico. Le parole, invece, si riferiscono all'oggetto contrassegnato in modo vago e indefinito, e si addicono dunque meglio all'uso poetico. Attenzione però: ciò non determina imprecisione dei significati, ma una maggiore **complessità** e **ricchezza**. Leopardi arriva anche a individuare una serie di parole particolarmente poetiche, fra le quali «ultimo», «mai più», «l'ultima volta», «oscurità», «profondo», «lontano», «antico», «futuro», «passato», «eterno», «solitudine», «silenzio», ecc.

Le canzoni civili e gli idilli

Ai due esiti della poesia sopra indicati corrispondono i due filoni che caratterizzano la prima fase della produzione leopardiana (1818-1822): **le canzoni**, che recuperano i **valori civili** dell'antichità contro la degradazione presente, e **gli idilli**, in cui il **contatto con il paesaggio** apre all'immaginazione e alla ricerca interiore. Le canzoni furono composte fra il **1818** e il **1822**, e confluirono nelle edizioni dei ***Canti***. Si tratta per la maggior parte di poesia civile ispirata all'esempio degli antichi e destinata a far riflettere sulla crisi dei valori dell'Italia della Restaurazione. Lo stile delle canzoni è **elevato** e **fortemente letterario**, con un **lessico colto** e una **sintassi complessa**. Negli stessi anni, fra il 1819 e il 1821, Leopardi compose cinque testi (*L'infinito*, *La sera del dì di festa*, *Alla luna*, *Il sogno*, *La vita solitaria*), da lui stesso chiamati "idilli" (dal greco *eidyllion* 'piccola immagine, quadretto'). Anche gli idilli confluiscono tutti nell'edizione definitiva dei *Canti*. Si tratta di una poesia diversa da quella delle canzoni, sia nella forma sia nei temi. È abbandonato il modello della canzone petrarchesca a favore degli **endecasillabi sciolti**. Al tono elevato si sostituisce un **linguaggio più semplice**, fondato sulla poetica del vago e dell'indefinito. Gli idilli hanno un carattere lirico-soggettivo, in cui la ricerca interiore è per lo più suscitata dal contatto con la natura.

La crisi nella fiducia della poesia tra il 1823 e il 1827

A partire soprattutto dal 1823, la crisi del «sistema della natura e delle illusioni» determina un nuovo orientamento di fondo: la caratterizzazione negativa della natura e la riconsiderazione problematica della civiltà implicano il venir meno della fiducia nella poesia e nelle illusioni cui essa dava voce. Di qui il periodo del **silenzio poetico** e la scelta, invece, di una letteratura "antipoetica" e riflessiva: quella che dà forma alla prosa delle prime *Operette morali*, scritte nel 1824.

Fusione di poesia e filosofia a partire dal 1828

Quando Leopardi riprende a scrivere versi nel 1828, egli associa la consapevolezza della caduta del «sistema della natura e delle illusioni» con uno slancio lirico che nasce dal recupero delle immagini del passato conservate nel ricordo. Il **tema della memoria**, già presente negli idilli, risulta centrale nel canti pisano-recanatesi (da *A Silvia* a *Le ricordanze*). Se la natura nega all'uomo ogni felicità e infrange i suoi desideri, attraverso il ricordo egli può gustare una felicità che non è nelle cose. **Poesia e filosofia cessano di essere contrapposte**, in una progressiva valorizzazione del secondo termine. Resiste fino alle ultime prove (alle canzoni sepolcrali, al "ciclo di Aspasia" e a *La ginestra*) la grande messa in scena della memoria, delle passioni, dei desideri personali e collettivi; ma con sempre maggiore forza emerge il **momento riflessivo** e l'**esigenza di pensiero**. La fase matura dell'opera leopardiana è così una complessa mescolanza di illusioni e di critica delle illusioni, di poesia e filosofia.

Leopardi classico o romantico?

A lungo Leopardi è stato ritenuto un romantico, nonostante le sue esplicite prese di posizione antiromantiche. Questa è senza dubbio una forzatura, che però si basa sull'effettiva presenza nell'opera leopardiana di tipiche tematiche romantiche: la **valorizzazione del soggetto**, della sua sensibilità e delle sue emozioni, il **conflitto io-mondo e io-società**, lo **slancio verso l'infinito**. Tuttavia il modo in cui Leopardi affronta queste tematiche è diverso da quello dei romantici, che hanno una posizione per lo più religiosa e idealista, mentre **Leopardi è ateo e materialista**, che puntano su valori legati all'irrazionale, mentre Leopardi **scommette sulla ragione** (sia pure in modo problematico), che, soprattutto in Italia, hanno fiducia nel progresso civile della società, mentre Leopardi svolge una serrata **critica del progresso**. Per tutte queste ragioni, Leopardi sceglie di aderire alla tradizione dei classicisti, nella quale riscontrava più forte l'eredità dell'Illuminismo, cui intendeva, a differenza dei grandi romantici europei, restare fedele. Dagli altri classicisti italiani (come per esempio Monti) lo distingueva però quella sensibilità nuova e aggiornata che abbiamo definito romantica. Si può dunque concludere che Leopardi coniuga un'originale **sensibilità romantica** e una **tematica romantica** a **soluzioni stilistiche di tipo classico** e a **idee antiromantiche**, fedeli al filone materialistico e pessimistico dell'Illuminismo: una posizione originale e complessa, fertile di grandi risultati concettuali e artistici.

L'evoluzione della poetica leopardiana

dalla poesia sentimentale e immaginativa

↓

crisi della poesia e rifiuto delle illusioni

↓

intreccio di poesia e filosofia

↓

alla poesia-pensiero

video
La poetica dell'ultimo Leopardi

video
Intervista a W. Binni sul messaggio dell'ultimo Leopardi

facciamo il punto

- **Qual è il compito della poesia secondo Leopardi?**
- **Quali sono i punti di contatto tra la poetica di Leopardi e quella dei poeti romantici? Quali, invece, le divergenze?**

L'opera

Zibaldone di pensieri

Lo Zibaldone

↓

un diario intellettuale

↓

i pensieri di Leopardi dal 1817 al 1832

↓

forme e temi in continua evoluzione e precarietà

La stesura e il titolo

A diciannove anni, nell'estate del 1817 Leopardi inizia a trascrivere le proprie riflessioni in un quaderno che forma il primo nucleo di quello che lui stesso avrebbe chiamato, dieci anni dopo, *Zibaldone di pensieri* (e che si è soliti chiamare, per brevità, semplicemente *Zibaldone*). La parola "zibaldone" indica una 'mescolanza confusa e senza criterio', in riferimento a oggetti, persone, cibi, idee. Il titolo allude perciò alla varietà disordinata dei temi affrontati e al carattere frammentario e provvisorio della scrittura. Al primo quaderno se ne aggiungono altri, e infine lo *Zibaldone* arriverà a contare ben 4526 pagine. L'ultimo appunto reca la data 4 dicembre 1832. L'imponente mole di materiale fu pubblicata postuma, tra il 1898 e il 1900, a cura di Giosue Carducci.

Il genere: un diario intellettuale privato

Lo *Zibaldone* non nasce come opera per il pubblico. Ma non è neanche un classico diario privato, sebbene l'autore non manchi di annotare anche episodi autobiografici e impressioni dirette: una rubrica ricorrente si intitola anzi «Memorie della mia vita» (▶T1). Lo *Zibaldone* si presenta piuttosto come una sorta di diario intellettuale, che raccoglie appunti di letture, citazioni, discussioni di posizioni altrui. La parte più cospicua del materiale è costituita da riflessioni libere intorno a questioni linguistiche, letterarie, filosofiche, di costume. Lo *Zibaldone* rappresenta dunque un deposito della continua ricerca leopardiana, che assume forme e caratteri sempre nuovi. Si può osservare come fra le note dello *Zibaldone*, le poesie e le *Operette* vi sia un rapporto di scambio e di ripresa. Per questo motivo, vi si riconosce uno strumento privilegiato per indagare il pensiero dell'autore e la sua continua evoluzione anche in rapporto con le sue creazioni artistiche (▶T2).

Lo stile funzionale

La scrittura dello *Zibaldone* resta lontana da quella ardua e sostenuta delle prose leopardiane per il pubblico (e dalle *Operette morali* in particolare). Essa riflette il carattere di frammentarietà e precarietà proprio dell'opera: i periodi sono interrotti da abbreviazioni (di solito «ec.»), in alcuni casi non vengono conclusi come se il resto fosse scontato e di scarso interesse; talvolta il discorso procede per punti con verbi all'infinito o espressioni nominali. Si tratta insomma di una prosa che vuole essere anzitutto funzionale.

◀ Ritratto di Giacomo Leopardi ad opera di Domenico Morelli (1826-1901).

[*Zibaldone di pensieri*, 353-356, 4418, 4421-4422]

T1

Ricordi

Le forme
- carattere "provvisorio" della scrittura
- uso di abbreviazioni

I temi
- critica contro la visione religiosa dell'esistenza
- contrapposizione ragione-natura
- piacere dell'attività poetica
- rimpianto per la giovinezza trascorsa

Sono qui riportati tre passi dallo Zibaldone in cui Leopardi riferisce episodi autobiografici, a volte intitolandoli «Memorie della mia vita». Nel primo brano (del 1820) Leopardi fornisce un'agghiacciante descrizione della propria madre, incapace di ogni sentimento umano perché troppo presa da una visione religiosa dell'esistenza. Il secondo (del 1828) rievoca il piacere provato nello scrivere, paragonandolo alla gioia delle competizioni e dei giochi d'infanzia con i fratelli. Il terzo (anch'esso del 1828) ricorda con rimpianto le parole di una zia che lo rimproverava di trascorrere la giovinezza interamente nello studio.

Quanto anche la religion cristiana sia contraria alla natura, quando non influisce se non sul semplice e rigido raziocinio, e quando questo solo serve di norma,[1] si può vedere per[2] questo esempio. Io ho conosciuto intimamente una madre di famiglia[3] che non era punto[4] superstiziosa, ma saldissima ed esattissima[5] nella credenza cristiana, e negli esercizi della religione. Questa non solamente non compiangeva quei genitori che perdevano i loro figli bambini, ma gl'invidiava intimamente e sinceramente, perché questi eran volati al paradiso senza pericoli, e avean liberato i genitori dall'incomodo[6] di mantenerli. Trovandosi più volte in pericolo di perdere i suoi figli nella stessa [354] età,[7] non pregava Dio che li facesse morire, perché la religione non lo permette, ma gioiva cordialmente;[8] e vedendo piangere o affliggersi il marito, si rannicchiava in se stessa, e provava un vero e sensibile dispetto. Era esattissima negli uffizi[9] che rendeva a quei poveri malati, ma nel fondo dell'anima desiderava che fossero inutili, ed arrivò a confessare che il solo timore che provava nell'interrogare o consultare i medici, era di sentirne opinioni o ragguagli[10] di miglioramento. Vedendo ne' malati qualche segno di morte vicina, sentiva una gioia profonda (che si sforzava di dissimulare[11] solamente con quelli che la condannavano); e il giorno della loro morte,[12] se accadeva, era per lei un giorno allegro ed ameno, né sapeva comprendere come il marito fosse sì poco savio[13] da attristarsene. Considerava la bellezza come una vera disgrazia, e vedendo i suoi figli brutti o deformi, ne ringraziava Dio, non per eroismo, ma di tutta voglia. Non proccurava in nessun modo di aiutarli a nascondere i loro difetti, anzi pretendeva che in vista di essi,[14] rinunziassero intieramente alla vita nella loro prima gioventù; se resistevano, se cercavano il contrario, se vi riuscivano in qualche minima parte, n'era indispettita, scemava[15] quanto poteva colle parole e coll'opinion sua i loro successi (tanto de' brutti quanto de' belli, perché n'ebbe molti), e non lasciava [355] passare anzi cercava studiosamente l'occasione di rinfacciar loro, e far loro ben conoscere i loro difetti, e le conseguenze che ne dovevano aspettare, e persuaderli della loro inevitabile miseria, con una veracità[16] spietata e feroce. Sentiva i cattivi successi de' suoi figli in questo o simili particolari, con vera consolazione, e si tratteneva di preferenza con loro sopra ciò che aveva sentito in loro disfavore.[17] Tutto questo per liberarli dai pericoli dell'anima, e nello stesso modo si regolava in tutto quello che spetta all'educazione dei figli, al produrli nel mondo, al collocarli,[18] ai mezzi tutti di felicità tem-

1 Quanto… norma: si tratta della consueta distinzione del primo Leopardi fra natura e ragione: il cristianesimo, in quanto si allontana dalla vera natura dell'uomo, non farebbe altro che rafforzare le componenti più repressive e rigide del comportamento.
2 per: *attraverso.*
3 Io ho… famiglia: si tratta della madre dello stesso Leopardi, Adelaide Antici (1778-1857).
4 punto: *per niente*, espressione toscana.
5 esattissima: *assai scrupolosa.*
6 dall'incomodo: *dalla fatica.*
7 nella stessa età: cioè quando essi erano bambini, come nel caso appena richiamato.
8 cordialmente: *dentro il suo cuore.*
9 negli uffizi: *nei servizi.*
10 ragguagli: *notizie.*
11 dissimulare: *nascondere.*
12 il giorno… morte: in effetti un fratello di Giacomo, Luigi, morì nove giorni dopo la nascita; un altro fratello con lo stesso nome morì nel 1828 all'età di 24 anni.
13 savio: *saggio.*
14 in vista di essi: *davanti a quelli*, cioè ai difetti.
15 scemava: *diminuiva.*
16 veracità: cioè con una sincerità aggressiva.
17 disfavore: *svantaggio.*
18 al produrli... collocarli: *al presentarli in società* [: nei rapporti pubblici], *al trovar loro un'occupazione.*

porale.[19] Sentiva infinita compassione per li peccatori, ma pochissima per le sventure corporali o temporali, eccetto se la natura talvolta la vinceva.[20] Le malattie, le morti le più compassionevoli de' giovanetti estinti nel fior dell'età, fra le più belle speranze, col maggior danno delle famiglie o del pubblico ec. non la toccavano in verun modo. Perché diceva che non importa l'età della morte, ma il modo: e perciò soleva sempre informarsi curiosamente se erano morti bene[21] secondo la religione, o quando erano malati, se mostravano rassegnazione ec. E parlava di queste disgrazie con una freddezza marmorea. Questa donna aveva sortito[22] dalla natura un carattere sensibilissimo, ed era stata così ridotta dalla sola religione. Ora questo che altro è se non barbarie? E tuttavia non è altro che un calcolo matematico,[23] e una conseguenza immediata e necessaria dei [356] principii di religione esattamente considerati; di quella religione che a buon diritto si vanta per la più misericordiosa ec. Ma la ragione è così barbara che dovunque ella occupa il primo posto, e diventa regola assoluta, da qualunque principio ella parta, e sopra qualunque base ella sia fondata, tutto diventa barbaro.[24] Così vediamo le tante barbarie delle religioni antiche, se ben queste fossero figlie dell'immaginazione. E anche senza i principii religiosi, è pur troppo evidente che la sola stretta ragione, ci porta alle conseguenze specificate di sopra.[25] Non c'è che la pura natura la quale ci scampi dalla barbarie, con quegli errori[26] ch'ella ispira, e dove la ragione non entra. S'ella ci fa piangere la morte dei figli, non è che per un'illusione, perché perdendo la vita non hanno perduto nulla, anzi hanno guadagnato. Ma il non piangerne è barbaro, e molto più il rallegrarsene, benché sia conforme all'esatta ragione.[27] Tutto ciò conferma quello ch'io soglio[28] dire che la ragione spesso è fonte di barbarie (anzi barbarie da se stessa), l'eccesso della ragione sempre; la natura non mai, perché finalmente[29] non è barbaro se non ciò che è contro natura, (25. Nov. 1820.) sicché natura e barbarie son cose contraddittorie, e la natura non può esser barbara per essenza.[30]

Memorie della mia vita. — Felicità da me provata nel tempo [4418] del comporre, il miglior tempo ch'io abbia passato in mia vita,[31] e nel quale mi contenterei di durare finch'io vivo. Passar le giornate senza accorgermene; parermi le ore cortissime, e maravigliarmi sovente[32] io medesimo di tanta facilità di passarle. — Piacere, entusiasmo ed emulazione[33] che mi cagionavano[34] nella mia prima gioventù i giuochi e gli spassi[35] ch'io pigliava co' miei fratelli, dov'entrasse uso e paragone di forze corporali.[36] Quella specie di piccola gloria ecclissava[37] per qualche tempo a' miei occhi quella di cui io andava continuamente e sì cupidamente[38] in cerca co' miei abituali studi. (30. Nov.).

19 temporale: *terrena*, in contrapposizione con quella spirituale.
20 la vinceva: *riusciva vittoriosa*.
21 bene: cioè in modo consono con gli insegnamenti della Chiesa. Ma nell'espressione «se erano morti bene» si percepisce un ossequio religioso davvero paradossale.
22 aveva sortito: *aveva avuto in sorte*.
23 un calcolo matematico: quella di Adelaide è una posizione che discende direttamente dai principi seguiti, deterministicamente fondata.
24 Ma la ragione... barbaro: così spiega Leopardi questa posizione in un passo cronologicamente vicino: «La ragione è nemica della natura [...]. Nemico della natura è quell'uso della ragione che non è naturale, quell'uso eccessivo ch'è proprio solamente dell'uomo, e dell'uomo corrotto» (*Zib.* 375).
25 E anche... sopra: ▶ *Zib.* 3896 (novembre 1823): «La ragione di cui l'uomo solo è provveduto [...] come per mille parti è utile, per mille necessaria alla società, [...] così per mille altre parti (come, per esempio, per la superstizione la quale non sarebbe senza il grado di facoltà mentale che noi abbiamo, e che le bestie non hanno, e per cento mila altri effetti) è di una natura nocevole e anche direttamente contraria alla società degli uomini, e al loro ben essere e lor perfezione nello stato sociale».
26 con quegli errori: sono le illusioni che sollevano — provvisoriamente — l'uomo dalle sofferenze del quotidiano («Il più solido piacere di questa vita è il piacer vano delle illusioni», *Zib.* 51).
27 S'ella... ragione: le illusioni ci fanno credere con rimpianto che la morte abbia sottratto la persona a una vita felice, mentre la ragione ci rende evidente che la realtà è soprattutto sofferenza.
28 soglio: *sono solito*.
29 finalmente: *in conclusione*.
30 per essenza: cioè nella sua interna tipologia e costituzione.
31 Felicità... vita: risale al 1828 anche *A Silvia*, in cui ricorre questo motivo (vv. 15-22).
32 sovente: *spesso*.
33 emulazione: *senso di competizione*.
34 cagionavano: *procuravano*.
35 spassi: *divertimenti*.
36 pigliava... corporali: *mi prendevo con i miei fratelli in cui fosse implicato l'uso e il confronto delle forze fisiche*. È nota la polemica di Leopardi contro i sistemi educativi che non prevedano anche attività fisica.
37 ecclissava: *nascondeva*.
38 sì cupidamente: *con così grande desiderio*.

▲ Manoscritti autografi di Giacomo Leopardi nella mostra a lui dedicata all'interno di Palazzo Leopardi a Recanati.

Memorie della mia vita. — Sempre mi desteranno dolore quel le parole che soleva dirmi l'Olimpia Basvecchi[39] riprendendomi del mio modo di passare i giorni della gioventù, in casa, senza vedere alcuno: che gioventù! che maniera di passare cotesti anni! Ed io concepiva intimam.[40] e perfettam. anche allora tutta la ragionevolezza[41] di queste parole. Credo [4422] però nondimeno[42] che non vi sia giovane, qualunque maniera di vita egli meni,[43] che pensando al suo modo di passar quegli anni, non sia per dire[44] a se medesimo quelle stesse parole. (2. Dicembre. 1828. Recanati.).

da G. Leopardi, *Zibaldone di pensieri*, ed. critica a cura di G. Pacella, Garzanti, Milano 1991.

39 l'Olimpia Basvecchi: è la moglie di Vito Leopardi, fratello di Monaldo, e, dunque, zia di Giacomo.
40 intimam.: *intimamente*; avverbio, come il successivo **perfettam.**
41 la ragionevolezza: *la giustezza.*
42 nondimeno: *tuttavia.*
43 meni: *conduca.*
44 non... dire: *non possa dire.*

Lavoriamo sul testo

Leggere e capire

Madre di famiglia Il primo brano è incentrato sulla descrizione di «una madre di famiglia», che poi è la madre dello stesso Giacomo. Dalla sua scrupolosa adesione ai principi della religione cristiana deriva un comportamento che risulta impietoso, in particolare nei confronti dei figli: la donna infatti gioisce delle loro malattie e perfino della loro morte; ringrazia Dio per la loro bruttezza e ne sottolinea preferibilmente difetti e insuccessi. Da questo spietato ritratto materno scaturisce la riflessione leopardiana, che conclude il frammento riprendendo e sviluppando la premessa iniziale («Quanto anche la religion cristiana sia contraria alla natura… si può vedere per questo esempio»: rr. 1-3): la religione e la ragione, cause di barbarie, sono contrapposte alla natura. Infatti, «non c'è che la pura natura la quale ci scampi dalla barbarie», ispirando quelle generose illusioni che sollevano l'uomo, seppur provvisoriamente, dall'infelicità del suo stato.

La felicità e la gioventù I due successivi brani si concentrano più brevemente su un sentimento («la felicità […] provata nel tempo del comporre», paragonata alla gioia procurata durante l'infanzia dai giochi con i fratelli) e su un ricordo (la zia che riprendeva Leopardi del suo «modo di passare i giorni della gioventù, in casa, senza vedere alcuno»).

Analizzare

Lo stile dello Zibaldone I tre brani qui presentati danno un'idea dello stile dello *Zibaldone*. Non si tratta di un'opera per il pubblico: Leopardi scrive per se stesso, annotando le proprie riflessioni, idee ed esperienze. Ecco allora spiegati i continui segnali di abbreviazione («ec.», «intimam.»; «perfettam.») e la disposizione disorganica e mescolata degli appunti (possiamo trovare una brusca sentenza condensata in una riga e, subito dopo, un'estesa rievocazione di un episodio d'infanzia).

Interpretare e approfondire

Dal ricordo alla riflessione I testi mostrano chiaramente come lo *Zibaldone* non sia un classico diario. Anche se alcuni appunti si intitolano «memorie della mia vita», essi non si riducono quasi mai all'immediata trascrizione del ricordo. L'episodio privato diventa invece uno spunto di riflessione universale. Consideriamo per esempio il terzo brano, in cui il ricordo delle parole di una zia, che rimproverava Giacomo di trascorrere la giovinezza senza approfittarne, si trasforma in una legge umana generale. Leopardi sospetta infatti che lo stesso rimpianto sia presente in tutti gli individui, comunque trascorrano la propria giovinezza, perché ciascuno sentirà, passata quella stagione, di non averne approfittato abbastanza. Il rimpianto della gioventù trascorsa solitariamente viene assunto nel *Passero solitario* dal poeta stesso (▶ T14).

Esercizi

prova A • L'analisi del testo

…ndere

1 «Una madre di famiglia»

Nel primo brano Leopardi traccia un ritratto spietato della propria madre. A che cosa è dovuto il suo comportamento?

a. Alla natura
b. Alla ragione
c. Alla religione
d. Alle illusioni

Analizzare

2 Una scrittura tutta per sé

Lo *Zibaldone* non nasce come opera per la pubblicazione. Sottolinea nei tre brani qui riportati gli elementi che testimoniano il carattere privato del libro.

Interpretare e approfondire

3 Le fasi del pensiero leopardiano

Lo *Zibaldone* rappresenta una fonte privilegiata per studiare il pensiero dell'autore e la sua evoluzione. Quale fase del pensiero leopardiano testimonia il primo brano? Quale visione della natura vi è sostenuta?

4 Il tuo "Zibaldone"

I brani appena letti mostrano come nello *Zibaldone* gli appunti autobiografici non si riducano mai alla semplice trascrizione del ricordo, ma diventino lo spunto per una riflessione di carattere generale. Prova anche tu a scrivere una pagina "in stile *Zibaldone*": pensa a una tua esperienza che ritieni particolarmente significativa e prolunga il ricordo in una riflessione di valore universale. Ricorda che Leopardi aveva concepito lo *Zibaldone* come un diario intellettuale essenzialmente privato; anche tu hai dunque il diritto di usare abbreviazioni e altri elementi della scrittura per appunti.

[*Zibaldone di pensieri*, 165-166]

T2

Le forme
- lessico astratto e filosofico
- ricerca della chiarezza dei concetti

I temi
- contrapposizione fra desiderio infinito e realizzazione finita

La teoria del piacere

Nel brano dello Zibaldone *riportato qui (del 1820) è presente il nucleo della «teoria del piacere». Nell'uomo vi è un desiderio infinito di piacere, ma la possibilità di realizzazione di questo desiderio è finita: ne consegue che l'inappagamento è inevitabile.*

[165] Il sentimento della nullità di tutte le cose, la insufficienza di tutti i piaceri a riempierci[1] l'animo, e la tendenza nostra verso un infinito che non comprendiamo, forse proviene da una cagione[2] semplicissima, e più materiale che spirituale. L'anima umana (e così tutti gli esseri viventi) desidera sempre essenzialmente,[3] e mira unicamente, benché sotto mille aspetti, al piacere, ossia alla felicità, che considerandola bene, è tutt'uno col piacere. Questo desiderio e questa tendenza non ha limiti, perch'è ingenita o congenita[4] coll'esistenza, e perciò non può aver fine in questo o quel piacere che non può essere infinito, ma solamente termina colla vita. E non ha limiti 1. né per durata, 2. né per estensione. Quindi non ci può essere nessun piacere che uguagli 1. né la sua durata, perché nessun piacere è eterno, 2. né la sua estensione, perché nessun piacere è immenso, ma la natura delle cose porta[5] che tutto esista limitatamente e tutto abbia confini, e sia circoscritto. Il detto desiderio del piacere non ha limiti per durata, perché, come ho detto non finisce se non coll'esistenza, e quindi l'uomo non esisterebbe se non provasse questo desiderio. Non ha limiti per estensione perch'è sostanziale in noi, non come desiderio di uno o più piaceri, ma come desiderio *del* piacere.[6] Ora una tal natura porta con se materialmente[7] l'infinità, perché ogni piacere

1 **riempierci:** *riempirci.*
2 **cagione:** *causa.*
3 **essenzialmente:** cioè mirando a cogliere l'essenza, la profondità assoluta e globale di tutte le cose.
4 **ingenita o congenita:** *connaturato o originario.* Leopardi vuol dire che la tendenza al piacere risulta innata e comunque coincidente con le pulsioni primarie dell'esistenza.
5 **porta:** *comporta.*
6 **desiderio *del* piacere:** il corsivo (come nel seguente ***il* piacere**) intende evidenziare il riferimento al piacere come entità generale e astratta che non si appaga dei soddisfacimenti particolari.
7 **materialmente:** ovvero come contenuto-limite di tale desiderio.

è circoscritto, ma non *il* piacere la cui estensione è indeterminata, e l'ani
sostanzialmente il piacere, abbraccia tutta l'estensione immaginabile di q
mento, senza poterla neppur concepire, perché non si può formare idea cl
cosa ch'ella desidera illimitata. Veniamo alle conseguenze. Se tu desideri
ti pare di desiderarlo come cavallo, e come *un tal* piacere, ma in fatti lo des
piacere astratto e illimitato. Quando giungi a possedere il cavallo, [166] trovi un piacere necessariamente circoscritto, e senti un vuoto nell'anima, perché quel desiderio che tu avevi effettivamente, non resta pago.

da G. Leopardi, *Zibaldone di pensieri*, cit.

Lavoriamo sul testo

Leggere e capire

Premessa, conseguenza, esemplificazione In questo brano dello *Zibaldone* Leopardi espone in modo esauriente la sua «teoria del piacere», attraverso un'argomentazione rigorosa. La premessa è che l'anima umana desidera un piacere infinito, cioè che non ha limiti «1. né per durata, 2. né per estensione». La conseguenza è che un tale desiderio è desinato a rimanere inappagato perché «nessun piacere è eterno» e «nessun piacere è immenso, ma la natura delle cose [com]porta che tutto esista limitatamente e tutto abbia confini, e sia circoscritto». L'esempio concreto del cavallo, a conclusione del brano, dà concretezza alla tesi esposta.

Analizzare

Linguaggio astratto e analisi insistente Leopardi predilige qui un lessico astratto e filosofico (si veda ad esempio l'uso di vocaboli quali «ingenita», «congenita», «sostanziale», «materialmente»). Tuttavia la lettura di questa pagina non risulta troppo difficile: il poeta insiste infatti sempre sullo stesso concetto, analizzandolo ripetutamente. Cerca così di chiarirlo meglio, di conferirgli progressivamente una formulazione più evidente e rigorosa. Si tratta di un modo di scrivere tipico dello *Zibaldone*, concepito essenzialmente come opera privata, come un personale laboratorio del pensiero.

Interpretare e approfondire

Una nuova causa dell'infelicità umana Il brano appena letto è particolarmente importante per comprendere il pensiero di Leopardi, che tra il 1819 e il 1823 evolve da un "pessimismo storico" a un "pessimismo cosmico". La causa dell'infelicità dell'uomo è ora individuata non più nella civiltà che ha ucciso le illusioni prodotte dalla natura, ma nel rapporto tra il bisogno dell'individuo di essere felice e la possibilità di soddisfacimento oggettivo. Infatti, l'uomo aspira naturalmente al piacere; ma il piacere desiderato è sempre superiore al piacere effettivamente conseguito e conseguibile. Dalla teoria del piacere deriva una nuova visione della natura, ora considerata in termini negativi: essa stessa sarebbe infatti responsabile dell'infelicità umana perché essa stessa determina la tendenza dell'individuo al piacere e infonde negli uomini il bisogno di felicità, lasciando poi insoddisfatto tale bisogno.

Esercizi

Prima prova A • L'analisi del testo

Comprendere

1 «Se tu desideri un cavallo...»

L'esempio del cavallo introdotto nella conclusione serve a dimostrare:

a. che il possesso dell'oggetto desiderato genera straordinaria felicità
b. che gli oggetti del desiderio sono mere illusioni
c. che il possesso dell'oggetto desiderato non appaga il desiderio infinito di piacere
d. che non si devono desiderare oggetti materiali ma puntare su valori spirituali

Analizzare

2 Parole-chiave

La teoria del piacere ruota attorno ad alcune parole-chiave: evidenziale nel testo.

Interpretare e approfondire

Terza prova A • La trattazione sintetica

3 La tesi in due righe

Questo brano dello *Zibaldone* costituisce un testo argomentativo: riassumi la testi sostenuta dall'autore in una trattazione sintetica (max 5 righe).

Immersi nel desiderio

Se per Leopardi l'infelicità deriva dall'inappagamento del desiderio, un filosofo contemporaneo sottolinea invece come il desiderio sia alla base della nostra esistenza.

La parola "desiderio"

'Sentimento intenso che spinge a cercare il possesso, il conseguimento o l'attuazione di quanto possa appagare un proprio bisogno fisico o spirituale': questa la definizione della parola "desiderio" contenuta nel Vocabolario Treccani. Il termine deriva dal latino *desiderium*, composto da *de* (particella privativa o di allontanamento) e *sidus*, *sideris* 'stella', e significa letteralmente 'cessare di contemplare le stelle a scopo augurale', nel senso di trarne gli auspici e quindi bramare. L'etimologia del termine allude a quello specifico carattere del desiderio sottolineato da Leopardi, ovvero la distanza tra il soggetto e l'oggetto di desiderio, la tensione verso qualcosa di lontano e infine irraggiungibile. Il desiderio rimane un problema aperto che investe vari campi, dalla biologia all'antropologia, alla filosofia, alla religione. D'altra parte, «siamo immersi nel desiderio»; «il desiderio anima il mondo».

Una riflessione di William Irvine

Nel suo saggio *Del desiderio. Che cosa vogliamo e perché* (2006) il filosofo americano William Irvine disegna un interessante percorso attraverso gli impulsi, le aspirazioni e i bisogni di tutti noi, tentando di indicarci la loro origine e il modo in cui sperare di dominarli. Punto di partenza di tale percorso è appunto la considerazione che desiderare «è un'abilità che esercitiamo continuamente, senza stancarci» e in tutte le fasi della nostra vita, dall'infanzia alla vecchiaia. Se Leopardi denuncia l'infelicità inevitabile che deriva dall'inappagamento del desiderio, Irvine sottolinea come il desiderio sia comunque la base dell'esistenza: «Bandite il desiderio e otterrete un modo di essere congelati, senza una ragione per vivere, o una ragione per morire». Leggiamo un estratto dal suo saggio *Del desiderio*.

Al momento, state provando l'esperienza del desiderio; in caso contrario, non stareste leggendo queste parole. Anche se le state leggendo su disposizione di qualcun altro, siete motivati dal vostro desiderio di compiacere quella persona. E se smetterete di leggere, non lo farete perché avete smesso di desiderare ma perché i vostri desideri sono mutati.

Siamo immersi nel desiderio, praticamente in ogni istante delle nostre ore di veglia. Se ci addormentiamo, attenuiamo temporaneamente i nostri desideri – a meno che non sogniamo, nel qual caso i nostri sogni saranno probabilmente plasmati dai nostri desideri. La nostra capacità di formare desideri è davvero notevole. Nessuno deve insegnarci come farlo. Questa, inoltre, è un'abilità che esercitiamo continuamente, senza stancarci. Quando si tratta di desiderare, siamo tutti degli esperti. Se ci fossero le Olimpiadi del desiderio, saremmo tutti in squadra. La malattia e la vecchiaia possono cambiare ciò che desideriamo, ma non ci impediscono di desiderare.

Cercate, per un attimo, di arginare il flusso del desiderio. Dovrete smettere di dimenarvi, di tamburellare le dita delle mani, di serrare quelle dei piedi; dovrete lasciar pendere inerte la lingua in bocca, e lasciar chiudere le palpebre; dovrete stravaccarvi sulla sedia – o, meglio ancora, dovrete stendervi; per quanto possibile, dovrete rinunciare a controllare il respiro; dovrete svuotarvi la mente. Dovrete, in altre parole, entrare in ciò che chiamiamo uno stato di meditazione. E anche allora non vi sarete liberati dal desiderio; non rimarrete in quello stato a meno che non abbiate un crescente desiderio di farlo. C'è bisogno del desiderio per tentare, senza successo, di estinguerlo.

Se tenterete gli esperimenti suddetti, scoprirete che è quasi impossibile mantenere sgombra la mente. Sorgeranno nuovi pensieri, molti dei quali saranno espressioni di desiderio. Noterete di aver fame e di voler mangiare, o di essere a disagio e agitarvi. Potrete provare ira, riflettendo la vostra delusione verso i vostri desideri passati, o ansia, riflettendo i vostri desideri per il futuro. [...]

Il desiderio anima il mondo. È presente nella neonata che piange alla ricerca del latte, nella ragazza che si sforza di risolvere un problema di matematica, nella donna che corre a incontrare il suo amante e che poi decide di avere figli, e nell'anziana che va a prendere la posta camminando a passo lentissimo, curva sul girello, nel corridoio della casa di riposo. Bandite il desiderio e otterrete un modo di essere congelati, senza una ragione per vivere, o una ragione per morire. [...]

Provando continuamente l'esperienza del desiderio, siamo inconsapevoli della sua presenza dentro di noi. È come il rumore emesso dalla ventola di un computer. È un basso mormorio, sempre presente; e poiché esiste sempre, smettiamo di notarlo. In modo simile, di solito siamo inconsapevoli dei nostri desideri – del loro fluire e rifluire dentro di noi, del ruolo che giocano nella nostra vita. Solo quando sono intensi (come quando ci innamoriamo) o quando sono parte di un conflitto (come quando vogliamo una coppa di gelato ma, contemporaneamente, essendo a dieta, vogliamo non volerla), facciamo attenzione ai nostri desideri, con un misto di confusione e sofferenza. E poiché siamo inconsapevoli del funzionamento del desiderio dentro di noi, siamo pieni di malintesi riguardo a esso.

da William B. Irvine, *Del desiderio. Che cosa vogliamo e perché*, Donzelli, Roma 2006.

RIFLETTERE E ARGOMENTARE

1 Lo stile

Il testo si apre rivolgendosi direttamente al lettore («Al momento state provando l'esperienza del desiderio...»). Quale stile mostra di prediligere Irvine? Con quale obiettivo, secondo te?

2 La lista dei desideri

Nel novembre del 2010 è andata in onda su Rai 3 una trasmissione ideata e condotta da Fabio Fazio e Roberto Saviano: *Vieni va con me*. Filo conduttore delle quattro puntate è stata la lettura di elenchi che riguardavano gli argomenti più vari ed erano letti da diversi soggetti (dall'elenco delle cose per combattere la mafia letto dal Procuratore nazionale antimafia Piero Grasso all'elenco degli ostacoli da superare ogni mattina per accompagnare i figli a scuola letto da una mamma napoletana). Scrivi tu il tuo elenco dei desideri, in cui esponi le dieci cose che più desideri fare o dire o vedere o essere. Puoi confrontare poi il tuo elenco con quello dei tuoi compagni.

L'opera

Le *Operette morali*

video
Le *Operette morali*

La composizione

Tra gennaio e novembre del 1824 Leopardi scrive venti prose di argomento filosofico e dal tono satirico, in forma di narrazione o di discorso o di dialogo: sono le prime *Operette morali*. La loro stesura si colloca nel periodo del silenzio poetico, durante il quale Leopardi approda al cosiddetto "pessimismo cosmico". Alle venti operette scritte nel 1824 se ne aggiungeranno poi altre cinque, composte negli anni successivi (una nel 1825, due nel 1827 e due nel 1832). La prima edizione esce a Milano nel 1827; l'edizione definitiva uscirà postuma, a cura dell'amico Ranieri, nel 1845: contiene ventiquattro operette, essendone stata eliminata una del 1824 secondo la volontà ultima dell'autore.

Il significato del titolo

È caduto il «sistema della natura e delle illusioni». Nelle *Operette* Leopardi rappresenta senza veli il dolore degli uomini, smaschera le illusioni consolatorie e soprattutto indica nuovi modelli di comportamento capaci di reagire all'infelicità. Di qui l'aggettivo «morali» presente nel titolo; mentre il diminutivo «operette» dipende dalla scelta di un'impostazione satirica, anziché astrattamente filosofica (▶ più avanti le considerazioni sullo stile) e quindi non solenne e "alta".

I temi: le prime *Operette morali*

Nelle *Operette morali* trovano posto i principali temi del pensiero leopardiano. La polemica contro l'antropocentrismo – ovvero la credenza che l'uomo sia idealmente al centro dell'universo – è dominante nel *Dialogo di un folletto e di uno gnomo*, in cui i due protagonisti si incontrano dopo la scomparsa del genere umano e osservano come il mondo continui il suo corso senza turbamento. Dal *Dialogo di Malambruno e Farfarello*, rispettivamente un mago e il diavolo da lui evocato perché esaudisca i suoi desideri, emerge invece il tema dell'infelicità strutturale dell'uomo. Nel *Dialogo della Natura e di un'anima* è affrontata la teoria del piacere, non senza concludere che nell'individuo la maggiore sensibilità corrisponde a maggiore infelicità. Lo stesso problema è al centro del *Dialogo di Torquato Tasso e del suo Genio familiare*, ma intrecciato qui con l'analisi del concetto di "noia", ovvero l'angoscia prodotta dal desiderio puro di felicità, che può essere vinta solo con «il sonno, l'oppio, e il dolore», oppure, come si legge nel successivo *Dialogo di Cristoforo Colombo e di Pietro Gutierrez*, con la continua ricerca dell'avventura (▶ T4). La scoperta agghiacciante della totale indifferenza della natura verso le sue creature, quindi il presupposto del pessimismo cosmico, è il risultato delle ricerche del protagonista del *Dialogo della Natura e di un Islandese* (▶ T3), mentre la funzione positiva della morte, in quanto unico vero rimedio al male di esistere, è affermata nel *Dialogo di Federico Ruysch e delle sue mummie*, dolorosamente risvegliate da un lungo e quieto sonno. L'ultima delle operette risalenti al 1824 è il *Cantico del gallo silvestre*. Fingendo di utilizzare un antico codice, Leopardi riassume il contenuto del canto di questo immaginario e gigantesco animale, dotato di straordinaria saggezza. Esso esprime i principi del pessimismo cosmico, e mostra l'esistenza come pura materialità segnata dal dolore più assurdo e dalla costituzionale infelicità dell'uomo, afferma la superiorità della morte sulla vita, del sonno sulla veglia, del non essere sull'essere.

video
Le *Operette morali* e la critica dell'antropocentrismo

video
Gli obiettivi fondamentali delle *Operette morali*

Dialogo di un folletto e di uno gnomo

Le operette del 1827 e del 1832

Sostanziali novità si fanno strada nelle operette composte successivamente. Nel 1827 Leopardi scrive *Il Copernico* e il *Dialogo di Plotino e di Porfirio*. Quest'ultimo testo rappresenta uno sviluppo ulteriore del pensiero leopardiano, che dal "pessimismo cosmico" deriva la necessità della solidarietà umana. Davanti al fermo proposito manifestato da Porfirio di togliersi la vita al fine di porre rimedio alle sofferenze dell'esistenza, il filosofo e suo maestro Plotino ricorre infine a un argomento di carattere etico e sociale: il suicidio provoca il dolore di coloro che rimangono e, quindi, se soddisfa il desiderio di pace di un solo individuo, accresce il male nel mondo, assecondando così l'azione devastatrice della natura. Nel 1832 Leopardi torna ancora una volta alle *Operette* e scrive il *Dialogo di un venditore e di un passeggere* (▶ T5) e il *Dialogo di Tristano e di un amico* (▶ T6). Nel primo testo emerge la «teoria del piacere» leopardiana. Si fronteggiano due punti di vista opposti: quello ottimista del venditore di calendari, convinto che l'anno a venire sarà più bello di tutti i precedenti, e quello pessimista del passante, consapevole che questa attesa di piacere è illusoria e destinata alla delusione. Infine, nel *Dialogo di Tristano e di un amico* del 1832, sotto le spoglie del protagonista, Leopardi anticipa i motivi di quella battaglia contro la cultura dell'ottimismo e le ideologie dominanti del suo tempo, che troverà la sua massima espressione nei versi della *Ginestra*.

video
L'etica leopardiana

La varietà stilistica e l'ironia

Leopardi concepisce le *Operette* come un'opera unitaria e organica. Tuttavia ne organizza la struttura nel modo più variato possibile: da un testo all'altro cambiano così le tecniche narrative, i registri stilistici, le ambientazioni e le epoche. I dialoghi coinvolgono ora personaggi della storia, ora personaggi del mito o dell'invenzione, spesso anche animali parlanti e personificazioni (per esempio quella della Luna, dell'Anima e della Natura). Si va da un registro lirico-alto a uno filosofico-medio a uno, infine, realistico-basso. In particolare, il registro comico è impiegato per rappresentare anche contenuti seri, con effetti satirici. L'ironia risulta strumento privilegiato per smascherare la morale tradizionale, fatta di ammaestramenti e astrazioni. L'ironia e il riso hanno inoltre una funzione liberatoria e positiva: possono confortare gli uomini, rendendo accettabile la scoperta del dolore.

Titolo	Data di composizione
1 *Storia del genere umano*	19 gen.-7 feb. 1824
2 *Dialogo di Ercole e di Atlante*	10-13 feb. 1824
3 *Dialogo della Moda e della Morte*	15-18 feb. 1824
4 *Proposta di premi fatta all'Accademia dei Sillografi*	22-25 feb. 1824
5 *Dialogo di un folletto e di uno gnomo*	2-6 mar. 1824
6 *Dialogo di Malambruno e di Farfarello*	1-3 apr. 1824
7 *Dialogo della Natura e di un'anima*	9-14 apr. 1824
8 *Dialogo della Terra e della Luna*	24-28 apr. 1824
9 *La scommessa di Prometeo*	30 apr.-8 mag. 1824
10 *Dialogo di un fisico e di un metafisico*	14-19 mag. 1824
11 *Dialogo di Torquato Tasso e del suo Genio familiare*	1-10 giu. 1824
12 *Dialogo della Natura e di un Islandese*	21-30 mag. 1824
13 *Il Parini, ovvero della gloria*	6 lug.-30 ago. 1824
14 *Dialogo di Federico Ruysch e delle sue mummie*	16-23 ago. 1824
15 *Detti memorabili di Filippo Ottonieri*	29 ago.-26 set. 1824
16 *Dialogo di Cristoforo Colombo e di Pietro Gutierrez*	19-25 ott. 1824
17 *Elogio degli uccelli*	29 ott.-5 nov. 1824
18 *Cantico del gallo silvestre*	10-16 nov. 1824
19 *Frammento apocrifo di Stratone da Lampsaco*	1825
20 *Dialogo di Timandro e di Eleandro*	14-24 giu. 1824
21 *Il Copernico, dialogo*	1827
22 *Dialogo di Plotino e di Porfirio*	1827
23 *Dialogo di un venditore d'almanacchi e di un passeggere*	1832
24 *Dialogo di Tristano e di un amico*	1832

T3

Le forme
- scelta del punto di vista "comune" dell'islandese

I temi
- crudeltà della Natura

Dialogo della Natura e di un Islandese

Questo dialogo, scritto tra il 21 e il 30 maggio 1824, ha un significato centrale nella riflessione leopardiana. Vi si affronta infatti il tema della natura, considerata come una forza spietata e impersonale, indifferente al destino dei viventi e quindi, nei fatti, nemica della loro felicità.

Un Islandese,[1] che era corso per la maggior parte del mondo, e soggiornato in diversissime terre; andando una volta per l'interiore[2] dell'Affrica, e passando sotto la linea equinoziale[3] in un luogo non mai prima penetrato da uomo alcuno, ebbe un caso simile a quello che intervenne[4] a Vasco di Gama[5] nel passare il Capo di Buona speranza; quando il medesimo Capo, guardiano dei mari australi, gli si fece incontro, sotto forma di gigante,[6] per distorlo dal tentare quelle nuove acque.[7] Vide da lontano un busto grandissimo; che da principio immaginò dovere essere di pietra, e a somiglianza degli ermi[8] colossali veduti da lui, molti anni prima, nell'isola di Pasqua.[9] Ma fattosi più da vicino, trovò che era una forma smisurata di donna seduta in terra, col busto ritto, appoggiato il dosso e il gomito a una montagna;[10] e non finta ma viva; di volto mezzo tra bello e terribile, di occhi e di capelli nerissimi; la quale guardavalo fissamente; e stata così un buono spazio[11] senza parlare, all'ultimo gli disse.

NATURA Chi sei? che cerchi in questi luoghi dove la tua specie era incognita?[12]

ISLANDESE Sono un povero Islandese, che vo[13] fuggendo la Natura; e fuggitala quasi tutto il tempo della mia vita per[14] cento parti della terra, la fuggo adesso per questa.

NATURA Così fugge lo scoiattolo dal serpente a sonaglio,[15] finché gli cade in gola da se medesimo. Io sono quella che tu fuggi.

ISLANDESE La Natura?

NATURA Non altri.

ISLANDESE Me ne dispiace fino all'anima,[16] e tengo per fermo[17] che maggior disavventura di questa non mi potesse sopraggiungere.[18]

NATURA Ben potevi pensare che io frequentassi specialmente queste parti; dove non ignori che si dimostra più che altrove la mia potenza. Ma che era che ti moveva a fuggirmi?

ISLANDESE Tu dei sapere che io fino nella prima gioventù, a poche esperienze,[19] fui persuaso e chiaro[20] della vanità della vita, e della stoltezza degli uomini; i quali combattendo continuamente gli uni cogli altri per l'acquisto di piaceri che non dilettano, e di beni che non giovano; sopportando e cagionandosi scambievolmente[21] infinite sollecitudini,[22] e infiniti mali, che affannano e nocciono in effetto,[23]

1 **Islandese:** Leopardi sceglie un abitante dell'Islanda su influenza di alcune pagine di Voltaire in cui si descrivono il clima e l'ambiente disagevoli di quel paese.
2 **interiore:** *interno.*
3 **la linea equinoziale:** *l'equatore.*
4 **intervenne:** *accadde.*
5 **Vasco di Gama:** è il celebre navigatore portoghese (1469-1524) che nel 1497-98 compì la prima circumnavigazione dell'Africa doppiando il Capo di Buona Speranza e giungendo in India.
6 **sotto forma di gigante:** è un episodio leggendario narrato dal poeta portoghese Luis Vaz de Camões (1524-1580) nel poema *I Lusiadi* del 1572.
7 **per distorlo... acque:** *per distoglierlo dal voler attraversare quei mari* (**acque**) *mai percorsi da uomini* (**nuove**).
8 **degli ermi:** *delle erme.* Le erme erano pilastri e statue in bronzo o in marmo collocati agli incroci delle strade.
9 **isola di Pasqua:** è un'isola del Pacifico meridionale sul cui territorio si innalzano circa trecento statue gigantesche in pietra e tufo.
10 **appoggiato... montagna:** *con la schiena* (**dosso**) *e un gomito appoggiati a una montagna.*
11 **un buono spazio:** è sottinteso di "tempo".
12 **incognita:** *sconosciuta.*
13 **che vo:** *che vado.*
14 **per:** *attraverso.*
15 **a sonaglio:** *a sonagli.*
16 **fino all'anima:** *fin nel profondo.*
17 **tengo per fermo:** *sono certo.*
18 **sopraggiungere:** *capitare.*
19 **a poche esperienze:** *già sulla base di poche esperienze.*
20 **chiaro:** *certo.*
21 **cagionandosi scambievolmente:** *causandosi reciprocamente.*
22 **sollecitudini:** *preoccupazioni.*
23 **nocciono in effetto:** *sono dannosi nelle conseguenze.*

tanto più si allontanano dalla felicità, quanto più la cercano. Per queste cons zioni, deposto ogni altro desiderio, deliberai, non dando molestia a chicche non procurando in modo alcuno di avanzare il mio stato,[25] non contendendo altri per nessun bene del mondo, vivere una vita oscura e tranquilla; e disperato[27] dei piaceri, come di cosa negata alla nostra specie, non mi proposi altra cura che di tenermi lontano dai patimenti. Con che non intendo dire che io pensassi di astenermi dalle occupazioni e dalle fatiche corporali: che ben sai che differenza è dalla fatica al disagio, e dal viver quieto al vivere ozioso.[28] E già nel primo mettere in opera questa risoluzione, conobbi per prova come egli[29] è vano a pensare, se tu vivi tra gli uomini, di potere, non offendendo alcuno, fuggire[30] che gli altri non ti offendano; e cedendo sempre spontaneamente, e contentandosi del menomo[31] in ogni cosa, ottenere che ti sia lasciato un qualsivoglia luogo, e che questo menomo non ti sia contrastato. Ma dalla molestia degli uomini mi liberai facilmente, separandomi dalla società, e riducendomi in solitudine: cosa che nell'isola mia nativa si può recare ad effetto[32] senza difficoltà. Fatto questo, e vivendo senza quasi verun'immagine di piacere,[33] io non poteva mantenermi però senza patimento: perché la lunghezza del verno,[34] l'intensità del freddo, e l'ardore estremo della state,[35] che sono qualità[36] di quel luogo, mi travagliavano[37] di continuo; e il fuoco, presso al quale mi conveniva passare una gran parte del tempo, m'inaridiva[38] le carni, e straziava gli occhi col fumo; di modo che, né in casa né a cielo aperto, io mi poteva salvare da un perpetuo disagio. Né anche potea[39] conservare quella tranquillità della vita, alla quale principalmente erano rivolti i miei pensieri: perché le tempeste spaventevoli di mare e di terra, i ruggiti e le minacce del monte Ecla,[40] il sospetto degl'incendi, frequentissimi negli alberghi,[41] come sono i nostri, fatti di legno, non intermettevano[42] mai di turbarmi. Tutte le quali incomodità in una vita sempre conforme a se medesima, e spogliata di qualunque altro desiderio e speranza, e quasi di ogni altra cura, che[43] d'esser quieta; riescono di non poco momento,[44] e molto più gravi che[45] elle non sogliono apparire quando la maggior parte dell'animo nostro è occupata dai pensieri della vita civile, e dalle avversità che provengono dagli uomini. Per tanto veduto che più che[46] io mi restringeva e quasi mi contraeva in me stesso, a fine d'impedire che l'esser mio non desse noia né danno a cosa alcuna del mondo; meno[47] mi veniva fatto che le altre cose non m'inquietassero e tribolassero; mi posi a cangiar[48] luoghi e climi, per vedere se in alcuna parte della terra potessi non offendendo non essere offeso, e non godendo non patire. E a questa deliberazione fui mosso[49] anche da un pensiero che mi nacque, che forse tu non avessi destinato al genere umano se non solo un clima della terra (come tu hai fatto a ciascuno degli altri generi degli animali, e di quei delle piante), e certi tali luoghi; fuori dei quali gli uomini non potessero prosperare né vivere senza difficoltà e miseria; da dover essere imputate,[50] non a te, ma solo a essi medesimi, quando

24 non… chicchessia: *non creando fastidio a nessuno.*
25 avanzare il mio stato: *migliorare la mia situazione.*
26 non contendendo: *senza venire a conflitto.*
27 disperato: *perduta ogni speranza.* È un participio (usato in senso assoluto) di grande forza espressiva.
28 che ben sai… ozioso: Leopardi mette in evidenza la differenza tra "quiete" e "ozio", che rappresenta l'inoperosità e il disinteresse e, in quanto tale, non riguarda l'Islandese-Leopardi.
29 egli: soggetto pleonastico.
30 fuggire: *fare in modo.*
31 menomo: *minimo.* Il primo momento di consapevolezza è dato dall'impossibilità del convivere civile anche arretrando in un minimo spazio vitale: la lotta di tutti contro tutti non consente strategie meramente difensive.
32 recare ad effetto: *realizzare.*
33 senza… piacere: cioè allontanandosi volontariamente da ogni forma di piacere, come nuovo stile di vita.
34 del verno: *dell'inverno.*
35 della state: *dell'estate.*
36 qualità: *caratteristiche.*
37 travagliavano: *tormentavano.*
38 m'inaridiva: *mi seccava.*
39 potea: *poteva.*
40 del monte Ecla: si tratta del vulcano Hekla, alto 1557 metri, nell'Islanda meridionale.
41 negli alberghi: *nelle case.*
42 intermettevano: *smettevano.*
43 cura, che: *preoccupazione, se non* [*quella*].
44 momento: *importanza*, cioè "fastidio".
45 che: *di quanto.*
46 più che: *quanto più.*
47 meno: [*tanto*] *meno.*
48 cangiar: *cambiare.*
49 a questa… mosso: *a questa decisione fui spinto.*
50 da… imputate: i soggetti sono la «difficoltà» e la «miseria».

eglino[51] avessero disprezzati e trapassati i termini[52] che fossero prescritti per le tue leggi alle abitazioni umane. Quasi tutto il mondo ho cercato, e fatta esperienza di quasi tutti i paesi; sempre osservando il mio proposito, di non dar molestia alle altre creature, se non il meno che io potessi, e di procurare la sola tranquillità della vita. Ma io sono stato arso dal caldo fra i tropici, rappreso dal freddo verso i poli, afflitto nei climi temperati dall'incostanza dell'aria, infestato dalle commozioni[53] degli elementi in ogni dove. Più luoghi ho veduto, nei quali non passa un dì senza temporale: che è quanto dire che tu dai ciascun giorno un assalto e una battaglia formata[54] a quegli abitanti, non rei[55] verso te di nessun'ingiuria. In altri luoghi la serenità ordinaria[56] del cielo è compensata dalla frequenza dei terremoti, dalla moltitudine e dalla furia dei vulcani, dal ribollimento sotterraneo di tutto il paese. Venti e turbini smoderati regnano nelle parti e nelle stagioni tranquille dagli altri furori dell'aria. Tal volta io mi ho[57] sentito crollare il tetto in sul capo pel gran carico della neve, tal altra, per l'abbondanza delle piogge la stessa terra, fendendosi, mi si è dileguata[58] di sotto ai piedi; alcune volte mi è bisognato[59] fuggire a tutta lena dai fiumi, che m'inseguivano, come fossi colpevole verso loro di qualche ingiuria. Molte bestie salvatiche, non provocate da me con una menoma[60] offesa, mi hanno voluto divorare; molti serpenti avvelenarmi; in diversi luoghi è mancato poco che gl'insetti volanti non mi abbiano consumato infino alle ossa. Lascio i pericoli giornalieri, sempre imminenti all'uomo, e infiniti di numero; tanto che un filosofo antico[61] non trova contro al timore, altro rimedio più valevole della considerazione che ogni cosa è da temere. Né le infermità mi hanno perdonato;[62] con tutto che[63] io fossi, come sono ancora, non dico temperante, ma continente dei[64] piaceri del corpo. Io soglio prendere non piccola ammirazione[65] considerando come tu ci abbi infuso tanta e sì ferma e insaziabile avidità del piacere; disgiunta dal quale la nostra vita, come priva di ciò che ella desidera naturalmente, è cosa imperfetta: e da altra parte abbi ordinato[66] che l'uso di esso[67] piacere sia quasi di tutte le cose umane la più nociva alle forze e alla sanità del corpo, la più calamitosa negli effetti in quanto a[68] ciascheduna persona, e la più contraria alla durabilità[69] della stessa vita. Ma in qualunque modo,[70] astenendomi quasi sempre e totalmente da ogni diletto, io non ho potuto fare di non incorrere in molte e diverse malattie: delle quali alcune mi hanno posto in pericolo della morte; altre di perdere l'uso di qualche membro, o di condurre perpetuamente una vita più misera che la passata; e tutte per più giorni o mesi mi hanno oppresso il corpo e l'animo con mille stenti e mille dolori. E certo, benché ciascuno di noi sperimenti nel tempo delle infermità, mali per lui nuovi o disusati,[71] e infelicità maggiore che egli non suole[72] (come se la vita umana non fosse bastevolmente misera per l'ordinario);[73] tu non hai dato all'uomo, per compensarnelo,[74] alcuni tempi di sanità soprabbondante e inusitata, la quale gli sia cagione[75] di qualche diletto straordinario per qualità e per grandezza. Ne' paesi coperti per lo più di nevi, io sono stato per accecare:[76] come intervie-

51 **eglino:** *essi* [: gli uomini].
52 **trapassati i termini:** *superati i limiti.*
53 **infestato dalle commozioni:** *perseguitato dalle perturbazioni.*
54 **formata:** *effettiva.*
55 **rei:** *colpevoli.*
56 **ordinaria:** *consueta.*
57 **mi ho:** *mi sono.*
58 **mi... dileguata:** *mi è scomparsa*; come risucchiata da una voragine.
59 **mi è bisognato:** *mi è stato necessario.*
60 **menoma:** *minima.*
61 **un filosofo antico:** Leopardi fa riferimento alle *Questioni naturali* di Seneca (4 a.C. ca.-65 d.C.).
62 **Né... perdonato:** *E neppure le malattie mi hanno risparmiato.*
63 **con tutto che:** *benché.*
64 **continente dei:** *moderato relativamente ai.*
65 **non piccola ammirazione:** *non poco stupore.*
66 **abbi ordinato:** [*considerando come tu*] *abbia disposto*; dipende, come interrogativa indiretta, ancora da **considerando come tu**.
67 **esso:** *questo stesso.*
68 **in quanto a:** *per.*
69 **durabilità:** *continuazione.* Il desiderio del piacere, condotto agli eccessi, si trasforma in vizio e diviene pericoloso per la salute psico-fisica.
70 **Ma... modo:** *Ma comunque.*
71 **disusati:** *non consueti.*
72 **che egli... suole:** *di quanto non gli sia capitato* [*fino ad allora*].
73 **bastevolmente... ordinario:** *abbastanza infelice di norma.*
74 **per compensarnelo:** *per risarcirlo di quelli* [: dei mali]; detto con amara ironia.
75 **cagione:** *causa.*
76 **io sono stato per accecare:** *io sono stato sul punto di diventare cieco.*

ne ordinariamente ai Lapponi[77] nella loro patria. Dal sole e dall'aria, cose anzi necessarie alla nostra vita, e però da non potersi fuggire, siamo ingiuria continuo: da questa colla umidità, colla rigidezza, e con altre disposizioni; da lo[79] col calore, e colla stessa luce: tanto che l'uomo non può mai senza qu maggiore o minore incomodità o danno, starsene esposto all'una o all'altro di loro. In fine, io non mi ricordo aver passato un giorno solo della vita senza qualche pena; laddove[80] io non posso numerare quelli che ho consumati senza pure un'ombra di godimento: mi avveggo[81] che tanto ci è destinato e necessario[82] il patire, quanto il non godere; tanto impossibile il viver quieto in qual si sia[83] modo, quanto il vivere inquieto senza miseria: e mi risolvo a conchiudere[84] che tu sei nemica scoperta[85] degli uomini, e degli altri animali, e di tutte le opere tue; che ora c'insidii ora ci minacci ora ci assalti ora ci pungi ora ci percuoti ora[86] ci laceri, e sempre o ci offendi o ci perseguiti; e che, per costume e per instituto,[87] sei carnefice della tua propria famiglia, de' tuoi figliuoli e, per dir così, del tuo sangue e delle tue viscere. Per tanto rimango privo di ogni speranza: avendo compreso che gli uomini finiscono di perseguitare chiunque li fugge o si occulta con volontà vera di fuggirli o di occultarsi; ma che tu, per niuna cagione, non lasci mai d'incalzarci, finché ci opprimi.[88] E già mi veggo vicino il tempo amaro e lugubre della vecchiezza; vero e manifesto male, anzi cumulo di mali e di miserie gravissime; e questo tuttavia non accidentale, ma destinato da te per legge a tutti i generi de' viventi, preveduto da ciascuno di noi fino nella fanciullezza, e preparato in lui di continuo, dal quinto suo lustro[89] in là, con un tristissimo declinare e perdere[90] senza sua colpa: in modo che appena un terzo della vita degli uomini è assegnato al fiorire, pochi istanti alla maturità e perfezione, tutto il rimanente allo scadere,[91] e agl'incomodi che ne seguono.

NATURA Immaginavi tu forse che il mondo fosse fatto per causa vostra?[92] Ora sappi che nelle fatture,[93] negli ordini e nelle operazioni mie, trattone[94] pochissime, sempre ebbi ed ho l'intenzione a tutt'altro, che alla felicità degli uomini o all'infelicità. Quando io vi offendo in qualunque modo e con qual si sia mezzo, io non me n'avveggo,[95] se non rarissime volte: come, ordinariamente, se io vi diletto o vi benefico, io non lo so; e non ho fatto, come credete voi, quelle tali cose, o non fo[96] quelle tali azioni, per dilettarvi o giovarvi. E finalmente,[97] se anche mi avvenisse di estinguere tutta la vostra specie, io non me ne avvedrei.[98]

ISLANDESE Ponghiamo caso[99] che uno m'invitasse spontaneamente a una sua villa, con grande instanza,[100] e io per compiacerlo vi andassi. Quivi[101] mi fosse dato per dimorare una cella tutta lacera e rovinosa, dove io fossi in continuo pericolo di essere oppresso;[102] umida, fetida, aperta al vento e alla pioggia. Egli, non che si prendesse cura d'intrattenermi in alcun passatempo o di darmi alcuna comodità,

77 Lapponi: abitanti della Lapponia, regione prossima al Circolo Polare Artico.
78 ingiuriati: *danneggiati.*
79 da questa… da quello: cioè dall'aria e dal sole.
80 laddove: *mentre.*
81 avveggo: *accorgo.*
82 necessario: *inevitabile.*
83 qual si sia: *qualsiasi.*
84 conchiudere: *concludere.*
85 scoperta: *aperta.*
86 ora… ora: nota l'insistere percussivo delle ripetizioni; esso rinvia ai diversi modi con i quali vengono continuamente offese la natura e la dignità dell'uomo.
87 instituto: *fondamento.* È un'accusa forte e disperata: la natura porta inscritta nella propria specificità l'umiliazione delle sue creature.
88 avendo… opprimi: l'uomo può sfuggire al contendere sociale degli altri uomini, benché si autocondanni a una solitudine priva di solidarietà; la natura è ancora più crudele perché non cessa di inseguirlo e di tormentarlo senza vero motivo (per niuna cagione).
89 dal… lustro: cioè dall'età di venticinque anni.
90 perdere: verbo usato in senso assoluto e intransitivo. Acquista perciò nuova efficacia per il numero dei sottintesi: la ragione, l'energia, la vitalità, la memoria.
91 scadere: *decadere.*
92 per causa vostra: *a vostro* [: degli uomini] *vantaggio.*
93 fatture: *forme* [*da me create*].
94 trattone: *tolte.*
95 avveggo: *accorgo.*
96 fo: *faccio.*
97 finalmente: *infine.*
98 avvedrei: *accorgerei.*
99 Ponghiamo caso: *Supponiamo.* Questo verbo regge anche le preposizioni seguenti. Ha qui inizio una lunga allegoria della nascita e della vita umana viste come la contraddittoria e dolorosa permanenza di un ospite in una casa inabitabile.
100 instanza: *insistenza.*
101 Quivi: cioè nella villa.
102 pericolo… oppresso: il rischio è che i muri pericolanti possano ricadere sopra l'ospite e schiacciarlo.

per lo[103] contrario appena mi facesse somministrare il bisognevole[104] a sostentarmi; e oltre di ciò mi lasciasse villaneggiare,[105] schernire, minacciare e battere da' suoi figliuoli e dall'altra famiglia.[106] Se querelandomi io seco[107] di questi mali trattamenti, mi rispondesse: forse che ho fatto io questa villa per te? o mantengo io questi miei figliuoli, e questa mia gente, per tuo servigio? e, bene ho altro a pensare che de' tuoi sollazzi,[108] e di farti le buone spese; a questo replicherei: vedi, amico, che siccome tu non hai fatto questa villa per uso mio, così fu in tua facoltà di non invitarmici. Ma poiché spontaneamente hai voluto che io ci dimori, non ti si appartiene egli[109] di fare in modo, che io, quanto[110] è in tuo potere, ci viva per lo meno senza travaglio[111] e senza pericolo? Così dico ora. So bene che tu non hai fatto il mondo in servigio degli uomini. Piuttosto crederei che l'avessi fatto e ordinato espressamente per tormentarli. Ora domando: t'ho io forse pregato di pormi in questo universo? o mi vi sono intromesso violentemente, e contro tua voglia? Ma se di tua volontà, e senza mia saputa,[112] e in maniera che io non poteva sconsentirlo né ripugnarlo,[113] tu stessa, colle tue mani, mi vi hai collocato; non è egli dunque ufficio[114] tuo, se non tenermi lieto e contento in questo tuo regno, almeno vietare che io non vi sia tribolato[115] e straziato, e che l'abitarvi non mi noccia?[116] E questo che dico di me, dicolo[117] di tutto il genere umano, dicolo degli altri animali e di ogni creatura.

Natura Tu mostri non aver posto mente che la vita di quest'universo è un perpetuo circuito di produzione e distruzione, collegate ambedue tra sé di maniera, che ciascheduna serve continuamente all'altra, ed alla conservazione del mondo; il quale sempre che[118] cessasse o l'una o l'altra di loro, verrebbe parimente[119] in dissoluzione. Per tanto risulterebbe in suo danno se fosse in lui cosa alcuna libera da patimento.[120]

Islandese Cotesto medesimo odo ragionare a[121] tutti i filosofi. Ma poiché quel che è distrutto, patisce; e quel che distrugge, non gode, e a poco andare[122] è distrutto medesimamente;[123] dimmi quello che nessun filosofo mi sa dire: a chi piace o a chi giova cotesta vita infelicissima dell'universo, conservata con danno e con morte di tutte le cose che lo compongono?

Mentre stavano in questi e simili ragionamenti è fama[124] che sopraggiungessero due leoni, così rifiniti e maceri dall'inedia,[125] che appena ebbero la forza di mangiarsi quell'Islandese; come fecero; e presone un poco di ristoro, si tennero in vita per quel giorno. Ma sono alcuni che negano questo caso,[126] e narrano che un fierissimo[127] vento, levatosi mentre che l'Islandese parlava, lo stese a terra, e sopra gli edificò un superbissimo mausoleo[128] di sabbia: sotto il quale colui disseccato perfettamente, e divenuto una bella mummia, fu poi ritrovato da certi viaggiatori, e collocato nel museo di non so quale città di Europa.[129]

da G. Leopardi, *Tutte le opere*, cit.

103 per lo: *al.*
104 bisognevole: *minimo indispensabile.*
105 villaneggiare: *offendere.*
106 dall'altra famiglia: *dai servi.*
107 Se… seco: *Se lamentandomi io con lui.*
108 sollazzi: *piaceri.*
109 non ti… egli: *non è tuo compito necessario.* «Egli» è soggetto pleonastico.
110 quanto: *per quanto.*
111 travaglio: *dolore.*
112 senza mia saputa: *a mia insaputa.*
113 sconsentirlo né ripugnarlo: *né disapprovare né dissentire* [sulla mia venuta al mondo].
114 ufficio: *dovere.*
115 tribolato: *afflitto da sofferenze.*
116 noccia: *nuoccia* [: rechi danno].
117 dicolo: *lo dico.*
118 sempre che: *non appena.*
119 parimente: *allo stesso modo* [: in entrambi i casi].
120 Tu mostri… patimento: nella risposta della Natura è tracciato in sintesi il ciclo inesorabile della materia: la vita e la morte, la nascita e il dissolvimento sono parti dello stesso ingranaggio e non è dato prescinderne, pena l'interruzione del meccanismo stesso.
121 a: *da parte di.*
122 a poco andare: *in breve tempo.*
123 medesimamente: *lo stesso.*
124 è fama: *si racconta.* In quest'ultimo paragrafo, Leopardi finge ironicamente di riferire varie versioni sul finale dell'episodio.
125 rifiniti… inedia: *stenti e magri per il digiuno.*
126 caso: *fatto.*
127 fierissimo: *violentissimo.*
128 mausoleo: *monumento funebre.*
129 sotto… di Europa: si noti la progressiva indefinitezza delle immagini (**certi… non so quale…**), quasi a rendere il disperdersi dell'Islandese nell'indifferenza del tutto.

Dal testo alla vita: **1824, nel periodo del silenzio poetico**

A che cosa è dovuta la scelta di Leopardi di allontanarsi dalla poesia?

L'operetta *Dialogo della Natura e di un Islandese* è stata scritta nel maggio del 1824. In questo periodo Leopardi ha smesso di scrivere versi. Tornato a Recanati nel maggio 1823 dopo la deludente esperienza romana, egli si è congedato provvisoriamente dalla poesia con la canzone *Alla sua donna*. La crisi del «sistema della natura e delle illusioni» implica infatti il venir meno della fiducia nella poesia e nelle sue capacità di rappresentare le grandi illusioni positive. Ne consegue l'adesione a una letteratura volta soltanto all'investigazione dell'«arido vero», cioè, in qualche modo, tutta antipoetica. Leopardi si dedica perciò alla stesura delle prime venti *Operette morali*, scritte fra il gennaio e il novembre 1824. A questo folto gruppo iniziale si aggiungeranno, negli anni successivi, altri cinque testi (un'operetta nel 1825, due nel 1827 e due nel 1832).

Dal testo alle forme: **il punto di vista "comune" e l'assenza dell'ironia**

Perché Leopardi sceglie come protagonista di questa operetta un personaggio "comune"?

Nelle *Operette morali* dialogano personaggi di varia natura: storici, mitici o fantastici. In questo caso il dialogo ruota intorno all'intervento centrale dell'Islandese, che occupa poco meno di due terzi del testo. Sua interlocutrice è la Natura, che, personificata, assume «una forma smisurata di donna seduta in terra, col busto ritto, appoggiato il dosso e il gomito a una montagna; e non finta ma viva; di volto mezzo tra bello e terribile, di occhi e di capelli nerissimi» (rr. 9-11). Per descrivere l'esperienza della vita umana, Leopardi non scegli qui un personaggio importante (un filosofo, un artista, uno scienziato), come accade in altre operette, ma preferisce introdurre un protagonista "comune", un uomo definito solo attraverso la propria nazionalità (viene dall'Islanda) e chiamato a rappresentare un punto di vista medio, fondato sulla verità dell'esperienza diretta. Ciò rientra nella concezione leopardiana della filosofia, ritenuta un bisogno esistenziale e non una professione specialistica. D'altra parte, anche la poesia filosofica di Leopardi (quella che caratterizza la fase matura della sua ricerca) non risulta mai astratta, ma sempre ben radicata in un'esperienza biografica diretta e sofferta. Il punto di vista "ingenuo" e diretto dell'Islandese è condiviso da Leopardi, che idealmente si unisce al protagonista nella dura requisitoria contro la Natura. Diversamente dalla gran parte delle altre operette, in questa il discorso è quasi privo di ironia: l'autore si lascia coinvolgere nell'argomentazione, abbandonando la condizione di imperturbabilità del saggio che nelle *Operette morali* viene solitamente realizzata attraverso il tono ironico e satirico. L'ironia subentra solo alla fine, quando vengono introdotte due ipotesi circa la sorte dell'Islandese.

Dal testo al pensiero: **il pessimismo materialistico e cosmico**

Quale idea della natura emerge?

La posizione espressa nel *Dialogo della Natura e di un Islandese* rappresenta uno snodo importante del pensiero leopardiano, che approda a un pessimismo materialistico di dimensioni cosmiche. L'idea di una natura benevola, dispensatrice di generose illusioni, lascia qui il posto all'immagine di una natura invece cattiva, «nemica scoperta degli uomini, e degli altri animali, e di tutte le opere *sue*». Essa ha «destinato [...] per legge» gli uomini e gli altri esseri viventi alla «vecchiezza», che occupa la porzione maggiore della vita. Come dichiara infatti la stessa Natura, la conservazione del mondo è determinata da «un perpetuo circuito di produzione e distruzione». Scrive a questo proposito il critico Luigi Blasucci: «L'elemento di novità non è dato dunque dalla scoperta in assoluto dei mali esterni, abbastanza presenti, come s'è visto, nella visione leopardiana anteriore dell'infelicità umana; ma nel riconoscimento della loro sistematicità nell'ordine delle cose naturali. [...] Ma quello che dà un decisivo suggello di necessità a questa visione dei mali naturali è la considerazione definitivamente materialistica [...] della vecchiezza, intesa come un "vero e manifesto male, anzi cumulo di mali e di miserie gravissime; e questo tuttavia non accidentale, ma destinato [...] per legge a tutti i generi de' viventi"».

Dal testo ai temi: la natura indifferente e muta

Quale risulta essere il rapporto tra uomo e natura?

La natura sembra generare solo paesaggi inospitali, che sono indicati dall'Islandese in una lunga serie di elenchi. Il protagonista è «stato arso dal caldo fra i tropici, rappreso dal freddo verso i poli, afflitto nei climi temperati dall'inconsistenza dell'aria, infestato dalle commozioni degli elementi in ogni dove» (rr. 75-77). La ricerca dell'Islandese di un luogo libero da «patimento» dura tutta la vita; né egli cessa, fino alla morte, di rivolgere le sue domande accorate alla Natura. La domanda dell'Islandese sul senso di questa «vita infelicissima dell'universo, conservata con danno e con morte di tutte le cose che lo compongono» (rr. 177-178), segna il punto massimo di rottura di una possibilità di intesa con la natura. Dopo non ci sarà più colloquio, ma monologo. Il *Canto notturno di un pastore errante dell'Asia* (1829-1830) riprende l'inchiesta dell'Islandese. Ma la luna è «muta», non risponde alle domande del pastore, rimanendo immobile nella sua gelida bellezza.

Esercizi

Prima prova A • L'analisi del testo

Comprendere

1 Riassunto

Riassumi in massimo trenta righe il contenuto di questa operetta.

Analizzare

2 La tecnica dell'accumulo

Lo stile di questa operetta si fonda sulla tecnica dell'elencazione e dell'accumulo. Rintracciane alcuni esempi nel testo.

3 La similitudine introdotta dall'Islandese

Per far capire alla Natura come essa si riveli malvagia e inospitale, l'Islandese introduce una lunga similitudine: quale?

Interpretare e approfondire

4 I volti della Natura

Protagonista di questa operetta è, insieme all'Islandese, la Natura, raffigurata sotto l'aspetto di una gigantesca figura di donna.

a. Come appare la Natura all'Islandese? Quale immagine offre di sé?

b. In che cosa coincidono e in che cosa divergono le due visioni della Natura?

5 Il silenzio della Natura

La domanda finale dell'Islandese sul senso della vita rimane senza risposta. Prova a chiederti il perché, elencando le tue ipotesi e confrontandole con quelle proposte dai tuoi compagni.

preparare l'interrogazione

Per essere pronto in vista dell'interrogazione puoi utilizzare questa scaletta, utile nell'esposizione orale. Nella colonna di sinistra sono ricapitolate le caratteristiche del testo che servono a ricostruire un quadro generale del contesto, della poetica e delle tematiche dell'autore. La colonna di destra è a tua disposizione per annotare eventuali riferimenti puntuali al testo.

I punti della scaletta	Riferimenti al testo
• l'operetta come sintomo della crisi del "sistema della natura e delle illusioni"; • il *Dialogo della Natura* e di un Islandese testimonia l'affermazione del "pessimismo cosmico" entro il pensiero leopardiano; • il rapporto di questa operetta con le poesie successive, per esempio il *Canto notturno* (▶ T11)	....

T4

Le forme
- frequenza dell'interrogativa nel discorso di Colombo

I temi
- piccolezza dell'uomo nell'universo
- importanza dell'avventura per contrastare la noia dell'esistenza

video *Il Dialogo di Cristoforo Colombo e di Pietro Gutierrez*

Dialogo di Cristoforo Colombo e di Pietro Gutierrez

In questa operetta del 1824 compaiono, quali dialoganti, due personaggi storici: Cristoforo Colombo e un suo compagno di viaggio, Pietro Gutierrez. Vi è anche un'ambientazione ben delineata, e di grande suggestione: i due marinai dialogano durante una tranquilla notte di navigazione, sullo sfondo del grande viaggio verso l'ignoto che, secondo gli errati calcoli di Colombo, avrebbe dovuto portarli a raggiungere le Indie circumnavigando l'Africa. Cristoforo Colombo, pur iniziando a nutrire qualche dubbio in merito all'esito del viaggio, difende la scelta di aver intrapreso un'avventura «che per un tempo [...] tiene liberi dalla noia».

COLOMBO Bella notte, amico.

GUTIERREZ[1] Bella in verità: e credo che a vederla da terra, sarebbe più bella.

COLOMBO Benissimo: anche tu sei stanco del navigare.

GUTIERREZ Non del navigare in ogni modo;[2] ma questa navigazione mi riesce più lunga che io non aveva creduto, e mi dà un poco di noia. Contuttociò non hai da pensare che io mi dolga[3] di te, come fanno gli altri. Anzi tieni per certo che qualunque deliberazione[4] tu sia per fare intorno a questo viaggio, sempre ti seconderò,[5] come per l'addietro,[6] con ogni mio potere. Ma, così per via di discorso,[7] vorrei che tu mi dichiarassi precisamente, con tutta sincerità, se ancora hai così per sicuro come a principio,[8] di avere a trovar paese in questa parte del mondo; o se, dopo tanto tempo e tanta esperienza in contrario, cominci niente[9] a dubitare.

COLOMBO Parlando schiettamente, e come si può con persona amica e segreta,[10] confesso che sono entrato un poco in forse: tanto più che nel viaggio parecchi segni che mi avevano dato speranza grande, mi sono riusciti vani; come fu quel degli uccelli che ci passarono sopra, venendo da ponente, pochi dì poi che fummo partiti da Gomera,[11] e che io stimai fossero indizio di terra poco lontana. Similmente, ho veduto di giorno in giorno che l'effetto non ha corrisposto a più di una congettura e più di un pronostico fatto da me innanzi che ci ponessimo in mare, circa a diverse cose che ci sarebbero occorse,[12] credeva io, nel viaggio. Però vengo discorrendo,[13] che come questi pronostici mi hanno ingannato, con tutto che mi paressero quasi certi; così potrebbe essere che mi riuscisse anche vana la congettura principale, cioè dell'avere a trovar terra di là dall'Oceano. Bene è vero che ella ha fondamenti tali, che se pure è falsa, mi parrebbe da un canto che non si potesse aver fede[14] a nessun giudizio umano, eccetto che esso non consista del tutto in cose che si veggano presentemente e si tocchino. Ma da altro canto, considero che la pratica si discorda spesso, anzi il più delle volte, dalla speculazione:[15] e anche dico fra me: che puoi tu sapere che ciascuna parte del mondo si rassomigli alle altre in modo, che essendo l'emisfero d'oriente occupato parte dalla terra e parte dall'acqua, seguiti[16] che anche l'occidentale debba essere diviso tra

1 Gutierrez: è uno dei compagni di viaggio di Cristoforo Colombo.
2 in ogni modo: *in quanto tale.*
3 mi dolga: *mi lamenti.*
4 deliberazione: *decisione.*
5 ti seconderò: *ti asseconderò.*
6 l'addietro: *il passato.*
7 per via di discorso: *tanto per parlare.*
8 a principio: *all'inizio.*
9 niente: *per caso.*
10 segreta: *intima.*
11 Gomera: è una delle isole Canarie, a circa 100 km dalle coste dell'Africa.
12 occorse: *accadute.*
13 Però vengo discorrendo: *Perciò sto considerando.*
14 aver fede: *prestar fiducia.*
15 dalla speculazione: *dal pensiero.*
16 séguiti: *ne consegua.*

La lingua nel tempo: noia. Il termine *noia* (qui al r. 5) deriva probabilmente dall'espressione latina *in odio.* I Latini usavano infatti *odium* per 'tedio, fastidio, molestia'. Per *noia* si intende 'disgusto che viene dalla ripetizione di impressioni non piacevoli o dalla durata di uno stato increscevolmente uniforme'. *Noia* è parola tipicamente leopardiana: indica uno stato d'animo di insoddisfazione profonda e di incapacità di appagarsi di qualsivoglia oggetto.

questa e quella?[17] che puoi sapere che non sia tutto occupato da un mare unico e immenso? o che invece di terra, o anco[18] di terra e d'acqua, non contenga qualche altro elemento? Dato che[19] abbia terre e mari come l'altro, non potrebbe essere che fosse inabitato? anzi inabitabile? Facciamo che non sia meno abitato del nostro: che certezza hai tu che vi abbia creature razionali, come in questo? e quando pure ve ne abbia, come ti assicuri[20] che sieno uomini, e non qualche altro genere di animali intellettivi?[21] ed essendo uomini; che non sieno differentissimi da quelli che tu conosci? ponghiamo caso,[22] molto maggiori di corpo, più gagliardi, più destri;[23] dotati naturalmente di molto maggiore ingegno e spirito; anche, assai meglio inciviliti, e ricchi di molta più scienza ed arte? Queste cose vengo pensando fra me stesso. E per verità, la natura si vede essere fornita di tanta potenza, e gli effetti di quella essere così vari e molteplici, che non solamente non si può fare giudizio certo di quel che ella abbia operato ed operi in parti lontanissime e del tutto incognite al mondo nostro,[24] ma possiamo anche dubitare che uno s'inganni di gran lunga argomentando da questo a quelle, e non sarebbe contrario alla verisimilitudine l'immaginare che le cose del mondo ignoto, o tutte o in parte, fossero maravigliose e strane a rispetto nostro. Ecco che noi veggiamo[25] cogli occhi propri[26] che l'ago in questi mari declina dalla stella per non piccolo spazio verso ponente:[27] cosa novissima,[28] e insino[29] adesso inaudita a tutti i navigatori; della quale, per molto fantasticarne, io non so pensare una ragione che mi contenti. Non dico per tutto questo, che si abbia a prestare orecchio alle favole degli antichi circa alle maraviglie del mondo sconosciuto, e di questo Oceano; come, per esempio, alla favola dei paesi narrati da Annone,[30] che la notte erano pieni di fiamme, e dei torrenti di fuoco che di là sboccavano nel mare: anzi veggiamo quanto sieno stati vani fin qui tutti i timori di miracoli e di novità spaventevoli, avuti dalla nostra gente in questo viaggio; come quando, al vedere quella quantità di alghe, che pareva facessero della marina quasi un prato,[31] e c'impedivano alquanto l'andare innanzi, pensarono essere in sugli ultimi confini del mar navigabile. Ma voglio solamente inferire,[32] rispondendo alla tua richiesta, che quantunque la mia congettura sia fondata in argomenti probabilissimi,[33] non solo a giudizio mio, ma di molti geografi, astronomi e navigatori eccellenti, coi quali ne ho conferito,[34] come sai, nella Spagna, nell'Italia e nel Portogallo; nondimeno potrebbe succedere che fallasse:[35] perché, torno a dire, veggiamo che molte conclusioni cavate con ottimi discorsi,[36] non reggono all'esperienza; e questo interviene[37] più che mai, quando elle appartengono a cose intorno alle quali si ha pochissimo lume.[38]

GUTIERREZ Di modo che tu, in sostanza, hai posto la tua vita, e quella de' tuoi compagni, in sul fondamento di una semplice opinione speculativa.[39]

COLOMBO Così è: non posso negare. Ma, lasciando da parte che gli uomini tutto giorno[40] si mettono a pericolo della vita con fondamenti più deboli di gran lunga, e per cose di piccolissimo conto, o anche senza pensarlo; considera un poco. Se al presente tu, ed io, e tutti i nostri compagni, non fossimo in su queste navi, in mezzo di questo mare, in questa solitudine incognita, in istato incerto e rischioso quanto si voglia; in quale altra condizione di vita ci troveremmo essere? in che saremmo occupati? in che

17 tra questa e quella: cioè tra acqua e terra.
18 anco: *anche.*
19 Dato che: *Ammesso che.*
20 ti assicuri: *ti puoi accertare.*
21 intellettivi: *razionali.*
22 ponghiamo caso: *supponiamo.*
23 destri: *abili.*
24 la natura... nostro: in questa lunga frase, Colombo sostiene una posizione di estremo relativismo, lasciando aperte tutte le strade: le nuove terre possono confermare o smentire le nostre conoscenze naturali e geografiche.
25 veggiamo: *vediamo.*
26 propri: *nostri.*
27 l'ago... ponente: si tratta di un fenomeno collegato alla declinazione magnetica: l'ago della bussola, in pratica, si scosta molto dal Nord, segnato dalla Stella Polare.
28 novissima: *straordinaria.*
29 insino: *fino a.*
30 Annone: era un navigatore cartaginese del V secolo a.C.
31 quasi un prato: è il mar dei Sargassi tra le Azzorre e le Antille, così chiamato per la presenza di un'alga, uva di mare (o sargasso), galleggiante sulla sua superficie.
32 inferire: *dedurre.*
33 probabilissimi: assai credibili e verosimili.
34 conferito: *discusso.*
35 fallasse: *fosse sbagliata.*
36 cavate... discorsi: *dedotte da perfette argomentazioni.*
37 interviene: *accade.*
38 lume: cioè conoscenza ed esperienza diretta.
39 opinione speculativa: *congettura.*
40 tutto giorno: *sempre* (francesismo da *toujours*).

modo passeremmo questi giorni? Forse più lietamente? o non saremmo anzi in qualche maggior travaglio o sollecitudine, ovvero pieni di noia? Che vuol dire uno stato libero da incertezza e pericolo? se contento e felice, quello è da preferire a qualunque altro; se tedioso e misero, non veggo[41] a quale altro stato non sia da posporre. Io non voglio ricordare la gloria e l'utilità che riporteremo, succedendo l'impresa[42] in modo conforme alla speranza. Quando altro frutto non ci venga da questa navigazione, a me pare che ella ci sia profittevolissima[43] in quanto che per un tempo essa ci tiene liberi dalla noia, ci fa cara la vita, ci fa pregevoli molte cose che altrimenti non avremmo in considerazione. Scrivono gli antichi, come avrai letto o udito, che gli amanti infelici, gittandosi dal sasso di Santa Maura (che allora si diceva di Leucade)[44] giù nella marina, e scampandone; restavano, per grazia di Apollo, liberi dalla passione amorosa. Io non so se egli[45] si debba credere che ottenessero questo effetto; ma so bene che, usciti di quel pericolo, avranno per un poco di tempo, anco senza favore di Apollo, avuta cara la vita, che prima avevano in odio; o pure avuta più cara e più pregiata che innanzi. Ciascuna navigazione è, per giudizio mio, quasi un salto dalla rupe di Leucade; producendo le medesime utilità, ma più durevoli che quello non produrrebbe; al quale, per questo conto, ella è superiore assai. Credesi comunemente che gli uomini di mare e di guerra, essendo a ogni poco in pericolo di morire, facciano meno stima della vita propria, che non fanno gli altri della loro. Io per lo stesso rispetto giudico che la vita si abbia da molto poche[46] persone in tanto amore e pregio come da' navigatori e soldati. Quanti beni che, avendoli, non si curano, anzi quante cose che non hanno pur nome di beni, paiono carissime e preziosissime ai naviganti, solo per esserne privi! Chi pose mai nel numero dei beni umani l'avere un poco di terra che ti sostenga? Niuno,[47] eccetto i navigatori, e massimamente[48] noi, che per la molta incertezza del successo di questo viaggio, non abbiamo maggior desiderio che della vista di un cantuccio di terra; questo è il primo pensiero che ci si fa innanzi allo svegliarci, con questo ci addormentiamo; e se pure una volta ci verrà scoperta da lontano la cima di un monte o di una foresta, o cosa tale, non capiremo[49] in noi stessi dalla contentezza; e presa terra, sola-

41 veggo: *vedo.*
42 succedendo l'impresa: *qualora l'impresa si concluda con successo.*
43 profittevolissima: *assai vantaggiosa.*
44 Leucade: isola greca dello Ionio. Sulla rupe di Leucade si trovava un tempio dedicato ad Apollo.
45 egli: soggetto superfluo.
46 molto poche: *pochissime.*
47 Niuno: *Nessuno.*
48 massimamente: *soprattutto.*
49 non capiremo: *non staremo più.*

▶ Statua di Cristoforo Colombo a Barcellona.

mente a pensare di ritrovarci in sullo stabile,[50] di potere andare qua e là camminando a nostro talento,[51] ci parrà per più giorni essere beati.

GUTIERREZ Tutto cotesto è verissimo: tanto che se quella tua congettura speculativa riuscirà così vera come è la giustificazione dell'averla seguita, non potremo mancar di godere questa beatitudine un giorno o l'altro.

COLOMBO Io per me, se bene non mi ardisco più di prometterlo sicuramente, contuttociò spererei che fossimo per goderla presto. Da certi giorni in qua, lo scandaglio,[52] come sai, tocca fondo; e la qualità di quella materia che gli vien dietro, mi pare indizio buono. Verso sera, le nuvole intorno al sole, mi si dimostrano d'altra forma e di altro colore da quelle dei giorni innanzi. L'aria, come puoi sentire, è fatta un poco più dolce e più tepida[53] di prima. Il vento non corre più, come per l'addietro, così pieno, né così diritto, né costante; ma piuttosto incerto, e vario, e come fosse interrotto da qualche intoppo.[54] Aggiungi quella canna che andava in sul mare a galla, e mostra essere tagliata di poco; e quel ramicello di albero con quelle coccole rosse e fresche. Anche gli stormi degli uccelli, benché mi hanno[55] ingannato altra volta, nondimeno ora sono tanti che passano, e così grandi; e moltiplicano talmente di giorno in giorno; che penso vi si possa fare qualche fondamento; massime[56] che vi si veggono intramischiati alcuni uccelli che, alla forma, non mi paiono dei marittimi. In somma tutti questi segni raccolti insieme, per molto che io voglia essere diffidente, mi tengono pure in aspettativa grande e buona.

GUTIERREZ Voglia Dio questa volta, ch'ella[57] si verifichi.

da G. Leopardi, *Tutte le opere*, cit.

50 in sullo stabile: *sulla terraferma.*
51 a nostro talento: *a nostro piacimento.*
52 scandaglio: uno strumento per misurare la profondità del mare e la consistenza del fondale.
53 tepida: *tiepida.*
54 da qualche intoppo: cioè da qualche barriera naturale: isole, montagne, vegetazione.
55 hanno: *abbiano.*
56 massime: *soprattutto.*
57 ella: cioè l'«aspettativa».

Lavoriamo sul testo

Leggere e capire

La suddivisione del testo Il testo è suddivisibile in quattro parti. La prima (rr. 1-11) contiene gli elementi fondamentali entro i quali si inquadra il dialogo: i due interlocutori, la notte quieta, la navigazione (trattandosi di Colombo se ne deduce che la meta è rappresentata dalle Indie), la nostalgia per la terra ferma, l'inquietudine dell'equipaggio e dello stesso Gutierrez per il prolungarsi del viaggio. Seguono poi tre lunghi interventi di Colombo in risposta ad altrettante osservazioni del compagno. Il primo (rr. 12-61) ruota intorno al motivo dell'incertezza circa la corrispondenza fra la realtà e i fondamenti teorici che ne permettono la descrizione: i calcoli indicano che la navigazione condurrà a nuove terre ma non vi sono certezze materiali che la realtà sensibile vi corrisponda, né in precedenza l'interpretazione dei segni è sempre risultata esatta. Il secondo (rr. 64-99) ha invece come motivo dominante l'idea che il rischio possa sconfiggere la noia dell'esistenza, fornendo quindi momenti di illusorio piacere. Il terzo (rr. 103-117) mostra il personaggio di Colombo assorto in nuove congetture basate sulla decifrazione di altri indizi che egli ha tratto dall'osservazione del mare o del cielo negli ultimi giorni e che lo spingono ad avere fiducia circa gli esiti del viaggio.

Analizzare

Le domande di Colombo Il dialogo è incentrato sugli interventi di Colombo, che occupano gran parte del testo. Dopo la domanda iniziale, le repliche di Gutierrez si limitano a commentare brevemente l'argomentazione sviluppata dal suo interlocutore. Nel suo primo intervento Colombo avanza una serie di ipotesi circa le caratteristiche della terra ignota verso cui l'equipaggio sarebbe diretto. Egli riversa sull'amico una lunga serie di domande che spalancano un vastissimo insieme di possibilità («che puoi tu sapere che ciascuna parte del mondo si rassomigli alle altre […]?»; «che puoi sapere che non sia tutto occupato da un mare unico e immenso?»; «Dato che abbia terre e mari come l'altro, non potrebbe essere che fosse inabitato? anzi inabitabile? Facciamo che non sia meno abitato del nostro: che certezza hai tu che vi abbia creature razionali, come in questo?»). Le domande sono introdotte dalle espressioni, con valore ipotetico, «facciamo che» o «ponghiamo caso». Ma, nonostante questi dubbi, rimane nel discorso una sostanziale fiducia nella riuscita dell'impresa. Dopo aver espresso a Gutierrez le proprie incertezze, Colombo torna infatti a difendere l'utilità della missione. La strategia argomentativa ricorre di nuovo all'elenco di domande, stavolta con l'obiettivo di valorizzare il rischio del viaggio intrapreso, che consente di superare lo stato di noia. Infatti, se il viaggio non fosse stato intrapreso, «in quale altra condizione di vita ci troveremmo essere? in che saremmo occupati? in che modo passeremmo questi giorni? Forse più lietamente? o non saremmo anzi in qualche maggior travaglio o sollecitudine, ovvero pieni di noia? Che vuol dire uno stato libero da incertezza e pericolo?».

Interpretare e approfondire

Contro la noia: il rischio e l'azione L'intervento centrale di Colombo (rr. 64-99) affronta il tema del rischio come strumento per vincere momentaneamente la «noia». Quest'ultima parola indica la condizione di apatia e inquietudine che attanaglia l'uomo nella vita "ordinaria". Una delle poche illusioni di felicità consentite all'individuo è, infatti, uscire dal dolore. In quel caso la vita gli apparirà più bella, più gradevole. Per tale motivo gli amanti infelici che sopravvivevano al tuffo dal sasso di Santa Maura si liberavano dalla passione amorosa. E per tale motivo i naviganti, abituati a rischiare la vita in mezzo alle tempeste, apprezzano anche il solo fatto di avere un po' di terra sotto i piedi. Conclude Colombo: «giudico che la vita si abbia da molto poche persone in tanto amore e pregio come da' navigatori e soldati» (rr. 88-90).

Esercizi

Prima prova A • L'analisi del testo

Comprendere

1 La preoccupazione di Gutierrez

Durante una tranquilla notte di navigazione, Cristoforo Colombo e Pietro Gutierrez si mettono a dialogare. Che cosa domanda Gutierrez al compagno?

....

Analizzare

2 I dubbi di Colombo

La risposta di Colombo alla domanda di Gutierrez rivela il sorgere nel protagonista di alcuni dubbi e incertezze. Sottolinea nel testo tutte le espressioni dubitative che compaiono nel discorso di Colombo.

3 Ipotesi sull'ignoto

Come si fa a sapere in che modo sono fatte le terre inesplorate? È quel che Colombo si chiede ad alta voce, ipotizzando che le ipotesi formulate prima della partenza siano del tutto inadeguate alla comprensione dell'ignoto. Rivolge così all'amico una lunga serie di domande, che spalancano un vasto insieme di possibilità. Quali sono queste domande? Trascrivile qui sotto, riformulandole con parole tue.

....

....

....

Interpretare e approfondire

4 Testi a confronto: la potenza della natura secondo Colombo e secondo l'Islandese

Ricostruisci l'immagine della natura che emerge da questo dialogo e confrontala con quella del *Dialogo della Natura e di un Islandese* (▶ T3).

Terza prova A • La trattazione sintetica

5 Contro la noia

In una trattazione sintetica (max 15 righe), spiega il significato del concetto di noia nella visione leopardiana e indica quali strumenti sono indicati da Colombo per superarla.

T5

Le forme
- centralità del ruolo del passeggere

I temi
- felicità sempre proiettata nel futuro

Dialogo di un venditore di almanacchi e di un passeggere

Questa breve operetta, composta nel 1832, è incentrata su un aspetto della «teoria del piacere»: la felicità è sempre nel futuro. Così, il desiderio di vivere e il giudizio positivo sulla vita si basano su un'attesa che non si realizzerà mai; e dunque su un'illusione.

VENDITORE Almanacchi, almanacchi nuovi; lunari[1] nuovi. Bisognano, signore, almanacchi?

PASSEGGERE Almanacchi per l'anno nuovo?

VENDITORE Sì signore.

PASSEGGERE Credete che sarà felice quest'anno nuovo?[2]

VENDITORE Oh illustrissimo sì, certo.

PASSEGGERE Come quest'anno passato?

VENDITORE Più più assai.[3]

PASSEGGERE Come quello di là?[4]

VENDITORE Più più, illustrissimo.

PASSEGGERE Ma come qual altro? Non vi piacerebb'egli[5] che l'anno nuovo fosse come qualcuno di questi anni ultimi?

VENDITORE Signor no, non mi piacerebbe.

PASSEGGERE Quanti anni nuovi sono passati da che voi vendete almanacchi?

VENDITORE Saranno vent'anni, illustrissimo.

PASSEGGERE A quale di cotesti vent'anni vorreste che somigliasse l'anno venturo?

VENDITORE Io? non saprei.

PASSEGGERE Non vi ricordate di nessun anno in particolare, che vi paresse felice?

VENDITORE No in verità, illustrissimo.

PASSEGGERE E pure la vita è una cosa bella.[6] Non è vero?

VENDITORE Cotesto si sa.

PASSEGGERE Non tornereste voi a vivere cotesti vent'anni, e anche tutto il tempo passato, cominciando da che nasceste?

VENDITORE Eh, caro signore, piacesse a Dio che si potesse.

1 **almanacchi... lunari:** l'almanacco (dall'arabo *al-manâkh*) e il lunario sono dei calendari che riportano notizie astronomiche, astrologiche, detti popolari, sentenze, previsioni meteorologiche, nomi dei santi, ecc. Questo dialogo si apre con la sottolineatura della loro "novità", in quanto appena stampati e dedicati al tempo futuro.
2 **Credete... nuovo:** la vendita degli almanacchi introduce subito il tema centrale del dialogo, il rapporto tra felicità e speranza, attesa e disillusione.
3 **Più più assai:** *Molto di più* [*dell'anno passato*].
4 **quello di là:** *quello precedente*. Il passeggere è in cerca di riferimenti che il venditore non può dare. Ciò che può essere offerto è soltanto il rinvio generico alla realizzazione futura.
5 **egli:** è soggetto superfluo.
6 **E pure... bella:** il luogo comune — reso con un endecasillabo — stride con la ricerca sempre delusa di felicità e si smentisce da solo.

Scena tratta dalla rappresentazione teatrale *Scaffale XXI*, basata sull'operetta leopardiana *Dialogo di un venditore di almanacchi e di un passeggere*. Direzione di Corrado Travan, produzione a cura dell'Associazione culturale L'Argante (marzo 2010).

Passeggere Ma se aveste a rifare la vita che avete fatta né più né meno, con tutti i piaceri e i dispiaceri che avete passati?

Venditore Cotesto non vorrei.

Passeggere Oh che altra vita vorreste rifare? la vita ch'ho fatta io, o quella del principe, o di chi altro? O non credete che io, e che il principe, e che chiunque altro, risponderebbe come voi per l'appunto; e che avendo a rifare la stessa vita che avesse fatta, nessuno vorrebbe tornare indietro?

Venditore Lo credo cotesto.

Passeggere Né anche voi tornereste indietro con questo patto, non potendo in altro modo?

Venditore Signor no davvero, non tornerei.

Passeggere Oh che vita vorreste voi dunque?

Venditore Vorrei una vita così, come Dio me la mandasse, senz'altri patti.

Passeggere Una vita a caso, e non saperne altro avanti,[7] come non si sa dell'anno nuovo?

Venditore Appunto.

Passeggere Così vorrei ancor[8] io se avessi a rivivere, e così tutti. Ma questo è segno che il caso, fino a tutto quest'anno, ha trattato tutti male. E si vede chiaro[9] che ciascuno è d'opinione che sia stato più o di più peso il male che gli è toccato, che il bene; se a patto di riavere la vita di prima, con tutto il suo bene e il suo male, nessuno vorrebbe rinascere. Quella vita ch'è una cosa bella, non è la vita che si conosce, ma quella che non si conosce; non la vita passata, ma la futura.[10] Coll'anno nuovo, il caso incomincerà a trattar bene voi e me e tutti gli altri, e si principierà la vita felice. Non è vero?

Venditore Speriamo.

Passeggere Dunque mostratemi l'almanacco più bello che avete.

Venditore Ecco, illustrissimo. Cotesto vale trenta soldi.

Passeggere Ecco trenta soldi.

Venditore Grazie, illustrissimo: a rivederla. Almanacchi, almanacchi nuovi; lunari[11] nuovi.

da G. Leopardi, *Tutte le opere*, cit.

7 e non… avanti: *senza saperne niente in anticipo.* Il passeggere riporta sempre il discorso al punto di partenza: unico momento davvero felice è quello dell'attesa.
8 ancor: *anche.*
9 chiaro: *chiaramente.*
10 Quella vita… futura: come si legge nello *Zibaldone* (532), «il piacere umano […] si può dire ch'è sempre futuro, non è se non futuro, consiste solamente nel futuro. L'atto proprio del piacere non si dà. Io spero un piacere; e questa speranza in moltissimi casi si chiama piacere».
11 Almanacchi… lunari: il venditore riprende la sua strada, in cerca di altri acquirenti di speranza.

Lavoriamo insieme

Leggere e capire

Domande e risposte Questa breve operetta si compone di un serrato scambio di battute pronunciate da un venditore di almanacchi e da un passante. Gli interventi del passante sono quasi tutti costituiti da domande, cui il venditore fornisce risposte brevi e ingenue. Le principali domande sono: l'anno nuovo sarà felice? A quale dei passati anni assomiglierà? Rivivresti la tua vita fino a questo momento, con tutti i piaceri e i dolori che l'hanno caratterizzata? L'amara conclusione è tratta dallo stesso passante nel suo intervento più lungo alle rr. 41-47.

1 Riassumi la tesi espressa dal passante alle righe 41-47.

Analizzare

Il ruolo centrale del passeggere Osserva la lunghezza delle battute che si alternano nel corso di questa breve operetta. Quelle pronunciate dal passeggere sono più lunghe e articolate; quelle del venditore, invece, sono secche e quasi balbettanti. Inoltre, il passeggere, anche quando si limita a pronunciare una domanda, sa già la risposta che vuole ottenere: in qualche modo, la risposta altrui è già contenuta implicitamente nell'interrogativo. Così il venditore, replicando, non fa altro che confermare, in modo ingenuo, quanto il passeggere sa già.

2 Riporta almeno due esempi di domande pronunciate dal passeggere che presuppongono una data risposta, provando a esplicitare anche quest'ultima.

Interpretare e approfondire

La felicità dell'attesa Il venditore rappresenta un ingenuo punto di vista ottimistico: l'anno a venire sarà più bello di tutti i precedenti. Il passante gli contrappone però una visione pessimistica e disincantata: l'unico piacere vero è quello che sta nel futuro, perché il piacere consiste sempre nell'attesa e nella speranza (cioè nell'illusione) senza mai darsi nel presente e nella realtà. Manca però al disincanto del passante ogni punta polemica o risentita: l'amara verità del suo punto di vista emerge dallo sviluppo stesso delle battute, pronunciate con un tono indulgente e malinconico, come nell'esempio che segue: «Quella vita ch'è una cosa bella, non è la vita che si conosce, ma quella che non si conosce; non la vita passata, ma la futura. Coll'anno nuovo, il caso incomincerà a trattar bene voi e me e tutti gli altri, e si principierà la vita felice. Non è vero?». Il secco «Speriamo» pronunciato come conferma dal venditore prova l'assimilazione della lezione: la felicità si trova davvero solo nella speranza e nell'attesa.

3 Solo la vita futura e sconosciuta appare desiderabile: in quale misura questa posizione rimanda alla «teoria del piacere» leopardiana?

[*Operette morali*]

T6

Le forme
- falsa ritrattazione

I temi
- polemica contro la cultura dell'ottimismo predominante nell'Ottocento
- rivendicazione dell propria posizione filosofica

Dialogo di Tristano e di un amico

Protagonista di questa operetta, scritta nel 1832 e collocata a conclusione dell'intera raccolta, è Tristano, personaggio dietro al quale è ben riconoscibile lo stesso Leopardi: nel dialogo, infatti, si affronta direttamente il giudizio sul libro delle Operette morali *appena terminato. Tristano finge, dialogando con un amico che lo accusa dell'eccessivo pessimismo, di aver cambiato parere e di avere infine aderito all'ottimismo delle ideologie dominanti. Ma poi, a poco a poco, la ritrattazione si rivela essere solo apparente, e i consueti motivi polemici delle* Operette *tornano in primo piano.*

AMICO Ho letto il vostro libro.[1] Malinconico al vostro solito.

TRISTANO[2] Sì, al mio solito.

AMICO Malinconico, sconsolato, disperato; si vede che questa vita vi pare una gran brutta cosa.

TRISTANO Che v'ho[3] a dire? io aveva fitta[4] in capo questa pazzia, che la vita umana fosse infelice.

AMICO Infelice sì forse. Ma pure alla fine…

1 **il vostro libro:** sono le *Operette morali*, uscite a Milano nel 1827. A distanza di qualche anno (il presente dialogo è del 1832) Leopardi tenta il bilancio di un insuccesso.
2 **Tristano:** questo nome ha un'implicita connotazione malinconica e sostituisce un originario e più neutrale Autore.
3 **v'ho a:** *vi devo.*
4 **fitta:** *impressa.*

TRISTANO No no, anzi felicissima.[5] Ora ho cambiata opinione. Ma quando scrissi cotesto libro, io aveva quella pazzia in capo, come vi dico. E n'era tanto persuaso, che tutt'altro mi sarei aspettato, fuorché sentirmi volgere in dubbio le osservazioni ch'io faceva in quel proposito,[6] parendomi che la coscienza d'ogni lettore dovesse rendere prontissima testimonianza a ciascuna di esse. Solo immaginai che nascesse disputa dell'utilità o del danno di tali osservazioni, ma non mai della verità: anzi mi credetti che le mie voci lamentevoli, per essere i mali comuni,[7] sarebbero ripetute in cuore da ognuno che le ascoltasse. E sentendo poi negarmi, non qualche proposizione particolare, ma il tutto, e dire che la vita non è infelice, e che se a me pareva tale, doveva essere effetto d'infermità, o d'altra miseria mia particolare, da prima rimasi attonito, sbalordito, immobile come un sasso, e per più giorni credetti di trovarmi in un altro mondo,[8] poi, tornato in me stesso, mi sdegnai un poco; poi risi, e dissi: gli uomini sono in generale come i mariti. I mariti, se vogliono viver tranquilli, è necessario che credano le mogli fedeli, ciascuno la sua; e così fanno; anche quando la metà del mondo sa che il vero è tutt'altro. Chi vuole o dee[9] vivere in un paese, conviene che lo creda uno dei migliori della terra abitabile; e lo crede tale. Gli uomini universalmente,[10] volendo vivere, conviene che credano la vita bella e pregevole; e tale la credono; e si adirano contro chi pensa altrimenti. Perché in sostanza il genere umano crede sempre, non il vero, ma quello che è, o pare che sia, più a proposito suo.[11] Il genere umano, che ha creduto e crederà tante scempiataggini,[12] non crederà mai né di non saper nulla, né di non esser nulla, né di non aver nulla a sperare.[13] Nessun filosofo che insegnasse l'una di queste tre cose, avrebbe fortuna né farebbe setta,[14] specialmente nel popolo: perché, oltre che tutte tre sono poco a proposito di chi vuol vivere, le due prime offendono la superbia degli uomini, la terza, anzi ancora le altre due, vogliono coraggio e fortezza d'animo a essere credute. E gli uomini sono codardi, deboli, d'animo ignobile e angusto,[15] docili sempre a sperar bene, perché sempre dediti a variare le opinioni del bene secondo che la necessità governa[16] la loro vita; prontissimi a render l'arme, come dice il Petrarca,[17] alla loro fortuna, prontissimi e risolutissimi a consolarsi di qualunque sventura, ad accettare qualunque compenso in cambio di ciò che loro è negato o di ciò che hanno perduto, ad accomodarsi con qualunque condizione a qualunque sorte più iniqua e più barbara, e quando sieno privati d'ogni cosa desiderabile, vivere di credenze false, così gagliarde e ferme, come se fossero le più vere o le più fondate del mondo. Io per me, come l'Europa meridionale ride dei mariti innamorati delle mogli infedeli, così rido del genere umano innamorato della vita; e giudico assai poco virile il voler lasciarsi ingannare e deludere come sciocchi, ed oltre ai mali che si soffrono, essere quasi lo scherno[18] della natura e del destino. Parlo sempre degl'inganni non dell'immaginazione, ma dell'intelletto.[19] Se questi miei sentimenti nascano da malattia, non so: so che, malato o sano, calpesto la vigliaccheria degli uomini, rifiuto ogni consolazione e ogn'inganno puerile, cd ho il coraggio di sostenere

5 felicissima: Tristano contraddice subito quello che ha appena affermato. Questo procedimento rimane costante in tutto il dialogo, costruito sull'ironica ritrattazione degli argomenti.
6 in quel proposito: cioè i pensieri sull'infelicità della vita umana.
7 per… comuni: *dal momento che i mali sono comuni* [: condivisi].
8 E sentendo… mondo: in una lettera allo studioso svizzero Luigi De Sinner (24 maggio 1833) così scrive Leopardi: «io faccio obiezione» contro coloro che «hanno voluto considerare le mie opinioni filosofiche come il risultato dei miei mali fisici e che si sono ostinati ad attribuire a circostanze materiali particolari quel che è frutto soltanto del mio intelletto. Prima di morire, voglio protestare contro questa invenzione della pochezza mentale e della volgarità, e pregare i miei lettori di impegnarsi a demolire le mie osservazioni e i miei ragionamenti piuttosto che di limitarsi ad imputarli alle mie malattie».
9 dee: *deve.*
10 universalmente: *in generale.*
11 più… suo: *più a proprio vantaggio.*
12 scempiataggini: *scempiaggini* [: sciocchezze].
13 non crederà… sperare: sono osservazioni che si pongono in linea con le pagine conclusive dello *Zibaldone* (4525): esistono «due verità che gli uomini non crederanno mai: l'una di non saper nulla; l'altra di non essere nulla. Aggiungi la terza, che ha molta dipendenza dalla seconda: di non aver nulla a sperare dopo la morte».
14 setta: *scuola.* Nessun filosofo, cioè, seguendo queste tesi, potrebbe avere seguaci.
15 angusto: *limitato.*
16 secondo che… governa: *a seconda di come le necessità regolino.*
17 prontissimi… Petrarca: Leopardi cita la canzone petrarchesca «Solea da la fontana di mia vita» (*Canzoniere*, 131): «Or lasso alzo la mano e l'arme rendo / a l'empia e vïolenta mia fortuna, / che privo m'ha di sì dolce speranza» (vv. 7-9).
18 lo scherno: *l'oggetto di disprezzo.*
19 Parlo… dell'intelletto: Tristano-Leopardi allude agli errori provocati da un eccesso di razionalità e non a quelli degli antichi, legati alle gioie dell'immaginazione e alle felici illusioni dell'uomo.

la privazione di ogni speranza, mirare intrepidamente[20] il deserto della vita, non dissimularmi[21] nessuna parte dell'infelicità umana, ed accettare tutte le conseguenze di una filosofia dolorosa, ma vera. La quale se non è utile ad altro, procura agli uomini forti la fiera compiacenza[22] di vedere strappato ogni manto alla coperta e misteriosa crudeltà del destino umano. Io diceva queste cose fra me, quasi come se quella filosofia dolorosa fosse d'invenzione mia, vedendola così rifiutata da tutti, come si rifiutano le cose nuove e non più[23] sentite. Ma poi, ripensando, mi ricordai ch'ella era tanto nuova, quanto Salomone[24] e quanto Omero,[25] e i poeti e i filosofi più antichi che si conoscano; i quali tutti sono pieni pienissimi di figure,[26] di favole, di sentenze significanti[27] l'estrema infelicità umana; e chi di loro dice che l'uomo è il più miserabile degli animali; chi dice che il meglio è non nascere, e per chi è nato, morire in cuna;[28] altri, che uno che sia caro agli Dei, muore in giovanezza,[29] ed altri altre cose infinite su questo andare.[30] E anche mi ricordai che da quei tempi insino a ieri o all'altr'ieri, tutti i poeti e tutti i filosofi e gli scrittori grandi e piccoli, in un modo o in un altro, avevano ripetute o confermate le stesse dottrine. Sicché tornai di nuovo a maravigliarmi: e così tra la maraviglia e lo sdegno e il riso passai molto tempo: finché studiando più profondamente questa materia, conobbi che l'infelicità dell'uomo era uno degli errori inveterati[31] dell'intelletto, e che la falsità di questa opinione, e la felicità della vita, era una delle grandi scoperte del secolo decimonono.[32] Allora m'acquetai,[33] e confesso ch'io aveva il torto a credere quello ch'io credeva.

Amico E avete cambiata opinione?

Tristano Sicuro. Volete voi ch'io contrasti alle verità scoperte dal secolo decimonono?

Amico E credete voi tutto quello che crede il secolo?

Tristano Certamente. Oh che maraviglia?[34]

Amico Credete dunque alla perfettibilità indefinita[35] dell'uomo?

Tristano Senza dubbio.

Amico Credete che in fatti la specie umana vada ogni giorno migliorando?

Tristano Sì certo. È ben vero che alcune volte penso che gli antichi valevano, delle forze del corpo, ciascuno per quattro di noi. E il corpo è l'uomo; perché (lasciando tutto il resto) la magnanimità, il coraggio, le passioni, la potenza di fare, la potenza di godere, tutto ciò che fa nobile e viva la vita, dipende dal vigore del corpo, e senza quello non ha luogo.[36] Uno che sia debole di corpo, non è uomo, ma bambino; anzi peggio; perché la sua sorte è di stare a vedere gli altri che vivono, ed esso al più chiacchierare, ma la vita non è per lui. E però anticamente la debolezza del corpo fu ignominiosa,[37] anche nei secoli più civili. Ma tra noi già da lunghissimo tempo l'educazione non si degna di pensare al corpo, cosa troppo bassa e abbietta: pensa allo spirito: e appunto volendo coltivare lo spirito, rovina il corpo: senza avvedersi che rovinando questo, rovina a vicenda anche lo spirito.[38] [...] A ogni modo io non mi lascio muove-

20 mirare intrepidamente: *guardare senza paura.*
21 dissimularmi: *nascondermi.*
22 la fiera compiacenza: *l'orgogliosa soddisfazione.*
23 non più: *non mai.*
24 Salomone: antico re di Israele (secolo X a.C.), cui è attribuito il libro dell'*Ecclesiaste*. In esso, si dichiara che «tutto è vanità, vanità delle vanità».
25 Omero: come accennato subito dopo, anche nel grande poeta greco e in altri autori dell'antichità sono numerosi i riferimenti all'infelicità degli uomini, collocati al grado più basso nella scala gerarchica degli esseri viventi.
26 figure: *rappresentazioni.*
27 significanti: *che parlano di.*
28 in cuna: *nella culla* [: nel momento della nascita].
29 che uno... giovanezza: è un famoso detto di Menandro (342-291 a.C.), commediografo ateniese. Nella traduzione «Muor giovane colui che al cielo è caro» compare in epigrafe alla poesia di Leopardi *Amore e morte*.
30 su questo andare: *di questo passo* [: tono].
31 inveterati: *radicati*, cioè difficili da rimuovere.
32 era una... decimonono: detto con polemico sarcasmo.
33 m'acquetai: *mi placai, mi calmai.*
34 Oh che maraviglia?: *E c'è da stupirsene?*, ironico.
35 perfettibilità indefinita: è un principio-chiave dell'Ottocento: la cieca fiducia nel progresso infinito dell'uomo, nel suo necessario tendere alla perfezione.
36 E il corpo... luogo: risuona in queste parole il ciceroniano «Mens sana in corpore sano» [la mente è sana in un corpo sano]. Anche sotto questo aspetto gli antichi risultano superiori ai moderni: Tristano nega, così, la visione idealistica e storicistica di un secolo falsamente "progressivo".
37 ignominiosa: *causa di vergogna.*
38 Ma tra noi... spirito: appare chiaro in questo passaggio l'allusione di Leopardi all'esperienza personale, agli anni della giovinezza trascorsi sui libri della biblioteca paterna, che compromisero in modo irreversibile la sua salute.

re da tali piccole obbiezioni, credo costantemente che la specie umana vada sempre acquistando.[39]

Amico Credete ancora, già s'intende, che il sapere, o, come si dice, i lumi,[40] crescano continuamente.

Tristano Certissimo. Sebbene vedo che quanto cresce la volontà d'imparare, tanto scema[41] quella di studiare. Ed è cosa che fa maraviglia a contare il numero dei dotti, ma veri dotti, che vivevano contemporaneamente cencinquant'anni[42] addietro, e anche più tardi, e vedere quanto fosse smisuratamente maggiore di quello dell'età presente. Né mi dicano che i dotti sono pochi perché in generale le cognizioni non sono più accumulate in alcuni individui, ma divise fra molti; e che la copia[43] di questi compensa la rarità di quelli. Le cognizioni non sono come le ricchezze, che si dividono e si adunano, e sempre fanno la stessa somma. Dove tutti sanno poco, e'[44] si sa poco; perché la scienza va dietro alla scienza, e non si sparpaglia.[45] [...]

Amico In conseguenza, credete che questo secolo sia superiore a tutti i passati.

Tristano Sicuro. Così hanno creduto di se tutti i secoli, anche i più barbari; e così crede il mio secolo, ed io con lui. Se poi mi dimandaste in che sia egli superiore agli altri secoli, se in ciò che appartiene al corpo o in ciò che appartiene allo spirito, mi rimetterei alle cose dette dianzi.[46]

Amico In somma, per ridurre il tutto in due parole, pensate voi circa la natura e i destini degli uomini e delle cose (poiché ora non parliamo di letteratura né di politica) quello che ne pensano i giornali?

Tristano Appunto. Credo ed abbraccio la profonda filosofia de' giornali, i quali uccidendo ogni altra letteratura e ogni altro studio, massimamente grave[47] e spiacevole, sono maestri e luce dell'età presente.[48] Non è vero?

▼ Artemisia Gentileschi, *Allegoria della fama*, 1630-1635 ca.

39 A ogni modo... acquistando: le argomentazioni di Tristano subiscono una svolta brusca nel periodo finale, lasciando disorientato l'interlocutore, costretto, così, a proseguire nei suoi inutili tentativi di chiarimento.

40 lumi: sono i lumi della ragione, con terminologia tratta dall'Illuminismo, per ridurre le zone di "oscurità".

41 scema: *diminuisce.*

42 cencinquant'anni: *centocinquant'anni.*

43 la copia: *l'abbondanza.*

44 e': *egli*; pleonastico.

45 non si sparpaglia: *non si disperde qua e là.* Leopardi sostiene qui una tesi del sapere per cui una conoscenza matura e salda non può darsi per addizione di conoscenze minori. Il fatto che, rispetto al passato, molte più persone sappiano poche cose non accresce la qualità della scienza.

46 Se poi... dianzi: Tristano rinvia l'interlocutore alle opinioni espresse prima: l'Ottocento vede un indebolimento del corpo e una riduzione della cultura; ma l'amico non coglie il riferimento e persevera nell'accertamento della fedeltà di Tristano ai valori dell'ottimismo e del progresso. **Dianzi**: *prima.*

47 massimamente grave: *eccessivamente pesante.*

48 Credo... presente: Leopardi, in realtà, contrappone sempre le effimere "verità" dei giornali agli studi rigorosi e severi. L'uso ironico della palinodia ha, tuttavia, incominciato ad accendere nell'amico il sospetto che dietro le argomentazioni e i ripensamenti si celi uno scherzo e che Tristano si stia prendendo gioco di lui.

AMICO Verissimo. Se cotesto che dite, è detto da vero e non da burla,[49] voi siete diventato de' nostri.

TRISTANO Sì certamente, de' vostri.

AMICO Oh dunque, che farete del vostro libro? Volete che vada ai posteri con quei sentimenti[50] così contrari alle opinioni che ora avete?

TRISTANO Ai posteri? Io rido, perché voi scherzate; e se fosse possibile che non ischerzaste, più riderei. Non dirò a riguardo mio, ma a riguardo d'individui o di cose individuali del secolo decimonono, intendete bene che non v'è timore di posteri,[51] i quali ne sapranno tanto, quanto ne seppero gli antenati. Gl'individui sono spariti dinanzi alle masse, dicono elegantemente i pensatori moderni. Il che vuol dire ch'è inutile che l'individuo si prenda nessun[52] incomodo, poiché, per qualunque suo merito, né anche quel misero premio della gloria gli resta più da sperare né in vigilia[53] né in sogno. Lasci fare alle masse; le quali che cosa sieno per fare[54] senza individui, essendo composte d'individui, desidero e spero che me lo spieghino gl'intendenti[55] d'individui e di masse, che oggi illuminano il mondo. Ma per tornare al proposito del libro e de' posteri, i libri specialmente, che ora per lo più si scrivono in minor tempo che non ne bisogna a leggerli, vedete bene che, siccome costano quel che vagliono,[56] così durano a proporzione di quel che costano.[57] Io per me credo che il secolo venturo farà un bellissimo frego[58] sopra l'immensa bibliografia del secolo decimonono; ovvero dirà: io ho biblioteche intere di libri che sono costati quali venti, quali trenta anni di fatiche, e quali meno, ma tutti grandissimo lavoro. Leggiamo questi prima, perché la verisimiglianza è che da loro si cavi maggior costrutto;[59] e quando di questa sorta[60] non avrò più che[61] leggere, allora metterò mano ai libri improvvisati. Amico mio, questo secolo è un secolo di ragazzi, e i pochissimi uomini che rimangono, si debbono andare a nascondere per vergogna, come quello che camminava diritto in paese di zoppi. E questi buoni ragazzi vogliono fare in ogni cosa quello che negli altri tempi hanno fatto gli uomini, e farlo appunto da ragazzi, così a un tratto, senza altre fatiche preparatorie. Anzi vogliono che il grado al quale è pervenuta la civiltà, e che l'indole[62] del tempo presente e futuro, assolvano essi e loro successori[63] in perpetuo da ogni necessità di sudori e fatiche lunghe per divenire atti alle cose. Mi diceva, pochi giorni sono, un mio amico, uomo di maneggi[64] e di faccende, che anche la mediocrità è divenuta rarissima: quasi tutti sono inetti, quasi tutti insufficienti a quegli uffici[65] o a quegli esercizi a cui necessità o fortuna o elezione[66] gli[67] ha destinati. In ciò mi pare che consista in parte la differenza ch'è da questo agli[68] altri secoli. In tutti gli altri, come in questo, il grande è stato rarissimo; ma negli altri la mediocrità ha tenuto il campo, in questo la nullità.[69] Onde[70] è tale il romore[71] e la confusione, volendo tutti esser tutto, che non si fa nessuna attenzione ai pochi grandi che pure credo che vi sieno; ai quali, nell'immensa moltitudine de' concorrenti, non è più possibile di aprirsi una via. E così, mentre tutti gl'infimi si credono illustri, l'oscurità e la nullità dell'esito diviene il fato comune e

49 da burla: *per scherzo.*
50 sentimenti: *pensieri*; nel senso ideologico e filosofico.
51 non v'è… posteri: i processi di massificazione stanno indebolendo il peso delle intelligenze individuali e, dunque, secondo Leopardi, risulta inutile preoccuparsi dei posteri: l'acquisto di conoscenza non sarà proporzionale al diffondersi del sapere e nessuno dovrà attendersi gloria e ricompensa.
52 nessun: *qualunque.*
53 in vigilia: *in veglia* [: da sveglio].
54 sieno per fare: *faranno.*
55 gl'intendenti: *coloro che si intendono.*
56 vagliono: *valgono.*
57 Ma per… costano: con una serie ben calcolata di stratagemmi retorici Tristano intende esprimere la velocizzazione del tempo nella civiltà moderna, anche sul piano della produzione letteraria: tutto è più rapido, sia nel momento della scrittura che in quello della lettura, e il basso costo del libro è proporzionato al suo rapido consumarsi e sparire.
58 frego: *segno di cancellatura.*
59 si cavi… costrutto: *si ricavi maggiore utilità.*
60 di questa sorta: *in questo modo.*
61 che: *da.*
62 l'indole: *il carattere.*
63 assolvano… successori: *esentino loro e i loro successori.*
64 maneggi: *traffici* (più o meno leciti).
65 uffici: *compiti.*
66 elezione: *scelta.*
67 gli: *li.*
68 ch'è da questo agli: *che c'è fra questo e gli.*
69 In tutti… la nullità: in questo passaggio occorre considerare la mediocrità non in accezione negativa, ma come livello medio di cultura e di conoscenza. Mentre nei secoli precedenti questo grado del sapere era limitato eppure abbastanza diffuso, nell'Ottocento, secondo Leopardi, prevale la nullità, il vuoto conoscitivo rappresentato dalle masse anonime. **Ha tenuto il campo**: *ha prevalso.*
70 Onde: *E perciò.*
71 romore: *rumore* [: frastuono].

degl'infimi e de' sommi.[72] Ma viva la statistica! vivano le scienze economiche, morali e politiche, le enciclopedie portatili, i manuali e le tante belle creazioni del nostro secolo! e viva sempre il secolo decimonono! forse povero di cose, ma ricchissimo e larghissimo di parole: che sempre fu segno ottimo, come sapete. E consoliamoci, che per altri sessantasei anni,[73] questo secolo sarà il solo che parli, e dica le sue ragioni.

AMICO Voi parlate, a quanto pare, un poco ironico.[74] Ma dovreste almeno all'ultimo ricordarvi che questo è un secolo di transizione.

TRISTANO Oh che conchiudete[75] voi da cotesto? Tutti i secoli, più o meno, sono stati e saranno di transizione, perché la società umana non istà mai ferma, né mai verrà secolo nel quale ella abbia stato che sia per durare. Sicché cotesta bellissima parola o non iscusa punto il secolo decimonono, o tale scusa gli è comune con tutti i secoli. [...]

AMICO Ma in fine avete voi mutato opinioni o no? e che s'ha egli[76] a fare di questo libro?

TRISTANO Bruciarlo è il meglio. Non lo volendo bruciare, serbarlo[77] come un libro di sogni poetici, d'invenzioni e di capricci malinconici, ovvero come un'espressione dell'infelicità dell'autore: perché in confidenza, mio caro amico, io credo felice voi e felici tutti gli altri; ma io quanto a me, con licenza[78] vostra e del secolo, sono infelicissimo; e tale mi credo; e tutti i giornali de' due mondi non mi persuaderanno il contrario.

AMICO Io non conosco le cagioni[79] di cotesta infelicità che dite.[80] Ma se uno sia felice o infelice individualmente, nessuno è giudice se non la persona stessa, e il giudizio di questa non può fallare.[81]

TRISTANO Verissimo. E di più vi dico francamente, ch'io non mi sottometto alla mia infelicità, né piego il capo al destino, o vengo seco[82] a patti, come fanno gli altri uomini; e ardisco desiderare la morte,[83] e desiderarla sopra ogni cosa, con tanto ardore e con tanta sincerità, con quanta credo fermamente che non sia desiderata al mondo se non da pochissimi. Né vi parlerei così se non fossi ben certo che, giunta l'ora, il fatto non ismentirà le mie parole; perché quantunque io non vegga ancora alcun esito[84] alla mia vita, pure ho un sentimento dentro, che quasi mi fa sicuro che l'ora ch'io dico non sia lontana. Troppo sono maturo alla morte, troppo mi pare assurdo e incredibile di dovere, così morto come sono spiritualmente, così conchiusa[85] in me da ogni parte la favola della vita,[86] durare ancora quaranta o cinquant'anni, quanti mi sono minacciati dalla natura. Al solo pensiero di questa cosa io rabbrividisco. Ma come ci avviene di tutti quei mali che vincono, per così dire, la forza immaginativa, così questo mi pare un sogno e un'illusione, impossibile a verificarsi. Anzi se qualcuno mi parla di un avvenire lontano come di cosa che mi appartenga, non posso tenermi dal sorridere fra me stesso: tanta confidenza[87] ho che la via che mi resta a compiere non sia lunga. E questo, posso dire, è il solo pensiero che mi sostiene. Libri e studi, che spesso mi maraviglio d'aver tanto amato, disegni[88] di cose grandi, e speranze di gloria e d'immortalità, sono cose delle quali è anche passato il tempo di ridere. Dei disegni e delle speranze di questo secolo non rido: desidero loro con tutta l'anima ogni miglior successo possibi-

72 E così... sommi: nell'appiattimento generale non è più possibile stabilire gerarchie di valore: infimi e sommi si equivalgono.
73 per... anni: sono gli anni che occorrono per raggiungere il 1900 dalla data di pubblicazione dell'operetta (1834).
74 Voi... ironico: l'amico si è finalmente reso conto del sarcasmo contenuto nelle risposte di Tristano.
75 che conchiudete: *quali conclusioni traete.*
76 egli: soggetto pleonastico.
77 serbarlo: *conservarlo.*
78 licenza: *permesso.*
79 cagioni: *cause.*
80 che dite: *di cui parlate.*
81 fallare: *sbagliare.*
82 seco: *con lui.*
83 ardisco... morte: la conseguenza esistenziale del discorso di Tristano è una difesa della morte liberatrice dalle sofferenze: è la tappa finale di una vita già privata dei piaceri e delle illusioni del desiderio. **Ardisco**: *ho il coraggio di.*
84 alcun esito: *alcuna fine.*
85 conchiusa: *finita.*
86 la favola della vita: Leopardi cita qui la conclusione del sonetto 254 del *Canzoniere* petrarchesco: «La mia favola breve è già compita / et fornito il mio tempo a mezzo gli anni».
87 confidenza: *fiducia.*
88 disegni: *progetti.*

le, e lodo, ammiro ed onoro altamente e sincerissimamente il buon volere:[89] ma non invidio però i posteri, né quelli che hanno ancora a vivere lungamente. In altri tempi ho invidiato gli sciocchi e gli stolti, e quelli che hanno un gran concetto[90] di se medesimi; e volentieri mi sarei cambiato con qualcuno di loro. Oggi non invidio più né stolti né savi, né grandi né piccoli, né deboli né potenti. Invidio i morti, e solamente con loro mi cambierei. Ogni immaginazione piacevole, ogni pensiero dell'avvenire ch'io fo,[91] come accade, nella mia solitudine, e con cui vo passando il tempo, consiste nella morte, e di là non sa uscire. Né in questo desiderio la ricordanza dei sogni della prima età, e il pensiero d'esser vissuto invano, mi turbano più, come solevano. Se ottengo la morte morrò così tranquillo e così contento, come se mai null'altro avessi sperato né desiderato al mondo. Questo è il solo benefizio che può riconciliarmi al destino. Se mi fosse proposta da un lato la fortuna e la fama di Cesare o di Alessandro netta da[92] ogni macchia, dall'altro di morir oggi, e che dovessi scegliere, io direi, morir oggi, e non vorrei tempo a risolvermi.[93]

da G. Leopardi, *Tutte le opere*, cit.

89 il buon volere: *la buona volontà.*
90 un gran concetto: *una grande opinione.*
91 ch'io fo: *che io faccio.*
92 netta da: *priva di.*
93 a risolvermi: *per decidermi.*

Lavoriamo sul testo

Leggere e capire

Le parole di Tristano Nella prima parte dell'operetta, Tristano si presenta pentito delle proprie posizioni, da lui espresse in un libro «malinconico, sconsolato, disperato» (r. 3). Dichiara perciò una «pazzia» l'idea «che la vita umana fosse infelice» (rr. 5-6) e afferma di crederla ora «felicissima» (r. 8). Ma subito risulta chiaro il carattere ironico della ritrattazione; così che l'argomentazione sviluppata da Tristano va contro la premessa di aver «cambiata opinione». Mentre finge di essersi pentito e di accogliere le «verità scoperte dal secolo decimonono», Tristano esprime un duro giudizio sugli uomini («codardi, deboli, d'animo ignobile e angusto, docili sempre a sperar bene»: r. 32); rileva l'indebolimento del corpo («Ma tra noi già da lunghissimo tempo l'educazione non si degna di pensare al corpo, cosa troppo bassa e abbietta»: rr. 81-82) e della cultura («vedo che quanto cresce la volontà d'imparare, tanto scema quella di studiare»: rr. 89-90); critica, in particolare, i processi di massificazione, per arrivare all'amara conclusione che «anche la mediocrità è divenùta rarissima: quasi tutti sono inetti» (rr. 139-140). Nel finale Tristano abbandona i toni polemici ed ironici per dichiarare tutta la propria infelicità («io quanto a me, con licenza vostra e del secolo, sono infelicissimo»: rr. 165-166) ed affermare il desiderio di morire («ardisco desiderare la morte»; «Invidio i morti, e solamente con loro mi cambierei»).

Analizzare

Palinodia e ironia Per bocca di Tristano, Leopardi finge di ritrattare tutto il suo pensiero, invitando addirittura a bruciare il libro delle *Operette morali*: è il genere della palinodia. Questa ritrattazione è però ironica, come comprende anche l'amico («Se cotesto che dite, è detto da vero e non da burla»; «Voi parlate, a quanto pare, un poco ironico»). Così, nei momenti di palinodia Leopardi non fa che rivelare una sarcastica distanza dai suoi tempi, di cui mette in luce l'arroganza e l'assurdità. Tuttavia, questa finzione ironica non è costante: Leopardi non rinuncia a esprimere seriamente la sua «filosofia dolorosa, ma vera». Se la palinodia e l'ironia sono due modi per comunicare con gli uomini del proprio tempo, nella consapevolezza di una radicale estraneità, il discorso serio ristabilisce un momento di verità.

Interpretare e approfondire

Il destino del «libro» di Tristano In questo dialogo si parla di un «libro» scritto da Tristano: dietro di esso si intravede un riferimento implicito alle stesse *Operette morali* leopardiane. In Tristano si cela infatti, con una trasparenza unica nelle *Operette*, la figura stessa dell'autore. La descrizione delle reazioni di Tristano davanti al rifiuto del libro da parte dei lettori costituisce allora una sorta di testimonianza autobiografica: «da prima rimasi attonito, sbalordito, immobile come un sasso, e per più giorni credetti di trovarmi in un altro mondo» (rr. 17 e segg.). Questo testo è del 1832: la prima edizione delle *Operette* era ormai uscita da cinque anni, e non si può dire che avesse avuto successo. Con questo dialogo, Leopardi riepiloga e conferma le proprie idee, ma anche, in parte, prende posizione sull'accoglienza ricevuta dall'opera. Il rifiuto da parte dei lettori delle opinioni sostenute nel libro apre il problema del destino delle *Operette*: che cosa farne? Lo pone già l'amico, mentre ancora crede al ripensamento di Tristano: «Oh dunque, che farete del vostro libro?» (r. 112). E torna a insistere sul problema quando si è infine reso conto che la ritrattazione è solo apparente: «Ma in fine avete voi mutato opinioni o no? e che s'ha egli a fare di questo libro?» (rr. 160-161). A questo punto Tristano, che aveva riso all'idea che il libro fosse tramandato ai «posteri», dichiara: «Bruciarlo è il meglio. Non lo volendo bruciare, serbarlo come un libro di sogni poetici, d'invenzioni e di capricci malinconici, ovvero come un'espressione dell'infelicità dell'autore» (rr. 162-164). A una cultura radicalmente avversa al suo pessimismo, quella spiritualista e "romantica" dell'Ottocento, complessivamente fiduciosa nelle idee di graduale progresso delle società umane, Leopardi contrappone infine la sfida della testimonianza individuale, la cui forza si fonda sul soggetto. È questo, fra l'altro, il senso della scelta conclusiva della morte: la sfida più estrema all'ottimismo del secolo.

Solitudine e coraggio di Tristano Tristano-Leopardi incarna l'intellettuale solo, escluso, incompreso, oltraggiato. Il suo pensiero viene screditato come effetto di ossessioni e disagi personali e gli stessi fondamenti della sua filosofia, che egli credeva universali, vengono respinti. Eppure, nonostante la falsa palinodia, egli non si piega. Da un lato, sceglie la solitudine, che è anzi il prezzo pagato alla propria volontà di rivelare la verità dell'esistenza; dall'altro, accetta eroicamente non solo l'avversione generale, ma la stessa morte, per la quale si sente ormai «maturo». Al «secolo di ragazzi», in cui domina non la mediocrità ma la nullità, egli oppone il proprio pensiero da uomo e la propria grandezza d'animo (una grandezza che non è presunzione, ma conoscenza del male dell'esistenza e accettazione dei limiti che essa impone). Alla fine, Tristano si presenta come un eroe-filosofo di tipo nuovo: non è semplicemente il filosofo stoico antico, che rinuncia alle illusioni e si prepara alla morte, ma è il filosofo della disperazione che decide di tenere gli occhi aperti davanti al nulla.

Esercizi

Prima prova A • L'analisi del testo

Comprendere

1 Riassunto

Il *Dialogo di Tristano e di un amico* viene scritto da Leopardi nel 1832 per inserirlo a conclusione dell'intera raccolta delle *Operette morali*. Prova a riassumerne il contenuto in mezza pagina.

Analizzare

2 Falsa palinodia

Questa operetta si presenta come una palinodia, ha però un carattere chiaramente ironico. In che cosa consiste la palinodia? Perché, in questo caso, si può parlare piuttosto di falsa palinodia?

Interpretare e approfondire

3 Tristano-Leopardi

Dietro il personaggio di Tristano è ben riconoscibile quello dello stesso Leopardi. Quale tipo di intellettuale e quale modello di umanità incarna infatti il protagonista?

L'opera

Canti

La struttura del libro e i tempi di composizione

Titolo	Data di composizione	Titolo	Data di composizione
1 *All'Italia*	sett. 1818	**22** *Le ricordanze*	26 ago.-12 sett. 1829
2 *Sopra il monumento di Dante che si preparava in Firenze*	sett.-ott. 1818	**23** *Canto notturno di un pastore errante dell'Asia*	22 ott. 1829-9 apr. 1830
3 *Ad Angelo Mai, quand'ebbe trovato i libri di Cicerone della Repubblica*	gen. 1820	**24** *La quiete dopo la tempesta*	17-20 sett. 1829
4 *Nelle nozze della sorella Paolina*	ott.-nov. 1822	**25** *Il sabato del villaggio*	sett. 1829
5 *A un vincitore nel pallone*	nov. 1822	**26** *Il pensiero dominante*	primavera 1831?
6 *Bruto minore*	dic. 1821	**27** *Amore e morte*	Estate 1832
7 *Alla Primavera, o delle favole antiche*	gen. 1822	**28** *A se stesso*	maggio 1833?
8 *Inno ai Patriarchi, o de' principii del genere umano*	lug. 1822	**29** *Aspasia*	1834?
9 *Ultimo canto di Saffo*	mag. 1822	**30** *Sopra un bassorilievo antico sepolcrale, dove una giovane morta è rappresentata in atto di partire, accomiatandosi dai suoi*	1834-1835?
10 *Il primo amore*	dic. 1817-gen. 1818	**31** *Sopra il ritratto di una bella donna scolpito nel monumento sepolcrale della medesima*	1834-1835?
11 *Il passero solitario*	1831?	**32** *Palinodia al marchese Gino Capponi*	1835
12 *L'infinito*	1819	**33** *Il tramonto della luna*	1836-1837?
13 *La sera del dì di festa*	1820	**34** *La ginestra, o il fiore del deserto*	1836
14 *Alla luna*	1819?	**35** *Imitazione*	?
15 *Il sogno*	1820 o 1821	**36** *Scherzo*	15 feb. 1828
16 *La vita solitaria*	1821	**37** *Frammento (Odi, Melisso)*	1819
17 *Consalvo*	1832-1834?	**38** *Frammento (Io qui vagando)*	fine 1818
18 *Alla sua donna*	sett. 1823	**39** *Frammento (Spento il diurno raggio)*	nov.-dic. 1816
19 *Al conte Carlo Pepoli*	mar. 1826	**40** *Dal greco di Simonide*	1823-1824
20 *Il risorgimento*	7-13 apr. 1828	**41** *Dello stesso*	1823-1824
21 *A Silvia*	18-20 apr. 1828		

L'ORGANIZZAZIONE DEL LIBRO

La composizione e la struttura

I *Canti* raccolgono tutta la produzione poetica significativa di Leopardi, con la sola eccezione dei *Paralipomeni della Batracomiomachia*. La prima edizione dei *Canti* esce a Firenze dall'editore Piatti nel 1831 e contiene ventitré testi. Una seconda edizione fu stampata a Napoli dall'editore Starita nel 1835, i testi sono saliti a trentanove, avendovi l'autore incluso i nuovi canti composti a partire dal 1831 più alcuni frammenti e traduzioni precedenti. L'edizione definitiva dei *Canti* esce a Firenze nel 1845 presso l'editore Le Monnier, dopo la morte di Leopardi, a cura di Antonio Ranieri. Il libro conta quarantuno testi di varia lunghezza – sono stati aggiunti, prima del trentacinquesimo componimento, due testi composti da Lopardi nel 1836: *La ginestra* e *Il tramonto della luna* – composti tra il 1816 e il 1837. La struttura dei *Canti* è il risultato di varie esigenze e intenzioni. Tre criteri determinano la costruzione del libro: quello cronologico, quello di genere e quello tematico (▶ La struttura del libro e tempi di composizione). In ogni caso, è importante sottolineare l'autonomia e la compiutezza di ciascun testo dei *Canti*; pur senza dimenticare la loro collocazione all'interno di una struttura complessiva.

L'IO LIRICO LEOPARDIANO

La «storia d'una anima»

Nella «storia d'una anima» tracciata dai *Canti*, l'io di Leopardi assume sempre nuove vesti, che testimoniano momenti diversi della sua ricerca poetica. Nelle canzoni civili (1818-1822), proprio per l'argomento politico trattato, Leopardi presta la sua voce a preoccupazioni collettive, presentandosi come un educatore che addita la decadenza presente ed esorta i contemporanei a recuperare la grandezza degli antichi. Tutt'altro atteggiamento è quello degli idilli (1819-1821), in cui il soggetto lirico rifiuta le pose oratorie e si mette a nudo. Non è più colui che, in veste di educatore, insegna la verità, ma colui che la vive. Nei canti pisano-recanatesi (1828-1830), in cui emerge in primo piano il tema del ricordo, il poeta è l'uomo che guarda al proprio passato e riconsidera la propria storia. In questa fase la poesia stabilisce un nesso intimo con la filosofia. La riflessione filosofica non risulta però astratta, ma è sempre radicata in un'esperienza biografica diretta e sofferta. Nelle composizioni del periodo napoletano (1831-1836) Leopardi è anzitutto un critico spietato e sarcastico della società sua contemporanea. È con *La ginestra* (1836) che ritrova, in modo del tutto nuovo, una funzione educativa: proprio dalla consapevolezza della miseria del presente e dell'infelicità della condizione umana nasce lo slancio dell'io, che prospetta un modello sociale fondato sulla solidarietà (il «vero amore») tra tutti i componenti del genere umano, alleati contro la comune nemica rappresentata dalla natura.

La modernità dei *Canti*

Come si vede, nella poesia leopardiana il soggetto diventa un "io" concreto, addirittura biografico. Le sue affermazioni in prima persona si fondano sull'esperienza vissuta. Si tratta di un'importante novità rispetto alla tradizione passata, e che determina la modernità dei *Canti*. La tradizione lirica precedente si basa sul canone impostato da Petrarca, e dunque sulla centralità del soggetto quale istituzione, cioè quale costruzione letteraria che propone un modello esemplare. Nei *Canti* leopardiani si registra invece una presenza forte e tangibile dell'io, testimone e partecipe delle vicende rappresentate (sia interiori sia storiche). La prospettiva leopardiana presuppone però anche un'altra novità rilevante: la tendenza all'oggettivazione, cioè all'argomentazione, alla dimostrazione teorica e dunque alla filosofia. I *Canti* danno vita a un soggetto che, oltre che vivere e sentire, pensa. L'elemento riflessivo acquista crescente spazio nella ricerca leopardiana, che passa da una poesia sentimentale e immaginativa a una poesia di pensiero. La lirica moderna deve dunque a Leopardi questo grande modello di poesia filosofica, fondata sul soggetto concreto e allo stesso tempo tesa verso il pensiero oggettivo.

LE TRE FASI DELLA POESIA LEOPARDIANA

Vediamo ora più dettagliatamente il contenuto dei *Canti*. A tal fine, è utile suddividere la produzione poetica leopardiana in tre fasi, d'altra parte corrispondenti a momenti espressivi specifici, segnati da novità d'ispirazione. La prima fase (1818-1822) vede nascere le canzoni e gli idilli. La seconda fase (1828-1830) è caratterizzata dai grandi canti pisano-recanatesi. La terza fase (1831-1837) presenta i testi d'amore del cosiddetto "ciclo di Aspasia", le canzoni sepolcrali e *La ginestra*.

Prima fase

Le canzoni civili: i temi e le forme

La prima strada percorsa dai *Canti* è quella delle canzoni, che, scritte fra il 1818 e il 1822, aprono la raccolta occupando le prime nove posizioni (da *All'Italia* a *Ultimo canto di Saffo*). In questi testi Leopardi tenta una poesia impegnata, patriottica e civile, ricorrendo alla struttura tradizionale della canzone petrarchesca e impiegando un linguaggio fortemente letterario.

Tra il settembre e l'ottobre del 1818 Leopardi scrive *All'Italia* e *Sopra il monumento di Dante che si preparava in Firenze*. Entrambe le canzoni di esordio hanno al centro il tema della decadenza italiana e il confronto tra il passato glorioso e la vile schiavitù presente. In entrambe, poi, il poeta fa corrispondere alla crisi storica dell'Italia una propria crisi personale, proponendosi gesti di eroico riscatto individuale. Nel settembre 1820 Leopardi scrive una terza canzone: *Ad Angelo Mai, quand'ebbe trovato i libri di Cicerone della Repubblica.* Ancora una volta il poeta insiste sul contrasto tra la grandezza degli antichi, la cui voce risuona nelle carte appena ritrovate, e la degenerata viltà dei contemporanei. Il tema civile è affrontato anche nelle quattro canzoni che seguono (è intrecciato al motivo occasionale in *Nelle nozze della sorella Paolina* e *A un vincitore nel pallone*; è concentrato sul rapporto fra natura e civiltà in *Alla Primavera, o delle favole antiche* e *Inno ai Patriarchi, o de' principii del genere umano*). Legate al tema del suicidio sono le canzoni *Bruto minore* (dicembre 1821) e *Ultimo canto di Saffo* (maggio 1822). La prima testimonia la fine dell'impegno patriottico e civile del poeta, dopo il fallimento dei moti rivoluzionari del 1821. L'eroe romano Bruto, deluso dai valori repubblicani in nome dei quali ha guidato la congiura contro Cesare, dichiara inutile l'impegno ispirato dalla virtù e rifiuta ogni illusione di durata nella memoria degli uomini. Nell'*Ultimo canto di Saffo* il conflitto è invece tra l'infelice poetessa greca, spiritualmente sensibile, ma fisicamente brutta, e la natura, che la esclude dalla propria bellezza e armonia. Ne nasce anche in questo caso un'accusa amara al destino dell'uomo e agli dèi, casuali distributori di felicità e d'infelicità. Qui la denuncia delle illusioni perde qualsiasi connotazione storica per definirsi in termini esistenzialistici e filosofici (▶ T7).

Due testi cerniera

Collocato in decima posizione, dopo la canzoni, *Il primo amore* è una composizione in terzine dantesche del 1817-1818. L'attenzione si sposta sull'io lirico e sulla sua storia sentimentale: è un passaggio calcolato verso gli idilli, la seconda grande sezione dei *Canti*. Svolge una funzione di cerniera anche *Il passero solitario*, la cui stesura è invece da assegnare agli anni più tardi del poeta (quasi senz'altro dopo il 1830) e sul quale perciò ritorneremo più avanti.

Gli idilli: i temi e le forme

Parallelamente alla stesura delle canzoni civili nascono, tra il 1819 e il 1821, gli idilli. Così sono definiti da Leopardi cinque testi (*L'infinito*, *La sera del dì di festa*, *Alla luna*, *Il sogno*, *La vita solitaria*) di taglio soggettivo ed esistenziale, in contrapposizione al significato civile e tendenzialmente oggettivo delle canzoni composte nello stesso periodo. Cambiano anche il linguaggio e la metrica: negli idilli Leopardi sceglie un lessico più comune e uno stile più colloquiale; mentre è abbandonata la forma della canzone a favore dell'endecasillabo sciolto, che può seguire con maggiore libertà e aderenza i moti del cuore e del pensiero. Nella letteratura classica, l'idillio indica un genere di poesia bucolica o pastorale che celebra la serenità della campagna contrapposta alle preoccupazioni della città. Leopardi si accosta a questo genere con grande originalità: la natura non è rappresentata dall'esterno, ma rivissuta interiormente dal soggetto, che se ne appropria con una forte tensione sentimentale. Il paesaggio diviene perciò occasione per riflessioni esistenziali. Nell'*Infinito* (1819), la visione di un colle e di una siepe che ostacolano lo sguardo del poeta aprono a un itinerario immaginativo e conoscitivo verso l'infinito spaziale e temporale (▶ T8). *La sera del dì di festa* (1820) alterna il confronto con un intenso notturno lunare e la meditazione sull'immensità del passato (individuale e storico) perduto e irrecuperabile (▶ T9). In *Alla luna* (forse del 1819) la contemplazione del paesaggio lunare consente al poeta di abbandonarsi al piacere del ricordo, seppur malinconico. *Il sogno* (1820 o 1821) e *La vita solitaria* (1821) hanno invece un più spiccato taglio narrativo. Il sogno cui si riferisce il titolo dell'idillio riguarda l'incontro fra il poeta e una fanciulla morta. *La vita solitaria* rappresenta l'immersione del soggetto in un paesaggio ora contemplato con affetto, ora osservato con doloroso distacco.

◀ Volume dei *Canti* autografato e inviato dallo stesso Leopardi al Marchese Luigi Biondi.

video **I canti pisano-recanatesi e la poesia-pensiero**

Alla sua donna

Seconda fase

I canti pisano-recanatesi

Dal 1823 al 1827 Leopardi non scrive poesie (con l'eccezione di due soli testi: la canzone di tema amoroso *Alla sua donna* e l'epistola in versi *Al conte Carlo Pepoli*) e si dedica soprattutto alla prosa, elaborando gran parte delle *Operette morali*. Nella primavera del 1828, a Pisa, Leopardi riprende a scrivere versi, stendendo in poche settimane *Il risorgimento* e *A Silvia*. Nei due anni successivi, a Recanati, nasceranno altri grandi testi (*Le ricordanze*, *Canto notturno di un pastore errante dell'Asia*, *La quiete dopo la tempesta*, *Il sabato del villaggio*; forse anche *Il passero solitario*). Le analogie tematiche o strutturali che legano questi componimenti li isolano nel corpo della produzione leopardiana, facendone un momento ben caratterizzato. La definizione di "grandi idilli", spesso usata in passato, può dar luogo a fraintendimenti. Tale definizione tende infatti a mettere in risalto la continuità con gli idilli giovanili, sottolineando l'aspetto emozionale e respingendone il carattere filosofico. In realtà, nella seconda fase della poesia leopardiana, poesia e filosofia stanno in un rapporto vitale e dinamico. È preferibile dunque l'altra definizione corrente ("canti pisano-recanatesi"), centrata in modo neutro sui luoghi di composizione.

Una nuova poetica

Il primo testo di questa nuova stagione, *Il risorgimento* (aprile 1828), prende le mosse dalla situazione che aveva provocato il precedente silenzio poetico: divenuto insensibile alle bellezze della natura e alle sollecitazioni della vita sociale, il poeta aveva perso ogni capacità di appassionarsi e di illudersi. Ora quella capacità rinasce e i sentimenti tornano a manifestarsi con forza; benché nella perfetta coscienza dell'indifferenza e dell'insensibilità della natura. È questa la grande novità della poesia leopardiana, che determina lo sviluppo della produzione matura dell'autore. La condizione umana nega il piacere, cui l'individuo aspira con tutte le forze. Leopardi si appresta dunque a cantare questa aspirazione nella consapevolezza della sua costitutiva irrealizzabilità; si appresta cioè a essere poeta delle illusioni sulle rovine di ogni possibile illusione.

I temi

In *A Silvia* (aprile 1828) la giovinezza recanatese è rievocata con tenerezza e abbandono nel momento stesso in cui ne viene denunciato il fragile destino di disillusione e di morte. La tisi che uccide Silvia e la delusione che colpisce tutte le speranze di Giacomo testimoniano il destino inesorabile dell'uomo (▶ T10). Il tema della memoria è centrale anche nelle *Ricordanze* (agosto-settembre 1829), dove compare un'altra fanciulla morta, Nerina; ma in questa lirica il taglio tragico e il rigore dimostrativo di *A Silvia* sono sostituiti da un tono malinconico e spesso trasognato.

Il "pessimismo cosmico" leopardiano emerge con forza nel *Canto notturno di un pastore errante dell'Asia* (ottobre 1829-aprile 1830), dove il protagonista, in un colloquio notturno e solitario con la luna, riflette sulla propria vicenda e sulla condizione umana in generale, formulando varie ipotesi di senso e giungendo, infine, a una rappresentazione desolata e tragica della vita. Il desiderio di ricevere risposte dalla natura (simboleggiata dalla luna) e lo slancio comunicativo verso di essa si scontrano con l'assoluta indifferenza dell'universo (▶ T11). Si misura in particolare in questo componimento la distanza dalla visione petrarchesca del paesaggio. Nel *Canzoniere* la natura veniva in soccorso del soggetto infelice: o prestando scenari incantevoli ai suoi momenti di abbandono, oppure offrendo un ascolto partecipe ai suoi sfoghi dolorosi, o infine divenendo un equivalente della sua interiorità. In Leopardi si registra invece una tensione tra il soggetto e il paesaggio. Non solo la natura mostra un volto ostile ed estremo, ma essa resta indifferente e muta alle domande di senso dell'uomo.

La quiete dopo la tempesta (▶ T12) e *Il sabato del villaggio* (▶ T13) rappresentano due momenti della vita recanatese: il ritorno del sereno dopo un temporale e la vigilia di una festa. Essi assumono un significato simbolico, dimostrando che gli unici piaceri consistono nella cessazione provvisoria di un dolore (la tregua della tempesta) o nell'attesa illusoria di una felicità che sta per venire (la vigilia della festa domenicale).

Il passero solitario e i problemi di datazione

Legata all'ambientazione recanatese e al tema della giovinezza sprecata è una canzone di datazione molto incerta: *Il passero solitario*. La composizione dovrebbe risalire agli anni fra il 1831 e il 1835; ma non si può escludere che il testo fosse già stato abbozzato negli anni che precedono tale periodo. *Il passero solitario* è scritto dal punto di vista della giovinezza, presagendo il rimpianto vano degli anni maturi: ciò ne ha determinato la collocazione ad apertura degli idilli, quasi con funzione di anticipazione prospettica dello sviluppo complessivo del libro. Paragonando la propria vita a quella del passero solitario del titolo, il poeta vi individua numerose analogie: l'amore per la solitudine, l'inclinazione al canto, il rifiuto dei piaceri della primavera e della giovinezza. Dal confronto, però, emerge soprattutto la differenza tra le due esistenze. Mentre il passero, guidato da un inconsapevole istinto naturale, non rimpiangerà di aver sprecato il tempo migliore della propria vita senza goderne, il poeta si rivolgerà indietro con rimpianto, pentendosi inutilmente (▶ T14).

Le forme: la "canzone leopardiana"

Sul piano formale, la novità centrale dei canti pisano-recanatesi è costituita dall'introduzione della canzone libera (si parla anche di canzone "leopardiana"), che supera il modello convenzionale petrarchesco fondato su numero di versi, posizione di endecasillabi e settenari e disposizione di rime obbligati. Si tratta di una forma metrica che si adatta di volta in volta all'ispirazione, combinandosi con un linguaggio spogliato di pesantezze retoriche e con una sintassi mobile.

Terza fase

Il rinnovamento della ricerca leopardiana

Il definitivo abbandono di Recanati, nel 1830, e il presentarsi di nuove esperienze esistenziali e culturali sono le cause principali che spingono Leopardi, negli ultimi anni, a intraprendere un nuovo radicale rinnovamento poetico. I testi della terza fase della poesia leopardiana si orientano in tre direzioni fondamentali:

- l'amore quale passione concreta e vissuta (nel "ciclo di Aspasia");
- la dura e negativa riflessone filosofica (soprattutto nelle canzoni sepolcrali e nella *Ginestra*);
- l'intervento ideologico contro il mito del progresso, con la personale proposta di solidarietà sociale (soprattutto nella *Palinodia al marchese Gino Capponi* e nella *Ginestra*).

Alla valorizzazione del ricordo, della distanza e dell'indeterminatezza che caratterizzava la precedente ricerca leopardiana si sostituisce ora la scelta del presente, del tangibile e della concretezza. Sia che parli d'amore sia che pronunci il suo duro giudizio sulla società, in ogni caso Leopardi si rappresenta nel vivo di un'esperienza concreta e coinvolgente.

Il "ciclo di Aspasia"

A mettere inizialmente in moto il rinnovamento poetico dell'ultimo Leopardi è una vicenda amorosa, vissuta a Firenze tra il 1830 e il 1833; ma la bellissima Fanny Fargioni Tozzetti non ricambia i sentimenti del poeta. A lei è dedicato il "ciclo di Aspasia", composto di cinque liriche scritte tra la primavera del 1831 e quella del 1834: il modo con cui la donna viene appellata nell'ultima delle liriche ha un significato negativo, essendo "Aspasia" il nome di una prostituta amata da Pericle (politico ateniese del V sec. a.C.).

L'opera *Canti*

Apre il "ciclo di Aspasia" *Il pensiero dominante*, una specie di canzone filosofica sull'amore, presentato come possibilità di rafforzamento dell'io e parametro di condanna del presente. Nelle successive *Amore e morte* e *Consalvo* (una novella sentimentale in versi), con un originale rovesciamento dei giudizi comuni, la morte è presentata positivamente come consolazione alla vita umana. Una novità formale di altissimo valore e di sconcertante modernità espressiva è invece la brevissima *A se stesso* (▶T15), in cui si pronuncia una risoluta condanna della negatività dell'esistenza. La vicenda d'amore per Fanny è rievocata nell'ultima lirica del ciclo, *Aspasia*, in cui il poeta afferma il superamento del fallimento sentimentale e rivendica la solitaria libertà al cospetto della realtà.

Le canzoni sepolcrali

Le due canzoni sepolcrali sono composte probabilmente tra il 1834 e il 1835, a Napoli. Entrambe affrontano il tema della morte, che rivela tragicamente tutta la fragilità della condizione umana, senza alcuna prospettiva di possibile riscatto. L'esperienza della perdita diviene l'occasione per interrogarsi sul senso della vita. Vengono in questo modo coinvolti nell'analisi tutti i grandi temi già sperimentati dalla ricerca leopardiana: la natura, il piacere, il dolore, il senso dell'esistenza.
Sopra un bassorilievo antico sepolcrale, dove una giovane morta è rappresentata in atto di partire, accomiatandosi dai suoi si concentra, in particolare, sul dolore intollerabile di chi deve affrontare la perdita della persona cara: la condizione dei "sopravvissuti" è in questo senso peggiore di quella di chi muore. *Sopra il ritratto di una bella donna scolpito nel monumento sepolcrale della medesima* è una disincantata affermazione della condizione materiale dell'uomo: la poesia si sofferma infatti sul contrasto fra la bellezza della donna quale è ritratta sulla lapide funebre e l'orrore del suo stato ora che, morta, si va decomponendo nella tomba.

Le composizioni del periodo napoletano

Al periodo napoletano, che abbraccia gli ultimi tre anni e mezzo di vita del poeta, appartengono le estreme composizioni leopardiane: i *Paralipomeni della Batracomiomachia* (già iniziati però a Firenze nel 1831), *I nuovi credenti*, la *Palinodia al marchese Gino Capponi*, *Il tramonto della luna* e *La ginestra, o il fiore del deserto.* Non fanno parte dei *Canti*, perché hanno la forma di un poema in ottave, i *Paralipomeni*, in cui Leopardi, sotto la veste favolosa dello scontro fra animali (granchi e topi), rappresenta il conflitto tra austriaci e italiani negli anni 1815-1821. Viene esclusa dalla raccolta anche la polemica – troppo diretta e risentita – dei *Nuovi credenti*, contro la ripresa di tendenze spiritualistiche nell'ambiente culturale napoletano.
Nella *Palinodia al marchese Gino Capponi* Leopardi finge di essersi pentito del proprio pessimismo e di aderire ai miti dei progressisti moderati fiorentini (dei quali Capponi è un esponente di spicco). In realtà, egli deride la fiducia di questi ultimi, mettendone in risalto tanto la superficialità quanto l'infondatezza. *Il tramonto della luna* resuscita per l'ultima volta lo scenario idilliaco di un paesaggio lunare: la luna che tramonta rappresenta la fine della giovinezza nell'uomo, che procede verso il buio della vecchiaia, avendo come unica meta il termine squallido e insensato della morte.

La ginestra, o il fiore del deserto

Con *La ginestra*, composta nella primavera del 1836 a Torre del Greco, nei pressi di Napoli, Leopardi consegna quello che può essere considerato il suo testamento ideale. Contro il pensiero dominante degli anni della Restaurazione, il poeta afferma la dignità del proprio andare controcorrente e il dovere di denunciare l'infelicità inevitabile della condizione umana. Sempre, infatti, il dolore, la vecchiaia, la malattia, la morte renderanno dolorosa la vita dell'uomo sulla terra. La consapevolezza dell'infelicità non deve restare nella mente di pochi uomini dotti, ma divenire coscienza di massa, così da consentire l'individuazione del vero nemico della specie umana: la natura. È contro la natura che deve formarsi un'alleanza tra tutti gli uomini, tesi a costruire una rete di solidarietà e di soccorso reciproco. Il modello positivo di questo comportamento è offerto dall'umile ginestra, che attende sulle pendici del vulcano la distruzione, senza cercare risarcimento in illusorie prospettive di durata. Il fiore del deserto è anzi pronto a piegarsi sotto la lava senza inchinarsi con viltà davanti al destino, né elevarsi con un orgoglio ingiustificato (▶T16).

Lo stile

Sul piano formale, accanto alla canzone libera, nell'ultima fase della poesia leopardiana compaiono tentativi nuovi, come la brevissima *A se stesso*, o come i versi sciolti della *Palinodia*. Lo stile rinuncia per lo più al canto aperto e all'abbandono sentimentale, a favore di una concentrazione fondata soprattutto sull'uso estremo della sintassi (con alternanza di periodi brevissimi, anche di una sola parola, e di periodi invece interminabili). Anche il lessico si apre a termini finora assenti dal repertorio leopardiano, capaci di aderire, magari sarcasticamente, al linguaggio e alla problematica culturale del "progresso", o di confrontarsi con la concreta realtà del presente.

T7

Le forme
- termini rari o antichi
- sintassi complessa

I temi
- esclusione di Saffo dalla bellezza della natura
- infelicità dell'esistenza
- suicidio

Ultimo canto di Saffo

Composta in una settimana del maggio 1822, questa canzone – secondo la dichiarazione di Leopardi stesso – «intende di rappresentare la infelicità di un animo delicato, tenero, sensitivo, nobile e caldo, posto in un corpo brutto e giovane». Tanto la bruttezza di Saffo (la grande poetessa greca vissuta nel VII-VI sec. a.C.) quanto il suo amore infelice per un giovane di nome Faone appartengono alla leggenda; così come il suicidio della poetessa, dalla rupe di Leucade.
Poco prima dell'alba, la giovane donna riflette sulla sua estraneità alla bellezza del paesaggio, che sente vicino solo quando è in tempesta. Eppure non ha commesso alcuna colpa: il destino degli uomini è nascere per soffrire, trascurati dagli dèi, e senza che ai meriti interiori corrisponda un bell'aspetto. Ora l'attende la morte, che porrà fine a ogni speranza e illusione.

Placida notte, e verecondo raggio
Della cadente luna; e tu che spunti
Fra la tacita selva in su la rupe,
Nunzio del giorno: oh dilettose e care
Mentre ignote mi fur l'erinni[1] e il fato,
Sembianze agli occhi miei; già non arride
Spettacol molle ai disperati affetti.
Noi l'insueto allor gaudio ravviva
Quando per l'etra liquido si volve
E per li campi trepidanti il flutto
Polveroso de' Noti, e quando il carro,
Grave carro di Giove[2] a noi sul capo,
Tonando, il tenebroso aere divide.
Noi per le balze e le profonde valli
Natar giova tra' nembi, e noi la vasta
Fuga de' greggi sbigottiti, o d'alto
Fiume alla dubbia sponda
Il suono e la vittrice ira dell'onda.

Bello il tuo manto, o divo cielo, e bella
Sei tu, rorida terra. Ahi di cotesta
Infinita beltà parte nessuna
Alla misera Saffo i numi e l'empia
Sorte non fenno. A' tuoi superbi regni
Vile, o natura, e grave ospite addetta,
E dispregiata amante, alle vezzose
Tue forme il core e le pupille invano
Supplichevole intendo. A me non ride
L'aprico margo, e dall'eterea porta
Il mattutino albor; me non il canto
De' colorati augelli, e non de' faggi
Il murmure saluta: e dove all'ombra
Degl'inchinati salici dispiega
Candido rivo il puro seno, al mio

PARAFRASI

1-18 [O] notte calma (placida), e raggio discreto (verecondo = pudico) della luna che tramonta (cadente); e tu, [astro] annunziatore (nunzio) del giorno [: Venere], che sorgi (spunti) sulle rupe fra la selva silenziosa (tacita); oh visioni (sembianze) piacevoli (dilettose) e care ai miei occhi, finché (mentre) mi furono (fur) sconosciuti (ignote) il tormento (l'erinni) [d'amore] e il destino (il fato) [avverso]; ormai (già) non dà piacere (arride) uno spettacolo dolce (molle) a chi è disperato (ai disperati affetti = a sentimenti disperati). La rara (insueto = inconsueto) gioia (gaudio) mi rallegra (noi… ravviva; noi = me, compl. ogg.) quando il turbine (il flutto; metafora) polveroso dei venti (de' Noti) corre (si volve = turbina) attraverso (per) il cielo limpido (l'etra liquido) o attraverso i campi sconvolti (trepidanti), e quando il carro, il pesante (grave) carro di Giove, tuonando, squarcia (divide) l'aria buia (tenebroso). A me piace (noi… giova) nuotare (natar) [: perdermi] tra le nuvole (tra' nembi) lungo (per) i dirupi (le balze) e le valli profonde, e a me [piace] la vasta [: affollata] fuga delle greggi intimorite (sbigottiti), o il suono e la trionfante (vittrice) furia (ira) delle acque (dell'onda) di un fiume profondo (alto) [stando] presso la (alla) sponda insicura (dubbia).
19-36 O cielo divino (divo), la tua volta (il tuo manto) [è] bella, e bella sei tu, [o] terra rugiadosa (rorida). Ahi, di questa infinita bellezza gli dèi (i numi) e la malvagia (l'empia) sorte non concessero (non fenno = non fecero) nessuna parte alla misera Saffo. O natura, [essendo io] assegnata (addetta) ai tuoi regni superbi [quale] ospite spregevole (vile) e sgradita (grave), e [quale] amante [da te] disprezzata, alle tue bellezze (vezzose… /forme) invano rivolgo (intendo) supplichevole il cuore e lo sguardo (le pupille). A me non arridono (non ride) i luoghi soleggiati (l'aprico margo; margo = margine = sponda), e la luce (albor) del mattino [che si affaccia] dalla porta del cielo (eterea) [: da Oriente]; me [: compl. ogg.] non saluta il canto degli uccelli colorati, né (e non) lo stormire (il murmure) dei faggi: e dove un ruscello (rivo) limpido (candido) stende (dispiega) il [suo] puro corso (seno) all'ombra dei sali-

Metrica canzone di quattro stanze di diciotto versi ciascuna, tutti endecasillabi tolto il penultimo, settenario. Liberi da rime sono i primi sedici, legati da rima baciata gli ultimi due.

1 Erinni: divinità greche degl'Inferi (chiamate Furie dai Romani), persecutrici degli assassini e ministre della vendetta; il riferimento è qui metaforico.

2 Carro di Giove: identificato nella mitologia classica con il tuono.

Lubrico piè le flessuose linfe
Disdegnando sottragge,
E preme in fuga l'odorate spiagge.

Qual fallo mai, qual sì nefando eccesso
Macchiommi anzi il natale, onde sì torvo
Il ciel mi fosse e di fortuna il volto?
In che peccai bambina, allor che ignara
Di misfatto è la vita, onde poi scemo
Di giovanezza, e disfiorato, al fuso
Dell'indomita Parca[3] si volvesse
Il ferrigno mio stame?[4] Incaute voci[5]
Spande il tuo labbro: i destinati eventi
Move arcano consiglio. Arcano è tutto,
Fuor che il nostro dolor.[6] Negletta prole
Nascemmo al pianto, e la ragione in grembo
De' celesti si posa. Oh cure, oh speme
de' più verd'anni! Alle sembianze il Padre,
Alle amene sembianze eterno regno
Diè nelle genti; e per virili imprese,
Per dotta lira[7] o canto,
Virtù non luce in disadorno ammanto.

Morremo. Il velo indegno a terra sparto,
Rifuggirà l'ignudo animo[8] a Dite,[9]
E il crudo fallo emenderà del cieco
Dispensator de' casi. E tu cui lungo
Amore indarno, e lunga fede, e vano
D'implacato desio furor mi strinse,

PARAFRASI

ci piangenti (inchinati), sottrae con disprezzo (disdegnando) la mobile (flessuose) acqua (linfe) dai miei piedi (piè) che scivolano (lubrico), e ricopre (preme) fuggendo (in fuga) le spiagge profumate (odorate).

37-54 Quale colpa (fallo) mai, quale peccato (eccesso) così terribile (sì nefando) mi macchiò (macchiommi) [la coscienza] prima di nascere (anzi il natale), per cui (onde) il cielo e l'aspetto (il volto) della sorte mi fossero così ostili (torvo)? In che ho peccato [da] bambina, allora che la vita è ignara di [: non ha] colpe (misfatto), per cui (onde) poi il filo grigio (il ferrigno... stame) della mia vita (mio) scorresse (si volvesse) al fuso della Parca inesorabile (indomita) privo (scemo; da "scemare") di giovinezza e sfiorito (disfiorato)? La tua [: detto a se stessa] bocca (labbro) emette (spande) parole (voci) audaci (incaute): una volontà (consiglio) misteriosa (arcano) provoca (move) gli eventi stabiliti dal destino (destinati). Tutto è misterioso, fuorché il nostro dolore. [Noi esseri umani] siamo nati (nascemmo) per piangere (al pianto), [quali] figli disprezzati (negletta prole) [dalla natura], e la ragione [di ciò] sta (si posa) con gli dèi (in grembo de' celesti) [: la sanno gli dèi]. Oh preoccupazioni (cure), o speranze (speme) degli anni giovanili (più verd'<i>)! Il Padre [: Giove] diede (diè) eterno potere (regno) sugli uomini (nelle genti) alle sembianze [esteriori], alle belle (amene) sembianze [: alle apparenze di bellezza]; e nonostante (per) imprese eroiche (virili), nonostante una poesia còlta e musicale (dotta lira o canto), il valore (virtù) non brilla (non luce; vb.) in una veste (ammanto) senza bellezza (disadorno) [: in un corpo brutto].

3 Parca: le tre Parche sono, nella mitologia romana, le divinità che presiedono al destino degli uomini.
4 Il ciel… stame: le due domande iniziali sono domande retoriche: Saffo sottolinea la propria innocenza (non può aver acquistato colpe prima di nascere, né nell'infanzia) per meglio mettere in risalto l'inspiegabile gratuità delle sofferenze subite.
5 Incaute voci: l'imprudenza di Saffo consiste forse nel reclamare dalle misteriose divinità evocate delle spiegazioni che sono comunque negate agli uomini; o forse riguarda l'inutilità delle rivendicazioni; o anche, infine, il rischio che la scoperta della propria innocenza possa rigenerare in qualche modo nuove illusioni riguardo alla vita.
6 nostro dolor: secondo alcuni il plurale sta qui per un singolare (come evidentemente al v. 8 e al v. 55); secondo altri (p. es. Binni) c'è invece una portata universalizzante della protesta (nella parafrasi si è accolta questa seconda ipotesi).
7 lira: lo strumento a corde con cui i greci accompagnavano il canto dei testi poetici.
8 Il velo indegno… /l'ignudo animo: è della tradizione, soprattutto petrarchesca, la definizione metaforica del corpo quale **velo** (o veste) dell'anima, che senza di esso resta dunque nuda.
9 Dite: è la divinità romana dell'oltretomba (corrispondente al greco Plutone); indica spesso, in generale, l'aldilà.

▶ Theodore Chasseriau, *Saffo salta in mare*, 1840. Collezione privata.

Vivi felice, se felice in terra
Visse nato mortal.[10] Me non asperse
Del soave licor del doglio avaro[11]
Giove, poi che perìr gl'inganni e il sogno
Della mia fanciullezza. Ogni più lieto
Giorno di nostra età primo s'invola.
Sottentra il morbo, e la vecchiezza, e l'ombra
Della gelida morte. Ecco di tante
Sperate palme e dilettosi errori,
Il Tartaro[12] m'avanza; e il prode ingegno
Han la tenaria Diva,[13]
E l'atra notte, e la silente riva.

da G. Leopardi, *Canti*, ed. critica a cura di E. Peruzzi, Rizzoli, Milano 1981.

PARAFRASI

55-72 Morirò (Morremo) [: mi ucciderò]. Lasciato (sparto; da "spargere") a terra l'indegno involucro (velo; metafora) [del corpo], l'animo nudo si rifugerà (rifuggirà) presso gli Inferi (a Dite), e correggerà (emenderà) il crudele (crudo) errore (fallo) del cieco destino (dispensator de' casi = che assegna gli eventi). E tu [: Faone] al quale (cui) mi legò (strinse) inutilmente (indarno) un lungo amore, e una lunga fedeltà (fede), e un'inutile (vano) passione (furor) di desiderio (desio) implacabile, [tu] vivi felice, se sulla terra visse [mai] felice un essere umano (nato mortal). Giove non bagnò (asperse) me del meraviglioso (soave) liquido (licor) del suo vaso (doglio) avaro, dal momento in cui (poi che) morirono (perìr) le illusioni (gl'inganni) e i sogni della mia fanciullezza. Tutti (Ogni) i giorni più lieti della nostra vita (età) [: la giovinezza] fuggono (s'invola) per primi (primo). Giungono (Sottentra) la malattia (il morbo), e la vecchiaia, e l'ombra della morte gelida. Ecco [:] di tanti successi (palme; quelle di trionfo) sperati e [di tante] piacevoli (dilettosi) illusioni (errori), mi resta (m'avanza) la morte (il Tartaro); e il [mio] ingegno valoroso (prode) [: compl. ogg.] [lo] hanno la dea infernale (tenaria) [: Proserpina], e la notte nera (atra) [: dell'oltretomba], e la riva silenziosa (silente) [: dei fiumi infernali; cioè la morte].

10 Nato mortal: gli uomini, distinti dagli dèi (che erano a loro volta "nati", ma per essere immortali).
11 Doglio avaro: annota Leopardi: «quel vaso pieno di felicità che Omero pone in casa di Giove. Avaro perché Giove soleva dispensare la felicità con molta avarizia».
12 Tartaro: nella mitologia greca era in origine la parte dell'aldilà riservata ai malvagi; ma ben presto il senso si allargò a comprendere il regno dei morti in genere.
13 la tenaria Diva: Proserpina, dea degli Inferi pagani, il cui ingresso era collocato presso il capo Tenaro (oggi capo Matapan), nel Peloponneso.

Lavoriamo sul testo

Leggere e capire

La riflessione di Saffo in una «placida notte» È notte: la luna tramonta e sorge Venere, precedendo il sole. Ma uno scenario così dolce è ormai inadatto all'interiorità sofferente della protagonista, che sceglie piuttosto paesaggi e situazioni inquieti e violenti (quelli elencati ai vv. 8-18). D'altra parte, Saffo è esclusa dalla bellezza armoniosa della natura («Ahi di cotesta/infinita beltà parte nessuna/alla misera Saffo i numi e l'empia/sorte non fenno»), che è rappresentata, nella seconda strofa, attraverso pochi tratti di alta intensità evocativa (il cielo stellato, la terra umida di rugiada, l'alba, gli uccelli che cantano, il rumoreggiare di un albero, un ruscello che scorre tra i fiori). Nella terza strofa Saffo giunge alla pessimistica conclusione che l'unica certezza dell'uomo è quella del dolore («Arcano è tutto/fuor che il nostro dolore. Negletta prole/nascemmo al pianto»). Inoltre, la virtù non ha alcun valore se non si accompagna alla bellezza («Virtù non luce in disadorno ammanto»). L'ultima strofa affronta il tema del suicidio: con la decisione di uccidersi, Saffo intende correggere l'errore crudele del destino, che l'ha fatta brutta e sensibile. Augura quindi all'amato Faone di essere felice, «se felice in terra/visse nato mortal». Spente le illusioni della giovinezza, ora l'eroina si prepara a consegnare il suo eccezionale ingegno all'oltretomba.

Analizzare

Un lessico e uno stile "peregrini" e "vaghi" Intorno all'espressione «di tante / sperate palme e dilettosi errori» (vv. 68-69) Leopardi annota: «Lo stesso incerto, e lontano, e ardito, e inusitato, e indefinito, e pellegrino di questa frase le conferisce quel vago che sarà sempre in sommo pregio appresso chiunque conosce intimamente la poesia [...]. Il luogo sta bene così, e non bisogna guastarlo». Questa testimonianza mostra la consapevolezza con la quale Leopardi applica all'*Ultimo canto di Saffo* le proprie conclusioni intorno alla poeticità dell'indeterminato e del vago nel linguaggio poetico. Un modo indicato spesso dal poeta per conseguire un simile effetto di vaghezza consiste nell'impiego di termini e di espressioni "peregrini", cioè rari oppure antichi e non più in uso. In questo modo il linguaggio tradizionale della lirica assume un nuovo valore, e il classicismo acquista una nuova espressività. Questa canzone è piena di esempi simili. Al campo della mitologia appartengono per esempio «erinni» v. 5, «Giove» vv. 12 e 64, «Parca» v. 43, «Dite» v. 56, «Tartaro» v. 70, «tenaria Diva» v. 71. Latinismi sono, fra i tanti, «liquido» v. 9, «Noi… giova» vv. 14 sg., «Vittrice» v. 18, «addetta» v. 24, ecc. La complessità sintattica coopera a creare uno stile arduo e lontano dall'uso. Notevole è soprattutto il ricorso all'inversione, con continui iperbati e anastrofi. Un forte iperbato è ai vv. 4-6: gli aggettivi «dilettose e care», legati grammaticalmente a «sembianze», ne sono separati da un intero verso.

Interpretare e approfondire

Il tema del suicidio Il suicidio è un tema diffuso nella letteratura del Sette-Ottocento ed è legato a quello del tramonto delle illusioni. È espressione del disagio storico che vive l'intellettuale, consapevole del proprio isolamento e della perdita di importanza della poesia di fronte alla scienza. Bruto e Saffo, come già Werther e Ortis, incarnano il modello del suicidio eroico, teorizzato dallo stoicismo antico (Seneca) quale gesto di libertà interiore, e come tale ripreso anche dal Catone dantesco. Leopardi giustifica il suicidio e contesta la concezione che lo considera un atto contro natura. L'uomo non vive più secondo natura, ma secondo ragione. Ha acquistato una seconda natura che ci «mostra ad evidenza l'utilità del morire». Su questo tema Leopardi ritornerà più volte: nel *Dialogo di Porfirio e Plotino* nelle *Operette morali* arriverà a riconoscere che il suicidio è illegittimo, perché rompe i legami sociali e le responsabilità affettive che abbiamo con gli altri. L'amicizia e la solidarietà, che Saffo non conosce, diverranno i soli rimedi possibili al male di vivere.

La disarmonia tra paesaggio e soggetto Il paesaggio ha nell'*Ultimo canto di Saffo* un'importanza decisiva. Inizialmente esso si presenta in termini di serena contemplazione. Ma questa situazione dura soltanto i primi quattro versi; dopo di che il v. 5, con il richiamo drammatico alle «erinni» e al «fato», spezza l'incanto: lo «spettacol molle» della natura e del paesaggio diviene privo di valore per i «disperati affetti» (v. 7). È una situazione profondamente costitutiva della maggiore poesia leopardiana, che presenta spesso una natura seducente e placida, ma priva di rapporto con l'uomo. All'armonia del paesaggio-stato d'animo (tipico della tradizione petrarchesca) Leopardi sostituisce una condizione di disarmonia e di distanza. La rottura con il paesaggio naturale rende preferibile, per Saffo, una natura tempestosa ed estrema (vv. 8-18), in cui si avverte il ricordo della tradizione preromantica. La disarmonia tra Saffo e la natura si fonda, come informa la seconda strofa, sulla mancata partecipazione della donna alla bellezza generale dell'universo. La bellezza del paesaggio resta una bellezza per sé e in sé, dalla quale Saffo è esclusa e respinta. La terza e la quarta strofa, dunque, prendono atto della disarmonia tra soggetto e paesaggio e della contrapposizione tra la bruttezza di quello e la bellezza di questo: il paesaggio naturale, dominante nelle prime due strofe, è del tutto assente nella terza e nella quarta, tutte centrate sulle conclusioni esistenziali di Saffo. Un frammento degradato di paesaggio si riaffaccia nell'ultimo verso della canzone, con l'allusione alla nera notte infernale e ai silenziosi fiumi dell'aldilà (vv. 70-72).

Esercizi

Prima prova A • L'analisi del testo

Comprendere

1 Il contenuto in breve

Questa canzone si compone di quattro strofe. Assegna a ciascuna strofa un titoletto che ne riassuma il contenuto.

Analizzare

2 Domande retoriche

Saffo rivolge a se stessa due domande: rintracciale nel testo e chiarisci perché rimangono senza risposta.

3 Due paesaggi

La lirica introduce due tipi di paesaggio: uno quieto e sereno e l'altro tempestoso. Rileva nel testo la loro presenza. In quale tipo di paesaggio si rispecchia Saffo? Perché?

Interpretare e approfondire

4 L'infelicità di Saffo (o degli uomini?)

In questa canzone Leopardi ha voluto «rappresentare la infelicità di un animo delicato, tenero, sensitivo, nobile e caldo, posto in un corpo brutto e giovane».

a. Quali sono le cause del dolore di Saffo?

b. La disperazione di Saffo è puramente soggettiva o ha un significato universale? Motiva la risposta con opportuni riferimento al testo.

Terza prova A • La trattazione sintetica

5 Confronto fra personaggi: Saffo e Tristano

Saffo e Tristano (▶ T6) possono essere entrambi considerati proiezioni dello stesso Leopardi: in una trattazione sintetica (max 15 righe) sottolinea analogie e differenze fra le loro posizioni.

T8

Le forme
- l'*enjambement*

I temi
- valore conoscitivo della poesia
- passaggio dell'esperienza sensoriale all'immaginazione

L'infinito

Composto a ventun anni nel 1819, L'infinito *è uno dei testi più conosciuti e celebrati di Leopardi. La poesia è ispirata da una siepe posta su un colle poco lontano dalla casa del poeta. Questa siepe, impedendo di vedere ciò che ne oltrepassa i confini, mette in moto un processo immaginativo molto piacevole, permettendo al poeta di fantasticare sul concetto di infinito proprio a partire da quella sensazione di limitatezza. L'abbandono alle sensazioni e alle immaginazioni suscitate da questa esperienza coincide con il raggiungimento di un piacere indefinito.*

Sempre caro mi fu quest'ermo colle,[1]
E questa siepe, che da tanta parte
Dell'ultimo orizzonte il guardo esclude.
Ma sedendo e mirando, interminati
Spazi di là da quella, e sovrumani
Silenzi, e profondissima quiete
Io nel pensier mi fingo; ove per poco
Il cor non si spaura. E come il vento
Odo stormir tra queste piante, io quello
Infinito silenzio a questa voce
Vo comparando: e mi sovvien l'eterno,
E le morte stagioni, e la presente
E viva, e il suon di lei. Così tra questa
Immensità s'annega il pensier mio:
E il naufragar m'è dolce in questo mare.[2]

da G. Leopardi, *Canti*, cit.

PARAFRASI

1-8 Mi furono (fu; con due soggetti) sempre cari questo colle solitario (ermo) e questa siepe, che esclude la vista (il guardo) dell'orizzonte estremo (ultimo) per così grande (da tanta) parte [: che impedisce di vedere gran parte dell'orizzonte]. Ma sedendo e guardando (mirando), [al] di là di quella [siepe] io immagino (mi fingo) nel pensiero [che vi siano] spazi interminabili e silenzi sovrumani e una pace (quiete) profondissima; nei quali (ove = dove) il [mio] cuore per poco non si spaventa (spaura).
8-15 E non appena (come) odo stormire il vento tra questi alberi (piante), io vado confrontando (vo comparando) quell'infinito silenzio [prima immaginato] a questo suono (voce; metafora) [degli alberi]: e mi torna in mente (mi sovvien = mi ricordo) l'eterno, e il tempo passato (le morte stagioni), e il [tempo] presente e vivo, e il suo (di lei; riferito a "stagione") suono. Così tra questa immensità il mio pensiero si smarrisce (s'annega; metafora): e naufragare [: perdermi] in questo mare [: in questa vastità] mi dà piacere (m'è dolce).

Metrica endecasillabi sciolti.

1 colle: è il monte Tabor, colle di Recanati non lontano da palazzo Leopardi, all'epoca del poeta poco frequentato e selvaggio (**ermo**).
2 s'annega… mare: non si tratta di uno smarrimento mistico (non si potrebbe immaginare niente di meno leopardiano), quanto piuttosto del prevalere provvisorio delle sensazioni e delle immaginazioni sulle facoltà razionali: causa, secondo Leopardi, di un piacere profondo.

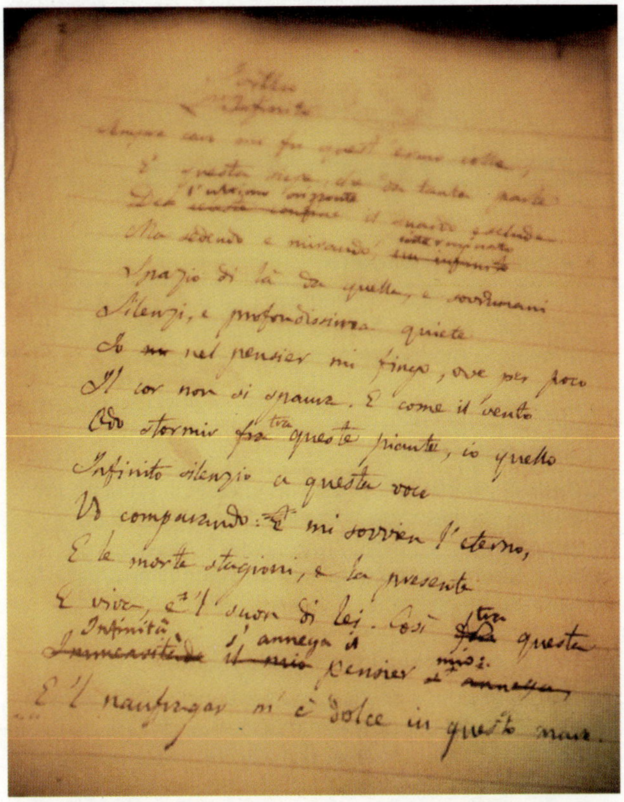

Manoscritto autografo de *L'infinito*, custodito nella Biblioteca Nazionale di Napoli.

Lavoriamo sul testo

Leggere e capire

L'infinito spaziale e temporale La poesia, composta da quindici endecasillabi, può essere divisa in due parti uguali, di sette versi e mezzo ciascuna. Dal verso 1 alla cesura del verso 8 la riflessione riguarda soprattutto l'infinito spaziale: lo spunto alla meditazione è offerto da un «ermo colle» e una «siepe», che, costituendo un limite alla vista, permettono all'immaginazione di liberarsi e di costruire «interminati/Spazi [...], e sovrumani/Silenzi, e profondissima quiete». Dalla cesura del verso 8 fino alla fine la riflessione riguarda invece l'infinito temporale, vale a dire l'eternità: stavolta è lo «stormir» del vento tra «queste piante» a mettere in moto l'immaginazione, fino al dolce naufragio («E il naufragar m'è dolce in questo mare»: v. 15).

Analizzare

La metrica e lo stile I versi presentano una grande varietà nella struttura ritmica. Quasi tutti sono segnati da un forte squilibrio tra metrica e sintassi. La figura chiave della metrica è infatti l'*enjambement* (particolarmente forti i seguenti: «interminati/Spazi», «sovrumani/Silenzi», «quello/Infinito silenzio»), che determina nel testo una tensione fortissima, in modo che il discorso è di continuo proteso verso uno sviluppo ulteriore. Restano estranei alla logica degli *enjambements* il primo e soprattutto l'ultimo verso, nei quali si dà coincidenza tra metrica e sintassi. Dal punto di vista stilistico, è importante osservare la contrapposizione tra i pronomi «questo/questa» (vv. 1, 2, 9, 10, 13, 15), che indicano la concreta presenza degli oggetti considerati, e il pronome indefinito «quello» (v. 9), che indica invece il dato lontano e assente, ovvero solo immaginabile.

Interpretare e approfondire

Dalla concretezza all'astrazione Il componimento è costruito intorno al rapporto tra esperienza concreta e immaginazione astratta. L'esperienza concreta è rappresentata da elementi semplici e quotidiani: il «colle», la vista della «siepe», lo stormire del «vento» tra le «piante». È proprio il limite rappresentato dalla siepe ad accendere, per contrasto, il bisogno di immaginare l'infinito, cioè di negare e superare quel limite. Allo stesso modo, è dalla limitatezza del suono delle foglie che nasce l'ulteriore allargamento in senso temporale. Dall'infinito spaziale, infatti, l'immaginazione si allarga all'infinito temporale: l'«eterno». Si tratta di un'esperienza che il pensiero non riesce a dominare, di cui cioè non sa darsi interamente ragione; e tuttavia questa esperienza è piacevole e appagante.

materiali per il recupero
L'infinito

Esercizi

Prima prova A • L'analisi del testo

Comprendere

1 A partire dal concreto

La poesia rappresenta l'itinerario (o meglio il "dolce naufragio") dell'immaginazione. Quali sono gli elementi concreti che mettono in moto l'immaginazione?

Analizzare

2 L'*enjambement*

Quasi tutti i versi della poesia sono segnati da una forte sfasatura tra metrica e sintassi. La figura chiave del componimento è infatti l'*enjambement*. Individua gli *enjambements* presenti nel testo e cerca di spiegarne la funzione e il significato.

3 I verbi dei sensi e i verbi della mente

Il componimento è costruito sul tema del rapporto fra dato sensoriale e reazione immaginativa: da una parte stanno il vedere e il sentire, dall'altro l'immaginare e il riflettere. Sottolinea nel testo i verbi riconducibili a questi due piani, distinguendoli con colori diversi.

Interpretare e approfondire

4 L'infinito leopardiano

L'immagine leopardiana di infinito presente in questa poesia richiama secondo te l'idea di trascendenza? Motiva la tua risposta.

Terza prova A • La trattazione sintetica

5 Il limite e la voglia di superarlo

Il senso del limite e il suo superamento sono i temi principali di questa poesia. Leopardi mostra qui di riconoscere tanto la forza oggettiva del limite quale condizione ineliminabile dell'uomo, quanto l'esigenza antropologica di superare quel limite. Proprio durante la giovinezza si scopre il conflitto fra limite e aspirazione all'illimitato. In una trattazione sintetica (max 15 righe), rifletti sul concetto di limite: quale valore ha per te?

T9

Le forme
- musicalità dei versi

I temi
- isolamento e diversità del poeta

La sera del dì di festa

*Composto nel 1820, questo idillio presenta un'articolazione più ampia e mossa rispetto all'*Infinito*, con il quale condivide in parte il tema dell'infinità del tempo. Qui un intenso paesaggio notturno, dominato dalla luna e dall'indifferenza della donna amata, viene alternato alla riflessione sull'immensità del passato perduto e irrecuperabile.*

Dolce e chiara è la notte e senza vento,
E queta sovra i tetti e in mezzo agli orti
Posa la luna, e di lontan rivela
Serena ogni montagna. O donna mia,
Già tace ogni sentiero, e pei balconi
Rara traluce la notturna lampa:
Tu dormi, che t'accolse agevol sonno
Nelle tue chete stanze; e non ti morde
Cura nessuna; e già non sai né pensi
Quanta piaga m'apristi in mezzo al petto.
Tu dormi: io questo ciel, che sì benigno
Appare in vista, a salutar m'affaccio,
E l'antica natura onnipossente,
Che mi fece all'affanno. A te la speme
Nego, mi disse, anche la speme; e d'altro
Non brillin gli occhi tuoi se non di pianto.
Questo dì fu solenne: or da' trastulli
Prendi riposo; e forse ti rimembra
In sogno a quanti oggi piacesti, e quanti
Piacquero a te: non io, non già, ch'io speri,
Al pensier ti ricorro. Intanto io chieggo
Quanto a viver mi resti, e qui per terra

PARAFRASI

1-16 La notte è mite (dolce) e chiara [: rischiarata dalla luna] e senza vento, e la luna, placida (queta), sta (posa = riposa) sopra i tetti e in mezzo agli orti, e in lontananza (di lontan) rivela serena ogni montagna. O donna da me amata (mia), tutti (ogni) i sentieri ormai (già) tacciono, e qua e là (rara; riferito a lampa), dalle finestre (pei balconi), trapela la luce di qualche lampada (lampa) notturna: tu [: si rivolge alla donna] dormi, poiché (che) il sonno ti accolse prontamente (agevol) nelle tue stanze tranquille (chete); e non ti tormenta (morde) nessuna angoscia (cura); e certo (già) non sai e non (né) immagini (pensi) quale profonda ferita (quanta piaga) mi apristi in mezzo al petto. Tu dormi: io mi affaccio a salutare questo cielo, che a vederlo (in vista) appare così benevolo, e la natura perenne (antica) [: rimasta immutata dall'antichità, eterna] [e] onnipotente, che mi generò (mi fece) per farmi soffrire (all'affanno). «A te — mi disse [la natura] — nego la speranza (speme), perfino (anche) la speranza; e [decido che] i tuoi occhi non lùccichino (non brillin; congiuntivo ottativo) d'altro se non di pianto [: dunque non di amore né di gioia]!».
17-37 Questo è stato (fu) un giorno di festa (dì... solenne): ora ti riposi (prendi riposo) [: la donna amata] dagli svaghi (da' trastulli); e forse in sogno ti viene in mente (ti rimembra) a quanti [uomini] oggi sei piaciuta, e quanti sono piaciuti a te: io no — non che io [lo] speri, certo (non già, ch'io speri) —, non ti ritorno (ti ricorro) in mente (al pensier). Intanto [: mentre tu dormi] io chiedo (chieggo) quanto [tempo] mi resti da vivere, e qui [: nella mia stanza] mi getto per ter-

La valle che dorme, illustrazione del 2007 di Rebeka Rodosek.

Mi getto, e grido, e fremo.[1] Oh giorni orrendi
In così verde etate! Ahi, per la via
Odo non lunge il solitario canto
Dell'artigian, che riede a tarda notte,
Dopo i sollazzi, al suo povero ostello;
E fieramente mi si stringe il core,
A pensar come tutto al mondo passa,
E quasi orma non lascia. Ecco è fuggito
Il dì festivo, ed al festivo il giorno
Volgar succede, e se ne porta il tempo
Ogni umano accidente. Or dov'è il suono
Di que' popoli antichi? or dov'è il grido
De' nostri avi famosi, e il grande impero
Di quella Roma, e l'armi, e il fragorio
Che n'andò per la terra e l'oceano?
Tutto è pace e silenzio, e tutto posa
Il mondo, e più di lor non si ragiona.
Nella mia prima età, quando s'aspetta
Bramosamente il dì festivo, or poscia
Ch'egli era spento, io doloroso, in veglia,
Premea le piume; ed alla tarda notte
Un canto che s'udia per li sentieri
Lontanando morire a poco a poco,
Già similmente mi stringeva il core.[2]

da G. Leopardi, *Canti*, cit.

PARAFRASI

ra, e grido e mi agito (fremo). Oh giorni orribili in un'età così giovane (verde)! Ahi[mè], sento per la via, non lontano (non lunge), il canto solitario dell'artigiano, che a tarda notte torna (riede) alla sua povera casa (ostello), dopo i divertimenti (sollazzi) [del giorno di festa]; e il cuore mi si stringe crudelmente (fieramente), nel pensare come tutto al mondo passa, e quasi non lascia traccia (orma). Ecco, il giorno (dì) festivo se n'è andato (è fuggito), e il giorno lavorativo (volgar) viene dopo (succede) il festivo, e il tempo porta via (se ne porta) ogni vicenda (accidente) umana. Dov'è ora il risuonare (il suono) [delle imprese] di quei popoli dell'antichità? Dov'è la fama (il grido) dei nostri famosi antenati (avi)? E il grande impero della grande Roma (di quella Roma)? E il fragore delle armi che si propagò (n'andò) per la terra e per l'oceano?
38-46 Tutto è pace e silenzio, e il mondo intero (tutto) riposa (posa), e non si parla (non si ragiona) più di loro [: di quei popoli antichi]. Nella mia infanzia (prima età), quando si aspetta con ardente desiderio (bramosamente) il giorno di festa, dopo (or poscia) che questo (egli) era terminato (spento), io, con grande dolore (doloroso), insonne (in veglia), mi rigiravo nel letto (premea le piume; piume = 'letto', per sineddoche); e, a tarda notte, un canto che si sentiva (s'udia) affievolirsi (morire) a poco a poco mentre s'allontanava (lontanando) per i sentieri mi stringeva il cuore già allo stesso modo (già similmente) [di adesso].

Metrica endecasillabi sciolti.

1 Intanto... fremo: la lettera al Giordani del 24 aprile 1820 riporta: «Io mi getto e mi ravvolgo per terra, domandando quanto mi resta ancora da vivere. La mia disgrazia è assicurata per sempre: quanto mi resterà da portarla? quanto?».

2 Già similmente... core: tanto nell'infanzia quanto nell'età presente (▶ v. 25) il canto che si ode nel silenzio notturno dà origine alla sensazione dell'infinità del tempo e della natura, di fronte alla quale la vita del singolo si caratterizza, negativamente, per la propria finitezza e caducità.

Lavoriamo sul testo

Leggere e capire

Due parti La poesia può essere divisa in due parti: il passaggio dalla prima alla seconda parte è affidato, al verso 25, a un evento fortuito (il canto dell'artigiano che rincasa). Nella prima parte il poeta descrive la notte, serena e rischiarata dalla luna (vv. 1-4); pensa alla donna amata, che dorme tranquilla (vv. 4-11); medita sul proprio doloroso destino determinato dalla «natura onnipossente» (vv. 11-16); pensa nuovamente alla donna (vv. 17-21) e torna infine sul proprio dolore, che apre alla prospettiva della morte (vv. 21-24). Nella seconda parte, introdotta appunto dal canto dell'artigiano (vv. 24-27), il poeta riflette sul passare del tempo, con la consapevolezza che «tutto al mondo passa, E quasi orma non lascia», così che le imprese, i personaggi e i popoli antichi vengono dimenticati (vv. 28-39). Nella conclusione (vv. 40-46) torna in primo piano la vicenda esistenziale del soggetto, che ricorda la «prima età» e rievoca un canto udito allora, che sentiva «lontanando morire a poco a poco».

Analizzare

La musica di Leopardi I primi versi della *Sera del dì di festa* sono fra i più noti della letteratura italiana per la loro musicalità. Leopardi sceglie una certa varietà di timbri vocalici («Dolce *e* chiara *è* la notte *e* senza vento»), predilige parole brevi (al massimo trisillabi: «serena», «montagna»), suggerisce appena un'eco con l'allitterazione «SENZA/VENTO». Alterna poi a versi perfettamente compiuti (vv. 1, 6), altri spezzati dall'*enjambement*, per dare più respiro a un discorso retto da una sintassi piana e agevole. La musica è insomma un effetto di semplicità, di leggerezza, di naturalezza: la poesia si distacca dalla retorica, che aveva regnato incontrastata per secoli.

Interpretare e approfondire

L'esclusione del poeta Un paesaggio lunare limpidissimo apre *La sera del dì di festa*. Il poeta contempla la bellezza della natura dalla finestra, senza esservi immerso. Sperimenta dunque la distanza, il contrasto tra l'intensità della quiete notturna e la propria diversità, che lo esclude anche dal resto dell'umanità. A sottolineare l'isolamento del poeta interviene poi la donna, che non ricambia il suo amore. Mentre la donna dorme tranquilla, il poeta è tenuto sveglio da pensieri angosciosi; mentre la donna ha preso parte ai «trastulli» del giorno di festa, il poeta, creato dalla «natura onnipossente» per farlo soffrire, ne è escluso; e mentre la donna condivide la vitalità della giovinezza, il poeta medita sulla morte, vivendo giorni orrendi e colmi di dolore.

Esercizi

Prima prova A • L'analisi del testo

Comprendere

1 Dalla descrizione alla riflessione

L'idillio si apre con la descrizione di un intenso paesaggio notturno. Tutti dormono tranquilli, tranne il poeta, che medita sofferente, e un artigiano, che canta. Il canto dell'artigiano trasforma la natura del testo, che da descrittivo diventa riflessivo. Riassumi il contenuto della riflessione che occupa i vv. 28-39.

Analizzare

2 Silenzio e fragore

La sera del dì di festa è dominata da sensazioni uditive, evocate soprattutto dal lessico. Sottolinea tutti i vocaboli che esprimono il silenzio e la tranquillità e, con un colore diverso, quelli che descrivono invece i suoni che provengono dal passato leggendario.

Interpretare e approfondire

3 L'amore non corrisposto

Il tema dell'amore non corrisposto è un motivo ricorrente nella tradizione lirica; ma Leopardi gli conferisce un nuovo potere esistenziale: a quali ulteriori significati rimanda l'indifferenza della donna ai sentimenti del poeta?

T10

Le forme
- novità della canzone libera
- alternanza di due piani temporali espressi dall'imperfetto e dal presente

I temi
- tema del ricordo
- contrasto fra illusioni del passato e disinganno del presente

A Silvia

La morte per tisi (nel 1818) di Teresa Fattorini, figlia del cocchiere di casa Leopardi, è il dato biografico alla base di questo componimento. Il nome della giovane donna è cambiato con quello della ninfa protagonista dell'Aminta di Tasso: Silvia, appunto. Al di là del riferimento concreto alla vicenda della ragazza, contano qui, da un lato, la rievocazione appassionata delle dolci speranze giovanili e, dall'altro, la dimostrazione rigorosa dell'infelicità che affligge il genere umano. Infatti, come le attese di Silvia sono state troncate dalla morte prima di essere soddisfatte, così anche quelle del poeta sono state deluse dal contatto con la verità della vita adulta. In questo modo l'esperienza dell'io supera il confine biografico prevalente negli idilli giovanili e assume invece un significato universale e filosofico. Siamo agli inizi di una nuova fase lirica.

Silvia, rimembri ancora
Quel tempo della tua vita mortale,
Quando beltà splendea
Negli occhi tuoi ridenti e fuggitivi,
E tu, lieta e pensosa, il limitare
Di gioventù salivi?[1]

Sonavan le quiete
Stanze, e le vie dintorno,
Al tuo perpetuo canto,
Allor che all'opre femminili intenta
Sedevi, assai contenta
Di quel vago avvenir che in mente avevi.
Era il maggio odoroso:[2] e tu solevi
Così menare il giorno.

Io gli studi leggiadri
Talor lasciando e le sudate carte,[3]
Ove il tempo mio primo
E di me si spendea la miglior parte,
D'in su i veroni del paterno ostello
Porgea gli orecchi al suon della tua voce,
Ed alla man veloce
Che percorrea la faticosa tela.
Mirava il ciel sereno,
Le vie dorate e gli orti,
E quinci il mar da lungi, e quindi il monte.
Lingua mortal non dice
Quel ch'io sentiva in seno.

PARAFRASI

1-6 [O] Silvia, ricordi (rimembri) ancora il (quel) tempo della tua vita mortale [: prima della morte], quando la bellezza (beltà) splendeva nei tuoi occhi ridenti e sfuggenti (fuggitivi), e tu, lieta e pensosa, stavi raggiungendo (salivi) il confine (il limitare) della giovinezza?
7-14 Al tuo canto continuo (perpetuo) risuonavano le [mie] stanze silenziose (quiete) e le vie dintorno, allorché sedevi occupata (intenta) nelle attività (opre) femminili, sufficientemente (assai) contenta di quell'avvenire vago [: bello e indefinito] che avevi in mente. [Quando ciò succedeva] era un maggio profumato (odoroso): e tu eri solita (solevi) trascorrere (menare) il giorno così.
15-27 Io, lasciando talora gli studi piacevoli (leggiadri) e le carte faticose (sudate), in cui (ove = dove) si consumava (si spendea) la mia giovinezza (il tempo mio primo) e la parte migliore di me [: la salute fisica], dai balconi (d'in su i veroni) della casa (ostello) paterna porgevo gli orecchi al suono della tua voce e al suono della mano (alla man) veloce che attraversava (percorrea) la tela faticosa [: tessendo]. Guardavo (mirava) il cielo sereno, le vie dorate [dal sole] e gli orti, e da una parte (quinci) il mare in lontananza (da lungi), e dall'altra (quindi) le montagne (il monte). Parole umane (lingua mortal) non possono esprimere (non dice) quel che io provavo (sentiva) dentro di me (in seno).

video
A Silvia

Metrica canzone libera di sei strofe di diversa lunghezza; i settenari (34) prevalgono sugli endecasillabi (29); 27 versi sui 63 totali sono privi di rima; gli altri, liberamente rimati (l'ultimo verso di ognuna delle sei strofe è sempre un settenario, rimato con uno dei versi che precedono).

1 il limitare… salivi: indica, esprimendo quasi un procedere faticoso, il momento nel quale si apre la giovinezza vera e propria; Silvia è dunque propriamente un'adolescente.

2 Era il maggio odoroso: il momento esemplare di una primavera radiosa coincide con la giovinezza felice e piena di speranze di Silvia.

3 gli studi… carte: è un chiasmo che sottolinea l'ambivalenza degli studi, **leggiadri** ma faticosi (**sudate**).

Che pensieri soavi,
Che speranze, che cori, o Silvia mia!
Quale allor ci apparia
La vita umana e il fato![4]
Quando sovviemmi di cotanta speme,
Un affetto mi preme
Acerbo e sconsolato,
E tornami a doler di mia sventura.
O natura, o natura,
Perché non rendi poi
Quel che prometti allor? perché di tanto
Inganni i figli tuoi?

Tu[5] pria che l'erbe inaridisse il verno,[6]
Da chiuso morbo combattuta e vinta,
Perivi, o tenerella. E non vedevi
Il fior degli anni tuoi;
Non ti molceva il core
La dolce lode or delle negre chiome,
Or degli sguardi innamorati e schivi;[7]
Né teco le compagne ai dì festivi
Ragionavan d'amore.

PARAFRASI

28-39 Che pensieri dolci (soavi) [provavamo]! Che speranze, che sentimenti (cori = cuori) [avevamo], o mia Silvia! Come (Quale) ci apparivano allora la vita umana e il destino (il fato)! Quando mi ricordo (sovviemmi) di una così grande speranza (di cotanta speme) mi angoscia (mi preme) un sentimento (un affetto) doloroso (acerbo) e disperato (sconsolato), e riprendo a dispiacermi (tornami a dolér) della mia sventura. O natura, o natura, perché poi [: al dunque] non dài (non rendi) quel che prima (allora) prometti? perché inganni così tanto (di tanto) i tuoi figli [: gli uomini]?

40-48 Tu, prima (pria) che l'inverno inaridisse l'erba, combattuta e vinta da una malattia occulta (da chiuso morbo) [: la tisi], morivi (perivi), o dolcezza (tenerella) [: Silvia]. E non conoscevi (non vedevi) il fiore [: il meglio] dei tuoi anni [: la giovinezza piena]; la dolce [: gradita] lode ora dei capelli neri (negre chiome), ora dello sguardo che innamora (innamorati) e schivo, non ti allietava (non ti molceva) il cuore; né le compagne discorrevano (ragionavan) con te (teco) d'amore nei giorni di festa (ai dì festivi).

4 Che pensieri… fato: dopo essersi soffermato sui diversi modi di vita di Silvia (nella seconda strofa) e di se stesso (nella terza), il poeta unifica qui, nella quarta strofa, i due destini, considerandoli dal punto di vista delle comuni aspettative del futuro; e dice dunque **ci** (v. 30). D'altra parte nei versi successivi i due destini tornano a separarsi, come indica il riproporsi (ai vv. 32, 33 e 35) del pronome di prima persona singolare.

5 Tu: l'attenzione torna di nuovo a concentrarsi sulla sola Silvia, così come nella seconda strofa. In questa strofa viene infatti svelato il tragico destino di morte della fanciulla.

6 pria… verno: cioè in autunno, prima che sopraggiungesse l'inverno a seccare i prati; in collegamento (e contrapposizione) con il maggio della seconda strofa.

7 sguardi... schivi: riprende e intensifica la definizione degli **occhi ridenti e fuggitivi** del v. 4: **innamorati** corrisponde a **ridenti** e **schivi** a **fuggitivi**; ma la maggiore forza di entrambi i termini di questa nuova coppia aggettivale ritrae il passaggio dall'adolescenza alla giovinezza piena, con il conseguente definirsi di una consapevole sensualità in luogo della ignara malizia precedente.

Alexander Grigorievich Warneck, *Portrait of Young Woman in a Red Dress*, 1841. San Pietroburgo, Museo dell'Hermitage.

Anche peria fra poco
La speranza mia dolce:[8] agli anni miei
Anche negaro i fati
La giovanezza. Ahi come,
Come passata sei,
Cara compagna dell'età mia nova,
Mia lacrimata speme!
Questo è quel mondo? questi
I diletti, l'amor, l'opre, gli eventi
Onde cotanto ragionammo insieme?
Questa la sorte dell'umane genti?[9]
All'apparir del vero
Tu, misera, cadesti: e con la mano
La fredda morte ed una tomba ignuda[10]
Mostravi di lontano.[11]

da G. Leopardi, *Canti*, cit.

PARAFRASI

49-63 Poco dopo (fra poco) morì (peria = moriva) anche la mia dolce speranza [: le mie illusioni giovanili]: anche alla mia vita (agli anni miei) il destino (i fati) ha negato (negaro = negarono) [di vivere] la giovinezza. Ahi[mè] come, come sei passata [veloce], mia speranza [ora] rimpianta (lacrimata), cara compagna della mia età giovanile (nova)! Questo [che ora ho conosciuto] è [: sarebbe dunque] quel mondo [che mi aspettavo]? questi [sarebbero] i piaceri (i diletti), l'amore, le attività (l'opre = le opere), i fatti (gli eventi) intorno ai quali (onde) così tanto (cotanto) abbiamo discorso (ragionammo) insieme [: con la speranza]? Questa [è] la sorte del genere umano (dell'umane genti)? Tu, [mia] povera (misera) [speranza], sei crollata (cadesti) all'apparire della verità: e con la mano indicavi (mostravi) da lontano la morte fredda e una tomba spoglia (ignuda).

8 Anche… dolce: come alla seconda strofa, dedicata alle illusioni di Silvia, segue la terza, dedicata a quelle del poeta, così alla quinta strofa, dedicata alla disillusione di Silvia (morta), segue la sesta, dedicata alla disillusione del poeta. La sua giovinezza, a differenza di quella di Silvia, non è stata impedita dalla morte, ma ugualmente non ha portato ciò che egli sperava.
9 Questa… genti: la disillusione non appartiene solo a Silvia e al poeta, ma è destino comune e necessario dell'uomo in generale.
10 La fredda… ignuda: si noti il chiasmo; la morte e la tomba sono quelle del poeta, cioè il suo destino inesorabile di morte; ma sono anche quelle di Silvia, la cui presenza sulla scena dell'esperienza del soggetto ne ha segnato un principio di disillusione; sono anche, in generale, il senso ultimo dell'esistenza, la cui ombra viene a stendersi sulla vita intera.
11 Anche… di lontano: una questione interpretativa di questa strofa ultima riguarda la personificazione della speranza e la presenza di Silvia. Secondo l'interpretazione più ovvia la fanciulla sarebbe richiamata soltanto dai due **Anche** dei vv. 49 e 51 (che significano 'come nel caso di Silvia'). Per il resto, il poeta si rivolgerebbe alla speranza (direttamente nominata ai vv. 50 e 55), personificandola allorché la chiama **compagna** (v. 54), le dichiara di aver parlato a lungo con lei (v. 58), la definisce **misera** (v. 61), le attribuisce una **mano** (v. 61) e il gesto di indicare la morte e la tomba (vv. 62 sg.). Tale personificazione risente della figura di Silvia, che in qualche modo viene a sovrapporsi a quella della speranza: «tu, misera, cadesti» ricorda da vicino il «Tu […] / perivi, o tenerella» (vv. 40 e 42) rivolto a Silvia, alla quale spettava il tu fino alla penultima strofa. Come a dire, insomma, che, morta Silvia, il dialogo del poeta è proseguito con la speranza, ma per poco (▶ v. 49): anche la speranza, come Silvia, sarebbe presto morta. Infine, il gesto di indicare la tomba appartiene, sì, alla speranza, ma, ancora, non senza un'eco di Silvia, alla quale appartiene l'altra mano nominata nel testo (v. 21): lì quella mano, tessendo, costruiva la tela del futuro; qui questa mano, indicando la tomba e la morte, indica la distruzione, e rivendica così il significato più vero dell'esistenza. **Di lontano**: 'allontanandoti', se si riferisce alla speranza, in quanto essa è ormai in fuga; oppure, se si riferisce alla tomba e alla morte, indicherà che, per quanto lontano, quello è comunque il destino finale del poeta e di tutti gli uomini. Più in generale, l'avverbio conclusivo conferma quel sentimento di distanza (e di perdita) con il quale il testo si è aperto grazie all'altro avverbio **ancora**.

a lezione dal testo

Dal testo alla vita: la ripresa della scrittura poetica

Che cosa rappresenta la stesura di questo componimento nella carriera poetica di Leopardi?

A Silvia viene composta a Pisa il 19 e 20 aprile 1828. Leopardi si era trasferito in questa città nel novembre del 1827, restando favorevolmente colpito dal clima piacevole, dall'aspetto ridente e dall'accoglienza generosa. Questo momento rasserenato favorisce l'ispirazione; e infatti Leopardi scrive così alla sorella Paolina: «Dopo due anni, ho fatto dei versi quest'Aprile; ma versi veramente all'antica, e con quel mio cuore di una volta». *A Silvia* segna dunque (insieme a *Il risorgimento*, che la precede di pochi giorni) la ripresa della creatività poetica leopardiana, e l'inizio di una nuova fortunatissima stagione. *Il risorgimento* e *A Silvia* aprono infatti il ciclo dei canti pisano-recanatesi, composti nel biennio 1828-1830. Questa è la prima ragione dell'importanza di questa lirica, e il segno di una svolta significativa: la possibilità di poetare in modo antico anche dopo la scoperta dell'infelicità cosmica dell'uomo.

Dal testo alle forme: la canzone libera (o "leopardiana")

video
La canzone libera

Apparentemente, Leopardi non è un poeta rivoluzionario dal punto di vista metrico. Impiega infatti una forma metrica tradizionale: la canzone. Tuttavia va poi operando al suo interno una costante opera di corrosione e di rinnovamento, in particolare puntando sulla sfasatura tra metrica e sintassi, con un ricorso costante all'*enjambement*. Ora, nella piena maturità della sua arte, Leopardi mette a punto a partire da *A Silvia* una forma di canzone che raccolga l'eredità della tradizione ma che gli consenta, d'altra parte, di valorizzare al massimo la propria originale organizzazione ritmico-sintattica. Nasce così la canzone libera, di cui *A Silvia* è il primo esempio nei *Canti*.

Quali sono le differenze tra la canzone classica e quella libera?

A differenza della canzone petrarchesca, o classica, la canzone libera è costituita da stanze di lunghezza irregolare, composte da endecasillabi e settenari in numero variabile, distribuiti senza uno schema fisso e non legati da rime obbligatorie. La prima sperimentazione di canzone libera si deve al poeta seicentesco Alessandro Guidi; ma il suo esempio ha scarsa fortuna, anche per il declinare dell'interesse per la canzone come forma metrica, soprattutto nel Settecento. È dunque la prestigiosa ripresa leopardiana a conferire importanza storica alla canzone libera, che non a caso è detta anche "canzone leopardiana". Il rilievo assegnato da Leopardi alla canzone libera può essere ben apprezzato considerando che egli la utilizzerà per oltre metà dei testi composti in seguito (e in quasi tutti i più importanti).

Dal testo ai temi: il motivo della memoria e il contrasto dei piani temporali

Quale valore assume l'alternarsi dei tempi verbali dal presente all'imperfetto?

Il tema della memoria acquista un rilievo centrale nei canti pisano-recanatesi, e costituisce il motivo fondamentale di *A Silvia*. Nella poesia si alternano due piani temporali in contrasto fra loro: quello indefinito del ricordo e delle illusioni, espresso dall'uso dell'imperfetto, e quello definito, lucido, dell'arido vero e della disillusione, espresso dall'uso del presente. Dopo l'avvio con il presente «rimembri» (v. 1), che evoca la figura della ragazza facendola riemergere dal passato e, allo stesso tempo, annuncia il tema centrale della canzone, cioè la ricordanza, nelle prime tre strofe domina l'imperfetto, tempo della memoria (vv. 3, 6, 7, 11, 12, 13, 18, 20, 22, 23, 27). L'uso del presente nella quarta strofa, a partire dal v. 32 («sovviemmi») porta con sé tutta la lucida asprezza di un tempo privo di illusioni. Dopo un ritorno dell'imperfetto nella quinta strofa, associato alla figura di Silvia, l'ultima strofa riassume la contrapposizione tra il presente della disillusione e il passato delle illusioni, riconoscendo il dominio del tempo e della sua carica distruttiva. A tal proposito risulta particolarmente significativa la domanda «Questo è quel mondo?» (v. 56), in cui «Questo» è il «vero» (v. 60), infine apparso a smentire «quel mondo». Tra «questo [mondo]» e «quel mondo» non c'è nessun rapporto: l'accostamento tra i due piani temporali è servito soltanto a mostrarne l'assoluta non coincidenza.

Dal testo alla poetica: poesia e filosofia, illusioni e critica delle illusioni

A Silvia presenta un carattere comune a tutti i canti pisano-recanatesi, cioè la compresenza di vago e di vero, di illusioni e di realtà. La caduta del «sistema delle illusioni», dopo il *Dialogo della Natura e di un Islandese* (▶ T3) non comporta la scomparsa di queste ultime dall'orizzonte poetico di Leopardi. Esse riemergono, spesso cantate con dolcezza struggente, ma vengono affiancate dalla denuncia, lucida e inappellabile, della loro vanità. Le illusioni si legano alla dimensione del ricordo, recuperato

A quale dimensione si legano le illusioni e attraverso quale percezione viene recuperata questa dimensione?

attraverso la percezione dei sensi. E infatti questo canto è colmo di esperienze fisico-sensoriali, comunicate dal canto di Silvia (vv. 7-9 e 20), dal suo lavoro al telaio (v. 21 e sgg.), dal paesaggio primaverile (vv. 13 e 23-25). Al punto che Leopardi usa il verbo "sentire" (cioè 'provare') per esprimere i propri sentimenti: «lingua mortal non dice/ quel ch'io sentiva in seno» (v. 26 e sg.). Il recupero delle sensazioni giovanili è affidato a un coivolgimento di tutti e cinque i sensi: il canto di Silvia riguarda l'udito; il profumo del maggio richiama l'olfatto; il paesaggio primaverile si offre alla vista; il tatto è suscitato dalle «sudate carte» (v. 16); perfino il gusto, volendo, è evocato dalla «dolce lode» (v. 45) e dalla «speranza mia dolce» (v. 50). Ma, come abbiamo detto, la rievocazione delle illusioni del passato si accompagna alla consapevolezza della loro vanità. La conclusione del canto assume così un carattere più freddo e teorico: abbandonata la dimensione del ricordo, si coglie, nel presente, l'«apparir del vero». La canzone è costruita come un'allegoria: c'è un'intenzione dimostrativa di cui un dato concreto si fa portatore. I due destini di Silvia e del poeta sono tale dato; e l'intenzione dimostrativa riguarda il punto d'arrivo della disillusione costituito dal «vero» dell'esperienza. In tal modo Leopardi carica la poesia anche di un significato generale e filosofico. Siamo agli inizi di una nuova fase lirica, in cui l'elemento riflessivo acquista un ruolo nuovo e importante.

Esercizi

Prima prova A • L'analisi del testo

Comprendere

1 Silvia e Giacomo
La poesia è costruita sul parallelismo delle vicende di Silvia e di Giacomo. Rileva la presenza di queste due figure nelle singole strofe così da cogliere l'organizzazione strutturale del componimento.

Analizzare

2 Verbi e tempi
La poesia mostra una contrapposizione temporale tra la stagione delle illusioni e quella del disinganno. Questa contrapposizione è affidata anzitutto all'uso dei tempi verbali. Cataloga tutti i verbi presenti nel testo e indicane il tempo verbale: quali esprimono la "stagione dell'illusione" e quali invece la "stagione del disinganno"?

3 Il corpo di Silvia
Il corpo di Silvia è protagonista della poesia. Sottolinea nel testo tutte le espressioni che descrivono la fisicità della ragazza.

4 I cinque sensi
Il recupero del ricordo comporta una convocazione di tutti e cinque i sensi. Da quali elementi poetici essi sono suscitati? Rintracciali nel testo e collocali in una tabella come quella proposta.

olfatto	udito	vista	gusto	tatto

Interpretare e approfondire

Terza prova A • La trattazione sintetica

5 Una nuova poetica
Nella seconda fase della poesia leopardiana, inaugurata da *A Silvia* e costituita dai canti pisano-recanatesi, l'elemento riflessivo acquista un ruolo nuovo, configurando un rapporto dinamico fra poesia e filosofia, recupero delle illusioni e coscienza della loro irrealizzabilità. In una trattazione sintetica (max 10 righe) illumina come questi due elementi risultano intrecciati in questo canto, riassumendo il messaggio che si ricava dal testo.

preparare l'interrogazione

Per essere pronto in vista dell'interrogazione puoi utilizzare questa scaletta, utile nell'esposizione orale. Nella colonna di sinistra sono ricapitolate le caratteristiche del testo che servono a ricostruire un quadro generale della poetica e dell'epoca dell'autore. La colonna di destra è a tua disposizione per annotare eventuali riferimenti puntuali al testo.

I punti della scaletta	Riferimenti al testo
• ripresa della scrittura poetica a partire da *Il risorgimento* e *A Silvia*; • *A Silvia* come primo esempio di canzone libera; • centralità del tema della memoria in *A Silvia* e nei canti pisano-recanatesi; • apertura di una nuova fase poetica: intreccio di illusioni e critica delle illusioni, incanto poetico e verità filosofica.	....

T11

Le forme
- canzone libera
- varietà stilistica
- sintassi ampia e distesa

I temi
- ricerca di senso
- indifferenza della natura

Canto notturno di un pastore errante dell'Asia[1]

Composto tra l'ottobre del 1829 e l'aprile del 1830, questo canto affida la responsabilità del discorso a un pastore nomade dell'Asia. Ciò serve a universalizzare gli interrogativi e le conclusioni formulati da Leopardi nei canti precedenti. Gli interrogativi riguardano il senso dell'esistenza e la posizione dell'uomo all'interno dell'universo; e giungono qui a una radicalità inedita. Fallito il tentativo di entrare in comunicazione con la natura, simboleggiata dalla luna, al pastore non resta che avanzare ipotesi di senso, mettendole via via a confronto con i risultati sconfortanti delle proprie osservazioni dirette della realtà. Nessuna ipotesi di significato, però, regge di fronte alla verifica oggettiva. Al pastore restano così, infine, solo il conforto turbato delle proprie stesse interrogazioni e la minaccia dell'insensatezza e del dolore.

Che fai tu, luna, in ciel? dimmi, che fai
Silenziosa[2] luna?
Sorgi la sera, e vai,
Contemplando i deserti; indi ti posi.
Ancor non sei tu paga
Di riandare i sempiterni calli?
Ancor non prendi a schivo, ancor sei vaga
Di mirar queste valli?
Somiglia alla tua vita
La vita del pastore.
Sorge in sul primo albore
Move la greggia oltre pel campo, e vede
Greggi, fontane ed erbe;
Poi stanco si riposa in su la sera:
Altro mai non ispera.
Dimmi, o luna: a che vale
Al pastor la sua vita,
La vostra vita a voi? dimmi: ove tende
Questo vagar mio breve,
Il tuo corso immortale?[3]

PARAFRASI

1-20 [O] luna, che fai tu in cielo? dimmi, silenziosa luna, che fai? Sorgi di (la) sera, e vai [: ti sposti nel cielo], contemplando i deserti. [: la terra, perlopiù inabitata]; infine (indi) ti riposi [: tramonti]. Ancora non sei tu sazia (paga = appagata) di ripercorrere (riandare) gli stessi (sempiterni = eterni) percorsi (calli = strade)? Ancora non ti sei nauseata (non prendi a schivo), ancora sei desiderosa (vaga) di osservare (mirar) queste valli [: della terra]? La vita del pastore somiglia alla tua vita. Si alza (Sorge) alla prima luce (in sul primo albore), spinge (move… oltre) il gregge attraverso i campi (pel campo), e vede greggi, fonti ed erbe; poi, stanco, si riposa a sera (in su la sera): non spera mai altro. O luna, dimmi: che valore ha (a che vale) per il (al) pastore la sua vita, la vostra vita [di corpi celesti] per (a) voi? dimmi: verso dove si svolge (ove tende) [: che fine hanno] questo mio aggirarmi (vagar) [di] breve [durata], il tuo viaggio (corso) eterno (immortale)?

videolezione
Analisi del testo: *Canto notturno di un pastore errante dell'Asia*

video
Canto notturno di un pastore errante dell'Asia

Metrica canzone libera di sei strofe di varia lunghezza, con rima obbligata in -ale nell'ultimo verso di ogni strofa.

1 Canto… dell'Asia: ogni elemento del titolo ha un'importanza nella definizione del contesto filosofico. **Canto** rimanda ovviamente alla dimensione lirica e melodica del testo, riferendosi anche al titolo generale del libro; e, più specificamente, testimonia lo spunto offerto a Leopardi da alcune testimonianze sulle abitudini di certe popolazioni nomadi asiatiche, che passerebbero la notte a guardare la luna cantando tristemente. **Notturno** esalta la dimensione esistenziale del testo, essendo la notte il momento canonico dei grandi interrogativi sul senso della vita, ed esprime, in aggiunta, la mancanza di certezze, cioè il buio che circonda le domande di senso del pastore. **Pastore** evoca una funzione di guida e, nel caso specifico, quasi di avanscoperta della verità e della strada da seguire, anche con riferimento alla tradizione biblica (i pastori di anime). **Errante** significa 'che si aggira senza meta' e ben esprime dunque tanto il carattere nomade del pastore in oggetto quanto l'inquieto aggirarsi della sua inchiesta in cerca di un significato; significa anche 'che erra' cioè 'che sbaglia', suggerendo la difficoltà (e la vanità) di tale inchiesta e di tale ricerca. L'**Asia** evocava ai tempi di Leopardi, assai più di quanto non accada oggi, una dimensione di distanza radicale e di ignoto. L'insieme del titolo definisce una condizione umana esemplarmente assoluta, e cioè un'inquieta solitudine alla ricerca del senso dell'esistenza.

2 Silenziosa: aggettivo significativo, che rimanda alla rottura di un rapporto fra io e paesaggio. La luna, intensamente interrogata dal pastore (**dimmi**, ripetuto tre volte: vv. 1, 16, 18), tace.

3 Al pastor… immortale?: le domande rivolte alla luna sono interrogativi intorno al significato dell'esistenza, cioè sul suo valore e sul suo scopo (come attestano i due punti interrogativi posti a conclusione della strofa). Esse riguardano tanto l'esistenza in sé (rappresentata dalla luna e dal cielo stellato) quanto la propria personale esistenza.

Vecchierel bianco, infermo,
Mezzo vestito e scalzo,
Con gravissimo fascio in su le spalle,
Per montagna e per valle,
Per sassi acuti, ed alta rena, e fratte,
Al vento, alla tempesta, e quando avvampa
L'ora, e quando poi gela,
Corre via, corre, anela,
Varca torrenti e stagni,
Cade, risorge, e più e più s'affretta,
Senza posa o ristoro,
Lacero, sanguinoso; infin ch'arriva
Colà dove la via
E dove il tanto affaticar fu volto:
Abisso orrido, immenso,
Ov'ei precipitando, il tutto obblia.
Vergine luna, tale
È la vita mortale.[4]

Nasce l'uomo a fatica,[5]
Ed è rischio di morte il nascimento.
Prova pena e tormento
Per prima cosa; e in sul principio stesso
La madre e il genitore
Il prende a consolar dell'esser nato.
Poi che crescendo viene,
L'uno e l'altro il sostiene, e via pur sempre
Con atti e con parole
Studiasi fargli core,
E consolarlo dell'umano stato:
Altro ufficio più grato
Non si fa da parenti alla lor prole.
Ma perché dare al sole,
Perché reggere in vita
Chi poi di quella consolar convenga?
Se la vita è sventura,
Perché da noi si dura?[6]
Intatta luna,[7] tale
È lo stato mortale.
Ma tu mortal non sei,
E forse del mio dir poco ti cale.

Pur tu, solinga, eterna peregrina,
Che sì pensosa sei, tu forse intendi,
Questo viver terreno,

PARAFRASI

21-38 [Un] vecchietto con i capelli bianchi (bianco), malato (infermo), seminudo (mezzo vestito) e scalzo, con un gravissimo peso (fascio) sulle spalle, corre via, corre, si affatica (anela) attraverso (per) montagne e valli, su (per) sassi pungenti (acuti), e sabbia (rena) alta, e sterpaglie (fratte), al vento, alla tempesta, e quando il tempo (l'ora) è rovente (avvampa), e poi quando gela, attraversa (varca) torrenti e stagni, cade, si rialza (risorge), e si affretta sempre più (e più e più), senza riposo (posa) o consolazione (ristoro), ferito (lacero), sanguinante; finché (infin ch'<e>) arriva là (colà) dove il [suo] cammino (la via) e dove la [sua] grande (tanto) fatica (affaticar) furono rivolte (fu volto): [un] abisso [: la morte] orrido, immenso, precipitando nel quale (ov'<e> = dove) egli (ei) dimentica (obblia) tutto [ciò che è successo fino ad allora]. [O] vergine luna, la vita degli uomini (mortale) è così (tale).
39-60 L'uomo nasce a fatica, e la nascita (il nascimento) costituisce (è) un rischio di morte. Per prima cosa [: appena nato] prova pena e tormento; e all'inizio (in sul principio) stesso [della vita] la madre e il padre (il genitore) si dedicano (prende) a consolarlo (il... consolar) di essere nato. Dopo (Poi) che viene crescendo, l'uno e l'altro [: madre e padre] lo sostengono (il sostiene), e di seguito (via pur) sempre con gesti (atti) e con parole si danno da fare (studiasi) per incoraggiarlo (fargli core) e [per] consolarlo di esser uomo (dell'umano stato): non si compie (fa) altra attività (ufficio) più gradita (più grato) da parte dei genitori (da parenti) verso i loro figli (alla lor prole). Ma perché [allora] dare alla luce (al sole), perché sostenere (reggere) in vita chi [: i figli] poi bisogna (convenga; congiuntivo) consolare di quella [: della vita]? Se la vita è [una] sventura, perché da noi [: tra gli uomini] dura (si dura; pseudoriflessivo)? [O] luna intatta, la condizione umana (lo stato mortale) è così (tale). Ma tu non sei mortale, e forse ti importa (ti cale) poco delle mie parole (del mio dir).
61-78 Tuttavia (Pur) tu, [o] solitaria (solinga), eterna viaggiatrice (peregrina), che sei così pensosa, forse tu capisci (intendi) che [cosa] siano questa vita (viver) terrena, il no-

4 Vecchierel... mortale: alle richieste di senso della prima strofa – non premiate da alcuna risposta – segue una descrizione allegorica della condizione umana. L'immagine del "vecchierello" che si affatica e soffre per correre verso la distruzione e la perdita di coscienza raffigura la vita umana, ritratta nella sua mancanza di significato e di scopo, quale semplice, inutile preparazione all'annullamento segnato dalla morte.
5 Nasce... fatica: il momento della nascita, in questa strofa, diviene il momento esemplare della condizione infelice dell'uomo.
6 si dura: il verbo è stato interpretato da molti commentatori come 'si sopporta'. In questo caso il senso della domanda è: perché gli uomini sopportano una vita che è solo sventura? Perché, cioè, non pongono fine alle infinite sofferenze dell'esistenza col suicidio?
7 Intatta luna: cioè, etimologicamente, 'non toccata'; così poteva scrivere Leopardi, dato che ancora nessun uomo si era potuto avvicinare ad essa.

Il patir nostro, il sospirar, che sia;
Che sia questo morir, questo supremo
Scolorar del sembiante,
E perir dalla terra, e venir meno
Ad ogni usata, amante compagnia.[8]
E tu certo comprendi
Il perché delle cose, e vedi il frutto[9]
Del mattin, della sera,
Del tacito, infinito andar del tempo.
Tu sai, tu certo, a qual suo dolce amore
Rida la primavera,
A chi giovi l'ardore, e che procacci
Il verno co' suoi ghiacci.
Mille cose sai tu, mille discopri,
Che son celate al semplice pastore.
Spesso quand'io ti miro
Star così muta in sul deserto piano,
Che, in suo giro lontano, al cielo confina;
Ovver con la mia greggia
Seguirmi viaggiando a mano a mano;
E quando miro in cielo arder le stelle;
Dico fra me pensando:
A che tante facelle?

PARAFRASI

stro [: degli uomini] soffrire (patir), il sospirare; [forse capisci] che [cosa] sia questa morte, questo estremo (supremo) impallidire (scolorar) del volto (del sembiante), e sparire (perir) dalla terra, e venir meno a ogni compagnia consueta (usata) e affezionata (amante). E tu certamente comprendi il perché delle cose, e vedi lo scopo (il frutto; metafora) del mattino, della sera, del silenzioso (tacito), infinito scorrere (andar) del tempo. Tu certamente sai, tu, a quale suo caro (dolce) amante (amore; metonimia) arrida (rida) la primavera, a chi procuri vantaggio (a chi giovi) il caldo (l'ardore), e che [cosa] ottenga (procacci) l'inverno (il verno) con il suo ghiaccio. Tu sai numerosissime (mille; indeterminato) cose [e] ne scopri [di continuo] di più, che [invece] sono nascoste (celate) al semplice pastore.
79-104 Spesso quando io ti osservo (miro) stare così muta sulla pianura deserta, che, all'orizzonte (in suo giro lontano), confina con il (al) cielo; oppure (ovver) [ti vedo] seguirmi con il mio gregge spostandoti (viaggiando) via via (a mano a mano); e quando vedo brillare (arder) le stelle in cielo; dico pensando fra me: perché (a che) tante scintille (facelle) [: le stelle]? che

8 questo morir... compagnia: rappresentazione della morte condotta secondo un'ottica tutta umana, senza la luce di alcuna speranza di redenzione: la morte è una crisi estrema della corporalità (un impallidire irreparabile del volto), uno staccarsi dal mondo, un evento la cui esperienza non riguarda chi la sperimenta in prima persona, indifferente in quanto annullato rispetto all'esistere, ma chi vi assiste subendo la perdita dei propri cari.

9 Il perché... il frutto: sono i termini-chiave della ricerca di senso: la causa e lo scopo; verranno ripresi, con variazione, ai vv. 97 e 103.

Jean-Francois Millet, *Il recinto delle pecore. Chiaro di luna*, 1861. Parigi, Musée d'Orsay.

Che fa l'aria infinita, e quel profondo
Infinito seren? che vuol dir questa
Solitudine immensa? ed io che sono?[10]
Così meco ragiono: e della stanza
Smisurata e superba,
E dell'innumerabile famiglia;
Poi di tanto adoprar, di tanti moti
D'ogni celeste, ogni terrena cosa,
Girando senza posa,
Per tornar sempre là donde son mosse;
Uso alcuno, alcun frutto
Indovinar non so. Ma tu per certo,
Giovinetta immortal, conosci il tutto.
Questo io conosco e sento,
Che degli eterni giri,
Che dell'esser mio frale,
Qualche bene o contento
Avrà fors'altri; a me la vita è male.

O greggia mia che posi, oh te beata,
Che la miseria tua, credo, non sai!
Quanta invidia ti porto!
Non sol perché d'affanno
Quasi libera vai;
Ch'ogni stento, ogni danno,
Ogni estremo timor subito scordi;
Ma più perché giammai tedio non provi.
Quando tu siedi all'ombra, sovra l'erbe,
Tu se' queta e contenta;
E gran parte dell'anno
Senza noia consumi in quello stato.
Ed io pur seggo sovra l'erbe, all'ombra,
E un fastidio m'ingombra
La mente, ed uno spron quasi mi punge
Sì che, sedendo, più che mai son lunge
Da trovar pace o loco.
E pur nulla non bramo,
E non ho fino a qui cagion di pianto.
Quel che tu goda o quanto,
Non so già dir; ma fortunata sei.
Ed io godo ancor poco,
O greggia mia, né di ciò sol mi lagno.
Se tu parlar sapessi, io chiederei:
Dimmi: perché giacendo
A bell'agio, ozioso,
S'appaga ogni animale;
Me, s'io giaccio in riposo, il tedio assale?[11]

PARAFRASI

[cosa] significa (fa) lo spazio (l'aria) infinito, e quel profondo cielo (seren) infinito? che [cosa] vuol dire questa immensa solitudine? Ed io che [cosa] sono? Così penso tra me e me (meco ragiono = discorro con me stesso): e non so indovinare nessuna (alcun) utilità (uso), nessuno scopo (frutto) sia (e) dell'universo (la stanza) infinito (smisurata) e superbo [: meraviglioso e impenetrabile], sia (e) delle famiglie innumerevoli [di forme di vita]; [sia] poi di tanto darsi da fare (adoprar), di tanti movimenti (moti) di ogni astro ([corpo] celeste), [di] ogni cosa terrena, che girano (girando; il gerundio vale un participio presente) senza tregua (senza posa), per ritornare [infine] sempre là da dove (donde) [si] sono mosse [: là da dove erano partite]. Ma tu certamente, o giovinetta immortale [: la luna], conosci [: capisci] tutto ciò (il tutto). Io conosco e sperimento (sento) questo: che delle eterne rotazioni (giri) [degli astri], che della mia esistenza (esser) fragile (frale) forse qualcun altro (fors'altri) ricaverà (avrà) qualche bene o piacere (contento); [ma] per (a) me la vita è sofferenza (male).
105-132 O mio gregge che ti riposi, oh beato te, che – credo – non conosci (non sai) la tua infelicità (miseria)! Quanto ti invidio (Quanta invidia ti porto)! Non solamente perché sei (vai) quasi senza (libera) sofferenza (affanno); dato che (ch<e>) scordi subito ogni stento, ogni danno, ogni timore [benché] forte (estremo); ma soprattutto (più) perché non provi mai (giammai) noia (tedio). Quando tu stai (siedi) all'ombra, sopra l'erba, tu sei calmo (queta) e appagato (contenta); e trascorri (consumi) senza noia gran parte dell'anno in tale condizione (in quello stato). Ed io pure sto (seggo) sull'erba, all'ombra, e [però] una sensazione angosciosa (un fastidio) mi occupa (m'ingombra) la mente, e un bisogno (uno spron<e>; metafora) quasi mi stimola (mi punge) così che, stando fermo (sedendo), più che mai sono lontano (lunge) dal trovare pace o riposo (loco = luogo). Eppure non desidero (non bramo) nulla, e non ho per il momento (fino a qui) ragione di pianto. Di che cosa (Quel che) o quanto tu [: il gregge di pecore] goda non so certo (già) dire; ma sei fortunato. E anch'io (io...ancor), o mio gregge, godo poco, né mi lamento (mi lagno) soltanto di questo. Se tu sapessi parlare, io [ti] chiederei: dimmi, perché giacendo comodamente (a bell'agio), senza far nulla (ozioso), ogni animale si appaga; [e invece] se io giaccio a riposarmi (in riposo) la noia mi (me) assale?

10 Dico… sono: la presenza della luna, rievocata ai vv. 79-83 quale compagna silenziosa delle solitarie notti del pastore, non trasmette la fiducia in un significato, ma accresce, con la sua distanza imperturbabile, gli interrogativi sul perché dell'universo, della vita e di se stessi.

Forse s'avess'io l'ale
Da volar su le nubi,
E noverar le stelle ad una ad una,
O come il tuono errar di giogo in giogo,
Più felice sarei, dolce mia greggia,
Più felice sarei, candida luna.
O forse erra[12] dal vero,
Mirando all'altrui sorte, il mio pensiero:
Forse in qual forma, in quale
Stato che sia, dentro covile o cuna,
È funesto a chi nasce il dì natale.[13]

da G. Leopardi, *Canti*, cit.

PARAFRASI

133-143 Forse se io avessi le ali per (da) volare sulle nuvole (nubi), e contare (noverar) le stelle ad una ad una, o [potessi] viaggiare (errar) di monte in monte (di giogo in giogo) come il tuono, sarei più felice, [o] mio amato (dolce) gregge, sarei più felice, [o] candida luna. O forse il mio pensiero si discosta (erra) dalla verità [: sbaglia], riflettendo sulla (mirando all'<a> = guardando alla) condizione (sorte = destino) altrui: forse il giorno della nascita (il dì natale) è funesto per (a) chi nasce, in qualsiasi forma o condizione (in qual forma [che sia], in quale stato che sia), dentro una tana (covile) o [dentro] una culla (cuna) [: animale o uomo].

11 O greggia... assale: dopo aver tentato una risposta intorno al significato dell'esistenza rivolgendosi verso una realtà lontana e presumibilmente superiore (la luna), il pastore si misura ora con una realtà invece prossima e apparentemente inferiore (le pecore). L'ipotesi di felicità in precedenza attribuita alla luna viene qui, con nuova ipotesi, attribuita al gregge: nel primo caso, la felicità deriva dal sapere il perché di tutte le cose; nel secondo, dall'ignorare i riferimenti della propria condizione. La luna sa rispondere alle domande di senso; le pecore evitano di porsele: per questo il pastore ipotizza che siano felici. Lui, invece, e gli uomini in generale si fanno domande e non sanno più darsi risposte, ma solo, al massimo, formulare ipotesi.

12 errar... erra: le due accezioni del verbo 'errare' sono qui impiegate, non casualmente, l'una dopo l'altra, la prima volta (v. 136) nel senso di 'girovagare' e la seconda (v. 139) nel senso di 'discostarsi [dal vero]', cioè 'sbagliare'; è probabile un consapevole rapporto con l'«errante» del titolo.

13 Forse... natale: la conclusione ha la funzione di spezzare le congetture fin qui avanzate circa la possibilità di forme di vita (o semplicemente di esistenza) felici. L'ipotesi più probabile (anche perché posta in sede conclusiva) è che la vita sia in se stessa una sventura, in ogni condizione.

Lavoriamo sul testo

Leggere e capire

La vicenda rappresentata: la condizione dell'uomo Il *Canto notturno di un pastore errante dell'Asia* si concentra su una rappresentazione dell'uomo il più possibile fedele all'esperienza concreta. La ricerca di senso del pastore prende le mosse dalla vita quotidiana del protagonista: la sveglia all'alba, il cammino al seguito del gregge durante la giornata, il riposo serale (vv. 11-15). Viene poi via via riepilogata la comune esperienza dell'esistenza umana. Dapprima, in una sorta di anticipazione delle conclusioni, l'insensatezza della vita è rappresentata attraverso la terribile raffigurazione allegorica del «vecchierel» che occupa la seconda strofa: la corsa affannosa e dolente dell'uomo si dimostra una crudele beffa del destino, rivelandosi infine indirizzata verso un «abisso orrido, immenso» (la morte) nel quale tutto finisce e viene dimenticato. D'altra parte, che la «vita è male» è evidente fin dalla nascita (▶ terza strofa) e si conferma con il passare del tempo, di fronte a un'esistenza segnata dal «patir» (v. 64) e destinata alla morte (vv. 61-68). La luna, insistentemente interrogata fin dall'inizio del canto, conosce il «perché delle cose» (v. 70), ma non lo rivela al pastore, costringendolo a continui interrogativi che rimangono senza risposta. Il colloquio impossibile con la luna spinge perciò il pastore a cercare un nuovo interlocutore: nella quinta strofa egli si rivolge alla «greggia», invidiandone la condizione libera dalla noia (il «tedio» nominato ai vv. 112 e 132). Ma la conclusione segna un'ulteriore svolta pessimistica: «forse» non esistono forme di vita felici; in qualsiasi forma o condizione, «è funesto a chi nasce il dì natale» (vv. 141-143).

Analizzare

La metrica e lo stile Il testo costituisce una canzone libera, secondo il modello metrico inaugurato con *A Silvia* e da quel momento prevalente nella scrittura in versi leopardiana. Le sei strofe hanno dunque estensione assai variata (dagli undici versi dell'ultima ai quarantaquattro della quarta), libera alternanza di endecasillabi (80) e settenari (63), con prevalenza dei secondi nelle prime tre strofe (38 contro 22) – a suggerire un ritmo più mosso e incalzante – e degli endecasillabi nelle ultime tre (58 contro 25) – a suggerire un ritmo invece più rallentato e meditativo; ed hanno infine libera disposizione di rime, ma con il solo obbligo di rima *-ale* in conclusione di strofe. Le soluzioni stilistiche del componimento presentano una grande varietà: si passa da momenti di calma descrizione (come nella prima strofa) alla concitazione massima della seconda strofa. Le strutture sintattiche sono per lo più ampie e distese, ora per accrescere, con l'accelerazione, il senso di orrore e di vanità (come nella seconda strofa), ora per dilatare lo spazio descrivibile dallo sguardo del soggetto contemplante, quasi mimando lo smarrimento davanti all'immensità inutile e priva di significato (così è soprattutto nella quarta strofa, e particolarmente ai vv. 79-98). Benché prevalga la mimesi dell'ingenuità del pastore, non mancano tratti segnati dall'argomentazione logico-concettuale, secondo una modalità già presente in *A Silvia*, nella *Quiete dopo la tempesta* e nel *Sabato del villaggio*: è così nella conclusione della quarta strofa («Questo io conosco e sento, / che degli eterni giri, / che dell'esser mio frale, / qualche bene o contento / avrà fors'altri; a me la vita è male») e in vari passaggi della quinta, con il confronto divergente tra la reattività delle pecore e quella umana del pastore.

Interpretare e approfondire

La ricerca del significato: il valore attuale della scommessa leopardiana Nonostante la negatività delle conclusioni esistenziali a cui il pastore giunge, egli non si accontenta poi di esse e della loro privazione di speranza. Al contrario, per tutto il canto si ostina a tentare risposte alternative al pessimismo suggerito dal ragionamento. Un'alternativa all'insensata sofferenza umana è cercata sia verso l'alto sia verso il basso: nella luna, oppure nelle pecore. La condizione elevata dell'astro e quella umile del gregge rappresentano due possibilità di non dolore. La prima, quella della luna, consisterebbe nel perfetto sapere, cioè nella capacità di rispondere con pienezza all'umano bisogno di significato («tu forse intendi... tu certo comprendi... Tu sai, tu certo... Ma tu per certo, / Giovinetta immortal, conosci il tutto»: vv. 62-99). La seconda possibilità di non dolore, quella delle pecore, consisterebbe nell'assenza di bisogni, cioè nella pace che deriva dal semplice seguire l'istinto (vv. 105-132). E tuttavia, il pastore non può aderire né al punto di vista superiore e distaccato della luna (vv. 100-104), né a quello "raso terra" delle pecore (vv. 129-132). La sua esperienza non è infatti né quella della luna né quella delle pecore. Ebbene, Leopardi sembra poter suggerire anche a noi la necessità e il dovere di interrogarci sul senso della vita, nostra e dell'uomo in generale, senza compiere né il gesto arrogante di crederci all'altezza della luna presumendo di avere già le risposte, né quello vile di abbassarci al rango delle pecore, negando l'esigenza di interrogativi esistenziali.

Esercizi

Prima prova A • L'analisi del testo

Comprendere

1 Il titolo

Ogni elemento del titolo di questo canto ha una sua importanza nella definizione del contesto della riflessione. Spiega la funzione evocata da ciascuna delle cinque parole del titolo:

canto: ....

notturno: ....

pastore: ....

errante: ....

Asia: ....

Analizzare

2 Interrogativi universali

Il canto appena letto dà la parola a un uomo vissuto lontano dalla civiltà occidentale, così da sottolineare la base universalmente umana dei suoi interrogativi. Di quali interrogativi si tratta? Sottolineali nel testo.

3 Gli *enjambements*

Il *Canto notturno* è una canzone libera, secondo il modello metrico inaugurato da *A Silvia*. Individua nel testo gli *enjambements* e indica quelli che ti sembrano più importanti per sottolineare particolari significati.

Interpretare e approfondire

4 La luna...

La poesia rappresenta un impossibile dialogo fra il pastore e la luna:
a. come viene definita la luna?
b. perché la luna si presenta come possibile alternativa alla sofferenza umana?

5 ...e il gregge

Nella quinta strofa il pastore cambia interlocutrice, e si rivolge alla sua «greggia»: che cosa emerge dal confronto fra l'esistenza dell'uomo e quella delle pecore?

Terza prova A • La trattazione sintetica

6 Nomadi contemporanei

Il pastore errante del canto leopardiano conduce un'esistenza nomade: è infatti costretto a spostarsi di continuo per procurare al proprio gregge verdi prati nei quali pascolare. Oggi, chi è che vive da nomade? Alcune popolazioni come i Rom, certamente. Ma non solo. Pensa per esempio al sempre più esteso fenomeno dei viaggiatori solitari. Si tratta soprattutto di uomini che a un certo punto della propria vita scelgono di abbandonare casa, famiglia e lavoro per partire all'avventura in un lungo viaggio. Non hanno una meta geografica precisa: ciò che li spinge a spostarsi è un bisogno tutto interiore. Rifletti su questo recente fenomeno, definito neo-nomadismo, strutturando l'esito dei tuoi pensieri in una trattazione sintetica (max 20 righe).

T12

Le forme
- ritmo veloce e leggero
- anafore e replicazioni
- rovesciamento antifrastico

I temi
- piacere nato dal dolore

La quiete dopo la tempesta

Il canto descrive la sensazione di calma che si respira in un villaggio subito dopo la cess
brusca tempesta. Viene evocato così il tema leopardiano del piacere: l'unico piacere aute
all'uomo è quello che deriva da un dolore che cessa.

Passata è la tempesta:[1]
Odo augelli far festa, e la gallina,
Tornata in su la via,
Che ripete il suo verso. Ecco il sereno
Rompe là da ponente, alla montagna;
Sgombrasi la campagna,
E chiaro nella valle il fiume appare.
Ogni cor si rallegra, in ogni lato
Risorge il romorio
Torna il lavoro usato.
L'artigiano a mirar l'umido cielo,
Con l'opra in man, cantando,
Fassi in su l'uscio; a prova
Vien fuor la femminetta a còr dell'acqua
Della novella piova;
E l'erbaiuol rinnova
Di sentiero in sentiero
Il grido giornaliero.
Ecco il Sol che ritorna, ecco sorride
Per li poggi e le ville. Apre i balconi,
Apre terrazzi e logge la famiglia:
E, dalla via corrente, odi lontano
Tintinnio di sonagli; il carro stride
Del passegger che il suo cammin ripiglia.

Si rallegra ogni core.[2]
Sì dolce, sì gradita
Quand'è, com'or, la vita?
Quando con tanto amore
L'uomo a' suoi studi intende?
O torna all'opre? o cosa nova imprende?
Quando de' mali suoi men si ricorda?
Piacer figlio d'affanno;
Gioia vana, ch'è frutto
Del passato timore, onde si scosse

PARAFRASI

1-24 La tempesta è passata: sento gli uccelli (augelli; arcaismo) fare festa, e [sento] la gallina, tornata sulla via, che ripete il suo verso. Ecco [che] il sereno rompe [le nuvole] là da occidente (da ponente), verso la (alla) montagna; la campagna si libera (sgòmbrasi) [della foschia], e il fiume appare distintamente (chiaro) nella valle. Ogni animo (cor) si rallegra, da ogni parte (in ogni lato) riprendono i rumori (risorge il romorio) [della vita quotidiana], ricomincia (torna) il lavoro di sempre (usato). L'artigiano, con il [suo] lavoro (l'opra) in mano, cantando, si affaccia (fassi = si fa) sulla porta [della bottega] per contemplare (a mirar) il cielo umido; la popolana (la femminetta) esce (vien fuor) provando se sia possibile (a prova) raccogliere (a còr; forma sincopata di "cogliere") [: da apposite vasche] l'acqua della pioggia recente (della novella piova); e l'ortolano (l'erbaiuol) ripete (rinnova) di sentiero in sentiero il richiamo di tutti i giorni (il grido giornaliero). Ecco il sole che ritorna, ecco [che] risplende (sorride) per i poggi e per i casolari (ville). La servitù (la famiglia) apre le finestre (balconi), apre [le porte dei] terrazzi e [delle] logge: e dalla via principale (corrente) si sente (odi) un lontano tintinnio di sonagli [: quelli appesi alla bardatura degli animali da tiro]; il carro del viandante (passegger), che riprende il suo viaggio, stride [: rimettendosi in moto].

25-41 Ogni animo (core) si rallegra. Quando la vita è così dolce e così gradita come ora [: cioè dopo la tempesta]? Quando l'uomo si dedica (intende) con tanto amore alle sue occupazioni (studi; latinismo)? O torna al lavoro (all'opre)? O intraprende (imprende) una nuova attività (cosa nova)? Quando si ricorda meno dei suoi mali? Il piacere [è] figlio del dolore (affanno); [è] una gioia illusoria (vana), che è il prodotto (frutto) del timore passato, [di quella paura] a causa del-

video
Gemellarità del *Sabato del villaggio* e della *Quiete dopo la tempesta*

Metrica canzone libera di endecasillabi e settenari, in tre strofe di diversa lunghezza.

1 Passata... tempesta: l'anticipazione del verbo rispetto al soggetto è un fenomeno costante in tutta la prima strofa.

2 Si rallegra ogni core: riprende a distanza il v. 8 («Ogni cor si rallegra») e funge da collegamento con la prima strofa.

E paventò la morte
Chi la vita abborria;[3]
Onde in lungo tormento,
Fredde, tacite, smorte,
Sudàr le genti e palpitàr, vedendo
Mossi alle nostre offese
Folgori, nembi e vento.

O natura cortese,
Son questi i doni tuoi,
Questi i diletti sono
Che tu porgi ai mortali. Uscir di pena
È diletto fra noi.
Pene tu spargi a larga mano; il duolo
Spontaneo sorge: e di piacer, quel tanto
Che per mostro e miracolo talvolta
Nasce d'affanno, è gran guadagno. Umana
Prole cara agli eterni! assai felice
Se respirar ti lice
D'alcun dolor: beata
Se te d'ogni dolor morte risana.[4]

da G. Leopardi, *Canti*, cit.

PARAFRASI

la quale (onde) chi odiava (abborria) la vita si scosse ed ebbe il terrore (paventò) della morte; [di quella paura] a causa della quale (onde) le persone (le genti) raggelate (fredde), ammutolite (tacite), pallide (smorte), con tormento prolungato, sudarono (sudàr<ono>) [freddo] ed ebbero il batticuore (palpitàr<ono>) vedendo fulmini (folgori), nuvole (nembi) e vento diretti a colpirci (mossi alle nostre offese).
42-54 O natura benevola (cortese; ironico), sono questi i tuoi doni! Sono questi i piaceri (diletti) che tu offri ai mortali! Fra noi [uomini] il piacere (diletto) consiste (è) nel cessare di soffrire (uscir di pena). Tu spargi pene in gran quantità (a larga mano); il dolore (duolo) [ne] nasce spontaneo [: da quelle pene seminate dalla natura]: e quel tanto di piacere che per prodigio (mostro) e [per] miracolo nasce talvolta dal dolore (d'affanno) è un grande guadagno. [O] genere umano (umana prole) caro agli dèi (agli eterni)! [Puoi ritenerti] abbastanza (assai) felice se ti è permesso (se…ti lice) di tirare il respiro (respirar) [per un po'] da qualche dolore: [puoi ritenerti addirittura] beato se la morte ti guarisce (te…risana) da ogni dolore.

3 onde… abborria: la paura della morte supera in intensità la lucida determinazione (originata dalla noia e dalla consapevolezza dell'assenza di uno scopo) di porre fine alla propria vita.

4 O natura… risana: la terza e ultima strofa contiene la riflessione filosofica sull'infelicità della condizione umana. Da notare la progressiva astrazione concettuale sottolineata dall'intensificazione dei termini astratti (**natura**, **mortali**, **pena**, ecc.).

Lavoriamo sul testo

Leggere e capire

I tre tempi della poesia Le tre strofe che compongono il testo corrispondono a tre diversi momenti. La prima strofa (vv. 1-24) ha carattere descrittivo ed è dedicata alla rappresentazione della vita del paese che riprende più lieta dopo un temporale. La seconda strofa (vv. 25-41) introduce una riflessione sui motivi che spingono i paesani a gioire: in essa compare la sentenza leopardiana «Piacer figlio d'affanno» (v. 32), per cui il piacere nasce dalla cessazione di uno stato di dolore o di ansia. La terza e ultima strofa (vv. 42-54) perviene a una conclusione generale sulla condizione dell'uomo, resa infelice dalla «natura» (v. 42) e dagli «eterni» (v. 51). Il dominio del dolore fa sì che la morte sia auspicabile (vv. 53-54).

Analizzare

La rappresentazione della gioia È questo uno dei canti dove la rappresentazione della gioia umile e quotidiana trova la sua espressione più intensa. Essa si affida a vari elementi. Per esempio la metrica, con i vari gruppi di settenari raggruppati, invita a un ritmo veloce e leggero. L'introduzione di numerose forme di parallelismo accresce il sentimento di abbandono gioioso: anafore e replicazioni («Ecco… ecco… ecco…», vv. 4 e 19; «ogni cor si rallegra, In ogni lato» e «si rallegra ogni core», vv. 8 e 25; «apre… apre…», vv. 20 sg.; «sì dolce, sì gradita», v. 26; «quand'è…? Quando…? quando…?», vv. 27, 28 e 31; «onde… onde…», vv. 34 e 37; «son questi… questi… sono», vv. 43 sg.; «diletti… diletto…», vv. 44 e 46; «dolor… dolor…», vv. 53 sg.), corrispondenze nella disposizione dei termini (al gruppo triplice «fredde, tacite, smorte» del v. 38 corrisponde per esempio quello «folgori, nembi e vento» del v. 41). Ma non meno importanti nella sottolineatura della gioia sono le espressioni che indicano novità e sorpresa («Odo… far festa» v. 2; «Ecco il sereno» v. 4; «Rompe… Sgombrasi… appare», vv. 5-7; «Vien fuor», v. 14 «Ecco il Sol che ritorna, ecco sorride» v. 19 sg.), associate ad altre, numerose, che indicano ciclicità e continuità («Tornata» v. 3; «ripete» v. 4; «Risorge» v. 9; «Torna» v. 10; «rinnova» v. 16»; «giornaliero» v. 18; «ripiglia» v. 24). In quest'ultimo caso la gioia scaturisce dall'impressione provvisoria di novità e di sorpresa che sorge dalle attività consuete, dopo che queste erano state, per un breve momento, interrotte.

Interpretare e approfondire

La figura chiave dell'antifrasi La terza strofa si affida a due punti di riferimento fondam natura cortese» (v. 42) e gli «eterni» (v. 51: sono gli dèi). In apparenza il poeta rivolge lor noscimento e un ringraziamento («natura cortese», «Umana /Prole cara agli eterni!»). Ma s realtà di un riconoscimento antifrastico: il poeta vuole cioè intendere l'esatto contrario di dice. Tutt'altro che «cortese» risulta infatti la natura, alla luce della terribile descrizione che precede (vv. 37-41); tutt'altro che «cara» agli dèi si rivela la specie umana, la cui felicità consiste tutta in pochi sospiri di sollievo che interrompono il dolore dominante (vv. 51-53) e la cui beatitudine può consistere solo nella morte (v. 54). Sulla base di questa chiave interpretativa, l'intero slancio gioioso del componimento diventa inquietante, e pesa su di esso il sospetto che sia in realtà falso.

Esercizi

Prima prova A • L'analisi del testo

Comprendere

1 I paesani

La prima strofa descrive la ripresa gioiosa della vita nel paese dopo la tempesta. Quali personaggi sono nominati?

Analizzare

2 Lessico quotidiano e lessico letterario

La canzone mostra un lessico vario. Sottolinea nel testo almeno cinque parole o espressioni riconducibili al linguaggio quotidiano e cinque riconducibili invece al linguaggio letterario. In quale parte della poesia si concentrano gli uni e in quale gli altri?

Interpretare e approfondire

3 La «natura cortese»

La natura è presenza costante nella poesia e nella riflessione filosofica di Leopardi. Quale significato le è attribuito in questo canto? A che cosa allude veramente Leopardi con l'espressione «natura cortese»?

4 Sospiro di sollievo

Il piacere umano consiste solo nella cessazione del dolore. Questo è il tema al centro della *Quiete dopo la tempesta*. Cerca di ricordare un'esperienza (che ha riguardato te solo, oppure tutta la società in cui vivi) in cui hai provato un senso di sollievo analogo a quello descritto in questo canto. Trascrivi il tuo ricordo, fingendo di doverlo affidare a una pagina di diario.

5 La «teoria del piacere»

Nei brani dello *Zibaldone* riportati in T2 Leopardi illustra la sua «teoria del piacere»: prova a darne una formulazione in una trattazione sintetica (max 10 righe) facendo riferimento sia a questo componimento, sia ai testi in prosa dello *Zibaldone*.

T13

Le forme
- lessico umile e quotidiano
- vivacità ritmica favorita dalla ricorrenza dei senari

I temi
- delusione delle speranze giovanili

Il sabato del villaggio

Questo canto fu composto a Recanati nel settembre 1829, subito dopo La quiete dopo la tempesta, *della quale condivide la struttura, articolata in una parte descrittiva e in una riflessiva. Le prime due strofe del canto mostrano le varie attività che caratterizzano, in una cittadina, il sabato, concentrandosi in particolare sul finire del giorno. Le successive strofe sono occupate dalla riflessione che scaturisce dal dato materiale appena descritto. La terza strofa dichiara la superiorità del sabato sulla domenica, e cioè la superiorità dell'attesa sulla verifica. Come il sabato è la giovinezza: e il poeta, nella quarta strofa, invita il «garzoncello» a goderla, prima che giunga la maturità.*

La donzelletta vien dalla campagna,
In sul calar del sole,
Col suo fascio dell'erba; e reca in mano
Un mazzolin di rose e di viole,
Onde, siccome suole,
Ornare ella si appresta
Dimani, al dì di festa, il petto e il crine.
Siede con le vicine
Su la scala a filar la vecchierella,[1]
Incontro là dove si perde il giorno;
E novellando vien del suo buon tempo,
Quando ai dì della festa ella si ornava,
Ed ancor sana e snella
Solea danzar la sera intra di quei
Ch'ebbe compagni dell'età più bella.
Già tutta l'aria imbruna,
Torna azzurro il sereno, e tornan l'ombre
Giù da' colli e da' tetti,
Al biancheggiar della recente luna.
Or la squilla dà segno
Della festa che viene;
Ed a quel suon diresti
Che il cor si riconforta.
I fanciulli gridando
Su la piazzuola in frotta,
E qua e là saltando,
Fanno un lieto romore:
E intanto riede alla sua parca mensa,
Fischiando, il zappatore,
E seco pensa al dì del suo riposo.

Metrica Canzone libera.

1 La donzelletta… la vecchierella: centrato sul rapporto tra attesa e realizzazione, il componimento si apre con le due figure esemplari della giovinetta (che rappresenta ovviamente l'attesa, cioè il sabato della vita) e della vecchia (che rappresenta da parte sua la realizzazione, evidentemente deludente e limitata, di quell'attesa).

PARAFRASI

1-15 Al tramonto (in sul calar del sole), una ragazza (la donzelletta) arriva (vien) dalla campagna con il suo fascio d'erba; e porta (reca) in mano un mazzolino di rose e di viole, delle quali (onde), come è sua abitudine (siccome suole), ella si prepara (si appresta) a ornar[si] il petto e i capelli (il crine), domani, al giorno festivo (al dì di festa). Una vecchietta sta seduta con le vicine sulla scala [di casa] a filare, là nella direzione in cui (incontro…dove) il giorno tramonta (si perde); e va raccontando (novellando vien) dei suoi anni felici (del suo buon tempo) [: della sua giovinezza], quando nei giorni di festa [anch']ella si ornava, e ancora sana e snella [: in forma e agile] era solita (solea) danzare la sera in mezzo a coloro (intra di quei) che ha avuto (ebbe) [come] amici (compagni) nell'età più bella [: la giovinezza].
16-19 Ormai (Già) tutta l'aria scurisce (imbruna), il cielo sereno (il sereno) torna azzurro, e al biancheggiare della luna appena sorta (recente) tornano le ombre [disegnate] in terra (giù) dai colli e dalle case (da' tetti).
20-30 Ora la campana (la squilla) segnala (dà segno) la festa che avanza (che viene) [: la domenica]; e, a [sentire] quel suono, diresti che il cuore si consola (si riconforta). I fanciulli gridando in gruppo (in frotta) sulla piazzola, e saltando qua e là, fanno un rumore allegro (lieto): e intanto il contadino (il zappatore) ritorna (riede) fischiando alla sua povera (parca) mensa [: casa] e pensa fra sé (seco) al giorno del suo riposo [: alla domenica].

video
Stilizzazione letteraria e osservazione della realtà nel Sabato del villaggio

Piazzuola del sabato del villaggio, Recanati.

Poi quando intorno è spenta ogni altra face,
E tutto l'altro tace,
Odi il martel picchiare, odi la sega
Del legnaiuol, che veglia
Nella chiusa bottega alla lucerna,
E s'affretta, e s'adopra
Di fornir l'opra anzi il chiarir dell'alba.

Questo di sette è il più gradito giorno,
Pien di speme e di gioia:
Diman tristezza e noia[2]
Recheran l'ore, ed al travaglio usato
Ciascuno in suo pensier farà ritorno.

Garzoncello scherzoso,
Cotesta età fiorita
È come un giorno d'allegrezza pieno,
Giorno chiaro, sereno,
Che precorre alla festa di tua vita.
Godi, fanciullo mio; stato soave,
Stagion lieta è cotesta.
Altro dirti non vo'; ma la tua festa
Ch'anco tardi a venir non ti sia grave.[3]

da G. Leopardi, *Canti*, cit.

2 Questo… noia: la felicità del sabato si definisce in opposizione all'ansia che caratterizza invece la domenica, benché, d'altra parte, la felicità del sabato stia tutta appunto nell'attesa della domenica. È un paradosso che anticipa allegoricamente il rapporto tra giovinezza e vita adulta, infatti affrontato nella strofa successiva e ultima.

3 Garzoncello… grave: la composizione si conclude rivolgendosi teneramente a un ideale destinatario adolescente al quale si vorrebbe comunicare in anticipo l'inevitabile delusione della vita rispetto alle attese giovanili e che però, al tempo stesso, si vuole anche proteggere, finché è possibile, proprio da quella dolorosa consapevolezza. Di qui la reticenza che conclude il testo (**Altro dirti non vo'**).

PARAFRASI

31-37 Poi quando intorno è spenta ogni altra luce (face = torcia), e tutto il resto (l'altro) [del paese] tace, odi [: puoi udire; impersonale] il martello battere (picchiare), odi la sega del falegname (del legnaiuol), che sta sveglio (veglia) nella bottega chiusa, alla [luce della] lucerna, e si affretta e si dà da fare (s'adopra) di terminare (fornir) il lavoro (l'opra) prima della luce (anzi il chiarir) dell'alba.

38-42 Questo [: il sabato] è il giorno più gradito dei sette, pieno di speranze (speme) e di gioia: domani le ore [che avanzano] porteranno (recheran) tristezza e noia, e ciascuno nei suoi pensieri farà ritorno [: ciascuno penserà continuamente] al lavoro (al travaglio) consueto (usato).

43-51 Ragazzo (Garzoncello) allegro (scherzoso), codesta [tua] età fiorita [: in fiore; cioè l'adolescenza] è come un giorno pieno di allegria [: cioè come il sabato], [come un] giorno chiaro, sereno, che viene prima (precorre) della festa della tua vita. Sii felice (Godi), [o] mio fanciullo; codesta [età] è una condizione beata (stato soave), una stagione lieta. Non voglio (non vo') dirti altro; ma non ti dispiaccia (non ti sia grave) [il fatto] che la tua festa [: la vita adulta] tardi ancora ad arrivare (a venir).

La lingua nel tempo: garzone. Parola di etimologia incerta. Se si accetta l'ipotesi di una provenienza germanica del termine (che avrebbe dato *guarçon*), gli si attribuisce l'originario significato di 'fanciullo addetto alle armi, ovvero figlio o servo di guerriero, cioè scudiero'. Ma la voce potrebbe altrimenti essere di stampo latino, in cui *garzo* o *garzuolo* indicava 'il grumolo del cavolo', e di qui, 'l'uomo ancor tenero, ovvero il giovinetto'. In quest'ultimo significato è usato da Leopardi (▶ v. 43), che impiega «garzoncello» come sinonimo di ragazzo. Oggi, il significato corrente di *garzone* è quello di 'addetto al basso servizio di una casa o di una bottega'.

Lavoriamo sul testo

Leggere e capire

Dalla descrizione alla riflessione La lirica è articolata in due parti. La prima parte, coincidente con le due strofe iniziali e di gran lunga più estesa, è occupata dal momento descrittivo. La prima strofa descrive il «sabato del villaggio» osservando, all'ora del tramonto, una serie di personaggi: una ragazza che torna dalla campagna, e insieme all'erba raccolta per lavoro porta i fiori con i quali si adornerà il giorno seguente per la festa; una vecchietta che chiacchiera con le vicine; i bambini che giocano con rumorosa allegria; un contadino che torna a casa fischiando. La seconda strofa si concentra invece su un'unica figura: il falegname che protrae la propria attività rumorosa nelle ore notturne per finire il lavoro prima della festa domenicale. La terza strofa introduce la parte riflessiva del canto, dichiarando che il sabato è «il più gradito giorno» perché caratterizzato dalla speranza e dalla gioia; mentre la domenica sarà occupata dalla tristezza e dalla preoccupazione per il ritorno imminente alle consuete occupazioni. Il rapporto tra il sabato e la domenica rimanda a quello tra la giovinezza e l'età adulta. E infatti nella quarta strofa il poeta rivolge a un generico fanciullo l'invito a godere il piacere della «età fiorita», lasciando intendere che la vita deluderà le attese giovanili.

Analizzare

La leggerezza del ritmo e del lessico Tanto le scelte metriche quanto quelle lessicali esprimono in questo canto leggerezza, slancio, semplicità. Un ritmo veloce è favorito dai numerosi settenari, concentrati soprattutto ai vv. 20-27, dedicati alla rappresentazione della gioia festiva e dei fanciulli che giocano. Sul piano lessicale, è esclusa qui la ricercatezza che caratterizza invece altri canti, a vantaggio di un'umiltà che ben si riscontra già nelle figure che popolano il componimento: la «donzelletta» (v. 1), la «vecchierella» (v. 9), i «fanciulli» (v. 24), lo «zappatore» (v. 29), il «legnaiuol» (v. 34), il «Garzoncello» (v. 43). Umili e quotidiani sono poi anche molti degli oggetti nominati: il «fascio dell'erba» (v. 3), il «mazzolin di rose e di viole» (v. 4), la «scala» (v. 9), il «martel» e la «sega» (v. 33), la «bottega» e la «lucerna» (v. 35).

Interpretare e approfondire

Un'ombra tragica Alla leggerezza metrico-formale, che esprime la felicità della festa, si affianca però un'ombra, appena sfiorata e tuttavia decisiva per la comprensione del significato autentico del testo: alla gioiosa attesa caratteristica del sabato, seguirà la disillusione della domenica («Diman tristezza e noia/Recheran l'ore», vv. 40-41). E, se all'attesa del sabato corrispondono le speranze della giovinezza (affidate ai personaggi della «donzelletta» e dei «fanciulli» della prima strofa), alla delusione della domenica corrisponde, parallelamente, quella della vita adulta. La conclusione del canto allude appunto a questo implicito parallelismo, suggerito dall'uso del termine «festa» (v. 50) per indicare la vita: «festa» come la domenica. L'ombra tragica resta volutamente sfumata, e il poeta dichiara apertamente di non voler turbare le felici illusioni del «fanciullo»: «Altro dirti non vo'» (v. 50). L'«altro» è la delusione che incombe sul futuro, smentendo nella vita adulta le speranze della giovinezza, così come la domenica delude le aspettative del sabato.

Esercizi

Prima prova A • L'analisi del testo

Comprendere

1 I personaggi del villaggio

Le prime due strofe della canzone sono descrittive, e mostrano le attività che caratterizzano, in una cittadina, il sabato. Elenca i vari personaggi che vi compaiono.

Analizzare

2 Un lessico umile

Il canto è caratterizzato dalla scelta di parole umili e di uso quotidiano. Sottolinea nel testo alcuni esempi significativi.

3 La reticenza

Nell'ultima strofa è presente la figura della reticenza: dove compare precisamente? Quale funzione ha?

Interpretare e approfondire

4 Confronto fra personaggi: la «donzelletta» e Silvia

La figura dell'umile «donzelletta» potrebbe essere messa a confronto con quella di Silvia (▶ T10): sottolinea analogie e differenze fra questi due personaggi femminili.

Terza prova A • La trattazione sintetica

5 Il momento riflessivo

La descrizione che occupa le prime due strofe costituisce il dato reale sul quale si inserisce la riflessione affidata invece alla seconda parte del testo. Riassumi in una trattazione sintetica (max 15 righe) il contenuto di tale riflessione, facendo opportuni riferimenti ai versi e inquadrandola nell'ambito della «teoria del piacere» leopardiana.

T14

Il passero solitario

Le forme
- musicalità dei versi

I temi
- esclusione del poeta
- rimpianto per la giovinezza passata

Il tema di questa canzone (di datazione molto incerta) vede un accostamento tra le abitudini del passero del titolo e il poeta stesso: il volatile trascorre isolato la primavera, così come il poeta vive in solitudine la giovinezza (che è la primavera della vita). Ma il futuro distinguerà i due destini: il passero invecchierà e morirà senza rimpiangere le scelte compiute, dettate dall'istinto e volute dalla natura. Il poeta, al contrario, sarà certamente aggredito dal rimpianto.

D'in su la vetta della torre antica,
Passero solitario, alla campagna
Cantando vai finché non more il giorno;
Ed erra l'armonia per questa valle.
Primavera dintorno
Brilla nell'aria, e per li campi esulta,
Sì ch'a mirarla intenerisce il core.
Odi greggi belar, muggire armenti;
Gli altri augelli contenti, a gara insieme
Per lo libero ciel fan mille giri,
Pur festeggiando il lor tempo migliore:
Tu pensoso in disparte il tutto miri;
Non compagni, non voli,
Non ti cal d'allegria, schivi gli spassi;
Canti, e così trapassi
Dell'anno e di tua vita il più bel fiore.

Oimè, quanto somiglia
Al tuo costume il mio. Sollazzo e riso,
Della novella età dolce famiglia,
E te german di giovinezza, amore,
Sospiro acerbo de' provetti giorni,
Non curo, io non so come; anzi da loro
Quasi fuggo lontano;
Quasi romito, e strano
Al mio loco natio,
Passo del viver mio la primavera.
Questo giorno[1] ch'omai cede alla sera,

PARAFRASI

1-16 Da sopra la cima (D'in su la vetta) dell'antico campanile (torre) [: quello della chiesa di Sant'Agostino, a Recanati], [o] passero solitario, canti ripetutamente verso (alla) la campagna, finché il giorno non termina (non more); e l'armonia [di quel canto] si diffonde (erra) per questa valle. Intorno la primavera fa risplendere l'aria (brilla nell'aria) e gioisce (esulta) nei (per li) campi, tanto che (sì ch<e>), contemplandola (a mirarla), il cuore [: soggetto] si intenerisce. Si possono sentire (odi; impersonale) greggi [di pecore] belare, mandrie (armenti) [di buoi] muggire; gli altri uccelli, contenti, insieme, come se gareggiassero (a gara), compiono innumerevoli evoluzioni (fan mille giri) nel cielo libero [: che non frappone ostacoli al loro volo, ma anche sgombro da nubi, sereno], intenti solo (pur) a festeggiare la stagione migliore della loro vita (il lor tempo migliore): tu [: passero solitario] pensoso osservi (miri) tutto ciò (il tutto) [standotene] in disparte; [per te] non [ci sono] compagni, non [ci sono] voli, a te non interessa (non ti cal) l'allegria, eviti (schivi) i divertimenti (gli spassi); canti, e in questo modo trascorri (trapassi) il periodo più bello (il più bel fiore) dell'anno [: la primavera] e della tua vita [: la giovinezza].
17-44 Ahimè, come il mio [modo di vivere] somiglia al tuo modo di vivere (costume)! Non mi curo — non so perché (io non so come) — del divertimento (sollazzo) e del riso [che sono] la compagnia piacevole (dolce famiglia) dell'età giovanile (della novella età), e [non mi curo di] te amore, fratello (german<o>) della giovinezza e [motivo di] amaro (acerbo) rimpianto (sospiro) negli anni della maturità (de' provetti giorni), anzi, quasi fuggo lontano da loro; trascorro (passo) la primavera della mia vita [: la giovinezza] come un eremita (quasi romito), e [come se fossi] estraneo (strano) al luogo dove sono nato (al mio loco natio). Nel nostro pa-

Metrica canzone libera di tre strofe, con molti nessi, anche interstrofici, di rima e di altre figure foniche.

1 Questo giorno: forse il 25 marzo, festa dell'Annunciazione, collocata al principio della primavera.

La lingua nel tempo: germano. Parola di origine latina: *germanus* da *germen* 'germe, germoglio'. *Germano* (v. 20) indica infatti 'il fratello o la sorella carnale, ossia che proviene dallo stesso germe, cioè dai medesimi genitori'. Può avere sia valore di aggettivo (p. es. "fratelli germani"), sia valore di sostantivo, come sinonimo di fratello. *Germano* è anche 'nome generico degli uccelli di palude palmipedi e di becco largo, della specie delle anatre selvagge'; forse così detti perché vivono insieme e formano una specie di fratellanza.
Il termine "germani" che invece già presso i latini identificava alcune tribù centro europee – e l'auttale toponimo Germania – sarebbe di origine celtica e di etimologia poco chiara.

Festeggiar si costuma al nostro borgo.
Odi per lo sereno un suon di squilla,
Odi spesso un tonar di ferree canne,
Che rimbomba lontan di villa in villa.
Tutta vestita a festa
La gioventù del loco
Lascia le case, e per le vie si spande;
E mira ed è mirata, e in cor s'allegra.
Io solitario[2] in questa
Rimota parte alla campagna uscendo,
Ogni diletto e gioco
Indugio in altro tempo: e intanto il guardo
Steso nell'aria aprica
Mi fere il Sol che tra lontani monti,
Dopo il giorno sereno,
Cadendo si dilegua, e par che dica
Che la beata gioventù vien meno.[3]

Tu solingo augellin, venuto a sera
Del viver che daranno a te le stelle,
Certo del tuo costume
Non ti dorrai; che di natura è frutto
Ogni vostra vaghezza.
A me, se di vecchiezza
La detestata soglia
Evitar non impetro,[4]
Quando muti questi occhi all'altrui core,
E loro fia vóto il mondo, e il dì futuro
Del dì presente più noioso e tetro,
Che parrà di tal voglia?
Che di quest'anni miei? che di me stesso?
Ahi pentirommi, e spesso,
Ma sconsolato, volgerommi indietro.

da G. Leopardi, *Canti*, cit.

PARAFRASI

ese (borgo), è usanza (si costuma) festeggiare questo giorno che ormai (omai) sta cedendo [il posto] alla sera. Si può sentire (odi; come al v. 8) per il [cielo] sereno un suono di campana (di squilla), si può sentire spesso un tuonare di fucili (ferree canne), che rimbomba lontano di casolare (villa) in casolare. La gioventù del luogo, tutta vestita a festa, lascia le case e si riversa (si spande) nelle vie; e guarda e si fa guardare (e mira ed è mirata), e dentro di sé (in cor) se ne compiace (s'allegra). Io, uscendo[mene] da solo (solitario) in questa parte solitaria (rimota) [del paese], [e dirigendomi] verso la (alla) campagna, rinvio (indugio) a un altro tempo ogni divertimento (diletto) e gioco: e intanto il sole, che dopo il giorno sereno svanisce (si dilegua) cadendo tra monti lontani, mi ferisce (fere) lo sguardo (il guardo) disteso (steso) nell'aria luminosa (aprica), e sembra [: tramontando] che dica che la gioventù beata sta finendo (vien meno). 45-59 Tu, uccellino solitario (solingo augellin), giunto al termine (venuto a sera) della vita (del viver) che il destino (le stelle) ti darà, certamente (certo) non dovrai rammaricarti (non ti dorrai) del tuo modo di vivere (costume); perché (che) ogni vostro [: di voi animali] desiderio (vaghezza) ha origine (è frutto) dalla natura [: è, cioè, istintivo e non soggetto a scelta]. A me [invece] — se non otterrò (impetro) di evitare la soglia detestata della vecchiaia [: cioè se non riuscirò a morir giovane] — che cosa sembrerà (parrà) di un simile desiderio (voglia) [: della scelta di vivere in solitudine], quando questi occhi [saranno] muti [: non saranno più capaci di comunicare nulla] al cuore degli altri e a essi [: ai miei occhi] il mondo sarà (fia) [per me] senza interesse (vòto = vuoto) e il domani (il dì futuro) [sarà per me] più noioso e più triste (tetro) del giorno presente? Che cosa [mi sembrerà] di questi miei anni [: degli anni della gioventù]? Che cosa [mi sembrerà] di me stesso? Ahi[mè], mi pentirò, e spesso, ma inconsolabile (sconsolato), guarderò (volgerommi = mi girerò) indietro [: al mio passato, rimpiangendolo].

2 lo solitario: a proposito della vita condotta in solitudine da Leopardi, si può ricordare un passo dalla lettera al Vieusseux del 4 marzo 1826: «La mia vita, prima per necessità di circostanze e contro mia voglia, poi per inclinazione nata dall'abito convertito in natura e divenuto indelebile, è stata sempre, ed è, e sarà perpetuamente solitaria».

3 intanto… vien meno: mentre lo sguardo è per un attimo assorto, piacevolmente sprofondato nella contemplazione dell'idillio primaverile (dell'**aria aprica**), il raggio del sole al tramonto colpisce gli occhi e riconduce bruscamente alla realtà il poeta. L'isolamento e il rifiuto della giovinezza, non del tutto comprensibili (v. 22), appaiono quasi segni di un destino personale che rende diversi dagli altri.

4 impetro: "impetrare" viene dal latino e significa 'ottenere attraverso suppliche'; il presente per il futuro indica qui che il poeta sta già pregando per ottenere ciò che desidera, cioè di scongiurare la vecchiaia, morendo prima.

Lavoriamo insieme

Leggere e capire

Attraverso le strofe La prima strofa è giocata sulla contrapposizione tra il volontario isolamento del passero solitario e l'atmosfera di gioia che accompagna il ritorno della primavera e che è condivisa dagli altri animali e dalla natura stessa. Il canto è l'unica risposta – da parte del passero solitario – a questo invito alla vita. La seconda strofa si apre con la constatazione sconsolata della "somiglianza" tra il «costume» del passero e quello del poeta, segnato dall'isolamento e dall'estraneità; prosegue con l'evocazione di un giorno di festa. Tutti – e i giovani in prima fila – partecipano al clima gioioso; la scelta divergente del poeta è quella dell'autoesclusione. L'isolamento e il rifiuto della giovinezza, non del tutto comprensibili («io non so come», v. 22) appaiono quasi segni di un destino personale che rende diversi dagli altri, che isola in un "eremitaggio" interiore («quasi romito», v. 24). La conclusione riflessiva affidata all'ultima strofa contrappone il destino di Leopardi a quello del passero.

1 **Quale differenza il poeta riconosce fra se stesso e il passero nell'ultima strofa?**

Analizzare

Il canto e il rimpianto Nel *Passero solitario* la tendenza melodica è particolarmente accentuata, ed è introdotta già dal suono festoso di campana del primo verso («D'in»). Molto musicali risultano anche versi come «Cantando vai finché non more il giorno» (v. 3), «Ed erra l'armonia per questa valle» (v. 4), «Dell'anno e di tua vita il più bel fiore» (v. 16), «Questo giorno ch'omai cede alla sera» (v. 27). A questo canto si contrappone però in modo netto la pesantezza dei due risolutivi versi finali: «Ahi pentirommi, e spesso,/ Ma sconsolato, volgerommi indietro». Un'analoga contrapposizione è riscontrabile nella scelta dei verbi, dinamici e vitali nelle parti relative alla primavera/giovinezza, spenti o addolorati nei casi riferiti allo stile di vita del poeta e al suo tardivo rimpianto.

2 **Sottolinea nel testo i verbi di significato dinamico e vitale e quelli invece di significato contrario.**

Interpretare e approfondire

Morte delle illusioni Una delle riflessioni più frequenti nei *Canti* è quella che investe il conflitto tra passato e presente, tra illusione e disillusione, tra speranze e delusione. Per Leopardi l'esperienza acquista senso soltanto nella prospettiva del ricordo e del passato. *Il passero solitario* costituisce la punta estrema di questa riflessione. Tutto ciò che è rappresentato nel testo al presente acquista significato, di colpo, solo grazie alla rivelazione finale, consegnata al futuro, che rivisita la materia della poesia come passata («Ahi pentirommi»). Come scrive Ferroni, «qui si dà una sorta di cortocircuito tra passato [l'oggi della scrittura] e futuro, con il riferimento a un futuro in cui il soggetto presente avrebbe guardato verso il passato: un riferimento che, con ogni probabilità, Leopardi sentiva avverato al momento in cui scriveva questi versi, per la consapevolezza di aver perduto per sempre la giovinezza».

3 **Anche in *A Silvia* (▶ T10) la riflessione filosofica è strettamente collegata al tema del tempo. In un breve scritto, metti a confronto le due poesie, rivelando analogie e differenze.**

T15

Le forme
- sintassi frammentaria
- frequenza di ripetizioni e negazioni

I temi
- pessimismo radicale

A se stesso

Composto forse nel maggio del 1833, A se stesso registra direttamente il manifestarsi della disillusione dopo la fine dell'amore per Fanny Targioni Tozzetti, a cui è dedicato il "ciclo di Aspasia". Ne consegue un invito disperato a non illudersi più, ad abbandonare per sempre la speranza che esista qualcosa nella realtà che sia degno di amore. La sintassi e la metrica definiscono uno stile nuovo, concentrato e audacemente sperimentale, che guarda verso risultati addirittura novecenteschi.

Or poserai per sempre,
Stanco mio cor. Perì l'inganno estremo,
Ch'eterno io mi credei. Perì. Ben sento,
In noi di cari inganni,
Non che la speme, il desiderio è spento.
Posa per sempre. Assai
Palpitasti. Non val cosa nessuna
I moti tuoi, né di sospiri è degna
La terra. Amaro e noia
La vita, altro mai nulla; e fango è il mondo.
T'acqueta omai. Dispera
L'ultima volta.[1] Al gener nostro il fato
Non donò che il morire. Omai disprezza
Te, la natura, il brutto
Poter che, ascoso, a comun danno impera,
E l'infinita vanità del tutto.

da G. Leopardi, *Canti*, cit.

PARAFRASI

1-5 Ora avrai riposo (poserai) per sempre, [o] mio cuore stanco [: smetterò di amare per sempre]. È morta (perì) l'ultima illusione (l'inganno estremo), che io avevo creduta (mi credei) eterna. È morta. Sento bene [che] in me (in noi) è finito (spento) il desiderio di piacevoli (cari) illusioni, oltre che (non che) la speranza.
6-10 Riposa per sempre. Hai battuto (palpitasti) [: hai amato] abbastanza (assai). Nessuna cosa merita (val<e>) i tuoi sentimenti (moti = movimenti), né la terra è degna di sospiri. La vita [è] amaro [: dolore] e noia, [e non è] nulla altro mai; e il mondo è fango.
11-16 Ormai càlmati (T'acqueta). Perdi definitivamente ogni speranza (Dispera l'ultima volta). Al nostro genere [: agli uomini] il fato non ha concesso (non donò) [altro] che la morte (il morire; infinito sostantivato). Ormai disprezza te [stesso], la natura, il cattivo (brutto) potere che, nascosto (ascoso), governa (impera) per il male di tutti (a comun danno), e la infinita inutilità (vanità) di tutto.

Metrica endecasillabi e settenari liberamente alternati e rimati.

1 Dispera l'ultima volta: l'espressione può essere interpretata secondo diverse sfumature: 'perdi definitivamente ogni speranza', 'fa in modo che questa disillusione sia l'ultima che tu provi (cioè: non illuderti più, non innamorarti in futuro, ecc.)', 'smetti in futuro di disperarti (cioè: diventa così indifferente a tutto da non provare né speranze né disperazione)'.

▶ Fanny Targioni Tozzetti.

Lavoriamo sul testo

Leggere e capire

La morte dell'ultima illusione In questo canto il poeta si rivolge al suo cuore, invitandolo a riposare e a calmarsi («Or poserai per sempre», v. 1; «Posa per sempre», v. 6; «T'acqueta omai», v. 11). È caduta infatti anche l'ultima illusione: quella dell'amore (▶vv. 2-5). La vita appare perciò in tutta la sua infelicità, dominata da «amaro e noia» (vv. 9-10) e alleviata solo dalla morte (▶vv. 12-13), con un crescendo di pessimismo che registra, nella conclusione, «l'infinita vanità del tutto» (v. 16).

Analizzare

Le forme e i suoni del dolore e della denuncia Il dolore penetra nella forma di questo testo, manifestandosi anzitutto nella sintassi estremamente frammentata. I sedici versi contengono ben dodici periodi, prevalentemente molto brevi, fino al minimo di una sola parola («Perì», v. 3). Numerose, di conseguenza, le pause che spezzano il ritmo, con ben nove punti. Molto bruschi sono anche gli *enjambements* (▶ p. es. vv. 6-7, 7-8, 8-9, 9-10. 11-12, ecc.), che creano sensazioni di interruzione anziché istituire legami di continuità. Anche i suoni assecondano e ribadiscono il tema doloroso del componimento, a partire dalla ripetizione, che compare ben cinque volte, del gruppo /ai/ (con valore di esclamazione dolorosa: "ahi!"): «poserAI» v. 1, «assAI» v. 6, «mAI» v. 10, «omAI» vv. 11 e 13. Esprime sofferenza anche la fitta serie di termini con valore radicale di rottura o di inesorabilità: «sempre» vv. 1 e 6, «estremo» v. 2, «eterno» v. 3, «spento» v. 5, «per sempre» v. 6, «nessuna» v. 7, «mai» e «nulla» v. 10, «omai» vv. 11 e 13, «l'ultima volta» v. 12, «morire» v. 13, «tutto» v. 16. Dolorosa è poi l'insistenza sugli stessi termini, con varie ripetizioni: «poserai» / «Posa» vv. 1 e 6, «sempre» vv. 1 e 6, «Perì» vv. 2 e 3, «inganno» / «inganni» vv. 2 e 4, «omai» vv. 11 e 13. Un valore di denuncia hanno infine le martellanti negazioni che attraversano il testo («non» vv. 5, 7, 13, «nessuna» v. 7, «né» v. 8, «nulla» v. 10) e le violente rime conclusive: «dispera» : «impera» e «brutto» : «tutto».

Interpretare e approfondire

Il pessimismo tragico di Leopardi In questo componimento si concentrano molti dei maggiori temi del pessimismo leopardiano. Ai vv. 9 e 10 la vita viene descritta come «amaro e noia», e il mondo è ridotto a un ammasso di fango. In un simile contesto, la morte rappresenta l'unico dono ricevuto dal fato, perché solleva l'uomo dalle sue sofferenze e ne annulla la sensibilità (vv. 12-13). Su questo sfondo così cupo e duro si inserisce il rimando alla teoria del piacere, e dunque alla sproporzione tra i desideri del soggetto e la loro realizzabilità reale: nessuna cosa vale i sentimenti umani (vv. 7-9) perché nessuna cosa è in grado di appagare l'infinito desiderio di piacere. Si affaccia poi nel finale lo sguardo desolato e tragico sul nulla come vero riferimento ultimo di ogni azione e fenomeno («l'infinita vanità del tutto»). All'individuo resta solo la possibilità di tutelare la propria dignità, rifiutando ogni illusione (amore compreso) e osando proclamare il proprio disprezzo per questa brutale realtà.

video
A se stesso

video
Il "ciclo di Aspasia"

Esercizi

Prima prova A • L'analisi del testo

Comprendere

1 L'interlocutore

In questa poesia il poeta si rivolge a un preciso interlocutore, quale?

2 «L'inganno estremo»

Al v. 2 Leopardi dichiara che «Perì l'inganno estremo». A che cosa si riferisce?

a. Alla vita
b. All'arido vero
c. All'illusione dell'amore
d. All'infinita vanità del tutto

Analizzare

3 Spezzature e pause

La struttura sintattica è qui estremamente frammentata. Individua tutte le spezzature e le pause all'interno della poesia.

Interpretare e approfondire

Terza prova A • La trattazione sintetica

4 Il cupo pessimismo

In questo breve canto emerge il profondo pessimismo leopardiano. In una trattazione sintetica (max 10 righe) chiarisci quale visione dell'esistenza e dell'io emerge dal testo, facendo riferimento ai versi.

T16

- periodi lunghi e complessi
- musicalità varia

I temi

- critica delle illusioni ottimistiche
- invito alla lotta comune contro la natura

La ginestra, o il fiore del deserto

Composta a Torre del Greco nella primavera del 1836, La ginestra contiene l'estremo messaggio della riflessione leopardiana. Il poeta invita a prendere atto dell'infelicità della specie umana, così da stabilire un rapporto di solidarietà tra tutti gli individui, che devono allearsi contro la vera nemica: la natura. La ginestra rappresenta in tal senso un modello di comportamento. Questo fiore è l'emblema della resistenza allo strapotere della natura: umile ma forte, si piega di fronte alla sua furia ma sa anche crescere su terreni infecondi. E riesce così a rallegrare i deserti con la sua presenza.

Καὶ ἠγάπησαν οἱ ἄνθρωποι μᾶλλον τὸ σχότος ἢ τὸ φῶς.

E gli uomini vollero piuttosto le tenebre che la luce.[1]

GIOVANNI, III, 19

Qui su l'arida schiena
Del formidabil monte
Sterminator Vesevo,
La qual null'altro allegra arbor né fiore,
Tuoi cespi solitari intorno spargi,
Odorata ginestra,
Contenta dei deserti. Anco ti vidi
De' tuoi steli abbellir l'erme contrade
Che cingon la cittade
La qual fu donna de' mortali un tempo,
E del perduto impero
Par che col grave e taciturno aspetto
Faccian fede e ricordo al passeggero.
Or ti riveggo in questo suol, di tristi
Lochi e dal mondo abbandonati amante,
E d'afflitte fortune ognor compagna.
Questi campi cosparsi
Di ceneri infeconde, e ricoperti
Dell'impietrata lava,
Che sotto i passi al peregrin risona;
Dove s'annida e si contorce al sole
La serpe, e dove al noto
Cavernoso covil torna il coniglio;
Fur liete ville e colti,

PARAFRASI

1-16 Qui sulle brulle pendici (su l'arida schiena) del monte terrificante (formidabil) [e] distruttore (sterminator) Vesuvio (Vesevo), che non rallegra nessun altro albero (arbor<e>) né fiore, spargi intorno i tuoi cespugli solitari, [o] profumata (odorata) ginestra, appagata (contenta) dei deserti. Ti ho visto (ti vidi) [già] abbellire dei tuoi rami (steli) anche i borghi abbandonati (l'erme contrade) che circondano (cingon) la città [: Roma] che (la qual) fu in passato (un tempo) signora (donna) degli uomini (de' mortali), e [che] pare che, con il [loro] aspetto solenne (grave) e taciturno [: i borghi abbandonati], offrano (faccian) a chi passa (al passeggero) testimonianza (fede) e ricordo della grandezza passata (del perduto impero) [di Roma]. Ora ti rivedo in questo suolo [: le pendici del Vesuvio], [tu che sei] amante di luoghi tristi e abbandonati da tutti (dal mondo) [: solitari], e sempre (ognor) compagna di destini (fortune) infelici (afflitte).
17-51 Questi campi cosparsi di ceneri sterili (infeconde), e ricoperti di lava dura come pietra (impietrata), che risuona sotto i passi del viandante (al peregrin); [questi campi] dove la serpe si annida e si contorce al sole, e dove il coniglio torna alla consueta (al noto) tana (covil<e>) sotterranea (cavernoso): [questi campi] furono [un tempo] poderi (ville) ridenti (liete) e coltivazioni (colti) e biondeggiarono di spighe [di grano], e risuonarono dei muggiti degli armenti; furono giardini

Metrica canzone libera di endecasillabi e settenari divisi in sette strofe di lunghezza assai irregolare, ma comunque eccezionalmente estese.

1 E gli uomini... luce: il versetto evangelico posto in epigrafe allude alla difficoltà con cui la verità si fa largo tra gli uomini, i quali preferiscono illudersi di cose false (**le tenebre**) e consolatorie piuttosto che prendere coscienza di cose vere (**la luce**) ma dolorose. Non è da escludere, nel riferimento alla luce, un'allusione all'Illuminismo (▶ anche «il lume» del v. 81). Quanto alla fonte sacra da cui l'epigrafe è tratta, il contesto materialistico e antireligioso del componimento costringe a rovesciare il senso che nel testo giovanneo hanno i termini **tenebre** e **luce**: mentre, secondo l'evangelista, la luce è la parola divina, secondo Leopardi la luce è la coscienza della solitudine e dell'infelicità dell'uomo sulla terra. Alle tenebre appartengono, invece, tutte le illusioni, religiose o laiche, che allontanano da questa presa di coscienza dolorosa ma necessaria.

E biondeggiàr di spiche, e risonaro
Di muggito d'armenti;
Fur giardini e palagi,
Agli ozi de' potenti
Gradito ospizio; e fur città famose
Che coi torrenti suoi l'altero monte
Dall'ignea bocca fulminando oppresse
Con gli abitanti insieme.[2] Or tutto intorno
Una ruina involve,
Dove tu siedi, o fior gentile, e quasi
I danni altrui commiserando, al cielo
Di dolcissimo odor mandi un profumo,
Che il deserto consola. A queste piagge
Venga colui che d'esaltar con lode
Il nostro stato ha in uso, e vegga quanto
È il gener nostro in cura
All'amante natura. E la possanza
Qui con giusta misura
Anco estimar potrà dell'uman seme,
Cui la dura nutrice, ov'ei men teme,
Con lieve moto in un momento annulla
In parte, e può con moti
Poco men lievi ancor subitamente
Annichilare in tutto.
Dipinte in queste rive
Son dell'umana gente
LE MAGNIFICHE SORTI E PROGRESSIVE.[3]

Qui mira e qui ti specchia,
Secol superbo e sciocco,
Che il calle insino allora
Dal risorto pensier segnato innanti
Abbandonasti,[4] e volti addietro i passi,
Del ritornar ti vanti,
E procedere il chiami.
Al tuo pargoleggiar gl'ingegni tutti,
Di cui lor sorte rea padre ti fece
Vanno adulando, ancora
Ch'a ludibrio talora
T'abbian fra se. Non io
Con tal vergogna scenderò sotterra;
Ma il disprezzo piuttosto che si serra
Di te nel petto mio,
Mostrato avrò quanto si possa aperto:

PARAFRASI

e palazzi (palagi), ricovero (ospizio) gradito per i riposi (agli ozi) dei potenti, e furono città famose, le quali (che; complemento oggetto) il monte superbo (altero) [: il Vesuvio; soggetto] ricoprì (oppresse) dei (coi) suoi torrenti [di lava], insieme agli abitanti, lanciando fiamme (fulminando) dalla bocca infuocata (ignea). Ora intorno un'unica (una) distruzione (ruina = rovina) abbraccia (involve) tutto, [lì] dove tu stai (siedi), o fiore nobile (gentile) [: la ginestra], e quasi commiserando le disgrazie (i danni) degli altri (altrui), mandi al cielo un profumo dolcissimo che consola il deserto. Chi (colui che) è solito (ha in uso) esaltare con [le sue] lodi la nostra condizione (stato) [umana] venga in queste campagne (piagge), e veda (vegga) [di persona] quanto il nostro genere [umano] è caro (in cura) alla natura affettuosa (amante; ironico). E qui potrà anche (anco) valutare (estimar = stimare) con giusta misura [: correttamente] la forza (la possanza = il potere) della stirpe (seme) umana, che (cui: complemento oggetto) in un momento la crudele (dura) nutrice [: la natura] distrugge (annulla) in parte, quando meno se l'aspetta (ov'ei men teme), con un leggero movimento (con lieve moto), e può anche (ancor) con movimenti poco meno leggeri annullare (annichilare) del tutto di colpo (subitamente). In queste pianure (rive) sono raffigurate (dipinte) le sorti splendide (magnifiche) e destinate al progresso (progressive) del genere umano (dell'umana gente).
52-86 Guarda (mira) qui e specchiati (ti specchia) qui, [o] secolo superbo e sciocco, che hai abbandonato (abbandonasti) la via (il calle) fino (insino) allora segnata avanzando (innanti) dal pensiero rinato (risorto) [: dopo il Medioevo], e, rivolti i [tuoi] passi all'indietro, ti vanti di ritornare [indietro] e lo (il) chiami avanzare (procedere). Tutti gli ingegni [: gli intellettuali] di cui la loro sorte sventurata (rea) ti fece padre [: nati per loro sfortuna proprio in questo secolo] adulano continuamente (vanno adulando) il tuo comportamento puerile (al tuo pargoleggiar), benché (ancora ch'<e>) talora ti abbiano in scherno (a ludibrio) in cuor loro (fra se; se = sé). Io non scenderò sottoterra [: non morirò] con tale vergogna; ma piuttosto [prima di morire] avrò mostrato per quanto è possibile (si possa) esplicito (aperto) il disprezzo [verso] di te che è racchiuso (si serra) nel mio petto [: nei miei sentimenti]; ben-

video *La Ginestra*

video Il paesaggio della *Ginestra*

2 Questi campi... insieme: il paesaggio di rovina che caratterizza nel presente le pendici del Vesuvio contrasta con lo splendore che contraddistingueva gli stessi luoghi al tempo dell'antica Roma, prima della terribile eruzione vulcanica del 79 d.C. Le **città famose** a cui ci si riferisce al v. 29 sono Ercolano, Pompei e Stabia, tutte distrutte dall'eruzione e ricoperte dalla lava.
3 Le magnifiche... progressive: annota beffardamente Leopardi: «Parole di un moderno, al quale è dovuta tutta la loro eleganza». Il «moderno» è il cugino Terenzio Mamiani (di un anno più giovane di Giacomo e come lui marchigiano), che le impiegò nella dedica dei suoi *Inni sacri* editi nel 1832. A Mamiani apparteneva, in particolare, una concezione religiosa del progresso. L'espressione è divenuta in qualche modo proverbiale, per alludere a ogni facile fiducia nella storia o nella trascendenza.
4 Che il calle... abbandonasti: al secolo diciannovesimo, cioè quello in cui visse Leopardi, qui personificato e affrontato quale un interlocutore concreto, il poeta rinfaccia di aver interrotto la tradizione razionalistica del pensiero tra il Rinascimento e il Settecento, grazie alla quale ci si era risollevati dalla decadenza medievale. La causa di questa interruzione sarebbe da ricercare nel rifiuto delle verità sconsolate imposte da quella ricerca. Il bisogno di illudersi avrebbe fatto rifiorire nuovi miti consolatori di tipo spiritualistico, favorevoli a interpretare in prospettiva trascendente la sorte dell'uomo (▶ vv. 84-86)

Ben ch'io sappia che obblio
Preme chi troppo all'età propria increbbe.
Di questo mal, che teco
Mi fia comune, assai finor mi rido.
Libertà vai sognando, e servo a un tempo
Vuoi di novo il pensiero,[5]
Sol per cui risorgemmo
Della barbarie in parte, e per cui solo
Si cresce in civiltà, che sola in meglio
Guida i pubblici fati.
Così ti spiacque il vero
Dell'aspra sorte e del depresso loco
Che natura ci diè. Per questo il tergo
Vigliaccamente rivolgesti al lume
Che il fe' palese: e, fuggitivo, appelli
Vil chi lui segue, e solo
Magnanimo colui
Che se schernendo o gli altri, astuto o folle,[6]
Fin sopra gli astri il mortal grado estolle.

Uom di povero stato e membra inferme
Che sia dell'alma generoso ed alto,
Non chiama se né stima
Ricco d'or né gagliardo,
E di splendida vita o di valente
Persona infra la gente
Non fa risibil mostra;
Ma se di forza e di tesor mendico
Lascia parer senza vergogna, e noma
Parlando, apertamente, e di sue cose
Fa stima al vero uguale.
Magnanimo animale
Non credo io già, ma stolto,
Quel che nato a perir, nutrito in pene,
Dice, a goder son fatto,
E di fetido orgoglio
Empie le carte, eccelsi fati e nove
Felicità, quali il ciel tutto ignora,
Non pur quest'orbe, promettendo in terra
A popoli che un'onda
Di mar commosso, un fiato
D'aura maligna, un sotterraneo crollo
Distrugge sì, che avanza

PARAFRASI

ché io sappia che l'oblio colpisce (preme) chi ha dato troppo fastidio (chi troppo... increbbe) al proprio tempo (età). Di questo male [: essere dimenticato], che sarà per me (mi fia) comune con te (teco), fin da ora (finor) non mi curo affatto (assai... mi rido). Vai sognando la libertà [: parli a vanvera di libertà], e contemporaneamente (a un tempo) vuoi di nuovo [che] il pensiero [sia] asservito (servo), [il pensiero] grazie al quale soltanto (sol per cui) siamo risorti (risorgemmo) in parte dalla barbarie, e grazie al quale soltanto si progredisce (si cresce) in civiltà, la quale (che) sola guida i destini collettivi (i pubblici fati) verso il (in) meglio [: verso il progresso autentico]. A tal punto (Così) ti è dispiaciuta (ti spiacque) la verità (il vero) sul destino infelice (dell'aspra sorte) e sul luogo misero (depresso) che la natura ci assegnò (ci dié = ci diede). Per questo rivolgesti vigliaccamente le spalle (il tergo) alla luce (al lume) che rese (fe') palese ciò (il); e, mentre torni indietro (fuggitivo), definisci (appelli) vile chi segue quella (lui) [: la luce], e [definisci] nobile (magnanimo) soltanto (solo) colui che, prendendo in giro (schernendo) se [stesso] o gli altri, furbo (astuto) o folle [: interessato o ingenuo], innalza (estolle) il livello degli uomini (il mortal grado) fin sopra le stelle (gli astri) [: sostenendo il carattere divino degli uomini, o almeno delle loro anime].

87-110 Un uomo di condizione (stato) povera e [di] corpo malato (membra inferme) che sia generoso e nobile (alto) d'anima (dell'alma) non si (se = sé) definisce (chiama) né considera (stima) ricco di oro o (né) robusto (gagliardo), e di vita dispendiosa (splendida) o di fisico sano (di valente persona) non fa tra la gente un'esibizione ridicola (risibil mostra); ma senza vergogna si mostra (se...lascia parer; se = sé) e [si] dice (noma), parlando, apertamente privo (mendico = bisognoso) di forza [fisica] e di ricchezza (di tesor), e valuta (fa stima) la sua condizione (di sue cose) rispettando la verità (al vero uguale). Io non credo davvero (già) [che sia] un vivente (animale) nobile (magnanimo), ma stupido (stolto), quello che, [essendo] nato per morire (a perir) [e] vissuto tra i dolori (nutrito in pene), dice: "Sono fatto per godere" e riempie i suoi scritti (le carte) di orgoglio disgustoso (fetido), promettendo sulla terra destini (fati) meravigliosi (eccelsi) e felicità sconosciute (nove), quali non solo (pur) questo [nostro] mondo (orbe) ma l'universo (il ciel) intero (tutto) ignora, a popoli che un'onda di maremoto (di mar commosso; commosso = agitato), un alito (un fiato) di aria contaminata (d'aura maligna) [: un'epidemia], un crollo sotterraneo [: un terremoto] distruggono al punto (sì) che di essi (di lor; riferito a popoli) resta (avanza) a gran fatica (pena) il ricordo (la rimembranza).

5 Libertà... pensiero: Leopardi smaschera l'ipocrita affermazione di libertà politica che spesso si associava alla difesa di idee fondate sul principio di autorità e non di rado facilmente strumentalizzabili dal potere (e pertanto idee "serve"): si tratta insomma di una critica dell'ideologia moderata, sotto le cui aspirazioni politiche di trasformazione si nasconde di fatto un'idea di società assai tradizionale.

6 se schernendo... folle: chi sostiene la natura divina degli uomini appare a Leopardi inteso a ingannare se stesso o gli altri, cioè o in buona o in cattiva fede; e dunque in ogni caso o furbo (perché interessato alle falsità che sostiene) o folle (perché ingenuamente fiducioso nella propria posizione).

A gran pena di lor la rimembranza.[7]
Nobil natura è quella
Che a sollevar s'ardisce
Gli occhi mortali incontra
Al comun fato, e che con franca lingua,
Nulla al ver detraendo,
Confessa il mal che ci fu dato in sorte,
E il basso stato e frale;
Quella che grande e forte
Mostra se nel soffrir, né gli odii e l'ire
Fraterne, ancor più gravi
D'ogni altro danno, accresce
Alle miserie sue, l'uomo incolpando
Del suo dolor, ma dà la colpa a quella
Che veramente è rea, che de' mortali
Madre è di parto e di voler matrigna.
Costei chiama inimica; e incontro a questa
Congiunta esser pensando,
Siccome è il vero, ed ordinata in pria
L'umana compagnia,
Tutti fra se confederati estima
Gli uomini, e tutti abbraccia
Con vero amor, porgendo
Valida e pronta ed aspettando aita
Negli alterni perigli e nelle angosce
Della guerra comune. Ed alle offese
Dell'uomo armar la destra, e laccio porre
Al vicino ed inciampo,
Stolto crede così qual fora in campo
Cinto d'oste contraria, in sul più vivo
Incalzar degli assalti,
Gl'inimici obbliando, acerbe gare
Imprender con gli amici,
E sparger fuga e fulminar col brando
Infra i propri guerrieri.[8]

PARAFRASI

111-144 È [invece] un carattere (natura) nobile quello che osa (ardisce) sollevare gli occhi mortali [: umani] verso (incontra = contro) il destino (fato) comune [degli uomini], e che con parole sincere (con franca lingua), senza togliere nulla alla verità (nulla al ver detraendo), dichiara (confessa) il male che ci è stato assegnato (ci fu dato) in sorte, e la condizione (stato) umile (basso) e fragile (frale); [è un carattere nobile] quello che si (se = sé) mostra grande e forte nel soffrire, e non (né) aggiunge (accresce) alle proprie sofferenze (alle miserie sue) gli odii e le ire fraterni [: degli altri uomini], incolpando l'uomo [: questo o quel suo simile] del proprio dolore, ma dà [invece] la colpa a quella [: la natura] che è veramente colpevole (rea), che è madre degli uomini (de' mortali) quanto a generarli (di parto), e matrigna quanto al trattamento (di voler = relativamente a ciò che vuole e stabilisce per loro). Costei [: la natura] [egli] chiama [: giudica] nemica; e pensando [che] la società (compagnia) umana sia (esser) associata (congiunta) e organizzata (ordinata) fin dal principio (in pria) contro di questa, così come è in realtà (siccome è il vero), considera (estima) gli uomini tutti alleati (confederati) fra loro (fra se), e abbraccia tutti con amore autentico (vero) [: cioè generoso], porgendo e aspettando aiuti validi e tempestivi (pronta) nei pericoli alterni e nelle sofferenze (angosce) della guerra comune [contro la natura]. E armare la mano (la destra) contro (alle offese) gli [altri] uomini, e porre ai vicini trappole (laccio) e ostacoli (inciampo) reputa (crede) sciocco (stolto) così come (qual) sarebbe (fora) in un accampamento (in campo) assediato (cinto = circondato) di truppe nemiche (d'oste contraria), durante il più violento (in sul più vivo) incalzare degli assalti, dimenticando (obbliando) i nemici, intraprendere (imprender) feroci scontri (acerbe gare) con gli amici, e seminare (sparger) la fuga e uccidere (fulminar) con la spada (col brando) fra (infra) i guerrieri propri [alleati].

7 Uom... rimembranza: è la prima parte di un esempio allegorico che abbraccia l'intero sistema di questa strofa. Un uomo povero e malato può comportarsi in due modi: o mostrarsi e considerarsi lui stesso quale veramente è (e dimostrare così di essere nobile), oppure simulare una ricchezza e una prestanza fisica posticce (e divenire così ridicolo e sciocco). È evidente che a trovarsi nella condizione dell'uomo povero e malato è, nella prospettiva leopardiana, l'umanità intera, alla quale si offrono dunque le due stesse alternative considerate per il caso singolo dell'esempio. Ai vv. 98-110 è ipotizzato il caso della simulazione, che riguarda evidentemente il comportamento dominante nelle ideologie diffuse negli anni in cui Leopardi compone il canto, e che determina il bersaglio polemico centrale delle sue argomentazioni: le felicità sconosciute promesse con insopportabile orgoglio in innumerevoli scritti sono appunto il progresso al quale si appellavano gli intellettuali moderati. Contro tale orgoglio e contro tali promesse di felicità, Leopardi rievoca in sintesi alcune ragioni della fragilità degli uomini: disastri naturali, epidemie. In questo modo (e soprattutto con il riferimento al maremoto e al terremoto) si stabilisce anche un implicito collegamento con l'ambientazione generale del testo (che si svolge nei luoghi dove si è verificata una celebre distruzione dovuta proprio a eventi di questo genere).

8 Nobil natura... guerrieri: questa seconda parte della strofa prospetta un nuovo modello di moralità e di comportamento sociale, definendo i valori di una possibile civiltà fondata sul coraggio della verità e su di un generoso spirito solidale. Viene ripreso e approfondito il caso già tracciato più sinteticamente ai vv. 87-97, allargandolo dal caso singolo dell'esempio al caso generale dell'effettiva condizione umana. Questa parte della strofa, inoltre, si contrappone simmetricamente ai vv. 98-110, che definiscono il modo comune (e dominante al presente) di affrontare la riflessione sulla condizione umana e di vivere la dimensione sociale. Fra l'altro due possibilità di comportamento sono delineate anche nei vv. 111-144; si può infatti reagire alle sofferenze inevitabili della vita o accusando gli altri uomini (vv. 119-123 e 135-144) oppure accusando la natura (vv. 123-126) e dunque considerando gli altri uomini quali preziosi alleati nella comune lotta contro di essa (vv. 126-135). Dalla definizione di un atteggiamento dignitoso e nobile da parte del singolo individuo si risale alla configurazione di un modello sociale collettivo, che porti tutti gli uomini a conoscere e dichiarare l'infelicità della propria condizione, a definire l'ostilità della natura verso di essi, a stabilire un'alleanza con gli altri uomini e a soccorrersi scambievolmente nei bisogni ora dell'uno ora dell'altro.

Così fatti pensieri
Quando fien, come fur, palesi al volgo,
E quell'orror che primo
Contra l'empia natura
Strinse i mortali in social catena,
Fia ricondotto in parte
Da verace saper, l'onesto e il retto
Conversar cittadino,
E giustizia e pietade, altra radice
Avranno allor che non superbe fole,
Ove fondata probità del volgo
Così star suole in piede
Quale star può quel ch'ha in error la sede.[9]

Sovente in queste rive,
Che, desolate, a bruno
Veste il flutto indurato, e par che ondeggi,
Seggo la notte; e su la mesta landa
In purissimo azzurro
Veggo dall'alto fiammeggiar le stelle,
Cui di lontan fa specchio
Il mare, e tutto di scintille in giro
Per lo vòto seren brillare il mondo.
E poi che gli occhi a quelle luci appunto,
Ch'a lor sembrano un punto,
E sono immense, in guisa
Che un punto a petto a lor son terra e mare
Veracemente; a cui
L'uomo non pur, ma questo
Globo ove l'uomo è nulla,
Sconosciuto è del tutto; e quando miro
Quegli ancor più senz'alcun fin remoti
Nodi quasi di stelle,
Ch'a noi paion qual nebbia, a cui non l'uomo
E non la terra sol, ma tutte in uno,
Del numero infinite e della mole,
Con l'aureo sole insiem, le nostre stelle
O sono ignote, o così paion come
Essi alla terra, un punto
Di luce nebulosa; al pensier mio
Che sembri allora, o prole
Dell'uomo?[10] E rimembrando
Il tuo stato quaggiù, di cui fa segno
Il suol ch'io premo; e poi dall'altra parte,

PARAFRASI

145-157 Quando pensieri come questi (così fatti) saranno (fien), come [già] furono (fur) [in passato], evidenti (palesi) al popolo (al volgo), e quel terrore (orror) che in origine (primo) unì (strinse) gli uomini (i mortali) in un'alleanza sociale (in social catena) contro (contra) la natura malvagia (empia), sarà (fia) riportato (ricondotto) in parte [: senza residui superstiziosi] da un sapere veritiero (verace) [: fondato sul vero], allora l'onesto e leale (retto) consorzio civile (conversar cittadino), e la giustizia e la solidarietà (pietade) avranno [ben] altro fondamento (radice) che non invenzioni (fole = favole) superbe [: la religione], [essendo] fondata sulle quali (ove = dove), la virtù (probità) degli uomini (del volgo) sta di solito (star suole) tanto solida (così... in piede) quanto (quale) può stare ciò (quel) che ha il fondamento (la sede) sull'errore.
158-201 Spesso (Sovente) di notte siedo (seggo) in questi campi (rive) [: le pendici del Vesuvio] desolati che il corso (flutto) indurito [della lava] ricopre (veste) di nero (a bruno), e sembra ondeggiare (e par che ondeggi); e sul triste paesaggio (su la mesta landa) vedo (veggo) dall'alto scintillare (fiammeggiar) le stelle, nel cielo limpidissimo (in purissimo azzurro), alle quali (cui) in lontananza (di lontan) fa [da] specchio il mare, e [vedo] intorno (in giro) il mondo intero (tutto) brillare di luci (scintille) attraverso l'aria sgombra (per lo vòto seren). E dopo (poi) che fisso (appunto) gli occhi su (a) quelle luci [: le stelle], che a essi (a lor) [: agli occhi] sembrano un punto, e [invece] sono immense, così che (in guisa che) la terra e il mare sono veramente (veracemente) un punto rispetto a loro (a petto lor); alle quali [stelle] è del tutto sconosciuto non soltanto (non pur) l'uomo, ma [anche] questo pianeta (globo) [: la terra] sul quale (ove) l'uomo [non] è nulla; e quando osservo (miro) quella specie di ammassi (nodi quasi) di stelle [: le galassie] ancor più infinitamente (senz'alcun fin) lontani (remoti), che a noi appaiono simili a (qual) nebbia, a cui non solo l'uomo e la terra, ma tutte insieme (in uno) le nostre [: visibili a noi] stelle, infinite di numero e di grandezza (della mole), insieme al sole dorato (aureo), o sono ignote o appaiono così come essi alla terra, [cioè] un punto di luce nebbiosa (nebulosa); che sembri allora al mio pensiero, o stirpe (prole) dell'uomo [: umanità]? E ripensando (rimembrando = ricordando) al tuo stato [infelice] quaggiù [sulla terra],

video
La seconda parte della *Ginestra*: una meditazione sulla storia

9 Così fatti... sede: è la conclusione di quanto detto nella parte di strofa che precede. Il giorno in cui la coscienza dell'infelicità naturale dell'uomo diverrà un fatto comune e si riconoscerà il senso della civiltà in un'alleanza contro la natura, allora le virtù civili saranno fondate su una base solida, cioè sul riconoscimento del comune interesse nel rispettarle e sull'identità di specie; mentre ora esse si vorrebbero affidare a invenzioni prive di vera forza morale, come la paura della punizione o il desiderio di ricompense dopo la morte. Le virtù civili (**la probità**) di cui Leopardi parla sono quelle sinteticamente evocate ai vv. 151-153: onestà, lealtà, senso della giustizia, solidarietà. La loro effettiva diffusione tra gli uomini può essere garantita, secondo il poeta, dal recupero delle ragioni originarie che hanno motivato il "contratto sociale" (Rousseau) tra gli uomini, e cioè il terrore della natura. Questo recupero però dovrà avvenire alla luce di un sapere fondato sul vero, cioè sulla realtà oggettiva, anziché, come presso le società primitive, su timori superstiziosi e su ipotesi fantastiche. Si tratta insomma di unire il primitivo bisogno di solidarietà reciproca alle moderne cognizioni scientifiche positive.

10 E poi... uomo?: il mistero spaventoso della grandezza dell'universo non spinge Leopardi a vedere la necessità di una divinità creatrice; al contrario, diviene la dimostrazione della solitudine e della marginalità dell'uomo, che è minima parte sulla terra, la quale è a sua volta minima parte di un sistema solare sperduto e ignoto tra infiniti altri.

Che te signora e fine
Credi tu data al Tutto, e quante volte
Favoleggiar ti piacque, in questo oscuro
Granel di sabbia, il qual di terra ha nome,
Per tua cagion, dell'universe cose
Scender gli autori, e conversar sovente
Co' tuoi piacevolmente, e che i derisi
Sogni rinnovellando, ai saggi insulta
Fin la presente età, che in conoscenza
Ed in civil costume
Sembra tutte avanzar; qual moto allora,
Mortal prole infelice, o qual pensiero
Verso te finalmente il cor m'assale?
Non so se il riso o la pietà prevale.[11]

Come d'arbor cadendo un picciol pomo,
Cui là nel tardo autunno
Maturità senz'altra forza atterra,
D'un popol di formiche i dolci alberghi,
Cavati in molle gleba
Con gran lavoro, e l'opre
E le ricchezze che adunate a prova
Con lungo affaticar l'assidua gente
Avea provvidamente al tempo estivo,
Schiaccia, diserta e copre
In un punto; così d'alto piombando,
Dall'utero tonante
Scagliata al ciel profondo,
Di ceneri e di pomici e di sassi
Notte e ruina, infusa
Di bollenti ruscelli,
O pel montano fianco
Furiosa tra l'erba
Di liquefatti massi
E di metalli e d'infocata arena
Scendendo immensa piena,
Le cittadi che il mar là su l'estremo
Lido aspergea, confuse
E infranse e ricoperse
In pochi istanti: onde su quelle or pasce
La capra, e città nove
Sorgon dall'altra banda, a cui sgabello
Son le sepolte, e le prostrate mura
L'arduo monte al suo piè quasi calpesta.
Non ha natura al seme
Dell'uom più stima o cura
Che alla formica: e se più rara in quello
Che nell'altra è la strage,
Non avvien ciò d'altronde

PARAFRASI

di cui è testimonianza (fa segno) il suolo che io calpesto (premo) [: la lava]; e [ripensando] poi d'altra parte che tu ti (te) credi assegnata all'universo (al Tutto) [quale] padrona (signora) e scopo (fine), e [ripensando] a quante volte hai voluto (ti piacque) fantasticare (favoleggiar) che scendessero (scender) per te (per tua cagion = per causa tua) in questo sconosciuto (oscuro) granello di sabbia che (il qual) ha il nome di terra i creatori (gli autori) delle esistenze universali (dell'universe cose) [: gli dèi], e conversassero (conversar) spesso (sovente) piacevolmente con i tuoi [simili], e che perfino (fin) il tempo (età) presente, che in conoscenze e in civiltà (in civil costume) sembra superare (avanzar) tutte [le altre età], offende (insulta) i saggi rilanciando (rinnovellando) questi miti (i... sogni) [già] derisi [: dall'Illuminismo]; dunque infine (allora... finalmente) quale sentimento (qual moto) o qual pensiero provo (il cor m'assale) verso [di] te, [o] infelice discendenza umana (mortal prole)? Non so se prevale il riso o la pietà.
202-236 Come un piccolo frutto (pomo), che nell'autunno inoltrato (tardo) la maturità senza altra forza fa crollare (atterra) [proprio] là, cadendo da un albero (arbor<e>) schiaccia, annienta (diserta) e seppellisce (copre) di colpo (in un punto) i cari (dolci) ricoveri (alberghi) di una colonia (d'un popol) di formiche, scavati con gran lavoro nella terra (gleba) molle, e [insieme] le costruzioni (l'opre) [: le gallerie] e le ricchezze [: le provviste] che gli animali tenaci (l'assidua gente) aveva con lunga fatica radunato a gara (a prova) durante l'estate (al tempo estivo); così piombando dall'alto, [dopo essere stata] lanciata (scagliata) dalle viscere (dall'utero) tuonanti [del vulcano] verso il (al) cielo più alto (profondo), la oscura distruzione (notte e ruina) [costituita] di ceneri e di pomici e di sassi, mescolata (infusa) di ruscelli bollenti [di lava], o un'immensa piena di massi fusi (liquefatti) e di metalli e di sabbia (arena) infuocata, scendendo lungo la parete del monte (pel montano fianco) con violenza (furiosa) tra l'erba travolse (confuse) e distrusse (infranse) e ricoprì in pochi istanti le città che il mare bagnava (aspergea) là sulla costa più lontana (su l'estremo lido): per cui (onde) ora su quelle [città] pascola (pasce) la capra, e dalla parte opposta (dall'altra banda) sorgono nuove città, a cui le [città] sepolte fanno da (son) sgabello [: da base], e il monte ostile (arduo) [: il Vesuvio] sembra calpestare (quasi calpesta) alla propria base (al suo piè) le mura abbattute (prostrate) [delle città distrutte]. La natura non riserva (ha) più stima o [più] attenzione (cura) al genere umano (al seme dell'uom) che alla formica: e se la strage è più rara in quello [: presso il genere umano] che nell'al-

11 Non so se il riso... prevale: forse si può immaginare che il **riso** prevalga nella prospettiva del **pensiero**, e la **pietà** in quella dei sentimenti (▶ **moto**): ridicolo rispetto alla ragione, il comportamento dell'uomo è tuttavia comprensibile e perdonabile, tenuto conto proprio della sua fragilità costitutiva qui ripetutamente ricordata.

Fuor che l'uom sue prosapie ha men feconde.[12]

Ben mille ed ottocento
Anni varcàr poi che spariro, oppressi
Dall'ignea forza, i popolati seggi,
E il villanello intento
Ai vigneti, che a stento in questi campi
Nutre la morta zolla e incenerita,
Ancor leva lo sguardo
Sospettoso alla vetta
Fatal, che nulla mai fatta più mite
Ancor siede tremenda, ancor minaccia
A lui strage ed a i figli ed agli averi
Lor poverelli. E spesso
Il meschino in sul tetto
Dell'ostel villereccio, alla vagante
Aura giacendo tutta notte insonne,
E balzando più volte, esplora il corso
Del temuto bollor, che si riversa
Dall'inesausto grembo
Su l'arenoso dorso, a cui riluce
Di Capri la marina
E di Napoli il porto e Mergellina.
E se appressar lo vede, o se nel cupo
Del domestico pozzo ode mai l'acqua
Fervendo gorgogliar, desta i figliuoli,
Desta la moglie in fretta, e via, con quanto
Di lor cose rapir posson, fuggendo,
Vede lontan l'usato
Suo nido, e il picciol campo,
Che gli fu dalla fame unico schermo,
Preda al flutto rovente,
Che crepitando giunge, e inesorato
Durabilmente sovra quei si spiega.[13]
Torna al celeste raggio
Dopo l'antica obblivion l'estinta
Pompei,[14] come sepolto
Scheletro, cui di terra
Avarizia o pietà rende all'aperto;
E dal deserto foro[15]
Diritto infra le file
Dei mozzi colonnati il peregrino

PARAFRASI

tra [: nella formica], ciò non avviene per altra ragione (d'altronde) se non che (fuor che) l'uomo ha le proprie generazioni (sue prosapie) meno feconde [: è meno prolifico delle formiche].

237-268 Sono trascorsi (varcàr = varcarono) ben mille ed ottocento anni da quando (poi che) i centri abitati (i popolati seggi) [: le città romane] sparirono, sepolte (oppressi) dalla forza del fuoco (ignea) [: dall'eruzione vulcanica], e il misero contadino (il villanello) dedito (intento) ai vigneti, che in questi campi la terra (la zolla) morta e bruciata (incenerita) nutre a stento, ancora solleva lo sguardo timoroso (sospettoso) verso la (alla) vetta funesta (fatal) [del vulcano], la quale (che), per nulla (nulla mai) divenuta (fatta) più mite, ancora sorge (siede) tremenda, ancora minaccia distruzione (strage) a lui ed ai [suoi] figli ed ai loro miseri (poverelli) beni (averi). E spesso il poveretto (il meschino), stando (giacendo) tutta la notte insonne all'aria aperta (alla vagante aura) sul tetto della [sua] abitazione rustica (dell'ostel villereccio), e balzando più volte [in piedi], controlla (esplora) il corso della lava (bollor) temuta, che si riversa dalle viscere (grembo) instancabili (inesausto) [del vulcano] sul fianco arido (sull'arenoso dorso) [del monte], al cui [riflesso] brilla (riluce) la costa (la marina) di Capri e il porto di Napoli e Mergellina [: località alle pendici del Vesuvio]. E se lo vede avvicinare (appressar), o se nel fondo (nel cupo) del pozzo domestico ode per caso (mai) l'acqua bollire (gorgogliar) per il calore (fervendo), sveglia (desta) i figli, sveglia in fretta la moglie, e fuggendo via con quanto possono afferrare (rapir) delle loro cose, vede in lontananza (lontan) la sua abitazione (nido; metafora) consueta (usato), e il piccolo campo, che fu per lui (gli fu) unico riparo (schermo) contro la (dalla) fame, [divenuti] preda del liquido (flutto) rovente [della lava] che giunge crepitando, e inesorabile si distende (si spiega) per sempre (durabilmente) sopra di essi (sovra quei).

269-296 La distrutta (l'estinta) Pompei torna alla luce del sole (al celeste raggio) dopo l'antico obblio (obblivion<e>), come uno scheletro sepolto che (cui) l'avidità (avarizia) [di te-

Johan Christian Claussen Dahl, *Eruzione del Vesuvio*, 1821. Copenaghen, Statens Museum.

12 Come d'arbor... feconde: la strofa è occupata in gran parte da una vastissima similitudine («come…», vv. 202-212; «così…», vv. 212-230), cui segue una concisa conclusione: il comportamento della natura non è diverso nei confronti dell'uomo e nei confronti delle altre forme di vita, esemplificate nella formica per la sua piccolezza. La diversa grandezza dei due eventi catastrofici (la caduta di un frutto e l'eruzione del vulcano) non assume una diversa importanza, se non nell'ottica specifica dell'uomo, mentre la diversa frequenza ha ragioni tutte naturali e materiali: l'uomo si riproduce con più lentezza delle formiche.

13 Ben... si spiega: la penultima strofa del canto ha come tema di fondo la relatività del tempo storico degli uomini: la distruzione operata dal Vesuvio diciotto secoli prima può ripetersi ancora, e anzi si ripete in effetti. Questa prima parte della strofa è appunto occupata da una vicenda di distruzione presente, che colpisce un esempio della fragilità umana: una famiglia povera di contadini, cui la lava devasta senza pietà la casa e il campicello da cui può derivare l'unico sostentamento possibile. La tenerezza e la pietà con cui Leopardi rappresenta la tragedia del **villanello** (già questo diminutivo ha valore affettuoso) rafforza il contrasto tra la tenera fragilità umana (▶ anche il riferimento al **nido**) e la insensibile crudeltà delle vicende naturali (▶ soprattutto i vv. 266-268). **Capri… Mergellina**: sono nominate le località eminenti visibili dalle pendici del Vesuvio: l'isola di Capri, il porto di Napoli, il sobborgo di Mergellina, a nord di Napoli. **O se nel cupo… gorgogliar**: il riscaldamento dell'acqua nel pozzo annuncia l'avvicinarsi della lava rovente.

14 Torna al celeste raggio… Pompei: si allude ai lavori di scavo della città, iniziati già nel 1748 e proseguiti anche oltre i tempi di Leopardi.

15 foro: il centro dell'attività civile nelle città romane.

Lunge contempla il bipartito giogo[16]
E la cresta fumante,
Che alla sparsa ruina ancor minaccia.
E nell'orror della secreta notte
Per li vacui teatri,
Per li templi deformi e per le rotte
Case, ove i parti il pipistrello asconde,
Come sinistra face
Che per vòti palagi atra s'aggiri,
Corre il baglior della funerea lava,
Che di lontan per l'ombre
Rosseggia e i lochi intorno intorno tinge.
Così, dell'uomo ignara e dell'etadi
Ch'ei chiama antiche, e del seguir che fanno
Dopo gli avi i nepoti,
Sta natura ognor verde, anzi procede
Per sì lungo cammino
Che sembra star.[17] Caggiono i regni intanto,
Passan genti e linguaggi: ella nol vede:
E l'uom d'eternità s'arroga il vanto.

E tu, lenta ginestra,
Che di selve odorate
Queste campagne dispogliate adorni,
Anche tu presto alla crudel possanza
Soccomberai del sotterraneo foco,
Che ritornando al loco
Già noto, stenderà l'avaro lembo
Su tue molli foreste. E piegherai
Sotto il fascio mortal non renitente
Il tuo capo innocente:
Ma non piegato insino allora indarno
Codardamente supplicando innanzi
Al futuro oppressor; ma non eretto
Con forsennato orgoglio inver le stelle,
Né sul deserto, dove
E la sede e i natali
Non per voler ma per fortuna avesti;
Ma più saggia, ma tanto
Meno inferma dell'uom, quanto le frali
Tue stirpi non credesti
O dal fato o da te fatte immortali.[18]

da G. Leopardi, *Canti*, cit.

PARAFRASI

sori] o la pietà restituisce (rende) all'aperto [togliendolo] dalla (di) terra; e dal foro deserto il visitatore (il peregrino) in piedi (diritto) tra (infra) le file dei colonnati troncati (mozzi) contempla in lontananza (lungi) la vetta (il... giogo) divisa (bipartito) e la cima (cresta) fumante [del Vesuvio], che ancora minaccia le rovine sparse [alle sue pendici]. E nell'orrore della notte oscura (secreta) il bagliore della lava luttuosa (funerea), che in lontananza (di lontan) rosseggia attraverso le tenebre (per l'ombre) e colora (tinge) i luoghi intorno intorno, come una torcia (face) lugubre (sinistra) che si aggiri tenebrosa (atra) attraverso (per) palazzi disabitati (per vòti palazzi), corre tra i (per li) teatri deserti (vacui), tra i templi sformati (deformi) e tra le case distrutte (rotte), dove il pipistrello nasconde i [suoi] parti. Così la natura resta (sta) sempre (ognor) giovane (verde), ignara dell'uomo e delle epoche (dell'etadi) che egli (ei) chiama antiche, e del succedersi (del seguir che fanno) dei nipoti ai progenitori (dopo gli avi), anzi [la natura] si muove (procede) per una via (cammino) così lunga [: si evolve così lentamente] che sembra stare [immobile]. Intanto cadono (caggiono) i regni, passano popoli (genti) e linguaggi: ella [: la natura] non lo (nol) vede: e l'uomo pretende (s'arroga) il vanto di essere eterno (d'eternità).

297-317 E tu, [o] ginestra flessibile (lenta), che adorni di selve profumate (odorate) questi campi (campagne) spogli (dispogliate), anche tu soccomberai presto alla crudele potenza (possanza) del fuoco sotterraneo [: della lava], che ritornando ai luoghi (al loco) già noti [: già colpiti altre volte], distenderà il suo mantello (lembo) serrato (avaro) sulle tue foreste cedevoli (molli). E [allora] piegherai senza ribellarti (non renitente) la tua testa (il tuo capo) innocente sotto il peso (fascio) mortale: ma non piegata fino allora inutilmente (indarno) per supplicare (supplicando) vigliaccamente (codardamente) davanti (innanzi) al [tuo] futuro oppressore; ma non innalzata (non eretto) con orgoglio folle (forsennato) verso le stelle né sul deserto, dove sia (e) la sede sia la nascita (i natali) hai avuto (avesti) non per scelta (non per voler) ma per caso (per fortuna); ma più saggia, ma tanto meno insensata (inferma) dell'uomo quanto non credesti [che] le tue fragili (frali) stirpi [erano] rese (fatte) immortali o dal fato o da te.

16 il bipartito giogo: le due vette del vulcano, il Vesuvio e il Somma.

17 Così, dell'uomo ignara... star: la forza della natura consiste nella sua durata, nella lentezza delle sue trasformazioni, e perciò nell'indifferenza al breve respiro delle vicende umane: sono passati diciotto secoli dalla distruzione di Pompei, ora ritornata alla luce grazie ai primi scavi archeologici, ma sembra essere passato un giorno, dato che dal vulcano ancora proviene la stessa minaccia, ancora giunge la stessa distruzione, in uno scenario terrificante di civiltà passata e distrutta.

18 E tu... immortali: l'ultima strofa torna a parlare della ginestra, già presentata nella prima. È anzi affidata proprio a questi versi conclusivi la funzione di chiarire il significato di questa allegoria. La ginestra, intanto, abbellisce e profuma i luoghi segnati dalla distruzione e dalla morte, offrendo un contributo positivo alla difficile situazione nella quale è stata posta dal destino; e ciò richiama l'invito rivolto agli uomini perché si aiutino a vicenda senza aggravare la propria condizione lottando l'uno contro l'altro. Ma soprattutto la ginestra si comporta, davanti alla forza che la uccide, con una dignità sconosciuta all'uomo: cede senza inutili impennate di orgoglio, benché innocente, alla forza che la annulla. E tuttavia non commette la viltà – tipica invece degli uomini – di implorare pietà proprio da quella forza, né tenta di consolarsi con folli affermazioni di immortalità, sia che si fondino sulla fede religiosa nell'aldilà (innalzamento verso le stelle), sia che si basino invece sulla fiducia laica ma ugualmente infondata nella capacità dell'uomo di procurarsi da solo, per mezzo dei valori culturali, una durata oltre la morte e attraverso il tempo (l'innalzamento sul deserto).

Lavoriamo sul testo

Leggere e capire

Il contenuto delle strofe La prima strofa si apre con l'immagine della ginestra che cresce sui desolati pendii del Vesuvio, così come fra i ruderi dell'antica Roma, quasi fosse amante dei deserti. La devastazione provocata dalla discesa della lava è una prova di quanto sia privo di senso l'ottimismo di chi crede che l'umanità sia destinata a un futuro radioso, quando invece la natura non ha nessun riguardo nei suoi confronti.

La seconda strofa è interamente occupata da un attacco polemico contro il XIX secolo, definito «superbo e sciocco» perché ha abbandonato l'insegnamento razionalistico del Rinascimento e dell'Illuminismo preferendogli uno spiritualismo che innalza al cielo le sorti dell'uomo, oppresso in realtà da un duro destino e avversato dalla natura. Si tratta di un rifiuto della verità e di un ritorno alla barbarie. Leopardi prende le distanze da tale atteggiamento, pur sapendo che chi risulta sgradito alla sua epoca può pagarne il prezzo con l'isolamento e la dimenticanza.

Nella terza strofa il razionalismo settecentesco e lo spiritualismo ottocentesco sono posti a confronto tramite il paragone fra un uomo che, nato per soffrire e morire in un mondo ostile, dichiara di essere destinato alla felicità e di godere della benevolenza degli dèi, e chi, invece, prende coraggiosamente atto della propria debolezza e affronta la verità. Il primo è giudicato sciocco dal poeta; l'altro, magnanimo. Fonte del male nel mondo non è la cattiveria degli uomini, ma quella della natura. Ignorare ciò ha le stesse conseguenze che, nel bel mezzo di un assedio, combattere i propri compagni anziché il nemico. Solo su questa consapevolezza, che nel passato unì i mortali in una «social catena», potrà fondarsi l'onestà e la rettitudine della vita civile.

Nella quarta strofa lo sguardo del poeta si rivolge al cielo stellato. Egli confronta la sua sterminata estensione rispetto alla terra stessa, che in confronto non è più grande di un punto. E ancora più oltre, visto dalle remote nebulose, anche il sistema solare si riduce a un punto. Di fronte a simili vastità, l'illusione che gli uomini godano del favore degli dèi e che tutto l'universo sia finalizzato al loro bene desta un riso pietoso.

Nella quinta strofa si afferma che non esiste in natura nessuna differenza qualitativa fra gli uomini e gli altri animali. La caduta di un frutto dai rami di un albero può casualmente distruggere un nido di formiche, così come l'eruzione del Vesuvio può distruggere delle città. Se gli uomini sono colpiti da tali catastrofi meno delle formiche è perché sono meno numerosi, non perché la natura abbia maggiore riguardo verso di loro.

La sesta strofa descrive con toni talora foschi il continuo terrore che accompagna la vita umana, ben rappresentato dal timore con il quale gli abitanti delle zone ai piedi del vulcano continuamente interpretano i segni minacciosi che possono annunciare un nuovo scatenarsi della sua furia. Il passato viene cancellato, insieme a intere civiltà, da una natura «ognor verde», cioè estranea alla dimensione del tempo. Ridicola appare allora la pretesa degli uomini di essere destinati all'eternità.

La settima strofa riprende l'immagine della ginestra, che vive nei luoghi devastati dalla brutale potenza della natura. È suo destino soccombere, prima o poi, a un nuovo avanzare della lava. Ma fino ad allora sarà stata il simbolo di chi ha avuto il coraggio di resistere, senza l'orgoglio di durare per sempre e con la dignità di rendere piacevoli i deserti grazie alle sue fronde e al profumo dei suoi fiori.

Analizzare

Sinfonia di frasi Lo stile della *Ginestra* rappresenta un'audace novità nella tradizione lirica italiana. La sintassi vede infatti la prevalenza di periodi lunghi e spesso lunghissimi, nei quali si succedono svariate frasi subordinate, a volte poste prima della principale. Attraverso il ricorso a questa sintassi "tentacolare", Leopardi esprime il distendersi di un pensiero sempre aperto e in cerca di ulteriori sviluppi e connessioni, nonché teso a rappresentare la complessità delle questioni considerate. Inoltre, come ha osservato il critico Walter Binni, *La ginestra* è dominata da una musicalità sinfonica. Vi sono cioè varie linee musicali che si succedono, si intrecciano, si giustappongono e contrappongono. All'"adagio" riflessivo di passi come quello dei v. 158 e sgg. («Sovente in queste rive, / che, desolate, a bruno / veste il flutto indurato, e par che ondeggi, / seggo la notte», ecc.) può tener dietro l'"allegro" impetuoso di altri, come ai v. 212 e sgg. («... così d'alto piombando, / dall'utero tonante / scagliata al ciel profondo, / di ceneri e di pomici e di sassi / notte e ruina, infusa / di bollenti ruscelli, o pel montano fianco / furiosa tra l'erba», ecc.). Lo sviluppo delle varie sezioni si svolge di solito in "crescendo": si parte da un tempo lento, disteso e pacato, che va poi animandosi a mano a mano che il ragionamento procede. Il pensiero acquista così corpo, fino a diventare incalzante e deciso in chiusura del periodo.

Interpretare e approfondire

L'allegoria e la dimostrazione Nella *Ginestra* Leopardi tenta un nuovo metodo di ragionamento, riconducibile ai procedimenti dell'allegoria moderna. Il fondamento dell'allegoria moderna si trova nel *Canto notturno di un pastore errante dell'Asia* (▶T11), dove la natura, interrogata, non dà più risposte soddisfacenti e sembra anzi muta. Bisogna dunque che l'uomo azzardi da solo delle risposte possibili; e bisogna che su questa base riformuli una nuova gerarchia di valori, non più basata su certezze religiose ma rischiosamente affidata a una verifica tutta centrata sulla realtà materiale e storica. Nella *Ginestra* viene messo in pratica questo metodo. A partire da alcune descrizioni fondate sull'esperienza, Leopardi tenta qui una costruzione del significato dell'esistenza e della civiltà. Nella prima strofa, per esempio, la rovina del Vesuvio è funzionale a smentire la concezione ottimistica e l'esaltazione del progresso dominanti al tempo di Leopardi. O ancora, nella quarta strofa, la visione dell'universo e della sua immensità suggerisce la piccolezza e la marginalità dell'uomo nel cosmo, rendendo assurda la fiducia che una qualche divinità si occupi di lui. Nella sesta strofa, poi, la persistenza delle eruzioni vulcaniche e dei disastri naturali anche nel presente smentisce l'idea di progresso e suggerisce l'inutilità degli sforzi umani di avanzare nella storia quanto alla sostanza della propria condizione; mentre un vero progresso sarà la conquista della solidarietà sociale. Va inoltre considerato un altro aspetto del procedimento allegorico, consistente nella costruzione di esempi particolarmente significativi ai fini della dimostrazione. Si tratta di esempi realistici, ma non direttamente appartenenti all'ambientazione principale del testo (le falde del Vesuvio), e piuttosto evocati con pura funzione argomentativa. Così era anche il «Vecchierel bianco, infermo» nel *Canto notturno*. Nella *Ginestra*, il primo di questi esempi si incontra nella terza strofa, in cui vengono introdotti vari tipi umani («uom di povero stato e membra inferme / che sia nell'alma generoso ed alto», «magnanimo animale / non [...] già, ma stolto», ecc.). Il secondo esempio compare invece nella quinta strofa, con la vasta similitudine tra la distruzione operata in un formicaio dalla caduta di un frutto maturo e la distruzione operata tra gli uomini dall'eruzione del vulcano. Nel primo caso, alla descrizione di due tipi umani possibili, quello «generoso e alto» e quello «stolto», segue una conclusione volta a dimostrare la nobiltà del primo e non del secondo. Nel secondo caso, al confronto tra strage di formiche e strage di uomini segue una conclusione volta a dimostrare la uguale posizione dell'uomo e di tutti gli animali rispetto alla natura e al destino.

Esercizi

Prima prova A • L'analisi del testo

Comprendere

1 Le strofe

La ginestra è una canzone molto lunga, che conta 317 versi, divisi in sette strofe. Assegna a ciascuna strofa un titoletto che ne riassuma il contenuto.

Analizzare

2 Varietà di registri

Il canto ha caratteristiche eterogenee: ora prevale la polemica, ora la descrizione, ora la meditazione. Rintraccia nel testo tre esempi per ciascuno di questi diversi registri espressivi e sottolineali con colori diversi.

3 Qui e ora

Il lungo discorso che si distende per tutto il canto non è una riflessione astratta, ma una dimostrazione fondata sulla testimonianza del poeta. Rintraccia nel testo gli elementi che rivelano la presenza concreta del soggetto, in particolare gli avverbi di luogo e di tempo (p. es. «qui», «ora») e i pronomi dimostrativi («questo», «questi», ecc.)

4 Una similitudine significativa

La quinta strofa è occupata in gran parte da una vasta similitudine: quale? A quale scopo viene introdotta?

Interpretare e approfondire

5 Madre natura

La riflessione sulla natura è elemento costante nella poesia leopardiana, e qui assume toni estremi. Quale visione della natura emerge, infatti, in questi versi?

6 Il fiore del deserto

Il testo si apre e si chiude con l'immagine della ginestra. Spiega quale significato allegorico il poeta attribuisce a questo fiore: perché esso può essere riconosciuto come un modello di comportamento per gli uomini?

Terza prova A • La trattazione sintetica

7 «Secol superbo e sciocco»

Leopardi definisce il proprio secolo «superbo e sciocco» (v. 53). In una trattazione sintetica (max 15 righe) chiarisci su quali ragioni si basa la critica del poeta al proprio tempo, facendo opportuni riferimenti al testo.

La critica

Walter Binni
La ginestra come appello alla solidarietà sociale e non consolazione

Nella lettura di Walter Binni, *La ginestra* viene a occupare il punto più coraggioso ed esplicito della polemica ideologico-politica di Leopardi, configurando anche una proposta di alleanza e di solidarietà sociale tra gli uomini. L'intero impianto del testo si baserebbe su questo nucleo affettivo-filosofico, così da escludere che Leopardi intendesse proporre il mito della ginestra quale equivalente della consolazione che gli uomini possono conseguire per mezzo della poesia e delle bellezza.

La Ginestra è l'espressione più lontana possibile dalla poesia che rasserena e distacca dalla realtà dei problemi massimi dell'uomo. E non inganni – a scanso di grossi equivoci – la stessa gentile e disadorna bellezza del «fiore che i deserti consola» (dov'è la «rosa», dove sono i fiori dei giardini poetici tradizionali?), perché la sua consolazione è in verità assai singolare, se essa – nelle forme di parabola evangelica-antievangelica che il Leopardi ha scelte con polemica e geniale invenzione agganciata al capovolgimento dei versetti del mistico vangelo giovanneo: «gli uomini preferirono le tenebre alla luce» – presenta una virile immagine dell'uomo sottratto a tutte le illusioni, a tutte le speranze, a tutti gli inganni mitologico-religiosi o mitologico-prometeici[1] e invitato – anzi comandato – a rompere per sempre una concezione di accettazione della forza che lo opprime e una concezione boriosa e retorica della propria sorte privilegiata e immortale (individuale o collettiva), accettando solo coraggiosamente la verità della sua tragica e «innocente» situazione e combattendo tutti i suoi vani sforzi di velarla e colorirla con cieli metafisici e facili paradisi in terra, che costituiscono altrettante prove della sua disperata, istintiva coscienza del male che lo assedia e lo limita e lo spinge a simili «deliri» della mente e della fantasia. Né l'uomo può accettare il soave profumo di quel fiore come una gentile grazia consolatrice della poesia, rifiutandone il perentorio invito ad un diverso comportamento, magari riducendo questo ad un rilancio di «cristiana» «pazienza» e di «fraternità» di miseri, senza comprendere l'aspetto eversivo che quella stessa solidarietà sostiene e ad essa conduce con l'implacabile e trascinante consequenziarietà entro l'organico e decisivo «moltiplicatore» della poesia. Ché quella solidarietà è duramente impiantata nella nozione di un interesse comune faticosamente attuabile solo accettando l'itinerario che ad essa conduce con coraggio di verità e di volontà.

da W. Binni, *La protesta di Leopardi*, Sansoni, Firenze 1977, [1973].

1 prometeici: l'aggettivo allude all'orgoglio per un progresso infinito della specie umana. Prometeo, che secondo il mito è colui che ha donato il fuoco agli uomini, è assunto come prototipo di eroe del progresso.

Luigi Blasucci
La sera del dì di festa, L'infinito e la poetica degli idilli

Luigi Blasucci segnala l'appartenenza della *Sera del dì di festa* alla stessa area tematica e allo stesso motivo cui appartengono *L'infinito* ed altri idilli: il confronto fra l'esperienza individuale della perdita e la riflessione sull'infinito come compresenza di consolazione e di annullamento. Qui il motivo s'incentra sulla dimensione temporale, lasciando sullo sfondo il corrispettivo propriamente spaziale.

In questa varietà di motivi due fattori generali di unificazione sono [...] individuabili entro la compagine del canto: l'uno riconducibile alla presenza di un paesaggio notturno che, distesamente evocato nella parte iniziale, incombe come realtà ora sottintesa, ora chiamata per piccoli tocchi, in tutto il resto del componimento; l'altro riferibile alla stessa voce" del poeta-personaggio, contrassegnata da una serie di movimenti e di "gesti" verbali (esclamazioni, interrogazioni, allocuzioni[1]) che differenziano il discorso della *Sera* da quello, poniamo, tutto interiore e mentale dell'*Infinito.* Ma la ricerca di elementi unificanti può procedere oltre quei livelli mini-

1 allocuzioni: riferimenti diretti all'interlocutore (è un pronome allocutivo il "tu" con cui il poeta nella *Sera de dì di festa* si rivolge alla donna).

mali, solo che si riconosca la peculiarità tematica della lirica non tanto nello sviluppo di un motivo, quanto in una dinamica di motivi, diciamo pure i una "vicenda". Il momento culminante di questa vicenda è costituito dall'introduzione del canto dell'artigiano che interrompe le considerazioni del poeta sulla propria infelicità di escluso, avviando le sue riflessioni sulla fine di tutte le glorie umane. [...]

Ora la vicenda della *Sera* è appunto in questa deviazione: per mezzo di essa «la mente del poeta si stacca dal suo dolore presente, considerandolo commisto e quasi confuso nel flusso infinito degli eventi» (Levi).

Lo schema di un simile trapasso dal proprio dolore alla considerazione della sua nullità era stato già fissato in un appunto dello *Zibaldone* [...]: «Tutto è nulla al mondo, anche la mia disperazione [...]. Misero me, è vano, è nulla anche questo dolore, che in un certo tempo passerà e s'annullerà, lasciandomi in un vuoto universale...». La novità tematica della *Sera* rispetto a quella traccia è che il nulla qui s'identifica con la stessa infinità del tempo [...].

Siamo dunque nel bel mezzo di quella "fenomenologia dell'infinito"[2] che costituisce la tematica maestra degli idilli. Una fenomenologia qui esperita[3] sul versante del tempo, ma i cui lineamenti si possono rinvenire nella stessa lirica eponima,[4] ossia nell'evocazione dello stormire del vento come suscitatore di pensieri sulle «morte stagioni». In entrambi i casi si parte da uno stimolo acustico percepito su uno sfondo di silenzio per arrivare alla rivelazione dell'immensità del tempo. [...]

Questa iscrizione del motivo all'area tematica dell'infinito può dar ragione di quanto a suo modo catartico[5] esso risulti nello svolgimento della lirica: di quanto cioè la considerazione del fluire infinito degli eventi, non che incrementare la disperazione iniziale [...] tramuti quella disperazione nella contemplazione «rasserenante-struggente» (Binni) di un destino finale di annullamento. Lo sviluppo tematico (e, aggiungiamo, poetico) della *Sera* è appunto in una vicenda di vanificazione accorata del dolore personale (si ricordi: «Tutto è nulla al mondo, anche la mia disperazione»), piuttosto che in un processo di universalizzazione di quel dolore: l'io degli «idilli», a differenza di quello del canti pisano-recantesi, è ancoro un io singolare.

da L. Blasucci, *Linea della «Sera del dì di festa»*, in *Leopardi e i segnali dell'infinito*, il Mulino, Bologna 1985.

2 "fenomenologia dell'infinito": manifestazione varia del tema e del concetto di infinito, che il critico rintraccia quale costante (e quale dominante) degli idilli e di molti altri testi leopardiani.
3 esperita: *sperimentata.*
4 lirica eponima: è appunto *L'infinito.*
5 catartico: *liberatorio.*

Dal ripasso alla verifica

mappa concettuale

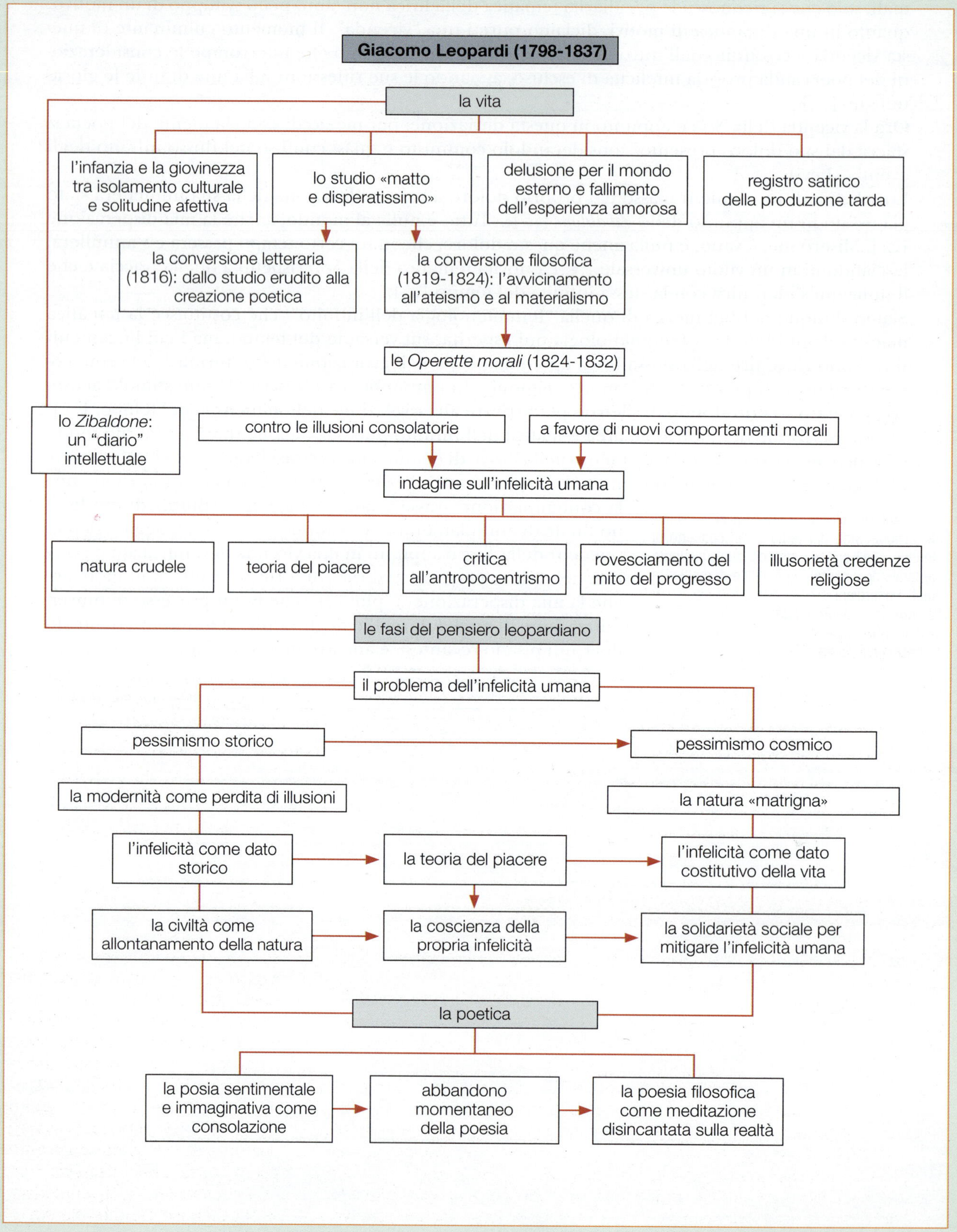

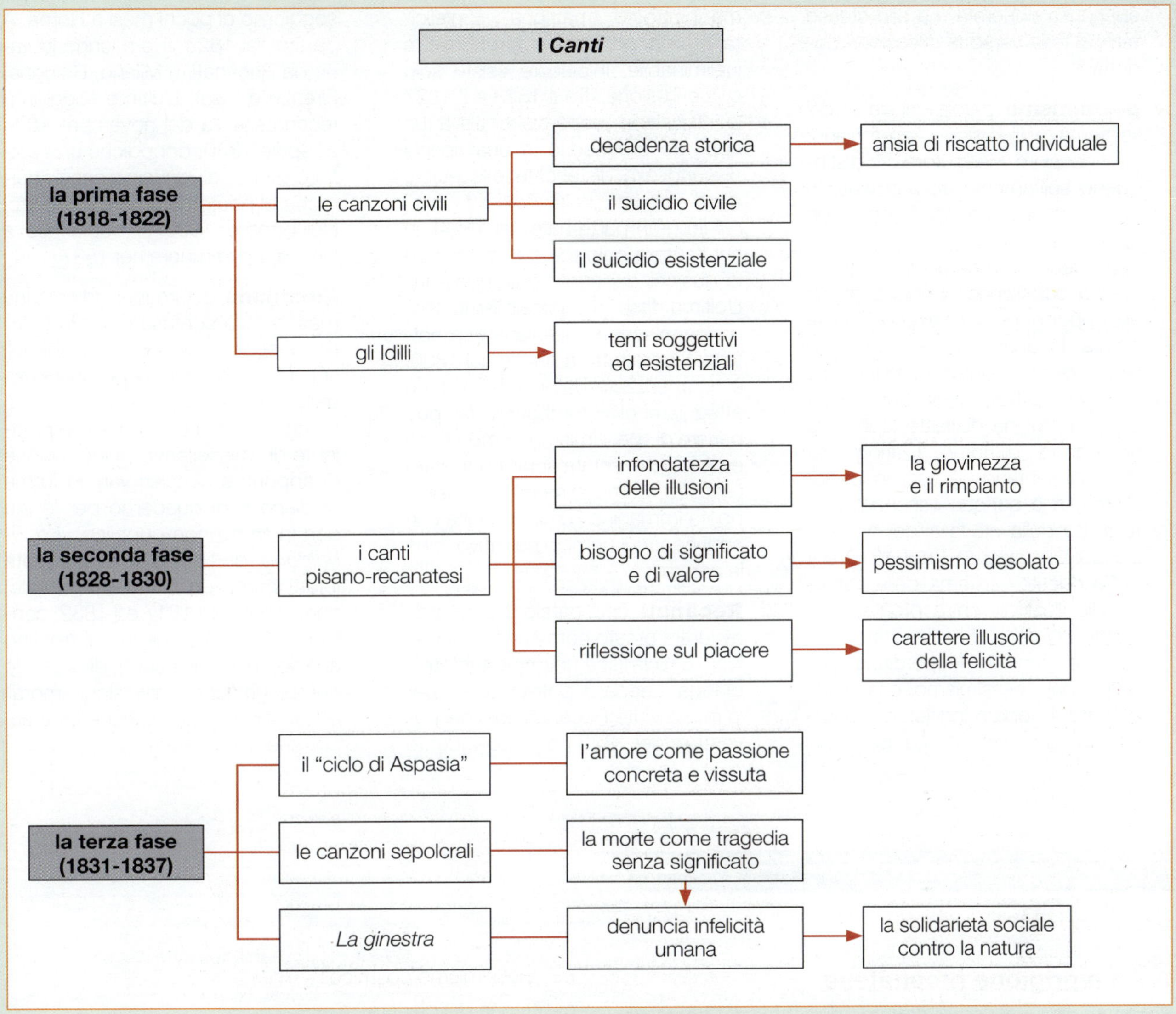

dizionario dei concetti chiave

- ***Canti*** titolo della raccolta leopardiana che comprende tutta la produzione poetica significativa dell'autore (l'edizione definitiva esce postuma a Firenze nel 1845). La struttura dei *Canti* segue sostanzialmente (ma con alcune eccezioni) le diverse fasi della produzione dell'autore. Alla prima fase (1818-1822) appartengono le canzoni civili che aprono la raccolta e i cinque «idilli» (*L'infinito*, *La sera del dì di festa*, *Alla luna*, *Il sogno*, *La vita solitaria*). Questi ultimi sono definiti dall'autore come «situazioni, affezioni, avventure storiche del mio animo», che scaturiscono per lo più dal contatto con il paesaggio. La seconda fase della poesia leopardiana vede la composizione, fra il 1828 e il 1830, dei canti pisano-recanatesi (*Il Risorgimento*, *A Silvia*, *Le ricordanze*, *Canto notturno di un pastore errante dell'Asia*, *La quiete dopo la tempesta*, *Il sabato del villaggio*; forse anche *Il passero solitario*, che però viene anticipato alla posizione 11 nella struttura dei *Canti*). La terza fase della poesia leopardiana (1831-1837) presenta i testi d'amore del cosiddetto "ciclo di Aspasia" (così Leopardi aveva soprannominato la donna infelicemente amata), le canzoni sepolcrali e *La ginestra*, in cui il poeta avanza una proposta di solidarietà sociale per diminuire l'infelicità umana. Con i *Canti* Leopardi fonda un modello di poesia filosofica, radicata sull'esperienza concreta ma allo stesso tempo tesa verso la riflessione oggettiva.

- **pessimismo** parola-chiave del «sistema» filosofico leopardiano. Nel pensiero dell'autore si distinguono solitamente tre momenti. In una prima fase Leopardi delinea un "pessimismo storico", fondato sull'idea che in origine l'uomo godesse di una condizione di felicità grazie al rapporto puro e diretto con la natura, la quale, come madre benigna, gli nascondeva la miseria del suo stato attraverso le illusioni. La civiltà, però, ha distrutto le illusioni mostrando all'uomo l'«arido vero» e alimentando la sua angoscia. L'infelicità è dunque essenzialmente frutto della storia e del processo di civilizzazione. Tra il 1819 e il 1823 questo «sistema della natura e delle illusioni» entra progressivamente in crisi e si avvia una nuova fase del pensiero leopardiano, segnata dal "pessimismo cosmico". La natura appare indifferente verso l'uomo: non più madre benevola ma piuttosto "matrigna". L'infelicità è una condizione strutturale e ineliminabile. Il piacere esiste solo come illusione. Tra il 1823 e il 1827 la riflessione leopardiana trova un approdo provvisorio in una specie di saggezza distaccata e scettica, quale emerge nelle *Operette morali* (in gran parte nate nel 1824), in cui l'autore colpisce con sarcasmo le illusioni dei suoi contemporanei. L'ultima fase del pessimismo leopardiano, che si definisce con nettezza soprattutto a partire dal 1830, è caratterizzata dall'insorgere di un atteggiamento combattivo (si può parlare di "pessimismo combattivo") ed è rappresentata soprattutto dalla *Ginestra*, componimenti nel quale il poeta immagina l'umanità unita e in armi contro il nemico collettivo, cioè la natura.
- **Recanati** città natale di Leopardi, avvertita presto come una prigione. Nel 1819 fallisce un primo tentativo di fuga. Leopardi potrà lasciare per la prima volta Recanati solo nel novembre del 1822 per un deludente soggiorno di pochi mesi a Roma. A partire dal 1825 vive a lungo lontano da Recanati (a Milano, Bologna, Firenze e Pisa). L'ultimo soggiorno recanatese va dal novembre 1828 all'aprile 1830; dopodiché una sottoscrizione di amici toscani permette al poeta di tornare a Firenze. Nell'ottobre 1833 si trasferisce a Napoli, dove muore nel 1837.
- **Zibaldone** il termine indica 'una mescolanza confusa e senza criterio' di oggetti, persone, cibi, idee. Il suo uso, soprattutto per influenza dello *Zibaldone* leopardiano, si è recentemente fissato quale equivalente di "miscellanea", cioè 'unione di appunti e pensieri vari, in forma di diario o di quaderno per lo più con indirizzo non pubblico'. Lo *Zibaldone* di Leopardi si presenta infatti come un diario intellettuale, che, steso fra il 1817 e il 1832, conta ben 4526 pagine in cui trovano spazio, oltre ai ricordi di vicende autobiografiche, riflessioni morali e filosofiche, studi critici e letterari, commenti alle letture.

esercizi

esercizi di riepilogo

1 La prigione recanatese

Recanati, città natale di Leopardi, diventa per il poeta una prigione. Di qui i tentativi di fuga e i continui spostamenti. Di seguito sono elencate le date in cui il poeta lascia la sua città natale per spostarsi altrove. Completa gli spazi, specificando le destinazioni.

quando	dove
1822	Roma
1825	....
1827	....
1830	....
1833	....

2 Il pensiero

Le esperienze deludenti che Leopardi colleziona tra il 1819 e il 1823 rappresentano un punto di svolta nell'evoluzione del suo pensiero pessimista. Come viene convenzionalmente definita la nuova fase che qui si apre? Barra la risposta esatta.

a. "pessimismo storico"
b. "pessimismo cosmico"
c. "teoria del piacere"
d. "antropocentrismo"
e. "studio matto e disperatissimo"
f. "ciclo di Aspasia"

3 Durante il silenzio poetico

Per un periodo Leopardi smette di scrivere poesie. Alla stesura di quale importante libro si dedica nel frattempo?

4 Opere e date

Le varie fasi creative di Leopardi corrispondono all'evoluzione del suo pensiero. Collega le seguenti opere alle rispettive date di composizione.

Paralipomeni della Batrocomiomachia	1824, 1827, 1832
Operette morali	1831-1835
Canti pisano-recanatesi	1819-1821
Idilli	1836
La ginestra	1828-1830

5 Identikit dello *Zibaldone*

Lo *Zibaldone di pensieri* è l'immenso diario intellettuale di Leopardi. Scegli di volta in volta l'alternativa corretta tra quelle proposte:

- Leopardi vi annota: anche episodi autobiografici / esclusivamente appunti di studio
- lo concepisce: appositamente per la pubblicazione / come un'opera privata
- inizia a introdurre le annotazioni: nel 1817 / nel 1821
- lo scrive: in modo ordinato e coerente / per appunti

6 Gli idilli

Alla prima fase della produzione poetica leopardiana appartengono gli «idilli». Essi mostrano:

a. una poesia di ispirazione amorosa
b. una poesia incentrata sulla bellezza della natura
c. una poesia di carattere riflessivo e filosofico
d. una poesia che unisce al paesaggio la riflessione esistenziale

7 Le canzoni civili

Le canzoni civili sono poste ad apertura dei *Canti*. Indica se le seguenti affermazioni ad esse relative sono vere o false.

V F Sono incentrate sul tema patriottico
V F Vi si afferma la superiorità dei moderni sugli antichi
V F Predomina uno stile elevato e fortemente letterario
V F Il poeta è in primo piano con la sua storia personale
V F Nel *Bruto minore* si vuole additare un esempio di scelleratezza
V F Nell'*Ultimo canto di Saffo* si sottolinea il contrasto fra soggetto e natura, denunciando l'indifferenza degli dèi al destino umano

8 I canti pisano-recanatesi

Dopo un periodo di silenzio poetico, Leopardi torna a scrivere versi componendo i canti pisano-recanatesi: elencane i titoli qui sotto.

....

9 L'ultimo Leopardi

La terza fase della produzione poetica leopardiana (1831-1837) si sviluppa in tre direzioni tematiche fondamentali. Quali? Trascrivile nello spazio sottostante.

a. ....
b. ....
c. ....

10 Le scelte formali

Nei *Canti* Leopardi predilige come forma metrica:

a. la canzone petrarchesca
b. il sonetto
c. la canzone libera
d. gli endecasillabi sciolti

esercizi di approfondimento

11 I temi delle *Operette morali*

I numerosi temi affrontati nelle *Operette morali* circolano da un testo all'altro, con progressive riprese e arricchimenti. Completa una tabella come quella propoosta in cui individui i temi fondamentali di ciascuna operetta antologizzata in questa Unità (▶ T3, T4, T5 e T6).

titolo	temi
Dialogo della Natura e di un Islandese	....
Dialogo di Cristoforo Colombo e di Pietro Gutierrez	....
Dialogo di un venditore di almanacchi e di un passeggere	....
Dialogo di Tristano e di un amico	

12 Lo stile della canzone e dell'idillio

Le canzoni e gli idilli, scritti all'incirca nello stesso periodo, presentano numerose differenze sia sul piano tematico sia su quello stilistico. Confronta l'*incipit* (primi otto versi) dell'*Ultimo canto di Saffo* (▶ T7) con quello dell'*Infinito* (▶ T8) e rivelane le differenze per quanto riguarda la sintassi, il lessico e le figure retoriche presenti.

13 L'interpretazione della *Ginestra*

La ginestra (▶ T16) rappresenta un testo-chiave per valutare il rinnovamento poetico dell'ultimo Leopardi. Riassumi la tesi sostenuta da Walter Binni (▶ p. 900) e specifica il tuo punto di vista: sei d'accordo con questa interpretazione?

14 Una preferenza

Dai testi dei *Canti* antologizzati in questa Unità (▶ T7-T16) si può cogliere l'evoluzione della poetica e del pensiero leopardiani. Tra le poesie lette, qual è la tua preferita? Confronta il tuo parere con quello dei tuoi compagni, facendo un veloce sondaggio. Riepiloga poi per iscritto i risultati emersi.

allenarsi per l'esame di Stato

l'analisi del testo

15 Alla luna

O graziosa luna, io mi rammento
Che, or volge l'anno,[1] sovra questo colle
Io venia pien d'angoscia a rimirarti:
E tu pendevi allor su quella selva
Siccome[2] or fai, che tutta la rischiari.
Ma nebuloso e tremulo dal pianto[3]
Che mi sorgea sul ciglio, alle mie luci[4]
Il tuo volto apparia, ché travagliosa[5]
Era mia vita: ed è, né cangia stile,[6]
O mia diletta luna. E pur mi giova
La ricordanza, e il noverar l'etate
Del mio dolore. Oh come grato occorre[7]
Nel tempo giovanil, quando ancor lungo
La speme e breve ha la memoria il corso,[8]
Il rimembrar delle passate cose,
Ancor che[9] triste, e che l'affanno duri!

Da G. Leopardi, *Canti*, cit.

1 or volge l'anno: *un anno fa.*
2 pendevi... siccome: *stavi allora su quel bosco così come.*
3 nebuloso... pianto: offuscato e tremante per il pianto. Gli aggettivi si riferiscono al volto (v. 8) della luna.
4 luci: *occhi.*
5 travagliosa: *dolorosa.*
6 né cangia stile: *e non cambia stile*, cioè resta immutata.
7 grato occorre: *giunge gradito.*
8 quando... corso: cioè quando gli anni che ci si aspetta di vivere sono ancora molti, mentre gli anni già vissuti sono pochi.
9 ancor che: *benché.*

Alla luna è uno degli idilli più noti di Leopardi, scritto nel 1819 (lo stesso anno dell'*Infinito)* e poi incluso nella raccolta complessiva dei *Canti*. Gli idilli furono definiti dallo stesso Leopardi come «situazioni, affezioni, avventure storiche del mio animo», che emergono per lo più dal contatto con il paesaggio.

Comprensione complessiva

a. Con l'aiuto delle note, fai la parafrasi completa della poesia.

Analisi del testo

b. Il tema del ricordo emerge subito con forza: quale momento è rievocato dal poeta nella prima parte del testo (vv. 1-10)?

c. Come viene considerata l'attività del ricordare nella seconda parte del testo (vv. 10-16)?

d. Con quali aggettivi Leopardi definisce la luna alla quale rivolge il suo canto?

e. Quali verbi e sostantivi si legano al tema del ricordo?

f. Quali sono i principali *enjambments* presenti nella poesia, e quale effetto producono?

Interpretazione complessiva e approfondimenti

g. I temi del ricordo e del rapporto con il paesaggio presenti in questo idillio ricorrono anche nella poesia leopardiana successiva, ma assumono via via nuovi significati. Alla luce dei canti che hai letto del ciclo pisano-recanatese (▶ in particolare T10 e T11), mostra come evolvono questi motivi, anche in relazione a una ridefinizione del pessimismo leopardiano. Raccogli le tue osservazioni in un commento di sufficiente ampiezza.

il saggio breve

16 Caratteri ed evoluzione del pessimismo leopardiano

Ti proponiamo di scrivere un saggio breve che abbia il seguente argomento: *Caratteri ed evoluzione del pessimismo leopardiano*. Di seguito indichiamo i passaggi che potranno guidarti nella stesura del testo.

a. Leggi attentamente il titolo.

b. Seleziona i materiali utili, riferendoti al contenuto dei testi antologizzati e, in particolare, alle *Operette morali*, in cui il pensiero filosofico leopardiano emerge più esplicitamente: quali idee Colombo, l'Islandese e Tristano hanno della vita umana e quali strategie mettono in atto per fronteggiare il male? Valuta inoltre a quale prospettiva giunge Leopardi nell'ultima fase del suo pensiero, considerando, in particolare, *La ginestra*. Dalle osservazioni puntuali sui testi ricava riflessioni più generali.

c. Organizza le idee in una scaletta, prospettando un'introduzione, un'argomentazione e una conclusione.

d. Sviluppa la scaletta in un saggio breve, scegliendo un titolo appropriato e una destinazione editoriale.

l'articolo di giornale

17 la modernità di Leopardi

Ti proponiamo il giudizio che il critico contemporaneo Giulio Ferroni ha espresso qualche anno fa sull'opera di Leopardi. Prendendo spunto dalle sue parole, scrivi un articolo di opinione in cui sostieni il carattere moderno della poesia leopardiana.

Leopardi [...] può insegnarci ancora oggi che un autentico «progresso» è possibile solo partendo da una coscienza globale dei caratteri naturali e sociali, e nello stesso tempo tenendo conto dell'ineludibile ricerca umana della felicità: la sua poesia e il suo pensiero testimoniano la necessità di conquistare una vita che valga la pena di vivere, respingendo tutte le false immagini e i falsi oggetti con cui le ideologie e i gruppi sociali pretendono di far credere che il mondo presente sia il migliore dei mondi possibili. Questo «messaggio» leopardiano passa e si riconosce tutto attraverso la poesia. Voce lacerante ed intensa del sentimento «presente», la poesia di Leopardi è nello stesso tempo lucidissima coscienza critica della realtà: in questo essa ha qualcosa di grande ed assoluto, come sfida suprema di conoscenza, e insieme qualcosa di fragile, come espressione della sofferenza, del dolore, degli affetti più indifesi. Un modello che era incredibilmente in avanti rispetto al proprio tempo, e che, in un mondo sovraccarico di oggetti, situazioni, illusioni «false», come quello della fine del XX secolo, appare ancora più fragile, solitario e lontano dalle tendenze dominanti, ma ostinato a testimoniare anche per noi una disperata esigenza di ragione, di bellezza, di felicità. Leggiamo ancora Leopardi, ritroviamo nella sua parola la ragione e la passione di cui abbiamo bisogno.

da G. Ferroni, Introduzione a *Leopardi*, Rinascita, Cles 1993.

la lingua nel tempo

A me, se di vecchiezza
La detestata soglia
Evitar non impetro,
Quando muti questi occhi all'altrui core,
E loro fia vòto il mondo, e il dì futuro
Del dì presente più noioso e tetro
Che parrà di tal voglia?

da *Il passero solitario*, vv. 50-56.

18 L'uso della sintassi

Il frammento qui riportato non presenta una sintassi lineare: qual è infatti la proposizione principale e dov'è collocata?

19 Figure retoriche

Nell'espressione «di vecchiezza / la detestata soglia» l'ordine delle parole non è quello usuale: quale figura retorica è perciò presente?

20 Significati

Al v. 52 compare il verbo "impetrare", che deriva dal latino ed è impiegato in contesti letterari: qual è il suo significato?

21 Tempi verbali

La forma del verbo essere «fia» (v. 54) si trova frequentemente in poesia: a quale tempo si riferisce?

Dal ripasso alla verifica

preparare l'interrogazione

Per essere pronto in vista dell'interrogazione puoi utilizzare questa scaletta, che può aiutarti nell'esposizione orale. La colonna di destra è a tua disposizione per segnare date, parole e concetti utili da ricordare.

I punti della scaletta	Date e dati da ricordare
La vita	
• nascita a Recanati	
• formazione culturale improntata su testi di erudizione e di cultura classica	
• amicizia con Pietro Giordani	
• fallito tentativo di fuga dalla "prigionia" familiare e recanatese	
• primo allontanamento da Recanati per un deludente soggiorno romano	
• altri numerosi spostamenti: Milano, Bologna, Firenze, Pisa	
• ultimo ritorno a Recanati	
• trasferimento a Firenze e poi a Napoli, morte	
Il pensiero	
• centralità del problema dell'infelicità umana	
• prima fase di "pessimismo storico": infelicità causata dalla civiltà, che ha distrutto le generose illusioni prodotte dalla natura	
• seconda fase di "pessimismo cosmico": infelicità causata dalla natura che è indifferente alle vicende umane	
• evoluzione verso un "pessimismo combattivo": solidarietà umana contro il nemico comune identificato nella natura	
La poetica	
• critica ai romantici nel *Discorso di un italiano intorno alla poesia romantica* (1818)	
• dalla poesia sentimentale e immaginativa come consolazione (negli idilli)…	
• … alla poesia filosofica come esigenza del pensiero (nei canti pisano-recanatesi e nelle opere napoletane)	
Le opere	
Operette morali	
• composizione durante il periodo del silenzio poetico	
• presenza dei principali temi del pensiero leopardiano:	
– indifferenza e crudeltà della natura verso l'uomo (▶ T3)	
– la "noia" dell'esistenza e l'importanza dell'avventura per fronteggiarla (▶ T4)	
– la «teoria del piacere» (▶ T5)	
– battaglia contro la cultura dell'ottimismo e le ideologie dominanti del secolo XIX (▶ T6)	
Canti	
• raccolta della produzione poetica significativa di Leopardi (con l'eccezione dei *Paralipomeni*)	
• modernità dei *Canti*: presenza di un soggetto concreto e tendenza a un pensiero oggettivo	
• novità formale: canzone libera (o "leopardiana")	
• *prima fase*: poesia civile e poesia sentimentale	
– canzoni (▶ T7)	
– idilli (▶ T8, T9)	
• *seconda fase*: intreccio di poesia e filosofia	
– canti pisano-recanatesi (▶ T10-T14)	
• *terza fase*: riflessione filosofica in un'ottica duramente negativa e proposta di una morale della solidarietà	
– "ciclo di Aspasia" (▶ T15)	
– canzoni sepolcrali	
– *La ginestra* (▶ T16)	

Percorsi di approfondimento

Storia della lingua

- La lingua di Manzoni, dal *Fermo e Lucia* ai *Promessi sposi*

Arte e letteratura

- Il Romanticismo

Musica e letteratura

- Il melodramma

Storia della lingua

La lingua di Manzoni, dal *Fermo e Lucia* ai *Promessi sposi*

obiettivi

- Acquisire coscienza della storicità della lingua italiana
- Coglierne l'evoluzione attraverso una prospettiva storica
- Rilevare le peculiarità del lessico, della semantica, della morfologia e della sintassi
- Rilevare la progressiva semplificazione nel tempo delle strutture sintattiche
- Capire la coniazione delle parole (dalle lingue classiche e dall'accoglienza di dialettalismi e forestierismi, cioè di termini dialettali o "importati" da lingue straniere)
- Acquisire competenze impiegabili nella lettura e nella produzione scritta e orale
- Raggiungere una maggiore padronanza della lingua attraverso una maggiore consapevolezza dei meccanismi che ne sono alla base

Quale lingua usare per un romanzo destinato a tutti?

Alessandro Manzoni ricopre un ruolo importantissimo nell'evoluzione della lingua italiana sia scritta sia orale. Manzoni si pone il problema della lingua quando si accinge a scrivere il romanzo che diverrà il capolavoro narrativo dell'Ottocento italiano: *I Promessi sposi*. Infatti, mentre il linguaggio della poesia era codificato già da secoli, lo stesso non poteva dirsi per quello della prosa. Quale lingua usare per rivolgersi a tutti gli italiani in un'Italia che, di fatto, ancora non esisteva? In un Paese in cui l'unità, non solo politica, ma anche culturale e linguistica, era un ideale e non ancora una realtà?

La lingua del *Fermo e Lucia*

La prima proposta linguistica di Manzoni è quella contenuta nel *Fermo e Lucia* (1821-1823). La lingua del *Fermo e Lucia* sarà in seguito definita dallo stesso Manzoni, con ironica autocritica, «un composto indigesto di frasi un po' lombarde, un po' toscane, un po' francesi, un po' anche latine; di frasi che non appartengono a nessuna di queste categorie, ma sono cavate per analogia e per estensione o dall'una o dall'altra di esse».

La scelta del toscano: dai libri alla lingua viva

Nel 1827, dopo tre anni di revisione linguistica, vede la luce la prima edizione dei *Promessi sposi*, in cui lo scrittore, abbandonata la proposta (che a lui stesso appariva incerta e provvisoria) di una lingua composita, propone come lingua comune quella toscana; non certo la versione imbalsamata del Vocabolario della Crusca, ma quella che si era andata evolvendo nei secoli, da lui conosciuta e studiata attraverso le opere dei maggiori scrittori toscani.
Dopo l'edizione "ventisettana", Manzoni decide di recarsi personalmente a Firenze e di soggiornarvi a lungo per «risciacquare i panni in Arno», come egli stesso amava dire, avvalendosi anche di correttori di bozze toscani. La lunga e attenta revisione porta all'edizione definitiva del 1840, quella nella forma in cui la leggiamo noi oggi.
Questa è in sostanza la proposta manzoniana finale: la lingua parlata dalle persone colte di Firenze sarà la lingua comune di tutti gli italiani, che del resto riconoscevano già alla città un alto prestigio culturale e letterario, legato alla tradizione; d'altronde «la lingua italiana è a Firenze, come la lingua latina era in Roma, come la francese è a Parigi».

Tre versioni di «Addio, monti»

Per capire meglio in che cosa consiste l'operazione linguistica manzoniana, vi invitiamo a leggere la parte iniziale del famoso brano «Addio, monti», una pagina dai toni lirici in cui il narratore onnisciente diviene portavoce dei pensieri e dei sogni infranti dei protagonisti in fuga. Presentiamo di seguito tre versioni dello stesso brano: quella del *Fermo e Lucia*, quella dell'edizione dei *Promessi sposi* del 1827, e infine quella dell'edizione defintiva del 1840.

T1

Alessandro Manzoni
Tre versioni dell'«Addio, monti»

«Addio monti», *Fermo e Lucia*

Tra parentesi e in neretto abbiamo evidenziato i termini equivalenti dell'italiano corrente.

Addio monti posati sugli abissi delle acque ed elevati al cielo; cime ineguali, conosciute a colui che fissò sopra di voi i primi suoi sguardi, e che visse fra voi, come egli distingue all'aspetto l'uno dall'altro i suoi famigliari, valloni segreti, ville sparse e biancheggianti sul pendio come branco disperso di pecore pascenti, addio!

Quanto è tristo il lasciarvi a chi vi conosce dall'infanzia! quanto è noioso l'aspetto della pianura dove il sito (**luogo**) a cui si aggiunse (**giunse**) è simile a quello che si è lasciato addietro, dove l'occhio cerca invano nel lungo spazio, dove riposarsi e contemplare, e si ritira fastidito (**infastidito**) come dal fondo d'un quadro su cui l'artefice non abbia ancora figurata alcuna immagine della creazione. Che importa che nei piani deserti surgano (**sorgano**) città superbe ed affollate? il montanaro che le (**vi**) passeggia avvezzo alle alture di Dio, non sente il diletto della meraviglia nel mirare edifici che il cittadino chiama elevati perché gli (**li**) ha fatti egli (**lui stesso**) ponendo a fatica pietra sopra pietra. Le vie che hanno vanto di ampiezza, gli sembrano valli troppo anguste; l'afa immobile lo opprime, ed egli che nella vita operosa del monte non aveva forse provato altro malore che la fatica, divenuto timido e delicato come il cittadino, si lagna del clima e delle temperie (**intemperie**), e dice che morrà se non torna ai suoi monti. Egli che sorto col sole non riposava che al mezzo giorno, e al cessare delle fatiche diurne, passa le ore intere nell'ozio malinconico ripensando alle sue montagne.

«Addio, montagne», *I promessi sposi* - 1827

Tra parentesi quadre abbiamo indicato le varianti di quella che sarà l'edizione del 1840; abbiamo inoltre sottolineato i pronomi personali che nel testo del '40 verranno tolti e sottintesi.

Addio, montagne [>*monti*] sorgenti dalle acque, ed erette [>*elevati*] al cielo; cime ineguali [>*inuguali*], note a chi è cresciuto tra voi, e impresse nella sua mente non meno che lo sia l'aspetto dei suoi più famigliari [>*familiari*]; torrenti dei quali egli distingue lo scroscio, come il suono delle voci domestiche; ville sparse e biancheggianti sul pendio, come branchi di pecore pascenti; addio! Quanto è tristo il passo di chi cresciuto tra voi, se ne allontana! Alla fantasia di quello stesso che se ne parte volontariamente, tratto dalla speranza di fare altrove fortuna, si disabbelliscono in quel momento i sogni della ricchezza; egli si maraviglia d'essersi potuto risolvere, e tornerebbe allora indietro, se non pensasse che un giorno tornerà dovizioso. Quanto più s'avanza nel piano, il suo occhio si ritrae [>*ritira*] fastidito [>*disgustato*] e stanco da quella ampiezza uniforme; l'aere [>*l'aria*] gli simiglia [>*par*] gravoso e senza vita [>*gravosa e morta*]; s'inoltra mesto e disattento nelle città tumultuose, le case aggiunte a case, le vie [>*strade*] che sboccano nelle vie [>*strade*] pare che gli tolgano [>*levino*] il respiro; e dinanzi agli edifizii [>*edifizi*] ammirati dallo straniero, egli pensa con desiderio inquieto al camperello [>*campicello*] del suo paese, alla casuccia a cui ha già posti [>*messi*] gli occhi addosso da gran tempo, e che comprerà, tornando ricco a' suoi monti.

«Addio, monti», *I promessi sposi* - 1840

Tra parentesi e in neretto abbiamo indicato l'unico cambiamento rispetto all'italiano corrente; abbiamo inoltre evidenziato le virgole aggiunte rispetto al testo dell'edizione del 1827.

Addio, monti sorgenti dall'acque, ed elevati al cielo; cime inuguali, note a chi è cresciuto tra voi, e impresse nella sua mente, non meno che lo sia l'aspetto de' suoi più familiari; torrenti, de' quali distingue lo scroscio, come il suono delle voci domestiche; ville sparse e biancheggianti sul pendìo, come branchi di pecore pascenti; addio! Quanto è tristo il passo di chi, cresciuto tra voi, se ne allontana! Alla fantasia di quello stesso che se ne parte volontariamente, tratto dalla speranza di fare altrove fortuna, si disabbelliscono, in quel momento, i sogni della ricchezza; egli si maraviglia d'essersi potuto risolvere, e tornerebbe allora indietro, se non pensasse che, un giorno, tornerà dovizioso. Quanto più s'avanza nel piano, il suo occhio si ritira, disgustato e stanco da quell'ampiezza uniforme; l'aria gli par gravosa e morta; s'inoltra mesto e disattento nelle città tumultuose, le case aggiunte a case, le strade che sboccano nelle strade, pare che gli levino il respiro; e davanti agli edifizi (**edifici**) ammirati dallo straniero, pensa, con desiderio inquieto, al campicello del suo paese, alla casuccia a cui ha già messi gli occhi addosso, da gran tempo, e che comprerà, tornando ricco a' suoi monti.

Verso la lingua viva

Ciò che risulta subito evidente dalla comparazione dei tre brani è la maggiore lunghezza (e dunque prolissità) del primo estratto. Nel *Fermo e Lucia* la distanza tra lingua scritta e lingua parlata è infatti ancora molto grande.
Prendiamo ora in analisi un passaggio in particolare e confrontiamone la versione del *Fermo e Lucia* con quella dell'edizione del 1827 dei *Promessi sposi*:

Fermo e Lucia

«l'occhio cerca invano nel lungo spazio, dove riposarsi e contemplare, e si ritira fastidito come dal fondo d'un quadro su cui l'artefice non abbia ancora figurata alcuna immagine della creazione. Che importa che nei piani deserti surgano città superbe ed affollate? il montanaro che le passeggia avvezzo alle alture di Dio, non sente il diletto della meraviglia nel mirare edifici che il cittadino chiama elevati perché gli ha fatti egli ponendo a fatica pietra sopra pietra»

Promessi sposi (1827)

«il suo occhio si ritrae fastidito e stanco da quella ampiezza uniforme; l'aere gli simiglia gravoso e senza vita; s'inoltra mesto e disattento nelle città tumultuose».

Nell'edizione del 1827 il passaggio viene ridotto e la comprensione resa più immediata. La sintassi è più asciutta e il lessico più usuale, nonostante siano ancora presenti termini provenienti dalla tradizione letteraria piuttosto che dal parlato, come ad esempio «simiglia» per 'sembra' o 'pare', «aere» per 'aria'.
Mentre le differenze tra la prima stesura del romanzo e l'edizione del '27 sono notevoli, sembrano relativamente piccole quelle tra l'edizione del '27 e quella del '40, ma questa considerazione non è completamente esatta.

Tra le due ultime edizioni, infatti, la differenza tra linguaggio parlato e linguaggio letterario si è ridotta ulteriormente, lo dimostrano non soltanto la sostituzione di termini della tradizione letteraria con il loro corrispettivo del linguaggio parlato, ma anche l'uso più attento della virgola, che adesso tende a mimare le pause della voce.
Provate a leggere i due brani (quello del '27 e quello del '40), rispettando con la virgola le pause della voce, e scoprirete come nel secondo brano il *pathos* narrativo risulta più coinvolgente ed autentico.
Grazie a Manzoni la prosa letteraria italiana perde la tradizionale ampollosità sintattica, si semplifica, diviene più fluida e si avvicina alla scioltezza del parlato; la naturalezza linguistica diviene in letteratura un valore.
Il modello di lingua di Manzoni sarà quello che il nuovo Stato unitario cercherà di imporre attraverso la scuola, non senza difficoltà, ai milioni di nuovi cittadini italiani, i quali per molti decenni continueranno comunque ad usare i propri dialetti regionali come lingua di comunicazione privata e quotidiana.

Laboratorio linguistico

1 Secondo lo stesso Manzoni, quali modelli confluiscono nella resa linguistica del *Fermo e Lucia*?

2 La scelta – a partire dall'edizione dei *Promessi sposi* del 1827 – di avvalersi del modello linguistico toscano, in quali rapporti pone Manzoni con il modello tradizionale fornito dagli accademici della Crusca?

a. Piena adesione
b. Adesione critica
c. Contrasto

3 La lingua dell'edizione definitiva dei *Promessi sposi* del 1840 è una lingua fondata sui libri, e quindi su modelli letterari, oppure su una lingua viva e parlata?

Arte e letteratura

Il Romanticismo

Caspar David Friedrich, *Sera con nuvole*, 1824. Mannheim, Kunsthalle.

1 Le caratteristiche generali del Romanticismo

I tempi Abbiamo già chiarito le origini del termine "romantico" (▶ Quadro storico-culturale), derivato da *romance* e apparso dapprima in Inghilterra (*romantic*) alla metà del XVII secolo con il significato di 'simile alle favole e ai *romances*; cioè romanzesco, irreale, fantastico'. Il Romanticismo designa il movimento letterario, artistico e culturale, sorto in Germania negli ultimi anni del Settecento e quindi diffusosi in tutta l'Europa nel corso del XIX secolo. Nell'ambito delle arti figurative, il Romanticismo si delinea con chiarezza intorno al primo ventennio dell'Ottocento, entra in crisi verso gli anni Quaranta e subisce una più evidente inversione di tendenza verso la metà del secolo, con la definitiva affermazione del Realismo di Gustave Courbet (1819-1877).

La libertà dell'artista Lo scrittore francese Charles Baudelaire (1821-1867) nel saggio *Che cos'è il Romanticismo?*, scritto a commento del *Salon* di Parigi del 1846, sostiene che il Romanticismo non risiede «nella scelta dei soggetti, né nella verità esatta, ma nel modo di sentire», così che «mentre alcuni lo hanno ricercato nel dato esteriore, è possibile trovarlo solo nell'interiorità». Elementi propri della sensibilità romantica appaiono, dunque, il rilievo dato alla creatività e alla soggettività, da cui deriva il rifiuto delle norme sancite dall'Accademia, fondate sull'"impersonale" codice espressivo classico. Infatti l'Accademia, raccomandando un solo modo di esprimersi, reprime ogni tentativo di affermazione individuale e limita la libertà dell'artista.

Glossario

Salon Esposizione periodica di opere di artisti contemporanei. In particolare, il termine designa la più importante esposizione d'arte francese, organizzata fin dal secolo XVIII a Parigi.

Due facce del Romanticismo: la storia e il sentimento Poiché il valore assoluto e indiscutibile delle regole classiche viene sostituito dalla libera creatività del pensiero umano individuale, il Romanticismo tende a coincidere con le tendenze liberali della prima metà dell'Ottocento: in questo periodo si succedono varie ondate rivoluzionarie, culminate nei moti del 1848, che videro quasi tutta l'Europa in lotta contro i propri sovrani. L'artista romantico vive intensamente le vicende storiche e politiche dell'epoca, dando spazio nelle sue opere alle tematiche della contemporaneità.
Il forte individualismo che permea la poetica romantica porta anche a una ridefinizione della figura dell'artista: non più un professionista che esegue un prodotto su commissione del cliente, ma il libero creatore di un'opera che nasce dal suo impulso istintivo. L'opera d'arte non è infatti frutto dell'intelligenza, ma dell'intuito o, meglio, del genio (parola-chiave nel Romanticismo) dell'artista. Non si può imparare da altri come si fa, perché essa è espressione del sentimento soggettivo. E nascendo dal sentimento, l'opera d'arte dovrà parlare al sentimento e rappresentare quegli stati d'animo che ciascuno avverte nella propria interiorità senza riuscire a esprimerli con chiarezza: amore e odio, gioia e tristezza, esaltazione e abbattimento.

2 Le opere d'arte del Romanticismo

L'arte romantica si manifesta soprattutto nella pittura, in cui meglio può esprimersi la creatività dell'artista: la pittura infatti, anche quando imita il mondo esterno, dà all'artista la possibilità di interpretarlo, inventando spazi, forme, luci e colori. Presentiamo dunque qui solo opere pittoriche, concentrandoci su due temi artistici tipicamente romantici: il paesaggio e il motivo storico o di attualità.
Poiché l'uomo, nella concezione romantica, è immerso nella natura, il paesaggio diventa uno dei temi preferiti: non il paesaggio riprodotto con lucida oggettività, ma vissuto intimamente dal pittore. In un saggio del 1794 il poeta tedesco Friedrich Schiller (1759-1805) affermava che la pittura e la poesia di paesaggio avrebbero potuto elevarsi all'altezza delle arti maggiori, come nuove espressioni del sentimento: «Vogliamo che l'arte del paesaggio eserciti su di noi lo stesso effetto della musica. Il sentimento è in essa risvegliato dall'analogia fra i suoni o i colori e i moti dell'animo». In Germania, all'inizio del XIX secolo, le opere di Caspar David Friedrich (1774-1840) appaiono come le trasposizione figurativa dell'aspirazione di Schiller. Nella natura egli coglie il sublime: sublime è il senso di sgomento che l'uomo prova di fronte alla grandezza della natura, presentata sia nel suo aspetto pacifico, sia, soprattutto, nel suo aspetto terribile e tempestoso; quando avverte la propria piccolezza e fragilità, ma, al tempo stesso, intuisce l'infinito (▶ F1). I due maggiori paesaggisti inglesi del Romanticismo sono John Constable (1776-1837) e Joseph Turner (1775-1851): il primo muove dall'osservazione minuziosa della realtà (▶ F2); il secondo trasfigura il dato reale per dare risalto alla reazione soggettiva dell'uomo (▶ T2).
Per quanto riguarda il tema storico o di attualità, esso è caratteristico dei due maggiori pittori romantici francesi: Théodore Géricault (1791-1824) ed Eugène Delacroix (1798-1863). Il quadro più noto di Gèricault si ispira infatti a un episodio di cronaca: *La zattera della Medusa* allude al naufragio di una fregata francese colata a picco nel 1816, a largo della costa africana (▶ F3). Nasce invece in relazione ai moti rivoluzionari del luglio 1830 *La libertà che guida il popolo* di Delacroix, sulla quale torneremo più avanti (▶ T3). Anche il pittore romantico italiano più acclamato dai suoi contemporanei, Francesco Hayez (1791-1882), predilige soggetti storici, tali da evocare momenti di antica gloria nazionale e da richiamare gli ideali risorgimentali: pensiamo, per esempio, a *I Vespri siciliani*, rievocazione dell'insurrezione palermitana del 1282 che liberò la città dal dominio francese. Anche *Il bacio*, dipinto nell'anno della seconda guerra d'indipendenza (1859), sotto le apparenze medievali, nasconde un significato risorgimentale: l'addio del patriota prima di partire volontario per la guerra (▶ F4).

F1

Caspar David Friedrich
Viandante sul mare di nebbia
1818 ca. Amburgo, Kunsthalle.

La grandezza sublime della natura è colta dall'uomo che, solitario, guarda il paesaggio dall'altezza della montagna rocciosa. Di fronte a lui si apre l'immensità spaziale: i monti scavati in profondità sono appena visibili sullo sfondo; mentre la nebbia fluttuante invade tutta la parte sottostante. L'impossibilità di scorgere con chiarezza gli oggetti della natura determina un senso di smarrimento e, al tempo stesso, apre all'intuizione della profondità abissale e dello spazio infinito. Come osserva il filosofo tedesco Immanuel Kant (1724-1804), «l'animo si sente elevato nella propria stima, quando, contemplando queste forme, [...] si abbandona all'immaginazione e alla ragione, la quale ultima, pur unendosi all'immaginazione senza alcun fine determinato, la estende, e insieme trova che tutta la potenza dell'immaginazione stessa è inadeguata alle sue idee».

F2

John Constable
Paesaggio (Cavallo che salta)
1824-1825. Londra, Royal Academy of Art.

Constable definisce questa scena come «un soggetto attraente [...], vivace – rasserenante – calmo e allegro, fresco e di ampio respiro». Il quadro raffigura un cavallo imbizzarrito di fronte a uno sbarramento nei pressi di una chiusa. La composizione è costruita su piani orizzontali e trasversali segnati dal ponte, dalle imbarcazioni e dal corso d'acqua superiore. Gli effetti di luce sono ottenuti per accostamento tonale di colori complementari – il rosso e il verde – utilizzati in un'ampia gamma cromatica, dalle sfumature brune del rosso a quelle blu del verde. Nonostante la precisione realistica con cui Constable ritrae la campagna inglese, la sua sensibilità è senza dubbio romantica. Il pittore afferma infatti che «l'arte genera piacere grazie alla rievocazione» e imputa alla pittura moderna di essere «senza cuore» perché aspira a «un'imitazione della natura [...] fredda e insignificante».

F3

Théodore Géricault
La zattera della Medusa
1818-1819. Parigi, Musée du Louvre.

La scena raffigura la zattera sulla quale trascorsero giorni terribili alcuni naufraghi dopo l'affondamento della fregata «Medusa». Il quadro è insieme classico e romantico: classico per l'equilibrio con cui sono disposti i corpi, a creare una forma piramidale; romantico per la drammaticità che trasmette la rappresentazione. Tutto è in movimento: la zattera, investita dai cavalloni, si solleva da un lato; mentre la vela si gonfia, per il vento tempestoso, in direzione opposta. Ha un carattere fortemente realistico e tragico l'immagine in primo piano dell'uomo anziano che trattiene il corpo morto di un giovane: il sopravvissuto, con lo sguardo assorto, trattiene con la mano il cadavere che si trova in bilico fra la zattera e l'acqua, destinato in poco tempo a scomparire nelle profondità marine. Al sentimento di disperazione si unisce quello di speranza: nel vertice della piramide umana, due naufraghi sventolano dei panni rivolti verso l'orizzonte, dove appare, lontanissima, la sagoma indefinita di una nave, simbolo della salvezza.

F4

Francesco Hayez
Il bacio
1859. Milano, Pinacoteca di Brera.

Al centro della composizione due figure si abbracciano e si baciano con trasporto, in un atteggiamento naturale, dando vita a una delle più note rappresentazioni del sentimento amoroso. Fra le braccia dell'amato, la ragazza assume una posa di completo abbandono, con il corpo arcuato all'indietro e la mano quasi aggrappata alla spalla dell'uomo. Di grande effetto il contrasto cromatico tra il rosso e l'azzurro degli abiti, l'uno opaco e l'altro luminoso, a rendere la diversa consistenza dei tessuti. I due giovani indossano vestiti medievali; ma la scena allude alla storia contemporanea e agli ideali del Risorgimento. Il significato politico è suggerito da alcuni dettagli: il ragazzo coperto dal mantello, con il berretto calato sugli occhi, il viso in ombra e un pugnale nella cintura potrebbe essere un cospiratore o un rivoluzionario che vuole nascondere la propria identità. Il piede sullo scalino rivela un atteggiamento furtivo: l'uomo sembra in procinto di fuggire; e forse un complice lo attende (si scorge l'ombra di un personaggio misterioso che assiste alla scena). Un ulteriore elemento avvalora l'interpretazione in chiave patriottica del quadro: l'esposizione avvenne a Brera il 9 settembre del 1859, tre mesi dopo il trionfale ingresso a Milano di Vittorio Emanuele II e dell'alleato Napoleone III, vincitori nella guerra d'indipendenza contro l'Austria.

Fissiamo i concetti

1 L'arte romantica si manifesta soprattutto:
a. in architettura
b. in scultura
c. in pittura
d. negli arredi

2 Quale giudizio avevano i romantici a proposito delle accademie?

....

3 Fra i temi prediletti dell'arte romantica ci sono (individua l'intruso):
a. il rapporto fra uomo e natura
b. i grandi sentimenti umani
c. il recupero dell'antichità classica
d. la storia contemporanea

4 Chi sono i due maggiori paesaggisti inglesi?

....

3 Arte e letteratura nel Romanticismo

Contatto con la natura e confronto con la storia

Di fronte alla natura Immersi nella moderna società dell'utile e della tecnica, gli artisti e i poeti romantici ricercano un rapporto intenso con la natura, per recuperare un legame tra finito e infinito, tra l'individuo e l'unità della vita cosmica. Il poeta inglese Percy Bysshe Shelley (1792-1822) è orientato a «fare la natura pensiero e il pensiero natura»: lo spirito umano e lo spirito cosmico devono tendere all'unità. Nell'*Ode al vento occidentale* (1820) la natura non si fissa in forme precise, ma sfuma in prospettive aeree, celesti, acquatiche continuamente mobili e variabili tramite un tumultuoso accumulo di immagini. Il vento selvaggio dell'autunno, che trascorre dalla terra al cielo al mare, incarna il desiderio di libertà e di infinito del poeta e si identifica con l'energia vitale della natura (▶ T1).
È una natura colta nel suo aspetto più selvaggio e impetuoso anche quella solitamente rappresentata nella pittura di Turner: il paesaggista inglese non ama la natura serena e pacifica che si lascia dominare dall'uomo, ma le sue manifestazioni più terribili e spettacolari. Egli dipinge vette scoscese e valanghe, cascate e torrenti, laghi e mari in tempesta, nebbie turbinose e tramonti infuocati. Sono gli scenari «spaventevoli» in cui, secondo Kant, è più evidente il senso del «sublime»: «Le rocce che s'elevano ardite e quasi minacciose, le nuvole temporalesche che s'ammassano nel cielo tra lampi e tuoni, i vulcani nella loro potenza devastatrice, gli uragani che lasciano dietro di sé la devastazione, l'oceano senza limite sollevatesi in tempesta, l'alta cascata di un grande fiume, tutte queste cose riducono a un'insignificante piccolezza il nostro potere di resistere a tanta forza. Ma la loro vista ci esalta tanto più quanto più è spaventevole, a condizione che ci troviamo al sicuro». Per osservare e "sentire" la «tempesta di mare» poi rappresentata nel quadro *Vapore durante una tempesta di mare* (1840 ca.), Turner si fece legare a un albero della nave, lasciandosi volutamente investire dalla furia degli elementi (▶ T2). Come Shelley auspica di essere «una foglia appassita», «una rapida nuvola», «un'onda palpitante» per venire trasportato dal vento impetuoso, così Turner vuole smarrirsi nella natura, sgomento e sopraffatto dalle sue manifestazioni più violente.

Di fronte alla storia Il recupero di un rapporto profondo con la natura non esclude la volontà, da parte dell'artista romantico, di restare a contatto con la storia, vivendo appassionatamente i fatti cruciali che caratterizzano la sua età. Il Romanticismo sente in effetti con grande intensità il senso della nazione; anzi, si può dire che il concetto moderno di nazione, intesa non solo in senso geografico e politico ma anche spirituale e culturale, si affermi proprio con il Romanticismo. Ogni nazione è come una grande individualità, animata dallo "spirito del popolo".
Una delle opere più note di Delacroix, *La libertà che guida il popolo*, nasce in relazione ai moti rivoluzionari del luglio del 1830, che, in sole tre giornate, rovesciarono il regno di Carlo X. Delacroix realizza così un quadro politico, il primo forse in cui sia esposta con tanta chiarezza l'ideologia liberale dei giovani romantici. Tuttavia, il pittore non si limita alla descrizione esteriore di un fatto, isolando, come in un fotogramma, un momento della rivolta; egli esprime piuttosto la sua reazione personale, il suo sentimento di fronte a quel fatto. D'altra parte, il preciso riferimento storico sfuma in un concetto astratto, come è sottolineato dal titolo stesso dell'opera in questione: il popolo è condotto all'azione violenta dal proprio ideale, quell'ideale di libertà che è così consono all'animo romantico e per il quale si è pronti anche al sacrificio di sé (▶ T3).
Lo stesso ideale di libertà è alla base, in Italia, dell'ideologia risorgimentale: essa si intreccia con i motivi letterari e artistici del Romanticismo, dando

vita nel nostro Paese a una cultura romantico-risorgimentale. Ippolito Nievo (1831-1861, ▶ Unità 12) è stato definito l'ultimo scrittore risorgimentale della letteratura italiana: *Le confessioni di un italiano*, seguendo la lunga vita del protagonista, Carlo Altoviti, ripercorrono gli eventi principali della storia d'Italia dalla fine del Settecento alla metà dell'Ottocento. Nell'episodio della rivolta di Portogruaro (collocata, secondo un'invenzione dell'autore, nel 1796) sono protagonisti, come nel quadro di Delacroix, il popolo e la libertà: in mezzo ai rivoltosi vi è infatti, «al luogo del solito stendardo, un famoso albero della libertà», ed è appunto la libertà ciò che chiedono gli insorti («vogliamo la libertà!... Viva la libertà!...»; ▶ T4).

T1

Percy B. Shelley
Ode al vento occidentale

Le forme
- accumulo di immagini

I temi
- vento simbolo di una forza cosmica che distrugge e ricrea
- identificazione del poeta con la forza ispiratrice poetica

Il vento occidentale è il simbolo della forza sconfinata della natura, che agisce anche all'interno del poeta. Egli può perciò infine presentarsi come un profeta capace di rivelare all'umanità il senso della vita. Il componimento è un'ode in terza rima, scritta nel 1819 in un bosco sulle rive dell'Arno, vicino a Firenze, in un giorno di vento tempestoso.

I

Oh tu Vento selvaggio occidentale, àlito[1]
della vita d'Autunno, oh presenza invisibile da cui
le foglie morte sono trascinate, come spettri in fuga

da un mago incantatore, gialle e nere,
pallide e del rossore della febbre, moltitudini
che il contagio ha colpito:[2] oh tu che guidi

i semi alati ai loro letti oscuri
dell'inverno[3] in cui giacciono freddi e profondi
come una spoglia sepolta nella tomba,

finché la tua azzurra sorella della Primavera
non farà udire la squilla sulla terra in sogno[4]
e colmerà di profumi e di colori vividi

il colle e la pianura, nell'aria i lievi bocci conducendo
simili a greggi al pascolo; oh Spirito selvaggio,
tu che dovunque t'agiti, e distruggi e proteggi:[5] ascolta, ascolta!

II

Tu nella cui corrente, nel tumulto
del cielo a precipizio, le nuvole disperse
sono spinte qua e là come foglie appassite

1 **àlito:** *soffio, respiro.*
2 **moltitudini... colpito:** la massa di foglie morte è paragonata a una moltitudine colpita da un'epidemia.
3 **i semi... inverno:** il vento guida i semi **alati** (che volano nell'aria) al letto oscuro della terra dove giaceranno tutto l'inverno.
4 **finché... sogno:** *finché Zefiro non farà udire la squilla della Primavera, che risveglia la terra addormentata.* Zefiro è considerato sorella del vento occidentale; e dato che spira più dolcemente, è personificato al femminile.
5 **distruggi e proteggi:** il vento distrugge le foglie autunnali, ma protegge i semi da cui nascerà nuova vita.

scosse dai rami intricati del Cielo e dell'Oceano,[6]
angeli della pioggia e del fulmine, e si spargono
là sull'azzurra superficie delle tue onde d'aria

come la fulgida chioma che s'innalza
sopra la testa d'una fiera Menade, dal limite
fioco dell'orizzonte fino alle altezze estreme dello zenit,[7]

capigliatura della tempesta[8] imminente. Canto funebre
tu dell'anno che muore, al quale questa notte che si chiude
sarà la cupola del suo sepolcro immenso, sostenuta a volta

da tutta la potenza riunita dei vapori
dalla cui densa atmosfera esploderà una pioggia
nera con fuoco e grandine:[9] oh, ascolta!

III

Tu che svegliasti dai loro sogni estivi
le acque azzurre del Mediterraneo,[10] dove
si giaceva cullato dal moto dei flutti cristallini

accanto a un'isola tutta di pomice del golfo
di Baia[11] e vide in sonno gli antichi palazzi e le torri
tremolanti nel giorno più intenso dell'onda,[12] sommersi

da muschi azzurri e da fiori dolcissimi al punto
che nel descriverli il senso viene meno!
Tu per il cui sentiero[13] la possente

superficie d'Atlantico si squarcia
e svela abissi profondi dove i fiori
del mare e i boschi fradici di fango, che indossano

le foglie senza linfa dell'oceano, conoscono
la tua voce e si fanno all'improvviso grigi
per la paura e tremano e si spogliano:[14] oh, ascolta!

IV

Fossi una foglia appassita che tu potessi portare;
fossi una rapida nuvola per inseguire il tuo volo;

6 Tu… Oceano: Tu va collegato al finale **ascolta**. Le nuvole disperse dalla corrente del vento, che sconvolge il cielo, sono spinte qua e là, come foglie appassite, e scosse via dal cielo e dall'oceano, paragonati ad alberi dai rami intrecciati.
7 come… zenit: le nuvole si spargono nell'azzurro del cielo ventoso, come la chioma splendente che si agita sulla testa di una selvaggia **Menade** (Baccante, sacerdotessa di Dioniso), dal limite indistinto dell'orizzonte fino al punto più alto del cielo.
8 capigliatura della tempesta: la tempesta è associata alla Menade e le nuvole diventano la sua capigliatura.
9 Canto funebre… grandine: il vento diventa qui il canto funebre dell'anno che muore, al quale la notte farà da copertura, come a un immenso sepolcro, cupola in cui si addensano vapori tempestosi che esploderanno in pioggia di grandine e fulmini. La notte è dunque una specie di monumento funebre all'anno che tramonta; la **pioggia nera con fuoco e grandine** insiste sull'immagine apocalittica della distruzione di un mondo ormai morto.
10 Tu… Mediterraneo: il vento con le sue tempeste ha svegliato il mare delle bonacce estive.
11 Baia: località della Campania, sta a indicare il Mediterraneo.
12 e vide… onda: il mare, nel sonno della calma estiva, vide gli antichi palazzi e le torri delle sue rive riflettersi tremolando nelle onde luminose.
13 Tu per il cui sentiero: è sempre il vento che, con il suo passaggio, crea nell'acqua un sentiero.
14 dove… spogliano: anche nei profondi abissi i fiori e i boschi sottomarini sentono il sopraggiungere del vento autunnale, e perdono i colori e le foglie.

un'onda palpitante alla tua forza,[15] e potessi
condividere tutto l'impulso della tua potenza,
soltanto meno libero di te, oh tu che sei incontrollabile!
Potessi essere almeno com'ero nell'infanzia, compagno
dei tuoi vagabondaggi alti nei cieli, come quando
superare il tuo rapido passo celeste
sembrava appena un sogno;[16] non mi rivolgerei
a te con questa preghiera nella mia dolente
necessità. Ti prego, levami come un'onda, come
una foglia o una nuvola. Cado
sopra le spine della vita e sanguino! Un grave
peso di ore ha incatenato, incurvato
uno a te troppo simile:[17] indomito, veloce ed orgoglioso.

V

Fa' di me la tua cetra, com'è della foresta;[18]
che cosa importa se le mie foglie cadono
come le sue! Il tumulto
delle tue forti armonie leverà a entrambi un canto
profondo e autunnale, e dolcemente triste.[19]
Che tu sia dunque il mio spirito, o Spirito fiero!
Spirito impetuoso, che tu sia me stesso!
Guida i miei morti pensieri per tutto l'universo
come foglie appassite per darmi una nascita nuova!
E con l'incanto di questi miei versi disperdi
come da un focolare non ancora spento,
le faville e le ceneri, le mie parole fra gli uomini!
E alla terra che dorme, attraverso il mio labbro,
tu sia la tromba d'una profezia![20] Oh, Vento,
se viene l'Inverno, potrà la Primavera esser lontana?[21]

da P. B. Shelley, *Poesie*, a cura di R. Sanesi, Mondadori, Milano 1983.

15 Fossi... forza: il poeta desidera essere una foglia, una nuvola, un'onda mossa dal vento per condividerne la totale libertà.
16 superare... sogno: nell'infanzia superare la rapidità del vento appariva al fanciullo un sogno possibile.
17 Cado... simile: il poeta cade ferito dai dolori della vita; il grave peso del tempo ha incatenato, piegato un essere troppo simile al vento, nella natura e nelle aspirazioni.
18 Fa'... foresta: il poeta vuole diventare una cetra suonata dal vento, come gli alberi della foresta. È una metafora che ricorre spesso nel Romanticismo inglese e indica una concezione che riconosce alla poesia la capacità di esprimere le forze misteriose e divine della natura, di cui il poeta è docile strumento.
19 il tumulto... triste: il passaggio tumultuoso del vento è una potente armonia che farà vibrare la foresta e il poeta di una dolce e triste melodia. Il canto, la poesia sono di nuovo associati alla natura.
20 alla terra... profezia: *e all'umanità assopita nell'inerzia* (**alla terra che dorme**), *attraverso il mio canto, tu* [: lo spirito del vento] *sia annuncio* (**tromba**) *di una profezia*. La poesia è scritta nel 1819, in piena Restaurazione ma, a partire dall'anno successivo, un'ondata di moti rivoluzionari sconvolgerà l'Europa.
21 se... lontana: nel sonno dell'**Inverno** si prepara la rinascita della **Primavera**, che è metafora della rinascita dell'umanità.

Leggere e capire

Due momenti Il testo è diviso in cinque parti, ma è strutturato intorno a due momenti principali. Nel primo momento, che corrisponde alle prime tre parti, il vento è simbolo di una forza cosmica che distrugge e ricrea, ed è visto in relazione al cielo (parte seconda) e al mare (parte terza). Nel secondo momento, che riguarda le parti quarta e quinta, il poeta prega il vento perché lo trasporti con sé: esso diventa cioè simbolo della stessa forza dell'ispirazione poetica, del suo carattere energico e impetuoso, capace di risvegliare l'umanità «che dorme».

Analizzare

L'accumulo di immagini La forza travolgente del vento trova un corrispettivo nella forma del testo: la poesia è infatti pervasa da un'immaginazione sfrenata e incontenibile, che origina un tumultuoso accumulo di immagini. Esse costruiscono una rete di richiami interni: la «terra in sogno» (I, v. 11), i «sogni estivi» del mare (III, v. 31) e la «terra che dorme» (V, v. 73); «le foglie morte» (I, v. 3), le nuvole trascinate dal vento «come foglie appassite» (II, vv. 17-18) e i «morti pensieri» del poeta sparsi nell'universo «come foglie appassite» (V, vv. 68-69).

Interpretare e approfondire

L'annuncio della «Primavera» L'invocazione del poeta al vento non vale solo come riscatto individuale: le «nascita nuova» che egli auspica per sé si allarga al resto degli uomini, raggiunti dai versi paragonati alle «faville e le ceneri» di «un focolare non ancora spento». La poesia deve infatti essere «la tromba d'una profezia» che risvegli l'umanità addormentata e annunci «la Primavera». È possibile una lettura in chiave libertaria e politica di questi ultimi versi: «l'Inverno» potrebbe essere quello della Restaurazione, a cui seguirà però «la Primavera» della rivoluzione annunciata dal poeta-profeta.

Esercizi

1 «Distruggi e proteggi»
Il «Vento selvaggio» cui è dedicata l'ode "distrugge" e "protegge": come spieghi questo suo duplice potere?

2 Illustrare la poesia
Al centro dell'ode c'è una visione impetuosa della natura, determinata dallo «Spirito selvaggio» del vento. Immagina di dover associare ai versi di Shelley un quadro: quale sceglieresti? Fa' una ricerca e avanza un'ipotesi.

T2

Joseph Turner
Vapore durante una tempesta di mare

1840 ca. Londra, Tate Gallery.

Leggere l'opera

Il paesaggio tradizionale si dissolve, per Turner, in vortici di linee e luci, che annullano la consistenza degli oggetti rappresentati immergendo lo spettatore all'interno del quadro e rendendolo protagonista. Come scrisse un critico inglese e come è dimostrato da questo quadro, Turner si era reso conto che «la nostra visione naturale ha la forma di un ovale generico», superando la tradizionale concezione prospettica della «piramide visiva». La furia della tempesta, che investe tutta la realtà circostante travolgendo anche l'uomo, apre al senso del «sublime»: l'individuo, cosciente della propria finitezza, intuisce l'infinito. Elemento fondamentale della pittura di Turner è la luce, rappresentata come elemento autonomo. La sua idea era infatti «dipingere la luce in se stessa, indipendentemente dagli oggetti in cui si espande» (T. Thoré).

T3

Eugène Delacroix
La libertà che guida il popolo

1830. Parigi, Musée du Louvre.

Leggere l'opera

Con questo quadro Delacroix volle dimostrare la propria adesione ai moti rivoluzionari del 1830 (egli si ritrae nell'uomo con fucile e cappello a cilindro, a fianco della Libertà). Scrive infatti al fratello: «Ho intrapreso un soggetto moderno, una barricata, e se non ho mai vinto per la patria, almeno avrò dipinto per lei». La tela rappresenta il popolo che avanza armato sulle barricate incitato da una figura femminile, la personificazione della Libertà. L'idea compositiva deriva dalla *Zattera della Medusa* di Géricault (▶ F3): anche qui vi è un impianto piramidale e una spinta dinamica da sinistra verso destra, e la figura seminuda del giovane morto, con un solo calzino al piede, ricorda, in posizione inversa, quella del naufrago che sta scivolando dalla zattera. L'unità della composizione è arricchita dalle corrispondenze cromatiche: il rosso scarlatto e il blu della bandiera sono riecheggiati dagli indumenti dei personaggi ai piedi della Libertà (la fascia e la camicia dell'uomo a sinistra, la calza del giovane cadavere e la giacca del soldato). Intorno alla figura femminile è il fragore della lotta, che coinvolge borghesi e popolani, soldati e bambini; mentre tutta la città (di cui sorgono a destra le torri della cattedrale di Notre Dame e le case) è avvolta dal fumo delle cannonate. L'opera, esposta al Salon di Parigi del 1831, sconcertò la critica, che la considerò «brutta, ignobile, plebea», un'apologia della «canaglia», dei «rifiuti della società», rilevando, in particolare, la «volgarità» e l'eccessivo realismo del nudo femminile.

T4

Ippolito Nievo
La rivolta di Portogruaro

[*Le confessioni di un italiano*, cap. X]

Le forme
- imitazione del parlato
- umorismo

I temi
- ideali risorgimentali

Nel seguente passo l'autore rappresenta un'immaginaria insurrezione popolare, ambientata nel 1796 a Portogruaro (in provincia di Venezia), sotto la cui giurisdizione rientra anche il castello di Fratta. Nel romanzo, il moto popolare porta alla costituzione di una repubblica democratica. Al momento della sommossa, Carlo, dopo gli anni trascorsi a Padova presso l'avvocato Ormenta, è ritornato a Fratta per esercitarvi la professione di cancelliere.

A Portogruaro era a dir poco un parapiglia del diavolo;[1] sfaccendati che gridavano; contadini a frotte che minacciavano; preti che persuadevano; birri che scantonavano, e in mezzo a tutto, al luogo del solito stendardo,[2] un famoso albero della libertà,[3] il primo ch'io m'abbia veduto, e che non mi fece anche un grande effetto in quei momenti e in quel sito.[4] Tuttavia era[5] giovine, era stato a Padova, era fuggito alle arti del Padre Pendola,[6] non adorava per nulla l'Inquisizione di Stato[7] e quel vociare a piena gola come pareva e piaceva, mi parve di botto un bel progresso.[8] – Mi persuadetti quasi che i soliti fannulloni fossero divenuti uomini d'Atene e di Sparta, e cercava nella folla taluno che al crocchio del Senatore soleva levar a cielo le legislazioni di Licurgo e di Dracone.[9] Non ne vidi uno che l'era uno.[10] Tutti quei gridatori[11] erano gente nuova, usciti non si sapeva dove; gente a cui il giorno prima si avrebbe litigato il diritto di ragionare[12] e allora imponevano legge con quattro sberrettate[13] e quattro salti intorno a un palo di legno.[14] Balzava da terra se non armata certo arrogante e presuntuosa una nuova potenza; lo spavento e la dappocaggine[15] dei caduti faceva la sua forza; era il trionfo del Dio ignoto, il baccanale dei liberti[16] che senza saperlo si sentivano uomini. Che avessero la virtù di diventar tali io non lo so; ma la coscienza di poterlo di doverlo essere era già qualche cosa.[17] Io pure dall'alto del mio cavalluccio[18] mi diedi a strepitare con quanto fiato aveva in

1 un parapiglia del diavolo: *una grande confusione.* Modo di dire popolare.
2 stendardo: *insegna, bandiera.*
3 albero della libertà: simbolo rivoluzionario della libertà, costituito da un palo con in cima un cappello rosso.
4 sito: *luogo.*
5 era: *ero.*
6 Padre Pendola: è il padre al cui seguito Carlino si era mosso dal castello di Fratta per recarsi all'università di Padova.
7 l'Inquisizione di Stato: il Tribunale dell'Inquisizione era l'organo investigativo e penale di cui si serviva lo Stato della città di Venezia.
8 e quel vociare... progresso: *e quel gridare a viva voce* (**vociare**) *come pareva e piaceva* [*alle persone*] *mi parve all'improvviso* (**di botto**) *un bel progresso.* Carlino vede la sommossa come un progresso in quanto affermazione di una libertà del popolo contro i rigidi sistemi di controllo delle autorità statali.
9 Mi persuadetti... Dracone: *Mi convinsi* (**Mi persuadetti**) *che i soliti fannulloni fossero uomini di Atene e di Sparta, e cercavo* (**cercava**) *nella folla qualcuno* (**taluno**) *che nel gruppo di uomini che parlavano* (**crocchio**) *intorno al rappresentante dello Stato* (**Senatore**) *sollevasse* (**soleva levar**) *a*[*l*] *cielo le leggi* (**legislazioni**) *di Licurgo e di Dracone.* Carlo vede per un momento gli agitatori della sommossa come i cittadini delle due più celebri città-Stato del mondo greco antico. **Licurgo** e **Dracone** erano i legislatori rispettivamente di Sparta e di Atene.
10 Non ne... uno: *Non ne vidi uno tale.* Forma che imita il parlato popolare.
11 gridatori: *uomini che gridavano.*
12 si avrebbe... ragionare: *si sarebbe contestato* (**litigato**) *il diritto di discutere* (**ragionare**).
13 sberrettate: *levate di berretto*, per salutare.
14 palo di legno: è il già menzionato albero della libertà.
15 dappocaggine: *incapacità.*
16 il baccanale dei liberti: i baccanali erano le feste orgiastiche dedicate al dio Bacco. I liberti erano gli schiavi cui era stata restituita una parziale libertà, senza che potessero accedere al ruolo di cittadini con diritto di voto. Il paragone, che continua la serie delle metafore classiche, è efficace proprio per la sua connotazione politica.
17 Che avessero... cosa: si evidenzia in questa riflessione l'ideologia risorgimentale di Nievo, che crede nella possibilità della redenzione politica delle masse popolari.
18 cavalluccio: è il piccolo cavallo con cui Carlo si è recato a Portogruaro.

corpo; e certo fui giudicato un caporione[19] del tumulto, perché tosto mi si radunò intorno una calca scamiciata[20] e frenetica che teneva bordone[21] alle mie grida, e mi accompagnava come in processione. Tanto può in certi momenti un cavallo. Lo confesso che quell'aura di popolarità mi scompigliò il cervello,[22] e ci presi un gusto matto a vedermi seguito e festeggiato da tante persone, nessuna delle quali conosceva me, come io non conosceva loro. Lo ripeto, il mio cavallo ci ebbe un gran merito, e fors'anco il bell'abito turchino di cui era vestito; la gente, checché se ne dica, va pazza delle splendide livree,[23] e a tutti quegli uomini sbracciati e cenciosi[24] parve d'aver guadagnato un terno al lotto col trovar un caporione così bene in arnese,[25] e per giunta anco[26] a cavallo. Fra quel contadiname riottoso[27] che guardava di sbieco[28] l'albero della libertà, e pareva disposto ad accoglier male i suoi coltivatori,[29] v'avea taluno della giurisdizione di Fratta che mi conosceva per la mia imparzialità,[30] e pel mio amore della giustizia. Costoro credettero certo che io m'intromettessi ad accomodar tutto per lo meglio,[31] e si misero a gridare:

– Gli è il nostro Cancelliere! – Gli è il signor Carlino! – Viva il nostro Cancelliere! – Viva il signor Carlino!

La folla dei veri turbolenti[32] cui non pareva vero di accomunarsi in un uguale entusiasmo con quella gentaglia sospettosa e quasi nimica,[33] trovò di suo grado[34] se non il Cancelliere almeno il signor Carlino; ed eccoli allora a gridar tutti insieme: – Viva il signor Carlino! – Largo al signor Carlino! – Parli il signor Carlino!

Quanto al ringraziarli di quegli ossequi e all'andar innanzi io me la cavava ottimamente; ma in punto a parlare, affé che non avrei saputo cosa dire; fortuna che il gran fracasso me ne dispensava. Ma vi fu lo sciagurato che cominciò a zittire, a intimar silenzio; e a pregare che si fermassero ad ascoltar me, che dall'alto del mio ronzino, e inspirato dal mio bell'abito prometteva di esser per narrar loro delle bellissime cose.[35] Infatti si fermano i primi; i secondi non possono andar innanzi; gli ultimi domandano cos'è stato. – È il signor Carlino che vuol parlare! Silenzio! Fermi! Attenti!... – Parli il signor Carlino! – Oramai il cavallo era assediato da una folla silenziosa, irrequieta, e sitibonda[36] di mie parole. Io sentiva lo spirito di Demostene[37] che mi tirava la lingua: apersi le labbra... – Ps, ps!... Zitti! Egli parla! – Pel primo esperimento non fui molto felice; rinchiusi le labbra senza aver detto nulla.

19 caporione: *capo e animatore.* L'uso ironico del termine mette in evidenza che si tratta di una sommossa casuale e disorganizzata, quasi rionale.
20 una calca scamiciata: *una folla in maniche di camicia.* L'immagine dell'abbigliamento scomposto suggerisce l'idea della frenesia della folla e anche la sua aggressività.
21 bordone: *seguito.*
22 mi scompigliò il cervello: *mi fece montare la testa.* È da notare la tonalità umoristica della narrazione. L'umorismo è molto frequente in Nievo, soprattutto nelle scene sociali, che dipingono una pluralità di personaggi in azione.
23 livree: *uniformi signorili.* L'autore gioca però qui su un doppio significato della parola "livrea", che indica anche 'l'aspetto di un animale, variabile a seconda del colore della pelle'.
24 cenciosi: *vestiti di stracci.*
25 bene in arnese: *bene abbigliato.*
26 anco: *anche.*
27 contadiname riottoso: *un gruppo litigioso di contadini.*
28 di sbieco: *di traverso*, con sospetto e ostilità.
29 pareva... coltivatori: *sembrava pronto ad aggredire* (**pareva disposto ad accoglier male**) *i suoi sostenitori* (**coltivatori**). La metafora è costruita sul doppio senso della parola «albero».
30 imparzialità: *equità.*
31 per lo meglio: *per il meglio.*
32 veri turbolenti: *i veri animatori della sommossa.*
33 gentaglia sospettosa e quasi nimica: *brutta gente piena di sospetti e quasi nemica.* I contadini sono presentati quasi sempre in modo negativo rispetto ai cittadini, anche perché nel Risorgimento spesso i contadini guardavano con ostilità alle organizzazioni liberali.
34 di suo grado: *di suo gradimento.*
35 Quanto... cose: *Quanto al ringraziarli di quelle deferenze* (**quegli ossequi**) *e* [*quanto*] *al camminare* (**andar**) *avanti* (**innanzi**) *io me la cavavo* (**cavava**) *ottimamente; ma in quanto* (**in punto**) *a parlare, in fede* (**affé**) *non avrei saputo che dire;* [*per*] *fortuna il grande chiasso* (**gran fracasso**) *me ne dispensava. Ma vi fu uno sventurato* (**lo sciagurato**) *che cominciò a* [*far*] *zittire* [*le persone*], *a intimare il silenzio, e a pregare che si fermassero ad ascoltar*[*e*] *me, che dall'alto del mio cavallo* (**ronzino:** cavallo di razza inferiore), *e inspirato dal mio bell'abito promettevo* (**prometteva**) *di essere* [*prossimo*] *a* (**per**) *narrare loro delle bellissime cose.*
36 sitibonda: *assetata.*

– Avete sentito?… Cosa ha detto? – Ha detto che si taccia! – Silenzio dunque!… Viva il signor Carlino!

Rassicurato da sì benigno compatimento apersi ancora la bocca e questa volta parlai davvero.

– Cittadini – (era la parola prediletta di Amilcare)[38] – cittadini, cosa chiedete voi?

L'interrogazione era superba[39] più del bisogno: io distruggeva d'un soffio Doge, Senato, Maggior Consiglio, Podesteria, e Inquisizione;[40] mi metteva di sbalzo al posto della Provvidenza, un gradino più in su d'ogni umana autorità. Il castello di Fratta e la Cancelleria non li discerneva[41] più da quel vertice sublime; diventava una specie di dittatore, un Washington[42] a cavallo fra un tafferuglio di pedoni[43] senza cervello.

– Cosa chiediamo? – Cosa ha detto? Ha domandato cosa si vuole! – Vogliamo la libertà!… Viva la libertà!… – Pane, pane!… Polenta, polenta! – gridavano i contadini.

Questa gridata del pane e della polenta finì di mettere un pieno accordo fra villani di campagna e mestieranti di città. Il Leone e San Marco ci perdettero le ultime speranze.[44]

– Pane! pane! Libertà!… Polenta!… La corda[45] ai mercanti! Si aprano i granai!… Zitto! zitto!… Il signor Carlino parla!… Silenzio!…

Era vero che un turbine d'eloquenza mi si levava pel capo e che ad ogni costo voleva parlare anch'io giacché erano tanto ben disposti ad ascoltarmi.

– Cittadini, – ripresi con voce altisonante[46] – cittadini, il pane della libertà è il più salubre di tutti; ognuno ha diritto d'averlo perché cosa resta mai l'uomo senza pane e senza libertà?… Dico io, senza pane e senza libertà cos'è mai l'uomo? […]

– Cittadini, – ripresi – voi volete la libertà; per conseguenza l'avrete. Quanto al pane e alla polenta io non possono darvene: se l'avessi vi inviterei tutti a pranzo ben volentieri. Ma c'è la Provvidenza[47] che pensa a tutto: raccomandiamoci a lei!

Un momento lungo e diverso,[48] che dinotava qualche disparità di pareri, accolse questa mia proposta. Poi successe un tumulto di voci, di gridate, di minacce e di proposte che dissentivano alquanto dalle mie.

– Ai granai, ai granai! – Eleggiamo un podestà![49] – Si corra al campanile! – Si chiami fuori Monsignor Vescovo![50] – No no! Dal Vice-capitano! – Si metta in berlina[51] il Vice-capitano!

Vinse l'impeto di coloro che volevano ricorrere a Monsignore; ed io sempre col mio cavallo fui spinto e tirato fin dinanzi all'Episcopio.[52]

da I. Nievo, *Le confessioni di un italiano*, a cura di M. Gorra, Mondadori, Milano 1993.

37 lo spirito di Demostene: Demostene era un celebre retore greco. I riferimenti al mondo classico sono spesso ironici e contribuiscono all'umorismo della narrazione.
38 Amilcare: Amilcare Dossi era il giovane studente che Carlo aveva conosciuto a Padova e che lo aveva iniziato alle idee liberali.
39 L'interrogazione era superba: *La domanda era ambiziosa.*
40 Doge… Inquisizione: organi di governo della Repubblica Serenissima di Venezia.
41 discerneva: *riconoscevo.*
42 Washington: George Washington (1732-1799) fu il primo presidente degli Stati Uniti, dopo esser stato l'eroe della guerra di Indipendenza americana.
43 tafferuglio di pedoni: *mischia di gente a piedi.* Si noti ancora la sfumatura ironica dell'espressione.
44 Questa… speranze: *Questo grido* (**gridata**) *del pane e della polenta finì col* (**di**) [*fare*] *mettere in pieno accordo* [*gli*] *umili* (**villani**) *di campagna e* [*i*] *lavoratori* (**mestieranti**) *di città. Il Leone e San Marco con ciò* (**ci**) *perdettero le ultime speranze* [*di salvaguardare il governo della città di Venezia*]. **Il Leone e San Marco** sono i simboli di Venezia.
45 La corda: *L'impiccagione.*
46 altisonante: *sonoro.*
47 la Provvidenza: è evidente il riferimento ai *Promessi sposi*, da leggere in chiave soprattutto polemica.
48 diverso: *fatto di voci diverse.*
49 podestà: capo del Comune con mansioni soprattutto nella giustizia e nella difesa dello Stato.
50 Monsignor Vescovo: si tratta del monsignor Berra, un personaggio storico, celebrato per la sua superiore vocazione evangelica.
51 in berlina: *alla berlina*, cioè alla pubblica accusa.
52 Episcopio: il vescovado dove hanno sede la casa e la curia del vescovo.

Leggere e capire

Un "quadro animato" Nella prima parte (rr. 1-32) il protagonista-narratore presenta la situazione nella quale si trova coinvolto a Portogruaro, tratteggiando una sorta di quadro: la folla caotica degli insorti si accalca attorno a «un famoso albero della libertà». Spicca, «dall'alto del *suo* cavalluccio», Carlino, che viene riconosciuto come un capo del tumulto: il suo «bell'abito turchino» contrasta con la massa di «uomini sbracciati e cenciosi» in rivolta.
Nella seconda parte (rr. 33-82) il quadro si fa animato, con uno scambio di battute fra la voce anonima della folla e il protagonista. Incalzato dai rivoltosi, Carlino si decide finalmente a parlare, rivolgendo un'«interrogazione superba»: «– cittadini, cosa chiedete voi?». Essi rispondono invocando, insieme alla libertà, pane e polenta. Il protagonista promette il raggiungimento della libertà, e fa appello alla «Provvidenza» per quanto riguarda invece il pane e la polenta. A questo punto si levano dalla folla voci contrastanti: in accordo o in disaccordo con Carlino, decise a rivolgersi al «Monsignor Vescovo» o al «Vice-capitano». Prevale infine «l'impeto di coloro che volevano ricorrere a Monsignore».

Analizzare

Il trattamento delle scene corali La rappresentazione "in presa diretta" dei tumulti è costruita sull'imitazione del parlato: i personaggi usano espressioni dialettali e gergali; la sintassi è poco strutturata, con periodi lasciati aperti; le concordanze verbali sono imperfette. Nel brano emerge una nota fondamentale dello stile di Nievo, l'umorismo. Il narratore autobiografico mantiene uno sguardo distaccato e ironico nella descrizione dei personaggi che compongono la folla. Si tratta di un'ironia che è spesso collegata alla parodia politica.

Interpretare e approfondire

L'ideologia politica di Nievo In questo episodio emergono chiaramente gli ideali risorgimentali dell'autore. La fiducia nella possibilità che il popolo possa affermare la propria libertà politica è sempre presente nell'ottica del narratore, che non rinuncia tuttavia a rappresentare realisticamente i limiti culturali delle classi subalterne. La visione positiva dell'insurrezione popolare è accompagnata da un sostanziale scetticismo in merito alle reali possibilità delle masse popolari di conquistare l'autogestione politica. Nei rivoltosi, infatti, il bisogno di piegarsi alle autorità prevale sulle aspirazioni democratiche. Lo stesso Carlo è, almeno in parte, interno a questa logica. Il protagonista-narratore si rappresenta, in modo autoironico, come uno sprovveduto bonaccione, contento di vivere un momento di gloria capitatogli per caso.

Esercizi

1 Il popolo in rivolta
Nievo rappresenta qui il popolo di Portogruaro in rivolta. Sottolinea nel testo le espressioni impiegate per descrivere la folla degli insorti: quale visione emerge?

2 Confronti
Secondo te, il "quadro" dei rivoltosi fornito da Nievo può essere paragonato a quello di Delacroix nella *Libertà che guida il popolo* (▶ T3)? Sono presenti le stesse categorie sociali?

Dal ripasso alla verifica

esercizi di riepilogo

1 Gli artisti

In questo percorso abbiamo fatto una carrellata dei maggiori pittori romantici. Indica a quale di essi possono riferirsi le seguenti affermazioni:

- È il pittore romantico più acclamato in Italia: ....
- È un grande paesaggista tedesco, che pone al centro dei suoi quadri il rapporto dell'uomo con la natura: ....
- Nella sua opera più nota, si è ispirato a un tragico episodio di cronaca, rappresentando il naufragio di una fregata francese: ....
- La sua opera più nota è *La libertà che guida il popolo*: ....
- I suoi paesaggi mostrano spesso scenari tempestosi, in cui si manifesta la grandiosità della natura: ....
- I suoi paesaggi si caratterizzano per una meticolosa precisione descrittiva: ....

2 I concetti: il sublime

Con l'aiuto del dizionario, prova a dare una definizione di "sublime", concetto-chiave della poetica romantica. In quale dei quadri proposti nel percorso si esprime con evidenza il senso del sublime?

esercizi di approfondimento

3 Leggere l'opera

La lettura di un'opera d'arte comprende solitamente, come negli esempi forniti nel percorso, l'indicazione del soggetto, l'analisi della struttura compositiva, dell'uso dei colori e degli effetti della luce. Può infine essere arricchita con un'opinione personale, per esempio indicando i sentimenti che l'opera suscita in noi. Prova a "leggere" le seguenti opere, scrivendo per ciascuna una breve didascalia.

◄ Caspar David Friedrich, *Paesaggio del Riesengebirge*, 1835. Mosca, Museo Puškin.

....
....
....
....

John Constable, *Il carro di fieno*, 1821. Londra, National Gallery.

....

....

Joseph Turner, *Pioggia, vapore e velocità*, 1844. Londra, National Gallery.

....

....

4 L'artista "geniale"

Nel Romanticismo, la figura dell'artista coincide con quella del "genio". Ti proponiamo un passo dalla *Critica del giudizio* di Kant in cui il filosofo tedesco si sofferma su questo concetto. Dopo averlo letto in classe, commentane il contenuto con i tuoi compagni: quale immagine dell'artista emerge? Sei d'accordo con la tesi kantiana?

Il genio è il talento (dono naturale) che dà la regola all'arte. [...]. Ciascuno ammette che il genio è proprio l'opposto dello spirito d'imitazione. Ora, poiché l'apprendere non è se non imitare, la più grande facilità ad apprendere, in quanto tale, non può essere considerata come genio. Anche se alcuno non solamente comprende ciò che già altri hanno pensato, ma da sé pensa o fantastica, anzi scopre alcunché nel campo dell'arte o della scienza, non è questa una ragione sufficiente per dare alla sua mente (spesso grande) il titolo di genio (in opposizione a colui che sapendo solo imparare ed imitare è detto un pappagallo); giacché ciò che egli compie avrebbe potuto essere imparato e si trova sulla via naturale della ricerca e della riflessione secondo regole, e non è essenzialmente diverso da ciò che si può raggiungere con la diligenza e l'imitazione. Così, tutto ciò che Newton ha esposto nella sua immortale opera sui Principii della filosofia naturale, benché a scoprirlo sia stata necessaria una grande mente, si può sempre imparare. Non si può invece imparare a poetare, per quanto siano completi i precetti dell'arte poetica e per quanto eccellenti ne siano i modelli. La ragione sta in ciò, che Newton avrebbe potuto non solo a se stesso, ma ad ogni altro rendere intuibili ed offrire all'imitazione tutti i passaggi che dovevano guidarlo dai primi elementi della geometria sino alle sue grandi e profonde scoperte; ma nessun Omero o Wieland potrebbe mostrare come nella sua testa si siano prodotte e si siano ordinate le sue idee così ricche di fantasia e insieme così piene di pensiero, giacché egli stesso non lo sa e quindi non può insegnarlo agli altri.

da I. Kant, *Critica della facoltà di giudizio*, Einaudi, Torino 1999.

5 Confronto fra linguaggi: il *Viandante sul mare di nebbia* di Friedrich e *L'infinito* di Leopardi

Il «viandante» ritratto nel quadro di Friedrich (▶ F1) guarda verso l'infinito, che il «mare di nebbia» lascia intuire. Da questo punto di vista, l'opera pittorica può essere confrontata con la poesia di Leopardi *L'infinito* (▶ Unità 15, T8): quali sono, secondo te, le analogie e le differenze?

Il melodramma

Teatro alla Scala, Milano.

1 Le origini del melodramma

La Camerata de' Bardi Il melodramma è un genere teatrale in cui i personaggi si esprimono attraverso il canto, accompagnati da un'orchestra più o meno grande e variata. La nascita del melodramma si lega alle discussioni rinascimentali relative al modo di recitare le antiche tragedie greche. Si sapeva infatti che esse erano recitate in musica, cioè cantate, ma si ignorava il modo: gli studi classicistici di un gruppo di musicisti e poeti fiorentini, che si riuniscono in Casa Bardi fra il 1580 e il 1590 (e sono perciò chiamati la Camerata de' Bardi), arrivarono alla conclusione che gli attori della tragedia greca recitavano cantando, accompagnati dalla musica. Il tentativo di mettere in pratica questo modo di rappresentare il dramma è attuato da Ottavio Rinuccini (1564-1621) con la *Favola di Dafne* del 1597, con musiche di Jacopo Peri (1561-1633) e Jacopo Corsi (1561-1602), e poi con l'*Euridice*, recitata per le nozze del 1600 fra Maria de' Medici ed Enrico di Francia. Gli autori della Camerata affidano il canto a ritmi semplici e chiari e a linee melodiche nobili e lineari, così che le parole del testo siano ben comprensibili.

Monteverdi e la diffusione del melodramma La consacrazione del melodramma come genere non ristretto a un'élite di intellettuali ed artisti avviene con l'opera di Claudio Monteverdi (1567-1643), autore delle musiche dell'*Orfeo* (con libretto di Alessandro Striggio figlio), e dell'*Arianna* (con libretto di Ottavio Rinuccini), entrambe messe in scena a Mantova nel 1607.
Monteverdi concepisce la musica come mezzo di arricchimento testuale, per cui adotta ogni volta l'organico vocale

Glossario

Libretto È il testo, di solito in versi, di un'opera musicale di qualsiasi tipo e può comprendere, oltre alle parole cantate, anche delle didascalie descrittive, un'introduzione e delle note al testo. La maggior parte dei libretti musicali è tratta da opere letterarie già esistenti, delle quali l'autore del "libretto" (chiamato librettista) sintetizza lo sviluppo.

e strumentale che ritiene più adatto, apportando innovazioni tecniche e stilistiche. La sua pratica di composizione mette al centro il testo letterario, ma rafforza nello stesso tempo la parte musicale, tesa a esaltarne ed evidenziarne tutte le sfumature. Inoltre, egli opera a Venezia, città in cui viene fondato il primo teatro pubblico a pagamento (il San Cassiano, nel 1637): la Repubblica Veneta favorisce così la diffusione del melodramma nelle sue forme più spettacolari, basate cioè su un maggior virtuosismo delle parti canore e sulla ricerca di scenografie ad effetto.

2 Il melodramma nel Settecento

Il melodramma nell'età dell'Arcadia e la riforma di Zeno La diffusione seicentesca del melodramma e la sua consacrazione a spettacolo "popolare" allontana questo genere dai modi essenziali del "recitar cantando" suggeriti dalla Camerata de' Bardi, privilegiando l'aspetto musicale. Il libretto viene così subordinato alle esigenze musicali, e la comprensione delle parole e dunque dello sviluppo dell'azione si affida ai *recitativi*, mentre nelle *arie* e nei concertati lo sviluppo melodico è via via più complesso: mentre il significato letterale delle parole è decisivo nei *recitativi*, nelle altre parti sta alla musica più che alle parole la funzione di assicurare la giusta resa espressiva. I letterati dell'accademia dell'Arcadia (Gian Vincenzo Gravina, Giovanni Mario Crescimbeni e soprattutto Ludovico Antonio Muratori) tentano di rilanciare la centralità del testo scritto e di razionalizzare la struttura del melodramma, dando alla vicenda maggiore coerenza e riproponendo la serietà e la dignità basata sul modello della tragedia antica.
Contro la tendenza a ridurre il melodramma a una successione di *arie*, dove trionfa la bravura vocale dei cantanti, si schiera poi Apostolo Zeno (1688-1750), che cerca di ridare importanza al *recitativo* e di eliminare gli aspetti più spettacolari.

Le novità di Metastasio: la rivalutazione del testo letterario La riforma introdotta da Zeno è completata da Metastasio (1698-1782, ▶Unità 9), che ribadisce l'autonomia e perfino la superiorità del libretto rispetto alla musica. Questo poeta propone uno schema fisso di scena drammatica, separando l'azione, che si svolge in lunghi *recitativi*, dal momento lirico, affidato invece alla *arie*. Inoltre Metastasio elimina dall'opera seria ogni elemento comico, favorendo la contrapposizione fra *opera seria* e *opera buffa* (▶Opera seria e opera buffa, p. 935).
Metastasio continua la riforma di Zeno. Ecco le caratteristiche del suo melodramma:

- la divisione del dramma in tre atti, con temi tratti da episodi storici o mitologici poco noti;
- la presenza di sei personaggi: due coppie di innamorati e due figure maschili, una favorevole e un'altra contraria alla coppia principale;
- il contrasto tra passioni opposte presente in ogni protagonista;
- il lieto fine, che si ottiene grazie a un atto eroico o al riconoscimento della vera identità di un personaggio;
- la distinzione tra i *recitativi*, dove la parola descrive lo sviluppo delle azioni per suscitare la riflessione del pubblico, e le *arie*, in cui la musica racconta le emozioni dei personaggi e provoca la commozione del pubblico;
- l'uso di un linguaggio letterario medio, né ricercato né comune, capace di far risaltare i sentimenti dei personaggi.

Glossario

Recitativo Con questo termine vengono definite le molte modalità di canto nelle quali prevalgano le ragioni del testo verbale su quelle della musica; quest'ultima ha dunque una funzione di accompagnamento, spesso molto leggero (anche il solo clavicembalo). Per la sua maggiore comprensibilità e rapidità, il "recitativo" ha assunto solitamente la funzione narrativa nello sviluppo dell'azione scenica dell'opera in musica.
Aria Viene così definita la forma musicale, solitamente strofica, nella quale la voce di un solista intona una melodia accompagnato da vari strumenti o anche dall'orchestra intera.

Il primo artista di una letteratura internazionale di massa Metastasio ottiene subito un grande successo: infatti già la prima opera, la *Didone abbandonata* (1724), insiste sulla componente sentimentale (il tragico destino che divide la regina da Enea) che tanto affascina le nobildonne nel pubblico. Inoltre, grazie alla costante alternanza tra *recitativi* e *arie* il poeta riesce a raggiungere un perfetto equilibrio tra razionalità ed emozione. Infatti la società del primo Settecento desidera trovare nell'arte sia insegnamenti morali sia possibilità di divertimento. Metastasio è quindi il primo artista di una letteratura internazionale di massa capace di dare agli spettatori i buoni sentimenti che si aspettano e soprattutto l'evasione nel sogno.

▼ Evaristo Baschenis, *Strumenti musicali*, 1660 ca. Collezione privata.

Le componenti del melodramma

Un genere interdisciplinare

Il melodramma è un genere teatrale che presenta una spiccata natura interdisciplinare, e coinvolge necessariamente varie discipline: soprattutto la musicologia – con tutti i suoi specifici settori –, la storia della letteratura e quella del teatro. Il melodramma è quindi un genere ibrido, costituito da tre codici base: il codice musicale (la musica), il codice visivo (la scena su cui viene rappresentato), il codice verbale (le parole che compongono i testi).

Le strategie di analisi

In particolare, nel melodramma sono presenti sei "dimensioni", cioè strategie o punti di vista da cui si può partire per l'analisi dei testi: la dimensione retorico-vocale, la dimensione morfologica, la dimensione temporale, la dimensione scenica, la dimensione storico-stilistica, la dimensione affettiva. Ecco una sintesi delle diverse caratteristiche di ciascuna dimensione:

- *dimensione retorico-vocale*: riguarda gli aspetti dell'espressione vocale, cioè le diverse tipologie di voce (soprano, tenore, baritono, basso, ecc.) e i diversi stili espressivi (per esempio, saper individuare il *recitativo* dall'*aria*);
- *dimensione morfologica*: riguarda lo studio delle forme del melodramma, sia di quelle relative agli aspetti musicali, cioè l'analisi dello spartito, sia di quelle legate al testo scritto, cioè l'analisi del libretto;
- *dimensione temporale*: si occupa sia del tempo rappresentato, che corrisponde al tempo idealmente occupato dalla vicenda drammatica e dalle azioni inscenate, sia del tempo della rappresentazione, che corrisponde al tempo che realmente serve per lo svolgimento dello spettacolo; la relazione tra il tempo rappresentato e il tempo della rappresentazione non è fissa e può prevedere accelerazioni, rallentamenti o momentanei blocchi;
- *dimensione scenica*: si riferisce non solo alla messinscena, cioè all'allestimento delle scenografie, dei costumi e delle luci, ma anche alla drammaturgia, cioè al rapporto tra le componenti principali, testo-musica-scena, e al rapporto tra palcoscenico e orchestra, tra voci e strumenti;
- *dimensione storico-stilistica*: riguarda i cambiamenti storici dei modi e delle forme di rappresentazione dei motivi e delle situazioni, la fortuna dei vari personaggi e dei vari temi che si sono susseguiti dalle origini del melodramma fino ai giorni nostri;
- *dimensione affettiva*: si occupa del campionario di passioni e di sentimenti messi in scena e di come queste emozioni vengono rappresentate musicalmente.

Il rapporto tra testo scritto e musica

Il melodramma affida gran parte dei suoi contenuti all'incontro tra la dimensione musicale, presente nello spartito, e quella verbale-letteraria, presente nel libretto. Spesso tra i due non c'è sincronia: il tempo di lettura del libretto non coincide con quello di ascolto del melodramma. Ciò può dipendere dalla diversa caratterizzazione del *recitativo* e dell'*aria*: di solito il *recitativo* è finalizzato all'avanzamento della vicenda – e quindi il suo tempo di esecuzione coincide molto spesso con il tempo di lettura del libretto –, l'*aria* è riservata all'approfondimento dei sentimenti, degli affetti e delle passioni dei personaggi, determinando così una maggiore dilatazione temporale dell'ascolto rispetto alla lettura del testo scritto.

L'evoluzione storica del rapporto libretto-musica

Dal punto di vista storico, se alla metà del Settecento, nelle opere di Zeno e di Metastasio, il testo letterario prevaleva su quello musicale, in poco più di mezzo secolo la gerarchia si rovescia: in epoca romantica il libretto deve infatti servire il canto, cioè lo sviluppo melodico. Occorrono dunque abili artigiani esperti del mondo teatrale e delle strutture del melodramma, capaci di ridurre i testi originali secondo criteri che soddisfino la resa musicale e l'azione dell'opera. Attraverso i libretti d'opera un pubblico vasto e popolare entra così in contatto con una ricca tradizione culturale, favorita anche dal profondo rinnovamento culturale romantico.

3 I vertici del genere fra Settecento e Ottocento

Il melodramma della tradizione austro-tedesca: Mozart e Wagner Tra gli ultimi decenni del Settecento e la fine dell'Ottocento, il melodramma raggiunge in Europa la sua massima diffusione: in ogni città si trovano numerosi teatri d'opera, con compagnie di canto che ripropongono i titoli della maggiore tradizione precedente (il repertorio) e mettono in scena molte novità ad ogni stagione. Un particolare valore artistico esprimono la tradizione italiana e quella austro-tedesca, che raggiunge con Mozart il suo culmine nel periodo classico, e con Wagner il suo culmine nel periodo romantico.
Wolfgang Amadeus Mozart (1756-1791) scrive alcuni dei suoi capolavori in italiano, rivelando anche in questo modo l'egemonia dei nostri modelli musicali: *Don Giovanni*, *Le nozze di Figaro* e *Così fan tutte*. L'autore dei libretti è Lorenzo Da Ponte (▶ Unità 9, T3), abilissimo nel fornire alla musica un testo brillante, ricco di colpi di scena e di gustosi sottintesi. Al di là del loro immenso valore artistico, le opere italiane di Mozart offrono un immenso contributo allo sviluppo e al successo dell'opera in musica, che raggiunge altezze espressive inedite affidandosi al tempo stesso a temi profondamente rinnovati: alle ambientazioni mitologiche e solenni della grande tradizione settecentesca, Mozart e Da Ponte sostituiscono i nuovi valori borghesi della vita privata e dei conflitti che la animano.
Un carattere assai diverso, orientato a un sublime tragico di grande impatto emotivo, è l'opera di Richard Wagner (1813-1883), nella quale le tradizionali divisioni interne del melodramma sono superate a vantaggio di un flusso melodico ininterrotto, abilmente costruito su temi ricorrenti continuamente variati (il cosiddetto *leitmotiv*), ai quali è affidata la funzione di raffigurare personaggi, sentimenti e situazioni. Fra i suoi capolavori, vanno ricordati almeno il grande canto d'amore del *Tristan und Isolde* (Tristano e Isotta) e del *Ring des Nibelungen* (L'anello del Nibelungo), un ciclo di quattro opere (la "tetralogia") della durata di circa quindici ore.

Il melodramma italiano nel periodo romantico: Rossini, Bellini, Donizetti e Verdi Nei primi decenni dell'Ottocento la musica conquista il primato nel sistema delle arti. Esaltata già dai pensatori illuministi in quanto espressione universale dei sentimenti artistici, alla musica è assegnata una funzione centrale anche dai filosofi dell'idealismo tedesco (Schelling, Fichte ed Hegel). Mentre in Germania è soprattutto la musica strumentale a proseguire la grande tradizione settecentesca, in Francia e in Italia domina il melodramma. In Francia si afferma il *grand-opéra*, fondato su vicende truci o complicate, con prevalenza di ambientazioni storiche: uno dei capolavori è il *Guglielmo Tell* (1829) di Gioachino Rossini (1792-1868), già autore negli anni Dieci di fortunatissimi capolavori della tradizione buffa (*Il barbiere di Siviglia*, *L'Italiana in Algeri* e molte altre) e, fra gli anni Dieci e i Venti, di opere serie (come il *Tancredi*).
Dopo il 1830 si colloca l'affermazione di Vincenzo Bellini (1801-1835) e di Gaetano Donizetti (1797-1848), i due maggiori operisti italiani nell'intervallo tra Rossini e Verdi. Il primo è autore della *Norma* (1831), in cui al tema dell'amore si affianca un'acuta sensibilità per il mondo naturale e una rappresentazione problematica del doloroso mondo interiore della sacerdotessa protagonista. Il secondo è autore di *Lucia di Lammermoor* (1835), nel quale sono esaltati i temi romantici della passione e della pazzia.

▼ Barbara Krafft, *Ritratto di Wolfgang Amadeus Mozart*, 1819.

Ma il più grande autore romantico in Italia è Giuseppe Verdi (1813-1901), che affronta nelle sue opere tanto temi di alto valore civile, legandosi al clima politico e culturale del Risorgimento, quanto intensi temi privati. La sua attività occupa oltre mezzo secolo (la prima opera è rappresentata nel 1839, l'ultima nel 1893), con un successo insuperato e tuttora grandissimo. Anche sul piano internazionale, Verdi costituisce la personalità più rappresentativa della nostra cultura nell'Ottocento (▶ § 4).

Il melodramma verista e Puccini Nella seconda metà dell'Ottocento si afferma il melodramma verista che ha come modello la *Carmen* (1875) del francese Georges Bizet (1838-1875), nella quale il tema romantico della passione distruttiva è ambientato in un mondo popolare dai tratti realistici e al tempo stesso esotici.
Nel 1890 Pietro Mascagni (1863-1895) porta sulla scena *Cavalleria rusticana* di Verga, primo melodramma verista per eccellenza. Il maggior compositore di melodrammi è però Giacomo Puccini (1858-1924), che, basandosi sulla produzione ultima di Verdi, riprende i caratteri "popolari" della tradizione romantica. Tra le sue opere più famose ricordiamo *La Bohème* (1896), *Tosca* (1899) e *Madama Butterfly* (1903).
Con il melodramma verista si conclude la fortuna di questo genere teatrale: l'inizio del Novecento e la nascita della società di massa segnano l'affermazione di altre forme di spettacolo, soprattutto il cinema.

Opera seria e opera buffa

L'opera seria: l'espressione delle virtù morali aristocratiche

Espressione di modelli morali e virtuosi, l'*opera seria*, che domina nei teatri di corte europei fino alla prima metà del XVIII secolo, è seguita da un pubblico nobile, di cui esalta il potere e la superiorità culturale. La riforma iniziata da Apostolo Zeno e continuata da Metastasio concentra la trama su situazioni drammatiche ed eroi tragici, ispirandosi a nobili temi etici della cultura illuministica. Nell'opera seria si alternano *recitativi* e *arie*, con qualche scena d'insieme affidata soprattutto all'intervento del coro.

L'opera buffa: da semplice intermezzo a nuovo genere di successo

L'inserimento di intermezzi comici durante la rappresentazione di opere serie, una pratica usata fin dalle origini dell'opera in musica, dà vita a un nuovo genere nel Settecento. Nel 1733 nasce a Napoli l'opera buffa con *La serva padrona* di Giovan Battista Pergolesi (1710-1736). Il pubblico a cui si rivolge l'opera buffa è quello popolare dei teatri minori e a pagamento; il libretto è essenziale e può contenere parole dialettali; i temi sono basati sulla rappresentazione di conflitti tra generazioni e classi sociali diverse. Intorno agli anni Cinquanta del Settecento l'opera buffa conquista i teatri europei: da quel momento in poi il suo successo cresce e porta anche all'affermazione di generi simili, come l'*operetta* e la *commedia per musica*. Dal punto di vista della struttura, l'articolazione dell'opera buffa è assai più variata di quella dell'opera seria, organizzandosi, oltre che in *arie* e *recitativi*, in duetti, terzetti, quartetti e concertati d'insieme, con nuovi importanti effetti espressivi che autori come Mozart e Rossini portano al livello artistico più alto.

Fissiamo i concetti

1 Quando nasce il melodramma?
a. Tra la fine del 1500 e i primi anni del 1600
b. Alla fine del 1600
c. Nel 1700
d. Nel 1800

2 Quando si conclude la stagione del melodramma?

....

3 Quali sono i maggiori autori della tradizione austro-tedesca?

....

....

4 Chi è il più importante autore del periodo romantico in Italia?

....

4 La personalità e l'opera di Giuseppe Verdi

L'importanza culturale Giuseppe Verdi ha svolto per la cultura italiana dell'Ottocento un ruolo molto importante. In un momento in cui la musica colta aumenta il distacco da un pubblico vasto, l'opera di Verdi ottiene grande successo anche tra i ceti popolari. In un periodo in cui l'Italia perde il primato sulla scena musicale e in genere in ogni altro ambito culturale, Verdi si impone a livello internazionale. Ancora oggi la sua opera è la più rappresentata a livello di repertorio mondiale: Verdi è anzi l'ultimo artista italiano che riesce a cogliere un successo durevole fuori dai confini nazionali. Il suo nome e alcune sue *arie* (*Va pensiero* o *La donna è mobile*) sono conosciuti in tutto il mondo e per molti si identificano con il concetto stesso di Italia; anche nel nostro Paese fanno parte costitutiva dell'identità nazionale.

La vita e le opere Giuseppe Verdi (1813-1901) esordisce come operista nel 1839 con *Oberto conte di San Bonifacio*. Dopo la morte dei due figli e della moglie, Verdi vuole allontanarsi dalla musica, e legge controvoglia il libretto del *Nabucco*: nel 1842 raggiunge il successo alla Scala di Milano proprio con quest'opera, che, nel clima patriottico di quegli anni, è letta anche in chiave risorgimentale.

Nel periodo successivo – che proprio il musicista avrebbe ribattezzato i sette «anni di galera» – si impegna in un'attività frenetica per farsi largo nei teatri: sono di questi anni capolavori come *Ernani* (1844) e *Macbeth* (1847), entrambe su libretto di Francesco Maria Piave (1810-1876), il librettista ideale di Verdi. Dopo la metà dell'Ottocento si collocano le opere della cosiddetta "trilogia popolare": *Rigoletto* (1851), *La traviata* e *Il trovatore* (1853).

Dopo la trilogia popolare, Verdi tenta nuove strade, rifiutando di ripetere il modello dei successi precedenti: nascono così *Un ballo in maschera* (1859), *Don Carlos* (1867) e *Aida* (1871), nei quali l'autore riprende strutture e moduli del *grand-opéra* francese, mescolandoli a una più articolata introspezione psicologica dei personaggi.

Un salto di organizzazione strutturale più radicale si compie con le ultime due opere: *Otello* (1887) e *Falstaff* (1893). Nei quindici anni che separano l'*Aida* dall'*Otello*, Verdi compone un'originale *Messa da requiem* per la morte di Manzoni, eseguita nel 1874 in occasione del primo anniversario della morte dello scrittore. Per *Otello* e *Falstaff*, Verdi si affida al poeta e musicista Arrigo Boito (1842-1918), che gli scrive due libretti strutturati secondo la nuova concezione melodrammatica del maestro, e cioè riducendo o eliminando del tutto la suddivisione in *arie* e *recitativi*, e realizzando così una struttura drammatico-musicale continua capace di descrivere con il massimo realismo psicologico ogni minima espressione dei personaggi.

Giovanni Boldini, *Ritratto di Giuseppe Verdi con cilindro*, 1886. Roma, Galleria d'Arte Moderna.

La funzione di Verdi dal Risorgimento alla delusione postunitaria La produzione operistica di Verdi, che si svolge tra gli anni Trenta e gli anni Novanta dell'Ottocento, costituisce un punto di riferimento molto importante per il Risorgimento italiano. «Viva Verdi!» significava, negli anni attorno al Quarantotto, una parola d'ordine rivoluzionaria, proprio grazie al motto che si nascondeva nelle singole lettere dell'espressione (Viva **V**ittorio **E**manuele **R**e **D**'Italia). La capacità di rappresentare esemplarmente i vari momenti del Risorgimento, dai moti d'indipendenza fino alla delusione postunitaria, non basta tuttavia a spiegare la fortuna del teatro di Verdi, nel quale si ritrovano tutti i mezzi tradizionali del melodramma, impiegati per ottenere il massimo dell'effetto. Verdi rivela una straordinaria abilità teatrale nell'attenzione alla distribuzione delle parti, al carattere dei personaggi, allo sviluppo narrativo e psicologico dell'azione, e lega questa efficacia teatrale a strutture musicali di altissima qualità espressiva e spesso di alta memorabilità.

***Va pensiero*: un inno alla libertà dei popoli** Una delle opere che permettono di capire la funzione di Verdi nel Risorgimento è il *Nabucco* ed in particolare il coro *Va pensiero*, collocato nella terza parte dell'opera. Rappresentato per la prima volta alla Scala di Milano nel 1842, il *Nabucco* è incentrato sulla figura del mitico re di Babilonia Nabucodonosor che, entrato vittorioso a Gerusalemme, decide di deportare gli Ebrei. Il coro *Va pensiero* è ambientato sulle sponde dell'Eufrate, dove gli ebrei, ridotti ai lavori forzati, dedicano un inno alla patria lontana e pregano Dio di donare loro conforto. Fin da subito questo coro sembrò rappresentare perfettamente la situazione degli italiani afflitti dalla dominazione austriaca (▶ T1).

La fusione di parole e musica Con Verdi si risolve l'alternativa storica tra prevalenza del testo letterario e primato della musica: tanto il libretto quanto la scrittura musicale convergono, perfettamente fusi, al migliore effetto drammatico. Il libretto non è dunque un accessorio della vocalità, né può essere un prodotto artistico autosufficiente. Le parole valgono perché fuse con l'idea musicale e in vista della realizzazione scenica. Verdi collabora attivamente alla nascita dei diversi libretti da musicare, scegliendo i testi originali a cui ispirarsi e spesso modificando o stendendo egli stesso parti del libretto in sede di composizione musicale.

Fissiamo i concetti

1 **Quale ruolo appartiene a Verdi nel panorama culturale italiano e internazionale?**

....

....

2 **Quale opera di Verdi assume particolare rilievo in ambito Risorgimentale?**

a. *Nabucco*
b. *Aida*
c. *La traviata*
d. *Il trovatore*

T1

Giuseppe Verdi
Va, pensiero

[*Nabucco*, Parte terza, *La profezia*, scena IV]

Le forme
- linguaggio aulico

I temi
- inno alla libertà dei popoli dalle dominazioni straniere

Il coro, su parole del librettista Temistocle Solera (1815-1878), rappresenta gli Ebrei che, schiavi e lontani da Gerusalemme, intonano un inno alla propria patria lontana, nella speranza di ricevere presto un conforto da Dio. Divenuto subito il simbolo della libertà dei popoli e del successivo Risorgimento, è oggi uno dei brani più rappresentativi e celebri d'Italia.

Le sponde dell'Eufrate.
Ebrei incatenati e costretti al lavoro.

Va, pensiero, sull'ali dorate;
Va, ti posa sui clivi, sui colli,
Ove olezzano tepide e molli
L'aure dolci del suolo natal!

Del Giordano le rive saluta,
Di Sionne le torri atterrate...[1]
Oh, mia patria sì bella e perduta!
Oh, membranza[2] sì cara e fatal!

Arpa d'or[3] dei fatidici vati,
Perché muta dal salice pendi?
Le memorie nel petto raccendi,
Ci favella del tempo che fu!

O simile dei Solima ai fati
Traggi un suono di crudo lamento,
O t'ispiri il Signore un concento
Che ne infonda al patire virtù![4]

Da *Tutti i libretti di Verdi*, Garzanti, Milano 1975.

PARAFRASI

1-4 Va' pensiero, sulle tue ali d'oro; va', e posati sui pendii (clivi) e sulle colline, dove profuma tiepida e deliziosa l'aria della nostra terra natale!
5-8 Saluta le rive del Giordano, saluta le torri distrutte di Sion! Oh mia Patria, così bella e [però] perduta!
9-12 [O] arpa dorata (Arpa d'or) dei poeti (vati) che cantano il destino [degli uomini] (fatidici), perché stai in silenzio e pendi dai salici (dal salice pendi)? Riaccendi nel nostro cuore i ricordi, parlaci (ci favella) ancora della nostra storia (del tempo che fu)!
13-16 O come è stato destino (fati) di Gerusalemme (Solima) emetti (traggi) un suono di doloroso lamento, o il Signore possa ispirati un canto armonioso (concento) che ci dia, nella sofferenza (al patire), il coraggio!

Metrica quartine di decasillabi secondo lo schema ABBc. Il verso finale è sempre tronco.

1 Del Giordano... atterrate: questi due versi ricordano sia il lontano fiume Giordano, che bagna la patria degli Ebrei, sia le torri ormai distrutte di Gerusalemme (sul monte **Sion**).
2 membranza: *ricordo.*
3 Arpa d'or: rappresenta la poesia, che sceglie di onorare il lutto per la patria lontana con il silenzio. Il tema e le immagini sono di origine biblica.
4 O simile... virtù: le due alternative sono o di riprendere il canto ma solo per lamentarsi, oppure di trovare attraverso la poesia e il canto la forza per convertire il dolore in ribellione.

Guida alla lettura

La struttura del testo Il brano è formato da quattro quartine. Le prime due descrivono l'oggetto del «pensiero» del popolo ebraico, cioè la terra natale ormai lontana e distrutta. Le ultime due si rivolgono invece al canto poetico per esortarlo a infondere loro speranza e conforto nonostante le sofferenze patite.

Uno stile elevato Il coro appartiene al genere letterario dell'inno e ne rispecchia così alcune caratteristiche stilistiche. Infatti, il brano presenta uno stile elevato, caratterizzato da un linguaggio letterario e aulico (per esempio, «clivi», «membranza», «favella», «concento», ecc.) e dal ricorso alle interiezioni («O membranza») e alle esclamazioni, ripetute alla fine di ogni quartina, che conferiscono solennità a tutto il componimento.

Per la libertà dei popoli *Va pensiero* è un inno cantato dagli Ebrei sconfitti e deportati a Babilonia: la lontananza da Gerusalemme li induce a ripensare nostalgicamente alla propria terra natale. Nel 1842, all'epoca della sua prima rappresentazione, il *Nabucco*, ed in particolare proprio questo coro, sembrò rispecchiare la situazione del Lombardo-Veneto dominato dagli Austriaci: successivamente è diventato un componimento simbolo del Risorgimento italiano e un inno universale alla libertà di ogni popolo.

Un ascolto emozionante Per ascoltare una emozionante esecuzione del coro verdiano, suggeriamo di cercare in rete l'esecuzione del 2011 nel Teatro dell'Opera di Roma sotto la bacchetta di Riccardo Muti (parole chiave: *Muti, Va pensiero, 2011, Opera di Roma*), incluse le parole rivolte dal Maestro al pubblico dopo l'esecuzione e il *bis*, nel quale Muti chiede anche al pubblico di cantare.

Il coro *Va pensiero* è nella tonalità di Fa diesis maggiore Nella breve introduzione dell'orchestra le sonorità sono dapprima sommesse e misteriose, ma lasciano poi spazio all'improvvisa violenza degli archi in tremolo, finché le ultime battute, con i ricami di flauto e clarinetto in pianissimo, sembrano voler evocare quei luoghi cari e lontani di cui parlano i versi. La cantilena in 4/4, sommessa, che si snoda sull'ampia onda dell'accompagnamento a sestine, esplode in un breve emozionante "fortissimo" sulle parole «Arpa d'or dei fatidici vati», prima di ripresentarsi un'ultima volta («O t'ispiri il Signore un concento») arricchita dalle fioriture dei legni nell'orchestra.

Esercizi

1 Il linguaggio del testo
Oltre a quelli già citati nell'analisi, sottolinea altri esempi di linguaggio aulici del testo.

2 Un inno risorgimentale
Va pensiero può essere considerato un inno del Risorgimento italiano. Perché?

Musica e letteratura

Dal ripasso alla verifica

esercizi di riepilogo

1 Il melodramma nasce:

a. dal madrigale
b. dalla lauda
c. dagli intermezzi
d. dall'opera

2 Qual è la differenza tra *recitativo* e *aria*?

....

3 Quali novità introduce Metastasio nel melodramma settecentesco?

....

4 Quale di queste opere non appartiene a Verdi?

a. *Aida*
b. *Don Carlos*
c. *La traviata*
d. *Cavalleria rusticana*

5 Il primo melodramma della storia si intitola:

a. *Norma*
b. *Favola di Dafne*
c. *Madama Butterfly*
d. *Otello*

esercizi di approfondimento

6 Confronto tra le opere

Durante gli «anni di galera», Verdi scrive diverse opere, tra cui spicca *Ernani* (1844). Ambientato nella Spagna cinquecentesca, questo melodramma racconta le vicende di Ernani, sotto le cui spoglie si cela Don Giovanni d'Aragona, capo d'un gruppo di cospirati che vuole sollevare una rivolta contro il re, Don Carlo, per vendicare l'uccisione del padre. Il terzo atto, da cui è tratto il brano qui riportato, vede i compagni di Ernani giurare sui nuovi ideali di libertà e di identità nazionale. Dopo aver letto il brano, trova le affinità e le differenze con il *Va, pensiero* (▶ T1) contenuto nel *Nabucco*.

Si ridesti il leon di Castiglia[1] e d'Iberia[2] ogni monte, ogni lito[3]
eco formi al tremendo ruggito,
come un dì contro i Mori oppressòr.[4]
Siamo tutti una sola famiglia,
pugnerem[5] con le braccia, co' petti;
schiavi inulti[6] più a lungo negletti[7]
non sarem fin che vita abbia il cor.
Sia che morte ne aspetti, o vittoria,
pugneremo, ed il sangue de' spenti
nuovo ardire ai figliuoli viventi,
forze nuove al pugnare darà.
Sorga al fine radiante di gloria,
sorga un giorno a brillare su noi…
Sarà Iberia feconda d'eroi,
dal servaggio[8] redenta sarà.

1 **leon di Castiglia:** il leone è il simbolo della Castiglia, regione della Spagna del Nord.
2 **Iberia:** *Spagna.*
3 **lito:** *spiaggia*, ma qui vale *ogni luogo.*
4 **i Mòri oppressor:** gli oppressori Saraceni.
5 **pugnerem:** *combatteremo.*
6 **inulti:** *invendicati.*
7 **negletti:** *disprezzati.*
8 **servaggio:** *schiavitù.*

Bibliografia Sitografia

Materiali di approfondimento per lo studio della letteratura italiana

http://www.letteratura.it/ portale al servizio della letteratura italiana, con numerosi link a siti di interesse settoriale (ricerche bibliografiche, riviste letterarie, testi on line, ecc.)

http://www.letteraturaitaliana.net/ biblioteca digitale che accorpa opere di 205 autori dal Duecento ad oggi, tratti dalla *Letteratura italiana* Einaudi

http://www.classicitaliani.it/ sito a cura di Giuseppe Bonghi, offre numerosi materiali compresi all'interno delle due macrosezioni "Progetti" e "Unità culturali"

http://www.italica.rai.it/index.php sito di Rai internazionale dedicato alla letteratura e alla cultura italiana

http://www.italialibri.net/ sito con schede sintetiche e chiare sui grandi autori e sulle grandi opere della letteratura italiana

http://it.wikisource.org/wiki/Storia_della_letteratura_italiana *Storia della letteratura italiana* di Francesco de Sanctis liberamente consultabile su wikisource

http://www.storiadellaletteratura.it/ *Storia della letteratura italiana* di Antonio Piromalli liberamente e integralmente consultabile su Internet

http://www.griseldaonline.it/ rivista on line sui temi letterari

http://www.nazioneindiana.com/ principale blog collettivo dedicato alla cultura e alla letteratura italiana e straniera

Quadro storico-culturale

L'età della Controriforma: Manierismo e Barocco (1545-1690)

- Per un **quadro storico**: G. Spini, *Storia dell'età moderna*, Einaudi, Torino 1965 o i vari volumi di AA.VV., *Storia del mondo moderno*, Garzanti, Milano 1967 e 1968. In particolare, sugli aspetti economici cfr. C.M. Cipolla, *Storia economica dell'Europa pre-industriale*, Il Mulino, Bologna 1980 [1976]. Per la prima fase dell'età della Controriforma cfr. anche F. Braudel, *Civiltà e imperi del Mediterraneo nell'età di Filippo II*, Einaudi, Torino 2010; H. Jedin, *Storia del Concilio di Trento*, voll. 3, Morcelliana, Brescia 1973-80.
- Per una **inquadratura della cultura del Manierismo e del Barocco**: E. Raimondi, *Rinascimento inquieto*, Einaudi, Torino 1994; AA.VV., *Studi sul manierismo letterario, per Riccardo Scrivano*, a cura di N. Longo, Bulzoni, Roma 2000; A. Asor Rosa, *La nuova scienza, il Barocco e la crisi della Controriforma*, in AA.VV., *Letteratura italiana, Storia e testi*, diretta da C. Muscetta, vol. V: Il Seicento, t. 1, Laterza, Bari 1974; A. Griseri, *Le metamorfosi del Barocco*, Einaudi, Torino 1967; G. Stefani, *Musica barocca, poetica e ideologia*, Bompiani, Milano 1974; M. Praz, *Il giardino dei sensi. Studi sul manierismo e il barocco*, Mondadori, Milano 1975; J.A. Maravall, *La cultura del barocco. Analisi di una struttura storica*, Il Mulino, Bologna 1985; G. Getto, *Il Barocco letterario in Italia* [1966], Bruno Mondadori, Milano 2000; A. Battistini, *Il Barocco. Cultura, miti, immagini*, Salerno Editrice, Roma 2000.
- Sulla **politica culturale della Chiesa** e sulla **condizione degli intellettuali**: G.P. Brizzi, *Strategie educative e istituzioni scolastiche della Controriforma*, in AA.VV., *Letteratura italiana*, diretta da A. Asor Rosa, vol. I: Il letterato e le istituzioni, Einaudi, Torino 1982; F. Cardini - M. Montesano, *La lunga storia dell'inquisizione. Luci e ombre della «leggenda nera»*, Città Nuova Editrice, Roma 2005; AA.VV., *Censura ecclesiastica e cultura politica in Italia fra Cinquecento e Seicento*, a cura di C. Stango, Olschki, Firenze 2001; C. Dionisotti, *Geografia e storia della letteratura italiana*, Einaudi, Torino 1999; A. Quondam, L'Accademia, in AA.VV., *Letteratura italiana*, cit., vol. I: Il letterato e le istituzioni, Einaudi, Torino 1982; L. Mannarino, *La condizione intellettuale nel Seicento*, Loescher, Torino 1980.
- Sul **pensiero scientifico**: A. Koiré, *Dal mondo chiuso all'universo infinito*, Feltrinelli, Milano 1974 e ID., *Dal mondo del pressappoco all'universo della precisione*, Einaudi, Torino 2000; E. Garin, *Rinascite e rivoluzioni. Movimenti culturali dal XIV al XVIII secolo*, Laterza, Roma-Bari 2005. Sulla trattatistica filosofica: S. Parigi, *La filosofia del Cinque e Seicento*, in AA.VV., *Manuale di letteratura italiana*, a cura di F. Brioschi e C. Di Girolamo, vol. II: Dal Cinquecento alla metà del Settecento, Bollati Boringhieri, Torino 1994. Sulla trattatistica politica: R. Esposito, *La trattatistica politica*, ivi. Sulla storiografia: G.M. Anselmi, *La storiografia*, ivi.
- Per le **opere di Campanella e di Bruno**: *Scritti scelti di Giordano Bruno e di Tommaso Campanella*, a cura di L. Firpo, Utet, Torino 1968 [1949]; *Opere di Giordano Bruno e Tommaso Campanella*, a cura di A. Guzzo e R. Amerio, Ricciardi, Milano-Napoli 1956. Per la Città del Sole di T. Campanella: l'edizione curata da N. Bobbio, Einaudi, Torino 1941 e quella delle *Opere letterarie*, a cura di L. Bolzoni, Utet, Torino 1977. Per *I Dialoghi* di G. Bruno: l'edizione a cura di G. Aquilecchia, Sansoni, Firenze 1958. Per la *Istoria del Concilio Tridentino* di P. Sarpi: l'edizione a cura di C. Vivanti, Einaudi, Torino 1974, voll. 2.

http://www.treccani.it/enciclopedia/manierismo/ e **http://www.treccani.it/enciclopedia/barocco/** sito dell'Enciclopedia Treccani on line con schede sui movimenti culturali in questione

http://cronologia.leonardo.it/storia/aa1701a.htm sito con un quadro storico, letterario e artistico del Seicento

http://www.pbmstoria.it/dizionari/storia_mod/c/c296.htm sito del Dizionario di storia moderna e contemporanea con una scheda sul concetto di Controriforma

http://www.baroque.it/ sito interamente dedicato alla cultura barocca

Unità 1 l'autore
Torquato Tasso

- Per la **biografia**: F. Pittorru, *Torquato Tasso. L'uomo, il poeta, il cortigiano*, Milano 1982.
- Per le **opere**: l'unica edizione completa è a tutt'oggi quella ottocentesca in 33 voll. curata da G. Rossini (Capurro, Pisa 1821-32). Tra le edizioni complessive moderne, le più ampie sono quelle a cura di B. Maier (in 5 voll., Rizzoli, Milano 1963-65) e quelle delle *Poesie* (a cura di F. Flora) e delle *Prose* (a cura di E. Mazzali) uscite presso Ricciardi, Milano-Napoli, nel 1952 e nel 1959. Per la *Gerusalemme liberata* l'edizione di riferimento è quella curata da L. Caretti, Mondadori, Milano 1957; oppure Einaudi, Torino 1971, con commento.
- Per la **critica**: E. Donadoni, *Torquato Tasso*, La Nuova Italia, Firenze 1967 (1921); L. Caretti *Ariosto e Tasso*, Einaudi, Torino 2001; C. Varese, *Epos. Parola. Scena*, D'Anna, Messina-Firenze 1976; G. Getto, *Malinconia di Torquato Tasso*, E.S.I., Napoli 1986; C. Gigante, *Tasso*, Salerno, Roma 2007 e M. Residori, *Tasso. Profili di storia letteraria*, Il Mulino, Bologna 2009. Per la critica relativa in particolare alla *Gerusalemme liberata*: S. Zatti, *L'uniforme cristiano e il multiforme pagano. Saggio sulla «Gerusalemme liberata»*, Il Saggiatore, Milano 1983; P. Larivaille, *Poesia e ideologia. Letture della «Gerusalemme liberata»*, Liguori, Napoli 1987; G. Scianatico, *L'arme pietose. Studio sulla «Gerusalemme liberata»*, Marsilio, Padova 1990; G.M. Anselmi, *Gerusalemme Liberata*, in *Letteratura italiana*, dir. da A. Asor Rosa, Le opere. II. Dal Cinquecento al Settecento, Einaudi, Torino 1993; F. Fortini, *Tasso epico*, in *Manuale di letteratura italiana*, dir. da F. Brioschi e C. Di Girolamo, Bollati Boringhieri, Torino 1994.

http://www.italicon.it/modulo.asp?M=m00140&P=2 sito con sette chiare unità didattiche sulla personalità di Tasso e sulle sue opere principali

http://www.liberliber.it/mediateca/libri/t/tasso/gerusalemme_liberata/html/testo.htm sito in cui è possibile scaricare il testo della *Gerusalemme liberata*

http://www.classicitaliani.it/index010.htm *Progetto Tasso* a cura di Giuseppe Bonghi, con un ricco materiale diviso nelle due sezioni "critica" e "testi"

Unità 2 l'autore e l'opera
Cervantes e il *Don Chisciotte*

- Valide **traduzioni del testo** sono: *Don Chisciotte della Mancia*, trad., intr. e note di V. Bodini, Einaudi, Torino 2005; *Don Chisciotte della Mancia*, trad. e note di A. Giannini, intr. di J. L. Borges, Rizzoli, Milano 2007; *Don Chisciotte della Mancia*, trad. di F. Carlesi, intr. di C. Segre e note di D. Moro Pini, Mondadori, Milano 2006.
- Per **la critica**: E. Auerbach, *Dulcinea incantata*, in ID., *Mimesis. Il realismo nella letteratura occidentale*, Einaudi, Torino 2000; C. Segre, *Costruzioni rettilinee e costruzioni a spirale nel «Don Chisciotte»*, in ID., *Le strutture e il tempo*, Einaudi, Torino 1974; M. Socrate, *Prologhi al «Don Chisciotte»*, Marsilio, Padova 1974.

Unità 3 il genere
Il grande teatro del Seicento

- Sul **teatro europeo**: le varie voci ("Spagna", "Francia" ecc.) di *L'enciclopedia dello spettacolo*, fondata da S. D'Amico, Le Maschere, Roma, 1954-62, e AA.VV., *Teatri barocchi. Tragedie, commedie, pastorali nella drammaturgia europea fra '500 e '600*, a cura di S. Carandini, Bulzoni, Roma 2000.
- Su **Shakespeare** S. Greenblatt, *Vita, arte e passioni di William Shakespeare, capocomico. Come Shakespeare divenne Shakespeare*, Einaudi, Torino 2005; G. Melchiori, *Shakespeare*, Laterza, Roma-Bari rist. 2005; A.C. Bradley, *La tragedia di Shakespeare. Storia, personaggi, analisi*, Rizzoli, Milano 2002.
- Su **Calderón de la Barca**: ed. italiana (antologica) del *Teatro*, a cura di C. Berra e E. Caldara, Utet, Torino 1964, che contiene anche *La vita è sogno*. Un'ed. italiana del *Teatro di Corneille*, a cura di M. Ortiz e con pref. di G. Macchia, è uscita a Firenze (Sansoni, 1964).
- Su **Racine**: il suo *Teatro* è tradotto e pubblicato da Garzanti (Milano 1948), Sansoni (Firenze 1965), Guanda (Milano 1967) Mondadori (2009).
- Su **Molière**: edizione in trad. italiana a cura di C. Tumiati e di A. Bartoli presso Sansoni, Firenze 1952.
- Sul **teatro italiano**: F. Doglio, *Storia del teatro*, e nello specifico i volumi *Il Cinquecento e il Seicento* e *Dal barocco al simbolismo*, Garzanti, Milano 1990. Sulla commedia dell'arte: F. Taviani, *La commedia dell'arte e la società barocca. La fascinazione del teatro*, ivi, 1970; N. Fano, *Le maschere italiane*, Il Mulino, Bologna 2001.

http://shakespeare.mit.edu/works.html sito in inglese con tutte le opere di Shakespeare

http://www.shakespeare-online.com/ sito in inglese con ampio materiale su Shakespeare

Unità 4 il tema
La nuova scienza

- Per un **quadro sulla rivoluzione scientifica**: P. Rossi, *La scienza e la filosofia dei moderni. Aspetti della Rivoluzione scientifica*, Boringhieri, Torino 1989; ID., *La nascita della scienza moderna in Europa*, Laterza, Roma-Bari 2000; ID., *I filosofi e le macchine*, cit.
- Su **Galileo**: ed. nazionale a cura di A. Favaro, Firenze, Barbera, 1890-1909, con ristampa nel 1964-66 e 1968. Edizioni economiche delle singole opere: *Sidereus nuncius*, a cura di A. Battistini, con trad. di Maria Timpanaro Cardini, Marsilio, Venezia 1993; *Dialogo sopra i massimi sistemi del mondo*, a cura di L. Sosio, Einaudi, Torino 2002; le «lettere copernicane» si trovano in *Sulla libertà della scienza e l'autorità delle Scritture*, a cura di M. Montinari, Theoria, Roma 1983. Per il *Dialogo sopra i due massimi sistemi del mondo*, l'edizione di riferimento è quella a cura di Angelo Crescini, Studio Tesi, Pordenone 1988. Di recente sono uscite le edizioni del *Dialogo* curate da F. Atzori, Sansoni-Res, Firenze 2001, e da A. Beltrán Marí. Per la **biografia**: L. Viviani, *Vita di Galileo*, a cura di B. Basile, Salerno, Roma 2004. Per la **critica**: A. Banfi, *Galileo Galilei*, Il Saggiatore, Milano 1961 [1930]; L. Geymonat, *Galileo Galilei*, Einaudi, Torino 1962; S. Drake, *Galileo*, il Mulino, Bologna 1998; A. Battistini, *Introduzione a Galilei*, Laterza, Roma-Bari 1989. In particolare, sul *Dialo-*

go: M.L. Altieri Biagi, *Dialogo sopra i massimi sistemi di Galileo Galilei*, in AA.VV., *Letteratura italiana. Le opere*, diretta da A. Asor Rosa, vol. II, Einaudi, Torino 1993. Sull'**ideologia** e sul **conflitto con la Chiesa**: G. De Santillana, *Processo a Galileo*, Mondadori, Milano 1960; E. Garin, *Il "caso" Galileo nella storia della cultura moderna*, in *Novità celesti e crisi del sapere, Atti del convegno di studi galileiani (1983)*, a cura di P. Galluzzi, Istituto e museo di storia della scienza, Firenze 1984.

http://www.filosofico.net/galilei.htm sito con un profilo completo di Galilei

http://asv.vatican.va/ sito dell'archivio segreto Vaticano da cui è possibile scaricare i documenti relativi al processo di Galilei

http://www.storialibera.it/epoca_moderna/galileo_galilei/ sito con una raccolta di articoli su Galilei

Unità 5 il genere
La poesia barocca

- Per un **quadro generale dei generi lirico ed epico**: F. Erspamer, *Il primo Seicento e l'età del barocco*, in AA.VV., *Manuale di letteratura italiana*, a cura di F. Brioschi e di C. Di Girolamo, vol. II: Dal Cinquecento alla metà del Settecento, Bollati, Boringhieri, Torino 1994; A. Martini, *Dopo il Tasso: di Parnaso in Parnaso e L'«Adone»*, ivi.
- Su **Marino**: *L'Adone* è stato ripubblicato in voll. 2 da G. Pozzi, Adelphi, Milano 1988; *La Galeria*, a cura di M. Pieri, Liviana, Padova 1976, voll. 2; *La Sampogna*, a cura di V. De Malde, Guanda, Parma 1993; l'antologia di poesie liriche di argomento erotico *Amori*, a cura di A. Martini, Rizzoli, Milano 1995 [1982]. Per la **critica**: M. Pieri, *Per Marino*, Liviana, Padova 1976; M. Guglielminetti, *Tecnica e invenzione nell'opera di G.B. Marino*, D'Anna, Messina-Firenze 1964. In particolare, per *La lira*: O. Besomi, *Ricerche intorno alla «Lira» di G. Battista Marino*, Antenore, Padova 1967. Per *L'Adone*: commento di G. Pozzi all'edizione citata del poema; F. Guardiani, *La meravigliosa retorica dell'«Adone» di G.B. Marino*, Olschki, Firenze 1989; P. Cherchi, *La metamorfosi dell'Adone*, Longo, Ravenna 1996.

Parte seconda – Bibliografia – Sitografia

Quadro storico-culturale
L'Europa della ragione (1690-1815)

- Per un **profilo storico**: è P. Hazard, *La crisi della coscienza europea*, Il Saggiatore, Milano 1968 [1935]; P. Chanu, *La civiltà dell'Europa dei Lumi*, Il Mulino, Bologna 1987; G. Carapanetto-G. Ricuperati, *L'Italia del Settecento*, Laterza, Roma-Bari 1990 [1986].
- Su l'**Illuminismo come movimento culturale**: P. Casini, *Introduzione all'Illuminismo*, Laterza, Bari 1980; A.O. Lovejoy, *L'albero della conoscenza. Saggi di storia delle idee*, Il Mulino, Bologna 1982; AA.VV. *L'illuminismo: dizionario storico*, a cura di V. Ferrone e D. Roche, Laterza, Roma-Bari 1998.
- Sugli **intellettuali** e la **cultura**: P. Casini, *L'Enciclopedia*, Laterza, Bari 1968; P. Casini, *Newton e la coscienza europea*, Il Mulino, Bologna 1983; P. Casini, *Scienza. Utopia e progresso. Profilo dell'illuminismo*, Laterza, Roma-Bari 1994; AA.VV., *Il III centenario d'Arcadia, Atti del convegno (Roma 15-18 maggio 1991)*, «Atti e memorie d'Arcadia», s. III, f. 2-4, 1991-94; G, Giarrizzo, *Massoneria e Illuminismo nell'Europa del Settecento*, Marsilio, Venezia 1994; G. Gozzini, *Storia del giornalismo*, Bruno Mondadori, Milano 2000;
- Sulle **poetiche**, sul **rapporto fra generi e pubblico**, sulla **situazione linguistica**: T. Matarrese, *Storia della lingua italiana: il Settecento*, Il Mulino, Bologna 1993; G. Patrizi, *La nascita delle poetiche*, in AA.VV., *Manuale di letteratura italiana*, a cura di F. Brioschi e C. Di Girolamo, vol. II: *Dal Cinquecento alla metà del Settecento*, Bollati Boringhieri, Torino 1994; M. Praz, *Gusto neoclassico*, Rizzoli, Milano 2003; AA.VV., *Libri, editori e pubblico nell'Europa moderna*, a cura di A. Petrucci, Laterza, Roma-Bari 2003; M. Honuour, *Neoclassicismo*, Einaudi, Torino 2010.

http://www.treccani.it/enciclopedia/illuminismo/ sito dell'Enciclopedia Treccani online

Unità 6 il tema
La ragione, le leggi, il diritto

- Sulla **trattatistica**: P. Casini, *Il primo Settecento in Italia*, in ID., *Introduzione all'Illuminismo*, vol. I: *Scienza, miscredenza e politica*, Laterza, Roma-Bari 1980.
- Su **Muratori**: *Opere*, a cura di G. Falco e F. Forti, Ricciardi, Milano-Napoli 1964, 2 voll. Per la **critica**: E. Raimondi, *I lumi dell'erudizione. Saggi sul Settecento italiano*, Vita & Pensiero, Milano 1989.
- Su **Vico**: A. Battistini, *Opere*, Mondadori, Milano 1990, 2 voll. Per la **critica**: G. Mazzotta, *La nuova mappa del mondo. La filosofia poetica di Giambattista Vico*, Einaudi, Torino 1999; AA.VV., *Legge, poesie e mito. Giannone, Metastasio e Vico fra "tradizione" e "trasgressione" nella Napoli degli anni Venti del Settecento*, Aracne, Roma 2001.
- Su **Verri**: l'edizione nazionale delle opere di Pietro Verri (Edizioni di Storia e letteratura, Roma 2003-2006) comprende: *Scritti di economia, finanza e amministrazione*, a cura di G. Bognetti, A. Moioli, P. Porta, G. Tonelli; *«Discorsi» e altri scritti degli anni Sessanta*, a cura di G. Panizza; *Scritti di argomento familiare e autobiografico*, a cura di G. Barbarisi. Per la **critica**: C. Capra, *I progressi della ragione. Vita di Pietro Verri*, Il Mulino, Bologna 2002.
- Su **Beccaria**: *Dei delitti e delle pene*, Newton, Roma 1994; *Dei delitti e delle pene*, a cura di F. Venturi, Einaudi, Torino 2009. Per la **critica**: *Cesare Beccaria tra Milano e l'Europa*, Cariplo-Laterza, Milano-Bari 1990; e AA.VV., *Cesare Beccaria. La pratica dei lumi*, a cura di V. Ferrone e C. Francioni, Olschki, Firenze 2000.
- Su **di Filangieri**: *Riformatori napoletani*, cura di F. Venturi, Ricciardi, Milano-Napoli 1962; pp. 603-782.

http://www.amnesty.it/pena-di-morte sito di Amnesty International sulla pena di morte

http://www.nessunotocchicaino.it/chisiamo/index.php?idtema=10319029 sito dell'associazione "Nessuno tocchi Caino" contro la pena di morte

Unità 7 il genere

Il romanzo del Settecento

- Sul **romanzo italiano**: S. Calabrese, *Funzioni del romanzo italiano nel Settecento*, in ID., *Intrecci italiani. Una teoria e una storia del romanzo (1750-1900)*, Il Mulino, Bologna 1995; A Battistini, *Lo specchio di Dedalo. Autobiografia e biografia*, Il Mulino, Bologna 2007.
- Sul **romanzo inglese**: I. P. Watt, *Le origini del romanzo borghese. Studi su Defoe, Richardson, Fielding*, a cura di L. Del Grosso Destrieri, Bompiani, Milano 2002; P. Nerozzi Bellman, *Il romanzo inglese del Settecento. La poetica delle origini della narrativa europea*, Mondadori, Milano 2008.
- Su **Sterne**: *La vita e le opinioni di Tristram Shandy, gentiluomo*, Garzanti, Milano, 1987; *Viaggio sentimentale di Yorick lungo la Francia e l'Italia*, Garzanti, Milano, 2009. Per la **critica**: AA.VV., *L'effetto Sterne. La narrazione umoristica in Italia da Foscolo a Pirandello*, a cura di G. Mazzacurati, Nistri-Lischi, Pisa 1990; M. Bachtin, *Estetica e romanzo*, Einaudi, Torino 2001; G. Mazzacurati, *Il fantasma di Yorick. Laurence Sterne e il romanzo sentimentale*, a cura di M. Palumbo, Liguori, Napoli, 2006.
- Su **Voltaire**: *Candido* trad. it di Stella Gargantini, Feltrinelli, 1991. Per la **critica**: M.L. Lanzillo, *Voltaire. La politica della tolleranza*, Laterza, Roma-Bari 2000; R. Campi, *Voltaire. Lo scandalo dell'intelligenza*, Liguori, Napoli 2007.
- Su **Rousseau** e **la letteratura francese**: L. de Nardis, *L'inquietudine e l'estasi della ragione*, in G. Macchia- L. de Nardis- M. Colesanti, *La letteratura francese dall'Illuminismo al Romanticismo*, Rizzoli, Milano 1993.
- Su **Alfieri** e la ***Vita***: V. Alfieri, *Vita. Rime e Satire*, introduzione di Fassò, nuova edizione a cura di Giuseppe G. Ferrero e Mario Rettori, UTET, Torino, 1978; G. Debenedetti, *Vocazione di Vittorio Alfieri. Tra biografia e scrittura, alla ricerca dello «sconosciuto se stesso»*, Garzanti, Milano 1995; *Vita di Vittorio Alfieri. Manoscritto Laurenziano Alfieri 24*, a cura di C. Mazzotta, M. Prunai, G. Tellini, Polistampa, Firenze 2003.

Unità 8 il genere

La poesia nell'età dell'Illuminismo

- Per la **poesia del Settecento**: M. Cerruti, *Il piacere di pensare. Solitudini, rare amicizie, corrispondenze intorno al 1800*, Mucchi, Modena 2000.
- Su **Monti**: *Poesie* (1797-1803), a cura di L. Frassinetti, Longo, Ravenna 2001. Per la **critica**: F. Favaro, *Le rose colte in Elicona. Studi sul classicismo di Vincenzo Monti*, Longo Angelo Editore, Ravenna 2004; AA.VV., *Vincenzo Monti nella cultura italiana*, voll. 3, Cisalpino, Milano 2005-2007; L. Frassinetti, *Vincenzo Monti. I testi, i documenti, la storia*, ETS, Pisa 2009.
- Su **Parini**: *Il Giorno*, a cura di A. Calzolari, Garzanti, Milano 2007; *Il Giorno*, a cura di E. Bonora, Mursia, Milano 2009. Per la **critica**: *L'amabil rito. Società e cultura nella Milano di Parini*, a cura di C. Capra, F. Degrada, F. Mazzocca, Cisalpino, Milano 2000; *Parini e le arti nella Milano neoclassica*, a cura di G. Buccellati e A. Marchi, Università degli Studi di Milano 2000; C. Annoni, *La poesia di Parini e la città secolare*, Vita & Pensiero, Milano 2002; G. Benvenuti, *Precettor d'amabil rito. Studi su Giuseppe Parini*, Franco Angeli, Milano 2009;
- Su **Goethe**: G. Baioni, *Goethe. Classicismo e rivoluzione*, Einaudi, Torino 1998; V. Mathieu, *Goethe e il suo diavolo custode*, Adelphi, Milano 2002; G. Lukács, *Studi sul Faust*, SE, Milano 2006.

Unità 9 il genere

Il teatro del Settecento

- Sul **teatro in Europa**: F. Doglio, *Storia del teatro. Dal barocco al simbolismo*, Garzanti, Milano 1990.
- Su **Metastasio**: *Drammi per musica*, a cura di A.L. Bellina, Marsilio, Venezia 2002-2004; *Melodrammi e canzonette*, a cura di G. Lavezzi, Rizzoli, Milano 2005. Per la **critica**: A. Beniscelli, *Felicità sognate. Il teatro di Pietro Metastasio*, Il Nuovo Melangolo, Genova 2000; AA.VV., *Il melodramma di Pietro Metastasio. La poesia, la musica, la messa in scena e l'opera italiana nel Settecento*, a cura di E. Sala Di Felice e R. Caira Lumetti, Aracne, Roma 2001.
- Su **Da Ponte**: *Memorie. Libretti mozartiani*, Garzanti, Milano 2006.
- Sul **teatro di Alfieri**: *Saul, Filippo*, a cura di V. Branca, BUR Rizzoli, Milano 1980; *Agamennone, Mirra*, a cura di V. Branca, BUR Rizzoli, Milano 1980-81; *Commedie*, a cura di S. Costa, Mursia, Milano 1988-90; *Tragedie*, a cura di L. Toschi, Einaudi, Torino 1993.

Unità 10 l'autore

Carlo Goldoni

- Per le **opere**: *Commedie*, a cura di M. Pieri, Einaudi, Torino 1992; *Memorie*, a cura di P. Bosisio, Mondadori, Milano 1993; *La locandiera*, a cura di S. Mamone, T. Megale, Marsilio, Venezia 2007.
- Per la **critica**: S. Ferrone, *Carlo Goldoni. Vita, opere, critica, messinscena*, Sansoni, Firenze 1990; L. Zorzi, *L'attore, la commedia, il drammaturgo*, Einaudi, Torino 1990; F. Fido, *Nuova guida a Goldoni*, Einaudi, Torino 2000; I. Crotti, *Libro, mondo, teatro. Saggi goldoniani*, Marsilio, Venezia 2000; R. Alonge, *Goldoni. Dalla commedia dell'arte al dramma borghese*, Garzanti, Milano 2004; C. De Michelis, *Goldoni nostro contemporaneo*, Marsilio, Venezia 2008; M. Bordin, A. Scannapieco, *Antologia della critica goldoniana e gozziana*, voll. II, Marsilio, Venezia 2009.
- Per le **moderne rappresentazioni goldoniane**: P. Bosisio, *Il teatro di Goldoni sulle scene italiane del Novecento*, Electa, Milano 1993 (con ricco apparato iconografico).

http://www.treccani.it/enciclopedia/carlo-goldoni/ sito dell'Enciclopedia Treccani online

http://www.classicitaliani.it/index100.htm sito del *Progetto Goldoni*

Unità 11 l'autore
Ugo Foscolo

- Per le **opere**: *Ultime lettere di Jacopo Ortis*, a cura di E. Sanguineti, Bompiani, Milano 1990; F. Gavazzeni, *Opere*, Einaudi-Gallimard, Torino, 1994-1995; *Ultime lettere di Jacopo Ortis*, a cura d di G. Ioli, Einaudi, Torino 2005; *Poesie*, a cura di M. Palumbo, Rizzoli, Milano 2010; *Dei sepolcri*, a cura di G. Bianciardi e A. Cadioli, Il Muro di Tessa, Milano 2010.
- Per la **critica**: M. Santagata, *Il tramonto della luna e altri studi su Foscolo e Leopardi*, Liguori, Napoli 1999; M.A. Terzoli, *Ugo Foscolo*, Laterza Roma-Bari 2000; M. Palumbo, *Saggi sulla prosa di Foscolo*, Liguori, Napoli 2001; E. Catalano, *Foscolo «tragico». Dal «Tieste» alle «Ultime lettere di Jacopo Ortis»*, Laterza, Roma-Bari 2001; A. Bruni, *Foscolo traduttore e poeta. Da Omero ai «Sepolcri»*, Clueb, Bologna 2008; F. Danelon, *«A egregie cose». Studi sui «Sepolcri» di Ugo Foscolo*, Marsilio, Venezia 2008; AA.VV., *I «Sepolcri» di Foscolo. La poesia e la fortuna*, a cura di A. Bruni e B. Rivalta, Clueb, Bologna 2010; M. Palumbo, *Foscolo. Profili di storia letteraria*, Il Mulino, Bologna 2010.

http://www.classicitaliani.it/index130.htm sito del *Progetto Foscolo*

http://www.treccani.it/enciclopedia/ugo-foscolo/ sito dell'Enciclopedia Treccani online

Arte e letteratura
Il Rococò e il Neoclassicismo

- Per una storia dell'arte e un'**analisi del Rococò**: A. Hauser, *Storia sociale dell'arte*, Einaudi, Torino 2001.

Parte terza – Bibliografia – Sitografia

Quadro storico-culturale
Il Romanticismo (1815-1861)

- Per un **profilo storico**: E.J. Hobsbawm, *Le rivoluzioni borghesi. 1789-1848*, Laterza, Roma-Bari 1991; AA.VV. *Storia d'Italia*, vol. II, *L'Italia moderna e l'Unità nazionale*, a cura di G. Galasso, UTET, Torino 1998.
- Per il Romanticismo come **movimento culturale**: E. Raimondi, *Romanticismo italiano e Romanticismo europeo*, Mondadori, Milano 1997; G. Macchia, *I fantasmi dell'opera. Idea e forme nel mito romantico*, Bollati Boringhieri, Torino 2001;
- Sugli **intellettuali** e sull'**organizzazione della cultura**: *Antologia dell'«Antologia» (1821-32). Rassegna di una rivista*, a cura di E. Zazo, Feltrinelli, Milano 1945; *«Il Conciliatore. Foglio scientifico-letterario»*, a cura di V. Branca, Le Monnier, Firenze 1948-54; *La Biblioteca italiana*, a cura di E. Oddone, Canova, Treviso 1975; M. Berengo, *Intellettuali e librai nella Milano della Restaurazione*, Einaudi, Torino 1980; C. Colaiacomo, *Crisi dell'"ancien régime"; dall'uomo di lettere al letterato borghese*, in AA.VV., *Letteratura italiana*, diretta da A. Asor Rosa, vol. II: *Produzione e consumo*, Einaudi, Torino 1983; C. Cattaneo, *«Politecnico» 1839-44*, a cura di L. Ambrosoli, Bollati-Boringhieri, Torino 1989; G. Armani, *Cattaneo riformista. La linea del «Politecnico»*, Marsilio, Venezia 2004; F. Della Paruta, *Nell'officina della «Biblioteca italiana». Materiali per la storia della cultura nell'età della restaurazione*, Franco Angeli, Roma 2006.
- Per l'**immaginario**, la **filosofia**, le **poetiche del Romanticismo**: W. Benjamin, *Il concetto di critica nel Romanticismo tedesco*, Einaudi, Torino 1982; R. Wellek, *Storia della critica moderna*, vol. II: *L'età romantica*, Il Mulino, Bologna 1990 e M. Praz, *La carne, la morte e il diavolo nella letteratura romantica*, Rizzoli, Milano 2008; A. De Paz, *Romanticismo. L'arte europea nell'età delle passioni*, Liguori, Napoli 2010.
- Sui **generi letterari**, sul **pubblico e** sulla **lingua**: L. Serianni, *Storia della lingua italiana. Il primo Ottocento*, Il Mulino, Bologna 1989; A. Cadioli, *Autori e pubblico*, in AA.VV., *Manuale di letteratura italiana*, a cura di F. Brioschi e C. Di Girolamo, vol. III: *Dalla metà del Settecento all'Unità d'Italia*, Bollati Boringhieri, Torino 1995; B. Migliorini, *Storia della lingua italiana*, Bompiani, Milano 2001.

http://www.treccani.it/enciclopedia/romanticismo/ sito dell'Enciclopedia Treccani online

Unità 12 il genere
Il romanzo e la novella nell'Ottocento

- Per un **inquadramento generale**: F. Portinari, *Il romanzo storico*, in AA.VV., *Storia della civiltà letteraria italiana*, diretta da G. Barberi Squarotti, vol. IV: Il *Settecento e il primo Ottocento*, Utet, Torino 1992; L. Toschi, *Il romanzo della storia, il romanzo della contemporaneità*, in AA.VV., *Manuale di letteratura italiana*, a cura di F. Brioschi e C. Di Girolamo, vol. III: *Dalla metà del Settecento all'unità d'Italia*, Bollati Boringhieri, Torino 1995.
- Sul **romanzo storico**: G. Lukács, *Il romanzo storico*, Einaudi, Torino 1965; M. Ganeri, *Il romanzo storico in Italia. Il dibattito critico dalle origini al post-moderno*, Manni Editore, Lecce 1999.
- Per la **letteratura francese**: G. Macchia-L. De Nardis-M. Colesanti, *La letteratura francese dall'Illuminismo al Romanticismo*, Rizzoli, Milano 1992; E. Auerbach, *Mimesis. Il realismo nella letteratura occidentale*, Einaudi, Torino 2000, vol. II; Leonardo Sciascia, *L'adorabile Stendhal*, Adelphi, Milano 2003.
- Per la **letteratura inglese**: M. Praz, *Storia della letteratura inglese*, Sansoni, Firenze 2000.
- Per la **letteratura tedesca**, V. Santoli, *La letteratura tedesca moderna*, Rizzoli, Milano 1993.
- Su **Nievo**: *Le confessioni di un italiano*, a cura di M. Gorra,

Mondadori, Milano 2006; M. U. Olivieri, *L'idillio interrotto. Forma-romanzo e i «generi intercalari» in Ippolito Nievo*, Franco Angeli, Roma 2002; C. Gaiba, *Il tempo delle passioni. Saggio su «Le confessioni d'un italiano» di Ippolito Nievo*, Il Mulino, Bologna 2002; P. V. Mengaldo, *Storia e formazione nelle Confessioni*, in AA.VV., *Il romanzo*, a cura di F. Moretti, Lezioni, vol. 5, Einaudi, Torino 2003, pp. 255-268; A. Patat, *Patria e psiche. Saggio su Ippolito Nievo*, Quodlibet, Macerata 2010.

Unità 13 l'autore
Alessandro Manzoni

- Per le **opere**: tra il 1957 e il 1990 è uscita in sette volumi e in dodici tomi l'edizione di *Tutte le opere di Alessandro Manzoni*, a cura di A. Chiari e F. Ghisalberti, Mondadori, Milano. Dal 1999 il Centro Nazionale Studi Manzoniani ha progettato *L'Edizione Nazionale ed Europea delle Opere del Manzoni*, diretta da G. Vigorelli, in trentasei volumi: dal 1999 al 2010 sono usciti 29 volumi curati da studiosi diversi, pubblicati da Casa del Manzoni Editore, Milano; *Inni sacri*, l'edizione a cura F. Gavazzeni, Fondazione Pietro Bembo - Ugo Guanda Editore, Parma 1997; *Tragedie*, a cura di G. Tellini, Salerno Editrice, Roma 1996). *Scritti di teoria letteraria*, a cura di A. Sozzi Casanova e C. Segre, Rizzoli, Milano 1981; *I promessi sposi*, a cura di L. Caretti, Einaudi, Torino 1971, voll. 2;*I promessi sposi*, a cura S.S. Nigro, E. Paccagnini, «I Meridiani», Mondadori, Milano 2006. Storia della colonna infame, a cura di L. Weber, ETS, Pisa 2009.
- Per la **critica** E. Sala Di Felice, *Il punto su: Manzoni*, Laterza, Roma-Bari 1989; A. Leone de Castris, *Il problema Manzoni*, Palumbo, Palermo 1990; L. Caretti, *Manzoni. Ideologia e stile*, Einaudi, Torino 1993 [1972]; G. Nencioni, *La lingua di Manzoni*, Il Mulino, Bologna 1993; G. Macchia, *Manzoni e la via del romanzo*, Adelphi, Milano 1994; AA.VV., *Manzoni e gli scrittori da Goethe a Calvino*, a cura di L. Caretti, Laterza, Roma-Bari 1995; L. Danzi, *Lingua nazionale, lessicografia milanese. Manzoni e Cherubini*, Edizioni dell'Orso, Alessandria 2001.
- Sui ***Promessi sposi***: L. Russo, *Personaggi dei «Promessi sposi»*, Laterza, Roma-Bari 1998; V. Di Benedetto, *Guida ai «Promessi sposi»*, Rizzoli, Milano 1999; A. Cottignoli, *Manzoni: guida ai «Promessi Sposi»*, Carocci, Roma 2002; E. Raimondi, *Il romanzo senza idillio. Saggio sui «Promessi sposi»*, Einaudi, Torino 2002; S.S. Nigro, *La tabacchiera di don Lisander. Saggio sui «Promessi Sposi»*, Einaudi, Torino 2002; V. Coletti. *Distanza dai Promessi sposi*, in AA.VV., *Il romanzo*, a cura di F. Moretti, Lezioni, vol. 5, Einaudi, Torino 2003, pp. 153-172; R. Luperini, *«I promessi sposi»: incontri essenziali*, in *L'incontro e il caso. Narrazioni moderne e destino dell'uomo occidentale*, Laterza, Roma-Bari 2007, pp. 39-68; N. Sapegno, *Manzoni. Lezioni e saggi*, Aragno, Torino 2009; R. Luperini, *L'inquietudine del tiranno nei «Promessi sposi»*, in «La modernità letteraria», n. 2, annuale diretto da S. Maxia, N. Merola, A.R. Pupino, Fabrizio Serra Editore, Pisa-Roma 2009, pp. 33-41; A. Balduino, *Manzoni, Nievo e altro Ottocento. Pagine di storia letteraria*, Carocci, Roma 2010.

http://www.treccani.it/enciclopedia/alessandro-manzoni/ sito dell'Enciclopedia Treccani online

http://www.classicitaliani.it/index060.htm sito del *Progetto Manzoni*

http://notes9.senato.it/web/senregno.nsf/b61898365ae9b674c125703c005234ad/f2f7825ad61d102dc1257069003186f0?OpenDocument scheda su Manzoni nel sito del Senato della Repubblica

Unità 14 il genere
La poesia nel Romanticismo

- Per un **inquadramento generale europeo e italiano**: W.K. Wimsatt - C. Brooks, *Breve storia della letteratura in occidente*, Paravia, Torino 1974; C. Milanini, *Le voci della poesia romantica*, in AA.VV., *Manuale di letteratura italiana*, a cura di F. Brioschi e C. Di Girolamo, vol. III: *Dalla metà del Settecento all'unità d'Italia*, Boringhieri, Torino 1995.
- Su **Coleridge**: *La ballata del vecchio marinaio e altre poesie*, a cura di F. Buffoni, Mondadori, Milano 1994.
- Su **Keats**: *Sonetti*, a cura di R. Cresti, Garzanti, Milano 2009.
- Su **Novalis**: *Inni alla notte* - Canti spirituali, Garzanti, Milano 2002.
- Su **Hölderlin**: *Tutte le liriche*, a cura di L. Reitani, Mondadori, Milano 2001.
- Su **Belli**: *Tutti i sonetti romaneschi*, a cura di G. Teodonio, voll. 2, Newton Compton, Roma 1998-1999; G. G. Belli, *Sonetti*, a cura di G. Vigolo, Mondadori, Milano 2007. Per la critica: E. Ripari, *Giuseppe Gioachino Belli. Un ritratto*, Liguori, Napoli 2008; la rivista «Il 996. Rivista del Centro Studi "Giuseppe Gioachino Belli"», Aracne, Roma, che ha iniziato le sue pubblicazioni nel 2003.

Unità 15 l'autore
Giacomo Leopardi

- Per la **biografia**: G. Chiarini, *Vita di Giacomo Leopardi* [1905], Gela, Roma 1987; I. De Feo, *Leopardi. L'uomo e l'opera*, Mondadori, Milano 1987; R. Minore, *Leopardi. L'infanzia, le città, gli amori*, Bompiani, Milano 2001; P. Citati, *Leopardi*, Mondadori, Milano 2010.
- Per le **opere**: un'edizione completa di riferimento è G. Leopardi, *Tutte le opere*, a cura di W. Binni ed E. Ghidetti, Sansoni, Firenze 1988 [1969]; una buona edizione economica commentata delle *Opere leopardiane* è quella curata da L. Feuci e E. Trevi (Newton Compton, Roma 2010); un'edizione in CD-ROM con motore di ricerca interno è curata da L. Felici per la Lexis (1998).
- Per lo ***Zibaldone di pensieri***: ediz. critica a cura di G. Pacella, Garzanti, Milano 1991, 3 voll. (il terzo di apparati).
- Per le ***Operette morali***: ediz. critica a cura di O. Besomi, Fondazioni Mondatori, Milano 1979.
- Per i ***Canti***: la prima e fondamentale ediz. critica è quella curata da F. Moroncini, Cappelli, Bologna 1927, 2 voll. (ristampata in un vol. nel 1978). Due edizioni critiche recenti sono quella a cura di E. Peruzzi, Rizzoli, Milano 1981, e quella a cura di D. De Robertis, Il Polifilo, Milano 1984, 2 voll.
- Per la **critica**: gli studi ottocenteschi di F. De Sanctis, ora raccolti in *Leopardi*, a cura di C. Muscetta e A. Perna, Ei-

naudi, Torino 1969; W. Binni, *La nuova poetica leopardiana* [1947], Sansoni, Firenze 1997;W. Binni, *La protesta di Leopardi* [1973], Sansoni, Firenze 1982; W. Binni, *Lezioni leopardiane*, La Nuova Italia, Firenze 1994; C. Luporini, *Leopardi progressivo* [1947], Editori Riuniti, Roma 1993; S. Timpanaro, *Classicismo e illuminismo nell'Ottocento italiano* [1965], Nistri-Lischi, Pisa 1988; S. Timpanaro, *Antileopardiani e neomoderati nella sinistra italiana*, Ets, Pisa 1982; U. Bosco, *Titanismo e pietà in Giacomo Leopardi* [1957], Bonacci, Roma 1980; A. Monteverdi, *Frammenti critici leopardiani* [1959], ESI, Napoli 1967; B. Biral, *La posizione storica di Giacomo Leopardi*, Einaudi, Torino 19782; E. Peruzzi, *Studi leopardiani*, 2 voll., Olschki, Firenze 1979 e 1987; F. Brioschi, *La poesia senza nome. Saggio sul Leopardi*, Il Saggiatore, Milano 1980 e 2008; A. Prete, *Il pensiero poetante. Saggio su Leopardi*, Feltrinelli, Milano 2006 [1980]; A. Prete, *Finitudine e infinito. Su Leopardi*, Feltrinelli, Milano 1998; A. Prete, *Il deserto e il fiore. Leggendo Leopardi*, Donzelli, Roma 2004; L. Blasucci, *Leopardi e i segnali dell'infinito*, Il Mulino, Bologna 1985 e L. Blasucci, *Lo stormire del vento tra le piante. Testi e percorsi leopardiani*, Marsilio, Venezia 2003.

http://it.wikisource.org/wiki/Autore:Giacomo_Leopardi sito in cui è possibile scaricare i testi delle principali opere leopardiane

http://www.classicitaliani.it/index120.htm *Progetto Leopardi* a cura di Giuseppe Bonghi, con un ricco materiale diviso nelle due sezioni "critica" e "testi"

http://www.letteratura.it/Leopardi/index.htm sito con notizie biografiche, testi e vario materiale critico

Musica e letteratura

Il melodramma

- Sul **melodramma in generale**: F. Degrada, *Il palazzo incantato. Studi sulla tradizione del melodramma dal Barocco al Romanticismo*, Discanto, Fiesole 1979, 2 voll.; M. Sirtori, *Lector in musica. Libri e lettori nel melodramma di Sette e Ottocento*, Marsilio, Venezia 2006.
- Su **Verdi**: G. Verdi, *Tutti i libretti*, a cura di L. Baldacci, Garzanti, Milano 1975; M. Lavagetto, *Quei più modesti romanzi. Il libretto nel melodramma di Verdi*, Garzanti, Milano 1979; *Verdi: autobiografia dalle lettere*, a cura di A. Oberdorfer, nuova ediz., Rizzoli, Milano 1981; D. Goldin, *La vera Fenice. Librettisti e libretti tra Sette e Ottocento*, Einaudi, Torino 1985.

http://www.giuseppeverdi.it/ sito ufficiale del compositore italiano Giuseppe Verdi

http://www.museogiuseppeverdi.it/it/giuseppeverdi/l-uomo.html sito del Museo Nazionale Giuseppe Verdi

Glossario

A

ablativo assoluto costrutto sintattico tipico della lingua latina. È formato da un part. e da un sost. grammaticalmente autonomi rispetto alla frase principale e che, in latino, sono in caso ablativo. Nell'italiano letterario l'*a. a.* ha funzione di inciso. P. es. «per ciò che di me altro possa avvenire che quello che della minuta polvere avviene, la quale, *spirante turbo*, o egli di terra non la muove, o se la muove la porta in alto e spesse volte sopra le teste degli uomini [...] la lascia» (BOCCACCIO).

acròstico componimento poetico (e gioco enigmistico) in cui le lettere iniziali della prima parola di ogni verso (o quelle iniziali di ogni parola), lette in verticale, formano un nome o una frase di senso compiuto. L'esempio più illustre di *a.* è l'*Amorosa visione* di Boccaccio: le lettere iniziali di ogni **terzina**, lette di séguito, formano una serie di tre **sonetti** che fungono da **proemio** all'opera.

adynaton (gr. = cosa impossibile) figura retorica che consiste nel rimarcare l'impossibilità di un fatto tramite una **perifrasi** a carattere **iperbolico** e **paradossale**. P. es., «Lo mar potresti arompere, a venti asemenare, / l'abere d'esto secolo tut[t]o quanto asembrare: / avere me non pòteri a esto monno» (CIELO D'ALCAMO).

afèresi fenomeno linguistico per cui si ha la caduta di uno o più suoni all'inizio di una parola. P. es.: "state" per 'estate' e "verno" per 'inverno'.

aforìsma (o *aforìsmo*) breve testo o frase dal carattere sentenzioso, spesso **paradossale** e **antifrastico**. L'*a.* enuncia una verità assoluta che di solito non coincide con l'opinione comune.

agiografia genere in cui è narrata la vita esemplare di un santo. Nel Medioevo l'*a.* ha un carattere spiccatamente fantastico e si avvicina ai modi della leggenda.

allegorìa figura retorica per cui un concetto astratto (ideale, morale, religioso, politico) viene espresso attraverso una serie di immagini concrete alle quali l'autore ha attribuito un significato **metaforico**. L'*a.* per **antonomasia** della letteratura italiana è la *Commedia* dantesca (cfr. **figura**), ma un buon es. è anche in Petrarca (*Canz.* CLXXXIX): la nave che solca il mare in tempesta rappresenta la vita umana che si muove tra difficoltà e pericoli; il naufragio è la morte, e il porto la salvezza e la pace (anche in senso religioso).

allitterazione figura retorica che consiste nella ripetizione degli stessi suoni all'inizio di due o più parole contigue o anche all'interno di esse. Può essere impiegata per rafforzare legami semantici tra parole o per crearne di nuovi. P. es.: «a *m*ezza via co*m*e ne*m*ico ar*m*ato» (PETRARCA).

anacoluto costruzione (che la grammatica normativa giudica scorretta) consistente nel cominciare una frase senza terminarla in modo sintatticamente adeguato, di solito variandone il soggetto dopo un inciso. Fenomeno comune nel parlato (p. es. "*Io*, ieri, *mi capitò* una brutta avventura"), può essere impiegato in letteratura a fini **mimetici** o **espressionistici**. Spesso in Boccaccio si hanno *a.* del tipo: «*Il Saladino*, [...] avendo in diverse guerre e in grandissime sue magnificenze speso tutto il suo tesoro [...], *gli venne* a memoria un ricco giudeo, il cui nome era Melchisedech».

anàfora figura retorica consistente nella ripetizione di una stessa parola (o di più parole) all'inizio di versi o enunciati successivi. P. es.: «*Figlio*, l'alma t'è 'scita,/ *figlio* de la smarrita,/ *figlio* de la sparita,/ *figlio* attossecato!» (JACOPONE).

anagramma figura retorica (e gioco di parole) che consiste nella permutazione (cioè nello scambio reciproco) delle lettere che compongono una parola allo scopo di formarne un'altra di significato diverso. Quattro possibili anagrammi della parola "Roma" sono, p. es., "ramo", "armo", "mora" e "amor".

analessi in linguistica, ripresa di una stessa parola. In narratologia, l'*a.* (o *flashback*) è la rievocazione di un evento passato rispetto al momento in cui si svolge l'azione principale (p. es., nell'*Odissea*, il racconto retrospettivo di Ulisse ai Feaci, che risale fino alla caduta di Troia). È il fenomeno opposto alla **prolessi**.

analogìa procedimento compositivo per cui si sostituiscono ai consueti rapporti logici, sintattici e semantici delle parole altri rapporti basati su somiglianze (anche remote ma percepibili intuitivamente) tanto sul piano del **significato** quanto su quello del **significante** (cfr. anche **simbolismo** e **fonosimbolismo**). Un'*a.* può esplicitarsi in una **metafora** oppure rimanere implicita nel testo.

anàstrofe figura retorica consistente nell'inversione dell'ordine abituale degli elementi del periodo. Riguarda di solito il compl. di specificazione e l'agg. («fue/ *di cherubica luce uno splendore*»: Dante) oppure il compl. ogg. e il verbo. Può essere considerata come una sottospecie dell'**ipèrbato**.

anticlimax o **climax discendente** consiste in una progressiva discesa di **registro** linguistico o di **stile**, talvolta (ma non necessariamente) con effetti **paròdici** e **satirici**. Un es. di *a.* "seria" è «O mia stella, o Fortuna, o Fato, o Morte» (PETRARCA).

antìfrasi è la forma più esplicita di **ironia** e consiste nel dire qualcosa intendendo l'esatto contrario di ciò che si dice. L'eliminazione di eventuali ambiguità è sempre garantita dal contesto. Un es. di *a.* ricorrente nella lingua parlata è la frase "Che bella giornata!" per intendere che il tempo è brutto.

antinomìa in filosofia, termine indicante la contraddizione tra due proposizioni (*tesi* e *antitesi*) entrambe dimostrabili come vere.

antìtesi figura retorica consistente nell'accostamento di due parole o frasi di significato opposto. P. es. «*Pace* non trovo, et non ò da far *guerra*;/ e *temo* et *spero*; et *ardo* et son un *ghiaccio*» (PETRARCA).

antonomàsia figura retorica che consiste nella sostituzione a) di un nome comune con un nome proprio (p. es. "imperatore" con «Cesare»: DANTE); b) di un nome proprio con una **perìfrasi** che lo caratterizza in termini universalmente noti (p. es. 'Italia' con «il bel paese/ ch'Appennin parte, e 'l mar circonda et l'Alpe»: PETRARCA); c) di un nome proprio con un appellativo che lo identifica in modo inequivocabile (p. es. 'Afrodite' con «Citerea» [cioè 'di Citera', l'isola che accolse Venere dopo la sua nascita]: DANTE).

apòcope (o *troncamento*) caduta della vocale o della sillaba finale di una parola. P. es. "amor" (= amore), "van" (= vanno).

apòdosi nel periodo ipotetico, è la proposizione principale da cui dipende logicamente una subordinata condizionale (detta **protasi**). P. es.: "se oggi non piove, *uscirò a fare quattro passi*".

apòlogo (dal gr. "apòlogos" = racconto) narrazione di tipo **allegorico** con espliciti fini pedagogici, morali o filosofici.

apòstrofe figura retorica che consiste nel rivolgere bruscamente il discorso a un **destinatario** reale o immaginario (presente o assente), in tono sdegnato o commosso. Può essere associato con la **personificazione**. P. es.: «Ahi Pisa, vituperio de le genti/ del bel paese là dove 'l sì suona,/ poi che i vicini a te punir son lenti,/ muovasi la Capraia e la Gorgona,/ e faccian siepe ad Arno in su la foce,/ sì ch'elli annieghi in te ogne persona» (DANTE).

àrea semàntica (o *campo semantico*) insieme strutturato di parole che fanno riferimento a una data area concettuale, la cui unitarietà è accettata intuitivamente dai parlanti di una lingua. P. es., l'insieme dei termini di colore ("rosso", "nero", "blu") o quello delle parole relative alla sfera dei sentimenti ("amore", "amicizia", "affetto", ecc.) formano due distinte *a.s.*

asìndeto figura retorica consistente nella soppressione delle congiunzioni coordinanti (p. es.: "e", "o", "ma") all'interno della frase. L'uso reiterato di queste congiunzioni dà luogo invece al **polisindeto**. Un es. di *a.* è «*Fresco ombroso fiorito* e verde colle» (PETRARCA).

assimilazione fenomeno linguistico che si ha quando un suono (vocalico o consonantico) si adatta (diventa simile) al suono che lo precede o lo segue nel corpo della parola. Nel caso dell'ital. "fatto", dal lat. "factum", si parla di *a.* consonantica *regressiva*, tipica del toscano. Nel romanesco "monno", dal lat. "mundum", l'*a.* consonantica si dice invece *progressiva* e si ritrova solo nei dialetti centro-meridionali.

assonanza identità delle sole vocali della parte finale di due parole, a cominciare dalla vocale **tonica**. P. es.: *sole*: *ponte*.

àtona, sìllaba sillaba non accentata (contrario di **tonica**). Nella parola "sillaba", p. es., "la" e "ba" sono atone.

atto ciascuna delle suddivisioni principali di un'opera teatrale (v. **tragedia** e **commedia**). Si chiama **atto unico** la rappresentazione drammatica costituita da un solo *a.*

àulico (dal lat. "aula" = corte, reggia) agg. riferito a parola o **stile** alto, legato a una tradizione illustre. *A.* deve essere, per Dante, il volgare modello (*De vulgari eloquentia*). **Aulicismo**, di conseguenza, si definisce il termine letterario di tradizione colta, spesso un latinismo o un arcaismo.

autobiografia genere letterario in prosa in cui autore, narratore e personaggio principale sono la stessa persona. Nell'*a.*, diversamente da generi a essa affini come la **memorialistica**, il racconto (di tipo retrospettivo, a differenza del diario) ricopre tendenzialmente l'intera vita dell'individuo, privilegiandone lo sviluppo della personalità rispetto agli avvenimenti esterni che possono entrare a far parte della narrazione.

autògrafo in **filologia** è l'orginale, scritto di proprio pugno dall'autore. P. es., l'unico *a.* pervenutoci del *Decameron* di Boccaccio è il **codice** Hamilton 90 (o B), conservato a Berlino. Di Dante non si conserva nessun *a.*, mentre del *Canzoniere* di Petrarca abbiamo una *a.* (il Vat. lat. 3196) e un **codice**, il Vat. lat. 3195, solo in parte *a.* ma redatto sotto la sorveglianza dell'autore e perciò considerabile a tutti gli effetti come un originale.

avanguàrdia categoria storiografica moderna: in senso proprio si può parlare di *a.* solo a partire dall'Ottocento. Il concetto di *a.* (strettamente collegato a quello di **sperimentalismo**) fa riferimento a un gruppo di scrittori la cui **poetica** e attività creativa si situa consapevolmente in una posizione di rottura nei confronti della tradizione.

B

ballata (o *canzone da ballo*) forma strofica elaborata nel Duecento, originariamente con accompagnamento musicale e destinata alla danza. La struttura della *b.* prevede una **ripresa** (o **ritornello**) e una (o più) **stanze**, ognuna delle quali si divide in almeno due **piedi** e una **volta** (che ha schema identico alla ripresa). Il primo verso della volta rima con l'ultimo verso del secondo piede, e l'ultimo con l'ultimo verso della ripresa. La *b.* si può chiudere con una **replicazione** di forma uguale alla volta o alla ripresa. Tra i diversi tipi di *b.* ricordiamo: a) la **ballata mezzana**, con ripresa di tre versi **endecasillabi** (oppure due endecasillabi più uno o due **settenari**), usata tre volte dal Petrarca nel *Canzoniere* (LV, LIX, CCCXXIV); b) la **ballata minore**, con ripresa di tre versi (p. es. *«In un boschetto trova' pasturella»* di Cavalcanti).

biografia genere storiografico di origine classica in cui è narrata la vita di un personaggio illustre. Nel Medioevo il genere è ripreso da Petrarca nel *De viris illustribus*. Cfr. anche **agiografia**.

bisìllabo verso di due sillabe, assai raro nella metrica italiana.

bucòlico (o *pastorale*), **genere** il *g.b.* ha come modello le *Bucoliche* di Virgilio e l'**idillio** greco ed è ambientato nel mondo felice e idealizzato dei pastori (l'Arcadia, simbolo della poesia). In Italia il genere viene coltivato soprattutto nel Quattrocento, tanto in poesia (cfr. **ègloga**) quanto nel **romanzo** e, successivamente, anche come forma drammatica. Gli ultimi esempi di *g.b.* si hanno ai primi del Settecento con gli arcadi.

burlesco, gènere genere poetico nato in Toscana a partire dalla seconda metà del XIII sec. con alcuni precedenti nella poesia goliardica latina medievale. Appartiene alla corrente della *poesia giocosa* rappresentata da Rustico Filippi, Forese Donati, Cecco Angiolieri e Folgòre da San Gimignano. La forma tipica del *g.b.* è la **parodia**, inizialmente spesso esercitata nei confronti dello stilnovismo: alla idealizzazione stilnovista della donna, i poeti giocosi contrappongono una concezione sensuale e carnale dell'amore.

C

calligramma componimento poetico in cui la disposizione tipografica dei versi raffigura un oggetto (di solito l'argomento stesso della poesia). Il termine deriva da *Calligrammes*, titolo di una raccolta poetica di Guillaume Apollinaire (1880-1918), ma la tradizione della *poesia figurata* risale all'antichità.

campo semàntico cfr. **area semàntica**

cànone per *c.* letterario o estetico si intende l'insieme degli autori e delle opere che, in una data epoca, si ritiene debbano obbligatoriamente far parte delle letture di una persona colta. Il *c.* offre in concreto, agli scrittori, modelli **stilistici** e regole di **genere** da seguire e rispettare.

cantare genere popolare trecentesco in **ottave**, di argomento avventuroso, **epico** o cavalleresco, cantato nelle piazze dai giullari. Il *c.* è spesso anonimo (p. es. *Fiorio e Biancifiore*), ma compongono cantari anche Boccaccio e Pulci.

canterina che si riferisce ai **cantari**.

càntica l'insieme dei canti, rispettivamente, di *Inferno, Purgatorio* e *Paradiso*, ovvero ognuna delle tre parti in cui è divisa la *Commedia* di Dante.

canti carnascialeschi genere poetico-musicale con struttura metrica affine a quella della **ballata**, di contenuto licenzioso e osceno ma a volte anche satirico e politico. I *c.c.* venivano eseguiti a Firenze (tra il XV e il XVI sec.) nel periodo di carnevale. I *trionfi* si distinguono dagli altri *c.c.* perché destinati a essere cantati in cortei di maschere ispirate a personaggi mitologici: l'esempio più famoso di *trionfo* è la Canzona di Bacco (detta anche *Trionfo di Bacco e Arianna*) di Lorenzo de' Medici.

canzone forma metrica derivata dalla **canso**, in origine con accompagnamento musicale. La *c. classica* (o *antica* o *petrarchesca*) è formata da un numero variabile di **stanze** (in genere tra cinque e sette) uguali tra loro per numero di versi, per disposizione dei tipi di verso (che sono, a partire da Petrarca, solo **endecasìllabi** e **settenari**) e per schema di **rime**. Le stanze sono formate dalla **fronte** (che può essere divisa o meno in **piedi**) e dalla **sirma**, collegate tra loro dalla **chiave**. La canzone conclude di solito con un **congedo**. Dal Seicento in poi si ha anche la *c. libera* (o *leopardiana*) in cui le **stanze** sono di lunghezza irregolare ed endecasillabi e settenari si alternano secondo uno schema libero e privo di rime obbligatorie.

canzone da ballo cfr. **ballata**

canzonetta genere poetico-musicale spesso di argomento amoroso e tono popolare. Metricamente, può assumere varie forme, tra cui quelle della **canzone** (ma con struttura semplificata e con versi più brevi dell'**endecasìllabo**), del **madrigale** e della **ballata** (soprattutto nel Quattrocento). Un es. di *c.* è «*Meravigliosamente*» di Giacomo da Lentini.

capìtolo forma metrica composta da **terzine** di **endecasìllabi** a **rima incatenata** e conclusa da un verso isolato (ABA BCB CDC … YZY Z). Sono *c.* i canti della *Commedia* di Dante e i *Trionfi* del Petrarca.

catàcresi metafora istituzionalizzata ed entrata nell'uso comune: p. es. "il collo della bottiglia".

catarsi nella *Poetica* di Aristotele designa la purificazione delle passioni degli spettatori a opera della **tragedia**.

cesura è la pausa di intonazione (coincidente con un limite di parola) che divide il verso; nell'**endecasillabo**, individua due **emistichi**.

chanson de geste locuzione francese che indica un genere **epico** in versi (di solito **décasyllabes**) in **rima** o **assonanza**, nato in Francia nel XII sec. e diffuso nelle piazze dai giullari. Celebra le imprese (le "gesta") di un eroe nelle guerre nazionali. Un es. è la *Chanson de Roland*.

chiasmo figura retorica consistente nel disporre in modo incrociato, rompendo il normale parallelismo sintattico, i membri corrispondenti di due **sintagmi** o di due proposizioni. P. es.: «Siena mi fé, disfecemi Maremma» (DANTE).

chiave (o *concatenàtio*) nella **stanza** è la **rima** che unisce il primo verso della **sirma** con l'ultimo della **fronte**.

classicismo nella storia letteraria il termine ha due significati: a) il culto di alcuni autori greci e latini in funzione normativa e prescrittiva (come nell'Umanesimo e nel Rinascimento o nel Neoclassicismo settecentesco); b) l'imitazione di scrittori diversi ritenuti esemplari in un dato periodo e rispondenti a determinate caratteristiche estetiche come equilibrio, chiarezza, linearità ecc.

climax (o *gradàtio*) figura retorica che può designare un'**anadiplosi** continuata oppure, nell'accezione moderna, una progressione crescente e graduale di parole o **sintagmi** con generale effetto di amplificazione. Si parla in questo caso più precisamente di *c. ascendente* (per il *c. discendente* cfr. **anticlimax**). P. es.: «e *videmi* e *conobbemi* e *chiamava*» (DANTE). Per analogia il concetto di *c.* può essere esteso anche alla metrica e al ritmo.

còdice in **filologia** è il libro antico manoscritto. Dal lat. "codex" = tronco d'albero, perché in passato si scriveva su tavolette di legno cerate; per **metonimia** il termine è passato a designare il nuovo materiale scrittorio, che è inizialmente pelle di animale e poi carta.

còmico, stile nella **teoria degli stili** medievali, lo *s.c.* o *medio* (contrapposto al **tragico**) privilegia un **registro** medio-basso, contenuti quotidiani e terreni e metri come il **sonetto**. È rivolto a un pubblico vasto che comprende, oltre alle *élites* nobiliari e alto-borghesi, anche i ceti intermedi e gli artigiani. È anche lo stile usato da Dante in molte parti della *Commedia*.

commèdia genere teatrale nato in Grecia intorno al VI sec. a.C. Strutturalmente, al contrario della **tragedia**, è caratterizzato dalla presenza di un inizio triste (o da una situazione incerta per il protagonista) e di finale lieto. Lo **stile** adottato è quello **comico**. Dante definisce il proprio poema «comedìa» proprio perché vi dominerebbe lo stile comico o medio.

comparazione a) figura retorica consistente in un paragone tra due termini ("la mia camera è grande quanto la tua") b) **similitudine** più articolata espressa mediante forme correlative del tipo "come…così", "quale…tale". P. es.: «E *come* quei che con lena affannata/ uscito fuor del pelago a la riva/ si volge a l'acqua perigliosa e guata,/ *così* l'animo mio, c'ancor fuggiva,/ si volse a retro a rimirar lo passo/ che non lasciò già mai persona viva» (DANTE).

concatenazione cfr. **chiave**

congedo (o *commiato*; in prov. *tornada*) **strofa** che di solito chiude la **canzone**. Riproduce in genere la forma della **sirma** o della parte finale della **stanza**, ma può anche avere uno schema proprio.

consonanza identità delle sole consonanti della parte finale di due parole, dopo la vocale **tonica**. P. es.: s*e*me:r*a*mo. Cfr. anche **assonanza**.

contrasto genere poetico di vario metro e contenuto (amoroso, politico o storico) ma sempre strutturato in forma di dialogo. Famoso è il *Contrasto* di Cielo d'Alcamo.

coro nella **tragedia** greca era la parte declamata da un gruppo di attori-danzatori (*coreuti*) che esprimevano il punto di vista della collettività. Nella tragedia moderna (p. es. in quella manzoniana) e nel dramma musicale, il *c.* è invece un brano lirico in cui l'autore esprime il proprio personale stato d'animo nei confronti degli eventi narrati.

crònaca genere medievale basato sull'esposizione cronologica dei fatti storici, riguardanti una città o un'area geografica limitata. Importanti sono le *c.* di Dino Compagni e Giovanni Villani.

D

deaggettivale detto di nome o verbo che deriva da un aggettivo. P. es. "bellezza" e "abbellire", da "bello".

decasìllabo verso di dieci sillabe (se l'**uscita** è **piana**) con accenti di 3ª, 6ª e 9ª nella forma canonica (dal Settecento in poi, p. es. in Manzoni). È usato raramente nella poesia antica, talvolta come variante **anisosillàbica** del **novenàrio** e dell'**endecasìllabo** (p. es. in Jacopone).

décasyllabe verso francese e provenzale di dieci **piedi**. È il metro di molti generi **lirici**, come il *planh* provenzale e la *ballade* in lingua d'oïl, e ha costituito il modello dell'**endecasillabo** italiano. Un es. da Villon: «Je n'ay plus soif, tairie est la fontaine» [Non ho più sete, asciutta è la fontana].

dedicatàrio **neologismo** coniato sul modello di **destinatario**. È la persona a cui è dedicato un testo letterario (una poesia, una **tragedia**, ecc.) e il cui nome figura a volte all'inizio del componimento.

dedicatòria lettera di dedica con cui l'autore invia il proprio testo a un **dedicatario**, spesso allo scopo di assicurarsene la protezione.

denominale parola derivata da un nome preesistente. P. es. "terremotare" e "terremotato" (da "terremoto").

dentali, consonanti nel sistema fonetico italiano, p. es., la [t] (*sorda*) e la [d] (*sonora*).

destinatàrio nel modello comunicativo della **semiotica** di R. Jakobson è la persona a cui è inviato il messaggio. L'*emittente* invia un*messaggio* al *d.* in riferimento a un *contesto* (o *referente*), servendosi di un *contatto*, cioè di un canale fisico. La comunicazione è possibile solo se emittente e destinatario condividono (in tutto o in parte) lo stesso *codice*, cioè lo stesso insieme di convenzioni linguistiche, culturali, ecc.

deverbale neoformazione derivata da un verbo. P. es. "operazione" da "operare".

diacronìa/sincronìa in linguistica, il termine *d.* indica l'evoluzione cronologica di una lingua. Alla linguistica *diacrònica* si oppone quella *sincrònica*, che studia il funzionamento di una lingua in una fase particolare del suo sviluppo.

dialefe fenomeno metrico per cui, all'interno del verso, la vocale di una parola e quella iniziale della parola successiva vengono pronunciate separatamente (cioè con uno **iato**) e devono essere considerate come parti di due differenti sillabe. La *d.* è assai diffusa nel Duecento e in Dante, ma cade in disuso con Petrarca (che in genere preferisce la **sinalefe**). P. es. «*O* *a*nima cortese mantoana» (DANTE).

diàlogo cme genere umanistico, il *d.* è per lo più scritto in latino sul modello ciceroniano (anche se non mancano *d.* in volgare). La sua struttura esprime una nuova concezione della verità intesa come processo al quale compartecipano voci e opinioni diverse. I temi del *d.* spaziano dalla filosofia e dalle arti sino all'economia domestica e all'educazione dei figli (p. es. nei *Libri della famiglia* di L.B. Alberti).

didascàlica (o *didàttica*), **poesia** genere letterario medievale praticato anche in Grecia, in forma di **poemetto** o **capitolo**, a carattere enciclopedico (e in molti casi **allegòrico**) e con intenti educativi. Sono es. di *p.d.* il *Tesoretto* di Brunetto Latini e il *Fiore* attribuito a Dante.

diegèsi termine aristotelico (gr. "diégesis" = racconto) con cui la moderna **narratologia** designa la narrazione come fenomeno distinto dalla **mimesi**. Ha carattere diegetico, p. es., l'**epica**, dove il narratore generalmente descrive fatti e situazioni anziché rappresentarli in forma diretta (ripetendo p. es. gesti e discorsi dei vari personaggi).

dièresi nella lettura metrica è il fenomeno opposto alla **sinèresi**. Si ha all'interno di parola e consiste nella pronuncia separata di due vocali consecutive che normalmente formerebbero un **dittongo**. P. es.: «faceva tutto rider l'or*ïe*nte» (DANTE).

disgiuntiva, coordinazione (o *disgiunzione*) tipo di coordinazione ottenuta tramite congiunzioni disgiuntive come "o", "oppure", "ovvero", che stabiliscono un rapporto di esclusione reciproca tra due proposizioni. P. es.: "non so se è uscito oppure è ancora dentro".

dìstico coppia di versi, di solito a **rima baciata**. Il *d. elegiaco* nella metrica latina, è invece la coppia **esametro**+**pentametro**, usata soprattutto nell'**elegia**. P. es.: «Dívitiás aliús fulvó sibi cóngerat áuro / ét teneát cultí iúgera múlta solí» [Un altro ammassi per sé ricchezze di fulvo oro e si tenga molti iugeri di terreno coltivato] (TIBULLO).

dittologìa sinonìmica contiguità di due vocaboli aventi lo stesso significato. P. es.: «ché per mezzo lo cor me lanciò un dardo/ che d'altre 'n parte lo *taglia e divide*» (GUINIZZELLI).

dittongo unione, all'interno di parola, di due vocali contigue in una sola sillaba. P. es. t*uò*no (*d. ascendente*), m*ài* (*d. discendente*).

domanda retòrica domanda che ha in se stessa la propria risposta (essendo, in realtà, un'asserzione che non ammette repliche). P. es.: "Non è forse vero che la scuola è maestra di vita?".

E

ègloga (o *ècloga*) genere poetico, modellato sulle *Bucoliche* di Virgilio (le cui singole parti erano chiamate *eclogae*, cioè 'estratti'), appartenente al più vasto **genere pastorale**. Le forme metriche principali dell'*e.* in italiano sono la **terza rima** e l'**endecasillabo sciolto**.

elegìa genere poetico di origine greco-latina in **distici elegiaci** caratterizzato da toni nostalgici e malinconici e di contenuto amoroso.

elegìaco, stile nella **teoria degli stili** medievale è lo «stile degli sfoghi dolorosi» (DANTE) e richiede l'utilizzo del volgare umile. Corrisponde al *genus humilis* della retorica antica.

ellissi figura retorica per cui si sottintendono uno o più elementi della frase che il contesto permette di ricostruire facilmente. P. es., nell'espressione dantesca «Questo io a lui; ed elli a me» è sottinteso per due volte il verbo "dire".

emistìchio metà di un verso diviso dalla **cesura** in due versi di misura minore.

endecasìllabo verso composto da 11 sillabe (nella forma a **uscita piana**), con accento principale sulla 10ª. Deriva dal **décasyllabe** francese e provenzale ed è il verso più importante della tradizione italiana. L'*e. canonico* è di due tipi: *a maiore* (p. es. «Nel mezzo del camm*í*n | di nostra v*í*ta»: DANTE) con accenti di 6ª e 10ª; *a minore* («Per me si v*á* | ne la città dolén-te»: DANTE) se l'accento è di 4ª oltre che di 10ª. Quando è possibile dividere il verso in un **settenario** seguito da un **quinario**, si parla di **cesùra** *a maiore*; di cesùra *a minore* quando, viceversa, è possibile dividerlo in un quinario seguito da un settenario. Gli altri accenti sono liberi. Prima della codificazione operata da Dante e soprattutto da Petrarca, però, anche le forme non canoniche erano ammesse, entro una certa misura, in poesia. Si parla di **endecasillabo sciolto** nel caso di composizioni in *e.* senza rime regolari.

endìadi figura retorica consistente nella sostituzione di una singola espressione composta da due membri con due espressioni separate dalla congiunz. (di solito due nomi). P. es.: «O eletti di Dio, li cui soffriri/ *e giustizia e speranza* [= 'speranza di giustizia'] fa men duri,/ drizzate noi verso gli alti saliri» (DANTE).

ènfasi procedimento retorico consistente nel porre in rilievo una o più parole mediante il tono della voce o un gesto, oppure, nello scritto, con il punto esclamativo, il corsivo ecc., per evidenziare un'accezione particolare o un significato **metaforico**. P. es.: "lui sì che è un uomo!".

enjambement in poesia si ha *e.* (termine fr. che può essere tradotto con 'accavallamento') quando la fine di verso separa un nesso sintattico forte, p. es. del tipo agg.+sost.: «ad *immortale* / *secolo* andò, e fu sensibilmente» (DANTE).

enumerazione (o *elenco*) procedimento retorico comune a vari generi del discorso consistente nell'elencazione di parole o **sintagmi** per via **asindetica** oppure mediante congiunzioni coordinanti. P. es. «Benedetto sia *'l giorno, e 'l mese, et l'anno,/ et la stagione, e 'l tempo, et l'ora, e 'l punto,/ e 'l bel paese, e 'l loco* ov'io fui giunto/ da' duo begli occhi che legato m'ànno» (PETRARCA).

epìgrafe in senso moderno, iscrizione in lingua latina o in latino letterario e aulico a carattere funebre o commemorativo. È chiamata *e.* anche la citazione da un autore posta all'inizio di un testo (in questa accezione, è sinonimo di *esergo*).

epigramma genere poetico di origine greca, inizialmente impiegato nelle iscrizioni funebri o votive e caratterizzato dall'estrema brevità. Con il poeta latino Marziale (I sec. d.C.) l'*e.*

si codifica come genere **satirico**, arguto e tagliente.

epìstola genere letterario di origine classica, sia in prosa che in versi. L'*e.* medievale in latino, praticata anche da Dante e Petrarca, è rigidamente codificata secondo le regole dell'**ars dictandi**.

epìtesi aggiunta non giustificata etimologicamente di una vocale o di un nesso cons.+voc. alla fine della parola. Molto frequente è l'*e.* di "-e" in monosillabi tonici (p. es. «udìe» per "udì" in Dante) e di "-ne", in certe parlate centro-meridionali ma anche, a scopi metrici ed eufonici, in poesia. P. es.: «si pòne» [si può] in rima con «persone» e «ragione» (DANTE).

epìteto agg. o sost. riferiti ad altro sost. del quale dichiarano qualità generali per lo più ininfluenti rispetto al contesto immediato della frase. L'*e.* (detto anche *e. esornativo*, cioè 'ornamentale') può ricorrere più volte nello stesso testo e in questo caso serve per identificare e qualificare immediatamente (con una formula stereotipa) un dato personaggio (è un procedimento tipico dell'**èpica**). P. es.: «l'astuto Ulisse» (OMERO).

ermenèutica nella filosofia greca l'e. ("hermeneutikè téchne") è l'arte dell'interpretazione di un testo (cfr. **figura**). In accezione più stretta e moderna, la parola e. (o *neo-ermeneutica*) indica una tradizione filosofica novecentesca (M. Heidegger, H.G. Gadamer, P. Ricoeur) che vede nell'interpretazione la dimensione costitutiva della cultura.

esàmetro verso greco-latino di sei **piedi** proprio dell'**èpica** e della poesia **didascalica**. Unito al **pentàmetro** forma il **dìstico elegìaco**. Un es. di *e.* latino (con l'indicazione degli accenti per la lettura metrica) è: «Árma virúmque canó | Troiaé qui prímus ab óris» (VIRGILIO).

escatologìa parte della teologia che ha per oggetto il destino ultimo dell'umanità e del mondo. Per il Cristianesimo a questa concezione è associata l'attesa messianica del Cristo nuovamente risorto e del Giudizio finale a opera di Dio.

esergo citazione anteposta al testo vero e proprio (v. **epigrafe**).

espressionismo in senso storico, tendenza artistica e letteraria sorta in Germania agli inizi del Novecento. Per estensione, si dicono di tipo espressionistico quelle forme di rappresentazione antinaturalistica che tendono all'esasperazione dei contrasti (cromatici, sonori, lessicali) e in genere a una marcata deformazione linguistica. In questo senso l'*e.* è una categoria stilistica ed è possibile parlare, p. es., di "*e.* dantesco".

estètica disciplina filosofica che ha come oggetto la bellezza nella natura e nell'arte. Il primo a usare il termine con questo significato è stato A.G. Baumgarten, nel Settecento. È connesso etimologicamente con il gr. "áisthesis" = sensazione.

etimologìa il termine designa sia la disciplina che studia la derivazione di una parola da un'altra più antica (e, spesso, appartenente a un'altra lingua), sia il suo oggetto (l'ètimo, dal gr. "étymon" = vero [significato]). L'etimologia di "parola", a es., è il lat. "parabola(m)" (a sua volta dal gr. "parabolé" = paragone) cioè la 'parola' per **antonomàsia**, quella evangelica. Le *e.* medievali sono invece, molto spesso, delle **paretimologie**.

eufemismo attenuazione (per scrupolo morale, sociale o culturale) di un'espressione troppo cruda o realistica mediante la sua sostituzione con un sinonimo o con una **perifrasi** (spesso una **litote**). P. es.: "passare a miglior vita" per 'morire'.

eufonìa accostamento gradevole di suoni. In particolare sono dette *consonanti eufoniche* quelle che si aggiungono alla congiunzione "e" o ad alcune preposizioni per evitare l'incontro con la vocale iniziale della parola successiva (soprattutto quando le due vocali sono uguali). P. es.: "fu costretto a*d* arrendersi". Nell'it. ant. la *cons. eufonica* si può avere anche dopo "che": «E, come que' che*d* allegrezza mena,/ gridò»: A. PUCCI). Le *vocali eufoniche* si aggiungono invece per evitare l'incontro di due consonanti; p. es.: "in Ispagna" (cfr. **pròstesi**).

exemplum (lat. = esempio) breve narrazione inserita nelle **agiografie**, nelle prediche o nella **poesia didascalica** allo scopo di fornire un modello di comportamento e un esempio morale a un destinatario di ceto e cultura medio-bassa. Nella sua forma originaria l'*e.* risponde ad alcuni requisiti particolari: deve essere tratto da una *fonte autorevole*; deve avere estensione *breve*; deve essere presentato come *veridico*; il suo significato deve essere *inequivocabile*; deve essere *piacevole*.

èxplicit conclusione; *e.* è abbreviazione di "explicitum est" (lat. = è stato srotolato), che nei papiri indicava che il rotolo era stato svolto sino alla fine. In filologia, indica le parole finali di un testo. Cfr. **incipit**.

F

fàbula (lat. = favola) nella terminologia dei **formalisti** russi, la *f.* è l'insieme dei fatti che costituiscono la narrazione considerati secondo l'ordine cronologico, che il lettore può ricostruire *a posteriori*, p. es. tenendo conto di *flashbacks*, **agnizioni**, ecc. La nozione di *f.* è complementare a quella di **intreccio**: la distinzione è utile per descrivere forme narrative complesse (come il **romanzo** moderno), dove esiste una notevole sfasatura tra lo svolgersi logico-temporale degli eventi e l'ordine in cui essi compaiono nel testo.

facèzia genere letterario umanistico, per lo più in prosa, modellato su esempi greci e latini. Consiste in un motto di spirito salace o in una battuta che rivela l'intelligenza di chi la enuncia. Le *f.* possono essere in latino (Poggio Bracciolini, *Liber facetiarum*) o in volgare (Poliziano, *Detti piacevoli*), anche a carattere popolaresco (*Motti e facezie del Piovano Arlotto*). Il genere continuerà ad avere fortuna fino al Seicento.

farsa genere teatrale a carattere comico e popolaresco nato nel Medioevo come intermezzo da recitarsi durante le **sacre rappresentazioni**. I temi trattati sono il vino, l'amore carnale, i piaceri della vita. In Francia la *farce* è già largamente diffusa nel sec. XIII, mentre i primi esempi di *f.* letteraria in Italia si hanno solo nel XVI sec. (Ruzzante, Sannazaro).

figura nella concezione cristiana medievale un fatto storico è *f.* di un altro (successivo e più importante) quando lo preannuncia, quando cioè può essere interpretato (spesso secondo un procedimento di tipo **allegorico**) come la prefigurazione di un evento che è destinato ad adempiersi nel futuro. La liberazione del popolo ebraico, p. es., è *f.* della Redenzione. Il filologo tedesco E. Auerbach ha messo in luce l'importanza della "concezione figurale" nella *Commedia* dantesca.

figura etimològica (o *gioco etimològico*) ripetizione di una stessa radice **etimològica** (più o meno scientificamente accertata) in parole vicine con effetto di sottolineatura semantica. P. es.: «sfiorata Fiore» [sfiorita Firenze] (GUITTONE D'AREZZO).

filologìa nella sua accezione più ristretta (quella di *critica testuale*), è la disciplina che si occupa di ricostruire il testo così come doveva essere stato licenziato dall'autore. La *f.* studia soprattutto i **codici** (ma anche i testi a stampa) e la loro **tradizione manoscritta**. Il risultato finale del lavoro del filologo è in genere l'**edizione critica** di un testo.

focalizzazione in narratologia indica la *prospettiva* o il *punto di vista* dal quale il narratore considera i fatti narrati e i personaggi. Se il narratore è in grado di vedere fin dentro l'animo dei personaggi (i loro sentimenti, le loro sensazioni, ecc.), allora si parla di racconto a *focalizzazione zero* (o senza focalizzazione): per es., *I promessi sposi* di Manzoni (cfr. anche **narratore onnisciente**). Se il narratore riporta e conosce solo quello che sa il personaggio (e nulla di più), allora si parla di *focalizzazione interna* (che può essere *fissa* se orientata su di un solo personaggio; *variabile* se si sposta di volta in volta su un personaggio diverso, per es. in *Con gli occhi chiusi* di Tozzi; *multipla*, nel caso per es. del romanzo epistolare a più mani). Se il narratore sa meno dei personaggi, non ha la facoltà di vedere dentro di essi e può solo descriverne il comportamento, si parla infine di *focalizzazione esterna* (spesso usata nel romanzo giallo, perché il lettore non scopra subito chi è il colpevole).

fonema è il suono linguistico considerato nel suo aspetto funzionale ed è anche la più piccola unità distintiva della lingua. Questo significa che: a) un *f.* non è ulteriormente scomponibile in unità minori b) in una parola, sostituendo un *f.* con un altro, si ha anche cambiamento di significato (p. es.: la parola "dare" è formata da quattro *f.*,/d/,/a/,/r/,/e/; sostituendo /d/con/m/, si ha "mare", con mutamento semantico).

fonètica/fonologìa la *fonetica* è la scienza che studia i suoni del linguaggio da un punto di vista fisico e sperimentale (i *foni*, segnalati dalle parentesi quadre: [a], [b] ecc.). La *fonologia*, invece, studia i suoni di una lingua in relazione alla loro funzione nella comunicazione linguistica (i **fonemi**, tra barre oblique: /a/,/b/ ecc.).

fonosimbolismo procedimento compositivo (soprattutto poetico) che consiste nel produrre, attraverso una successione di suoni, un significato aggiuntivo rispetto a quello comunicato dal testo. P. es.: «graffia li spirti ed iscoia ed isquatra» (DANTE, *Inf.*, VI, 18): il senso generale di 'cosa tagliente, affilata' è suggerito dalle fricative ([f]), dalle sibilanti ([s]) e dalle vibranti ([r]). Tra Otto e Novecento il *f.* si distanzia dall'**onomatopea** (cui è spesso assimilabile) e dal **mimetismo** e viene inteso dai poeti (p. es. da Pascoli) sempre più spesso come una forma di suggestione sonora di tipo astratto e musicale.

fonte in senso storico-letterario, un testo o un documento che sta all'origine di un'opera letteraria o di una sua parte. Una delle *f.* della *Commedia* di Dante, p. es., è l'*Eneide* di Virgilio. Il rapporto tra l'opera e una sua *f.* è un caso particolare di **intertestualità**.

formalismo in senso storico, indica una scuola critica affermatasi in Russia negli anni Dieci e Venti del Novecento. In netta opposizione ai metodi sociologici, i *formalisti russi* sostengono la natura essenzialmente formale del testo letterario, identificandone la specificità rispetto ad altri tipi di discorso nella capacità di rottura degli automatismi linguistici (uno dei concetti fondamentali del *f.* è proprio quello di «scarto» o deviazione dalla «norma»). In accezione estesa, è definito *formalista* qualsiasi metodo critico che privilegia nell'analisi le forme (cioè lo stile, la metrica, le strutture narrative ecc.).

fronte è la prima parte della **stanza** della **canzone**. Per analogia, anche la prima parte (le due **quartine**) del **sonetto**.

G

gènere letteràrio insieme di opere che condividono determinati elementi *espressivi* (stile, lessico, metrica, ecc.) e di *contenuto* (temi, motivi, ideologia), aventi una *funzione* e un **destinatario** particolari. Le regole compositive di un *g.l.* si trovano spesso codificate nei trattati di **poetica**, ma possono anche essere ricostruite *a posteriori* dagli storici della letteratura.

glossa nota esplicativa, in senso generico. Nella prassi interpretativa medievale, annotazione a margine o in interlinea del copista, di un lettore o dello stesso autore a testi biblici, letterari e giuridici.

grottesco in senso generale è sinonimo di 'bizzarro' e 'deforme' e, perciò, 'ridicolo'. In accezione più tecnica, designa una forma teatrale nata in Italia negli anni Dieci del Novecento, caratterizzata da situazioni paradossali ed enigmatiche in cui sono denunciate, con sarcasmo e ironia, l'assurdità della condizione umana e le contraddizioni della società.

I

iato si ha *i.* quando due vocali contigue non formano un **dittongo** ma vengono pronunciate separatamente. P. es.: "e allora", "maestro", "riesame".

icàstico nella stilistica letteraria, l'agg. *i.* è impiegato per qualificare un modo di rappresentazione della realtà per mezzo di immagini particolarmente forti, evidenti e incisive. Il termine deriva da gr. "eikàzein" = rappresentare.

idealìstica, crìtica indirizzo critico della prima metà del Novecento. Si identifica sostanzialmente con l'opera di B. Croce e dei critici che a lui si ispirano (Russo, De Robertis, Sapegno, e altri). La *c.i.* distingue, nell'opera, tra "poesia" come intuizione lirica allo stato puro e "non poesia", cioè la dimensione intellettuale, etica, ideologica e retorica. La critica, perciò, non è una forma di conoscenza storica ma si risolve (almeno in teoria) nella contemplazione del valore universale e assoluto della poesia e dell'arte.

idìllio (gr. "eidyllion" = piccola immagine) genere poetico greco dal contenuto prevalentemente pastorale. Il suo equivalente latino è l'**egloga**.

idiomatismo particolarità di una determinata lingua o dialetto. Una locuzione idiomatica (o "frase fatta") è un'espressione che non può essere tradotta letteralmente in un'altra lingua (p. es.: "avere un diavolo per capello").

immaginàrio l'insieme degli **archetipi**, dei **simboli**, dei desideri e delle paure che formano l'inconscio collettivo di una società (o dell'umanità in genere), in relazione a un dato periodo storico. Oggetto privilegiato dell'antropologia culturale, la nozione di *i.* ha anche a che fare con la letteratura, che può essere considerata come una formalizzazione delle spinte disordinate provenienti dalla sfera dell'*i.*

impressionismo in senso storico, movimento pittorico nato in Francia nella seconda metà dell'Ottocento. Per estensione, anche in letteratura, qualsiasi procedimento che tende a cogliere impressioni e stati d'animo soggettivi nella loro immediatezza, mediante rapide annotazioni e brevi squarci lirici.

ìncipit (lat. = inizio) le parole iniziali del testo. Cfr. **èxplicit**.

inno genere poetico a carattere religioso. Nel Medioevo l'*i.* cristiano in **strofe** metriche e ritmiche destinate al canto celebra Dio e i santi. Dal Settecento, il termine passa a designare anche componimenti a carattere profano (politico, sociale, patriottico). Cfr. **ode**.

intermezzo scena a carattere giocoso, accompagnata da musica e danze, che tra Cinquecento e Seicento veniva rappresentata durante gli intervalli di un'opera seria o di una commedia per svagare gli spettatori. Nel Settecento, benché finalizzato a riempire l'intervallo tra un atto e l'altro dell'opera seria, l'*i.* divenne un **genere** autonomo, ovvero un'opera comica breve a due sole voci (soprano e basso), con accompagnamento di archi e clavicembalo. L'*i.* costituisce le origini dell'opera buffa italiana e francese. Nell'Ottocento il termine *i.* indica anche brevi pezzi pianistici in forma libera.

interrogazione retòrica cfr. **domanda retorica**

intertestualità è il rapporto che un testo letterario stabilisce con un altro testo anteriore. La nozione di *i.* (introdotta nella teoria letteraria solo negli anni Settanta) comprende una serie di fenomeni noti da sempre (citazione, reminiscenza, allusione, rapporto con le **fonti**) ma li riordina in chiave *dialogica*: l'*i.*, cioè, instaura un dialogo, un confronto che fa uscire il testo dal suo isolamento e lo immette in un discorso a più voci. Si dice *i. interna* quella che riguarda i riferimenti di un autore a un'altra propria opera o fra parti diverse della stessa.

intreccio nel linguaggio dei **formalisti** russi è l'insieme degli eventi narrati secondo l'ordine in cui sono presentati nell'opera, a prescindere dai loro rapporti causali e temporali. Cfr. **fabula**.

invèntio cfr. **retorica**

inversione cfr. **anàstrofe**

invettiva in latino tardo *oratio invectiva* è chiamato il discorso aggressivo e violento con cui ci si rivolge a qualcuno per denunciarne il pensiero o la condotta morale. È un procedimento frequente anche nella *Commedia* dantesca (cfr. **apostrofe**). Nell'antichità, l'*i.* era un genere oratorio vero e proprio, spesso anonimo.

ipàllage figura retorica che consiste nel riferire un aggettivo non al sostantivo cui semanticamente è legato ma a un altro sostantivo vicino. P. es.: «io vedea di là da Gade *il varco/folle* d'Ulisse» (DANTE).

ipèrbato figura retorica di tipo sintattico per cui gli elementi della frase che normalmente sarebbero uniti in un **sintagma** sono invece separati. P. es.: «che l'anima col corpo morta fanno» (DANTE).

ipèrbole figura retorica che consiste nell'esagerare la portata di quanto si dice amplificando o riducendo in modo eccessivo il significato dei termini impiegati per rappresentare una data cosa. Due es. dal parlato: "Mi piace *da morire*", "è questione di *un secondo*".

ipèrmetro si dice di un verso che eccede di una o più sillabe la sua misura regolare. P. es.: «en questo loco lassato» (JACOPONE) è un **settenario** *i.* (la sillaba eccedente è la prima: "en").

ipòmetro verso che ha una o più sillabe in meno rispetto alla sua misura regolare. P. es.: «Vale, vale, vale» (JACOPONE) è un **settenario** *i.* perché manca della prima sillaba.

ipotassi (o *subordinazione*) costruzione tipica della lingua scritta caratterizzata dalla successione di proposizioni subordinate disposte in modo gerarchico. L'*i.* è il costrutto della complessità concettuale e dell'argomentazione logica; esprime di solito una presa di posizione esplicita e dichiara un punto di vista preciso. Si contrappone alla **paratassi**.

ironìa figura retorica che consiste nel mascherare il proprio discorso dicendo l'opposto di ciò che si pensa (**antifrasi**) oppure servendosi di una **litote** o di una **reticenza** o di una citazione distorta dal discorso altrui, a scopo derisorio e talvolta sarcastico. P. es.: «A voi che siete ora in Fiorenza dico,/ che ciò ch'è divenuto, par, v'adagia,/ e poi che li Alamanni in casa avete,/ servite i bene, e faitevo mostrare/ le spade lor, con che v'han fesso i visi,/ padri e figliuoli aucisi» (GUITTONE D'AREZZO).

iterazione (o *ripetizione*) procedimento formale riscontrabile in varie figure retoriche (come l'**anadiplosi**, l'**anafora**, l'**epanalessi**, ecc.) e nel linguaggio poetico in genere (p. es. nella **rima**).

K

koinè (gr. "koinè diàlektos" = lingua comune) in senso tecnico, dialetto condiviso da un territorio relativamente ampio; il dialetto di *k.* è un dialetto fortemente contaminato dalla lingua nazionale e in cui sono ridotti al minimo gli **idiotismi**. In senso esteso, *k.* può significare 'comunità linguistica e culturale', e anche 'linguaggio comune o dominante'.

L

làuda (pl. *laudi* o *laude*) genere poetico-musicale duecentesco in latino e poi in volgare, a carattere religioso. È una preghiera cantata in diversi momenti della giornata ma al di fuori della messa vera e propria. Il primo es. di *l.* in volgare sono le *Laudes creaturarum* di san Francesco. Il metro della *l.*, inizialmente vario, diventa quello della **ballata** con Guittone e Jacopone. A partire dal Trecento si ha anche la *l. drammatica* (cioè dialogata) in **ottava rima** o in **polimetro** (verso caratteristico della poesia teatrale), destinata alla recitazione sul sagrato della chiesa.

laudàrio raccolta di **laudi** delle varie confraternite religiose (in particolare quella dei *laudesi*). L'esemplare più antico è il *Laudario cortonese* (ca. 1270-80). In alcuni casi, oltre al testo, sono conservate anche le musiche.

Leitmotiv (ted. = motivo ricorrente) in musica, è il motivo conduttore, cioè il tema (ovvero la melodia) ricorrente associato a un personaggio o a una particolare situazione emotiva. Per estensione, tema o argomento a cui si fa costante riferimento in un'opera letteraria.

lessema la minima unità linguistica con significato autonomo.

lezione in **filologia** si chiama *l.* la forma in

cui sono attestati una parola o un passo particolare del testo in un **codice** o in una stampa. P. es. nella *Commedia*, per *Purg.* VI, 111 accanto alla *l.* «com'è oscura» alcuni codici danno «com'è sicura» e «come si cura».

lìquide, consonanti in italiano sono la [r] e la [l], secondo una denominazione tradizionale dei grammatici antichi.

lìrica in Grecia, la *l.* è la poesia cantata con l'accompagnamento della "lira", uno strumento a corde. In generale il termine designa una particolare modalità enunciativa (l'uso della prima pers. sing.) e una particolare tonalità affettiva (l'espressione soggettiva dei sentimenti del poeta). Come **genere** in particolare, nelle lett. **romanze**, e in primo luogo con i provenzali la *l.* si definisce per alcune caratteristiche costanti come l'adozione di certe forme metriche (**canzone**, **ballata**, ecc.) e temi specifici (l'amor cortese, l'idealizzazione della donna) peculiari, oltre che per una suddivisione in diversi sottogeneri (**canso**, **sirventese**, **planh**, **joc partit**, **alba**, ecc.). Nella letteratura italiana il modello del genere *l.* è per almeno tre secoli (dal XI✓ al XVI) il *Canzoniere* di Petrarca e le sue caratteristiche sono il **monolinguismo**, l'autoreferenzialità, l'assenza di narratività, ecc.

litote figura consistente, nella sua forma più semplice, nell'esprimere un concetto negando il suo contrario. P. es. "non sto male" per 'sto bene'. L'effetto della *l.* può essere quello di attenuare la forza di un'espressione che, enunciata in modo diretto, risulterebbe offensiva per qualcuno (cfr. **eufemismo**) oppure presuntuosa. In altri casi può colorarsi di **ironia** più o meno benevola, come nella frase "non è un genio" per 'è uno stupido'.

locutore in linguistica, è il soggetto che parla e produce enunciati.

locuzione in linguistica, unità lessicale costituita da almeno due parole.

M

madrigale genere poetico-musicale polifonico del Trecento, a carattere **lirico** e di argomento per lo più amoroso. Come forma strettamente metrica, il *m. antico* (o *trecentesco*) è formato da **endecasillabi** (p. es. Petrarca, *Canz.* LII) o **endecasillabi** e **settenari** divisi in **terzine** (da due a cinque), più uno o due **distici** conclusivi (o, più raramente, un verso isolato). Lo schema delle rime è variabile. Il *m. cinquecentesco* ha forma ancora più libera e, in genere, non supera i 12 versi.

marxista, crìtica la *c. m.* (il cui fondamento teorico è negli scritti di K. Marx, che però non ha mai elaborato una vera e propria *c. m.*) considera la letteratura come un fenomeno in primo luogo sovrastrutturale, cioè dipendente dal contesto sociale ed economico in cui essa è prodotta.

mèdio (o *mezzano*), **stile** cfr. **comico, stile**

melodramma genere teatrale in musica nel quale i personaggi si esprimono mediante il canto. Può avere sia carattere serio che comico (p. es. l'*opera buffa* settecentesca). Il *m.* nasce sul finire del XVI sec. a Firenze dagli *intermedii* [intermezzi] musicali rappresentati tra un atto e l'altro del dramma vero e proprio (che era recitato e non cantato) per alleggerirne la tensione. Il primo *m.* è la *Dafne* di J. Peri su testo di O. Rinuccini (1598). Nell'Ottocento, in Italia, il genere raggiunge la sua massima fioritura con Rossini, Bellini, Donizetti e Verdi.

memorialìstica genere letterario in prosa di tipo autobiografico. Differisce dalla **autobiografia** in senso stretto per la mancanza di un'attenzione esclusiva alla storia della personalità di chi scrive e per una maggiore importanza concessa agli eventi esterni.

metàfora figura retorica che consiste nella sostituzione di una parola (o di un'espressione) con un'altra il cui significato presenta una somiglianza (più o meno evidente) con il significato della prima. Può essere considerata come una **similitudine** abbreviata e priva dell'avverbio di paragone ("come"). La *m.* è usata tanto nel linguaggio quotidiano (p. es. sotto forma di **catàcresi**) quanto in quello poetico. Nel secondo caso, in particolare, è possibile avere sia metafore altamente codificate (come «capelli d'oro» per 'capelli biondi come l'oro') il cui riconoscimento è ormai meccanico, sia *m.* d'invenzione, nelle quali la distanza tra espressione letterale ed espressione figurata è tale da rendere più difficile e più stimolante il ritrovamento delle somiglianze. P. es.: in Dante «fonte ond'ogne ver deriva» è *m.* per 'Dio'.

metàtesi fenomeno linguistico per cui due suoni interni ad una parola si scambiano di posto senza mutare il significato della parola stessa. In antico italiano si ha spesso con le semivocali (p. es.: "aira" per 'aria') e con [r] preceduta da consonante ("drento" per 'dentro').

metonìmia (o *metonimìa*) figura retorica consistente nella sostituzione di una parola con un'altra che appartiene a un campo concettuale vicino e interdipendente. In particolare: la *causa* per l'*effetto*: «Ora sento *'l coltello* [la ferita] / che fo profitizzato» (JACOPONE); l'*effetto* per la *causa*: "guadagnarsi da vivere *col sudore della fronte*" (= con fatica); l'*astratto* per il *concreto*: «quello amor paterno» = 'quel padre amoroso' (DANTE); il *contenente* per il *contenuto*: "bere un bicchiere"(= bere il liquido contenuto nel bicchiere), l'*autore* per l'*opera*: "un Picasso"(= un quadro di Picasso); il *materiale* per l'*oggetto*: in poesia, "il ferro"(= la spada).

mètrica quantitativa la metrica classica (greca e latina) si basa, diversamente da quella italiana e romanza, sull'opposizione tra **sillabe lunghe** e **brevi**. L'unione di due o più sillabe forma il **piede**.

mezzano (o *medio*), **stile** cfr. **comico, stile**

mimèsi (gr. "mímesis" = imitazione) termine opposto e complementare a **diegesi**. Si ha *m.* quando l'autore rappresenta i discorsi di un personaggio riproducendoli in modo diretto, a volte anche secondo caratteristiche stilistiche peculiari. È un procedimento spesso usato da Dante nella *Commedia* ed è proprio dei generi teatrali.

monolinguismo unità di tono, lessico e registro linguistico in un'opera o in un autore. Si contrappone spesso il *m.* (o *unilinguismo*) di Petrarca al **plurilinguismo** di Dante.

monostilismo nozione affine a quella di **monolinguismo**, con un riferimento più marcato alla uniformità, in un'opera o in un autore, di **stili** e **generi letterari**.

N

narràtio (lat. = narrazione; esposizione) nella **retorica** la *n.* indica quella parte dell'orazione, successiva all'**exordium**, in cui venivano esposti all'uditorio i fatti, con un racconto accurato e obiettivo che poteva sia seguire l'ordine naturale in cui si erano svolti, sia partire da un punto ritenuto particolarmente importante.

narratore voce narrante del racconto, non necessariamente identificabile con la persona biograficamente intesa che ha scritto il testo (autore-scrittore). In quanto finzione letteraria, il *n.* può essere assente dal racconto (p. es. Omero) o presente come personaggio della vicenda (p. es. Dante nella *Commedia*). Può d'altra parte essere esterno al racconto, e perciò in grado di giudicare eventi e personaggi, o interno a esso, cioè nascosto in una narrazione guidata dai personaggi: nel primo caso si parla di *narratore onnisciente*, cioè di un *n.* che come un burattinaio guida dall'alto l'azione conoscendone perfettamente lo sviluppo (è il caso dei *Promessi sposi* di A. Manzoni); nel secondo si parla di *impersonalità della narrazione*, cioè di una narrazione in cui il *n.* subisce gli eventi dell'azione come i personaggi, poiché ne sa quanto loro e a volte meno di loro (è il caso p. es. dei *Malavoglia* di G. Verga).

neologismo parola creata in tempi recenti o inserita in una lingua mutuandola da un'altra dall'insieme dei parlanti o da un singolo scrittore. Il *n.* può rispondere a esigenze tecniche, scientifiche, espressive, ecc. ma anche mirare a effetti dissacranti nei confronti di una tradizione letteraria che si vuole trasgredire già a livello linguistico. Dante è autore di molti *n.* (p. es.: "dislagare", "indiarsi", ecc.).

nominale forma stilistica (o sintattica) in cui i nomi (sostantivi, aggettivi, ecc.) prevalgono sui verbi o questi sono del tutto assenti; essa si basa spesso sull'enumerazione, ovvero sul raggruppamento di parole o **sintagmi** coordinati tramite **asindeto** o **polisindeto**.

novella componimento narrativo per lo più in prosa (esiste anche la *n.* in versi), di tono realistico ma a carattere avventuroso o fantastico, spesso con intenti morali o didascalici. Mescolando elementi storico-realistici a spunti favolosi o leggendari, la *n.* anticipa il romanzo moderno. La *novellistica* è sia il genere letterario della *n.* o lo studio sistematico di tale genere, sia l'insieme di *n.* relative a un determinato ambito letterario.

novella in versi tra i principali generi narrativi del Romanticismo italiano (vi si dedicarono tra gli altri Grossi, Tommaseo, Giusti, Padula, Cantù e Prati), la *n.* può avere un metro abbastanza libero, ma spesso assume lo schema dell'**ottava**. Il Medioevo (culla del passato della Nazione) fa spesso da sfondo a vicende d'amore contrastato o tradito.

novenàrio verso di nove sillabe metriche con accento principale sull'ottava. P. es.: «le parolette mie novèlle/ che di fiori fatto han ballàta» (DANTE).

O

ode componimento poetico in stile elevato, diffuso a partire dal Cinquecento. Simile alla **canzone** nella struttura strofica, l'*o.* si distingue in *canzone-ode* (con stanze ridotte rispetto alla **canzone** petrarchesca), *canzone pindarica* (a imitazione della tripartizione di Pindaro – V sec. a. C. – in strofe, antistrofe ed epodo) e *ode-canzonetta* (destinata spesso alla musica).

omofonìa identità fonica tra parole di significato diverso. P. es.: «o cameretta che già fosti un *porto* / [...] / fonte se' or di lagrime notturne, / che 'l dì celate per vergogna *porto*» (PETRARCA).

omotelèuto identità fonica della terminazione di parole soprattutto se ricorrenti nei luoghi ritmicamente significativi di un testo. Nell'*o.*, a differenza della **rima** (che ne è un tipo), l'identità fonica prescinde dalla vocale **tonica**.

onomatopèa imitazione acustica di un oggetto o di un'azione attraverso il **significante** (p. es.: "cin-cin" = 'brindisi', dal rumore che fanno i calici nell'incontrarsi in segno di augurio).

orazione genere letterario diffusosi nel XV sec., che, nella forma del trattatello filosofico, etico o letterario è finalizzato all'affermazione di una tesi e alla persuasione della sua correttezza. Una famosa *o.* quattrocentesca è quella *Sulla dignità dell'uomo* di Pico della Mirandola.

ossìmoro accostamento di due termini di significato opposto che sembrano escludersi a vicenda. P. es.: «vera mortal Dea» o «cara nemica» (PETRARCA).

ossìtono sinonimo meno comune di **tronco**.

ottava rima strofa composta da otto **endecasillabi** disposti secondo lo schema ABABABCC (nel caso dell'*o. toscana*; l'*o. siciliana* segue invece lo schema ABABABAB), in uso nella poesia discorsiva (epica narrativa, religiosa). È detta anche semplicemente *ottava*.

ottonàrio verso di otto sillabe metriche con accento principale sulla settima. P. es.: «o Signor, per cortesìa» (JACOPONE DA TODI).

ottosìllabo verso francese e provenzale ("octosyllabe") composto da otto sillabe, con accento principale sull'ultima. Usato sia nella poesia lirica che in quella didattico-narrativa, l'*o.* viene ripreso nella metrica italiana antica dal **novenario**.

P

palatale letteralmente, 'che riguarda il palato'. In **fonetica**, si dicono consonanti *p.* quelle articolate tra il palato duro e il dorso della lingua (e che, a seconda del luogo di fonazione – anteriore, mediano o posteriore del palato – si dividono in prepalatali, mediopalatali e postpalatali: *c*asa, *g*atto; *c*irco, *g*iallo; sta*gn*o, a*gl*i; *sc*iare) e vocali *p.* quelle articolate nella parte anteriore della cavità orale (la *e* e la *i*). Per *palatalizzazione* si intende il processo tramite il quale un suono diventa palatale (p. es. la *c* di 'Cicerone' rispetto alla pronuncia 'Kikerone' del lat. repubblicano).

panegìrico discorso solenne ed enfatico pronunciato davanti a un vasto uditorio, durante una cerimonia ufficiale, al fine di celebrare persone o istituzioni. In epoca classica il *p.* si teneva in onore di personaggi illustri, mentre in epoca medievale e moderna per lo più in onore di santi.

paradosso controsenso; affermazione apparentemente assurda che contraddice la logica o il buon senso comune sorprendendo il lettore (o l'ascoltatore). P. es.: «Vergine pura, d'ogni parte intera,/ del tuo parto gentil *figliuola* et *madre*» (PETRARCA).

paràfrasi esposizione dettagliata del contenuto di un testo, soprattutto poetico, utilizzando parole diverse e una forma più semplice rispetto all'originale, al fine di renderne più comprensibile il significato.

parallelismo procedimento stilistico in cui alcuni elementi del discorso (da fonetici a sintattici) vengono disposti parallelamente all'interno di una frase o di un periodo (cfr. p. es. **anafora, polisindeto**).

paratassi rapporto di coordinazione tra proposizioni principali e secondarie, che vengono poste l'una accanto all'altra, all'interno del periodo, senza una relazione di subordinazione. P. es.: «Orlando sente che il suo tempo è finito./ Sta sopra un poggio scosceso, verso Spagna;/ con una mano s'è battuto il petto» (dalla *Chanson de Roland*).

paretimologìa **etimologia** arbitraria, ovvero basata non su fondamenti storici o scientifici, ma su analogie di suono o significato con una parola di uso più frequente (è detta anche *etimologia popolare).* P. es.: la località «Sanluzzo» in luogo di "Saluzzo" in una **novella** di Boccaccio.

parodìa imitazione intenzionale di qualcosa (un personaggio, un testo, uno stile, ecc.) in forma **ironica**, per evidenziare la distanza critica dal modello e attuarne il rovesciamento. Un esempio di *p.* di un **exemplum** medievale è la **novella** boccaccesca *Nastagio degli Onesti*.

paronomàsia (o *adnominatio*) accostamento di due parole che hanno un suono simile. P. es.: «e son un *ghiaccio/* [...] e *giaccio* in terra» (PETRARCA).

pastiche (fr. = pasticcio; imitazione letteraria, rielaborazione di modelli diversi) giustapposizione di parole appartenenti a registri o codici diversi, perlopiù a fini stranianti e ironico-parodistici.

pastorale in letteratura è un genere (prevalentemente in versi) che si ispira alla vita idealizzata dei pastori, traendo spesso spunto da una vicenda d'amore tra un pastore e una pastorella. Vivo già nel mondo classico greco e latino (p. es. con Teocrito e Virgilio), il genere *p.* viene ripreso in Italia intorno al XV sec. e, attraverso un ampio sviluppo in Europa tra XVI e XVII sec. (soprattutto nella forma del *dramma p.*, ma anche in quella **parodistica** della *farsa rusticale*), culmina – e si estingue – nella poesia settecentesca dell'Arcadia.

pastorella genere letterario medievale, di derivazione franco-provenzale, in forma di **contrasto** amoroso: il dialogo, fatto di vivaci botte e risposte, si svolge durante un incontro campestre tra un cavaliere (identificabile in genere con il poeta) e una pastorella cui questi fa profferte galanti. P. es.: «*In un boschetto truva' pasturella*» di CAVALCANTI.

perìfrasi giro di parole con cui si esprime indirettamente un concetto, o si descrive una persona o un oggetto, al fine di evitare espressioni volgari o dolorose, termini troppo tecnici ecc., o anche al fine di attenuare l'espressione o renderla più solenne. P. es.: «l'amor che move il sole e l'altre stelle» (DANTE), cioè Dio.

peripezìa nell'intreccio della tragedia greca, l'improvviso cambiamento di una situazione nel suo contrario. Più in generale, con il termine *p.* si designano le vicende avventurose vissute dai protagonisti di una narrazione.

personificazione allegòrica (o *prosopopèa*) introduzione nella narrazione di cose inanimate o astratte (p. es. la patria, la gloria, ecc.), o anche di animali o persone morte, come se fossero animate o vive. P. es.: la *p.* di Firenze nella **canzone** «*Ahi lasso, or è stagion de doler tanto*» di GUITTONE D'AREZZO.

piana parola accentata sulla penultima sillaba (p. es.: "casàle", "ritòrno"). Un verso si dice *p.* quando termina con una parola accentata sulla penultima sillaba, e così un testo poetico composto da tali versi.

piede unità di misura della metrica **quantitativa** greco-latina. I *p.* più importanti sono il *giambo*, il *trocheo*, l'*anapesto*, il *dattilo* e lo *spondeo*. Nella metrica italiana indica ciascuna delle due parti nelle quali può essere strutturata la **fronte** della **canzone**.

plazèr (provenz. = piacere) componimento in versi in cui si elencano le cose della vita (o i fatti o le persone) che più danno diletto. Ne è un esempio italiano il **sonetto** di Dante «*Guido, i' vorrei che tu e Lapo ed io*».

pleonasmo espressione sovrabbondante; consiste nell'uso di una o più parole grammaticalmente o concettualmente superflue alla comprensione dell'enunciato. P. es.: «con meco» (PETRARCA), dove «meco» significa 'con me' (dal lat. "mecum").

plurilinguismo mescolanza di lingua e dialetto, di lingue diverse o di differenti registri linguistici (tecnico, gergale, letterario, ecc.) a fini sperimentali o parodistici.

pluristilismo mescolanza in uno stesso testo di registri stilistici diversi.

poema composizione narrativa in versi, di ampia estensione e di stile elevato, generalmente divisa in canti o libri. A seconda dell'argomento, il *p.* si divide nei seguenti generi: **p. allegorico-didattico**, che vuole impartire precetti morali e religiosi (p. es.: la *Commedia* di Dante); **p. didascalico**, che vuole divulgare, secondo le regole dell'enciclopedismo, teorie filosofiche, scientifiche o estetiche (p. es.: il *Roman de la Rose* di G. de Lorris e J. de Meung, il *Tesoretto* di B. Latini o il *Fiore* attribuito a Dante); **p. cavalleresco**, che tratta le gesta eroiche e amorose dei cavalieri, alternando toni epici e non di rado burleschi (il *p.c.*, nato in Francia in epoca medievale, conosce tre cicli diversi: quello *carolingio*, a carattere epico – *Chanson de Roland* –; quello *bretone*, a carattere romanzesco e amoroso – *Roman de Brut*, di Wace, *Lais* di Maria di Francia, ecc. –; e quello *classico*, in cui vengono rielaborate leggende classiche adattandole ai gusti cortesi e cavallereschi – *Roman de Thèbes, Roman de Troie*, ecc. –. Una originale ripresa del *p.c.* si ha nel Rinascimento italiano con l'*Orlando innamorato* di Boiardo, il *Morgante* di Pulci, l'*Orlando furioso* di Ariosto e la *Gerusalemme liberata* di Tasso; **p. eroicomico**, che è una **parodia** del *p. cavalleresco*, del quale riprende alcuni **topoi** (eroi, valori cavallereschi, ecc.) degradandoli, oltre che nell'uso di un linguaggio basso, attraverso il loro inserimento in un contesto comico e grottesco. Cfr., p. es., *La secchia rapita* di A. Tassoni.

poemetto componimento in versi simile al **poema**, per contenuto e tono, ma più breve. P. es.: il *p.* l'*Intelligenza* attribuito a Dante.

poesia pastorale cfr. **egloga**

poètica complesso delle idee di un artista, di una tendenza o di una scuola intorno al fare artistico; le forme, i modi, le finalità tenuti esplicitamente o implicitamente presenti come modello. La prima teorizzazione intorno al concetto di *p.* risale all'omonimo trattato del filosofo greco Aristotele (IV sec. a. C.) e giunge fino al Medioevo, attraverso la mediazione dell'*Ars poetica* del poeta latino Orazio (I sec. a. C.), soffermandosi essenzialmente sulle caratteristiche retoriche dell'opera. Solo a partire dal XVIII sec., all'impostazione retorica della *p.* si è affiancata, fino a sostituirla, quella estetica.

polifonìa in campo musicale è l'unione di più voci o strumenti che svolgono contemporaneamente, su base contrappuntistica, il proprio disegno melodico. In narratologia è la pluralità delle voci, cioè la molteplicità dei punti di vista dei personaggi, assunta dal narratore in molti romanzi moderni.

polìptoto figura sintattica per cui una parola, in genere la prima di una frase, viene ripetuta a breve distanza cambiando funzione (ovvero caso, genere, numero, ecc.). P. es.: «e alcuna volta gli era *paruto* migliore il mangiare che non *pareva* a lui che dovesse *parere* a chi digiuna per divozione» (BOCCACCIO).

polisenso come agg.: che ha o assume significati diversi e che è quindi suscettibile di interpretazioni differenti; come sost.: caratteristica del linguaggio poetico in cui una parola o un'espressione possono assumere molteplici significati a seconda del contesto (a differenza del linguaggio scientifico in cui a ogni termine corrisponde un *unico* significato). P. es.: il verbo "salutare" significa in Dante sia 'dare il saluto' che 'trasmettere la salvezza'. Parlando di un testo letterario, s'intende per *polisemìa* la proprietà di un significante di avere più significati, non solo propri ma anche **metaforici**.

polisìllabo parola composta da più sillabe, generalmente da quattro o più.

polisìndeto ripetizione frequente della congiunzione copulativa *e*, a fini espressivi, tra le parole che formano una serie o tra varie proposizioni che formano un periodo. P. es.: «e videmi e conobbemi e chiamava» (DANTE).

preterizione figura retorica per la quale fingendo di tacere una cosa la si dice, attribuendole in questo modo maggiore rilievo. P. es.: «Cesare *taccio* che per ogni piaggia/ fece l'erbe sanguigne/ di lor vene» (PETRARCA).

proèmio parte introduttiva di un'opera e, in particolare, del **poema** (soprattutto epico); si divide in due parti: la **pròtasi** e l'*invocazione*, in cui il poeta si rivolge agli dèi (in età classica) o ai santi (in età medievale) per ottenere le forze necessarie a scrivere il **poema**. A volte il *p.* comprende anche la *dedica* al mecenate dell'opera o comunque al suo **destinatario**.

prolessi anticipazione nella proposizione principale dell'enunciato di una secondaria (p. es.: "di questo ti prego, di fare silenzio"). In narratologia la *p.* è l'evocazione di un evento futuro rispetto al momento della narrazione.

pròlogo scena iniziale di un'opera, sia epica che teatrale, nella quale vengono esposti gli antefatti dell'azione e se ne illustrano le linee fondamentali.

prosa scrittura che procede diritta, utilizzando cioè l'"a capo" per ragioni non metriche (come nel caso della scrittura in versi) ma concettuali. Legata all'oratoria latina, la *p.* medievale ne ricalca l'andamento ritmico, ovvero la struttura cadenzata (vedi **clàusola**), attraverso il **cursus** (**prosa ritmica**); l'andamento ritmico della *p.* è dato anche dal far rimare tra loro le parole finali di due o più frasi (**prosa rimata**). Quando la scrittura in *p.* si concentra piuttosto sulla qualità stilistica che sugli aspetti concettuali e narrativi, si parla di **prosa d'arte**.

prosìmetro componimento in cui si alternano versi e prosa (p. es.: la *Vita nuova* di Dante).

prosopopèa cfr. **personificazione allegorica**

pròtasi parte introduttiva di un **poema** in cui viene dichiarato l'argomento.

pseudònimo nome non corrispondente a quello reale, usato per non rivelare la vera identità.

purismo tendenza linguistica (e letteraria) in cui si vogliono normativamente preservare i caratteri tradizionali di una lingua, rifiutando – in nome della purezza – la contaminazione di forestierismi, neologismi, ecc.

Q

quadrisìllabo verso di quattro sillabe metriche con accento principale sulla terza; è detto anche *quaternario*. Per *q.* s'intende tuttavia anche una parola formata da quattro sillabe.

quartina **strofa** di quattro versi, rimati per lo più secondo gli schemi ABBA, ABAB, AABB o AAAA (*q. monorima*); la *q.* può essere sia costituita da quattro versi omogenei all'interno di una strofa più ampia, sia costituire un'unità all'interno di uno schema metrico più complesso (p. es. il **sonetto**).

quantità cfr. **metrica quantitativa**

quasi rima cfr. **rima**

quaternàrio cfr. **quadrisìllabo**

quinàrio verso di cinque sillabe metriche con accento principale sulla quarta. P. es.: «– in quel cespùglio –» (SACCHETTI).

R

raddoppiamento fono-sintàttico caratteristica fonetica, diffusa soprattutto in Toscana e nell'Italia centro-meridionale, che prevede il raddoppiamento (solo sonoro, non grafico) della consonante iniziale di una parola in determinati contesti sintattici (p. es. quando preceduta da monosillabi o da vocaboli **tronchi**: "tre (c)case"; "città (v)vecchia").

recitativo tipo di canto che mira a riprodurre la naturalezza del parlato attraverso la riduzione (o l'assenza) della melodia vocale. Si distingue in *r. secco* (voce accompagnata da basso continuo) e *r. accompagnato* (voce accompagnata da più strumenti o dall'orchestra).

refrain (franc. = ritornello) gruppo di pochi versi (in genere da due a quattro, ma anche uno solo) che si ripete prima o dopo ogni **strofa**.

registro specifico livello della lingua dato dall'insieme omogeneo di elementi lessicali, sintattici, stilistici ecc.; la lingua letteraria, per esempio, utilizza un *r.* fortemente formalizzato, lessicalmente ricco e stilisticamente elaborato, mentre quella familiare ne utilizza uno più povero, sia dal punto di vista lessicale che da quello stilistico. Le singole opere letterarie sono spesso caratterizzate da un unico *r.* linguistico (comico-realistico, lirico, tragico, ecc.), ma non poche sono quelle in cui vengono utilizzati contemporaneamente *r.* diversi (p. es. la *Commedia* di Dante).

replicazione ripetizione di una parola all'interno di un periodo, in forma anche variata (p. es. «qual è colui che suo dannaggio *sogna*,/ che *sognando* desidera *sognare*», DANTE) e a breve distanza, con fini espressivi.

reticenza interruzione intenzionale di una frase che lascia al lettore (o all'ascoltatore) il compito di completarne il senso ricostruendo gli elementi sottintesi; può servire a insinuare dubbi, ad attenuare espressioni troppo forti, ad alludere a qualcosa, ecc. P. es.: «Io cominciai: "Frati, i vostri mali…";/ ma più non dissi…» (DANTE).

retòrica arte del parlare e dello scrivere in modo efficace al fine di persuadere un uditorio e ottenerne il consenso; basata su regole codificate nel tempo, la *r.* affonda le radici nell'età classica, quando costituiva la normativa dei discorsi pubblici, e giunge fino alla contemporaneità come eloquenza, cioè tecnica della perfetta espressione.

riassunto forma di accelerazione del racconto in cui il narratore non si sofferma analiticamente a descrivere eventi o personaggi, ma sintetizza in poche pagine o in poche righe ampi lassi di tempo.

ricezione l'atto del ricevere un messaggio; modo di accogliere un'opera da parte del pubblico.

ridondanza ripetizione; abbondanza in un discorso di elementi accessori, ovvero non indispensabili alla sua comprensione ma utili alla comunicazione.

rima identità di suono tra la parte finale di due (o più) parole a partire dalla vocale **tònica** compresa. *R. al mezzo*: tra la parola finale di un verso e una parola posta nel mezzo di un altro verso (per lo più il successivo), generalmente in chiusura del primo **emistichio**; *r. alternata*: tra parole finali di due versi separati fra loro da un altro (ABABAB); *r. baciata*: tra parole finali di due versi consecutivi (AA BB ecc.); *r. equivoca*: tra due parole di uguale suono ma di diverso significato; *r. guittoniana* (o *aretina*): tra *i* ed *e* sia aperta che chiusa e di *u* con *o* sia aperta che chiusa; *r. identica*: di una parola con se stessa; *r. imperfetta*: con identità parziale, come p. es. nelle **assonanze** e **consonanze**, ma anche nella *r. aretina*; *r. incrociata*: tra le parole finali dei due versi estremi e tra quelle dei versi centrali di una **quartina** (ABBA); *r. interna*: che cade non in **punta di verso** ma al suo interno (vedi p. es. la *r. al mezzo*); *r. per l'occhio*: identità grafica e non fonetica tra le parti finali di due versi; *quasi r.*: identità non completa tra le parti finali di due versi (p. es.: *làude*: *cade*); *r. ricca*: identità anche di alcuni suoni precedenti la vocale **tonica**; *r. siciliana*: tra le vocali **toniche** e chiusa ed *i* e *o* chiusa con *u*.

ripresa nome del **ritornello** nella **ballata**.

ritornello breve **strofa** introduttiva della **ballata** che si ripete prima di ogni **strofa**.

romanza (o *ballata romàntica*) genere letterario tipico dell'età romantica, a metà tra lirica e narrativa, nato sull'esempio di testi tedeschi e inglesi. Metricamente libera, la *r.* è perlopiù composta da versi lunghi e ritmati (**novenari**, **decasillabi**) e caratterizzata da **rime tronche**.

romanzo (agg.) designa l'insieme delle lingue derivate dal latino (portoghese, spagnolo, catalano, provenzale, ladino, sardo, francese, italiano, rumeno), a seguito della dominazione romana, e le rispettive letterature.

romanzo (sost.) genere narrativo in prosa, diverso per la maggior estensione dalla **novella**, basato su una trama più o meno avventurosa relativa alle vicende realistiche o fantastiche di alcuni personaggi, e classificabile, a seconda dell'argomento, in storico, fantastico, d'amore, poliziesco, psicologico, ecc. L'origine del *r.* è ascrivibile addirittura alle antiche letterature orientali (assiro-babilonese, araba, ecc.), e conosce una prima fioritura europea in epoca ellenistico-romana (primi secoli d.C.: p. es. Longo Sofista e Petronio). Nel Medioevo il *r.*, che è scritto anche in versi, si sviluppa inizialmente in Francia, dove affronta narrazioni legate alla storia classica (*Roman de Troie*), o al mondo cortese e cavalleresco (*Lancelot*). Per *r. cavalleresco* si intende la narrazione delle avventure e degli amori dei cavalieri che dall'epoca francese medievale giunge fino al XVI sec. (p. es. il *Don Chisciotte* di Cervantes); per *r. cortese* si intende un genere nato in Francia intorno al XII sec., legato ai valori e agli ideali della società cortese e rivolto al pubblico aristocratico portatore di quei valori e di quegli ideali; per *r. esotico* si intende un tipo di narrativa, diffusa tra Settecento e Ottocento, in cui viene accolto il recente interesse per il primitivo e per le forme di vita e di civiltà di paesi extraeuropei, soprattutto orientali o tropicali; il *r. di formazione* (ted. *bildungsroman*) è un racconto incentrato sulla vicenda biografica ed esistenziale del protagonista, sulla sua formazione intellettuale, morale e sentimentale attraverso le diverse fasi della vita; per *r. gotico* si intende un genere letterario nato in Inghilterra nel XVIII secolo, ambientato nel Medioevo e ispirato agli aspetti misteriosi e lugubri della realtà; per *r. pastorale* si intende un genere narrativo misto di prosa e versi, di ambientazione rustica e d'argomento **bucolico** (ma di stile alto), che ha nell'*Arcadia* di Sannazzaro il proprio modello (e nell'*Ameto* di Boccaccio un importante precedente) e che si diffonderà soprattutto nel XVI sec. Uno sviluppo eccezionale il *r.* ha poi a partire dal Settecento, soprattutto in Inghilterra e in Francia, al punto da diventare il genere caratteristico della modernità; per *r. picaresco* s'intende un genere narrativo diffusosi in Spagna a partire dalla seconda metà del Cinquecento (con il romanzo, di anonimo, *Lazarillo de Tormes*), avente per oggetto le avventure spesso comiche e crude di personaggi popolareschi perlopiù astuti e imbroglioni (dallo spagnolo "pìcaro" = furfante). Uno sviluppo eccezionale il *r.* ha poi a partire dal Settecento, soprattutto in Inghilterra e in Francia, al punto da diventare il genere caratteristico della modernità.

rubrica nei codici manoscritti indica i titoli, i sommari o le lettere iniziali (per lo più scritti in rosso); nei libri divisi in capitoli, come p. es. il *Decameron*, la *r.* indica in sintesi il contenuto dei singoli capitoli cui è premessa.

rusticale agg. che designa un tipo di poesia che riguarda gli aspetti e i caratteri della campagna.

S

saga genere in versi e in prosa delle letterature nordiche antiche, sviluppatosi in Islanda tra XII e XIV sec. e diffuso anche nell'ambiente culturale germanico, che narra in un'ottica leggendaria le vicende di un popolo o di importanti famiglie locali (clan) i cui protagonisti incarnano i valori più alti di una data società (la *Saga degli abitanti di Eyr*, la *Saga dei Nibelunghi*, ecc.).

sarcasmo ironia amara e caustica, spesso ispirata da risentimento e aggressività.

sàtira composizione poetica derivata dalla lat. "satura" (= composizione piena, mista di vari elementi), che, con un tono a metà tra il comico e il serio, rappresenta a fini moraleggianti o critici, e con modi ora benevoli ora ironicamente polemici o violentemente aggressivi, personaggi e ambienti della realtà sociale, denunciandone debolezze, vizi, ecc. Nel Medioevo, in particolare, la *s.* ha carattere soprattutto morale, prediligendo il discorso **allegorico** (gli animali come simbolo delle virtù e dei vizi umani), sociale (come nei canti dei goliardi) e politico (oltre che antimonastica o misogina). In età **umanistica** e rinascimentale, la *s.* ha invece interessi prevalentemente letterari (come le *Satire* di L. Ariosto). Per *satira menippea* si intende un testo composto di prosa e versi, di argomento filosofico e morale, inventato dal filosofo greco Menippo di Gadara (IV-III sec. a. C.) e diffuso anche nella latinità del I sec. d. C. (Seneca e Petronio).

scémpia si dice di una consonante semplice, cioè non doppia.

scenario l'insieme delle strutture che delimitano e raffigurano il luogo in cui si svolge un'azione teatrale (fondali, quinte ecc.).

sdrùcciola parola accentata sulla terz'ultima sillaba (p. es.: "màrtire", "càmera"). Un verso si dice *s.* quando termina con una parola accentata sulla penultima sillaba e così un testo poetico composto da tali versi.

semiòtica scienza dei segni volta allo studio di quei sistemi (linguistici, gestuali, simbolici, ecc.) che costituiscono un codice convenzionale di comunicazione. È detta anche *semiologia*.

senàrio verso di sei sillabe metriche con accento principale sulla quinta.

senhal (provenz. = segno; leggi *segnàl*) nome fittizio o riferimento cifrato dietro il quale il trovatore celava la persona (e soprattutto la donna) cui era rivolta la poesia. Tale mascheratura, resa necessaria dall'etica cortese del segreto, viene ripresa anche dalla successiva poesia italiana: p. es. il *s.* «Fioretta» nella **ballata** di Dante «*Per una ghirlandetta*» e, in Petrarca, i s. «l'aura»(= l'aria) o «lauro»(= alloro) in riferimento all'amata Laura.

sestina **strofa** di sei **endecasillabi** rimati secondo lo schema ABABCC, detta anche *sesta rima*. *S.* è detta pure un tipo di **canzone** costituita da sei *s.* più una **terzina**, nelle quali non si ha però lo schema di rime proprio della *s.* ma sei parole-rima che si ripetono in tutte le strofe nel seguente modo: ABCDEF FAEBDC CFDABE ECBFAD DEACFB BDFECA (p. es.: la *s.* «*Al poco giorno e al gran cerchio d'ombra*» di DANTE).

settenàrio verso di sette sillabe metriche con accento principale sulla sesta (spesso alternato all'**endecasillabo**, ne può costituire un **emistichio**). P. es.: «per una ghirlandetta ch'io vidi, mi farà/ sospirare ogni fiore» (DANTE).

significato/significante un segno linguistico (p. es. la parola "pane") è costituito dall'associazione di un *significato* e di un *significante*, ovvero di un elemento concettuale (il *significato*, cioè il concetto di "pane") e uno formale, fonico e grafico (il *significante*, cioè l'insieme dei **fonemi** e dei segni grafici che formano la parola "pane").

sillogismo argomentazione logica definita per la prima volta dal filosofo greco Aristotele (IV sec. a. C.) nei seguenti elementi: A) *presentazione* (di ciò che si deve dimostrare), B1) *premessa maggiore* e B2) *premessa minore* (rispetto a ciò che si deve dimostrare), C) *conclusione* (che deve essere uguale alla *presentazione*). P. es.: A) = "I greci sono mortali"; se "tutti gli uomini sono mortali" (B1) e "i greci sono uomini" (B2), ne consegue che "i greci sono mortali" (C). Per **sillogistico** si intende un ragionamento basato sul *s.*, ma anche un discorso sottile e complesso.

sìmbolo attribuzione immediata e intuitiva di un **significato** a un'immagine; il *s.* stabilisce tra universale e particolare (l'uno colto nell'altro) un rapporto necessario e organico, istantaneo e alogico, implicando perciò la soggettività individuale ed esistenziale piuttosto che, come avviene nell'**allegoria**, quella di una razionalità collettiva.

similitùdine rapporto di somiglianza tra persone o cose diverse, introdotto da *come*, da altri avverbi di paragone ("tale", "simile a", ecc.) o da forme analoghe ("sembra", "pare", ecc.). P. es.: "un uomo forte *come* un leone").

sinalefe fusione all'interno di un verso, per ragioni metriche, tra la vocale finale di una parola e quella iniziale della successiva, per cui nella lettura viene eliminata la prima delle due vocali. È detta anche *elisione metrica*. P. es.: «voi ch'ascoltate in rime sparse il suono» (PETRARCA).

sìncope caduta di uno o più **fonemi** all'interno di una parola con conseguente fusione di due sillabe in una (p. es.: "vienmi" = "vienimi").

sincronìa/diacronìa cfr. **diacronia/sincronia**

sinèddoche come la **metonimia** e la **metafora**, riguarda uno spostamento di significato da un termine a un altro posti in rapporto di contiguità. La *s.* consiste nell'estendere o nel restringere il significato di una parola, e si ottiene indicando la parte per il tutto (p. es.: "il mare è pieno di *vele*" = il mare è pieno di *barche a vela*) o il tutto per la parte (p. es.: "non ci è mai mancato il *pane*" = abbiamo sempre avuto da *mangiare*), il sing. per il plur. (p. es.: "*lo spagnolo* è più passionale dell'*inglese*" = *gli spagnoli* sono più passionali degli *inglesi*) o il plur. per il sing. (p. es.: "occuparsi dei *figli*" = occuparsi del *proprio figlio*), la materia di cui è fatto un oggetto per l'oggetto stesso (p. es.: "legno" = barca).

sinèresi contrazione, all'interno di una parola, di due sillabe in una (p. es.: «quand'era in parte altr'*uom* da quel ch'i' sono», PETRARCA); nella lettura metrica si oppone alla **dieresi**.

sinestesìa forma particolare di **metafora** in cui si associano, nella stessa espressione, voci che si riferiscono ad àmbiti sensoriali diversi (tatto, gusto, vista, olfatto, udito; p. es.: "dolce rumore" – rapporto gusto/udito –; "bel sapore" – rapporto vista/gusto, ecc.).

sinizesi contrazione vocalica. Cfr. **sinèresi**.

sinònimo parole diverse nel **significante** ma aventi lo stesso **significato** (p. es.: "busto" "tronco" "torace" "torso"). La **sinonimìa** è pertanto l'identità di significato tra due o più parole o espressioni, a prescindere dal contesto in cui esse vengono utilizzate (p. es.: "quella donna ha un bel viso"; "essere triste in volto").

sintagma gruppo di due o più elementi linguistici (articolo, pronome, aggettivo, verbo, sostantivo, ecc.) che forma in una frase un'unità minima dotata di significato (p. es.: "di corsa", "mal di testa", "andare a scuola", ecc.).

sirma nella **canzone** indica la seconda parte di ciascuna **stanza** (la prima è la **fronte**), normalmente indivisa da Petrarca in poi (*s. indivisa*); fino a Dante la *s.* poteva invece essere strutturata in due **volte**. Nella **ballata** è **sinonimo** di **volta** e nel **sonetto** di **sestina** o **terzina**. È detta anche *coda*.

sonetto forma poetica molto antica probabilmente inventata da Jacopo da Lentini (1210-60) nell'àmbito della Scuola siciliana. Il *s.* è composto da quattordici **endecasillabi** divisi in quattro **strofe**, due **quartine** e due **terzine**. La disposizione delle **rime** segue per lo più lo schema lentiniano ABAB ABAB CDE CDE (o CDC DCD) e quello stilnovistico ABBA ABBA CDC CDC. Per *s. caudato* si intende un *s.* al quale è stata aggiunta una coda di tre versi (un **settenario** – che rima con l'ultimo verso della seconda terzina – e due endecasillabi in **rima baciata**), o anche solo un **distico** di endecasillabi in rima baciata.

Spannung (ted. = tensione) in narratologia, il momento culminante di una narrazione.

sperimentalismo atteggiamento letterario

ed artistico volto alla costante ricerca e sperimentazione, a fini espressivi, di stili e tecniche nuove.

stanza le **strofe** di una **canzone** o un componimento poetico di un'unica strofa.

stile espressione propria e caratteristica di ciascun autore, e anche l'insieme degli aspetti formali di un'opera. In accezione più ampia, il termine *s.* indica gli elementi formali e culturali propri di un movimento letterario (il *Dolce stil novo*), di una scuola (la *Scuola siciliana*) o di un'epoca (*stile rinascimentale*).

stilema costruzione formale che ricorrendo nel linguaggio di un autore ne diventa un tratto distintivo (p. es.: «Ed ecco…», espressione usata da Dante nella *Commedia* per indicare improvvisi sviluppi della narrazione); modulo caratteristico, non necessariamente linguistico, di specifici **generi** (letterari, musicali, pittorici, ecc.), di **poetiche** ecc.

stili (**teoria degli**) elaborazione teorica in base alla quale a ogni argomento corrisponde uno **stile** appropriato: quello *umile* (per temi banali e realistici), quello *medio* (per temi pastorali e agresti) e quello *sublime* (per temi filosofici, amorosi ed eroici). Questa rigorosa tripartizione, nata in età classica con le formulazioni di Cicerone e di Orazio, subisce in epoca medievale e in ambito cristiano un rimescolamento dettato dalla necessità di rappresentare artisticamente tutta la realtà in quanto essa ha dignità in tutti le sue componenti: così Dante – che pure distingue tra stile *comico, elegiaco* e *tragico* – dà vita nella *Commedia* a una grande mescolanza degli stili tradizionali.

stilìstica (**crìtica**) studio storico-critico dell'opera di un autore attraverso l'analisi dello **stile**, alla luce di una visione sostanzialmente linguistica del prodotto letterario.

stilizzazione termine proprio delle arti figurative che indica la rappresentazione p. es. di una figura secondo uno schema essenziale di linee e colori; per estensione, la *s.* è anche la riduzione, alleggerita e affinata nella forma, di un personaggio o di un ambiente.

storicismo dottrina filosofica che individua il significato di ogni manifestazione umana nel suo rapporto con il momento storico e l'ambiente in cui si è prodotta, e considera la storia come una manifestazione progressiva (in un ordinato succedersi di cause ed effetti) di un principio universale dotato di significato razionale.

strofa (o *strofe*) unità metrica della poesia costituita da uno schema fisso per numero e misura dei versi e per disposizione delle **rime** (vedi anche **stanza** e **cobla**). Da Leopardi in poi (XIX sec.) tale schema diventa libero e la *s.* diventa, più in generale, un gruppo di versi evidenziato come tale anche da semplici segni grafici (lo spazio tipografico).

strutturalismo indirizzo specifico della linguistica che individua nella lingua, attraverso le analisi di F. de Saussure (1857-1913), un sistema in cui ogni elemento acquista valore e significato in relazione agli altri componenti del sistema. In senso più ampio, lo *s.* è una teoria critico-filosofica, sviluppatasi in Francia a partire dagli anni Sessanta del Novecento e applicata a molte discipline (dall'antropologia all'economia, all'estetica, alla psicoanalisi), che studia le varie strutture (antropologiche, economiche, ecc.) analizzando le interazioni tra le parti che le compongono.

sublimazione idealizzazione; in psicoanalisi, è un meccanismo secondo il quale le pulsioni aggressive e gli impulsi primitivi legati alla sfera della sessualità si trasformano in contenuti socialmente accettabili (p. es. le creazioni artistiche).

T

tautologìa proposizione in cui il sogg. e il predicato sono identici nella sostanza ma espressi in termini formalmente diversi; definizione che asserisce ciò che invece dovrebbe spiegare (p. es.: "il triangolo ha tre angoli").

tecnicismo vocabolo (o locuzione) di uso tecnico, ovvero specifico di un determinato ambito.

tempo del racconto è il tempo seguito dalla scrittura, che non ricalca necessariamente con precisione l'ordine cronologico della narrazione (*tempo della storia*) ma procede o lentamente, dilungandosi nella rappresentazione di episodi o nella descrizione di personaggi e paesaggi, o velocemente, riassumendo in poco spazio giorni e addirittura anni (cfr. **riassunto**).

tenzone disputa poetica; il termine, derivato dal provenz. **tenso**, indica un dibattito tra poeti in cui, con vivaci botta e risposta, un poeta propone il tema (la *proposta*, in genere d'argomento amoroso, morale, o letterario) e gli altri (ma anche uno solo) rispondono secondo le proprie convinzioni, utilizzando per lo più lo stesso schema metrico e di rime della *proposta* (*risposta a rime obbligate* o *per le rime*). P. es.: la *T.* fra Dante e Forese. Cfr. anche **contrasto**.

ternàrio cfr. **trisillabo**

terzina **strofa** composta di tre versi (vedi anche **sonetto**). La *t. incatenata* (o *dantesca*), formata da tre **endecasìllabi** legati da **rime** secondo lo schema ABA BCB CDC ecc., è diventata uno dei modelli della poesia italiana, soprattutto didascalica e allegorica.

tipo personaggio del quale viene messo in particolare risalto un singolo attributo caratteriale, rendendolo una sorta di stereotipo, di maschera fissa (p. es.: lo snob, il geloso, il burbero, ecc.). Per **tipizzazione** s'intende quindi la riduzione delle caratteristiche individuali di un personaggio a una fondamentale, così da farne un *t.*

tònico dotato di accento. Le vocali o le sillabe su cui cade l'accento all'interno di una parola (o di un verso) sono perciò dette *tòniche*.

topos (plur. "tòpoi"; gr. = luogo) termine che indica genericamente un luogo comune, ovvero un motivo (un'immagine, un concetto, un sentimento) ripreso con una certa frequenza dagli scrittori al punto da diventare una enunciazione convenzionale (p. es.: le ninfe che si lavano a una fonte, la purificazione dell'anima attraverso la discesa agli inferi, l'amore per la donna lontana, la corrispondenza tra amore e primavera ecc.). Nella **retorica**, i *t.* erano degli argomenti prestabiliti utili alla comprensione e all'efficacia persuasiva di un discorso.

tradizione in **filologia** indica l'insieme dei **testimoni** esistenti di un certo testo. La *t. manoscritta* è quella che comprende solo **apografi** copiati a mano (cioè non a stampa).

tragèdia genere teatrale nato nella Grecia classica avente per argomento grandi problematiche interiori dell'uomo, espresse con uno stile elevato e con ricchezza di *pathos*. A carattere inizialmente religioso, con la rappresentazione di un'umanità idealizzata, la *t.* si è poi sviluppata in senso realistico fino ad affrontare – in epoca moderna – i drammi della società borghese. Nelle **poetiche** medievali e in Dante, il termine *t.* si contrappone a **commedia** e indica un componimento in stile alto e d'argomento elevato.

tràgico nelle **poetiche** medievali si intende per stile o genere *t.* quello di tono elevato e sublime avente per modello l'*Eneide* del poeta latino Virgilio (I sec. a. C.); la sua applicazione nel sistema dei **generi** è da riferirsi, secondo Dante, alla **canzone**.

traslato come agg., vale 'trasferito, spostato'; il sost. indica invece uno spostamento di tipo **metaforico**.

trionfi cfr. **canti carnascialeschi**

trisìllabo parola composta di tre sillabe; verso di tre sillabe metriche con accento principale sulla seconda.

trobàr termine provenzale che significa 'comporre versi'. Cfr. anche **trovatore**.

tronca parola accentata sull'ultima sillaba in quanto troncata dell'ultima sillaba nel passaggio dal lat. all'ital.: "virtùtem" = "virtù", "pietàtem" = "pietà"). Un verso si dice *t.* quando termina con una parola accentata sull'ultima sillaba e così un testo poetico composto da tali versi.

troncamento cfr. **apocope**

trovatore il termine deriva dal prov. **trobar** e designa i poeti-musici provenzali o quei poeti che, benché non provenzali, presero questi a modello (p. es. il *t. italiano* Sordello da Goito). Per poesia **trovatòrica** o **trobadòrica** si intende quindi la poesia d'argomento per lo più amoroso tipica dei provenzali o delle scuole italiane che la presero a modello.

U

Umanésimo movimento intellettuale sviluppatosi tra la seconda metà del XIV sec. e il XVI, avente il proprio fine culturale nel recupero filologico dei classici latini e greci e nell'affermazione dei valori terreni dell'individuo.

unità aristotèliche si tratta delle unità di luogo, di tempo, d'azione che, nella descrizione di Aristotele, caratterizzavano la tragedia classica greca. Esse furono interpretate come norma rigorosa da alcuni teorici cinquecenteschi e messe in pratica da molti scrittori teatrali. Le *u. a.* implicano che l'azione teatrale si svolga in un unico luogo, nell'arco di ventiquattr'ore, senza divagazioni dalla trama principale.

uscita di verso parte finale del verso, con riferimento in genere all'ultima parola.

V

variante in **filologia** indica ogni diversa **lezione**, ovvero ogni diversa soluzione espressiva tramandata dai vari **testimoni** rispetto all'originale, generata da errori di trascrizione dei copisti, da loro eventuali fraintendimenti, da ipotesi diverse di ricostruzione del testo in caso di luoghi lacunosi, ecc. Per **variante d'autore** si intende una *v.* dovuta all'autore stesso, cioè una sua correzione o un ripensamento, e presente in fogli, appunti o altro lasciati dall'autore: il *Canzoniere* petrarchesco è p. es. ricchissimo di *v. d'a.*, a causa delle continue revisioni del testo da parte dell'autore.

velare si definiscono *v.* quei fonemi (consonanti e vocali) che si articolano con il dorso della lingua ravvicinato al velo palatino (cioè alla volta del palato che termina con l'ugola): p. es. le consonanti /k/ (*c*asa, *ch*iesa, *q*uesto), /g/ (*g*atto, *gh*isa) ed /n/ (davanti a /k/ e /g/: ba*n*co, ve*n*go), e le vocali /ò/, /ó/ e /u/.

verso libero verso che rompe i tradizionali schemi metrici aprendo la struttura chiusa della strofa e variando liberamente il numero delle sillabe. Teorizzato e usato inizialmente dai simbolisti francesi nel XIX sec., il *v. l.* è usato in Italia a partire dagli **scapigliati** e dalla *metrica barbara* di Carducci: presente poi in tutta la poesia del Novecento (soprattutto sperimentale), esso ha il suo più lucido teorico in G. P. Lucini (1867-1914) e la sua sistematica utilizzazione nei **futuristi**.

visione genere letterario (e devozionale) mediolatino e poi volgare in cui l'autore narra di aver avuto una *v.* del mondo ultraterreno, infernale o celeste, e di aver così conosciuto la dimensione sovrannaturale delle pene e delle beatitudini.

volgarizzamento traduzione in volgare di un'opera latina (o greca) con alcune modifiche rispetto al testo originale per adattarlo al nuovo contesto culturale; il termine si riferisce anche a traduzioni da lingue moderne (p. es. l'antico francese).

volta ciascuna delle due parti in cui può essere strutturata la **sirma**. Cfr. anche **ballata** e **canzone**.

vulgata termine latino ('divulgata') che indica la versione della Bibbia accettata dalla Chiesa cattolica (cioè quella di san Girolamo) o, più in genere, la versione più diffusa di un testo letterario.

Z

zeppa parola inserita in un verso non per esigenze di contenuto o di espressione ma per ragioni puramente metriche, ovvero per far tornare la misura di un verso o per ottenere una **rima**.

zèugma figura retorica in cui due o più termini dipendono da uno stesso verbo, mentre dovrebbero dipendere da due verbi differenti. P. es.: «parlare e lagrimar *vedrai* insieme» (DANTE).

Indice degli autori e dei testi antologizzati

MUSICA

· che cos'è musica?

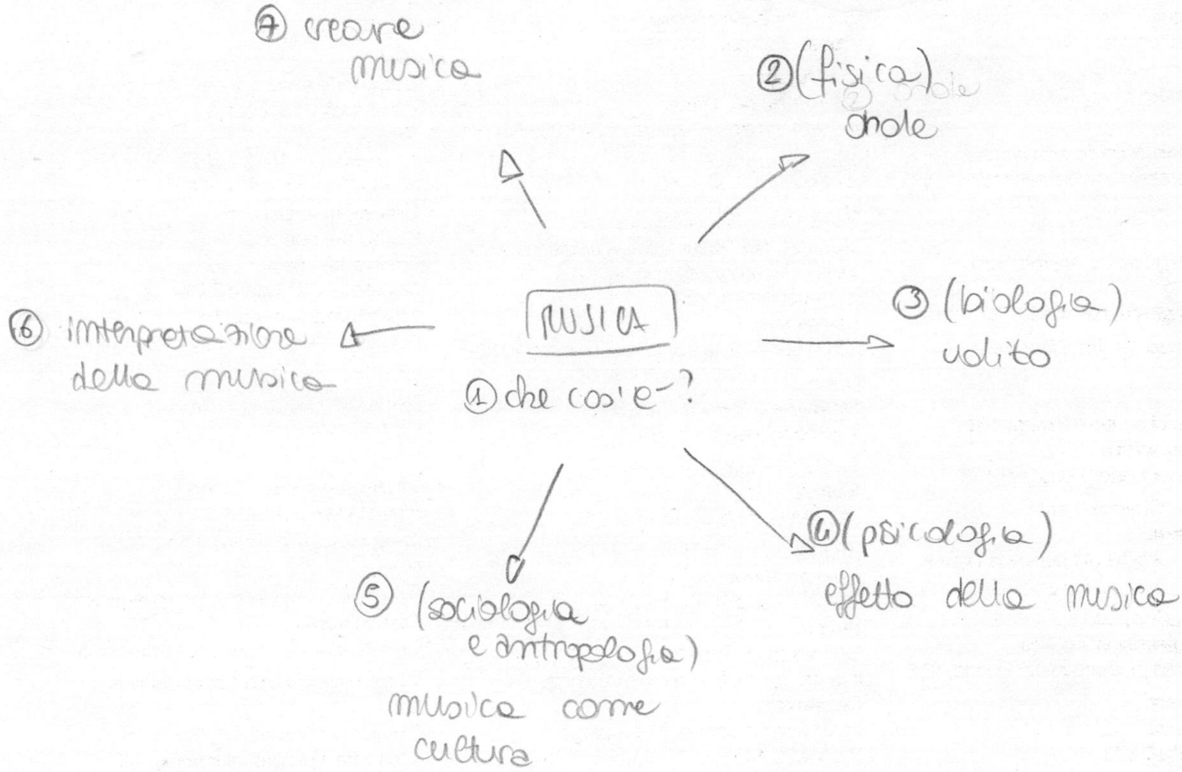